理律法律叢書

超國界法律彙編

陳長文

學 歷／
哈佛大學法學博士、哈佛大學法學碩士、加拿大英屬哥
倫比亞大學法學碩士、臺灣大學法律學士
現 職／
理律法律事務所主持律師、行政院顧問、中華民國紅十
字會總會會長、財團法人歐洲在華學校發展文教基金會
董事長、財團法人理律文教基金會董事、元智大學、東
海大學董事會董事、政治大學、東吳大學兼授國際公
法、國際私法及超國界法律問題、臺灣元智大學EMBA
「科技與法律」專題講座、中國北京大學光華管理學院
「財經法律與企業經營」專題講座、中國清華大學經濟管
理學院「財經法律政策與企業經營」專題講座
經 歷／
中華民國紅十字會總會秘書長及副會長
財團法人海峽交流基金會副董事長兼首任秘書長
法務部司法官訓練所講座——超國界法律問題

李永芬

學 歷／
東吳大學法律學士
美國威斯康辛大學研究
現 職／
理律法律事務所顧問
財團法人理律文教基金會執行長

三民書局

財團法人理律文教基金會
LEE AND LI FOUNDATION

國家圖書館出版品預行編目資料

超國界法律彙編 / 陳長文,李永芬主編.－－初版一
刷.－－臺北市；三民，民91
　　面；　　公分－－(理律法律叢書)

ISBN 957-14-3598-8　(精裝)

1.法律-中國

582.18　　　　　　　　　　　　　91002283

網路書店位址　http://www.sanmin.com.tw

ⓒ　超國界法律彙編

主　編　陳長文　李永芬
發行人　劉振強
著作財
產權人　三民書局股份有限公司
　　　　臺北市復興北路三八六號
發行所　三民書局股份有限公司
　　　　地址／臺北市復興北路三八六號
　　　　電話／二五〇〇六六〇〇
　　　　郵撥／〇〇〇九九九八－－五號
印刷所　三民書局股份有限公司
門市部　復北店／臺北市復興北路三八六號
　　　　重南店／臺北市重慶南路一段六十一號
初版一刷　中華民國九十一年八月
編　號　S 58507
基本定價　柒拾陸元
行政院新聞局登記證局版臺業字第〇二〇〇號

編者的話

什麼是超國界法律 (Transnational Law)？美國著名的國際法學者 Judge Philip C. Jessup 在他的 Transnational Law(1956) 講座中做了以下的定義："to include all law which regulates actions or events that transcend national frontiers. Both public and private international law are included, as are other rules which do not wholly fit into such standard categories〔as purely domestic law〕." Judge Jessup 的超國界法律的定義譯為中文就是「所有規範超越國界的行為或事件的法律。國際公法、國際私法以及其他無法全然歸類於一般〔純內國法〕的規範均屬之。」易言之，凡是不屬於百分之百內國法的案件，均屬超國界法的問題。事實上，在當今交通便捷、電訊網路發達、經濟自由化、全球化的世界村中，純內國法的案件必是與日俱減，而超國界法的案件必是相對的在增加中。基於此，超國界法的研究是不容忽視的。

這本《超國界法律彙編》是一本專門領域的法典，它是國內第一部超國界法的法典。編者衷心希望這本法典除了如一般法典一樣帶給使用者便利使用的功能外，更能激發身處臺灣地區的使用者，體會到在廿一世紀的今天建立超國界法律思維的重要，進而無論從立法、司法或行政、以及日常生活中法律適用的角度，均能以將內國法融入超國界法的態度來看待超國界法。

禮運大同篇所提示的世界大同的境界是人類努力邁進的方向。但回顧中國歷史，世界大同只是哲學家心中的桃花源，主政者從未如此看待外國或外國人。當中國強盛時，外國被視為蠻夷之邦，而中國積弱不振時，外國則象徵了帝國主義。因此，中國人一直陷入一種自大與自卑的矛盾中。臺灣在歷經了數十年的經濟發展致力建構民主的體制，並躋身世界重要的貿易大國後，才漸漸走出了這種矛盾。但是，經濟上能有較為傲人的成績，並未當然反映在我國法律體制與思維的全球化上。

在臺灣，超國界法律發展還有努力的空間。主要的原因不外乎以下幾項：(1)因為「一個中國」的問題，我國長期被排除於國際社會外，而致無法參與條約、國際公約等形成超國界法的重要活動。(2)因為上述(1)的現象，我國的

法學教育中對超國界法律自然相當的陌生並產生排斥。(3)特別是在「考試掛帥而考試制度又是極其不合理」的法律教育下，只要不是必考的課程（目前只有立法落伍的「國際私法」是考試課目），無論此類課程對我們參與國際活動（政治、人權、經濟、環保、社會、科技合作、文化等）有多重要，不是學校或無誘因設計超國界法律的課程，就是即使設計了相關的課程，在「考試掛帥」的壓力下，這些課程註定是冷門的。而同樣不幸的是在法律生活的實踐中，司法官與律師（以及政府相關部門的法制人員）也沒有機會有計畫地於在職教育中補強先天超國界法律認識的不足。這種惡性循環的結果，必然會影響我國法治的均衡發展。因為，在全球化的時代中欠缺超國界法內容的國內法不但是不具備法治成熟度的，它也會阻礙我國國際化的進程，乃至降低國家的競爭力，其影響不可謂不大！

　　既然全球化已是人類進步必然邁進的方向，而我國因加入世界貿易組織而融入了這股力量之中，我們對於有助於全球化的因素亟應努力以赴，而其中最重要的就是加速建立超國界法的思維，並努力提昇相關國內法的超國界法的內容。而編輯這本超國界法律彙編的主要目的就是希望能透過這本專門為超國界法編訂的工具書，使得我們能反諸內國法的規定，以綜觀我國現行超國界法律的環境，並藉由比較（取法乎較高的標準）與研究以發現我國相關法規不足或不當之處，做為修訂不合時宜的涉外規範並提昇我國超國界法律的基礎。

　　本書將收錄的法令編排為：「憲政法規類」、「民事法規類」、「刑事法規類」、「行政法規類」、「國際法」等五大類。並在各類下依其類型再予細分以求一目了然。如「憲政法規類」下條列了相關憲法條文與憲法相關法律條文、法院判決以及大法官會議解釋；「民事法規類」下分為「民事實體法」與「民事程序法」；「民事實體法」包括「民法相關法規」、「智慧財產權相關法規」、「商事法及相關法規」；「民事程序法」包括「民事訴訟、非訟事件及相關法規」、「強制執行法、破產法及相關法規」。「刑事法規類」分為「刑事實體法」與「刑事程序法」。「行政法規類」分為「行政法規總目」、「內政（戶役政、社政、地政、警政）」、「外交」、「財稅金融保險證券期貨」、「教、科、文」、「經濟」、「交通」、「國防」、「衛生福利」、「農業」、「勞動」、「專技人員」、「公共工程（採購）」、「新聞」、「其他」、「大陸（港澳）事務」等十六類。最後是國際法，它包括了將國際公約內容國內法化的法律、我國簽署的公約與雙邊協

定、以及雖未簽署或批准但甚具參考價值的重要公約與文件（特別應注意的是，雖然我政府於 1971 年退出聯合國而致無法參與許多國際公約的制定，這些公約有的已經形成了國際法，我們不僅應該認識其內容，更應該內容國內法化）。

由於本書是特別針對超國界法令規範而設，故在內容上並不完全將特定的涉外法條所屬法令完全納入，而針對各法令的內容作不同考量。若該法令內容完全或大部分是專門規範涉外事務者，例如：「涉外民事法律適用法」、「外國法院委託事件協助法」、「引渡法」、「國籍法」、「入出國及移民法」、「外國人聘僱許可及管理辦法」、「外國人投資條例」等類型法律，則將其規範全文納入，而不論有無直接針對涉外事務為規範；其他如法律條文出現「有關涉外事務準用本法規定」或「有關外國人的規範準用本法」等類似者，亦將所有條文納入。至於專章、專條、專項的涉外法令，例如：「公職人員選舉罷免法」第三十一、四十五之二、六十七之一、八十八條、「民法總則施行法」第二、十一至十五條、「票據法」第一百三十條、「公司法」第七章「外國公司」、「仲裁法」第七章「外國仲裁判斷」、「國家賠償法」第十五條等，則僅將該部分條文納入。而國際法類，由於條約協定內容均具備涉外性質，自然將所有條文納入。至於涉及大陸或港澳事務的規範，除有關大陸或港澳且同時及於第三國（外國）的法令當然納入外，若僅涉及兩岸（包括港澳）的法令規範，因為憲法及兩岸人民關係條例均以「一國兩區」的法律概念立法，則其屬於準國際私法關係暨特殊區際法律衝突，因此也一併納入。

建立一個符合超國界的法律環境非一蹴可幾，這本《超國界法律彙編》期盼能提供從事涉外法律事務研究的讀者有利的工具。本彙編的編纂是項新的嘗試，疏陋之處，尚請使用者多所指教是幸。

編者

陳　長　文

李　永　芬

九十一年六月四日

超國界法律彙編

目　錄

編者的話

壹、憲政法規類

貳、民事法規類

參、刑事法規類

肆、行政法規類

七、交通

伍、 國際法

三、雙邊協定 *1702*

四、供參考之重要國際公約 *1849*

憲政法規類

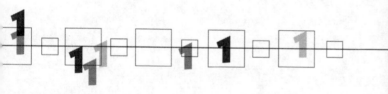

1. 中華民國憲法（第五、七、三十八、五十八、六十三、一百四十一條）

中華民國三十六年十二月二十五日施行

第五條

中華民國各民族一律平等。

第七條

中華民國人民，無分男女、宗教、種族、階級、黨派，在法律上一律平等。

第三十八條

總統依本憲法之規定，行使締結條約及宣戰媾和之權。

第五十八條

行政院設行政院會議，由行政院院長、副院長、各部會首長及不管部會之政務委員組織之，以院長為主席。

行政院院長、各部會首長，須將應行提出於立法院之法律案、預算案、戒嚴案、大赦案、宣戰案、媾和案、條約案及其他重要事項，或涉及各部會共同關係之事項，提出於行政院會議議決之。

第六十三條

立法院有議決法律案、預算案、戒嚴案、大赦案、宣戰案、媾和案、條約案及國家其他重要事項之權。

＊釋字第三二九號

解釋文：

憲法所稱之條約係指中華民國與其他國家或國際組織所締約之國際書面協定，包括用條約或公約之名稱，或用協定等名稱而其內容直接涉及國家重要事項或人民之權利義務且具有法律上效力者而言。其中名稱為條約或公約或用協定等名稱而附有批准條款者，當然應送立法院審議，其餘國際書面協定，除經法律授權或事先經立法院同意簽訂，或其內容與國內法律相同者外，亦應送立法院審議。

理由書：

總統依憲法之規定，行使締結條約之權；行政院院長、各部會首長，須將應行提出於立法院之條約案提出於行政院會議議決之；立法院有議決條約案之權，憲法第三十八條、第五十八條第二項、第六十三條分別定有明文。依上述規定所締結之條約，其位階同於法律。故憲法所稱之條約，係指我國（包括主管機關授權之機構或團體）與其他國家（包括其授權之機關或團體）或國際組織所締結之國際書面協定，名稱用條約或公約者，或用協定等其他名稱而其內容直接涉及國防、外交、財政、經濟等之國家重要事項或直接涉及人民之權利義務且具有法律上效力者而言。其中名稱為條約或公

約或用協定等名稱而附有批准條款者，當然應送立法院審議，其餘國際書面協定，除經法律授權或事先經立法院同意簽訂，或其內容與國內法律相同（例如協定內容係重複法律之規定，或已將協定內容訂定於法律）者外，亦應送立法院審議。其無須送立法院審議之國際書面協定，以及其他由主管機關或其授權之機構或團體簽訂而不屬於條約案之協定，應視其性質，由主管機關依訂定法規之程序，或一般行政程序處理。外交部所訂之「條約及協定處理準則」，應依本解釋意旨修正之，乃屬當然。至條約案內容涉及領土變更者，並應依憲法第四條之規定，由國民大會議決之。而臺灣地區與大陸地區間訂定之協議，因非本解釋所稱之國際書面協定，應否送請立法院審議，不在本件解釋之範圍，併此說明。

* 法務部（八五）法律決字第〇一五〇四號

要旨：

與他國簽訂之條約、公約或國際書面協定，除經法律授權或事先經立法院同意簽訂，或其內容與國內法律相同者外，均應送立法院審議，始具有法律效力。

全文內容：

按司法院大法官會議釋字第三二九號解釋：「憲法所稱之條約係指中華民國與他國家或國際組織所締結之國際書面協定，包括用條約或公約之名稱，或用協定等名稱而其內容直接涉及國家重要事項或人民之權利義務且具有法律上效力者而言。其中名稱為條約或公約或用協定等名稱而附有批准條款者，當然應送立法院審議，其餘國際書面協定，除經法律授權或事先經立法院同意簽訂，或其內容與國內法律相同者外，亦應送法院審議。」是與他國簽訂之條約、公約或國際書面協定，除經法律授權或事先經立法院同意簽訂，或其內容與國內法律相同者外，均應送立法院審議，始具有法律效力。本件依來函所述，美商保險公司在臺分公司得否因行使抵押權而取得不動產，其法律疑義在於中美保險諮商會議結論是否即視為具有法律上之效力一節，請參照上揭意旨，本於職權自行審認之。

* 法務部（七三）法律字第一二九〇二號

要旨：

關於烏拉圭政府與我簽訂之科學、技術合作協定，如將來不送立法院審議及呈總統批准，則其性質僅屬行政協定，如有關於特權及豁免之條款，而無其他國內法可資援用時，恐難使之排除我國國內法之適用。

* 法務部（七二）法律字第一八一三號

要旨：

按「條約」是普通國際協定的名辭，但並非所有的國際協定都以條約稱之，名非條約而實為條約的國際協定很多，如公約、憲章、盟約、議定書、協定、協約等是。又學者間大都認為締結條約的作用並非純粹的執行行為而含有立法性質，有些條約固然只

拘束締約當事國政府，而與人民的權利較無直接關係，但有些國際條約往往直接設定人民的權利義務，故此等條約的締結不能單視為行政行為，亦應視為一種立法行為，因此我國憲法第六十三條規定，立法院有議決條約案之權。再從實務上而言，民國五十四年八月三十一日簽訂之「在華美軍地位協定」雖名為協定，仍由行政院函請立法院審議，經立法院於民國五十五年一月十一日通過批准，同年四月十二日正式換文生效。條約在我國憲法及有關法律中均未明文規定其具有國內法的效力，但立法院審查條約案時，與審查法律案的程序完全相同，條約亦和其他立法院通過的法律一樣，均刊登在立法院公報及立法專刊中，是條約在我國應具有國內法之效力。復從憲法第一百四十一條精神以觀，條約與國內法牴觸時，似宜優先適用條約。按條約內容，如與人民的權利義務有關，則其締結不僅對國家有極大影響，而於人民亦有休戚相關的關係，此種條約（包括協定）似應經立法院審議批准。本案關於中賴投資促進與保護協定，其中多處有關人民權利義務之規定，如第二條投資之促進與保護、第三條最惠國待遇、第四條損害賠償、第六條投資之匯回等，並非屬技術性之協定，似不宜免除批准手續，而使其成為一「行政協定」。蓋本協定如不經立法院審議而免除批准手續，倘因本協定之規定與國內法之規定相牴觸時，要使國內執法人員執行本協定排除國內法之適用，似尚乏強有力之法律依據。

＊司法院（五三）臺函參字第一四五〇號

要旨：

凡依法批准公布之條約，已具有國內法之同等效力。

全文內容：

查條約本身並非國內法之直接淵源，依一般而言，條約批准須經締約國之行政機關公布始生效力。條約既經公布，其有與國內法牴觸者，依司法院第四五九號令之釋示，國內法縱未為適當之修正或對牴觸部份未經宣佈失效，原則上亦應優先適用條約之有關規定。至我國業已批准公布之條約，其規定內容，我國法令尚無規定者，其效力如何之問題，各國法令雖異，但查我國憲法第一四一條：「尊重條約及聯合國憲章」，及同法第六十三條條約須經立法院議決之規定而觀，實已具有國內法之同等效力。故凡依法批准公布之條約，似無須經過特別之立法程序即得逕行援用，亦無須另行以命令規定。

第一百四十一條

中華民國之外交，應本獨立自主之精神，平等互惠之原則，敦睦邦交，尊重條約及聯合國憲章，以保護僑民權益，促進國際合作，提倡國際正義，確保世界和平。

＊七二臺上字第一四一二號

要旨：

中華民國與美利堅合眾國友好通商航海條約，於民國三十五年十一月四日簽訂，經立

法院議決批准公布，並於三十七年十一月三十日互換，同日生效，依我國憲法第一百四十一條所定「尊重條約」及同法第六十三條所定條約須經立法院議決之規定以觀，該友好通商航海條約，實已具有國內法之同等效力，法院自應予適用。

＊法務部（八一）法律決字第○八八四二號

要旨：

關於國籍法第一條第三款所謂「無國籍」之定義疑義。

說明：

一、復　貴部八十一年四月廿七日臺（八一）內戶字第八一○二六九二號函。

二、本部意見如后：（一）按立法院審查條約案時，與審查法律案之程序完全相同，是經立法院議決之條約在我國應具有國內法之效力。復從憲法第一百四十一條之精神以觀，條約與國內法牴觸時，似宜優先適用條約（參照本部七十二年二月二十一日法（七二）律字第一八一三號函）。（二）又按西元一九三○（民國十九年）之「國際聯合會國籍法公約」業經我國代表簽字（部分保留），同年十二月二十七日經我國立法院通過，一九三四（民國二十三年）十二月十八日由我國民政府將已簽字部分批准，性質上為條約之一種。該公約第七條第一項規定：「一國之法律規定發給出籍許可證書，倘領得證書之人非有另一國籍或取得另一個國籍時，此項證書對之不應有喪失國籍之效果。倘領得證書之人在發給證書國家所規定之時間內不取得另一國籍，則證書失其效力。但領得證書之時已有另一國籍者，不在此限。」如與國籍法施行條例第五條規定有所牴觸，核諸前揭法律見解，似宜優先適用該公約第七條第一項之規定（國籍法第一條、國籍法施行條例第五條）。

＊法務部（七九）法律字第一○九○○號

要旨：

法務部對「我與無邦交國訂定之各種行政協定，是否後送立法院查照」問題之研究意見：

一、何謂行政協定？查我國相關法令，似無就「行政協定」乙詞予以界定者。惟「行政協定」之一般涵意係指一國行政機關，為使其有較大之處理事務能力，以符合其現代社會之功能，於其職權範圍內就特定事項與他國（行政部門）所締結之國際行政協定。

二、我國與他國訂定之行政協定（不論該國與我國有無邦交）其法律地位如何？

㈠查我國憲法第一百四十一條規定：「中華民國之外交，應本獨立自主之精神，……尊重條約及聯合國憲章……。」上開條文，僅言及「條約」，未及「協定」，惟學者通說：「條約」是普通國際協定名詞。另一九六九年維也納條約法公約法第二條亦明文規定「條約」係「國際書面協定」。從而上開憲法條文所稱尊重「條約」，宜涵蓋「國際協定」，似無疑義。

㈡另查司法院於民國二十年七月二十七日以訓字第四五九號函訓示（前）司法行政部：「查原則上法律與條約牴觸，應以條約之效力為優。若條約批准在後，或與法律頒布之日相同，自無問題。若條約批准在法律頒布之前，應將其牴觸之點，隨時陳明候核。」前開司法院訓示，已明確宣示條約效力，原則上優於國內法。最高法院二十三年上字第一○七四號判例亦謂：「國際協定之效力優於國內法。」「立法院係於民國三十七年五月八日成立，上開判例成立時，尚無立法院，則判例內所稱之『國際協定』，是否泛稱一切之協定？有待探討。」另我國法院實務見解就一般而論（最高法院七十三年度臺非字第六九號刑事判決為例），亦傾向於條約（協定）具有特別法性質，其效力應優於國內法。

㈢我國與無邦交國家締結之協定，其地位宜與我國與有邦交國家締結之協定同視（以中美終止外交關係後，雙方以「中華民國北美事務協調委員會」暨「美國在臺協會」名義簽訂之協定為例，宜視「中華民國北美事務協調委員會」與「美國在臺協會」，分別係中美兩國政府之「代理人」，從而以其名義所簽訂之協定，在國際法上應被賦與類似具有官方關係之兩國所簽訂之協定）。綜上所述，依憲法第一百四十一條之精神及法院判例（決）之意旨，條約（協定）與國內法牴觸時，宜優先適用前者。蓋條約（協定）係就締約國間之特別事項而為規範，依國際社會遵守國際信義之慣例，締約國有義務不制定違反條約（協定）之法律或於兩者衝突牴觸時，優先適用條約（協定）。

三、我與無邦交國家訂定之各種行政協定，是否應經立法院同意程序？不論我國與有無邦交國家所簽訂之協定，若內容涉及人民權利義務、國家各機關組織、或其他重要事項應以法律定之者，則協定締結之作用，並非單純之行政行為，宜視為一種立法行為，參照中央法規標準法第五條之精神，上開協定宜經立法院之同意程序，俾使該協定與我國內法具有同等地位，並以「特別法」之型態，優先於國內法而予適用。如此方能符合前揭憲法法條並重條約(協定)之精神及法院判例(決)之意旨，與遵守國際信義之國際慣例（本部七十二年二月二十一日法（七二）律字第一八一三號函，亦持相同見解）。

四、結論：基上分析，我國與無邦交國家訂定之各種行政協定，是否應送立法院查照，宜視該協定之內容是否涉及人民權義或國家機關組織重要事項等而須具有立法行為性質而定。若協定締結之作用，並非單純之行政行為，而具有立法性質時，宜送請立法院查照，俾符合尊重條約（協定）之精神與法院判例（決）之意旨，同時遵守國際信義之國際慣例。

2. 中華民國憲法增修條文（第三、十條）

中華民國八十九年四月二十五日總統（八九）華總（一）義字第八九○○一○八三五○號令

修正公布全文十一條

第三條

行政院院長由總統任命之。行政院院長辭職或出缺時，在總統未任命行政院院長前，由行政院副院長暫行代理。憲法第五十五條之規定，停止適用。

行政院依左列規定，對立法院負責，憲法第五十七條之規定，停止適用：

一、行政院有向立法院提出施政方針及施政報告之責。立法委員在開會時，有向行政院院長及行政院各部會首長質詢之權。

二、行政院對於立法院決議之法律案、預算案、條約案，如認為有窒礙難行時，得經總統之核可，於該決議案送達行政院十日內，移請立法院覆議。立法院對於行政院移請覆議案，應於送達十五日內作成決議。

如為休會期間，立法院應於七日內自行集會，並於開議十五日內作成決議。覆議案逾期未議決者，原決議失效。覆議時，如經全體立法委員二分之一以上決議維持原案，行政院院長應即接受該決議。

三、立法院得經全體立法委員三分之一以上連署，對行政院院長提出不信任案。不信任案提出七十二小時後，應於四十八小時內以記名投票表決之。如經全體立法委員二分之一以上贊成，行政院院長應於十日內提出辭職，並得同時呈請總統解散立法院；不信任案如未獲通過，一年內不得對同一行政院院長再提不信任案。

國家機關之職權、設立程序及總員額，得以法律為準則性之規定。

各機關之組織、編制及員額，應依前項法律，基於政策或業務需要決定之。

第十條

國家應獎勵科學技術發展及投資，促進產業升級，推動農漁業現代化，重視水資源之開發利用，加強國際經濟合作。

經濟及科學技術發展，應與環境及生態保護兼籌並顧。

國家對於人民興辦之中小型經濟事業，應扶助並保護其生存與發展。

國家對於公營金融機構之管理，應本企業化經營之原則；其管理、人事、預算、決算及審計，得以法律為特別之規定。

國家應推行全民健康保險，並促進現代和傳統醫藥之研究發展。

國家應維護婦女之人格尊嚴，保障婦女之人身安全，消除性別歧視，促進兩性地位之實質平等。

國家對於身心障礙者之保險與就醫、無障礙環境之建構、教育訓練與就業輔導及生活維護與救助，應予保障，並扶助其自立與發展。

國家應重視社會救助、福利服務、國民就業、社會保險及醫療保健等社會福利工作，對於社會救助和國民就業等救濟性支出應優先編列。

國家應尊重軍人對社會之貢獻，並對其退役後之就學、就業、就醫、就養予以保障。

教育、科學、文化之經費，尤其國民教育之經費應優先編列，不受憲法第一百六十四條規定之限制。

國家肯定多元文化，並積極維護發展原住民族語言及文化。

國家應依民族意願，保障原住民族之地位及政治參與，並對其教育文化、交通水利、衛生醫療、經濟土地及社會福利事業予以保障扶助並促其發展，其辦法另以法律定之。對於澎湖、金門及馬祖地區人民亦同。

國家對於僑居國外國民之政治參與，應予保障。

3.總統副總統選舉罷免法（第二十七、三十五條）

中華民國八十四年八月九日總統（八四）華總（一）義字第五八八九號令制定公布全文一百零七條

第二十七條

左列人員不得申請登記為總統、副總統候選人：

一、現役軍人或警察。

二、辦理選舉事務人員。

三、具有外國國籍者。

前項第一款之現役軍人，屬於後備軍人或國民兵應召者，在應召未入營前，或係教育、勤務及點閱召集，均不受限制。

第三十五條

政黨及候選人不得接受左列競選經費之捐助：

一、外國團體、法人、個人或主要成員為外國人之團體、法人。

二、大陸地區人民、法人、團體或其他機構，或主要成員為大陸地區人民之法人、團體或其他機構。

三、同一種選舉其他政黨或候選人。

四、公營事業或接受政府捐助之財團法人。

政黨、候選人或為其助選之人，不得向不特定人以發行定期、不定期之無息、有息債券或其他有價證券方式，募集競選經費。

4.總統副總統選舉罷免法施行細則（第二十條）

中華民國八十八年十一月十七日內政部（八八）臺內民字第八八九四〇六〇號令修正發布第十五條條文

第二十條

本法第二十七條第一項所列第一款、第二款人員，非於申請登記前已退伍、停役或辭職，不得申請登記為總統、副總統候選人。申請登記時，並應繳驗正式證明文件。本法第二十七條第一項第三款所稱具有外國國籍者，係指於申請登記時仍未喪失外國國籍者而言。

5. 公職人員選舉罷免法（第三十一、四十五之二、六十七之一、八十八條）

中華民國九十一年一月二十五日總統（九一）華總一義字第〇九一〇〇〇一五六九〇號令修正公布第六十七條條文

第三十一條

選舉人年滿二十三歲，得於其行使選舉權之選舉區登記為公職人員候選人。但省（市）長候選人須年滿三十五歲；縣（市）長候選人須年滿三十歲；鄉（鎮、市）長候選人須年滿二十六歲。

選舉人年滿二十三歲，得由依法設立之政黨登記為中央公職人員全國不分區選舉之候選人。

僑居國外之中華民國國民年滿二十三歲，未曾設有戶籍或已將戶籍遷出國外連續八年以上者，得由依法設立之政黨登記為中央公職人員僑居國外國民選舉之候選人。

政黨登記之全國不分區、僑居國外國民選舉候選人，應為該黨黨員，並經各該候選人書面同意；其候選人名單應以書面為之，並排列次序。

回復中華民國國籍三年或因歸化取得中華民國國籍滿十年者，得依前四項規定登記為候選人。

＊法務部（八一）法律字第〇三七八七號

要旨：

關於中央公職人員僑居國外國民選舉候選人僑居身分之認定一案。

說明：

一、復　貴會八十一年二月十八日八十一中選一字第三九三〇七號函。

二、貴會辦理第二屆國民大會代表選舉時，曾邀集有關機關開會研商關於僑居國外國民候選人國籍之認定及僑居證明之核發等問題，作成五項決議，其中第三項決議「……有關『繼續僑居』及『現仍在國外居留』之認定，如其僑居國外迄未回國定居設籍，自應認為繼續僑居，不發生中斷事由，如其是否回國定居設籍有疑義者，可電傳外交部彙轉內政部（入出境管理局）查復，據以核發證明。」是否違反公職人員選舉罷免法第六十七條之一規定乙節，查公職人員選舉罷免法除於第三十一條第一項規定：「選舉人年滿二十三歲，得於其行使選舉權之選舉區或其本籍地登記為公職人員候選人。……」外，為配合憲法增修條文第四條規定，又於公

職人員選舉罷免法第三條第二項規定：「中央公職人員全國不分區、僑居國外國民之選舉，採政黨比例方式選出之。」因此，如參加僑居國外國民選舉為候選人，自應符合公職人員選舉罷免法第三十一條第五項規定：「僑居國外之中華民國國民年滿二十三歲，在國外繼續僑居八年以上，得由依法設立之政黨登記為中央公職人員僑居國外國民選舉之候選人。……」及該法施行細則第二十八條之一第二項規定：「本法第三十一條第五項所稱僑居國外之中華民國國民，在國外繼續僑居八年以上，係指具中華民國國籍，在國外各地繼續僑居八年以上而現仍在國外居留者而言。」暨前述決議等有關取得僑居國外國民選舉候選人資格所應具備之要件。否則，既為中華民國國民，自得依公職人員選舉罷免法第三十一條第一項規定以國民之身分參加選舉。故前述有關「繼續僑居」及「現仍在國外居留」之決議，以僑居國外迄未回國定居設籍作為認定標準，並未剝奪華僑之參政權。（公職人員選舉罷免法第三、三十一、六十七之一條（八十三年十月二十二日）、公職人員選舉罷免法施行細則第二十八之一條（八十三年九月十六日））

第四十五條之二

政黨及候選人不得接受左列競選經費之捐助：

一、外國團體、法人、個人或主要成員為外國人之團體、法人。

二、同一種選舉其他政黨或候選人。

三、公營事業或接受政府捐助之財團法人。

＊法務部（八三）法律決字第二六五九〇號

要旨：

公職人員選舉罷免法第四十五條之二第一款規定，政黨及候選人不得接受外國團體、法人、個人或主要成員為外國人之團體、法人競選經費之捐助，大陸團體、法人或人民宜否包括在內疑義。

全文內容：

按公職人員選舉罷免法第四十五條之二第一款規定之旨，係就政黨及候選人不得接受「外國團體、法人、個人或主要成員為外國人之團體、法人」競選經費之捐助而為規範，是否為外國團體、外國法人或外國人，似應其是否為依外國法令規定設立或具有外國國籍認定之。至大陸團體、法人或人民宜否包括在上開規定範圍內，請主管機關本於職權審酌該條立法意旨及規範目的決定之。

第六十七條之一

當選人兼具外國國籍者，應於當選後就職前放棄外國國籍；逾期未放棄者，視為當選無效；其所遺缺額，依前條規定辦理。

＊法務部（八二）法律字第二三四一八號

要旨：

公職人員選舉罷免法第六十七條之一所稱「放棄外國國籍」之適用。

說明：

一、復　貴會八十二年十月二日八十二中選一字第四八五一六號函。

二、查第二屆國民大會代表當選人莊〇樹具有日本國籍，其於當選後就職前向日本政府申請放棄日本國籍，日本政府因故未予核准，致生公職人員選舉罷免法第六十七條之一所定「放棄外國國籍」之適用疑義乙案，因涉及日本國籍法有關「外國國籍」的解釋問題，日本學界（部分憲法學者）與法務省對所謂「外國國籍」之見解似有不同，法院實務上見解如何亦有未明，故請　貴會再函請外交部就日本國籍第十一條及第十三條第一項所定「外國國籍」之意義繼續協助蒐集日本實務及學說見解等資料，俾作進一步研究，以謀求解決方案。

第八十八條

候選人違反第四十五條之二第一款規定接受捐助者，處五年以下有期徒刑；違反第二款或第三款規定接受捐助者，處一年以下有期徒刑、拘役或科新臺幣十萬元以下罰金。政黨之負責人、代表人，政黨或候選人之代理人、受雇人犯前項之罪者，依前項之規定處罰。其所犯為前項前段之罪者，並對該政黨或候選人科新臺幣十萬元以上五十萬元以下罰金；所犯為前項後段之罪者，並對該政黨或候選人科新臺幣十萬元以下罰金。犯前二項之罪者，其接受捐助所得財物沒收之；如全部或一部不能沒收時，追徵其價額。

6.國民大會代表選舉罷免法（第六條）

中華民國七十七年三月十一日總統（七七）華總（一）義字第〇八八〇號令修正公布第二十九、三十三、三十七、四十五條條文

第六條

外國人民因歸化取得中華民國國籍，滿五年者，依前條之規定有選舉權；滿十年者，依前條之規定有被選舉權。

回復中華民國國籍人民，滿二年者，依前條之規定有選舉權；滿三年者，依前條之規定有被選舉權。

7.立法院立法委員選舉罷免法（第七條）

中華民國三十六年十二月二十五日國民政府修正公布第四十五條條文

第七條

外國人民因歸化取得中華民國國籍，滿五年者，依前條之規定有選舉權；滿十年者，依前條之規定有被選舉權。

回復中華民國國籍人民，滿二年者，依前條之規定有選舉權；滿三年者，依前條之規定有被選舉權。

8.立法院職權行使法（第六十四條）

中華民國九十一年一月二十五日總統（九一）華總一義字第〇九一〇〇〇一五六七〇號令修正公布第十一、六十八、七十、七十二、七十四條條文；並增訂第十之一、七十一之一條條文

第六十四條

立法院於收受請願文書，應依下列規定辦理：

一、秘書處收受請願文書後，應即送程序委員會。

二、各委員會收受請願文書後，應即送秘書處收文。

三、立法院會議時，請願人面遞請願文書，由有關委員會召集委員代表接受，並於接見後，交秘書處收文。

四、請願人向立法院集體請願，面遞請願文書有所陳述時，由院長指定之人員接見其代表。

前項請願人，包括經我國認許之外國法人。

9.國家安全法（第二之一條）

中華民國八十五年二月五日總統（八五）華總字第八五〇〇〇二七一二〇號令增訂公布第二之一、五之一條條文；中華民國八十五年二月二十九日行政院（八五）臺內字第〇五七三二號令定於中華民國八十五年三月一日施行

第二條之一

人民不得為外國或大陸地區行政、軍事、黨務或其他公務機關或其設立、指定機構或委託之民間團體刺探、蒐集、交付或傳遞關於公務上應秘密之文書、圖書、消息或物品，或發展組織。

10.通訊保障及監察法（第七至九條）

中華民國八十八年七月十四日總統（八八）華總一義字第八八〇〇一五九八七〇號令制訂全文三十四條；並自公布日起施行

第七條

為避免國家安全遭受危害，而有監察下列通訊，以蒐集外國勢力或境外敵對勢力情報之必要者，綜理國家安全情報工作機關首長得核發通訊監察書。

一、外國勢力、境外敵對勢力或其工作人員在境內之通訊。

二、外國勢力、境外敵對勢力或其工作人員跨境之通訊。

三、外國勢力、境外敵對勢力或其工作人員在境外之通訊。

前項第一款或第二款通訊之一方在境內設有戶籍者，其通訊監察書之核發，應先經最高法院檢察署之檢察官同意。但情況急迫者不在此限。

前項但書情形，綜理國家安全情報工作機關應即將通訊監察書核發情形，通知最高法院檢察署之檢察官補行同意；其未在二十四小時內獲得同意者，應即停止監察。

第八條

前條第一項所稱外國勢力或境外敵對勢力如下：

一、外國政府、外國或境外政治實體或其所屬機關或代表機構。

二、由外國政府、外國或境外政治實體指揮或控制之組織。

三、以從事國際或跨境恐怖活動為宗旨之組織。

第九條

第七條第一項所稱外國勢力或境外敵對勢力工作人員如下：

一、為外國勢力或境外敵對勢力從事秘密情報蒐集活動或其他秘密情報活動，而有危害國家安全之虞，或教唆或幫助他人為之者。

二、為外國勢力或境外敵對勢力從事破壞行為或國際或跨境恐怖活動，或教唆或幫助他人為之者。

三、擔任外國勢力或境外敵對勢力之官員或受僱人或國際恐怖組織之成員者。

民事法規類

一、民事實體法

(一)民法等相關法規

1.民法（第二百零二條）

民法第一編　總則

中華民國七十一年一月四日總統令修正公布第八、十四、十八、二十、二十四、二十七、二十八、三十二至三十六、三十八、四十二至四十四、四十六至四十八、五十至五十三、五十六、五十八至六十五、八十五、一百十八、一百二十九、一百三十一至一百三十四、一百三十六、一百三十七、一百四十八、一百五十一、一百五十二條條文；並自中華民國七十二年一月一日施行

民法第二編　債

中華民國八十九年四月二十六日總統（八九）華總一義字第八九〇〇一〇六一三〇號令修正公布第二百四十八條條文

民法第三編　物權

中華民國八十四年一月十六日總統（八四）華總(一)義字第〇一九五號令修正公布第九百四十二條文

民法第四編　親屬

中華民國八十九年一月十九日總統（八九）總(一)義字第八九〇〇〇一一八六〇號令修正公布第一千零九十四條條文

民法第五編　繼承

中華民國七十四年六月三日總統令修正公布第一千一百四十五、一千一百六十五、一千一百七十四、一千一百七十六、一千一百七十八、一千一百八十一、一千一百九十五、一千一百九十六、一千二百一十三、一千二百一十九至一千二百二十二條暨第三章第五節節名；增訂第一千一百七十六之一、一千一百七十八之一條條文；並刪除第一千一百四十二、一千一百四十三、一千一百六十七條條文

第二百零二條

以外國通用貨幣定給付額者，債務人得按給付時，給付地之市價，以中華民國通用貨幣給付之。但訂明應以外國通用貨幣為給付者，不在此限。

*四六臺上字第一七一三號

要旨：

以黃金美鈔之給付為債之標的者，當事人聲明按給付時給付地折付中華民國通用貨幣

時，以往均以臺灣銀行外匯牌告之價格為折合之標準，惟近年外匯於牌告匯率以外尚有結匯證之設置，即政府舉辦之郵匯亦不單以牌價為給付，故本院最近見解認為黃金美鈔如不能返還時，應照返還時臺灣銀行牌告黃金結購外匯及外匯結匯證價格折合新臺幣計算之。

＊八八臺上字第三四五九號

要旨：

按以外國通用貨幣定給付額者，固僅債務人得以中華民國通用貨幣給付之，為民法第二百零二條前段所明定，債權人不得請求債務人以中華民國通用貨幣給付，惟契約自由乃私法上之大原則，該法條乃任意規定，非強制規定。國際貿易中，如契約當事人約定債之給付應以外國通用貨幣為之，債權人亦得請求債務人折付新臺幣者，不能認係違反強制規定而無效，契約當事人應同受拘束。

＊八七臺上字第六三五號

要旨：

以外國通用貨幣定給付額者，僅債務人得按給付時給付地之市價以中華民國通用貨幣給付之，此觀民法第二百零二條之規定自明。

＊七六臺上字第五四八號

要旨：

當事人約定以外國通用貨幣為給付者，債權人不得請求債務人以我國通用貨幣給付。本件上訴人委託被上訴人簽發信用狀時所付保證金為美金，而被上訴人依約應還之保證金亦為美金，為原審所確定之事實。依前開說明，上訴人僅得請求被上訴人以美金返還保證金，不得請求被上訴人以新臺幣返還保證金。

＊八〇臺上字第八四號

要旨：

查以外國通用貨幣定給付額者，債務人得按給付時給付地之市價，以中華民國通用貨幣給付之，民法第二百零二條前段定有明文，且為本院前次發回意旨所指明，原審命上訴人給付之美金及其法定利息仍按七十六年七月三十日外匯交易中心買賣中心匯率折算新臺幣給付，並未說明何以應依上開匯率折付新臺幣之理由，即屬可議。

＊八一臺上字第三〇三九號

要旨：

民法第二百零二條前段規定，以外國通用貨幣定給付額者，債務人得按給付時、給付地之市價，以中華民國通用貨幣給付之。故以外國通用貨幣定給付額者，惟債務人得以中華民國通用貨幣為給付。倘債權人請求給付，則惟有依債之本旨，請求債務人以外國通用貨幣給付之。且管理外匯條例第六條之一、第七條、第十三條及第十七條規定，業經行政院七十六年七月十五日臺七六財字第一五七六七號函，依同法第二十六

條之一，定自七十六年七月十五日停止適用。債務人亦無不能給付美金之情形，故債權人請求給付美金為有理由者，即不得命債務人按給付時外匯匯率折付新臺幣。

＊八三臺上字第六七九號

要旨：

當事人約定以外國通用貨幣為給付者，依民法第二百零二條規定，僅債務人得按給付時給付地之市價，以中華民國通用貨幣給付之；倘債權人請求給付，唯有依債務之本旨，請求債務人以外國通用貨幣為給付，不得逕行請求以我國通用貨幣為給付。查兩造既約定被上訴人應給付者為美金，上訴人自不得逕行請求被上訴人給付新臺幣。

＊八三臺上字第一〇三〇號

要旨：

按契約解除時，當事人雙方互負回復原狀之義務，當事人之一方受領之給付為金錢者，應附加自受領時起之利息償還他方，此觀民法第二百五十九條之規定自明。又損害賠償之方法，以回復原狀為原則（同法第二百十三條參照）。是當事人之一方受領之給付為外國通用貨幣時，除該為債務人之當事人依民法第二百零二條前段規定，得按給付時給付地之市價，以我國通用貨幣給付外，為債權人之他方當事人請求給付時，須依債之本旨，請求債務人以該外國通用貨幣給付之，不得逕行請求給付我國通用貨幣。

＊八三臺上字第一五七五號

要旨：

按以外國通用貨幣定給付額者，債務人得按給付時給付地之市價，以中華民國通用貨幣給付之，為民法第二百零二條前段所明定。故以外國貨幣定給付額者，債務人固得以外國貨幣為給付；倘債權人請求給付，則惟有依債之本旨，請求債務人以外國通用貨幣給付之。又關於管理外匯條例第六條之一、第七條、第十三條規定，業經行政院於七十六年七月十五日以臺 76 財字第一五七六七函，依同條例第二十六條之一，定自七十六年七月十五日起停止適用，債務人已無不能給付美金之情形。

＊八五臺上字第五四八號

要旨：

民法第六百三十八條第一項：「運送物有喪失、毀損或遲到者，其損害賠償額，應依其應交付時目的地之價值計算之」，係就損害賠償額計算之標準所為之規定，非謂應以運送物應交付時目的地之貨幣以為賠償。本件上訴人依該條項規定，請求被上訴人按系爭貨物價值美金四萬五千七百七十七元，依受貨人應付貨款時美金與新臺幣之匯率，計算損害額以新臺幣賠償之。原審未查明兩造有無就該損害額約定以何種貨幣給付，徒以系爭貨物交付地在加拿大，受貨人為加拿大廠商，依通常情事，該貨物在加拿大交付時之價值，以美金或加幣計算之，即謂其損害係以外國貨幣定給付額，並非以新臺幣為給付額，遽依民法第二百零二條規定，為上訴人不利之判決，於法自有未洽。

*八五臺上字第三一三三號

要旨:

民法第六百三十八條第一項規定:「運送物有喪失,毀損或遲到者,其損害賠償額,應依交付時目的地之價值計算之」,所謂「應依交付時目的地之價值計算之」,僅係作為損害賠償額之計算標準,並不表示當事人間債之標的即成為以交付時目的地之外國通用貨幣為給付。

*八五臺上字第二六六六號

要旨:

以外國通用貨幣定給付額者,依民法第二百零二條前段規定,債務人固得按給付時、給付地之市價,以中華民國通用貨幣給付之,倘債權人請求給付,則惟有依債之本旨請求債務人以外國通用貨幣給付之。又關於管理外匯條例第六條之一、第七條、第十三條規定,業經行政院於七十六年七月十五日以臺財字第一五七六七號函,依同條例第二十六條之一規定,自七十六年七月十五日起停止適用,債務人已無不能給付美金之情形。原審既認上訴人依商標法第六十六條第一項第三款但書規定應連帶賠償被上訴人美金三萬四千八百元,乃竟命上訴人按起訴時之匯率折付新臺幣,亦有未合。

2.民法總則施行法 (第二、十一至十五條)

中華民國七十一年一月四日總統(七一)臺統(一)義字第○○○四號令修正公布第一、三至七、十、十九條文;並自中華民國七十二年一月一日施行

第二條

外國人於法令限制內,有權利能力。

*二六渝上字第九七六號

要旨:

民法總則施行法第二條所謂外國人,係指無中華民國國籍者而言,其有中華民國國籍者,雖有外國之國籍,亦非外國人。

*二四院字第一二四○號

解釋文:

外國人得任中國之公司股東、董事或監察人,應以該公司章程及現行法令無限制為限。

*法務部(八七)法律字第○四六三三○號

要旨:

有關外國人得否取得本國公司股份質權設定疑義。

主旨:

關於 貴部函詢有關外國人得否取得本國公司股份質權設定疑義乙案,復如說明二,

請　查照。

說明：

一、復　貴部八十七年十一月二十七日經（八七）商字第八七二二六一三五號函。

二、按我國對於外國人之權利能力係採平等主義，依民法總則施行法第二條規定：「外國人於法令限制內有權利能力。」查民法物權編有關質權之設定或取得，對於外國人並無禁止或限制之規定。至於公司法、證券交易法等相關法規有無禁止或限制規定，宜請洽詢各該相關法規主管機關。

＊財政部金融局（八六）臺融局㈠字第八六○六七三七三號

要旨：釋示外國自然人是否得為動產擔保交易登記之權利義務主體等相關疑義。

主旨：有關外國自然人是否得為動產擔保交易登記之權利義務主體等相關疑義，復如說明，請　查照。

說明：

一、復　貴局八十六年一月十八日北市建二字第四○○二一八號函。

二、關於外國人可否得為動產擔保交易登記之權利義務主體乙節，查民法總則施行法第二條規定「外國人於法令限制內有權利能力。」故除其他法令有特別規定外，動產擔保交易法並無規定外國人不得為動產擔保交易登記之權利義務主體，惟就具體之擔保標的，其他法令是否有限制外國人取得或設定權利，而影響或限制外國人為動產擔保交易之登記人者，宜另洽該標的物之主管機關。

三、又關於外國人為動產擔保交易登記之權利義務主體，於申請登記時應出具之相關文件為何乙節，請依動產擔保交易法施行細則第六條辦理。

第十一條

外國法人，除依法律規定外，不認許其成立。

＊二○院字第四一五號

解釋文：

一、法人登記，依法人登記規則第一條規定，由地方法院設登記處派書記官辦理。

二、聲請登記應依法人登記規則第九條繳納登記費。

三、登記之方式及簿冊，應依法人登記規則第二條、第二十六條至第二十九條各條，及司法行政部頒發之法人登記簿冊格式辦理。

四、從前設立之中外法人及新設立之中外法人，不依法登記，依民法總則第三十條規定法人不得成立，但關於外國法人之登記，應注意民法總則施行法第十一條之規定。

＊法務部（七五）法參字第一○七五號

要旨：

未經認許之外國法人申請辦理登記為動產擔保抵押權人，倘其未依我國法律規定申請

認許，除我國與他國所締條約有特別約定外，自不得為權利、義務主體。

全文內容：

一、按外國法人在我國非當然具有法人之人格，亦即非當然得為權利、義務主體，須依我國法律規定，經認許後方能取得為權利、義務主體之資格，此觀民法總則施行法第十一條：「外國法人除依法律規定外，不認許其成立。」之規定及參酌最高法院五十年臺上字第一八九八號判例：「未經認許其成立之外國法人，雖不能認其為法人，然仍不失為非法人團體，苟該非法人團體設有代表人或管理人者，依民事訴訟法第四十條第三項規定，自有當事人能力。……」及最高法院六十七年臺上字第八六五號判例：「……非法人團體於民事訴訟得為確定私權請求之人或為其相對人。惟此乃程序法對非法人團體認其有形式上之當事人能力，尚不能因之而謂非法人團體有實體上之權利能力。」之意旨自明。至於外國法人認許之程序，應依民法總則施行法第十三條及公司法第八章關於外國公司認許之規定為之。惟如我國與他國締結條約有特別約定時，基於「國際協定之效力優於國內法」（參照最高法院二十三年上字第一○七四號判例），則前開規定應無適用之餘地。

二、據上所述，本件未經認許之外國法人申請辦理登記為動產擔保抵押權人，倘其未依我國法律規定申請認許，除我國與他國所締條約有特別約定外，自不得為權利、義務主體，亦即其不宜登記為動產擔保抵押權人。

＊內政部（七四）臺內地字第二九○三七七號

要旨：

經認許之外國法人始具有權利能力，而得為權利主體，取得設定土地權利。

全文內容：

按民法總則施行法第十一條規定「外國法人，除依法律規定外，不認許其成立」，又同法第十二條第一項規定「經認許之外國法人，於法令限制內與同種類之中國法人有同一之權利能力」，是外國法人，如欲在我國取得設定土地權利，應先依據我國法律規定予以認許，始具有權利能力，得為權利主體。本案香港中醫師公會有限公司縱屬依據香港法律成立之合法團體，其擬在我國購置不動產，因乏據以認許之法律規定，自難以外國法人之地位，而為權利主體取得，設定土地權利。

＊內政部（六九）臺內社字第三九○一六號

要旨：

外國法人未經認許成立不得以其成員組織合作社

全文內容：

按外國法人，除依法律規定外，不認許其成立，此為民法總則施行法第十一條明文規定。我國尚無關於認許外國法人之法律頒布，對於外國法人之請求認許，無從據以允許。本案美國退伍軍人協會未經依法認許成立，其以該會會員為主體組織合作社，尤

與合作社法規定不合。

第十二條

經認許之外國法人，於法令限制內，與同種類之中國法人有同一之權利能力。

前項外國法人，其服從中國法律之義務，與中國法人同。

＊八一判字第一四五二號

要旨：

〔原告係屬經我國認許之外國法人之分公司，其性質上仍屬外國法人，不因認許而變成為中華民國法人，自不得為技術合作之主體，被告機關經濟部投資審議委員會因而否准原告技術合作之申請，於法無違〕

按「本條例所稱之技術合作，指外國人供給專門技術或專利權，與中華民國政府、國民或法人，約定不作為股本而取得一定報酬金之合作。」技術合作條例第三條第一項定有明文。所謂「中華民國政府、國民或法人」係指中華民國政府、中華民國國民或中華民國法人而言，並不包括經中華民國政府認許之外國法人在內，是技術合作之主體必須一方為外國人，另一方為中華民國政府、國民或法人，否則其合作之當事人適格即有欠缺，自屬無從准許。本件原告係依首揭法條規定申請與美商，迪吉多電腦股份有限公司技術合作生產智慧型終端機、視窗型終端機、電腦周邊設備網路介面板，惟查原告係屬經我國認許之外國法人之分公司，參諸行為時公司法第四條規定，其性質上仍屬外國法人，不因認許而變成為中華民國法人，自不得為技術合作之主體，被告機關因而否准原告技術合作之申請，揆諸首揭法條規定及說明，並無違誤。原告雖主張民法總則施行法第十二條明定經認許之外國法人，於法令限制內，與同種類之中國法人有同一之權利能力，公司法第三百七十五條亦規定外國公司經認許後，其法律上權利義務及主管機關之管轄，除法律另有規定外，與中國公司同，則技術合作條例所稱之法人自應包括經認許之外國法人。又分公司雖為公司整體人格之一部分，然此非謂分公司不得就其營業範圍內為法律行為，再參諸外國人投資條例第六條、華僑回國投資條例第二十條亦皆肯認經認許之外國法人在臺分公司，得享受各該條例之優惠；技術合作條例既係依外國人投資條例及華僑回國投資條例第四條第二項之規定而制定，則技術合作條例所稱之合作人，自應解釋為包括經認許之外國法人在臺分公司云云，但查技術合作條例第三條第一項既已將技術合作之主體列舉，自難擴張解釋包括經認許之外國法人在臺分公司在內，所為主張，尚無可採。訴願、再訴願決定遞予維持原處分，均無不合。原告起訴論旨，非有理由，應予駁回。

＊二五院字第一四八三號

解釋文：

外籍僑民在中國組織團體，如經當地該管黨部依民眾團體組織方案予以許可，該團體既依該方案第三節第三項丙款規定，有遵守國家法律服從政府命令之義務，則關於設

立程序監督辦法，自應與國內人民所組織團體一律待遇。

*法務部（八六）法律決字第○三○七六二號

要旨：

未經認許之外國公司得否取得本國公司股票設定質權疑義

主旨：

關於未經認許之外國公司得否取得本國公司股票設定質權疑義乙案，本部意見如說明二。請　查照參考。

說明：

一、復　貴部八十六年八月二日經 (86) 商字第八六二一五一○九號函。

二、按民法總則施行法第十二條第一項規定：「經認許之外國法人，於法令限制內與同種之中國法人有同一之權利能力。」公司法第三百七十五條亦規定：「外國公司經認許後，其法律上權利義務……除法律另有規定外，與中華民國公司同。」依學者通說，未經認許之外國法人，在我國境內並無權利能力（胡長清著「中國民法總論」第一六八頁、洪遜欣著「中國民法總則」第二○二頁、鄭玉波著「民法總則」第一七八頁、施啟揚著「民法總則」第一五四頁參照），而不得作為權利主體。實務上亦認為：「未經認許其成立之外國法人，雖不能認其為法人，然仍不失為非法人之團體，苟該非法人團體設有代表人或管理人者，依民事訴訟法第四十條第三項規定，自有當事人能力。」「……惟此乃程序法對非法人團體認其有形式上之當事人能力，尚不能因之而謂非法人團體有實體上之權利能力。」（最高法院五十年臺上字第一八九八號、六十七年臺上字第八六五號及六十八年臺抗字第八二號判例參照）　貴部五十七年五月廿一日商字第○五五六三號函謂「……外國公司未經申請認許，在中國境內尚不能作為權利義務主體，自無由設定抵押權及質權。」似與上開學者通說及實務見解並無不符。至於未經認許之外國法人得依商標法、專利法規定申請取得商標、專利等無體財產權，以及依外國投資條例申請投資取得本國公司股票，是否基於特別法規定，而有此例外之情形（施啟揚著前揭書第一五四頁參照），事涉　貴部主管法規之解釋，宜請本於職權自行研酌之。

*行政院公平交易委員會（八四）公研釋字第○九一號

要旨：

有關　貴署函詢外國法人是否受國內公平交易法之保護乙案

說明：

一、復　貴署八十四年一月十二日北檢仁雲字第○一七七八號函。

二、外國法人是否受國內公平交易法之保護，依其是否經認許而有不同，茲簡述如下：

　　㈠經認許之外國法人：查公平交易法對業經認許之外國法人於適用公平交易法時，並無與國內法人有不同之規定，且依相關法規（民法總則施行法第十二條及公司

法第三百七十五條）規定，外國法人或團體經認許後其法律上之權利義務除法律
另有規定者外，與中國法人同。基此，公平交易法對於經認許之外國法人亦予同
等之保護。㈡未經認許之外國法人：按公平交易法第四十七條規定：「未經認許之
外國法人或團體，就本法規定事項得為告訴、自訴或提起民事訴訟。但以依條約
或其本國法令、慣例，中華民國國民或團體得在該國享受同等權利者為限；其由團
體或機構互訂保護之協議，經中央主管機關核准者亦同。」故依上揭法條之規定，
未獲認許之外國法人或團體如經司法機關認定基於互惠原則下，得享有公平交易
法規定事項之刑事及民事訴訟權利。前開法條雖僅就告訴、自訴或提起民事訴訟
加以規範，而未及於行政責任或行政保護等有關之事項，但衡諸公平交易法第四
十七條關於外國法人或團體法律保障之立法目的，係採互惠原則，該條對於民事、
刑事外之行政事項亦應有該條揭示之互惠原則的適用，是以未經認許之外國法人
是否得受公平交易法之保護，宜視其本國有關法令是否規定中華民國國民得與該
國人享同等權利而定。

第十三條

外國法人在中國設事務所者，準用民法總則第三十條、第三十一條、第四十五條、第
四十六條、第四十八條、第五十九條、第六十一條及前條之規定。

＊二五院字第一四七一號

解釋文：

民法總則施行法第十三條，既定明外國法人在中國設事務所者，準用關於法人之成立
許可各規定，則凡在中國未設事務所之外國法人，自難認許為法人。

＊二○院字第四四三號

解釋文：

㈠以營利為目的之法人，依法人登記規則第三十四條規定，固應準用公司登記之規定，
惟公司法現雖公布尚未施行，依現行公司條例公司註冊暫行規則及公司註冊暫行規
則補充辦法規定，經註冊所核准註冊，即可認為法人成立，毋須向法院聲請登記。

㈡外國法人在中國設事務所，依民法總則施行法第十三條之規定，財團及以公益為目
的之社團，準用民法第四十六條、第五十九條規定應得主管官署之許可始得登記，
以營利為目的之社團，準用民法第四十五條之規定，其法人資格之取得，應依特別
法之規定，在公司法未施行前，應依公司註冊暫行規則及公司註冊暫行規則補充辦
法辦理，毋庸向法院聲請登記。

㈢許可法人設立之主管官署，即管理法人目的之事業之官署，應依法人之目的事業而
認定之，其許可權是否專屬於中央官署，抑受中央主管官署之指揮監督，執行法令
之地方官署亦有許可之權，如法令無明文規定者，應以法人目的事業之性質定之。
至法人經主管官署許可後，法院於登記時，仍有審查關於登記事項及程序之權。

＊司法院（六九）秘臺廳㈠字第○二二七○號

要旨：

外國法人以外國法人名義申請在我國設立事務所者，並非獨立之法人。

全文內容：

臺北美國學校如係申請設立財團法人，而非外國法人之認許，則外國人依我國法律成立之法人，自屬我獨立之法人，並非設在美國德納華州美國學校之分支機構。臺北美國學校與設在美國德納華州美國學校之關係，一為在我國設立之我國財團法人，一為設立人（即捐助人）。如設在美國德納華州之美國學校，係以外國法人名義申請在臺北設立事務所者，參照本院院字第四四三號解釋：「外國法人在中國設事務所，依民法總則施行法第十三條之規定，財團及以公益為目的之社團，準用民法第四十六條第五十九條規定，應得主管官署之許可始得登記；以營利為目的之社團，準用民法第四十五條之規定，其法人資格之取得，應依特別法之規定。」二十五年院字第一四七一號解釋：「民法總則施行法，定明外國法人在中國設事務所者，準用關於法人之成立許可各規定，則凡在中國未設事務所之外國法人，自難認許法人。」等號解釋意旨，應依民法總則施行法第十三條之規定辦理。依此條程序辦理之外國法人，仍為設在美國德納華州之美國學校，臺北美國學校僅係該校設在臺北之事務所而已，並非獨立之法人。本人僅供　貴部修正上述協議書草案第一條之參考，在有具體登記事件時，仍應由法院登記處依法認定之。

第十四條

依前條所設之外國法人事務所，如有民法總則第三十六條所定情事，法院得撤銷之。

第十五條

未經認許其成立之外國法人，以其名義與他人為法律行為者，其行為人就該法律行為，應與該外國法人負連帶責任。

＊二○院字第六三九號

解釋文：

外國合夥商行之經理人，以其商行名義與他人為法律行為，如該商行合夥員已不在中國或有其他難使該合夥員負責情形時，自應比照民法總則施行法第十五條之特別規定，由行為人即經理人負其責任。

＊二六上字第六二二號判例

要旨：

未經認許其成立之外國法人，以其名義與他人為法律行為者，其行為人就該法律行為，應與該外國法人負連帶責任，固為民法總則施行法第十五條所規定。但所謂行為人係指以該外國法人之名義與他人為負義務之法律行為者而言，該外國法人之董事，僅列名於營業廣告，而未以該外國法人之名義與他人為負義務之法律行為者，非同條所稱

之行為人。
＊二六渝上字第一三二〇號判例
　要旨：
　外國銀行為未經認許其成立之外國法人時，其襄理以該銀行名義收受存款，簽名於存
　單者，自屬民法總則施行法第十五條所稱之行為人。
＊八九臺上字第四六一號
　要旨：
　「未經許可之大陸地區法人、團體或其他機構，不得在臺灣地區為法律行為。」臺灣地
　區人民與大陸地區人民關係條例第七十條定有明文，準此，未經許可之大陸地區法人、
　團體或其他機構，原則上固應認其無權利能力，惟同條例第七十一條明定「未經許可
　之大陸地區法人、團體或其他機構，以其名義在臺灣地區與他人為法律行為者，其行
　為人就該法律行為，應與該大陸地區法人、團體或其他機構，負連帶責任。」是未經許
　可之大陸地區法人、團體或其他機構，以其名義在臺灣地區與他人為法律行為時，為
　保護其在臺灣地區為法律行為之相對人，上開規定例外承認該大陸地區法人於此情形，
　在臺灣地區亦為法律上之人格者，自亦有權利能力，而具有當事人能力，就該法律行
　為，應與行為人負連帶責任，此與民法總則施行法第十五條規定之意旨相同，否則，
　上開條例第七十一條規定所謂「負連帶責任」，將形同具文。
＊八七臺上字第二二八七號
　要旨：
　民法總則施行法第十五條所規定：「未經認許其成立之外國法人，以其名義與他人為法
　律行為者，其行為人就該法律行為應與該外國法人負連帶責任。」其責任基礎係：外國
　法人有責任時，其行為人始有連帶責任，倘外國法人無責任，則其行為人即無責任；
　而就法律行為本身，係存在「他人」與「外國法人」之間。
＊五三臺上字第三一三五號
　要旨：
　未經認許其成立之外國法人，以其名義與他人為法律行為者，其行為人就該法律行為，
　應與該外國法人負連帶責任，固為民法總則施行法第十五條所明定。然該所謂法律行
　為，自不包括屬於自然事實性質之不當得利在內。
＊七〇臺上字第三九二六號
　要旨：
　上訴人所代理之各該外國公司均未經我國認許成立，依民法總則施行法第十五條規定，
　為行為之上訴人就本件契約應與該財團公司負連帶責任，上訴人以其非契約當事人為
　抗辯，顯無可採。
＊七一臺上字第二六一一號

要旨:

查民法總則施行法第十五條係規定:「未經認許其成立之外國法人,以其名義與他人為法律行為者,其行為人就該法律行為應與該外國法人負連帶責任。」尋繹其旨,必須行為人曾以未經認許其成立之外國法人之名義,與他人為法律行為,其行為人就該法律行為始應與該外國法人負連帶責任。

＊七二臺上字第二二四五號

要旨:

民法總則施行法第十五條規定,未經認許其成立之外國法人,以其名義與他人為法律行為者,其行為人就該法律行為應與該外國法人負連帶責任。訴外人東方海外貨櫃航業有限公司為外國法人,並未經我國認許其成立。則上訴人就其代理東方海外貨櫃航業有限公司與被上訴人訂立之運送契約,應與運送人東方海外貨櫃航業有限公司負連帶責任。

＊七四臺上字第一二二九號

要旨:

未經認許其成立之外國法人,以其名義與他人為法律行為者,其行為人就該法律行為,應與該外國法人負連帶責任,固為民法總則施行法第十五條所明定。但所謂行為人,係指以該外國法人之名義與他人為負義務之法律行為者而言。

＊臺灣高等法院暨所屬法院八十三年度法律座談會 民事類第三號

法律問題:

民法總則施行法第十五條規定所稱未經認許成立之外國法人,是否亦包括外國輪船公司在臺灣之代理人?

討論意見:

甲說:(否定說)。

按船務代理業為輪船公司之代理人,其代理行為之效果,直接及於輪船公司,其業務之特性在於「代理」、「代辦」,與我國民法總則施行法第十五條規定所稱未經認許成立之外國法人有別。

乙說:(肯定說)。

民法總則施行法第十五條規定所稱以未經認許成立之外國法人而言,該外國輪船公司之代理人似亦應包括之,否則即無另於施行法明文規定之必要。

審查意見:

按民法總則施行法第十五條規定行為人以未經認許成立之外國法人名義為法律行為者,應與該外國法人負連帶責任,係為保護交易之安全,而外國輪船公司在臺灣之代理人即一般船務代理業,仍屬一獨立營業之個體,並非外國輪船公司在臺設置之機關,因與外國輪船公司間具有船務代理之契約關係,而使其代理行為之法律效果直接及於

輪船公司，因此該代理人以外國輪船公司之名義與他人為法律行為者，依上開法條規定，應與外國輪船公司負連帶責任，足見該代理人為另一獨立個體，非可視為外國法人，本題擬採甲說。

研討結果：撤回。

＊臺灣高等法院暨所屬法院六十一年度法律座談會　民事類第三十三號

法律問題：

原告主張被告為外國公司之董事長，未經辦理外國公司之認許登記，亦未依公司法第三百八十六條規定申請備案，竟與原告訂定契約，致生損害於原告，依同法第二十三條規定應負賠償責任，依公司法第一百五十五條第二項規定，被告亦應負賠償損害之責。是否有理？有甲、乙兩說。

討論意見：

甲說：

被告任董事長之外國公司既未依公司法規定申請我國認許營業或設立分公司，即無公司法第一百五十五條第二項規定適用之餘地。被告又依公司法第三百八十六條規定申請中央主管機關備案，依同法第三百七十七條準用第二十三條之外國公司係指經認許者而言，原告之請求即非有理由。至於民法總則施行法第十五條非原告主張之法律關係，法院不得斟酌。

乙說：

未經認許其成立之外國法人，以其名義與他人為法律行為者，其行為人就該法律行為應與該外國法人負連帶責任。民法總則施行法第十五條定有明文。原告既主張被告以外國法人董事長身份與原告在本國訂約，致生損害於原告，請求被告賠償損害，自屬有理由。

審查意見：

法院應就原告起訴之原因事實，判斷其法律上之效果，不受原告所述法律上見解之拘束，最高法院廿六年渝上字第三五〇號著有判例。本案原告雖未引用民法總則施行法第十五條，但其起訴之原因事實既與該條之規定相當，法院自得逕予適用。似以乙說為當。

研討結果：照審查意見採乙說。

3. 涉外民事法律適用法

中華民國四十二年六月六日總統令制定公布全文三十一條

第一條

人之行為能力依其本國法。

外國人依其本國法無行為能力或僅有限制行為能力,而依中華民國法律有行為能力者,就其在中華民國之法律行為,視為有行為能力。

關於親屬法或繼承法之法律行為,或就在外國不動產所為之法律行為,不適用前項規定。

＊八四年重上更㈠字第二二號

要旨:

本件上訴人以被上訴人為外國政府機關,並非法人,依法應無當事人能力資為程序上之抗辯。惟查,依我國判例之見解,向來承認我國之政府機關有當事人能力,蓋國家機關就其職掌權責範圍之事項,本有代表國家為一切行為之權限,自必須承認其有訴訟之必要時,亦得為訴訟上之當事人。至於外國政府機關是否有當事人能力,雖無判例可循,但本件被上訴人前於民國七十二年間在原法院起訴請求上訴人報告委任事務顛末時,曾提出伊朗回教共和國總理及最高法院首席法官證明書、伊朗國防部長、法務部長、外交部長共同出具之證明書等官方文件,並經本院呈請司法院轉請外交部查證後,證明被上訴人就本件電匯款之事件所為請求,乃必須採取之適當行動,有完全之能力代表伊朗回教共和國政府即國家,因此,在該案中,均承認被上訴人有當事人能力,在本件中無從否認被上訴人有為訴訟當事人之能力,是上訴人之抗辯尚非可採。次查外國機關於我國為訴訟行為,究應以何人為其法定代理人,我國涉外民事法律適用法並無明文,惟依該法第二條規定「外國法人經中華民國認許成立者,以其住所地法為其本國法」,同法第一條第一項規定「人之行為能力,依其本國法」之精神,外國機關在我國為訴訟行為,有關法定代理之規定,自應依該外國機關之本國法決定之。經本院函請外交部查覆稱:唯有○○○‧阿不都拉契副部長得作為該部在訴訟上之法定代理人,是被上訴人以其主管法律事務之副部長為法定代理人,提起本件訴訟,自屬合法。英國密○蘭銀行委託上訴人處理審查及交付匯款與受款人並將未用完餘額退還等事務,且經上訴人允諾之契約,應屬我國民法上之委任契約關係。按所謂第三人利益契約,必須當事人以契約約定因契約所生之債權由第三人享有,第三人基於此項債權,方得向債務人直接請求給付。換言之,必須是第三人取得一種債權,同時必須訂約人與債務人均有將此項債權交由第三人享有之合意始可,若無此種合意,第三人即無從取得此種債權,亦無向債務人直接請求給付之權利。本件上訴人為英國密○蘭銀行處理之事務,乃係一種代為審查受款人證件及代為交付電匯款並將未用完之餘額退回密○蘭銀行之事實行為,上訴人履行受任人之義務後,受款人方取得電匯款,受款人所未用之餘額,上訴人並有將之退回密○蘭銀行之義務,是三名受款人取得電匯款實係上訴人履行受任人應盡義務之當然反射結果,絕非英國密○蘭銀行約定將其對上訴人因委任契約所生之債權(請求上訴人審查受款人證件後代付匯款並將未用餘額退回)約由受款人享有之結果,此與第三人利益契約之應由第三人享有債權人對債務

人因契約所生之債權之情形不同。被上訴人主張系爭匯款屬利益第三人契約，尚無可採。按委任契約當事人之一方，得隨時終止委任關係，民法第五百四十九條定有明文。英國密〇蘭銀行曾於七十年八月十一日以電報向上訴人表示取銷付款之事實，為兩造所不爭執，依電報內容觀之，該密〇蘭銀行係表示終止委任關係，被上訴人雖以該三名受款人已於七十年八月四日為受益之表示，密〇蘭銀行不得解除契約或撤銷付款之委託云云抗辯，惟查該匯款契約並無第三人利益契約性質，已如前述，自不生第三人表示受益與否之問題。本件匯款電文所指之三名受款人既無直接請求上訴人給付電匯款之債權可資讓與被上訴人，則被上訴人其餘主張依侵權行為、契約不履行及情事變更原則之損害賠償請求命上訴人所為之給付，均失所據，自無理由。

*前司法行政部（四三）臺鳳公參字第四五五號

要旨：

大函提出之問題二則，茲答復如下：

一、民國三十六年八月十三日在上海施行者，確係民國十八年至二十年間所制定之民法，及民國七年八月五日所公布之法律適用條例。

二、彼時上海當局及法院是否視堪尼聯醫師及夫人為德國人，須視彼夫婦當時是否依法保有德國籍以為斷，若依當時德國法律認為彼二人已喪失德國國籍，則上海當局及法院亦即視之無國籍人。

第二條

外國法人經中華民國認許成立者，以其住所地法，為其本國法。

*司法院第三期司法業務研究會

法律問題：

涉外民事法律適用法第二條規定：「外國法人經中華民國認許成立者，以其住所地法為其本國法」，設有某日本公司，經依我國公司法第七章「外國公司」之規定認許成立後，是否仍有我國公司法第十六條第一項規定「公司除依其他法律或公司章程規定以保證為業務者外，不得為任何保證人」之適用？

研究意見：

甲說：

某日本公司經依我國公司法之規定認許成立後，依涉外民事法律適用法第二條規定：「外國法人經中華民國認許成立者，以其住所地法為其本國法。」而某日本公司之住所地為日本，故日本法為其本國法。該經我國認許成立之日本公司應依照日本公司法之規定不適用我國之公司法，自亦無我國公司法第十六條第一項之適用。

乙說：

依我國公司法第三百七十七條之規定，第十六條第一項禁止作保之規定，亦準用於經認許之外國公司。至涉外民事法律適用法第二條所定：「外國法人經中華民國認許成立

者，以其住所地法為其本國法」，係為依法應適用外國法人之本國法時，確定何者為其本國法而設，非謂外國法人之法律行為之成立要件及效力，當然適用其本國法。保證亦係法律行為之一種，其成立要件及效力，依涉外民事法律適用法第六條規定應適用我國法律時，前揭公司法禁止作保之規定，即應準用於外國公司（參見前司法行政部55.08.18臺五五函民字第四八四三號函）。

研討結論：

某日本公司，經我國認許成立後，仍有我國公司法第十六條第一項之適用。採乙說。

司法院第一廳研究意見：某日本公司，經依我國公司法之規定認許成立後，即為我國公司法上之「外國公司」，依公司法第三百七十七條規定，第十六條第一項「除依其他法律或公司章程規定以保證為業務者外，不得為任何保證人」之規定，亦準用之，甲說謂無該條之適用，並非正確。至涉外民事法律適用法第二條規定：「外國法人經中華民國認許成立者，以其住所地法為其本國法」，僅在確定何者為其本國法，以為適用之準據而已，並非外國公司一經認許，即應適用其本國法。又縱依涉外民事法律適用法第六條規定，當事人約定應適用日本公司法，如日本法規定有背於我國公司法第三百七十七條、第十六條之規定，依涉外民事法律適用法第二十五條規定，亦無適用日本法之餘地。

*前司法行政部（五五）臺函民字第四八四三號

要旨：

一、查公司法第十六條（舊法第二十三條）規定：「公司除依其他法律或公司章程規定以保證為業務者外，不得為任何保證人。公司負責人違反前項規定時，應自負保證責任，並各科四千元以下罰金，如公司受有損害時，亦應負賠償責任。」依照司法院釋字第五十九號解釋，公司負責人違反上開規定作保時，對於公司不發生效力。依同法第三百七十七條（舊法第二百九十九條）之規定，上開禁止作保之規定，亦準用於經認許之外國公司。

二、至於涉外民事法律適用法第二條規定：「外國法人經中華民國認許設立者，以其住所地為本國法」係為依法應適用外國法人之本國法時，確定何者為其本國法而設，非謂外國法人之法律行為之成立要件及效力，當然適用其本國法。

三、次查涉外民事法律適用法第六條規定：「法律行為發生債之關係者，其成立要件及效力，依當事人意思，定其應適用之法律。當事人意思不明時，同國籍者依其本國法。國籍不同者依行為地法。行為地不同者以發要約通知地為行為地。如相對人於承諾時不知其發要約通知地者，以要約人之住所地視為行為地。前項行為地如兼跨二國以上或不屬於任何國家時，依履行地法」。保證係法律行為之一，其成立要件及效力，依本條規定應適用我國法律時，前揭公司法禁止作保之規定，即應準用於外國公司。

*前司法行政部（四二）電參字第八八〇號

要旨：

一、按何謂外國法人，在學說上本有數說：

　　㈠為設立人主義，即法人之設立人非本國人時，即屬外國法人。

　　㈡為設立地主義，即法人之設立地在外國者，即為外國法人。

　　㈢為準據法主義，即法人設立所準據之法律為外國法時，即屬外國法人。

　　㈣為住所地主義，即法人之住所在外國者即屬外國法人。我國民法對於何謂外國法人，雖未定以明文，但參照法律適用條例第三條：「外國法人經中國法認許成立者，以其住所地法為其本國法」云云，在解釋上似應認為我國法律所採為住所地主義。依此說明，來電所述基督教臺灣信義宗會及南美浸信會是否外國法人，似尚有研究之餘地，初未可因其設立人悉屬外國人或多數為外國人，即認定其為外國法人。

二、如上述教會果屬外國法人，則依民法總則施行法第十一條之規定，除依法律規定外，應不認許其成立。現時我國尚未有關於認許外國財團法人之法律頒行，則對於外國財團法人請求認許，似無從加以准許（按外國立法例對於外國法人除另有條約為依據外，原則上多祇認許公法人與營利法人，而不認許公益法人）。

三、反之，若該兩教會所請求者為設立中國財團法人之許可，而非外國法人之認許，則依民法總則施行法第二條之規定，祇須現行法令別無限制，縱使其設立人並非本國人，亦尚非不能准許。

第三條

凡在中華民國有住所或居所之外國人，依其本國及中華民國法律同有禁治產之原因者，得宣告禁治產。

前項禁治產之宣告，其效力依中華民國法律。

*法務部（八九）法律字第〇〇八七六六號

要旨：

關於我國人民經外國法院判定禁治產宣告並指定監護人有無效力疑義。

說明：

一、復　貴部八十九年三月六日臺(89)內戶字第八九〇三二九七號函。

二、查禁治產宣告制度，旨在限制或剝奪精神能力有缺陷者之行為能力，並為其設置監護人予以輔助，俾保障其本身利益，進而維繫社會交易之安全。因其與個人權益及社會公益密切相關，就外國法院對內國人所為之禁治產宣告如何承認其效力？即有不同之見解，其中以採「本國」管轄主義為原則；「居住地國」管轄主義為例外之折衷說佔多數。蓋禁治產宣告可產生剝奪行為能力之重大法律效果，基於保護被宣告者本身利益之必要性，原則上宜由被宣告人本國管轄；惟本國法院對於

居住外國人民心神狀態之調查，實鞭長莫及，且是否宣告禁治產，與居住國之社會公益及第三人權益亦有相當關聯，故例外承認居住地國亦有管轄權。我國涉外民事法律適用法第三條第一項規定：「凡在中華民國有住所或居所之外國人，依其本國及中華民國法律同有禁治產之原因者，得宣告禁治產。」其立法理由謂：禁治產之宣告，原則上應由禁治產人本國法院管轄，本項規定即係例外，其目的蓋在保護居住國之社會公安，及外國人私人法益，至於禁治產之原因，究應依何國法律而定，向有本國法說及法庭地法說之分。依理而論，內國對外國人宣告禁治產，與對內國人宣告之情形，究有不同，該外國人之本國法與內國法自應同時並重，以保護居住國之社會公安及外國人之法益，故規定依法庭地及外國人之本國法同有宣告之原因時，始得為之。是以，我國法亦承認居住地國應享有禁治產宣告之例外管轄權，並以被宣告人之本國法及法庭地法同列為禁治產宣告原因之準據法。基於此，學說與實務咸認，外國法院對有住居所於該國之我國人所為之禁治產宣告，如依我國法及該外國法均有禁治產之原因，且無我國民事訴訟法第四百零二條所定各款情事之一存在者，宜認其與我國法院所為者有同一之效力（曾陳明汝著「國際私法原理續集一衝突法論一」第一三九頁至一四一頁、第一五〇頁及司法院七十八年五月二十四日 (78) 秘臺廳一字第〇一四七八號函、本部八十一年四月十五日法 (81) 律字第〇五三二九號函參照）。

三、至於外國法院對本國人宣告禁治產後之監護問題，究應如何確定，學說上有不同見解：有認其屬程序問題，程序唯法庭地法有權決定；有認其應適用監護之準據法；亦有認其乃禁治產宣告之行為能力受剝奪或限制所為之補充手續，應屬宣告效力準據法之適用範圍（曾陳明汝著前揭書第一五三頁及第一五四頁參照）。按我國涉外民事法律適用法第三條第二項規定及其立法理由，係以宣告國法為禁治產宣告效力之準據法，俾使外國人受禁治產宣告之效果與內國人相同，以維護公益，並策交易安全。又同法第二十條但書第二款就因禁治產宣告所為之監護，亦例外承認以禁治產宣告國法為其準據法，蓋此時之監護乃宣告禁治產之結果，亦唯有如此，始能與第三條之精神相互呼應（該條立法理由參照）。是以，外國法院對本國人民所為禁治產宣告之裁判，其併為監護人之指定，如無民事訴訟法第四百零二條各款所定情形之一，似亦宜承認其效力。

四、本件泰國法院針對我國僑民林〇榮先生所為無行為能力及為其指定監護人林〇吉君之裁判，其效力如何？請　貴部參酌前開意旨，本於職權自行審認之。

＊法務部（八一）法律字第〇五三二九號

要旨：

一、本件投資人楊〇錦君在日本雖已受宣告禁治產確定，惟依我民事訴訟法第四百零二條規定，須該日本法院之確定判決並無該條所列各款情形之一者，始可承認其

效力。

二、若前開日本法院所為之禁治產宣告可承認其效力，而楊君依來函附件所敘，又已奉准喪失中華民國國籍並取得日本國籍，則有關其監護人監護之權限，依涉外民事法律適用法第二十條上段規定，應適用其本國法；而有關該項禁治產宣告之效力，如依學者之通說，並參照同法第三條第二項係採宣告國法主義之立法精神（參見該法草案第三條第二項之說明，如附件），似應適用宣告國法，亦即應依日本之法律定之。

＊司法院（七八）秘臺廳㈠字第〇一四七八號

要旨：

於外國有住居所之旅外國人，依我國法律及該外國法律同有禁治產之原因者，該外國法院得宣告禁治產，其效力與我國法院所為者同。

全文內容：

一、按人之行為能力，依其本國法；禁治產人，無行為能力；又無行為能力人之意思表示，無效。雖非無行為能力人，而其意思表示，係在無意識或精神錯亂中所為者，亦同。涉外民事法律適用法第一條第一項、民法第十五條及第七十五條分別定有明文。 貴部來函所稱之授權人如未經宣告禁治產，而且亦非無意識或精神錯亂，自仍得為有效之意思表示， 貴部所屬駐外單位受理其授權書之驗證，於法尚無不合。

二、又關於禁治產之聲請，應分別依民事訴訟法第五百九十七條第一項及第二項，同法第五百六十八條第一項但書及第二項暨同法第一條第一項後段及第二項等規定之情形，定我國法院之管轄。至於日本法院對我國旅日國人是否亦得宣告禁治產一節，尚乏明文可據，學說不一，似大多認為參酌涉外民事法律適用法第三條第一項所定：「凡在中華民國有住所或居所之外國人，依其本國及中華民國法律同有禁治產之原因者，得宣告禁治產」（日本法例第四條第二項規定大致與此相同）暨其立法理由所示：「禁治產之宣告，原則上應由禁治產人之本國法院管轄。惟例外亦得由其居住國法院管轄。本項規定，即係例外，其目的蓋在保護居住國之社會公安及外國私人法益」之意旨，宜認在外國有住所或居所之我國人，並依我國法律及該外國法律同有禁治產之原因者，該外國法院亦得宣告禁治產。再者外國法院所為禁治產宣告之效力，亦宜認與我國法院所為者有同一之效力，僅在有相當於民事訴訟法第四百零二條所列各款情形之一者，始不認其效力。其說似可供參考。

第四條

凡在中華民國有住所或居所之外國人失蹤時，就其在中華民國之財產或應依中華民國法律而定之法律關係，得依中華民國法律為死亡之宣告。

前項失蹤之外國人，其配偶或直系血親為中華民國國民，而現在中華民國有住所或居所者，得因其聲請依中華民國法律為死亡之宣告，不受前項之限制。

第五條

法律行為之方式，依該行為所應適用之法律。但依行為地法所定之方式者，亦為有效。

物權之法律行為，其方式依物之所在地法。

行使或保全票據上權利之法律行為，其方式依行為地法。

＊七四臺上字第二八〇一號

要旨：

兩造間之買賣契約係在加拿大訂立，依我國涉外民事法律適用法第六條第二項規定，自應適用加拿大法。又訟爭匯票四紙係在加拿大作成，依同法第五條第一項但書及第六條第二項規定，亦應適用加拿大法。該匯票四紙之形式與內容皆符合加拿大票據法第十七條第一項規定，均合法生效。上訴人係在我國於訟爭匯票四紙正面蓋章，並記載其日期，有該匯票四紙可稽，依我國票據法第四十三條規定，即生承兌之效力。

＊七二臺上字第二〇一九號

要旨：

票據係在香港作成，付款地亦在香港，則依涉外民事法律適用法第五條第二項及第六條第二項規定，認定系爭字據是否屬於本票，應以行為地即香港法律為準據法。查該字據係以英文作成，內稱：被上訴人願於民國六十四年（即西元一九七五年）十月十日起算二年後，給付上訴人美金伍拾萬元，以換取由文興克林頓公司出具同額借據。該借據所載權利及利息應讓與於被上訴人。並指定香港美國銀行西角分行為付款人。經原審函請外交部囑託我國派駐香港地區之機構中華旅行社調查，認為依香港法律規定，被上訴人出具之上開字據，應具有本票之效力。雖其中載有上訴人應為對待給付之條件，其票據並不因而歸於無效，上訴人於提示付款時，應證明該記載之條件經已履行（成就），付款人始可付款。故上訴人因行使追索權，請求被上訴人給付票款時，仍應依本票所載為對待給付，所附條件始屬成就。

＊六六臺上字第二七三三號

要旨：

被上訴人何時在何種情形下，始能取得該船舶之所有權，依涉外民事法律適用法第五條第一項後段，及第十條第三項規定，應依賴國法律決之，如非船舶買賣，而係一般動產買賣，被上訴人取得該動產物權之原因事實完成時，該動產之所在地，究在何處，依同法第十條第一項、第二項規定，與適用何國法律，亦至有關係。

＊五七臺上字第二七七一號

要旨：

被上訴人向日商千〇田會社承買系爭船體且在日本訂約，係一涉外民事案件，依涉外

民事法律適用法第五條規定，法律行為方式，依該行為所應適用之法律，但依行為地法所定之方式者，亦為有效，而依日本商法海商編規定，船舶全部或一部之讓與，祇須當事人合意，即生效力，非以書面之作成或經承買人所屬國家之駐日領事館蓋印證明為生效要件，又沈沒於海底之動產之讓與，如於當事人間有讓與書面之作成，且為授受時，則應解為已有民法上所稱之支付，是被上訴人即已取得系爭壽光丸輪船體之所有權。

＊司法院（七七）祕臺廳㈠字第〇一六三一號

要旨：

協議離婚之兩造均為旅外國人，可適用涉外民事法律適用法第五條第一項但書之規定，依行為地法所定之方式辦理

全文內容：

按涉外民事法律適用法，係適用於涉外民事之法律關係，此觀該法第三十條規定自明。而所謂涉外民事之法律關係，係指構成該法律關係之當事人、法律行為或法律事實或標的物等其中任何一項外國人或外國地有牽涉者而言（同法第一條第二項、第五條第一項、第二項、第八條、第九條第一項等規定參照）。　貴部認為該法第五條第一項但書「依行為地法所定之方式者，亦為有效」之規定，不僅旅外國人與其外籍配偶協議離婚之方式，有其適用，即兩造均為旅外國人，其協議離婚之方式亦在適用之列，所持見解，自甚正確。

＊司法院第三期司法業務研究會

法律問題：

涉外民事法律適用法第五條第一項規定：「法律行為之方式，依該行為所應適用之法律，但依行為地所定之方式者，亦為有效」，所謂「依該行為所應適用之法律」係指何而言？

研究意見：

甲說：

按涉外民事法律適用法第五條第一項所謂「依該行為所應適用之法律」，係指法律行為實質所應適用之法律而言（一般稱之為「本案準據法」），依第六條第一項規定，可分「成立」及「效力」之準據法。一般而言，兩者所適用之法律，殆為同一。若不同一時，由於契約之方式與其成立案件關係最切，應解為係指「成立」之準據法而言。

乙說：

涉外民事法律適用法第五條第一項所謂「依該行為所應適用之法律」固指法律行為所應適用之法律而言，惟「成立」及「效力」之準據法不同一時，由於契約「效力」較「成立」為重要，故應指「效力」之準據法而言。

研討結論：採甲說。

司法院第一廳研究意見：同意研討結論。

＊司法院第三期司法業務研究會

法律問題：

甲在臺北市，背書美國人詹森在舊金山簽發，以舊金山銀行為付款人，面額美金一萬元之支票一張，交與乙抵付貨款，經乙向付款銀行提示，因該帳戶已經清算了結，未獲付款。乙認甲應負背書人責任，遂訴請甲清償美金一萬元，於給付時按中央銀行牌告匯率折付新臺幣，甲則抗辯：系爭支票未表明其為支票 (CheckCheque) 字樣，無票據關係可言。問乙之請求有無理由？

研討意見：

甲說：

法律行為之方式，得依行為所應適用之法律，涉外民事法律適用法第五條第一項前段有明文規定。本件支票係美國人詹森在美國所簽發，依美國統一票據法之規定，票據無須具備一定之格式，祇須表示符合法律所規定要件之意思即可。因之，詹森依美國法律簽發之支票，雖未表明為支票，但其已表明一定金額、付款銀行及簽名，自可認為係支票，從而甲應依支票背書人規定負責，乙之請求為有理由〔參見前司法行政部六十四年四月三十日臺（六四）函民字第〇三七二六號函〕。

乙說：

我國票據法第一百二十五條第一項第一款規定：支票應表明其為支票之文字，係屬支票絕對應記載事項，亦即基本形式要件，如欠缺其記載，依同法第十一條前段規定，其票據無效。甲雖為背書，因係背書於不具備基本形式要件之支票，即無背書行為可言，此與票據行為之獨立性無關，故甲不應負背書責任，因此，乙之請求為無理由。

研討結論：採甲說。

司法院第一廳研究意見：同意研討結論。

第六條

法律行為發生債之關係者，其成立要件及效力，依當事人意思定其應適用之法律。

當事人意思不明時，同國籍者依其本國法；國籍不同者，依行為地法；行為地不同者，以發要約通知地為行為地；如相對人於承諾時不知其發要約通知地者，以要約人之住所地視為行為地。

前項行為地，如兼跨二國以上或不屬於任何國家時，依履行地法。

＊八七臺上字第一二〇三號

要旨：

本件運送契約之運送人及簽發載貨證券之人均為外國法人，應屬涉外民事訴訟事件，原審未依涉外民事法律適用法之規定確定其準據法，逕行適用我國法律而為上訴人敗訴之判決，自有疏略。

＊七四國貿字第〇一八號

要旨：

一、查本件系爭貨物之起運地雖為馬來西亞，但目的港為我國之高雄港，依涉外民事法律適用法第六條第三項規定「行為地如兼跨二國以上或不屬於任何國家時，依履行地法」，查載貨證券債之關係發生行為為單獨行為，本件訴訟自應依原引法條之規定適用中華民國法律，合先敘明。

二、查運送人對於運送物之喪失、毀損或遲到應負責任，民法第六百卅四條有明文規定。依海商法第一百零六條規定，運送人應為發航必要之注意及措置。而同條第三項規定如運送人為免除運送物毀損或滅失之賠償責任之主張，應負舉證責任。本件被告未能證明運送物之喪失、毀損或遲到係因不可抗力，或因運送物之性質，或因託運人或受貨人之過失所致者，則不問其喪失、毀損或遲到之原因是否為可歸責於運送人之事由，運送人均應負法律上或契約之責任。此觀最高法院四十九年臺上字第七一判例意旨自明。被告既不能證明其有免責事由，依法自應負損害賠償責任，其抗辯無過失云云，不足採信。

＊八四保險字第九二號

要旨：

本件系爭貨物之損害既係於被告運送中所發生者，則被告對於託運人、受貨人自應負損害賠償責任。惟按兩造所提出之提單背面所載有關貨損賠償計算方式，係約定於不適用華沙公約或中華民國航空客貨損害賠償辦法之規定時，運送人即被告之貨損賠償責任應以貨物每公斤美金二十元或其等值之貨幣為限，除非託運人事先申報更高價值並加付費用時，始得以申報價值賠付。本件兩造均不爭執系爭貨損計算方式無華沙公約之適用，而查系爭運送係自新加坡出發至臺灣，屬涉外法律關係，而提單中對於準據法適用新加坡或中華民國之法律，並無明文約定，如依涉外民事法律適用法第六條之規定，其準據法並非中華民國，故並無中華民國航空客貨損害賠償辦法適用之餘地，則依上開提單第四條之規定，自應以貨物每公斤美金二十元或其等值之貨幣為計算方式。

＊六七臺上字第八二〇號

要旨：

本件黃豆之託運人為美國公司，其行為地係在美國，既為不爭之事實，核其情形，似為一涉外事件。依我國涉外民事法律適用法第六條之規定，應適用記載於載貨證券內之美國海上貨物運送條例（行為地法），以定運送人即上訴人應否負責之標準。縱該載貨證券嗣後讓與我國人，依同法第七條規定，仍不受影響。

＊六九臺上字第三〇八五號

要旨：

涉外民事法律適用法第六條第一項及第二項前段規定，法律行為發生債之關係者，其

成立要件及效力，依當事人意思定其應適用之法律，當事人意思不明時，同國籍者，依其本國法，國籍不同者，依行為地法，上訴人係屬美國人，在美國與同國籍之Ｊ・Ｓ國際公司訂立運送契約，被上訴人又主張其係依照海商法第五條適用民法第六百四十四條繼受取得託運人因運送契約所生之權利而為請求，無論應予適用同國籍之本國法或不同國籍之行為地法，均應適用美國法律無疑。原審仍依我國法律為判決，顯有法規適用不當之違法情形。

＊七二臺上字第二○一九號

要旨：

票據係在香港作成，付款地亦在香港，則依涉外民事法律適用法第五條第二項及第六條第二項規定，認定系爭字據是否屬於本票，應以行為地即香港法律為準據法。查該字據係以英文作成，內稱：被上訴人願於民國六十四年（即西元一九七五年）十月十日起算二年後，給付上訴人美金伍拾萬元，以換取由文興克林頓公司出具同額借據。該借據所載權利及利息應讓與於被上訴人。並指定香港美國銀行西角分行為付款人。經原審函請外交部囑託我國派駐香港地區之機構中華旅行社調查，認為依香港法律規定，被上訴人出具之上開字據，應具有本票之效力。雖其中載有上訴人應為對待給付之條件，其票據並不因而歸於無效，上訴人於提示付款時，應證明該記載之條件經已履行（成就），付款人始可付款。故上訴人因行使追索權，請求被上訴人給付票款時，仍應依本票所載為對待給付，所附條件始屬成就。

＊七四臺上字第二八○一號

要旨：

兩造間之買賣契約係在加拿大訂立，依我國涉外民事法律適用法第六條第二項規定，自應適用加拿大法。又訟爭匯票四紙係在加拿大作成，依同法第五條第一項但書及第六條第二項規定，亦應適用加拿大法。該匯票四紙之形式與內容皆符合加拿大票據法第十七條第一項規定，均合法生效。上訴人係在我國於訟爭匯票四紙正面蓋章，並記載其日期，有該匯票四紙可稽，依我國票據法第四十三條規定，即生承兌之效力。

＊七五臺抗字第三二四號

要旨：

再抗告人與相對人為不同國籍之法人，雙方所訂契約第十八條及第十九條既分別約定，契約之準據法為日本法，所生之爭議在東京仲裁，則關於雙方爭議之仲裁程序自應適用日本法。而關於選定仲裁人之管轄法院，日本民事訴訟法第八百零五條定有明文。惟依該條規定，祇能定日本法院為管轄法院，不能定我國法院為管轄法院。又雙方之仲裁契約並非依我國商務仲裁條例訂立，亦無依該條例規定聲請選定仲裁人或定其管轄法院之餘地。

＊七六臺上字第一二○六號

要旨：

契約當事人之兩造，為不同國籍者，以行為地法為其準據法，涉外民事法律適用法第六條第二項定有明文。本件兩造國籍不同，其行為地在臺灣，自應以我國法律為準據法。依海商法第一百零四條準用民法第六百三十條之規定，為受貨人之黛瑪琳娜成衣公司請求交付由被上訴人託運之布疋時，應交還載貨證券。上訴人違反該條規定，致被上訴人受損害，自應負賠償責任。

＊七七臺上字第一六一一號

要旨：

一、曼谷公司既係代位行使米卓公司對上訴人基於載貨證券所生之損害賠償請求權，則定其適用之準據法時，一方面須考慮米卓公司對上訴人損害賠償請求權所生之法律關係，蓋此為上述代位權之客體，自須顧及該雙方當事人之利益，一方面亦應考慮曼谷公司與米卓公司間之法律關係，蓋此為代位權之所由生也。原審僅以米卓公司對上訴人損害賠償請求權所由生之載貨證券係在我國簽發，遂謂應適用我國法，至曼谷公司與米卓公司間之法律關係應如何適用其準據法，以及該法有無與我國保險法第五十三條相關之規定，未加深究，自有未合。

二、除貨物之性質，價值於裝載前已經託運人聲明並註明於載貨證券者外，運送人或船舶所有人對於貨物之毀損、滅失，其賠償責任，以每件不超過三千元為限，海商法第一百十四條第二項定有明文，此項規定係參照美國海上貨物運送條例第一章第四條第五項所增訂，與海牙規則第四條第五項相當，上述海牙規則係規定，貨物之性質與價值應併予註明，始足排除運送人之單位限制責任，是我國上述海商法之規定，自應為相同之解釋。原審認為載貨證券僅載明貨物之性質，且依客觀情事，已可計算其價值者，運送人即不得主張單位限制責任，所持法律見解，非無可議。

＊七八臺上字第二○六○號

要旨：

載貨證券附記「就貨運糾紛應適用美國法」之文句，乃單方所表示之意思，不能認係雙方當事人之約定，尚無涉外民事法律適用法第六條第一項之適用。本件保險公司代位受貨人憑載貨證券向運送人行使權利，受貨人與運送人雙方均為中國人，自應適用中華民國法。

＊八四重上字第三四五號

要旨：

按法律行為發生債之關係者，其成立要件及效力，依當事人意思定其應適用之法律，當事人意思不明時，同國籍者依其本國法，國籍不同者，依行為地法，涉外民事法律適用法第六條第一項及第二項前段定有明文。本件被上訴人依上訴人所開發之信用狀

請求上訴人給付信用狀款，係屬法律行為發生債之關係者，而兩造依系爭信用狀條款，並無合意定其應適用之法律，且兩造當事人一為在香港設立之外國法人，一為我國法人，其國籍不同，依前揭說明，其成立要件及效力，自應適用行為地法，即我國法。而我國民法關於信用狀交易並未加以規定，本件係國際貿易，應有國際貿易習慣即信用狀統一慣例之適用。被上訴人主張本件信用狀係由本國公司，向上訴人申請開發，非屬涉外事件，其契約之準據法應為本國法云云，惟是否屬涉外事件，係以訴訟當事人為判斷之基準，被上訴人所稱，殊非可採。

＊八〇臺上字第一八三〇號

要旨：

載貨證券其背面第六款固載有：「一切海上運送事項應適用一九三六年四月十六日生效之美國海上貨物運送條例」，但此項附記之文句，乃運送人單方所表示之意思，不能認係雙方當事人之約定，而有涉外民事法律適用法第六條第一項規定之適用。茲運送人海皇公司與託運人即證券持有人聯華公司其國籍不同，發要約通知地在高雄，則依同法第六條第二項之規定，自應以中華民國之法律為其準據法。

＊八四海商上更字第六號

要旨：

本件債務履行地與受貨人即被上訴人均在中華民國，連繫因素最多，依前開德國國際私法規定，債務不履行之準據法因反致結果，應為中華民國法律，故我國法院就本件有管轄權，準據法應適用中華民國法律。被上訴人雖主張上訴人之代理人曾回函及以電報表示其為上訴人之代理人，並於電報中請求延展時效三個月，依上開德國海商法第六一二條第一項但書規定，時效因而延長三個月云云，然上訴人否認授予該公司代理權，亦否認有表見代理情事，經查本件應依我國法律，而我國法並無以同意延長時效之規定，此抗辯已非可採。上訴人遲至八十三年二月一日始具狀否認代理之情事，惟查上訴人已於訴訟中為時效消滅之抗辯，應認其已為反對之意思表示，且法律未限制反對表示之期間，尚難以其訴訟中攻擊防禦之遲緩，即為未為反對之意思表示之認定，是被上訴人所主張之表見代理，亦非可取。上訴人所為之時效抗辯，不論依我國海商法或德國海商法，均為有理由。

＊八〇臺上字第二三六二號

要旨：

本件載貨證券背面條款第二十四條記載，運送契約應適用日本法，乃一定型化條款，係單方所為之意思表示，不能認係雙方當事人之約定，無涉外民事法律適用法第六條第一項之適用。原判決謂本件應適用日本法云云，已有可議。

＊八三臺上字第一一七九號

要旨：

涉外民事法律適用法第六條規定因法律行為發生債權債務之「實體」法律關係，所應適用之「準據法」，與因「契約涉訟」，「程序上」所定「法院管轄權」之誰屬（見民事訴訟法第十二條）係屬二事。

＊八五臺上字第二四八七號

要旨：

一、按法律行為發生債之關係者，其成立要件及效力，依當事人意思定其應適用之法律；當事人意思不明時，同國籍者依其本國法，國籍不同者依行為地法，行為地不同者以發要約通知地為行為地，涉外民事法律適用法第六條第一項、第二項前段定有明文。本件上訴人為荷蘭籍之公司，被上訴人為我國公司，上訴人依據系爭買賣契約請求給付遲延之債務不履行損害賠償，涉及外國人及外國地，為一基於國際貨物買賣契約所生之涉外民事事件，上訴人致函被上訴人之右開買賣契約確認函註記欄上雖記載準據法為荷蘭法律，然此乃上訴人單方所表示之意思，不能認係雙方當事人之約定，尚無涉外民事法律適用法第六條第一項之適用，上訴人亦係依我國民法第二百二十七條、第二百二十九條、第二百三十一條規定提起本件訴訟，而兩造對於系爭國際貨物買賣契約之發要約通知地為我國臺北，並不爭執，自應依發要約通知地即我國法為本件國際貨物買賣契約之準據法。

二、三氯乙烷係蒙特婁議定書列管之化學品，輸入三氯乙烷應檢附經濟部工業局核發配額文件，且限由蒙特婁議定書之締約國，或經行政院環境保護署公告認可之國家或地區進口，廠商申請進口三氯乙烷應本此規定向經濟部國際貿易局申請輸入許可證，憑以報關進口，兩造係約定以三氯乙烷以外虛偽之名義進口，既違反申請輸入三氯乙烷許可證應循之規定，且影響政府對三氯乙烷配額之管制，該履行契約方式之約定，違反前揭強制性之規定，且有背於公共秩序，依民法第七十一條及第七十二條之規定，應屬無效。

＊最高法院六十七年度第四次民事庭庭推總會議決議(二)

決議：

一、涉外事件問題：載貨證券係在外國簽發，行為地在外國，應屬涉外事件。

二、準據法問題：載貨證券附記「就貨運糾紛應適用美國法」之文句，乃單方所表示之意思，不能認係雙方當事人之約定，尚無涉外民事法律適用法第六條第一項之適用。又依該條第二項「當事人意思不明時，同國籍者依其本國法」之規定，保險公司代位受貨人憑載貨證券向運送人行使權利，受貨人與運送人雙方均為中國人，自應適用中國法。託運人在本事件訴訟標的之法律關係中並非當事人，其準據法之確定，要不受託運人不同國籍之影響。

三、仲裁條款問題：載貨證券係由運送人或船長單方簽名之證券，其有關仲裁條款之記載，尚不能認係仲裁契約，故亦無商務仲裁條例第三條之適用。

四、適用習慣問題：我民法及海商法有關運送人責任之規定，既未將散裝貨之運送除外，尚難謂無明文規定，應無將美國海上貨物運送條例第二章第十一節所定作為商事習慣，依民法第一條規定適用習慣之餘地。

五、自然損耗及磅差問題：散裝貨之運送，運送人或船長於其發給之載貨證券，就貨物重量為「據告稱」或「據告重」之記載者，雖不能因此即謂其非為依海商法第九十八條第一項第三款所為之記載，惟在此情況下，自然損耗及磅差（包括載貨磅差及卸貨磅差）等足以導致重量不符之原因，既無法避免其發生。則卸載之重量，較之載貨證券記載之重量如有短少，而衡之一般情理，在某種範圍內之短少可認為非因運送人或其代理人、受僱人對於承運貨物之裝卸、搬移、堆存、保管、運送及看守，依海商法第一百零七條應為之注意及處置，有所欠缺所致者，運送人就該範圍內短少之重量，應不負賠償責任。

六、載貨證券在貨物重量上附註「據告稱」或「據告重」等字樣之所憑資料，能否視作海商法第九十八條第一項第三款所指之託運人書面通知，以及卸載時由目的港公證公司會同雙方過磅稱量之各種紀錄及報告，能否視作同法第一百條第一項第一、二兩款之受領權利人之書面通知，均屬事實之認定問題，惟於認定時，不可拘泥於文書形式，而忽視其內容及行為之實質意義。

＊司法院第三期司法業務研究會

法律問題：

散裝貨運送之託運人為美國公司，運送人及受貨人均為我國公司，如載貨證券內記載應適用一九三六年美國海上貨物運送條例，貨抵高雄港，受貨人發現有毀損滅失情事，訴請運送人賠償損害時，其準據法為何？

研討意見：

甲說：

應依美國海上貨物運送條例為準據法，最高法院六十七年度臺上字第八二〇號民事判決稱：「本件黃豆之託運人為美國公司，其行為地係在美國，既為不爭事實，核其情形，似為一涉外事件，依我國涉外民事法律適用法第六條之規定，應適用記載於載貨證券內之美國海上貨物運送條例（行為地法），以定運送人即上訴人應否負責之標準。縱該載貨證券嗣後讓與我國人，依同法第七條規定，仍不受影響。」

乙說：

應依我國海商法，最高法院六十八年度臺上字第一〇一一號民事判決：「受貨人及運送人均為我國公司，依涉外民事法律適用法第六條第二項之規定，應適用本國法。託運人雖為美國公司，其在本事件訴訟標的之法律關係中並非當事人，對本件準據法之確定，要無影響。」

研討結論：

載貨證券雖係運送契約之證明，惟含有附合契約性質。附合契約，其內容皆預由當事人之一方為之確定，他方當事人惟得依其既定內容為加入。其條款多為定型，當事人之他方無詳細考慮其內容之餘地。其中各點是否有真正之意思合致，大有問題，適用當事人自治原則定準據法時，雙方當事人無論在形式上或實質上均應立於平等之地位。在此附合契約中定其準據法，應屬無效。

司法院第一廳研究意見：

按載貨證券附記「就貨運糾紛應適用美國法」之文句，依最高法院六十七年四月二十五日六十七年度第四次民事庭會議決議：認「乃單方所表示之意思，不能認係雙方當事人之約定，尚無涉外民事法律適用法第六條第一項之適用。又依該條第二項『當事人意思不明時，同國籍者依本國法』之規定，受貨人與運送人雙方均為中國人，自應適用中國法。託運人在本事件訴訟標的之法律關係中並非當事人，其準據法之確定，要不受託運人不同國籍之影響。」似採乙說。惟載貨證券係運送契約之證明文件，殆已為海商法學者不刊之論，良以載貨證券依海商法第九十七條規定，雖僅係運送人或船長於貨物裝載後，因託運人請求而發給者，託運人並未在其上簽名，惟託運人收受之後，若發覺載貨證券上所附記之文句，為其所不同意，儘可要求運送人或船長更正，甚或要求取回貨物，苟不予聞問，甚或轉讓他人，自非單純之沉默可比，此就海商法第一百零五條之反面解釋，載貨證券記載條款、條件或約定，非係免除運送人或船舶所有人對於因過失或海商法規定應履行之義務而不履行者，其條款、條件、約定，仍屬有效，即可明瞭。是載貨證券於運送人或船長簽發後，並交由託運人收受時，其所附記之文句，已不再係單方所表示之意思，而應認係雙方當事人之約定。準此以論，載貨證券附記：「就貨運糾紛應適用美國法」之文句，且經託運人收受，如猶謂非雙方當事人就準據法之約定，自嫌牽強。惟當事人自治原則之適用，於雙方當事人約定準據法時，必須在形式上及實質上立於平等之地位始可，苟一方從屬於他方，並非平等，則無此項原則之適用，本件研討結論以載貨證券所載條款多為定型，當事人之他方無詳細考慮其內容之餘地，認含有附合契約之性質，雖非無見，惟定型化契約並非均為附合契約，研討結論將之混為一談，尚有未當，抑載貨證券所載條款，如含有附合契約性質，則海商法第一百零五條之規定，不啻成為具文，亦非該條法意所在。故本件載貨證券內記載應適用一九三六年美國海上貨物運送條例，如不能證明其為附合契約，應以甲說為是。

法律問題：

國人某甲在臺北向西德一家公司發要約購買貨品，西德公司在漢堡拍電承諾，嗣買賣契約發生糾紛，在臺北地方法院涉訟，關於債之成立要件及效力究應適用德國法，抑中國法？

研討意見：

甲說：

某甲在臺北向西德一家公司發要約購買貨品，西德公司在漢堡拍電承諾，買賣契約因而成立，關於債之成立要件及效力兩造間既無約定應適用之法律，彼此國籍又不相同，而發要約通知地係在中國，承諾地則在西德，行為地自亦互異，依涉外民事法律適用法第六條第二項前段規定，應以發要約通知地之我國為行為地，而適用中國法。

乙說：

法律行為發生債之關係者，其成立要件及效力，依當事人意思定其應適用之法律，涉外民事法律適用法第六條第一項有明文規定，所謂當事人的「意思」兼指明示及默示的意思，本題當事人無明文規定合意選定之法律，仍應就契約文字、內容、性質等，以確定當事人有無默示選定之法律，不可逕適用同法第二項之規定。

研討結論：採甲說。

司法院第一廳研究意見：

本件甲、乙二說並不衝突，如當事人間明示或默示選定其應適用之法律時採乙說，否則採甲說。

法律問題：

某我國影星與香港邵氏公司在香港訂立合約，言明於一定之期間內須為邵氏公司完成電影拍片工作二十五部，並約定非經邵氏公司書面同意，不得再行接受任何其他公司、團體或私人聘約，擔任演員及任何與電影有關之工作，嗣某影星僅為邵氏公司完成四部影片，合約期限未滿，即來臺登報申明脫離邵氏公司，並先後為第三人拍攝影片多部，邵氏公司即在臺北地方法院訴請某影星應為邵氏公司演完其所指定拍製之電影片二十一部，在未完成前，不得從事經營與邵氏公司相類似之電影業務，亦不得參加其他公司、團體、私人或公眾集會之拍片、製片、導演，及表演，邵氏公司主張是否有理？

研討意見：

甲說：

本題當事人在香港締約，為涉外事件，依涉外民事法律適用法第六條第二項，「當事人意思不明時，同國籍者，依其本國法，國籍不同者，依行為地法」，本題訂約當時，意思不明，國籍不同，應適用行為地法，本題行為地在香港，故應適用香港法律，現邵氏公司在臺北地方法院起訴，應適用香港法律，其請求又未違背公共秩序或善良風俗，應認為有理由。

乙說：

兩造當事人訂約當時，意思不明，依涉外民事法律適用法第六條第二項規定之「依行為地法」者，係指法律行為即訂契約之行為在香港者，依訂約地法律。依香港法律，既不允許請求履行勞務契約，則邵氏公司，當不得更請求某影星補拍廿一部影片，僅

得請求賠償不履行契約之損害（最高法院六十三年度臺上字第一六二〇號民事判決參照）。

研討結論：採乙說。

司法院第一廳研究意見：同意研討結論。

*前司法行政部（五五）臺函民字第四八四三號

要旨：

一、查公司法第十六條（舊法第二十三條）規定：「公司除依其他法律或公司章程規定以保證為業務者外，不得為任何保證人。公司負責人違反前項規定時，應自負保證責任，並各科四千元以下罰金，如公司受有損害時，亦應負賠償責任。」依照司法院釋字第五十九號解釋，公司負責人違反上開規定作保時，對於公司不發生效力。依同法第三百七十七條（舊法第二百九十九條）之規定，上開禁止作保之規定，亦準用於經認許之外國公司。

二、至於涉外民事法律適用法第二條規定：「外國法人經中華民國認許設立者，以其住所地為本國法」係為依法應適用外國法人之本國法時，確定何者為其本國法而設，非謂外國法人之法律行為之成立要件及效力，當然適用其本國法。

三、次查涉外民事法律適用法第六條規定：「法律行為發生債之關係者，其成立要件及效力，依當事人意思，定其應適用之法律。當事人意思不明時，同國籍者依其本國法。國籍不同者依行為地法。行為地不同者以發要約通知地為行為地。如相對人於承諾時不知其發要約通知地者，以要約人之住所地視為行為地。前項行為地如兼跟二國以上或不屬於任何國家時，依履行地法」。保證係法律行為之一，其成立要件及效力，依本條規定應適用我國法律時，前揭公司法禁止作保之規定，即應準用於外國公司。

*前司法行政部（四五）臺公參字第一一四六號

要旨：

查債權人之債權如已依照中國法律合法取得，不論債權人具有何種國籍，亦不論其居留何國國境，均得依法在中國境內行使其請求權。況泰國曾於民國三十五年與我國訂有友好條約，因而泰國人民在中華民國境內合法取得債權，雖其本人居留泰國，但如在中華民國境內合法委有代理人者，應可向中華民國境內之債務人，或其合法清理團體主張其應得之債權。

第七條

債權之讓與對於第三人之效力，依原債權之成立及效力所適用之法律。

*六六臺上字第三七九五號

要旨：

〔債權之讓與對於第三人之效力，依原債權之成立及效力所適用之法律〕

涉外事件，依我國涉外民事法律適用法第六條第一項規定，應適用記載於載貨證券內之美國海上貨物運送條例，以定上訴人應否負責。縱該載貨證券以後讓與我國法人，依涉外民事法律適用法第七條規定，仍不受影響。原審僅以兩造俱為中國法人即認本件非涉外事件，而排除美國海上貨物運送條例之適用，尚有判決不備理由之違法。

第八條

關於由無因管理，不當得利或其他法律事實而生之債，依事實發生地法。

第九條

關於由侵權行為而生之債，依侵權行為地法。但中華民國法律不認為侵權行為者，不適用之。

侵權行為之損害賠償及其他處分之請求，以中華民國法律認許者為限。

＊八六保險上字第六三號

要旨：

一、按關於侵權行為所生之債，依侵權行為地法，涉外民事法律適用法第九條第一項前段定有明文。按侵權行為地，一般係指行為地或結果發生地而言，依此本件侵權行為地應係貨損實際發生之前開地點，該地屬何國領域，或係公海，上訴人並未舉證明之，而我國宜蘭蘇澳港僅係損害發生後船舶之到達地而已，既非侵權行為地，亦非損害發生地，上訴人主張準據法應適用中華民國法律，即有不當。本件縱使侵權行為地在我國領域，惟查民法關於侵權行為損害賠償之成立，須以行為人有故意或過失為其主觀要件，主張之人自須對該要件負舉證責任。而原木裝載於該船上之位置及包裝方法係依一般慣用之方式，而原木以甲板方式運送，亦為一般海運實務所採，是自公證報告所載內容，既認海損出自惡劣天氣之不可抗力原因，尚難認被上訴人有何等故意或過失之侵權責任可言。且上訴人主張被上訴人三人應連帶負損害賠償責任，惟上訴人既未積極舉證被上訴人有何侵權行為之事實，復未能就被上訴人等為何成立「共同」侵權行為應連帶負賠償責任一節舉證以明之，其主張被上訴人等應連帶負責，應屬無據，不應准許。

二、上訴人另主張被上訴人應連帶負債務不履行之損害賠償責任。按「法律行為發生債之關係者，其成立要件及效力，依當事人意思定其應適用之法律。當事人意思不明時，同國籍者依其本國法，國籍不同者依行為地法，行為地不同者以發要約通知地為行為地，如相對人於承諾時不知其發要約通知地者，以要約人之住所地視為行為地。前項行為地，如兼跨二國以上或不屬於任何國家時，依履行地法。」涉外民事法律適用法第六條第一至第三項定有明文。按「關於運送人之責任，祇須運送物有喪失、毀損或遲到情事，經託運人或受貨人證明屬實，而運送人未能

證明運送物之喪失、毀損或遲到係因不可抗力或因運送物之性質或因託運人或受貨人過失所致者，則不問其喪失、毀損或遲到之原因是否歸責於運送人之事由，運送人均應負法律上或契約上之責任。」（最高法院四十九年臺上字第七一三號判例參照）又依海商法第一百零七條規定：「運送人對於承運貨物之裝卸、搬移、堆存、保管、運送及看守，應為必要之注意及處置。」觀之，目前通說均認海上貨物運送人注意義務之舉證責任採「推定的過失責任主義」，即於貨載有毀損滅失時，先推定運送人有過失，運送人須對其無過失或係因不可抗力（參酌前述判例）盡舉證責任，始可免責。依公證報告中明確記載可知惡劣天候實為貨損之真正原因。上訴人辯稱惡劣氣候係依船長海事報告所載，而非公證報告認定之貨損原因，惟公證報告既然引用船長海事報告，又未加註任何不同意見，豈非表示公證人亦認為船長海事報告、甲板及航海日誌之記載為真實？上訴人既提出公證報告做為證據，又主張海事報告等不足採，實為自相矛盾。則本件海損係因不可抗力而致，被上訴人自無庸負債務不履行之責任。

＊六二臺上字第三○七○號

要旨：

本件上訴人之貨物，裝船於日本，卸貨於美國，其間如有侵權行為，究發生於何時，應適用何地法律，為先決問題。

＊八一臺上字第九三五號

要旨：

涉外民事法律適用法第九條第一項本文規定：「關於由侵權行為而生之債，依侵權行為地法。」所謂行為地，包括實行行為地及結果發生地。上訴人主張因被上訴人之侵權行為，致其在我國發生支出運費等之損害結果，關於此部分自應適用我國有關法律之規定。

＊司法院第三期司法業務研究會

法律問題：

關於侵權行為之準據法，依涉外民事法律適用法第九條規定，係採侵權行為地法與法庭地法之併用主義，若侵權行為地在陸地，選擇其應適用之準據法，固無問題。惟若發生於海上，如⑴航行中之船舶內船長不法殺害船員，⑵甲船碰撞乙船，致乙船沉沒。應如何選擇其應適用之法律？

研討意見：

關於⑴部分：甲說：在航行中之船舶內，船長不法殺害船員，如在他國領海，應以領海國視為侵權行為地，領海國法即為侵權行為地法。如其侵權行為發生在公海，則應以船旗國法為侵權行為地法，蓋船舶依各國通例，均視為船旗國之「浮動島嶼」也。

乙說：在航行中之船舶內，船長不法殺害船員，如在他國領海應視其是否影響及領海

國政府、人民，若有影響，以領海國為侵權行為地，若無影響，則以該船旗國為侵權行為地。如侵權行為發生在公海，則以船旗國法為侵權行為地法。關於(2)部分：甲說：船舶碰撞，係指船舶衝突，致一方或雙方發生損害而言，亦屬民法上侵權行為之一種，唯我國海商法第六章，對船舶碰撞責任之成立及損害賠償之請求，另設特別規定，依第一百三十四條及第一百四十條之規定，「船舶之碰撞，不論發生於何地，皆依本章之規定處理之」，不因其在他國領海或公海而有所不同。乙說：船舶碰撞，係指船舶衝突，致一方或雙方發生損害而言，其性質屬於侵權行為之問題，可直接適用涉外民事法律適用法第九條之規定。我國海商法第一百三十四條之規定從文義上解釋似謂凡除我國有管轄權之船舶碰撞案外，其他船舶之碰撞無論發生在公海或一國領海上，也不論是否有我國之船舶在內，亦應一律適用該條之規定，此對我國在此案件適用上，固較簡便，但此係違反我對涉外案件所採一貫之立場，故適用上應解釋從嚴，即船舶碰撞發生在公海上，船旗國相同時，依其共同之船旗國法，船旗國不同時，適用法庭地法。發生在領海上時，依領海國法。

研討結論：⑴採甲說。⑵採乙說。

司法院第一廳研究意見：同意研討結論。

參考法條：涉外民事法律適用法第九條 (42.06.06)

＊法務部（七八）法律字第五七四六號

要旨：

一、按我國「志○號」漁船與韓國漁船相撞，係一船舶碰撞事件。關於國際間船舶碰撞海事糾紛之處理，於一九五八年之公海公約、一九八二年之聯合國海洋法公約、一九五二年關於船舶碰撞事件之民事管轄公約、一九一○年關於船舶碰撞若干規定統一公約等均有相關規定。惟我國因非簽約國，自不受其拘束，然是否基於國際慣例予以尊重，本部無意見。本件船舶碰撞事件，其發生地點，位於我國東北海域，距基隆約一四五浬，距釣魚臺約七十五浬，究歸何國法院管轄，宜先確定之，再據以定其應適用之法律。

二、就韓方挾持我國船舶及船員至韓國山港所涉及之刑事責任及管轄權部分：按我國刑法第三條規定：「本法於在中華民國領域內犯罪者，適用之。在中華民國領域外之中華民國船艦或航空機內犯罪者，以在中華民國領域內犯罪論。」又我國刑事訴訟法第五條第二項規定「在中華民國領域外之中華民國船艦或航空機內犯罪者，船艦本籍地、航空機出發地或犯罪後停泊地之法院，亦有管轄權。」韓國船員登上我國漁船挾持之行為，我國法院自有權管轄。至於本件是否涉及海盜或其他妨害自由等犯行，應依我國刑法就具體事實認定之。

三、「志○號」所應負之民事責任及管轄法院部分：參酌一九五二年關於船舶碰撞事件之民事管轄公約第一條之規定，韓方如向我國法院起訴，我國法院有管轄權。又

我國涉外民事法律適用法尚無關於船舶碰撞準據法之相當規定，宜準用涉外民事法律適用法第九條侵權行為之規定解決較為妥適。依該條規定，船舶碰撞如發生於公海，其「侵權行為地法」，究指何國法律，因目前尚無一致見解，宜認為法庭地國，即我國法為其準據法。至於韓國對我漁船船員造成精神上及作業損失部分，亦宜參酌前開意見辦理。

四、另外，關於「良○滿號」及「賜○滿成號」兩艘漁船，均有船體保險，其被撞沉之索賠有關法律問題；按上述情形，我國漁船得依海商法船舶碰撞規定向加害船舶請求賠償，其已參加船體保險者，並得向保險人為保險金額之請求，惟保險人得依據保險法第五十三條規定行使代位權，係屬另一問題，不待詳言。

＊法務部（七○）法律字第八三六六號

要旨：

貴部囑在就國家賠償法施行後關於「地的效力」應僅及於國內釋復一案

說明：

一、復　貴部七十年五月二十日 (70) 外條二字第一一四三○號函。

二、茲依　貴部前函說明第二、三、四、六各項分述如左：㈠國內法除別有規定外（例如刑法第五條）應以該國領域為其地域效力之範圍，此乃適用法律之當然解釋，無待法律明文規定。國家賠償法係國內法，所適用之地域範圍，自應僅以我國領域以內為限。本部七十年五月六日（七○）法律字第五八五六號函主旨，認為我國公務員在我國領域外執行職務行使公權力，因故意或過失之不法行為所致損害，或因我國領域外之我國公有公共設施設置或管理之欠缺所致損害，被害人尚難依國家賠償法請求損害賠償，其理由即在此。㈡我國旅韓華僑王○○於五十四年七月十九日（來函誤為八日）大韓民國漢城糾眾滋事，侵入我國駐韓大使館內，搗毀門窗傢俱，被訴妨害公務一案，臺灣高等法院五十六年度上更二字第一一八號刑事確定判決，係以被告犯罪地在我國領域外，所犯之罪不合刑法第七條之規定，故認不適用刑法處罰。同案宋○○係在該案審判中死亡，併予判決公訴不受理；嗣經最高法院檢察署檢察長以我國對於駐外使領館應具有領域管轄權為由，提起非常上訴，案經最高法院五十八年度臺非字第一二九號刑事判決，將非常上訴駁回，其判決理由：仍認在我國駐外使領館內犯罪者，難謂亦以在國內犯罪論。不認駐外使領館為我國之想像領域。參考上述案例，可知發生於我國駐外使領館內之損害賠償事件，應認為在國外所發生之事件，而無國內法之適用。㈢我國國民倘在國外之我國使領館館舍內遭受損害，依涉外民事法律適用法第九條第一項之規定，應以行為地法（即駐在國法）為準據法。至於　貴部六十九年十月廿九日（六九）外條二字第二三四四三號函「說明四」所稱「可援引外國主權豁免之原則」，其作用在於豁免駐在國之司法審判與執行，並不排除駐在國一般私法之適用。

從而被害人或其他請求權人仍得向國內法院起訴，依涉外民事法律適用法第九條之規定，請求賠償損害。關於外國法之內容，當事人有舉證責任，法院亦得依職權調查（見民事訴訟法第二百八十三條）。本部七十年五月六日 (70) 法律字第五八五六號函主旨後段所述「至其可否依當地國法律起訴，乃係另一問題」一節，則指此種情形而言。㈣本部依　貴部來函而提供意見，係依本部組織法第七條第四款所為之法規諮商，如有具體個案涉訟，自應依循訴訟程序辦理。

第十條

關於物權，依物之所在地法。

關於以權利為標的之物權，依權利之成立地法。

物之所在地如有變更，其物權之得、喪，依其原因事實完成時物之所在地法。

關於船舶之物權，依船籍國法；航空器之物權，依登記國法。

＊臺北地方法院八十五年海商第十一號

理由（節錄）：

一、查被告吉○公司設於臺北市復興北路○號六樓十二室，依民事訴訟法第二條第二款規定，本院就本案有管轄權，縱原告起訴時，鑫○號停泊於基隆港錨地，依同法第八條規定，得由船舶所在地之法院即基隆地方法院管轄，然依同法第二十二條規定，原告就此訴訟得選擇任一法院起訴，是本院對本件訴訟有管轄權，核先敘明。

二、本件被告吉○公司經合法通知，無正當理由，未於最後言詞辯論期日到場，核無民事訴訟法第三百八十六條各款所列情形，爰依原告之聲請，由其一造辯論而為判決。

三、原告起訴主張被告吉○公司先後於八十四年十月至十二月為被告鑫○公司所有巴拿馬船籍之鑫○號訂購油料，惟到期被告拒不付款。此債權係屬海商法第二十四條第一項第五款之優先權，故原告就鑫○號有優先受償之權，且優先權之性質為物權，則依涉外民事法律適用法第十條第四項規定，應依船籍國法即巴拿馬商法第一○五七條第八款規定，此為因船舶補給需要產生之契約債權，亦有船舶優先權。而被告吉○公司則以其係代理港○公司訂購油料，不知原告與港○公司如何訂約等語；被告鑫○公司則以其雖為鑫○號之所有人，惟已出租予港○公司，吉○公司鑫○號之在臺總代理。是本件應係吉○公司應港○公司之請，而以吉○公司名義向原告訂購油料，鑫○公司既非本件油料買賣契約當事人，即無須負給付貨款之責，遑論連帶責任等語，資為置辯。

四、原告主張被告吉○公司先後於八十四年十月至十二月為被告鑫○公司所有巴拿馬船籍之鑫○號以傳真信函訂購油料，原告分別於八十四年十月二十七日、十一月十一日、十一月二十五日、十二月十日為鑫○號補給油料五十點○一噸、四十四

點八八噸、四十九點八一噸、五十點二七噸，應付款項共計美金三萬八千零六十四元四角一分，惟到期被告經催告仍拒不付款等情，業據其提出訂購油料傳真一紙、鑫○號輪機長簽收油料之收據四紙、發票四紙、催告之存證信函、油購確認函三紙為證，且為被告吉○公司所自承，被告鑫○公司所不爭執，可認其為真實，是原告確有油料債權請求權。惟本件之爭執點在於被告是否為本件債權之債務人及被告應否為該債權負連帶給付之責。經查：

㈠被告吉○公司雖不否認該四筆油料為其所訂購，惟主張係代理港○公司代訂，並自承於鑫○號進港時，吉○公司即代理鑫○公司云云，並提出代理契約為證。然查鑫○輪係鑫○公司所有，港○公司向鑫○公司租用營運，成立船舶租賃契約而由吉○公司代理港○公司乙節，此有臺灣省交通處基隆港務局八十五年五月三日基港航監字第○八一○三號函、八十五年六月十八日基港航監字第一一五五五號函及所附代理契約、租船契約、船務代理業代理長期租傭、受託營運船舶業務登記申請書、鑫○號船舶在港動態查詢資料足憑，參酌訂購油料傳真信函，被告吉○公司並未表明為港○公司或他人代理之意旨，亦未就原告出具之發票、油購確認函載明買受人為鑫○號船長及船東及吉○公司之內容表示意見等情以觀，被告吉○公司所為之訂購油料法律行為以自己名義為之，有違代理制度之顯名主義，其縱有為港○公司訂購之意思，然其並未舉證原告於接受油料訂購時明知或可得而知其有為他人代理之意思，則該法律行為之效果即無法歸屬於本人，即應由被告吉○公司就該法律行為自負其責。

㈡如前所述，被告鑫○公司雖為鑫○號之所有人，惟已租予港○公司，則依該船舶租賃契約之約定，出租人即被告鑫○公司並無就系爭船舶負有給養之義務，所有船舶補給事宜均應由承租人即港○公司負責。況如前述，被告吉○公司以自己名義向原告訂購油料，縱被告吉○公司為鑫○號之在臺總代理，然其既未表明代理港○公司，亦未表明代理被告鑫○公司，且原告並未舉證證明被告鑫○公司有何行為表示以代理權授與被告吉○公司，或知被告吉○公司表示為其代理人而不為反對之表示之情事，自無成立表見代理可言，是被告吉○公司所為與被告鑫○公司無涉，油料買賣契約係存在於原告與被告吉○公司之間。而就油料數量、金額等契約必要之點，原告與被告鑫○公司並未有任何意思表示之一致，難僅憑原告所書立之油料確認函、發票，及鑫○號輪機長簽收之油料收據，即遽認被告鑫○公司應受契約之拘束，況被告鑫○公司否認曾經收受原告發票，原告亦未就此舉證證明，更無從據此課以被告鑫○公司契約上責任。至原告陳稱被告吉○公司係基於鑫○號船長之請而訂購油料，及吉○公司可能為鑫○公司之控股公司云云，並未舉證以實其說，其空言主張被告鑫○公司應連帶負責即無可採。是被告鑫○公司既非油料買賣契約之當事人，自無庸就發

生於鑫○號之油料債權負責。

㈢被告鑫○公司固為未經認許之外國法人，惟其既未以其名義與他人即原告為訂購油料之法律行為，自無從依民法總則施行法第十五條規定，與被告吉○公司負連帶責任。

五、原告主張其對鑫○號有系爭油料債權，因而有優先權存在，而船舶優先權為特定債權對於特定標的物有優先受償之權利，非單純債權可比，參諸我國海商法之相關規定可知，船舶優先權具有直接支配特定物、優先受償及追及效力，顯具物權之性質。而按涉外民事法律適用法第十條第四項規定，關於船舶之物權，依船籍國法，而系爭鑫○號之船籍國為巴拿馬，有船舶簽證資料、勞氏船舶登記簿、臺灣省交通處基隆港務局八十五年二月二十六日基港港繫字第○三七三四號函、八十五年五月三日基港航監字第○八一○三號函、八十五年六月十八日基港航監字第一一五五五號函及所附代理契約、租船契約、船務代理業代理長期租傭、受託營運船舶業務登記申請書、鑫○號船舶在港動態查詢資料可稽，且為被告吉○公司及鑫○公司所不爭執，應適用巴拿馬法律，而依巴拿馬商法第一○五七條第八款規定：「下列費用將構成船舶優先權，並將依下列順序依次受償：第八款：因船舶補給或修繕需要產生之契約債權。」準此，系爭油料債權自屬因船舶補給需要產生之契約債權，具有船舶優先權，要無疑義。另被告鑫○公司辯稱：原告當時即明知該契約之買受人為吉○公司，並非因信賴鑫○號船舶價值而補給油料云云，惟按優先權為某債權對於特定標的物有優先受償之權利，此優先受償之權利並非原債權本身，其對象為標的物，唯有對標的物行使其權利，始為行使優先權（最高法院六十五年度臺上字第二三六六號判決參照），是優先權人對標的物所有權行使，始為適當。又按所謂優先權所行使之船舶，並非泛指船舶所有人之船舶而言，而係指優先權所由發生之船舶，其因出租他人經營航運者，縱船舶所有人並未參與其事，仍難謂非此「船舶」，債權人自得對之主張優先權，故被告鑫○公司主張其未向原告訂購油料，因而原告無權向其提起訴訟，顯然忽略優先權之特性，其所辯不足採信。是原告就鑫○號自有優先受償之權，被告鑫○公司竟對此予以爭執，原告自有訴請確認此項優先權存在之法律上利益，從而，原告訴請確認其就前開油料債權對於系爭鑫○號船舶有優先權存在，即屬正當。

六、綜上所述，被告吉○公司以自己名義向原告訂購油料，原告得基於買賣契約向被告吉○公司請求給付油料價金美金三萬八千零六十四元四角一分及其利息，並請求確認就此債權對鑫○號有優先權存在為有理由，應予准許。至被告鑫○公司既已將鑫○號出租，自無庸給付油料價金，原告此部份請求為無理由，應予駁回。

＊八五訴字第一一○號
要旨：

本件原告派〇〇斯航空股份有限公司在我國並未有營業所，亦非係依據我國法律而成立為外國法人，是本件應有涉外民事法律適用法之適用。依涉外民事法律適用法第十條第四項，關於航空器之物權，依登記國法。系爭航空器之登記國為菲律賓共和國，而訴外人 PEORO A. BAUTISTA 亦已依菲律賓共和國之法律，移轉系爭航空器之所有權予原告，已如前述，自堪認定原告為系爭航空器之所有權人。從而，原告基於所有權及所有物返還請求權，請求確認系爭航空器為其所有及請求被告返還，即有理由，應予准許。

＊六五臺上字第一一四〇號
要旨：
〔「船舶」之物權依船籍國法，但以該船舶在水面或水中可供航行者，始有其適用〕
依我國涉外民事法律適用法第十條第三項之規定，關於「船舶」之物權，依船籍國法云者，乃以該船舶在水面或水中可供航行者，始有其適用。如僅為動產性質之「貨品」，其所有權之移轉，自應適用我民法關於物權編之規定，僅以交付為生效要件。至於被上訴人所稱賴比瑞亞海事法第三章第一百節有關任何船舶之買賣有如何之規定，以及我國海商法第八條有關船舶讓與之規定，亦均以該船舶為可供航行者為前提，否則仍無上開法規之適用。系爭船舶既失航行能力，為被上訴人所自認，且經高雄港務區鑑定屬實（見第一審第四十九頁所附公函），依法已非船舶，自無適用海商法或涉外民事法律適用法之餘地。

＊六六臺上字第二七三三號
要旨：
被上訴人何時在何種情形下，始能取得該船舶之所有權，依涉外民事法律適用法第五條第一項後段，及第十條第三項規定，應依賴國法律決之，如非船舶買賣，而係一般動產買賣，被上訴人取得該動產物權之原因事實完成時，該動產之所在地，究在何處，依同法第十條第一項、第二項規定，與適用何國法律，亦至有關係。

＊七〇臺上字第三三八號
要旨：
強制執行法第一百十四條之三規定：「外國船舶經中華民國法院拍賣者，關於船舶之優先權及抵押權，依船籍國法。當事人對於優先權與抵押權之存在，所擔保之債權額或優先次序有爭議者，應由主張有優先權或抵押權之人，訴請執行法院裁判；在裁判確定前，其應受償之金額，應予提存」，係民國六十四年四月二十二日修正時所增列，其立法理由謂：「外國船舶停泊於我國港口，或航行於我國領域內，依屬地主義之原則，為我國法權所及，我國法院得予強制執行，但關於船舶之優先權及抵押權，參照涉外民事法律適用法第十條第四項之規定，及國際私法上互相承認其效力，准其享受優先受償之權利。惟優先權係不經登記之權利，而外國官署所為抵押權登記，屬於外國政

府之公法行為，執行債務人對其存在及其所擔保之債權額或優先次序有爭議者，就本法第四十三條及民事訴訟法第四百零二條之意旨觀之，該優先權及抵押權之效力，並非當然及於我國領域，故增設本條，以杜糾紛」云云。準此以觀，該條前段所定：「外國船舶經中華民國法院拍賣者，關於船舶之優先權及抵押權，依船籍國法」，僅在當事人對於優先權或抵押權之存在，所擔保之債權額或優先次序無爭執之情形，始有其適用。如當事人對此有所爭執，則應適用同條後段之規定，於主張有優先權或抵押權之人訴請法院裁判時，法院認定其有無優先權或抵押權，仍應斟酌國際私法上相互承認之原則，即外國法如不承認依中華民國法律所定優先權或抵押權之效力，亦得拒絕適用外國法有關優先權或抵押權之規定，非謂外國法所定優先權或抵押權之效力，當然及於我國領域，否則，同條後段之規定，豈非毫無意義。上訴人對於被上訴人之抵押權及其優先次序既有爭執，依法即有同條後段之適用。

第十一條

婚姻成立之要件，依各該當事人之本國法。但結婚之方式依當事人一方之本國法，或依舉行地法者，亦為有效。

結婚之方式，當事人一方為中華民國國民，並在中華民國舉行者，依中華民國法律。

＊八六婚字第四九號

要旨：

按「婚姻成立之要件，依各該當事人之本國法。但結婚之方式依當事人一方之本國法，或依舉行地法者，亦為有效。結婚之方式，當事人一方為中華民國國民，並在中華民國舉行者，依中華民國法律。」涉外民事法律適用法第十一條定有明文。經查本件被告係馬來西亞國籍國民，其與中華民國籍之原告結婚，又在中華民國辦理結婚登記，且依兩造結婚證書記載之結婚時地係七十八年八月三十一日中午十二時在尖石鄉那羅村，依前揭說明，自應適用中華民國法律。又按「結婚，應有公開儀式及二人以上之證人。」民法第九百八十二條第一項定有明文，而該條項所謂結婚應有公開之儀式，乃指結婚之當事人應行定式之禮儀，使不特定人得以共聞共見認識其為結婚者而言，最高法院七十九年臺上字第二七號判決可資參照。本件經證人古〇玲證稱沒有公開儀式，衹有在我家和家人一起吃飯，沒請親戚朋友，鄉居也沒有，另證人即原告之父邱〇明證稱：「認識李〇德，他在五、六年前和我女兒結婚，結婚時我都不知道，衹是後來在戶口名簿上發現有李〇德的名字，結婚時也沒請客。」茲據以上證人均證明原告與被告並未舉行定式之禮儀，以使不特定人得以共聞共見認識原告與被告結婚，則原告主張兩造間並未舉行公開儀式即辦理結婚登記一節，自堪信為真實。揆諸上開說明，兩造之婚姻關係應不成立，原告請求，應予准許。

＊司法院第三期司法業務研究會

法律問題：

我駐外單位可否僅憑我旅外國人所提出之外國法院簽具之「結婚公證書」，據以更改當事人所持護照之婚姻狀況或發給結婚證明文件？

研討意見：

甲說：

中華民國國民在外國結婚，若依其所提出之外國法院簽具之「結婚公證書」，足認其已經符合我國民法第九百八十二條規定之結婚方式或舉行地法院所規定之結婚方式者，依涉外民事法律適用法第十一條第一項但書之規定，我國駐外單位當可據以更改當事人所持護照之婚姻狀況之記載（參見法務部法規委員會第一組七十年二月三日研議法律問題會議結論）。

乙說：

我駐外單位為行政機關，無權審查外國法院簽具之「結婚公證書」。且護照是我國外交部製作，駐外單位無權更改，故不得更改當事人所持護照之婚姻狀況或發給結婚證明文件。

研討結論：採甲說。

司法院第一廳研究意見：同意研討結論。

法律問題：

有一英國人，未依英國習慣先取得離婚證書，即在我國與我國女子結婚（依英國習慣，結婚當時，苟未取得離婚證書，不得再結婚，為其結婚之方式），其結婚是否有效？

研討意見：

甲說：

婚姻成立之要件，依涉外民事法律適用法第十一條第一項前段規定，依各該當事人之本國法，本題之當事人之夫為英國人，妻為我國人，依上開規定，婚姻成立要件應依我國法及英國法，現知英國習慣，結婚當時，苟未取得離婚證書，不得再結婚，而該英國人未先取得離婚證書，即與我國女子結婚，該婚姻如依英國法應不為成立，依涉外民事法律適用法第十一條第一項前段規定，其結婚應為無效；如為得撤銷，在其撤銷前，該婚姻仍有效。

乙說：

按婚姻成立之要件，依涉外民事法律適用法第十一條第一項前段規定，固應依各該當事人之本國法。惟同條但書及同條第二項規定，「結婚之方式，依當事人一方之本國法或依舉行地法者，亦為有效」「結婚之方式，當事人一方為中華民國國民，並在中華民國舉行者，依中華民國法律」，則被上訴人雖為英國人，惟既與中華民國女子在中華民國結婚，依上說明，自應適用我國民法之規定，而依我國民法規定，結婚不以登記為生效要件，則縱令被上訴人於結婚後，迄未為結婚登記，以及被上訴人依英國習慣，當事人未先取得離婚證書，不得結婚係屬實情，亦不影響被上訴人間婚姻之效力。（最

高法院 64 年臺上字第一五九七號判決參照）

研討結論：採乙說。

司法院第一廳研究意見：同意研討結論。

＊司法院第五期公證實務研究會

法律問題：

逾期居留之外國人士，雖提出該外國政府主管機關所核發之未婚單身證明，並經我國駐外單位及外交部之簽證後，可否辦理公證結婚？

討論意見：

肯定說：

依司法院七十八年八月廿五日（七八）院臺廳一字第六三九八號函略云：「對各地方法院公證處辦理逾期居、停留之外籍人士請求與國人或合法居留之其他外籍人士辦理公證結婚時，除應注意其婚姻是否符合我國涉外民事法律適用法第十一條、公證法第十七條、第十九條暨同法施行細則第四十二條第四款等規定外，並宜訊明當事人是否確有結婚之真意或告知他造當事人該逾期居、停留之外籍人士，依法有被限令出境或強制出境，致無法履行同居義務之可能，以確保當事人合法權益。」及七十九年十一月六日（七九）院臺廳一字第七四一三號函說明二後段略云：「務請要求申請人提出對方本國國內主管機關出具並經我駐外館處驗證及本部（外交部）覆驗之單身證明文件……」即可辦理。

否定說：

按目前實務上要求辦理此類公證結婚者，均係東南亞女子，其本來均係以來臺觀光名義入境，而實際卻是從事打工，或在不正當場所工作，其為取得在臺合法居留之身分，遂紛紛尋覓臺灣同胞（尤其大部分是單身榮民同胞）結婚，待取得在臺合法身分後，即以詐騙手法騙取老榮民之積蓄，而後離家出走，造成社會問題，況且逾期居留其本身即是不合法，若以此不合法之身分，而藉公證結婚以達其取得合法之身分之目的，當然是為法律所不許，故應拒絕辦理。

研討結論：採肯定說。

司法院民事廳研究意見：同意採肯定說。

＊內政部（四三）臺內戶字第五三二七七號

要旨：

本國女子與美國籍人民結婚之法律規定

全文內容：

查涉外民事法律適用法第十一條第二項規定「結婚之方式，當事人一方為中華民國國民，並在中華民國舉行者，依中華民國法律」。本國女子與美軍在國內結婚，其方式自應依我國民法之規定。按我民法第九百八十二條規定「結婚，應有公開儀式及二人以

上之證人」。所謂結婚儀式並無法定程序（參照司法院二十六年院字第一七〇一號，二十二年院字第八五九號、第九五五號解釋），是項結婚儀式無論依舊式、新式，如能使一般不特定人所共見，且有二人以上之證人在場親見為已足。所示本國女子與美軍在美國大使館或美軍顧問團教堂，依美國之方式結婚，如該結婚之場所，足以使一般不特定人均可知悉，而得具見且有二人以上為之證明者，仍難謂非已具備我民法第九百八十二條所規定之方式。再同條所規定之結婚方式，不以具備結婚證式為要件。故所云美國大使館所發英文結婚證明書，祗能作為受理登記之參考，如就其所載，已可認定其結婚符合我民法第九百八十二條之規定者，自宜許為結婚之登記。否則仍應視其結婚方式是否合於前開說明為準據。嗣後本國女子與美國籍人民在美國大使館或美軍顧問團教堂結婚，持有英文結婚證明書申請結婚登記時，該管戶籍主任可照上項解釋辦理；必要時得飭當事人繳存英文結婚證書之副本或譯本。

＊前司法行政部（四八）臺函民字第一四五七號

要旨：

查婚姻成立之要件，依各該當事人之本國法，又結婚違反「有配偶者不得重婚」之規定者，利害關係人得向法院請求撤銷之，分別為我國涉外民事法律適用法第十一條第一項，及民法第九百九十二條（註：七十四年刪除本條）本文所明定。本件美國人布朗與我國孔女士之結婚，如未經利害關係人訴請法院撤銷，得有確定之判決，其婚姻應認為自始有效。次查子女之身分依出生時其母之夫之本國法，我國涉外民事法律適用法第十六條第一項亦定有明文，故布朗與孔女婚後所生子女，其身分關係如何，應依布朗之本國法律決定之。

＊前司法行政部（五〇）臺函民字第四八六六號

要旨：

查本案當事人之一方為外國人自屬涉外民事法律關係，依涉外民事法律適用法第十一條第一項本文：「婚姻成立之要件依各該當事人之本國法」之規定，其婚姻是否有效自應依中美兩國民法以定之。查我國民法第九八〇條規定：「男未滿十八歲、女未滿十六歲不得結婚。」第九八九條規定：「結婚違反第九百八十條之規定者，當事人或其法定代理人得向法院請求撤銷之。但當事人已達該條所定年齡或已懷胎者不得請求撤銷。」從而本件美籍公民 William Mitchell 與華僑女子林靜子間之結婚，雖因女方違反我國民法結婚年齡之規定而得撤銷，惟在撤銷權人依法撤銷前或撤銷權消滅後，其婚姻仍可有效成立。

＊法務部（七〇）法律字第二九一〇號

要旨：

查中華民國國民在外國結婚，若依其所提出之外國法院簽具之「結婚公證書」，足認其已經符合我國民法第九百八十二條規定之結婚方式或舉行地法律所規定之結婚方式

者，依涉外民事法律適用法第十一條第一項但書之規定，我國駐外單位當可據以更改當事人所持護照之婚姻狀況之記載。至於我旅外國人所提出之外國法院之「離婚判決書」，若該判決無民事訴訟法第四百零二條規定之情形者，我駐外單位可承認其效力。

＊法務部（七〇）法律字第五五一六號

要旨：

一、按重婚者，如後婚未經撤銷而夫已死亡，後妻仍不失為配偶，司法院著有院字第一九八五號解釋。來函說明一所述民法關於夫妻聯合財產制之規定，當亦有其適用。

二、來函說明二：認為重婚應以後婚具備結婚成立要件者始足當之，與最高法院二十三年上字第七二五號判例見解相符，既經查悉該重婚男子與其後妻均具有中、泰兩國國籍，參考司法院院字第一四三四號解釋意旨，縱令重婚之行為地在國外，而在我國民法，倘已具有公開之儀式及二人以上之證人，即應認為合法，不因國外機關註冊資料之登載為妻或妾而有何影響。

＊法務部（七一）法律字第七〇九〇號

要旨：

一、西德籍 H. G. 在德國原有妻室，又在我國與我國國民謝〇珍女士重婚，依涉外民事法律適用法第十一條第一項前段之規定，婚姻成立之要件，應依各該當事人之本國法。經查我國民法第九百九十二條雖規定重婚僅得撤銷而非無效，惟西德婚姻法 (Ehegesetz) 第二十條既規定重婚為無效，顯見其欠缺成立要件所生效果較為嚴重，從而本件結婚，依涉外民事法律適用法規定適用兩國法律之結果，即應認為無效。

二、本件婚姻雙方當事人均在西德，依西德婚姻法第二十三條及第二十四條第一項之規定，結婚無效者，須經法院以判決宣告之，前婚配偶與後婚配偶均得提起無效之訴，謝〇珍女士如向西德法院起訴，則其可得請求賠償等事項，參照同法第二十六條第一項規定，似應依離婚之例定其效果。

＊法務部（八三）法律決字第一七九五一號

要旨：

臺灣地區人民與大陸地區人民在日本結婚，其結婚之成立要件及方式，應依涉外民事法律適用法第十一條第一項之規定而判斷之全文內容：按臺灣地區與大陸地區人民關係條例第五十二條第一項規定：「結婚或兩願離婚之方式及其他要件，依行為地之規定。」同條例第四十一條第三項規定：「本章（即第三章民事）所稱行為地……指在臺灣地區或大陸地區。」本件當事人結婚之行為地在日本，非上開規定之臺灣地區或大陸地區，故無首揭規定之適用，又依同條例第一條後段規定：「本條例未規定者，適用其他有關法令之規定。」合先敘明。查事件之事實有牽涉外國人、外國地或兩者兼具即有

「涉外因素」，而為涉外事件，其間之法律關係，自應適用我國涉外民事法律適用法定其準據法後，始得依各該法律之規定解決之。本件臺灣地區人民凌〇玉女士與大陸地區人民鄭〇琦先生在日本結婚，依上開說明，應有涉外民事法律適用法之適用，從而，其結婚之成立要件及方式，應依該法第十一條第一項之規定：「婚姻成立之要件，依各該當事人之本國法。但結婚之方式依當事人一方之本國法，或依舉行地法者，亦為有效。」而判斷之。茲當事人如依結婚舉行地日本之規定結婚，依上述但書規定，其結婚之方式應為有效。惟其婚姻成立之其他要件，仍應依凌女士及鄭先生之本國（地區）法定之。至於經臺北駐日經濟文化代表處驗證屬實，並經外交部領事事務局轉駐日代表處查證符合日本民法規定之「婚姻屆受理證明書」，可否予以採認，要屬事實認定問題，請　貴部（內政部）本於職權自行審認之。

＊法務部（八四）法律決字第一九三八八號

要旨：

國人王女士與日人吉富君之婚姻關係，經日本福岡家庭裁判所以「當事人間缺少婚姻同意」為語，判定無效，並裁定其等婚姻關係期間所生之子與吉富君之親子關係不存在，得否據以認定所生子女為非婚生子女疑義。

全文內容：

按涉外民事法律適用法第十一條規定，婚姻成立之要件，依各該當事人之本國法。我國民法對婚姻之成立「須雙方當事人之結婚意思一致」乙節，雖無明文規定，惟學者通說均認其為婚姻實質要件之一；對於已履行婚姻方式但欠缺婚姻意思之虛偽婚姻，基於婚姻應尊重當事人內心之效果意思及其徒具婚姻外觀而無實質而言，應屬確定、當然、自始不生效力；無待訴訟，當事人及第三人均得主張其為無效，且當事人間不發生身分上、財產上之關係，所生子女亦為非婚生子女。但就其無效有所爭執時，有確認利益者則可提起確認婚姻無效之訴（史尚寬著「親屬法論」第一五五、一五六、一六二、一六三、一六七一一七一、一八二頁，戴炎輝、戴東雄合著「中國親屬法」第七二一七四、一〇〇一一〇四頁，陳棋炎、黃宗樂、郭振恭合著「民法親屬新論」第九〇一九二、一一五一一一七頁參照）。次按，民事訴訟法第四百零二條規定：「外國法院之確定判決，有左列各款情形之一者，不認其效力：一、依中華民國之法律，外國法院無管轄權者。二、敗訴之一造，為中華民國人而未應訴者。但開始訴訟所需之通知或命令已在該國送達本人，或依中華民國法律上之協助送達者，不在此限。三、外國法院之判決，有背公共秩序或善良風俗者。四、無國際相互之承認者。」外國法院之確定判決，除據為執行名義請求本國法院強制執行者，依強制執行法第四十三條規定，應經本國法院以判決宣示許可其執行外，各機關均可依民事訴訟法上開規定為形式上之審查，據以決定是否承認外國法院確定判決之效力，惟有私權爭執時，利害關係人仍可循民事訴訟程序解決（本部八十二年十一月八日法 82 律決字第二三七一七

號函引司法院秘書長八十二年十月二十九日（八二）秘臺廳民一字第一七九六六號函參照）。本件國人王女士與日人吉富君之婚姻關係，經日本福岡家庭裁判所以「當事人間缺少婚姻同意」為語，判定無效，並裁定其等婚姻關係期間所生之子與吉富君之親子關係不存在，得否據以認定所生子女為非婚生子女，請　貴部（內政部）參酌上開意旨，本於職權自行審認之。

第十二條

婚姻之效力，依夫之本國法。但為外國人妻，未喪失中華民國國籍，並在中華民國有住所或居所，或外國人為中華民國國民之贅夫者，其效力依中華民國法律。

＊八四婚字第五九一號

要旨：

按婚姻之效力依夫之本國法，涉外民事法律適用法第十二條前段定有明文，則本件有關履行同居之效力，自應適用我國民法相關規定。次按夫妻互負同居之義務，且妻以夫之住所為住所，民法第一千零一條前段、第一千零二條前段分別定有明文。本件兩造係為夫妻關係，業據原告提出戶籍謄本、菲律賓外交部公證員認證，經我國駐菲律賓臺北經濟文化辦事處證明之認證書影本為證，而被告離家出走，迄未返家之事實，亦經證人王○弘到庭證述在卷，被告經合法通知，既未到庭陳述，亦未提出書狀作何陳述，堪認原告之主張為真實。被告既無不能同居之正當事由，竟拒不履行同居義務，從而原告本於現存之夫妻關係，請求被告履行同居義務，於法核無不合，應予准許。

＊八三臺上字第一四六○號

要旨：

按兩願離婚，須具備書面，二人以上證人之簽名，及辦理離婚戶籍登記三項要件，始生效力，為修正後民法第一千零五十條所特別規定。本件上訴人與訴外人曲○華兩願離婚，並未辦理離婚戶籍登記，有上訴人及曲○華之戶籍謄本附卷可稽。依上說明，自不發生離婚之效力。上訴人與訴外人曲○華之婚姻關係仍在存續中，上訴人為有配偶之人，竟與被上訴人重婚，自屬違背民法第九百八十五條第一項有配偶者不得重婚之規定，依民法第九百八十八條第二款規定，兩造之結婚為無效。因被上訴人主張兩造之結婚無效，為上訴人所否認，則被上訴人訴請確認兩造之結婚無效，於法有據，應予准許。按上訴人與訴外人曲○華依卷附之結婚公證書及戶籍謄本所載，均為中華民國國民，其離婚之效力，自應依我國民法之規定。而被上訴人亦為中華民國國民，兩造雖在美國麻薩諸塞州波士頓結婚，仍不能免於違背我國民法重婚無效之規定。至被上訴人在美國加州洛杉磯法院所提起確認兩造婚姻無效訴訟已否判決，並不影響我國法院依本國法律規定所為之判決。

＊法務部（八五）法律決字第一一五四五號

要旨：

華僑男子與印尼女子結婚,不作正式結婚證書,所生之子女以非婚生子從母姓,該子女如欲與生父取得婚生地位,應依認領方式為之,如已經生父認領者,父母與子女間之法律關係應依父之本國法。

* 法務部(八三)法律決字第一六三五二號

要旨:

當事人裴○華在日本與王○福結婚,係屬涉外事件,關於其夫妻之稱姓,屬婚姻效力之問題,依涉外民事法律適用法第十二條規定,應依其夫王○福所屬國之法律定之。

全文內容:

查事件之事實有牽涉外國人、外國地或兩者兼具即有「涉外因素」,而為涉外事件,其間之法律關係,首應適用我國「涉外民事法律適用法」定其準據法後,始得依各該國之法律規定解決之。本件當事人裴○華於八十三年五月十四日在日本大阪市與王○福結婚,係屬涉外事件,關於其夫妻之稱姓,屬婚姻效力之問題,依涉外民事法律適用法第十二條規定:「婚姻之效力依夫之本國法。但為外國人妻未喪失中華民國國籍,並在中華民國有住所或居所,或外國人為中華民國國民之贅夫者,其效力依中華民國法律。」裴○華結婚後之稱姓,依上開規定,應依其夫王○福所屬國之法律定之。據來函卷附資料所示,王君之國籍仍為中華民國,則其夫妻之稱姓應依我國民法第一千條(註:已修正):「妻以其本姓冠以夫姓。贅夫以其本姓冠以妻姓。但當事人另有訂定者,不在此限。」之規定,即妻僅得以其本姓冠以夫姓,但不得去己姓而從夫姓(本部七十六年八月十三日法 (76) 律字第九四九四號函參照)。因此,不論雙方有無取得日本永久居留之資格,有無在臺設籍,均不影響上開規定之適用。

* 法務部(七七)法律字第七二八○號

要旨:

依我國涉外民事法律適用法第十二條規定:「婚姻之效力依夫之本國法……。」復按本部七十六年八月十三日法 76 律字第九四九四號致 貴部(內政部)函釋意旨,我國民法第一千條係有關夫妻冠姓之規定,並不包括妻用夫姓或妻從夫姓之情形在內。因之,本件關於葉○平君申請為其日籍配偶中村○理子改從夫姓為葉○理子。(參考法條:民法第一○○○條(註:已修正))

第十三條

夫妻財產制,依結婚時夫所屬國之法。但依中華民國法律訂立財產制者,亦為有效。

外國人為中華民國國民之贅夫者,其夫妻財產制,依中華民國法律。

前二項之規定,關於夫妻之不動產,如依其所在地法應從特別規定者,不適用之。

* 七三判字第二三五號

要旨:

〔經常居住中華民國境外之中華民國國民,及非中華民國國民,死亡時在中華民國境

內遺有財產者，應就其在中華民國境內之遺產課徵遺產稅〕

按經常居住中華民國境外之中華民國國民，及非中華民國國民，死亡時在中華民國境內遺有財產者，應就其在中華民國境內之遺產課徵遺產稅，為行為時遺產及贈與稅法第一條第二項所規定。又涉外民事法律適用法第十三條第一項前段規定：「夫妻財產制依結婚時夫所屬國之法」。本案被繼承人雖係於六十年八月二十日經內政部核准喪失中華民國國籍，但其與俞××結婚時，仍具有中華民國國籍，為原告所不爭之事實，則其夫妻財產制自應依我國法律有關之規定。而夫妻聯合財產中，除妻之原有財產或特有財產外，為夫所有，此徵諸民法第一千零十六條及第一千零十七條等規定，其意甚明。是婚姻關係存續中，以妻之名義所取得之財產，如不能證明為妻之原有財產或特有財產，即應屬夫所有，如夫死亡，該項財產應合併申報課徵遺產稅。本部分被繼承人之配偶分別於六十年十二月、六十七年十二月、六十八年七月、六十九年一月取得華僑信託投資公司股份二○、○○○股、六、○○○股、一、七五五股、五、二二八股，合計三二、九八三股，除六十年十二月之取得係在六十二年二月八日遺產及贈與稅法施行前，餘均在六十二年二月八日遺產及贈與稅法施行之後，後者股票之增購既在六十二年二月八日遺產及贈與稅法施行之後，而經濟部投資審議委員會之核准文件及匯款通知書、兌換水單，僅能證明投資名義人為俞××，並不能證明投資之資金係俞××之原有或特有財產，此部分被繼承人生前復未依遺產及贈與稅法第五條第三款規定繳納贈與稅，是被告機關依涉外民事法律適用法第十三條第一項前段，民法第一千零十六條、第一千零十七條及行為時遺產及贈與稅法第一條第二項規定予以計入被繼承人遺產總額應無不合。至於六十二年二月八日遺產及贈與稅法施行前以俞××名義投資之六十年十二月二○、○○○股部分依財政部 68.05.29. (68) 臺財稅字第三三五三五號函及財政部 69.03.06. (69) 臺財稅字第三一八七九號函規定有關六十二年二月八日遺產及贈與稅法施行前，其聯合財產中有以妻名義登記之不動產或動產，於夫先妻死亡時，如經妻主張該不動產或動產係其夫所贈與時，而無具體反證者，即可認屬妻之特有財產。此部分被告機關猶依據解釋在前之財政部 68.10.03. (68) 臺財稅字第三六九三五號函主張仍應由妻提出夫同意贈與之證明云云，應無可採。

＊法務部（七六）法律字第五一○六號

要旨：

一、關於本件來函所述，因涉及具體案件，本部未便表示意見。

二、至於本國人民離婚後之夫妻財產問題，其有關法律關係如左，請參酌：按本國人民婚姻存續期間，如係在民國七十四年六月五日前，則其夫妻財產關係應適用修正前民法親屬編之規定。依修正前民法親屬編第一千零五條規定，夫妻未以契約訂立夫妻財產制者，以法定財產即聯合財產制為其夫妻財產制。第一千零十三條規定，專供夫或妻個人使用之物、夫或妻職業上必需之物、夫或妻所受之贈與經

贈與人聲明為其特有財產者及妻因勞力所得之報酬，為夫或妻之特有財產；而第一千零十六條但書規定，特有財產並非聯合財產。又第一千零十七條第一項規定：「聯合財產中，妻於結婚時所有之財產，及婚姻關係存續中因繼承或其他無償取得之財產，為妻之原有財產，保有其所有權。」第二項則規定：「聯合財產中，夫之原有財產及不屬於妻之原有財產之部分，為夫所有。」故，婚姻關係存續中，以妻名義所購置之不動產，若未能證明係妻之特有或原有財產，則其所有權仍屬夫所有；如離婚時對於財產之歸屬並未特別約定，則離婚後，應依第一千零五十八條規定，各取回其固有財產，亦即離婚前依前開規定本來屬於夫所有之財產，自不得處分；其欲處分時，應得其夫之授權或承認。再者，夫妻之不動產如在外國時，依涉外民事法律適用法第十三條第三項規定，不動產所在地之外國法如有特別規定者，則依其規定辦理。

第十四條

離婚，依起訴時夫之本國法及中華民國法律均認其事實為離婚原因者，得宣告之。但配偶之一方為中華民國國民者，依中華民國法律。

*八七婚字第五號

要旨：

按配偶之一方為中華民國國民者，其離婚之原因事實，應依中華民國法律，涉外民事法律適用法第十四條但書定有明文。本件原告為中華民國國民，則本件兩造離婚事件，自應適用中華民國法律。而夫妻之一方以惡意遺棄他方在繼續狀態中者，為構成判決離婚之原因，我國民法第一千零五十二條第一項第五款有明文規定，且夫妻互負同居義務，亦為同法第一千零一條明文規定，如一方無正當理由而拒絕與他方同居，即屬以惡意遺棄他方，迭經最高法院著有判例可循（參見最高法院四十九年臺上字第九九○、一二三三號判例）。本件被告不僅有違背同居義務之客觀事實，亦有拒絕同居之主觀情事，被告自係以惡意遺棄原告，且其狀態仍在繼續中。

*前司法行政部（五七）臺函民決字第三○一四號

要旨：

我國人在外國法院訴請離婚，如合於我國民法第一千零五十二條之規定，及外國法院之判決無我民事訴訟法第四百零二條之情形時，其離婚為有效。

全文內容：

一、夫妻兩願離婚者，得自行離婚，此為我國民法第一千零四十九條所明定，其離婚如合於同法第一千零五十條之規定即生效力，無須囑當事人復依當地法律辦理。

二、兩願離婚如合於民法第一千零五十條之規定，似無妨將其護照上的婚姻狀況更改為離婚。

三、離婚證書以合於前開法條之規定為已足，至該領館是否復在離婚書上公證（當為

證明之意）似已無關宏旨。

四、當事人既經合法離婚，該領館另具官式文書，予以證明，似非法所不許。

五、離婚，依起訴時夫之本國法及中華民國法律均認其事實為離婚原因者，得宣告之，但配偶之一方為中華民國國民者，依中華民國法律，此為我涉外民事法律適用法第十四條所明定。故我國人在外國法院訴請離婚，其離婚原因如合於我民法第一千零五十二條之規定，及外國法院之判決無我民事訴訟法第四百零二條規定之情形時，應認其離婚為有效，無須經我國法院承認或證明。

六、當事人得依民法第一千零五十條之規定辦理兩願離婚，如有同法第一千零五十二條之情形，亦得依我國民事訴訟法第五百六十八條之規定向有管轄權之法院訴請離婚。

第十五條

離婚之效力，依夫之本國法。為外國人妻，未喪失中華民國國籍，或外國人為中華民國國民之贅夫者，其離婚之效力依中華民國法律。

＊八二臺上字第一八八八號

要旨：

一、關於判決離婚後酌定及改任監護人之訴，均屬離婚效力之一部分，其涉外事件所應適用之準據法自應依我國涉外民事法律適用法第十五條規定決之。

二、判決離婚後關於未成年子女之監護權如何分配及其分配之方法如何，係附隨離婚而生之效果，自應依離婚效力之準據法決定之。所謂關於未成年子女之監護權如何分配，不僅指夫妻經法院判決離婚後，對於其未成年子女所應由何方監護之酌定而言，嗣後因情事變更而聲請變更任監護之人即改定監護人者，亦包含在內。至於監護人指定後，監護人與受監護人之法律關係，則屬監護問題，應依受監護人之本國法決定之。上訴論旨，謂改定監護人非屬離婚效力之問題，而係有關監護之範圍，應依我國涉外民事法律適用法第二十條規定，以受監護人之本國法為準據法云云，不無誤解。又法院為准許離婚之判決時，對於未成年子女之監護人雖已為酌定，但嗣後情事有變更者，當事人非不得聲請法院變更任監護之人，此就我國民法第一千零五十五條但書規定觀之，應為當然之解釋。

＊法務部（八二）法律字第一三九八號

要旨：

案經轉准司法院秘書長八十二年一月五日 (82) 秘臺廳民三字第二一二一六號函略以：「按外國人兩願離婚，其法律行為之方式，參照我國涉外民事法律適用法第五條第一項但書規定，依行為地法所定之方式亦為有效；其離婚之事實原因，準用同法第十四條規定，應以夫之本國法及中華民國法律為準據法；離婚之效力依同法第十五條規定以夫之本國法為準。來文所提美籍夫妻協議離婚之事例，倘核與上開準據法之規定尚

無違背，參照公證法第四十七條第四項準用第十七條之規定，自得依法就其協議離婚書上之簽名予以認證。」

＊司法院（八二）秘臺廳民三字第二一二一六號

要旨：涉外離婚書認證文件之審查

全文內容：

按外國人兩願離婚，其法律行為之方式，參照我國涉外民事法律適用法第五條第一項但書規定，依行為地法所定之方式亦為有效；其離婚之事實原因，準用同法第十四條規定，應以夫之本國法及中華民國法律為準據法；離婚之效力依同法第十五條規定以夫之本國法為準。來文所提美籍夫妻協議離婚之事例，倘核與上開準據法之規定尚無違背，參照公證法第四十七條第四項準用第十七條之規定，自得依法就其協議離婚書上之簽名予以認證。

第十六條

子女之身分，依出生時其母之夫之本國法；如婚姻關係於子女出生前已消滅者，依婚姻關係消滅時其夫之本國法。

前項所稱之夫為贅夫者，依其母之本國法。

＊八五家上字第一九九號

要旨：

依涉外民事法律適用法第十六條第一項前段規定：「子女之身分，依出生時其母之夫之本國法。」，同法第十九條規定：「父母與子女間之法律關係，依父之本國法，無父或夫為贅夫者，依母之本國法。但父喪失中華民國國籍而母及子女仍為中華民國國民者，依中華民國法律。」，依此，本件否認子女之訴，就子女之身分及父母子女間之法律關係均為不明確，依上揭各該規定，應適用被上訴人之夫及子女之父之本國法即日本國之法律。按依上訴人所檢附之日本國民法第七百七十二條第一項規定，妻在婚姻中懷胎之子，推定為夫之子。同法第七百七十四條又規定：在第七百七十二條所定之情形，夫得否認其為非婚生子。

＊司法院（四八）臺函民字第一四五七號

要旨：

查婚姻成立之要件，依各該當事人之本國法，又結婚違反「有配偶者不得重婚」之規定者，利害關係人得向法院請求撤銷之，分別為我國涉外民事法律適用法第十一條第一項，及民法第九百九十二條（註：七十四年刪除本條）本文所明定。本件美國人布朗與我國孔女士之結婚，如未經利害關係人訴請法院撤銷，得有確定之判決，其婚姻應認為自始有效。次查子女之身分依出生時其母之夫之本國法，我國涉外民事法律適用法第十六條第一項亦定有明文，故布朗與孔女婚後所生子女，其身分關係如何，應依布朗之本國法律決定之。

*內政部（四二）臺內戶字第三五二九三號

要旨：

中國人與外國人在華結婚方式，應依我民法規定，收養外國子女者入籍後再辦設籍登記。

全文內容：

甲、結婚當事人一方為中華民國國民，並在中華民國舉行者，其結婚方式，涉外民事適用法第十一條規定，應依中華民國法律，參考民法第九八二條及九八八條一款。關於結婚登記之受理，可照本國人之規定辦理。

乙、結婚當事人一方為外國人時，其子女身分應依涉外民事適用法第十六條之規定定之。如其子女未具有中華民國國民身分，可免向戶籍機關申請出生登記。

丙、本國人收養外國人為養子女，關於收養之成立終止，及其效力，應依涉外民事適用法第十八條之規定，其養子女應由本部核准取得國籍後，再辦收養設籍之登記。

*前司法行政部（六四）臺函民字第○七二七一號

要旨：

依我國涉外民事法律適用法第十六條前段規定，子女之身分，依出生時其母之夫之本國法。故本件應先依該子女出生時該中國女子之美籍配偶之本國法決定該子女之身分後，始可判斷是否可由於其生母與生父嗣後之結婚而被認為合法。

*法務部（八五）法律決字第一四四五三號

要旨：

徐美○提起其與荷籍配偶於婚姻關係存續中所生子女之否認之訴，業經法院判決確定，縱法院審理時未參考「涉外民事法律適用法」第十六條之規定，亦屬得否依「民事訴訟法」第四百九十六條第一項第一款提起再審之訴問題。

全文內容：

按法院為之判決，已不得以上訴方法請求廢棄或變更時，稱為判決確定，確定之終局判決雖仍得以再審之訴（「民事訴訟法」第四百九十六條）或撤銷之訴（「民事訴訟法」第五百五十一條第二項）聲請不服，請求廢棄或變更原確定判決，但不能阻斷原確定判決之確定力（王甲乙等著「民事訴訟法要論」第三一五頁以下；姚瑞光著「民事訴訟法論」第四四○頁以下參照）。本件徐美○提起其與荷籍配偶於婚姻關係存續中所生子女之否認之訴，業經法院判決確定，縱法院審理時未參考「涉外民事法律適用法」第十六條之規定，亦屬得否依「民事訴訟法」第四百九十六條第一項第一款提起再審之訴問題。復查當事人依「戶籍法」之規定申報出生登記乃行政事項，當事人如就私法上權益有所爭議時，應循司法途徑救濟之，戶政機關就此部分，似無實質審查權，是以當事人持憑法院確定判決辦理出生登記，自應准許之。

第十七條

非婚生子女認領之成立要件，依各該認領人被認領人認領時之本國法。

認領之效力，依認領人之本國法。

*八二臺上字第一八三五號

要旨：

一、我國民法規定，非婚生子女經生父認領者視為婚生子女；至於生母與非婚生子女間，因出生之事實，視為婚生子女，無須認領。又非婚生子女認領之成立要件，依各該認領人被認領人認領時之本國法，為我國涉外民事法律適用法第十七條第一項所明定。準此以觀，戴○妮在未經其生父即上訴人認領，取得義大利國籍之前，自應適用我國民法之規定，認戴○妮與其生母即被上訴人間之關係，因出生之事實而視為婚生子女，無須認領。此一母女關係，不因戴○妮嗣後經上訴人認領或被上訴人未依義大利國民法規定辦理認領手續，而歸於消滅。

二、兩造曾於七十五年八月十四日訂立協議書，約定戴○妮由被上訴人監護，撫養至成年，該協議書經臺灣臺北地方法院認證在案。雖依義大利國民法之規定，父母對監護人之協議本身不具任何效力，惟可由法官（未介入協議）視為裁決時之一項有用因素；又非婚生子女倘經父母雙方承認，而父母未共同生活者，其對未成年子女之權利，應由與子女共同生活之一方行使，此有司法院（八一）臺廳一字第○七三九四號函檢送我國駐義大利代表處義(81)字第○九○號函可稽。被上訴人與戴○妮共同生活達七年之久，彼此親情極為深厚，無法須臾分離，自應認戴○妮以歸由被上訴人監護為適當。

*法務部（八七）法律字第○二九八三五號

要旨：

關於我國男子與外國女子同居所生之非婚生子女之認領疑義

主旨：

關於我國男子與外國女子同居所生之非婚生子女，於生母身分未查明前已比照棄兒申報出生登記，嗣後經查明生母為單身身分，生父可否直接認領？又該非婚生子女如無法取得外國國籍而成為無國籍人時，宜否適用國籍法第二條第二款，外國人之父為中國人經其父認知者取得中華民國國籍之規定疑義乙案，復如說明二，請　查照參考。

說明：

一、復　貴部八十七年八月三日臺(87)內戶字第八七○五五六八號函。

二、按涉外民事法律適用法第十七條第一項規定：「非婚生子女認領之成立要件，依各該認領人被認領人認領時之本國法。」同法第二十七條第一項規定：「依本法應適用當事人本國法，而當事人無國籍時，依其住所地法，住所不明時，依其居所地法。」至於個人是否具有某國國籍，則唯有以該某國之法律為根據，此乃國際法上通行之原則。（馬漢寶著「國際私法總論」第六十七頁參照）本件黃○婷為黃○益

君與馬來西亞單身女子所生之非婚生子女,黃女是否得因出生事實而取得生母之馬來西亞國籍?唯有依馬來西亞法律判斷。如黃女具有馬國國籍,則黃君之認領,依首開規定即應同時符合我國及馬國法律有關認領成立要件之規定;如黃女未能取得馬國國籍而為無國籍人時,則應併用上開涉外民事法律適用法第二十七條第一項之規定,以定生父認領之成立要件。至於馬國法律如何規定?黃○婷究屬馬國人或無國籍人?似宜請外交部協助調查。

三、至如調查結果黃○婷確屬無國籍人,則其經生父認領取得我國國籍之程序,在現行國籍法第二條僅以「外國人」為規範對象之下,為保障當事人權益,本部尊重貴部來函說明三有關歷來本於職掌所為之處理程序。

＊法務部（八三）法律字第二二一五八號

要旨:

旅外國人擬認領其與泰國女子同居所生非婚生子女,有無人數限制疑義。

全文內容:

關於旅外國人張○森先生擬認領其與泰國女子同居所生非婚生子女,有無人數限制乙節,按涉外民事法律適用法第十七條第一項規定:「非婚生子女認領之成立要件,依各該認領人被認領人認領時之本國法。」經查我國民法第一千零六十五條以下有關認領之規定,非婚生子女之認領並無人數之限制。而泰國有關認領之規定如何,本部尚無資料可資提供。至於申請認領時應提出何種證明文件及申辦手續如何等事項,係屬內政部主管業務,請逕洽詢該部。

＊法務部（八三）法律字第一七○三○號

要旨:

生母身分不明之子女,既不能確定該子女是否為「非婚生子女」,自無從依民法第一千零六十五條第一項規定為認領或視同認領,亦無適用涉外民事法律適用法第十七條第一項規定之可能。

全文內容:

按涉外民事法律適用法第十七條第一項規定:「非婚生子女認領之成立要件,依各該認領人被認領人認領時之本國法。」惟查依民法第一千零六十五條第一項規定所為之認領或視為認領,其被認領者,須為非婚生子女,始克當之。生母身分不明之子女,既不能確定該子女是否為「非婚生子女」,自無從依該條項規定認領或視同認領(本部八十三年七月十四日法八三律一五○一九號函引司法院秘書長八十三年六月三十日(八三)秘臺廳民一字第○八九七○號函參照),亦無適用涉外民事法律適用第十七條第一項規定之可能。本件本國籍男子王○鎮與泰國女子李○陽同居所生之子,固具泰國國籍,惟於該泰國女子身分未明(婚姻狀況未明)之前,既不能確定是否為「非婚生子女」,王○鎮君自無從依涉外民事法律適用法第十七條第一項及民法第一千零六十五條第一

項規定為認領或視同認領。

＊內政部（七八）法律決字第一七六〇二號

要旨：

關於我國女子之非婚生子女，經其生父日本國人認領時應否依照涉外民事法律適用法第十七條第一項規定，符合我國及日本法律有關認領成立要件規定，暨戶政機關應依據何種文件認定其認領有效成立一案，復如說明二，請　查照參考。

一、（略）

二、按涉外民事法律適用法第十七條第一項規定：「非婚生子女認領之成立要件，依各該認領人被認領人認領時之本國法。」本件我國女子之非婚生子女被其具有日本國籍之生父認領前如具有中華民國國籍者，其生父之認領即須依照認領時中華民國民法及日本國法律有關認領成立要件之規定。至於戶政機關認定認領是否有效成立，似應以當事人提出符合我國及日本國認領成立要件有關法律規定之文書為必要。

＊前司法行政部（六三）臺函民字第〇〇四五八號

要旨：

我國涉外民事法律適用法第十七條規定：「非婚生子女認領之成立要件，依各該認領人被認領人認領時之本國法。認領之效力，依認領人之本國法。」其立法原意乃以認領係確定非婚生子女與生父之身份關係，其結果影響認領人與被認領人雙方之權義甚鉅，不能僅適用一方當事人之本國法，因而規定認領成立要件，應依各該認領人與被認領人之本國法，以期雙方之利益，可以兼顧（參考「司法專刊」第二十一期刊載「涉外民事法律適用法草案說明書」）。故外國人欲認領具有我國國籍之非婚生子女，其認領成立要件須符合其本國法律及我國法律之規定，始為有效。若僅具備一方當事人本國法所定之要件，而欠缺他方當事人本國法所定之要件者，其認領仍不能有效成立（參照陳顧遠著「國際私法本論」下冊第一七四頁）。至於認領成立後所生之效力，則依認領人之本國法。

第十八條

收養之成立及終止，依各該收養者被收養者之本國法。

收養之效力，依收養者之本國法。

＊七九家抗字第五七號

要旨：

國籍法第二條第四款規定「為中國人之養子者」，指經法院已予認可收養，始取得中華民國國籍，其已取得我國籍者當然適用中華民國法律。涉外民事法律適用法第十八條第二項：收養之效力，依收養者之本國法，此指收養成立後，當然應依收養者之本國法，即如外國人經中國人收養者，收養於合法成立，法院已為認可，其後之扶養、繼

承、親屬、尊卑,當然依中國之法律;若中國人被外國人收養,於合法成立已為外國人之子女,其權利義務當然依該收養人之外國之法律規定,抗告人對此簡單明白之條文,望文生義,任意曲解,特予說明,免滋疑義。其所用七十八年養字第八九號裁定,非本件相關事項及對本件之事實認定與法律適用,不生影響,不予論究。

* 八二家抗字第四號

要旨:

按收養外國人為養子者,其收養之成立應依該外國人之本國法,觀涉外民事法律適用法第十八條第一項規定自明。苟依該外國人之本國法,收養不合法者,法院應不予認可其收養。

* 法務部(八五)法律決字第二五四七四號

要旨:

若夫妻共同收養,而其國籍相異時,究應如何適用法律疑義。

全文內容:

按涉外民事法律適用法第十八條第二項規定:「收養之效力,依收養者之本國法。」惟若夫妻共同收養,而其國籍相異時,究應如何適用法律?尚無實務見解可供參考,學說上有認上開規定,既明定依收養者之本國法,而不明定依養父之本國法,即應依養父母各該本國法加以適用。另說則認養父母異其國籍時,僅適用養父之本國法。二說相較,似以採後一主張盡宜,以避免養父母本國法不同致適用遭致困難(劉鐵錚著「國際私法論叢」第一八一頁參照)。本件申請人李○雲於八十三年三月七日以美國籍身分與美國籍配偶傅○德 (R.F.) 共同收養許○萍,關於許○萍之從姓問題,參酌上開意旨,及李女以美國籍身分收養之事實,似以依養父之本國法(美國法)為宜。至於美國法律如何規範養子女之從姓問題?查本部並無資料可循,宜請另洽外交部協助。

* 內政部(七九)臺內戶字第八二四○九六號

要旨:

外國人為我國人之養子女申請取得我國國籍備案者,提憑我國法院認可收養之書件辦理。

全文內容:

關於國人收養外國人或外國人收養者,其收養之成立如何認定疑義一案,依據法務部79.08.01 法 (79) 律字第一一○七六號函復,略以:「本件經轉准司法院秘書長七十九年七月二十六日 (七九) 秘臺廳㈠字第○一八四九號函復略稱:『按國人收養外國人為子女,其收養是否有效成立,依涉外民事法律適用法第十八條第一項之規定,應依各該收養者及被收養者之本國法,此項實質上之要件,於依我國民法第一千零七十九條第四項規定聲請我國法院認可時,依本院七十五年十一月十七日 (75) 院臺廳一字第六五九八號提示修正民法親屬編及非訟事件法修正後辦理認可收養子女事件應行注意事項

㈡(5) 規定解釋，涉外收容事件既應提出收養行為合於其本國法律（收養者及被收養者之本國法）之證明書，且不因外國人收養我國人或我國人收養外國人而有異。故我國法院經依此程序審查裁定認可後，其裁定雖屬非訟事件之性質，然除有收養無效或得撤銷之原因，經依法定程序宣告收養無效或撤銷收養者外，要非戶政機關辦理收養登記時所得審認或否定其效力。來文所述情形，戶政機關仍以依法院裁定予以登記為宜。』嗣後外國人為我國人之養子女申請取得我國國籍備案者，請依前項司法院秘書長函釋，提憑我國法院認可收養之書件辦理。

＊司法院（七九）廳民三字第〇九四三號

要旨：

收養孤兒，其法定代理人不為同意，或因係棄嬰無法接洽辦理，要非他人可以代為表示同意收養。

全文內容：

關於　台端建議我國修訂收養法以便　台端及美國國民收養女嬰 Emily 及其他孤兒乙案，　台端心懷慈悲，殊令敬佩。惟有關收養問題，中華民國涉外民事法律適用法第十八條及民法第一千零七十二條至第一千零七十九條之二分別定有明文，並非無所依據。至於實際收養過程中，孤兒法定代理人不為同意或因棄嬰無法接洽辦理乙節，係事實問題，依我國現行法律及孤兒之利益，亦非他人可以代為表示收養之同意。除建議修訂收養法之部份，已列為將來修法之參考資料外，特此函覆，請　參考。

＊法務部（七九）法律字第一一〇七六號

要旨：

本件經轉准司法院秘書長七十九年七月二十六日（七九）秘臺廳㈠字第〇一八四九號函復稱：「按國人收養外國人為子女，其收養是否有效成立，依涉外民事法律適用法第十八條第一項之規定，應依各該收養者及被收養者之本國法，此項實質上之要件，於依我國民法第一千零七十九條第四項規定聲請我國法院認可時，依本院七十五年十一月十七日 (75) 院臺廳一字第六五九八號提示修正民法親屬編及非訟事件法修正後辦理認可收養子女事件應行注意事項㈡(5)規定解釋，涉外收養事件既應提出收養行為合於其本國法律（收養者及被收養者之本國法）之證明書，自不因外國人收養我國人或我國人收養外國人而有異。故我國法院經依此程序審查裁定認可後，其裁定雖屬非訟事件之性質，然除有收養無效或得撤銷之原因，經依法定程序宣告收養無效或撤銷收養者外，要非戶政機關辦理收養登記時所得審認或否定其效力。來文所述之情形，戶政機關仍以依法院裁定予以登記為宜。」

＊司法院（八〇）秘臺廳㈠字第〇一八四五號

要旨：

聲請涉外認可收養子女事件，需俟該收養行為經我國法院裁定認可確定後，始生合法

收養之效力。

全文內容：

按國人收養外國人為子女，其收養之成立，依各該收養者及被收養者之本國法（涉外民事法律適用法第十八條第一項）。此項規定，法院於裁定認可收養子女前，自應依法加以審究。是聲請涉外認可收養子女事件，當事人應提出其收養行為合於各該本國法律（收養者及被收養者之本國法）之證明書以供法院審認，並不因外國人收養國人或國人收養外國人而有異，必俟該收養行為經我國法院依民法第一千零七十九條等相關規定，裁定認可確定後，始生合法收養之效力。至來文另提應檢具何種文件及如何申請認可手續乙節，請參照本院秘書長八十年六月十一日秘臺廳㈠字第○一六一七號函送　貴部之本院提示修正民法親屬編及非訟事件法施行後辦理認可收養子女事件應行注意事項之規定辦理。

＊法務部（七一）法律字第一○六八三號

要旨：

關於美國籍沙○紳，沙周○蘭夫婦委託國人于紀○娟代為辦理收養羅○安、羅○志是否有效一案，經司法院秘書長七十一年八月二十日（七一）秘臺廳㈠字第○一六一八號函復，略以：「一、按外國人收養我國人，依涉外民事法律適用法第十八條之規定，應適用我國法律，依我國民法規定，收養為身分行為，除被收養人未滿七歲，得由其法定代理人代為外，固為不許代理之法律行為，惟如收養人自行決定收養之意思，指明被收養之人，而以他人為其意思之表示機關，代訂收養契約書，則與以他人為代理人使之決定法律行為之效果意思者不同，自非法所不許（參見最高法院二十九年上字第一六○六號判例）。本件臺灣臺北地方法院公證處七十一年度公字第一六四一七號收養契約公證書，收養人美國籍沙○紳、沙周○蘭夫婦之代理人于紀○娟已持有經我國北美事務協調委員會駐紐約辦事處認證之特別委任書，其上沙○紳夫婦表明于紀○娟可以其夫婦名義為合法收養羅○安訂立契約，及為有關中國法院所必要之一切行為。而七十一年四月七日該公證書制作時，被收養人羅○安尚未滿七歲，由其生母羅○蘭代訂收養契約，依上述說明，沙○紳夫婦收養羅○安之契約，似非無效。二、惟沙○紳夫婦於特別委任書上並未載明收養羅○志，而代理人于紀○娟竟將羅○志列為被收養人之一，已超出收養人之收養意思，收養羅○志之部分，似難認為有效」。

＊法務部（七一）法律字第一四七八八號

要旨：

依涉外民事法律適用法第十八條第一項規定，收養之成立，依各該收養者被收養者之本國法，即須收養者符合其本國法養親之要件及關於養親養子雙方之要件；被收養者亦須符合其本國法養子之要件，及關於養親養子雙方之要件，始能成立收養之關係。本件被收養者余○宇為中華民國國民，依我國民法規定，收養除須符合雙方有收養之

合意，及收養人與被收養人須年齡隔二十年（民法第一千零七十三條）之實質要件外，尚須具備訂立書面之形式要件（民法第一千零七十九條第一項）。又本件被收養人余○宇因係未滿七歲之未成年人，須由其法定代理人代理承諾（戴炎輝著「中國親屬法」第二百七十四頁參照）。故本件收養契約書如為真正，除非收養人與被收養人有一定親屬關係時須輩分相當外（司法院院字第七六一號解釋、最高法院四十九年臺上字第一九二七號判例參照），依據我國法律，該項收養契約書即符合法定之要件，如依收養者之本國法──即新加坡法律，本件收養亦符合收養之要件時，余○宇即成為余○裕之養子。

＊法務部（七○）法律字第七三五四號

要旨：

按收養之成立及終止，依各該收養者被收養者之本國法，涉外民事法律適用法第十八條第一項定有明文。是以如收養者為美國人，而被收養者為中國人者，揆諸上開規定，即應適用美國法及我國法。惟美國國際私法關於收養事件，係採法庭地法，依反致規定，仍應以我國法為其準據法。觀之我國法律，關於收養之成立要件，除民法第一千零七十三條：「收養者之年齡，應長於被收養者二十歲以上。」第一千零七十四條：「有配偶者收養子女時，應與其配偶共同為之。」第一千零七十九條：「收養子女應以書面為之，但自幼撫育者不在此限」外，尚無其他規定。　貴部（內政部）函附臺灣省政府發布之「臺灣省立育幼院扶助兒童辦法」，其第一條載明「……為省立育幼院辦理兒童收容教養，介紹收養及追蹤輔導，特訂定本辦法」，依此規定，如被收養人非臺灣省立育幼院之院童，即無該辦法之適用。

＊前司法行政部（六九）臺函民字第○八○六號

要旨：

於辦理涉外收養契約之公證時，應依涉外民事法律適用法第十八條規定，查明收養契約是否合於收養者與被收養者本國法之規定，各地方法院公證處受理涉外公證事件時，均應注意我國涉外民事法律適用法之規定，必要時應命當事人提出其請求公證之法律行為，或私權事實合於有關國家法律規定之證明文件，始得予以公證。

＊前司法行政部（六四）臺函民字第○○三四九號

要旨：

查依涉外民事法律適用法第十八條第一項規定：「收養之成立及終止，依各該收養者被收養者之本國法。」而依我國民法第一千零七十三條規定：「收養者之年齡，應長於被收養者二十歲以上。」故本件收養人班○特若長於被收養人二十歲以上，而其本國法又無禁止未婚者收養子女之規定，其在我國收養子女，應為法律所許。惟收養係契約行為，應基於雙方當事人之合意，如一方當事人或其法定代理人不同意收養，即不能成立。

＊前司法行政部（五四）臺令民字第三七四七號

要旨：

查收養之成立及終止，依各該收養者之本國法，涉外民事法律適用法第十八條第一項定有明文。本件被收養者某甲及某乙兩人均為中國人，應依民法第一千零七十九條之規定，收養子女，應以書面為之。某甲等僅提出被收養者之被收養同意書，未提出與收養人間訂立之收養書面契約，依同法第七十三條前段之規定，應認為無效，自應拒絕受理公證。

＊前司法行政部（五〇）臺函民字第六七〇三號

要旨：

查處理本事件，宜從確定「井上隆」國籍及其現在已未成年兩方面著手。該「井上隆」倘父母及出生地均無可考，而當時確屬流浪街頭之棄兒，並於最初被發見於日本領土時，依照國籍公約第十四條規定，應推定該「井上隆」生於日本領土內，而為日籍棄兒。又該「井上隆」如迄今尚未成年，參照我國涉外民事法律適用法第十八條第一項及日本法例第十九條第一項規定，其收養手續似應依據日本民法第七九八條辦理。惟其監護人之指定，參照我國涉外民事法律適用法第二十條但書第一款及日本法例第二十三條第二項規定，並司法院院字第一二七九號解釋，似可逕向我國法院聲請之，然後再由法院指定之監護人為其法定代理人，依據上開日本民法（第七九八條）之規定辦理各項收養手續，惟若法院指定張甲已本人為監護人時，其收養即須依照日本民法第七九四條辦理。至該「井上隆」如已成年，則一切已可自主，其收養除具備日本民法所定收養成立要件外，別無其他手續。「井上隆」與張甲已間之收養關係，如經合法成立，依照我國國籍法第二條第四款規定，該「井上隆」即可取得中華民國國籍，並據以辦理各項設籍手續。

＊內政部（四七）臺內戶字第四八八三號

要旨：

中國人自幼撫養日人之子，因與日據臺灣時期法律規定收養要件不符，不得據以聲請取得國籍。

全文內容：

查張甲乙自幼撫養日人井上隆，並為其聲請取得我國國籍疑義一案，經核來函各節，該項撫養行為，似未符合當時日本法律有關收養之要件，請飭知依照涉外民事法律適用法第十八條第一項之規定補辦收養手續。又該井上隆既為日人所生，在其未喪失日本國籍以前，未便視為無國籍人。

＊內政部臺內戶字第三五五六八八號

要旨：

國人為收養當事人之一方時，應聲請法院認可。

全文內容：

收養者與被收養者雙方均係我國國民時，其收養之成立與終止應適用我國民法親屬編有關規定，不因收養時人在國外而有所差異。至收養關係雙方有一方為外國人者，依涉外民事法律適用法第十八條第一項規定「收養之成立及終止，依各該收養者被收養者之本國法。」則關於收養應適用被收養人之本國法，祇要收養當事人一方之本國法不承認收養時，收養即不成立。茲因民法第一千零七十九條第四項明定「收養子女應聲請法院認可」，則國人為收養當事人時，均應聲請法院認可。

＊內政部內戶字第五六○五八號

要旨：

外國人收養我國僑民為子女。收養之效力，依收養者之本國法。

全文內容：

關於外國人收養我僑民為子女，依照國籍法之規定，仍應保有我國國籍。至其是否仍保有其原有姓名？依照涉外民事法律適用法第十八條第二項之規定：「收養之效力，依收養者之本國法」辦理之。

第十九條

父母與子女間之法律關係，依父之本國法；無父或父為贅夫者，依母之本國法。但父喪失中華民國國籍而母及子女仍為中華民國國民者，依中華民國法律。

＊法務部（八○）法律字第○一○九九號

要旨：

按涉外民事法律適用法第十九條規定：「父母與子女間之法律關係，依父之本國法」，其所稱「……本國法」參酌該法名稱有「法律」二字，似指「……本國法律」而言。故有關父母子女之法律關係，即應依該子女之父所屬國法律定之。本件所述子女之父為新加坡人，徵諸上開規定，應依新加坡法律定其父母子女之關係，不問新加坡法律規定如何以及當事人間是否另有約定，並無我國民法第一千零五十九條所示：「子女從父姓，但母無兄弟，約定其子女從母姓者，從其約定」規定之適用。至於該子女於父母離婚後歸化為我國國籍，於申請歸化時應否變更其姓名，可參照　貴部（內政部）四十六年五月十五日臺 (46) 內戶字第一一七五一二號函及四十六年五月十五日臺 (46) 內戶字第八七六號函，由權責機關就實際情況，依有關規定辦理。

第二十條

監護依受監護人之本國法。但在中華民國有住所或居所之外國人，有左列情形之一者，其監護依中華民國法律：

一、依受監護人之本國法有應置監護人之原因，而無人行使監護之職務者。

二、受監護人在中華民國受禁治產之宣告者。

第二十一條

扶養之義務，依扶養義務人之本國法。

第二十二條

繼承依被繼承人死亡時之本國法。但依中華民國法律，中華民國國民應為繼承人者，得就其在中華民國之遺產繼承之。

＊司法院第三期司法業務研究會

法律問題：

僑居日本多年之華僑某甲，逝世時仍屬中華民國國籍，其於逝世前，曾在東京法務局所屬三堀博辦事處，依日本民法第九百六十九條規定，作成公證證書遺言，此項遺囑之效力如何？

研討意見：

甲說：

按繼承依被繼承人死亡時之本國法，遺囑之成立要件及效力，依成立時遺囑人之本國法，涉外民事法律適用法第二十二條前段，第二十四條第一項分別定有明文，本題被繼承人亦即遺囑人某甲，雖僑居日本多年，但逝世時仍屬中華民國國籍，則關於因某甲死亡而開始之繼承，及某甲所為遺囑是否合法成立，及其效力如何，依前開法條規定，自應適用我國民法第五編繼承之規定，以為判斷，查依民法第一千一百八十九條之規定，遺囑係屬要式行為，須依法定之方式為之，始有效力，否則依民法第七十三條前段規定，應屬無效。某甲於生前在東京法務局所屬三堀博辦事處，雖依日本民法第九百六十九條規定作成公證證書，惟我國民法第一千一百九十一條第一項所謂公證人，係指我國之公證人而言，雖僑居在中華民國領事駐在地為遺囑時，依同條第二項規定，得由駐在地之我國領事執行同條第一項所定公證人職務，但某甲所為前開遺囑，並未依此規定，由駐在日本東京之我國亞東關係協會東京辦事處執事（中日斷交後實質上執行有關領事職務），執行該條第一項所定公證人職務，似難謂已具備該條所規定之公證遺囑之成立要件（最高法院七十一年度臺上字第一八〇五號民事判決）。但遺囑是由某甲自己書寫才拿去公證，仍有自書遺囑之效力。

乙說：

依涉外民事法律適用法第廿四條：「遺囑之成立要件及效力，依成立時遺囑人之本國法。」再依同法第五條第一項，法律行為之方式，依行為地法所定之方式者亦為有效，遺囑之作成亦為法律行為，故依行為地法——日本法，該遺囑仍為有效，某甲依日本民法第九百六十九條規定作成公證遺囑，應為有效。

丙說：

依甲說不是公證遺囑，但遺囑之製作，是口述，由官員書寫，應為代筆遺囑。

研討結論：

不能成立公證遺囑，但遺囑仍有效，應視其製作方式究為代筆或自書遺囑，而認其效

力。

司法院第一廳研究意見：同意研討結論。

＊內政部（八七）臺內地字第八七○四二八七號

要旨：

修正「繼承登記法令補充規定」第九十七點

主旨：

修正「繼承登記法令補充規定」第九十七點為「外國人死亡，依涉外民事法律適用法第二十二條規定，應依被繼承人死亡時之本國法，故其繼承人依該被繼承人死亡時之該國法律規定，將合法繼承人製成系統表並簽註負責，登記機關應予受理。但依中華民國法律中華民國國民應為繼承人者，得就其在中華民國之遺產繼承之，不適用被繼承人之本國法。」請　查照轉知。

說明：

一、依臺灣省政府地政處八十七年三月十九日八七地一字第一二八一四號函辦理，兼復該處上開函。

二、按「繼承，依被繼承人死亡時之本國法。但依中華民國法律中華民國國民應為繼承人者，得就其在中華民國之遺產繼承之。」為涉外民事法律適用法第二十二條所明定。本部原頒上開補充規定第九十七點未盡明確，爰修正如主旨。

＊法務部（八三）法律字第二二二六三號

要旨：

被繼承人原為印尼人，嫁予中國人為妻時，是否依印尼法律保留印尼國籍抑或未保留印尼國籍而取得中華民國國籍疑義。

全文內容：

一、依涉外民事法律適用法第二十二條規定：「繼承，依被繼承人死亡時之本國法。但依中華民國法律中華民國國民應為繼承人者，得就其在中華民國之遺產繼承之。」又依國籍法第二條第一款規定：「外國人有左列各款情事之一者，取得中華民國國籍：一、為中國人妻者，但依其本國法保留國籍者，不在此限。」本件依來函所附資料，被繼承人關○妹原為印尼人，嫁予中國人韓○男為妻時，是否依印尼法律保留印尼國籍抑或未保留印尼國籍而取得中華民國國籍？其死亡時是否具有中華民國國籍，尚未明確。如其死亡時具有中華民國國籍者，固有我國法律之適用，不發生涉外民事法律適用法之適用問題；如其死亡時不具有中華民國國籍，而其繼承人因依我國國籍法第一條第一款規定均為中華民國國民，依上開涉外民事法律適用法第二十二條但書之規定，自仍得就其在中華民國之遺產繼承之。又依涉外民事法律適用法第二十條規定：「監護，依受監護人之本國法，……。」本件未成年人韓○宏、韓○利之監護人分別為印尼人關○英、關○英，其監護事項依上

開規定，仍以受監護人之本國法，即中華民國法律定之。合先敘明。

二、查「未成年子女與其父或母同為繼承人協議分割遺產或未成年子女所有之不動產移轉或設定負擔與其父或母時，而訂立契約及申辦土地登記時，因涉及民法第一百零六條禁止自己代理或雙方代理之規定，應依民法第一千零九十四條各款規定之順序定其法定監護人與其生父或生母訂立契約，並依同法第一千一百零一條經親屬會議之允許。惟其為協議分割遺產者，若未成年子女有二人以上者，須分別置不同之法定監護人。」前經　貴部（內政部）八十一年七月二十八日臺八一內地字第八一八二四五三號函釋在案（本部八十一年二月七日法 81 律字第〇一六八八號、八十一年六月二十三日法 81 律字第〇九二二〇號函參照）。依我國民法第一千零九十四條第五款規定，無同法第一款至第四款規定順序之人者，由親屬會議選定之人為其監護人。而親屬會議之組成則應依同法第一千一百三十條規定：「親屬會議會員，應就未成年人、禁治產人或被繼承人之左列親屬與順序定之：一直系血親尊親屬。二三親等內旁系血親尊親屬。三四親等內之同輩血親。」第一千一百三十三條規定：「監護人、未成年人及禁治產人，不得為親屬會議會員。」本件依來函所述，未成年子女韓〇宏、韓〇利與其父韓〇男、兄韓〇達、姊韓〇君同為被繼承人關〇妹之繼承人，協議分割遺產，如其親屬會議之組成符合上開民法規定且經其決議分別選定關〇英、關〇英為韓〇宏、韓〇利之監護人符合民法第一千零九十四條之規定者，其為合法之監護人，固無疑義。惟關〇英、關〇英為監護人後，復兼為親屬會議會員，而依民法第一千一百零一條規定：「監護人對於受監護人之財產，……。為不動產之處分時，並應得親屬會議之允許。」行使對於遺產分割協議之同意權，其親屬會議之組成顯與上揭民法第一千一百三十條及第一千一百三十三條之規定不符，從而該親屬會議之決議應為無效（史尚寬著「親屬法論」第七三三頁及第七四四頁、陳棋炎、黃宗樂、郭振恭著「民法親屬新論」第四七三頁至第四八二頁、戴炎輝、戴東雄合著「中國親屬法」第四九〇及第五〇〇頁暨　貴部七十四年五月二十日七十四臺內地字第三一六六三一號函參照）。

＊司法院（七五）秘臺廳㈠字第〇一八〇四號

要旨：

旅外華僑拋棄繼承如何處理

全文內容：

旅外華僑拋棄繼承，應如何處理，因　貴部上列三函所詢內容未盡相同，茲分別情形，說明本院意見如左：一、旅外華僑拋棄繼承，應依被繼承人死亡時之本國法規定辦理，如其依我國法律應為繼承人，且在國內有遺產者，拋棄該遺產得依我國法律規定辦理：㈠旅外華僑係指中華民國人旅居國外而具有中華民國國籍者。㈡拋棄繼承之陳報為有

關繼承事件之非訟程序，係為繼承人之利益而設，用以確認並公證其真意。我國涉外民事法律適用法第二十二條規定：「繼承，依被繼承人死亡時之本國法。但依中華民國法律中華民國國民應為繼承人者，得就其在中華民國之遺產繼承之。」可知我國關於繼承之準據（實體）法，係原則採被繼承人之本國法主義，例外採遺產所在地法主義，至關於管轄法院則無明文，惟依非訟事件法第七十七條之一規定：「……拋棄繼承事件由繼承開始時，被繼承人住所地之法院管轄」，並參酌涉外民事法律適用法第三十條，自應以之為決定拋棄繼承事件國際裁判管轄之準據法。二、旅外華僑為拋棄繼承之陳報，有下列不同情形：㈠被繼承人死亡時具有中華民國國籍，且住所在國內者，原則上應由我國民法規定之繼承人，依我國民法第一千一百七十四條第二項，非訟事件法第七十七條之一規定，於知悉其得繼承之時起二個月內，以書面向繼承開始時，被繼承人住所地之法院，為拋棄繼承之陳報，由法院依非訟事件程序裁定之。其裁定之效力，依「普及主義」之理想，固應及於散處世界各地（國）之被繼承人遺產，惟國內非訟事件裁定之效力，是否及於國外，尚有國際間裁判效力承認之問題存在，為防上開非訟事件裁定不為外國所承認而不利於繼承人，故倘被繼承人在國外尚有遺產時，似可參酌學者之主張，例外兼採「屬地法主義」，由我國民法規定之繼承人另向遺產所在地國法律規定之機關，基於「程序依法庭地國法」(locusregitactum) 之法理，依該國法律規定之程式，更為拋棄華僑之陳報。如我國法院之裁判承認無問題時，自不必重覆陳報。㈡被繼承人死亡時具有中華民國國籍，惟住所在國外者，拋棄繼承原則上仍依我國法律之規定辦理。除應依我國非訟事件法第二條規定，定其管轄法院外，餘均與前項所述相同。惟如被繼承人在國內並無遺產（包括消極遺產），而其住所地國之法律規定與我國不同時，為解決其住所地國之法律關係，配合該國之法律規定，似宜依該國之法律規定拋棄繼承。

＊前司法行政部（五七）臺函民決字第一八五〇號

要旨：

查繼承，依被繼承人死亡時之本國法，此為涉外民事法律適用法第二十二條所明定。惟外國人在我國取得或設定土地權利，應適用我土地法第十八條規定，以其本國與中華民國有外交關係，並依條約或其本國法律中華民國人民享有同樣權利者為限。此外同法第十七條、第十九條至第二十四條，及外國人投資條例第十八條第二款，亦屬關於外國人在我國取得或設定土地權利之限制或除外規定，併應注意。

＊前司法行政部（五五）臺函民字第五七五五號

要旨：

一、民國三十二年當時有效適用之法律適用條例第二十條規定，繼承依被繼承人之本國法，第二一條第一項規定，遺囑之成立要件及效力，依成立時遺囑人之本國法，第二條第二項規定，依本條例適用當事人本國法時，當事人無國籍者，依其住所

地法，住所不明時，依其居所地法。

二、本件該無國籍之男子，於民國三十二年一月二十九日在上海亡故，遺有妻、子各一人，關於遺產繼承問題，如被繼承人即該無國籍之男子，在我國設有住所，或在我國及外國均無住所而在我國有居所時（一般言之，無住居所者，以死亡地為居住地），依前揭規定，自應適用我國法律。

三、我國民法繼承有關之規定如次：㈠第一一三八條：遺產繼承人，除配偶外，依左列順序定之。1.直系血親卑親屬。2.父母。3.兄弟姊妹。4.祖父母。㈡第一一四三條：無直系血親卑親屬者，得以遺囑就其財產之全部或一部指定繼承人，但以不違反關於特留分之規定為限。㈢第一一四四條第一項：配偶有相互繼承遺產之權，其應繼分，依左列各款定之：1.與第一一三八條所定第一順序之繼承人同為繼承時，其應繼分與他繼承人平均。2.與第一一三八條所定第二順序或第三順序之繼承人同為繼承時，其應繼分為遺產二分之一。3.與第一一三八條所定第四順序之繼承人同為繼承時，其應繼分為遺產三分之二。4.無第一一三八條所定第二順序至第四順序之繼承人時，其應繼分為遺產全部。㈣第一二二三條：繼承人之特留分，依左列各款之規定：1.直系血親卑親屬之特留分，為其應繼分二分之一。2.父母之特留分，為其應繼分二分之一。3.配偶之特留分，為其應繼分二分之一。4.兄弟姊妹之特留分，為其應繼分三分之一。5.祖父母之特留分，為其應繼分三分之一。

四、該無國籍男子（死者）之子，即係我國民法第一一三八條所稱之直系血親卑親屬，如無法定喪失繼承權之原因，自與該死者之配偶，均就死者之遺產有繼承之權。按直系血親卑親屬與死者之配偶同為繼承人時，依我國民法第一一四四條第一款規定，乃按人數平均繼承（該律師來函請求解釋第二點謂我國法律配偶得財產之半，直系血親卑親屬，不論人數多寡，亦得一半，雖在本件係因獨子，無何出入，在觀念上係屬誤會）。本件直系血親卑親屬既僅一人，故在通常情形，應與死者之配偶，各繼承遺產之二分之一。按我國民法第一一四三條規定，乃以無直系血親卑親屬為限，始得指定繼承人（來信中段說明其所瞭解之中國法律第一點謂，依我國民法第一一四三條，如無血親者，得就財產全部或一部指定繼承人在觀念上，亦有誤會）。本件死者既有直系血親卑親屬，即不得依該條規定，指定繼承人（來信請求解釋第三點謂依我國法律衹要不牴觸有關血親之規定，即得就財產全部或一部指定繼承人，與我民法第一一四三條要件不合）。其逕以遺囑將其遺產指定均由其配偶繼承，對於超過該配偶應繼承分部分，應認係一種遺贈行為，雖非不能生效，但不能侵害繼承人之特留分。依我國民法第一二二三條規定直系血親卑親屬之特留分，為其應繼分二分之一，故本件死者之子，仍得主張四分之一之遺產繼承權利，惟繼承開始後繼承人相互間另依合意規定比例以分割其財產，則依處

　　分財產之契約行為，如無違乎公序良俗，應為法律所不禁止。

五、該無國籍男子，如在我國未設定住所而在外國設有住所時，即無前開我國民法定
　　之適用。

第二十三條

　外國人死亡時，在中華民國遺有財產，如依其本國法為無人繼承之財產者，依中華民
　國法律處理之。

＊八六家抗字第一二〇號

　要旨：

　按繼承開始時，繼承人有無不明，而無親屬會議或親屬會議未於一個月內選定遺產管
　理人者，利害關係人得聲請法院選任遺產管理人，並由法院依公示催告程序，定六個
　月以上之期限，公告繼承人，命其於期限內承認繼承，民法第一千一百七十八條第二
　項固定有明文；惟外國人死亡，其繼承應依被繼承人之本國法，如其在中華民國遺有
　財產，必依其本國法為無人繼承之財產者，始得依我國法律處理之，此觀涉外民事法
　律適用法第二十二條、第二十三條規定自明。

第二十四條

　遺囑之成立要件及效力，依成立時遺囑人之本國法。

　遺囑之撤銷，依撤銷時遺囑人之本國法。

＊法務部（八四）法律決字第二一八四四號

　要旨：

　遺囑人栗〇克 (W. Z. L.) 於書立遺囑時為美國籍，該遺囑之成立要件及效力，應依美國
　法律認定之。惟如美國法律規定得適用繼承人之本國法時，因本件繼承人呂碧〇為我
　國籍，依反致原則，例外可適用我國法律。

　全文內容：

　本件經轉准司法院秘書長八十四年九月七日（八四）秘臺廳民一字第一六七五號函略
　以：「一、按遺囑之成立要件及效力，依成立時遺囑人之本法，涉外民事法律適用法第
　二十四條第一項定有明文。來函所述本件遺囑人栗〇克 (W. Z. L.) 於書立遺囑時為美
　國籍，依前開法條意旨，該遺囑之成立要件及效力，應依美國法律認定之。惟如美國
　法律規定得適用繼承人之本國法時，因本件繼承人呂碧〇為我國籍，依反致原則，例
　外可適用我國法律。系爭遺囑第八條：『……在此聲明本遺囑應依中華民國臺灣的法律
　來決定及解釋它的執行及查驗。如果本遺囑的執行及查驗與中華民國臺灣的法律相牴
　觸，則允許以中華民國臺灣的法律為依歸』，為遺囑人對其遺囑效力準據法之片面宣示，
　自不得牴觸法律。至於美國法律規定內容如何，應由主管機關依職權調查審認。二、
　又涉外民事法律適用法第二十四條第一項所規定遺囑之成立要件及效力，係指遺囑文
　件本身是否有效成立而言。至於遺囑內容之個別法律行為，例如以遺囑為認領收養、

指定繼承或遺贈等行為，則應依各該行為之準據法，不在該條項規定範圍之內。三、前開意見，僅供參考，如有具體訴訟案件時，仍應由法官本其確信之法律見解，妥盡處理。」

＊法務部（七五）法律字第一一四五一號

要旨：

按遺囑之成立要件及效力，依成立時遺囑人之本國法，涉外民事法律適用法第二十四條第一項訂有明文。本件被繼承人即遺囑人曾○洪一九八四年三月二日於香港逝世時，既仍屬中華民國國籍，則關於其所為之遺囑是否合法成立，及其效力如何，依前開規定，自應適用我國民法繼承編之有關規定決之。查我國民法第一千一百八十九條規定，遺囑係屬法定之要式行為，須依法律規定之方式為之，始有效力。曾○洪生前雖於香港公證處作成公證遺囑，惟我國民法第一千一百九十一條第一項所謂公證人，係指我國之公證人而言，雖僑居在中華民國領事駐在地為遺囑時，依同條第二項規定，得由駐在地之我國領事執行同條第一項所定公證人職務，但曾○洪所為之遺囑，並未依此規定，由駐在香港之我國實質上執行有關領事職務之執事，執行該條第一項所定公證人職務，似難謂已具備該條所規定之公證遺囑之成立要件。但該遺囑既係曾○洪生前所立，如符合我國民法所規定其他種類之遺囑方式者，似仍有效。至於其所立之遺囑究竟符合何種遺囑之規定，因涉及事實認定問題，本部未便表示意見。

第二十五條

依本法適用外國法時，如其規定有背於中華民國公共秩序或善良風俗者，不適用之。

＊八三臺上字第一三○號

要旨：

涉外民事法律適用法第二十五條規定，依本法適用外國法時，如其規定有背於中華民國公共秩序或善良風俗者，不適用之。係指適用外國法之結果，與我國公序良俗有所違背而言。並非以外國法本身之規定作為評價對象。上訴人為閱歷豐富，有充分辨識能力之完全行為能力人，既明知遊樂性賭博行為為美國內華達州法律所允許之行為，在該地遊樂賭博，為尊重行為地之秩序，自應受該地法律規範。

＊司法院第三期司法業務研究會

法律問題：

強制執行法第一百十四條之三規定：「外國船舶經中華民國法院拍賣者，關於船舶之優先權及抵押權，依船籍國法。當事人對於優先權與抵押權之存在、所擔保之債權額及優先次序有爭議者，應由主張有優先權及抵押權之人訴請法院裁判。」，如當事人對於優先權與抵押權之存在，有所爭執，主張有優先權或抵押權之人訴請法院裁判時，法院是否仍應斟酌國際私法上相互承認之原則？

研討意見：

甲說：

按強制執行法第一百十四條之三，係民國六十四年四月二十二日修正時所增列，其立法理由稱：「外國船舶停泊於我國港口，或航行於我國領域內，依屬地主義之原則，為我國法權所及，我國法院得予強制執行。但關於船舶之優先權及抵押權，參照涉外民事法律適用法第十條第四項之規定，及國際私法上相互承認其效力，准其享有優先受償之權利。惟優先權係不經登記之權利，而外國官署所為抵押權登記，屬於外國政府之公法行為，執行債務人對其存在及其所擔保之債權額或優先次序有爭議者，就本法第四十三條及民事訴訟法第四百零二條之意旨觀之，該優先權及抵押權之效力，並非當然及於我國領域，故增設本條，以杜糾紛。」云云，準此以觀，該條前段所定：「外國船舶經中華民國法院拍賣者，關於船舶之優先權及抵押權，依船籍國法。」僅在當事人對於優先權或抵押權之存在，所擔保之債權額或優先次序無爭議之情形，始有其適用。如當事人對此有所爭執，則應適用同條後段之規定，於主張有優先權或抵押權之人訴請法院裁判時，法院認定其有無優先權或抵押權，仍應斟酌國際私法上相互承認之原則，即外國法院如不承認依中華民國法律所定優先權或抵押權之效力，亦得拒絕適用外國法有關優先權或抵押權之規定，非謂法院所定優先權或抵押權之效力，當然及於我國領域（最高法院六十九年臺上字第三〇九六號、七十年臺上字第三三八號民事判決）。

乙說：

按依案件之性質，選擇適用內、外國法為準據法，乃係我國涉外民事法律適用法所採一貫之立場，縱為維持內國公序良俗，以排斥本應適用之外國法，涉外民事法律適用法亦有公序良俗條款（第二十五條）之規定，已足達成維持內國公益之使命，殊無斟酌所謂「國際私法上相互承認之原則」餘地。（按：國際私法祇有判決相互承認之原則。）

研討結論：採乙說。

司法院第一廳研究意見：

外國法律雖不當然適用於我國，惟我國涉外民事法律適用法制定之初，為兼顧內外國情，於確認外國人合法權益中，業已注及我國人民利益之保護，與夫公序良俗之維持，此就涉外民事法律適用法第二十五條規定：「依本法應適用外國法時，如其規定有背於中華民國公共秩序或善良風俗者，不適用之。」觀之甚明，是依該法就案件之性質，定其應適用內、外國法為準據法時，該外國法仍不失其為外國法，僅依涉外民事法律適用法之規定加以適用而已，並無須再斟酌相互承認的問題，強制執行法第一百十四條之三規定，具有國際私法之性質，自不能違背此項原則，另作相異之解釋，本件研討結論採乙說，並無不合。

＊司法院第三期司法業務研究會

法律問題：

執票人甲（中國人）執有發票人乙（新加坡），在新加坡所簽發第一商業銀行新加坡分行美金壹萬元支票乙紙，到期不獲兌現，可否依票據關係訴請發票人給付票款？

研討意見：

甲說：（否定說）。

財政部七十一年九月二十七日函稱：「第一商業銀行新加坡分行非依我國法令規定設立登記，非為票據法施行細則第二條第一項或第二項所稱之銀錢業。」依票據法第一百二十七條之規定，即不得為支票付款人，對其所簽發之支票，即無我國票據法之適用，執票人依票據法關係請求清償票款，難謂有據。（臺灣高等法院七十一年上字第四○二二號民事判決）

乙說：（肯定說）。

涉外民事法律適用法第五條第一項前段規定法律行為之方式，依該行為所應適用之法律，而依新加坡法律，支票祇須表明一定金額、付款銀行及簽名，即可認係支票，且我國票據法第一百二十五條僅規定應為一定金額之記載，並無限制要以新臺幣為單位，亦不生涉外民事法律適用法第二十五條的問題，因此本案之票據仍應認為票據法中之支票，有票據法之適用，甲可依票據關係訴請乙給付票款。

研討結論：採乙說。

司法院第一廳研究意見：同意研討結論。

第二十六條

依本法應適用當事人本國法而當事人有多數國籍時，其先後取得者，依其最後取得之國籍，定其本國法；同時取得者依其關係最切之國之法。但依中華民國國籍法應認為中華民國國民者，依中華民國法律。

＊內政部（四九）臺內戶字第四五五三八號

要旨：

華男與外女在臺結婚所生子女，雖領有外國護照，仍應具有中國國籍，並應由其父申報出生登記。

全文內容：

查我國國民劉榮超與美國籍女子結婚在臺所生之子，依照我國國籍法第二條第一款之規定，應屬我國國籍。雖該男孩已領美國護照，依據國籍法公約第三條暨我國涉外民事法律適用法第二十六條後段之規定，仍應視為中國國民。自應依照戶籍法第十八條、二十條暨三十八條之規定，由其父劉榮超向其居住地戶政機關申報出生登記，不應將該男孩登記入其母所持之外僑居留證家屬欄內。如其將來出國，應照我國國民出國辦法辦理出國手續。

第二十七條

依本法應適用當事人本國法而當事人無國籍時，依其住所地法；住所不明時，依其居所地法。

當事人有多數住所時，依其關係最切之住所地法。但在中華民國有住所者，依中華民國法律。

當事人有多數居所時，準用前項之規定；居所不明者，依現在地法。

第二十八條

依本法適用當事人本國法時，如其國內各地方法律不同者，依其國內住所地法；國內住所不明者，依其首都所在地法。

第二十九條

依本法適用當事人本國法時，如依其本國法就該法律關係須依其他法律而定者，應適用該其他法律；依該其他法律更應適用其他法律者亦同。但依該其他法律，應適用中華民國法律者，適用中華民國法律。

第三十條

涉外民事，本法未規定者，適用其他法律之規定；其他法律無規定者，依法理。

第三十一條

本法自公布日施行。

(二)智慧財產權相關法規

1.著作權法（第四、一百零二、一百零六之一至一百零六之三、一百十二、一百十五、一百十七條）

中華民國九十年十一月十二日總統（九〇）華總(一)義字第九〇〇〇二一九五一〇號令修正公布第二、三十四、三十七、七十一、八十一、八十二、九十之一條條文

第四條

外國人之著作合於下列情形之一者，得依本法享有著作權。但條約或協定另有約定，經立法院議決通過者，從其約定：

一、於中華民國管轄區域內首次發行，或於中華民國管轄區域外首次發行後三十日內在中華民國管轄區域內發行者。但以該外國人之本國，對中華民國人之著作，在相同之情形下，亦予保護且經查證屬實者為限。

二、依條約、協定或其本國法令、慣例，中華民國人之著作得在該國享有著作權者。

＊八九上訴字第一二一四號

要旨：

中美著作權保護協定係於八十二年四月二十二日立法院議決通過，同年七月十六日簽

署生效，依著作權法第四條但書規定，中美著作權保護協定即具內國法之效力，法院自應依法適用；次查日本係伯恩公約及世界著作權公約之締約國，因上開中美著作權保護協定，日本人之著作，在日本首次發行後一年內，將臺灣發行權轉讓或專屬授權（獨家授權）給美國或臺灣之個人、公司或控股公司，而且在美國或臺灣發行者，則受讓或被授權之美國或臺灣之個人、公司或控股公司，即係該協定所稱之「受保護人」，要無疑義。本件視聽著作「新世紀福音戰士劇場版——死與新生、AIR、真心為你」，係由日本 KINGRECORDS 公司於一九九八年十二月二十三日以錄影帶方式在日本首次發行，並於同年十二月一日將該視聽著作之戲院上映權、無線電視放映權、有線電視放映權、及錄影帶、影音光碟、雷射影碟等之重製、發行、販賣權，獨家授權予臺灣之告訴人新〇社有限公司（下稱告訴人公司），此有首次發行證明書、映像版權許諾契約書附卷可稽（見偵查卷第二十至二十三頁）。是依上開規定，告訴人公司即為中美著作權保護協定第一條第四項之「受保護人」，而受我國著作權法之保障。

＊八九上易字第九六二號

要旨：

受我國著作權法保護之著作，除本國人之著作外，尚包括著作權法第四條所定之外國人著作，故利用外國人之著作，如該著作符合本法第四條之規定，除有著作權法第四十四條至第六十五條著作財產權之限制之規定情形外，自應徵得該著作財產權人或經其授權之人同意或授權，始得利用。又依據「北美事務協調委員會與美國在臺協會著作權保護協定」第一條第四項規定：在伯恩或世界著作權公約會員國（日本為會員國）境內首次發行之著作，於首次發行一年內由美國人或我國人（含法人）以書面取得專有權利，且該著作已在我國或美國對公眾流通者，依著作權法第四條第二款，得受我國著作權法之保護。另按臺灣公司（法人）或個人於日本著作人在日本發行後一年內，取得該著作之專有權利，而符合中美著作權保護協定第一條第四項規定者，依著作權法第四條規定，得受我國著作權法之保護，有經濟部智慧財產局八十八年十二月七日（八八）智著字第八八〇一一三〇號函在卷可參。本件著作於西元一九九九年三月六日在日本首映，告訴人於同年五月二十六日以書面取得臺灣地區錄影帶發行之專有權利，自符合上述之規定，而得受我國著作權法之保護。

＊八九上易字第七六三號

要旨：

日本係伯恩公約及世界著作權公約之締約國，依中美著作權保護協定約定，日本人之著作，在日本首次發行後一年內，將臺灣發行權轉讓或專屬授權給美國或臺灣之個人、公司或控股公司，而且在美國或臺灣散布者，即受我國著作權法之保護。此並經我國內政部八十四年八月九日（臺）內著會發字第八四一四八〇八號函及內政部臺（83）內著字第八三一五〇五四號函示稱：在伯恩公約或世界著作權法公約會員國境內首次發

行之著作，於首次發行後一年內，由美國人或我國人（含法人）以書面協議取得專有權利，且該著作已在我國或美國對公眾流通者，依著作權法第四條第二款，得受我國著作權法之保護之規定。又按臺灣公司或個人於日本著作人在日本發行後一年內，取得該著作之專有權利，而符合中美著作權保護協定第一條第四項規定者，依著作權法第四條規定，得受我國著作權法之保護。

＊八三判字第一三七四號

要旨：

〔著作權法第四條第一項前段所謂「外國人之著作於中華民國管轄區域內首次發行」得享有著作權之規定，重在發行之事實，故如合於首次發行，使不特定之多數人得共見共聞，知有新著作物之發表即克當之，初不問發行日或公開日是否有交易之成立〕

本件被告對於原告依據著作權法第四條第一項於中華民國管轄區域內首次發行之規定，申請就其電腦程式著作「音速小子 2(SONIC 2)」為著作人，著作財產權及著作首次公開發表日或首次發行日登記案，以原告所提出之超人模型店八十一年十一月二十一日出具之發票僅一張，且未記載買受人姓名不足以證明系爭著作於中華民國管轄區域內首次發行為由，將原告登記之申請退還，訴願、再訴願，均予維持，固非全無依據。惟查著作權法第四條第一項前段所謂「外國人之著作於中華民國管轄區域內首次發行」得享有著作權之規定，重在發行之事實，故如合於首次發行，使不特定之多數人得共見共聞，知有新著作物之發表即克當之，初不問發行日或公開日是否有交易之成立。本件電腦程式著作，係由原告於八十一年十月十五日委託憶華公司重製，同年十一月十五日交由文貿公司總經銷，再由文貿有限公司批售於零售店，並約定於同年十一月二十一日統一推出陳列販售，凡此有憶華公司之宣誓書、授權製造契約書、出售於文貿公司發票，文貿公司出售於零售商超人模型店、大瑞行之發票，以及宣傳海報、日報八十一年十一月二十一日廣告，電視遊樂報導半月刊第九十九期之報導等在卷可稽。上開原告宣傳海報，經濟日報之廣告以及電視遊樂報導半月刊第九十九期均標明系爭著作將於八十一年十一月二十一日公開發表，而超人模型店於八十一年十一月二十一日確有出售系爭電腦程式之事實有其出具之發票可資復按。顯見原告主張系爭著作在八十一年十一月二十一日首次在中華民國管轄區域內發行，並非無據。被告及一再訴願決定徒以超人模型店出具之發票僅有一張，且未載購買人，無法為系爭著作係在中華民國管轄區域內重製並散布能滿足公眾合理需要之重製物云云，否准原告之申請未免速斷。何況申請著作權登記所提證明文件如有不足，而該項不足之瑕疵又非不能補正時，主管機關仍應先定期命為補正，方符便民之旨，未可率予核駁，本件被告就原告之申請，既未定期命其補正，遽爾以其所提文件資料不能證明在我國首次發行而予退還，尤非無可議之處。本件應由本院將原處分及一再訴願決定一併撤銷，由被告重行審酌，另為適法之處分，以昭折服。

*八一判字第二三二六號

要旨:

〔原告係依據香港法律成立之法人，並非依我國法律組織成立，係屬外國法人，且香港地區與我國並無著作權互惠關係，是系爭著作權在我國之註冊，自與五十四年五月十一日修正發布之著作權法施行細則第十八條第二項及七十四年七月十日修正公布之著作權法第十七條第一項第二款關於外國人著作權之保護以互惠原則之規定不符，被告機關依七十四年七月十日修正公布之著作權法第六條第三項規定撤銷其著作權註冊，於法尚無違誤〕

按外國人之著作物得否在我國申請著作權註冊，應以申請註冊時之法規作為認定依據。本案附表一之著作物名稱欄所載之著作物係於七十二年九月七日至七十二年十二月六日間申請著作權註冊，自應適用五十四年五月十一日修正發布之著作權法施行細則第十八條第一項及第二項之規定；附表二之著作物名稱欄所載之著作物係於七十八年一月四日至七十八年三月八日間申請著作權註冊，自應適用七十四年七月十日修正公布之著作權法第六條第一項第一款、第三項及第十七條第一項第二款之項規定，合先敘明。次按外國人著作物如無違反中國法令情事，其權利人得依本法聲請註冊；前項外國人以其本國承認中國人民得在該國享有著作權者為限。為五十四年五月十一日修正發布之著作權法施行細則第十八條第一項及第二項所規定。又外國人之著作依條約或其本國法令、慣例，中華民國人之著作得在該國享受同等權利者，得依本法申請著作權註冊。著作權經註冊後，發現有不合本法規定之情事者，應撤銷其註冊，復分別為七十四年七月十日修正公布之著作權法第十七條第一項第二款、第六條第一項第一款及第三項所明定。本件原告於七十二年九月七日至七十八年三月八日間以「讀者文摘亞洲版一九八三年九月號」等（如附表一及二之著作物名稱欄）向被告機關申請著作權註冊，經被告機關審查核准，分別發給臺內著字第二三二一八號（如附表一及二之執照號數欄）等著作權執照。嗣經被告機關依職權調查，發現我國並非香港地區著作權保護協約國，在我國出版之著作在香港不受保護，而原告為香港公司，基於著作權互惠原則，其在我國申請註冊，自應不予保護，乃分別依五十四年五月十一日修正發布之著作權法施行細則第十八條第一項、第二項、七十四年七月十日修正公布之著作權法第六條第一項第一款、第三項及第十七條第一項第二款規定，分別以臺 (80) 內著字第八○七四三二二號（如附表一及二之原處分號數欄）等函知原告，略以其「讀者文摘亞洲版一九八三年九月號」等件（如附表一及二之著作物名稱欄）著作權之註冊應予撤銷，原發給臺內字第二三二一八號等著作權執照計十紙應予撤銷，並自七十八年八月九日起生效，經核並無不合，原告雖訴稱：英國為得在我國申請著作權註冊之國家，而香港乃屬英國屬地，被告機關多年來亦受理香港法人著作權註冊之申請並核准取得著作權，而今以著作權互惠原則之理言將原已取得之著作權強行撤銷，有違行

政法規不溯既往及信賴保護原則。且關於外國人申請著作權保護之法律依據，不論係五十四年五月十一日修正發布之著作權法施行細則第十八條第二項或七十四年七月十日修正公布之著作權法第十七條第一項第二款規定，均係就該著作之著作人為外國人為規範，縱使著作權為外國人，然著作人為中華民國國民者，仍應依本國人之著作取得著作權。又被告機關所據之外交部駐外單位回函所檢附之香港中華旅行社函說明二亦表示：「在我國出版之著作在香港不受保護，⋯⋯但有下列情況之一者，可獲保護：1.作者為我國人但著作第一版在香港或其他協約簽字國內出版。2.著作在我國出版，但作者為香港居民者。」其說明三並表示：「我國人著作可透過代理商依香港書刊註冊條例在『香港文康市政司』辦理登記後在港受到保護」。被告機關斷章取義謂香港與我國就著作權之保護互惠關係而撤銷原告在我國之全部著作權，自屬違法。又七十四年七月十日修正公布之著作權法雖有著作權得撤銷之規定，惟修正前之著作權法則無撤銷之規定，依法律不溯既往原則，該得撤銷著作權之規定，自不適用於修正前註冊之著作權，被告機關不顧該等法條之生效日期，遽而撤銷系爭全部著作權，亦屬違法等語。惟查原告係依據香港法律成立之法人，並非依我國法律組織成立，係屬外國法人，且查香港地區與我國並無著作權互惠關係，因我國並非香港地區著作權保護協約之簽字國，在我國出版之著作在香港不受保護，有香港中華旅行社致外交部之七十八年七月十三日港 (78) 字第一二三二號函影本可稽。是系爭著作權在我國註冊，自與五十四年五月十一日修正發布之著作權法施行細則第十八條第二項及七十四年七月十日修正公布之著作權法第十七條第一項第二款關於外國人著作權之保護應以互惠原則之規定不符。雖上述香港中華旅行社函說明二：「⋯⋯但符合下列情況之一者，可獲保護：1.作者為我國人但著作第一版在香港或其他協約簽字國內出版。2.著作在我國出版，但作者為香港居民。」說明三：「我國人著作可透過代理商依香港書刊註冊條例在『香港文康市政司』辦理登記後在港受到保護。」但我國既非香港地區著作權保護協約之簽字國，則在我國出版之著作不可能在香港獲准註冊取得著作權當無疑義。故不論上述函件所指「保護」之程度、範圍如何，均難謂我國亦應依「互惠」原則而准原告著作權之註冊。原告謂我國人著作在一定條件下在香港受到保護，我國政府亦應予保護而准其著作權之註冊云云，自不足採。次按「行政官署對其已為之行政行為發現有違誤之處，而自動更正或撤銷者，並非法所不許」，本院四十四年度判字第四〇號著有判例。且依七十四年七月十日修正公布之著作權法第六條第三項明定著作權經註冊後，發現有不合著作權法規定之情事者，應撤銷其註冊。查七十四年七月十日修正公布前之著作權法雖無撤銷之規定，惟行政機關對其已為之行政行為發現有違誤者，得自動更正或撤銷，已如前述，是前經被告機關核准著作權註冊之香港法人註冊案，既有違誤之處（違反互惠原則之規定），依上述判例及法條規定，被告機關自得撤銷其著作權註冊。原告所訴七十四年七月十日修正公布前之著作權法並無得為撤銷之規定，依法律不溯

既往之原則，該得撤銷著作權之規定，自不得適用於修正前註冊之著作權云云，殊屬誤會。又行政處分之撤銷，係由行政處分成立當時具有瑕疵，撤銷之效果，原則上應溯及既往，使該處分自始失其效力。然撤銷效果之溯及既往，時而破壞既成之法律秩序而侵害當事人權益，反而有違反正義之虞，故撤銷之效果是否應溯及既往，宜視對於社會秩序及當事人利益之影響而定，不宜過於機械。由於本案牽涉之層面較廣，影響當事人之權益較鉅，為維護法律之安定性並兼顧當事人之利益，被告機關於八十年三月七日邀集法務部等有關機關研商，獲致結論，認應撤銷香港法人著作權註冊，且撤銷之效力自七十八年八月九日被告機關停止受理香港法人著作權註冊時生效，復有香港法人著作權註冊案如何處理會議紀錄附卷可稽。被告機關依此原則處理撤銷著作權註冊事宜，並未逾越行政裁量權之範圍，經核並無不當。原告所訴被告機關將其原已取得之著作權予以撤銷，並溯及自七十八年八月九日生效，有違行政法規不溯既往及信賴保護原則云云，亦無足採。又上述香港中華旅行社函雖未說明香港地區自何時起不保護我國人之著作，但我國自始即非香港地區著作權保護協約之簽字國，我國人之著作自始即不受香港之保護，則被告機關溯自七十二年間申請註冊之著作權併予撤銷，亦無不合。再按對外國人著作權之保護，應以平等互惠為原則，已如前述，因此不論與我國有著作權互惠關係國家之國民或本國人將其著作權讓與與我國無著作權互惠關係之國民享有，抑或與我國無著作權互惠關係國家之國民將其著作權讓與我國有著作權關係國家之國民或本國人享有，皆與上揭意旨不符，不得申請著作權註冊，迭經被告機關七十五年七月二十二日臺（七五）內著字第四二一五二六號函、七十七年十一月九日臺（七七）內著字第六四四八〇四號函及七十八年十二月二十七日臺（七八）內著字第七五七七四號函解釋有案。系爭著作權註冊案，於申請著作權註冊時，均陳報著作權人為原告，且其係依據香港法律成立之法人，則不論其著作人之國籍為何，其於申請著作權註冊時，香港地區與我國既無著作權互惠關係，則前經被告機關核准其著作權註冊，即與前述五十四年五月十一日修正發布之著作權法施行細則第十八條第二項及七十四年七月十日修正公布之著作權法第十七條第一項第二款之規定不符，自應撤銷其著作權註冊。原告所訴著作權人為外國人，然著作人為中華民國，仍應依本國人之著作取得著作權註冊云云，亦不足採取。另原告所舉大法官會議釋字第二七八號解釋，係就教育人員任用條例第二十一條規定而為解釋，亦與本案無涉。至於我國雖於七十四年十二月三十日起，受理英國國民著作之著作權註冊申請，以平等互惠保護中英雙方國民之著作權，惟原告究非依英國法律成立之法人，亦不得以此作為系爭著作權應准註冊之理由。又本件事證已臻明確，原告請求開言詞辯論，本院認無此必要，併予敘明。綜上所述，被告機關臺（八十）內著字第八〇七四三二二號函及臺（八十）內著字第八〇七四二五三號函所為撤銷著作權註冊之處分，於法尚無違誤，一再訴願決定遞予維持，亦無不合。原告起訴意旨難認為有理由，應予駁回。

＊八一判字第二二九〇號

要旨：

〔原處分撤銷系爭著作權，係因其註冊有不合著作權法規定之情事，並無適用法律溯及既往之情形〕

按外國人之著作依條約或其本國法令、慣例，中華民國人之著作得在該國享受同等權利者，得依本法申請著作權註冊。著作權經註冊後，發現有不合本法規定之情事者，應撤銷其註冊，分別為七十四年七月十日修正公布之著作權法第十七條第一項第二款、第六條第一項第一款及第三項所明定。本件系爭著作之著作人新香港電影城有限公司係依據香港法律成立之外國法人。而我國並非香港地區著作權保護協約之簽字國，有香港中華旅行社致外交部之七十八年七月十三日港 (78) 字第一二三二號函影本附再訴願案卷可稽，且為原告所不否認，原告於七十五年十一月五日申請系爭著作權註冊時，香港地區與我國既無著作權互惠關係，被告認其著作權註冊有違首揭著作權法第十七條第一項第二款之規定，乃撤銷系爭著作權之註冊，並無不合，訴願、再訴願決定，遞予維持，亦均無不洽。又原處分撤銷系爭著作權，係因其註冊有不合著作權法規定之情事，並無適用法律溯及既往之情形，而所舉大法官會議釋字第二七八號解釋係就教育人員任用條例第二十一條規定而為解釋，亦與本案無關。原告起訴意旨，難認為有理由，應予駁回。

＊司法院（七九）廳刑一字第三〇九號

法律問題：

某甲為美國合法設立之影片公司，在美國拍攝男女性交之猥褻影片（即A片），嗣該影片被盜錄（即重製），且由在我國之某乙錄影帶出租店在該店出租，被某甲委託之代理人查獲，以其乙違反著作權法第三十八條第二項規定，提出自訴，試問某甲就該A片在我國有無著作權？

討論意見：

甲說：

依我國著作權法第四條第一項第九款規定：電影著作除本法另有規定外，其著作人於著作完成時享有著作權。又依司法院七十五年二月廿五日（七五）院臺廳一字第〇一九八六號函函示我國已依據一九四六年中美友好通商航海條約，除予美國著作權人以同等之國民待遇。是該A片依法在我國自應著作完成時享有著作權。

乙說：

A片屬於著作權法第六條第一項第三款「經依法禁止出售或散布者」之著作，依法不得申請著作權註冊，又與著作權法第一條規定：「為保障著作人權益，調和社會公共利益，促進國家文化發展」之立法目的及社會之公共秩序善良風俗相背，應屬著作權法第四條第一項所稱：「除本法另有規定」之範圍，依法自不得享有著作權。

審核意見: 採乙說。

研討結果: 照審查意見通過。

司法院第二廳研究意見: 同意研討結果。

＊**臺灣板橋地方法院八十二年刑事廳座談會**

問題說明:

在美國著作之色情錄影帶, 於我國有無著作權?

研究意見:

甲說:

我國著作權法係採創作保護主義(新法第四條), 是著作權祇規範著作物是否有原創性, 不問創作之品質如何, 如創作品質、內容有問題, 可藉由出版法或刑法之相關規定予以規範。在美著作之色情錄影帶, 依1946年中美友好通商航海條約, 既享有與我國國民同等之國民禮遇, 則其著作依著作權法第四條（舊）之規定, 除該另有規定外, 其著作人於著作完成時即享有著作權, 排除同法第十七條（舊）外國人註冊主義之適用（行政院74年12月30日臺七十四內二四〇九七號函參照）暨修正之新法第四條但書有關條約或協定另有約定, 經立法院議決通過者, 從其約定之規定, 基於國際私法保障既得權之基本原則, 該色情錄影帶在美既有著作權, 於我國自仍應予以保護。

乙說:

著作權法之著作依該法（新）第三條第一款規定, 係指屬於文學、科學、藝術或其他學術範圍之創作而言, 色情錄影帶不屬之, 且著作權之立法目的除在保障個人或法人智慧之著作, 使著作物為大眾公正利用外, 並重文化之健全發展, 故有礙社會秩序之維持或違背公共利益之著述, 依憲法第二十三條之立法精神, 及著作權法第七十七條第四款之規定, 自在不准申請著作權註冊之列, 美國著作之色情錄影帶既無由促進我國社會發展, 且與我著作權之立法目的有違, 基於既得權之保障仍須受公序良俗限制之原則, 在我國自不在保護之列。

研究結果: 採乙說。

司法院刑事廳研究意見:

同意研究結果。(本問題曾經臺灣高等法院七十八年法律座談會刑事類第六十三號提案討論, 亦採同一見解。)

＊**司法院第九期司法業務研究會**

法律問題:

民國七十四年七月十二日修正實施之著作權法, 已將電腦程式作為獨立可受著作權法保護之著作, 國人著作一經完成, 即取得著作權（第四條）, 惟依該法第十七條規定, 對外國人之著作採註冊保護主義, 即認外國人之著作非經註冊, 即無著作權,（註: 內政部認為美國人之著作, 依中美友好通商航海條約, 仍採創作保護主義, 即著作一經

完成即享有著作權者，估不論其效力如何，然此則為上開規定之例外。）是倘若有一英國人首創之電腦程式，未經我國內政部註冊，而被我國廠商予以仿冒，則該英國人得否對我國廠商提起民事損害賠償之訴？

討論意見：

甲說：

按電腦程式係屬文字著述，依現行著作權法第十七條之規定，外國人著作之電腦程式，非經註冊，則不得享有著作權，其對外國人之著作，顯採註冊保護主義，其立法原意，即不讓外國著作，在未經註冊下取得任何權利。苟未經註冊之外國人著作，亦得提起侵害著作權之訴，則該條之立法原意失之泰半。本件英國人所首創之電腦程式，既未經我內政部註冊，依同法第二十六條前段之規定，則應屬無著作權之著作，故除有同條後段改竄、割裂、變匿姓名、或更換名目發行之情事外，單純之仿冒，自不應認係侵害其著作權，是該英國人請求仿冒之廠商損害賠償，自非法之所許。且為貫徹著作權法第十七條規定之外國著作須經註冊，始予保護之意旨，自亦無准予依其他民法之有關規定予以請求賠償之理。是該英國人無得請求損害賠償之權。

乙說：

此說認為該英國人雖不得提起侵害著作權之訴，但究無不許其以通常利益被侵害為由，提起損害賠償（民法第一百八十四條第一項後段）之訴。蓋民國二十年司法院院字第五三〇號解釋稱：「查著作物以依著作權法註冊者為有著作權，故著作權之被侵害，必須註冊後，方能提起著作權侵害之訴，此在著作權法第二十三條（按此條係十七年之舊法，七十四年新法對我國人之著作已廢除此條文，但對外國人之著作仍保留其精神，即現行法第十七條之規定是）有明文限制。來電所稱：著作物在呈請註冊中或註冊前被人翻印仿造等情，是被侵害者為通常之利益，尚非著作權，其訴請賠償自不應用該條之規定。」依此解釋文，未經註冊之著作物，雖不得提起侵害著作權之訴。惟侵害通常利益，即權利以外之利益之訴訟，猶非不得提起。矧最高法院五十六年臺上字第二四二一號判決亦謂：「……縱使未經內政部依著作權法准予註冊，取得著作權……但既屬被上訴人所有之著作物，即應受民法（按：民法第一百八十四條第一項後段）之保護。」亦認可以通常利益被侵害為由提起損害賠償之訴。以何說為宜，提請公決。

結論：送請司法院研究。

司法院第一廳研究意見：

㈠著作權法第四條第一項第十四款規定電腦程式著作，除著作權法另有規定外，其著作人於著作完成時，享有著作權。我國並非萬國著作權條約之簽約國，對於著作權之保護，因著作係我國人或外國人而有差異。依著作權法第十七條規定，外國人之著作，須具備該條第一項所列各款之一始得申請著作權註冊。同條第二項前段規定，經註冊之著作權，其著作權人始享有著作權法所定之權利。由此可見，著作權法第

十七條之規定，即係同法第四條所謂之「另有規定」。

㈡按無著作權或著作權期間屆滿之著作，視為公共所有，著作權法第二十六條定有明文。英國既未與我國訂立相當於「中美友好通商航海條約」之條約，則英國人首創之電腦程式，未經我國內政部註冊，應屬無著作權之著作，其被我國廠商仿冒，該英國人不得請求損害賠償。

㈢本題討論意見以甲說為可採。

＊法務部（八六）法檢字第○○三三三二號

主旨：

有關外國公司提出侵害智慧財產權刑事案件告訴，何人可代表公司授權告訴乙節，應注意依本部八十五年八月八日法八五檢字第一九九二二號函示事項以為認定，請　查照。

說明：

一、本部前於八十五年八月八日以法八五檢字第一九九二二號函示意旨略以：外國公司授權代理人告訴時，應依其提供相關證據資料判斷該外國公司授與代理權之人，依據該外國公司設立地之法律，是否有權代表公司，不宜逕行依我國公司法規定，僅以公司之董事長為唯一有權代表公司授與代理權之人，而於授與代理權之人非公司之董事長，即認其告訴為不合法。

二、各地方法院檢察署檢察官受理此類案件時，仍應依前開原則以為認定，於蒞庭時，對此外國公司代表授權告訴之合法性爭議之法律問題，詳為論告，並審慎審查判決書，認判決不當者應提起上訴。

三、檢附法務部八十五年八月八日法八十五檢字第一九九二二號函影本乙份。

＊法務部（八五）檢仁經紀字第八八二五號

要旨：

關於外國公司針對著作權遭侵害提告訴，各地院檢察官受理時，應注意之事項。

說明：

一、依法務部八十五年八月八日法 (85) 檢字第一九九二二號函辦理。

二、外國公司主張其著作權遭受侵害，如係由公司授權代理人提出告訴，應依其提供相關證據資料判斷該外國公司授與代理權之人，依據該外國公司設立地之法律，是否有權代表公司，不宜逕行依我國公司法規定，僅以公司之董事長為唯一有權代表公司授與代理權之人，而於授與代理權之人非公司之董事長，即認其告訴為不合法。

三、對外國公司授權代理人提出告訴，因其授權之人無代表公司之權，而認係告訴不合法，應據司法院大法官會議第四十八號解釋意旨，依刑事訴訟法第二百五十五條第一項之規定為不起訴處分，不宜逕予行政簽結。

＊法務部（八五）檢仁經紀字第二一二〇二號

要旨：

臺灣地區人民如於大陸地區從事侵害我國著作權法保護之著作權行為，涉有刑事責任者，檢察官仍應依法偵查。

主旨：

臺灣地區人民如於大陸地區從事侵害我國著作權法保護之著作權之仿冒行為，涉有刑事責任者，檢察官仍應依法偵查，於符合刑事訴訟法第二百五十一條之規定時，即應提起公訴，請　查照。

說明：

一、依法務部八十五年八月廿日法 (85) 檢二一二〇一號函辦理。

二、刑法第三條規定：「本法於在中華民國領域內犯罪者，適用之。在中華民國領域外之中華民國船艦或航空器內犯罪者，以在中華民國領域內犯罪論。」同法第十一條規定：「本總則於其他法令有刑罰之規定者，亦適用之。但其他法令有特別規定者，不在此限。」著作權法中有刑罰之規定，且並無其他特別規定，故應有上述刑法第三條規定之適用。

三、臺灣地區人民如在大陸地區從事侵害我國著作權法所保護之著作權之仿冒行為而涉有刑事責任，因其犯罪地仍屬中華民國領域，故檢察官如知悉有犯罪嫌疑，仍應依法加以偵查，於有符合刑事訴訟法第二百五十一條之規定時，即應提起公訴。目前臺灣地區與大陸地區因就司法案件無相關互助協定，偵辦相關案件時或有證據取得之困難，然尚不能就此謂我國刑法效力不及於在大陸地區之犯罪。

＊法務部（八二）檢義經紀字第六二一八號

要旨：

關於外國法人以著作權受侵害聲請搜索時，其法人資格及有無合法代理如何認定疑義。

主旨：

關於外國法人以著作權受侵害聲請搜索時，其法人資格及有無合法代理如何認定乙案，經加具本署意見如說明二，並報奉法務部核復並無不合，准予備查，請　查照。

說明：

一、奉法務部八十二年八月十七日法 82 檢字第一七一七一號函辦理。

二、本署研究結果認法人委任代理人提出告訴，本應提出合法授權之證明文件以資認定有無合法告訴，不能因為嚴格取締侵害智慧財產權犯罪即採取不同之認定標準，蓋被告之權益仍應依法予以保護。實務上外國法人委任代理人提出告訴時，此類證明文件應經我國駐外機構簽證，適用上並無窒礙之處，故於外國法人委任代理人聲請搜索時：㈠應提出經我國駐外機構簽證之該法人合法有效存在及合法授權等文件原本。其因時間急迫，無法及時提出簽證原本者，可先以影印本（包括傳

真文件）代之，但事後仍應補具簽證原本，以為認定有無合法告訴之依據。㈡授權文件應就具體案件委任提出告訴，不得為概括授權。

三、檢附本署八十二年度查緝侵害智慧財產權協調督導工作小組會議第十三號提案影本乙份。

＊法務部（八九）法檢決字第○○三五八四號

法律問題：

臺灣公司或個人於日本著作人在日本發行後一年內取得該著作權之專有權利，並於日本境內首次發行逾三十日後未逾一年內，始在臺灣境內發行，是否受外國著作權法保護？

討論意見：

肯定說：

依北美事務協調委員會與美國在臺協會著作權保護協定（下稱中美著作權協定）第一條第四項可知，在伯恩或世界著作權公約會員國境內首次發行之著作，於首次發行一年內由我國人以書面或協議取得專有權利，且該著作已在我國對公眾流通者，得受我國著作權法之保護。查日本國為伯恩公約之會員國，則我國人於日本著作在日本境內首次發行一年內取得在臺專有權利，自應受我國著作權法之保護。

否定說：

依中美著作權協定，其保護對象係我國或美國領域內取得專有權利人為限，且本國雖係伯恩公約會員國，惟查日本與我國並未簽訂有關保護著作權之條約或協定，亦未對我國國民之著作加以保護，則我國人縱獲得該日本著作專屬授權於我國發行，仍不得援引上開著作權協定而取得著作權之保護。又該日本著作在日本國首次發行後，未於三十日內在我國發行，依著作權法第四條第一款之規定，仍不得依法享有著作權。

結論：採肯定說。

臺灣高等法院檢察署研究意見：多數採否定說。

法務部檢察司研究意見：

關於本件法律問題，本部前已作成研究意見，同意臺灣高等法院檢察署研究意見，採否定說，並於八十九年十月九日以法八十九檢決字第○○三一四九號函復臺灣高等法院檢察署在案。（臺灣高等法院檢察署八十九年二月份法律問題座談會）

＊法務部（八九）法檢決字○○三一四九號

法律問題：

臺灣公司或個人於日本著作人在日本發行後一年內取得該著作權之專有權利，並於日本境內首次發行逾三十日後未逾一年內，始在臺灣境內發行，是否受我國著作權法保護？

討論意見：

肯定說：

依北美事務協調委員會與美國在臺協會著作權保護協定（下稱中美著作權協定）第一條第四項可知，在伯恩或世界著作權公約會員國境內首次發行之著作，於首次發行一年內由我國人以書面或協議取得專有權利，且該著作已在我國對公眾流通者，得受我國著作權法之保護。查日本國為伯恩公約之會員國，則我國人於該日本著作在日本境內首次發行一年內取得在臺專有權利，自應受我國著作權法之保護。

否定說：

依中美著作權協定，其保護對象係我國或美國領域內取得專有權利人為限，日本國雖係伯恩公約會員國，惟查日本與我國並未簽訂有關保護著作權之條約或協定，亦未對我國國民之著作加以保護，則我國人縱獲得該日本著作專屬授權於我國發行，仍不得援引上開著作權協定而取得著作權之保護。又該日本著作在日本國首次發行後，未於三十日內在我國發行，依著作權法第四條第一款之規定，仍不得依法享有著作權。

結論：一致採否定說。

臺灣高等法院檢察署研究意見：

採否定說。（臺灣嘉義地方法院檢察署八十九年八月份法律問題座談會）

＊內政部（八六）臺內著字第八六一四一四七號

主旨：

函轉法務部八十六年九月十三日法八六律決字第〇三五〇六九號函，請參考。

說明：

一、依據法務部八十六年九月十三日法八六律決字第〇三五〇六九號函辦理。

二、按臺灣臺北地方法院去（八十五）年間處理某著作權侵害案件個案時，發生「臺灣地區人民著作或受臺灣地區著作權法保護之外國著作，在大陸地區遭受臺灣地區人民或大陸地區人民侵害，其權利人可否於臺灣地區依我方著作權法對行為人加以追訴」疑義，經　貴會以八十五年六月二十八日（八五）陸文字第八五〇八五三七一三號函徵詢司法院意見，嗣司法院秘書長以八十六年三月四日（八六）秘臺廳司三字第〇四八七二號函函復　貴會，貴會嗣以八十六年三月二十日（八六）陸文字第八六〇三七八八號函將該函轉致本部。

三、前項司法院秘書長號函臚列下列四種情形，就民、刑事訴訟法及民、刑事實體法之適用，加以說明：㈠臺灣地區人民著作在大陸地區受臺灣地區人民侵害請求救濟事件；㈡臺灣地區人民著作在大陸地區受大陸地區人民侵害請求救濟事件；㈢外國人著作在大陸地區受臺灣地區人民侵害請求救濟事件；㈣外國人著作在大陸地區受大陸地區人民侵害請求救濟事件。函中就民事實體法法律適用方面，除前㈠之情形外，其餘三種情形，均認應依照臺灣地區與大陸地區人民關係條例第五十條或涉外民事法律適用法第九條規定，適用損害發生地或侵權行為地（即大陸

地區著作權法），不適用臺灣地區著作權法，此與國際上對於著作權案件原則上採法庭地著作權法為準據法之作法有所歧異（伯恩公約第五條第二項）。本部爰以八十六年四月二十二日臺（八六）內著字第八六〇四八六一號函，分析相關法理，徵詢法務部意見，擬俟法務部同意後，建議　貴會未來修正臺灣地區與大陸地區人民關係條例時，考量於相關條文（例如該條例第五十條）將著作權排除適用之特別規定予以納入。

四、茲法務部經參考司法院意見後復函本部，其中就是否依司法院與法務部意見修正本部主管之著作權法乙節，本部將於下階段修法時予以檢討；至是否修正臺灣地區與大陸地區人民關係條例及香港澳門關係條例（按該條例第三十八條規定類推適用涉外民事法律適用法）乙節，請　貴會本於職權自行衡酌，惟如　貴會未來決定修正上述二條例，因涉伯恩公約第五條第二項規定，並請賜機容本部就相關條文表示意見。

＊內政部（八五）臺內著會發字第八五一三五六二號

要旨：

關於新加坡國民著作權保護所生之疑義

主旨：

台端為新加坡國民著作權保護所生之疑義乙案，復請　查照。

說明：

一、依據　台端八十五年八月六日（八十五）聖法外字第〇五四四號函辦理。

二、按依著作權法第四條規定，「外國人之著作合於左列情形之一者，得依本法享有著作權。但條約或協定另有約定，經立法院議決通過者，從其約定。一、於中華民國管轄區域內首次發行，或於中華民國管轄區域外首次發行後三十日內「在中華民國管轄區域內發行者。」但以該外國人之本國，對中華民國人之著作，在相同之情形下，亦予保護且經查證屬實者為限。二、依條約、協定或其本國法令、慣例，中華民國人之著作得在該國享有著作權者。」，又關於外國人著作得受我國著作權法保護之情形，本部八十三年七月十九日臺(83)內著字第八三一五〇五四號函說明二之㈢已有釋明。另經查證，新加坡與我國無著作權互惠關係，惟其著作如合於前述著作權法第四條第一款之規定亦可受著作權法之保護。

三、復按著作權法第三條第一項第十三款規定，「發行：指權利人重製並散布能滿足公眾合理需要之重製物。」，因此，外國人之著作如欲主張合於前述著作權法第四條第一款之規定，受我國著作權法保護，其條件之一係權利人須在中華民國管轄區域內將其著作重製並散布能滿足公眾合理需要之重製物。是新加坡國民之著作如欲受我國著作權法保護，即應符合上述規定，此與新加坡著作權法有關發行之定義，並無關聯。

＊內政部（八四）臺內著會發字第八四二〇三九一號

要旨：

有關外國人著作可受我國著作權法保護之情形

主旨：

有關韓商樂〇旅館股份有限公司 HOTELLOTTE (LOTTEWORLD) 稱其在我國核准註冊之商標及所謂之「特徵畫像」遭我商興〇開發有限公司盜用乙事，復請　查照。

說明：

一、依經濟部中央標準局八十四年十月廿七日臺商字第二二一六〇七號函轉　貴組八十四年九月七日韓經發（八四）字第〇九〇七一四號函暨附件影本辦理。

二、有關外國人著作可受我國著作權法保護之情形，著作權法第四條著有明文，是目前韓國人著作得受我國著作權法保護之情形說明如次：㈠住在臺灣地區之韓國僑民完成之著作（著作權法第四條第二款）。㈡符合「北美事務協調委員會與美國在臺協會著作權保護協定」（以下簡稱「中美著作權保護協定」）之規定（著作權法第四條但書）：1.在美國首次發行之著作或在美國領域外首次發行後三十日內在美國發行之著作（「中美著作權保護協定」第一條第三項乙款）。2.在伯恩或世界著作權公約會員國境內首次發行之著作，於首次發行一年內由左列之人以書面協議取得專有權利，且該著作已在我國或美國對公眾流通者（「中美著作權保護協定」第一條第四項）：⑴美國人或我國人。⑵美國人或我國人擁有百分之五十以上股份或其他專有利益之不論位於何處之法人。⑶美國人或我國人直接控制之不論位於何處之法人。⑷美國法人或我國法人之分公司或子公司所控制之不論位於何處之法人。3.在美國有住所之人之著作（「中美著作權保護協定」第一條第六項）。4.在我國有住所之人之著作（「中美著作權保護協定」第一條第六項）。

三、至韓國人著作是否可依著作權法第四條第一款「於中華民國管轄區域內首次發行，或於中華民國管轄區域外首次發行後三十日內在中華民國管轄區域內發行者。」之規定，受我國著作權法之保護？緣上述規定須以該外國人之本國，對中華民國人之著作，在相同之情形下，亦予保護且經查證屬實者為限；案經本部於八十一年六月十日著作權法修正公布施行後多次函請外交部查證，嗣經外交部函復以：「……韓國著作權法有關規定與我國著作權法之規定相同，惟因目前尚無此一情事發生，無法作確切答覆。」是韓國人是否可依上述條文取得著作權法之保護？尚有疑義；因此，韓國人如欲主張其著作符合著作權法第四條第一款之規定者，應自行舉證證明之。

四、又著作權法第十三條明定著作人於著作完成時即享有著作權，是著作是否受著作權法之保護，與有無辦理著作權登記無關；另著作權侵害行為之認定，係屬司法機關權責，應於個案發生時，由權利人訴請司法機關依具體事實調查認定之。

*內政部（八四）臺內著字第八四〇一六三五號

要旨：

有關著作權法之疑義

主旨：

所詢有關著作權法之疑義乙案，復請　查照。

說明：

一、復　台端八十四年一月十日函。

二、有關外國人著作是否受我國著作權法保護之情形，查本部八十三年七月十九日臺(83)內著字第八三一五〇五四號函說明二、之㈢已有函釋，請參考。因此中、日雙方目前雖未依著作權法第四條第二款規定建立著作權互惠關係，唯日本人之著作如符合㈠著作權法第四條第一款規定，在中華民國管轄區域內首次發行或在中華民國管轄區域外首次發行後三十日內在中華民國管轄區域內發行或㈡「北美事務協調委員會與美國在臺協會著作權保護協定」第一條受保護人之規定，亦受我國著作權法之保護。復查「改作：指以翻譯、編曲、改寫、拍攝影片或其他方法就原著作另為創作」、「著作人專有將其著作改作成衍生著作之權利」，著作權法第三條第一項第十一款及第二十八條著有明文，因此「翻譯」受我國著作權法保護之日本人著作，除合於本法第四十四條至第六十五條著作財產權之限制（合理使用）之規定外，應徵得著作財產權人之同意，始得為之，否則，即違反著作權法上述規定，合先說明。

三、又「語文著作：包括詩、詞、散文、小說、劇本、學術論述、演講及其他之語文著作」、「就原著作改作之創作為衍生著作，以獨立之著作保護之」，著作權法第五條第一項各款著作內容例示第二項第一款及第六條第一項分別著有明文。是以翻譯人未經原著作之著作財產權人之授權而逕予翻譯，不論該原著作是否受我國著作權法之保護，其所翻譯之著作（即衍生著作）如符合上開條文規定者，即屬另一獨立之著作，翻譯人就其所翻譯之著作亦得依著作權法受保護，第三人侵害上述衍生著作之著作權，其權利人自得依著作權法第六章「權利侵害之救濟」及第七章「罰則」之規定為救濟。

四、末查我國刻正致力加入「關稅暨貿易總協定」（GATT），則將與 GATT 會員國，包括日本國在內，建立著作權互惠關係，屆時日本人著作即得依互惠關係受我國著作權法保護，併予說明。

*行政院大陸委員會（八三）陸文字第八三〇九三五三號

要旨：

關於大陸地區公法人可否申請著作權登記，享有著作權等問題釋疑。

說明：

一、復　貴部八十三年六月十七日臺 (83) 內著字第八三一二九九二號函。

二、大陸地區法人分企業法人及非企業法人，非企業法人又分為國家機構法人、事業法人與社團法人，並無公、私法人之類別。

三、中共「國家機關法人」乃指依照法律或行政命令組建，以從事「國家管理」活動為主的各級「國家機關」，具體包括「國家」各級權力機關法人、行政管理機關法人、各級司法機關法人及軍隊法人等。機構法人成立之日即具有法人資格，不需要經過核准登記程序。此種「國家機關法人」以機關名義向我內政部申請著作權，依國家統一綱領之進程，目前尚非所宜。故法務部八十三年一月廿一日法八十三律〇一五一八號函所稱之「大陸地區法人」，現階段似不宜包括是類法人。

＊法務部（八三）法律字第〇一五一八號

要旨：

大陸地區法人可否在臺灣地區申請著作權登記

主旨：

關於大陸地區法人可否在臺灣地區申請著作權登記及專利、商標註冊，暨該等智慧財產權在臺灣地區遭受侵害時，得否提起訴訟救濟乙案，復如說明，請　查照參考。

說明：

一、復　貴會八十二年十一月十九日 (82) 陸文字第八二一六八五三號函。

二、關於大陸地區法人可否在臺灣地區申請著作權登記及專利、商標註冊，暨該等智慧財產權在臺灣地區遭受侵害時，得否提起訴訟救濟乙案，經本部大陸法規研究委員會第二十一次假第二十二次委員會會商結論如下：

　　㈠按臺灣地區與大陸地區人民關係條例（以下簡稱兩岸人民關係條例）第四十六條第二項規定：「大陸地區之法人……，其權利能力及行為能力，依該地區之規定。」故若依大陸地區規定具備權利能力及行為能力之法人，於兩岸人民關係條例而言，在臺灣地區亦可認為具有權利能力及行為能力。至於同條例第七十條規定：「未經許可之大陸地區法人……，不得在臺灣地區為法律行為。」其中所指之「法律行為」，依條例之體例，似僅指民法第一編第四章所稱之法律行為，不包括訴訟行為及向行政機關申請登記等公法上之行為在內。因此，大陸地區法人之智慧財產權於臺灣地區遭受不法侵害時，除有同條例第七十八條之限制外，自得於臺灣地區提起民事訴訟以資救濟。

　　㈡依憲法增修條文第十條規定之精神觀之，大陸地區人民仍屬中華民國人民，並非外國人，則大陸地區之法人自不宜為相異之解釋，而認係外國法人。又著作權法第四條、專利法第十四條及商標法第三條等對於智慧財產權之保護採互惠主義之規定者，均僅以外國人為其規範對象，且法律上之互惠主義係就外國人為限制性之保護規定，須以法律明文規定者為限，因此，大陸地區之法人既非

外國人，且兩岸人民關係條例對於大陸地區人民智慧財產權保護，除第七十八條就告訴或自訴之權利有互惠原則之明文規定外，別無其他限制規定。從而，大陸地區之法人依其所在地之規定有權利能力者，似得在臺灣地區申請著作權之登記及專利、商標等之註冊。

＊內政部（八三）臺內著字第八三二六二八七號

要旨：

有關中日著作權關係說明

主旨：

有關中日著作權關係乙事，詳如說明，函請　查照。

說明：

一、依據　貴公司代表於八十三年（一九九四年）十二月五日下午四時三十分協同其他四家日本電視公司代表來本部著作權委員會晤談內容及所呈要望書辦理。

二、按一國對外國人著作之保護，國際間向採互惠原則，即以對方保護己方國民之著作為條件，保護對方國民著作。本部為中華民國著作權法主管機關，對於與其他國家建立著作權互惠關係乙事向採開放歡迎政策。而依據我國現行著作權法第四條第二款規定，著作權互惠關係之建立得以雙方簽訂條約、協定或單方各以其國內法律、行政命令或慣例保護對方國民著作之方式為之。目前，與我國有全面性著作權互惠關係之國家有美國、英國、瑞士及香港地區。另西班牙及韓國以其在我國僑民為限，亦受保護。上述國家，其中與美國係以簽署雙邊協定方式為之；與其餘五個國家或地區則係以國內法令之方式為之。由此可見本部樂意以著作權法第四條第二款規定之任何方式與外國建立著作權互惠關係，合先敘明。

三、　貴公司代表於晤談中表達對日本著作未經著作權人同意，在我國領域內遭大量利用，致影響　貴國著作權人權益之嚴重關切。按中日雙方目前迄未依著作權法第四條第二款規定之方式建立起著作權互惠關係，故日本人之著作目前僅得依㈠我國現行著作權法第四條第一款規定，在我國管轄區域內首次發行或在外國首次發行後三十日內在我國管轄區域內發行及㈡八十二年（一九九三年）七月十六日與美方簽署「北美事務協調委員會與美國在臺協會著作權保護協定」第一條受保護人相關規定，在我國受到保護。惟依此等方式，保護無法如互惠關係及於所有日本國民著作。本部鑒於中日兩國，基於傳統歷史交誼及地理位置近便，雙方間著作交流向甚為頻繁，若雙方能建立著作權互惠關係，實最能符合雙方長遠利益（尤以我國對日方著作之利用情況，建立著作權互惠關係，更切合　貴國之利益），多年來，透過多方管道（包括我國駐日代表機構及　貴國來部訪問相關團體）向　貴國政府表達希望與日方建立著作權互惠關係，更於民國七十九年（一九九〇年）五月中旬派本部著作權委員會主任委員王全祿先生赴　貴國文部省文化廳著

作權課親自表達建立著作權互惠關係之意願，惟迄未獲 貴國政府積極回應。質言之，現階段日本國民著作未受我國著作權保護，其關鍵厥在中日間迄未建立著作權互惠關係。如能循前述我國著作權法第四條第二款各種具彈性方式建立著作權互惠關係， 貴公司所關切之問題，即可立獲解決。

四、又我國刻正致力於加入「關稅暨貿易總協定」(GATT)及「世界貿易組織」(WTO)。而 WTO 協定「與貿易有關之智慧財產權協定書」(TRIPS) 已將著作權部分納入其中。故一旦我國順利加入 GATT，簽署 WTO 協定，則將與 GATT 及 WTO 所有會員國，包括 貴國在內，建立著作權互惠關係。在此，亦請 貴公司向 貴國政府表達促成支持我國 GATT/WTO 入會案，以便早日透過 TRIPS 協定建立中日著作權互惠關係，達成互相保護對方國民著作之共同關切。

五、綜言之，本部亟盼 貴公司向貴國政府反映我國誠摯希望以我方著作權法第四條第二款所定之各種具彈性之方式與 貴國建立著作權互惠關係之意願，使 貴國人民之著作於創作完成時即受我著作權法之保障，並得依法在臺灣地區行使權利，對侵害行為得依法尋求、獲得民刑事及行政救濟，相對地，我方國民之著作亦得在 貴國獲得著作權保護。

* 內政部（八三）臺內著字第八三二三一○四號

要旨：

香港法人著作之著作權保護問題

主旨：

台端代理香港商衛星電視有限公司為民國七十九年八月一日以前完成之香港法人著作，其著作權保護問題提出聲請解釋乙案，復如說明二、三、四，請 查照。

說明：

一、依 台端八十三年十月十二日（八三）齊明字第○○三八號函轉香港商衛星電視有限公司八十三年十月六日函辦理。

二、著作權法第四條規定，「外國人之著作合於左列情形之一者，得依本法享有著作權。但條約或協定另有約定，經立法院議決通過者，從其約定。一、於中華民國管轄區域內首次發行，或於中華民國轄區域外首次發行後三十日內在中華民國管轄區內發行者。但以該外國人之本國，對中華民國人之著作，在相同之情形下，亦予保護且經查證屬實者為限。二、依條約、協定或其本國法令、慣例，中華民國人之著作得在該國享有著作權者。」，查香港政府已於七十九年六月二十九日頒布一九九○年著作權（臺灣）法令，自七十九年八月一日起保護我國人著作權，是香港與我國具有上述條文第二款所定之互惠關係，有關互惠保護之範圍經本部透過外交部及 APEC 管道查證如次：㈠民國七十九年八月一日以後完成之香港法人著作。㈡民國七十九年八月一日之前未發行之香港法人著作。至香港地區之自然人

如具有我國國籍者，則其依著作權法第十三條規定，著作人於著作完成時享有著作權。如其具有英國國籍者，因中、英之間締有著作權互惠關係，則其依著作權法第四條第二款及第十三條之規定，亦於著作完成時即享有著作權。

三、依前述互惠範圍，我國與香港著作權互惠範圍並不及於民國七十九年八月一日以前完成且已發行之香港法人著作，另此，該等著作自不得依前述著作權法第四條第二款規定，受我國著作權法保護，惟其如有下列情形之一者，則仍可能受我國著作權法保護：㈠該香港法人著作於中華民國管轄區域內首次發行或於中華民國管轄區域外首次發行後三十日內在中華民國管轄區域內發行且符合於著作權法第一百零八條或第一百零九條之規定者（依據著作權法第四條第一款）。㈡查我國與美國目前訂有「北美事務協調委員會與美國在臺協會著作權保護協定」，該協定第一條第三、四、六項對協定之受保護人有特別規定，因此，香港法人之著作如合於該協定受保護人之規定，亦得受著作權法之保護。前述協定受保護人之範圍，查本部八十三年七月十九日 (83) 臺內著字第八三一五○五四號函說明二之㈢已有釋明，檢送前揭函影本乙份，請參考（依據著作權法第四條但書）。

四、末查，我國現行著作權法對外國人著作之保護係以互惠為原則，因此，倘若香港政府能發布法令保護我國人一九九○年（即民國七十九年）八月一日以前完成之著作，且經我國外交部駐外單位查驗屬實，則本部基於前述互惠原則，自當再予以回應保護。另查我國目前正積極爭取加入關稅及貿易總協定，因此，我國若順利加入關貿總協，將對所有關貿總協會員國國人之著作予以保護，而香港經查係屬關稅及貿易總協定之會員，屆時，香港法人之著作自得依法受著作權法之保護，並予敘明。

* 內政部（八三）臺內著字第八三二一七七二號

要旨：

中美著作權保護協定第十六條之適用問題

主旨：

台端函詢有關翻譯一九六五年以前出版之外國人書籍疑義乙案，復請　查照。

說明：

一、依　台端八十三年九月二十六日致本部著作權委員會函辦理。

二、按受我國著作權法保護之著作，除本國人之著作外，尚包括著作權法第四條所定外國人著作（參本部八十三年七月十九日 (83) 臺內著字第八三一五○五四號函釋），另依著作權法第一百零六條及第一百零八條第一款之規定，如於民國七十四年七月十一日以前完成之著作，其迄民國七十四年七月十一日發行已滿二十年，且未經著作權註冊者，即為公共所有之著作，而不再享有著作權。復依北美事務協調委員會與美國在臺協會著作權保護協定第十六條㈡規定，「一九八五以前二十

年內完成之著作，除經依當時著作權法規定辦理註冊，且其著作權保護期間於一九八五年前經屆滿者外，北美事務協調委員會所代表之領域內，應屬受本協定保護之著作。」，則依著作權法第四條但書規定，如著作雖依前述著作權法規定已不再享有著作權，但卻係屬上述協定保護之範疇，則仍應享有著作權。

三、所詢可否不經授權就一九六五年以前出版之美國、英國的出版物，直接翻譯？及如邱吉爾、甘迺迪總統等名人之雋語、書信、講詞是否受著作權法的保護？一節，查目前與我國有著作權互惠關係之國家，包括美國及英國，因此該等美、英國人之著作，如依前二所述規定，不再享有著作權，則為公共所有之著作，任何人均得加以利用，自包括翻譯該著作在內。惟須注意著作權法中有關著作人格權（第十五條至第十八條）之規定。反之該等著作如仍享有著作權，則依著作權法第二十八條及第三條第一項第十一款之規定，除有著作權法第四十四條至第六十五條著作財產權之限制之規定情形外，自應徵得該著作著作財產權人或經其授權之人同意或授權，始得翻譯，又如係八十一年六月十日著作權法修正施行前所翻譯之著作，須注意著作權第一百十二條之規定，併予敘明。

四、隨文檢送著作權法及其施行細則、本部八十三年七月十九日臺（八十三）內著字第八三一五〇五四號函釋影本、北美事務協調委員會與美國在臺協會著作權保護協定及著作權法第一百一十二條適用說明各乙份，請參考。

＊內政部（八三）臺內著字第八三〇四九一八號

要旨：中美著作權保護協定第四條之適用

主旨：

台端函請解釋有關美國公民受讓大陸地區人民之著作財產權後，可否對臺灣地區侵害其著作權之人提起刑事告訴或自訴乙事，復如說明二，請　查照。

一、依據法務部八十三年二月廿六日法八三檢〇三九六三號函，並復　台端八十三年一月十八日（八三）辰函字第〇一〇〇六號函。

二、按八十二年七月十六日簽署生效之「北美事務協調委員會與美國在臺協會著作權保護協定」依著作權法第四條但書規定，具有法律效力，且優先於著作權法之適用，而該協定第四條第三項明定：「著作人、著作權人及其受讓人或取得專有權利之人，在締約各方領域內符合非前項所排除之程序要件時，應有權就本協定所賦予之權利之執行，於各該領域內依該領域之法人，提起著作權侵害之訴訟程序，及獲得刑事或海關之有效執行。」基此，美國公民受讓大陸地區人民之著作權，應不受「臺灣地區與大陸地區人民關係條例」第七十八條「大陸地區人民之著作權或其他權利在臺灣地區受侵害者，其告訴或自訴之權利，以臺灣地區人民得在大陸地區享有同等訴訟權利者為限」規定之限制；易言之，應得對臺灣地區侵害其著作權之人提起刑事告訴或自訴。

＊內政部（八三）臺內著字第八三〇二四一八號

要旨：

有關美國公民受讓大陸地區人民之著作財產權後，可否對臺灣地區侵害其著作權之人提起刑事告訴或自訴疑義

主旨：

有關美國公民受讓大陸地區人民之著作財產權後，可否對臺灣地區侵害其著作權之人提起刑事告訴或自訴乙事，本部意見如說明二，是否妥適，敬請惠示卓見供參，請查照。

說明：

一、查大陸地區人民亦屬我國人民，其著作亦受臺灣地區著作權法保護。惟由於大陸地區著作權法本身無刑事責任規定，為使兩岸著作權相互保護公平合理，「臺灣地區與大陸地區人民關係條例」第七十八條特規定：「大陸地區人民之著作權或其他權利在臺灣地區受侵害者，其告訴或自訴之權利，以臺灣地區人民得在大陸地區享有同等訴訟權利者為限。」上開規定之適用，於大陸地區人民未將其著作權轉讓予「北美事務協調委員會與美國在臺協會著作權保護協定」受保護之人時，固無疑義，合先敘明。

二、惟若美國公民受讓大陸地區人民之著作權，是否亦受前述「臺灣地區與大陸地區人民關係條例」第七十八條之限制而不得提起刑事訴訟，依本部研究意見，由於「北美事務協調委員會與美國在臺協會著作權保護協定」依著作權法第四條但書規定，具有法律效力，且優先於著作權法之適用；而該協定第四條第三項規定：「著作人、著作權人及其受讓人或取得其專有權利之人，在締約各方領域內符合非前項所排除之程序要件時，應有權就本協定所賦予之權利之執行，於各該領域內依該領域之法令，提起著作權侵害之訴訟程序，及獲得刑事或海關之有效執行。」基此，美國公民受讓大陸地區人民之著作權，應不受「臺灣地區與大陸地區人民關係條例」第七十八條之限制，易言之，應得對臺灣地區侵害其著作權之人提起刑事告訴或自訴。

三、前開意見，涉及「臺灣地區與大陸地區人民關係條例」暨「北美事務協調委員會與美國在臺協會著作權保護協定」之解釋及適用，是否妥適，敬請惠示卓見供參。

＊內政部（八一）臺內著字第八一一一一四六九號

要旨：

外國人著作權之保護

主旨：

貴會函請寄送著作權法及詢問我國與香港、日本著作權保護之疑義乙案，復請　查照。

說明：

一、復　貴會八十一年六月十五日新市唱商字第一二七號函。

二、著作權法第四條規定,「外國人之著作合於左列情形之一者,得依本法享有著作權。但條約或協定另有約定,經立法院議決通過者,從其約定。一、於中華民國管轄區域內首次發行,或於中華民國管轄區域外首次發行後卅日內在中華民國管轄區域內發行者。但以該外國人之本國,對中華民國人之著作,在相同之情形下,亦予保護且經查證屬實者為限。二、依條約、協定或其本國法令、慣例,中華民國人之著作得在該國享有著作權者。」目前與我國有著作權互惠關係,得依著作權法第四條第二款之規定受著作權之保護者,計有美國、英國、香港、西班牙僑民及韓國僑民。其中香港與我國著作權互惠範圍為:㈠七十九年八月一日以後於香港地區首次發行之著作,此處所稱「首次發行」應包括於香港以外國家或地區首次發行卅日內於香港地區發行之著作。㈡未發行之香港法人著作,七十九年八月一日以前未發行之香港法人著作,亦得依著作權法取得保護。日本與我國目前並無著作權互惠關係,惟日本人之著作如符合著作權法第四條第一款之規定,亦得依法取得著作權之保護。

三、又香港地區之自然人,如具有我國國籍者,則其著作依著作權法第十三條之規定,著作人於著作完成時,即享有著作權。如具有英國國籍者,因中英之間締有著作權互惠關係,則依著作權法第四條第二款之規定,其著作亦受著作權法之保護,併予敘明。

四、隨文檢送著作權法及其施行細則乙份,請參考。

＊司法院(八〇)廳刑一字第五六二號

法律問題:

按未保護本國人著作之外國,其外國人之著作在本國內亦不受保護。惟該外國人創作之著作,已轉讓給本國人並經註冊在案,則是否應受保護?

討論意見:

甲說:

該外國人之著作既自始不須受本國之保護,則嗣雖轉讓給本國人,亦應不受保護,否則有違相互保護主義,且亦易使脫法行為氾濫。

乙說:

外國人之著作,既已轉讓給本國人,即已屬本國人之著作,於其著作權被撤銷註冊前,自應受本國著作權法之保護。

審查意見:擬採乙說。

蓋該著作權既已轉讓予本國人,並經註冊在案,自應受著作權法之保護,不因其原係未保護本國人著作之外國人所創作,而受影響,此揆諸該法第八條、第十四條第一項、第十六條規定之旨趣,應可瞭然。

研討結果：照審查意見通過。

司法院第二廳研究意見：同意研討結果。

*法務部（八一）法檢(二)字第○七四八號

法律問題：

因我國非著作權保護協約之簽約國，我國人之著作，在香港地區不受保護，致主管機關將以前准予註冊之香港法人（香港法人非依我國法律組織成立，係外國法人）之著作權，基於互惠之原則，均撤銷其註冊。撤銷後就同一著作物，又變更名稱，以本國人之名義，申請註冊，主管機關亦准予註冊。再經註冊後，如有擅自重製或仿製該著作物之行為，應否依著作權法之規定加以處罰。

討論意見：

甲說：

該著作物既另以本國人之名義完成註冊，如有侵害其著作權之行為，經依法提出告訴，自仍應依著作權法之規定加以處罰。

乙說：

香港法人之著作，既不准許其註冊，即不予保護，其另以本國人之名義註冊，係變相之脫法行為，該著作物在我國仍不能享有著作權，故縱有擅自重製或仿製該著作物之行為，亦不得依著作權法之規定加以處罰。

結論：採甲說。

臺高檢署研究意見：採肯定說（即甲說）

法務部檢察司研究意見：同意原結論，以甲說為當。

第一百零二條

未經認許之外國法人，對於第九十一條至第九十六條之罪，得為告訴或提起自訴。

*八八臺非字第三五號

要旨：

外國公司究竟何人可代表為法律行為，應依該外國公司所據以設立之外國法為定，非依中華民國民法或公司法為定

理由：

非常上訴理由稱：「按判決不適用法則或適用法則不當者，為違背法令，刑事訴訟法第三百七十八條定有明文。本件原判決認：『依中華民國美利堅合眾國友好通商航海條約第六條規定，美方在我國提起告訴，仍應依我國訴訟法規定為之，故本件是否合法告訴，仍以國內法為斷。』惟查，不論依我國法律成立之法人或依外國法律成立之外國法人，究竟何人可以代表法人提出告訴，我國刑事訴訟法並無明文規定，如依我國法律設立之法人，因其並無實際上為法律行為之能力，必須由自然人代為法律行為，故究竟何人可代表法人為法律行為，仍應求諸其他法律之規定以為決定。例如民法第廿七

條第二項規定：『董事就法人一切事務，對外代表法人。董事有數人者，除章程另有規定外，各董事均得代表法人。』公司法第五十六條規定：『（無限）公司得以章程特定代表公司之股東，其未經特定者，各股東均得代表公司。』同法第一百零八條規定：『（有限）公司應至少置董事一人執行職務並代表公司，最多置董事三人，就有行為能力之股東中選任之，董事有數人時，得以章程特定一人為董事長，對外代表公司。』同法第二百零八條亦有類似規定。至於外國公司或依外國法律設定之法人，究竟何人可代表該外國公司或外國法人，我國刑事訴訟法並無規定，自應審酌其他法律規定以為決定。查何人可代表法人為法律行為，屬於法人之身分能力之屬人法事項，依據涉外民事法律適用法第一條規定：『人之行為能力依其本國法。』據此，法人之代表人係為何人之屬人法事項，自應依該法人之本國法而定。因之，我國公司應由何人代表公司，應依我國公司法，此即所以司法院第一八四四號解釋謂：『公司經理人對於公司被害事件，非受有代表權之董事委任，不得代表公司提起自訴。』及最高法院二十七年上字第九四六號判例謂：『股份有限公司為被害人時，僅得由其代表人提起自訴，公司之股東董事等。如未取得代表資格，自無以公司名義提起自訴之權。』蓋我國公司法已就依公司法設立之公司內何人可代表公司設有規定。至所謂公司之本國，學說上有以公司據以設定之法律所屬國作為其本國（即『準據法說』），有以公司主營業所所在國為其本國（即『住所地國說』），有以控制該公司自然人之所屬國為其本國（即『控制說』）。我國公司法第四條規定：『本法所稱外國公司，謂以營利為目的，依照外國法律組織登記，並經中華民國政府認許，在中華民國境內營業之公司。』外國人投資條例第二條第二項規定：『外國法人依其所據以成立之法律，定其國籍。』顯然我國立法係以公司據以設立之法律為其本國法，從而外國公司究竟何人可代表為法律行為，應依該外國公司所據以設立之外國法為定，非依中華民國民法或公司法為定。法務部於八十五年八月八日亦以法八五檢字第一九九二號函釋示：『外國公司主張其著作權遭受侵害，如係因公司授權代理人提出告訴，應依其提供相關證據資料判斷該外國公司授與代理權之人，依據該外國公司設立地之法律，是否有權代表公司，不宜逕行依我國公司法規定，僅以公司之董事長為唯一有權代表公司授與代理權之人，而於授與代理權之人非公司之董事長，即認其告訴為不合法』。查本件告訴人公司之執行副總裁彼得・L・貝魯 (Peter L.Benua) 具有完全之權利與授權代表告訴人提出告訴，業據美國哥倫比亞區律師 RICHARD E. GAZALA 簽署宣誓書為證，顯然彼得・L・貝魯雖名為副總裁，但依據美國法，彼得・L・貝魯有權代表告訴人提出告訴，原審未予查明而依法為實體審理，竟判決本件公訴不受理，顯有刑事訴訟法第三百七十九條第五款法院不受理訴訟係不當，及第十款依法應於審判期日調查之證據而未予調查之違法。案經確定，爰依刑事訴訟法第四百四十一條、第四百四十三條提起非常上訴，以資救濟。』等語。

本院按判決不適用法則或適用不當者，為違背法令，刑事訴訟法第三百七十八條定有

明文。又依法應於審判期日調查之證據未予調查,致適用法令違誤,而顯然於判決有影響者,該項確定判決,即屬判決違背法令,應有刑事訴訟法第四百四十七條第一項第一款規定之適用,亦經司法院大法官會議釋字第一八一號解釋在案。中華民國美利堅合眾國友好通商航海條約第六條之規定,係指中華民國、美利堅合眾國(下稱美國)兩國之國民、法人及團體在締約國有訴訟權,因而美國方面在我國所進行之訴訟,應依我國訴訟法之規定而言。至於所進行訴訟之代理人是否合法代理,授與代理權者是否有權代表法人、公司為訴訟,因屬私法性質,仍應依其適用之準據法定之。因之美國公司在我國所進行之訴訟,有關其公司是否成立享有法人人格、公司之組織、權限及公司之行為能力、責任能力等,仍應依美國之本國公司法或其他法律定之。本件原判決以公訴意旨指被告黃泰洋涉犯著作權法第九十一條第一項、第九十二條、第九十三條第三款之罪嫌;被告何國政涉犯著作權法第九十三條第三款之罪嫌;被告華旗飲水機有限公司、吉泉電子工業廠股份有限公司因其代表人、受僱人執行業務而涉犯著作權法第九十一條、第九十二條、第九十三條第三款之罪嫌,該二公司應依同法第一百零一條規定,科以各該條之罰金刑云云。經審理結果,以被告等被訴上開各罪,依著作權法第一百條前段規定,均須告訴乃論。而依中華民國美利堅合眾國友好通商航海條約第六條規定,美方在我國提起訴訟,仍應依我國訴訟法規定為之,本件告訴是否合法,應以我國國內法為斷,被害人如為法人組織之公司,應由代表人代表公司提出告訴,始為適法。本件告訴人為美商伊高製造公司(下稱伊高公司),惟告訴狀上載明代表人為彼得・L・貝魯,其僅為伊高公司執行副總裁,自形式上觀察,難認其係伊高公司之代表人,且卷內亦無何資料足資證明其受有伊高公司享有代表權之董事之委任而提起本件訴訟,是其以伊高公司執行副總裁身分,代表該公司告訴,顯非適法。因而撤銷第一審所為被告等無罪之判決,另為公訴不受理之諭知。惟查有關美國公司在我國為訴訟行為,何人有代表公司為訴訟之權能,應依美國之本國法定之。不宜逕行依我國公司法之規定,僅以公司之董事長或董事為唯一有權代表公司之人。原判決雖以告訴人美商伊高公司所提之告訴狀代表人載明為彼得・L・貝魯,而依告訴人所提之公證書、認證書記載彼得・L・貝魯為伊高公司執行副總裁 (Executive vice president of EBCO Manufacturing company),因而認其非伊高公司之代表人,其以執行副總裁身分,代表該公司告訴,其告訴顯非適法云云。但查卷附經美國華盛頓特區公證人認證,由 Richard E.Gazala 即美國哥倫比亞特區律師所為之聲明,記載:彼得・L・貝魯具有完全之權利與授權,代表 EBCO 簽署於告訴狀上等語。如果無訛,則苟美國之公司法或其他相關法律規定該職位之人在其職務範圍內有權代表公司為訴訟行為,能否謂其無代表告訴人公司提起本件告訴之權能,即非無疑。原審未詳予調查勾稽,究竟依美國法彼得・L・貝魯有無代表伊高公司為訴訟行為之權能,遽謂依我國國內法自形式上觀察,彼得・L・貝魯非伊高公司代表人,且不能證明其有受伊高公司有代

表權之董事之委任提起本件訴訟，即認其告訴不合法，而撤銷第一審所為被告無罪之判決，改判諭知公訴不受理，尚嫌速斷，有應於審判期日調查之證據而未予調查之違法，且已致適用法令違誤而顯然於判決有影響，依上開說明，自屬判決違背法令。案經確定，非常上訴意旨執以指摘，為有理由。惟案件經不受理之判決，其將來是否再行起訴，及應為實體之判決結果如何，尚不可知，而諭知不受理後，該件訴訟即因而終結，自難認不受理之判決於被告不利。是本件原判決尚非不利於被告等，應僅將其關於違背法令部分撤銷，以資糾正。據上論結，應依刑事訴訟法第四百四十七條第一項第一款前段，判決如主文。

第一百零六條之一

著作完成於世界貿易組織協定在中華民國管轄區域內生效日之前，未依歷次本法規定取得著作權而依本法所定著作財產權期間計算仍在存續中者，除本章另有規定外，適用本法。但外國人著作在其源流國保護期間已屆滿者，不適用之。

前項但書所稱源流國依西元一九七一年保護文學與藝術著作之伯恩公約第五條規定決定之。

第一百零六條之二

依前條規定受保護之著作，其利用人於世界貿易組織協定在中華民國管轄區域內生效日之前，已著手利用該著作或為利用該著作已進行重大投資者，除本章另有規定外，自該生效日起二年內，得繼續利用，不適用第六章及第七章規定。

第一百零六條之三

於世界貿易組織協定在中華民國管轄區域內生效日之前，就第一百零六條之一著作改作完成之衍生著作，且受歷次本法保護者，於該生效日以後，得繼續利用，不適用第六章及第七章規定。

前項情形，於該生效日起滿二年後，利用人應對原著作著作財產權人支付符合該著作一般經自由磋商所應支付之使用報酬。

前二項規定，對衍生著作之保護，不生影響。

第一百一十二條

中華民國八十一年六月十日本法修正施行前，翻譯受中華民國八十一年六月十日修正施行前本法保護之外國人著作，如未經其著作權人同意者，於中華民國八十一年六月十日本法修正施行後，除合於第四十四條至第六十五條規定者外，不得再重製。

前項翻譯之重製物，於中華民國八十一年六月十日本法修正施行滿二年後，不得再行銷售。

＊內政部（八四）臺內著會發字第八四二○九七九號

　　要旨：

　　有關著作權法第一百十二條之疑義

主旨：

貴社所詢有關著作權法第一百十二條之疑義乙案，復如說明，請查照。

說明：

一、依 貴社八十四年十一月二日函辦理。

二、按依著作權法第一百十二條規定，凡在八十一年六月十一日以前（含十一日）翻譯受修正施行前著作權法保護的外國人著作，此種翻譯書籍在八十一年六月十二日以後（不含十二日）即不得再行重製，且在八十三年六月十二日之後，此種書籍即不得再行銷售（參照著作權法第一百十二條）。有關上述問題，本部於八十三年四月製作之「著作權法第一百十二條適用說明」已有釋明，茲檢附上揭適用說明乙份，請參考。又上揭適用說明至今仍有適用，是 貴社來函說明二所稱「近聞本會重新認定，凡83.6.12後再製作銷售並不違反著作權法」乙節，容有誤解。

＊法務部（八三）法律字第一二○四二號

要旨：

按民法第一百十九條規定：「法令……所定之期日及期間，除有特別訂定外，其計算依本章之規定。」所稱「有特別訂定」，包括法令中另有規定、法院另有諭知或當事人另有約定在內（史尚寬著民法總論第五五○頁、施啟揚著民法總則第三三三頁參照）。復按八十一年六月十日修正公布之著作權法第一百十二條第二項規定：「前項翻譯之重製物，本法修正施行滿二年後，不得再行銷售。」其「二年」期間之計算，因依上開著作權法第一百十七條規定，該法係自八十一年六月十日修正公布施行，依中央法規標準法第十三條規定，應自該日起算至第三日，即同年月十二日起生效，則此等規定似可認係上揭民法第一百十九條所稱之「特別訂定」；質言之，上開二年期間之起算。似應將該法修正公布生效之始日即八十一年六月十二日算入，而不適用民法第一百二十條第二項「其始日不算入」之規定（司法院大法官會議釋字第一六一號解釋文及解釋理由書參照）。至於該期間之末日，依民法第一百二十一條第二項「期間……以……最後之年與起算日相當日之前一日，為期間之末日」之規定，依應為八十三年六月十一日；換言之，所稱「……滿二年後，不得再行銷售」，似應指自八十三年六月十二日起即不得再行銷售。

＊內政部（八三）臺內著字第八三○六九○七號

要旨：

外國人著作之保護

主旨：

所詢有關著作權法相關問題乙案，復請查照。

說明：

一、復 台端八十三年三月廿一日信孚字（八十三）第○七一號函。

二、八十一年六月十日修正施行之著作權法第一百零八條第三款規定,「於中華民國七十四年七月十日本法修正施行後完成之外國人之著作,合於本法修正施行前第十七條第一項第一款或第二款之規定而未經註冊取得著作權,除本章另有規定外,適用本法規定。」因此外國人之著作如於七十四年七月十日以後完成,合於修正施行前著作權法第十七條第一項第一款在中華民國境內首次發行之規定,雖未依八十一年六月十日修正施行前著作權法申請著作權註冊,惟依上述規定,上述著作自八十一年六月十二日以後即受著作權法之保護,但無溯及保護之問題(著作權法第一百十四條參照),亦即於八十一年六月十一日以前利用人所為任何利用該著作之行為,並不生侵害著作權之問題。

三、八十一年六月十日修正施行之著作權法第一百十二條第一項規定,「本法修正施行前,翻譯受修正施行前本法保護之外國人著作,如未經其著作權人同意者,於本法修正施行後,除合於第四十四條至六六十五條規定者外,不得再重製。」依本條文規定,受八十一年六月十日修正施行前著作權法保護之外國人著作,始有本條文之適用。是前揭外國人之著作,由於不受八十一年六月十日修正施行前著作權法之保護,自無本法條文之適用,不生違反本條文規定之問題。

*內政部(八三)臺內著字第八三○三四八五號

要旨:

中美著作權保護協定第一條「受保護人」之範圍

主旨:

台端函請解釋「北美事務協調委員會與美國在臺協會著作權保護協定」部分規定,復如說明,請　查照。

說明:

一、依據本部著作權委員會案陳　台端八十二年十一月二十六日函辦理。

二、「北美事務協調委員會與美國在臺協會著作權保護協定」對於協定拘束力之發生時點並無特別規定,揆以條約不溯既往之原則(條約法公約第二十八條參照),有關協定第一條第四項所稱之「受保護人」,自應以八十二年七月十六日本協定身效後,始依該條項規定取得專有權利者,始足當之。本此,日本人之著作,如於八十二年元月由日本著作權人授予在臺灣地區之專屬授權,該取得專有權利之人,並不能能為本所稱之「受保護人」,從而第三人之翻譯販賣行為,並不生違反著作權法、溯及既往暨適用同法第一百十二條規定之問題。

*內政部(八二)臺內著字第八二三○七二六號

要旨:

中美著作權保護協定第一條之疑義

主旨:

台端函請解釋「北美事務協調委員會與美國在臺協會著作權保護協定」（以下簡稱「協定」）部分規定，復如說明，請　查照。

說明：

一、依據本部著作權委員會案陳　台端八十二年十一月二十三日八十二大旭字第一○四號函及同年十二月一日八十二大旭字第一○五號函辦理。

二、茲就　台端所詢問題，分項說明如左：㈠「協定」第一條第四項所稱「專有權利」係包括因讓與而取得著作財產權及各種著作財產權之專屬授權。㈡「協定」第一條第四項「首次發行一年內」要件之符合，須由當事人舉證證明之。㈢前述一年期間之起迄計算，適用民法規定，「協定」並無特別規定。㈣有關第三人於符合「協定」第一條第四項規定之人成為「受保護人」之前已為之翻譯行為，是否違反著作權法問題，應類推適用著作權法第一百十四條規定，適用行為時之法律。㈤「協定」係中美雙方於八十二年七月十六日簽署生效，其第一條所規定「受保護人」，自八十二年七月十六日以後，於符合各該規定之日起，成為「受保護人」，均受「協受」保護，至於在保護開始之前，第三人所為之翻譯行為，除原本即受著作權法保護之著作，另應受著作權法第一百十二條規定限制外，並無溯及或過渡之問題。

三、又有關「協定」之適用，除「協定」有特別約定，應從其約定外，其餘仍應依照現行著作權法之規定，併予敘明。

＊內政部（八二）臺內著字第八二二五三六六號

要旨：

民國五十四年前已於美國出版之美國著作物，有關翻譯權相關疑義

主旨：

所詢民國五十四年前已於美國出版之美國著作物，有關翻譯權相關疑義乙案，復請查照。

說明：

一、復　貴社八十二年九月十三日（八二）天業字第○九一三號函。

二、依著作權法第一百零六條及第一百零八條第一款之規定可知，如於民國七十四年七月十一日以前完成之著作，其迄民國七十四年七月十一日發行已滿廿年，且未經著作權註冊者，即為公共所有之著作，而不再享有著作權。又北美事務協調委員會與美國在臺協會著作權保護協定第十六條㈡規定，「一九八五年以前廿年內完成之著作，除經依當時著作權法規定辦理註冊，且其著作權保護期間於一九八五年前已經屆滿者外，北美事務協調委員會所代表之領域內，應屬受本協定保護之著作。」，則依著作權法第四條但書規定，如著作雖依前述著作權法規定已不再享有著作權，但卻係屬上述該協定保護之範疇，則仍應享有著作權。先予敘明。

三、所詢民國五十四年前已於美國出版之美國著作物，如依前述規定，不再享有著作

權，則為公共所有之著作，任何人均得加以利用，自包括翻譯該著作在內。惟須注意著作權法中有關著作人格權（第十五條至第十八條）之規定。反之，如其仍然享有著作權，則因美國與我國有著作權互惠關係，依著作權法第二十八條及第三條第一項第十一款之規定，除合於同法第四十四條至第六十五條有關著作財產權之限制，自須徵得著作財產權人之同意，始得翻譯，又如係八十一年六月十日著作權法修正施行前所翻譯之著作，須注意著作權法第一百十二條之規定，併予敘明。

四、隨文檢送著作權法及其施行細則、北美事務協調委員會與美國在臺協會著作權保護協定及本部八十二年八月十六日臺（八十二）內著字第八二二○四三三號函影本乙份，請參考。

第一百十五條

本國與外國之團體或機構互訂保護著作權之協議，經行政院核准者，視為第四條所稱協定。

第一百十七條

本法自公布日施行。但第一百零六條之一至第一百零六條之三規定，自世界貿易組織協定在中華民國管轄區域內生效日起施行。

2. 音樂著作強制授權申請許可及使用報酬辦法（第六條）

中華民國九十一年二月二十日經濟部（九一）經智字第○九一○四六○三一四○號令修正發布全文十九條；並自發布日起施行

第六條

申請人提出之文件係外國公文書者，應經中華民國駐外使領館、代表處、辦事處或其他外交部授權機構驗證或經中華民國法院或民間之公證人認證。

申請人提出之文件係外文者，應檢具中文譯本。

3. 製版權登記辦法（第六條）

中華民國八十七年二月二十三日內政部（八七）台內著字第八七八五三六號令訂定發布全文二十條

第六條

申請人持外國公文書申請製版權登記者，該公文書應經中華民國駐外使領館、代表處、辦事處或其他經外交部授權機構驗證或經中華民國法院認證。

申請人提出之文件係外文者，應檢具中文譯本。

4.商標法 (第三、四、九、十一、三十七、七十條)

中華民國九十一年五月二十九日總統 (九一) 華總一義字第○九一○○一○八三七○號令修
　正公布第七十九條條文; 並增訂第七十七之一條條文

第三條

外國人所屬之國家, 與中華民國如無互相保護商標之條約或協定, 或依其本國法令對
中華民國人申請商標註冊不予受理者, 其商標註冊之申請, 得不予受理。

＊釋字第二三號

解釋文:

商標法第三條前段規定, 二人以上於同一商品, 以相同或近似之商標, 各別呈請註冊
時, 應准在中華民國境內實際最先使用並無中斷者。註冊, 係為審查准駁之實質標準,
如利害關係人, 在同法第二十六條審定後之六個月公告期間內, 另以與他人審定商標
相同或近似之商標呈請註冊, 並以自己之商標實際使用在先, 而未中斷為理由, 對他
人已審定商標提出異議, 自應依異議程序及同法第三條規定辦理。

＊五○判字第二二號

要旨:

商標法第三條第一項前段所謂二人以上於同一商品以相同或近似之商標各別申請註冊
時, 應准在中華民國境內實際最先使用並無中斷者註冊云云, 係指各人申請註冊, 均
尚未依同法第二十四條程序實行註冊之商標而言。若相同或近似於他人同一商品、同
類商品、或雖非同類而性質相同或近似之商品之已註冊商標, 則依同法第二條第十二
款規定, 根本不得作為商標申請註冊。自無再以最先使用為詞, 而主張應准其申請註
冊。

＊法務部 (八三) 法律字第○一五一八號

要旨:

大陸地區法人可否在臺灣地區申請著作權登記

主旨:

關於大陸地區法人可否在臺灣地區申請著作權登記及專利、商標註冊, 暨該等智慧財
產權在臺灣地區遭受侵害時, 得否提起訴訟救濟乙案, 復如說明二, 請　查照參考。

說明:

一、復　貴會八十二年十一月十九日 (82) 陸文字第八二一六八五三號函。

二、關於大陸地區法人可否在臺灣地區申請著作權登記及專利、商標註冊, 暨該等知
　　慧財產權在臺灣地區遭受侵害時, 得否提起訴訟救濟乙案, 經本部大陸法規研究
　　委員會第二十一次暨第二十二次委員會會商結論如下:

㈠按臺灣地區與大陸地區人民關係條例（以下簡稱兩岸人民關係條例）第四十六條第二項規定：「大陸地區之法人……，其權利能力及行為能力，依該地區之規定。」故若依大陸地區規定具備權利能力及行為能力之法人，於兩岸人民關係條例而言，在臺灣地區亦可認為具有權利能力及行為能力。至於同條例第七十條規定：「未經許可之大陸地區法人……，不得在臺灣地區為法律行為。」其中所指之「法律行為」，依條例之體例，似僅指民法第一編第四章所稱之法律行為，不包括訴訟行為及向行政機關申請登記等公法上之行為在內。因此，大陸地區法人之智慧財產權於臺灣地區遭受不法侵害時，除有同條例第七十八條之限制外，自得於臺灣地區提起民事訴訟以資救濟。

㈡依憲法增修條文第十條規定之精視觀之，大陸地區人民仍屬中華民國人民，並非外國人，則大陸地區之法人自不宜為相異之解釋，而認係外國法人。又著作法第四條、專利法第十四條及商標法第三條等對於智慧財產權之保護採互惠主義之規定者，均僅以外國人為其規範對象，且法律上之互惠主義係就外國人為限制性之保護規定，須以法律明文規定者為限，因此，大陸地區之法人既非外國人，且兩岸人民關係條例對於大陸地區人民智慧財產權保護，除第七十八條就告訴或自訴之權利有互惠原則之明文規定外，別無其他限制規定。從而，大陸地區之法人依其所在地之規定有權利能力者，似得在臺灣地區申請著作權之登記及專利、商標等之註冊。

第四條

申請人在與中華民國有相互保護商標條約、協定或相互承認優先權之國家，依法申請註冊之商標，於首次申請日翌日起六個月內向中華民國申請註冊者，得主張優先權。依前項規定主張優先權者，應於申請註冊同時提出聲明並於申請書中載明在外國之申請日、申請案號數及受理該申請之國家。申請人應於申請之日起三個月內檢送經該國政府證明受理之申請文件；未於申請時提出聲明或逾期未檢送證明文件者，喪失優先權。

＊八〇判字第六四四號

要旨：

〔各國國情不同，有關商標審查法制亦不相同，縱令在外國獲准註冊，亦不能據以作為在我國亦應准予商標註冊之合法論據〕

按「商標以圖樣為準，所用之文字、圖形、記號或其聯合式，應特別顯著並應指定所施顏色」，為商標法第四條第一項所明定，所謂「應特別顯著」，係指將商標使用於其商品或其包裝或其容器之上時，能引起一般購買者之注意，並得藉以與他人商品加以辨別而言。系爭「Longitudinal StripeDevice」商標圖樣如附圖，僅係一較粗黑色直線，以之指定使用於製造藥瓶罐注射管、中空玻璃管等商品，易使人認為係該商品上之裝

飾線條，難謂能使一般消費者認識其為表彰商品來源、品質或信譽之標誌，並得藉以與他人之商品相區別，被告機關謂其不具特別顯著之要件，並非無據。雖然原告主張系爭商標創用已逾百年，在全球四十餘國均獲准註冊，不但歷史悠久，且所表彰之商品交易金額龐大，在中華民國亦有極高之市場佔有率，具有崇高之知名度，不應認不具特別顯著性；系爭商標所表彰之商品為製造藥罐之玻璃管及中空管，即市場上慣稱之安瓿 (ampule)，其行銷對象為各大藥品製造公司，茲恆東貿易有限公司及臺灣首德股份有限公司既能出具證明書，證明系爭商標之「直線標記」得與其他同類藥罐玻璃管相區別，更不能謂無法與他人商品加以辨別云云。惟查各國國情不同，有關商標審查法制亦不相同，縱令在外國獲准註冊，亦不能據以作為在我國亦應准予商標註冊之合法論據。又商品銷售量與市場佔有率，與商標圖樣是否具有顯著性，並無必然關係，是原告以系爭商標已在世界四十餘國獲准註冊，其所表彰之商品在我國有極高之佔有率，具有崇高之知名度為由，指摘原處分不當，核無可取。又系爭商標所表彰之商品固以各大藥品製造公司為對象，但恆東貿易有限公司及臺灣首德股份有限公司，究不能代表大多數藥品製造公司，其所出具之證明書所謂任何一藥廠皆可憑特殊之「直線標誌」而得與其他同類藥罐玻璃管相區別云云，更不能代表大多數之製藥公司意見，尤其恆東公司既係原告之臺灣代理商，其證明書更失客觀性。因之原告提出該二公司之證明書主張系爭商標能引起購買者之注意，可與他人商品加以分辨，亦無可採。按法律規定之適用，重在一致性及普遍性，不可因人而異，原告請求依個案原則，特別通融，准許系爭商標註冊，有違此項原則，無從准許。綜上各節，本件系爭商標既有不具特別顯著情事，自與商標法第四條第一項之規定不符，被告機關核駁其註冊之申請，並無違誤，一再訴願決定，遞予維持亦無不合。

＊七七判字第一七四一號

要旨：

〔各國商標審查法規不盡一致，不得因在他國取得商標專用權，即得推定其已具有特別顯著性〕

商標法第四條第一項所稱「應特別顯著」者，係指將商標使用於其商品或其包裝、容器上時，能引起一般消費者之注意並得藉以與他人商品加以辨別者而言。經查系爭商標係指定使用於濃縮多種維他命之靜脈注射劑商品，為原處分卷附申請書所載明，而其商標圖樣中之外文「M.V.C.」部分，從其書寫與排列上看，似為「Multiple Vitamin-concentrate」之縮寫，係表示「濃縮之多種維他命」意思，似屬其商品之說明，而「9+3」部分，又似指其商品中所含維他命之種類、數量，被告及一再訴願決定機關以系爭「M.V.C.9+3」商標圖樣，使用於濃縮多種維他命之靜脈注射劑商品或其包裝容器上時，易使人認係表示該商品中所含之維他命種類及數量，而不足以使購買者認識其係表彰原告商品品質來源及信譽之標誌，為欠缺作為商標應具備之特別顯著性要件，予以遞

次核駁，衡諸一般市面上商品，通常以外文之起首字聯結數字作為表示該商品之名稱與規格型號或代號情形，自非不當，原告雖主張系爭商標早於一九八一年即在美國開始使用，並於一九八四年在該國取得商標專用權，歷經數年消費市場之考驗，為消費大眾認識其商品之指標，自具有顯著性云云。惟各國商標審查法規不盡一致，尚不得因在他國取得商標專用權，即得推定其已具有特別顯著性，為我國人民認識其為用以表彰商品品質來源之商標，原告此項主張自不足採。至於藥界有無以「M.V.C.」表示「濃縮之多種維他命」以及「YSL」「JPS」等字首成為世界著名商標各節，皆與系爭商標是否具有顯著性，能否為我國消費大眾認識其為商標無涉，況商標圖樣之是否具有特別顯著性，常因時間的變遷而有差異，未可同一而語，又系爭商標之欠缺特別顯著性之認定，係以其使用於其指定之商品或其包裝容器上時，有使人誤認係表示其商品中所含之維他命種類及數量之虞為已足，並不以發生具體之誤認事實為必要，自與藥界有無以「M.V.C.」表示「濃縮之多種維他命」之習慣無關，原告執以起訴指摘原處分與原決定違誤非有理由，合予駁回。

＊七八判字第一○○九號

要旨：

〔「RapidFile」為快速檔案夾之意，以之為商標，指定使用於書籍、手冊等商品上，不無使人認係附加之說明文字，自欠缺作為商標所應具備之特別顯著性〕

按「商標以圖樣為準，所用之文字、圖形、記號或其聯合式，應特別顯著，並應指定所施顏色。」商標法第四條第一項定有明文。所謂特別顯著，係指將商標使用於其商品或其包裝容器之上時，能引起一般購買者之注意，並得藉以與他人商品加以辨別而言。本件系爭商標圖樣（如附圖）RapidFile 為快速檔案夾之意，此為原告所不爭。以之為商標，指定使用於書籍、手冊等商品上，不無使人認係附加之說明文字，而不足以使消費者認識其為表彰原告商品來源、品質或信譽之標誌，並得藉以與他人商品相辨別，原處分認其欠缺作為商標所應具備之特別顯著性，乃核駁系爭「RapidFile」商標之申請註冊，揆諸首揭說明，尚無不合，訴願、再訴願決定遞予維持，亦無違誤。原告起訴論旨雖又主張：系爭商標業於一九八六年在美國獲准註冊，依中、美一九四六年所訂「中美友好通商航海條約」第九條，我國應給予保護，准其註冊，以符本院七十七年度判字第八○二號判決釋示外國商標須在我國註冊取得商標專用權，始具利害關係人地位而得受商標法保護之意旨，乃竟予核駁註冊之申請，坐視系爭商標處於被仿冒之險境，顯屬違法云云。惟查系爭商標雖已於一九八六年在美國獲准申請註冊其能否依中美通商友好條約受保護為一事，但原告既欲另依中華民國商標法之規定，申請在中華民國註冊取得中華民國之商標專用權，仍應依中華民國商標法規定予以審查，而與其已否在美國獲准註冊無涉，又各國商標法所定審查基準不同，亦不得以該商標已在美國獲得註冊，即謂在中華民國亦必應獲得註冊。原告執此指摘原處分及一再訴願

決定違法，求為判決撤銷，難謂有理。

第九條

申請商標註冊及處理有關商標之事務，得委任商標代理人辦理之。

在中華民國境內無住所或營業所者，申請商標註冊及處理有關商標之事務，應委任商標代理人辦理之。

商標代理人，如有逾越權限，或違反有關商標法令之行為，商標主管機關得通知限期更換；逾期不為更換者，以未設代理人論。

商標代理人，應在國內有住所，其為專業者，除法律另有規定外，以商標師為限。商標師之資格及管理，以法律定之。

＊三一院字第二四三三號

解釋文：

㈠經濟部呈經行政院核准備案，並轉報國防最高委員會之敵國人民申請商標專用註冊案件處理辦法，係以我國與敵國關於商標相互保護之條約，已因宣戰而廢止，敵國人民不得再依商標法第五條申請商標專用註冊，故除敵國人民已呈准取得之商標專用權，應予尊重外，今後對於敵國人民所為之一切申請商標專用註冊案件，應概不受理，其已在進行程序中者停止其程序，是其所謂不予受理之申請，僅指敵國人民欲專用其商標時所為商標法第五條之呈請而言，敵國人民將其已因註冊而取得之商標專用權移轉於中立國人民呈請為移轉之註冊者，不包含在內，敵國人民已因註冊而取得之私有商標專用權，依敵產處理條例第七條規定，既應予以尊重，則除有特別規定外，自非不得處分，惟同條例第九條所謂管理，包含處分在內，敵國人民將其商標專用權移轉於中立國人民時，應依同條例規定辦理，并受敵產登記辦法第十一條之限制。

㈡敵國人民非不得為商標法上之代理人，惟敵國人民處理條例之適用，不因敵國人民之為此項代理人而受影響，如敵國人民因受同條例之適用，致其為商標法上之代理人不適當者，商標局自得依商標法第九條辦理。

第十一條

商標主管機關對於居住外國及邊遠或交通不便地區之當事人，得依職權或據申請，延展其對於商標主管機關所應為程序之法定期間。

＊司法院院字第二四一四號

解釋文：

關於商標呈請或爭議事件，經當事人或代理人指定送達代收人向商標局陳明者，送達文件於該代收人時，即生送達之效力，法定期間亦即由此起算，當事人或代理人收到文件時，已不及為期間內之行為，而該代收人於轉送無過失者，自屬商標法第十一條但書所稱之窒礙，當事人或代理人居住外國及邊遠或交通不便之地者，並有同法第十

條之適用。

第三十七條

商標圖樣有左列情形之一者，不得申請註冊：

一、相同或近似於中華民國國旗、國徽、國璽、軍旗、軍徽、印信、勳章或外國國旗者。

二、相同於國父或國家元首之肖像或姓名者。

三、相同或近似於紅十字章或其他國內或國際著名組織名稱、徽章、標章者。

四、相同或近似於正字標記或其他國內外同性質驗證標記者。

五、妨害公共秩序或善良風俗者。

六、使公眾誤認誤信其商品之性質、品質或產地之虞者。

七、相同或近似於他人著名之商標或標章，有致公眾混淆誤認之虞者，但申請人係由商標或標章之所有人或授權人之同意申請註冊者，不在此限。

八、相同或近似於同一商品習慣上通用標章者。

九、相同或近似於中華民國政府機關或展覽性質集會之標章或所發給之褒獎牌狀者。

十、凡文字、圖形、記號、顏色組合或其聯合式，係表示申請註冊商標所使用商品之形狀、品質、功用、通用名稱或其他說明者。但有第五條第二項規定之情事而非通用名稱者，不在此限。

十一、有他人之肖像、法人及其他團體或全國著名之商號名稱或姓名、藝名、筆名、字號、未得其承諾者。但商號或法人營業範圍內之商品，與申請人註冊之商標所指定之商品非同或類似者，不在此限。

十二、相同或近似於他人同一商品或類似商品之註冊商標者。

十三、以他人註冊商標作為自己商標之一部分，而使用於同一商品或類似商品者。

十四、相同或近似於他人先使用於同一商品或類似商品之商標，而申請人因與該他人間具有契約、地緣、業務往來，或其他關係，知悉他人商標存在者。但得該他人同意者，不在此限。

＊釋字第四八六號

解釋文：

憲法上所保障之權利或法律上之利益受侵害者，其主體均得依法請求救濟。中華民國七十八年五月二十六日修正公布之商標法第三十七條第一項第十一款（現行法為第三十七條第十一款）前段所稱「其他團體」，係指自然人及法人以外其他無權利能力之團體而言，其立法目的係在一定限度內保護該團體之人格權及財產上利益。自然人及法人為權利義務之主體，固均為憲法保護之對象；惟為貫徹憲法對人格權及財產權之保障，非具有權利能力之「團體」，如有一定之名稱、組織而有自主意思，以其團體名稱對外為一定商業行為或從事事務有年，已有相當之知名度，為一般人所知悉或熟識，

且有受保護之利益者，不論其是否從事公益，均為商標法保護之對象，而受憲法之保障。商標法上開規定，商標圖樣，有其他團體之名稱，未得其承諾者，不得申請註冊，目的在於保護各該團體之名稱不受侵害，並兼有保護消費者之作用，與憲法第二十二條規定之意旨尚無牴觸。

第七十條

外國法人或團體就本章規定事項亦得為告訴、自訴或提起民事訴訟，不以業經認許者為限。

＊行政法院八十四年八月份庭長評事聯席會議紀錄

決議：

商標、專利事件，原告本人非住居法院所在地，而再訴願代理人住居法院所在地者，若本人提起行政訴訟時，計算其提起行政訴訟之法定期間，應扣除在途期間。（參照本院八十三年一月份庭長評事聯席會議決議）

5. 專利法（第四、十一、十二、二十三至二十五、五十四、六十六、九十五、一百十三條）

中華民國九十年十月二十四日總統（九〇）華總一義字第九〇〇〇二〇六四九〇號令修正發布第十三、十六、十七、二十、二十三至二十七、三十六至三十八、四十三至四十五、五十二、五十九、六十二、六十三、七十、七十二、七十三、七十六、八十三、八十九、九十八、一百零六、一百零七、一百十二至一百十六、一百十八至一百二十一、一百三十一、一百三十二、一百三十四、一百三十五、一百三十九條條文；並增訂第十八之一、二十之一、二十五之一、三十六之一至三十六之六、四十四之一、九十八之一、一百零二之一、一百零五之一、一百零七之一、一百十七之一、一百十八之一、一百二十二之一、一百三十一之一、一百三十六之一條條文，並刪除第二十八、三十三、五十三、七十五、一百二十三、一百二十四、一百二十七、一百三十六、一百三十七條條文

第四條

外國人所屬之國家與中華民國如未共同參加保護專利之國際條約或無相互保護專利之條約、協定或由團體、機構互訂經經濟部核准保護專利之協議，或對中華民國國民申請專利，不予受理者，其專利申請，得不予受理。

第十一條

專利專責機關對於居住外國及邊遠或交通不便之地者，得依職權或據申請，延長其對於專利專責機關應為程序之法定期間。

第十二條

申請人申請專利及辦理有關專利事項，得委任專利代理人辦理。

在中華民國境內，無住所或營業所者，申請專利及辦理專利有關事項，應委任專利代理人辦理之。

專利代理人，應在中華民國境內有住所。其為專業者，除法律另有規定外，以專利師為限。

專利師之資格及管理，另以法律定之；法律未制定前，依專利代理人規則辦理。

第二十三條

申請發明專利以規費繳納及前條所規定之文件齊備之日為申請日。

其說明書、圖式、宣誓書以外文本提出者，應於專利專責機關指定期間內補正中文本；在處分前補正者，以補正之日為文件齊備日。

第二十四條

申請人就相同發明在與中華民國相互承認優先權之外國第一次依法申請專利，並於第一次提出申請專利之次日起十二個月內，向中華民國提出申請專利者，得享有優先權。

依前項規定，申請人於一申請案中主張兩項以上優先權時，其優先權期間自最早之優先權日之次日起算。

申請人為外國人者，以其所屬之國家承認中華民國國民優先權者為限。

主張優先權者，其專利要件之審查，以優先權日為準。

＊八五判字第三〇一七號

要旨：

〔法文所稱「刊物」，解釋上應排除該外國公表之刊物。苟申請前有相同之新式樣，已見於此種刊物，尚不能駁回其專利之申請〕

按「稱新式樣者，謂對物品之形狀、花紋、色彩或其結合之創作。」又「申請前有相同或近似之新式樣，已見於刊物或已公開使用者，不得申請取得新式樣專利，固為專利法第一百零六條第一項、第一百零七條第一項第一款所規定。惟依同法第一百二十二條準用同法第二十四條規定，申請人就相同新式樣在與中華民國相互承認優先權之外國第一次依法申請專利，並於第一次提出申請專利之次日起十二個月內，向中華民國提出申請專利者，得享有優先權。則申請人依限向中華民國提出申請時，縱該外國已將其第一次申請之新式樣公表於刊物，申請人仍得取得新式樣專利權，且享有優先權。從而上開法文所稱「刊物」，解釋上應排除該外國公表之刊物。換言之，專利法第一百零七條第一項第一款所稱「刊物」，不包括申請人在與中華民國相互承認優先權之外國第一次依法申請之相同新式樣，經該國於申請日起十二個月內予以公表之刊物在內。苟申請前有相同之新式樣，已見於此種刊物，尚不能逕依首開條款，駁回其專利之申請。本件原告於八十三年七月九日以「錶面㈢」之花紋（如附圖㈠），向被告申請新式樣專利，案經編為第八三三〇五七三五號審查、再審查不予專利。被告以本案係三個不同尺寸之同心圓圈，其內圓圈內設呈圓形佈列之菱形塊及四方形塊，菱形塊之一

角連結線一細短線條，並繪有時針及分針；外圓圈正上方、正下方飾有∏形及倒∏形線條框及直向平行線。原告謂本案雖寄存於國際局在前，惟並不視為公開云云，以依西元一九六〇年訂定之海牙議定書第六條第 (5) 款規定，登記簿及向國際局提交的一切文件、物品應公開供公眾查閱，本案已公開於西元一九九四年三月三十一日出版之 International Design Bulletin（以下簡稱引證資料如附圖(二)）第一三二頁保存編號為 dm// /028347 所揭示之第 3 圖，自不具新穎性。依專利法第一百零七條第一項第一款規定，乃不予專利之處分，固非無見。惟依被告八十五年一月二十五日提出之訴願答辯書：「工業品外觀設計國際保存的海牙協定，係本世紀初人們為了避免保存和重複登記的麻煩而謀求的國際合作的結果，此協定實質係以向 WIPO 國際局申請寄存，即可獲得分別在協議國申請的同樣效果。」而引證資料，即係申請國際保存經國際局登記後予以公布而刊載之期刊。其中保存編號 DM/028347 所揭示之錶體正面形狀，依上載 Titu-laire) LA MONTRE HERMESS. A.，似為原告申請保存者，本案新式樣雖與之相同，惟該保存之申請既與在協議國申請生同樣效果，且引證資料公布於八十三年三月三十一日，距本案申請日八十三年七月九日不超過四個月，中華民國雖未加入海牙公約，如申請人所屬國家參與海牙公約，且與中華民國相互承認優先權，該保存之申請又屬第一次申請，則引證資料似不能謂非前述應予排除之刊物。乃被告未詳予查證並說明，逕認引證資料係首開法條所稱刊物，據以駁回本案之申請，依前述說明，不無可議，訴願、再訴願決定未予糾正，均有未洽。原告以引證資料非首開法條所稱刊物，指摘原處分駁回其申請為不合，尚非全無理由。應將原處分及訴願決定、再訴願決定悉予撤銷，由被告重新查明後另為適法之處分，以昭折服。

第二十五條

依前條規定主張優先權者，應於申請專利同時提出聲明，並於申請書中載明在外國之申請日、申請案號數及受理該申請之國家。申請人應於申請之日起三個月內檢送經該國政府證明受理之申請文件；未於申請時提出聲明或逾期未檢送者，喪失優先權。

第五十四條

任何人對於經核准延長發明專利權期間，認有下列情事之一者，得附具證據，向專利專責機關舉發之：

一、發明專利之實施無取得許可證之必要者。

二、專利權人或被授權人並未取得許可證。

三、核准延長之期間超過無法實施之期間。

四、延長專利權期間之申請人並非專利權人。

五、專利權為共有，而非由共有人全體申請者。

六、以取得許可證所承認之外國試驗期間申請延長專利權時，核准期間超過該外國專利主管機關認許者。

七、取得許可證所需期間未滿二年者。

前項舉發於被延長之專利權消滅後，有可回復之法律上利益者，亦得申請之。

專利權延長經舉發成立確定者，原核准延長之期間，視為自始不存在。但因違反第一項第三款、第六款規定，經舉發成立確定者，就其超過之期間，視為未延長。

第六十六條

發明專利權人因中華民國與外國發生戰事受損失者，得申請延展專利權五年至十年，以一次為限。但屬於交戰國人之專利權，不得申請延展。

第九十五條

未經認許之外國法人或團體就本法規定事項得為告訴、自訴或提起民事訴訟。但以條約或其本國法令、慣例，中華民國國民或團體得在該國享受同等權利者為限，其由團體或機構互訂保護專利之協議，經經濟部核准者，亦同。

第一百十三條

申請新式樣專利以規費繳納及前條所規定之文件齊備之日為申請日，其圖說、宣誓書以外文本提出者，應於專利專責機關指定期間內補正中文本；在處分前補正者，以補正之日為文件齊備日。

6. 專利法施行細則（第十四、十七、十八、三十一條）

中華民國八十三年十月三日經濟部（八三）經中標字第〇三三三七四號令修正發布全文五十二條條文

第十四條

依本法及本細則規定之申請，所應備具之文件，概須用國文，其科學名詞之譯名並應附註外文原名。譯名經國立編譯館編譯者，應以該譯名為準。

前項文件原係外文者，並應檢附原本。

第十七條

申請專利之發明、新型或新式樣於申請前已向外國申請專利者，應於說明書或圖說中，載明在外國之申請日及申請案號數。專利專責機關認為必要時，得通知限期檢附其向外國申請之有關證明文件。

第十八條

本法第二十五條後段應檢附之申請文件，指經受理國政府證明之說明書、必要圖式、申請專利範圍及其他有關文件。

第三十一條

依本法第五十一條規定申請延長專利者，應備具申請書載明下列事項，由專利權人或其代理人簽名或蓋章：

一、專利權號數。

二、發明名稱。

三、專利權人姓名及其住、居所；如為法人，其名稱、事務所及其代表人姓名。

四、申請延長之理由及期間。

五、取得第一次許可證之日期。

六、年、月、日。

前項申請應檢附依法取得之許可證及申請許可之國內外證明文件一式二份。

專利專責機關受理第一項之申請時，應將申請書之內容公告之。

經核准延長專利者，專利專責機關應通知專利權人檢附專利證書俾憑填入核准延長專利之期間。

7.專利權期間延長核定辦法（第四至七條）

中華民國八十八年十月六日經濟部（八八）經智字第八八四六一六八八號令、行政院衛生署（八八）衛署藥字第八八〇五七〇〇六號令、行政院農業委員會（八八）農糧字第八八〇二〇六三九號令會銜修正發布第七、十條條文；並自八十八年七月一日起施行

第四條

醫藥品或其製造方法得申請延長專利權之期間包含：

一、中央目的事業主管機關所承認之國內臨床試驗期間。

二、國內申請查驗登記審查期間。

三、以外國臨床試驗期間申請延長專利權者，其生產國核准上市所認可之臨床試驗期間。

依前項申請准予延長之期間，應扣除申請人未適當實施為取得許可證所應作為之期間、國內外臨床試驗重疊期間及臨床試驗與查驗登記審查重疊期間。

第五條

申請延長醫藥品或其製造方法專利權期間者，應備具藥品許可證影本及中央目的事業主管機關出具之左列證明文件：

一、國內臨床試驗期間及其起、訖日期之證明文件。

二、國內申請查驗登記審查期間及其起、訖日期之證明文件。

以外國試驗期間申請延長專利權者，除前項文件外，並應備具生產國相關主管機關出具之臨床試驗期間起訖日期及核准延長期間證明文件。但未在外國申請延長專利權者，免予檢送核准延長期間證明文件。

第六條

農藥品或其製造方法得申請延長專利權之期間包含：

一、中央目的事業主管機關所承認之國內試驗期間。

二、國內申請登記審查期間。

三、以外國試驗期間申請延長專利權者,其生產國相關主管機關出具證明之試驗期間。

前項在國外從事之試驗期間,以各項試驗中所需時間最長者為準。但各項試驗間彼此具有順序關係時得合併計算。

依第一項申請准予延長之期間,應扣除申請人未適當實施為取得許可證所應作為之期間、國內外試驗重疊期間及試驗與登記審查重疊期間。

第七條

申請延長農藥品或其製造方法專利權期間者,應具備左列證明文件:

一、中央目的事業主管機關同意進行委託田間試驗文件。

二、中央目的事業主管機關核復業經審定可受理登記文件。

三、農藥許可證影本。

以外國試驗期間申請延長專利權者,除前項文件外,並應備具生產國相關主管機關出具之各項試驗期間起訖日期及核准延長期間證明文件。但未在外國申請延長專利權者,免予檢送核准延長期間證明文件。

8.專利申請文件補正事項管理作業要點 (第二、六、七點)

中華民國八十九年十月三十一日經濟部智慧財產局修正公布

二　本局人員辦理發明、新型、新式樣、追加、聯合新式樣等專利申請案時,應注意申請人有無檢附規費及下列文件:

　　㈠申請書。

　　㈡說明書、必要圖式 (或新式樣圖說) 一式二份。

　　㈢宣誓書。

　　㈣申請人非發明人或創作人者,其申請權證明書。

　　㈤申請人為外國人者,其原文說明書 (或新式樣圖說)。

　　㈥委任代理人者,其委任書;指定第三人為送達代收人者,其委託書。

　　㈦追加案、聯合新式樣案之原案說明書、必要圖式 (或新式樣圖說) 各一份。

　　㈧依專利法第二十四條規定主張優先權者,其優先權證明文件。

　　㈨其他證明文件。

　　本局認為有必要時,得通知補正身分證明或法人證明文件。

六　專利申請案應備齊第二點第一項第一款至第五款規定之文件及規費,始行取得申請日;其說明書、圖式 (或新式樣圖說)、宣誓書以外文本提出者,應於指定期間

內補正中譯本；逾期而在處分前補正者，以補正之日為文件齊備日。

前項宣誓書及申請權證明書得以傳真本先行提出，並於指定期間內補正與傳真本
為同一文件之正本。

七　本局人員辦理專利申請案或再審查案，經審查需補正者，應通知申請人限期補正，
申請人未於處分前補正者，得不予受理。申請人無法依限補正而需展期者，應注
意有無於屆期前，以書面敘明理由，向本局申請展期，其延展期間自申請之日起，
以不超過六個月為原則。

申請案主張優先權者，應於申請之日起三個月內補正優先權證明文件，逾期未補
正者，喪失優先權。

9. 食品工業發展研究所專利微生物寄存辦法實施要領（第一之一之三、一之一之四、一之五點）

中華民國八十四年八月一日經濟部中央標準局訂頒

1.1.3 國外之申請寄存者，應委託國內之專利代理人辦理寄存，並由專利代
理人為相關事務之聯絡人。

1.1.4 受國外申請寄存者委託之專利代理人，應檢具微生物相關資料向我相
關主管單位申請輸入許可證明，以便申請寄存者寄送微生物。

1.5　國外申請人之微生物委託寄存申請

1.5.1 國外之申請人欲申請寄存微生物者，應指定國內之專利代理人辦理各
項手續，其相關規定同實施要領 1.4，並提供專利微生物寄存申請
委任書。

1.5.2 專利代理人須先向我國相關主管機關申請輸入許可證明。

1.5.3 專利代理人須備妥該微生物之相關資料（表格一及二）及輸入許可證
明向本所提出委託寄存申請。

1.5.4 經本所審核合乎寄存要求條件者，應將微生物妥善包裝寄送本所，尤
其細胞株等應包裹足夠的乾冰。

1.5.5 申請寄存者寄送微生物之同時，應電傳本所，通知該微生物送達日期。
尤其細胞株等應注意傳送日期，宜避開連續假日，使微生物在傳送過
程不致喪失活性或特性。

10. 積體電路電路布局保護法（第五、八、三十三條）

中華民國八十四年八月十一日總統（八四）華總⑴義字第五九五九號令制定公布全文四十一
條

第五條

外國人合於左列各款之一者，得就其電路布局依本法申請登記：

一、其所屬國家與中華民國共同參加國際條約或有相互保護電路布局之條約、協定或由團體、機構互訂經經濟部核准保護電路布局之協議，或對中華民國國民之電路布局予以保護且經查證屬實者。

二、首次商業利用發生於中華民國管轄境內者。但以該外國人之本國對中華民國國民，在相同之情形下，予以保護且經查證屬實者為限。

第八條

申請人申請電路布局登記及辦理電路布局有關事項，得委任在中華民國境內有住所之代理人辦理之。

在中華民國境內無住所或營業所者，申請電路布局登記及辦理電路布局有關事項，應委任在中華民國境內有住所之代理人辦理。

第三十三條

外國法人或團體就本法規定事項得提起民事訴訟，不以業經認許者為限。

11.積體電路電路布局保護法施行細則（第二條）

中華民國八十五年二月十四日經濟部（八五）經中標字第八五四六〇二八一號令訂定發布全文二十二條

第二條

依本法及本細則規定之申請所應備具之文件，應使用中文，其科學名詞之譯名並應附註外文原名。譯名經國立編譯館編譯者，應以該譯名為準。

前項文件原係外文者，並應檢附原文本。

12.電腦處理個人資料保護法（第二十四條）

中華民國八十四年八月十一日總統（八四）華總㈠義字第五九六〇號令制定公布全文四十五條

第二十四條

非公務機關為國際傳遞及利用個人資料，而有左列情形之一者，目的事業主管機關得限制之：

一、涉及國家重大利益者。

二、國際條約或協定有特別規定者。

三、接受國對於個人資料之保護未有完善之法令，致有損當事人權益之虞者。

＊法務部（八五）法律司字第二四二號

要旨：

財政部證券管理委員會得否提供國人或外國人在臺刑案紀錄資料傳送與我簽署合作備忘錄之海外（含地區）證券及期貨主管機關以為行政管理用途疑義

全文內容：

我國刑案紀錄，目前均已由電腦處理，公務機關對該刑案紀錄之利用，應受「電腦處理個人資料保護法」之規範。本件　貴會（財政部證券管理委員會）得否提供國人或外國人在臺刑案紀錄資料傳送與我簽署合作備忘錄之海外（含地區）證券及期貨主管機關以為行政管理用途，此對該刑案紀錄保有機關而言，應屬刑案資料管理特定目的以外之利用。按公務機關對個人資料為特定目的以外之利用，係以：㈠法律明文規定者。㈡有正當理由而僅供內部使用者。㈢為維護國家安全者。㈣為增進公共利益者。㈤為免除當事人之生命、身體、自由或財產上之急迫危險者。㈥為防止他人權益之重大危害而有必要者。㈦為學術研究而有必要且無害於當事人之重大利益者。㈧有利於當事人權益者。㈨當事人書面同意者為限；且公務機關對於個人資料之國際傳遞或利用，應依相關法令為之，「電腦處理個人資料保護法」第八條但書、第九條分別定有明文。上揭所稱「法令」，解釋上可包含我國與其他國家簽訂之條約在內。至備忘錄之性質，依司法院大法官會議第三二九號解釋，如其內容直接涉及國家重要事項或人民之權利義務且具有法律上效力，除經法律授權或事先經立法院同意簽訂，或其內容與國內法律相同者外，應送立法院審議。故本件備忘錄之簽署，若符合前揭解釋之意旨，則　貴會據以將國人或外國人在臺刑案紀錄資料傳送與我簽署之海外（含地區）證券及期貨主管機關，似無不可；反之，則難認該備忘錄具有條約之效力。（有關法條：電腦處理個人資料保護法第八、九條）

＊法務部（八五）法律決字第二七〇三四號

要旨：

外國人在華工作薪津所得於一定標準以上即屬從事就業服務法第四十三條第一項第一款之專門性、技術性工作疑義。

主旨：

關於外國人在華工作薪津所得於一定標準以上即屬從事就業服務法第四十三條第一項第一款之專門性、技術性工作疑義乙案，復如說明二、三。請　查照。

說明：

一、復　貴會八十五年九月廿三日臺 (85) 勞職外字第一九五七二號函。

二、本件據來函說明二所述，　貴會召開「協適有關專門性、技術性之外國人來華工作有關事宜會議」所作決議；原則同意以外國人之在華薪津一定數額以上作為認定是否屬從事就業服務法第四十三條第一項第一款專門性、技術性工作標準之一乙節，因屬　貴會對於主管法規就業服務法之釋示，本部歉難表示意見。至於強

制雇主就外國人在華薪津所得應繳納之稅捐，須能確實勾稽乙節，則屬稅捐之稽徵事項，為財政部之職掌，宜徵詢該部表示意見。

三、有關強制雇主為外國人在華薪津以銀行轉帳方式入帳及賦予事業主管機關得隨時檢查外國人之銀行帳戶是否虛報乙節，按現行法令似仍無責令雇主就外國人在華薪津，須以銀行轉帳方式入帳之明文；又公務機關對個人資料為特定目的以外之利用，係以：㈠法令明文規定者。㈡有正當理由而僅供內部使用者。㈢為維護國家安全者。㈣為增進公共利益者。㈤為免除當事人之生命、身體、自由或財產上之急迫危險者。㈥為防止他人權益之重大危害而有必要者。㈦為學術研究而有必要且無害於當事人之重大利益者。㈧有利於當事人權益者。㈨當事人書面同意者為限。「電腦處理個人資料保護法」第八條但書定有明文。本件外國人在華薪津所得如以電腦建檔，乃屬電腦處理個人資料保護法規範之個人資料，故事業主管機關除合於上揭情形之一，可隨時檢查外國人之銀行帳戶外，否則似於法無據。（有關法條：就業服務法第四十三條）

13.營業秘密法（第十五條）

中華民國八十五年一月十七日總統（八五）華總字第八五〇〇〇〇八七八〇號令制定公布全文十六條

第十五條

外國人所屬之國家與中華民國如無相互保護營業秘密之條約或協定，或依其本國法令對中華民國國民之營業秘密不予保護者，其營業秘密得不予保護。

＊經濟部智慧財產局（八八）智法字第八八〇〇一三八一號函

主旨：

函詢未經認許之日本法人之營業秘密是否受我國營業秘密法保護一節，如說明二，請查照。

說明：

一、復　台端八十八年二月二日函。

二、按營業秘密法第十五條規定，「外國人所屬之國家與中華民國如無相互保護營業秘密之條約或協定，或依其本國法令對中華民國國民之營業秘密不予保護者，其營業秘密得不予保護。」觀其規定，對外國人營業秘密之保護係採互惠原則，原則上，若外國無不保護我國國民之營業秘密，而符合我國營業秘密法之規定者，其營業秘密受我國營業秘密法之保護。經查，日本並未與我國簽訂相互保護營業秘密之條約或協定，而日本就營業秘密之保護係規定於其不正競爭防止法中，觀其規定，並無對我國國民之營業秘密不予保護之規定，則其行政機關及司法機關對我國國

民之營業秘密是否保護之見解，攸關我國對日本國民之營業秘密是否保護，尚不因其為未經認許之日本法人而有異。又對具體個案之適用，係屬法院職權，應由法院判斷之，併予敘明。

(三)商事法及相關法規

1.公司法（第四、三百七十至三百七十五、三百七十七至三百八十六、三百九十至四百三十七條）

中華民國九十年十一月十二日總統（九〇）華總一義字第九〇〇〇二一八九二〇號令修正公布第二、五至七、九至十一、十三、十五至二十四、二十七至三十三、四十、四十一、六十五、七十、七十三、七十四、八十七、八十九、九十八、一百、一百零一、一百零三、一百零五、一百零六、一百零八、一百十、一百十八、一百二十八至一百三十、一百三十五、一百三十八、一百四十、一百四十三、一百四十五、一百四十六、一百五十六、一百六十一至一百六十五、一百六十七至一百七十、一百七十二、一百七十三、一百七十七、一百七十九、一百八十三、一百八十四、一百八十九、一百九十二、一百九十四、一百九十五、一百九十七至二百零五、二百零八、二百十至二百十二、二百十四、二百十六至二百十八、二百十八之二至二百二十、二百二十三至二百二十五、二百二十七、二百二十八、二百三十、二百三十二、二百三十四、二百三十五、二百三十九至二百四十一、二百四十五、二百四十八、二百五十二、二百五十三、二百五十七、二百五十八、二百六十二、二百六十七、二百六十八、二百七十、二百七十三、二百七十四、二百七十八、二百八十二至二百八十五、二百八十七、二百八十九至二百九十一、三百零四、三百零五、三百零七、三百零九、三百十、三百十三、第五章第十一節節名、三百十五至三百十七、三百十八、三百十九、三百二十六、三百三十一、三百六十九之四、三百六十九之十二、三百七十一、三百七十三、三百七十四、三百七十八至三百八十、三百八十六至三百八十八、三百九十二、三百九十三、三百九十七、四百三十八、四百四十八條條文；並增訂第二十六之一、一百二十八之一、一百六十二之一、一百六十二之二、一百六十七之一、一百六十七之二、一百六十八之一、一百八十二之一、一百八十九之一、一百九十七之一、一百九十九之一、二百零八之一、二百十七之一、二百四十六之一、二百五十七之一、二百五十七之二、二百六十八之一、二百八十三之一、二百八十五之一、三百十六之一、三百十六之二、三百十七之二、三百十七之三、三百十九之一條條文；並刪除第十四、三十五、三十七至三十九、二百三十六、二百三十八、二百四十二至二百四十四、二百七十五、二百八十八、三百七十六、三百八十九、三百九十、三百九十四至三百九十六、三百九十八至四百二十九、四百三十四至四百三十七條條文

第四條

本法所稱外國公司，謂以營利為目的，依照外國法律組織登記，並經中華民國政府認許，在中華民國境內營業之公司。

＊八一判字第一四五二號

要旨：

〔原告係屬經我國認許之外國法人之分公司，其性質上仍屬外國法人，不因認許而變成為中華民國法人，自不得為技術合作之主體，被告機關經濟部投資審議委員會因而否准原告技術合作之申請，於法無違〕

按「本條例所稱之技術合作，指外國人供給專門技術或專利權，與中華民國政府、國民或法人，約定不作為股本而取得一定報酬金之合作。」技術合作條例第三條第一項定有明文。所謂「中華民國政府、國民或法人」係指中華民國政府、中華民國國民或中華民國法人而言，並不包括經中華民國政府認許之外國法人在內，是技術合作之主體必須一方為外國人，另一方為中華民國政府、國民或法人，否則其合作之當事人適格即有欠缺，自屬無從准許。本件原告依首揭法條規定申請與美商‧迪吉多電腦股份有限公司技術合泉作生產智慧型終端機、視窗型終端機、電腦周邊設備網路介面板，惟查原告係屬經我國認許之外國法人之分公司，參諸行為時公司法第四條規定，其性質上仍屬外國法人，不因認許而變成為中華民國法人，自不得為技術合作之主體，被告機關因而否准原告技術合作之申請，揆諸首揭法條規定及說明，並無違誤。原告雖主張民法總則施行法第十二條明定經認許之外國法人，於法令限制內，與同種類之中國法人有同一之權利能力，公司法第三百七十五條亦規定外國公司經認許後，其法律上權利義務及主管機關之管轄，除法律另有規定外，與中國公司同，則技術合作條例所稱之法人自應包括經認許之外國法人。又分公司雖為公司整體人格之一部分，然此非謂分公司不得就其營業範圍內為法律行為，再參諸外國人投資條例第六條、華僑回國投資條例第二十條亦皆肯認經認許之外國法人在臺分公司，得享受各該條例之優惠；技術合作條例既係依外國人投資條例及華僑回國投資條例第四條第二項之規定而制定，則技術合作條例所稱之合作人，自應解釋為包括經認許之外國法人在臺分公司云云，但查技術合作條例第三條第一項既已將技術合作之主體列舉，自難擴張解釋包括經認許之外國法人在臺分公司在內，所為主張，尚無可採。訴願、再訴願決定遞予維持原處分，均無不合。原告起訴論旨，非有理由，應予駁回。

＊七三臺上字第一四四五號

要旨：

外國公司之認許，應由負責人備具申請書連同法定應備之文件向中央主管機關申請，或報由地方主管機關轉報中央主管機關核辦。經認許給予認許證並領有分公司執照後，始得謂經我國政府認許之外國公司，至所謂中央主管機關係指經濟部；地方主管機關

則在省為建設廳，在直轄市為建設局或社會局。此觀公司法第四條、第五條、第三百七十一條、第三百八十七條第一項各規定，足可明瞭。再損失保險之保險單，雖非指示式或無記名式，但如得保險人之同意，亦得移轉。倘得保險人同意，而為移轉，其因此而取得保險單者，自與保險人直接發生保險契約關係。前述保險單，投保人背書，即係為移轉之意，為保險人之被上訴人既已同意，難謂取得該保險單之人尚未與被上訴人間發生關係。而被上訴人稱於理賠後取得代位求償權，已顯示其請求，係基於保險法第五十三條第一項之規定，不發生應否依民法第二百九十七條第一項向上訴人為通知之問題。

＊經濟部（八六）經商字第二〇四五五八號

要旨：

「外國非營利」事業之公司來臺設立分公司，不適用公司法。

全文內容：

按公司法第四條「本法所稱外國公司，謂以營利為目的，依照外國法律組織登記，並經中國政府認許，在中國境內營業之公司」，並依同法第四百三十六條規定申請分公司設立登記。是以，本法所規範者，乃以營利為目的之公司，至於「外國非營利」事業之公司來臺設立分公司，自難以適用。另據來函稱「澳洲對非營利事業之解釋，乃事業之營利非為事業成員之目的，惟非指該事業不得營利」乙節，查此類公司仍不適用於我公司法，併請參酌。

＊經濟部（八五）經商字第八五二〇二三六八號

要旨：

公告外國公司認許及其分公司登記申請案之印章審核及印鑑證明核發作業規定

依據：

依本部八十四年十一月三十日經 (84) 商字第八四二二六九五八號公告修正公司登記、認許、報備事項卡格式辦理。

公告事項：

一、外國公司申請認許（變更認許）事項卡及申請指派（變更指派）代表人在中國境內為法律行為報備卡上之訴訟及非訴訟代理人印章欄位，均須蓋用至公司印章欄位，考量外國公司印章使用之缺乏普遍性，可由申請人決定是否蓋用。

二、外國分公司設立（變更）登記事項卡雖無分公司及經理人印章欄位，惟考量經理人可得為分公司設立或其他事項登記之申請人且分公司及經理人印鑑證明核發有實際需要，申請人亦得於事項卡適當位置，蓋用分公司及經理人印章。

三、前開外國公司認許及其分公司登記所蓋用之印章，並為申請案審核及核發印鑑證明之依據。

＊經濟部（五七）經商字第〇五五六三號

要旨：

外國公司經認許給予認許證後，可以在中國境內設立分公司

外國公司經認可給予認許證者可設立分公司以其名義營業

外國公司在國內設定土地權利尚應受土地法第十八條限制

全文內容：

㈠外國公司無意在中國境內經常營業，未經申請認許，偶派其代表人在中國境內為法律行為，僅依公司法第三八六條規定申請備案者，因該外國公司未經申請認許，在中國境內尚不能作為權利義務主體，自無由設定抵押權及質權。

㈡外國公司經認許後，依公司法第三七五條規定，其法律上權利義務及主管機關之管轄，除法律另有規定外，與中國公司同。惟外國公司在中華民國設定土地權利尚應受土地法第十八條規定之限制。

㈢公司法第三七一條第二項規定係指外國公司經認許給予認許證者，可以在中國境內設立分公司，以該外國公司分公司名義營業。

㈣公司法第三八六條第一項中所指之「代表人」不必為對外代表公司之「法定代理人」。

第七章　外國公司

第三百七十條

外國公司之名稱，應譯成中文，除標明其種類外，並應標明其國籍。

第三百七十一條

外國公司非在其本國設立登記營業者，不得申請認許。

非經認許，並辦理分公司登記者，不得在中華民國境內營業。

*經濟部（八七）經商字第八六二二八五二〇號

要旨：

公司法疑義

主旨：

關於函詢公司法疑義乙案，復如說明，請　查照。

說明：

一、復　台端八十六年十二月二十三日函。

二、外國公司經認許在我國設立分公司營業者，如基於跨國關係企業實務運作上之需要，該外國公司之資產、負債及其業務由另一外國公司概括承受者，依公司概括承受之法理，得逕行辦理變更認許及在臺分公司名稱變更登記，俾外國公司在我國之營運得持續進行。

*財政部金融局（八五）臺融局㈤字第八五五三三六二四號

要旨：

金融機構不得接受境外個人法人所持有之外國貨幣及證券為擔保品辦理新臺幣授信

主旨：

凡與國際金融業務分行往來之境外個人、法人非屬本部八十四年十一月十日臺財融第八四七八一六七九號函所稱之本國居住民。故　貴行所詢與本部上函規定不符，不得辦理，復請　查照。

說明：

一、依據奉交下　貴行八十五年六月二十九日彰審一字第三〇四三號函辦理。

二、本部八十四年十一月十日臺財融第八四七八一六七九號函規定，金融機構得接受本國居住民本人所持有之外國貨幣及部分外國證券為擔保品，辦理新臺幣授信，授信之對象係以持有擔保品之本國居住民「本人」為限。

＊經濟部（八三）經商字第二〇一三三五號

要旨：

釋復外國公司在臺分公司申請停業疑義案

主旨：

關於外國公司在臺分公司申請停業，是否適用公司法第四百零二條之一規定疑義乙案，復如說明，請　查照。

說明：

一、復　貴廳八十三年一月十八日八三建三甲字第一〇三九四七號函。

二、按公司法第四百零二條之一乃配合同法第十條而設。復按同法第三百七十七條規定，同法第十條之規定，於外國公司準用之。而同法第三百七十一條第二項亦規定。外國公司非經認許給予認許證，並領有分公司執照者，不得在中國境內營業。據上所述，外國公司在臺分公司申請停業自有公司法第四百零二條之一之適用。

＊經濟部（七二）經商字第三七一六八號

要旨：

外國公司就其臺灣分公司之盈餘，在中國境內從事投資活動，不得以其臺灣分公司名義為之。

全文內容：

按外國公司就其臺灣分公司之盈餘，可作為其在中國境內從事投資之資金，惟其從事投資活動，應以該外國公司本公司名義為之，不得以其臺灣分公司名義為之。至於，外國公司以其臺灣分公司之盈餘在中國境內從事轉投資，是否可視為獨立課稅主體，以免與營利事業所得稅發生雙重課稅乙節，請逕洽財政部辦理。

第三百七十二條

外國公司應專撥其在中華民國境內營業所用之資金，並應受主管機關對其所營事業最低資本額規定限制。

外國公司應在中華民國境內指定其訴訟及非訴訟之代理人，並以之為在中華民國境內之公司負責人。

* 財政部（八〇）臺財融字第八〇〇〇八一六五三號

要旨：

外商銀行在中華民國境內分行之訴訟暨非訟訴代理人及（或）經理人變更國籍之有關規定

主旨：

貴律師函請釋示：香港華僑來臺設籍，並擔任外商銀行在中華民國境內分行之訴訟暨非訴訟代理人及（或）經理人，復聲請喪失中華民國國籍，就外商銀行之特許事項，是否須申請變更或為其他報備手續乙案，復請　查照。

說明：

一、依據本部金融司案陳　貴律師八十年一月廿九日 (80) 環卿字第〇四〇號函暨內政部八十年二月廿六日臺 (80) 內戶字第九〇三一二二號函辦理。

二、外商銀行在中華民國境內分行經理人之國籍如有變更，因涉及該分行銀行營業執照記載事項，須向本部申請變更並換發執照；其訴訟非訴訟代理人之國籍如有變更，亦須報本部備查。

三、本案關係人香港華僑目前是否仍具中華民國國籍，請逕向主管機關申請確認，倘其仍具中華民國國籍，自無須向本部辦理申請變更或為其他報備手續。

* 法務部（七三）法律字第六九〇八號

要旨：

查公司法第三百七十二條第二項規定「外國公司應在中國境內指定其訴訟及非訴訟之代理人，並以之為在中國境內之公司負責人」，對其訴訟及非訴訟之代理人人數，相關法規並未限制僅得為一人，且就同法第八條對公司負責人之規定，並參照第三百七十四條文義觀之，外國公司在中國境內之負責人亦未必僅為一人，從而似難認其指定訴訟及非訴訟之代理人應以一人為限。本案是否可指派二人（或二人以上）為在中國境內之訴訟及非訴訟之代理人，仍請　貴部（經濟部）自行審酌。

* 法務部（八五）法檢字第一九九二二號

要旨：

外國公司針對著作權遭侵害提出告訴，各地方法院檢察署檢察官受理時，應注意事項。

主旨：

關於外國公司針對著作權遭侵害提出告訴，各地方法院檢察署檢察官受理時，應注意如說明所示之事項，請　查照。

說明：

一、外國公司主張其著作權遭受侵害，如係由公司授權代理人提出告訴，應依其提供

相關證據資料判斷該外國公司授與代理權之人，依據該外國公司設立地之法律，是否有權代表公司，不宜逕行依我國公司法規定，僅以公司之董事長為唯一有權代表公司授與代理權之人，而於授與代理權之人非公司之董事長，即認其告訴為不合法。

二、對外國公司授權代理人提出告訴，因其授權之人無代表公司之權，而認係告訴不合法，應據司法院大法官會議第四十八號解釋意旨，依刑事訴訟法第二百五十五條第一項之規定為不起訴處分，不宜逕予行政簽結。

* 經濟部（六八）經商字第○三九○三號

要旨：

外國公司在中國境內分公司之負責人

全文內容：

公司法第三百七十二條第二項所稱訴訟及非訴訟代理人並以之為在中國境內之公司負責人，其所稱「公司負責人」係指該外國公司在中國境內之負責人，並非該外國公司在中國境內分公司之負責人，故外國公司在中國境內之分公司，於辦理營利事業設立登記時，應以該分公司之經理為負責人。

* 經濟部（七一）經商字第○五五五五號

要旨：

營業資金與公司負責人

全文內容：

外國公司在中國境內之分公司，其早期向總公司貸借匯入之款項，如有總公司匯給分公司之證件，可以抵繳增加中國境內營運資金之用。

* 經濟部（七八）經商字第二○○四七一號

要旨：

在華設立之外國分公司可依管理外匯條例有關規定將營運金、淨利、孳息結匯匯出。

全文內容：

一、依據中央銀行外匯局七十八年三月一日 (78) 臺央外字第㈤○○二九六號函釋，在華設立之外國分公司，依現行管理外匯條例有關規定，可依照「民間匯出款項結匯辦法」規定辦理有關營運金、淨利、孳息之結匯事宜。

二、外國公司如依「外國人投資條例」第六條規定向本部投資審議委員會申請設立公司在我國境內經營生產或製造事業者，其營運資金、淨利及孳息，可依同條例第十三條、第十四條規定辦理結匯。

三、依公司法規定外國公司之申請事項，有認許經認許後（成立分公司）及報備（指派代表人為法律行為）二種，並不接受連絡辦事處（無代表人）之報備申請。

* 經濟部（七○）經商字第四九一○四號

要旨：

營業資金與公司負責人

全文內容：

外國公司在中國境內分公司之盈餘，經董事會同意後得以之撥充增加中國境內營運資金之用。

＊司法院第八期公證實務研究會

法律問題：

未經認許之外國公司經向經濟部報明而派其代表人在中國境內為業務上之法律行為，而設其代表人為租賃營業據點，於未經所屬外國公司授權而與他人訂定房屋租賃契約請求公證時可否允予受理？

討論意見：

甲說：

外國公司依公司法第三百八十六條規定向經濟部報明而派其代表人在中國境內為營業上之法律行為者，以該代表人之資格參照同法第三百七十二條第二項規定應為該外國公司在中國境內指定之訴訟及非訴訟之代理人，若該房屋租賃契約亦屬非訟事件之範疇，於法應予受理。

乙說：

外國公司向經濟部報明而派其代表人在中國境內為業務上之法律行為，若其代表人所為之法律行為，如非所報明之所營事業之業務上行為，則此法律行為即非所屬外國公司所許可之職務上行為，因而即使該代表人於法固為在中國境內之訴訟及非訴訟之代理人，然其代理人之權限亦宜僅限於所報明營業上所生之事務為限。因之就訂定之房屋租賃契約究非營業上之法律行為，因而該代表人非經授權即難謂有代理權可言，是故其與他人訂定之房屋租賃契約請求公證時，即宜認與公證法第二十二條規定不合拒絕受理。

研討結論：採甲說。

＊臺灣高等法院暨所屬法院六十四年度法律座談會　民事類第三十號

法律問題：

某外國公司依公司法第三百七十二條第二項之規定，在中華民國境內指定某甲為訴訟代理人，並經經濟部認許。嗣某乙向該外國公司起訴，是否得逕列該甲為外國公司之訴訟代理人？

討論意見：

甲說：

該外國公司既已依公司法第三百七十二條第二項指定訴訟代理人，且經認許，自得逕列某甲為其訴訟代理人。

乙說：

民事訴訟法第六十九條規定之委任書，不僅有證明訴訟代理權之作用，且亦為此項授權對於法院及他造生效之要件，果毋庸提出委任書，則此項訴訟代理權之授與，究為普通代理權？抑為特別代理權？易滋疑義。又訴訟代理權之有無，係法院依職權調查之事項，如謂不必提出委任書，則類此案件涉訟，均須逐一向經濟部函查，亦頗稽時日。

審查意見：

按外國公司經認許之後，即取得外國法人之資格並得在中華民國境內營業，但非必須在中華民國境內設立分公司，為發展此種實質關係，是以有在中華民國境內指定代理人之必要，此公司法第三百七十二條第二項之所由設也。論其性質，係屬特別規定，應優先民事訴訟法關於訴訟代理人規定而適用。題示情形，似以甲說為當。若不以甲為該外國公司之訴訟代理人，而以其為法定代理人，衡諸該條項末「並以之為在中國境內之公司負責人」之規定，當更恰切。

研討結果：照審查意見通過。

＊臺灣高等法院暨所屬法院六十五年度法律座談會　刑事類第四十號

法律問題：

外國公司在中國境內依法設立之分公司，其經理人得否代表該分公司對侵害該分公司法益之人，提起自訴？

討論意見：

甲說：

按公司法第三百七十二條第二項規定：「外國公司應在中國境內指定其訴訟及非訴訟之代理人，並以之為在中國境內之公司負責人。」準此規定，依法在中國境內設立之外國分公司，如經指定其經理人為訴訟及非訴訟代理人，該經理人對於分公司之被害，自得代表該分公司提起自訴。

乙說：

按公司法第三百七十二條第二項所指之「訴訟及非訴訟代理人」，係指民事訴訟及非訟事件而言，不包括刑事訴訟在內，且依廿八年院字一八四四號解釋例亦認：「公司經理人對於公司被害事件，非受有代表權之董事委任，不得代表公司提起自訴。」是外國公司在中國境內設立之分公司，其經理人如非受外國公司有代表權之董事委任，對於分公司之被害，即不得代表該分公司提起自訴。

審查意見：擬採甲說。

研討結果：採甲說。

第三百七十三條

外國公司有左列情事之一者，不予認許：

一、其目的或業務，違反中華民國法律、公共秩序或善良風俗者。

二、公司之認許事項或文件，有虛偽情事者。

＊經濟部（八六）經商字第八六二一一三二八號

要旨：

外國公司在臺經理人應在國內有住所或居所

全文內容：

依公司法第四百零二條第一項第一款之規定，經理人之住所或居所屬公司經理人委任、解任、調動之應登記事項；衡諸公司法第三百七十五條外國公司權義及主管機關之管轄與中國公司同、第三百八十二條外國公司在中國境內分公司經理人之責任、第三百七十三條第二款外國公司在中國設立分公司之地區須未限制外國人居住方可認許，及經理人職務性質等之考量，外國公司在中國境內分公司之經理人應與本國公司經理人、分公司經理人同須在國內有住所或居所。

＊法務部（七四）法律字第八九八四號

要旨：

查外國公司因無意在中國境內設立分公司營業，未經申請認許而派其代表人在中國境內為業務上之法律行為時，應依法申請中央主管機關備案，為公司法第三百八十六條所明定，就其規定內容觀之，申請備案之外國公司在中國境內並無營業行為，僅得由其代表人為業務上之法律行為。關於外國公司之設備，現行公司法尚乏如對於外國公司之認許設有消極要件之限制規定（參照公司法第三百七十三條）。對於外國公司之營業目的或範圍及代理人能力等，於外國公司申請報備時，似無須加以審究。至於本件美商某某股份有限公司得否准予報備乙案，係屬　貴部（經濟部）職掌，仍請參酌前揭說明，依法定之。

第三百七十四條

外國公司應於認許後，將章程備置於中華民國境內指定之訴訟及非訴訟代理人處所，或其分公司，如有無限責任股東者，並備置其名冊。

公司負責人違反前項規定，不備置章程或無限責任股東名冊者，各處新臺幣一萬元以上五萬元以下罰鍰。連續拒不備置者，並按次連續各處新臺幣二萬元以上十萬元以下罰鍰。

第三百七十五條

外國公司經認許後，其法律上權利義務及主管機關之管轄，除法律另有規定外，與中華民國公司同。

＊七二臺上字第四六六六號

要旨：

分公司係本公司之分支機構（參照公司法第三條第二項），其本身並無獨立之人格。本

件美商‧美國總統輪船股份有限公司,係經我國認許之外國公司,依公司法第三百七十五條規定,在我國固有人格,但該公司之臺灣分公司,依上說明則其有無獨立人格?尚待推求。原判決謂其在我國亦有獨立之人格,不知何所依憑?如果上訴人(即臺灣分公司)並無獨立人格,則其所為行為,自屬上訴人本公司之行為。至分公司就分公司業務範圍內事務涉訟時,現行判例雖從寬其有當事人能力,究不能執此即謂本件運送契約當事人之一造為上訴人,而非上訴人之本公司。

* 法務部(八六)法律決字第〇三〇七六二號

要旨:

未經認許之外國公司得否取得本國公司股票設定質權疑義

主旨:

關於未經認許之外國公司得否取得本國公司股票設定質權疑義乙案,本部意見如說明二。請　查照參考。

說明:

一、復　貴部八十六年八月二日經 (86) 商字第八六二一五一〇九號函。

二、按民法總則施行法第十二條第一項規定:「經認許之外國法人,於法令限制內與同種之中國法人有同一之權利能力。」公司法第三百七十五條亦規定:「外國公司經認許後,其法律上權利義務……除法律另有規定外,與中華民國公司同。」依學者通說,未經認許之外國法人,在我國境內並無權利能力(胡長清著「中國民法總論」第一六八頁、洪遜欣著「中國民法總則」第二〇二頁、鄭玉波著「民法總則」第一七八頁、施啟揚著「民法總則」第一五四頁參照),而不得作為權利主體。實務上亦認為:「未經認許其成立之外國法人,雖不能認其為法人,然仍不失為非法人之團體,苟該非法人團體設有代表人或管理人者,依民事訴訟法第四十條第三項規定,自有當事人能力。」「……惟此乃程序法對非法人團體認其有形式上之當事人能力,尚不能因之而謂非法人團體有實體上之權利能力。」(最高法院五十年臺上字第一八九八號、六十七年臺上字第八六五號及六十八年臺抗字第八二號判例參照)　貴部五十七年五月廿一日商字第〇五五六三號函謂「……外國公司未經申請認許,在中國境內尚不能作為權利義務主體,自無由設定抵押權及質權。」似與上開學者通說及實務見解並無不符。至於未經認許之外國法人得依商標法、專利法規定申請取得商標、專利等無體財產權,以及依外國投資條例申請投資取得本國公司股票,是否基於特別法規定,而有此例外之情形(施啟揚著前揭書第一五四頁參照),事涉　貴部主管法規之解釋,宜請本於職權自行研酌之。

* 內政部(八五)臺內地字第八五一一一九四七號

要旨:

有關法國巴黎銀行臺北分行申辦抵押權設定登記疑義

說明：

一、復　貴處八十五年十一月三十日八五北市地一字第八五一三六八七七號函。

二、按公司法第三百七十五條規定：「外國公司經認許後，在法律上權利義務及主管機關之管轄，除法律另有規定外，……。」，又查土地法第十八條規定：「外國人在中華民國取得或設定土地權利，以依條約或其本國法律，中華民國人民得在該國享受同樣權利者為限。」是以，經經濟部認許之外國法人在我國取得或設定土地權利，仍應符合土地法第十八條等有關外人地權之規定並依本部七十八年二月二十七日臺七八內地字第六七三八〇三號函修正「外國人在我國取得土地權利作業要點」第一點規定：「外國人申請在我國取得或設定土地權利案件，應請當事人檢附由其本國適當機關出具載明該國對我國人民取得或設定土地同樣權利之證明文件，……。」辦理。

＊法務部（八〇）法律決字第〇二五〇五號

要旨：

一、　貴部來函說明三所敘，經認許之外國公司在我國境內所設立之分公司，「應難以認屬技術合作條例第三條所規定之中華民國法人」之見解及所持理由，本部敬表贊同。

二、按公司法第三百七十五條規定：「外國公司經認許後，其法律上權利義務……除法律另有規定外，與中國公司同。」惟技術合作條例第三條第一項既明定，外國人供給專門技術或專利權申請技術合作之對象，限於「中華民國政府、國民或法人」，其為上開公司法第三百七十五條所稱之「除法律另有規定」，應無疑義。再者，外國人投資條例第二十條固亦規定：「投資人所投資之事業，除本條所規定外，與中華民國國民經營之同類事業，受同等待遇。」然技術合作條例既係以外國人投資條例為制定法源之一（參見技術合作條例第一條規定），似亦可從寬解為上開外國人投資條例第二十條所稱之「除本條例所規定者」，併此提供參考。

＊經濟部（八〇）經商字第二三三七〇三號

要旨：

釋復外國公司在臺分公司之虧損達其專撥在中國境內營運資金二分之一時，並不準用公司法第二百十一條之規定。

主旨：

外國公司在臺分公司之虧損達其專撥在中國境內營運資金二分之一時，並不準用公司法第二百十一條之規定，請　查照。

說明：

一、查經認許之外國公司，除法律另有規定外，權利義務與中國公司同（參照公司法第三百七十五條），惟外國公司與本國公司性質並不盡相同，公司法第三百七十七

條就外國公司準用條文之列舉中，並未及於第二百十一條，且外國公司專撥在中國境內之資金，係指營運所用之資金並非實收資本額，是以外國公司在臺分公司之虧損達其專撥在中國境內營運資金二分之一時，並不準用公司法第二百十一條之規定。

二、本部六十七年十二月二十日經（六七）商四〇九七四號函釋與上述說明不符，不再援用。

*經濟部（八七）經商字第八七二〇一八八二號

要旨：

外國公司在中華民國境內設立分公司得設置經理人二人以上疑義（原經濟部75.02.03(75)商字第〇五〇一四號函不予適用）

主旨：

所詢公司法疑義，復如說明二，請　查照。

說明：

一、依據本部商業司案陳　貴律師八十七年一月十九日(87)常投字第〇〇五一三號函辦理。

二、按「公司法第二十九條規定：『公司得依章程規定設置經理人……。』則公司經理人之人數悉應依公司章程之規定。是公司章程如規定分公司經理人二人以上者，尚無不可。」業經本部以八十一年四月十三日商二三四五六二號函釋在案，復按同法第三百七十五條規定：「外國公司經認許後，其法律上權利義務及主管機關之管轄，除法律另有規定外，與中華民國公司同。」是以外國公司……之分公司設置經理人二人以上，本部七十五年二月三日商〇五〇一四號函釋與此不符部分，不再援用。

*行政院公平交易委員會（八四）公研釋字第〇九一號

要旨：

有關　貴署函詢外國法人是否受國內公平交易法之保護乙案

說明：

一、復　貴署八十四年一月十二日北檢仁雲字第〇一七七八號函。

二、外國法人是否受國內公平交易法之保護，依其是否經認許而有不同，茲簡述如下：
㈠經認許之外國人：查公平交易法對業經認許之外國法人於適用公平交易法時，並無與國內法人有不同之規定，且依相關法規（民法總則施行法第十二條及公司法第三百七十五條）規定，外國法人或團體經認許後其法律上之權利義務除法律另有規定者外，與中華民國法人同。基此，公平交易法對於經認許之外國法人亦予同等之保護。㈡未經認許之外國法人：按公平交易法第四十七條規定：「未經認許之外國法人或團體，就本法規定事項得為告訴、自訴或提起民事訴訟。但以依條約

或其本國法令、慣例，中華民國人或團體得在該國享受同等權利者為限；其由團體或機構互訂保護之協議，經中央主管機關核准者亦同。」故依上揭法條之規定，未獲認許之外國法人或團體如經司法機關認定基於互惠原則下，得享有公平交易法規定事項之刑事及民事訴訟權利。前開法條雖僅就告訴、自訴或提起民事訴訟加以規範，而未及於行政責任或行政保護等有關之事項，但衡諸公平交易法第四十七條關於外國法人或團體法律保障之立法目的，係採互惠原則，該條對於民事、刑事外之行政事項亦應有該條揭示之互惠原則的適用，是以未經認許之外國法人是否得受公平交易法之保護，宜視其本國有關法令是否規定中華民國國民得與該國人享同等權利而定。

第三百七十七條

第九條、第十條、第十二條至第二十五條，於外國公司準用之。

＊經濟部（八四）經商字第八四二〇六一四號

要旨：

關於外國公司準用公司法第二十條規定疑義

說明：

一、依本部商業司案陳　貴事務所八十四年四月十二日 (84) 安協字第二三〇號函辦理。

二、按外國公司係依照外國法律組織登記，在我國境內係設立分公司營業，依公司法第三百七十七條準用同法第二十條規定，外國公司在我國之分公司於年度結束後所應編製之報表，應無股東權益變動表及盈餘分配或虧損撥補表。至於營業報告書可就外國公司在我國之分公司部分依商業會計法第六十六條第二項規定之內容編製之。

三、另外國公司在我國之分公司依公司法第二十條規定所編製之報表，提報其總公司，於法並無不合，又依同法條第四項規定，主管機關得隨時派員查核或令其限期申報，併為敘明。

＊前司法行政部（五〇）臺函參字第四八一五號

要旨：

經理人兼職之限制在外國公司並無準用

全文內容：

查公司法（舊）第二百九十條關於外國公司準用同法各條之規定，並未將第二百十八條列入，該條對於總經理或經理兼職之限制，在外國公司似無準用之可言。

＊司法院第三期司法業務研究會

法律問題：

涉外民事法律適用法第二條規定：「外國法人經中華民國認許成立者，以其住所地法為

其本國法」，設有某日本公司，經依我國公司法第七章「外國公司」之規定認許成立後，是否仍有我國公司法第十六條第一項規定「公司除依其他法律或公司章程規定以保證為業務者外，不得為任何保證人」之適用？

研討結論：

甲說：某日本公司經依我國公司法之規定認許成立後，依涉外民事法律適用法第二條規定：「外國法人經中華民國認許成立者，以其住所地法為其本國法。」而某日本公司之住所地為日本，故日本法為其本國法。該經我國認許成立之日本公司應依照日本公司法之規定不適用我國之公司法，自亦無我國公司法第十六條第一項之適用。

乙說：依我國公司法第三百七十七條之規定，第十六條第一項禁止作保之規定，亦準用於經認許之外國公司。至涉外民事法律適用法第二條所定：「外國法人經中華民國認許成立者，以其住所地法為本國法」，係為依法應適用外國法人之本國法時，確定何者為其本國法而設，非謂外國法人之法律行為之成立要件及效力，當然適用其本國法。保證亦係法律行為之一種，其成立要件及效力，依涉外民事法律適用法第六條規定應適用我國法律時，前揭公司法禁止作保之規定，即應準用於外國公司（參見前司法行政部 55.08.18 臺五五函民字第四八四三號函）。

研討結論：

某日本公司，經我國認許成立後，仍有我國公司法第十六條第一項之適用。採乙說。

司法院第一廳研究意見：

某日本公司，經依我國公司法之規定認許成立後，即為我國公司法上之「外國公司」，依公司法第三百七十七條規定，第十六條第一項「除依其他法律或公司章程規定以保證為業務者外，不得為任何保證人」之規定，亦準用之，甲說謂無該條之適用，並非正確。至涉外民事法律適用法第二條規定：「外國法人經中華民國認許成立者，以其住所地法為其本國法」，僅在確定何者為其本國法，以為適用之準據而已，並非外國公司一經認許，即應適用其本國法。又縱依涉外民事法律適用法第六條規定，當事人約定應適用日本公司法，如日本法規定有背於我國公司法第三百七十七條、第十六條之規定，依涉外民事法律適用法第二十五條規定，亦無適用日本法之餘地。

第三百七十八條

外國公司經認許後，無意在中華民國境內繼續營業者，應向主管機關申請撤回認許。但不得免除申請撤回以前所負之責任或債務。

＊四三臺上字第六三四號判例

要旨：

上訴人既為某國或某股份有限公司臺灣分公司之經理人，而又不能證明該分公司在中國境內另有指定之代表人，自難謂非該分公司之負責人，其在該分公司對於被上訴人所負給付價金之債務未履行完畢之前，遽以該公司無意在中國境內繼續營業，向主管

官署聲請撤回認許，致被上訴人之前開價金無從受償，**顯屬**違反公司法第三百條但書之規定，依同法第二百九十九條準用第三十條之結果，被上訴人因此所受之損害，自應由上訴人連帶負賠償責任。

＊經濟部（八六）經商字第八六二〇四二八七號

要旨：

公司法適用疑義（原經濟部 82.12.03(83) 經商字第一二二〇九九號函釋暨以往函釋與此不符部分不予適用）

主旨：

關於函詢公司法適用疑義乙案，復如說明，請　查照。

說明：

一、依據本部商業司案陳　台端八十六年三月七日（八六）安協登字第一七七號函辦理。

二、按外國公司經認許在我國設立分公司營業者，如該外國公司依外國法律因合併消滅而其存續公司擬在我國繼續營業時，此與公司法第三百七十八條「外國公司經認許後，無意在中國境內繼續營業者」之情形尚有不同，爰依公司合併之法理，得由存續公司逕行辦理變更認許及在臺分公司名稱變更登記，俾外商公司在我國之營運得持續進行。本部八十二年十二月三日經（八三）商一二二〇九九號函釋暨以往函釋與此不符部分，不再援用。

第三百七十九條

外國公司有左列情事之一者，主管機關應撤銷其認許：

一、申請認許時所報事項或所繳文件，經查明有虛偽情事者。

二、公司已解散者。

三、公司已受破產之宣告者。

前項撤銷或廢止認許，不得影響債權人之權利及公司之義務。

＊法務部（七三）法律字第五九五三號

要旨：

按外國公司已解散者，主管機關應撤銷其認許。固為公司法第三百七十九條第一項第二款所定。惟經我國認許之外國公司在其本國為他公司所合併，依其本國或我國有關法令，是否產生「解散」之法定效果，似應先由主管機關依職權自行查明，以為可否準用前揭公司法第三百七十九條第一項第二款規定之準據。

第三百八十條

撤回、撤銷或廢止認許之外國公司，應就其在中華民國境內營業，或分公司所生之債權債務清算了結，所有清算未了之債務，仍由該外國公司清償之。

前項清算，以外國公司在中華民國境內之負責人或分公司經理人為清算人，並依外國

公司性質，準用本法有關各種公司之清算程序。

＊司法院（八三）秘臺廳民三字第〇一五三四號

要旨：

外國公司在中國境內之負責人或分公司經理人因故無法擔任清算人時，應準用公司法有關各種公司規定由利害關係人聲請法院選派清算人，進行清算程序

全文內容：

公司法第三百八十條第二項明定撤回或撤銷認許之外國公司，其清算以外國公司在中國境內之負責人或分公司經理人為清算人，並依外國公司性質，準用該法有關各種公司之清算程序。故外國公司於上開法定清算人，因辭職或其他原故不能擔任清算人時，自得準用同法第八十一條、第一百十三條、第一百十五條、或第三百二十二條第二項之規定，由利害關係人聲請法院選派清算人，進行清算程序，以應事實需要，至外國公司股東決議或經股東會選任之人得否為清算人，前述第三百八十條第二項前段既僅規定「外國公司在中國或境內之負責人或分公司經理人為其法定清算人」，並未如同法第七十九條、第一百十三條（準用第七十九條）、第一百二十七條及第三百二十二條第一項但書另設有「股東決議」或「股東會」選任之規定，則各該規定於外國公司之清算自不在準用之列。惟　貴部為公司主管機關，如從政策考量，認外國公司股東決議、股東會、或董事會所選任之人應適為清算人者，乃將來修法之問題。

＊經濟部（八三）經商字第二〇一二五九號

要旨：

復釋公司法第三百八十三條第二項外國公司清算人適用疑義案

主旨：

關於公司法第三百八十條第二項外國公司清算人適用疑義乙案，復如說明，請　查照。

說明：

一、復　貴律師八十二年十二月六日八二國際字第一二一二號函。

二、本案經洽准司法院秘書長八十三年一月十九日（八三）秘臺廳民三字第〇一五三四號函釋略謂：「公司法第三百八十條第二項明定撤回或撤銷認許之外國公司，其清算以外國公司在中國境內之負責人或分公司經理人為清算人，並依外國公司性質，準用該法有關各種公司之清算程序。」故外國公司於上開法定清算人，因辭職或其他事故不能擔任清算人時，自得準用同法第八十一條、第一百十三條、第一百十五條或第三百二十二條第二項之規定，由利害關係人聲請法院選派清算人，進行清算程序，以應事實需要，至外國公司股東決議或經股東會選任之人得否為清算人，前述第三百八十條第二項前段既僅規定『外國公司在中國境內之負責人或分公司經理人』為其法定清算人，並未如同法第七十九條、第一百十三條（準用第七十九條）、第一百二十七條及第三百二十二條第一項但書另設有『股東決議』

或『股東會』選任之規定，則各該規定於外國公司之清算自不在準用之列。上述意見請參考。

*經濟部（六七）年經商字第四八一〇號

要旨：

撤回或撤銷後之清算

全文內容：

外國公司臺灣分公司經撤銷登記並清算完畢後，原匯入之營運資金及其淨利之總額或扣除虧損後之淨額均不得申請結匯匯出。

第三百八十一條

外國公司在中華民國境內之財產，在清算時期中，不得移出中華民國國境，除清算人為執行清算外，並不得處分。

第三百八十二條

外國公司在中華民國境內之負責人或分公司經理人，違反前二條規定時，對於外國公司在中華民國境內營業，或分公司所生之債務，應與該外國公司負連帶責任。

第三百八十三條

（刪除）

第三百八十四條

外國公司經認許後，主管機關於必要時，得查閱其有關營業之簿冊文件。

第三百八十五條

第三百七十二條第二項規定之代理人，在更換或離境前，外國公司應另指定代理人，並將其姓名、國籍、住所或居所申請主管機關登記。

第三百八十六條

外國公司因無意在中華民國境內設立分公司營業，未經申請認許而派其代表人在中華民國境內為業務上之法律行為時，應報明左列各款事項，申請主管機關備案：

一、公司名稱、種類、國籍及所在地。

二、公司股本總額及在本國設立登記之年、月、日。

三、公司所營之事業及其代表人在中華民國境內所為業務上之法律行為。

四、在中華民國境內指定之訴訟及非訴訟代理人之姓名、國籍、住所或居所。

前項代表人須經常留駐中華民國境內者，應設置代表人辦事處，並報明辦事處所在地，依前項規定辦理。

前二項申請備案文件，應由其本國主管機關或其代表人業務上法律行為行為地或其代表人辦事處所在地之中華民國使領館、代表處、辦事處或其他外交部授權機構驗證。

外國公司非經申請指派代表人報備者，不得在中華民國境內設立代表人辦事處。

*七七臺上字第八六三號

要旨：

外國公司已依公司法第三百八十六條第一項第四款規定，在中國境內指定訴訟及非訴訟代理人者，該外國公司在中國境內為訴訟行為，即應以該被指定之人為其法定代理人。

＊財政部（八四）臺財保字第八四二○三四八○九號

要旨：

釋示外國保險業設立聯絡處實質即為公司法第三八六條第二項之「代表人辦事處」

主旨：

本部依「外國保險業設立聯絡處審核要點」許可設立之聯絡處，實質上即為公司法第三百八十六條第二項之「代表人辦事處」，請惠予依例辦理。

說明：

一、查本要點第六點與「外國銀行設立分行及代表人辦事處審核準則」第三條，均基於同一意旨，規定外國保險業聯絡處及外國銀行代表人辦事處，以辦理業務上之聯絡事項為限（附件一，略），但實際上，其得從事之行為並不限於前揭業務上之聯絡行為，兼及其他意思表示為要素之法律行為。

二、本要點第五點及第九點，係為配合公司法第三百八十六條及為加強管理，維護保險市場秩序而增、修訂，且依往例，外國保險業或外國銀行經本部許可設立聯絡處或代表人辦事處後，均可依　貴部要求按公司法第三百八十六條規定備案。（附件二，略）本案仍請　貴部援例處理。

＊經濟部（五八）經商字第○○五二○號

要旨：

依本條規定申請備案時有關證件之簽證按認許案辦理

全文內容：

查海外僑營公司無意在我國境內經常營業，未經申請認許，偶派其代表人在我國境內為法律行為，依公司法第三八六條規定申請備案時其有證件之簽證，可按照在華成立分公司聲請認許案辦理。

＊經濟部（五五）經商字第一二九八九號

要旨：

外國公司代表人在中國境內為法律行為不須申辦營利事業登記

全文內容：

查外國公司如欲在中國境內營業，經依公司法（舊）第二九四條規定聲請認許，並依法設立分公司者，應依照「臺灣地區各縣市營利事業登記簡化聯繫辦法」（已廢止）之規定申辦營利事業登記，如外國公司無意在中國境內經常營業，未經聲請認許，偶派其代表人在中國境內為法律行為而依公司法（舊）第三○五條規定報請備案者，若其

所為法律行為有收益時除稅法另有規定應繳納稅款外不須申辦營利事業登記，倘外國公司非屬上述兩種情形而僅派員駐在中國境內擔任連絡通訊工作所設立之聯絡處且無營業行為者，自無庸申辦營利事業登記。

＊經濟部（八一）經商字第二〇一八〇二號

要旨：

釋復美國有限責任合夥組織型態之證券商，得否申報指派代表人在我國設置代表人辦事處之疑義。

主旨：

關於美國有限責任合夥組織型態 (LIMITED PARTNERSHIP) 之證券商，得否依公司法第三百八十六條之規定，申報指派代表人在我國設置代表人辦事處疑義乙案，復如說明，復請　查照。

說明：

一、復　貴會八十一年一月二十日（八一）臺財政㈡第三〇七八七號函。

二、按公司法第四條規定，本法所稱外國公司，謂以營利為目的，依照外國法律組織登記，並經中國政府認許，在中國境內營業之公司。惟公司法第三百八十六條係外國公司未經認許為法律行為之報備規定。故美國有限責任合夥組織型態 (LIM-ITED PARTNERSHIP) 之證券商如屬依照該國法律組織登記，取得法人資格之公司，即得依公司法第三百八十六條之規定申報指派代表人或在我國設置代表人辦事處。

＊經濟部（七〇）經商字第二三五八〇號

要旨：

經核准指派代表人報備之外國公司，可予同意在我國境內設置二個以上之代表人辦事處。

全文內容：

外國公司請准指派代表人報備後，可否在我國境內設置二個以上之代表人辦事處乙節，公司法並無明文規定。參照外國公司經認許後得在我國境內設立二個以上分公司之精神，可予同意，惟應分別指派與辦事處相同數目之代表人，各別負責各該辦事處之事務。

＊經濟部（六一）經商字第二七三五九號

要旨：

報備者以法律行為為限

全文內容：

指派代表人在中國境內之行為以法律行為為限，登記事項表所列者係事實行為，並非法律行為，應予補正。

＊經濟部（七〇）經商字第五二九七〇號

要旨：

指派代表人報備之外國公司，其代表人並無指派二人以上之必要。

全文內容：

外國公司依據我國公司法第三百八十六條規定，申請指派代表人在我國境內為法律行為報備。揆其立法主旨，係指外國公司無意設立分公司營業，僅指派代表人在我國境內代表公司為法律行為，自無派代表二人以上之必要，以免權責不清。

第三百九十條

地方主管機關對於公司設立、變更、解散、分公司設立登記，及外國公司認許、撤回認許、變更、分公司設立登記，應於收文後十日內核轉中央主管機關核辦。其他登記事項，每月向中央主管機關彙報一次。

＊八六臺上字第三二五九號

要旨：

公司依章程之規定，得設副總經理或協理，或副經理一人或數人，以輔佐總經理或經理，公司法第三十八條定有明文。副總經理、協理或副經理，既在輔佐總經理或經理，其執行職務自應受總經理或經理之指揮監督，即非得以總經理或經理同等視之。又公司法第二十九條至第三十七條之規定，於副總經理、協理或副經理準用之（同法第三十九條），自僅在規範副總經理、協理或副經理之設置、消極資格、職權、義務及責任等得準用經理有關之規定，非謂副總經理、協理或副經理當然得行使總經理或經理之職權。

2.公司申請登記資本額查核辦法（第三、六條）

中華民國九十一年三月六日經濟部（九一）經商字第〇九一〇二〇二六一五〇號令訂定發布
　　全文十條；並自發布日施行

第三條

外國公司申請增加或減少在中華民國境內營運資金，應檢送增減在中華民國境內營運資金基準日前一日試算表，及基準日經會計師查核簽證之資產負債表，加蓋分公司及在中華民國境內訴訟及非訴訟代理人印鑑，經會計師於騎縫處加蓋會計師印鑑章。

第六條

會計師出具資本繳足之查核報告書應分別載明股款種類（現金、貨幣債權、技術作價、股票抵繳、其他財產、盈餘、公積、合併、分割）及其發行股款價額、發行股數及資本額，並載明增資前後之已發行股份總數及資本額。

現金股款，應查核股款繳納情形，其有送存銀行者，應核對存款憑證；如係以票據等

方式存匯轉撥者，應查核已否兌現；以對公司所有之貨幣債權抵繳股款者，應查核債權發生之原因是否確實；股款如已動用，應列表說明其用途，並核對各項憑證；股款轉存定期存款者，會計師查核報告應載明是否有質押、解約、轉讓情事。

技術作價、股票抵繳或其他財產抵繳股款者，應查核公司股東姓名及財產之種類、數量、價格或估價標準暨公司核給之股份或憑證。

技術抵繳股款者，不得以公司自行研發之技術，充作員工或股東之出資。除僑外投資公司外，會計師應取得有關機關團體或專家之鑑定價格意見書，並於查核工作底稿中載明所採用之專家意見。

股票抵繳股款者，會計師應另於查核報告書中載明估價標準及合理性。未上市或上櫃之股份有限公司股票，得以衡量日該公司之資產淨值估定之。上市、上櫃公司股票得以衡量日收盤價估定之。但當日無買賣價格者，依衡量日最後一日收盤價格估定之，其價格有劇烈變動者，則依衡量日前三十日內各日收盤價格之平均價格估定之。衡量日應為基準日前四個月內。盈餘轉作資本者，應依據公司章程、股東會承認（股東同意）之財務報表及盈餘分配議案，查核盈餘分派情形是否符合公司法相關規定；如盈餘分配表期末餘額與基準日資產負債表所列金額不符者，應於查核報告書內載明差異原因。

公積轉作資本者，應查明其種類、來源及內容，是否符合公司法相關規定，並查核提列數額之計算及歷年已沖轉金額是否相符；如公積提列後餘額與基準日資產負債表所列金額不符者，應於查核報告書內載明差異原因。公司合併者，會計師應就合併發行新股於查核報告書中，載明其會計處理是否已依商業會計法、商業會計處理準則及一般公認會計原則等規定辦理，並應依據股東會、董事會之決議（股東同意書）及合併契約書就股東姓名、配發股數等予以查核。公司因合併認列商譽，應查核其數字計算過程，瞭解存續公司或新設公司因合併而取得之可辨認資產及承擔之負債，是否按公平價值衡量，再將所取得可辨認淨資產之公平價值與收購成本比較，若收購成本超過所取得可辨認淨資產之公平價值，列為商譽。

分割發行新股者，會計師應就分割發行新股，是否已依股東會之決議及分割計畫書，就股東姓名、配發股數等予以查核。會計師並應於查核報告書內載明被分割公司分割部分之帳面價值，及既存公司或新設公司對被分割公司或其股東配發新股總數等。

3. 公司名稱及業務預查審核準則（第二、七、九、十條）

中華民國九十一年一月三十日經濟部（九一）經商字第○九一○二○一○一七○號令修正發布全文十四條；並自發布日施行

第二條

公司名稱及業務，於公司設立或變更登記前，應由申請人備具申請表，向經濟部申請預查（以下簡稱預查申請案）。

前項預查申請案之申請人如下：

一、設立登記：以將來設立登記時股份有限公司之發起人，有限公司之股東或兩合公司、無限公司之無限責任股東為限；其以法人為申請人時，應加列代表人姓名。

二、變更登記：以現任代表公司之負責人為限。

三、外國公司：為其在中華民國境內指定之訴訟及非訴訟代理人或將來分公司之經理人。

四、前三款之申請案委託代理人者，以會計師、律師為限。

減少所營事業登記而無本準則第九條第三項規定之情事或依本法規定變更組織者，無須申請預查。

預查申請案之書表須使用經濟部規定之格式，一次申請不得超過五個名稱，並以打字或以電腦列印。

第七條

公司名稱除應由特取名稱及組織種類組成外，並得標明下列文字：

一、地區名。

二、表明業務種類之文字。

三、堂、記、行、企業、實業、展業、興業或工業、商事等表明營業組織通用或事業性質之文字。

公司名稱標明前項第二款或第三款之文字者，其排列順序依其款次，並置於特取名稱之後，組織種類之前。

外國公司名稱應標明國籍，並置於地區名或特取名稱之前。

第九條

公司名稱標明業務種類者，以一種為限。

外國公司經檢附駐外單位證明文件證明者，不受前項規定之限制。

公司名稱中標明本法第十七條第一項規定之許可業務，其許可業務經撤銷或廢止登記者，應辦理公司名稱變更。

第十條

公司之特取名稱不得使用下列文字：

一、單字。

二、連續四個以上疊字或二個以上疊詞。

三、我國及外國國名。但外國公司其本公司以國名為公司名稱者，不在此限。

四、第七條第一項第二款或第三款之文字。

五、表明企業結合之文字。

六、其他不當之文字。

4.公司之登記及認許辦法（第十三至十六條）

經濟部九十年十二月十二日經（九〇）商字第〇九〇〇二二五六八三〇號令

第十三條

外國公司申請認許者，應向主管機關申請認許。

第十四條

外國公司經認許後，在中華民國境內設立分公司者，應於設立後十五日內向主管機關申請登記。

第十五條

公司及外國公司登記事項如有變更者，應於變更後十五日內，向主管機關申請為變更之登記。

第十六條

本法所規定之各類登記事項，其應檢附之文件、書表，詳如表一至表五。（表一至表五略）

5.企業併購法（第二、四、二十一、二十二、二十七、二十八、三十、三十三、三十八、四十一、四十四條）

中華民國九十一年二月六日總統華總一義字第〇九一〇〇〇二五〇九〇號公布全文

第二條

公司之併購，依本法之規定；本法未規定者，依公司法、證券交易法、促進產業升級條例、公平交易法、勞動基準法、外國人投資條例及其他法律之規定。

金融機構之併購，依金融機構合併法及金融控股公司法之規定；該二法未規定者，依本法之規定。

第四條

本法用詞定義如下：

一、公司：指依公司法設立之股份有限公司。

二、併購：指公司之合併、收購及分割。

三、合併：指依本法或其他法律規定參與之公司全部消滅，由新成立之公司概括承受消滅公司之全部權利義務；或參與之其中一公司存續，由存續公司概括承受消滅公司之全部權利義務，並以存續或新設公司之股份，或其他公司之股份、現金或其他財產作為對價之行為。

四、收購：指公司依本法、公司法、證券交易法、金融機構合併法或金融控股公司法

規定取得他公司之股份、營業或財產，並以股份、現金或其他財產作為對價之行為。

五、股份轉換：指公司經股東會決議，讓與全部已發行股份予他公司作為對價，以繳足公司股東承購他公司所發行之新股或發起設立所需之股款之行為。

六、分割：指公司依本法或其他法律規定將其得獨立營運之一部或全部之營業讓與既存或新設之他公司，作為既存公司或新設公司發行新股予該公司或該公司股東對價之行為。

七、母、子公司：直接或間接持有他公司已發行有表決權之股份總數或資本總額超過半數之公司，為母公司；被持有者，為子公司。

八、外國公司：指以營利為目的，依照外國法律組織登記之公司。

第二十一條

公司與外國公司合併應符合下列規定：

一、該外國公司依其成立之準據法規定，係屬股份有限公司或有限公司之型態，且得與公司合併者。

二、合併契約業已依該外國公司成立之準據法規定，經該公司股東會、董事會或依其他方式合法決議。

三、公司與外國公司合併者，存續或新設公司以股份有限公司為限。前項外國公司應於合併基準日前，指定在中華民國境內之送達代收人。

第二十二條

公司合併契約應以書面為之，並應記載下列事項：

一、參與合併之公司名稱、資本額及合併後存續公司或新設公司之名稱及資本額。

二、存續公司或新設公司因合併發行該公司股份或換發其他公司股份之總數、種類及數量或換發現金或其他財產之數量。

三、存續公司或新設公司因合併對於消滅公司股東配發該公司或其他公司股份之總數、種類及數量或換發現金或其他財產與配發之方法及其他有關事項。

四、依法買回存續公司股份作為配發消滅公司股東股份之相關事項。

五、存續公司之章程變更事項或新設公司應訂立之章程。

六、上市（櫃）公司換股比例計算之依據及得變更之條件。

公司與外國公司合併者，準用前項之規定。

第二十七條

公司以概括承受或概括讓與，或依公司法第一百八十五條第一項第二款或第三款讓與或受讓營業或財產之方式為收購者，債權讓與之通知得以公告方式代之，承擔債務時免經債權人之承認，不適用民法第二百九十七條及第三百零一條之規定。

受讓公司取得讓與公司之財產，其權利義務事項之移轉及變更登記，準用第二十五條

之規定。

公司與外國公司以概括承受或概括讓與全部營業或財產之方式為收購者，準用第一項及第二十一條之規定。

第二十八條

公司之子公司收購公司全部或主要部分之營業或財產，符合下列規定者，得經公司董事會決議行之，不適用公司法第一百八十五條第一項至第四項應經讓與公司與受讓公司股東會決議之規定及公司法第一百八十六條至第一百八十八條之規定：

一、該子公司為公司百分之百持有。

二、子公司以受讓之營業或財產作價發行新股予該公司。

三、該公司與子公司已依一般公認會計原則編製合併財務報表。

公司讓與全部或主要部分之營業或財產予其百分之百持股在中華民國境外設立之子公司者，或外國公司讓與全部或主要部分之營業或財產予其百分之百持股在中華民國境內設立之子公司者，準用前項及第二十一條之規定。

第三十條

公司與他公司依前條規定辦理股份轉換時，預定受讓全部已發行股份之公司為既存公司者，該公司與既存公司之董事會應作成轉換契約；預定受讓全部已發行股份之公司為新設公司者，該公司之董事會應作成轉換決議；並均應提出於股東會。

前項轉換契約或轉換決議應記載下列事項，並應於發送股東會之召集通知時，一併發送各股東：

一、既存公司章程需變更事項或新設公司章程。

二、既存公司發行新股或新設公司發行股份之總數、種類、數量及其他有關事項。

三、公司股東轉讓予既存公司或新設公司之股份總數、種類、數量及其他有關事項。

四、對公司股東配發之股份不滿一股應支付現金者，其有關規定。

五、轉換契約應記載公司原任董事及監察人於股份轉換時任期未屆滿者是否繼續其任期至屆滿有關事項；轉換決議應記載新設公司之董事及監察人名冊。

六、與他公司共同為股份轉換新設公司者，轉換決議應記載其共同轉換股份有關事項。

公司與外國公司進行股份轉換時，準用前二項、前條及第二十一條之規定。

公司依前條規定與他公司進行股份轉換者，其未分配盈餘於轉換後，雖列為他公司之資本公積。但其分派不受公司法第二百四十一條第一項之限制。

公司依前條規定與他公司進行股份轉換者，而於該公司轉換前已發行特別股，該特別股股東之權利義務於轉換後，由他公司承受，他公司於轉換年度，得依董事會編造之表冊，經監察人查核後分派股息，不適用公司法第二百二十八條至第二百三十一條之規定。

公司依前條規定與他公司進行股份轉換而新設公司者，該新設公司就轉換股份之資本

額度內,得不適用職工福利金條例第二條第一項第一款之規定。

第三十三條

前條之分割計畫,應以書面為之,並記載下列事項:

一、承受營業之既存公司章程需變更事項或新設公司章程。

二、被分割公司讓與既存公司或新設公司之營業價值、資產、負債、換股比例及計算依據。

三、承受營業之既存公司發行新股或新設公司發行股份之總數、種類及數量。

四、被分割公司或其股東所取得股份之總數、種類及數量。

五、對被分割公司或其股東配發之股份不滿一股應支付現金者,其有關規定。

六、既存公司或新設公司承受被分割公司權利義務及其相關事項。

七、被分割公司之資本減少時,其資本減少有關事項。

八、被分割公司之股份銷除所應辦理事項。

九、與他公司共同為公司分割者,分割決議應記載其共同為公司分割有關事項。

十、分割基準日。

前項分割計畫書,應於發送分割承認決議股東會之召集通知時,一併發送於股東。

公司與外國公司進行公司分割時,準用前條及本條第一項至第二項及第二十一條之規定。

第三十八條

公司合併,其虧損及申報扣除年度,會計帳冊簿據完備,均使用所得稅法第七十七條所稱之藍色申報書或經會計師查核簽證,且如期辦理申報並繳納所得稅額者,合併後存續或新設公司於辦理營利事業所得稅結算申報時,得將各該參與合併之公司於合併前經該管稽徵機關核定尚未扣除之前五年內各期虧損,按各該公司股東因合併而持有合併後存續或新設公司股權之比例計算之金額,自虧損發生年度起五年內從當年度純益額中扣除。

公司與外國公司合併者,合併後存續或新設之公司或外國公司在中華民國境內設立之分公司,得依前項規定扣除各參與合併之公司或外國公司在中華民國境內設立之分公司合併前尚未扣除之虧損額。

公司分割時,既存或新設公司,得依第一項規定,將各參與分割公司分割前尚未扣除之虧損,按股權分割比例計算之金額,自其純益額中扣除。既存公司於計算可扣除之虧損時,應再按各參與分割公司之股東分割後持有既存公司之股權之比例計算之。

第四十一條

公司與外國公司進行合併、分割或依第二十七條、第二十八條及第三十條第三項規定收購財產或股份者,第三十四條至第四十條之規定,於該公司適用之;第三十四條及第三十八條之規定,於該外國公司亦適用之。

第四十四條

為鼓勵企業合併、收購、分割，符合下列各款之一者，適用促進產業升級條例第二十一條之規定：

一、為改善產業結構而提出完善營運計畫書並進行合併、收購、分割者，行政院開發基金得投資於合併、收購、分割後存續或新設之公司。

二、國內生產力不符經營效益之公司為配合產業結構之改善而生產設備必須分割外移並訂有資金回流計畫，其分割後既存或新設於國內之公司，其資金不足者，得申請行政院開發基金專案低利融資。

前項行政院開發基金之專案融資得與金融機構合作辦理。

6. 保險法（第六、一百三十七、一百五十五、一百六十六條）

中華民國九十年七月九日總統（九〇）華總㈠義字第九〇〇〇一三四一四〇號令修正公布第十三、二十九、九十四、一百零五、一百零七、一百零九、一百十七至一百十九、一百二十一、一百二十三、一百二十四、一百三十五、一百三十八、一百四十三至一百四十三之三、一百四十四、一百四十六至一百四十六之五、一百四十八、一百四十九至一百四十九之三、一百四十九之五、一百五十三、一百六十六、一百六十七至一百六十七之二、一百六十八、一百六十九、一百六十九之二、一百七十、一百七十一、一百七十二之一、一百七十七、一百七十八條條文；並增訂第一百三十八之一、一百四十三之四、一百四十四之一、一百四十六之六至一百四十六之八、一百四十八之一至一百四十八之三、一百四十九之六至一百四十九之十一、一百六十八之一、一百六十八之二、一百七十一之一條條文

第六條

本法所稱保險業，指依本法組織登記，以經營保險為業之機構。

本法所稱外國保險業，指依外國法律組織登記，並經主管機關許可，在中華民國境內經營保險為業之機構。

＊臺灣高等法院刑事判決八十六年度上訴字第一七七號

理由（摘錄）：

一、公訴意旨以：被告傅〇美明知美國西方人壽保險公司（NATION WESTERN LIFE IN SURANCE COMPANY 以下稱西方保險公司）未經我國主管機關核准在臺營業，依法不得經營保險業務，竟於民國八十年六月間，在苗栗縣苗栗市中〇路五七三號邱〇珍之住處，向邱〇珍推銷西方保險公司人壽保險單，邱〇珍遂分別為其子黃〇逸、黃〇君投保，保費為每人每年美金五百元，均由被告傅〇美到邱〇珍住處收取保費，而經營保險業務，認被告傅〇美涉有保險法第一百六十七條第一項之非保險業經營保險業務罪嫌云云。

二、訊之被告傅○美雖坦承曾向邱○珍介紹西方保險公司之人壽保險單，並代邱○珍交付保險費，惟否認有違反保險法之犯行，辯稱：伊原為自己兒子買保單，後因生意生敗未買，才讓給朋友邱○珍，並沒有經營保險業務等語。

三、經查被告於前開時地，向邱○珍推銷西方保險公司之人壽保險單，邱○珍因之而向西方保險公司投保，並由被告代收保費之事實，業據證人邱○珍於偵查中證述在卷，復有西方保險公司保險單、保費收據在卷可稽，且被告亦在該收據上簽名，而被告亦持有西方保險公司顧問之名片，有該名片在卷足憑，則被告向證人邱○珍銷售西方保險公司保險單，並向西方保險公司收取佣金。

四、按保險法第一條規定：「本法所稱之保險，謂當事人約定，一方交保險費於他方，他方對於因不可預料，或不可抗力之事故所致之損害，負擔賠償財物之行為。」第六條規定：「本法所稱之保險業，指依本法組織登記，以經營保險為業之機構。」換言之，自己印製保單，收取保費，對於不可預料或不可抗力之事故造成損害從事理賠償者始稱之為保險業。至於向被保險人推介保單，代向保險人洽訂保險契約，而向承保之保險業收取佣金之人，為保險經紀人（參照保險法第九條之規定），被告銷售西方保險公司之保險單，並向該保險業收取佣金，被告所為之行為係屬保險經紀人之業務，與簽訂保險單，進行理賠償之保險公司或類保險公司之行為有別。

五、況現行保險法於八十一年二月二十六日增訂第一百六十七條之一條文對違反同法第一百六十三條者，處新臺幣三十萬元以上一百萬元以下罰鍰，並於立法理由中載明：「非法經營保險業務之處自由刑，相關條文已有明文規定，對保險代理人、經紀人、公證人，不依規定執業，或為非法保險業者經營或介紹保險業務，不宜處自由刑」可知該增列條文之目的，係明確認定保險經紀人、保險代理人、公證人等有別於保險業，是以保險經紀人之行為並不在保險法第一百六十七條規範之範圍。

六、被告所為乃保險經紀人，尚不成立保險法第一百六十七條第一項之非保險業經營保險業務罪。又被告僅代美國西方保險公司銷售保險單，難認有共同正犯之關係。此外復查無其他積極證據足證被告有何犯行，應認不能證明被告犯罪。

七、原審因而諭知傅○美無罪之判決，並無不合。檢察官上訴以被告行為與西方保險公司之承辦人間，依刑法第三十一條第一項之規定，有共同正犯之關係，仍應負刑責云云，指摘原判決不當，求予撤銷改判。非有理由，應予駁回。

＊法務部（八五）法檢㈡字第一○五八號

法律問題：

甲係Ａ外國保險公司在臺業務代表，Ａ公司係依外國法律組織登記之合法保險公司，然在我國尚未向主管機關申請許可，亦無分公司之設立，惟某甲仍在臺實際從事保險

業務之招攬，問某甲所為究犯何罪？

討論意見：

甲說：甲之行為不構成犯罪。

理由：一、A公司既係依外國法律組織登記之保險公司，縱在臺尚未向主管機關申請許可，亦無分公司之設立，仍無解其法人之本質，應屬外國保險業。

二、按外國保險業非經主管機關許可，並依法為營業登記，繳存保證金，領得營業執照後，不得開始營業。違反該規定經營保險業務者，應由主管機關勒令停業，並得科處負責人罰鍰。保險法第一百三十七條、一百六十六條定有明文。某甲受僱於A保險公司為業務代表，對外所為法律行為效果直接歸屬於A公司，A保險公司未經許可先行營業，應依保險法第一百六十六條規定處理，甲之行為尚不為罪。

乙說：甲所為係犯保險法第一百六十七條之罪。

理由：一、按「稱外國保險業者，係指依外國法律組織登記，並經主管機關許可，在中華民國境內經營保險為業務之機構。」保險法第六條第二項定有明文。A公司雖係依外國法律組織登記，然在我國並無分公司設立，亦未經主管機關許可，無從為行政管理，核與保險法規定之外國保險業定義有別。

二、又保險法第一百六十六條及第一百六十七條之適用區別，在於前者係屬保險業未經核准前之先行營業行為，後者為處罰非保險業經營保險或類似保險之行為。A公司非屬外國保險公司已如前述，某甲受僱A公司經營保險業務，核其所為，係犯保險法第一百六十七條之罪。況A公司在臺根本無分公司之設立，如何由主管機關勒令停業並對負責人科處罰鍰，如依甲說處理，對此一情形，勢將無法可管。

丙說：依甲招攬保險業務（如與客戶訂立契約等）究以A公司名義或以個人名義為之而異。

一、以A公司名義為之──則甲係違反公司法第十九條第一項規定，應依同條第二項前段處刑。

理由：A公司非依保險法第六條第一、二項成立之保險機構，亦非依公司法第四條成立之外國公司；甲擅以A公司名義經營保險業務，有違公司法第十九條第一項之規定，應依同條第二項前段處刑。

二、以甲個人名義為之──則甲係犯保險法第一百六十七條第一項之罪。

理由：甲非保險業，卻以個人名義經營保險業務，所為該當於保險法第一百六十七條第一項之構成要件。

臺高檢署研究意見：多數採丙說。

法務部檢察司研究意見：同意臺灣高等法院檢察署研究意見，以丙說為當。

第一百三十七條

　　保險業非申請主管機關核准，並依法為營業登記，繳存保證金，領得營業執照後，不得開始營業。

　　保險業之設立標準，由主管機關定之。

　　外國保險業非經主管機關許可，並依法為營業登記，繳存保證金，領得營業執照後，不得開始營業。

　　本法有關保險業之規定，除法令另有規定外，外國保險業亦適用之。

　　外國保險業之許可標準及管理辦法，由主管機關定之。

＊財政部（八四）臺財保字第八四二○三四八○九號

　要旨：

　釋示外國保險業設立聯絡處實質即為公司法第三八六條第二項之「代表人辦事處」

　主旨：

　本部依「外國保險業設立聯絡處審核要點」許可設立之聯絡處，實質上即為公司法第三百八十六條第二項之「代表人辦事處」，請惠予依例辦理。

　說明：

　一、查本要點第六點與「外國銀行設立分行及代表人辦事處審核準則」第三條，均基於同一意旨，規定外國保險業聯絡處及外國銀行代表人辦事處，以辦理業務上之聯絡事項為限（附件一，略），但實際上，其得從事之行為並不限於前揭業務上之聯絡行為，兼及其他意思表示為要素之法律行為。

　二、本要點第五點及第九點，係為配合公司法第三百八十六條及為加強管理，維護保險市場秩序而增、修訂，且依往例，外國保險業或外國銀行經本部許可設立聯絡處或代表人辦事處後，均可依　貴部要求按公司法第三百八十六條規定備案。（附件二，略）本案仍請　貴部援例處理。

＊財政部（七八）臺財證㈡字第○○五八六號

　要旨：

　外國保險公司開戶買賣我國有價證券有關規定

　主旨：

　函轉行政院所頒「修正華僑及外國人投資證券及結匯辦法第二條條文」乙份，如附件，並請依說明事項，修改相關規定，報會核備後，接受在中華民國境內設有分公司之外國保險公司辦理開戶買賣有價證券。

　說明：

　外國保險公司在中華民國境內設有分公司者，其買賣我國有價證券，應以總公司名義開戶，開戶時並應具備左列文件：

　㈠總公司營業執照經簽證影本。㈡分公司之設立登記證照，營業許可或特許證照、營

利事業登記證及所在地稅捐稽徵機關發給之設立扣繳單位編配統一編號通知單影本。㈢授權分公司經理人或其他代理人為開戶負責人之授權書及該代理人國民身分證或居留證影本。㈣授權為買賣有價證券代理人之授權書及該代理人之國民身分證及居留證影本。

＊財政部（六九）臺財稅字第三九七一七號

要旨：

第一則

外國保險業在我國承辦國內業者未開辦之保險業務者應課徵營業稅

全文內容：

外國保險業經我國主管機關核准，在我國承辦國內保險業尚未開辦之保險業務者，係屬營業稅法第三條第一項規定在中華民國境內之營業，其保費收入，應依照修正營業稅分類計徵標的表第三類保險業欄規定之稅率百分之四課徵營業稅。

第二則

外國保險業承辦國內保險業尚未開辦保險業務之課稅標準

全文內容：

外國保險業經我國主管機關核准，在我國承辦國內保險業尚未開辦之保險業務者，係屬營業稅法第三條第一項規定在中華民國境內之營業，其保費收入，應依照修正營業稅分類計徵標的表第三類保險業欄規定之稅率百分之四課徵營業稅。註：舊第二十條

行政釋令：現已因八十二年三月修訂刪除。

第一百五十五條

保險公司之營業登記，外國保險公司之申請特許及其分支機構營業登記及其他登記，其程序準用公司法公司設立登記，外國公司認許，外國分公司登記及其他登記之規定。

第一百六十六條

未依第一百三十七條規定，經主管機關核准經營保險業務者，應勒令停業，並處新臺幣三百萬元以上一千五百萬元以下罰鍰。

7. 海商法

中華民國八十九年一月二十六日總統（八九）華總一義字第八九○○○二一一八○號令修正
　公布第七十六條條文

第一章　通則

第一條

　本法稱船舶者，謂在海上航行，或在與海相通水面或水中航行之船舶。

第二條

本法稱船長者，謂受船舶所有人僱用主管船舶一切事務之人員；稱海員者，謂受船舶所有人僱用由船長指揮服務於船舶上所有人員。

第三條

下列船舶除因碰撞外，不適用本法之規定：

一、船舶法所稱之小船。

二、軍事建制之艦艇。

三、專用於公務之船舶。

四、第一條規定以外之其他船舶。

第四條

船舶保全程序之強制執行，於船舶發航準備完成時起，以迄航行至次一停泊港時止，不得為之。但為使航行可能所生之債務，或因船舶碰撞所生之損害，不在此限。國境內航行船舶之保全程序，得以揭示方法為之。

第五條

海商事件，依本法之規定，本法無規定者，適用其他法律之規定。

第二章　船舶

第一節　船舶所有權

第六條

船舶除本法有特別規定外，適用民法關於動產之規定。

第七條

除給養品外，凡於航行上或營業上必需之一切設備及屬具，皆視為船舶之一部。

第八條

船舶所有權或應有部分之讓與，非作成書面並依左列之規定，不生效力：

一、在中華民國，應申請讓與地或船舶所在地航政主管機關蓋印證明。

二、在外國，應申請中華民國駐外使領館、代表處或其他外交部授權機構蓋印證明。

第九條

船舶所有權之移轉，非經登記，不得對抗第三人。

第十條

船舶建造中，承攬人破產而破產管理人不為完成建造者，船舶定造人，得將船舶及業經交付或預定之材料，照估價扣除已付定金給償收取之，並得自行出資在原處完成建造。但使用船廠應給與報償。

第十一條

共有船舶之處分及其他與共有人共同利益有關之事項，應以共有人過半數並其應有部

分之價值合計過半數之同意為之。

第十二條

　船舶共有人有出賣其應有部分時，其他共有人，得以同一價格儘先承買。

　因船舶共有權一部分之出賣致該船舶喪失中華民國國籍時，應得共有人全體之同意。

第十三條

　船舶共有人，以其應有部分供抵押時，應得其他共有人過半數之同意。

第十四條

　船舶共有人，對於利用船舶所生之債務，就其應有部分，負比例分擔之責。

　共有人對於發生債務之管理行為，曾經拒絕同意者，關於此項債務，得委棄其應有部分於他共有人而免其責任。

第十五條

　船舶共有人為船長而被辭退或解任時，得退出共有關係，並請求返還其應有部分之資金。

　前項資金數額，依當事人之協議定之，協議不成時，由法院裁判之。

　第一項所規定退出共有關係之權，自被辭退之日起算，經一個月不行使而消滅。

第十六條

　共有關係，不因共有人中一人之死亡、破產或禁治產而終止。

第十七條

　船舶共有人，應選任共有船舶經理人，經營其業務，共有船舶經理人之選任，應以共有人過半數，並其應有部分之價值合計過半數之同意為之。

第十八條

　共有船舶經理人關於船舶之營運，在訴訟上或訴訟外代表共有人。

第十九條

　共有船舶經理人，非經共有人依第十一條規定之書面委任，不得出賣或抵押其船舶。

　船舶共有人，對於共有船舶經理人權限所加之限制，不得對抗善意第三人。

第二十條

　共有船舶經理人，於每次航行完成後，應將其經過情形，報告於共有人，共有人亦得隨時檢查其營業情形，並查閱帳簿。

第二十一條

船舶所有人對下列事項所負之責任，以本次航行之船舶價值、運費及其他附屬費為限：

一、在船上、操作船舶或救助工作直接所致人身傷亡或財物毀損滅失之損害賠償。

二、船舶操作或救助工作所致權益侵害之損害賠償。但不包括因契約關係所生之損害賠償。

三、沈船或落海之打撈移除所生之債務。但不包括依契約之報酬或給付。

四、為避免或減輕前二款責任所負之債務。

前項所稱船舶所有人，包括船舶所有權人、船舶承租人、經理人及營運人。

第一項所稱本次航行，指船舶自一港至次一港之航程；所稱運費，不包括依法或依約不能收取之運費及票價；所稱附屬費，指船舶因受損害應得之賠償。但不包括保險金。

第一項責任限制數額如低於下列標準者，船舶所有人應補足之：

一、對財物損害之賠償，以船舶登記總噸，每一總噸為國際貨幣基金，特別提款權五四計算單位，計算其數額。

二、對人身傷亡之賠償，以船舶登記總噸，每一總噸特別提款權一六二計算單位計算其數額。

三、前二款同時發生者，以船舶登記總噸，每一總噸特別提款權一六二計算單位計算其數額，但人身傷亡應優先以船舶登記總噸，每一總噸特別提款權一〇八計算單位計算之數額內賠償，如此數額不足以全部清償時，其不足額再與財物之毀損滅失，共同在現存之責任限制數額內比例分配之。

四、船舶登記總噸不足三百噸者，以三百噸計算。

第二十二條

前條責任限制之規定，於下列情形不適用之：

一、本於船舶所有人本人之故意或過失所生之債務。

二、本於船長、海員及其他服務船舶之人員之僱用契約所生之債務。

三、救助報酬及共同海損分擔額。

四、船舶運送毒性化學物質或油污所生損害之賠償。

五、船舶運送核子物質或廢料發生核子事故所生損害之賠償。

六、核能動力船舶所生核子損害之賠償。

第二十三條

船舶所有人，如依第二十一條之規定限制其責任者，對於本次航行之船舶價值應證明之。

船舶價值之估計，以下列時期之船舶狀態為準：

一、因碰撞或其他事變所生共同海損之債權，及事變後以迄於第一到達港時所生之一切債權，其估價依船舶於到達第一港時之狀態。

二、關於船舶在停泊港內發生事變所生之債權，其估價依船舶在停泊港內事變發生後之狀態。

三、關於貨載之債權或本於載貨證券而生之債權，除前二款情形外，其估價依船舶於到達貨物之目的港時，或航行中斷地之狀態，如貨載應送達於數個不同之港埠，而損害係因同一原因而生者，其估價依船舶於到達該數港中之第一港時之狀態。

四、關於第二十一條所規定之其他債權，其估價依船舶航行完成時之狀態。

第二節　海事優先權

第二十四條

下列各款為海事優先權擔保之債權，有優先受償之權：

一、船長、海員及其他在船上服務之人員，本於僱傭契約所生之債權。

二、因船舶操作直接所致人身傷亡，對船舶所有人之賠償請求。

三、救助之報酬、清除沉船費用及船舶共同海損分擔額之賠償請求。

四、因船舶操作直接所致陸上或水上財物毀損滅失，對船舶所有人基於侵權行為之賠償請求。

五、港埠費、運河費、其他水道費及引水費。

前項海事優先權之位次，在船舶抵押權之前。

第二十五條

建造或修繕船舶所生債權，其債權人留置船舶之留置權位次，在海事優先權之後，船舶抵押權之前。

第二十六條

本法第二十二條第一項第四款至第六款之賠償請求，不適用本法有關海事優先權之規定。

第二十七條

依第二十四條之規定，得優先受償之標的如下：

一、船舶、船舶設備及屬具或其殘餘物。

二、在發生優先債權之航行期內之運費。

三、船舶所有人因本次航行中船舶所受損害，或運費損失應得之賠償。

四、船舶所有人因共同海損應得之賠償。

五、船舶所有人在航行完成前，為施行救助所應得之報酬。

第二十八條

第二十四條第一項第一款之債權，得就同一僱傭契約期內所得之全部運費，優先受償，不受前條第二款之限制。

第二十九條

屬於同次航行之海事優先權，其位次依第二十四條各款之規定。

一款中有數債權者，不分先後，比例受償。

第二十四條第一項第三款所列債權，如有二個以上屬於同一種類，其發生在後者優先受償。救助報酬之發生應以施救行為完成時為準。

共同海損之分擔，應以共同海損行為發生之時為準。

因同一事變所發生第二十四條第一項各款之債權，視為同時發生之債權。

第三十條

不屬於同次航行之海事優先權，其後次航行之海事優先權，先於前次航行之海事優先權。

第三十一條

海事優先權，不因船舶所有權之移轉而受影響。

第三十二條

第二十四條第一項海事優先權自其債權發生之日起，經一年而消滅。但第二十四條第一項第一款之賠償，自離職之日起算。

第三節　船舶抵押權

第三十三條

船舶抵押權之設定，應以書面為之。

第三十四條

船舶抵押權，得就建造中之船舶設定之。

第三十五條

船舶抵押權之設定，除法律別有規定外，僅船舶所有人或受其特別委任之人始得為之。

第三十六條

船舶抵押權之設定，非經登記，不得對抗第三人。

第三十七條

船舶共有人中一人或數人，就其應有部分所設定之抵押權，不因分割或出賣而受影響。

第三章　運送

第一節　貨物運送

第三十八條

貨物運送契約為下列二種：

一、以件貨之運送為目的者。

二、以船舶之全部或一部供運送為目的者。

第三十九條

以船舶之全部或一部供運送為目的之運送契約，應以書面為之。

第四十條

前條運送契約應載明下列事項：

一、當事人姓名或名稱，及其住所、事務所或營業所。

二、船名及對船舶之說明。

三、貨物之種類及數量。

四、契約期限或航程事項。

五、運費。

第四十一條

以船舶之全部或一部供運送之契約，不因船舶所有權之移轉而受影響。

第四十二條

運送人所供給之船舶有瑕疵，不能達運送契約之目的時，託運人得解除契約。

第四十三條

以船舶之全部供運送時，託運人於發航前得解除契約。但應支付運費三分之一，其已裝載貨物之全部或一部者，並應負擔因裝卸所增加之費用。

前項如為往返航程之約定者，託運人於返程發航前要求終止契約時，應支付運費三分之二。

前二項之規定，對於當事人之間，關於延滯費之約定不受影響。

第四十四條

以船舶之一部供運送時，託運人於發航前，非支付其運費之全部，不得解除契約。如託運人已裝載貨物之全部或一部者，並應負擔因裝卸所增加之費用及賠償加於其他貨載之損害。

前項情形，託運人皆為契約之解除者，各託運人僅負前條所規定之責任。

第四十五條

前二條之規定，對船舶於一定時間內供運送或為數次繼續航行所訂立之契約，不適用之。

第四十六條

以船舶之全部於一定時期內供運送者，託運人僅得以約定或以船舶之性質而定之方法，使為運送。

第四十七條

前條託運人，僅就船舶可使用之期間，負擔運費。但因航行事變所生之停止，仍應繼續負擔運費。

前項船舶之停止，係因運送人或其代理人之行為或因船舶之狀態所致者，託運人不負擔運費，如有損害，並得請求賠償。

船舶行蹤不明時，託運人以得最後消息之日為止，負擔運費之全部，並自最後消息後，以迄於該次航行通常所需之期間應完成之日，負擔運費之半數。

第四十八條

以船舶之全部或一部供運送者，託運人所裝載貨物，不及約定之數量時，仍應負擔全部之運費。但應扣除船舶因此所減省費用之全部，及因另裝貨物所取得運費四分之三。

第四十九條

託運人因解除契約，應付全部運費時，得扣除運送人因此減省費用之全部，及另裝貨物所得運費四分之三。

第五十條

貨物運達後，運送人或船長應即通知託運人指定之應受通知人或受貨人。

第五十一條

受貨人怠於受領貨物時運送人或船長得以受貨人之費用，將貨物寄存於港埠管理機關或合法經營之倉庫，並通知受貨人。

受貨人不明或受貨人拒絕受領貨物時，運送人或船長得依前項之規定辦理，並通知託運人及受貨人。

運送人對於前二項貨物有下列情形之一者，得聲請法院裁定准予拍賣，於扣除運費或其他相關之必要費用後提存其價金之餘額：

一、不能寄存於倉庫。

二、有腐壞之虞。

三、顯見其價值不足抵償運費及其他相關之必要費用。

第五十二條

以船舶之全部或一部供運送者，運送人非於船舶完成裝貨或卸貨準備時，不得簽發裝貨或卸貨準備完成通知書。

裝卸期間自前項通知送達之翌日起算，期間內不工作休假日及裝卸不可能之日不算入。但超過合理裝卸期間者，船舶所有人得按超過之日期，請求合理之補償。

前項超過裝卸期間，休假日及裝卸不可能之日亦算入之。

第五十三條

運送人或船長於貨物裝載後，因託運人之請求，應發給載貨證券。

第五十四條

載貨證券，應載明下列各款事項，由運送人或船長簽名：

一、船舶名稱。

二、託運人之姓名或名稱。

三、依照託運人書面通知之貨物名稱、件數或重量，或其包裝之種類、個數及標誌。

四、裝載港及卸貨港。

五、運費交付。

六、載貨證券之份數。

七、填發之年月日。

前項第三款之通知事項，如與所收貨物之實際情況有顯著跡象，疑其不相符合，或無法核對時，運送人或船長得在載貨證券內載明其事由或不予載明。

載貨證券依第一項第三款為記載者，推定運送人依其記載為運送。

第五十五條

託運人對於交運貨物之名稱、數量，或其包裝之種類、個數及標誌之通知，應向運送人保證其正確無訛，其因通知不正確所發生或所致之一切毀損、滅失及費用，由託運人負賠償責任。

運送人不得以前項託運人應負賠償責任之事由，對抗託運人以外之載貨證券持有人。

第五十六條

貨物一經有受領權利人受領，推定運送人已依照載貨證券之記載，交清貨物。但有下列情事之一者，不在此限：

一、提貨前或當時，受領權利人已將毀損滅失情形，以書面通知運送人者。

二、提貨前或當時，毀損滅失經共同檢定，作成公證報告書者。

三、毀損滅失不顯著而於提貨後三日內，以書面通知運送人者。

四、在收貨證件上註明毀損或滅失者。

貨物之全部或一部毀損、滅失者，自貨物受領之日或自應受領之日起，一年內未起訴者，運送人或船舶所有人解除其責任。

第五十七條

運送人或船舶所有人所受之損害，非由於託運人或其代理人受僱人之過失所致者，託運人不負賠償責任。

第五十八條

載貨證券有數份者，在貨物目的港請求交付貨物之人，縱僅持有載貨證券一份，運送人或船長不得拒絕交付。不在貨物目的港時，運送人或船長非接受載貨證券之全數，不得為貨物之交付。

二人以上之載貨證券持有人請求交付貨物時，運送人或船長應即將貨物按照第五十一條之規定寄存，並通知曾為請求之各持有人，運送人或船長，已依第一項之規定，交付貨物之一部後，他持有人請求交付貨物者，對於其賸餘之部分亦同。

載貨證券之持有人有二人以上者，其中一人先於他持有人受貨物之交付時，他持有人之載貨證券對運送人失其效力。

第五十九條

載貨證券之持有人有二人以上，而運送人或船長尚未交付貨物者，其持有先受發送或交付之證券者，得先於他持有人行使其權利。

第六十條

民法第六百二十七條至第六百三十條關於提單之規定，於載貨證券準用之。

以船舶之全部或一部供運送為目的之運送契約另行簽發載貨證券者，運送人與託運人以外載貨證券持有人間之關係，依載貨證券之記載。

第六十一條

以件貨運送為目的之運送契約或載貨證券記載條款、條件或約定，以減輕或免除運送人或船舶所有人，對於因過失或本章規定應履行之義務而不履行，致有貨物毀損、滅失或遲到之責任者，其條款、條件或約定不生效力。

第六十二條

運送人或船舶所有人於發航前及發航時，對於下列事項，應為必要之注意及措置：

一、使船舶有安全航行之能力。

二、配置船舶相當船員、設備及供應。

三、使貨艙、冷藏室及其他供載運貨物部分適合於受載、運送與保存。

船舶於發航後因突失航行能力所致之毀損或滅失，運送人不負賠償責任。

運送人或船舶所有人為免除前項責任之主張，應負舉證之責。

第六十三條

運送人對於承運貨物之裝載、卸載、搬移、堆存、保管、運送及看守，應為必要之注意及處置。

第六十四條

運送人知悉貨物為違禁物或不實申報物者，應拒絕載運。其貨物之性質足以毀損船舶或危害船舶上人員健康者亦同。但為航運或商業習慣所許者，不在此限。

運送人知悉貨物之性質具易燃性、易爆性或危險性並同意裝運後，若此貨物對於船舶或貨載有危險之虞時，運送人得隨時將其起岸、毀棄或使之無害，運送人除由於共同海損者外，不負賠償責任。

第六十五條

運送人或船長發見未經報明之貨物，得在裝載港將其起岸，或使支付同一航程同種貨物應付最高額之運費，如有損害並得請求賠償。

前項貨物在航行中發見時，如係違禁物或其性質足以發生損害者，船長得投棄之。

第六十六條

船舶發航後，因不可抗力不能到達目的港而將原裝貨物運回時，縱其船舶約定為去航及歸航之運送，託運人僅負擔去航運費。

第六十七條

船舶在航行中，因海上事故而須修繕時，如託運人於到達目的港前提取貨物者，應付全部運費。

第六十八條

船舶在航行中遭難或不能航行，而貨物仍由船長設法運到目的港時，如其運費較低於約定之運費者，託運人減支兩運費差額之半數。

如新運費等於約定之運費，託運人不負擔任何費用，如新運費較高於約定之運費，其

增高額由託運人負擔之。

第六十九條

因下列事由所發生之毀損或滅失，運送人或船舶所有人不負賠償責任：

一、船長、海員、引水人或運送人之受僱人，於航行或管理船舶之行為而有過失。

二、海上或航路上之危險、災難或意外事故。

三、非由於運送人本人之故意或過失所生之火災。

四、天災。

五、戰爭行為。

六、暴動。

七、公共敵人之行為。

八、有權力者之拘捕、限制或依司法程序之扣押。

九、檢疫限制。

十、罷工或其他勞動事故。

十一、救助或意圖救助海上人命或財產。

十二、包裝不固。

十三、標誌不足或不符。

十四、因貨物之固有瑕疵、品質或特性所致之耗損或其他毀損滅失。

十五、貨物所有人、託運人或其代理人、代表人之行為或不行為。

十六、船舶雖經注意仍不能發現之隱有瑕疵。

十七、其他非因運送人或船舶所有人本人之故意或過失及非因其代理人、受僱人之過
　　　失所致者。

第七十條

託運人於託運時故意虛報貨物之性質或價值，運送人或船舶所有人對於其貨物之毀損
或滅失，不負賠償責任。

除貨物之性質及價值於裝載前，已經託運人聲明並註明於載貨證券者外，運送人或船
舶所有人對於貨物之毀損滅失，其賠償責任，以每件特別提款權六六六・六七單位或
每公斤特別提款權二單位計算所得之金額，兩者較高者為限。

前項所稱件數，係指貨物託運之包裝單位。其以貨櫃、墊板或其他方式併裝運送者，
應以載貨證券所載其內之包裝單位為件數。但載貨證券未經載明者，以併裝單位為件
數。其使用之貨櫃係由託運人提供者，貨櫃本身得作為一件計算。

由於運送人或船舶所有人之故意或重大過失所發生之毀損或滅失，運送人或船舶所有
人不得主張第二項單位限制責任之利益。

第七十一條

為救助或意圖救助海上人命、財產，或因其他正當理由偏航者，不得認為違反運送契

約，其因而發生毀損或滅失時，船舶所有人或運送人不負賠償責任。

第七十二條

貨物未經船長或運送人之同意而裝載者，運送人或船舶所有人，對於其貨物之毀損或滅失，不負責任。

第七十三條

運送人或船長如將貨物裝載於甲板上，致生毀損或滅失時，應負賠償責任。但經託運人之同意並載明於運送契約或航運種類或商業習慣所許者，不在此限。

第七十四條

載貨證券之發給人，對於依載貨證券所記載應為之行為，均應負責。

前項發給人，對於貨物之各連續運送人之行為，應負保證之責。但各連續運送人，僅對於自己航程中所生之毀損滅失及遲到負其責任。

第七十五條

連續運送同時涉及海上運送及其他方法之運送者，其海上運送部分適用本法之規定。

貨物毀損滅失發生時間不明者，推定其發生於海上運送階段。

第七十六條

本節有關運送人因貨物滅失、毀損或遲到對託運人或其他第三人所得主張之抗辯及責任限制之規定，對運送人之代理人或受僱人亦得主張之。但經證明貨物之滅失、毀損或遲到，係因代理人或受僱人故意或重大過失所致者，不在此限。

前項之規定，對從事商港區域內之裝卸、搬運、保管、看守、儲存、理貨、穩固、墊艙者，亦適用之。

第七十七條

載貨證券所載之裝載港或卸貨港為中華民國港口者，其載貨證券所生之法律關係依涉外民事法律適用法所定應適用法律。但依本法中華民國受貨人或託運人保護較優者，應適用本法之規定。

第七十八條

裝貨港或卸貨港為中華民國港口者之載貨證券所生之爭議，得由我國裝貨港或卸貨港或其他依法有管轄權之法院管轄。

前項載貨證券訂有仲裁條款者，經契約當事人同意後，得於我國進行仲裁，不受載貨證券內仲裁地或仲裁規則記載之拘束。

前項規定視為當事人仲裁契約之一部。但當事人於爭議發生後另有書面合意者，不在此限。

第二節　旅客運送

第七十九條

旅客之運送，除本節規定外，準用本章第一節之規定。

第八十條

對於旅客供膳者，其膳費應包括於票價之內。

第八十一條

旅客於實施意外保險之特定航線及地區，均應投保意外險，保險金額載入客票，視同契約，其保險費包括於票價內，並以保險金額為損害賠償之最高額。

前項特定航線地區及保險金額，由交通部定之。

第八十二條

旅客除前條保險外，自行另加保意外險者，其損害賠償依其約定。但應以書面為之。

第八十三條

運送人或船長應依船票所載，運送旅客至目的港。

運送人或船長違反前項規定時，旅客得解除契約，如有損害，並得請求賠償。

第八十四條

旅客於發航二十四小時前，得給付票價十分之二，解除契約；其於發航前因死亡、疾病或其他基於本身不得已之事由，不能或拒絕乘船者，運送人得請求票價十分之一。

第八十五條

旅客在船舶發航或航程中不依時登船，或船長依職權實行緊急處分迫令其離船者，仍應給付全部票價。

第八十六條

船舶不於預定之日發航者，旅客得解除契約。

第八十七條

旅客在航程中自願上陸時，仍負擔全部票價，其因疾病上陸或死亡時，僅按其已運送之航程負擔票價。

第八十八條

船舶因不可抗力不能繼續航行時，運送人或船長應設法將旅客運送至目的港。

第八十九條

旅客之目的港如發生天災、戰亂、瘟疫，或其他特殊事故致船舶不能進港卸客者，運送人或船長得依旅客之意願，將其送至最近之港口或送返乘船港。

第九十條

運送人或船長在航行中為船舶修繕時，應以同等級船舶完成其航程，旅客在候船期間並應無償供給膳宿。

第九十一條

旅客於船舶抵達目的港後，應依船長之指示即行離船。

第三節　船舶拖帶

第九十二條

拖船與被拖船如不屬於同一所有人時，其損害賠償之責任，應由拖船所有人負擔。但契約另有訂定者，不在此限。

第九十三條

共同或連接之拖船，因航行所生之損害，對被害人負連帶責任。但他拖船對於加害之拖船有求償權。

第四章　船舶碰撞

第九十四條

船舶之碰撞，不論發生於何地，皆依本章之規定處理之。

第九十五條

碰撞係因不可抗力而發生者，被害人不得請求損害賠償。

第九十六條

碰撞係因於一船舶之過失所致者，由該船舶負損害賠償責任。

第九十七條

碰撞之各船舶有共同過失時，各依其過失程度之比例負其責任，不能判定其過失之輕重時，各方平均負其責任。

有過失之各船舶，對於因死亡或傷害所生之損害，應負連帶責任。

第九十八條

前二條責任，不因碰撞係由引水人之過失所致而免除。

第九十九條

因碰撞所生之請求權，自碰撞日起算，經過兩年不行使而消滅。

第一百條

船舶在中華民國領海、內水、港口、河道內碰撞者，法院對於加害之船舶，得扣押之。

碰撞不在中華民國領海、內水、港口、河道內，而被害者為中華民國船舶或國民，法院於加害之船舶進入中華民國領海後，得扣押之。

前兩項被扣押船舶得提供擔保，請求放行。

前項擔保，得由適當之銀行或保險人出具書面保證代之。

第一百零一條

關於碰撞之訴訟，得向下列法院起訴:

一、被告之住所或營業所所在地之法院。

二、碰撞發生地之法院。

三、被告船舶船籍港之法院。

四、船舶扣押地之法院。

五、當事人合意地之法院。

第五章　海難救助

第一百零二條

船長於不甚危害其船舶、海員、旅客之範圍內，對於淹沒或其他危難之人應盡力救助。

第一百零三條

對於船舶或船舶上財物施以救助而有效果者，得按其效果請求相當之報酬。

施救人所施救之船舶或船舶上貨物，有損害環境之虞者，施救人得向船舶所有人請求與實際支出費用同額之報酬；其救助行為對於船舶或船舶上貨物所造成環境之損害已有效防止或減輕者，得向船舶所有人請求與實際支出費用同額或不超過其費用一倍之報酬。

施救人同時有前二項報酬請求權者，前項報酬應自第一項可得請求之報酬中扣除之。

施救人之報酬請求權，自救助完成日起，二年間不行使而消滅。

第一百零四條

屬於同一所有人之船舶救助，仍得請求報酬。

拖船對於被拖船施以救助者，得請求報酬。但以非為履行該拖船契約者為限。

第一百零五條

救助報酬由當事人協議定之，協議不成時，得提付仲裁或請求法院裁判之。

第一百零六條

前條規定，於施救人與船舶間，及施救人間之分配報酬之比例，準用之。

第一百零七條

於實行施救中救人者，對於船舶及財物之救助報酬金，有參加分配之權。

第一百零八條

經以正當理由拒絕施救，而仍強為施救者，不得請求報酬。

第一百零九條

船舶碰撞後，各碰撞船舶之船長於不甚危害其船舶、海員或旅客之範圍內，對於他船舶船長、海員及旅客，應盡力救助。

各該船長，除有不可抗力之情形外，在未確知繼續救助為無益前，應停留於發生災難之處所。

各該船長，應於可能範圍內，將其船舶名稱及船籍港並開來及開往之處所，通知於他船舶。

第六章　共同海損

第一百十條

　稱共同海損者，謂在船舶航程期間，為求共同危險中全體財產之安全所為故意及合理處分，而直接造成之犧牲及發生之費用。

第一百十一條

　共同海損以各被保存財產價值與共同海損總額之比例，由各利害關係人分擔之。因共同海損行為所犧牲而獲共同海損補償之財產，亦應參與分擔。

第一百十二條

　前條各被保存財產之分擔價值，應以航程終止地或放棄共同航程時地財產之實際淨值為準，依下列規定計算之：

一、船舶以到達時地之價格為準，如船舶於航程中已修復者，應扣除在該航程中共同海損之犧牲額及其他非共同海損之損害額。但不得低於其實際所餘殘值。

二、貨物以送交最後受貨人之商業發票所載價格為準，如無商業發票者，以裝船時地之價值為準，並均包括應支付之運費及保險費在內。

三、運費以到付運費之應收額，扣除非共同海損費用為準。

　前項各類之實際淨值，均應另加計共同海損之補償額。

第一百十三條

　共同海損犧牲之補償額，應以各財產於航程終止時地或放棄共同航程時地之實際淨值為準，依下列規定計算之：

一、船舶以實際必要之合理修繕或設備材料之更換費用為準。未經修繕或更換者，以該損失所造成之合理貶值。但不能超過估計之修繕或更換費用。

二、貨物以送交最後受貨人商業發票價格計算所受之損害為準，如無商業發票者，以裝船時地之價值為準，並均包括應支付之運費及保險費在內。受損貨物如被出售者，以出售淨值與前述所訂商業發票或裝船時地貨物淨值之差額為準。

三、運費以貨載之毀損或滅失致減少或全無者為準。但運送人因此減省之費用，應扣除之。

第一百十四條

　下列費用為共同海損費用：

一、為保存共同危險中全體財產所生之港埠、貨物處理、船員工資及船舶維護所必需之燃、物料費用。

二、船舶發生共同海損後，為繼續共同航程所需之額外費用。

三、為共同海損所墊付現金百分之二之報酬。

四、自共同海損發生之日起至共同海損實際收付日止，應行收付金額所生之利息。

為替代前項第一款、第二款共同海損費用所生之其他費用，視為共同海損之費用。但替代費用不得超過原共同海損費用。

第一百十五條

共同海損因利害關係人之過失所致者，各關係人仍應分擔之。但不影響其他關係人對過失之負責人之賠償請求權。

第一百十六條

未依航運習慣裝載之貨物經投棄者，不認為共同海損犧牲。但經撈救者，仍應分擔共同海損。

第一百十七條

無載貨證券亦無船長收據之貨物，或未記載於目錄之設備屬具，經犧牲者，不認為共同海損。但經撈救者，仍應分擔共同海損。

第一百十八條

貨幣、有價證券或其他貴重物品，經犧牲者，除已報明船長者外，不認為共同海損犧牲。但經撈救者，仍應分擔共同海損。

第一百十九條

貨物之性質，於託運時故意為不實之聲明，經犧牲者，不認為共同海損。但經保存者，應按其實在價值分擔之。

貨物之價值，於託運時為不實之聲明，使聲明價值與實在價值不同者，其共同海損犧牲之補償額以金額低者為準，分擔價值以金額高者為準。

第一百二十條

船上所備糧食、武器、船員之衣物、薪津、郵件及無載貨證券之旅客行李、私人物品皆不分擔共同海損。

前項物品如被犧牲，其損失應由各關係人分擔之。

第一百二十一條

共同海損之計算，由全體關係人協議定之。協議不成時，得提付仲裁或請求法院裁判之。

第一百二十二條

運送人或船長對於未清償分擔額之貨物所有人，得留置其貨物。但提供擔保者，不在此限。

第一百二十三條

利害關係人於受分擔額後，復得其船舶或貨物之全部或一部者，應將其所受之分擔額返還於關係人。但得將其所受損害及復得之費用扣除之。

第一百二十四條

應負分擔義務之人，得委棄其存留物而免分擔海損之責。

第一百二十五條

因共同海損所生之債權，自計算確定之日起，經過一年不行使而消滅。

第七章　海上保險

第一百二十六條

關於海上保險，本章無規定者，適用保險法之規定。

第一百二十七條

凡與海上航行有關而可能發生危險之財產權益，皆得為海上保險之標的。

海上保險契約，得約定延展加保至陸上、內河、湖泊或內陸水道之危險。

第一百二十八條

保險期間除契約另有訂定外，關於船舶及其設備屬具，自船舶起錨或解纜之時，以迄目的港投錨或繫纜之時，為其期間；關於貨物，自貨物離岸之時，以迄目的港起岸之時，為其期間。

第一百二十九條

保險人對於保險標的物，除契約另有規定外，因海上一切事變及災害所生之毀損滅失及費用，負賠償責任。

第一百三十條

保險事故發生時，要保人或被保險人應採取必要行為，以避免或減輕保險標的之損失，保險人對於要保人或被保險人未履行此項義務而擴大之損失，不負賠償責任。

保險人對於要保人或被保險人，為履行前項義務所生之費用，負償還之責，其償還數額與賠償金額合計雖超過保險標的價值，仍應償還之。

保險人對於前項費用之償還，以保險金額為限。但保險金額不及保險標的物之價值時，則以保險金額對於保險標的之價值比例定之。

第一百三十一條

因要保人或被保險人或其代理人之故意或重大過失所致之損失，保險人不負賠償責任。

第一百三十二條

未確定裝運船舶之貨物保險，要保人或被保險人於知其已裝載於船舶時，應將該船舶之名稱、裝船日期、所裝貨物及其價值，立即通知於保險人。不為通知者，保險人對未為通知所生之損害，不負賠償責任。

第一百三十三條

要保人或被保險人於保險人破產時，得終止契約。

第一百三十四條

船舶之保險人以保險人責任開始之船舶價格及保險費，為保險價額。

第一百三十五條

貨物之保險以裝載時、地之貨物價格、裝載費、稅捐、應付之運費及保險費，為保險價額。

第一百三十六條

貨物到達時應有之佣金、費用或其他利得之保險以保險時之實際金額，為保險價額。

第一百三十七條

運費之保險，僅得以運送人如未經交付貨物即不得收取之運費為之，並以被保險人應收取之運費及保險費為保險價額。

前項保險，得包括船舶之租金及依運送契約可得之收益。

第一百三十八條

貨物損害之計算，依其在到達港於完好狀態下所應有之價值，與其受損狀態之價值比較定之。

第一百三十九條

船舶部分損害之計算，以其合理修復費用為準。但每次事故應以保險金額為限。

部分損害未修復之補償額，以船舶因受損所減少之市價為限。但不得超過所估計之合理修復費用。

保險期間內，船舶部分損害未修復前，即遭遇全損者，不得再行請求前項部分損害未修復之補償額。

第一百四十條

運費部分損害之計算，以所損運費與總運費之比例就保險金額定之。

第一百四十一條

受損害貨物之變賣，除由於不可抗力或船長依法處理者外，應得保險人之同意。並以變賣淨額與保險價額之差額為損害額。但因變賣後所減省之一切費用，應扣除之。

第一百四十二條

海上保險之委付，指被保險人於發生第一百四十三條至第一百四十五條委付原因後，移轉保險標的物之一切權利於保險人，而請求支付該保險標的物全部保險金額之行為。

第一百四十三條

被保險船舶有下列各款情形之一時，得委付之：

一、船舶被捕獲時。

二、船舶不能為修繕或修繕費用超過保險價額時。

三、船舶行蹤不明已逾二個月時。

四、船舶被扣押已逾二個月仍未放行時。

前項第四款所稱扣押，不包含債權人聲請法院所為之查封、假扣押及假處分。

第一百四十四條

被保險貨物有下列各款情形之一時，得委付之：

一、船舶因遭難，或其他事變不能航行已逾二個月而貨物尚未交付於受貨人、要保人或被保險人時。

二、裝運貨物之船舶，行蹤不明，已逾二個月時。

三、貨物因應由保險人負保險責任之損害，其回復原狀及繼續或轉運至目的地費用總額合併超過到達目的地價值時。

第一百四十五條

運費之委付，得於船舶或貨物之委付時為之。

第一百四十六條

委付應就保險標的物之全部為之。但保險單上僅有其中一種標的物發生委付原因時，得就該一種標的物為委付請求其保險金額。委付不得附有條件。

第一百四十七條

委付經承諾或經判決為有效後，自發生委付原因之日起，保險標的物即視為保險人所有。

委付未經承諾前，被保險人對於保險標的物之一切權利不受影響。保險人或被保險人對於保險標的物採取救助、保護或回復之各項措施，不視為已承諾或拋棄委付。

第一百四十八條

委付之通知一經保險人明示承諾，當事人均不得撤銷。

第一百四十九條

要保人或被保險人，於知悉保險之危險發生後，應即通知保險人。

第一百五十條

保險人應於收到要保人或被保險人證明文件後三十日內給付保險金額。

保險人對於前項證明文件如有疑義，而要保人或被保險人提供擔保時，仍應將保險金額全部給付。

前項情形，保險人之金額返還請求權，自給付後經過一年不行使而消滅。

第一百五十一條

要保人或被保險人，自接到貨物之日起，一個月內不將貨物所受損害通知保險人或其代理人時，視為無損害。

第一百五十二條

委付之權利，於知悉委付原因發生後，自得為委付之日起，經過二個月不行使而消滅。

第八章　附則

第一百五十三條

本法自公布日施行。

＊七三臺上字第三九五七號

要旨：

查管轄權之有無，應依原告主張之事實，按諸法律關係於管轄之規定而為認定，與其請求是否成立無涉（參看本院六十五年臺抗字第一六二號判例）。本件被上訴人雖為未經我國認許之外國法人，未在我國設有事務所及營業所，但在臺北市設有總代理商○達船務代理股份有限公司（地址在臺北市南京○路○段七十一號）代辦其在我國之船務，為其陸續招攬運送貨物代收運費，此為被上訴人所不爭執，而被上訴人所屬輪船於每月以三次至四次之定期航線至臺灣載貨，亦有上訴人提出之被上訴人業務廣告乙份在卷可稽，則被上訴人本於其繼續的代辦商契約關係，即有隨時請求三達公司返還其所經收之運費請求權存在，而此項請求權係法律許可依強制執行程序實施扣押之權利，則上訴人向三達公司所在地之第一審法院提起本訴，按諸民事訴訟法第三條第二項規定，即無不合。再查我國海商法第二條所謂船舶所有人，乃指廣義之船舶所有人而言，凡利用船舶而居於船舶所有人相同地位者（包括船舶所有權之所有人即船東以及船舶租賃人），均有僱用船長之權，故船長簽發載貨證券，未必即代表船東而簽發。

＊外交部（七二）外條二字第○○九一二號

要旨：

巴拿馬共和國是否有基於平等、互惠原則適用我國海商法船舶優先權之規定釋答

全文內容：

一、巴拿馬法律對外國海商法之適用，並無明文規定。

二、惟該國政府一九八二年三月卅日頒布之第八號海商法令規定：「他國為採取預防措施，由法院所作成之判決、仲裁及決定等在巴拿馬視為與兩國間相關之條約效力相同」。（四一九條）倘巴拿馬與上述國家尚未訂定有關之條約，則該類決定具有與在巴拿馬頒布之決定同樣之效力。（四二○條）上述法令表示尊重他國有關之法律、判決及決定，應可視為基於平等、互惠原則適用他國海商法之規定，初不限於優先權而已。

＊法務部（七六）法參字第一三五八四號

要旨：

聲請船舶所有權註銷登記之證明文件，是否合於法定程式及其證明力如何？屬事實認定問題，應由主管機關依法令規定，逕依職權認定之。惟其以外國法院之判決作為證明文件，應注意海商法第八條第二款規定之適用。（參考法條：海商法第八條 (51.07.25)）

＊臺灣高等法院暨所屬法院六十七年度法律座談會　民事類第三十九號

法律問題：

設立於臺北市的本國公司某甲與某乙，雙方訂立傭船契約，契約中有仲裁條款之約定，其內容略謂：「凡有關本契約船舶所有人與傭船人所引起之任何糾紛，應於紐約交付三人仲裁，由爭執之雙方各推派一人，而另一人則經雙方所共同推荐，他們三人為履行

仲裁而為之裁決。雙方均表同意，並得向法院認證其效力。」嗣後訂約雙方果因貨物發生短損而起爭執，甲方未經仲裁而逕向我國法院起訴，請求乙方賠償損失。乙方遂提出妨訴抗辯，謂該訟爭事件應先付仲裁，對方在未經仲裁前即行起訴，與程序不合，請求以裁定駁回原告之訴。此時該傭船契約中之仲裁條款，其效力為何？

討論意見：

甲說：

按商務仲裁條例第一條僅規定「凡有關商務上現在或將來之爭議，當事人得依本條例訂立仲裁契約，約定仲裁人一人或單數之數人仲裁之。前項契約應以書面為之。」本件傭船契約，依海商法第八十二條規定必須為書面契約，其仲裁條款記載於傭船契約上，其係書面仲裁契約應無疑義。商務仲裁條例本身並無禁止雙方約定於國外仲裁之規定，依私法自治與契約自由之原則，該仲裁條款之約定自有拘束雙方之效力。甲方未經仲裁而逕行起訴，與法不合，應以裁定駁回。

乙說：

商務仲裁條例雖無禁止本國人間不得於外國仲裁之規定，然該條例第廿一條明定「仲裁人之判斷於當事人間，與法院之確定判決有同一之效力。但須聲請法院為執行裁定後，方得為強制執行。」而我國迄未加入一九二七年日內瓦外國仲裁判斷公約，及一九五八年聯合國仲裁判斷之承認與執行公約，故在外國所為之仲裁判斷，根本無從獲得我國承認與執行。又我國與美國間，雖在一九四八年簽訂「中華民國與美國友好通商航海條約」，其中第六條第四項後段規定「……遇有適於公斷解決之任何爭執，而此項爭執涉及締約雙方之國民、法人或團體，並訂有書面之公斷約定者，締約雙方領土內之法院，對於此項約定應予完全之信任。公斷人在締約一方領土內所為之裁決或決定，該領土內之法院，應予以完全之信任。但公斷之進行，須本諸善意並須合乎公斷之約定。」，此亦僅限於締約雙方為一中一美所引起之爭執為仲裁判斷而已。本件雙方皆為本國人，自不能引用該條約之規定而交由紐約仲裁。況契約自由亦有一定限制，不容許私人之約定而剝奪本該屬於本國法院審判之權利。故傭船契約中雙方應於外國仲裁之約定，不生拘束力。

審查意見：擬採甲說。

研討結果：採甲說。

司法行政部研究意見：

司法行政部六十八年六月十三日臺 (68) 函民字第○五五九九號函復：按傭船契約中所訂在外國仲裁之約定，如合乎我國商務仲裁條例有關規定，依當事人自治之原則，固難認該仲裁條款之約定無拘束雙方之效力。惟若該約定有違公序良俗或公平正義之原則，則當事人之一方縱未經仲裁而逕行起訴，他方亦不得執為妨訴抗辯。是約定應在外國仲裁之條款，是否有拘束雙方當事人之效力，應就個案情形而為論斷，不能一概

而論。左列各項，尤宜注意：㈠當事人自治之原則，須於雙方當事人之地位，在形式上及實質上均屬平等，始有其適用。例如：附合契約，其當事人雙方雖在形式上似屬平等，而在實質上往往強弱懸殊，如一方屈從於他方所預訂之條款，即非平等，於此場合，當無適用當事人自治原則之餘地，故在附合契約中附加在外國仲裁之條款者，該仲裁條款除經雙方明示之同意外，應認無拘束雙方當事人之效力。

㈡又如請求損害賠償之數額，為數不多，若依約定遠赴外國仲裁，花費過鉅，或有其他顯然之困難，或雙方當事人均不明瞭外國仲裁制度及語言，而竟約定應在該國仲裁者，亦應認係違背公序良俗。㈢約定之仲裁地，與原爭事實之調查，證據之取得，標的物之勘驗均無關連者，例如運送契約之託運地在印尼，目的地在高雄，兩造當事人又均為中國人，竟約定在日本或美國仲裁，其約定亦難認為有效。本件甲說全然肯定是仲裁條款之效力，固有未合，乙說謂雙方當事人應於外國仲裁之約定，均不生拘束力，亦欠妥當。（參考法條：海商法第八十二條 (51.07.25)）

＊最高法院六十七年度第四次民事庭庭推總會議決議㈡

提案：

院長交議：關於散裝小麥運送短少之損害賠償問題，牽涉甚廣，經由本院庭推組織研究小組，通盤研討後，擇其習見者六則決議如次。

決議：

一、涉外事件問題：載貨證券係在外國簽發，行為地在外國，應屬涉外事件。

二、準據法問題：載貨證券附記「就貨運糾紛應適用美國法」之文句，乃單方所表示之意思，不能認係雙方當事人之約定，尚無涉外民事法律適用法第六條第一項之適用。又依該條第二項「當事人意思不明時，同國籍者依其本國法」之規定，保險公司代位受貨人憑載貨證券向運送人行使權利，受貨人與運送人雙方均為中國人，自應適用中國法。託運人在本事件訴訟標的之法律關係中並非當事人，其準據法之確定，要不受託運人不同國籍之影響。

三、仲裁條款問題：載貨證券係由運送人或船長單方簽名之證券，其有關仲裁條款之記載，尚不能認係仲裁契約，故亦無商務仲裁條例第三條之適用。

四、適用習慣問題：我民法及海商法有關運送人責任之規定，既未將散裝貨之運送除外，尚難謂無明文規定，應無將美國海上貨物運送例第二章第十一節所定作為商事習慣，依民法第一條規定適用習慣之餘地。

五、自然損耗及磅差問題：散裝貨之運送，運送人或船長於其發給之載貨證券，就貨物重量為「據告稱」或「據告重」之記載者，雖不能因此即謂其非為依海商法第九十八條第一項第三款所為之記載，惟在此情況下，自然損耗及磅差（包括載貨磅差及卸貨磅差）等足以導致重量不符之原因，既無法避免其發生。則卸載之重量，較之載貨證券記載之重量如有短少，而衡之一般情理，在某種範圍內之短少

可認為非因運送人或其代理人、受僱人對於承運貨物之裝卸、搬移、堆存、保管、運送及看守，依海商法第一百零七條應為之注意及處置，有所欠缺所致者，運送人就該範圍內短少之重量，應不負賠償責任。

六、載貨證券在貨物重量上附註「據告稱」或「據告重」等字樣之所憑資料，能否視作海商法第九十八條第一項第三款所指之託運人書面通知，以及卸載時由目的港公證公司會同雙方過磅稱量之各種紀錄及報告，能否視作同法第一百條第一項第一、二兩款之受領權利人之書面通知，均屬事實之認定問題，惟於認定時，不可拘泥於文書形式，而忽視其內容及行為之實質意義。

8.票據法（第一百三十條）

中華民國七十六年六月二十九日總統（七六）華總㈠義字第二三○四號令修正公布刪除第一百四十四之一條條文；財政部（七六）臺財融字第七六○八一七五七○號、法務部（七六）法檢字第七四二三號公告發布第一百四十一、一百四十二條之施行期限，已於七十五年十二月三十一日屆滿當然廢止

第一百三十條

支票之執票人，應於左列期限內，為付款之提示：

一、發票地與付款地在同一省（市）區內者，發票日後七日內。

二、發票地與付款地不在同一省（市）區內者，發票日後十五日內。

三、發票地在國外，付款地在國內者，發票日後二個月內。

＊司法院第三期司法業務研究會

法律問題：

執票人持有票面金額記載以美金為單位之支票向票據債務人行使追索權時，其法定利息應如何計算？

討論意見：

甲說：按以外國通用貨幣為給付之債務，其利率未經約定者，應依民法第二百零三條規定，以週年利率百分之五計算（最高法院四十六年臺上字第廿一號判例參照），故票據法第一百三十三條規定「執票人向支票債務人行使追索權時，得請求自為付款提示日起之利息，如無約定利率者，依年利六釐計算」應限於票面金額記載為新臺幣始有其適用，票面金額如記載美金若干，則應依年息百分之五計算法定利息。

乙說：按稱支票者，謂發票人簽發一定之金額委託銀錢業者，信用合作社或經財政部核准辦理支票存款業務之農會，於見票時，無條件支付與受款人或執票人之票據。故支票之簽發只要符合上開規定，即屬票據法上之支票，縱其金額之記載以美金為單位，其利息亦應依票據法第一百三十三條規定以年利六釐計算。

結論：採乙說。

司法院第一廳研究意見：按應付利息之債務其利率未經約定者，依利率管理條例第六條之規定，債權人固得請求按中央銀行核定之放款利率二分之一計付利息，但此項規定限於債之標的，以中華民國貨幣為給付者，始有其適用，至於以外國通用貨幣為給付之債務，其利息之計付自難以此為標準，仍應依民法第二百零三條之規定，以週年利率百分之五計算，最高法院四十六年臺上字第二一號著有判例。惟票據法有關利率之規定係屬民法第二百零三條之特別規定，應優先於民法而適用，研討結論採乙說，核無不當。

*五二臺財錢發字第〇〇三七六號

要旨：

釋示英文抬頭背書疑義

全文內容：

查支票以公司行號機關團體等抬頭之背書，依外國習慣，須有其經管人員之簽名，或加蓋其簽名式樣之戳記。惟我國票據法規定，票據上之簽名得以蓋章或畫押代之，故發生蓋章後是否尚須簽名之問題。按我國票據法之所以規定簽名得以蓋章代替，當係就我國習慣，指加蓋中國式之圖記而言，茲既有依外國習慣使用西式英文之記載者，而中式圖記與西式戳記之區別，甚難一一列舉，如依印信條例第十四條有關團體民營公司及私人事業機構有關印信之規定辦理，各銀行辨認為難，雖依票據法第七十一條，對其虛偽可不負認定之責，惟如何始可免於重大過失，亦殊難得一適當之標準。為審慎並使顧客得以兼顧計，各銀行對於執票人之信用情形未盡了解者，對其背書，除所蓋圖記外，自似仍加其經管人員之簽名或蓋章為宜。

二、民事程序法

(一)民事訴訟、非訟事件及相關法規

1.民事訴訟法 (第一至三、十八、四十、四十六、九十六、一百零八、一百二十八、一百四十五至一百四十七、一百四十九、二百零三、二百零七、二百八十三、二百八十九、二百九十五、三百四十、三百五十六、四百零二、四百零六、五百零九、五百二十三、五百六十八條)

中華民國八十九年二月九日總統 (八九) 華總一義字第八九○○○三三九一○號令修正公布
　　第八十三、八十四、一百零七、一百十六、一百九十五、一百九十六、一百九十九、二百
　　二十二、二百四十四、二百四十六、二百四十七、二百五十至二百五十二、二百五十四至
　　二百五十六、二百五十八、二百五十九、二百六十二、二百六十五、二百六十六至二百七
　　十七、二百七十九、二百八十、二百八十三至二百八十五、二百八十七至二百九十一、二
　　百九十三至二百九十五、二百九十七、二百九十八、三百零一、三百零三至三百零六、三
　　百十一至三百十三、三百十六、三百十九至三百二十三、三百二十六至三百二十八、三百
　　三十至三百三十五、三百三十七、三百四十、三百四十二、三百四十四至三百五十四、三
　　百五十六、三百五十八、三百五十九、三百六十三、三百六十五至三百六十八、三百七十、
　　三百七十三、三百七十六、四百三十三、四百四十一、四百四十二、四百四十六、四百四
　　十七、四百六十六條條文；增訂第一百零九之一、一百五十三之一、一百九十九之一、二
　　百六十八之一、二百六十八之二、二百七十之一、二百七十一之一、二百八十二之一、二
　　百九十六之一、三百十三之一、三百五十七之一、第五目之一、三百六十七之一至三百六
　　十七之三、三百七十五之一、三百七十六之一、三百七十六之二、四百四十四之一、四百
　　六十六之一至四百六十六之三條條文；並刪除第三百六十二、四百三十六之十三、四百三
　　十六之十七條條文

第一條
　　訴訟，由被告住所地之法院管轄，被告住所地之法院，不能行使職權者，由其居所地
　　之法院管轄。
　　被告在中華民國現無住所或住所不明者，以其在中華民國之居所，視為其住所；無居
　　所或居所不明者，以其在中華民國最後之住所，視為其住所。
　　在外國享有治外法權之中華民國人，不能依前二項規定定管轄法院者，以中央政府所
　　在地視為其住所地。
＊七八臺上字第五九二號

要旨：

訴訟由被告住所地之法院管轄，被告在中華民國現無住所或住所不明者，以其在中華民國之居所視為其住所，即視居所地為其普通審判籍所在地，此觀民事訴訟法第一條第一、二項規定甚明。本件被上訴人雖為外國人（瑞士籍），但既受聘僱為上訴人臺灣分公司經理，在臺北市設有居所（上訴人起訴時，被上訴人尚居住在前述上訴人所提供之臺北市北投區行○路○○○巷○號），依上開規定，對被上訴人之訴訟，原得由該管地方法院（臺灣臺北地方法院士林分院）管轄。

*八二臺聲字第三八二號

要旨：

按夫妻同居之訴，專屬夫妻之住所地法院管轄。夫妻在中華民國無住所或其住所不明者，準用民事訴訟法第一條第一項後段及第二項之規。此在同法第五百六十八條第一項上段、第二項定有明文。聲請人既狀稱：聲請人夫妻均是中華民國人，住所地為香港，其妻無故離家，拒不與聲請人同居，擬進行婚姻事件之訴訟云云，並提出其妻林○美結婚前住所臺北縣三重市信○街○○號戶籍登記簿謄本為證。是此一婚姻事件之專屬管轄法院，在上開法條已有明文規定，聲請人自可依該規定辦理，乃竟聲請本院指定其管轄法院，核無必要。

*七九臺聲字第二四三號

要旨：

按夫妻二人共同收養，其中一人在中華民國現有住、居所或有最後之住所（即曾經在中華民國設籍）者，應逕向其住、居所或最後住所所在地之地方法院聲請裁定認可收養，毋庸聲請本院指定管轄。

*司法院（七二）廳民二字第○二五二號

法律問題：

華僑甲在中華民國境內無住所，亦無財產，某日回國觀光，自香港搭機由桃園中正機場入境，因攜帶物品違反海關緝私條例，為臺北關當場查獲，處以罰鍰新臺幣××元確定，其後該華僑在臺僅數日，均投宿臺北市之旅館或親友處，隨即返回香港；茲臺北關如就前述之罰鍰案件，移送法院執行，應以何法院為管轄法院？

討論意見：

甲說：

華僑甲在臺期間既投宿於臺北市旅館及親友處，即應認其投宿之處所為其在國內停留期間之居所，該項居所係在臺北市，依強制執行法第四十四條準用民事訴訟法第一條第二項以其在中華民國之居所視為其住所，則其罰鍰之執行，應由臺北地方法院為管轄法院。

乙說：

華僑甲在臺期間僅數日，其投宿臺北市旅館或親友住處，僅能認係暫時之休息處所，尚難認係居所，但其返國觀光，係在桃園中正機場入境，被查獲違章而科處罰鍰，故其違章行為之行為地係在桃園縣境，依強制執行法第四十四條準用民事訴訟法第十五條第一項，其罰鍰之執行，應以行為地之法院即桃園地方法院為管轄法院。

丙說：

民事訴訟法第十五條第一項係規定侵權行為之特別審判籍，華僑入境時攜帶物品違反海關緝私條例亦與侵權行為有別；其罰鍰之強制執行，應無準用之餘地；又華僑甲在中華民國境內既無住所，亦無財產，其在臺期間投宿於臺北市之旅館或親友處，僅係為返國觀光而為短暫之停留，亦難認其投宿處所為其居所；故本題所述情形，並無任何法院可為該罰鍰執行事件之管轄法院。

結論：

應依強制執行法第七條第一項標的物所在地定管轄法院，如不能依第七條第一項定其管轄法院者準用民事訴訟法之規定。司法院第一廳研究意見：一、依財務案件處理辦法第七條規定，關於財務案件之執行，該辦法未規定者，適用強制執行法之規定。有關財務案件執行之管轄法院，財務案件處理辦法並未規定，自應適用強制執行法第七條之規定，定其管轄法，且強制執行法第四十四條雖規定「強制執行程序，除本法有規定外，準用民事訴訟法之規定。」惟所謂準用，必須強制執行法並無規定，且性質相近者，始得準用有關執行事件之管轄法院，強制執行法既有規定，自不得再準用民事訴訟法以定其管轄法院。二、依本題所示華僑某甲在中華民國境內並無住所，如經查明亦無財產，則無從依強制執行法第七條之規定，定其管轄法院，稅捐機關如對某甲移送法院強制執行，則因受理之法院並無管轄權，又無其他管轄法院可以裁定移送執行，應依強制執行法第四十四條、民事訴訟法第二百四十九條第一項第二款裁定駁回其執行之聲請。

第二條

對於公法人之訴訟，由其公務所所在地之法院管轄。

對於私法人或其他得為訴訟當事人之團體之訴訟，由其主事務所或主營業所所在地之法院管轄。

對於外國法人或其他得為訴訟當事人之團體之訴訟，由其在中華民國之主事務所或主營業所所在地之法院管轄。

第三條

對於在中華民國現無住所或住所不明之人，因財產權涉訟者，得由被告可扣押之財產或請求標的所在地之法院管轄。

被告之財產或請求標的如為債權，以債務人住所或該債權擔保之標的所在地，視為被告財產或請求標的之所在地。

第十八條

因遺產之繼承、分割、特留分或因遺贈或其他因死亡而生效力之行為涉訟者，得由繼承開始時被繼承人住所地之法院管轄。

被繼承人住所地之法院，不能行使職權，或被繼承人為中華民國人，於繼承開始時，在中華民國無住所或住所不明者，定前項管轄法院時，準用第一條第一項後段、第二項及第三項之規定。

第四十條

有權利能力者，有當事人能力。

胎兒，關於其可享受之利益，有當事人能力。

非法人之團體，設有代表人或管理人者，有當事人能力。

＊六七臺上字第八六五號判例

要旨：

民事訴訟法第四十條第三項固規定「非法人之團體，設有代表人或管理人者，有當事人能力」，並可據此規定，認非法人團體於民事訴訟得為確定私權請求之人或為其相對人。惟此乃程序法對非法人團體認其有形式上之當事人能力，尚不能因之而謂非法人團體有實體上之權利能力。

＊五○臺上字第二七一九號判例

要旨：

非法人之團體雖無權利能力，然日常用其團體之名義為交易者比比皆是，民事訴訟法第四十條第三項為應此實際上之需要，特規定此等團體設有代表人或管理人者，亦有當事人能力。所謂有當事人能力，自係指其於民事訴訟得為確定私權之請求人，及其相對人而言，若僅認許其為當事人得以其名義起訴或被訴，而不許其為確定私權之請求，則上開規定勢將毫無實益，當非立法之本意。

＊五○臺上字第一八九八號判例

要旨：

未經認許其成立之外國法人，雖不能認其為法人，然仍不失為非法人之團體，苟該非法人團體設有代表人或管理人者，依民事訴訟法第四十條第三項規定，自有當事人能力。至其在臺灣是否設有事務所或營業所則非所問。

＊八四臺上字第一二八號

要旨：

按民事訴訟法第四十條第三項固規定，非法人之團體，設有代表人或管理人者，有當事人能力，並可據此規定，認非法人之團體於民事訴訟得為確定私權請求之人或為其相對人。惟此乃程序法對非法人之團體認其有形式上之當事人能力，尚不能因之而謂非法人之團體有實體法上之權利能力。

＊七九臺上字第一二九三號

要旨：

法人之團體雖無權利能力，然日常用其團體之名義為交易者比比皆是。民事訴訟法第四十條第三項為應此實際上之需要，特規定此等團體設有代表人或管理人者，亦有當事人能力。故非法人之團體除法律有明文規定或依其性質不得享受權利、負擔義務外，尚難謂與之為法律行為或其為之法律行為一概無效。

＊七〇臺上字第四四八〇號

要旨：

被上訴人係在日本依法成立之公司，設有代表人，雖未經我國政府認許，在我國不能認其為法人，但仍不失為非法人之團體，不論被上訴人在臺灣是否設有事務所或營業所，依民事訴訟法第四十條第三項規定，自有當事人能力。

＊五七臺上字第六六一號

要旨：

未經認許其成立之外國法人，雖不能認其為法人，然仍不失為非法人之團體，苟該非法人團體設有代表人或管理人者，依民事訴訟法第四十條第三項規定，自有當事人能力，至其在臺灣是否設有事務所或營業所，則非所問。

＊八五抗字第一五〇〇號

要旨：

查該在臺代表人辦事處有一定之名稱、目的及事務所，且設有代表人，應屬香港商旭悅投資有限公司在臺灣之分支機構，雖依經濟部之登記資料其資本額為零，但分公司（或分支機構）之財產依法屬於總公司所有，相對人雖無獨立之財產，並不影響其為外國公司在臺分支機構之性質，至於相對人是否有依公司法經我國主管機關之認許，乃係相對人得否在我國境內營業及其營業有無違反公司法之問題，並不影響相對人為當事人之資格。又本件假處分裁定僅禁止抗告人至旅遊業或類似業務公司任職，抗告人並非不得任職於經營其他業務之公司行號，若抗告人前往其他業務公司任職，仍有薪資所得，因此原法院命相對人提供之擔保金額僅係審酌抗告人任職於旅行業及任職於非旅行業，兩者間薪資之差距，抗告人謂其在禁止任職期間如轉任其他旅行業，其薪資必高於二十九萬餘元云云，未將其可任職於其他行業之薪資扣除，自有未合。

＊臺灣高等法院暨所屬法院六四年度法律座談會　民事類第三十一號

法律問題：

外國籍航商駐臺灣代表處在訴訟上有無當事人能力？

討論意見：

甲說：

外國籍航商駐臺灣代表處，為該外國籍航商之內部機關，無獨立財產，非獨立組織，

無從認為法人或非法人團體，顯無享受私法上權利之能力，即無當事人能力。

乙說：

㈠按未具備法人成立要件之社團或財團，如有一定之名稱及事務所或營業所，並有一定之目的及獨立之財產，而設有代表人或管理人者，即屬民事訴訟法第四十條第三項之非法人之團體，而具有當事人能力。

㈡外國籍航商駐臺灣代表處，泰半係為僱用我國船員，依外國籍航商約僱中華民國船員辦法之規定而設立，有一定之事務所，人員組織及代表人，並依該辦法之規定，須向我國交通部書立外國籍航商約僱中華民國船員保證書，再以該代表處名義在我國僱用我國船員，簽訂船員定期僱傭契約，對所僱用之我國船員發號施令，支付薪津，且與各方面而發生權利義務關係，事實上已與由總公司分設之分公司之地位無異。

㈢在實際生活上，此項船員與外國籍航商駐臺代表處間所生權義糾紛時有發生，若不許外國籍航商駐臺灣代表處為訴訟主體，將使主張權利之船員或第三人因而受損害，在外國籍航商駐臺灣代表處本身亦能發生主張權利之困難。

㈣故應認外國籍航商駐臺灣代表處為非法人之團體而有當事人能力。

審查意見：

題示情形，似以乙說為當。如該外國籍航商係公司組織，且經申請中華民國政府認許，則所謂駐臺代表處，實與分公司之性質相當，其得為訴訟當事人更無庸疑。（公司法第三百七十二條參照）

研討結果：照審查意見通過。

＊司法院第三期司法業務研究會

法律問題：

外國政府所屬各級機構或各級公營事業機構，有無當事人能力？

討論意見：

肯定說：無權利能力者，在理論上固無當事人能力，但為實施訴訟便利起見，吾國實務上一向認為政府各級機關及公營事業機構有當事人能力，本於公平之原則，宜認為外國政府所屬各機關亦有當事人能力。

否定說：當事人能力之基礎為權利能力。無權利能力者，除法律別有規定（民事訴訟法第四十條第三項）外，應均無當事人能力。外國政府所屬各級機構，既非法人，又非非法人團體，且無明文規定有當事人能力，自應認其為無當事人能力。外國法院（美國）亦以吾國之臺灣銀行、臺灣土地銀行為法人之內部機關，無當事人能力，而駁回各該銀行之請求，採同一之見解。至於吾國實務上認吾國政府機關有當事人能力，僅為便宜之措施，實乏法律上之依據。

結論：採否定說。

司法院第二廳研究意見：同意研討結論。

＊法務部（八六）法律決字第○三○七六二號

要旨：

未經認許之外國公司得否取得本國公司股票設定質權疑義

主旨：

關於未經認許之外國公司得否取得本國公司股票設定質權疑義乙案，本部意見如說明二。請　查照參考。

說明：

一、復　貴部八十六年八月二日經 (86) 商字第八六二一五一○九號函。

二、按民法總則施行法第十二條第一項規定：「經認許之外國法人，於法令限制內與同種類之中國法人有同一之權利能力。」公司法第三百七十五條亦規定：「外國公司經認許後，其法律上權利義務……除法律另有規定外，與中華民國公司同。」依學者通說，未經認許之外國法人，在我國境內並無權利能力（胡長清著「中國民法總論」第一六八頁、洪遜欣著「中國民法總則」第二○二頁、鄭玉波著「民法總則」第一七八頁、施啟揚著「民法總則」第一五四頁參照），而不得作為權利主體。實務上亦認為：「未經認許其成立之外國法人，雖不能認其為法人，然仍不失為非法人之團體，苟該非法人團體設有代表人或管理人者，依民事訴訟法第四十條第三項規定，自有當事人能力。」「……惟此乃程序法對非法人團體認其有形式上之當事人能力，尚不能因之而謂非法人團體有實體上之權利能力。」（最高法院五十年臺上字第一八九八號、六十七年臺上字第八六五號及六十八年臺抗字第八二號判例參照）　貴部五十七年五月廿一日商字第○五五六三號函謂「……外國公司未經申請認許，在中國境內尚不能作為權利義務主體，自無由設定抵押權及質權。」似與上開學者通說及實務見解並無不符。至於未經認許之外國法人得依商標法、專利法規定申請取得商標、專利等無體財產權，以及依外國投資條例申請投資取得本國公司股票，是否基於特別法規定，而有此例外之情形（施啟揚著前揭書第一五四頁參照），事涉　貴部主管法規之解釋，宜請本於職權自行研酌之。

＊司法院（八○）廳民一字第○六二五號

要旨：

大陸地區之公司有無當事人能力依具體事件認定

全文內容：

大陸地區公司在臺灣地區有無為民、刑事訴訟當事人能力及訴訟能力，應由各級法院於具體案件中，依所調查之證據認定之。

＊司法院（八○）秘臺廳一字第○一二三二號

要旨：

分公司雖有當事人能力但無獨立之權利能力

全文內容：

按經認許之外國公司，除法律另有規定外，其法律上權利義務與中國公司同，此為公司法三百七十五條所明定。又公司為社團法人，其人格屬於單一，依公司法第三條、第三百八十九條、第三百九十九條至第四百零一條各規定，固得設立分公司，但該分公司仍為公司整體人格之一部，並無獨立之權利能力。惟應民事訴訟實務上之便利，實例上承認分公司有當事人能力。然實體法上公司法人權利主體仍為單一而不可分割。來函所示經認許設立之外國公司臺灣分公司，其法人資格如何，似可依上開說明解決。至於是否符合現行「技術合作條例」第三條規定之合作之，似宜由　貴部本諸主管機關之權責而為認定，本院歉難答覆。

＊法務部（七五）法參字第一〇七五號

要旨：

未經認許之外國法人申請辦理登記為動產擔保抵押權人，倘其未依我國法律規定申請認許，除我國與他國所締條約有特別約定外，自不得為權利、義務主體。

全文內容：

一、按外國法人在我國非當然具有法人之人格，亦即非當然得為權利、義務主體，須依我國法律規定，經認許後方能取得為權利、義務主體之資格，此觀民法總則施行法第十一條：「外國法人，除依法律規定外，不認許其成立。」之規定及參酌最高法院五十年臺上字第一八九八號判例：「未經認許其成立之外國法人，雖不能認其為法人，然仍不失為非法人團體，苟該非法人團體設有代表人或管理人者，依民事訴訟法第四十條第三項規定，自有當事人能力。……」及最高法院六十七年臺上字第八六五號判例：「……非法人團體於民事訴訟得為確定私權請求之人或為其相對人。惟此乃程序法對非法人團體認其有形式上之當事人能力，尚不能因之而謂非法人團體有實體上之權利能力。」之意旨自明。至於外國法人認許之程序，應依民法總則施行法第十三條及公司法第八章關於外國公司認許之規定為之。惟如我國與他國締結條約有特別約定時，基於「國際協定之效力優於國內法」（參照最高法院二十三年上字第一〇七四號判例），則前開規定應無適用之餘地。

二、據上所述，本件未經認許之外國法人申請辦理登記為動產擔保抵押權人，倘其未依我國法律規定申請認許，除我國與他國所締條約有特別約定外，自不得為權利、義務主體，亦即其不宜登記為動產擔保抵押權人。

＊前司法行政部（六三）臺函民字第〇五三五七號

要旨：

依我國民事訴訟法第四十條第一項規定：「有權利能力者，有當事人能力」，民法總則施行法第二條亦規定：「外國人於法令限制內有權利能力」，故外國人於法令限制內得

在我國為民事訴訟當事人而起訴或受訴。又，民事訴訟法第十五條第一項規定：「因侵權行為涉訟者，得由行為地之法院管轄」，故友邦公民雖不居住我國，其子女在華意外死亡，得依上開法條向我法院提出因此而發生之民事損害賠償之訴。

第四十六條

外國人依其本國法律無訴訟能力，而依中華民國法律有訴訟能力者，視為有訴訟能力。

第九十六條

原告於中華民國無住所、事務所及營業所者，法院應依被告聲請，以裁定命原告供訴訟費用之擔保；訴訟中發生擔保不足額或不確實之情事時亦同。

前項規定，如原告請求中，被告無爭執之部分，足以賠償訴訟費用時，不適用之。

＊八八臺抗字第一八二號

摘錄：

本件原法院以：按民事訴訟法第九十六條第一項規定，原告於中華民國無住所、事務所及營業所者，法院應依被告聲請以裁定命原告供訴訟費用之擔保。所謂事務所，係指處理事務之場所，該法條將事務所與營業所分列，當指處理非營利事務之場所而言。本件相對人無意在我國境內設立分公司營業，而依公司法第三百八十六條之規定，向經濟部報明指派賽諾斯西佛代表在中華民國境內為法律行為，及辦事處所在地為臺北市松德路一七一號十二樓，有經濟部函附卷可稽。相對人得由代表人在上開辦事處為營業行為以外之法律行為，該辦事處應認係民事訴訟法第九十六條第一項規定之事務所。臺灣臺北地方法院認相對人在我國境內無事務所或營業所，而裁定命供訴訟費用之擔保，尚有未洽。爰將臺灣臺北地方法院之裁定廢棄，並將再抗告人在該法院之聲請予以駁回，經核於法並無違誤。再抗告論旨謂相對人向經濟部報備之上開辦事處所在地，僅係在臺灣境內為法律行為時之臨時聯絡處所，並無事務所或營業所云云，指摘原裁定不當，求予廢棄，非有理由。

第一百零八條

對於外國人准予訴訟救助，以依條約或該外國人之本國法，中華民國人在其國得受訴訟救助者為限。

＊二二抗字第一八九五號判例

要旨：

無國籍人聲請訴訟救助，不適用民事訴訟法第一百零八條之規定。

第一百二十八條

對於在中華民國有事務所或營業所之外國法人或團體為送達者，應向其在中華民國之代表人或管理人為之。

前條第二項規定，於前項送達準用之。

第一百四十五條

於外國為送達者，應囑託該國管轄機關或駐在該國之中華民國大使、公使或領事為之。

＊院解字第三二三二號

解釋文：

㈠對於已遣送回國之日籍刑事被告，如業經宣示判決，因其住所不明，尚未送達判決書者，得依刑事訴訟法第五十九條第一款公示送達。

㈡日籍刑事被告於判決前遣送回國，如別無法定停止審判程序之原因，不得停止審判，但審判日被告如不到庭，除有特別規定外，不得審判。至該案能否報結事關司法行政，不屬法令解釋範圍（參照院解字第二九〇六號解釋）。

㈢日本人為民事訴訟當事人，經遣送回國後，如其應為送達之處所不明者，自可分別情形，依民事訴訟法第一百四十九條第一項第一款或同條第三項之規定，為公示送達，其應為送達之處所非不明者，仍應依同法第一百四十五條辦理。

㈣原代電第四點所謂不能到案其原因如何，尚欠明瞭，如因天災或其他事故與法院交通隔絕而不能到案者，法院自得依民事訴訟法第一百八十一條之規定，命在障礙消滅以前中止訴訟程序。

＊八六臺上字第四四號

要旨：

按言詞辯論期日，當事人之一造不到場者，如該不到場之當事人未於相當時期受合法之通知，法院應以裁定駁回到場當事人所為一造辯論而為判決之聲請，並延展辯論期日；又於外國為送達者，應囑託該國管轄機關或駐在該國之中華民國大使、公使或領事為之，民事訴訟法第三百八十六條第一款、第一百四十五條規定甚明。又該外國與我國無邦交時，此項囑託應向我國在該外國所設相當於大使館、領事館之機關為之。經查原審言詞辯論期日通知書，並未依民事訴訟法第一百四十五條規定囑託該國管轄機關或駐在該地之相當於大使館、領事館之機關為之，而逕以郵寄雙掛號方式送達，其送達依法自有未合。又原審之言詞辯論期日通知書未合法送達上訴人，原審逕依被上訴人之聲請，由其一造辯論而為判決，自屬違背法令。

＊司法院（八三）廳民四字第一四三四〇號

法律問題：

依法對國外當事人公示送達後，對於爾後之公示送達以何方式再為公示送達為適當，是否仍以登國外版之報紙為公示送達方式，若當事人拒不刊登報紙時，再以囑託駐外機關揭示之方式公示送達。

研討結果：

對國外公示送達後，仍以登國外版報紙為第二項之公示送達方式，若當事人拒不刊登報紙，再以囑託駐外機關揭示之方式公示送達。

臺灣高等法院審核：

送達之目的，在使應受送達人知悉應送達文書之內容，以便其準備如何伸張或防禦其權利。公示送達除應於法院牌示處黏貼公告外，尚須將應送達文書之繕本或節本，登載於公報或新聞紙或用其他方法通知或公告之。後者之方法可由法院就個案酌量情形決定之，惟仍以較易為應受送達人查悉者為當。第二次以後之公示送達亦然。原討論結果，似無不當。

司法院民事廳研究：同意審核意見。(83.8.3(83) 廳民四字第一四三四〇號函復臺高院)

＊司法院（八二）院臺廳民一字第一一二七七號

要旨：

囑託外交部送達訴訟文書，應提供應受送達人之外文姓名、地址以增進送達效果。

全文內容：

囑託送達訴訟文書，應提供應受送達人之外文姓名、地址以增進送達效果，如能提供受送達人之電話號碼，則更便於聯繫。又為減少因送達逾期而延誤審理程序，庭期宜預留足夠時間。

＊司法院（七八）廳民一字第七七八號

法律問題：

對於出境於外國，而其應為送達之處所不明之當事人為公示送達，究係自最後登報之日起經二十日抑六十日發生效力。

討論意見：

甲說：經二十日發生效力。蓋民事訴訟法第一百四十九條第一項第三款係指確知送達人於外國之處所，而不能依同法第一百四十五條之規定囑託送達，或預知雖依該條規定辦理而無效者而言。若僅知應受送達人出境於外國，而無其確實住所者，仍屬同法第一百四十九條第一項第一款應為送達之處所不明之情形，其公示送達自應自最後登報之日起經二十日發生送達效力。

乙說：經六十日發生效力。受送達人既在外國，不論其住所是否不明，均屬於外國為送達。故本件應依同法第一百四十九條第一項第三款之規定辦理，其公示送達自應自最後登報之日起經六十日始發生送達效力，以保護受送達人之權益。

審查意見：擬採乙說。

研討結果：照審查意見通過。

司法院第一廳研究意見：

一、民事訴訟法第一百三十六條第一項前段規定：「送達於應受送達人之住、居所、事務所或營業所行之」。所謂居所指為暫時目的所居留之場所，出境外國之人，其在國外為暫時居留目的所居之場所，應得認為其居所，如其在國內應為送達之處所不明時，依上開規定，仍應向國外之居所為送達。

二、對於出境外國之人，既應向國外之居所為送達，自應依第一百四十五條之規定為

囑託送達，其不能依該條規定辦理者，仍得依第一百四十九條第一項第三款之規定聲請公示送達。

三、依第一百四十九條第一項第三款為公示送達者，該公示送達自最後登報之日起經六十日發生效力(第一百五十二條)，本題研討結果照審查意見採乙說，核無不合。

*司法院（七二）院臺廳一字第〇二三二四號

要旨：

送達於外國之訴訟文書是否須附外國譯本

全文內容：

民事訴訟法第一百四十五條規定：於外國為送達者，應囑託該國管轄機關或駐在該國之中華民國大使、公使或領事為之，對於應送達之文書是否須附外國文譯本，未有明文規定。惟依外國法院委託事件協助法第七條規定，我國法院受外國法院委託事件之委託書及其他有關文件，如係外國文時，應附中文譯本，並註明譯本與原本符合無訛。本院於六十九年十一月十一日 (69) 院臺廳一字第〇三八六〇號函訂頒「司法協助事件之處理程序」第二則亦規定，我國法院委託外國法院協助之司法事件，應比照外國法院委託事件協助法第二條至第八條之規定辦理。前司法行政部為顧及法院製作訴訟文書之外國譯文困難，經徵得外交部同意，「除民事起訴狀可由當事人附譯本外，關於法院之裁判可譯主文，檢察官之起訴書或不起訴處分書則僅譯其要旨」。關於上訴案件，上訴人之對造如為外國人，上訴書狀之繕本與民事起訴狀之繕本無異，可由上訴人附譯本送達。

*前司法行政部（六七）臺刑㈡字第五八一號

法律問題：

對於應送達於居住在外國或海外地區之應受送達人（自訴人、被告、告訴人、附帶民事訴訟當事人、代理人、辯護人、輔佐人）之刑事訴訟文書，不論我國在該國或該地區有無設使領館或其他代表機構，可否由法院書記官在臺用雙掛號郵件經由郵局逕寄？

討論意見：

甲說：民事訴訟法第一百四十五條規定於外國為送達者「應」囑託該國管轄機關或駐在該國之中華民國大使公使或領事為之，第一百四十六條規定對於駐在外國之中華民國大使公使或領事為送達者「應」囑託外交部為之，第一百四十七條規定對於出戰或駐在外國之軍隊或軍艦之軍人為送達者「得」囑託該管軍事機關或長官為之，又刑事訴訟法第六十二條規定送達文書除本章有特別規定外準用民事訴訟法之規定，故如對於我國設有使領館或駐外代表機構之國家或地區送達刑事訴訟文書時應囑託外交部為之，對於我國未設使領館或駐外代表機構之國家或地區送達刑事訴訟文書時應依司法行政部六十四年三月三日臺（六四）函民字第一八五八號函所定辦理程序第二項函請最高法院辦理，不能逕以雙掛號郵寄。

乙說：刑事訴訟法第六十二條係規定，送達文書，除本章另有特別規定外，準用民事訴訟法之規定，而同法第五十七條則規定應受送達人之住居所、事務所為書記官所明知者，亦得向該處所送達之，並得將應送達之文書「掛號郵寄」。又該條規定之掛號郵寄送達並無明文規定僅能適用於國內之送達，應認係民事訴訟法送達之特別規定，另參酌右開司法行政部函可能係民事司所經辦，應不適用於刑事訴訟文書，且送達之目的乃在將文書送予應受送達人及目前各國郵政事業發達互有連繫，為免曠時誤事，並期爭取時效，節省人力物力，不論我國在該國或該地區有無使領館或其他代表機構，如法院書記官知悉應受送達人之住居所、事務所，應可在臺用雙掛號郵件經由郵寄逕行送達。

結論：

依照司法行政部六十六年六月二十九日臺（六八）函民字第〇五四七三號函有關各法院囑託送達國外訴訟文書再提示注意事項第二項規定，採甲說。

研究結果：採甲說。

＊前司法行政部（六六）臺函民字第〇八二一七號

要旨：

法院囑託我國駐外使領館或其他駐外機構送達訴訟文書，應否檢附外文譯本問題。

全文內容：

關於法院依民事訴訟法第一百四十五條規定囑託我國駐外使領館或其他駐外機構送達訴訟文書，應否檢附英譯本或該訴訟當事人之本國文譯本一節，經徵得外交部六十六年九月十日外 (66) 條二字第一七一七一號函復同意本部建議：除民事起訴狀可由當事人附譯本外，關於法院之裁判可譯主文，檢察官之起訴書或不起訴處分書則僅譯其要旨。

＊臺灣高等法院暨所屬法院八四年度法律座談會　民事類第二十一號

法律問題：

債權人依民法第二百十四條定相當期限催告債務人，為證明確已催告，債權人請求辦理信函認證，惟債務人住居所在日本，得否認證並送達？

討論意見：

甲說：依公證法施行細則第五十二條第三項：「第一項信函之送達，準用民事訴訟法關於送達之規定，但公示送達不在此限。」其中並未排除囑託送達，故認證信函送達國外，應準用民事訴訟法第一百四十五條囑託送達。且依各地方法院公證及提存業務聯合督導會報提案 ((83) 院文公字第六五四七號函) 之研究結果，即採此見解。

乙說：認證信函之送達，固應準用民事訴訟法送達之規定，惟所謂準用，須性質上可準用者方得為之，個人對國外之送達，應不在準用之列。蓋依民事訴訟法第一百四十五條之規定，於國外為送達，應囑託該國管轄機關或駐在國之中華民國大使、公使或

領事為之。此種送達，係訴訟文書，理應慎重；若普通之意思通知或意思表示，非但無必要，且易引起外國不良反應，參酌督促程序之送達不適用囑託送達之規定觀之，於外國為送達，以不得準用為宜，故不得認證並送達。

丙說：為便利當事人，避免曠日費時，如應受送達人之住居所在於美、日等郵政發達之國家，關於信函認證得直接以航空郵件雙掛號郵寄即可。

初步研討結果：擬採乙說。

審查意見：擬採丙說。惟前既經討論，擬保留。

研討結果：照審查意見通過。

＊司法院第一期司法業務研究會

法律問題：

當事人（包括本國人及外國人）居住在國外，於受訴法院所在地無住居所、事務所及營業所者，審判長得否命其於一定期間內指定送達代收人？

討論意見：

甲說：按民事訴訟法第一百三十三條第二項規定：「當事人或代理人於受訴法院所在地無住居所、事務所及營業所者，審判長得命其於一定期間內，指定送達代收人。」，並未再特別規定居住於外國之當事人不適用此法條。故對居住外國之當事人為送達，應許審判長命其於一定期間內指定送達代收人，如不指定而向法院陳明，即可由法院書記官將應送達之文書註明該當事人之住居所、事務所或營業所，交付郵政機關，以交付文書時視為送達之時，以利訴訟之進行。

乙說：按於外國為送達時，民事訴訟法第一百四十五條已特別規定，應囑託該國管轄機關或駐在該國之中華民國大使、公使或領事為之，自應排斥同法第一百三十三條第二項之適用，對於居住在外國之當事人，在受訴法院所在地無住居所、事務所及營業所為送達時，審判長不得命其於一定期間內指定送達代收人。

結論：多數採乙說。

司法院第二廳研究意見：同意研討結論。

第一百四十六條

對於駐在外國之中華民國大使、公使或領事為送達者，應囑託外交部為之。

第一百四十七條

對於出戰或駐在外國之軍隊或軍艦之軍人為送達者，得囑託該管軍事機關或長官為之。

第一百四十九條

對於當事人之送達，有左列各款情形之一者，受訴法院得依聲請，准為公示送達：

一、應為送達之處所不明者。

二、於有治外法權人之住居所或事務所為送達而無效者。

三、於外國為送達，不能依第一百四十五條之規定辦理，或預知雖依該條規定辦理而

無效者。

駁回前項聲請之裁定，得為抗告。

原告或曾受送達之被告變其送達之處所，而不向受訴法院陳明，致有第一項第一款情形者，受訴法院得依職權，命為公示送達。

＊七〇臺上字第二〇號判例

要旨：

以應為送達之處所不明為原因而公示送達，須受送達人可能由法院公告知悉公示送達之情形者，始得為之，此觀民事訴訟法第一百五十一條之規定自明。大陸淪陷，陷身大陸之當事人，無法由法院公告知悉公示送達，自不得對之為公示送達。

＊臺灣高等法院暨所屬法院五八年度法律座談會　民事類臨字第一號

法律問題：

當事人在大陸而不知其詳址者，得否對之公示送達？

討論意見：

甲說：「應為送達之處所不明」為原因而公示送達者，須：㈠應為送達之處所不明，而所謂「處所不明，指對於應受送達人之詳址雖予以探尋而探尋不到言。㈡受送達人可能曉知法院之公示送達。此就民事訴訟法第一百四十九條第一項第一款、第一百五十一條之規定可知。若就一般情形言，對於應受送達人之詳址無法實施探尋，且該人亦無法曉知法院之公示送達時，則不得對之公示送達。茲大陸陷匪、交通阻隔、郵電不通，就一般情形言，為對於居住該處之人無法實施探尋其詳址。且該人亦無法曉知法院之公示送達，故不得對之公示送達。

乙說：得對之公示送達。

研討結果：採甲說。

＊臺灣高等法院暨所屬法院六十年度法律座談會　民事類第十三號

法律問題：

對於與我無邦交之外國或國外為送達可否逕為公示送達。

討論意見：

對於與我無邦交之外國或國外為送達時向例：⑴設該國設有商務代辦性質之機構，由司法行政部轉省政府外事室函轉該商務機構代為送達。⑵設該地有華僑總商會等團體者，轉請僑務委員會轉託該總商會等團體代為送達，但均非依據法律之送達，不能發生送達之效力徒勞無益。可否「逕依民事訴訟法第一百四十九條第一項第三款為公示送達」。

審查意見：可逕依民事訴訟法第一百四十九條第一項第三款為公示送達。

研討結果：照向例辦理，可認為是送達方法之一種。

＊司法院第十六期司法業務研究會

法律問題：

某甲在臺灣經商失敗後，經由大陸探親名義，舉家遷往大陸定居，但其戶籍仍設於臺灣，某乙以某甲積欠其貨款新臺幣三百萬元，乃託往大陸探親之友人前往某甲大陸定居地向某甲催討貨款，某甲置之不理，某乙不得已乃向法院訴請某甲給付貨款，並以某甲處所不明為由，聲請向某甲為公示送達，法院可否准許對某甲為公示送達。

討論意見：

甲說：依民事訴訟法第一百四十九條第一項第一款規定，應為送達之處所不明者，受訴法院得依當事人聲請准為公示送達，某甲舉家遷往大陸定居，某乙知悉某甲在大陸定居之處所，自不合該條所謂之處所不明，大陸為中華民國領土，亦不合同條項第三款於外國為送達之規定，法院應駁回某乙公示送達之聲請。

乙說：某甲在大陸雖有定居之處所，惟目前事實上其處所對臺灣戶政機關而言，仍係處所不明，法院文書事實上亦無法送達大陸定居之某甲，復因某甲舉家遷往大陸，法院文書對某甲在臺灣戶籍地亦無法送達，自應准某乙以處所不明之理由對某甲為公示送達。

研究結論：於對大陸地區有關訴訟文書之送達未有特別規定前，仍應採甲說。

司法院第一廳研究意見：

按以「應為送達之處所不明」為原因，而公示送達者，須：㈠對於應受送達人之詳址，雖予以探尋，而探尋不到。㈡受送達人可能曉知法院之公示送達之情形者，始得為之，此觀民事訴訟法第一百四十九條第一項第一款，第一百五十一條之規定自明。本件題示情形與前開公示送達之要件不符，不得對之為公示送達，研究結論採甲說，尚無不合。

＊司法院（七九）廳民一字第九一四〇號

法律問題：

某甲在臺灣設有戶籍，於七十七年二月初，赴大陸探親，滯留大陸不歸，並知其住所，因案涉訟，有關訴訟文書，可否行公示送達？

討論意見：

甲說：（否定說）。

⑴以「應為送達之處所不明」為原因而公示送達者，須㈠對於應受送達人之詳址雖予以探尋，而探尋不到；㈡受送達人可能知曉法院之公示送達之情形者，始得為之，此觀民事訴訟法第一百四十九條第一項第一款、第一百五十一條之規定可知。本件既確知某甲在大陸之住所，即與上開公示送達之要件不符。⑵司法院七十七年五月三十日（七七）院臺廳一字第〇四〇九七號雖函示對於大陸上之當事人仍不應向之送達文書及中華民國紅十字總會七十七年八月二十九日（七七）國字第七七一五六四號函謂「民眾前往大陸探親，滯留不歸，因而涉訟，本會無法代為轉送。」此乃基於政策上之考慮，

不能以此即認有民事訴訟法第一百四十九條第一項第一款公示送達之原因。依上所述，本件不得為公示送達。（最高法院七十年度臺上字第二〇號判決，臺灣高等法院暨所屬法院五十八年度法律座談會採此說）

乙說：（肯定說）。

⑴對於大陸上之當事人不得為公示送達，所持理由無非以該當事人因交通隔絕、郵電不通，對於居住該處之人無法探尋其詳址，且該人亦無法知曉法院之公示送達，為保護其訴訟程序實施權，故不得行公示送達。本件某甲在臺設有戶籍，僅於年初赴大陸探親，滯留不歸，並無廢止臺灣戶籍之意思，且其得隨時回臺實施訴訟，並無上開所述之困難情形存在。⑵司法院上開函示，依其說明，以僅指在臺未設有戶籍之大陸同胞，不得為訴訟文書之送達。並無言及在臺設有戶籍，因赴大陸探親，滯留不歸之當事人，亦不得行公示送達。⑶此種情形，若不得行公示送達，當事人將藉此逃避訴訟，他方當事人將無法進行訴訟而保護其權益，有失公平原則。依上所述，本件得公示送達。（新竹地院六十一年三月份司法座談會研究結果採此說）

審查意見：採甲說，括弧內「臺灣高等法院暨所屬法院五十八年度法律座談會」等字刪去。

研討結果：照審查意見通過。

司法院第一廳研究意見：

本件既知某甲在大陸之住所，自與民事訴訟法第一百四十九條第一項第一款所規定「應為送達之處所不明者」之公示送達要件不合，又本件對於某甲之送達，自亦不合於同法條第二款「於有治外法權人之住居所或事務所為送達而無效者」，及第三款「於外國為送達，不能依第一百四十五條之規定辦理，或預知雖依該條規定辦理而無效者」之規定，不得依該等規定為公示送達。次按公示送達，係以公示之方法，使應受送達人得以知悉有訴訟文書對其送達之文書送達方法，本件某甲雖在臺灣設有戶籍，然其既滯留大陸未歸，臺灣地區報紙又不准在大陸行銷，大陸地區資訊且甚封閉，其自無從知悉在臺灣對其所為之公示送達，揆諸公示送達制度之意旨，應認本件不得為公示送達。研討結果採否定說即甲說，核無不合。

＊司法院（八四）廳民一字第一三三四一號

法律問題：

甲夫乙妻均為居住於臺北市之我國人民，甲對乙向臺灣臺北地方法院提起履行同居之訴，惟乙於甲起訴前出國前往南非，但是乙在南非之居所不明，致法院無法對乙送達訴訟文書，法院遂指定言詞辯論期日並依甲之聲請准予對乙為公示送達，書記官並且依民事訴訟法第一百五十一條第一項公告該件通知；然而甲僅將該言詞辯論通知刊載於國內版之新聞紙，並未刊載於南非當地之新聞紙，則此項公示送達是否合法？

討論意見：

甲說：（肯定說）。

按民事訴訟法第一百五十一條第二項之公示送達方式，僅要求將文書之繕本或節本登載於公報或新聞紙，或以其他方法通知或公告之，並未對於新聞紙之範圍另設其他限制。本件當事人既然已將法院之通知書刊載於新聞紙，其公示送達之程式即屬合法。

乙說：（否定說）。

按公示送達之本質為擬制性送達，受送達本人實際上並未收受該件文書，因而其程序應從嚴解釋。本案原告及法院均知悉被告乙實際上居住於南非，是以甲將法院通知登載於新聞紙時，應刊登於南非境內發行之新聞紙，乙方始有知悉之可能；甲明知乙不在國內，竟將通知刊載於國內之新聞紙，其公示送達程式仍有欠缺。

審查意見：以甲說為當，惟登載於新聞紙時，應盡可能命其登載於海外版，使受送達人更有獲知之機會。

研討結果：照審查意見通過。

司法院民事廳研究意見：

民事訴訟法第一百五十一條第二項規定公示送達之方式，僅要求將文書之繕本或節本登載於公報或新聞紙，就第一百四十九條第一項第三款對外國為公示送達之方式，並未特為規定，研討結果認以甲說為當，惟登載於新聞紙時，應盡可能命其登載於海外版，使受送達之人更有獲知之機會，核無不合，擬予同意。另本院於八十三年八月三日以（八三）廳民四字第一四三四〇號函覆臺灣高等法院，審核臺灣彰化地方法院八十三年三月份法律座談會，亦採相同見解，可供參考。

*司法院（八八）廳民一字第一五五二五號

法律問題：

應受送達之被告在臺灣除籍，已出境至中國大陸地區，依原告所陳報及被告出境時所填之大陸地區住居所資料，經囑託海基會送達均無法送達，原告複無法取得大陸地區之住所資料，法院應如何送達？

研討意見：

甲說：大陸地區目前仍視為本國國土之一部分，事實上亦已通商、通郵，甚至於普通訴訟案件，經由海基會、海協會而互為通知，自應為法權所及，按民事訴訟法第一百四十九條第一項第一款之規定，如有因處所不明，致無法送達之情形，為解決事實上之困難，並利於訴訟上進行，以免久懸不決，影響當事人權益，應命原告登載在大陸地區有發行之公報或新聞紙以為公示送達。

乙說：按以「應為送達之處所不明」為原因而公示送達者，須：⑴對於應受送達人之詳址，雖予以探尋而探尋不到者；⑵受送達人可能知曉法院之公示送達情形者，始得為之，此觀民事訴訟法第一百四十九條第一項第一款，第一百五十一條之規定自明。本題原告既未提出被告在大陸地區之戶政等資料，尚難認確有探尋被告地址之行為，

且大陸地區等同戶政機關之行政單位亦無法代為公告，而大陸地區之新聞紙恐亦不願代為登出法院之公示送達稿，而既已明知被告不在國內，自亦不得僅對臺灣地區為公示送達。故本題不得公示送達，仍應命原告查得被告在大陸地區之詳址，再為送達。

研討結論：多數採甲說，報請核示。

臺灣高等法院審核意見：多數採乙說。

＊前司法行政部（四九）臺函民字第三四二四號

要旨：

查國軍官兵眷屬留置大陸有改嫁或死亡等情形時，應如何消滅其婚姻關係之問題，本部曾於四十五年一月三十一日以臺（四五）令民字第五一○號，暨於同年五月四日以臺（四五）令民字第二一五七號令知臺灣高等法院，關於在大陸之配偶死亡或重婚者，對於該「死亡」或「重婚」之事實，可依公證法第五條第四款規定，予以認證，惟就認證之事項，公證人仍應注意公證法第二十六條或第四十六條之適用，認證後國軍官兵即可依 貴部（四四）仁侶字第一四二七號令規定辦理註銷手續。至來函謂臺灣法院以在陸之眷屬不在管轄範圍拒不受理云云，恐係指提起離婚之訴訟而言，關於此項離婚之訴由臺灣法院受理確有種種困難：㈠依民事訴訟法（舊）第五六四條規定離婚訴訟專屬夫之住所地法院管轄，夫之住所依民法第二十條及第二十四條規定，可能仍在大陸，故當事人先須依民事訴訟法（舊）第二十三條第一項第一款及第二項規定，向最高法院（但廈門高分院轄區內者應向該高分院）聲請指定管轄。㈡依民事訴訟法（舊）第一四九條第一項第一款規定對於當事人之送達，應為送達之處所不明者，法院得依聲請准為公示送達，但陷淪於原籍之當事人不能認其應為送達之處所不明，故他方如聲請公示送達於法未能調合。㈢依民事訴訟法（舊）第一八一條規定，當事人與法院交通隔絕者，法院得命在障礙消滅前中止訴訟程序。是以本問題在法律方面，僅能依首述之認證方式辦理，較為簡便，如要求更簡易可行之辦法，則可由 貴部針對事實需要，依行政命令處理之。

＊法務部（八二）法律字第一七五六六號

要旨：

案經轉准司法院秘書長八十二年八月十二日（八二）秘臺廳民一字第一三二六二號函略以：「查在臺設有戶籍之全戶人口出境後，有關辦理遷出登記之催告書送達，內政部既認戶政機關可準用民事訴訟法送達有關規定（公文程式條例第十三條），是其送達自應視個案情形，準用民事訴訟法所定之各種送達方法辦理。本件所詢情形，不僅與個案具體事實有關（例如有無依職權查明出境人出境後之住居所依法送達，是否已符合民事訴訟法第一百四十九條所定公示送達之要件等），且屬戶政機關如何本於職權適用法令之問題，本院歉難表示意見」。

＊司法院（八一）廳民一字第一七三九七號

要旨：

法院之訴訟文書，如無法囑託送達，又不能透過其他國際協助管道代為送達者，得依當事人之聲請准為公示送達。

全文內容：

有關法院訴訟文書，囑託外交部送達於我國未設置任何機構之外國當事人，如該部以未設任何機構，未便送達為由而退還，又無法透過其他國際協助管道代為送達者，可據當事人之聲請，依民事訴訟法第一百四十九條第一項第三款之規定准為公示送達。

＊行政院勞工委員會（八二）臺勞職業字第三六○九五號

要旨：

有關外籍勞工二名違反就業服務法科處罰鍰案件處分書及催繳通知書無法送達之執行疑義

全文內容：

該外籍之三名勞工並未留置收容所且行方不明，顯然依一般送達之方式無法送達科處罰鍰案件處分書及催繳通知書，故本案依公文程式條例第十三條「機關致送人民之公文，得準用民事訴訟法有關送達之規定」自應準用民事訴訟法第一百四十九條至第一百五十三條有關公示送達之規定。

第二百零三條

法院因闡明或確定訴訟關係，得為左列各款之處置：

一、命當事人或法定代理人本人到場。

二、命當事人提出圖案、表冊、外國文文書之譯本或其他文書、物件。

三、將當事人或第三人提出之文書、物件，暫留置於法院。

四、依第二編第一章第三節之規定，行勘驗、鑑定或囑託機關、團體為調查。

第二百零七條

參與辯論人如不通中華民國語言，法院應用通譯；推事不通參與辯論人所用之方言者亦同。

參與辯論人為聾、啞人，不能用文字表達意思者，法院應用通譯。

關於鑑定人之規定，於前二項通譯準用之。

第二百八十三條

習慣、地方制定之法規及外國法為法院所不知者，當事人有舉證之責任。但法院得依職權調查之。

＊七九臺上字第二一九二號

要旨：

英國買賣法及相關判例之內容如何，被上訴人對之有舉證之責任，原審亦得依職權調查之，原審僅憑被上訴人提出某刊物影印之片段資料，遽以其為所準據之英國法加以

援用,自與證據法則有違。

＊八〇臺上字第二四二七號

要旨:

查上訴人主張被上訴人違反無記名式載貨證券原則上不准擔保提貨及不得於開發信用狀當日即為擔保提貨行為之國際慣例,依民事訴訟法第二百八十三條前段規定,上訴人自有就上述國際慣例存在與否,負舉證之責任。原審以上訴人未盡其舉證之責任而不予採信,實無違背舉證責任分配法則之可言。

＊司法院第二十九期司法業務研究會

法律問題:

中華民國甲公司與外國乙公司之代理契約約定,如與代理契約有關之爭議,應適用 A 國法律,嗣甲、乙二公司因契約糾紛,甲公司乃以經認許之乙公司為被告,依侵權行為及債務不履行之規定,在中華民國法院提起民事訴訟,乙公司抗辯有關債務不履行之部分依約應適用 A 國法,甲公司則主張所述事項不必依 A 國法,並不依 A 國法起訴請求。斯時法院如認為甲、乙所爭執有關債務不履行之部分,應適用 A 國法,並為適當之闡明後,甲公司仍主張不依 A 國法請求時,法院應如何處理?

討論意見:

甲說: 按當事人之舉證責任,以當事人有主張某一有利於己事項為前提,如當事人未主張對己有利之事項,自無就此一事項負舉證之責。又民事訴訟法第二百八十三條規定雖:「習慣、地方制定之法規及外國法為法院所不知者,當事人有舉證之責任。但法院得依職權調查之」,惟該一規定為舉證責任之分配,自於當事人主張有利於己之事實時始有該一規定之適用。茲原告既不依 A 國法有所請求,而係依中華民國民法有關債務不履行之規定請求,則訴訟標的亦為中華民國民法有關債務不履行之法律關係,原告既非本於 A 國法律請求,則自無令原告舉證證明 A 國法之必要。而上開規定所謂「必要時法院得依職權調查證據」,係指主張外國法之當事人已盡舉證責任,而法院仍不能了解外國法時,法院始依職權再予調查,並非指當事人不主張時,法院亦應依職權調查,況如當事人不提出外國法時,亦強要法官了解外國法實係強人所難。故此時法官無須依職權適用外國法,惟原告依中華民國有關債務不履行之法律關係請求則屬於無理由,應予駁回。

乙說: 按法律之適用係法院之職權,而外國法之適用係依涉外民事法律適用法之規定而來,外國法經我國涉外民事法律適用法之規定即應認為係內國法之一部分,故此時雖原告不主張,然法院仍應依職權調查外國法,並予適用。至此時訴訟標的為債務不履行之請求權,原告主張債務不履行之依據雖係中華民國法律,但依最高法院二十六年渝上字第三五〇號判例,法院不受當事人所述法律上見解之拘束,法院仍應依職權調查外國法,並依職權適用外國法而為裁判。研討結論: 討論後撤回,不作結論。

＊法務部（七〇）法律字第一二五五四號

要旨：

國家賠償案件，於外國人為被害人時，有該外國人本國之法令或慣例為法院或賠償義務機關所不知者，該外國人固有舉證責任，但法院或賠償義務機關亦得依職權調查。

說明：

一、復七十年十月六日 (70) 外條二字第二三三六九號函。

二、國家賠償法第十五條規定：「本法於外國人為被害人時，以依條約或其本國法令或慣例，中華民國人得在該國與該國人享受同等權利者為限，適用之。」遇有外國人為被害人時，除條約以外，外國之現行法令或慣例，為法院所不及知者，請求權人即原告固有舉證之責任，但法院亦得依職權調查（民事訴訟法第二百八十三條參照）。

三、又請求國家賠償損害，於起訴前，請求權人應先以書面向賠償義務機關請求之。賠償義務機關對於前項請求，應即與請求權人協議（國家賠償法第十條參照）。賠償義務機關於協議時亦須參閱各有關外國之現行法令或慣例，以明瞭中華民國人是否得在該國與該國人享受同等權利之必要。仍請　貴部惠予協助蒐集外國有關資料，以應需要。

＊法務部（七〇）法律字第八三六六號

要旨：

貴部囑在就國家賠償法施行後關於「地的效力」應僅及於國內釋復一案

說明：

一、復　貴部七十年五月二十日 (70) 外條二字第一一四三〇號函。

二、茲依　貴部前函說明第二、三、四、六各項分述如左：

㈠國內法除別有規定外（例如刑法第五條）應以該國領域為其地域效力之範圍，此乃適用法律之當然解釋，無待法律明文規定。國家賠償法係國內法，所適用之地域範圍，自應僅以我國地域內為限。本部七十年五月六日 (70) 法律字第五八五六號函主旨，認為我國公務員在我國領域外執行職務行使公權力，因故意或過失之不法行為所致損害，或因我國領域外之我國公有公共設施設置或管理之欠缺所致損害，被害人尚難依國家賠償法請求損害賠償，其理由即在此。

㈡我國旅韓華僑王〇〇於五十四年七月十九日（來函誤為八日）大韓民國漢城糾眾滋事，侵入我國駐韓大使館內，搗毀門窗傢俱，被訴妨害公務一案，臺灣高等法院五十六年度上更二字第一一八號刑事確定判決，係以被告犯罪地在我國領域外，所犯之罪不合刑法第七條之規定，故認不適用刑法處罰。同案宋〇〇係在該案審判中死亡，併予判決公訴不受理；嗣經最高法院檢察署檢察長以我國對於駐外使領館應具有領域管轄權為由，提起非常上訴，案經最高法院五十

八年度臺非字第一二九號刑事判決，將非常上訴駁回，其判決理由：仍認在我國駐外使領館內犯罪者，難謂亦以在國內犯罪論。不認駐外使領館為我國之想像領域。參考上述案例，可知發生於我國駐外使領館內之損害賠償事件，應認為在國外所發生之事件，而無國內法之適用。

㈢我國國民倘在國外之我國使領館館舍內遭受損害，依涉外民事法律適用法第九條第一項之規定，應以行為地法（即駐在國法）為準據法。至於　貴部六十九年十月廿九日 (69) 外條二字第二三四四三號函「說明四」所稱「可援引外國主權豁免之原則」，其作用在於豁免駐在國之司法審判與執行，並不排除駐在國一般私法之適用。從而被害人或其他請求權人仍得向國內法院起訴，依涉外民事法律適用法第九條之規定，請求賠償損害。關於外國法之內容，當事人有舉證責任，法院亦得依職權調查（見民事訴訟法第二百八十三條）。本部七十年五月六日 (70) 法律字第五八五六號函主旨後段所述「至其可否依當地國法律起訴，仍係另一問題」一節，則指此種情形而言。

㈣本部依　貴部來函而提供意見，係依本部組織法第七條第四款所為之法規諮商，如有具體個案涉訟，自應依循訴訟程序辦理。

第二百八十九條

法院得囑託機關、學校、商會、交易所或其他團體為必要之調查；受託者有為調查之義務。

法院認為適當時，亦得商請外國機關、團體為必要之調查。

＊七五臺上字第二〇六四號

要旨：

應於外國調查證據者，囑託該國管轄機關或駐在該國之中華民國大使、公使或領事為之。民事訴訟法第二百九十五條第一項定有明文。依此規定囑託我駐外使節調查證據，不限於方式，均有法律上之效力。如由該大使、公使、領事或其館員所為之調查報告，證人所出具之書面，未經具結之證人訊問筆錄等，均得作為證據，由法院依自由心證判斷其證據力。在無邦交國家，非不得參照此原則，囑託我國派駐該國之相關機構調查證據。

第二百九十五條

應於外國調查證據者，囑託該國管轄機關或駐在該國之中華民國大使、公使、領事或其他機構、團體為之。

外國機關調查證據，雖違背該國法律，如於中華民國之法律無違背者，仍有效力。

＊前司法行政部（四二）臺令參字第五八一九號

要旨：

查民事訴訟法第二百九十五條第一項雖規定，應於外國調查證據者，囑託該國管轄官

署或駐在該國之中華民國大使、公使或領事為之，但非有國際條約或慣例為依據，通常不宜由我國法院直接囑託外國官署為調查。

＊前司法行政部（四三）臺令參字第一四五一號

要旨：

茲准外交部四十三年一月七日外（四三）條二字第一七一號函：「一、關於中日兩國有關法律事項委託協助事，四十二年十二月四日臺（四二）公參字第五八一九號函暨附件均敬悉。二、貴部主張依照『民事協助辦法』之規定，關於中日兩國民事協助事項，我可同意與日方互惠一節，已由本部代電駐日大使館轉復日方，至將來日方為執行本案委託事項所需之費用，擬請　貴部惠予轉告臺灣高等法院臺南分院預為籌撥準備。又我國國內機關在公務上對國外機關有須由我駐外使領館代為接洽者，依照正常程序，宜經由本部飭辦，以資接洽，此次臺灣高等法院臺南分院關於本案逕託我駐日大使館辦理，而該館承辦本案時復須向國內請示，轉費時日，併請轉告注意。」

＊前司法行政部（四七）臺函民字第六六七〇號

要旨：

查我國法院應於外國調查證據者，應囑託該國管轄官署或駐在該國之中華民國大使、公使或領事為之，我國民事訴訟法第二百九十五條第一項規定有明文（日本民事訴訟法第六百六十四條第一項與我國規定相同）。又查外國法院以特別事件囑託我國法院代為調查，除國際條約有特別規定外，僅須於囑託書內聲明對我國法院囑託事件為同等之協助，我國法院當依其囑託意旨予以調查答覆，民事協助辦法亦有規定。本件日本東京地方法院授理之高琦君房屋產權事件，其調查證據，似可依上開規定辦理。

＊司法院（七二）院臺廳一字第〇五五九二號

要旨：應於外國調查證據者，應報請司法院轉請外交部辦理。

全文內容：

一、應於外國調查證據者，囑託該國管轄機關或駐在該國之中華民國大使、公使或領事為之；民事訴訟法第二百九十五條第一項設有明文規定，惟此項囑託，依本院七十二年八月十五日 (72) 院臺廳一字第〇四三〇七號函修正發布之「辦理民事訴訟事件應行注意事項」第四十二則規定，應報請本院轉請外交部辦理。

二、查各法院囑託我駐外機構在外國調查證據，聞有逕行函請外交部條約司辦理，囑託時附有結文，要求駐外機構命在中華民國領域外之證人具結，致無法辦理。爾後各法院應於外國調查證據，囑託外國管轄機構或駐在該國之中華民國大使、公使或領事為調查者，均應依上開注意事項之規定，報請本院轉請外交部辦理。

＊司法院（八二）院臺廳刑二字第〇六二九八號

要旨：

查應於外國調查證據，囑託外國管轄機構或駐在該國之中華民國大使、公使或領事為

調查者，應報請本院轉請外交部辦理。前經本院以七十二年十月二十四日 (72) 院臺廳
（一）字第〇五五九二號函示在案。邇來有部分法院為前開囑託調查時，未依前函所
示報請本院轉請外交部辦理，而逕函外交部，經該部退回，徒增作業困擾。

第三百四十條

法院認為必要時，得囑託機關、團體或商請外國機關、團體為鑑定或審查鑑定意見。
其須說明者，由該機關或團體所指定之人為之。

本目關於鑑定人之規定，除第三百三十四條及第三百三十九條外，於前項情形準用之。

第三百五十六條

外國之公文書，其真偽由法院審酌情形斷定之。但經駐在該國之中華民國大使、公使、
領事或其他機構證明者，推定為真正。

＊六一臺上字第二八三五號判例

要旨：

在日據時期，訴訟上和解之成立，記載於和解調書者，與確定判決有同一之效力；又
確定判決，對於當事人及於言詞辯論終結後為當事人之繼承人者，有其效力；分別為
當時有效之日本民事訴訟法第二百零三條、第二百零一條第一項所明定。本件土地之
當時共有人某甲、某乙、某丙、某丁於日據昭和十七年十二月二十一日台南地方法院
控訴審受命推事履勘現場時，成立訴訟上之和解分割共有土地（持分四分之一），由某
丙取得五分之二，某甲、某乙、某丁各取得五分之一，其詳細分割方法載明於和解調
書，並有圖面表示。原審既認兩造對於上開和解之事實及和解調書之真正，均不爭執，
則依當時之日本民法第一百七十六條之規定（物權之設定及移轉僅因當事人意思表示
一致而生效力），自和解成立時起，已生如和解調書所載分割之效力，不因未依約定於
一個月內申請分割登記而受影響。此項日據時期訴訟上和解之效力，與我民事訴訟法
第三百八十條第一項、第四百零一條第一項之規定相同，依同法第四百零二條規定，
自應認其效力。至於臺灣光復後仍依日據時期之土地登記簿持分各四分之一登記，係
不合真實情形之登記，亦不影響當時因和解成立而各已取得之單獨所有權。被上訴人
某己、某戊、某庚，係和解當事人某丁之特定繼承人，為和解確定力之所及，依民事
訴訟法第三百八十條第一項、第四百條第一項規定，不得更行訴請分割。

＊七一臺上字第三七四九號

要旨：

當事人提出之書證，縱屬真正，亦僅有形式上之證據力，其實質上證據力之有無，應
由法院根據經驗法則依自由心證判斷之，而外國法院判決於我國法院之裁判，無拘束
力，其得否採用之為證據，又必須調查該案原有證據及其他一切情事，於足以資判斷。

＊七五臺上字第一〇九六號

要旨：

英國法院之判決為該國之公文書，其真正業經我駐英國之機構簽證，依法推定為真正。雖我國與英國並無國際相互之承認，依民事訴訟法第四百零二條第四款規定，不認其效力，不能以之為執行名義請求強制執行，但並非不得為法院調查斟酌之證據。

＊七七臺抗字第一三五號

要旨：

兩造於民國六十九年二月十九日所訂立之第Ｖ○一八五號契約，業經國外公證機關公證，並經我國駐外代表即比利時中山文化中心蓋章證明在案，此有相對人所提出之該契約書影本可稽，茲參照民事訴訟法第三百五十六條規定，前開契約書應可推定為真正。第一審法院如認該駐外代表之蓋章尚有可疑，非不可函請外交部查明是否真實，乃遽以上開契約書是否真偽無從為實體上之認定為由，裁定駁回相對人承認外國仲裁判斷之聲請，自屬可議。

＊八○臺上字第六五二號

要旨：

外國之公文書，其真偽由法院審酌情形斷定之。

大○路四十八號房屋簡○輔之應有部分經出售與賴○，賴○死亡後，由其子、女即被上訴人簡○益與簡○邦、簡○銘、簡○慧共同繼承，就中簡○邦、簡○銘，拋棄繼承，遺產由被上訴人簡○益及簡○慧共同繼承（至房屋其他應有部分二分之一為被上訴人簡○益所有）。有戶籍登記簿謄本及臺中縣稅捐稽徵處函送之稅籍登記表可按。可見賴○之應有部分屬被上訴人簡○益與簡○慧公同共有，上訴人僅以簡○益一人為被告，請求拆屋還地，其當事人之適格顯有欠缺。

＊八二臺上字第二八三一號

要旨：

按日據時期之戶口調查簿，非法律上身分之登記簿，收養關係之終止，不以申報戶口而發生效力，倘有相反之事實存在，固非不得為不同之認定，惟戶口調查簿既為日本政府之公文書，其登記內容自有相當之證據力，如無與戶口調查簿登載內容相反之事實，即不得任意推翻。

第四百零二條

外國法院之確定判決，有左列各款情形之一者，不認其效力：

一、依中華民國之法律，外國法院無管轄權者。

二、敗訴之一造，為中華民國人而未應訴者。但開始訴訟所需之通知或命令已在該國送達本人，或依中華民國法律上之協助送達者，不在此限。

三、外國法院之判決，有背公共秩序或善良風俗者。

四、無國際相互之承認者。

＊八八臺上字第三○七三號

要旨:

依外國法院確定判決聲請強制執行者，以該判決無民事訴訟法第四百零二條各款情形之一，並經我國法院以判決宣示許可其執行者為限，始得為強制執行，故請求許可外國法院確定判決強制執行，應以訴為之，其當事人除由該外國確定判決之債權人為原告，並以其債務人為被告外，雖依判決國法規定該外國確定判決效力所及之第三人，亦得為原告或被告，然必該判決國法律有此規定者，始得謂其當事人之適格無欠缺。

*六九臺上字第三七二九號

要旨:

本件外國法院確定判決，係基於兩造事前協議，並經兩造親自到場後為之；與我國法律，並無牴觸；亦不違反公序良俗。而美國加州洛杉磯高等法院就此子女監護事件，有初審管轄權，亦有美國在臺協會致北美事務協調委員會證明函一件為證；不生該法院無管轄權之問題。美國訂有「臺灣關係法案」，與我國繼續實質上之關係；依美國最高法院判例揭示國際相互承認原則，該外國確定判決殊無民事訴訟法第四百零二條各款情形之一，自應宣示許可強制執行。

*七〇臺上字第九五二號

要旨:

外國法院之確定判決，有民事訴訟法第四百零二條規定所列各款情形之一者，不認其效力，是外國法院之確定判決，須經我國法院審查確認並無前開規定各款情形之一者，始可認其效力，上訴人取得美國法院所為「兩造婚姻關係解除」之判決，並未先經我國法院確認有無前述規定情形之一，即持該外國判決以代被上訴人之意思表示，向戶政機關申請辦理離婚登記，於法尚有未合。

*七八臺上字第一四〇五號

要旨:

外國法院之判決，有背公共秩序或善良風俗者，不認其效力，民事訴訟法第四百零二條第三款定有明文。且此規定所指，不以外國法院判決所宣告之法律上效果，有背公共秩序或善良風俗者為限，其本於有背公共秩序或善良風俗之原因，而宣告法律上之效果者，亦包括在內。

*八一臺上字第二五一七號

要旨:

美國加州法院確定判決，並無民事訴訟法第四百零二條所列各款情形之一，應承認其效力，上訴人提起本件離婚之訴，違反一事不再理原則，已於理由項下詳為說明其依據，查涉外離婚事件之管轄權，涉外民事法律適用法並無明文規定，惟類推適用民事訴訟法第五百六十八條第一項規定，夫妻之住所地在外國者，亦有管轄權。

*八三臺上字第一三五〇號

要旨：

日本民法第一百七十六條規定：「物權之設定及移轉，僅因當事人之意思表示而發生效力。」即關於物權之發生、變更、消滅，在日本民法係採意思主義，其所謂物權之設定，係指地上權、抵押權及其他限制物權設定；所稱物權之移轉，則指所有權、抵押權及其他物權之移轉而言。至本院六十一年臺上字第二八三五號判例，係謂在日據時期，訴訟上和解之成立，記載於和解調書者，與確定判決有同一之效力。故當事人成立訴訟上之和解分割共有土地，分割方法載明於和解調書，自和解成立時起，即生如和解調書所載分割之效力。此項效果，與我國民事訴訟法第三百八十條第一項、第四百零一條第一項之規定相同，依同法第四百零二條規定，自應認其效力。

＊八四臺上字第二五三四號

要旨：

我國是否不認外國法院判決之效力，應以外國法院判決有無民事訴訟法第四百零二條所列各款情形，為認定之標準，並非就同一事件重為審判，對外國法院認定事實或適用法規是否無瑕，不得再行審認。是縱如上訴人主張，被上訴人以不實證據取得系爭外國法院判決，上訴人亦應循外國法律規定之程序救濟，其以我國法律非難系爭外國法院判決，尚有未洽。

＊八五臺上字第一五九二號

要旨：

和解在外國成立或破產在外國宣告者，對於債務人或破產人在中國之財產不生效力，破產法第四條定有明文。則自國際間平等互惠之原則而言，在我國成立和解或宣告破產者，債務人或破產人財產所在地之外國，當亦可否認其效力。本件原審既認我國與香港之間，互不承認對方法院判決之效力，竟又認本件臺灣臺北地方法院所為丁〇森破產宣告之效力，及於破產人丁〇森在香港之財產，並進而認定本件系爭股票亦屬破產財團之財產，因而為上訴人不利之判決，尚嫌率斷。

＊八五臺上字第二五九七號

要旨：

我國是否不認外國法院確定判決之效力，應以該外國法院確定判決有無民事訴訟法第四百零二條所列各款情形為認定標準，並非就同一事件更為審判，故外國法院認定事實或適用法規是否無瑕，不在審認之範圍。

＊八六臺上字第二五四四號

要旨：

民事訴訟法第四百零二條固以外國法院之確定判決為規範對象，即外國法院之確定判決，有該條所列各款情形之一者，不認其效力，惟依舉輕以明重之法理，如外國法院之判決尚未確定，而有該條所列各款情形之一者，當亦不認其效力。

＊八五抗字第一〇〇號

要旨：

惟查依國際慣例，國家除依條約或自行起訴而放棄其特權者外，不為其他國家之審判權效力所及，從而外國國家原則上不得以之作為起訴之對象。抗告人以美國為被告提起本件訴訟，應認其起訴為不合法。又，美國馬利蘭州為美國之行政區之一，亦應有上開國際慣例之適用，抗告人以美國馬利蘭州為被告提起本件訴訟，亦應認其起訴為不合法。關於抗告人對 STEVE SEBO, LORAINE M. SEBO, HECHINGER COMPANY, INC.、馬利蘭州地方法院 JOHN F. FADER II 起訴部分：經查該被告等均為外國法人或外國人，於我國並無事務所、營業所或住居所，原法院對之均無管轄權。抗告人雖主張依侵權行為法律關係起訴，而謂我國亦為相對人之侵權行為地云云；惟查，抗告人主張之侵權行為，為相對人等在美國馬利蘭州進行不法訴訟及不當裁判之行為，該訴訟行為及裁判行為之行為地以及裁判結果之發生均在美國馬利蘭州，即行為地及結果發生地均在美國馬利蘭州，抗告人主張之侵權行為地自應在美國馬利蘭州，抗告人謂我國亦為相對人之侵權行為地云云，自不足採。抗告人雖又主張相對人可扣押之財產或請求標的所在地在臺北云云，惟查抗告人並未具體指明其所在處所，所云原法院因該項事由而有管轄權，亦不足採。又，抗告人並未提出兩造間訂有契約約定契約履行地在臺北之證明，其謂原法院因契約履行地在臺北而有管轄權云云，亦非可採。再者，民事訴訟法第四百零二條，乃有關持外國法院確定判決依強制執行法第四十三條規定在我國聲請強制執行，須先經我國法院以判決宣示許可強制執行時，我國法院承認外國法院判決效力之規定；並非得據該條規定以為得在我國提起訴訟否定外國法院裁判之效力，抗告人謂依該條規定原法院有管轄權云云，要非可採。其餘，抗告人主張依我國憲法、憲法法理、中美友好通商航海條約、涉外民事法律適用法及法理，原法院就本件訴訟有管轄權云云；均屬無據。

＊司法院第三期司法業務研究會

法律問題：

國人甲乙夫妻感情不睦，夫甲因商務關係經常居住美國，且在內華達州克拉克郡合法居住六星期以上，係內華達州之法律該郡法院對甲個人具有管轄之權，對甲乙間之離婚訴訟亦具有法定管轄權。甲乃於六十八年間，向美國內華達州克拉克郡第八地方法院提起離婚之訴，取得缺席判決勝訴確定後，向臺北地方法院公證處請求認證，而後於六十九年二月二十七日持經認證之美國內華達州缺席判決，向臺北市大安區公所辦理離婚登記，此項離婚登記，有無塗銷之原因？

研討意見：

甲說：外國法院之確定判決，有民事訴訟法第四百零二條規定所列各款情形之一者，不認其效力，是外國法院之確定判決，須經我國法院審查確認並無前開規定各款情形

之一者，始可認其效力，夫甲取得美國法院所為「兩造婚姻關係解除」之判決，並未先經我國法院確認有無前述規定情形之一，即持該外國判決以代妻乙之意思表示，向戶政機關申請辦理離婚登記，於法尚有未合，其離婚登記，自有塗銷之原因（最高法院七十年度臺上字第九五二號民事判決）。

乙說：我旅外國人所提出之外國法院「離婚判決書」若該判決無民事訴訟法第四百零二條規定之情形者，我駐外單位可承認其效力（參見法務部七十年二月二十四日法 (70) 律字第二九一○號函），因此，戶政機關依申請辦理離婚登記，尚無不合。

研討結論：

外國法院之確定判決之承認與執行是兩回事，民事訴訟法第四百零二條對外國法院之確定判決以承認為原則，以不承認為例外。一般均認為各個機關均可為形式上之審查，承認外國法院判決之效力，如有爭執時，才由利害關係人訴請法院確認。採乙說。

司法院第一廳研究意見：同意研討結論。

＊司法院第三期司法業務研究會

一、法律問題：

居住在臺北市之華僑某甲，執有香港居民護照，與臺北商人某乙簽訂買賣襯衫契約，兩造以書面合意因買賣所生之糾紛，由香港法院管轄，嗣某甲違約，乙向臺北地方法院起訴請求某甲損害賠償，甲抗辯臺北地方法院無管轄權，是否有理？

二、研討意見：

甲說：甲與乙合意因買賣所生之糾紛，由香港法院管轄，又不違反民事訴訟法專屬管轄之規定，此約定應有效。現甲違約，乙向臺北地方法院起訴請求某甲損害賠償，臺北地方法院無管轄權，甲之抗辯有理由。

乙說：英國與我國法院，就彼此之確定判決，並無相互承認之協議（據外交部六十九年十一月六日外 (69) 條二字第二四○三九號函稱：香港法院不承認我國民事確定判決之效力），故英國（香港）法院之確定判決，依民事訴訟法第四百零二條第四款之規定，我國仍難認其效力，故縱當事人就一定之法律關係合意由該國法院管轄，自亦不排除我國法院之管轄（參見司法院六十九年十一月十五日 (69) 院臺廳一字第○三九三八號函）。

三、研討結論：

合意管轄之約定，原則上固可排除有管轄權法院之管轄。但(1)由合意管轄法院管轄有失公平(2)行合意管轄是被詐欺、脅迫或其他不正當手段(3)當時訂合意管轄，不立於平等地位(4)由合意管轄法院管轄顯不適當，不方便，有此四點仍可不受合意管轄拘束，可知合意管轄之約定，效力非絕對的。採乙說。

四、座談機關：

司法院司法業務研究會第三期。

五、司法院第一廳研究意見：

　　同意研討結論。

＊司法院第三期司法業務研究會

法律問題：

同一案件經香港法院判決後，復在我國法院起訴，有無違背一事不再理之原則？

研討意見：

甲說：㈠最高法院六十六年臺上字第一一三七號民事判決稱：「香港與我國目前並無外交關係，彼我法院之確定判決，如無相互承認之協議，則香港法院之判決，我國即不承認其效力，本案在香港法院之判決，除得參考其關於契約效力之意見外，我國法院為裁判，不受其影響。」㈡最高法院六十七年度臺上字第三〇六四號民事判決：「香港與我國現無外交關係，彼我法院之確定判決，亦無相互承認之協議，因之本案縱經香港法院判決，於我國法院亦不生一事不再理問題。」

乙說：當事人不得就同一事件更行起訴，原判決法院不論是國內法院或外國法院，都應受此拘束，至同一案件，既已經香港法院判決，當事人不得就同一事件在我國法院起訴。

研討結論：採甲說。

司法院第一廳研究意見：

民事訴訟法第四百零二條第四款所謂無國際相互之承認，並不以外國與我國有外交關係為必要，甲說所引兩號判決均云：「香港與我國目前並無外交關係」，顯屬多餘。換言之，兩國之間，雖無外交關係，惟基於各該國法令，或因國際條約、或因慣例，彼此承認各該國法院判決之效力者，即係所謂國際相互之承認，依外交部六十九年十一月六日外 (69) 條二字第二四〇三九號函稱：香港法院不承認我國民事確定判決之效力。則香港法院之確定判決，依民事訴訟法第四百零二條第四款之規定，我國自亦不承認香港法院判決之效力，從而，同一案件經香港法院判決後復在我國法院起訴，自無違背一事不再理之原則。

＊法務部（八九）法律字第〇〇八七六六號

要旨：

關於我國人民經外國法院判定禁治產宣告並指定監護人有無效力疑義

說明：

一、復　貴部八十九年三月六日臺 (89) 內戶字第八九〇三二九七號函。

二、查禁治產宣告制度，旨在限制或剝奪精神能力有缺陷者之行為能力，並為其設置監護人予以輔助。俾保障其本身利益，進而維繫社會交易之安全。因其與個人權益及社會公益密切相關，就外國法院對內國人所為之禁治產宣告如何承認其效力？即有不同之見解，其中以採「本國」管轄主義為原則；「居住地國」管轄主義為例

外之折衷說佔多數。蓋禁治產宣告可產生剝奪行為能力之重大法律效果，基於保護被宣告者本身利益之必要性，原則上宜由被宣告人本國管轄；惟本國法院對於居住外國人民心神狀態之調查，實鞭長莫及，且是否宣告禁治產，與居住國之社會公益及第三人權益亦有相當關聯，故例外承認居住地國亦有管轄權。我國涉外民事法律適用法第三條第一項規定：「凡在中華民國有住所或居所之外國人，依其本國及中華民國法律同有禁治產之原因者，得宣告禁治產。」其立法理由謂：禁治產之宣告，原則上應由禁治產人本國法院管轄，本項規定即係例外，其目的蓋在保護居住之社會公安，及外國人私人法益，至於禁治產之原因，究應依何國法律而定，向有本國法說及法庭地法說之分。依理而論，內國對外國人宣告禁治產，與對內國人宣告之情形，究有不同，該外國人之本國法與內國法自應同時並重，以保護居住國之社會公安及外國人之法益，故規定依法庭地及外國人之本國法同有宣告之原因時，始得為之。是以，我國法亦承認居住地國應享有禁治產宣告之例外管轄權，並以被宣告人之本國法及法庭地法同列為禁治產宣告原因之準據法。基於此，學說與實務咸認，外國法院對有住居所於該國之我國人所為之禁治產宣告，如依我國法及該外國法均有禁治產之原因，且無我國民事訴訟法第四百零二條所定各款情事之一存在者，宜認其與我國法院所為者有同一之效力（曾陳明汝著「國際私法原理續集—衝突法論一」第一三九頁至一四一頁、第一五〇頁及司法院七十八年五月二十四日 (78) 秘臺廳一字第〇一四七八號函、本部八十一年四月十五日法 81 律字第〇五三二九號函參照）。

三、至於外國法院對本國人宣告禁治產後之監護問題，究應如何確定，學說上有不同見解：有認其屬程序問題，程序唯法庭地法有權決定；有認其應適用監護之準據法；亦有認其乃禁治產宣告之行為能力受剝奪或限制所為之補充手續，應屬宣告效力準據法之適用範圍（曾陳明汝著前揭書第一五三頁及第一五四頁參照）。按我國涉外民事法律適用法第三條第二項規定及其立法理由，係以宣告國法為禁治產宣告效力之準據法，俾使外國人受禁治產宣告之效果與內國人相同，以維護公益，並策交易安全。又同法第二十條但書第二款就因禁治產宣告所為之監護，亦例外承認以禁治產宣告國法為其準據法，蓋此時之監護乃宣告禁治產之結果，亦唯有如此，始能與第三條之精神相互呼應（該條立法理由參照）。是以，外國法院對本國人民所為禁治產宣告之裁判，其併為監護人之指定，如無民事訴訟法第四百零二條各款所定情形之一，似亦宜承認其效力。

四、本件泰國法院針對我國僑民林〇榮先生所為無行為能力及為其指定監護人林〇吉君之裁判，其效力如何？請　貴部參酌前開意旨，本於職權自行審認之。

＊法務部（八八）法律字第〇〇一六四三號

要旨：

關於委託申請變更為未成年人之監護人疑義

主旨：

關於姜○賢委託李○達先生申請變更為未成年人陳○芳、陳○玲之監護人疑義乙案，
復如說明二、三，請　查照參考。

說明：

一、復　貴部八十八年一月十二日臺（八八）內戶字第八七○九三三四號函。

二、按民法第一千零九十四條未成年人法定監護人順序規定中之「家長」，係指與未成
年之被監護人間具有以永久共同生活為目的而同居一家者而言。其雖得以戶籍登
記之「戶長」作為證明方法，惟與「戶長」在概念上仍未盡一致。是戶籍登記之
戶長與未成年人，如無以永久共同生活為目的而同居一家之事實者，即非首開規
定之「家長」，而不得擔任該未成年人之監護人。（本部八十三年三月十九日法 83
律決字第○五五七二號及八十五年十二月十七日法 85 律決字第三一九○一號函
參照）次按，我國民事訴訟法第四百零二條規定：「外國法院之確定判決，有左列
各款情形之一者，不認其效力：一、依中華民國之法律，外國法院無管轄權者。
二、敗訴之一造，為中華民國人而未應訴者。但開始訴訟所需之通知或命令已在
該國送達本人，或依中華民國法律上之協助送達者，不在此限。三、外國法院之
判決，有背公共秩序或善良風俗者。四、無國際相互之承認者。」據此實務向認，
對外國法院確定判決之效力，以承認為原則、不承認為例外；外國法院確定判決，
除據為執行名義請求本國法院強制執行者，依強制執行法第四十三條規定（現行
法改列為第四條之一第一項），應經本國法院以判決宣示許可其執行外，各機關均
可依民事訴訟法首開規定為形式上之審查，以決定是否承認外國法院確定判決之
效力，惟有私權爭執時，利害關係人仍可循民事訴訟程序解決。（本部七十七年四
月二十六日法 77 律字第七○二二號函、八十二年十一月八日法 82 律決字第二三
七一七號函引司法院秘書長八十二年十月二十九日（八二）秘臺廳民一字第一七
九六六號函、八十四年八月十五日法 84 律決字第一九三八八號函及八十五年十
一月十一日法 85 律決字第二八八二九號函參照）本件陳○芳、陳○玲出境國外
後，始由未同居之舅父姜○祥申請登記為其等之監護人，是否妥適？及陳○芳、
陳○玲經美國法院判決舅父姜○賢、舅母李○琴共同收養，該外國法院判決之效
力如何？宜請　貴部參酌上開意旨，本於職權自行審認之。

三、至於收養人與被收養人之年齡間隔，現行民法第一千零七十三條規定：「收養者之
年齡，應長於被收養者二十歲以上。」違反本條規定者，民法第一千零七十九條之
一明定為無效，此乃基於公序良俗之考量，為杜流弊所作之規定。（戴炎輝、戴東
雄合著「中國親屬法」第三四九頁、司法院七十八年一月五日 (78) 廳民一字第○
○○三號函參照）惟如夫妻共同收養子女者，是否須夫妻雙方均長於被收養者二

十歲以上，現行民法則無明文。學說暨實務有持肯定見解者（史尚寬著「親屬法論」第五三五頁，戴炎輝、戴東雄合著「中國親屬法」第三四○頁，司法院七十六年十一月三日秘臺廳（一）字第○一九○二號函參照）：復有認原則上須夫妻雙方俱長於被收養者二十歲以上；惟親屬間相收養，僅須輩份相當，關於年齡間隔之限制則可從寬認定，俾便親屬間收養關係之成立。（趙鳳喈著「民法親屬編」第一六二頁，陳棋炎、黃宗樂、郭振恭合著「民法親屬新論」第三○九頁參照）對此，本部八十八年三月二十日法88律字第○○○○九二號函陳報行政院之「民法親屬編部分條文修正草案（收養部分）」，已於首開民法第一千零七十三條增設但書規定：「⋯⋯。但夫妻共同收養時，夫妻之一方長於被收養者二十歲以上，而他方僅長於被收養者十六歲以上者，亦得收養」，俾保留彈性以符實際需要。此一併提供作為　貴部審查本件美國法院判決效力之參考。

＊法務部（八五）法律決字第二八八二九號

要旨：

外國法院之確定判決，除據為執行名義請求本國法院強制執行者，依強制執行法第四十三條規定，應經本國法院以判決宣示許可其執行外，各機關均可依民事訴訟法第四百零二條規定為形式上之審查，據以決定是否承認外國法院確定判決之效力，惟有私權爭執時，利害關係人仍可循民事訴訟程序解決。

全文內容：

按外國法院之確定判決，除據為執行名義請求本國法院強制執行者，依強制執行法第四十三條規定，應經本國法院以判決宣示許可其執行外，各機關均可依民事訴訟法第四百零二條規定為形式上之審查，據以決定是否承認外國法院確定判決之效力，惟有私權爭執時，利害關係人仍可循民事訴訟程序解決（本部八十二年十一月八日法82律決二三七一七號函引司法院秘書長八十二年十月二十九日（八二）秘臺廳民一字第一七九六六號函參照）。至於外國法院判決是否確定，則屬事實認定問題。本件陳○娥女士持美國加州洛杉磯 Superior Court 離婚判決書申辦離婚登記，依來函所附外交部八十五年九月十七日外（八五）領三字第八五○三○一五九五○號函記載：「⋯⋯依加州法律之規定，離婚皆須經法院判決程序，依性質區分為一造缺席判決、兩造有爭執判決及無爭執判決等三種，⋯⋯」，本案屬判決離婚性質，要無疑義。惟關於該判決是否確定乙節，除以判決確定證明書證明之外，似亦可憑其他事實或方式，據以認定。例如該判決是否因兩造無爭執、未再上訴而確或請求該國法院予以認證等。此要屬事實問題，宜請　貴部（內政部）本於職權，自行審酌之。

＊法務部（八四）法律決字第一九三八八號

要旨：

國人王女士與日人吉富君之婚姻關係，經日本福岡家庭裁判所以「當事人間缺少婚姻

同意」為語，判定無效，並裁定其等婚姻關係期間所生之子與吉富君之親子關係不存在，得否據以認定所生子女為非婚生子女疑義。

全文內容：

按涉外民事法律適用法第十一條規定，婚姻成立之要件，依各該當事人之本國法。我國民法對婚姻之成立「須雙方當事人之結婚意思一致」乙節，雖無明文規定，惟學者通說均認其為婚姻實質要件之一；對於已履行婚姻方式但欠缺婚姻意思之虛偽婚姻，基於婚姻應尊重當事人內心之效果意思及其徒具婚姻外觀而無實質而言，應屬確定、當然、自始不生效力；無待訴訟，當事人及第三人均得主張其為無效，且當事人間不發生身分上、財產上之關係，所生子女亦為非婚生子女。但就其無效有所爭執時，有確認利益者則可提起確認婚姻無效之訴（史尚寬著「親屬法論」第一五五、一五六、一六二、一六三、一六七－一七一、一八二頁，戴炎輝、戴東雄合著「中國親屬法」第七二－七四、一〇〇－一〇四頁，陳棋炎、黃宗樂、郭振恭合著「民法親屬新論」第九〇－九二、一一五－一一七頁參照）。次按，民事訴訟法第四百零二條規定：「外國法院之確定判決，有左列各款情形之一者，不認其效力：一、依中華民國之法律，外國法院無管轄權者。二、敗訴之一造，為中華民國人而未應訴者。但開始訴訟所需之通知或命令已在該國送達本人，或依中華民國法律上之協助送達者，不在此限。三、外國法院之判決，有背公共秩序或善良風俗者。四、無國際相互之承認者。」外國法院之確定判決，除據為執行名義請求本國法院強制執行者，依強制執行法第四十三條規定，應經本國法院以判決宣示許可其執行外，各機關均可依民事訴訟法上開規定為形式上之審查，據以決定是否承認外國法院確定判決之效力，惟有私權爭執時，利害關係人仍可循民事訴訟程序解決（本部八十二年十一月八日法 82 律決字第二三七一七號函引司法院秘書長八十二年十月二十九日（八二）秘臺廳民一字第一七九六六號函參照）。本件國人王女士與日人吉富君之婚姻關係，經日本福岡家庭裁判所以「當事人間缺少婚姻同意」為語，判定無效，並裁定其等婚姻關係期間所生之子與吉富君之親子關係不存在，得否據以認定所生子女為非婚生子女，請 貴部（內政部）參酌上開意旨，本於職權自行審認之。

*法務部（八三）法律決字第一九八九二號

要旨：

我國宜否與南非簽訂有關互惠協定疑義

全文內容：

我國宜否與南非簽訂有關互惠協定，要屬外交政策之決定，本部無意見。依 貴部（外交部）前開函所附南非「一九六三年第八〇號互惠執行扶養命令法」第四條以下之規定以觀，互惠協定之締約國法院依法發給之扶養支付命令，經以正式外交管道送往南非後，似得由南非「扶養費法庭」(MAINTENANCE COURT) 之官員逕行傳喚利害關

係人及為其他執行程序。惟參照我國強制執行法第四條、第四十三條及民事訴訟法第四百零二條之規定，外國法院簽發之執行命令似不得逕為執行名義而得在我國境內執行。是南非行於扶養費之制度與我國民事訴訟法及強制執行之制度不同，宜否以互惠協定變更之，事涉司法院職掌，宜請洽詢該院意見。

＊司法院（八二）秘臺廳民一字第一七九六六號

要旨：

外國法院之確定判決，應經本國法院以判決宣示許可其執行外，各機關均可依民事訴訟法第四百零二條規定為形式上審查。

全文內容：

按外國法院之確定判決，除據為執行名義請求本國法院強制執行者，依強制執行法第四十三條規定，應經本國法院以判決宣示許可其執行外，各機關均可依民事訴訟法第四百零二條規定為形式上之審查，據以決定是否承認外國法院確定判決之效力，惟有私權爭執時，利害關係人仍可循民事訴訟程序解決。當事人持憑美國法院離婚判決書申請登記，其中關於未成年子女監護部分可否受理，涉及事實之認定，請參考前開法律見解斟酌審認之。

＊司法院（八二）秘臺廳民一字第〇二九六六號

要旨：

外國法院之確定判決，應否承認其效力，各機關可依民事訴訟法第四百零二條為形式上審查。

全文內容：

依一定事實，足認以久住之意思，住於一定之地域者，即為設定其住所於該地，民法第二十條第一項定有明文。依來函所述，被認領人黃〇〇在臺原有戶籍，於八十一年六月十日經日本國人三蒲〇〇認領因喪失國籍同時撤銷戶籍，其在日本亦未設戶籍於父三蒲〇〇戶內云云，則黃〇〇被認領後其住所何在，即應依上開民法規定就具體事實認定之。至日本國法院就黃〇〇認領無效事件所作之確定判決，有無民事訴訟法第四百零二條所列各款應否承認其效力之情形，各機關均可依該條文規定為形式上之審查，據以決定是否承認該外國法院判決之效力，惟有爭執時，可由利害關係人訴請法院認之。

＊法務部（八二）法律決字第二三七一七號

要旨：

案經轉准司法院秘書長八十二年十月二十九日（八二）秘臺廳民一字第一七九六六號函略以：「……二、按外國法院之確定判決，除據為執行名義請求本國法院強制執行者，依強制執行法第四十三條規定，應經本國法院以判決宣示許可其執行外，各機關均可依民事訴訟法第四百零二條規定為形式上之審查，據以決定是否承認外國法院確定判

決之效力，惟有私權爭執時，利害關係人仍可循民事訴訟程序解決。三、當事人持憑美國法院離婚判決書申請登記，其中關於未成年子女監護部分可否受理，涉及事實之認定，請參考前開法律見解斟酌審認之。」

＊法務部（八一）法律決字第一五○八六號

要旨：

關於持憑美國紐約州初審法院判決書及臺灣臺北地方法院公證處認證書申請撤銷結婚登記疑義乙案

主旨：

關於陳○福持憑美國紐約州初審法院判決書及臺灣臺北地方法院公證處認證書申請撤銷其與郭○華間結婚登記疑義乙案，復如說明二、三。請　查照。

說明：

一、復　貴部八十一年七月十五日臺（八一）內戶字第八一○四二一九號函暨同年九月三十日臺（八一）內戶字第八一○五五七八號函。

二、案經本部轉准司法院秘書長八十一年九月二十一日（八一）秘臺廳一字第一四四五八號函內載：「一、按外國法院之確定判決，除據為執行名義請求本國法院強制執行者，依強制執行法第四十三條規定，應經本國法院以判決宣示許可其執行外，其有無民事訴訟法第四百零二條所列各款情形，應否承認其效力，尚無應經我國法院以裁判確認之規定。各機關均可依民事訴訟法第四百零二條規定為形式上之審查，據以承認外國法院確定判決之效力，惟有爭執時，可由利害關係人訴請法院確認之。二、撤銷婚姻之訴，依民事訴訟法第五百六十八條規定，係屬專屬管轄，當事人不得以合意變更之，依上開中華民國之法律，外國法院就該專屬管轄事件似無管轄權。本件陳○福向戶政機關申請撤銷結婚登記乙案，請參考上開說明，斟酌處理。」

三、檢附司法院秘書長前開函影本乙份。

＊法務部（八一）法律字第○五三二九號

要旨：

一、本件投資人楊○錦君在日本雖已受宣告禁治產確定，惟依我民事訴訟法第四百零二條規定，須該日本法院之確定判決並無該條所列各款情形之一者，始可承認其效力。

二、若前開日本法院所為之禁治產宣告可承認其效力，而楊君依來函附件所敘，又已奉准喪失中華民國國籍並取得日本國籍，則有關其監護人監護之權限，依涉外民事法律適用法第二十條上段規定，應適用其本國法；而有關該項禁治產宣告之效力，如依學者之通說，並參照同法第三條第二項係採宣告國法主義之立法精神（參見該法草案第三條第二項之說明，如附件），似應適用宣告國法，亦即應依日本之

法律定之。

＊司法院（七九）秘臺廳一字第〇一八三二號

要旨：

日本國法院和解筆錄非屬外國法院判決

全文內容：

按本案之日本國法院和解筆錄非民事訴訟法第四百零二條及強制執行法第四十三條之外國法院判決，亦非可比擬在我國法院成立之和解，然如可認當事人係基於雙方之合意，而於外國法院成立和解者，似非不可認其具有民法上和解之效力。至當事人持續和解筆錄及其他附屬文件，申辦繼承登記，應否准詳，仍屬　貴轄土地登記機關審查土地登記案件之職掌事項。

＊司法院（七七）秘臺廳一字第〇二一八三號

要旨：

外國法院確定判決之效力規定

全文內容：

按外國法院之確定判決，原則上與我國法院之確定判決有同一之效力，僅於有民事訴訟法第四百零二條所列各款情形之一者，始不認其效力，此觀上揭法條規定甚明（外國法院確定判決強制執行，並請參照強制執行法第四十三條）。如當事人對於外國法院確定判決之效力有所爭執因而涉訟者，應由受訴法院依法審認有無民事訴訟法上揭規定前所列各款情形之一，並就所涉訟事件予以判決。在當事人對此未有爭執涉訟，並經我國法院判決確定不認其效力以前，似難否認該外國判決之效力。

＊法務部（七七）法律字第七〇二二號

要旨：

按民事訴訟法第四百零二條規定，對外國法院確定判決之效力，以承認為原則，不承認為例外。參酌司法院秘書長七十三年六月二十二日 (73) 秘臺廳一字第〇〇四一〇號函意旨，行政機關並可依該條規定為形式之審查，以認定其效力。故本件陳〇香持憑美國紐約州最高法院離婚證明書，是否即為外國法院之確定判決？以及效力如何？似宜由戶政機關依職權認定之。

＊司法院（七六）秘臺廳一字第〇二〇三六號

要旨：

我國法院是否承認外國法院之民事確定判決效力，應審酌是否具有我國民事訴訟法第四百零二條之情形為斷。

全文內容：

我國法院是否承認外國法院之民事確定判決效力，應審酌是否具有我國民事訴訟法第四百零二條之情形為斷；如為我國法院承認其效力，則可依強制執行法第四十三條之

規定得為強制執行。 貴部來函所稱美國德克薩斯州法院之民事判決可否在我國執行及其法定程序如何乙案，應俟有具體事件時，由我國管轄法院依上開規定詳為審酌認定之。

＊司法院（七六）秘臺廳一字第○一四一○號

要旨：

我國法院法官於有具體案件，辦理是否承認德國法院之民事確定判決效力時，就我國民事訴訟法第四百零二條所列各款情事，應詳為審酌。

全文內容：

查外國法院之確定判決，如無我國民事訴訟法第四百零二條所列各款情形之一者，原則上與本國法院所為確定判決有同一效力，並得依強制執行法第四十三條規定向我國法院聲請以判決宣示許可其強制執行。次查我國民事訴訟法第四百零二條第四款規定與德國民事訴訟法第三百二十八條第五款所規定內容相若。苟德國法院未有不承認我國法院判決效力之先例，本諸國際間司法權相互尊重及禮讓之原則，我國法院推事於有具體案件，辦理是否承認德國法院民事確定判決效力時，自當本其確信之法律見解，就我國民事訴訟法第四百零二條所列各款情事，詳為審酌，妥為裁判。

＊司法院（七五）院臺廳一字第○三九八八號

要旨：

我國法院法官於辦理是否承認美國法院之民事確定判決具體事件時，仍應本其確信之法律見解，詳為審酌裁判。

全文內容：

一、美國聯邦或州法院對於外國法院之民事確定判決，基本上均本禮讓之原則予以承認。對我國法院所為之判決，亦不例外。凡外國法院之確定判決符合美國法有關管轄、送達等規定，且不違背公共秩序者，美國絕大多數聯邦及州法院即予以承認，而不再審究兩國間是否有判決相互承認之先例。（參照美國法院整編國際私法部第五章第九十八條外國判決之承認）

二、上述原則雖為美國多數聯邦及州法院所是認，惟未成為法律，我國法院推事於辦理是否承認美國法院之民事確定判決具體事件時，仍應本其確信之法律見解，就我國民事訴訟法第四百零二條各款情事，詳為審酌裁判。

＊法務部（七四）法律字第一二六一五號

要旨：

一、關於兩願離婚，本部前曾於七十四年七月十七日以法 74 律字第八六四三號函知貴部，以戶政機關將應行登記之事項載入登記簿辦妥離婚登記時發生效力。本件國人在國外兩願離婚，依我民法第一千零五十條之規定，係以離婚之戶籍登記為其成立及生效要件，我駐外單位於受理離婚協議書驗證時，雖函報國內戶政機

關備查，然尚未經戶政機關辦妥離婚登記，似難認其離婚之效力已經發生。於其效力未發生時，即予更改當事人護照上有關婚姻之記載，似有不妥。

二、民法第一千零五十條之規定僅適用於兩願離婚，裁判離婚不包括在內。本件外國法院判決離婚，須無民事訴訟法第四百零二條所列各款之情形，方得承認其效力。參酌司法院秘書長七十三年六月廿二日秘臺廳一字第〇〇四一〇號函認為我駐外單位可為形式上審查，承認其效力之意旨，我駐外單位於向國內戶政機關函報時，是否即可更改當事人護照上婚姻狀況為離婚，似得依其職權認定之。

**司法院（七三）領三字第一九四七二號*

要旨：

我國戶政機關管理國人持憑我駐外單位予以驗證外國法院離婚判決書，仍應審查，有無我國民事訴訟法第四百零二條所列情事，始得據以變更戶籍記載。

全文內容：

邇來國人在美國訴請離婚案日增，由於美國法律對離婚條件之規定較我國為寬，在美國法院判決離婚容易，故有國人在美訴請離婚獲准，而當事人之另一造竟有完全不知情者；我駐外單位受理此類外國法院離婚判決書之驗證，依法務部及司法院秘書長之解釋認為，外國法院確定判決之承認與執行為兩事，民事訴訟法四百零二條對外國法院之確定判決以承認為原則，以不承認為例外，（請參閱所附法務部七十三年七月二日法 (73) 律七二七八號函及司法院秘書長七十三年六月廿二日 (73) 秘臺廳一字第四一〇號函影本）我駐外單位對外國法院離婚判決書予以驗證，其作用僅係證明法院簽字或鈐記屬實，並不證明其法律效力。是以我國戶政機關受理國人持憑此種判決書申辦離婚登記案件，仍應逐案審查，如無民事訴訟法第四百零二條所列情事，始得據以變更戶籍記載，以免引起紛爭。本部現通函駐外單位受理外國法院所作離婚判決書之驗證後，不得據以更改其護照之婚姻狀況，應俟當事人向國內戶政單位或法院辦妥離婚登記或確認後，提出有關證件申請時，我駐外單位始得更改護照婚姻狀況為離婚。

**司法院（七三）秘臺廳一字第六〇四一〇號*

要旨：

關於旅外國人持憑外國法院離婚判決書送請我駐外單位驗證之有關疑義乙案

說明：

一、復　貴部七十三年六月十五日法 73 律六六五七號函。

二、我旅外國人所提出之外國法院「離婚判決書」，若該判決無民事訴訟法第四百零二條規定之情形者，我駐外單位可承認其效力，本院同意　貴部七十年二月廿四日法 (70) 律字第二九一〇號函之卓見。又外國法院確定判決之承認與執行為兩事，民事訴訟法第四百零二條對外國法院之確定判決以承認為原則，以不承認為例外，通說認為各機關均可為形式上之審查，承外國法院判決之效力，如有爭執時，可

由利害關係人訴請法院確認之。

＊司法院（七三）秘臺廳一字第○○四一○號

要旨：

外國法院之確定判決可由各機關為形式上之審查，承認其效力，如有爭執時，可由利害關係人訴請法院確認之。

全文內容：

我旅外國人所提出之外國法院「離婚判決書」，若該判決無民事訴訟法第四百零二條規定之情形者，我駐外單位可承認其效力，本院同意　貴部七十年二月廿四日法 (70) 律字第二九一○號函之卓見。又外國法院確定判決之承認與執行為兩事，民事訴訟法第四百零二條對外國法院之確定判決以承認為原則，以不承認為例外，通說認為各機關均可為形式上之審查，承認外國法院判決之效力，如有爭執時，可由利害關係人訴請法院確認之。

＊法務部（七三）法律字第一三六一六號

要旨：

外國法院之判決在我國之效力問題，依民事訴訟法第四百零二條規定，應以「確定判決」為前提。來函所附資料，僅為美國加里福尼亞州聖他克拉拉郡高等法院之終局判決書，至於其是否為確定判決，因未附有關資料，本部未便揣測。

＊法務部（七○）法律字第五七七八號

要旨：

一、民事訴訟法第三百五十六條，係有關證據法則之規定。外國公文書雖經推定為真正，僅具有形式上之證據力，至其有無實質上之證據力，即其內容是否足資證明某項事實，仍有待處理機關之審酌採認（最高法院四十八年臺上字第八三七號判例參照）。至於同法第四百零二條，係關於外國法院確定判決應否承認其效力之規定，倘經承認者，除在給付之訴，其執行尚須我國法院為許可之判決外（強制執行法第四十三條參照），即應具有與我國法院確定判決相等之效力。惟使用外國法院之確定判決，仍須符合同法第三百五十六條之規定，必經推定為真正後，始有同法第四百零二條之適用。

二、本部七十年四月十五日法七十律字第五○二○號函，係就外國公文書之形式證據力而為立論。同年二月二十四日法七十律字第二九一○號函，即在說明如何承認外國法院判決之效力，兩次函文所答覆之問題不同。戶政或駐外代表機構，對於人民所提出經推定為真正之外國一般公文書，有權審究其實質內容，非可當然採證。

＊司法院（六九）院臺廳一字第○三九三八號

要旨：

香港法院之確定判決，我國難認其效力。

全文內容:

英國（香港）與我國現無外交關係，彼此法院之確定判決，亦無相互承認之協議（據外交部於六十九年十一月六日以外 (69) 條二字第二四○三九函稱：香港法院不承認我國法院民事確定判決之效力），故英國（香港）法律為不成文法，無法典可資遵循，該國究有無合意管轄之規定，須視有關判決先例而定。惟我國與該國（香港）既無相互之承認，縱該國（香港）有合意管轄之先例，當事人並定由該國（香港）法院管轄，自亦不排除我國法院之管轄。

＊法務部（六九）法律字第六六四三號

要旨:

一、按中華民國法律並不當然承認外國法院確定裁定之效力，因此無從依外國法院之裁定，查封外國人在中華民國之財產。至於外國法院之確定判決，如無我民事訴訟法第四百零二條所定各款情形之一者，承認其效力，依外國法院確定判決申請強制執行者，並應依我國強制執行法第四十三條之規定辦理。

二、當事人為外國人者，依中華民國民事法令之規定，其地位並無差異，且以現有足資證明負債之文件，在中華民國提起訴訟，亦無不可。惟因涉及個案，所費時日難以揣測。

＊前司法行政部（六八）臺函民字第○五九○六號

要旨:

一、關於我國法院對於外國法院判決之承認與執行，民事訴訟法第四百零二條及強制執行法第四十三條分別定有明文。

二、至於外國商務仲裁判斷在我國之效力問題，目前因法無明文規定，須由法院就具體事件，參酌各種情況，分別處理。如兩國訂有雙邊條約而該外國商務仲裁判斷又係在公平原則下所作成，且不違背我國公序良俗及強行規定者，通常我國法院對該外國商務仲裁判斷承認其效力；如兩國未訂有雙邊條約，當事人仍得持有利於己之仲裁判斷，向我國法院訴請裁判，法院亦必審酌該仲裁判斷之內容而為適當之裁判。

＊前司法行政部（六八）臺函民字第○二○四三號

要旨:

一、我國民事訴訟法第四百零二條第四款所謂「國際相互之承認」，其承認方式，除依兩國法令、慣例或條約之外，是否尚須兩國有相互承認他方判決之協議，始符合其要件？本部認為該條款所謂「國際相互之承認」，係指外國法院承認我國法院判決之效力者，我國法院始承認該外國法院判決之效力而言。其承認方式，除依雙方法令、慣例或條約外，如兩國基於互惠原則有相互承認他方判決之協議者，亦可承認該外國法院判決之效力，不以有外交關係為必要。其已有法令、慣例或條

約之承認者，當不必另有「協議」。

二、我國政府或人民，能否在該外國法院起訴，與我國法院是否承認該外國法院之判決一事有無關聯？本部認為一國政府或人民能否在他國法院提起民事訴訟，與兩國間對於他國法院之判決是否相互承認無關。換言之，一國政府與人民能否在他國法院起訴為一事，一國法院對於他國法院之判決是否承認其效力為另一事。

＊前司法行政部（六三）臺函民字第〇七一一七號

要旨：

一、臺灣高等法院上開函件略以臺北地方法院受理請求宣示外國法院之確定判決許可執行事件，原告起訴請求以判決宣示美國紐約州最高法院皇后分庭之確定判決許可強制執行。

二、按我民事訴訟法第四百零二條第四款規定：外國法院之確定判決無國際相互之承認者，不認其效力。為處理前開就美國法院判決許可強制執行之事件，即有查明美國是否承認我國法院判決效力之必要。

＊前司法行政部（五七）臺函民決字第三〇一四號

要旨：

我國人在外國法院訴請離婚，如合於我國民法第一千零五十二條之規定，及外國法院之判決無我民事訴訟法第四百零二條之情形時，其離婚為有效。

全文內容：

㈠夫妻兩願離婚者，得自行離婚，此為我國民法第一千零四十九條所明定，其離婚如合於同法第一千零五十條之規定即生效力，無須囑當事人復依當地法律辦理。㈡兩願離婚如合於民法第一千零五十條之規定，似無妨將其護照上的婚姻狀況更改為離婚。㈢離婚證書以合於前開法條之規定為已足，至該領館是否復在離婚書上公證（當為證明之意）似已無關宏旨。㈣當事人既經合法離婚，該領館另具官式文書，予以證明，似非法所不許。㈤離婚，依起訴時夫之本國法及中華民國法律均認其事實為離婚原因者，得宣告之，但配偶之一方為中華民國國民者，依中華民國法律，此為我涉外民事法律適用法第十四條所明定。故我國人在外國法院訴請離婚，其離婚原因如合於我民法第一千零五十二條之規定，及外國法院之判決無我民事訴訟法第四百零二條規定之情形時，應認其離婚為有效，無須經我國法院承認或證明。㈥當事人得依民法第一千零五十條之規定辦理兩願離婚，如有同法第一千零五十二條之情形，亦得依我國民事訴訟法第五百六十八條之規定向有管轄權之法院訴請離婚。

＊前司法行政部（四八）臺函民字第三四九五號

要旨：

查日據時代臺灣省法院之民事確定判決，如無我國民事訴訟法（舊）第四百零一條第一款至第三款之情形，依照臺灣法院接收民事事件處理條例第十七條規定，於本省光

復後仍認其效力。本件情形既核與「戶籍上生父母或配偶姓名登記錯誤申請更正審核要點」第二條第五款規定相符，即非不得受理。又關於命被告認知子女之判決，如被告不為認知之意思表示時，依照強制執行法第一百三十條規定，視為自判決確定時，已為其意思表示，自亦不生時效問題。

* 前司法行政部（四七）臺函民字第六三六八號

要旨：

查離婚之訴，依民事訴訟法（舊）第五百六十四條規定，係專屬管轄，外國法院並無管轄權，我國法律對外國法院無管轄權之確定判決不認其效力，民事訴訟法（舊）第四百零一條第一款亦定有明文。本件姑無論徐理華居留地之德國，其涉外民事法律是否有處理此項離婚訴訟之規定，其離婚亦難謂有效。至該徐理華如向本國法院訢請離婚，應先向最高法院聲請指定管轄，再向指定之管轄法院起訴，但因其妻現在大陸，法院可能以被告因戰亂戰事與法院交通斷絕為由，依民事訴訟法（舊）第一百八十一條裁定中止訴訟程序，一時仍難獲得離婚之判決。

* 司法院（四七）臺函民字第四七六九號

要旨：

外國法院所為假扣押或假處分之裁定，不得認其效力。

全文內容：

查外國法院之確定終局判決而無民事訴訟法（舊）第四百零一條所列各款情形之一者，始得認許其效力，至外國法院所為假扣押或假處分裁定，不得認其效力，故土地登記簿所載日據時代受日本大阪法院囑託而為之假扣押登記，於臺灣光復後，即難認為有效。

* 前司法行政部（四七）臺公參字第四五九九號

要旨：

本件我國旅德華僑與其德籍妻離婚，既因目前西德與我國尚無外交關係，因之並無是項相互承認之協議，則依民事訴訟法（舊）第四百零一條規定，西德法院所為確定判決，我國當難承認其效力，此項訴訟，可依同法第五百六十四條規定定其管轄法院，如不能依同條第一、第二兩項規定定管轄之法院者，則依同條第三項規定，由首都所在地之法院管轄，如首都所在地之法院因法院或事實不能行審判權者，則可依同法第二十三條聲請指定管轄。至若雙方當事人均在外國，則仍可依法委任訴訟代理人代為訴訟行為，事實上應無不便之處。關於我國法院判決之效力是否獲該僑民僑居地政府之承認一節，關鍵仍在有無相互承認，在國際慣例上當難強人單方予以承認，此為無可避免之事，惟苟未經我國法院判決，則該華僑縱得有外國法院確定判決，既無相互承認，在我國仍將不發生法律上變更身分，或因身分喪失而影響及於財產繼承等法律關係之效力。於此情形，該僑民究以向外國或我國法院進行訴訟為宜，當事人因切身

利害關係，當必考慮其實際情形自行決定，似亦不必代為解決。

＊內政部（八八）臺內地字第八八○三五○四號

要旨：

有關土地分割繼承登記疑義

說明：

一、復　貴處八十七年十一月九日北市地一字第八七二三○六一九○○號函。

二、按「對於心神喪失或精神耗弱致不能處理自己事務者，法院得因本人、配偶、最近親屬二人或檢察官之聲請，宣告禁治產。……」、「法院應於鑑定人前訊問應禁治產人。但有礙難訊問之情形或恐有害其健康者，不在此限」、「禁治產之宣告，非就應禁治產人之心神狀況訊問鑑定人後，不得為之」分為民法第十四條、民事訴訟法第六百零二條第一項及第六百零三條所明定。另「……在外國有住所或居所之我國人，並依我國法律及該外國法律有禁治產之原因者，該外國法院亦得宣告禁治產。再者外國法院所為禁治產宣告之效力，亦宜認與我國法院所為者有同一之效力，僅在有相當於民事訴訟法第四百零二條所列各款情形之一者，始不認其效力，……」為司法院七十八年五月二十四日七八秘臺廳一字第○一四七八號函所明定。合先敘明。

三、本案繼承人謝○玉君久病滯居美國，必須二十四小時依賴他人看護，經其配偶向臺灣臺北地方法院聲請禁治產宣告，惟經該院依上開民事訴訟法之規定駁回其聲請，當事人遂改向美國管轄法院聲請謝○玉之禁治產宣告，並經核准在案。該項禁治產宣告是否有民事訴訟法第四百零二條所列各款情形之一而不認其效力，似非地政機關所得審認，惟既經美國管轄法院所為，經函准司法院八十八年二月二十二日八八秘臺廳民一字第○四二五○號函略以：「按民事訴訟法第四百零二條對於外國法院之確定判決以承認為原則，不承認為例外。一般認為各機關均可為形式之審查，如於承認外國法院確定判決之效力有爭執時，得由利害關係人訴請法院確認。……。」。

四、本部同意司法院上開函。故對於外國法院之確認判決，尚非地政機關所得審認，地政機關得為形式之審查，利害關係人間如於承認外國法院確認判決之效力有爭執時，再訴請法院確認。

第四百零六條

法院認調解之聲請有下列各款情形之一者，得逕以裁定駁回之：

一、依法律關係之性質、當事人之狀況或其他情事可認為不能調解或顯無調解必要或調解顯無成立之望者。

二、經其他法定調解機關調解未成立者。

三、因票據發生爭執者。

四、係提起反訴者。

五、送達於他造之通知書，應為公示送達或於外國為送達者。

前項裁定，不得聲明不服。

第五百零九條

督促程序，如聲請人應為對待給付或支付命令之送達應於外國為之或依公示送達為之者，不得行之。

第五百二十三條

假扣押，非有日後不能強制執行或甚難執行之虞者，不得為之。

應在外國為強制執行者，視為有日後甚難執行之虞。

第五百六十八條

婚姻無效或撤銷婚姻，與確認婚姻成立或不成立及離婚或夫妻同居之訴，專屬夫妻之住所地或夫、妻死亡時住所地之法院管轄。但訴之原因事實發生於夫或妻之居所地者，得由各該居所地之法院管轄。

夫妻之住所地法院不能行使職權或在中華民國無住所或其住所不明者，準用第一條第一項後段及第二項之規定。

夫或妻為中華民國人，不能依前二項規定，定管轄之法院者，由中央政府所在地之法院管轄之。

2.民事訴訟須知（第二十三點）

中華民國八十四年十一月一日司法院（八四）院臺廳民一字第二○六三號函修正

二三　各項聲請

㈠聲請返還提存物　供擔保人於應供擔保之原因消滅，或訴訟終結後，供擔保人證明已定二十日以上之期間，催告受擔保利益人行使權利，而未行使者，得聲請法院裁定准予返還其提存物，基此裁定，提存所應將提存物返還。供擔保人在假執行之本案判決已全部勝訴確定，或於假扣押、假處分、假執行程序實施前撤回執行之聲請，或證明受擔保利益人同意返還者，可逕向該法院聲請返還提存物，無須裁定（第一○四條）。

㈡聲請訴訟救助　當事人無資力支出訴訟費用，其訴訟又非顯無勝訴之望者，得聲請法院裁定准其暫緩繳納訴訟費用。將來裁判結果，受救助人應負擔訴訟費用時，法院自得向其補徵之（第一○七條、第一一○條、第一一三條，民事訴訟費用法第三十條）。

㈢聲請公示送達　當事人聲請公示送達之情形有二：⑴原告起訴時或起訴後，被告送達處所不明，或於外國為送達而無法囑託該國管轄機關或駐在該國之中華民國大使、

公使或領事辦理或預知雖囑託辦理而無效者，原告可聲敘其事由，向法院聲請公示送達。由法院在牌示處黏貼公告，曉示應受送達人隨時向法院書記官領取應送達之文書，並應將文書之繕本或節本登載於公報或新聞紙或用其他方法通知或公告（第一四九條至第一五二條）。(2)表意人非因自己之過失不知相對人之姓名、居所者，得依民事訴訟法公示送達之規定，以公示送達為意思表示之通知（民法第九七條）。即當事人得依前開民事訴訟法規定之程序，達成意思表示通知之目的。

㈣**聲請調解** 凡屬簡易程序之民事訴訟事件，及離婚之訴與夫妻同居之訴、終止收養關係之訴，均須於起訴前，先經法院調解，其他民事訴訟事件，當事人亦得於起訴前聲請調解（第四○三條、第四○四條、第五七七條、第五八七條）。當事人經法院通知調解後，須準時到場，俾免被處罰鍰（第四○九條）。兩造當事人各得推舉一人至三人為調解人，於調解期日到場，協同調解（第四一一條）。調解程序中，當事人所為之陳述或讓步，於調解不成立後起訴者，不得採為裁判之基礎，故當事人於調解程序中，可自由陳述意見及表示讓步範圍（第四二二條）。調解成立者，與訴訟上和解有同一之效力，可收息訟止爭之效。調解有無效或得撤銷之原因者，當事人得自調解成立之日起三十日之不變期間內，向原法院提起宣告調解無效或撤銷調解之訴。因兩造於期日到庭而調解不成立者，如一造當事人聲請即為訴訟辯論，他造並未聲請延展期日，法院應許可之（第四一六條、第四一九條第一項）。

㈤**聲請發支付命令** 債權人之請求，以給付金錢或其他代替物或有價證券之一定數量為標的者，得聲請法院發支付命令，命債務人於支付命令送達後二十日之不變期間內，向債權人清償其請求並賠償程序費用（第五○八條、第五一四條）。債務於收受支付命令送達後二十日之不變期間內，得不附理由向發命令之法院提出異議，如不提出異議，該支付命令與確定判決發生同一之效力（第五一四條、第五一六條、第五二一條）。

㈥**聲請假扣押** 假扣押者，債權人就金錢請求或得易為金錢請求之請求，欲保全將來之強制執行，向法院聲請禁止債務人處分其財產之程序。假扣押就未到履行期之請求，亦得為之，且不問起訴前後均可為之（第五二二條）。聲請假扣押，應釋明請求（即欲保全強制執行之本案請求）及假扣押之原因（即若不為假扣押，日後有不能強制執行或甚難執行之虞）。債權人亦得陳明願供擔保以代前項釋明（第五二六條）。假扣押之聲請，其請求並非一定金額者，應記載其價額，其依假扣押之標的所在地定法院管轄者，應記載假扣押之標的及其所在地（第五二五條）。假扣押之聲請，須向本案第一審管轄法院或假扣押標的所在地之地方法院投遞聲請狀，若本案已繫屬於第二審法院者，應向第二審法院為之（第五二四條）。假扣押之聲請，經受訴法院命供擔保後，始為假扣押裁定，或假扣押裁定以命供擔保為條件者，債權人須即具狀照數向法院提存所辦理繳交擔保金之手續。假扣押之聲請，經法院裁定准許後，

債權人得隨時聲請予以撤銷（第五三〇條第三項）。債務人如以本案尚未起訴，得聲請法院命債權人於一定期間起訴，債權人逾期而未起訴或假扣押之原因消滅，或其他命假扣押之情事變更者，債務人均得聲請法院撤銷假扣押之裁定（第五二九條、第五三〇條第一項）。債務人依假扣押裁定供所定金額之擔保後，得免為或撤銷假扣押之執行（第五二七條）。假扣押之裁定，係因自始不當等可歸責於債權人之事由而撤銷者，債務人因假扣押或供擔保所受之損害，得起訴請求債權人賠償（第五三一條）。

(七)聲請假處分　假處分者，債權人就金錢請求以外之請求，欲保全將來強制執行，向法院聲請禁止債務人變更系爭物之現狀或就兩造爭執之法律關係定其暫時狀態之程序。例如甲以特定物賣與乙，約期交付，旋發生糾紛，當期限未至之先，乙推知甲有轉賣於丙之虞，即得聲請法院將甲所賣之特定物預為假處分，使甲不得轉賣於丙，以免將來執行困難。又例如甲乙兩村，互爭水利，提起訴訟，當判決確定前，聲請法院暫認某村之居民有用水權是。假處分所必要之方法，宜由聲請人於聲請狀內陳明之，以供法院酌定假處分方法之參考（第五三二條至第五三八條）。

(八)聲請公示催告　公示催告為對於不確定之相對人，令其就所有之權利，依照限期向地方法院申報，逾期而不申報，即喪失其權利之程序。例如指示證券、提單、載貨證券、匯票、本票、支票等，不慎遺失，請求宣告該證券無效，即應聲請公示催告。公示催告之聲請，應向證券所載履行地之地方法院為之，未載履行地者，向證券發行人住所地或其主營業所所在地之地方法院為之。公示催告之聲請，經法院裁定准許而為公示催告者，聲請人得於申報權利之期間已滿後三個月內，或該期間未滿前聲請法院為除權判決（第五三九條至第五六七條）。

3.民事訴訟費用法（第二條）

中華民國六十九年七月四日總統（六九）臺統(一)義字第三七八四號令修正公布第二十八、二十九條

第二條

民事因財產權而起訴，其訴訟標的之金額或價額未滿一百元者免徵裁判費，一百元以上者，每百元徵收一元，其畸零之數不滿百元者，以百元計算。

訴訟標的之金額以銀兩、銅幣計算者，按政府主管機關所定比率折合國幣；以黃金或外國貨幣計算者，按政府主管機關或其指定銀行核定之牌價折合國幣，無牌價者，按其應有價值，折合國幣。

4.辦理民事訴訟事件應行注意事項（第三十六、四十二、五十五點）

中華民國九十年八月二日司法院(九〇)院臺廳民一字第一九二九五號令修正發布第四十二、
　五十五、五十九點條文

三六　調查期間

應調查之證據，若因某種窒礙，例如因證人所在不明、證據難於取得，或應於外國調
查證據，致不能預知何時可以調查者，法院得依舉證人或他造之聲請，以裁定酌限期
間內調查之。至期間已滿，而仍不能調查時，得不顧該證據即行判決；但期間雖滿而
其調查不致延滯訴訟者，仍應准舉證人利用該證據。如舉證人或他造於有上述情形時，
不知聲請限定調查之期間者，審判長、受命法官或受託法官可告知之。(民訴法二八七)

四二　囑託調查

案件中有須清算者，往往簿冊繁多，自以囑託商會等機關團體、或選任會計師審查核
算較為便利。惟法院為進行迅捷，亦可派員監督。於言詞辯論中僅就核算時不能解決
之爭點予以辯論。判決中不宜將詳細帳目逐一列載以為清算，徒增煩勞。

囑託他法院調查證據時，囑託法院宜先命聲請調查證據之當事人預納有關費用。審判
長並應告知當事人，得於受囑託法院所在地指定應受送達之處所，或委任住居該地之
人為訴訟代理人，陳報受囑託之法院。惟不論其是否已為上述之陳報，受託法官指定
調查證據期日均應通知當事人，如經委任有訴訟代理人者，則向該代理人為通知。

囑託外國管轄機關或駐在該國之中華民國大使、公使、領事或其他機構、團體為調查
者，應報請臺灣高等法院轉請外交部辦理，但福建高等法院金門分院及福建金門地方
法院應報請司法院轉請外交部辦理。(民訴法二八九、二九一、二九五、三二三、三四
〇、三五一)

五五　囑託送達

應囑託他法院為送達者，應以法院名義向他法院發送囑託書。他法院收受囑託書後，
即由書記官交執達員送達，並將送達證書或不能送達之報告書迅速送交囑託法院，以
免事件進行有所遲滯。受囑託法院之書記官及執達員辦理此項事件是否迅速，其長官
應隨時督查。

囑託外國管轄機關或駐在該國之中華民國大使、公使或領事為送達者，應由囑託法院
函請外交部條約司辦理。

前項送達，受送達人為外國人時，其送達之通知及裁判書類，仍應以我國文字製作，
惟如囑託外國管轄機關為送達者，應備有關訴訟文書之譯本。囑託駐在該國之中華民
國大使、公使或領事為送達者，除民事訴狀可由當事人附譯本外，關於法院之裁判書
類可附主文譯本。(民訴法一二五、一四五)

5.各級法院辦案期限實施要點（第十、十四、十五點）

中華民國八十九年十一月八日司法院（八九）院臺廳刑一字第二五六三二號函修正發布全文二十點

十　民事審判視為不遲延事件

民事審判事件，逾第二點所定期限，尚未終結，而有左列各款情形之一者，視為不遲延事件：

㈠因依民事訴訟法或其他法律規定或承辦法官聲請大法官解釋停止訴訟程序者。

㈡當事人在營服役或因羈押、執行，不能到場辯論，而又未委任訴訟代理人者。

㈢當事人因隨船出海作業，不能於三個月內到場辯論，而又未委任訴訟代理人者。

㈣當事人因患重病或重傷在治療中，不能到場辯論，而又未委任訴訟代理人者。

㈤當事人現在國外或大陸地區，不能於三個月內到場辯論，而又未委任訴訟代理人者。

㈥將證據送請鑑定或證據應於外國調查，而未能於三個月內，獲得鑑定或調查結果者。

㈦訴訟行為須支出費用者，經法院定期命當事人預納而不預納；或經定期通知他造墊支，亦不為墊支，致訴訟無從進行者。

㈧有調閱他案卷宗之必要，而未能於三個月內調得者。

十四　刑事審判視為不遲延案件

刑事審判案件，逾第二點所定期限，尚未終結，而有左列各款情形之一者，視為不遲延案件：

㈠因依刑事訴訟法或其他法律規定或承辦法官聲請大法官解釋停止審判程序者。

㈡被告在營服役或因另案羈押、執行，不能出庭應訊者。

㈢被告因隨船出海作業，不能於三個月內出庭應訊者。

㈣被告現在國外或大陸地區，不能於三個月內出庭應訊者。

㈤將證據送請鑑定或證據應於外國調查，而未能於三個月內獲得鑑定或調查結果者。

㈥被告通緝未經報結者。

㈦有調閱他案卷宗之必要，而未能於三個月內調得者。

㈧被告因違反毒品危害防制條例案件，送觀察、勒戒或戒治處分者。

十五　少年保護視為不遲延案件

少年保護事件之調查、審理及執行，逾第二點所定期限，尚未終結，而有左列各款情形之一者，視為不遲延事件：

㈠依法或承辦法官聲請大法官解釋而停止審理程序或執行者。

㈡少年因心神喪失或疾病不能到場應訊或執行者。

㈢少年在營服役或在學，不能或不適合出庭應訊或執行者。

㈣少年因隨船出海作業，不能於三個月內出庭應訊或執行者。

㈤少年現在國外或大陸地區，不能於三個月內出庭應訊或執行者。

㈥將證據送請鑑定或證據應於外國調查，而未能於三個月內獲得鑑定或調查結果者。

㈦少年因另案收容、羈押、執行，不能到案執行保護處分者。

㈧少年協尋未經報結者。

㈨有調閱他案卷宗之必要，而未能於三個月內調得者。

6. 加強第一、二審法院認定事實功能注意事項（第二十八點）

中華民國七十四年十月二十二日司法院（七四）院臺廳一字第〇五九三三號函修正發布

二八

外國公文書如有必要，應囑託該國管轄機關或駐在該國之中華民國大使、公使或領事或其他有關機關查證，其經證明者推定為真正。

7. 民事事件第二審與第三審調查證據認定事實職權之界限與第三審自為判決之範圍（第一點）

中華民國七十九年四月十二日司法院（七九）院臺廳一字第〇二六六八號函准予備查

壹　第二審與第三審對於調查證據與認定事實職權之界限

第二審為事實審，有調查證據、認定事實之職權；第三審為法律審，原則上雖不得自行調查證據、認定事實，然對於第二審法院調查證據、認定事實及適用法規是否違法，則有審查之權。

因第二審與第三審職務分配之不同，其查證認事自有差異，茲分述兩者主要之界限如左：

（甲）關於第二審部分

依民事訴訟法第四百四十五條至第四百四十八條之規定，第二審程序之言詞辯論，應於上訴聲明範圍內為之。當事人在第一審所為之訴訟行為，於第二審亦有效力，並應陳述第一審言詞辯之要旨，或由審判長令庭員或書記官朗讀第一審判決筆錄，或其他卷內文書代之，即提出新攻擊或防禦方法，迫復在第一審就事實或證據所未為之陳述，亦無不可，因此，第二審法院及當事人為訴訟行為，不得逾越上述規定之範圍。

一　當事人在第二審所為應受判決事項之聲明、事實上之陳述及證據之聲明，暨第一審之言詞辯論經踐行民事訴訟法第四百四十五條第二項所定程序者，第二審法院對之均應予以斟酌，以為裁判時取捨證據、認定事實之訴訟資料。

二　第二審法院取捨證據、認定事實應注意：

㈠第三審法院係以第二審判決所確定之事實為判決基礎，對於第二審法院調查證據及認定事實是否違背法令，有審查之權。故第二審法院取捨證據、認定事實，除法律另有規定外（如民事訴訟法第四百五十三條、第四百六十三條準用第二

百四十九條第二項、第三百八十五條第二項之規定)，必須以言詞辯論筆錄所記載或引用之訴訟資料為其依據。因此，言詞辯論所定程式之遵守及其他言詞辯論筆錄應記載之事項，足以影響判決基礎者，法院書記官均應記載明確，不得稍有疏漏。

㈡當事人所為之聲明或陳述有不明瞭或不完足者，審判長應依民事訴訟法第一百九十九條第二項規定，對之行使闡明權。當事人所陳述為訴訟標的之法律關係，如有不明瞭之情形，尤須於闡明後使其確定，務使當事人提出之訴訟資料，適於法院裁判。此為審判長之職權，亦為其義務，如未盡此義務，其訴訟程序即有重大瑕疵而違背法令。

㈢第二審法院對於當事人在言詞辯論終結前提出之事實及聲明之證據，足以影響判決基礎者，應於判決理由項下，逐項論列，不得稍有疏略；否則，即有判決不備理由之違法情形。惟對於當事人提出事實及證據之時期，應注意民事訴訟法第二百七十六條但書規定之適用。

㈣第二審法院對於應依職權調查之事項，如民事訴訟法第二百四十九條第一項所列各款情形，上述程式之具備與否，不變期間之遵守與否，訴訟程序當然停止事由之有無，應否命承受訴訟，以及當事人適格與否等等，均應依職權調查之。至法律所定法院得依職權調查之事項，亦須注意該項職權之行使。

㈤在人事訴訟程序，第二審法院應注意關於人事訴訟程序之特別規定；若誤用通常訴訟程序之規定採證認事，則屬違法。如民事訴訟法第五百七十四條所定不適用關於認諾、訴訟上自認及不爭執事實之效力之規定暨同法第五百七十五條所定得斟酌當事人所未提出之事實，均其適例。

㈥法院認定事實所得心證之理由，應記明於判決，為民事訴訟法第二百二十二條第二項所明定，故法院依自由心證判斷事實之真偽時，所斟酌辯論意旨及調查證據之結果，就兩造所爭事實之認定、與應證事實之關聯及取捨之依據如何，均應記明於判決。且取捨證據、認定事實，不得違背論理法則、經驗法則及證據法則，否則，即屬違法。

㈦刑事判決所為事實之認定，民事法院並不當然受其拘束。故民事法院僅得援用刑事案件既存之訴訟資料，自行調查證據、認定事實，依自由心證判斷事實之真偽，不得僅以刑事判決認定之事實為判決基礎。惟法律明定民事法院認定事實應以刑事判決認定之事實為準者，又當別論，如民法第一千零五十二條第一項第十款所定離婚事由是。

三　民事訴訟係採辯論主義，除法律別有規定外，法院不得斟酌當事人所未提出之事實。第二審法院如就當事人所未主張之事實，逕依職權予以斟酌，即有認作主張事實之違法；如就當事人所未聲明之事項而為判決，尤為法所不許。

四　第一審法院因不甚礙被告之防禦及訴訟之終結而許訴之變更或追加，或以訴為非變更或無追加之裁判，當事人對之不得聲明不服，為民事訴訟法第二百五十八條所明定；設當事人對之為不服之聲明，第二審法院應駁回之，不得就此聲明為實體上之審判。當事人在第二審為訴之變更，如屬合法，第一審判決又撤回原訴而失其效力。第二審法院應專就變更之新訴裁判，對於因變更合法而失其效力之第一審判決，不得更為駁回上訴或廢棄改判之裁判。至當事人在第二審為訴之追加，如屬合法，法院應就原訴之上訴及追加之訴有無理由合併裁判。

五　第三審發回更審之事件，受發回之第二審法院應受其拘束者，以關於法律上判斷為限；至第三審所指示應予調查之點，不過為應行調查之例示，並非限制下級審調查證據之職權。下級審於所指示應行調查之點之外，如尚有其他證據（包括當事人聲明之證據及法院依職權調查之證據）應待調查，仍非不得調查，並據為裁判之基礎。

六　受發回或發交之法院，就第三審指示調查之事項，應詳加調查，並於判決內敘明調查結果及意見。

（乙）關於第三審部分

一　第三審法院雖應以第二審判決確定之事實為判決基礎，惟當事人提起第三審上訴，如係：

㈠以違背訴訟程序之規定為上訴理由時，所舉違背之事實。

㈡以違背法令確定事實、遺漏事實或認作主張事實為上訴理由時，所舉之該事實，第三審法院仍得斟酌之。因此，實體上事實之確定，屬於第二審法院之職權。第三審法院則以審查第二審法院確定事實有無違背法令為其職責。

二　所謂違背法令，民事訴訟法第四百六十八條設有概括之規定，即：「判決不適用法規或適用不當者，為違背法令」。茲闡述如左：

㈠所謂法規，係指本國制頒之法律（包括條約）及與憲法或法律不相牴觸之有效命令及省法規、縣單行規章而言；不問其為實體法、程序法、公法或私法，又民事，法律所未規定者，依習慣，無習慣者，依法理。故判決應適用習慣或法理而不適用，或適用不當時，概屬違背法令。其違背現尚有效之司法院解釋及最高法院判例者，亦同。

㈡第二審法院對於各機關就其職掌所作有關法規釋示之行政命令，雖得依據法律表示其確信之見解，第三審如認其見解違法不當，仍應認為違背法令。

㈢依涉外民事法律適用法應適用外國之法規而不適用，或適用不當時，亦應認係違背法令。

㈣習慣、地方制定之法規及外國之法規為法院所不知者，當事人未依民事訴訟法第二百八十三條規定主張及舉證時，如法院未依職權為調查及適用，不得謂為

違背法令。

㈤當事人在事實審所主張國際間通行之規約，為一般人所確信，已具備社會規範
之性質而形成習慣者，第二審判決如不予適用或適用不當，即屬違背法令。

㈥民事訴訟法第四百六十九條所列各款情形，當然為違背法令。惟判決雖有同條
第六款所定判決不備理由或理由矛盾之情形，如不影響裁判之結果，第三審法
院不得廢棄原判決，故所謂判決不備理由或理由矛盾，必須其理由不備或理由
矛盾，足以影響判決之基礎，始足當之。

三　所謂違背法令，非以違背成文法為限；即判決違背成文法以外之法則，如論理法
則、經驗法則、證據法則，仍應認第二審判決確定之事實違背法令。

㈠所謂論理法則，係指依立法意旨或法規之社會機能就法律事實所為價值判斷之
法則而言。例如依證書之記載確定事實時，必須該證書之記載或由其記載當然
推理之結果，與所確定之事實，在客觀上能相符合者，始足當之；若缺此符合，
即屬違背論理法則。

㈡所謂經驗法則，係指由社會生活累積的經驗歸納所得之法則而言；凡日常生活
所得之通常經驗及基於專門知識所得之特別經驗均屬之。第二審法院確定之事
實，不得違背經驗法則。例如租賃契約訂定承租人逾期未返還租賃物者，應按
租金額十倍給付違約金，而第二審法院認定此係給付遲延而支付違約金之約定，
與出租人每月實際上所受損害相當，因而判命承租人如數給付者，除另有特殊
情形外，即與經驗法則有違。若由多項證據之證明力推理之結果，可能發生某
項事實者，苟經第二審法院依自由心證判斷，而與情理無違，除有反證外，不
得指為與經驗法則有違。例如鑑定人所陳述之鑑定意見，認原告所受傷害為鈍
器撞擊所致，經第二審法院參酌其他證據認定為被告持木棍所擊，並說明得心
證之理由，應屬事實審法院採證認事職權行使之範圍，不得指為違背法令。

㈢所謂證據法則，係指法院調查證據認定事實所應遵守之法則而言。法院採為認
定事實之證據，必須於應證事實有相當之證明力者，始足當之。若一種事實得
生推定證據之效力者，必須現行法規有所依據，亦即以現行法規所明認者為限，
不得以單純論理為臆測之根據，而就應證事實為推定之判斷，證據之明證力，
應由審理事實之法院依自由心證認定之，並於判決理由項下記載得心證之理由。
否則，即為判決不備理由。倘舉證責任分配錯誤、認定事實不憑證據或重要證
據漏未斟酌，均屬違背法令。又他事件裁判理由項下認定之事實，於本案訴訟
並無拘束力。

四　第三審法院應以第二審判決確定之事實為判決基礎，故就左列事實不得斟酌。

㈠第二審法院言詞辯論終結前當事人所未主張之事實或未發生之事實。

㈡第二審法院言詞辯論終結前未聲明之證據或發見之證據。

㈢第二審法院言詞辯論終結前，當事人未提出時效完成、同時履行之抗辯或主張
　抵銷者，第三審法院不得斟酌，作為廢棄原判決之理由。

㈣解釋契約，以探求當事人間訂約之正確內容為目的，屬於事實認定之範圍。苟
　其解釋不違背法令，當事人不得以其解釋不當為理由，提起第三審上訴。

㈤第二審法院判決分割共有物，如已斟酌各共有人之利害關係、共有物之性質及
　其價值，其分割方法適當者，關於法院在自由裁量範圍內所定共有物之分割方
　法，第三審法院不得廢棄，命為變更之判決。

㈥第二審法院依民法第三百十八條第一項但書規定，許債務人分期給付或緩期清
　償，或依民事訴訟法第三百九十六條規定酌定履行期間與否，均屬事實審行使
　職權之範圍，當事人不得以其認定不當，提起第三審上訴。

㈦關於損害賠償慰撫金之酌定、過失相抵之認定、約定違約金之核減、法定租額
　限制內租金之增減，或因情事變更所為之增減給付，以及就其他不確定之概念
　適用於具體事件時，除認其所為判斷，顯然有違公平正義之原則外，應認屬於
　事實審法院職權之行使，不得據為上訴第三審之理由。

五　關於訴權之權利保護要件有三，即：(1)關於當事人適格之要件，(2)關於訴訟標的
　之法律關係之要件，(3)關於保護必要之要件。其中(1)、(3)兩項要件，為法院應依
　職權調查之事項，苟經當事人提起合法之上訴，不問上訴理由有無指摘及此，第
　三審法院均應依職權調查之。

8.最高法院就上訴第三審有關認定違背法令之界限與得自為裁判之範圍應行注意事項

中華民國七十年十二月二十三日司法院（七○）院臺廳一字第○六六四九號函訂定發布

甲　民事部分

一　第三審上訴有關認定違背法令之界限

㈠民事訴訟法第四百六十八條之法規，係指本國制頒之法令而言，並不問其為實
　體法、程序法、公法或私法。又民事，法律未規定時，依習慣，無習慣時，依
　法理。故判決應適用習慣或法理而不適用，或適用不當時，概屬違背法令，其
　違背解釋及判例者亦同。

㈡依涉外民事法律適用法，應適用外國法規而不適用或適用不當時，亦應認係違
　背法令。

㈢習慣、地方制定之法規及外國之現行法為法院所不知者，當事人未依民事訴訟
　法第二百八十三條規定主張及舉證時，如法院未依職權為調查及適用，不能謂
　係違背法令。

㈣當事人依民事訴訟法第四百六十八條規定以原判決有不適用法規或適用不當為上訴第三審之理由時，其上訴狀或理由書應有具體之指摘，並揭示該法規之條項或其內容，若係成文法以外之法則，如經驗法則、論理法則、證據法則等，應揭示該法則之旨趣，倘為司法院解釋或本院之判例，則應揭示該判解之字號或其內容。如依民事訴訟法第四百六十九條所列各款事由提起上訴者，其上訴狀或理由書應揭示合於該條款之事實。上訴狀或理由書，如未依此項方法表明者，既難認為已對第二審判決之違背法令有具體之指摘，即可依最高法院二十八年上字第二二五號判例意旨，以裁定駁回其上訴。

㈤第三審上訴，須具體指摘第二審判決之違背法令，故第三審上訴理由，如僅引用第二審判決時之攻擊防禦方法作為第三審上訴理由或引用更審前之第三審上訴理由作為上訴理由，應認為未對第二審判決有何具體之指摘，不得謂已合法表明上訴理由。

二　本院得自為裁判之範圍

㈠事件合乎民事訴訟法第四百七十九條所列兩款之規定者，第三審法院應廢棄原判決，自為判決，無選擇之餘地。

㈡第二審法院判決之理由未盡或不當，如依其他理由認為判決結果相同者，第三審法院應依民事訴訟法第四百七十八條第一項但書、第四百八十一條、第四百四十九條第二項規定，為形式上駁回上訴之判決，而實質上則自為判決。

9.非訟事件法（第二、四十一條）

中華民國八十八年二月三日總統（八八）華總一義字第八八○○○二七一一○號令公布增訂
第七十一之一至七十一之十一條條文

第二條

非訟事件之管轄，法院依住所而定者，在中華民國無住所或住所不明時，以在中華民國之居所，視為住所；無居所或居所不明者，以其在中華民國最後之住所視為住所。

第四十一條

本法有關法人登記事項，於外國法人之登記準用之。但法令有特別規定者，不在此限。

10.法人及夫妻財產制契約登記規則（第三十六、四十一、四十五條）

中華民國七十六年二月十六日司法院（七六）院臺廳一字第○一九一一號函修正發布

第三十六條

外國法人經認許設立事務所者，除法令有特別規定外，準用本規則關於法人設立登記之規定。

第四十一條

夫妻財產制契約登記，應由契約當事人共同聲請，但法律另有規定者，依其規定。

契約當事人為未成年或為禁治產人者，其登記之聲請，應加具法定代理人同意之證明文件。

聲請登記，係委由代理人為之者，應附具委任書。

聲請登記時，聲請人或代理人應提出其國民身分證或其他證件，聲請人或代理人為外國人者，應提出其護照或居留證或其他證件，以證明其確係聲請人或代理人本人。

第四十五條

依涉外民事法律適用法第十三條之規定，而依中華民國法律訂立夫妻財產制契約聲請登記者，亦適用本規則之規定。

11.提示關於辦理認可收養子女事件應行注意事項

中華民國七十五年十一月十七日司法院（七五）院臺廳一字第〇六五九八號函訂定發布

聲請認可應提出左列之文件：

一　收養契約書：收養子女應以書面為之，但被收養者未滿七歲而無法定代理人時不在此限。有配偶者收養子女，應與其配偶共同為之。但夫妻之一方，收養他方之子女者，不在此限。未滿七歲之未成年人被收養時，由法定代理人代為意思表示並代受意思表示。但無法定代理人時，不在此限。滿七歲以上之未成年人被收養時，應得法定代理人之同意。但無法定代理人時，不在此限。

二　戶籍資料文件：收養者之年齡，應長於被收養者二十歲以上，收養當事人間原有親屬關係者，應證明非民法第一千零七十三條之一所規定不得收養之親屬，故宜提出戶籍謄本及親屬系統表。收養當事人之一方為外國人者，應提出該國護照影本。但被收養人未滿七歲，未申報戶口，且無法定代理人者，勿庸提出上開戶籍文件。

三　被收養者之配偶同意書：有配偶者被收養時，應得其配偶之同意。

四　成年人被收養時，應取得其本生父母所具無須由其照顧、扶養之證明文件。如未能取得該文件者，應陳明其事由。

五　未成年人被收養時，收養人應提出職業、財產及健康證明文件。外國人收養我國人為養子女者，並應提出收養行為合於其本國法律之證明書。

12.「收養子女事件」聲請最高法院指定管轄須知（第六、七點）

中華民國八十年八月十六日核定修正

六　聲請狀應使用司法狀紙，記載左列事項：

㈠聲請人之姓名（聲請人若係外國人，應將其姓名譯成中文列於外文姓名之右）、性別、出生年、月、日、職業、籍貫、住居所及電話號碼。有指定送達代收人者，其姓名、住居所及電話號碼。

㈡有代理人者，應在稱謂欄書明代理人並在聲請人左側記載其姓名、性別、出生年、月、日、職業、籍貫及住居所。

㈢聲請指定管轄法院之意旨及其原因、事實。

㈣供證明用之證件。

㈤附屬文件及其件數。

㈥法院、年、月、日及由聲請人或其代理人簽名。其不能簽名者，得使他人代書姓名，由聲請人或其代理人蓋章或按指印。

七　聲請狀應檢附左列文件外，並應附繳雙掛號送達郵資五份。

㈠收養人及被收養人戶籍謄本或中華民國駐外機構出具證明其身分之文件各一份。收養人或被收養人為外國人者，應提出其本國機關出具證明其身分之文件一份。

㈡收養契約書或同意書影本一份，該文書如係在外國作成者，應經作成地之中華民國駐外機構認證。如係外交，並應附具中文譯本。

㈢委任代理人聲請者，其委任書（限原本）。該委任書如係在外國作成者，應經作成地之中華民國駐外機構認證，如係外文，並應附具中文譯本。

13.繼承登記法令補充規定（第十六、九十七點）

中華民國九十一年三月二十一日內政部（九一）臺內中地字第〇九一〇〇八三二八四號令修正發布第十六點

十六

子女喪失國籍者，其與本生父母自然血親之關係並不斷絕，故對本生父母之遺產仍有繼承權，惟辦理繼承登記時，應注意土地法第十七條及第十八條有關外國人取得土地權利之限制。

＊法務部（八八）法律字第〇四八七一二號

要旨：

關於被繼承人遺留之農地，其第一順位繼承人皆已喪失國籍，得否由第二順位繼承人繼承疑義。

說明：

一、復　貴部八十七年十二月十四日臺(87)內地字第八七八三九三九號函。

二、依　貴部訂頒之「繼承登記法令補充規定」第十六點規定：「子女喪失國籍者，其

與本生父母自然血親之關係並不斷絕，故對本生父母之遺產仍有繼承權，惟辦理
繼承登記時，不得繼承土地法第十七條各款所列之土地，但應注意土地法第十八
條有關外國人取得土地權利之限制。」觀之，似無剝奪喪失國籍者繼承權之意，僅
就該條款所列土地，基於法律規定而限制其辦理繼承登記，倘嗣後繼承人回復我
國國籍，仍得准其辦理繼承登記，且類似案例，本部曾於八十五年四月十七日以
法 85 律決字第○八九七六號函復　貴部在案。準此，本案被繼承人遺留之農地，
其第一順位繼承人皆喪失國籍，得否由其第二順位繼承人繼承乙案，宜請　貴部
參酌本部上開函釋意旨，本於職權自行審認之。

＊法務部（八五）法律決字第○八九七六號

要旨：

繼承人於被繼承人死亡前喪失國籍，於辦理繼承登記時又回復國籍，是否仍應受土地
法第十七條限制。

主旨：

關於蘇○○女士書面函詢申辦繼承登記，繼承人於被繼承人死亡前喪失國籍，於辦理
繼承登記時又回復國籍，是否仍應受土地法第十七條限制疑義乙案，本部意見如說明
二。請　查照參考。

說明：

一、復　貴部八十四年十二月十八日臺 (84) 內地字第八四八六九○五號函。

二、按繼承依民法第一千一百四十七條之規定，因被繼承人死亡而開始，故繼承人自
　　繼承開始時，除法律另有規定外（如民法第一千一百七十四條），承受被繼承人非
　　專屬性之財產上權利義務（民法第一千一百四十八條參照）。次查　貴部訂頒「繼
　　承登記法令補充規定」第十六點規定：「子女喪失國籍者，其與本生父母自然血親
　　之關係並不斷絕，故對本生父母之遺產仍有繼承權，惟辦理繼承登記時，不得繼
　　承土地法第十七條各款所列之土地（如農地），但應注意土地法第十八條有關外國
　　人取得土地權利之限制。」以觀，似無剝奪其繼承權之意，且繼承並無時效之限制，
　　故於辦理繼承登記時，該繼承人既已回復國籍，似得准其辦理繼承登記。

＊內政部（八八）臺內地字第八八○二三三三號

要旨：

關於被繼承人遺留之農地，其第一順位繼承人皆已喪失國籍，得否由第二順位繼承人
繼承疑義。

說明：

關於民眾函詢被繼承人遺留之農地，其第一順位繼承人皆已喪失國籍，得否由第二順
位繼承人繼承疑義乙案，經本部函准法務部八十八年一月八日法 88 律字第○四八七
一二號函復略以：「依　貴部訂頒之『繼承登記法令補充規定』第十六點規定：「子女

喪失國籍者，其與本生父母自然血親之關係並不斷絕，故對本生父母之遺產仍有繼承權，惟辦理繼承登記時，不得繼承土地法第十七條各款所列之土地，但應注意土地法第十八條有關外國人取得土地權利之限制。』觀之，似無剝奪喪失國籍者繼承權之意，僅就該條款所列土地，基於法律規定而限制其辦理繼承登記，倘嗣後繼承人回復我國國籍時，仍得准其辦理繼承登記，……」是以，被繼承人之第一順位繼承人雖皆已喪失國籍，依民法第一千一百三十八條第一款及繼承登記法令補充規定第十六點之規定，對於被繼承人之繼承權，不因其已喪失國籍而被剝奪，故除有民法第一千一百四十五條或一千一百七十六條規定之情事外，尚無從由第二順位之繼承人繼承被繼承人遺留之農地。

九十七

外國人死亡，依涉外民法律適用法第二十二條規定，應依被繼承人死亡時之本國法，故其繼承人依該被繼承人死亡時之國法律規定，將合法繼承人製成系統表並簽註負責，登記機關應予受理。但依中華民國法律中華民國國民應益繼承人者，得就其在中華民國之遺產繼承之，不適用被繼承人之本國法。

14.辦理公證結婚應行注意事項（第十三、十五點）

中華民國六十九年九月二日司法院（六九）院臺廳一字第〇二七〇八號函訂定發布

十三

結婚人如為外國人或其一方為外國人時，應繳驗各該當事人所屬大使館、領事館發給之婚姻狀況宣誓書或經其簽證得為婚姻之證明文件。如為外國軍人時，應繳驗各該當事人所屬大使館、領事館或服務機關、部隊主管，發給之軍人結婚批准書。

＊司法院第五期公證實務研究會

法律問題：

本院受理民國七十九年度公字第三一一九號泰國籍男士 MR. SAMRIT SEA-TANG，與本國籍女子紀〇淑請求公證結婚一案，男士所提出之單身證明文件（泰文本及英文譯本），雖經駐泰國遠東商務處在英文譯本上驗證，及外交部覆驗，惟在驗證與覆驗之章戳旁，均註明有「內容真偽不在證明之列」等文字；由於有文字之註明，該單身證明之真偽，使受理審核，准或拒絕發生困擾。司法院 (74) 院臺廳二字第〇二三二八號函示：「各地方法院對印尼、泰國等國婦女與國人在法院公證結婚時所提出之單身證明文件，如未經我駐外單位驗證及外交部覆驗，或其來華許可證上經我駐外單位註明『已婚』而未有離婚、單身證明者，請予拒絕，以杜流弊」。本院除印尼、泰國婦女外，對於印尼、泰國、馬來西亞、菲律賓等國人士與國人請求公證結婚時所提出之單身證明文件，亦參照上述函示意旨，予以審核，以確保國人之合法權益。

討論意見:

甲說:印尼、泰國、馬來西亞、菲律賓等國人士,請求各地方法院公證結婚時,所提出之單身證明文件,如經我駐外單位驗證及外交部覆驗雖註明有「內容真偽不在證明之列」,但該單身證明既經其本國外交部或戶政機關之驗證、或證明,應可認定其單身證明為真實,基於便民、利民之宗旨,應准予公證。

乙說:印尼、泰國、馬來西亞、菲律賓等國人士,請求各地方法院公證結婚時,所提出之單身證明文件,雖經其本國外交部或戶政機關之驗證或證明,但經我駐外單位驗證及外交部覆驗,而註明有「內容真偽不在證明之列」,既然我駐外單位與外交部,均不能就當事人所提出之單身證明,持肯定而負責之態度予以驗證及覆驗,使公證人在受理審核時,無所依循而認定其真偽;為求慎重與妥適,應予拒絕。

研討結論: 採甲說。

司法院民事廳研究意見: 同意採甲說。

＊司法院第五期公證實務研究會

法律問題:

一、東南亞以外地區人民與國人結婚,其單身證明是否需經我國駐外單位之簽證?

二、如未提出單身證明而提出單身宣誓書替代,可否予以受理(例如英國人於英貿協會在臺辦事處辦理單身宣誓,經該處簽證之單身宣誓書是否可視為單身證明)?

討論意見:

甲說:

一、依臺灣高等法院 79 年 11 月 17 日 (79) 義文速字第二四五號函轉司法院 79 年 11 月 06 日 (79) 院臺廳一字第七四一三號函示僅規定對東南亞國家人民之單身證明需經我國駐外館處驗證及外交部之覆驗;至於東南亞以外國家人民之單身證明既未在限制之列,則其單身證明不需我國駐外單位之驗證及外交部之覆驗,其提出本國駐中華民國大使館所出之單身證明亦可予以受理。

二、東南亞以外國家人士所提出之單身宣誓書,如經其本國駐臺辦事處之簽證,可予以受理。

乙說:

一、東南亞以外地區人民之單身證明雖不需經外交部之復驗,惟仍需駐外館處之驗證。

二、單身宣誓書未經我國駐外館處之驗證,不得予以受理,惟如經我國駐外館處之驗證,仍得予以受理。

丙說:

一、同乙說。

二、單身宣誓書非單身證明,不得予以受理。

研討結論:

一、採甲說。

二、如英貿協會具官方代表性質，可予受理，反之則否。

司法院民事廳研究意見：按結婚人如為外國人或其一方為外國人時，應繳驗各該當事人所屬大使館、領事館發給之婚姻狀況宣誓書或經其簽證得為婚姻之證明文件，辦理公證結婚應行注意事項第十三則有明文規定。並未規定其宣誓書或證明文件須經我國駐外館處驗證及外交部之覆驗。顯示英國人既經英貿協會在臺辦事處發給簽證之單身宣誓書，如該英貿協會官方代表性質，自可據以請求公證與我國人民結婚，法院公證處應予受理，反之若該協會不具官方性質則否。

十五

結婚人，如為無國籍人或為與我國無外交關係之外國人時，應繳驗足以證明其婚姻狀況之適當證明文件。

15.公證法（第五、十二、七十三、七十六條）

中華民國八十八年四月二十一日總統（八八）華總一義字第八八〇〇〇八五一六〇號令修正公布全文一百五十二條

第五條

公證文書應以中國文字作成之。但經當事人請求時，得以外國文字作成。

前項文書以中國文字作成者，必要時得附記外國文字或附譯本。

以外國文字作成公證文書或就文書之翻譯本為認證之公證人，以經司法院核定通曉各該外國語文者為限。

＊司法院第七期公證實務研究會

法律問題：

指紋卡、無犯罪紀錄證明書、國籍確定證明書、綜合所得稅申報書、刑事判決之英文譯本可否辦理認證？

討論意見：

甲說：否定說。

按得為認證之標的，依公證法第四條、第五條之規定，限於涉及私權之法律行為或事實。所謂「私權」，參照同條所列舉者，應係指相對於公法上權利義務關係之有關民商事之法律行為或事實。問題所舉文書之內容或為單純之事實，或為公法上之權義關係，均不涉及私權，公證人應不得辦理。

乙說：肯定說。

認證之本質旨在確認文書製作之形式真正，此觀公證法第四十六條第一項規定自明。至公證法第四條、第五條所謂之「私權」，應從廣義解釋，凡涉及私人之事務均屬之。

又問題所舉之文書多係當事人欲持往國外使用，事實上有由公證人加以認證之需要。

研討結論：原則上應可認證，惟如係指紋卡正本之製作，應不得認證。

＊司法院第八期公證實務研究會

法律問題：

為謀求海峽兩岸法院就同一民事事件，防止判決分歧或重複判決；避免人民遭受訴訟之累，以保障人民之權益。大陸地區已於今年六月間修正其民事訴訟法（相當於我民事訴訟法第四○二條所規定外國法院確定判決之效力），俾與我法院之確定判決相互承認相對應。惟我方法院之確定判決書是否已確定，大陸方面要求公證人就該判決書及確定證明書予以認證，以昭慎重。各法院有統一作業步驟之必要，提出討論。

討論意見：

甲說：我方法院之民事判決及確定證明書為公文書，推定為真正。（民事訴訟法第三五五條第一項）故公證人不可以直接註記於該判決書及確定證明書以中文略式方式認證處理。

乙說：現行公證法並無認證公文書之原本或正本或影本對照相符之規定，而新修正正送立法院審認中之公證法第一○二條雖有認證公、私文書原、正本與影本相符之規定，惟尚未經立法院通過，亦不宜比照辦理。

丙說：由當事人或利害關係人書寫陳述書或切結書，陳述簡略內容並將判決書及確定證明書影本當附件請求認證。公證人依一般辦理認證之程序，認證該陳述書或切結書及其附件，並加蓋公證人之騎縫章。

研討結論：採丙說。

＊司法院第八期公證實務研究會

法律問題：

翻譯公司受僱人翻譯文件之譯本於下列情形，可否辦理認證？

一、譯者於文件上署名，由翻譯公司附公司印鑑證明與授權書另外授權其他職員代理請求認證。

二、譯者未於文件上署名，文件中僅有翻譯公司及負責人印章由公司授權其他職員代理請求認證。

三、文件中有翻譯公司商標及名稱住所，持有文件之利害關係人自稱為翻譯人署名於文件，請求認證。

討論意見：

甲說：

不能認證。蓋譯文認證係認證譯者簽名，譯文真實性應由譯者負責，且翻譯為個人精神創作，翻譯公司本身無法從事精神創作，翻譯人的姓名表示權即著作人格權僅歸屬翻譯人個人享有，非屬公司。

問題一：譯者個人既未授權請求代理認證，公證人無法確認譯者簽名之真實性，應拒絕認證。

問題二：譯者未簽名，無法認證。

問題三：若已探知文件持有人本非真正翻譯人，其冒用翻譯公司商標及名稱，不僅有侵害翻譯公司姓名權及翻譯人著作人格權之嫌，有使人誤認之虞，應拒絕認證。

乙說：得予認證。

問題一：翻譯公司以翻譯為營業，譯者為其受雇人，翻譯文件為公司產品，自得由公司授權他人請求認證其所僱用譯者簽名之真正。

問題二：翻譯公司及其負責人既已蓋章於譯文上，即得請求認證該印章。

問題三：文件中既有自稱為翻譯人之簽名，不問其翻譯公司有何關係也不問文件是否為其所翻譯，自得認證其簽名。

研討結論：採甲說。

第十二條

公證人辦理公證事務，於必要時，得向有關機關、團體或個人查詢，並得請求其協助。

前項情形，亦得商請外國機關、團體或個人為之。

第七十三條

公證人作成公證書，應令請求人提出國民身分證或其他身分證明文件，證明其實係本人；如請求人為外國人者，應令其提出護照、其本國使領館出具之證明書或其他身分證明文件。

第七十六條

由代理人請求者，除適用前三條之規定外，應提出授權書；事件依法非受特別委任不得為之者，並須有特別之授權。

前項授權書，如為未經認證之私文書者，應依下列方式之一證明之：

一、經有關公務機關證明。

二、於境外作成者，經中華民國駐外使領館或經外交部授權之駐外機構或經其他有權機關授權之團體證明。

三、外國人或居住境外之人作成者，經該國駐中華民國使領館或經該國授權之機構或經該地區有權機關授權之團體證明。

授權書附有請求人之印鑑證明書者，與前項證明有同一效力。

16.公證法施行細則（第五、六、十四、六十、六十四、七十一條）

中華民國九十年四月十九日司法院（九〇）院臺廳民三字第〇九八〇一號令修正發布第四、五、九、十四、三十、七十一、七十六、七十七、八十四、八十六至九十條條文；並增訂

第五之一、五十三之一、七十五之一條條文

第五條

本法第五條第三項所定通曉外國語文（以下簡稱外文）程度，英文分第一級、第二級；英文以外其他外文（以下簡稱其他外文）不分級。

通曉英文第一級或其他外文者，得以經核定通曉之外文作成公證文書、所附譯本、於公證文書附記外國文字、認證外文文書及其翻譯本。

通曉英文第二級者，僅得以英文作成結婚公證書、結婚公證書譯本、於公證文書附記必要英文文字、認證英文文書及其翻譯本。

第六條

公證人得以下列各款文件之一，聲請為通曉英文第一級或其他外文之核定：

一、財團法人語言訓練測驗中心（以下簡稱語言中心）出具之全民英文能力分級檢定測驗中高級以上、英文或其他外文能力測驗成績八十分以上之證明。

二、司法院指定之其他語言訓練或鑑定機構、教育部承認之國內外專科以上學校（以下簡稱語測機構）所出具相當於前款成績、學分之證明。

三、經法院或民間公證人考試及格，英文一科成績七十分以上之證明。

四、經轉任法院公證人甄試及格，英文一科成績七十分以上之證明。

前項第二款證明由外國語測機構出具者，應經中華民國駐外使領館、代表處、辦事處或外交部授權之駐外機構（以下簡稱駐外館處）證明。

第十四條

經公證或認證之文書持往外國使用前，得聲請外交部複驗公證人之簽章。

請求人檢附由駐外館處出具或經其公證、認證、證明之文書辦理公證事務前，得聲請外交部複驗駐外館處領務人員之簽章。

請求人檢附由外國駐華使領館或授權代表機構出具或經其公證、認證、證明之文書辦理公證事務者，公證人得向該機構查證；必要時，得請外交部複驗外國駐華使領館或授權代表機構之簽字鈐印。

第六十條

請求公證結婚，應提出婚姻狀況證明文件；請求人有下列情形之一者，並應提出各該文件：

一、未成年人而其法定代理人不能到場者，已得其法定代理人同意或允許之證明文件。

二、現役軍人者，軍事主管長官核准或視同核准結婚之證明文件。

三、外國人、外國軍人，依其本國法須經核准始得結婚者，其本國主管長官核准結婚之證明文件。

前項證明文件如係境外出具者，應經駐外館處或有權機關授權團體證明；由外國駐華

使領館或授權代表機構出具者，應經外交部證明。

第六十四條

收養意思表示書面之公證，應依下列規定辦理：

一、有配偶者收養子女時，應與其配偶共同為請求人。

二、被收養者為未成年人時，除本人親自到場外，應由其父母或監護人親自到場簽名同意。

三、有配偶者被收養時，應得其配偶之同意。

四、收養關係之一方為外國人者，應提出收養合乎其本國法之證明文件。

前項公證，公證人應說明未經法院認可前，收養契約不生效力之旨，並於公證書記載上開說明及當事人就此所為之表示。

第七十一條

公證人辦理遺囑公證或認證，應向遺囑人說明民法關於特留分之規定；遺囑人為外國人或我國僑民，依形式審查應為繼承人為我國人者，亦同。

公證人應於公證書或認證書記載前項說明及當事人就此所為之表示，必要時並得註明：「於繼承開始時，其遺囑內容如有違反特留分之規定者，相關繼承人得依法扣減之」。

*司法院第七期公證實務研究會

法律問題：

甲是大陸人士，於民國八十年間，持香港人乙之護照，冒乙之名與本國人丙一同至法院聲請辦理公證結婚，公證人於形式審查當事人所提出之證件後，准予登記並予辦理公證結婚，其後，甲被依偽造文書等案件經法院判刑確定，丙即持該確定判決及大陸有關方面所發之文件證明甲之真實姓名及年籍而向公證處聲請將原結婚公證書新娘欄由乙之姓名及年籍更正為甲之姓名及年籍，公證處得否准予更正？

討論意見：

甲說：不得予以更正，理由如左：查本件甲提出偽造之身分證件，以香港人乙之身分，來臺灣與中華民國人民丙結婚，固經法院刑事判決認定係大陸人民甲以乙之名義所為確定在案，由於結婚之實質要件，首重當事人之真意，當時如甲是以乙之名義及身分與丙辦理公證結婚，而丙亦以與乙之姓名及身分為結婚之對象與其辦理公證結婚，則甲本人是否有與丙結婚之真意？而丙是否有與甲結婚之真意？此均無法查考與判斷，其公證之效力顯有可疑，尚無從以更正結婚公證書上配偶姓名之方式，逕行更正該公證書之新娘欄。(請參閱附件㈠，臺灣新竹地方法院八十六年聲字第二八二號民事裁定；及附件㈡，同院公證處公證人處分書)

乙說：得予更正，理由如左：一、查公證書與民事判決書性質上具有同一性，民事判決文字顯係誤寫而不影響全案情節與判決之本旨者，依民事訴訟法第二百三十二條規定，原審法院得以裁定更正之，而公證書既與民事判決書性質上具有同一性，應可類

推適用民事訴訟法第二百三十二條之規定由公證人以處分書更正之，合先說明。二、本件公證書之原本及正本結婚人新娘欄之姓名及年籍記載固為乙之姓名及年籍，惟丙結婚之對象為甲，至於姓名及年籍之記載僅為特定甲這個人，而甲亦是以其本人與丙結婚，而非以其姓名及年籍與丙結婚，雙方當事人既互有與對方結婚之意思而依法聲請辦理公證結婚，則公證人據其聲請所辦理之公證結婚並非無效，其據以所發之結婚公證書當亦非無效，僅是姓名及年籍有誤，得予更正之情形，其後，聲請人之夫丙提出法院確定刑事判決及大陸有關方面所發之文件，證明甲之正確姓名、年籍及甲以乙之姓名及年籍請求辦理公證結婚等情，依法向公證處請求更正甲之姓名及年籍，應屬公證書文字有誤寫而不影響公證本旨之情形，依首揭說明，即可類推適用民事訴訟法第二百三十二條之規定以處分書予以更正。(類似案件請參閱附件㈢，司法院秘書長八十四年四月十一日八四秘臺廳民三字第〇五三三二號函。暨附件㈣，內政部八十四年四月二十一日復臺灣省政府民政廳函)

丙說：結婚公證書係依公證結婚當時所提出之身分證明文件所作成，並無錯誤，故不得請求更正，應持確定之刑事判決逕向戶政機關申請更正即可。

研討結論：採丙說。

＊司法院第五期公證實務研究會

法律問題：
逾期居留之外國人士，雖提出該外國政府主管機關所核發之未婚單身證明，並經我國駐外單位及外交部之簽證後，可否辦理公證結婚？

討論意見：

肯定說：依司法院七十八年八月廿五日（七八）院臺廳一字第六三九八號函略云：「對各地方法院公證處辦理逾期居、停留之外籍人士請求與國人或合法居留之其他外籍人士辦理公證結婚時，除應注意其婚姻是否符合我國涉外民事法律適用法第十一條、公證法第十七條、第十九條暨同法施行細則第四十二條第四款等規定外，並宜訊明當事人是否確有結婚之真意或告知他造當事人該逾期居、停留之外籍人士，依法有被限令出境或強制出境，致無法履行同居義務之可能，以確保當事人合法權益。」及七十九年十一月六日（七九）院臺廳一字第七四一三號函說明二後段略云：「務請要求申請人提出對方本國國內主管機關出具並經我駐外館處驗證及本部（外交部）覆驗之單身證明文件……」即可辦理。

否定說：按目前實務上要求辦理此類公證結婚者，均係東南亞女子，其本來均係以來臺觀光名義入境，而實際卻是從事打工，或在不正當場所工作，其為取得在臺合法居留之身分，遂紛紛尋覓臺灣同胞（尤其大部分是單身榮民同胞）結婚，待取得在臺合法身分後，即以詐騙手法騙取老榮民之積蓄，而後離家出走，造成社會問題，況且逾期居留其本身即是不合法，若以此不合法之身分，而藉公證結婚以達其取得合法之身

分之目的，當然是為法律所不許，故應拒絕辦理。

研討結論：採肯定說。

司法院民事廳研究意見：同意採肯定說。

＊司法院第八期公證實務研究會

法律問題：

外國人提出由其親友，檢附相關證件，聲明確係無配偶之婚姻狀況證明宣誓書，經外交機構合法驗證。請求公證結婚，是否准許？

討論意見：

一、甲說：肯定說，應予准許。

依公證法施行細則第四十二條第五款規定，請求公證結婚應提出請求人之婚姻狀況證明文件，並無指定應由請求人親自聲明，則由有意識能力之親友證明，亦為合法，應予准許。

二、乙說：否定說，應予拒絕。

依同細則條款規定之婚姻狀況證明文件，其證明公證結婚事件，與請求人結婚身分行為之成立及生效要件有關。所以須由請求人親自聲明，切結或宣誓，較為慎重，否則由他人證明，應予拒絕。三、丙說：折衷說，原則上應予准許，但如認為必要時，得由請求人在該證件切結，否則，得為拒絕。請求人已依規定提出婚姻狀況證明文件，由其親友證明無配偶，原則上應予准許，但如認為必要時，得查證由請求人在該證件切結「本件所載確與事實相符」，否則，得為拒絕。

研討結論：採甲說。

＊司法院第八期公證實務研究會

法律問題：

甲是大陸男士，欲與臺灣女士結婚，於八十七年十月提出其大陸地區所發之身分證、經海基會驗證之大陸地區所發之單身證明及兩位證人之身分證，向公證處聲請辦理公證結婚，經公證人審查其所提出之單身證明，發現該證明之出具日期雖為一九九八年九月，惟其內容卻祇證明甲於一九九七年九月以前是單身，經向甲說明，其單身證明不足以證明其目前為單身之狀態，甲稱其於一九九七年八月離開大陸，定居臺灣，在臺灣是否結婚，理應由臺灣主管機關證明，大陸方面當然無法證明其離開後是否結婚，因而認為公證處是在刁難他們，執意聲請，公證處是否應予受理？

討論意見：

甲說：准如所請。理由：為便民起見，應可為之。

乙說：應予拒絕。理由：公證法施行細則第四十二條第四款雖未規定聲請人如為外國人者，其婚姻狀況證明文件之證明時限，惟為防止重婚以保障本國人起見，本處於審查是類證明文件，均要求單身證明文件之證明單身日期至聲請公證結婚日期不得超過

三個月，本件聲請人之婚姻狀況證明文件所證明最後單身日期至其聲請公證結婚之日已逾一年，在聲請日期前一年餘之期間內，公證人無法了解聲請人是否已結婚，依前揭說明，自應予以拒絕。

研討結論：採乙說。惟如所提之單身證明內所證明單身之日期距聲請結婚日期過長，應請當事人具結其於該期間內為單身後，方予受理。

17. 外國法院委託事件協助法

中華民國五十二年四月二十五日總統令制定公布全文九條

第一條

法院受外國法院委託，協助民事或刑事事件，除條約或法律有特別規定外，依本法辦理。

*司法院（七八）秘臺廳（一）字第〇一三六九號

要旨：

本國法院受託送達，應依外國法院委託事件協助法處理。

全文內容：

本國法院受託送達外國訴訟文書，應依外國法院委託事件協助法之規定，由外國法院委託之，私人律師事務所委託送達，尚乏依據，各法院歉難接受。

*前司法行政部（六四）臺函民字第〇五八七九號

要旨：

查關於民事或刑事事件，外國法院委託我國法院協助時，除條約或法律有特別規定外，應依「外國法院委託事件協助法」辦理。關於稅局之傳喚，因非屬法院對於民刑事件之委託，是否有特別規定或程序，因非本部職掌範圍，無從表示意見。

*前司法行政部（六七）臺函民字第〇二一〇號

要旨：

查我國法院受外國法院委託協助民事或刑事事件，依外國法院委託事件協助法第三條及第七條之規定，應由外國法院以書面經由外交機關為之。委託事件之委託書及有關文件應附中文譯本，並註明譯本與原本符合無誤。

第二條

法院受託協助民事或刑事事件，以不牴觸中華民國法令者為限。

第三條

委託事件之轉送，應以書面經由外交機關為之。

第四條

委託法院所屬國，應聲明中華民國法院，如遇有相同或類似事件，須委託代辦時，亦

當為同等之協助。

第五條

法院受託送達民事或刑事訴訟上之文件，依民事或刑事訴訟法關於送達之規定辦理。

委託送達，應於委託書內詳載應受送達人之姓名、國籍及其住所、居所或事務所、營業所。

第六條

法院受託調查民事或刑事訴訟上之證據，依委託本旨，按照民事或刑事訴訟法關於調查證據之規定辦理之。

委託調查證據，應於委託書內詳載訴訟當事人之姓名，證據方法之種類，應受調查人之姓名、國籍、住所、居所或事務所、營業所及應加調查之事項；如係刑事案件，併附案件摘要。

＊財政部金融局（八二）臺融局（一）字第八二一一一二九七四號

要旨：

外國法院要求提供本國銀行往來客戶之存款等資料應依「外國法院委託事件協助法」規定辦理

主旨：

本國銀行國外分行所在地國法院，如要求該分行提供其本國銀行總行或在我國境內其他分行往來客戶之存款、放款或匯款等有關紀錄為訴訟之證據資料者，應依「外國法院委託事件協助法」規定辦理，請　查照。

第七條

委託事件之委託書及其他有關文件，如係外國文時，應附中文譯本，並註明譯本與原本符合無訛。

第八條

關於送達或調查之費用，民事依中華民國有關徵收費用之法令辦理；刑事按受委託法院實際支出之費用計算，由委託法院所屬國償還。

第九條

本法自公布日施行。

18.司法協助事件之處理程序

中華民國六十九年十一月十一日司法院院臺廳一字第○三八六○號函發布

一　我國法院受外國法院委託協助民事或刑事事件，不能依「外國法院委託事件協助法」第三條規定轉送時，仍應參照同法第二條、第四條至第八條規定辦理。受託法院如為最高法院，得逕行囑託管轄法院辦理。並以副本抄送司法院及管轄法院

之上級法院；如受託法院為第二審法院，得自行或轉請第一審管轄法院辦理；如
受託法院為第一審管轄法院，得逕行辦理或轉請上級法院辦理。第一審及第二審
管轄法院於辦理協助事件完畢後，應函請最高法院轉函委託國之最高法院轉知該
國委託法院，並以副本抄送司法院。如受託法院為第一審法院時，並應以副本送
其直接上級法院。

二　我國法院委託外國法院協助之司法事件，應比照外國法院委託事件協助法第二條
至第八條之規定辦理。惟我國於受託國未設使領館或駐外代表機構者，可逕行函
請最高法院囑託受託國最高法院協助，並以副本送司法院，如為第一審法院，並
應以副本送其直接上級法院。

19.仲裁法（第四十七至五十一條）

中華民國八十七年六月二十四日總統（八七）華總㈠義字第八七〇〇一二四〇一〇號令修正
　　公布名稱及全文五十六條；並自修正公布日後六個月施行（原名稱：商務仲裁條例）

第七章　外國仲裁判斷

第四十七條

在中華民國領域外作成之仲裁判斷或在中華民國領域內依外國法律作成之仲裁判斷，
為外國仲裁判斷。

外國仲裁判斷，經聲請法院裁定承認後，得為執行名義。

＊法務部（八九）法律字第〇〇〇一六一號

要旨：

有關涉外仲裁協議及外國仲裁判斷之承認與執行說明

主旨：

大院「涉外民事法律適用法研究修正委員會」研修小組所提「涉外民事法律適用法修
正草案」，其中有關涉外仲裁協議（修正條文第一百二十二條至第一百二十七條）及外
國仲裁判斷之承認與執行（第一百三十四條至第一百三十七條）部分，本部意見如附
件，請　查照參考。

說明：

依本部法律事務司司長案陳　貴廳八十九年五月九日（八九）廳民一字第一一二五一
號函辦理。

附件：

關於大院涉外民事法律適用法研究修正委員會所提「涉外民事法律適用法修正草案」
（以下簡稱「修正草案」）修正條文第一百二十二條至第一百二十七條有關涉外仲裁協
議及第一百三十四條至第一百三十七條有關外國仲裁判斷之承認與執行部分，究以於

該法或仲裁法中規定為宜乙節，法務部意見如下：

一、按新修正之仲裁法（八十七年六月二十四日修正公布，並於同年十二月二十四日施行）已擴大仲裁之適用範圍，有關涉外民事法律關係現在或將來依法得和解之爭議，依該法第一條第一項及第二項規定，當事人原得訂立仲裁協議，約定由仲裁人一人或單數之數人成立仲裁庭，以仲裁方式解決。又關於仲裁協議之形式、仲裁條款獨立性之原則、仲裁協議妨訴抗辯之方式及其效果、仲裁程序之準據法、保全程序，以及外國仲裁判斷之定義、聲請承認及法院駁回之事由等，該法第一條第三項至第四項、第三條、第四條、第十九條、第三十九條及第四十七條至第五十一條等均已明定。另由外國之仲裁人一人或單數之數人成立仲裁庭仲裁，如係在中華民國領域內依我國仲裁法作成仲裁判斷者，仍為內國仲裁判斷，並非外國仲裁判斷，尚不生聲請我國法院承認之問題，合先說明。

二、經查聯合國國際貿易法委員會一九八五年所採行之國際商務仲裁模範法（即 UNCITRAL MODEL LAW ON INTERNATIONAL COMMERCIAL ARBITRATION，以下簡稱「模範法」），將前揭有關涉外仲裁協議及外國仲裁判斷之承認與執行之規定均規定在內；而將之均規定於該國仲裁法中者，除我國外，尚有英國一九九六年仲裁法、德國一九九八年仲裁法、加拿大一九八六年商務仲裁條例、澳洲一九七四年國際仲裁法、澳洲維多利亞州一九八四年商務仲裁條例、新加坡一九九四年國際仲裁法及香港一九九六年仲裁條例。美國則將所有有關仲裁之規定，包括仲裁之一般性規定、外國仲裁判斷之承認與執行，均規定於第九編仲裁編 (Title 9 Arbitration) 中，另法國及義大利則規定於該國民事訴訟法中。次查各國立法例中，亦有於其他法律中明定有關仲裁之規定者，如羅馬尼亞一九九二年國際私法（第一百八十條及第一百八十一條，但該國一九九三年民事訴訟法就國際仲裁仍規定於該法第三百七十條至第三百七十條之三）、中國大陸一九九七年國際私法（第四十六條及第一百六十條）、匈牙利人民共和國一九七九年國際私法（第六十二條及第七十四條，但該國一九九四年仲裁法則參照「模範法」制定，其內容包括涉外仲裁）、土耳其一九八二年國際私法（第四十三條至第四十五條係有關外國仲裁判斷執行之規定）、南斯拉夫一九八三年國際私法（第九十七條至第一百零一條係有關外國仲裁判斷之承認與執行之規定，該國一九七七年民事訴訟法第四百六十九條則就涉外仲裁設有規定）、秘魯一九八四年新國際私法（第二千零六十四條及第二千一百十條，但該國一九九二年仲裁法則於第八十一條至第一百零九條規定涉外仲裁及外國仲裁判斷之承認與執行）及瑞士一九八七年新國際私法（第七條及第一百七十六條至第一百九十四條）。其中除瑞士因無仲裁法，故將「國際仲裁」部分於該國國際私法中列專章（第十二章第一七六條至第一九四條）作詳細規定（條文共計十九條），情形較為特殊外，其餘各國多僅就仲裁管轄權及外

國仲裁判斷之承認及執行等事項於該國國際私法中為規定，至有關仲裁協議、仲裁庭之組織及仲裁程序之進行等各事項，則均仍規定於該國仲裁法或民事訴訟法中。

三、有關涉外仲裁協議及外國仲裁判斷之承認與執行相關規定，我國仲裁法既已定有明文，實務運作上並未發現有何窒礙難行之處，且為英國、德國、澳洲、加拿大、新加坡、美國等工商發達國家新近所採之立法方式，更為聯合國國際貿易法委員會所採行「模範法」之規範模式，如將有關該等事項之規定移列於涉外民事法律適用法，不僅與新近主流立法趨勢不符，且未能配合國際仲裁法統一化之世界潮流及理想，此外亦與涉外民事法律適用法為法律之適用法之本質有所扞格，故本部認該等事項仍以規定於仲裁法中為宜。

＊法務部（八七）法律字第〇三七九五三號

要旨：

關於法務部與美國洽談之「中美雙邊投資協定」所定有關「公法性質之仲裁」，其仲裁判斷之承認及執行等疑義。

主旨：

關於　貴部與美國洽談之「中美雙邊投資協定」第九條第六款所定有關「公法性質之仲裁」，其仲裁判斷之承認及執行等疑義一案，復如說明二。請　查照參考。

說明：

一、復　貴處八十七年十月一日經（八七）投二字第八七三一八二五一號函。

二、本部意見如左：按依我國法制，公法上之爭議，除法律別有規定外，僅得提起訴願、行政訴訟，以資救濟（「行政訴訟法」參照；立法院八十七年五月十九日三讀通過）；必須為私法上之爭議（以依法得和解者為限），始得提付仲裁（「仲裁法」第一條參照；原名稱為「商務仲裁條例」，業奉　總統於八十七年六月廿四日修正公布，將於同年十二月廿四日施行）。又外國仲裁判斷，須聲請法院裁定承認後，方得強制執行；如該仲裁判斷依中華民國法律，其爭議事項不能以仲裁解決者，法院應以裁定駁回其聲請（同法第四十七條第二項及第四十九條第一項第二款參照）。準此，本件美方所提「中美雙邊投資協定」版本第九條有關一方締約國政府與他方締約國之公民或公司（或他方締約國政府與一方締約國之公民或公司）間之投資爭議，得否依我國「仲裁法」之規定進行仲裁，以及其仲裁判斷，得否聲請法院裁定承認後，為強制執行各節，應視各該投資爭議事件之性質而定，尚難一概而論。

第四十八條

外國仲裁判斷之聲請承認，應向法院提出聲請狀，並附具下列文件：

一、仲裁判斷書之正本或經認證之繕本。

二、仲裁協議之原本或經認證之繕本。

三、仲裁判斷適用外國仲裁法規、外國仲裁機構仲裁規則或國際組織仲裁規則者，其全文。

前項文件以外文作成者，應提出中文譯本。

第一項第一款、第二款所稱之認證，指中華民國駐外使領館、代表處、辦事處或其他經政府授權之機構所為之認證。

第一項之聲請狀，應按應受送達之他方人數，提出繕本，由法院送達之。

第四十九條

當事人聲請法院承認之外國仲裁判斷，有下列各款情形之一者，法院應以裁定駁回其聲請：

一、仲裁判斷之承認或執行，有背於中華民國公共秩序或善良風俗者。

二、仲裁判斷依中華民國法律，其爭議事項不能以仲裁解決者。

外國仲裁判斷，其判斷地國或判斷所適用之仲裁法規所屬國對於中華民國之仲裁判斷不予承認者，法院得以裁定駁回其聲請。

第五十條

當事人聲請法院承認之外國仲裁判斷，有下列各款情形之一者，他方當事人得於收受通知後二十日內聲請法院駁回其聲請：

一、仲裁協議，因當事人依所應適用之法律係欠缺行為能力而不生效力者。

二、仲裁協議，依當事人所約定之法律為無效；未約定時，依判斷地法為無效者。

三、當事人之一方，就仲裁人之選定或仲裁程序應通知之事項未受適當通知，或有其他情事足認仲裁欠缺正當程序者。

四、仲裁判斷與仲裁協議標的之爭議無關，或逾越仲裁協議之範圍者。但除去該部分亦可成立者，其餘部分，不在此限。

五、仲裁庭之組織或仲裁程序違反當事人之約定；當事人無約定時，違反仲裁地法者。

六、仲裁判斷，對於當事人尚無拘束力或經管轄機關撤銷或停止其效力者。

＊八五抗更（一）字第二八號

要旨：

按仲裁判斷，除有商務仲裁條例第二十一條第二項但書所列各款情形外，須聲請法院為執行裁定後，方得為強制執行。但當事人提起撤銷仲裁判斷之訴者，得聲請法院以裁定停止執行，商務仲裁條例第二十一條第二項、第五十條第一項分別定有明文。可知仲裁判斷須經法院為執行裁定後，方具執行力，而法院所裁定停止執行者，亦係該仲裁判斷之執行力，並非強制執行程序。從而法院所為停止仲裁判斷執行之裁定，自以該仲裁判斷業經法院裁定准予執行時，始產生其停止之效力，仲裁判斷是否應准予執行，即不應受停止執行裁定之影響。

第五十一條

外國仲裁判斷，於法院裁定承認或強制執行終結前，當事人已請求撤銷仲裁判斷或停止其效力者，法院得依聲請，命供相當並確實之擔保，裁定停止其承認或執行之程序。前項外國仲裁判斷經依法撤銷確定者，法院應駁回其承認之聲請或依聲請撤銷其承認。

(二)強制執行法、破產法及相關法規

1.強制執行法（第四之一、一百十四之三條）

中華民國八十九年二月二日總統（八九）華總一義字第八九○○○二六九五○號令修正公布
第十、二十、二十五、二十七、七十七之一、八十之一、九十五、一百十五之一條條文

第四條之一

依外國法院確定判決聲請強制執行者，以該判決無民事訴訟法第四百零二條各款情形之一，並經中華民國法院以判決宣示許可其執行者為限，得為強制執行。

前項請求許可執行之訴，由債務人住所地之法院管轄。

債務人於中華民國無住所者，由執行標的物所在地或應為執行行為地之法院管轄。

第一百十四條之三

外國船舶經中華民國法院拍賣者，關於船舶之優先權及抵押權，依船籍國法。當事人對優先權與抵押權之存在所擔保之債權額或優先次序有爭議者，應由主張有優先權或抵押權之人，訴請執行法院裁判；在裁判確定前，其應受償之金額，應予提存。

＊六九臺上字第三○九六號

要旨：

查強制執行法第一百十四條之三規定：「外國船舶經中華民國法院拍賣者，關於船舶之優先權及抵押權，依船籍國法。當事人對於優先權與抵押權之存在，所擔保之債權額及優先次序有爭議者，應由主張有優先權及抵押權之人訴請法院裁判，在裁判確定前，其應受償之金額，應予提存」。係民國六十四年四月二十二日修正時所增列，其立法理由謂：「外國船舶停泊於我國港口，或航行於我國領域內，依屬地主義之原則，為我國法權所及，我國法院得予強制執行，但關於船舶之優先權及抵押權，參照涉外民事法律適用法第十條第四項之規定，及國際私法上相互承認其效力，准其享受優先受償之權利，惟優先權係不經登記之權利，而外國官署所為抵押權登記，屬於外國政府之公法行為，執行債務人對其存在及其所擔保之債權額或優先次序有爭議者，就本法第四十三條及民事訴訟法第四百零二條之意旨觀之，該優先權及抵押權之效力，並非當然及於我國領域，故增設本條，以杜糾紛」云云，準此以觀，該條前段所定：「外國船舶經中華民國法院拍賣者，關於船舶之優先權及抵押權，依船籍國法」，僅在當事人對於

優先權或抵押權之存在所擔保之債權額或優先次序無爭議之情形始有其適用，如當事人對此有所爭執，則應適用同條後段之規定，於主張有優先權或抵押權之人訴請法院裁判時，法院認定其有無優先權或抵押權，仍應斟酌國際私法上相互承認之原則，即外國法如不承認依中華民國法律所定優先權或抵押權之效力，亦得拒絕適用外國法有關優先權或抵押權之規定，非謂外國法所定優先權或抵押權之效力，當然及於我國領域。

* 六九臺上字第五一二號

要旨：

誠實輪係為巴拿馬籍之外國船舶，依照強制執行法第一百十四條之三前段規定，外國船舶經我國法院拍賣者，關於船舶之優先權，依船籍國法，因之執行法院依巴拿馬共和國商事法第一五〇七條所定次序作成分配表，應屬適法。

* 六九臺上字第五九四號

要旨：

外國船舶經我國法院拍賣者，關於船舶之優先權及抵押權，依船籍國法。又關於船舶之物權，依船籍國法為強制執行法第一百十四條之三前段，涉外民事法律適用法第十條第四項前段所明定。關於船舶之擔保物權，有優先權及抵押權兩種，因之執行法院，就巴籍誠實輪拍賣所得價金，依巴國商事法第一五〇七條規定，作成分配表，應屬適法。

* 七〇臺上字第三三八號

要旨：

強制執行法第一百十四條之三規定：「外國船舶經中華民國法院拍賣者，關於船舶之優先權及抵押權，依船籍國法。當事人對於優先權與抵押權之存在，所擔保之債權額或優先次序有爭議者，應由主張有優先權或抵押權之人，訴請執行法院裁判；在裁判確定前，其應受償之金額，應予提存」，係民國六十四年四月二十二日修正時所增列，其立法理由謂：「外國船舶停泊於我國港口，或航行於我國領域內，依屬地主義之原則，為我國法權所及，我國法院得予強制執行，但關於船舶之優先權及抵押權，參照涉外民事法律適用法第十條第四項之規定，及國際私法上互相承認其效力，准其享受優先受償之權利。惟優先權係不經登記之權利，而外國官署所為抵押權登記，屬於外國政府之公法行為，執行債務人對其存在及其所擔保之債權額或優先次序有爭議者，就本法第四十三條及民事訴訟法第四百零二條之意旨觀之，該優先權及抵押權之效力，並非當然及於我國領域，故增設本條，以杜糾紛」云云。準此以觀，該條前段所定：「外國船舶經中華民國法院拍賣者，關於船舶之優先權及抵押權，依船籍國法」，僅在當事人對於優先權或抵押權之存在，所擔保之債權額或優先次序無爭執之情形，始有其適用。如當事人對此有所爭執，則應適用同條後段之規定，於主張有優先權或抵押權之

人訴請法院裁判時，法院認定其有無優先權或抵押權，仍應斟酌國際私法上相互承認之原則，即外國法如不承認依中華民國法律所定優先權或抵押權之效力，亦得拒絕適用外國法有關優先權或抵押權之規定，非謂外國法所定優先權或抵押權之效力，當然及於我國領域，否則，同條後段之規定，豈非毫無意義。上訴人對於被上訴人之抵押權及其優先次序既有爭執，依法即有同條後段之適用。

*七一臺上字第三六二〇號

要旨：

原審以被上訴人華比銀行對萬富公司、真實公司、誠實公司所有新萬富輪、真實輪、誠實輪之抵押權，係向巴國申請設定登記取得，有卷附抵押登記證明書等件可稽。依強制執行法第一百十四條之三規定，應依船籍國法即巴國商事法為準據法，以定其船舶優先權及抵押權之位次。依巴國商事法第一千五百零七條規定，船舶優先權分配船價之順位為：七、船舶抵押權，八、因船舶必須之補給而發生之債務。執行法院依此項規定，將被上訴人華比銀行之債權列在上訴人債權之前優先受償，並無不合。

*七二臺上字第四一一五號

要旨：

外國船舶經我國法院拍賣者，依我國強制執行法第一百十四條之三規定，僅關於船舶之優先權及抵押權依船籍國法處理之，巴拿馬國際私法第二百七十七條亦規定：「船舶經拍賣後，諸債權人之債權及其後船價之分配，應依船籍國法」，基此國際私法上相互一致之規定內容以觀，兩國均特別規定對外國船舶之強制執行，僅就關於拍賣後之優先權、抵押權之債權額及其優先受償之次序，有船籍國法之適用，亦即除此之外之執行事項，當仍依屬地主義之原則，適用執行所在地國之法律，是我國法院拍賣外國船舶，關於查封之程序及其效力，依強制執行法第一百十四條第一項、第一百十三條、第五十一條第二項規定，債務人於查封後就船舶所為之設定抵押權登記，如有礙於執行效果，對設定登記以外之執行債權人應不生效力。

*七二臺再字第一〇一號

要旨：

強制執行法第一百十四條之三前段，係專就拍賣外國船舶時，關於其船舶之優先權及抵押權而為特別規定依船籍國法，依中央法規標準法第十六條規定應優先適用之。

*七二臺抗字第一五六號

要旨：

再抗告人對於相對人就臺灣高雄地方法院六十六年度執字第二九六九號所拍賣船舶之抵押權存在有爭議，相對人乃依強制執行法第一百十四條之三之規定訴請裁判，則依該法條末段之規定，在相對人訴請確認抵押權存在事件之裁判確定前，其應受分配之金額，應予提存，必須俟該裁判結果，相對人獲得勝訴判決確定始得領取，則再抗告

人自無依假處分程序聲請禁止相對人於該事件判決確定前領取之必要。

＊司法院第三期司法業務研究會

法律問題：

強制執行法第一百十四條之三規定：「外國船舶經中華民國法院拍賣者，關於船舶之優先權及抵押權，依船籍國法。當事人對於優先權與抵押權之存在、所擔保之債權額及優先次序有爭議者，應由主張有優先權及抵押權之人訴請法院裁判。」，如當事人對於優先權與抵押權之存在，有所爭執，主張有優先權或抵押權之人訴請法院裁判時，法院是否仍應斟酌國際私法上相互承認之原則？

研討意見：

甲說：按強制執行法第一百十四條之三，係民國六十四年四月二十二日修正時所增列，其立法理由稱：「外國船舶停泊於我國港口，或航行於我國領域內，依屬地主義之原則，為我國法權所及，我國法院得予強制執行。但關於船舶之優先權及抵押權，參照涉外民事法律適用法第十條第四項之規定，及國際私法上相互承認其效力，准其享有優先受償之權利。惟優先權係不經登記之權利，而外國官署所為抵押權登記，屬於外國政府之公法行為，執行債務人對其存在及其所擔保之債權額或優先次序有爭議者，就本法第四十三條及民事訴訟法第四百零二條之意旨觀之，該優先權及抵押權之效力，並非當然及於我國領域，故增設本條，以杜糾紛。」云云，準此以觀，該條前段所定：「外國船舶經中華民國法院拍賣者，關於船舶之優先權及抵押權，依船籍國法。」僅在當事人對於優先權或抵押權之存在，所擔保之債權額或優先次序無爭議之情形，始有其適用。如當事人對此有所爭執，則應適用同條後段之規定，於主張有優先權或抵押權之人訴請法院裁判時，法院認定其有無優先權或抵押權，仍應斟酌國際私法上相互承認之原則，即外國法院如不承認依中華民國法律所定優先權或抵押權之效力，亦得拒絕適用外國法有關優先權或抵押權之規定，非謂法院所定優先權或抵押權之效力，當然及於我國領域（最高法院六十九年臺上字第三〇九六號、七十年臺上字第三三八號民事判決）。

乙說：按依案件之性質，選擇適用內、外國法為準據法，乃係我國涉外民事法律適用法所採一貫之立場，縱為維持內國公序良俗，以排斥本應適用之外國法，涉外民事法律適用法亦有公序良俗條款（第二十五條）之規定，已足達成維持內國公益之使命，殊無斟酌所謂「國際私法上相互承認之原則」餘地（按：國際私法只有判決相互承認之原則）。

研討結論：採乙說。

司法院第一廳研究意見：

外國法律雖不當然適用於我國，惟我國涉外民事法律適用法制定之初，為兼顧內外國情，於確認外國人合法權益中，業已顧及我國人民利益之保護，與夫公序良俗之維持，

此就涉外民事法律適用法第二十五條規定:「依本法應適用外國法時,如其規定有背於中華民國公共秩序或善良風俗者,不適用之。」觀之甚明,是依該法就案件之性質,定其應適用內、外國法為準據法時,該外國法仍不失其為外國法,僅依涉外民事法律適用法之規定加以適用而已,並無須再斟酌相互承認的問題,強制執行法第一百十四條之三規定,具有國際私法之性質,自不能違背此項原則,另作相異之解釋,本件研討結論採乙說,並無不合。

2.辦理強制執行事件應行注意事項(第四十三、五十六點)

中華民國八十九年四月十四日司法院(八九)院臺廳民二字第〇八九五二號令修正發布

四三　關於第八十一條部分:

㈠拍賣建築物及其基地時,應於公告內載明拍賣最低之總價額並附記建築物及其基地之各別最低價額,而以應買人所出總價額最高者為得標人。數宗不動產合併拍賣者,亦同。

㈡拍賣不動產公告記載本法第八十一條第二項第一款所列事項,如為土地,應載明其坐落地號、地目、面積、地上物或其他使用情形。如為房屋,應載明坐落地號、門牌、房屋構造及型式、層別或層數、面積、稅籍號碼。拍賣之不動產於查封前一部或全部為第三人占有者,應載明債務人及第三人占有之實際狀況、第三人姓名、住所、占有原因,占有如有正當權源者,其權利存續期間。又拍定人繳交價金之期間宜定為七日。

㈢查封之不動產,未查明該不動產之占有使用情形前,不宜率行拍賣。

㈣拍賣之不動產,查封時為債務人或其占有輔助人占有者,應於拍賣公告載明拍定後可以點交。如查封時為第三人占有,依法不能點交者,則應詳載其占有之原因及依法不能點交之事由,不得記載「占有使用情形不明,拍定後不點交」之類似字樣。

㈤拍賣債務人之不動產應有部分時,應於拍賣公告載明其現在占有狀況及拍定後依債務人現實占有部分為點交。如依法不能點交時,亦應詳記其原因事由,不得僅記載「拍賣不動產應有部分,拍定後不點交」之類似字樣。

㈥拍賣之不動產已有負擔,或債務人之權利受有限制,或他人對之有優先承買權利等情形,亦應於拍賣公告載明。

㈦拍賣之不動產為耕地時,應於拍賣公告記載應買人或聲明承受人應提出就該耕地具有自耕能力之證明。

㈧拍賣之不動產為政府直接興建之國民住宅及其基地時,應於拍賣公告記載應買人或聲明承受人應以法令所定具有購買國民住宅資格者為限。

㈨外國人不得為土地法第十七條所列各款土地之應買人或承受人,但合於外國人投資

條例第十九條第二款之規定者，不在此限。

㈩拍賣之土地為土地法第十七條所列各款以外之土地時，應於拍賣公告內記載外國人應買或聲明承受時，應依土地法第二十條第一項規定，向土地所在地市縣政府申請核准，並提出該經市縣政府核准之證明。

＊內政部（八七）臺內地字第八七八○八二六號

要旨：

加強執行外國人因拍賣抵押物強制執行事件得標買受土地建物時地方法院與地政機關聯繫事項

說明：

一、有關外國人因拍賣強制執行得標買受土地及建物時地方法院與地政機關聯繫事項，前經本部於八十六年十月九日臺（八六）內地字第八六○九三○三號函修正。

二、嗣為檢討修正後聯繫事項之執行情形本部復於本（八十七）年二月十日邀集司法院民事廳、行政院秘書處（未派員）及省市地方機關研商獲致：「㈠關於外國人因拍賣抵押物強制執行事項得標買受土地建物時地方法院與地政機關聯繫事項，前經內政部八十六年十月九日臺（八六）內地字第八六○九三○三號函修正在案，司法院亦於八十七年一月二十三日以（八七）院臺廳民二字第○二二四九號函配合修正「辦理強制執行事件應注意事項」第四十三點第十款為「拍賣之土地為土地法第十七條所列各款以外之土地時，應於拍賣公告內記載外國人應買或聲明承受時，應依土地法第二十條第一項規定，向土地所在地市縣政府申請核准，並提出經該市縣政府核准之證明」（如後附）。有關外國人因拍賣抵押物強制執行得標買受土地建物案件，請確依上開聯繫事項及修正後之「辦理強制執行事件應行注意事項」辦理。市縣政府於受理外國人因拍賣案件申請核准得購買該不動產之資格證明時，應儘速審核辦理。㈡市縣政府對於目前部分地方執行法院於八十六年十月二十日以後公告拍賣不動產之案件，未依照上開聯繫事項規定辦理，即逕行核發不動產權利移轉證明書予外國人者，請確依法審查是否符合土地法第十七條至第十九條規定後，分別駁回或核准層報行政院備查。㈢市縣政府於受理外國人因拍賣強制執行事件得標買受土地及建物之案件，如發現地方執行法院未依照上開聯繫事項及修正後之「辦理強制執行事件應行注意事項」配合辦理時，應即協調各該地方執行法院注意辦理，俾利外國人得標或承受土地及建物後得予順利申辦不動產權利移轉登記。

＊內政部（八六）臺內地字第八六七三九九三號

要旨：

「研商外國人因拍賣抵押物強制執行事件得標買受土地及建物處理事宜」會議紀錄

主旨：

檢送本部八十六年一月十六日召開「研商外國人因拍賣抵押物強制執行事件得標買受土地及建物處理事宜」會議紀錄乙份，並請依會商結論㈡、㈢辦理，請 查照。

會商結論：

㈠外國銀行、外商保險公司任強制執行法之相關規定因行使抵押權自法院取得之不動產，與因業務所需用而取得之不動產情形有別，無公司法第三百七十六條之適用，惟依司法院秘書長七十四年八月十二日七四秘臺廳一字第○一五七六號函及行政院八十五年十二月十一日臺八十五內字第四五一四七號函核示意旨，仍須符合土地法第十七條至第二十條等有關外人地權之規定，又依司法院八十五年十一月十一日(85)院臺廳字民二字第二二三四九號函修正發布「辦理強制執行事件應行注意事項」第四三點第十一款規定：外國人不得為土地法第十七條所列各款土地之應買人或承受人，但合於外國人投資條例第十九條第二款之規定者，不在此限。同點第十二款規定：對於外國人應買或承受土地法第十七條所列各款以外之土地時，應注意同法第十八條至第二十二條之規定。為加強執行法院與地政機關之聯繫，避免外國人因拍賣抵押物強制執行事件得標或承受土地及建物後，未能經縣市政府核准產生困擾，爰在未增加原處理程序及作業時間之原則下，建議：1.外國人因拍賣抵押物強制執行事件得標或承受土地及建物時，由執行法院於發給權利移轉證書前先函詢土地所在地之縣市政府，就該拍定案是否符合土地法有關外人地權等相關規定，而准予承受。並同時函請得標人或承受人檢具相關證明文件限期向該管縣市政府申辦。2.縣市政府於收到執行法院之上開通知函及當事人之申請文件後，即應依法審查是否符合土地法第十七條至第十九條規定，經審查不符規定者，應即函復執行法院及申請人；經審查依法核准者，應依土地法第二十條規定層報行政院，經行政院准予備查後，函復執行法院及申請人。3.執行法院依縣市政府函復業經核准並依土地法第二十條規定辦理者，據以發給權利移轉證書，得標人或承受人即得憑法院發給之權利移轉證書，逕向土地所在地政事務所申辦土地或建物所有權移轉登記。4.自八十六年四月一日以後受理之是類案件，依上開聯繫事項辦理。本項聯繫事項，由內政部函詢司法院意見同意後，由司法院及內政部分別函請執行法院及省市政府據以辦理。

㈡地政機關受理外國人申請因拍賣取得土地及建物權利案件，審核其為土地法第十九條之使用時，應審查其是否符合土地使用分區或使用編定之規定，於依土地法第二十條規定層報行政院備查時，所附「外國人取得、移轉土地、房屋權利案件簡報表」中「為土地法第十九條第○款之使用」一欄，仍應填載。

㈢內政部八十四年一月十六日臺八四內地字第八四○一三一八號函釋示有關外商銀行憑法院發給之不動產權利移轉證書申辦所有權移轉登記，其外國人土地、房屋權利案件簡報表之「為土地法第十九條第○款之使用」欄免予填載一案，停止適用。縣市政府於八十六年三月一日起受理法院拍賣之案件，即應依前開結論㈡辦理。

五六　關於第九十七條、第九十八條部分：

㈠不動產經拍定或交債權人承受並已繳足價金後，應於五日內按拍定人或承受人之名義發給權利移轉證書。優先承買者亦同。

㈡不動產由外國人拍定或承受者，執行法院於權利移轉證書發給後，應即通知該管市縣政府。

㈢民事執行處收到出納室移來之買受人繳納價金收據後，應由收文人員填寫核發權利移轉證書管制追蹤考核表一式三份（如附件五，此表得與價金分配之管制考核併用）。一份送庭長存查，二份送研考科轉陳院長核閱後，一份送交承辦股，一份存研考科。

㈣承辦股書記官應就考核表所列應辦事項之辦畢日期，逐欄填載後退還研考科陳報院長查核。

㈤承辦股逾十五日尚未將考核表退還者，研考科應以查詢單每週一次向承辦股查詢其遲延原因，至案件終結為止，不得疏懈。

㈥承辦股書記官接到研考科查詢單後，應即將已於規定期限內核發權利移轉證書，或未能於規定期限內核發之遲延原因，詳載於查詢單，退還研考科。

㈦強制執行中拍賣之不動產，經第三人訴由法院判決確定認為應屬於該第三人所有時，原發權利移轉證書當然失其效力，執行法院應逕予註銷，並通知該管登記機關登記其事由。

㈧拍定人繳足價金後，債務人提出停止執行之裁定者，拍定人之地位不因之而受影響，執行法院不得停止權利移轉證書之發給。惟拍定人所繳價金，執行法院如未交付債權人，應依停止執行之裁定停止交付。

㈨依本法第九十八條第三項但書規定，保留不動產上之抵押權者，須於該不動產拍定後，繳納價金期限屆滿一日前，由拍定人或承受人及抵押權人共同向執行法院陳明。有此情形時，其抵押權，毋庸塗銷。

3.破產法（第二、四條）

中華民國八十二年七月三十日總統（八二）華總⑴義字第三七○○號令修正公布第七十一至七十三條條文；並增訂第七十三之一條條文

第二條

和解及破產事件，專屬債務人或破產人住所地之地方法院管轄；債務人或破產人有營業所者，專屬其主營業所所在地之地方法院管轄；主營業所在外國者，專屬其在中國之主營業所所在地之地方法院管轄。

不能依前項規定定管轄法院者，由債務人或破產人主要財產所在地之地方法院管轄。

＊司法院（七三）秘臺廳（一）字第○○二五四號

要旨：

破產事件之專屬管轄

全文內容：

依破產法規定，破產事件專屬於債務人或破產人住所地之地方法院管轄，債務人或破產人有營業所者，專屬其主營業所所在地之地方法院管轄，主營業所在外國者，專屬其在中華民國之主營業所所在地之地方法院管轄。不能依前述規定定管轄法院者，由債務人或破產人主要財產所在地之地方法院管轄。故欲明瞭國人在國內有無受破產宣告，可向其住所地主營業所所在地或主要財產所在地之地方法院函查。

第四條

和解在外國成立或破產在外國宣告者，對於債務人或破產人在中國之財產，不生效力。

＊八五臺上字第一五九二號

要旨：

和解在外國成立或破產在外國宣告者，對於債務人或破產人在中國之財產不生效力，破產法第四條定有明文。則自國際間平等互惠之原則而言，在我國成立和解或宣告破產者，債務人或破產人財產所在地之外國，當亦可否認其效力。本件原審既認我國與香港之間，互不承認對方法院判決之效力，竟又認本件臺灣臺北地方法院所為丁〇〇破產宣告之效力，及於破產人丁〇〇在香港之財產，並進而認定本件系爭股票亦屬破產財團之財產，因而為上訴人不利之判決，尚嫌率斷。

4.提存法（第四條）

中華民國六十九年七月四日總統（六九）臺統㈠義字第五八五號令修正公布第二十三條條文

第四條

清償提存事件，應向清償地法院提存所為之。

債權人在中華民國無住所或住所不明時，以在中華民國之居所，視為住所；無居所或居所不明者，以其在中華民國最後之住所，視為住所。

債權人在中華民國無最後住所，或不能確知孰為債權人，致難依前二項定其清償地者，由債務人住所地法院提存所辦理之。

強制執行法關於債權分配金額，或破產法關於破產債權分配金額之提存，由受理強制執行或破產事件之法院提存所辦理之。

政府機關應發徵收土地之補償費或遷移費及照價收買土地之地價或補償費，其提存由該機關所在地之管轄法院提存所辦理之。

刑事法規類

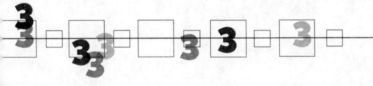

一、刑事實體法

1.中華民國刑法（第三至九、四十九、九十五、一百零三至一百零六、一百零八、一百零九、一百十三至一百十九、一百五十八、二百四十至二百四十二、二百五十四、二百五十五、二百五十七、二百九十七至二百九十九條）

中華民國九十一年一月三十日總統（九一）華總一義字第〇九─〇〇〇─五一─一〇號令修正公布第三百二十八、三百三十至三百三十二、三百四十七、三百四十八條條文；並增訂第三百三十四之一、三百四十八之一條條文

第三條

本法於在中華民國領域內犯罪者，適用之。在中華民國領域外之中華民國船艦或航空機內犯罪者，以在中華民國領域內犯罪論。

＊三五院解字第三〇七八號

解釋文：

懲治漢奸條例關於漢奸罪刑，係就刑法外患罪所設之特別規定，仍與刑法之外患罪同一性質，凡在中華民國領域內或領域外犯該條例之漢奸罪，依刑法第十一條第三條及第五條第二款之規定均適用之，其犯罪主體原不以本國人民為限，惟臺灣人民於臺灣光復前已取得日本國籍，如在抗戰期內基於其為敵國人民之地位，被迫應徵隨敵作戰或供職各地敵偽組織，應受國際法上之處置，自不適用懲治漢奸條例之規定。

＊八九臺非字第九四號

要旨：

中華民國憲法第四條明文：「中華民國領土，依其固有之疆域，非經國民大會之決議，不得變更之。」而國民大會亦未曾為變更領土之決議。又中華民國憲法增修條文第十一條復規定：「自由地區與大陸地區間人民權利義務關係及其他事務之處理，得以法律為特別之規定。」且臺灣地區與大陸地區人民關係條例第二條第二款更指明：「大陸地區：指臺灣地區以外之中華民國領土。」揭示大陸地區仍屬我中華民國之領土；該條例第七十五條復規定：「在大陸地區或在大陸船艦、航空器內犯罪，雖在大陸地區曾受處罰，仍得依法處斷。但得免其刑之全部或一部之執行。」據此，大陸地區現在雖因事實上之障礙為我國主權所不及，但在大陸地區犯罪，仍應受我國法律之處罰，即明示大陸地區猶屬我國領域，並未對其放棄主權。本件被告周〇鴻被訴於民國八十二年至八十五年間在大陸福州市犯有刑法第三百三十九條第一項之詐欺取財及第二百十五條之業務登載不實文書罪嫌，即為在中華民國領域內犯罪，自應適用中華民國法律論處。

＊八五上訴字第二四六二號

要旨：

公訴人起訴事實認定被告電魚之彭佳嶼北方十六浬處及被告李○○供稱之捕魚地點，均非在我國領海內，而是在公海上。本件依卷證資料，祇能證明被告等有在公海上電魚，而無證據證明被告等有在我國領海內電魚。又本法總則於其他法令有刑罰規定者，亦適用之，本法於中華民國領域內犯罪者，適用之。在中華民國領域外之中華民國船艦或航空機內犯罪者，以在中華民國領域內犯罪論，刑法第十一條前段、第三條定有明文，本件被告等係在我國領域外之我國船艦上非法電魚，仍有我國刑罰之適用，併此敘明。

＊八六臺上字第六○○一號

要旨：

上訴人郭○○係金臺灣旅行社之負責人，其未依法令規定指派未取得專業領隊合格執照之上訴人施○○帶團出國至帛琉共和國旅遊；及上訴人施○○知其未領得專業領隊合格執照，竟接受指派帶旅遊團出國旅遊，致造成自訴人之子周○○溺水死亡等情。則上訴人等應注意而疏未注意之過失行為，似係在中華民國領域之國內，依刑法第三條、第四條規定，本國刑法是否對渠等無審判權？非無研求之餘地。

＊八六臺上字第三三六三號

要旨：

上訴人等所採捕之水產動物雖來自公海，然其施網放電採捕之犯罪行為係在我國籍漁船上，依刑法第十一條前段及第三條規定，在我國領域外之我國船艦內犯罪者，以在中華民國領域內犯罪論，自應適用我國法律處罰。

＊七七臺上字第二七二六號

要旨：

在中華民國領域外之中華民國船舶內犯罪，應以在中華民國領域內犯罪論，船長得行使緊急處分權，將犯罪之上訴人逮捕、看管，解送主管機關偵辦，上訴人於犯罪之未被發覺前即向船長自首，經船長將其送交薩摩亞基地警察機關處理後，解回我國接受審判，應認有自首之效力。

＊六九臺上字第四八五二號

要旨：

刑法第三條、第四條規定犯罪之行為或結果有一在中華民國領域內者，為在中華民國領域內犯罪，又犯罪發生於中華民國領域外之中華民國船艦內者，以在中華民國領域內犯罪論，即有中華民國刑法之適用。本件兩船碰撞地點屬於公海之上，而被撞之榮美六號漁船又屬我國船艦，如果船員陳銀壽等三人確已發生死亡之結果，適用我國刑法處罰，殊無庸疑。

＊五八臺非字第一二九號

要旨：

刑法第三條所稱中華民國之領域，依國際法上之觀念，固有其真實的領域及想像的（即擬制的）領域之分，前者如我國之領土、領海、領空等是，後者如在我國領域外之我國船艦及航空機與夫我國駐外外交使節之辦公處所等是。但對於想像的領域部分，同條後段僅明定在我國領域外之船艦及航空機內犯罪者，以在我國領域內犯罪論，對於在我國駐外使領館內犯罪者，是否亦應以在我國領域內犯罪論，則無規定，揆之行為之處罰，以行為時之法律有明文規定者為限之原則，似難比附或擴張同條後段之適用，而謂在我國駐外使館內犯罪亦應以在我國領域內犯罪論。即純就國際法之觀點言，對於任何國家行使的管轄權，雖無嚴格之限制，惟在慣例上，本國對於在本國駐外國使領館內之犯罪者，能否實施其刑事管轄權，常以駐在國是否同意放棄其管轄權為斷。是以對於在我國駐外國使領館內之犯罪者，若有明顯之事證，足認該駐在國已同意放棄其管轄權者，固非不得以在我國領域內犯罪論。

＊最高法院五十八年度第一次民、刑庭總會會議決議㈡

提案：

刑四庭提案：我國人民在我國駐外使領館內犯罪，究應視為在我國領域內犯罪，抑係在我國領域外犯罪？有甲、乙、丙三說，未知孰是？

提請公決

討論意見：

甲說：刑法第三條規定，本法於中華民國領域內犯罪者，適用之。在中華民國領域外之中華民國船艦或航空機內犯罪者，以在中華民國領域內犯罪論。依國際法慣例及一九六一年四月十八日簽訂之「維也納外交關係公約」規定，外交使節在駐在國享有各種豁免權（包括駐在國刑事管轄權之豁免），亦即通稱之治外法權是也。又國際法上國家領域原有真實部分與想像部分之別，所謂真實的領域，如領土、領水、領空是；想像的領域，如㈠在公海上或外國領海內之本國軍艦及公船㈡在公海上屬於本國國籍之私船㈢本國外交使節在外國之辦公處所。不惟對真實的領域，本國有絕對之領域管轄權，即對於想像的領域，亦應受本國管轄，行使其法權。我國刑法第三條後段之立意旨亦以此為本，在傳統觀念上既視本國外交使節在外國之辦公處所，為本國領域管轄權所及之地方，不啻為本國領域之延伸，從而我國人民在我駐外使領館內犯罪，應認為在我國領域內犯罪，依刑法第三條規定，有刑法之適用。

乙說：按國際法上所稱之國家領域，固有真實部分與想像部分（即擬制部分）之別，但我國刑法第三條前段所稱之「領域」，顯係指國際法學說上所稱之真實的領域而言，此觀同條後段所以另設：「在中華民國領域外之中華民國船艦或航空機內犯罪者，以在中華民國領域內犯罪論」之規定者，即可瞭然，蓋其已明示在所謂想像的領域內犯罪

亦應以在真實的領域內犯罪論是也。我國駐外使領館之所在地,既非真實的本國領域,自無刑法第三條前段之適用,固甚明顯,因其具有國際法上所謂想像的本國領域性質,在此領域內犯罪,應否以在真實的本國領域內犯罪論,則應以刑法第三條後段有無列舉規定為斷。該條後段既僅列舉在我國領域外之我國船艦或航空機內犯罪者應以我國領域內犯罪論,而未規定在我國駐外使領館內犯罪者亦應以在我國領域內犯罪論,司法機關自應受其拘束,不容比附或擴張其適用。

丙說:刑法第三條所稱中華民國之領域,依國際法上之觀念,固有真實的領域與想像的(即擬制的)領域之分,前者如我國之領土、領海、領空等是,後者如在我國領域外之我國船艦及航空機與夫我國駐外外交使節之辦公處所等是,但同條後段僅規定在我國領域外船艦及航空機內犯罪者,以在我國領域內犯罪論,對於在我國駐外使領館內犯罪者,是否亦屬以在我國領域內犯罪論,則無規定。按國際法上對於任何國家行使的管轄權,並無嚴格之限制,在慣例上本國對於本國駐外使領館內之犯罪者,能否實施其刑事管轄權,常以駐在國是否同意放棄其管轄權為斷。是以對於在我國駐外使領館內犯罪者,若有明顯之事證,足認該駐在國已同意放棄其管轄權,自得以在我國領域內犯罪論。

決議:採丙說。

＊司法院(八一)廳刑一字第一八二五八號

法律問題:

意圖營利,駕駛高雄港籍漁船在我國領域外之公海上販入完稅價格新臺幣一千萬元之未稅洋菸,私運進口甫抵高雄漁港未及出售,即遭查獲,除涉懲治走私條例第二條第一項走私罪外,是否另涉臺灣省內菸酒專賣暫行條例第二條第一項走私罪外,是否另涉臺灣省內菸酒專賣暫行條例第三十七條第五款之販賣未貼專賣憑證之菸類罪?

研論意見:

甲說:不成立販賣未貼專賣憑證之菸類罪。理由:按販賣未貼專賣憑證之菸酒罪,固不以販入後復行賣出為構成要件,有一於此,其犯罪即經完成,而臺灣省內菸酒專賣暫行條例僅適用於臺灣地區,雖依刑法第三條之規定,在中華民國領域外之中華民國船艦或航空機內犯罪者,以在中華民國領域內犯罪論,惟販入行為既在領域外之公海上,非在臺灣地區,又無在臺灣地區內販賣之事實,自難以該罪相繩(參照最高法院八十一年度臺上字第三二九○號判決)。

乙說:應成立販賣未貼專賣憑證之菸類罪。理由:販入行為雖在領域外,惟販入洋菸自始以在臺灣地區售出為目的,且以我國籍漁船在國境外之公海上交易,依刑法第三條規定,以在國境之臺灣地區內犯罪論,自應成立該罪(參照司法院印行法律問題研究第七輯第四十四則)。

結論:多數贊成甲說。

臺灣高等法院審核意見：

本件犯罪行為即販入行為既在中華民國領域外之公海上非在臺灣地區，嗣又無在臺灣地區內販賣之事實，自難成立販賣未貼專賣憑證之菸類罪，本題以甲說為當。

司法院刑事廳研究意見：

一、同意臺灣高等法院審核意見。

二、本院八十年六月七日 (80) 廳刑一字第六六七號函就同一問題所持見解應予變更。

＊前司法行政部（六二）臺函刑字第一〇一八四號

要旨：

一般外國人（美軍人員除外）在我國違反我國法律之案件，如無條約規定或特殊政治因素，無須循外交途徑轉告其本國駐華使領館。

＊法務部（七七）法檢字第一三〇〇四號

要旨：

按「本法於中華民國領域內犯罪者適用之。在中華民國領域外之中華民國船艦或航空機內犯罪者，以在中華民國領域內犯罪論。」我國刑法第三條定有明文。復按「本法於在中華民國領域外犯第三百三十三條及第三百三十四條之海盜罪者，適用之。」同法第五條第八款亦著有明文。故國輪航行於國際公海或他國領海內，如遇盜匪搶劫，依現行犯不問何人得逕予逮捕及船長得為緊急處分之規定，自得逕予捕捉（刑事訴訟法第八十八條、海商法第四十一條參照），而盜匪搶劫之行為合於前開我國法之規定時，並得依我國法有關規定之程序處理。惟此純就我國法而言，如依國際公約、慣例及條約有無特殊處理方式，則宜徵詢外交部之意見。

＊八七上更㈡字第五八〇號（摘錄）

程序（司法管轄權）部分：

本件辯護意旨指稱被告二人被訴碰撞日東六號之地點係位於公海，依一九五二年於比利時布魯塞爾簽訂之「關於船舶碰撞或其他航行意外事故之統一刑事管轄公約」及公海公約均規定對於因船舶碰撞及其他航行事故致船長或其他船員應負刑事責任或紀律處分時，僅船旗國之司法或行政單位始有權為之，嗣聯合國海洋法公約亦重申此旨，且上開公約規定係屬早已存在之國際習慣及國家實踐之法典化而已，依上開國際公約及國際習慣，因春日輪之船旗國為巴拿馬，其被指碰撞日東六號之地點係位於公海，則本案自始即不屬我司法權管轄範圍，我國司法機關應不得予以審判。且值我國積極爭取加入國際社會之際，自不應背於國際社會一致認同之國際法，而更為相反之認定；比較類似管轄衝突之爭議——福明輪事件，我國即以上開相同之國際法規定，積極向加拿大政府主張「船籍國」之管轄。值此世界各國正注意比較中華民國司法機關對此二案之態度及其發展，法院更難就本案為任何與福明輪案相矛盾之認定，而應以「船籍國」即巴拿馬，或「加害人所屬國」印度為本案有權管轄之國家。況且印度一臺北

協會已代表印度政府出具宣誓書主張印度之管轄權,並要求法院將被告等遣送回印度,以進行訊問及相關之刑事程序。足證有管轄權之印度亦已為管轄權之表現,我國法院自應依國際法之規定,終結本件訴訟之審理,另由有管轄權之印度法院進行訊問云云。前開海域固屬公海,惟本件船舶碰撞之被害船舶日東六號為中華民國國籍,而死亡之漁民多為我國民,且死亡之結果亦發生於前開中華民國船舶上,則:依國際法上國家對加害其國民之外國人得行使管轄權之「被害人國籍管轄原則」,及因犯罪結果發生於本國而得行使管轄權之「客體領域原則」(參照丘宏達氏著「現代國際法」第六百五十一頁,及丘氏另與陳治世、陳長文、俞寬賜、王人傑等合著之「現代國際法」第二百八十頁),足見於國際法上我國就本案並非無行使管轄權之基礎。中華民國刑法第三條所定「本法於在中華民國領域內犯罪者,適用之。但在中華民國領域外之中華民國船艦或航空機內犯罪者,以在中華民國領域內犯罪論」;及第四條所定「犯罪之行為或結果,有一在中華民國領域內者,為在中華民國領域內犯罪」。中華民國刑法第七條前段規定「本法於中華民國人民在中華民國領域外犯前二條以外之罪,而其最輕本刑為三年以上有期徒刑者,適用之。」,第八條規定「前條之規定,於在中華民國領域外對於中華民國人民犯罪之外國人,準用之。」;而所犯之罪是否屬最輕本刑三年以上有期徒刑之罪,係以檢察官之起訴法條為準,非依審判結果而斷。本件公訴人係依刑法第二百九十四條第二項遺棄致死罪嫌提起公訴,其最輕法定刑為七年以上有期徒刑,當屬刑法第八條之適用範圍。是依我國刑法上開規定,本案亦為我國刑法適用效力所及,則我國法院就此案為實體審判,並無不當。又福明輪案與本件並不相同,加拿大政府就我國籍福明輪在公海上涉嫌犯罪,因被害人並非該國國民,而不具司法管轄權,自不能以加拿大政府就福明輪案無管轄權,即遽予比附援引為本件就我國依法具有之管轄權亦不能行使。是印度駐我國代表機構即「印度—臺北協會」雖於原審判決後,曾就本件向本院提出將被告遣送回印度,由該國進行審判之請求,惟因我國就本件有司法管轄權已如前述,本院自屬無從准許,先予敘明(本案最高法院第一次發回意旨參照)。

第四條

犯罪之行為或結果,有一在中華民國領域內者,為在中華民國領域內犯罪。

＊七〇臺上字第五七五三號判例

要旨:

上訴人違反監護權人即自訴人之意思,擅將陳〇康帶回臺灣定居,所犯和誘罪為繼續犯,其侵害自訴人監護權之犯罪行為至提起自訴時仍在繼續中,依刑法第四條規定犯罪之行為或結果有一在中華民國領域內者,為在中華民國領域內犯罪,上訴人犯罪行為既在中華民國領域內,中華民國法院自得依刑法規定追訴處罰。

理由(摘錄):

一、本件原判決認定上訴人陳○瑞與自訴人王○慧均係中華民國國民，民國六十二年七月二十八日在臺灣臺北地方法院公證結婚後赴美，因感情不睦，民國六十七年十二月二十七日經美國伊利諾州科克巡迴法院判決離婚確定，依據該判決，雙方所生五歲幼子陳○康歸由自訴人扶養監護，惟上訴人享有於每星期五下午至翌星期一上午期間帶陳○康返家同居之探視權。民國六十八年十月二十六日適逢星期五，上訴人自美國伊利諾州芝加哥市金○○南街五五五七號一樓自訴人住宅帶走陳○康行使其探視權後，竟逾時限未徵得其監護人即自訴人同意，擅將願隨行之陳○康接回中華民國定居於台北市新○○路三段十四巷十六一一號住宅，致使自訴人無從行使其監護權，經自訴人提起自訴等情。係以右開事實，迭據自訴人指訴綦詳，亦為上訴人所不否認，並有美國伊利諾州科克巡迴法院判決書、陳○康出生證明書影本各一件附卷可稽，犯行洵堪認定，為其所憑之證據及認定之理由。而以上訴人辯稱上訴人犯罪地在美國，依刑法第六條第七條規定，不適用刑法第二百四十一條第三項第一項規定處罰，又依民法第一千零五十一條第一千零五十五條之規定，子女之監護由夫任之，美國法院將陳○康判歸自訴人監護，有違公序良俗，中美業已中止邦交，顯無國際上相互承認之事實，美國法院之上開判決，應不認其效力。再自訴人思想左傾，擬將陳○康帶回大陸，上訴人回國任教，為顧全陳○康之利益，乃將其帶返臺灣就近監護等語。

二、經查上訴人違反監護權人即自訴人之意思，擅將陳○康帶回臺灣定居，所犯和誘罪為繼續犯，其侵害自訴人監護權之犯罪行為至提起自訴時仍在繼續中，依刑法第四條規定犯罪之行為或結果有一在中華民國領域內者，為在中華民國領域內犯罪，上訴人犯罪行為既在中華民國領域內，中華民國法院自得依刑法規定追訴處罰。次查兩願離婚或判決離婚，依民法第一千零五十一條及第一千零五十五條之規定，其子女原則上雖由夫任監護之責，但依同法第一千零五十五條後段規定法院仍得為其子女之利益酌定監護人，足見依我國民法規定，子女亦非不得由妻監護，從而上訴人指謂美國法院就陳○康監護權歸屬問題所為之上開判決違背公序良俗，即嫌無據。

三、再查無國際相互承認之外國法院確定判決，不認其效力，雖為民事訴訟法第四百零二條第四款所明定，但所謂無國際相互承認係指兩國間不相互承認其法院判決之效力，並非指外交上之相互承認而言，上訴人以中美兩國正式邦交已中止，美國法院之判決，即不認其效力，亦屬誤會。自訴人否認其思想左傾，且謂其家人均住國內，父王○咸為立法委員，曾出席最近召開之立法院院會，有戶籍謄本及立法院議事錄證明屬實，上訴人提出之證據均不足以證明，自訴人有使陳○康之權益受侵害之虞，證人陳○康於第一審法院已證明上訴人教其指證自訴人有意帶其至大陸，既係上訴人所教，該指證亦難有憑信力，所辯均非可採，敘明理由，

詳予指駁。按未成年子女，其父母在法律上均享有親權，不得由任何一方之意加以侵害，以父或母一方之不法行為，使脫離他方親權時，仍應負刑事上相當罪責，本院二十一年上字第一五〇四號著有判例。本案上訴人與自訴人既經美國法院判決離婚，婚生子陳〇康歸自訴人監護，上訴人竟利用其探視權，違反監護權人之意思，擅將陳〇康帶返臺北市定居，顯已不法侵害自訴人之監護權，核其所為，實犯刑法第二百四十一條第三項第一項之妨害家庭罪，惟上訴人前未曾受有期徒刑以上刑之宣告，本次犯罪純因與自訴人離異，恐陳〇康受照顧欠周，基於父子親情，於返國任教之際帶之返國定居，情有可原，且經此次教訓已無再犯之虞，所處徒刑以暫不執行為適當，因認第一審法院適用刑法第二百四十一條第三項第一項，第七十四條第一款判處有期徒刑一年，併予宣告緩刑二年，為無不合，予以維持，駁回上訴人在第二審之上訴，經核於法尚無違誤。

四、查上訴人原住在美國，於伊利諾州科克巡迴法院審理中應訴，此有該判決書之記載足稽，該判決於民國六十七年十二月二十七日確定，迄上訴人於民國六十八年十月二十六日將陳〇康帶離自訴人住所止，上訴人遵行該判決內容行使其探視權，彼時中美尚未斷交，美國法院承認我國法院民事確定判決之事例頗多，經外交部函覆原審在卷，民事訴訟法第四百零二條係關於外國法院確定判決不認其效力之規定，倘無所列情形經承認者，除在給付之訴，其執行尚須我國法院為許可之判決外（強制執行法第四十三條參照），即應具有與我國法院確定判決相當之效力，本件美國法院前開判決經上訴人應訴，已如前述，上訴人明知有此事實，竟故意不經自訴人同意，將陳〇康帶返臺灣，使自訴人不能行使其監護權，自應認其有妨害自訴人監護權之故意，上訴意旨仍執陳詞否認犯罪，並引用與本案情形不同之本院十九年上字第一九七一號判例，指摘原判決用法違誤，顯屬曲解判例意旨，其上訴非有理由。

＊八九上訴字第一一七五號（摘錄）

按犯罪由犯罪地或被告之住所、居所或所在地之法院管轄，刑事訴訟法第五條第一項定有明文，而所謂犯罪地，參照刑法第四條之規定，解釋上自應包括行為地與結果地兩者而言（最高法院七十二年臺上第五八九四號判例），惟有關網路犯罪管轄權之問題，有別於傳統犯罪地之認定，蓋國際網路不同於人類過去發展之各種網路系統（包括道路、語言、有線、無線傳播），藉由電腦超越國界快速聯繫之網路系統，一面壓縮相隔各處之人或機關之聯絡距離，一面擴大人類生存領域，產生新穎之虛擬空間。是故網路犯罪之管轄權問題，即生爭議。在學說上有採廣義說、狹義說、折衷說及專設網路管轄法院等四說，若採廣義說，則單純在網路上設置網頁，提供資訊或廣告，祇要某地藉由電腦連繫該網頁，該法院即取得管轄權，如此幾乎在世界各地均有可能成為犯罪地，此已涉及各國司法審判權之問題，且對當事人及法院均有不便。若採狹義之管

轄說，強調行為人之住居所、或網頁主機設置之位置等傳統管轄，又似過於僵化。又我國尚未有採專設網路管轄法院，即便採之，實益不大，亦緩不濟急，故今各國網路犯罪管轄權之通例，似宜採折衷之見解，亦即在尊重刑事訴訟法管轄權之傳統相關認定，避免當事人及法院之困擾外，尚應斟酌其他具體事件，如設置網頁、電子郵件主機所在地、傳輸資料主機放置地及其他有無實際交易地等相關情狀認定之。

＊八五上易字第五一六六號

要旨：

按非法買賣外匯，既未限於為自己買賣始成立犯罪，替他人操作或購買外匯，亦在禁止之例，否則焉須規定買賣外匯由中央銀行或其指定之銀行為之，且管理外匯條例所稱之外匯亦未限於現貨，又按行為地包含要約發出地與承諾發出地與完成地，此不僅國際私法如此，整體法律觀念亦如此，本件買賣要約地在我國，我國即為行為地之一，縱其買賣在外國完成，亦無礙其犯罪之成立，不得以其等買賣外匯行為最後係在外國完成，即謂該行為均在境外，而無管理外匯條例之適用。

＊臺灣高等法院暨所屬法院八十三年法律座談會 刑事類第二十七號

法律問題：

甲係大陸地區人民，受僱菲籍貨輪馬尼拉號擔任船員，於船經巴士海峽公海上航行時，在船上酗酒，與菲籍船員乙發生衝突，當場受辱，頓萌殺意，竟持開山刀砍擊乙十餘刀，搏鬥中雙雙落海，為大陸地區漁民救上大陸漁船，在船內醫治三日，乙終因傷重在該大陸漁船內死亡，甲經大陸漁船載返大陸，在大陸地區依殺人罪判罪受刑後，隨船進入臺灣地區，問甲可否再依我國刑法處斷？

討論意見：

甲說：按臺灣地區與大陸地區人民關係條例第七十五條係規定，在大陸地區或在大陸船艦、航空器內犯罪，雖在大陸地區曾受處罰，仍得依法處斷，但得免其刑之全部或一部之執行，本件甲之殺人行為係在公海上菲籍貨輪上實施，並非在大陸地區或大陸船艦內犯罪，甲自不得再依我國刑法處斷。

乙說：查犯罪之行為或結果，有一在中華民國領域內者，為在中華民國領域內犯罪，刑法第四條定有明文，本件甲殺害乙之行為，雖在公海上菲籍貨輪上為之，惟乙死亡之結果，既在大陸漁船上發生，甲仍得依我國刑法處斷。

審查意見：擬採乙說。

研討結果：保留。

第五條

本法於凡在中華民國領域外犯左列各罪者，適用之：

一、內亂罪。

二、外患罪。

三、偽造貨幣罪。

四、第二百零一條及第二百零二條之偽造有價證券罪。

五、第二百十一條、第二百十四條、第二百十六條及第二百十八條之偽造文書印文罪。

六、鴉片罪。

七、第二百九十六條之妨害自由罪。

八、第三百三十三條及第三百三十四條之海盜罪。

＊釋字第一七六號

解釋文：

刑法第五條第五款所列第二百十六條之罪，不包括行使第二百十條、第二百十二條及第二百十五條之文書，但包括行使第二百十三條之文書。

理由書：

我國刑法，以屬地主義為原則，雖兼採保護主義；但中華民國人民在中華民國領域外犯罪，除第五條及第六條所列各罪外，以其最輕本刑為三年以上有期徒刑者，始適用之，此觀之同法第七條自明。第二百十六條雖規定：行使第二百十條至第二百十五條之文書者，依偽造、變造文書或登載不實事項或使登載不實事項之規定處斷；但第五條第五款之設，重在保護國家之公務信守，故僅列第二百十一條、第二百十四條。依此意旨其所列第二百十六條之罪，自不包括行使第二百十條、第二百十二條及第二百十五條之文書。蓋第六條第五款，既不列第二百十條、第二百十二條及第二百十五條之偽造、變造或登載不實事項之文書，即無獨適用於其行使之理，此與第五條第五款僅適用於第二百十八條之偽造公印罪，而不列第二百十七條偽造印章罪，同其旨趣。至第二百十三條公務員登載不實罪，係以公務員為其犯罪主體，乃於第六條第三款另設規定。此項公文書，既在保護之列，行使之者，無論是否為公務員，均應處罰，故第五條第五款所列第二百十六條之罪，包括行使第二百十三條之文書。

＊六九臺上字第二六八五號判例

要旨：

刑法為國內法採屬地主義以保護中華民國之法益為目的，其第五條所稱本法於凡在中華民國領域外犯該條所列第一款至第五款之罪適用之，雖兼採保護主義之立法，但其目的乃在確保我國刑法所應保護之法益，蓋該條上列各款之保護對象，於我國家之生存、財政金融及經濟之安定進步並國際信用，至有關係，其第五款所指犯刑法第二百十四條、第二百十六條之罪，必須合於我刑法第二百十四條規定之要件，唯法文所稱公務員職務上所掌管之公文書，係指我國公務員（如駐外使、領館人員）所掌管之我國公文書而言，至於在我國境外使外國公務員在其職務上所掌之外國公文書為不實之登載，於我國之法益既無絲毫影響，且不在我刑法保護範圍之內，應由所在國家之法律加以保護處罰。

理由（摘錄）：

一、本件原判決認定上訴人曾○助於民國六十八年三月，持外交部所發護照出國，因涉嫌犯罪回國恐被羈押，遂於同年七月在泰國以新加坡幣一萬元，向印尼人阿里購買經變造改貼上訴人照片，由馬來西亞國核發與董○華之第一一四二九○三號護照一本，自同月廿日起，即以概括犯意，持該變造護照，冒名董○華，先後往來於新加坡、泰國、香港等地，使各該國查驗出入其境之公務員鈐蓋查驗戳記。六十九年二月十一日在香港偽造董○華名義前來臺灣觀光之入境簽證申請表一份，向（香港）中華旅行社請求簽證。同月十二日乘搭國泰航空公司第五一○次班機回國，在飛機又偽造董○華名義之旅客出境登記表，到達桃園縣中正國際機場，將變造之護照、偽造之簽證申請表、及旅客出境登記表，交航空警察局證照查驗隊人員，鈐蓋驗訖戳記，均足生損害於臺灣出入境管理之正確性等情。於將第一審關於此部分判決撤銷後，援引有關法條，論處上訴人連續行使偽造私文書，足以生損害於公眾罪刑，固非無見。

二、唯查我刑法為國內法採屬地主義以保護中華民國之法益為目的，其第五條所稱本法於凡在中華民國領域外犯該條所列第一款至第五款之罪適用之，雖兼採保護主義之立法，但其目的乃在確保我國刑法所應保護之法益，蓋該條上列各款之保護對象，於我國家之生存、財政金融及經濟之安定進步並國際信用，至有關係，其第五款所指犯刑法第二百十四條、第二百十六條之罪，必須合於我刑法第二百十四條規定之要件，唯法文所稱公務員職務上所掌管之公文書，係指我國公務員（如駐外使、領館人員）所掌管之我國公文書而言，至於在我國境外使外國公務員在其職務上所掌之外國公文書為不實之登載，於我國之法益既無絲毫影響，且不在我刑法保護範圍之內，應由所在國家之法律加以保護處罰。又在我國境外除犯刑法第五條至第七條之罪外，法無處罰明文。本件原判決對於上訴人在泰國、新加坡、香港等地，變造馬來西亞國核發與董○華之護照並加行使，及在香港偽造董○華名義來臺觀光入境簽證申請書之行為，揆諸前開說明，自不應處罰，乃原判決認應成立犯罪，其法律見解難謂允當。

三、次查原判決認定上訴人於六十九年二月十二日，在國泰航空公司第五一○次班機上，偽造董○華名義之旅客出境登記表一張，而於國泰航空公司班機，係何國之航空機，此於是否在我國境內犯罪，能否依我國刑法處罰（偽造私文書部分），事實欄未明白認定詳加記載，自亦不足為適用法律之準據。上訴意旨指摘原判決此部分不當，尚非全無理由，應認有發回更審之原因。

＊七二臺上字第五八七二號

要旨：

刑法為國內法，採屬地主義；刑法第五條第一款至第五款之規定，雖兼採保護主義，

但以我國國家、社會、人民之法益為保護之對象；故刑法第五條第四款所稱有價證券，不包括在外國發行流通之有價證券在內。

＊二二上字第四一二五號

要旨：

危害民國緊急治罪法，本為刑法上內亂及外患罪之特別法，依刑法（舊）第五條第一款及第二款規定，凡在民國領域外犯危害民國緊急治罪法之罪者，自亦應適用該治罪法。

＊八一上易字第一三二〇號

要旨：

查動員戡亂時期雖經總統宣告終止，依憲法增修條文第八條規定，動員戡亂時期終止時，原僅適用於動員戡亂時期之法律，其修訂未完成程序者，得繼續適用至中華民國八十一年七月三十一日止；原判決未適用戡亂時期肅清煙毒條例論罪處刑，遽依尚未修訂完成實施之肅清煙毒條例論處，顯有未當，被告犯罪行為發生在中華民國領域之外，對我國未生實害，同一行為復經日本法院依該國法律判處有期徒刑三年執行完畢，衡其犯罪情狀堪足憫恕，爰依刑法第五十九條減輕其刑後，審酌其尚無前科及犯罪動機目的、手段、所生危害、犯罪後態度等一切情狀，量處有期徒刑九年示懲，被告犯罪時間在七十七年一月三十日以前，所犯之罪合於中華民國七十七年罪犯減刑條例之減刑規定，應依該條例予以減刑為有期徒刑六年，再被告同一行為經外國確定裁判後並已在該國受刑之全部執行完畢，爰依法免其徒刑三年之執行。

＊法務部（七七）法檢㈡字第〇五八二號

法律問題：

國人在日本變造日幣及使用變造日幣經日方判決確定移監服刑，期滿後回國，得否再受我國裁判？

討論意見：

甲說：在我國領域外犯刑法第二百零一條及第二百零二條之偽造有價證券仍有刑法之適用，我刑法第五條第四款定有明文，日幣亦如美鈔，現時在國內交易上既有流通效力，自屬有價證券之一種，國人在日本變造日幣行使變造日幣，係犯我刑法第二百零一條有價證券之變造與行使罪，合於刑法第五條第四款規定之情形，依我刑法第九條：同一行為雖經外國確定裁判，仍得依本法處斷之規定，該國人於服刑期滿後回國，仍得再受我國裁判。

乙說：依本法立旨，刑法第二百零一條偽造變造及行使偽造變造有價證券罪，該有價證券必須在國內發行或雖在國外發行而可能在國內發生法律關係之證券，始足當之，倘與國內經濟信用全然無關者，自不在刑法保護之列，亦即本罪之有價證券限於在國內所發行或流通者，始足當之（見韓忠謨著刑法各論，甘添貴著刑法各論（上）），是

該國人既在日本變造日幣及使用變造日幣非在國內發行或流通，與國內經濟信用全然無關，自不在我刑法第五條第四款保護之列，於其服刑期滿後回國，應不得再受我國裁判。

臺高檢研究意見：採甲說。

法務部檢察司研究意見：同意原結論，以甲說為當。

* 法務部（七〇）法律字第五八五六號

要旨：

國家賠償法施行後，關於「地的效力」應僅及於國內。

主旨：

國家賠償法施行後，關於「地的效力」應僅及於國內。中華民國公務員在中華民國領域外執行職務行使公權力，因故意或過失之不法行為所致損害，或因中華民國領域外我國公有公共設施設置或管理之欠缺所致損害，被害人尚難依該法向我國請求損害賠償，至於可否依當地國法律起訴，乃係另一問題。復請　查照。

說明：

復　貴部六十九年十月二九日 (69) 外條二字第二三四四三號及同年十二月廿六日 (69) 外條二字第二八〇一〇號函。

* 前司法行政部（五四）臺函刑㈢字第一三六一號

要旨：

查刑法上詐欺罪之構成，以意圖不法所有，以詐術使人交付財物或得財產上之不法利益為要件。本件華僑吳某已入菲律賓籍，應屬雙重國籍之人，其於離菲入臺前，曾先後向菲律賓中央紡織廠等五廠商採購紗衫布等，總值菲幣八萬二千九百九十餘元，其中小部份尚未付款，大部份則以限期支票抵付，並將採購物品搬運他去，究竟其購買當時曾否使用詐術，有無不法之意圖，非經翔實之調查，不足以認定。況我國人民在外國犯罪得適用我國刑法者，以刑法第五、六條所列舉之罪或所犯最輕本刑為三年以上有期徒刑之罪者為限，詐欺罪既非各該條所例舉之罪，其最輕本刑復非三年以上，是縱令該僑在菲涉及詐欺罪嫌，要無從適用我國法律訴追處罰。至禁止其離臺，似亦欠缺法律上之根據。

* 法務部（七七）法檢字第一三〇〇四號

要旨：

按「本法於中華民國領域內犯罪者適用之。在中華民國領域外之中華民國船艦或航空機內犯罪者，以在中華民國領域內犯罪論。」我國刑法第三條定有明文。復按「本法於在中華民國領域外犯第三百三十三條及第三百三十四條之海盜罪者，適用之。」同法第五條第八款亦著有明文。故國輪航行於國際公海或他國領海內，如遇盜匪搶劫，依現行犯不問何人得逕予逮捕及船長得為緊急處分之規定，自得逕予捕捉（刑事訴訟法第

八十八條、海商法第四十一條參照），而盜匪搶劫之行為合於前開我國法之規定時，並得依我國法有關規定之程序處理。惟此純就我國法而言，如依國際公約、慣例及條約有無特殊處理方式，則宜徵詢外交部之意見。

＊院解字第三六一九號

解釋文：

中華民國人民在中華民國領域外犯重婚罪，縱令回國同居，依刑法第七條之規定不適用刑法處罰。

第六條

本法於中華民國公務員在中華民國領域外犯左列各罪者，適用之：

一、第一百二十一條至第一百二十三條、第一百二十五條、第一百二十六條、第一百二十九條、第一百三十一條、第一百三十二條及第一百三十四條之瀆職罪。

二、第一百六十三條之脫逃罪。

三、第二百十三條之偽造文書罪。

四、第三百三十六條第一項之侵占罪。

＊法務部（七五）法檢字第九二七七號

要旨：

關於公務員於擔任採購案時，在國外施以詐術，使國外廠商交付金錢，其在國外之犯罪，如何論科之法律疑義一案，業經行政院核釋：「同意照法務部意見辦理。」本案係國防部七十五年四月二日 (75) 律御字第一四一三號函詢本部意見，經本部七十五年四月二十八日法 75 檢字第五〇五八號函復該部略以：「按刑法第六條固為中華民國公務員在中華民國領域外犯罪之適用範圍所設列舉規定，惟如國家因事實之需要，另訂有特別法且其罪質與該條所列舉之罪相當者，依刑法第十一條，司法院院解字第三〇七八號解釋及最高法院二十二年上字第四一二五號判例意旨，仍應適用該特別法規定加以處罰，並不以刑法第六條各款所列舉之罪名為限。戡亂時期貪污治罪條例第五條第二款利用職務上之機會詐取財物罪，性質上為刑法第一百三十四條、第三百三十九條之特別規定，故凡公務員在中華民國領域外，利用職務上之機會詐取財物者，依刑法第十一條、第六條第一款規定，似應適用戡亂時期貪污罪條例第五條第二款論處」；案經行政院上開函核釋略以：「本案就澄清吏治，嚴懲貪污之政策言，公務員於中華民國領域內或領域外犯罪，宜賦予同一之法律效果，且如依刑法第三百三十九條、第一百三十四條前段處斷，則公務員在中華民國領域內利用職務上機會詐取財物，依刑罰較重之戡亂時期貪污治罪條例第五條第二款之規定處斷，因而有輕重之異，於政策上有欠妥當。又戡亂時期貪污治罪條例第五條第二款所定利用職務上機會詐取財物罪，係就刑法第一百三十四條前段、第三百三十九條公務員假借職務上之權力、機會或方法故意犯詐欺罪所設之特別規定。本案依刑法第六條第一款、第十一條前段規定，並參

照司法院三十五年院解字第三〇七八號解釋意旨，應以法務部意見為可採。」

第七條

本法於中華民國人民在中華民國領域外犯前二條以外之罪，而其最輕本刑為三年以上有期徒刑者，適用之。但依犯罪地之法律不罰者，不在此限。

＊六〇臺非字第六一號判例

要旨：

被告係在外國籍輪船工作，並在國外逃亡，依刑法第十一條前段及第七條之規定，應無適用妨害國家總動員懲罰暫行條例第八條第三款所定罪名論處之餘地，原審竟論被告以違反政府依國家總動員法所發限制海員退職命令之罪，顯屬判決適用法則不當。

＊六九臺上字第一五六號判例

要旨：

犯罪地在英、法兩國共管屬地「三托」島為在中華民領域外之犯罪，依刑法第七條前段規定，應適用刑法處罰。

＊八三臺上字第一六六〇號

要旨：

楊某未經許可無故持有手槍，另犯槍砲彈藥刀械管制條例第七條第四項之罪部分，因楊某持有手槍之行為地在日本，所犯之罪法定本列最輕為一年以上有期徒刑，依刑法第十一條前段、第七條規定，其係於我國領域外犯最輕本刑為三年以上有期徒刑以外之罪（亦非同法第五條、第六條之罪），自無適用我國刑法（槍砲彈藥刀械管制條例）處罰餘地。

＊八六臺上字第五二四二號

要旨：

我國人民在我國領域外犯背信罪，依刑法第七條規定，不適用刑法處罰。原判決認定上訴人白振宇違反合約規定報告財務、分配財產等義務，其消極行為之犯罪，應作為地究為美國或臺灣？原判決並未明確認定，又白振宇將前開 Track 43727 Lot 26 土地及其上房屋以假買賣方式信託登記給上訴人高育慧，嗣再轉售他人行為，其犯罪地係在美國，則白振宇、高育慧所犯背信罪，能否適用刑法處罰，仍有調查審認必要。

＊八一臺上字第二一九二號

要旨：

上訴人基於共同走私未稅洋菸進口及販賣得利之犯意聯絡，在屏東縣東港西方外七十五海浬之公海處，自一不知名之商船接運如附表所示未稅洋菸，私運進口至國聖港外海二海浬處，經警查獲，即其購入之行為係在中華民國領域外犯之，私運進口後，未及售出即被查獲，而「私運」又非購入行為之繼續，依刑法第十一條前段及第七條之規定，應無適用臺灣省內菸酒專賣暫行條例第三十七條第五款「販賣」未貼專賣憑證

恙類之罪名論處之餘地。

*八一臺上字第一四一三號

要旨：

按行為之處罰，以行為時之法律有明文規定者為限，刑法第一條定有明文，又依刑法第十一條前段及第五條、第六條、第七條規定，中華民國人民在中華民國領域外犯刑法第五、六條以外其最輕本刑為三年以上有期徒刑以外之罪者，不適用之，易言之，此種行為係屬不罰，如經起訴，應為無罪之判決，原判決竟認此部分係無審判權，應不另為不受理之諭知，自屬違誤。

*五七臺上字第二八三一號

要旨：

上訴在中國領域外犯三年以上有期徒刑之罪，依刑法第七條之規定，仍應論罪。上訴人之殺人行為，已受外國確定判決，並在外國已受徒刑六年五月之執行，依同法第九條之規定，應免除該部分刑之執行。

第八條

前條之規定，於在中華民國領域外對於中華民國人民犯罪之外國人，準用。

第九條

同一行為雖經外國確定裁判，仍得依本法處斷。但在外國已受刑之全部或一部執行者，得免其刑之全部或一部之執行。

*七六臺上字第四二七九號

要旨：

本案之同一行為，業經韓國漢城高等法院判處上訴人罪刑確定，而上訴人攜運之金塊，僅貳公兩餘，其所圖之利益不多，犯罪情節尚非重大，依刑法第九條規定雖仍得依法處斷；但上訴人果在韓國已受刑之全部或一部執行者，依同條但書之規定，是否得免其刑之全部或一部之執行，亦待審酌。

*七一臺上字第五四四五號

要旨：

同一行為已在外國受刑之全部或一部之執行者，得免其刑之全部或一部之執行，而非應免其全部或一部之執行，如准予免刑之執行，並應於主文內宣告之。

*四六臺上字第四六三號

要旨：

上訴人受日本神戶法院之確定判決，係因私運銀類從神戶入口而違反日本海關法之規定，與本案之私運銀類從臺灣出口之行為觸犯妨害國幣懲治條例有別，不能謂同一行為經外國法院確定裁判，無刑法第九條之適用。

*八一上易字第一三二〇號

理由（摘錄）

一、訊據被告除辯稱伊於事前不知所攜帶手提箱內所裝者係麻煙外，對於右開事實坦承不諱，惟查被告於案發之初在日本警方訊問時並未否認知情且供稱：曾〇發勸伊參與麻煙走私，曾某在菲律賓之住宅設有壓縮大麻煙與製造罐頭之機器，曾供伊使用以罐頭內裝麻煙……走私的大麻是要交予伊兄「亨利」販賣……該集團另一成員「地咪」於一九八七年九月亦曾走私大麻至日本予「享利」販賣云云，此有警訊筆錄可稽，況該犯罪事實亦經日本千葉地方裁判所判決被告有罪確定在案，亦有判決書在卷可考（見他字三〇三號卷第九頁至第一九頁），是被告所辯，顯係卸責之語，不足採信，犯行可以認定。

二、核被告所為係犯戡亂時期肅清煙毒條例第五條第二項之罪，其與曾〇發間有犯意聯絡及行為分擔，為共同正犯。原審為其科罰之判決，固非無見，惟查動員戡亂時期雖經總統宣告終止，依憲法增修條文第八條規定，動員戡亂時期終止時，原僅適用於動員戡亂時期之法律，其修訂未完成程序者，得繼續適用至中華民國八十一年七月三十一日止；原判決未適用戡亂時期肅清煙毒條例論罪處刑，遽依尚未修訂完成實施之肅清煙毒條例論處，顯有未當，被告上訴意旨猶執陳詞否認犯罪，固無理由，惟原判決既有可議，自應予以撤銷改判，查被告犯罪行為發生在中華民國領域之外，對我國未生實害，同一行為復經日本法院依該國法律判處有期徒刑三年執行完畢，衡其犯罪情狀堪足憫恕，爰依刑法第五十九條減輕其刑後，審酌其尚無前科及犯罪動機目的、手段、所生危害、犯罪後態度等一切情狀，量處有期徒刑九年示懲，又被告犯罪時間在七十七年一月三十日以前，所犯之罪合於中華民國七十七年罪犯減刑條例之減刑規定，應依該條例予以減刑為有期徒刑六年，再被告同一行為經外國（日本國）確定裁判後並已在該國受刑之全部執行完畢，爰依法免其徒刑三年之執行。

三、大麻煙八千六百四十點九九公克應依法併予宣告沒收。

四、被告係中華民國人民在中華民國領域外犯鴉片罪，依刑法第五條第六款規定，本院有審判權，併此敘明。

＊司法院（七四）廳刑一字第九九七號

法律問題：

同一犯罪行為業經外國確定裁判，並已為刑之全部或一部之執行者，本國法院於裁判時，如欲免其刑之全部或一部時，是否僅得就其已受刑期執行之全部或一部免除之（即已執行全部則免除其刑期全部，已執行一部則免除同等期間之執行），並無斟酌之權。

討論意見：

肯定說：依刑法第九條但書規定：「但在外國已受刑之全部或一部執行者，得免其刑之全部或一部之執行。」之意旨，本國法院應無裁量增減之餘地。

否定說：本國法院是否免其刑之執行及究得免其刑之期間多少，端視犯人在外國受刑罰執行之結果是否已改過遷善有無再予執行之必要而定，不問已受全部或一部之執行，均得斟酌情形而調整。不能謂已受全部之執行即僅能免除全部，已受一部之執行即僅能免除同等期間之執行。此應為法文當然之解釋，學者間有採此見解者。（參見高仰止先生著刑法總論第九十九頁）

結論：採肯定說。

臺灣高等法院審核意見：

按刑法第九條但書之所謂免刑之執行，係指依本法所處之刑而言，與免除其刑不同，免除其刑根本不予科刑，免除其刑之執行，祇免執行，仍須科予與罪相當之刑，更不能與其他條文所定減輕或免除其刑等量齊觀，而且本條所謂免其執行，顯與第二條第三項、第八十六條第四項、第八十八條第三項之免其刑之執行性質有異，究應免之與否及應免其全部或一部之執行，在法律上事實上均應詳加審酌定之，應由裁判法院於依本法處斷時在主文內一併宣告為適當，似以採否定說為當。

司法院第二廳研究意見：

刑法第九條但書所謂免其刑之執行，係指免其依本國法所處之刑之執行而言，法文用「得」字，則免執行與否及應免其全部或一部之執行，應由法院自由裁量。又准予免執行時，應於主文內一併宣告，以為執行之依據（最高法院二十四年七月總會決議參照）。故本問題以臺灣高等法院審核意見所採否定說為當。

＊司法院（七八）廳刑一字第一六九二號

法律問題：

某甲係我國國籍因在國外運輸毒品，經美國法院判處有期徒刑四年確定，並執行完畢，遣送回國後，我國檢察官再以同一犯罪事實向本國法院提起公訴，試問如本國法院認定其行為構成戡亂時期肅清煙毒條例第五條第一項之運輸毒品罪（該罪法定刑為唯一死刑）則應如何適用刑法第九條之規定科刑？

討論意見：

甲說：某甲運輸毒品之犯行，既經外國法院判刑確定，並在外國已受刑之全部執行完畢，為避免「一罪二罰」及違反「雙重危險之禁止」原則，本國法院自宜依刑法第九條之規定免除其刑。

乙說：戡亂時期肅清煙毒條例第五條第一項之運輸毒品罪，其法定本刑為唯一死刑，某甲之犯行，雖經外國法院判刑並執行完畢，然其僅受有期徒刑四年之宣告及執行，為免違反刑罰公平之原則，自不宜免除其刑。且死刑在性質上並無一部分可言，自無從依刑法第九條之規定減免其刑之一部分，因此，本國法院仍應就原定刑罰科刑。

丙說：甲說免除其刑既有違刑罰公平原則，乙說不予任何減免，亦有違「一罪不二罰」及「雙重危險禁止」之原則，二說均有未恰，本題情形，我國法院應認為某甲在國外

已受刑之一部執行，依刑法第九條及第六十四條第二項之規定減為無期徒刑，或為十五年以下，十二年以上有期徒刑。

審查意見： 依刑法第九條規定，應就個案情形由法院自由裁量之。

研討結果： 照審查意見通過。

司法院第二廳研究意見： 同意研討結果。

＊行政院勞工委員會（八五）臺勞保二字第一一三六一九號

要旨：

勞工保險條例施行細則第六十條（85.09.13 修正為第五十八條）規定之「司法機關或軍事審判機關之判決」包括大陸地區及外國之司法機關或軍事審判機關之判決

全文內容：

勞工保險條例施行細則第六十條（85.09.13 修正為第五十八條）規定之「司法機關或軍事審判機關之判決」包括大陸地區及外國之司法機關或軍事審判機關之判決。查刑法第九條規定「同一行為雖經外國確定裁判，仍得依本法處斷。但在外國已受刑之全部或一部執行者，得免其刑之全部或一部之執行。」業已明定我國承認外國裁判之效力。惟因兩岸關係特殊，復於臺灣地區與大陸地區人民關係條例第七十五條中針對臺灣地區人民在大陸地區犯罪者，與刑法第九條作類似規定。是以，勞工保險條例第二十六條暨其施行細則第六十條（85.09.13 修正為第五十八條）規定之故意犯罪行為，依司法機關或軍事審判機關之確定判決為準，應包括大陸地區及外國之司法機關或軍事審判機關之確定判決。

第四十九條

累犯之規定，於前所犯罪依軍法或於外國法院受裁判者，不適用之。

第九十五條

外國人受有期徒刑以上刑之宣告者，得於刑之執行完畢或赦免後，驅逐出境。

＊八四臺非字第一九五號判例

要旨：

刑法第九十五條規定外國人受有期徒刑以上刑之宣告，得於刑之執行完畢或赦免後，驅逐出境者，應僅限於外國人始有其適用。倘具有中華民國國籍者，縱同時具有外國國籍，即俗稱擁有雙重國籍之人，若未依國籍法第十一條之規定，經內政部許可喪失中華民國國籍時，則其仍不失為本國人民，與一般所謂「外國人」之含義不符，自無刑法第九十五條規定之適用。

＊司法院（七六）廳刑一字第一六六九號

法律問題：

外國人在我國犯罪，經判處有期徒刑一年，緩刑二年，可否同時宣告驅逐出境？

討論意見：

甲說：否定說。

按刑第九十五條：「外國人受有期徒刑以上刑之宣告者，得於刑之執行完畢或赦免後，驅逐出境。」是驅逐出境須於刑之執行完畢或赦免後，始得為之。本題該外國人所處之徒刑，同時受緩刑之宣告，當緩刑期滿，而緩刑之宣告未經撤銷者，其刑之宣告即失其效力，則驅逐出境之保安處分即無從執行，是緩刑與驅逐出境之宣告，不得併存於主文。

乙說：肯定說。

1.受緩刑宣告者，若在緩刑期內更犯罪，受有期徒刑以上刑之宣告，或在緩刑前犯他罪，而在緩刑期內受有期徒刑以上刑之宣告者，依刑法第七十五條之規定，應撤銷其緩刑之宣告，是本題該外國人仍有被撤銷緩刑，執行原宣告刑之可能，在此種情況下，於刑之執行完畢或赦免後，即得驅逐出境，故宣告緩刑時仍得同時宣告驅逐出境。 2.緩刑期滿，而緩刑之宣告未經撤銷者，其刑之宣告失其效力，此際所宣告之有期徒刑已無需執行，即可驅逐出境，故宣告緩刑，仍得同時宣告驅逐出境。

審查意見：擬採乙說。

研討結果：採甲說，如認有處分驅逐出境之必要者，可宣告於緩刑期內付保護管束。（由檢察官依保安處分執行法第七十四條之一處理之）

司法院第二廳研究意見：同意研討結果。

＊法務部（八二）法保字第一○八六六號

要旨：

在臺無戶籍之華僑，犯罪刑滿或假釋出獄後，依法不得免除其保護管束之執行。

全文內容：

㈠關於假釋中付保護管束，保護管束之期間應與假釋期間一致，不適用「保安處分執行法」第七十五條免除執行之規定。本案香港華僑李○斌假釋中付保護管束，依法應不得免除其保護管束之執行。

㈡關於假釋中付保護管束者為在臺無戶籍之華僑，能否以驅逐出境代之部分，查刑法第九十五條規定：「外國人受有期徒刑以上刑之宣告者，得於刑之執行完畢或赦免後，驅逐出境。」「保安處分執行法」第七十四條之一規定：「對於外國人保護管束者，得以驅逐出境代之。」本案在臺無戶籍之香港華僑李○斌是否為外國人？宜由主管機關內政部認定之。㈢關於能否准許假釋中付保護管束人出境部分，前司法行政部曾於六十八年十一月九日以函刑字第一一四四九號函示：「華僑受刑人假釋出獄，在假釋中付保護管束，如欲返回僑居地，依保安處分執行法第七十四條之二第五款規定，經檢察官核准，得許其離開受保護管束地十日以上。」本案在臺無戶籍之香港華僑李○斌如欲返回僑居地，得經執行保護管束之地方法院檢察署檢察官核准出境，至其出境後，是否再行入境？宜由境管局依相關法令自行審酌。

第一百零三條

通謀外國人或其派遣之人，意圖使該國或他國對於中華民國開戰端者，處死刑或無期徒刑。

前項之未遂犯罰之。

預備或陰謀犯第一項之罪者，處三年以上十年以下有期徒刑。

第一百零四條

通謀外國或其派遣之人，意圖使中華民國領域屬於該國或他國者，處死刑或無期徒刑。

前項之未遂犯罰之。

預備或陰謀犯第一項之罪者，處三年以上十年以下有期徒刑。

第一百零五條

中華民國人民在敵軍執役，或與敵國械抗中華民國或其同盟國者，處死刑或無期徒刑。

前項之未遂犯罰之。

預備或陰謀犯第一項之罪者，處三年以上十年以下有期徒刑。

第一百零六條

在與外國開戰或將開戰期內，以軍事上之利益供敵國，或以軍事上之不利益害中華民國或其同盟國者，處無期徒刑或七年以上有期徒刑。

前項之未遂犯罰之。

預備或陰謀犯第一項之罪者，處五年以下有期徒刑。

第一百零八條

在與外國開戰或將開戰期內，不履行供給軍需之契約或不照契約履行者，處一年以上七年以下有期徒刑，得併科五千元以下罰金。

因過失犯前項之罪者，處二年以下有期徒刑、拘役或一千元以下罰金。

＊二九上字第三七三一號判例

要旨：

㈠上訴人與兵工署之工廠訂立供給軍用大小鍋及大斧等物品之契約，既在與外國戰爭期內，關係至巨，對於契約之履行，自應負特別注意義務，乃於訂立契約後，並不即時招僱工人及為材料之蒐集，竟轉包於無充分資力之小工廠，以致不能照約履行，縱如上訴意旨所稱不能供給之原因係由於嗣後之鐵價高漲工人難僱，要於其應負因過失而不照約履行之罪責，無可解免。

㈡刑法第一百零八條之外患罪，祇須在與外國開戰或將開戰期內，對於訂立供給軍需之契約不履行或不照約履行，而有故意或過失之情形，即已具備其構成要件，初非以其契約係與國家機關直接所訂者為限，徵諸該法條規定之文義至為瞭然。上訴人等當本國與外國戰爭期內，與某甲經理之某公司訂立供給鍋斧等物品之契約，曾經載明照兵工署分發圖樣說明書辦理等字樣，自屬於供給軍需之一種契約，上訴人等

既因不注意而未能依照原約履行其供給之義務，即與上開法條所載之情形相當，自不得以該項契約非與國家機關直接訂立，為解免罪責之理由，至所稱訂約後因材料及工資陸續高漲以致不能履行，縱令屬實，亦係訂約當時應予注意且並非不能注意之事項，不足影響於犯罪之成立。

第一百零九條

洩漏或交付關於中華民國國防應秘密之文書、圖畫、消息或物品者，處一年以上七年以下有期徒刑。

洩漏或交付前項之文書、圖畫、消息或物品於外國或其他派遣之人者，處三年以上十年以下有期徒刑。

前二項之未遂犯罰之。

預備或陰謀犯第一項或第二項之罪者，處二年以下有期徒刑。

*前司法行政部（五九）臺令參字第一七二九號

要旨：

茲對該局所呈關於洩密治罪法令疑義，分別釋示如下：

㈠妨害軍機治罪條例第二條至第四條及刑法第一百零九條至第一百十二條暨第一百三十二條之罪，僅以洩漏、交付、或公示於他人為其犯罪構成要件，故有上列行為之一，即應構成犯罪，不問其洩密之結果，對國家有無產生不利之影響。

㈡前項機密所洩漏、交付或公示於他人，除係法定知悉之人，依刑法第二十一條規定應阻卻違法外，其為本國人或外國人及其對國家忠貞與否，均非所問。

㈢刑法第十二條第二項規定「過失行為之處罰，以有特別規定者為限」，故洩漏、交付、或公示國防機密或國防以外機密，如確無犯罪故意，應否按過失犯論處，則應依其情節是否構成過失及各該行為有無處罰過失犯之規定決之。

㈣凡遺失所持有之國防機密或國防以外機密而有過失者，如因其遺失而致國防機密或國防以外機密洩漏，且依其形態，法律復有處罰過失犯者，應按過失洩密論處。其因負之刑責不因其事後尋獲與否而受影響。

㈤行政處分與刑事責任係各別不同之責任，過失洩密如構成犯罪，雖受行政處分，仍無解於其應負之刑事責任。

第一百十三條

應經政府允許之事項，未受允許，私與外國政府或其他派遣之人為約定者，處無期徒刑或七年以上有期徒刑。

第一百十四條

受政府之委任，處理對於外國政府之事務，而違背其委任，致生損害於中華民國者，處無期徒刑或七年以上有期徒刑。

第一百十五條

偽造、變造、毀棄或隱匿可以證明中華民國對於外國所享權利之文書、圖畫或其他證據者，處五年以上十二年以下有期徒刑。

第一百十六條

對於友邦元首或派至中華民國之外國代表，犯故意傷害罪、妨害自由罪或妨害名譽罪者，得加重其刑至三分之一。

第一百十七條

於外國交戰之際，違背政府局外中立之命令者，處一年以下有期徒刑、拘役或三千元以下罰金。

第一百十八條

意圖侮辱外國，而公然損壞、除去或污辱外國之國旗、國章者，處一年以下有期徒刑、拘役或三百元以下罰金。

*二五上字第八二五號判例

要旨：

被告某甲係屬白俄，與蘇聯政府在政治上立於反對地位，某日行經蘇聯大使館門前，觸及舊恨，順手在附近地上拾取石頭，向使館門上裝置斧頭鐮刀之國徽猛烈擲擊，結果並未擊中國徽，僅將門上之鐵框花邊損壞少許，原審以被告雖有損壞蘇聯國徽之意思及行為，而犯罪結果不獨國徽絲毫無損，且環繞國徽之圓圈亦未損毫末，所損壞者僅門上花邊之一小部，認其損壞國徽之犯罪行為尚屬未遂，而現行刑法第一百十八條並無處罰該罪未遂之明文，祇應成立普通毀損罪，於法尚屬無違。

第一百十九條

第一百十六條之妨害名譽罪及第一百十八條之罪，須外國政府之請求乃論。

第一百五十八條

冒充公務員而行使其職權者，處三年以下有期徒刑、拘役或五百元以下罰金。

冒充外國公務員而行使其職權者，亦同。

第二百四十條

和誘未滿二十歲之男女，脫離家庭或其他有監督權之人者，處三年以下有期徒刑。

和誘有配偶之人脫離家庭者，亦同。

意圖營利，或意圖使被誘人為猥褻之行為或性交，而犯前二項之罪者，處六月以上五年以下有期徒刑，得併科一千元以下罰金。

前三項之未遂犯罰之。

第二百四十一條

略誘未滿二十歲之男女，脫離家庭或其他有監督權之人者，處一年以上七年以下有期徒刑。

意圖營利，或意圖使被誘人為猥褻之行為或性交，而犯前項之罪者，處三年以上十年

以下有期徒刑，得併科一千元以下罰金。

和誘未滿十六歲之男女，以略誘論。

前三項之未遂犯罰之。

第二百四十二條

移送前二條之被誘人出中華民國領域外者，處無期徒刑或七年以上有期徒刑。

前項之未遂犯罰之。

第二百五十四條

明知為偽造或仿造之商標、商號之貨物而販賣，或意圖販賣而陳列，或自外國輸入者，處二千元以下罰金。

第二百五十五條

意圖欺騙他人，而就商品之原產國或品質，為虛偽之標記或其他表示者，處一年以下有期徒刑、拘役或一千元以下罰金。

明知為前項商品而販賣，或意圖販賣而陳列，或自外國輸入者，亦同。

第二百五十七條

販賣或運輸鴉片者，處七年以下有期徒刑，得併科三千元以下罰金。

販賣或運輸嗎啡、高根、海洛因或其化合質料者，處三年以上十年以下有期徒刑，得併科五千元以下罰金。

自外國輸入前二項之物者，處無期徒刑或五年以上有期徒刑，得併科一萬元以下罰金。

前三項之未遂犯罰之。

第二百九十七條

意圖營利，以詐術使人出中華民國領域外者，處三年以上十年以下有期徒刑，得併科三千元以下罰金。

以犯前項之罪為常業者，處五年以上有期徒刑，得併科五千元以下罰金。

第一項之未遂犯罰之。

第二百九十八條

意圖使婦女與自己或他人結婚而略誘之者，處五年以下有期徒刑。

意圖營利、或意圖使婦女為猥褻之行為或性交而略誘之者，處一年以上七年以下有期徒刑，得併科一千元以下罰金。

前二項之未遂犯罰之。

第二百九十九條

移送前條被略誘人出中華民國領域外者，處五年以上有期徒刑。

前項之未遂犯罰之。

2.組織犯罪防制條例（第十五條）

中華民國八十五年十二月十一日總統（八五）華總(一)義字第八五○○二八五四六○號令制定
公布全文十九條

第十五條

為防制國際性之組織犯罪活動，政府或其授權之機構依互惠原則，得與外國政府、機
構或國際組織簽訂防制組織犯罪之合作條約或其他國際協定。

3.陸海空軍刑法（第四、五條）

中華民國九十年九月二十八日總統（九○）華總一義字第九○○○一九五三一○號令修正公
布全文七十九條；並自九十年十月二日起施行

第四條

現役軍人在中華民國領域外犯本法之罪者，仍適用本法；非現役軍人於戰時在中華民
國領域外犯第二條之罪者，亦同。

第五條

現役軍人在中華民國軍隊占領地域內犯中華民國刑法或其他法律之罪者，以在中華民
國領域內犯罪論。

4.妨害軍機治罪條例（第二至四條）

中華民國六十一年二月八日總統令修正公布全文十二條

第二條

因職務上知悉或持有之軍機，洩漏、交付或公示於他人者，處死刑或無期徒刑。

因職務上知悉或持有之軍機，洩漏、交付或公示於外國或其派遣之人者，處死刑。

因業務或受軍事機關委託之人，犯前二項之罪者，處死刑、無期徒刑或十年以上有期
徒刑。

因過失犯本條之罪者，處一年以上、七年以下有期徒刑。

預備或陰謀犯第一項或第二項之罪者，處十年以上有期徒刑。犯第三項之罪者，處七
年以上有期徒刑。

第三條

因刺探、收集而得之軍機，洩漏、交付或公示於他人者，處死刑、無期徒刑或十年以
上有期徒刑。

因刺探、收集而得之軍機，洩漏、交付或公示於外國或其派遣之人者，處死刑或無期
徒刑。

預備或陰謀犯第一項或第二項之罪者，處三年以上、十年以下有期徒刑。

第四條

因偶然得知或偶然持有之軍機，洩漏、交付或公示於他人者，處三年以上、十年以下有期徒刑。

因偶然得知或偶然持有之軍機，洩漏、交付或公示於外國或其派遣之人者，處七年以上有期徒刑。

因過失犯前二項之罪者，處三年以下有期徒刑。

5.兒童及少年性交易防制條例（第十八、二十二條）

中華民國八十九年十一月八日總統（八九）華總一義字第八九〇〇二七〇二五〇號令修正公布第三、十三至十六、三十三條條文；並增訂第三十六之一條條文

第十八條

法院依審理之結果，認為該兒童或少年無從事性交易或從事之虞者，應裁定不予安置並交付該兒童或少年之法定代理人、家長、最近親屬或其他適當之人。

法院依審理之結果，認為該兒童或少年有從事性交易者，除有下列情形之一者外，法院應裁定將其安置於中途學校，施予二年之特殊教育：

一、罹患愛滋病者。

二、懷孕者。

三、外國籍者。

四、來自大陸地區者。

五、智障者。

六、有事實足證較適當宜由父母監護者。

七、其他事實足證不適合中途學校之特殊教育，且有其他適當之處遇者。

法院就前項所列七款情形，及兒童或少年有從事性交易之虞者，應分別情形裁定將兒童或少年安置於主管機關委託之兒童福利機構、少年福利機構、寄養家庭或其他適當醫療或教育機構，或裁定遣送、或交由父母監護，或為其他適當處遇，並通知主管機關續予輔導及協助。

安置於中途學校之兒童或少年如於接受特殊教育期間，年滿十八歲者，中途學校得繼續安置至兩年期滿。

特殊教育實施逾一年，主管機關認為無繼續特殊教育之必要者，或因事實上之原因以不繼續特殊教育為宜者，得聲請法院裁定，免除特殊教育。

特殊教育實施逾二年，主管機關認為有繼續特殊教育之必要者，得聲請法院裁定，延長至滿二十歲為止。

第二十二條

與未滿十六歲之人為性交易者，依刑法之規定處罰之。十八歲以上之人與十六歲以上未滿十八歲之人為性交易者，處一年以下有期徒刑、拘役或新臺幣十萬元以下罰金。中華民國人民在中華民國領域外犯前二項之罪者，不問犯罪地之法律有無處罰規定，均依本條例處罰。

6.毒品危害防制條例施行細則（第六條）

中華民國八十八年四月二十一日法務部（八八）法令字第○○一一九六號令、內政部（八八）臺內警字第八八七一二五八號令、行政院衛生署（八八）衛署麻處字第八八○一四一五九號令會銜修正發布名稱及全文二十七條（原名稱：肅清煙毒條例施行細則）

第六條

各查緝機關、單位應協商合作，建立反毒情報網及緝毒資料庫。防制毒品犯罪，有關積極加入國際組織、參與國際反毒活動、建立雙邊及多邊國際合作事宜，應商同外交部辦理之。

7.家庭暴力防治法（第二十一條）

中華民國八十七年六月二十四日總統（八七）華總㈠義字第八七○○一二二八二○號令制定公布全文五十四條

第二十一條

外國法院關於家庭暴力之保護令，經聲請中華民國法院裁定承認後，得執行之。
當事人聲請法院承認之外國法院關於家庭暴力之保護令，有民事訴訟法第四百零二條第一款至第三款所列情形之一者，法院應駁回其聲請。
外國法院關於家庭暴力之保護令，其核發地國對於中華民國法院之保護令不予承認者，法院得駁回其聲請。

二、刑事程序法

㈠刑事訴訟法及相關法規

1. 刑事訴訟法（第五、二百四十三條）

中華民國九十一年五月十七日立法院三讀通過修正第一百零一之一條條文

第五條

案件由犯罪地或被告之住所、居所或所在地之法院管轄。

在中華民國領域外之中華民國船艦或航空機內犯罪者，船艦本籍地、航空機出發地或犯罪後停泊地之法院，亦有管轄權。

第二百四十三條

刑法第一百十六條及第一百十八條請求乃論之罪，外國政府之請求，得經外交部長函請司法行政最高長官令知該管檢察官。

第二百三十八條及第二百三十九條之規定，於外國政府之請求準用之。

2. 法院辦理重大刑事案件速審速結注意事項（第二點）

中華民國九十一年三月二十八日司法院（九一）院臺廳刑一字第○八三一五號函修正發布全文二十九點

二 下列案件第一審法院應認為重大刑事案件，適用本注意事項審理之：

㈠犯刑法第二百二十六條第一項強制性交、猥褻等而致被害人於死罪。

㈡犯刑法第二百二十六條之一強制性交、猥褻等而故意殺被害人既遂罪。

㈢犯刑法第二百七十一條第一項之殺人既遂罪。

㈣犯刑法第二百七十二條第一項之殺直系血親尊親屬既遂罪。

㈤犯刑法第三百三十二條之強盜結合罪。

㈥犯刑法第三百四十七條第一項之擄人勒贖既遂罪。

㈦犯刑法第三百四十七條第二項之擄人勒贖既遂而致人於死或重傷罪。

㈧犯刑法第三百四十八條之擄人勒贖結合罪。

㈨犯毒品危害防制條例第四條第一項之製造、運輸、販賣第一級毒品既遂罪而數量達二百公克以上者。

㈩犯毒品危害防制條例第四條第二項之製造、運輸、販賣第二級毒品既遂罪而數量達二千公克以上者。

(十一)犯毒品危害防制條例第五條第一項之意圖販賣而持有第一級毒品罪而數量達二

百公克以上者。

㈡犯毒品危害防制條例第六條第一項之以強暴等非法方法，使人施用第一級毒品既遂罪。

㈢犯毒品危害防制條例第六條第二項之以強暴等非法方法，使人施用第二級毒品既遂罪。

㈣犯毒品危害防制條例第十二條第一項之意圖供製造毒品之用，而栽種罌粟或古柯之罪，而栽種數量達一萬株以上者。

㈤犯槍砲彈藥刀械管制條例第七條第一項之未經許可，製造、販賣或運輸槍砲、彈藥既遂罪。

㈥犯槍砲彈藥刀械管制條例第七條第二項之未經許可，轉讓、出租或出借槍砲、彈藥既遂罪。

㈦犯槍砲彈藥刀械管制條例第七條第三項之意圖供自己或他人犯罪之用，而犯第七條第一、二項既遂罪。

㈧犯槍砲彈藥刀械管制條例第八條第三項之意圖供自己或他人犯罪之用，而犯第八條第一、二項既遂罪。

㈨犯槍砲彈藥刀械管制條例第十條第一項之未經許可，製造、販賣或運輸具有殺傷力之改造模型槍既遂罪。

㈩犯槍砲彈藥刀械管制條例第十條第三項之意圖供自己或他人犯罪之用，而犯第十條第一、二項既遂罪。

㈡犯槍砲彈藥刀械管制條例第十一條第三項之意圖供自己或他人犯罪之用，而犯第十一條第一、二項既遂罪。

㈢犯兒童及少年性交易防制條例第二十六條之犯同條例第二十四條第一項、第二項或第二十五條第二項之罪，而故意殺害被害人或因而致被害人於死罪。

㈣下列刑事案件，報經院長核定者：

　1.違反組織犯罪條例案件。

　2.以強暴、脅迫或其他非法方法介入公共工程之案件。

　3.違反銀行法、證券交易法、期貨交易法、洗錢防制法等案件，被害法益達新臺幣一億元以上，或其他使用不正之方法，侵害他人財產法益或破壞社會經濟秩序，被害法益達新臺幣一億元以上者。

　4.案情繁雜或社會矚目之貪污案件。

　5.案情繁雜或社會矚目之賄選案件。

　6.其他認為於社會治安有重大影響之案件。

第二審法院於前開案件經第一審判處死刑、無期徒刑或犯罪手段殘酷，所生損害重大或嚴重影響社會治安，引起公眾關注者，及第一審管轄權屬於高等法院或其

分院之內亂罪、外患罪、刑法第一百十六條之對於友邦元首或派至中華民國之外國代表犯故意傷害罪、妨害自由罪者適用之。

第三審法院於前開案件經第二審判處死刑、無期徒刑或宣告無罪而經檢察官提起上訴者適用之。

3. 刑事案件第二審與第三審調查證據認定事實職權之界限與第三審自為判決之範圍（第二、三點）

中華民國七十七年九月十二日司法院（七七）院臺廳二字第〇六四〇九號函准予備查

貳

以應於審判期日調查之證據而未予調查及判決理由不備或理由矛盾之違法為發回更審理由，應加限制刑事訴訟法第三百七十九條第十款應行調查證據及第十四款判決理由不備或理由矛盾，均列為判決違背法令之事由，究其適用範圍如何，各有關條文無法窺見。考諸現況，案件以此兩種違法情形為發回更審之原因，所占比例最高。為免與第二審為事實審之職權重疊及減少刑事案件發回更審計，運作上自應採從嚴解釋，加以限制，茲歸納有關條文規定及其立法精神，特揭櫫以下各點作為例示。

甲　關於調查證據

一　當事人聲請調查之證據，必須具有調查之必要性，若依原判決所為證據上之論斷，足認其證據調查之聲請，事實審法院縱曾予以調查，亦無從動搖原判決就犯罪事實之認定者，不得以其未予調查，指判決為違法。

二　上訴人在原審曾辯稱其在警局之自白，並非自由陳述，雖原審就上訴人此項抗辯，未先於其他事項而為調查，然如除去上訴人在警局之自白，綜合案內其他證據，仍應為同一事實之認定者，則原審此項違誤，並不影響於判決，即不得指有刑事訴訟法第三百七十九條第十款之違法。

三　被告之自白，固不得作為認定犯罪之唯一證據，而須以補強證據證明其確與事實相符，然補強自白之證據，非必以涉及於所自白之犯罪構成事實之全部為必要，如能夠保障所自白事實之真實性，即為已足，不得以尚有其他補強證據未予調查，指為違法。

四　當事人或辯護人雖得聲請證據之調查，但其調查之範圍，順序及方法，仍由法院自由裁量之，並不受當事人或辯護人意思之拘束，故如法院對該要證事項，依據其他證據已足證明其犯罪事實，縱未如其聲請付鑑定或實施勘驗，自不能指未作此項調查為違法。

五　刑事訴訟法係採自由心證主義，對於證據之種類未設有限制，翻譯本內容如與外國文原本相同，非不得採為認定犯罪事實之證據資料。設若原審已於審判期日將

翻譯本向上訴人提示，並告以要旨，上訴人對於翻譯內容既未表示異議，則原審將該翻譯本採為判決之證據資料，而未提示原本，自無未予調查證據之違法。

六　作為判決基礎之證據，譬如翻印之書籍，係由司法警察機關或檢察官當場起出，為上訴人親身經歷之事，且上訴人於原審審判中對翻印該書被警查獲，業已自白不諱，是否利用提示之機會，以擔保其真正，實無關重要，況此種情形，與提示證物之用意無殊，故即令未在審判期日予以提示，令其辨認，其調查證據之程序，仍難指為不合。

七　證明同一事實內容之證據，有二種以上，原審未將其中部分之證據踐行調查之程序（如未予提示辨認、宣讀、告以要旨），雖經上訴意旨之指摘，第三審亦毋庸以此而謂該遺漏之部分，有應調查未予調查之違法。

八　原審判決所採用之某種證據，曾否經提示辯論，雖專以原審審判筆錄為證，但此項提示辯論，僅與事實之判斷資料有關，如當事人認為此並非所應爭執之關鍵，而未於第三審上訴理由內加以指摘，第三審法院參考刑事訴訟法第三百九十三條前段、第三百八十條之意旨，誠不必以原審審判筆錄並無關於該證據曾經提示辯論之記載，而認原判決有同法第三百七十九條第十款之違法撤銷原因。

九　判斷文書之真偽、異同，原非以鑑定為必要之方法，而法院核對筆跡，本為調查證據方法之一種，其有關通常之書據，若一經核對筆跡，即能明確辨別真偽、異同者，法院本於核對之結果，依其心證而為判斷，雖不選任鑑定人實施鑑定，不得指有未予調查證據之違法。

十　刑事訴訟法第三百七十九條第十款所謂應行調查之證據範圍，自係以第二審審判中案內所存在之一切證據為限，案內所不存在之證據，自不得命原法院為發見真實，應依職權從各方面詳加調查，否則難謂無逾越本條款之規定範圍。

十一　對第二審判決內已加說明所不採用之證據，此本為事實審法院得自由裁量之事項，除有逾越權限等之違法原因外，第三審法院不得將原判決撤銷發回。

十二　當事人或辯護人所聲請調查之證據，如無證據能力，或非合法之證據，或無從調查之證據方法，原審未予調查，亦未認無調查之必要，以裁定駁回，或於判決理由內說明，縱有刑事訴訟法第三百八十條之違誤，然不得認有同法第三百七十九條第十款之當然違背法令。

十三　事實審法院調查之證據，其範圍並非毫無限制，即其證據必與判斷要證事實存在或不存在具有關連性為前提，此項具有關連性之證據，始得命第二審調查之。

十四　欠缺必要性之證據，不予調查，自可認於判決無影響，下列證據，為欠缺必要性：

　㈠無證據能力之證據，既無為證據之資格，即不應作為證據加以調查。

　㈡無從調查之證據方法，譬如所在不明或逃匿國外無從傳訊之證人，或無從調

取之證物之類是。

㈢證據與待證事實是否有重要關係，應以該證據所證明者，能否推翻原審判決所確認之事實，而得據以為不同之認定為斷。若其係枝節性之問題，或屬被害經過細節，既非待證事實所關重要之點，即欠缺調查之必要性。

㈣顯與已調查之證據相重複。

㈤所證明之事項已臻明瞭，無再行調查必要之證據。

㈥意在延滯訴訟，故為無益之調查聲請。

㈦同一證據，再行聲請調查。凡上述情形，應屬非應於審判期日調查之證據。

十五 以第二審尚有依法應於審判期日調查之證據而未予調查者，但此究屬何項證據，應加以具體指明，方與該條款之立法精神相符，第三審不得僅抽象指摘原審未盡職權調查之能事而為撤銷發回，致第二審無從明瞭應行調查之所在。

十六 事實審法院固得蒐集證據，但以調查證據為主要職責，刑事訴訟法第三百七十九條第十款祇規定應於審判期日調查之證據而未予調查者為違法，解釋上應不包括蒐集證據在內，故不得以原審在審判期日未蒐集證據，指為違法，將原判決撤銷發回。

十七 事實審法院得本於職權裁量之事項，如卷內證物未送鑑定，未命證人與被告對質，未履勘現場等，而綜合其他證據已可為事實之判斷者，非可認係刑事訴訟法第三百七十九條第十款應於審判期日調查之證據而未予調查之違背法令。

乙 關於判決理由不備及理由矛盾

一 有罪之判決書既於理由內記載認定犯罪事實所憑之證據及認定之理由，對於被告否認犯罪所為有利之辯解，僅須將法律上阻卻犯罪成立及應為刑之減免等原因事實之主張，予以論列即可，其他單純犯罪構成事實之否認，原審判決縱未逐一予以判斷，亦非理由不備。

二 關於訴訟條件之事實，如告訴乃論之罪之告訴是否合法，犯罪行為是否重複起訴等訴訟條件欠缺之主張，即令原審判決未為判斷之說明，若依卷存資料，已足顯示並無此等主張事實之存在時，亦毋庸以理由不備之違法予以撤銷。

三 犯罪之動機及時、地，原則上毋庸為證據之證明，但動機、時、地若為構成要件之要素時，則應加以調查予以證明。如動機、詳細之時、地，確已無從加以調查，不得發回仍命其調查，惟原判決應於理由內說明無從調查之原因。

四 原審判決理由矛盾，雖屬當然違背法令；但除去矛盾部分，若仍不影響於判決之主旨者，應予撤銷原判決，自為相同之判決，毋庸發回更審。

參 第三審法院自為判決減少發回更審

依我刑事訴訟法第三百九十八條所列各款之規定，第三審法院應撤銷原判決自為判決，為加強第三審積極之功能，避免案件發回過多，應就我刑事訴訟法現行條文為妥善之

運作，以適應現時需要減少發回更審。

一　第三審應嚴格貫徹法律審，認為非以違背法令為上訴第三審之理由，而僅指摘原
　　判決認定事實錯誤，取捨證據不當，法院裁量權行使欠妥，或單純理論之爭執，
　　或所指摘與法定違法事由不相適合等事項為其上訴理由者，俱應認其上訴違背法
　　律上之程式，逕予駁回。

二　第三審依訴訟卷宗內之證據資料，如認原判決有下列情形之重大違誤而撤銷之者，
　　並應就該案件自為判決。

　㈠原判決對刑罰之量定，所為或未為裁判上酌減、免刑、裁量權之運用顯有違法
　　者，第三審應自行量處適度之刑。

　㈡刑事訴訟法第三百九十八條第一款所謂「不影響於事實之確定」，係指不影響於
　　重要事實之確定而言，下列事實應認為重要事實。

　　(1)犯罪構成要件之事實。

　　(2)法定刑罰加重或減免之原因事實。

　　(3)阻卻違法性事由之事實。

　　(4)阻卻責任性事由之事實。

　　(5)特別經驗法則（專指具有特別知識或經驗者始得知之事實）。

　　(6)其他習慣、地方制定自治法規及外國法之類，依法應予適用者亦屬要證事實，
　　　自應經事實審調查證明為必要。至於量定刑罰之事實，裁判上刑罰加重、減
　　　免之原因事實，訴訟法上之事實，公眾周知之事實及事實於法院已顯著或為
　　　其職務上所已知者等等，此或毋庸舉證，或為第三審得依職權調查，或屬各
　　　級法院所得自由裁量，解釋上應不包括在內。

　㈢對原判決諭知緩刑之要件不合者，第三審應為撤銷之諭知。

　㈣依原判決所確認之事實，其行為顯屬不罰者，第三審應逕為無罪之諭知。

　㈤事實有記載理由內未記載加重之事由（如累犯）而其科處之刑超過法定刑度，
　　或未載明減輕事由（如未遂犯）而量處較法定最低度刑為輕之刑，或已認定為
　　累犯而未予加重，認定屬自首而未予減輕等。

　㈥應宣告褫奪公權（如妨害兵役治罪條例第二十六條）而未予宣告。或應諭知保
　　護管束（如少年事件處理法第八十二條）而未予諭知者。

　㈦應沒收（如違禁物，刑法第二百十九條等），竟未予沒收。

　㈧連續行為之終了日期，在前犯之罪受有期徒刑之執行完畢或受無期徒刑或有期
　　徒刑一部之執行而赦免後五年以內，或於假釋期滿後五年以內再犯有期徒刑以
　　上之罪，未按累犯加重其刑。

　㈨裁判上一罪，一部分犯罪已經因案發覺，竟因其於訊問中陳述另部分未發覺之
　　犯罪行為，而依自首減輕其刑。

㈩由被告上訴或為被告之利益而上訴之案件，第一審判決適用法條並無不當，第二審竟予撤銷改判，諭知較重之刑。

㈢從一重處斷之重罪，不在減刑之列，竟因其輕罪部分得減刑，而對重罪誤予減刑。

㈢認定事實無誤，如事實記載於某日下午三時侵入住宅行竊，所憑之證據與認定之理由亦無誤，乃依夜間侵入住宅竊盜論罪科刑。

㈢其他法律上之見解，與法律規定、解釋、判例之見解有違。

4.法院加強緩刑宣告實施要點（第二點）

中華民國八十八年五月二十日司法院（八八）廳刑一字第一二七六八號函修正發布

二　法院對符合刑法第七十四條及少年事件處理法第七十九條規定之被告，依其犯罪情節及犯後之態度，足信無再犯之虞，且有左列情形之一者，宜認為以暫不執行為適當，並予宣告緩刑：

㈠初犯。

㈡因過失犯罪。

㈢激於義憤而犯罪。

㈣非為私利而犯罪。

㈤自首或自白犯罪，且態度誠懇或因而查獲其他共犯或重要物證。

㈥犯罪後因向被害人或其家屬道歉，出具悔過書或給付合理賠償，經被害人或其家屬表示宥恕。

㈦犯罪後入營服役。

㈧現正就學中。

㈨身罹疾病必須長期醫療，顯不適於受刑之執行。

㈩如受刑之執行，將使其家庭生活陷於困境。

㈢依法得免除其刑，惟以宣告刑罰為適當。

㈢過境或暫時居留我國之外國人或居住國外之華僑。

前項宣告緩刑時所應審酌之事項，法院應為必要之調查。

5.加強緩刑易科罰金制度實施要點（第二條）

民國七十六年六月二日司法院（七六）院臺廳二字第○三七四三號函發布

第二條

刑法第七十四條暨少年事件處理法第七十九條所謂「以暫不執行為適當」應妥適認定，有左列各款情形之一者，宜認為以暫不執行為適當：

㈠偶發初犯，情節輕微，無再犯之虞者。

㈡身患疾病，不適於執行刑罰者。

㈢激於義憤而犯罪者。

㈣因過失犯罪，認為不執行刑罰，已足收矯治之效者。

㈤非為個人利益而犯罪，無再犯之虞者。

㈥犯罪後自首，由其犯罪後之態度，足信無再犯之虞者。

㈦現在就學中，犯罪情節尚非重大者。

㈧被害人或其家屬因和解獲民事賠償，而請不予追究或免罰（如過失致死案件）者。

㈨負擔家庭生計，如執行刑罰，將影響其全家生活者。

㈩犯罪後入營服役，無再犯之虞者。

㈠外國人或居住國外之華僑旅行過境或因特定目的暫時居留而犯罪，情節尚重大者。

㈢犯罪情狀依法得免除其刑，但以宣告刑罰為適當者。

6. 羈押法施行細則（第七十四條）

中華民國八十六年四月二日法務部（八六）法令字第○九○一○一號令修正發布第十九條條文

第七十四條

接見應用中國語言，不得使用暗語。外國籍或無國籍之被告，得使用所屬國或國際通用之語言。

7. 臺灣高等法院檢察署暨所屬各署檢察官偵辦案件審慎起訴應行注意要點（第四點）

中華民國八十五年八月二日法務部（八五）檢字第一九三二二號函准予修正發布全文十七點

四

檢察官偵辦得依職權為不起訴處分案件，有左列情形之一者，宜依職權為不起訴之處分：

㈠年齡未滿十八歲或已滿七十歲者。

㈡身患痼疾或重病或殘障之人不適於執行刑罰者。

㈢精神耗弱者。

㈣婦女懷胎五月以上或生產未滿二月者。

㈤告訴人或被害人請求免罰者。

㈥依法得減輕或免除其刑者。

㈦激於義憤而犯罪者。

㈧因過失犯罪，認為不執行刑罰，已足收矯治之效者。
㈨間接幫助犯罪者。
㈩自首或自白犯罪，且態度誠懇或因而查獲其他共犯或重要物證者。
(十一)非告訴乃論之罪經與被害人和解；或告訴乃論之罪，已賠償損害，而告訴人未表示撤回告訴者。
(十二)現在就學中而犯罪情節輕微者。
(十三)五年以內未曾受刑事處分而偶觸刑章，情節輕微，無再犯之虞者。
(十四)外國人或居住國外之華僑旅行過境或因特定目的暫時居留而犯罪，其情節輕微者。
(十五)直系血親、配偶、同財共居之親屬或其他五親等內血親或三親等內姻親之間犯罪，情節輕微者。
(十六)依其他情況認以不起訴處分為適當者。

8.檢察機關辦案期限及防止稽延實施要點（第十五點）

中華民國九十年二月十六日法務部（九〇）法檢字第〇〇〇四四〇號函修正發布第四十、四十三點條文；並自九十年三月一日起實施

十五

諭知徒刑或拘役之案件，其被告在押者，檢察官應於收案後七日內交監獄執行，其未經羈押者，檢察官應於收案後七日內命傳喚或逕行拘提之。

前項傳喚之指定期日，除於外國為送達者，應酌定適當期間外，自指定之時起，扣除在途期間後，至遲不得逾十五日。

9.臺灣高等法院檢察署設置偵查經濟犯罪中心作業要點（第六點）

中華民國八十七年五月十九日（八七）法檢字第〇一六二五八號函修正准予備查

六　本中心為強化追經濟犯罪功能，得聯繫或協調有關機關採取下列措施：

㈠聯繫司法警察機關，於調查經濟犯罪案件時，發覺涉嫌人有潛逃國外之虞，或已取得外國國籍，或領用外國護照者，應即報告該管檢察官。由檢察官通知入出境管理機關限制其出境。
㈡對於涉嫌經濟犯罪，經限制住居（含限制出境）之被告，得通知其戶籍所在地之戶政機關，在戶籍登記簿上註記，並不得受理其遷徙或變更姓名之申請。
㈢為防止經濟犯潛逃出國，得協調入出境管理機關，於情況急迫時，接受檢察官以秘密代號電話通知限制出境，再補送公文。
㈣經濟罪犯如已潛逃出國，得協調外交、警政及調查等機關，協助追緝歸案，以期戢止。

10.各級法院檢察署與外國檢察機關結盟或交流應行注意事項

中華民國八十二年六月十日法務部（八二）法檢字第一一五三二號函訂定發布

一　各級法院檢察署與外國檢察機關結盟或交流，應以配合國家總體外交，促進雙方
　　文教、法務、資訊、經驗等交流，增進彼此間瞭解與友誼及加強兩國之合作關係
　　為宗旨。

二　各級法院檢察署與外國檢察機關結盟或交流，雙方層級應力求對等相當。

三　各級法院檢察署獲外國檢察機關結盟、交流之建議或擬主動與外國檢察機關結盟、
　　交流時，應先層報法務部核准。在未奉核准前，不得逕向對方預作承諾或洽訂締
　　盟。

四　各級法院檢察署與外國檢察機關結盟或交流，應請外交部通知我國駐在該國之使
　　領館或代表機構。

五　各級法院檢察署經核准與外國檢察機關結盟或交流後，應擬定結盟或交流計畫，
　　層報法務部核定。

六　前項結盟或交流計畫經核定後，由雙方商議締盟或交流計畫之時間，地點及方式。
　　締盟儀式應由檢察（總）長主持；盟約原則上並應由我方準備。

七　結盟及交流所需經費，應由各級法院檢察署自行籌措。

八　各級法院檢察署於結盟前後，為促進雙方關係，可應邀組團出國訪問。團員應以
　　檢察官為主，並應於每年度概算編制前擬定訪問計畫，層報法務部核定。

九　訪問團應由各級法院檢察署檢察（總）長或主任檢察官率領，並應有熟諳英語或
　　當地語文之團員參加。

十　各級法院檢察署組團出國訪問結盟之外國檢察機關，每年以一次為原則。

十一　各級法院檢察署每年應彙整與外國檢察機關結盟或交流之資料及建議事項層報
　　　法務部。

十二　訪問團在國外訪問，應與我駐外使領館或代表機關構密切聯繫合作，俾發揮總
　　　體力量，增進國家整體對外關係。

十三　本注意事項未規定之事項，悉依公務人員因公出國之其他有關規定辦理。

附件：

盟 約 範 本

中華民國臺灣臺北地方法院檢察署

姊妹署結盟聯合聲明

美 國 加 州 洛 杉 磯 郡 檢 察 署

鑒於中美兩國為維護人類正義和平所作之奮鬥，及兩國人民傳統之友好合作關係，臺灣臺北地方法院檢察署與美國洛杉磯郡檢察署，秉持共同發揚司法正義之願望，為切磋司法實務經驗，促進人員交流、交換資訊，並協力打擊犯罪，維持社會安定，促進社會進步，願締約結為姊妹署。

此項目標之實現條款如下：

一、促進兩署間法律，業務及經驗等各方面資訊之交換及期刊等出版品之交換。

二、促進兩署間檢察官等人員之交流、訪問並得擴及至臺北及洛杉磯郡之其他檢察署。

三、提供新進或在職司法人員觀摩或其他進修之機會。

11.少年事件處理法（第八十三之三條）

中華民國八十九年二月二日總統（八九）華總一義字第八九〇〇〇二八四〇〇號令修正公布
第十三、二十七、四十三、四十九、五十四、五十五之三、六十八、七十八條條文

第八十三條之三

外國少年受轉介處分、保護處分或緩刑期內交付保護管束者，得以驅逐出境代之。

前項驅逐出境，得由少年調查官或少年保護官，向少年法院聲請，由司法警察機關執行之。

12.少年法院（庭）與司法警察機關處理少年事件聯繫辦法（第十五條）

中華民國九十一年三月十二日司法院（九一）院臺廳家一字第〇三〇三九號令修正發布第四
條條文；並自發布日起施行

第十五條

司法警察機關接受少年法院（庭）通知執行外國少年驅逐出境時，應儘速執行。

13.軍事審判法（第三十一、四十六、一百三十四條）

中華民國九十一年一月三十日總統（九一）華總一義字第〇九一〇〇〇一五一二〇號令修正
發布第一百十一、一百十二、二百十五條條文；並增訂第一百十一之一條條文

第三十一條

現役軍人之犯罪案件，由犯罪地或被告之駐地或所在地之軍事法院管轄。

非現役軍人犯罪，依法受軍事審判之案件，由犯罪地或被告之住所、居所或所在地之軍事法院管轄。

在中華民國領域外之中華民國航空機或船艦內犯罪者，由該航空機、船艦之駐地、出發地、犯罪後降落地或停泊地之軍事法院管轄。

不能依前三項規定定其管轄之軍事法院者，由中央政府所在地之軍事法院管轄。

第四十六條

訴訟文書應用中華民國文字。但有供參考之必要時，得附記所用方言或外國語言。

第一百三十四條

刑法第一百十六條、第一百十八條請求乃論之罪，外國政府之請求，應由外交部轉請國防部令知該管軍事檢察官偵查。

14.引渡法（第二、四、十至十二、十四條）

中華民國六十九年七月四日總統修正公布第十五至十八、二十至二十二條條文

第二條

凡於請求國領域內犯罪，依中華民國及請求國法律規定，均應處罰者，得准許引渡。但中華民國法律規定法定最重本刑為一年以下有期徒刑之刑者，不在此限。

凡於請求國及中華民國領域外犯罪，依兩國法律規定，均應處罰者，得准許引渡。但中華民國法律規定法定最重本刑為一年以下有期徒刑之刑者，不在此限。

第四條

請求引渡之人犯為中華民國國民時，應拒絕引渡。但該人犯取得中華民國國籍在請求引渡後者，不在此限。

中華民國國民在外國領域內犯本法第二條及第三條但書所定之罪，於拒絕外國政府引渡之請求時，應即移送該管法院審理。

第十條

外國政府請求引渡時，應提出引渡請求書，記載左列事項：

一、人犯之姓名、性別、年齡、籍貫、職業、住所或居所，或其他足資辨別之特徵。

二、犯罪事實及證據，並所犯法條。

三、請求引渡之意旨及互惠之保證。

四、關於遵守第七條第一項前段及第八條前段所定限制之保證。

第十一條

提出引渡請求書，應附具左列文件：

一、引渡請求書內所引之證據。

二、請求國該管法院之拘票及起訴書或有罪判決書。

三、請求國有關處罰該罪之現行法規。

前項文件應經合法簽證,其以外國文作成者,並附經簽證之中文譯本。

第十二條

外國政府於提出引渡請求書前,遇有緊急情形,得以函電請求拘提羈押所擬引渡之人犯。但應載明第十條所列事項及已起訴或判決有罪之事實。

前項情形,其提出引渡請求書,應自羈押人犯之日起三十日內為之,逾期應即撤銷羈押,並不得再就同一案件請求引渡。

第十四條

外國政府間引渡人犯,於徵得中華民國政府之同意後,得通過中華民國領域。但人犯之通過有妨礙中華民國利益之虞時,得不准許之。

15.海上捕獲法庭審判條例

中華民國六十九年七月四日總統臺統㈠義字第三七九〇號令公布修正第十二條條文

第一章 通則

第一條

凡海上捕獲事件,由海上捕獲法庭審判之。

第二條

海上捕獲法庭分左列二級:

一、初級海上捕獲法庭。

二、高級海上捕獲法庭。

前項法庭之設置或廢止,以命令定之。

第三條

高級海上捕獲法庭,設於中央政府所在地。

初級海上捕獲法庭設置地點及其管轄區域,以命令定之。

第四條

高級及初級海上捕獲法庭,各設庭長一人,主任檢察官一人,審判官八人至十一人,檢察官三人至五人,書記官五人至七人,通譯三人至五人。

海上捕獲法庭庭長由審判官兼任。

第五條

初級海上捕獲法庭庭長,以所在地高等法院院長或高等法院分院院長兼充;同庭主任檢察官,以所在地高等法院首席檢察官或高等法院分院首席檢察官兼充;均由總統任命之。

審判官由行政院於左列人員中呈請總統任命兼充：

一、高等法院或其分院推事四人至五人。

二、海軍中校以上軍官三人至四人，其中一人至二人為海軍軍法官。

三、外交部高級薦任部員一人至二人。

檢察官以高等法院或分院檢察官兼充，由行政院呈請總統任命之。

書記官由高級海上捕獲法庭庭長及同庭主任檢察官，於高等法院及檢察處或分院及檢察處書記官中分別委任兼充，並於其中得遴選一人或二人專任。

通譯由高級海上捕獲法庭庭長會同主任檢察官遴選二人至三人專任。

第六條

高級海上捕獲法庭庭長，以最高法院院長兼充；同庭主任檢察官，以最高法院檢察長兼充；均由總統任命之。

審判官以最高法院推事六人，海軍上校級以上軍官二人，海軍上校級以上高級軍法官一人，外交部簡任部員二人兼充，均由總統任命之。

檢察官以最高法院檢察官兼充，由總統任命之。

書記官由高級海上捕獲法庭庭長及同庭主任檢察官，於最高法院及檢察署薦任書記官中分別薦任兼充，並於其中得各遴選一人專任。

第七條

高級及初級海上捕獲法庭，因繕寫及其他事宜，得臨時酌用雇員。

第八條

高級及初級海上捕獲法庭兼任人員，概不另支薪俸。

第九條

高級及初級海上捕獲法庭庭長，綜理全庭行政事務；凡審判事件，以庭長充審判長。但因事不能出庭時，得由資深審判官代理。

高級及初級海上捕獲法庭主任檢察官，得親自處理所屬檢察官之事務，並得將所屬檢察官事務移轉於所屬其他檢察官處理之。

第十條

初級海上捕獲法庭審判事件，以審判官五人之合議行之。但得以審判官一人行準備及調查證據程序。

高級海上捕獲法庭審判事件，以審判官七人之合議行之。

裁判事件，以評議決定之；評議，準用法院組織法第七十九條至第八十三條之規定。

第十一條

海上捕獲法庭行政之監督，依左列之規定：

一、行政院院長督同高級海上捕獲法庭庭長，監督高級海上捕獲法庭。

二、法務部部長監督初級海上捕獲法庭。

第二章　捕獲船舶解送程序

第十二條

捕獲之船舶，應由捕獲軍艦解送至初級海上捕獲法庭所在港口或其附近，並由該艦艦長飭令原捕獲軍官，乘該船並將捕獲理由及證明事項，詳載於記事錄，連同扣押之一切船舶文書，移交於該法庭。但因事實上不能解送捕獲船舶時，得僅提供記事錄。捕獲軍艦如有重要任務不克解送時，該艦長在安全範圍內，得派得力官兵隨乘捕獲船舶負解送之責。

第十三條

解送捕獲之船舶及船內員工、乘客暨一切貨物中，合於海上捕獲條例第三十四條規定處理外，須保持捕獲時原有狀態。

第三章　檢審程序

第十四條

初級海上捕獲法庭主任檢察官接受捕獲船舶或其他記事錄時，應指派檢察官一人主持接收事宜。

檢察官接受捕獲船舶時，應親至該船上檢查關於提供一切文件及裝運貨物，並會同該船長製成詳細物件目錄。

第十五條

檢察官訊問被捕船舶之船長、船員、乘客或貨物所有人供詞及原捕獲軍官之陳述，應令書記官製作詳細筆錄。

第十六條

檢察官認為必要時，得指令鑑定人鑑定之。

第十七條

檢察官檢查完竣後，應即實施調查，製作應否沒收意見書，提出初級海上捕獲法庭。

第十八條

初級海上捕獲法庭，認檢察官意見，主張釋放被捕之船舶或貨物為正當時，應即作成釋放裁定，送達於檢察官。

第十九條

初級海上捕獲法庭，認檢察官意見書，主張捕獲或釋放被捕之船舶或貨物為不正當時，應公告之。

前項公告應將該事件登載於政府公報，並得譯成外國文，揭載於國內發刊之外國文報章。

第二十條

捕獲事件之關係人，得由公告之翌日起，限於三十日內，提出申請書，並附證據文書於原法庭。

申訴書應載明左列事項：

一、申訴人之姓名、性別、國籍、住所、年齡、職業。

二、申訴之要旨。

第二十一條

申訴人之代理人，以中華民國律師為限。

第二十二條

捕獲事件關係人，經過第二十條第一項規定期間未提出申訴書者，初級海上捕獲法庭應即審判。但有檢察官之聲請時，得不經審問程序逕行判決。

第二十三條

申訴人在申訴期間內提出申訴書時，初級海上捕獲法庭應指定日期開庭審問。但申訴人未經許可而不到場者，得為缺席判決。

第二十四條

宣示判決，應自審問終結之日起三日內為之。判決宣示後，應即送達於檢察官，並以副本送達於申訴人。

第二十五條

檢察官或申訴人不服初級海上捕獲法庭之判決時，得於送達之翌日起二十日內，提出上訴書於原初級海上捕獲法庭。

前項上訴書應記載左列事項：

一、上訴人及其代理人之姓名、性別、國籍、住所、年齡、職業。

二、原初級海上捕獲法庭之判決。

三、不服之理由。

第二十六條

初級海上捕獲法庭於接受上訴書後，應於五日內，將本案卷宗及證物移送高級海上捕獲法庭。

第二十七條

上訴不合程序或已逾期限者，高級海上捕獲法庭應以裁定駁回之。

前項不合程序事項，高級海上捕獲法庭認為可以補正者，應定期間先令補正。

第二十八條

已逾上訴期限未經上訴者，其原判決即為確定。

因天災或其他不應歸責於己之事由遲誤上訴期間者，應以書狀向為裁判之原法庭聲請回復原狀。但遲誤上訴期間已逾四個月者，不得為回復原狀之聲請。

前項聲請，經原法庭調查事實，認為有理由時，應為許可之裁定；如認為無理由時，

裁定駁回之。

第二十九條

高級海上捕獲法庭接受上訴書後，除其違反第二十七條第一項規定予以駁回外，如係檢察官上訴，應將上訴書副本送達於申訴人；如係申訴人上訴，應將上訴書副本送達於檢察官。

前項送達之上訴書副本，限於送達之翌日起十日內提出答辯書。

第三十條

檢察官及申訴人得捨棄其上訴權。

上訴於判決前得撤回之。

第三十一條

捨棄上訴權，應向初級海上捕獲法庭為之。

撤回上訴，應向高級海上捕獲法庭為之。

第三十二條

捨棄上訴權及撤回上訴，應以書狀為之。

第三十三條

捨棄上訴權或撤回上訴者，喪失其上訴權。

第三十四條

高級海上捕獲法庭對於原審判決事實、證據認為必要時，得自行調查，或發交初級海上捕獲法庭重行調查。

第三十五條

高級海上捕獲法庭之判決，不經言詞審問為之。但認有必要時，得為言詞審問。

前項言詞審問之事件，得以審判官一人為受命審判官，調查上訴及答辯之要旨，製作報告書。

審判日期，應於受命審判官朗讀報告書後，先由檢察官或代理人陳述上訴之意旨，再行辯論。

第一項判決，應送達於原審初級海上捕獲法庭檢察官，並送副本於申訴人。

第三十六條

判決確定後，應將判決要旨登載於政府公報。

第三十七條

初級海上捕獲法庭在檢審期間，關於被捕獲船舶及貨物之保管，應委託海軍機關為之。

前項保管規則，由海軍總司令部定之。

第三十八條

判決沒收之船舶或貨物，屬於國庫。

第三十九條

執行裁判，由為裁判之海上捕獲法庭檢察官指揮之。

檢察官關於判決之執行，得請海軍及警察機關協助之。

第四十條

檢審程序細則，由海上捕獲法庭定之。

第四章　附則

第四十一條

本條例自公布日施行。

㈡刑罰執行相關法規

1.保安處分執行法（第七十四之一、八十二至八十七條）

中華民國八十四年一月十八日總統華總㈠義字第○二五三號令修正第十七條條條文

第七十四條之一

對於外國人保護管束者，得以驅逐出境代之。

前項驅逐出境，準用第八章之規定。

第八十二條

受驅逐出境處分之外國人，由檢察官交由司法警察機關執行之。

第八十三條

受驅逐出境處分之外國人，檢察官應於刑之執行完畢一個月前或赦免後，先行通知司法警察機關。

第八十四條

檢察官應將受驅逐出境處分之外國人之經過詳情彙送外交部，必要時，由外交部通知受處分人所屬國之駐中華民國使領館。

第八十五條

受驅逐出境處分之外國人，持有其本國護照前往其所屬國，或持有其他地區之入境許可，公私舟、車、航空器在該地設有停站者，不得拒絕搭乘。

前項舟、車、航空站拒絕被驅逐出境之外國人搭乘，得由當地司法警察機關，依違警罰法第五十四條第十一款處罰之。

第八十六條

受驅逐出境處分之外國人於刑之執行完畢或赦免後，如因即時無相當舟、車、航空器可供搭乘而生活困難者，其居留期間，仍應供給飲食及住宿。

前項居留期間內，警察機關應負責監視其行動，非有重大事由，不得拘束其身體。

第八十七條

受驅逐出境處分之外國人所需旅費，應由其本人負擔，如確屬赤貧無力負擔時，執行機關應另請專款辦理之。

2.冤獄賠償法（第二十五條）

中華民國八十年十一月二十二日總統（八〇）華總㈠義字第六一六七號令修正發布第三條條文

第二十五條

本法於外國人準用之。但以依國際條約或該外國人之本國法律，中華民國人民得享同一權利者為限。

3.犯罪被害人保護法（第三、三十三條）

中華民國八十七年五月二十七日總統（八七）華總㈠義字第八七〇〇一〇四五〇〇號令制定公布；並定於中華民國八十七年十月一日施行

第三條

本法用詞定義如下：

一、犯罪行為：指在中華民國領域內，或在中華民國領域外之中華民國船艦或航空器內，故意或過失侵害他人生命、身體，依中華民國法律有刑罰規定之行為及刑法第十八條第一項、第十九條第一項及第二十四條第一項前段規定不罰之行為。

二、犯罪被害補償金：指國家依本法補償因犯罪行為被害而死亡者之遺屬或受重傷者損失之金錢。

第三十三條

本法於外國人為被害人時，應本互惠原則適用之。

4.監獄行刑法施行細則（第三、六、七、八十、八十一條）

中華民國八十六年四月二日法務部令修正發布第二十九條條文

第三條

罰金易服勞役之受刑人，應與處徒刑或拘役者分別執行。

受刑人為外國人或無國籍者，必要時得指定監獄執行之。

第六條

為研究學術或有正當理由請求參觀監獄經許可者，男性參觀人員參觀男監，女性參觀人員參觀女監。但有特殊理由，經典獄長許可者，不在此限。

參觀時監獄應派員引導、說明，並記錄參觀者之姓名或機關團體名稱、職業、住址、參觀之日期及目的。

參觀者須服裝整齊、保持肅靜，未經典獄長許可，不得攝影，並禁止與受刑人交談或傳遞物品。

未成年人、酒醉人或病人，禁止參觀。外國人或無國籍者請求參觀時，應經監督機關之核准。

第七條

監獄人員工作時應用國語，非有必要不得使用方言或外國語言。

第八十條

本法第六十二條所稱「最近親屬」包括配偶、直系血親、三親等內之旁系血親及二親等內之姻親。所稱「家屬」，依民法第一千一百二十三條之規定。所稱「特別理由」，以有接見及通信必要而又無妨害監獄紀律者為限。

證明前項親屬或家屬關係，應提出足資證明之文件或以調查之資料認定之。

外國籍或無國籍之受刑人，得許與其所屬國家或代表其國家之外交或領事人員、或國際機構、或宗教人士接見與通信。

第八十一條

接見及發信應用中國語言及文字，不得使用符號及暗語。但盲啞之受刑人，得使用手語或點字；外國籍或無國籍之受刑人，得使用所屬國或國際通用之文字及語言。

受刑人不識字或不能自寫者，由監獄人員代書，本人蓋章或簽名，不能簽名者，由他人代書姓名，本人蓋章或按捺指紋，代書之人應附記其事由並簽名。

受刑人撰寫之文稿，如題意正確且無礙監獄紀律及信譽者，得准許投寄報章雜誌。

行政法規類

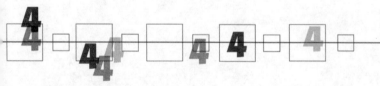

一、行政法規總目

1.訴願法（第四十五條）

中華民國八十九年六月十四日總統（八九）華總(一)義字第八九○○一四六九九○號令修正公
布第四、九、四十一條條文；並自八十九年七月一日起施行

第四十五條

對於在中華民國有事務所或營業所之外國法人或團體為送達者，應向其在中華民國之
代表人或管理人為之。

前項代表人或管理人有二人以上者，送達得僅向其中一人為之。

2.行政訴訟法（第十三、十四、六十五、六十九、七十七、七十八、八十一、 一百二十一、一百三十七條）

中華民國八十七年十月二十八日總統（八七）華總(一)義字第八七○○二二一三三○號令修正
公布全文三百零八條

第十三條

對於公法人之訴訟，由其公務所所在地之行政法院管轄。其以公法人之機關為被告時，
由該機關所在地之行政法院管轄。

對於私法人或其他得為訴訟當事人之團體之訴訟，由其主事務所或主營業所所在地之
行政法院管轄。

對於外國法人或其他得為訴訟當事人之團體之訴訟，由其在中華民國之主事務所或主
營業所所在地之行政法院管轄。

第十四條

前條以外之訴訟，由被告住所地之行政法院管轄，其住所地之行政法院不能行使職權
者，由其居所地之行政法院管轄。

被告在中華民國現無住所或住所不明者，以其在中華民國之居所，視為其住所；無居
所或居所不明者，以其在中華民國最後之住所，視為其住所；無最後住所者，以中央
政府所在地，視為其最後住所地。

訴訟事實發生於被告居所地者，得由其居所地之行政法院管轄。

第六十五條

對於在中華民國有事務所或營業所之外國法人或團體為送達者，應向其在中華民國之
代表人或管理人為之。

前項代表人或管理人有二人以上者，送達得僅向其中一人為之。

第六十九條

當事人或代理人於中華民國無住居所、事務所及營業所者，應指定送達代收人向受訴行政法院陳明。

第七十七條

於外國或境外為送達者，應囑託該國管轄機關或駐在該國之中華民國大使、公使、領事或其他駐外人員為之。

不能依前項之規定辦理者，行政法院得將應送達之文書，交付郵政機關以掛號發送。

第七十八條

對於駐在外國之中華民國大使、公使、領事或其他駐外人員為送達者，應囑託外交部為之。

第八十一條

行政法院對於當事人之送達，如有左列情形之一者，得依聲請或依職權為公示送達：

一、應為送達之處所不明者。

二、於有治外法權人住居所或事務所為送達而無效者。

三、於外國為送達，不能依第七十七條之規定辦理或預知雖依該條規定辦理而無效者。

第一百二十一條

行政法院因使辯論易於終結，認為必要時，得於言詞辯論前，為左列各款之處置：

一、命當事人、法定代理人、代表人或管理人本人到場。

二、命當事人提出圖案、表冊、外國文文書之譯本或其他文書、物件。

三、行勘驗、鑑定或囑託機關、團體為調查。

四、通知證人或鑑定人，及調取或命第三人提出文書、物件。

五、使受命法官或受託法官調查證據。

行政法院因闡明或確定訴訟關係，於言詞辯論時，得為前項第一款至第三款之處置，並得將當事人或第三人提出之文書、物件暫留置之。

第一百三十七條

習慣及外國之現行法為行政法院所不知者，當事人有舉證之責任。但行政法院得依職權調查之。

3.行政程序法（第三、二十二、七十、七十八、八十六、八十七條）

中華民國九十年十二月二十八日總統（九〇）華總一義字第九〇〇〇二六五〇一〇號令修正發布第一百七十四之一條條文

第三條

行政機關為行政行為時，除法律另有規定外，應依本法規定為之。

下列機關之行政行為，不適用本法之程序規定：

一、各級民意機關。

二、司法機關。

三、監察機關。

下列事項，不適用本法之程序規定：

一、有關外交行為、軍事行為或國家安全保障事項之行為。

二、外國人出、入境、難民認定及國籍變更之行為。

三、刑事案件犯罪偵查程序。

四、犯罪矯正機關或其他收容處所為達成收容目的所為之行為。

五、有關私權爭執之行政裁決程序。

六、學校或其他教育機構為達成教育目的之內部程序。

七、對公務員所為之人事行政行為。

八、考試院有關考選命題及評分之行為。

第二十二條

有行政程序之行為能力者如下：

一、依民法規定，有行為能力之自然人。

二、法人。

三、非法人之團體由其代表人或管理人為行政程序行為者。

四、行政機關由首長或其代理人、授權之人為行政程序行為者。

五、依其他法律規定者。

無行政程序行為能力者，應由其法定代理人代為行政程序行為。

外國人依其本國法律無行政程序之行為能力，而依中華民國法律有行政程序之行為能力者，視為有行政程序之行為能力。

第七十條

對於在中華民國有事務所或營業所之外國法人或團體為送達者，應向其在中華民國之代表人或管理人為之。

前條第三項規定，於前項送達準用之。

第七十八條

對於當事人之送達，有下列各款情形之一者，行政機關得依申請，准為公示送達：

一、應為送達之處所不明者。

二、於有治外法權人之住居所或事務所為送達而無效者。

三、於外國或境外為送達，不能依第八十六條之規定辦理或預知雖依該規定辦理而無效者。

有前項所列各款之情形而無人為公示送達之申請者，行政機關為避免行政程序遲延，

認為有必要時，得依職權命為公示送達。

當事人變更其送達之處所而不向行政機關陳明，致有第一項之情形者，行政機關得依職權命為公示送達。

第八十六條

於外國或境外為送達者，應囑託該國管轄機關或駐在該國之中華民國使領館或其他機構、團體為之。

不能依前項規定為送達者，得將應送達之文書交郵政機關以雙掛號發送，以為送達，並將掛號回執附卷。

第八十七條

對於駐在外國之中華民國大使、公使、領事或其他駐外人員為送達者，應囑託外交部為之。

4.國家賠償法（第十五條）

中華民國六十九年七月二日總統（六九）臺統㈠義字第三七二〇號令制定公布全文十七條

第十五條

本法於外國人為被害人時，以依條約或其本國法令或慣例，中華民國人得在該國與該國人享受同等權利者為限，適用之。

＊八〇臺上字第九一七號

要旨：

上訴人欲以外國人身分在華執行律師職務，而未向法務部申請核准，被上訴人乃拒絕核發居留簽證與上訴人，尚難認被上訴人有違法情事。我國為主權國家，被上訴人對於外國人入境、停留、居留申請之准駁，屬行使國家主權之範圍。外國人並無任意進入我國國境居留或停留之權利。縱外國人申請核發入境、停留或居留簽證時，檢具規定之文件，國家基於主權之行使，認為必要時，仍得加以拒絕而不予准許，且無須附加理由。上訴人既係以美國公民身分，申請在我國居留，縱其備齊有關文件，申請核發居留簽證，被上訴人基於國家主權之行使，予以拒絕，並不違法，亦無侵害上訴人自由權利之可言。上訴人以其自由權利因被上訴人未予核發居留簽證而受損害，請求國家賠償，自屬不應准許。

＊法務部（八七）法律字第〇二九一〇〇號

要旨：

關於日本國人民可否依我國國家賠償法，請求損害賠償疑義。

說明：

一、復　貴府八十七年七月廿八日八七府法三字第一四三一一〇號函。

二、依國家賠償法第十五條之規定，我國對外國人之賠償責任係採互惠主義，如依條約或該外國有關國家賠償法令或慣例，並無排除我國人民適用者，該外國人亦有本法之適用。揆諸日本國家賠償法第六條之規定，採相互保證互惠主義；惟該國法第六條所稱之「外國人」，是否涵括中華民國人民而有該法之適用？請洽詢外交部惠予協助蒐集該國有關資料，俾憑參辦。

＊法務部（八九）法律字第○一八七○一號

要旨：

關於外國人請求國家賠償事件，是否為適格之請求權人釋疑。

主旨：

關於　貴府函詢日本籍淺○○志君請求國家賠償事件，是否為適格之請求權人乙案，本部意見如說明二、三。請　查照參考。

說明：

一、復　貴府八十九年五月十八日府警法字第八九○三六七八○○一號函。

二、依國家賠償法第十五條規定：「本法於外國人為被害人時，以依條約或其本國法令或慣例，中華民國人得在該國與該國人享受同等權利者為限，適用之。」之意旨以觀，關於國家賠償責任對於外國人係採相互保證之平等互惠原則，雖不以我國與外國有外交關係為限，惟如外國有關國家賠償法之法令或慣例排除我國人民之適用，或不承認國家賠償責任者，該國人民即不得依本法之規定，請求國家賠償（國家賠償法第十五條立法理由及司法院八十六年八月十三日（八六）院臺廳民一字第一八○二九號函修正「法院辦理國家賠償事件應行注意事項」第十二點參照）。是以，日本人得否依我國國家賠償法之規定請求賠償損害，須視日本相關法令或慣例對於中華民國人是否得在該國與該國人享受同等權利而定。復查日本國家賠償法第六條規定：「本法於外國人為被害人時，以有相互保證為限，得適用之。」雖亦採相互保證之立法，惟該國之實務運作，是否肯認我國人民亦與該國人民享受同等權利，仍應先予查明，俾符本法第十五條之規範意旨。

三、又「依本法請求損害賠償時，應先以書面向賠償義務機關請求之」，「賠償義務機關對於前項請求，應即與請求權人進行協議。」國家賠償法第十條第一項及第二項前段分別定有明文。準此，來函所詢國家賠償事件是否有國家賠償法之適用，宜由　貴府於協議時依職權調查，或由請求權人舉證提出日本相關之現行法令或實務運作慣例，以明瞭中華民國人是否得在日本與日本人享受同等之權利而定。如遇有疑義時，宜請外交部協助蒐集相關資料以資認定。

＊法務部（七六）法律字第一一五號

要旨：

關於外國法人在我國有無國家賠償法第十五條規定之適用疑義乙案

說明:

一、復　貴關七十五年十二月二十四日 (75) 高普法字第二〇八七號函。

二、按國家賠償法第十五條所稱外國人當包括外國自然人與外國法人,且依該條規定,我國對外國人之賠償責任係採相互保證主義,如依條約或該外國有關國家賠償法令或慣例,並無排除對中華民國人之適用者,該外國人即得受本法之保護,初不以是否曾依我公司法規定申請認許或備案者為限。

＊法務部 (七四) 法律字第一五四五七號

要旨:

關於國家賠償法第十五條之適用問題,我國人在美國是否與該國人享有同等權利疑義乙案。

說明:

一、復七十四年十二月九日 (74) 府法二字第六一七五九號函。

二、按國家賠償案件,於外國人為被害人時,有關該外國人本國之法令或慣例為法院或賠償義務機關所不知者,該外國人固有舉證責任,但法院或賠償義務機關亦得依職權調查,本部曾以七十年十月十二日 (70) 法律字第一二五五四號函釋在案。本件經查美國聯邦侵權賠償法對於外國人為被害人時,係採平等主義,凡在美國境內之外國人,因聯邦政府人員執行職務之不法侵權行為遭受損害,不論依其本國法令或慣例,美國人在該國得享受該國人同等權利與否,皆與美國人民享有同等權利,得依美國聯邦侵權賠償法之規定請求賠償。惟上述法律意見僅供　貴府處理有關案件時之參考,至於本件具體案件宣仍由賠償義務機關本於職權依法認定之。

三、檢附本部七十年十月十二日 (70) 法律字第一二五五四號函、北美事務協調委員會駐美國家辦事處七十年十二月十一日 (70) 外北美協秘字第七〇二五五八號函及王和雄「赴日本美國研究國家賠償法報告」六六頁至六九頁、一七六頁至一九二頁影本各乙份。

＊法務部 (七〇) 法律字第一二五五四號

要旨:

國家賠償案件,於外國人為被害人時,有該外國人本國之法令或慣例為法院或賠償義務機關所不知者,該外國人固有舉證責任,但法院或賠償義務機關亦得依職權調查。

說明:

一、復七十年十月六日 (70) 外條二字第二三三六九號函。

二、國家賠償法第十五條規定:「本法於外國人為被害人時,以依條約或其本國法令或慣例,中華民國人得在該國與該國人享受同等權利者為限,適用之。」遇有外國人為被害人時,除條約以外,外國之現行法令或慣例,為法院所不及知者,請求權

人即原告固有舉證之責任，但法院亦得依職權調查（民事訴訟法第二百八十三條參照）。

三、又請求國家賠償損害，於起訴前，請求權人應先以書面向賠償義務機關請求之。賠償義務機關對於前項請求，應即與請求權人協議（國家賠償法第十條參照）。賠償義務機關於協議時亦須參閱各有關外國之現行法令或慣例，以明瞭中華民國人是否得在該國與該國人享受同等權利之必要。仍請　貴部惠予協助蒐集外國有關資料，以應需要。

＊法務部（八〇）法律字第二七一九〇號

要旨：

國家賠償法第十五條規定：「本法於外國人為被害人時，以依條約或其本國法令或慣例，中華民國人得在該國與該國人享受同等權利者為限，適用之。」該條係採相互保證主義之平等互惠原則，其目的在保障我國僑民之權益。本條所規範之外國人係指「被害人」而言，如非被害人，而係依其他法律有關損害賠償之規定得行使請求權之人，自不在國家賠償法適用之範圍。本件被害人為我國國民，業已死亡，依民法規定應由支出殯葬費之人、法定扶養權利人或其父母、配偶、子女等為請求權人，提出損害賠償之請求（國家賠償法第五條、民法第一百九十二條、第一百九十四條規定參照），請求賠償之人縱無我國國籍，其為請求權人之資格應無不合，惟應無國家賠償法第十五條規定之適用。

5.法院辦理國家賠償事件應行注意事項（第十二點）

中華民國八十六年八月十三日司法院（八六）院臺廳民一字第一八〇二九號函修正發布

十二

本法第十五條之適用，雖不以我國與外國有外交關係為限，惟如外國有關國家賠償法令或慣例排除我國人民之適用，或不承認國家賠償責任者，該國人民即不得依本法之規定，請求國家損害賠償。

6.行政法院辦案期限規則（第六條）

中華民國八十七年五月二十一日司法院（八七）院臺廳行一字第〇九〇〇一號函修正發布全文十九條

第六條

訴訟事件除以裁定或不經言詞審理以判決終結者外，應於決定行言詞審理之日起十日內，指定言詞辯論或調查證據期日。

訴訟事件不能於指定期日終結，而未當庭另指定期日者，至遲應於該期日終了後十四

日內，再指定期日。

指定期日除應公示送達或於外國及大陸地區為送達，或有特殊情形者，應酌定適當之
期日外，自指定之日起至遲不得逾二個月。

7.各級行政法院辦案期限規則（第九條）

中華民國八十九年七月四日司法院（八九）院臺廳行一字第一六〇〇八號函修正發布；並自
八十九年七月一日起實施

第九條

事件逾第六條所定期限尚未終結，而有下列各款情形之一者，視為不遲延事件：

一、依行政訴訟法、其他法律規定或承辦法官聲請大法官解釋，而停止訴訟程序者。

二、當事人在營服役或羈押、執行，不能到場辯論，而又未委任訴訟代理人者。

三、當事人因隨船出海作業，不能於三個月內到場辯論，而又未委任訴訟代理人者。

四、當事人因患重病或重傷在治療中，不能到場辯論，而又未委任訴訟代理人者。

五、當事人現在國外或大陸地區，不能於三個月內到場辯論，而又未委任訴訟代理人
者。

六、將證據送請鑑定或證據應於外國調查，而未能於三個月內，獲得鑑定或調查結果
者。

七、有調閱他案卷宗之必要，而未能於三個月內調得者。

8.公務人員任用法（第二十八條）

中華民國九十一年一月二十九日總統（九一）華總一義字第〇九一〇〇〇一六九／一〇號令
修正公布第四、六、九至十一、十三、十七、十八、十八之一、二十、二十二、二十六之
一、二十八、三十二、三十三、三十五、四十條條文；增訂第十一之一、三十三之一條條
文；並刪除第十九條條文

第二十八條

有左列情事之一者，不得任用為公務人員：

一、未具或喪失中華民國國籍者。但其他法律另有規定者，不在此限。

二、具中華民國國籍兼具外國國籍者。

三、動員戡亂時期終止後，曾犯內亂罪、外患罪，經判刑確定或通緝有案尚未結案者。

四、曾服公務有貪污行為，經判刑確定或通緝有案尚未結案者。

五、犯前二款以外之罪，判處有期徒刑以上之刑確定，尚未執行或執行未畢者。但受
緩刑宣告者，不在此限。

六、依法停止任用者。

七、褫奪公權尚未復權者。

八、受禁治產宣告，尚未撤銷者。

九、經合格醫師證明有精神病者。

公務人員於任用後，有前項第一款至第七款情事之一者，應予免職；有第八款及第九款情事之一者，應依規定辦理退休或資遣。任用後發現其於任用前已有前項各款情事之一者，應撤銷任用。

前項撤銷任用人員，其任職期間之職務行為，不失其效力；業已依規定支付之俸給及其他給付，不予追還。

9.公務人員退休法（第十一條）

中華民國八十四年一月二十八日總統（八四）華總（一）義字第○六四○號令修正公布第十一條
條文

第十一條

有左列情形之一者，喪失其領受退休金之權利：

一、死亡。

二、褫奪公權終身者。

三、動員戡亂時期終止後，曾犯內亂、外患罪，經判刑確定者，或通緝有案尚未結案
者。

四、喪失中華民國國籍者。

10.公務人員撫卹法（第十條）

中華民國八十四年一月二十八日總統令修正公布第十條條文；中華民國八十四年六月二十九
日考試院令修正條文自中華民國八十四年七月一日施行

第十條

遺族有左列情形之一者，喪失其撫卹金領受權：

一、褫奪公權終身者。

二、動員戡亂時期終止後，曾犯內亂、外患罪，經判刑確定者，或通緝有案尚未結案
者。

三、喪失中華民國國籍者。

11.行政資訊公開辦法（第九、十條）

中華民國九十年二月二十一日行政院（九○）臺法字第○○八○四八號令、考試院（九○）
考臺法字第○○五六九號令會同訂定發布全文十九條；並自發布日起施行

第九條

中華民國國民及依法在中華民國設有事務所、營業所之本國法人、團體，得依本辦法規定請求行政機關提供行政資訊。

前項所定中華民國國民，不包括大陸地區人民、香港居民及澳門居民在內。外國人，以其本國法令未限制中華民國國民請求提供其行政資訊者為限，亦得依本辦法請求之。

第十條

向行政機關請求提供行政資訊者，應填具申請書，載明下列事項：

一、申請人姓名、性別、出生年、月、日、國民身分證統一編號與設籍或通訊地址及聯絡電話；申請人為法人或團體者，其名稱、立案證號、事務所或營業所；申請人為外國人者，並應註明國籍及護照號碼。

二、申請人有法定代理人、代表人者，其姓名、性別、出生年、月、日及通訊處所。

三、所請求之行政資訊內容要旨及件數。

四、請求行政資訊之用途。

五、申請日期。

前項請求，得以書面通訊方式為之；其請求經電子簽章憑證機構認證後，得以電子傳遞方式為之。

二、內政

(一)戶役政

1.國籍法

中華民國九十年六月二十日總統（九〇）華總一義字第九〇〇〇一一八九六〇號令修正公布
第二十條條文

第一章　固有國籍

第一條

中華民國國籍之取得、喪失、回復與撤銷，依本法之規定。

＊七六判字第一五二三號

要旨：

〔印尼、葡萄牙、紐西蘭、馬來西亞及菲律賓等五國不許我國國民在該國執行醫事人員業務，行政院衛生署基於國際互惠原則，不准該五國國民在我國執行醫療業務，自屬當然之措施〕

按「醫師執業，應向所在地直轄市、縣（市）政府呈驗醫師證書，請求登錄發給執業執照。」又「醫師未經領有執業執照或未加入醫師公會擅自執業者，由衛生主管機關處以二千元以下罰鍰。」分別為醫師法第八條及第二十七條所明定。上項罰鍰業經行政院依戡亂時期罰金罰鍰提高標準條例第一條前段及第三條規定，均提高為五倍，並於72.08.27以臺（72）規字第一五八二一號令發布施行。本件原告等均為馬來西亞籍之華裔僑民，其雖已合法取得醫師資格，惟未取得執業執照，而擅自於臺灣〇〇醫院執行醫療業務，案經被告機關分別談話，坦承不諱查明屬實，乃據以為罰鍰之處分。至原告等辯稱原告等均係在國內各院校修習醫科期滿參加醫師考試及格，依規定於基隆市八堵臺灣〇〇醫院擔任實習醫師，並無執業行為，符合醫師法第二十八條但書規定，自無同法第八條之適用。又原告等之父親皆為中國人，依國籍法第一條規定，原告等自生時即具有中華民國國籍，被告機關未經詳察，逕行認定原告等為外國人，而引用考選部66.02.10醫事人員檢覈委員會第一八二次會議決議及行政院衛生署釋示而予處分，顯有未當等語。惟查實習醫師制度係為解決國內醫學院畢業生尚未通過醫師考試者，經主管機關許可，由實習醫院之醫師指導而設，原告等既未經主管機關認可其實習，復已獲得醫師考試及格，依醫師法第一條規定，即取得我國醫師資格，自無同法第二十八條但書規定之適用情形，且原告等既為醫師，業於醫院執行業務，自應依同法第八條規定向被告機關呈驗醫師證書，請求登錄發給執業執照。又考選部醫事人

員檢覈委員會於 66.02.10 第一八二次會議決議外國人申請醫事人員檢覈案，應依外交部查復之各國情形予以認定，而經外交部查證計有印尼、葡萄牙、紐西蘭、馬來西亞及菲律賓等五國不許我國國民在該國執行醫事人員業務，行政院衛生署基於國際互惠原則，援引該項查證結果，不准該五國國民在我國執行醫療業務，自屬當然之措施。原告等均係持用馬國護照，依法自不得以馬國國籍在我國執業，惟政府本於照顧華僑之一貫立場，既未貫徹僑生回國就學及輔導辦法第三十一條「專科以上學校畢業僑生，除情形特殊者外，應一律返回僑居地服務」之規定。況依國籍法第一條規定，生時父為中國人者，屬中華民國國籍，係指該人志願為中國人者而言，如該人在中華民國居住，仍持用外國護照，而不辦理取得中華民國國籍之設籍手續，亦不欲取得中華民國國民身分證者，縱令其生時父為中國人，亦不表示其已成為中國人，自亦無國籍法第一條規定之適用。原告等執行醫師業務在先，辦理醫師登錄及取得中華民國國籍在後，被告機關認為原告等違法執業，分別處以罰鍰，揆諸首揭法條規定，原處分並無違誤。
（參考法條：醫師法第八、二十七、二十八條 (70.06.12)、國籍法第一條 (18.02.05)、僑生回國就學及輔導辦法第三十一條 (72.01.10)）

＊法務部（八五）法律決字第〇八八八六號
要旨：
大陸地區人民定義疑義
全文內容：
一、按臺灣地區與大陸地區人民關係條例第二條第四款、同條例施行細則第五條第一項及第六條已對所謂「大陸地區人民」予以定義，故持有中共護照者，仍需符合上開規定，始得認係大陸地區人民。行政院大陸委員會八十五年三月十三日 (85) 陸法字第八五〇一六四三號函說明二意見，本部敬表同意。
二、復查我國國籍法係採血統主義（國籍法第一條參照），故大陸地區人民得依上開規定認定具有中華民國國籍，但僅持有中共護照，而不符大陸地區人民之定義時，似尚不得據以認定其身分。至對大陸地區人民是否核發我國護照係屬政策考量，本部無意見。（參考法條：臺灣地區與大陸地區人民關係條例第一、二條 (84.07.19)、臺灣地區與大陸地區人民關係條例施行細則第五、六條 (83.10.19)、國籍法第一條 (18.02.05)）

＊法務部（八五）法律決字第二〇二九九號
要旨：
外國單身女子與我國男子結婚前所生之非婚生子女，可否適用國籍法第一條第一款規定。
說明：
一、復 貴部八十五年七月二十日臺 (85) 內戶字第八五〇三四七四號函。

二、按民法第一千零六十四條規定：「非婚生子女其生父與生母結婚者，視為婚生子女」，通說咸認本條「視為婚生子女」之效力，應溯及於子女出生時發生（史尚寬著「親屬法論」四九九頁，胡長清著「中國民法親屬論」二二九頁，戴炎輝、戴東雄合著「中國親屬法」三二二頁，陳棋炎、黃宗樂、郭振恭合著「民法親屬新論」二七一、二七二頁參照）；次按，國籍法第一條第一款規定，生時父為中國人者，屬中華民國國籍。來函所述外國單身女子與我國男子結婚前所生之非婚生子女，於生父母結婚後，依上開民法規定既溯及於出生時視為婚生子女，似即得適用國籍法第一條第一款規定。

三、關於來函建議修法限制子女重新約定改姓次數乙節，業已留供本部參考。（參考法條：國籍法第一條 (18.02.05)、民法第一千零六十四條 (74.06.03)）

＊法務部（八三）法律字第二二二六三號

要旨：

被繼承人原為印尼人，嫁予中國人為妻時，是否依印尼法律保留印尼國籍抑或未保留印尼國籍而取得中華民國國籍疑義。

全文內容：

一、依涉外民事法律適用法第二十二條規定：「繼承，依被繼承人死亡時之本國法。但依中華民國法律中華民國國民應為繼承人者，得就其在中華民國之遺產繼承之。」又依國籍法第二條第一款規定：「外國人有左列各款情事之一者，取得中華民國國籍：一、為中國人妻者，但依其本國法保留國籍者，不在此限。」本件依來函所附資料，被繼承人關○妹原為印尼人，嫁予中國人韓○男為妻時，是否依印尼法律保留印尼國籍抑或未保留印尼國籍而取得中華民國國籍？其死亡時是否具有中華民國國籍，尚未明確。如其死亡時具有中華民國國籍者，固有我國法律之適用，不發生涉外民事法律適用法之適用問題；如其死亡時不具有中華民國國籍，而其繼承人因依我國國籍法第一條第一款規定均為中華民國國民，依上開涉外民事法律適用法第二十二條但書之規定，自仍得就其在中華民國之遺產繼承之。又依涉外民事法律適用法第二十條規定：「監護，依受監護人之本國法，……。」本件未成年人韓○宏、韓○利之監護人分別為印尼人關○英、關○英，其監護事項依上開規定，仍以受監護人之本國法，即中華民國法律定之。合先敘明。

二、查「未成年子女與其父或母同為繼承人協議分割遺產或未成年子女所有之不動產移轉或設定負擔與其父或母時，而訂立契約及申辦土地登記時，因涉及民法第一百零六條禁止自己代理或雙方代理之規定，應依民法第一千零九十四條各款規定之順序定其法定監護人與其生父或生母訂立契約，並依同法第一千一百零一條經親屬會議之允許。惟其為協議分割遺產者，若未成年子女有二人以上者，須分別置不同之法定監護人。」前經　貴部（內政部）八十一年七月二十八日臺八一內地

字第八一八二四五三號函釋在案（本部八十一年二月七日法 (81) 律字第○一六八八號、八十一年六月二十三日法 (81) 律字第○九二二○號函參照）。依我國民法第一千零九十四條第五款規定，無同法第一款至第四款規定順序之人者，由親屬會議選定之人為其監護人。而親屬會議之組成則應依同法第一千一百三十條規定：「親屬會議會員，應就未成年人、禁治產人或被繼承人之左列親屬與順序定之：一、直系血親尊親屬。二、三親等內旁系血親尊親屬。三、四親等內之同輩血親。」第一千一百三十三條規定：「監護人、未成年人及禁治產人，不得為親屬會議會員。」本件依來函所述，未成年子女韓○宏、韓○利與其父韓○男、兄韓○達、姊韓○君同為被繼承人關○妹之繼承人，協議分割遺產，如其親屬會議之組成符合上開民法規定且經其決議分別選定關○英、關○英為韓○宏、韓○利之監護人符合民法第一千零九十四條之規定者，其為合法之監護人，固無疑義。惟關○英、關○英為監護人後，復兼為親屬會議會員，而依民法第一千一百零一條規定：「監護人對於受監護人之財產，……。為不動產之處分時，並應得親屬會議之允許。」行使對於遺產分割協議之同意權，其親屬會議之組成顯與上揭民法第一千一百三十條及第一千一百三十三條之規定不符，從而該親屬會議之決議應為無效（史尚寬著「親屬法論」第七三三頁及第七四四頁、陳棋炎、黃宗樂、郭振恭著「民法親屬新論」第四七三頁至第四八二頁、戴炎輝、戴東雄合著「中國親屬法」第四九○頁及第五○○頁暨 貴部七十四年五月二十日七十四臺內地字第三一六三一號函參照）。（參考法條：民法第一百零六、一千零九十四、一千一百零一、一千一百三十、一千一百三十一、一千一百三十三條 (74.06.03)、涉外民事法律適用法第二十二條 (42.06.06)、國籍法第一、二條 (18.02.05)）

＊勞工委員會（八一）臺勞職業字第三二七四三號

要旨：

「外國人」、「中華民國國民」之涵義及具本國籍之雙重國籍人在華工作如何規範之疑義。

全文內容：

一、就業服務法（以下簡稱本法）所稱「外國人」者係指中華民國國民及無國籍人以外之人，至何謂中華民國國民，則依憲法第三條、國籍法第一條及第二條之規定認定之。

二、本法為解決本國國籍法承認雙重國籍之事實，對於取得雙重國籍之中國人在我國工作時應如何規範乙節，依據本法第六十七條之規定，明定渠等不論係持外國護照入境或持中華民國護照入境而未在國內設籍者，其受聘僱從事工作，準用本法關於外國人之規定，即應經雇主向有關機關申請許可。至於中國人未取得外國國籍者，其入境工作，則不受本法有關外國人規定之規範，即無須依本法之規定申請許可（參酌本會八十一、八、廿三臺八十一勞職業字第二八三七三號函）。（參

考法條：憲法第三條 (36.01.01)、國籍法第一、二條 (18.02.05)、就業服務法第六
　　　十七條 (81.05.0 8))

* 內政部（五四）臺內戶字第一八五三八三號

要旨：

中華民國國民之後裔，在未經本部核准其喪失國籍者，不論是否取得外國國籍，均仍
屬我國國民。

全文內容：

本部以為依據我國國籍法第一條之規定，凡屬中華民國國民之後裔，在未經本部核准
其喪失國籍者，不論其是否取得外國國籍，均仍屬我國國民，除經本部核准出籍者外，
一律無須辦理回復國籍手續。

* 內政部（五四）臺內戶字第一七八五一六號

要旨：

華裔人士既具有我國血統，自應具有我國國籍。

全文內容：

關於由印尼逃來吉隆坡之華裔人士有關國籍疑義一案，依據我國國籍法第一條第一項
第一款至第三款及司法院千上七七二號判例「我國國籍，向採血統主義。出生時父為
中國人者，無論其出生地為中國、抑為外國，且無論依出生地法是否取得外國國籍，
在我國仍一律視為中國人。」之規定，該批華裔人士既具有我國血統，自應具有我國國
籍。

* 內政部（四九）臺內戶字第四三八〇一號

要旨：

我國駐外外交官所生子女，不應取得外國國籍，縱依駐在國之規定，具有中外雙重國
籍，返國後仍不得申報外僑居留。

全文內容：

㈠關於我國駐外外交官所生之子女，應否准照駐在國規定取得該國國籍，及其返國後
　應否視同外僑准予辦理外僑居留一案，茲准司法行政部臺（四九）函參五〇三三號
　函略不應取得外國國籍，縱其同時具有中外雙重國籍，我政府仍應視其為中國人，
　以中國人身分在臺辦理居住手續到部。並經該部抄具該函副本送請　貴處查照在案。

㈡本部茲同意司法行政部前函意見。

* 內政部（四六）臺內戶字第一一二三七三號

要旨：

臺女在臺灣光復前與日男同居，光復時並未隨同遣送赴日，仍具有中國國籍；其所生
子女，亦隨其母而具有中國國籍。

全文內容：

查「臺灣省光復前日僑與臺民之贅夫及其子女國籍處理辦法」第四條:「臺女已為日男之妾或日男同居多年者,仍屬中華民國國籍,但其自願取得日本國籍者,應即遣送赴日,毋庸辦理喪失中國國籍手續。其所生子女自不具有中國國籍。」按本條前段所言,臺女與日男同居或為日人之妾者因非合法婚姻該臺女自仍具有中國國籍,其所生子女如未經日籍生父認知而取得日籍者,自應依照國籍法第二條第三款之規定,為中國人。本條後段所言之「其所生子女自不具有中國國籍」,僅限用於但書所指願取得日籍並遣送赴日之臺女所生之子女,並非泛指臺女不論是否自願取得國籍其所生之子女均不具有中國國籍。查案經核該林○蘭於臺灣光復後遣返日人之際,既未隨該日男秦○遣送赴日,依照是項處理辦法第四條前段之規定,即仍係中國人。其本人既具有中國國籍,則其與日人秦○同居期間所生之非婚生子範○、幸○二人當然亦仍具有中國國籍。

＊內政部(三八)戶字第二二三號戌灰代電

要旨:

日女為臺男之妾或同居所生之子女,暨光復前華男在臺與日女同居所生子女,其後結婚者均具有中國國籍。

全文內容:

查㈠日女已為臺男之妾,而該臺男之妻已死。或日女與臺男同居,而該臺男從未結婚,其在臺灣省光復後,尚未補行結婚前所生出之子女,因該臺男本身,自臺灣光復之日起,即具有中國國籍。其所生之子女,自可依照民法第一○六四條及國籍法第一條第一款之規定認屬中國國籍。無庸再辦取得中國國籍之手續。㈡臺灣省光復前,非臺籍華男在臺灣居住與日女同居所生子女,其經結婚者,亦應依照本部卅八年一月廿二日人三字第一九九號代電之規定視為屬中國國籍。

＊內政部(三七)人三字第二六八一號

要旨:

隨同歸化取得國籍女子與無國籍人結婚後尚未出籍者仍具有中國國籍

全文內容:

查已隨同歸化取得中國國籍之女子,又與無國籍人結婚者,若未比照國籍法第十條第一項第一款之規定申請脫離國籍,經本部許可者,仍具有中國國籍。關於該女之身分登記,仍應依戶籍法有關各條辦理,戶籍登記之對象應為中華民國人民,該女結婚對方既為無國籍人,故其婚姻行為僅就女方登記,而於備註欄註明「與無國籍人結婚」字樣,至所請冠以夫姓一節,可依照民法第一千條之規定辦理。(參考法條:國籍法第一條(18.02.05)、戶籍法第十七條(86.05.21))

＊內政部(三六)人三字第○○七六五號

要旨:

無國籍人在中國出生之子女係中國國籍不得保留其無國籍身分

全文內容：

㈠查現行戶籍法，廢除以戶定籍制度。戶籍登記簿各欄，純以個人為登記對象。凡生於中國地，父母均無國籍者，依國籍法第一條第四款之規定，係屬中國國籍，自應依照戶籍法第十八條第一項第一款之規定辦理設籍登記，但不必硬性規定須為分別立戶。

㈡前項所指具有中國國籍之國民或其本生父母，不願其子女取有中國國籍，或其本人不願取有中國國籍，而仍願保持其無國籍身分者，則核與國籍法第三章各條規定不合，未便照准。

＊內政部（三三）渝戶字第○九八九號

要旨：

我旅外僑民所生子女，持有出生地政府所發護照，並經我外交部簽證者，如未經核准出籍仍具有中國國籍。

全文內容：

查我國僑胞，有出生外國之僑生子女，而其父母並未喪失本國國籍，並持有出生地外國政府所頒之護照，經我外交部簽證者，依照我國國籍法第一條之規定，仍具有我國固有國籍，雖出生地之外國政府，採用屬地主義，認其有該國國籍，但未經依法呈經本內政部許可喪失國籍，並於國民政府公布之前，自不能認為即已喪失中華民國國籍。

第二章　國籍之取得

第二條

有下列各款情形之一者，屬中華民國國籍：

一、出生時父或母為中華民國國民。

二、出生於父或母死亡後，其父或母死亡時為中華民國國民。

三、出生於中華民國領域內，父母均無可考，或均無國籍者。

四、歸化者。

前項第一款及第二款之規定，於本法修正公布時之未成年人，亦適用之。

＊司法院院字第一一一一號

解釋文：

外國女子為中國人之妻，而依其本國法又未保留其國籍者，則依我國國籍法第二條第一款規定，即當然取得中華民國國籍。至於其應聲請該管官署轉報內政部備案公布，不過為其取得後之一種手續，核與歸化人須經內政部許可其歸化而後取得國籍者迥異（參照國籍法施行條例第二條及第三條），故應聲請備案而不聲請，僅應令其補正程序，而不得謂其尚未取得中華民國之國籍。又此項依國籍法第二條第一款當然取得國籍之人，雖於其夫生前未經聲請備案，而於其夫死後，苟無喪失國籍原因，仍得補行聲請。

*司法院院字第一三三六號

解釋文：

　外國女子為中國人之妻，如已合法取得中華民國國籍，嗣後離婚，其國籍並不因之喪失，故離婚前雖未聲請備案，而於離婚後苟無喪失國籍之原因，仍得補行聲請。

*司法院院字第一五五二號

解釋文：

　外國人經為其父或母之中國人所認知，或為中國人所收養者，依國籍法第二條第二款至第四款所定，取得中華民國國籍，不俟報部備案，始生效力，與同條第一款為中國人妻者相同（參照二十三年院字第一一一一號解釋）。又外國人於為中國人之養子時，所已取得之中國國籍，無論已否備案，均不因收養關係之終止而當然喪失。

*司法院院字第一七二七號

解釋文：

　外國女子嫁與中國人為妻，於其為中國人妻時，依國籍法第二條之規定，已取得中華民國之國籍者，其婚姻關係雖因重婚而經法院宣告撤銷，但國籍法並無因此而喪失其已取得之中華民國國籍之規定，則其已取得之中華民國國籍，自不因之而喪失。

*司法院院字第四〇一號

解釋文：

　按外國女子嫁與中國人為妻而取得中國國籍者，依中國國籍法第二條第一款以其本國法不保留其國籍者為限，來文所稱瑞士女子嫁與中國人為妻，如因重婚而婚姻宣告無效，依瑞士法瑞士女子嫁與外國人其取得夫之國籍以婚姻有效為條件之一，是依妻之本國法既經保留，則該瑞士女子應認為自始即未取得中國國籍。

*內政部（八五）臺內戶字第八五七五二八四號

要旨：

　具有外國國籍或無國籍之華裔人士，得否依國籍法第二條規定以「外國人」或「無國籍人」身分，申請取得中華民國國籍備案或歸化疑義。

主旨：

　有關具有外國國籍或無國籍之華裔人士，得否依國籍法第二條規定以「外國人」或「無國籍人」身分，申請取得中華民國國籍備案或歸化乙案，請依說明三辦理，請　查照。

說明：

一、邇來發現部分戶政機關受理外國人或無國籍人因與中國人結婚申請取得我國國籍備案或歸化時，往往以其配偶戶籍結婚記事欄登載「與華僑某某結婚」或其外國護照上登載有「CHINESE（中國人）」、「華人」等字樣，而認定其具有我國國籍，不受理申請；而當事者卻因無法提出足資證明具有我國國籍之文件無法以「國人入境短期停留長期居留及戶籍登記作業要點」規定，申請在臺灣地區設籍定居，滋

生困擾。

二、經查現行實務上辦理戶籍結婚登記，係根據其提出之「華僑身分證明」(該華僑身分證明，大部份均依我駐外館處核發之華裔證明，而向僑務委員會申請之證件)，即予登記為「與華僑某某結婚」；而一般外國護照所登載之「中國人」、「華人」字樣，係描述其種族或血統，因此上述兩種之記載，實不宜據以認定其具有我國國籍。

三、綜上所述，對於上開因提不出足資證明具有我國籍之文件，而無法以「國人」身分依「國人入境短期停留長期居留及戶籍登記作業要點」規定，申請在臺灣地區長期居留、定居之具有外國國籍之華裔人士，不論其配偶之戶籍結婚記事欄是否登載「與華僑某某結婚」，或其外國護照上登載為「中國人」、「華人」等字樣，戶政事務所均應受理其以「外國人」或「無國籍人」之身分，申請取得國籍備案或歸化手續。至其是否具有「華僑」身分，俟該申請案層送省(市)政府及本部時，將會函請僑務委員會及本部警政署入出境管理局查明。

四、又為杜絕上開情形繼續發生，爾後，如係依僑務委員會核發之華僑身分證明申請註記「華僑」者，除該證明未註明「本證明書依據華僑身分證明書核發辦法第三條第四項核發」者，仍可於戶籍登記簿記事欄註記為「華僑」外，如該華僑身分證明有註明「本證明書依據華僑身分證明書核發辦法第三條第四項核發」者，則因係根據我駐外館處或該會授權機構驗證或出具之華裔證明文件，而予核發之華僑身分證明，不得據以認定其具有我國國籍而於戶籍登記簿記事欄註記為「華僑」，以資明確。

＊內政部 (六四) 臺內戶字第六三九一五五號
要旨：
外國人為我國人之養子，依法取得我國國籍後，並不因終止收養關係而當然喪失我國國籍。
全文內容：
外國人為我國人之養子，依法取得我國國籍後，並不因終止收養關係而當然喪失我國國籍。

＊內政部 (四八) 臺內戶字第一〇八四四號
要旨：
已婚婦女國籍公約，與我國國籍法第二條第一款但書之規定本旨相符。外國人因婚姻聲請入籍，仍應先行核發臨時國籍證明書，以免國籍之積極衝突。
全文內容：
查聯合國「已婚婦女國籍公約」經已完成立法程序，於民國四十七年十二月廿一日起對我國生效，締約本旨在求消除國際間婦女，因婚姻關係之成立或消滅，或在婚姻關

係存續中，因夫之國籍變更而引起之國籍衝突。復查我國國籍法第二條第一款但書之規定，旨在避免已婚婦女國籍之積極衝突。與該公約減少已婚婦女國籍衝突之本旨相符。故該公約對我生效後，外國婦女因與中國人結婚而取得中國國籍時，仍得適用我國國籍法第二條第一款但書之規定，至具有參加該公約國家國籍之外國人其因為中國人之妻，聲請取得中國國籍時，為適應其本國法規定起見，仍得聲請發給取得中國國籍臨時證明書，以便向其本國政府辦理喪失國籍手續。又查日本既未簽署暨存放該項公約，故非該公約之締約國。

* 內政部 （四二） 臺內戶字第三五二九三號

要旨：

中國人與外國人在華結婚方式，應依我民法規定，收養外國子女者入籍後再辦設籍登記。

全文內容：

甲、結婚當事人一方為中華民國國民，並在中華民國舉行者，其結婚方式，涉外民事法律適用法第十一條規定，應依中華民國法律，參考民法第九八二條及九八八條一款。關於結婚登記之受理，可照本國人之規定辦理。

乙、結婚當事人一方為外國人時，其子女身分應依涉外民事法律適用法第十六條之規定定之。如其子女未具有中華民國國民身分，可免向戶籍機關申請出生登記。

丙、本國人收養外國人為養子女，關於收養之成立終止，及其效力，應依涉外民事法律適用法第十八條之規定，其養子女應由本部核准取得國籍後，再辦收養設籍之登記。

* 內政部 （四二） 臺內戶字第二五三八六號

要旨：

外女與中國人重婚，聲請取得國籍，縱利害關係人不請求撤銷其婚姻，不准入籍之解釋仍應維持。

全文內容：

查華男與外女因重婚而聲請取得我國國籍疑義一節，前經本部於卅七年七月一日以人三字第二三三七號代電解釋「縱其利害關係人不向法院請求撤銷，亦未便准重婚所娶之日女取得我國國籍。」按照我國國籍法第二條第一款之規定「為中國人妻者」取得我國國籍，「但依其本國法保留國籍者不在此限。」故該項取得國籍案件之審核，一方須當事人之婚姻，依照我民法之規定合法成立，他方須其本國法無保留其國籍之規定，本部乃得准其備案。如有違反我民法第九八五條之規定：「有配偶者，不得重婚」則按同法第九九二條「利害關係人得向法院請求撤銷之。」故重婚乃在我民法禁止之列。如按司法院廿年一月十六日函外交部解釋，以按瑞士法，瑞女為外國人之妻，其取得夫之國籍，以婚姻「有效」為條件之一，是依其本國法即經保留國籍。今後在國籍法令

解釋方面，如將「妻」之一詞，擴張為重婚之「後妻」解釋，則將來勢必產生若干雙重國籍身分，此與國籍法公約之精神顯有違背。且據司法院廿年八月八日函復外交部第二項，亦曾以「妾在法律上無地位，不得因其甘願為妾而允其入籍，惟可依據國籍法第三條呈請歸化。」足為本部卅七年前項解釋之依據。至　貴府所引司法院廿七年院字第一七二七號解釋：「外國女子嫁與中國人為妻，於其為中國人妻時，依國籍法第二條之規定，已取得中華民國之國籍者，其婚姻關係雖因重婚而經法院宣告撤銷，但國籍法並無因此而喪失其已取得中華民國國籍之規定，則其已取得之中華民國國籍，自不因之而喪失。」該項解釋，顯得顧全既成事實。不使其因重婚而喪失業已核准取得之中國國籍，似未便視為事前明知其違法婚姻而仍准取得我國國籍。本部卅七年之解釋與司法院之解釋應無衝突。另為保障善意第三人起見，該項重婚婦女仍可依法聲請歸化我國，故本部卅七年人三字第二三三七號解釋，應予維持。

＊法務部（八六）法律決字第〇二二六八號

要旨：

外國籍女子與我國男子結婚後，於離婚、婚姻無效或我國男子嗣後死亡，始依其本國法喪失其原有外國國籍申請取得我國國籍，可否依國籍法第二條第一款前段規定，當然取得中華民國國籍疑義。

主旨：

關於外國籍女子與我國男子結婚後，於離婚、婚姻無效或我國男子嗣後死亡，始依其本國法喪失其原有外國國籍申請取得我國國籍備案，可否依國籍法第二條第一款前段規定，當然取得中華民國國籍疑義乙案，本部意見如說明二，請　查照參考。

說明：

一、復　貴部八十五年十一月二十九日臺 (85) 內戶字第八五〇四九〇六號函。

二、按國籍法第二條第一項第一款關於外國人為中國人妻者，取得中華民國國籍，但依其本國法保留國籍者，不在此限之規定，係以親屬法上婚姻之存在為取得我國國籍之要件。至有但書所定情事者，除以婚姻之存在為前提外，尚須妻依其本國法喪失國籍之後，始能取得中華民國國籍（司法院院解字第三〇九一號參照）。是以，外國人為中國人妻，而依其本國法保留國籍者，如有婚姻自始無效、已離婚或夫業已死亡之情事，因其婚姻關係不成立或業已消滅，縱依其本國法喪失國籍，似亦無從上開規定取得中華民國國籍。本件依國籍法第二條第一項第一款規定之文義以觀，本部原則同意　貴部之見解。惟參酌來函所附資料，李女士於其夫死亡前業已向臺灣省政府提出取得我國國籍之申請，並經省府核發「申請取得中華民國國籍證明書」由其持向印尼國籍前死亡，基於公文書之公信力，似可酌情以個案准許之。

＊司法院（五四）臺函參字第三三二二號

要旨：

我國對於具有雙重國籍者，仍有司法管轄權。

全文內容：

按國籍乃係人民對國家表示忠忱之標誌，其具有雙重國籍者，依國際聯合會國籍法公約第三條之規定，各該國家均得將其視之為本國國民而予以愛護，是以我國對此等具有中美雙重國籍之美軍眷屬，尚難謂無司法管轄權。惟為顧及中美友好關係，我國於實行司法管轄權時，倘此等持有美國護照之眷屬，以其僅具有美國國籍為抗辯，且於中國境內確無戶籍可查者，在未有其他規定前似可不必再深究其是否具有雙重國籍之身分，而依一般美國籍之眷屬處理。至若非司法權而僅係一般行政上之處理，如出入境手續及居住等問題則不同，具有中美雙重國籍之眷屬，其在中國境內有無戶籍，於有必要時，似不妨均予以行政上之便利。

*內政部（八〇）臺內社字第八〇〇一六八九號

要旨：

外國女子與已參加農保之農會會員結婚，可否以自耕農之配偶參加農保。

全文內容：

本案經轉准行政院農業委員會八十、七、十農輔字第〇一三〇八〇五號函復，依國籍法第二條第一款之規定，外國人為中國人妻者，當然取得中華民國國籍；但依其本國法保留國籍者，須依其本國法喪失其國籍後，始取得中華民國國籍。準此，外國女子與已參加農民健康保險之會員結婚者，得依法取得中華民國國籍並有關法令完成必要程序後，再依規定申請參加農民健康保險。

*內政部（二五）民壹字第〇〇五〇五八號

要旨：

外國人經中國認知或收養者，依法當然取得中國國籍，不俟報部始生效力，且其國籍不因收養終止而喪失。

全文內容：

外國人經為其父或母之中國人所認知，或為中國人所收養者，依國籍法第二條第二款至第四款所定，取得中華民國國籍，不俟報部備案，始生效力。與同條第一款為中國人妻者相同（參照二十三年院字第一一一一號解釋）。又外國人於為中國人之養子時，所已取得中國國籍，無論已否備案，均不因收養關係終止而當然喪失。

第三條

外國人或無國籍人，現於中華民國領域內有住所，並具備下列各款條件者，得申請歸化：

一、於中華民國領域內，每年合計有一百八十三日以上合法居留之事實繼續五年以上。

二、年滿二十歲並依中華民國法律及其本國法均有行為能力。

三、品行端正，無犯罪紀錄。

四、有相當之財產或專業技能，足以自立，或生活保障無虞。

*司法院院字第八二七號

解釋文：

外國人在中國輪船服務多年，一向均居於船內，自可認其居所在於中國，必其在外國已無住所者，乃可將其居所視為住所，果繼續居至五年以上，則內政部即得依國籍法第三條第二項第一款規定許可其歸化。

*法務部（七七）法律字第一七五五八號

要旨：

按外國人依國籍法第二條第五款及第三條規定，經內政部許可得歸化取得中華民國國籍。至於該申請歸化之外國人本人，依國籍法施行條例第三條第一項規定，除應出具願書及住居地方公民二人以上之保證書，向其住居地方之該管官署聲請轉請內政部核辦外，參照司法院院解字第三〇九一號解釋意旨，尚應提出其喪失原有國籍之證明文件。本件俄國人士陸〇克申請歸化取得我國國籍乙案，似應依上開規定及解釋意旨辦理。至於　鈞院（行政院）三十九年七月十四日內字第三五二〇號令，就目前之國際情勢觀之，是否宜仍繼續援用，暨本件是否參酌　鈞院（行政院）六十七年十月二日臺六十七內字第八八〇〇號函意旨，從優核辦，使其免提喪失蘇聯國籍證明文件，似宜從政策上予以考量。

*內政部（九〇）臺內戶字第九〇七二一五一號

要旨：

國籍法第三條第四款所稱「有相當之財產或專業技能，足以自立，或生活保障無虞」之認定原則

主旨：

國籍法施行細則發布生效後，有關國籍法施行細則第五條規定「本法第三條第四款所稱有相當之財產或專業技能，足以自立，或生活保障無虞」之認定原則一案，請　查照。

說明：

一、按「國籍法施行細則」（以下簡稱本細則）業經行政院九十年一月三日臺八十九內字第三六三一三號函核定，本部業於九十年二月一日發布施行。

二、本細則發布生效後，有關本細則第五條規定之認定原則如下：

　㈠第一項第一款所稱「最近一年每月平均收入逾行政院勞工委員會公告基本工資二倍」，係指薪資所得證明或所得稅扣繳憑單證明等相關收入證明。惟申請人如係從事於農林漁牧業、宗教或雜工等相關工作者，因其工作性質，確無法提出上揭證明者，得檢附相當於「最近一年每月平均收入逾行政院勞工委員會公告基本工資二倍」（註：本（九十）年度每月之基本工資為新臺幣一五八四〇元，

故須提出該年收入逾新臺幣三八〇一六〇元以上）之金融機構存款證明。

㈡第一項第二款所稱「動產及不動產估價總值逾新臺幣五百萬元者」，該動產部分，係指金融機構之存款證明、股票、政府公債等相關有價證券；該不動產部分，係指土地或建築物所有權狀等相關證明文件。又該不動產部分須檢附之證件，請依下列規定辦理：1.經濟部核准設立之不動產鑑定公司開具之「不動產鑑定報告書」（須蓋公司登記印鑑章）採計其上所載估價之「市價」，該報告書核發日期須於申請歸化國籍前六個月內。2.稅捐稽徵處核發距申請歸化日最近年度之地價稅繳款書或財產歸戶清單等相關文件正本（如係影本須由申請人簽章及加註「核與正本相符」字樣），並經承辦人員審核無訛加蓋職名章後，採認所載之土地公告現值金額。3.稅捐稽徵處核發距申請歸化日最近年度之房屋稅繳款書或相關文件正本（如係影本須由申請人簽章及加註「核與正本相符」字樣），並經承辦人員審核無訛加蓋職名章後，採認所載之課稅現值金額。4.地政事務所核發距申請歸化日最近年度之土地登記謄本或相關文件正本，採認所載持分之土地公告現值金額。

㈢第二項所稱「申請歸化或回復國籍者，係我國國民之配偶或子女，前項第一款、第二款金額之計算，包含其在臺灣地區配偶或父母之收入或財產」，係指符合本項規定之申請人，其在臺灣地區配偶或父母之收入或財產得予合併計算，申請人若無收入或財產，亦得僅檢附其在臺灣地區配偶或父母之收入或財產辦理。

＊內政部（四六）臺內戶字第一二四九一〇號

要旨：

日女在中國居住，但尚未具備繼續有住所足以歸化之條件，惟既已喪失日籍，歸化前暫准以無國籍人民管理。

全文內容：

查外國人或無國籍人聲請歸化我國之住居條件，國籍法第三條第二項第一款規定須繼續五年在中國有住所，若岩崎ギン自須於我國設定住所滿五年後，始得聲請歸化。惟該女既已喪失日本國籍，在其未獲許可歸化前，准依照無國籍人民管理。

＊內政部（四二）臺內戶字第三一四九三號

要旨：

外國人在中國之居所，必其在外國已無住所，乃可將其居所視為住所。

全文內容：

查外國人歸化我國，依照國籍法之規定，須在我國繼續有五年住所或十年居所，另按司法院院字第八一七號咨解釋，其在中國有居所者必其在外國已無住所，乃可將其居所視為住所，如某甲在其本國已無住所自可依法聲請歸化我國。

＊內政部（三六）人三字第〇一五二四號

要旨：

外國人聲請取得中國國籍者，所譯華文姓名，以三字為原則，至多不宜超過五字。

全文內容：

查外國人依法取得中國國籍，其所譯華文姓名，至為繁冗，甚有超過十字以上者；不僅使用困難，且與一般慣例不符，易受民眾之歧視，難期同化。今後對於聲請取得中國國籍者，應由原核轉機關，飭其依照民法第一千條及第一千零五十九條等之規定，並比照一般中國國民之習慣，將原姓名譯為簡單華文以三字為原則，至多不宜超過五字，以利使用而免紛繁。

*內政部（三五）渝戶字第一一九一號

要旨：

臺灣光復初期，日人不得聲請歸化；其在光復前，在臺居住五年以上者，不得視為在華有住所；臺民為日人養子者，脫離關係後，毋庸辦理回復國籍手續。

全文內容：

㈠日本人民在目前聲請許可歸化取得中國國籍未便照准。

㈡臺灣尚未光復前中國政權未能及於該處，是日僑雖在臺灣未光復前繼續居住五年以上自不能即視同在中國有住所。

㈢關於臺灣人民之國籍究應如何確定，本部已奉行政院卅五年一月十二日節參字第〇一二九七號訓令開：「查臺灣人民原係我國國民，以受敵人侵略致喪失國籍。茲國土重光，其原有我國國籍之人民，自卅四年十月二十五日起，應即一律恢復我國國籍，除分令外合亟令知照」等因，是臺灣人民之有為日本人養子，現願脫離關係，回復姓名者，自毋庸另辦回復中國國籍手續。

*內政部（五二）內秘東字第二五三一號

要旨：

關於外國籍人士請我政府特准入籍辦法

全文內容：

關於僑商擬聯合瑞士技術人員來臺創廠，其瑞士技師如在外國協助他國人士開設錶廠，即將自動喪失其國籍。將來如在臺設廠，擬請政府特准其取得我國國籍一節，查我國國籍法第六條規定，外人有特勳於中國者，雖不具國籍法第三條第二項各款條件，亦得歸化，但該項歸化之許可須呈經總統核准，較屬困難。惟該等人士可適用同法第三條第二項第一款之規定，僅須在中國居留五年以上設有住所則較易核准歸化。

第四條

外國人或無國籍人，現於中華民國領域內有住所，具備前條第二款至第四款條件，於中華民國領域內，每年合計有一百八十三日以上合法居留之事實繼續三年以上，並有下列各款情形之一者，亦得申請歸化：

一、為中華民國國民之配偶。

二、父或母現為或曾為中華民國國民。

三、為中華民國國民之養子女。

四、出生於中華民國領域內。

未成年之外國人或無國籍人,其父、母或養父母現為中華民國國民者,在中華民國領域內合法居留雖未滿三年且未具備前條第二款及第四款條件,亦得申請歸化。

第五條

外國人或無國籍人,現於中華民國領域內有住所,具備第三條第二款至第四款條件,並具有下列各款情形之一者,亦得申請歸化:

一、出生於中華民國領域內,其父或母亦出生於中華民國領域內者。

二、曾在中華民國領域內合法居留繼續十年以上者。

第六條

外國人或無國籍人,有殊勳於中華民國者,雖不具備第三條各款條件,亦得申請歸化。

內政部為前項歸化之許可,應經行政院核准。

＊內政部(四四)臺內戶字第七七七三八號

要旨:

未有居住條件或殊勳之外國人,因欲投效我國國防工作而申請歸化一節,未便照准。

全文內容:

查我國籍法關於外人歸化之條件,主要為在我國繼續有五年以上之住所,或繼續十年以上之居所,並無因服役我國而有特准歸化之規定。雖第六條規定外國人有殊勳於中國者得申請歸化,但應為有殊勳事實於前,如將來國防上有此需要時,自可配合政策,將國籍法加以修正,俾資適應。

第七條

歸化人之未婚未成年子女,得申請隨同歸化。

第八條

外國人或無國籍人依第三條至第七條申請歸化者,應向內政部為之,並自許可之日起取得中華民國國籍。

＊司法院院解字第三〇九一號

解釋文:

㈠依國籍法第二條第一款之規定,外國人為中國人妻者,當然取得中華民國國籍,但依其本國法保留國籍者,須依其本國法喪失其國籍後,始取得中華民國國籍,依同款規定取得中華民國國籍者,應依同法施行條例第二條辦理。

㈡歸化人之妻依國籍法第八條但書之規定,不隨同取得中華民國國籍者,須依其本國法喪失其國籍後,始取得中華民國國籍。

㈢依呈請歸化人之本國法不因取得中華民國國籍而喪失其國籍者，須依其本國法喪失
其國籍後，始得為歸化之許可，此在國籍法雖無明文，而由同法第二條第一款但書
及第八條但書避免國籍重複之本旨推之，實為當然之解釋。

第九條

外國人依第三條至第七條申請歸化者，應提出喪失其原有國籍之證明。但能提出因非
可歸責當事人事由，致無法取得該證明並經外交機關查證屬實者，不在此限。

＊司法院院解字第三五七一號

解釋文：

我國人民於馬關條約生效二年後移住臺灣，因歸化結婚或其他原因取得日本國籍而於
臺灣光復時仍為臺灣住民者，因臺灣之光復當然喪失日本國籍，其前已依國籍法之規
定喪失我國國籍者，並因此取得我國國籍，因臺灣光復而恢復我國國籍者，與國籍法
第十八條所稱之回復國籍不同，自不受同條之限制。至國籍法第九條之規定於臺灣亦
應適用。

＊司法院院解字第三五七三號

解釋文：

㈠在外臺僑純為臺灣人民血統或為臺灣人與中國人之混血種者，依在外臺僑國籍處理
辦法第一條第一項之規定，自三十四年十月二十五日起恢復中華民國國籍，如父為
臺灣人而其母為日本人者亦同。

㈡依民法第一千零六十五條第二項之規定，非婚生子女與其生母之關係視為婚生子女，
無須認領，故非婚生子女其母為臺灣人，而其生父無可考或為日本人未經認領者，
亦依上開辦法之規定，恢復中華民國國籍。

㈢原呈第三項意見尚無不當。

＊內政部（四八）臺內戶字第一三九八四號

要旨：

外國人歸化中國後，應暫不得服各項公職，補辦歸化亦同。

全文內容：

查凡由歸化取得國籍人，均應受禁服公職之限制，台端於補辦歸化手續後，自仍受國
籍法第九條各款之限制。

＊內政部（四七）內卯虞戶字第○一○號

要旨：

外國人為中國人之妻，取得國籍後，競選地方民意代表，應先聲請解除國籍法第九條
第七款之限制。

全文內容：

卯支二電悉：國籍法第九條第一項第七款所稱各級地方自治職員在立法旨趣上應包括

各級地方民意代表內。至因為中國人妻取得我國國籍者參加上項選舉，應先依法聲請解除限制。

＊內政部（四三）臺內戶字第四六三五三號

要旨：

外國人在中國得從事之專門職業，以其本國與我訂約或依其法律准許中國人在各該國境內得以從事之專門職業為限。

全文內容：

查我國現行法律規定，凡外國依其法律或與我國所定條約准許中國人在各該國國境內得從事之各項專門職業技術工作如律師、會計師、醫師、藥劑師、牙醫師、看護、建築師、土木等工程技術師，原則上其人民得依中國法律執行其業務。

第三章　國籍之喪失

第十條

外國人或無國籍人歸化者，不得擔任下列各款公職：

一、總統、副總統。

二、國民大會代表、立法委員。

三、行政院院長、副院長、政務委員；司法院院長、副院長、大法官；考試院院長、副院長、考試委員；監察院院長、副院長、監察委員、審計長。

四、特任、特派之人員。

五、各部政務次長。

六、特命全權大使、特命全權公使。

七、蒙藏委員會副委員長、委員；僑務委員會副委員長。

八、其他比照簡任第十三職等以上職務之人員。

九、陸海空軍將官。

十、民選地方公職人員。

前項限制，自歸化日起滿十年後解除之。但其他法律另有規定者，從其規定。

＊司法院院解字第三〇九二號

解釋文：

我國婦女雖與日本人結婚，若未經內政部許其脫離國籍，不能視為敵國人民。日本人私有財產自係敵產，應依敵產處理條例處理之。

＊內政部（七八）法律決字第一七六〇二號

要旨：

關於我國女子之非婚生子女，經其生父日本國人認領時應否依照涉外民事法律適用法第十七條第一項規定，符合我國及日本法律有關認領成立要件規定，暨戶政機關應依

據何種文件認定其認領有效成立一案，復如說明二，請　查照參考。

說明：

一、（略）

二、按涉外民事法律適用法第十七條第一項規定：「非婚生子女認領之成立要件，依各該認領人被認領人認領時之本國法」。本件我國女子之非婚生子女被其具有日本國籍之生父認領前如具有中華民國國籍者，其生父之認領即須依照認領時中華民國民法及日本國法律有關認領成立要件之規定。至於戶政機關認定認領是否有效成立，似應以當事人提出符合認領我國及日本國認領成立要件有關法律規定之文書為必要。

＊內政部（七八）臺內戶字第七一七五四三號

要旨：

我國籍未成年人被外國籍父或母認知後，於合法認知之日起即喪失我國國籍。

全文內容：

關於本國人被外國人認知後依國籍法第十條規定喪失我國國籍，於何時生效一案，依國籍法第二條第二款、第三款規定，父或母為中國人，經其父或母（父無可考或未認知）認知者，取得中華民國國籍，且參照司法院二十五年院字第一五五二號解釋，外國人經為其父或母之中國人所認知，取得中華民國國籍，不俟報部備案始生效力。從而，依國籍法第十條第一項第二款、第三款規定，父或母為外國人，經其父或母（父無可考或未認知）認知者，喪失中華民國國籍，基於上開同一法理，中國人為外國人父（或母）認知喪失中華民國國籍者，不俟報部備案始生效力，其於合法認知之日起即喪失我國國籍。至本人或父母應依國籍法施行條例第四條申請居住地方之該管官署核明轉報本部備案者，係行政上應辦之手續。

＊內政部（四七）臺內戶字第一二九六四六號

要旨：

中國女子為外國人之妻，未經核准出籍者，仍具有中國國籍，其在國內居住者，如無必需，亦不得以雙重國籍華僑身分，發給外僑居留證。

全文內容：

查我國女子與外國人結婚後，倘未經本部許可喪失我國國籍者，仍具我國國籍，經核該林〇華、陸〇舫等二名，既未經核准喪失我國國籍，亦未以雙重國籍華僑身分核准註銷戶籍，自不得比照本部前令副本發給雙重國籍外僑居留證。

＊內政部（四六）臺內戶字第一二六四五〇號

要旨：

中華民國男子年在四十五歲以下，尚未免除或未服兵役者，不得出籍，因婚姻關係入籍，其婚姻尚在存續者，亦不宜聲請出籍。

全文內容：

查中華民國國民，凡有國籍法第十二條各款情事之一者，本依法不得為喪失國籍之許可。該民所稱四十五歲以下者不得申請中華民國國籍一節，或係指未免除兵役之男子而言，復查本夫妻同一國籍之原則，凡因婚姻關係而取得我國國籍之外籍女子，在其婚姻存續期間亦不宜申請喪失中國國籍。

＊內政部（四四）臺內戶字第六二一九六號

要旨：

中國人為外國人之養子女，未依法出籍者，仍具有中國國籍。

全文內容：

查我國人為外國人收養後，其國籍如何一節，按照現行國籍法，並無因為外人之養子女，而喪失國籍之規定。其已為外人之養子女，未經依法核准喪失國籍者，自仍具有中國國籍。

＊內政部（四二）臺內戶字第三四五〇號

要旨：

臺男於光復前入贅日女，並入日籍，但光復後已喪失日籍，聲請恢復我國國籍及設籍登記，應予照准。

全文內容：

某甲於日據時期入贅日女，依照「光復前日僑與臺民之贅夫及其子女國籍處理辦法」第三條之規定，如其自願取得日本國籍，毋庸辦理喪失我國國籍手續。其不願取得日籍者，得免遣送，即仍屬我國國民，某甲雖曾入日籍，但於民國三十五年正式喪失日籍且業已向我前駐日代表團聲請為我僑民之登記，並曾向該團聲請正式恢復我國國籍事實上業已恢復我國國籍。此種事實上國籍之選擇，原則上與前項辦法本旨相符。某甲應屬我國國籍，其所請設籍登記一節，應予照准。

＊內政部（四〇）臺內戶字第六五四七號

要旨：

華男與日女離婚，子女尚在幼年（五歲以下），經其生母協議，其國籍可隨監護人而定，成年後可自擇其所屬國籍。

全文內容：

查國籍法第一條第一款規定「生時父為中國人者，屬中華民國國籍」，故婚生子女不得隨母喪失中國國籍；如華男日女結婚後，復又離婚，子女尚在幼年（五歲以下）必需其生母撫養，並從其生父母協議者，其國籍可暫隨監護人而定，俟其成年後，再行自由選擇其所屬國籍，以符國籍自由原則。

＊內政部（六五）臺內戶字第六八三五一號

要旨：

外國女子嫁與中國人為妻，其婚姻經撤銷後，其已取得之我國國籍不因之喪失。

全文內容：

司法院民國二十七年五月廿八日院字第一七二七號解釋：「外國女子嫁與中國人為妻，於其為中國人妻時，依國籍法第二條之規定，已取得中華民國之國籍者，其婚姻關係雖因重婚而經法院宣告撤銷，但國籍法並不因此而喪失其已取得之中華民國國籍之規定，則其已取得之中華民國國籍，自不因之而喪失。」

＊內政部（六五）臺內戶字第六五四八一三號

要旨：

非婚生子女經外國人認領後應辦理喪失我國國籍手續

全文內容：

查我國女子與外國人所生之子女，被外國人之生父認領後，其未成年者，依照我國籍法第十條規定應聲請喪失中華民國國籍，並依同法施行條例第四條規定由其本人或父（母）聲請住居地方之該管官署，核明轉報本部備案後依戶籍法第二十一條之規定聲請為除籍之登記並改報外僑居留登記，至自願聲請保留我國國籍乙節，如其本國法反對之規定者，可依我國籍法第五條之規定聲請歸化之許可。

第十一條

中華民國國民有下列各款情形之一者，經內政部許可，喪失中華民國國籍：

一、生父為外國人，經其生父認領者。

二、父無可考或生父未認領，母為外國人者。

三、為外國人之配偶者。

四、為外國人之養子女者。

五、年滿二十歲，依中華民國法律有行為能力人，自願取得外國國籍者。

依前項規定喪失中華民國國籍者，其未成年子女，經內政部許可，隨同喪失中華民國國籍。

＊法務部（八五）法律字第○九五八八號

要旨：

本件關於山胞喪失其身分及其不得回復問題，雖與國籍法規定內容不相關涉，惟按「山胞身分認定標準」草案對於山胞身分之認定係採血統主義，似與國籍法之立法精神相同。比照國籍法第十一條、第十六條及國籍法施行條例第五條規定，自願喪失國籍者，除本人提出聲請外，尚須經內政部許可；而喪失國籍者，如具備法定條件，並經內政部許可，亦可回復國籍。故宜否以行政部令規定山胞僅得因申請而喪失身分，且一經喪失，即不得回復，似值斟酌。

＊內政部（八一）臺內戶字第八一○三八三○號

要旨：

原具有我國國籍之國人，於喪失我國國籍後，在未取得另一國國籍之前，仍應具有我國國籍，而非「無國籍」。

全文內容：

關於國籍法第一條第三款所稱「無國籍」之定義疑義一案，依據法務部八十一、六、十六法八一律字第〇八八四二號函略以「條約與國內法牴觸時，似宜優先適用條約」。又依「國際聯合會國籍法公約」第七條第一項規定如與國籍法施行條例第五條規定有所牴觸，似宜優先適用該公約第七條第一項之規定。本案參酌上開法務部函釋意旨，原具有我國國籍之國人，於喪失我國國籍後，在未取得另一國國籍之前，仍應具有我國國籍。因此，有關駐日本代表處第三一七號電所舉之例，如能確認其父喪失我國國籍後，仍未取得他國國籍，當仍具有我國國籍，而非「無國籍」。

＊內政部（六〇）臺內字第七三一七號

要旨：

經核准喪失國籍後因未取得他國國籍再聲請回復國籍時准予註銷原發喪失國籍許可證明書並回復設籍。

全文內容：

依國際法適用原則，凡經一國國會通過並經批准之國際公約，其效力應優先於各該國內法而適用，本案我國國籍法第十六條對於申請回復國籍者，雖加以若干條件之限制，惟上開國際聯合會國籍法公約第七條明定在取得另一國籍前不應有喪失國籍之效果，其規定之效力，自應優先於我國國籍法而適用，關於旅菲華僑陳天保及陳秀珍等五人申請回復國籍乙節，可依該部與有關單位會商之結論第一項照上開國籍法公約第七條規定辦理。

附註：本部六十年四月廿九日為商討菲律賓僑聲請回復國籍邀請有關單位開會，所獲結論第一項國際聯合會國籍法公約之規定既然優於國籍法，關於聲請回復國籍案即按照國際聯合會國籍法公約第七條：「一國之法律規定發給出籍許可證明書，倘領得證書之人非有另一國籍時，此項證書對之不應有喪失國籍之效果。」之規定辦理。

＊法務部（八五）法律決字第二〇五七八號

要旨：

戶政事務所退休人員赴大陸地區定居若未逾四年，雖其持有大陸地區居民身分證，尚不能認其轉換身分為大陸地區人民，仍得依「公教人員退休金其他現金給與補償金發給辦法」領受補償金。

全文內容：

一、依「臺灣地區與大陸地區人民關係條例」（以下簡稱「兩岸條例」）第二條第四款後段規定，臺灣地區人民前往大陸地區繼續居住逾四年者，不問其是否在臺灣地區仍設有戶籍或已在大陸地區設有戶籍，身分即轉換為大陸地區人民。惟有關身

分之轉換，必以法律或其授權之命令中有特別明文規定者為限；兩岸條例及其施行細則對於臺灣地區人民前往大陸地區未繼續居住逾四年者並無身分轉換之規定，故該等人民於進入大陸地區後，縱取得當地居民身分證或已依當地規定履行戶口登記，尚不能轉換其身分為大陸地區人民（參照本部大陸法規研究委員會第二十二次委員會議研討結論；如來函件二）。本件臺北市北投區戶政事務所退休人員王○君赴大陸地區定居若未逾四年，雖其持有大陸地區居民身分證，依上開說明，尚不能認其轉換身分為大陸地區人民，縱而來函據此認其仍得依「公教人員退休金其他現金給與補償金發給辦法」領受補償金之意見，本部敬表贊同。

二、又徵諸開前兩岸條例規定意旨，並參照國籍法第十條、第十一條規定，臺灣地區人民縱轉換身分為大陸地區人民，並不必然「喪失中華民國國籍」，謹併此敘明。

附件：

法務部大陸法規研究委員會第二十二次委員會議研討結論兩岸條例基本上似不承認一人得同時兼具兩地區人民身分，故原在大陸地區人設有戶籍之人民，經許可進入臺灣地區並設有戶籍者，縱在大陸地區仍設有戶籍，身分即轉換為臺灣地區人民（同條例施行細則第四條第二項），而在臺灣地區設有戶籍之人民，前往大陸地區繼續居住逾四年者，不問其是否在臺灣地區仍設有戶籍或已在大陸地區設有戶籍，身分即轉換大陸地區人民（第二條第四款後段）。惟有關身分之轉換，必以法律或其授權之命令中有特別明文規定者為限，兩岸條例及其施行細則對於臺灣地區人民前往大陸地區未繼續居住逾四年者並無身分轉換之規定，故該等人民於進入大陸地區後，縱取得當地居民身分證或已依當地規定履行戶口登記，尚不能轉換其身分為大陸地區人民。

＊內政部（四五）臺內戶字第九三八一六號

要旨：

關於我國為外國人之養子女國籍疑義一節，前經　貴府呈院核釋「現行國籍法，並無為外國人之養子女而喪失國籍之規定」。自未便比照國籍法第十條第一款之規定辦理，至其依照第十一條規定，因自願取得外國國籍而聲請喪失國籍者，自可按照一般情形予以受理，但以年滿二十歲以上依中國法有能力者為限。

＊內政部（八三）臺內著字第八三一三○二○號

要旨：

雙重國籍之著作權保護問題

全文內容：

查著作人是否為本國人？係依我國國籍法之規定認定之，是雙重國籍之人如符合國籍法第一條規定具有我國固有國籍或依同法第二條規定，取得我國國籍者，其未依同法第十條、第十一條規定申請喪失我國國籍，經本部核准或備案者，即具有我國國籍，其著作即屬本國人之著作，受我國著作權法之保護。

*內政部（三七）人三字第二七七五號

要旨：

中國旅外僑民有中美雙重國籍並隸在華美軍軍籍者，犯有刑事時則受美國法律制裁。

全文內容：

案經函准國防外交兩部簽註意見，以我國僑胞在外國所生子女，縱具有出生地國之國籍，依國籍法第一條第一款之規定，仍具有中國國籍，在未依法呈經本部許可喪失中國國籍，並於總統府公報公布以前，自應以中國國民看待。其具有中美雙重國籍，現隸美軍軍籍者，應依國防部所訂處理辦法之規定處理（註一），但犯有刑事案件時照「處理在華美軍人員刑事案件條例」第三條之規定（註二），仍受美國法律制裁。

註㈠國防部處理辦法：1.現仍在美軍服務之華人，不論有否雙重國籍，擬準兵役法第廿四條第一款「因公出國」之規定，在服役期間，一律暫准緩徵。2.上項原因消滅者，及曾在美軍服務，經美軍當局予以書面證明之非雙重國籍華人，如屆現役適齡，依法仍應受徵，惟中籤服役的，其曾受正規軍訓練持有上項證明書者，准照兵役法施行法第四條之規定按其所受教育程度，酌量縮短其服役期間。

註㈡處理在華美軍人員刑事案件條例卅二年十月一日公布第三條：本條例所稱美軍人員謂依美國法律，限受美國陸軍法律管轄之人，但服役於美軍之中國人民及美軍在中國境內雇用之第三國人民或無國籍之人不在此限。美軍人員應提出現受美國陸海軍法律管轄之證明文件以證明其身分。

第十二條

依前條規定申請喪失國籍者，有下列各款情形之一，內政部不得為喪失國籍之許可：

一、男子年滿十五歲之翌年一月一日起，未免除服兵役義務，尚未服兵役者。但僑居
　　國外國民，在國外出生且於國內無戶籍者或在年滿十五歲當年十二月三十一日以
　　前遷出國外者，不在此限。

二、現役軍人。

三、現任中華民國公職者。

*內政部（七九）臺內戶字第八二五一七三號

要旨：

外國人縱因誤報戶籍，亦當無從申請喪失我國國籍或撤銷喪失我國國籍。

全文內容：

關於塗〇玲女士代其子塗〇中申請撤銷喪失國籍一案查塗女士所送戶籍謄本與撤銷登記申請書抄本均載明其子塗〇中係與外國人（新加坡人）鄭〇添先生之婚生子女，依本部67.06.07臺內戶字第七九四八一八號函釋（如附件抄本）及48.06.29臺（48）內戶字第〇五〇〇六號代電，逕予撤銷塗〇中之戶籍登記。次查本部存資料亦尚無塗〇中申請喪失我國國籍之案卷可稽，該塗〇中既然原即屬外國人，自無從申請喪失或撤銷

喪失我國國籍。今塗女士遽然為其子塗○中申請「撤銷喪失國籍」，本件請向申請人塗女士詢明其真意，如其係為塗○中申請取得我國國籍者，可依國籍法第二條第五款、第五條、國籍法施行條例第三條及國籍變更聲請程序二規定，申辦歸化事宜。由申請人出具規定程式之聲請書、願書，檢附住居地方公民二人以上保證書（保證書應對保）、住所證明書、喪失新加坡國籍（或未具有新加坡國籍）證明書，連同照片二吋三張，聲請住居地方戶政事務所核明層轉送部核辦。

＊內政部（七○）臺內戶字第○五八○號

要旨：

為具有雙重國籍役男及後備軍人應聘回國服務，核准辦理外僑登記及註銷戶籍者，俟其應聘原因消滅仍留國內時，請嚴加審核，應即註銷其外僑居留登記，恢復或辦理戶籍登記，以免其規避兵役義務。

＊內政部（四九）臺內戶字第二○九四七號

要旨：

兼有外國國籍之中國旅外僑民，返臺居留得因保全僑居地之居留權利，而請領外僑居留證，可免受徵兵處理，但不得據以為聲請喪失國籍之根據。

全文內容：

查本部臺 (44) 內役字第七三八四六號函規定「准許來臺雙重國籍華僑（包括僑生）申請外僑居留證免受徵兵處理，但不影響兵役以外之權利義務」，係為雙重國籍華僑在臺居留之便利。該陳○威雖據以請准暫時免受徵兵處理，但以服兵役之義務，並未根本免除，自不得據以聲請喪失國籍。所請核與國籍法第十二條第一款規定不符，未便照准。

第十三條

有下列各款情形之一者，雖合於第十一條之規定，仍不喪失國籍：

一、為偵查或審判中之刑事被告。

二、受有期徒刑以上刑之宣告，尚未執行完畢者。

三、為民事被告。

四、受強制執行，未終結者。

五、受破產之宣告，未復權者。

六、有滯納租稅或受租稅處分罰鍰未繳清者。

第十四條

依第十一條規定喪失中華民國國籍者，未取得外國國籍時，得經內政部之許可，撤銷其國籍之喪失。

＊司法院院字第二四四四號

解釋文：

國籍法第十四條第一項所謂非中國人不能享有之權利，係指依法令之規定，惟中國人

始能享有之公權或私權而言，例如訓政時期約法第七條所稱選舉、罷免、創制、複決之權，惟中華民國國民始能享有，土地法第十七條及其施行法第十條第一項所稱土地權利，亦惟中華民國人始能享有，依礦業法第五條第一項、漁業法第三條第二項之規定，礦業權、漁業權非中華民國人不能取得，依中央銀行法第七條、中國銀行條例第四條、中國農民銀行第四條之規定，各該銀行之股份，亦非中華民國人不能認購，其他法令上規定，惟中國人始得享有之權利，不及一一列舉。

＊七一臺上字第一七九八號

要旨：

外國人在中華民國取得土地所有權，應受土地法第十八條及第十九條規定之限制。又喪失國籍人在喪失國籍前已享有外國人不能享有之權利者，若喪失國籍後一年以內不讓與中國人時，其權利歸屬於國庫，復為國籍法第十四條第二項所明定。依此規定，凡中國人於喪失國籍前，已享有外國人不能享有之權利者，祇須其喪失國籍後，一年以內不讓與中國人時，該權利即當然歸屬於國庫而成為國有財產，此係基於法律規定而生之效果，縱未登記，亦不影響國家取得權利之效力。

＊（七九）私臺廳㈠字第〇一八五三號

要旨：

祭祀公業派下員喪失國籍，於國籍回復後，其已喪失之派下權是否因之回復宜視祭祀公業有無特約而定。

全文內容：

關於因喪失國籍而喪失派下權者，是否於回復國籍時亦同時回復派下權，現行法並無明文。惟依我國國籍法第十四條第一項規定：「喪失國籍者，喪失非中國人不能享有之權利。」派下權為兼具身分與財產雙重性質之私權，本質上除特定權利之內容非中國人不得享有如礦業法第五條所指礦業權之額外，派下權所含一般性之權利，尚非當然係「非中國人不得享有之權利」，從而派下權既非當然因國籍之喪失而喪失，其於國籍回復時自亦不生回復之問題。至於日據時代，依當時臺灣民事習慣及日本大正十一年臺灣高等法院覆審部控民字第十九號判決，固認國籍之喪失為派下權喪失之原因，但於國籍回復後，其已喪失之派下權是否隨同國籍之回復而回復，宜視祭祀公業有無特約而定。

＊內政部（八九）臺內地字第八九六八九四三號

要旨：

關於國籍法第十四條刪除後，因取得他國國籍而喪失我國國籍者，其原已取得之土地權益之處理釋疑。

主旨：

關於國籍法第十四條刪除後，因取得他國國籍而喪失我國國籍者，其原已取得之土地

權益應如何處理乙案，請　查照。

說明：

一、按「外國人在中華民國取得或設定土地權利，以依條約或其本國法律，中華民國人民得在該國享受同樣權利者為限。」、「外國人為左列各款用途之一，得租賃或購買土地，其面積及所在地點，應受該管直轄市或縣（市）政府依法所定之限制。一、住所。二、商店及工廠。三、教堂。四、醫院。五、外僑子弟學校。六、使領館及公益團體之會所。七、墳場。」分為土地法第十八條及十九條所明定，故有關外國人租賃或購買土地法第十九條各款土地，應基於土地法第十八條平等互惠原則，方得為之；復按「左列土地不得移轉、設定負擔或租賃於外國人：一、農地。二、林地。三、漁地。四、牧地。五、狩獵地。六、鹽地。七、礦地。八、水源地。九、要塞軍備區域及領域邊境之土地。」為土地法第十七條所明定。故取得他國國籍而喪失我國國籍之人，應屬外國人，其已取得而屬土地法第十七條所列各款之土地，自不得移轉、設定負擔或租賃於外國人，次查修正前國籍法第十四條規定：「喪失國籍者，喪失非中國人不能享有之權利。喪失國籍人，在喪失國籍前，已享有前項權利者，若喪失國籍後一年以內不讓與中國人時，其權利歸屬於國庫。」，為配合上開規定，前經本部八十年七月十九日臺（八十）內地字第八〇七七一八九號函釋有關喪失國籍者，如擁有土地法第十七條規定各款之土地，則應於喪失國籍一年內將土地讓與中國人，否則該土地權利將歸屬國庫。茲因國籍法第十四條業經總統八十九年二月九日公布刪除，其刪除理由主要基於有關喪失國籍者，其權利之得喪，應依其他有關法令辦理，無庸在國籍法中予以規範；故本部前開函示亦應配合停止適用，嗣後有關喪失國籍者，對於土地權利之得喪，應依土地法第十七條、第十八條、第十九條等相關規定處理。

二、依現行土地法規定有關第十七條各款土地不得移轉、設定負擔或租賃於喪失國籍者，惟如於喪失國籍前已依法在我國取得土地法第十七條之土地者，應准其繼續擁有，爾後如有移轉、設定負擔或租賃行為，仍應依土地法之規定。

＊法務部（七六）法律字第一二三〇六號

要旨：

查我國國籍法第十四條第一項規定：「喪失國籍者，喪失非中國人不能享有之權利。」其所謂「非中國人不能享有之權利」，依司法院院字第二四四四號解釋，係指依法令之規定，惟中國人始能享有之公權或私權而言。關於擔任本國禁治產人監護人之資格，查現行法令並無國籍之限制，因之，本件來函所敘中野〇惠子雖已喪失中華民國國籍，持憑臺北地方法院士林分院民事裁定書申請登記為杜〇昌之監護人，參照前開規定，自無不可。

第四章　國籍之回復

第十五條

依第十一條規定喪失中華民國國籍者，現於中華民國領域內有住所，並具備第三條第三款、第四款條件，得申請回復中華民國國籍。歸化人及隨同歸化之子女喪失國籍者，不適用前項規定。

第十六條

回復中華民國國籍者之未成年子女，得申請隨同回復中華民國國籍。

第十七條

依第十五條及第十六條申請回復中華民國國籍者，應向內政部為之，並自許可之日起回復中華民國國籍。

第十八條

回復中華民國國籍者，自回復國籍日起三年內，不得任第十條第一項各款公職。但其他法律另有規定者，從其規定。

第五章　附則

第十九條

歸化、喪失或回復中華民國國籍後，五年內發現有與本法之規定不合情形，應予撤銷。

第二十條

中華民國國民取得外國國籍者，不得擔任中華民國公職；其已擔任者，除國民大會代表由國民大會、立法委員由立法院；直轄市、縣（市）、鄉（鎮、市）民選公職人員，分別由行政院、內政部、縣政府；村（里）長由鄉（鎮、市、區）公所解除其公職外，由各該機關免除其公職。但下列各款經該管主管機關核准者，不在此限：

一、公立大學校長、公立各級學校教師兼任行政主管人員與研究機關（構）首長、副首長、研究人員（含兼任學術研究主管人員）及經各級主管教育行政或文化機關核准設立之社會教育或文化機構首長、副首長、聘任之專業人員（含兼任主管人員）。

二、公營事業中對經營政策負有主要決策責任以外之人員。

三、各機關專司技術研究設計工作而以契約定期聘用之非主管職務。

四、僑務主管機關依組織法遴聘僅供諮詢之無給職委員。

五、其他法律另有規定者。

前項第一款至第三款人員，以具有專長或特殊技能而在我國不易覓得之人才且不涉及國家機密之職務者為限。

第一項之公職，不包括公立各級學校未兼任行政主管之教師、講座、研究人員、專業技術人員。

中華民國國民兼具外國國籍者，擬任本條所定應受國籍限制之公職時，應於就（到）職前辦理放棄外國國籍，並於就（到）職之日起一年內完成喪失該國國籍及取得證明文件。但其他法律另有規定者，從其規定。

＊教育部（八九）臺人㈠字第八九一三八二九六號

要旨：

關於機關學校聘任人員兼具外國國籍者認定相關問題之規定

主旨：

關於本部所屬機關學校聘任人員兼具外國國籍者依國籍法第二十條規定認定相關問題，規定如說明，請確實依規定辦理，請　查照。

說明：

一、本部本（八十九）年八月三十一日臺（八九）人㈠字第八九〇九七〇五八號書函諒達。

二、部屬機關學校聘任人員兼具外國國籍者依國籍法第二十條規定認定之相關作業規定如下：

　㈠有關國籍法第二十條第二項「具有專長或特殊技能而在我國不易覓得之人才」之「不易覓得之人才」之認定標準：1.中央研究院院士。2.所具之專長或特殊技能，有傑出貢獻或聲望卓著，經查證屬實者。3.所具之專長或特殊技能，曾獲國際級獎勵，有證明文件，經查證屬實者。4.所具之專長或特殊技能，有重要著作出版或作品發表，經查證屬實者。5.所具之專長或特殊技能，有重要專業成就，有證明文件，經查證屬實者。6.所具之專長或特殊技能屬高科技或稀少性，經主管機關認定者。7.所具之專長或特殊技能符合用人機關、學校業務、研究、教學或發展特色之特別需要者。

　㈡部屬機關學校聘任雙重國籍人員報送本部核准前之認定程序：1.新聘人員之認定程序：⑴除國立大學校長及部屬機關首長、副首長外，部屬學校擬聘任具雙重國籍人員，應經各校先行依前開標準查證認定，其認定程序由各校自行訂定，符合國籍法第二十條規定者，應於聘任前報送本部核准。部屬機關聘任具雙重國籍人員，比照上開程序辦理。⑵部屬機關學校擬聘具雙重國籍人員兼任行政主管職務前，應由各該機關學校先行審酌認定其是否符合國籍法第二十條規定，並於報送本部核准後聘兼之。2.現職人員之認定程序：⑴除國立大學校長及部屬機關首長、副首長外，部屬機關學校應於九十年一月十五日前就具雙重國籍之現職人員（含兼任行政主管職務者），依前開標準完成查證認定作業並報送本部，其認定程序由各機關學校自行訂定。⑵經服務機關學校認定不符國籍法第二十條第二項規定者，若具結願意放棄兼具之外國國籍，應於服務機關學校之認定結果送達當事人之日起一年內完成放棄外國國籍，並繳交放棄生效文件；

於限期內未完成者,由服務之機關學校免除其職務。⑶經服務機關學校認定符合並報送本部,但經本部審認後,不予核准者,若具結願意放棄兼具之外國國籍,應於服務機關學校將本部不予核准之結果送達當事人之日起一年內完成放棄外國國籍,並繳交放棄生效文件;於限期內未完成者,由服務之機關學校免除其職務。⑷茲因行政院於召開國籍法施行細則草案審查會議時,銓敘部及行政院人事行政局均建議於施行細則中訂定放棄外國國籍之「緩衝期」,若國籍法施行細則發布施行後之規定與前開⑵、⑶不合者,請依國籍法施行細則之規定辦理。

*教育部(八九)臺人㈠字第八九〇二〇二四一號

要旨:

有關學校外籍教師可否兼任學術行政主管疑義

主旨:

貴校外籍教師可否兼任學術行政主管疑義乙案,復請　查照。

說明:

一、復　貴校本(八十九)年二月十六日高科大人字第八九〇五六四號函。

二、查民國八十九年二月九日修正公布施行之國籍法第二十條規定:「(第一項)中華民國國民取得外國國籍者,不得擔任中華民國公職。……但下列各款經該管主管機關核准者,不在此限:一、……與公立各級學校教師(含兼任學術行政主管人員)、……。(第二項)前項第一款至第三款人員,以具有專長或特殊技能而在我國不易覓得之人才且不涉及國家機密之職務者為限。」揆其意旨係放寬中華民國國民具雙重國籍者,若符合「具有專長或特殊技能而在我國不易覓得之人才且不涉及國家機密之職務者」之規定,得不受不得擔任中華民國公立各級學校教師(含兼任學術行政主管人員)之限制。復查國籍法之適用對象並不包括外國人,合先敘明。

三、依司法院大法官會議釋字第三〇八號解釋,公立學校聘任之教師不屬於公務員服務法第二十四條所稱之公務人員,惟兼任學校行政職務之教師,就其兼任之行政職務,仍有公務員服務法之適用。審酌公務員服務法所稱公務員並未明定包括外國人在內,且依就業服務法第四十三條規定,外國人得從事之工作並未包括兼任學校學術行政主管職務,是以,外籍教師擬兼任公立學校學術行政主管職務,目前尚無法源依據。

*行政院人事行政局(八九)局力字第一九一〇二三號

要旨:

各機關進用人員時,有關其國籍情形,請確實依「國籍法」、「公務人員任用法」暨相關法令規定辦理。

主旨：

各機關進用人員時，有關其國籍情形，請確實依「國籍法」第二十條、「公務人員任用法」第二十八條暨相關法令規定辦理，請　查照並轉知。

說明：

一、依民國八十九年二月九日修正公布之「國籍法」第二十條規定：「（第一項）中華民國國民取得外國國籍者，不得擔任中華民國公職；其已擔任者，除國民大會代表由國民大會、立法委員由立法院；直轄市、縣（市）、鄉（鎮、市）民選公職人員，分別由行政院、內政部、縣政府；村里長由鄉（鎮、市、區）公所解除其公職外，由各該機關免除其公職。但下列各款經該管主管機關核准者，不在此限：一、公立大學校長、研究機關（構）首長、副首長、研究人員（含兼任學術研究主管人員）與公立各級學校教師（含兼任學術行政主管人員）、講座、研究人員、專業技術人員及經各級主管教育行政機關核准設立之社會教育機構首長、副首長、聘任之專業人員（含兼任主管人員）。二、公營事業中對經營政策負有主要決策責任以外之人員。三、各機關專司技術研究設計工作而以契約定期聘用之非主管職務。四、僑務主管機關依組織法遴聘僅供諮詢之無給職委員。五、其他法律另有規定者。（第二項）前項第一款至第三款人員，以具有專長或特殊技能而在我國不易覓得之人才且不涉及國家機密之職務者為限。」另依「公務人員任用法」第二十八條規定：「有左列情事之一者，不得為公務人員：一、未具或喪失中華民國國籍者。二、具中華民國國籍兼具外國國籍者。……」。

二、各機關於進用人員時，有關其國籍情形，請確實依上開「國籍法」第二十條、「公務人員任用法」第二十八條暨相關法令規定辦理；左列事項並請注意配合辦理：㈠上開「國籍法」第二十條第一項但書規定，得由雙重國籍者擔任之五款職務，應確實依該法規定，報經主管機關核准後，始可由雙重國籍者擔任；前三款人員並須具有我國不易覓得之專長或特殊技能，且其職務未涉及國家機密。至是否具有不易覓得之專長或特殊技能，及其職務有無涉及國家機密，由各該主管機關依權責認定之。㈡爾後，各主管機關報行政院核定之人事案件（含簡任第十二職等以上人員、大專校院校長、公營事業董、理事長及總經理等），應敘明其有無雙重國籍；如具有雙重國籍，並請敘明是否符合「國籍法」規定，或已具結放棄外國國籍（依銓敘部民國八十七年八月十四日八七臺甄四字第一六六一八一四號函規定，並附具結書影本）。㈢各機關應建立並隨時更新所屬人員國籍相關資料，以便查考；有關國籍查核、列管之辦理情形，應列為各人事機構人事業務考核重點項目。

第二十一條

內政部依本法受理申請許可，核發證書，應收取證書費；其收費標準，由內政部定之。

第二十二條

本法施行細則由內政部定之。

第二十三條

本法自公布日施行。

2.國籍法施行細則

中華民國九十年二月一日內政部（九〇）臺內戶字第九〇六八二〇四號令訂定發布全文十八
　條；並自發布日起實施

第一條

本細則依國籍法（以下簡稱本法）第二十二條規定訂定之。

第二條

依本法規定申請歸化與喪失、回復國籍及撤銷國籍之喪失者，由本人或其法定代理人
向居住地戶政事務所提出，層轉內政部核准；其居住國外者，應向居住地鄰近駐外使
領館、代表處、辦事處或其他外交部授權機構（以下簡稱駐外館處）申請，送外交部
轉內政部核准。但依本法第三條至第七條規定申請歸化及本法第十五條、第十六條規
定申請回復國籍者，應於國內住所地為之；依本法第十一條規定申請喪失中華民國國
籍，而有本法第十二條第一款但書規定情形者，應於僑居地為之。

第三條

本法第三條至第五條及第十五條所稱中華民國（以下簡稱我國）領域內有住所，係指
持有有效之外僑居留證或外僑永久居留證者。

第四條

本法第三條至第五條所定合法居留期間之計算，包括本法修正施行前已取得外僑居留
證或外僑永久居留證之合法居留期間。

第五條

本法第三條第四款所稱有相當之財產或專業技能，足以自立，或生活保障無虞，係指
具有下列情形之一者：

一、最近一年每月平均收入逾行政院勞工委員會公告基本工資二倍者。

二、動產及不動產估價總值逾新臺幣五百萬元者。

三、其他經內政部認定者。

申請歸化或回復國籍者，係我國國民之配偶或子女，前項第一款、第二款金額之計算，
包含其在臺灣地區配偶或父母之收入或財產。

第六條

依本法第三條至第五條或第七條規定申請歸化者，應檢附下列文件：

一、歸化國籍申請書。

二、無國籍、喪失原有外國國籍之證明文件或依本法第九條但書規定，由外交機關出
　　具查證屬實之文書。

三、有效之外僑居留證或外僑永久居留證。

四、在國內之居住年限及日數證明文件。

五、原屬國政府核發之警察紀錄證明書或其他相關證明文件及在我國居住期間之警察
　　紀錄證明書。但未滿十四歲者免附。

六、相當之財產或專業技能，足以自立，或生活保障無虞之證明。但申請隨同歸化之
　　未婚未成年子女免附。

七、未婚未成年人附繳其法定代理人同意證明；未婚未成年男子年滿十八歲、女子年
　　滿十六歲者，並檢附單身證明。

八、其他相關身分證明文件。

前項第八款之證明文件，係指下列各款文件之一：

一、辦妥結婚登記或收養登記之戶籍謄本。

二、無法檢附前款戶籍謄本者，檢附結婚證明文件或我國法院收養裁定及其確定證明
　　書。

三、出生證明或親子關係之相關身分證明文件。

第七條

依本法第六條規定申請歸化者，應檢附下列文件：

一、歸化國籍申請書。

二、功勳證明文件。

三、無國籍、喪失原有外國國籍之證明文件或依本法第九條但書規定，由外交機關出
　　具查證屬實之文書。

四、其他相關身分證明文件。

第八條

外國人為提出本法第九條規定之喪失其原有國籍之證明，得檢附準歸化國籍申請書、
第六條第三款至第八款或前條第二款、第四款之文件，向住所地戶政事務所提出，轉
直轄市或縣（市）政府核發準歸化中華民國國籍證明。

前項證明有效期限一年，供外國人持憑向其原屬國政府申辦喪失原有國籍。

第九條

依本法第十一條規定申請喪失國籍者，應檢附下列文件：

一、喪失國籍申請書。

二、具有我國國籍之證明。

三、無本法第十二條第二款、第三款及第十三條第一款至第五款規定情形之具結書。

四、警察紀錄證明書。但未滿十四歲或未曾於國內設有戶籍者免附。

五、無欠繳稅捐及租稅處分罰鍰之證明。

六、未成年人附繳其法定代理人同意證明。

七、役齡男子附繳退伍、除役、退役或免服兵役證明。

八、其他相關身分證明文件。

前項第二款之證明，係指下列各款文件之一：

一、戶籍謄本。

二、國民身分證。

三、戶口名簿。

四、護照。

五、國籍證明書。

六、華僑登記證。

七、華僑身分證明書。

八、父母一方具有我國國籍證明及本人出生證明。

九、其他經內政部認定之證明文件。

前項第七款之華僑身分證明書，如係檢附華裔證明文件向僑務委員會申請核發者，併提出前項第八款之證明文件。

第一項第八款之證明文件，係指下列各款文件之一：

一、國內有戶籍者，檢附辦妥結婚登記、認領登記或收養登記之戶籍謄本。

二、無法檢附前款戶籍謄本者，檢附結婚證明文件、符合我國及外國法律認領有效成立之證件或我國法院收養裁定及其確定證明書。

三、依本法第十一條第一項第五款或第二項規定申請者，其在國內有戶籍者，應另檢附戶籍謄本。

四、本法第十二條第一款但書規定之僑居國外國民，應另檢附入出國日期證明書、遷出國外戶籍謄本及僑居國外身分證明等相關身分證明文件。

第十條

本法第十二條第一款但書所稱僑居國外國民，係指其所持我國護照已加簽為僑居身分或取得僑居國外身分證明者。

本法第十二條第一款但書所稱僑居國外國民，在年滿十五歲當年十二月三十一日以前遷出國外者，係指僑居國外國民在年滿十五歲當年十二月三十一日以前出國，其所持我國護照已加簽為僑居身分或取得僑居國外身分證明，且其戶籍資料已載明遷出國外日期者。

第十一條

依本法第十四條規定申請撤銷國籍之喪失者，應檢附下列文件：

一、撤銷喪失國籍申請書。

二、喪失國籍許可證書。

三、未喪失我國國籍前，原擬取得之外國國籍相關證明文件。

四、未取得其他外國國籍具結書。

五、未成年人附繳其法定代理人同意證明。

前項第三款未取得外國國籍之事實，由駐外館處於受理申請時先為查明或由內政部轉請外交部查明。

第十二條

依本法第十五條或第十六條規定申請回復國籍者，應檢附下列文件：

一、回復國籍申請書。

二、有效之外僑居留證或外僑永久居留證。

三、原屬國政府核發之警察紀錄證明書或其他相關證明文件及喪失國籍後在我國居住期間之警察紀錄證明書。但未滿十四歲者免附。

四、相當之財產及專業技能，足以自立，或生活保障無虞之證明。但申請隨同回復國籍之未成年子女免附。

五、未成年人附繳其法定代理人同意證明。

六、其他相關戶籍或身分證明文件。

第十三條

依本法申請歸化、喪失或回復國籍經許可者，由內政部核發歸化、喪失或回復國籍許可證書。

第十四條

歸化、喪失或回復國籍許可證書污損或滅失者，得檢附下列文件，申請換發或補發：

一、換發或補發申請書。

二、污損之證書或證書滅失之具結書。

三、相關戶籍或身分證明文件。

前項申請，得由原核轉機關層轉內政部或逕向內政部換發或補發。但依第十一條規定同時申請撤銷國籍之喪失者，無庸換發或補發喪失國籍許可證書。

第十五條

依本細則規定應繳附之文件為外文者，須附中文譯本。

前項文件係在外國駐華使領館或授權代表機構製作者，應經外交部驗證；在國外製作者，應經駐外館處認（驗）證及外交部複驗。但依第二條規定向駐外館處申請，送外交部轉內政部核准者，免經外交部複驗。

第一項文件之中文譯本，除由駐外館處認證外，得依公證法規定由公證人予以認證。

第十六條

本法第二十條第一項所稱各該機關，係指有權進用該公職人員之機關。

本法第二十條第一項中華民國國民取得外國國籍者，不得擔任中華民國公職之規定，於外國人取得中華民國國籍，仍保留外國國籍者，亦適用之。

本法第二十條第一項但書及第二項所列職務之人員，由各該管主管機關認定之。

第十七條

本細則所需書表格式，由內政部定之。

第十八條

本細則自發布日施行。

3.戶籍法（第二十一、五十九條）

中華民國八十九年七月五日總統（八九）華總一義字第八九○○一六六一五○號令修正公布
第二、五、五十二條條文

第二十一條

由他戶籍管轄區域遷入三個月以上，應為遷入之登記。

原有戶籍人民遷出國外，持憑外國護照入境，不得為遷入之登記。

第五十九條

外國人在中華民國境內居留者，其查記辦法，由內政部會同外交部定之。

4.入出國及移民法

中華民國九十一年五月二十九日總統（九一）華總一義字第○九一○○一○八二九○號令修
正第二十三條條文

第一章　總則

第一條

為統籌入出國管理，確保國家安全；規範移民事務，落實移民輔導，特制定本法。本法未規定者，適用其他有關法律之規定。

第二條

本法之主管機關為內政部。

內政部為辦理本法規範之入出國及移民業務，設入出國及移民署。但有關查察逾期停留、居留及非法入國之業務，由入出國及移民署會同警政署辦理。

第三條

本法用詞定義如下：

一、國民：指居住臺灣地區設有戶籍或僑居國外之具有中華民國（以下簡稱我國）國籍者。

二、機場、港口：指經行政院核定之入出國機場、港口。

三、臺灣地區：指臺灣、澎湖、金門、馬祖及政府統治權所及之其他地區。

四、臺灣地區無戶籍國民：指具有我國國籍，現僑居國外國民及取得、回復我國國籍未曾在臺灣地區設有戶籍之國民。

五、過境：指外國人經由我國機場、港口返回其本國或進入其他國家、地區，所作一定期間之停留。

六、停留：指在臺灣地區居住期間未逾六個月。

七、居留：指在臺灣地區居住期間超過六個月。

八、定居：指在臺灣地區居住並設立戶籍。

九、移民業務機構：指依本法許可代辦移民業務之公司。

第四條

入出國者，應經查驗，未經查驗者，不得入出國。

前項查驗辦法，由主管機關定之。

第二章　國民入出國

第五條

國民入出國，應向主管機關申請許可；未經許可者，不得入出國。但居住臺灣地區設有戶籍國民，自本法施行一年後，入出國不需申請許可。

國軍人員出國應先經國防部或其授權之單位核准。

第一項入出國許可辦法，由主管機關定之。

第六條

國民有下列情形之一者，應不予許可或禁止其出國：

一、經判處有期徒刑以上之刑確定，尚未執行或執行未畢者。

二、因案通緝中，或經司法或軍法機關限制出國者。

三、有事實足認有妨害國家安全或社會安定之重大嫌疑者。

四、涉及內亂罪、外患罪重大嫌疑，經權責機關通知限制出國者。

五、涉有重大經濟犯罪或重大刑事案件嫌疑，經權責機關通知限制出國者。

六、役男或尚未完成兵役義務者。但依法令得准其出國者，不在此限。

七、護照、航員證、船員服務手冊或入出國許可證件係不法取得、偽造、變造或冒用者。

八、護照、航員證、船員服務手冊或入出國許可證件未依第四條規定查驗者。

九、依其他法律限制或禁止出國者。

前項不予許可或禁止出國，應以書面敘明理由通知當事人。

第一項第三款及第四款之情形，主管機關應聘請包括社會公正人士組成審查委員會審核，經審核許可者，同意其出國。

第七條

臺灣地區無戶籍國民有下列情形之一者，應不予許可或禁止入國：

一、參加叛亂組織或其活動者。

二、參加暴力或恐怖組織或其活動者。

三、涉有內亂罪、外患罪重大嫌疑者。

四、涉嫌重大犯罪或有犯罪習慣者。

五、護照或入國許可證件係不法取得、偽造、變造或冒用者。

前項僑居國外之國民兼具有外國國籍未曾於臺灣地區設有戶籍，有前項各款或第十七條第一項各款規定情形之一者，得不予許可或禁止入國。

第三章　臺灣地區無戶籍國民停留、居留

第八條

臺灣地區無戶籍國民申請在臺灣地區停留者，其停留期間為三個月；必要時得延期一次，並自入國之翌日起，併計六個月為限。但有下列情形之一並提出證明者，得酌予再延長其停留期間及次數：

一、懷胎七個月以上或生產、流產後二個月未滿者。

二、罹患疾病住院，出國有生命危險之虞者。

三、在臺灣地區設有戶籍之配偶、直系血親、三親等內之旁系血親、二親等內之姻親在臺灣地區患重病或受重傷而住院或死亡者。

四、遭遇天災或其他不可避免之事變者。

依前項第一款或第二款規定之延長停留期間，每次不得逾二個月；第三款規定之延長停留期間，自事由發生之日起不得逾二個月；第四款規定之延長停留期間，不得逾一個月。

前二項停留期間屆滿，除依規定許可居留或定居者外，應即出國。

第九條

臺灣地區無戶籍國民有下列情形之一者，得申請在臺灣地區居留：

一、有直系血親、配偶、兄弟姊妹或配偶之父母在臺灣地區設有戶籍者。其親屬關係因收養發生者，被收養者年齡應在十歲以下，並以一人為限。

二、參加僑社工作，對僑務有貢獻，經僑務委員會會商外交部及其他有關機關確認，出具證明者。

三、在臺灣地區有一定金額以上之投資，經中央目的事業主管機關核准或備查者。

四、曾申請在臺灣地區居留之第八款僑生畢業後，返回僑居地服務滿二年者。

五、具有特殊技術及經驗，經中央目的事業主管機關延聘回國者。

六、前款以外，經政府機關或公私立大專院校任用或聘僱者。

七、經中央勞工主管機關或目的事業主管機關許可在臺灣地區從事就業服務法第四十三條第一項第一款至第六款或第九款工作者。

八、經中央目的事業主管機關核准回國就學之僑生。

九、經中央目的事業主管機關核准回國接受職業技術訓練之學員生。

十、經中央勞工主管機關許可在臺灣地區從事就業服務法第四十三條第一項第七款或第八款工作者。

前項各款規定除第八款至第十款外，申請人之配偶及未成年子女得隨同申請；未隨同本人申請者，得於本人入國居留後申請。本人居留資格依第十一條第二項規定，撤銷許可時，其配偶及未成年子女之居留資格併同撤銷之。

主管機關得衡酌在臺灣地區居留情形，依國家、地區擬訂第一項每年申請在臺灣地區居留之配額，報請行政院核定後公告之。但有未成年子女在臺灣地區設有戶籍或結婚滿四年者，不予配額限制。

第十條

臺灣地區無戶籍國民有下列情形之一者，得申請在臺灣地區定居：

一、前條第一項第一款至第七款之申請人及其隨同申請之配偶及未成年子女，經許可居留，在臺灣地區連續居留或居留滿一定期間，仍具備原居留條件者。

二、現任中央公職人員，持我國護照或入境證入國者。

三、在國外出生，未滿十二歲，持我國護照或入境證入國，出生時其父或母原在臺灣地區設有戶籍者。

四、在國外出生，未滿十二歲，持外國護照入國，出生時其父母原在臺灣地區均設有戶籍或非婚生子女出生時母原在臺灣地區設有戶籍者。

在國內取得國籍者，連續居留滿一定期間，得申請在臺灣地區定居。

依第一項第一款及前項申請在臺灣地區定居，其親屬關係因結婚發生者，應存續三年以上。但婚姻關係存續期間已生產子女者，不在此限。

臺灣地區無戶籍國民持我國護照入國，依法令應即受常備兵役徵兵處理者，應即辦理定居。在退伍前，其親屬不得依前條第一項第一款規定，申請在臺灣地區居留。

第二項每年申請在臺灣地區定居之數額，準用前條第三項規定。

第十一條

臺灣地區無戶籍國民申請在臺灣地區居留或定居，有下列情形之一者，得不予許可：

一、有事實足認有妨害國家安全或社會安定之重大嫌疑者。

二、曾經有犯罪紀錄者。

三、未經許可而入國者。

四、冒用身分或以不法取得、偽造、變造之證件申請者。

五、曾經協助他人非法入出國或身分證件提供他人持以非法入出國者。

六、有事實足認其係通謀而為虛偽之結婚或收養者。

七、健康檢查不合格者。

八、曾經從事與許可目的不符之活動或工作者。

九、曾經逾期停留者。

經許可居留或定居後，有前項各款情形之一或經撤銷其聘僱許可者，撤銷其許可；已辦妥戶籍登記者，撤銷其戶籍登記。

第一項第八款及第九款之不予許可期間，自其出國之翌日起算至少為一年。

第十二條

臺灣地區無戶籍國民持憑外國護照或無國籍旅行證件入國者，除合於第十條第一項第四款或第二項情形者外，應持憑外國護照或無國籍旅行證件出國，不得申請居留或定居。

第十三條

臺灣地區無戶籍國民停留期間，有下列情形之一者，得撤銷許可：

一、有事實足認有妨害國家安全或社會安定之虞者。

二、受有期徒刑以上刑之宣告，於刑執行完畢、赦免或緩刑者。

第十四條

臺灣地區無戶籍國民停留、居留、定居之許可經撤銷或戶籍登記經撤銷者，限令其出國。

臺灣地區無戶籍國民應於接到前項限令出國通知後十日內出國。

第十五條

臺灣地區無戶籍國民未經許可入國，或經許可入國已逾停留、居留或限令出國之期限者，得逕行強制其出國，並得限制再入國。

前項強制出國者於出國前，得暫予收容，並得令其從事勞務。

前二項規定，於本法施行前入國者，亦適用之。

第一項強制出國處理辦法，由主管機關定之。

第二項之收容，準用第三十六條第二項至第四項及第三十七條規定。

第十六條

臺灣地區無戶籍國民，因僑居地區之特殊狀況，必須在臺灣地區居留或定居者，由主管機關就特定國家、地區訂定居留或定居辦法，報請行政院核定，不受第九條及第十條規定之限制。

本法施行前已入國之泰國、緬甸或印尼地區無國籍人民，應許可其居留。

第四章　外國人入出國

第十七條

外國人有下列情形之一者，得禁止其入國：

一、未帶護照或拒不繳驗者。

二、持用不法取得、偽造、變造之護照或簽證者。

三、冒用護照或持用冒領之護照者。

四、護照失效、應經簽證而未簽證或簽證失效者。

五、申請來我國之目的作虛偽之陳述或隱瞞重要事實者。

六、攜帶違禁物者。

七、在我國或外國有犯罪紀錄者。

八、患有足以妨害公共衛生或社會安寧之傳染病、精神病或其他疾病者。

九、有事實足認其在我國境內無力維持生活者。

十、持停留簽證而無回程或次一目的地之機票、船票，或未辦妥次一目的地之入國簽證者。

十一、曾經被拒絕入國、限令出國或驅逐出國者。

十二、曾經逾期停留、居留或非法工作者。

十三、有危害我國利益、公共安全、公共秩序或善良風俗之虞者。

外國政府以前項各款以外之理由，禁止我國國民進入該國者，主管機關得以同一理由，禁止該國人民入國，並知會外交部。

第一項第十三款之情形，主管機關應聘請包括社會公正人士組成審查委員會審核，經審核許可者，同意其入國。

第十八條

搭乘航空器、船舶或其他運輸工具之外國人，有下列情形之一者，依機、船長、運輸業者、執行救護任務機關或施救之機、船長之申請，得許可其臨時入國：

一、轉乘航空器、船舶或其他運輸工具。

二、疾病、避難或其他特殊事故。

三、意外迫降、緊急入港、遇難或災變。

四、其他正當理由。

主管機關依前項之許可，得發給臨時停留許可證，並得限定其停留期間及地區或附加條件；其臨時入國許可辦法，由主管機關定之。

第十九條

航空器、船舶或其他運輸工具所搭載之乘客，因過境必須在我國過夜住宿者，得由機、船長或運輸業者向主管機關申請許可。

前項乘客不得擅離過夜住宿之處所；其過夜住宿辦法，由主管機關定之。

第二十條

外國人有下列情形之一者，禁止其出國：

一、經司法機關通知限制出國者。

二、經財稅機關通知限制出國者。

外國人因其他案件在依法查證中，經有關機關請求限制出國者，得禁止其出國。

禁止出國者，主管機關應以書面敘明理由，通知當事人。

第五章　外國人停留、居留及永久居留

第二十一條

外國人持停留、居留簽證之有效護照或旅行證件，經主管機關查驗許可入國後，取得停留、居留資格。

主管機關得衡酌國家利益，依國家、地區擬訂前項每年申請在我國居留之配額，報請行政院核定後公告之。但因投資、受聘僱工作或就學而居留者，不在此限。

第二十二條

外國人取得居留資格後，應於十五日內，向主管機關申請外僑居留證。主管機關核發外僑居留證，應副知相關機關。

第二十三條

外國人在我國合法連續居留七年，或居住臺灣地區設有戶籍之國民，其外國籍之配偶、子女在我國合法連續居住五年或該配偶、子女在我國合法居住十年以上，其中有五年每年居住超過一百八十三日，並符合下列要件者，得向主管機關申請永久居留：

一、年滿二十歲以上。

二、品行端正。

三、有相當之財產或藝能，足以自立。

四、合法連續居留期間，每年居住超過一百八十三日。

五、符合我國國家利益。

本法修正施行前，外國人曾在我國合法居住二十年以上，其中有十年每年居住超過一百八十三日，並符合前項第一款至第三款及第五款要件者，得向主管機關申請永久居留。

外國人有下列情形之一者，雖不具第一項要件，亦得申請永久居留：

一、對我國有特殊貢獻者。

二、為我國所需之高科技人才。

前項情形，主管機關應聘請包括社會公正人士組成審查委員會審查，經審核許可者，同意其永久居留。

第一項至第三項申請人兼具有我國國籍者，不得申請永久居留。

主管機關許可永久居留資格，應發給外僑永久居留證，並副知相關機關。

主管機關得衡酌國家利益，依國家、地區擬訂第一項每年申請在我國永久居留之配額，報請行政院核定後公告之。

第二十四條

有下列情形之一者，應於事實發生之翌日起十五日內，申請外僑居留證：

一、喪失我國國籍，尚未取得外國國籍者。

二、喪失原國籍，尚未取得我國國籍者。

三、在我國出生之外國人。

四、入國後改辦居留簽證者。

第二十五條

下列外國人，在我國居留，免申請外僑居留證：

一、駐我國之外交人員及其眷屬、隨從人員。

二、駐我國之外國機構、國際機構執行公務者及其眷屬、隨從人員。

三、其他經外交部專案核發禮遇簽證者。

前項人員，得由外交部列冊知會主管機關。

第二十六條

年滿十四歲以上之外國人，入國停留、居留或永久居留，應隨身攜帶護照、外僑居留證或外僑永久居留證。

主管機關或其他依法令賦予權責之公務員，得於執行公務時，要求出示前項證件。

第二十七條

外國人在我國停留、居留期間，不得從事與申請停留、居留目的不符之活動或工作。

第二十八條

主管機關在國家發生特殊狀況時，為維護公共秩序或重大利益，得對外國人依相關法令限制其住居所、活動或賦予應行遵守之事項。

第二十九條

外國人停留或居留期限屆滿前，有繼續停留或居留之必要時，應向主管機關申請延期。

外國人於居留期間因依親對象死亡，得申請繼續居留。

外國人於居留期間內，變更居留住址或服務處所時，應向主管機關辦理變更登記。

前三項之規定，準用第二十二條規定。

第三十條

有下列情形之一者，撤銷或註銷其外僑居留證：

一、申請資料虛偽或不實者。

二、持用不法取得、偽造或變造之證件者。

三、經司法機關判處一年以上有期徒刑者。

四、回復我國國籍者。

五、取得我國國籍者。

六、兼具我國國籍，以國民身分申領入出國許可證件者。

七、已取得外僑永久居留證者。

八、受驅逐出國者。

九、經撤銷聘僱許可，並限令出國者。

第三十一條

有下列情形之一者，撤銷或註銷其外僑永久居留證：

一、申請資料虛偽或不實者。

二、持用不法取得、偽造或變造之證件者。

三、經司法機關判處一年以上有期徒刑者。但過失犯不在此限。

四、永久居留期間，每年居住未達一百八十三日者。但因出國就學、就醫或其他特殊
　　原因經主管機關同意者，不在此限。

五、回復我國國籍者。

六、取得我國國籍者。

七、兼具我國國籍，以國民身分申領入出國許可證件者。

八、受驅逐出國者。

第三十二條

外國人在我國居留或永久居留期間內，有出國後再入國之必要者，應先向主管機關申
請重入國許可。但已獲得永久居留權者不在此限。

第三十三條

外國人停留、居留及永久居留辦法，由主管機關定之。

第六章　驅逐出國

第三十四條

外國人有下列情形之一者，得強制驅逐出國：

一、違反第四條第一項規定，未經查驗入國者。

二、入國後，發現有第十七條禁止入國情形之一者。

三、違反第十八條第一項規定，未經許可臨時入國者；未依同條第二項規定，遵守所
　　限定之停留期間、地區或附加條件者。

四、違反第十九條第二項規定，擅離過夜住宿之處所者。

五、違反第二十七條規定，從事與申請停留、居留目的不符之工作或活動者。

六、違反第二十八條所定限制住居所、活動或賦予應行遵守之事項者。

七、違反第二十九條第一項規定，於停留或居留期限屆滿前，未申請停留、居留延期
　　者。

八、有第三十條第一款至第三款或第九款規定情形，經撤銷或註銷外僑居留證者。

九、有第三十一條第一款至第三款規定情形，經撤銷或註銷外僑永久居留證者。

第三十五條

主管機關對外國人涉有前條各款情形之一者，為調查之需，得請求有關機關、團體協助或提供必要之資料。被請求之機關、團體非有正當理由，不得拒絕。

監獄、技能訓練所，對於涉有前條各款情形須服刑之外國人，於服刑期滿或其他理由釋放者，應通知主管機關。

第三十六條

外國人有下列各款情形之一者，得強制收容：

一、受驅逐出國處分尚未辦妥出國手續者。

二、非法入國或逾期停留、居留者。

三、受外國政府通緝者。

四、其他在事實上認有暫予保護之必要者。

前項收容以十五日為限，必要時每次得延長十五日。

受收容人或其配偶、直系親屬、法定代理人、兄弟姊妹、辯護人、保證人，得於七日內向主管機關提出收容異議。

第一項第一款受強制驅逐出國者，無法遣送時，主管機關得限定其住居所或附加其他條件後，解除收容。

第三十七條

外國人收容管理，由主管機關設置或指定適當處所為之；其收容管理規則，由主管機關定之。

第七章　機、船長及運輸業者之責任

第三十八條

航空器、船舶或其他運輸工具，其機、船長或運輸業者，對主管機關依據本法及相關法令執行職務時，應予協助。

前項機、船長或運輸業者，不得以其航空器、船舶或其他運輸工具搭載未具許可入國證件之乘客。但為我國同意辦理落地簽證或免簽證國家人民不在此限。

第三十九條

航空器、船舶或其他運輸工具入出機場、港口前，其機、船長或運輸業者，應事先向主管機關通報預定入出國時間及機、船員、乘客之名冊或其他有關事項。

第四十條

前條機、船長或運輸業者，對無護照、航員證或船員服務手冊及因故被他國遣返、拒絕入國或偷渡等不法事項之機、船員、乘客，應向主管機關通報。

航空器、船舶或其他運輸工具離開我國時，其機、船長或運輸業者應向主管機關通報臨時入國停留之機、船員、乘客之名冊。

第四十一條

航空器、船舶或其他運輸工具搭載之乘客、機、船員，有下列情形之一者，機、船長或運輸業者，應負責安排當日或最近班次運輸工具，將機、船員、乘客遣送出國：

一、第七條或第十七條第一項各款規定，禁止入國者。

二、依第十八條第一項規定，臨時入國者。

三、依第十九條第一項規定，過夜住宿者。

四、第三十八條第二項規定，未具許可入國證件者。

前項各款所列之人員待遣送出國期間，由主管機關指定照護處所，或負責照護。除第一款情形外，運輸業者並應負擔相關費用。

第八章　移民輔導

第四十二條

國民移居國外，政府應予保護、協助、規劃、輔導。主管機關應提供移民諮詢、服務，並得施以講習，提供語文、技能訓練。

第四十三條

政府對於計劃移居發生戰亂、瘟疫或排斥我國國民之國家或地區者，得勸阻之。

第四十四條

集體移民，得由民間團體辦理，或由主管機關了解、協調、輔導，以國際經濟合作投資、獎勵海外投資、農業技術合作或其他方式辦理。

第四十五條

主管機關得協調有關機關，依據移民之實際需要及當地法令，協助設立僑民學校或鼓勵本國銀行設立海外分支機構。

第四十六條

經營移民業務者，以公司組織為限，應先向主管機關申請設立許可，並依法辦理公司登記後，再向主管機關領取註冊登記證，始得營業。但依律師法第四十七條之七規定者，得不以公司為限，其他條件準用我國移民業務機構本公司之規定。

外國移民業務機構在我國設立分公司，應先向主管機關申請設立許可，並依公司法辦理認許後，再向主管機關領取註冊登記證，始得營業。

前二項之移民業務機構，變更註冊登記事項或公司登記事項時，應向主管機關申請換發註冊登記證。

第四十七條

移民業務機構得經營下列各款移民業務：

一、代辦居留、定居或永久居留業務。

二、代辦非觀光旅遊之停留簽證業務。

三、與投資移民有關之移民基金諮詢、仲介業務，並以保護移民者權益所必須者為限。

四、其他與移民有關之諮詢業務。

移民業務機構申請辦理前項第三款之業務，主管機關應會商財政部同意後許可。

經營第一項第三款之業務者，不得受託從事證券投資或收受款項之行為；其款項之收受，由主管機關指定銀行辦理之。

第一項各款業務之廣告，除不得為移民基金相關之廣告外，其內容應先經主管機關指定之移民團體審閱確認，始得刊播。

第一項第一款及第三款業務，應由具有我國律師資格者，查核簽證其業務合約。

第四十八條

移民業務機構申請設立許可，應具備下列要件：

一、一定金額以上之實收資本額。

二、置有符合規定資格及數額之專業人員。

三、在金融機構提存一定金額之保證金。

四、其他經主管機關指定應具備之要件。

第四十九條

移民業務機構有下列情形之一者，應予警告並限期改善，屆期仍不改善者，勒令歇業：

一、受託代辦移民業務，未與委託人簽訂書面契約或不履行契約者。

二、在報章、雜誌或其他大眾傳播媒體刊播廣告，未載明註冊登記證號碼者。

三、未依規定陳報營業狀況或陳報不實者。

四、刊播虛偽不實之廣告或散布虛偽不實之移民消息者。

第五十條

移民業務機構有下列情形之一者，應撤銷許可並註銷註冊登記證：

一、受託代辦移民業務時，協助當事人填寫、繳交不實證件，經司法機關判決確定者。

二、受託代辦移民業務，詐騙當事人者。

三、註冊登記證借與他人營業使用者。

四、經勒令歇業者。

五、違反其他與移民業務相關法令規定者。

第五十一條

移民業務機構及其從業人員輔導管理辦法，由主管機關定之。

第五十二條

本法公布施行前，已領有註冊登記證之移民業務機構，應於本法公布施行翌日起六個月內，依本法規定重新申請設立許可；逾期未辦理者，公告註銷其註冊登記證。

第九章　罰則

第五十三條

在機場、港口以交換、交付證件或其他非法方法，利用航空器、船舶或其他運輸工具運送非運送契約應載之人至他國者，處三年以下有期徒刑、拘役或科或併科新臺幣一百萬元以下罰金。

前項之未遂犯，罰之。

第五十四條

未經許可入出國或受禁止出國處分而出國者，處三年以下有期徒刑、拘役或科或併科新臺幣九萬元以下罰金。

第五十五條

未依本法規定申請設立許可，並領取註冊登記證，或經撤銷許可而經營第四十七條第一項各款移民業務者，處新臺幣二十萬元以上一百萬元以下罰鍰。

第五十六條

有下列情形之一者，處新臺幣三萬元以上十五萬元以下罰鍰，並勒令歇業：

一、未依第四十六條第三項規定，向主管機關申請換發註冊登記證者。

二、違反第四十七條第三項規定，受託從事證券投資或收受款項，或移民基金款項非經指定銀行收受辦理者。

三、違反第四十七條第四項規定，委託刊播移民基金相關之廣告或未經審閱確認之移民業務廣告者。

第五十七條

違反第三十八條第二項規定，以航空器、船舶或其他運輸工具搭載未具許可入國證件之乘客者，每件處新臺幣二萬元以上十萬元以下罰鍰；以載運未具許可入國證件之乘客為常業，或載運數量龐大等情節重大者，處新臺幣五十萬元以上罰鍰。幫助他人違反前項行為者，亦同。

第五十八條

機、船長或運輸業者，無正當理由違反第三十八條第一項、第四十條或第四十一條規定者，每件處新臺幣十萬元以下罰鍰。

第五十九條

有下列情形之一者，處新臺幣一萬元以下罰鍰：

一、違反第四條第一項規定，入出國未經查驗者。

二、未依第二十二條第一項或第二十四條規定之期限，申請外僑居留證者。

三、未依第二十六條第一項規定，隨身攜帶護照、外僑居留證或外僑永久居留證者。

四、未依第二十九條第三項規定，辦理變更登記者。

五、臺灣地區無戶籍國民或外國人，逾期停留或居留者。

第六十條

依本法所處之罰鍰，經限期繳納，屆期仍不繳納者，移送強制執行。

第十章　附則

第六十一條

主管機關所屬辦理入出國及移民業務機關之薦任職或相當薦任職以上人員，於執行非法入出國及移民犯罪調查職務時，分別視同刑事訴訟法第二百二十九條、第二百三十條之司法警察官。其委任職或相當委任職人員，視同刑事訴訟法第二百三十一條之司法警察。

第六十二條

主管機關依本法執行收容、遣送職務之需要，得配置武器或器械；其使用辦法由主管機關定之。

主管機關人員執行收容、遣送職務時，得配帶武器或器械。

第六十三條

主管機關人員於執行職務時，應穿著制服或配帶識別證件；其服制由主管機關定之。

第六十四條

依本法規定申請居留或永久居留者，除未滿十四歲者外，應按捺指紋並錄存。

未依前項規定按捺指紋者，其申請居留或永久居留不予許可。

前二項規定，於第二十五條第一項規定之外國人不適用之。

第六十五條

本法許可外國人在我國居留或永久居留之查察登記，由主管機關辦理；其查察登記辦法，由主管機關會同外交部定之。

第六十六條

舉發違反本法規定之事實，經查證屬實者，得對舉發人獎勵之；其獎勵辦法，由主管機關定之。

第六十七條

本法關於外國人之規定，於國民取得外國國籍而持外國護照入國者，準用之。

第六十八條

依本法規定核發之證照，得收取規費，其標準由主管機關定之。

第六十九條

本法施行細則，由主管機關定之。

第七十條

本法施行日期，由行政院定之。

5.入出國及移民法施行細則

中華民國九十年一月三日行政院(九〇)臺內移字第九〇八一六〇三號令修正發布第八之一、八之二、二十六、四十三、四十五、六十二、六十三、六十四條條文;並刪除第六十五條條文

第一章　總則

第一條

本細則依入出國及移民法(以下簡稱本法)第六十九條規定訂定之。

第二條

本法所稱入出國,在國家統一前,係指入出臺灣地區。

第三條

本法第三條第六款及第七款所稱居住期間,係指連續居住之期間。

本法第三條第七款所定在臺灣地區居住期間超過六個月,不包括依本法第八條第一項但書及其他特殊事故延長停留之期間在內。

第四條

本法第五條第一項但書所稱居住臺灣地區設有戶籍國民(以下簡稱有戶籍國民),係指現在或原在臺灣地區居住並設立戶籍,且未喪失國籍或未依臺灣地區與大陸地區人民關係條例第二條第四款規定轉換其身分為大陸地區人民之國民。

第五條

本法第六條第一項第一款及第九款應禁止出國之事由,分別由司法、軍法機關或該管中央主管機關通知內政部入出國及移民署(以下簡稱移民署);其他應禁止入出國之事由,由各權責機關通知移民署。

移民署對於受禁止出國者,應以書面敘明理由通知當事人,依法送達。

第六條

各中央主管機關或權責機關通知移民署禁止入出國之案件,無繼續禁止之必要時,應即通知移民署註銷。

第七條

移民署對於各中央主管機關或權責機關通知禁止入出國案件,應每年清理一次。但欠稅案件達五年以上,始予清理。

第八條

已入國者,得以書面委託他人或移民業務機構代辦申請居留、變更居留、永久居留或定居事項。

前項申請案件,由法定代理人辦理者,免檢附書面委託文件。

第八條之一

申請居留、變更居留、永久居留或定居案件,其資料不符或欠缺者,應於移民署書面

通知送達之翌日起十五日內補正。但國外申請案件為三個月。

未於前項規定期間內補正者，駁回其申請。

第八條之二

居留、永久居留或定居之數額，按月平均分配，並依申請審查合格順序編號，依序核配，如有不予許可情形，依次遞補之。當月未用數額得於次月分配，次月數額不得預行分配。

第二章　臺灣地區無戶籍國民停留、居留及定居

第九條

臺灣地區無戶籍國民（以下簡稱無戶籍國民）入國後，依本法第八條申請延長停留期間，應備下列文件，向移民署申請：

一、延期停留申請書。

二、入出國許可證件。

三、流動人口登記聯單。

四、其他相關證明文件。

第十條

本法第九條第一項第三款所稱一定金額，係指新臺幣一千萬元。

第十一條

本法第九條第一項第五款所稱具有特殊技術及經驗，係指有下列情形之一者：

一、在新興工業、關鍵技術、關鍵零件組及產品有專業技能者。

二、在光電、通訊技術、工業自動化、材料應用、高級感測、生物技術、資源開發或能源節約等著有成績，而所學確為臺灣地區所亟需或短期內不易培育者。

三、在公路、高速鐵路、捷運系統、電信、飛航、航運、深水建設、氣象或地震等領域有特殊成就，而所學確為臺灣地區所亟需或短期內不易培育者。

四、其他經中央目的事業主管機關專案核定者。

第十二條

未兼具外國國籍之無戶籍國民，依本法第九條第一項第七款或第十款規定，在臺灣地區從事就業服務法第四十三條第一項各款之工作，而申請居留者，由移民署準用就業服務法有關外國人聘僱許可之規定審核之。

第十三條

本法第九條第三項但書所定結婚滿四年者，以其配偶在臺灣地區設有戶籍者為限。

第十四條

無戶籍國民申請在臺灣地區居留，應備下列文件：

一、居留申請書。

二、僑居地身分證明。

三、足資證明具有中華民國國籍之文件。

四、僑居地警察紀錄證明書。

五、健康檢查合格證明。

六、其他相關證明文件。

申請人為未成年人、僑居地尚無發給或不發給警察紀錄證明書者，前項第四款文件免附之。

居留申請案依本法第九條第三項規定定有配額限制者，第一項第五款文件，於其居留數額核配時繳附之。

第一項第五款、第二十八條第一項第三款及第三十五條第一項第二款健康檢查合格證明或健康檢查證明之檢查項目，依行政院衛生署訂定之健康證明應檢查項目表辦理。

第十五條

無戶籍國民申請在臺灣地區居留，應備前條第一項所定文件，在僑居地向駐外使領館、代表處、辦事處或其他外交部授權機構（以下簡稱駐外館處）申請。駐外館處有移民署派駐入國審理人員者，由其審查；未派駐入國審理人員者，由駐外館處指派人員審查後，均由駐外館處核轉移民署辦理。

前項無戶籍國民居住於無駐外館處之國家、地區者，得將申請案件送僑務委員會認可之僑團或蒙藏委員會認可之服務中心（以下簡稱僑團或服務中心）代為審查後，轉送僑務委員會、蒙藏委員會或兼理當地領務之駐外館處核轉移民署辦理。

無戶籍國民已入國停留者，得備前條第一項所定文件，逕向移民署申請。

第十六條

在國內取得國籍者申請居留，應備下列文件，向移民署申請：

一、居留申請書。

二、取得國籍證明文件影本。

第十七條

受理前二條申請居留之機關或機構，得於申請當時或擇期與申請人面談，並由面談人製作面談紀錄附於居留申請書內。申請人未滿十四歲者，與其法定代理人或直系血親尊親屬同時面談。

第十八條

依第十四條、第十五條第一項或第二項規定程序，申請在臺灣地區居留經許可者，由移民署發給入國許可證及臺灣地區居留證副本，送請駐外館處轉發申請人，或送請僑務委員會、蒙藏委員會轉送僑團或服務中心轉發申請人。

前項申請人自入國之翌日起十五日內，應親自持憑臺灣地區居留證副本，向移民署換領臺灣地區居留證。但未滿十四歲者，得由其法定代理人或以掛號郵遞換領臺灣地區

居留證。

依第十五條第三項或第十六條規定程序，申請在臺灣地區居留經許可者，由移民署逕發給臺灣地區居留證。

第十九條

入國許可證及臺灣地區居留證副本之有效期間，自核發之翌日起算為六個月。在有效期間內未入國者，得於有效期間屆滿前，向移民署申請延期，自原證有效期間屆滿之翌日起，依原核准效期延期一次為限。

第二十條

臺灣地區居留證為在臺灣地區居留期間之身分證明文件，其有效期間自入國之翌日起算為三年。但屬常備兵役徵集對象之役男，為一年六個月。

依第十五條第三項或第十六條規定程序申請者，其有效期間自臺灣地區居留證核發之翌日起算。

第二十一條

無戶籍國民在臺灣地區居留期間變更居留事由者，得以變更之居留事由，備下列文件，向移民署申請；其隨同申請之配偶及未成年子女，亦同：

一、變更居留申請書。

二、臺灣地區居留證。

三、流動人口登記聯單。

四、其他相關證明文件。

第二十二條

無戶籍國民經許可入國，逾期停留未逾十日，其居留申請案依本法第九條第三項規定定有配額限制者，依規定核配時間每次延後一年許可。但有本法第八條第一項各款情形之一者，不在此限。

第二十三條

無戶籍國民所持臺灣地區居留證有效期間屆滿前，原申請居留原因仍繼續存在者，得申請延期。但據以依本法第九條第一項第一款規定申請居留之直系血親、配偶、兄弟姊妹或配偶之父母死亡者，其申請延期，以一次為限。

前項延期每次為二年。但屬常備兵役徵集對象之役男，為一年。

第二十四條

依前條規定申請延期居留者，應備下列文件，向移民署申請：

一、延期居留申請書。

二、臺灣地區居留證。

三、流動人口登記聯單。

四、其他相關證明文件。

第二十五條

無戶籍國民之居留申請案應受配額限制者,其隨同申請之未成年子女或被收養者年齡、配偶身分之認定,以實際核配時為準。

前項申請者及隨同申請者,列同一配額。

第二十六條

移民署依本法第十一條第二項撤銷或廢止無戶籍國民居留或定居許可時,應通知中央各該主管機關。

第二十七條

本法第十條第一項第一款及第二項所稱連續居留或居留滿一定期間如下:

一、依本法第九條第一項第一款至第五款及第十條第二項申請者,為連續居留一年,或居留滿二年且每年在臺灣地區居住二百七十日以上,或居留滿五年且每年在臺灣地區居住一百八十三日以上。

二、依本法第九條第一項第六款或第七款申請者,為居留滿五年且每年在臺灣地區居住二百七十日以上,或居留滿七年且每年在臺灣地區居住一百八十三日以上。

依本法第十六條第二項許可居留後,在國內取得國籍者,在臺灣地區連續居留三年,得申請在臺灣地區定居。

申請在臺灣地區定居,應於前二項之居留及居住期間屆滿後二年內申請之;本法施行前之居留及居住期間合併計算。

居留期間依親對象死亡,無戶籍國民已符合第一項第一款之居留期間者,仍得申請定居。

第二十八條

無戶籍國民申請在臺灣地區定居,應備下列文件,向移民署申請:

一、定居申請書。

二、臺灣地區居留證及流動人口登記聯單。

三、健康檢查合格證明。

四、其他相關證明文件。

依本法第十條第一項第二款至第四款申請者,前項第二款文件免附之。

隨同居留者申請定居,應與申請定居者併同申請,或於其定居後申請。

第二十九條

在臺灣地區原有戶籍國民,於國內回復國籍申請定居者,應備下列文件,向移民署申請:

一、定居申請書。

二、回復國籍許可證書。

三、相關證明文件。

依前項規定程序申請許可者,由移民署發給入國許可證副本,並於其外國護照入國簽

證及入國查驗章上加蓋戳記。

第三十條

無戶籍國民申請在臺灣地區定居經許可者，發給臺灣地區定居證，由移民署函送申請人預定申報戶籍地之戶政事務所辦理戶籍登記，並副知申請人。

前項申請人未在預定申報戶籍地居住時，應向該地戶政事務所申請於臺灣地區定居證上簽註變更住址後，由預定申報戶籍地之戶政事務所函送實際居住地之戶政事務所辦理戶籍登記。

第三十一條

依第十六條或本法第十條第一項第四款規定，申請居留或定居經許可者，移民署應於其外國護照之入國簽證及入國查驗章上加蓋戳記。

第三十二條

有戶籍國民出國二年以上，其戶籍所在地戶政事務所應依戶籍法第二十條第二項及第四十二條規定辦理戶籍遷出登記。

前項有戶籍國民持我國護照或入國許可證副本入國者，應於入國後三十日內向原戶籍所在地戶政事務所辦理遷入登記；未在原戶籍所在地居住者，應持原戶籍所在地遷出登記之戶籍謄本，向現住地戶政事務所辦理遷入登記。

第三十三條

有戶籍國民未經許可入國、冒用身分或持用偽造、變造證件入國者，應於檢察機關偵查終結後，備下列文件，向移民署申請補辦入國手續；其屬未經查驗入國者，於依本法第五十九條處分確定後，亦同：

一、入國申請書。

二、起訴書、不起訴處分書或相關證明文件。

三、原臺灣地區之國民身分證影本、戶口名簿影本或戶籍謄本。

前項有戶籍國民，由移民署發給加註恢復在臺灣地區戶籍之入國許可證副本；原戶籍經辦理遷出登記者，由移民署函送原戶籍地戶政事務所辦理遷入登記。

有戶籍國民已依臺灣地區與大陸地區人民關係條例第二條第四款規定轉換其身分為大陸地區人民者，不適用前二項之規定。

第三十四條

本法施行前已入國之無戶籍國民，未能依本法第十五條第一項強制其出國者，準用本法第十六條第二項之規定，許可其居留。

前項無戶籍國民經許可居留後，在臺灣地區連續居留三年，得申請在臺灣地區定居。

第三十五條

本法第十六條第二項無國籍人民或前條第一項無戶籍國民申請居留，應備下列文件，向移民署申請：

一、居留申請書。

二、健康檢查證明。

三、相關證明文件。

前項無國籍之申請人在臺灣地區出生之子女，得隨同申請居留。

前二項申請，準用第十七條面談之規定。

第一項第二款之健康檢查證明有不合格之項目者，由移民署通知行政院衛生署。

第一項第三款之相關證明文件，係指下列證件：

一、護照。

二、入國許可證件。

三、起訴書或不起訴處分書。

四、出生地證明。

五、入國日期證明。

六、其他足資證明具有中華民國國籍之文件。

第三十六條

前條第一項申請人係持偽造、變造、冒用他人護照或未經許可入國者，應經檢察官偵查終結，始得申請居留。

第三十七條

第三十五條之申請人係無國籍人民者，發給加註無國籍之外僑居留證，有效期限為一年，效期屆滿得申請延期，每次為一年，並得依國籍法之規定，申請取得我國國籍；其係無戶籍國民者，發給臺灣地區居留證，有效期限為三年。

第三章　外國人入出國、停留、居留及永久居留

第三十八條

本法所稱外國人，包括無國籍人民。

第三十九條

外交部及駐外館處受理外國人申請在我國居留簽證之案件，應在本法第二十一條第二項規定之配額內核發；如有疑問，應先送請移民署核復。外交部及駐外館處核發簽證後，應將簽證表副本連同相關文件送移民署。

第四十條

本法第二十三條第一項所稱合法連續居留，係指持用外僑居留證之居住期間；所稱合法連續居住，包括合法停留及居留之時間，合併計算。其申請永久居留，應於本法第二十三條第一項之居留及居住期間屆滿後二年內申請之；本法施行前居留或居住期間，得合併計算。

第四十一條

本法第二十三條第一項第二款所稱品行端正，係指最近五年內未犯最輕本刑為有期徒刑之罪或經移民署認定未違背我國公序良俗者。

第四十二條

本法第二十三條第一項第三款所稱有相當之財產或藝能，足以自立，係指有下列情形之一：

一、最近三年期間，每月平均收入逾行政院勞工委員會公告基本工資二倍者。

二、動產及不動產估價總值逾新臺幣五百萬元者。

三、其他經移民署認定者。

申請永久居留之外國人係屬國民之配偶或子女者，前項第一款、第二款金額之計算，包含其在臺灣地區配偶或父母之收入或財產。

第四十三條

外國人在我國停留、居留期間，從事原申請簽證事由或入出國登記表所填入國目的以外之觀光、探親、訪友及法令未禁止之一般生活上所需之活動者，不適用本法第三十四條第五款之規定。

第四十四條

兼具我國國籍，以國民身分申領入出國許可證件，依本法第三十條第六款及第三十一條第七款規定，應註銷其外僑居留證或外僑永久居留證者，於本法第五條第一項但書有戶籍國民入出國不需申請許可之規定施行後，應於申領我國護照後，由移民署辦理註銷。

第四章 驅逐出國

第四十五條

外國人於指定處所暫予收容，未能於十五日內驅逐出國者，得移送外國人收容所收容。

第四十六條

依本法第十五條第一項強制無戶籍國民出國，或依本法第三十四條強制驅逐外國人出國之機（船）票費，由其自行負擔；確無能力支付者，由移民署編列預算支付。但其他法律另有規定者，從其規定。

第四十七條

移民署執行無戶籍國民之強制出國或外國人之強制驅逐出國，應派員戒護至機場、港口，監視其自行出國，並將其證照交由機、船長保管。有抗拒出國或脫逃之虞者，移民署得派員護送至應遣送之國家或地區。

第五章 運輸業者責任及移民輔導

第四十八條

本法第四十一條第二項所定運輸業者應負擔之相關費用，包括住宿、生活、醫療及主管機關派員照護之費用。

第四十九條

主管機關應蒐集、編印包括移入國或地區之地理環境、社會背景、政治、法律、經濟、文教、人力需求及移民資格條件等資訊，提供有意移民者參考。

主管機關得委託有關機構、學校或團體辦理移民之規劃、諮詢、講習或提供語文及技能訓練，以利有意移民者適應移入國生活環境及順利就業。

第五十條

主管機關應蒐集有關國外戰亂、瘟疫或排斥我國國民之國家或地區之訊息，並適時發布，提供有意移民者參考。

移民業務機構代辦國民計劃移入發生戰亂、瘟疫或排斥我國國民之國家或地區者，應事先勸告當事人。

第五十一條

本法第四十四條所稱民間團體，係指財團法人、移民團體或依本法核准設立之移民業務機構。

民間團體辦理集體移民，應先與移入國進行協商，並由主管機關協調外交部代表政府與移入國政府簽署集體移民協定。

主管機關得會同外交部、財政部、經濟部、教育部、僑務委員會、行政院農業委員會、行政院勞工委員會等有關機關，派員前往移入國或地區瞭解集體移民之可行性。

第五十二條

主管機關對於歡迎我國移民之國家或地區，基於雙方互惠原則，得以國際經濟合作投資、獎勵海外投資、農業技術合作或其他方式，簽署集體移民合作協定，並協調外交部代表政府與移入國政府簽署集體移民合作協定。

集體移民之規劃、遴選、訓練及移入後之輔導、協助、照護等事宜，主管機關得委託有關機構或團體辦理。

第五十三條

本法第四十七條第四項所稱移民團體，係指從事移民會務，並依商業團體法或人民團體法規定核准成立之團體。

第六章 附則

第五十四條

移民署基於調查事實及證據之必要，得以通知書通知關係人陳述意見。

第五十五條

移民署基於調查事實及證據之必要，得要求當事人或第三人提供必要之文書、資料或

物品。

第五十六條

移民署得選定適當之人、機關或機構為鑑定。

第五十七條

移民署為瞭解事實真相，得實施勘驗。

第五十八條

依本法或本細則規定發給之入出國許可證件污損或遺失者，應備下列文件，重新申請換發或補發，原證件作廢：

一、入出國許可申請書。

二、污損或遺失證件之具結書。

第五十九條

依本法或本細則規定發給之臺灣地區居留證、外僑居留證、外僑永久居留證或移民業務註冊登記證污損或遺失者，應備下列文件，申請換發或補發，其效期不得超過原證所餘效期：

一、居留或移民業務註冊申請書。

二、符合申請資格之證明文件。

三、污損或遺失證件之具結書。

第六十條

依本法第六十四條第一項規定按捺指紋者，應以全部手指按捺之。但手指殘缺無法按捺者，應記明其事由。

外國人於申請外僑居留證時已按捺指紋者，於申請外僑永久居留證時，免再按捺。

依本法第六十四條第一項未按捺指紋者，於年滿十四歲後，應於辦理延期或換證時按捺指紋。

第六十一條

本法施行前，已持臺灣地區居留證或外僑居留證者，應於辦理延期或換證時按捺指紋。

第六十二條

本人、利害關係人或其法定代理人，得向移民署申請入出國相關證明文件。

第六十三條

依規定應繳附之文件為外文者，須附中文譯本，其在國外製作者，應經駐外館處認證或驗證。

前項文件為警察紀錄證明書者，得由核發國之駐華使領館或其授權代表機構驗證。

前二項文件，必要時得送請外交部覆驗。

依第十五條第二項規定申請者，得由僑團或服務中心驗證。

第六十四條

內政部依本法第二條第二項設移民署前，依下列分工方式執行本法規範之入出國及移民業務：

一、入出國查驗：機場由內政部警政署航空警察局辦理；港口由內政部警政署各港務警察所辦理。

二、國民入出國管理、無戶籍國民停留、居留、定居管理及其他綜合業務：由內政部警政署入出境管理局辦理。

三、外國人入出國、停留、居留、永久居留、收容管理及驅逐出國：由內政部警政署辦理，或由其委託直轄市政府警察局、縣（市）警察局辦理。

四、移民輔導、移民業務機構及其從業人員管理：由內政部辦理。

第六十五條

（刪除）

第六十六條

本細則自發布日施行。

6. 國民入出國許可辦法（第十三、十八條）

中華民國八十九年五月三十日內政部（八九）臺內移字第八九八一三三〇號令修正發布全文二十二條；並自八十九年五月二十一日起施行

第十三條

無戶籍國民經查明未具大陸地區人民或香港、澳門居民身分者，駐外館處得發給三年效期以內之臨人字號入出國許可；在國內取得我國國籍後尚未設立戶籍者，發給三年效期之臨人字號入出國許可。但年滿十六歲未滿四十歲之未服兵役男子，發給一年效期以內之臨人字號入出國許可。

年滿四十歲之無戶籍國民有下列情形之一者，經駐外館處書面建議，移民署得發給與護照效期相同之臨人字號入出國許可：

一、參加僑社工作對僑務有貢獻者。

二、依華僑回國投資條例申請投資經核准者。

無戶籍國民係駐外館處或國際機構人員及其眷屬，經駐外館處書面建議，移民署得發給與護照效期相同之臨人字號入出國許可。

第十八條

中華民國國民兼具外國國籍，持外國護照入國者，應持外國護照出國；其係無戶籍國民入國後，在臺灣地區經許可定居者，入出國應依有戶籍國民規定辦理。

7. 入出國查驗辦法（第二、五、六、十一、十四條）

中華民國八十九年七月十五日內政部（八九）臺內移字第八九八一四四七號令訂定發布全文
　十七條；並自發布日起施行

第二條

　外國人入國，應備下列證件，經主管機關查驗相符，且無本法第十七條第一項、第二
　項禁止入國情形者，於其護照或旅行證件內加蓋入國查驗章戳後，許可入國：

一、有效護照或旅行證件；申請免簽證入國者，其護照所餘效期須為六個月以上。但
　　條約或協定另有規定或經外交部同意者，不在此限。

二、有效入國簽證或許可，或外僑永久居留證。但申請免簽證入國者，不在此限。

三、申請免簽證入國者，應備已訂妥出國日期之回程或次一目的地之機（船）票。

四、次一目的地國家之有效簽證。但前往次一目的地國家無需申請簽證者，不在此限。

五、填妥之入出國登記表。

第五條

　無戶籍國民或外國人於入國時，經查驗有本法第七條第二項、第十七條第一項或第二
　項得禁止入國事由之一，並經禁止入國者，主管機關應發給遣送通知書，依本法第四
　十一條第一項規定遣送出國。其持有之有效簽證或其他入國許可證，應予註銷。

第六條

　外國人出國，應持憑護照或旅行證件及出國登記表，經主管機關查驗符合下列各款情
　形之一，且無本法第二十條第一項、第二項禁止出國情形者，於其護照或旅行證件內
　加蓋出國查驗章戳後出國：

一、持停留簽證或免簽證入國者，未逾許可停留期限。

二、持居留簽證入國或經改辦居留簽證者，其外僑居留證或重入國許可證，未逾效期。

三、持臨時停留許可證入國者，未逾停留許可期限。

四、外國人在我國出生者，已取得外僑居留證。

五、外國人在我國遺失原持憑入國之護照或旅行證件者，已檢附外國人遺失護照或旅
　　行證件出國許可證。

六、逾期停留、居留、未辦妥外僑居留證或其他特殊情形，已依相關規定補辦或處理。

第十一條

　在臺灣地區設有戶籍之我國國籍機、船員，隨任職之我國國籍航空器、船舶出國或入
　國，應備下列證件，經查驗相符後出國或入國：

一、護照、航政機關所發已辦妥任職簽證之空勤人員服務證或船員服務手冊。

二、機、船名冊。

　在臺灣地區設有戶籍之我國國籍機員，隨任職之外國國籍航空器或外國國籍機員隨任
　職之我國國籍航空器出國或入國，準用前項規定辦理。

第十四條

自非經行政院核定之國際機場、港口入出國者，應以專案申請方式辦理查驗。

8.入出國及移民許可證件規費收費標準（第三、五、七、八條）

中華民國九十年十一月十五日內政部(九○)臺內移字第九○八八○九三號令修正發布第二、
四、六條條文；並自發布日起施行

第三條

外國人入出國許可證件規費收費標準如下：

一、外僑居留證：每件每一年效期新臺幣一千元。

二、外僑永久居留證：每件新臺幣一萬元。

前項第一款證件居留期間之延期，每件每一年效期收費新臺幣一千元。

第一項第一款及前項規費，依僑生身分申請者，減半收費。

第一項第一款及第二項外僑居留證之效期，未滿一年者，依一年效期收費。

第五條

移民業務機構許可證件規費收費標準如下：

一、移民業務機構註冊登記證：按本法第四十八條第一款規定之一定金額千分之一收
費。

二、換發移民業務機構註冊登記證：每件新臺幣一千元。

外國移民業務機構或外國律師代辦移民業務之證件規費，準用前項規定。

第七條

下列入出國及移民許可證件免收費：

一、於本法施行後一年內，發給居住臺灣地區設有戶籍國民之入出國許可證件。

二、發給臺灣地區無戶籍國民，粘貼於我國護照之入出國許可或回臺加簽。

三、臨時停留許可證件。

四、僑務委員、僑務顧問或僑務諮詢委員因公返國申請之單次入出國許可證件。

五、臺灣地區無戶籍國民每年自九月一日起至十月三十一日止，申請返國參加慶典之
單次入出國許可證件。

六、重入國許可。

七、外國人入國後停留延期。

第八條

主管機關基於互惠原則，對特定國家人民，得予免收第三條規定之規費。

9.外國人臨時入國許可辦法

中華民國八十九年六月二十七日內政部（八九）臺內移字第八九八一三○四號令訂定發布全
文十六條；並自發布日起施行

第一條

本辦法依入出國及移民法（以下簡稱本法）第十八條第二項規定訂定之。

第二條

搭乘航空器、船舶或其他運輸工具之外國人，有本法第十八條第一項各款規定情形之
一，申請臨時入國者，依本辦法之規定；兼具有我國國籍，而持外國護照申請者，除
其他法令另有規定外，亦同。

第三條

本法第十八條第一項第一款所稱轉乘航空器、船舶或其他運輸工具，以有下列情形之
一者為限：

一、機組員或空服人員搭乘航空器或其他類似航空器之運輸工具，轉乘航空器或其他
　　類似航空器之運輸工具者。

二、船員或服務於船舶之人員搭乘船舶或其他類似船舶之運輸工具，轉乘航空器或其
　　他類似航空器之運輸工具者。

三、船員或服務於船舶之人員搭乘船舶或其他類似船舶之運輸工具，轉乘船舶或其他
　　類似船舶之運輸工具者。

四、乘客搭乘航空器、船舶或其他運輸工具，轉乘航空器、船舶或其他運輸工具，確
　　有臨時入國之必要，並已訂妥當日機（船）位之轉乘機（船）票者。

五、其他經主管機關專案審查，認為確有轉乘航空器、船舶或其他運輸工具之必要者。

第四條

本法第十八條第一項第四款所稱其他正當理由，以有下列情形之一者為限：

一、機組員或空服人員因航行任務必須臨時入國者。

二、船員或服務於船舶之人員因航行任務必須臨時入國者。

三、其他經主管機關專案審查通過者。

前項第一款及第二款人員，以由同一機場、港口出國為限。

第五條

申請外國人臨時入國，應備臨時入國申請書。

但依本法第十八條第一項第二款或第三款規定情形申請者，得以名冊代之。

依前二條規定申請者，並應附外國護照、航員證、船員服務手冊或其他身分證明文件
影本及已訂妥當日或最近班次運輸工具機（船）位之轉乘機（船）票或航行任務證明。

但依第三條第四款規定申請者，所附運輸工具機（船）位之轉乘機（船）票，限於已
訂妥當日機（船）位者。

第六條

申請外國人臨時入國，依下列規定辦理：

一、依第三條第一款規定情形申請者，應於登機前，由機組員或空服人員所屬航空公司在我國之代理人，向內政部入出國及移民署（以下簡稱移民署）之事務處（以下簡稱移民署事務處）申請。

二、依第三條第二款或第三款規定情形申請者，應於臨時入國前，由船員或服務於船舶之人員所屬之輪船、漁船公司或運輸業者在我國之船務代理業者，向移民署事務處申請。

三、依第三條第四款、第四條第一項第一款或第二款規定情形申請者，應於臨時入國前，由機、船長、航空公司或輪船、漁船公司或運輸業者在我國之代理人或船務代理業者，向移民署事務處申請。

四、依第三條第五款或第四條第一項第三款規定情形申請者，應於登機（船）前，由機、船長、航空公司或輪船、漁船公司或運輸業者在我國之代理人或船務代理業者，向移民署事務處申請。

五、依本法第十八條第一項第二款或第三款規定情形申請者，得於臨時入國後，由機、船長、運輸業者、執行救護任務機關或施救之機、船長，向移民署或移民署事務處申請；無人申請者，由移民署通知其所屬國家、地區之駐華使領館或駐華外國機構申請。應依本法第十八條第一項第二款或第三款規定情形申請，而無人申請，且其所屬國家、地區無駐華使領館或駐華外國機構或為無國籍或國籍不明者，以其本人為申請人。

第七條

申請外國人臨時入國，有下列情形之一者，得不予許可。但依本法第十八條第一項第二款或第三款規定情形申請，而有第三款或第四款規定者，不在此限：

一、未備齊第五條規定之文件者。

二、有本法第十七條第一項第一款至第八款、第十一款至第十三款規定情形之一者。

三、屬於本法第十七條第二項規定之外國人民者。

四、曾違反第十一條至第十三條規定之一者。

第八條

外國人申請臨時入國經許可者，發給臨時停留許可證，並應載明下列事項：

一、臨時入國者之姓名、國籍、出生年月日、性別、身分證明文件號碼、臨時入國停留地址；兼具我國國籍者，並加註其中文姓名。

二、主旨、事實、理由及其法令依據。

三、停留期間。

四、停留地區。

五、附加條件。

依第五條第一項但書規定申請經許可者，前項臨時停留許可證，以經蓋移民署章戳之名冊代之。

外國人申請臨時入國經不予許可者，發給不予許可通知書，並應載明第一項第一款及第二款規定事項。

第九條

依第六條第二項規定申請臨時入國，經查明有非法入國之意圖者，由移民署依未經許可入國方式處理。

第十條

外國人臨時入國，應持臨時停留許可證，經查驗後入出國。其係依本法第十八條第一項第二款或第三款規定情形申請者，得於發給臨時停留許可證或名冊時查驗之。

機、船長或運輸業者依本法第四十條第二項規定通報者，應向航空器、船舶或其他運輸工具離開我國之機場、港口所在地之該管移民署事務處為之。

第十一條

外國人經許可臨時入國者，停留期間依下列各款規定：

一、依第三條第一款至第三款、第五款或第四條第一項第三款規定情形申請者，得停留至當日或最近班次運輸工具離開我國之日；停留期間屆滿，不得申請延期。

二、依第三條第四款規定情形申請者，得停留至當日；停留期間屆滿，不得申請延期。

三、依本法第十八條第一項第二款或第三款規定情形申請者，得停留至當日或最近班次運輸工具離開我國之日；停留期間屆滿，因故未能依限出國者，應依規定申請簽證。

四、依第四條第一項第一款或第二款規定情形申請者，得停留至其航行任務班次運輸工具離開我國之日；停留期間屆滿，不得申請延期。

前項最近班次或航行任務班次運輸工具離開我國之日，自臨時入國之翌日起逾七日者，停留期間仍以自臨時入國之翌日起七日為限。但依第三條第五款規定情形申請者，其停留期間不得逾二日。

第十二條

外國人經許可臨時入國者，其停留地區以查驗入出國之機場、港口所在地之直轄市、縣（市）及移民署許可之地區為限。

第十三條

外國人經許可臨時入國者，應遵守移民署許可時之附加條件。

第十四條

外國人經許可臨時入國後，違反前三條規定情形之一時，依第六條第一項第二款規定申請外國人臨時入國者，由移民署依下列方式處理：

一、臨時入國者同一年度內第一次違反，於第二次申請經許可時，責令申請外國人臨時入國者僱傭保全隨護。

二、臨時入國者同一年度內第二次違反，該申請外國人臨時入國者當年度之申請案件，不予許可。

第十五條

移民署設立前，本辦法規定之外國人臨時入國證件及申請書表格式，由內政部警政署入出境管理局定之；其他外國人臨時入國業務，在機場由內政部警政署航空警察局辦理；在港口由內政部警政署各港務警察所辦理。

第十六條

本辦法自發布日施行。

10.外國人停留居留及永久居留辦法

中華民國八十九年二月一日內政部（八九）臺內移字第八九八一一〇五號令訂定發布全文十九條；並自發布日起施行

第一條

本辦法依入出國及移民法（以下簡稱本法）第三十三條規定訂定之。

第二條

年滿十四歲以上之外國人在我國境內應依本法第二十六條第一項規定，隨身攜帶護照、外僑居留證或外僑永久居留證。

無前項證件者，應攜帶經主管機關認定之其他身分證明文件。

第三條

外國人持停留簽證或以免簽證入國者，停留期間自入國翌日起算，並應於停留期限屆滿以前出國。

外國人依本法第二十九條第一項規定申請延期停留時，應於停留期限屆滿前十五日內，檢具相關證明文件，向主管機關申請延期；每次延期，不得逾原簽證許可停留之期間，其合計停留期間，並不得逾六個月。但因不可抗力或其他重大事故仍須延期停留者，應報由主管機關核准。

外國人以免簽證入國者，因不可抗力或其他重大事故致無法於停留期限屆滿以前出國者，應向外交部領事事務局或其所屬分支機構申請停留簽證。

第四條

外國人持居留簽證入國或有本法第二十四條各款情形之一者，應自入國或事實發生之翌日起十五日內，向主管機關申請外僑居留證；其居留期間，自入國或事實發生翌日起算。

在我國出生之外國人，由其父母、監護人或兒童福利機構申請外僑居留證。

外國人經依本法第三十一條第四款規定註銷外僑永久居留證，仍具有居留資格者，得申請外僑居留證。

第五條

外國人申請外僑居留證，應備下列文件及最近半身脫帽正面照片二張，送主管機關辦理：

一、外僑居留證申請書。

二、護照及居留簽證。

三、其他證明文件。

依本法第二十四條第一款至第三款規定申請居留證者，免附前項第二款文件。

第六條

本法第二十五條第一項第一款所稱外交人員及其隨從人員，指經外交部發給外交官員證、領事官員證、使領館職員證或外籍隨從證之人員；本法第二十五條第一項第二款所稱外國機構、國際機構執行公務者及其隨從人員，指經外交部發給外國機構、國際機構官員證、職員證或外籍隨從證之人員。

第七條

下列外國人申請外僑居留證，其居留期間依其居留目的定之，最長不得逾三年：

一、經依公司法認許之外國公司在我國境內之負責人或其分公司經理人。

二、經目的事業主管機關依法核准在我國投資之外國投資人或外國法人投資人之代表人。

三、經目的事業主管機關依法核准受聘僱在我國工作或執業之外國人。

四、經目的事業主管機關依法核准在學校、學術或研究機關（構）研究、指導或教學之人員。

第八條

下列外國人申請外僑居留證，其居留期間依其居留目的定之，最長不得逾一年：

一、在教育主管機關立案之學校或大學附設之國語文中心就學之人員。

二、經教育或其他有關主管機關核准，在我國研習、受訓之人員。

三、其他有居留需要之人員。

第九條

外國人在我國依親生活，申請外僑居留證者，得以其所依親屬之居留期間為居留期間，其所依親屬為我國國民者，外僑居留證有效期間最長不得逾三年。

第十條

外國人依本法第二十九條第一項規定申請延期居留時，應於居留期限屆滿前十五日內，檢具相關證明文件，向主管機關申請延期。

第十一條

外國人居留目的變更者，應自事實發生後十五日內向外交部領事事務局或其所屬分支機構重新申請居留簽證後，向主管機關申請核定其居留期間。

第十二條

外國人依本法第二十三條第一項規定申請永久居留，應備下列文件及最近半身脫帽正面照片，送主管機關辦理：

一、外僑永久居留申請書。

二、護照。

三、外僑居留證或合法居住之期間證明。

四、健康檢查合格證明。

五、最近三年之納（免）稅證明。

六、財產或特殊藝能證明。

七、申請人最近五年內之本國及我國警察紀錄證明書。

八、其他相關證明文件。

前項第四款健康檢查合格證明之檢查項目，依行政院衛生署訂定之健康證明應檢查項目表辦理。

第十三條

本法第三十一條第四款但書所定之出國，其期間每次最長以二年為限。

第十四條

外國人於居留期間內，有出國後再入國之必要者，應依本法第三十二條規定，於出國前向主管機關申請核發重入國許可。

前項重入國許可分為單次及多次使用二種，並得於申請外僑居留證時同時申請之；其效期，不得逾外僑居留證之效期。

外僑居留證經撤銷或註銷者，其重入國許可視同撤銷或註銷。

永久居留之外國人得憑外僑永久居留證及有效護照重入國。

第十五條

外國人有本法第三十四條各款情形之一者，主管機關得限令外國人於接到通知後七日內出國。

第十六條

外國人在我國境內死亡，由其關係人或其本國駐華機構於十五日內，向主管機關辦理登記或由主管機關查明後逕為登記。

主管機關辦理前項登記後，應即將登記事項通知其遺產稅中央政府所在地之主管稅捐稽徵機關。

第十七條

外國人因原發照國家或其他國家拒絕接納其入國而無法強制驅逐出國者，得在限定其住居所或附加其他條件後，核發臨時外僑登記證。

前項外國人之查察登記事項，準用外國人居留或永久居留查察登記辦法。

第十八條

內政部入出國及移民署設立前，第二條第二項、第三條第二項但書、第十二條、第十七條第一項及本法第三十一條規定之事項，由內政部警政署辦理；第三條第二項前段、第四條第一項、第五條、第十一條、第十二條、第十四條第一項、第十六條及本法第三十條規定之事項，由外國人居留地警察局辦理；第十五條及本法第三十四條規定之事項，由內政部警政署或外國人居留地警察局辦理。

第十九條

本辦法自發布日施行。

11.外國人收容管理規則

中華民國八十九年二月一日內政部（八九）臺內移字第八九八一一○六號令訂定發布全文十五條；並自發布日起施行

第一條

本規則依入出國及移民法（以下簡稱本法）第三十七條規定訂定之。

第二條

外國人收容管理，於主管機關設置之外國人收容所或其指定之適當處所為之。

前項指定之適當處所，指警察機關設置之臨時收容所，或其他因必要情形所指定之處所。

第三條

收容外國人，主管機關應製作收容處分書，載明下列事項：

一、受收容人之姓名、性別、年齡、國籍、身分證明文件與其號碼及國內住、居所。

二、事實。

三、收容之理由。

四、收容之處所。

前項處分書應送交受收容人，並通知其配偶或其指定之直系親屬、法定代理人、兄弟姊妹、辯護人、保證人。但無法通知者，不在此限。

第四條

依本法第三十六條第一項得強制收容之外國人有下列情形之一者，得暫不予收容：

一、心神喪失或罹患疾病，因收容將影響其治療或有危害其生命之虞者。

二、懷胎五月以上或生產、流產未滿二月者。

三、罹患傳染病防治法第三條所定傳染病者。

四、衰者或身心障礙致不能自理生活者。

已收容之外國人有前項各款情形之一者，得由其本人及其在臺灣地區設有戶籍親屬或慈善團體，共立切結書，暫時停止收容。

前項外國人暫時停止收容之原因消滅後，除已辦妥出國手續者外，應再予以收容。

第五條

受收容人入所時，應檢查其身體，並按捺指紋及照相。

受收容人為婦女者，檢查身體應由女性人員為之。

第六條

受收容人攜帶之物品應予檢查，除必要之日用品外，應由收容所代為保管，並製作收據，於出所時發還；其不適宜保管之物品，應令受收容人為適當之處理。他人寄送予受收容人之物品，亦同。

第七條

受收容人入所時，應告知受收容人於收容所應遵守之事項；其應遵守之事項，由主管機關另定之。

第八條

男女受收容人，應予區隔收容。

第九條

受收容之婦女請求攜帶未滿三歲之子女者，得准許之。

第十條

受收容人罹患疾病時，應延醫或送醫診治；其係罹患傳染病防治法第三條所定傳染病時，應通知當地衛生主管機關，協商隔離或醫療。

前項情形如需住院治療，應派員戒護。

第一項醫療費用，應由受收容人支付，確無力支付者，由主管機關支付。

第十一條

受收容人病危或死亡時，應通知其親友、關係人或其本國駐華機構。但無法通知者，不在此限。

第十二條

收容所應辦理各項活動；受收容人除經施以獨居戒護者外，應有在戶外適當場所活動之時間。但天候不佳或有安全之顧慮時，得停止之。

第十三條

臺灣地區無戶籍國民之收容管理，依本法第十五條第五項準用本規則之規定。

第十四條

內政部入出國及移民署設立前，外國人之收容管理，由警察機關辦理。

第十五條

本規則自發布日施行。

12.外國人居留或永久居留查察登記辦法

中華民國八十九年二月二十五日內政部（八九）臺內移字第八九八一一四九號令、外交部（八九）外領二字第八九六八一三〇〇二一號令會銜訂定發布全文十一條；並自發布日起施行

第一條

本辦法依入出國及移民法（以下簡稱本法）第六十五條規定訂定之。

第二條

依本辦法查察登記之對象，為在我國領有外僑居留證或外僑永久居留證之外國人。

第三條

執行查察登記應於外國人取得外僑居留證、外僑永久居留證或辦理居留地址、服務處所變更登記之日起七日內行之。

第四條

執行查察登記應於八時至十八時間行之。但與受查察人約定於夜間行之者，應於二十二時前為之。

第五條

查察登記事項如下：

一、護照及外僑居留證之效期。

二、工作、出生、死亡、結婚、離婚事項。

三、從事之活動與居留目的是否相符。

四、遷徙異動。

五、其他應查察登記事項。

第六條

第二條所定對象經雇主依就業服務法有關規定申請工作許可者，其執行查察登記，雇主應配合之。

第七條

查察登記之對象，經發現有下列情事之一者，應即通知其依規定辦理或註記之：

一、所持護照、外僑居留證已逾效期者。

二、遷徙、工作異動未登記者。

三、出生、死亡、結婚、離婚未登記者。

四、兼具我國國籍、持有外僑居留證且尚未辦理戶籍遷出登記者。

五、其他應辦理登記事項者。

查察登記之對象有本法第三十條、第三十一條所定情形之一者，撤銷或註銷其外僑居留證、外僑永久居留證。

前二項查察登記之對象，如有應限令其出國或驅逐出國之情形者，依相關規定辦理。

第八條

依本辦法查察登記之資料，應妥善保存。

前項資料之格式及保存年限，由主管機關定之。

第九條

持停留簽證入國之外國人，有下列情形之一者，準用本辦法規定執行查察登記：

一、停留期間逾三個月者。

二、基於治安需要有查察登記必要者。

第十條

內政部入出國及移民署設立前，本辦法之查察登記業務，由內政部警政署規劃，並督導直轄市、縣（市）警察局執行。

第十一條

本辦法自發布日施行。

13.兵役法（第三十六條）

中華民國八十九年二月二日總統（八九）華總一義字第八九〇〇〇二八四五〇號令修正公布全文五十二條；並自公布日起施行

第三十六條

役齡男子有下列情形之一，應補行徵集；未經徵兵處理者，應補行徵兵處理，合格後徵集之：

一、緩徵原因已消滅者。

二、因病或其他事故，經陳報核准延期檢查者。

三、因戶籍移轉或錯誤脫漏或不實之陳報，業經清查更正或已予依法處理者。

四、因違犯法令被拘留期滿者。

五、歸化我國國籍者。

六、役齡前移居國外返國定居者；其取得外國國籍者，亦同。

七、役齡前在國外就學畢業返國者；其取得外國國籍者，亦同。

14.兵役法施行法（第四十八條）

中華民國八十九年十二月六日總統（八九）華總一義字第八九〇〇二九〇五一〇號令修正公布全文五十六條；中華民國八十九年十二月十二日行政院（八九）臺防字第三四八三〇號

令發布自八十九年十二月十六日起施行

第四十八條

役齡男子尚未履行兵役義務者之出境應經核准；其申請出境之限制如下：

一、在學役男因奉派或推薦出國研究、進修、表演、比賽、訪問、受訓或實習等原因申請出境者，最長不得逾一年。

二、未在學役男因奉派或推薦代表國家出國表演、比賽等原因申請出境者，最長不得逾三個月。

三、因前二款以外原因經核准出境者，每次不得逾二個月。

役齡前出境，於徵兵及齡之年十二月三十一日前在國外就學之役齡男子，符合下列各款者，得檢附經驗證之在學證明，申請再出境，其在國內停留期間，每次不得逾二個月：

一、在國外就讀當地國教育主管機關立案之正式學歷學校，而修習學士、碩士或博士學位者。

二、就學最高年齡，大學至二十四歲，研究所碩士班至二十七歲，博士班至三十歲。但大學學制超過四年者，每增加一年，得延長就學最高年齡一年，其畢業後接續就讀碩士班、博士班者，均得順延就學最高年齡，其博士班就讀最高年齡以三十三歲為限。以上均計算至當年十二月三十一日止。

經核准赴大陸地區投資之臺商及其員工之子，於役齡前赴大陸地區，並於徵兵及齡之年十二月三十一日起前三年，均與父母在大陸地區共同居住，並就讀當地教育主管機關立案之正式學歷學校，而修習學士、碩士或博士學位者，於屆役齡後之入出境，除應另檢附父或母任職證明及其與父母於大陸地區居住之證明外，準用前項之規定。其應檢附之文件，須經行政院設立或指定之機構，或委託之民間團體驗證。

依前三項規定申請出境，其出境准許與限制事由及延期條件審核程序，由內政部擬訂處理辦法，報請行政院核定之。

基於國防軍事需要，行政院得停止辦理一部或全部役男出境。

役齡男子申請出境後，屆期無故未歸或逾期返國，致未能接受徵兵處理者，依妨害兵役治罪條例之有關規定處罰。

接近役齡男子之出境審查作業，由內政部定之。

15.歸國僑民服役辦法

中華民國八十五年十月九日行政院（八五）臺內字第三四七六一號令修正發布第六、九、十一條條文；增訂第十之一條條文；並刪除第五條條文

第一條

本辦法依徵兵規則第六十五條第二項規定訂定之。

第二條

具有役齡男子身分之僑民，自返回國內徵兵地區之翌日起，屆滿一年時，其應列入徵集年次範圍者，應依法辦理徵兵處理，徵集服役。但屆滿一年後，有左列情形之一者得暫不徵集。

一、依照華僑回國投資條例申請投資，經核准並已實行投資，其已實行投資金額在美金十萬元（或其他等值貨幣）以上，經各該主管機關證明者。

二、經核准設立社會、教育、文化等事業並負該事業主要經營之責，經各該主管機關證明者。

三、在僑資經營事業機構中，擔任總經理、廠長、總工程師或專門技術人員，經各該主管機關證明者。

四、因僑居地政府拒絕入境或因僑居地環境特殊為政治、經濟等原因被迫回國暫居及僑居地發生戰亂未能按時返回，經外交或僑務主管機關證明者。

五、因訴訟案懸未結，必須本人處理，未能按時返回僑居地，經審理機關證明者。

六、因患病未癒未能按時返回僑居地，經公立醫療機構證明者。

七、因處理公務未能按時返回僑居地，經有關機關證明者。

八、僑生畢業因其就讀科系必須實習以增加創業技能，得檢具實習證明，經僑務主管機關認可者。

九、在核准設立外商銀行分支機構中（含辦事處）擔任重要主管職務或具有金融專業技術人員，經銀行主管機關證明者。

前項各款之暫不徵集以其原因消滅時為止。但第四款、第五款及第七款、其暫不徵集之原因以三年為限；第八款以一年為限，如屆滿期限有特殊原因發生，仍須繼續暫不徵集，經主管機關證明屬實者，得報請有關機關個案處理。

第三條

前條第一項屆滿一年之計算，以回國連續居住滿一年，或居住逾四個月達三次者為準。中華民國八十二年六月三十日之前回國居住逾四個月在三次以上，依修正施行前之規定累積計算未屆滿一年者，自中華民國八十二年七月一日起，遇有回國居住逾四個月時，應即辦理徵兵處理，徵集服役。

第四條

第二條暫不徵集之原因消滅或已屆滿規定期限者，應自原因消滅或屆滿規定期限之翌日起三十日內，自動向戶籍所在地鄉（鎮、市、區）公所申報，無故逾限不申報者，依法論處。

第五條

（刪除）

第六條

具有役齡男子身分之僑生，已在學校畢業或因故離校尚未返回原僑居地者，自其畢業或因故離校之翌日起三十日內，原就讀學校應造送僑生離校名冊（格式如附件一，略）通知各該生戶籍所在地直轄市、縣（市）政府，屆滿一年時其應列入徵集年次範圍者，依法辦理徵兵處理徵集服役。但屆滿一年後有合於第二條之規定者，得暫不徵集。

第七條

鄉（鎮、市、區）戶政事務所受理歸國僑民或僑生申請戶籍遷入遷出時，應以申請書副本通知鄉（鎮、市、區）公所兵役課。兵役課應設置僑民、僑生役男管理名冊（格式如附件二，略），予以登記並辦理異動通報。

第八條

鄉（鎮、市、區）公所於僑民或僑生依第二條第一項及第六條規定屆滿一年時應即送達徵集服役通知書（格式如附件三，略），如在送達通知書後十五日內未據提出暫不徵集申請書（格式如附件四，略）或提出申請書核與暫不徵集規定不合者應依法徵集。

第九條

兼有外國國籍之僑民或僑生，自抵達國內徵兵地區申報戶籍，且經居住屆滿一年者，仍應依法徵集服役。但屆滿一年後有合於第二條之規定者，得暫不徵集。

前項居住屆滿一年之起算、計算仍適用第二條、第三條及第六條之規定。

第十條

凡保證於起役時即回國履行兵役義務而出國者，其回國後應依法徵服兵役，不適用本辦法之規定。

第十條之一

本辦法所稱僑民、僑生，其身分由僑務委員會認定之。

第十一條

本辦法自發布日施行。

本辦法中華民國七十九年五月九日修正條文自中華民國八十年一月一日施行。

中華民國八十五年十月九日發布修正之第五條、第六條、第九條及第十條之一修正條文，自中華民國八十六年一月一日施行。

16.役男出境處理辦法（第十四條）

中華民國九十年九月十日內政部（九〇）臺內役字第九〇七九四〇六號令修正發布第一、五、七、八、九、十三、十七條條文

第十四條

在臺原有戶籍兼有雙重國籍之役男，應持中華民國護照入出境；其持外國護照入境，

依法仍應徵兵處理者，應限制其出境。

(二)社政

1.人民團體法（第四十四、五十一條）

中華民國九十一年四月二十四日總統（九一）華總一義字第〇九一〇〇〇七五六〇〇號令修
正公布第三、四十六之一條條文

第四十四條

政治團體係以共同民主政治理念，協助形成國民政治意志，促進國民政治參與為目的，
由中華民國國民組成之團體。

第五十一條

政治團體不得收受外國團體、法人、個人或主要成員為外國人之團體、法人之捐助。

2.國際性民間團體申請設立要點

中華民國七十八年十月五日內政部（七八）臺內社字第七四五〇一號函訂頒

一　為便利中華民國人民在中華民國境內申請設立國際性民間團體，特訂定本要點。

二　國際性民間團體申請設立，除法令另有規定外，依本要點辦理。

三　本要點所稱國際性民間團體，係指推展國際民間文化、學術、醫療、衛生、宗教、
　　慈善、體育、聯誼、社會服務或其他以公益為目的所組成之跨國團體。

四　本要點登記主管機關為內政部，負責辦理國際性民間團體之申請設立；各該國際
　　性民間團體業務由其目的事業主管機關負責督導。

五　國際性民間團體在中華民國申請設立，名稱相同者以一個為限。其活動不得違背
　　中華民國憲法或主張共產主義，或主張分裂中華民國國土。

六　國際性民間團體章程應載明左列事項：
　　㈠名稱、宗旨、任務、組織。㈡會址。㈢會員之入會、出會、除名、權利與義務。
　　㈣會員代表及選（派）任職員之名稱、名額、職權、任期及選（派）任與解任。
　　㈤經費及會計。㈥章程修改之程序。㈦主事務所應設於中華民國，如移出中華民
　　國國境，該團體視同自動撤銷。

七　國際性民間團體申請設立應檢具左列有關文件一式四份，其為外國文件，應繳中
　　文譯本四份，報請主管機關備查：
　　㈠申請函。㈡章程。㈢會員名冊。1.會員以團體會員為限。2.申請團體必須由各
　　該國法令許可、登記或備案之團體組成：世界組織應有五個以上並應分布於三大
　　洲以上。亞太區域組織應有三個以上，並分布在亞太區域內不同國家。㈣中華民

國主管機關許可立案之全國性團體立案證書。㈤國際性民間團體主事務所工作計畫書應載明左列事項：1.設置地址及電話。2.工作項目。3.組織編制與職掌。4.經費來源。㈥國際性民間團體負責人及工作人員簡歷表，應載明左列事項：1.職稱。2.姓名、性別、出生年月日。3.國籍。4.學經歷。5.身分證統一編號或在華外僑居留證字號或護照號碼。6.住居所地址（外國籍人士則為外僑居留證所登載之居留地址）。

八　國際性民間團體經主管機關備查後，應於每年終了之前（後）一個月內檢具年度工作計畫書及經費預算（工作報告書及經費決算）分別報請主管機關及目的事業主管機關備查。

九　國際性民間團體有違反中華民國法令、章程或妨害公益情事者，主管機關得依有關規定辦理。前項處分，目的事業主管機關亦得為之，但應先會商主管機關。

3. 內政部受理外國民間機構、團體在我國設置辦事處申請登記注意事項

中華民國七十六年十一月四日內政部（七六）臺內社字第五三九七七六號函訂頒

一　為便利外國民間機構、團體在我國設置辦事處申請登記，特訂定本注意事項。

二　外國機構、團體在我國設置辦事處之登記，除法令另有規定應向各該主管機關申請辦理外，應依本注意事項規定辦理。

四　本注意事項所稱辦事處，指外國文化、經濟、工商、科技或其他非營利性機構、團體在我國設置之組織，但不包括國際性團體之秘書處。

六　辦事處應置負責人，為該辦事處之代表，其為中華民國國民者並應具有該辦事處設置地之戶籍；其為外國籍人士者，應以在我國領有外僑居留證為限。

七　申請時應具備之書表文件：

㈠申請函。㈡外國民間機構、團體之資格證件。㈢外國民間機構、團體對該辦事處代表之授權證明。㈣外國民間機構、團體之沿革說明書。㈤外國民間機構、團體現行之章程。㈥辦事處工作計畫書。應記載左列事項：1.設置宗旨。2.設置地點及電話。3.工作項目。4.組織編制與職掌。5.工作方法。6.經費來源。㈦負責人及工作人員簡歷表，應記載左列事項：1.姓名、性別、出生日期。2.國籍。3.學經歷。4.辦事處職掌。5.身分證或在華外僑居留證字號。6.負責人居住所。（外國籍人士則為外僑居留證所登載之居留地址）。㈧身分證明文件或在華外僑居留證影本。

前項第㈡㈢㈤資格證件、授權證明、現行之章程，皆應送經我國派駐或轄管該地區之駐外機構驗證。

前二項書表文件申請時應繳正本一份、影本三份。凡外文文件，均應繳中文譯本。

4.中華民國紅十字會法

中華民國八十九年四月二十六日總統（八九）華總一義字第八九○○一○四四七○號令修正
　公布第六、十、十二、十五、二十、三十二、三十四條條文

第一條

　中華民國紅十字會，依照政府簽訂之國際紅十字公約，並基於國際紅十字會議所決議
　各項原則之精神，以發展博愛服務事業為宗旨。

第二條

　中華民國紅十字會為法人。

第三條

　中華民國紅十字會以白地紅十字為標幟，除國際紅十字公約有規定者外，其他公私機
　關及社團概不得使用，並禁止作為商業上之製造標及商標。

第四條

　中華民國紅十字會輔佐政府辦理左列事項：

一、關於戰時傷病之救護及戰俘平民之救濟。

二、關於國內外災變之救護與賑濟。

三、關於預防疾病增進健康及減免災難之服務。

四、合於第一條規定之其他事項。

第五條

　中華民國紅十字會總會設於中央政府所在地。

第六條

　中華民國紅十字會總會，以內政部為主管機關，並依其目的事業受有關部會之指導。

第七條

　中華民國紅十字會總會設名譽會長一人，名譽副會長若干人，由總會理事會聘請之。

第八條

　中華民國紅十字會總會以全國會員代表大會為最高權力機構，每兩年在中央政府所在
　地舉行一次，必要時經理事會之決議得於全國其他各地舉行，閉會期間由理事會執行
　會務。

第九條

　中華民國紅十字會總會設會長一人，綜理會務，並對外代表總會，副會長一人至三人，
　襄助會長處理會務，會長副會長，均由全國會員代表大會選舉，任期四年，連選得連
　任，會長因故不能視事時，由會長指定副會長一人代理，必要時得由副會長互推一人

代理之。

第十條

中華民國紅十字會總會設理事會，負責審議紅十字會所辦理之重要事項，置理事三十一人，其中七人為當然理事，由政府指派主管機關及目的事業有關各機關主管人員擔任，十六人由全國會員代表大會選舉，八人由當然理事及選舉產生之理事就全國社團負責人中推選，除當然理事人選由政府通知變更外，其他理事任期均四年，每屆改選二分之一，連選得連任。

第十一條

中華民國紅十字會總會設常務理事會，負責處理日常會務，由理事互推常務理事五人至七人組織之。

第十二條

中華民國紅十字會總會設監事會，負責審核紅十字會收支帳目，及稽查會務進行，置監事九人，其中三人為當然監事，由政府指派財政、主計、審計等機關主管人員擔任，六人由全國會員代表大會選舉，並由監事互推常務監事三人，組織常務監事會，負責處理日常事務，當然監事之人選，由政府通知變更之，選舉產生之監事任期四年，連選得連任。

第十三條

理事會每半年開會一次，常務理事會每三個月開會一次，必要時均得舉行臨時會，開會時會長副會長均為當然出席人，並以會長為主席，會長因故缺席時，由副會長或理事互推一人代理之。

監事會每年開會一次，常務監事會每半年開會一次，必要時均得舉行臨時會，開會時由常務監事互推一人為主席。

第十四條

中華民國紅十字會總會理事會依其事業得設各種委員會。

第十五條

中華民國各省（市）得設分會，縣（市）得設支會，分別隸屬總會或分會，省分會受內政部監督，直轄市分會及縣（市）支會受當地政府之監督，並依其目的事業受各該主管機關之指導。

第十六條

中華民國紅十字會分會設會長一人，副會長一人至二人，理事十五人至二十一人，均由會員代表大會選舉，會長副會長及理事任期均四年，連選得連任，並設常務理事三人至五人，由理事互推之。

支會設會長一人，副會長一人至二人，理事九人至十五人，均由會員代表大會或會員大會選舉之，任期四年，連選得連任。

第十七條

中華民國紅十字會分會設監事五人至七人，由會員代表大會選舉，並設常務監事一人至三人，由監事互推之，任期四年，連選得連任。

支會設監事三人至五人，由會員代表大會或會員大會選舉之，任期四年，連選得連任。

第十八條

中華民國紅十字會會員分左列各種：

一、名譽會員：有特殊功績或捐獻經總會理事會認可者。

二、基本會員：

　　㈠總會分會支會發起人或個人照章繳納一次會費者。

　　㈡普通會員照章繳納會費滿十年以上者。

三、特別會員：醫藥護理及其他社會工作人員照章繳納一次會費或志願義務服務卓著成績者。

四、團體會員：團體照章繳納常年會費者。

五、普通會員：個人照章繳納常年會費者。

六、少年會員：未成年國民照章繳納常年會費者。

前項第一款至第三款之會員，為終身會員，第四款至第六款之會員，為常年會員，各種會員繳費標準由總會定之。

第十九條

中華民國紅十字會會員，有出席所加入之支會會員大會，或支會會員代表大會，及享受選舉與被選舉之權，支會會員超過一千名時，得分區開會員大會，選舉代表出席支會會員代表大會。

第二十條

中華民國紅十字會各分會、支會每年定期徵求會員一次，省分會由內政部協助辦理，直轄市分會及縣（市）支會由當地政府協助辦理。

第二十一條

中華民國紅十字會得依法取消任何會員之資格。

第二十二條

中華民國紅十字會依本法第八條之規定，每兩年召開全國會員代表大會一次，必要時得由總會理事會決議或由三分之一以上分會之請求，經總會理事會通過，召開常臨時大會。

第二十三條

全國會員代表大會由各分會分別召開會員代表大會推選代表組織之。

第二十四條

全國會員代表大會之任務如左：

一、聽取會務報告。

二、決定會務方針。

三、稽核財務收支。

四、選舉總會會長副會長及理事監事。

五、其他重要事項。

第二十五條

中華民國紅十字會全國會員代表大會以總會會長為當然主席。

第二十六條

中華民國紅十字會全國會員代表大會開會日期重要議題由總會理事會決定，但總會應於開會前兩個月通知分支會並公告之。

第二十七條

中華民國紅十字會分支會每年應舉行會員代表大會或會員大會一次。

第二十八條

中華民國紅十字會資產如左：

一、基金。

二、政府補助。

三、會費。

四、遺贈。

五、捐募。

六、事業收入。

七、動產及不動產。

八、孳息收入。

第二十九條

中華民國紅十字會得經理事會通過向國內外募捐。

第三十條

中華民國紅十字會享有政府依法給予豁免賦稅之權利。

第三十一條

中華民國紅十字會得與國內外機關社團合作辦理合於本法第四條規定之事業，並接受其補助。

第三十二條

中華民國紅十字會戰時隨軍救護人員之待遇，比照軍用文職人員，其服裝制式除國際協定另有規定外，由總會規定送請主管機關備案。

第三十三條

中華民國紅十字會戰時隨軍救護人員及救護器材之載運，准照軍事運輸規定辦理。

第三十四條

中華民國紅十字會戰時隨軍救護人員，在戰地需用衛生器材、房屋、糧食、舟車、馬匹及航空器等，得分別請有關主管機關核撥。

第三十五條

中華民國紅十字會總會應於每年年度開始時，將工作計畫及預算，並於每年年度結束時，將業務報告及決算，送經內政部轉請行政院備案。

第三十六條

本法施行細則由內政部擬訂送請行政院核定之。

第三十七條

本法自公布日施行。

5. 監督寺廟條例（第六條）

中華民國十八年十二月七日國民政府制定公布全文十三條；並自公布日起施行

第六條

寺廟財產及法物為寺廟所有，由住持管理之。

寺廟有管理權之僧道，不論用何名稱，認為住持。但非中華民國人民，不得為住持。

6. 農會法（第十八、二十五之二條）

中華民國九十年一月二十日總統（九〇）華總一義字第九〇〇〇〇一一八五〇號令增訂公布第二十五之三、二十七之一、四十七之五條條文；並修正第四、五、十二、十三、十五之一、二十之一、二十三、二十五、二十五之二、四十、四十三、四十六、四十六之一、四十七之二、四十七之四、四十九之一、四十九之二條條文

第十八條

農會會員有左列情形之一者為出會：

一、死亡。

二、有第十六條第一至第三款情形之一者。

三、喪失中華民國國籍者。

四、住址遷離原農會組織區域者。

五、除名。

第二十五條之二

有下列情形之一者，不得登記為農會總幹事候聘人；已登記者，應予撤銷或廢止；已受聘者，亦同：

一、無中華民國國籍者。

二、積欠農會財物、會費、事業資金、農業推廣經費；或（自民國九十年一月一日起）在農會或其他金融機構之借款有一年以上延滯本金返還或利息繳納之紀錄；或對農會有保證債務，經通知其清償而逾一年未清償者。

三、有第十五條之一第三款至第八款情形之一者。

四、有第十六條第一款至第三款情形之一者。

五、曾於擔任農會選任及聘、僱人員期間，因受刑之宣告確定被解除職務者。

六、曾任法人宣告破產時之負責人，破產終結未滿五年者。

7.漁會法（第十九、二十六之二條）

中華民國九十年三月九日總統（九〇）華總一義字第九〇〇〇〇四三四〇〇號令增訂公布第二十六之三、二十九之一、五十之五條條文；並修正第四、五、十五、十五之一、十六之一、二十一之二、二十四、二十六、二十六之二、四十二、四十六、四十九之一、五十之二、五十之四、五十一之一、五十一之二條條文

第十九條

漁會會員有左列情形之一者為出會：

一、死亡。

二、有第十七條第一款至第三款情形之一者。

三、喪失中華民國國籍者。

四、住址或船籍遷離原漁會組織區域者。

五、除名。

第二十六條之二

有左列情形之一者，不得登記為漁會總幹事候聘人；已登記者，應予撤銷或廢止；已受聘者，亦同：

一、無中華民國國籍者。

二、積欠漁會財物、會費、事業資金、漁業推廣經費；或（自民國九十年一月一日起）在漁會或其他金融機構之借款有一年以上延滯本金返還或利息繳納之紀錄；或對漁會有保證債務，經通知其清償而逾一年未清償者。

三、有第十六條之一第三款至第八款情形之一者。

四、有第十七條第一款至第三款情形之一者。

五、曾於擔任漁會選任或聘、僱人員期間，被解除職務者。

六、曾任法人宣告破產時之負責人，破產終結未滿五年者。

8.工會法（第十六條）

中華民國八十九年七月十九日總統（八九）華總一義字第八九〇〇一七七六二〇號令修正公
布第三、五十九、六十條條文

第十六條

工會會員具有中華民國國籍而年滿二十歲者，得被選為工會之理事、監事。

(三)地政

1.土地法（第十七至二十四、一百二十八條）

中華民國九十年十月三十一日總統（九〇）華總一義字第九〇〇〇二一三九九〇號令修正公
布第十七、十九、二十、三十四之一、三十七、三十七之一、四十四之一、四十七、二百
十四條條文；並增訂第三十四之二條條文；並刪除第二十一、二十二、二十三、二百十八
條條文

第十七條

左列土地不得移轉、設定、負擔或租賃於外國人：

一、農地。

二、林地。

三、漁地。

四、牧地。

五、狩獵地。

六、鹽地。

七、礦地。

八、水源地。

九、要塞軍備區域及領域邊境之土地。

＊八六重上字第八二號

要旨：

按農地不得移轉於外國人，土地法第十七條第一款定有明文，其立法意旨無非農地攸
關國計民生，是以不論國有、私有不得移轉於外國人，且其法文有「不得」之用語，
故該條為禁止規定當無疑義。且私有農地所有權之移轉，其承受人以能自耕者為限，
土地法第三十條第一項亦定有明文，而以不能之給付為契約標的者，其契約為無效，
但其不能情形可以除去，而當事人訂約時並預期於不能之情形除去後為給付者，其契
約仍為有效，民法第二百四十六條第一項亦有明文規定。民法第二百四十六條第一項
但書所稱之「預期」，應從形式及實體二方面加以觀察，不應自形式有約定「上訴人得
指定有自耕能力人為承買人」，即認有此項預期存在，如此始能貫徹土地法第三十條、

第十七條第一款之立法精神。

＊司法院（七八）秘臺廳(一)字第○二一三二號

要旨：

外國投資人所投資之事業，仍應受土地法第十七條第七款以外其餘各款之限制。

全文內容：

按華僑回國投資條例第五條與外國人投資條例第五條於民國七十八年五月二十六日修正時，均採行負面表列方式，即分別將原規定華僑及外國人之投資範圍修正，分為禁止類與限制類事業，予以規範，其禁止或限制僑外人投資之立法意旨，在保護國家公益。貴部來函所稱，經核准之僑外投資事業，其以聯合出資成立公司之方式投資者，如擬轉投資時，雖其公司係依照我國公司法之規定核准設立，屬於國內法人之一種，然其若利用轉投資者為手段，以公司名義轉投資於上開條例第五條所定禁止僑外人投資之事業，亦即行政院依該等條例第五條第三項所定業別，不啻以迂迴曲折之方法達到規避法律禁止或限制之目的，似與立法意旨有悖。又土地法第十七條規定：「左列土地不得移轉、設定負擔或租賃於外國人：一、農地。二、林地。三、漁地。四、牧地。五、狩獵地。六、鹽地。七、礦地。八、水源地。九、要塞軍備區域及領域邊境之土地。」旨在避免影響國計民生與國防安全。外國人投資條例第十九條第二項規定投資人或所投資之事業，經行政院專案核准後，不受土地法第十七條第七款礦地之限制，並未將上開土地法第十七條第七款以外各款排除在外，似不能因外國人投資條例第二十條規定「投資人所投資之事業，除本條例規定者外與中華民國國民所經營之同類事業受同等待遇」，而認定亦得不受土地法第十七條第七款以外其餘各款之限制。至於外人投資事業，如係以成立公司方式為之，並依我國公司法之規定，核准設立，其公司在法律上雖為國內法人之一種，但其實際仍為外國人所投資之事業，應否受土地法第十七條之限制，宜由主管機關依有關法令斟酌決定之。

＊司法院（七五）廳民一字第一四○五號

法律問題：

某甲所有非都市內之土地乙筆，地目為「田」，已耕種多年。嗣經地方政府編定使用種類為「丁種建築用地」（即供工業區內工廠及有關工業設施建築使用地），並公告確定，惟使用現況及地目則均未變更。其後甲將土地提供予經我國認許之某國外商銀行，設定抵押權，作為借款之擔保，並經地政機關登記在案。至借款到期後無力清償，該外商銀行聲請拍賣抵押物，即有下列問題：

(一)如該外國法律亦允許我國人民在該國取得抵押權時（土地法第十八條），該抵押權是否有效？

(二)如該外國法律不允許我國人民在該國取得抵押權時，法院於受理拍賣抵押物之聲請時，對抵押權實體上是否生效之規定（土地法第十七、十八條），應否予以審酌？

討論意見：

㈠關於問題一有肯定與否定兩說：

肯定說：該抵押權為有效。

理由：

一、依土地法第八十一條、八十二條、八十三條規定意旨，土地編定為某種用途時，當得以該用途而為使用。前述土地之使用用途，既已變更為丁種建築用地，而抵押權設定，亦屬土地利用之一種，則某甲設定之前述抵押權即屬有效，不受土地法第十七條農地不得設定負擔於外國之限制。

二、地目雖為土地主要使用狀況之表示，惟其編定，係以土地登記簿及地籍圖之記載為準，與區域計畫法使用編定無關（參考焦祖涵著土地登記之理論與實務第七九〇頁），倘使用編定與地目不符時，土地之使用範圍自應以使用編定為準。

三、最高法院七十一年度臺上字第二〇六二號判決亦認私有耕地如經都市計畫編為建築使用時，其所有權移轉不受土地法第三十條承受人以能自耕者為限之限制。（參見附件一，略）

否定說：該抵押權為無效。

理由：

一、土地之使用，謂施以勞力，資本為土地之利用，土地法第八十條定有明文。設定抵押權並不在該使用之列，自不受使用編定之限制，仍應以地目標示為準。本件土地之地目既仍登記為田，即不得設定負擔於外國人。

二、最高法院七十年度臺上字第一一八八號判決亦認為：已依法編定為工業用之農地，在未實際變更為工業使用前，所有權之移轉仍有土地法第三十條之限制。（參見附件二，略）

㈡關於問題二亦有肯定否定兩說：

肯定說：應予審酌。

理由：非訟事件法第十六條規定：法院應依職權調查事實及必要之證據。本件抵押權既違反土地法第十八條而有無效之原因，法院自得加以調查。（最高法院四十九年度臺抗字第二十三號裁定即採相同見解，載於戴森雄先生編纂民事法裁判要旨廣編第五一八三頁）調查結果既發現抵押權有違反土地法第十八條之情形，即應駁回聲請人之聲請。（參見附件三，略）

否定說：不應審酌。

理由：

一、非訟事件在求程序上之便捷，其裁定並無實質確定力，法院僅須就抵押權是否經登記，債權是否到期等形式審查為已足，不得為實體之審查。而抵押權是否違背土地法第十八條之規定，係屬實體上之認定，即無由為裁定之法院予以審查後而

駁回之餘地。最高法院四十九年度臺抗字第二四號裁定參照。(參見附件四，略)

二、民事訴訟中未經當事人辨認或辯論之事實及證據，已不得為裁判之依據，非訟事件尤不能超越此原則，而為實體上事實證據之調查。

結論：㈠採肯定說。㈡採否定說(設若權利有瑕疵時，應由爭執其權利之人提起訴訟，以資救濟)。

司法院第二廳研究意見：

一、按區域計畫法條為促進土地及天然資源之保育利用，人口及產業活動之合理分布等目的而制定，土地既依區域計畫法施行細則編定為「丁種建築用地」，係供工業區內工廠及有關工業設施建築使用，即非土地法第十七條第一款所規定之農地。至於地目係土地主要使用狀況之表示而已，原為農地，既因變更為丁種建築用地，在法律上即無仍視為農地而予保護之必要。本題倘如題意所示，外國法律亦允許我國人民在該國取得抵押權時，經我國認許之該國外商銀行所設定之抵押權應為有效。

二、非訟事件在求程序上之便捷，且不審察實體事項，故其裁定並經實質確定力法院僅須就抵押權是否經登記、債權是否到期等形式審查而為准駁拍賣抵押物之裁定為已足，抵押權是否違背土地法第十八條之規定，係屬實體之問題。無由管轄非訟事件之法院予以審查之餘地。

三、本題研討結果，就第一問題採肯定說，第二問題採否定說，均無不合。

＊法務部（七五）法律字第八九六三號

要旨：

查土地法第十七條：「左列土地不得移轉、設定負擔或租賃於外國人：一、農地。二、林地。三、漁地。四、牧地。五、狩獵地。六、鹽地。七、礦地。八、水源地。九、要塞軍備區域及領域邊境之土地。」係屬強制禁止之規定。所謂「設定負擔」，依其文義解釋，包括設定抵押權在內，因之凡屬上開法條所列舉之土地，自不得設定抵押權於外國人，否則依民法第七十一條規定，應屬絕對無效。本部六十四年十二月六日臺六十四函參字第一○五五○號函可供參考。至於經編定為「一般農業區養殖用地」之土地，究屬土地法第十七條規定之「農地」或「漁地」，宜由　貴部（內政部）依職權認之。惟不論係農地或漁地，依上開法條規定，均不得設定抵押權於外國人。

＊內政部（八九）臺內地字第八九六八九四三號

要旨：

關於國籍法第十四條刪除後，因取得他國國籍而喪失我國國籍者，其原已取得之土地權益之處理釋疑。

說明：

一、按「外國人在中華民國取得或設定土地權利，以依條約或其本國法律，中華民國

人民得在該國享受同樣權利者為限。」、「外國人為左列各款用途之一，得租賃或購買土地，其面積及所在地點，應受該管直轄市或縣（市）政府依法所定之限制：一、住所。二、商店及工廠。三、教堂。四、醫院。五、外僑子弟學校。六、使領館及公益團體之會所。七、墳場。」分為土地法第十八條及十九條所明定，故有關外國人租賃或購買土地法第十九條各款土地，應基於土地法第十八條平等互惠原則，方得為之；復按「左列土地不得移轉、設定負擔或租賃於外國人：一、農地。二、林地。三、漁地。四、牧地。五、狩獵地。六、鹽地。七、礦地。八、水源地。九、要塞軍備區域及領域邊境之土地。」為土地法第十七條所明定。故取得他國國籍而喪失我國國籍之人，應屬外國人，其已取得而屬土地法第十七條所列各款之土地，自不得移轉、設定負擔或租賃於外國人，次查修正前國籍法第十四條規定：「喪失國籍者，喪失非中國人不能享有之權利。喪失國籍人，在喪失國籍前，已享有前項權利者，若喪失國籍後一年以內不讓與中國人時，其權利歸屬於國庫。」，為配合上開規定，前經本部八十年七月十九日臺（八十）內地字第八〇七一八九號函釋有關喪失國籍者，如擁有土地法第十七條規定各款之土地，則應於喪失國籍一年內將土地讓與中國人，否則該土地權利將歸屬國庫。茲因國籍法第十四條業經總統八十九年二月九日公布刪除，其刪除理由主要基於有關喪失國籍者，其權利之得喪，應依其他有關法令辦理，無庸在國籍法中予以規範；故本部前開函示亦應配合停止適用，嗣後有關喪失國籍者，對於土地權利之得喪，應依土地法第十七條、第十八條、第十九條等相關規定處理。

二、依現行土地法規定有關第十七條各款土地不得移轉、設定負擔或租賃於喪失國籍者，惟如於喪失國籍前已依法在我國取得土地法第十七條之土地者，應准其繼續擁有，爾後如有移轉、設定負擔或租賃行為，仍應依土地法之規定。

＊內政部（八五）臺內地字第八五八〇二六六號

要旨：

「因拍賣抵押物強制執行事件得標買受土地及建物疑義案」會議紀錄

會商結論：

㈠查外國銀行依銀行法第一百二十三條準用同法第七十六條規定及依強制執行法之相關規定因行使抵押權自法院取得之不動產，與因業務所需用而取得之不動產情形有別，無公司法第三百七十六條之適用，惟仍須依土地法第十七條、第十八條、第十九條及第二十條規定辦理。

㈡次查保險法第一百三十七條第四項、第一百四十六條、第一百四十六條之三第一項第二款規定，保險公司得辦理不動產抵押放款業務，且保險法並無禁止保險業取得不動產。準此，保險公司自得依強制執行法第九十一條、第九十八條等規定實行抵押權取得抵押物。從而外商保險公司亦得依上開規定實行抵押權取得不動產，惟仍

應符合土地法第十七條至第二十條等有關外人地權之規定。

㈢關於中美七十九年度五月份保險諮商會議結論，我方允諾美商保險公司在臺分公司，可因行使抵押權而取得不動產，期間最長為二年乙節，按參照司法院大法官會議釋字第三二九號解釋：「憲法所稱之條約係指中華民國與其他國家或國際組織所締結之國際書面協定，包括用條約或公約之名稱，或用協定等名稱而其內容直接涉及國家重要事項或人民權利義務且具有法律上效力而言。其中名稱為條約或公約或用協定等名稱而附有批准條款者，當然應送立法院審議，其餘國際書面協定，除經法律授權或事先經立法院同意簽訂，或其內容與國內法律相同者外，亦應送請立法院審議。」，上開會議結論尚未構成中美兩國間之國際協定，對我國並無拘束力。

＊內政部（八五）臺內地字第八五〇四六五九號

要旨：

繼承人於被繼承人死亡前喪失國籍，於辦理繼承登記時又回復國籍，是否仍應受土地法第十七條限制。

說明：

一、依據法務部八十五年四月十七日法 (85) 律決〇八九七六號函辦理。檢附該函影本乙份。兼復臺灣省政府地政處八十四年十月十九日（八四）地一字第六五六六七號函。

二、案經函准法務部上開函復以：「按繼承依民法第一千一百四十七條之規定，因被繼承人死亡而開始，故繼承人自繼承開始時，除法律另有規定外（如民法第一千一百七十四條），承受被繼承人非專屬性之財產上權利義務（民法第一千一百四十八條參照）。次查　貴部訂頒『繼承登記法令補充規定』第十六點規定：『子女喪失國籍者，其與本生父母自然血親之關係並不斷絕，故對本生父母之遺產仍有繼承權，惟辦理繼承登記時，不得繼承土地法第十七條各款所列之土地（如農地），但應注意土地法第十八條有關外國人取得土地權利之限制。』以觀，似無剝奪其繼承權之意，且繼承並無時效之限制，故於辦理繼承登記時，該繼承人既已回復國籍，似得准其辦理繼承登記。」

三、本部同意上開法務部之意見。

＊內政部（八〇）臺內地字第八〇七七一八九號

要旨：

喪失國籍後不動產之處理問題

全文內容：

一、按國籍法第十四條規定「喪失國籍者，喪失非中國人不能享有之權利。喪失國籍人，在喪失國籍前，已享有前項權利者，若喪失國籍後一年以內不讓與中國人時，其權利歸屬於國庫。」土地法第十七條規定下列土地不得移轉、設定負擔或租賃於

外國人：㈠農地。㈡林地。㈢漁地。㈣牧地。㈤狩獵地。㈥鹽地。㈦礦地。㈧水源地。㈨要塞軍備區域及領域邊境之土地。是以喪失國籍者如擁有上開土地，則處於喪失國籍一年內將土地讓與中國人，否則該土地權利將歸屬於國庫，如擁有之土地非屬土地法第十七條各款之土地，則其土地權利不受影響；另據土地法第十八條規定「外國人在中華民國取得或設定土地權利，以依條約或其本國法律，中華民國人民得在該國享受同樣權利者為限。」是以喪失國籍者入籍之國家如禁止我國人民在該國取得土地權利，則該喪失國籍者亦應於喪失國籍一年內將原取得之土地權利讓與中國人，否則其權利亦歸屬於國庫。

二、又旅居外國華僑放逐喪失國籍者，我政府均負責保障其在國內財產權益，前經行政院六十一年十一月六日臺六十一內字第一○五八一號及六十八年五月廿四日臺內字第四九七八號函示有案。

*內政部（八○）臺內地字第八○七四七八三號

要旨：

喪失國籍者不得繼承土地法第十七條所列各款土地

全文內容：

喪失國籍者得否在國內繼承不動產乙節，如繼承之土地屬土地法第十七條所列各款土地，則不得繼承，如非屬同法條所列各款土地者，則得繼承。

第十八條

外國人在中華民國取得或設定土地權利，以依條約或其本國法律，中華民國人民得在該國享受同樣權利者為限。

*七一臺上字第一七九八號

要旨：

外國人在中華民國取得土地所有權，應受土地法第十八條及第十九條規定之限制。又喪失國籍人在喪失國籍前已享有外國人不能享有之權利者，若喪失國籍後一年以內不讓與中國人時，其權利歸屬於國庫，復為國籍法第十四條第二項所明定。依此規定，凡中國人於喪失國籍前，已享有外國人不能享有之權利者，祇須其喪失國籍後，一年以內不讓與中國人時，該權利即當然歸屬於國庫而成為國有財產，此係基於法律規定而生之效果，縱未登記，亦不影響國家取得權利之效力。

*司法院院解字第三九八五號

解釋文：

㈠舊土地法雖公布於十九年六月三十日，並經以命令定為自二十五年三月一日施行，但其定施行日期之命令既為同法第六條之所委任，則在法律施行日期條例第二條、第四條之適用上自屬同法之一部，刊登該命令之公報如因東北各省之淪陷致不能依限到達各該省，則依同條例第二條、第四條之規定應自到達之翌日起發生效力，在

其效力發生之前，無從適用於各該省。

㈡舊土地法施行法第九條所謂將其土地無償收歸國有，應以行政處分行之，如在同法有效期內未為收歸國有之行政處分，原所有人之所有權尚未喪失。

㈢復員後辦理民事訴訟補充條例第十二條之增加給付，應就各個具體事件公平裁量定之，未便一概而論，以阻礙此項法則之適應性。

㈣已見院解字第三九六五號解釋。

㈤敵偽沒收之土地經偽地政局讓與中國人者，不應認為公有，原所有人如不向受讓人請求返還，受讓人仍得繼續占有，受讓人之取得時效已完成者，並得請求登記為所有人。

㈥中國人以土地向日本人設定抵押權，經日本人於偽滿整理地籍時申報確定為日本人所有者，日本人並不因之而取得所有權，該中國人自得請求返還。

㈦偽滿時日本人在中國人私有土地上營造房屋或其他建築物者，其建築物屬於日本人所有，日本人於中國收復該地方前以之讓與於中國人者，即屬於中國人所有，縱令日本人無在該土地上營造建築物之權利，亦不過應行拆遷而已，在未拆遷前其建築物之所有權仍屬於營造人或其受讓人。

㈧在第二審所為訴之交替的變更不外三種情形，一為撤回原訴而提起新訴，二為以訴之變更准許為條件而撤回原訴，三為就原訴為訴訟標的之捨棄而提起新訴。訴之變更應准許者，第二審法院應就新訴為裁判，自不待言，對於原訴應否併予裁判，則當分別情形定之。在第一、第二兩種情形，原訴雖不具備民事訴訟法第二百六十二條所定撤回之要件，亦因訴之准許變更而視為撤回，第一審法院就原訴所為之判決因此失其效力，第二審法院無須更就對於該判決之上訴為裁判。在第三種情形，第二審法院應併就原訴本於捨棄而為原告敗訴之判決，如其訴之變更不應准許者，第二審法院應以裁定駁回新訴，對於原訴，除第一種情形之撤回原訴具備民事訴訟法第二百六十二條所定要件者外，仍應予以裁判，而在第三種情形就原訴為裁判，亦應本於捨棄而為原告敗訴之判決，第二審法院就原訴為判決時，固應於上訴聲明之範圍內依第二審程序之一般規定辦理，若就新訴為判決時其新訴既未經第一審判決，即不在上訴聲明範圍之內，第二審法院自無從就新訴為變更原判決或駁回上訴之判決。

＊司法院院解字第三九六五號

解釋文：

原代電所述情形（偽滿時日本人向國人合意購買之土地，光復前復由日人賣與國人，該承買之國人是否取得該項土地所有權，並依土地權利清理辦法東北各省市施行細則第四條補行登記。）中國人將其土地所有權讓與日本人，及日本人以之讓與中國人，均非效，向日本人受讓之中國人不得補行登記，惟除在舊土地法施行有效時期已依同法

第十條第二項第九款將該土地收歸國有外，依其情形可認當事人若知中國人讓與土地所有權於日本人之行為為無效，即欲為充許日本人以之讓與另一中國人之行為，依民法第一百十二條之規定，其允許處分之行為既屬有效，日本人以之讓與另一中國人之行為即非無效，向日本人受讓之。

＊內政部（八六）臺內地字第八六〇七三五五號

要旨：

八十六年七月一日以後香港居民及法人可否在我國取得或設定土地權利

主旨：

關於八十六年七月一日以後，香港居民及法人可否在我國取得或設定土地權利乙案，請　查照並轉知所屬照辦。

說明：

一、依據行政院八十六年七月十四日臺八十六內二八三五一號函辦理，並檢附原函影本乙份。

二、有關八十六年七月一日香港主權移交之後，香港地區之居民，除依香港澳門關係條例第四條第三項取得華僑身分者，得依照中華民國華僑取得或設定土地權利之有關規定辦理外，其餘香港地區居民、一般法人、團體或其他機構在我國取得或設定土地權利，在香港地區對於外國人士在該地取得不動產權利之規定尚未改變之前，得以繼續準用外國人在我國取得或設定土地權利之規定，故八十六年七月一日以前，香港居民、法人及團體機構在我國取得或設定土地權利之有關規定，在香港地區對於外國人士在該地取得不動產權利之規定未改變前仍得繼續適用。

＊內政部（六六）臺內營字第七一八七六七號

要旨：

釋示喪失中華民國國籍，移居外國變為無國籍者，可否申請建築執照疑義。

說明：

一、依據行政院秘書處 65.12.24 臺內移字第三三九〇六號移送鄭南山君 65.12.19 函辦理。

二、按「外國人在中華民國取得或設定土地權利，以依條約或其本國法律，中華民國人民得在該國享受同樣權利者為限。」為土地法第十八條所明定。喪失中華民國國籍後成為無國籍之人，自無該法條之適用。

三、「喪失國籍者，喪失非中國人不能享有之權利。喪失國籍人，在喪失國籍前，已享有前項權利者，若喪失國籍後一年以內不讓與中國人時，其權利歸屬於國庫。」國籍法第十四條已為明文規定。其所謂權利，指依法令唯中國人所享有之公權或私權而言。喪失國籍後成為無籍者，自不能再在中華民國境內申請建造執照。其於喪失國籍前已申領之建造執照，如在喪失國籍一年後尚未開工或未依建築法第五

　　十三條、第五十四條規定申請展期致逾期執照作廢者,即喪失其效力。

*行政院（五六）臺內字第一○四二號

要旨:

外國法人抵押權設定,准由縣市政府依土地法第十八條規定逕行核辦。

全文內容:

一、經交據內政部會商外交部、司法行政部議復稱:「查抵押權係擔保物權之一種,抵押人於設定抵押權後並未移轉占有該抵押物,抵押人如能於約定期間內清償債務,則該項抵押權即應申請塗銷,如抵押人不能依約清償債務始發生拍賣抵押物問題,拍賣抵押物時抵押權人依法固得參與標買,但如係外國人標得該項抵押物仍須依土地法第十八條、第十九條及第二十條規定辦理。本案美國達拉威州法人勃倫斯惠克遠東股份有限公司如僅係因債務關係而設定抵押權,現行法令既無規定層請核定之明文,參照首節說明,似可准由當地縣市政府依土地法第十八條規定逕行核辦。」

二、應依議辦理。

*行政院（五三）臺內字第四六五一號

要旨:

外國人於土地法實施前已取得土地權利,基於尊重既得權及互惠之原則仍准申請登記。

全文內容:

本案英商怡和公司如確在土地法施行於臺灣省之前,已依當時有效之法律取得該項土地之永代借地權（即永租權）,則基於尊重既得權之原則,可不受本院三十九年三月二十四日參玖㈠字第一○六四號代電之限制,且英國迄仍准許居留其境內之我國僑民購置不動產,本於互惠之理由,自宜准該英商怡和公司檢具有關產權之證明文件,依法向該管地政機關申請登記,地政機關受理後仍須作實質上之審查依法處理。

第十九條

　　外國人為左列各款用途之一,得租賃或購買土地,其面積及所在地點,應受該管直轄市或縣（市）政府依法所定之限制:

一、住所。

二、商店及工廠。

三、教堂。

四、醫院。

五、外僑子弟學校。

六、使領館及公益團體之會所。

七、墳場。

*內政部（七八）臺內地字第六六九二四三號

要旨：

外國人單獨購買建物地下層持分作為停車場使用，得予准許。

全文內容：

按外國人為下列各款用途之一，得租賃或購買土地……一、住所。二、商店及工廠。三、教堂。四、醫院。五、外僑子弟學校。六、使領館及公益團體之會所。七、墳場。此為土地法第十九條所規定，停車場使用常為住所或經營事業所必需，是本案新加坡共和國暨新加坡商新加坡航空股份有限公司單獨購買建物地下層持分作為停車場使用，得予准許。

* 內政部（七○）臺內地字第六三二五八號

要旨：

釋外國法人購置不動產有關疑義

全文內容：

一、經依法核准在我國營業之外國法人，為經營事業之需要，可依土地法第十九條第二款等有關規定，准其在我國取得或設定土地權利。

二、近年來，常有在我國營業之外國法人，須以該法人之名義購置房屋以供其職員居住之情形，參照土地法第十九條第一款規定及公司法第三百七十六條規定，應予准許。

第二十條

外國人依前條需要租賃或購買土地，應會同原所有權人，報請該管直轄市或縣（市）政府核准。

前項土地，如依前條各款所列，變更用途或為移轉時，應報請該管直轄市或縣（市）政府核准。

直轄市或縣（市）政府為前二項之核准時，應即層報行政院。

* 內政部（八六）臺內地字第八六○九三○三號

要旨：

修正外國人因拍賣抵押物強制執行得標買受土地建物時地方法院與地政機關聯繫事項（原內政部 86.03.13(86) 臺內地字第 8603041 號函原訂之聯繫事宜，自 86.10.20 起不予適用）

說明：

一、依據行政院八十六年九月十一日臺八十六內三四八七六號函辦理。

二、有關外國人因拍賣抵押物強制執行得標買受土地建物時地方法院與地政機關聯繫事宜，前經本部八十六年三月十三日臺（八六）內地字第八六○三○四一號函訂，嗣為檢討上開聯繫事項之執行情形，復於八十六年八月四日邀集有關機關會商，獲致結論如下：「㈠修正本部八十六年一月十六日召開『外國人因拍賣抵押物強制

執行事件得標買受土地及建物處理事宜』地方法院與地政機關聯繫事宜如次：1.地方執行法院於拍賣不動產時，應於拍賣公告載明應買人為外國人者，應檢具相關文件，依土地法第二十條第一項規定，向土地或建物所在地市縣政府申請核准得購買該不動產之資格證明，並於參與拍賣時提出。2.外國人於拍定買受土地或建物時，由執行法院發給權利移轉證明書，並同時通知市縣政府依土地法第二十條第三項規定辦理層報行政院備查手續。3.市縣政府於收到執行法院上開通知後，應即依規定層報行政院，經行政院准予備查後，由市縣政府函申請人憑以向不動產所在地之地政事務所申辦土地或建物所有權移轉登記。㈡上開聯繫事項由司法院及內政部分別函請執行法院及省市政府據以辦理。」

三、上開會商結論業經本部以八十六年八月二十六日臺（八六）內地字第八六八一四八四號函報奉行政院以首揭號函核示「請依本院授權規定，本職權自行核處」在案。

四、自八十六年十月廿日起法院公告拍賣之案件，請依上開會商結論辦理。本部八十六年三月十三日臺（八六）內地字第八六〇三〇四一號函原訂之聯繫事宜，自八十六年十月二十日起停止適用。

＊內政部（八〇）臺內地字第八〇七一四三八號

要旨：

外國銀行因行使抵押權取得不動產，無公司法第三百七十六條之適用，但其取得與嗣後處分，仍應依土地法第二十條規定辦理。

全文內容：

按公司法第三百七十六條關於經認證外國公司購置地產之規定，係以公司「購置因其業務所需用之地產」為前提。本案美商花旗銀行，係因行使抵押權，依銀行法第七十六條及強制執行法之相關規定自法院取得不動產，應與購置因業務所需用之地產情形有別，無公司法第三百七十六條之適用。唯其取得與嗣後處分，仍應依土地法第二十條之規定辦理。

＊內政部（七九）臺內地字第八四八八八五二號

要旨：

外國銀行在臺代理人申辦抵押權登記，如已檢附經濟部核發之公司執照、認許證及資格證明書無須另檢附經我國駐外單位簽證之授權書正本。

全文內容：

一、按行政院六十年一月十一日臺六十內字第二七〇號函釋：「外國分公司申請辦理土地抵押權登記時，應以該外國公司（即總公司）之義為之，並以該外國公司在中國境內之訴訟及非訴訟之代理人（即該外國公司在中國境內之負責人）代為申請。」又依公司法第四百三十五條規定，外國公司申請認許時應備具在中國境內指

定之訴訟及非訴訟代理人之授權證書。是以外國銀行在臺代理人申辦抵押權登記時，如已檢附經濟部發之公司執照、認許證，及主管機關依公司法第三百九十二條核發之資格證明書，即足以認定其在臺代理人之資格，無須另檢附經我駐外單位簽證之授權書正本。

二、本部七十一年十一月十一日臺內地字第一一九七九〇號函，應停止適用。（按第一款規定業經內政部八十年五月廿七日臺內地字第八一八一〇四九號函納入「申請土地登記應附文件補充規定」，原解釋函令不再援引適用）

＊內政部（七九）臺內地字第七六七八五八號

要旨：

地政機關與公司登記主管機關受理外國公司申請購置國內地產案件處理原則

全文內容：

外國公司申請購置我國房地產案件，應先依公司法第三百七十六條規定，向該外國公司在臺分公司所在地省（市）政府建設廳（局）申請，層轉經濟部核准後，再向地政主管機關依土地法第十七條至第二十四條有關規定申請辦理土地登記並層報行政院備查，有關地政機關與公司主管機關行政配合作業，請依經濟部七十八年十二月二十一日經商字第二一六六七六號函送有關本案會議紀錄辦理。

抄附：經濟部七十八年十二月二十一日經商字第二一六六七六號函及附件。

主旨：

檢送研商「公司登記主管機關受理外國公司申請購置國內地產案件處理原則」會議紀錄乙份，請　查照配合辦理。

說明：

依據本部商業司案陳七十八年十一月三十日研商「公司登記主管機關受理外國公司申請購置國內地產案件處理原則」會議紀錄辦理。研商「公司登記主管機關受理外國公司申請購置國內地產案件處理原則」會議紀錄。

一、有關土地法及公司法對外國公司申請購置國內地產案件權責之釐清決議：㈠外國公司購置國內地產，應先向分公司所在地省（市）政府建設廳（局）申請呈轉經濟部核准後，再向地政主管機關申請辦理有關不動產之登記。㈡省（市）政府建設廳（局）及經濟部之權責，主要依公司法第三百七十六條規定，就外國公司購置之國內地產，是否為其業務所需用及其合理性予以個案審核；地政主管機關之權責，則為依土地法有關規定，審核是否准予不動產之登記。㈢商業司原擬之「外國公司購置國內地產案件土地法、公司法權責劃分流程圖」，依土地法辦理部分：應加列縣市政府地政主管機關層報省政府地政主管機關及核准時加送核准承購不動產函副本給省（市）政府建設廳（局）兩程序後修正通過。

二、研商「公司登記主管機關受理之國內公司申請購置國內地產案件處理原則」（草

案）決議；除第四點前段「第三點規定之文件」修正為「申請應備文件」外，餘照原草案通過。

三、相關行政配合及後續管理作業問題研討決議：㈠就外國公司購置國內地產案件有關行政配合作業，公司登記及地政主管機關請參照前兩案修正通過之「流程圖」及「處理原則」辦理，並保持密切連繫。㈡請內政部於核准備查縣市政府地政主管機關層報之外國公司出售地產案件時，副知省（市）政府建設廳（局）及經濟部，以資併原核准購置地產案列管。

＊內政部（七五）臺內地字第四四二○一六號

要旨：

喪失國籍者將其喪失國籍前取得之土地權利移轉與本國人，應無土地法第二十條之適用。

說明：

一、復　貴處 75.09.02 地一字第五七九○○號函。

二、土地法第二十條各項規定，係指外國人依同法第十八條、第十九條規定取得土地權利之情形而言；土地權利人在喪失國籍前已取得之土地權利，既非依土地法第十八條、第十九條規定取得，權利人於喪失國籍後將其土地移轉與本國人，自無同法第二十條規定適用。

三、檢還原附登記申請書類全份。

＊內政部（七一）臺內營字第二七六九七○號

要旨：

為原旅日僑胞喪失國籍而取得日本籍，是否得再主張處分原有土地及作為新建建築物之建造執照起造人乙案。

說明：

一、復　貴局 74.01.08 北市工建字第六○○九三號函。

二、按行政院六十一年十一月六日臺內字第一○五八號令規定：「旅日僑胞被迫喪失國籍者，我政府負責保障其在國內財產之權益，希望不必考慮變賣在臺財產，俾使安心。」又同院七十四年一月十七日臺七十四內一○四四號函釋：「按本院六十一年十一月六日臺六十一內字第一○五八號令所稱我政府負責保障被迫喪失國籍旅日僑胞在國內財產權益乙節，應指仍得依法使用、收益、處分……而言。」本案旅日僑胞喪失我國國籍而取得日本籍，依上開行政院令函規定，應可主張處分原有土地，且不受土地法第二十條規定之限制。

＊內政部（七一）臺內營字第一○二一○五號

要旨：

關於僑居國外之華僑，申請建造執照，變更起造人，應具備何種證明文件乙案，復請

查照。

說明:

一、依據高雄市政府 71.06.30 高市府工建字第一六○二五號函辦理。

二、僑居國外之僑民,經查證明具有中華民國國籍者,自得享有中華民國國民之權利,其在國內申請建造執照、變更起造人,應適用一般建築法令有關規定。

三、外國人在中華民國境內申請建造執照、變更起造人,除應依一般法令有關規定辦理外,應符合土地法第十七條、第十八條、第十九條規定,並依同法第廿條規定,呈請縣(市)政府核准,層報行政院備查。

第二十一條

外國人經營工業,已依有關法令報經行政院特許者,得按其實際需要,租賃或購買土地。

前項土地之面積及所在地點,由該事業之中央主管機關核定之。

第二十二條

外國人依前條租賃或購買土地,應將中央主管機關所發核准憑證,向所在地直轄市或縣(市)政府繳驗,聲請協同租賃或購買,並由直轄市或縣(市)政府層報行政院。

第二十三條

外國人依特許經營之事業租賃或購買之土地,除其事業經呈奉特許變更者外,不得作為核定用途以外之使用,如因故停業,其土地應由政府按原價收回。

第二十四條

外國人租賃或購買之土地,經登記後,依法令之所定,享受權利,負擔義務。

＊內政部(七六)臺內地字第五○八一八七號

要旨:

外國股東依我國公司法組設之公司承購土地,無須依土地法第二十條規定辦理。

全文內容:

依我國公司法組設之公司,其股東雖全為外國人,仍屬本國法人(外國人投資條例第十八條、華僑回國投資條例第十八條參照),其購買土地之程序,無須依土地法第二十條規定辦理。

＊內政部(七五)臺內地字第四○六九六三號

要旨:

依我國法律成立之教會財團法人購置不動產,無須先申請主管機關核備。

全文內容:

依我國法律成立之教會財團法人屬於我國財團法人,其增購不動產,無須事先向主管官署核備,俟其取得不動產登記完畢後,依有關規定報請備查。

＊內政部(六○)臺內地字第五九五九一六號

要旨：

有外國人參加為股東之我國公司，其申購土地案件，應照我國人購地案件有關規定辦理，免受土地法外人地權規定之限制。

全文內容：

本件有關外國人參加為股東之公司，既係依我國公司法規定設立之公司，屬於我國法人，其申購土地案件，自應照我國人購地案件有關規定辦理，免受土地法有關外人地權規定之限制。

第一百二十八條

公有荒地之承墾人，以中華民國人民為限。

2.土地登記規則（第一百四十條）

中華民國九十年九月十四日內政部（九〇）臺內中地字第九〇八三四一一號令修正發布全文一百五十七條；並自九十年十一月一日施行

第一百四十條

申請為他項權利登記，其權利價值為實物或外國通用貨幣者，應由申請人按照申請時之價值折算為新臺幣，填入契約書權利價值欄內，再依法計徵登記費。

申請為地上權、永佃權、地役權或耕作權之設定或移轉登記，其權利價值不明者，應請申請人於契約書上自行加註。

3.申請土地登記應附文件法令補充規定（第二十一、三十、三十七至三十九點）

中華民國九十年十二月二十五日內政部（九〇）臺內中地字第九〇八四四四四號令修正發布第十四、三十八、四十一點條文

二一

外國駐我國商務代表辦事處在臺購買不動產，應以該國名義登記，並以該辦事處為管理者。

三〇

外國核發之印鑑證明，應經該國或其就近之我國駐外機構之證明或認證。

三七

外國公司臺灣分公司經經濟部撤銷其登記，為辦理清算申請抵押權塗銷登記，得由其臺灣分公司負責人以總公司名義出具抵押權塗銷同意書，並檢附該負責人之資格及印鑑證明辦理之。

三八

外國公司在臺代理人申辦土地登記，證明其代理人資格應檢附經濟部核發之公司設立（變更）登記表或抄錄本、認許證，無須另檢附經我國駐外單位簽證之授權書正本。

三九

旅居海外國人授權他人代為處分其所有國內之不動產，如未檢附國內核發之印鑑證明或其授權書，應檢附我駐外單位驗發之授權書，以配合登記機關之查驗。

4.外國人在我國取得土地權利作業要點

中華民國九十年十一月十五日內政部（九〇）臺內地字第九〇七〇二九二號令修正發布第一、三、四、七、八、九、十一點條文；並刪除第五點條文

一

外國人申請在中華民國境內取得或設定土地權利案件，應請當事人檢附由其本國有關機關出具載明該國對我國人民得取得或設定同樣權利之證明文件；如該外國（如美國）有關外國人土地權利之規定，係由各行政區分別立法，則應提出我國人民得在該行政區取得或設定同樣權利之證明文件。依現有資料已能確知有關條約或該外國法律准許我國人民在該國取得或設定土地權利者，得免由當事人檢附前項證明文件。

二

旅居國外華僑，取得外國國籍而未喪失中華民國國籍者，其在國內取得或設定土地權利所適用之法令，與本國人相同；其原在國內依法取得之土地或建物權利，不因取得外國國籍而受影響。

三

我國人民在國內依法取得之土地或建物權利，於喪失國籍後移轉與本國人，無土地法第二十條規定之適用。

外國人因繼承而取得土地法第十七條第一項各款之土地，應於辦理繼承登記完畢之日起三年內，將該土地權利出售與本國人，逾期未出售者，依土地法第十七條第二項規定處理。

四

外國法人在我國取得或設定土地權利，應先依我國法律規定予以認許，始得為權利主體；經認許之外國公司申辦土地登記時，應以總公司名義為之，並應檢附認許證件。但能以電子處理達成查詢者，得免提出。

外國公司依公司法第三百八十六條規定申請備案者，不得為權利主體。

五

（刪除）

六

外國人得否承受法院拍賣之工業用地，於有具體訴訟事件時，由法院依法認定之。

七

外國人國籍之認定，依涉外民事法律適用法規定。

八

外國人處分其在我國不動產，仍應審查其有無行為能力。

人之行為能力依其本國法。外國人依其本國法無行為能力或僅有限制行為能力，而依中華民國法律有行為能力者，就其在中華民國之法律行為，視為有行為能力。

未成年外國人處分其在我國不動產，應依民法規定，由法定代理人代為或代受意思表示，或應得法定代理人允許或承認。

九

外國人申請設定土地權利案件，無須依土地法第二十條第二項規定辦理。

十

外國銀行因行使債權拍賣承受土地權利，其取得與嗣後處分仍應依土地法第二十條規定辦理。

十一

外國人取得或移轉土地權利案件簡報表格式如附件。

5.外國人投資國內重大建設整體經濟或農牧經營取得土地辦法

中華民國九十一年二月二十七日行政院令訂定發布全文十一條

第一條

本辦法依土地法（以下簡稱本法）第十九條第二項規定訂定之。

第二條

本法第十九條第一項第八款所稱重大建設、整體經濟或農牧經營之投資，其範圍如下：

一、重大建設之投資，係指由中央目的事業主管機關依法核定或報經行政院核定為重大建設之投資。

二、整體經濟之投資，係指下列各款投資：

　㈠觀光旅館、觀光遊樂設施、體育場館之開發。

　㈡住宅及大樓之開發。

　㈢工業廠房之開發。

　㈣工業區、工商綜合區、高科技園區及其他特定專用區之開發。

　㈤海埔新生地之開發。

　㈥公共建設之興建。

　㈦新市鎮、新社區之開發或辦理都市更新。

(八)其他經中央目的事業主管機關公告之投資項目。

三、農牧經營之投資，係指符合行政院農業委員會公告之農業技術密集與資本密集類目及標準之投資。

第三條

外國人依本法第十九條第一項第八款規定申請取得土地，應填具申請書，並檢附下列文件，向中央目的事業主管機關為之：

一、申請人之身分證明文件；其為外國法人者，應加附認許之證明文件。

二、投資計畫書。

三、土地登記簿謄本及地籍圖謄本；屬都市計畫內土地者，應加附都市計畫土地使用分區證明；屬耕地者，應加附農業用地作農業使用證明書或符合土地使用管制證明書。

四、經我國駐外使領館、代表處、辦事處及其他外交部授權機構驗證之平等互惠證明文件。但已列入外國人在我國取得或設定土地權利互惠國家一覽表之國家者，得免附。

五、其他相關文件。

前項應檢附之文件，於申請人併案或前送審之投資計畫案已檢附者，得免附。

第四條

前條第一項第一款認許之證明文件，係指該外國法人依我國法律規定認許之證明文件。

第五條

第三條第一項第二款之投資計畫書，應載明計畫名稱、土地所在地點及其他中央目的事業主管機關規定之事項。

第六條

第三條第一項第四款之平等互惠證明文件，係指申請人之本國有關機關所出具載明該國對我國人民得取得同樣權利之證明文件。但該外國有關外國人土地權利之規定，係由各行政區分別立法者，為我國人民在該行政區取得同樣權利之證明文件。

第七條

外國人依第三條規定申請時，其投資計畫涉及二以上中央目的事業主管機關者，申請人應依其投資事業之主要計畫案，向該管中央目的事業主管機關申請；該中央目的事業主管機關無法判定者，由行政院指定之。

第八條

中央目的事業主管機關審核申請案件，必要時得會商相關機關為之，並得邀申請人列席說明。

第九條

中央目的事業主管機關核准申請案件後，應函復申請人，並副知土地所在地之直轄市

或縣（市）政府；未經核准者，應敘明理由函復申請人。

前項核准函復之內容，應敘明下列事項：

一、申請案件經核准後，應依本法第二十條第一項規定之程序辦理。

二、申請取得之土地，其使用涉及環境影響評估、水土保持、土地使用分區與用地變更及土地開發者，仍應依相關法令及程序辦理。

第十條

本辦法所定申請書格式，由中央地政機關定之。

第十一條

本辦法自發布日施行。

6. 華僑及外國人投資不動產業審核作業要點

中華民國八十七年九月一日內政部（八七）臺內地字第八七八七二二二號函修正發布

一　華僑及外國人依華僑回國投資條例或外國人投資條例申請投資不動產業時，應依本要點辦理。

二　本要點所稱投資不動產業係指建築開發業及不動產租賃業之投資開發興建行為。

前項所稱建築開發業及不動產租賃業，依經濟部公告之公司行號營業項目代碼表之內容認定之。

＊內政部（八六）臺內地字第八六八〇二八〇號

要旨：

釋不動產投資之涵義

全文內容：

本部八十二年五月十七日臺 (82) 內地字第八二七九五五二號函釋「按一般公司或建設公司擬經營『購置不動產（土地、建築物）出租他人』業務，將不動產作為投資營利目的，易造成不動產市場不正常發展；而與經營『委託營造廠商興建國民住宅及商業大樓出租售』等生產建設事業有別。……」，揆其意旨，係指以不動產作為投資營利目的，而不加以投施任何勞力、資本，僅以購置後立刻予以出租、出售獲取其中價差之投機行為；　貴部所訂之「不動產租賃業」小類項下之細類營業項目，倘係經投施資本、勞力所為之事業，與本部八十二年函釋意旨並無抵觸。

三　華僑及外國人從事不動產業，應以本國公司名義為限，採下列方式之一為之：

　㈠投資設立新創事業。

　㈡投資國內現有事業。

　㈢符合華僑回國投資條例第五條或外國人投資條例第五條規定僑外投資事業之轉投資。

＊內政部（八六）臺內地字第八六七七七四五號

要旨：

華僑及外國人投資不動產之營業項目及投資事業型態

全文內容：

案經本部於八十六年四月二日邀集行政院秘書處等相關機關研商獲致附帶決議如次：

一、有關華僑及外國人申請之營業項目及其定義，請參酌經濟部商業司「公司行號營業項目代碼化」有關建築開發業之項目及定義。

二、華僑及外國人欲在臺設立分公司是否亦需送審，將由本部邀集相關機關再行協商。

三、僑外投資新設立之公司、僑外投資國內現有事業及僑外投資事業轉投資等以上三種型態涉及不動產業營業項目者或僑外投資事業增加不動產業營業項目者，皆有本要點之適用。

四、本要點訂頒前已申請投資不動產業之華僑及外國人，於本要點訂頒後，請投資審議委員會函送本要點予上開公司參考。

四　申請人應先向經濟部投資審議委員會申請，申請時應檢附投資計畫書。經核准成立之公司，其投資計畫如有新增或變更時，亦同。但屬第二項情形之新增或變更者，免再行申請。投資計畫書應包括下列內容：

　　㈠計畫名稱。

　　㈡投資地點（直轄市、縣（市）別）。

　　㈢投資總金額（如有國內資金應敘明）。

　　㈣營運計畫概要。

　　㈤其他說明事項。

　　申請人依本要點規定提出申請時，其投資案如係前經他申請人提出申請而經審核通過之案件，除前項投資計畫書外，並應檢附前經審核通過案件之計畫者所立具之確認書，確認其為同一投資個案。

五　經濟部投資審議委員會受理申請後，應將有關華僑及外國人投資不動產業申請案件送內政部依下列原則審核：

　　㈠有助於國內重大建設及經濟發展者。

　　㈡有助於提升生活品質者。

　　㈢不破壞自然生態及人文環境者。

　　㈣不違反地政及營建等相關法令規定者。

　　㈤不涉及土地壟斷、投機或炒作者。

　　㈥不影響國土整體發展計畫者。

　　申請投資之不動產業，經依前項規定審核後，仍須符合各該目的事業主管機關之

規定及依照相關程序辦理。

六　內政部為審核申請案件得邀請下列機關會同為之：

㈠行政院經濟建設委員會。

㈡經濟部投資審議委員會。

㈢經濟部商業司。

㈣內政部營建署。

㈤其他有關機關。

七　內政部依本要點規定審核，應將審核結果送請經濟部投資審議委員會處理。

經濟部投資審議委員會將審核結果函復申請人時，應敘明第五點第二項事項。

㈣警政

1. 自衛槍枝管理條例（第八、十條）

中華民國九十一年五月二十九日總統（九一）華總一義字第○九一○○一○八三二○號令修
正公布第六條條文

第八條

居住中華民國境內之外國人，攜有自衛槍枝時，應備具申請書，連同照費，最近二吋
半身正面脫帽照片六張，送由附近各該國使館或領事館簽註及具保，轉送當地警察機
關審查給照；如係享有外交地位之外國人請領槍照時，應送由外交部轉首都所在地警
察機關辦理。

第十條

自衛槍枝每枝發給一執照，專供獵戶狩獵用之乙種槍枝，收照費十元，其餘槍枝照費
二十元。但享有外交地位之外國人，得依國際慣例免收照費。

前項執照由內政部印製，各省（市）政府所需數量，應連同照費向內政部領取轉發使
用。

前項照費應解歸國庫。但主管機關得支用五成充查驗費用，並應由各級政府分別辦理
支出預算法案，其支用辦法，由內政部定之。

2. 自衛槍枝管理條例施行細則（第五、八至十、十三條）

中華民國八十八年十二月二十九日行政院令修正發布第二至四、六、十、十四至十七條條文

第五條

本條例所稱享有外交地位之外國人，包括派駐中華民國境內之外國政府機構人員。

本條例第八條規定居住中華民國境內之外國人及享有外交地位之外國人，其持有自衛

槍枝之數量，應受本條例第六條規定之限制。

第八條

自衛槍枝執照使用限期屆滿換領新照，應繳銷原執照，填具換領自衛槍枝執照申請書，其式樣如附表㈠，居住中華民國境內之外國人（包括享有外交地位之外國人），如因居留之原因消滅而出境時，應將其所持自衛槍枝及所領槍枝執照交由出境聯檢機構查驗，經查驗無訛後，槍枝發還，將原執照收回轉送原發照機關註銷。

第九條

在華享有外交地位之外國人，持有自衛槍枝管理條例第二條所列槍砲以外之槍砲彈藥與未經核准給照之超額自衛槍枝等，應由所屬使領館或外國政府機構妥為收藏，未經主管機關核准不得轉賣或贈與，並監督出口。

第十條

本條例第十五條所定自衛槍枝彈藥清冊及第十七條第一項第九款所定自衛槍枝遷出入申報書，其式樣如附表㈡及㈧。

享有外交地位之外國人所持有之自衛槍枝及彈藥，應由直轄市、縣（市）主管機關函請外交部分別轉知各該管之使領館及享有外交地位之機構，作每年之定期檢查；其所需槍枝彈藥清冊及槍枝遷出入申報書式樣，適用前項之規定。

第十三條

享有外交地位之外國人暫時離境時，其所持有之甲種自衛槍枝彈藥，如不攜帶出境應交由所屬之使領館或外國政府機構負責代為保管。

3.外國警察人員來華研習警政辦法

中華民國八十八年十二月二日內政部㈧㈧臺內警字第八八○五三三三號令修正發布第三、八條條文

第一條

外國現職警察人員來中華民國研習警政，依本辦法之規定辦理。

第二條

來華研習警政人員，須經其本國政府保送，並通曉中國語文。

第三條

來華研習警政人員，分正式生及特別生兩種，均由內政部按其程度及志願分發中央警察大學或警察專科學校就讀。

第四條

正式生須經分發就讀之學校甄試及格後始得入學，修業期滿後經參加畢業考試及格者，發給畢業證書，其合於授與學位之規定者，並授予學位。

第五條

特別生經分發後逕行入學，並得任意選修課程，但研習期間至少為一學期，研究期滿後發給結業證明書，註明其曾經研習之課程名稱。

凡參加正式生之入學考試不及格其來華目的原係作短期研究者，均得為特別生。

第六條

正式生及特別生在校修業期間，均享受學校公費待遇。

第七條

正式生及特別生，在入學前或修業期滿後，如需赴各警察機關考察或實習，所需費用以自備為原則，必要時得酌予補助。

前項考察或實習期間不得超過二個月，由內政部派員加以輔導。

第八條

正式生及特別生入學後，由各校指定人員負責協助指導，注意其生活狀況及學業情形，於學期終了時呈報內政部備查；其入中央警察大學研習者，並呈報教育部備查。

第九條

本辦法自公布日施行。

4.臺灣地區憲警外事勤務權責劃分及聯繫辦法（第二至七、九條）

中華民國五十七年九月二十三日內政部（五七）臺內警字第二八七一〇號令、國防部（五七）規成字第一二五五號令會銜修正發布

第二條

在臺外國軍人紀律之糾察及警衛，由憲兵主辦，必要時得商請警察協助之，凡屬於普通之外籍僑民之調查、登記、檢查及監護等，由警察主辦。必要時得商請憲兵協助之。

第三條

凡在臺外國軍人與我國軍人發生糾紛或民刑案件時，由憲兵負責依法處理。

凡在臺外國軍人或外籍僑民與我國人民發生糾紛或民刑案件時，由警察負責依法處理。

凡我國軍人與外籍僑民發生糾紛或民刑案件時，由警察負責處理，其當事軍人應移送憲兵負責處理之。

前三項案件之處理，如該管憲警一方不在場時，由在場者先予處理，再行移交，如需會同或協助時，仍應會同處理或繼續協助之。

第四條

凡在臺外國軍人與我國軍民同時發生糾紛或民刑案件，由憲警雙方會同依法處理。

第五條

凡指定經營外國軍人之飲食店、娛樂場所，其服務人員之管理及清潔衛生之檢查等事

項，由警察機關負責辦理，但軍事機關所設經國防部核准有案者不在此限。

第六條

在臺外國軍人需要之導遊人員，其導遊證件及身分檢查，由警察機關掌理，但進入軍事管理區域，憲兵得檢查之。

第七條

憲兵指定發覺外國軍人之飲食店、娛樂場所有非法情事或發生有私自導遊外國軍人者，應通知警察機關依法處理。

第九條

憲警雙方處理外國軍人與我國軍民間之案件，必要時得互相抄送副本，其須向外國政府交涉者，應由承辦機關搜集一切證據，連肇事經過之詳細紀錄，層轉外交部處理，事後並應互相抄送處理經過情形之副本。

5. 社會秩序維護法（第四、三十四條）

中華民國八十年六月二十九日總統（八〇）華總㈠義字第三三一四號令制定公布全文九十四條

第四條

在中華民國領域內違反本法者，適用本法。

在中華民國領域外之中華民國船艦或航空器內違反本法者，以在中華民國領域內違反論。

第三十四條

在中華民國領域外之中華民國船艦或航空器內違反本法者，船艦本籍地、航空器出發地或行為後停泊地之地方法院或其分院或警察機關有管轄權。

6. 集會遊行法（第十條）

中華民國八十一年七月二十七日總統（八一）華總㈠義字第三六四〇號令修正公布名稱第一、四、九十八、二十二、二十七、二十八、三十、三十一條條文

第十條

有左列情形之一者，不得為應經許可之室外集會、遊行之負責人、其代理人或糾察員：

一、未滿二十歲者。

二、無中華民國國籍者。

三、經判處有期徒刑以上之刑確定，尚未執行或執行未畢者。但受緩刑之宣告者，不在此限。

四、受保安處分或感訓處分之裁判確定，尚未執行或執行未畢者。

五、受禁治產宣告尚未撤銷者。

三、外交

1.外國護照簽證條例

中華民國八十八年六月二日總統（八八）華總㈠義字第八八〇〇一二四三六〇號令制定公布
　全文十四條

第一條

為行使國家主權，維護國家利益，規範外國護照之簽證，特制定本條例。

本條例之主管機關為外交部。

第二條

外國護照之簽證，除條約或協定另有規定外，依本條例辦理。本條例未規定者，適用其他法令。

第三條

持外國護照者，應持憑有效簽證入境中華民國。但外交部對特定國家國民，或因特殊需要，得給予入境免簽證待遇或准予抵中華民國時申請簽證。

第四條

外國護照簽證之核發，由外交部、駐外使領館、代表處、辦事處或其他外交部授權機構辦理。

第五條

外國護照之簽證，其種類如下：

一、外交簽證。

二、禮遇簽證。

三、停留簽證。

四、居留簽證。

前項各類簽證之效期、停留期限及入境次數，由外交部定之。

第六條

外交簽證適用於持外交護照或元首通行狀之下列人士：

一、外國元首、副元首、總理、副總理、外交部長及其眷屬。

二、外國政府派駐中華民國之人員及其眷屬、隨從。

三、外國政府派遣來中華民國執行短期外交任務之官員及其眷屬。

四、中華民國所參加之政府間國際組織之外國籍行政首長、副首長等高級職員因公來華者及其眷屬。

五、外國政府所派之外交信差。

第七條

禮遇簽證適用於下列人士:

一、外國卸任元首、副元首、總理、副總理、外交部長及其眷屬。

二、外國政府派遣來中華民國執行公務之人員及其眷屬、隨從。

三、前條第四款各國際組織高級職員以外之其他職員因公來中華民國者及其眷屬。

四、政府間國際組織之外國籍職員應中華民國政府邀請來華者及其眷屬。

五、應中華民國政府邀請或對中華民國有貢獻之外國人士及其眷屬。

第八條

停留簽證適用於持普通護照或其他旅行證件,而擬在中華民國境內作短期停留者。

第九條

居留簽證適用於持普通護照或其他旅行證件,而擬在中華民國境內作長期居留者。

第十條

外國人士有下列各款情形之一者,得拒發簽證:

一、在中華民國境內或境外曾有犯罪紀錄或曾經拒絕入境、限令出境或驅逐出境者。

二、曾非法入境中華民國者。

三、患有足以妨害公共衛生或社會安寧之傳染病、精神病或其他疾病者。

四、對申請來中華民國之目的作虛偽之陳述或隱瞞者。

五、曾在中華民國境內逾期停留、逾期居留或非法工作者。

六、足證在中華民國境內無力維持生活,或有非法工作之虞者。

七、所持護照或其外國人身分不為中華民國政府承認或接受者。

八、所持護照或其他旅行證件係不法取得、偽造或經變造者。

九、有其他事實足認意圖規避法令,以達來中華民國目的者。

十、足證有危害中華民國利益、公共安全、公共秩序或善良風俗之虞者。

第十一條

簽證持有人有下列各款情形之一者,外交部、駐外使領館、代表處、辦事處或其他外交部授權機構得撤銷或註銷簽證:

一、有前條各款情形之一者。

二、在中華民國境內從事與簽證目的不符之活動者。

三、在中華民國境內或境外從事詐欺、販毒、顛覆、暴力或其他危害中華民國利益、公務執行、善良風俗或社會安寧等活動者。

四、原申請簽證原因消失者。

第十二條

外交簽證及禮遇簽證免收費用,其他各類簽證除條約、協定另有規定或依互惠原則減免外,均應徵收費用,其收費標準,由外交部定之。

第十三條

本條例施行細則，由外交部定之。

第十四條

本條例自公布日施行。

2.外國護照簽證條例施行細則

中華民國八十九年五月三十一日外交部（八九）外領二字第八九六八一三〇〇五一號令訂定
發布全文二十條；並自發布日起施行

第一條

本細則依外國護照簽證條例（以下簡稱本條例）第十三條規定訂定之。

第二條

本條例所稱外國護照，指由外國政府、國際組織或自治政府核發，且為中華民國承認
或接受之有效旅行身分證件。

第三條

本條例所稱簽證，指本條例第四條所定主管機關、駐外使領館、代表處、辦事處或其
他經主管機關授權機構（以下簡稱駐外館處）所核發准許外國人持憑來中華民國（以
下簡稱來華）之許可。

第四條

持外國護照申請簽證，應檢具有效外國護照、簽證申請表及最近六個月內之相片，送
主管機關或駐外館處核辦。

主管機關及駐外館處得要求申請人面談、提供旅行計畫、親屬關係證明、健康證明、
無犯罪紀錄證明、財力證明、來華目的證明、關係人詳細資料或其他審核所需之證明
文件。

申請人所持之外國護照所餘效期應在六個月以上。但條約或協定另有規定或經主管機
關同意者，不在此限。

第五條

主管機關及駐外館處應視申請人身分、申請目的、所持外國護照之種類、效期等條件，
核發不同之簽證；基於國家主權之行使及國家利益之維護，依本條例第十條規定拒發
簽證時，得不附理由。

第六條

本條例第三條所定對特定國家國民，得給予入境免簽證待遇或准予抵中華民國時申請
簽證者，應符合下列各款條件：

一、外國護照所餘效期應在六個月以上。但條約或協定另有規定或經主管機關同意者，

不在此限。

二、已訂妥回程或次一目的地之機（船）票，其離開我國日期未逾擬核給之停留期限。

三、已辦妥次一目的地之有效簽證。但前往次一目的地無需申請簽證者，不在此限。

四、無本條例第十條之情形。

前項免簽證及准予抵中華民國時申請簽證之適用對象，由主管機關公告之。

第七條

本條例第三條所定因特殊需要，主管機關得准予抵中華民國時申請簽證者，係指下列各款情形之一：

一、應我政府機關邀訪之貴賓。

二、應邀來華參加國際會議、國際活動及商展之外賓。

三、應邀來華之外國文化藝術團體。

四、因災難救助案件，須緊急來華之外籍人士。

五、其他正當理由，經主管機關核准者。

第八條

外國人以免簽證或抵中華民國時申請簽證入境，停留期限屆滿應即出境。但有下列各款情形之一，並提出證明者，得於停留期限屆滿前，向外交部領事事務局或其分支機構申請適當期限之停留簽證：

一、罹患中央衛生主管機關公告指定須強制出境之急性傳染病以外之急性重病者。

二、遭遇天災或其他不可抗力事故者。

三、其他正當理由，經主管機關核准者。

第九條

本條例第五條第二項所定簽證之效期，自核發之當日起算，在效期內，持證人可持憑來華。

本條例第五條第二項所稱簽證之停留期限，指持居留簽證以外之各類簽證者，其自入境之翌日起算，得在中華民國境內停留之期限。

本條例第五條第二項所定簽證之入境次數，係指於簽證效期內，持證人可持憑來華之次數。

第十條

本條例第五條第一項第一款所稱外交簽證，其效期最長不得超過五年，入境次數依申請人需要及來華目的核定之。入境後停留、居留期限不予限制，但不得逾其來華任務所需之期限。

第十一條

本條例第五條第一項第二款所稱禮遇簽證，其效期最長不得超過五年，入境次數依申請人需要及來華目的核定之；每次停留期限為六個月；持證人為外國政府及政府間國

際組織派遣來華執行公務之人員及其眷屬者，其居留期限與其任務所需之期限同。

第十二條

本條例第八條所稱短期停留，係指擬在中華民國境內作未滿六個月之停留者。

停留簽證之效期、入境次數及停留期限，依申請人國籍、來華目的、所持護照種類及效期等核定之。

停留簽證之效期最長不得超過五年，入境次數分為單次及多次，每次停留期限不得超過六個月。

第十三條

停留簽證申請目的，包括過境、觀光、探親、訪問、考察、參加國際會議、商務、研習、短期聘僱、短期傳教弘法及其他經主管機關核准之活動。以在中華民國境內從事營利或勞務活動為目的申請前項簽證者，應檢附中央目的事業主管機關或其授權機關核發之許可從事簽證目的活動之文件。

第十四條

多次入境停留簽證未明定逐次停留期限者，得由證照查驗機關於持證人每次入境時註明停留期限。

第十五條

本條例第九條所稱長期居留，指擬在中華民國境內作六個月以上之居留者。

駐外館處簽發之居留簽證一律為單次入境，其簽證效期不得超過六個月，持證人入境後應依規定申請外僑居留證。

由主管機關在中華民國境內核發之居留簽證，僅供持憑申請外僑居留證，不得持憑入境。

第十六條

駐外館處受理居留簽證之申請，非經主管機關核准，不得簽發。

第十七條

對於特定駐中華民國之外國機構、國際機構執行公務者及其眷屬、隨從人員，得核發效期不超過五年、單次或多次入境之居留簽證。

前項人員如未持有主管機關核發之外國機構、國際機構官員證、職員證或外籍隨從證者，應申請外僑居留證。

第十八條

居留簽證申請目的，包括依親、就學、應聘、受僱、投資、傳教弘法、執行公務、學術交流及經主管機關核准或其他相關中央目的事業主管機關許可之活動。

申請前項簽證，應檢附中央目的事業主管機關或其授權機關核發之許可從事簽證目的活動之文件。

第十九條

無國籍人民離開其所持旅行證件之發照國，有喪失該國居留權之虞者，主管機關或駐外館處得不受理其簽證之申請。

第二十條

本細則自發布日施行。

3.中美護照簽證互惠辦法

中華民國五十九年九月二十二日外交部（五九）外令二字第一七四六〇號令發布生效

㈠節略

外交部茲向美國大使館致意並聲述：關於美國政府同意根據互惠原則修訂「中美護照簽證互惠辦法」，增列五項非移民簽證事，本（五十九）年七月三十一日第二十三號節略業經誦悉，茲將現行辦法敘述如後：

一、關於 L-1 與 L-2 類簽證效期至多為四十八個月，惟不得超過美國移民局核准之期限一節，中華民國政府表示同意。

二、查「中美護照簽證互惠辦法」係於中華民國四十五（一九五六）年四月一日起實施，迄今已十五年，其間經予三次修正，外交部茲將中華民國政府對於美國人民以非移民身分進入中華民國國境所給予簽證之效期，收費與使用次數辦法統一規定如下：

㈠大使、公使、職業外交官或領事官與其直系親屬等，免費，簽證效期十二個月，入境不限次數。

㈡其他政府官員或雇員與其直系親屬等，免費，簽證效期十二個月，入境不限次數。

㈢前列一、二兩款人員之隨從、僕役或私人僱傭與其直系親屬等，免費，簽證效期十二個月，入境不限次數。

㈣派駐國際機構首席代表與其直屬僚，以及直系親屬等，免費，簽證效期十二個月，入境不限次數。

㈤派駐國際機構其他代表與其直系親屬等，免費，簽證效期十二個月，入境不限次數。

㈥國際機構之官員或雇員與其直系親屬等，免費，簽證效期十二個月，入境不限次數。

㈦前列四、五、六款人員之隨從、僕役或私人僱傭與其直系親屬等，免費，簽證效期十二個月，入境不限次數。

㈧短期旅行接洽業務者或為娛樂，免費，簽證效期四十八個月，入境不限次數。

㈨凡屬過境者，免費，簽證效期四十八個月，過境不限次數。

㈩其他政府官員與其直系親屬暨隨從、僕役或私人僱傭，免費，簽證效期十二個月，過境不限次數。

㈢海員或飛航人員，持有效之護照或其他文件而有護照之意義者，免費，簽證效期四十八個月，入境不限次數。

合法之海員或飛航人員，未持有效之美國證照，倘其名字在其集體船員名單中並經中華民國政府合法之機構簽證者，亦得准予入境。

㈡條約商人、配偶與子女，免費，簽證效期四十八個月，入境不限次數。

㈢交換訪問人員、配偶與子女，免費，簽證效期四十八個月，入境不限次數。

㈣具有特別才能之臨時工作者，免費、簽證效期視其雇用人聘僱期間而定，入境不限次數。

㈤具有技能或非技能之其他臨時工作者，免費，簽證效期視其雇用人聘僱期間而定，入境不限次數。

㈥接受工業訓練人員，免費，簽證效期視其訓練期間而定，入境不限次數。

㈦學生，免費，簽證效期四十八個月，入境不限次數。

㈧新聞機構之代表及其配偶子女，免費，簽證效期四十八個月，入境不限次數。

㈨宗教團體之牧師及其配偶子女，免費，簽證效期四十八個月，入境不限次數。

㈩第㈣、㈤、㈥三項人員之配偶或子女，免費，簽證效期比照此類人員本人之簽證效期，入境不限此數。

㈢中華民國公民之未婚夫或未婚妻，免費，簽證效期六個月，入境僅限一次。

㈢中華民國公民之未婚夫或未婚妻之未成年子女，免費，簽證效期六個月，入境僅限一次。

㈢國際性公司內部調遷之職員（包括此類公司之行政、管理或專門人員），免費，簽證效期至多為四十八個月，入境不限次數。

㈢第㈢項人員之配偶或未成年之子女，免費，簽證效期比照此類人員本人之簽證效期，入境不限次數。

三、至於美國政府對中華民國人民以非移民身份進入美國國境所予簽證效期，收費與使用次數辦法，亦盼重新統一規定，並祈迅予見復，以期早日實施，無任感荷，相應略達，即請查照辦理為荷。

中華民國五十九年九月二十二日於臺北

㈡美國駐華大使館於一九七○年九月三十日致外交部節略

美國大使館茲向外交部致意並聲述：關於「中美護照簽證互惠辦法」事，本（五九）年九月二十二日外（五九）領二字第一七四六○號節略誦悉，茲將美國目前對於中華民國人民之非移民簽證之效期、收費與使用次數辦法規定如下：

A–1 大使、公使、職業外交官或領事官與其直系親屬等——免費，簽證效期為十二個月，入境不限次數。

A–2 外國政府官員或雇員與其直系親屬等——免費，簽證效期為十二個月，入境不限次數。

A–3 前列兩項人員之隨從、僕役或私人僱傭——免費，簽證效期十二個月，入境不限次數。

B–1 短期旅行接洽業務者——免費，簽證效期四十八個月，入境不限次數。

B–2 短期旅行為娛樂者——免費，簽證效期四十八個月，入境不限次數。

B–1 和 B–2 短期旅行為接洽業務與娛樂者——免費，簽證效期四十八個月，入境不限次數。

C–1 外國人過境者——免費，簽證效期四十八個月，過境不限次數。

C–2 聯合國總部協定第十一款（三）、（四）或（五）項下所指之外國人過境，進入聯合國總部區域者——免費，簽證效期為十二個月，過境不限次數。

C–3 外國政府官員與直系親屬及其隨從、僕役、私人僱傭過境者——免費，簽證效期為十二個月，過境不限次數。

D 船員，包括海員與飛航人員——免費，簽證效期為四十八個月，入境不限次數。

E–1 條約商人、配偶與子女——免費，簽證效期為四十八個月，入境不限次數。

E–2 條約投資人、配偶與子女——免費，簽證效期為四十八個月，入境不限次數。

F–1 學生——免費，簽證效期為四十八個月，入境不限次數。

F–2 學生之配偶及子女——免費，簽證效期為四十八個月，入境不限次數。

G–1 外國政府派駐國際機構主要代表與其僚屬及其直系親屬等——免費，簽證效期為十二個月，入境不限次數。

G–2 外國政府派駐國際機構之其他代表與直系親屬等——免費，簽證效期為十二個月，入境不限次數。

G–4 國際機構之官員或雇員與其直系親屬等——免費，簽證效期為十二個月，入境不限次數。

G–5 前列 G–1、G–2 與 G–4 三項人員之隨從、僕役或私人僱傭與其直系親屬等——免費，簽證效期為十二個月，入境不限次數。

H–1 具有特別才能之臨時工作者——免費，簽證效期至多為四十八個月，入境不限次數。

H–2 美國所缺乏臨時工作者——免費，簽證效期至多為四十八個月，入境不限次數。

H–3 受訓人員——免費，簽證效期至多為四十八個月，入境不限次數。

H–4 前項 H–1、H–2 或 H–3 三項人員之配偶或子女——免費，簽證效期比照此類人員本人之簽證效期，入境不限次數。

I　外國新聞機構之代表、配偶及其子女——免費，簽證效期為四十八個月，入境不限次數。

J–1 交換訪問者——免費，簽證效期為四十八個月，入境不限次數。

J–2 J–1 項人員之配偶或子女——免費，簽證效期為四十八個月，入境不限次數。

K–1 美國公民之未婚夫或未婚妻——免費，簽證效期為六個月，入境僅限一次。

K–2 K–1 項人員之未成年子女——免費，簽證效期為六個月，入境僅限一次。

L–1 國際性公司內部調遷之職員（包括此類公司之行政、管理或專門人員）——免費，簽證效期至多為四十八個月，入境不限次數。

L–2 L–1 項人員之配偶或未成年子女——免費，簽證效期比照此類人員本人之簽證效期，入境不限次數。

4. 中華民國領事規費徵收辦法（第五條）

中華民國七十九年七月三十日外交部（七九）外領三字第七九三一九一三一號令修正發布

第五條

持外國護照或其他旅行證件者申請簽證，除條約另有規定或依互惠原則減免外，均應繳付簽證費。

5. 駐華外國機構及其人員特權暨豁免條例

中華民國八十六年五月七日總統（八六）華總㈠義字第八六〇〇一〇四八六〇號令修正公布
　　第九條條文；及增訂第七之一條條文

第一條

駐華外國機構及其人員之特權暨豁免，除條約另有規定者外，依本條例之規定。

第二條

本條例所稱駐華外國機構之設立，應經外交部核准，其人員應經外交部認定。

第三條

駐華外國機構及其人員依本條例享受之特權暨豁免，應基於互惠原則，以該外國亦畀予中華民國駐該外國之機構及人員同等之特權暨豁免者為限。但有特殊需要，經外交部特許享受第五條第六款、第七款及第六條第一項第二款之特權者不在此限。

第四條

駐華外國機構基於互惠原則，於法令限制內有享受權利、負擔義務之能力。

第五條

駐華外國機構得享受左列特權暨豁免：

一、館舍不可侵犯，非經負責人同意，不得入內。但遇火災或其他災害須迅速採取行

動時，得推定已獲其同意。

二、財產免於搜索、扣押、執行及徵收。

三、檔案文件不可侵犯。

四、豁免民事、刑事及行政管轄。但左列情形不在此限：

　　㈠捨棄豁免。

　　㈡為反訴之被告。

　　㈢因商業行為而涉訟。

　　㈣因在中華民國之不動產而涉訟。

五、電信及郵件免除檢查，並得以密碼之方式行之。其需設置無線電臺者，應經外交部及有關機關之核可。

六、稅捐之徵免比照駐華使領館待遇辦理。

七、公務用品之進出口比照駐華使領館待遇辦理。

八、其他經行政院於駐華使領館所享待遇範圍內核定之特權暨豁免。

第六條

駐華外國機構之人員得享受左列特權暨豁免：

一、豁免因執行職務而發生之民事及刑事管轄。

二、職務上之所得、購取物品、第一次到達中華民國國境所攜帶之自用物品暨行李，其稅捐徵免比照駐華外交領事人員待遇辦理。

三、其他經行政院於駐華外交領事人員所享待遇範圍內核定之特權暨豁免。

前項人員，以非中華民國國民為限。

第七條

駐華外國機構及其人員依第五條及第六條得享受特權暨豁免之項目及範圍，由外交部核定；其變更亦同。

第七條之一

世界貿易組織駐華機構暨其官員、該組織官員及各會員之代表，就執行與該組織職能有關事項應享受之特權暨豁免，準用第四條至第七條之規定。

第八條

駐華外國名譽代表機構及其人員不適用本條例之規定。

第九條

本條例自公布日施行。

本條例第七條之一施行日期，由行政院定之。

6.各國駐華使領館及駐華外國機構聘僱外國人許可及管理辦法

中華民國八十二年九月十日外交部（八二）外禮三字第八二三二三三八七號令修正發布第五

條條文

第一條

本辦法依據就業服務法（以下簡稱本法）第四十六條規定訂定。

除條約、協定或法律另有規定外，駐華使領館及駐華外國機構聘僱外國人工作之許可及管理，悉依本辦法之規定。

第二條

本辦法用詞定義如左：

一、駐華外國機構：係指依「駐華外國機構及其人員特權暨豁免條例」第二條所稱經外交部核准設立之駐華外國機構。

二、正式職員：係指各國駐華使領館及駐華外國機構享有外交優惠之人員。

三、外籍僱員：係指受僱專為各國駐華使領館及駐華外國機構服務之外籍事務職員。

四、外籍隨從：係指受僱專為各國駐華使領館及駐華外國機構正式職員服務之私人僕役。

第三條

各國駐華使領館及駐華外國機構，可聘僱之外籍僱員及外籍隨從人數，應依左列各款規定辦理：

一、外籍僱員：外交部得視各國駐華使領館及駐華外國機構之實際需要於合理範圍內許可之。

二、外籍隨從：各國駐華使領館館長及駐華外國機構主管以二人為限，其餘正式職員以一人為限。實際核准聘僱數額，應依互惠原則辦理。

第四條

各國駐華使領館及駐華外國機構應於開始聘僱外國人從事工作前一個月，備具節略或函並檢具左列文件，向外交部申請核發許可證明：

一、僱用契約副本乙份。

二、經我國中央衛生主管機關認可之國內、外醫院所出具之受僱人員健康檢查合格證明。

三、受僱人員二吋半身近照四張。

四、受僱人員之身分證明文件影本。

五、其他必要之文件。

前項第一款之僱用契約副本應詳載左列事項：

一、聘僱機構名稱或雇主姓名。

二、受僱人員之姓名、出生日期、國籍、護照號碼及國外住所。

三、受僱人員所擔任之職位及工作性質。

四、聘僱期限之起訖日期。

五、雇主負擔受僱人員之必要離境旅費之聲明。

六、雇主應責成受僱人員於受薪時，依法向有關機關繳稅。

第五條

受僱人員入境前，應提供之健康檢查證明及入境後之健康檢查，應包括左列項目：

一、X 光肺部檢查。

二、HIV 抗體檢查。

三、梅毒血清檢查。

四、B 型肝炎表面抗原檢查。

五、瘧疾血片檢查。

六、腸內寄生蟲糞便檢查。

七、妊娠檢查。

八、吸食毒品反應檢查。

九、其他經中央衛生主管機關指定之檢查項目。

前項檢查項目有任何一項不合格者，外交部得不予受理。

第六條

雇主於受僱人員入境後三日內，應安排其至公立或教學醫院接受健康檢查，並於該受僱人員入境後十日內，將檢查結果送雇主住所所在地之直轄市、縣（市）衛生局（院）備查。

第七條

依本辦法發給之工作許可證明，其有效期限自核發之日起為期一年，期滿如有繼續聘僱之必要，得於屆滿前一個月內檢具原許可證明影本、續聘契約書影本及納、免稅證明，向外交部申請展延，展延期限不得超過一年。

第八條

經本辦法許可所聘僱之外籍隨從，由外交部核發居留簽證，並發給外籍隨從證，其效期以一年為限。

第九條

各國駐華使領館及駐華外國機構依本辦法所聘僱之外國人，有左列情事之一者，應於三日內以書面通知外交部撤銷其聘僱許可，並繳回隨從證。

一、連續曠職三日失去聯絡者。

二、僱傭關係消滅者。

三、聘僱許可期間屆滿者。

四、雇主離任者。

前項經撤銷聘僱許可之外國人，除依本法規定經外交部核准轉換雇主者外，應即令其

出境。

第十條

外交部對各國駐華使領館及駐華外國機構聘僱外國人或其展延之申請，有左列情形之
一者，得不予許可：

一、違反本法或本辦法規定者。

二、檢具之文件記載不詳或不符規定，經通知補正，逾期未補正者。

三、違反其他法令情節重大者。

四、經有關機關拒絕簽證禁止入境或限令出境者。

第十一條

各國駐華使領館及駐華外國機構聘僱本法第四十八條第一項規定之各款外國人從事工
作者，不受本辦法第三條聘僱數額、第七條許可效期及第九條第二項規定之限制。

第十二條

依本辦法所聘僱之外國人，於結束聘僱離華時，應向有關機關辦理出境手續，並繳回
隨從證，倘係短期離華，須再入境任職，應向外交部申請再入境居留簽證。

第十三條

外交部許可各國駐華使領館及駐華外國機構聘僱外國人之申請，應將許可函副知內政
部警政署、當地警察局、稅捐機關及其他有關機關。許可續聘展延時亦同。

第十四條

本辦法自發布日施行。

7. 駐華使領館、政府間國際組織暨外國政府駐華代表辦公室及使節住宅專用區房地租賃作業要點

中華民國八十四年六月六日行政院（八四）外字第二○一四八號函准予備查

一、為規範駐華使領館、政府間國際組織暨外國政府駐華代表辦公室及使節住宅專用
區（以下稱本專用區）房地之出租對象、租金標準、租賃條件及申請方式，特訂
定本作業要點。

二、本專區分辦公大樓及住宅大樓兩部份，出租對象如左：

　　㈠辦公大樓依左列順序定之：

　　　1.駐華大使館及以職業（總）領事官員為館長之（總）領事館。

　　　2.在華政府間國際組織。

　　　3.駐華外國政府代表機構。

　　㈡住宅大樓依左列順序定之：

　　　1.駐華大使及其構成同一戶口之家屬。

2.駐華外國政府代表機構之代表及與其構成同一戶口之家屬，但應基於互惠原則，以該外國亦畀與中華民國駐該外國之機構代表同等禮遇者為限。

三、符合第二點之資格者，申請租用本專用區房地，應以節略或函向外交部提出申請，經核准後與出租機關財政部國有財產局簽訂租約。

四、本專用區房地之租約期限由外交部核定，最長不得超過五年，租期屆滿時，租賃關係即行終止，承租人如有意續租，應另訂租約。

五、本專用區房地之租金標準為：

㈠每月租金：

1.基地部份：按土地申報地價總值百分之三除以十二計收，土地公告地價調整時亦隨同調整。

2.房屋部份：按房屋課稅現值百分之十除以十二計收，房屋課稅現值調整時亦隨同調整。

㈡支付貨幣：新臺幣。

㈢押租金：簽訂租約時加收二個月之租金作為押租金，租賃期滿或雙方終止租賃關係時，押租金於抵充損害賠償金後無息發還，但不得充抵違約金。

六、承租之館、處、組織機構或人員（以下簡稱承租人）應於每月五日自行向出租機關財政部國有財產局繳納當月租金。承租人逾期繳納租金時，依左列標準加收違約金：

㈠逾期繳納未滿一個月者，照欠額加收百分之二。

㈡逾期繳納在一個月以上者，每逾一個月，照欠額加收百分之五，最高以欠額之一倍為限。

七、租賃房地之房屋稅及土地稅由出租機關負擔，工程受益費及其他費用之負擔，依有關法令辦理。使用房屋之水電、瓦斯費、停車費及管理費等由承租人負擔。

八、承租人對租賃房地應盡善良保管維護責任。如因第三人事由或不可抗力致使用租賃房地損毀，承租人應於三日內通知外交部轉知出租機關查驗，由出租機關依國有財產法令處理，其因承租人之故意或過失所致者，並應照出租機關規定價格賠償或按原狀修復。

九、承租人對所租房屋不得擅自修建、增建、改建或拆除重建。如必須修繕時，應檢具圖說通知外交部轉請出租機關同意後為之，其費用由承租人自行負擔，不得抵償租金或要求任何補償。

十、承租人使用租賃房地，應受左列限制：

㈠不得作違反我國法令或約定用途之使用。

㈡不得擅自將租賃物之全部或一部份轉讓、轉租或轉借他人使用。

十一、承租人如違反第十點第二款規定時，出租機關除可終止租約外，並得加收相當

於當月月租金金額十八倍之違約金。

十二、租賃房地有左列情形之一者，出租機關得終止租約：

㈠政府因舉辦公共事業需要或依法變更使用者。

㈡政府為實施國家政策，都市計劃或土地重劃有收回必要者。

㈢承租人遲付租金之總額達兩期之租額者。

㈣承租人閉館，離任或死亡而無繼任機關或繼任人者。

㈤承租人違反本作業要點規定者。

㈥承租人申請退租者。

㈦符合國有財產法、土地法或其他法令規定得終止租約者。

　　依前項第㈠、㈡、㈥、款終止租約，應於二個月前以書面通知對方。

十三、租期屆滿不續租或租約終止時，承租人應將房屋騰空交還出租機關，其由承租人修繕或擅自增建部份，視為國有，並應無條件點交與出租機關。

十四、出租機關與承租人就租約之履行涉訟時，應以臺灣臺北地方法院為第一審管轄法院；承租人如在中華民國境內享有民事管轄之豁免，並應於租約上註明願拋棄民事管轄豁免權。

十五、承租人如有變更，繼任其職位者應以節略或函，依第三點規定，向外交部提出申請，經核准後與出租機關重新簽訂租約。

8. 外國新聞記者申請駐華要點

中華民國八十九年七月二十六日行政院新聞局(八九)琴聯二字第一一〇九六號函修正發布；並自即日起實施

一　為辦理外國新聞記者申請駐華事宜，特訂定本要點。

二　本要點所稱外國新聞記者，指在中華民國臺灣地區以外之國家或地區合法設立，以報導時事及大眾所關心之事務為主之報社、通訊社、雜誌社及廣播、電視事業所指派之記者。

本要點所稱駐華新聞記者，包括外國新聞機構駐華之專任及兼任記者。

三　外國駐華新聞記者，應向行政院新聞局申請登記。其在境外提出申請者，申請人應檢具下列文件，透過我駐外單位，向行政院新聞局提出申請；如在境內提出者，申請人應檢具下列文件直接向行政院新聞局提出申請。

㈠申請書，格式如附件。（附件從略）

㈡派任書。應由外國新聞總機構之發行人、社長、總編輯、總經理、其他相等職務主管或亞洲地區分支機構編務主管簽署。派任書內容如下：1.媒體概述。2.兼任或專任。3.聘僱契約概述（包括聘僱期間、工作性質、工作時數、薪資）。

㈢最近三個月健康檢查證明書、護照影本。行政院新聞局對該健康檢查證明書有疑義時，得要求申請人於進入中華民國臺灣地區後在中央衛生主管機關指定醫院進行檢查（限外籍人士）。健康檢查證明書，檢查項目如下：1. X 光肺部檢查。2. HIV 抗體檢查。3. 梅毒血清檢查。4. B 型肝炎表面抗原檢查。5. 瘧疾血片檢查。6. 腸內寄生蟲糞便檢查。7. 嗎啡、安非他命之煙毒尿液檢查。8. 其他經中央衛生主管機關指定之檢查項目。

四 同一人受一個以上外國媒體聘僱為外國新聞駐華新聞記者者，應依前點程序分別向行政院新聞局申請登記。

五 外國駐華記者申請駐華，首次申請駐華期間最長不得逾一年，第一年期滿後仍有駐華必要時，應由該記者於期滿三十日前備具下列文件，向行政院新聞局申請登記繼續駐華，每次申請延長駐華期間最長不得逾二年：

㈠申請書，格式如附件。（附件從略）

㈡派任書。應由外國新聞總機構之發行人、社長、總編輯、總經理、其他相等職務主管或亞洲地區分支機構編務主管簽署。派任書內容如下：1. 媒體概述。2. 兼任或專任。3. 聘僱契約概述（包括聘僱期間、工作性質、工作時數、薪資等）。

㈢已發表之新聞報導：最近六個月內在受聘僱之媒體所作之報導。

六 駐華新聞記者於駐華期間不具駐華新聞記者身份時，應由原申請人或其原所屬外國新聞機構檢同證明文件，向行政院新聞局申請註銷登記。其經行政院新聞局事後發現者，亦得註銷之。

七 依本要點登記駐華之新聞記者，由行政院新聞局發給外國新聞機構駐華記者證，以資證明。

前項記者證，僅供持證人證明身份之用。記者證登記內容有變更或錯誤時，應申請換發新證，原記者證應同時繳銷。

記者證遺失時，應登報向行政院新聞局申請補發。

八 駐華新聞記者有左列情形之一者，行政院新聞局得不予受理登記或註銷登記，並弔銷其外國新聞機構駐華記者證：

㈠違反法令規定，情節重大者。

㈡健康檢查證明書中任一健康檢查項目不合格者。

㈢違反本要點規定者。

9. 條約及協定處理準則

中華民國九十一年四月十日外交部（九一）外條一字第〇九一〇一〇五七六四〇號令修正發布第十一條條文

第一條

為釐定條約及協定之處理程序，特訂定本準則。

第二條

中央各機關或其授權之機構或團體與外國政府、國際組織或外國政府授權之機構簽訂條約或協定，依本準則之規定處理。

第三條

本準則所稱條約，係指左列國際書面協定：

一、具有條約或公約之名稱者。

二、定有批准條款者。

三、內容直接涉及國家重要事項且具有法律上之效力者。

四、內容直接涉及人民權利義務且具有法律上之效力者。

本準則所稱協定，係指前項條約以外之國際書面協定，不論其名稱及方式為何。

第四條

條約內容如涉及領土之變更，應依憲法第四條規定辦理。

第五條

條約及協定由外交部主辦。

條約或協定之內容具專門性、技術性，以主管機關簽訂為宜者，得經行政院同意，由其主辦。

第六條

由外交部主辦之條約或協定，其內容涉及其他機關之業務者，外交部應就該案件隨時與有關機關聯繫，或請其派員參與。

前條第二項之主辦機關於研擬草案或對案及談判過程中，應與外交部密切聯繫，必要時並得請外交部派員協助。其正式簽署時，外交部得派員在場並注意約本文字、格式及簽名是否正確合宜。

第七條

主辦機關於條約草案內容獲致協議前，得先就談判之總方針及原則，與立法院相關委員會協商。

第八條

條約或協定草案內容獲致協議時，除事先獲行政院授權或時機緊迫者外，主辦機關應先報請行政院核可，始得簽訂。

＊法務部（八七）法律字第〇三三〇四二號

要旨：

「中華民國審計部與巴拉圭共和國審計部間有關審計事務合作交換意願書」是否適用「條約及協定處理準則」之規定疑義

主旨：

奉　交議關於監察院函送「中華民國審計部與巴拉圭共和國審計部間有關審計事務合作交換意願書」，請鈞院備查，是否適用「條約及協定處理準則」之規定乙案，本部意見如說明二。請查照轉陳。

說明：

一、依　貴秘書長八十七年八月廿七日臺八十七外字第四二三八四號函及外交部同年九月十日外（八七）中南美二字第八七〇三〇二二四四九號函副本（核函正本諒達）辦理。

二、本部意見如下：㈠按「條約及協定處理準則」係外交部擬訂，報奉　鈞院核定發布之行政命令，依該準則第八條至第十條「……應……報請行政院核可（核轉立法院審議、核備）……」之規定原意觀之，當係以鈞院所屬機關與外國政府、國際組織或外國政府授權之機構所簽訂之條約或協定為適用對象，而不及於其他四院及其所屬機關所簽訂之條約或協定。㈡基上所述，前開外交部函所提研議意見，本部敬表贊同。

第九條

條約案經簽署後，主辦機關應於三十日內報請行政院核轉立法院審議。但條約案未具有條約或公約名稱，且未定有批准條款，而有左列情形之一者，依第十條規定程序辦理。

一、經法律授權簽訂者。

二、事先經立法院同意簽訂者。

三、內容與國內法律相同者。

第十條

協定應於簽署後三十日內報請行政院核備；除內容涉及國家機密或有外交顧慮者外，並應於生效後，送立法院查照。

第十一條

定有批准條款之條約案，經立法院審議通過，咨請總統批准時，主辦機關應即送外交部報請行政院轉呈總統頒發批准書，完成批准手續。

第十二條

條約或協定之約本，應同時以中文及締約他方之官方文字作成，兩種文本同等作準。必要時，可附加雙方同意之第三國文字作成之約本，並得約定於條約或協定之解釋發生歧異時，以第三種文本為準。

專門性及技術性之條約或協定約本，締約各方得約定僅使用某一國際通用文字作成。

第十三條

條約或協定之附加議定書、附加條款、簽字議定書、解釋換文、同意紀錄或附錄等文件，均屬構成條約或協定之一部分，應予併同處理。

第十四條

條約及協定生效後，外交部應彙整正本逐一編列號碼，並應刊登公報及定期出版，以利查考。

第五條第二項之主辦機關應會同外交部製作條約或協定備簽正本，正本經簽署後，屬我方保存者應送外交部保存。

前項主辦機關致送對方簽約國之換文正本，應於簽署後攝製影印本並註明「本件與簽字正本無異」後，連同我方之簽字正本，於三十日內送外交部保存。

條約或協定之批准書、接受書或加入書，其須交存國外機關保存者，應將經認證之該項文書影印本，於三十日內送交外交部保存。

第十五條

中央各機關或其授權之機構或團體與外國政府、國際組織、外國政府授權之機構、民間團體或私人就商業交易簽訂重要契約，必要時，應先通知外交部，並於簽訂後將有關文件資料送外交部存查。

中央各機關或其授權之機構或團體，對於簽訂之國際書面協議係屬協定或契約之性質發生疑義時，由外交部會同法務部及相關主管機關認定之。

第十六條

第五條第二項所定之條約或協定生效後，外交部得請主辦機關提供實施情況之有關資料；其有修訂、廢止或發生爭議時，主辦機關應會同外交部處理之。

第十七條

辦理及參與條約案、協定案草擬、協商、談判或簽署之人員，應依規定保守秘密；違反者，依法懲處；其涉有刑責者，並移送司法機關處理。

第十八條

條約及協定處理作業應注意事項，由外交部定之。

10.外交部處理條約及國際協定案件注意事項

中華民國七十七年八月八日外交部（七七）外條二字第七六二號函修正發布

壹

外交部遵奉行政院「中央各機關處理條約及國際協定案件注意事項」第六條，及依外交部組織法第四條、第五條及第六條之規定；特制定本注意事項。

貳

多邊條約及協定應依左列規定處理：

一　多邊條約及協定由國際組織提出或與國際組織有關者，其研擬由國際組織司主辦並會條約法律司辦理；

二　多邊條約及協定非經國際組織提出者，或與國際組織無關，或係以國際法為其對象者，由條約法律司主辦，並會國際組織司辦理；

三　前一、二兩款之多邊條約及協定，經我國簽署或加入者，其批准、存放、解釋及編印事宜，由條約法律司主辦。

四　國際組織之憲章或組織規程之議訂、修訂、批准、存放與解釋事宜，由國際組織司主辦，並會條約法律司辦理。

參

雙邊條約及協定應依左列規定處理：

一　雙邊條約及協定之研擬、談判及草簽，由條約法律司主辦，並會有關地域司辦理；

二　主持及參加談判人員，除業奉總統或行政院令派外，由部次長指定之；

三　雙邊條約及協定約本之製作、簽署、批准、解釋及編印等事項，由條約法律司主辦。

肆

條約及協定之事屬專門，須由其他中央機關出面議訂或主辦者，本部相關地域司於協辦時，應將往來之相關函電副知條約法律司研參，並通知該司派員參加相關會議。

伍

駐外使館處理條約及協定案件，應遵照外交部指示進行，包括代表政府與駐在國政府洽商，承轉雙方政府所提約稿及對案等事。對於所奉政府之約稿或對案等，非經呈奉核可，不得更改；對於所收駐在國政府之約稿或對案等，非經呈奉核可，不得逕表承諾；對於雙方約稿或對案，如有改進意見，均應呈請核示。

陸

駐外使館議訂條約及協定過程中，應予保密，對於約稿之內容及文字經談判獲致完全協議時，應與對方辦理定稿手續，將協議之約稿分繕一式兩份，由該館代表與對方代表會同草簽。經草簽之定稿，由雙方代表各持一份，以憑製作正式約本，備交雙方政府所派全權代表簽署。

柒

製作約本時，條約法律司或駐外使館應與對方駐華使館主管人員或駐在國政府主管人員依照草簽之定稿，核校所製約本之格式、分段、文字、標點及字母之大寫等，並應注意約本內國家與政府名稱、簽約代表銜名、約用文字、簽約日期及代表簽字位置等之排列、約本之裝訂等；在我方保存約本內之一切名稱及銜名，均應以我方居先，在對方保存本內，應以對方居先。

捌

駐外使館應將前政府核定之簽約代表銜名及洽定簽約日期儘速電部。簽約儀式如在駐在國舉行，依例應由駐在國外交部安排，駐外使館應派員隨時與駐在國外交部聯繫，並請其適時發佈新聞。駐外使館應準備演講詞，以供我方簽約代表在簽約儀式中發表。

簽約儀式完畢後，應立即電部，並撰寫簽約報告，連同應由我方保存之各約本妥封呈部。

玖

簽約儀式如在我國舉行，條約法律應擬就觀禮賓客名單呈奉部次長核定後通知禮賓司、總務司箋邀、安排儀節及佈置場地，另提供約文及簽約背景資料供新聞文化司發佈新聞，以及會同相關地域司準備講演詞供我方簽約代表在簽約儀式中發表。

拾

條約及協定之簽字正本應由中華民國保存者，由條約法律司保管。

中華民國致送對方之換文、換函、備忘錄等簽字正本，應於簽字後攝製影印本，由有關單位主管認證簽註：「本件與簽字正本無異」後，送條約法律司保管。條約法律司應將所保管之條約及協定於定期編印出版後移送檔案資訊處典藏。

拾壹

本注意事項自公布之日起行。

11.外交部主管財團法人設立許可及監督準則（第九、十條）

中華民國九十年九月十日外交部（九〇）外民一字第九〇九二〇〇一八八一號令修正發布第九條條文

第九條

財團法人董事之名額，以十五人至廿五人為限，並須為單數。

外國人及同時具中華民國與外國國籍者擔任董事，其人數不得超過董事總名額三分之一，外國人並不得充任董事長。董事及設有監察人者相互間有配偶及三親等以內血親、姻親關係者，其人數不得超過董事及設有監察人者總名額五分之一。

第十條

財團法人設置監察人者，其名額以三人至五人為限，外國人及同時具有中華民國國籍者擔任監察人者，其人數不得超過監察人總名額三分之一。

四、財稅金融保險證券期貨

㈠稅賦相關法規

1.稅捐稽徵法（第四、五條）

中華民國八十九年五月十七日總統（八九）華總一義字第八九○○一一八三五○號令增訂公布第十一之二條條文

第四條

財政部得本互惠原則，對外國派駐中華民國之使領館及享受外交官待遇之人員，暨對雙方同意給與免稅待遇之機構及人員，核定免徵稅捐。

第五條

財政部得本互惠原則，與外國政府商訂互免稅捐，於報經行政院核准後，以外交換文方式行之。

2.所得稅法（第二、三、四、七、八、十四、二十五、二十六、四十一、六十六之一、六十六之九條）

中華民國九十一年一月三十日總統（九一）華總一義字第○九一○○○一七○四○號令修正公布第六十七、六十八、七十一、七十二、一百之二、一百零二之二、一百零二之四、一百零八條條文

第二條

凡有中華民國來源所得之個人，應就其中華民國來源之所得，依本法規定，課徵綜合所得稅。

非中華民國境內居住之個人，而有中華民國來源所得者，除本法另有規定外，其應納稅額，分別就源扣繳。

第三條

凡在中華民國境內經營之營利事業，應依本法規定，課徵營利事業所得稅。

營利事業之總機構在中華民國境內者，應就其中華民國境內外全部營利事業所得，合併課徵營利事業所得稅。但其來自中華民國境外之所得，已依所得來源國稅法規定繳納之所得稅，得由納稅義務人提出所得來源國稅務機關發給之同一年度納稅憑證，並取得所在地中華民國使領館或其他經中華民國政府認許機構之簽證後，自其全部營利事業所得結算應納稅額中扣抵。扣抵之數，不得超過因加計其國外所得，而依國內適用稅率計算增加之結算應納稅額。

營利事業之總機構在中華民國境外，而有中華民國來源所得者，應就其中華民國境內之營利事業所得，依本法規定課徵營利事業所得稅。

第四條

左列各種所得，免納所得稅：

一、現役軍人之薪餉。

二、托兒所、幼稚園、國民小學、國民中學、私立小學及私立初級中學之教職員薪資。

三、傷害或死亡之損害賠償金，及依國家賠償法規定取得之賠償金。

四、個人因執行職務而死亡，其遺族依法令或規定領取之撫卹金或死亡補償。個人非因執行職務而死亡，其遺族依法令或規定一次或按期領取之撫卹金或死亡補償，應以一次或全年按期領取總額，與第十四條第一項規定之退職所得合計，其領取總額以不超過第十四條第一項第九類規定減除之金額為限。

五、公、教、軍、警人員及勞工所領政府發給之特支費、實物配給或其代金及房租津貼。公營機構服務人員所領單一薪俸中，包括相當於實物配給及房租津貼部分。

六、依法令規定，具有強制性質儲蓄存款之利息。

七、人身保險、勞工保險及軍、公、教保險之保險給付。

八、中華民國政府或外國政府，國際機構、教育、文化、科學研究機關、團體，或其他公私組織，為獎勵進修、研究或參加科學或職業訓練而給與之獎學金及研究、考察補助等。但受領之獎學金或補助費，如係為授與人提供勞務所取得之報酬，不適用之。

九、各國駐在中華民國使領館之外交官、領事官及其他享受外交官待遇人員在職務上之所得。

十、各國駐在中華民國使領館及其附屬機關內，除外交官、領事官及享受外交官待遇之人員以外之其他各該國國籍職員在職務上之所得。但以各該國對中華民國駐在各該國使領館及其附屬機關內中華民國籍職員，給與同樣待遇者為限。

十一、自國外聘請之技術人員及大專學校教授，依據外國政府機關、團體或教育、文化機構與中華民國政府機關、團體、教育機構所簽訂技術合作或文化教育交換合約，在中華民國境內提供勞務者，其由外國政府機關、團體或教育、文化機構所給付之薪資。

十二、（刪除）

十三、教育、文化、公益、慈善機關或團體，符合行政院規定標準者，其本身之所得及其附屬作業組織之所得。

十四、依法經營不對外營業消費合作社之盈餘。

十五、（刪除）

十六、個人及營利事業出售土地，或個人出售家庭日常使用之衣物、家具，或營利事

業依政府規定為儲備戰備物資而處理之財產，其交易之所得。個人或營利事業出售中華民國六十二年十二月三十一日前所持有股份有限公司股票或公司債，其交易所得額中，屬於中華民國六十二年十二月三十一日前發生之部分。

十七、因繼承、遺贈或贈與而取得之財產。但取自營利事業贈與之財產，不在此限。

十八、各級政府機關之各種所得。

十九、各級政府公有事業之所得。

二十、外國國際運輸事業在中華民國境內之營利事業所得。但以各該國對中華民國之國際運輸事業給與同樣免稅待遇者為限。

二十一、營利事業因引進新生產技術或產品，或因改進產品品質，降低生產成本，而使用外國營利事業所有之專利權、商標權及各種特許權利，經政府主管機關專案核准者，其所給付外國事業之權利金；暨經政府主管機關核定之重要生產事業因建廠而支付外國事業之技術服務報酬。

二十二、外國政府或國際經濟開發金融機構，對中華民國政府或中華民國境內之法人所提供之貸款，及外國金融機構，對其在中華民國境內之分支機構或其他中華民國境內金融事業之融資，其所得之利息。外國金融機構，對中華民國境內之法人所提供用於重要經濟建設計畫之貸款，經財政部核定者，其所得之利息。以提供出口融資或保證為專業之外國政府機構及外國金融機構，對中華民國境內之法人所提供或保證之優惠利率出口貸款，其所得之利息。

二十三、個人稿費、版稅、樂譜、作曲、編劇、漫畫及講演之鐘點費之收入。但全年合計數以不超過十八萬元為限。

二十四、政府機關或其委託之學術團體辦理各種考試及各級公私立學校辦理入學考試，發給辦理試務工作人員之各種工作費用。

前項第四款所稱執行職務之標準，由行政院定之。

＊六八判字第二六五號

要旨：

〔因建廠而支付外國事業之技術合作報酬，以經政府主管機關核准者為限，始免納所得稅〕

按因建廠而支付外國事業之技術合作報酬，依行為時所得稅法第四條第廿一款規定，以經政府主管機關核准者為限，始免納所得稅。本件原告公司之外國總公司對中國鋼鐵公司，提供建廠技術服務合作，技術報酬金三、五二一、五五二‧四一元，主張免稅，但迄未能提出經政府主管機關核准免稅之文件，以資證明，按諸首開說明，自無從免稅。

＊七一判字第一四七二號

要旨：

〔營利事業因引進新生產技術或產品，或因改進產品品質，降低生產成本，而使用外國營利事業所有之專利權、商標權及各種特許權利，經政府機關專案核准者，其所給付外國事業之權利金，依六十八年一月十九日修正公布之所得稅法第四條第二十一款前段之規定，免納所得稅，惟須以其取得各該權利之具體內容，向專利及商標主管機關報備並經核准者為前提〕

按營利事業因引進新生產技術或產品，或因改進產品品質，降低生產成本，而使用外國營利事業所有之專利權、商標權及各種特許權利，經政府機關專案核准者，其所給付外國事業之權利金，依六十八年一月十九日修正公布之所得稅法第四條第二十一款前段之規定，固免納所得稅。惟該條款規定之適用，應以經政府機關專案核准時，該營利事業已依我國有關法律之規定取得各該權利，且已將其取得各該權利之具體內容，向專利及商標主管機關報備並經核准者為前提，此觀諸該條款規定之立法意旨自明。次查所得稅法該款免稅之規定（內容文字不盡相同），首見於六十年十二月三十日所修訂之所得稅法第四條第二十一款。嗣於六十六年一月三十日刪除，繼於六十八年一月十九日恢復本款並修正為現行條文。依中央法規標準法第十三條之規定，該款應自六十八年一月二十一日起施行。從而技術合作契約尚係於六十六年二月一日以後所簽訂，且在六十八年一月二十一日時仍繼續有效者，依財政部六十八年一月二十五日(六八)臺財稅字第三〇五一五號函發布「修正所得稅法實施注意事項」第三項之規定，固得於六十八年三月底前依修正所得稅法（六十八年一月十九日修正增訂）第四條第一項第二十一款之規定，向事業主管機關申請，經核准後，其取得之權利金及技術合作報酬得免納所得稅。惟事業主管機關於審核時，按諸上述說明，自應以其據以提供之專利權、商標權及特許權利有無於專案核准當時，事先經專利及商標主管機關准予核備為準。本件原告於六十七年間向被告機關申請外人投資及技術合作，經被告機關於六十七年七月二十四日經投審(67)秘字第三一九六號函准予技術合作七年；以及原告在本案被核准技術合作當時（六十七年七月二十四日）其所提供之專利及商標係屬他人所有，亦即發明專利第七五七六號、六八三一號、六八一〇號、六七八五號、七三一二號係屬案外人奧地持股公司(OPTI-HOLDINGAG)所有。而註冊商標第五〇五三三、五一〇二三、一一〇四四二、一一〇四四三、一〇七五三〇號「OPTI-LON」、「OPTI」商標亦屬案外人德商，歐必締工廠公司等所有之事實，為原告所不爭，且有經濟部中央標準局專利證書影本六紙、經濟部中央標準局函、技術合作契約書附於原處分卷可稽，並有本院另案即六十九年判字第五七七號判決可資佐證；而上開專利權及商標權於本案原告被核准技術合作當時，姑不論有無出租或授權原告使用之事實，原告於申准投資當時既未能提出經濟部中央標準局事前准予核備之證明文件，按諸首開說明，自不合所得稅法免稅之規定。被告機關所為否准核發免稅證明，並無違誤。

＊七三判字第四〇七號

要旨：

原告美商在臺營運所收取之滯留費及延遲費，經中美雙方一致認定，與貨櫃之裝卸有關，且為維持國際貨櫃運輸之流暢所必需，依「中美互免航運所得稅協定」第二條規定，此項滯留費及延遲費收入，應屬構成營運船舶所得之一部分。是原告對於代收代付之併裝貨櫃卸裝費及滯延費，自應准予免徵所得稅。

＊七八判字第二〇二九號

要旨：

〔被告機關雖允許原告與泰嵩公司間之商標授權，然因泰嵩公司係原告投資設立之公司，二者在法律上固屬不同之權利主體，惟經濟關係極為密切，實質上為原告所控制，為免失公平，自無核准其收取免所得稅之商標授權權利金〕

按「商標專用權人，除移轉其商標外，不得授權他人使用其商標。但他人商品之製造，係受商標專用權人之監督支配，而能保持該商標商品之相同品質，並合於經濟部基於國家經濟發展需要所規定之條件，經商標主管機關核准者，不在此限。」商標法第二十六條第一項定有明文。又「外國事業申請商標授權及其權利金之給付，依本準則處理之。」「有關商標授權及其權利金之給付，由標準局依有關文件審核之。但必要時得邀請有關單位會商。」復為外國事業商標授權處理準則第一條、第九條所明定。本件原告與泰嵩公司間之投資關係，其投資比例為百分之九九‧九九，有經濟部投資事業審議委員會經投審（七七）秘字第〇六四六號附被告機關卷可稽，原告申請將其註冊第二八四二七號及第二八八一六號「天頌 TEXON」商標授權泰嵩公司使用，商標授權權利金為其授權使用商標商品總銷售額之百分之一‧五，被告機關以原告在泰嵩公司所占資本額達百分之九九‧九九之比例，實質上可謂為合併之個體，經濟關係密切，不予核准系爭商標授權權利金，揆諸首揭規定，尚非無據。原告雖指稱：伊係一依美國康乃狄克州法律所成立之公司，而泰嵩公司則係依據中華民國法律所成立之公司，兩者係屬個別獨立之公司，實極顯然。泰嵩公司受原告之授權使用「天頌 TEXON」商標，而給付權利金予原告，實屬合理且必要。依商標法第二十六條第一項規定，原告對於被授權人之商品製造須負責監督支配，並確保該被授權使用商標之商品與原產品相同之品質。為善盡上開責任，原告不僅須提供每一授權產品之品質標準及相當之製造技術，並須負責檢驗授權產品之製造。凡此種種，原告均須額外支出費用，被授權人自應給付授權人相當之補償，方屬合情合理，乃被告機關以原告係泰嵩公司之股東且投資額占泰嵩公司總資本額之百分之九十九‧九九為由，為不准權利金約定之處分，顯非適法。蓋原告與泰嵩公司間係兩個獨立之公司，已如前述，且商標授權契約在性質上係屬民法上之契約，依法有「契約自由」原則之適用，被告機關既已允許原告與泰嵩公司間之商標授權，卻又不允許權利金之給付，顯係以公權力干涉私人間之契約自由與商業上之公平交易，被告機關顯屬違法云云。第查原告於七十六年十一月二十日

以系爭註冊第二八四二七號及二八八一六號「天頌 TEXON」商標申請授權泰嵩公司用，經被告機關依外國事業商標授權處理準則第九條規定加以審核，以及於七十七年五月五日邀請經濟部技監室、商業司、工業局、國貿局、投資處、投審會等有關單位代表集會研商，並以泰嵩公司係原告投資設立之公司，原告之資本額且占泰嵩公司總資本額百分之九十九‧九九，二者在法律上固屬不同之權利主體，惟經濟關係極為密切，實質上則為原告所控制，而經被告機關核准之商標授權權利金依所得稅法第四條第二十一款規定可以免所得稅，如核准其收取權利金，則顯失公平，從而被告機關以泰嵩公司係原告投資百分之九九‧九九設立之公司，而否准原告授權權利金之申請，並無違誤。原告主張各節，難謂有理。訴願及再訴願決定，遞予維持原處分，均無不合，原告起訴論旨，非有理由，應予駁回。

＊財政部臺北市國稅局（七三）財北國稅審貳字第六一二七五號

要旨：

於國內發行受益憑證，再將募得之資金委託指定外匯銀行投資國外有價證券，有關投資收益稅捐處理疑義。

主旨：

貴公司擬於國內發行受益憑證，再將募得之資金委託指定外匯銀行投資國外有價證券，有關投資收益稅捐處理疑義，復如說明，請　查照。

說明：

一、依據　貴公司 76.04.13 會華字第○二九號函及財政部賦稅署 76.02.18 臺稅一發第七六二○八○五號移文單轉來　貴公司代理人資誠會計師事務所 76.02.04 (76) 綜字第○二○號函辦理。

二、受益人為我國境內居住之個人時，所取得之收益，依財政部 75.04.21 臺財稅第七五四二七一一號函規定，投資國外有價證券獲得之收益，非屬中華民國來源所得，可免納所得稅；受益人為總機構在我國境內之營利事業時，所取得之收益，依財政部前述函釋，應由　貴公司代為扣繳所得稅。

三、該信託資金收益分配予受益人時，由外匯銀行按分配日依　貴公司提供之受益人代為扣繳所得稅。

四、此類受益憑證於轉讓時所發生之資本利得，依財政部 74.10.07 (74) 臺財稅第二三○三八號函規定，屬證券交易所得，應課徵所得稅。

＊財政部八九臺財稅字第○八九○四五五九二六號

要旨：

營利事業與外國事業技術合作共同開發技術，所支付共同開發技術之研發費用，無免納所得稅規定之適用。

主旨：

營利事業與外國事業技術合作共同開發技術，所支付予外國事業共同開發技術之研發費用，核無所得稅法第四條第一項第二十一款免納所得稅規定之適用。請　查照。

說明：

一、依據本部臺北市國稅局八十九年七月五日財北國稅審一字第八九〇二四九五五號函辦理。

二、所得稅法第四條第一項第二十一款之相關規定，旨在鼓勵我國營利事業引進外國較進步且已開發完成之生產技術、產品及方法，以促進經濟發展及產業升級，其適用範圍應以營利事業引進已開發完成，可供生產使用之技術為準。有關營利事業與外國事業共同開發技術，該項技術既仍在研發階段，尚無法提供生產使用，其所支付予外國事業共同開發技術之研究發展費用，應無所得稅法第四條第一項第二十一款免納所得稅規定之適用。

＊財政部八八臺財稅字第八八一九四九四〇七號

要旨：

國際金融業務分行拆放外幣與其在中華民國境內之分支機構或其他中華民國境內金融機構之利息所得可免納所得稅

主旨：

國際金融業務分行拆放外幣與其在中華民國境內之分支機構或其他中華民國境內金融機構，屬所得稅法第四條第一項第二十二款第一目所稱之「融資」性質，其利息所得可免納所得稅。請　查照。

說明：

一、依據本部賦稅署案陳本部金融局八十八年九月十六日臺融局㈤第八八七四七九五二號函及法商東方匯理銀行臺北分行八十八年五月十二日 (88) 法東字第〇四一號函辦理。

二、依本部八十七年四月八日臺財稅第八七一九二三八四一號函規定，本國銀行或外國銀行在中華民國境內設立之國際金融業務分行，為所得稅法第四條第一項第二十二款所稱之「外國金融機構」。國際金融業務分行拆放外幣與其在中華民國境內之分支機構或其他中華民國境內之金融機構，係為拆放金融同業按日計息之融資款項，為金融機構間之融資行為，其因拆放外幣所取得之利息，可適用所得稅法第四條第一項第二十二款第一目免納所得稅之規定。

＊財政部八七臺財稅字第八七一九二三八四一號

要旨：

所稱外國金融機構之適用範圍

全文內容：

所得稅法第四條第二十二款所稱「外國金融機構」，係指相當於我國銀行法第二條規定，

經營同法第三條有關收受存款等銀行業務之外國商業銀行、儲蓄銀行及專業銀行等機構，包括本國銀行或外國銀行在中華民國境內設立之國際金融業務分行。但上開外國銀行經中華民國政府認許在中華民國境內成立之分行不包括在內。

＊財政部八七臺財稅字第八六一九〇一六八八號

要旨：

外國營利事業無償免除中華民國境內營利事業對其所負債務相關課稅疑義

主旨：

核釋外國營利事業無償免除中華民國境內營利事業對其所負債務相關課稅疑義。請查照。

說明：

一、依據臺北市國稅局八十六年四月二十八日 (86) 財北國稅審壹字第八六〇一九九三四號函辦理。

二、外國營利事業無償免除中華民國境內營利事業對其所負之本金債務，核屬外國營利事業對國內營利事業之贈與，依據所得稅法第四條第十七款但書規定，應由該國內營利事業併入其當年度營利事業所得額課徵營利事業所得稅。但該外國營利事業如國內營利事業之股東，且其無償免除被投資公司對其所負之本金債務，係依被投資公司之股東會決議按股份比例免除，以彌補自己之股權虧損者，該國內營利事業得免適用上開規定課徵營利事業所得稅。

三、外國營利事業放棄前開本金所衍生之利息債權，如該國內營利事業前已按約定估列應付利息、列報利息費用，且該應付未付利息尚未逾二年，或雖逾二年，但未依營利事業所得稅查核準則第一百零八條之一規定，於逾二年時轉列其他收入者，應於外國營利事業免除利息給付義務時，轉列其他收入課稅。

＊財政部八五臺財稅字第八五一九〇八四九八號

要旨：

國際金融業務分行代理其本行或外商在臺分行向國外借入資金及外匯買賣，其利差及匯差之課稅問題。

主旨：

函復國際金融業務分行代理其本行或外商在臺分行向國外借入資金及外匯買賣，其利差及匯差之課稅問題乙案。請　查照。

說明：

一、國際金融業務分行代理其本行或外商在臺分行向國外借入資金及外匯買賣，其利差及匯差之加碼幅度，屬正常合理範圍者，得適用所得稅法第四條第二十二款第一目及國際金融業務條例第十三條前段規定，免納所得稅；至其利差及匯差加碼幅度超過所稱正常合理範圍，藉以規避其本行或外商在臺分行之所得稅者，稽徵

機關應本於職權，依規定辦理。

二、國際金融業務分行與其本行或外商在臺分行間，資金借貸及外匯買賣之利差及匯差之正常合理加碼幅度為何，應由各地區國稅局本於職權，查明核辦。

＊財政部八四臺財稅字第八四一六二〇五八五號

要旨：

核釋行政院國家科學委員會駐外單位因發行刊物，於駐在地核發本國籍或外國籍學者專家提供稿件之稿費、審查費，其所得類別歸屬及應否依所得稅法規定扣繳疑義。

說明：

一、依據臺北市國稅局八十四年三月二十二日 (84) 財北國稅審貳字第八四〇一一八五五號函辦理。

二、行政院國家科學委員會駐外單位於駐在地核發學者專家提供稿件之稿費、審查費，係屬所得稅法第四條第二十三款及同法施行細則第八條之五規定之稿費收入，應屬執行業務所得。如撰稿或審查地（勞務提供地）係在國外，核非屬中華民國來源所得，依法可免納所得稅並免予扣繳所得稅；反之，如係在國內提供，核屬中華民國來源所得，應依法扣繳所得稅。

＊財政部八〇臺財稅字第八〇〇七二七五〇二號

要旨：

外國營利事業經核准合約有效期間內取得權利金技術服務報酬免稅

主旨：

外國營利事業收取之權利金或技術服務報酬，向經濟部或其指定機關申請依所得稅法第四條第二十一款規定免納所得稅並經核發證明者，該外國營利事業於經核准之合約有效期間內依該合約所取得之權利金或技術服務報酬均得適用免稅之規定。

說明：

所得稅法第四條第二十一款及行政院核定之「外國營利事業收取之權利金暨技術服務報酬申請免稅案件審查原則」，對於適用免稅之案件並未規定申請時間，外國營利事業向經濟部或其指定機關申請免稅並經核發證明者，該外國營利事業在經核准之合約有效期間內依該合約所取得之權利金或技術服務報酬均得免納所得稅；其在取得免稅證明前如有已扣繳之稅款，可依稅捐稽徵法第二十八條之規定辦理。

＊財政部七六臺財稅字第七六二一七三號

要旨：

取自國外營利事業贈與之財產不得免徵所得稅

主旨：

國內營利事業取得國外營利事業贈與之財產，依現行所得稅法第四條第十七款但書規定，應課徵營利事業所得稅。

說明：

所得稅法第四條第十七款但書規定，取自營利事業贈與之財產，不予免徵所得稅，並不以國內營利事業為限，取自國外營利事業贈與之財產，仍應有其適用。

＊財政部七二臺財稅字第三二九九一號

要旨：

外籍傳教士學習中文由教會支給之生活補助費免稅

主旨：

關於外籍傳教士奉派來華學習中文，其由教會支給之生活補助費應否課稅乙節，核復如說明。

說明：

外籍傳教士在華學習中文期間，如經查明未從事傳教工作，其由教會支給之生活補助費，核屬獎勵進修所給予之補助費性質。可依所得稅法第四條第八款之規定，免納所得稅。

＊財政部六八臺財稅字第三〇四八一號

要旨：

外國營利事業與我國政府機關團體簽約不適用第四條第十一款規定

主旨：

美商波〇公司派遣工程人員來華，其由波〇公司所取得之報酬，不能適用所得稅法第四條第十一款之免稅規定。

說明：

所得稅法第四條第十一款之適用，係指外籍技術人員，依外國政府機關團體所簽訂技術合作合約，在我國境內提供勞務，而由國外政府機關所給付之薪資，始可免徵所得稅；至外國營利事業與我國政府機關團體所簽訂之合約則不適用上開法條免納所得稅之規定。本案波〇公司，既屬營利事業，其員工來臺提供勞務，如該員工於一課稅年度內在我國境內居留合計超過九十天者，在超過期限後其由國外僱主取得之勞務報酬，不能適用上開免稅規定，依法應由給付單位扣繳。各該波〇技術人員，可憑我國稅單向美國稅務機關申請抵扣。

＊財政部六六臺財稅字第三六六四五號

要旨：

教會財團法人以神父名義之存款免稅免扣繳

全文內容：

天主教××神父名義之存款，如經查明確為該財團法人天主教耶穌會之公款，且該財團法人如符合所得稅法第四條第十三款規定之免稅要件者，可免納並免扣繳所得稅。

＊財政部六四臺財稅字第三三〇三一號

要旨：

教會組織徵免所得稅釋疑

全文內容：

一、教會組織如符合所得稅法第四條第十三款規定，其取得之所得，准予免納所得稅。

二、教會傳道人如係僅由教會供給其傳教工作上所必需費用而未支領任何報酬或津貼者，自無所得可言，應不發生課稅問題。

三、教會傳道人接受信徒之贈與免納所得稅，但如合於遺產及贈與稅法規定者，應依該法規定報繳贈與稅。

四、教會傳道人在教會提供勞務，受領固定薪資報酬者，仍應依法繳納所得稅。

*財政部六三臺財稅字第三二一七二號

要旨：

駐華大使館非外交官待遇人員存款利息免稅之適用

全文內容：

××駐華大使館以大使館名義存入銀行之款項所發生之利息，按照國際法原則應准予免納所得稅；至其館員所存入銀行款項之利息，核非所得稅法第四條第九款所稱外交官在職務上之所得，自應依法繳納所得稅。

第七條

本法稱人，係指自然人及法人。本法稱個人，係指自然人。

本法稱中華民國境內居住之個人，指左列兩種：

一、在中華民國境內有住所，並經常居住中華民國境內者。

二、在中華民國境內無住所，而於一課稅年度內在中華民國境內居留合計滿一百八十三天者。

本法稱非中華民國境內居住之個人，係指前項規定以外之個人。

本法稱納稅義務人，係指依本法規定，應申報或繳納所得稅之人。

本法稱扣繳義務人，係指依本法規定，應自付與納稅義務人之給付中扣繳所得稅款之人。

第八條

本法稱中華民國來源所得，係指左列各項所得：

一、依中華民國公司法規定設立登記成立之公司，或經中華民國政府認許在中華民國境內營業之外國公司所分配之股利。

二、中華民國境內之合作社或合夥組織營利事業所分配之盈餘。

三、在中華民國境內提供勞務之報酬。但非中華民國境內居住之個人，於一課稅年度內在中華民國境內居留合計不超過九十天者，其自中華民國境外雇主所取得之勞務報酬不在此限。

四、自中華民國各級政府、中華民國境內之法人及中華民國境內居住之個人所取得之
　　利息。

五、在中華民國境內之財產因租賃而取得之租金。

六、專利權、商標權、著作權、秘密方法及各種特許權利，因在中華民國境內供他人
　　使用所取得之權利金。

七、在中華民國境內財產交易之增益。

八、中華民國政府派駐國外工作人員，及一般雇用人員在國外提供勞務之報酬。

九、在中華民國境內經營工商、農林、漁牧、礦冶等業之盈餘。

十、在中華民國境內參加各種競技、競賽、機會中獎等之獎金或給與。

十一、在中華民國境內取得之其他收益。

＊八六判字第五七二號

要旨：

〔行為時所得稅法第八條第六款所稱之權利金，除指專利權、商標權、著作權、秘密
方法之使用外，亦包含各種特許權利之使用，而中○公司所取得國外廠商獨家採購權
既係由其獨家取得國外廠商商標產品之採購、銷售權利，自係各種特許權利之一，原
告係中○公司之負責人，為行為時所得稅法第八十九條第一項第二款規定之扣繳義務
人，未於中○公司給付國外廠商權利金時，依給付額扣取百分之二十稅款，被告機關
據以發單責令其補繳扣繳稅款，尚無不合。〕

按納稅義務人有機關、團體、事業或執行業務者所給付之薪資、利息、租金、佣金、
權利金、競技、競賽或機會中獎之獎金或給與、執行業務者之報酬，及給付在中華民
國境內無固定營業場所及營業代理人之國外營利事業之所得者，應由扣繳義務人於給
付時，權利金按給付額扣取百分之二十稅款，並依第九十二條規定繳納之，為行為時
所得稅法第八十八條第一項第二款及各類所得扣繳率標準第三條第六款所規定。又薪
資、利息、租金、佣金、權利金、執行業務報酬、競技、競賽或機會中獎獎金或給與，
及給付在中華民國境內無固定營業場所或營業代理人之國外營利事業之所得，其扣繳
義務人為機關、團體之主辦會計人員、事業負責人及執行業務者；扣繳義務人未依第
八十八條規定扣繳稅款者，除限期責令補繳應扣未扣或短扣之稅款及補報扣繳憑單外，
並按應扣未扣或短扣之稅額處一倍之罰鍰，復為同法第八十九條第一項第二款及第一
百十四條第一款前段所明定。查本件原告係中○公司之負責人，該公司八十一年度給
付國外廠商權利金一、六七一、八八五元及三、九四一、○○○元，合計五、六一二、
八八五元，未於給付時，依規定之扣繳率扣繳稅款。案經財政部查獲，移由被告機關
發單責令原告補繳扣繳稅款計一、一二二、五七七元。原告不服，以中○公司購入國
外廠商產品貨價之計算分為原始購價及獨家採購權，均屬進貨成本，依商業慣例，絕
無另付權利金之理云云，申經復查結果，以中○公司於八十一年度給付國外廠商權利

金五、六一二、八八五元，未依規定按給付額扣取百分之二十稅款一、一二二、五七七元，有合約書、中○公司進口商品請款單、華南商業銀行賣匯水單、帳簿憑證、轉帳傳票及各類所得資料申報書影本等附卷可稽，認原核定發單責令其補繳扣繳稅款，並無不合。又依合約書內容所載，中○公司給付國外廠商權利金五、六一二、八八五元，係按銷售值之百分之五作為權利金，認所訴其購入國外廠商產品貨價之計算分為原始購價及獨家採購權，均屬進貨成本云云，核不足採，乃未准變更。原告不服，循序提起行政訴訟，除仍執前詞為主張外，並主張中○公司與 ARMANI 公司簽訂之合約中，雖約定中○公司得開設、促銷在臺灣獨家銷售載有 ARMANI 商標之產品，唯其所稱之「獨家權利」，依該合約第二‧二條之定義，係指中○公司不得於開設之精品店內銷售 ARMANI 公司商標產品以外之服飾產品及中○公司除了零售之外，禁止採取其他型式之銷售方式而言，是 ARMANI 公司取得之系爭款項亦非屬所得稅法第八條第六款所稱商標權因在境內供他人使用所取得之權利金，即無扣繳問題云云。惟查行為時所得稅法第八條第六款所稱之權利金，除指專利權、商標權、著作權、秘密方法之使用外，亦包含各種特許權利之使用，而中○公司所取得國外廠商獨家採購權既係由其獨家取得國外廠商商標產品之採購、銷售權利，自係各種特許權利之一，參諸本院五十八年判字第二六四號及五十九年判字第四七○號判例意旨，被告認中○公司給付國外廠商獨家採購權所給付之費用係權利金，尚非無據，況依合約書內容所載：ADC 公司授權中○公司使用其形象及名稱於所有之童裝商品上；又 ARMANI 公司則授權中○公司得開設、提供、促銷並直接管理專賣店以便在臺灣獨家銷售載有 ARMANI 商標之產品，是中○公司受該二公司授權，按銷售值之百分之五支付價金，係作為中○公司獨家取得採購、銷售該國外廠商產品之權利給付，核屬權利金，殆無疑義。至中○公司給付國外廠商獨家採購權之費用縱可認係進貨成本，惟尚難據此否定系爭費用為權利金性質。次查中○公司係依公司法規定設立登記成立之公司，而國外廠商取得中○公司給付之權利金，自屬中華民國來源之所得，原告引用財政部五二臺財稅發第○五九二六號令謂非屬中華民國來源所得云云，然本件上開情節與一般國內廠商經結匯向國外購買物品之性質不同，即無適用該令之餘地。末查原告係中○公司之負責人，為行為時所得稅法第八十九條第一項第二款規定之扣繳義務人，未於中○公司給付國外廠商權利金時，依給付額扣取百分之二十稅款，被告機關據以發單責令其補繳扣繳稅款計一、一二二、五七七元，揆諸首揭規定，尚無不合。原告上開主張，顯不足採信。綜上所述，本件原處分（復查決定），於法尚無違誤，一再訴願決定，遞予維持，均無不合。原告起訴意旨，難認為有理由，應予駁回。

* 五八判字第二六四號

要旨：

原告與美國○合化學公司間所訂工程合約，該公司將其秘密方法及技術讓與原告在臺

灣應用製造，但該公司仍保有此項秘密方法及技術，此與買賣之效果使財產權變易其主體之情形不同。是該聯合公司讓與原告此項秘密方法及技術資料，僅係提供原告使用而取得一定報酬，係屬權利金，而非買賣之價金。

＊財政部八六臺財稅字第八六一〇一七九三一號

要旨：

取自中美洲銀行在臺發行新臺幣債券之利息非屬課稅範圍

主旨：

關於中美洲銀行擬在臺發行新臺幣債券，有關個人取自該行發放之利息徵免所得稅乙案，復如說明。

說明：

按所得稅法第八條第四款規定，自中華民國「境內之法人」取得之利息，係屬中華民國來源所得；次依同法第二條第一項規定，凡有中華民國來源所得之個人，應就其中華民國來源之所得，依本法規定課徵綜合所得稅。至中美洲銀行係屬中華民國境外之法人，個人在我國境內取自該行給付之利息，核非屬中華民國來源所得，尚不發生課徵綜合所得稅問題。

＊財政部八五臺財關字第八五〇二一五七八〇號

要旨：

公司申請以公司為國外客戶代工所開之統一發票連同國外客戶開立之商業發票供作通關暨勾稽依據乙案

主旨：

保稅工廠田〇芳股份有限公司申請以該公司為國外客戶代工所開之統一發票連同國外客戶開立之商業發票供作通關暨勾稽依據乙案，復如說明，請查照。

說明：

所報保稅工廠田〇芳股份有限公司（以下簡稱田〇芳公司）申請以該公司為美國 HER-CULES 公司（以下簡稱 H 公司）代工所開立之統一發票，連同 H 公司開立之商業發票供作通關暨勾稽之依據，如經查明田〇芳公司係受 H 公司委託將加工後之感光乾膜運交國內保稅工廠耀〇電子公司，依營業稅法第三條第三項第五款規定，應視為田〇芳公司銷貨與耀〇電子公司，又依統一發票使用辦法第十七條第二項規定，田〇芳公司應於銷售該貨物時依合約規定價格開立統一發票，註明「受託代銷」字樣，並依海關管理保稅工廠辦法第三十三條第一項規定辦理通關事宜。三至系案美國 H 公司銷售產品與耀〇電子公司，因其委託加工、運交及貨價匯付地均在我國境內發生，其屬非經常性買進賣出發生之所得者，依所得稅法第八條第七款規定，核屬在我國境內財產交易之增益；其屬經常性買進賣出者，依同法第八條第九款規定，核屬在我國境內經營工商業之盈餘，均應課徵營利事業所得稅。

＊財政部賦稅署八二臺稅一發字第八二〇七六一七五八號

要旨：

外商在臺分公司就取自其本國銀行之境外利息應免繳營利事業所得稅

主旨：

法商〇〇〇交通事業股份有限公司臺灣分公司，除依所得稅法第三條第三項規定，就其在我國境內之營利事業所得課徵營利事業所得稅外，其取自法國〇〇信貸銀行之境外利息，尚非同法第八條第四款規定之中華民國來源所得，應免徵營利事業所得稅。

＊財政部八二臺財稅字第八二〇〇七五〇八〇號

要旨：

公司委託在我國境內無固定營業場所之國外營利事業在境外翻譯技術文件所給付之報酬，可免徵所得稅並免予扣繳之有關規定。

主旨：

〇〇資訊股份有限公司委託在我國境內無固定營業場所之國外營利事業翻譯技術文件所給付之報酬，如該國外營利事業係在我國境外完成翻譯，且未派員來我國提供任何指導及協助，核非屬中華民國來源所得，可免徵所得稅並免予扣繳。

＊財政部七九臺財稅字第七九〇一九七六〇號

要旨：

蘇〇比公司來華辦拍賣會應視其性質分別認定課稅

主旨：

美商蘇〇比公司計畫來華舉辦古董及藝術品拍賣會，有關應行課徵所得稅事項，應視其性質分別依法認定計課。

說明：

一、（略）

二、營利事業所得稅部分：

㈠美商蘇〇比公司在華舉辦古董及藝術品拍賣，核係在我國境內銷售勞務，除有關外國賣主於國外支付該公司之賣方佣金係屬該公司境外提供勞務之報酬，非中華民國來源所得免予課稅外，其因拍賣會取得買方支付之佣金及國內賣主支付之佣金，係屬中華民國來源所得，該公司在我國境內之固定營業場所，應單獨設立帳簿，並計算其營利事業所得，依所得稅法之規定申報繳納所得稅。

㈡臺灣蘇〇比公司提供拍賣之各項協助，取得美商蘇〇比公司給付之服務費，係臺灣蘇〇比公司之服務收入，應由臺灣蘇〇比公司依法申報繳納營利事業所得稅。

三、綜合所得稅部分：

㈠（包括中華民國境內居住之個人及非中華民國境內居住之個人）提供古董及藝術品參加美商蘇〇比公司在華拍賣會拍賣之所得，依所得稅法第八條第七款規定，係在

中華民國境內財產交易之增益，應屬中華民國來源所得。其財產交易所得之計算，如能提示足供認定交易損益之證明文件，經查明屬實者，依同法第十四條第一項第七類規定，係以交易時之成交價額減除原始取得之成本及因取得改良及移轉該資產而支付之一切費用後之餘額為所得額，核實認定。

㈡申報課稅之方式：1.賣主如為中華民國境內居住之個人，依所得稅法第十四條第一項第七類規定應合併當年度所得總額申報課徵綜合所得稅。2.賣主如為非中華民國境內居住之個人，依同法第七十三條規定，其於該年度所得稅申報期限開始前離境者，應於離境前向該管稽徵機關辦理申報，依規定稅率（三五％）納稅；其於該年度所得稅申報期限內尚未離境者，應於申報期限內依有關規定申報繳稅。但如無法自行辦理結算申報者，依同法施行細則第六十條、六十一條規定，應報經稽徵機關核准，委託在中華民國境內居住之個人或有固定營業場所之營利事業為代理人，負責代理申報納稅；代理人如未依規定期間代理申報納稅者，稽徵機關即應依所得稅法第七十九條規定，核定納稅義務人之所得額及應納稅額，通知其負責繳納。

四、營業稅部分：

㈠拍賣物之物主方面：物主如非屬營業稅法第六條所規定之營業人，其委託美商蘇○比公司代為拍賣之物品，應免對該物主課徵營業稅；如物主為營業人者，其委託美商蘇○比公司代盡拍賣物品，應依營業稅法第三條第三項第四款規定視為銷售貨物，並開立統一發票依法課徵營業稅。

㈡臺灣蘇○比公司方面：該公司協助美商蘇○比公司安排拍賣會事宜所取得之服務收入，應依法課徵營業稅。

㈢美商蘇○比公司方面：1.根據來函說明四㈠之(2)(3)所陳述之內容審查，美商蘇○比公司接受賣主委託代為銷售拍賣物品，係自行在臺設置之拍賣場進行拍賣行為，依營業稅法第六條第三款，外國之事業在中華民國境內有固定營業場所者，為營業，及同法施行細則第四條「拍賣場」為固定營業場所之規定，該公司在臺銷售貨物及勞務，應依營業稅法第二十八條規定辦理營業登記。2.該公司辦妥登記後，以該公司名義進口之拍賣物品依左列規定辦理：(1)進口本國之古物，依營業稅法第九條第三款規定免稅。(2)進口供營業用之貨物，除乘人小汽車外，依同法第四十一條第三項規定免稅。(3)進口貨物如係依關稅法第三十條規定進口者，進口時免徵營業稅，但未於規定期限內復運出口者，應依規定補徵營業稅。3.該公司舉行拍賣會後，如在我國境內交貨與買受人，應按成交價格開立統一發票課徵營業稅，如拍賣物尚未移轉於買受人，而以該公司名義出口者，依左列規定辦理：(1)符合關稅法第三十條規定復運出口者，免徵營業稅。(2)符合營業稅法第七條第一款規定外銷貨物者，其開立之統一發票可申請適用零稅率。4.佣金部分：美商蘇○比公司向我國賣主及所有買主收取之佣金，屬在中華民國境內銷售勞務之收入，均應依法課徵營業稅，至

在國外向國外賣主收取之佣金，則非屬營業稅之課稅範圍。(原財政部八〇臺財稅第八〇〇一二七六七一號函不予適用)

＊財政部七二臺財稅字第六二九三三號

要旨：

外國保險業自我國取得之再保費收入免納所得稅

全文內容：

一、依現行所得稅法之規定，營利事業之總機構在中華民國境外，而有中華民國來源所得者，始就其中華民國境內之營利事業所得，課徵營利事業所得稅。國外保險業自我國分入之再保險費收入，尚非屬所得稅法第八條第十一款所稱在中華民國境內取得之其他收益，自不得課徵營利事業所得稅。

二、且目前世界各主要國家均未對我國保險業接受分入再保險業務之所得課徵所得稅，如我國對外國保險業自我國分入之再保費收入課徵所得稅，必將招致國外保險業所在國政府採取相對措施。建議對外國保險業自我國境內保險業者所取得之再保費收入予以課徵營利事業所得稅乙案，未便採行。

＊財政部七〇臺財稅字第三五八五五號

要旨：

外國金融機構提供我國出口商應收帳款收買業務之各種收入課稅疑義

全文內容：

一、外國金融機構對我國境內出口廠商提供「應收帳款收買業務」(Factoring)，有關其所取得之手續費等收入之課稅疑義，核復如次：「應收帳款收買業務」之服務項目甚多，其課稅規定亦因服務性質之不同而異，茲就主要項目分別說明如次：1.外國金融機構在我國境外對外國進口之信用調查，因其勞務係在我國境外所提供，該項服務之報酬，依法可免納所得稅。2.外國金融機構在我國境外代我國出口商向國外進口商收取應收貨款欠帳，此項收帳勞務係在國外提供，該項服務之報酬依法可免納所得稅。3.外國金融機構代我國出口商收取應收貨款，在尚未收到應收貨款前，預先對我國出口商之墊款，其由我國出口商付與國外金融機構之墊款利息，屬我國來源所得，依法應於給付時扣繳所得稅。4.代國內出口商處理有關應收帳款之帳務工作，此項帳務處理工作，如係在國外提供，依法可免納所得稅。

二、本案美商國〇銀行，在我國境內未設分支機構或營業代理人，該行擬對我國境內出口商提供「應收帳款收買業務」之服務，如確僅為國內出口商負責催收其國外到期之應收帳款債權，而未在收回該項債權之前給予任何方式之融資，則其在國外提供催收服務按約定所取得之手續費，可依法免納營利事業所得稅。

＊財政部六九臺財稅字第三六五三三號

要旨：

使用外商特殊技術及專門技術給付之報酬係屬該外商取得之權利金

全文內容：

查××公司與日商××公司簽訂工廠合約，該日商雖將其特殊技術及專門知識讓與該公司在我國製造 PVC，惟該日商仍保有此項特殊技術之主權，此與買賣之效果使賣方喪失其出賣之財產權而買方則得買受之財產權，亦使財產權變易其主體之情形不同。且該公司無權將前項特殊技術專移。出售或部分專讓與第三者，此與財產權之買受人應有充分自由得以轉讓其買得之財產權者，亦顯不相同。是以核公司給付之報酬，性質應係日商在我國境內所取得之權利金，係屬我國來源所得，依照所得稅法第三條末項及同法第八十八條之規定，應由該公司負責依法扣繳。

＊財政部六九臺財稅字第三六九三一號

要旨：

無分支機構及代理人之外商銀行取得國內公司借款保證手續費應扣繳

全文內容：

據稱在臺並未設立分支機構及代理人之外商銀行甲，為國內公司提供借款保證向另一在臺並未設立分支機構及代理人之外商銀行乙借款，此項甲外商銀行之借款保證行為，係對我國內公司所提供，其自國內公司所取得之保證手續費等收入，核屬中華民國來源所得，該國內公司應依所得稅法第八十八條第一項第二款規定，於給付時按給付額扣取二十％稅款。

＊財政部六八臺財稅字第三六〇三四號

要旨：

在國外提供勞務之所得非屬我國來源所得

全文內容：

貴事務所與國外會計師事務所約定互換會計師服務，如派赴國外之會計師確係在國外會計師事務所從事實際有關工作，而非進修、受訓性質者，該會計師在國外提供勞務而取得之報酬，非屬我國來源所得，依法免納我國綜合所得稅。

＊財政部六七臺財稅字第三六二一二號

要旨：

租用外商船舶或貨櫃航行於國際間與臺灣港口之租金屬我國來源所得

全文內容：

我國海運事業向外國事業租用船舶或貨櫃，航行於國際間與臺灣港口，該外國事業之租金所得，核屬所得稅法第八條第八款規定之中華民國來源所得，應由承租人於給付租金時依照所得稅法第八十八條及「各類所得扣繳率表」規定扣繳二十％之所得稅款。

＊財政部六九臺財稅字第三八三〇一號

要旨：

提供專門技術供獨家使用不適用百分之十五核計所得規定

主旨：

貴公司與日商××會社總公司簽訂技術合作契約所支付之報酬金，核屬所得稅法第八條第六款規定之權利金性質，不適用同法第二十五條第一項有關提供技術服務收入核計營利事業所得額之規定，應由　貴公司於給付時按二十％扣繳率扣繳其所得稅款。

說明：

依據約載內容，日商係將其專門技術（秘密方法）等，在約定之地區、日期內，提供　貴公司獨家使用，所取得之報酬，屬所得稅法第八條第六款所稱權利金性質。

＊財政部六六臺財稅字第三七九六四號

要旨：

外國公司派遣人員來臺提供勞務，如薪資由總公司支付分公司無需扣繳。

全文內容：

一、外國公司派遣技術人員在我國境內提供勞務，其人員如確係由外國總公司僱用，其薪資亦由總公司在外國給付，雖由臺灣分公司將此項技術人員薪資列為探勘成本，惟此項薪資既非分公司所給付，分公司應無扣繳所得稅之義務。

二、上項技術人員之薪資金額，分公司既有帳冊可查，稽徵機關對此種技術人員課徵綜合所得稅，原則上應以該分公司實際帳列之薪資數額為準，俾資覈實，如外國公司所派技術人員於本身任務完成後，急需離境，而公司尚未有總公司給付薪資之資料，可先按個人申報數課徵綜合所得稅，惟應由公司出具書面保證，如有差額，由公司負責代為補繳。

＊財政部六六臺財稅字第三五五八〇號

要旨：

外商取得之專利權或商標權賠償金係我國來源所得

全文內容：

國內廠商因違法侵害外國事業所有之專利權或商標權，而給付之損害賠償金，依照所得稅法第八條第十一款之規定，係屬該外國事業之中華民國來源所得，應由該國內廠商於給付時，依法按 20％ 之扣繳率扣繳所得稅。

＊財政部六六臺財稅字第三一一九六號

要旨：

給付國外律師在國外辦案之報酬非我國來源所得

說明：

查委託國外律師在國外辦理案件所給付之報酬，非屬中華民國來源所得，依法免納並免扣繳所得稅。前經本部 (65) 臺財稅第三三八五七號函釋在案。本案　貴公司給付國外律師在國外辦案之報酬，依上開函釋自應免扣繳所得稅。惟該國外律師在臺期間執

行業務所索取之報酬，除來往機票費用如非報酬之一部分，應免計入所得扣繳所得稅外，其餘給付之報酬，仍應依執行業務報酬之扣繳率扣繳所得稅。（原財政部六五臺財稅第三三八五七號函不予適用）

* 財政部六八臺財稅字第三二五二三號

要旨：

外商將境內出租設備出售應依法繳納營利事業所得稅外商將境內出租設備出售之扣繳規定

全文內容：

美商××公司將出租予我國境內事業或機構之資料處理設備就地出售，核屬在我國境內之營業行為，應依法繳納營業稅及營利事業所得稅。此項銷售業務非屬所得稅法第二十五條第一項所稱之經營國際運輸、營建工程、技術服務或機器設備租賃之業務，不適用該法條有關營利事業所得額之計算規定。該美商如不擬在我國境內設置營業代理人，依照「各類所得扣繳率表」第二項第九款之規定（註：現行法第三條第九款），應由購置該項設備之事業於給付價款時，按給付額扣取二十％之所得稅款。

* 財政部六四臺財稅字第三四〇六八號

要旨：

航空公司租用飛機如其勞務在國外提供無稅負

全文內容：

貴公司向甲公司租用七四七型飛機，並委託×國乙航空公司修護，有關各項支出之課稅疑義，分別簽復如次： 1.給付甲公司提供飛機器材之勞務費，倉儲費及運輸費，暨償付甲公司在國外支付之律師費及保護其本身利益之勞務費用，其勞務如係在國外提供，應准免徵所得稅。 2.給付乙航空公司基本修護費及額外修護費，暨器材之運送費用，稅金及代購費用，如各該修護運送及代購等勞務係在國外提供，應准免徵所得稅。 3.應付×國甲公司租金每月三十萬美元，應依法扣繳所得稅款。 4.應付甲公司墊付費用之加計利息，應依法扣繳所得稅款。

* 財政部六二臺財稅字第三〇六一八號

要旨：

外國使領館附設學校所僱員工取得報酬為中華民國來源所得

全文內容：

查外國駐華各外交機構僱用華籍及第三國籍員工，其勞務提供地係在我國境內，其所領薪資應屬在我國境內來源所得，自應依照所得稅法有關規定申報核課綜合所得稅，前迭經本部令釋有案。本案×國大使館附設華語學校僱用之華籍員工由×國大使館所取得之勞務報酬，應依法課徵所得稅。

* 財政部五六臺財稅發字第一二四八六號

要旨:

國外營利事業在國外代銷我國產品之佣金報酬非課稅範圍

全文內容:

查國外營利事業在我國境內未設置分支機構及代理人，其在國外代銷我國產品所取得之佣金報酬，雖係由國外營利事業負責前來我國或指定在我國境內其他人員領取新臺幣，其因營業行為並非發生在我國境內，亦非我國來源所得，應准免課營業稅及所得稅。

*財政部五四臺財稅發字第〇七八五九號

要旨:

外商取得我國公司使用秘密製造方法資料之報酬屬於我國來源所得

全文內容:

美國甲公司僅將其秘密製造方法及專門技術等資料提供與臺灣乙公司使用，取得一定報酬，其所有權並未轉讓，自難為出售，則其從乙公司所取得之該項報酬，自屬所得稅法第八條第六款所稱之權利金所得，應由該乙公司於給付時，依照同法第八十八條有關規定依率扣繳。

*財政部五五臺財稅發字第〇〇七六二號

要旨:

外人來臺提供勞務報酬應依法課稅

全文內容:

查所得稅法自五十二年元月廿九日修正公布後，個人綜合所得稅，係就其中華民國來源所得課徵，此為所得稅法第二條所明定，關於個人薪資所得來源之認定，係以勞務提供地為準，惟非中華民國境內居住之個人在中華民國境內臨時居留不滿九十天者，其自中華民國境外僱主所取得之勞務報酬，依所得稅法第八條第一項第三款但書之規定，不視為中華民國來源所得，免徵所得稅，至所得稅法第八條第三款上半段所稱:「在中華民國境內受僱……之勞務報酬。」一詞係指個人受僱在中華民國境內提供勞務所取得之報酬而言，故個人受僱在中華民國境內提供勞務之報酬，應屬中華民國來源之所得，依法課稅與其提供勞務之僱主係在國外抑係在國內均無關。本案××製片公司來臺拍攝外景隊所有演職員，其屬於中華民國境內居住之個人，而在中華民國境內居留如已滿九十天者，其在我國境內提供勞務所得取得之報酬，不論該項報酬是否由國外僱主支付，均應課徵綜合所得稅。

第十四條

個人之綜合所得總額，以其全年左列各類所得合併計算之:

第一類: 營利所得: 公司股東所獲分配之股利總額、合作社社員所獲分配之盈餘總額、合夥組織營利事業之合夥人每年度應分配之盈餘總額、獨資資本主每年自其獨資經營

事業所得之盈餘總額及個人一時貿易之盈餘皆屬之。

公司股東所獲分配之股利總額或合作社社員所獲分配之盈餘總額，應按股利憑單所載股利淨額或盈餘淨額與可扣抵稅額之合計數計算之；合夥人應分配之盈餘總額或獨資資本主經營獨資事業所得之盈餘總額，應按核定之營利事業所得額計算之。

第二類：執行業務所得：凡執行業務者之業務或演技收入，減除業務所房租或折舊、業務上使用器材設備之折舊及修理費，或收取代價提供顧客使用之藥品、材料等之成本、業務上雇用人員之薪資、執行業務之旅費及其他直接必要費用後之餘額為所得額。

執行業務者至少應設置日記帳一種，詳細記載其業務收支項目；帳簿使用前，並應送主管稽徵機關登記驗印。業務支出，應取得確實憑證。憑證及帳冊最少應保存五年。

執行業務者為執行業務而使用之房屋及器材、設備之折舊，依固定資產耐用年數表之規定。執行業務費用之列支，準用本法有關營利事業所得稅之規定；其辦法由財政部定之。

第三類：薪資所得：凡公、教、軍、警、公私事業職工薪資及提供勞務者之所得：

一、薪資所得之計算，以在職務上或工作上取得之各種薪資收入為所得額。

二、前項薪資包括：薪金、俸給、工資、津貼、歲費、獎金、紅利及各種補助費。但為雇主之目的，執行職務而支領之差旅費、日支費及加班費不超過規定標準者，及依第四條規定免稅之項目，不在此限。

第四類：利息所得：凡公債、公司債、金融債券、各種短期票券、存款及其他貸出款項利息之所得：

一、公債包括各級政府發行之債票、庫券、證券及憑券。

二、有獎儲蓄之中獎獎金，超過儲蓄額部分，視為存款利息所得。

三、短期票券指一年以內到期之國庫券、可轉讓之銀行定期存單、銀行承兌匯票、商業本票及其他經財政部核准之短期債務憑證。

　　短期票券到期兌償金額超過首次發售價格部分為利息所得，除依第八十八條規定扣繳稅款外，不併計綜合所得總額。

第五類：租賃所得及權利金所得：凡以財產出租之租金所得，財產出典典價經運用之所得或專利權、商標權、著作權、秘密方法及各種特許權利，供他人使用而取得之權利金所得：

一、財產租賃所得及權利金所得之計算，以全年租賃收入或權利金收入，減除必要損耗及費用後之餘額為所得額。

二、設定定期之永佃權及地上權取得之各種所得，視為租賃所得。

三、財產出租，收有押金或任何款項類似押金者，或以財產出典而取得典價者，均應就各該款項按當地銀行業通行之一年期存款利率，計算租賃收入。但財產出租人或出典人能確實證明該項押金或典價之用途，並已將運用所產生之所得申報者，

不在此限。

四、將財產借與他人使用，除經查明確係無償且非供營業或執行業務者使用外，應參照當地一般租金情況，計算租賃收入，繳納所得稅。

五、財產出租，其約定之租金，顯較當地一般租金為低，稽徵機關得參照當地一般租金調整計算租賃收入。

第六類：自力耕作、漁、牧、林、礦之所得：全年收入減除成本及必要費用後之餘額為所得額。

第七類：財產交易所得：凡財產及權利因交易而取得之所得：

一、財產或權利原為出價取得者，以交易時之成交價額，減除原始取得之成本，及因取得、改良及移轉該項資產而支付之一切費用後之餘額為所得額。

二、財產或權利原為繼承或贈與而取得者，以交易時之成交價額，減除繼承時或受贈與時該項財產或權利之時價及因取得、改良及移轉該項財產或權利而支付之一切費用後之餘額為所得額。

三、個人購買或取得股份有限公司之記名股票或記名公司債、各級政府發行之債券或銀行經政府核准發行之開發債券，持有滿一年以上者，於出售時，得僅以其交易所得之半數作為當年度所得，其餘半數免稅。

第八類：競技、競賽及機會中獎之獎金或給與：凡參加各種競技比賽及各種機會中獎之獎金或給與皆屬之。

一、參加競技、競賽所支付之必要費用，准予減除。

二、參加機會中獎所支付之成本，准予減除。

三、政府舉辦之獎券中獎獎金，除依第八十八條規定扣繳稅款外，不併計綜合所得總額。

第九類：退職所得：凡個人領取之退休金、資遣費、退職金、離職金、終身俸及非屬保險給付之養老金等所得。但個人領取歷年自薪資所得中自行繳付儲金之部分及其孳息，不在此限。

一、一次領取者，其所得額之計算方式如左：

　　㈠一次領取總額在十五萬元乘以退職服務年資之金額以下者，所得額為零。

　　㈡超過十五萬元乘以退職服務年資之金額，未達三十萬元乘以退職服務年資之金額部分，以其半數為所得額。

　　㈢超過三十萬元乘以退職服務年資之金額部分，全數為所得額。

　　退職服務年資之尾數未滿六個月者，以半年計；滿六個月者，以一年計。

二、分期領取者，以全年領取總額，減除六十五萬元後之餘額為所得額。

三、兼領一次退職所得及分期退職所得者，前二款規定可減除之金額，應依其領取一次及分期退職所得之比例分別計算之。

第十類：其他所得：不屬於上列各類之所得，以其收入額減除成本及必要費用後之餘額為所得額。

前項各類所得，如為實物、有價證券或外國貨幣，應以取得時政府規定之價格或認可之兌換率折算之；未經政府規定者，以當地時價計算。

個人綜合所得總額中，如有自力經營林業之所得、受僱從事遠洋漁業，於每次出海後一次分配之報酬、一次給付之撫卹金或死亡補償，超過第四條第四款規定之部分及因耕地出租人收回耕地，而依平均地權條例第七十七條規定，給予之補償等變動所得，得僅以半數作為當年度所得，其餘半數免稅。

第一項第九類規定之金額，每遇消費者物價指數較上次調整年度之指數上漲累計達百分之三以上時，按上漲程度調整之。調整金額以千元為單位，未達千元者按百元數四捨五入。其公告方式及所稱消費者物價指數準用第五條第四項之規定。

＊財政部七六臺財稅字第七五八六七三八號

要旨：

外商分公司在我國境內之盈餘課稅問題釋疑

主旨：

外國公司在我國設立之分公司，係總公司之分支機構，其在我國境內之盈餘應屬總公司盈餘之一部分，除依所得稅法第三條第三項規定，就其在我國境內之盈餘繳納營利事業所得稅外，尚無盈餘分配問題。至分公司之盈餘與總公司合併計算盈虧後，經股東會決議分配予股東，係屬總公司應否辦理扣繳所得稅之問題，在我國境內之分公司應毋庸扣繳稅款。

說明：

本件經函准經濟部七十五年十二月廿四日經（七五）商第五六八八九號函意見略以：

外國公司在我國境內分公司之累積盈餘，依其性質係屬其國外本公司股東權益一部分，自應與本公司合併計算盈虧，尚不得單就分公司之盈餘予以決議分配。至分公司盈餘與本公司合併計算盈虧後，經股東會決議分配股利，其發放股利所需資金來源，是否可由在我國境內分公司之盈餘撥付，係屬該公司內部行為，公司法並無限制。

第二十五條

總機構在中華民國境外之營利事業，在中華民國境內經營國際運輸、承包營建工程、提供技術服務或出租機器設備等業務，其成本費用分攤計算困難者，不論其在中華民國境內是否設有分支機構或代理人，得向財政部申請核准，或由財政部核定，國際運輸業務按其在中華民國境內之營業收入之百分之十，其餘業務按其在中華民國境內之營業收入之百分之十五為中華民國境內之營利事業所得額。但不適用第三十九條關於虧損扣除之規定。

前項所稱在中華民國境內之營業收入，其屬於經營國際運輸業務者，依左列之規定：

一、海運事業：指自中華民國境內承運出口客貨所取得之全部票價或運費。

二、空運事業：

　　㈠客運：指自中華民國境內起站至中華民國境外第一站間之票價。

　　㈡貨運：指承運貨物之全程運費。但載貨出口之國際空運事業，如因航線限制等原因，在航程中途將承運之貨物改由其他國際空運事業之航空器轉載者，按該國際空運事業實際載運之航程運費計算。

前項第二款第一目所稱中華民國境外之第一站，由財政部以命令定之。

第二十六條

國外影片事業在中華民國境內無分支機構，經由營業代理人出租影片之收入，應以其二分之一為在中華民國境內之營利事業所得額，其在中華民國境內設有分支機構者，出租影片之成本，得按片租收入百分之四十五計列。

第四十一條

營利事業之總機構在中華民國境外，其在中華民國境內之固定營業場所或營業代理人，應單獨設立帳簿，並計算其營利事業所得額課稅。

第六十六條之一

凡依本法規定課徵營利事業所得稅之營利事業，應自八十七年度起，在其會計帳簿外，設置股東可扣抵稅額帳戶，用以記錄可分配予股東或社員之所得稅額，並依本法規定，保持足以正確計算該帳戶金額之憑證及紀錄，以供稽徵機關查核。新設立之營利事業，應自設立之日起設置並記載。

左列營利事業或機關、團體，免予設置股東可扣抵稅額帳戶：

一、總機構在中華民國境外者。

二、獨資、合夥組織。

三、第十一條第四項規定之教育、文化、公益、慈善機關或團體。

四、依其他法令或組織章程規定，不得分配盈餘之團體或組織。

第六十六條之九

自八十七年度起，營利事業當年度之盈餘未作分配者，應就該未分配盈餘加徵百分之十營利事業所得稅，不適用第七十六條之一規定。

前項所稱未分配盈餘，係指經稽徵機關核定之課稅額，加計同年度依本法或其他法律規定減免所得稅之所得額、不計入所得課稅之所得額、已依第三十九條規定扣除之虧損及減除左列各款後之餘額：

一、當年度應納之營利事業所得稅。

二、彌補以往年度之虧損。

三、已由當年度盈餘分配之股利淨額或盈餘淨額。

四、已依公司法或其他法律規定由當年度盈餘提列之法定盈餘公積，或已依合作社法

規定提列之公積金及公益金。

五、依本國與外國所訂之條約，或依本國與外國或國際機構就經濟援助或貸款協議所訂之契約中，規定應提列之償債基金準備，或對於分配盈餘有限制者，其已由當年度盈餘提列或限制部分。

六、已依公司或合作社章程規定由當年度盈餘給付之董、理、監事職工紅利或酬勞金。

七、依證券交易法第四十一條之規定，由主管機關命令自當年度盈餘已提列之特別盈餘公積。

八、處分固定資產之溢價收入作為資本公積者。

九、當年度損益計算項目，因超越規定之列支標準，未准列支，而具有合法憑證或能提出正當理由者。

十、其他經財政部核准之項目。

前項第三款至第八款，應以截至各該所得年度之次一會計年度結束前，已實際發生者為限。

第二項未分配盈餘之計算，如於申報時尚未經稽徵機關核定者，得以申報數計算之。其後經核定調整時，稽徵機關應依第一百條規定辦理。

第二項所稱課稅所得額，其經會計師查核簽證申報之案件，應以納稅義務人申報數為準計算。

3.所得稅法施行細則（第八之一、四十九、五十七之一、五十九、六十、六十之一、七十、八十九之一條）

中華民國八十八年十一月十日行政院令修正發布第十三至十七、十七之二、三十五、三十七、七十三條條文

第八條之一

外國國際運輸事業依本法第四條第二十款免徵營利事業所得稅，以與我國政府簽訂之租稅協定中訂有互惠免稅條款或經外交換文同意互惠免稅，經財政部核定實施者為限。

第四十九條

綜合所得稅納稅義務人應向其申報時戶籍所在地之稽徵機關辦理申報；營利事業應向其申報時登記地之稽徵機關辦理申報。

營利事業之總機構在中華民國境內，並在中華民國境內設有其他固定營業場所者，應由該營利事業之總機構向其申報時登記地之稽徵機關合併辦理申報。總機構在中華民國境外，而有固定營業場所在中華民國境內者，應由其固定營業場所分別向其申報時登記地之稽徵機關辦理申報。

國外營利事業在中華民國境內無固定營業場所而有營業代理人者，營業代理人應向其

申報時登記地之稽徵機關辦理申報。

第五十七條之一

個人於年度中死亡或於年度中廢止在中華民國境內居所或住所離境者，除依法由配偶合併申報課稅者外，其應申報課稅之所得，如不超過當年度規定之免稅額及標準扣除額，按本法第十七條之一規定換算後之合計數者，准按本法第七十一條第二項規定，免辦結算申報。

第五十九條

非中華民國境內居住之個人，其在中華民國境內有營業收入或技藝收入者，於出境時應先向主管稽徵機關取得納稅證明、免稅證明、或委託代理人申報納稅之證明，持送出入國境審核機關核驗後，始得核准其出境之申請。

非中華民國境內居住之個人，其在中華民國境內無營業收入或技藝收入者，於申請出境時聲明之。

第六十條

納稅義務人依本法第七十二條第三項規定委託代理人代為申報納稅者，應由代理人出具承諾書，送請該管稽徵機關核准後，依本法代委託人負責履行申報納稅義務。

非中華民國境內居住之個人或在中華民國境內無固定營業場所及營業代理人之營利事業，如有非屬本法第八十八條規定扣繳範圍之所得，並無法自行辦理申報者，應報經稽徵機關核准，委託在中華民國境內居住之個人或有固定營業場所之營利事業為代理人，負責代理申報納稅。

本法第七十三條第一項所稱「如有非屬本法第八十八條扣繳範圍之所得」，指有本法第八條所規定之中華民國境內來源所得，及依本法第二條第二項規定，應分別就源扣繳應納稅額，但未列入本法第八十八條扣繳範圍；或雖已列入扣繳所得範圍，但因未達起扣額，或本法第八十九條未規定扣繳義務人者而言；所稱「依規定稅率納稅」，指非中華民國境內居住之個人，有非屬扣繳範圍之所得，並於該年度所得稅申報期限開始前離境時，應依當年度所適用同類扣繳所得之扣繳率，其未規定扣繳率者，準用同類之扣繳率，申報納稅；所稱「應於申報期限內，依有關規定申報納稅」，指納稅義務人在該年度依本法第七十一條及第七十二條規定之所得稅申報期限內尚未離境者，其所得應適用上列規定之扣繳率申報納稅。

第六十條之一

國際金融業務分行，其總機構在中華民國境內者，除應依本法第七十三條之一規定申報納稅外，其總機構免就該分行之所得依本法第三條規定合併課徵營利事業所得稅。

國際金融業務分行與同址營業之機構共同負擔之費用，應由國際金融業務分行於開始營業之日起三個月內擬具分攤辦法報請該管稽徵機關核備。

第七十條

公司利用未分配盈餘增資時，其對中華民國境內居住之個人股東所增發之股份金額，除依促進產業升級條例第十六條及第十七條之規定辦理者外，應由受配股東計入增資年度綜合所得總額申報納稅。但受配股東為非中華民國境內居住之個人及在中華民國境內無固定營業場所之營利事業，應由公司於配發時，依本法第七十三條之二及第八十八條規定辦理。

第八十九條之一

本法第八十八條第一項規定之各類扣繳所得，如為實物、有價證券或外國貨幣，適用本法第十四條第二項規定計算。

4.各類所得扣繳率標準（第三條）

中華民國八十八年一月二十九日行政院（八八）臺財字第○四一八一號令修正發布第二、三、七條條文

第三條

納稅義務人如為非中華民國境內居住之個人，或在中華民國境內無固定營業場所之營利事業，按下列規定扣繳：

一、非中華民國境內居住之個人，如有公司分配之股利，合作社所分配之盈餘，合夥組織營利事業合夥人每年應分配之盈餘，獨資組織營利事業資本主每年所得之盈餘，按給付額、應分配額或所得數扣取百分之三十；在中華民國境內無固定營業場所之營利事業，如有公司分配之股利，按給付額扣取百分之二十五。

但依華僑回國投資條例或外國人投資條例申請投資經核准者，自投資事業所取得或應分配之盈餘，其應納之所得稅，由扣繳義務人於給付時，按給付額或應分配額扣繳百分之二十。

二、薪資按給付額扣取百分之二十。但政府派駐國外工作人員所領政府發給之薪資按全月給付總額超過新臺幣三萬元部分，扣取百分之五。

三、佣金按給付額扣取百分之二十。

四、利息按給付額扣取百分之二十。

五、租金按給付額扣取百分之二十。

六、權利金按給付額扣取百分之二十。

七、競技競賽機會中獎獎金或給與按給付全額扣取百分之二十。但政府舉辦之獎券中獎獎金，其每聯獎額不超過新臺幣二千元者得免予扣繳。

八、執行業務者之報酬按給付額扣取百分之二十。但個人稿費、版稅、樂譜、作曲、編劇、漫畫、講演之鐘點費之收入，每次給付額不超過新臺幣五千元者，得免予扣繳。

九、在中華民國境內無固定營業場所及營業代理人之營利事業，有前八款所列各類所得以外之所得，按給付額扣取百分之二十。

十、退職所得按給付額減除定額免稅後之餘額扣取百分之二十。

＊財政部八五臺財稅字第八五一八九五二五六號

要旨：

陸委會給付國外社團民間團體撰寫內參資料之補助費應否辦理扣繳釋疑

主旨：

函復　貴會給付國外社團、民間團體撰寫內參資料之補助費應否全數扣繳所得稅疑義案，請　查照。

說明：

貴會委託國外社團、民間團體撰寫內參資料給付之補助費，如該團體在中華民國境內無固定營業場所者，依營業稅法第三十六條第一項規定，應由勞務買受人於給付報酬之次期開始十五日內，就給付額依規定稅率（現行徵收率為百分之五）計算營業稅額繳納之；又該項補助費係屬該受託國外社團、民間團體在中華民國境內取得之其他收益，如其在中華民國境內無固定營業場所或營業代理人者，應由扣繳義務人於給付時，依所得稅法第八十八條第一項第二款及各類所得扣繳率標準第三條第九款規定，按給付全額（含人工費及其他各項事務費用等）扣取百分之二十所得稅款。

5. 加值型及非加值型營業稅法（第二、四、六、七、十八、三十六、三十七條）

中華民國九十年七月九日總統（九〇）華總一義字第九〇〇〇一三四一二〇號令修正公布名稱及第一、十一、四十一、四十九、六〇條條文；並增訂第一之一、八之二條條文；並自九十年七月一日起施行（原名稱：營業稅法）

第二條

營業稅之納稅義務人如左：

一、銷售貨物或勞務之營業人。

二、進口貨物之收貨人或持有人。

三、外國之事業、機關、團體、組織，在中華民國境內無固定營業場所者，其所銷售勞務之買受人。但外國國際運輸事業，在中華民國境內無固定營業場所而有代理人者，為其代理人。

＊釋字第五一九號

解釋文：

財政部中華民國七十六年八月三十一日臺財稅字第七六二三三〇〇號函示所稱：「免稅

出口區內之外銷事業、科學工業園區內之園區事業、海關管理之保稅工廠或保稅倉庫，銷售貨物至國內課稅區，其依有關規定無須報關者，應由銷售貨物之營業人開立統一發票，並依營業稅法第三十五條之規定報繳營業稅」，係主管機關基於法定職權，為執行營業稅法關於營業稅之課徵，避免保稅區事業銷售無須報關之非保稅貨物至國內課稅區時逃漏稅捐而為之技術性補充規定，此與營業稅法第五條第二款所稱進口及第四十一條第二項前段對於進口供營業用之貨物，於進口時免徵營業稅均屬有間，符合營業稅法之意旨，尚未違背租稅法定主義，與憲法第十九條及營業稅法第二條、第五條第二款、第四十一條第一項前段規定均無牴觸。

七七判字第一七六四號

要旨：

〔原告代理三家國外公司在我國銷售貨物，其既有接受訂貨之代理權，又有關開立信用狀資料及供應出貨資料亦均由原告轉送雙方，自屬所得稅法第十條第二項第一、三款規定之營業代理人，應負代為報繳營業稅之責〕

按「外國營利事業或非以營利為目的之事業、機關、團體、組織在中華民國境內無分支機構，經由代理人在中華民國境內營業者，適用本法之規定。」及「第二條第一項規定之外國營利事業或非以營利為目的之事業、機關、團體、組織依本法規定應納之營業稅，應由代理人依前條規定報繳。代理人代理營業而不經收價款或報酬者，亦應負責代為報繳。」為行為時營業稅法第二條第一項及第十四條所明定。本件原告於六十九年至七十三年間代理日本村○製作所、香港村○公司、新加坡村○公司在我國境內推銷產品接受訂貨，未代為報繳營業稅，經人檢舉調查屬實，計算其營業額為七五四、一四二、二四二‧一○元，由被告機關發單補徵應代理報繳營業稅四、五二四、八五三元，教育經費一、一三一、二一三元，原告不服，循序提起行政訴訟，主張 69.07.01 修正公布之營業稅適用疑義，財政部曾以 69.09.16 臺財稅字第三七七二六號函釋，原告依該函釋意旨，無庸報繳營業稅，原處分及原決定認事適法，均有誤會，本院四十六年判字第六九號判例，亦不能引用，及其代理報價行為，乃中間商之法律地位，並無賣方之主權，且其此項報酬所收取之佣金已依規定申報納稅，不應重複課徵等情。第查原告公司協理兼臺北聯絡處負責人三木則夫於接受臺灣省稅務局中區稽核組調查之時，曾說明原告公司臺北聯絡處主要業務為銷售台灣村○公司之成品，及所需材料之進口業務，其次則為推銷、報價、接受臺灣廠商購買日本村○製作所、香港村○公司、新加坡村○公司所製產品之訂貨，其銷售國外村○公司之產品，在常態之下（單價在報價範圍內或較高）有權決定訂貨，及其臺北連絡處於六十九年至七十三年間曾派員推銷、報價及接受客戶之訂購日本村○製作所、香港村○公司、新加坡村○公司所產製之產品，與其交易之過程為派員攜帶產品說明書推銷與口頭報價，購買者如需要再開立訂貨單，如其接受即訂購即開立 PROFORMA INVOICE 交付購買者，再由購

買者據以向國貿局申請輸入訂可證及向銀行申請開立信用狀，暨臺灣購買者均向其臺北連絡處購置國外村○公司之產品，其價格由國外村○公司告知其可售之價格後，由其印製價目表，如價格發生變動，國外村○公司還會通知原告公司，報價單及 PI 上之橡皮章係由臺北連絡處加蓋等語，有談話筆錄影本附於原處分卷內可稽，另經訪談向原告公司購貨者亦謂原告除接受訂貨外，有關產品、品質不符或價格及訂單內容變更，均可與原告公司臺北連絡處商議，並可重新開立 PI，其他如出貨資料、催貨及交貨日期之變更，均由原告公司聯繫及決定，亦有談話筆錄影本附於同卷內足憑，自上開談話內容觀之，原告係代理三家國外村○公司在我國銷售貨物，堪以認定。蓋原告既有接受訂貨之代理權，又有關開立信用狀資料及供應出貨資料亦均由原告轉送雙方，自屬所得稅法第十條第二項第一款第三款所規定之營業代理人，自應負代為報繳營業稅之責，至其因提供報價及有關服務工作所收取百分之一佣金雖已按佣金收入繳納營業稅及營利事業所得稅，但原告代理國外廠商在國內銷售貨物之營業額應課徵之營業稅與之乃不同之課稅主體，要無互相抵銷或合併之理，其所引用之財政部 69.09.16（六九）臺財稅第三七七二六號函釋為其無須代為報繳營業稅之論據，核屬誤解，關於本院四十六年判字第六九號判例意旨所謂營業行為，包括一項交易自買賣雙方開始訂貨接洽，以及交收貨物，至完成其交易過程為止，皆屬營業行為發生之範圍部分，核與行為時所得稅法第十條第二項第一款及第三款之立法旨趣並不相悖，再訴願決定予以引用，並無不合。從而本件被告機關以 76.07.17 中市稅法字第二二八二七號復查決定書所為之處分，揆諸首揭法條規定及說明，並無違誤，訴願、再訴願遞予決定維持，均無不合。

＊六九判字第一二二號

要旨：

〔國外營利事業在國內設立分支機構，而該分支機構自總公司收入匯款時，應開立統一發票，並應報繳營業稅〕

按凡在中華民國境內經營之營利事業或以營利為目的公營私營或公私合營之事業，其總機構在中華民國境外，而在中華民國境內設有營業代理人或分支機構者，就其在中華民國境內之營利事業所得額及營業額，課徵營利事業所得稅及營業稅，所得額與營業額之計算，雖有不同，其係各該事業之收入，則屬一致。此在所得稅法第三條第三項及第二十四條第一項暨營業稅法第二條第四條第一項定有明文。查本件原告係國外營利事業在中華民國境內設立之分支機構，開始營業於六十年，其在六十二年間獲自總公司之匯款二、四六三、五○○元既經財政部臺北市國稅局查明，該局以「收取總公司匯入之收入，應開立統一發票，並應報繳營業稅」，是同一事實，課徵營利事業所得稅部分，既經另案判決確定原處分機關發單補徵營業稅，按之上開說明，於法並無不合。

＊財政部八七臺財稅字第八七一九七六四五七號

要旨：

關於園區事業銷售貨物與國內課稅區營業人以園區事業營業人名義報關進口者，有關營業稅課徵疑義。

主旨：

關於園區事業銷售貨物與國內課稅區營業人，依本部七十二年七月十四日臺財關第二○二四一號函規定，以園區事業營業人名義報關進口者，有關營業稅課徵疑義乙案，核釋說明，請　查照。

說明：

一、依據本部關稅總局八十七年七月二十九日臺總局保字第八七一○五七二號函及本部賦稅署案陳臺灣飛利浦電子工業股份有限公司八十七飛總稅字第○○八號函、神達電腦股份有限公司神達（八七）字第○二八號函及省、市稽徵機關意見辦理。

二、依營業稅法第一條規定，進口貨物應依法課徵營業稅。同法第五條第二款規定，貨物自科學工業園區內之園區事業進入中華民國境內之其他地區者為進口。前述進口，依同法第二條第二款規定，其納稅義務人為進口貨物之收貨人或持有人。本案園區事業銷售貨物與國內課稅區營業人，其營業稅之課徵，應由海關依營業稅法第一條、第二條、第五條及第四十一條規定辦理，銷貨之園區事業尚不發生開立統一發票問題。至本部七十二年七月十四日臺財關第二○二四一號函祇適用於關稅，前經本部八十四年九月十五日臺財稅第八四一六五○五一四號函核釋有案。

第四條

有左列情形之一者，係在中華民國境內銷售貨物：

一、銷售貨物之交付須移運者，其起運地在中華民國境內。

二、銷售貨物之交付無須移運者，其所在地在中華民國境內。

有左列情形之一者，係在中華民國境內銷售勞務：

一、銷售之勞務係在中華民國境內提供或使用者。

二、國際運輸事業自中華民國境內載運客、貨出境者。

三、外國保險業自中華民國境內保險業承保再保險者。

＊四六判字第六九號判例

要旨：

國外之營利事業，設有分支機構或營業代理人，以及雖無分支機構或代理人，而其營業行為發生或營業收入之取得，在中華民國境內者，均按在中華民國境內部份課徵營業稅，並由其代理人或付給人負責扣繳之，此在營業稅法第四條第二項有明文規定。所謂營業行為發生，包括一項交易，自買賣雙方開始訂貨接洽，以及交收貨物，至完

成其交易過程為止，皆屬營業行為發生之範圍，此就營業之意義言之，乃屬當然之解釋。

＊六八判字第二八四號

要旨：

〔國外營利事業在我國設有分支機構，而其總機構在我國境內有關提供技術服務而收取報酬金時，該分支機構應自動報繳營業稅〕

按國外營利事業設有分支機構在中華民國境內者，均應就其在中華民國境內之營業額課徵營業稅，為行為時之營業稅法第四條第一項後段所明定。本件原告係國外營利事業即日商石〇島播磨重工業株式會社設在我國之分支機構，其自五十八年設立即向被告機關所屬中山分處報備有案，則其總機構自五十九年至六十四年間對我國境內臺灣造船公司及中國自動機械公司提供技術服務，依次收取之報酬金美金五〇〇、一七三・三四元及美金八、七五六・五六元，依照首開規定，原告就其總機構在我國境內收取之報酬金，原有自動報繳營業稅之義務，其怠於按期報繳，被告機關乃發單補徵，於法並無不合。

＊六八判字第一二〇號

要旨：

〔原告係外國公司在我國境內之分支機構，該國外總機構經常供銷市場之商品，自應報繳營業稅〕

按「國外營利事業設有分支機構在中華民國境內者，應就其在中華民國境內之營業額課徵營業稅」，為營業稅法第四條第一項後段所明定，又「國外營利事業在我國境內設有分支機構者，該國外營利事業對我國境內客戶銷售貨物，或提供勞務等營業活動，原則上均應認定為我國境內分支機構之營業，依法報繳營業稅」，亦經財政部 (63) 臺財稅第三三七六九號函釋有案。本件原告係日商石〇島播磨重工業株式會社在我國境內之分支機構，並依法辦理營業登記，其國外總機構對我國境內客戶竹〇農機公司銷售之芝〇牌汽油引擎，又非特定規格，而係該國外總機構經常供銷市場之商品，自不屬財政部 (63) 臺財稅第三三七六九號函規定課徵標準除外範圍，從而被告機關依首揭法條規定及財政部函釋，向原告發單補徵營業稅，自無違誤。

＊六八判字第四二號

要旨：

〔國外營利事業在臺分支機構為其國外總公司在我國境內從事各種營業活動所成立之交易，不論最後係由國外總公司或由在臺分支機構對我國客戶交貨，其營業行為均可認為係發生在我國境內，應課徵營業稅〕

查「國外營利事業設有分支機構在中華民國境內者，均應就其在中華民國境內之營業額，課征營業稅」，營業稅法第四條第一項後段定有明文。又「國外營利事業在我國境

內設有分支機構者,該國外營利事業對我國境內客戶銷售貨物或提供勞務等營業活動,原則上均應認定為在我國境內分支機構之營業,依法報繳營業稅」,財政部 (63) 臺財稅第三三七六九號函釋有案,該項函釋規定辦法第一項有關營業稅部份另有除外之規定,其中第一點:「國外製造廠商依照我國客戶要求之規格與我國客戶直接訂約承製機械設備或提供大宗貨物銷售與我國境內客戶,如其承製銷售之貨物並非該國外營利事業經常產製供銷市場之產品,亦非在我國境內分支機構所能經常儲備推銷之商品,該項交易且非在我國境內分支機構所能簽約決定者」,該項除外規定,其主要之適用對象,係為外商在我國境外之總機構接受我國客戶直接訂約承製機械設備銷售我國客戶,該外商雖在我國境內設有分支機構,但因該分支機構對該項交易,並無推銷行為,從而該項交易,仍不視為該分支機構之營業額。又本院四十六年判字第六十九號判例:「所謂營業行為發生包括一項交易買賣雙方開始訂貨接洽,以及交收貨物至完成其交易過程為止,皆屬營業行為發生之範圍」,依照此項判例,國外營利事業在臺分支機構為其國外總公司在我國境內從事各種營業活動(包括接洽報價接受訂貨,代為簽收等)所成立之交易,不論最後係由國外總公司或由在臺分支機構對我國客戶交貨,其營業行為均可認為係發生在我國境內,應依營業稅法第四條第一項規定課徵營業稅。本件原告之國外總機構,經被告機關查明並非製造廠商,亦非技術服務,又無具體事實證明其在中國境內之銷貨確非經由我國境內分支機構推銷經營之業務,且經自承有為外國總公司提供勞務及在中國境內代理總公司向客戶提供商情資料報價或投標等行為,核與上述除外規定要件不合,揆諸首開說明暨本院判例釋示予以課徵營業稅,應無不合。

*六七判字第六一九號

要旨:

〔國外機構承攬我國境內安裝工程,派遣技術人員從事安裝工作,其所收取之工程設計等費自應繳納營業稅〕

按「國外營利事業設有分支機構,在中華民國境內者,應就其在中華民國境內之營業額,課徵營業稅」,為營業稅法第四條第一項後段所明定。次查「國內營利事業與國外廠商所訂之合約中,訂明該外國廠商派遣技術人員來臺從事安裝機器及試車等工作,所取得安裝工程費,屬該外商在我國辦理安裝等技術上工作之營業收入,應依營業稅法營業稅分類計徵標的表第四類技術及設計業之稅率,繳納營業稅」,亦經財政部 (66) 臺財稅第三二〇二二號函規定有案。查原告係依我國稅法規定辦理營業登記之分支機構,而該臺北事務所亦曾在我國境內,有承包工程,提取勞務費及經銷貨物汽油、引擎等營業行為,其性質為分支機構無疑,自不得藉詞取巧,以其為事務所,不屬「分公司」「支店或分號」性質,而主張其為「非分支機構」免徵營業稅,本件原告之國外總機構日商石〇島播磨重工業株式會社,於六十二年十二月至六十六年六月,承攬我國境內中國鋼鐵公司,卸載貨機及吊車等安裝工程,派遣技術人員來我國為中國鋼鐵

公司,從事安裝工作,所收取工程設計等費,未繳納營業稅,被告機關對之發單補徵稅款,揆諸首揭法條規定,並無不合。

＊財政部八七臺財稅字第八七一九三六四八一號

要旨:

外國營利事業在臺設立物流中心,委託國內營利事業代為輸入、儲存並交付該外國營利事業在國外產製之貨物予國內客戶相關所得稅及營業稅課稅疑義。

說明:

一、依據臺灣國際○○機器股份有限公司八十七年二月十九日 (87) 臺商稅字第○○二號函辦理。

二、所得稅方面:在中華民國境內無固定營業場所之外國營利事業在臺設立物流中心,委託國內營利事業代其從事輸入、儲存並交付該外國營利事業在國外產製之貨物予國內客戶等交易流程,該國內營利事業核屬所得稅法第十條第二項第二款所稱之營業代理人,應就其代理業務範圍內該外國營利事業之中華民國來源所得,依同法第七十三條第二項規定,代為申報繳納營利事業所得稅;上開中華民國來源所得之計算,並准比照本部八十七年一月二十三日臺財稅第八七一九二四一八一號函說明三及四規定辦理。

三、營業稅方面:營業稅法第四條第一項第一款規定,銷售貨物之交付須移運者,其起運地在中華民國境內,係在中華民國境內銷售貨物。外國營業人在中華民國境內無固定營業場所,委託國內營業代理人在臺儲備及交付該外國營業人所有之貨物予國內客戶,依營業稅法第三條第三項第五款規定,係屬國內營業代理人銷售該外國營業人委託代銷之貨物,應由國內營業代理人按視為銷貨開立統一發票交付買受人;買受人如屬免稅出口區內之外銷事業、科學工業園區內之園區事業、海關管理保稅工廠或保稅倉庫者,並可依同法第七條第四款規定,適用零稅率。又上開貨物如自海關管理之保稅倉庫銷售至國內課稅區,且已按進口貨物報關程序填具進口報單向海關申報者,依本部七十五年四月三日臺財稅第七五二二〇二四號函(附件二)規定,免予開立統一發票。至該外國營業人在臺之權利金收入部分,如非屬國內營業代理人代理之業務範圍,免由其開立統一發票,仍應依營業稅法第三十六條第一項規定辦理。

＊財政部八四臺財稅字第八四一六五〇五一四號

要旨:

園區事業將進口之原料或產品輸往課稅區時應以收入人或持有人為納稅義務人

主旨:

科學工業園區事業將其進口原料或產品輸往課稅區時,依法應以進口貨物之收貨人或持有人為營業稅之納稅義務人。

說明：

一、依據營業稅法第五條第二款規定，貨物自科學工業園區內之園區事業進入中華民國境內之其他地區者，為進口。又同法第二條第二款規定，進口貨物之收貨人或持有人為營業稅之納稅義務人。所稱進口貨物之收貨人或持有人，依同法施行細則第三條規定，係指提貨單或進口艙單記載之收貨人，或持有進口應稅貨物之人。

二、至本部 72.07.14 臺則關第二○二四一號函（編者註：參閱八十五年版關稅法令彙編第四條第 8 則）有關園區事業將原料或產品輸往課稅區得以園區事業或買受人為納稅義務人之規定，祇適用於關稅。

＊財政部七七臺財稅字第七七○五九二七○四號

要旨：

代理外國國際運輸事業在國內售票之佣金收入應課營業稅

主旨：

營業人代理外國國際運輸事業在我國境內銷售客運機票所取得之佣金收入，並無零稅率規定之適用，應依法課徵營業稅。

說明：

營業人為外國國際運輸事業在我國境內簽發、銷售客運機票，此項勞務與外銷貨物無關，且勞務之提供與使用均在國內發生，其銷售額並無營業稅法第七條第二款零稅率規定之適用，應按同法第四條第二項第一款規定依法課徵營業稅。

＊財政部七七臺財稅字第七七○六一四二○號

要旨：

第一則　飛機租與外商在境外使用屬銷售勞務範圍。

貴公司將直升機租與外商，供在我國境外使用，依營業稅法第四條第二項第一款規定，屬在我國境內銷售之勞務，除符合同法第七條第二款後段規定，可適用零稅率外，應依法課徵營業稅。

第二則　我國國際運輸事業出租艙位與外國國際運輸事業可適用零稅率。

一、（略）。二、外國國際運輸事業在我國境內無固定營業場所而有代理人者，自我國境內載運客貨出境之運費收入，除符合營業稅法第七條第五款但書互惠之規定，適用零稅率者外，代理人應按載運客貨出境之收入依規定徵收率五％報繳營業稅。三、我國國際海運事業因與外國國際海運事業合作營運國際間航線，而以貨櫃船之部分貨櫃艙位出租 (SLOT CHARTER) 方式出租予該外國國際海運事業，所取得之貨櫃艙位租金收入，可否適用零稅率？答：我國國際運輸事業出租艙位與外國國際運輸事業，核屬在國內提供而在國外使用之勞務，其租金收入如取得政府指定銀行製發之外匯證明文件、或原始外匯收入憑證影本者，可適用營業稅法第七條零稅率之規定。該外國國際運輸事業出租艙位與我國國際運輸事業，核屬該外國事業在我國境內銷售勞務應由

勞務買受人即我國國際運輸事業依營業稅法第三十六條第一項規定辦理。至我國國際運輸事業以承租之貨櫃船,自我境內載運貨物出口之運費收貨,可適用零稅率之規定。

第三則　公證業受國外客戶委託承辦外銷貨物之公證得取證適用零稅率。

公證業受國外客戶委託承辦外銷貨物之公證業務,如取得政府指定銀行掣發之外匯證明文件或原始外匯收入款憑證影本者,應依營業稅法第七條第二款規定,適用零稅率。

第四則　船隻外銷准以驗收船隻證明等作為外銷證明文件。

查××造船廠公司承接外商訂購船隻,據稱該項船隻將來出口時,海關方面,不辦出口手續,無法取得出口申報書,為顧全事實困難,准如該廳所擬,責由該公司取具港務局對該船隻之出口簽證及國外客戶驗收船隻等證明文件,作為外銷證明文件,並於交船之次月申報統一發票明細表時附送,以憑免徵營業稅。

第五則　三角貿易按信用狀收付差額開立發票適用零稅率。

營業人接受國外客戶訂購貨物,收取該國外客戶開立信用狀為保證,洽由辦理外匯銀行另行開立信用狀,而由第三國供應商直接對首開國外客戶交貨者,該營業人得按收付信用狀之差額,視為佣金或手續費收入列帳後開立統一發票,並依照營業稅法第七條第二款規定,適用零稅率。

第六則　介紹國內買主由國外進口原料所得外匯佣金不適用零稅率。

主旨:

營業人介紹國內營業人向國外廠商進口原料等,取得之外匯佣金收入,非屬零稅率之適用範圍。

說明:

營業稅法第七條第二款規定,與外銷有關之勞務,及在國內提供而在國外使用之勞務,經取得政府指定銀行掣發之外匯證明文件或原始外匯收入款憑證影本者,可適用零稅率規定。至營業人介紹國內買主向國外廠商進口原料等,取得之外匯佣金,與上開規定不符,不適用零稅率之規定。

第七則　銷售與保稅工廠之原料均可適用零稅率。

營業人銷售與保稅工廠之原料,依營業稅法第七條第四款規定,適用零稅率,不因該原料是否為保稅品而受影響。

第八則　所稱「機器設備」之定義。

營業稅法第七條第四款所稱「機器設備」,係指售供免稅出口區內外銷事業、科學工業園區事業、海關管理保稅工廠或保稅倉庫等產製貨物或提供勞務過程暨研究發展、品質檢驗、防治污染、節約能源、工業安全以及起卸、堆置、搬運等所使用之機器設備。

第九則　經銷商之銷售獎勵金及安裝助成費應課稅。

經銷商因提供服務而取得之「銷售獎勵金」及「安裝助成費」,核屬銷售勞務性質,依法應開立統一發票,並依營業稅法規定之徵收率五％計算稅額按期報繳。

第一〇則　代理外國公司辦理船舶等加油業務所收服務費可適用零稅率。

該分公司代理美商××國際石油公司等在臺辦理添加國際航空器及船舶用油業務所收取之加油服務費，係因外銷油料而取得，如依同法（註：營業稅法第七條）規定取得政府指定銀行掣發之外匯證明文件或原始外匯收入款憑證影本者，應可適用零稅率。

第一一則　代理菲律賓航業公司經營海運業之運費不適用零稅率。

主旨：

貴公司代理菲律賓國家航業公司，經營海運業務所收運費，不適用營業稅法第七條第五款零稅率規定。

說明：

營業稅法第七條第五款有關國際間運輸適用零稅率之規定，係以外國運輸事業所屬國對我國國際運輸事業予以相等待遇或免徵類似稅捐者為限。菲律賓政府迄未給予我國國際運輸事業免徵營業稅待遇，基於平等互惠原則，依主旨辦理。

第一二則　國輪相互調配出租收取之代價應依法課稅。

主旨：

國輪相互調配出租收取代價，應依法課徵營業稅。

說明（摘錄）：

二、「提供貨物與他人使用、收益，以取得代價者，為銷售勞務」，營業稅法第三條第二項已有規定，我國境內航運公司相互出租輪船取得代價，依照上項規定，出租人取得之租金收入，應按五％徵收率計算稅額開立統一發票交付承租人依法扣抵，出租人與承租人均未負擔營業稅，所請適用零稅率於法無據，未便照辦。三、至承租人以租用之輪船，自我國境內載運客貨出境之運費收入，可依同法第七條第五款規定適用零稅率，至其自我國境外載運客貨入境或航線不經過我國境內港埠者，其運費收入，均非屬營業稅之課稅範圍。

第一三則　馬來西亞航空公司之國際運輸業務准予適用零稅率。

馬來西亞航空公司臺灣分公司在我國經營之國際運輸業務，准依營業稅法第七條第五款規定適用零稅率。

第一四則　泰國航空公司臺北分公司之國際運輸業務可適用零稅率。

泰國航空公司臺北分公司在我國經營之國際運輸業務，准依營業稅法第七條第五款規定適用零稅率。

第一五則　國內運輸業承攬國外航運公司在臺之內陸運輸可否適用零稅率釋疑。

主旨：

貴公司承攬國外航運公司在臺之內陸運輸業務課徵營業稅案，答復如說明

說明：

國內運輸業承攬國外航運公司載運貨物進口之內陸運輸收入，與外銷無關，不能適用

零稅率，應按百分之五稅率課徵營業稅；至承攬國外航運公司載運貨物出口之內陸運輸收入，依照營業稅法第七條第二款「與外銷有關之勞務」之規定，可適用零稅率。

第一六則 代理外國航空公司承攬貨物出口其運費之徵免釋疑。

主旨：

貴公司代理比航、巴航在我國承攬貨物出口之運費收入徵免營業稅案，答復如說明。

說明：

貴公司代理比利時及巴西航空公司在我國承攬貨物出口，如各公司之航線未經過我國而係委託其他國際運輸事業飛機載運出口再接運至目的地者，該受託載運出口之運費收入，得依營業稅法第七條第五款之規定辦理。至比航、巴航在我國境外接運至目的地航程之運費收入係在我國境外發生，依同法第四條第二項第二款規定，不屬營業稅課徵範圍。

第一七則 航空公司退票手續費收入應依法報繳營業稅。

主旨：

貴公司國際航線退票手續費收入，非屬自我國境內承載旅客出境之票款，不得依營業稅法第七條第五款規定適用零稅率，應依法報繳營業稅。

說明：

航空公司退票手續費收入，係屬營業收入，得免開立統一發票，營業人自動報繳稅款。

第一八則 船舶出租外國國際運輸事業之租金可否適用零稅率釋疑。

主旨：

我國航運公司將所屬船舶以計時、計程方式出租，經營國際間運輸，其收入仍屬運費性質，其自我國境內為承租人載運客貨出境部分，可依營業稅法第七條第五款規定，適用零稅率。

說明：

我國航運公司將所屬船舶以計時或計程方式出租與外國國際運輸事業，船長仍由船東任命，船東負適航及運送責任，其收入應屬運費性質，營業稅之課徵應依主旨辦理。至光船出租，其船舶在一定期間交付承租人營運使用，其收入應按租金課徵營業稅。

第一九則 在境內從事國際商業文件等專差捷遞服務不適用零稅率。

貴公司在中華民國境內從事國際商業文件及通商樣品類小包裹專差捷遞服務所取得之報酬，未便適用營業稅法第七條第五款規定之零稅率。

第二〇則 外國空運業承攬貨物出口因故委託其他空運業載運應否課稅釋疑。

（摘錄）

二、外國國際航空運輸事業在我國承攬貨物出口，而該運輸事業之航線不經我國，係委託其他國際航空運輸事業飛機載運出口後，再接運至目的地者，該受託載運出口之運費收入，應由受託之運輸事業按營業稅法第七條第五款之規定辦理。至在我國境外

接運至目的地航程之運費收入係在我國境外發生，不屬營業稅之課徵範圍。該外國國際運輸事業在我國之代理人所收取之全程運費，可免開立統一發票。

三、營業人代理外國國際航空運輸事業承攬貨物出口，所收取之代理費或佣金收入填報代理運費收支清單，於申報銷售額時，作為零稅率證明文件。

第二一則　提供國際航機之地勤勞務不適用零稅率。

主旨：

××航勤服務公司提供之勞務服務，應依法課徵營業稅，無該法第七條零稅率之適用。

說明：

××航勤服務公司之營業收入項目既為提供國際航機落地後或起發前之地勤服務，並非營業稅法第七條第七款之修繕勞務，其提供之勞務，與同法第七條零稅率之規定不符。

第二二則　理算檢定公司服務收入取得外匯證明者可適用零稅率。

××理算檢具有限公司接受國外理算師之委託，在國內蒐集資料供其據以製作理算報告，所收取之服務收入，如取得政府指定銀行掣發之外匯證明文件或原始外匯收入款憑證影本者，依營業稅法第七條第二款規定，適用零稅率。

第二三則　銷售供建造及修繕國際運輸用船舶之物品不適用零稅率。

銷售與國際運輸用之船舶、航空器及遠洋漁船所使用之貨物或修繕勞務，營業稅稅率為零，營業稅法第七條第七款定有明文。營利事業銷售與造船公司供建造及修繕國際運輸用之船舶所使用之物品，因非屬上開法條規定範圍不適用零稅率之規定。

第二四則　受託辦理國外船舶檢查取得外匯證明者可適用零稅率。

貴協會接受國內輪船公司委託，在國內港口辦理輪船（包括權宜輪船）或船用品之檢查，收取檢查費，應依營業稅法第十四條規定按徵收率五％課徵營業稅。若接受國外輪船公司委託在國內港口檢查其船舶，收取檢查費，取得政府指定銀行掣發之外匯證明文件或原始外匯收入款憑證影本者，准依同法第七條第二款及其施行細則第十一條第二款規定適用零稅率。

第二五則　所稱「遠洋漁船」之定義。

營業稅法第七條第六款及第七款所稱遠洋漁船，應以行政院農業委員會核發漁業證照之一百噸以上之漁船為限。

第二六則　檢驗服務非屬修繕勞務之範圍。

主旨：

××驗船協會臺灣辦事處提供檢驗服務收取之報酬，不適用營業稅法第七條第七款零稅率之規定。

說明：

該驗船協會在臺之服務項目為：一、船用材料、機件之檢驗。二、新船建造中之檢驗。

三、入級船舶之定期檢驗與發證。上述提供項目均為「檢驗」，非屬「修繕」。

第二七則　銀行同業間定期存款改按實存期間利率計算者可比照銷貨退回辦理。

銀行業同業間定期存款之利息收入，經依約定利率報繳營業稅，嗣因中途解約改按實存期間利率計算，所扣回之部份利息，可比照有關銷貨退回之規定，對於已繳納之營業稅准予抵繳次期稅款。

第二八則　短期票券交易商得以買進成交單替代發票。

短期票券交易商所收之保證、簽證及承銷等手續費，可以買進成交單替代統一發票並依營業稅法第十三條（編者註：現行法第三十五條）規定按期申報營業額並自動報繳營業稅。

第二九則　銷售稻穀烘乾機免稅。

營業人銷售稻穀烘乾機，依營業稅法第八條第一項第二十七款規定，免徵營業稅。

第三〇則　報社廣告費收入應如何開立收據釋疑。

修正營業稅法施行後，報社廣告費收入開立收據與報繳營業稅，請依左列原則辦理：一、廣告費收入依據現行報業刊登廣告性質劃分為營業廣告及分類廣告兩大類。二、廣告費收入得以收據代替統一發票，並免向主管稽徵機關辦理驗印；每期申報上一期銷售額、應納或溢付營業稅額時，免予檢附明細表。三、營業廣告費收入採用三聯式收據，其第二聯扣抵聯，由廣告客戶作為進項扣抵憑證。這項收據因可作扣抵稅額之憑證，應由各報社自行掣發並妥為管理，但稽徵機關或財政部指定之調查人員依法進行調查時，各報社應負責提供原始憑證，以供查核。四、分類廣告費收入播用兩聯式收據，不得作為進項之扣抵憑證，但可作為營業人之費用支出憑證。

第三一則　營業地址變更時其留抵稅額之處理。

營業人因故申請變更營業地址，其每期申報營業稅累積尚待留抵之稅額，應由營業人遷入地主管稽徵機關受理核實退還或留抵。

第三二則　銷貨與國際運輸用船舶其開立發票之時限。

主旨：

貴公司函詢有關外銷開立發票時限及適用零稅率應具備證明文件問題，函復如說明。

說明（摘錄）：

二、茲就有關問題分別答復如次：㈠貴公司銷售與××海運股份有限公司供國際運輸用船舶所使用之貨櫃，依營業稅法第七條第七款規定固得適用零稅率，但應具備同法施行細則第十一條第七款規定之證明文件方有其適用。至於發貨前已預收之貨款部分，依規定應先行開立統一發票，其適用零稅率之證明文件，由××海運股份有限公司於　貴公司所開立之三聯式統一發票扣抵聯，註記「本件預付貨款係本公司購買貨櫃供國際運輸之船舶所使用」無訛並加蓋統一發票專用章，以資證明。

第三三則　由免稅區售貨予保稅工廠應開立三聯式發票。

主旨：

貨物由免稅出口區內之外銷事業、科學工業園區內之園區事業、海關管理之保稅工廠或保稅倉庫輸往海關管理之保稅工廠，其銷售對象為營業人，應依統一發票使用辦法第七條第一項第一款規定，開立三聯式統一發票，交與買受人。

說明：

輸往保稅工廠之貨物，其屬合於營業稅法第七條第四款規定者，應取得證明文件申報適用零稅率，否則應依五％徵收率計算課徵營業稅。

第三四則　以所繳營業稅抵繳礦區稅者應以實繳稅額為範圍。

主旨：

營業稅法實施後，礦業權者申請以所繳營業稅抵繳同一礦種之礦區稅者，應以「實繳稅額」為範圍。

說明：

營業稅法第十五條第一項規定：「營業人當期銷項稅額，扣減進項稅額之餘額，為當期應納或溢付營業稅額」。上開應納營業稅額，即「營業人銷售額與稅額申報書」稅額計算欄之「本期應實繳稅額」。營業人（即礦業權者）申請以已繳營業稅抵減同一礦種之礦區稅者，應以繳款書所載實繳稅額為範圍。

第三五則　公營事業准以進項憑證明細表申報惟應備收執聯以供查核。

公營事業經稽徵機關核准以進項憑證編列明細表，代替進項稅額扣抵聯申報者，該進項憑證扣抵聯，可於每期之次月十五日以前，編列明細表申報，三個月後予以銷燬。惟事後如稽徵機關或財政部指定之調查人員依法進行調查時，應提示記帳憑證之收執聯以供查核。

第三六則　公共汽車票價不滿十元其每期溢付稅額准予退還。

主旨：

營客運業務之公共汽車運輸業，如因每次承載旅客之票價不滿十元，免予加徵營業稅，致進項稅額大於銷項稅額者，其每期溢付稅額經查核無訛後，准予退還。

說明：

為簡化手續，此類案件，自本函發布日起授權該管稽徵機關逕行核定。

第三七則　非當期發票提前申報扣抵者應予退件。

營業人開立統一發票應載明買受人名稱、地址及統一編號之範圍，統一發票使用辦法第九條第一項第一款已訂有明文，營業人開立統一發票所載買受人名稱及地址正確，僅買受人營利事業統一編號填載錯誤，其更正後經稽徵機關查明屬實者，准予免罰。但經更正而仍發生錯誤者，應依營業稅法第四十八條規定處罰。依營業稅法第十五條第一項規定，營業人以進項稅額扣抵銷項稅額，固以當期為原則。惟進項稅額扣抵銷項稅額乃營業人之權利，為避免營業人因一時疏忽或其他原因，未及時將當期所收取

之進項憑證申報扣抵而影響其權益，爰於同法施行細則第二十九條規定，得延至次期申報扣抵，次期仍未申報者，應於申報扣抵當期敘明理由，以憑核定。至非屬當期應申報之進項憑證，自不能提前申報扣抵，其有提前申報扣抵者，稽徵機關應於收件審查時予以退件。

第三八則　設有固定營業場所之外國營利事業銷售勞務應報繳營業稅。

主旨：

在我國境內設有固定營業場所之外國營利事業銷售勞務與我國境內營業人，應由該設有固定營業場所之外國營業人開立統一發票，依法報繳營業稅。

說明：

營業稅法第三十六條第一項規定，外國之事業、機關、團體、組織，在中華民國境內，無固定營業場所而有銷售勞務者，應由勞務買受人於給付報酬之次期十五日前，就給付額依第十條或第十一條但書所定稅率計算營業稅繳納之。其在我國境內設有固定營業場所者，自無上開法條之適用，亦即其銷售之勞務，應依主旨之規定辦理。前項設有固定營業場所之營業人開立統一發票之時限，應依營業稅法營業人開立銷售憑證時限表規定辦理。惟該固定營業場所如未經收銷售勞務之代價，應於勞務買受人結匯後十日內開立。

第三九則　外銷事業向國外租用機器支付租金按購買國外勞務處理。

（摘錄）

一、免稅出口區內之外銷事業或海關管理保稅工廠向國外租用之機器、設備所支付之租金，支付時無需開立統一發票；如出租人為外國之事業、機關、團體、組織，在中華民國境內無固定營業場所者，承租人應依營業稅法第三十六條規定報繳營業稅。

二、營業稅法第三十六條第一項但書規定「專供經營應納貨物或勞務之用者」一語，係包括應稅及零稅率貨物或勞務在內。

四、免稅出口區內之外銷事業或海關管理保稅工廠將其所有模型內之外銷事業或海關管理保稅工廠將其所有模型無償提供非免稅區之營業人使用，係營業稅法第三條第三項及第四項之規定，係屬視為銷售勞務範圍，應按自我銷售開立統一發票，報繳營業稅，不適用同法第七條零稅率之規定，至開立發票金額，應依營業稅法施行細則第二十五條之規定，以當地同時期銷售該項勞務之市場價格為準。

五、非金融業之營業人因同業往來或財務調度之利息收入，應免開立統一發票，並免徵營業稅。

八、營業人支（給）付員工康樂活動費用、員工旅行費用、員工生日禮品、員工因公受傷之慰勞品、員工婚喪喜慶之禮品，均屬營業稅法第十九條第一項第四款規定之酬勞員工個人之貨物或勞務，其進項稅額不得申報扣抵銷項稅額。

第四○則　工廠籌備期間之溢付稅額由稽徵機關查明退還。

營業人於工廠籌建期間，其按期申報之溢付稅額，依照營業稅法第三十九條第二項但書之規定申請退還者，授權各稽徵機關查明核實退還，毋須逐案報部核准，以資簡化。

第六條

有左列情形之一者，為營業人：

一、以營利為目的之公營、私營或公私合營之事業。

二、非以營利為目的之事業、機關、團體、組織，有銷售貨物或勞務者。

三、外國之事業、機關、團體、組織，在中華民國境內之固定營業場所。

第七條

左列貨物或勞務之營業稅稅率為零：

一、外銷貨物。

二、與外銷有關之勞務，或在國內提供而在國外使用之勞務。

三、依法設立之免稅商店銷售與過境或出境旅客之貨物。

四、銷售與免稅出口區內之外銷事業、科學工業園區內之園區事業、海關管理保稅工廠或保稅倉庫之機器設備、原料、物料、燃料、半製品。

五、國際間之運輸。但外國運輸事業在中華民國境內經營國際運輸業務者，應以各該國對中華民國國際運輸事業予以相等待遇或免徵類似稅捐者為限。

六、國際運輸用之船舶、航空器及遠洋漁船。

七、銷售與國際運輸用之船舶、航空器及遠洋漁船所使用之貨物或修繕勞務。

＊財政部（八五）臺財稅字第八五一九二六○二一號

要旨：

貴公司提供國際間文件、包裹及貨物戶到戶之快遞運輸勞務，在我國境內所發生之內陸取件及內陸送件勞務收入，應如何課徵營利事業所得稅及營業稅。

主旨：

貴公司提供國際間文件、包裹及貨物戶到戶之快遞運輸勞務，在我國境內所發生之內陸取件及內陸送件勞務收入，應如何課徵營利事業所得稅及營業稅乙案，核復如說明。

請　查照。

說明：

一、依據本部賦稅署案陳交通部航政司航空字第○五九一六號函辦理，並復　貴公司八十四年十一月二十九日八四一三七六五號函、八十五年一月二十七日八五一○三○四號函及四月十日八五一一○五五號函。

二、營利事業所得稅方面：　貴公司以航空器提供國際間文件、包裹或貨物戶到戶之快遞運輸勞務，如係以主運送人力之身分簽發聯運或複合運送提單，則在該提單下之相關內陸運送收入，可適用中美互免海空運所得稅協定，免納我國之營利事

業所得稅；如係另單獨開具單據，則不適用中美互免海空運所得稅協定，應依法課徵營利事業所得稅。

三、營業稅方面：　貴公司代客運送出口之戶到戶快遞文件、包裹或貨物，在我國境內所發生之內陸取件銷售額，如取得外匯，核屬與外銷有關之勞務，應依營業稅法第七條第二款及同法施行細則第十一條第二款之規定適用零稅率，惟該內陸取件勞務如未取得外匯者，尚無前開零稅率之適用，應依法課徵營業稅；至於　貴公司代客運送進口之戶到戶快遞文件、包裹或貨物，在我國境內所發生之內陸送件勞務銷售額，應依法課徵營業稅。

＊財政部八○臺財稅字第八○○一九二三七四號

要旨：

外國事業對保稅工廠或加工出口區之銷貨非課稅範圍

主旨：

外國營利事業在我國境內無固定營業場所，雖有代理人或代理商，其對我國境內保稅工廠或加工出口區之銷貨，依法仍不在課徵營業稅之範圍。

說明：

一、本部六十六年三月二十五日臺財稅字第三一九七二號函及七十年十月三十日臺財稅字第三九二○七號函，係屬舊制營業稅之解釋，自七十五年四月一日新制營業稅法施行後，已不再適用。

二、依據現行營業稅法第六條第三款規定，外國之事業、機關、團體、組織在中華民國境內之固定營業場所為營業人，於其銷售貨物或勞務時即成為同法第二條第一款之納稅義務人。所稱「固定營業場所」，依同法施行細則第四條規定，並未將代理人及代理商列入，又同法第二條第三款規定：外國之事業、機關、團體、組織、在中華民國境內無固定營業場所者，其所銷售勞務之買受人。但外國國際運輸事業，在中華民國境內無固定營業場所而有代理人者，其代理人即為營業稅之納稅義務人，故外國營利事業在我國境內無固定營業場所，不論有無代理人或代理商，其對我國銷售貨物或勞務者，除國際運輸事業部分，應以其代理人為納稅義務人外，應依同法第四十一條及第三十六條之規定，分別認定辦理之。至其他外商代理人或代理商，以自己名義，在我國境內銷售貨物或勞務者，仍應依規定開立發票，報繳營業稅。

＊財政部七五賦稅署臺稅二發字第七五二五一五一號

要旨：

代理國外出版商招攬廣告之報酬不適用零稅率

全文內容：

貴公司代理國外出版商招攬國內外廠商刊登廣告，取得國外出版商給付之報酬，非屬

與外銷有關之勞務收入，不適用零稅率之規定，應依五％徵收率課營業稅。

第十八條

國際運輸事業自中華民國境內載運客貨出境者，其銷售額依左列規定計算：

一、海運事業：指自中華民國境內承載旅客出境或承運貨物出口之全部票價或運費。

二、空運事業：

　　㈠空運：指自中華民國境內承載旅客至中華民國境外第一站間之票價。

　　㈡貨運：指自中華民國境內承運貨物出口之全程運費。但承運貨物出口之國際空運事業，如因航線限制等原因，在航程中途將承運之貨物改由其他國際空運事業之航空器轉載者，按承運貨物出口國際空運事業實際承運之航程運費計算。

前項第二款第一目所稱中華民國境外第一站，由財政部定之。

第三十六條

外國之事業、機關、團體、組織，在中華民國境內，無固定營業場所而有銷售勞務者，應由勞務買受人於給付報酬之次期開始十五日內，就給付額依第十條或第十一條但書所定稅率，計算營業稅額繳納之。但買受人為依第四章第一節規定計算稅額之營業人，其購進之勞務，專供經營應稅貨物或勞務之用者，免予繳納；其為兼營第八條第一項免稅貨物或勞務者，繳納之比例，由財政部定之。

外國國際運輸事業，在中華民國境內，無固定營業場所而有代理人在中華民國境內銷售勞務，其代理人應於載運客、貨出境之次期開始十五日，內就銷售額按第十條規定稅率，計算營業稅額，並依第三十五條規定，申報繳納。

＊財政部八七臺財稅字第八七一九三六四八一號

要旨：

外國營利事業在臺設立物流中心，委託國內營利事業代為輸入、儲存並交付該外國營利事業在國外產製之貨物予國內客戶相關所得稅及營業稅課稅疑義。

說明：

一、依據臺灣國際商業機器股份有限公司八十七年二月十九日 (87) 臺商稅字第〇〇二號函辦理。

二、所得稅方面：在中華民國境內無固定營業場所之外國營利事業在臺設立物流中心，委託國內營利事業代其從事輸入、儲存並交付該外國營利事業在國外產製之貨物予國內客戶等交易流程，該國內營利事業核屬所得稅法第十條第二項第二款所稱之營業代理人，應就其代理業務範圍內該外國營利事業之中華民國來源所得，依同法第七十三條第二項規定，代為申報繳納營利事業所得稅；上開中華民國來源所得之計算，並准比照本部八十七年一月二十三日臺財稅第八七一九二四一八一號函說明三及四規定辦理。

三、營業稅方面：營業稅法第四條第一項第一款規定，銷售貨物之交付須移運者，其起運地在中華民國境內，係在中華民國境內銷售貨物。外國營業人在中華民國境內無固定營業場所，委託國內營業代理人在臺儲備及交付該外國營業人所有之貨物予國內客戶，依營業稅法第三條第三項第五款規定，係屬國內營業代理人銷售該外國營業人委託代銷之貨物，應由國內營業代理人按視為銷貨開立統一發票交付買受人；買受人如屬免稅出口區內之外銷事業、科學工業園區內之園區事業、海關管理保稅工廠或保稅倉庫者，並可依同法第七條第四款規定，適用零稅率。又上開貨物如自海關管理之保稅倉庫銷售至國內課稅區，且已按進口貨物報關程序填具進口報單向海關申報者，依本部七十五年四月三日臺財稅第七五二二○二四號函規定，免予開立統一發票。至該外國營業人在臺之權利金收入部分，如非屬國內營業代理人代理之業務範圍，免由其開立統一發票，仍應依營業稅法第三十六條第一項規定辦理。

＊財政部七五臺財稅字第七五六一二五四號

要旨：

關於支付國外仲介者佣金課稅釋疑

主旨：

貴公司支付國外仲介者推薦業務之佣金，如該國外仲介者為我國境內無固定營業場所之營利事業，應由　貴公司依照營業稅法第三十六條第一項規定依法繳納營業稅。

說明：

依營業稅法第二條第三款規定，外國之事業、機關、團體、組織，在中華民國境內無固定營業場所而有銷售勞務者，其營業稅之納稅義務人為所銷售勞務之買受人。如銷售勞務為國外之個人，應無同法第三十六條第一項規定之適用。

第三十七條

外國技藝表演業，在中華民國境內演出之營業稅，應依第三十五條規定，向演出地主管稽徵機關報繳。但在同地演出期間不超過三十日者，應於演出結束後十五日內報繳。外國技藝表演業，須在前項應行報繳營業稅之期限屆滿前離境者，其營業稅，應於離境前報繳之。

6.營利事業所得稅查核準則（第七十、七十一、八十三、八十六之二、九十四之一條）

中華民國八十七年三月三十一日財政部（八七）臺財稅字第八七一九三七四一九號令修正發布第二、四、十、十一、十八之二、十九、二十一、三十、三十五、三十八、四十五、五十一、五十七、五十八、六十三、六十七、七十之一、七十一、七十二、七十四、七十五、七十七、七十七之一、七十八、九十、九十二、九十四之一、九十五、九十七、九十九、

一百零一、一百零二、一百零四、一百十一之一、一百十四、一百十六條條文及修改第六章第二節名稱

第七十條

中華民國境內外國分公司，分攤其國外總公司之管理費用，經查符合下列規定者，應予核實認定。

一、總公司與分公司資本未劃分者。

二、總公司不對外營業，而另設有營業部門者，其營業部門應與各地分公司共同分攤總公司非營業部門之管理費用。

三、總公司之管理費用，未攤計入分公司之進貨成本，或總公司供應分公司之資金或其他財產，未由分公司計付利息或租金者。

前項分攤管理費用之計算，應以總公司與所屬各營業部門，或分支營業機構之營業收入百分比，為計算分攤標準，但其有特殊情形者，得申報該管稽徵機關核准採用其他合理分攤標準。分公司分攤國外總公司管理費用，應由該分公司辦理當年度所得稅結算申報時，提供國外總公司所在地合格會計師簽證，載有國外總公司全部營業收入及總公司管理費用金額之國外總公司財務報告，並經我國駐在地使領館或我國政府認許機構之簽證，或外國稅務當局之證明；但經核准採用其他分攤標準者，其所提供之國外總公司財務報告，應另載明分攤標準內容、分攤計算方式及總公司所屬各營業部門、各分支營業機構之分攤金額等資料。中華民國境內外國分公司給付國外總公司利息並分攤國外總公司管理費用者，國外總公司供應其在中華民國境內分公司資金如未經政府核准，該分公司支付國外總公司之資金利息，不予認定，惟得依前二項規定分攤其國外總公司之管理費用；國外總公司供應其在中華民國境內分公司資金經政府核准者，該分公司支付國外總公司之資金利息，准予認定，惟不得分攤其國外總公司之管理費用。國外總公司在中華民國境內設立之工地場所，如已依規定辦理營業登記，並依所得稅法第四十一條規定單獨設立帳簿並計算其營利事業所得額課稅者，可比照前三項規定辦理。

第七十一條

薪資支出：

一、所稱薪資總額包括：薪金、俸給、工資、津貼、獎金、退休金、退職金、養老金、資遣費、按期定額給付之交通費及膳宿費、各種補助費及其他給與。

二、公司、合作社職工之薪資，經事先決定或約定，執行業務之股東、董事、監察人之薪資，經組織章程規定或股東大會或社員大會預先議決，不論盈虧必須支付者，准予核實認列。

三、合夥及獨資組織執行業務之合夥人，資本主及經理之薪資，不論盈虧必須支付者，

准予核實認列，其他職工之薪資，不論盈虧必須支付並以不超過規定之通常水準為限，其超過部分應不予認定。上述薪資通常水準，由省（市）主管稽徵機關於會計年度開始兩個月前調查擬定，報請財政部核定之。

四、公司股東、董事或合夥人兼任經理或職員者，應視同一般之職工，核定其薪資支出。

五、薪資支出，非為定額，但依公司章程、股東會議決、合夥契約或其他約定，有一定計算方法，而合於第二、三款之規定者，應予認定。

六、聘用外國技術人員之薪資支出，於查帳時，應提示聘用契約，核實認定。

七、營利事業訂有職工退休辦法者，於報請稽徵機關核准後，每年得在不超過當年度已付薪資總額百分之四限度內提列職工退休金準備；設置職工退休基金，符合營利事業設置職工退休基金保管運用及分配辦法之規定者，每年得在不超過當年度已付薪資總額百分之八限度內，提撥職工退休基金；適用勞動基準法之營利事業，報經社政主管機關核准者，每年度得在不超過當年度已付薪資總額百分之十五限度內，提撥勞工退休準備金，並以費用列支。以後職工退休、資遣發給退休金或資遣費時，應儘先沖轉職工退休金準備或由職工退休基金或勞工退休基金項下支付；不足時，始得以當年度費用列支。

八、營利事業因解散、廢止、合併或轉讓，依所得稅法第七十五條規定計算清算所得時，職工退休金準備之累積餘額，應轉作當年度收益處理。但合併或轉讓時，經約定全部員工均由新組織留用並繼續承認其年資者，其以往年度已依法提列之職工退休金準備累積餘額，得轉移新組織列帳。

九、薪資支出，未依法扣繳所得稅款者除應通知限期補繳，補報扣繳憑單並依法處罰外，依本條有關規定予以認定。

十、支付臨時工資應有簽名或蓋章之收據或名冊為憑。

十一、薪資支出之原始憑證，為收據或簽收之名冊，其由工會或合作社出具之收據，應另付工人之印領清冊，職工薪資如係送交銀行分別存入各該職工帳戶者，應以銀行蓋章證明存入之清單予以認定。

十二、因業務需要延時加班發給加班費，應有加班紀錄，以憑認定；其未提供加班紀錄或超出勞動基準法第三十二條所訂定之標準部分，仍應按薪資支出列帳，並應依規定合併各該員工之薪資所得扣繳稅款。

第八十三條

保險費：

一、保險之標的，非屬於本事業所有，所支付之保險費，不予認定，但經契約訂定應由本事業負擔者，應核實認定。

二、保險費如有折扣，應以實付之數額認定。

三、跨越年度之保險費部分，應轉列「預付費用」科目。

四、勞工保險及全民健康保險，其由營利事業負擔之保險費，應予核實認定，並不視為被保險員工之薪資。

五、營利事業為員工投保之團體壽險，其由營利事業負擔之保險費，以營利事業或被保險員工及其家屬為受益人者，准予認定。每人每月保險費在新臺幣二千元以內部分，免視為被保險員工之薪資所得，超過部分視為對員工之補助費，應轉列各該被保險員工之薪資所得，並應依所得稅法第八十九條規定，列單申報該管稽徵機關。

六、保險費之原始憑證，為財政部許可之保險業者收據及保險單。但國際航運業向國外保險業者投保，經取得該保險業者之收據及保險單，可核實認定。團體壽險之保險費收據，除應書有保險費金額外，並應檢附列有每一被保險員工保險費之明細表。

第八十六條之二

建立國際品牌形象費用：

營利事業在國際市場為推廣其自創並依法向經濟部中央標準局請准註冊之商標或服務標章所需之費用，應予核實認定。

前項費用之範圍，包括為開發新產品而從事國際市場調查之費用及為推廣自創之註冊商標或服務標章而參加國際組織、國際會議或國際商展之費用在內。

建立國際品牌形象費用之原始憑證，依本準則有關條文辦理。

第九十四條之一

外銷損失：

一、營利事業經營外銷業務，因解除或變更買賣契約致發生損失或減少收入，或因違約而給付之賠償，或因不可抗力而遭受之意外損失，或因運輸途中發生損失，經查明屬實者，應予認定。其不應由該營利事業本身負擔，或受有保險賠償部分，不得列為損失。

二、外銷損失之認定，除應檢附買賣契約書（應有購貨條件及損失歸屬之規定）、國外進口商索賠有關文件、國外公證機構或檢驗機構所出具足以證明之文件等外，並應視其賠償方式分別提示左列各項文件：

㈠以給付外匯方式賠償者，其經銀行結匯者，應提出結匯證明文件，未辦理結匯者，應有銀行匯付或轉付之證明文件。

㈡補運或掉換出口貨品者，應檢具海關核發之出口報單或郵政機關核發之國際包裹執據影本。

㈢在臺以新臺幣支付方式賠償者，應取得國外進口商出具之收據。

㈣以減收外匯方式賠償者，應檢具證明文件。

三、外銷損失金額每筆在新臺幣五十萬元以下者，得免附前款規定之國外公證或檢驗機構出具之證明文件。

7. 統一發票使用辦法（第四條）

中華民國八十八年六月二十九日財政部（八八）臺財稅字第八八一九二三一六五號令修正發布第三十一、三十二條文；並自八十八年七月一日起施行

第四條

合於左列規定之一者，得免用或免開統一發票。

一、小規模營業人。

二、計程車業及其他交通運輸事業客票收入部分。

三、依法設立之免稅商店。

四、供應之農田灌溉用水。

五、醫院、診所、療養院提供之醫療勞務、藥品、病房之住宿及膳食。

六、托兒所、養老院、殘障福利機構提供之育養勞務。

七、學校、幼稚園及其他教育文化機構提供之教育勞務，及政府委託代辦之文化勞務。

八、職業學校不對外營業之實習商店。

九、政府機關、公營事業及社會團體依有關法令組設經營，不對外營業之員工福利機構。

十、監獄工廠及其作業成品售賣所。

十一、郵政、電信機關依法經營之業務及政府核定代辦之業務，政府專賣事業銷售之專賣品。但經營本業以外之部分，不包括在內。

十二、經核准登記之攤販。

十三、公用事業。但經營本業以外之部分，不包括在內。

十四、理髮業及沐浴業。

十五、按查定課徵之特種飲食業。

十六、依法登記之報社、雜誌社、通訊社、電視臺及廣播電臺銷售其本事業之報紙、出版品、通訊稿、廣告、節目播映、節目播出。但報社銷售之廣告及電視臺之廣告播映，不包括在內。

十七、代銷印花稅票或郵票之勞務。

十八、合作社、農會、漁會、工會、商業會、工業會依法經營銷售與社員、會員之貨物或勞務及政府委託其代辦之業務。

十九、各級政府發行之債券及依法應課徵證券交易稅之證券。

二十、各級政府機關標售賸餘或廢棄之物資。

二十一、法院、海關及其他機關拍賣沒入或查封之財產、貨物或抵押品。

二十二、銀行業。

二十三、保險業。

二十四、信託投資業、證券業及短期票券業。

二十五、典當業之利息收入及典物孳生之租金。

二十六、娛樂業之門票收入、說書場、遊藝場、撞球場、桌球場、釣魚場及兒童樂園等收入。

二十七、外國國際運輸事業在中華民國境內無固定營業場所，而由代理人收取自國外載運客貨進入中華民國境內之運費收入。

二十八、營業人取得之賠償收入。

8.土地稅減免規則（第七、十八條）

中華民國八十九年七月十九日行政院令修正發布第八、十一之四、十五、二十、三十一、三十二、三十三、三十五條條文

第七條

左列公有土地地價稅或田賦全免：

一、供公共使用之土地。

二、各級政府與所屬機關及地方自治機關用地及其員工宿舍用地。但不包括供事業使用者在內。

三、專賣機關之辦公廳及其員工宿舍用地。

四、國防用地及軍事機關、部隊、學校使用之土地。

五、公立之醫院、診所、學術研究機構、社教機構、救濟設施及公、私立學校直接用地及其員工宿舍用地，以及學校學生實習所用之直接生產用地。但外國僑民學校應為該國政府設立或認可，並依外國僑民學校設置辦法設立，且以該國與我國有相同互惠待遇或經行政院專案核定免徵者為限；本國私立學校，以依私立學校法立案者為限。

六、農、林、漁、牧、工、礦機關直接辦理試驗之用地。

七、糧食管理機關倉庫用地及鹽務機關管理之鹽田與製鹽用地。

八、郵政、電信、鐵路、公路、航空站、飛機場、自來水廠及垃圾、水肥、污水處理廠（池、場）等直接用地及其員工宿舍用地。但不包括其附屬營業單位獨立使用之土地在內。

九、引水、蓄水、洩水等水利設施及各項建造物用地。

十、政府無償配供平民居住之房屋用地。

十一、名勝古蹟及紀念先賢先烈之館堂祠廟與公墓用地。

十二、觀光主管機關為開發建設觀光事業，依法徵收或協議購買之土地，在未出賣與興辦觀光事業者前，確無收益者。

十三、依停車場法規定設置供公眾使用之停車場用地。

前項公有土地係徵收、收購或受撥用而取得者，於其尚未辦妥產權登記前，如經該使用機關提出證明文件，其用途合於免徵標準者，徵收土地自徵收確定之日起、收購土地自訂約之日起、受撥用土地自撥用之日起，準用前項規定。

原合於第一項第五款供公、私立學校使用之公有土地，經變更登記為非公有土地後，仍供原學校使用者，準用第一項規定。

第十八條

外國政府機關取得所有權或典權之土地，其土地稅之減免依各該國與我國互惠規定辦理。

9.關稅法

中華民國九十年十月三十一日總統（九〇）華總一義字第九〇〇〇二一四〇二〇號令修正公布全文九十六條；並自公布日施行

第一章　總則

第一條

關稅之課徵、貨物之通關，依本法之規定。

第二條

本法所稱關稅，指對國外進口貨物所課徵之進口稅。

第三條

關稅依海關進口稅則，由海關從價或從量徵收。海關進口稅則之稅率分為兩欄，分別適用於與中華民國有互惠待遇及無互惠待遇之國家或地區之進口貨物。其適用對象，由財政部會商有關機關後報請行政院核定，並由行政院函請立法院查照。海關進口稅則，另經立法程序制定公布之。

財政部為研議進口稅則之修正及特別關稅之課徵等事項，得設關稅稅率委員會，其組織及委員人選由財政部擬定，報請行政院核定。所需工作人員由財政部法定員額內調用之。

＊七五判字第二四一〇號

要旨：

海關進口稅則屬於「法律」，而布魯塞爾關稅稅則註解僅供參考之用，無法律上之效力

理由（節錄）：

一、中華民國海關進口稅則之地位：行為時關稅法（七十四年一月修正公布）第三條
第一項規定：「關稅依海關進口稅則，由海關從價或從量徵收。海關進口稅則之稅
率分為兩欄，分別適用於中華民國有互惠待遇及無互惠待遇之國家或地區之進口
貨物，其適用對象，由財政部會商有關機關後報請行政院核定，並由行政院函請
立法院查照，海關進口稅則，另經立法院程序制定公布之。」（六十九年八月三十
日修正公布之舊法為第三條）同條第二項規定：「財政部為研議進口稅則之修正及
特別關稅之課徵等事項，得設關稅稅率委員會，其組織及委員人選由財政部擬定，
報請行政院核定。所需工作人員由財政部法定員額內調用之。」（舊法無此項）同
法第五條之一規定：「……海關得按納稅義務人申報之『稅則號別』及完稅價格，
先行徵稅驗放……」同法第二十三條規定：「納稅義務人如不服海關對其進口貨物
核定之『稅則號別』完稅價格或特別關稅，得……，」同法第二十四條規定：「…
…認為有理由者，應變更原核定之『稅則號別』或完稅價格……」同法第四十七
條之一規定：「……對進口貨物應徵之關稅，得在『海關進口稅則』規定之稅率百
分之五十以內予以增減……」在在均提及「海關進口稅則」字樣。而中華民國海
關進口稅則第一次公布施行為五十四年九月、第二次修正公布為六十年八月、第
三次修正公布為六十二年八月、第四次修正為六十三年九月、第五次修正公布為
六十四年六月、第六次修正公布為六十五年八月、第七次修正公布為六十六年七
月、第八次修正公布為六十七年一月、第九次修正公布為六十七年七月、第十次
修正公布為六十八年七月、第十一次修正公布為六十九年九月、第十二次修正公
布為七十一年七月、第十三次修正公布為七十三年一月、第十四次修正公布者，
為七十四年一月，係於七十四年一月十五日經立法院第一屆第七十四會期第三十
五次會議通過，奉總統七十四年一月二十八日華總㈠義字第○四四九號公布施行。
現行第十五次修正公布者，為七十五年二月。乃屬於中央法規標準法第四條規定：
「法律應經立法院通過，總統公布」之法律。

二、布魯塞爾關稅稅則註解之作用：布魯塞爾關稅稅則註解之英文名稱為「Explanato-
rynotes to the Brussels Tariff Nomen clature」，簡稱 B.T.N.，係設於比利時布魯塞爾
之關稅合作理事會所編，該會每半年提供一次該註解之修訂資料，作為各國關稅
稅則分類之「參考」。財政部邀請各學術機構教授學者，將該項註解譯成中文，委
託正中書局於六十三年六月印刊發行，以提供各界之「參考」。其內容共分二十一
類；其中第十六類為「機器及機器用具；電器設備；及其零件。」該類中，又分二
章，即第八十四章為「鍋爐、機器及機器用具；及其零件。」第八十五章為「電氣
機器與設備及其零件。」而第十七類為「車輛、航空器及其零件；船舶及各種有關
運輸設備。」該類中，又分四章，即第八十六章為「鐵道及電車道機車、車輛及其
零件；鐵道及電車軌道固定設備及配件；各種行車標誌設備（非電動者）。」第八

十七章為「鐵道及電車道車輛以外之車輛及其零件。」第八十八章為「航空器及其零件;降落傘;航空器射出機及類似航空器起飛裝置;地面用飛行訓練器。」第八十九章為「船舶及浮動構造體」。本件原申報稅則第八四六三號屬於第十六類第八十四一般之「機器及機械用具;電器設備;及其零件」中之「鍋爐、機器及機械用具;及其零件。」之物品。凡屬於特殊之機器用具如有關運輸設備之「車輛」、「航空器」、「船舶」及其零件等,均不屬本類本章之物,因之「運輸設備」中之「車輛及其零件」自不屬於一般之「機器及機械用具及其零件」,至系爭稅則第八七一二號屬於第十七類第八十七章特殊之「車輛、航空器及其零件;船舶及各種有關運輸設備」中之「鐵道及電車道車輛以外之車輛及其零件」之物品。該項中文譯本之印刊發行之時間既已在「中華民國海關進口稅則」六十二年八月第三次修正公布之後,且與當時之「中華民國海關進口稅則」所依據者不盡相同,該項編譯事屬創舉,人手眾多,見仁見智在所難免。且因產品新名詞之繁多,譯註更感非易,難期盡善盡美,謬誤不及之處,在所難免,有在該譯本之首,李×鼎先生簡介及編輯委員會之「弁言」可稽,是以該項譯本(僅於六十三年印刊一次,以後並未再行印刊),純為提供各界之「參考」而印刊,且已說明與現行「中華民國海關進口稅則」所依據者,不盡相同,自無法律之效力,不能與「中華民國海關進口稅則」相提並論。

＊法務部(八三)法律決字第○一五四九號

要旨:

一、按　貴部(財政部)依關稅法第三條第一項後段規定,就海關進口稅則稅率之適用對象會商有關機關並報請行政院核定後,於八十二年七月五日發布修正「適用國定稅率第二欄互惠稅率之國家或地區名單」之公告,係屬委任命令,其效力應自公告後始發生,合先敘明(中央法規標準法第十二條至第十四條規定參照)。又法律不溯及既往之原則,非但為法規適用之原則,亦且為立法之原則,尤其是具有刑罰或懲戒性質之法規,立法機關不得制定具有溯及既往效力之法規。至若一般不具刑罰或懲戒性質之行政法規,於不違反法律安定性、信賴保護原則、既得權保障原則、不違背立憲主義法治國家理念及趣旨等之前提下,為因應行政上情形之必要,似可例外制定具有溯及效力之行政法規,而賦予溯及之效力(林紀東著,行政法論第八十九頁;洪培根撰,從公法學之觀點論法律不溯及既往之原則,第四十頁;林錫堯著,行政法要義,第五十五頁參照)。惟行政法規中如無溯及既往之規定,則適用法規時不得任意使之發生溯及既往之效力。

二、至於本件宜否基於通商互惠原則之考量,制定具有溯及既往效力之法規,使其對於廠商在民國八十年六月二十五日克羅埃西亞獨立後至貴部上開公告生效前,自該國輸入之產品,亦適用國定稅率第二欄之互惠稅率,宜請　貴部依說明二之意

見參處。

＊法務部（八二）法律字第二六九四一號

要旨：

一、關於外蒙古地區可否適用我海關進口稅則第二欄（互惠稅率）稅率案，經本部大陸法規研究委員會第二十一次委員會會商結論，認有左列不同見解：

㈠甲說：

1.按臺灣地區與大陸地區人民關係條例（以下簡稱「兩岸人民關係條例」）第二條第二款規定：「本條例用詞，定義如左……二、大陸地區：指臺灣地區以外之中華民國領土」，又該條例施行細則第三條規定：「本條例第二條第二款所稱大陸地區，包括中共控制之地區及外蒙古地區」，是兩岸人民關係條例之適用範圍及於外蒙古地區，合先敘明。

2.查兩岸人民關係條例第四十條規定：「輸入或攜帶進入臺灣地區之大陸地區物品，以進口論；其……關稅等稅捐之徵收及處理等，依輸入物品有關法令之規定辦理」，則依我國關稅法第三條第一項規定：「海關進口稅則之稅率分為兩欄，分別適用於與中華民國有互惠待遇及無互惠待遇之國家或地區之進口貨物……」及海關進口稅則第二條規定：「本稅則稅率分為二欄，第一欄之稅率適用於不適用第二欄稅率之一般國家或地區之進口貨品；第二欄之稅率適用於與中華民國有互惠待遇國家或地區之進口貨品。第二欄未列稅率者，適用第二欄之稅率」，是凡進口貨物欲適用第二欄稅率（即優惠稅率）者，以該國家或地區與我國有互惠待遇者為限，本件外蒙古地區可否適用我海關進口稅則第二欄稅率乙案，據財政部八十二年十月二十八日臺財關字第八二一五五六六五一號函主旨所載，外蒙古地區目前關稅僅有一欄，且對任何國家輸蒙之貨品均有適用，顯見外蒙古地區與我國既無互惠待遇，揆諸上開規定，外蒙古地區似不宜適用我第二欄稅率。又行政院七十七年十月二十日臺七十七財字第二八六〇三號函釋見解，係於兩岸人民關係條例公布施行（八十一年九月十八日）前所發布，則其於兩岸人民關係條例公布施行後是否仍有適用餘地，即不無疑義。

㈡乙說：

依財政部八十二年十月二十八日臺財關字第八二一五五六六五一號函說明二所載，目前經准許間接進口之大陸物品，奉行政院七十七年十月二十日臺七十七財字第二八六〇三號函核定，准予比照「國貨外銷再進口」之規定，適用第二欄優惠稅率課徵關稅，則依憲法第四條規定之精神觀之，所謂「大陸地區」包括外蒙古地區，是以行政院上開函釋之適用範圍亦應及於外蒙古地區，從而，外蒙古地區亦得適用我海關進口稅則第二欄（互惠稅率）之稅率。

二、上開意見，宜以何者為當，因涉及政策上之考量，請亦於職權審酌之。

第四條

海關進口稅則得針對特定進口貨物，就不同數量訂定其應適用之關稅稅率，實施關稅配額。

前項關稅配額之分配方式、參與分配資格、應收取之權利金、保證金、費用及其處理方式之實施辦法，由財政部會同有關機關擬訂，報請行政院核定之。

第五條

關稅納稅義務人為收貨人、提貨單或貨物持有人。

第六條

納稅義務人為法人、合夥或非法人團體者，解散清算時，清算人於分配賸餘財產前，應依法分別按關稅、滯納金及罰鍰應受清償之順序繳清。清算人違反前項規定者，應就未清償之款項負繳納義務。

第七條

依本法規定應徵之關稅、滯納金或罰鍰，自確定之翌日起，五年內未經徵起者，不再徵收。但於五年期間屆滿前，已移送法院強制執行尚未結案者，不在此限。

前項期間之計算，於應徵之款項確定後，經准予分期或延期繳納者，自各該期間屆滿之翌日起算。

前二項規定，於依本法規定應徵之費用準用之。

第八條

依本法應辦理之事項及應提出之報單、發票及其他有關文件，採與海關電腦連線或電子資料傳輸方式辦理，並經海關電腦記錄有案者，視為已依本法規定辦理或提出。

海關得依貨物通關自動化實施情形，要求經營報關、運輸、倉儲、貨櫃集散站及其他與通關有關業務之業者，以電腦連線或電子資料傳輸方式處理業務。

前二項辦理連線或傳輸之登記、申請程序、管理及其他應遵行事項之辦法，由財政部定之。

經營與海關電腦連線或電子資料傳輸通關資料業務之通關網路業者，應經財政部許可；其許可之條件、最低資本額、營運項目、收費基準、營業時間之審核及其他應遵行事項之辦法，由財政部定之。

第九條

關務人員對於納稅義務人、貨物輸出人向海關所提供之各項報關資料，除對下列人員及機關外，應保守秘密，違者應予處分。其涉有觸犯刑法規定者，並應移送偵查：

一、納稅義務人，貨物輸出人本人或其繼承人。

二、納稅義務人，貨物輸出人授權之代理人或辯護人。

三、海關或稅捐稽徵機關。

四、監察機關。

五、受理有關關務訴願、訴訟機關。

六、依法從事調查關務案件之機關。

七、其他依法得向海關要求提供報關資料之機關或人員。

八、經財政部核定之機關或人員。

海關對其他政府機關為統計目的而供應資料，並不洩漏納稅義務人、貨物輸出人之姓名或名稱者，不受前項限制。

第一項第三款至第八款之機關人員，對海關所提供第一項之資料，如有洩漏情事，準用同項對關務人員洩漏秘密之規定。

第十條

海關於進出口貨物放行之翌日起二年內，得對納稅義務人、貨物輸出人或其關係人實施事後稽核。依事後稽核結果，如有應退、應補稅款者，應自貨物放行之翌日起三年內為之。

海關執行前項事後稽核工作，得要求納稅義務人、貨物輸出人或其關係人提供與進出口貨物有關之紀錄、文件、會計帳冊及電腦相關檔案或資料庫等，或通知其至海關辦公處所備詢，或由海關人員至其場所調查，被調查人不得規避、妨礙或拒絕。

第一項所稱關係人，指與進出口貨物有關之報關業、運輸業、倉儲業、快遞業及其他企業、團體或個人。

海關執行第一項事後稽核工作，得請求相關機關及機構提供與進出口貨物有關之資料及其他文件。

海關實施事後稽核之範圍、程序、所需文件及其他應遵行事項之辦法，由財政部定之。

第十一條

轉運、轉口貨物之通關及管理，準用本法進出口通關及管理之規定。

第二章　通關程序

第一節　報關與查驗

第十二條

進口貨物之申報，由納稅義務人自裝載貨物之運輸工具進口日之翌日起十五日內，向海關辦理。

出口貨物之申報，由貨物輸出人於載運貨物之運輸工具結關或開駛前之規定期限內，向海關辦理；其報關驗放辦法，由財政部定之。

前二項貨物進出口前，得預先申報；其預行報關處理準則，由財政部定之。

第十三條

進口報關時，應填送貨物進口報單，並檢附提貨單、發票、裝箱單及其他進口必須具

備之有關文件。

出口報關時，應填送貨物出口報單，並檢附裝貨單或託運單、裝箱單及依規定必須繳驗之輸出許可證、檢驗合格證及其他有關文件。

第一項及第二項之裝箱單及其他依規定必須繳驗之輸出入許可證、檢驗合格證及其他有關文件得於海關放行前補附之。

第十四條

為加速進口貨物通關，海關得按納稅義務人應申報之事項，先行徵稅驗放，事後再加審查；該進口貨物除其納稅義務人或關係人業經海關通知依第十條規定實施事後稽核者外，如有應退應補稅款者，應於貨物放行之翌日起六個月內，通知納稅義務人，逾期視為業經核定。

進口貨物未經海關依前項規定先行徵稅驗放，且海關無法即時核定其應納關稅者，海關得依納稅義務人之申請，准其檢具審查所需文件資料，並繳納相當金額之保證金，先行驗放，事後由海關審查，並於貨物放行之翌日起六個月內核定其應納稅額，屆期視為依納稅義務人之申報核定應納稅額。

進口貨物有下列情事之一者，不得依第一項規定先行徵稅驗放。但海關得依納稅義務人之申請，准其繳納相當金額之保證金，先行驗放，並限期由納稅義務人補辦手續，屆期未補辦者，沒入其保證金：

一、納稅義務人未即時檢具減、免關稅有關證明文件而能補正者。

二、納稅義務人未及申請簽發輸入許可文件，而有即時報關提貨之需要者。但以進口貨物屬准許進口類貨物者為限。

三、其他經海關認為有繳納保證金，先行驗放之必要者。

第十五條

載運客貨之運輸工具進出口通關，由負責人或由其委託之運輸工具所屬業者向海關申報。

前項所稱負責人，在船舶為船長；在飛機為機長；在火車為列車長；在其他運輸工具為該運輸工具管領人。

經營第一項業務之運輸工具所屬業者，應向海關申請登記及繳納保證金；運輸工具之負責人或其委託之運輸工具所屬業者辦理進出口通關、執行運輸業務，及運輸工具所屬業者應具備之資格、條件、保證金數額與種類、申請程序、登記與變更、證照之申請、換發及其他應遵行事項之辦法，由財政部定之。

第十六條

納稅義務人依第十四條規定應繳之關稅及保證金，得經海關核准提供適當擔保為之；其實施辦法，由財政部定之。

第十七條

納稅義務人或其代理人得於貨物進口前，向海關申請預先審核進口貨物之稅則號別，海關應以書面答復之。

海關對於前項預先審核之稅則號別有所變更時，應敘明理由，以書面通知納稅義務人或其代理人。經納稅義務人或其代理人舉證證明其已訂定契約並據以進行交易，且將導致損失者，得申請延長海關預先審核稅則號別之適用，並以延長九十日為限。但變更後之稅則號別，涉及貨物輸入規定者，應依貨物進口時之相關輸入規定辦理。

納稅義務人或其代理人不服海關預先審核之稅則號別者，得於貨物進口前，向財政部關稅總局申請覆審，財政部關稅總局除有正當理由外，應為適當之處理。

申請預先審核之程序、所須文件、海關答復之期限及財政部關稅總局覆審處理之實施辦法，由財政部定之。

第十八條

貨物應辦之報關、納稅等手續，得委託報關業者辦理；其向海關遞送之報單，應經專責報關人員審核簽證。

前項報關業者，應經海關許可，始得辦理公司或商業登記；並應於登記後，檢附相關文件向海關申請核發報關業務證照。

報關業者之最低資本額、負責人、經理人與專責報關人員應具備之資格、條件、許可之申請程序、登記與變更、證照之申請、換發、辦理報關業務及其他應遵行事項之辦法，由財政部定之。

第十九條

海關於貨物進出口時，得依職權或申請，施以查驗或免驗；必要時，並得提取貨樣，其提取以在鑑定技術上所需之數量為限。

前項查驗、取樣之方式、時間、地點及免驗品目範圍，由財政部定之。

第一項貨物查驗時，其搬移、拆包或開箱、恢復原狀等事項及所需費用，統由納稅義務人或貨物輸出人負擔。

第二十條

進出口貨物應在海關規定之時間及地點裝卸；其屬於易腐或危險物品，或具有特殊理由，經海關核准者，其裝卸不受時間及地點限制。

第二十一條

未經海關放行之進口貨物、經海關驗封之出口貨物及其他應受海關監管之貨物，申請在國內運送者，海關得核准以保稅運貨工具為之。

前項保稅運貨工具所有人，應向海關申請登記及繳納保證金；其應具備之資格、條件、保證金數額與種類、申請程序、登記與變更、證照之申請、換發、保稅運貨工具使用管理及其他應遵行事項之辦法，由財政部定之。

第二十二條

未完成海關放行手續之進出口貨物，得經海關核准，暫時儲存於貨棧或貨櫃集散站。

前項貨棧或貨櫃集散站業者，應向所在地海關申請登記及繳納保證金；其應具備之資格、條件、保證金數額與種類、申請程序、登記與變更、證照之申請、換發、貨櫃與貨物之存放、移動、管理及其他應遵行事項之辦法，由財政部定之。

第二十三條

為加速通關，快遞貨物得於特定場所辦理通關。

前項辦理快遞貨物通關場所之設置條件、地點、快遞貨物之種類、理貨、通關程序及其他應遵行事項之辦法，由財政部定之。

第二十四條

海關對進口貨物原產地之認定，應依原產地認定標準辦理，必要時，得請納稅義務人提供產地證明文件。

前項原產地之認定標準，由財政部會同經濟部定之。

第二節　免稅價格

第二十五條

從價課徵關稅之進口貨物，其完稅價格以該進口貨物之交易價格作為計算根據。

前項交易價格，指進口貨物由輸出國銷售至中華民國實付或應付之價格。進口貨物之實付或應付價格，如未計入下列費用者，應將其計入完稅價格：

一、由買方負擔之佣金、手續費、容器及包裝費用。

二、由買方無償或減價提供賣方用於生產或銷售該貨之下列物品及勞務，經合理攤計之金額或減價金額：

　　㈠組成該進口貨物之原材料、零組件及其類似品。

　　㈡生產該進口貨物所需之工具、鑄模、模型及其類似品。

　　㈢生產該進口貨物所消耗之材料。

　　㈣生產該進口貨物在國外之工程、開發、工藝、設計及其類似勞務。

三、依交易條件由買方支付之權利金及報酬。

四、買方使用或處分進口貨物，實付或應付賣方之金額。

五、運至輸入口岸之運費、裝卸費及搬運費。

六、保險費。

依前項規定應計入完稅價格者，應根據客觀及可計量之資料。無客觀及可計量之資料者，視為無法按本條規定核估其完稅價格。

海關對納稅義務人提出之交易文件或其內容之真實性或正確性存疑，納稅義務人未提出說明或提出說明後，海關仍有合理懷疑者，視為無法按本條規定核估其完稅價格。

第二十六條

進口貨物之交易價格，有下列情事之一者，不得作為計算完稅價格之根據：

一、買方對該進口貨物之使用或處分受有限制者。但因中華民國法令之限制，或對該進口貨物轉售地區之限制，或其限制對價格無重大影響者，不在此限。

二、進口貨物之交易附有條件，致其價格無法核定者。

三、依交易條件買方使用或處分之部分收益應歸賣方，而其金額不明確者。

四、買、賣雙方具有特殊關係，致影響交易價格者。

前項第四款所稱特殊關係，指有下列各款情形之一者：

一、買、賣雙方之一方為他方之經理人、董事或監察人者。

二、買、賣雙方為同一事業之合夥人者。

三、買、賣雙方具有僱傭關係者。

四、買、賣之一方直接或間接持有或控制他方百分之五以上之表決權股份者。

五、買、賣之一方直接或間接控制他方者。

六、買、賣雙方由第三人直接或間接控制者。

七、買、賣雙方共同直接或間接控制第三人者。

八、買、賣雙方具有配偶或三親等以內之親屬關係者。

第二十七條

進口貨物之完稅價格，不合於第二十五條之規定核定者，海關得按該貨物出口時或出口前、後銷售至中華民國之同樣貨物之交易價格核定之。核定時應就交易型態、數量及運費等影響價格之因素作合理調整。

前項所稱同樣貨物，指其生產國別、物理特性、品質及商譽等均與該進口貨物相同者。

第二十八條

進口貨物之完稅價格，不合於第二十五條、第二十七條之規定核定者，海關得按該貨物出口時或出口前、後銷售至中華民國之類似貨物之交易價格核定之。核定時應就交易型態、數量及運費等影響價格之因素作合理調整。

前項所稱類似貨物，指與該進口貨物雖非完全相同。但其生產國別及功能相同，特性及組成之原材料相似，且在交易上可互為替代者。

第二十九條

進口貨物之完稅價格，不合於第二十五條、第二十七條、第二十八條之規定核定者，海關得按國內銷售價格核定之。

海關得依納稅義務人請求，變更本條及第三十條核估之適用順序。

第一項所稱國內銷售價格，指該進口貨物、同樣或類似貨物，於該進口貨物進口時或進口前、後，在國內按其輸入原狀於第一手交易階段，售予無特殊關係者最大銷售數量之單位價格核計後，扣減下列費用：

一、該進口貨物、同級或同類別進口貨物在國內銷售之一般利潤、費用或通常支付之

佣金。

二、貨物進口繳納之關稅及其他稅捐。

三、貨物進口後所發生之運費、保險費及其相關費用。

按國內銷售價格核估之進口貨物，在其進口時或進口前、後，無該進口貨物、同樣或類似貨物在國內銷售者，應以該進口貨物進口之翌日起九十日內，按該進口貨物、同樣或類似貨物輸入原狀首批售予無特殊關係者相當數量之單位價格核計後，扣減前項所列各款費用計算之。

進口貨物非按輸入原狀銷售者，海關依納稅義務人之申請，按該進口貨物經加工後售予無特殊關係者最大銷售數量之單位價格，核定其完稅價格，該單位價格，應扣除加工後之增值及第三項所列之扣減費用。

第三十條

進口貨物之完稅價格，不合於第二十五條、第二十七條、第二十八條及第二十九條之規定核定者，海關得按計算價格核定之。

前項所稱計算價格，指下列各項費用之總和：

一、生產該進口貨物之成本及費用。

二、由輸出國生產銷售至中華民國該進口貨物、同級或同類別貨物之正常利潤與一般費用。

三、運至輸入口岸之運費、裝卸費、搬運費及保險費。

第三十一條

進口貨物之完稅價格，不合於第二十五條、第二十七條、第二十八條、第二十九條及第三十條規定核定者，海關得依據查得之資料，以合理方法核定之。

依前項規定核定完稅價格者，經納稅義務人請求，海關應以書面告知其核估方法。

第三十二條

運往國外修理、裝配之機械、器具或加工貨物，復運進口者，依下列規定，核估完稅價格：

一、修理、裝配之機械、器具，以其修理、裝配所需費用，作為計算根據。

二、加工貨物，以該貨復運進口時之完稅價格與原貨出口時同類貨物進口之完稅價格之差額，作為計算根據。

第三十三條

進口貨物係租賃或負擔使用費而所有權未經轉讓者，其完稅價格，根據租賃費或使用費加計運費及保險費估定之。

前項租賃費或使用費，如納稅義務人申報偏低時，海關得根據調查所得資料核實估定之。但每年租賃費或使用費不得低於貨物本身完稅價格之十分之一。

依第一項按租賃費或使用費課稅之進口貨物，除按租賃費或使用費繳納關稅外，應就

其與總值應繳全額關稅之差額提供保證金，或由授信機構擔保。

第一項貨物，以基於專利或製造上之秘密不能轉讓，或因特殊原因經財政部專案核准者為限。

第一項租賃或使用期限，由財政部核定之。

第三十四條

從價課徵關稅之進口貨物，其外幣價格之折算，以當時外匯管理機關公告或認可之外國貨幣價格為準；其適用由財政部以命令定之。

第三十五條

整套機器及其在產製物品過程中直接用於該項機器之必須設備，因體積過大或其他原因，須拆散、分裝報運進口者，除事前檢同有關文件申報，海關核明屬實，按整套機器設備應列之稅則號別徵稅外，各按其應列之稅則號別徵稅。

第三十六條

由數種物品組合而成之貨物，拆散、分裝報運進口者，除機器依前條規定辦理外，按整體貨物應列之稅則號別徵稅。

第三十七條

為查明進口貨物之正確完稅價格，除參考第十三條第一項規定之申報文件外，得採取下列措施：

一、檢查該貨物之買、賣雙方有關售價之其他文件。

二、調查該貨物及同樣或類似貨物之交易價格或國內銷售價格，暨查閱其以往進口時之完稅價格紀錄。

三、調查其他廠商出售該貨物及同樣或類似貨物之有關帳簿及單證。

四、調查其他與核定完稅價格有關資料。

第三節　納稅期限與行政救濟

第三十八條

關稅之繳納，自稅款繳納證送達之翌日起十四日內為之。

第三十九條

應徵關稅之進口貨物，應於繳納關稅後，予以放行。但本法另有規定或經海關核准已提供擔保者，應先予放行。

第四十條

納稅義務人如不服海關對其進口貨物核定之稅則號別、完稅價格或應補繳稅款或特別關稅者，得於收到稅款繳納證之翌日起三十日內，依規定格式，以書面向海關申請復查，並得於繳納全部稅款或提供相當擔保後，提領貨物。

第四十一條

海關對復查之申請，應於收到申請書之翌日起二個月內為復查決定，並作成決定書，通知納稅義務人；必要時，得予延長，並通知納稅義務人。延長以一次為限，最長不得逾二個月。

復查決定書之正本，應於決定之翌日起十五日內送達納稅義務人。

第四十二條

納稅義務人不服前條復查決定者，得依法提起訴願及行政訴訟。

經依復查、訴願或行政訴訟確定應退還稅款者，海關應於復查決定或接到訴願決定書或行政法院判決書正本之翌日起十日內，予以退回；並自納稅義務人繳納該項稅款之翌日起，至填發收入退還書或國庫支票之日止，按退稅額，依繳納稅款之日郵政儲金匯業局之一年期定期儲金固定利率，按日加計利息，一併退還。

經依復查、訴願或行政訴訟確定應補繳稅款者，海關應於復查決定或接到訴願決定書或行政法院判決書正本之翌日起十日內，填發補繳稅款繳納通知書，通知納稅義務人繳納，並自該項補繳稅款原應繳納期間屆滿之翌日起，至填發補繳稅款繳納通知書之日止，按補繳稅額，依原應繳納稅款之日郵政儲金匯業局之一年期定期儲金固定利率，按日加計利息，一併徵收。

第四十三條

納稅義務人或受處分人欠繳應繳關稅、滯納金或罰鍰者，海關得就納稅義務人或受處分人相當於應繳金額之財產，通知有關機關不得為移轉或設定他項權利；其為營利事業者，並得通知主管機關限制其減資或註銷之登記。

欠繳依本法規定應繳關稅、滯納金或罰鍰之納稅義務人或受處分人，有隱匿或移轉財產逃避執行之跡象者，海關得聲請法院就其財產實施假扣押，並免提供擔保。但納稅義務人或受處分人已提供相當擔保者，不在此限。

納稅義務人或受處分人欠繳應繳關稅或罰鍰達一定金額者，得由司法機關或財政部函請內政部入出境管理局限制其出境；其為法人、合夥或非法人團體者，得限制其負責人或代表人出境。但已提供相當擔保者，應解除其限制。實施辦法，由行政院定之。

第三章　稅款之優待

第一節　免稅

第四十四條

下列各款進口貨物，免稅：

一、總統、副總統應用物品。

二、駐在中華民國之各國使領館外交官、領事官與其他享有外交待遇之機關及人員，進口之公用或自用物品。但以各該國對中華民國給予同樣待遇者為限。

三、外交機關進口之外交郵袋、政府派駐國外機構人員任滿調回攜帶自用物品。

四、軍事機關、部隊進口之軍用武器、裝備、車輛、艦艇、航空器與其附屬品，及專
　　供軍用之物資。

五、辦理救濟事業之政府機構、公益、慈善團體進口或受贈之救濟物資。

六、公私立各級學校、教育或研究機關，依其設立性質，進口用於教育、研究或實驗
　　之必需品與參加國際比賽之體育團體訓練及比賽用之必需體育器材。但以成品為
　　限。

七、專賣機關進口供專賣之專賣品。

八、外國政府或機關、團體贈送之勳章、徽章及其類似之獎品。

九、公私文件及其類似物品。

十、廣告品及貨樣，無商業價值或其價值在限額以下者。

十一、中華民國漁船在海外捕獲之水產品；或經政府核准由中華民國人民前往國外投
　　　資國外公司，以其所屬原為中華民國漁船在海外捕獲之水產品運回數量合於財
　　　政部規定者。

十二、打撈沉沒之船舶、航空器及其器材。

十三、經營貿易屆滿二年之中華民國船隻，因逾齡或其他原因，核准解體者。但不屬
　　　船身固定設備之各種船用物品、工具，備用之外貨、存煤、存油等除外。

十四、經營國際貿易之船舶、航空器或其他運輸工具專用之燃料、物料。但外國籍者，
　　　以各該國對中華民國給予同樣待遇者為限。

十五、旅客攜帶之自用行李、物品。

十六、進口之郵包物品數量零星在限額以下者。

十七、政府機關進口防疫用之藥品或醫療器材。

十八、政府機關為緊急救難進口之器材及物品。

十九、中華民國籍船員在國內設有戶籍者，自國外回航或調岸攜帶之自用行李物品。

前項貨物以外之進口貨物，其同批完稅價格合併計算在財政部規定之限額以下者，免
稅。

第一項第二款至第六款、第十款、第十五款、第十六款及第十九款所定之免稅範圍、
品目、數量及限額之辦法，由財政部定之。

＊財政部八二臺財關字第八二〇九〇三三三一號

要旨：

簽訂協定免關稅者若逾關稅法規定仍應課稅（外交機構人員物品）

主旨：

關於我方與美方簽訂之「北美事務協調委員會與美國在臺協會間環境保護技術合作協
定」第四條第 D 款涉及免徵關稅之規定，若逾越關稅法第二十六條（今第四十四條）

第二款之範圍，則仍無免稅之適用。

說明：

根據關稅法第二十六條（今第四十四條）第二款：「駐在中華民國之各國使領館外交官、領事官與其他享有外交待遇之機關及人員，進口之公用或自用物品免稅。但以各該國對中華民國給予同樣待遇者限。」及「在華外交機構與人員進口用品免稅規則」第三條第一項第二款：「依條約或協定及經中華民國政府特許比照外交機構與人員享受優遇之機構及其正式人員。」暨「在華外交機構與人員進口車輛使用及處理辦法」第二條第一項第二款：「依條約、協定、協議或經中華民國政府特許比照外交機構與人員享受優遇之機構及其正式人員。」規定，本案執行首開協定人員如經外交部認係屬上開法令規定所稱之人員，始可依各該規定免徵關稅。

＊財政部七四臺財關字第一六〇九八號

要旨：

駐華外國機構人員第一次到達國境所攜之物品免稅（外交機構人員物品）

主旨：

關於美國在臺協會臺北辦事處職員擬向××電子公司購買監視機及電視調諧器申請減免進口稅一案，核與規定不符，歉難同意。

說明：

查依「駐華機構及其人員特權暨豁免條例」第六條第一項第二款規定，駐華外國機構之人員（以非中華民國國民者為限）職務上所得、購取物品、第一次到達中華民國國境所攜帶之自用物品暨行李，其稅捐徵免比照「駐華外交領事人員待遇辦理」，故僅止於第一次來華所攜帶之自用物品及行李，始准免徵關稅。本案美國在臺協會職員在我國境內向保稅工廠購買產品，並非第一次到達我國時所攜帶之自用物品及行李，依現行規定，尚無享受免徵關稅之特權。

＊財政部六八臺財關字第一七三五四號

要旨：

在我國已立案之外僑學可享免稅待遇（教育研究用品）

全文內容：

凡在我國已立案之外學校進口教學用品，可憑教育主管機關核轉之進口教育用品免稅申請書等文件，按關稅法第二十六條（今第四十四條）第六款規定，予以免徵關稅。

第四十五條

進口貨物有下列情形之一者，免徵關稅：

一、在國外運輸途中或起卸時，因損失、變質、損壞致無價值，於進口時，向海關聲明者。

二、起卸以後，驗放以前，因水火或不可抗力之禍變，而遭受損失或損壞致無價值者。

三、在海關查驗時業已破漏、損壞或腐爛致無價值，非因倉庫管理人員或貨物關係人保管不慎所致者。

四、於海關放行前，納稅義務人申請退運出口經海關核准者。

第四十六條

課徵關稅之進口貨物，發現損壞或規格、品質與原訂合約規定不符，由國外廠商賠償或掉換者，該項賠償或掉換進口之貨物，免徵關稅。但以在原貨物進口之翌日起一個月內申請核辦，並提供有關證件，經查明屬實者為限。

前項貨物如係機器設備，得於安裝就緒試車之翌日起三個月內申請核辦。

第一項賠償或掉換進口之貨物，應自海關通知核准之翌日起六個月內報運進口；如因事實需要，於期限屆滿前，得申請海關延長之，其延長，以六個月為限。

第四十七條

應徵關稅之貨樣、科學研究用品、試驗用品、展覽物品、遊藝團體服裝、道具、攝製電影電視之攝影製片器材、安裝修理機器必需之儀器、工具、盛裝貨物用之容器，進口整修、保養之成品及其他經財政部核定之物品，在進口之翌日起六個月內或於財政部核定之日期前，原貨復運出口者，免徵關稅。

前項貨物，因事實需要，須延長復運出口期限者，應於出口期限屆滿前，以書面敘明理由，檢附有關證件，向原進口地海關申請核辦；其復運出口期限如原係經財政部核定者，應向財政部申請核辦。

第四十八條

貨樣、科學研究用品、工程機械、攝製電影、電視人員攜帶之攝影製片器材、安裝修理機器必需之儀器、工具、展覽物品、藝術品、盛裝貨物用之容器、遊藝團體服裝、道具，政府機關寄往國外之電影片與錄影帶及其他經財政部核定之類似物品，在出口之翌日起一年內或於財政部核定之日期前原貨復運進口者，免徵關稅。

前項貨物，如因事實需要，須延長復運進口期限者，應於復運進口期限屆滿前，以書面敘明理由，檢附有關證件，向原出口地海關申請核辦；其復運進口期限如原係經財政部核定者，應向財政部申請核辦。

第四十九條

減免關稅之進口貨物，因轉讓或變更用途，致與減免關稅之條件或用途不符者，原進口時之納稅義務人或現貨物持有人應自轉讓或變更用途之翌日起三十日內，向原進口地海關按轉讓或變更用途時之價格與稅率補繳關稅。但逾財政部規定年限者，免予補稅。

分期繳稅或稅款記帳之進口貨物，於關稅未繳清前，除強制執行或經海關專案核准者外，不得轉讓。

依前項規定經強制執行或專案核准者，准由受讓人繼續分期繳稅或記帳。

第一項減免關稅貨物免補稅年限及補稅辦法，由財政部定之。

第五十條

進口供加工外銷之原料，於該原料進口放行之翌日起一年內，經財政部核准復運出口者，免稅。

前項復運出口之原料，其免稅手續，應在出口日之翌日起六個月內申請辦理。

第五十一條

外銷品在出口放行之翌日起五年內，因故退貨申請復運進口者，免徵成品關稅。但出口時已退還之原料關稅，應仍按原稅額補徵。

前項復運進口之外銷品，經提供擔保，於進口之翌日起六個月內整修或保養完畢並復運出口者，免予補徵已退還之原料關稅。

第二節　保稅

第五十二條

運達中華民國口岸之貨物，在報關進口前，得申請海關存入保稅倉庫。在規定存倉期間內，原貨退運出口者，免稅。

前項存倉之貨物在規定存倉期間內，貨物所有人或倉單持有人得申請海關核准於倉庫範圍內整理、分類、分割、裝配或重裝。

保稅倉庫業者應向所在地海關申請登記及繳納保證金；其應具備之資格、條件、設備建置、保證金數額與種類、申請程序、登記與變更、證照之申請、換發、貨物之存儲、管理及其他應遵行事項之辦法，由財政部定之。

第五十三條

外銷品製造廠商，得經海關核准登記為海關管理保稅工廠，其進口原料存入保稅工廠製造或加工產品外銷者，得免徵關稅。但經財政部會同經濟部公告不得保稅之原料，不在此限。

保稅工廠所製造或加工之產品及依前項規定免徵關稅之原料，非經海關核准並按貨品出廠形態報關繳稅，不得出廠內銷。

保稅工廠業者應向所在地海關申請登記；其應具備之資格、條件、最低資本額、申請程序、設備建置、登記與變更、證照之申請、換發、保稅物品之加工、管理、通關、產品內銷應辦補稅程序及其他應遵行事項之辦法，由財政部定之。

第五十四條

經營保稅貨物倉儲、轉運及配送業務之保稅場所，其業者得向海關申請登記為物流中心。

進儲物流中心之貨物，因前項業務需要，得進行重整及簡單加工。

進口貨物存入物流中心，原貨出口或重整及加工後出口者，免稅。國內貨物進儲物流

中心，除已公告取消退稅之項目外，得於出口後依第五十七條規定辦理沖退稅。

物流中心業者應向所在地海關申請登記及繳納保證金；其應具備之資格、條件、最低資本額、保證金數額與種類、申請程序、登記與變更、證照之申請、換發、貨物之管理、通關及其他應遵行事項之辦法，由財政部定之。

第五十五條

經營銷售貨物予入出境旅客之業者，得向海關申請登記為免稅商店。

免稅商店進儲供銷售之保稅貨物，在規定期間內銷售予旅客，原貨攜運出口者，免稅。

免稅商店之保稅貨物，應存儲於專供存儲免稅商店銷售貨物之保稅倉庫。

免稅商店業者應向所在地海關申請登記；其應具備之資格、條件、最低資本額、申請程序、登記與變更、證照之申請、換發、貨物之管理、通關、銷售及其他應遵行事項之辦法，由財政部定之。

第五十六條

進口貨物在報關前，如因誤裝、溢卸或其他特殊原因須退運或轉運出口者，應於裝載該貨之運輸工具進口之翌日起十五日內向海關申請核准，九十日內原貨退運或轉運出口；其因故不及辦理者，應於期限屆滿前，依第五十二條規定向海關申請存儲於保稅倉庫。

不依前項規定辦理者，準用第六十八條第二項規定將其貨物變賣、處理。

第三節　退稅

第五十七條

外銷品進口原料關稅，得於成品出口後退還之。

外銷品進口原料關稅，得由廠商提供保證，予以記帳，俟成品出口後沖銷之。

外銷品應沖退之原料進口關稅，廠商應於該項原料進口放行之翌日起一年六個月內，檢附有關出口證件申請沖退，逾期不予辦理。

前項期限，遇有特殊情形經財政部核准者，得展延之，其展延，以一年為限。

外銷品沖退原料關稅，有關原料核退標準之核定、沖退原料關稅之計算、申請沖退之手續、期限、提供保證、記帳沖銷及其他應遵行事項之辦法，由財政部定之。

第五十八條

繳納關稅進口之貨物，進口一年內經政府禁止而不能使用，於禁止之翌日起六個月內原貨復運出口，或在海關監視下銷燬者，發還其原繳關稅。

已納稅之電影片，經禁止映演，自主管審查影片機關通知禁演之翌日起三個月內退運出口，或在海關監視下銷燬者，退還其關稅。

第五十九條

短徵、溢徵或短退、溢退稅款者，海關應於發覺後通知納稅義務人補繳或具領，或由

納稅義務人自動補繳或申請發還。

前項補繳或發還期限，以一年為限；短徵、溢徵者，自稅款完納之翌日起算；短退、溢退者，自海關填發退稅通知書之翌日起算。

第一項補繳或發還之稅款，應自該項稅款完納或應繳納期限截止或海關填發退稅通知書之翌日起，至補繳或發還之日止，就補繳或發還之稅額，依應繳或實繳之日郵政儲金匯業局之一年期定期儲金固定利率，按日加計利息，一併徵收或發還。

短徵或溢退之稅款及依前項規定加計之利息，納稅義務人應自海關補繳通知送達之翌日起十四日內繳納；屆期未繳納者，自期限屆滿之翌日起，至補繳之日止，照欠繳稅額按日加徵滯納金萬分之五；逾三十日仍未繳納者，依法移送強制執行。

第六十條

應退還納稅義務人之款項，海關應先抵繳其積欠，並於扣抵後，立即通知納稅義務人。

第四章　違禁品

第六十一條

下列違禁品，除法令另有規定外，不得進口：

一、偽造之貨幣、證券、銀行鈔券及印製偽幣印模。

二、賭具及外國發行之獎券、彩票或其他類似之票券。

三、有傷風化之書刊、畫片及誨淫物品。

四、宣傳共產主義之書刊及物品。

五、侵害專利權、圖案權、商標權及著作權之物品。

六、依其他法律規定之違禁品。

第五章　特別關稅

第六十二條

進口貨物在輸出或產製國家之製造、生產、外銷運輸過程，直接或間接領受獎金或其他補貼，致危害中華民國產業者，除依海關進口稅則徵收關稅外，得另徵適當之平衡稅。

第六十三條

進口貨物以低於同類貨物之正常價格傾銷，致危害中華民國產業者，除依海關進口稅則徵收關稅外，得另徵適當之反傾銷稅。

前項所稱正常價格，指在通常貿易過程中，在輸出國或產製國國內可資比較之銷售價格，無此項可資比較之國內銷售價格，得以其輸往適當之第三國可資比較之銷售價格或以其在原產製國之生產成本加合理之管理、銷售與其他費用及正常利潤之推定價格，作為比較之基準。

第六十四條

前二條所稱危害中華民國產業，指對中華民國產業造成重大損害或有重大損害之虞，或重大延緩國內該項產業之建立。

平衡稅之課徵不得超過進口貨物之領受獎金及補貼金額，反傾銷稅之課徵不得超過進口貨物之傾銷差額。

平衡稅與反傾銷稅之課徵範圍、對象、稅額、開徵或停徵日期，應由財政部會商有關機關後公告實施。

平衡稅與反傾銷稅之課徵，其有關申請資格、條件、調查、審議、意見陳述、案件處理程序及其他應遵行事項之實施辦法，由財政部會同有關機關擬訂，報請行政院核定之。

第六十五條

輸入國家對中華民國輸出之貨物或運輸工具所裝載之貨物，給予差別待遇，使中華民國貨物或運輸工具所裝載之貨物較其他國家在該國市場處於不利情況者，該國輸出之貨物或運輸工具所裝載之貨物，運入中華民國時，除依海關進口稅則徵收關稅外，財政部得決定另徵適當之報復關稅。

財政部為前項之決定時，應會商有關機關，並報請行政院核定。

第六十六條

為應付國內或國際經濟之特殊情況，並調節物資供應及產業合理經營，對進口貨物應徵之關稅，得在海關進口稅則規定之稅率百分之五十以內予以增減；對特定之生產事業，在特定期間因合併而達於規定之規模或標準者，依合併計畫所核准輸入之自用機器設備，得予以停徵關稅。

前項增減稅率貨物種類之指定，實際增減之幅度，與特定生產事業之種類，合併應達到之規模或標準，以及增減或停徵關稅之開始與停止日期，均由財政部、經濟部會同擬訂，報請行政院核定，並即由行政院送立法院查照。

前項增減稅率之期間，以一年為限；停徵機器設備關稅之特定期間，以二年為限。

依第一項規定合併之生產事業，如不按原核准合併計畫完成，或於合併計畫完成後未達規定之規模或標準者，原停徵之關稅應予補徵，並依第六十九條規定加徵滯納金。

停徵關稅之機器設備，在進口之翌日起五年內不得讓售、出租或用以另立生產事業；違者依第四十九條之規定辦理。

第六十七條

依貿易法第十八條或國際協定之規定而採取進口救濟或特別防衛措施，得對特定進口貨物提高關稅、設定關稅配額或徵收額外關稅，其課徵之範圍與期間，由財政部會同有關機關擬訂，報請行政院核定。

前項關稅配額之實施，依第四條第二項關稅配額之實施辦法辦理。

第六章　罰則

第六十八條

進口貨物不依第十二條規定期限報關者，自報關期限屆滿之翌日起，按日加徵滯報費新臺幣十八元。

前項滯報費徵滿三十日仍不報關者，由海關將其貨物變賣，所得價款，扣除應納關稅及必要之費用外，如有餘款，由海關暫代保管；納稅義務人得於五年內申請發還，逾期繳歸國庫。

第六十九條

不依第三十八條規定期限納稅者，自繳稅期限屆滿之翌日起，照欠繳稅額按日加徵滯納金萬分之五。

前項滯納金加徵滿六十日仍不納稅者，準用前條第二項之規定處理。

第七十條

海關依第十條及第三十七條規定進行調查時，受調查人如無正當理由規避、妨礙或拒絕調查、拒不提供該貨或同類貨物之有關帳冊、單據等證件或拒絕允許進入相關電腦檔案或資料庫內查核有關資料者，處新臺幣三千元以上三萬元以下罰鍰；連續拒絕者，並得連續處罰之。

第七十一條

依第四十九條規定應繳之關稅，該貨原進口時之納稅義務人、現貨物持有人、轉讓人或受讓人，應自稅款繳納證送達之翌日起十四日內繳納；屆期不繳納者，依第六十九條第一項規定辦理；滯納滿三十日仍不繳納者，依第七十六條規定移送強制執行。

不依第四十九條規定補繳關稅者，一經查出，除補徵關稅外，處以應補稅額一倍之罰鍰。

第七十二條

依法辦理免徵、記帳及分期繳納關稅之進口機器、設備、器材、車輛及其所需之零組件，應繳或追繳之關稅延不繳納者，除依法移送強制執行外，自繳稅期限屆滿日或關稅記帳之翌日起至稅款繳清日止，照欠繳或記帳稅額按日加徵滯納金萬分之五。但以不超過原欠繳或記帳稅額百分之三十為限。

第七十三條

違反第五十三條第二項之規定，將保稅工廠之產品或免徵關稅之原料出廠內銷者，以私運貨物進口論，依海關緝私條例有關規定處罰。

第七十四條

外銷品原料之記帳稅款，不能於規定期限內申請沖銷者，應即補繳稅款，並自記帳之翌日起至稅款繳清日止，照應補稅額，按日加徵滯納金萬分之五。但有下列情形之一

者，免徵滯納金：

一、因政府管制出口或配合政府政策，經核准超額儲存原料者。

二、工廠遭受風災、地震、火災、水災等不可抗力之災害，經當地警察或稅捐稽徵機關證明屬實者。

三、因國際經濟重大變化致不能於規定期限內沖銷，經財政部及經濟部會商同意免徵滯納金者。

四、因進口地國家發生政變、戰亂、罷工、天災等直接影響訂貨之外銷，經查證屬實者。

五、在規定沖退稅期限屆滿前已經出口，或在規定申請沖退稅期限屆滿後六個月內出口者。

第七十五條

違反第六十一條之規定者，除其他法律另有規定外，該項違禁品沒入之。

第七十六條

依本法應繳或應補繳之下列款項，除本法另有規定外，經通知繳納而不繳納者，依法移送強制執行：

一、關稅、滯納金、滯報費、利息。

二、依本法所處之罰鍰。

三、處理變賣或銷燬貨物所需費用，而無變賣價款可供扣除或扣除不足者。但以在處理前通知納稅義務人者為限。

納稅義務人對前項繳納有異議時，準用第四十條至第四十二條之規定。

第一項應繳或應補繳之款項，納稅義務人已依第四十條規定申請復查者，得提供相當擔保，申請暫緩移送強制執行。但依第四十條已提供相當擔保，申請將貨物放行者，免再提供擔保。

第一項應繳或應補繳之關稅，應較普通債權優先清繳。

第七十七條

運達中華民國口岸之貨物，依規定不得進口者，海關應責令納稅義務人限期辦理退運；如納稅義務人以書面聲明放棄或不在海關規定之期限內辦理退運，海關得將其貨物變賣，所得價款，於扣除應納關稅及必要費用後，如有餘款，應繳歸國庫。

依前項及第六十八條第二項、第六十九條第二項規定處理之貨物，無法變賣而需銷燬時，應通知納稅義務人限期在海關監視下自行銷燬；屆期未銷燬者，由海關逕予銷燬，其有關費用，由納稅義務人負擔，並限期繳付海關。

第七十八條

經營報關、運輸、倉儲、貨櫃集散站及其他與通關有關業務之業者，辦理電腦連線或電子資料傳輸通關資料之登記、申請程序、管理或其他應遵行事項，違反依第八條第

三項所定之辦法者，海關得予以警告並限期改正或處新臺幣六千元以上三萬元以下罰鍰；並得連續處罰；連續處罰三次仍未完成改正者，得停止六個月以下之連線報關。

第七十九條

載運客貨運輸工具之負責人或其委託之運輸工具所屬業者辦理進出口通關、執行運輸業務及運輸工具所屬業者之變更登記、證照之申請、換發或其他應遵行事項，違反依第十五條第三項所定之辦法者，海關得予以警告並限期改正或處新臺幣二萬元以上九萬元以下罰鍰；並得連續處罰；連續處罰三次仍未完成改正者，得停止六個月以下之報關。

第八十條

報關業者之變更登記、證照之申請、換發、辦理報關業務或其他應遵行事項，違反依第十八條第三項所定之辦法者，海關得予以警告並限期改正或處新臺幣六千元以上三萬元以下罰鍰；並得連續處罰；連續處罰三次仍未完成改正者，得停止六個月以下之報關業務或廢止報關業務證照。

專責報關人員辦理報關審核簽證業務或其他應遵行事項，違反依第十八條第三項所定之辦法者，海關得予以警告並限期改正或處新臺幣二千元以上五千元以下罰鍰；並得連續處罰；連續處罰三次仍未完成改正者，得停止六個月以下之報關審核簽證業務或廢止其登記。

第八十一條

保稅運貨工具所有人之變更登記、證照之申請、換發、保稅運貨工具使用管理或其他應遵行事項，違反依第二十一條第二項所定之辦法者，海關得予以警告並限期改正或處新臺幣三千元以上一萬元以下罰鍰；並得連續處罰；連續處罰三次仍未完成改正者，得停止六個月以下裝運貨物或廢止其登記。

第八十二條

貨棧或貨櫃集散站業者之變更登記、證照之申請、換發、貨櫃及貨物之存放、移動、管理或其他應遵行事項，違反依第二十二條第二項所定之辦法者，海關得予以警告並限期改正或處新臺幣六千元以上三萬元以下罰鍰；並得連續處罰；連續處罰三次仍未完成改正者，得停止六個月以下進儲貨櫃及貨物或廢止其登記。

第八十三條

經營快遞業務之業者辦理快遞貨物通關、理貨或其他應遵行事項，違反依第二十三條第二項所定之辦法者，海關得予以警告並限期改正或處新臺幣六千元以上三萬元以下罰鍰；並得連續處罰；連續處罰三次仍未完成改正者，得停止六個月以下快遞貨物通關之業務。

第八十四條

保稅倉庫業者之變更登記、證照之申請、換發、保稅倉庫之設備建置、貨物之存儲，

管理或其他應遵行事項，違反依第五十二條第三項所定之辦法者，海關得予以警告並限期改正或處新臺幣六千元以上三萬元以下罰鍰；並得連續處罰；連續處罰三次仍未完成改正者，得停止六個月以下進儲保稅貨物、按月彙報或廢止其登記。

第八十五條

保稅工廠業者之變更登記、證照之申請、換發、保稅工廠之設備建置、保稅物品之加工、管理、通關、產品內銷應辦補稅程序或其他應遵行事項，違反依第五十三條第三項所定之辦法者，海關得予以警告並限期改正或處新臺幣六千元以上三萬元以下罰鍰；並得連續處罰；連續處罰三次仍未完成改正者，得停止六個月以下保稅工廠業務之一部或全部或廢止其登記。

第八十六條

物流中心業者之變更登記、證照之申請、換發、貨物之管理、通關或其他應遵行事項，違反依第五十四條第四項所定之辦法者，海關得予以警告並限期改正或處新臺幣六千元以上三萬元以下罰鍰；並得連續處罰；連續處罰三次仍未完成改正者，得停止六個月以下貨物進儲、按月彙報或廢止其登記。

第八十七條

免稅商店業者之變更登記、證照之申請、換發、貨物之管理、通關、銷售或其他應遵行事項，違反依第五十五條第四項所定之辦法者，海關得予以警告並限期改正或處新臺幣六千元以上三萬元以下罰鍰；並得連續處罰；連續處罰三次仍未完成改正者，得停止六個月以下貨物進儲或廢止其登記。

第八十八條

辦理外銷品沖退稅之廠商申請沖退稅、辦理原料關稅記帳或其他應遵行事項，違反依第五十七條第五項所定之辦法者，海關得停止廠商六個月以下之記帳。

第八十九條

依第十五條、第二十一條、第二十二條、第五十二條、第五十四條規定繳納保證金之業者，欠繳依本法規定應繳稅款、規費或罰鍰時，海關得就其所繳保證金抵繳。

保證金因前項抵繳而不足時，海關得通知於一定期限內補足差額；屆期不補足者，得停止六個月以下業務之經營或廢止其登記。

第九十條

保稅運貨工具載運之貨物及貨棧、貨櫃集散站、保稅倉庫、免稅商店儲存之貨物，如有非法提運、遺失、遭竊或其他原因致貨物短少者，業者應負責補繳短少之進口稅捐。

第九十一條

進出口貨物如有私運或其他違法漏稅情事，依海關緝私條例及其他有關法律之規定處理。

第七章　附則

第九十二條

依本法登記之貨棧、貨櫃集散站、保稅倉庫、物流中心及其他經海關指定之業者，其原由海關監管之事項，海關得依職權或申請，核准實施自主管理。

海關對實施自主管理之業者，得定期或不定期稽核。

第一項自主管理之事項、範圍、應備條件及其他應遵行事項之辦法，由財政部定之。

第九十三條

關稅納稅義務人或貨物輸出人及其關係人對於與進出口貨物有關之紀錄、文件、會計帳簿及相關電腦檔案或資料庫等資料，應自進出口貨物放行之翌日起，保存五年。

第九十四條

海關對進出口運輸工具與貨物所為之特別服務，及各項證明之核發，得徵收規費；其徵收規則，由財政部定之。

第九十五條

本法施行細則，由財政部定之。

第九十六條

本法自公布日施行。

10.關稅配額實施辦法

中華民國九十年十一月二十九日財政部（九〇）臺財關字第〇九〇〇五五〇七一一號令訂定發布全文十九條

第一條

本辦法依關稅法（以下簡稱本法）第三條之一第二項規定訂定之。

第二條

本辦法所稱關稅配額，指對特定之進口貨物訂定數量，在此數量內適用海關進口稅則所訂之較低關稅稅率（以下簡稱配額內稅率），超過數量部分則適用一般關稅稅率（以下簡稱配額外稅率）。

第三條

關稅配額之核配，由財政部為之，並得委任所屬機關或委託其他機關（構）辦理。

第四條

實施關稅配額之貨物適用配額內稅率者，依進口貨物先到先配或事先核配方式辦理。

依事先核配方式辦理者，得依下列方法核配關稅配額：

一、申請順序。

二、抽籤。

三、進口實績。

四、標售關稅配額權利。

五、其他經國際間約定或財政部會商有關機關認定之方法。

依前項規定核配關稅配額時，並得收取履約保證金或權利金。

第五條

實施關稅配額貨物適用之分配方式、分配期間、分配期數、開始與截止申請分配日期、核配方法、最低與最高總分配量、參與分配資格、收取履約保證金或權利金之類別及其他相關事項，由財政部會商有關機關後，於實施關稅配額日期前公告，並刊登財政部公報；其屬事先核配者，應於開始申請分配日六十日前公告之。

事先核配採分期分配方式者，應於每期開始申請分配日二十一日前公告該期分配數量。

第六條

實施關稅配額，得考量國內特殊需要或依國際協定，對個別生產國家或地區訂定數量。實施關稅配額之貨物，其原產地之認定，依進口貨品原產地認定標準辦理；必要時，海關得請納稅義務人提供產地證明文件。

第七條

依進口貨物先到先配方式核配關稅配額者，以進口日之先後順序核配關稅配額；同一進口日，其報關總數超過未使用數量時，按個別申報數量之比例核配關稅配額。

前項進口日，以裝載貨物之運輸工具進口日為準。但依本法第三十五條規定存儲保稅倉庫之貨物，以其申請出倉進口日為準。

第八條

依進口貨物先到先配方式核配關稅配額者，其報關數量達一定額度時，海關應公告，並俟財政部或其委任或委託之機關（構）分配作業完成後，再據以徵稅驗放；納稅義務人如有先行提貨之必要者，得按配額外稅率計算應納關稅之數額繳納保證金，申請驗放。

前項之一定額度，應於貨物適用之分配方式依第五條規定公告時，一併公告。

進口人未自裝載貨物之運輸工具進口日起十五日內，向海關辦理報關時，數量已核配完畢者，不得要求適用配額內稅率課稅。

第九條

依事先核配方式申請參與分配者，應於依第五條第一項公告之截止申請分配日前，檢具關稅配額申請書，載明下列事項，向財政部或其委任或委託之機關（構）申請核配：

一、申請人中、英文名稱、營利事業或國民身分證統一編號、地址及電話。

二、申請進口貨物稅則號別、貨名、數量、單位。

申請進口之貨物係依個別生產國家或地區訂定數量者，關稅配額申請書並應載明其原

產地資料。

第十條

依事先核配方式核配關稅配額者，財政部或其委任或委託之機關（構）應於依第五條第一項公告之截止申請分配日起十四日內，公告獲配名單，並於核發關稅配額證明書時，收取履約保證金或權利金。

前項之履約保證金，於關稅配額證明書所載有效期限內全數進口後，獲配人（或受讓人）應向原核配之機關（構）申請發還；其未於五年內申請發還者，或未於關稅配額證明書有效期限內全數進口者，不予發還，繳歸國庫。

第一項之權利金，除農產品部分作為農產品受進口損害救助基金之來源外，其餘部分繳歸國庫。

第十一條

依第九條獲配之配額，得於關稅配額證明書有效期限內全部或部分轉讓。

前項之轉讓，應由權利人及受讓人聯名填具關稅配額申請書，並檢附下列文件，向原核配之機關（構）辦理轉讓及履約保證金之移轉手續：

一、原關稅配額證明書。

二、雙方簽署之配額轉讓同意書。

三、雙方簽署之履約保證金移轉同意書。

第十二條

事先核配之配額，應於關稅配額證明書有效期限內整批或分批進口，由海關依關稅配額證明書所載數量驗明實到貨物後核銷之，並將核銷數量送原核配之機關（構）。

第十三條

事先核配之配額，未能於關稅配額證明書有效期限屆滿前全數進口者，得於有效期限屆滿前檢附買賣合約及原關稅配額證明書，向原核配之機關（構）申請展期；其展延日期，不得逾當期關稅配額截止日。

第十四條

依第九條獲配之配額，當年未核發關稅配額證明書或未辦理進口者，除已依前條規定核准展期者外，財政部應辦理重分配，並於開始申請重分配日二十一日前公告。

前項重分配之申請參與分配、核配及關稅配額證明書之核發，依第九條及第十條規定辦理。

第十五條

關稅配額證明書所載營利事業名稱、地址或電話如有更改必要者，得於證明書有效期限內，檢具原證明書正本及有關證件，向原核配之機關（構）申請核辦。

第十六條

進口貨物適用事先核配之配額內稅率，進口人未能即時檢具關稅配額證明書而能補正

者，得按配額外稅率計算應納關稅之數額繳納保證金，申請先行驗放，並於證明書有效期限屆滿前補辦手續；屆期未補辦者，依本法第五條之一第三項規定沒入其保證金。

第十七條

進口貨物未能適用關稅配額之配額內稅率者，進口人得依配額外稅率報關進口，或於海關放行前依下列方式辦理：

一、申請退運出口。

二、依本法第三十五條及保稅倉庫設立及管理辦法規定申請存儲保稅倉庫。

第十八條

依本法第四十七條之二設定關稅配額之實施，依本辦法規定辦理。

第十九條

本辦法自發布日施行。

11.平衡稅及反傾銷稅課徵實施辦法

中華民國九十年十二月十九日財政部（九〇）臺財關字第〇九〇〇〇六八四六二號令、經濟部（九〇）經貿委字第〇九〇〇〇二六一六四七〇號令會銜修正發布全文五十條

第一條

本辦法依關稅法（以下簡稱本法）第六十四條第四項規定訂定之。

第二條

平衡稅及反傾銷稅之課徵，由財政部依職權、申請及其他機關之移送，於調查、審議後，依法核定並公告之。

第三條

平衡稅或反傾銷稅案件（以下簡稱案件）有關進口貨物有無補貼或傾銷之調查，其主管機關為財政部；有關該進口貨物補貼或傾銷有無危害中華民國產業之調查，其主管機關為經濟部。

經濟部為前項之調查，應交由經濟部貿易調查委員會（以下簡稱貿委會）為之。

第四條

平衡稅及反傾銷稅，由本法第五條所定之納稅義務人負責繳納。

第五條

本辦法所稱同類貨物，指與進口貨物相同之產品，或相同物質所構成且具有相同特徵、特性之產品。其為相同物質構成而外觀或包裝不同者，仍為同類貨物。

本辦法所稱同類貨物產業，指中華民國國內同類貨物（以下簡稱國內同類貨物）之全部或部分生產者，其總生產量占同類貨物主要部分者。但生產者與國內進口商或國外出口商有關聯，或其本身亦進口與進口貨物相同之產品時，得不包括在同類貨物產業

以內。

前項所稱生產者與國內進口商或國外出口商有關聯，指法律上或業務經營上一方得直接或間接控制他方，或雙方直接或間接控制第三者或受第三者所控制，而影響生產者之行為。

第六條

國內同類貨物生產者或與該同類貨物生產者有關經依法令成立之商業、工業、勞工、農民團體或其他團體，具產業代表性者，得代表該同類貨物產業，申請對進口貨物課徵平衡稅或反傾銷稅。

前項所稱具產業代表性，以申請時最近一年該同類貨物總生產量計算，其明示支持申請案之國內同類貨物生產者之生產量應占明示支持與反對者總生產量百分之五十以上，且占國內該產業總生產量百分之二十五以上。

第七條

申請對進口貨物課徵平衡稅或反傾銷稅者，應檢具申請書，載明下列事項，並依第二十一條規定檢附相當資料，向財政部為之：

一、進口貨物說明：

　　㈠該貨物之名稱、品質、規格、用途、稅則號別或商品標準分類號列，及其他特徵。

　　㈡該貨物之輸出國或產製國與已知之國外生產者、出口商及國內進口商。

二、申請人資格說明：

　　㈠申請人身分及支持與反對申請案之國內同類貨物生產者及其生產量。

　　㈡所生產同類貨物之名稱、品質、規格、用途、稅則號別或商品標準分類號列，及其他特徵。

三、補貼或傾銷說明：

　　㈠申請對進口貨物課徵平衡稅者，應載明該貨物在輸出國或產製國之製造、生產、外銷、運輸過程，直接或間接領受獎金或其他補貼。

　　㈡申請對進口貨物課徵反傾銷稅者，應載明該貨物輸入中華民國之銷售價格，及在通常貿易過程中輸出國或產製國可資比較之銷售價格，或其輸往適當第三國可資比較之代表性銷售價格，或其產製國之生產成本加合理之管理、銷售與其他相關費用及正常利潤之推定價格。

　　㈢申請人主張有臨時課徵平衡稅或反傾銷稅之必要者，應載明理由。

　　㈣申請人主張對開始臨時課徵平衡稅或反傾銷稅之日前進口之貨物課徵平衡稅或反傾銷稅者，應載明有第四十三條規定之情事。

四、危害中華民國產業之資料：

　　㈠申請人及其所代表之產業最近三年生產、銷售之數量與價值、獲利、僱用員工

及生產能量之使用等情形。

㈡該貨物最近三年之總進口數量與價值、在中華民國市場之占有率、來自該輸出國之進口數量與價值及對國內同類貨物價格之影響。

㈢申請人主張有延緩國內同類貨物產業之建立，須證明該產業即將建立，且新產業之計畫已進行至相當階段。

㈣申請人如有正當理由無法提出最近三年有關危害中華民國產業之資料者，得提出最近期間之國內產業損害資料。

第八條

財政部對於課徵平衡稅或反傾銷稅之申請，除認有下列情形之一，應予駁回者外，應會商有關機關，作成應否進行調查之議案提交財政部關稅稅率委員會（以下簡稱委員會）審議：

一、申請人不具備第六條規定資格者。

二、不合前條規定，經限期補正資料而屆期不補正者。

三、對於顯非屬課徵平衡稅或反傾銷稅範圍之事項提出申請者。

前項申請案件，財政部應於收到申請書之翌日起四十日內提交委員會審議。但第二款申請人補正所需時間，不計入該四十日期間。

申請課徵平衡稅案件於提交委員會審議前，財政部應先通知輸出國或產製國進行諮商解決之；於調查期間，並應提供諮商之機會。

前項諮商，不影響案件審議、調查之進行。

第九條

經委員會審議決議不進行調查之案件，財政部應即以書面通知申請人及已知之利害關係人，並予公告後結案；其經決議進行調查者，應即以書面通知申請人及已知之利害關係人，並公告之。

財政部於調查開始時，並應將第七條所定申請書之內容，提供予輸出國政府或其代表及已知之國外出口商。但依規定應予保密之資料，不在此限。

第十條

本辦法所稱利害關係人，其範圍如下：

一、受調查貨物之國外生產者、出口商與國內進口商，及以國內進口商或國外生產者、出口商為主要會員之商業、工業或農民團體。

二、輸出國或地區、產製國或地區之政府或其代表。

三、國內同類貨物之生產者或以其為主要會員之商業、工業或農民團體。

四、其他經主管機關認定之利害關係人。

第十一條

經委員會審議決議進行調查之案件，財政部應就有無補貼或傾銷進行調查，並應即移

送經濟部就有無危害中華民國產業進行調查。

第十二條

經濟部為前條之調查，應於案件送達之翌日起四十日內，就申請人及利害關係人所提資料，參酌其可得之相關資料審查後，將初步調查認定結果通知財政部；其經初步調查認定未危害中華民國產業者，財政部於提交委員會審議結案後，應即以書面通知申請人及已知之利害關係人，並公告之。其經初步調查認定有危害中華民國產業者，財政部於通知送達之翌日起七十日內應提交委員會審議後，作成有無補貼或傾銷之初步認定，並應即以書面通知申請人與已知之利害關係人及公告之。

第十三條

財政部初步認定有補貼或傾銷事實，且有暫行保護國內有關產業之緊急必要者，於會商有關機關後，得對該進口貨物臨時課徵平衡稅或反傾銷稅，並應即以書面通知申請人與已知之利害關係人及公告之。

前項臨時課徵之平衡稅或反傾銷稅，得由納稅義務人提供同額公債或經財政部認可之有價證券作為擔保。

臨時課徵之平衡稅或反傾銷稅，其課徵期間最長為四個月；臨時課徵之反傾銷稅如經國外出口商請求，得准予延長至六個月。

財政部於調查程序中，如認應進行審查是否課徵較傾銷差額為低之反傾銷稅即足以消除損害時，得提交委員會審議後，將前項四個月及六個月之課徵期間分別調整為六個月及九個月。

第十四條

財政部初步認定之案件，無論認定有無補貼或傾銷，均應繼續調查，於初步認定之翌日起六十日內提交委員會審議後，完成最後認定。

經最後認定無補貼或傾銷之案件，財政部應予結案，並以書面通知申請人與已知之利害關係人及公告，同時通知經濟部停止調查。經最後認定有補貼或傾銷之案件，財政部應即以書面通知申請人與已知之利害關係人及公告，並通知經濟部。經濟部應於接獲通知之翌日起四十日內，作成該補貼或傾銷是否危害國內產業之最後調查認定，並將最後調查認定結果通知財政部。

第十五條

案件經主管機關調查發現有下列情事之一者，由財政部提交委員會審議後，終止調查：

一、補貼、傾銷或損害之證據不足。

二、補貼金額低於其輸入中華民國價格百分之一。

三、經最後認定傾銷差額低於輸出國或產製國同類貨物輸入中華民國價格百分之二。

四、數個涉案國家，其個別傾銷或補貼輸入數量低於同類貨物進口數量百分之三。但各該涉案國家進口數量合計高於同類貨物進口總數量百分之七者，不在此限。

依前項規定終止調查時，財政部應即以書面通知申請人及已知之利害關係人，並予公告後結案。

第十六條

財政部對於經濟部最後調查認定無危害中華民國產業之案件，於提交委員會審議結案後，應即以書面通知申請人與已知之利害關係人及公告之。經最後調查認定有危害中華民國產業者，財政部應於經濟部通知送達之翌日起十日內提交委員會審議是否課徵平衡稅或反傾銷稅；其經委員會審議決議應課徵者，財政部應依法核定課徵平衡稅或反傾銷稅之範圍、對象、稅額、開徵或停徵日期，並應即以書面通知申請人與已知之利害關係人及公告之。

委員會為前項是否課徵之審議時，應以補貼或傾銷及產業危害等因素為主要之認定基礎，並得斟酌案件對國家整體經濟利益之影響。

第十七條

依本辦法開始調查、初步或最後認定、臨時課徵平衡稅或反傾銷稅及依第二十四條接受具結而暫停或終止調查之公告，除應予保密者外，應載明下列事項：

一、開始調查之公告：

　　㈠輸出國或產製國名稱及涉案貨物。

　　㈡開始調查日期。

　　㈢補貼或傾銷根據。

　　㈣危害產業之各項經濟因素摘要。

　　㈤利害關係人表示意見之期間及書面意見送達之處所。

二、初步或最後認定之公告：

　　㈠對主要主張事項之認定結果。

　　㈡認定之理由及法令依據。

三、臨時課徵平衡稅或反傾銷稅之公告：

　　㈠初步認定有補貼、傾銷與損害之理由及法令依據。

　　㈡國外生產者或出口商名稱，或輸出國或產製國。

　　㈢涉案貨物之說明。

　　㈣認定補貼或傾銷額度之理由。

　　㈤認定臨時課徵平衡稅或反傾銷稅之主要理由。

四、接受具結而暫停或終止調查之公告：

　　㈠接受具結之相關事實及法令依據。

　　㈡接受或拒絕利害關係國、國外出口商及國內進口商所提意見之理由。

　　㈢認定補貼或傾銷額度及損害之理由。

　　㈣非應予保密之具結資料。

第十八條

主管機關對於案件之調查、審議，必要時得就本辦法規定之各項期間延長二分之一。

前項期間之延長，應即以書面通知申請人及已知之利害關係人，並公告之。

第十九條

主管機關對於案件之調查，依下列規定辦理：

一、要求申請人及已知之利害關係人答復問卷或提供有關資料。

二、對於申請人及利害關係人以書面提出之有關證明、資料，予以適切調查。

三、必要時，得派員至該貨物之國內進口商或同類貨物生產者、國外生產者或出口商
　　之營業處所調查。

四、必要時，得通知申請人或已知之利害關係人陳述意見，或接受申請人或利害關係
　　人敘明理由申請陳述意見。

前項第一款之問卷如係寄送國外生產者或出口商，自其收受問卷之日起，至少應給予
三十日之答復問卷期間；經敘明理由申請延長者，必要時得予以延長。

第一項第四款以言詞陳述意見者，應於事後就其言詞陳述之意見，補提書面資料。

第二十條

申請人及利害關係人得請求閱覽有關平衡稅或反傾銷稅調查之資料。但依規定應予保
密者，不得請求閱覽。

第二十一條

申請人及利害關係人對其所提資料應分別載明可否公開；其請求保密者，應提出可公
開之摘要。

前項保密之請求無正當理由或未提出可公開之摘要者，主管機關得拒絕使用該資料。
申請人及利害關係人得於接到拒絕通知之翌日起七日內，取回該項資料。

申請人及利害關係人對其所提資料請求保密而有正當理由者，主管機關未經其同意，
不得公開之。

第二十二條

申請人及利害關係人未依規定期限提供必要資料或有妨礙調查之情事時，主管機關得
依已得資料予以審查。

第二十三條

貿委會進行有無危害中華民國產業之調查，除本辦法另有規定外，準用貨品進口救濟
案件處理辦法第三章產業受害之調查有關規定。

第二十四條

案件經初步認定後，輸出國政府或國外出口商向財政部提出消除補貼、傾銷或其他有
效措施，致不危害中華民國產業之具結者，財政部得接受其具結。

前項具結，財政部得要求輸出國政府或國外出口商定期提供有關履行其具結之資料。

第二十五條

財政部接受前條具結後，得停止審理程序及臨時課徵平衡稅或反傾銷稅，並通知申請人與已知之利害關係人及公告之。

輸出國政府或國外出口商有違反具結情事時，主管機關應即依第十四條規定續行調查；案件於當時未臨時課徵或停止臨時課徵平衡稅或反傾銷稅者，財政部得於必要時就已得資料提交委員會審議後，臨時課徵平衡稅或反傾銷稅。其經依法核定課徵平衡稅或反傾銷稅者，並得對開始臨時課徵之日前九十日內進口之貨物課徵平衡稅或反傾銷稅。但對違反具結前已進口之貨物，不予課徵。

第二十六條

財政部接受依第二十四條規定所為之具結後，主管機關得依職權或經輸出國政府或國外出口商請求，繼續調查。

調查結果無補貼、傾銷或損害時，具結自動失效。但無補貼、傾銷或損害主要係因具結所致者，不在此限。

第二十七條

本辦法所稱補貼，指輸出國政府或公立機構直接或間接對特定事業或產業採取下列措施之一，而授與利益者：

一、提供補助金、貸款或參與投資。

二、提供信用保證。

三、免除或未催徵應繳納之租稅。

四、收購物品或提供基本公共設施以外之物品或勞務。

五、所得補貼或價格保證。

下列各款情事，不得視為授與利益：

一、輸出國政府或公立機構以該國國內私人投資之方式投入股本者。

二、輸出國政府或公立機構提供一般廠商在市場上可取得之商業貸款條件者。

三、廠商就貸款所付金額不因輸出國政府或公立機構提供貸款保證而受影響者。

四、輸出國政府或公立機構提供物品或勞務所得報酬不低於一般市場上之報酬，或收購物品所給付之報酬不高於一般市場上之報酬者。

第二十八條

本辦法所定補貼金額，以進口貨物每單位所獲補貼之金額計算，並應依下列規定辦理：

一、取得補貼經支出費用或輸出國為抵銷補貼而課徵出口稅捐者，其所支出之費用及繳納之出口稅捐應予扣除。

二、非按生產或出口之數量補貼者，應將該補貼之總值分攤於一定期間內生產或出口之產品。

三、以貸款或保證方式補貼者，應依受益人實付或應付利息與輸出國正常商業上貸款

或保證應付利息兩者之差額計算之。

第二十九條

有下列情事之一者，不得認為係本法第六十三條第二項所稱通常貿易過程；其價格不得作為正常價格：

一、買賣雙方具有特殊關係或訂有補償約定，致影響其成本或價格者。

二、進口貨物係在產製國國內或向第三國以低於製造成本加管理、銷售及其他相關費用之單位銷貨成本價格，持續於一定期間內銷售，且所有交易加權平均價格低於加權平均單位成本，或其數量超過所有交易銷售數量百分之二十以上，而於合理期間無法回收其成本者。但銷售時低於單位成本之售價高於調查期間之單位加權平均成本者，視為在合理期間成本得以回收。

第三十條

本法第六十三條第二項所稱無此項可資比較之國內銷售價格，指輸出國或產製國國內市場有下列情事之一者：

一、市場無同類貨物之銷售。

二、市場銷售數量低於該國輸入中華民國數量百分之五。但該較低之數量如於通常貿易過程中銷售且具代表性者，不在此限。

三、市場情況特殊。

第三十一條

依本法第六十三條第二項規定，輸出國或產製國國內無可資比較之銷售價格，而以推定價格作為比較基準時，其管理、銷售與其他費用及正常利潤之總額，應按涉案進口貨物於通常貿易過程中，國外生產者或出口商實際生產及銷售資料計算之；如無法計算，依下列基礎推算之：

一、國外生產者或出口商於產製國國內市場生產及銷售同類貨物所發生之實際費用。

二、其他受調查之國外生產者或出口商於產製國國內市場生產及銷售同類貨物實際發生之加權平均費用。

三、其他合理方法。但其推算之利潤，不得高於產製國國內市場其他出口商或生產者銷售同類貨物之正常利潤。

第三十二條

無輸入中華民國價格或因國外出口商與國內進口商或第三者間有特殊關係或有補償性約定之交易，致涉案貨物輸入中華民國之價格不足採信時，財政部得根據該貨物首次轉售國內無特殊關係買主之價格，推算其輸入價格。

第三十三條

本辦法所定傾銷差額，以輸入中華民國之價格低於正常價格之差額計算之。

前項輸入中華民國之價格與正常價格之比較，得以加權平均輸入中華民國價格與加權

平均正常價格比較，或以逐筆方式就輸入中華民國價格與正常價格比較；如因不同買主、地區或時點而呈現鉅大價差者，得以逐筆輸入中華民國價格與加權平均正常價格比較。

依前條規定推算之輸入中華民國價格，應扣除貨物進口後至轉售間所有下列費用後，再與正常價格比較：

一、保險、運輸、處理、裝卸及其他費用。

二、因進口或轉售所負擔之關稅及其他稅捐。

三、合理之利潤或佣金支出。

進口貨物非由產製國直接輸入中華民國而由第三國間接輸入者，傾銷差額得以輸入中華民國價格與第三國之正常價格依第一項規定方式比較計算之。但第三國僅轉口或無產製該貨物或無正常價格時，得與原產製國之正常價格比較計算之。

產製國或輸出國為非市場經濟國家者，得以市場經濟第三國可資比較之銷售或推算價格，或該第三國輸往其他市場經濟國家或中華民國可資比較之銷售價格為正常價格。如無法決定時，得以其他合理基礎推算之。

第三十四條

前條傾銷差額之計算，並應符合下列規定：

一、輸入中華民國價格與正常價格之比較，應基於相同之交易層次及交易時間為之。

二、就進口貨物之物理特性、稅賦與交易之層次、時間、數量、條件及其他影響價格之因素調整其差異。

前項第一款之價格比較涉及貨幣兌換時，應以銷售日之匯率為準；如調查期間匯率持續變動者，應予出口商調整其輸入中華民國價格之機會。

第三十五條

第三十三條之傾銷差額，應按已知之受調查國外生產者、出口商個別決定之。

案件受調查之國外生產者、出口商及國內進口商或貨物類型過多時，主管機關得選擇合理家數之廠商或貨物範圍作為調查對象，或以其出口量占該國最大輸出比例之廠商作為調查對象，進行調查以決定受調查之國外生產者或出口商之傾銷差額。

依前項未被選定為調查對象之國外生產者、出口商，如及時提供必要資料，且不影響調查者，仍應個別決定其傾銷差額，並適用個別稅率。但該等出口商或生產者數目過多致影響調查者，不在此限。

第三十六條

對於前條未被選定為調查對象之國外生產者或出口商課徵之反傾銷稅，不得逾該被選定之國外生產者或出口商之傾銷差額加權平均數。

被選定之國外生產者或出口商，有第十五條第一項第三款或第二十二條規定情事者，不列入前項加權平均數之計算。

財政部對於調查期間未輸入涉案貨物，且與該貨物之國外生產者或出口商無關之國外其他生產者或出口商，於調查程序終止後，經其申請得立即進行認定其個別傾銷差額；並得要求該國外生產者或出口商自開始認定之日起，按原核定反傾銷稅提供擔保，對其於認定期間輸入之涉案貨物，按認定之個別傾銷差額課徵反傾銷稅。

第三十七條

進口貨物因補貼或傾銷，致危害中華民國產業之認定，主管機關應調查下列事項：

一、該進口貨物之進口數量：包括進口增加之絕對數量及與國內生產量或消費量比較之相對數量。

二、國內同類貨物市價所受之影響：包括國內同類貨物因該進口貨物而減價或無法提高售價之情形，及該進口貨物之價格低於國內同類貨物之價格狀況。

三、對國內有關產業之影響：包括各該產業下列經濟因素所顯示之趨勢：

㈠生產量。

㈡生產力。

㈢產能利用率。

㈣存貨狀況。

㈤銷貨狀況。

㈥市場占有率。

㈦銷售價格。

㈧傾銷差額。

㈨獲利狀況。

㈩投資報酬率。

(十一)現金流量。

(十二)僱用員工情形及工資。

(十三)產業成長性。

(十四)募集資本或投資能力。

(十五)其他相關因素。

第三十八條

主管機關對於本法第六十四條有關重大損害之虞之調查，除應調查前條各事項外，並應同時考慮補貼或傾銷進口貨物之進口增加率、國外生產者或出口商之產能、存貨、出口能力及進口價格等因素，衡量是否將因不採取補救措施而使該貨物之進口更為增加，造成中華民國產業之重大損害。

第三十九條

主管機關評估補貼或傾銷進口對國內產業之影響時，如已得資料可依生產程序、國內生產者之銷售及其利潤等標準對貨物為個別之認定，應以國內同類貨物之生產情形作

為調查評估之基準。

國內同類貨物無法依前項基準作個別之認定時，主管機關應就已得資料與進口貨物最接近類別或範圍之貨物，包括同類貨物，以其生產情形作為調查評估之基準。

第四十條

貨物由二國以上輸入，同時受補貼或傾銷調查者，主管機關考量下列情事後，得合併評估補貼或傾銷輸入之影響：

一、無第十五條第一項第二款、第三款及第四款前段規定之情事。

二、進口貨物間之競爭情況。

三、進口貨物與國內同類貨物間之競爭情況。

第四十一條

臨時課徵平衡稅或反傾銷稅之案件有下列情事之一者，其平衡稅或反傾銷稅之課徵，得自臨時課徵平衡稅或反傾銷稅時為之：

一、經最後認定對中華民國產業造成重大損害。

二、因已對進口貨物臨時課徵平衡稅或反傾銷稅，致最後認定為對中華民國產業有重大損害之虞，而非造成重大損害。

臨時課徵平衡稅或反傾銷稅但無前項第二款情事之案件，經最後認定對中華民國產業有重大損害之虞或重大延緩產業之建立者，其平衡稅或反傾銷稅之課徵應於最後認定之日後為之，財政部應退還納稅義務人已繳納之臨時課徵稅款或解除其提供之擔保。

第四十二條

案件調查後，經核定不課徵者，應退還臨時課徵之平衡稅、反傾銷稅或解除提供之擔保。

案件依前條第一項規定經核定應予課徵者，其應課稅額高於臨時課徵者，其差額免予補徵；低於臨時課徵者，退還其差額。

第四十三條

補貼或傾銷有下列情事之一者，為防止損害再發生，財政部得會商有關機關，對開始臨時課徵平衡稅或反傾銷稅之日前九十日內進口之貨物，課徵平衡稅或反傾銷稅：

一、領受補貼之進口貨物在短時間內大量進口致危害中華民國產業者。

二、傾銷已存續相當時間，或國內進口商明知或可得而知國外出口商正進行傾銷，而於短時間內大量進口傾銷貨物致危害中華民國產業者。

第四十四條

平衡稅或反傾銷稅公告課徵後，財政部得依職權或依原申請人、利害關係人於課徵滿一年後提出之具體事證，提交委員會審議是否進行課徵原因有無消滅或變更之調查。

依前項審議決議進行調查之案件，主管機關應自公告進行調查之翌日起九個月內作成認定。必要時，期間得予延長，但不得逾十二個月。

本條審議程序，依下列規定辦理：

一、僅涉及補貼或傾銷有無消滅或變更者，財政部應於完成調查並提交委員會審議是否停止或變更課徵後，通知利害關係人及公告。

二、僅涉及產業危害有無消滅或變更者，財政部應即移送經濟部調查認定；經濟部將調查結果通知財政部時，財政部應於提交委員會審議是否停止或變更課徵後，通知利害關係人及公告。

三、涉及補貼或傾銷及產業危害有無消滅或變更者，財政部除將產業危害部分移送經濟部調查外，應完成補貼或傾銷有無消滅或變更之調查，並提交委員會審議，其經認定補貼或傾銷已消滅之案件，財政部應通知經濟部停止調查，並通知利害關係人及公告停止課徵。

四、經濟部為前款產業危害有無消滅或變更之調查並作成認定者，應將調查認定結果通知財政部，由財政部併補貼或傾銷有無消滅或變更之調查認定，提交委員會審議後，決議是否停止或變更課徵平衡稅或反傾銷稅，並通知利害關係人及公告。

前項之調查、審議，應考量是否有必要繼續課徵平衡稅或反傾銷稅以抵銷補貼或傾銷，及停止或變更課徵平衡稅或反傾銷稅後損害是否可能繼續或再發生；其處理程序，準用本辦法除第十二條及第十四條以外之規定。

依第二十四條規定接受具結之案件，具結原因消滅或變更之調查及審議，其處理程序，準用本條規定。

第四十五條

平衡稅或反傾銷稅課徵滿五年，其經調查認定補貼或傾銷事實已不存在且國內產業已無損害，或補貼或傾銷及損害不致因停止課徵而再發生者，應停止課徵。

平衡稅或反傾銷稅課徵滿四年六個月前，財政部應公告課徵期間將屆五年，第十條第三款之利害關係人認有繼續課徵之必要者，得於公告後一個月內提出申請。財政部對該申請，應提交委員會審議是否進行調查。

前項審議決議進行調查之案件，財政部應自公告進行調查之日起六個月內完成第一項之調查認定，並通知經濟部。經濟部應自公告進行調查之日起八個月內完成第一項之調查認定，並通知財政部。財政部應於接獲通知之翌日起十日內提交委員會審議；其經審議決議繼續課徵者，財政部應通知已知之利害關係人，並公告之。

前項規定之期間，必要時得予延長，但不得逾十二個月；其處理程序，準用本辦法除第十二條及第十四條以外之規定。

第二項利害關係人未檢附具體事證或未於期限內提出申請或經委員會決議不進行調查或經調查認定不繼續課徵者，財政部應提交委員會審議決議後，通知已知之利害關係人，並公告之。

依第二十四條規定接受具結之案件，其處理程序，準用本條規定。

第四十六條

課徵平衡稅或反傾銷稅之進口貨物加工外銷時，該平衡稅或反傾銷稅，不予退還。但原貨復運出口，符合本法免徵關稅規定者，所繳之平衡稅或反傾銷稅，得予退還。

第四十七條

納稅義務人繳納之平衡稅或反傾銷稅，經發現輸出國生產者或出口商有提供或補償情事時，應加徵該提供或補償金額之平衡稅或反傾銷稅。

第四十八條

本辦法有關案件之調查、審議、認定等相關事宜，本法及本辦法未規定者，得參照有關國際協定或慣例辦理之。

第四十九條

依本辦法應公告之事項，除應刊登財政部公報外，並得刊登於日報。

第五十條

本辦法自發布日施行。

12.海關管理保稅工廠辦法

中華民國九十年十二月三十日財政部（九○）臺財關字第○九○○五五○八二六號令修正發布全文六十一條

第一章　總則

第一條

本辦法依關稅法第五十三條第三項規定訂定之。

第二條

保稅工廠進出口（包括視同進出口）保稅貨物，海關得視其等級依有關規定增減查驗比率或予以免驗。

第三條

依本辦法進口（包括視同進口）之原料，應照海關徵收規費規則徵收業務費。保稅工廠進口之原料轉售保稅工廠者，仍應依照規定向買受原料之保稅工廠徵收業務費。

前項業務費海關得視需要於進口時徵收或按月彙計徵收。按月彙計徵收者，保稅工廠應於次月十日前自動向監管海關繳納。

前項業務費之繳納，得以預繳、匯撥或其他經核准之方式辦理。業務費逐筆徵收者，其未滿新臺幣十元者免繳。

第二章　登記

第四條

依公司法組織登記設立之股份有限公司,其實收資本額在新臺幣五千萬元以上,設有登記合格之工廠,並具備下列條件者,得向海關申請核准登記為保稅工廠:

一、使用之原料非屬經公告不准保稅者。

二、公司財務健全,無累積虧損或申請時前三年(成立未滿三年者,以其存續期間為準)平均無虧損者,或雖有累積虧損,其虧損後資本淨額仍在新臺幣五千萬元以上,或已按扣除累積虧損後資本淨額不足新臺幣五千萬元之金額辦理增資或提供其他擔保者。

三、公司無欠稅且最近三年內漏稅紀錄合計未達新臺幣五十萬元者。

四、廠區適於海關管理,設有警衛室並派員駐守者。

五、產品全部外銷者,但經監管海關核准部分內銷者,不在此限。

六、具備製造外銷成品應有之機器設備及完善之安全設施,經海關勘查符合規定者。

七、分設之原料及成品倉庫,經海關勘查合格者。但有不宜倉儲之笨重或具危險性之保稅物品者,應另設有經海關認可之適當儲存處所。

八、廠房設施符合第五條所定標準者。

九、具備電腦處理有關保稅業務帳冊、報表及相關資料者。

經依其他法律規定核准在中華民國境內設立之外國分公司,其實際匯入並經登記之營業資金在新臺幣五千萬元以上,設有登記合格之工廠者,得依前項規定向海關申請核准登記為保稅工廠。

本條修正發布前已核准登記之保稅工廠,其實收資本額或營業資金未達第一、二項規定之金額者,應於修正條文實施之翌日起五年內辦理增資,屆期海關得逕依第五十七條第一款規定廢止其保稅工廠登記。

海關視實施貨物通關自動化及電腦化管理作業需要,得依實際情形公告要求保稅工廠設置電腦及相關連線設備以電子資料傳輸方式處理有關保稅業務,其作業規定,由海關訂定之。

第五條

保稅工廠之廠房設施應符合下列標準:

一、生產機器及設備已安裝完竣,能立即開工生產或已在生產中。

二、原料倉庫及成品倉庫須為堅固之建築,且具有防盜、防火、防水、通風照明及其他確保存貨安全之設施,並須與辦公室保持適當之隔離。

三、工廠範圍應與外界有適當之隔離設施。

第六條

申請登記為保稅工廠者,應繕具申請書載明公司名稱(含營利事業統一編號)、公司地址、資本額、負責人(含身分證統一編號)及工廠地址,檢同下列文件,向工廠所在關區之海關辦理:

一、公司登記證明書、工廠登記證、營利事業登記證及特許營業證（非特許事業免送）之影本一份。

二、公司章程及董監事名冊一份。

三、產品清表一份。

四、工廠、倉庫、笨重原料等儲存處所及生產機器配置平面圖一份。

五、保稅工廠印鑑登記卡。

六、產品生產程序說明書及其各步驟使用原料名稱、數量暨工廠原物料管理制度有關資料一份。

七、最近三年（成立一年以上未滿三年者，以其存續期為準）經稅捐稽徵機關核定之營利事業所得稅結算申報核定通知書或經會計師簽證之營利事業所得稅結算申報書影本一份，成立未及一年者，應檢送經會計師簽證之財務報表一份。

八、保稅工廠之廠房除自有外，如係租賃者，應檢附租賃契約及廠房所有權人承諾書，同意該保稅工廠經廢止其登記時，其保稅物品應無條件繼續存放在廠房倉庫至少六個月期間，以供監管海關處理保稅物品，但以新申請設立者為限。

前項第一款應繳交之工廠登記證影本，如係新設工廠，尚未領到工廠登記證時，得檢送主管機關准許設廠文件，先行辦理勘查，俟領到工廠登記證並經監管海關審查符合者，始准予洽期接管。

申請廠商設有二個以上之工廠者，得分別就其中一個或二個以上之工廠申請設立保稅工廠。但各工廠間有相互提撥原料之關係或產製外銷成品具有連貫性之製造程序者，不得僅就其中部分程序工廠申請登記為保稅工廠。

第七條

前條申請案件，海關應於書面審查合格之翌日起一週內派員赴廠勘查，經勘查合格之翌日起一週內通知外銷工廠洽期辦理監管，發給保稅工廠登記執照，海關並應按月通報財政部備查。

保稅工廠之公司名稱、地址、負責人、營業項目、工廠地址如有變更，或實收資本額減少時，保稅工廠應於辦妥變更登記之翌日起十五日內檢送有關證件影本，向監管海關辦理換照手續。但營業項目或廠址變更，應於變更前先報請監管海關核准。資本額增加時，應以書面向監管海關報備，得免單獨申請換照，俟其後有其他變更事項或須辦理換照時再併案辦理。

因公司名稱、負責人變更，依第二項辦理變更登記之保稅工廠，應於核准換照登記之翌日起十五日內向監管海關辦理印鑑變更登記，在未辦理變更前原印鑑仍得繼續使用。

經海關核准登記之保稅工廠，應於工廠門首懸掛名牌，其名稱為：「財政部××關稅局監管××公司保稅工廠」或「財政部××關稅局監管××公司××廠保稅工廠」。

第八條

保稅工廠得依保稅倉庫設立及管理辦法之規定，向海關申請於廠區內設立發貨中心保稅倉庫。

前項發貨中心保稅倉庫應與廠區其他部分隔離。

第九條

保稅工廠登記執照有效期限為五年，期滿後仍須繼續登記為保稅工廠者，應於期限屆滿二個月前檢具第六條第一項第一款、第六款、第九款規定之文件申請換照，由海關重新審核發照。

第三章　保稅工廠之管理

第十條

保稅工廠應於海關接管或製造新產品之翌日起一個月內且產品未出口前，造具「產品單位用料清表」一式二份，列明產品之代號、名稱、規格、數量及所需各種原料之料號、名稱、規格或型號、應用數量（實用數量加損耗數量）或實用數量、單位等項，連同製造程序說明書送監管海關備查，必要時予以查核。未送監管海關備查，而產品已先行出口者，不予除帳。但出口者如為樣品，得於出口之翌日起一個月內送監管海關備查，逾期不予除帳。

保稅工廠產品核銷保稅原料，按產品單位用料清表審定之應用數量或實用數量除帳，其以應用數量除帳者，生產過程中所產生之下腳、廢料不得另為報廢除帳。

海關應於收到第一項規定之產品單位用料清表備查後將其中一份發還保稅工廠作為核銷保稅原料之依據。

保稅工廠原送之產品單位用料清表如有變動，應於變動後另造新表，列明原向海關備查或核准文號送監管海關備查，其造送及審定期限比照第一項規定辦理。

保稅工廠所使用之原料，其價格、性質及功能相近而可相互替代流用者，應於產品單位用料清表上列明，送監管海關備查。

產品單位用料清表之適用期限，自送監管海關備查或核准之翌日起三年，期限屆滿前應由保稅工廠重新造送監管海關備查。

第一項之產品單位用料清表及第四項之變更產品單位用料清表，得經監管海關核准以電子媒體儲存備查。

第十一條

保稅工廠應以廠為單位，分別設立原料及成品帳冊，詳細記錄原料進出倉數量、成品進出倉數量、倉庫結存數量。如海關認為必要者，並應設立半成品及在製品之動態紀錄，以供監管海關隨時查核。

前項帳冊、保稅工廠廠外加工紀錄卡、出廠放行單，使用前均應報請海關驗印。

第一項之帳冊、保稅工廠廠外加工紀錄卡及出廠放行單，如以電腦處理者，應將有關

資料依第十八條規定之期限輸入建檔，以備海關隨時查核，並按月印製替代原料帳及成品帳、廠外加工紀錄卡及出廠放行單使用明細之表報，次月二十日前印妥備查。

前項之替代原料帳及成品帳，得經監管海關核准以電子媒體儲存備查。

保稅工廠進口或國內採購供加工外銷用之非保稅原料，如係可與其他保稅原料相互替代流用者，應一併登列於原料帳，納入管理範圍。

第十二條

本辦法規定之帳冊、表報，應依照海關統一製訂格式印製使用。但保稅工廠須自行設計格式或更改海關統一格式者，均應事先報請海關核可後，方准使用。

第十三條

保稅工廠有關保稅之帳冊及編製之報表，應於年度盤點結案後保存五年；其有關之憑證保存三年。

前項有關之憑證，保稅工廠得於盤存結案後報經監管海關核准，以微縮影片、磁帶、磁碟片或其它電子媒體等按序攝像後依規定年限保存，其原始單證得予銷燬。但監管海關依法進行查案時，如需複印單證及有關文件，保稅工廠應負責提供所需複印之單證及有關文件。

海關因稽核或監管需要，除得查閱保稅工廠保稅帳冊、報表外，並得派員持憑公文查閱其他帳冊、報表及其他憑證，保稅工廠不得拒絕。

第十四條

保稅工廠存儲之保稅物品，應依序存放於經海關核定之倉庫或場所，並編號置卡隨時記錄保稅物品存入、領出及結存數量，以備查核。但採用電腦控管並可在線上即時查核者，得免設卡。保稅物品倉庫由廠方負責看管，於停工時加鎖，其連續停工十日以上者，應向海關申報，海關得派員聯鎖。

第十五條

保稅工廠自倉庫提取原料、半成品時，應填具「領料單」，依照規定程序辦理，並保留其憑證，以備查核。

前項提領之原料、半成品退回倉庫時，亦應填具「退料單」，依照規定程序辦理，重新入帳存入倉庫，並保留憑證，以備查核。

前兩項之「領料單」及「退料單」，如工廠原有其他表報足以替代或作業程序特殊者，得於申請海關核准後准予替代或免予填報。

第十六條

保稅工廠產製之成品，應按日填具「成品存倉單」，登帳存入成品倉庫；出倉時應填具「成品出倉單」，載明出倉原因後，出倉登帳。但工廠有其他表報足以代替者，得申報核定以其他表報代替之。

第十七條

保稅工廠之保稅物品，除直接出口或售與保稅區者外，應依規定申請海關核准或向海關報備，始得出廠。

保稅工廠之物品出廠時，均應由保稅工廠依規定填具出廠放行單，否則，駐守警衛不得放行。

前項出廠放行單應編列統一編號，按序使用，並保留其存根聯，以備查核。

第十八條

保稅物品進出廠（倉），應於出廠（倉）之翌日起二日內登列有關帳冊。但自國外進口保稅物品，應於海關驗放之翌日起一週內登帳。

第十九條

保稅工廠因廠內倉庫不敷存儲，必須租用廠外倉庫時，應符合第五條第二款及第六條第一項第九款之規定，並報請監管海關核准後，方可使用。

第二十條

加工外銷工廠經核准登記為保稅工廠後，應於海關指定之接管日期由海關派員會同辦理盤存（簡稱接管盤存）。其盤存之原料、在製品、半成品及成品之進口稅捐，准憑保稅品盤存統計表（簡稱盤存統計表）辦理沖退稅。

已登記接管之保稅工廠每年應辦理保稅物品盤存一次（簡稱年度盤存）。年度盤存之盤存日期距上年度盤存日期，最短不得少於十個月，最長不得超過十四個月，其有特殊情形，事先報經監管海關核准者，得酌予提前或延長。但海關認為必要時，得隨時予以盤存。

前二項盤存，事後發現錯誤時，得由保稅工廠在該項保稅物品未動用前向監管海關申請複查，經海關查明屬實者准予更正。但逾盤存之翌日起二週申請者，不予受理。

保稅工廠應於盤存之翌日起二個月內，根據盤存清冊編製盤存統計表、保稅原料結算報告表連同在製品、半成品及成品盤存數折合原料分析清表、出口成品及內銷成品折合原料分析清表，送交監管海關備查，必要時予以查核。但如有特殊原因，經申請海關核准者，得延長一個月，並以一次為限。

前項「在製品、半成品及成品盤存數折合原料分析清表」、「出口成品及內銷成品折合原料分析清表」得經監管海關核准以電子媒體儲存備查。

保稅工廠年度盤存清冊，海關於核定後，得應稅捐稽徵機關要求，分送各該稽徵機關參考。

保稅工廠年度盤存得申請海關核准實施不停工盤存或假日盤存，其實施方式於保稅工廠辦理盤存注意事項訂定。申請假日盤存者，應依海關徵收規費規則徵收特別處理費。

保稅工廠辦理盤存注意事項，由海關訂定並公告之。

第二十一條

保稅工廠依前條規定辦理盤存之保稅物品，如實際盤存數量與當年度帳面結存數量不

符時，按下列規定辦理：

一、實際盤存數量少於帳面結存數量，如未逾盤差容許率者，准免補繳稅捐；逾盤差容許率者應於接獲海關核發之補稅通知之翌日起十日內繕具報單補繳進口稅捐。

二、實際盤存數量多於帳面結存數量，其數量大於盤差容許率者，應敘明理由報請監管海關查明原因，倘係產品單位用料量偏高者，應修訂產品單位用料清表，供次年度結算時使用。

同一種類或可相互替代流用之原料，如部分為保稅部分為非保稅，年度結算時應一併列入盤點，並按實際使用數量沖銷保稅及非保稅原料帳。未能查明其實際使用數量者，應優先沖銷保稅原料數量。非保稅原料發生盤差者，免予補稅。

保稅工廠盤差容許率，由海關分業分類訂定並公告之。

保稅工廠之保稅物品如有發生短少之情事，應於事實發生之翌日起十五日內，向海關申報並補稅。

第二十二條

保稅工廠應指定專人代表保稅工廠辦理有關保稅事項，並向海關報備。

第二十三條

保稅工廠得經監管海關核准受託辦理加工業務，其管理方式由海關訂定並公告之。

第二十四條

保稅工廠得經監管海關核准辦理相關產品之檢驗、測試、修理、維護業務，其監管要點由海關訂定並公告之。

第二十五條

監管海關得派遣關員定期或不定期前往保稅工廠稽核或辦理下列事項：

一、查核保稅工廠生產情形，原料倉庫及成品倉庫之存量，暨保稅工廠之帳冊與表報。

二、稽核保稅工廠產品單位用料清表及審核年度盤存各項報表。

三、定期或不定期會同保稅工廠盤查保稅物品。

四、監督銷燬保稅工廠之副產品及經專案核准銷燬之次品或呆料。

五、輔導新成立與經營管理欠佳須加強監管之保稅工廠。

六、稽核其他有關監督保稅工廠之業務。

第二十六條

保稅工廠經廢止登記後，其保稅物品依下列規定辦理：

一、所有保稅物品，應由海關封存或與保稅工廠聯鎖於該工廠之倉庫內，海關應不定期派員巡查，必要時得予保管。

二、經廢止其登記之保稅工廠應向監管海關洽訂或由監管海關逕予訂定盤存日期，依照第二十條有關規定辦理盤存（簡稱結束盤存），如實際盤存數量與帳面結存數量不符時，依第二十一條第一項規定辦理。

三、經盤存之保稅物品，除依第四款規定辦理者外，監管海關應即按結存數量發單課徵各項稅捐（成品及半成品概按其所使用保稅原料之形態核課稅捐）。

四、在海關未發單徵稅前，如因生產或外銷之需要，保稅工廠得提供相當稅款金額之擔保，報經監管海關核准後提領使用保稅物品，但應於提領之翌日起一年內檢附出口證明文件向監管海關辦理銷案，屆期未銷案者，由海關就擔保償還應納稅捐。

未能依前項規定辦理結束盤存者，海關得逕依帳面結存數量課徵各項稅捐。

第二十七條

保稅工廠得採分級管理制度，其管理方式由海關訂定作業要點，報請財政部核定後發布實施。

第四章　保稅物品之通關

第二十八條

保稅工廠進口原料應繕具報單依照一般貨物進口規定辦理通關手續。海關於必要時，得派員在保稅工廠內辦理查驗。

第二十九條

保稅工廠不得將非保稅原料列為保稅原料報運進口。如有誤列，應於放行之翌日起三十日內繕具報單，向監管海關申請補繳進口稅捐。

第三十條

保稅工廠進口原料因退貨、掉換或其他原因復運出口者，應繕具報單依照一般復運出口貨物出口之規定辦理通關手續。

第三十一條

國內廠商售與保稅工廠之加工原料，如需辦理沖退稅捐者，其通關程序如下：

一、進廠時買賣雙方應聯名繕具報單，檢附發票、裝箱單等報經監管海關核准後放行進廠登帳。監管海關應於核准之翌日起二十日內核發視同出口報單副本，交國內廠商憑以辦理沖退稅。

二、前款交易，得先憑交易憑證點收進廠登帳，於次月十五日前依前款規定按月彙報，並以該批貨物報單放行日期視同進出口日期。未依前項規定辦理而進入保稅工廠之物品，概按非保稅物品處理。

第三十二條

前條第一項貨品發生退貨情事時，應於進廠之翌日起三個月內由買賣雙方聯名繕具退貨申請書，報經監管海關核准。原供應廠商已領有視同出口證明文件者，應予收回註銷或更正，並通知有關機關註銷或更正；其已辦理沖退稅捐者，應繳回已沖退稅捐，並通知所屬稅捐稽徵機關，始可辦理退貨。

進廠三個月後之退貨案件，其退貨手續按一般貨品進口通關程序辦理，並按該貨進廠

形態課稅。

第三十三條

保稅工廠之保稅物品售與科學工業園區園區事業及加工出口區區內事業或其他保稅工廠再加工出口者，應於出廠時由買賣雙方聯名繕具報單檢附發票、裝箱單及區內主管機關核准等有關文件，向買方之監管海關或駐區海關辦理通關手續。

前項貨品發生退貨時，應由買賣雙方聯名繕具報單，檢附區內主管機關核准文件，報經買方監管海關或駐區海關辦理通關手續。

前二項交易準用第三十一條第一項第二款規定。

第三十四條

保稅工廠產品出口應繕具報單，並報明向監管海關備查之產品單位用料清表文號及頁次，出口地海關認有必要時，得要求保稅工廠提供已備查之用料清表影本，未經備查者，依照一般貨物出口之規定向出口地海關辦理通關手續。

前項產品出口時，應將「出廠放行單」一聯隨運輸工具附送至出口地海關，如出口貨物係分裝多車運送，或分次多批運送者，其「出廠放行單」上應註記所有裝運之車號及每車件數，或各批次之件數，以備海關稽核。

第三十五條

保稅工廠出口貨物由出口地海關查驗，如因包裝特殊不宜在出口地查驗者，得申請監管海關派員在廠內查驗後押運、或監視加封運送至出口地辦理通關手續。但出口地海關認為必要時，仍得複驗。

第三十六條

保稅工廠出口產品因故退貨復運進口者，應繕具報單依照一般復運進口貨物進口之規定辦理通關手續，並於進廠後存入成品倉庫並入帳。

第三十七條

保稅工廠之產品或保稅原料售與稅捐記帳之外銷加工廠再加工外銷者，其通關程序如下：

一、由買賣雙方聯名繕具報單，檢附發票、裝箱單等有關文件，依第四十條第三項規定，向監管海關申報辦理稅捐記帳及放行手續，始准出廠。

保稅工廠得於提供擔保後，先行出廠，在次月十五日前檢附有關證明文件，辦理按月彙報手續。

二、依前款規定放行之貨物，得分批出廠，但應於簽放之翌日起一個月內出貨完畢。

前項外銷加工廠之稅捐記帳應依照外銷品沖退原料稅捐辦法有關規定辦理，並以經辦海關簽放報單日期為視同出口及進口日期。

第三十八條

前條保稅產品售與外銷加工廠後發生退貨時，應依下列規定辦理：

一、由買賣雙方聯名繕具退貨申請書及報單，於報單上註明「XXX 報單退貨」字樣，並檢附裝箱單及原報單影本，於視同出口及進口放行之翌日起一年內向監管海關申請核辦，經核准後退貨進廠登帳，原出售工廠已領有視同出口證明者，監管海關應同時通知有關稅捐稽徵機關。

二、監管海關辦畢前款手續後，應發給退稅用報單副本與原購買廠商，憑以辦理沖退稅。

第三十九條

保稅工廠之產品由其他廠商或貿易商報運出口者，應依第三十四條之規定辦理，並於出口報單上載明「本批貨物由 xxx 保稅工廠供應，除該保稅工廠得申請除帳外，出口廠商不得申請退稅」字樣，於出口後交由保稅工廠除帳。

第四十條

保稅工廠之產品以外銷為原則，如需內銷，應先向監管海關申請核准。

經核准內銷之保稅工廠產品，應由保稅工廠或由買賣雙方聯名繕具報單，報經監管海關依出廠時之形態補徵進口稅捐後，始准放行出廠。

前項內銷產品，除該產品係屬使用供裝配用已逾百分之五十以上之單一半成品所製成者，應依完稅價格按有關稅率核計關稅外，得由廠商向監管海關申請依下列方式之一課徵關稅，一經採用不得變更，其有效期間為一年。

一、內銷產品應依完稅價格減去百分之三十後，就其餘額按有關稅率核計關稅。

二、內銷產品有使用國產非保稅原料經海關查明屬實者，依完稅價格先扣除該項非保稅原料部分之價值後，就其餘額按有關稅率核計關稅。

第一項內銷產品，如經再加工外銷者，得依外銷品沖退原料稅捐辦法等有關規定辦理退稅。但屬於取消退稅之貨品項目，仍不得退稅。

保稅工廠進口原料，經監管海關核准改為內銷者，準用第二項及第四項之規定辦理。

第四十一條

前條內銷補稅案件，保稅工廠得向監管海關申請按月彙報，並依下列規定辦理：

一、提供相當金額之擔保，其金額由海關視實際需要調整之。

二、設置按月彙報內銷登記簿，於貨品出廠前，按出廠批數、逐批登記內銷日期、貨名、規格、數量及預估稅額後，於擔保額度內准予先行提貨出廠。

三、次月十五日前，將上月內銷貨品，彙總繕具報單，依前條第三項規定辦理補稅。

第四十二條

保稅工廠之產品售與或贈與國內廠商及到廠參觀之客戶，其價值未逾免簽證限額者，依下列規定辦理：

一、售與或贈與國內廠商者，依第四十條規定辦理。

二、寄送國外廠商者，依第三十五條規定辦理。

三、交與到廠參觀之國外客戶或由廠方人員或委託快遞專差攜帶出口者，應填具「攜帶保稅工廠產品出口（或復運進口）申請書」，交國外客戶或廠方職員或快遞專差具領出廠，於出廠之翌日起十日內憑出口地海關出口證明銷案。隨身攜帶出口之產品攜帶復進口時，應持憑原「攜帶保稅工廠產品出口（或復運進口）申請書」，向進口地海關報驗進口，於放行之翌日起一週內進廠存倉並入帳。

保稅工廠攜帶保稅原料出口或復進口時，其價值未逾免簽證限額者，比照前項第三款方式辦理。

政府機關派員出國或接待來訪外賓向保稅工廠購買禮品贈送友邦人士者，得憑中央各院所屬一級單位證明及收據提領出廠銷案。

保稅工廠應設置未逾免簽證限額產品出廠登記簿，並報請監管海關驗印，逐筆登記產品出廠之日期、名稱、規格、數量及繳稅金額，以備查核。

第一項第三款或第二項、第三項貨品未依規定銷案，亦未運回廠內者，應於銷案期限屆滿之翌日起十日內繕具報單比照本辦法第四十條第三項規定辦理補稅。

第五章　保稅物品之管理

第四十三條

保稅工廠不能外銷之次品及在生產過程中所產生之副產品、下腳、廢料等，均應按類別、性質存儲於倉庫或經海關認可之其他場所，並應設置帳卡，隨時記錄存出情形。但半成品形態之廢料，應分別列明使用原料情形，以備查核。

第四十四條

保稅工廠之次品、副產品、下腳、廢料及呆料應依下列規定辦理：

一、有利用價值部分：依海關進口稅則從量或按售價核定完稅價格（次品依第四十條第三項規定核計）課徵稅捐後准予內銷。或由海關予以監毀後依其剩餘價值補稅，提領出廠。

二、無利用價值部分：由海關斟酌情形派員或會同各有關主管機關監督燬棄。

保稅工廠因故未能復運出口之呆料、未能外銷之產品或次品，得於原料保稅進口或加工完成之翌日起二年內依前項規定辦理後除帳，逾期應即依前項第一款規定課徵稅捐後准予內銷。但遇有特殊情況未及於前開期限內辦理者，得於期限屆滿前向監管海關申請延長，其延長期限最長不得超過一年。

前條之副產品、下腳、廢料等，其未在產品單位用料清表用料量中另列有損耗率，或雖已列有損耗率而未經核准者，得核實沖銷保稅原料帳。

第四十五條

保稅工廠存倉或在製之保稅物品，遭受水災、風災、火災或其他天然災害而致損毀，經於災害事實終止之翌日起一週內報請海關查明屬實者，得核實除帳。

保稅工廠存倉或在製之保稅物品，遭受失竊而致短少，經向警察機關報案取得證明報請海關查明屬實者，應自失竊之翌日起三個月內補稅除帳，其有特殊情形，報經監管海關核准者，得申請提供保證金暫免補稅，惟最長不得超過六個月，期滿後如仍未找回，即將保證金抵繳稅款結案，找回部分海關應將保證金退回。

第四十六條

保稅工廠進口之原料或加工品，得經監管海關核准後運出廠外加工，而以加工到半成品且該加工品以仍能辨別其所加工之原料者為原則，但保稅工廠所生產之產品已超過工廠產能，而該保稅工廠又已事先具結負責以自己名義將運出廠外加工之產品逕行出口者，得申請監管海關專案核准其運出廠外加工至成品。

前項廠外加工，應由保稅工廠先繕具出廠加工申請書，註明加工廠商名稱、地址、營利事業登記證及工廠登記證字號（其為自然人者，姓名、地址及身分證統一編號），使用原料及加工品名稱、數量以及加工期限等，並檢附廠外加工品用料清表連同合約向監管海關申請核准後，填具已經海關驗印之廠外加工紀錄卡辦理出廠，亦得在核准之種類、數量及加工期限內。逐批填具廠外加工紀錄卡，分批出廠。

保稅工廠進口之保稅原料，得經監管海關核准由進口地海關驗放後，直接運至加工場所，從事廠外加工。

廠外加工由加工廠所添加之原料，不得申請退稅。但加工廠為保稅工廠者得申請除帳。

運出廠外加工之原料或加工品，如發生損耗與運出數量不符時，應由海關查明原因，依照本辦法及其他有關法令之規定處理。其加工過程較為複雜者，廠商應事先提供資料，以供查核。

廠外加工之時間，以經監管海關核准廠外加工之翌日起六個月為限，但其有特殊情形者，得於期限屆滿前，申請海關核准延期，延長期限不得超過三個月，並以一次為限。

第四十七條

保稅工廠產品出廠測試、檢驗或核樣，應填具申請書經監管海關核准後提領出廠。

前項產品出廠，監管海關得視產品數量及性質核定作業期間，其需展期者，應於屆滿前，以書面說明原因，向海關申請，但合計期間不得超過六個月。

第一項產品進出廠時，應登載於經海關驗印之「保稅工廠送外測試檢驗核樣產品進出廠登記簿」。產品出廠後，不依第二項規定期限運回工廠者，應於期限屆滿之翌日起十日內繕具報單補稅後列入內銷額度。

保稅工廠原料出廠檢驗、測試，準用第一、二項規定辦理，並登載於經海關驗印之「保稅工廠送外檢驗測試原料進出廠登記簿」。

第四十八條

保稅工廠復運進口之外銷品得經監管海關核准運出廠外維護、修理，並準用第四十六條規定辦理。未依限辦理者，除事先經核准並已逕行復運出口者外，應於期限屆滿之

翌日起十日內繕具報單補稅，並納入內銷額度。

第四十九條

代保稅工廠加工之廠商應設置專區存儲保稅原料及加工品，並應設置帳卡隨時記錄保稅物品之存入、領出及結存數量，以備海關查核。

第五十條

保稅工廠產品出廠展列，應填具展覽品進出廠申請書，並檢附有關文件（如展覽單位之邀請函等），報請監管海關核准後提領出廠。

產品出廠展列時間不得超過六個月，其需展期者，應以書面說明原因向海關申請，但合計期間以不超過一年為限。

展列之產品應於明顯處加貼「本產品僅供陳列之用」之籤條。

展列之產品進、出廠時，應登載於展列產品進、出廠登記簿。產品出廠展列不依第二項規定期限運回工廠者，應於期限屆滿之翌日起十日內繕具報單補稅。

第六章　罰　則

第五十一條

未依本辦法第二十一條、第二十六條、第二十九條、第四十條、第四十一條、第四十二條、第四十四條、第四十五條、第四十六條、第四十七條、第四十八條及第五十條規定期限繕具補稅報單並檢附相關文件辦理通關手續者，除由海關逕予核計，開發稅款繳納證補徵稅款外，海關得予以警告並限期改正或處新臺幣六千元以上三萬元以下罰鍰；並得連續處罰；連續處罰三次仍未完成改正者，得停止其六個月以下之按月彙報，並得停止其一個月以下原料保稅進口。

第五十二條

保稅工廠有下列各款情事之一者，海關得予以警告並限期改正或處新臺幣六千元以上三萬元以下罰鍰；並得連續處罰；連續處罰三次仍未完成改正者，得停止其一個月以下原料保稅進口。

一、未依第四條第四款規定廠區設有警衛室並派員駐守，或未依第十七條規定對於保稅貨物出廠之放行單編列統一編號或雖經編號，但無故缺號或遺失者。

二、違反第五條規定，或未依第十四條規定對原料及成品倉庫派員負責看管，或停工時未加鎖者。

三、未依第七條第二項及第三項規定辦理者。

四、未依第十條規定期限將產品單位用料清表依限送監管海關備查或違反第三十四條或第四十二條規定擅自放行出廠或出口者。

五、保稅原料及成品不依第十四條至第十六條規定入出庫，或不分類別按序存放或未編號置卡者。

六、保稅物品進出廠（倉），未依規定填具有關單證或未於第十八條規定期限內登載有
　　關帳冊者。

七、對於應編製之報表資料等，未依第二十條第四項期限編製報送，或對於監管海關
　　因監管或稽核所需之各種表報資料或通知應辦理或改進之事項，未依限辦理者。

第五十三條

保稅工廠有下列各款情事之一者，海關得予以警告並限期改正，或處新臺幣六千元以
上三萬元以下罰鍰；並得連續處罰；連續處罰三次仍未完成改正者，得停止其六個月
以下原料保稅進口。情節重大者，並得廢止其保稅工廠登記。

一、不依第十一條、第十二條規定設立帳冊或未於使用前報請海關驗印或核可或帳冊、
　　表報填載不實，足以影響保稅物品年度結算之數量或補稅金額者。

二、保稅帳冊及表報，不依第十三條規定保管或有毀損缺頁等情事者。

三、產品核准內銷期限屆滿，未依第四十條繼續辦理申請核准而有內銷情事者。

第五十四條

保稅工廠有下列各款情形之一者，海關得予以警告並限期改正或處新臺幣六千元以上
三萬元以下罰鍰；並得連續處罰；連續處罰三次仍未完成改正者，得停止其六個月以
下原料保稅進口。

一、未依第三條規定繳納業務費者。

二、物品出廠時未依第十七條規定填具出廠放行單者。

三、出口保稅物品，於出廠後未依第三十四條規定運抵出口地海關或數量短少者。

四、進口保稅物品於進口地提領出倉後未依第二十八條規定運抵保稅工廠者。

五、保稅物品無故短少，其短少數量逾帳載結存數量百分之三者。

六、依第四十一條規定辦理按月彙報補稅或記帳之案件，其累計應納稅費或應辦記帳
　　稅費超過所提供之擔保者。

七、運出廠外加工之原料或加工品及檢驗、測試之原料，屆期未運回者。

第五十五條

代保稅工廠加工之廠商未依第四十九條規定辦理者，得停止其代加工案件。

第五十六條

保稅工廠有搬移、私運或偽報保稅物品進、出口或進、出廠或未經核准擅自將保稅產
品或原料出廠內銷者等觸犯海關緝私條例之情事者，依該有關規定處分。

第五十七條

保稅工廠有下列情事之一者，海關得停止其加工原料保稅進口，或廢止其保稅工廠登
記。

一、喪失第四條規定之保稅工廠登記條件者。

二、事實上已停業（工）者。

三、財務狀況不良，已有不能清償債務之事實者。

第五十八條

保稅工廠以保稅原料名義報運非保稅物品進口，逾第二十九條規定之期限而自行申報
補稅者，除補繳稅捐外，並自原料進口放行之翌日起至稅捐繳清之日止，就應補稅捐
金額按日加徵萬分之五之滯納金。但經海關查獲者，除補稅及加徵滯納金外，應另依
海關緝私條例第三十七條第一項第四款規定處分。

第七章　附則

第五十九條

本辦法業務執行注意事項由海關訂定，並報財政部核定。

第六十條

保稅工廠依「臺灣地區與大陸地區貿易許可辦法」向經濟部國際貿易局申請核准輸入
之大陸地區原物料與零組件，或與所經營事業項目相關之大陸地區產品，其監管事項
由海關定之。

第六十一條

本辦法自發布日施行。

13.保稅倉庫設立及管理辦法

中華民國九十年十二月三十日財政部（九〇）臺財關字第〇九〇〇五五〇八三五號令修正發
　布全文六十七條

第一章　總則

第一條

本辦法依關稅法第五十二條第三項規定訂定之。

第二條

經海關核准登記供存儲保稅貨物之倉庫為保稅倉庫，其設立及管理，依本辦法規定辦
理。本辦法未規定者，適用其他相關法令之規定。

第三條

保稅倉庫之種類如下：

一、普通保稅倉庫：存儲一般貨物者。

二、專用保稅倉庫：專供存儲下列貨物之一者。

　㈠供經營國際貿易之運輸工具專用之燃料、物料。

　㈡修造船艇或飛機用器材。

　㈢礦物油。

㈣危險品。

㈤供檢驗、測試、整理、分類、分割、裝配或重裝之貨物（以下簡稱重整貨物）。

㈥修護貨櫃或貨盤用材料。

㈦展覽物品。

㈧供免稅商店銷售用之貨物。

㈨其他經海關核准存儲之物品。

三、發貨中心保稅倉庫（以下簡稱發貨中心）：專供存儲自行進口或自行向國內採購之貨物，並得辦理貨物之重整，其範圍應先經海關核准。

第四條

運達中華民國口岸之貨物，在報關進口前，得向海關申請存入保稅倉庫。但下列物品不准進儲保稅倉庫：

一、違禁品。

二、禁止進口之貨物。

三、於存儲保稅倉庫期間可能產生公害或環境污染之貨物。但經取得環保主管機關貯存登記備查（核可）文件者，不在此限。

四、其他經海關認為不適宜存儲保稅倉庫之貨物。

專用保稅倉庫及發貨中心存儲自國內採購之貨物適用前項規定。

第五條

保稅倉庫之設立除政府機關、公營事業及經財政部專案核准者外，應以股份有限公司組織為限。但設立發貨中心之公司，其實收資本額應在新臺幣五千萬元以上。

保稅倉庫須建築堅固，並視其存倉貨物之性質，具有防盜、防火、防水、通風、照明或其他確保存倉貨物安全與便利海關管理之設備。重整貨物專用保稅倉庫並應有適當工作場所。

經依第二十三條規定申請核准存儲貨物之露天處所，應與外界有明顯之區隔。但設置於國際港口、國際機場之管制區內者，不在此限。

海關視實施貨物通關自動化作業需要，得依實際情形公告要求保稅倉庫業者設置電腦及相關連線設備以電子資料傳輸方式處理業務，其作業規定，由海關定之。

第二章　設立

第六條

保稅倉庫應在港區、機場、加工出口區、科學工業園區、鄰近港口地區或經海關核准之區域內設立。

保稅倉庫設立之地點，應經海關認為適當，始得設立。

第七條

申請設立保稅倉庫，應備具下列文件向所在地海關登記：

一、申請書：應載明申請者之名稱、地址、負責人姓名、住址、身分證號碼及電話號碼、倉庫地點、建築構造及倉內佈置（附圖說明）、保稅倉庫擬收存貨物之種類。

二、保稅倉庫建築物之使用權證件及其影本。

三、營利事業登記證及其影本。

四、公司登記證明書及其影本。

五、須使用倉庫露天處所者，應另備具倉庫露天處所平面圖與其使用權證件及其影本。

前項第三款及第四款之證件如申請者為政府機關、公營事業或經財政部專案核准者，得予免除。

申請設立第三條第二款第一目之倉庫者，以輪船公司、航空公司或其委託之運輸工具所屬業者為限。

申請設立第三條第二款第四目之危險品專用保稅倉庫者，應另檢附當地警察機關或有關主管機關出具對設置地點及庫內安全設備之同意文件。

申請設立第三條第二款及第三款辦理重整貨物之專用保稅倉庫及發貨中心，應另檢送所需使用之設備清單。

申請設立第三條第二款第七目之展覽物品專用保稅倉庫，應另檢送陳列展覽物品辦法或展覽計畫書。

申請設立第三條第三款之發貨中心，其設在科學工業園區者，應另檢送科學工業園區管理局同意函件；設在加工出口區者，應另檢送經濟部加工出口區管理處同意函件。

第八條

海關對於保稅倉庫設立之申請，認有不合本辦法之規定者，應限期改正，未經改正前，不予核准登記。

第九條

經核准登記之保稅倉庫，由海關發給執照，並每兩年依第七條規定辦理校正一次。

保稅倉庫之名稱、地址、負責人、營業項目及倉庫地點、或面積，如有變更，應於辦妥變更登記之翌日起十五日內檢附有關證件影本，向監管海關辦理換照手續。但倉庫地點或面積變更，應於變更前先報請監管海關核准。

第十條

經核准登記之保稅倉庫，其執照費及執照遺失申請補發之補照費，依海關徵收規費規則徵收之。

第十一條

經核准設立之保稅倉庫，其業者應向海關繳納下列金額之保證金。但其業者為政府機關或公營事業者，不在此限。

一、普通保稅倉庫及專用保稅倉庫：新臺幣三十萬元。

二、發貨中心：新臺幣三百萬元。但存倉保稅貨物加計售與課稅區廠商按月彙報先行出倉之貨物所涉稅捐（費）金額超過新臺幣三百萬元者，得由海關就個別發貨中心之需要，酌予提高。

前項普通保稅倉庫及專用保稅倉庫其經核准自主管理且設立營業滿三年者，保證金為新臺幣三百萬元，未滿三年者，保證金為新臺幣六百萬元。但在管制區或經海關核准自主管理之貨櫃集散站內之保稅倉庫，保證金為新臺幣三十萬元。

前二項保證金之提供準用關稅法施行細則第二十七條規定辦理。

第十二條

普通或專用保稅倉庫符合下列規定者，得向海關申請核准自主管理。其自主管理之事項、範圍、應備條件及其他應遵行事項，依有關法令規定辦理。

一、公司實收資本額在新臺幣五千萬元以上。

二、公司保稅管理制度健全且無欠稅，最近三年內漏稅、罰鍰紀錄合計未達新臺幣五十萬元者。

三、公司帳冊、表報、進出倉單據均以電腦處理，且與海關電腦連線自動化通關者。

專用保稅倉庫供存儲修造飛機用器材者，其申請自主管理，得不受前項第一款限制。

經核准自主管理之普通或專用保稅倉庫，如有未符合第一項規定情事者，廢止其自主管理。

第十三條

經核准設立之保稅倉庫，非經海關許可，不得自行停業。

第十四條

保稅倉庫之監管海關得派遣關員定期或不定期前往保稅倉庫稽核保稅貨物。

貨物進出保稅倉庫，應在海關規定之辦公時間內為之。但經海關核准實施自主管理之保稅倉庫或有特殊情形經海關核准者，不在此限。

第三章　管理

第十五條

保稅倉庫應指定專人代表保稅倉庫辦理有關保稅事項，並向海關報備。

第十六條

本辦法有關保稅倉庫貨物進、出倉之查驗，海關得視驗貨單位在勤驗貨關員之工作能量，以抽驗方式辦理。

第十七條

外貨進儲保稅倉庫，除進儲發貨中心依第十八條第一項規定辦理外，應由收貨人或提貨單持有人填具「外貨進儲保稅倉庫申請書」，由倉庫業者憑電腦放行通知或進儲准單會同監視關員核對標記及數量無訛後進倉。但專供飛機用之燃料、物料、客艙用品或

修護器材，得經海關核准先行卸存保稅倉庫，於進倉之翌日起三日內補辦進儲手續。
存儲保稅倉庫之貨物，海關認有必要時，得查驗之。

第十八條

外貨進儲發貨中心，應由發貨中心填具「外貨進儲發貨中心申請書」，憑電腦放行通知
或進儲准單進儲。

發貨中心自加工出口區、科學工業園區區內保稅倉庫以外之事業，或保稅工廠購買保
稅貨物，應由買賣雙方聯名填具報單，檢附報關必備文件向海關申報，憑電腦放行通
知或進儲准單進儲。

發貨中心自課稅區廠商購買貨物，應由買賣雙方聯名填具報單，檢附報關必備文件向
海關申報，憑電腦放行通知或進儲准單進儲。海關應於報單放行之翌日起十日內核發
視同出口報單副本交賣方憑以辦理沖退稅。

進儲發貨中心貨物，應由發貨中心自行核對標記及數量。

第十九條

保稅工廠及課稅區廠商將貨物售與發貨中心，得向海關申請按月彙報，經核准者，得
先憑交易憑證點收進倉登帳，於次月十五日前彙總填具報單辦理通關手續，並以報單
放行日期視為進出口日期。

前項由課稅區廠商售與發貨中心之保稅貨物，在未補辦通關手續前不得出倉，如有先
行出倉之必要者，應留存貨樣，以供報關時查核。

第二十條

已繳稅進口之貨物或國產貨物進儲展覽物品專用保稅倉庫參展時，應檢具清單，附加
標記，列明廠牌、貨名、規格數量，報經海關監視關員會同倉庫業者核對無誤後進倉。
參展完畢退運出倉時，應持憑原清單報經海關監視關員會同倉庫業者核對無誤後出倉。
未繳稅貨物參展完畢申請轉入同一關區之保稅倉庫儲存時，應依第四十九條規定辦理
轉儲手續。

第二十一條

進儲保稅倉庫貨物如有溢卸、短卸情事，保稅倉庫業者應於船運貨物全部卸倉之翌日
起七日內；空運貨物應於全部卸倉之翌日起三日內；以貨櫃裝運之進口貨物應於拆櫃
之翌日起三日內，填具短卸、溢卸貨物報告表一式二份，送海關查核。

第二十二條

存儲保稅倉庫之貨物應將標記朝外，按種類分區堆置，並於牆上標明區號，以資識別。
但存儲展覽物品專用保稅倉庫之貨物，報經海關核准者，不在此限。

經海關核可之電腦控管自動化保稅倉庫得不受前項之限制，其貨物應以每一棧板為單
位分開堆置，並於貨架上標明區號以資識別。但同一棧板上不得放置不同提單之貨物。
重整貨物專用保稅倉庫應將重整前後之貨物，以不同倉間分別存儲。

第二十三條

貨物之包件過重或體積過大或有其他特殊情形者，得經海關核准，存儲保稅倉庫之露天處所，其安全與管理，仍由倉庫業者負責。

前項露天處所須鄰接已登記之倉庫。但鄰接之土地如因政府徵收而被分割者，不在此限。

第二十四條

依第十七條第一項及第十八條第一項規定存儲保稅倉庫之保稅貨物申請出倉進口者，依下列規定辦理：

一、完稅進口貨物，應由貨物所有人或倉單持有人填具報單，檢附報關必備文件向海關申報，倉庫業者憑電腦放行通知或出倉准單會同監視關員核對標記及數量相符後出倉。

二、供應加工出口區區內事業、科學工業園區園區事業或保稅工廠之貨物，由貨物所有人或倉單持有人檢附報關必備文件，向海關申報，倉庫業者憑電腦放行通知或出倉准單會同監視關員核對標記及數量相符後出倉。

第二十五條

依第十八條第二項及第三項規定進儲發貨中心之保稅貨物，申請出倉時，依下列規定辦理：

一、售與課稅區廠商之貨物出倉視同進口，應由發貨中心業者填具報單，檢附報關必備文件向海關申報，並按出倉形態徵稅後，憑電腦放行通知或出倉准單辦理提貨出倉。

二、售與加工出口區區內事業、科學工業園區園區事業或保稅工廠之貨物，應由買賣雙方聯名填具報單，檢附報關必備文件向海關申報，憑電腦放行通知或出倉准單辦理提貨出倉。

三、申請出倉出口貨物，應由發貨中心業者填具報單，檢附報關必備文件向海關申報，並憑准單核對標記及數量相符後提貨出倉，運送至出口地海關辦理通關手續；其貨物由其他廠商或貿易商報運出口者，由報運出口人另於出口報單上載明「本批貨物由×××發貨中心保稅倉庫供應，除該發貨中心保稅倉庫得申請除帳外，出口廠商不得申請退稅」字樣，並於出口後將出口報單副本交由發貨中心除帳。

第二十六條

發貨中心將保稅貨物售與保稅工廠、科學工業園區、加工出口區、其他發貨中心及課稅區廠商，得向海關申請按月彙報，經核准者，得先憑交易憑證提貨出倉並登帳，於次月十五日前彙總填具報單辦理通關手續，並以報單放行日期視為進出口日期。

前項發貨中心將保稅貨物售與課稅區廠商，申請按月彙報者，應依下列規定辦理：

一、設置按月彙報登記簿，於貨品出倉前按出倉批數逐批登記內銷日期、貨名、規格、

　　數量及預估稅額。但採用電腦控管並可在線上即時查核者,得免設登記簿。

二、應留存貨樣,以供報關時查核。但依規定免取樣者,不在此限。

第二十七條

依第十八條第二項、第三項及第三十八條第一項、第二項規定進儲保稅倉庫之保稅貨物發生退貨時,依下列規定辦理:

一、退回課稅區之貨物,應由買賣雙方聯名填具退貨申請書,報經海關核准,並繳回原領供退稅用之視同出口證明文件或由海關發函更正,其已辦理沖退進口稅捐者,應繳回已沖退稅捐或恢復原記帳(擔保如已解除,應補辦擔保手續)後,準用第二十四條第一款或第二十五條第一款規定程序辦理退貨手續。

二、退回加工出口區或科學工業園區、保稅工廠之貨物,應由買賣雙方聯名填具報單,向海關申報,其退貨手續準用第二十四條第二款或第二十五條第二款規定辦理。

第二十八條

存儲發貨中心之保稅貨物依本辦法規定申請出倉者,其發給准單之手續,由監管海關授權發貨中心開立經監管海關驗印並編列統一編號之「發貨中心保稅倉庫出廠出倉放行單兼代准單」,免由海關辦理。

前項准單,發貨中心應按序使用.並保留其存查聯,以備海關查核。

第二十九條

存儲保稅倉庫之外貨出倉進口後,發現品質、規格與原訂合約不符,由原保稅貨物所有人或倉單持有人負責賠償或掉換者,應由買賣雙方聯名填具退貨申請書,報經海關核准,其退貨手續及免徵關稅準用第十七條第一項、第十八條第一項及關稅法第四十六條規定辦理。

存儲保稅倉庫之外貨供應加工出口區或科學工業園區、保稅工廠,退貨再存儲者,其二年期限之起算日期應自該批貨物原進儲時起算。

第三十條

存儲保稅倉庫之貨物報關進口,除供應保稅工廠、加工出口區區內事業或科學工業園區園區事業應依有關規定辦理者外,應依照一般進口貨物之完稅期限繳納稅捐,如不依限繳納,應依關稅法第六十九條規定辦理。

第三十一條

存儲保稅倉庫之外貨,申請出倉退運出口者,由貨物所有人或倉單持有人填具「保稅貨物退運出口申請書」,向監管海關申請核發出倉准單並向出口地海關報關,倉庫業者憑准單會同監視關員核對標記及數量相符後,准予提貨出倉,由海關派員押運或監視加封運送至出口地海關辦理通關放行手續。

第三十二條

發貨中心之保稅貨物,依第二十四條、第二十五條、第三十一條及第四十九條規定出

倉者，得由發貨中心自行核對標記及數量無訛後，提貨出倉，並免由海關押運或監視加封。

第三十三條

第十七條、第二十條、第二十四條、第二十七條、第二十九條、第三十一條、第三十四條、第三十八條、第四十八條、第四十九條及第五十二條規定之海關監視關員辦理事項，在經海關核准自主管理之普通及專用保稅倉庫，得由其保稅專責人員辦理。但須押運之貨物，仍應由關員辦理。

第三十四條

經營國際貿易之運輸工具專用燃料、物料之專用保稅倉庫，為供應其所屬公司之輪船或飛機行駛國際航線使用燃料、物料，由輪船公司、航空公司或其委託之運輸工具所屬業者填具報單，送由海關核發准單後，派員押運或監視加封裝上船舶或航空器。但專供飛機用之燃料、物料或修護器材，得經海關核准先行出倉裝機，於出倉之翌日起三日內補辦出倉手續。

經海關核准專供航行國際航線飛機用品專用保稅倉庫，其存倉物品為應其所屬航行國際航線飛機之頻繁提用，得先行申辦退運出口手續，在未裝機退運出口前應依海關規定置於放行貨物倉間，仍受海關監管，得酌情不加聯鎖。但應憑理機關員簽證實際使用數量，按月列報海關。

專供航行國際航線飛機用品之專用保稅倉庫，其存倉之修造飛機用物料，得向海關申請核准辦理外修，並由業者填具切結書，期間以六個月為限。但因事實需要，期限屆滿前得向海關申請延長，展延期限不得超過六個月，並以一次為限。

第一項供國際航線修造飛機之物料售與（含視為銷售）因維修需求之國內航空業者，該物料所屬之保稅倉庫如係經海關核准自主管理之保稅倉庫，得准按月彙報，先憑交易憑證提貨出倉並登帳，於次月十五日前彙總填具報單辦理通關手續。

第三十五條

由保稅倉庫提領貨櫃修護材料出倉以供修護貨櫃之用時，除應填具報單外，並應填具「貨櫃修護明細表」一式三份，向海關報明下列事項，經核明發給准單，於繳納稅款保證金或由授信機構擔保應繳稅款後，暫提出倉。

一、待修貨櫃之種類、標誌、號碼及進口日期。

二、所需修護材料名稱、數量、規格及出倉報單號碼。

三、修理之內容、場所及預定完工日期。

四、因修理拆下舊料之名稱、數量及處理方法。

暫提出倉之修護材料於貨櫃修護完工報經海關查核無訛者，視同退運出口，退還所繳保證金或沖銷原擔保稅款額度。其修護之工作期間以一個月為限，如有特殊原因得申請延長一個月，逾期未能完工者，以保證金抵繳稅款或向授信機構追繳其進口稅捐

（費）。

貨櫃修護材料專用保稅倉庫與貨櫃修護廠設立在港區內之同一地點者，得請領一定期間使用量之修護材料於繳納保證金後暫提出倉，存入修護廠內自行保管使用，但應按日填報「貨櫃修護材料使用動態明細表」一式三份，列明每日耗用量及結存量等，經海關關員核對無訛予以簽證後，於原核定使用量之範圍內再辦理報關提領補充，免予另行繳納保證金。如使用之貨櫃修護材料減少，可將減少之材料詳列清單，載明材料名稱、數量，申請核退溢繳之保證金。

依前項規定暫提出倉存入修護廠內自行保管使用之修護材料，其修護工作期間不受第二項規定之限制，但必要時海關得隨時派員抽查。

修理貨櫃所拆下之舊料應退運出口，其不退運出口者，應補繳進口稅捐或報請海關監視銷燬。

第三十六條

專用保稅倉庫及發貨中心之保稅貨物得依下列方式辦理重整：

一、檢驗、測試：存倉貨物予以檢驗、測試。

二、整理：存倉貨物因破損而須加以整補修理或加貼標籤。

三、分類：存倉貨物依其性質、形狀、大小顏色等特徵予以區分等級或類別。

四、分割：將存倉貨物切割。

五、裝配：利用人力或簡單工具將貨物組合。

六、重裝：將存倉貨物之原來包裝重行改裝或另加包裝。

前項貨物之重整應受下列限制：

一、不得改變原來之性質或形狀。但雖改變形狀，卻仍可辨認其原形者，不在此限。

二、在重整過程中不發生損耗或損耗甚微。

三、不得使用複雜大型機器設備以從事加工。

四、重整後不合格之貨物，如屬國內採購者，不得報廢除帳，應辦理退貨，如屬國外採購者，除依規定退貨掉換者外，如檢具發貨人同意就地報廢文件，准予報廢除帳。

五、重整後之產地標示，應依其他法令有關產地之規定辦理。

貨物所有人或倉單持有人於保稅倉庫內重整貨物前，應向海關報明貨物之名稱、數量、進倉日期、報單號碼、重整範圍及工作人員名單，經海關發給准單後，由海關派員駐庫監視辦理重整，但經海關核准自主管理之專用保稅倉庫、發貨中心及設於加工出口區之保稅倉庫，得免派員監視。重整貨物人員進出保稅倉庫，海關認有必要時，得依海關緝私條例第十一條規定辦理。

第三十七條

存儲發貨中心之保稅貨物得經監管海關核准運出保稅倉庫辦理檢驗、測試。並應逐筆

詳細登載貨物之名稱、單位、規格、數量及進出倉時間。必要時，海關得隨時派員查核。

保稅工廠於廠區內設立之發貨中心，其保稅貨物之檢驗、測試作業．得經監管海關核准，在保稅工廠廠房內辦理。

前項貨物之進出倉，發貨中心應填具海關規定之單證，以備查核。

第三十八條

存入專用保稅倉庫之重整貨物，其貨物所有人或倉單持有人為重整貨物，需向國內課稅區廠商、保稅工廠、加工出口區區內事業或科學工業園區園區事業採購原材料、半成品或成品時，應由買賣雙方聯名填具報單向海關申報查驗進倉。

保稅工廠產製之貨櫃修護零件售予航商所設「修護貨櫃或貨盤用材料專用保稅倉庫」供修護貨櫃之用者，得依前項規定辦理。

依前二項規定進儲保稅倉庫之材料，因故退出保稅倉庫者，應報請海關核發准單，經驗明無訛後放行。

第三十九條

保稅貨物於重整後申請出倉，應由下列人員辦理：

一、由貨物所有人或倉單持有人辦理。

二、國產貨物進倉與重整貨物裝配後之貨物，由重整貨物部分之貨物所有人或倉單持有人辦理。

第四十條

保稅貨物於重整後申請出倉進口、退運出口或轉運加工出口區或科學園區，均應於報單上詳細報明貨物重整前、後之名稱、數量、進倉日期、原報單號碼等，以供海關審核。其有使用國產貨物者，並應報明所使用國內課稅區廠商、保稅工廠、加工出口區區內事業或科學工業園區園區事業採購原材料、半成品或成品之名稱、數量、規格、製造廠商名稱及原報單號碼等退稅資料。

第四十一條

保稅貨物於重整後，申請出倉進口者，海關應按重整前（即進倉時）之貨物狀況准予銷帳。但應依重整後之貨物狀況核定其完稅價格、稅則號別及應否課徵貨物稅。

第四十二條

保稅貨物於重整後，申請出倉退運出口者，海關應按重整前（即進倉時）之貨物狀況准予銷帳。

前項貨物如有使用國產貨物者，應依退運出口時，貨品輸出有關規定辦理，修理貨櫃或貨盤如有使用國產貨物者亦同。

第四十三條

前條第二項貨物退運出口或修護貨櫃或貨盤完工後，其所使用之國產貨物如需辦理沖

退稅捐者，除應填具報單正本第一聯一份、副本視需要加繕外，並於報單背面附貼核發退稅用申請書（保稅工廠、加工出口區區內事業及科學工業園區園區事業之成品或半成品免辦理申請），俟重整貨物出口後，由海關核發出口報單副本，以憑辦理沖退稅捐。

第四十四條

自國內提供為重整貨物所需使用之機具設備，應憑海關核發之准單，經驗明無訛後運入或運出保稅倉庫。

第四十五條

保稅貨物於重整過程所產生之損耗，經海關核明屬實者，准予核銷。

保稅貨物於重整過程中所發生之廢料，有利用價值部分，應依法徵免稅捐進口；無利用價值者，由海關監督銷燬。

第四章　處分

第四十六條

存儲保稅倉庫之保稅貨物，於出倉出口後，海關概不核發出口報單副本、出口證明書或簽證任何出口證明文件。但依第四十三條規定辦理者，不在此限。

第四十七條

存儲保稅倉庫之保稅貨物，其存倉期限以二年為限，不得延長。但如係供應國內重要工業之原料、民生必需之物資、國內重要工程建設之物資或其他具有特殊理由經財政部核准者，不在此限。

保稅貨物，如不在前項規定之存倉期間內申報進口或退運出口，自存倉期限屆滿之翌日起，準用關稅法第六十八條第一項規定加徵滯報費，滯報費徵滿三十日，仍不申報進口或出口者，準用同條第二項規定處理。

保稅貨物存倉未滿二年，如經所有人或倉單持有人以書面聲明放棄，準用關稅法第七十七條規定處理。

第四十八條

保稅貨物退運出口，如因故未能裝運，應由海關派員重行押運或監視加封進儲保稅倉庫，其存倉期限，應仍自最初進儲保稅倉庫之日計算之。

第四十九條

存儲保稅倉庫之保稅貨物，有下列情形之一者，得轉儲其他保稅倉庫或物流中心，由原進儲人或買賣雙方聯名填具保稅貨物轉儲其他保稅倉庫或物流中心申請書向海關申請辦理：

一、運往物流中心或國內其他通商口岸保稅倉庫者。

二、售與發貨中心者。

三、發貨中心出售之外貨。

四、保稅倉庫廢止登記停止營業者。

五、發生不可抗力之天災，如浸水、山崩、颱風致有損壞存儲之保稅貨物或可預見其發生之可能者。

六、原進儲人自行設立保稅倉庫者。

七、其他特殊情況者。

前項第四款至第七款情形，如係轉儲同一通商口岸之其他保稅倉庫者，應事先申請海關核准。

第五章　附則

第五十條

保稅貨物依前條規定進儲物流中心或其他保稅倉庫，其存倉期限應仍自最初在原進口地進儲保稅倉庫之日計算之。

第五十一條

保稅貨物在存儲保稅倉庫期間，遭受損失或損壞者，準用關稅法第四十五條及同法施行細則第三十九條規定辦理。

第五十二條

保稅貨物如須檢查公證或抽取貨樣，由貨物所有人或倉單持有人向海關請領准單，倉庫業者憑准單會同關員監視辦理。其拆動之包件，應由申請人恢復包封原狀。

第五十三條

保稅倉庫業者應依海關規定，設置存貨簿冊經海關驗印後使用，對於貨物存入、提出、自行檢查或抽取貨樣，均應分別詳實記載於該簿冊內，海關得隨時派員前往倉庫檢查貨物及簿冊，必要時，得予盤點，倉庫業者及其僱用之倉庫管理人員應予配合。

前項倉庫業者因登帳所需之進倉或出倉貨物之報單號碼、報單別、項次、貨名、數量、單位等資料，存倉或出倉申請人應據實提供。

發貨中心及專用保稅倉庫作重整業務者，依第一項規定設置簿冊，應按國外進口貨物、國產保稅貨物、其他非保稅貨物及重整後成品貨物，分別設置存貨帳冊。

展覽物品專用保稅倉庫依第一項規定設置之簿冊，應詳列各項參加展覽物品之參展廠商、貨名、規格、數量等資料，並註明展示陳列位置，以備查核。但展覽期限短暫，參展貨物繁多者，得向海關申請，以核發之進口報單副本按序裝訂成冊代替。

保稅貨物進出保稅倉庫，應於進、出倉之翌日起二日內登列有關帳冊。

第五十四條

保稅倉庫之帳冊、表報、進出倉單據，得經監管海關同意，以電腦處理。但應按月印製替代存貨簿冊之表報，於次月二十日以前報請海關備查。

發貨中心保稅倉庫以電腦處理其帳冊、表報、進出倉單據及出廠出倉放行單兼代准單者，應於次月二十日前印妥使用明細之表報備查。

前二項之表報及帳冊得經監管海關核准，以電子媒體儲存。

第五十五條

存儲保稅倉庫之貨物應由倉庫業者負保管責任，如有損失，除依第五十一條規定辦理者外，倉庫業者應負責賠繳應納進口稅捐（費）。

存倉貨物之是否保險，對業經完稅而存倉未提貨物之處置，及貨物所有人或倉單持有人與保稅倉庫業者間之其他有關事項，概與海關無涉。

第五十六條

海關依據海關緝私條例或其他規章應處理之保稅倉庫存貨，得憑海關扣押憑單隨時將存儲於倉庫之該項貨物扣存海關倉庫，保稅倉庫業者或管理人不得拒絕。

第五十七條

保稅倉庫有下列情事之一者，海關得予以警告並限期改正或處新臺幣六千元以上三萬元以下罰鍰；並得連續處罰，連續處罰三次仍未完成改正者，得停止其六個月以下進儲保稅貨物：

一、違反第四條規定進儲物品者。

二、未依第十七條、十八條規定進儲者。

三、未依第二十三條規定，將保稅貨物存放露天處所者。

四、未依第四十四條規定，將機具設備運入或運出保稅倉庫者。

第五十八條

保稅倉庫有下列情事之一者，海關得予以警告並限期改正或處新臺幣六千元以上三萬元以下罰鍰，並得連續處罰，連續處罰三次仍未完成改正者，得停止其六個月以下進儲保稅貨物或廢止其登記：

一、違反第五條第二項規定者。

二、未依第二十四條、二十五條、二十七條、三十一條、三十四條第一項、三十五條第一項、三十八條第三項規定驗憑放行通知或准單提貨出倉者。

第五十九條

保稅倉庫有下列情事之一者，海關得予以警告並限期改正或處新臺幣六千元以上三萬元以下罰鍰，並得連續處罰，連續處罰三次仍未完成改正者，得停止其三個月以下進儲保稅貨物：

一、未依第九條規定辦理者。

二、未依第十九條第二項、第二十六條第二項規定留存貨樣者。

三、未依第二十一條規定期限申報短溢卸情事者。

四、未依第三十四條第二項規定，憑理機關員簽證並按月列報者。

五、未依第五十三條第一項規定，於存貨簿冊詳實記載貨物之存入、提出、自行檢查或抽取貨樣者。

第六十條

保稅倉庫有下列情事之一者，海關得予以警告並限期改正或處新臺幣六千元以上三萬元以下罰鍰；並得連續處罰，連續處罰三次仍未完成改正者，得停止其三十日以下進儲貨物：

一、未依第十五條規定指定專人辦理保稅事項者。

二、未依第二十條規定辦理者。

三、未依第二十二條規定存置貨物者。

四、未依第五十二條規定請領准單，逕行檢查公證或抽取貨樣者。

第六十一條

發貨中心按月彙報案件，未依第十九條第一項及第二十六條第一項規定期限內填具報單並檢附有關文件辦理通關手續者，海關得予以警告並限期改正或處新臺幣六千元以上三萬元以下罰鍰，並得連續處罰，連續處罰三次仍未完成改正者，得停止其三個月以下進儲貨物或按月彙報。

第六十二條

經核准登記之保稅倉庫，應由海關及倉庫業者共同聯鎖。但發貨中心、經海關核准自主管理之普通與專用保稅倉庫及設立於加工出口區與科學工業園區者，得免聯鎖。

海關對免聯鎖之保稅倉庫於必要時得恢復聯鎖或派員駐庫監管。

第六十三條

貨物進出保稅倉庫，需由海關派員往返監視起卸貨物時，如因時間急迫，得由倉庫業者、有關輪船公司或航空公司提供交通工具；如需派員常川監視，倉庫業者應供給該員辦公處所。

前項須由海關派員監視者，倉庫業者應依海關徵收規費規則有關規定繳納監視費。

第六十四條

保稅倉庫儲存之貨物，如經全部完稅或移倉，海關得應保稅倉庫業者之請求，准予暫行停業，停業期間，免徵規費。

第六十五條

保稅貨物進出保稅倉庫，其押運加封作業由海關定之。

第六十六條

海關管理發貨中心保稅倉庫業務執行注意事項及發貨中心保稅倉庫進儲未公告准許間接進口之大陸地區原物料及零組件監管要點由海關定之。

第六十七條

本辦法自發布日施行。

14.駐華外交機構及其人員進口用品免稅辦法

中華民國九十年十二月三十日財政部（九○）臺財關字第○九○○五五○八四六號令修正發
　布名稱及全文十二條（原名稱：在華外交機構與人員進口用品免稅規則）

第一條

本規則依據關稅法第四十四條第二款規定訂定之。

第二條

駐華外交機構與人員進口公用或自用物品，請免進口稅捐時，除條約或協定另有規定
者外，依本辦法之規定辦理。

第三條

本辦法所稱之駐華外交機構與人員，係指下列機構與人員：

一、駐華各國使領館及其經外交部認定之外交領事官員。

二、依條約或協定及經中華民國政府核准享受特遇之外交機構及其經外交部認定之人
　　員。

前項各款人員不包括中華民國國民及在中華民國設有居所之外國人及擔任名譽職務
者。

第四條

本辦法所稱之公用物品，係指駐華外交機構為辦理公務所必需之用品與設備及第三條
第一項第二款機構所屬各項技術協助計畫所需器材與設備。

第五條

本辦法所稱之自用物品，係指駐華外交機構人員及其隨在任所眷屬之自用衣物、家庭
用具及日常生活必需品。

前項自用物品以合理必需數量為限，但電冰箱、空氣調節器、鋼琴、錄音機、電唱機、
電視機、電影放映機、洗衣機、吸塵器等用具，除因特殊需要，經獲特准進口者外，
每戶以一具為限。

第一項所稱眷屬係指配偶、父母及未成年子女。

第六條

駐華外交機構與人員免稅進口公用或自用車輛數量，除條約、協定另有規定或外交部
專案核准者外，依下列之規定辦理。

一、公務汽車

　　㈠大使館以三輛為限，公使館以二輛為限。但無館員者以一輛為限。

　　㈡總領事館、領事館、副領事館，均以一輛為限。

　　㈢第三條第一項第二款所稱機構，其公務汽車依外交部核定之數量為限。

二、公務機器腳踏車

　　㈠使領館以二輛為限。但無外交部認定之正式館員者，以一輛為限。

　　㈡其他享受外交或特權待遇之機構，如無特別規定或特許時，均以一輛為限。

三、自用車輛

　　在華享受特權待遇之外交人員，除大使、公使、參事（含總領事）、正武官及相當階級之分署辦公之單位主管並有眷屬隨在任所者，每戶以二輛為限；其餘人員，每戶以一輛為限。

第七條

駐華外交機構與人員依辦法規定申請免稅進口公用或自用物品，應填具「駐華外交機構與人員進口物品免稅申請書」一式四份，進口物品如為煙酒、影片或電訊器材，應加具申請書一份，送由外交部禮賓司受理核轉。但本辦法第三條第一項第一款所稱領館及其人員之申請案件，得送由駐在地之主管地方政府受理核轉。

駐華外交機構之人員，依本辦法規定申請免稅進口自用物品，應經由其所屬機構辦理。

第一項所稱申請書之格式由外交部統一製訂之。

第八條

受理核轉機關接受申請書，經審核認可後，以其三份函送財政部核辦。

前項受理核轉機關致財政部函，得加附副本二份，經財政部核定後，於原函副本加簽准予免稅字樣，以一份連同附件發交海關辦理，一份送原申請機構持憑報關。

受理機構為簡化行文，得在原申請書上簽明「本案進口物品，經核符規定，請准予免稅放行」字樣，加註日期、文號，蓋用機關印信及專用印章，以三份轉送財政部核辦。

經財政部核定後，於原申請書上加簽「准予免稅」字樣，以一份發交海關辦理，一份送原申請機構持憑報關。

進口物品如為煙酒、影片或電訊器材，應以其申請書一份送各有關主管機關。

第九條

駐華外交機構與人員申請免稅進口之物品，如屬急需，受理核轉機關接受申請書，經審核認可後，得在原申請書上簽明「本案進口物品，經核符規定，為應急需，請逕憑本受理核轉機關簽證，予以免稅放行」字樣，以一份逕送進口地海關核辦，一份發還原申請機構持憑報關，另一份送財政部備查。

前項受理核轉機關於審核申請案件時，如認有必要，先徵詢財政部之意見憑辦。

第十條

駐華外交機構與人員申請輸出公用或自用物品，準用本辦法規定之程序辦理。

第十一條

依本辦法核定之案件，自核定之日起有效期間為六個月。

第十二條

本辦法自發布日施行。

15.外國營利事業收取製造業技術服務業及發電業之權利金暨技術服務報酬免稅案件審查原則

中華民國八十六年五月二日行政院（八六）臺財字第一七三五四號函修正

一　為審查外國營利事業收取製造業與其相關技術服務業及發電業之權利金及技術服務報酬申請免稅案件，特訂定本原則。

二　本原則所稱技術合作，指外國營利事業提供專門技術或依專利法核准之專利權予營利事業，對該營利事業之產品或勞務有左列情形之一，並約定不作為股本而取得一定權利金或報酬之合作：

　　㈠能生產或製造新產品。

　　㈡能增加產量、改良品質或減低生產成本。

　　㈢能提供新生產技術。

三　技術合作產品銷售市場，不以中華民國管轄區域為限。

四　外國營利事業以其經經濟部中央標準局核准有案之專利權，在其專利權有效期間內，以技術合作方式提供製造業及其相關技術服務業使用，並經經濟部中央標準局登記者，得向經濟部工業局申請專案核准，其因而取得之權利金，得依所得稅法第四條第二十一款規定免納所得稅。

五　外國營利事業以其經經濟部中央標準局註冊有案之商標，在其商標權有效期限內，授權屬製造業及其相關技術服務業之技術合作廠商使用，並經經濟部中央標準局登記者，得向經濟部工業局申請專案核准，其因而取得之權利金，得依所得稅法第四條第二十一款規定免納所得稅。

六　外國營利事業將其所有之建廠、製造、產品設計及污染處理等專門技術，以技術合作方式提供屬經濟部工業局專案核定，符合下列產業之股份有限公司者使用，視為所得稅法第四條第二十一款所稱「各種特許權利」，其因而取得之權利金，免納所得稅：

　　㈠通訊工業。

　　㈡資訊工業。

　　㈢消費性電子工業。

　　㈣航太工業。

　　㈤醫療保健工業。

　　㈥污染防治工業。

　　㈦特用化學品與製藥工業。

　　㈧半導體工業。

　　㈨高級材料工業。

　　㈩精密器械與自動化工業。

七　經經濟部工業局專案核定符合前點所列產業之股份有限公司，在工廠開工以前洽請外國營利事業提供建廠所需之生產方法、製程設計、工程所需基本設計或細部設計暨機器設備設計之技術服務，經經濟部工業局專案核准者，該外國營利事業因而取得之技術服務報酬，得依所得稅法第四條第二十一款規定免納所得稅。

八　發電業屬於股份有限公司者，在電機開工以前洽請外國營利事業提供建廠所需之規劃、工程基本設計或細部設計暨機器設備設計之技術服務，經經濟部能源委員會專案核准者，該外國營利事業因而取得之技術服務報酬，得依所得稅法第四條第二十一款規定，免納所得稅。

　　前項所稱發電業，指生產電能之發電業。

16. 遺產及贈與稅法（第一、三、三之一、四、七、九、十一、十七、十八、二十三、二十四條）

中華民國九十年六月十三日總統（九〇）華總一義字第九〇〇〇一一六〇八〇號令修正公布第五十九條條文；並增訂第三之二、五之一、五之二、十之一、十之二、十六之一、二十之一、二十四之一條條文

第一條

凡經常居住中華民國境內之中華民國國民死亡時遺有財產者，應就其在中華民國境內境外全部遺產，依本法規定，課徵遺產稅。

經常居住中華民國境外之中華民國國民，及非中華民國國民，死亡時在中華民國境內遺有財產者，應就其在中華民國境內之遺產，依本法規定，課徵遺產稅。

第三條

凡經常居住中華民國境內之中華民國國民，就其在中華民國境內或境外之財產為贈與者，應依本法規定，課徵贈與稅。

經常居住中華民國境外之中華民國國民，及非中華民國國民，就其在中華民國境內之財產為贈與者，應依本法規定，課徵贈與稅。

第三條之一

死亡事實或贈與行為發生前二年內，被繼承人或贈與人自願喪失中華民國國籍者，仍應依本法關於中華民國國民之規定，課徵遺產稅或贈與稅。

第四條

本法稱財產，指動產、不動產及其他一切有財產價值之權利。

本法稱贈與,指財產所有人以自己之財產無償給予他人,經他人允受而生效力之行為。

本法稱經常居住中華民國境內,係指被繼承人或贈與人有左列情形之一:

一、死亡事實或贈與行為發生前二年內,在中華民國境內有住所者。

二、在中華民國境內無住所而有居所,且在死亡事實或贈與行為發生前二年內,在中華民國境內居留時間合計逾三百六十五天者。但受中華民國政府聘請從事工作,在中華民國境內有特定居留期限者,不在此限。

本法稱經常居住中華民國境外,係指不合前項經常居住中華民國境內規定者而言。

本法稱農業用地,適用農業發展條例之規定。

第七條

贈與稅之納稅義務人為贈與人。但贈與人有左列情形之一者,以受贈人為納稅義務人:

一、行蹤不明者。

二、逾本法規定繳納期限尚未繳納,且在中華民國境內無財產可供執行者。

依前項規定受贈人有二人以上者,應按受贈財產之價值比例,依本法規定計算之應納稅額,負納稅義務。

第九條

第一條及第三條所稱中華民國境內或境外之財產,按被繼承人死亡時或贈與人贈與時之財產所在地認定之:

一、動產、不動產及附著於不動產之權利,以動產或不動產之所在地為準。但船舶、車輛及航空器,以其船籍、車輛或航空器登記機關之所在地為準。

二、礦業權,以其礦區或礦場之所在地為準。

三、漁業權,以其行政管轄權之所在地為準。

四、專利權、商標權、著作權及出版權,以其登記機關之所在地為準。

五、其他營業上之權利,以其營業所在地為準。

六、金融機關收受之存款及寄託物,以金融機關之事務所或營業所所在地為準。

七、債權,以債務人經常居住之所在地或事務所或營業所所在地為準。

八、公債、公司債、股權或出資,以其發行機關或被投資事業之主事務所所在地為準。

九、有關信託之權益,以其承受信託事業之事務所或營業所所在地為準。

前列各款以外之財產,其所在地之認定有疑義時,由財政部核定之。

第十一條

國外財產依所在地國法律已納之遺產稅或贈與稅,得由納稅義務人提出所在地國稅務機關發給之納稅憑證,併應取得所在地中華民國使領館之簽證;其無使領館者,應取得當地公定會計師或公證人之簽證,自其應納遺產稅或贈與稅額中扣抵。但扣抵額不得超過因加計其國外遺產而依國內適用稅率計算增加之應納稅額。

被繼承人死亡前二年內贈與之財產,依第十五條之規定併入遺產課徵遺產稅者,應將

已納之贈與稅與土地增值稅連同按郵政儲金匯業局一年期定期存款利率計算之利息，自應納遺產稅額內扣抵。但扣抵額不得超過贈與財產併計遺產總額後增加之應納稅額。

第十七條

左列各款，應自遺產總額中扣除，免徵遺產稅：

一、被繼承人遺有配偶者，自遺產總額中扣除四百萬元。

二、繼承人為直系血親卑親屬者，每人得自遺產總額中扣除四十萬元。其有未滿二十歲者，並得按其年齡距屆滿二十歲之年數，每年加扣四十萬元。但親等近者拋棄繼承由次親等卑親屬繼承者，扣除之數額以拋棄繼承前原得扣除之數額為限。

三、被繼承人遺有父母者，每人得自遺產總額中扣除一百萬元。

四、第一款至第三款所定之人如為身心障礙者保護法第三條規定之重度以上身心障礙者，或精神衛生法第五條第二項規定之病人，每人得再加扣五百萬元。

五、被繼承人遺有受其扶養之兄弟姊妹、祖父母者，每人得自遺產總額中扣除四十萬元；其兄弟姊妹中有未滿二十歲者，並得按其年齡距屆滿二十歲之年數，每年加扣四十萬元。

六、遺產中作農業使用之農業用地及其地上農作物，由繼承人或受遺贈人承受者，扣除其土地及地上農作物價值之全數。承受人自承受之日起五年內，未將該土地繼續作農業使用且未在有關機關所令期限內恢復作農業使用，或雖在有關機關所令期限內已恢復作農業使用而再有未作農業使用情事者，應追繳應納稅賦。但如因該承受人死亡、該承受土地被徵收或依法變更為非農業用地者，不在此限。

七、被繼承人死亡前六年至九年內，繼承之財產已納遺產稅者，按年遞減扣除百分之八十、百分之六十、百分之四十及百分之二十。

八、被繼承人死亡前，依法應納之各項稅捐、罰鍰及罰金。

九、被繼承人死亡前，未償之債務，具有確實之證明者。

十、被繼承人之喪葬費用，以一百萬元計算。

十一、執行遺囑及管理遺產之直接必要費用。

被繼承人如為經常居住中華民國境外之中華民國國民，或非中華民國國民者，不適用前項第一款至第七款之規定；前項第八款至第十一款規定之扣除，以在中華民國境內發生者為限；繼承人中拋棄繼承權者，不適用前項第一款至第五款規定之扣除。

第十八條

被繼承人如為經常居住中華民國境內之中華民國國民，自遺產總額中減除免稅額七百萬元；其為軍警公教人員因執行職務死亡者，加倍計算。

被繼承人如為經常居住中華民國境外之中華民國國民，或非中華民國國民，其減除免稅額比照前項規定辦理。

第二十三條

被繼承人死亡遺有財產者，納稅義務人應於被繼承人死亡之日起六個月內，向戶籍所在地主管稽徵機關依本法規定辦理遺產稅申報。但依第六條第二項規定由稽徵機關申請法院指定遺產管理人者，自法院指定遺產管理人之日起算。

被繼承人為經常居住中華民國境外之中華民國國民或非中華民國國民死亡時，在中華民國境內遺有財產者，應向中華民國中央政府所在地之主管稽徵機關辦理遺產稅申報。

第二十四條

除第二十條所規定之贈與外，贈與人在一年內贈與他人之財產總值超過贈與稅免稅額時，應於超過免稅額之贈與行為發生後三十日內，向主管稽徵機關依本法規定辦理贈與稅申報。

贈與人為經常居住中華民國境內之中華民國國民者，向戶籍所在地主管稽徵機關申報；其為經常居住中華民國境外之中華民國國民或非中華民國國民，就其在中華民國境內之財產為贈與者，向中華民國中央政府所在地主管稽徵機關申報。

㈡國有財產相關法規

1.國有財產法（第十四、二十、二十九、六十條）

中華民國九十一年四月二十四日總統（九一）華總一義字第〇九一〇〇〇七五六四〇號令修正公布第五十、五十一條條文

第十四條

國有財產在國境外者，由外交部主管，並由各使領館直接管理；如當地無使領館時，由外交部委託適當機構代為管理。

第二十條

國有財產在國境外者，應由外交部或各使領館依所在地國家法令，辦理確定權屬之程序。

第二十九條

國有財產在國境外者，非依法經外交部核准，並徵得財政部同意，不得為任何處分。但為應付國際間之突發事件，得為適當之處理，於處理後即報外交部，並轉財政部及有關機關。

第六十條

在國外之國有財產，有贈與外國政府或其人民必要者，得層請行政院核准贈與之。

在國內之國有財產，其贈與行為以動產為限。但現為寺廟、教堂所使用之不動產，合於國人固有信仰，有贈與該寺廟、教堂依法成立之財團法人必要者，得贈與之。

前項贈與辦法，由行政院定之。

2.國有財產法施行細則（第六十三條）

中華民國八十九年十一月十五日行政院令修正發布第五、八、九、十五、二十二、二十五、二十六、二十九至三十二、四十八、五十三、五十五、五十七、五十九、七十條條文；增訂第四十三之一、四十三之二、四十八之一至四十八之三、五十五之一至五十五之三、六十八之一條條文；並刪除第七、十九、三十五、三十七、四十四、四十六、五十至五十二、五十四、六十二條條文

第六十三條

依本法第六十條規定以在國外之國有財產贈與外國政府或其人民時，其屬於公用之不動產而有採取緊急措施必要者，得免依本法第三十五條規定公用財產變更為非公用財產之程序，並得由原管理機關逕依行政院決定為之。

3.國有動產贈與辦法（第五、七條）

中華民國八十八年七月二十一日行政院令修正發布第六、十條條文

第五條

國有動產之受贈人，以左列各款為限：

一、地方自治團體。

二、公司組織之國營事業機構。

三、公司組織之地方公營事業機構。

四、農田水利會。

五、經依法設立財團法人之社會、文化、研究、教育、慈善、救濟團體。

六、經外交部認有贈與必要之外國政府或其人民。

七、其他經行政院專案核定之個人或團體。

第七條

第五條第六款所列外國政府或其人民，經外交部認有贈與必要者，得逕由外交部敘明原委，函徵該動產管理機關核轉主管機關同意後，依前條第一款或第二款規定程序辦理。

㈢金融保險相關法規

1.金融控股公司法（第四、二十三、三十六條）

中華民國九十年七月九日總統（九○）華總一義字第九○○一三四九二○號令訂定發布全文六十九條；並自九十年十一月一日起施行

第四條

本法用詞定義如下：

一、控制性持股：指持有一銀行、保險公司或證券商已發行有表決權股份總數或資本總額超過百分之二十五，或直接、間接選任或指派一銀行、保險公司或證券商過半數之董事。

二、金融控股公司：指對一銀行、保險公司或證券商有控制性持股，並依本法設立之公司。

三、金融機構：指下列之銀行、保險公司及證券商：

　㈠銀行：指銀行法所稱之銀行與票券金融公司及其他經主管機關指定之機構。

　㈡保險公司：指依保險法以股份有限公司組織設立之保險業。

　㈢證券商：指綜合經營證券承銷、自營及經紀業務之證券商，與經營證券金融業務之證券金融公司。

四、子公司：指下列公司：

　㈠銀行子公司：指金融控股公司有控制性持股之銀行。

　㈡保險子公司：指金融控股公司有控制性持股之保險公司。

　㈢證券子公司：指金融控股公司有控制性持股之證券商。

　㈣金融控股公司持有已發行有表決權股份總數或資本總額超過百分之五十，或其過半數之董事由金融控股公司直接、間接選任或指派之其他公司。

五、轉換：指營業讓與及股份轉換。

六、外國金融控股公司：指依外國法律組織登記，並對一銀行、保險公司或證券商有控制性持股之公司。

七、同一人：指同一自然人或同一法人。

八、同一關係人：指本人、配偶、二親等以內之血親及以本人或配偶為負責人之企業。

九、關係企業：指適用公司法第三百六十九條之一至第三百六十九條之三、第三百六十九條之九及第三百六十九條之十一規定之企業。

十、大股東：指持有金融控股公司或其子公司已發行有表決權股份總數或資本總額百分之十以上者；大股東為自然人時，其配偶及未成年子女之持股數應一併計入本人之持股計算。

第二十三條

外國金融控股公司符合下列各款規定，經主管機關許可者，得不在國內另新設金融控股公司：

一、符合第九條第一項有關金融控股公司設立之審酌條件。

二、已具有以金融控股公司方式經營管理之經驗，且信譽卓著。

三、其母國金融主管機關同意該外國金融控股公司在我國境內投資持有子公司，並與

　　我國合作分擔金融合併監督管理義務。

四、其母國金融主管機關及該外國金融控股公司之總機構，對我國境內子公司具有合
　　併監督管理能力。

五、該外國金融控股公司之總機構，在我國境內指定有訴訟及非訴訟之代理人。

外國金融機構在其母國已有跨業經營業務者，得比照前項之規定。

第三十六條

金融控股公司應確保其子公司業務之健全經營，其業務以投資及對被投資事業之管理
為限。

金融控股公司得投資之事業如下：

一、銀行業。

二、票券金融業。

三、信用卡業。

四、信託業。

五、保險業。

六、證券業。

七、期貨業。

八、創業投資事業。

九、經主管機關核准投資之外國金融機構。

十、其他經主管機關認定與金融業務相關之事業。

前項第一款稱銀行業，包括商業銀行、專業銀行及信託投資公司；第五款稱保險業，
包括財產保險業、人身保險業、再保險公司、保險代理人及經紀人；第六款稱證券業，
包括證券商、證券投資信託事業、證券投資顧問事業及證券金融事業；第七款稱期貨
業，包括期貨商、槓桿交易商、期貨信託事業、期貨經理事業及期貨顧問事業。

金融控股公司投資第二項第一款至第八款之事業，或第九款及第十款之事業時，主管
機關自申請書件送達之次日起，分別於十五日內或三十日內未表示反對者，視為已核
准。但於上述期間內，金融控股公司不得進行所申請之投資行為。

因設立金融控股公司而致其子公司業務或投資逾越法令規定範圍者，主管機關應限期
令其調整。

前項調整期限最長為三年。必要時，得申請延長二次，每次以二年為限。

金融控股公司之負責人或職員不得擔任該公司之創業投資事業所投資事業之經理人。

銀行轉換設立為金融控股公司後，銀行之投資應由金融控股公司為之。

銀行於金融控股公司設立前所投資之事業，經主管機關核准者，得繼續持有該事業股
份。但投資額度不得增加。

第八項及前項但書規定，於依銀行法得投資生產事業之專業銀行，不適用之。

2.金融機構合併法（第十八條）

中華民國八十九年十二月十三日總統（八九）華總一義字第八九○○二九五六九○號令制定
公布全文二十條；並自公布日起施行

第十八條

金融機構概括承受或概括讓與者，準用本法之規定。外國金融機構與本國金融機構合
併、概括承受或概括讓與者，亦同。但外國金融機構於合併、概括承受或概括讓與前，
於中華民國境外所發生之損失，不得依前條第二項規定辦理扣除。

金融機構依銀行法、存款保險條例及保險法規定，由輔導人、監管人、接管人、清理
人或監理人為概括承受、概括讓與、分次讓與或讓與主要部分之營業及資產負債者，
除優先適用銀行法、存款保險條例、保險法及其相關之規定外，準用本法之規定。

金融機構為概括承受、概括讓與、分次讓與或讓與主要部分之營業及資產負債，或依
第十一條至第十三條規定辦理者，債權讓與之通知得以公告方式代之，承擔債務時免
經債權人之承認，不適用民法第二百九十七條及第三百零一條之規定。

第一項外國金融機構與本國金融機構合併、概括承受或概括讓與辦法，由主管機關另
定之。

3.外國金融機構與本國金融機構合併概括承受或概括讓與辦法

中華民國九十年六月二十六日財政部（九○）臺財融㈠字第九○七一六九七四號令訂定發布
全文七條；並自發布日施行

第一條

本辦法依金融機構合併法（以下簡稱本法）第十八條第四項規定訂定之。

第二條

本辦法所稱外國金融機構，指依外國法律組織登記之金融機構，其範圍準用本法第四
條第一款規定。

第三條

外國金融機構與本國金融機構合併、概括承受或概括讓與，準用本法第五條至第七條、
第十六條及第十七條規定。

外國金融機構與本國金融機構合併、概括承受或概括讓與，除前項規定外，相關決議、
通知或公告及其股東與債權人權益保障等程序，外國金融機構依其總機構所在地有關
法令為之，本國金融機構依本法有關規定為之。

第四條

外國金融機構與本國金融機構合併、概括承受或概括讓與者，應於我國境內指定訴訟

及非訴訟之代理人。

第五條

外國金融機構與本國金融機構合併、概括承受或概括讓與，向主管機關申請許可，應附具下列書件：

一、依第三條規定準用本法第十六條規定之書件或相當書件，其中外國金融機構應附具股東會或董事會會議紀錄認證書。

二、設立與營業許可或營業執照（得以影本代之），其中外國金融機構應附具設立與營業許可或營業執照影本之認證書。

三、外國金融機構為指定其在我國境內之訴訟及非訴訟代理人所簽發之授權書及認證書。

前項有關書件之認證書，應經該金融機構母國公證人或我國駐外領務人員認證。

第六條

外國金融機構於申請合併許可時，應同時依銀行法、證券交易法、期貨交易法、保險法及信託業法等有關法令申請設立及營業許可，並辦理公司登記及取得營業執照，始得營業。外國金融機構除合併契約另有約定外，繼受本國消滅機構之業務及資產負債，前項設立及營業許可，不得逾越所繼受營業據點及業務之範圍。

第七條

本辦法自發布日施行。

4. 銀行法（第三、一百十六至一百二十五、一百二十五之一、一百二十五之二、一百二十六、一百二十七、一百二十七之一至一百二十七之四、一百二十八、一百二十九、一百二十九之一條）

中華民國八十九年十一月一日總統（八九）華總一義字第八九〇〇二六五〇四〇號令修正發布第十九、二十、二十五、二十八、三十三之三、四十四、四十九、五十四、五十九、七十、七十一、七十四至七十六、八十九至九十一、一百十七、一百二十一、一百二十三、一百二十五、一百二十七、一百二十七之一至一百二十七之三、一百二十八至一百三十四、一百三十六條條文；增訂第八之一、十二之一、三十三之四、三十三之五、四十二之一、四十五之一、四十七之二、四十七之三、五十一之一、六十一之一、六十二之一至六十二之九、六十三之一、七十二之一、七十二之二、七十四之一、九十一之一、一百十五之一、一百二十五之一、一百二十五之二、一百二十七之四、一百二十九之一條條文；並刪除第九、十七、六十三、第四章章名、七十七至八十六條條文

第三條

銀行經營之業務如左：

一、收受支票存款。

二、收受其他各種存款。

三、受託經理信託資金。

四、發行金融債券。

五、辦理放款。

六、辦理票據貼現。

七、投資有價證券。

八、直接投資生產事業。

九、投資住宅建築及企業建築。

十、辦理國內外匯兌。

十一、辦理商業匯票承兌。

十二、簽發信用狀。

十三、辦理國內外保證業務。

十四、代理收付款項。

十五、承銷及自營買賣或代客買賣有價證券。

十六、辦理債券發行之經理及顧問事項。

第七章　外國銀行

第一百十六條

本法稱外國銀行，謂依照外國法律組織登記之銀行，經中華民國政府認許，在中華民國境內依公司法及本法登記營業之分行。

第一百十七條

外國銀行在中華民國境內設立，應經主管機關之許可，依公司法申請認許及辦理登記，並應依第五十四條申請核發營業執照後始得營業；在中華民國境內設置代表人辦事處者，應經主管機關核准。

前項設立及管理辦法，由主管機關定之。

＊財政部八三臺財融字第八三三一三九一八號

要旨：

「外國銀行設立分行及代表人辦事處申請程序及應備書表」

全文內容：

一、本規定依據銀行法第一百十七條、第一百十九條及「外國銀行設立分行及代表人辦事處審核準則」（以下簡稱「審核準則」）第八條第一項及公司法外國公司章等規定訂定之。

二、外國銀行擬在中華民國境內設立分支機構，應由其負責人或由其負責人委託在中華民國境內執業之律師或會計師辦理。前項所稱負責人，指外國銀行之董事或其

在中華民國境內指定之訴訟及非訴訟代理人。各項申請所附書表文件，應以中文為之，但得以外文證件併附中文譯本。

三、外國銀行擬在我國設立分行或代表人辦事處，應備具申請書，檢送左列書表文件，向財政部（以下簡稱本部）申請許可：㈠申報事項表。㈡可行性分析。㈢銀行基本資料。㈣該銀行前一年在世界主要銀行資本（或資產）之排名、世界著名評等機構之評等。㈤該銀行業務經營守法性及健全性自我評估分析，包括該銀行最近五年（如為申請設立代表人辦事處則為三年）內是否有違規、弊案或受處分等情事之說明。㈥擬派任在我國之經理人或代表人履歷及相關證明文件。㈦所擬設立分行之營業計畫書。㈧該銀行母國金融主管機關同意其在我國設立分行或代表人辦事處文件。㈨擬設立分行者，該銀行之母國金融主管機關所出具願與我國合作分擔該銀行合併監督管理義務暨證明該銀行財務業務健全之文件。㈩該銀行董事會對於申請許可在我國境內設立分行或代表人辦事處之決議錄或相當文件簽證本。㈡該銀行母國主管機關或執業會計師簽發之有關該行最近年度末自有資本與風險性資產比率計算書簽證本。㈢該銀行之法人資格簽證本及該銀行經母國主管機關核發之銀行許可證照簽證本。㈣該銀行之章程簽證本。㈤該銀行為指定其在我國境內之訴訟及非訴訟代理人所簽發之授權書簽證本。㈥該銀行辦理或委託會計師辦理此項申請之負責人國籍證明文件，其非屬該銀行之法定代理人者，另附該銀行出具之授權書簽證本。㈦委託律師或會計師辦理此項申請者，該銀行負責人出具之委託書。㈧該銀行申請前三年資產負債表及損益表之簽證本。㈨擬設立分行或代表人辦事處之外國銀行，其申請前一年於世界資本（或資產）排名分屬五百名或一千名以外者，應提出前三曆年度與我國銀行及主要企業往來金額統計表。㈩其他經本部規定應提出之資料或文件。

四、外國銀行依據審核準則第二條第二項但書規定擬設立分行者，應備具申請書，檢送左列書表文件向本部申請許可：㈠第三點除第㈥款以外之各款所列文件。㈡合併評估報告。㈢該銀行母國主管機關准其合併之同意書。㈣該銀行及被合併（或被承受）銀行股東大會決議錄或相當文件簽證本。被合併（或被承受）之銀行亦應出具擬於合併（或承受）生效之同時結束在華分行營業之決議錄及致本部聲明書簽證本。㈤對在華分行員工及客戶權益保障之說明。

五、外國銀行擬增設分行，應備具申請書，敘明擬增設分行之地區，檢附左列書表文件向本部申請許可：㈠在華分行守法性及穩健性自我評估分析。㈡該銀行母國金融主管機關同意其在我國增設分行及證明其財務業務健全之文件。㈢擬派任增設分行之經理人履歷及相關證明文件。㈣營業計畫書。㈤該銀行董事會對於申請許可在我國境內增設分行之決議錄或相當文件簽證本。㈥該銀行母國主管機關或執業會計師簽證之有關該銀行最近年度末自有資本與風險資產之比率計算表簽證

本。㈦辦理或委託律師或會計師辦理此項申請之該銀行負責人，其非屬該銀行之法定代理人者，該銀行出具之授權書簽證本。㈧委託律師或會計師辦理此項申請者，該銀行負責人出具之委託書。㈨該銀行申請前三年資產負債表及損益表之比較及分析。㈩該銀行自前次申請後之業務經營及重大事件之說明。㈢其他必要之資料或文件。

六、外國銀行應於許可設立（或增設）分行之日起八個月內完成左列程並開始營業，逾期未開始營業者，本部得撤銷其許可：㈠匯入（或增加匯入）專撥在我國境內營業所用資金。㈡檢送在華訴訟及非訴訟代理人聲明書及分行營業許可事項表，自本部申請核定分行營業許可事項及配賦金融機構總分支機構代號。㈢依公司法及有關規定辦理外國公司認許（或變更認許）、分公司登記。㈣檢送營業執照應記載事項表，向本部申請核發銀行營業執照並繳納執照規費。前項所訂期限，如有特殊事由，得申請延長六個月，並以一次為限。

七、外國銀行所設分行應於開始營業一週前將開業日期函報本部備查，並應依銀行法第五十五條之規定，將本部所發銀行營業執照之記載事項，於該分行所在地以中文公告之。

八、外國銀行應於許可設立代表人辦事處之日起八個月內，依公司法第三百八十六條之規定向經濟部備案，並於設立日一週前檢具備案之文件影本，將設立日期及地址函報本部備查。

＊財政部八○臺財融字第八○○○八一六五三號

要旨：

外商銀行在中華民國境內分行之訴訟暨非訴訟代理人及（或）經理人變更國籍之有關規定

主旨：

貴律師函請釋示：香港華僑來臺設籍，並擔任外商銀行在中華民國境內分行之訴訟暨非訴訟代理人及（或）經理人，復聲請喪失中華民國國籍，就外商銀行之特許事項，是否須申請變更或為其他報備手續乙案，復請　查照。

說明：

一、依據本部金融司案陳　貴律師八十年一月廿九日 (80) 環卿字第○四○號函暨內政部八十年二月廿六日臺 (80) 內戶字第九○三一二二號函辦理。

二、外商銀行在中華民國境內分行經理人之國籍如有變更，因涉及該分行銀行營業執照記載事項，須向本部申請變更並換發執照；其訴訟暨非訴訟代理人之國籍如有變更，亦須報本部備查。

三、本案關係人香港華僑目前是否仍具中華民國國籍，請逕向主管機關申請確認，倘其仍具中華民國國籍，自無須向本部辦理申請變更或為其他報備手續。

第一百十八條

中央主管機關得按照國際貿易及工業發展之需要，指定外國銀行得設立之地區。

第一百十九條

外國銀行之申請許可，除依公司法第四百三十五條報明並具備各款事項及文件外，並應報明設立地區，檢附本行最近資產負債表、損益表及該國主管機關或我國駐外使領館對其信用之證明書。其得代表或代理申請之人及應附送之說明文件，準用公司法第四百三十四條之規定。

＊財政部八四臺財融字第八四七三七四四號

要旨：

外國銀行在華分行應依本函說明規定向本部申報財務報表

主旨：

外國銀行在華分行應依本函說明規定向本部申報財務報表，請　查照。

說明：

一、外國銀行在華分行應於每營業年度終了後四個月內，由申請認許時所設分行向本部申報其所有在華分行經會計師查核簽證後之年度合併財務報表。

二、財務報表之編製應依照財團法人中華民國會計研究發展基金會財務準則委員會發布之一般公認會計原則辦理。

三、會計年度之採用可依總行之會計年度辦理，惟需將總行會計年度起迄日期報部。

四、財務報表應包括資產負債表、損益表、現金流量表及其附註暨附表。

五、外國銀行在華分行除新設立者外，其財務報表應採前後兩年度對照方式編製，並應由總行授權申請認許時所設分行之負責人、主辦及經辦會計就報表逐頁簽名或簽章。

六、衍生性金融商品交易應於財務報表或附註內依金融商品之類別至少揭露左列事項：㈠面值或合約金額（如無面值或合約金額，則應揭露名目本金金額）。㈡商品性質及條件（至少包括商品的信用、市場風險及流動性風險、商品的現金需求及相關的會計政策）。

＊財政部七七臺財融字第七七○九四○二七三號

要旨：

釋示「外國銀行設立分行及代表人辦事處審核準則」第三條第二款所稱「二年以上」期間之起算日期

主旨：

貴代表人辦事處函詢「外國銀行設立分行及代表人辦事處審核準則」第三條第二款規定外國銀行擬將代表人辦事處昇格為分行須「已在中華民國境內設立代表人辦事處二年（編按：已修正為一年）以上」所稱「二年以上」之期間應自何日起算乙案，復如

說明二，請　查照。

說明：

一、依據本部金融司案陳　貴代表人辦事處七十七年二月三日英文函辦理。

二、所稱「二年以上」之期間，應自函報本部備查之代表人辦事處成立之日起算。

第一百二十條

外國銀行應專撥其在中華民國境內營業所用之資金，並準用第二十三條及第二十四條之規定。

＊財政部八○臺財融字第七九○九五八八九六號

要旨：

外銀在臺分行辦理信託業務所提信託資金準備，不得列為其專撥在我國境內營業所用資金（匯入資本）之增加額。

主旨：

貴律師函請釋示外國銀行在臺分行準用銀行法第一百零三條規定有關疑義乙案，復如說明，請　查照。

說明：

一、外國銀行在臺分行辦理信託業務，所提之信託資金準備，不得列為其專撥在我國境內營業所用之資金（匯入資本）之增加額。

二、有關信託資金準備之繳存等事項，應依銀行法及中央銀行依銀行法及其他法令所訂之規定辦理。

＊財政部七九臺財融字第七九一二七二九八一號

要旨：

重新訂定外國銀行專撥在我國境內營業所用資金之最低標準及其他相關規定

主旨：茲重新訂定外國銀行專撥在我國境內營業所用資金之最低標準及其他相關規定如說明二至五，請　查照。

說明：

一、依據銀行法第一百二十條規定辦理。

二、外國銀行專撥在我國境內營業所用之資金之最低標準如左：

　　㈠在我國境內所設分行未辦理證券業務者，其最低額為新臺幣八千萬元乘以其在我國境內所設分行家數所得之金額。

　　㈡在我國境內所設分行辦理證券業務者，其最低額為左列兩項金額之和：

　　　1.在我國境內所設分行未辦理證券業務之外國銀行專撥在我國境內營業所用資金之規定最低額。2.其在我國境內所設分行辦理證券業務，依規定應指撥之營運資金之最低額。

三、外國銀行專撥在我國境內營業所用之資金，由其申請認許時所設分行集中列帳。

四、外國銀行專撥在我國境內營業所用之資金逾新臺幣一億六千萬元者，得報經本部核備後，由其申請認許時所設分行，於專撥在我國境內營業所用之資金額度內，指撥新臺幣八千萬元以上之資金，做為其在我國境內所設分行辦理「外國銀行設立分行及代表人辦事處審核準則」第十二條第十至十四款業務之專款。

五、外國銀行專撥在我國境內營業所用之資金未達規定最低標準者，應於民國八十年底前調整補足；逾其未調整補足者，依銀行法第一百二十條及第二十三條規定，應撤銷其在我國境內設立分行營業之許可。

六、本部七十六年一月九日臺財融字第七五八四二五八號函有關外國銀行專撥在我國境內營業所用之資金之最低標準之規定，即日起停止適用。

＊財政部七五臺財融字第七五六一三五三號

要旨：

外國銀行在臺代表人辦事處總行匯入之款項，得自獲准升格為分行後三年內，申請轉為營運資金。

主旨：

外國銀行在臺分行，於其在臺代表人辦事處時期，自總行匯入之款項（包括以該款購置之資產），得自獲准升格為分行後三年內，檢具匯款證明及會計師查核報告，申請轉為在臺分行營運資金，請 查照。

＊中央銀行（七五）臺央外（柒）字第〇九七八四號

要旨：

規定外國銀行專撥在我國境內營業所用之資金最低額

主旨：

承詢關於在我國境內設立一家以上分行之外國銀行，有關其「專撥在中國境內營業所用之資金」（簡稱營運資金）之撥列方式，及外國銀行在臺分行管理法規之適用方式等事項意見一案，復如說明二，請 卓參。

說明：

一、復 貴部七十五年十一月五日臺財融字第七五五四七二三號函。

二、關於在我國境內設立一家以上分行之外國銀行，有關其營運資金之撥列方式，本行同意經濟部意見，宜集中撥列於申請認許時所設之分行，以利統籌管理；至外國銀行在臺分行管理法規之適用方式一節，本行同意 貴部意見將各分行併為單一之法規適用對象（如來函說明三）。惟有關罰則之適用對象，來函所稱為「……以申請認許時所設分行之負責人……」一節，依銀行法第一百三十三條之規定似宜改為「申請認許時所設之分行」。（註： 一、銀行法第一二〇條：外國銀行應專撥其在中華民國境內營業所用之資金，並準用第二十三條及第二十四條之規定。 二、銀行法第一三三條： 第一百二十九條至第一百三十二條所定罰鍰之受罰人為

銀行或其分行。銀行或其分行經依前項受罰後，對應負責之人有求償權。三、外國銀行設立分行及代表人辦事處審核準則第十一條：外國銀行經許可設立及增設分行，應依財政部之規定匯入分行最低資本額，並申請核發營業執照；其增加匯入資本時，並應事先報經財政部及中央銀行核准。）

第一百二十一條

外國銀行得經營之業務，由主管機關洽商中央銀行後，於第七十一條及第一百零一條第一項所定範圍內以命令定之。其涉及外匯業務者，並應經中央銀行之許可。

＊財政部八四臺財融字第八四七五○三一○號

要旨：

外國銀行在華分行申請兼營「自行買賣政府債券」業務之程序

說明：

一、依據「銀行法」第一百二十一條及「外國銀行設立分行及代表人辦事處審核準則」第十條規定辦理。

二、外國銀行申請其在華分行兼營自行買賣政府債券業務，應檢具營業計畫書及該銀行母國金融主管機關同意其在華分行辦理該項業務之文件，向本部申請核准。

三、外國銀行經本部核准其在華分行兼營自行買賣政府債券業務後，應依「證券商設置標準」第三十三條規定向本部證券管理委員會申請在華分行兼營該項業務之許可及許可證照。

四、外國銀行在華分行取得兼營自行買賣政府債券之證券商許可證照後，應檢具該證照影本，向本部申請換發銀行營業執照後始得辦理該項業務。

五、外國銀行在華分行兼營自行買賣政府債券業務，應依「證券商設置標準」第二十九條及第十六條之規定，增加專撥經營該項業務之營運資金，並指定專任業務人員辦理。

＊財政部八○臺財融字第八○○一三三七六九號

要旨：

外國銀行除法令另有規定外，不得代理國外機構在國內從事有關資金籌募活動，亦不得允許非屬其聘僱之人員依附於在華分支機構從事活動。

主旨：

外國銀行除法令另有規定者外，不得代理國外機構在國內從事有關資金籌募活動，亦不得允許非屬其聘僱之人員依附於在華分支機構，從事非屬其在華分支機構之活動，請　查照。

說明：

一、銀行法第二十二條規定：「銀行不得經營未經中央主管機關核定之業務。」關於代理國外機構在國內從事有關資金籌募活動，除法令另有規定者外，非屬銀行（含

外國銀行在華分支機構）經中央主管機關核定得經營之業務。

二、存款或資金信託之勸誘或其他有關資金籌募廣告之刊登、說明會之舉辦、說明資料之提供及資金應募之受理等，均屬本函所稱「有關資金籌募之活動」。

三、外國銀行如允許非屬其本身聘僱之人員（例如其關係企業之人員）依附於在華分支機構，從事非屬其在華分支機構之活動，核與本部許可外國銀行在華設立分支機構之本旨不符。

四、外國銀行在華分支機構應備置員工名冊、員工薪資明細帳、聘僱契約等書表文件，以備主管機關查核。

五、外國銀行在華分行人員從事該行營業上之交易或行為，應於分行內留存完整之資料與紀錄。

＊財政部七九臺財融字第七九一二七三九七八號

要旨：

外國銀行申請增加其在華分行業務項目及換發銀行營業執照之應注意事項

主旨：

茲訂定外國銀行申請增加其在華分行業務項目及換發銀行營業執照之應注意事項如說明二至六，請　查照。

說明：

一、依據銀行法第四條「外國銀行設立分行及代表人辦事處審核準則」第十三條及其他有關規定辦理。

二、外國銀行擬增加其在華分行業務項目，應備具申請書，敘明擬增加業務項目之在華分行名稱及擬增加之業務項目，並聲明左列各點，向本部申請增加其在華分行業務項目之許可。㈠其在華分行辦理申請增加之業務，不違反其本國之法令及該行章程之規定。㈡確知其在華分行經許可辦理新增之業務後，其在華分行依規定應準用之法規。

三、外國銀行為前述申請，應檢附其在華分行營業範圍變更對照表及其他經本部規定應提出之文件。

四、外國銀行為前述申請，若對說明二所列㈠為不實之聲明，本部將撤銷對該行前述申請所為之許可。

五、外國銀行在華分行經許可辦理新增之業務後，若我國銀行在該外國設立之分行未獲該外國政府核准辦理此等業務時，本部得撤銷該外國銀行在華分行辦理此等業務之許可。

六、說明二所述外國銀行之申請經本部許可者，應於依公司法有關規定辦理變更認許及變更分公司登記後，檢附左列文件各乙份，並繳納執照費，向本部申請換發經許可增加營業項目之分行之銀行營業執照。㈠申請記載於該分行銀行營業執照之

事項表（格式如本部七十九年六月七日臺財融字第七九一二六六二三八號函所訂「外國銀行設立分行及代表人辦事處申請程序及應備書表」之附件三）。㈡辦理前述變更認許後經濟部核發之認許證影本。㈢辦理前述變更分公司登記後經濟部核發之分公司執照影本。㈣該分行原領之銀行營業執照。

第一百二十二條

外國銀行收付款項，除經中央銀行許可收受外國貨幣存款者外，以中華民國國幣為限。

第一百二十三條

外國銀行準用第一章至第三章及第六章之規定。

第一百二十四條

外國銀行購置其業務所需用之不動產，依公司法第三百七十六條之規定。

＊內政部（七五）臺內地字第三七九三三六號

要旨：

釋示外商銀行因行使抵押權而自法院承受工業用地，是否須受土地法之限制。

主旨：

關於外商銀行因行使抵押權而自法院承受工業用地，是否須受土地法第十九條及第二十二條外國人租購土地之限制問題乙案，復如說明二。

說明：

一、（略）

二、案經本部於本 (75) 年一月十日邀請司法院第一廳（未派員）、行政院秘書處、法務部、經濟部、財政部、外交部、臺北市政府地政處、高雄市政府地政處、臺灣省政府地政處等有關機關研商獲致結論：「土地法第十八條規定：『外國人在中華民國取得或設立土地權利，以依條約或其本國法律，中華民國人民得在該國享受同樣權利者為限。』。是符合上開規定之外國人固得取得或設定不動產權利，惟同法第十九條規定：『外國人為左列各款用途之一，得租賃或購買土地，其面積及所在地點，應受該管市縣政府依法所定之限制：㈠住所。㈡商店及工廠。㈢教堂。㈣醫院。㈤外僑子弟學校。㈥使領館及公益團體之會所。㈦墳場。』該條文對外國人取得不動產之用途，則有限制規定；準此，在法律未修正或另有特別規定前，外商銀行因行使抵押權，於法院強制執行程序中，得否參與投標應買或以債權人名義承受拍賣之土地，應於有具體訴訟事件時，由法院依法認定之。」

＊財政部六六臺財錢字第一六六八五號

要旨：

美商銀行如欲在中華民國取得或設立土地權利，以依條約或其法律，允許互惠者為限。

主旨：

貴行函詢美商銀行是否能在中華民國取得設立土地權利乙案，復如說明二，請　查照。

說明：

一、依據本部錢幣司案陳　貴行 66.04.28(66) 美運發營運字第一三一號函辦理。

二、本案經洽准外交部函復節以：「我國土地法經修訂之第十八條規定：『外國人在中華民國取得或設立土地權利，以依條約或其本國法律，中華民國人民得在該國享受同樣權利者為限』，至於外國人在我國取得及設立土地之應辦手續一節，內政部曾於 66.01.18(66) 以臺內土地字第七一八九一五號致臺北市政府函規定『有關外國人申請在我國境內取得設定不動產權利送部備查案件，應請當事人檢附由其本國適當機關出具載明該國對我國人民取得設定同項權利有關規定之證明文件，俾憑從速辦理』。」

＊財政部六五臺財融字第一一一五五號

要旨：

外國銀行在臺分行辦理農地抵押權設立登記應屬無效

主旨：

外國銀行在我國分行辦理農地抵押權設定登記，因與土地法第十七條規定不合，依照民法第七十一條規定應屬無效，復希　查照。

說明：

一、（略）

二、土地法第十七條為強制禁止規定，凡該法條所列土地，皆不得移轉、設定、負擔或租賃於外國人，其違反者，依照民法第七十一條規定，應絕對無效。至土地法第四十三條所謂「依本法所為之登記，有絕對效力」，係為保護信賴登記取得土地權利之第三人而設，並非於保護善意第三人外，尚可使無效之法律行為變為有效。

第八章　罰則

第一百二十五條

　　違反第二十九條第一項規定者，處三年以上十年以下有期徒刑，得併科新臺幣一億元以下罰金。

　　經營銀行間資金移轉帳務清算之金融資訊服務事業，未經主管機關許可，而擅自營業者，依前項規定處罰。

　　法人犯前二項之罪者，處罰其行為負責人。

第一百二十五條之一

　　散布流言或以詐術損害銀行、外國銀行、經營貨幣市場業務機構或經營銀行間資金移轉帳務清算之金融資訊服務事業之信用者，處五年以下有期徒刑，得併科新臺幣一千萬元以下罰金。

第一百二十五條之二

銀行負責人或職員，意圖為自己或第三人不法之利益，或損害銀行之利益，而為違背其職務之行為，致生損害於銀行之財產或其他利益者，處三年以上十年以下有期徒刑，得併科新臺幣一億元以下罰金。

銀行負責人或職員二人以上共同實施前項犯罪之行為者，得加重其刑至二分之一。

前二項之未遂犯罰之。

前三項規定，於外國銀行或經營貨幣市場業務機構之負責人或職員，適用之。

第一百二十六條

股份有限公司違反其依第三十條所為之承諾者，其參與決定此項違反承諾行為之董事及行為人，處三年以下有期徒刑、拘役或科或併科新臺幣一百八十萬元以下罰金。

第一百二十七條

違反第三十五條規定者，處三年以下有期徒刑、拘役或科或併科新臺幣五百萬元以下罰金。但其他法律有較重之處罰規定者，依其規定。

違反第四十七條之二或第一百二十三條準用第三十五條規定者，依前項規定處罰。

第一百二十七條之一

銀行違反第三十二條、第三十三條、第三十三條之二或適用第三十三條之四第一項而有違反前三條規定或違反第九十一條之一規定者，其行為負責人，處三年以下有期徒刑、拘役或科或併科新臺幣五百萬元以上二千五百萬元以下罰金。

銀行依第三十三條辦理授信達主管機關規定金額以上，或依第九十一條之一辦理生產事業直接投資，未經董事會三分之二以上董事之出席及出席董事四分之三以上同意者或違反主管機關依第三十三條第二項所定有關授信限額、授信總餘額之規定或違反第九十一條之一有關投資總餘額不得超過銀行上一會計年度決算後淨值百分之五者，其行為負責人處新臺幣二百萬元以上一千萬元以下罰鍰，不適用前項規定。

經營貨幣市場業務之機構違反第四十七條之二準用第三十二條、第三十三條、第三十三條之二或第三十三條之四規定者或外國銀行違反第一百二十三條準用第三十二條、第三十三條、第三十三條之二或第三十三條之四規定者，其行為負責人依前二項規定處罰。

前三項規定於行為負責人在中華民國領域外犯罪者，適用之。

第一百二十七條之二

違反主管機關依第六十二條第一項規定所為之處置，足以生損害於公眾或他人者，其行為負責人處一年以上七年以下有期徒刑，得併科新臺幣二千萬元以下罰金。

銀行負責人或職員於主管機關指定機構派員監管或接管或勒令停業進行清理時，有下列情形之一者，處一年以上七年以下有期徒刑，得併科新臺幣二千萬元以下罰金：

一、於主管機關指定期限內拒絕將銀行業務、財務有關之帳冊、文件、印章及財產等列表移交予主管機關指定之監管人、接管人或清理人，或拒絕將債權、債務有關

之必要事項告知或拒絕其要求不為進行監管、接管或清理之必要行為。

二、隱匿或毀損有關銀行業務或財務狀況之帳冊文件。

三、隱匿或毀棄銀行財產或為其他不利於債權人之處分。

四、對主管機關指定之監管人、接管人或清理人詢問無正當理由不為答復或為虛偽之陳述。

五、捏造債務或承認不真實之債務。

違反主管機關依第四十七條之二或第一百二十三條準用第六十二條第一項、第六十二條之二或第六十二條之五規定所為之處置，有前二項情形者，依前二項規定處罰。

第一百二十七條之三

銀行負責人或職員違反第三十五條之一規定兼職者，處新臺幣二百萬元以上一千萬元以下罰鍰。其兼職係經銀行指派者，受罰人為銀行。

經營貨幣市場業務機構之負責人或職員違反第四十七條之二準用第三十五條之一規定兼職者，或外國銀行負責人或職員違反第一百二十三條準用第三十五條之一規定兼職者，依前項規定處罰。

第一百二十七條之四

法人之負責人、代理人、受雇人或其他職員，因執行業務違反第一百二十五條至第一百二十七條之二規定之一者，除依各該條規定處罰其行為負責人外，對該法人亦科以各該條之罰鍰或罰金。

前項規定，於外國銀行準用之。

第一百二十八條

銀行之董事或監察人違反第六十四條第一項規定怠於申報，或信託投資公司之董事或職員違反第一百零八條規定參與決定者，各處新臺幣二百萬元以上一千萬元以下罰鍰。

經營貨幣市場業務機構之董事或監察人違反第四十七條之二準用第六十四條第一項規定怠於申報者，或外國銀行負責人或職員違反第一百二十三條準用第一百零八條規定參與決定者，依前項規定處罰。

銀行股東持股違反第二十五條第二項規定，處該股東新臺幣二百萬元以上一千萬元以下罰鍰，並得限制其超過許可持股部分之表決權。銀行明知銀行股東有上開情事未向主管機關報告者，亦處新臺幣二百萬元以上一千萬元以下罰鍰。

經營銀行間資金移轉帳務清算之金融資訊服務事業或銀行間徵信資料處理交換之服務事業，有下列情形之一者，處新臺幣二百萬元以上一千萬元以下罰鍰：

一、主管機關派員或委託適當機構，檢查其業務、財務及其他有關事項或令其於限期內提報財務報告或其他有關資料時，拒絕檢查、隱匿毀損有關資料、對檢查人員詢問無正當理由不為答復或答復不實、逾期提報資料或提報不實或不全者。

二、未經主管機關許可，擅自停止其業務之全部或一部者。

三、除其他法律或主管機關另有規定者外，無故洩漏因職務知悉或持有他人之資料者。

經營銀行間徵信資料處理交換之服務事業，未經主管機關許可，而擅自營業者，依前項規定處罰。

第一百二十九條

有下列情事之一者，處新臺幣二百萬元以上一千萬元以下罰鍰：

一、違反第二十一條、第二十二條或第五十七條或違反第四十七條之二準用第四條、第一百二十三條準用第二十一條、第二十二條或第五十七條規定者。

二、違反第二十五條第一項規定發行股票者。

三、違反第二十八條第一項至第三項或違反第一百二十三條準用第二十八條第一項至第三項規定者。

四、違反主管機關依第三十三條之三或第三十六條或依第四十七條之二、第一百二十三條準用第三十三條之三或第三十六條規定所為之限制者。

五、違反主管機關依第四十三條或依第一百二十三條準用第四十三條規定所為之通知，未於限期內調整者。

六、違反主管機關依第四十四條所為之限制者。

七、未依第四十五條之一或未依第四十七條之二準用第四十五條之一或第一百二十三條準用第四十五條之一規定建立內部制度或未確實執行者。

八、未依第一百零八條第二項或未依第一百二十三條準用第一百零八條第二項規定報核者。

九、違反第一百十條第四項或違反第一百二十三條準用第一百十條第四項規定，未提足特別準備金者。

十、違反第一百十五條第一項或違反第一百二十三條準用第一百十五條第一項募集共同信託基金者。

第一百二十九條之一

銀行或其他關係人之負責人或職員於主管機關依第四十五條規定，派員或委託適當機構，或令地方主管機關派員，或指定專門職業及技術人員，檢查業務、財務及其他有關事項，或令銀行或其他關係人於限期內據實提報財務報告、財產目錄或其他有關資料及報告時，有下列情形之一者，處新臺幣二百萬元以上一千萬元以下罰鍰：

一、拒絕檢查或拒絕開啟金庫或其他庫房者。

二、隱匿或毀損有關業務或財務狀況之帳冊文件者。

三、對檢查人員詢問無正當理由不為答復或答復不實者。

四、逾期提報財務報告、財產目錄或其他有關資料及報告，或提報不實、不全或未於規定期限內繳納查核費用者。

經營貨幣市場業務機構或外國銀行之負責人、職員或其他關係人於主管機關依第四十

七條之二或第一百二十三條準用第四十五條規定，派員或委託適當機構，或指定專門職業及技術人員，檢查業務、財務及其他有關事項，或令其或其他關係人於限期內據實提報財務報告、財產目錄或其他有關資料及報告時，有前項所列各款情形之一者，依前項規定處罰。

5. 銀行法施行細則（第二、十條）

中華民國八十三年七月二十六日財政部（八三）臺財融字第八三〇〇〇八五號令訂定發布全文十一條；並自發布日起施行

第二條

本法第十二條第三款所稱票據，係指本法第十五條第一項所稱之商業票據。

本法第十二條第四款所稱銀行之保證，係指授信銀行以外之本國銀行、信託投資公司、外國銀行在華分行或經財政部認可之其他國內外金融機構之保證。

本法第十二條第四款所稱經政府核准設立之信用保證機構，係指財團法人中小企業信用保證基金、財團法人農業信用保證基金、財團法人華僑貸款信用保證基金或其他經財政部核准設立或認可之信用保證機構。

第十條

外國銀行專撥其在中華民國境內營業所用之資金，應由申請認許時所設分行或財政部所指定分行集中列帳。

前項規定集中列帳之分行，依本法第四十九條規定函報及公告有關財務報表時，應包括中華民國境內各分行之合併財務報表及其總行之財務報表。

6. 銀行負責人應具備資格條件準則

中華民國九十一年一月二十二日財政部（九一）臺財融㈡字第〇九〇二〇〇〇六一一號令修正發布第三條條文

第一條

本準則依銀行法第三十五條之二規定訂定之。

第二條

本準則適用之銀行，為商業銀行、專業銀行、儲蓄銀行、信託投資公司及外國銀行。

第三條

有下列情事之一者，不得充任銀行之負責人：

一、無行為能力或限制行為能力者。

二、曾犯組織犯罪防制條例規定之罪，經有罪判決確定者。

三、曾犯偽造貨幣、偽造有價證券、侵占、詐欺、背信罪，經宣告有期徒刑以上之刑

　　確定，尚未執行完畢，或執行完畢、緩刑期滿或赦免後尚未逾十年者。

四、曾犯偽造文書、妨害秘密、重利、損害債權罪或違反稅捐稽徵法、商標法、專利法或其他工商管理法規定，經宣告有期徒刑確定，尚未執行完畢，或執行完畢、緩刑期滿或赦免後尚未逾五年者。

五、曾犯貪污罪，受刑之宣告確定，尚未執行完畢，或執行完畢、緩刑期滿或赦免後尚未逾五年者。

六、違反銀行法、保險法、證券交易法、期貨交易法、管理外匯條例、信用合作社法、洗錢防制法或其他金融管理法，受刑之宣告確定，尚未執行完畢，或執行完畢、緩刑期滿或赦免後尚未逾五年者。

七、受破產之宣告，尚未復權者。

八、曾任法人宣告破產時之負責人，破產終結尚未逾五年，或調協未履行者。

九、使用票據經拒絕往來尚未恢復往來者，或恢復往來後三年內仍有存款不足退票紀錄者。

十、有重大喪失債信情事尚未了結、或了結後尚未逾五年者。

十一、因違反銀行法、保險法、證券交易法、期貨交易法、信用合作社法或其他金融管理法，經主管機關命令撤換或解任，尚未逾五年者。

十二、受感訓處分之裁定確定或因犯竊盜、贓物罪，受強制工作處分之宣告，尚未執行完畢，或執行完畢尚未逾五年者。

十三、擔任其他銀行、信用合作社、農（漁）會信用部、票券金融公司、證券商、證券金融公司、證券投資信託公司、證券投資顧問公司、期貨商或保險業（不包括保險輔助人）之負責人者。但下列情形，不在此限：

　　㈠因銀行與該等機構間之投資關係，且無董事長、經理人互相兼任情事，並經財政部核准者，得擔任其他銀行之董事、監察人或銀行以外其他機構之負責人。

　　㈡為進行合併或處理問題金融機構之需要，經財政部核准者，得擔任該等機構之董事長，但兼任其他銀行董事長者，該二銀行間仍應具備投資關係。

　　㈢銀行為金融控股公司之子公司者，其負責人得兼任該控股公司其他子公司之負責人，但不得有經理人互相兼任之情事。

　　㈣銀行為控股公司之法人董事、監察人者，其負責人因擔任該控股公司之負責人，得兼任該控股公司子公司之負責人，但兼任該控股公司銀行子公司職務以董事、監察人為限。

十四、有事實證明從事或涉及其他不誠信或不正當之活動，顯示其不適合擔任銀行負責人者。

政府或法人為股東時，其代表人或被指定代表行使職務之自然人，擔任董（理）事、

監察人（監事）者，準用前項規定。

第四條

銀行總經理應具備領導及有效經營銀行之能力，並具備下列資格之一：

一、國內外專科以上學校畢業或具有同等學歷，銀行工作經驗九年以上，並曾擔任三年以上銀行總行經理以上或同等職務，成績優良者。

二、國內外專科以上學校畢業或具有同等學歷，擔任金融行政或管理工作經驗九年以上，並曾任三年以上薦任九職等以上或同等職務，成績優良者。

三、銀行工作經驗五年以上，並曾擔任三年以上銀行副總經理以上或同等職務，成績優良者。

四、有其他經歷足資證明其具備主管領導能力、銀行專業知識或銀行經營經驗，可健全有效經營銀行業務者。

擔任銀行總經理者，其資格應事先檢具有關文件報經財政部審查合格後，始得充任。

第五條

銀行副總經理、總稽核、協理、總行經理應具備領導及有效經營銀行之能力，並具備下列資格之一：

一、國內外專科以上學校畢業或具有同等學歷，銀行工作經驗五年以上，並曾擔任銀行總行副經理以上或同等職務，成績優良者。

二、國內外專科以上學校畢業或具有同等學歷，擔任金融行政或管理工作經驗五年以上，並曾任薦任八職等以上或同等職務，成績優良者。

三、銀行工作經驗三年以上，並曾擔任銀行總行經理以上或同等職務，成績優良者。

四、有其他事實足資證明其具備銀行專業知識或銀行經營經驗，可健全有效經營銀行業務，並事先報經財政部認可者。

銀行副總經理、總稽核、協理、總行經理之充任，銀行應於充任後十日內，檢具有關資格文件，報請財政部備查。

依其他法律或銀行組織章程規定而與副總經理、協理、總行經理職責相當者，準用前二項之規定。

外國銀行在臺分行經理，應具備第一項之資格，並事先檢具有關資格文件報經財政部審查合格後，始得充任。

第六條

銀行總行副經理及分行經理應具備有效經營銀行之能力，並具備下列資格之一：

一、國內外專科以上學校畢業或具有同等學歷，銀行工作經驗三年以上，並曾擔任銀行總行襄理以上或同等職務，成績優良者。

二、國內外專科以上學校畢業或具有同等學歷，擔任金融行政或管理工作經驗三年以上，並曾任薦任七職等以上或同等職務，成績優良者。

三、銀行工作經驗二年以上，並曾擔任總行副經理以上或同等職務，成績優良者。

四、有其他事實足資證明其具備銀行專業知識或銀行經營經驗，可健全有效經營銀行業務，並事先報經財政部認可者。

依其他法律或銀行組織章程規定而與總行副經理職責相當者，準用前項之規定。

第七條

銀行監察人（監事）之配偶、二親等以內之血親或一親等姻親，不得擔任同一銀行之董（理）事、經理人。

第八條

銀行之董（理）事、監察人（監事）應具備良好品德，且其人數在五人以下者，應有二人，人數超過五人者，每增加四人應再增加一人，其設有常務董（理）事者，應有二人以上具備下列資格之一：

一、銀行工作經驗五年以上，並曾擔任銀行總行副經理以上或同等職務，成績優良者。

二、擔任金融行政或管理工作經驗五年以上，並曾擔任銀行總行經理以上或同等職務，成績優良者。

三、銀行工作經驗三年以上，並曾任薦任八職等以上或同等職務，成績優良者。

四、有其他事實足資證明其具備銀行專業知識或銀行經營經驗，可健全有效經營銀行業務，並事先報經財政部認可者。

銀行之董（理）事長應具備前項所列資格條件之一，或有具體事實足資證明其具備有效經營該銀行之知識能力，並事先報經財政部認可。

第九條

信用合作社經財政部核准變更組織為銀行，或與銀行為事業結合，其留用人員原任信用合作社之工作經驗，視同第四條至第六條及第八條所稱之銀行工作經驗。

第十條

財政部對銀行負責人是否具備本準則所定資格條件，得命銀行於期限內提出必要之文件、資料或指定人員前來說明。

第十一條

本準則修正施行前已擔任銀行負責人者，於原職務或任期內不適用第五條第一項第四款、第六條第一項第四款、第八條第一項序文、第四款及第二項之修正規定；不符第三條第一項第十三款之修正規定，兼任銀行以外其他機構負責人者，得兼任至本屆任期屆滿。

銀行現任負責人升任或本準則發布施行後充任者，應具備本準則所訂資格條件。其不具備而充任者，解任之。

銀行負責人於充任後始發生第三條各款情事之一者，解任之。

第十二條

本準則未規定事項，依銀行法、公司法及其他法律之規定。

第十三條

本準則自發布日施行。

7.外國銀行分行及代表人辦事處設立及管理辦法

中華民國九十年九月四日財政部（九〇）臺財融㈤字第〇〇九〇七一五九四四號令訂定發布
全文二十九條；並自發布日施行

第一章　總則

第一條

本辦法依銀行法（以下簡稱本法）第一百十七條第二項規定訂定之。

第二條

外國銀行具備下列條件者，得申請許可在我國境內設立分行：

一、最近五年內無重大違規紀錄。

二、申請前一年於全世界銀行資本或資產排名居前五百名以內或前三曆年度與我國銀行及企業往來總額在十億美元以上，其中中、長期授信總額達一億八千萬美元。

三、從事國際性銀行業務，信用卓著及財務健全，自有資本與風險性資產之比率符合主管機關規定之標準。

四、擬指派擔任之分行經理人應具備金融專業知識及從事國際性銀行業務之經驗。

五、母國金融主管機關及總行對其海外分行具有合併監理及管理能力。經母國金融主管機關核可前來我國設立分行並同意與我國主管機關合作分擔銀行合併監督管理義務。

六、無其他事實顯示有礙銀行健全經營業務之虞。

外國銀行在我國境內設有分行者，得承受在我國境內之外國銀行分行全部或主要部分之資產或負債，其擬併同增設分行者，應依第八條規定辦理。

外國銀行在我國境內未設有分行者，如因合併總行或承受本身百分之五十以上持股之子公司在我國境內分行之資產負債，且符合第一項之條件者，得依第六條規定併同申請設立分行。

第三條

外國銀行經許可在我國設立分行，應專撥最低營業所用資金新臺幣一億五千萬元，其經許可增設之每一分行應增撥新臺幣一億二千萬元，並由申請認許時所設分行或主管機關所指定之分行集中列帳。

外國銀行分行擬增加匯入營業所用資金，應事先報經主管機關及中央銀行核准。

第四條

本辦法所稱外國銀行代表人辦事處，指外國銀行依本法第一百十七條第一項及公司法第三百八十六條規定，指派代表人在我國境內所設置之辦事處。

外國銀行代表人辦事處以辦理商情蒐集及業務聯絡為限。

第五條

外國銀行具備下列條件者，得申請核准設立代表人辦事處：

一、最近三年內無重大違規紀錄。

二、申請前一年於全世界銀行資本或資產排名居前一千名以內或前三曆年度與我國銀行及企業往來總額在三億美元以上。

三、信用卓著及財務健全，並經母國金融主管機關同意前來我國設立代表人辦事處。

同一外國銀行設立代表人辦事處，以一家為限。

第二章　外國銀行分行

第六條

外國銀行申請在我國設立分行者，應檢送下列書表文件，向主管機關申請許可：

一、申請書。

二、可行性分析，其內容應包括下列事項：

　　㈠擬前來我國設立分行之營運策略考量，包括總行營運策略及對我國、鄰近國家有關政治、經貿、金融情勢之比較。

　　㈡對我國法律、稅制、銀行法規、銀行體系之瞭解。

　　㈢在我國之利基及可行性評估，包括在我國潛在競爭者之分析、母國與我國之雙邊貿易、相互投資及商機，以及與我國之往來銀行、客戶及其往來內容。

三、銀行基本資料，其內容應包括下列事項：

　　㈠組織：包括銀行簡史（含購併經過）、各主要部門組織，全球分支機構、網路、控股公司暨子公司之持股情形及業務狀況之說明，暨總行對海外分行之監督及管理（含檢查之範圍、時間）。

　　㈡業務介紹：包括營業範圍及專業特性、過去三年資產負債及損益之比較及分析。

　　㈢主要負責人及主要股東資料：銀行董事長、總經理及國際部門負責人名單及背景資料；超過百分之十持股及前十名之股東名單及背景資料。

　　㈣所屬母國之介紹，其內容應包括著名雜誌對其母國國家風險之評估；母國金融體系；母國主管機關名稱、職權、檢查之範圍及時間；母國存款保險制度；母國主管機關對外匯交易及資金匯出入之管理措施；母國主管機關對外國銀行設立分支機構及營運上之限制。

四、前一年在世界主要銀行資本或資產之排名、世界著名評等機構之評等。

五、業務經營守法性及健全性自我評估分析，包括最近五年內是否有違規、弊案或受處分等情事之說明。

六、母國金融主管機關同意其在我國設立分行之文件。

七、母國金融主管機關所出具願與我國合作分擔該銀行合併監督管理義務暨證明該銀行財務業務健全之文件。

八、擬指派擔任在我國之分行經理人履歷及相關證明文件。

九、分行之營業計畫書，其內容應包括下列事項：

　　㈠市場定位及營運策略及未來發展計畫。

　　㈡擬經營之業務範圍、主要業務之市場概況及經營計畫。

　　㈢擬設立分行之內部組織分工，在全行之隸屬關係圖、人員配置及招募培訓計畫。

　　㈣業務章則、風險管理制度、內部控制及稽核制度。

　　㈤未來三年之資產負債、損益預估，並敘明其估計基礎。

十、董事會對於申請許可在我國設立分行之決議錄或相當文件認證書。

十一、執業會計師簽證之有關該行最近年度末自有資本與風險性資產比率認證書。

十二、委託律師或會計師申請者，該銀行負責人出具之委託書。

十三、最近三年經會計師查核簽證之資產負債表及損益表認證書。

十四、法人資格證明文件及經母國主管機關核發之銀行許可證照認證書。

十五、章程認證書。

十六、為指定在我國之訴訟及非訴訟代理人所簽發之授權書認證書。

十七、銀行申請前一年於世界資本或資產排名屬五百名以外者，應提出前三曆年度與我國銀行及企業往來金額統計表。

十八、在我國訴訟及非訴訟代理人聲明書。

十九、其他經主管機關規定應提出之資料或文件。

前項有關書表之認證書，應經該銀行母國公證人或我國駐外領務人員予以認證。

第七條

外國銀行在我國所有分行之淨值併計其國際金融業務分行之淨值，不得低於主管機關規定最低營業所用資金之三分之二，不足者，其在我國之訴訟及非訴訟代理人應即申報主管機關。

主管機關對具有前項情形之銀行，得命其限期匯入資金，補足其最低營業所用資金。

第八條

外國銀行申請增設分行者，應檢送第六條第一項第八款至第十三款及下列書表文件向主管機關申請許可：

一、總行及在我國所有分行之守法性及穩健性自我評估分析。

二、母國金融主管機關同意其在我國增設分行及證明其財務業務健全之文件。

三、自前次申請設立分行後之業務經營及重大事件之說明。

四、其他經主管機關規定應提出之資料或文件。

前項有關書表之認證書，應經該銀行母國公證人或我國駐外領務人員予以認證。

第九條

外國銀行應於許可設立分行、或增設分行之日起八個月內完成下列程序，並開始營業，屆期未開始營業者，主管機關得廢止其許可：

一、匯入專撥在我國境內營業所用資金。

二、檢送分行營業許可事項表，向主管機關申請核定分行營業許可事項。

三、依公司法及有關規定辦理外國公司認許或變更認許、分公司登記。

四、檢送營業執照應記載事項表，向主管機關申請核發銀行營業執照並繳納執照規費。

五、將分行開業日期函報主管機關備查，並應依本法第五十五條之規定，將主管機關所發銀行營業執照之記載事項，於該分行所在地以中文公告之。

前項所定期限，如有特殊事由，得申請延長，並以一次為限。

第十條

外國銀行申請遷移分行者，應備具申請書，敘明下列事項，向主管機關申請核准：

一、遷移之理由。

二、對原有客戶權利義務之處理或其他替代服務方式。

三、新營業地點之營業計畫。

第十一條

外國銀行申請裁撤分行者，應備具申請書，敘明下列事項，向主管機關申請核准：

一、裁撤之理由。

二、對原有客戶權利義務之處理或其他替代服務方式。

三、董事會對於申請裁撤在我國境內分行之決議錄或相當文件認證書。

第十二條

外國銀行經核准遷移分行者，應自核准之日起一年，向主管機關申請換發營業執照並開始營業，屆期未開始營業者，應廢止其核准；裁撤分行者，應於同一期限內，繳銷營業執照並停止營業。

外國銀行遷移或裁撤分行者，於開始或停止營業前，應報主管機關備查。

第十三條

外國銀行分行得申請經營之業務項目，依本法第四條、第一百十七條及第一百二十一條規定，由主管機關核定之。

前項外國銀行分行經核准經營之業務，應於營業執照上載明後始可辦理。

第十四條

外國銀行分行對同一自然人或法人之授信總餘額，新臺幣部分不得超過其新臺幣授信

總餘額百分之十或新臺幣十億元之孰高者；外幣部分不得超過其總行淨值百分之二十五。

外國銀行分行辦理下列授信得不計入前項規定所稱授信總餘額：

一、經主管機關專案核准專案授信或經中央銀行專案轉融通之授信。

二、對政府機關之授信。

三、以公債、國庫券、中央銀行儲蓄券、中央銀行可轉讓定期存單、本行存單或本行金融債券為擔保品之授信。

第十五條

外國銀行分行準用本法第三十三條第二項之授信條件及同類授信對象規定如下：

一、所稱授信條件，包括利率、擔保品及其估價、保證人之有無、貸款期限及本息償還方式。

二、所稱同類授信對象，指同一外國銀行在我國所有分行、同一基本放款利率期間內、同一貸款用途及同一會計科目項下之授信客戶。但外國銀行無基本放款利率者，以最近一年度為比較期間。

第十六條

外國銀行分行應依據其經營業務之性質及範圍建立內部控制制度，並確保內部稽核工作之獨立性。

第十七條

外國銀行分行之資產負債表、損益表及現金流量表、其與國際金融業務分行之合併資產負債表、合併損益表、合併現金流量表及其他經主管機關指定之項目應經會計師查核簽證，並應於營業年度終了後四個月內併同總行年報申報主管機關備查，於其所在地之日報或依主管機關指定之方式公告，及備置於每一營業處所之顯著位置以供查閱。

外國銀行分行應於每月營業終了，將資產負債表、損益表及其他經主管機關指定之業務相關月報表，依主管機關規定之格式、內容、申報方式及期限向主管機關申報。每年營業終了應另加申報該曆年之年度營業報告書。

第十八條

外國銀行分行準用本法第七十二條之二規定時，所稱存款總餘額，包括新臺幣存款及外幣存款。

第十九條

外國銀行分行應就經營業務範圍制定風險管理準則，報經主管機關備查，其內容至少應包括信用風險、市場風險、流動性風險、作業風險及法律風險。

第二十條

外國銀行分行盈餘之匯出，依下列規定辦理：

一、經稅捐稽徵機關正式核定營利事業所得稅稅額並完納稅捐後，向主管機關申請匯

　　出稅後盈餘。

二、帳列盈餘經會計師查核簽證後，得於扣除估計營利事業所得稅後向主管機關申請先行匯出七成。俟稅捐稽徵機關正式核定營利事業所得稅稅額後，得於完納稅捐後再按實際稅後盈餘扣除先行匯出部分後之餘額向主管機關申請匯出。

第二十一條

外國銀行有下列情事之一者，其在我國之訴訟及非訴訟代理人應主動檢具事由及資料向主管機關申報：

一、解散或停止營業。

二、發生重整、清算或破產之情事。

三、重大違規案件或為母國主管機關撤銷營業許可。

四、變更銀行名稱或總行所在地。

五、發生百分之十以上之股權讓與、股權結構變動或百分之十以上之資本變更。

六、合併或讓與或受讓全部或重要部分之資產或營業。

七、在我國之重大股權投資案件。

八、發生或可預見之重大虧損案件。

九、發生重大訴訟案件。

十、重大營運政策之改變。

十一、母國金融制度及管理法規有重大變動。

十二、其他重大事件。

第二十二條

主管機關得命外國銀行分行提出其總行之業務或財務狀況之報告或資料。

第三章　外國銀行代表人辦事處

第二十三條

外國銀行申請在我國設立代表人辦事處者，應檢送第六條第一項第三款、第四款、第十二款至第十六款及下列書表文件，向主管機關申請核准：

一、申請書。

二、可行性分析，其內容應包括下列事項：

　　㈠擬前來我國設立代表人辦事處之營運策略考量，包括總行營運策略及對我國、鄰近國家有關政治、經貿、金融情勢之比較。

　　㈡對我國法律、稅制、銀行法規、銀行體系之瞭解。

　　㈢在我國之利基及可行性評估，包括在我國潛在競爭者之分析、母國與我國之雙邊貿易、相互投資及商機，以及與我國之往來銀行、客戶及其往來內容。

三、業務經營守法性及健全性自我評估分析，包括最近三年內是否有違規、弊案或受

處分等情事之說明。

四、擬指派擔任在我國之代表人履歷及相關證明文件。

五、母國金融主管機關同意其在我國設立代表人辦事處之文件。

六、董事會對於申請許可在我國設立代表人辦事處之決議錄或相當文件認證書。

七、申請前一年於世界資本或資產排名屬一千名以外者，應提出前三曆年度與我國銀行及企業往來金額統計表。

八、其他經主管機關規定應提出之資料或文件。

前項有關書表之認證書，應經該銀行母國公證人或我國駐外領務人員予以認證。

第二十四條

外國銀行應於主管機關核准設立代表人辦事處之日起八個月內，依公司法第三百八十六條之規定向經濟部備案後設立，並於設立日前檢具備案之文件影本，將設立日期及地址函報主管機關備查。屆時未設立者，主管機關得廢止其核准。

第二十五條

外國銀行代表人辦事處應於總行營業年度終了後二個月內將在我國工作情形作成工作報告，申報主管機關備查。

前項工作報告之格式、內容及申報方式，由主管機關定之。

第二十六條

主管機關得隨時派員查核外國銀行代表人辦事處之工作及其他有關事項，或令外國銀行代表人辦事處限期提報工作報告或其他有關資料。

第二十七條

外國銀行申請遷移代表人辦事處者，應備具申請書，敍明遷移之理由，向主管機關申請核准。

第二十八條

外國銀行申請裁撤代表人辦事處者，應備具申請書，敍明裁撤之理由及董事會決議錄，向主管機關申請核准。

第四章　附則

第二十九條

本辦法自發布日施行。

8.本國銀行設立國外分支機構應注意事項

中華民國八十九年五月十九日財政部（八九）臺財融字第八九七三二四七八號函修正發布全文十一點；並自即日起施行

一 依據銀行法第二十七條規定並參酌巴塞爾銀行監督委員會「對國際性銀行集團及其跨國據點之最低監督標準」之規定辦理。

二 凡守法、健全經營且自有資本與風險性資產之比率及總資產合於擬赴國家金融主管機關規定，並具備國際金融業務專業知識與經驗暨良好外語能力人才之本國銀行，其已設立國外部一年以上者，得申請赴國外設立代表人辦事處；已設立國外部二年以上者，得申請赴國外設立分行、子銀行或合資銀行。本國銀行申請設立上述國外分支機構，應檢附下列文件向本部申請：

㈠設立國外分支機構申請書。

㈡可行性研究報告：載明擬前往設立國家（或地區）之選定因素，包括當地之政治、經貿、金融情勢；我國與當地之雙邊貿易、相互投資情形；當地適用於外國銀行之金融法令規定（包括對於外國銀行申請設立分支機構之程序及審核標準、業務經營限制，我金融主管機關得否蒐集該分支機構財務、經營狀況等資料，以合資方式設立者，其出資比率之規定等）及賦稅法令規定；本國銀行在當地已設立分支機構之情形及其經營概況分析；該銀行已設立海外分支機構之家數及營運狀況分析；擬設分支機構之經營風險評估及效益分析。

㈢營業計畫書：載明擬經營之業務範圍、市場定位及未來發展計畫、已儲備具有國際金融業務專業知識與經驗暨良好外語能力之人員名單(詳列各項學、經歷)；申請設立之國外分支機構之內部組織分工、在全行之隸屬關係圖、人員配置及招募培訓計畫；預定負責人及遴派理由；預估未來三年之資產負債表、損益表及資金來源去路表，並敘明其預估基礎。

㈣內部控制及稽核制度暨營運管理及績效考核辦法。

申設代表人辦事處者，得免檢附前項第三款及第四款規定之文件。

三 擬前往設立國家主管機關對於預定經理人之語言能力或金融專業另有規定者，須同時檢附證明該經理人有關符合上述規定之證明文件。

四 申請案件本部除依銀行法第二十七條規定洽商中央銀行意見外，將對可行性研究報告、營業計畫書之周延性與可行性、本國銀行在當地已設立分支機構之家數與營運情形等進行評估，並將審核該行業務經營之健全性與守法性。

五 銀行設立國外分支機構，未經本部同意，不得向外國政府提出申請。

六 銀行經外國金融主管機關許可設立分支機構，應檢附下列資料報經本部核備後始得正式設立。

㈠外國金融主管機關之核准函（其須經外國金融主管機關核發營業執照者，並檢附執照影本）。

㈡外國金融主管機關核准經營之業務項目。

㈢預定設立日期及詳細地址。

　　㈣負責人姓名及其學、經歷資格證明文件。

七　國外分支機構設立後（含已成立者），總行應依下列規定辦理：

　　㈠國外分支機構負責人、營業地址及營業項目之變動，均應事先報本部核備。

　　㈡國外分行配合當地金融法規與商業習慣辦理之各項銀行業務，如有不符我國金融法令規定者，應報本部核備。

　　㈢國外分支機構發生重大偶發及舞弊事件，應依本部七十一年十二月二十三日臺財融第二七二〇一號函及七十九年七月十七日臺財融第七九一二六七七五七號函規定辦理。

　　㈣對於代表人辦事處以外之國外分支機構，另應辦理事項如下：

　　　1.應實施不定期內部稽核，每年至少乙次。業務稽核報告、會計師查核報告及所在國政府金融主管機關之檢查報告等資料，應依本部七十七年十二月二十七日臺財融第七七〇九六〇四二八號函規定辦理。

　　　2.每半年（以半年結算日及全年決算日為基準日，於基準日起一個月內）應填報營運狀況基本資料表（如附件二）報本部備查。

　　　3.每年度應連同國外分支機構編製合併財務報表，依銀行法第四十九條規定報本部備查。

八　銀行已設立國外分行者，其在同一個國家增設新分行，仍應依據第二點、第三點及第五點規定辦理。

　　銀行國外子銀行或合資銀行辦理轉投資或增設分支機構，每行應檢附第二點及第三點規定之文件事先報經本部備查。

九　銀行擬先行派員常駐其尚未經本部核准設立國外分支機構之地點，辦理商情蒐集及籌備等事宜，應檢附派駐人員及地點等資料報經本部核准後，始得派駐。

十　銀行擬併購國外銀行，應檢具有關資料，專案報本部核准。

十一　本國銀行投資（含新設及併購）國外子銀行符合下列規定並經本部核准者，該投資金額得不計入商業銀行投資總額之限額：

　　㈠本國銀行投資國外子銀行之持股比率達百分之五十以上者。

　　㈡本國銀行與其投資之國外子銀行，採合併基礎編製財務報表並經會計師審核簽證，且依合併財務報表計算銀行自有資本與風險性資產之比率大於百分之八者。

　　㈢本國銀行之淨值扣除全部投資金額（含已投資國外子銀行與其他事業之金額以及申請投資國外子銀行與其他事業之金額），高於新臺幣一百億元者。

9.銀行辦理衍生性金融商品業務應注意事項（第六條）

中華民國八十四年四月二十五日財政部臺財融第八四七一一五六九號函訂定發布全文八項

第六條

外國銀行在華分行辦理衍生性金融商品業務時，前述董（理）事會應盡之義務由其總行授權人員負責。

10.國內金融機構辦理在臺無住所之外國人開設新臺幣帳戶注意事項

中華民國八十五年十一月十五日財政部（八五）臺財融字第八五五三六七四○號函修正發布

一　在臺無住所之外國人（以下稱外國人）係指未取得我國內政部核發「中華民國外僑居留證」之「外國自然人（含華僑）」或未取得我國登記證照之「外國法人」。

二　國內金融機構辦理外國人申請開設新臺幣帳戶，應至少審核左列證件：

　㈠外國自然人：合法入境簽證（或戳記）之外國護照或僑務委員會所核發之華僑身分證明書。

　㈡外國法人：法人登記證明文件、負責人身分證明文件、法人出具在臺代表人或代理人之授權書及各地區國稅局所核發之扣繳統一編號。但國內金融機構辦理與其具有通匯關係之外國金融機構開設新臺幣帳戶，得以年報或年度財務報表代替法人、負責人證明文件。

三　外國人開設新臺幣帳戶，自然人應親自辦理，法人應由在臺代表人或代理人親自辦理。

四　外國人開設新臺幣帳戶，以活期存款、活期儲蓄存款及定期存款戶為限。經財政部核准在臺設有代表人辦事處之外國銀行、外國證券商及外國保險公司得開設支票存款戶。

五　外國人開設新臺幣帳戶不限金融機構及戶數。

六　外國人新臺幣帳戶資金之結售與結購外匯事宜，應依中央銀行規定辦理。

七　國內金融機構應將辦理本項存款業務之相關資料按月函報中央銀行。

八　國內金融機構辦理外國人開設新臺幣帳戶，除依本注意事項或依其他有關外國人投資我國證券之開戶規定辦理外，應依本國人開設新臺幣帳戶及存提款作業有關規定辦理。

＊財政部八六臺財融字第八六六二九○七六號

要旨：

國內金融機構得辦理在臺無住所之香港及澳門居民憑香港護照或澳門護照，依「國內金融機構辦理在臺無住所之外國人開設新臺幣帳戶注意事項」開設新臺幣帳戶。

主旨：

國內金融機構得辦理在臺無住所之香港及澳門居民憑香港護照或澳門護照，依「國內金融機構辦理在臺無住所之外國人開設新臺幣帳戶注意事項」開設新臺幣帳戶。請

查照。

＊財政部金融司八○臺融司㈣字第八○○八七三一一八號

要旨：

不具法人資格之外商在臺工程事務所或外商在臺聯絡處均不得開立新臺幣存款帳戶

主旨：

有關外商在臺承包工程領有稅捐稽徵機關核發之營利事業登記證者；或外商在臺聯絡處向稅捐稽徵機關辦妥扣繳單位設立登記者，是否可在金融機構開立新臺幣存款帳戶乙案，復如說明二，請　查照。

說明：

一、復　貴分行八十年二月一、二日第勸臺字第○一六、○一七號函。

二、依本部七十六年七月十四日臺財融第七六○八一八二四號函規定，國內金融機構不得接受在臺無住所之外國自然人及法人開設新臺幣帳戶。不具法人資格但領有稅捐稽徵機關核發之營利事業登記證之外商在臺工程事務所，或僅向稅捐稽徵機關辦妥扣繳單位設立登記之外商在臺聯絡處，自均不得開立新臺幣帳戶。

＊財政部八六臺財融字第八六二一四○四號

要旨：

修正「國內金融機構辦理在臺無住所之外國人開設新臺幣帳戶注意事項」

主旨：

茲規定經依外國人投資條例或華僑回國投資條例，獲經濟部核准買賣上市或上櫃公司股票之外國人或華僑，得依「國內金融機構辦理在臺無住所之外國人開設新臺幣帳戶注意事項」之規定開立帳戶，以辦理股票交易款項劃撥交割事宜，請　查照。

11.支票存款戶處理辦法（第四條）

中華民國八十一年四月十三日財政部（八一）臺財融字第八一一七三八二九八號令修正發布第四、十四、二十一條條文；並刪除第六、十、二十二條條文

第四條

金融業者對於申請開戶之個人，應核對確為本人，並由開戶人依約定當面親自簽名或蓋章或簽名及蓋章於支票存款往來約定書暨印鑑卡上，並留存身分證影本，外國人開戶應在臺設有住所，並須留存護照及居留證影本。

無行為能力人及限制行為能力人不得申請開戶。

被拒絕往來未經解除者，不得申請開戶。

前項之審核，受理開戶之金融業者應向其所在地票據交換所查詢，或由申請人依中央銀行「票據交換所受理票據退票資料查詢要點」申請本人無退票證明以供審核。

＊財政部八二臺財融字第八二一一四八六〇一號

　　要旨：

　　公司之新負責人為外國人申請開立支票存款戶之有關規定

　　主旨：

　　關於「公司開立支票存款戶後變更負責人，其新負責人為外國人而無在臺居留證時，
　　應如何處理」乙案，復如說明，請　查照。

　　說明：

　　一、依據本部金融局案陳　貴行八十二年三月十一日 (82) 上總字第一五九號函辦理。

　　二、經認許之外國公司，申請開立支票存款戶時，其負責人為外國人或開立支票存款
　　　　戶後變更之新負責人為外國人時，金融機構仍應依支票存款戶處理辦法第五條第
　　　　二項準用第四條之規定，查核並留存其負責人之護照及在臺居留證影本。

＊財政部金融局八一臺融局(五)字第八一一一七二九四四號

　　要旨：

　　負責人為外僑之公司申請開設支票存款帳戶釋義

　　主旨：

　　請釋公司負責人如為外僑，則「外僑居留證」是否為該公司開立新臺幣支票存款戶之
　　必要條件乙案，復如說明二，請　查照。

　　說明：

　　一、復　貴分行八十一年十一月二日 (81) 標渣存字第〇〇六五號及八十一年十一月
　　　　五日 (81) 標渣存字第〇〇六六號函。

　　二、依支票存款戶處理辦法第五條第二項準用第四條第一項之規定，公司負責人如為
　　　　外國人，應在臺設有住所，並留存護照及（外僑）居留證影本，該公司始可申請
　　　　開立新臺幣支票存款戶。

12.銀行辦理指定用途信託資金業務應客戶要求推介外國有價證券作業要點

　　中華民國八十八年八月三十一日財政部（八八）臺財融字第八八七四三九八五號函訂定發布
　　全文十六點

　　一　銀行辦理指定用途信託資金投資外國有價證券所從事之推介行為，應於客戶提出
　　　　要求後依誠信、謹慎原則辦理，且不得向客戶收取費用。

　　二　銀行依本要點從事推介外國有價證券，應充分知悉並評估客戶投資知識、投資經
　　　　驗、財務狀況及承受投資風險程度是否適合相關推介計畫。

　　三　銀行依本要點從事推介外國有價證券，不得有下列情事：

㈠向不特定多數人推介買賣外國有價證券。

㈡所引用之資訊有不實、虛偽、隱匿或足致他人誤信之情事。

㈢對所推介之有價證券為特定結果之保證。

㈣未明確告知或標示所採用之資料係屬預測性質。

㈤未依據研究報告及推介計畫辦理推介。

㈥對有價證券之交易價格為斷定性之判斷。

㈦依據過去推介結果，作為推介業務之宣傳。

㈧使用未公開之資訊。

四 銀行依本要點推介外國有價證券，應以財政部證券暨期貨管理委員會發布之「證券投資顧問事業辦理外國有價證券投資顧問業務應行注意事項」第四點所規定種類及範圍為限。

五 銀行向客戶推介外國有價證券為股票或債券者，應製作客戶須知，並應揭露證券發行公司及所在地概況中文簡介，其內容包括：

㈠發行公司及所在地之國家或地區一般性資料：

　1.國家或地區面積、人口、語言及政府組織。

　2.政治背景、外交關係、經濟及各主要產業概況。

　3.外匯管理及資金匯入匯出限制。

　4.賦稅政策及徵課管理系統。

　5.財政及外貿情形。

㈡發行公司及所在地之國家或地區資本市場概況：

　1.背景及發展情形。

　2.管理情形：含主管機關、發行市場及交場市場概況。

　3.證券發行公司財務簽證管理情形。

　4.證券之上市條件及交易方法（含價格限制、交易單位、單賣執行及交割清算制度、佣金計價）。

　5.主要上市證券資料（含價格、發放股利、本益比資料）。

　6.外國人買賣證券限制、租稅負擔及徵納處理應注意事項。

㈢證券發行公司或機構中文簡介：

　1.公司或機構組織結構。

　2.業務範圍及概況。

　3.財務概況。

六 銀行依第五點所製作之客戶須知相關附件得為外文，並應包括下列各項資料：

㈠最新公開說明書或各該國法律規定應提供予投資人之資料。

㈡經會計師簽證之最近一年度財務報告資料。

㈢發行公司或機構最近一年年報。

七　銀行向客戶推介外國有價證券為受益憑證、基金股份或投資單位者，應製作客戶
　　須知，並應揭露下列事項：

　　㈠「基金經理公司及所經理基金之狀況」中文簡介，其內容包括：

　　　　1.基金經理公司沿革、股東背景、所經營各基金種類、規模及績效。

　　　　2.個別基金資產總額、淨值、類別、及投資目標。

　　　　3.基金保管機構。

　　　　4.基金簽證會計師及簽證機構。

　　　　5.基金投資標的及組合分析。

　　　　6.基金之績效分析（最近二年度月獲益率之平均值、標準差值及最近五年度季
　　　　　獲益率之平均值、標準差值。並應列明上述各值與以前各年度相對期間比較
　　　　　之變動情形。）

　　　　7.基金之發行及買回手續。

　　　　8.基金收益分配之情形。

　　　　9.投資收益之賦稅及匯回之限制。

　　　　10.其他依規定應記載事項。

　　㈡基金投資國家或地區之一般性資料及資本市場概況。

八　銀行依第七點所製作之客戶須知相關附件得為外文，並應包括下列各項資料：

　　㈠個別基金之公開說明書。

　　㈡基金經理公司經會計師簽證之最近一年度財務報告資料。

　　㈢基金經理公司最近一年年報。

九　銀行以出版或發行刊物方式執行推介計畫時，所分送之書面資料應明確標示撰寫
　　者、出版商、資料日期並應加註「推介資料僅供參考，投資人應審慎考量本身之
　　投資風險」。

十　銀行向客戶推介外國有價證券，應製作書面通知，使客戶瞭解該推介係應客戶之
　　要求辦理。客戶之投資決定係依其本身之判斷為之，並應就投資結果自負其責，
　　該項書面通知應請客戶簽章。

十一　銀行向客戶推介外國有價證券，應設置專責研究部門提供研究報告，或與證券
　　　投資顧問事業簽訂契約取得研究報告。

十二　銀行向客戶推介外國有價證券，應先依據第十一點規定訂定推介計畫，並經由
　　　銀行負責人核准後辦理之。

十三　推介計畫所引用之研究報告應每月更新。

十四　銀行辦理推介作業之人員應充分瞭解相關研究報告，始得依據推介計畫從事推
　　　介行為。

十五　銀行向客戶推介外國有價證券，應填具推介業務紀錄表；相關推介計畫、研究報告及引據資料至少保存一年。

十六　銀行內部稽核對於每一推介計畫之執行，應予稽核，並製作稽核報告。

13.管理外匯條例（第二、四、五、七至九、十二、十三條）

中華民國八十四年八月二日總統（八四）華總㈠義字第五六五七號令增訂公布第十九之一條及第十九之二條；並修正第六之一、二十、二十六之一條條文

第二條

本條例所稱外匯，指外國貨幣、票據及有價證券。

前項外國有價證券之種類，由掌理外匯業務機關核定之。

第四條

管理外匯之行政主管機關辦理左列事項：

一、政府及公營事業外幣債權、債務之監督與管理；其與外國政府或國際組織有條約或協定者，從其條約或協定之規定。

二、國庫對外債務之保證、管理及其清償之稽催。

三、軍政機關進口對外匯、匯出款項與借款之審核及發證。

四、與中央銀行或國際貿易主管機關有關外匯事項之聯繫及配合。

五、依本條例規定，應處罰鍰之裁決及執行。

六、其他有關外匯行政事項。

第五條

掌理外匯業務機關辦理左列事項：

一、外匯調度及收支計畫之擬訂。

二、指定銀行辦理外匯業務，並督導之。

三、調解外匯供需，以維持有秩序之外匯市場。

四、民間對外匯出、匯入款項之審核。

五、民營事業國外借款經指定銀行之保證、管理及清償、稽催之監督。

六、外國貨幣、票據及有價證券之買賣。

七、外匯收支之核算、統計、分析及報告。

八、其他有關外匯業務事項。

＊八五上易字第三八六六號（摘錄）

一、外幣保證金交易，係指一方於客戶與其簽約並繳付外幣保證金後得隨時應客戶之要求，於保證金之數倍範圍內以自己之名義為客戶之計算，在外匯市場從事不同幣別間之即期或遠期買賣交易。此項交易不須實際交割，一般都在當日或到期前

以反方向交易軋平而僅結算買賣差價。本院被告經營之傑○行從事外匯保證金交易，是一種投機性的金融性外匯交易，其作業方式為客戶與國內外銀行或其交易商（於本件即匯○公司）簽訂交易合約，約定客戶於該公司來往銀行所開立之帳戶內，存入若干金額，投資人即以該存款作為保證金，並質押於匯○公司，而由該交易商以本身名義替該客戶於國際金融市場買賣指定之國際通貨，交易金額通常為所繳交保證金之五至二十倍，交易損益均由客戶負擔，如交易損失已超過保證金額，匯○公司可隨時了結交易，如有獲利客戶亦可隨時了結交易賺取差價。又客戶於繳交保證金後，即可於最利時機指示交易商操作，當買賣兩筆交易均了結後，將獲利部分存入銀行，若發生虧損則自保證金帳戶內扣付，各戶僅負擔交易之匯率風險，實際上並外幣現貨之交易行為，此即為外匯保證金交易。換言之，此種交易本質上係匯○公司以其本身資金及名義於市場上從事外匯買賣及對沖之交易，並未將自國際市場買入之外匯賣給客戶，並未將客戶賣出之外匯賣至國際市場，故對客戶言，外匯保證金交易是一種買空賣空之投機性交易，且匯○公司與客戶間依契約所為買賣及賣買之前後兩筆外匯交易並無實際交割行為，與買賣外匯自屬有間。

二、依中央銀行外匯局之見解，外幣保證金交易係以外幣為標的，故為外匯業務之一種，其仲介此類業務者，亦屬外匯業務之仲介，均為銀行法所稱「有關外匯業務之經營」及管理外匯條例第五條第八款暨中央銀行法第三十五條第八款所稱之「其他有關外匯業務事項」應經中央銀行之許可始得經營。傑○行未經許可提供電傳資訊設備供客戶從事外幣保證金交易或引介國人在國外金融機構從事外幣保證金交易雖屬違法經營外匯業務之行為。但經本院調查傑○行並無與客戶對作之行為，故不得認定有管理外匯條例第二十二條所稱之「非法買賣外匯」犯行。

三、綜上說明，被告等所引介客戶從事外匯保證金交易核與買賣外匯不同，被告等之犯行僅違反商業登記法第八條第三項「商業不得經營其登記範圍以外之業務」，依同法第三十三條第一項規定只能處以行政罰鍰。

第七條

左列各款外匯，應結售中央銀行或其指定銀行，或存入指定銀行，並得透過該行在外匯市場出售；其辦法由財政部會同中央銀行定之：

一、出口或再出口貨品或基於其他交易行為取得之外匯。

二、航運業、保險業及其他各業人民基於勞務取得之外匯。

三、國外匯入款。

四、在中華民國境內有住、居所之本國人，經政府核准在國外投資之收入。

五、本國企業經政府核准國外投資、融資或技術合作取得之本息、淨利及技術報酬金。

六、其他應存入或結售之外匯。

華僑或外國人投資之事業，具有高科技，可提升工業水準並促進經濟發展，經專案核准者，得逕以其所得之前項各款外匯抵付第十三條第一款、第二款及第五款至第八款規定所需支付之外匯。惟定期結算之餘額，仍應依前項規定辦理；其辦法由中央銀行定之。

*八一臺上字第三〇三九號

要旨：

民法第二百零二條前段規定，以外國通用貨幣定給付額者，債務人得按給付時、給付地之市價，以中華民國通用貨幣給付之。故以外國通用貨幣定給付額者，惟債務人得以中華民國通用貨幣為給付。倘債權人請求給付，則惟有依債之本旨，請求債務人以外國通用貨幣給付之。且管理外匯條例第六條之一、第七條、第十三條及第十七條規定，業經行政院七十六年七月十五日臺七六財字第一五七六七號函，依同法第二十六條之一，定自七十六年七月十五日停止適用。債務人亦無不能給付美金之情形，故債權人請求給付美金為有理由者，即不得命債務人按給付時外匯匯率折付新臺幣。

*七四判字第一一二號

要旨：

〔管理外匯條例第二十條第一款之處分，必須以受處分人已因出口或再出口貨品，或基於其他交易行為確已取得外匯者為其前提要件〕

按管理外匯條例第七條第一款規定：「出口或再出口貨品或基於其他交易行為取得之外匯，應存入指定銀行，並得透過指定銀行在外匯市場出售或結售中央銀行或其指定銀行」，而「違反第七條規定，不將其外匯結售或存入中央銀行或其指定銀行者，分別就其不結售，不存入金額，處以按行為時匯率折算二倍之罰鍰，並由中央銀行追繳其外匯。」固為同條例第二十條第一款所明定。惟依上開規定予以處分者，必須以受處分人已因出口或再出口貨品或基於其他交易行為，確已取得外匯者為其前提要件。若雖經出口貨品或有其他交易行為，而因遭遇特殊事故，未能取得外匯，無從結售或遲延取得，致經過相當期間始行結售或存入中央銀行或其指定銀行者，自不能依前開規定予以處分，此就各該法條文義觀之甚為明瞭。

*司法院第三十八期司法業務研究會

法律問題：

未經中央銀行許可，而代客操作、提供電傳資訊設備供客戶從事外幣保證金交易或引介國人至國外金融機構，使其在國外金融機構從事外幣保證金交易，是否構成管理外匯條例第二十二條之罪？

研究意見：

甲說：

人民外匯資產之處分或取得方式，管理外匯條例係採列舉規定，除依該條例第七條、

第十三條所規定方式，外匯應結售中央銀行或其指定銀行，或存入指定銀行，並得透過該行在外匯市場出售或結購外，不得依其他方式任意取得或處分之，故人民非與中央銀行或其指定銀行從事外匯買賣者，因違反前開限制規定，即屬非法買賣外匯。中央銀行外匯局八十五年十一月十一日 (85) 臺央外柒字第二五一九號函亦明示：「所謂非法買賣外匯係指在國內非以指定銀行或外幣收兌處為對象所為買賣外匯之行為」、「除經本行指定為辦理外匯業務之銀行，於開辦外幣保證金交易業務前向本行報備者外，其他銀行或公司、行號未經本行許可，而有代客操作、提供電傳資訊設備供客戶從事外幣保證金交易或引介國人至國外金融機構，使其在國外金融機構從事外幣保證金交易，均屬違法經營外匯業務之行為」。

乙說：

一、外匯本身具市場價值，係屬人民財產權之一，財產權之處分本得自由為之，此觀之憲法第十五條將財產權列為基本人權之一予以保障自明，故人民對其所有之外匯資產本得自由處分。次查七十六年七月十五日以前之管理外匯條例有關人民外匯資產之處分或取得方式採列舉規定，除依該條例第七條、第十三條所規定方式，外匯應結售中央銀行或其指定銀行，或存入指定銀行，並得透過該行在外匯市場出售或結購外，不得依其他方式任意取得或處分之，故人民非與中央銀行或其指定銀行從事外匯買賣者，因違反前開限制規定，即屬非法買賣外匯，若竟以此為常業時，即應依同條例第二十二條規定論處之。惟管理外匯條例第六條之一、第七條、第十三條、第十七條，業經行政院於七十六年七月十五日以臺七十六財字第一五七六七號函定自七十六年七月十五日停止適用在案，是人民外匯資產之處分或取得方式，即不受上開條例之限制，自應回復憲法所保障人民自由處分其財產權之原旨，除法律或法律授權之委任命令有明文加以限制，人民享有自由買賣外匯之權利，縱有買賣外匯之行為，亦無所謂非法買賣外匯可言。中央銀行外匯局八十五年十一月十一日 (85) 臺央外柒字第二五一九號函示，難認「所謂非法買賣外匯係指在國內非以指定銀行或外幣收兌處為對象所為買賣外匯之行為」、「除經本行指定為辦理外匯業務之銀行，於開辦外幣保證金交易業務前向本行報備者外，其他銀行或公司、行號未經本行許可，而有代客操作、提供電傳資訊設備供客戶從事外幣保證金交易或引介國人至國外金融機構，使其在國外金融機構從事外幣保證金交易，均屬違法經營外匯業務之行為」，然而上開函示係行政機關自為，且對外匯買賣限制於「在國內以經中央銀行指定之銀行或外幣收兌處」為人民交易之對象，依上開函示，則人民在國內如與非經中央銀行指定銀行或外幣收兌處為交易對象所為之買賣外匯行為（包含個人與個人交易、或在國內之個人與在國外之銀行或個人交易），均屬非法買賣外匯之行為，此與憲法所保障之財產權內涵未符，至為明顯，況上開函示，非屬法律或經法律授權之委任命令，並無拘束人

民或法院之效力，人民是否構成犯罪，依罪刑法定原則，仍應依犯罪構成要件認定之。

二、買賣與居中媒介分屬不同之行為，此從刑法第三百四十九條第一項有關贓物之犯行及藥事法第八十三條第一項有關禁藥之犯行均將故買贓物與牙保贓物、販賣禁藥與牙保禁藥分開規定即明，故媒介投資者從事外匯買賣，本身並非外匯買賣之當事人者,依罪刑法定之原則是否亦屬管理外匯條例第二十二條之非法買賣外匯，實有待商榷。

研討結論：併入第十六則討論。

第八條

中華民國境內本國人及外國人，除第七條規定應存入或結售之外匯外，得持有外匯，並得存於中央銀行或其指定銀行。其為外國貨幣存款者，仍得提取持有；其存款辦法，由財政部會同中央銀行定之。

第九條

出境之本國人及外國人，每人攜帶外幣總值之限額，由財政部以命令定之。

＊法務部（八二）法律字第二六五九〇號

要旨：

一、行政法院六十二年判字第二十九號判例雖已不再援用，惟外幣仍屬物之一種，且為出入國境時應予管制之物品（管理外匯條例第一條、第九條及第十一條參照），如有攜帶外幣規避檢查或逃避管制之行為，自有海關緝私條例之適用，合先敘明。

二、走私、偷渡有經由通商口岸為之者，亦有非經通商口岸為之者。海關緝私條例對此二者均有規範（該條例第二條、第三條、第十六條、第三十六條及第三十九條參照）；而管理外匯條例僅對前者有所規定（該條例第十一條、第二十四條第三項參照）；臺灣地區與大陸地區人民關係條例（以下簡稱「兩岸人民關係條例」）及施行細則則係對後者而為規定（該條例第三十二條第一項、第二項及其施行細則第二十八條、第三十一條參照）。如大陸地區人民走私、偷渡入境係經通商口岸為之者，其所攜外幣即同受管理外匯條例及海關緝私條例之規範；如非經通商口岸為之者，則受兩岸人民關係條例及海關緝私條例之規範。經查管理外匯條例係外幣管制之特別法；而兩岸人民關係條例則為規範兩岸人民往來並處理衍生法律事件之特別法；依法規競合之法理，管理外匯條例及兩岸人民關係條例似均應優先於海關緝私條例而適用。

第十二條

外國票據、有價證券，得攜帶出入國境；其辦法由財政部會同中央銀行定之。

第十三條

左列各款所需支付之外匯，得自第七條規定之存入外匯自行提用或透過指定銀行在外

匯市場購入或向中央銀行或其指定銀行結購；其辦法由財政部會同中央銀行定之：

一、核准進口貨品價款及費用。

二、航運業、保險業及其他各業人民，基於交易行為或勞務所需支付之費用及款項。

三、前往國外留學、考察、旅行、就醫、探親、應聘及接洽業務費用。

四、服務於中華民國境內中國機關及企業之本國人或外國人，贍養其在國外家屬費用。

五、外國人及華僑在中國投資之本息及淨利。

六、經政府核准國外借款之本息及保證費用。

七、外國人及華僑與本國企業技術合作之報酬金。

八、經政府核准向國外投資或貸款。

九、其他必要費用及款項。

14.國際金融業務條例

中華民國八十六年十月八日總統（八六）華總(一)義字第八六○○二一九一○○號令修正公布
第四、五、十三、十四、十六、二十二條條文；並增訂第五之一、二十二之一條條文

第一條

為加強國際金融活動，建立區域性金融中心，特許銀行在中華民國境內，設立國際金融業務分行，制定本條例。

第二條

國際金融業務之行政主管機關為財政部；業務主管機關為中央銀行。

第三條

左列銀行，得由其總行申請主管機關特許，在中華民國境內，設立會計獨立之國際金融業務分行，經營國際金融業務：

一、經中央銀行指定，在中華民國境內辦理外匯業務之外國銀行。

二、經政府核准，設立代表人辦事處之外國銀行。

三、經主管機關審查合格之著名外國銀行。

四、經中央銀行指定，辦理外匯業務之本國銀行。

＊財政部八九臺財融字第八九七二二五二一號

要旨：

銀行國際金融業務分行辦理衍生性金融商品業務應依規定辦理

說明：

一、依「國際金融業務條例」第三條第一款及第四款設立之國際金融業務分行，得辦理其總行（或外商銀行申請認許時所設分行）已經主管機關核准得辦理之外幣衍生性金融商品，毋須另行向主管機關申請；依同條第二款及第三款設立者，須向

主管機關申請核准後辦理，銀行並應於承作前向主管機關申請換發「國際金融業務分行設立許可證」及「核准辦理國際金融業務證書」，設立許可證及業務證書之業務範圍經主管機關登載有「辦理經主管機關核准辦理之衍生性金融商品業務」者始得辦理。依「國際金融業務條例」第三條第一款及第四款設立之國際金融業務分行，並應採行與總行（或外商銀行申請認許時所設分行）相同之內部控制制度與風險管理措施，始得辦理此項業務。

二、衍生性金融商品之承作對象以金融機構及中華民國境外之個人、法人或政府機關為限。

三、辦理衍生性金融商品業務應依本部八十四年四月二十五日臺財融第八四七一一五六九號函「銀行辦理衍生性金融商品業務應注意事項」之規定辦理。

四、本規定發布前已依主管機關規定辦理衍生性金融商品業務者，應於本規定發布後三個月內，將已承作項目函報主管機關並申請換發「國際金融業務分行設立許可證」及「核准辦理國際金融業務證書」。

＊中央銀行外匯局（八七）臺央外拾壹字第○四○一八九八號

要旨：

國際金融業務分行申請辦理衍生性金融商品業務，是否應另案向主管機關申請核准之補充規定。

主旨：

國際金融業務分行（以下簡稱「OBU」）申請辦理外幣保證金交易、利率交換、遠期利率協定、選擇權及金融期貨等衍生性金融商品業務（以下簡稱「Derivatives」），是否應另案向主管機關申請乙案，補充本局意見如說明二，請　查照。

說明：

一、本局八十七年八月五日（八七）臺央外拾壹字第○四○一六五一號函諒達。

二、前函說明二中段有關國際金融業務條例於八十六年十月八日公布修正前，各 OBU 已辦理，可不必再向主管機關申請核准手續之 Derivatives 項目乙節，補充如下：國際金融業務條例修正前，各 OBU 已辦理之 Derivatives 項目，包括本局八十一年五月十五日（八一）臺央外字第（拾壹）○一○六四號函所核准之五項（外幣保證金交易、利率交換、遠期利率協定、選擇權及金融期貨）與「換匯換利」乙項共計六項，其已於承做之次月，依規定填報「其他或有負債明細表」或「衍生性金融商品明細表」者，可不必就此等項目再向主管機關辦理申請核准手續。

第四條

國際金融業務分行經營之業務如下：

一、收受中華民國境內外之個人、法人、政府機關或金融機構之外匯存款。

二、辦理中華民國境內外之個人、法人、政府機關或金融機構之外幣授信業務。

三、對於中華民國境內外之個人、法人、政府機關或金融機構銷售本行發行之外幣金融債券及其他債務憑證。

四、辦理中華民國境內外之個人、法人、政府機關或金融機構之外幣有價證券買賣之行紀、居間及代理業務。

五、辦理中華民國境內外之個人、法人、政府機關或金融機構之外幣信用狀簽發、通知、押匯及進出口託收。

六、辦理該分行與其他金融機構及中華民國境外之個人、法人、政府機關或金融機構之外幣匯兌、外匯交易、資金借貸及外幣有價證券之買賣。

七、辦理中華民國境內外之有價證券承銷業務。

八、境外外幣放款之債務管理及記帳業務。

九、對中華民國境內外之個人、法人、政府機關或金融機構辦理與前列各款業務有關之保管、代理及顧問業務。

十、經主管機關核准辦理之其他外匯業務。

第五條

國際金融業務分行辦理前條各款業務，除本條例另有規定者外，不受管理外匯條例、銀行法及中央銀行法等有關規定之限制。國際金融業務分行有關單一客戶授信及其他交易限制、主管機關檢查或委託其他適當機構檢查、財務業務狀況之申報內容及方式、經理人資格條件、資金運用及風險管理之管理辦法，由財政部洽商中央銀行定之。依第三條第二款、第三款規定設立之國際金融業務分行應專撥營業所用資金，其最低金額由財政部定之。

第五條之一

國際金融業務分行有關利害關係人授信之限制，準用銀行法第三十二條至第三十三條之二規定。違反前項準用銀行法第三十二條、第三十三條或第三十三條之二規定者，其行為負責人處三年以下有期徒刑、拘役或科或併科新臺幣一百八十萬元以下罰金。

第六條

中華民國境內之個人、法人、政府機關或金融機構向國際金融業務分行融資時，應依照向國外銀行融資之有關法令辦理。

第七條

國際金融業務分行，辦理外匯存款，不得有左列行為：

一、收受外幣現金。

二、准許以外匯存款兌換為新臺幣提取。

第八條

國際金融業務分行，非經中央銀行核准，不得辦理外幣與新臺幣間之交易及匯兌業務。

第九條

國際金融業務分行，不得辦理直接投資及不動產投資業務。

第十條

本國銀行設立之國際金融業務分行，得與其總行同址營業；外國銀行設立之國際金融業務分行，得與其經指定辦理外匯業務之分行同址營業。

第十一條

國際金融業務分行之存款免提存款準備金。

第十二條

國際金融業務分行存款利率及放款利率，由國際金融業務分行與客戶自行約定。

第十三條

國際金融業務分行之所得，免徵營利事業所得稅。但對中華民國境內之個人、法人、政府機關或金融機構授信之所得，其徵免應依照所得稅法規定辦理。

第十四條

國際金融業務分行之銷售額，免徵營業稅。但銷售與中華民國境內個人、法人、政府機關或金融機構之銷售額，其徵免應依照營業稅法規定辦理。

第十五條

國際金融業務分行所使用之各種憑證，免徵印花稅。

第十六條

國際金融業務分行支付金融機構、中華民國境外個人、法人或政府機關利息時，免予扣繳所得稅。

第十七條

國際金融業務分行，除其總行所在國法律及其金融主管機關規定，應提之呆帳準備外，免提呆帳準備。

第十八條

國際金融業務分行，除依法院裁判或法律規定者外，對第三人無提供資料之義務。

第十九條

國際金融業務分行與其總行及其他國際金融機構，往來所需自用之通訊設備及資訊系統，得專案引進之。

第二十條

國際金融業務分行每屆營業年度終了，應將營業報告書、資產負債表及損益表，報請主管機關備查。主管機關得隨時令其於限期內，提供業務或財務狀況資料或其他報告。但其資產負債表免予公告。

第二十一條

政府對國際金融業務分行，得按年徵收特許費；標準由主管機關定之。

第二十二條

國際金融業務分行有下列情事之一者，其負責人處新臺幣十八萬元以上一百八十萬元以下罰鍰：

一、辦理第四條規定以外之業務者。

二、違反第七條至第九條規定者。

三、未依第二十條規定報請主管機關備查者或未依同條規定提供業務或財務狀況資料或其他報告者。

四、未依第二十一條規定按年繳交特許費者。

國際金融業務分行經依前項規定處罰後，仍不予改正者，主管機關得對同一事實或行為再予加一倍至五倍罰鍰，其情節重大者並得為下列之處分：

一、停止其一定期間營業。

二、撤銷其特許。

第二十二條之一

違反第五條第二項管理辦法之有關規定，依下列規定處罰：

一、違反有關同一人或同一關係人之授信或其他交易限制者，處新臺幣十八萬元以上一百八十萬元以下罰鍰。

二、於主管機關派員或委託適當機構，檢查其業務財務及其他有關事項時，隱匿、毀損有關文件或無故對主管機關指定檢查之人詢問時，不為答復者，處新臺幣十八萬元以上一百八十萬元以下罰鍰。

三、違反主管機關就其資金運用範圍中投資外幣有價證券之種類及限額規定者，處新臺幣十二萬元以上一百二十萬元以下罰鍰。

第二十三條

本條例施行細則，由主管機關定之。

第二十四條

本條例自公布日施行。

15.國際金融業務條例施行細則

中華民國八十八年三月十九日財政部（八八）臺財融字第八八七〇七六三五號令、中央銀行（八八）臺央外拾壹字第〇四〇〇二六九號令會衙修正發布全文十三條

第一條

本細則依國際金融業務條例（以下簡稱本條例）第二十三條規定訂定之。

第二條

本條例第二條所稱國際金融業務之行政主管機關財政部掌理下列事項：

一、本條例、本細則及國際金融業務分行管理辦法之擬訂或訂定。

二、國際金融業務相關法令之解釋及相關行政命令之發布或頒訂。

三、國際金融業務分行設立之特許。

四、國際金融業務分行經營業務項目之核准。

五、國際金融業務分行之財務、業務及人員之監督、管理。

六、國際金融業務分行之金融業務檢查。

七、依本條例規定為處罰之處分。

前項第一款、第三款及第四款事項，應洽商中央銀行為之；第二款事項涉及中央銀行職掌者，亦同。

第三條

本條例第二條所稱國際金融業務之業務主管機關中央銀行掌理下列事項：

一、國際金融業務分行外幣與新臺幣間交易及匯兌業務之核准。

二、國際金融業務分行之金融業務檢查。

三、國際金融業務分行之業務、財務狀況資料及年度報告書表之審核。

四、國際金融業務分行之業務、業績、規模之統計、分析及報告。

五、國際金融業務發展之研究事宜。

六、與財政部洽商事宜之聯繫及配合。

第四條

本條例第三條第二款及第三款之外國銀行申請在我國設立國際金融業務分行，應符合下列條件：

一、最近五年內無重大違規或不良紀錄。

二、申請前一年於全世界銀行資本或資產排名居前五百名以內，或前三曆年度與中華民國銀行及主要企業往來總額在十億美元以上，其中中、長期授信總額達一億八千萬美元。

三、自有資本與風險性資產之比率符合財政部規定之標準。

四、經母國金融主管機關同意前來我國設立國際金融業務分行，並與我國合作分擔該銀行合併監督管理義務。

五、母國金融主管機關及總行對其海外分行具有綜合監督管理能力。

第五條

銀行申請設立國際金融業務分行，應檢附下列書表文件，向財政部申請：

一、申請函、申請許可事項表、該銀行簡單歷史、資產負債表及損益表。

二、該國財政部或金融主管機關所發之銀行營業執照驗證本及該銀行總行現行有效之章程驗證本（各附中譯本）。

三、該銀行董事會對於請求特許之決議錄驗證本（附中譯本）。

四、該銀行董事及其他負責人及在中華民國境內指定之訴訟及非訟代理人之名單（各

附中譯本）。

五、該銀行在中華民國境內指定之訴訟及非訟代理人所簽發之授權書認證本（附中譯本）。

六、該銀行業務經營守法性及健全性自我評估分析，包括該銀行最近五年內是否有違規、弊案或受處分情事之說明。

七、該銀行母國金融主管機關或執業會計師簽發之有關該銀行上會計年度自有資本與風險性資產比率計算書驗證本。

八、外國銀行母國金融主管機關所出具同意在我國設立國際金融業務分行，並與我國合作分擔該銀行合併監督管理義務及證明該銀行財務業務健全之文件。

九、外國銀行辦理或委託律師、會計師辦理此項申請之負責人國籍證明文件；其非屬該銀行之法定代理人者，另附該銀行出具之授權書認證本。

十、委託律師或會計師辦理申請者，該銀行負責人出具之委託書。

十一、外國銀行申請前一年於全世界銀行資本或資產排名逾五百名者，應提出前三曆年度與我國銀行及主要企業往來金融統計表。

十二、營業計畫書，其內容應具備下列事項：

　　㈠組織架構、職掌分工及軟硬體配置。

　　㈡經營之業務項目。

　　㈢主要業務作業程序或規範。

　　㈣業務授權額度限制及風險管理系統設計。

　　㈤會計處理作業及內部稽核制度。

　　㈥預定經理人之學、經歷證明文件。

　　㈦業務經營評估及未來三年市場營運量預測。

　　㈧資產品質評估、損失準備提列、逾期放款清理及呆帳轉銷之制度及程序。

財政部於接受申請文件後，應會同中央銀行審核。

銀行經前項審核同意後，由財政部核發國際金融業務分行設立許可證，並由中央銀行發給核准辦理國際金融業務證書。

國際金融業務分行申請經營本條例第四條第四款之業務，應檢具證券主管機關之許可函及許可證照之影本。

第六條

本條例第三條第二款及第三款之外國銀行經特許設立國際金融業務分行，應依公司法申請認許，並辦理分公司登記。

第七條

本條例第三條第二款及第三款之外國銀行經特許設立國際金融業務分行，應專撥最低營業所用資金二百萬美元。

前項最低營業所用資金，財政部得視國內經濟、金融情形調整之。

第八條

外國銀行國際金融業務分行之淨值併計入該外國銀行在我國所有分行之淨值，不得低於財政部所規定外國銀行最低營業所用資金之三分之二。

第九條

國際金融業務分行有下列情事之一者，應報經財政部核准，並副知中央銀行：

一、變更機構名稱。

二、變更機構所在地。

三、變更負責人。

四、變更營業所用資金。

五、受讓或讓與其他國際金融業務分行全部或主要部分之營業或財產。

六、暫停營業、復業或終止營業。

第十條

本條例第三條所稱會計獨立之國際金融業務分行，指該分行應使用獨立之會計憑證，設立獨立之會計帳簿，並編製獨立之會計報表，不得與其總行或其他分行相混淆。

第十一條

本條例第四條第一款至第六款及第九款所稱中華民國境外之個人，指持有外國護照且在中華民國境內無住所之個人；所稱中華民國境外之法人，指依外國法律組織登記之法人。但經中華民國政府認許在中華民國境內營業之分支機構不在其內。

第十二條

本條例第二十一條所稱之特許費，其標準由財政部另定之。

第十三條

本細則自發布日施行。

16.國際金融業務分行管理辦法

中華民國八十八年三月十九日財政部（八八）臺財融字第八八七一二六○一號令訂定發布全文十條

第一條

本辦法依國際金融業務條例（以下簡稱本條例）第五條第二項規定訂定之。

第二條

國際金融業務分行對單一客戶之授信，應與其所屬銀行其他各營業單位授信金額合計，不得超過下列限額：

一、本國銀行：對單一自然人之授信總餘額，不得超過總行淨值百分之三，其中無擔

　　保授信總餘額不得超過總行淨值百分之一；對單一法人之授信總餘額，不得超過總行淨值百分之十五，其中無擔保授信總餘額不得超過總行淨值百分之五。

二、外國銀行：對單一自然人或法人之授信總餘額，不得超過總行淨值百分之二十五。

國際金融業務分行辦理經主管機關核准之專案授信及對政府機關或公營事業之授信總餘額，不受前項規定比率之限制。但不得超過總行之淨值。

第三條

　　主管機關得隨時派員，或委託適當機構檢查國際金融業務分行之業務、財務及其他有關事項，或令銀行於限期內據實提報國際金融業務分行財務報告、財產目錄或其他有關資料及報告。

　　主管機關於必要時，得指定專門職業及技術人員，就前項規定應行檢查事項、報表或資料予以查核，並向主管機關據實提出報告，其費用由銀行負擔。

第四條

　　國際金融業務分行依本條例第二十條申報之資產負債表及損益表，應經會計師查核簽證，並應於營業年度終了後四個月內，報經主管機關備查。國際金融業務分行應於每季營業終了後一個月內，將損益表、資產負債表與或有資產及或有負債明細表報請主管機關備查。但第四季營業終了應另申報該曆年之年度營業報告書。國際金融業務分行應於每季及每月營業終了後十日內，分別將業務相關之季報表、資產負債月報表及業務相關之月報表，報請中央銀行備查。

　　第二項申報之報表格式、內容，由財政部洽商中央銀行另定之；第三項由中央銀行另定之。

第五條

　　國際金融業務分行有下列情事之一者，應向財政部申報，並副知中央銀行：

一、開業。

二、變更重大營運政策。

三、發生或可預見重大虧損情事。

四、發生重大訴訟案件。

五、發生違反本條例或主管機關依本條例所發布命令之情事。

　　前項第一款及第二款事項，應事先申報；第三款至第五款事項，應於知悉或事實發生之日起五日內申報。

第六條

　　國際金融業務分行應訂定經營業務之章則，其內容至少應包括下列事項：

一、組織結構及部門職掌。

二、人員配置、管理及培訓。

三、內部控制制度。

四、營業之原則及方針。

五、作業手冊及權責劃分。

六、風險管理規範。

國際金融業務分行之經營，應依法令及前項所訂業務章則為之。

第七條

外國銀行國際金融業務分行盈餘之匯出，於經會計師查核簽證之帳列盈餘併入該外國銀行在我國分行盈餘，扣除估計營利事業所得稅後，得向財政部申請先行匯出七成，俟稅捐稽徵機關正式核定營利事業所得稅稅額後，再按實際稅後盈餘數字調整。

第八條

國際金融業務分行之經理人資格，須符合財政部依銀行法第三十五條之二訂定之銀行負責人應具備資格條件準則第三條第一項及第五條第一項之規定。但依該準則第五條第一項第四款之規定充任者，應具備國際金融專業知識或外匯業務之經驗。

第九條

國際金融業務分行不得投資股票。

國際金融業務分行不得投資於其所屬銀行負責人擔任董事、監察人或經理人之公司所發行、承兌或保證之有價證券。

國際金融業務分行投資有價證券，應與其所屬銀行投資有價證券金額合計，不得超過財政部對其總行所規定之限額。

國際金融業務分行應檢附經其董（理）事會（或其總行授權單位或人員）同意得投資之外幣有價證券種類、總投資限額及對同一發行人所發行有價證券投資限額之文件，向財政部申請核准，並應依核准內容辦理；其修正時，亦同。

國際金融業務分行依前項規定訂定之外幣有價證券之種類及限額，經財政部核准後，視為本條例第二十二條之一第三款所指主管機關所定之種類及限額。

第十條

本辦法自發布日施行。

17.外匯收支或交易申報辦法

中華民國九十一年三月三十日中央銀行（九一）臺央外伍字第○九一○○一六○五一號令修正發布第三、六條條文；並增訂第六之一、六之二條條文

第一條

本辦法依管理外匯條例第六條之一第一項規定訂定之。

第二條

中華民國境內有結購管理外匯條例第十三條各款所需支付外匯或結售同條例第七條第

一項各款所列或其他合法取得外匯之必要，其金額在等值新臺幣五十萬元以上者（以下簡稱申報義務人），應依本辦法之規定申報。

*中央銀行外匯局（八八）臺央外拾壹字第〇四〇〇一八三號

要旨：

釋示國際金融業務分行外幣放款或其他授信有關擔保之規定

主旨：

貴所函請釋示國際金融業務分行(OBU)辦理外幣放款或其他授信業務有關事宜乙案，復如說明二及三，請　查照。

說明：

一、復　貴所八十七年十二月十四日八七一四四五九號函。

二、關於本國銀行及外商銀行之 OBU 辦理外幣放款或其他外幣授信業務時，得否由該本國銀行之總行或外商銀行在華分行（DBU）代其 OBU 之外幣放款或其他外幣授信乙節，查上述行為，核與本局八十七年九月廿三日（八七）臺央外拾壹字第〇四〇一九八九號函有關 OBU 不得收受新臺幣資產作為擔保品或副擔保之規定不符。三、關於 OBU 辦理外幣放款或其他外幣授信業務，得否由 DBU 收受新臺幣資產作為其債權擔保，再出具保證函 (Guarantee)、補償函 (Letter of indemnity) 或擔保信用狀 (Standby letter of credit) 予 OBU 擔保 OBU 之外幣放款或其他外幣授信乙節，該 DBU 出具保證函等文件之幣別應屬外幣，且應依下列相關規定辦理：㈠總行與分行間，或分行之間開具保證函、補償函或擔保信用狀供擔保之用時，其如何核計授信額度等有關事項，應依照銀行法及國際金融業務條例之相關規定辦理。㈡承作對象及憑辦文件應依照本局「指定銀行辦理外匯業務應注意事項」第六點之規定辦理。㈢指定銀行承作外幣保證業務，應於每月十日前，將截至上月底之餘額及其保證性質，列表報本局。㈣保證債務之履行，應確保外幣之清償不違反本行「外匯收支或交易申報辦法」之相關規定。

第三條

申報義務人應依據外匯收支或交易有關合約等證明文件，誠實填報「外匯收支或交易申報書」（以下簡稱申報書）（附申報書樣式），經由中央銀行指定辦理外匯業務之銀行（以下簡稱指定銀行）向中央銀行申報。

下列申報義務人辦理前項申報，得利用網際網路，經由中央銀行核准辦理網路外匯業務之指定銀行，以電子文件向中央銀行申報：

一、依我國法令在我國設立或經我國政府認許並登記之公司、行號或團體領有主管機關核准設立統一編號者。

二、年滿二十歲領有國民身分證或外僑居留證之自然人。

第四條

下列外匯收支或交易，申報義務人得於填妥申報書後，逕行辦理結匯。但每筆達中央銀行所定金額以上之匯款，應於指定銀行確認申報書記載事項與該筆外匯收支或交易有關合約等證明文件相符者，始得辦理：

一、出口貨品或提供勞務之外匯收入。

二、進口貨品或依我國法令在我國設立或經我國政府認許並登記之公司、行號或團體償付勞務貿易費用之外匯支出。

三、經有關主管機關核准直接投資及證券投資之外匯收入或支出。

四、依我國法令在我國設立或經我國政府認許並登記之公司、行號或團體及在我國境內居住、年滿二十歲領有國民身分證或外僑居留證之個人，一年內累積結購或結售金額未超過中央銀行所定額度之匯款。

五、未領有外僑居留證之外國自然人或未經我國政府認許之外國法人，每筆未超過中央銀行所定金額之匯款。但境外外國金融機構不得以匯入款項辦理結售。

前項第一款及第二款出、進口貨品之外匯以跟單方式收付者，以銀行開具之出、進口結匯證實書，視同申報書。

＊中央銀行外匯局（八四）臺央外伍字第一七七七號

要旨：

外國人擬投資擔任新銀行發起人，其匯入之預繳股款可否結售為新臺幣存入股款專戶釋義。

主旨：

關於 貴局函詢外國人擬擔任新銀行發起人，其匯入之預繳股款，可否結售為新臺幣存入股款專戶乙節，復如說明，請 卓參。

說明：

一、復 貴局八十四年八月二十六日臺融局㈡第八四三七三二四二號函。

二、依「外國人投資條例」第五條第二項規定：僑外投資人申請投資金融保險事業，應符合目的事業主管機關之規定，並經其審查同意。外國人如擬申請設立新銀行，在未先經 貴部許可設立前，經濟部投資審議委員會將無法核准其申請案。

三、依據本行所訂「外匯收支或交易申報辦法」第四條第一項第三款及第五條規定，僑外投資人於向指定銀行或本局申請將匯入之投資股款結售為新臺幣時，應檢附經濟部或有關主管機關核准投資文件。外國人如未經經濟部核准或 貴部許可投資新設商業銀行，將無法依據該辦法辦理結匯。

四、 貴部於七十九年四月十日訂定發布之「商業銀行設立標準」雖規定發起人應先預繳新臺幣二十億元股款，由於當時 貴部尚未開放外國人投資新設商業銀行，該項預繳股款未涉及兌換事宜，以新臺幣預繳自無窒礙難行之處。

五、 貴部雖於八十三年六月三日開放外國人投資新設商業銀行，惟基於前述第二、

三項說明，對於外國人匯入之預繳股款允宜採行變通辦法。為符合「外國人投資條例」及「外匯收支或交易申報辦法」規定，並避免外國人以申請投資新設商業銀行為由，匯入鉅額外幣資金結售為新臺幣後，再以未獲核准設立新銀行為由，結購匯出原匯入之資金，影響國內金融市場之穩定。本局認為外國人擬擔任新銀行發起人時，所匯入之預繳股款，宜以原幣儲存於外匯存款專戶，俟取得　貴部許可及經濟部投審會核准投資函後，再行據以結售為新臺幣。

＊中央銀行外匯局（八六）臺央外伍字第○四○一四四一號

主旨：

訂定「外匯收支或交易申報辦法」第四條第一項但書所指應於指定銀行確認與後始得辦理結匯之匯款金額如說明二，並自八十六年六月十三日施行，請　查照。

說明：

一、依據「外匯收支或交易申報辦法」第四條第一項辦理。

二、每筆申報之外匯收支或交易，達下列金額者，應於指定銀行確認申報書記載事項與該筆外匯收支或交易有關合約等證明文件相符後，始得辦理結匯：

　　㈠公司、行號：一百萬美元以上或等值外幣。

　　㈡個人、團體：五十萬美元以上或等值外幣。

＊中央銀行外匯局（八九）臺央外柒字第○四○○二五一八八號

要旨：

以國內不動產為擔保承做外幣貸款供客戶購買國外土地釋疑

主旨：

貴分行函請釋示可否承作以國內不動產為擔保之三年期外幣貸款約新臺幣肆億元，供顧客購買國外土地乙案，復如說明。請　查照。

說明：

一、復　貴分行八十九年七月五日（八十九）新臺放字第○○三八號函。

二、依「外匯收支或交易申報辦法」第四條第一款及第二款規定，我國對於廠商從事貨品及勞務貿易之結匯，並無結匯金額限制，指定銀行亦得依「指定銀行辦理外匯業務應注意事項」第五點規定對此類貿易案件提供外幣貸款。此外，對於進口貨款及勞務貿易支出以外（本案購買國外土地屬之）之結匯，則應受該申報辦法第四條第四款每年結匯額度之限制。因此，　貴分行擬對顧客承作鉅額外幣貸款，供其購買國外土地乙節，宜就其還款來源詳加評估，若屬對外投資，則應向經濟部投資審議委員會提出申請。

第五條

前條規定以外之結匯案件，申報義務人得於檢附所填申報書及有關主管機關核准投資文件或其他相關文件，經由指定銀行向中央銀行申請核准後，辦理結匯。

＊中央銀行外匯局（八九）臺央外捌字第○○○○一六○四七號

要旨：

利用網際網路辦理不同幣別存款轉帳、外幣定存續存與提前解約及外幣匯出匯款申請之規定。

主旨：

貴行申請辦理網路銀行外匯業務，提供事先約定客戶利用網際網路辦理不同幣別之存款轉帳、外幣定存續存與提前解約及外幣匯出匯款申請之外匯業務乙案，本局同意，請確實依說明辦理，並於開辦一週前將開辦日期函報本局備查，請　查照。

說明：

一、復　貴行八十九年五月二十四日（八九）華信總財字第○四八○號函。

二、以下三類結匯案件，依現行規定應請結匯人臨櫃辦理：

　　㈠凡在我國境內居住，未滿二十歲之自然人（含在臺領有外僑居留證之外國自然人）結購旅行支出及結售在臺生活費，贈與款與旅行支出剩餘款，其每筆結購或結售金額未達新臺幣五十萬元等值外幣，指定銀行應先行查驗結匯人身分相關證明文件後再予受理。㈡未領有外僑居留證之外國自然人應憑護照由本人親自辦理結匯。㈢申報義務人如無主管機關核准設立之統一編號，需憑其他相關證號或核准文件始得辦理結匯。

三、有關交易日報之彙報，隨函檢附「網路匯出、入匯款外匯交易清單」、媒體檔案格式及填表說明各乙份，請於開辦後檢送上項清單及相關媒體併同其他臨櫃外匯交易之相關單證填報交易日報（營業時間外交易則併同次營業日交易填報）。

四、　貴行辦理網路銀行外匯業務，應確實依「指定銀行辦理外匯業務應注意事項」、「外匯收支或交易申報辦法」、「指定銀行輔導客戶辦理外匯收支或交易申報應注意事項」及有關通函規定注意辦理，尤應防止結匯人有將大額匯款化整為零之違規情事。

五、請確實依　貴行檢送之營業計畫書辦理本案業務，日後若擴增是類業務範圍，或擬辦理新臺幣五十萬元以上等值外幣之外幣匯出匯款及涉及新臺幣之存款轉帳，仍請檢具營業計畫書報局備查。

＊中央銀行外匯局（八五）臺央外（伍）字第○四五五號

要旨：

指定銀行受理未領有外僑居留證之外國自然人或未經我國政府認許之外國法人投資國內證券資金結匯案件之有關規定

主旨：

指定銀行受理未領有外僑居留證之外國自然人或未經我國政府認許之外國法人（含境外外國金融機構）投資國內證券資金結匯案件，應依說明辦理，請　查照。

說明：

一、主旨所揭結匯案件，應由外國人指定經財政部核准得經營保管業務之銀行擔任結匯代理人。指定銀行於受理是類結匯案件時，應確實審核左列證件相符後，始得辦理：㈠外國自然人或法人在證券交易所完成開立證券買賣帳戶之證明文件。㈡結匯代理人授權書。㈢保管銀行所出具，聲明該外國自然人或法人為投資國內證券所匯入資金之淨額，連同本次結匯金額，尚未逾規定投資國內證券限額（自然人為五百萬美元，法人為二千萬美元）之切結書。

二、前項結匯案件，未逾本行依「外匯收支或交易申報辦法」第四條第一項第五款所定每筆結匯金額（目前為十萬美元）時，指定銀行得逕行受理結匯。如每筆結匯金額逾本行所定金額時，應請保管銀行加附該外國人「××保管銀行受託保管×managing×專戶」之資金運用情形表，依「外匯收支或交易申報辦法」第五條規定報經本局核准後辦理結匯。

三、指定銀行辦理前項結匯案件後，應將申報書、或本局核准文件及買（賣）匯水單、第一項之證明文件（經本局專案核准者第一項之證明文件免送），隨交易日報送本局交易科。

四、為避免大額匯款以化整為零辦理結匯，以規避每筆結匯金額逾本行所定金額需送本行核准之規定，請　貴行於受理結匯時，應注意預防上述情形之發生。

五、外國專業投資機構經財政部證券管理委員會核准投資國內證券資金之結匯，仍應依照本局八十四年十二月廿七日(84)臺央外字第（伍）二五五五號函辦理。

第六條

申報義務人至指定銀行櫃檯辦理結匯申報者，指定銀行應查驗申報義務人身分文件或基本登記資料，輔導申報義務人填報申報書，並應在申報書上加蓋印戳，證明經輔導申報事實後，將申報書或中央銀行核准文件、出（進）口結匯證實書及其他規定文件，隨同外匯交易日報送中央銀行。

申報義務人委託他人辦理結匯申報時，應出具委託書，檢附委託人及受託人之身分證明文件供指定銀行查核，並以委託人名義辦理申報，就申報事項負其責任。

未領有外僑居留證之外國自然人辦理結匯申報時，應憑護照由本人親自辦理。

未經我國政府認許之外國法人辦理結匯申報時，應出具授權書，授權其在臺代表人或國內代理人為申報義務人，並由其與該外國法人就申報事項負其責任；其為外國金融機構者，應授權國內金融機構為申報義務人。

第六條之一

申報義務人利用網際網路辦理結匯申報事宜前，應先親赴指定銀行櫃台申請並辦理相關約定事項。指定銀行受理申請時，應查驗申報義務人身分文件或基本登記資料。

指定銀行受理申報義務人辦理網際網路結匯申報，應於網路提供申報書樣式及填寫之

輔導說明，並就申報義務人填報之申報書確認電子簽章相符後，將所填製之網路外匯交易清單暨媒體、中央銀行核准文件及其他規定文件，隨同外匯交易日報送中央銀行。指定銀行對申報義務人以電子訊息所為之外匯收支或交易申報紀錄，應妥善保存備供查詢列印，其保存期限至少為五年。

第六條之二

申報義務人經由網際網路辦理第四條第一項規定之結匯時，應將與正本相符之相關結匯證明文件傳真指定銀行；其憑主管機關核准文件辦理之結匯案件，累計結匯金額不得超過核准金額。

申報義務人利用網際網路辦理結匯申報經查獲有申報不實情形者，其日後有關結匯申報事宜，應至指定銀行櫃台辦理。

第七條

依本辦法規定申報之事項，有事實足認有申報不實之虞者，中央銀行得向申報義務人查詢，受查詢者有據實說明之義務。

第八條

申報義務人故意不為申報、申報不實或受查詢而未於限期內提出說明或為虛偽說明者，依管理外匯條例第二十條第一項規定處罰。

第九條

指定銀行應確實輔導申報義務人詳實填報，其績效並列為中央銀行授權指定銀行辦理外匯業務或審核指定銀行申請增設辦理外匯業務單位之重要參考。

第十條

本辦法自發布日施行。

18.指定銀行辦理外匯業務應注意事項

中華民國九十年六月二十九日中央銀行外匯局（九〇）臺央外柒字第〇四〇〇三七八二七號函修正發布第八點第(二)款條文

一、出口外匯業務：

　(一)出口結匯、託收及應收帳款收買業務：

　　1.憑辦文件：應憑國內顧客提供之交易單據辦理。

　　2.掣發單證：出口所得外匯結售為新臺幣者，應掣發出口結匯證實書；其未結售為新臺幣者，應掣發其他交易憑證。

　　3.列報文件：應於承做之次營業日，將辦理本項業務所掣發之單證，隨交易日報送中央銀行外匯局。

　(二)出口信用狀通知及保兌業務：

憑辦文件：應憑國外同業委託之文件辦理。

二、進口外匯業務：

㈠憑辦文件：開發信用狀、辦理託收、匯票之承兌及結匯，應憑國內顧客提供之交易單據辦理。

㈡開發信用狀保證金之收取比率：由指定銀行自行決定。

㈢掣發單證：進口所需外匯以新臺幣結購者，應掣發進口結匯證實書；其未以新臺幣結購者，應掣發其他交易憑證。

㈣列報文件：應於承做之次營業日，將辦理本項業務所掣發之單證，隨交易日報送中央銀行外匯局。

三、匯出及匯入匯款業務：

㈠匯出匯款業務：

1.憑辦文件：應憑公司、行號、團體或個人填具有關文件及查驗身分文件或登記證明文件後辦理；並注意左列事項：

⑴其以新臺幣結購者，應依「外匯收支或交易申報辦法」辦理。指定銀行應確實輔導申報義務人詳實申報。

⑵未取得內政部核發「中華民國外僑居留證」之外國自然人或未取得我國登記證照之外國法人，其結購外匯時，應依左列事項辦理：

外國自然人於辦理結購時，應憑相關身分證明親自辦理。

外國金融機構於辦理結購時，應授權國內金融機構為申報人。

其他外國法人於辦理結購時，應授權其在臺代表或國內代理人為申報人。

2.掣發單證：匯出款項以新臺幣結購者，應掣發賣匯水單；其未以新臺幣結購者，應掣發其他交易憑證。

3.列報文件：應於承做之次營業日，將「外匯收支或交易申報書」、中央銀行核准文件及辦理本項業務所掣發之單證，隨交易日報送中央銀行外匯局。

㈡匯入匯款業務：

1.憑辦文件：應憑公司、行號、團體或個人提供之匯入匯款通知書或外幣票據或外幣現鈔及查驗身分文件或登記證明文件後辦理；並注意左列事項：

⑴其結售為新臺幣者，應依「外匯收支或交易申報辦法」辦理。指定銀行應確實輔導申報義務人詳實申報。

⑵未取得內政部核發「中華民國外僑居留證」之外國自然人或未取得我國登記證照之外國法人，其結售外匯時，應依左列事項辦理：

外國自然人於辦理結售時，應憑相關身分證明親自辦理。

外國法人於辦理結售時，應授權其在臺代表或國內代理人為申報人。

境外外國金融機構不得以匯入款項辦理結售。

　　2.掣發單證：匯入款項結售為新臺幣者，應掣發買匯水單；其未結售為新臺幣者，應掣發其他交易憑證。

　　3.列報文件：應於承做之次營業日，將「外匯收支或交易申報書」、中央銀行核准文件及辦理本項業務掣發之單證，隨交易日報送中央銀行外匯局。

四、外匯存款業務：

　(一)憑辦文件：應憑匯入匯款通知書、外幣貸款、外幣票據、外幣現鈔、新臺幣結購之外匯及存入文件辦理。

　(二)掣發單證：存入款項以新臺幣結購存入者，掣發賣匯水單；其未以新臺幣結購存入者，掣發其他交易憑證。自外匯存款提出結售為新臺幣者，掣發買匯水單；其未結售為新臺幣者，掣發其他交易憑證。

　(三)承做限制：不得以支票存款及可轉讓定期存單之方式辦理。

　(四)結購及結售限制：以新臺幣結購存入外匯存款及自外匯存款提出結售為新臺幣，其結購及結售限制，均應依匯出、入匯款結匯之相關規定辦理。

　(五)存款利率：由指定銀行自行訂定公告。

　(六)轉存比率：應依中央銀行外匯局於必要時所訂轉存規定辦理。

　(七)列報文件：應逐日編製外匯存款日報，並於次營業日將辦理本項業務所掣發之單證隨交易日報送中央銀行外匯局。

五、外幣貸款業務：

　(一)承做對象：以國內顧客為限。

　(二)憑辦文件：應憑顧客提供與國外交易之文件處理。

　(三)兌換限制：外幣貸款不得兌換為新臺幣，但出口後之出口外幣貸款，不在此限。

　(四)列報文件：應於每月十日前，將截止至上月底止，承做外幣貸款之餘額，依短期及中長期貸款類別列表報送中央銀行外匯局。

　(五)外債登記：於辦理外匯業務，獲悉民營事業自行向國外洽借中長期外幣貸款者，應促請其依「民營事業中長期外債餘額登記辦法」辦理，並通知中央銀行外匯局。

六、外幣擔保付款之保證業務：

　(一)承做對象：以國內顧客為限。

　(二)憑辦文件：應憑顧客提供之有關交易文件處理。

　(三)保證債務履行：應由顧客依「外匯收支或交易申報辦法」規定辦理。

　(四)列報文件：應於每月十日前，將截至上月底止，承做此項保證之餘額及其保證性質，列表報送中央銀行外匯局。

七、中央銀行指定及委託辦理之其他外匯業務：

　　應依中央銀行有關規定辦理。

八、各項單證應填載事項：

辦理以上各項外匯業務所應掣發之單證，應註明承做日期、客戶名稱、統一編號，並應依左列方式辦理：

(一)與出、進口外匯有關之出、進口結匯證實書及其他交易憑證：應加註交易國別及付款方式（得以代碼表示之，如 SIGHT L/C (1)、USANCE L/C (2)、D/A (3)、D/P (4)，並於其後加「－」符號，列於結匯編號英文字軌前）。

(二)與匯入及匯出匯款有關之買、賣匯水單及其他交易憑證：除應依附件一、二所列「匯出、入匯款之分類及說明」加註匯款分類名稱及編號，另須加註國外匯款人或受款人身分別（政府、公營事業、民間）、匯款地區或受款地區國別及匯款方式（得以代碼表示之，如電匯(0)、票匯(1)、信匯(2)、現金(3)、旅行支票(4)、其他(5)。

九、各項單證字軌、號碼之編列：應依中央銀行外匯局核定之英文字軌編號，字軌後號碼位數以十位為限。

19.指定銀行輔導客戶辦理外匯收支或交易申報應注意事項

中華民國九十年六月四日中央銀行外匯局（九○）臺央外伍字第○四○○三二二八五號修正附表第一頁「指定銀行受理外國專業投資機構投資國內證券結匯案件應確認事項」

一、訂定宗旨：

為規範指定銀行依據外匯收支或交易申報辦法（以下簡稱申報辦法）輔導客戶於結匯時據實辦理外匯收支或交易之申報，訂定本注意事項。

二、結匯人之申報義務：

(一)中華民國境內辦理新臺幣五十萬元以上等值外匯收支或交易結匯之本國人或外國人，應填妥「外匯收支或交易申報書」（以下簡稱申報書）辦理申報。

(二)結匯人一次結匯金額未滿新臺幣五十萬元者，免填申報書，且無需計入其每年結匯額度。惟指定銀行應注意並預防結匯人將大額匯款化整為零，以規避額度之查詢。

三、申報義務人登記事項之填列：

(一)依我國法令在我國設立或經我國政府認許並登記之公司、行號或團體：

1.為公司、行號者，應於申報書填列其主管機關核准設立證照上所編列之統一編號。

2.為團體者，如主管機關核准設立證照上無統一編號，則申報人除應填列設立登記主管機關名稱及其登記證號外，另為配合歸戶作業需要，申報人應加填稅捐稽徵單位編配之扣繳單位統一編號，以便據以輸入電腦。

㈡年滿二十歲領有國民身分證或外僑居留證之個人：

   1.領有國民身分證者，應於申報書填列中華民國國民身分證統一編號。

   2.持內政部入出境管理局核發之中華民國臺灣地區居留證之華僑，應將居留證號碼及出生年、月、日填列於申報書之「我國國民」項內。

   3.持各縣市警察局核發之外僑居留證之外僑，應將居留證號碼、起迄日期及出生年、月、日填列於申報書之「外國人」項內。

   4.持僑務委員會核發之華僑身分證明文件及回國投資購置房屋證明文件者，指定銀行應輔導申報人於申報書之「我國國民」項內填列華僑身分證明文號，並應將此文號加註於回國投資購置房屋證明文件上，日後限憑此文號做為結匯之依據。

㈢未領有外僑居留證之外國自然人：

   持外國護照者，應於申報書之外國人項下「無外僑居留證者」欄內，填列其國別及護照號碼，並由本人親自辦理。

㈣未經我國政府認許之外國法人：

   1.外國法人辦理結匯時，應授權其在臺代表人或國內代理人為申報義務人，於申報書填列在臺代表人或國內代理人之身分證照號碼，並敘明代理之事實。

   2.外國金融機構辦理結匯時，應授權國內金融機構為申報義務人，於申報書填列國內金融機構經主管機關核准設立證照上所編列之統一編號，並敘明代理之事實。但境外外國金融機構不得以匯入款項辦理結售。

四、申報義務人登記事項之認證：

㈠指定銀行受理結匯申報案件，應先查驗申報義務人依第三點規定填報之登記事項確與相關文件相符，再予受理。

㈡受理委託代辦結匯申報案件，應查驗委託人及受託人之身分證明文件，並確認委託之事實。

五、結匯額度之查詢：

㈠依申報辦法第四條第一項第四款規定辦理結匯時：

   1.應確認係申報人本身之外匯收支或交易，以避免利用他人額度申報結匯。

   2.對持內政部入出境管理局核發之中華民國臺灣地區居留證之華僑，指定銀行輸入電腦查詢時，例如居留證號碼為 86 居字第 62602976 號，應輸入8662602976 號。

   3.對持各縣市警察局核發之外僑居留證之外僑，指定銀行輸入電腦查詢時，應先輸入區域代碼 TP（臺北市）、TW（臺灣省）、KS（高雄市），再輸入居留證號碼。居留證有效期限不滿一年者，其結匯金額比照未領有外僑居留證之外國自然人。

4.對持僑務委員會核發之華僑身分證明文件及回國投資購置房屋證明文件者，准予比照我國國民依申報辦法規定，享有相同之自由結匯額度，但結匯性質限於與購屋相關之匯款。指定銀行輸入電腦查詢時，例如華僑身分證明號碼為（八六）臺僑證字第 685667 號，應輸入 3-86685667。

㈡依申報辦法第四條第一項第一、二、三及五款規定辦理結匯時，指定銀行無須輸入電腦查詢額度。但依同項第三款辦理者，結匯金額以主管機關所核准之範圍為限；依同項第五款辦理者，結匯金額以中央銀行（以下簡稱本行）所定者為限。

㈢民營事業申報中長期外債結匯案件：

1.民營事業經本行外匯局（以下簡稱本局）專案核准向國外金融機構引進資金兌成新臺幣，在國內供各項中長期投資使用者，指定銀行得逐憑經本局核章之「民營事業向國外金融機構洽借中長期資金動支及還款明細表」，受理相關借款本金及還本付息之結匯，其結售及結購金額均不計入公司每年自由結匯額度。

2.除前項經專案核准案件外，凡民營事業逕自向國外引進中長期資金並已依「民營事業中長期外債申報辦法」規定辦理申報，持有經本局核章之「民營事業中長期外債申報表」者，其引進資金及還本付息之結售及結購外匯金額，均應先計入公司每年自由結匯額度；但還本付息結購外匯部分，於該結匯額度用罄後，指定銀行仍得受理結匯，無須向本局申請核准。

㈣其他限額結匯案件：

1.持中華民國臺灣地區旅行證之大陸人士申請結售外匯為新臺幣，每筆結售金額未逾十萬美元或等值外幣者，得逕行辦理；如逾十萬美元應經本局核准後辦理。指定銀行應於水單填載其旅行證號碼，並加註「大陸人士」，匯款國別為「大陸地區」。未用完之新臺幣，得憑原始結售外匯水單兌回外幣，惟每筆不得超過十萬美元，指定銀行應收回並註銷原水單。

2.大陸地區人民依法繼承取得臺灣地區人民之遺產者，得以其在臺代理人為申報人，經出示法院裁判文件，於未逾新臺幣二百萬元之範圍內，依申報辦法第四條第一項第四款之規定，逕向指定銀行辦理結匯。指定銀行於受理後，應將有關文件影印兩份，一份隨交易日報送本局交易科，另一份留存備查。

3.依據臺灣地區金融機構辦理大陸地區間接匯款作業準則第二條第四款規定，辦理定居大陸地區就養榮民就養給付之匯款，其匯款人限為行政院國軍退除役官兵輔導委員會所屬安養機構。

4.持中華民國外交部駐外單位核發之中華民國護照辦理結匯之華僑，其結匯金額比照未領有外僑居留證之外國自然人辦理。惟其申報書填報國別為發證地

所在國，並應加註發證單位。

5. 持內政部入出境管理局核發之入出境證辦理結匯之港澳地區居民，其結匯金額比照未領有外僑居留證之外國自然人辦理。

六、填報事項之輔導：

㈠申報書之填報事關申報人權益，除申報人不識字外，指定銀行不得代為填寫申報書。如為代填案件，仍須由申報人蓋章，以明責任。

㈡指定銀行應確實輔導申報人審慎據實填報。申報人申報之結匯性質，與其結匯金額顯有違常情或與其身分業別不符時，應輔導申報人據實申報後，再予受理；受理後並應於所掣發之買（賣）外匯水單上註明結購（售）外匯性質。

㈢申報人蓋用限定用途之專用章，其限定之用途應以專供辦理結匯用，或與結匯事項有關者為限。

㈣申報書之金額不得更改；其他項目如經更改，應請申報人加蓋印章或由其本人簽字。申報人於憑申報書辦理結匯後，不得要求更改申報書之內容。

㈤指定銀行應查核申報書是否已填寫完整，如結匯性質、匯款（受款）地區國別、居留證號碼、地址及電話等。其中結匯性質應詳實填寫，不得以代碼替代之。

㈥指定銀行受理大陸出口台灣押匯之再匯出款案件，應請廠商檢附「台灣地區廠商辦理大陸出口台灣押匯申報表」留存聯正本，再匯出款性質應申報為三角貿易匯出款，再匯出款金額不得大於押匯金額。

㈦非於我國境內通關出口之貨款收入或非於我國境內通關進口之貨款支出，指定銀行應輔導申報人分別於申報書之「提供勞務收入」或「公司、行號、團體償付無形貿易支出」項下填列結匯性質為三角貿易匯入（出）款。

㈧客戶將國外匯入款或國內國際金融業務分行之匯入款先存入外匯存款後提領，或上述等匯入款透過國內他行匯入，或逕由國內國際金融業務分行匯入等三種情形之結售，指定銀行於輔導客戶申報時應注意：

1. 外匯收入或交易性質應填寫原自國外匯入款或自國內國際金融業務分行匯入款之性質。

2. 匯款地區國別一欄，如係結售外匯存款或國內他行匯入款，應填寫為「本國」；如係結售國內國際金融業務分行匯入款，應填寫為「本國國際金融業務分行」。

㈨客戶結購外匯暫存外匯存款或轉匯國內他行，如該款將再轉匯往國外或國內國際金融業務分行，或結購外匯係逕匯往國內國際金融業務分行，指定銀行於輔導客戶申報時應注意：

1. 外匯支出或交易性質應填寫匯往國外或匯往國內國際金融業務分行匯出款之性質。

2. 受款地區國別一欄，如係結購外匯暫存外匯存款或轉匯國內他行，應填寫為

「本國」；如係匯往國內國際金融業務分行，應填寫為「本國國際金融業務分行」。

㈩經政府許可在大陸地區投資或技術合作之廠商，無論其在大陸地區投資總金額是否已達一百萬美元以上，所涉及之投資款項或報酬金之匯款，皆需採取匯至第三地區再匯入大陸地區之間接方式為之。

七、文件之確認：

㈠指定銀行受理每筆達申報辦法第四條第一項本行所定金額以上之結匯，應確認申報書記載事項與該筆外匯收支或交易有關合約等證明文件相符後始得辦理，並將有關文件影本留存備查。指定銀行應注意並預防申報人將大額匯款化整為零，以規避應確認交易事實之規定。

㈡公司、行號或國內股份轉讓人辦理華僑及外國人來華直接投資結匯案件，無論金額大小，均應確認有關主管機關核准函。

㈢下列公司、行號及個人對外投資之結匯案件：

1.利用每年自由結匯額度者：應確認具體對外投資計畫。

2.免計入每年自由結匯額度者：應確認有關主管機關核准函。

3.在大陸地區投資案件，應確認經濟部核准函。

八、文件之報送：

㈠指定銀行受理經有關主管機關核准直接投資、證券投資及民營事業已向本局申報中長期外債借入資金及還本付息之結匯案件，除應請申報人出示依附表所列應檢附之文件並予以確認外，有關文件應影印兩份，一份由指定銀行留存備查，一份連同申報書及買（賣）匯水單隨交易日報送本局交易科；直接投資及中長期外債之結匯案件另加影印一份，送本局匯款科。

㈡指定銀行受理公司、行號一百萬美元以上，或個人、團體五十萬美元以上之結匯案件，應立即將填妥之「大額結匯款資料表」電傳本局。但指定銀行辦理客戶出、進口貨品結匯，如係以跟單方式收付者，得免予填報。

附表（略）

1.指定銀行受理外國專業投資機構投資國內證券結匯案件應確認事項。

2.民營事業中長期外債申報表。

3.民營事業向國外金融機構洽借中長期資金動支及還款明細表。

20.保險公司設立標準（第二十二條）

中華民國九十一年三月二十日財政部（九一）臺財保字第〇九一〇七五〇二四三號令修正發布第十六條條文

第二十二條

保險公司之設立，其有外國保險公司擔任發起人者，應於申請設立許可前，申請財政部審查同意。

前項外國保險公司應至少符合左列各款資格條件：

一、申請前最近三年具有健全業務經營績效及安全財務能力者。

二、最近五年無重大違規受該國保險監理機關處罰之紀錄者。

外國保險公司依第一項規定申請同意時，應檢具左列文件：

一、經其本國主管機關簽證之公司設立登記及營業執照等證明文件。

二、經其本國主管機關簽證之經營業務範圍證明文件。

三、最近五年無重大違規遭受處罰紀錄，經其本國主管機關出具之證明文件。

四、關於發起設立事項所指定代表人之姓名、履歷及專業資格之說明。

五、最近三年度經其本國認可之會計師查核簽證之資產負債表、損益表；申請日期已逾年度開始六個月者，應另送上半年之資產負債表、損益表。

六、經財政部認可之保險評鑑機構之評定報告書。

七、其他經財政部規定應提出之文件。

前項各類書件，其屬外文者，均須附具中文譯本；其記載事項如有不完備或不充分者，駁回其申請，但其情形可補正者，應先定期命其補正，逾期仍不補正者，駁回其申請。

21.外國保險業許可標準及管理辦法

中華民國九十年五月三十一日財政部（九○）臺財保字第○九○○七五○四八四號令修正發布第十、十二條條文

第一章　通則

第一條

本辦法依保險法（以下簡稱本法）第一百三十七條第五項規定訂定之。

第二條

外國保險業在中華民國境內營業，其許可與管理，除法律另有規定外，依本辦法之規定辦理。

本辦法未規定事項，適用保險業管理辦法、保險法施行細則、保險代理人經紀人公證人管理規則、保險業務員管理規則、保險公司設立標準、保險業負責人應具備資格條件準則、保險安定基金組織及管理辦法等之規定。

第三條

（刪除）

第四條

本辦法所稱本國，指制定外國保險業據以設立登記或開始營業之法令之國家或地區。

本辦法所稱駐中華民國負責人，指外國保險業在中華民國境內代表該公司之經理人。

第五條

外國保險業因保險契約涉訟時，除保險契約另有約定者外，由中華民國法院管轄。

第六條

外國保險業在中華民國境內營業，其營業範圍受中華民國及其本國法律之限制。

第二章　許可

第七條

外國保險業申請在中華民國境內設立分公司經營保險業務者，應至少具備左列資格條件：

一、申請前最近三年具有健全業務經營績效及安全財務能力者。

二、最近五年無重大違規遭受處罰紀錄，經其本國主管機關證明者。

第八條

外國保險業應依其營業計畫書撥每一分公司最低營業所用之資金，其金額不得低於新臺幣伍仟萬元，並按其營業所用之資金百分之十五，繳存保證金於國庫。

第九條

外國保險業經許可設立者，除經財政部專案核准者外，應於開始營業前完成主要業務之電腦作業，並經財政部或其指定機關認定合格。

第十條

外國保險業申請許可者，應檢具下列文件各二份，向財政部申請許可：

一、外國保險業許可申請書。（格式另定之）

二、經其本國主管機關簽證之公司設立登記及營業執照等證明文件。

三、經其本國主管機關簽證之經營業務範圍證明文件。

四、經其本國主管機關許可及董事會同意在中華民國設立分公司之文件。

五、本公司章程。

六、營業計畫書：載明業務之範圍、業務之原則與方針及具體執行之方法（包括場所設施、內部組織分工、人員招募培訓、業務發展計畫、未來五年財務預測、再保險政策）等。

七、在本公司負責該公司財務業務決策之負責人姓名、國籍、職務及住所或居所之文件。

八、駐中華民國負責人之姓名及其資格證明文件。

九、最近三年度經其本國認可之會計師查核簽證之資產負債表、損益表；申請日期已逾年度開始六個月者，應另送上半年之資產負債表、損益表。

十、財政部指定之其本國保險法規。

十一、經財政部認可之保險評鑑機構之評定報告書。

十二、最近五年無重大違規遭受處罰紀錄，經其本國主管機關出具之證明文件。

十三、其他經財政部規定應提出之文件。

前項各類書件，依特別情事不能以中文出具或記載者，必須附具其中文譯本；各項文件除第一款及第六款外並應經中華民國使領館或其他駐外單位簽證。

第一項書件或其他記載事項如有不完備者，駁回其申請；其情形可補正，經財政部限期補正而未補正者，駁回其申請。

外國保險業許可申請書　　中華民國　年　月　日

受文者：財政部　　文號：

主旨：茲依外國保險業許可標準及管理辦法第十條之規定，檢附應備書件乙式二份，申請設立許可，請　查照。

說明：

一、有關書件如下：

㈠經本國主管機關簽證之公司設立登記及營業執照等證明文件。

㈡經本國主管機關簽證之經營業務範圍證明文件。

㈢經本國主管機關許可在中華民國設立分公司之證明文件。

㈣董事會同意在中華民國設立分公司之決議錄。

㈤本公司章程。

㈥營業計畫書：載明業務之範圍、業務之原則與方針及具體執行之方法（包括場所設施、內部組織分工、人員招募培訓、業務發展計畫、未來五年財務預測、再保險政策）等。

㈦在本公司負責中華民國分公司財務業務決策之負責人姓名、國籍、職務及住所或居所之文件。

㈧駐中華民國負責人之姓名及其資格證明文件。

㈨最近三年經本國認可之會計師查核簽證之資產負債表、損益表（申請日期已逾年度開始六個月者，應另送上半年之上述財務報表）。

㈩財政部指定之本國保險法規及英譯或中文譯本。

(十一)經財政部認可之保險評鑑機構之評定報告書。

(十二)最近五年無重大違規遭受處罰紀錄，經本國主管機關出具之證明文件。

(十三)對於在中華民國設立之分公司資產不足清償債務時，由本公司負連帶清償責任之聲明。

(十四)其他經財政部規定應提出之文件。

註：前揭各類書件，依特別情事不能以中文出具或記載者，應附具其中文譯本；各項文件除㈥項外，並應經中華民國使領館或其他駐外單位簽證。

```
二、重要申請事項：
㈠分公司名稱：　　　（中文）
　　　　　　　　　　（原文）
㈡分公司地址：
㈢營業範圍：
㈣營業所用之資金：
㈤代收營業所用之資金之銀行名稱及專戶帳號：

（填寫保險公司名稱）
　　　　　　　　　　聯絡人：　　　　　（簽名蓋章）
　　　　　　　　　　地址：
　　　　　　　　　　電話：
```

第十一條

外國之保險業，應自許可之日起三個月內，依第八條規定，匯入最低營業所用之資金，依法向經濟部申請認許及分公司設立之登記。

未依前項規定期限向經濟部提出申請，或未經經濟部核准者，財政部得廢止其許可。但有正當理由者，得在前項期限屆滿前向財政部申請延展，延展期限不得超過一個月，並以一次為限。

第十二條

外國保險業，應於辦妥認許及分公司設立登記後三個月內，依規定繳交登記費及執照費並檢同左列文件各二份，向財政部申請核發營業執照：

一、營業執照申請書。（格式另定之）

二、分公司設立登記證影本。

三、中央銀行驗資證明書。

四、已依第八條規定繳存保證金之證明。

五、分公司負責人代表權授權書簽證本。

六、經理人、精算人員、核保人員及理賠人員等重要職員名冊及資格證明文件。

七、中華民國分公司辦事細則及業務流程。

八、其他經財政部規定應提出之文件。

前項各類書件其屬外文者，均須附具中文譯本。

第一項規定期限屆滿前，如有正當理由，得申請延展，延展期限不得超過三個月，並以一次為限。未經核准延展者，財政部得廢止其許可。

第一項第七款所稱分公司辦事細則，包括左列項目：

一、組織結構與部門職掌。

二、人員配置、管理與培訓。

三、內部控制制度（包括業務管理及會計制度）。

四、內部稽核制度。

五、營業之原則與政策。

六、作業手冊及權責劃分。

七、其他事項。

外國保險業營業執照申請書　　　　　　　　中華民國　　年　　月　　日

受文者: 財政部　　　　　　　　　　　　　文號:

主旨: 茲依外國保險業許可標準及管理辦法第十二條之規定，檢附左列文件乙式二份，申請營業執照，請　查照。

分公司名稱:		（中文）	
		（原文）	
分　公　司　地　址			
分　公　司 負　責　人	一、姓名		
	二、國籍		
營　　業　　項　　目			
財政部許可日期及文號			
申　　請　　日　　期			
附 件	一、分公司設立登記證影本。 二、中央銀行驗資證明書。 三、已依第八條規定繳存保證金之證明。 四、分公司負責人代表權授權書簽證本。 五、經理人、精算人員、核保人員及理賠人員等重要職員名冊及資格證明文件。 六、中華民國分公司辦事細則（包括: 組織結構與部門職掌; 人員配置、管理與培訓; 內部控制制度; 內部稽核制度; 營業之原則與政策; 作業手冊及權責劃分; 其他事項等）及業務流程。 七、前揭各類書件之中文譯本。		
申請分公司: 分公司負責人:　　　　　　　　　　　　　　　　（簽名蓋章） 聯絡人:　　　　　　　　　　　　　　　　　　　（簽名蓋章） 地址: 電話:			

第十三條

外國保險業經核發營業執照滿六個月尚未開始營業者，財政部應廢止其設立許可，限期繳銷執照，並通知經濟部。但有正當理由經財政部核准者，得予延展，延展期限不得超過六個月，並以一次為限。

第十四條

第七條至第十三條之規定於外國保險業增設分公司時亦適用之。

第十五條

外國保險業申請增設分公司，其在中華民國境內已設立之分公司如有左列情事之一者，財政部應予不准或酌減家數：

一、最近一年內違反保險法令受處分者。

二、經主管機關糾正其缺失，尚未切實改善者。

三、駐中華民國負責人因業務上故意犯罪於最近一年內經判處罪刑確定者。

四、違反第二十六條規定，未於限期內增資者。

五、增設之分公司其營業計畫書顯欠周延妥適或預定分公司負責人資格未符合規定者。

六、有其他事實顯示有礙健全經營業務之虞或未能符合保險政策之要求者。

第三章　管理

第十六條

外國保險業，變更或增加在中華民國境內經營之保險種類或營業項目，非經財政部核准，不得為之。

第十七條

外國保險業其本公司有左列情事，駐中華民國負責人應主動檢具事由及資料向財政部申報：

一、變更資本或出資額。

二、變更公司名稱、負責人或總公司所在地。

三、重大營運政策之改變。

四、發生百分之十以上之股權讓與或股權結構變動。

五、合併或讓與或受讓全部或重要部分之資產或營業。

六、解散或停止營業。

七、為本國主管機關廢止營業許可。

八、發生重整、清算或破產之情事。

九、發生或可預見重大虧損案件。

十、發生重大訴訟案件。

十一、其他有關之重大案件。

第十八條

駐中華民國負責人有左列情事之一者，財政部得限期令其撤換：

一、未具備財政部所定負責人資格條件者。

二、違反中華民國保險法令者。

三、不遵行前條規定向財政部申報者。

四、有其他事實足證不適任者。

外國保險業依前項規定撤換或自行更換駐中華民國負責人時，其新任人選應報財政部核備。

第十九條

外國保險業在中華民國境內選任之核保人員、理賠人員及精算人員應具備財政部所訂定專業資格。

第二十條

外國保險業在中華民國境內經營之各種保險，其保險費、保險單條款、要保書及財政部指定之相關資料，均應先報經財政部核准始得出單；其變更修改時，亦同。但有國際性質且情形特殊或經財政部核定之保險，得依財政部規定採備查方式辦理。

第二十一條

（刪除）

第二十二條

外國保險業應將其本公司經會計師簽證之查核報告書及財務報表，於提出後一個月內送財政部；並應檢附會計師查核報告書之中文譯本摘要。

外國保險業其本公司有公告之事項或第三十條第一項第三款情事者，應即報財政部備查。

第二十三條

財政部得於必要時查閱外國保險業其本國主管機關對其檢查之檢查意見或令外國保險業提出說明。

第二十四條

外國保險業其本公司如因違反法令受其本國主管機關之重大處分，應於收到處分書一個月內報財政部備查。

第二十五條

財政部得視社會經濟情況及保險事業發展趨勢，通知外國保險業增加營業所用之資金。財政部亦得視各外國保險業經營情況及財務結構，個別督飭增資，並限期繳足之。

第二十六條

外國保險業認許資產減除負債之餘額，未達第八條規定之保證金三倍或低於最低營業

所用之資金時，財政部應命其於限期內以現金增資補足。但該外國保險業認許資產減除負債之餘額已達第八條規定最低營業所用之資金以上，且其國外本公司財務健全，符合本法第一百四十三條第一項規定者，不在此限。

第二十七條

外國保險業之資金運用，應依本法之規定。

外國保險業資金之運用，除依本法第一百四十六條之四辦理國外投資外，以在中華民國境內者為限。

第二十八條

外國之保險業在中華民國境內所設各分公司，視為單一之法規準用或適用對象；若違反保險法令應受處分時，以申請認許時所設分公司為受罰人。

外國保險業各項報表之編報及向財政部申報事項，應由申請認許時所設分公司合併辦理，並以該分公司負責人為駐中華民國負責人。

第四章　停業

第二十九條

外國保險業經經濟部廢止認許或經財政部廢止許可者，應即停止營業。

外國保險業依公司法第三百七十八條之規定申請撤回認許前，應先報財政部核准。

第三十條

外國保險業有左列情事之一者，財政部得廢止其許可並限期繳銷營業執照：

一、申請許可時所報事項或所繳文件經查明有虛偽情事者。

二、不遵行第二十六條規定增資補足者。

三、其本國之本公司有停業、解散、破產或重整情事者。

四、其他有違背法令情事重大者。

第三十一條

外國保險業或其本公司停止營業時，財政部應即將其情形公告之。

外國保險業停止在中華民國之營業時，其清算程序適用中華民國相關法令。

第三十二條

外國保險業在中華民國所訂立之保險契約，得經財政部核准，概括移轉於財政部核准在中華民國營業之國內保險業或外國保險業。

財政部依據外國保險業之業務或財務狀況，認其在中華民國繼續營業有困難或不適當時，得命其移轉部分保險契約。

外國保險業移轉於中華民國之全部保險契約時，視為停止營業。

第三十三條

本辦法自發布日施行。

22.外國保險業設立聯絡處審核要點

中華民國八十四年六月十日財政部（八四）臺財保字第八四二○二九六○○號函修正發布

一　外國保險業申請在我國境內設立聯絡處，依本要點辦理。前項所稱外國保險業係
　　指依照外國法律組織登記之保險公司、再保險公司或其他得辦保險之機構。

二　外國保險業申請在我國境內設立聯絡處者，應至少具備左列資格條件：
　　㈠申請前最近三年具有健全業務經營績效及安全財務能力者。
　　㈡最近五年無重大違規遭受處罰紀錄經其本國主管機關證明者。

三　外國保險業申請在我國境內設立聯絡處時，應於每年八月檢具下列文件向財政部
　　申請：
　　㈠設立聯絡處申請書（格式另定之）。
　　㈡最近三年度經其本國認可之會計師查核簽證之資產負債表、損益表；申請日期
　　　已逾年度開始六個月者，應另送上半年之資產負債表、損益表。
　　㈢經其本國保險主管機關核准之本公司設立登記及營業執照等證明文件，或經其
　　　本國保險主管機關核准在中華民國設立聯絡處之證明文件。
　　㈣經其本公司董事會會議決議在我國設立聯絡處之決議錄。
　　㈤聯絡處負責人代表授權書。
　　㈥聯絡處負責人之履歷及專業資格之說明。
　　㈦經財政部認可之保險評鑑機構評等證明。
　　㈧設立聯絡處之計畫書。
　　㈨最近五年無重大違規遭受處罰紀錄經其本國主管機關出具之證明文件。
　　㈩其他經財政部規定應提出之文件。

四　（刪除）

五　外國保險業應自核准設立之日起六個月內成立聯絡處並向經濟部申請備案。
　　未依前項規定期限向經濟部提出申請者，財政部得撤銷其許可。但有正當理由者，
　　得在前項期限屆滿前向財政部申請延展，延展期限不得超過一個月並以一次為限。

六　外國保險業聯絡處除得辦理左列事項外，不得為其他營業行為：
　　㈠報表及通知書類之轉達。
　　㈡對保險事項查詢之解答。
　　㈢有關承保及理賠事項之聯繫。
　　㈣其他與業務有關之聯絡事項。

七　外國保險業聯絡處有下列情事之一者，財政部得勒令裁撤之：
　　㈠有違反第六點規定之情事者。

㈢負責人不適任經通知限期撤換而仍不遵期撤換者。

㈢違背中華民國法令經限期改正而仍不改正者。

㈣本公司有賠款延期或拒絕支付之重大情事者。

八　外國保險業聯絡處每六個月應將本公司與國內保險業業務往來情形，向財政部提出報告。

九　外國保險業聯絡處有申請事項變更時，應即向財政部報告並報請經濟部備案。

23.保險代理人經紀人公證人管理規則（第十二、三十八、三十九、四十一至四十四條）

中華民國九十年八月三十日財政部（九○）臺財保字第○九○○七五○九一二號令修正發布第二十二條條文

第十二條

以公司組織名義執行代理人、經紀人、公證人之業務者，應檢附左列文件，向財政部辦理登記：

一、申請書。

二、所聘代理人、經紀人、公證人符合本規則所定資格條件之證明。

三、所聘代理人、經紀人、公證人之身分證明。

四、所聘代理人、經紀人、公證人最近二年內取得財政部認可之職前教育訓練證明。

五、所聘代理人、經紀人、公證人無第九條各款情事之書面聲明。

六、營業計畫書。

七、發起人或股東清冊，載明發起人或股東姓名、性別、出生年月日、住所、身分證統一編號及所認繳股款。

八、公司章程。

九、繳足股款證明或公司存款餘額證明。

前項第七款發起人或股東，為外國保險代理人、經紀人、公證人公司者，應另檢具第四十條第一項第一款至第三款之文件。

第三十八條

財政部得視需要，核准外國保險代理人、經紀人或公證人公司在中華民國境內設立分公司經營與其本國業務種類相同之業務。

第三十九條

申請在中華民國境內設立分公司或擔任代理人、經紀人、公證人公司之股東或發起人之外國保險代理人、經紀人或公證人公司應具備左列條件：

一、申請前最近三年具有健全業務經營績效及安全財務能力者。

二、預定駐中華民國之代表具有該國認定可從事代理人、經紀人或公證人業務者，或
　　領有中華民國同類執業證書者。

第四十一條

外國保險代理人、經紀人、公證人公司在中華民國境內設立分公司之最低營運資金為
新臺幣二百萬元，保證金應按營運資金之百分之十五繳存。但繳存金額不得低於新臺
幣六十萬元。

第四十二條

依第四十條規定取得財政部之許可者，應依公司法規定，向經濟部辦理外國公司之認
許及分公司之登記。

依前項規定辦妥認許及登記手續者，應於繳存保證金或投保責任保險後檢齊分公司執
照影本、所聘代理人、經紀人、公證人最近三個月內正面脫帽二吋半身照片兩張及財
政部所定之規費，向財政部申領執業證書。取得執業證書者，其營業登記依有關法令
辦理。

第四十三條

外國保險代理人、經紀人或公證人公司在中華民國境內設立分公司經營業務者，應聘
用領有中華民國代理人、經紀人或公證人同類執業證書之人至少一人執行業務。

海事保險公證人得聘用領有中華民國政府認可之外國同類執業證書之人至少一人執行
業務。

第四十四條

關於外國保險代理人、經紀人、公證人，本章未規定者，準用本規則其他相關章節之
規定。

24.保險業負責人應具備資格條件準則

中華民國八十六年七月二十一日財政部（八六）臺財保字第八六一七九九五五七號令修正發
　布第三條條文

第一條

本準則依保險法（以下簡稱本法）第一百三十七條之一規定訂定之。

第二條

本準則適用之保險業，為本法第六條所稱之保險業及外國保險業。

第三條

有左列情事之一者，不得充任保險業之負責人：

一、限制行為能力者。

二、曾犯內亂、外患罪，受刑之宣告確定或通緝有案尚未結案者。

三、曾犯偽造貨幣、偽造有價證券、侵占、詐欺、背信罪，經宣告有期徒刑以上之刑確定，執行完畢、緩刑期滿或赦免後尚未逾十年者。

四、曾犯偽造文書、妨害秘密、重利、損害債權罪或違反稅捐稽徵法、商標法、專利法或其他工商管理法規，經宣告有期徒刑確定，執行完畢、緩刑期滿或赦免後尚未逾五年者。

五、曾犯貪污罪，受刑之宣告確定，執行完畢、緩刑期滿或赦免後尚未逾五年者。

六、違反本法、銀行法、證券交易法或管理外匯條例，受刑之宣告確定，執行完畢、緩刑期滿或赦免後尚未逾五年者。

七、受破產之宣告，尚未復權者。

八、曾任法人宣告破產時之負責人，破產終結尚未逾五年，或調協未履行者。

九、使用票據經拒絕往來尚未期滿者，或期滿後五年內仍有存款不足退票紀錄者。

十、有重大喪失債信情事尚未了結，或了結後尚未逾五年者。

十一、因違反本法、銀行法或證券交易法被撤換，尚未逾五年者。

十二、擔任其他金融機構或證券商之負責人者。但因投資關係，經財政部核准者，除董事長、經理人不得互相兼任外，得擔任所投資保險業之董（理）事、監察人（監事）或保險業以外其他所投資金融機構或證券商之負責人。

十三、有事實證明從事或涉及其他不誠信或不正當之活動，顯示其不適合擔任保險業負責人者。

十四、其他法律有限制規定者。

董（理）事或監察人（監事）為法人者，其代表或被指定代表行使職務者，準用前項規定。

第四條

保險業總經理應具備左列資格之一：

一、國內外專科以上學校畢業或具有同等學歷，保險業工作經驗九年以上，並曾擔任公營保險公司本公司經理以上或同等職務三年以上或相當規模之民營保險公司相當職務三年以上，成績優良者。

二、國內外專科以上學校畢業或具有同等學歷，擔任保險業及保險監理工作經驗合計九年以上，並曾任簡任十職等以上或相當職務三年以上，成績優良者。

三、保險業工作經驗五年以上，並曾擔任公營保險公司副總經理以上職務或相當規模之民營保險公司相當職務三年以上，成績優良者。

四、有其他經歷足資證明其具備主管領導能力、保險專業知識或保險經營經驗，可健全有效經營保險業務者。

擔任保險業總經理者，其資格應事先檢具有關文件報經財政部審查合格後，始得充任。

第五條

保險業副總經理、協理及經理應具備左列資格之一：

一、國內外專科以上學校畢業或具有同等學歷，保險業工作經驗五年以上，並曾擔任公營保險公司本公司副經理以上或同等職務或相當規模之民營保險公司相當職務，成績優良者。

二、國內外專科以上學校畢業或具有同等學歷，擔任保險業及保險監理工作經驗合計九年以上，並曾任薦任九職等以上或相當職務三年以上，成績優良者。

三、保險業工作經驗五年以上，並曾擔任公營保險公司本公司經理以上或同等職務或相當規模之民營保險公司相當職務三年以上，成績優良者。

四、有其他事實足資證明其具備保險專業知識或保險業經營經驗，可健全有效經營保險業務者。

第六條

保險業副經理應具備左列資格之一：

一、國內外專科以上學校畢業或具有同等學歷，保險業工作經驗三年以上，並曾擔任公營保險公司本公司襄理以上或同等職務或相當規模之民營保險公司相當職務，成績優良者。

二、國內外專科以上學校畢業或具有同等學歷，擔任保險業及保險監理工作經驗合計七年以上，並曾任薦任七職等以上或相當職務三年以上，成績優良者。

三、保險業工作經驗五年以上，並曾擔任公營保險公司本公司襄理以上或同等職務或相當規模之民營保險公司相當職務三年以上，成績優良者。

四、有其他事實足資證明其具備保險專業知識或保險業經營經驗，可健全有效經營保險業務者。

第七條

保險業監察人（監事）之配偶、二親等以內之血親或一親等姻親，不得擔任同一保險業之董（理）事、經理人。

第八條

保險業董（理）事、監察人（監事）應具備良好品德，且其中各五分之一以上應具備第五條各款所列資格之一。其設有常務董事者，應有一人以上具備上述資格。

第九條

財政部對保險業負責人是否具備本準則所訂資格條件，得命保險業於限期內提出必要之文件、資料或指定人員前來說明。

第十條

保險業現任負責人，不適用本準則第四條、第五條及第六條之規定。

保險業現任負責人升任或本準則發布施行後充任者，應具備或符合本準則所訂資格條件。其不具備而升任或充任者，解任之。但非屬保險業務之行政部門負責人，不在此

限。

依其他法律或保險業組織章程規定而擔任與副總經理、協理、本公司經理、副經理職責相當者，準用前項規定。

保險業負責人於升任或充任後始發生本準則第三條各款情事之一者，解任之。

第十一條

本準則自發布日施行。

25.保險業務由原簽單公司逕分國外辦法

中華民國七十年五月三十日財政部（七〇）臺財融字第一五四九八號令修正第五、六條條文

第一條

本辦法依中央再保險公司條例第六條第二項之規定訂定之。

第二條

國內保險業承保之業務，除自留額外，應依中央再保險公司條例第六條之規定辦理再保險。

第三條

依國際保險市場情形，以由原簽單公司逕分國外為有利時，財政部得依中央再保險公司或國內保險業之聲請，或依職權核定，准由國內保險業以其一部或全部業務逕分國外。

前項核定，得預定實施期限。於所述情形消滅時，由財政部以命令撤銷之。

第四條

保險業所洽得之國外分保條件，顯較中央再保險公司所能給予條件為優時，得比照前條規定，報經財政部核定，准以一部或全部業務逕分國外。

第五條

國內保險業簽單承保之業務，其保險金額超出經洽定國內、外再保險合約所能容納之範圍內，仍應洽由中央再保險公司按臨時再保險方式承受。

為爭取時效，前項臨時再保險業務，中央再保險公司應於約定時限內覆證，否則原簽單公司得逕行轉分國外。

第六條

本辦法自發布日施行。

26.保險業辦理國外投資範圍及內容準則

中華民國八十九年十二月十二日財政部（八九）臺財保字第〇八九〇七五一三八一號函修正發布全文八條；並自發布日起實施

第一條

本準則依據保險法（以下簡稱本法）第一百四十六條之四第一項規定訂定之。

第二條

本準則所稱外國政府，指外國之中央政府。

本準則所稱外國銀行，指全世界銀行資本或資產排名居前五百名以內或在中華民國境內設有分行之外國銀行。

本準則所稱公司股票，指最近三年課稅後之淨利率平均在百分之六以上之公司所發行之股票。

本準則所稱公司債，指慕地投資服務公司 (Moody's Investers Service)、史坦普公司 (Standard & Poor's Co.) 或其他經財政部核准之評等機構評定為 A 級或相當等級以上之公司所發行之公司債。

本準則所稱控制公司，指持有國外保險公司有表決權之股份或出資額，超過國外保險公司已發行有表決權之股份總數或資本總額半數之公司，或直接或間接控制國外保險公司之人事、財務或業務經營之公司。

第三條

保險業辦理國外投資之項目，以下列為限：

一、外幣存款。

二、國外有價證券。

三、設立或投資國外保險公司或其控制公司。

四、經行政院核定為配合政府經濟發展政策之經建計畫重大投資案。

前項投資總額，不得超過該保險業資金百分之五。但保險業得視實際需要，報經財政部核准，適度調整其投資總額，其最高投資總額不得超過該保險業資金百分之二十。

保險業辦理國外投資，得因避險需要，經財政部核准從事衍生性商品交易。

第四條

保險業資金運用於外幣存款，存放之銀行除中華民國境內之銀行外，並得存放於外國銀行。

前項存款，存放於同一銀行之金額，不得超過該保險業資金百分之三。

第五條

保險業資金投資國外有價證券種類及限額，應做下列規定：

一、投資種類：

　　㈠外國政府發行之公債、庫券、儲蓄券。

　　㈡外國銀行發行之金融債券、可轉讓定期存單、浮動利率中期債券 (Floating Rate Notes) 及其他經財政部核准之有價證券。

　　㈢外國證券集中交易市場、店頭市場交易之股票、公司債；或國外證券投資信託

基金受益憑證。但由大陸地區政府、公司發行者除外。

二、投資限額：

㈠保險業投資於前款第二目之投資總額與依本法第一百四十六條之一第二款購買之有價證券總額，合計不得超過該保險業資金百分之三十五。

㈡保險業投資於前款第三目之每一公司股票及公司債金額，不得超過該保險業資金百分之三及該發行股票、公司債之公司資本額或已發行股份總數之百分之三；其投資總額與依本法第一百四十六條之一第三款購買之國內公司股票及公司債總額，合計不得超過該保險業資金百分之三十五。

㈢保險業投資於前款第三目之每一國外證券投資信託基金受益憑證金額，不得超過每一基金已發行之受益憑證總額百分之五；其投資總額與依本法第一百四十六條之一第四款購買之國內證券投資信託基金受益憑證總額，合計不得超過該保險業資金百分之五。

第六條

保險業實收資本額減除累積虧損之餘額，符合本法第一百三十九條規定最低資本或基金最低額規定者，事先經財政部核准，得為第三條第一項第三款之國外投資，其投資種類為公司股票者，不受第二條第三項規定之限制。

前項投資總額與依保險業資金專案運用及公共投資審核要點第二點第五款之投資總額，合計不得超過該保險業實收資本額百分之十。

第七條

保險業辦理第三條第一項第四款之國外投資，需事先經財政部核准，其投資種類為公司股票者，不受第二條第三項規定之限制。

第八條

本準則自發布日施行。

27.存款保險條例（第三條）

中華民國九十年七月九日總統（九〇）華總一義字第九〇〇〇一三四一三〇號令修正公布第七、二十一條條文；並增訂第十七之一條條文

第三條

凡經依法核准收受存款或受託經理具保本保息之代為確定用途信託資金（以下簡稱信託資金）之金融機構，應依本條例參加存款保險為要保機構。

外國銀行收受之存款已受該國存款保險保障者，不適用前項之規定。

28.信託投資公司管理規則（第三、四、十七條）

中華民國九十年十一月二十一日財政部（九〇）臺財融㈣字第〇九〇四〇〇〇二二〇號令修
正發布第七條條文

第三條

信託投資公司之設立、變更、停業、解散、依銀行法第二章之規定辦理。

華僑或外國人投資於信託投資公司，應於發起人名冊註明其身分及資金來源。

第四條

外國人投資於信託投資公司，應依外國人投資條例之規定辦理；其投資額度，應依銀
行法第二十五條有關同一人及同一關係人持股之規定辦理。

第十七條

信託投資公司在受理華僑或外國人之信託資金前，應將其預定匯入總額及運用途徑列
入年度業務計劃，報請財政部核備。

前項信託投資之匯入與淨利或孳息之匯出，以及信託契約終了時資金本息之匯出或轉
讓，均應報請經濟部華僑及外國人投資審議委員會核准辦理。

29.洗錢防制法（第三、十四條）

中華民國八十五年十月二十三日總統（八五）華總㈠義字第八五〇〇二五一一一〇號令制定
公布全文十五條；並自公布後六個月起施行

第三條

本法所稱重大犯罪，係指下列各款之罪：

一、所犯最輕本刑為五年以上有期徒刑以上之刑之罪。

二、刑法第二百零一條第一項之罪。

三、刑法第二百四十條第三項、第二百四十一條第二項、第二百四十三條第一項之罪。

四、刑法第二百九十六條第一項、第二百九十七條第一項、第二百九十八條第二項、
第三百條第一項之罪。

五、刑法第三百四十條及第三百四十五條之罪。

六、兒童及少年性交易防制條例第二十三條第二項、第四項、第五項，第二十七條第
二項之罪。

七、槍砲彈藥刀械管制條例第八條第一項、第二項，第十條第一項、第二項，第十一
條第一項、第二項之罪。

八、懲治走私條例第二條第一項、第二項，第三條第一項、第二項之罪。

九、證券交易法第一百七十一條所定違反同法第一百五十五條第一項、第二項之罪暨
第一百七十五條所定違反同法第一百五十七條之一第一項之罪。

十、銀行法第一百二十五條第一項之罪。

十一、破產法第一百五十四條、第一百五十五條之罪。

在中華民國領域外，非法製造、運輸、販賣麻醉藥品或影響精神物質者，視為犯前項所稱之重大犯罪。但依行為地之法律不罰者，不在此限。

在大陸地區非法製造、運輸、販賣麻醉藥品或影響精神物質者，視為犯第一項所稱之重大犯罪。

第十四條

為防制國際洗錢活動，政府依互惠原則，得與外國政府、機構或國際組織簽訂防制洗錢之合作條約或其他國際書面協定。

30.發現偽造外國幣券處理辦法

中華民國六十九年七月三十一日中央銀行外匯局（六九）臺央外字第（參）一三五二號通函修正發布

第一條

本辦法依管理外匯條例第五條第八款暨中央銀行法第三十五條第八款規定訂定之。

第二條

持兌之偽造外國幣券總值在美金壹佰元以上者，經辦銀行應立刻記明持兌人之真實姓名、職業及住址，并報請警察機關偵辦。

第三條

持兌之偽造外國幣券總值未達美金壹佰元，其持兌人經查明確非惡意使用者，得向其釋明後當面予以打孔作廢，並將原件留存掣給收據。

第四條

經辦銀行留存之偽造外國幣券應隨時檢送臺灣銀行必要時核轉國際刑警組織鑑查。

第五條

外籍旅客持兌偽造外國幣券者，亦適用本辦法之規定。

第六條

經臺灣銀行發證之各外幣收兌處，處理持兌之偽造外國幣券，應比照本辦法之規定辦理。

第七條

本辦法自發布日施行。

31.創業投資事業範圍與輔導辦法（第五條）

中華民國九十年五月二十三日行政院(九〇)臺財字第二五六一二號令訂定發布全文十三條；並自發布日起施行

第五條

主管機關應輔導創業投資事業進行下列國際合作交流:

一、建立我國及其他國家創業投資與科技事業之雙邊合作及聯繫關係。

二、參與國際科技事業組織及會議,加強我國科技事業組織及專業水準。

三、推動區域性、國際性創業投資及科技事業之合作。

四、依據法令及政府政策,推動兩岸創業投資及科技事業之合作。

(四)證券及期貨管理相關法規

1.證券交易法(第四十四、四十五條)

中華民國九十一年二月六日總統(九一)華總一義字第○九一○○○二五○五○號令修正公
布第七、二十條、第二章章名、第二十二、四十三之一、一百五十七之一、一百七十四、
一百七十五、一百七十七、一百七十八條條文;並增訂第二章第一至三節節名、第四十三
之二至四十三之八條條文

第四十四條

證券商須經主管機關之許可及發給許可證照,方得營業;非證券商不得經營證券業務。

證券商分支機構之設立,應經主管機關許可。

外國證券商在中華民國境內設立分支機構,應經主管機關許可及發給許可證照。

證券商設置標準及管理規則,由主管機關定之。

＊財政部八七臺財融字第八七七○○二八六號

要旨:

銀行申請國際金融業務分行經營各項業務之程式

主旨:

茲規定銀行申請其國際金融業務分行經營各項業務之程式。請　查照。

說明:

一、銀行申請其國際金融業務分行經營之業務,應依國際金融業務條例第四條規定辦
理。

二、銀行依據國際金融業務條例第四條第四款規定,申請辦理外幣有價證券買賣之行
紀、居間及代理業務,應另依證券交易法第四十四條第一項及「證券商設置標準」
規定向本部證券暨期貨管理委員會申請許可及許可證照,並於取得該項許可證照
後向本部申請換發國際金融業務分行設立許可證後,始得辦理該項業務。

三、銀行依據國際金融業務條例第四條第六款規定,從事外幣有價證券之買賣,以及
依同條第七款規定,辦理我國境外之有價證券承銷業務,如未涉及在我國境內募

集、發行、買賣或從事上開有價證券之投資服務，無須經本部證券暨期貨管理委員會之許可及發給許可證照。反之，則應依說明二之規定辦理。

四、銀行總行業經本部證券暨期貨管理委員會發給證券商許可證照者，其國際金融業務分行經營上開國際金融業務條例第四條第四款之證券業務，應依證券交易法第四十四條第一項及「證券商設置標準」規定向該會申請許可及發給證券商分支機構許可證照。

＊財政部證券管理委員會（八三）臺財證㈡字第○○二六二號

要旨：

修正外國證券商在中華民國境內設置分支機構規定

公告事項：

一、外國證券商在中華民國境內設置代表人辦事處屆滿一年者，得依證券商設置標準第四章第二節規定，向本會申請在中華民國境內設置分支機構。

二、本規定自公告日起實施。

第四十五條

證券商應依第十六條之規定，分別依其種類經營證券業務，不得經營其本身以外之業務。

但經主管機關核准者，得兼營他種證券業務或與其有關之業務。

證券商不得由他業兼營。但金融機構得經主管機關之許可，兼營證券業務。證券商不得投資於其他證券商。但兼營證券業務之金融機構，報經財政部核准者，不在此限。

華僑及外國人投資證券商者，應經主管機關核准。

2.證券交易所管理規則（第三十三條）

中華民國八十九年八月二十五日財政部證券暨期貨管理委員會（八九）臺財證㈢字第○二九六○號令修正發布第二、三、十三、二十六、二十七、四十二條條文；並自發布日起施行

第三十三條

證券交易所有左列情事之一時，應即申報本會核備：

一、集中交易市場因不可抗拒之偶發事故停止超過一個營業日之集會或回復集會。

二、證券交易所、會員及證券自營商、證券經紀商之負責人或業務人員因執行職務涉訟或受訴訟上之判決或為破產人、強制執行人之債務人、或有銀行退票、拒絕往來之情事或依證券交易法應受解除職務之處分者。

三、會員入會或退會。

四、證券自營商或證券經紀商與證券交易所間，關於有價證券集中交易市場使用契約之訂立、變更、或終止。

五、依本法第一百十條或第一百三十三條之規定，對會員或證券自營商、證券經紀商所為除名或終止契約以外之處分。

六、證券商存置於證券交易所之交割結算基金運用情形。

七、董事會之決議。

八、與外國交易所、自律組織或其他機構簽訂合作協議或備忘錄。

九、其他經本會指定應行申報核備之事項。

3.證券商管理規則（第三、四十九、五十至五十九、六十三條）

中華民國九十一年三月十一日財政部證券暨期貨管理委員會（九一）臺財證㈡字第○○一五四○號令修正發布第三十七條條文

第三條

證券商有下列情事之一者，應先報經本會核准：

一、變更機構名稱。

二、變更資本額、營運資金或營業所用資金。

三、變更機構或分支機構營業處所。

四、受讓或讓與其他證券商之全部或主要部分營業或財產。

五、合併或解散。

六、投資外國證券商。

七、其他經本會規定應先報經核准之事項。

證券商與證券交易所訂立有價證券集中交易市場使用契約者，前項所列須先報經核准之事項，應送由證券交易所轉送本會；僅與財團法人中華民國證券櫃檯買賣中心（以下簡稱證券櫃檯買賣中心）訂立證券商經營櫃檯買賣有價證券契約者，應送由證券櫃檯買賣中心轉送本會；均未訂立者，應送由證券商同業公會轉送本會。

＊財政部證券管理委員會（八三）臺財證㈡字第二二四四八號

要旨：

所詢外國證券商在臺分公司可否受讓本國證券商之營業及其程式是否可適用「證券商合併、營業讓與作業處理程式」一案，復如說明。

說明：

一、復貴 法律事務所八十三年四月二十六日第○三○○一一二八一○○六號函。

二、外國證券商受讓本國證券商之營業應依「證券商管理規則」第三條第一項第四款之規定及臺灣證券交易所「證券商合併、營業讓與作業處理程式」等相關規定辦理；另如有合法之授權，營業讓與契約可由其在臺分公司代理簽訂。

三、至於所詢外國證券商受讓本國證券商之營業，是否可由外國證券商已設立之在臺

分公司承受受讓證券商客戶一節，前開處理程式已有規定，請參考。如有疑義，可逕洽臺灣證券交易所辦理。

第四十九條

證券商申請投資外國證券事業，除法令另有規定者外，應符合下列各款之規定：

一、最近三個月未曾受本會警告處分者。

二、最近半年未曾受本會命令解除或撤換其董事、監察人或經理人職務處分者。

三、最近一年未曾受本會停業處分者。

四、最近二年未曾受本會廢止分支機構或部分業務許可處分者。

五、最近一年未曾受證券交易所、證券櫃檯買賣中心、期貨交易所依其章則處以停止或限制買賣處分者。

六、最近三個月自有資本適足比率不低於百分之二百，且財務結構健全並符合本規則規定者。

七、符合經濟部對外投資及技術合作審核處理辦法第四條規定者。

八、投資外國證券事業之總金額，不得超過證券商淨值百分之二十。但有特殊需要經專案核准者，不在此限。

第五十條

證券商投資外國證券事業，應以該證券商所營事業為限。但投資當地國法令准許其經營相關證券、期貨、金融業務者，不在此限。

第五十一條

證券商申請投資新設外國證券事業，應檢具下列書件向本會申請核准：

一、公司章程或相當於公司章程之文件。

二、投資計畫書，其內容應載明下列事項：

　㈠投資計畫：應含投資目的、預期效益、資金來源、運用計畫、營業計畫、資金回收計畫等項目。如為控股公司型態者，應將再轉投資之投資計畫一併提出。

　㈡業務經營之原則：應含公司設置地點、資本額、經營業務、營業項目、業務經營策略等項目。

　㈢組織編制與職掌：應含公司組織圖或控股公司集團組織圖、部門職掌與分工等項目。

　㈣人員規劃：應含人員編制、人員培訓及人員管理規範等項目。

　㈤場地及設備概況：應含場地佈置、重要設備概況等項目。

　㈥未來三年財務預測：應含開辦費、未來三年財務預估及編表說明等項目。

三、董事會、理事會議事錄或股東會決議錄。

四、最近一期經會計師查核簽證或核閱之財務報告。

五、對轉投資或再轉投資持股超過百分之五十之海外事業應訂定管理辦法，其內容應

　　包括下列要項：

　　㈠管理範圍。

　　㈡管理方向及原則。

　　㈢財務、業務及會計作業之管理。

　　㈣資產之管理。

　　㈤定期應製作之財務報表。

　　㈥財務、業務內部定期查核之方式。

　　㈦其他：如人事作業之管理、對轉投資事業之內部控制稽核作業等。

六、申請日海內外投資事業明細表。

七、其他經本會規定應提出之文件。

第五十二條

　證券商申請轉投資外國證券事業應檢具下列書件向本會申請核准：

一、公司章程或相當於公司章程之文件。

二、投資計畫書：應含投資目的、預期效益、資金來源、資金回收計畫、被投資外國
　　證券事業未來三年每年收支盈餘之預估等項目。

三、董事會、理事會議事錄或股東會決議錄。

四、最近一期經會計師查核簽證或核閱之財務報告。

五、對轉投資或再轉投資持股超過百分之五十之海外事業應訂定管理辦法，其內容應
　　包括下列要項：

　　㈠管理範圍。

　　㈡管理方向及原則。

　　㈢財務、業務及會計作業之管理。

　　㈣資產之管理。

　　㈤定期應製作之財務報表。

　　㈥財務、業務內部定期查核之方式。

　　㈦其他：如人事作業之管理、對轉投資事業之內部控制稽核作業等。

六、申請日海內外投資事業明細表。

七、所轉投資證券事業概況：應含公司簡介、公司組織、資本及股份、所營業務項目
　　種類及最近三年度財務狀況等項目。

八、合（投）資協議書。

九、其他經本會規定應提出之文件。

第五十三條

　證券商經本會核准之投資事項如有變更者，應於變更之日起十日內申報本會備查。

第五十四條

證券商投資之海外子公司轉投資其他機構，或海外子公司轉投資之機構再轉投資其他機構，如與其所轉投資之機構達具公司法關係企業章所規定之實質控制與從屬關係者，應先報經本會核准。

前項經本會核准之轉投資事業，應於實際投資後十日內檢具相關證明文件申報本會備查。

證券商依第一項轉投資海外事業，其依第五十一條第五款暨第五十二條第五款規定應檢具之海外事業管理辦法，得於實際投資後十日內併前項相關證明文件申報本會備查。

第五十五條

證券商直接或間接投資持股達百分之五十以上之外國證券事業，不得再轉投資國內證券相關事業。

第五十六條

證券商投資外國證券事業其出資種類以下列各款為限：

一、外匯。

二、對外投資所得之淨利或其他收益。

三、對外技術合作所得之報酬或其他收益。

第五十七條

證券商投資外國證券事業，應自本會核准之日起三個月內，依規定向經濟部投資審議委員會申請核准（備）。

證券商未依前項規定辦理者，本會得廢止原核准之事項。

第五十八條

證券商經核准投資外國證券事業後，對於資金之匯出、被投資外國證券事業之登記或變更登記事項之證明文件，應於取得證明文件後五日內申報本會備查。

第五十九條

證券商除由金融機構兼營者另依銀行法規定外，非經本會核准，其自有資本與經營風險約當金額應維持適當比率。

前項之適當比率，稱自有資本適足比率，其計算方式為合格自有資本淨額除以經營風險之約當金額。

外國證券商在臺分公司如其母國總公司已依其當地國法令之規定計算自有資本適足比率，且將在臺分公司之經營風險列入計算，並符合標準者，得檢送該等符合自有資本適足比率標準之資料，向本會申請免適用本章規定。惟除報經本會核准者外，每月仍應依第二十一條第三項規定之方式申報其總公司之自有資本適足比率等資訊。

第六十三條

證券商除由金融機構兼營及經本會核准免適用本章規定之外國證券商外，應每月填製證券商自有資本適足明細申報表，並於次月十日前，依第二十一條第三項規定之方式

申報。本會必要時亦得要求證券商隨時填報送檢。

證券商應將最近期之自有資本適足比率等資訊，於年報中揭露。

4.證券商設置標準（第二十六之一、二十八、二十九、三十至三十四條）

中華民國八十九年十月五日財政部證券暨期貨管理委員會（八九）臺財證㈡字第○四三八九
號令修正發布第二、四、十、十一、十五、十八、二十、二十三、二十六、二十九、三十
一、三十三之一、三十九條條文及第十條之附件四、第十八條之附件七、第二十三條之附
件八、第三十一條之附件十；並自發布日起施行

第二十六條之一

證券商申請在國外設置分支機構或代表人辦事處，或兼營證券業務之金融機構申請其
國外分支機構兼營證券業務，經外國核准設置者，於設置完成一個月內，應檢具左列
書件向本會申報備查：

一、當地國主管機關核准設立之文件影本。

二、經理人及業務人員或代表人名冊。

第二十八條

外國證券商在中華民國境內設置分支機構，應具備左列條件：

一、對申請許可業務種類，具有國際證券業務經驗及財務結構健全者。

二、最近二年在其本國未曾受證券有關主管機關之處分者。

前項第一款所稱具有國際證券業務經驗者，係指從事證券業務三年以上，且具有左列
條件之一者：

一、母國主管機關或自律組織或其他經本會認定之機構出具有國際證券業務經驗證明
　　者。

二、取得除母國以外之其他國家交易所之會員或交易資格者。

三、於母國以外設有營業據點或其經營業務擴及海外市場，具有所申請經營業務種類
　　之海外營業收入者。

第一項第一款所稱財務結構健全者，係指其最近期經會計師查核簽證之財務報告每股
淨值不低於票面金額者。

＊財政部證券管理委員會（八五）臺財證㈡字第○○五三二號

要旨：

釋示「證券商設置標準」第二十八條第一款規定，外國證券商在中華民國境內設置分
支機構，對申請許可業務種類，應具有「國際證券業務經驗」之認定標準。

主旨：

釋示「證券商設置標準」第二十八條第一款規定，外國證券商在中華民國境內設置分

支機構，對申請許可業務種類，應具有「國際證券業務經驗」之認定標準如說明，請查照。

說明：

一、依證券商設置標準第二十八條規定辦理。

二、外國證券商申請在中華民國境內設置分支機構，須從事證券業務經驗三年以上，且取得或具有左列㈠至㈢款中之一者，本會得認定其具有國際證券業務之經驗：㈠母國主管機關或自律組織或其他經本會認定之構機出具有國際證券業務經驗之證明者。㈡取得除母國以外之其他國家交易所之會員資格或席次者。㈢有申請經營業務種類之海外營業收入，及於海外設有營業據點或其經營業務擴及海外市場等。

第二十九條

外國證券商申請設置分支機構，專撥其在中華民國境內營業所用之資金，不得低於第二十一條設置分支機構最低實收資本額應增加之金額及其依證券商管理規則第九條、第十條、證券商辦理有價證券買賣融資融券管理辦法第六條及依其他規定應提存及繳存之營業保證金及交割結算基金之總額。但嗣後再申請設置分支機構者，所應提存及繳存之營業保證金及交割結算基金，準用證券商管理規則第九條、第十條有關證券商設置分支機構所應提存及繳存金額辦理。

外國證券商申請設置分支機構應在中華民國境內保存資產之金額不得低於其依證券商管理規則第十一條、第十二條及第十四條規定應提列、提存之買賣損失準備、違約損失準備、特別盈餘公積以及該分支機構資產負債表負債項下之金額。

第三十條

第六條及第八條之規定，於外國證券商申請在中華民國境內設置分支機構者準用之。

第三十一條

外國證券商在中華民國境內設置分支機構，應檢具左列書件向本會申請許可：

一、設置分支機構申請書（格式如附件十，略）。

二、公司章程或相當於公司章程簽證本。

三、營業計劃書：載明業務經營之原則、內部組織分工、人員招募、場地設備概況及未來三年之財務預測。

四、第十一條規定之內部控制制度。

五、其本國證券主管機關或相當機構所發證券商營業執照及證明第二十八條規定之文件。

六、董事、經理人及持有股份達股份總額百分之五以上之股東名冊。

七、董事會對於申請在中華民國設置分支機構之決議錄簽證本。

八、董事及其他負責人之姓名、國籍、住所。

九、在中華民國境內指定訴訟及非訴訟代理人姓名、國籍、住所或居所及其授權證書。

十、最近三年經會計師查核簽證資產負債表及損益表。

十一、指定代理人辦理申請許可及設立分支機構所簽發之授權書。

十二、在中華民國境內指定之訴訟及非訴訟代理人身分證明文件。

十三、已依第八條規定取得電腦連線之承諾文件。

十四、其他經本會規定應提出之文件。

前項各類文件,其屬外文者,均須附具中文譯本。

第三十二條

外國證券商申請設置分支機構,應自本會許可之日起六個月內完成分支機構設立登記,檢具左列書件向本會申請核發分支機構許可證照:

一、申請書(格式如附件十一,略)。

二、分支機構設立登記證影本。

三、經理人及業務人員名冊及資格證明文件。

四、符合第六條規定之證明文件。

五、已提存營業保證金之證明文件。

六、已依第八條規定簽訂使用電腦連線設備之契約。

七、其他經本會規定應提出之文件。

外國證券商未於前項期間內申請分支機構許可證照者,撤銷其許可。但有正當理由,在期限屆滿前,得申請本會延展,延展期限不得超過六個月,並以一次為限。

第三十三條

外國金融機構經其本國政府准許,得其申請在中華民國境內設立之分支機構兼營證券業務。

第六條、第八條、第十一條至第十五條、第十九條、第二十條、第二十九條、第三十一條及第三十二條之規定,於外國金融機構申請其在中華民國境內設立之分支機構兼營證券業務者準用之。

第三十三條之一

外國證券商在中華民國境內設置代表人辦事處,應具備左列條件:

一、具有國際證券業務經驗者。

二、最近一年在其本國未曾受證券有關主管機關為停業以上之處分者。

前項第一款所稱具有國際證券業務經驗者,準用第二十八條第二項之規定。

第三十三條之二

外國證券商申請在中華民國境內設置代表人辦事處,應具備左列書件,向本會申請核准:

一、設置代表人辦事處之申請書。

二、其本國證券主管機關或相關機構所發證券商執照及證明第三十三條之一規定之文件簽證本。

三、公司章程或相當於公司章程簽證本。

四、董事會對於申請在中華民國設立代表人辦事處之決議錄簽證本。

五、最近三年經會計師查核簽證資產負債表簽證本。

六、指派代表人之授權書簽證本。

七、代表人履歷表。

八、該證券商申請設立代表人辦事處之代理人授權書簽證本。

九、其他經本會規定應提出之文件。

前項各類文件，其屬外文者，均須附具中文譯本。

＊財政部八〇臺財證㈡字第二八四五八號

要旨：

外國證券商在臺辦事處應以其代表人私人名義開立支存帳

主旨：

外國證券商在我國之代表人辦事處開立支票存款帳戶，應以其代表人私人名義申請開戶，但可將公司名稱併列於戶名內。

說明：

依據財政部金融局八十年十一月二十日臺融局㈡第八〇一六六七五四六號函辦理。

＊財政部八〇臺財證㈡字第一五九六〇號

要旨：

外國證券商在中華民國境內設置代表人辦事處有關事宜。

說明：

一、二、（略）

三、在我國境內設置代表人辦事處，應依公司法第三百八十六條之規定向經濟部申請備案，並於獲准核備後，檢具經濟部准予備案之文件影本及代表人辦事處設立之日期，一併函報本會備查。

四、在我國境內設置代表人辦事處之代表人及所在地地址如有變更，請於變更後五日內向本會申報。

五、在我國境內設置代表人辦事處所指派之代表人、外籍職員及其等眷屬，如欲向外交部申請多次入境居留簽證，請填具「外籍代表人及職員來華服務資料表」三份及有關資料向本會提出申請，俾核轉外交部辦理核發。上述外籍職員以一人為限，如因實際需要超出一人以上，應檢具理由另案向本會申請核准。

第三十三條之三

外國證券商在中華民國境內設置代表人辦事處者，其代表人辦事處不得經營本法第十

五條之業務。

第三十四條

華僑或外國人投資證券商者，應先申請本會核准。

5.證券商受託買賣外國有價證券管理規則

中華民國九十年十月二十三日財政部證券暨期貨管理委員會（九〇）臺財證㈡字第〇〇五七七〇號令修正發布第四、八、九條條文；並自發布日起施行

第一條

本規則依證券交易法第四十四條第四項之規定訂定之。

第二條

證券商經營受託買賣外國有價證券業務應具備左列條件，並經財政部證券暨期貨管理委員會（以下簡稱本會）核准及中央銀行之許可：

一、本公司或其子公司、分公司、或與其具轉投資關係之證券機構，具有本會指定外國證券交易市場之會員或交易資格。

二、具有即時取得前款外國證券市場之投資資訊及受託買賣之必要資訊傳輸設備。

未具條件者，得以直接或間接方式委託前項之證券商或具本會指定外國證券交易市場會員或交易資格之證券商，買賣外國有價證券；其作業辦法，由證券商業同業公會擬訂後函報本會核定。

第一項第一款所稱之轉投資關係指持股超過任一方股份總額之百分之二十以上者。

＊財政部證券管理委員會（八五）臺財證㈡字第〇三六五一號

要旨：

指定證券商受託買賣外國有價證券得為投資交易之外國證券交易市場，及訂定投資外國債券應取得債信評等機構之評級標準。

依據：

「證券商受託買賣外國有價證券管理規則」第二條及第三條規定。

公告事項：

一、證券商得受託買賣外國有價證券之證券交易市場範圍，除中國大陸地區外，全面開放；至於香港地區，則除由大陸地區政府、公司在港發行之有價證券外，得為國人投資之標的。

二、證券商受託買賣之外國債券，應取得慕迪投資服務公司 (Moody's I-nvestors Service) 評級 Baa 級以上，或史丹普公司 (Standard & Poor's Corporation) 評級 BBB 級以上之債信評等。

第三條

證券商受託買賣之外國有價證券，以左列各款為限：

一、前條第一項第一款外國證券市場交易之股票、認股權證、受益憑證及存託憑證。

二、經本會認可之評鑑公司評鑑為適當等級以上之債券。但受託賣出之外國債券，不在此限。

三、其他經本會核定之有價證券。

第四條

證券商接受委託人簽訂受託買賣外國有價證券契約，以左列各款之人為限：

一、在中華民國或外國境內居住，年滿二十歲領有國民身分證或外僑居留證之個人。

二、經中華民國或外國政府核准設立登記之公司、行號或團體。

前項各款之人，如有左列情事之一者，證券商不得接受其開戶，已開戶者應取銷其開戶：

一、受破產之宣告未經復權者。

二、受禁治產之宣告未經撤銷者。

三、法人委託開戶未能提出該法人授權開戶之證明者。

四、曾因證券交易違背契約紀錄在案未滿三年者，或雖滿三年但未結案者。

五、曾經違反證券交易法規定，受罰金以上刑之宣告，執行完畢、緩刑期滿或赦免後未滿三年者。

第五條

證券商受託買賣外國有價證券，應與委託人簽訂受託買賣外國有價證券契約，始得接受委託辦理買賣有價證券。

前項受託買賣外國有價證券契約準則，由證券商同業公會訂定之，其應行記載事項如左：

一、簽訂受託契約之手續及契約有效期間事項。

二、受託買賣雙方應行遵守事項。

三、買進外國有價證券寄存國外保管機構約定事項。

四、買進外國有價證券寄存國外保管機構於有關文件載明證明事項。

五、受託買賣外國有價證券交割期限、交割款項之收付方式、幣別、匯率及其計算、結匯授權約定事項。

六、不履行交割違約之處理事項。

七、配息、股權行使等之處理約定事項。

八、委託人基本資料異動申報及未申報之免責事項。

九、證券商應行提供資訊及服務事項。

十、因可歸責於他方契約當事人之事由所致損害之範圍、仲裁及有關事項之處理。

十一、因不可歸責於契約當事人之事由所致損害之處理方式。

十二、契約條款變更之通知約定事項。

十三、契約解除約定事項。

十四、其他與當事人權利義務有關之必要記載事項。

證券商受託買賣外國有價證券契約，應報請證券商同業公會備查。

證券商與專業投資機構簽訂之受託買賣外國有價證券契約，其應行記載事項得視雙方當事人業務需要訂定之，不受第二項之限制。

＊財政部證券管理委員會（八五）臺財證㈡字第五○一六五號

要旨：

「證券商受託買賣外國有價證券管理規則」第五條第四項所稱之「專業投資機構」，係指其營業項目或組織章程中，有以投資有價證券為業之機構。

說明：

復　貴分公司八十五年八月九日興字（八五）第○七七號函。

第六條

證券商與委託人簽訂受託買賣外國有價證券契約，委託人為自然人者，應持身分證或外僑居留證正本，親自簽訂受託契約並交付身分證明影本留存；委託人為法人者，應檢附法人登記證明文件、合法之授權書，由被授權人親持身分證或外僑居留證辦理，並交付影本留存。

委託人應於簽訂受託契約時，留存印鑑卡或簽名樣式卡，憑同式印鑑或簽名辦理證券買賣委託、交割或其他相關手續。

第七條

證券商受託買賣外國有價證券，應於委託人開戶前指派業務人員說明買賣外國有價證券可能風險，且應交付風險預告書（格式如附件），並由負責解說之業務人員與委託人簽章存執。

前項風險預告書應記載左列事項：

一、買賣外國有價證券之投資風險，依其投資標的及所投資交易市場而有差異，投資人應就所投資標的為股票、認股權證、受益憑證、債券及存託憑證等，瞭解其特性及風險。

二、投資外國有價證券係於國外證券市場交易，應遵照當地國家之法令及交易市場之規定辦理，其或與我國證券交易法之法規不同。

三、投資外國有價證券，係以外國貨幣交易，除實際交易產生損益外，尚須負擔匯率風險。

四、投資外國有價證券，證券商依本規則第十九條及第二十條規定，提供於投資人之資料或對證券市場、產業或個別證券之研究報告，或證券發行人所交付之通知書或其他有關委託人權益事項之資料，均係依各該外國法令規定辦理，投資人應自

　　行瞭解判斷。

五、買賣外國有價證券應簽訂受託買賣外國有價證券契約，其中對交割款項及費用之幣別、匯率及其計算等事項之約定，投資人應明確瞭解其內容。

六、風險預告書之預告事項甚為簡要，因此對所有投資風險及影響市場行情之因素無法逐項詳述，委託人於交易前，除須對本風險預告書詳加研析外，對其他可能影響之因素亦須慎思明辨，並確實評估風險，以免因交易遭到無法承受之損失。

附件

風險預告書（參考格式）

本風險預告書係依據證券商受託買賣外國有價證券管理規則第七條第一項規定訂定。

買賣外國有價證券係於外國證券交易市場買賣之股票、認股權證、受益憑證、債券等，因涉及各該外國之法令規章，台端應瞭解開立投資帳戶從事國外有價證券投資可能產生之潛在風險，並請詳讀及研析下列各項事宜：（各項具體內容——由各證券商依「證券商受託買賣外國有價證券」第七條第二項第一款至第六款應行記載事項及其實際需要訂定之。）

本人已收到　　證券股份有限公司交付之受託買賣外國有價證券風險預告書，並經公司指派解說員　　君解說，本人已充分明瞭投資外國有價證券交易之風險，特此聲明。

　此致

　　　　證券股份有限公司

受託人（聲明人）簽章：　　　　　　　　　日期：

身分證字號：　　　　　　　　　　　　　　電話：

營利事業統一編號：　　　　　　　　　　　傳真機號碼：

代表人：

地址：

＊＊＊＊＊＊＊＊＊＊＊＊＊＊＊＊＊＊＊＊＊＊＊＊＊＊＊＊＊＊＊＊＊＊＊＊

解說員簽章：

　（本風險預告書一式兩份，一份由證券商留存備查，一份交由客戶存執）

第八條

證券商受託買賣外國有價證券，應由委託人或其代表人、代理人當面填具，或業務人員依據委託人或其代表人、代理人書信、電報、電話、其他電傳視訊之委託填具委託書。

前項委託書應載明左列事項：

一、帳號及戶名。

二、委託方式（當面、書信、電話、電報或其他電傳視訊）。

三、委託日期、時間及委託有效期間。

四、場別。

五、證券種類、數量。

六、委託價格。

七、交割幣別。

八、營業員簽章。

九、委託人簽章。

買賣委託書之格式由證券商訂定，報請證券商業同業公會備查。

委託人或其代表人、代理人亦得以網際網路等電子式交易型態委託；依該方式委託者，證券商得免製作、代填委託書，惟應依時序別即時列印買賣委託記錄，以憑核對。

第九條

證券商受託買賣之外國有價證券，經其推介者，準用證券商管理規則第三十六條第一項之規定。

證券商推介買賣外國有價證券之管理辦法，由證券商同業公會訂定之。

第十條

證券商受託買賣外國有價證券，不得接受代為決定種類、數量、價格或買入、賣出之全權委託。

第十一條

證券商受託買賣外國有價證券，不得為有價證券買賣之融資融券。

第十二條

證券商受託買賣外國有價證券，經向外國證券市場申報成交者，以成交日後第一個營業日為確認成交日。

第十三條

證券商受託買賣外國有價證券，應於確認成交日作成買賣報告書交付委託人。

前項買賣報告書應載明左列事項：

一、帳號及戶名。

二、成交日期。

三、交割日期。

四、市場別。

五、成交證券種類。

六、股數或面額。

七、單價及價金。

八、手續費。

九、稅捐。

十、應收或應付金額。

十一、交割幣別。

十二、匯率。

十三、其他外國證券市場規定應行記載事項。

買賣報告書之格式由證券商訂定，報請證券商業同業公會備查。

第十四條

證券商受託買賣外國有價證券，與委託人款券之交割應依各外國證券市場之交割期限辦理。

前項各外國證券市場之交割期限，應由證券商報請公會備查，變更時亦同。

第十五條

證券商受託買賣外國有價證券，與委託人交割款項及費用之收付，應以成交證券計價之外幣或證券商與委託人雙方合意指定之其他外幣為之；並以委託人在證券商所指定之指定銀行開立之外匯存款帳戶存撥之。

依前項規定之交割結匯事項應依下列程式辦理：

一、委託人應於委託買賣時指定交割幣別為成交證券計價之外幣或證券商與委託人雙方合意指定之其他外幣。

二、委託人買進外國有價證券成交後，應依照買進報告書所載應付金額，於交割日前將款項劃撥至證券商之交割專戶。

三、委託人賣出外國有價證券成交後，證券商應按賣出報告書所載委託人應收金額，於交割日將款項存入委託人在證券商所指定之指定銀行開立之外幣存款帳戶。

四、委託人同一帳戶同日有買進賣出外國有價證券收付款項時，證券商得依委託人之指定，將同一幣別之應收（付）金額合併沖抵後，以應收（付）淨額存撥之。

五、委託人交割款項及國外費用，其結匯事宜應由委託人依管理外匯條例有關規定辦理，並得由委託人以其在國外持有之外匯，直接匯至證券商於各證券交易市場所在地指定之金融機構辦理。

第十六條

（刪除）

第十七條

證券商接受委託人委託買進之外國有價證券，除專業投資機構外，應由證券商以其名義或複受託證券商名義寄託於交易當地保管機構保管，並詳實登載於委託人帳戶及對帳單，以供委託人查對。

前項保管機構，證券商應報請公會備查。

第十八條

證券商受託買賣外國有價證券，應如期與委託人履行交割，不得違背受託契約。

委託人不如期履行交割，不以交割款項或交割證券交付於證券商者，即為違約。

委託人違約時，證券商應依受託買賣外國有價證券契約關於不履行交割違約之處理事項處置，並得逕行解除受託契約。

證券商對於前項之處理，應即函報本會備查，並以副本通知委託人。

第十九條

證券商受託買賣外國有價證券，其提供予投資人之資料或對證券市場、產業或個別證券之研究報告，應以其本公司核准發行者為限，並摘譯為中文，以利投資人閱覽。

前項之資料或研究報告，不得有虛偽、隱匿、詐欺或其他足致他人誤信之情事。

第二十條

證券商受託買賣外國有價證券，對於證券發行人所交付之通知書或其他有關委託人權益事項之資料，應於取得時儘速據實轉達委託人。

第二十一條

證券商受託買賣外國有價證券，對委託人委託買入有價證券權益之行使，應依各交易市場當地之法規、交易所及自律機構之規章及與委託人之約定為之。

第二十二條

證券商受託買賣外國有價證券，應按月編製對帳單，於次月十日前分送委託人查對。

第二十三條

證券商受託買賣外國有價證券之手續費及其他費用之費率，由證券商同業公會報請本會核定之。

第二十四條

證券商受託買賣外國有價證券，除應按日向證券商業同業公會申報受託買賣外國有價證券營業日報表外，並應於次月五日前向本會、外匯主管機關及證券商同業公會申報受託買賣外國有價證券營業月報表。

第二十五條

本規則自發布日施行。

6.證券商受託買賣外國有價證券交割結匯程序

中華民國八十五年七月十一日財政部證券管理委員會（八五）臺財證㈡字第○二三三五號函修正發布

壹　委託人指定以外幣交割者

一、委託人應於委託買賣時指定交割幣別為成交證券計價之外幣。

二、受託買賣外國有價證券交割款項及國外費用以外幣收付者，應以委託人在證券商所指定之指定銀行開立之外幣（匯）存款帳戶存撥之。

三、委託人買進外國有價證券成交後，應依照買進報告書所載應付金額（外幣），於交割日前將款項劃撥至證券商之交割專戶。

四、委託人賣出外國有價證券成交後，證券商應按賣出報告書所載委託人應收金額（外幣），於交割日將款項存入委託人在證券商所指定之指定銀行開立之外幣（匯）存款帳戶。

五、同一帳戶同日有買進賣出外國有價證券時，得依委託人之指定，將同一幣別之應收（付）金額合併沖抵後，以應收（付）淨額存撥之。

六、交割款項及國外費用經委託人指定以外幣收付者，其結匯手續應由委託人自行辦理。

貳　委託人指定以新臺幣交割者

一、委託人對證券商

　㈠委託人應於委託買賣時指定交割幣別為新臺幣。

　㈡受託買賣外國有價證券交割款項及國外費用以新臺幣收付者，應以委託人在證券商所指定金融機構開立之新臺幣存款帳戶存撥之。

　㈢委託人買進外國有價證券成交後，應按照買進報告書所載應付金額（新臺幣），於交割日前將款項劃撥至證券商之交割專戶。

　㈣委託人賣出外國有價證券成交後，證券商應按賣出報告書所載委託人應收金額（新臺幣），於交割日將款項撥入委託人在證券商所指定金融機構開立之新臺幣存款帳戶。

　㈤同一帳戶同日有買進賣出外國有價證券時，得依委託人之指定，將同幣別之應收（付）金額合併沖抵後，以應收（付）淨額撥之。

　㈥交割款項及國外費用經委託人指定以新臺幣收付者，其匯率之計算由證券商與委託人自行議定之。

　㈦交割款項及國外費用經委託人指定以新臺幣收付者，其結匯手續應由委託人填具結匯授權書，委託證券商辦理之。

二、證券商對指定銀行

　㈠證券商受託買賣外國有價證券經委託人授權代辦結匯手續者，應於交割日彙總委託人之結匯金額，按收款地及外幣別淨收付金額，以證券商名義逐日向指定銀行辦理結匯。

　㈡證券商辦理前項結匯時除依「外匯收支或交易申報辦法」規定填具書件外，並應檢附下列文件：

　　1.委託人之結匯授權書。

　　2.證券商受託買賣外國有價證券結匯日報表（按收款地及幣別分）——載明案件編號、委託人帳號、姓名或名稱、個人或公司、行號、團體統一編號或外

　　　　僑居留證號碼、出生日期（持外僑居留證者須加填發證日期及到期日期）、結
　　　　購（售）外匯金額、匯款性質等項目。

　　㈢證券商對委託人得結匯額度之查詢，應透過與中央銀行電腦連線為之；證券商
　　　　應於受託買賣外國有價證券成交後，立即將各委託人買入及賣出外國有價證券
　　　　使用外匯之額度分別輸入電腦。

　　㈣委託人得結匯額度以「外匯收支或交易申報辦法」之中央銀行所訂額度為限。
　　　　但委託人依本程序以新臺幣交割方式買入之有價證券，嗣後再依本程序以新臺
　　　　幣交割方式賣出時，得免受「外匯收支或交易申報辦法」所訂額度之限制。該
　　　　部分結匯金額，證券商毋需輸入電腦，惟應於結匯日報表備註欄中註明其原結
　　　　購日期。

　　㈤證券商自有資金及盈餘之匯出入，應依管理外匯條例有關規定辦理。

參　　（刪除）

7. 證券投資信託事業管理規則（第八、十條）

中華民國九十年十月十七日行政院（九〇）臺財字第〇四六〇五七號令修正發布全文五十七
條

第八條

經營證券投資信託事業，發起人應有符合下列資格條件之基金管理機構、銀行、保險
公司或金融控股公司，其所認股份，合計不得少於第一次發行股份之百分之二十：

一、基金管理機構：

　　㈠成立滿三年，且最近三年未曾因資金管理業務受其本國主管機關處分。

　　㈡具有管理或經營國際證券投資信託基金業務經驗。

　　㈢該機構及其百分之五十以上控股之附屬機構所管理之資產中，以公開募集方式
　　　　集資投資於證券之共同基金、單位信託或投資信託之基金資產總值不得少於新
　　　　臺幣六百五十億元。

二、銀行：

　　㈠成立滿三年，且最近三年未曾因資金管理業務受其本國主管機關處分。

　　㈡具有國際金融、證券或信託業務經驗。

　　㈢最近一年於全球銀行資產或淨值排名居前一千名內。

三、保險公司：

　　㈠成立滿三年，且最近三年未曾因資金管理業務受其本國主管機關處分。

　　㈡具有保險資金管理經驗。

　　㈢持有證券資產總金額在新臺幣八十億元以上。

四、金融控股公司：

　　㈠依金融控股公司法成立之金融控股公司。

　　㈡該公司控股百分之五十以上之子公司應有符合前三款所定資格條件之一者。

符合前項資格條件之發起人轉讓持股，證券投資信託事業應於發起人轉讓持股前申報證期會備查。

第十條

證券投資信託事業之發起人於公司法第一百六十三條第二項所定不得轉讓期間內，不得兼為其他國內證券投資信託事業之發起人。

曾依第八條所定資格擔任證券投資信託事業之發起人者，於證期會核發該證券投資信託事業營業執照日起三年內，不得再擔任其他證券投資信託事業之發起人。

8.證券投資顧問事業管理規則（第二十三、三十六至四十一條）

中華民國八十九年十月九日行政院(八九)臺財字第二九四三五號令修正發布全文四十三條；
　並自發布日起施行

第二十三條

擔任證券投資顧問事業證券投資分析人員，應具備下列資格之一：

一、參加同業公會委託機構舉辦之測驗合格者。

二、在外國取得證券分析師資格，並有二年以上實際經驗，經同業公會認可者。

三、本規則修正生效前，已取得證券投資分析人員資格者。

前項第一款、第二款之測驗及認可事項，由同業公會擬訂，申報證期會核定後實施；修正時，亦同。

第五章　外國有價證券投資推介顧問業務

第三十六條

證券投資顧問事業提供推介顧問之外國有價證券，其種類及範圍由證期會定之。

第三十七條

證券投資顧問事業經營外國有價證券投資推介顧問業務，應檢具申請書，連同相關書件，向證期會申請核准後，始得為之。

第三十八條

證券投資顧問事業申請經營外國有價證券投資推介顧問業務，有下列情事之一者，證期會得不予核准：

一、不符合第三十六條規定者。

二、申請書件有不完備、不正確或應記載事項不充分，經限期補正而屆期不能完成補

正者。

第三十九條

證券投資顧問事業經營外國有價證券投資推介顧問業務，不得涉及在國內募集、發行或買賣之行為。

第四十條

證券投資顧問事業經營外國有價證券投資推介顧問業務，應將所推介之有價證券相關資料，交付委任人；其資料內容有更新時，亦同。

第四十一條

證券投資顧問事業經核准辦理外國有價證券投資推介顧問業務後，證期會發現有下列情事之一者，除撤銷或廢止其核准外，並得停止其二年內接受新外國有價證券投資推介顧問業務：

一、申請文件內容有虛偽不實情事。

二、違反前二條規定之一者。

三、其他違反證期會對辦理外國有價證券投資推介顧問業務之限制或禁止規定者。

9.證券投資信託事業申請在國內募集基金投資於國外有價證券案件之審核標準

中華民國八十九年一月六日財政部證券暨期貨管理委員會（八九）臺財證㈣字第一○七八六號函訂定發布全文十二點

一、基金總額度部分：洽商外匯主管機關意見後訂定之。八十九年度得募集發行之總額度訂為新臺幣六百億元，並分上、下半年度核准。

二、基金個別額度部分：基金之申請募集個別額度上限為新臺幣五十億元，但得視申請狀況調整之。

三、投信公司營業滿二年且最近一年未受本會依證券交易法規定處分者。

四、投信公司最近一年所管理之是類基金中，平均每單位淨資產價值低於單位面額九成之基金數不得超過其管理是類基金總數之半數。

五、投信公司具備研究與投資海外有價證券市場之能力。

六、投信公司可藉由與國外投資顧問公司之合作關係，獲取全球投資之技術以增進投資能力，提昇本國投信公司之國際化。

七、投信公司所申請募集之基金與現有基金投資範圍有所區隔、投資標的亦屬適當。

八、基金投資地區如涵蓋多個國家，投信公司應於該基金之證券投資信託契約中餘明投資於各國家之最低比例，以期基金於實際運作時，能符合基金募集時所提出之基金特質及訴求。

九、基金之淨資產價值計算中，所涉外幣對新臺幣收盤價之匯率兌換部分，應能避免投資人因計算時點之差異進行套利交易。

十、投信公司能合理說明如何配合基金出席所投資外國股票發行公司之股東會者。

十一、基金投資地區如發生經濟或金融危機時，投信公司對上開投資風險具備因應對策。

十二、投信公司申請募集該基金額度具必要性與募集之可行性。

註：有關基金募集總額度與個別額度之訂定標準，證期會與外匯主管機關得視國內經濟、金融情況及證券市場狀況，隨時協商調整之。

10.證券投資信託事業於國內募集證券投資信託基金投資外國有價證券之種類及範圍

中華民國九十年十一月十三日財政部證券暨期貨管理委員會（九〇）臺財證㈣字第〇〇六〇六二號公告修正發布全文二點

一、證券投資信託事業於國內募集證券投資信託基金投資外國有價證券，不得投資於下列各款之有價證券：

㈠大陸地區之有價證券。

㈡香港或澳門地區證券交易市場由大陸地區政府、公司所發行之有價證券。

㈢恒生香港中資企業指數 (Hang Seng China–Affiliated Corporations Index) 成份股公司所發行之有價證券。

㈣香港或澳門地區證券交易市場由大陸地區政府、公司直接或間接持有股權達百分之三十五以上之公司所發行之有價證券。

二、證券投資信託基金投資之外國有價證券，除須符合前項規定外，並以下列各款為限：

㈠於外國證券集中交易市場及美國店頭市場 (NASDAQ) 交易之股票或債券。

㈡經慕迪投資服務公司(Moody's Investors Services)史丹普公司(Standard & Poor's Corporations) 或惠譽國際評等公司 (Fitch) 評等為 A 級以上由國家或機構所保證或發行之債券。

11.期貨交易法（第六、五十六條）

中華民國八十六年三月二十六日總統（八六）華總㈠義字第八六〇〇〇六九九七〇號令制定公布全文一百二十五條；中華民國八十六年四月三十日行政院（八六）臺財字第一六九八三號令發布；本法定於八十六年六月一日施行

第六條

主管機關得經行政院核准，與外國政府機關、機構或國際組織，就資訊交換、技術合作、協助調查等事項，簽訂合作協定。

前項合作協定，主管機關得經行政院核准，授權其他機關、機構或團體簽訂之。

除有妨害國家利益或投資大眾權益者外，主管機關得請求相關目的事業主管機關或金融機構提供必要資訊與紀錄，並基於互惠及保密原則提供與簽訂合作協定之外國政府機關、機構或國際組織。

第五十六條

非期貨商除本法另有規定者外，不得經營期貨交易業務。

期貨商須經主管機關之許可並發給許可證照，始得營業。

外國期貨商須經中華民國政府認許，且經主管機關之許可並發給許可證照，始得營業。

期貨商之分支機構，非經主管機關許可並發給許可證照，不得設立或營業。

期貨商之組織形態、設置標準及管理規則，由主管機關定之。

*財政部證券暨期貨管理委員會（八六）臺財證㈤字第五六五六〇號

要旨：

有關承做外幣保證金交易釋義

主旨：

所詢公司、行號未經許可經營或仲介外幣保證金交易，及個人以接受委託書並收取傭金或手續費等方式代他人操作與外匯指定銀行進行外幣保證金交易之行為，是否違反期貨交易法乙案，復如說明，請　查照。

說明：

一、復　貴局八十六年七月九日（八十六）臺央外柒字第〇四〇一七〇三號函。

二、查期貨交易法第三條第一項第四款所規定槓桿保證金交易係指當事人約定，一方支付契約價金一定成數之款項或取得他方授與之一定信用額度，雙方於未來特定期間內，依約定方式結算差價或交付約定標的物之契約。而依　貴局所稱之「外幣保證金交易」係指一方於客戶與其簽約並繳付外幣保證金後，得隨時應客戶之請求，於保證金之倍數範圍內以自己之名義為客戶之計算，在外匯市場從事不同幣別間之即期或遠期買賣交易。此項交易不須實際交割，一般都在當日或到期前以反方向交易軋平而僅結算買賣差價。由上開定義得知「外幣保證金交易」為期貨交易法第三條第一項第四款槓桿保證金交易之一種。

三、所詢公司、行號未經許可經營或仲介外幣保證金交易，及個人以接受委託書並收取傭金或手續費等之方式代他人操作，與外匯指定銀行進行外幣保證金交易之行為，是否違反期貨交易法，謹說明如下：㈠任何人除依期貨交易法第三條第二項規定豁免者外，非經本會核准而經營期貨交易法第三條第一項之期貨交易業務，應依該法第一百十二條第三款、第四款規定處罰，而「仲介」行為視本會未來對

期貨仲介業之規範內容而定，是否違反期貨交易法第八十二條之規定，而有同法第一百十二條第五款罰則之適用，此部份俟本會對其規範內容定案後另行函復。本會對期貨仲介行為未規範前，期貨仲介屬期貨商之業務，而非經本會核准經營期貨業務者，核屬違反期貨交易法第五十六條第一項之規定，應依同法第一百十二條第三款規定處罰。㈡另任何人以接受委託書並收取傭金或手續費等方式代他人操作，與外匯指定銀行進行外幣保證金交易之行為，係違反期貨交易法第八十二條第一項規定，應依同法第一百十二條第五款處罰。

12.期貨交易法施行細則（第三條）

中華民國八十六年十一月十一日財政部（八六）臺財證㈤字第七八七三四號令訂定發布全文
七條

第三條

本法第七十八條第一項所稱負責人，指下列之人：

一、本國期貨商屬公司形態者，依公司法第八條規定定之；非屬公司形態者，依相關
法律定之。

二、外國期貨商者，為其在中華民國境內指定之訴訟及非訴訟代理人。

13.期貨交易所管理規則（第六條）

中華民國八十六年五月三十日財政部證券暨期貨管理委員會（八六）臺財證㈤字第○三二○
六號令訂定發布全文三十九條；並自八十六年六月一日施行

第六條

期貨交易所有下列情事之一者，應先報本會核准：

一、變更機構名稱。

二、變更資本額。

三、變更機構營業處所。

四、經營其他業務或投資其他事業。

五、受讓其他交易所之全部或主要部分營業或財產；或讓與全部或主要部分之營業或
財產。

六、合併或解散。

七、與外國交易所、自律組織或其他機構簽訂合作協議或備忘錄。

八、其他依本法或經本會規定應先報經核准之事蹟。

14.期貨商設置標準（第二、四、十八至二十二、三十六至三十九、四十三

條)

中華民國九十年十一月二十六日財政部證券暨期貨管理委員會（九〇）臺財證㈦字第〇〇六二〇三號令修正發布第二十四、二十六、二十九、三十五、三十七條條文

第二條

期貨商之組織應為股份有限公司。但經目的事業主管機關許可兼營之事業或外國期貨商經財政部證券暨期貨管理委員會（以下簡稱本會）核准者，不在此限。

第四條

期貨商之發起人、董事、監察人、經理人或業務員不得有下列各款情事之一：

一、有公司法第三十條各款情事之一者。

二、曾任法人宣告破產時之董事、監察人、經理人或與其地位相等之人，其破產終結未滿三年或調協未履行者。

三、最近三年內在金融機構使用票據有拒絕往來紀錄者。

四、受本法第一百零一條第一項、證券交易法第五十六條或第六十六條第二款解除職務處分，未滿五年者。

五、違反本法、國外期貨交易法、公司法、證券交易法、銀行法、管理外匯條例、保險法或信用合作社法規定，經受罰金以上刑之宣告及執行完畢、緩刑期滿或赦免後未滿五年者。

六、受本法第一百條第一項第二款撤換職務處分，未滿五年者。

七、經查明受他人利用充任期貨商發起人、董事、監察人、經理人或業務員者。

八、有事實證明曾經從事或涉及其他不誠信或不正當活動，顯示其不適合從事期貨業者。

發起人、董事或監察人為法人者，前項規定，對於該法人代表人或指定代表行使職務者，準用之。

第一項之規定，於第二條但書規定之事業或外國期貨商負責人準用之。

第十八條

外國期貨商在中華民國境內設置分支機構，應具備下列條件：

一、具備經本會公告之外國期貨交易所結算會員資格者。

二、對申請許可業務種類，具國際期貨業務經驗及財務結構健全者。

三、最近一年在其本國未曾受期貨有關主管機關或自律機構之處分者。

第十九條

外國期貨商應依其申請許可業務種類，依第七條所定金額，專撥其在中華民國境內營業所用之資金；其再經許可增設之每一分支機構，應依第十三條所定金額增撥營業所用資金。

外國期貨商僅申請經營國外期貨交易複委託業務，而不接受個別期貨交易人委託者，應專撥其在中華民國境內營業所用之資金新臺幣五千萬元；其再經許可增設之每一分支機構，應依第十三條所定金額增撥營業所用資金。

第二十條

第八條及第十二條規定，於外國期貨商準用之。

第二十一條

外國期貨商在中華民國境內設置分支機構，應檢具下列書件，向本會申請許可：

一、申請書。

二、公司章程或相當於公司章程之文件。

三、營業計畫書：載明業務經營之原則、風險控管之方式、內部組織分工、人員招募與訓練、場地設備概況及開業當年度與其次年度之財務預測。

四、其本國期貨主管機關或相當機構所核發期貨商營業執照影本。

五、符合第十八條規定之證明文件。

六、董事會對於申請在中華民國設置分支機構之決議錄。

七、董事、經理人及持有股份達股份總額百分之五以上股東名冊。

八、董事及其他負責人之姓名、國籍、住所。

九、在中華民國境內指定之訴訟及非訴訟代理人姓名、國籍、住所、居所、身分證明文件及其授權書。

十、最近期經會計師查核簽證或核閱之財務報告。

十一、指定代理人辦理申請許可及設立分支機構所簽發之授權書。

十二、其本公司出具願意提供本會相關交易資訊及紀錄之聲明文件。

十三、案件檢查表。

十四、其他經本會規定應提出之文件。

第二十二條

外國期貨商申請設置分支機構，應自本會許可之日起六個月內完成分支機構設立登記，並檢具下列書件，向本會申請核發分支機構許可證照：

一、申請書。

二、分支機構認許證及分公司執照影本。

三、經理人、業務員名冊及資格證明文件。

四、負責人及業務員無第四條規定情事之聲明文件。

五、已依期貨商管理規則第十四條規定繳存營業保證金之證明文件。

六、可即時取得交易市場資訊及具備從事交易必要傳輸設備之證明文件。

七、設置分支機構之業務章則。

八、案件檢查表及會計師複核彙總表。

九、其他經本會規定應提出之文件。

外國期貨商未於前項期間內申請核發分支機構許可證照者，廢止其分支機構之設置許可。但有正當理由，在期限屆滿前，得申請本會延展，延展期限不得超過六個月，並以一次為限。

第三十六條

外國證券商或金融機構經其本國政府准許，得申請其在中華民國境內設立之分支機構兼營期貨業務。

第八條、第九條、第二十三條、第二十五條、第二十六條但書、第二十九條及第三十條第二項規定，於外國證券商或金融機構申請其在中華民國境內設立之分支機構兼營期貨業務者準用之。

第三十七條

外國證券商或金融機構申請其在中華民國境內設立之分支機構兼營期貨業務者，應依第七條所定金額，指撥相同數額之營運資金；其專撥在中華民國境內營業所用之營運資金不得低於本標準第七條所定金額加計證券商設置標準第二十九條第一項最低指撥營運資金合計數，如有不足時，應補足之。

外國證券商或金融機構僅申請兼營國內股價指數期貨或選擇權契約經紀業務者，應指撥專用營運資金新臺幣五千萬元；其指撥營運資金不得低於新臺幣五千萬元加計證券商設置標準第二十九條第一項最低指撥營運資金合計數，如有不足時，應補足之。

＊財政部證券暨期貨管理委員會（八七）臺財證㈦字第○一三四六號

要旨：

證券商從事「證券相關期貨業務」之範圍

主旨：

釋示證券商依期貨交易法、期貨商設置標準，以及證券商經營期貨交易輔助業務管理規則之規定，從事「證券相關期貨業務」之範圍，請　查照，各公會並請轉知所屬會員。

說明：

一、本國及外國證券商依期貨交易法第五十七條第二項但書、期貨商設置標準第二十四條第二項、第三十七條第二項規定，指撥專用營運資金五千萬元兼營國內股價指數期貨經紀業務者，其業務範圍為國內股價指數期貨契約。

二、本國及外國證券商依期貨交易法第五十七條第二項但書、期貨商設置標準第七條、第三十七條第一項規定，指撥專用營運資金二億元兼營證券相關期貨經紀業務者，以及指撥專用營運資金四億元兼營證券相關期貨自營業務者，其業務範圍為國內股價指數期貨契約與國外臺股指數期貨契約（含選擇權契約及期貨選擇權契約）。

三、本國及外國證券商依證券商經營期貨交易輔助業務管理規則第三條第二項規定，

經營期貨交易輔助業務者，其業務範圍為國內股價指數期貨契約與國外臺股指數期貨契約（含選擇權契約及期貨選擇權契約）。

四、前三項之業務範圍，本會將視本國期貨市場發展情形、新商品推出之順序，以及期貨交易人與業者之需求，採漸進式逐步開放。

第三十八條

外國證券商或金融機構申請其在中華民國境內設立之分支機構兼營期貨業務，以其本公司有經營期貨業務者為限，並應檢具下列書件，向本會申請許可：

一、申請書。

二、營業執照影本。

三、公司章程或相當於公司章程之文件。

四、營業計畫書：載明期貨業務經營之原則、總分支機構風險控管之方式、內部組織分工、人員招募與訓練、場地設備概況及期貨部門開業當年度與其次年度之財務預測。

五、具備經營證券或金融業務及期貨業務風險區隔與利益衝突之操作規則。

六、其本國政府准許該分支機構兼營期貨業務之證明文件。

七、目的事業主管機構核准之文件（外國證券商免附）。

八、董事會對於申請其在中華民國境內設立之分支機構兼營期貨業務決議錄。

九、董事、經理人及持有股份總額百分之五以上之股東名冊。

十、董事及其他負責人之姓名、國籍、住所。

十一、案件檢查表。

十二、其他經本會規定應提出之文件。

第三十九條

外國證券商或金融機構申請其在中華民國境內設立之分支機構兼營期貨業務，應自本會許可之日起六個月內，檢具下列書件，向本會申請核發許可證照：

一、申請書。

二、經營期貨業務之業務章則。

三、辦理期貨業務之經理人、業務員名冊及資格證明文件。

四、辦理期貨業務之負責人及業務員無第四條及符合第三十六條第二項準用第二十五條第二項規定情事之聲明文件。

五、已依期貨商管理規則第十四條規定繳存營業保證金之證明文件。

六、符合第三十七條規定之證明文件。

七、可即時取得交易市場資訊及具備從事交易必要傳輸設備之證明文件。

八、得於期貨交易所從事期貨交易之證明文件。

九、得向期貨結算機構辦理結算交割之證明文件。

十、案件檢查表及會計師複核彙總表。

十一、其他經本會規定應提出之文件。

外國證券商或金融機構未於前項期間內申請許可證照者，廢止其許可。但有正當理由，在期限屆滿前，得申請本會延展，延展期限不得超過六個月，並以一次為限。

第四十三條

期貨商向本會申請發給證照時，應依下列各款規定，繳納證照費：

一、設置本國期貨商者，按其法定最低實收資本額四千分之一計算。

二、設置外國期貨商，或外國證券、外國金融機構兼營期貨業務者，按其法定最低專撥在我國境內營業所用資金四千分之一計算。

三、本國金融機構兼營期貨業務者，按其法定最低指撥專用營運資金四千分之一計算。

四、本國期貨商設置分支機構者，為新臺幣三千元。

五、本國證券商兼營期貨業務者，按其兼營種類法定最低指撥專用營運資金四千分之一計算。

六、兼營期貨業務之他業，申請分支機構兼營期貨業務者，為新臺幣三千元。

期貨商向本會申請換發證照時，應繳納證照費新臺幣一千五百元。因行政區域調整或門牌改編地址變更而申請換發證照，免繳證照費。

15.期貨商管理規則 (第三、四、十四、三十八、五十五條)

中華民國九十一年四月二十四日財政部證券暨期貨管理委員會 (九一) 臺財證(七)字第○○二五九三號令修正發布第五十五條條文

第三條

期貨商有下列情事之一者，應先報本會核准：

一、變更機構名稱。

二、變更資本額、營運資金或營業所用資金。

三、變更機構或分支機構營業處所。

四、變更營業項目。

五、受讓其他期貨商之全部或主要部分營業或財產；或讓與全部或主要部分之營業或財產。

六、合併或解散。

七、投資外國期貨相關機構。

八、其他經本會規定應先報經核准之事項。

期貨商與期貨交易所訂立期貨集中交易市場使用契約者，前項所列應申報之事項，應送由期貨交易所轉送本會；未訂立者，應送由全國期貨商業同業公會聯合會轉送本會。

第四條

期貨商有下列情事之一者，應向本會申報：

一、開業、停業、復業或終止營業。

二、變更期貨交易結算交割之期貨商。

三、客戶保證金專戶之開設、變更或終止。

四、期貨商或其董事、監察人、經理人、業務員、其他從業人員，因業務上關係發生訴訟或仲裁，或為破產人或強制執行之債務人，或有銀行退票或拒絕往來之情事。

五、董事、監察人、經理人或業務員有本法第二十八條所定之情事。

六、董事、監察人、經理人或業務員，有事實證明曾經從事或涉及其他不誠信或不正當活動，顯示其不適合從事期貨業。

七、董事、監察人、經理人、業務員或其他從業人員，有違反本法或本會依照本法所發布命令之行為。

八、董事、監察人、經理人及持有公司股份超過百分之十之股東，持有股份變動。

九、依外國期貨交易法令之規定，應向當地期貨主管機關或其他權責機構申報之財務比率變動或其他影響財務結構之重大情事。

十、為自己或客戶從事之期貨交易量，達本國或外國期貨交易法令應申報之數額者。

十一、其他經本會規定應申報事項。

前項第一款、第二款事項，公司應事先申報；第三款至第七款事項，公司應於知悉或事實發生之日起五日內申報；第八款事項，董事、監察人、經理人及持有公司股份超過百分之十之股東應於次月五日前向公司申報，公司應於同月十五日前彙總申報；第九款至第十款事項，公司應於向本國或外國期貨交易所或其他權責機構申報時，同時向本會申報。

期貨商與期貨交易所訂立期貨集中交易市場使用契約者，第一項所列應申報之事項，應送由期貨交易所轉送本會；未訂立者，應送由全國期貨商業同業公會聯合會轉送本會。

第十四條

期貨商應於辦理公司登記後，依下列規定，向本會指定之金融機構繳存營業保證金：

一、期貨經紀商：新臺幣五千萬元。

二、期貨自營商：新臺幣一千萬元。

三、經營前二款業務者：依前二款規定併計之。

四、設置分支機構：每設置一家增提新臺幣一千萬元。

前項第一款至第四款規定，於他業兼營期貨業務及外國期貨商準用之。但他業僅兼營國內股價指數期貨或選擇權契約經紀業務或外國期貨商僅經營國外期貨交易複委託業務者，繳存營業保證金為新臺幣一千五百萬元。

第一項之金融機構為經財政部核准經營保管業務之銀行。

兼營期貨業務之金融機構應將其營業保證金繳存於其他金融機構。

第一項之營業保證金，應以現金、政府債券或金融債券繳存。

期貨商所繳存之營業保證金不得分散存放、辦理掛失或解約，所繳存之標的及其保管憑證不得設定任何擔保，且非經本會核准，不得辦理提取或調換。

第三十八條

期貨商經營國外期貨交易業務時，應依下列方式之一於國外期貨交易所進行交易，並應逐筆委託：

一、本國期貨商具有國外期貨交易所會員資格並取得期貨結算機構之結算會員為其辦理結算交割之證明者，自行於國外期貨交易所進行交易。

二、經許可之外國期貨商具有國外期貨交易所結算會員資格者，自行於國外期貨交易所交易。

三、委託經許可並已取得本會公告之國外期貨交易所結算會員資格之期貨商辦理者。

四、其他經本會核准者。

前項第三款受委託之期貨商得由其所屬持股逾百分之五十之控股公司，或持股逾百分之五十之子公司，或屬同一控股公司持股逾百分之五十之子公司，且具有國外期貨交易所結算會員資格者，於國外期貨交易所執行期貨交易及結算交割。

期貨商經營國外期貨交易複委託業務者，於接受委託之期貨商辦理開戶時，應按其經紀或自營交易簽訂受託契約，並分別設置保證金專戶。

第五十五條

期貨商從事期貨交易，不得有下列情形：

一、對於自期貨交易所傳輸之交易資訊，予以隱匿或變更。

二、無合理之基礎，向期貨交易人或不特定多數人推介特定種類之期貨交易，或提供上漲或下跌之判斷，以勸誘從事不必要、不合理之買賣。

三、於其本公司或分支機構之營業場所外，直接或間接設置固定場所從事與期貨交易人簽訂受託契約。但本會另有規定者，不在此限。

四、於其本公司或分支機構之營業場所外，直接或間接設置固定場所接受期貨交易人從事期貨交易之委託。

五、非應依法令所為之查詢，洩漏期貨交易人委託事項及其他業務上所獲悉之祕密。

六、挪用期貨交易人款項、有價證券或代其保管款項、印鑑或存摺。

七、對期貨交易人所為交易事項之查詢，未為必要之答復及處理，致有損期貨交易人之權益。

八、對於依法令規定之帳簿、表冊、文件，未依規定製作、申報、公告、備置、保存或為虛偽之記載。

九、對本會命令提出之帳簿、表冊、文件或其他參考報告資料，逾期不提出，或對於本會依法所為之檢查予以拒絕或妨礙。

十、與期貨交易人有借貸款項或為借貸款項之媒介情事。

十一、製作不實之期貨交易紀錄。

十二、擅改買賣委託書、買賣報告書或其他單據上之時間戳記。

十三、為期貨交易人從事之期貨交易數量或持有部位，超過本國或外國期貨交易法令之限制數額。

十四、提供帳戶供期貨交易人交易。

十五、未經核准接受全權委託代為決定種類、數量、價格之期貨交易。

十六、利用期貨交易人帳戶或名義買賣期貨交易。

十七、其他違反期貨管理法令或經本會規定應為或不得為之行為。

16.期貨商負責人及業務員管理規則（第三條）

中華民國八十九年九月二十六日財政部證券暨期貨管理委員會（八九）臺財證(七)字第○四一
　九二號令修正發布第七、八、十一、十三、十六、二十一條條文；並自發布日起施行

第三條

期貨商之經理人，應符合下列資格條件之一：

一、期貨機構工作經驗二年以上，並曾擔任期貨機構副經理以上或同等職務者。

二、證券或金融機構工作經驗三年以上，並曾擔任證券或金融機構經理以上或同等職務者。

三、證券、期貨或金融機構工作經驗五年以上，並曾擔任證券、期貨或金融機構副經理以上或同等職務者。

四、擔任證券、期貨、金融行政或管理工作經驗五年以上，並曾任薦任職以上或相當職務者。

五、具備國內外專科以上學校畢業或同等學歷並有事實足資證明具備期貨專業知識及經營管理經驗，可健全有效經營期貨業務者。

前項所稱證券機構，係指證券商、證券交易所、證券櫃檯買賣中心、證券商業同業公會、證券交易法第十八條所定事業；金融機構，係指銀行法第二十條所定之商業銀行、儲蓄銀行、專業銀行、信託投資公司與第七章所定之外國銀行及第一百三十九條第一項所定依其他法律設立，適用銀行法規之銀行；期貨機構，係指期貨商、期貨交易所、期貨結算機構、期貨商業同業公會、全國期貨商業同業公會聯合會、槓桿交易商及本法第八十二條所定之期貨服務事業。

17.期貨商營業處所及設備條件

中華民國八十六年六月一日財政部證券暨期貨管理委員會（八六）臺財證㈤字第〇三二三九號函修正發布（原名稱：期貨經紀商營業處所及設備條件）

一　本國期貨商：
　　㈠營業處所係指專供辦理受託進行期貨交易之辦公處。
　　㈡營業處所必具之設備（含總公司及分支機構）：
　　　1.閉路監視系統。
　　　2.交易資訊設備（含經國外期貨交易所合法授權之外國期貨交易資訊供應廠商所出具願提供交易資訊之聲明文件）。
　　　3.營業用電話及傳真機。
　　　4.公告欄：張貼主管機關發布之政令及其他重要揭示。
　　　5.期貨資訊櫃：陳列有關受託從事期貨交易之國外期貨交易所、期貨市場及現貨市場資訊供客戶取閱。
　　　6.空氣調節、防火設備及緊急疏散與照明等設備。
　　　7.辦理受託買賣期貨有關之其他必需設備。
　　㈢期貨商及分支機構新設、遷移或擴增營業處所，應備妥下列文件，事先函報本公會，並取具本公會所出具營業處所及設備立即能供營業使用之證明，經向主管機關申請核發或換發許可證照後，始得使用：
　　　1.主管機關核准函影本。
　　　2.平面配置圖（標明各項必具設備之位置）。
　　　3.現場照片（含建築物外觀、公司入口及招牌、各項必具設備）。
　　　期貨商及分支機構於原營業處所內變更場地之配置或用途，應於變更用途後十五日內，備妥下列文件，函報本公會備查：
　　　1.平面配置圖（標明各項必具設備之位置）。
　　　2.現場照片（含建築物外觀、公司入口及招牌、各項必具設備）。
二　外國期貨商：
　　㈠外國期貨商專營期貨商複委託業務而不接受個別期貨交易人委託者：
　　　1.營業處所係指專供辦理複委託業務之辦公處。
　　　2.營業處所必具之設備：
　　　　⑴交易資訊設備（含經國外期貨交易所合法授權之外國期貨交易資訊供應廠商所出具願提供交易資訊之聲明文件）。
　　　　⑵營業用電話及傳真機。
　　　　⑶空氣調節、防火設備及緊急疏散與照明等設備。
　　　　⑷辦理期貨商複委託業務有關之其他必需設備。

3. 外國期貨商遷移或擴增營業處所，應備妥下列文件，事先函報本公會，並取具本公會所出具營業處所及設備立即能供營業使用之證明，經向主管機關申請換發許可證照後，始得使用：

⑴主管機關核准函影本。

⑵平面配置圖（標明各項必具設備之位置）。

⑶現場照片（含建築物外觀、公司入口及招牌、各項必具設備）。

外國期貨商於原營業處所內變更場地之配置或用途，應於變更用途後十五日內，備妥下列文件，函報本公會備查：

⑴平面配置圖（標明各項必具設備之位置）。

⑵現場照片（含建築物外觀、公司入口及招牌、各項必具設備）。

㈡外國期貨商經營個別期貨交易人委託買賣期貨之業務者，比照本國期貨商規定辦理。

18.期貨市場監視準則（第四條）

中華民國八十六年十二月二十四日財政部證券暨期貨管理委員會（八六）臺財證㈤字第〇五三三六號令訂定發布全文十條

第四條

期貨交易所與期貨結算機構為進行不同交易市場間之監視，得與本國或外國相關交易所、機構，簽訂有關市場資訊交換、技術合作、協助調查等事項之合作協定。

前項協定之簽訂或修正，應先報經財政部證券暨期貨管理委員會（以下簡稱本會）核准。

期貨交易所或期貨結算機構與本國或外國交易所、機構進行第一項市場資訊交換或協助調查，應先報經本會核准。

19.華僑及外國人投資證券管理辦法

中華民國八十九年十一月二十九日行政院（八九）臺財字第三三六六五號令修正發布第二之一、十、十四、二十一、二十三、二十六條條文

第一章　總則

第一條

本辦法依華僑回國投資條例第八條第四項及外國人投資條例第八條第四項規定訂定之。

第二條

華僑及外國人得依左列方式投資證券：

一、投資由國內證券投資信託事業發行並於國外銷售之信託基金受益憑證（以下簡稱國外受益憑證）。

二、投資國內證券。

三、投資由國內發行公司在國外發行之公司債（以下簡稱海外公司債）。

四、投資由國內發行公司參與在國外發行之存託憑證（以下簡稱海外存託憑證）。

五、投資由國內發行公司在國外發行或交易之股票（以下簡稱海外股票）。

＊財政部八五臺財稅字第八五一九三五九九號

要旨：

非中華民國境內居住之個人及在中華民國境內無固定營業場所之營利事業依「華僑及外國人投資證券及其結匯辦法」第二條第二款規定，投資國內證券所取得之股利，以及海外存託憑證持有人依上述結匯辦法第三十三條第一項規定，請求兌回其持有之存託憑證應否繳交證券交易稅相關之課稅規定。

＊財政部八五臺財稅字第八五一九○三一六一號

要旨：

華僑及外國人取得國內公司之海外公司債及存託憑證股利時之扣繳規定

主旨：

非中華民國境內居住之個人及在中華民國境內無固定營業場所之營利事業投資由國內發行公司在國外發行之海外公司債及由國內發行公司參與在國外發行之海外存託憑證，所取得股利可依促進產業升級條例第十一條第一項規定辦理。

說明：

一、依據臺北市國稅局八十五年二月十六日 (85) 財北國稅貳字第八五○○七八五○號函辦理。

二、非中華民國境內之個人及在中華民國境內無固定營業場所之營利事業依「華僑及外國人投資證券及其結匯辦法」第二條第三、四款規定，投資由國內發行公司在國外發行之海外公司債及國內發行公司參與在國外發行之海外存託憑證，其持有之海外公司債，經依發行公司所訂轉換辦法轉換成本國公司股票者，及持有之海外存託憑證表彰之有價證券係屬股票者，取得所分配之股利，可依促進產業升級條例第十一條第一項規定，由扣繳義務人於給付時，按給付額扣繳百分之二十所得稅款。

＊財政部八○臺財稅字第八○○三八二二八九號

要旨：

外國投資機構經許可投資國內證券收益按給付額扣繳百分之二十

主旨：

外國專業投資機構依「華僑及外國人投資證券及其結匯辦法」第二條第二款規定，經證券主管機關許可直接投資國內證券，將所得之收益再投資衍生之股利，仍可適用促進產業升級條例第十一條第一項規定，由扣繳義務人於給付時，按給付額扣繳百分之二十稅款。

說明：

外國專業投資機構經證券主管機關許可直接投資國內證券所得之收益，無須再申請許可，即可再投資。惟如投資本金及所得之收益經依「華僑及外國人投資證券及其結匯辦法」第十二條第一項及第二項規定申請結匯後，再行匯入投資者，則應依同辦法第十條規定申請許可。

＊財政部證券管理委員會（七七）臺財證㈡字第四五三九號

要旨：

以投資為專業之僑外資事業從事證券買賣之有關規定

主旨：

關於以投資為專業之僑外資事業，是否可將資金投於證券交易市場，從事證券買賣乙案，復如說明。

說明：

一、（略）

二、華僑及外國人投資證券及其結匯辦法第二條規定「華僑及外國人投資證券，以購買由國內證券投資信託事業發行，並委託國外承銷機構銷售之受益憑證之方式為之。」據此，目前對華僑及外國人僅限於間接投資證券。

三、又依本會七十六年十月十六日臺財證㈡第七二七八號函核定修正之臺灣證券交易所營業細則第七十七條之規定，華僑及外國人開戶委託買賣證券應經經濟部投資審議委員會專案核准，並以其原核准投資計劃內之證券種類及數量為限，未經經濟部投審會案核准者，一律不得受託開戶買賣。

四、華僑或外國人設立之投資為專業之「投資公司」，如可以其資金投資證券市場，顯將造成規避「華僑及外國人投資證券及其結匯辦法」限制規定之結果，實非所宜。

第二條之一

境外華僑及外國人投資國內證券，應指定國內代理人申請開設新臺幣帳戶。其指定之開戶代理人，以國內證券商或金融機構為限。

境外華僑及外國人投資證券，限以保管銀行受託保管專戶之名義，在國內一家金融機構開設一戶活期存款或活期儲蓄存款之新臺幣帳戶；其帳戶僅供證券交割之用途。

前項保管銀行，應負責控管境外華僑及外國人投資證券總額不得超過規定之限額，並於每月十日將上月份帳戶資金運用情形及餘額資料，函報中央銀行。

第三條

本辦法所稱外國專業投資機構，指在中華民國境外，符合證券主管機關所規定資格條件之外國銀行、保險公司、證券商、基金管理機構及其他投資機構。

本辦法所稱境內華僑及外國人，指居住於中華民國境內領有外僑居留證之自然人或外國法人在中華民國境內設立之分公司。

本辦法所稱境外華僑及外國人，指在中華民國境外，非屬第一項所定外國專業投資機構之華僑及外國人。

＊財政部證券暨期貨管理委員會（八九）臺財證㈢字第七八六九一號

要旨：

關於外資未經向投審會或相關主管機關申請核准，逕行購買本國未上市（櫃）股票者，發行公司是否僅憑證券交易稅單、股票等文件即可受理過戶疑義。

主旨：

關於外資未經向投審會或相關主管機關申請核准，逕行購買本國未上市（櫃）股票者，發行公司是否僅憑證券交易稅單、股票等文件即可受理過戶乙案，復如說明，請　查照。

說明：

一、復　貴公司八十九年九月五日（八九）元證股㈡字第〇〇九五號函。

二、經查華僑、外國人來華投資相關法令依據，包括「華僑回國投資條例」、「外國人投資條例」以及「華僑及外國人投資證券管理辦法」等規定，合先敘明。

三、依據「華僑及外國人投資證券管理辦法」（以下簡稱「管理辦法」）第三條第一項及第二十三條第三項規定，「管理辦法」規範對象，包括符合證券主管機關所規定資格條件之外國專業投資機構及境內、境外華僑、外國人，且依同法第四條規定，其投資國內證券之範圍，為上市（櫃）公司股票、上市（櫃）公司受益憑證等，尚不包括本國未上市（櫃）股票，至於依據「華僑回國投資條例」或「外國人投資條例」規定向經濟部投審會或其所授權或委託之機關、機構申請核准，而購置本國公開發行公司股票者，除依本會頒佈之「公開發行股票公司股務處理準則」第十五條相關規定辦理外，尚須檢附前揭主管機關核准之證明文件。

＊財政部證券暨期貨管理委員會（八九）臺財證㈧字第〇二三四四號

要旨：

有關外國專業投資機構申請投資國內證券之辦理事項

說明：

一、依據「華僑及外國人投資證券管理辦法」第三條及第十條第二項規定辦理。

二、華僑及外國人申請投資國內證券，除就㈠外國專業投資機構、㈡境內華僑及外國人及㈢境外華僑及外國人三種身分擇一為之外，亦不得就同一身分重覆申請。

三、外國專業投資機構欲申請開立分戶，請檢附主戶與分戶間相關證明文件及開立分

戶理由，向本會提出申請。若委由保管銀行提出開立分戶之申請者，另應檢附外國專業投資機構出具之授權書 (Power of Attorney)。

＊財政部證券暨期貨管理委員會（八九）臺財證㈧字第〇一九〇七號

要旨：

有關「華僑及外國人投資證券管理辦法」第三條之「外國政府投資機構」之資金來源及投資盈虧均歸當地政府所有

主旨：

有關「華僑及外國人投資證券管理辦法」第三條規定外國專業投資機構所稱其他投資機構中之「外國政府投資機構」，除成立之資金來源須為政府所有外，其投資我國有價證券之資金來源及投資盈虧亦均須歸當地政府所有，請　查照。

說明：

依據「華僑及外國人投資證券管理辦法」第三條規定暨本會八十四年八月十五日 (84) 臺財證㈣第〇一九一〇號函辦理（本函依九十年五月十八日（九〇）臺財證㈣一三二七四二函停止適用）。

第四條

證券投資信託事業於國外發行募集之信託基金、外國專業投資機構、境外華僑及外國人投資國內證券，其投資範圍以左列為限：

一、上市、上櫃公司股票及債券換股權利證書。

二、上市、上櫃受益憑證。

三、政府債券、金融債券、普通公司債及轉換公司債。

四、其他經證券主管機關核定之有價證券。

依前項規定匯入資金尚未投資於國內證券者，財政部得視國內經濟、金融情形及證券市場狀況，對其資金之運用予以限制；其限制比例，由證券主管機關會商外匯業務主管機關意見後定之。

依第一項規定已投資國內證券者，基於避險需要，得在國內期貨市場從事期貨交易；其有關規定，由證券主管機關會商外匯業務主管機關意見後定之。

境內華僑及外國人投資國內證券，除其他法令另有規定者外，其範圍不受限制，並得準用前項規定從事期貨交易。

第五條

證券投資信託事業於國外發行募集之信託基金、華僑及外國人得投資證券之發行公司，由證券主管機關定之，除法律禁止外國人投資之事業或其他法令定有華僑及外國人投資比例上限者外，得不受行政院核定負面表列禁止及限制華僑及外國人投資業別規定之限制。

證券投資信託事業於國外發行募集之信託基金、華僑及外國人對公司股票之投資，應

受左列投資比例之限制。但其他法令規定之投資比例限制較低者，從其規定：

一、每一國外募集證券投資信託基金或每一華僑或外國人，投資任一發行公司股票之股份總額，不得超過該公司已發行股份總額之百分之五十。

二、全體國外募集證券投資信託基金、華僑及外國人投資任一發行公司股票之股份總額，不得超過該公司已發行股份總額之百分之五十。

證券投資信託事業於國外發行募集之信託基金、華僑及外國人得投資證券之發行公司，屬於其他法令定有華僑或外國人投資比例上限之事業者，華僑及外國人依華僑回國投資條例或外國人投資條例對該等公司股份之投資總額，不得超過各該法令所定之上限扣除前項第二款比例與海外公司債可轉換股份數額、華僑及外國人投資國內轉換公司債可轉換股份及債券換股權利證書數額、海外存託憑證所表彰股份數額及海外股票數額後之餘額；

本辦法修正發布前，已核准投資超過該餘額者，不得再提出上開申請。

證券投資信託事業於國外發行募集之信託基金、華僑及外國人對公司股票之投資總額，未達第二項第二款所規定比例之股份數額部分，發行公司得申請募集與發行海外轉換公司債、發行海外股票或參與發行海外存託憑證。

證券投資信託事業於國外發行募集之信託基金、華僑及外國人投資上市或上櫃受益憑證者，除其他法令另有規定外，準用第二項第一款規定。

證券投資信託事業於國外發行募集之信託基金、外國專業投資機構、境內外華僑及外國人，將其持有發行公司所發行之轉換公司債，依發行公司所訂發行及轉換辦法，請求轉換為發行公司所發行之債券換股權利證書或股票，或投資債券換股權利證書，其投資比例不受第二項規定比例之限制。

第二項投資比例，財政部得視國內經濟、金融情形及證券市場狀況，會商目的事業主管機關同意後予以調整。

第六條

華僑及外國人依本辦法規定投資證券，應委託中華民國境內之代理人或代表人，代理申報及繳納稅捐，並填具委託之證明文件，送請該管稽徵機關核准；變更代理人或代表人時，應由變更後之代理人或代表人重新填具委託代理申報及繳納稅捐之證明文件，並送請該管稽徵機關核准。

華僑及外國人就其投資證券之收益申請結匯時，應檢附前項經稽徵機關核准委託代理申報及繳納稅捐之證明文件。但於證券交易所得停止課徵所得稅期間，華僑及外國人就其投資證券之收益申請結匯時，得由依本辦法規定指定之代理人或代表人，檢附該管稽徵機關出具之完稅證明，依管理外匯條例有關規定辦理結匯；其投資證券之收益中如有轉讓或送存集中保管之符合促進產業升級條例第十六條、第十七條或原獎勵投資條例第十三條規定之記名股票，代理人或代表人應代為辦理申報及繳納稅捐之手續。

第一項委託代理申報及繳納稅捐之證明文件之表格，由財政部定之。

第二章　投資國外受益憑證

第七條

證券投資信託事業發行國外受益憑證向華僑及外國人募集信託基金，應於取具外匯業務主管機關同意函後一個月內向證券主管機關申請核准。

基金募集所得款項於匯入時，應依管理外匯條例有關規定辦理。

第八條

證券投資信託事業經營之信託基金所得之收益，得每年分配予國外受益憑證受益人。但資本利得及股票股利以已實現者為限。

第九條

國外受益憑證受益人就買回價款、證券投資信託事業分派信託基金資產所得價款及依前條規定分配之所得，得依管理外匯條例有關規定辦理結匯或再投資國內證券。

外國專業投資機構依前項規定再投資國內證券者，應登載於依第二十條規定之帳冊，並於五日內向外匯業務主管機關及證券主管機關申報。其投資總額因而超過原核准投資金額或第十一條規定限額時，免依第十條規定申請許可。

第十五條、第十六條、第十八條、第十九條、第二十一條、第二十二條後段、第二十五條及第三十一條第一項後段之規定，於境外華僑及外國人依第一項規定再投資國內證券者，準用之。

第二十三條之規定，於境內、境外華僑及外國人依第一項規定再投資國內證券者，準用之。

第五條第二項之規定，於國外受益憑證受益人依第一項規定再投資國內證券者，準用之。

第三章　投資國內證券

第一節　外國專業投資機構

第十條

外國專業投資機構投資國內證券，應向證券主管機關申請許可，並取具外匯業務主管機關同意函。

證券主管機關對於前項申請，得衡量地區性之平衡及申請人之相互關係，決定是否許可。

外國專業投資機構申請第一項許可，應備具申請書，載明申請投資額度，並檢附左列文件：

一、代理人授權書或代表人指派書。

二、符合證券主管機關所規定資格條件之證明文件。

三、保管契約副本。

四、證券主管機關規定之其他文件。

外國專業投資機構再次申請投資國內證券許可時，前項應檢附書件，除有變更者外，得免予檢附。

外國專業投資機構如屬證券商者，除第三項應檢附之書件外，應另出具資金來源說明。

外國專業投資機構符合左列條件之一者，得在提出主分戶關係及開立分戶之必要性證明文件後，申請開立投資分戶：

一、資金來源為分屬所管理之基金、持股百分之百子公司或簽約客戶。

二、退休基金、共同基金及單位信託因投資策略委請外部經理人操作。

三、因發行認購（售）權證或接受認購（售）權證發行人之委託而須進行避險。

四、其他因業務需要。

第十一條

每一外國專業投資機構投資國內證券之限額，由證券主管機關會商外匯業務主管機關意見後定之。

第十二條

外國專業投資機構投資國內證券，應依證券主管機關規定之期限匯入並結售投資資金，未依期限匯入並結售之部分，於期限屆滿後即不得再行匯入。

前項資金申請結匯，應檢具證券主管機關許可函件，依管理外匯條例有關規定辦理。

外國專業投資機構應於每月終了十日內，彙總上月份資金匯入情形，向外匯業務主管機關及證券主管機關申報。

第十三條

外國專業投資機構經許可投資國內證券，其投資本金及投資收益，得申請結匯。但資本利得及股票股利部分，以已實現者為限。

依前項申請結匯，應依管理外匯條例有關規定辦理。

外國專業投資機構應於每月終了十日內，彙總上月份資金匯出情形，向外匯業務主管機關及證券主管機關申報。

依第一項結匯之本金匯出後於證券主管機關規定之期限內再行匯入投資，免依第十條規定申請許可。

第十四條

外國專業投資機構經許可在國內投資證券，有左列情形之一者，視為投資本金之匯出，應依第二十條之規定登載於帳冊，並於五日內向外匯業務主管機關及證券主管機關申報：

一、投資外國發行人在我國境內發行之存託憑證，請求存託機構兌回存託憑證所表彰
　　之有價證券。

二、投資外國發行人在我國境內發行以新臺幣計價交割之股票，於國外證券市場出售。

三、投資外國發行人在我國境內發行以新臺幣計價之普通公司債、轉換公司債及附認
　　股權公司債，請求於海外贖回或轉換為股票。

第十五條

外國專業投資機構投資國內證券，應指定國內代理人或代表人，辦理國內證券買賣之
開戶、國內轉換公司債轉換申請、買入證券之權利行使、結匯之申請及繳納稅捐等各
項手續。

前項代理人、代表人之資格條件，由證券主管機關定之。

第十六條

外國專業投資機構投資國內證券，應指定經財政部核准得經營保管業務之銀行擔任保
管機構，辦理有關證券投資之款券保管、交易確認、買賣交割及資料申報等事宜。

第十七條

外國專業投資機構向證券商申請開戶買賣有價證券，應檢具證券主管機關許可函件，
並於完成開戶手續後，由證券商函報證券交易所或證券櫃檯買賣中心備查。

第十八條

外國專業投資機構委託國內證券商買賣國內證券，應提供書面委託紀錄，並由指定之
保管機構確認交易及辦理交割手續。

第十九條

外國專業投資機構應依本辦法及相關法令運用經許可匯入之投資資金投資國內證券，
並應遵守左列規定：

一、不得從事證券信用交易。

二、不得賣出尚未持有之證券。

三、不得為放款或提供擔保。

四、不得委託保管機構或證券集中保管事業以外之法人或個人代為保管證券。

五、不得為證券主管機關規定之其他禁止事項。

第二十條

外國專業投資機構資金運用與庫存資料應由保管機構設帳，逐日詳予登載，並於每月
終了十日內，編製上一月份證券買賣明細及庫存資料向外匯業務主管機關及證券主管
機關申報。每曆年終了後二個月內，保管機構應就其匯入投資資金之運用情形，編製
年度財務報告，經會計師查核簽證後，向外匯業務主管機關及證券主管機關申報。

第二十一條

證券主管機關於必要時，得要求外國專業投資機構提出左列資料：

一、投資資金之受益所有權人名稱、資金額度、來源及其相關資料。

二、匯入投資資金之運用情形、證券買賣明細及庫存資料，並得檢查其庫存及帳冊。

三、於境外發行或買賣以我國公開發行公司股票為標的之衍生性商品之明細資料；或受從事衍生性商品交易人委託代為持有我國公開發行公司股票之明細資料。

四、投資國內證券之下單指令人姓名、國籍、聯絡方式及其相關資訊。

五、其他證券主管機關指定之資料。

第二節　境內、境外華僑及外國人

第二十二條

境外華僑及外國人投資國內證券之限額，由證券主管機關會商外匯業務主管機關意見後定之。其資金之結匯，應依管理外匯條例有關規定辦理。

第二十三條

境內、境外華僑及外國人投資國內證券，應依證券交易所業務規章規定，檢具相關書件向證券交易所申請許可。但境內華僑及外國人投資政府債券、金融債券、普通公司債及開放型受益憑證者，不在此限。

境內、境外華僑及外國人向證券商申請開戶買賣有價證券，應檢具證券交易所許可函件，並於完成開戶手續後，由證券商函報證券交易所或證券櫃檯買賣中心備查。境內、境外華僑及外國人投資國內證券之資格條件，由證券主管機關定之。

第二十四條

第十五條、第十六條、第十八條、第十九條及第二十一條規定，於境外華僑及外國人投資國內證券準用之。

第二十五條

境外華僑及外國人投資國內證券，其資金運用與庫存資料應由保管機構設帳，逐日詳予登載，並於每月終了十日內，編製上月份證券買賣總額及餘額資料，向證券交易所申報。證券交易所應於每月終了二十日內，彙總境外華僑及外國人申報資料，向外匯業務主管機關及證券主管機關申報。

第二十六條

境外華僑及外國人經許可投資國內證券，有左列情形之一者，視為投資本金之匯出，應依第二十五條之規定登載於帳冊：

一、投資外國發行人在我國境內發行之存託憑證，請求存託機構兌回存託憑證所表彰之有價證券。

二、投資外國發行人在我國境內發行以新臺幣計價交割之股票，於國外證券市場出售。

三、投資外國發行人在我國境內發行以新臺幣計價之普通公司債、轉換公司債及附認股權公司債，請求於海外贖回或轉換為股票。

第四章　投資海外公司債

第二十七條

國內發行公司募集與發行海外公司債，應向證券主管機關申請核准或申報生效。

第二十八條

華僑及外國人得將其持有發行公司所發行附轉換股份條件之海外公司債，依發行公司所訂發行及轉換辦法，請求轉換為本國公司所發行之有價證券，其屬轉換為股票者，投資比例不受第五條第二項規定比例之限制。

第二十九條

外國專業投資機構、境外華僑及外國人依前條規定轉換本國公司有價證券時，應指定國內代理人負責辦理轉換申請、國內證券保管、交易開戶、交易確認、買賣交割、結匯申請、繳納稅捐及代理行使股東權。

前項國內代理人之資格條件，由證券主管機關定之。

第十九條及第二十一條之規定，於外國專業投資機構、境外華僑及外國人依前條規定轉換本國公司股票者，準用之。

第二十三條之規定，於華僑及外國人依前條規定轉換本國公司股票者，準用之。

第三十條

華僑及外國人就其依第二十八條取得有價證券所獲分配之投資收益及其賣出有價證券所得之價款，得申請結匯。

華僑及外國人於發行公司債之公司分派其剩餘財產時，就其所得之價款，得一次全部申請結匯。

華僑及外國人依前二項規定申請結匯時，應依管理外匯條例有關規定辦理。

第三十一條

華僑及外國人出售其依第二十八條規定轉換本國公司有價證券所得之價款，得再投資國內證券。境外華僑及外國人再投資國內證券之數額應計入原投資國內證券之額度。

外國專業投資機構依前項規定再投資國內證券者，視為投資本金之匯入，應登載於依第二十條規定之帳冊，並於五日內向外匯業務主管機關及證券主管機關申報。其投資總額因而超過原核准投資金額或第十一條規定限額時，免依第十條規定申請許可。

第十五條、第十六條、第十八條、第十九條、第二十一條、第二十二條後段及第二十五條之規定於境外華僑及外國人依第一項規定再投資國內證券者，準用之。

第二十三條規定，於境內、境外華僑及外國人依第一項規定再投資國內證券者，準用之。

第五條第二項之規定，於華僑及外國人依第一項規定再投資國內證券者，準用之。

第三十二條

華僑及外國人依第二十八條規定取得股份，於所投資之發行公司辦理現金增資發行新股時，得依公司法有關規定認股，並申請匯入所需資金繳納股款。

華僑及外國人依前項規定認股匯入款項時，應依管理外匯條例有關規定辦理。

第五章　投資海外存託憑證

第三十三條

國內發行公司參與發行海外存託憑證，除證券主管機關另有規定外，應向證券主管機關申請核准或申報生效。

第三十四條

華僑及外國人持有海外公司債轉換之海外存託憑證，或投資發行公司參與發行之海外存託憑證，其投資比例不受第五條第二項規定比例之限制。

第三十五條

華僑及外國人得請求兌回其投資之海外存託憑證。其請求兌回所投資之海外存託憑證時，得請求存託機構將海外存託憑證所表彰之有價證券過戶予請求人；或得請求存託機構出售海外存託憑證所表彰之有價證券，並將所得價款扣除稅捐及相關費用後給付請求人。

海外存託憑證如係由上市或上櫃公司以現金增資發行新股供發行者，華僑及外國人於該海外存託憑證發行後三個月內不得請求兌回。

華僑及外國人依第一項請求兌回海外存託憑證表彰之有價證券時，其屬股票者，投資比例不受第五條第二項規定比例之限制。

第三十六條

第十五條、第十六條、第十八條、第十九條及第二十一條之規定，於外國專業投資機構、境外華僑及外國人請求將其投資之海外存託憑證兌成所表彰之有價證券時，準用之。

第二十三條及第三十條至第三十二條之規定，於辦理華僑及外國人投資海外存託憑證相關事宜，準用之。

第三十七條

海外存託憑證經兌回且所兌回之有價證券經出售後，華僑及外國人始得自行或委託存託機構在原出售股數範圍內自國內市場買入所表彰之原有價證券交付保管機構後，由存託機構據以再發行海外存託憑證。其所需資金之結匯事宜，應依管理外匯條例有關規定辦理。

第六章　投資海外股票

第三十八條

國內發行公司從事左列事項者，應向證券主管機關申請核准或申報生效：

一、募集與發行海外股票。

二、將其已發行之股票於國外證券市場交易。

第三十九條

華僑及外國人投資海外股票，其投資比例不受第五條第二項規定比例之限制。

第四十條

華僑及外國人得將其投資之海外股票，於國內市場出售。但海外股票係由上市或上櫃公司以現金增資發行者，於其發行後三個月內不得為之。

第四十一條

第十五條、第十六條、第十八條、第十九條及第二十一條之規定，於外國專業投資機構、境外華僑及外國人請求將其投資之海外股票於國內市場出售持股時，準用之。

第二十三條之規定，於華僑及外國人請求將其投資之海外股票於國內市場出售持股時，準用之。

第四十二條

國內發行公司分配現金股利或分派其剩餘財產時，就華僑及外國人投資海外股票應獲分配之金額，得一次申請結匯。

華僑及外國人得將其依第四十條規定出售海外股票所得價款，一次申請結匯。

華僑及外國人依前二項規定申請結匯時，應依管理外匯條例有關規定辦理。

第四十三條

海外股票經於國內市場出售後，華僑及外國人得於原出售股數範圍內，再自國內市場買入後，至國外市場交易。其所需資金之結匯事宜，應委託保管機構依管理外匯條例有關規定辦理。

第四十四條

第三十二條之規定，於華僑及外國人所投資之發行公司辦理現金增資發行新股時，準用之。

第四十五條

華僑及外國人得將其依第四十條規定出售海外股票所得價款，再投資國內證券。

外國專業投資機構依前項規定再投資國內證券者，應登載於依第二十條規定之帳冊，並於五日內向外匯業務主管機關及證券主管機關申報。其投資總額因而超過原核准投資金額或第十一條規定限額時，免依第十條規定申請許可。

第十五條、第十六條、第十八條、第十九條、第二十一條、第二十二條後段、第二十五條及第三十一條第一項後段之規定，於境外華僑及外國人依第一項規定再投資國內證券者，準用之。

第二十三條之規定，於境內、境外華僑及外國人依第一項規定再投資國內證券者，準

用之。

第五條第二項之規定，於華僑及外國人依第一項規定再投資國內證券者，準用之。

第七章　附則

第四十六條

華僑及外國人違反本辦法或其他有關法令規定時，依有關法令規定處罰。

第四十七條

本辦法自發布日施行。

20.外國專業投資機構和境內外華僑及外國人從事期貨交易處理要點

中華民國九十年十二月十四日財政部證券暨期貨管理委員會（九〇）臺財證（八）字第〇〇六四九九號令修正發布第三、五、七點條文

一、本處理要點依據華僑及外國人投資證券管理辦法（以下簡稱本辦法）第四條第三項及第四項規定訂定之。

二、依本辦法經核准投資國內證券之外國專業投資機構、境內外華僑及外國人，就其持有國內有價證券之部位，得於國內期貨市場從事國內證券相關之期貨交易，並應遵守財政部證券暨期貨管理委員會（以下簡稱證期會）及臺灣期貨交易所股份有限公司（以下簡稱期交所）相關規範。

三、從事期貨交易之外國專業投資機構、境外華僑及外國人，應指定國內代理人或代表人，辦理國內期貨交易之開戶、簽訂風險預告書及受託契約書；其與指定保管機構所訂定之保管合約須載明：由保管機構代辦繳納期貨契約之原始保證金與補繳追繳保證金、賣出選擇權契約之原始保證金與補繳追繳保證金暨買入選擇權契約之權利金，以及資料申報等事宜。

四、從事期貨交易者，應檢具證期會或臺灣證券交易所股份有限公司投資證券之核准函及相關文件，向期貨商開戶，並由開戶期貨商函報期交所備查。

五、從事期貨交易者，其於任何時間持有各交割月份未平倉部位之期貨契約總市值與賣出選擇權契約之履約價值，合計不得超過前一日收盤後其持有上市、上櫃證券總市值之百分之三十；外國專業投資機構、境外華僑及外國人持有各交割月份未平倉部位之期貨契約所需原始保證金、賣出選擇權契約所需原始保證金與買入選擇權契約所需權利金，併入其投資貨幣市場工具等之總額，不得超過其匯入資金餘額之百分之三十。

六、外國專業投資機構、境外華僑及外國人，若有從事期貨交易者，應由保管機構於交易當日下午四時前，向期交所申報前一營業日匯入資金餘額及其投資公債、定

期存款、貨幣市場工具等之總餘額。

七、從事期貨交易之外國專業投資機構、境外華僑及外國人，應委由保管機構設帳，每月製作期貨交易明細，併同每月報送之外資資金運用表申報。

八、違反本處理要點規定者，證期會得限制其部分或全部證券投資或期貨交易。

21.外國專業投資機構和境內外華僑及外國人從事期貨交易應行注意事項

中華民國八十七年七月二十日財政部（八七）臺財證㈧字第六六四一九號公告訂定發布

一　本注意事項依據財政部八十七年七月二十日（八七）臺財證㈧第六六四一九號公告訂定之。

二　依據「華僑及外國人投資證券及其結匯辦法」經核准投資國內證券之外國專業投資機構、境內外華僑及外國人，就其持有國內有價證券之部位，得於國內期貨市場從事國內證券相關之期貨交易，並應遵守財政部證券暨期貨管理委員會（以下簡稱證期會）及臺灣期貨交易所股份有限公司（以下簡稱期交所）相關規範。

三　從事期貨交易之外國專業投資機構、境外華僑及外國人，應指定國內代理人或代表人，辦理國內期貨交易之開戶、簽訂風險預告書及託契約書；其與指定保管機構所訂定之保管合約須載明：由保管機構代辦交易確認、繳納原始保證金暨補繳追繳保證金、結算交割及資料申報等事宜。

四　從事期貨交易者，應檢具證期會或臺灣證券交易所股份有限公司核准函及相關文件，向期貨商開戶，並由開戶期貨商函報期交所備查。

五　從事期貨交易者，其於任何時間持有各交割月份未平倉部位之總市值，不得超過其持有前一日收盤後之該期貨契約標的證券總市值；外國專業投資機構、境外華僑及外國人持有各交割月份未平倉部位總契約價金併入其投資貨幣市場工具等之總額不得超過其匯入資金餘額之三〇％。

22.外國專業投資機構首次申請投資國內證券所需檢附之各項資格證明文件

中華民國八十九年十一月二日財政部證券暨期貨管理委員會（八九）臺財證㈧字第〇四七六四號函訂定發布全文五點

一　銀行

　㈠總資產排名一千名以內：以 The Banker 或 Euromoney 或 Bank Almanac 雜誌之排名影本或其他足資證明之文件證明。若以集團資產排名者，其下之銀行申請 QFII 時，該銀行之總資產亦需達前述排名一千名以內之標準，可附年報或其他

文件以證明集團與銀行間之關係。

㈡具國際金融、證券或信託業務經驗者：以年報或其他足資證明之文件證明。

二　保險公司

㈠經營保險業務達三年以上：以目的事業主管機關核發之證明或其他足資證明之文件證明。

㈡持有證券資產總金額在三億美元以上：以年報或會計師出具最近半年內該公司持有之證券資產證明函或其他足資證明之文件證明。

三　基金管理機構

㈠一般基金管理機構：

　1.基金管理機構成立滿三年：以目的事業主管機關核發之證明或其他足資證明之文件證明。

　2.經理投資基金資產總金額達二億美元以上：以年報或會計師出具最近半年內該機構經理之基金資產證明函或其他足資證明之文件證明。

㈡本國證券投資信託事業於海外轉投資百分之五十以上股權之基金管理子公司：以投信母公司轉投資之證期會核准函及最近期持有股權證明書。

四　證券商

㈠一般證券商：

　1.公司淨值在一億美元以上者：以年報或會計師出具最近半年內該公司之淨值證明函或其他足資證明之文件證明。

　2.具有國際證券業務經驗：以年報或其他足資證明之文件證明。

㈡本國證券商於海外轉投資百分之五十以上股權之證券子公司或其再轉投資百分之百之證券子公司，選擇一家提出申請：以證券母公司轉投資之證期會核准函，及最近期持有股權證明書。

㈢本國證券商直接投資百分之百之海外證券子公司，或其再轉投資持股百分之五十一以上之證券公司，選擇一家提出申請：證券母公司轉投資之證期會核准函及最近期持有股權證明書。

五　其他投資機構

㈠外國政府投資機構：

　以足資證明申請人成立之資金來源全為政府所有，且其投資我國有價證券之資金來源及投資盈虧亦均歸當地政府所有之相關文件證明。

㈡成立滿二年之退休基金：以設立章程或其他足資證明之文件證明。

㈢共同基金／單位信託／投資信託：

　1.基金成立滿三年：以基金經核准成立或完成登記之證明文件或其他足資證明之文件證明。

2.基金資產二億美元以上：以年報或會計師出具最近半年內該基金之資產證明
函或其他足資證明之文件證明。

前述會計師出具之資產／淨值證明函範本如附件（略）。

23.外國專業投資機構直接投資國內證券之資格條件

中華民國九十年五月十八日財政部證券暨期貨管理委員會（九〇）臺財證(八)字第一三二七四
二號公告訂定發布全文二點

一、外國專業投資機構直接投資國內證券應具備左列資格條件：

　㈠銀行業：

　　成立滿一完整會計年度，其持有證券資產總額達二億美元以上，且具有證券、
　　資產之保管、經管及國際金融或信託業務經驗者。

　㈡保險公司：

　　1.經營保險業務達一完整會計年度以上。

　　2.持有證券資產總金額在二億美元以上。

　㈢基金管理公司：

　　1.基金管理機構成立滿一完整會計年度。

　　2.經理投資基金資產總金額在二億美元以上者。

　　3.本國證券投資信託事業於海外轉投資百分之五十以上股權之基金管理子公
　　司。惟其申請直接投資國內證券之資金來源不得為：

　　　⑴國內資金；

　　　⑵海外基金管理子公司之自有資金及

　　　⑶中國大陸地區來源之資金。

　㈣證券商：

　　1.一般證券商

　　　⑴公司淨值在一億美元以上者；

　　　⑵具有國際證券投資業務經驗者。

　　2.本國證券商於海外轉投資百分之五十以上股權之證券子公司，或其再轉投資
　　百分之百之證券公司。

　　3.本國證券商直接投資百分之百之海外證券子公司，或其再轉投資持股百分之
　　五十一以上之證券公司。

　㈤其他投資機構：

　　1.外國政府投資機構：資金來源全為政府所有者。

　　2.成立滿一完整會計年度之退休基金。

3.成立滿一完整會計年度，基金資產金額達二億美元之共同基金、單位信託、投資信託，惟應以基金受託人名義附註基金名稱提出申請。

4.信託公司：成立滿一完整會計年度，所受信託證券資產達二億美元以上，且具有證券、資產之保管、經管及國際金融或信託業務經驗者。

5.其他設立滿一完整會計年度，持有證券資產總金額在二億美元以上之專業投資機構。

二、本會八十四年八月十五日（八四）臺財證㈣第○一九一○號、八十五年二月廿七日（八五）臺財證㈣第○○五六三號公告即日起停止適用。

24.公開發行公司出席股東會使用委託書規則（第十七條）

中華民國九十一年二月一日財政部證券暨期貨管理委員會（九一）臺財證㈢字第○○○九四七號令修正發布全文二十四條；並自發布日施行

第十七條

證券投資信託事業對於證券投資信託基金持有公開發行公司股份達一萬股以上者，其表決權之行使，應由證券投資信託事業指派代表人出席為之，除法令另有規定外，不得委託他人代理行使。

證券投資信託事業行使前項表決權，應基於受益憑證持有人之最大利益，支援持有股數符合本法第二十六條規定成數標準之公司董事會提出之議案或董事、監察人被選舉人。但公開發行公司經營階層有不健全經營而有損害公司或股東權益之虞者，應經該事業董事會之決議辦理。

依「華僑及外國人投資證券管理辦法」來臺投資之外國專業投資機構持有公開發行公司股份達一萬股以上或已行使股份轉換權之海外可轉換公司債達一萬股以上者，其表決權之行使，均應指派依該辦法指定之國內代表人或代理人出席並參與表決。外國專業投資機構指派代表人或代理人出席股東會對於各項議案之表決，如無明確之授權視為贊同公開發行公司提出之各項議案。

第一項之規定，於證券商行使持有股票之表決權時準用之。

＊財政部證券暨期貨管理委員會（八八）臺財證㈢字第○一五六○號

要旨：

外國專業投資機構、證券商或證券投資信託事業於公司股東會有選舉董事、監察人議案時，得指派外部人出席股東會行使表決權。

主旨：

外國專業投資機構、證券商或證券投資信託事業於公司股東會有選舉董事、監察人議案時，若其持股數或經理基金持有股份數額低於公司已發行股份總數千分之五或五十

萬股時，得指派外部人出席股東會行使表決權，請　查照。

說明：

一、依據外資聯誼會八十八年三月四日建議函及公開發行公司出席股東會使用委託書
　　規則第十七條規定辦理。

二、外國專業投資機構、證券商或證券投資信託事業指派外部人出席股東會行使其所
　　持有或經理基金所持有股票表決權時，應於指派書上就各項議案行使表決權之指
　　示予以明確載明。

25.公開發行股票公司股務處理準則（第十至十二條）

中華民國八十九年十二月二十九日財政部證券暨期貨管理委員會（八九）臺財證㈢字第〇五
　　五〇四號函增訂發布第二十九之一條條文；並自發布日起施行

第十條

公司之股東名簿，自然人股東除華僑及外國人得以居留證、護照或其他身分證明文件
所記載之姓名為戶名外，應使用國民身分證記載之姓名為戶名；法人股東應使用法人
登記之全銜名稱為戶名。

前項於外國專業投資機構、境外華僑及外國人或證券投資信託基金所買入之證券、海
外存託憑證所表彰之證券、華僑及外國人因投資海外公司債請求轉換為股票、投資海
外存託憑證請求兌回股票或投資海外股票者，公司之股東名簿得登記為能明確表彰該
證券權利義務關係之專戶名稱。

公司不得對同一股東，開列二個以上戶號。

第十一條

股東於開戶時應填留印鑑卡，並繳送國民身分證、居留證、護照或其他身分證明文件
影本或營利事業登記證影本；必要時，公司或其股務代理機構得要求股東提示上開文
件之原本；外國股東委託國內代理人或代表人代辦開戶者，並應檢附合法之授權證明
文件。

前項開戶所使用之印鑑，自然人股東應使用本名印鑑；法人股東除應使用其全銜印鑑
外，並得登記其代表人印鑑或使用其代理人職章；依前條第二項規定，以專戶名稱登
載股東名簿者，應使用該專戶名稱印鑑；股東為未成年或禁治產者，並應加蓋法定代
理人印鑑。

股東留存印鑑以一式為限。

第十二條

股東開戶填留印鑑卡之內容，除股東戶號、股東戶名、啟用日期、加蓋印鑑欄外，自
然人股東並應填寫戶籍所在地與通訊地址及電話、國民身分證統一編號或其他身分證

明文件所載編號及出生年月日；法人股東並應填寫其設立地址及統一編號；外國股東委託國內代理人或代表人代辦開戶者，並應填寫國內代理人或代表人之地址及統一編號。

前項外國股東如有指定保管機構者，並應加註該機構名稱。

華僑及外國人之統一編號，其為自然人者，以護照、居留證或其他身分證明文件所載之西元出生年、月、日（八碼）及其英文姓名第一個字之前二位元字母（二碼）為準；其為法人者，以稅捐單位發給之扣繳單位統一編號為準。

26.外國發行人募集與發行有價證券處理準則

中華民國九十年九月二十八日財政部證券暨期貨管理委員會（九○）臺財證㈠字第○○五四八○號令修正發布全文五十條；並自發布日起施行

第一章　總則

第一條

本準則依證券交易法第二十二條第一項規定訂定之。

第二條

外國發行人在中華民國境內募集與發行有價證券，應依本準則規定辦理。

本準則所稱外國發行人，指依照外國法律組織登記之法人。

第三條

本準則所稱存託機構，指位於中華民國境內，經有關主管機關許可得辦理臺灣存託憑證業務之金融機構。

第四條

本準則所稱保管機構，指與存託機構訂立保管契約或其他文件，保管臺灣存託憑證所表彰有價證券之金融機構；或指保管外國發行人所發行股票之機構。

第五條

本準則所稱臺灣存託憑證，指存託機構在中華民國境內所發行表彰存放於保管機構之外國發行人有價證券之憑證。

第六條

本準則所稱參與發行，指外國發行人依存託契約協助執行臺灣存託憑證發行計畫，並依約定履行提供財務資訊之行為。

第七條

外國發行人申請募集與發行有價證券或申請有價證券於集中交易市場上市（以下簡稱上市）或在證券商營業處所買賣（以下簡稱上櫃），應先取具外匯業務主管機關同意函。

申請書件不完備或應記載事項不充分，經財政部證券暨期貨管理委員會（以下簡稱本

會）限期補正，逾期不能完成補正者，本會得退回其申請書件。

申請事項及所列書件內容如有變更，應即向本會申請變更。

第八條

外國發行人募集與發行有價證券，以外幣計價者，其募集款項之收取、付息還本及有第十條第三項規定情形者，其價款之返還，應經由指定銀行以外匯存款帳戶劃撥轉帳方式辦理。

第九條

有左列情形之一者，本會得不核准有價證券之募集與發行：

一、申請事項有違反法令或虛偽情事者。

二、本會為保護公益認為必要者。

*財政部證券管理委員會（八五）臺財證㈠字第七三八三七號

要旨：

財政部證券管理委員會對外國發行人投資大陸地區者申請在中華民國境內募集與發行有價證券之處理原則

主旨：

公布本會對外國發行人投資大陸地區者申請在中華民國境內募集與發行有價證券之處理原則。

說明：

基於現行大陸政策及保障投資之考量，外國發行人申請在中華民國境內募集與發行有價證券，除訂明資金運用計畫用於投資大陸地區者不予核准外，其累計赴大陸地區投資金額以不超過其實收資本額或淨值二者中較高者之百分之二十為限。

第十條

本會於核准外國發行人募集與發行有價證券後，經發現有左列情形之一者，得撤銷其核准：

一、自核准函到達之日起，逾三個月尚未募足並收足款項者。但其有正當理由申請延期，經本會核准者，得再延長三個月，並以一次為限。

二、申請事項有違反法令或虛偽情事者。

三、臺灣存託憑證、股票及以外幣計價之債券，未向證券交易所或證券櫃檯買賣中心申請上市或上櫃，或未符上市或上櫃標準者。

四、其他為保護公益或違反本會規定者。

外國發行人募集與發行臺灣存託憑證於核准後，如經本會依前項規定撤銷核准時，未發行者，停止發行，已收取價款者，外國發行人應於接獲本會撤銷通知之日起十日內，依法加算利息返還該價款；已發行者，存託機構應即出售存放於保管機構之有價證券扣除必要費用後將所得之價款返還持有人。

外國發行人募集與發行債券或股票於核准後，如經本會依第一項規定撤銷核准時，已收取價款者，外國發行人應於接獲本會撤銷通知之日起十日內，依法加算利息指定代理機構返還該價款。

＊財政部證券暨期貨管理委員會（八九）臺財證㈠字第三○八一三號

要旨：

外國發行人經取得外匯業務主管機關同意函及臺灣證券交易所股份有限公司或財團法人中華民國證券櫃檯買賣中心出具符合上市或上櫃條件之證明文件，均得申請發行臺灣存託憑證。

主旨：

所請釋示「國際知名企業」標準乙案，依「外國發行人募集與發行有價證券處理準則」及臺灣證券交易所股份有限公司、財團法人中華民國證券櫃檯買賣中心所訂臺灣存託憑證得上市或上櫃條件之相關條文，外國發行人經取得外匯業務主管機關同意函及臺灣證券交易所股份有限公司或財團法人中華民國證券櫃檯買賣中心出具符合上市或上櫃條件之證明文件，均得申請發行臺灣存託憑證，請　查照。

說明：

復　貴公司八十九年四月五日復券字第八九○三八六號函。

第十一條

外國發行人申請募集與發行有價證券有對外公開發行者，應依規定委請證券承銷商評估並出具評估報告，其應行記載事項由本會另訂之。

第十二條

（刪除）

第十三條

外國發行人募集與發行有價證券，除發行普通公司債者外，須委託金融機構代收價款，存儲於所開立之專戶，俟收足價款後始得動支，並由該金融機構出具收足價款證明，報本會備查。

前項募集款項之匯出，應由主辦證券承銷商依管理外匯條例相關規定辦理。

第十四條

發行有價證券，除不印製實體者外，應經簽證，其簽證事項得準用公開公司發行股票及公司債券簽證規則之規定。但發行臺灣存託憑證全數以大面額憑證送存證券集中保管事業，採帳簿劃撥發行並限制領回者，不受限制。

第十五條

記名式之有價證券由持有人以背書轉讓之。但非將受讓人之姓名或名稱，記載於有價證券，並將受讓人之姓名或名稱及住所或居所，記載於有價證券持有人名簿，不得以其轉讓對抗外國發行人或存託機構。

有價證券經委託證券集中保管事業集中保管者，於證券集中保管事業將所保管有價證券號碼、持有人之姓名或名稱、住所或居所及所有數額通知外國發行人或存託機構時，視為已記載於有價證券持有人名簿。

第十六條

臺灣存託憑證及債券之記載事項應以中文或中外文並列記載之。惟以中外文並列之方式記載者，其文義解釋如有差異，以中文為準。

第二章　臺灣存託憑證

第十七條

外國發行人參與存託機構發行臺灣存託憑證，應檢具「外國發行人參與發行臺灣存託憑證申請書」（附表一）載明其應記載事項，連同應檢附書件，申請本會核准後，始得為之。

附表一

外國發行人參與發行臺灣存託憑證申請書

受文者：

財政部證券暨期貨管理委員會

　　主旨：本發行人擬參與發行臺灣存託憑證，爰依證券交易法第二十二條及外國發行募集與發行有價證券處理準則第十七條之規定，開具左列事項，連同附件，敬請准予辦理。

發行人名稱		國籍及臺灣存託憑證所表彰有價證券之上市證券交易所或證券市場	
設立日期			
臺灣存託憑證發行單位總數、預計單位發行價格及發行總金額		存託機構	
		保管機構	
臺灣存託憑證所表彰有價證券之種類及數量		主辦承銷機構	
		承銷方式	
預計單位臺灣存託憑證發行價格之決定方式		代收款項金融機構	
		擬掛牌處所	

臺灣存託憑證所表彰有價證券之來源	☐發行新股 ☐已發行股份	預定發行日期	
附 件	㈠本申請書暨附件所載事項無虛偽、隱匿之聲明。 ㈡發行人募集與發行有價證券基本資料表。 ㈢律師依本會規定出具之法律意見書及檢查表。 ㈣發行人依所屬國法律組織登記法人之證明文件。 ㈤發行人在中華民國境內指定訴訟、非訟或行政爭訟代理人之證明文件。 ㈥存託機構得辦理臺灣存託憑證業務之證明文件。 ㈦存託憑證發行計畫。 ㈧公開說明書稿本。 ㈨發行人與存託機構所簽訂之存託契約稿本。 ㈩存託機構與保管機構所簽訂之保管契約稿本。 ㈪發行人與證券承銷商所簽訂之承銷契約約定事項。 ㈫最近三年度經會計師查核簽證之財務報告及查核報告書(申請日期已逾年度開始六個月者,應加送會計師查核簽證或核閱之上半年度財務報告)。上開財務報告得依發行人所屬國及上市地國法令規定之格式編製,並應由中華民國會計師就中華民國與發行人所屬國及上市地國所適用會計原則之差異及其對財務報告之影響表示意見。 ㈬外匯業務主管機關同意函影本。 ㈭臺灣證券交易所股份有限公司出具符合上市條件或財團法人中華民國證券櫃檯買賣中心出具符合上櫃條件之證明文件。(得於本會核准前補送)		
	申請人: 代表人: (簽章) 住址: 電話: 存託機構: 代表人: (簽章) 住址: 電話: 申請日期: 年 月 日		

說明:

一、本申請書暨附件應以 A4 格式用紙印製、裝訂成冊,並於封面註明申報書件之字樣、發行人名稱、地址及電話。各類書件應編目錄,於各頁上方標明頁數,依前項規定裝訂成冊後,並編總目額,於各頁下方標明頁數。

二、附件第㈨項、第㈩項及第㈪項所簽訂之契約應由中華民國律師查核簽證。

三、附件資料如為外文者,應附中譯文。

四、請於附件檢具齊備後再提出申請。

第十八條

　　臺灣存託憑證發行後,除左列情形外,非經本會核准不得任意增加發行:

一、依外國發行人所屬國法令，現金增資發行新股原股東有優先認購權時，或外國發
　　行人無償配發新股，而辦理增發相對數額之臺灣存託憑證者。但以與本會核准發
　　行之臺灣存託憑證權利義務相同者為限。

二、臺灣存託憑證經兌回後，由存託機關在原兌回額度內再發行者。惟以存託契約及
　　保管契約已載明存託機構得於原兌回額度內再發行者為限。

依前項第一款增發相對數額之臺灣存託憑證者，存託機構應於外國發行人所屬國法令
規定得發行股票之日起三十日內，對臺灣存託憑證持有人交付臺灣存託憑證，並應於
交付前公告並向外匯業務主管機關申報該次臺灣存託憑證發行總金額、單位總數、每
單位臺灣存託憑證持有人增發之比例及該次臺灣存託憑證表彰之有價證券之數額，並
將相關資訊輸入股市觀測站或網際網路資訊系統。

依第一項第一款增發之臺灣存託憑證於向持有人交付之日起上市或上櫃買賣。

第十九條

臺灣存託憑證發行計畫應載明下列事項：

一、發行目的。

二、預定發行日期、發行總金額、發行單位總數、臺灣存託憑證所表彰有價證券之數
　　量及預計單位發行價格之決定方式。

三、臺灣存託憑證持有人之權利義務。

四、臺灣存託憑證所表彰之有價證券之來源。

五、承銷方式及擬掛牌處所。

六、發行目的如為外國發行人募集資金者，其募集資金之用途及預計可能產生效益。

七、發行及存續期間相關費用之分攤方式。但臺灣存託憑證係由外國發行人以現金增
　　資發行者，免予記載。

八、募集期間及逾期未募足之處理方式。

九、其他經本會規定應記載之事項。

第二十條

存託契約應載明下列事項：

一、契約當事人之名稱、國籍、主營業所所在地。

二、外國發行人參與存託機構發行臺灣存託憑證之總額、發行單位總數、其所表彰有
　　價證券之數量及預計單位發行金額。

三、存託機構應盡善良管理人之義務，為臺灣存託憑證持有人之利益選任保管機構，
　　並與保管機構訂立保管臺灣存託憑證所表彰有價證券之保管契約或其他文件。

四、存託機構之義務與責任。

五、存託機構所受報酬之計算方式、給付方法及時間。

六、外國發行人依本會、所屬國及上市地國證券法令之規定，應提供報告與存託機構

之意旨。

七、臺灣存託憑證所表彰之有價證券總數應交付保管機構保管。

八、購買臺灣存託憑證之費用。

九、臺灣存託憑證轉讓過戶方式。

十、臺灣存託憑證之課稅方式。

十一、除權日及除息日之訂定。

十二、外國發行人同意存託機構代理臺灣存託憑證持有人行使股東權利。

十三、存託機構代理處理新股認購事宜。

十四、外國發行人委託存託機構發放股息、紅利、利息或其他利益之方式。

十五、存託機構代理行使股東權利之處理方式。

十六、臺灣存託憑證毀損或滅失之處理方式。

十七、約定事項變更之處理方式。

十八、解約之處理方式。

十九、存託契約所適用之準據法為中華民國法律。

二十、訴訟管轄法院為臺灣臺北地方法院；如有仲裁之約定者，其約定之內容。

二一、其他重要約定或本會規定應記載之事項。

第二十一條

保管契約或其他保管文件應記載下列事項：

一、當事人之名稱、國籍、主營業所所在地。

二、所保管之有價證券名稱、種類及數量。

三、保管機構所受報酬之計算方式、給付方法及時間。

四、有價證券保管及領出之處理程式。

五、契約解除及變更之處理方式。

六、所保管之有價證券毀損或滅失之處理方式。

七、保管機構於收受所保管之有價證券後，應通知存託機構。

八、保管契約所適用之準據法。

九、保管契約訴訟管轄法院；如有仲裁之約定者，其約定之內容。

十、其他重要約定或本會規定應記載之事項。

第二十二條

募集與發行臺灣存託憑證，應備置公開說明書，其內容除依外國發行人所屬國及上市地國法令規定編製外，並應記載下列事項：

一、臺灣存託憑證發行計畫及其約定事項。

二、證券承銷商之評估報告。

三、保管契約（或其他保管文件）及存託契約之主要內容。

四、外國發行人所屬國及上市地國有關外國人證券交易之限制、租稅負擔及繳納處理應注意事項。

五、臺灣存託憑證持有人或臺灣存託憑證所表彰之有價證券持有人得行使之權利或限制事項。

六、臺灣存託憑證所表彰有價證券在所上市證券交易市場最近六個月之最高、最低及平均市價。

七、其他重要約定或本會規定應記載之事項。

第二十三條

存託機構應製作並保管臺灣存託憑證持有人名簿。

第二十四條

外國發行人參與存託機構發行臺灣存託憑證時，應委託證券承銷商辦理公開承銷及相關事宜，並應向認購人交付公開說明書。

存託機構不得兼辦同一次臺灣存託憑證發行之承銷業務。

第二十五條

臺灣存託憑證，除不印製實體者外，應編號，並記載左列事項，其格式由本會另訂之：

一、外國發行人、存託機構及保管機構之名稱、國籍、主營業所所在地。

二、所表彰之有價證券數額及每單位金額。

三、發行日期。

四、發行每一臺灣存託憑證單位之金額。

五、持有人之姓名或名稱。

六、外國發行人與存託機構之義務與責任。

七、外國發行人委託存託機構公告、申報財務報告及提供年報之方式。

八、外國發行人委託存託機構公告、申報對股東權益或證券價格有重大影響事項方式。

九、臺灣存託憑證之轉讓方式。

十、除權日與除息日之訂定方式。

十一、存託機構受臺灣存託憑證持有人委託行使股東權之範圍及方式。

十二、外國發行人委託存託機構發放股息、紅利或利息或其他利益之方式及公告方法。

十三、存託機構受臺灣存託憑證持有人委託與保管機構訂立保管契約或其他文件保管臺灣存託憑證所表彰之有價證券。

十四、存託機構代理新股認購事宜之方式。

十五、持有人得請求兌回之程序、方式及費用。

十六、約定事項變更之處理方式。

十七、契約所適用之準據法為中華民國法律。

十八、訴訟管轄法院為臺灣臺北地方法院；如有仲裁之約定者，其約定之內容。

十九、其他重要約定或本會規定應記載之事項。

第二十六條

臺灣存託憑證應經存託機構簽署後發行。

第二十七條

臺灣存託憑證持有人請求存託機構兌回臺灣存託憑證所表彰之有價證券時，得請求存託機構將臺灣存託憑證所表彰之有價證券過戶與請求人；或得請求存託機構出售臺灣存託憑證所表彰之有價證券，並將所得價款扣除稅捐及相關費用後給付請求人。

存託機構給付前項所得價款或受外國發行人委託發放之股息、紅利、利息或其他收益，應均以新臺幣給付。

依前項及第十八條第一項規定所發生之外匯收支或交易，由存託機構申請結匯並應依管理外匯條例相關規定辦理。

臺灣存託憑證持有人依第一項規定請求存託機構兌回臺灣存託憑證所表彰之有價證券，於國外證券市場出售時，所發生之外匯收支或交易，應委託存託機構依管理外匯條例相關規定辦理。

第二十八條

外國發行人經本會核准參與發行臺灣存託憑證，應於臺灣存託憑證發行後十日內檢附下列書件二份，並向本會申報：

一、公開說明書。

二、存託契約副本。

三、保管契約副本。

四、臺灣存託憑證樣張。

五、律師出具該臺灣存託憑證發行辦法與本會核准內容無重大差異之意見書。

六、其他經本會規定之文件。

外國發行人依存託契約約定應提供存託機構之任何資料，應於提供資料三日內向本會申報。

第二十九條

臺灣存託憑證發行後，存託機構應於每月終了十日內向本會及外匯業務主管機關申報「臺灣存託憑證流通及兌回情形月報表」（附表四），並輸入股市觀測站或網際網路資訊系統。

附表四

_____ 股份有限公司
臺灣存託憑證流通及兌回情形月報表
____ 年 ____ 月
1.財政部證券暨期貨管理委員會核准發行日期及文號：__ 年 __ 月 __ 日臺財證㈠第 __

　　_____ 號

2. 臺灣存託憑證原核准發行單位數：_____，總金額：_____，表彰之有價證券數額：_____

3. 歷次因現金、盈餘或資本公積增資而追加發行情形：

　　時間：__ 年 __ 月 __ 日，性質（現金、盈餘或資本公積增資）：_____，發行單位數：_____

4. 臺灣存託憑證本月在外流通及兌回情形：

項　　　　　　　　　　　　目	單位數	表彰之有價證券數額
截至上一月底止餘額 (A)		
因現金、盈餘或資本公積增資而增發之數額 (B)		
兌回情形 (C)		
兌回後在原兌回額度內再發行情形 (D)		
截至本月底止餘額 E ＝ A ＋ B － C ＋ D		

存託機構：　　　　　　　　　　　　申報日期：

第三章　債券

第三十條

外國發行人募集與發行債券，應檢具「外國發行人募集與發行債券申請書」（附表二）載明其應記載事項，連同應檢附書件，申請本會核准後，始得為之。

附表二

外國發行人募集與發行債券申請書

受文者：財政部證券暨期貨管理委員會

主旨：本發行人擬募集與發行債券，爰依證券交易法第二十二條及外國發行募集與發行有價證券處理準則第三十條之規定，開具左列事項，連同附件，敬請准予辦理。

發行人名稱		國籍及總公司所在地	
設立日期			
募集與發行債券之計價幣別		前已發行之債券有無違約或遲延支付本息情事	
募集與發行債券總額及債券每張金額		公司股東權益減無形資產後之餘額	

票面利率		如有未償還之債券，其數額	
附有轉換條件或認股東者，其轉換或認股代理人		承銷方式	
		代收款項之金融機構	
有擔保者，擔保之種類名稱		付款代理人	
有保證人者，其名稱		受託人	
債信評等機構名稱及其評級		擬掛牌處所	
		預定發行日期	

附	(一)本申請書暨附件所載事項無虛偽、隱匿之聲明。

(一)本申請書暨附件所載事項無虛偽、隱匿之聲明。

(二)發行人募集與發行有價證券基本資料表。

(三)律師依本會規定出具之法律意見書及檢查表。

(四)發行人依所屬國法律組織登記法人之證明文件，如為募集與發行轉換公司債或附認股權公司債者，應檢附發行人已在其他國證券市場上市或上櫃之證明文件。

(五)發行人在中華民國境內指定訴訟、非訟或行政爭訟代理人之證明文件。

(六)債券發行計畫。

(七)公開說明書稿本。

(八)債信評等機構評定等級之證明文件。（無則免附）

(九)申請募集與發行轉換公司債或附認股權公司債，如未經債信評等者，應檢送會計師簽證之有違反中華民國公司法第二百四十七條及第二百四十九條或第二百五十條規定之情事。（應列示計算式）

(十)受託契約書約定事項。

(十一)發行人與證券承銷商所簽訂之承銷契約約定事項。（無則免附）

(十二)債券發行、付款、轉換或認股代理契約約定事項。（無則免附）

(十三)代收價款契約書稿本。

(十四)設定擔保或保證書稿本。（無擔保者免附）

(十五)償還公司債之籌集方法及保管方法。設有償債基金者，償債基金之籌集及保管方法。

(十六)最近三年度經會計師查核簽證之財務報告及查核報告書（申請日期已逾年度開始六個月者，應加送會計師查核簽證或核閱之上半年度財務報告）。上開財務報告得依發行人所屬國及上市地國法令規定之格式編製，並應由中華民國會計師就中華民國與發行人所屬國及上市地國所適用會計原則之差異及其對財務報告之影響表示意見。

(十七)外匯業務主管機關同意函影本。

(十八)債券以外幣計價者，應檢送臺灣證券交易所股份有限公司出具符合上市條件或

財團法人中華民國證券櫃檯買賣中心出具符合上櫃條件之證明文件。（得於本
會核准前補送）

申請人：	
代表人：	（簽章）
住址：	
電話：	
存託機構：	
代表人：	（簽章）
住址：	
電話：	
申請日期：	年　　月　　日

說明：

一、本申請書暨附件應以 A4 格式用紙印製、裝訂成冊，並於封面註明申報書件之字樣、
　　發行人名稱、地址及電話。各類書件應編目錄，於各頁上方標明頁數，依前項規定
　　裝訂成冊後，並編總目額，於各頁下方標明頁數。

二、附件第㈩項、第㈪項、第㈫項、第㈭項及第㈮項所簽訂之契約應由中華民國律師查
　　核簽證。

三、附件資料如為外文者，應附中譯文。

四、請於附件檢具齊備後再提出申請。

第三十一條

　　外國發行人申請募集與發行債券，應取得經本會核准或認可之債券評等機構一定評級
　　以上之債信評等。但申請募集與發行轉換公司債或附認股權公司債且符合中華民國公
　　司法第二百四十七條、第二百四十九條及第二百五十條規定者，不在此限。

第三十二條

　　外國發行人應在中華民國境內指定下列代理人辦理相關事項：

一、債券發行代理人。

二、付款（付息還本）代理人。

三、轉換或認股代理人。

　　前項代理業務中有關債券發行募集款項之結匯，應依第十三條第二項規定辦理。

　　第一項代理業務中有關付款（付息還本）、轉換或認股所發生之外匯收支或交易，應依
　　管理外匯條例相關規定辦理。

第三十三條

　　外國發行人募集與發行債券時，應於發行計畫中載明下列事項：

一、預定發行日期。

二、票面利率。

三、付息方式。

四、付息日期。

五、債券種類、每張金額及發行總額。

六、擔保情形。

七、債權人之受託人名稱及其重要約定事項。(受託人限由金融或信託事業機構擔任)。

八、償還方法（如到期還本、到期前還本、收回或贖回條款之約定等）及期限。

九、付款代理人。

十、承銷方式及擬掛牌處所。

十一、募集資金之用途及預計可能產生效益。

十二、募集期間及逾期未募足之處理方式。

十三、募集與發行轉換公司債者，並應載明下列事項：

　　㈠請求轉換之程式。

　　㈡轉換代理人。

　　㈢轉換條件（含轉換價格、轉換期間及轉換之有價證券種類等）之決定方式。

　　㈣轉換價格之調整。

　　㈤轉換年度有關利息、股利之歸屬。

　　㈥轉換時不足轉換之有價證券一單位金額之處理。

　　㈦轉換後之權利義務。

十四、募集與發行附認股權公司權者，並應載明其公司債與認股權不得分離，及下列
　　事項：

　　㈠認股權憑證之發行單位總數、每單位認股權憑證得認購之股數及因認股權行
　　　使而須發行之新股總數。

　　㈡請求認股之程式。

　　㈢認股代理人。

　　㈣認股條件（含認股價格、認股期間及認購股份之種類等）之決定方式。

　　㈤認股價格之調整。

　　㈥行使認股權時之股款繳納方式。

　　㈦認股後之權利義務。

十五、契約所適用之準據法為中華民國法律。

十六、訴訟管轄法院為臺灣臺北地方法院；如有仲裁之約定者，其約定之內容。

十七、其他重要約定事項。

外國發行人申請募集與發行轉換公司債或附認股權公司債者，應以其股票已在國外證
券市場掛牌交易者為限。

第三十四條

募集與發行債券，應備置公開說明書，其內容除依外國發行人所屬國及上市地國法令規定編製外，並應記載下列事項：

一、債券發行計畫及其約定事項。

二、證券承銷商之評估報告。

三、外國發行人經債信評等機構評定等級之證明文件。

四、已發行未償還債券之發行情形。

五、受託契約書。

六、付款代理契約、轉換代理契約或認股代理契約。

七、如有擔保者，設定擔保或保證書。

八、外國發行人所屬國及上市地國有關外國人證券交易之限制、租稅負擔及繳納處理應注意事項。

九、募集與發行轉換公司債或附認股權公司債者，其可轉換或認購之有價證券在所上市證券交易市場最近六個月之最高、最低及平均市價。

十、其他重要約定或本會規定應記載事項。

第三十五條

債券，除不印製實體者外，應編號，並載明左列事項：

一、外國發行人名稱。

二、債券種類、每張之金額及發行總額。

三、發行日期。

四、票面利率。

五、付息日期及付息方式。

六、償還方法及期限。

七、受託人。

八、付款代理人。

九、簽證機構。

十、轉換公司債者，其轉換代理人及轉換辦法。

十一、附認股權公司債者，其認股代理人及認股辦法。

十二、有擔保者，載明擔保字樣。

十三、契約所適用之準據法為中華民國法律。

十四、訴訟管轄法院為臺灣臺北地方法院；如有仲裁之約定者，其約定之內容。

十五、其他重要約定或本會規定應記載之事項。

債券之發行，如經國際劃撥清算機構出具證明文件以確認發行數額者，得不適用前項規定。

第三十六條

外國發行人經本會核准發行債券，應於債券發行後十日內檢附下列書件二份，並向本會申報：

一、公開說明書。

二、發行合約書。

三、本次發行債券經債信評等機構評定等級之證明文件。

四、律師出具該債券發行辦法與本會核准內容無重大差異之意見書。

五、其他本會規定事項。

第三十七條

債券發行後，外國發行人應於每月終了十日內向本會及外匯業務主管機關申報「債券流通情形月報表」（附表五），並輸入股市觀測站或網際網路資訊系統。

附表五

_____ 股份有限公司

債券流通情形月報表

____ 年 ____ 月

1. 財政部證券暨期貨管理委員會核准發行日期及文號：__ 年 __ 月 __ 日臺財證㈠第 _____ 號

2. 債券種類：_____，計價幣別：_____，每張金額：_____，發行總額：_____，發行期間：_____

3. 債券流通及變動情形：

項　　　　　　　　　　　目	本月變動情形	截至本月累計
買回註銷 (B)		
提前贖回 (C)		
投資人要求賣回 (D)		
行使轉換 (E)		
償還本金 (F)		
變動金額合計 G ＝ B ＋ C ＋ D ＋ E ＋ F		
上月底流通餘額 (A)		
本月底流通餘額 H ＝ A － G		

發行代理人：　　　　　　　　　　　申報日期：

第四章　股票

第三十八條

外國發行人募集與發行股票，應檢具「外國發行人募集與發行股票申請書」（附表三）載明其應記載事項，連同應檢附書件，申請本會核准後，始得為之。

外國發行人申請上市或上櫃交易之股票，以已在其他證券市場上市或上櫃交易之同種類者為限。

附表三

外國發行人募集與發行股票申請書

受文者：財政部證券暨期貨管理委員會

主旨：本發行人擬參與發行股票，爰依證券交易法第二十二條及外國發行募集與發行有價證券處理準則第三十八條之規定，開具左列事項，連同附件，敬請准予辦理。

發行人名稱		國籍及有價證券之上市證券交易所或證券市場	
設立日期			
募集與發行股票之種類		國外股票保管機構	
募集與發行股票之計價幣別		股務代理機構	
募集與發行股票股數、每股發行價格及發行總金額		主辦承銷機構	
		承銷方式	
每股發行價格之決定方式		代收股款之金融機構	
募集與發行股票之來源	□發行新股 □已發行股份	代理申請結匯之專責機構	
代理資訊揭露之專責機構		擬掛牌處所	
代理繳納稅捐之專責機構		預定發行日期	
㈠本申請書暨附件所載事項無虛偽、隱匿之聲明。 ㈡發行人募集與發行有價證券基本資料表。 ㈢律師依本會規定出具之法律意見書及檢查表。			

<table>
<tr><td rowspan="2">附</td><td>㈣發行人依所屬國法律組織登記法人之證明文件。</td></tr>
<tr><td>㈤發行人在中華民國境內指定訴訟、非訟或行政爭訟代理人之證明文件。
㈥股票發行計畫。
㈦公開說明書稿本。
㈧發行人與國外股票保管機構所簽訂之保管契約稿本。
㈨發行人與證券承銷商所簽訂之承銷契約約定事項。
㈩代收價款契約書稿本。
㈠發行人與證券承銷商所簽訂之承銷契約約定事項。
㈡發行人與代理申請結匯之專責機構所簽訂之契約約定事項。
㈢發行人與代理資訊揭露之專責機構所簽訂之契約約定事項。
㈣發行人與代理繳納稅捐之專責機構所簽訂之契約約定事項。
㈤最近三年度經會計師查核簽證之財務報告及查核報告書(申請日期已逾年度開始六個月者，應加送會計師查核簽證或核閱之上半年度財務報告)。上開財務報告得依發行人所屬國及上市地國法令規定之格式編製，並應由中華民國會計師就中華民國與發行人所屬國及上市地國所適用會計原則之差異及其對財務報告之影響表示意見。
㈥外匯業務主管機關同意函影本。
㈦臺灣證券交易所股份有限公司出具符合上市條件或財團法人中華民國證券櫃檯買賣中心出具符合上櫃條件之證明文件。(得於本會核准前補送)</td></tr>
</table>

附　件

　　申請人：
　　代表人：　　　　　　（簽章）
　　住址：
　　電話：
　　存託機構：
　　代表人：　　　　　　（簽章）
　　住址：
　　電話：
　　申請日期：　　　年　　　月　　　日

說明：

一、本申請書暨附件應以 A4 格式用紙印製、裝訂成冊，並於封面註明申報書件之字樣、發行人名稱、地址及電話。各類書件應編目錄，於各頁上方標明頁數，依前項規定裝訂成冊後，並編總目額，於各頁下方標明頁數。

二、附件第㈧項、第㈨項及第㈩項所簽訂之契約應由中華民國律師查核簽證。

三、附件資料如為外文者，應附中譯文。

四、請於附件檢具齊備後再提出申請。

第三十九條

　　外國發行人申請募集與發行之股票，其權利義務應與其在其他證券市場發行同種類之股票相同。

第四十條

外國發行人不得限制股票持有人將其投資之股票，於國外證券市場出售。

投資人將其持有外國發行人在國內發行之股票，於國外證券市場出售時，所發生之外匯收支或交易，應委託國內證券商依管理外匯條例相關規定辦理。

股票經於國外市場出售後，投資人得於原出售股數範圍內，於國外市場買入，至國內市場交易。

第四十一條

外國發行人申請將其股票上市或上櫃時，應指定國內專責機構辦理結匯申請、支付股息、繳納稅捐及資訊揭露等相關事宜。

外國發行人委託發放之股息、紅利或其他收益，應以與掛牌相同之幣別給付。

依前項規定所發生之外匯收支或交易，應由股務代理機構依管理外匯條例相關規定辦理。

第四十二條

股票發行計畫應載明下列事項：

一、發行目的。

二、發行股數、每股發行價格之決定方式及發行總金額。

三、承銷方式及擬掛牌處所。

四、以現金增資發行新股者，其募集資金運用計畫及預計可能產生效益。

五、股票之印製、簽證、發放及其在國內買賣之交割交付方式。

六、募集期間及逾期未募足之處理方式。

七、其他經本會規定應記載之事項。

第四十三條

外國股票保管機構與國內證券集中保管事業訂定之保管契約，應記載下列事項：

一、當事人之名稱、國籍、主營業所所在地。

二、所保管之有價證券名稱、種類及數量。

三、有價證券保管及領出之處理程式。

四、契約解除及變更之處理方式。

五、所保管之有價證券毀損或滅失之處理方式。

六、保管機構於收受所保管之有價證券後，應通知國內證券集中保管事業及國內股務代理機構。

七、保管契約所適用之準據法。

八、保管契約訴訟管轄法院；如有仲裁之約定者，其約定之內容。

九、其他重要約定或本會規定應記載之事項。

第四十四條

募集與發行股票，應備置公開說明書，其內容除依外國發行人所屬國及上市地國法令規定編製外，並應記載下列事項：

一、發行計畫及其約定事項。

二、公司概況（包括公司簡介、公司組織、資本及股份、公司債、特別股及存託憑證發行情形）。

三、營運概況（包括公司之經營、固定資產及其他不動產、轉投資事業、重要契約及其他必要補充說明事項）。

四、營業及資金運用計畫(包括營業計畫、現金增資或發行公司債資金運用計畫分析)。

五、財務概況（包括最近五年度簡明財務資料、財務報表、財務概況其他重要事項及合併發行新股資料）。

六、證券承銷商之評估報告。

七、股務代理機構。

八、保管契約之主要內容。

九、外國發行人所屬國及上市地國有關外國人證券交易之限制、租稅負擔及繳納處理應注意事項。

十、股票在所上市證券交易市場最近六個月之最高、最低及平均市價。

十一、其他重要約定或本會規定應記載之事項。

第四十五條

外國發行人募集與發行股票，應委託證券承銷商辦理公開承銷，並應向應募人交付公開說明書。

第四十六條

外國發行人應自行設置或指定股務代理機構，該機構應製作並保管股東名簿。

前項股務代理機構之資格條件，由本會另訂之。

第四十七條

外國發行人經本會核准募集與發行股票，應於發行後十日內檢附下列書件二份，並向本會申報：

一、公開說明書。

二、保管契約副本。

三、律師出具該股票發行辦法與本會核准內容無重大差異之意見書。

四、其他經本會規定之文件。

第四十八條

股票發行後，外國發行人應於每月終了十日內向本會及外匯業務主管機關申報「外國股票流通情形月報表」（附表六），並輸入股市觀測站或網際網路資訊系統。

附表六

_____ 股份有限公司

外國股票流通情形月報表

_____ 年 _____ 月

1. 財政部證券暨期貨管理委員會核准日期及文號： __ 年 __ 月 __ 日臺財證㈠第 _____
 __ 號
2. 原核准在臺募集與發行股數： _____ ，計價幣別： _____ ，總金額： _____
3. 歷次因現金、盈餘或資本公積增資而追加發行情形：
 時間 __ 年 __ 月 __ 日，性質（現金、盈餘或資本公積增資）： _____ ，發行單位數：
 _____
4. 股票流通及變動情形：

項　　　　　　　　目	股　　　　　　數
截至上一月底止餘額 (A)	
因現金、盈餘或資本公積增資而增發之數額 (B)	
投資人請求將其國內持股移轉至國外 (C)	
投資人請求將其國外持股移轉至國內 (D)	
截至本月止餘額 E ＝ A ＋ B － C ＋ D	

發行人或指定代理人：　　　　　　　　　　申報日期：

第五章　附則

第四十九條

　外國發行人募集與發行有價證券後，應依本會規定事項辦理公告並申報本會備查。

　前項公告申報事項由本會另訂之。

第五十條

　本準則自發布日施行。

27. 外國發行人募集與發行有價證券承銷商評估報告應行記載事項要點

中華民國八十七年三月十八日財政部證券暨期貨管理委員會（八七）臺財證㈠字第○○七五
　○號公告修正發布

壹　本要點依據「外國發行人募集與發行有價證券處理準則」第十一條之規定訂定之。

貳　承銷商評估報告編製之基本原則如下：

一、承銷商評估報告所記載之內容，必須詳實明確，文字敘述應簡明易懂，必要時得附表說明，並不得有虛偽或隱匿之情事，且應兼顧時效性。

二、承銷商評估外國發行人之申請案件時，應採用必要之評估程式（包括實地瞭解公司之營運狀況，與公司董事、經理人、及其他相關人員面談或舉行會議，蒐集、整理、查證、比較分析相關資料，參酌相關專家意見及其他必要程式等）作為撰擬評估報告之依據，並表示具體之意見。

三、承銷商得視外國發行人所營事業性質，委請具備專業知識及豐富經驗之專家，就外國發行人目前營運狀況及本次募集有價證券後之未來發展，進行比較分析，並本獨立公正立場出具審查意見，俾利評估。

四、承銷商評估報告刊印前，外國發行人發生足以影響利害關係人判斷之交易或其他事件，均應一併揭露並評估其影響。

五、承銷商評估報告依規定應行記載之事項，應全部列入，並編製目錄、頁次。如無應行評估事項或依規定得免評估者，則在該事項之後，加註「無」或「不適用」。

六、承銷商評估報告應行記載事項與公開說明書應行記載事項重複者，得僅於一處記載，他處則註明參閱之頁次。

七、承銷商評估報告之財務資料應以新臺幣或外國發行人上市地國資訊揭露之幣別擇一表達之，惟需採用同一幣別。前揭財務資料若以外國發行人上市地國資訊揭露之幣別表達，應揭露並加註各年度資產負債表日、最高、最低及平均外幣對新臺幣之匯率。

參 承銷商總結意見：

一、評估過程（包括複核外國發行人之財務資料及該等資料之蒐集與研討過程及所獲致之結論）。

二、本次募集與發行有價證券計畫是否具有可行性，價格訂定方式、資金運用計畫、預計進度及預計可能產生效益是否具有合理性所表示之意見（若以已發行股份募集與發行臺灣存託憑證或股票者，可免敘明資金運用計畫、預計進度及預計可能產生效益）。

三、本次募集與發行有價證券，投資人應考慮之風險因素。

四、外國發行人如發生足以影響本次有價證券募集與發行之情事者，應將有關之重要事實，作扼要說明。

肆 評估內容：

一、外國發行人所屬國、主要營業地及上市地國之總體經濟概況、相關法令、匯率政策、相關租稅及風險因素等問題之說明及分析。

二、上市地國證券市場分析。

三、外國發行人之業務狀況及財務狀況評估

(一)業務狀況

　1.業務內容

　　(1)列明所營業務之主要內容、目前之商品及其用途、或服務項目。

　　(2)列明最近五年度及預估未來年度之簡明損益狀況，並作變動分析。惟未來年度之損益狀況，得依外國發行人所屬國及上市地國之規範編製。

　　(3)列明最近五年度及預估未來年度「部門別」或「主要產品別」營業收入及營業毛利，並作變動分析。惟未來年度之「部門別」或「主要產品別」營業收入及營業毛利，得依外國發行人所屬國及上市地國之規範編製。

　2.與外國發行人管理階層討論及評估發行人之經營策略、經營能力以及長、短期業務發展計畫。

　3.外國發行人所屬行業之概況及未來發展性說明主要原物料之供應狀況、主要商品或業務之銷售地區，並分析外國發行人所屬行業之概況及未來發展性。

　4.外國發行人在主要營業地國產業之地位及成長性。

(二)財務狀況

　1.財務分析

　　(1)列明最近五年度之財務分析，包括財務結構分析、償債能力分析、經營能力分析、獲利能力分析及現金流量分析，並作變動分析。

　　(2)敘明業界之財務狀況，並比較其優劣。

　2.轉投資持股達百分之二十以上之事業且其總資產占外國發行人之總資產百分之十以上者，其最近年度之營運及獲利情形，若截至最近一季，上述轉投資事業發生營運或財務週轉困難情事,並應評估其對外國發行人之影響。

　3.列明最近三年度股息紅利之分派情形及次年度之股利發放計畫。惟次年度之股利發放計畫，得依外國發行人所屬國及上市地國之規範編製。

(三)外國發行人若為控股公司，除業務財務狀況需以該集團之資料評估外，尚需列示該集團之組織、關係人、及評估關係人交易之合理性。

(四)業務及財務狀況之綜合分析。

四、列明外國發行人目前已發行流通在外之特別股、轉換公司債、附認股權公司債或其他有價證券之數額，並評估其發行條件及限制條款對本次發行有價證券認購者權益之影響。

五、本次募集與發行有價證券計畫是否具有可行性，價格訂定方式、資金運用計畫、預計進度及預計可能產生效益是否具有合理性之評估。若有其他影響本次發行可行性之因素，請一併說明。

六、列明最近年度或半年度經會計師查核簽證或核閱之資產負債表日起，至證券商評估報告日止，有無發生足以影響股東權益或證券價格之重大情事，並評估其影響。

七、列明最近五年度股價趨勢圖並分析最近六個月股價及成交量變化情形（含股價及成交量變化趨勢、平均漲跌幅度及與外國發行人上市地國證券交易所發布之主要股價指標比較）。

八、列明委由外國發行人所屬國、主要營業地及上市地國之合格律師審查最近三年度外國發行人有無違反當地國勞工相關法令之情事？有無發生員工罷工情事？曾否發生重大訴訟、非訟、行政爭訟案件、簽訂重大契約及仲裁事項，以及有無違反污染防治之相關規定等意見。

九、其他必要補充說明事項。

28.發行人募集與發行海外有價證券處理準則

中華民國九十年十二月二十六日財政部證券暨期貨管理委員會（九○）臺財證㈠字第○○六七四五號令修正發布第七、九、十三、二十一、二十一之一、三十條條文；並增訂第十之一、二十七之一條條文

第一章　總則

第一條

本準則依證券交易法（以下簡稱本法）第二十二條第一項規定訂定之。

第二條

發行人募集與發行海外有價證券，除法令另有規定外，適用本準則規定。

第三條

有價證券已在證券交易所上市或依財團法人中華民國證券櫃檯買賣中心證券商營業處所買賣有價證券審查準則第三條規定在證券商營業處所買賣之公開發行公司（以下簡稱上市公司或符合上櫃審查準則第三條規定之上櫃公司），得申請募集與發行海外公司債、海外股票、參與發行海外存託憑證及申請其已發行之股票於國外證券市場交易。

已與臺灣證券交易所股份有限公司簽訂有價證券上市契約或依財團法人中華民國證券櫃檯買賣中心證券商營業處所買賣有價證券審查準則第三條規定申請且已與財團法人中華民國證券櫃檯買賣中心簽訂有價證券櫃檯買賣契約之公開發行公司，得申請於辦理國內承銷作業時，同時募集與發行海外股票或參與發行海外存託憑證。

未上市或未符合上櫃審查準則第三條之公開發行公司得申請募集與發行海外普通公司債及以所持有其他上市公司或符合上櫃審查準則第三條規定之上櫃公司股票作為轉換或認購標的之海外可交換公司債及海外附認股權公司債。

第四條

本準則所稱參與發行，係指發行人依存託契約協助執行存託憑證發行計畫，並提供相關財務資訊予存託機構之行為。

本準則所稱存託機構，係指在中華民國境外，依當地國之證券有關法令發行存託憑證之機構。

本準則所稱保管機構，係指設於中華民國境內，經財政部核准得經營保管業務之銀行。

本準則所稱海外存託憑證，係指存託機構在中華民國境外，依當地國之證券有關法令發行表彰存放於保管機構之有價證券之憑證。

第五條

發行人有下列情形之一者，不得申請募集與發行海外有價證券：

一、違反公司法第二百四十七條第二項之規定或有公司法第二百四十九條所列情形之一者，不得發行無擔保海外公司債。但符合本法第二十八條之四規定者，不受公司法第二百四十七條規定之限制。

二、違反公司法第二百四十七條第一項之規定或有公司法第二百五十條所列情形之一者，不得發行海外公司債。但符合本法第二十八條之四規定者，不受公司法第二百四十七條規定之限制。

三、有公司法第二百六十九條、第二百七十條或第二百七十八條第二項所列情形之一者，不得以現金增資發行新股以供發行海外存託憑證或以現金增資發行海外股票。但海外公司債或認股權憑證持有人請求轉換或認購海外存託憑證或股票者，不在此限。

第六條

發行人募集與發行海外有價證券，應向財政部證券暨期貨管理委員會（以下簡稱本會）申請核准，並取具外匯業務主管機關同意函。

發行人提出之申請書件不完備或應記載事項不充分，經本會限期補正，逾期不能完成補正者，本會得退回其申請案件。

申請事項及所列書件如有變更，應即向本會申請變更。

第七條

發行人有下列情形之一者，本會得不核准其募集與發行海外有價證券：

一、有本法第一百五十六條第一項各款所列情事之一者。

二、本次募集與發行海外有價證券計畫不具可行性、必要性及合理性者。

三、前各次現金增資或發行公司債計畫之執行有下列情事之一，迄未改善者：

　㈠無正當理由執行進度嚴重落後，且尚未完成者。

　㈡無正當理由計畫經重大變更者。但計畫實際完成日距申請時已逾三年者，不在此限。

㈢計畫經重大變更，尚未提報股東會通過者。

㈣最近一年內未確實依第九條及發行人募集與發行有價證券處理準則第九條第一項第四款至第八款規定辦理者。

㈤未能產生合理效益且無正當理由者。但計畫實際完成日距申請時已逾三年者，不在此限。

四、本次募集與發行海外有價證券計畫之重要內容（如發行辦法、資金來源、計畫項目、預定進度及預計可能產生效益等）未經列成議案，依公司法及章程提董事會或股東會討論並決議通過者。

五、非因公司間或與行號間業務交易行為有融通資金之必要，將大量資金貸與他人或有重大非常規交易，迄申請時尚未改善者。

六、持有大量短期投資、閒置資產或不動產投資而未有處分或積極開發計畫者。但所募得資金用途係用於購買固定資產且有具體增資計畫佐證其募集資金之必要性者，不在此限。

七、提供公司資產為他人借款之擔保者。但因業務需要為子公司借款提供擔保者，不在此限。

八、本次募集與發行海外有價證券之認購人或認購之最終資金來源為發行人之關係人者。所稱關係人，依財務會計準則公報第六號第二段之規定。

九、本次募集與發行海外有價證券有下列情事之一者：

㈠本次募集資金運用計畫用於直接或間接赴大陸地區投資金額超過本次發行金額之百分之二十者。但募集與發行之海外有價證券為股票、存託憑證及可轉換公司債等具股權性質之有價證券者，且資金運用計畫用於直接或間接赴大陸地區投資金額未超過本次總發行金額之百分之四十，並已於發行或轉換辦法訂明持有人不得於海外有價證券發行後一年內請求兌回、轉換或請求償還者，不在此限。

㈡直接或間接赴大陸地區投資金額累計超過經濟部投資審議委員會規定之限額者。但其資金用途係用於國內購置固定資產並承諾不再增加對大陸地區投資者，不在此限。

十、最近二年度財務報告，未依有關法令及一般公認會計原則編製，且情節重大者。

十一、違反其他法令規定，或本會為保護公益或維護國家信譽，認為有必要者。

前項第四款至第九款規定，對於發行人申請以已發行股份參與發行海外存託憑證或以已發行股票至國外證券市交易者，不適用之。

第一項第六款所稱大量，係指持有短期投資、閒置資產及不動產投資合計之總金額達下列情形之一者：

一、最近期經會計師查核簽證或核閱之財務報告之股東權益之百分之四十者。

二、本次申請發行海外有價證券募集總金額之百分之六十者。

第八條

發行人募集與發行海外有價證券，經申請核准後，本會發現有下列情形之一者，得撤銷或廢止其核准：

一、自申請核准通知到達之日起，逾三個月尚未募足並收足款項者。但其有正當理由申請延期，經本會核准，得再延長三個月，並以一次為限者，不在此限。

二、參與發行海外存託憑證或募集與發行海外股票，未依申請事項及所附書件記載之發行方式發行且未於存託契約簽約日或發行訂價日前向本會申請變更者。但對於發行人申請以已發行股份參與發行海外存託憑證或以已發行股票至國外證券市場交易者，不在此限。

三、募集與發行海外公司債，附轉換條件或認股權者，未依申請事項及所附書件記載之發行方式及轉換或認股條件發行且未於發行訂價日前向本會申請變更者。

四、其他有違反本準則規定或本會於通知申請核准時之限制或禁止規定者。

海外有價證券於海外不得以新臺幣掛牌交易。

第九條

發行人募集與發行海外有價證券，經申請核准後，應依照下列規定辦理：

一、在其資金運用計畫完成前，應於年報中揭露計畫執行進度。

二、上市公司或股票已在證券商營業處所買賣之公開發行公司應於每季結束後十日內，將資金運用計畫及資金運用情形季報表輸入股市觀測站或網際網路資訊系統。

三、上市公司或股票已在證券商營業處所買賣之公開發行公司募集之資金，經本會限制專款專用者，按季洽請原承銷商對資金執行進度及未支用資金用途之合理性出具評估意見，於每季結束後十日內，併同前款資訊輸入股市觀測站或網際網路資訊系統。

四、資金運用計畫項目變更或個別項目金額調整，而致原個別項目所需資金減少金額合計數或增加金額合計數，達所募集資金總額之百分之二十以上者，報外匯業務主管機關核准後，辦理計畫變更，於董事會決議通過之日起二日內辦理公告，並申報本會備資及提報股東會追認。上市公司或股票已在證券商營業處所買賣之公開發行公司並應於變更時及嗣後每季結束後十日內，洽請原證券承銷商對資金執行進度及未支用資金用途之合理性出具評估意見，併同第二款資訊輸入股市觀測站或網際網路資訊系統。

第二章　海外存託憑證

第十條

發行人申請以現金增資發行新股或以已發行股份參與存託機構發行海外存託憑證，應

分別檢具參與發行海外存託憑證申請書載明其應記載事項，連同應檢附書件，申請經本會核准後，始得為之。

第十條之一

發行人得申請以低於票面金額辦理現金增資發行新股參與發行海外存託憑證。

發行人申請以低於票面金額發行新股參與發行海外存託憑證，應敘明未採用其他籌資方式之原因與其合理性、發行價格訂定方式及對股東權益之影響，並依公司法或證券相關法令規定提股東會或董事會決議通過。

第十一條

發行人得參與發行海外存託憑證之數額，除下列情形外，非經本會核准不得追加發行：

一、海外存託憑證經兌回且所兌回之有價證券經出售後，由投資人自行或委託存託機構在原出售股數範圍內自國內市場買入所表彰之原有價證券交付保管機構後，由存託機構據以再發行者。惟以存託契約及保管契約已載明海外存託憑證經兌回後，得在原出售股數範圍內再發行者為限。

二、海外存託憑證募集發行後，因發行人辦理現金、盈餘或資本公積增資發行新股而辦理追加發行相對數額之海外存託憑證者。

前項因發行人辦理現金增資發行新股而需辦理追加發行海外存託憑證者，所募集國外資金如需兌換新臺幣在國內使用者，發行人於向本會申報（請）辦理現金增資前應取具外匯業務主管機關同意函。

第十二條

發行人申請參與發行海外存託憑證，應檢具發行計畫，載明下列事項：

一、發行目的。

二、預定發行日期、發行總金額、發行單位總數、海外存託憑證表彰之有價證券之數額及預計單位發行價格之訂定方式。

三、海外存託憑證持有人之權利義務。

四、海外存託憑證所表彰之有價證券之來源。以現金增資發行新股參與發行海外存託憑證者，若股東會授權董事會於額度範圍內視市場狀況調整發行額度並一次發行者，應載明之。

五、發行方式。發行方式應敘明係屬全數公開發行或部分洽特定人認購，若有約定部分由特定人認購之情事，應載明洽特定人認購之目的、特定人認購之單位總數、總金額及特定人與發行人之關係。

六、發行及交易地點。

七、以現金增資發行新股參與發行海外存託憑證者，其募集資金運用計畫及預計可能產生效益。

八、發行及存續期間相關費用之分攤方式。

九、其他經本會規定應記載事項。

第十三條

發行人申請參與發行海外存託憑證，應洽請證券承銷商就下列事項出具體評估意見：

一、海外存託憑證發行計畫之可行性。

二、參與發行海外存託憑證費用之分攤方式及對股東權益之影響。

三、發行方式若有約定部分由特定人認購之情事，應評估發行計畫之合理性、適法性及對股東權益之影響。

四、以現金增資發行新股參與發行海外存託憑證者，其募集與發行計畫之可行性、必要性，資金運用計畫、預計進度及預計可能產生效益之合理性。

五、以低於票面金額現金增資發行新股參與發行海外存託憑證者，其折價發行新股之必要性、合理性、未採用其他籌資方式之原因及對股東權益之影響。

六、海外存託憑證價格訂定方式之合理性。

七、存託契約及保管契約約定事項之適法性。

八、是否有第五條及第七條所列之情事，並應詳細說明其評估依據。

第十四條

海外存託憑證持有人請求兌回其持有之海外存託憑證時，得請求存託機構將海外存託憑證所表彰之有價證券過戶予請求人；或得請求存託機構出售海外存託憑證所表彰之有價證券，並將所得價款扣除稅捐及相關費用後付給請求人。

海外存託憑證係由發行人以現金增資發行新股供發行者，其持有人不得於該海外存託憑證發行後三個月內請求兌回。

第十五條

存託機構發行海外存託憑證後，對於受分配之現金股利、兌回並出售海外存託憑證所表彰有價證券所獲價款及依第十一條第一項第一款規定由投資人自行或委託存託機構在原出售股數範圍內自國內市場買入所表彰之原有價證券交付保管機構後，由存託機構據以再發行者所需價款之結匯事宜，應依管理外匯條例有關規定辦理。

第十六條

存託機構應指定國內代理人，辦理國內有價證券買賣之開戶、有價證券之權利行使、結匯之申請及稅捐繳納等各項手續。

第十七條

發行人經本會核准參與發行海外存託憑證，應於存託契約簽約日起二日內，公告下列事項，並向本會申報：

一、海外存託憑證發行總金額、單位發行價格及發行單位總數。惟其海外存託憑證係供海外公司債轉換者，得僅公告海外存託憑證預計發行單位總數。

二、海外存託憑證所表彰之有價證券，其股數及每股價格。惟其海外存託憑證係供海

外公司債轉換者，得僅公告其預計股數。

三、發行及交易地點。

四、發行方式若有約定部分由特定人認購之情事，應公告洽特定人認購之目的、特定人認購之單位總數、總金額及特定人與發行人之關係。

五、以現金增資發行新股參與發行海外存託憑證者，其募集資金運用計畫及預計可能產生效益。

六、對股東權益之主要影響（如發行人參與發行海外存託憑證所負擔之費用、對股權結構產生之影響等）。

前項應公告申報事項，於公告申報後如有變更，應於募集完成日起二日內，補正公告變更項目，並向本會申報。

第十八條

發行人經本會核准參與發行海外存託憑證，應於海外存託憑證發行後十日內檢附下列書件乙份，向本會申報：

一、依發行當地國證券法令規定所編製之公開說明書。惟其海外存託憑證係供海外公司債轉換者，得免予檢附。

二、存託契約副本。

三、保管契約副本。

四、海外存託憑證樣張。

五、本國律師出具該海外存託憑證發行辦法與本會核准內容無重大差異之意見書中文本。

六、其他經本會規定之文件。

參與發行人依存託契約約定應提供存託機構之任何資料，應於提供資料三日內向本會申報。

第十九條

海外存託憑證發行後，參與發行人應於每月終了十日內依附表十格式，向外匯業務主管機關申報截至前一個月底止該海外存託憑證在外流通之單位總數及其所表彰之有價證券數額；並按月將申請兌回股票之關係人及累計申請兌回股數超過該次海外存託憑證發行總額所表彰股數達百分之十以上

股東之姓名、國籍及兌回股數等資料輸入股市觀測站或網際網路資訊系統。

遇有參與發行人辦理現金、盈餘或資本公積增資發行新股，存託機構依第十一條第一項第二款規定辦理追加發行相對數額之海外存託憑證時，參與發行人應於該次海外存託憑證發行後二日內向外匯業務主管機關申報海外存託憑證發行總金額、單位總數及該次海外存託憑證表彰之有價證券之數額，並將相關資料輸入股市觀測站或網際網路資訊系統。

第三章　海外公司債

第二十條

發行人募集與發行海外公司債，依其性質應分別檢具募集海外公司債申請書載明其應記載事項，連同應檢附書件，申請經本會核准後，始得為之。

發行人已募集發行海外公司債，如依約定修改轉換辦法以海外存託憑證供海外公司債轉換者，應檢具參與發行海外存託憑證申請書載明其應記載事項，連同應檢附書件，申請經本會核准後，始得為之。

第二十一條

發行人申請募集與發行海外公司債，附轉換條件者，其發行辦法，應載明下列事項：

一、請求轉換之程序。

二、轉換條件（含轉換價格、轉換期間等）之訂定方式。

三、轉換價格及其調整。

四、轉換年度有關利息、股利之歸屬。

五、轉換時不足一單位金額之處理。

六、以參與發行海外存託憑證供轉換者，應載明海外存託憑證所表彰有價證券之種類，每單位海外存託憑證表彰有價證之數額，存託機構、保管機構名稱、海外存託憑證預定發行計畫及相關約定事項。

七、發行方式。發行方式應敘明係屬全數公開發行或部分洽特定人認購，若有約定部分由特定人認購之情事，應載明洽特定人認購之目的、特定人認購之張數、總金額及特定人與發行人之關係。

八、為履行轉換義務，應以發行新股或交付已發行股份，擇一為之。

九、其他重要約定事項。

海外公司債轉換股份時，不受公司法第一百四十條關於股票發行價格不得低於票面金額規定之限制。

海外公司債轉換之相關事項除有適用國際間之慣例者外，準用發行人募集與發行有價證券處理準則第三章第二節有規定。

第二十一條之一

發行人申請募集與發行海外公司債，附認股權者，其發行辦法，應載明下列事項：

一、附可分離認股權者，其認股權憑證之發行單位總數及每單位認股權憑證價格之計算方式。

二、認股條件（含認股價格、認股期間、認購股份之種類及行使比例或每單位認股權憑證可認購之股數等）之決定方式。

三、認股價格之調整。

四、行使認股權之程序及股款繳納方式。

五、以參與發行海外存託憑證履行認股權義務者，應載明海外存託憑證所表彰之有價
　　證券之種類、來源、每單位海外存託憑表彰有價證券之數額，存託機構、保管機
　　構名稱、海外存託憑證預定發行計畫及相關約定事項。

六、發行方式。發行方式應敘明係屬全數公開發行或部分洽特定人認購，若有約定部
　　分由特定人認購之情事，應載明洽特定人認購之目的、特定人認購張數、總金額
　　及特定人與發行人之關係。

七、為履行認股權義務，應以發行新股或交付已發行之股份，擇一為之。

八、其他重要約定事項。

發行公司履行認股權義務時，不受公司法第一百四十條關於股票發行價格不得低於票
面金額規定之限制。

海外公司債認股權行使之相關事項除有適用國際間之慣例者外，準用發行人募集與發
行有價證券處理準則第三章第三節有關規定。

第二十二條

發行人申請募集與發行海外公司債,應洽請證券承銷商就下列事項出具具體評估意見:

一、海外公司債發行計畫之可行性。

二、募集海外公司債對股東權益之影響。

三、發行方式若有約定部分由特定人認購之情事，應評估發行計畫之合理性、適法性
　　及對股東權益之影響。

四、募集與發行計畫之可行性、必要性，資金運用計畫、預計進度及預計可能產生效
　　益之合理性。

五、是否有第五條及第七條所列之情事，並應詳細說明其評估依據。

六、其他經本會規定應評估事項。

第二十三條

海外存託憑證如係由海外公司債轉換或行使認股權而取得者，海外存託憑證持有人向
存託機構請求兌回海外存託憑證時，準用第十四條第一項之規定。

第二十四條

海外公司債發行計畫經本會核准後，應於發行訂價日起二日內，公告下列事項，並向
本會申報:

一、募集海外公司債總額，債券每張金額及發行價格。

二、募集海外公司債之利率。

三、募集海外公司債償還方法及期限。

四、有擔保者，擔保之種類名稱。

五、發行辦法中附有轉換條件者，其轉換辦法及重要約定事項。

六、發行辦法中附有認股條件者，其認股辦法及重要約定事項。

七、發行及交易地點。

八、發行方式若有約定部分由特定人認購之情事，應公告洽特定人認購之目的、特定人認購之張數、總金額及特定人與發行人之關係。

九、資金運用計畫及預計可能產生效益。

十、對股東權益之主要影響。

前項應公告申報事項，於公告申報後如有變更，應於募集完成日起二日內，補正公告變更項目，並向本會申報。

第二十五條

海外公司債經本會核准發行，應於海外公司債發行後十日內檢附下列書件乙份，向本會申報：

一、依發行當地國證券法令規定所編製之公開說明書。

二、發行合約書副本。

三、附可轉換或認購海外存託憑證條件者，其存託契約及保管契約副本。

四、付款代理人合約書副本。

五、承購合約書副本。

六、受託合約書副本。

七、本國律師出具該海外公司債發行辦法與本會核准內容無重大差異之意見書中文本。

八、其他本會規定事項。

第二十六條

海外公司債發行後，發行人應於每月終了十日內依附表十一格式，向外匯業務主管機關申報截至前一個月底止海外公司債異動之情形，並按月將申請轉換或行使認股權之關係人及累計申請轉換或行使認股權股數超過該次海外公司債發行總額預計可轉換或行使認股權股數達百分之十以上股東之姓名、國籍及轉換或認股股數等資料輸入股市觀測站或網際網路資訊系統。

發行人受理海外公司債或認股權憑證投資人轉換或認股後，辦理現金增資發行新股後十日內，應向經濟部投資審議委員會申報海外投資人認股之情形。

第四章　海外股票

第二十七條

發行人申請募集與發行海外股票，或以已發行股份於國外證券市場交易者，應檢具發行海外股票申請書載明其應記載事項，連同應檢附書件，申請經本會核准後，始得為之。

第二十七條之一

發行人得申請以低於票面金額募集與發行海外股票。

發行人申請以低於票面金額發行海外股票，應敘明未採用其他籌資方式之原因與其合理性、發行價格訂定方式及對股東權益之影響，並依公司法或證券相關法令規定提股東會或董事會決議通過。

第二十八條

發行人申請發行海外股票，除下列情形外，非經本會核准不得追加發行：

一、海外股票經於國內市場出售後，投資人於原出售股數範圍內，再自國內市場買入後，至國外市場交易者。

二、海外股票發行後，因發行人辦理現金、盈餘或資本公積增資發行相對數額之新股者。

前項因發行人辦理現金增資發行新股而需辦理追加發行海外股票者，所募集國外資金如需兌換新臺幣在國內使用時，發行人於向本會申報（請）辦理現金增資前應取具外匯業務主管機關同意函。

第二十九條

發行人申請發行海外股票，應檢具發行計畫，載明下列事項：

一、發行目的。

二、預定發行日期、發行股數、每股發行價格之訂定方式及發行總金額。

三、發行及交易地點。

四、發行方式。發行方式應敘明係屬全數公開發行或部分洽特定人認購，若有約定部分由特定人認購之情事，應載明洽特定人認購之目的、特定人認購之股數、總金額及特定人與發行人之關係。

五、股票之處理或保管方式。

六、以現金增資發行新股者，其募集資金運用計畫及預計可能產生效益。

七、發行及存續期間相關費用之分攤方式。

八、其他重要約定事項。

九、其他經本會規定應記載事項。

第三十條

發行人申請發行海外股票，應洽請證券承銷商就下列事項出具具體評估意見：

一、發行計畫之可行性。

二、發行費用之分攤方式及對股東權益之響。

三、發行方式若有約定部分由特定人認購之情事，應評估發行計畫之合理性、適法性及對股東權益之影響。

四、以現金增資發行新股者，其募集與發行計畫之可行性、必要性，資金運用計畫、

　　預計進度及預計可能產生效益之合理性。

五、以低於票面金額現金增資發行海外股票者，其折價發行新股之必要性、合理性、未採用其他籌資方式之原因及對股東權益之影響。

六、每股價格訂定方式之合理性。

七、國外股務代理合約及保管契約約定事項之適法性。

八、是否有第五條及第七條所列之情事，並應詳細說明其評估依據。

第三十一條

海外股票持有人得將其投資之海外股票，於國內市場出售。但海外股票係由發行人以現金增資發行者，其持有人不得於該海外股票發行後三個月內為之。

第三十二條

發行人經本會核准發行海外股票，應依下列規定期限辦理公告，並向本會申報：

一、屬募集資金案件，應於發行訂價日起二日內，公告下列事項：

　　㈠發行股數、每股發行價格及發行總金額。

　　㈡發行及交易地點。

　　㈢發行方式若有約定部分由特定人認購之情事，應公告洽特定人認購之目的、特定人認購之股數、總金額及特定人與發行人之關係。

　　㈣以現金增資發行新股發行海外股票者，其募集資金運用計畫及預計可能產生效益。

　　㈤對股東權益之主要影響（如發行海外股票所負擔之費用、對股權結構產生之影響等）。

二、未募集資金案件，應於掛牌日起二日內，公告下列事項：

　　㈠掛牌股數、每股掛牌價格及掛牌總金額。

　　㈡掛牌交易地點。

　　㈢對股東權益之主要影響（如發行海外股票所負擔之費用、對股權結構產生之影響等）。

前項第一款應公告申報事項，於公告申報後如有變更，應於募集完成日起二日內，補正公告變更項目，並向本會申報。

第三十三條

發行人經本會核准發行海外股票，應於發行或掛牌後十日內檢附下列書件乙份，向本會申報：

一、依發行當地國證券法令規定所編製之公開說明書。（但未募集資金案件，若無則免附）

二、國外股務代理合約副本。

三、股票保管契約副本。

四、本國律師出具該海外股票發行辦法與本會核准內容無重大差異之意見書中文本。

五、其他經本會規定之文件。

發行人依發行當地國證券相關法令規定，應提供或揭露之任何資料，應於提供資料三日內向本會申報。

第三十四條

海外股票發行後，發行人應於每月終了十日內依附表十二格式，向外匯業務主管機關申報截至前一個月底止該海外股票在外流通及兌回之情形。

遇有發行人辦理現金、盈餘或資本公積增資發行新股，發行人依第二十八條第一項第二款規定辦理追加發行時，發行人應於該次發行後二日內向外匯業務主管機關申報發行股數及發行總金額，並將相關資料輸入股市觀測站或網際網路資訊系統。

第五章　附則

第三十五條

依本準則提出之申請書件應依附表規定格式製作並裝訂成冊。

第三十六條

發行人辦理第十七條、第二十四條及第三十二條之公告、申報事項，應以副本抄送外匯業務主管機關。

第三十七條

發行人辦理第十七條、第十八條、第二十四條、第二十五條、第三十二條及第三十三條之公告、申報事項，應以副本抄送臺灣證券交易所股份有限公司、財團法人中華民國證券櫃檯買賣中心、中華民國證券商業同業公會及財團法人中華民國證券暨期貨市場發展基金會。

第三十八條

本準則自發布日施行。

五、教、科、文

1.私立學校法（第十五、四十五、七十八、七十九條）

中華民國九十年十月三十一日總統（九〇）華總一義字第九〇〇〇二一三九七〇號令修正公
　　布第七十五條條文，並增訂第七十五之一條條文

第十五條

董事須有三分之一以上曾經研究教育，或從事同級或較高級教育工作，具有相當經驗
者。

外國人充任董事，其人數不得超過總名額三分之一，並不得充任董事長。

*法務部（七四）法律字第一二四〇七號

要旨：

查國民教育法第二十條規定：「私立國民小學及私立國民中學，除依照私立學校法及本
法有關規定辦理外，各處、室主任、教師及職員，由校長遴聘，報請主管教育行政機
關核備」。復查上開有關法律，除私立學校法第十五條第二項規定，外國人充任私立學
校董事，其人數不得超過總名額三分之一，並不得充數董事長，暨第五十四條第三項
規定校（院）長不得任用其配偶及三款等以內血親、姻親擔任本校（院）總務、會計、
人事職務外，似無外籍人士不得擔任私立國民小學職員之規定。

*教育部（八五）臺高㈢字第八五〇四九一四〇號

要旨：

本國人具有雙重國籍者充任私立學校董事，應否受私立學校法第十五條第二項之規範。

說明：

一、復　貴局八十五年六月七日北市教一字第三〇一八六號函。

二、查私立學校法第十五條第二項僅就外國人擔任私立學校董事及董事長予以限制，
　　未就本國人具雙重國籍者有所規範，故不受上開法令限制。

第四十五條

未依本法規定核准立案，而以學校或類似學校名義擅自招生者，或以外國學校名義在
中華民國境內辦理招生且授課者，由主管教育行政機關命其立即停辦、解散，並公告
周知；其負責人、行為人各處新臺幣五萬元以上十五萬元以下罰鍰；其所使用之器材、
設備得沒入之。

主管教育行政機關依前項規定處分時，並得請當地政府協助辦理。

依第一項規定所處之罰鍰，拒不繳納者，移送法院強制執行。

依第一項規定經處分，仍拒不遵令立即停辦解散者；其負責人、行為人各處三年以下

有期徒刑、拘役或科或併科新臺幣一百萬元以下罰金。

第七十八條

外國人依本法之規定，得在中華民國境內設立私立高級中等以上學校；其校長應以中華民國國民充任之。

第七十九條

外國人為教育其子女得在中華民國境內專設學校。但不得招收中華民國籍學生。

前項外國人之設校，不適用本法有關設立、獎勵與補助之規定；其設校辦法，由教育部定之。

2.外國僑民學校設置辦法

中華民國八十九年四月十三日教育部(八九)臺參字第八九○四三三四八號令修正發布第二、
四、五條條文

第一條

本辦法依私立學校法第七十九條第二項規定訂定之。

第二條

外國人僑居我國，為教育其子女，得申請在我國境內專設中等以下外國僑民學校。

前項外國人，指未具有中華民國國籍，且在我國具有合法居留權之外國籍人士。

第三條

外國人在我國境內設置外國僑民學校，以其本國法律未禁止中華民國人民在該國享受同樣權利者為限。

第四條

本辦法所稱主管教育行政機關：在中央為教育部；在直轄市為直轄市政府；在縣（市）為縣（市）政府。

第五條

外國人申請設置外國僑民學校，應檢具下列文件，經其駐華使領館或代表機構函送外交部核轉設校所在地之直轄市、縣（市）主管教育行政機關核辦：

一、申請設校計畫書：包括擬設學校種類及名稱、設校目的、校址、校地面積、擬設年級及班數、基金來源、創辦人擬聘董事姓名、簡歷。

二、創辦人資歷證明文件。

三、其他經直轄市、縣（市）主管教育行政機關規定之資料。

直轄市、縣（市）主管教育行政機關於核准設置後，應報請中央主管教育行政機關備查。

外國僑民學校於核准設置後，第一項第一款及第三款經核准事項，除創辦人擬聘董事

姓名、簡歷外，如有變更，應依前二項規定辦理。

第六條

外國僑民學校應設董事會，並聘請校長掌理校務。

外國僑民學校得辦理財團法人登記；並得依法減免地價稅、房屋稅及所得稅等有關稅捐；或依稅捐稽徵法規定，本於互惠原則互免稅捐。

第七條

外國僑民學校之課程、師資、設備、招生、收費等，得依照其本國之規定辦理。

第八條

外國僑民學校得設中國語文、史地等科目，增進學生對中華文化之認識。

第九條

外國僑民學校每學年應將教職員及學生名冊送請該管主管教育行政機關備查。

第十條

外國僑民學校不得招收中華民國籍之學生。

＊內政部（七七）臺內社字第五八七七四二號

　要旨：

　外籍人士或華僑可否於國內申請設立托兒所

　全文內容：

一、查托兒所設置辦法雖無限制外籍人士或華僑在華申請設立托兒所之規定，惟為防範外籍人士以外語教學招攬我國幼童以達營利之目的，對其申請應從嚴審核，並參照教育部發布之「外國僑民學校設置辦法」有關規定管理之。

二、托兒所設立後主管機關應嚴加督導，尤應嚴格限制招收對象，僅限持憑居留簽證在華居留之外籍幼童；倘發現有違反前述「托兒所設置辦法」及參照「外國僑民學校設置辦法」引用之有關規定時，當促其定期改正，若不遵限改正應撤銷其設立之許可。

三、倘其係以華僑身份申請創設，則限於設籍國內，以及所內之教保亦不得以外語或雙語教學方式為之。

第十一條

外國僑民學校違反設置宗旨及本辦法之規定者，直轄市、縣（市）主管教育行政機關應定期輔導其改正。屆期不改正者，除報請中央主管教育行政機關函轉外交部轉知該國駐華使領館或代表機構外，直轄市、縣（市）主管教育行政機關得依私立學校法等相關法令之規定為適當之處分。但停止其招生、解散或撤銷其設立之處分，應先報經中央主管教育行政機關及外交部同意後，由直轄市、縣（市）主管教育行政機關停止其招生、解散或撤銷其設立。

第十二條

外國僑民學校依條約或協定設立者，優先適用該條約或協定之相關規定。

第十三條

除本辦法之規定外，直轄市、縣（市）主管教育行政機關得依權責訂定補充規定。

第十四條

本辦法自發布日施行。

3. 華僑學校規程（第十六條）

中華民國七十四年八月五日僑務委員會（七四）僑參字第三三一七九號教育部（七四）臺參字第三二九四七號令會銜修正發布名稱及全文四十二條（原名稱：僑民學校規程）

第十六條

華僑學校立案須具左列各項條件：

一、經費：有確定之資產資金或其他收入足以維持學校常年經費者。

二、設備：有適當校舍及足夠使用之場所，其環境須適合教育及衛生之原則，並須具備合於規定之教學設備。

三、教職員資格及員額合於規定者。

四、校（院）長由本國人充任，但有特殊情形必須聘請外國人充任者，須由轄區使領館或駐外代表機構或該校董事會報請主管機關核備。

前項華僑學校如以外文學校報請立案者，其華文教學時間，須占全課程時間三分之一以上為原則。

4. 教育部主管教育事務財團法人設立許可及監督準則（第十條）

中華民國九十年八月二十日教育部（九〇）臺參字第九〇一一七八〇九號令修正發布第六條條文

第十條

教育法人置董事或監察人，應符合下列規定：

一、董事之名額，以七人至二十一人為限，並須為奇數，其每屆任期不得逾三年。置有監察人者，名額以三人至五人為限，任期與董事同。

二、董事須有三分之一以上具有從事目的事業工作經驗。

三、董事相互間有配偶及三親等以內血親、姻親關係者，不得超過其總名額三分之一。

四、監察人相互間、監察人與董事間不得有配偶及三親等以內血親、姻親關係。

五、外國人充任董事或監察人，其人數不得超過董事總名額或監察人總名額三分之一，並不得充任董事長。

董事及監察人均為無給職。

5.外國僑民學校聘僱外國教師許可及管理辦法

中華民國八十八年六月二十九日教育部（八八）臺參字第八八〇七五六二六號令、行政院勞
　　工委員會（八八）臺勞職外字第〇九〇二七三二號令會銜修正發布第五至十條條文

第一條

本辦法依就業服務法（以下簡稱本法）第四十三條第二項及第四十四條第二項規定訂
定之。

第二條

外國僑民學校（以下簡稱外僑學校）申請聘僱或續聘外國人教師（以下簡稱外國教師），
除法律另有規定者外，依本辦法之規定。

第三條

本辦法所稱外僑學校，係指依外國僑民學校設置辦法設立之中等以下僑民學校。

第四條

外僑學校外國教師應符合各該國有關教師聘僱資格之規定。

第五條

外僑學校申請聘僱外國教師，應檢具下列文件，向學校所在地之直轄市政府教育局、
縣（市）政府提出申請之：

一、聘僱申請表一式二份。

二、聘僱合約書。

三、應聘外國教師護照影本。

四、應聘外國教師學、經歷影本及其中文影本。

五、由該國衛生主管機關認可之公、私立醫院或經我國中央衛生主管機關指定之國內
　　醫院開具之健康檢查證明及其中文譯本。健康檢查應包括下列項目：

　　㈠一般體格檢查。

　　㈡X光肺部檢查。

　　㈢HIV抗體檢查。

　　㈣梅毒血清檢查。

　　㈤嗎啡及安非他命尿液檢查。

檢具之文件記載不詳或不齊全，經通知限期補正，屆期未補正者，不予受理。聘僱許
可文件未核發前，外僑學校不得先予試用或聘用。

第六條

有下列情形之一者，直轄市政府教育局、縣（市）政府對外僑學校聘僱外國教師或展
延之申請，不予聘僱許可：

一、違反本法或本辦法之規定者。

二、檢具之文件經查不實者。

三、健康檢查不合格者。

第七條

受僱之外國教師在聘僱許可有效期間內，非由新雇主與原雇主共同申請，經直轄市政府教育局、縣（市）政府同意，不得轉換雇主或工作。

第八條

外國教師有下列情形之一者，直轄市政府教育局、縣（市）政府應依本法第五十四條規定，撤銷其聘僱許可：

一、受聘僱於為其申請許可以外之雇主者。

二、從事許可以外之工作者。

三、受聘僱期間，拒絕接受定期健康檢查或其身心狀況無法勝任所指派之工作，或罹患法定傳染病死亡者。

四、違反其他中華民國法令，情節重大者。

第九條

外國教師之聘期最長為三年，聘期屆滿可申請展延；展延以一年為限。外僑學校為擬續聘之外國教師申請展延聘期時，應於其聘僱許可期限屆滿前二個月內，檢具原聘僱許可文件影本、聘僱合約書及經中央衛生主管機關指定之國內醫院開具之健康檢查證明，向直轄市政府教育局、縣（市）政府辦理展延手續。

第十條

外僑學校應於每學期開學後一個月內，將外國教師列冊報教育部及直轄市政府教育局、縣（市）政府備查。列冊內容應包括教師姓名、性別、出生年月日、國籍、學歷、任教年級、任教科目、聘期、待遇及聘僱許可文號。

第十一條

本辦法施行前已依有關法令申請核准聘僱之外國教師、外僑學校得繼續聘僱至聘期屆滿後，再依第五條規定申請聘僱許可。

第十二條

本辦法自發布日施行。

6. 高級中等以下學校聘僱外國教師許可及管理辦法

中華民國八十九年八月三十一日教育部（八九）臺參字第八九一○四五六七號令、行政院勞工委員會（八九）臺勞職外字第○二一五七六八號令會銜訂定發布全文十三條

第一條

本辦法依就業服務法（以下簡稱本法）第四十三條第二項及第四十四條第二項規定訂定之。

第二條

本辦法所指高級中等以下學校係指公立或已立案之私立實驗高級中等學校雙語部或雙語學校或已立案之私立國民中小學（以下簡稱各校）。

各校聘僱外國教師於中華民國境內從事本法第四十三條第一項第三款第二目或第三目工作，除法律另有規定外，依本辦法之規定。

第三條

本辦法所稱外國教師，係指外國人於公立或已立案私立實驗高級中等學校雙語部或雙語學校擔任一般課程教師，或於已立案私立國民中小學擔任外國語文課程教師者。

第四條

各校聘僱之外國教師，應具有合於教育部採認規定之國外大學（含獨立學院）以上畢業（學位）證書，並取得擬任課程合格教師或任教資格之合法證明文件。

各校聘僱外國教師，除應先依本法第四十三條第三項規定辦理外，並應依高級中等以下學校教師評審委員會設置辦法等相關法令之規定辦理。

第五條

各校申請聘僱外國教師，應檢具下列資料、文件，向該管主管教育行政機關申請聘僱許可：

一、聘僱申請表一式二份。（格式如附表一）

二、聘僱契約書影本（應加蓋核與正本無誤章）。聘僱契約書應載明受聘僱外國教師、聘僱期間、工作內容、薪資及相關權利義務事項。

三、合格教師或任教資格之證明文件影本、外國教師學、經歷證明文件影本（應加蓋核與正本無誤章）中文譯本。

四、外國教師之護照影本（應加蓋核與正本無誤章）。

五、外國教師係兼任者，應造具名冊一式四份（格式如附表二）、專職工作許可文件影本及其自學期開始前已獲准一個學期以上之外僑居留證影本。

六、由該國衛生主管機關認可之公、私立醫院或經我國中央衛生主管機關指定之國內醫院開具之健康檢查合格證明及其中文譯本。

七、已依本法第四十三條第三項規定辦理之相關證明文件。

聘僱許可文件未核發前，各校不得先予聘僱或試用。

第六條

前條第一項第六款健康檢查證明，應包括下列項目：

一、一般體格檢查。

二、胸部 X 光肺結核檢查。

三、人類免疫缺乏病毒抗體檢驗（HIV 抗體檢查）。

四、梅毒血清檢查。

五、尿液中鴉片代謝物、安非他命類藥物檢查。

第七條

主管教育行政機關核發聘僱許可文件時，應副知外交部、行政院勞工委員會、該管之財政部各地區國稅局、當地警察局、其他有關機關及受聘僱之當事人。

受聘僱之外國人於申辦來華簽證時，應檢具聘僱許可文件。

第八條

各校聘僱外國教師，其聘僱許可之期間，最長為三年，期滿依本法第四十三條第三項規定辦理後，仍有繼續聘僱之需要者，應於期間屆滿日前六十日內，檢具展延申請書一式二份、原聘僱許可文件影本、續聘聘僱契約書影本、經中央衛生主管機關指定之國內醫院開具之健康檢查證明影本（應加蓋核與正本無誤章），向該管主管教育行政機關申請展延聘僱許可；每次展延以一年為限。

第九條

各校聘僱之外國教師，於聘僱許可有效期間內，如需轉換他校，應由原聘僱學校與擬聘學校依第五條規定共同向該管主管教育行政機關申請聘僱許可。如未經同意，不得轉換雇主或工作。

前項聘僱許可再任職期間，應與原聘僱已任職之期間合併計算。

第十條

各校依本法第四十八條規定聘僱之外國人擔任教師者，得不受前二條規定之限制。

第十一條

各校聘僱外國教師，有下列情事之一者，該管主管教育行政機關應不予聘僱許可或展延聘僱許可：

一、違反本法或本辦法規定者。

二、檢具之文件經查不實者。

三、違反其他法令，情節重大者。

四、檢具之文件記載不詳或不齊全，經通知限期補正，未依期補正者。

五、健康檢查不合格者。

第十二條

各校應於每學期開學後一個月內，將外國教師之資料列冊報該管主管教育行政機關備查。列冊內容應包括教師姓名、性別、出生年月日、國籍、護照號碼、學歷、任教年級、任教科目、聘期、待遇及聘僱許可文號。

第十三條

本辦法自發布日施行。

附表一

_____ 學校聘僱專（兼）任外國教師（展延）申請表

<table>
<tr><td rowspan="6">學校資料欄</td><td colspan="2">校　　　名</td><td colspan="3"></td></tr>
<tr><td colspan="2">校　　　址</td><td colspan="3"></td></tr>
<tr><td colspan="2" rowspan="2">校　　　長</td><td colspan="2">電　　話</td><td></td></tr>
<tr><td colspan="2">傳　　真</td><td></td></tr>
<tr><td colspan="2" rowspan="2">承　辦　人</td><td colspan="2">電　　話</td><td></td></tr>
<tr><td colspan="2">傳　　真</td><td></td></tr>
<tr><td rowspan="16">擬聘僱之外國教師資料欄</td><td colspan="2">外 文 姓 名</td><td></td><td colspan="2">中 文 姓 名</td></tr>
<tr><td colspan="2">性　　　別</td><td>□男　　□女</td><td colspan="2">出 生 日 期</td></tr>
<tr><td colspan="2">國　　　籍</td><td></td><td colspan="2">護 照 號 碼</td></tr>
<tr><td colspan="2">任 教 年 級</td><td></td><td colspan="2">待　　遇</td></tr>
<tr><td colspan="2">任 教 科 目</td><td></td><td colspan="2" rowspan="2">電　　話</td><td>公：</td></tr>
<tr><td colspan="2">電子郵件地址</td><td></td><td>宅：</td></tr>
<tr><td colspan="2" rowspan="2">聘　　　期</td><td>初聘</td><td colspan="3">自　年　　月至　　年　　月止</td></tr>
<tr><td>展延</td><td colspan="3">自　年　　月至　　年　　月止</td></tr>
<tr><td colspan="2">外 國 住 所</td><td colspan="4"></td></tr>
<tr><td colspan="2">在 華 通 訊 處</td><td colspan="4"></td></tr>
<tr><td colspan="2">學　　　歷</td><td colspan="4"></td></tr>
<tr><td colspan="6">經歷（原服務單位職務、地點及起迄日期）：</td></tr>
<tr><td colspan="6">隨行來臺眷屬：</td></tr>
</table>

　　此致
（主管教育行政機關）

中華民國　　年　　月　　日

	應檢具文件（請勾選）	學校初驗結果	主管機關覆核
黏貼處擬聘僱之外國教師半身照片	一、聘僱契約書		
	二、學經歷影本及其經法院認證之中譯本		
	三、合格教師或任教資格之證明文件影本		
	四、護照影本		
	五、專職工作許可文件影本及一學期以上外僑居留證影本		
	六、健康檢查證明、經法院認證之中譯本		
	七、已依就業服務法第四十三條第三項規定辦理之相關證明文件		

填表說明：

一、本申請表各欄請詳實填寫。

二、受聘僱人學歷欄應填寫大學、碩士、博士學位學歷，並附最高學歷證明文件。

三、受聘僱人初次受聘期以三年為限。

四、所附各類文件，如係外文，應附中文譯文。

附表二

（學校全銜）聘僱外國專（兼）任教師名冊

編號	職稱	姓名	國籍	性別	出生日期 年　月　日	聘僱期間 年月至年月	學歷	護照號碼	備註
						年　年 　至 月　月			
						年　年 　至 月　月			
						年　年 　至 月　月			
						年　年 　至 月　月			
						年　年 　至 月　月			
						年　年 　至 月　月			
						年　年 　至 月　月			

7.外國學生來華留學辦法

中華民國八十八年十二月二十九日教育部（八八）臺參字第八八一六三八二一號令增訂發布
第十六之一條條文

第一條

為鼓勵外國學生來華留學，並輔導其學業及生活，特訂定本辦法。

第二條

本辦法所稱外國學生，指未具僑生身分，且不具中華民國國籍之外國籍學生。

第三條

外國學生申請來華留學，於完成申請就學學校學程後，如繼續在華升學，其入學方式
應與我國內一般學生相同。

＊教育部（八七）臺文㈠字第八七〇〇七二〇六號

要旨：

「外國學生來華留學辦法」第三條之規定是否溯及既往

主旨：

所詢本部八十六年八月十三日修正發布之「外國學生來華留學辦法」第三條條文：「外
國學生申請來華留學，於完成申請就讀學校學程後，如繼續在華升學，其入學方式應
與我國內一般學生相同」之規定是否溯及既往乙案，復如說明，請　查照轉知。

說明：

一、復　貴校八十七年一月十七日 (87) 校教字第八〇八號函。

二、查八十六年八月十三日該辦法修正前條文，並未明文規定外國學生在華完成所申
　　請就學大專校院學程後之再升學方式。因此過去在執行上，部分大專校院允許學
　　生續以申請方式在華升學，部分大專校院則不允許。又該辦法修正前條文（第九
　　條）對外國學生在華完成所申請就學中、小學階段內學程後再升學方式，則可釋
　　義為得續以申請方式入學（高中、高職）。

三、基於法律不溯既往精神，凡於八十六年八月十三日「外國學生來華留學辦法」修
　　正發布之時，即八十六學年度已於國內各級學校就讀，隨班附讀，或擁有學籍，
　　或獲得入學許可之各級學校外國學生，如繼續在華升學，升學高中、高職者，其
　　升學方式得不受現行「外國學生來華留學辦法」第三條規定之限制，即其入學方
　　式得依該辦法修正前之規定辦理，不必與我國內一般學生相同；至升學大專校院
　　者得由各大專校院自行斟酌是否仍依各該校於辦法修正前之原有作法辦理。

第四條

各大專校院各科、系、所招收外國學生名額，分別以該學年度各科、系、所國內招生

名額五分之一計算。但因執行國外學術合作計畫，有特殊需要，並經教育部（以下簡稱本部）專案核定者，得依其核定名額。

第五條

招收外國學生之大專校院，應自行訂定外國學生入學辦法，列明外國學生申請入學之審查或甄試方式及入學標準，報本部備查。

前項入學標準，應以其在原畢業學校各學期各科成績及格為最低標準，各大專校院得另訂較高標準。

第六條

申請入學大專校院之外國學生，應於各校院指定期間，檢附下列文件，逕向各該校院申請入學，經審查或甄試合格者，發給入學許可。註冊時，應檢附健康及傷害保險證明文件：

一、入學申請表（由各校院自行訂定）。

二、最高學歷之外國學校畢業證書影本，並附該證書經公證之中文或英文翻譯本及該學程之全部成績英譯本。

三、推薦書二份（包括一份中國語文教師推薦書）。

四、健康證明書（包括人類免疫缺乏病毒有關檢查）。

五、中文或英文留學計畫書。

六、財力證明書（具備足夠在華就學之財力）。

七、大專校院所規定之其他文件。

第七條

招收外國學生之大專校院應於每年十一月底前，將已註冊入學之外國學生列冊，載明姓名、國籍、就讀年級、入學科、系、所，報本部備查。

第八條

外國學生到校時，已逾學期三分之一者，當學年不得入學。但研究所學生經所屬系（所）主管同意，得於第二學期註冊入學。

第九條

依文化合作關係，由外國政府、學校、官方機構、團體推薦，申請獎學金來華留學之外國學生，應於來華前檢具第六條所規定各項申請文件，經我駐外館處初核後，報由本部轉請受申請入學之校院或其附設之語文教學機構審查合格後，始予分發入學。

依前項規定分發入學之外國學生，得由各校院視實際需要，輔導入其附設之語文教學機構加強中國語文。

第十條

外國學生保留入學資格、轉學、轉科（系、組、所）、休學、退學及其他學籍、學業、生活考核等事項，均依有關法令規定辦理；畢業或退學者，不得再依本辦法申請入學。

依前條第一項規定來華留學學生，由本部分發入學後，須轉學或轉科、系、所時，得由原分發入學校院檢具學生申請書，敘明理由及學期成績單，報請本部審核後重新分發。但以一次為限。

第十一條

招收外國學生之大專校院在不影響正常教學情況下，得參照該校院外國學生入學標準，酌收已在華並已領有外僑居留證之外國學生為選讀生。但經本部專案核定者，不在此限。

第十二條

外國學生申請為選讀生，依規定選修課程經考試及格者，得由學校核發學分證明。

第十三條

來華學習中國語文者，應檢送下列文件，逕向各大專校院附設之語文教學機構申請入學。其獲准入學後，持憑入學通知書，以就學名義向我駐外館處申辦簽證。註冊時，應檢附健康及傷害保險證明文件：

一、入學申請表（由各語文教學機構自行訂定）。

二、最高學歷之外國學校畢業證書影本，並附該證書經公證之中文或英文翻譯本及該學程之全部成績英譯本。

三、健康證明書（包括人類免疫缺乏病毒有關檢查）。

四、財力證明書（具備足夠在華就學之財力）。

五、推薦書一份。

六、留學計畫書（包括學習動機、期限及未來展望）。

七、語文教學機構所規定之其他文件。

各大專校院附設之語文教學機構應於每期開課後，將入學之外國學生列冊報請主管教育行政機關備查。

第十四條

本部為獎勵就讀大專校院及其附設之語文教學機構優秀外國學生，設置外國學生獎學金，其申請規定、條件及核給之金額、名額，由本部定之。

第十五條

各大專校院及其附設之語文教學機構，應指定人員負責辦理外國學生申請案件及平時生活與學業之輔導、考核、聯繫等有關事項。

第十六條

在華有合法監護人之外國學生申請入學中、小學者，應檢送下列文件，逕向其住所附近之學校申請，經甄試核准註冊入學後，列冊報請該主管教育行政機關備查。但申請入學國民小學一年級上學期肄業者，得免繳學歷證明文件：

一、申請書。

二、外僑居留證影本。

三、外國學校畢業或肄業證明書及該學程之全部成績單。

前項外國學生如申請學校因招生額滿無法接受入學，可向主管教育行政機關申請分發至有缺額之學校入學。

各中小學得視第一項申請入學學生甄試成績，編入適當班級就讀或隨班附讀；附讀以一年為限，經考試及格者，承認其學籍。

第十六條之一

本辦法八十六年八月十五日修正生效前，已於國內各級學校就讀、隨班附讀或獲得入學許可之外國學生，如繼續在華升學，其入學方式，依下列規定：

一、入學高中、高職者，得持本國學校畢業證書，依前條第一項第一款、第二款、第二項及第三項規定申請入學，不受第三條及前條第三款之限制。

二、入學大專校院者，依本辦法八十六年八月十五日修正生效前各校院原有之規定。

外國學生依前項規定入學，以一次為限。

8.外國留學生工作許可及聘僱管理辦法

中華民國八十六年一月二十二日教育部（八六）臺參字第八六○○四三一六號令、行政院勞
　工委員會（八六）臺勞職外字第二四五五八二號令會銜修正發布

第一條

本辦法依就業服務法（以下簡稱本法）第四十七條第一項規定訂定之。

第二條

本辦法所稱外國留學生，指就讀於公立或經立案之私立大專校院及其附設之語文教學機構，經教育部認定符合外國學生身分者。

第三條

外國留學生在中華民國境內從事工作，應與其所修習課程或語言有關者為限，且不得影響我國學生工讀機會。

第四條

外國留學生正式入學修習科、系、所課程二學期或語言課程一年以上，成績優良，且經就讀學校認定具下列事實之一者，始得從事工作：

一、因重大事故致其財力無法繼續維持其學業及生活，並能提出具體證明者。

二、就讀學校之教學研究單位須外國留學生協助參與工作者。

三、與本身修習課程有關，須從事校外實習者。

四、所從事之工作有提昇國內相關專業知識水準者。

具特殊語文專長之外國留學生經教育部專案核准，得於入學後於各大專校院附設語文

中心或外國在華文教機構附設之語文中心兼任外國語文教師，不受前項之限制。

第五條

雇主應於開始聘僱前一個月，檢具下列文件，向教育部申請核發聘僱許可：

一、聘僱外國留學生申請書，其格式由教育部定之。

二、上、下學期或語言課程全年之成績單。但符合前條第二項者，免繳。

三、前條第一項各款之相關證明文件或特殊語文專長證明。

前項聘僱許可未核發前，雇主不得先予試用或聘僱。

＊教育部（八四）臺文字第○○八二九五號

要旨：

關於　貴校英語中心外籍教師聘任及居留簽證等事宜

說明：

一、復八十三年十二月二十七日 (83) 東大文字第一六三一號函。

二、大學所設語言中心之教職，應由各外語學系所聘用之教師擔任，如所聘用者為外籍人士，校方須函報本部核轉外交部申請居留簽證。　貴校英語中心聘用外籍教師，自需符合上述原則。

三、文中所稱教師之定義，依據「教育人員任用條例」規定，「大學、獨立學院及專科學校教師分為教授、副教授、講師、助教」四級，惟目前正配合大學法修正相關條文中；另查大學法之規定「大學教師分教授、副教授、助理教授、講師」四級，助教已非教師，依法不能聘用外籍人士擔任。

四、在「教育人員任用條例」未修正完成之前，本部對已聘用之外籍助教，仍予核發工作許可函並轉外交部申辦居留簽證。對於新聘者則將不再予以核轉。若「教育人員任用條例」依大學法修正公布後，外籍人士將不得再擔任助教一職。

五、　貴校語言中心內已聘任之外籍教師，請依上述說明分別依其學歷資格改聘為適當職稱之教師。　貴中心如欲聘用外籍在華留學生，請依「外國留學生工作許可及聘僱管理辦法」報部申請聘僱許可函，並由本部轉外交部辦理居留簽證，以解決外籍教師短缺問題。

第六條

教育部核發聘僱許可時，應副知行政院勞工委員會、受聘僱之外國留學生及學校，一人限核發一份聘僱許可，有效期間自核發之日起最長為一年；如有繼續聘僱之必要，得由雇主於期滿前一個月檢具經就讀學校或語文教學機構出具無礙課業之證明文件，向教育部申請展延，展延期間最長為一年。

第七條

外國留學生於聘僱許可有效期間內，除寒暑假外，每星期之工作時數最長不得超過十二小時。如有畢業、退學或休學等情事，所持之聘僱許可副本應繳回學校，並由學校

報請教育部註銷。

第八條

外國留學生有下列情事之一，經雇主或其他具名檢舉人書面報知教育部，並查明屬實者，由教育部依本法第五十四條之規定撤銷聘僱許可：

一、連續曠職三日失去聯繫者。

二、受聘僱於為其申請許可以外之雇主者。

三、從事經許可以外之工作者。

四、僱傭關係消滅者。

五、違反其他有關規定者。

第九條

各校應輔導校內之外國留學生工作事宜，除於其畢業、退學或休學時函報教育部外，如於工作期間有重大違規或成績低落情事，亦應專案報由教育部依本法第五十四條之規定撤銷聘僱許可之一部或全部。

第十條

聘僱許可因可歸責於外國留學生之事由，致被撤銷者，不得再提申請。

第十一條

雇主聘僱外國留學生，有下列各款規定之一者，依本法之規定處理：

一、聘僱或留用未經許可或聘僱許可失效之外國留學生。

二、以本人名義聘僱外國留學生為他人工作。

三、未經許可聘僱或留用他人所申請聘僱之外國留學生。

四、指派所聘僱之外國留學生從事申請許可以外之工作。

第十二條

本辦法自發布日施行。

9.補習及進修教育法（第二十三條）

中華民國八十八年六月十六日總統（八八）華總(一)義字第八八○○一四○八五○號令修正公布名稱及全文二十八條（原名稱：補習教育法）

第二十三條

短期補習班得招收外國人，其招生及管理辦法，由中央主管教育行政機關會同相關主管機關定之。

10.私立社會教育機構設立及獎勵辦法（第十一、三十二條）

中華民國八十八年五月二十日教育部（八八）臺參字第八八○五四二九二號令修正發布全文

三十三條

第十一條

董事會由董事七人至十五人組成之，應互選一人為董事長，並得互推二人至四人為常務董事，外國人充任董事之人數不得超過總名額三分之一，並不得充任董事長。

董事應有三分之一以上曾從事文教工作者充任之。

第三十二條

外國人得依本辦法之規定在中華民國境內設立私立社會教育機構，其負責人應以中華民國人充任之。

11.捐資教育事業獎勵辦法（第八條）

中華民國八十八年六月二十九日教育部（八八）臺參字第八八〇七五八九六號令修正發布第三、八條條文

第八條

外國人捐資合於本辦法之規定者，其獎勵應由直轄市或縣（市）政府或教育部會同外交部核辦。

12.短期補習班聘用外國人專任外國語文教師許可及管理辦法

中華民國八十八年六月三日教育部（八八）臺參字第八八〇六三二〇二號令、行政院勞工委員會（八八）臺勞職外字第〇九〇一二五五號令會銜修正發布第四、五、十一條條文

第一條

本辦法依就業服務法（以下簡稱本法）第四十四條第二項規定訂定。

本辦法未規定者，依有關法令規定辦理。

第二條

短期補習班（以下簡稱補習班）擬聘用專任外國語文教師之外國人，均應年滿二十歲，經該國衛生主管機關認可之公、私立醫院或我國中央衛生主管機關指定之國內醫院健康檢查合格，具有左列資格之一，提出證明文件者，始得應聘擔任其本國語文教師：

一、大學畢業以上學歷。

二、外國專科學校畢業，並具有語文師資訓練合格證書。

前項所定證明文件如屬外國文件者，應檢具中文譯本。

＊臺灣省政府教育廳（八七）教五字第四四一九〇號

要旨：

「短期補習班聘用外國人專任外國語文教師許可及管理辦理」第二條規定所稱各國之

「本國語文」疑義

主旨：

關於「短期補習班聘用外國人專任外國語文教師許可及管理辦理」第二條規定所稱各國之「本國語文」一案，請依教育部函示辦理，請　查照。

說明：

一、依據教育部八十六年十一月二十日（八六）臺社㈠字第八六一三〇五四八號函暨八十七年三月六日（八七）臺社㈠字第八七〇二〇五九九號函辦理。

二、現行「短期補習班聘用外國人專任外國語文教師許可及管理辦法」第二條所稱「本國語文」，係指聘用外國語文教師其所屬國籍之官方語文。

三、檢送馬來西亞等十三國之官方語文表一份，俾供審核短期補習班聘用外國人專任其本國語文教師之依據。

第三條

補習班聘用之外國人專任外國語文教師健康檢查應包括左列項目：

一、胸部 X 光肺結核檢查。

二、人類免疫缺乏病毒抗體檢驗（HIV 抗體檢查）。

三、梅毒血清檢查。

四、嗎啡、安非他命尿液檢查。

五、其他經中央衛生主管機關指定之檢查項目。

前項檢查項目有任何一項不合格者，不得辦理聘用。

第四條

補習班聘用外國人專任外國語文教師，應檢具申請書及證明文件，報請直轄市主管教育行政機關或縣（市）政府核發聘僱許可文件。受聘僱之外國人應檢具聘僱許可文件，向外交部申請核發居留簽證。聘僱許可文件及居留簽證未核發前，補習班不得先予試用或聘用。

前項申請書格式，由教育部定之。

第五條

受聘用之外國語文教師，應隨身攜帶聘僱許可文件，以備檢查。如有遺失或污損者，應申請補發。

直轄市主管教育行政機關或縣（市）政府核發聘僱許可文件時，應副知外交部、教育部、行政院勞工委員會、當地警察局、該管之財政部各地區國稅局及受聘僱之外國人。

第六條

補習班聘用外國人專任外國語文教師，於該補習班每週從事教學相關工作時數不得少於十四節，每節五十分鐘計。

第七條

（刪除）

第八條

補習班聘用外國人專任外國語文教師，以一年一聘為原則。必要時，得申請展延；展延以一年為限。

補習班依前項規定申請展延，應於聘僱許可期限屆滿前一個月，檢具原核准公函、續聘聘書及經該國衛生主管機關認可之公、私立醫院或我國中央衛生主管機關指定之國內醫院健康檢查合格證明，依規定辦理。

＊臺灣省政府教育廳（八四）教五字第三七七一七號

要旨：

關於短期補習班聘用之專任外籍語文教師，因聘僱許可展延期滿出境後，可否再以初聘方式，再於該補習班或其他補習班任教一案。

主旨：

關於短期補習班聘用之專任外籍語文教師，因聘僱許可展延期滿出境後，可否再以初聘方式，再於該補習班或其他補習班任教一案，經奉教育部核復如說明，轉請　查照。

說明：

一、依據教育部八十四年二月九日（八四）臺社字第○○五九三五號函辦理。

二、本案經轉教育部核復略以：「二、本案經轉據行政院勞工委員會八十四年一月二十六日（八四）臺勞職業字第一○五○一五號函釋略以：按就業服務法之四十九條規定『展延以一年為限』，除但書規定外，並無次數之限制。短期補習班聘用之專任外籍語文教師，因聘僱許可展延期滿出境後，得再聘僱於該補習班或其他補習班任教。」

第九條

補習班聘用外國人專任外國語文教師之授課鐘點費，得比照高級中等以上學校教師授課鐘點費支給之。

第十條

補習班聘用之外國人專任外國語文教師，教學績優者，得由該班檢具優良事蹟，報請直轄市主管教育行政機關或縣（市）政府，予以獎勵。

第十一條

補習班聘用外國人專任外國語文教師有左列情形之一者，該補習班應報請直轄市主管教育行政機關或縣（市）政府，撤銷其聘僱許可，並依有關法令規定處理外，各補習班不得再聘請其擔任教師：

一、言行不檢，有損師道。

二、不依聘約約定從事正常教學。

三、從事政治活動、政治宣傳、商業行為。

四、不依法納稅。

五、侮蔑我國政府及元首。

六、言行危害我國社會治安。

七、經有關機關拒絕簽證、禁止入境、或限令出境者。

八、違反其他有關法令規定者。

第十二條

補習班聘用外國人專任外國語文教師未依本辦法規定辦理者，依本法及短期補習班設立及管理規則等有關法令規定處理。

第十三條

本辦法施行前，已依短期補習班外籍語文教師聘用要點規定，核准聘用之外國語文教師，得繼續聘用至聘期屆滿時為止。

第十四條

本辦法自發布日施行。

13.學位授予法（第十四條）

中華民國八十三年四月二十七日總統華總㈠義字第二二三五號令修正公布全文十七條

第十四條

本國或外國人士具有下列條件之一者，得為名譽博士學位候選人：

一、在學術或專業上有特殊成就或貢獻，有益人類福祉者。

二、對文化、學術交流或世界和平有重大貢獻者。

14.學校教職員退休條例（第十二、二十條）

中華民國八十九年一月十二日總統（八九）華總一義字第八九〇〇〇〇二二八〇號令修正公布第九條條文

第十二條

退休教職員有左列情形之一者，喪失其領受退休金之權利：

一、死亡。

二、褫奪公權終身者。

三、犯內亂罪、外患罪經判決確定者。

四、喪失中華民國國籍者。

第二十條

外國人任中華民國公立中等以上學校教師者，其退休事項準用本條例之規定。但以支領一次退休金為限。

*行政院人事行政局（六八）局肆字第二〇九七八號

要旨：

外籍專任教師可否依規定辦理資遣

全文內容：

學校教職員退休條例與公務人員退休法規定未盡相同，其條例第二十條規定：外國人任中華民國公立中等以上學校教員者，其退休給與依本條例之規定。基於上述立法意旨，學校外籍教員既可請領退休給與，本案外籍教師似亦可發給資遣費。

*銓敍部（六八）臺楷特三字第二九六二三號

要旨：

外籍專任教師可否依規定辦理資遣

全文內容：

學校教職員退休條例與公務人員退休法規定未盡相同，其條例第二十條規定：外國人任中華民國公立中等以上學校教員者，其退休給與依本條例之規定。基於上述立法意旨，學校外籍教員既可請領退休給與，本案外籍教師似亦可發給資遣費。

15.學校教職員撫卹條例（第十一、二十條）

中華民國八十九年一月十二日總統（八九）華總一義字第八九〇〇〇〇二二九〇號令修正公布第十六條條文

第十一條

遺族有左列情形之一者，喪失其撫卹金領受權：

一、褫奪公權終身者。

二、犯內亂罪、外患罪經判決確定者。

三、喪失中華民國國籍者。

第二十條

外國人任中華民國公立中等以上學校教師，在職死亡者，其撫卹事項準用本條例之規定。

但以給與一次撫卹金為限。

16.科學技術基本法（第二十一條）

中華民國八十八年一月二十日總統（八八）華總一義字第八八〇〇〇一三一九〇號令制定公布全文二十三條

第二十一條

為提升科學技術水準，政府應致力推動國際科學技術合作，促進人才、技術、設施及

資訊之國際交流與利用，並參與國際共同開發與研究。

17.政府科學技術研究發展成果歸屬及運用辦法（第十二條）

中華民國八十九年二月二十五日行政院（八九）臺科字第〇五九一三號令訂定發布全文十五
條；並自八十八年一月二十二日起施行

第十二條

資助機關、研究機構或企業進行國際合作所產生之研發成果，其歸屬、管理及運用，
得依契約約定，不受本辦法之限制。

18.行政院國家科學委員會主管財團法人設立許可及監督準則（第十二條）

中華民國八十七年三月十日行政院國家科學委員會（八七）臺會企字第〇一〇九三三號令訂
定發布全文三十條

第十二條

董事、監察人相互間有配偶或三親等以內血親、姻親之關係者，不得超過各董事、監
察人總名額三分之一。

外國人充任董事、監察人者，其人數不得超過各董事、監察人總名額三分之一，並不
得充任董事長。

19.經濟部科學技術委託或補助研究發展計畫研發成果歸屬及運用辦法（第十七條）

中華民國八十九年十二月六日經濟部(八九)經科字第八九二七二二八六號令修正發布第二、
五、七、九、十、十一、二十二、二十七、三十、四十五條條文（原名稱：經濟部科學技
術委託研究發展計畫研發成果歸屬及運用辦法）

第十七條

執行單位得依下列規定，將研發成果與其他國家或地區之人民、企業、機關（構），進
行國際交互授權：

一、國際交互授權不違反平等互惠原則。

二、國際交互授權所取得之研發成果有助於提昇我國產業技術水準或增進商業利益。

執行單位依前項國際交互授權所獲得之標的，其運用及收入應依本辦法相關規定辦理。

20.文化資產保存法（第十三、二十一、二十五、五十七條）

中華民國八十九年二月九日總統（八九）華總(一)義字第八九〇〇〇三一六一〇號令修正公布
　　第三、五、二十七、二十八、三十、三十一之一條條文及第三章章名；並增訂第二十七之
　　一、二十九之一、三十之一、三十之二、三十一之二條條文

第十三條

私人所有之古物，得申請教育部鑑定登記。重要古物，不得移轉於非中華民國之人。

私人所有之古物，應鼓勵其委託公立古物保管機構公開展覽。

前項古物得由政府收購，自願捐獻者應予獎勵；其辦法由教育部定之。

第二十一條

依前條規定採掘古物而有邀請外國專家參加之必要時，應先報請教育部核准。

第二十五條

有關機關依法沒收、沒入或收受外國政府交付之古物，由教育部指定公立古物保管機構保管之。

第五十七條

有左列行為之一者，科五萬元以下罰金：

一、移轉國寶或重要古物所有權未事先報請教育部核備者。

二、未經原保管機關核准、監製再複製公有古物者。

三、發見古物、古蹟或具有古蹟價值之文化遺址未依規定立即報告或停止工程之進行，
　　或不依規定處理者。

四、未依規定報請核准，邀請外國人採掘古物者。

五、修護古蹟未依規定報經許可者。

六、不依古蹟主管機關之通知，對古蹟之維護採取必要之措施者。

七、不依原有形貌修護古蹟者。

八、營建工程破壞古蹟之完整、遮蓋古蹟之外貌或阻塞觀覽之通道者。

21.文化資產保存法施行細則（第十九、二十三至二十七、三十一條）

中華民國九十年十二月十九日行政院文化建設委員會（九〇）文建壹字第二〇〇二一八〇七
　　號令、內政部臺（九〇）內民字第九〇六二四四三號令、教育部臺（九〇）社五字第九〇
　　一五六五六五號令、經濟部經（九〇）礦字第〇九〇〇二七二八六二〇號令、交通部（九
　　〇）交路發字第〇〇〇七九號令、行政院農業委員會（九〇）農輔字第九〇〇〇五一四一
　　七號令修正發布第三、二十三、二十七、三十八、三十九、四十、四十二、四十五至四十
　　八、五十、五十五、六十二、六十八條條文；增訂第三之一、三之二、四之一、三十九之
　　一至三十九之四、四十之一、四十二之二、五十六之一條條文；並刪除第四十九、五十六條
　　條文

第十九條

經發見之無主古物或依法沒收、沒入或收受外國政府交付之古物，由教育部鑑定後，按其類別等級交由公立古物保管機構保管。

第二十三條

有下列情形之一者，教育部應通知採掘機構停止採掘或廢止其採掘執照：

一、自核准之採掘日起逾六個月未採掘者。

二、邀請外國學術團體或個人參加採掘，未經陳報核准者。

三、不受教育部所派人員之監督者。

第二十四條

依本法第二十一條邀請外國專家參加採掘古物者，其申請書應載明左列事項：

一、敘明邀請外國學術團體或個人參與協助之理由。

二、外國學術團體之名稱、地址、組織性質、參加採掘之設備及負責人員或專家之姓名、國籍、學經歷、職業及住址。

三、外國學術團體或個人之參加人數。

第二十五條

採掘機構如需要與外國學術團體或個人簽訂參加採掘古物之契約，應先將訂約內容報請教育部核定後行之。

第二十六條

外國學術團體或個人參加採掘古物時，應受採掘機構指揮。

第二十七條

參加採掘古物之外國學術團體或個人，有左列情形之一者，教育部得通知採掘機構停止其參加採掘工作。

一、逾越採掘古物範圍區，任意測繪地圖者。

二、為他種目的逾越採掘古物範圍區而有不當行為者。

三、不受採掘機構之指揮者。

第三十一條

依本法第二十三條第一項但書申請將國寶或重要古物運出國外者，應檢具左列文件向教育部申請之。

一、古物出國申請書。

二、研究或展覽計畫書。

三、外國政府機關或學術機構邀請文件、契約書或保證書。

四、古物清冊：品名、年代、形狀、大小、件數等。

五、古物照片粘存簿：依申請順序排列並加蓋騎縫章。

六、派遣隨護人員名冊。

教育部受理前項申請後，應就古物有無出國之必要，及其安全、運輸、點驗封箱、回國啟箱等審議之。

22.無主古物發見人獎勵辦法（第八條）

中華民國八十八年六月二十九日教育部（八八）臺參字第八八○七五八九六號令修正發布第五、六條條文

第八條

無主古物發見人如為外國人時，由教育部會同外交部依本辦法及有關法令辦理。

23.古物捐獻者獎勵辦法（第六、七條）

中華民國八十八年六月二十九日教育部（八八）臺參字第八八○七五八九六號令修正發布第八條條文

第六條

僑居國外之中華民國人民捐獻古物，除依第四條之程序申辦，並得由我國轄區使領館、機構或僑務委員會認可之僑團檢具古物捐獻書，報請外交部或僑務委員會轉教育部，由教育部會同僑務委員會依本辦法及有關法令規定辦理之。

第七條

外國個人、團體或法人捐獻古物，由教育部會同外交部依本辦法及有關法令規定辦理之。

24.行政院文化建設委員會獎勵出資獎助文化藝術事業者辦法（第八條）

中華民國八十八年十一月十日行政院文化建設委員會（八八）文建壹字第○八八三○○一一三七一號令訂定發布全文九條；並自發布日起施行

第八條

外國團體或個人出資獎助中華民國文化藝術事業者，準用本辦法之規定。

25.行政院文化建設委員會主管文化藝術財團法人設立許可及監督準則（第十條）

中華民國八十八年九月十四日行政院文化建設委員會（八八）文建壹字第○八八一○○○五三三六號令訂定發布全文二十九條；並自發布日起施行

第十條

文化法人置董事或監察人，應符合下列規定：

一、董事之名額，以七人至二十一人為限，並須為奇數，其每屆任期不得逾三年。置有監察人者，名額以三人至五人為限，任期與董事同。

二、董事三分之一以上須具有文化藝術專業素養或從事文化藝術工作經驗。

三、董事相互間有配偶及三親等以內血親、姻親關係者，不得超過其總名額三分之一。

四、監察人相互間、監察人與董事間不得有配偶及三親等以內血親、姻親關係。

五、外國人充任董事或監察人，其人數不得超過董事總名額或監察人總名額三分之一，並不得充任董事長。

董事及監察人均為無給職。

六、經濟

1.貿易法

中華民國八十八年十二月十五日總統（八八）華總（一）義字第八八〇〇二九七四九〇號令修正
公布第二、十三、十五至十七、二十一、二十三、二十七至三十二條條文及第二章章名；
增訂第二十七之一、二十七之二條條文；並刪除第三十四條條文

第一章　總則

第一條

為發展對外貿易，健全貿易秩序，以增進國家之經濟利益，本自由化、國際化精神，
公平及互惠原則，制定本法。本法未規定者，適用其他法律之規定。

第二條

本法所稱貿易，係指貨品之輸出入行為及有關事項。

前項貨品，包括附屬其上之商標專用權、專利權、著作權及其他已立法保護之智慧財
產權。

第三條

本法所稱出進口人，係指依本法經登記經營貿易業務之出進口廠商，或非以輸出入為
常業辦理特定項目貨品之輸出入者。

第四條

本法之主管機關為經濟部。

本法規定事項，涉及其他部會或機關之職掌者，由主管機關會商有關機關辦理之。

第五條

基於國家安全之目的，主管機關得會同有關機關報請行政院核定禁止或管制與特定國
家或地區之貿易。但應於發布之日起一個月內送請立法院追認。

*釋字第五二一號

解釋文：

法律明確性之要求，非僅指法律文義具體詳盡之體例而言，立法者仍得衡酌法律所規
範生活事實之複雜性及適用於個案之妥當性，運用概括條款而為相應之規定，業經本
院釋字第四三二號解釋闡釋在案。為確保進口人對於進口貨物之相關事項為誠實申報，
以貫徹有關法令之執行，海關緝私條例第三十七條第一項除於前三款處罰虛報所運貨
物之名稱、數量及其他有關事項外，並於第四款以概括方式規定「其他違法行為」亦
在處罰之列，此一概括規定，係指報運貨物進口違反法律規定而有類似同條項前三款
虛報之情事而言。就中關於虛報進口貨物原產地之處罰，攸關海關緝私、貿易管制有

關規定之執行，觀諸海關緝私條例第一條、第三條、第四條、貿易法第五條、第十一條及臺灣地區與大陸地區人民關係條例第三十五條之規定自明，要屬執行海關緝私及貿易管制法規所必須，符合海關緝私條例之立法意旨，在上述範圍內，與憲法第二十三條並無牴觸。至於依海關緝私條例第三十六條、第三十七條規定之處罰，仍應以行為人之故意或過失為其責任條件，本院釋字第二七五號解釋應予以適用，併此指明。

第六條

有左列各款情形之一者，主管機關得暫停特定國家或地區或特定貨品之輸出入或採取其他必要措施：

一、天災、事變或戰爭發生時。

二、危害國家安全或對公共安全之保障有妨害時。

三、國內或國際市場特定物資有嚴重匱乏或其價格有劇烈波動時。

四、國際收支發生嚴重失衡或有嚴重失衡之虞時。

五、國際條約、協定或國際合作需要時。

六、外國以違反國際協定或違反公平互惠原則之措施，妨礙我國輸出入時。

前項第一款至第四款或第六款之適用，以對我國經濟貿易之正常發展有不利影響或不利影響之虞者為限。

主管機關依第一項第四款或第六款暫停輸出入或採行其他必要措施前，應循諸商或談判途徑解決貿易爭端。主管機關採取暫停輸出入或其他必要措施者，於原因消失時，應即解除之。

前條追認規定於本條適用之。

第七條

主管機關或經行政院指定之機關，得就有關對外貿易事務與外國談判及簽署協定、協議。其所為談判事項涉及其他機關者，應事先協調。

民間機構或團體經主管機關授權者，得代表政府就有關對外貿易事務與外國談判及簽署協議。其協議事項，應報請主管機關核定。

對外貿易談判所簽署之協定或協議，除屬行政裁量權者外，應報請行政院核轉立法院議決。

協定或協議之內容涉及現行法律之修改或應另以法律定之者，需經完成立法程式，始生效力。

第八條

有關經濟貿易事務與外國談判及簽署協定或協議前，主管機關或行政院指定之機關得視需要會同立法院及相關部會或機關舉辦公聽會或徵詢學者專家及相關業者之意見。

第二章　貿易管理及進口救濟

第九條

公司行號經經濟部國際貿易局登記為出進口廠商者，得經營輸出入業務。出進口廠商登記管理辦法，由經濟部定之。

第十條

非以輸出入為常業之法人、團體或個人，得依經濟部國際貿易局規定辦理特定項目貨品之輸出入。

第十一條

貨品應准許自由輸出入。但因國際條約、貿易協定或基於國防、治安、文化、衛生、環境與生態保護或政策需要，得予限制。

前項限制輸出入之貨品名稱及輸出入有關規定，由主管機關會商有關機關後公告之。

第十二條

軍事機關輸出入貨品，由經濟部會同國防部訂定辦法管理之，並列入輸出入統計。

第十三條

為確保國家安全，履行國際合作及協定，加強管理戰略性高科技貨品之輸出入及流向，以利引進高科技貨品之需要，其輸出入應符合左列規定：

一、非經許可不得輸出。

二、經核發輸入證明文件者，非經許可不得變更進口人或轉往第三國家、地區。

三、應據實申報用途，非經核准不得擅自變更。

輸往管制地區之特定戰略性高科技貨品，非經許可不得經由我國通商口岸過境、轉運或進儲保稅倉庫。

前二項貨品之種類、管制地區，由主管機關會商有關機關後公告之。

第一項及第二項許可之申請條件與程式、輸出入、過境、轉運或進儲保稅倉庫之管理、輸出入用途之申報、變更與限制及其他應遵行事項，由主管機關會商有關機關訂定辦法管理之。

第十四條

左列事項，經濟部國際貿易局得委託金融機構、同業公會或法人辦理之：

一、貨品輸出入許可證核發事項。

二、貨品輸出入配額管理事項。

三、其他有關貨品輸出入審查、登記事項。

金融機構、同業公會或法人辦理前項之受託業務，應受經濟部國際貿易局監督。並於必要時，赴立法院備詢。其工作人員就其辦理受託事項，以執行公務論，分別負其責任。

第十五條

出進口人輸出入依本法規定限制輸出入之貨品或依第十條規定辦理特定貨品之輸出

入，經核發輸出入許可證者，應依許可證內容辦理輸出入。

貨品輸出入許可證之核發、更改及有效期限、產地標示、商標申報及其他輸出入管理應遵行事項之管理辦法，由主管機關定之。

第十六條

因貿易談判之需要或履行協定、協議，經濟部國際貿易局得對貨品之輸出入數量，採取無償或有償配額或其他因應措施。

前項輸出入配額措施，國際經貿組織規範、協定、協議、貿易談判承諾事項或法令另有規定者，依其規定；未規定者，應公開標售。

出進口人輸出入受配額限制之貨品，不得有左列行為：

一、偽造、變造配額有關文件或使用該文件。

二、違規轉運或規避稽查。

三、不當利用配額致破壞貿易秩序或違反對外協定或協議。

四、逃避配額管制。

五、未依海外加工核准事項辦理。

六、利用配額有申報不實情事。

七、其他妨害配額管理之不當行為。

輸出入配額，不得作為質權或強制執行之標的。除特定貨品法令另有規定外，無償配額不得轉讓。

輸出入配額之分配方式、程式、數量限制、利用期限、受配出進口人之義務及其有關配額處理管理事項，由主管機關依各項貨品之管理需要分別訂定辦法管理之。

第十七條

出進口人不得有左列之行為：

一、侵害我國或他國依法保護之智慧財產權。

二、未依規定標示來源識別、產地或標示不實。

三、未依規定申報商標或申報不實。

四、使用不實之輸出入許可證或相關貿易許可、證明文件。

五、未依誠實及信用方法履行交易契約。

六、以不正當方法擾亂貿易秩序。

七、其他有損害我國商譽或產生貿易障礙之行為。

第十八條

貨品因輸入增加，致國內生產相同或直接競爭產品之產業，遭受嚴重損害或有嚴重損害之虞者，有關主管機關、該產業或其所屬公會或相關團體，得向主管機關申請產業受害之調查及進口救濟。

經濟部為受理受害產業之調查，應組織貿易調查委員會，其組織規程由經濟部另訂之。

第一項進口救濟案件之處理辦法，由經濟部會同有關機關擬訂，報請行政院核定後發布之。其屬主管機關依世界貿易組織紡織品及成衣協定公告指定之紡織品進口救濟案件處理辦法，由經濟部擬訂，報請行政院核定後發布之。

第十九條

外國以補貼或傾銷方式輸出貨品至我國，對我國競爭產品造成實質損害、有實質損害之虞或對其產業之建立有實質阻礙，經經濟部調查損害成立者，財政部得依法課徵平衡稅或反傾銷稅。

＊法務部（八二）法律字第○九五八六號

要旨：

平衡稅及反傾銷稅案件中涉及損害調查之處理機關，究以何機關處理較為適法。

主旨：

關於　貴部函詢有關平衡稅及反傾銷稅案件中涉及損害調查之處理機關，究以何種機關處理較為適法疑義乙案，本部意見如說明二，請　查照參考。

說明：

一、復　貴部八十二年四月三十日臺財關字第八二一九八六六九九號函。

二、按貿易法第十九條規定：「外國以補貼或傾銷方式輸出貨品至我國，對我國競爭產品造成實質損害、有實質損害之虞或對其產業之建立有實質阻礙，經經濟部調查損害成立者，財政部得依法課徵平衡稅或反傾銷稅。」揆其立法意旨，認為有關外國補貼或傾銷之問題，既規定在「關稅法」及「平衡稅及反傾銷稅課徵實施辦法」（依關稅法第四十六條之二第三項授權訂定），原係以財政部為主管機關，但因其與產業競爭有更密切之關連，故於貿易法第十九條明定將其事實認定與損害調查之主管機關改為經濟部（參照立法院議案關係文書，八十二年一月八日印發）。惟因貿易法無過渡條款之規定，故在經濟部貿易調查委員會組織尚未成立，且於現行「平衡稅及反傾銷稅課徵實施辦法」修正或廢止之前，似仍宜由貴部依「平衡稅及反傾銷稅課徵實施辦法」有關規定辦理。

第二十條

主管機關對輸出、入有關同業公會之業務，應負監督及輔導之責，其監督輔導辦法，由經濟部會同內政部定之。

第二十條之一

受外國政府委託在我國執行裝運前檢驗者，其檢驗業務應受主管機關監督。

世界貿易組織裝運前檢驗協定爭端解決小組所為之決定，有拘束裝運前檢驗機構及出口人之效力。

裝運前檢驗監督管理辦法，由經濟部定之。

第三章　貿易推廣與輔導

第二十一條

為拓展貿易，因應貿易情勢，支援貿易活動，主管機關得設立推廣貿易基金，就出進口人輸出入之貨品，由海關統一收取最高不超過輸出入貨品價格萬分之四・二五之推廣貿易服務費。但因國際條約、協定、慣例或其他特定原因者，得予免收。

推廣貿易服務費之實際收取比率及免收項目範圍，由主管機關擬訂，報請行政院核定。

第一項基金之運用，應設置推廣貿易基金管理委員會，其委員應包括出進口人代表，且不得少於四分之一。

推廣貿易基金之收支、保管及運用辦法，由行政院定之。

第二十二條

主管機關應協助出進口廠商，主動透過與外國諮商或談判，排除其在外國市場遭遇之不公平貿易障礙。

第二十三條

為因應貿易推廣之需要，行政院得指定有關機關推動輸出保險、出進口融資、航運發展及其他配合輔導措施。

第二十四條

經濟部國際貿易局因管理需要，得通知出進口人提供其業務上有關之文件或資料，必要時並得派員檢查之，出進口人不得拒絕；檢查時檢查人應出示執行職務之證明文件，其未出示者，被檢查者得拒絕之。

第二十五條

業務上知悉或持有他人貿易文件或資料足以妨礙他人商業利益者，除供公務上使用外，應保守秘密。

第二十六條

出進口人應本誠信原則，利用仲裁、調解或和解程式，積極處理貿易糾紛。

主管機關應積極推動國際貿易爭議之仲裁制度。

第四章　罰則

第二十七條

輸出入戰略性高科技貨品有左列情形之一者，處二年以下有期徒刑、拘役或科或併科新臺幣三十萬元以下罰金：

一、未經許可輸往管制地區。

二、經核發輸入證明文件後，未經許可於輸入前轉往管制地區。

三、輸入後未經許可擅自變更原申報用途，供作生產、發展核子、生化、飛彈等軍事

武器之用。

法人之代表人、法人或自然人之代理人、受雇人或其他從業人員，因執行業務犯前項之罪者，除處罰其行為人外，對該法人或自然人亦科以前項之罰金。

第二十七條之一

有前條第一項各款所定情形之一者，由經濟部國際貿易局停止其一個月以上一年以下輸出、輸入或輸出入貨品或撤銷其出進口廠商登記。

第二十七條之二

輸出入戰略性高科技貨品有左列情形之一者，經濟部國際貿易局得處新臺幣三萬元以上三十萬元以下罰鍰或停止其一個月以上一年以下輸出、輸入或輸出入貨品或撤銷其出進口廠商登記：

一、未經許可輸往管制地區以外地區。

二、經核發輸入證明文件後，未經許可變更進口人或轉往管制地區以外之第三國家、地區。

三、輸入後未經許可擅自變更原申報用途，而非供作生產、發展核子、生化、飛彈等軍事武器之用。

違反第十三條第二項規定之特定戰略性高科技貨品，海關得予扣押，經主管機關會商有關機關後視需要退運或沒入。

第二十八條

出進口人有左列情形之一者，經濟部國際貿易局得予以警告或處新臺幣三萬元以上三十萬元以下罰鍰或停止其一個月以上一年以下輸出、輸入或輸出入貨品：

一、違反第五條規定與禁止或管制國家或地區為貿易行為。

二、違反第六條第一項規定之暫停貨品輸出入行為或其他必要措施者。

三、違反第十一條第二項限制輸出入貨品之規定。

四、違反第十五條第一項規定，未依輸出入許可證內容辦理輸出入。

五、有第十七條各款所定禁止行為之一。

六、違反第二十四條規定，拒絕提供文件、資料或檢查。

七、違反第二十五條規定，妨害商業利益。

有前項第一款至第五款規定情形之一，其情節重大者，經濟部國際貿易局除得依前項處罰外，並得撤銷其出進口廠商登記。

＊經濟部（八四）經貿字第八四〇三二一八五號

要旨：

准許「發貨中心保稅倉庫」進儲未公告准許間接輸入之大陸地區原物料、零組件轉售保稅工廠、加工出口區外銷事業或科學工業園區事業加工外銷。

主旨：

公告准許「發貨中心保稅倉庫」進儲未公告准許間接輸入之大陸地區原物料、零組件轉售保稅工廠、加工出口區外銷事業或科學工業園區事業加工外銷。

說明：

一、「發貨中心保稅倉庫」進儲未公告准許間接輸入之大陸地區原物料、零組件轉售保稅工廠、加工出口區外銷事業或科學工業園區事業加工外銷，免逐案向本部國際貿易局申請，可逕依「保稅倉庫設立及管理辦法」及其他有關規定辦理。

二、如有違法情事，依「貿易法」相關規定處分。

第二十九條

出進口人有第十六條第三項第一款至第四款規定情形之一者，經濟部國際貿易局得視情節輕重處新臺幣六萬元以上三十萬元以下罰鍰、收回配額或停止該項貨品三個月以上六個月以下輸出、輸入、輸出入，並得取銷實績、停止申請配額資格，或撤銷其出進口廠商登記。

出進口人有第十六條第三項第五款至第七款規定情形之一者，經濟部國際貿易局得予以警告或處新臺幣三萬元以上十五萬元以下罰鍰、收回配額或停止該項貨品一個月以上三個月以下輸出、輸入、輸出入，並得取銷實績、停止申請配額資格。

為防止涉嫌違規出進口人規避處分，在稽查期間，經濟部國際貿易局得對其所持之配額予以全部或部分暫停讓出或凍結使用。

第三十條

出進口人有左列情形之一者，經濟部國際貿易局得暫停其輸出入貨品。但暫停原因消失時，應即回復之：

一、輸出入貨品仿冒或侵害我國或他國之智慧財產權，有具體事證。

二、未依第二十一條第一項規定繳納推廣貿易服務費者。

因前項第一款情形而暫停輸出入貨品之期間，不得超過一年。

第三十一條

依第二十七條之一、第二十七條之二第一項或第二十八條至第三十條規定受停止輸出入貨品之出進口人，其在受處分前已成立之交易行為，經經濟部國際貿易局查明屬實者，仍得辦理該交易行為貨品之輸出入。

第三十二條

依第二十七條之一、第二十七條之二第一項或第二十八條至第三十條規定受處分者，得向經濟部國際貿易局聲明異議，要求重審，經濟部國際貿易局應於收到異議書之次日起二十日內決定之；其異議處理程式及辦法，由經濟部定之。

對前項異議重審結果不服者，得依法提起訴願及行政訴訟。

第三十三條

依本法所處之罰鍰，經通知限期繳納，逾期仍未繳納者，移送法院強制執行。

第五章　附則

第三十四條

（刪除）

第三十五條

同業公會或法人之年度經費，由推廣貿易基金補助半數以上者，其人事及經費，應受經濟部之輔導監督，並於必要時，赴立法院備詢之。

第三十六條

本法施行細則，由經濟部擬訂，報請行政院核定後發布之。

第三十七條

本法自公佈日施行。但第二十一條有關推廣貿易服務費收取，自八十二年七月一日起實施。

本法修正條文第六條、第十八條及第二十條之一施行日期，由行政院定之。

2.貿易法施行細則

中華民國八十九年八月三十日經濟部(八九)經貿字第八九〇二三五九三號令修正發布第七、八、二十、二十一條條文；增訂第十二之一條條文；並刪除第十八條條文

第一條

本細則依貿易法（以下簡稱本法）第三十六條規定訂定之。

第二條

本法所稱外國、他國或對手國，包含世界貿易組織所指之個別關稅領域。

第三條

主管機關依本法第六條規定所採取之暫停輸出入或其他必要措施，應於發布之同時報請行政院於發布之日起一個月內送請立法院追認。

第四條

主管機關依本法第六條對特定國家或地區或特定貨品所採取之必要措施，包括對輸出入貨品之數量、價格、品質、規格、付款方式及輸出入方法予以限制，並得洽請財政部依法課徵特別關稅。

第五條

本法第六條第一項第五款及第十一條第一項但書所稱國際條約或協定，其範圍如左：

一、我國與外國所簽訂之條約或協定。

二、我國已參加或雖未參加而為一般國家承諾共同遵守之國際多邊組織所簽署之公約或協定。

第六條

為拓展對外貿易關係，主管機關應舉辦或參與雙邊、多邊經貿合作會議，並得視經貿發展情況或需要，與特定國家或地區簽署有助於增進雙邊經貿關係之協定或協議。

第七條

依本法第五條對特定國家或地區所為之禁止或管制、第六條暫停貨品之輸出入或其他必要措施、第十一條第一項但書所為之限制、第十三條戰略性高科技貨品輸出入之管理、第十六條所採取無償或有償配額或其他因應措施及第十八條進口救濟措施，均應公告，並自公告日或指定之日起實施。

第八條

出進口人於前條公告日或指定之日前，有左列情事之一者，仍得辦理輸出入貨品：

一、出進口人已取得輸出入許可證，並在許可有效期限內者。

二、進口人已申請開出信用狀、匯出貨款或貨品自國外裝運輸入，具有證明文件者。

三、出口人已接到國外銀行開來信用狀或預收貨款，具有證明文件者。

前項第二款及第三款之證明文件，應載明貨品名稱及數量。

第九條

依本法規定辦理之輸出入，其出進口文件之申請或提出，得採與海關、經濟部國際貿易局或其委託辦理簽證機構電腦連線或電子資料傳輸方式辦理。

第十條

輸出入貨品，依本法第十六條第一項規定採取無償或有償配額措施者，經濟部國際貿易局得採取左列方式處理：

一、自行或會同有關機關核配配額。

二、委託金融機構、同業公會或法人管理。

三、指定由公營貿易機構輸入標售。

四、其他經主管機關核定之方式。

第十一條

本法第十六條第一項所稱有償配額，指由經濟部國際貿易局與有關機關協商後公告，以標售或依一定費率收取配額管理費之有償方式處理配額。

第十二條

處理有償配額之所得，除經行政院核准者外，應繳交國庫。

受託機構辦理配額管理所需經費，由經濟部國際貿易局編列預算支應。但處理配額之所得未繳交國庫者，不在此限。

第十二條之一

本法第十六條第三項第二款所稱違規轉運，指輸出受配額限制之貨品，其原產地非屬我國，而申請利用我國配額輸往進口設限之國家或地區。

本法第十六條第三項第五款所稱海外加工，指以原料或半成品在海外從事加工成受配額限制之貨品後，復運進口利用我國配額出口，或利用我國配額逕由海外加工地出口。

第十三條

本法第十七條第一款所稱他國，指與我國有多邊或雙邊保護智慧財產權之條約或協定之國家或地區。

第十四條

主管機關依本法第十九條規定調查損害時，對於實質損害、有實質損害之虞或對其產業之建立有實質阻礙之認定，應與財政部依關稅法第四十六條、第四十六條之一課徵平衡稅或反傾銷稅時，對於關稅法第四十六條之二所稱重大損害或有重大損害之虞或重大延緩國內該項產業之建立所作之認定相同。

第十五條

為推廣對外貿易，主管機關得自行或委託中華民國對外貿易發展協會或其他相關機構、法人或同業公會辦理左列事項：

一、釐訂對特定國家或地區經貿擴展計畫。

二、調查並排除外國對我國貿易障礙。

三、協助因應外國對我國貿易指控案件。

四、推動企業行銷輔導體系。

五、推動優良產品識別體系。

六、在特定國家或地區設立海外貿易據點。

七、培訓貿易談判及推廣人才。

八、舉辦或參加國際商品展示活動。

九、表揚國內進出口或外商採購國產品績優廠商。

十、協助國內出進口廠商及旅居海外華商推廣貿易。

十一、其他有助於推廣對外貿易之活動。

第十六條

依本法第二十一條第一項收取推廣貿易服務費，應依左列規定：

一、輸出貨品以離岸價格為準。

二、輸入貨品以關稅完稅價格為準。

三、輸入貨品以修理費、裝配費、加工費、租賃費或使用費核估其完稅價格者，以所核估之完稅價格為準。

第十七條

依本法第二十一條第一項規定應繳納之推廣貿易服務費，出進口人應自海關填發繳納證之日起十四日內繳納。

海關收取前項推廣貿易服務費時，其屬進口貨品者，併入稅款繳納證與進口稅捐同時

收取；其屬出口貨品者，於運輸工具結關開航後收取。

第十八條

（刪除）

第十九條

左列輸出入貨品，得向海關申請退還已繳納之推廣貿易服務費：

一、輸出入貨品在通關程式中，因故退關或退運出口者。

二、因誤寫、誤算、誤收等情形致溢收者。

三、出口廠商於貨品放行後，依法令規定准予修改報單出口貨價者。

前項應予退還之金額未逾新臺幣一百元者，不予退還。

第二十條

本法第二十九條第三項所稱凍結使用，指暫停配額轉讓、換類、臨時性配額之申請或利用配額之出口簽證。

第二十一條

依本法第三十條第一項各款規定，應暫停或回復出進口人輸出入貨品者，經濟部國際貿易局得委託海關辦理。

第二十二條

加工出口區或科學工業園區有關應由經濟部國際貿易局辦理之貿易事項，得委託各該區管理處（局）辦理。

第二十三條

本細則自發布日施行。

3. 進口貨品原產地認定標準

中華民國九十一年一月八日財政部（九一）臺財關字第〇九〇〇五五〇九六二號函、經濟部（九一）經貿字第〇九〇〇二六一七三八〇號令會銜修正發布第一條條文

第一條

本認定標準依關稅法第二十四條第二項規定訂定之。

第二條

進口貨品以左列國家或地區為其原產地：

一、進行完全生產貨品之國家或地區。

二、貨品之加工、製造或原材料涉及二個或二個以上國家或地區者，以使該項貨品產生最終實質轉型之國家或地區。

第三條

前項第一款所稱完全生產貨品如左：

一、自一國或地區內挖掘出之礦產品。

二、在一國或地區內收割或採集之植物產品。

三、在一國或地區內出生及養殖之活動物。

四、自一國或地區內活動物取得之產品。

五、在一國或地區內狩獵或漁撈取得之產品。

六、由在一國或地區註冊登記之船舶自海洋所獲取之漁獵物及其他產品或以其為材料產製之產品。

七、自一國或地區之領海外具有開採權之海洋土壤或下層土挖掘出之產品。

八、在一國或地區內所收集且僅適用於原料回收之使用過之物品或於製造過程中所產生之賸餘物、廢料。

九、在一國或地區內取材自第一款至第八款生產之物品。

第四條

進口貨品除特定貨品原產地認定基準由經濟部及財政部視貨品特性另行訂定公告者外，其實質轉型，指左列情形：

一、原材料經加工或製造後所產生之貨品與其原材料歸屬之海關進口稅則前六位碼號列相異者。

二、貨品之加工或製造雖未造成前款稅則號列改變，但已完成重要製程或附加價值率超過百分之三十五以上者。

前項第二款附加值率之計算公式如左：

$$\frac{貨品出口價格(F.O.B.) － 直、間接進口原材料及零件價格(C.I.F.)}{貨品出口價格(F.O.B.)} ＝ 附加價值率$$

第一項貨品僅從事左列之作業者，不得認定為實質轉型作業：

一、運送或儲存期間所必要之保存作業。

二、貨品為上市或為裝運所為之分類、分級、分裝與包裝等作業。

三、貨品之組合或混合作業，未使組合後或混合後之貨品與被組合或混合貨品之特性造成重大差異。

四、簡單之裝配作業。

五、簡單之稀釋作業未改變其性質者。

第五條

進口貨品原產地由進口地關稅局認定，認定有疑義時，由進口地關稅局報請財政部關稅總局會同有關機關及學者專家會商。

第六條

本標準自中華民國八十四年一月一日起施行。

4.出進口廠商登記管理辦法（第二之二、四、十二條）

中華民國九十年六月二十日經濟部（九〇）經貿字第〇九〇〇四六一三五六〇號令修正發布
第二之一、二之二、三、四條條文；並增訂第三之一、四之一條條文

第二條之二

英文名稱登記，應載明主體名稱及組織種類；外國分公司之英文名稱應標明其國籍及
分公司名稱。

申請登記之英文名稱，其標明產業之專業名詞，不得逾其營業項目範圍。

英文名稱不得與政府機關或公益團體有混同誤認之虞。

第四條

出進口廠商英文名稱不得與現有或解散、歇業、註銷或撤銷登記未滿二年之出進口廠
商英文名稱相同或類似。但有正當理由經貿易局專案核准或外國分公司之英文名稱與
其外國公司認許證所載相同，且標明其國籍及分公司名稱者，不在此限。

第十二條

出進口廠商如與國外客戶發生糾紛，經貿易局通知者，應於限期內申復。

5.貨品輸出管理辦法（第二十三條）

中華民國八十九年七月十二日經濟部（八九）經貿字第八九三一五三九一號令修正發布第六
條條文；並增訂第二十一之三條條文

第二十三條

輸出貨品係中華民國製造者，應標示中華民國製造或中華民國臺灣製造，以其他文字
標示者，應以同義之外文標示之。但輸往美國以外之無邦交國家或地區者，得標示臺
灣製造或其同義之外文。

前項輸出之貨品，除原標示於進口零組件上之原產地標示得予保留外，不得加標外國
地名、國名或其他足以使人誤認係其他國家或地區製造之字樣。但有左列情形之一者，
得於貨品本身標示其他產地：

一、供國外買主裝配用之零組件，其產地標示在表明其最後產品之產地者，並經貿易
局專案核准者。

二、供國外買主盛裝用之容器或包裝材料。

依前項但書規定標示其他產地者，仍應於內外包裝上標示我國產地。

6.加工出口區區內事業申請設立審查辦法（第八條）

中華民國九十一年二月六日經濟部（九一）經加字第〇九一〇四六〇二二五〇號令修正發布

第五、七、八條條文

第八條

華僑及外國人申請在加工出口區設立區內事業案件，在法定之事業種類範圍內，由審查小組審查作成決議後由加工出口區管理處處長核定執行。

7.貨品進口救濟案件處理辦法

中華民國九十一年二月十五日經濟部（九一）經調字第○九一○四六○三三四○號令、財政部（九一）臺財關字第○九一○五五○○九二號令、行政院農業委員會（九一）農合字第○九一○○六○○七九號令增訂第四章之一章名、第二十六之一至二十六之六、二十八之一條條文

第一章　總則

第一條

本辦法依貿易法（以下簡稱本法）第十八條第三項規定訂定之。

第二條

本辦法所稱貨品進口救濟案件，指依本法第十八條第一項申請產業受害之調查及進口救濟之案件。

前項案件產業受害之成立，指該案件貨品輸入數量增加，或相對於國內生產量為增加，導致國內生產相同或直接競爭產品之產業，受嚴重損害或有嚴重損害之虞。

前項所稱嚴重損害，指國內產業所受之顯著全面性損害；所稱嚴重損害之虞，指嚴重損害尚未發生，但明顯即將發生。

第三條

國內產業有無受嚴重損害之認定，應綜合考量該案件進口貨品之絕對增加數量及比率，及其與國內生產量比較之相對增加數量及比率，並考量國內受害產業之下列因素及其變動情況：

一、市場佔有率。

二、銷售情況。

三、生產量。

四、生產力。

五、產能利用率。

六、利潤及損失。

七、就業情況。

八、其他相關因素。

國內產業有無受嚴重損害之虞之認定，除考慮前項因素之變動趨勢外，應同時考慮主要出口國之產能及出口能力，衡量該產業是否將因不採取救濟措施而將受嚴重之損害。經濟部於進行前二項之認定時，對於調查所得之證據或資料均應予以考量，如發現與進口無關之因素所造成之損害，應予排除。

第四條

經經濟部依本辦法認定產業受害成立之貨品進口救濟案件，得採下列救濟措施：

一、調整關稅。

二、設定輸入配額。

三、提供融資保證、技術研發補助，輔導轉業、職業訓練或其他調整措施或協助。

前項第一款、第二款措施，不得同時採行。

第一項第一款措施，經濟部應通知財政部依關稅法有關規定辦理；第二款措施，經濟部得就相關事宜與出口國訂定執行協定；第三款有關農產品之救濟措施，由行政院農業委員會辦理，其他救濟措施，由經濟部會同有關機關辦理。

第五條

本辦法所稱國內產業，指國內相同或直接競爭產品之生產者，其總生產量經經濟部貿易調查委員會（以下簡稱委員會）認定占相同或直接競爭產品主要部分者。

本辦法所稱相同產品，指具有相同特性且由相同物質所構成之貨品；所稱直接競爭產品，指該貨品特性或構成物質雖有差異，其在使用目的及商業競爭上具有直接替代性之貨品。

第六條

貨品進口救濟案件，經濟部得依有關主管機關、受害國內產業、受害國內產業所屬公會或相關團體之申請，交由委員會進行調查。

第七條

委員會會議之決議，除本辦法有特別規定者外，應有全體委員過半數之出席及出席委員過半數之同意。

第二章　申請

第八條

申請人提出貨品進口救濟案件，應檢具申請書，載明下列事項，並檢附相關資料，向經濟部為之。

一、符合第六條規定資格情形。

二、輸入貨品說明：

　　㈠貨品名稱、商品標準分類號列、稅則號別、品質、規格、用途及其他特徵。

　　㈡貨品輸出國、原產地、生產者、出口商、進口商。

三、產業受影響之事實:

㈠產業申請日前最近三年之生產量、銷售量、存貨量、價格、利潤及損失、產能利用率、員工僱用情形及其變動狀況。

㈡該貨品申請日前最近三年之進口數量、價格及國內市場佔有率。

㈢該貨品申請日前最近三年自主要輸出國進口數量、價格。

㈣其他得以主張受影響事實之資料。

四、該產業恢復競爭力或產業移轉之調整計畫及採取進口救濟措施之建議。

前項第二款、第三款應載明事項及所需資料,申請人有正當理由無法提供,經委員會同意者,得免提供。

第一項第四款之調整計畫,得於申請日起九十日內提出。

第九條

經濟部對於貨品進口救濟案件之申請,除認有下列情形之一者,應予駁回外,應於收到申請書之翌日起三十日內提交委員會審議是否進行調查。但申請人補正所需時間,不計入三十日期限:

一、申請人不具備第六條規定資格者。

二、不符合前條第一項規定,經通知限期補正而不補正或補正不完備者。

經濟部決定進行或不進行調查之案件,應即以書面通知申請人及已知之利害關係人,並刊登經濟部公報。

第三章　產業受害之調查

第十條

委員會為調查貨品進口救濟案件,應由主任委員指定委員一人或二人負責辦理,並得視調查案件之需要,邀集有關機關派員或由主任委員專案遴聘業務相關之學者、專家協助調查。

第十一條

委員會對貨品進口救濟案件進行調查時,應依下列規定辦理:

一、審查申請人及利害關係人所提之資料,並得派員實地調查訪問,必要時得要求另提供相關資料。

二、舉行聽證。

申請人或利害關係人應依委員會之要求提供資料,其未提供資料者,委員會得就既有資料逕行審議。

第十二條

委員會對申請人或利害關係人所提資料,應准予閱覽。但經請求保密而有正當理由者,不在此限。

委員會對前項保密之請求，得要求其提出可公開之摘要；無正當理由而拒不提出摘要者，得不採用該資料。

第十三條

委員會應於舉行聽證前預先公告，並刊登新聞報紙。

委員會應同時通知申請人及已知之利害關係人出席聽證。

第十四條

出席聽證陳述意見者，得於聽證前向委員會提出其出席意願，並得於聽證前，將其對案件之實體意見，以書面提交委員會。

第十五條

委員會於正式舉行聽證之前得先召開程式會議，決定發言順序、發言時間及其他相關事項。

聽證由主任委員依第十條指定之委員主持。

第十六條

申請人或利害關係人於聽證後仍有補充意見，應於七日內以書面向委員會提出。

第十七條

委員會於貨品進口救濟案件調查完成時，應召開委員會會議為產業受害成立或不成立之決議。

前項決議，應有全體委員三分之二以上之出席，出席委員三分之二以上之同意。

第十八條

除第十九條第一項規定外，委員會應自經濟部通知申請人進行調查之翌日起一百二十日內對產業受害成立或不成立作成決議。

前項期限，必要時得延長六十日；延長期限，應通知申請人並公告之。

第十九條

易腐性農產品進口救濟案件，不即時予以救濟將遭受難以回復之嚴重損害者，經濟部除應於收到申請書之翌日起二十日內提交委員會審議是否進行調查外，有關補正、駁回、通知及公告事項，準用第九條之規定辦理。

前項案件經經濟部決定進行調查者，委員會應自經濟部通知申請人進行調查之翌日起七十日內對產業受害成立或不成立作成決議。

第一項所稱易腐性農產品，由中央農業主管機關就個案認定之。

第二十條

委員會對於貨品進口救濟案件為產業受害成立或不成立之決議，應製作決議書，於決議後十五日內將調查報告及決議書提報經濟部，由經濟部以書面通知申請人，並刊登經濟部公報。

其為產業受害成立之決議，委員會應於決議之日起三十日內就擬採行之進口救濟措施

舉行聽證，並將擬採行或不採行進口救濟措施之建議提報經濟部。

委員會提出不採行救濟措施建議時，經濟部認其建議可採，應即公告不予實施救濟措施；如認其建議不可採，應即命委員會於三十日內就擬採行之進口救濟措施舉行聽證後，將建議提報經濟部。

前項聽證之程式，準用第十三條至第十六條規定辦理。

第二十一條

委員會為建議經濟部採行或不採行救濟措施之決議，應有全體委員三分之二以上之出席，出席委員三分之二以上之同意。

第四章　進口救濟

第二十二條

經濟部同意委員會提出採行救濟措施建議後，除採行第四條第一項第一款救濟措施應依關稅法有關規定辦理外，應於六十日內依職權或與有關機關協商決定應採行救濟措施後公告實施，並報請行政院備查。

經濟部作成前項決定後，必要時得事先通知利害關係國進行諮商。

第二十三條

實施進口救濟措施，應斟酌各該貨品進口救濟案件對國家經濟利益、消費者權益及相關產業所造成之影響，並以彌補或防止產業因進口所受損害之範圍為限。其實施期間，不得逾四年。

第二十四條

進口救濟措施實施後，如原因消滅或情事變更，申請人或利害關係人得列舉具體理由並檢附證據，向經濟部申請停止或變更原救濟措施。

前項申請，至遲應於原措施實施期滿九十日前提出。

對於第一項之申請，委員會應依第三章規定之程式調查後，經決議作成是否停止或變更原救濟措施之建議，提報經濟部。經濟部認其建議可採，應即公告停止或變更原措施。

第二十五條

進口救濟措施實施期滿前，申請人認為有延長實施期間之必要者，得列舉有延長實施期間之必要之具體理由、該產業調整之成效與計畫說明，並檢附證據，至遲應於原措施實施期滿一百二十日前向經濟部申請延長救濟措施。

經濟部應自收受申請延長書之次日起九十日內對是否延長救濟作成決定，公告延長實施之措施及期間。其處理程式，準用第二章至第四章之規定。

第一項延長措施之救濟程度，不得逾越原措施。延長期間不得逾四年，並以延長一次為限。

第二十六條

委員會應就所採行救濟措施之實施成效與影響，作成年度檢討報告，如認為實施該措施之原因已消滅或情事變更者，應建議經濟部停止或變更原措施。經濟部認其建議可採，應即公告停止或變更原措施。

委員會作成年度檢討報告前，應舉行聽證。有關聽證之程式，準用第十三條至第十六條之規定。

第四章之一　大陸貨品進口救濟

第二十六條之一

依本法第十八條第一項申請產業受害之調查及進口救濟之案件，得單就大陸貨品為之。

前項案件產業受害之成立，指該案件大陸貨品輸入數量增加或相對於國內生產量為增加，導致國內生產相同或直接競爭產品之產業，有受市場擾亂或有受市場擾亂之虞。

第二十六條之二

前條所稱國內產業有無受市場擾亂，或有無受市場擾亂之虞之認定，應綜合考量該案件進口貨品之輸入數量、對國內相同或直接競爭產品價格之影響，及對國內生產相同或直接競爭產品之產業之影響。

第二十六條之三

案件經委員會初步認定產業市場擾亂成立，並有暫行保護國內產業之緊急必要時，委員會得於作成產業市場擾亂成立或不成立之決議前，先行作成臨時提高關稅措施之建議，並應自經濟部通知申請人進行調查之翌日起七十日內為之。

委員會應於作成前項臨時提高關稅措施之建議後十日內提報經濟部；經濟部同意採行前項建議後，應於十日內會商有關機關後報請行政院核定，其實施期間不得逾二百日，並計入第二十三條實施期間。

前項臨時措施，於經濟部公告採行進口救濟措施或產業市場擾亂不成立時，停止適用。

臨時課徵之關稅，得以同額公債或經財政部認可之有價證券擔保；經經濟部公告產業市場擾亂不成立時，應予退還臨時課徵之關稅或解除擔保；經經濟部公告採行進口救濟措施時，應於補繳臨時課徵之關稅後解除擔保。

第二十六條之四

對世界貿易組織（以下簡稱世貿組織）會員處理對大陸貨品進口救濟案件，致大陸貨品有顯著貿易轉向至我國市場，或有引起顯著貿易轉向至我國市場之虞者，委員會得進行調查，並將調查報告提報經濟部。

經濟部得與利害關係國進行諮商，並會商有關機關後採行足以彌補或防止貿易轉向之措施。

前二項措施應於貿易轉向原因消滅後三十日內終止；該措施實施後如情事變更，應由

委員會調查後提報經濟部決定是否停止、變更或繼續原措施。

第二十六條之五

前條顯著貿易轉向或有顯著貿易轉向之虞之認定，應綜合考量下列因素：

一、大陸貨品在國內市場之占有率。

二、世貿組織會員處理對大陸貨品進口救濟案件所採行或擬採行措施之性質或程度。

三、大陸貨品因前款措施致輸入至我國之數量。

四、國內市場對於相同或直接競爭產品之供需清況。

五、大陸貨品出口至第二款之世貿組織會員及轉向至我國之情況。

第二十六條之六

本辦法除第八條第一項第四款及第三項申請書之產業調整計畫及第二十二條第一項進口救濟之採行之規定外，於本章準用之。

第五章　附則

第二十七條

經濟部對貨品進口救濟案件為產業受害不成立或產業受害成立且不予救濟之決定後一年內，不得就該案件輸入貨品再受理申請。但有正當理由者，不在此限。

經濟部對貨品進口救濟案件實施進口救濟措施者，期滿後二年內不得再實施進口救濟措施。但救濟措施期間超過二年者，從其期間。

符合下列規定之情形，經濟部必要時得對同一貨品再實施一百八十日以內之進口救濟措施，不受前項之限制：

一、原救濟措施在一百八十日以內者。

二、原救濟措施自實施之日起已逾一年。

三、再實施進口救濟措施之日前五年內，未對同一貨品採行超過二次之進口救濟措施。

第二十八條

經濟部於產業受害之調查過程中，發現涉有關稅法第四十六條或第四十六條之一規定之補貼、傾銷情事者，應即通知財政部及原申請人。

第二十八條之一

有關案件之調查及認定、諮商、救濟措施等事項，本法及本辦法未規定者，得參照有關國際協定及慣例辦理之。

第二十九條

本辦法自發布日施行。

8. 紡織品進口救濟案件處理辦法

中華民國九十一年二月十五日經濟部（九一）經調字第〇九一〇四六〇三三五〇號令修正發

布第三十條條文；並增訂第四章之一章名、第二十七之一至二十七之六條條文

第一章　總則

第一條

本辦法依貿易法（以下簡稱本法）第十八條第三項規定訂定之。

第二條

本辦法所稱紡織品，指經濟部依本法公告指定之紡織品。

第三條

本辦法所稱紡織品進口救濟案件，指依本法第十八條第一項申請紡織品產業受害之調查及進口救濟之案件。

前項案件產業受害之成立，指該案件紡織品輸入數量增加，導致國內生產相同或直接競爭產品之產業，受嚴重損害或有嚴重損害之虞。

第四條

本辦法所稱國內產業，指國內相同或直接競爭產品之生產者，其總生產量經經濟部貿易調查委員會（以下簡稱委員會）認定占相同或直接競爭產品主要部分者。

本辦法所稱相同產品，指具有相同特性且由相同物質所構成之紡織品；所稱直接競爭產品，指該項紡織品之特性雖有差異，其在使用目的及商業競爭上具有直接替代性之紡織品。

第五條

本辦法所稱利害關係人，其範圍如下：

一、該案紡織品之國外生產者、國外出口商、國內進口商或以其為主要會員之商業或工業團體。

二、輸出國或產製國政府或其代表。

三、國內相同或直接競爭產品之生產者或以其為主要會員之商業或工業團體。

四、其他經委員會認定之利害關係人。

第六條

國內產業有無受嚴重損害之認定，應綜合考量國內受害產業之下列因素及其變動情況：

一、生產量。

二、生產力。

三、產能利用率。

四、存貨量。

五、市場佔有率。

六、出口量。

七、工資及就業情形。

八、國內價格。

九、利潤及投資情形。

十、其他相關經濟因素。

國內產業有無受嚴重損害之虞之認定，應就前項因素之變動趨勢，衡量該產業是否將因不採取救濟措施而受嚴重之損害。

經濟部於進行前二項之認定時，對於調查所得之證據或資料，均應予以考量，如發現與進口無關之因素所造成之損害，應予排除。

第七條

經濟部對於依本辦法認定產業受害成立之紡織品進口救濟案件，得採取數量限制之救濟措施。

前項數量限制，應以造成國內產業受害之個別國家或地區為對象。

第八條

依前條對個別國家或地區採行數量限制措施時，應綜合考量下列因素：

一、來自該國家或地區之進口量明顯急遽增加或即將明顯急遽增加。

二、前款增加之程度與其他國家或地區之進口情形及市場佔有率之比較。

三、進口紡織品與國產紡織品在同等銷售層次價格之比較。

第九條

紡織品進口救濟案件，經濟部得依有關主管機關、受害國內產業、受害國內產業所屬公會或相關團體之申請，交由委員會進行調查。

第二章　申請

第十條

申請人提出紡織品進口救濟案件，應檢具申請書載明下列事項，並檢附相關資料，向經濟部為之：

一、符合前條規定資格情形。

二、輸入紡織品說明：

　　㈠紡織品名稱、商品標準分類號列、稅則號別、規格及品級、主要製程、成分、用途及其他特徵。

　　㈡紡織品輸出國、產製國、生產者、國外出口商、國內進口商。

三、產業受影響之事實：

　　㈠產業申請日前最近三年之生產量、生產力、產能利用率、存貨量、出口量、價格、利潤及投資情形、工資、員工僱用情形及其變動情況。

　　㈡該紡織品申請日前最近三年之進口數量、價格及國內市場佔有率。

　　㈢該紡織品申請日前最近三年自主要輸出國之進口數量、價格。

㈣其他得以主張受影響事實之資料。

前項第二款、第三款應載明事項及所需資料，申請人有正當理由無法提供，經委員會同意者，得免提供。

第十一條

經濟部對於紡織品進口救濟案件之申請，除認有下列情形之一者，應予駁回外，應於收到申請書之翌日起三十日內提交委員會審議是否進行調查。但申請人補正所需時間，不計入三十日期限：

一、申請人不具備第九條規定資格者。

二、不符合前條第一項規定，經通知限期補正而不補正或補正不完備者。

經濟部決定進行或不進行調查之案件，應即以書面通知申請人及已知之利害關係人，並公告之。

第三章　產業受害之調查

第十二條

委員會為調查紡織品進口救濟案件，應由主任委員指定委員一人或二人負責辦理，並得視調查案件之需要，邀集有關機關派員或由主任委員專案遴聘業務相關之學者、專家協助調查。

第十三條

委員會對紡織品進口救濟案件進行調查時，應依下列規定辦理：

一、審查申請人及利害關係人所提之資料，並得派員實地調查訪問，必要時得要求另提供相關資料。

二、舉行聽證。

前項第二款所定聽證，由主任委員依前條規定，指定委員一人為主持人。

申請人或利害關係人於聽證後仍有補充意見時，應於聽證結束之翌日起七日內，以書面向委員會提出。

申請人或利害關係人應依委員會之要求提供資料；其未按時提供資料者，委員會得就既有資料逕行審議。

第十四條

申請人及利害關係人依前條所提之資料，應載明可否公開；其請求保密者，並應提出可公開之摘要。

前項保密之請求無正當理由或未提出可公開之摘要者，委員會得拒絕使用該資料。

申請人及利害關係人對其所提資料請求保密而有正當理由者，委員會未經其同意，不得公開之。

第十五條

委員會對申請人或利害關係人所提出可公開之資料，應准予閱覽。

第十六條

委員會應自經濟部通知申請人進行調查之翌日起九十日內完成調查，並召開委員會會議對產業受害成立或不成立作成決議。

前項決議為產業受害成立時，並應作成擬對其採行設限措施國家或地區及設限數額之決議。

第一項期限，必要時得延長四十五日，並以一次為限；延長期限及事由，應通知申請人及已知之利害關係人，並公告之。

第十七條

前條決議，應有全體委員三分之二以上之出席，出席委員二分之一以上之同意。

第十八條

委員會對紡織品進口救濟案件之決議，應製作決議書，於決議後十五日內將調查報告及決議書提報經濟部，由經濟部以書面通知申請人及已知之利害關係人，並公告之；其為產業受害成立之決議者，並應通知擬對其採行設限措施之國家或地區之已知出口商及生產者或其政府代表。

第四章 進口救濟

第十九條

實施紡織品進口救濟措施與否及其程度，應斟酌各該紡織品進口救濟案件對國家整體利益、消費者權益及相關產業所造成之影響，並以彌補或防止產業因進口所受損害之範圍為限。

第二十條

經濟部對於產業受害成立之案件決定不採行救濟措施時，應即以書面通知申請人及已知之利害關係人，並公告。

第二十一條

經濟部對於產業受害成立之案件決定採行救濟措施時，應儘速依世界貿易組織紡織品及成衣協定規定，通知世界貿易組織紡織品督導機構（以下簡稱紡品督導機構），並與擬對其採行設限措施之國家或地區進行諮商。

第二十二條

涉案紡織品經諮商達成設限協議後，經濟部應公告實施進口配額措施，並於達成協議之日起六十日內將協議內容通知紡品督導機構。

自諮商文件送達之日起六十日未達成協議者，經濟部得於該期限屆滿之日起三十日內公告實施進口配額措施，並即通知紡品督導機構。

第二十三條

前條紡織品之進口配額,不得低於諮商文件送達當月前二個月起回溯十二個月之期間,該項紡織品之實際進口或輸出國家或地區出口數量。

第二十四條

經濟部為避免國內產業遭受難以彌補之損害之緊急必要時,得不經諮商先行實施進口救濟措施。但經濟部應於實施日起五個工作日內與受限國家或地區進行諮商,並通知紡品督導機構。

第二十五條

進口配額措施之實施期間不得超過三年。但實施期間內,該紡織品依公告不列入第二條所指定之紡織品時,該項措施即應停止。

第二十六條

進口配額措施實施滿一年後,如原因消滅或情事變更,申請人或利害關係人得列舉具體理由,並檢附證據,向經濟部申請停止或變更救濟措施。

進口配額措施實施期間,如有下列情況發生時,經濟部得依職權或申請,決定停止該項措施:

一、進口配額措施造成該紡織品之國內價格大幅上揚。

二、受限紡織品之產業結構無法有效改善。

前二項申請程式,準用第二章之規定。

對於第一項及第二項之申請,委員會應自經濟部通知申請人或利害關係人進行調查之翌日起九十日內完成調查;必要時,得延長四十五日,並以一次為限,延長期限及事由,應通知申請人或利害關係人,並公告之。

第二十七條

進口配額措施實施後,若應受限紡織品有經由其他國家或地區進口或以其他方式規避該措施之情形,經濟部得依職權或依申請人、利害關係人之申請進行調查,並通知應受限紡織品之國外出口商、國內進口商、輸出國政府或其代表提出說明。

經濟部進行前項之調查結果屬實時,得依調查所得之規避數額,就該受限國家或地區之配額進行適當調整。

經濟部於進行調整前,得與該受限國家或地區政府進行諮商。

對於第一項之申請,委員會應自經濟部通知申請人或利害關係人進行調查之翌日起九十日內完成調查;必要時,得延長四十五日,並以一次為限,延長期限及事由,應通知申請人或利害關係人,並公告之。

第四章之一　大陸紡織品進口救濟

第二十七條之一

依本法第十八條第一項申請紡織品產業受害之調查及進口救濟之案件,得單就大陸紡

織品為之。

前項案件產業受害之成立，指該案件大陸紡織品輸入數量增加，導致國內生產相同或直接競爭產品之產業，有受市場擾亂或有受市場擾亂之虞。

第二十七條之二

前條所稱國內產業有無受市場擾亂，或有無受市場擾亂之虞之認定，應綜合考量該案件進口貨品之輸入數量、對國內相同或直接競爭產品價格之影響，及對國內生產相同或直接競爭產品之產業之影響。

第二十七條之三

經濟部對前條產業市場擾亂成立之案件決定採行救濟措施時，應即要求與大陸進行諮商。

第二十七條之四

經濟部應於要求諮商文件送達之日起對大陸涉案紡織品實施進口數量限制並公告之，其至諮商達成協議前之年進口數量不得超過於諮商文件送達當月前二個月起回溯十二個月之期間自大陸之進口數量，加計其百分之七點五（羊毛產品加計百分之六）；該限制措施之實施期間未滿一年時，其進口數量按實施期間之年比例計算。

於諮商達成協議時，經濟部應依協議內容對大陸涉案紡織品採行進口數量限制。

第二十七條之五

前條第一項之進口數量限制，其實施期間自要求諮商文件送達之日起至當年年底止，若自要求諮商文件送達之日至當年年底止不及三個月者，則其實施期間應為諮商文件送達之日起之十二個月。

依前條第一項及前項所採行之限制措施，其實施期限不得超過一年。但經諮商同意者，不在此限。

第二十七條之六

依第二十七條之一申請之案件不得同時依貨品進口救濟案件處理辦法第二十六條之一規定提出申請。

本辦法除第八條、第二十二條第二項、第二十三條至第二十六條之規定外，於本章準用之。

第五章　附則

第二十八條

經濟部對紡織品進口救濟案件為產業受害不成立或產業受害成立而不採行救濟措施之決定後一年內，不得再受理該案件進口救濟之申請。但有正當理由者，不在此限。

第二十九條

依本辦法應公告之事項，除應刊登經濟部公報外，並得刊登於日報。

第三十條

有關案件之調查及認定、諮商、配額之計算等事項，本辦法未規定者，得參照有關國際協定及慣例辦理之。

第三十一條

本辦法自發布日施行。

9.農產品受進口損害救助辦法

中華民國八十九年三月二十九日行政院令修正發布第一條條文

第一條

本辦法依農業發展條例第五十二條第二項規定訂定之。

第二條

本辦法所稱主管機關，為行政院農業委員會。

第三條

主管機關為審議救助案件，應設農產品救助審議委員會（以下簡稱審議委員會），由主管機關、有關機關代表、學者、專家組成之，並由主管機關代表為召集人。必要時得邀請相關農民團體、產業團體或地方政府代表列席陳述意見。

第四條

經主管機關認定國產農產品因與外國或國際組織協議，將降低關稅稅率或開放進口，而有損害之虞者，得研提計畫專案報行政院核定後，實施先期產業結構調整措施。

第五條

經審議委員會認定國產農產品有因進口而遭受損害或有損害之虞者，主管機關得依本辦法規定，擇其適當之方式提供救助。

審議委員會認有嚴重損害或有嚴重損害之虞時，得由主管機關洽請其他機關提供救助措施。

第六條

國產農產品有無受進口損害之認定，應綜合考量該案件農產品在特定期間內之進口數量、進口增加之絕對數量及與國內生產量或消費量比較之相對數量，並考量與該項農產品有關之下列因素：

一、生產量。

二、庫存量。

三、產地價格。

四、生產成本。

五、市場佔有率。

六、農民收益。

七、其他相關因素。

國產農業品有無受進口損害之虞之認定,除考慮前項因素之變動趨勢外,應同時考慮進口是否會繼續增加而對國內產業造成損害,同時衡量該項農產品生產者是否將因不採取救助措施而受損害。

第一項第一款至第四款資料,由主管機關或委託相關機關調查,供審議委員會參考。

第七條

救助措施除得由農會、漁會、農業合作社等農民團體或地方政府向主管機關提出申請外,主管機關並得主動辦理。

前項申請,應填具申請書,載明受害農產品名稱、受害原因、損害區域、損害程度及第六條第一項各款所列因素之說明,並檢附相關資料。

第八條

本辦法所稱先期產業結構調整措施及救助包括:

一、有關國產農產品之分級、包裝、收購、加工、運輸、儲存、銷售、廢棄或銷燬。

二、調節生產及輔導生產者轉作、轉業或職業訓練。

三、建設相關之國產農產品產銷公共設施。

四、依世界貿易組織農業協定所規範之直接給付措施。

五、依世界貿易組織可豁免之其他救助措施。

六、其他產業結構調整措施及救助。

前項先期產業結構調整措施及救助之執行,應符合世界貿易組織之相關規範。

第九條

主管機關辦理本辦法之先期產業結構調整措施及救助,其所需經費,由農產品受進口損害救助基金支應。

第十條

本辦法自發布日施行。

10.戰略性高科技貨品輸出入管理辦法

中華民國八十九年七月十九日經濟部(八九)經貿字第八九三一五五四七號令修正發布名稱及全文二十二條;並自發布日起施行(原名稱:高科技貨品輸出入管理辦法)

第一章 總則

第一條

本辦法依貿易法第十三條第四項規定訂定之。

第二條

戰略性高科技貨品輸出入依本辦法之規定，本辦法未規定者，適用其他有關法令規定。

第三條

輸出之戰略性高科技貨品不得供作生產、發展核子、生化、飛彈等軍事武器之用。

第四條

為因應戰略性高科技貨品輸出入管理之需要，由經濟部會同有關機關（構）成立專責小組辦理下列事項：

一、鑑定存疑之輸出入戰略性高科技貨品。

二、稽查輸出入戰略性高科技貨品之流向及用途。

第二章　輸入管理

第五條

進口人申請核發國際進口證明書，應檢附下列文件向經濟部國際貿易局（以下簡稱貿易局）或經濟部委任或委託之機關（構）申辦：

一、國際進口證明書申請書全份。

二、用途說明書。

三、其他依規定應檢附之文件。

前項國際進口證明書及其申請書及用途說明書格式由貿易局定之。

國際進口證明書有效期限六個月，進口人應通知外國出口人，於有效期限內向出口國政府申請輸出許可，逾期失效。

第六條

進口人申請簽署核發保證文件，應檢附下列文件向貿易局或經濟部委任或委託之機關（構）申辦：

一、保證文件乙式三份。

二、用途說明書（應申報國內最終使用人）。

三、其他依規定應檢附之文件。

前項第一款之保證文件格式，得由進口人自行提供。但經貿易局指定者，應使用其制定之格式。

進口人如為政府機關（構），由各該主管機關（構）簽署核發保證文件；核發時，應副知貿易局。

保證文件核發後，一份由核發機關（構）留存，其餘二份發還進口人。

第七條

國際進口證明書或保證文件所載內容如需變更，應向原發證機關（構）另行申請。

第八條

進口人取得國際進口證明書或保證文件一年內未進口貨品者，應檢附原國際進口證明

書或保證文件並敘明理由向原發證機關（構）報備。

第九條

進口人輸入已領有國際進口證明書或保證文件之貨品，除需申請抵達證明書者外，應於報關進口放行後三個月內，檢具國際進口證明書或保證文件影本及經海關核章之進口報單副本（進口證明用聯）向原發證機關（構）報備。

第十條

進口人向海關申請在抵達證明書申請書各聯上核章確認進口時，應於進口報關時檢具已繕妥之抵達證明書申請書全份、國際進口證明書或保證文件正影本各乙份申辦，海關在抵達證明書申請書各聯核章確認進口後，連同國際進口證明書或保證文件正本發還進口人。

貨品通關進口後，始向海關申請核章確認進口者，除應檢附前項文件外，另檢附海關進口報單副本（進口證明用聯影本）。

依前二項申請核章確認進口之貨品，如屬抽中免驗者，海關以書面審核方式核章確認進口。

第十一條

進口人申請核發抵達證明書，應檢附下列文件向貿易局或經濟部委任或委託之機關（構）申辦：

一、經海關核章確認進口之抵達證明書申請書全份。

二、國際進口證明書或保證文件影本乙份。

三、其他依規定應檢附之文件。

前項抵達證明書及其申請書格式由貿易局定之。

第十二條

國際進口證明書、保證文件或抵達證明書遺失時，進口人得敘明遺失原因、原國際進口證明書、保證文件或抵達證明書證號及發證日期，並檢具國際進口證明書申請書、保證文件或抵達證明書申請書全份向原發證機關（構）辦理補發。

第十三條

輸入戰略性高科技貨品，進口人應依國際進口證明書或保證文件所載內容辦理輸入，未經原發證機關（構）核准，於通關進口前不得變更進口人或轉往第三國家或地區。

前項貨品進口後，於國內之轉讓或出售等交易行為時，應確實履行採購該貨品交易行為之約定；進口人或讓售人應將原進口交易行為之約定及文件保存年限以書面告知買受人或受讓人。

第三章　輸出管理

第十四條

出口人輸出戰略性高科技貨品，應先向貿易局或經濟部委任或委託之機關（構）申請輸出許可證，其有效期限一個月，並限一次輸出。但符合下列條件者，得申請分批輸出，其有效期限二年：

一、輸往非管制地區。

二、出口人已建立內部出口控制系統，或出口人持續在前半年內將戰略性高科技貨品輸往相同國家或地區及相同進口商達五次以上者。

戰略性高科技貨品輸出許可證之格式由貿易局定之。

第十五條

出口人申請戰略性高科技貨品輸出許可證應檢附下列文件：

一、戰略性高科技貨品輸出許可證申請書全份。

二、進口國政府核發之國際進口證明書或最終用途證明書或保證文件，並據實申報用途。

三、其他依規定應檢附之文件。

進口國政府未核發前項第二款之國際進口證明書或最終用途證明書或保證文件者，應檢附外國進口人或最終使用者出具之最終用途保證書。

出口人應在國際進口證明書或最終用途證明書或保證文件有效期限內申請輸出許可證。但未記載有效期限者，應自所載核發日或出具保證書日期起一年內申請輸出許可。

第十六條

自國外進口之戰略性高科技貨品再出口時，如原出口國政府規定須先經其同意者，出口人除依前條規定辦理外，應再檢附原出口國政府核准再出口證明文件辦理。

前項再出口之戰略性高科技貨品，如屬原貨復運出口者，出口人應另提供進口時我國核發國際進口證明書之號碼或其他足資證明進口之文件。

第十七條

輸往非管制地區之戰略性高科技貨品具有下列情形之一者，出口人應檢具第十五條第一項第一款、第三款及其他足資證明之文件申請輸出許可證：

一、同一出口管制貨品輸出金額低於五千美元者。

二、展覽品、維修品、測試品及退換品等暫時性輸出且將再輸入者。

三、政府機關、大學、學術研究機構為進口人，並為最終使用者。

四、其他經專案核准者。

前項第二款所列貨品，出口人應於核准期限內，檢附進口證明文件向原發證機關（構）辦理銷案。

第一項第二款之展覽品如於展示期間內出售，出口人仍應補繳前二條規定之相關文件。但不得輸往管制地區。

第十八條

出口人輸出戰略性高科技貨品，應依輸出許可證核准之內容辦理。

前項貨品通關時，出口人應於出口報單上註明書面審查，並應於出口後一個月內向原發證機關（構）辦理核銷，其以分批方式輸出者，應於全部出口後一個月內辦理核銷。

第十九條

戰略性高科技貨品經核准輸往管制地區者，出口人應於貨品運抵目的地一個月內檢附運抵文件向原發證機關（構）辦理銷案。

第二十條

特定戰略性高科技貨品經我國通商口岸過境或轉運輸往管制地區者，貨主或其受託人應檢附出口國政府許可文件及進口國最終用途保證書，事先向貿易局或經濟部委任或委託之機關（構）申請許可。

進儲我國保稅倉庫之特定戰略性高科技貨品輸往管制地區者，貨主或其受託人應檢附出口國政府許可文件及進口國最終用途保證書，向貿易局申請許可後憑以辦理出倉。

第四章　附則

第二十一條

出進口人輸出入戰略性高科技貨品應將有關文件或資料保存五年。

發證機關（構）或第四條之專責小組因管理需要，得要求出進口人提供其輸出入戰略性高科技貨品以及其日後流向之有關文件資料，出進口人不得拒絕。

第二十二條

本辦法自發布日施行。

11.軍事機關輸出入貨品管理辦法

中華民國八十二年十一月二十九日經濟部（八二）經貿字第〇九〇九四二號、國防部（八二）伸信字第七八五七號令訂定發布全文七條

第一條

本辦法依貿易法第十二條規定訂定之。

第二條

本辦法所稱軍事機關係指國防部及其所屬單位。

第三條

軍事機關輸出入貨品，免辦輸出入許可證，憑國防部或其授權機關核准文件逕向海關辦理通關手續。但輸出入高科技貨品，應依高科技貨品輸出入管理辦法辦理。

第四條

軍事機關輸出入貨品，除依前條規定免辦輸出入許可證外，應依一般輸出入規定辦理。

前項一般輸出入規定經國防部洽商相關主管機關同意者，不適用之。

第五條

軍事機關輸出入貨品應列入輸出入統計。但涉及國家安全或機密者，得不以明細品目列計。

第六條

軍事機關輸出入貨品，基於國防需要，無法報關，逕於軍事基地交付者，應於事後向海關提供資料，並適用前條規定，列入輸出入統計。

第七條

本辦法自發布日施行。

12.公平交易法（第二十、四十七條）

中華民國九十一年二月六日總統（九一）華總（一）義字第〇九一〇〇〇二五〇四〇號令修正公布第七、八、十一至十七、二十三之四、四十條條文；並增訂第五之一、十一之一、二十七之一、四十二之一條條文

第二十條　仿冒行為之禁止

事業就其營業所提供之商品或服務，不得有左列行為：

一、以相關事業或消費者所普遍認知之他人姓名、商號或公司名稱、商標、商品容器、包裝、外觀或其他顯示他人商品之表徵，為相同或類似之使用，致與他人商品混淆，或販賣、運送、輸出或輸入使用該項表徵之商品者。

二、以相關事業或消費者所普遍認知之他人姓名、商號或公司名稱、標章或其他表示他人營業、服務之表徵，為相同或類似之使用，致與他人營業或服務之設施或活動混淆者。

三、於同一商品或同類商品，使用相同或近似於未經註冊之外國著名商標，或販賣、運送、輸出或輸入使用該項商標之商品者。

前項規定，於左列各款行為不適用之：

一、以普通使用方法，使用商品本身習慣上所通用之名稱，或交易上同類商品慣用之表徵，或販賣、運送、輸出或輸入使用該名稱或表徵之商品者。

二、以普通使用方法，使用交易上同種營業或服務慣用名稱或其他表徵者。

三、善意使用自己姓名之行為，或販賣、運送、輸出或輸入使用該姓名之商品者。

四、對於前項第一款或第二款所列之表徵，在未為相關事業或消費者所普遍認知前，善意為相同或類似使用，或其表徵之使用係自該善意使用人連同其營業一併繼受而使用，或販賣、運送、輸出或輸入使用該表徵之商品者。

事業因他事業為前項第三款或第四款之行為，致其營業、商品、設施或活動有受損害

或混淆之虞者，得請求他事業附加適當表徵。但對僅為運送商品者，不適用之。

＊行政院公平交易委員會八一公研釋字第〇四四號

要旨：

國內廠商仿冒外國廠商之商標，參與招標因而得標之行為，有無違反公平交易法相關規定之疑義。

主旨：

台端函詢國內廠商仿冒外國廠商之商標，並因而得標是否違反公平交易法乙案，復如說明，請　查照。

說明：

一、復　台端八十一年十月二十二日致本會王主任委員函。

二、台端所詢案例是否違反公平交易法，經本會八十一年十一月十一日第五十八次委員會議討論，獲致左列結論：㈠事業於投標時捏造不實的國外廠商型錄，混淆某一國外產品之商標而得標，此種行為涉及以不正當方法使競爭者之交易相對人與自己交易，如其行為有妨礙公平競爭之虞時，可能違反公平交易法第十九條第三款之規定。㈡若該外國商標在我國為相關大眾所共知，而國內事業對該外國商標為相同或類似使用，其結果造成與該外國廠商之商品產生混淆，則此國內事業之行為，可能涉及違反公平交易法第二十條第一項第一款之規定。㈢若該外國商標係未經註冊之外國著名商標，而國內廠商係提供與該國外廠商所生產同類之商品並使用與之相同或近似之商標時，則國內事業之行為，可能涉及違反公平交易法第二十條第一項第三款之規定。㈣國內事業於得標後委託中國大陸某加工廠加工製造該產品，並轉送至第三國捏造製運文件等再運至臺灣交貨。此等行為涉及於商品上對商品之品質、內容、製造地、加工地為不實表示，可能涉嫌違反公平交易法第二十一條第一項之規定。㈤前述各點僅為原則性之公平交易法適用說明，由於台端來函所述事實未臻詳盡，是否確有違反公平交易法，仍須依具體事實及證據認定之。

三、對於違反公平交易法案件，台　端得以書面檢據向本會提出檢舉。

＊臺灣高等法院暨所屬法院八三年法律座談會　刑事類第三十二號

法律問題：

（舊）商標法第六十二條之一所謂「未經註冊之外國著名商標」及公平交易法第二十條第一項第三款所訂「未經註冊之外國著名商標」係指在外國著名即可？抑在外國著名及在本國亦著名始足當之？

討論意見：

甲說：

在外國著名即可。依該條條文觀之，僅定明為外國著名商標，即指在外國著名即可，

且依舊商標法第六十二條之一第二項規定「前項處罰，以該商標所屬之國家，依其法律或與中華民國訂有條約或協定，對在中華民國註冊之商標予以相同之保護者為限……」，除揭示相互保護主義外，亦即明示該外國，對於我國著名之商標，在該外國雖未經註冊亦應採相同保護主義，至外國商標於我國是否達著名程度有實際上認定之困難，故以在客觀上該商標於該外國著名即可，其於本國內是否著名，在非所問。

乙說：

在外國及本國均著名始可。關於著名與否之認定標準，依商標法第三十七條第三項之規定，係由經濟部報請行政院核定之，在尚未訂定標準前，可就該商標及其所表彰之商品是否具有悠久歷史、有無廣泛行銷事實、商譽是否卓著、其商品品質是否為一般購買者所熟知等情形，予以審酌認定之（法務部七十二年二月二日法（七二）檢字第一一八九號函）。據此以論，該商標除在外國「著名」外，並以經本國認定「著名」者始可。亦唯如此，始能認定行為人之社會侵害性如何，否則徒以外國是否著名為唯一條件，非但調查不易，且易受外國機關認定之限制。

審查意見：

擬採乙說（按八十二年十二月廿二日公佈之商標法已無此規定，是否尚有討論之必要敬請公決）。

研討結果：

㈠法律問題前段「（舊）商標法第六十二條之一所謂『未經註冊之外國著名商標』及」乙段刪除。

㈡採乙說。

司法院刑事廳研究意見：

八十四年四月十三日 (84) 廳刑一字第〇七二六〇號函復：同意研討結果之意見。

第四十七條　互惠主義

未經認許之外國法人或團體，就本法規定事項得為告訴、自訴或提起民事訴訟。但以依條約或其本國法令、慣例，中華民國人或團體得在該國享受同等權利者為限；其由團體或機構互訂保護之協議，經中央主管機關核准者亦同。

＊行政院公平交易委員會八四公研釋字第〇九一號

要旨：

有關　貴署函詢外國法人是否受國內公平交易法之保護乙案

說明：

一、復　貴署八十四年一月十二日北檢仁雲字第〇一七七八號函。

二、外國法人是否受國內公平交易法之保護，依其是否經認許而有不同，茲簡述如下：

　　㈠經認許之外國人：查公平交易法對業經認許之外國法人於適用公平交易法時，並無與國內法人有不同之規定，且依相關法規（民法總則施行法第十二條及公司

法第三百七十五條）規定，外國法人或團體經認許後其法律上之權利義務除法律
另有規定者外，與中國法人同。基此，公平交易法對於經認許之外國法人亦予同
等之保護。㈡未經認許之外國法人：按公平交易法第四十七條規定：「未經認許之
外國法人或團體，就本法規定事項得為告訴、自訴或提起民事訴訟。但以依條約
或其本國法令、慣例，中華民國人或團體得在該國享受同等權利者為限；其由團
體或機構互訂保護之協議，經中央主管機關核准者亦同。」故依上揭法條之規定，
未獲認許之外國法人或團體如經司法機關認定基於互惠原則下，得享有公平交易
法規定事項之刑事及民事訴訟權利。前開法條雖僅就告訴、自訴或提起民事訴訟
加以規範，而未及於行政責任或行政保護等有關之事項，但衡諸公平交易法第四
十七條關於外國法人或團體法律保障之立法目的，係採互惠原則，該條對於民事、
刑事外之行政事項亦應有該條揭示之互惠原則的適用，是以未經認許之外國法人
是否得受公平交易法之保護，宜視其本國有關法令是否規定中華民國國民得與該
國人享同等權利而定。

＊行政院公平交易委員會八二公研釋字第〇七一號

要旨：

出版社盜版翻印並販售經授權之代理商所進口之書籍之行為是否違反公平交易法之疑
義

主旨：

貴公司函請釋示其他出版社盜版翻印並販售　貴公司所代理法國 CIL INTERNA-
TIONAL, LAROUSSE F. L. E. 公司書籍之行為有無違反公平交易法之規定乙案，復如
說明二，請　查照。

說明：

一、復　貴公司八十一年十一月十八日函。

二、本案經本會八十二年十一月二十四日第一一二次委員會議決議如次：在外國享有，
而在我國不享有著作權之保護的著作（書籍），其國外著作權人是否得依公平交易
法請求保護，本諸互惠原則，依同法第四十七條但書「但以依條約或其本國法令、
慣例、中華民國人或團體得在該國享受同等權利者為限；其由團體或機構互訂保
護之協議，經中央主管機關核准者亦同。」之規定決定之，如其依前開規定得依公
平交易法請求保護者，尚應就具體個案有無積極行為而屬「欺罔」或「顯失公平」
及該特定行為與競爭秩序之影響有無具體因果關係，加以論斷。

＊行政院公平交易委員會八二公研釋字第〇五四號

要旨：

未經認許之日本法人，是否受我國公平交易法保護之疑義。

主旨：

關於　台端函請釋示「未經認許之日本法人，是否受我國公平交易法保護疑義」案，復如說明二，請查照。

說明：

一、復　台端八十二年三月三日 (82) 法正字第八二○二五號函。

二、本案經本會八十二年四月二十八日第八十二次委員會議決議如次：㈠公平交易法規定之事項可涉及民事、刑事及行政事務。與民事、刑事事務有關的事項，其審判之權責機關為司法機關，因此，為民事刑事案件而有依本法第四十七條之規定，認定外國法人是否有本法之適用，由司法機關認定之。反之，與行政責任或行政保護有關之事項，本會為其審理之權責機關，故為行政案件有必要認定外國法人依本法第四十七條是否有本法之適用時，由本會認定之。㈡按公平交易法第四十七條規定「未經認許之外國法人或團體，就本法規定事項得為告訴、自訴或提起民事訴訟。但以依條約或其本國法令、慣例，中華民國人或團體得在該國享受同等權利者為限；其由團體或機構互訂保護之協議，經中央主管機關核准者亦同。」（互惠原則）。而我國與日本間關於公平交易法有關保護事項，並未締有條約或其他協定、協議。然依日本不正競爭防止法第三條，對於不具巴黎公約同盟國國籍之外國人，以在日本不正競爭法規施行地區內設有住所或營業所者為限，始提供該法相關之保護。故日本國民或未經認許之日本法人、團體也必須在我國境內設有住所或營業所者，始得享有我國公平交易法之保護。公平交易法第四十七條雖僅對「告訴、自訴或提起民事訴訟」加以規範，而未及於「行政責任或行政保護」有關之事項，但衡諸公平交易法第四十七條關於外國法人或團體之法律保障，採互惠原則，該條對於民事、刑事以外之行政事項，亦應有該條揭示之互惠原則的適用。是以，就日本法人或團體在我國未經認許者，是否得依公平交易法請求行政保護，應由本會本諸互惠原則，準用公平交易法第四十七條認定之。

13.行政院公平交易委員會處理涉外案件原則

中華民國九十一年二月八日行政院公平交易委員會（九一）公法字第○九一○○○一三二七號令發布

壹　通則

一、行政院公平交易委員會（以下簡稱本會）為處理與公平交易法有關之涉外案件，特訂定本原則。

二、本會處理與公平交易法有關之涉外案件時，除法令、國際條約或協定另有規定、或另有國際習慣法外，適用本原則規定。

三、本原則所稱涉外案件，係指檢舉人、被檢舉人、申請人、申報人或請釋人有一為

外國事業之案件。

貳、涉外案件之受理

四、檢舉他事業違反公平交易法之涉外調查案件，應具中文檢舉書，載明下列事項，由檢舉人署名：

㈠檢舉人及被檢舉人之姓名、年齡、性別、國籍、職業、住所。檢舉人如係法人或其他設有管理人或代表人之團體，其名稱、事務所或營業所，及管理人或代表人之姓名、年齡、性別、國籍、職業、住所，並檢附該法人、團體經主管機關核准登記之代表人或管理人之證明文件。

㈡被檢舉人違反公平交易法之事實。

㈢證據；證據文件如為外文，應檢具中文譯本。

㈣外國事業檢舉他事業違反公平交易法有關事項，應委任在中華民國境內有住所之代理人辦理，並檢附委任書。

五、檢舉書不合前條程式，而其情形可以補正者，應酌定期間通知檢舉人於一定期間內補正。

檢舉人如為外國事業，本會於必要時得酌定相當期間請其提出中華民國人或團體得在其所屬國享受同等權利之法令、慣例。檢舉人未依前二項所定期間補正者，本會得終止調查。

六、檢舉人應就被檢舉人在我國域內或域外之限制競爭或不公平競爭之行為或其結果對我國競爭秩序產生影響之程度，提出具體事實及證據，並須釋明被檢舉人有違反公平交易法之虞，本會方予受理。

七、外國事業檢舉本國事業違反公平交易法者，由本會參照公平交易法第四十七條規定意旨決定是否受理；但未發現外國有排除保護我國事業之案例前，本會得依職權決定是否受理。

參、域外資料、證據之蒐集

八、本會得依下列途徑蒐集域外資料及證據：

㈠首須考量國內是否已有提供消息之來源，並尋求相關廠商協助取得可公開之資訊。

㈡函請相關外國事業自願性提供本會所需資料。

㈢詳列欲獲得之外國資料證據，函請外交部或經濟部駐外單位協助蒐集。

㈣依公平交易法第二十七條規定進行調查。惟應先就外國之主權作用、國際間之平等互惠原則、以及本會強制外國事業配合所採之行政手段可否達到調查目的等等，做衡平考量。

㈤透過民間組織、同業公會等其他途徑蒐集資料證據。

九、被檢舉之外國事業不配合調查者，本會得依既有資料、證據逕行認定，其有違法

之虞者，本會得通知檢舉人補強證據或再次通知被檢舉人配合調查。

十、外國事業之身分或所在地無法查證者，依下列方式處理之：

　　㈠透過商會、當地工商聯誼會、經濟部駐外單位等，代為查證。

　　㈡經查證結果，仍未能查得外國事業身分時，本會終止審理。

十一、外國事業到會說明或答辯（含紀錄製作）依下列方式為之：

　　㈠依本會「調查案件應行注意事項」辦理。

　　㈡通知外國事業到會說明或答辯時，案件承辦單位得簽請審查委員主持到會說明或答辯。

　　㈢外國事業親自到會說明或答辯時，應提出該事業及其代表人（或管理人）之證明文件；如係委任在中華民國境內有住所之代理人到會說明或答辯，則應提出委任書及代理人身分證明文件。

　　㈣外國事業之代表人或代理人如未通曉中文，則應委由通曉中文之人員陪同到會說明或答辯，該通曉中文人員除應出示委任書及身分證明文件外，並應於相關紀錄上簽名。

　　㈤本會製作外國事業到會說明或答辯之紀錄，應以中文製作為主，並就該案待證事實製作紀錄。

　　㈥外國事業提出之文書、證據如為外文者，並應附具中文譯本。

十二、外國事業所提供之資料涉及營業秘密者，應依本會保密相關規定，與本國事業為相同之處理。

十三、文書之認證：

　　㈠外國公文書：外國公文書之真偽由本會審酌情形認定之；但經駐在該國之中華民國大使、公使或領事證明者，推定其內容為真正。

　　㈡外國私文書：　外國私文書應由提出人舉證證明其真實性；但外國私文書經法院、公證人或駐外單位認證，或經送達（被）檢舉人而無爭執者，推定文書為真正。

肆、公文書之域外送達

十四、本會涉外案件之公文域外送達，得由本會將公文書囑請外交部轉託該國管轄機關或駐在該國之中華民國大使、公使、領事或政府派駐單位為之。

無法依前項之規定辦理，或預知依該規定辦理而無效者，得準用民事訴訟法之規定為公示送達或依其他適當之方式為送達。

十五、涉外案件之公文書，毋須翻譯成英文，惟應須檢附英文簡介，說明該公文書之文件性質與法律效果。

十六、域外送達之文書為處分書者，應由承辦處視案情需要：㈠將處分書主文委託製作英譯本；或㈡將處分書全文委託製成英譯本。並於適當處加註『本件係依中

文本譯成，如因語文不同而有誤差，仍以中文本為準。』等意旨之英語文字，連
同處分書正本及英文送達證書等囑請外交部代為送達。

伍、行政處分之執行

十七、關於行政處分域外執行情形之後續追蹤，依第八點至第十點之規定蒐集資料、
證據。

十八、外國事業經本會處分逾期未繳納罰鍰者，本會得向法院聲請強制執行。

陸、附則

十九、本原則於本會處理與公平交易法有關之其他非涉外案件而有蒐集域外資料、證
據之必要時準用之。

二十、本會為處理與域外有關事宜，得透過與我國訂有雙邊協定國家之主管機關協助
辦理。

14.行政院公平交易委員會域外結合案件處理原則

中華民國八十九年八月十八日行政院公平交易委員會（八九）公法字第○二八三八號函訂定
發布全文六點；並自八十九年九月十五日起生效

一　行政院公平交易委員會（以下簡稱本會）為處理域外結合案件，特訂定本原則。

二　本原則所稱之域外結合案件，係指二以上外國事業在我國領域外之結合，符合公
平交易法（以下簡稱本法）第六條第一項各款情形之一，其結合效果對我國市場
有直接、實質且可合理預見之影響者。

三　域外結合案件，應考量下列因素，決定是否管轄：

㈠結合行為對本國與外國相關市場影響之相對重要性。

㈡結合事業之國籍、所在地及主要營業地。

㈢意圖影響我國市場競爭之明確性程度及其預見可能性。

㈣與結合事業所屬國法律或政策造成衝突之可能性程度。

㈤行政處分強制執行之可能性。

㈥對外國事業強制執行之影響。

㈦國際條約、協定或國際組織之規範情形。

㈧其他經本會認為重要之因素。

域外結合案件，如參與結合事業在我國領域內均無生產或提供服務之設備、經銷
商、代理商或其他實質銷售管道者，不予管轄。

四　域外結合案件，有本法第十一條第一項各款規定情形之一者，應於結合前先向本
會申請許可。

參與結合之外國事業，其銷售金額以該外國事業在我國領域內之銷售金額，及我

國事業自該外國事業進口產品或服務之金額核計。

五　依本原則第四點第一項須向本會提出結合申請者，由下列事業向本會提出申請：

　　㈠與他事業合併、受讓或承租他事業之營業或財產、經常共同經營或受他事業委
　　　託經營者，為參與結合之事業。

　　㈡持有或取得他事業之股份或出資額者，為持有或取得之事業。

　　㈢直接或間接控制他事業之業務經營或人事任免者，為控制事業。

　　前項之申請人為外國事業時，應由外國最終控制母公司向本會提出申請。但在我
　　國境內設有關係企業、分公司或辦事處者，亦得由其關係企業、分公司或辦事處
　　具名代向本會提出申請。必要時，本會仍得命該最終控制母公司提出相關資料。

六　前二點之規定，於下列情形準用之：

　　㈠結合事業分屬我國及他國領域內，而有合致本法第六條第一項各款情形之一
　　　者。

　　㈡外國事業於我國領域外結合，導致其所屬我國領域內之關係企業或分公司間有
　　　本法第六條第一項各款情形之一者。

15.核子損害賠償法（第十八、三十五條）

中華民國八十六年五月十四日總統（八六）華總㈠義字第八六○○一一二八一○號令修正公
布全文三十七條

第十八條

核子設施經營者，對於核子損害之發生或擴大，不論有無故意或過失，均應依本法之
規定負賠償責任。但核子事故係直接由於國際武裝衝突、敵對行為、內亂或重大天然
災害所造成者，不在此限。

第三十五條

本法於外國人為被害人時，應本互惠原則適用之。

16.原子能法（第六、十二、二十八、三十一條）

中華民國六十年十二月二十四日總統令修正公布第三十三條條文

第六條

原子能委員會對外得代表政府，從事國際合作事宜。

第十二條

國內各大學及有關原子能科學研究機構，與友邦及國際有關組織訂立研究合作協定時，
應申報原子能委員會核准。

第二十八條

原子能科學與技術之新發明，適用專利法之規定。但專利權之讓與，或與外國人訂立有關原子能科學與技術合作之契約，應報經原子能委員會核准。

第三十一條

違反本法第二十八條之規定，未經核准將專利權讓與他人，或與外國人訂立有關原子能科學與技術合作之契約者，處三年以下有期徒刑、拘役或科或併科五千元以下罰金。

17.原子能法施行細則（第三十三條）

中華民國八十九年十一月二十七日行政院（八九）臺科字第三三五六五號令修正發布第十、四十五條條文

第三十三條

在中華民國國境內，非經原子能委員會核准並發給執照，不得建造或運轉核子反應器。外國國民、公司或團體在中華民國國境內設置核子反應器並須先經行政院核准，始得依法申請建廠（造）執照。

18.放射性廢料管理方針

中華民國八十六年九月二日行政院（八六）臺科字第三三九五一號令修正發布

第一章　目標

第一條

為加強發電、醫學、農業、工業、教學、研究及其他產業所產生放射性廢料之管理，保障國民安全，維護環境生態品質，避免現代及後世受到放射性廢料之不利影響，特訂定本方針。

第二章　策略

第二條

放射性廢料之處理、運送、貯存、最終處置及處理、貯存設施之除役，應以目前可行技術為基礎，針對我國實際需要，繼續研究發展，以確保安全。

第三條

放射性廢料之產生者，應積極設法減少其產生量及體積。

第四條

放射性廢料之處理、運送、貯存及最終處置，應由產生廢料者自行或委託政府核准之機關（構）為之，並支付所需之各項費用。

第五條

放射性廢料之管理應考慮國民之安全與環境保護，並應尊重有關國際公約。

第六條

加強推動研究發展、教育及溝通宣導，厚植放射性廢料管理之根基。

第七條

健全法令規範、管理制度及資訊系統，促進放射性廢料管理工作之績效。

第八條

放射性廢料之最終處置，採境內、境外並重原則，積極推動；不論境外是否可行，仍應在境內覓妥處置場址備用。

第三章　措施

第九條

健全法令規範及管理制度：

㈠檢討並修訂法令規範，加強發電、醫學、農業、工業、教學、研究及其他產業所產生放射性廢料之管理。

㈡加強放射性廢料之委託處理、運送、貯存及最終處置制度。

㈢建立基金制度，由放射性廢料之產生者攤負費用，以供放射性廢料管理之需。

㈣健全天然放射性物質廢棄物之安全管理，以避免對環境造成不良影響。

第十條

保護自然、社會及人文資源：

㈠放射性廢料之貯存場或處置場，應儘量設於人口稀少地區。

㈡放射性廢料之貯存場或處置場之設置，以不妨礙周圍地區資源永續使用及保育為準。

㈢大量放射性廢料之運送，應儘可能採用海運，減少陸上運送。

放射性廢料處理、貯存設施之除役，應採拆除方式為原則，使場址之土地資源能再度供開發利用。

第十一條

加強安全分析與環境影響評估工作：

㈠放射性廢料營運設施之開發行為，應提出營運設施之安全分析報告。依環境影響評估法規應實施環境影響評估者，從其規定。

㈡放射性廢料營運設施，應設置環境輻射監測系統。

㈢健全稽查制度，並加強稽查作業，以確保放射性廢料處理、運、貯存及最終處置之安全。

第十二條

加強貯存及最終處置方案之規劃：

㈠提昇低放射性廢料貯存之安全，並研究長期安全貯存方式之可行性。

㈡加強推動低放射性廢料境內處置計畫，儘速完成環境影響評估與安全分析。

㈢繼續推動低放射性廢料之境外處置計畫，並應遵守國際規範，確保運送及處置作業之安全。

㈣積極推行用過核燃料廠內中期貯存計畫。

㈤在遵守國際核子保防協定下，尋求在國外進行用過核燃料再處理之可行性。

㈥繼續執行用過核燃料及高放射性廢料最終處置方案之規劃，儘速提出先期可行性方案及實施方案。

第十三條

加強放射性廢料管理之研究發展、教育及溝通宣導：

㈠培育國內放射性廢料管理中、高級人力，延攬海外高級人才，參與放射性廢料管理之研究發展工作。

㈡整合學術、研究及放射性廢料產生單位之研究資源，加強放射性廢料管理研究工作。

㈢建立全國性放射性廢料管理資訊體系，並推展放射性廢料管理之社會教育及溝通宣導工作。

㈣積極參與放射性廢料管理之國際合作與國際會議，吸收並引進技術與經驗。

㈤推動及鼓勵民間參與放射性廢料營運與研究發展工作。

㈥廣籌經費，加強放射性廢料營運與管理技術之研究發展工作。

19.促進民間參與公共建設法（第四、三十二條）

中華民國九十年十月三十一日總統（九〇）華總一義字第九〇〇〇二一四〇〇〇號令修正公布第三條條文

第四條

本法所稱民間機構，指依公司法設立之公司或其他經主辦機關核定之私法人，並與主辦機關簽訂參與公共建設之投資契約者。

前項民間機構有政府、公營事業出資或捐助者，其出資或捐助不得超過該民間機構資本總額或財產總額百分之二十。

第一項民間機構有外國人持股者，其持股比例之限制，主辦機關得視個案需要，報請行政院核定，不受其他法律有關外國人持股比例之限制。

第三十二條

外國金融機構參加對民間機構提供聯合貸款，其組織為公司型態者，就其與融資有關之權利義務及權利能力，與中華民國公司相同，不受民法總則施行法第十二條及公司法第三百七十五條之限制。

20.促進產業升級條例（第十二至十四、十四之一、七十之一、七十二條）

中華民國九十一年一月三十日總統（九一）華總一義字第〇九一〇〇〇一五〇四〇號令修正
公布第六、十二、十五、二十一、二十三、二十五、二十六、二十八至三十二、三十四、
四十五、四十八、五十一、五十三、五十五至五十七、六十、六十三至六十五、六十七、
六十八、七十二條條文；增訂第十四之一、十九之一、二十之一、二十二之一、三十二之
一、第六章之一章名、七十之一、七十之二條條文；並刪除第五十八、五十九、六十一、
六十二條條文

第十二條

為提升國內產業國際競爭力，避免國內產業發展失衡，中華民國國民或公司進行國外
投資或技術合作，政府應予適當之協助及輔導。

公司符合下列情形之一，得按國外投資總額百分之二十範圍內，提撥國外投資損失準
備，供實際發生投資損失時充抵之：

一、經經濟部核准進行國外投資者。

二、依第六項所定辦法規定，於實行投資後報請經濟部准予備查者。

適用前項國外投資損失準備之公司，以進行國外投資總股權占該國外投資事業百分之
二十以上者為限。

公司依第二項提撥之國外投資損失準備，在提撥五年內若無實際投資損失發生時，應
將提撥之準備轉作第五年度收益處理。

第二項公司因解散、撤銷、廢止、合併或轉讓依所得稅法規定計算清算所得時，國外
投資損失準備有累積餘額，應轉作當年度收益處理。

第一項國外投資或技術合作之協助及輔導措施，與第二項公司申請核准或備查其國外
投資之條件、程序及其他應遵行事項；其辦法由經濟部定之。

第十三條

非中華民國境內居住之個人及在中華民國境內無固定營業場所之營利事業，依華僑回
國投資條例或外國人投資條例申請投資經核准者，其取得中華民國境內之公司所分配
股利或合夥人應分配盈餘應納之所得稅，由所得稅法規定之扣繳義務人於給付時，按
給付額或應分配額扣繳百分之二十，不適用所得稅法結算申報之規定。非中華民國境
內居住之個人，經依華僑回國投資條例或外國人投資條例核准在中華民國境內投資，
並擔任該事業之董事、監察人或經理人者，如因經營或管理其投資事業需要，於一課
稅年度內在中華民國境內居留期間超過所得稅法第七條第二項第二款所定一百八十三
天時，其自該事業所分配之股利，得適用前項之規定。

第十四條

外國營利事業依華僑回國投資條例或外國人投資條例核准在中華民國境內投資者，該外國營利事業之董事或經理人及所派之技術人員，因辦理投資、建廠或從事市場調查等臨時性工作，於一課稅年度內在中華民國境內居留期間合計不超過一百八十三天者，其由該外國營利事業在中華民國境外給與之薪資所得，不視為中華民國來源所得。

第十四條之一

外國營利事業或其在中華民國境內設立之分公司，自行或委託國內營利事業在中華民國設立物流配銷中心，從事儲存、簡易加工，並交付該外國營利事業之貨物予國內客戶，其所得免徵營利事業所得稅。

前項物流配銷中心應具備之規模、適用範圍與要件、申請程序、核定機關及其他相關事項之實施辦法，由行政院定之。

第七十條之一

為鼓勵公司運用全球資源，進行國際營運布局，在中華民國境內設立達一定規模且具重大經濟效益之營運總部，其下列所得，免徵營利事業所得稅：

一、對國外關係企業提供管理服務或研究開發之所得。

二、自國外關係企業獲取之權利金所得。

三、投資國外關係企業取得之投資收益及處分利益。

前項營運總部應具備之規模、適用範圍與要件、申請程序、核定機關及其他相關事項之實施辦法，由行政院定之。

第七十二條

本條例自中華民國八十年一月一日施行。

本條例中華民國八十八年十二月三十一日修正條文，自中華民國八十九年一月一日施行；中華民國八十九年一月一日以後修正條文，自公布日施行。但第二章及第七十條之一施行至中華民國九十八年十二月三十一日止。

21.外國人投資條例

中華民國八十六年十一月十九日總統（八六）華總（一）義字第八六○○二四六七七○號令修正公布全文二十條

第一條

外國人在中華民國境內之投資、保障、限制及處理，依本條例之規定。

第二條

本條例所稱主管機關為經濟部。

主管機關得授權所屬機關或委託其他機關、機構處理本條例所定之投資。

第三條

本條例所稱外國人包括外國法人。

外國法人依其所據以成立之法律，定其國籍。

外國人依照本條例之規定，在中華民國境內投資者，稱投資人。

第四條

本條例所稱投資如下：

一、持有中華民國公司之股份或出資額。

二、在中華民國境內設立分公司、獨資或合夥事業。

三、對前二款所投資事業提供一年期以上貸款。

＊八一判字第一四五二號

要旨：

〔原告係屬經我國認許之外國法人之分公司，其性質上仍屬外國法人，不因認許而變成為中華民國法人，自不得為技術合作之主體，被告機關經濟部投資審議委員會因而否准原告技術合作之申請，於法無違〕

按「本條例所稱之技術合作，指外國人供給專門技術或專利權，與中華民國政府、國民或法人，約定不作為股本而取得一定報酬金之合作。」技術合作條例第三條第一項定有明文。所謂「中華民國政府、國民或法人」係指中華民國政府、中華民國國民或中華民國法人而言，並不包括經中華民國政府認許之外國法人在內，是技術合作之主體必須一方為外國人，另一方為中華民國政府、國民或法人，否則其合作之當事人適格即有欠缺，自屬無從准許。本件原告依首揭法條規定申請與美商・迪〇多電腦股份有限公司技術合作生產智慧型終端機、視窗型終端機、電腦周邊設備網路介面板，惟查原告係屬經我國認許之外國法人之分公司，參諸行為時公司法第四條規定，其性質上仍屬外國法人，不因認許而變成為中華民國法人，自不得為技術合作之主體，被告機關因而否准原告技術合作之申請，揆諸首揭法條規定及說明，並無違誤。原告雖主張民法總則施行法第十二條明定經認許之外國法人，於法令限制內，與同種類之中國法人有同一之權利能力，公司法第三百七十五條亦規定外國公司經認許後，其法律上權利義務及主管機關之管轄，除法律另有規定外，與中國公司同，則技術合作條例所稱之法人自應包括經認許之外國法人。又分公司雖為公司整體人格之一部分，然此非謂分公司不得就其營業範圍內為法律行為，再參諸外國人投資條例第六條、華僑回國投資條例第二十條亦皆肯認經認許之外國法人在臺分公司，得享受各該條例之優惠；技術合作條例既係依外國人投資條例及華僑回國投資條例第四條第二項之規定而制定，則技術合作條例所稱之合作人，自應解釋為包括經認許之外國法人在臺分公司云云，但查技術合作條例第三條第一項既已將技術合作之主體列舉，自難擴張解釋包括經認許之外國法人在臺分公司在內，所為主張，尚無可採。訴願、再訴願決定遞予維持原處分，均無不合。原告起訴論旨，非有理由，應予駁回。

＊財政部七二臺財稅字第三〇五三〇號

要旨：

本條例所稱投資包括被投資公司以未分配盈餘增資者

全文內容：

獎勵投資條例第十八條所指國外營利事業依華僑回國投資條例或外國人投資條例核准
在我國境內投資之「投資」一詞，依照華僑回國投資條例或外國人投資條例第三條第
一項第四款及第四條第一項第一款之規定，應包括被投資公司以未分配盈餘轉增資在
內，但投資人之增加投資仍須依該兩條例規定申請核准後，始得適用。

第五條

投資人持有所投資事業之股份或出資額，合計超過該事業之股份總數或資本總額三分
之一者，其所投資事業之轉投資應經主管機關核准。

＊司法院（八一）秘臺廳一字第〇二三七八號

要旨：

僑外投資事業如以聯合出資成立公司之方式轉投資於禁止僑外人投資事業，將與華僑
回國投資條例第五條及外國人投資條例第五條規定意旨有違。

全文內容：

本院秘書長 78.11.10 (78) 秘臺廳㈠字第〇二一三二號函係說明僑外投資事業如以聯
合出資成立公司之方式轉投資於禁止僑外人投資事業，將與華僑回國投資條例第五條
及外國人投資條例第五條以負面表列禁止或限制僑外人投資規定之立法意旨有違；至
對於僑外投資及其轉投資比例不大之僑外投資事業之轉投資，應否參照「華僑及外國
人投資證券及其結匯辦法」第十四條之規定，酌予放寬負面表列之適用，宜由　貴部
本諸主管機關之權責認於不違背上開法律規定之立法意旨下自行決定，本院歉難表示
意見。

＊司法院（七八）秘臺廳㈠字第〇二一三二號

要旨：

外國投資人所投資之事業，仍應受土地法第十七條第七款以外其餘各款之限制。

全文內容：

按華僑回國投資條例第五條與外國人投資條例第五條於民國七十八年五月二十六日修
正時，均採行負面表列方式，即分別將原規定華僑及外國人之投資範圍修正，分為禁
止類與限制類事業，予以規範，其禁止或限制僑外人投資之立法意旨，在保護國家公
益。貴部來函所稱，經核准之僑外投資事業，其以聯合出資成立公司之方式投資者，
如擬轉投資時，雖其公司係依照我國公司法之規定核准設立，屬於國內法人之一種，
然其若利用轉投資者為手段，以公司名義轉投資於上開條例第五條所定禁止僑外人投
資之事業，亦即行政院依該等條例第五條第三項所定業別，不啻以迂迴曲折之方法達

到規避法律禁止或限制之目的，似與立法意旨有悖。又土地法第十七條規定：「左列土地不得移轉、設定負擔或租賃於外國人：一、農地。二、林地。三、漁地。四、牧地。五、狩獵地。六、鹽地。七、礦地。八、水源地。九、要塞軍備區域及領域邊境之土地」。旨在避免影響國計民生與國防安全。外國人投資條例第十九條第二項規定投資人或所投資之事業，經行政院專案核准後，不受土地法第十七條第七款礦地之限制，並未將上開土地法第十七條第七款以外各款排除在外，似不能因外國人投資條例第二十條規定「投資人所投資之事業，除本條例規定者外與中華民國國民所經營之同類事業受同等待遇」，而認定亦得不受土地法第十七條第七款以外其餘各款之限制。至於外人投資事業，如係以成立公司方式為之，並依我國公司法之規定，核准設立，其公司在法律上雖為國內法人之一種，但其實際仍為外國人所投資之事業，應否受土地法第十七條之限制，宜由主管機關依有關法令斟酌決定之。

第六條

依本條例投資，其出資種類如下：

一、現金。

二、自用機器設備或原料。

三、專利權、商標權、著作財產權、專門技術或其他智慧財產權。

四、其他經主管機關認可投資之財產。

第七條

下列事業禁止投資人投資：

一、對國家安全、公共秩序、善良風俗或國民健康有不利影響之事業。

二、法律禁止投資之事業。

投資人申請投資於法律或基於法律授權訂定之命令而限制投資之事業，應取得目的事業主管機關之許可或同意。

第一項禁止及第二項限制投資之業別，由行政院定之，並定期檢討。

第八條

投資人依本條例投資者，應填具投資申請書，檢附投資計畫及有關證件，向主管機關申請核准。投資計畫變更時，亦同。

前項投資申請書格式，由主管機關定之。

主管機關對於申請投資案件，應於其申請手續完備後一個月內核定之；牽涉到其他相關目的事業主管機關權限者，應於二個月內核定之。

投資人投資證券之管理辦法，由行政院定之。

第九條

投資人應將所核准之出資於核定期限內全部到達，並將到達情形報請主管機關查核。

投資人經核准投資後，在核定期限內未實行全部或一部出資者，其未實行之出資於期

限屆滿時撤銷之。但有正當理由者，應於期限屆滿前，申請主管機關核准延展。

投資人於實行出資後，應向主管機關申請審定投資額；其審定辦法，由主管機關定之。

第十條

投資人將已實行之出資移轉投資於非屬第七條第一項禁止投資之事業時，應由投資人向主管機關為撤銷原投資及核准投資之申請。

投資人轉讓其投資時，應由轉讓人及受讓人會同向主管機關申請核准。

第十一條

投資人依本條例享有結匯之權利不得轉讓。但其出資讓與投資人之合法繼承人或經核准受讓其投資之其他外國人或華僑者，不在此限。

第十二條

投資人得以其投資每年所得之孳息或受分配之盈餘，申請結匯。

投資人經核准轉讓股份或撤資或減資，得以其經審定之投資額，全額一次申請結匯；其因投資所得之資本利得，亦同。

投資人申請結匯貸款投資本金及孳息時，從其核准之約定。

第十三條

投資人對所投資事業之投資，未達該事業資本總額百分之四十五者，如政府基於國防需要，對該事業徵用或收購時，應給與合理補償。

前項補償所得價款，准予申請結匯。

第十四條

投資人對所投資事業之投資，占資本總額百分之四十五以上者，在開業二十年內，繼續保持其投資額在百分之四十五以上時，不予徵用或收購。

前項規定，於投資人與依華僑回國投資條例投資之華僑共同投資，合計占該投資事業資本總額百分之四十五以上時，準用之。

第十五條

投資事業依公司法組設公司者，投資人不受同法第九十八條第一項、第一百零八條第二項、第一百二十八條第一項、第二百零八條第五項及第二百十六條第一項關於國內住所、國籍及出資額之限制。

投資人對所投資事業之投資，占該事業資本總額百分之四十五以上者，得不適用公司法第一百五十六條第四項關於股票須公開發行及第二百六十七條關於投資人以現金增資原投資事業，應保留一定比例股份，由公司員、工承購之規定。

前項規定，於投資人與依華僑回國投資條例投資之華僑共同投資，合計占該投資事業資本總額百分之四十五以上時，準用之。

*內政部（八六）臺內營字第八六八九二八三號

要旨：

外國人依外國人投資條例規定投資國內營造業，未領有外僑居留證者，能否擔任該營造公司之董事長疑義。

主旨：

關於外國人依外國人投資條例規定投資國內營造業，未領有外僑居留證者，能否擔任該營造公司之董事長疑義乙案，復如說明，請　查照。

說明：

一、復　貴局 86.10.24 北市工建字第八六三一二一○二○○號函。

二、案准經濟部投資審議委員會 86.11.19 經（八六）投審四字第八六七四四九五○號查復略以：「依外國人投資條例第十八條規定，外國人依該條例投資，不受公司法第二○八條第五項關於國內住所、國籍之限制，因此，外國人投資國內營造業擔任負責人，得不在國內有住所，其辦理營造業登記，應繳驗我駐外使領館或指定機構簽證之身份證明、或其護照、外僑居留證等文件影本之一，足資證明其身份即已足，不以領有外僑居留證為必要。」本部同意依前開函復意見辦理。

第十六條

投資人或所投資之事業，經行政院專案核准後，不受下列限制：

一、礦業法第五條第一項、第三項但書、第八條第一項關於中華民國人民之規定及第四十三條第二款。

二、土地法第十七條第七款。

三、船舶法第二條第三款各目及第四款。但對於經營內河及沿海航行之輪船事業，或不合於共同出資方式者，仍受限制。

四、民用航空法第十條第一項第三款各目及第四十五條第一項。

第十七條

投資人所投資之事業，其法律上權利義務，除法律另有規定外，與中華民國國民所經營之事業同。

＊司法院（五一）函參字第六七一七號

要旨：

公益法人之董事或董事長之國籍不受限制

全文內容：

查我國公益法人（如財團及公益為目的之社團）董事及董事長之國籍，所以未設有限制之規定，乃因法律認為此類法人不僅有助於社會公益，且有利於社會經濟，故此類法人之設立，董事長及董事之國籍自不宜加以限制，此自營利法人之董事長及董事應受國籍之限制（公司法第一九三條第三項，惟該項依外國人投資條例第十七條第二款之規定暫停適用），從其反面推理即明。本件臺灣省政府民政廳原代電請求：「外人擔任我國法人之董事長或董事，是否可限定與我國有邦交國家之人士」一節，據上所述，

如外人擔任公益法人之董事長及董事,其國籍似無需限於我國有邦交之人士較為妥適。

第十八條

投資人違反本條例規定或不履行主管機關核准事項者,除本條例另有規定外,主管機關得依下列方式處分之:

一、取消一定期間所得盈餘或孳息之結匯權利。

二、撤銷其投資案,並取消本條例規定之權利。

＊財政部證券管理委員會(八五)臺財證㈠字第一五九四一號

要旨:

外國人取得公開發行公司資本總額百分之四十五以上之股份者,該公司是否得排除公開發行公司股票公開發行相關法規之適用疑義。

主旨:

所詢外國人依「外國人投資條例」取得公開發行公司資本總額百分之四十五以上之股份者,該公司是否得依該條例排除公開發行公司股票公開發行相關法規之適用疑義乙案,復如說明,請 查照。

說明:

一、復 貴所八十五年二月八日八五一〇四八九號函。

二、按公開發行公司如因股權變動,外國人持股比例逾該公司資本總額百分之四十五以上者,雖其發行新股得免除依公司法第二百六十七條關於保留一定比例股份由公司員、工承購之規定,惟依證券交易法第二十二條第二項規定,已依本法發行股票之公司於依公司法之規定而可不公開發行者,仍應依同條第一項規定辦理(即依「發行人募集與發行有價證券處理準則」規定辦理),是故仍有證券交易相關法規之適用。

三、投資事業若擬排除證券交易相關法規之適用,自應依公司法第一百五十六條第四項及「外國人投資條例」第十八條第二項規定,先向本會辦理撤銷公開發行。

第十九條

外國人於本條例修正施行前,未依本條例投資者,得於本條例修正施行後一年內,向主管機關申請登記,適用本條例之規定。

前項登記方式,由主管機關定之。

第二十條

本條例自公布日施行。

22.華僑回國投資條例

中華民國八十六年十一月十九日總統(八六)華總㈠義字第八六〇〇二四六八〇〇號令修正公布全文二十一條

第一條

華僑回國投資之鼓勵、保障及處理，依本條例之規定。

第二條

本條例所稱主管機關為經濟部。

主管機關得授權所屬機關或委託其他機關、機構處理本條例所定之投資。

＊司法院（四六）臺公參字第二二一七號

要旨：

華僑之身分

全文內容：

一、關於華僑之身分，在華僑回國投資條例中尚無有關規定顯示其範圍，而華僑事務之主管機關為僑務委員會，對此問題適用上有疑義時，自可由主管機關本於法定職權斟酌有關法令作有權解釋（參閱原附件僑務委員會僑四四經字第一四九三八號函），倘不受其拘束之他機關對其所持見解有異時，自可請求共同上級主管機關或請大法官統一解釋（參閱司法院大法官會議規則第四條）。

二、華僑回國投資條例第十一條之規定，旨在便利投資人一部份淨利或孳息之結匯，至投資人於投資回國後在國外有無住所，法無限制明文，此點在適用上如有疑義似可參照前述有權解釋之法理辦理。

第三條

華僑依本條例之規定回國投資者，稱為投資人。

第四條

本條例所稱投資如下：

一、持有中華民國公司之股份或出資額。

二、在中華民國境內設立獨資或合夥事業。

三、對前二款所投資事業提供一年期以上貸款。

第五條

投資人持有所投資事業之股份或出資額，合計超過該事業之股份總數或資本總額三分之一者，其所投資事業之轉投資應經主管機關核准。

第六條

依本條例投資，其出資種類如下：

一、現金。

二、自用機器設備或原料。

三、專利權、商標權、著作財產權、專門技術或其他智慧財產權。

四、其他經主管機關認可投資之財產。

第七條

下列事業禁止投資人投資：

一、對國家安全、公共秩序、善良風俗或國民健康有不利影響之事業。

二、法律禁止投資之事業。

投資人申請投資於法律或基於法律授權訂定之命令而限制投資之事業，應取得目的事業主管機關之許可或同意。

第一項禁止及第二項限制投資之業別，由行政院定之，並定期檢討。

第八條

投資人依本條例投資者，應填具投資申請書，檢附投資計畫及有關證件，向主管機關申請核准。投資計畫變更時，亦同。

前項投資申請書格式，由主管機關定之。

主管機關對於申請投資案件，應於其申請手續完備後一個月內核定之，牽涉到其他相關目的事業主管機關權限者，應於二個月內核定之。

投資人投資證券之管理辦法，由行政院定之。

第九條

投資人應將所核准之出資於核定期限內全部到達，並將到達情形報請主管機關查核。

投資人經核准投資後，在核定期限內未實行全部或一部出資者，其未實行之出資於期限屆滿時撤銷之。但有正當理由者，應於期限屆滿前，申請主管機關核准延展。

投資人於實行出資後，應向主管機關申請審定投資額；其審定辦法，由主管機關定之。

第十條

投資人將已實行之出資移轉投資於非屬第七條第一項禁止投資之事業時，應由投資人向主管機關為撤銷原投資及核准投資之申請。

投資人轉讓其投資時，應由轉讓人及受讓人會同向主管機關申請核准。

第十一條

投資人依本條例享有結匯之權利不得轉讓。但其出資讓與投資人之合法繼承人或經核准受讓其投資之其他外國人或華僑者，不在此限。

第十二條

投資人得以其投資每年所得之孳息或受分配之盈餘，申請結匯。

投資人經核准轉讓股份或撤資或減資，得以其經審定之投資額，全額一次申請結匯；其因投資所得之資本利得，亦同。

投資人申請結匯貸款投資本金及孳息時，從其核准之約定。

第十三條

投資人對所投資事業之投資，未達該事業資本總額百分之四十五者，如政府基於國防需要，對該事業徵用或收購時，應給與合理補償。

前項補償所得價款，准予申請結匯。

第十四條

投資人對所投資事業之投資，占資本總額百分之四十五以上者，在開業二十年內，繼續保持其投資額在百分之四十五以上時，不予徵用或收購。

前項規定，於投資人與依外國人投資條例投資之外國人共同投資，合計占該投資事業資本總額百分之四十五以上時，準用之。

第十五條

投資人實行出資後，其經審定之投資額課徵遺產稅優待辦法，由行政院定之。

第十六條

投資事業依公司法組設公司者，投資人不受同法第九十八條第一項、第一百零八條第二項、第一百二十八條第一項、第二百零八條第五項及第二百十六條第一項關於國內住所及出資額之限制。

投資人對所投資事業之投資，占該事業資本總額百分之四十五以上者，得不適用公司法第一百五十六條第四項關於股票須公開發行及第二百六十七條關於投資人以現金增資原投資事業，應保留一定比例股份，由公司員、工承購之規定。

前項規定，於投資人與依外國人投資條例投資之外國人共同投資，合計占該投資事業資本總額百分之四十五以上時，準用之。

＊經濟部（八八）經商字第八八○一○八五○號

要旨：

外籍人士可否擔任本國公司或行號負責人疑義

全文內容：

按外國人投資條例第十五條規定：「投資事業依公司法組設公司者，投資人不受同法第九十八條第一項、第一百零八條第二項、第一百二十八條第一項、第二百零八條第五項及第二百十六條第一項關於國內住所、國籍及出資額之限制。」又華僑回國投資條例第十六條亦有類似規定，準此，關於公司部分，請依前開規定辦理。至商號部分，檢附本部六十七年七月二十六日商二五六二四號函釋，請參考。

第十七條

投資人所投資之事業，其法律上權利義務，除法律另有規定外，與國內人民所經營之事業同。

第十八條

本條例施行前，依照鼓勵華僑及旅居港澳人士來臺舉辦生產事業辦法、自備外匯輸入物資來臺舉辦生產事業辦法及華僑回國投資辦法來臺投資之華僑及其所舉辦之事業，適用本條例之規定。

＊內政部（七二）臺內社字第一六○九二七號

要旨：

新修正之商業團體法第二十二條疑義

全文內容：

查華僑回國投資條例第十八條第一項係指排除公司法有關國內住所限制之規定；至於以僑領身分當選為商業團體理、監事者，仍應受商業團體法第二十二條規定之限制。

第十九條

投資人違反本條例規定或不履行主管機關核准事項者，除本條例另有規定外，主管機關得依下列方式處分之：

一、取消一定期間所得盈餘或孳息之結匯權利。

二、撤銷其投資案，並取消本條例規定之權利。

第二十條

華僑於本條例修正施行前，未依本條例投資者，得於本條例修正施行後一年內，向主管機關申請登記，適用本條例之規定。

前項登記之方式，由主管機關定之。

第二十一條

本條例自公佈日施行。

23.華僑及外國人投資額審定辦法

中華民國八十七年五月十三日經濟部（八七）經投審字第八七七四六五二六號令訂定發布全文十一條

第一條

本辦法依華僑回國投資條例第九條第三項及外國人投資條例第九條第三項規定訂定之。

第二條

投資人申請審定投資額，應由投資人、投資人之代理人、投資事業或投資事業之代理人，於投資人各類出資實行後二個月內，向主管機關申請辦理。

投資人分批實行投資者，得分批申請辦理。

第三條

主管機關審定投資人各類投資額，依下列方式予以核計：

一、以外匯結售為新臺幣投資者，採計其扣除手續費及其他相關費用後之淨額。

二、以外匯結售為新臺幣作為營運資金者，採計其扣除手續費及其他相關費用後之淨額。

三、經核准匯入以原幣保留供匯出使用之外幣，採計匯入受款銀行核發交易憑證時之買匯匯率，換算為新臺幣後之金額。

四、以外幣購買國內股東之股份或取代原以新臺幣投資持有之股份者，採計結售為新臺幣並扣除手續費及其他相關費用後之淨額。

五、以專利權、商標權、著作財產權、專門技術或其他智慧財產權作為股本投資者，採計該投資申請案經核准時之金額。

六、以輸入自用機器設備、原料投資者，以海關起岸價格為準，採計進口日期之匯率換算為新臺幣之金額。

七、以新臺幣於國內購買自用機器設備、原料投資者，採計其交易發票之實際金額。

投資人以其他經主管機關認可投資之財產投資者，其投資額審定之核計方式，由主管機關認定之。

第四條

投資人以匯入外匯投資或受讓國內股東股份作為股本投資者，應檢具下列文件，向主管機關申請審定：

一、審定投資額申請書正本一份，影本二份。

二、銀行電（信）匯之匯入款通知書正本一份、影本二份或匯（支）票影本二份。

三、結售為新臺幣之銀行兌換水單正本一份、影本二份。

四、投資事業銀行存款對帳單或存摺影本一份。

前項規定於受讓國內股東股份者，得免檢具第四款文件。但應另行檢具證券交易稅一般代徵稅額繳款書影本或股東同意書及收款證明書一份。

第一項投資人如為二人以上者，並應檢附投資人匯入金額明細表正本一份，若由其中一人代為匯款時，應另檢附代為匯款聲明書正本一份。

第五條

投資人匯入外匯經核准保留為外匯存款者，應於匯入後檢具下列文件，向主管機關申請審定：

一、審定投資額申請書正本一份、影本二份。

二、銀行信（電）匯之匯入款通知書正本一份、影本二份。

三、由結匯銀行出具之其他交易憑證正本一份、影本二份，或匯（支）票影本二份。

四、投資事業銀行外匯存款證明一份。

第六條

投資人自行攜入外幣現鈔投資者，應檢具下列文件，向主管機關申請審定：

一、審定投資額申請書正本一份、影本二份。

二、海關出具之證明文件正本一份、影本二份。

三、結售為新臺幣之銀行兌換水單正本一份、影本二份。

四、投資事業銀行存款對帳單正本或存摺影本一份。

第七條

投資人以新臺幣投資或受讓國內股東股份作為股本投資者，應檢具下列文件，向主管機關申請審定：

一、審定投資額申請書正本一份、影本二份。

二、投資事業銀行存款對帳單或存摺影本一份。

前項規定於受讓國內股東股份者，得免檢具第二款文件。但應另行檢具證券交易稅一般代徵稅額繳款書影本或股東同意書及收款證明書一份。

第八條

投資人以專利權、商標權、著作財產權、專門技術或其他智慧財產權作為股本投資者，應檢具下列文件，向主管機關申請審定：

一、審定投資額申請書正本一份、影本二份。

二、投資人轉讓、授權投資事業或其籌備處使用該等智慧財產權之證明文件一份。

第九條

投資人輸入自用機器設備、原料作為股本投資者，應檢具下列文件，向主管機關申請審定：

一、審定投資額申請書正本一份、影本二份。

二、海關進口報單正本一份、影本一份。

第十條

投資人以新臺幣於國內購買自用機器設備、原料作為股本投資者，應檢具下列文件，向主管機關申請審定：

一、審定投資額申請書正本一份、影本二份。

二、購買自用機器設備、原料之發票或相關證明文件影本一份。

三、投資事業或其籌備處出具投資人已實行投資之證明文件正本一份。

第十一條

本辦法自發布日施行。

24.促進企業開發產業技術辦法

中華民國九十年八月八日經濟部（九○）經科字第○九○○○一五九四二○號令修正發布第一、二、三、五、七、八、十三條條文

第一條

為鼓勵企業從事技術創新、應用研究、建立企業研發能量與制度，及促進知識服務產業發展，並建構產業技術環境，提升國際競爭力，特訂定本辦法。

第二條

本辦法所稱主管機關為經濟部。

主管機關除補助申請之准駁決定外，得就本辦法所定相關事項，依政府採購法委託相關機構執行。

第三條

主管機關對於企業從事下列事項，得提供補助：

一、關鍵性、前瞻性或整合性產業技術之規劃或開發。

二、中小企業創新產業技術及產品之研發。

三、資訊通信基本建設示範應用系統之建置。

四、促成產業技術發展之知識創造、流通或加值。

前項第四款之補助資格，由主管機關定之。

第四條

主管機關得設指導委員會及審查委員會，審議前條補助事項及提供相關業務諮詢。

指導委員會之任務如下：

一、訂定政策性指導方向或審查原則，並適時審視及調整之。

二、確認審查委員會之審查結果。

審查委員會之任務如下：

一、審核計畫申請人之技術能力、計畫內容及計畫經費。

二、計畫之執行與管考及相關事務。

指導委員會與審查委員會之組織及運作事項，由主管機關定之。

第五條

申請第三條第一項第一款之補助，以符合下列各款規定者為限：

一、依公司法設立之本公司。

二、財務健全。

三、於國內設有研究發展部門，有研究發展專門人才。

四、具備執行計畫之研發管理能力。

五、研發團隊具有研究發展實績。

申請者五年內曾執行政府科技計畫，而有重大違約紀錄者，主管機關不得提供補助。

第六條

申請第三條第一項第二款之補助，以符合中小企業認定標準之公司為限。

前項申請者，其成立未滿三年或進駐依經濟部鼓勵公民營機構設立中小企業創新育成中心相關規定設立之創新育成中心，得為優先補助之對象。

第七條

申請第三條第一項第三款之補助，以符合下列各款規定者為限：

一、依公司法設立之本公司或具資訊應用需求之法人。

二、財務健全。

三、具備一定規模之經營與系統開發場所、執行計畫之人力與設備及專案執行能力。

申請者五年內曾執行政府科技計畫，而有重大違約紀錄者，主管機關不得提供補助。

第八條

主管機關為配合行政院核定之重大科技政策及建構民間企業發展科技產業之環境，對於下列事項，得經專案審查後，提供補助經費，補助科目得不受第十二條規定之限制：

一、國家型技術應用及展示活動。

二、產業技術環境建構。

三、企業主導之大型技術研發計畫。

四、國內、外具產業技術研發實績機構在臺設立設計、研發中心。

前項第一款至第三款補助之對象，得包括公司以外之法人。第四款補助對象之資格、條件，由主管機關定之。

第九條

符合本辦法之申請資格者，得向主管機關提出申請。經主管機關審查通過後，通知申請者簽訂契約。

主管機關辦理前項案件之審查，自收件之日起至審查完竣通知申請者之日止，不得逾四個月；必要時，得延長二個月。

第十條

前條第一項之契約，應規範下列事項：

一、計畫內容及執行期間。

二、補助款之撥付與經費之收支處理及查核。

三、計畫之停辦、終止事由及違約處理。

四、依第十七條規定授權第三人實施該研究成果之情形。

第十一條

本辦法提供之補助款，應不超過審核通過計畫總經費之百分之五十。

前項所稱計畫總經費，以下列項目為限：

一、研究員、技術人員及其他專為研究工作而聘用之助理人員之人事費用。

二、供研究活動專用且永久使用之儀器、設備、土地及建築物之成本。但以商業基礎而使用者，不在此限。

三、專供研究活動之諮商及與其相當之服務成本，包括購入之研究成果，技術知識、專利等之支出。

四、因研究活動直接發生之間接成本。

五、因研究活動直接發生之材料，供應品或類似支出之經常費用。

第十二條

本辦法提供之補助款，其補助科目範圍應以與審核通過計畫相關之下列項目為限：

一、專職或兼職研究人員之人事費用。

二、消耗性器材及原材料費用。

三、研究發展設備之使用費及維護費。

四、技術引進及委託研究費用。

五、國內、外差旅費。

第十三條

受補助者應將政府補助款設立專戶存儲，並配合計畫單獨設帳管理。主管機關得視需要隨時派員前往查核有關單據、帳冊及計畫執行狀況；受補助者應配合提供相關資訊。

受補助者應定期向主管機關提出工作及經費進度報告，經認可後辦理次期款之撥付。

補助款專戶所生之孳息及計畫執行結束後補助款之結餘，應繳交國庫。

第十四條

第五條之受補助者應配合計畫之執行，建立或改善其研發管理制度。

主管機關對前項制度得於計畫執行前進行審查，計畫執行中進行訪視，並於計畫結束前進行評鑑；受補助者應全力配合。

第十五條

計畫執行及經費使用，有可歸責於受補助者之下列情形之一者，主管機關應依約停止撥付次期款，並追回已撥付之補助經費：

一、經費挪移他用。

二、無正當理由停止計畫內工作，或進度嚴重落後。

三、所進行之工作及計畫書內容有嚴重差異。

四、發生契約內容所定解除或終止契約之事由。

五、受補助者有其他違反法令或契約之重大情事，顯然影響計畫之執行。

第十六條

本辦法所補助之計畫，除契約另有約定外，其研究成果歸受補助者所有。

主管機關基於國家利益與社會公益，得為研究目的，與受補助者協議取得無償、不可轉讓、非專屬實施權，以實施該研究成果。

第十七條

研究成果歸受補助者所有時，主管機關與受補助者訂定之契約，應載明有下列情形之一者，主管機關得公開徵求，以受補助者之名義，授權第三人實施該研究成果：

一、受補助者在約定期間內，無正當理由而不實施該研究成果，或實施後無正當理由而終止。

二、受補助者以妨礙環境保護、公共安全及衛生等不當之方式實施該研究成果。

第十八條

主管機關得依下列項目綜合評估執行成果，作為執行本辦法之績效：

一、技術研發成果之產出績效。

二、受補助者其研發管理制度建立及研發能量強化之執行成效。

三、創造新興高科技公司之廠商數及其經營實績。

四、提升我國產業資訊技術應用之國際地位。

五、產業創新技術及產值或附加價值提升之效益。

前項各款所需之資料,受補助者應配合提供。

第十九條

執行本辦法所需之經費,由主管機關編列預算支應。

第二十條

本辦法有關作業及執行程式,由主管機關另定之。

第二十一條

本辦法自發布日施行。

25.對外投資及技術合作審核處理辦法

中華民國八十五年七月三十一日經濟部(八五)經投審字第八五〇二一三〇二號令修正發布
第六、九條條文

第一條

本國公司對外投資及對外技術合作之審核及處理,依本辦法之規定。

第二條

本辦法所稱對外投資,係指本國公司依左列之方式所為之投資:

一、單獨或聯合出資,或與外國政府、法人或個人共同投資在國外創設新事業,或增加資本擴展原有在國外事業或對於國外事業股份之購買。

二、在國外設置或擴展分公司、工廠及其他營業場所。

前項對外投資,如係對國外創業投資事業投資者,包括對其投資或參與其所設或新設之基金委託其經營管理。

本辦法所稱對外技術合作,係指本國公司供給專門技術、專利權或商標專用權或著作權與外國政府、法人或個人約定不作為股本而取得一定報酬金之合作。

第三條

對外投資,其出資之種類如左:

一、外匯。

二、機器設備、配零件。

三、原料、半成品或成品。

四、專門技術、專利權、商標專用權或著作權。

五、對外投資所得之淨利或其他收益。

六、對外技術合作所得之報酬金或其他收益。

七、國外有價證券。

前項各款之出資種類，除第四款及第七款外，得按股本一定比例以借貸方式為之；其比例由經濟部定之。

第一項第二款及第三款之出資經核准後，准予免結匯出口；第一項各款出資應依照有關法令規定辦理。

第四條

對外投資或對外技術合作，應符合左列規定情形之一：

一、可使國內工業獲致所需天然資料或零組件者。

二、有助於改良地區性貿易失衡或確保產品市場者。

三、有助於引進所需關鍵性生產或經營管理技術者。

四、有助於技術合作，而不影響國防安全及國內產業發展者。

五、有助於國際經濟合作者。

六、有助於國內產業結構調整，產品品級提升者。

七、投資於國外創業投資事業以間接引進技術者。

對外投資或對外技術合作，如政策上確有需要時，經專案核准者，得不受前項規定之限制。

第五條

對外投資及對外技術合作，以經濟部為主管機關。對外投資及對外技術合作案件，由投資審議委員會（以下簡稱投審會）審核及處理之。

第六條

對外投資或對外技術合作，應向投審會申請核准。但依左列各款之一實行投資者不在此限：

一、依外匯收支或交易申報辦法第四條第一項第四款規定匯出外匯作為股本投資者，得逕依有關結匯規定辦理。

二、以機器設備、零配件、原料、半成品或成品作為股本投資，其投資金額在投審會所定金額以下者，得逕依有關出口規定辦理。

第七條

申請核准對外投資或對外技術合作，應填具申請書並檢附對外投資計畫書或對外技術合作契約書、公司執照影本及借貸合約書等有關文件向投審會申請審核。

依前條但書所為之對外投資，應於實行投資後六個月內填具書表送投審會備查。

前二項書表格式由投審會定之。

第八條

對外投資或對外技術合作經核准或備查後，如有代訓國外投資事業員工必要者，應報請投審會核准，並依照有關規定辦理。

本國公司對外投資經核准或備查後，得依有關規定辦理融資或保險。

第九條

對外投資或對外技術合作案件於實行後，應檢具左列有關文件報請投審會查核：

一、對外投資之實行投資證明文件。其已依第七條第二項報請備查者，免檢具。

二、投資事業設立或變更登記證明文件。

三、投資事業開始營業日期。

四、技術合作開始實行日期。

本國公司如依促進產業升級條例第十條第一項規定提列對外投資損失準備者，並應於每年度檢具投資事業經會計師簽證或當地稅務機關證明之資產負債表、損益表及盈餘分配表報請投審會查核。

第十條

對外投資或對外技術合作經核准後，於核定之期限內，尚未實行投資或技術合作者，其核准即行失效。已實行投資而未能依核定之期限內完成投資計畫者，其未完成部份之核准即行失效。

前項所定期限，如有正當理由，得於期限屆滿前申請投審會核准延展。

第十一條

對外投資或對外技術合作經核准後，已開始實行，因故中止時，應報請投審會撤銷之。

對外投資案件經備查後，因故中止時，應報請投審會註銷之。

第十二條

經核准或備查之對外投資案件，於轉讓其出資後，應即報投審會備查。

第十三條

對外投資或對外技術合作有左列情事之一者，投審會得視情形撤銷其核准：

一、未依第九條規定報請查核，經投審會通知仍未依限辦理者。

二、未依投審會核定事項執行者。

第十四條

對外投資或技術合作有左列情事之一者，對其再為對外投資或技術合作之申請，投審會得視情形暫停受理。

一、因故中止尚未報經投審會撤銷或註銷者。

二、未依第九條規定報請查核經投審會通知仍未依限辦理者。

三、未依投審會核定事項執行而無正當理由者。

第十五條

經核准或備查之對外技術合作案件，其因投資或技術合作所得各項外匯，得依管理外

匯條例有關規定辦理。

第十六條

本辦法自發布日施行。

26.礦業法（第五、八、四十三、五十一條）

中華民國八十九年十一月十五日總統（八九）華總㈠義字第八九〇〇二七五〇一〇號令修正發布第七、十七至十九、二十一、二十四、二十五、三十一、三十三至三十五、三十八、四十、四十一、四十五、四十八、六十四、六十五、七十九、八十一、八十四至九十條條文

第五條

第二條所列各礦，除第八條所定國營及第九條所定國家保留區外，中華民國人得依本法取得礦業權。

中央政府及地方政府設定前項礦業權，均應依本法之規定。

礦業權設定後，得准許外國人入股合組股份有限公司經營礦業。但應由經濟部核轉行政院核准，並受左列各款之限制：

一、公司股份總額過半數，應為中華民國人所有。

二、公司董事過半數，應為中華民國人。

三、公司董事長，應以中華民國人充任。

前項合辦礦業之規定，民營礦業或中央及地方政府所營礦業均適用之。

第八條

石油礦、天然氣礦、鈾礦、釷礦及適於煉冶金焦之豐富煤礦，應歸國營，如國家不自行探採時，得由中華民國人承租之。

前項石油礦、鈾礦、釷礦之礦產，政府有先買權，各礦之礦產輸出國外之數量及期限，於必要時，中央主管機關得加以限制，適合煉冶金焦之豐富煤礦，其標準由經濟部定之。

第四十三條

礦業權者有左列情事之一時，其礦業權應即撤銷：

一、登記後無不可抗力之故障，二年內不開工或中途停止一年以上者。

二、將礦業權移轉或抵押於外國人者。

三、礦業之經營有害公益無補救，或違反安全法令，不遵令改善者。

四、不納礦區稅四期以上者。

五、以詐欺取得礦業權經法院依第九十六條之規定判決確定者。

第五十一條

國營之礦國家自行探採時，得用公司組織准許私人入股。但外國人入股時，仍適用第五條第三項之規定。

27.礦業法施行細則（第四、六、七條）

中華民國八十八年十一月二十四日經濟部（八八）經礦字第八八〇三三一八〇號令修正發布第五、九、十三、十四、十八、十九、二十一、二十二、二十五、二十七至三十、三十二、三十三、三十五至三十七、四十至四十三、四十五、五十一、五十二、五十四、五十五、五十七、六十、六十二、六十三、七十二、七十五、八十二至八十四、八十六、八十七、八十九、九十、九十一、九十四、九十五、九十七至一百零四條條文；並刪除第七十三條條文

第四條

依本法第五條第三項規定組織公司，准許外國人入股時其發行之股票應為記名式，並應依同項所列各款規定，於公司章程內分別載明。

原有中外合資之公司，其章程不合於前項規定者，除依外國人投資條例成立者外，應於申請礦業權時，先行改正。

第六條

本法第五條第三項外國人入股事項，未經行政院核准者，無效。

第七條

中外合資組織之礦業公司外國人股份，非經全體中國股東之同意，不得轉讓於第三國人。

28.海域石油礦探採條例（第十四條）

中華民國五十九年九月三日總統（五九）臺統㈠義字第七九一號令制定公布全文十六條

第十四條

第二條第二款、第三款之投資合作人如係華僑或外國人，其每年所得淨利及投資本金之結匯，準用華僑回國投資條例或外國人投資條例之規定辦理。

29.海域石油礦探採條例施行細則（第六、四十六、五十六條）

中華民國六十三年七月四日經濟部（六三）法一七〇四一號令訂定發布全文五十九條

第六條

經營石油礦者因探勘及開發海域石油礦而涉訟者，應由中華民國法院裁判之。

第四十六條

依本條例第十四條投資合作於海域石油礦之外國人或華僑，得按外國人投資條例或華僑回國投資條例之規定，每年就其每一開採礦區當年度銷售石油礦品所得之淨利或孳息申請結匯。

核准前項之結匯時，應先以本細則第四十五條石油礦品外銷結存之外匯撥付之。如有不足，應就不足之額准其結匯。

第五十六條

經營石油礦者，應優先雇用中華民國國民。

30.科學工業園區設置管理條例

中華民國九十年一月二十日總統（九〇）華總一義字第九〇〇〇〇一二四九〇號令修正公布
全文三十五條；並自公布日起實施

第一條

為引進高級技術工業及科學技術人才，以激勵國內工業技術之研究創新，並促進高級技術工業之發展，行政院國家科學委員會（以下簡稱國科會）依本條例之規定，得選擇適當地點，報請行政院核定設置科學工業園區（以下簡稱園區）。

第二條

園區之設置與管理，依本條例之規定。本條例未規定者，適用其他有關法律之規定。但其他法律之規定，對發展科學工業較本條例更有利者，適用最有利之規定。

第三條

本條例所稱科學工業，指經核准在園區內成立從事高級技術工業產品之開發製造或研究發展之事業。

前項科學工業應為依公司法組織之股份有限公司或其分公司，或經認許相當於我國股份有限公司組織之外國公司之分公司，其投資計畫須能配合我國工業之發展、使用或能培養較多之本國科學技術人員，且投入研發經費佔營業額一定比例以上，並具有相當之研究實驗儀器設備，而不造致公害，並合於下列條件之一者為限：

一、具有產製成品之各項設計能力及有產品之整體發展計畫者。

二、產品已經初期研究發展，正在成長中者。

三、產品具有發展及創新之潛力者。

四、設有研究發展部門，從事高級創新研究及發展工作者。

五、生產或研究開發過程中可引進與培養高級科學技術人員，並需要較多研究發展費用者。

六、對我國經濟建設或國防有重大助益者。

第四條

本條例所稱園區事業，指科學工業與經核准在園區內設立以提供科學工業營運、管理或技術服務之事業。

除前項園區事業外，研究機構、創業育成中心亦得申請在園區設立營運。

創業育成中心之進駐對象，需以從事研究發展為限，並不得量產，且經園區管理局核准，其進駐期間不得超過三年。

第五條

為執行園區管理業務，辦理園區管理工作，並提供園區事業各項服務，由國科會於各園區設置園區管理局（以下簡稱管理局）。

各園區管理局之組織，均另以法律定之。

第六條

管理局掌理園區內下列事項：

一、關於園區發展政策、策略及相關措施規劃之推動事項。

二、關於所屬分局之監督及指揮事項。

三、關於園區事業設立之審查事項。

四、關於科學技術研究創新與發展之推動事項。

五、關於吸引投資及對外宣傳事項。

六、關於財務之計劃、調度及稽核事項。

七、關於產品市場調查事項。

八、關於園區事業之營運輔導及服務事項。

九、關於產品檢驗發證及產地證明簽發事項。

十、關於電信器材進、出口查驗及護照憑證之簽發事項。

十一、關於園區事業外籍人員延長居留申請之核轉事項。

十二、關於外籍或僑居國外專門性或技術性人員聘僱之許可及管理事項。

十三、關於減免稅捐相關證明之核發事項。

十四、關於外匯及貿易業務事項。

十五、關於預防走私措施事項。

十六、關於統一核發工商登記證照、工業用電證明事項。

十七、關於安全、防護事項。

十八、關於工商團體之業務事項。

十九、關於勞工行政、勞工安全衛生、公害防治及勞動檢查事項。

二十、關於公有財產管理、收益事項。

二一、關於都市計畫之檢討及變更、非都市土地之檢討及變更編定、都市設計審議、土地使用管制與建築管理事項。

二二、關於各項公共設施之建設及管理事項。

二三、關於社區編定、開發及管理事項。

二四、關於廠房、住宅、宿舍之興建及租售事項。

二五、關於促進建教合作及技術訓練事項。

二六、關於科學技術人才訓練及人力資源之獲得與調節事項。

二七、關於通用之技術服務設施事項。

二八、關於儲運單位及保稅倉庫之設立、經營或輔導管理事項。

二九、關於公共福利事項。

三十、關於園區事業業務及財務狀況查核事項。

三一、關於資訊管理網路運用及園區資訊化發展之推動事項。

三二、有關園區環境保護工作之規劃推動執行與管理事項。

三三、其他有關園區事業或機構之設廠或擴充規模之相關證照之核轉事項。

三四、其他有關行政管理事項。

前項第八款至第三十四款業務，分局所在之園區，得由所屬分局掌理之。

第一項各款所定事項與各機關有關者，其處理辦法，由國科會會商有關機關定之，授權管理局代辦該業務。

第七條

國科會設園區審議委員會，置委員十五人至十九人，由內政部、國防部、財政部、教育部、經濟部、交通部、行政院環境保護署、行政院衛生署、行政院經濟建設委員會、國科會之副首長、學者專家組成之，國科會主任委員為當然委員並為召集人。

園區審議委員會並就管理局所提下列事項審議之：

一、園區企劃管理之決策及重大業務事項。

二、園區引進科學工業之種類及優先順序。

三、在園區內投資之申請案。

前項第一款及第二款經審議後，由國科會報請行政院核定之。

第八條

園區內下列事項，由各該事業主管機關設立分支單位元，受管理局或分局之指導、監督辦理之：

一、稅捐之稽徵事項。

二、海關業務事項。

三、郵電業務事項。

四、電力、給水及其他有關公用事業之業務事項。

五、金融業務事項。

六、警察業務事項。

七、土地行政事項。

八、其他公務機關服務事項。

第九條

國科會得商請主管教育行政機關，在園區內設立實驗中小學（含幼稚園）及雙語部或雙語學校。

雙語部或雙語學校之教師任用資格及學生入學資格，由教育部會同國科會訂定之。

第十條

投資申請人於申請核准後，應按管理局規定繳納保證金或同一金額政府債券，以保證投資之實施；其未依規定繳納者，撤銷其投資核准。

前項保證金或政府債券於投資計畫全部完成時無息發還之。如投資計畫經核准分期實施者，按實施投資金額比率發還；如未按投資計畫完成，經管理局撤銷其投資案者，除沒入保證金或政府債券外，並得令其遷出園區。

園區事業投資計畫實施後，未依經營計畫經營，且未經管理局核准延期或變更經營計畫者，得撤銷其投資案並令其遷出園區。

第十一條

園區事業每屆營業年度終了，應將經會計師簽證之決算書表送管理局或分局查核；其業務及財務狀況之檢查，依公司法有關規定辦理。

第十二條

園區內之土地，其原屬其他機關管理者，管理局得申請撥用；原屬私有者，得予徵收，並按市價補償之。

前項土地徵收由管理局擬具詳細徵收計畫書，附具計畫開發用地綱要計畫圖及徵收土地清冊，送由國科會轉中央地政機關核定，發交當地直轄市或縣（市）地政機關，依下列程式辦理徵收，並於辦理完畢後，層報中央地政機關備查：

一、直轄市或縣（市）地政機關，於接到核定徵收土地案時，應即定期召集土地所有權人協議補償地價；未能達成協議者，提請地價評議委員會及標準地價評議委員會評定之。

二、直轄市或縣（市）地政機關，於接到核定徵收土地案時，應即派員調查一併徵收之土地改良物實況，作為計算補償費之依據；土地所有權人或利害關係人不得拒絕或妨害其調查。

三、直轄市或縣（市）地政機關，應於補償地價及土地改良物補償費協議成立或評定後十五日內公告徵收，並通知土地所有權人及土地他項權利人。公告期間為三十日；土地所有權人及利害關係人認為徵收有錯誤、遺漏或對補償地價或補償費有意見時，應於公告期間內，申請更正或提出異議。直轄市或縣（市）地政機關，應即分別查明處理或提請地價評議委員會及標準地價評議委員會復議。

四、公告期滿確定徵收後，由直轄市或縣（市）地政機關通知土地所有權人，於二十

日內繳交土地所有權狀及有關證件，具領補償地價及補償費；逾期不繳交者，宣告其權狀及證件無效，其應補償之地價及補償費，依法提存之。

五、被徵收土地原設定之他項權利，因徵收確定而消滅；其權利價值，由直轄市或縣（市）地政機關於發給補償金時代為補償，並以其餘款交付被徵收土地之所有權人。

六、被徵收耕地終止租約時，由直轄市或縣（市）地政機關補償承租人為改良土地所支付之費用及尚未收穫之農作改良物，並以地價扣除繳納增值稅後餘額三分之一補償原耕地承租人。

七、補償地價及補償費發給完竣後，由直轄市或縣（市）地政機關逕行辦理土地權利變更登記。

園區事業得依其需要向管理局申請租用園區土地，除應付租金外，並應負擔公共設施建設費用。

第十三條

公民營事業或財團法人，得在民國七十年五月二十日公告發布實施之擬定新竹科學工業園區特定區主要計畫案範圍內取得土地，並向國科會申請同意，且依第一條規定報請行政院核定後併入科學工業園區。

投資開發園區之公民營事業或財團法人，應規劃開發總面積至少百分之三十公共設施土地，其中綠地應佔開發總面積百分之十以上，並負責管理維護。

第一項由民間取得土地開發之園區，其設置管理辦法，由國科會報經行政院核定後實施。

第十四條

公民營事業或財團法人，依法在當地市鄉鎮毗鄰科學工業園區或科學工業園區特定區計畫範圍內取得土地，並向國科會申請同意，且依第一條規定報請行政院核定後併入科學工業園區。其設置管理辦法，由國科會報經行政院核定後實施。

第十五條

園區得劃定一部分地區作為社區，並由管理局配合園區建設進度予以開發、管理。

前項社區用地，除供公共設施及其必要之配合設施外，得配售予園區內被徵收土地或房屋之原所有權人及耕地承租人供興建住宅使用；其配售土地辦法，由管理局層報行政院核定之。

第十六條

園區內之廠房及社區內之員工宿舍，得由園區內設立之機構請准自建或由管理局或分局興建租售。

前項廠房以租售與園區內設立之機構，員工宿舍以租與園區從業人員為限。其售價及租金標準，由投資興建人擬定報請管理局核定；租金標準不受土地法第九十七條規定

之限制。

第十七條

園區內私有廠房之轉讓，以供經核准設立之園區事業及研究機構使用為原則。

前項廠房及其有關建築物有下列情形之一者，管理局或分局得依市價徵購之：

一、未供經核准設立之機構使用者。

二、使用情形不當者。

三、高抬轉讓價格者。

四、依第十條規定應遷出園區者。

依前項規定徵購廠房及其有關建築物時，對於原所有權人存於該廠房及其有關建築物內之一切物資，管理局或分局得限期令其遷移或代為移置他處存放，費用及因遷移該物資所生之損害，由原所有權人負擔之。

廠房及其有關建築物之徵購辦法，由國科會會商有關機關定之。

第十八條

自民國八十九年一月一日起，科學工業依公司法規定合併者，合併後存續或新設科學工業，得繼續承受消滅科學工業合併前，依法已享有而尚未屆滿或尚未抵減之租稅獎勵。但適用免徵營利事業所得稅之獎勵者，應繼續生產消滅科學工業合併前受獎勵之產品或提供受獎勵之勞務，且以合併後存續或新設科學工業中，屬消滅科學工業原受獎勵且獨立生產之產品或提供之勞務部分計算之所得額為限；適用投資抵減獎勵者，以合併後存續或新設科學工業中，屬消滅科學工業部分計算之應納稅額為限。

合於第三條第二項規定之分公司，不適用本條之規定。

第十九條

國科會得報經行政院核准於園區內，劃定保稅範圍，賦予保稅便利。

第二十條

園區事業自國外輸入自用機器、設備，免徵進口稅捐、貨物稅及營業稅。

但於輸入後五年內輸往保稅範圍外者，應依進口貨物之規定，課徵進口稅捐、貨物稅及營業稅。

園區事業自國外輸入原料、物料、燃料及半製品，免徵進口稅捐、貨物稅及營業稅。但輸往保稅範圍外時，應依進口貨物之規定，課徵進口稅捐、貨物稅及營業稅。

園區事業以產品或勞務外銷者，其營業稅稅率為零，並免徵貨物稅。但其以產品、廢品或下腳輸往保稅範圍外者，除保稅範圍外尚未能產製之產品，依所使用原料或零件課徵進口稅捐、貨物稅及營業稅外，應依進口貨物之規定，課徵進口稅捐、貨物稅及營業稅；其在保稅範圍外提供勞務者，應依法課徵營業稅。

依本條規定免徵稅捐者，除進口物資仍應報關查驗外，無需辦理免徵、擔保、記帳及押稅手續。

第二十一條

由保稅範圍外之廠商售供園區事業自用之機器、設備、原料、物料、燃料及半製品，視同外銷物資。

前項物資復行輸往保稅範圍外時，應依進口貨物之規定，課徵進口稅捐、貨物稅及營業稅。

第二十二條

科學工業經管理局認定其科學技術對工業發展有特殊貢獻者，得減免其承租土地五年以內之租金。

第二十三條

園區事業之輸出入物資，除經貿易主管機關規定，應申請簽證或核准者外，得免辦輸出入許可證，逕向海關辦理通關事宜。但輸出入物資不進出園區保稅範圍時，得向進出口地海關依關稅法有關規定辦理。

園區事業之委託加工，經管理局或分局核准後，逕向海關辦理出區手續。

第二十四條

園區事業無論由國外或國內購入之機器、設備、原料、物料、燃料、半製品及其所產生之廢品、下腳、產製之成品、半製品均應備置帳冊，據實記載物資出入數量及金額。

帳載物資如有缺損，經申敘正當理由報請管理局或分局會同海關及稅捐稽徵機關查明屬實者，辦理徵免後，准在帳冊內剔除。

前項帳冊及物資，管理局或分局得隨時會同海關及稅捐稽徵機關派員查核。

第二十五條

國科會得報經行政院核准，在科學技術發展基金或其他開發基金內指撥專款，對符合園區引進條件之科學工業，參加投資。

前項投資額對其總額之比例，依工業類別，由雙方以契約定之。但投資額以不超過該科學工業總投資額百分之四十九為限。

第二十六條

管理局或分局對園區事業所需人才之培訓，創新技術之研究發展，及技術人員與儀器設備之交流運用，得選擇適當之教育及學術研究機構，本建教合作精神協商實施。

前項建教合作實施方案及技術人員與儀器設備之交流運用辦法，由國科會、教育部會商有關機構定之。

第二十七條

管理局或分局為辦理園區及周邊公共設施及維護安全與環境品質，得向園區內設立之機構收取管理費；為辦理第六條規定掌理之事項，得收取規費或服務費，各機構並應於期限內繳納。

前項收取管理費、規費、服務費之範圍及收費標準等辦法，由管理局擬定，報請國科

會核定之。

第二十八條

園區事業輸出國外或由國外輸入之物資，均應報經海關在指定地點查驗放行。其往來園區至港口或機場間之運送，並應交由管理局或分局設置之儲運單位或經其認可之運送人，以具有保稅設備之運送工具承運之。

第二十九條

園區事業之輸出入物資，如有私運貨物進出口或其他違法漏稅情事者，依海關緝私條例或其他有關法律之規定處理。

第三十條

園區事業將經核准輸往園區外之自用免稅物資變更申請用途、搬離指定場所或提供他人使用者，園區事業應自變更申請用途、搬離指定場所或提供他人使用之翌日起三十日內，向海關按原出區型態補繳進口稅捐、貨物稅及營業稅。

未依前項規定補繳稅捐者，除應補繳稅捐或將出區物資運返園區銷案外，並處以應補稅捐一倍之罰鍰。

第三十一條

園區事業有下列情事之一者，處新臺幣三萬元以上、十五萬元以下罰鍰：

一、違反第二十四條第一項之規定者。

二、拒絕依第二十四條第二項規定之查核或拒不提示有關資料者。

連續有前項第二款情事者，得連續處罰之。

第三十二條

本條例規定應處罰鍰之案件涉及刑事責任者，應分別依有關法律處罰。

第三十三條

本條例所定之罰鍰，除另有規定外，由管理局或分局處罰之，並限期繳納；逾期不繳納者，移送法院強制執行。

第二十九條所訂之處分，由海關為之，有關扣押處分程式、行政救濟及執行等事項，並準用海關緝私條例有關規定。

第三十四條

本條例施行細則，由國科會定之。

第三十五條

本條例自公佈日施行。

31.科學工業園區設置管理條例施行細則（第五、十、十七、二十一、二十三、二十八條）

中華民國九十年十二月二十八日行政院國家科學委員會（九〇）臺會園企字第〇三三五九九

號函修正發布全文三十一條

第五條

本條例第六條第一項第四款所稱科學技術研究創新與發展，包括下列事項：

一、國外新技術之引進。

二、科學工業辦理研究發展工作之檢討及促進。

三、園區事業間技術交流之促進。

四、園區事業從事研究發展工作之獎助。

五、學術講演或專題研討之舉辦。

六、其他有關促進科學技術研究創新及發展之事項。

第十條

本條例第七條第二項第三款所稱園區內投資申請案，指本國人、華僑或外國人依本條例、華僑投資條例或外國人投資條例之規定，申請關於園區事業、研究機構及創業育成中心投資創設、增資、合併經營及其他有關投資事項之案件。

前項案件，除園區事業投資創設，由園區審議委員會核定外，其他案件，得委任管理局核定，並報請園區審議委員會備查。

第十七條

本條例第二十條第二項規定免稅進口之原料、物料、半製品，包括使用於生產之器具、用品。本條例第二十條第二項規定免稅進口之燃料，以專供保稅範圍內園區事業直接生產用者為限。本條例第二十條第三項所稱園區事業以產品或勞務外銷者，包括園區事業與其他園區事業、國外客戶、國內加工出口區區內事業、保稅工廠間之交易，及售與外銷廠商直接出口或存入保稅倉庫、物流中心以供外銷者。

第二十一條

園區事業由國外或保稅範圍外輸出入物資，應依科學工業園區貿易業務處理辦法之規定，向管理局或分局申請有關之輸出入許可證；管理局或分局應於收件齊全後二十四小時上班時間內核發為原則。輸入園區物資到達港口或機場卸貨後，海關應即准由園區事業或其委任之報關業者申請運往園區指定地點，辦理通關手續。輸入園區物資不論為海運或空運到達，管理局或分局得要求船邊或機邊提貨，有關港務或機場主管機關不得再收倉儲費用。

第二十三條

依本條例第二十條第一項規定，因讓售自國外輸入之自用機器、設備至保稅範圍外者，應經管理局或分局核准，並以具有下列情形之一者為限：

一、園區事業因生產計畫改變，不需使用。

二、園區事業宣告解散。

三、園區事業因清償債務，經法院強制執行者。

四、園區事業因管理局或分局勒令遷出園區。

五、因需汰舊換新。

園區事業之保稅物資因特殊原因，需暫存於保稅範圍外者，應向管理局或分局申請核准，並依法向海關提供擔保後為之，且應限期運回。

第二十八條

園區事業依本條例第二十八條規定輸出國外或由國外輸入之物資，如以空運或郵寄數量在十件以下，每件毛重未逾二十公斤，其輸入時，得填具「園區事業空運或郵寄少量原料包裝加封交運進廠申請書」，向海關申請核准，交由該園區事業所派人員攜運進廠；輸出時，得交郵寄出或比照輸入程序辦理。但在運送中遺失者，應由園區事業補繳稅捐。

32.國營事業管理法（第二十八條）

中華民國八十九年七月十九日總統（八九）華總一義字第八九〇〇一七七七六〇號令修正公布第三十五條條文；並自九十年五月一日起實施

第二十八條

國營事業與外國技術合作，應經主管機關核准。

33.民營公用事業監督條例（第十六條）

中華民國八十九年四月二十六日總統（八九）華總一義字第八九〇〇一〇四四六〇號令修正公布第三條條文

第十六條

民營公用事業，不得加入外股或抵借外債。但經中央主管機關，呈准行政院特許者，不在此限。

34.水利法（第十六、四十二條）

中華民國八十九年十一月十五日總統（八九）華總一義字第八九〇〇二七五〇二〇號令修正發布第四、七、八、十、十八、二十、二十八、三十七、四十七之一、八十五、八十七、九十條條文

第十六條

非中華民國國籍人民用水，除依本法第四十二條之規定外，不得取得水權。但經中央主管機關報請行政院核准者，不在此限。

第四十二條

左列用水免為水權登記：

一、家用及牲畜飲料。

二、在私有土地內挖塘。

三、在私有土地內鑿井汲水，其出水量每分鐘在一百公升以下者。

四、用人力、獸力或其他簡易方法引水。

前項各款用水，如足以妨害公共水利事業，或他人用水之利益時，主管機關得酌予限制，或令其辦理登記。

35.商品檢驗法（第九、十五、三十一條）

中華民國九十年十月二十四日總統（九○）華總一義字第九○○○二○六四八○號令修正公布全文六十六條；並自公布日起施行

第九條

應施檢驗之商品，有下列情形之一者，得免檢驗：

一、輸入商品經有互惠免驗優待出品國政府，發給檢驗合格證書者。

二、各國駐華使領館或享有外交豁免權之人員，為自用而輸出入者。

三、輸出入非銷售之自用品、商業樣品、展覽品、研發測試用物品等，經標準檢驗局核准免驗者。

四、輸出入之商品，未逾主管機關所規定免驗之金額或數量者。

五、輸入或國內產製之商品供加工、組裝後輸出或原件再輸出，經標準檢驗局核准免驗者。

六、輸入或國內產製應施檢驗商品之零組件，供加工、組裝用，其檢驗須以加工組裝後成品執行，且檢驗標準與其成品之檢驗標準相同，經標準檢驗局核准免驗者。

前項免驗之申請條件、程序及相關管理事項之辦法，由標準檢驗局定之。

第十五條

經我國與他國、區域組織或國際組織簽定雙邊或多邊相互承認協定或協約者，標準檢驗局得承認依該協定或協約規定所簽發之試驗報告、檢驗證明或相關驗證證明。

第三十一條

監視查驗之商品，經主管機關指定公告者，其生產廠場之管理及檢驗制度應符合主管機關所定之條件；經標準檢驗局審查符合條件者，其商品始准予輸出入。

前項生產廠場在國外者，應由當地國主管機關或標準檢驗局認定之機構推薦，標準檢驗局並得派員赴廠場查核。前二項生產廠場應符合之條件、審查之申請程序及相關管理事項之辦法，由主管機關定之。

36.在中華民國舉辦商展辦法（第五、六、八條）

中華民國八十八年六月二十九日經濟部（八八）經商字第八八二一二一五三號令修正發布第
三、十四條條文；本次修正條文自八十八年七月一日起施行

第五條

商展之主辦單位，除我國政府機關外，以合於左列規定之一者為限：

一、實收資本額合計達新臺幣三千萬元以上之營利事業。

二、依工業團體法、商業團體法成立之法人。

三、依農會法、漁會法、合作社法成立之農民團體。

四、經政府許可設立，以商品之展覽與推廣為目的之公益法人。

五、外國政府機關、外國駐華使領館或代表處，依據外國法令成立之法人。

第六條

商展之主辦單位，應於展覽開始籌備前備具申請書及左列書件向展出地之直轄市或縣
（市）主管機關申請核准：

一、以前條第一款之營利事業為主辦單位者，應檢附公司執照、營利事業登記證及最
　　近一年之營業稅繳納收據影本或其他業績證明文件。

二、以前條第二款之工商業團體或第三款之農民團體為主辦單位者，應檢附許可設立
　　文件之影本。

三、以前條第五款之外國法人為主辦單位者，應檢附其設立及業務證明文件影本，並
　　經我駐外使領館或政府駐外代表機關驗證。

四、科學工業園區或加工出口區廠商，在區外舉辦商展者，應檢附各該管理局（處）
　　同意文件。

五、使用他人土地或建築物為展場者，應檢附使用同意書。

第一項第三款所附之證明文件如為外文者，應附中文譯本。

展出係委託代理人辦理者，應加具代理之委託書，代理人並須符合前條第一款規定。

商展經核准舉辦後，主辦單位如欲變更展出計畫，應報請原核准機關同意。

前條第四款之公益法人，其章程訂明經常舉辦商展者，得經展出地主管機關專案核准
後，免依第一項規定提出申請，但應檢附許可設立文件影本並將年度展出計畫報請展
出地主管機關核備。

申請書格式由中央主管機關定之。

第八條

大陸地區物品除得於臺灣地區舉辦之國際商展中展覽外，不得在一般商展場所展售，
違者得隨時勒令中止商展之進行，並依法處理該項展品。

37.商業會計法（第七、八條）

中華民國八十九年四月二十六日總統（八九）華總一義字第八九〇〇—〇四四〇〇號令修正
公布第三條條文

第七條

商業應以國幣為記帳本位，其由法令規定，以當地通用貨幣為記帳單位者，從其規定，
至因業務實際需要，而以外國貨幣記帳者，仍應在其決算表中，將外國貨幣折合國幣
或當地通用之貨幣。

第八條

商業會計之記載，除記帳數字適用阿拉伯字外，應以中文為之；其因事實上之需要，
而須加註或併用外國文字，或當地通用文字者，仍以中國文字為準。

38.商業團體法（第二十二條）

中華民國八十六年十一月十日總統（八六）華總(一)義字第八六〇〇二三八〇一〇號令修正公
布第三、六、八、二十、五十八條條文

第二十二條

理事長應具有中華民國國籍，並在中華民國境內有住所者。

理事、監事及常務理事、常務監事，應各有三分之二以上具有中華民國國籍，並在中
華民國境內有住所者。

39.工業團體法（第二十二條）

中華民國六十三年十二月二十八日總統（六三）臺統(一)義字第五九三號令制定公布全文七十
條

第二十二條

理事長應具有中華民國國籍，並在中華民國境內有住所者。

理事、監事及常務理事、常務監事應各有三分之二以上具有中華民國國籍，並在中華
民國境內有住所者。

七、交通

1.公路法（第三十五條）

中華民國九十一年二月六日總統（九一）華總一義字第○九一○○○二五六二○號令修正公布第三、四、六、十一、十二、二十七、二十八、三十四、三十七、四十、四十七、五十六、五十九、六十一至六十三、六十五、六十七、七十六、七十七、七十九、八十條條文；增訂第四十之一、四十之二、五十六之一、六十一之一、六十二之一、七十一之一、七十七之一至七十七之三條條文；並刪除第二十九條條文

第三十五條

非中華民國國民或法人不得在中華民國境內投資經營汽車運輸業。但經中央公路主管機關核准者，得申請投資經營小客車租賃業、汽車貨運業及汽車貨櫃貨運業。

2.道路交通安全規則（第十八、十九、五十、五十五條）

中華民國九十一年五月十五日交通部（九一）交路發字第九一Ｂ○○○二五號令、內政部（九一）臺內警字第○九一○○七五八五○號令會銜修正發布第三、三十八、三十九之二、四十四、五十二、五十三、六十、六十一、六十一之一、六十三條條文

第十八條

汽車在未領有正式牌照前，如有左列情形之一者，應申領臨時牌照：

一、駛往海關驗關繳稅。

二、駛往公路監理機關接受新領牌照前檢驗。

三、買賣試車時。

四、因出售或進口由甲地駛往乙地時。

五、准許過境之外國汽車。

第十九條

汽車臨時牌照使用期限，依左列規定：

一、依前條第一款至第三款申領者，均不得超過五日。但有正當理由申請再領者，各以一次為限。

二、依前條第四款申領者，得視行程需要核定。但在同一省市不得超過十五日。

三、准許過境之外國汽車，應由入境之公路監理機關核發臨時牌照，最多不得超過三個月，並於出境時繳回。

臨時牌照使用期限屆滿後，應即將該牌照向公路監理機關繳銷之。

領用臨時牌照之車輛，不得載運客貨收費營業。

第五十條

汽車駕駛執照為駕駛汽車之許可憑證，由駕駛人向公路監理機關申請登記，考驗及格後發給之。

軍事專業駕駛人於退役後六個月內，得憑軍事運輸主管機關發給之軍事專業駕駛證明，換發同等車類之普通或職業駕駛執照。

前項軍事專業駕駛人於服役期間，因社會發生緊急事件或重大事故時，為應客貨運輸之需要，得經過適當訓練後憑軍事運輸主管機關繕造之名冊及核發之軍事專業駕駛證明，由公路監理機關專案換發同等車類之職業駕駛執照，並由軍事運輸主管機關統一集中保管，於執行緊急疏運支援任務時分發軍事專業駕駛人攜帶備查，於任務結束時繳還；並俟於軍事專業駕駛人退伍時發給作為民間駕駛之用。

持有外國政府所發有效之正式駕駛執照者，得依平等互惠原則免考換發同等車類之普通駕駛執照，但持有該有效之正式駕駛執照者而具有中華民國國籍時，得免考換發同等車類之普通駕駛執照。

汽車駕駛人辦理前項換發手續時，應先經體格檢查合格，並檢同左列文件，向公路監理機關申請：

一、汽車駕駛執照申請書。

二、國民身分證、軍人身分證或居留證明。

三、大陸地區所發駕駛證，應經行政院設立或指定機構或委託之民間團體驗證。

四、其他國家或地區所發駕駛執照，應經我駐外使領館、代表處、辦事處或其他外交部授權機構驗證。

五、前款之駕駛執照為外文者，應附中文譯本。

第五十五條

國際駕駛執照之換領及簽證，依左列規定：

一、已領有駕駛執照之汽車駕駛人於有效期間內，得憑原駕駛執照向公路監理機關申請換領同等車類之國際駕駛執照。

二、換領國際駕駛執照，應填具異動登記書，並繳驗身分證及原駕駛執照。

三、持有外國政府所發有效之國際駕駛執照而具有中華民國國籍者，得免考換發同等車類之普通駕駛執照。

四、持有互惠國所發有效之國際駕駛執照，在我國境內作三十天以內之短期停留者，准予免辦簽證駕駛汽車；如停留超過三十天者，仍應填具國際駕駛執照簽證申請書，向公路監理機關辦理簽證。

五、國際駕駛執照之簽證期限以原照有效期間為準，期滿前得免考換發同等車類之普通駕駛執照。

3.汽車燃料使用費徵收及分配辦法（第四條）

中華民國八十八年六月二十九日交通部（八八）交路發字第八八五一號令修正發布第三、九、十條條文

第四條

下列各款車輛，免徵汽車燃料使用費：

一、戰列部隊編制裝備內之軍用汽車。

二、領有特種車行車執照並免徵使用牌照稅之消防車、救護車、憲警巡邏車、警備車、灑水車、水肥車、垃圾車及運送郵件之汽車。

三、外交使節車及享有外交待遇之外國人汽車。

四、經公路主管機關核准之市區汽車客運業及公路汽車客運業，專供大眾運輸使用之公共汽車。

五、電動汽車。

4.獎勵民間參與交通建設條例施行細則（第六條）

中華民國八十六年四月二十九日交通部（八六）交路發字第八六二八號令修正發布第三條條文

第六條

本條例第八條第四項之民營機構，其為外國公司者，應依公司法規定辦理認許並領有分公司執照或在中華民國境內設立代表人辦事處並向經濟部申請備案。

5.民用航空法（第五、七、十一、二十五、六十三之一、六十七、七十之一、七十二、七十二之一、七十五、七十五之一、七十七之一、七十八至八十三、九十五、九十六、一百十一、一百十九、一百二十一條）

中華民國九十年十一月十四日總統（九〇）華總一義字第九〇〇〇二二三四九〇號令修正公布第九、二十三、二十五、二十六、二十七、三十二、三十三、四十一、四十七、四十九、五十、六十五、六十六、七十一、七十三、七十四、七十五、七十七、七十八、一百十一、一百十二、一百十六、一百十八、一百二十一條條文；並增訂第二十之一、二十九之一、三十三之一、四十一之一、六十三之一、六十四之一、六十六之一、七十之一、七十二之一、七十四之一、七十五之一、七十七之一、八十八之一條條文

第五條

航空器自外國一地進入中華民國境內第一次降落，及自國境內前往外國一地之起飛，

應在指定之國際航空站起降。但緊急情況時，不在此限。

第七條

中華民國國民、法人及政府各級機關，均得依本法及其他有關法令享有自備航空器之權利。但如空域或航空站設施不足時，交通部對自備非公共運輸用航空器之權利得限制之。

外國人，除依第七章有關規定外，不得在中華民國境內自備航空器。

第十一條

中華民國國民、法人及政府各級機關，以附條件買賣方式自外國購買之非中華民國航空器，於完成約定條件取得所有權前或向外國承租之非中華民國航空器，租賃期間在六個月以上，且航空器之操作及人員配備均由買受人或承租人負責者，經撤銷他國之登記後，得登記為中華民國國籍。

前項之登記由買受人或承租人向民航局申請。但其登記不得視為所有權之證明。

本法修正施行前所為之登記符合本條之規定者，無須另為登記。

第二十五條

航空人員經學、術科檢定合格，由民航局發給執業證書、檢定證後，方得執行業務，並應於執業時隨身攜帶。

前項航空人員檢定之分類、執業證書與檢定證之申請資格、學、術科之檢定項目、重檢、屆期重簽、檢定加簽、逾期檢定、外籍航空人員申請檢定之程序及證照費收取等事項之規則，由交通部定之。

第一項航空人員學、術科檢定業務，得委託機關、團體辦理之；受委託者之資格、條件、責任及監督等事項之辦法，由民航局定之。

＊司法院釋字第五一〇號

解釋文：

憲法第十五條規定人民之工作權應予保障，人民從事工作並有選擇職業之自由。惟其工作與公共利益密切相關者，於符合憲法第二十三條比例原則之限度內，對於從事工作之方式及必備之資格或其他要件，得以法律或視工作權限制之性質，以有法律明確授權之命令加以規範。中華民國七十三年十一月十九日修正公布之民用航空法第二十五條規定，民用航空局對於航空人員之技能、體格或性行，應為定期檢查，且得為臨時檢查，經檢查不合標準時，應限制、暫停或終止其執業，並授權民用航空局訂定檢查標準（八十四年一月二十七日修正公布之同法第二十五條及八十七年一月二十一日修正公布之第二十六條規定意旨亦同）。民用航空局據此授權於八十二年八月二十六日修正發布之「航空人員體格檢查標準」，其第四十八條第一項規定，航空人員之體格，不合該標準者，應予不及格，如經特別鑑定後，認其行使職務藉由工作經驗，不致影響飛航安全時，准予缺點免計；第五十二條規定：「為保障民航安全，對於准予體格缺

點免計者，應予時間及作業之限制。前項缺點免計之限制，該航空人員不得執行有該缺點所不能執行之任務」，及第五十三條規定：「對缺點免計受檢者，至少每三年需重新評估乙次。航空體檢醫師或主管，認為情況有變化時，得隨時要求加以鑑定」，均係為維護公眾利益，基於航空人員之工作特性，就職業選擇自由個人應具備條件所為之限制，非涉裁罰性之處分，與首開解釋意旨相符，於憲法保障人民工作權之規定亦無牴觸。

第六十三條之一

民用航空運輸業之營業項目、資格條件之限制、籌設申請與設立許可、許可證之申請、登記、註銷與換發、資本額、公司登記事項之變更、航空器之購買、附條件買賣、租用、機齡限制、航線籌辦、飛航申請、證照費收取、營運管理與外籍民用航空運輸業之航線籌辦、設立分支機構、總代理申請、證照費收取及營運管理等事項之規則，由交通部定之。

第六十七條

外籍航空貨運承攬業應向民航局申請核轉交通部核准在中華民國境內依法設立分公司營業。

第七十條之一

航空貨運承攬業、外籍航空貨運承攬業分公司之籌設申請與設立許可、許可證之申請、登記、註銷與換發、資本額、公司登記事項之變更、證照費收取及營運管理等事項之規則，由交通部定之。

第七十二條

民用航空運輸業得報請民航局核轉交通部許可後，設立航空貨物集散站，自辦其自營之航空器所承運貨物之集散業務。

前項規定於依條約、協定或基於平等互惠原則，以同樣權利給與中華民國民用航空運輸業在其國內經營航空貨物集散站經營業務之外籍民用航空運輸業，準用之。

第七十二條之一

航空貨物集散站經營業、中外籍民用航空運輸業申請自辦航空貨物集散站經營業務之營業項目、籌設申請與設立許可、許可證之申請、登記、註銷與換發、資本額、公司登記事項之變更、證照費收取及營運管理等事項之規則，由交通部定之。

第七十五條

民用航空運輸業得報請民航局核轉交通部許可後，兼營航空站地勤業或自辦航空站地勤業務。

前項規定，於依條約、協定或基於平等互惠原則，以同樣權利給與中華民國民用航空運輸業者在其國內經營航空站地勤業務之外籍民用航空運輸業，準用之。

前二項經許可兼營航空站地勤業或自辦航空站地勤業務者，交通部為維持航空站之安

全及營運秩序，得限制其一部或全部之營業。

第七十五條之一

航空站地勤業、中外籍民用航空運輸業申請兼營航空站地勤業或自辦航空站地勤業務之營業項目、籌設申請與設立許可、許可證之申請、登記、註銷與換發、資本額、增減營業項目、公司登記事項之變更、證照費收取及營運管理等事項之規則，由交通部定之。

第七十七條之一

空廚業、中外籍民用航空運輸業申請兼營空廚業之營業項目、籌設申請與設立許可、許可證之申請、登記、註銷與換發、資本額、公司登記事項之變更、證照費收取及營運管理等事項之規則，由交通部定之。

第七章　外籍航空器或外籍民用航空運輸業

第七十八條

外籍航空器，非經交通部許可，不得在中華民國領域飛越或降落。但條約或協定另有規定者，從其規定。

前項外籍航空器之飛入、飛出及飛越中華民國境內等事項之規則，由交通部定之。

第七十九條

外籍民用航空運輸業，須經民航局許可，其航空器始得飛航於中華民國境內之一地與境外一地之間，按有償或無償方式非定期載運客貨、郵件。

第六十三條規定於外籍民用航空運輸業，準用之。

第八十條

外籍民用航空運輸業，依條約或協定，或基於平等互惠原則，其航空器定期飛航於中華民國境內之一地與境外一地之間，按有償或無償方式載運客貨、郵件，應先向民航局申請核發航線證書。

第八十一條

外籍航空器或外籍民用航空運輸業，不得在中華民國境內兩地之間按有償或無償方式載運客貨、郵件或在中華民國境內經營普通航空業務。

第八十二條

外籍民用航空運輸業在中華民國設立分支機構，應檢附有關文書申請民航局核轉交通部許可後依法辦理登記，其為分公司者並應依法辦理分公司登記，申請民航局核轉交通部核准，並向海關辦理登記，取得證明文件，由民航局核發外籍民用航空運輸業分公司許可證後，始得營業。

第八十三條

中華民國民用航空運輸業或普通航空業因自有航空器維修需要，或政府機關因公務需

要，租賃或借用外籍航空器，其期間在六個月以下並經交通部核准者，得不受第八十一條之限制。

第九十五條

外籍航空器經特許在中華民國領域飛航時，交通部得令其先提出適當之責任擔保金額或保險證明。

第九十六條

未經提供責任擔保之外籍航空器，或未經特許緊急降落或傾跌於中華民國領域之外籍航空器，民航局得扣留其航空器；其因而致人或物發生損害時，並應依法賠償。

遇前項情形，除有其他違反法令情事外，航空器所有人、承租人、借用人或駕駛員能提出擔保經民航局認可時，應予放行。

第一百十一條

航空人員有左列情事之一者，處新臺幣六萬元以上三十萬元以下罰鍰；情節重大者，停止其執業或廢止其執業證書：

一、違反第四十一條規定，未遵守飛航管制或飛航管制機構指示者。

二、飛航時航空器應具備之文書不全者。

三、無故在航空站或飛行場以外地區降落或起飛者。

四、違反第四十一條之一規定之航空器飛航作業者。

五、航空器起飛前、降落後拒絕檢查者。

六、執業證書或檢定證書應繳銷而不繳銷者。

七、因技術上錯誤導致航空器失事或重大意外事件者。

八、逾期使用體格檢查及格證、執業證書或檢定證者。

九、填寫不實紀錄或虛報飛行時間者。

十、冒名頂替或委託他人代為簽證各項證書、紀錄或文書者。

十一、發生航空器失事、航空器重大意外事件或航空器意外事件故意隱匿不報者。

十二、利用執業證書或檢定證從事非法行為者。

十三、因怠忽業務而導致重大事件者。

十四、擅自允許他人代行指派之職務而導致重大事件者。

十五、擅自塗改或借予他人使用執照或檢定證者。

前項各款，於民用航空運輸業、普通航空業、航空器製造廠或維修廠、所聘僱之外籍航空人員執行業務時違反者，適用之。

第一百十九條

有左列情事之一者，處新臺幣二萬元以上十萬元以下罰鍰：

一、民用航空運輸業違反第六十三條規定者。

二、外籍民用航空運輸業違反第七十九條第二項規定。

第一百二十一條

本法未規定事項，涉及國際事項者，民航局得參照有關國際公約及其附約所定標準、建議、辦法或程序報請交通部核准採用，發布施行。

6.航空器登記規則

中華民國八十七年八月十八日交通部（八七）交航發字第八七三五號令修正發布全文三十五條

第一章　總則

第一條

本規則依民用航空法（以下簡稱本法）第一百二十一條第一項規定訂定之。

第二條

航空器登記，除本法或其他法令另有規定外，依本規則規定辦理。

第三條

航空器關於下列權利之保存、設定、移轉、變更、處分或消滅等事宜，應辦理登記：

一、所有權。

二、抵押權。

三、租賃權。

第四條

前條應行登記之事項，非經登記不得對抗第三人。

第二章　航空器國籍登記

第五條

航空器合於本法第十條或第十一條之規定者，航空器所有人或使用人（以下簡稱所有人或使用人）得向民用航空局（以下簡稱民航局）申請中華民國航空器國籍登記（以下簡稱國籍登記）。

第六條

所有人或使用人申請國籍登記時，除依規定繳納費用外應檢送下列文件：

一、申請書。

二、符合本法第十條第一項或第十一條第一項規定之證明文件。

三、航空器所有權證明文件。

四、航空器投保責任保險證明文件。

五、符合航空噪音量標準證明文件。

六、未經他國國籍登記或原登記國撤銷其國籍登記之證明文件。

所有人或使用人依本法第十一條規定申請國籍登記時，除前項規定外，另應檢送附條件買賣契約書或租賃契約書。

所有人或使用人委託他人申請國籍登記時，受託人應提出授權書。

第一項至第三項之文件為外文者應經認證，所有人或使用人並應檢送中文節譯本。

第一項第四款之責任保險，應依航空客貨損害賠償辦法所定之損害賠償額為最低投保標準。

第七條

前條申請經審查符合規定者，民航局應為國籍登記，並發給中華民國民用航空器國籍登記證書（以下簡稱國籍登記證書）。

第八條

國籍登記證書應懸掛於航空器上顯著之處，民航局得隨時檢查之。

第九條

國籍登記事項變更時，所有人或使用人應提出相關證明文件及國籍登記證書，向民航局申請變更登記。

第十條

國籍登記事項與登記原因證明文件所載之內容不符時，民航局得依所有人或使用人之申請或逕依職權為更正登記。

第十一條

國籍登記事項因檢送文件有誤致登記錯誤或遺漏，民航局於所有人或使用人提出正確文件申請或完成更正登記前，得撤銷其登記，並令繳銷國籍登記證書。

民航局於必要時得請所有人、使用人或其他關係人到場說明。

第十二條

國籍登記證書遺失或毀損時，所有人或使用人應敘明理由，向民航局申請補發，並繳納換、補證費。

第三章　航空器所有權登記

第十三條

所有人申請航空器所有權登記（以下簡稱所有權登記）時，除依規定繳納費用外，應檢送下列文件：

一、申請書。

二、航空器所有權證明文件。

三、航空器投保責任保險之證明文件。

所有人同時申請國籍登記及所有權登記時，前項第二款及第三款之文件得免重覆提出。

第六條第三項及第四項之規定，於本條準用之。

第十四條

前條申請經審查符合規定者，民航局應為所有權登記，並發給民用航空器所有權登記證書（以下簡稱所有權登記證書）。

第十五條

第九條至第十二條之規定於航空器所有權登記準用之。

第四章　航空器抵押權及租賃權登記

第十六條

所有人或使用人申請航空器抵押權或租賃權登記時，除依規定繳納費用外，應檢送下列文件：

一、申請書。

二、所有權登記證書。

三、航空器抵押權或租賃權證明文件。

同一順位有二位以上之抵押權人時，申請書應載明各別債權額。

第六條第三項及第四項之規定，於本條準用之。

第十七條

前條申請經審查符合規定者，民航局應為航空器抵押權或租賃權登記，並於所有權登記證書上註記。

第十八條

航空器合於本法第十一條及依本規則第六條之規定完成國籍登記者，所有人或使用人申請抵押權或租賃權登記時，除依規定繳納費用外，並應檢送下列文件：

一、申請書。

二、國籍登記證書。

三、航空器抵押權或租賃權證明文件。

第十六條第二項及第三項之規定於本條準用之。

第一項申請經審查符合規定者，民航局應為航空器抵押權或租賃權登記，並於國籍登記證書上註記。

第十九條

所有人或使用人申請塗銷航空器抵押權或租賃權登記時，除依規定繳納費用外，應檢送下列文件：

一、申請書。

二、所有權登記證書或國籍登記證書。

抵押權人同意塗銷抵押權或出租人及承租人同意塗銷租賃權之證明文件。

第六條第三項及第四項之規定，於本條準用之。

第二十條

前條申請經審查符合規定者，民航局應為航空器抵押權或租賃權塗銷登記，並於所有
權登記證書或國籍登記證書上註記。

第二十一條

第九條至第十二條之規定於航空器抵押權及租賃權之相關登記準用之。

第五章　航空器標誌

第二十二條

依本法第十二條規定，航空器登記後，應將中華民國國籍標誌及登記號碼（以下簡稱
標誌）標明於航空器上顯著之處。

中華民國民用航空器之國籍標誌，用羅馬字母「B」，登記號碼用五位阿拉伯數字正楷，
自左至右排列，其次序如下：

一、國籍標誌，其後連一橫劃。

二、橫劃後為登記號碼。

航空器經完成國籍登記後，除經註銷登記並重新申請國籍登記外，不得申請變更標誌。

第二十三條

氣球之標誌，圓形者，應漆於最大水平圓周相對之兩側面。面圓形者，應漆於最大水
平斷面之兩側，連接繫籃繩索處之上緣。

第二十四條

飛艇之標誌，應漆於最大水平斷面之兩側及於兩側標誌等距離之頂面。

第二十五條

氣球及飛艇之標誌，其每字之高度，不得小於五〇公分。

第二十六條

飛機之標誌位置如下：

一、輕型飛機總重量未達五、七〇〇公斤或一二、五〇〇磅者。

　　㈠機翼之標誌應漆於右翼之上翼面及左翼之下翼面，標誌之位置與機翼前緣及後
　　　緣之距離相等，字頂應一律向機翼前緣。

　　㈡機身之標誌應漆於機翼與機尾之間。

　　㈢機尾之標誌，為單垂直尾面者，其左右兩面，均應標漆。機尾有數個垂直面者，
　　　應漆於外端直尾面之外側。

二、重型飛機總重量在五、七〇〇公斤或一二、五〇〇磅以上者。

　　㈠機尾之標誌，為單垂直尾面者，其左右兩側均應標漆。機尾有數個垂直尾面者，
　　　應漆於外端兩垂直尾面之外側。

　　㈡機頭之標誌應漆於機頭兩側固定結構之處。

三、直昇機之標誌，應漆於機頭兩側固定結構之處，有垂直尾面左右兩面均應標漆。

第二十七條

飛機之標誌尺寸規定如下：

一、輕型飛機：

　㈠機翼之標誌，其字之高度不得小於五〇公分。

　㈡機身之標誌，其字之高度不得小於二〇公分。在不掩蓋機身輪廓原則下，應儘量放大。

　㈢垂直尾面之標誌，其字之高度，在不超過一五公分範圍內，應儘量予以放大，但四週須留五公分之邊緣。

二、重型飛機：

　㈠垂直尾面之標誌，其字之高度不得小於三〇公分。

　㈡機頭與垂直尾面之標誌尺寸大小相同。

三、直昇機機頭及垂直尾面之標誌，其字之高度均不得小於三〇公分。

第二十八條

航空器所有人或使用人如無法依本章規定之位置及尺寸標漆時，應報請民航局核准後辦理之。

第二十九條

字母及號碼，字之高度應相等，字母之寬度及橫劃之長度應為字高之三分之二，字間間隔應為字寬之四分之一，橫劃作為字計算，筆劃之寬度應為每字高度之六分之一。

第三十條

字母、號碼及橫劃之筆劃應為實線，其顏色應使標誌與背景明顯反襯。

第三十一條

航空器標誌應隨時保持清潔、明顯使能辨識。

第三十二條

航空器使用人自行在航空器上標漆之文字及圖案，應報請民航局核備。

第六章　附則

第三十三條

本規則修正發布前已核發之民用航空器登記證，所有人或使用人應於本規則發布施行日起一年內，向民航局申請換發國籍登記證書及所有權登記證書。

航空器登記號碼為三位或四位阿拉伯數字者，所有人或使用人應於前項期限內，向民航局申請賦予五位阿拉伯數字並完成標漆之變更。但有正當理由未能於期限內完成者，得申請民航局核准後延展之。

第三十四條

本規則應繳納之各項費用，由交通部另定之。

經交通部專案核准合併之民用航空運輸業者或普通航空業者，應檢附交通部專案核准函影本、合併後公司登記執照影本及合併契約，向民航局申請免繳航空器國籍登記及所有權登記費用。

第三十五條

本規則自發布日施行。

7. 民用航空運輸業管理規則（第十五、十七、三十一至三十四條）

中華民國九十一年四月二日交通部（九一）交航發字第○九一Ｂ○○○○一七號令修正發布第十一條條文

第十五條

航線證書之有效期間為十年，民用航空運輸業應於期滿一個月前檢附申請書，申請民航局完成航務、機務審查後，核發航線證書。但國際航線，基於互惠原則或條約、協定有特別規定者，不在此限。

航線證書以每張登錄一條航線為原則，並應註明起迄經停地點、業務性質、期限及使用之航空器機型。

前項註明使用之航空器機型變更時，應申請民航局完成航務、機務審查後，換發航線證書。

第十七條

民用航空運輸業申請國際客、貨運包機，應合於下列規定：

一、外籍民用航空運輸業申請包機除依平等互惠原則或條約、協定另有規定外，以經營第三、四航權為限。

二、經營國際包機不得影響定期航線班機之營運。

三、民用航空運輸業或包機人不得以貨運包機名義集運貨物。

民用航空運輸業申請包機，應向民航局繳納申請費，其費率由民航局另訂之。

前項包機經申請核准自動取消者，申請費用減半繳納。

第三十一條

外籍民用航空運輸業申請在中華民國境內設立分公司者，應檢附下列文件一式二份向民航局申請核轉交通部許可後，依法辦理外國公司認許證及分公司登記，並向海關辦理登記，取得證明文件，由民航局核發外籍民用航空運輸業分公司許可證後，始得營業。

一、申請書。

二、委託授權書。

三、登記國主管機關發給有效證明文件。

四、主要股東名簿。

五、現有航線圖。

外籍民用航空運輸業申請在中華民國境內設立辦事處者，應檢附前項文件一式二份向民航局申請核轉交通部許可後，依法向有關機關辦理備案。

第三十二條

民航局依民航法第一百十五條規定，暫停或撤銷領有航線證書之外籍民用航空運輸業其航線證書時，應通知有關機關。

未領有航線證書之外籍民用航空運輸業違反民航法及有關法規之規定時，民航局應報請交通部撤銷其許可。

第三十三條

外籍民用航空運輸業在中華民國境內訂立客運或貨運總代理契約時，應由總代理公司檢附下列文件一式二份，申請民航局核准，並報請交通部備查：

一、申請書。

二、總代理公司執照影本。

三、總代理營利事業登記證影本。

四、總代理契約中、英文本。

客運總代理公司應為民用航空運輸業、綜合或甲種旅行業。

外籍民用航空運輸業得依平等互惠原則，為其他外籍民用航空運輸業之客運、貨運總代理。

第三十四條

外籍民用航空運輸業除本章另有規定外，準用第九條第四項、第十四條、第十五條、第十六條、第十七條、第十九條、第二十條、第二十三條、第二十七條至第二十九條及第三十五條之規定。

未與我國訂有條約或協定之外籍民用航空運輸業依第十六條申請包機業務時，應由民航局核轉交通部核准。

8.航空貨物集散站經營業管理規則（第十三、十九條）

中華民國九十年十一月二十七日六通部（九〇）交航發字第〇〇〇八七號令修正發布第一、十四條條文

第十三條

集散站經營業應依國際空運協會危險物品規則處理航空貨運危險物品。

第十九條

前條規定於依條約、協定或基於平等互惠原則，以同樣權利給與中華民國民用航空運
輸業在其國內經營航空貨物集散站經營業務之外籍民用航空運輸業，準用之。

外籍民用航空運輸業依前項規定申請籌設航空貨物集散站者，應另檢附公司登記國主
管機關之證明文件影本。

外籍民用航空運輸業依前二項規定取得籌設許可申請開始營業者，應另檢附經濟部核
發之認許證影本。

第一項及第二項各類文件如為外文者，應檢附中文譯本，並應經中華民國相關駐外使
領館或代表機構驗證。

9. 航空貨運承攬業管理規則

中華民國九十年十一月二十七日交通部（九〇）交航發字第〇〇〇八五號令修正發布第一、
七、十一、十三條條文

第一章　總則

第一條

本規則依民用航空法第七十條之一規定訂定之。

第二條

航空貨運承攬業，指以自己之名義，為他人之計算，使民用航空運輸業運送航空貨物
及非具有通信性質之國際貿易商業文件而受報酬之事業；其管理除其他法令另有規定
外，依本規則之規定。

第三條

航空貨運承攬業之公司中、英文名稱，均不得使用與民用航空運輸業及其他航空貨運
承攬業相同或類似名稱。專營者其公司名稱應標明航空貨運承攬業字樣。

第二章　設立許可及登記

第四條

申請設立航空貨運承攬業應檢附左列文件一式二份，報請民用航空局核轉交通部許可
籌設：

一、申請書。

二、公司章程草案。

三、營業計畫：包括資本運用、貨量預估、營運收支預估、人事組織概況及其他有關
事項。

四、全體股東或發起人戶籍證明。

已設立之公司申請增加經營航空貨運承攬業務項目者，應檢附左列文件一式二份，報

請民用航空局核轉交通部核准籌設：

一、申請書。

二、公司執照、營利事業登記證影本。

三、股東會議事錄或股東同意書。

四、公司章程修正草案。

五、營業計畫：包括資本運用、貨量預估、營運收支預估、人事組織概況及其他有關事項。

六、全體股東名冊。

第五條

航空貨運承攬業申請設立，除應符合本規則規定外，並依左列規定審核：

一、適應市場需要。

二、配合政府政策。

第六條

航空貨運承攬業實收資本額不得低於新臺幣五百萬元。

第七條

經核准籌設航空貨運承攬業者，應於六個月之核定籌設期間內依法向有關機關辦理相關登記，並檢附左列文件一式二份，向民用航空局申請核轉交通部核准，由民用航空局發給航空貨運承攬業許可證（如附件二，略）後，始得營業：

一、公司執照與營利事業登記證之影本。

二、公司章程。

三、股東名簿及董事、監察人名稱。

四、加入當地航空貨運承攬業商業同業公會簽給之會員證影本。

航空貨運承攬業自民用航空局發給許可證之日起逾六個月未開業，或開業後停業逾六個月者，由民用航空局報請交通部廢止其許可後，註銷其許可證，並通知有關機關。但有正當理由並依規定程序申請核准延展者，不在此限。

第八條

航空貨運承攬業申請核發航空貨運承攬業許可證時，應繳納許可證費新臺幣三萬六千元。

航空貨運承攬業申請換發或補發許可證，應繳納換補證費新臺幣二千一百元。

第九條

航空貨運承攬業之中文名稱、組織、負責人、董事、監察人、經理人、資本額、地址變更或設立分公司，應於辦妥登記後十五日內，報請民用航空局備查。

前項公司名稱、組織、負責人、資本額、地址變更，應檢附換證費申請換發航空貨運承攬業許可證。

英文名稱變更時，應於變更後十五日內，報請民用航空局備查。

第十條

航空貨運承攬業許可證遺失、滅失或損毀時，應申請補發或換發。

第十一條

航空貨運承攬業於核准發給航空貨運承攬業許可證後，結束營業或解散登記者，應報請民用航空局核轉交通部核准廢止其許可，註銷許可證，並通知有關機關。

未依前項規定辦理者，民用航空局應報請交通部逕行註銷，並通知公司主管機關。

第三章　管理

第十二條

航空貨運承攬業應將許可證、公司執照及營利事業登記證，懸掛於營業場所。

第十三條

民用航空局為促進航空貨運之發展，維護飛航安全或公共利益之需要，得派員檢查航空貨運承攬業各項設備及業務，航空貨運承攬業者不得拒絕、規避或妨礙，發現其有缺失者，應通知航空貨運承攬業限期改善。

航空貨運承攬業者逾期未改善者，或拒絕、規避或妨礙檢查者，民用航空局得報請交通部核准後，暫停其營業，情節重大者，廢止其許可。

民用航空局得派員檢查航空貨運承攬業各項設備及業務，並得委託或會同相關公會辦理。

第十四條

航空貨運承攬業應於每年年度終了六個月內，將資產負債表、損益表、營利事業所得稅結算申報書及進出口之貨運量報表報請民用航空局備查。

第十五條

航空貨運承攬業簽發之提單或分提單，應列印公司中英文名稱、地址及航空貨運承攬業許可證字號，並逐一依序編號，其樣本應送請民用航空局備查，變更時亦同。

第十六條

航空貨運承攬業應依託運人製作之託運單詳實填發分提單，其各聯內容應完全一致，不得有變造、偽造及重複使用同一號碼情事。

每一主提單應將其涵蓋之分提單號碼逐一記載。

第十七條

航空貨運承攬業應印製分提單標籤，其內容應包括：公司名稱、啟運地、目的地、總件數及分提單號碼。

第十八條

航空貨運承攬業不得將分提單或分提單標籤，借與他人使用。

第十九條

　　航空貨運承攬業所簽發之提單及收費有關帳冊原始資料，應保存二年。

第二十條

　　航空貨運承攬業對於危險物品之包裝、標籤、標誌、存儲、提運等作業，應按國際空運協會編訂之危險物品處理規則辦理。

第二十一條

　　航空貨運承攬業應派員接受民用航空局舉辦或委託相關公會舉辦之相關訓練。

第二十二條

　　航空貨運承攬業遞送之快遞貨物，應符合左列各款規定：

　　一、應符合財政部「快遞貨物通關辦法」之規定。

　　二、貼妥足以識別貨物之條碼。

第二十三條

　　與外籍航空貨運承攬業訂有聯鎖合約或總代理合約之航空貨運承攬業得經營國際貿易商業文件遞送並應向民用航空局申請換發航空貨運承攬業許可證，於依法辦妥公司變更登記及營利事業登記後，始得營業。

第二十四條

　　航空貨運承攬業遞送之國際貿易商業文件，以附件三所列者為限。

　　前項文件均不得固封。

第四章　外籍航空貨運承攬業

第二十五條

　　外籍航空貨運承攬業申請在中華民國境內設立分公司者，應檢附左列文件一式二份，報請民用航空局核轉交通部許可籌設：

　　一、申請書。

　　二、公司章程。

　　三、公司登記國主管機關之證明文件影本。

　　四、營業計畫：包括資本運用、貨量預估、營運收支預估、人事組織概況及其他有關事項。

　　前項各類文件應經中華民國相關駐外使館或代表機構驗證，如為外文者，並應檢附中文譯本。

第二十六條

　　經核准籌設分公司之外籍航空貨運承攬業者，應於六個月之核定籌設期間內依法向公司主管機關辦理認許、分公司設立登記及營利事業登記後，檢附認許證、分公司執照及營利事業登記證影本，向民用航空局申請核轉交通部核准，由民用航空局發給航空

貨運承攬業許可證後，始得營業。

第二十七條

外籍航空貨運承攬業除依本規則規定申請設立分公司者外，應委託中華民國航空貨運承攬業辦理其承攬業務。

第二十八條

航空貨運承攬業受外籍航空貨運承攬業委託辦理承攬業務時，應檢附左列文件一式二份，向民用航空局申請核准：

一、申請書。

二、委託書。

三、外籍公司登記國主管機關之證明文件影本。

四、委託人之提單樣本。

五、受委託人之印鑑證明。

第二十九條

外籍航空貨運承攬業除本章另有規定者外，準用第三條、第六條、第八條至第二十二條之規定。

第五章　附則

第三十條

本規則修正發布前，已領有甲種或乙種航空貨運承攬業許可證者，應於本規則修正發布日起二年內換發許可證及補足第八條規定之實收資本額。

第三十一條

本規則自發布日施行。

10.航空器產品裝備及其零組件適航驗證管理辦法（第八條）

中華民國八十九年九月十九日交通部（八九）交航發字第八九五五號令修正發布全文十六條

第八條

航空器產品、裝備及零組件之國際合作設計、製造、組裝者，其驗證應依本辦法之規定。但民航局與相關國家適航主管機關間另有協定者，從其協定。

11.國際民用航空機場服務費徵收標準（第一條）

中華民國九十年九月二十六日行政院（九○）臺交字第○五三○五號令修正發布全文五條

第一條

搭乘民用航空器出境之旅客，除左列各款外，均應依本標準之規定徵收機場服務費：

一、各國元首、副元首、總理、副總理、外交部長及其眷屬。

二、外國駐華使領館人員及其眷屬；持外交護照來華之友邦官員及隨行眷屬，但以各
　該國對中華民國駐在該國使領館人員及其眷屬，以及持中華民國外交護照之官員
　前往該國時，給予同樣待遇者為限。

三、不滿兩足歲之兒童。

四、應邀訪華之友邦人士，由邀訪機關函請給予禮遇者。

12.航空人員檢定給證管理規則　（第七十九至八十一、八十三條）

中華民國九十年十二月十二日交通部（九〇）交航發字第〇〇〇九二號令修正發布全文八十
　五條（原名稱：航空人員檢定給證規則）

第七十九條

有以外國人擔任航空人員需要者，應由申請人依規定向民航局申請轉交通部核准聘僱
後，由民航局發給執業證書。

第八十條

申請外籍地面機械員或維修員檢定證者，除應依第四條規定檢送相關文件外，並應檢
附下列相關證明文件：

一、僱用外籍地面機械員或維修員經歷紀錄及原外籍檢定證照影本。

二、原外籍地面機械員或維修員其檢定證核發國之航空技術人員檢定證制度，應符合
　國際民航組織所訂之最低標準之文件資料。

三、核准聘僱許可文件。

外籍地面機械員及維修員應檢定之學科項目為民用航空法及有關法規。

申請外籍地面機械員或維修員術科檢定者，其檢定項目分別依「地面機械員術科檢定
報告表」或「航空器維修廠、所維修員術科檢定報告表」之規定實施，其檢定方式採
實際操作與口試併行。

外籍地面機械員或維修員於執業時，應遵守我國民用航空法、航空器飛航作業管理規
則及航空器適航檢定給證規則之規定。

第八十一條

聘僱外籍航空器駕駛員從事航空器運渡、訓練及試飛者，其所持之外國執業證書、檢
定證及航空人員體格檢查及格證，民航局得承認其效力。

第八十三條

航空人員學、術科檢定費、執業證書、學習證、檢定證、模擬機檢定合格證之核發換
發、補發及檢定證屆期重簽、加簽、逾期重簽之各項證照規費，依附錄一「航空人員
及模擬機證照規費收費規定」收費，並依預算程序辦理。

外籍航空人員證照規費依前項規定收費。

13.國籍民用航空運輸業聘僱外籍駕駛員許可及管理辦法

中華民國九十年九月二十日交通部（九〇）交航發字第〇〇〇五二號令、行政院勞工委員會
（九〇）臺勞職外字第〇二二四一九八號令會銜修正發布名稱及全文十四條（原名稱：國
籍民用航空運輸業僱用外籍駕駛員管理辦法）

第一條

本辦法依就業服務法（以下簡稱本法）第四十四條第二項規定訂定之。

第二條

國籍民用航空運輸業（以下簡稱業者）申請聘僱外籍駕駛員從事本法第四十三條第一
項第一款所定之工作，依本辦法之規定。

第三條

本辦法之主管機關為交通部。

第四條

聘僱外籍駕駛員以從事下列工作為限：

一、航空器運渡。

二、航空器試飛。

三、航空器駕駛員訓練。

四、營運飛航。

第五條

業者聘僱外籍駕駛員擔任航空器運渡或航空器試飛者，應符合下列規定：

一、具有業者所需機型之航空器運渡或試飛駕駛員之資格。

二、持有業者所需機型之有效檢定證明文件。

三、聘僱期間最多以一年為限。

前項受聘僱之外籍駕駛員，不得執行航空器運渡或航空器試飛以外之飛航。

第六條

業者聘僱外籍駕駛員擔任航空器駕駛員訓練者，應符合下列規定：

一、具有航空器訓練教師資格。

二、持有業者所需機型之有效檢定證明文件。

三、聘僱期間最多以一年為限，但期滿時業者因特殊需要，得報請交通部民用航空局
　　（以下簡稱民用航空局）核轉主管機關核准續聘一次，並不得超過一年。

業者初聘外籍駕駛員，應檢附訓練計畫；依前項第三款但書續僱外籍駕駛員時，應檢
附訓練成效檢討。

第一項所定受聘僱之外籍駕駛員，不得執行航空器駕駛員訓練以外之飛航。

第七條

業者聘僱外籍駕駛員擔任營運飛航，應符合下列規定：

一、具有民航業運輸駕駛員資格。

二、持有業者所需機型之有效檢定證明文件。

三、經民用航空局航空醫務中心航空人員體格檢查合格。

四、聘僱期間以三年為限。但期滿時業者因特殊需要，得報請民用航空局核轉主管機
　　關核准續聘之。

五、聘僱外籍駕駛員人數不得超過第八條第二項第二款及第三款人數總和之三倍。

受聘僱之外籍駕駛員，應經民用航空局檢定合格並核發民航業運輸駕駛員檢定證後，
始得擔任營運飛航。

業者派遣國內航線運飛航任務時，不得全由外籍駕駛員擔任。

第八條

業者應檢送本年度自訓國籍駕駛員計畫書，申請民用航空局核轉主管機關核准後，始
得申請聘僱外籍駕駛員擔任營運飛航。

前項計畫書應包括下列資料：

一、現有國籍駕駛員、外籍駕駛員人數。

二、過去七年內完訓及施訓中之自訓國籍駕駛員人數。

三、本年度自訓國籍駕駛員計畫及人數。

四、未來七年自訓國籍駕駛員招訓計畫人數。

五、自訓國籍駕駛員能量分析。

六、本年度預計聘僱外籍駕駛員人數。

第九條

業者聘僱外籍駕駛員，應檢附下列文件一式二份，申請民用航空核轉主管機關許可後，
由民用航空局發給臨時執業證書，始得執業：

一、申請書。

二、申請聘僱外籍駕駛員資料表。

三、應聘外籍駕駛員學、經歷及護照證件影本。

四、應聘外籍駕駛員檢定證、體格檢查合格證及駕駛員年度考驗紀錄影本。

五、聘僱合約影本。

前項各款文件之原本，如使用中、英文以外字者，應經業者驗證證明及檢附中文或英
文譯本，並就該譯本應附具其內容與原本相符之聲明。

第十條

受聘僱之外籍駕駛員聘僱期間屆滿，有續聘必要且符合第六條第一項第三款或第七條

第一項第四款規定者，業者應於期滿三十日前檢附下列文件一式二份，申請民用航空局核轉主管機關許可續聘：

一、申請書。

二、原許可文件影本。

三、有效檢定證、體格檢查合格證影本。

四、聘僱合約影本。

五、受聘僱之外籍駕駛員在華期間納稅證明影本。

第十一條

業者或其所聘僱之外籍駕駛員中有下列情形之一者，主管機關得廢止其許可之一部或全部：

一、業者停業六個月以上或喪失法人資格者。但因合併後存續法人資格者，不在此限。

二、受聘僱之外籍駕駛員之職務經解任者。

三、受聘僱之外籍駕駛員喪失執業資格者。

四、據以取得許可之文件或事實有虛偽者。

五、受聘僱之外籍駕駛員經有關機關拒絕簽證、禁止入境或限令出境者。

前項第五款之情形，應由有關機關通知主管機關廢止其許可。

第十二條

受聘僱之外籍駕駛員，在聘僱許可有效期間內，如需轉換雇主者，應由新雇主與原雇主檢附下列文件一式二份，申請民用航空局核轉主管機關核准後，始得辦理：

一、申請書。

二、原許可文件影本。

三、原雇主開具離職同意證明影本。

四、納稅證明影本。

五、聘僱契約書影本。

依前項轉換雇主之外籍駕駛員，其聘僱許可期間以原許可有效期間屆滿為止。

第十三條

受聘僱之外籍駕駛員於執業時，應遵守我國民用航空法及相關法規，如有違反時除依有關規定辦理外，得由民用航空局收回其臨時執業證書或逕予註銷。

第十四條

本辦法自發布日施行。

14.外籍航空器飛航國境規則

中華民國九十年十一月二十七日交通部（九〇）交航發字第〇〇〇八一號令修正第一、十五條條文

第一條

本規則依民用航空法（以下簡稱本法）第七十八條第二項規定訂定之。

第二條

外籍航空器飛航國境依其性質分為下列六種：

一、定期飛航之外籍航空器，飛入飛出國境，並在境內起降裝卸客、貨及郵件者。

二、定期飛航之外籍航空器，飛入飛出國境，在境內起降不裝卸客、貨及郵件者。

三、定期飛航之外籍航空器，飛越國境不在境內降落者。

四、不定期飛航之外籍航空器，飛入飛出國境，並在境內起降裝卸客、貨及郵件者。

五、不定期飛航之外籍航空器，飛入飛出國境，在境內起降不裝卸客、貨及郵件者。

六、不定期飛航之外籍航空器，飛越國境不在境內降落者。

第三條

申請第二條第一款所定之飛航者，應依本法及民用航空運輸業管理規則之相關規定辦理之。

第四條

申請第二條第二款所定之飛航者，應檢附下列資料於定期飛航開始七工作日前向民用航空局（以下簡稱民航局）申請許可。

一、飛航性質。

二、航空器使用人名稱。

三、航空器登記國籍及航空器型式。

四、擬在國境內降落之地點。

五、定期飛航之時刻表。

第五條

申請第二條第三款所定之飛航者，應由航空器使用人或代理人檢附下列資料於定期飛航開始七工作日前向民航局申請許可：

一、飛航性質。

二、航空器使用人名稱。

三、航空器登記國籍及航空器型式。

四、預計進出我國飛航情報區之時間。

五、定期飛航之時刻表。

第六條

申請第二條第四款及第五款之飛航者，如屬客貨包機，應依民用航空運輸業管理規則辦理，如非包機，應填具申請書於入境或出境工作日前向民航局申請許可。

第七條

申請第二條第二款、第四款及第五款所定之飛航者，如未在我國經營定期班機或無在

臺總代理者，應委託飛航國際航線之本國籍民用航空運輸業代理提出申請。

第八條

申請第二條第六款之飛航者，應由航空器使用人或代理人填具申請書於入境一工作日前向民航局飛航服務總臺申請核准。

前項以電報申請者，應參照申請書所列項目逐一填列，並依編號順序拍發。

第九條

外籍航空器飛航國境時，應將國籍標誌及登記號碼標明於航空器上顯著之處。

第十條

外籍航空器在我國境內起降時，應備具下列文書：

一、航空器登記證書。

二、航空器適航證書。

三、飛航日記簿。

四、航空器無線電臺執照。

五、載客時乘客名單。

六、載貨物及郵件時，貨物及郵件清單。

第十一條

外籍航空器在我國境內起降時，其航空人員應攜帶執業證書，並應遵守境內有關之各項飛航程序。

第十二條

外籍航空器及其裝載之客貨，均應於降落後起飛前，依法接受有關機關之檢查。

第十三條

外籍航空器因故迫降於國境內任何場、站時，應於降落後向該場、站管理人員報告降落原因，俟查明核准後，始能繼續飛航。

第十四條

外籍航空器降落在指定之國際航空站以外之處所者，除因救護傷患或有安全問題上之理由，不得將航空器上人員或所載行李、貨物撤離該航空器，航空器機長並應於降落後立即就近向有關機關報告。

前項航空器如能在短時停留後恢復飛航者，應以原裝載之客、貨、郵件飛航至指定之國際航空站。

第一項撤離航空器之人員、行李或貨物，除因傷重送醫外，機長應將之集中於指定之處所。

第十五條

本規則所定之外籍航空器，如違反本法或有關法規之規定或不遵守許可時之條件者，民用航空局得暫停或廢止其許可，或禁止其飛航。

第十六條

本規則自發布日施行。

15.航空器失事及重大意外事件調查處理規則

中華民國八十九年十二月二十八日航空器飛航安全委員會（八九）飛安字第一二○二五號令
修正發布第二十一條條文及附表四；並廢止附表五

第一章　總則

第一條

本規則依民用航空法第八十四條第四項規定訂定之。

第二條

本規則所稱航空器失事，指自任何人為飛航目的登上航空器時起，至所有人員離開該
航空器時止，於航空器運作中所發生之事故，直接對他人或航空器上之人，造成死亡
或傷害，或使航空器遭受實質上之損害或失蹤。

前項所稱傷害，指下列情形之一者：

一、受傷後七日之內須住院治療四十八小時以上者。

二、骨折。但不包括手指、足趾及鼻等之骨折。

三、撕裂傷導致嚴重之出血或神經、肌肉或筋腱之損害者。

四、任何內臟器官之傷害者。

五、二級或三級之灼傷，或全身皮膚有百分之五以上之灼傷者。

六、證實曾暴露於感染物質或具傷害力之輻射下者。

第一項所定死亡或傷害，須肇因於下列原因。但因自然因素、自身之行為、他人之侵
害行為或因其欲偷渡而藏匿於非供乘客及組員乘坐之區域所發生者，不在此限。

一、該人處於航空器之內。

二、該人直接觸及航空器之任何部位，包括已自航空器機體分離之部份。

三、該人直接暴露於航空器所造成或引發之氣流中。

第一項所稱實質上之損害，指航空器蒙受損害或其結構變異，致損及該航空器之結構
強度、性能或飛航特性，而通常須經大修或更換受損之組件者。但屬發動機之故障或
受損，而其損害僅限於發動機、發動機蓋或其配件；或損害僅及螺旋槳、翼尖、天線、
輪胎、剎車、整流罩或航空器表面小凹陷、穿孔者，不在此限。

第一項所稱失蹤，指行政院飛航安全委員會（以下簡稱飛安會）認定之搜尋終止時，
航空器殘骸仍未發現者；或雖已發現而無法接近或無法取得調查所需之證物者。

第三條

本規則所稱航空器重大意外事件，指自任何人為飛航目的登上航空器時起，至所有人

員離開該航空器時止，發生於航空器運作中之事故，有造成航空器失事之虞者。

第四條

任何國籍之航空器失事或重大意外事件，發生於國境內者，應由飛安會負責認定、調查及鑑定原因。本國籍航空器之失事或重大意外事件，發生於公海或不屬於任一國家之領域者，亦同。

本國籍航空器、本國航空公司使用之航空器、本國設計或製造之航空器於國境外失事者，飛安會於接獲通報後應立即聯絡發生地調查機關要求參加調查，並於接獲邀請後派員前往參加調查，提供該調查機關所需之相關資料。

航空器於國境外失事造成本國籍乘客死亡者，飛安會於接獲發生地調查機關邀請後，得視情況派員前往發生地參加調查。

飛安會得委託國外之調查機關調查本條航空器之失事或重大意外事件。

第五條

航空器失事或重大意外事件，涉及本國軍事機關之飛航管理或政府航空器之飛航操作者，飛安會就該涉及事項應會同各該機關調查。

第六條

飛安會對航空器失事及重大意外事件從事之認定、調查及鑑定原因，旨在避免失事之再發生，不以處分或追究責任為目的。

有關航空器失事或重大意外事件之調查或原因鑑定等消息之發布，統一由飛安會為之。但其涉及其他機關權限者，不在此限。

第二章　航空器失事或重大意外事件消息通報

第七條

航空器失事或重大意外事件於國境內發生者，航空器所有人、使用人、在附近空域飛航之航空器機長及得知消息之飛航管制機構均應儘速通報飛安會及交通部民用航空局（以下簡稱民航局），並應填報「航空器飛航事故初報表」。本國航空公司使用之航空器於國境外發生失事或重大意外事件者，亦同。

飛安會於認定事故係屬航空器失事或重大意外事件後，應儘速通報行政院、交通部及民航局。

第八條

任何國籍之航空器失事發生於國境內者，或本國籍航空器之失事發生於公海或不屬於任一國家之領域者，飛安會應儘速將相關事項（如附表三）通知航空器登記國、航空公司國籍國、航空器設計國及航空器製造國之失事調查機關，並得視實際情況儘速通知罹難乘客國籍國之失事調查機關。

飛安會於認定事故係屬失事或重大意外事件後三十日內應公布關於事實之初步報告，

並通知國內外相關機關、單位及國際民航組織。

附表三

一、係失事或重大意外事件。

二、航空器之製造者、型號、國籍、國籍標誌及登記號碼。

三、航空器之所有人、使用人及承租人之名稱。

四、航空器正、副駕駛之姓名。

五、事故發生之時間及日期。

六、該航空器最後起飛地點及預備降落地點。

七、航空器所在之地理位置及座標。

八、飛航組員、乘客及其他傷亡人數。

九、事故之性質及對航空器形成危險之嚴重程度。

十、調查將進行至何程度、是否有其他國家參與調查。

十一、事故發生地點之地理特性。

十二、負責調查之機關名稱。

第九條

本國籍航空器、本國航空公司使用之航空器、本國設計或製造之航空器於國境外失事者，或航空器於國境外失事造成本國籍乘客死亡者，飛安會於派員前往發生地參加調查前，應儘速將人員姓名及預計抵達時間通知負責調查之外國機關。

第三章　航空器失事或重大意外事件現場之處理

第十條

航空器失事或重大意外事件發生後，飛安會應立即指定飛航安全官或失事調查官一名擔任主任調查官，由其召集成立專案調查小組負責指揮調查相關之工作，並得聘請相關專家參與。

專案調查小組於調查報告公布後，依程序解散之。

第十一條

航空器失事或重大意外事件發生於航空站內，民航局除應依相關規定先行處理外，並應執行下列工作：

一、確認飛航組員已於航空器關車後立即將座艙語音通話記錄器斷電。

二、告知飛安會及其他相關機關其於現場採取之措施。

航空器失事或重大意外事件發生於航空站外，當地有關機關除依相關規定辦理外，並應告知飛安會其於現場採取之措施。

航空器失事或重大意外事件發生後，航空器之所有人、使用人及民航局應儘速派員趕赴現場，從事或協調配合地方有關機關從事前項工作。

第十二條

航空器失事現場之處理，應以救人、處理罹難者遺體及消防之必要為優先，並應儘可能維持航空器殘骸及現場之完整。

為排除其他航空器飛航及起降之障礙而有清理現場之必要者，應先獲飛安會同意。

第十三條

自航空器失事或重大意外事件發生時起至調查終止，飛安會為調查之必要，應優先保管及處理航空器、其殘骸、飛航資料記錄器、座艙語音通話記錄器及其他有助於鑑定事故原因之證據。

航空器事故現場之有關機關應協助飛安會封鎖現場，並就前項證據展開搜尋、移動、戒護及保全之工作。遇有可能影響證據保存之顧慮時，應以照相、繪圖、標誌及其他必要方法予以記錄及保全。

第十四條

航空器於水上失事，飛安會審度調查之必要性及打撈之可行性，得要求航空器所有人或使用人僱用飛安會認可之打撈業者或機關進行殘骸打撈。

前項打撈作業，得接受費用捐贈為之。

第四章　航空器失事或重大意外事件調查

第十五條

任何國籍之航空器失事或重大意外事件發生於國境內者，或本國籍航空器之失事或重大意外事件發生於公海或不屬於任一國家之領域者，航空器所有人、使用人、民航局及其他相關機關應提供飛安會一切相關之資料，協助各項調查作業。

飛安會專案調查小組得為下列調查行為：

一、調查航空器飛航性質及經過。

二、調查航空器內人員及地面、水面人員傷亡情形。

三、調查事故前航空器之裝載情形。

四、研判航空人員之各種訓練及經歷紀錄、證照及其他有助於研判之資料。

五、研判航空器適航及維護之有關資料及紀錄。

六、研判氣象及航管紀錄。

七、研判機場及助航設備資料。

八、研判航空器之飛航資料記錄器及座艙語音記錄器。

九、協調該管檢察機關檢測航空人員之麻醉藥品及酒精濃度、視需要從事驗屍以及研判所有相關之報告。

十、瞭解搜尋、救護、消防及火災之情況。

十一、訪談事故之目擊者。

十二、化驗及檢驗各種相關機件及物件。

十三、蒐集其他有關該事故之資料。

十四、從事事故原因之分析。

十五、提出事故可能肇因及間接肇因。

十六、從事其他必要之調查行為。

前項調查之作業程序，由飛安會定之。

第十六條

任何國籍之航空器失事發生於國境內者，或本國籍航空器之失事發生於公海或不屬於任一國家之領域者，飛安會調查小組得詢問航空器登記國、航空公司國籍國、航空器設計國及製造國參與調查之意願，並於其派出之代表為承諾保密及遵守主任調查官之指揮調查下，允許其從事下列工作：

一、探查現場。

二、檢視航空器殘骸。

三、會同專案調查小組人員獲取證詞及提出訪談目擊證人之問題。

四、讀取所有有關之證據。

五、獲取所有相關文件之影本。

六、參與航空器之飛航資料記錄器及座艙語音記錄器之解讀過程。

七、參與現場外之調查工作。

八、參與調查過程中所召開之有關現場蒐證與事實認定之會議。

九、對各項調查過程提出建議。

第十七條

任何國籍之航空器失事發生於國境內者，或本國籍航空器之失事發生於公海或不屬於任一國家之領域者，飛安會調查小組得視情況同意罹難乘客國籍國參與調查之要求，在該國派出之代表承諾保密及遵守主任調查官之指揮調查下，允許其從事下列工作：

一、探查現場。

二、蒐集有關之事實。

三、參與罹難者之辨識工作。

四、協助訪談同一國籍之生還乘客。

第十八條

參與調查之人員，除具有陳報各該公司上級主管之職務上義務外，不得揭露下列資料：

一、在調查過程中獲得之所有證詞。

二、操作飛航有關人員間之所有通訊紀錄。

三、有關人員之體檢紀錄或其他私人資料。

四、航空器座艙語音記錄器及紀錄。

五、飛航資料記錄器之分析資料。

第十九條

前條所述資料不得記載於對外發布之調查報告中。但為航空器失事或重大意外事件肇因分析之必要者，不在此限。

第二十條

飛安會於調查中得知或疑有非法干預飛航事件發生時，應即通知國內外之各相關權責機關。

第五章　調查報告審查會議

第二十一條

飛安會於完成調查後，應撰寫航空器失事調查報告或航空器重大意外事件調查報告（格式如附表四），送請參與調查之國內外機關或單位於六十日內提供意見，並應審度各該機關或單位所提之意見，決定是否修改後，提飛安會委員會議審議。

附表四

航空器失事及重大意外事件調查報告書內容格式：

一、報告封面：

封面內容包括：報告種類、事故描述、航空器使用者、機型、註冊號碼、發生日期與地點及報告日期等。

二、摘要報告：

摘要報告內容包括：事故經過、調查結果、事故可能肇因、間接因素、飛安改善建議、失事調查機與協同調查代表及法源依據等。

三、報告本文：

第一章　事實資料

1.1 飛航經過

1.2 人員傷害

1.3 航空器損害情況

1.4 其他損害情況

1.5 飛航組員資料

1.6 航空器資料

1.7 天氣資料

1.8 助、導航設施

1.9 通信

1.10 場站資料

1.11 飛航記錄器

1.12 航空器殘骸與撞擊資料

1.13 醫學與病理

1.14 火災

1.15 生還因素

1.16 測試與研究

1.17 組織與管理

第二章　分析

第三章　結論

第四章　飛安改善建議

四、附錄

第二十二條

航空器失事或重大意外事件之調查報告經飛安會委員會議審議完竣後，應報行政院、副知交通部、民航局及相關業者，並得適時召開說明會發布之。

政府相關機關、航空器所有人及使用人應依調查報告所載飛安改善建議改正缺失。

政府相關機關於收到調查報告後九十日內應向行政院提出處理報告，並副知飛安會。處理報告中就調查報告所載飛安改善建議事項認為可行者，應詳提具體之分項執行計畫；認有室礙難行者，亦應敘明理由。

第六章　附則

第二十三條

前條之航空器失事調查報告，應由飛安會函送航空器登記國、航空公司之國籍國、航空器設計國、航空器製造國、罹難乘客之國籍國及其他參與調查及提供支援國之權責機關參考。

第二十四條

本規則規定事項，涉及檢察機關檢察官之偵查權責者，飛安會應與其協調配合行之。

為整體調查作業需要，飛安會得會同內政部、外交部、國防部、法務部、交通部等與調查作業相關之機關訂定作業協調文件。

第二十五條

本規則自發布日施行。

16.航空客貨損害賠償辦法

中華民國八十八年三月十七日行政院（八八）臺交字第一一○二一號令修正發布全文十條

第一條

本辦法依民用航空法（以下簡稱本法）第九十三條第一項規定訂定之。

第二條

航空器使用人或運送人，對乘客及載運貨物或行李之損害賠償額，除法律別有規定或特別契約另有約定外，依本辦法之規定。

前項特別契約應以書面為之，其約定之損害賠償額不得低於本辦法所定之標準。

第三條

航空器使用人或運送人，依本法第九十一條第一項前段規定對於每一乘客應負之損害賠償，其賠償額依下列標準。但被害人能證明其受有更大損害者，得就其損害請求賠償：

一、死亡者：新臺幣三百萬元。

二、重傷者：新臺幣一百五十萬元。

前項情形之非死亡或重傷者，其賠償額標準按實際損害計算。但最高不得超過新臺幣一百五十萬元。

第一項第二款所稱重傷，依刑法第十條第四項之規定。

第四條

航空器使用人或運送人對於載運貨物或行李之損害賠償，其賠償額依下列標準：

一、貨物及登記行李：按實際損害計算。但每公斤最高不得超過新臺幣一千元。

二、隨身行李：按實際損害計算。但每一乘客最高不得超過新臺幣二萬元。

第五條

航空器使用人或運送人，應以不低於前二條所定之賠償額標準，投保責任保險。

第六條

航空器使用人或運送人因故意或重大過失致生客貨之損害者，其賠償責任不受本辦法賠償額標準之限制。

航空器使用人或運送人對其受僱人或代理人執行職務時之故意或重大過失，應與自己之故意或重大過失負同一責任。

第七條

航空器使用人或運送人對於乘客及載運貨物或行李之損害賠償，應自接獲申請賠償之日起三個月內支付之。但因涉訟或有其他正當原因致不能於三個月內支付者，不在此限。

第八條

航空器使用人或運送人，對其責任之限制，應向乘客或貨物託運人為適當之通知；其在客票或貨物運送單上登載本辦法或作簡要說明者，視為已有適當之通知。

第九條

本辦法對於在航空器上工作人員之損害賠償準用之。

第十條

本辦法自發布日施行。

17.航業法（第二、四、二十二、三十一、三十四至四十一、四十五、四十七、五十八、六十二、六十四條）

中華民國九十一年一月三十日總統（九一）華總一義字第○九一○○○二○六六○號令修正公布第十、十九、四十四、五十五、五十七、五十九、六十一條條文；增訂第三十三之一、四十九之一、五十六之一條條文；並刪除第六十三條條文

第二條

本法所用名詞定義如左：

一、航業：指經營船舶運送、船務代理、海運承攬運送、貨櫃集散站、船舶出租等事業。

二、船舶運送業：指以船舶經營客貨運送而受報酬之事業。

三、船務代理業：指受船舶運送業或其他有權委託人之委託，在約定授權範圍內，以委託人名義代為處理船舶客貨運送及其有關業務而受報酬之事業。

四、海運承攬運送業：指以自己之名議，為他人之計算，使船舶運送業運送貨物而受報酬之事業。

五、貨櫃集散站經營業：指提供貨櫃集散站之場地及設備，經營貨櫃貨物集散而受報酬之事業。

六、船舶出租業：指船舶所有人以船舶光船出租與船舶運送業營運而收取租金之事業。

七、航線：指以船舶經營客貨運送所航行之路線。

八、國內航線：指以船舶在本國各港口間經營客貨運送所航行之路線。

九、國際航線：指以船舶在本國港口與外國港口間或在外國港口間經營客貨運送所航行之路線。

十、固定航線：指以船舶在一定港口間經營經常性客貨運送之路線。

十一、國際聯營組織：指船舶運送業間訂立協定，就其國際航線之經營，協商運費、票價、運量、租傭艙位、或與該航線經營有關之其他事項之組織。

＊七三判字第一二七九號

要旨：

〔貨櫃為貨物之一種，受託代理進口貨櫃之船務代理人，於受託代理進口貨櫃時，即為該貨櫃之持有人，除另有貨櫃之收貨人外，自為其納稅義務人〕

按貨櫃，在用之於海上運送時屬於船舶法第五十條第十五款之船舶設備；進口通關時，屬於關稅法第三十條所稱盛裝貨物用之容器；對於課徵關稅時，則屬海關進口稅則第

八六〇八號別,固定稅率百分之三十之貨物,此觀各該法條暨中華民國海關進口稅則第八十六章之規定至明。是故海關管理貨櫃辦法第十九條第一項及第三項規定運送人或其代理人所進口之貨櫃,必於進口後六個月內或海關核定之日期前退運出口,逾期未退運出口者,由海關通知運送人或其代理人繳納進口稅捐。此項辦法,核與關稅法第三十條暨同法施行細則第四十七條第一項之規定無違,自有法律上之效力。再依航業法第二條第三款、第四十二條第一項第五款及第四十三條第二款規定,貨櫃為貨物之一種,受託代理進口貨櫃,當然在船務代理業之業務範圍以內,而具有運送人之代理人地位,其於進口系爭貨櫃為起卸時,即為該貨櫃之持有人,依關稅法第四條規定,亦應負繳納進口關稅之義務,對之課徵,核與該條規定並無抵觸之可言。本件系爭四只貨櫃係原告代理之輪船,於七十一年三月十九日及同月二十三日間載運進口後,未於六個月內退運出口,亦未依照規定在退運出口期限屆滿前,申請延長退運出口期限,既為原告所不爭之事實。原告即有依法納稅之義務,此項已發生之納稅義務,亦不能因其後已將系爭貨櫃退運出口而免除。基隆關以原告為該貨櫃之納稅義務人,核定補徵系爭貨櫃之進口稅捐,訴願及再訴願決定,仍予維持,揆諸前揭說明,均無不合。至原告訴稱,依國際貨櫃報關公約之規定,貨櫃實係運輸工具,我關稅法第三十條規定貨櫃係容器,已不合時代,不應墨守一節,姑不論「國際貨櫃報關公約第三條」規定:「免除進口稅而暫時進口之貨櫃,應於進口後三個月內復運出口」並未因認定其為運輸設備而予永久免稅,可見未依限復運出口者仍應課稅。況我國並非國際貨櫃報關公約締約國自不受其拘束,原告主張,顯非可採,其起訴意旨,應認為無理由。

第四條

非中華民國船舶,不得在中華民國各港口間運送客貨。但經中華民國政府特許者,不在此限。

第二十二條

外國政府或外國船舶運送業對中華民國船舶運送業採取不利措施時,交通部得進行調查並會同有關機關採取必要之措施。

第三十一條

船舶運送業僱用之船員,應經體格檢查合格,且依規定領有船員服務手冊、執業證書後,始得在船上服務;其僱用契約範本及體格檢查辦法,由交通部定之。

外國船舶運送業僱用中華民國船員,應申請交通部審核許可始得僱用;其辦法由交通部定之。

第三章　外國籍船舶運送業

第三十四條

外國籍船舶運送業非經委託中華民國船務代理業代為執行或處理船舶客貨運送業務,

不得在中華民國境內攬載客貨。但在中華民國依法設立分公司者，不在此限。

第三十五條

外國籍船舶運送業在中華民國設立分公司，應具備營業計畫書，記載船舶一覽表，連同其他有關文書，申請當地航政機關核轉交通部核准籌設。

外國籍船舶運送業應在核定籌設期間內，依法辦理認許及分公司登記，具備有關文書，申請當地航政機關核轉交通部發給許可證後，始得依法營業。

第三十六條

外國籍船舶運送業在中華民國境內設立分公司之營運資金，由交通部定之。

第三十七條

外國籍船舶運送業委託中華民國船務代理業代為處理船舶客貨運送及有關業務前，應檢具其在本國設立登記文件、代理契約及有關文件，由該船務代理業申請航政機關辦理代理登記。

前項外國籍船舶運送業在其本國設立登記文件及代理契約，應經中華民國駐外使領館、代表機構或該國駐華使領館、代表機構驗證。但代理契約之驗證，得以中華民國法院之公證代之。

*法務部（八二）法律字第二七○一九號

要旨：

一、本部八十二年十月六日法 (82) 律字第二一○一○號函係針對我國國民已具有我國船員身分，受僱於外國船舶運送業所為之釋示。至於已不具我國船員身分而持用外國船員證件服務於外國籍船舶，似非「外國船舶運送業僱用中華民國船員辦法」規範之對象。

二、按航業法係以健全航業制度，促進航業發展為立法目的。其對於船員（海員）之傷害、撫卹、退休等未設規定者，應適用海商法之規定（航業法第一條參照）。依海商法第六十五條規定「海員……，年齡滿六十五歲者，應強迫退休。」，海員（船員）經強迫退休後，自已喪失海員（船員）身分，如擬修正「外國船舶運送業僱用中華民國船員辦法」，將年滿六十五歲退休船員納入，得受僱於外國籍船舶工作之範圍，則其已喪失之海員（船員）身分，是否當然回復，不無疑義，是否與上開海商法規定牴觸，宜請考量。再者，其與航業法第三十七條規定：「外國船舶運送業僱用『中華民國船員』，應申請交通部審核許可，始得僱用」，亦將產生該條所稱之「中華民國船員」是否包括已經強迫退休船員之疑義。故宜否逕予修正上開辦法，仍請卓酌。

*法務部（八二）法律字第二一○一○號

要旨：

關於我國船員年滿六十五歲退休後，可否繼續在外國籍船舶服務疑義

主旨:

關於我國船員年滿六十五歲退休後,可否繼續在外國籍船舶服務疑義乙案,本部意見如說明二,請 查照參考。

說明:

一、復 貴部八十二年九月十四日交航 (82) 字第○三三一二五號函。

二、按海商法第七十五條規定:「海員……,年齡已滿六十五歲者,應強迫退休。」故海員年滿六十五歲經強迫退休者,自已不具海員(船員)身分。又航業法第三十七條規定:「外國船舶運送業僱用中華民國船員,應申請交通部審核許可,始得僱用。」及參酌依航業法第三十八條所頒定「外國船舶運送業僱用中華民國船員辦法」第十條「中華民國船員受僱為外國船舶運送業所屬船舶服務者,應具備左列條件:一、有效資格證書。二、合格訓練證書……」等規定,外國船舶運送業擬僱用我國國民於其所有船舶服務時,除該國民具備我國船員之身分外,尚須經 貴部依據前開規定審核許可,方得為之。至於「外國船舶運送業僱用中華民國船員辦法」是否適用於我國船員在外國受外國船舶運送業僱用之情形?宜請參酌上開意旨及相關國際公約之約定,本於職權一併審酌認定之。

第三十八條

航政機關依前條第一項規定審核外國籍船舶運送業之代理登記時,如有事實足認為有左列情事之一者,得不予核准:

一、文件不足或不符者。

二、有侵害託運人合法權益之不良紀錄者。

三、財務欠佳而有實據者。

四、其他有妨礙航運秩序者。

前項規定,於外國籍船舶運送業申請在中華民國設立分公司者,準用之。

第三十九條

加入為國際聯營組織會員之中華民國及外國籍船舶運送業,在中華民國有營業行為者,應將其所參加國際聯營組織之名稱、聯營協定內容及會員名錄報請當地航政機關轉請交通部備查。聯營組織變更或解散時,亦同。

前項國際聯營組織,以協商運費、票價為其聯營協定內容者,其會員公司之運價表,得由國際聯營組織代為申報。

未依第一項規定辦理者,航政機關於必要時,得暫停該船舶運送業全部或部分運價表之實施。

第四十條

前條國際聯營組織所訂協定內容有礙中華民國航運秩序或經濟發展者,航政機關得責令其限期改善;拒絕改善或改善無效者,航政機關得禁止或限制其全部或部分會員公

司在我國營運。

第四十一條

第十七條、第十八條、第二十三條至第二十九條及第三十二條之規定，於在中華民國設有分公司或委託中華民國船務代理業代為執行或處理船舶客貨運送業務之外國籍船舶運送業，準用之。

第四十五條

船務代理業所代理之外國籍船舶運送業，在中華民國國境內攬載之客貨，未依約到達目的地或交付受貨人前，船務代理業應負責協助處理，至客貨到達目的地或交付受貨人時為止。

第四十七條

海運承攬運送業得兼代理外國海運承攬運送業在中華民國之業務，於代理時應檢附有關文書，向當地航政機關辦理登記。

海運承攬運送業經營前項業務，應以委託人名義為之，並以約定之範圍為限。

第五十八條

外國籍船舶或外國籍船舶運送業違反第四條、第三十四條、第三十五條、第三十七條或第四十一條之規定者，由當地航政機關處新臺幣三萬元以上三十萬元以下罰鍰，並得定期禁止在中華民國各港口裝卸客貨或入出港。

第六十二條

依本法所處之罰鍰，經通知限期繳納而逾期未繳納者，移送法院強制執行；其為未在中華民國依法設立分公司之外國籍船舶運送業者，於未提供擔保前，當地航政機關並得禁止其船舶出港。

第六十四條

本法未規定事項，涉及國際事務者，交通部得參照有關國際公約或協定及其附約所訂規則、辦法、標準、建議或程式，採用發布施行。

18.海運承攬運送業管理規則（第五、十、十五條）

中華民國九十一年四月十一日交通部（九一）交航發字第〇九一－Ｂ〇〇〇〇一九號令修正發布第一、四、六至九、十一、十二、十四至十六條條文；並增訂第四之一、十一之一、二十二之一條條文

第五條

海運承攬運送業之公司組織依公司法之規定。其為股份有限公司者，中華民國籍股東出資額應超過公司資本總額二分之一以上，董事二分之一以上為中華民國國民。

前項非中華民國籍股東，應檢具其本國政府以同樣權利給予中華民國國民或法人之證

明文件，申請當地航政機關核轉交通部核准。但航運條約或協定另有規定者，不在此限。

第十條

海運承攬運送業申請核發海運承攬運送業許可證時，應繳納許可證費新臺幣三萬六千元，保證金新臺幣三百萬元。每增設一分公司應增繳保證金新臺幣三十萬元。

海運承攬運送業申請換、補發許可證，應繳納換證費新臺幣二千一百元。

船舶運送業兼營海運承攬運送業，其船舶船體保險總額在新臺幣四千五百萬元以上，並於最近三年未曾發生運務糾紛者，第一項規定之保證金得免繳。

海運承攬運送業所承攬運送業務已投保責任保險，或受外國海運承攬運送業委託辦理承攬運送業務而其委託人亦已投保責任保險者，得檢具「保險單」，申請當地航政機關核准，第一項規定之保證金減為新臺幣六十萬元，每一分公司之保證金減為新臺幣六萬元。

前項所稱承攬運送責任保險，其保險期應在一年以上，每一單證承保賠償額不得少於新臺幣一百萬元，保險總額不得少於新臺幣五百萬元。

第十五條

海運承攬運送業受外國海運承攬運送業委託辦理承攬運送業務，應檢具下列文件申請當地航政機關辦理登記後始得經營委託業務：

一、申請書（如附件八表航 602）。

二、代理合約影本（正本於登記後發還）。

三、委託人在其本國設立登記經營海運承攬運送業之文件副本或影本。

四、委託人之責任保險單影本。

五、委託人之提單或收貨憑證正本。

海運承攬運送業代理簽發提單或收貨憑證，與委託人就提單或收貨憑證所應負責任，負連帶責任。

19.船舶運送業及船舶出租業管理規則（第三十至三十六、四十四條）

中華民國八十五年七月十七日交通部交航發字第八五三〇號令修正發布全文四十七條

第三十條

外國籍船舶運送業申請設立分公司，應備具左列事項及文件，申請當地航政機關核轉交通部核准籌設：

一、公司名稱、種類及其國籍。

二、公司所營事業。

三、實收資本總額。

四、在中華民國境內營業所用資金之金額。

五、本公司所在地及中華民國境內設立分公司所在地。

六、在本國設立登記經營船舶運送業許可文件副本或影本及開始營業之年、月、日。

七、董事及公司負責人之姓名、國籍、住所。

八、在中華民國境內指定之訴訟及非訴訟代理人姓名、國籍、住所及其授權證書。

九、公司章程。

十、在中華民國營業之業務計畫書。

十一、船舶一覽表及船舶國籍證書影本。

十二、最近三年營運業績及在中華民國之營運狀況。

十三、在本國准予中華民國船舶運送業設立分公司營運之證明。

前項各類文件應經中華民國駐外領館或代表機構驗證，如為外文者，並須附具中文譯本。

第三十一條

外國籍船舶運送業分公司在中華民國境內所用資金之金額應不低於新臺幣一千二百萬元。

第三十二條

外國籍船舶運送業經核准籌設分公司後，應於六個月內依法辦妥認許登記，並檢具左列文件一式二份連同許可證費營運資金千分之四，申請當地航政機關核轉交通部核發外國籍船舶運送業分公司許可證：

一、申請書。

二、登記事項表。

三、分公司登記執照及營利事業登記證影本。

四、經理人名冊。

未於前項規定期限內申請核發許可證，其籌設之核准應予註銷。

第三十三條

外國籍船舶運送業分公司僱用之人員應為中華民國國民。但交通部得視其業務需要，核准其申請聘僱外國人。

第三十四條

外國籍船舶運送業船舶承運中華民國進出口貨物，應依第二十八條、第二十九條申報運價表，其變更時亦同。

前項運價表，如該船舶運送業在中華民國設立分公司者，由分公司申報。

未設立分公司者，委由其在中華民國之船務代理業申報。

第三十五條

本法第二十八條，本規則第七條第二項、第三項、第四項，於外國籍船舶運送業分公

司準用之。

第三十六條

外國籍船舶運送業非經申請交通部核准，不得在中華民國境內指派代表監督船務代理業辦理該外國籍船舶運送業業務。

外國籍船舶運送業指派在中華民國境內之代表，不得對外營業。

第四十四條

船舶運送業、外國籍船舶運送業、船舶出租業違反本規則規定者，依本法第五十七條、第五十九條規定處分。

20.船舶法（第二、四、五、九、十四、十六、十七、三十一至三十五、三十九、四十二、四十三、四十九、六十一、七十六條）

中華民國九十一年一月三十日總統（九一）華總一義字第〇九一〇〇〇一九〇四〇號令修正公布第六十二、六十三、六十五至六十七、六十九至七十三、七十八至八十三條條文；增訂第二十二之一、三十五之一、四十二之一、四十九之一、五十一之一、六十一之一、七十四之一、八十七之一至八十七之十條條文；並刪除第八十七條條文

第二條

本法所稱中華民國船舶，謂依中華民國法律，經航政主管機關核准，註冊登記之船舶。

船舶合於左列規定之一者，得申請登記為中華民國船舶：

一、中華民國政府所有者。

二、中華民國國民所有者。

三、依中華民國法律設立，在中華民國有本公司之左列各公司所有者：

　　㈠無限公司，其股東全體為中華民國國民者。

　　㈡有限公司，資本三分之二以上為中華民國國民所有，其代表公司之董事為中華民國國民者。但其船舶為行駛國際航線者，其中華民國國民所有資本為二分之一以上。

　　㈢兩合公司，其無限責任股東全體為中華民國國民者。

　　㈣股份有限公司，其董事長及董事三分之二以上為中華民國國民，並其資本三分之二以上為中華民國國民所有者。但其船舶為行駛國際航線者，其中華民國國民所有資本及中華民國國民擔任董事之人數為二分之一以上。

四、依中華民國法律設立，在中華民國有主事務所之法人團體所有，其社員三分之二以上及負責人為中華民國國民者。

第四條

領有船舶國籍證書或臨時船舶國籍證書之中華民國船舶，不得懸用非中華民國國旗。

但法令另有規定或遇有左列各款情事之一時，得增懸非中華民國國旗：

一、停泊外國港口遇該國國慶或紀念日時。

二、其他應表示慶祝或敬意時。

第五條

非中華民國船舶，除經中華民國政府特許或為避難者外，不得在中華民國政府公布為國際商港以外之其他港灣口岸停泊。

第九條

船舶應具備左列各款文書：

一、船舶國籍證書或臨時船舶國籍證書。

二、船舶檢查證書或依有關國際公約應備之證書。

三、船舶噸位證書。

四、船員名冊。

五、載有旅客者，其旅客名冊。

六、訂有運送契約者，其運送契約及關於裝載貨物之文書。

七、設備目錄。

八、航海記事簿。

九、法令所規定之其他文書。

船舶所在地航政主管機關或中華民國使領館得隨時查驗前項船舶文書。

第十四條

船舶所有人於領得船舶檢查證書及船舶噸位證書後，應向船籍港航政主管機關依船舶登記法之規定，為所有權之登記。

前項船舶檢查證書得依第三十三條之規定，以有效之國際公約證書，及經交通部認可之驗船機構所發船級證書代之。

第十六條

在中華民國甲港或外國港取得船舶，而認定中華民國乙港為船籍港者，應向船舶所在港之航政主管機關或向中華民國使領館申請發給臨時船舶國籍證書，並應於三十日內，依第十四條之規定申請登記。

第十七條

以中華民國乙港為船籍港而在中華民國甲港或外國港停泊之船舶，如遇船舶國籍證書遺失、破損，或證書上登載事項變更時，該船舶之船長得向船舶所在港之航政主管機關或中華民國使領館，申請發給臨時船舶國籍證書。在航行中發生前項情事時，該船舶之船長得向到達港之航政主管機關或中華民國使領館為前項之申請。

第三十一條

遇有第二十五條、第二十七條或第二十八條情事之一發生於國外時，船舶所有人或船

長應向船舶所在地經交通部認可之本國驗船機構申請，依本法規定之船舶檢查規則施行檢查。但該地未設有本國驗船機構者，得由交通部認可之國際驗船機構檢查。

特別檢查合格後，由船舶所有人檢附檢查報告，申請船籍港航政主管機關核發或換發船舶檢查證書。

定期檢查或臨時檢查合格後，由該驗船機構於船舶檢查證書上簽署或註明之。

第三十二條

適用海上人命安全國際公約之船舶，應依公約規定施行檢驗，並具備公約規定之證書。

前項檢驗之實施及證書之發給，由主管機關辦理，或由交通部委託驗船機構為之。

第三十三條

船舶具備有效之國際公約證書，並經交通部認可之驗船機構檢驗入級者，視為已依本章之規定檢查合格，免發船舶檢查證書。

第三十四條

中華民國國民或法人所租賃在中華民國國際港口與外國間航行之外國船舶，依本法之規定施行檢查。

第三十五條

外國船舶自中華民國國際港口裝載客貨發航者，應由船長向該港之航政主管機關送驗船舶檢查或檢查合格證明文件；如證明文件有效期間已屆滿時，應施行檢查，經檢查合格後，方得航行。

第三十九條

取得之外國船舶，其原丈量程式與中華民國丈量程式相同者，免予重行丈量。

取得之外國船舶，其原丈量程式與中華民國丈量程式不同者，仍應依第三十六條或第三十七條之規定申請丈量。但在丈量實施後，噸位證書發給前，得憑原船籍國之噸位證明文件，先行申請核發臨時船舶國籍證書。

第四十二條

外國船舶由中華民國港口裝載客貨發航者，應由船長向該港之航政主管機關，送驗該船舶之噸位證書。除該國丈量程式與中華民國丈量程式相同或互相承認者外，應由該機關另行丈量。

第四十三條

船舶應具備國際載重線證書或本國沿海及內水載重線證書。但經交通部規定在技術上無勘劃載重線必要者，得免予勘劃。

第四十九條

依國際載重線公約或船籍國法律之規定應勘劃載重線之外國船舶，自中華民國港口裝載客貨發航者，該船船長應向該港之航政主管機關，送驗該船舶之載重線證書或豁免證書。如有左列各款情事之一時，該港航政主管機關得令其暫時停止航行，並通知該

船籍國領事：

一、未能送驗船舶載重線證書或載重線豁免證書，或證書業已失效者。

二、船舶載重超過證書所規定之限制者。

三、載重線之位置與證書所載不符者。

四、依規定應重行勘劃載重線而未勘劃者。

前項停止航行情事，如該船長不服時，得於五日內提出答辯或申請該港航政主管機關複查。

第六十一條

外國船舶在中華民國國際港口搭載乘客時，該船船長應向當地航政主管機關送驗載客有效證書，非經查明認可不得搭載乘客。

第七十六條

違反第五條規定者，處船長三年以下有期徒刑、拘役或科一萬元以上十萬元以下罰金；其情節重大者，並得沒收其船舶及所載貨物。

21.打撈業管理規則（第四條）

中華民國八十六年九月三十日交通部（八六）交航發字第八六七八號令修正發布第四條條文

第四條

打撈業除公營事業機構外其公司組織應依公司法規定，其為股份有限公司者，中華民國籍股東出資額應超過公司資本總額二分之一以上，董事長及董事二分之一以上並應為中華民國國民。

前項非中華民國籍股東，應檢具該國政府以同樣權利給予中華民國國民或法人之證明文件，申請當地商港管理機關核轉交通部核准。但對外條約或協定另有規定者，不在此限。

22.船員法（第二十五、五十一、八十五條）

中華民國九十一年一月三十日總統（九一）華總一義字第〇九一〇〇〇一九〇三〇號令修正公布第七十七、八十、八十四、八十八條條文；並增訂第七十之一條條文

第二十五條

外國雇用人僱用中華民國船員，應向交通部申請，經審核許可，始得僱用；其許可辦法由交通部定之。

第五十一條

船員有下列情形之一者，得申請退休：

一、在船服務年資十年以上，年滿五十五歲者。

二、在船服務年資二十年以上者。

船員年滿六十五歲、受禁治產之宣告或身體殘廢不堪勝任者，應強迫退休。但年滿六十五歲退休船員，領有有效之外國船員執業證書或資格文件，合於船員體格檢查標準，受外國雇用人僱用者，得受僱之。

本法施行前之船員工作年資，其退休金給與標準，依本法施行前之海商法規定計算。

第八十五條

外國船舶運送業違反第二十五條規定者，處新臺幣六萬元以上三十萬元以下罰鍰，並得定期禁止在中華民國各港口入出港；其已僱用未經核准上船工作之中華民國船員應強制下船。

23.外國雇用人僱用中華民國船員許可辦法

中華民國九十年十一月九日交通部（九〇）交航發字第〇〇〇七三號令修正發布名稱及全文二十四條（原名稱：外國船舶運送業僱用中華民國船員許可辦法）

第一條

本辦法依船員法第二十五條規定訂定之。

第二條

外國雇用人申請僱用中華民國船員，依本辦法之規定辦理。

前項外國雇用人係指與我保持友好關係國家之雇用人。

第三條

交通部為辦理船員外僱及加強對外僱船員之服務，核定設立中華民國船員外僱輔導會（以下簡稱船員外僱輔導會）協助處理船員外僱之手續、勞資糾紛及有關協調諮詢事宜，並負責外僱船員緊急救助基金之保管與運用。

船員外僱輔導會由外國雇用人代表、船員團體代表、航運團體代表、船員外僱代理人代表及有關代表組成之，受交通部之監督。

船員外僱輔導會由委員七至十五人組成，並由委員中互選一人為主任委員，一人為副主任委員，一人為財務委員，其任期為三年，均為無給職，委員會議每三個月召開一次，必要時得召開臨時會議。

外僱船員緊急救助基金應協助解決外僱勞資糾紛，其管理要點由船員外僱輔導會訂定之。

船員外僱輔導會所需經費及外僱船員緊急救助基金由僱用中華民國船員之外國雇用人依僱用船舶數、人數按月提撥負擔，其收費標準由船員外僱輔導會訂定報交通部核備。

船員外僱輔導會於必要時得約僱臨時人員若干人，辦理會務事宜，其成立計畫應報交通部核備。

第四條

外國雇用人僱用中華民國船員，應委託中華民國船舶運送業或中華民國船務代理業為代理人辦理僱用船員事宜，並應填具申請書（格式如附件一，略），檢附下列文件向交通部申請許可：

一、公司執照原本及其影本、中譯本。（公司執照原本審驗後發還，並得以經中華民國駐外使領館、代表處或其他外交部授權機構驗證之影本代之）。

二、外國雇用人負責人及經營業務簡表（格式如附件二，略）。

三、其經中華民國駐外使領館、代表處、辦事處或其他外交部授權機構驗證之委託書原本及其影本（格式如附件三，略）。

四、外國雇用人所屬船舶一覽表（格式如附件四，略）。

五、代理人公司執照原本及其影本。（公司執照原本審驗後發還）。

前項文件所載事項有變更時，應即報交通部備查。

第五條

外國雇用如有業務需要，得於中華民國境內派駐代表人協調僱用船員事宜。

外國雇用人派駐中華民國境內之代表人應檢附戶口名簿或國民身分證正本(驗後發還)經交通部核准，並於二個月內依公司法第三百八十六條之規定向經濟部完成報備手續，逾期者，交通部得註銷其許可。

代表人依前項規定完成報備手續後，應即將經濟部之核准函，外國公司指派代表人報備表等影本各一份連同印鑑卡二份報交通部備查。

交通部於核准外國船舶運送業派駐代表人時，應副知經濟部，註銷或撤銷時亦同。

外國雇用人所營船舶總數在五艘以上，或其船舶總噸位合計三萬以上，其設有代表人於本辦法修正前經交通部核准者，得免另覓代理人，繼續辦理僱用船員事宜。

前項外國雇用人所營船舶總艘數或船舶總噸位減至前項所定數量以下時，應即另覓代理人辦理僱用船員事宜，其代理人未經交通部核准之前，暫停該外國船舶運送業僱用中華民國船員之許可。

第六條

外國雇用人派駐中華民國境內之代表人，必須為中華民國國民或核准居留有戶籍之中華民國僑民。其具有下列情事之一者，不得為代表人，已擔任者，廢止之：

一、有公司法第三十條各款情事之一者。

二、曾為代表人，受撤銷許可處分未逾五年者。

第七條

　（刪除）

第八條

代理人代理外國雇用人簽訂僱傭契約時，應於僱傭契約內載明代理之意旨並簽章。

交通部對於代理人所代理之外國雇用人家數及船舶艘數，必要時得加以限制。

第九條

外國雇用人僱用中華民國船員，應檢送下列有效文件影本各一份，報交通部登記核可後，方得僱用：

一、船舶規格表。（格式如附件五，略）。

二、船舶國籍證書。

三、船級證書。

四、與中華海員總工會簽訂外僱船員特別協約或經中華海員總工會驗證之相當證明文件。

前項外國雇用人登記僱用中華民國船員之船舶必須總噸位在一千六百以上，船舶總噸位未滿一千六百者，應專案向交通部申請核可。

第一項第四款之證明文件得以船員外僱輔導會出具之外僱保證金繳交證明文件代替之，外僱保證金之收費方式及收費標準由船員外僱輔導會訂定報交通部核備。

外國雇用人僱用中華民國船員，須就各船舶投保船舶保險、船員保險。

前項所示各項保險文件應於簽訂或申請驗證外僱船員特別協約或繳交外僱保證金時，一併送請船員外僱輔導會認可，變更時亦同。

第九條之一

本辦法修正前經交通部核准僱用中華民國船員之外國雇用人，其原經核准在案之代理人或保證人，應檢送公司章程及船舶保險文件、船員保險文件，申請由船員外僱輔導會專案審核其保證資格，並報交通部核備後，由該代理人及保證人就該外國人雇用人依僱傭契約對受僱人所發生之債務負連帶保證責任。

前項船舶保險文件、船員保險文件及代理人或保證人之公司章程如有變更時，應重行送請船員外僱輔導會審核，未送審或經船員外僱輔導會審核資格不符者，暫停該外國雇用人僱用中華民國船員之許可。

第十條

中華民國船員受僱為外國雇用人所屬船舶服務者，應具備下列條件：

一、有效資格證書。

二、合格訓練證書。

三、品行端正。

四、身體健康。

第十一條

外國雇用人僱用中華民國船員應簽訂僱傭契約，並檢具下列文件報交通部核准：

一、僱用船員申請書。

二、船員資料名單。

三、船員僱傭契約副本。

四、船員服務手冊。

五、中華民國船長公會或海員總工會會員證。

前項第四及第五款文件，交通部於查驗後，發還原申報公司。

第十二條

外國僱用人僱用中華民國船員，應自辦妥外僱手續之日起一個月內實際派船工作，在此期間，非經外國僱用人同意，船員不得要求轉移至其他外國僱用人船舶上工作。

該外國僱用人未能於前項限期內派船時，應自辦妥外僱手續之第二個月第一日起，按月支付該船員不低於契約所訂本薪數額二分之一之儲備待遇。

至第四個月之第一日起，仍未派船工作時，則應按月支付該船員不低於契約所訂本薪數額三分之二之儲備待遇。

船員同意支領儲備待遇期間，如經公司正式通知派船工作，船員未依規定日期報到或拒絕上船時，外國僱用人得停付該船員儲備待遇，船員並應退還已領之儲備待遇。

船員同意支領儲備待遇期間，不得要求轉移至其他外國僱用人船舶上工作，但經雙方同意並退還已領之儲備待遇者，不在此限。

外國僱用人未依第二項規定按月支付儲備待遇者，船員得隨時要求轉移至其他外國僱用人船舶上工作，外國僱用人不得要求賠償，亦不得扣留各項證件，並應補發未發之儲備待遇。

第十三條

外國僱用人將業經核准僱用之船員改調他船或調用其他外國僱用人經核准僱用之船員時，應取得該船員之同意，重新簽訂僱傭契約，由現僱用之外國僱用人於十五日內將新簽訂之僱傭契約併同外國船舶運送業調用船員責任轉移報告書（格式如附件六）、船員資料名單報交通部備查。但調用前後之外國僱用人相同者，其僱用年資不中斷。

外國僱用人不得將已僱用之中華民國船員借調未經核准僱用我國船員之外國僱用人服務或從事其他工作。

第十四條

外國僱用人之代理人或代表人應將所僱用中華民國船員在船服務及在岸儲備人數月報表（格式如附件七）於次月十日以前送交通部備查。

經交通部核准僱用之中華民國船員於上、下船後七日內，應由僱用該船員之外國僱用人代理人或代表人向航政機關辦妥任卸職簽證或報備手續。

第十五條

外僱船員或其服務之船舶發生意外事故或非常事變時，外國僱用人或其代表人、代理人應即報告交通部。

第十六條

船員在國外擅自離船，外國僱用人或其代表人、代理人應即填具船員國外擅自離船報告表（格式如附件八）報交通部核辦。

第十七條

外國僱用人僱用中華民國船員，不得令其從事違反中華民國法令及國家利益之行為。遇有中華民國政府徵召時，應即負責遣送回國。

第十八條

外國僱用人僱用中華民國船員之船舶，不得駛往中華民國政府規定限制航行之國家地區或進入其港口。但經報交通部洽商有關機關核准者，不在此限。

第十九條

外國僱用人僱用之中華民國船員有關權利義務事項，本辦法未規定者，依中華民國現行法令及僱傭契約之規定。

第二十條

外國僱用人因故遣返中華民國船員申請註銷登記時，應備文說明遣返原因及遣返後解僱或改調其他所屬船舶服務情形，連同船員名單乙份，送交通部核准註銷登記。

第二十一條

外國僱用人之代理人如有下列情形之一者，交通部得通知外國僱用人更換代理人，未更換代理人之前，交通部得停止該外國僱用人僱用中華民國船員之許可：

一、代理人自辦理公司登記後六個月未開始營業或開始營業後自行停止營業六個月以上者。

二、代理人歇業或受勒令歇業處分者。

三、代理人中止代理外國僱用人僱用中華民國船員。

四、代理人之負責人有公司法第三十條所列各款情事之一者。

五、代理人經廢止或停止接受委託僱用中華民國船員許可之處分者。

前項第一款如有正當事由，外國僱用人得申請延展僱用我國船員許可。

第二十二條

外國僱用人或其代表人、代理人違反本辦法之規定，得依船員法及其他有關法令予以處分，並得定三個月以上二年以下之期間，停止受理其僱用或接受委託僱用中華民國船員許可之申請。

外國僱用人或其代表人、代理人違反本辦法之規定，情節重大者，廢止其僱用或接受委託僱用中華民國船員許可。

第二十三條

經廢止僱用中華民國船員許可處分之外國僱用人，其已僱用之中華民國船員應即於下一個利於返回原僱傭地之港口下船，並由該外國僱用人負責送回原僱用港。

經停止僱用中華民國船員許可處分之外國僱用人，其已僱用之中華民國船員經徵得船

員同意後得繼續服務至僱傭期間屆滿為止，僱傭期滿並應由外國船舶運送業負責送回原僱用港。

第二十四條

本辦法自發布日施行。

24.外國籍船員僱用許可及管理辦法

中華民國八十三年七月七日交通部（八三）交航發字第八三二四號令、行政院勞工委員會（八三）臺勞職業字第四三二四一號令會銜訂定發布全文二十三條

第一條

本辦法依就業服務法第四十四條第二項規定訂定之。

第二條

本辦法適用範圍為商船、工作船及其他經交通部特許之船舶，其船舶所有人及船舶營運人聘僱外國籍船員從事就業服務法第四十三條第一項第一款船員工作。

第三條

本辦法所稱外國籍船員，指受船舶所有人或船舶營運人僱用之非中華民國籍海員。

外國籍船員之資格、職責、管理及獎懲，本辦法未規定者，比照本國籍船員依有關法令辦理。

第四條

本辦法所稱之船舶營運人如左：

一、中華民國籍船舶以光船出租或委託營運方式租予或委託中華民國船舶運送業、打撈業或海事工程業營運者，其營運人。

二、非中華民國籍船舶以光船出租方式租予中華民國船舶運送業、打撈業或海事工程業營運者，其營運人。

第五條

本辦法之主管機關為交通部。

第六條

交通部為辦理聘僱外國籍船員，加強對僱用外國籍船員之服務，得核准成立中華民國僱用外國籍船員輔導委員會協助處理僱用外國籍船員之核轉、糾紛處理及有關協調事項。

中華民國僱用外國籍船員輔導委員會成立計畫及收費標準應報請交通部核備。

中華民國僱用外國籍船員輔導委員會所需經費由僱用外國籍船員之船舶所有人與船舶營運人團體及其成員負擔。

第七條

中華民國僱用外國籍船員輔導委員會由委員七至十五人組成，並由委員中互選一人為主任委員，一人為副主任委員，其任期三年，均為無給職，委員會議每三個月召開一次，必要時得召開臨時會議。

前項委員由船舶所有人或船舶營運人團體代表、船員團體代表、航運團體代表及有關機關代表擔任之。

第八條

船舶所有人或船舶營運人依本辦法僱用外國籍船員時，應優先僱用合格之我國籍船員。

船舶所有人或船舶營運人僱用外國籍船員，依左列規定辦理：

一、甲級船員：一等船副、一等管輪或二等大副、二等大管輪以下資格之職務，艙面部及輪機部每船得各僱用乙名，但不得擔任船長、輪機長職務。

二、乙級船員：每船之外國籍乙級船員不得超過全船乙級船員人員之二分之一為原則。

前項規定，交通部得視需要調整之。

第九條

僱用外國籍船員以中華民國船舶所有人及第四條所稱船舶營運人為限。

聘僱外國籍船員應檢具左列文件由中華民國僱用外國籍船員輔導委員會核轉交通部許可：

一、申請書。

二、受僱人名冊、任職及其所需之合格有效執業證書、訓練證書及證明文件。

三、體格檢查合格之證明書。

四、船員僱傭契約副本。

五、服務船舶現職船員名冊。

前項所稱合格有效執業證書、訓練證書之審核標準，由交通部另定之。

第十條

船舶所有人或船舶營運人所僱用之外國籍船員除須具有前條第三項之資格外，須年滿二十歲、品行端正。

船舶所有人或船舶營運人不得僱用外國籍船員為實習生或見習生。

第十一條

僱用外國籍船員之期限為一年，因期滿續僱或變更僱用人，得申請展延一年。

第十二條

外國籍船員之勞動條件、待遇及福利，得由船員所有人或船舶營運人與受僱之外國籍船員所屬工會協商辦理並副知中華海員總工會。

第十三條

經交通部核准僱用之外國籍船員，不論於國內或國外上船，均應依規定辦妥左列手續後始得上船服務：

一、中華民國船員服務手冊，並辦妥任職簽證。

二、中華海員總工會會員證，並繳交會費。

三、加入勞工保險。

外國籍船員於國外續僱或變更服務船舶或變更僱用人於國外上船時，船舶所有人或船舶營運人應於七日內將其任職動態報送船籍港或國內其他港口航政機關核備，於船舶返國或卸職時補辦任職簽證。

受僱用之外國籍船員若有入境中華民國之必要，應檢具交通部核發之許可文件向外交部、中華民國駐外使領館或外交部授權機構申辦適當之入境簽證。

第十四條

船舶所有人或船舶營運人僱用外國籍船員，於期滿或中途解僱時，應於七日內報請船籍港或國內其他港口航政機關辦妥卸職簽證。

前項外國籍船員卸職時，船舶所有人或船舶營運人應協助其辦理有關手續送回僱傭地。

第十五條

受僱之外國籍船員於調派候船、辦理有關手續或送回僱傭地之期間，僱用之船舶所有人或船舶營運人均應妥予照料，並負擔旅費及其他必要費用。

第十六條

外國籍船員於受僱期間有下列情事之一者，視為擅自離船船員：

一、無故棄職離船。

二、無故逾假不返。

三、經辦妥有關上船手續，無故不上船服務者。

四、其他於調派候船或送回僱傭地之期間潛逃無蹤者。

前項擅自離船船員，應撤銷其雇主之聘僱許可及船員服務手冊，其遣返事宜，由船舶所有人或船舶營運人負責處理，並負擔遣返費用。

船舶所有人或船舶營運人所僱用外國籍船員有第一項各款情形之一者，應填具報告表送中華民國僱用外國籍船員輔導委員會轉交通部核辦，並副知中華海員總工會、內政部警政署、各港務局及港口警察機關。

第十七條

外國籍船員或其服務之船舶發生意外事故或非常事變時，船舶所有人或船舶營運人應即予處理並將處理情形函報中華民國僱用外國籍船員輔導委員會轉報交通部。

第十八條

船舶所有人或船舶營運人僱用外國籍船員，應填具在船服務人數月報表，由中華民國僱用外國籍船員輔導委員會彙整於次月十日前送交通部備查，並副送有關單位。

第十九條

外國籍船員受僱期間發生權利或義務之糾紛時，得請求中華海員總工會邀集僱用人、

當事人及有關單位協調之。

第二十條

船舶所有人或船舶營運人因突發或緊急事故須臨時聘僱合格之外國籍船員在國外上船工作者，得先行僱用。

前項聘僱之補辦申請手續應於該外國籍船員上船服務之次日起三日內為之。

第二十一條

外國籍船員有船員服務規則第八十九條至第九十一條規定行為之一者，撤銷其雇主之聘僱許可及船員服務手冊，其隨船航行於國外、國內或停泊於國內港口，船舶所有人或船舶營運人均應儘速協助其辦妥有關手續，送回僱傭地。

第二十二條

船舶所有人或船舶營運人於僱用外國籍船員時，有違反本辦法及相關法令之規定者，停止其申請僱用外國籍船員三個月至二年，情節重大者，永久不予受理其申請僱用外國籍船員。

第二十三條

本辦法自發布日施行。

25.船舶危險品裝載規則（第二、四至六、三十三、四十條）

中華民國六十六年五月九日交通部（六六）交航字第四○六九號令訂定發布

第二條

船舶危險品之裝載，除法律另有規定外，依本規則之規定；本規則未規定者，依國際危險品海運準則及其他有關運輸規章之規定。

船舶載運危險品在本國各港口間裝載起卸時，除參照本規則之規定外，並得依有關主管機關之指示為之。

第四條

外國船舶由我國國際港口裝載危險品發航者，有關危險品之包裝、標記標籤、裝運及檢查事項，依本規則之規定。

外國船舶自外國港口裝載危險品進入我國國際港口卸載者，除該國有關危險品之包裝、標記、標籤、裝載及檢查事項與我國相同或互相承認者外，仍應依本規則之規定辦理。

第五條

在本國與外國各港口間或本國以外之各港口間，相互運送危險品時，其容器、包裝標籤、貨櫃之構造、貨櫃之標示及裝載之方法等未儘符合本規則之規定者，船舶所有人或船長得將各該港口國家有關之規定送請航政主管機關核可後辦理之。

依前項規定運送腐蝕性物質、易燃液體、遇水或空氣能放出易燃氣體、易燃固體、毒

性物質或傳染性物質時,其容器及包裝如依本規則或各該港口國家規定實施確有困難,經船長認為在安全上無妨礙時,得依船長之指示辦理之。

船長依前二項之規定運送危險品時,應在危險品裝載一覽書或代替之裝載圖上註明該港口國家法規之名稱或指示之內容。

第六條

本規則所稱危險品,依國際海上人命安全公約之規定,分為九類詳如附表一。

第三十三條

危險品之標籤上所使用之危險品名稱,應為正確之技術名稱,並不得以其原文之縮寫代表之。若干物質之混合物,應以其最危險成份之名稱為準。

前項正確之技術名稱,以現有文獻中所能查出之化學名稱為準。商用名稱在未得國際間共同使用前,不視為正確之技術名稱。同一危險品有若干技術名稱者,採用其中之一為特定名稱。

第四十條

任何危險品託運時,應於託運文件上使用正確之技術名稱,並儘可能附記國際海上人命安全公約規定之 UN 編號,以資識別。

26.貨櫃集散站經營業管理規則（第五、八條）

中華民國八十八年六月二十九日交通部（八八）交航發字第八八四七號令修正發布第二條附表

第五條

貨櫃集散站經營業除公營事業機構外其公司組織應依公司法之規定辦理。

外國船舶運送業在中華民國設立分公司,經交通部核准發給外國船舶運送業分公司許可證者,得申請兼營貨櫃集散站經營業。

第八條

港口貨櫃集散站業務得由商港管理機關或由具下列各款資格之一者申請經營:

一、船舶運送業、內陸貨櫃集散站業或經商港管理機關核准經營棧埠設施業者欲兼營港口貨櫃集散站業務者。

二、外國船舶運送業在中華民國設立分公司,經交通部核准發給外國船舶運送業分公司許可證,得比照前款申請。

港口貨櫃集散站經營業申請籌備除準用第六條之規定外,並依下列之規定辦理。

一、具前項第一款資格者應檢送碼頭租賃合約影本或商港區域內與碼頭相連結之場地租賃合約影本。

二、具前項第二款資格者應檢送碼頭租賃合約影本或商港區內與碼頭相連結之場地租

賃合約影本以及交通部核發之外國船舶運送業分公司許可證影本。

27.境外航運中心設置作業辦法

中華民國九十一年一月二十八日交通部（九一）交航發字第○九一○○○○四號令修正發布
第二條條文

第一條

交通部為發展臺灣地區成為海運轉運中心，設置境外航運中心，特訂定本辦法。

第二條

本辦法所稱境外航運中心，係指在臺灣地區國際商港之相關範圍內，從事大陸地區輸往第三地或第三地輸往大陸地區貨物之轉運及相關之加工、重整及倉儲作業。

前項境外航運中心之貨物，得以保稅方式運送至加工出口區、科學工業園區、保稅工廠、保稅倉庫（限發貨中心及重整專用保稅倉庫）及物流中心進行相關作業後全數出口。

第一項轉運及第二項相關作業後之貨物，得經由海運轉海運、海運轉空運或空運轉海運轉運出口，與大陸地區之運輸以海運為限。

第三條

境外航運中心由交通部會商有關機關在臺灣地區國際商港相關範圍內指定適當地點設置之。

第四條

境外航運中心與大陸地區港口間之航線為特別航線。

第五條

直接航行於境外航運中心與大陸地區港口間之船舶，以左列外國船舶為限：

一、外國船舶運送業所營運之外國船舶。

二、中華民國船舶運送業所營運之外國船舶。

三、大陸船舶運送業所營運之外國船舶。

第六條

外國船舶轉運大陸地區輸往第三地或第三地輸往大陸地區之貨物，經當地航政機關核准者，得直接航行境外航運中心與大陸地區港口間。

第七條

中華民國船舶運送業或在臺灣地區設有分公司之外國船舶運送業，經營境外航運中心業務，應具備申請書、營運計畫書、船舶一覽表、船期表及其他有關文書，向當地航政機關申請航線及業務許可後，始得營運。

在臺灣地區未設有分公司之外國船舶運送業或大陸船舶運送業應委託中華民國船務代

理業，依前項規定申請航線及業務許可後，始得營運。

航線及業務許可，其效力以一年為限。

第八條

經許可直接航行於境外航運中心與大陸地區港口間之外國船舶，不得載運臺灣地區以大陸地區為目的地或大陸地區以臺灣地區為目的地之貨物。但載運臺灣地區與第三地區國家間之進出口貨物不在此限。

第九條

大陸地區輸往第三地或第三地輸往大陸地區之武器及彈藥，不得在境外航運中心進行轉運。

第十條

港區各相關機關對於在境外航運中心進行作業之貨物，應注意防止走私及危害治安之情事發生。

第十一條

為順利推動及執行境外航運中心業務，境外航運中心各項作業措施，由各相關業務執行機關擬訂，分報請其主管機關後實施。

第十二條

未依本辦法規定而直接航行於境外航運中心與大陸地區港口間之船舶，除由當地航政機關廢止其許可外，依臺灣地區與大陸地區人民關係條例第三十條及第八十五條處理。

第十三條

本辦法自發布日施行。

28.外國船舶無害通過中華民國領海管理辦法

中華民國九十一年一月三十日行政院（九一）院臺交字第〇九一〇〇〇二二五二號

第一條

本辦法依中華民國領海及鄰接區法（以下簡稱本法）第七條第五項及第九條規定訂定之。

第二條

本辦法用詞，定義如下：

一、外國船舶：指非依中華民國法律註冊登記或列管之船舶，包括民用船舶、軍用船舶、公務船、潛水艇及其他潛水器。

二、船舶所有人：指船舶所有權人、承租人、經理人或營運人。

三、有害物質：指依聯合國國際海事組織所定國際海運危險品準則所指定之物質。

四、核物質：指含有鈽、鈾二三三元素或含鈾二三五占鈾之成分重量比在百分之〇‧

七一一以上之物料，或其他經原子能主管機關指定者。

第三條

外國船舶通過中華民國領海，依本法第七條第二項規定停船或下錨後，應即通知當地航政主管機關。

第四條

中華民國領海內設備、設施、地形、水文之新增或變遷，致影響航行安全者，航政主管機關應隨時公告。

外國船舶通過中華民國領海時，發現海上設備、設施、地形、水文之新增或變遷致影響航行安全者，船長應即個當地航政主管機關報告。

第五條

外國船舶通過中華民國領海時，應遵守中華民國海洋污染防治法及其相關規定，避免造成污染。

第六條

外國船舶通過中華民國領海，應設置防止污染設備，並備置海洋污染防止證明書。

第七條

外國船舶通過中華民國領海發生海難事故者，船長應即將下列事項，通知當地航政主管機關。

一、案由。

二、發生時間及地點。

三、船舶資料，包括船名、國籍、船長、船舶所有人名稱、所在地及負責人姓名與住所。

四、污染及災害情形。

五、已採及應採措施。

六、其他報告事項。

航政主管機關得對海難事故進行調查，或委託有關機關調查或鑑定。

前項調查或鑑定之人員，於出示證件後，得登臨船舶進行調查或鑑定、詢問相關船員或要求提供調查所需之文書或物品。

航政主管機關之調查人員，必要時得指示船舶停止航行、駛往指定地點或封鎖現場。

第八條

外國船舶通過中華民國領海發生沉船或擱淺事件，其船舶所有人應儘速清（移）除其沉沒或擱淺船舶、物質或漂流物，並依當地航政主管機關、環境保護主管機關、漁業主管機關通知辦理。

第九條

外國船舶通過中華民國領海時，應將漁具妥為收藏，不得置入水中，並不得採捕水產

動植物。

前項行為之查察及取締，由海岸巡防機關執行，必要時，得會同漁業主管機關執行。

第十條

外國船舶通過中華民國領海時，未經許可，不得進行海洋科學研究及水文測量活動。

前項行為之查察及取締，由海岸巡防機關執行，必要時，得會同行政院國家科學委員會執行。

第十一條

外國船舶通過中華民國領海時，除中華民國電信法令另有規定外，未經許可，不得廣播或干擾中華民國通訊系統。

前項作業之監督及管理，由交通部為之。

第十二條

外國核動力船舶或載運核物質之船舶，欲通過中華民國領海者，應持有國際協定認可之證書，並檢附下列資料，於抵達之十日前，送達原子能主管機關許可後，始得通過：

一、船名及國籍。

二、核動力反應爐功率與所用核子燃料或載運核物質之名稱、持有人、數量、總活度、包裝方式及運送總指數。

三、預計抵達及離開之時間。

四、航行路線。

五、上一港口及目的港。

前項外國船舶通過中華民國領海時，由原子能主管機關會同海岸巡防機關，全程監管。

第十三條

載運有害物質之外國船舶，欲通過中華民國領海者，應持有國際協定認可之證書，並檢附下列資料，於抵達之十日前，送達中央環境保護主管機關許可後，始得通過：

一、船名及國籍。

二、載運物質、種類及數量。

三、預計抵達及離開之時間。

四、航行路線。

五、上一港口及目的港。

前項外國船舶通過中華民國領海時，由中央環境保護主管機關會同海岸巡防機關，全程監管。

第十四條

外國字用船舶欲通過中華民國領海時，應將下列事項，由所屬國政府、駐華使領館或代表機構，於抵達之十日前，送達外交部轉知國防部：

一、船名及國籍。

二、船型。

三、編號。

四、噸位。

五、呼號。

六、敵我識別型碼。

七、通訊方法。

八、通訊頻率。

九、船長姓名。

十、船載人數。

十一、是否配載飛機。

十二、預計抵達及離開之時間。

十三、航行路線。

前項外國軍用船舶通過中華民國領海時，國防部應通飭所屬，全程監控。

第十五條

外國公務船舶欲通過中華民國領海時，應將下列事項，由所屬國政府、駐華使領館或代表機構，於抵達之十日前，送達外交部轉知相關機關：

一、船名及國籍。

二、目前船位。

三、船速。

四、執行之公務。

五、目的港。

第十六條

有下列情形之一者，得暫停外國船舶在領海特定海域內無害通過：

一、發生內亂戒嚴，須防止外力介入。

二、與外國發生武裝衝突或敵對狀態。

三、發生海上緊急危難。

四、武器系統研發試驗。

五、作戰演訓。

六、建構國防機密工程。

七、其他有關國家利益或安全事項。

前項第四款至第六款特定海域之範圍及期間，行政院得委任國防部公告，並依國軍實彈射擊通報作業程序及彈藥處理要點，通報送達各機關。

29.國際航線貨船搭客管理規則（第二、五十九條）

中華民國七十年一月二十三日交通部（七〇）交航字第〇一〇七八號令修正發布

第二條

本規則所稱貨船，謂航行於我國港口與外國港口間及在外國各港口間，用以載運貨物並搭載乘客不超過十二人總噸位一百五十噸以上之我國船舶。

第五十九條

外國貨船由中華民國國際港口搭載乘客發航者，應經該港航政主管機關之核准。

航政主管機關為前項之核准時，應查驗該船船長所檢驗之貨船搭客證書，除該國搭客設備之規定與中華民國規定相同或互相承認外，應由航政主管機關另行查驗。

30.客船管理規則（第六、七、二百十七條）

中華民國九十一年四月十五日交通部（九一）交航發字第〇九一Ｂ〇〇〇〇二一號令修正發布第一、四、二百十一、二百十四、二百十五、二百十八條條文

第六條

本規則所稱國際航線，指船舶航行於我國港口與外國港口間，或外國各港口間之航線，而不屬於短程國際航線者。

第七條

本規則所稱短程國際航線，指船舶航行於某一國際航線上，其距離可供乘客與船員安全著陸之港口或地點不逾二百浬；自離開本國發航港至外國目的港，或自外國發航港至本國目的港，或兩外國目的港間，其距離不逾六百浬者。

第二百十七條

外國客船自中華民國國際港口搭載超過十二人之乘客發航者，應由該船船長向該港之航政主管機關送驗載客有效證書，非經查明認可不得搭載超過十二人之乘客。

31.遊艇管理辦法（第二、十三、二十二條）

中華民國八十九年八月十六日交通部（八九）交航發字第八九四五號令修正發布名稱及全文二十六條；並自發布日起施行（原名稱：海上遊樂船舶活動管理辦法）

第二條

本辦法用詞定義如下：

一、遊艇：指從事遊樂活動之船舶。

二、遊船活動：指使用遊艇在水面、水中從事遊覽、駛帆、駕船、滑水、船釣、船潛、拖曳傘及其他遊樂、休閒活動。

三、自用遊艇：指供自用或無償借予他人使用之遊艇。

四、營業用遊艇：指供出租或供搭載乘客而受報酬之遊艇。

五、遊艇經營業：指以營業用遊艇經營遊樂活動而受報酬之事業。

六、乘客：指我國國民或持有我國有效簽證及護照之外國人搭乘遊艇從事遊樂活動者。

第十三條

國民或外國人出海從事遊艇活動，應於出海前攜帶國民身分證或持有效簽證護照及由遊艇所有人或船長製作之遊艇活動申請出入港人員名冊（格式如附表一）於出海前向出海港負責安全檢查任務之海岸巡防機關報驗，未經報驗登記不得出海活動。

停泊於河川內遊艇碼頭之遊艇出海從事遊艇活動，應於出海前依前項規定向河川口負責安全檢查任務之海岸巡防機關報驗。

進出港口之查驗，應依該管安全檢查作業相關規定辦理。

遊艇出海前，駕駛人或船長應事先填妥遊艇航行計畫資料表（格式如附表二），於接受安全檢查時，遞交執行檢查之人員。

附表一

遊艇活動申請出入港人員名冊　　年　　月　　日					
姓　　名	性　別	出生年月日	國民身分證字號（護照號碼）	住	址

船名：　　　　　　船舶證照字號：　　　　　船舶所有人（或船長）：

附表二

遊艇航行計畫資料表

　　台端駕船從事海上遊樂活動，請於出海前填妥本表，置放於施行安全檢查之海岸巡防安檢所站，如台端駕駛之船舶未能如期返回，海岸巡防機關將會通知有關單位提高警覺或進行搜尋；若台端所駕駛之船舶因故臨時改靠其他地點，或逾期但在海上未有危險情況，請即通報出海地點之海岸巡防單位或附近之海岸電臺。

船舶資料	船名：			
	總噸位：		長度：	
	船質：		顏色：	
	電信設備類別及數量：			
	主要導航設備類別及數量：			
	易於辨識之特徵：			
救生設備及食物	救生衣：	件	救生筏：	只
	救生圈：	只	信號彈：	枚
	飲用水存量：	公升		
	食物存量：可供	人食用		日
航行計畫	年　月　日　時出海，經　　　前往　　　預計　年　月　日　時以前返回，無論如何不遲於　年　月　日　時返回。並應從核定地點出海，從預定返回地點返回為原則。			
緊急連絡人	姓名：		關係：	
	地址：		電話：	
其他				

第二十二條

非中華民國籍遊艇在中華民國政府公告為國際商港以外之其他港灣口岸停泊前，應檢具有關船舶文件、擬停泊地點、港口、船澳管理機關同意文件、該自用遊艇計劃活動水域及活動期間向當地航政機關依船舶法第五條規定核轉交通部特許。

前項經特許之非中華民國籍遊艇應於第十八條所公告遊艇活動禁、限制區以外區域及活動期間範圍內依該自用遊艇計劃活動水域及活動時間內進行。

32.海事報告規則（第七條）

中華民國八十年十二月十八日交通部交航發字第八○三八號令修正發布第三條及第九條條
文

第七條

外國籍船舶依外國船舶運送業僱用中華民國船員辦法僱用我國船長、海員者，其海事
報告之簽證依第五條之規定。

33.商港法（第五十條）

中華民國九十年十一月二十一日總統（九○）華總一義字第九○○○二二四六六○號令修正
公布第十五、十六之一、十七、三十三、三十六、四十四、四十六至四十八、五十、五十
一條條文；增訂第十六之二、二十三之二、三十五之一、四十三之一、四十七之一條條文；
並刪除第七、三十四、三十五條條文

第五十條

本法未規定事項涉及國際事務者，交通部得參照國際公約或協定及其附約所定規則、
辦法、標準、建議或程式，採用施行。

34.國際商港港務管理規則（第四十五、五十八至六十一條）

中華民國九十一年一月二十九日交通部（九一）交航發字第○九一○○○○○五號令修正發
布第五十條條文

第四十五條

外籍遇難或避難船舶進港停泊，船上電臺應由港口檢查機關查封，船員上岸應經港口
檢查機關核准。
出港時港口檢查機關應派員監視離港，並啟封船上電臺。

第五十八條

外籍船員隨其服務之船舶進入中華民國港口，除條約或協定另有規定外，應事先向中
華民國使領館或外交部指定之機構申請核發簽證，始得入境。
無簽證者，得由船務代理業造具船員名冊兩份，附保證書向停泊港出入國境證照查驗
機關申請核發登岸證。

第五十九條

中華民國船員借調於外籍船舶或權宜國籍船舶服務者，憑船員護照或船員證查驗登岸。

第六十條

外籍船舶船員應隨原船離港，但在我國境內涉有民、刑事案件尚未結案者，不在此限。

第六十一條

外籍船員因病或特殊事故不克隨原船離境者，應向外交部申請補發簽證。

未能依前項規定補發簽證者，得由船務代理業向原船舶停泊港出入國境證查驗機關具保限期出境。其於停留原因消失後出境時，應由原核准登岸之出入國境證照查驗機關派員會同具保之船務代理業護送至出境地點，交請當地出入國境證照查驗機關負責保護遣送出境，一切費用由船務代理業代為繳付。

原船舶停泊港出入國境證照查驗機關為前項之核准時，應指定停留地點，並通知當地警察機關。

35.引水法（第三十條）

中華民國九十一年一月三十日總統（九一）華總一義字第〇九一〇〇〇二〇六五〇號令修正
　公布第十三、三十九、四十二條條文；並刪除第十四、十五條條文

第三十條

引水人遇有船長不合理之要求，如違反中華民國或國際航海法規與避碰章程或有其他正當理由不能執行業務時，得拒絕領航其船舶，但應將具體事實，報告當地航政主管機關。

36.海水污染管理規則（第二、四、三十二、五十三條）

中華民國七十年三月二十三日交通部（七〇）交法字第〇六二五〇號令訂定發布全文五十四
　條

第二條

本規則所用名詞，定義如左：

一、船舶　指在水面或水中可供航行之船舶及固定或漂浮於水面之浮體及平臺。

二、油輪　指其貨艙構造主要用於運送散裝液體油類貨物之船舶。如其從事載運之油為原油者，為原油輪。

三、化學液體船　指供裝載有毒液體物質貨物之船舶或部分裝載散裝有毒液體貨物之油輪。

四、新船　指自本規則發布施行後安放龍骨或建造已達類似安放龍骨階段或開始重大改裝之船舶。但航行國際航線之船舶，依防止船舶污染國際公約之規定。

五、現成船　指不屬於新船之船舶。

六、油　指各種形式之石油。包括原油、燃料油、潤滑油、油泥污油及含油混合物。

七、原油　指產自地下之任何天然液體碳氫混合物。包括經處理適於運輸或已移除、

　　添加分餾物之原油。

八、燃料油　指船舶所載供其主機及副機燃料用之任何油類。

九、含油混合物　指含有油類成份之混合物。

十、有害物質　指進入海水即可對人類生活環境造成損害，危及人類健康，並對有生命之海水資源及海生物造成傷害或妨害對海洋之其他合法使用之物質。

十一、排洩　指由船舶上排放、洩漏、傾倒污水、垃圾或有毒物質等有害物質入海。

十二、油類瞬間排洩率　指任一瞬間以公升計之每小時油類排洩量，除以在該一瞬間之船舶以節計算之速率。

十三、清潔壓艙水　指艙櫃中之壓艙水，該艙櫃自前次載運油類或有毒液體物質後，其殘留物經過澈底清洗排洩者。該壓艙水在晴朗之日自靜止之船舶洩入平靜清明之水中時，不致在水面或鄰接之海岸線上造成可見之油跡或有油泥、浮膠狀物集結於水面下或相鄰之海岸線上；或經油類排洩偵測及管制系統排洩時，其流出物之含油量不超過百萬分之十五者。

十四、隔離壓艙水　指艙櫃中之壓艙水，該艙櫃與貨油、燃油或有害物質輸送系統安全隔離，僅供裝載壓艙水或不屬於油類或有害物質之船貨者。

十五、液體物質　指在攝氏三十七點八度溫度時，氣化壓力不超過每平方公分二點八公斤之物質。

十六、有毒液體物質　指附件四所列之物質。

十七、污水　指自廁所、盥洗室、醫療處所、藥劑室等之盥洗用具或排水管，或自裝載有動物艙間所排洩之污水或與污水相混之廢水。

十八、垃圾　指船舶在正常操作中經常或定時處理之鮮魚以外之食物、殘湯、剩羹及船舶作業所生之廢棄物。但不包括油、有毒物質及污水。

十九、事故　將有害物質或含有害物質之排洩事件。

第四條

　　外國船舶，進入中華民國領海時，商港管理機關得會同有關機關登臨船舶施行檢查，並查驗其油料或船貨紀錄簿、操作手冊及其他有關船舶防止污染證書。

第三十二條

　　總噸位在一百五十噸以上之油輪及總噸在四百噸以上之非油輪，應具備油料紀錄簿，裝載散裝有毒液體物質之船舶，應具備船貨紀錄簿。

　　油料或船貨紀錄簿，得為船舶航海日誌簿之一部分，按作業情形以每一艙為單位依附表格式用中文及英文填寫之。但航行國內航線之船舶免用英文。

　　前項紀錄簿記載之事項，遇有爭端或文字不符時，中華民國船舶以中文為準，外國船舶以船籍國之文字為準。

第五十三條

外國船舶進入中華民國領海時未具備第四條規定之油料、船貨紀錄簿、操作手冊及其他有關船舶防止污染證書，或已具備經商港管理機關查驗不合格者，商港管理機關得拒絕其入港，並通知該船籍國之使領館或船務代理人。

37.海難救護機構組織及作業辦法（第四、四十、四十一條）

中華民國八十六年六月二十日交通部（八六）交航發字第八六三九號函、國防部（八六）戌戎字第二五七八號函會銜修正發布第五、十、十三之一、二十、二十五、二十六、二十七、二十八、二十九條條文

第四條

海難救護委員會任務如左：

一、一般海難船舶及人員之搜索、救助與緊急醫療救護。

二、海上油污及有毒物質之消除及處理。

三、海上災害之救護。

四、海難及海水油污與有毒物質涉及國際爭端事務協助之處理。

五、海難救助、海水油污及有毒物質國際公約、規章及外國法令之蒐集與研究。

六、海難救助、海水油污與有毒物質法令規章及作業手冊之研議。

七、其他有關海難救助之處理。

第四十條

非中華民國國民或法人，不得在中華民國境內設立機構，經營海難救護業務。但外國政府以同樣權利給予中華民國國民或法人並經交通部核准者，不在此限。

第四十一條

外國海難救護業在中華民國領海從事海難救助、海水油污及有毒物質之處理，應報請商港管理機關許可。

商港管理機關為前項許可時，如中華民國海難救助業與該外國海難救助業條件相同者，應以中華民國海難救助業為優先。

38.電信法（第十二、四十六、四十七、六十五、七十二條）

中華民國八十八年十一月三日總統（八八）華總一義字第八八〇〇二六二七九〇號令修正第六、七、十二、十四、十六、十九、二十、二十二、二十六、二十八、三十至三十二、四十一、四十二、四十四、四十六至四十九、五十一、五十五至五十八、六十一至六十八、七十二條條文；並增訂第二十六之一、五十六之一、六十二之一條條文

第十二條

第一類電信事業應經交通部特許並發給執照，始得營業。

第一類電信事業以依公司法設立之股份有限公司為限。

第一類電信事業之董事長及半數以上之董事、監察人應具有中華民國國籍；其外國人直接持有之股份總數不得超過百分之二十，外國人直接及間接持有之股份總數不得超過百分之六十。

前項所稱外國人，包括外國自然人及外國法人。

第三項外國人間接持有股份之計算，依本國法人占第一類電信事業之持股比例乘以外國人占該本國法人之持股或出資額比例計算之。

中華電信股份有限公司之外國人持有股份比例，由交通部另定之，不適用第三項之規定。

第一類電信事業開放之業務項目、範圍、時程及家數，由行政院公告。

第一類電信事業各項業務之特許，交通部得考量開放政策之目標、電信市場之情況、消費者之權益及其他公共利益之需要，採評審制、公開招標制或其他適當方式為之。

第一類電信事業之董事、監察人變動時，或其外國人股東及持股百分之五以上股東之持有股份變動時，應於變動日起三十日內報請電信總局備查。

中華電信股份有限公司移轉民營時，其事業主管機關得令事業發行特別股，由事業主管機關依面額認購之，於三年內行使第十一項所列之權利，並為當然董、監事。

中華電信股份有限公司為下列行為應先經該特別股股東之同意：

一、變更公司名稱。

二、變更所營事業。

三、讓與全部或主要部分之營業或財產。

違反前項規定者，無效。

依第十項規定發行之特別股，不得轉讓。但於第十項所定期間屆滿後，由該事業以面額收回後銷除之。

＊八七判字第二一二五號

要旨：

按「電信事業分為第一類電信事業及第二類電信事業。第一類電信事業指設置電信機線設備，提供電信服務之事業。」「第一類電信事業應經交通部特許並發給執照，始得營業。」「第一類電信事業之董事長及半數以上之董事、監察人應具有中華民國國籍，外國人持有股份總數不得超過五分之一。」為電信法第十一條第一項、第二項、第十二條第一項及第三項所規定。「申請經營行動通信業務者，以依公司法設立或籌設之股份有限公司為限，其董事長及半數以上之董事、監察人應具有中華民國國籍，外國人持有股份總數不得超過五分之一。」復為行動通信業務管理規則第九條第一項所明定。查宏遠公司籌備處尚屬公司籌設階段，依公司法之規定僅有發起人及認股人，僅能就其所提事業計畫書之記載，審查其外國人投資比例。宏遠公司籌備處並於八十五年十二

月三十日簽署承諾該公司之外國人持股總數絕不超過五分之一，有認股人名簿及承諾書影本附原處分卷。行動通信業務審議委員會乃據以認定宏遠公司籌備處外國人持有股份總數未超過五分之一，同意其取得申請經營北區無線電叫人業務之競標資格，並無違誤。

第四十六條

電臺須經交通部許可始得設置，經審驗合格發給執照方得使用。但經交通部公告免予許可者，不在此限。

前項電臺，指設置電信設備及作業人員之總體，利用有線或無線方式，接收或發送射頻信息。

第一項之電臺設置使用管理辦法，由交通部會商有關機關訂定之。

中華民國國民不得在中華民國領域外之船舶、航空器或其他浮於水面或空中之物體上，設置或使用無線廣播電臺或無線電視電臺發送射頻信息，致干擾無線電波之合法使用。

第四十七條

專用電信須經交通部核准發給執照，始得設置使用。

專用電信不得連接公共通信系統或供設置目的以外之用。但經交通部核准連接公共通信系統者，不在此限。

專用電信設置、使用及連接公共通信系統核准原則之管理辦法，由交通部訂定之。

外國人申請設置專用電信，應經交通部專案核准。

供學術、教育或專為網路研發實驗目的之電信網路，應經電信總局專案核准，始得設置使用；其設置使用管理辦法，由電信總局訂定之。

第六十五條

有下列各款情形之一者，處新臺幣十萬元以上五十萬元以下罰鍰：

一、違反第十五條規定，未經核准而暫停或終止營業、讓與營業或財產、相互投資或合併者。

二、違反第二十七條第一項規定，其營業規章未經核准，或未依經核准之營業規章辦理者。

三、違反第四十六條第一項或交通部依第四十六條第三項所定管理辦法者。

四、違反第四十七條第一項、第二項或交通部依第四十七條第三項所定管理辦法者。

五、外國人違反第四十七條第四項規定，未經專案核准，擅自設置專用電信者。

六、違反第四十七條第五項規定擅自設置電信網路或違反電信總局依第四十七條第五項所定管理辦法者。

七、違反第四十八條第一項或交通部依第四十八條第一項所定管理辦法者。

八、違反第四十九條第一項規定，未經許可擅自製造或輸入電信管制射頻器材，或未報備其所製造或輸入之電信管制射頻器材之型號及數量者。

九、違反交通部依第四十九條第二項所定管理辦法者。

十、違反第四十九條第三項規定，擅自製造、輸入、販賣或公開陳列未經型式認證、審驗合格之電信管制射頻器材者。

前項第三款至第十款情形，並得沒入其器材之一部或全部及撤銷特許、許可、核准或執照。

依前項規定沒入之器材，不問屬於何人所有，均得為之。

第一項第一款、第二款、第六款或第八款情形，得連續處罰至改正時為止。

第七十二條

本法自公布日施行。但第十二條第三項至第六項及第六十二條外國人持有第一類電信事業股份總數之修正規定，其施行日期由行政院以命令定之。

39.行動通信業務管理規則（第九、十三、二十三條）

中華民國九十年九月七日交通部（九〇）交郵發字第〇〇〇五八號令修正發布第三十七條條文；並增訂第三十七之一、三十七之二、三十七之三條條文

第九條

申請經營行動通信業務者，以依公司法設立或籌設之股份有限公司為限，其董事長及半數以上之董事、監察人應具有中華民國國籍，外國人持有股份總數應符合電信法第十二條第三項之限制規定。

前項公司應實收之最低資本額及應維持自有資金之最低比率，應依業務種類及營業區域，分別符合下列規定：

一、應實收之最低資本額：

　㈠數位式低功率無線電話業務：新臺幣二億元。

　㈡中繼式無線電話業務：1.北區、中區、南區：新臺幣二千萬元。2.全區：新臺幣六千萬元。

　㈢行動數據通信業務：1.北區、中區、南區：新臺幣五千萬元。2.全區：新臺幣一億五千萬元。

　㈣無線電叫人業務：1.北區、中區、南區：新臺幣二億元。2.全區：新臺幣四億元。

　㈤行動電話業務：1.北區、中區、南區：新臺幣二十億元。2.全區：新臺幣六十億元。

二、應維持自有資金之最低比率：數位式低功率無線電話、中繼式無線電話、行動數據通信、無線電叫人及行動電話業務均為百分之五十。

同一申請人，應依交通部公告開放之各項業務分別提出申請。經法定程序取得二種以

上核可經營之業務時，如各該業務有實收最低資本額之限制者，應於核可籌設後分別計算其應實收最低資本額；經營者同時經營其他第一類電信事業業務者，亦同。

第十三條

前條第二款事業計畫書應載明下列事項：

一、營業項目。

二、營業區域。

三、通訊型態。

四、電信設備概況：

(一)系統設備建設時程、基地臺預定設置數量及各基地臺預定設置之頻道數（含分布之地區，基地臺預定位址）。

(二)無線電頻率運用計畫及頻譜應達到之效率分析。

(三)系統架構及動作原理。

(四)系統可提供之服務種類。

(五)工作頻段、頻寬、最大發射功率、調變方式及發射頻譜、諧波及混附波、天線性能等。

(六)發射功率為可變者，應說明發射功率變化範圍及變化準則。

(七)空中介面規範。

(八)與其他電信網路介接之介面規範。該介面規範應依序採用電信總局所定技術規範、國家標準、國際標準或既有電信系統之互連條件。

(九)系統標準化及未來技術演進發展情形。

(十)系統製造、使用有涉及專利權者應提出相關證明文件。

(十一)系統在世界各國使用之狀況。

五、財務結構：

(一)已成立之公司提出最近三年之財務報表包括資產負債表、損益表、股東權益變動表、現金流量表及其附註或附表。

(二)籌設中之公司提出發起人名冊、全體發起人同意訂定之章程、股東名簿，應實收之最低資本額。

(三)預估未來五年之資金來源及資金運用計畫。

(四)預估並編製未來五年之資產負債表、損益表及現金流量表。

(五)外國人持股或認股比例計算表（其格式由電信總局訂定之）。

六、技術能力及發展計畫：

(一)經理人之電信專業知識及工作經驗。

(二)專業技術人員之配置。

(三)工程設計及維運說明（系統設計、設置及維運計畫書）。

  ㈣人才培訓計畫。

  ㈤研究計畫。

  ㈥五年與十年業務推展計畫及預定目標（含市場大小預估，分享市場之比例、預估用戶數、業務推展方式及市場調查報告）。

七、收費標準及計算方式。

八、人事組織：公司章程、董事、監察人、經理人名冊及持有占百分之五以上股份之股東名簿。

九、預定開始經營日期。

十、消費者權益保障相關措施。

十一、其他應載明事項。

前項應具備之文件不全或其記載內容不完備者，交通部應定期通知補正，逾期不補正或補正而仍不完備者，不予受理。

第二十三條

  經營者之董事、監察人變更時，或其外國人股東及持股百分之五以上股東之持有股份變動時，應於變動日起三十日內檢附相關證明文件報請電信總局備查；第十一條經營者之股東持有股權變動時亦同。

40.第三代行動通信業務管理規則（第八、九、十三、三十四、六十七條）

  中華民國九十年十月三十日交通部（九〇）交郵發字第〇〇〇六八號令修正發布第三十三條條文

第八條

  申請經營本業務者，以已依公司法設立股份有限公司者為限，其董事長及半數以上之董事、監察人應具有中華民國國籍；其外國人持有股份總數並應符合本法第十二條第三項或第六項之規定。

第九條

  申請人之董事、監察人變動時，或其外國人股東及持股百分之五以上股東之持有股份變動時，應於變動日起五日內檢附相關證明文件報請電信總局備查。

第十三條

  申請經營本業務者，應於公告申請期間內檢具下列文件，向交通部提出申請：

一、申請書。

二、事業計畫書。

三、押標金之匯款單回執聯影本。

四、審查費之匯款單回執聯影本。

前項之事業計畫書，應載明下列事項：

一、營業項目。

二、營業區域。

三、電信設備概況：

　　㈠採用國際電信聯合會公布 IMT 之二〇〇〇通信技術之種類。

　　㈡系統設備建設及時程計畫。

　　㈢系統架構、動作原理、通訊型態及服務種類。

　　㈣無線電頻率運用計畫。

　　㈤通訊監察系統功能之建置計畫。

四、財務結構：預計於得標並完成公司變更登記時之資本總額及實收資本總額、預估未來五年之資金來源及資金運用計畫。

五、技術能力及發展計畫。

六、收費標準及計算方式。

七、人事組織及持股狀況：公司執照影本、董監事名單、持股百分之一以上股東名簿、外國人持股比例計算表及從屬公司關係報告書，控制公司之合併營業報告書。

八、預定開始經營日期。

第一項及第二項所定文件應記載事項及其方式，由電信總局訂定公告之。

為查核第十條同一申請人或第十一條聯合申請人之情形，電信總局必要時得限期命申請人補具相關資料，於申請人得標後取得特許執照前亦同。

申請人依第一項規定申請後，其檢具之文件不予退還。

押標金金額為新臺幣十億元，審查費為新臺幣二十萬元。申請人繳交押標金及審查費後，除本規則另有規定外，於競價結果公告前不得要求發還。

押標金及審查費應分別以電匯方式匯入電信總局指定帳戶，匯款時應填寫申請人之公司名稱、地址及電話。

第三十四條

前條所定國內銀行包括：

一、依銀行法規定設立之本國銀行。

二、銀行法第一百十六條所稱之外國銀行。

第六十七條

經營者之董事、監察人變動時，或其外國人股東及持股百分之五以上股東之持有股份變動時，應於變動日起三十日內檢附相關文件報請電信總局備查。

41.固定通信業務管理規則（第九、十、三十二條）

中華民國九十一年二月一日交通部（九一）交郵發字第〇九一〇〇〇〇〇六號令增訂發布第

十二之一條條文

第九條

前條第二項所定國內銀行包括:

一、依銀行法規定設立之本國銀行。

二、銀行法第一百十六條所稱之外國銀行。

前條第二項之存款契約,應由申請人與專戶存儲銀行約定下列條款:

一、於申請人依規定得動支或自行處理資本額專戶存款前,不得提前解除或終止存款契約,或辦理質借。

二、於申請人依規定得動支或自行處理資本額專戶存款前,專戶存儲銀行不得行使抵銷權。

三、申請人動支或自行處理資本額專戶存款時,須提出下列文件之一,專戶存儲銀行始得同意之:

　㈠交通部或電信總局核備申請人陳報完成公司設立或變更登記及同意申請人動支資本額專戶存款之公文。

　㈡交通部或電信總局駁回申請人之申請案之公文。

　㈢其他交通部或電信總局同意申請人動支或自行處理資本額專戶存款之公文。

第十條

申請經營固定通信業務者,以依公司法設立或籌設之股份有限公司者為限,其董事長及半數以上之董事、監察人應具有中華民國國籍,並應符合電信法第十二條第三項後段有關外國人持有股份總數之限制。

第三十二條

經營者之董事、監察人變動時,或其外國人股東及持股百分之五以上股東之持有股份變動時,應於變動日起三十日內檢附相關證明文件報請電信總局備查。

經營者應依其事業計畫書內容辦理,其內容如有異動時,應敘明理由報請電信總局核准。但其變更不得影響履行保證金及原計畫書所載之所有責任。

前項應報請核准之異動項目,由電信總局定之。

第一項及第二項之規定,於申請人經交通部審查核可後取得特許執照前,亦適用之。

42.衛星通信業務管理規則(第五、八、十、二十八條)

中華民國九十年八月九日交通部(九〇)交郵發字第〇〇〇五五號令修正發布第一、二、四、五、八、九、十二、十五、十七、十八、十九、二十一、二十八、二十九、三十一、三十二、三十六、三十七、四十、四十一、四十九、五十、五十五、五十八條條文;增訂第十七之一、五十五之一、五十五之二條條文;並刪除第二十二、二十三、三十五條條文

第五條

外國衛星行動通信業者得依下列方式之一在我國提供行動通信服務：

一、依第八條規定申請特許經營。

二、與我國衛星行動通信業務經營者訂定合作契約，由我國衛星行動通信業務經營者代理在我國推展其衛星行動通信業務。

我國衛星行動通信業務經營者依前項規定代理外國衛星行動通信業者在我國推展其衛星行動通信業務，應先檢具相關文件（附件十一之一、二、三）（略）報請交通部核准；其特許費、頻率使用費等行政規費及其他法定經營者之義務，由我國衛星行動通信業務經營者依規定負擔之。

我國衛星行動通信業務經營者未經交通部核准，不得代理外國衛星通信業者在我國推展其業務。

我國衛星行動通信業務經營者依第一項規定代理外國衛星行動通信業者在我國推展其業務，應與外國衛星行動通信業者共同與使用者訂定服務契約，並共同負擔契約義務。

第八條

申請經營衛星通信業務者（作業流程如附件一）（略），應檢具申請書（格式如附件二）（略）、事業計畫書、財務能力證明書及其他相關規定文件，向交通部申請籌設。

前項事業計畫書應載明下列事項：

一、營業項目。

二、營業區域。

三、通信型態。

四、電信設備概況。

　　㈠系統設備建設時程。

　　㈡系統架構及工作原理（含衛星系統特性說明）。

　　㈢衛星通信固定地球電臺特性（含無線電頻率規劃）及預定設置位置、數量（附內政部地政司發售之臺灣地區經建版五萬分之一地形圖 1:1 影印圖，並標示電臺位置及作業方位角、作業仰角及天線場形圖）。

　　㈣工作頻段、頻寬、最大發射功率、調變方式及空中介面規範；發射功率為可變者，應說明發射功率變化範圍及變化準則。

　　㈤與其他電信網路介接之介面規範，其介面規範應依序採用電信總局所定技術規範、國家標準、國際標準或既有電信系統之互連條件。

　　㈥系統服務品質。

五、財務結構：

　　㈠已成立之公司，應提出最近三年之財務報表，包括資產負債表、損益表、股東權益變動表、現金流量表及其附表。

㈡籌設中之公司，應提出發起人名冊、公司章程草案、認股人名簿及實收資本額之說明資料。

㈢外國人持股或認股比例計算表（如附件三）（略）。

㈣股權佔百分之五以上之股東或認股人徵信之證明文件。

㈤預估未來五年之資金來源及資金運用計畫。

㈥預估並編製未來五年之資產負債表、損益表及現金流量表。

六、技術能力及發展計畫：

㈠經理人之電信專業知識及工作經驗。

㈡工程設計及維運說明（系統設計、設置及維運計畫書）。

㈢五年業務推展計畫及預定目標（含市場預估、分享市場之比例、預估用戶數、業務推展方式及市場調查報告）。

七、收費標準及計算方式。

八、人事組織：

㈠已成立之公司，應提出公司章程、公司執照影本、營利事業登記證影本、董事、監察人、經理人名冊及股東名簿（以持股比例由大至小排序）。

㈡籌設中之公司，應提出發起人名冊、公司章程草案、認股人名簿（以持股比例由大至小排序）。

九、預定開始營業日期。

十、使用者權益保障相關措施。

十一、事業計畫書摘要，可供電信總局引用及公開之資訊。

十二、其他事項。

前項應具備之文件不全或其記載內容不完備者，交通部應通知限期補正，逾期不補正或補正而仍不完備者，不予受理。

第十條

經營衛星通信業務者，以依公司法設立之股份有限公司為限，其董事長及半數以上之董事、監事人應具有中華民國國籍，外國持有股份總數應符合電信法第十二條第三項後段之限制。

第二十八條

經營者之董事、監察人、經理人變動時，或其外國人股東及持股百分之五以上股東之持有股份變動時，應於變動日起三十日內檢附相關證明文件報請電信總局備查。

經營者應依第八條所提之事業計畫書內容辦理，如有異動時，應敘明理由報請電信總局核准；應報請核准之異動項目，由電信總局訂定之。

前二項規定，於申請人取得特許執照前，亦適用之。

43.交通部主管財團法人設立許可及監督準則（第十四條）

中華民國八十五年八月二十三日交通部（八五）交郵發字第○八五三四號函訂定

第十四條

董事、監察人相互間有配偶及三親等以內血親、姻親之關者，不得過各董事、監察人總名額三分之一。

外國人充任董事、監察人，其人數不得超過各董事、監察人總名額三分之一，並不得充任董事長。

44.電波監理業務管理辦法（第五十條）

中華民國八十六年一月二十日交通部（八六）交郵發字第八六○五號令修正發布名稱及全文五十五條（原名稱：無線電頻率呼號分配使用及干擾處理規則）

第五十條

處理干擾之方式如下：

一、軍用及非軍用無線電通信相互間之干擾，由國防、交通兩部會商協調處理。

二、頻率發生干擾時，凡經交通部核定並登記有案之頻率，應獲保障。

三、頻率測定發生爭議時，以交通部電信總局鑑定為準。

四、電臺間發生不可避免干擾時，應由交通部分別洽商有關電臺，調整其使用時間，或申請重配其他適宜之頻率。

五、本國電臺與外國電臺間發生干擾時，無論其在國內或國外，均由交通部協調相關單位處理之。

六、干擾來源如係來自國外者，應彙集各種有關資料由交通部依照電聯會無線電規則處理之。

對於干擾之申訴，依下列原則處理：

一、依業務性質之輕重決定之。

二、依頻率登記先後決定之。

三、軍事期間以軍用電臺為優先。

45.專用電信設置使用及連接公共通信系統管理辦法（第六條）

中華民國八十九年十二月十一日交通部（八九）交郵發字第八九七五號令修正發布第一、四、八條條文（原名稱：專用電信設置使用管理辦法）

第六條

專用電信須經交通部核准發給執照，始得設置使用。

外國人申請設置專用電信，應經交通部專案核准。

46.衛星節目中繼業務管理規則（第五、十九條）

中華民國八十九年九月二十二日交通部（八九）交郵發字第八九五四號令修正發布第一、五、十九、三十、三十五、三十六、三十七條條文

第五條

地面站經營者，以依公司法設立之股份有限公司為限，其董事長及半數以上之董事、監察人應具有中華民國國籍，並應符合電信法第十二條第三項後段有關外國人持有股份總數之限制。

前項公司之實收最低資本額為新臺幣一億元。

第十九條

地面站經營者，其董事或監察人有變動時，或其外國人股東及持股百分之五以上股東之持有股份變動時，應於變動日起三十日內檢附相關證明文件報請電信總局備查。

47.廣播電視業者設置微波電臺管理辦法（第二十一條）

中華民國九十一年一月十六日交通部（九一）交郵發字第○九一Ｂ○○○○○二號修正發布第三、五、七條條文

第二十一條

微波電臺之技術標準、器材規範及干擾處理原則，本辦法未規定者，得依電波監理業務管理辦法、國際電信公約及國際無線電規則等有關電信之規定辦理。

48.一九○○兆赫數位式低功率無線電話業務管理規則（第十、十二、四十八條）

中華民國九十年九月七日交通部（九○）交郵發字第○○○五九號令增訂發布第三十七之一、三十七之二、三十七之三、三十七之四條條文

第十條

前條之事業計畫書，應載明下列事項：

一、營業項目。

二、營業區域。

三、通訊型態。

四、電信設備概況。

㈠依第二十七條第二項所定期限提出系統網路建設計畫及時程、基地臺預定設置分布之地區及數量。
㈡無線電頻率運用計畫及頻譜應達到之效率分析。
㈢系統架構及動作原理。
㈣傳輸網路規劃。
㈤系統可提供之服務種類。
㈥工作頻段、頻寬、最大發射功率、調變方式及發射頻譜、諧波及混附波、天線性能等。
㈦發射功率為可變者，應說明發射功率變化範圍及變化準則。
㈧空中介面規範。
㈨與其他電信網路介接之介面規範。
㈩系統標準化及未來技術演進發展情形。
⑪系統服務品質。
⑫系統在世界各國使用之狀況。
⑬對國內電信產業貢獻之說明。

五、財務結構：
㈠已成立之公司，應提出最近三年之財務報表，包括資產負債表、損益表、股東權益變動表、現金流量表、各該年度營利事業所得稅結算申報書影本及其附表。
㈡籌設中之公司，應提出發起人名簿、公司章程草案、認股人名簿（以持股比例由大至小排序），應實收資本額之說明資料。
㈢預估未來五年之資金來源及資金運用計畫。
㈣預估並編製未來五年之資產負債表、損益表及現金流量表。
㈤財務計畫敏感度分析及因應策略計畫。
㈥外國人持股或認股比例計算表（其格式由電信總局訂定之）。

六、技術能力及發展計畫：
㈠經理人之電信專業知識及工作經驗。
㈡專業技術人員之配置。
㈢工程設計及維運說明（系統設計、設置及維運計畫書）。
㈣人才培訓計畫。
㈤研究計畫。
㈥五年業務推展計畫及預定目標（含市場大小預估、分享市場之比例、預估用戶數、業務推展方式及市場調查報告）。
㈦與國內產業界合作之具體計畫。

七、收費標準及計算方式。

八、人事組織：

　　㈠已成立之公司，應提出公司章程、營利事業登記證影本、公司執照影本、董事、監察人、經理人名簿及股東名簿（以持股比例由大至小排序）。

　　㈡籌設中之公司，應提出發起人名簿、公司章程草案、擬聘任之經理人名簿及認股人名簿（以持股比例由大至小排序）。

九、預定開始經營日期。

十、消費者權益保障相關措施。

十一、事業計畫書摘要，可供電信總局引用及公開之資訊。

十二、審查作業要點所定其他應載明事項。

　　前項各種申請籌設文件之格式及其應記載事項之章目與細項，於審查作業要點規定之。

　　申請書及事業計畫書應載明事項不完備者，經交通部通知限期補正，逾期不補正或補正而仍不完備者，不予受理，並無息退還押標金及審查費。

第十二條

　　申請經營本業務者，以依公司法設立或籌設之股份有限公司為限，其董事長及半數以上之董事、監察人應具有中華民國國籍，外國人持有股份總數應符合本法第十二條第三項之限制規定。

　　經營本業務者，其應實收之最低資本額為新臺幣三十億元，申請人應於第二十六條所定期間內，收足應實收最低資本額之全部金額。

　　申請人同時經營其他第一類電信事業業務，如該業務有實收最低資本額之限制者，應於核可籌設後分別計算其應實收最低資本額。

第四十八條

　　經營者之董事、監察人、經理人有變更者，依公司法辦理變更登記後，應報請電信總局備查；其持有百分之五以上股份之股東或外國人股東之持有股份變動時亦同。

　　前項之備查，應於變更登記或變動日期起三十日內為之。

　　第一項規定，於申請人得標後取得特許執照前，亦適用之。

49. 業餘無線電管理辦法（第四十、四十四條）

中華民國八十九年十一月十一日交通部（八九）交郵發字第八九五九號令修正發布第一、四、十六、二十、二十一、二十七、二十九條；原第九章章名遞改為第八章章名；原第五十六至六十一條條文遞改為第五十四至五十九條條文；並增訂第五十三條條文

第四十條

　　外國業餘無線電團體或人員於中華民國領域內操作業餘電臺，除應遵守本辦法外，並依下列規定辦理：

一、由本國業餘電臺所有人，於十日前洽經中華民國業餘無線電促進會轉向交通部申請，核准後始得作業。

二、作業期間最長六個月，本國業餘電臺所有人應在現場隨同作業並記錄之。

第四十四條

業餘電臺禁止下列各款之行為：

一、使用未經指配之頻率及電臺識別呼號。

二、從事違法通信或傳送非法信息。

三、涉及公眾電信業務或從事具有任何營利性質之通信。

四、傳送不實之信號或信息。

五、從事廣播或蒐集新聞活動。

六、轉發非業餘電臺之信息或作為該等電臺之中繼站。

七、使用未經交通部核准之密語或密碼通信。

八、對其他無線電信號產生干擾。

九、播放音樂、唱歌、吹口哨、使用鄙俚、淫邪之語音、影像信號或爭吵之信號。

十、將電臺租予他人使用。

十一、從事第三者通信。但與我國訂有互惠協定者除外。

十二、在業餘無線電電子佈告欄內登載非關業餘無線電之訊息。

十三、未經交通部核准，強行佔用特定業餘無線頻率。

十四、其他經交通部禁止之事項。

業餘無線電團體不得擅自從事未經交通部核准之通信活動。

50.郵政法（第三、二十八條）

中華民國九十年五月十六日總統（九〇）華總㈠義字第九〇〇〇九六一五〇號令修正公布
　第五條條文；並自九十年七月十五日起施行

第三條

關於各類郵件或其事務，如國際郵政公約或協定有規定者，依其規定。但其規定如與本法相牴觸時，除國際郵政事務外，適用本法之規定。

第二十八條

第二十五條所列郵件，如有左列情事之一者，不得請求補償：

一、因寄件之性質或瑕疵致損失者。

二、因天災事變或其他不可抗力之情事致損失者。

三、在外國境內損失，依該國之法令，不負補償責任者。

四、寄件係違禁物或違犯郵政規則致損失者。

保價郵件除因戰事致有損失者外,不適用前項第二款之規定。

51. 國際快捷郵件業務處理辦法(第一、三條)

中華民國八十五年五月二十八日交通部(八五)交郵發字第八五二三號令修正發布第七、八條條文

第一條

國際快捷郵件業務處理,依本辦法之規定,本辦法未規定者,依郵政規則及與外國郵政所訂之有關快捷郵件業務協定或協議之規定。

第三條

快捷郵件通達地區以與我國簽訂協定或協議之各國郵政所指定之地區為限。收寄快捷郵件業務之郵局與寄達地區及資費,由郵政總局公告之。

52. 發展觀光條例(第五、二十八、五十六條)

中華民國九十年十一月十四日總統(九○)華總一義字第九○○○二二三五二○號令修正公布全文七十一條

第五條

觀光事業之國際宣傳及推廣,由中央主管機關綜理,並得視國外市場需要,於適當地區設辦事機構或與民間組織合作辦理之。

中央主管機關得將辦理國際觀光行銷、市場推廣、市場資訊蒐集等業務,委託法人團體辦理。其受委託法人團體應具備之資格、條件、監督管理及其他相關事項之辦法,由中央主管機關定之。

民間團體或營利事業,辦理涉及國際觀光宣傳及推廣事務,除依有關法律規定外,應受中央主管機關之輔導;其辦法,由交通部定之。

為加強國際宣傳,便利國際觀光旅客,中央主管機關得與外國觀光機構或授權觀光機構與外國觀光機構簽訂觀光合作協定,以加強區域性國際觀光合作,並與各該區域內之國家或地區,交換業務經營技術。

第二十八條

外國旅行業在中華民國設立分公司,應先向中央主管機關申請核准,並依公司法規定辦理認許後,領取旅行業執照,始得營業。

外國旅行業在中華民國境內所置代表人,應向中央主管機關申請核准,並依公司法規定向經濟部備案。但不得對外營業。

第五十六條

外國旅行業未經申請核准而在中華民國境內設置代表人者,處代表人新臺幣一萬元以

上五萬元以下罰鍰，並勒令其停止執行職務。

53.旅行業管理規則（第二、十六、十七、五十六條）

中華民國九十年八月三日交通部（九〇）交路發字第〇〇〇五三號令修正發布第二十二、三十二、五十三之一條條文

第二條

旅行業區分為綜合旅行業、甲種旅行業及乙種旅行業三種。

綜合旅行業經營左列業務：

一、接受委託代售國內外海、陸、空運輸事業之客票或代旅客購買國內外客票、託運行李。

二、接受旅客委託代辦出、入國境及簽證手續。

三、接待國內外觀光旅客並安排旅遊、食宿及導遊。

四、以包辦旅遊方式，自行組團，安排旅客國內外觀光旅遊、食宿及提供有關服務。

五、委託甲種旅行業代為招攬前款業務。

六、委託乙種旅行業代為招攬第四款國內團體旅遊業務。

七、代理外國旅行業辦理聯絡、推廣、報價等業務。

八、其他經中央主管機關核定與國內外旅遊有關之事項。

甲種旅行業經營左列業務：

一、接受委託代售國內外海、陸、空運輸事業之客票或代旅客購買國內外客票、託運行李。

二、接受旅客委託代辦出、入國境及簽證手續。

三、接待國內外觀光旅客並安排旅遊、食宿及導遊。

四、自行組團安排旅客出國觀光旅遊、食宿及提供有關服務。

五、代理綜合旅行業招攬前項第五款之業務。

六、其他經中央主管機關核定與國內外旅遊有關之事項。

乙種旅行業經營左列業務：

一、接受委託代售國內海、陸、空運輸事業之客票或代旅客購買國內客票、託運行李。

二、接待本國觀光旅客國內旅遊、食宿及提供有關服務。

三、代理綜合旅行業招攬第二項第六款國內團體旅遊業務。

四、其他經中央主管機關核定與國內旅遊有關之事項。

前三項業務，非經依法領取旅行業執照者，不得經營。

但代售日常生活所需陸上運輸事業之客票，不在此限。

旅行業經營旅客接待及導遊業務或舉辦團體旅行，應使用合法之營業用交通工具；其

為包租者,並以搭載第二項至第四項之旅客為限,沿途不得搭載其他旅客。

第十六條

外國旅行業在中華民國設立分公司時,應先向交通部觀光局申請核准,並依法辦理認許及分公司登記,領取旅行業執照後始得營業。其業務範圍、實收資本額、保證金、註冊費、換照費等,準用中華民國旅行業本公司之規定。

前項申請,交通部觀光局得視實際需要核定之。

第十七條

外國旅行業未在中華民國設立分公司,符合左列規定者,得設置代表人或委託國內綜合旅行業辦理連絡、推廣、報價等事務,但不得對外營業或從事其他業務。

一、為依其本國法律成立之經營國際旅遊業務之公司。

二、未經有關機關禁止業務往來。

三、無違反交易誠信原則紀錄。

外國旅行業代表人須經常留駐中華民國者,應設置代表人辦事處,並備具左列文件申請交通部觀光局核准後,於二個月內依公司法規定申請中央主管機關備案。

一、申請書。

二、本公司發給代表人之授權書。

三、代表人身分證明文件。

四、經中華民國駐外單位認證之旅行業執照影本及開業證明。

外國旅行業委託國內綜合旅行業辦理連絡、推廣、報價等事務,應備具左列文件申請交通部觀光局核准。

一、申請書。

二、同意代理第一項業務之綜合旅行業同意書。

三、經中華民國駐外單位認證之旅行業執照影本及開業證明。

外國旅行業之代表人不得同時受僱於國內旅行業。

第二項辦事處標示公司名稱者,應加註代表人辦事處字樣。

第五十六條

外國旅行業在我國境內設置之代表人,違反第十七條規定者,撤銷其核准。

54.觀光旅館業管理規則(第十八、十九、三十六、三十九條)

中華民國八十八年六月二十九日交通部(八八)交路發字第八八五九號令修正發布第四、二十九條條文

第十八條

觀光旅館業之經營管理,應遵守左列規定:

一、不得代客媒介色情或為其他妨害善良風俗或詐騙旅客之行為。

二、附設表演場所者，不得僱用未經核准之外國藝人演出。

三、附設夜總會供跳舞者，不得僱用或代客介紹職業或非職業舞伴或陪侍。

第十九條

觀光旅館業發現旅客有左列情形之一者，應即報請該管警察機關處理：

一、有危害國家安全之嫌疑者。

二、攜帶軍械、危險物品或其他違禁物品者。

三、施用煙毒或其他麻醉藥品者。

四、有自殺企圖之跡象或死亡者。

五、有聚賭或為其他妨害公眾安寧、公共秩序及善良風俗之行為，不聽勸止者。

六、有其他犯罪嫌疑者。

第三十六條

觀光旅館業聘僱外籍人員，應依公民營交通事業聘僱外國專門性技術性工作人員許可及管理辦法之規定辦理，並申請交通部觀光局核轉交通部核准。

第三十九條

觀光旅館對其僱用之人員，應製發制服及易於識別之胸章。

前項人員工作時，應穿著制服及佩帶有姓名或代號之胸章，並不得有左列行為：

一、代客媒介色情、代客僱用舞伴或從事其他妨害善良風俗行為。

二、竊取或侵占旅客財物。

三、詐騙旅客。

四、向旅客額外需索。

五、私自兌換外幣。

55.氣象法（第五、三十四條）

中華民國七十三年四月三十日總統（七三）華總(一)義字二一七二號令制定公布全文三十六條

第五條

為促進國際間氣象合作，交通部得本互惠原則與外國氣象機構簽訂氣象合作協定或交換氣象資料。

第三十四條

本法未規定事項，涉及國際事務者，交通部得參照有關國際公約或協定及其附約所定規則、規程、辦法、標準、建議或程序，採用發布施行。

八、國防

1.國防法（第三十三、三十四條）

中華民國八十九年一月二十九日總統（八九）華總一義字第八九〇〇〇二六九六〇號令制定
公布全文三十五條

第三十三條

中華民國本獨立自主、相互尊重之原則，與友好國家締結軍事合作關係之條約或協定，
共同維護世界和平。

第三十四條

友好國家派遣在中華民國領域內之軍隊或軍人，其權利義務及相關事宜，應以條約或
協定定之。

外國人得經國防部及內政部之許可，於中華民國軍隊服勤。

2.軍事徵用法（第十一、十四、三十條）

中華民國二十六年七月十二日國民政府公布二十七年七月一日施行

第十一條

外國使館、領事館及其所屬人員之財產，不得徵用。

外國人之財產，除條約另有規定外，依本法之規定。

第十四條

年滿二十歲未逾四十五歲身體健全之男子，為軍事上必需之服務，得徵用之。

前項規定於左列之人不適用之：

一、正在服兵役中。

二、公務員。

三、外國使館、領事館所屬人員及依條約應免徵者。

四、學校之教職員及在學校肄業者。

五、獨自經營農、工、商業，而因徵用其所營事業無法維持者。

六、因被徵用家屬之生活難以維持者。

七、職務上對於所在地之民眾有重大貢獻，而為該地民眾所不可缺少者。

第三十條

戰事發生後，由外國進口之物，以買入之價格及必要費用另加週息五釐，為法定標準
買賣價格。

3.軍事徵用法施行細則（第十六條）

中華民國五十年十月三十一日行政院（五〇）臺防字六五一四號令修正發布

第十六條

依本法第十四條第二項所定，應予免徵者規定如左：

一、正在服兵役中者，包括志願或徵召在營，及當年列為臨時召集動員召集對象者。

二、公務員包括政府地方自治機關公營事業機構編制內之現任公務員以及民意代表。

三、外國使館領事館所屬人員及依條約應免徵者包括依國際慣例享有豁免權之人員但以外國人為限。

四、學校之教職員及在學校肄業，教職員以專任者為限，學生以具有學籍者為限。

五、獨自經營農工商業而因徵用其所營事業無法維持者以父死亡而無同胞兄弟或父兄已逾五十歲弟未滿十八歲或均在服役中或在求學中或判處徒刑在執行中者為限。

六、因被徵用而家屬之生活難以維持者以確有賴其扶養之對象，且其家庭所有工作收益及財產權益收入，無法維持當地一般生活者為限。

七、職務上對於所在地之民眾有重大貢獻而為該地民眾所不可缺少者，以正在主持所在地之慈善救濟公益或有關總動員事項，並經當地政府認定者為限。

前項免徵原因消滅時，仍受徵用。

第一項第一款列為當年臨時召集動員召集對象者對於臨時服勤不得免徵。

4.防空法（第三條）

中華民國三十七年五月十二日國民政府修正公布全文十五條

第三條

中華民國人民對實施防空有協助之義務，戰時或事變時，為救護或避免緊急危難，有服役防空及供給物力之義務。

在中華民國領域內有住所、居所或財產之外國人或無國籍人，及有事務所、營業所或財產之外國法人、機關、團體，均負有防空之義務，如必須供給物力時，得徵用之。但以不牴觸條約及國際法為限。

5.軍事機關軍品外銷辦法（第一條）

中華民國八十五年六月八日國防部（八五）鐸錮字第五六七六號令、外交部（八五）外條二字第八五三〇四二一三號令、經濟部（八五）經貿字第八五〇一三九五三號令會銜訂定發布十二條

第一條

為有效運用軍品生產能量、降低成本、提高品質，建立適當外銷管道，以提昇軍事工業科技水準，厚植國防工業，特訂定本辦法。

軍品外銷，除條約、協定或法令另有規定者外，依本辦法之規定。

6.要塞堡壘地帶法（第六、七條）

中華民國九十一年四月十七日總統（九一）華總一義字第○九一○○○七○九八○號令修正公布第一條條文；並增訂第七之一、七之二、十四之一條條文

第六條

第一、第二兩區內，應共同禁止及限制事項：

一、第一區全部及第二區特別指定地區如山地或要塞獨立守備地區，非經要塞司令之許可，不論軍、警、人民不得出入。

二、因公出入特別指定地區者，非經要塞司令之許可，不得攜帶照相機、武器、觀測器及危險物品。

三、非經中華民國政府之許可，外國商輪、軍艦不得通過或停泊。

四、非經國防部之許可，不得新設或變更鐵路、道路、河渠、橋樑、堤塔、隧道、永久棧橋等工程。但交通部對於上列工程如有設施，除緊急搶修者外，應先與國防部洽商。

第七條

禁航區及限航區之禁止及限制事項：

一、外國航空器非經中華民國政府之特許，不得飛越禁航區域。

二、本國民用航空器非經國防部之特許，不得飛越禁航區域。

三、本國軍用航空器非經國防部之許可，不得飛越禁航區域。

四、外國航空器非經中華民國政府之特許，不得飛越限航區域。但在天氣情況惡劣或黑夜使用儀器飛行時，得許其飛越。

五、本國民用航空器非經國防部之特許，不得飛越限航區域。但在天氣情況惡劣或黑夜使用儀器飛行時，得許其飛越。

六、本國軍用航空器非經國防部之許可，不得飛越限航區域。但在天氣情況惡劣或黑夜使用儀器飛行時，得許其飛越。

7.戰時禁制品條例（第三條）

中華民國四十四年六月三日總統令公布同日施行全文十六條

第三條

絕對禁制品之種類如下：

一、兵器、彈藥、爆發物及軍用化學品。

二、陸上、海上或空中之運輸工具。

三、燃料及潤滑劑。

四、軍用被服、裝具及陣營具。

五、通信器材。

六、軍用地圖、照片、模型儀器及文書、圖表。

七、軍用建築材料。

八、金、銀有價證券及本國及外國貨幣。

九、金屬礦產及其成品、半成品。

十、屬於戰略物資之非金屬礦產及其成品半成品。

十一、前列各款物件之製造原料及其配件附件。

十二、前列各款物件之生產、製造或修理機械，及在使用上所必需具備或利用之物品
　　　及畜類。

前項禁制品之適用範圍，由國防部隨時呈請行政院核定公布。

九、衛生福利

1.後天免疫缺乏症候群防治條例（第十四、十四之一條）

中華民國八十九年七月十九日總統（八九）華總一義字第八九○○一七七七一○號令修正公
布第十、十四條條文；並增訂第十四之一條條文

第十四條

中央衛生主管機關對入境或居留達三個月以上之外國人，得採行檢查措施，或要求其
提出最近三個月內人類免疫缺乏病毒抗體之檢驗報告。

前項外國人經檢驗結果呈陽性，中央衛生主管機關得令其離境，當事人得於出境後，
再以書面提出申覆。

外國人拒絕第一項規定接受檢查者，得令其離境。

第二項之申覆程序，由中央主管機關定之。

第十四條之一

外國人申請來臺居留，若於入境時經檢驗呈陰性，且經證實受本國籍配偶或因在本國
醫療過程中感染者，得視同本國籍感染者處理。

2.後天免疫缺乏症候群防治條例施行細則（第十條）

中華民國八十八年六月二十三日行政院衛生署（八八）衛署防字第八八○三一五八二號令修
正發布第八條條文

第十條

中央衛生主管機關依本條例第十四條規定，令外國人離境時，應通知內政部、當地衛
生及警察機關依有關規定辦理。如係屬受聘僱之外國人時，應通知其許可之目的事業
主管機關或行政院勞工委員會依就業服務法有關規定辦理。

3.醫療法（第三十一條）

中華民國八十九年七月十九日總統（八九）華總一義字第八九○○一七七六○○號令修正發
布第十、十七、二十三、六十六、六十七、七十四條條文

第三十一條

財團法人醫療機構之董事，以九人至十五人為限；其中三分之一以上應具目的事業專
門知識。

外國人充任董事，其人數不得超過總名額三分之一；董事相互間，有配偶及三親等以

內血親、姻親關係者，亦同。

4.醫師法（第二至四、四之一、四十一之三條）

中華民國九十一年一月十六日總統（九一）華總一義字第〇九一〇〇〇〇七五二〇號令修正
公布全文四十三條；並自公布日起施行

第二條

具有下列資格之一者，得應醫師考試：

一、公立或立案之私立大學、獨立學院或符合教育部採認規定之國外大學、獨立學院
　　醫學系、科畢業，並經實習期滿成績及格，領有畢業證書者。

二、八十四學年度以前入學之私立獨立學院七年制中醫學系畢業，經修習醫學必要課
　　程及實習期滿成績及格，得有證明文件，且經中醫師考試及格，領有中醫師證書
　　者。

三、中醫學系選醫學系雙主修畢業，並經實習期滿成績及格，領有畢業證書，且經中
　　醫師考試及格，領有中醫師證書者。

前項第三款中醫學系選醫學系雙主修，除九十一學年度以前入學者外，其人數連同醫
學系人數，不得超過教育部核定該校醫學生得招收人數。

第三條

具有下列資格之一者，得應中醫師考試：

一、公立或立案之私立大學、獨立學院或符合教育部採認規定之國外大學、獨立學院
　　中醫學系畢業，並經實習期滿成績及格，領有畢業證書者。

二、本法修正施行前，經公立或立案之私立大學、獨立學院醫學系、科畢業，並修習
　　中醫必要課程，得有證明文件，且經醫師考試及格，領有醫師證書者。

三、醫學系選中醫學系雙主修畢業，並經實習期滿成績及格，領有畢業證書，且經醫
　　師考試及格，領有醫師證書者。

前項第三款醫學系選中醫學系雙主修，其人數連同中醫學系人數，不得超過教育部核
定該校中醫學生得招收人數。

經中醫師檢定考試及格者，限於中華民國一百年以前，得應中醫師特種考試。

已領有僑中字中醫師證書者，應於中華民國九十四年十二月三十一日前經中醫師檢覈
筆試及格，取得台中字中醫師證書，始得回國執業。

第四條

公立或立案之私立大學、獨立學院或符合教育部採認規定之國外大學、獨立學院牙醫
學系、科畢業，並經實習期滿成績及格，領有畢業證書者，得應牙醫師考試。

第四條之一

依第二條至第四條規定，以外國學歷參加考試者，其為美國、日本、歐洲、加拿大、南非、澳洲、紐西蘭、新加坡及香港等地區或國家以外之外國學歷，應先經教育部學歷甄試通過，始得參加考試。

第四十一條之三

外國人及華僑得依中華民國法律，應醫師考試。

前項考試及格，領有醫師證書之外國人及華僑，在中華民國執行醫療業務，應經中央主管機關許可，並應遵守中華民國關於醫療之相關法令、醫學倫理規範及醫師公會章程；其執業之許可及管理辦法，由中央主管機關定之。

違反前項規定者，除依法懲處外，中央主管機關並得廢止其許可。

5. 藥師法（第二條）

中華民國八十八年十二月二十二日總統（八八）華總⑴義字第八八〇〇三〇三三九〇號令修正公布第三、十五、四十、四十一條條文

第二條

有左列資格之一者，前條考試得以檢覈行之：

一、公立或立案之私立專科以上學校或經教育部承認之國外專科以上學校修習藥學，並經實習，成績優良，得有畢業證書者。

二、在外國政府領有藥師證書，經中央衛生主管機關認可者。

前項檢覈辦法，由考試院會同行政院定之。

6. 呼吸治療師法（第二、三十九條）

中華民國九十一年一月十六日總統（九一）華總一義字第〇九一〇〇〇〇三六四〇號令制定公布全文四十三條；並自公布日起施行

第二條

公立或立案之私立大學、獨立學院或符合教育部採認規定之國外大學、獨立學院呼吸照護（治療）系、所、組，並經實習期滿成績及格，領有畢業證書者，得應呼吸治療師考試。

第三十九條

外國人及華僑得依中華民國法律，應呼吸治療師考試。

前項考試及格，領有呼吸治療師證書之外國人及華僑，在中華民國執行呼吸治療業務，應經中央主管機關許可，並應遵守中華民國關於呼吸治療及醫療之相關法令及呼吸治療師公會章程；其執業之許可及管理辦法，由中央主管機關定之。

違反前項規定者，除依法處罰外，中央主管機關並得廢止其許可。

7.全民健康保險法（第十條）

中華民國九十年一月三十日總統（九〇）華總一義字第九〇〇〇〇一四九一〇號令修正公布
　　第八、九、十一、十三、十四、十八、十九、二十一、二十二、二十四、二十五、二十七、
　　至二十九條條文

第十條

具有中華民國國籍，符合下列各款規定資格之一者，得參加本保險為保險對象：

一、曾有參加本保險紀錄或參加本保險前四個月繼續在臺灣地區設有戶籍者。

二、參加本保險時已在臺灣地區設有戶籍，並符合第八條第一項第一款第一目至第三
　　目所定被保險人。

三、參加本保險時已在臺灣地區辦理戶籍出生登記，並符合前條所定被保險人眷屬資
　　格之新生嬰兒。

不符前項資格規定，而在臺灣地區領有居留證明文件，並符合第八條所定被保險人資
格或前條所定眷屬資格者，自在臺居留滿四個月時起，亦得參加本保險為保險對象。
但符合第八條第一項第一款第一目至第三目所定被保險人資格者，不受四個月之限制。

＊行政院衛生署（八四）衛署健保字第八四〇一九四八九號

　　要旨：

　　外籍人士投保事宜

　　全文內容：

一、受僱於外國駐華使館或商務辦事處之本地雇員，應依全民健康保險法第八條第一
　　項第一款、第三款之規定，以第一類被保險人身分參加全民健康保險。具禮遇簽
　　證之職員，若符合全民健康保險法第十條規定之要件，應參加全民健康保險。

二、美國籍旅客並不符合參加全民健康保險之要件，在臺閩地區就醫必須自付醫療費
　　用。

三、依全民健康保險法第十條第二項及第十一條之一規定：凡具有外國國籍，在臺閩
　　地區領有外僑居留證，並為受雇者，應一律參加本保險。因此，臺北美國學校外
　　籍雇員如領有外僑居留證者，應參加全民健康保險。

＊行政院衛生署（八四）衛署健保字第八四〇二三二九六號

　　要旨：

　　各類人員投保事宜

　　全文內容：

一、民代具有公職人員與農民雙重身分時，應以第一類被保險人投保，但鄉長應以第
　　三類被保險人身分投保。

二、職訓中心受訓學員,如由職訓單位辦理參加勞保,得以該職訓單位參加全民健保,其眷屬得同意辦理投保。

三、外國機構在臺分支機構如取得我國目的事業主管機關核發之許可證或登記證者,得申請成立為投保單位。其所僱用之我國籍及外國籍員工均應參加本保險。但外國籍雇主不得參加本保險。

四、父母不知去向,但未報失蹤,其子女可以自行切結方式,依附祖父母(或外祖父母)以眷屬身分投保。

五、工作不穩定,收入不高者,其為受僱者的以三個月平均收入申報投保金額,惟不得低於本保險投保金額分級表最低一級,若為無一定雇主者,可由所屬職業工會申報投保。短期性工作不超過三個月者,得以原投保資格繼續投保。

*行政院衛生署(八四)衛署健保字第八四○二六七二○號

　要旨:

　領有外僑居留證之外籍眷屬投保疑義

　全文內容:

　依全民健康保險法施行細則第十六條規定,僅受僱者及軍人其領有外僑居留證之外籍眷屬得參加全民健康保險。其他各類被保險人如第一類第四、五目及第二、三、五、六類被保險人之外國籍眷屬應依全民健康保險法第十條第一項規定,俟取得中華民國國籍並在臺閩地區設有戶籍滿四個月,始得參加全民健康保險。

*行政院衛生署(八五)衛署健保字第八五○三○八○三號

　要旨:

　來臺就業之港澳華僑及大陸來臺人士投保事宜

　全文內容:

　有關行政院衛生署八十四年三月二十三日衛署健保字第八四○○九八九八號函釋,其中港澳地區之中國人,如係未取得外國國籍,持在臺長期居留相關證明文件而在華工作者,准予免附主管機關核准從事工作之證明文件,參加全民健康保險。

8.全民健康保險法施行細則(第十六條)

中華民國九十年一月三十日行政院衛生署(九○)衛署健保字第○九○○○○七六九二號令
　修正發布第三十二、四十一、四十四、四十七、五十二條條文;並刪除第十三、二十一之
　一條條文

第十六條

符合本法第十條第二項規定,如無職業且無法以眷屬資格隨同被保險人投保者,應以本法第八條第一項第六款第二目被保險人身分參加本保險。

本法第十條第二項規定之居留證明文件，係指臺灣地區居留證、臺灣地區居留入出境證、外僑居留證、外僑永久居留證及其他經本保險主管機關認定得在臺灣地區長期居留之證明文件。

十、農業

1.植物種苗法（第四十六條）

中華民國九十一年一月三十日總統（九一）華總一義字第〇九一〇〇〇一六九九〇號令修正
公布第三、二十八至三十、三十四、三十五、三十七、四十一至四十五條條文；並增訂第
四之一、二十五之一、四十一之一條條文

第四十六條

外國人或團體得依本法申請新品種命名及權利登記，對於第四十一條第一項之罪，並
得告訴或自訴。但以依條約、協定或其本國法令、慣例，中華民國人或團體在該國享
有同等權利者為限；其由團體或機構互訂保護之協議，經中央主管機關核准者，亦同。

2.植物種苗法施行細則（第五、七條）

中華民國八十九年一月三十一日行政院農業委員會（八九）農糧字第八九〇〇二〇〇五八號
令修正發布第二十二條條文

第五條

申請命名或權利登記之新品種，於申請前已在外國申請命名或權利登記者，應於申請
書載明該外國之國別、申請日期及申請案號。中央主管機關於必要時，得通知限期檢
送有關之證明文件。

第七條

申請人為外國人或外國團體，其在中華民國內無住、居所或事務所、營業所者，應依
前條規定，委任代理人為之。

前項申請人應檢附經我國駐外使領館或外交部授權機構驗證或經當地公證人認證之國
籍證明書或法人、團體證明文件。

3.漁業法（第五、三十七條）

中華民國八十年二月一日總統（八〇）華總㈠義字第〇六七〇號修正公布全文

第五條

漁業人以中華民國人為限。但外國人經中央主管機關核准與中華民國漁業人合作經營
漁業者，不在此限。

第三十七條

有左列各款情形之一者，主管機關得對各特定漁業之漁船總船數、總噸數、作業海域、

經營期間及其他事項，予以限制：

一、水產資源之保育。

二、漁業結構之調整。

三、國際漁業協定或對外漁業合作條件之限制。

4.漁業法施行細則（第三十三條）

中華民國八十九年一月三十一日行政院農業委員會（八九）農漁字第八九一二○一四一四號
令修正發布第六、七、十五至十七、二十七、三十六條條文

第三十三條

漁業人或漁業從業人於出海或作業時，不得有左列行為：

一、違法從事非漁業行為。

二、違反主管機關有關作業時限及船員員額之限制。

三、販賣或將漁業動力用油移作他用。

四、非法進入外國海域。

5.娛樂漁業管理辦法（第五條）

中華民國九十年七月三十一日行政院農業委員會（九○）農漁字第九○一三四○五七四號令
修正發布第六、九、十、十一、十五、十七、二十、二十四、二十七、二十八條條文

第五條

本辦法所稱乘客，係指我國國民或持有我國有效簽證護照之外國人出海從事海上娛樂
漁業活動者。

6.對外漁業合作辦法（第三、四、六、十一至十三條）

中華民國八十八年六月二十九日行政院農業委員會（八八）農漁字第八八六七○○○七號令
修正發布第二、五、十六條條文

第三條

本辦法所稱對外漁業合作，指中華民國之漁業人、漁業團體與外國人、團體、政府或
華僑，在中華民國國內或國外所為之漁業合作。

第四條

對外漁業合作，分為左列二類：

一、國外合作：

　　㈠以付費方式取得動力漁船（以下簡稱漁船）在外國專屬漁業區、經濟海域或領

海作業之入漁權。

(二)以漁船出租、投資或提供資金、漁業技術或專利權方式,在國外合作經營漁業。

二、國內合作: 外國以漁船出租、投資或以提供出租、投資或以提供資金、漁業技術、專利權方式, 在中華民國境內或經濟海域合作經營漁業。

第六條

依第四條第一款第一目規定申請對外漁業合作, 應檢送左列書件:

一、申請書 (公司組織須附章程及登記證照影本)。

二、合作契約書。

三、事業計畫書。

四、漁船之種類數量名稱表 (應附船舶國籍證書、船舶檢查書及漁業執照影本)。

五、外國政府核發之許可證件。

六、漁船遭難、被扣後, 負責運送船員回國之切結書。

前項第五款所稱外國政府核發之許可證件, 係指合作對方當地國主管機關所核發准許合作之證明, 並經當地所屬轄區之中華民國駐外使領館或代表處驗證。當地所屬轄區無中華民國駐外使領館或代表處者, 由經濟部駐在當地之商務機構或中央主管機關派駐之人員驗證。當地無派駐商務機構或人員者, 由僑務委員會登記有案之當地僑團驗證或當地合法公證機構公證、認證。

第十一條

依第四條第一款第二目規定方式與外國合作經營漁業者, 應依左列規定辦理:

一、以漁船合作者, 應於合作期滿後兩個月內將漁船駛回。如須出售漁船, 應於合作期滿三個月前報請中央主管機關轉請交通部核准。

二、合作期滿, 如合作之他方當事人須留用技術人員 (包括船員), 應於合作期滿三個月前報請中央主管機關核准, 並依有關法令辦理各該技術人員 (包括船員) 延期留居國外之手續。

第十二條

依第四條第二款規定在國內合作者, 以不影響我國漁業資源及對我國漁業發展有重大裨益者為原則。

前項合作以漁船出租或投資方式進行者, 應以國內現有漁業種類以外者為限; 其經核准輸入之漁船, 應依漁船建造許可及漁業證照核發準則之規定, 請領漁業證照。

因漁業合作向外國租用之漁船, 如於合作期間內或期滿在國內出售者, 應先報請中央主管機關核准。未經核准者, 不予核發漁業證照。

第十三條

依第四條第二款規定在國內合作者, 如須聘僱外國技術人員時, 應依公民營事業申請聘僱外籍或僑居國外人員辦法辦理; 其人數, 中央主管機關得限制之。

前項所稱外國技術人員，不包括船員。

7.動物傳染病防治條例（第三十三、三十四、三十六條）

中華民國九十一年五月二十九日總統（九一）華總一義字第○九一○○一○八三八○號令增
　訂第十之一條條文

第三十三條

　為維護動物及人體健康之需要，中央主管機關得訂定檢疫物之檢疫條件及公告外國動
物傳染病之疫區與非疫區，以禁止或管理檢疫物之輸出入。

第三十四條

　檢疫物之輸入人或代理人應於檢疫物到達港、站前向輸出入動物檢疫機關申請檢疫，
並繳驗輸出國檢疫機關發給之動物檢疫證明書。檢疫結果認為罹患或疑患動物傳染病
者，應禁止進口或為必要之處置。

　前項動物檢疫證明書，應載有符合前條所定檢疫條件之檢疫結果。

　未依第一項規定繳驗動物檢疫證明書，或動物檢疫證明書記載事項與檢疫條件規定不
符者，輸出入動物檢疫機關得按其情節輕重，為左列處置：

一、依國際動物檢疫規範，採取安全性檢疫措施。

二、延長動物隔離留檢期間，並為必要之診斷試驗或補行預防注射；認無動物傳染病
　　嫌疑時，得簽發檢疫證明書放行。

三、通知輸入人或代理人限期補齊必要之檢疫證明文件；證明文件無法補齊者，得予
　　退運或撲殺銷燬。

四、逕予退運或撲殺銷燬。

　過境或轉口之檢疫物仍應依第一項之規定免費申請檢疫，倘發現有罹患、疑患或可能
感染動物傳染病或污染動物傳染病病原體之虞時，輸出入動物檢疫機關應即依職權採
取安全措施，或必要之處置。

　輸出入動物檢疫機關，派員於港、站稽查輸出入之檢疫物，發現有逃避檢疫情事，除
依本條例規定處罰外，並令其補辦檢疫手續。未於規定期限內完成補辦檢疫手續者，
輸出入檢疫機關應即依職權採取安全措施，或必要之處置。

　檢疫物在未受理檢疫前，不得拆開包裝或擅自移動。

　由國外裝運動物之進口船隻駛抵港外時，應依照國際慣例豎立動物檢疫信號。

第三十六條

　輸出檢疫物有左列情形之一者，應申請檢疫。經檢疫認為無動物傳染病或動物傳染病
病原體嫌疑並發給證明書後，始得輸出：

一、在輸入國需要輸出國之檢疫證明書者。

二、中央主管機關認為國際檢疫上有必要者。

8.野生動物保育法（第二十三條）

中華民國九十一年四月二十四日總統（九一）華總一義字第〇九一〇〇〇七五六九〇號令修
正公布第二條條文

第二十三條

民間團體或個人參與國際性野生動物保護會議或其他有關活動者，主管機關得予協助
或獎勵。

9.野生動物保育法施行細則（第三、二十六、二十七條）

中華民國八十八年十月六日行政院農業委員會（八八）農林字第八八一四六五一五號令修正
發布第四條條文

第三條

依本法第七條所設立之保育捐助專戶，其用途如下：

一、野生動物資源之調查、研究及經營管理。

二、野生動物棲息環境之用地取得、保護及改善。

三、依本法第十二條第四項規定之損失補償。

四、依本法第十四條第一項及第十五條規定所為必要之處置及處理。

五、民間團體及個人參與推動野生動物保育工作之協助或獎勵。

六、依本法第三十一條第四項規定對於野生動物之收購。

七、野生動物保育之教育及宣導。

八、野生動物保育人員之教育及訓練。

九、野生動物保育之國際技術合作。

十、其他有關野生動物保育事項。

第二十六條

依本法第二十四條第一項或第二十七條第一項申請輸入野生動物活體或保育類野生動
物產製品者，應檢附下列資料，向所在地直轄市、縣（市）主管機關或經指定之機關
申請層轉中央主管機關同意後，始得依有關規定辦理輸入手續：

一、填具申請書，其內容包括物種、貨品名稱、數量、用途、來源。

二、如以營利為目的，不論自行辦理或委託出進口廠商辦理輸入者，均應檢附具經營
　　野生動物或其產製品進口業務之營業證照影本。

三、申請輸入保育類野生動物活體或其產製品時，其輸出國或再輸出國為瀕臨絕種野
　　生動植物國際貿易公約會員國者，應檢附輸出國或再輸出國管理機關核發之符合

該公約規定之特別出口許可證影本；非會員國者，應檢附輸出國或再輸出國主管機關核發之產地證明書或同意輸出文件影本。

四、申請首次輸入非臺灣地區原產之野生動物物種者，應同時檢附可供辨識之彩色實體照片一式六份及第三十條所定對國內動植物之影響評估報告；如為非首次進口者，應同時檢附佐證資料及可供辨識之彩色實體照片一式六份。

五、其他經中央主管機關指定之有關資料。

前項第三款必要時，得依瀕臨絕種野生動植物國際貿易公約之規定，由中央主管機關核發供申請者申請輸出國之特別出口許可證之文件。

第二十七條

依本法第二十四條第一項申請輸出野生動物活體或保育類野生動物產製品者，應檢附下列資料，向所在地直轄市、縣（市）主管機關或經指定之機關申請層轉中央主管機關同意後，始得依有關規定辦理輸出手續：

一、填具申請書，其內容包括物種、貨品名稱、數量、用途、目的地。

二、如以營利為目的，不論自行辦理或委託出進口廠商辦理輸出者，均應檢附具經營野生動物或其產製品出口業務之營業證照影本。

三、直轄市或縣（市）主管機關核發之保育類野生動物登記卡。

四、申請輸出符合瀕臨絕種野生動植物國際貿易公約附錄一物種之保育類野生動物活體或其產製品時，其輸入國為該公約會員國者，應檢附輸入國管理機關核發之符合該公約規定之特別進口許可證影本；如為非會員國者，應檢附輸入國主管機關核發之同意輸入文件影本。

五、如為再輸出保育類野生動物活體或產製品者，另需檢附海關簽發之進口證明文件。但基於學術研究、教育目的而遣返者，得以其他適當文件代替。

六、其他經中央主管機關指定之有關資料。

十一、勞動

1.就業服務法（第五、六、三十八、四十、四十二至六十二、六十八、七十三、七十四、七十七至八十條）

中華民國九十一年一月二十一日總統（九一）華總一義字第〇九一〇〇〇一〇一三〇號令修正公布全文八十三條

第五條

為保障國民就業機會平等，雇主對求職人或所僱用員工，不得以種族、階級、語言、思想、宗教、黨派、籍貫、性別、婚姻、容貌、五官、身心障礙或以往工會會員身分為由，予以歧視。

雇主招募或僱用員工，不得有下列情事：

一、為不實之廣告或揭示。

二、違反求職人意思，留置其國民身分證、工作憑證或其他證明文件。

三、扣留求職人財物或收取保證金。

四、指派求職人從事違背公共秩序或善良風俗之工作。

五、辦理聘僱外國人之申請許可、招募、引進或管理事項，提供不實資料或健康檢查檢體。

第六條

本法所稱主管機關：在中央為行政院勞工委員會；在直轄市為直轄市政府；在縣（市）為縣（市）政府。

中央主管機關應會同行政院原住民委員會辦理相關原住民就業服務事項。

中央主管機關掌理事項如下：

一、全國性國民就業政策、法令、計畫及方案之訂定。

二、全國性就業市場資訊之提供。

三、就業服務作業基準之訂定。

四、全國就業服務業務之督導、協調及考核。

五、雇主申請聘僱外國人之許可及管理。

六、辦理下列仲介業務之私立就業服務機構之許可、停業及廢止許可：

　　㈠仲介外國人至中華民國境內工作。

　　㈡仲介香港或澳門居民、大陸地區人民至臺灣地區工作。

　　㈢仲介本國人至臺灣地區以外之地區工作。

七、其他有關全國性之國民就業服務及促進就業事項。

直轄市、縣（市）主管機關掌理事項如下：

一、就業歧視之認定。

二、外國人在中華民國境內工作之管理及檢查。

三、仲介本國人在國內工作之私立就業服務機構之許可、停業及廢止許可。

四、前項第六款及前款以外私立就業服務機構之管理。

五、其他有關國民就業服務之配合事項。

第三十八條

辦理下列仲介業務之私立就業服務機構，應以公司型態組織之。但由中央主管機關設立，或經中央主管機關許可設立、指定或委任之非營利性機構或團體，不在此限：

一、仲介外國人至中華民國境內工作。

二、仲介香港或澳門居民、大陸地區人民至臺灣地區工作。

三、仲介本國人至臺灣地區以外之地區工作。

第四十條

私立就業服務機構及其從業人員從事就業服務業務，不得有下列情事：

一、辦理仲介業務，未依規定與雇主或求職人簽訂書面契約。

二、為不實之廣告或揭示。

三、違反求職人意思，留置其國民身分證、工作憑證或其他證明文件。

四、扣留求職人財物或收取推介就業保證金。

五、要求、期約或收受規定標準以外之費用，或其他不正利益。

六、行求、期約或交付不正利益。

七、仲介求職人從事違背公共秩序或善良風俗之工作。

八、接受委任辦理聘僱外國人之申請許可、招募、引進或管理事項，提供不實資料或健康檢查檢體。

九、辦理就業服務業務有恐嚇、詐欺、侵占或背信情事。

十、違反雇主之意思，留置許可文件或其他相關文件。

十一、對主管機關規定之報表，未依規定填寫或填寫不實。

十二、未依規定辦理變更登記、停業申報或換發、補發證照。

十三、未依規定揭示私立就業服務機構許可證、收費項目及金額明細表、就業服務專業人員證書。

十四、經主管機關處分停止營業，其期限尚未屆滿即自行繼續營業。

十五、辦理就業服務業務，未善盡受任事務，致雇主違反本法或依本法所發布之命令。

第四十二條

為保障國民工作權，聘僱外國人工作，不得妨礙本國人之就業機會、勞動條件、國民經濟發展及社會安定。

＊行政院勞工委員會（八八）臺勞職外字第〇九〇四一四八號

要旨：

關於申請聘僱外勞之雇主如拒不參加徵才活動者，其外勞申請案不予許可有關事項。

主旨：

茲公告製造業、營造業申請聘僱外勞之雇主如拒不參加公立就業服務機構辦理之徵才活動者，其外勞申請案不予許可有關事項。

公告事項：

為落實改善雇主申請外籍勞工前，依規定辦理國內招募作業，凡製造業、營造業申請聘僱外籍勞工於辦理國內勞工招募求才登記日前一個月內，接獲公立就業服務機構以雙掛號通知邀請參加徵才活動，而拒不參加徵才活動或參加但無正當理由拒絕求職人者，將依違反本法第四十一條及本辦法第八條第一項規定，不予招募許可；已核准者，得中止其引進。

＊行政院勞工委員會（八五）臺勞職外字第一四六八九七號

要旨：

關於所詢聘請外國人來臺為短期學術性演講是否須經申請許可乙案

全文內容：

一、依就業服務法（以下簡稱本法）第四十一條規定，為保障國民工作權，聘僱外國人工作，不得妨礙本國人之就業機會、勞動條件、國民經濟發展及社會安定。另本法第四十二條規定，外國人未經雇主申請許可，不得在中華民國境內工作。

二、關於本案所詢「學術性演講」是否須經申請乙節，倘演講者係受聘來華與主辦單位間有聘僱關係者，依本法第四十二條規定，自應申請許可始得在華工作。

＊行政院勞工委員會（八五）臺勞職外字第一〇八二〇八號

要旨：

對於在航空器內從事工作之外籍空服員，是否適用就業服務法之規定

全文內容：

一、依本會八十二年九月廿一日臺(82)勞職業字第五六五〇四號函釋規定，對航空公司之國外分公司於該地僱用當地公民擔任空服員，其聘僱行為及對外國人之指揮、監督、管理均由該分公司獨立為之，且該受聘僱外國人之工作區域如非在我國國境內，自非屬本法所指之中華民國境內從事工作，自可不適用就業服務法。

二、揆諸上開函釋意旨，如受聘僱之外國人其工作區域在我國國境，自有就業服務法之適用；本案外籍空服員係從事於新加坡與臺灣間航段工作，即有在我國領空上工作之事實，而有就業服務法規定之適用，應依就業服務法第四十四條第二項規定，向目的事業主管機關申請許可。

＊行政院勞工委員會（八三）臺勞職業字第六九五五七號

要旨：

有關事業單位引進外籍勞工後，將其原外包工程收回由外籍勞工擔任，致損害承攬人所僱勞工之工作權時，是否違反就業服務法規定，以及應如何處理疑義。

全文內容：

按就業服務法第四十一條規定：「為保障國民工作權，聘僱外國人工作，不得妨礙本國人之就業機會、勞動條件、國民經濟發展及社會安定。」甲公司既將裝卸業務發包給乙公司，如以引進外籍勞工為由，遽而將該發包業務收回，致使乙公司聘僱之本國勞工工作權受到侵害，實已違反上開規定，蓋該條規定並不僅在直接影響始有適用，間接影響亦適用之，故而，甲公司僅能在不妨礙乙公司聘僱之本國勞工工作權之情形下，加以運用外籍勞工。

第四十三條

除本法另有規定外，外國人未經雇主申請許可，不得在中華民國境內工作。

＊臺灣高等法院暨所屬法院八十六年法律座談會　刑事類提案第四十六號

法律問題：

就業服務法第五十八條以「聘僱」或留用為處罰要件，聘僱之定義是否包含有償性並兼及於無償性之工作？設某甲國內外銷廠商替日商「NATIONAL」廠牌從事 OEM 代工者，倘「NATIONAL」日商派遣日籍幹部至某甲廠內從事技術指導，在臺薪資、開支均由日廠給付，某甲廠商及負責人是否違反就業服務法第五十八條之罪？

討論意見：

甲說：肯定說。

按就業服務法第四十二條所指工作，應包括有償性及無償性之工作，業據行政院勞工委員會八十一年十月十九日臺八十一勞職業字第三六一之八函釋可按。故即令外國人無償為本國人工作，本國人仍構成就業服務法第五十八條之犯罪。

乙說：否定說。

按就業服務法第五十三條第一款規定，雇主不得聘僱未經許可或許可失效之外國人。違反本條款之規定，雇主應負同法第五十八條之刑事責任。然就業服務法就本條之「聘僱」行為，並無特別之定義，自應回歸民法有關僱傭之規定予以解釋。次按，民法第四百八十二條規定，稱僱傭者，謂當事人約定，一方於一定或不定之期限內為他方服勞務，他方給付報酬之契約。故民法之僱傭契約，性質上為有償性、雙務性契約。再按，就業服務法第四十二條規定，外國人未經雇主申請許可，不得在中華民國境內工作。違反本條規定者，該外國人固應負同法第六十二條第一項之行政刑罰責任。惟該外國人為其所工作之人，仍應符合同法第五十三條所定之雇主及聘僱之要件，始得以同法第五十八條之罪相繩。勞委會上開解釋，僅係就同法第四十二條所規定之「工作」所為之定義上解釋，而非針對同法第五十三條之「聘僱」行為，尚不得以該解釋比附

援引或類推適用，而認聘僱行為亦包括有償性及無償性之工作契約在內。況外國人替本國人義務工作，既不致影響本國人之就業機會或勞動條件（就業服務法第四十一條參照），兼有提昇吾國技術條件之機會（如本問題），倘以就業服務法第五十八條之規定處罰，非但與本法之立法意旨未合，且有礙商機，阻撓經濟發展。

初步研討結果：擬採乙說。

審查意見：採乙說。

研討結果：改採甲說。

*司法院（八三）廳刑一字第〇二八一五號

法律問題：

甲向勞委會依法申請許可泰籍勞工一名在甲廠工作一年，於聘僱許可有效期間內，甲嫌該泰籍勞工工作不力，乃將其轉介予友人乙，由乙未經許可聘僱在乙廠工作，則甲之行為如何處斷？

研討意見：

甲說：

本件外國人受甲聘僱從事工作，在聘僱許可有效期間內，轉換雇主由乙聘僱，依就業服務法（下稱本法）第五十條規定，應事先由甲、乙共同申請許可，惟違反上開規定者，本法第六章之罰則並無處罰明文，故甲並無罪責可言。

乙說：

甲指派所聘僱之外國人予乙，從事申請許可以外之工作，違反本法第五十三條第四款之規定，應依六十二條規定處罰。

丙說：

甲係以本人名義聘僱外國人為他人工作，違反本法第五十三條第二款之規定，應依本法第五十八條處斷。

丁說：

乙係未經許可聘僱他人所申請聘僱之外國人，違反本法第五十三條第三款之規定，應依本法第五十八條處斷。甲則視其犯意，論以前項之幫助犯或共犯。

戊說：

本件外國人既非法為乙工作，且出自甲之居間介紹，故甲違反本法第五十六條所定：「任何人不得媒介外國人非法為他人工作」之規定，應依本法第五十九條處斷。

研討結果：採戊說。

臺灣高等法院審核意見：贊同結論，擬採戊說。

司法院刑事廳研究意見：

按外國人未經雇主申請許可，不得在中華民國境內工作。就業服務法（下稱本法）第四十二條定有明文。又外國人在聘僱許可有效期間內，除本法第五十條但書所列情形

不得轉換雇主及工作外，如需轉換雇主或工作，依同條前段規定，應事先由新雇主與原雇主共同申請許可，方始適法。本件該泰籍勞工轉換雇主由乙聘僱在乙廠工作，既未依上開規定申請許可，自屬外國人在我國境內非法為他人工作，為法所不許。是甲雖係該泰籍勞工之原雇主，惟未經申請許可逕自從中居間轉介予乙，其行為足認已違反本法第五十六條：「任何人不得媒介外國人非法為他人工作」之規定，應依本法第五十九條處罰。臺灣高等法院審核意見採戊說，尚無不合。

＊行政院勞工委員會（八七）臺勞職外字第○四一四五三號

要旨：

短期補習班聘僱之外籍教師於聘僱期間解聘時，依就業服務法第五十四條規定，是否須出境後才得以再另由他補習班申請聘僱疑義。

主旨：

有關　貴部函詢短期補習班聘僱之外籍教師於聘僱期間解聘時，依就業服務法第五十四條規定，是否須出境後才得以再另由他補習班申請聘僱疑義乙案，復如說明，請查照。

說明：

一、復　貴部八十七年九月十六日臺 (87) 社㈠字第八七一○○八五二號函。

二、按外國人未經雇主申請許可，不得在中華民國境內工作，既為就業服務法（以下簡稱本法）第四十二條所明定。故外國人於入境時，由雇主為其申請取得聘僱許可，惟於其與原雇主中途解約致聘僱關係消滅時，其原取得之聘僱許可應依本法第五十四條第一項第三款規定撤銷之。

三、復依本法第五十條規定可知，外國人受聘僱從事工作，在聘僱許可有效期間內，如需轉換雇主或工作，應「事先」由新雇主與原雇主共同申請許可。另依本會八十二年一月十四日臺 (82) 勞職業字第三二三七四號函釋，本法第五十條所謂「應事先由新雇主與原雇主共同申請許可」，係指由原雇主出具同意函，由新雇主持該同意函，據以申請，而轉換至新雇主處服務。是以外國人經與原雇主解除聘僱關係如無新雇主申請聘僱該名外國人並獲核准前，該名外國人在華工作均屬違反首揭規定。

四、綜上所述，短期補習班聘僱之外籍教師與雇主中途解約致聘僱關係消滅者，若事先已由原雇主出具同意函，由新雇主持該同意函據以申請將該名外國人轉換至新雇主處服務，即不須俟該外國人出境後才得由新雇主（其他補習班）申請聘僱。惟該名外國人若與原雇主中途解約致聘僱關係消滅，並經本法第五十四條撤銷聘僱許可而無新雇主申請聘僱該名外國人並獲准者，則該名外國人自應依本法第五十四條第二項規定出境。（相關法條：就業服務法第四十二、五十四條 (86.05.21)）

＊行政院勞工委員會（八六）臺勞職外字第○九○○二○一號

要旨：

外國人來臺做短期技術輔導是否須辦理工作許可疑義

全文內容：

一、依就業服務法（以下簡稱本法）第四十二條規定，所謂之工作僅需有勞務之提供
　　或工作之事實即屬之，故外國人士來華從事技術輔導或貨品查驗事宜係有勞務提
　　供之事實，仍應依本法規定申請工作許可。

二、另依本法第四十四條規定，雇主聘僱外國人從事本法第四十三條第一項第一款至
　　第六款工作，應檢具有關文件向各目的事業主管機關申請許可，至其許可及管理
　　辦法，由各中央目的事業主管機關會同中央主管機關定之。

三、準上說明，有關該等外國人來華從事技術督導及貨品查驗工作，應依經濟部與本
　　會會銜發布之「公民營事業聘僱外國專門性技術性工作人員暨僑外事業主管許可
　　及管理辦法」之規定，向經濟部投資審議委員會申請許可。

＊行政院勞工委員會（八五）臺勞職外字第一二一六八三號

要旨：

國外廠商依照其與我國廠商簽訂之技術合作契約，所派遣至我國從事短期技術指導或
協助研發工作之技術人員，是否須向本會申請許可？及應由何人提出申請之疑義。

全文內容：

一、有關國外廠商依照其與我國廠商簽訂之技術合作契約，所派遣至我國從事短期技
　　術指導或協助研發工作之技術人員，所從事之業務，依據就業服務法施行細則第
　　十五條規定，係屬就業服務法第四十三條第一項第一款所稱專門性或技術性工作，
　　仍需申請工作許可；至於其許可之申請及要件，應依各中央目的事業主管機關根
　　據就業服務法第四十四條規定，所訂定之相關外國人來華工作許可及管理辦法辦
　　理之。

二、另關於應由何人提出申請部分，依公民營事業聘僱外國專門性技術性工作人員暨
　　僑外事業主管許可及管理辦法第四條規定，因國外法人（廠商）係為履行契約之
　　需要，而須派遣外國人在中華民國境內從事專門性或技術性工作，若該外國法人
　　（廠商）在中華民國境內設有分公司或代表人辦事處者，應由其分公司或代表人
　　辦事處向經濟部提出申請；若該外國法人（廠商）在臺並無設立分公司或代表人
　　辦事處，則應由其訂約之我國廠商向中央目的事業主管機關（經濟部）提出申請。

＊行政院勞工委員會（八五）臺勞職業字第一〇九一四六號

要旨：

關於　貴會所詢外籍人士申請工作許可疑義乙案

全文內容：

一、依就業服務法（以下簡稱本法）第四十二條規定，外國人未經雇主申請許可，不

得在中華民國境內工作。在雇主未依法向各目的事業主管機關或本會申請獲准聘
僱（工作）許可前，依前開規定，該外國人自不得在華工作；即或外國人於入境
時，取得聘僱（工作）許可，惟於其與原雇主聘僱關係消滅或聘僱許可期間屆滿
時，其原取得之聘僱（工作）許可，應即失效，並應依本法第五十四條第一項第
三款規定予以撤銷之，是以如無新雇主申請聘僱該等外國人並獲核准前，該等外
國人在華工作均屬違反首揭規定。另查違反本法第四十二條規定者，依第六十二
條規定處新臺幣三千元以上三萬元以下罰鍰，警察機關並得限期令其出境。

二、按雇主未經申請許可聘僱外國人，違反本法第五十三條規定，依本法第五十八條
　　規定係屬刑事責任，應由司法機關依客觀事實個別認定之。另依同條第二項規定
　　雇主為法人或自然人均無不可，對違反第五十三條之處罰，包括法人之代表人、
　　法人或自然人之代理人、受僱人或其他從業人員。

三、綜上說明，　貴基金會來函所謂之「未登記案例」，外國人與雇主均已違反就業服
　　務法規定，尚請　貴基金會一本支持本會立場，宣導渠等遵守我國法令，以免誤
　　蹈法網。

＊行政院勞工委員會（八四）臺勞職業字第一四四六二六號

要旨：

尼泊爾等國弘法人士，來華從事翻譯及編印佛書等有償性工作，是否應受「就業服務
法」規範。

全文內容：

一、復　貴部八十四年十一月廿九日外領二字第八四三二二五六四號函。

二、查就業服務法第四十二條規定外國人未經雇主申請許可，不得在中華民國境內工
　　作。該項工作包括有償性及無償性者均屬之，業經本會八十一年十月十九日臺（八
　　一）勞職業字第三六一六五號函釋在案，對於外籍宗教人士來華從事傳教工作者，
　　為免招致國際上誤認我國以立法限制宗教自由，而有損國家形象，故該等傳教之
　　神職人員可不受上開法令規範，至其餘從事非屬傳教工作者，仍須經許可，復為
　　本會八十二年七月九日臺（八二）勞職業字第三三二○三號函釋在案。

三、上開所謂傳教工作者，依本會編印之中華民國職業分類典二九五・○一神職宗教
　　工作者之定義為「主持宗教之崇拜誓約及命名儀式，並為信徒提供精神及道德方
　　面之輔導」，併請參考。

四、至非屬傳教工作者受聘僱來華從事工作之受理申請機關，請依本會八十四年一月
　　廿六日召開「研商雇主聘僱外國人從事就業服務法第四十三條第一項第一款所稱
　　專門性或技術性工作之受理申請機關認定問題會議紀錄」認定辦理之。

＊行政院勞工委員會（八四）臺勞職業字第一三九四三四號

要旨：

有關外國人經雇主依規定申請來華工作，因違反就業服務法第五十四條第一項第一或第二款者，其行為是否亦屬同法第四十二條規定之適用疑義。

全文內容：

一、查外國人經雇主申請來華工作期間，同時受僱於為其申請許可以外之雇主或從事許可以外之工作者，係違反就業服務法第五十四條第一項第一或第二款規定，應依法撤銷其聘僱許可；惟其同時受僱於為其申請許可以外之雇主或從事許可以外工作，該行為雖有「未經雇主申請許可」之情形，但其究係經合法雇主申請許可，才得以入境工作，其只是受僱於為其申請許可以外之雇主或從事許可以外之工作，應無違反同法第四十二條規定。

二、又外國女子持觀光護照或其他證件入境後透過媒介在各飯店、旅社從事賣淫，其行為依本會八十三年三月廿一日臺 (83) 勞職業字第四二四二八號函釋所釋，係違反就業服務法第四十二條規定，應依本法第六十二條規定，處以罰鍰。

＊行政院勞工委員會（八三）臺勞職業字第六四〇六三號

要旨：

有關　貴部函詢〇〇縣政府核發之營利事業登記證可否作為外國人來華從事自營工作者，申請在臺長期居留之相關機關之許可文件疑義。

全文內容：

按就業服務法第四十二條規定，外國人未經雇主申請許可，不得在中華民國境內工作。是以，外國人受聘僱在臺工作者，須經雇主申請許可，查本案外僑〇〇來華從事自營生意，並非聘僱之情事，當無須依就業服務法相關規定申請許可。該外僑領有〇〇市政府建設局及〇〇縣政府核發之營利事業登記證，係依商業登記法所為之營業許可，顯與就業服務法所核發之聘僱許可不同，因此，得否以營利事業登記證作為申請在臺長期居留之文件，非屬本會職權，復請　查照。

＊行政院勞工委員會（八三）臺勞職業字第三六二三五號

要旨：

就業服務法第四十二條之適用範圍疑義

全文內容：

按就業服務法第四十二條規定：「外國人未經雇主申請許可，不得在中華民國境內工作」，係指外國人未經雇主依就業服務法及其相關法規規定申請許可或許可已失效者，不得在中華民國境內工作而言。至於外國人如業經核准受聘僱，且其工作許可亦未失效，設由申請雇主非法轉為他人工作者，該外國人係構成同法第五十四條第一項第一、二款撤銷許可之事由，並不另違反同法第四十二條之規定。

＊行政院勞工委員會（八三）臺勞職業字第三五二三四號

要旨：

外籍華僑與本國人民合夥經營事業，該外籍華僑基於合夥身分，在該事業義務參與指導，是否須依規定申請許可。

全文內容：

一、按外國籍股東依公司法規定，如具執行業務或代表公司之股東或董事身分者，就其法律上地位及與公司間法律關係而言，尚無就業服務法之適用。

二、至於屬合夥之法律關係者，依民法合夥之有關規定，合夥人之身分如具執行業務或代表合夥組織之身分者，亦不適用就業服務法之規定。

＊行政院勞工委員會（八三）臺勞職業字第二〇二二〇號

要旨：

法務部函詢德籍上訴法院法律助理申請來華實習，應否辦理聘僱申請疑義。

全文內容：

依本會於八十一年七月十六日邀請教育部、內政部、僑務委員會等有關單位研商決議：外國大專學生或畢業學生基於平等互惠原則及國際學術交流目的來華研習，可不視為來華工作，惟研習期間不應過長，並須訂定研習計劃，於研習期間領有薪資者，應依就業服務法規定申請工作許可。因之，本案德籍上訴法院法律助理申請來華實習乙節，就該實習性質、期間長短、該項學術交流有無符合互惠原則等，宜請　貴部予以研究，並規範之。

＊行政院勞工委員會（八三）臺勞職業字第一五六四〇號

要旨：

外籍航空公司之外籍職員是否適用「就業服務法」規定疑義

全文內容：

就業服務法第四十二條至第四十四條規定，外國人未經雇主申請許可，不得在華工作；外國人從事專門性或技術性之工作，應檢具有關文件向各目的事業主管機關申請許可。第五十三條規定，雇主不得聘僱或留用未經許可之外國人；如有違反，外國人依同法第六十二條之規定處罰，警察機關定期限令出境，逾期不出境者，得強制出境，而違法僱用之雇主，依同法第五十八條之規定，應予移送法辦。有關外籍航空公司派其所聘僱之外籍職員於我國機場櫃檯內作業或經借證進入管制區參與航機作業，該外籍職員既係在中華民國境內從事工作，自應適用就業服務法等相關規定。另依第五十七條規定，警察機關得指派人員攜帶證明文件，至外國人工作之場所或可疑有外國人違法工作之場所實施檢查。

＊行政院勞工委員會（八二）臺勞職業字第四八六五六號

要旨：

有關國外大專或研究所之外國學生，必須在企業界實習一段時間並提出報告始得畢業，而選擇前來我國實習，由提供實習機會之企業給予生活津貼，是否有違就業服務法規

定疑義。

全文內容：

外國學生來華實習應本國際平等互惠原則及國際學術交流目的，且不涉及勞務之提供，其支給之獎金如非勞務之報酬，應無違反就業服務法。有關○○公司擬提供實習，其研習性質、期間長短、是否有無符合互惠原則，宜逕洽教育部。

＊行政院勞工委員會（八二）臺勞職業字第二六二一八號

要旨：

關於○○市政府函報香港籍勞工非法工作已依規定遣送離境，是否仍須對渠等外籍勞工處罰鍰疑義。

全文內容：

關於○○市政府對香港籍非法外籍勞工是否須處罰鍰問題，請先查明該三名香港籍勞工是否具有雙重國籍？如該三名香港籍勞工不具有雙重國籍，而僅有香港籍，並持臺灣地區人民出入境證出入境者，並不適用就業服務法第六十七條之規定，即無須依同法第四十二條規定由雇主申請工作許可，而可在我國境內工作。

＊行政院勞工委員會（八二）臺勞職業字第一七○九三號

要旨：

有關國內廠商與國外廠商簽訂技術合作契約，由該國外廠商派遣技術人員來臺做短期技術指導，是否適用就業服務法疑義。

全文內容：

查就業服務法第四十二條規定：「外國人未經雇主申請許可，不得在中華民國境內工作」。其規範意旨在於外國人未經許可，不得在中華民國境內工作。所詢由該國外廠商派遣技術人員來臺做短期技術指導乙節，既係聘僱外國人在中華民國境內工作，自應適用就業服務法等相關規定。

＊行政院勞工委員會（八一）臺勞職業字第三六一六五號

要旨：

關於就業服務法第四十二條規定，外國人未經雇主申請許可，不得在中華民國境內工作，其工作定義係單指有償性質或兼指無償性質疑義。

全文內容：

一、就業服務法第四十二條所指工作應包括有償及無償性之工作。有償性之工作，須以雇主給付報酬或工資為要件，且該項給付不論以何種方式、何時給付及由誰給付均屬之。

二、有關外國公司指派其員工來華就其所採購之商品從事短期生產指導、監督、驗貨等業務，依據就業服務法施行細則第十五條規定，係屬就業服務法第四十三條第一項第一款所稱專門性或技術性工作，仍須申請工作許可。對於派至我國國內或

分公司辦理業務者，仍應取得許可，其許可之申請及要件應依各有關中央目的事業主管機關根據就業服務法第四十四條之規定所訂定之相關外國人來華工作之許可及管理辦法辦理。

*行政院勞工委員會（八一）臺勞職業字第三四〇九四號

要旨：

關於外籍人士在華非法工作，科處罰鍰執行疑義。

全文內容：

有關警察機關查獲非法外籍勞工非法工作，因違反就業服務法第四十二條之規定，依同法第六十二條應處罰鍰，惟主管機關接獲警方移送就業服務法罰鍰案件通知書時，該非法外籍勞工已出境，致其違反就業服務法之罰鍰案件無法執行，今後非法外籍勞工經警察單位查獲後，應即協調當地主管機關及時執行罰鍰為宜，如該非法外籍勞工既已出境，暫可不執行該項罰鍰。

*行政院勞工委員會（八一）臺勞職業字第三三九六八號

要旨：

法國政府派遣來華服務於法商機構之實習生，須否依就業服務法規定申辦工作許可之疑義。

全文內容：

有關法國政府派遣實習生來華服務於法商機構，鑒於該等實習生在華期間之津貼、保險、福利及管理均由法國政府及其駐華機構負責，請外交部基於平等互惠原則，並依就業服務法第四十六條規定辦理。

*行政院勞工委員會（八一）臺勞職業字第三三九六七號

要旨：

國外大學或研究所之外國學生，利用寒暑假前來我國實習，支領獎助金，有無違反就業服務法疑義。

全文內容：

外國學生來華實習應本國際平等互惠原則，且不涉及勞務之提供，其支給之獎助金如非勞務之報酬，利用寒暑假期間來華實習，應無違反就業服務法。惟來華實習期間應有實習計畫，實習期間不宜過長，以免變相僱用而影響國人就業機會。

*行政院勞工委員會（八一）臺勞職業字第三〇七九〇號

要旨：

外國大專學生或畢業生來華研習，研習期間由研習企業機構發給薪資，是否受就業服務法之限制疑義。

全文內容：

外國大專學生或畢業生基於平等互惠原則及國際學術交流目的來華研習，可不視為來

華工作,惟研習期間不應過長,並須訂定研習計畫。於研習期間領有薪資者,應依就業服務法規定申請工作許可。有關外國大專學生來華研習性質、期間長短、該項學術交流有無符合互惠原則等,宜請教育部予以研究並規範之。

*行政院勞工委員會(八一)臺勞職業字第二○七二四號

要旨:

有關就業服務法施行前,具雙重國籍未在本國設籍之華僑持我國護照入境受僱工作,於該法施行後,可否繼續工作之疑義。

全文內容:

一、查外國人於中華民國境內從事工作者,於就業服務法公布施行後均須受該法第四十二條之規範,由雇主向有關機關申請許可後,始得工作。

二、該法於立法時,為解決雇主於該法施行前,已依有關法令向權責機關申請核准受聘僱在我國境內從事工作之外國人之事實,於該法制定時,特作第六十六條之規定,對渠等外國人,於本法施行後其原核准工作期間尚未屆滿者,在屆滿前,得免依該法之規定申請許可,以為過渡。

三、得否適用就業服務法第六十六條之規定,宜依事實個案認定之。

*行政院勞工委員會(八一)臺勞職業字第一九七八五號

要旨:

外籍人士擺設地攤,販賣手工藝品、圖刊,並無受僱於雇主是否違反就業服務法第四十二條之疑義。

全文內容:

依據就業服務法第四十二條規定,外國人未經雇主申請許可,不得在中華民國境內工作。是以外國人未經雇主申請許可而在華工作者,則違反就業服務法之規定。至於外國人來華從事自營工作者,應經有關機關之許可始能從事之,且不得與來華簽證目的相違。

*行政院勞工委員會(八一)臺勞職業字第一八九二○號

要旨:

關於社會團體聘僱外國人士為工作人員,因就業服務法業已公布施行,其法規之適用疑義。

全文內容:

一、根據就業服務法第四十二條規定:「外國人未經雇主申請許可,不得在中華民國境內工作」。同法第四十三條並明定外國人在華得從事之工作限於第一項所規定之各款之一,其中第一項第一款至第六款所定工作,因涉及各目的事業主管機關,故同法第四十四條、第四十六條及第四十七條明定授權各相關之中央目的事業主管機關分別訂定許可及有關聘任管理辦法,以為各中央目的事業主管機關許可其該

管事業單位申請聘僱外國人之許可及管理。

二、至於有關社會團體如需聘僱外國人，應依該外國人受聘僱所從事之工作區分其所應適用之款次，惟除同法第四十三條第一項第一款至第六款所定之工作依該法第四十四條應分別向各中央目的事業主管機關申請許可外，如符同法第四十三條第一項第八款經中央主管機關所指定之工作，或從事第四十三條第一項第九款其他工作性質特殊，國內缺乏該項人才，在業務上確有聘僱外國人從事該工作之必要者，應依該法第四十五條之規定，向中央主管機關申請許可。此「中央主管機關」依該法第六條之規定係指本會。

*行政院勞工委員會（八一）臺勞職業字第一七八二七號

要旨：

公司之外籍負責人或員工可否擔任其他公司業務人員之疑義

全文內容：

查就業服務法第二條規定僱主之定義，係指聘僱用員工從事工作者。又依同法第四十二條規定，外國人未經僱主申請許可，不得在中華民國境內從事工作。故公司之外籍負責人，接受其他事業單位聘僱為總經理，如其他法律未予禁止者，自應依就業服務法第四十三條、第四十四條規定申請許可。至於應聘來我國之外籍人員，可否擔任二家以上公司之業務人員，應視其工作性質由各目的事業主管機關依權責決定。

第四十四條

任何人不得非法容留外國人從事工作。

第四十五條

任何人不得媒介外國人非法為他人工作。

*司法院（八四）廳刑一字第〇七二六〇號

法律問題：

甲係 A 股份有限公司（下稱 A 公司）之總經理，而 A 公司為一合法私立就業服務機構。A 公司與乙簽訂居間契約，約定由乙居間報告國內僱主欲聘僱外國人之機會，於國內僱主取得主管機關許可聘僱外國人，並由 A 公司媒介外國人至國內為僱主工作。則乙是否違反就業服務法第五十六條之規定？甲是否因 A 公司與乙間定有居間契約，而違反就業服務法第五十六條之規定？

討論意見：

甲說：否定說。

一、就業服務法第五十六條之規定：任何人不得媒介外國人非法為他人工作。其目的在禁止任何人媒介國內僱主未經主管機關許可擅自聘僱外國人至國內工作，且按民法上居間契約係指當事人約定，一方為他方報告訂約之機會，或為訂約之媒介，他方給付報酬之契約。乙僅報告國內僱主欲聘僱外國人至國內工作之機會予 A 公

司，而國內雇主均係取得主管機關許可聘僱外國人後，始由 A 公司引進外國人至國內工作。則實際從事人才仲介者為 A 公司，乙自無違反上開就業服務法之規定。

二、甲為 A 公司執行業務總經理，而居間契約僅存在 A 公司與乙之間，與甲無關，且實際從事國外人力仲介者係 A 公司，再如右述乙並無違反就業服務法第五十六條之規定，則甲亦無違反上開就業服務法之規定。

三、按刑法採罪刑法定主義，僅在有利於被告時始得擴張解釋，而 A 公司與乙間之居間契約僅由乙報告國內雇主欲聘僱外國人之機會，實際從事人才仲介者為合法之私立服務機構 A 公司，乙自無違反上開就業服務法之規定。此如同 A 公司客戶丙，因 A 公司仲介外國人才適宜，另行介紹其他雇主約定由 A 公司引進外國人合法至國內工作，丙亦無違反上開規定。否則居間契約並非要式契約，丙之媒介行為，與 A 公司間亦成立居間契約，如謂丙亦違反就業服務法第五十六條之規定，此顯有違背丙之本意。又甲僅係執行公司業務，亦無從事媒介行為，當無違反上開規定。

乙說：肯定說。

一、按規定就業服務法第五十六條之目的，除規範國內雇主未經主管機關許可擅自非法聘僱外國人至國內工作外，仍禁止非法私立就業服務機構從事職業仲介。乙雖僅報告雇主欲聘僱外國人至國內工作之機會予 A 公司，此種行為似在規避上開法條之適用，乙自應認有違反上開法律之規定。

二、甲為 A 公司實際從事業務之人，與乙應有犯意聯絡及行為分擔，自係共同正犯。

審查意見：

擬採甲說。就業服務法第五十六條立法重點在於「非法為他人工作」，國內僱主如取得主管機關許可聘僱外國人，似難指外國人為非法為他人工作。

研討結果：照審查意見通過。

司法院刑事廳研究意見：同意研討結果。

＊法務部（八四）檢㈡字第一六三八號

法律問題：

甲為乙公司之負責人，與從事模板業之丙共謀，由甲以乙公司名義申請僱用外籍勞工一名（申請之工作為車床工作），經主管機關許可後，甲將該名外勞無償讓給丙僱用（即薪津由丙支付）而從事模板工作，嗣被告查獲，問甲、丙二人各違反就業服務法何條之規定。

討論意見：

甲說：

甲丙二人均違反就業服務法第五十三條第一款之規定。因丙僱用外勞未經許可，加以外勞所從事之工作與當初申請聘僱時所填報之工作性質亦不同。又因甲丙二人有犯意

之聯絡，所以甲丙二人均違反該條款之規定。

乙說：

甲丙二人均違反就業服務法第五十三條第三款之規定：因丙僱用該名外勞，雖未經許可，但該名外勞畢竟是由乙公司合法申請聘僱的，故丙違反該條款之規定。又因與丙有犯意之聯絡，故甲亦同屬違反此一條款。

丙說：

甲違反就業服務法第五十六條之規定。丙違反第五十三條第三款之規定：甲縱非意圖營利，但其媒介外國人非法為丙工作，故甲違反第五十六條之規定，而丙則違反第五十三條第三款之規定。

丁說：

甲違反就業服務法第五十三條第二款之規定，而丙則違反同條第三款之規定。

研討結論：採丁說。

臺高檢署研究意見：採丁說。

法務部檢察司研究意見：同意原研議結論，以丁說為當。原法律問題後段「嗣被告查獲」，宜修正為「嗣被查獲」。

第四十六條

雇主聘僱外國人在中華民國境內從事之工作，除本法另有規定外，以下列各款為限：

一、專門性或技術性之工作。

二、華僑或外國人經政府核准投資或設立事業之主管。

三、下列學校教師：

　　㈠公立或經立案之私立大專以上校院或外國僑民學校之教師。

　　㈡經立案之私立國民中小學之合格外國語文課程教師。

　　㈢公立或已立案私立實驗高級中等學校雙語部或雙語學校之學科教師。

四、依補習教育法立案之短期補習班之專任外國語文教師。

五、運動教練及運動員。

六、宗教、藝術及演藝工作。

七、商船、工作船及其他經交通部特許船舶之船員。

八、海洋漁撈工作。

九、家庭幫傭。

十、為因應國家重要建設工程或經濟社會發展需要，經中央主管機關指定之工作。

十一、其他因工作性質特殊，國內缺乏該項人才，在業務上確有聘僱外國人從事工作之必要，經中央主管機關專案核定者。

從事前項工作之外國人，其工作資格及審查標準，由中央主管機關會商中央目的事業主管機關定之。

　　雇主依第一項第八款至第十款規定聘僱外國人，須訂立書面勞動契約，並以定期契約為限；其未定期限者，以聘僱許可之期限為勞動契約之期限。續約時，亦同。

＊八四判字第一五二四號

　要旨：

　〔原告係美國人，其母在勞工保險條例實施區域外之美國死亡，被告不准原告喪葬津貼之申領，揆諸就業服務法第四十三條規定，核無不合〕

　按「本條例施行區域，由行政院以命令定之。」為勞工保險條例第七十八條所明定。又依就業服務法第四十三條第五項規定「第一項各款聘僱之外國人，其眷屬在勞工保險條例實施區域外，罹患傷病、生育或死亡時，不得請領各該事故之保險給付。」而行政院六十八年六月二十九日臺六十八勞字第六三六一號令，指定臺灣省、臺北市、高雄市及福建省之金門、馬祖為勞工保險條例施行區域。卷查本件原告之國籍為美國，有原處分卷附其妻王○設籍高雄市楠梓區之戶籍登記謄本可稽。而原告之母林○○秋則係於民國八十二年十二月在美國死亡，亦有死亡證明書影本附原處分卷可按，其保險事故發生在勞工保險條例施行區域外，被告不准原告喪葬津貼之申領，揆諸首揭規定，核無不合，審議及一再訴願決定遞予維持，亦無違誤。至原告起訴主張，其母係因多病纏身，難以醫治，乃赴美就醫，因心肺衰竭，逝於美國。其每月按規定繳納勞工保險費，何以在國內出生之華僑，返國貢獻研究心力，只負保險費義務，不得享有保險權利，有失公平云云。惟查外國人之眷屬在勞工保險條例實施區域外死亡時，不得請領保險給付，既為就業服務法第四十三條所明定，而原告係美國人，其母又係在勞工保險條例實施區域外之美國死亡，被告格於此項法律之規定，不准原告喪葬津貼之請領，即非無據。原告起訴意旨，仍執前詞指摘，難謂有理。

＊法務部（八七）法律字第○三四八七五號

　要旨：

　關於外籍教師於聘僱期滿擬不續聘時，應適用就業服務法抑或教師法之規定疑義。

　主旨：

　關於教育部函詢外籍教師於聘僱期滿擬不續聘時，應適用就業服務法抑或教師法之規定乙案，本部意見如說明二，請　查照參考。

　說明：

一、復　貴部八十七年九月九日臺(87)人(二)字第八七○八七三四二號函辦理。

二、按就業服務法之立法意旨在於保障國人之工作權，對於外國人之聘僱、管理及解僱等事項予以規範（就業服務法第五章參照）。外國教師來臺應聘工作，自應符合該法相關規定。至於外籍教師之資格檢定與審定、聘任、權利義務、待遇等則應依教師法之相關規定辦理（教師法第二條參照）。本件外籍教師聘僱期滿，不論雇

　　主決定續聘或擬不續聘，皆應依就業服務法相關規定辦理。惟外籍教師究否應予續聘或有無續聘需要，則應依教師法等相關法規規定經各級教評會議決之。　貴部所擬之意見，本部敬表同意。

＊法務部（八六）法律字第○三九七五二號

要旨：

雇主申請聘僱外國人從事就業服務法第四十三條第一項第一款至第六款工作等案件之適法性疑義

主旨：

關於就業服務法相關條文未修正前，由　貴會統籌審理雇主申請聘僱外國人從事就業服務法第四十三條第一項第一款至第六款工作等案件之適法性疑義乙案，本部意見如說明二。請　查照參考。

說明：

一、復　貴會八十六年十月二日臺 (86) 勞職外字第○九○二三六七號函。

二、按就業服務法（以下簡稱本法）第四十四條第一項前段規定：「雇主聘僱外國人從事前條第一項第一款至第六款工作，應檢具有關文件向各目的事業主管機關申請許可。」是外國人受僱在臺工作，如為本法第四十三條第一項第一款至第六款規定之一者（以下簡稱白領外國人），自須由雇主向中央目的事業主管機關申請聘僱許可。至　貴會擬於本法修正案未完成立法程序前，由　貴會設「單一窗口」負責統籌核發白領外國人聘僱許可疑義，事涉收件作業及審核程序之協調聯繫問題，所謂「統籌核發」，究應如何作法，語意不明，如指收件後仍由各目的事業主管機關審查並核發許可文件，自非法所不許。至於行政機關間之委託是否須有法律依據？學說上有正反二說（林錫堯著「行政法要義」第七十五頁；吳庚著「行政法之理論與實用（增訂版）」第一六○頁參照），依行政院法規委員會第一九五次委員會會議結論，應分別情形考量，如其委託事項與人民權利義務有關者，原則上應有法律依據；其委託事項與人民權利義務無關者，則不限必有法規依據。

＊法務部（八五）法律決字第二七○三四號

要旨：

外國人在華工作薪津所得於一定標準以上即屬從事就業服務法第四十三條第一項第一款之專門性、技術性工作疑義。

主旨：

關於外國人在華工作薪津所得於一定標準以上即屬從事就業服務法第四十三條第一項第一款之專門性、技術性工作疑義乙案，復如說明二、三。請查照。

說明：

一、復　貴會八十五年九月廿三日臺 (85) 勞職外字第一九五七七二號函。

二、本件據來函說明二所述，　貴會召開「協適有關專門性、技術性之外國人來華工作有關事宜會議」所作決議；原則同意以外國人之在華薪津一定數額以上作為認定是否屬從事就業服務法第四十三條第一項第一款專門性、技術性工作標準之一乙節，因屬　貴會對於主管法規就業服務法之釋示，本部歉難表示意見。至於強制雇主就外國人在華薪津所得應繳納之稅捐，須能確實勾稽乙節，則屬稅捐之稽徵事項，為財政部之職掌，宜徵詢該部表示意見。

三、有關強制雇主為外國人在華薪津以銀行轉帳方式入帳及賦予事業主管機關得隨時檢查外國人之銀行帳戶是否虛報乙節，按現行法令似仍無責令雇主就外國人在華薪津，須以銀行轉帳方式入帳之明文；又公務機關對個人資料為特定目的以外之利用，係以：㈠法令明文規定者。㈡有正當理由而僅供內部使用者。㈢為維護國家安全者。㈣為增進公共利益者。㈤為免除當事人之生命、身體、自由或財產上之急迫危險者。㈥為防止他人權益之重大危害而有必要者。㈦為學術研究而有必要且無害於當事人之重大利益者。㈧有利於當事人權益者。㈨當事人書面同意者為限。「電腦處理個人資料保護法」第八條但書定有明文。本件外國人在華薪津所得如以電腦建檔，乃屬電腦處理個人資料保護法規範之個人資料，故事業主管機關除合於上揭情形之一，可隨時檢查外國人之銀行帳戶外，否則似於法無據。

＊教育部（八八）教三字第三九六三三號

要旨：

有關因試辦綜合高中教學需要，擬聘用校外學有專長之大學講師及外籍人士兼課疑義。

主旨：

貴校因試辦綜合高中教學需要，擬聘用校外學有專長之大學講師及外籍人士兼課案，請依「說明二」辦理，請　查照。

說明：

一、依據教育部八十八年二月十二日臺（八八）技㈠字第八八○二六八四號函辦理（副本諒達）並復　貴校八十八年一月十四日（八八）溪高教字第○○六七號函。

二、本案聘任兼課教師資格及程序請依現行「中小學兼任代課及代理教師聘任辦法」第三條：「中小學聘任兼任教師應就具有各該教育階段、科（類）合格教師證書或資格者聘任之。」及「綜合高中試辦學校行政處理暫行要點」貳一四：「試辦學校外聘兼代課師資依現行有關規定辦理，但稀有科目或特殊課程，得視實際需要外聘大學（含）以上相關科系畢業者擔任教學。兼任活動類科目教師專長認定及聘用，由學校依行政程序或組成委員會辦理。」規定辦理。

三、另依本廳八十二年一月七日八一教二字第一○二八○二號函、八十二年三月二日八二教一字第二七一○四號函轉教育部依據行政院勞工委員會函核復規定略以：「依就業服務法第四十三條第一項規定，外國人得在中華民國境內學校從事之教

師工作，限於公立或經立案之私立大專以上校院或外國僑民學校，餘各級學校依法不得聘僱外國人擔任教師。」本案教育部核復有關聘請外籍人士兼課部分，請依上述規定辦理。

＊教育部（八七）教一字第一一六一九〇號

要旨：

外國籍人士修畢國小師資教育學程學分，得否擔任公私立國民小學教師疑義。

主旨：

有關外國籍人士修畢國小師資教育學程學分，得否擔任公私立國民小學教師案，請依教育部函示辦理，請　查照。

說明：

一、依據教育部八十七年十二月九日臺（八七）國字第八七一三一五四八號函辦理並復屏東縣政府八十七年十月三十日八七府教學字第一八九六〇號函。

二、依教師法施行細則第四條及第六條規定，辦理初、複檢取得實習教師證書、教師合格證書，均應有國民身分證統一編號，其適用對象以具中華民國國籍者為限。另依就業服務法第四十三條規定，外國人得在中華民國境內學校從事之教師工作，限於公立或經立案之私立大專以上校院或外國僑民學校，公私立國民小學非屬就業服務法所稱之學校範圍內，依法不得聘僱外國人擔任教師。本案事涉該外國籍人士是否具有雙重國籍，請究明個案具體情形後依法本權責卓處。

＊教育部（八九）臺人㈠字第八九〇二〇二四一號

要旨：

有關校外籍教師可否兼任學術行政主管疑義

主旨：

貴校外籍教師可否兼任學術行政主管疑義乙案，復請　查照。

說明：

一、復　貴校本（八十九）年二月十六日高科大人字第八九〇五六四號函。

二、查民國八十九年二月九日修正公布施行之國籍法第二十條規定：「（第一項）中華民國國民取得外國國籍者，不得擔任中華民國公職。……但下列各款經該管主管機關核准者，不在此限：一、……與公立各級學校教師（含兼任學術行政主管人員）、……。（第二項）前項第一款至第三款人員，以具有專長或特殊技能而在我國不易覓得之人才且不涉及國家機密之職務者為限。」揆其意旨係放寬中華民國國民具雙重國籍者，若符合「具有專長或特殊技能而在我國不易覓得之人才且不涉及國家機密之職務者」之規定，得不受不得擔任中華民國公立各級學校教師（含兼任學術行政主管人員）之限制。復查國籍法之適用對象並不包括外國人，合先敘明。

三、依司法院大法官會議釋字第三〇八號解釋，公立學校聘任之教師不屬於公務員服務法第二十四條所稱之公務人員，惟兼任學校行政職務之教師，就其兼任之行政職務，仍有公務員服務法之適用。審酌公務員服務法所稱公務員並未明定包括外國人在內，且依就業服務法第四十三條規定，外國人得從事之工作並未包括兼任學校學術行政主管職務，是以，外籍教師擬兼任公立學校學術行政主管職務，目前尚無法源依據。

＊行政院勞工委員會（八五）臺勞職外字第二一九二二九號

要旨：

行政院勞工委員會就跨國企業選派新僱員工來華受訓之規定

主旨：

跨國企業選派新僱員工來華「受訓」，若具備「1.受訓對象：高中、職以上學歷、未曾在國內非法工作、從事就業服務法第四十三條第一項第七款、第八款規定之工作或受限制入境且無犯罪紀錄者。2.受訓內容：專門性、技術性項目。3.受訓期限：六個月以下」等三要點，不涉及勞務之提供並非「工作」，不受就業服務法之規範，請　查照。

說明：

依本會八十五年九月廿五日「研商有關專門性、技術性之外國人來我國短期工作、受訓有關事宜」會議決議辦理。

＊行政院勞工委員會（八五）臺勞職外字第一一七二四四號

要旨：

外國僑民學校依法可否聘僱外國人從事學校行政工作

主旨：

有關外國僑民學校依法可否聘僱外國人從事學校行政工作疑義乙案，復如說明，請查照。

說明：

一、復　貴部八十五年五月十四日臺(85)文(2)八五五〇八八〇七號函。

二、依就業服務法（以下簡稱本法）第四十一條規定，為保障國民工作權，聘僱外國人工作，不得妨礙本國人之就業機會、勞動條件、國民經濟發展及社會安定。準此，雇主聘僱外國人在中華民國境內從事之工作，除本法第四十六條、第四十七條、第四十八條另有規定外，以本法第四十三條第一項所列九款為限。

三、外國僑民學校所聘僱之行政人員，其從事之工作並非於本法第四十三條第一項第一款至第八款所規定之範圍。另本法第四十三條第一項第九款規定「其他因工作性質特殊，國內缺乏該項人才，在業務上確有聘僱外國人從事工作之必要，經中央主管機關專案核定者。」而上開行政人員之工作性質並無特殊之處，難謂國內缺乏該項人才，故不符該款規定之資格。

四、依本法第四十三條第一項第三款規定而受聘僱之外國僑民學校教師，其欲於校外從事其他工作，應由聘僱該教師之雇主依相關規定，向各該目的事業主管機關申請許可，惟是否准許外國僑民學校專任教師在外兼職，涉及教育方面之政策考量，請　貴部本諸權責卓處。

＊行政院勞工委員會（八二）臺勞職業字第三八二六〇號

要旨：

關於國內餐飲業者擬聘僱外籍專業廚師，是否符合就業服務法第四十三條第一款或第九款之規定疑義。

全文內容：

有關屬於依據「觀光旅館業管理規則」申請設立之國際觀光旅館及其所附設做外國菜之餐廳得依就業服務法第四十三條第一項第九款之規定聘僱做該種外國菜之外籍專業廚師，並應先以合理勞動條件（含聘僱標準）在國內辦理招募，經招募無法滿足其需要時，就該不足人數，並檢附有關證明文件向本會提出申請。

＊行政院勞工委員會（八二）臺勞職業字第三四七八三號

要旨：

關於就業服務法中有關外國人聘僱及管理等規定之疑義

全文內容：

一、就業服務法第四十八條第一項第一款所謂「與在中華民國境內設有戶籍之國民結婚，且獲准居留者」，其「獲准居留者」係指因與本國人結婚之原因，而取得外僑居留證者而言。

二、就業服務法第四十八條第一項第三款部分：1.所謂「獲准在中華民國境內連續受聘僱從事工作」，必須以取得目的事業主管機關之核准文件，持續受聘僱從事工作。蓋外僑居留證核發之原因頗多，本條文規定之重點，在於連續受聘工作，而非居留之連續。2.所謂「住所」，依民法第廿條第一項之規定：「依一定事實，足認以久住之意思，住於一定之地域者，即為設定其住所於該地。」故應以民法之明文規定為準，不以申請人外僑居留證上所註明者為準。3.就業服務法第四十八條第一項第三款之情形，其申請之對象，應分別觀之：⑴依本法第四十四條本文之規定「雇主聘僱外國人從事前條第一項第一款至第六款工作，應檢具有關文件向各目的事業主管機關申請許可。」⑵依本法第四十五條前段之規定：「雇主聘僱外國人從事第四十三條第一項第七款至第九款工作，應檢具有關文件向中央主管機關申請許可。」

三、本法第四十九條之聘僱期限，因依第四十八條得不受限制之規定可知。雇主聘僱第四十八條第一項之外國人，其工作許可之期間不受最長兩年之限制。

＊行政院勞工委員會（八二）臺勞職業字第三三四四四號

要旨：

就業服務法第六十七條所規定「持中華民國護照而未在臺設籍」者，在臺繼續工作及受聘僱事，函請　釋示。

全文內容：

一、就業服務法（以下簡稱本法）既已公布施行，依本法第六十七條之規定：「中國人取得中國國籍而持外國護照入境或持中華民國護照而未在國內設籍」者，在中華民國國境內工作，應準用本法外國人聘僱與管理之相關規定，申請許可。而僅有中華民國單一國籍者，雖未在國內設籍，但持中華民國護照入境，並不在本法第六十七條準用範圍之列，自無須依本法相關規定，申請工作許可。

二、為顧及就業服務法公布施行前已在華工作之外籍人士工作權益，特於本法第六十六條規定：「本法施行前，已依有關法令申請核准受聘僱在中華民國境內從事工作之外國人，本法施行後，其原核准工作期間尚未屆滿者，在屆滿前，得免依本法之規定，申請許可。」

三、各目的事業主管機關如尚未依本法第四十四條第二項之規定發布相關之許可及管理辦法，雇主欲聘僱外國人在華工作，可依下列方式處理：1.關於就業服務法第四十三條第一項第一款至第六款規定外國人得從事之工作，各目的事業主管機關原已發布而尚未廢止之許可及管理辦法，其未牴觸就業服務法部分，自得據以受理申請。2.若有部分目的事業主管機關目前無辦法可循，基於本會為就業服務法之中央主管機關，暫由本會受理雇主申請聘僱案。但雇主申請聘僱外國人所從事之工作，非就業服務法第四十三條第一項各款規定者，仍不予以受理。

＊行政院勞工委員會（八二）臺勞職業字第二六○○號

要旨：

有關教育部函詢關於短期補習班專任外語教師能否在他補習班「兼任」教師疑義

全文內容：

一、依就業服務法第四十三條第一項第四款及同法第五十三條第二款、第三款之規定，其補習班所申請聘僱之外籍語文教師不可再受他補習班聘僱於該他補習班任教。

二、關於某補習班所聘僱之外籍語文教師能否受事業單位或機關聘僱擔任教學工作乙節，如該外國語文教師係於該事業、機關或其他機關擔任外國語文教學以外之其他與外國語文學習有關之臨時性演講或示範或指導工作，經教育主管機關核備者，不違反就業服務法。

＊行政院勞工委員會（八二）臺勞職業字第二四四三七號

要旨：

因就業服務法衍生雇主資遣員工及經濟部加工出口區外籍勞工管理問題疑義

全文內容：

一、有關政府機關所僱用之技工、工友、臨時人員被資遣時，市府是否應依就業服務法第三十四條規定辦理通執乙節，查同法第二條第三款所稱雇主：指聘、僱用員工從事工作者。是以，基於私法上關係所聘僱用員工從事工作者，均應受該法之規範。　貴單位所雇用員工，係基於私法關係之聘僱用行為，嗣後如有同法第二十九條、三十四條規定情事時，自應依上開規定辦理通報。

二、關於經濟部加工出口區發生該法規定疑義，應由何機關處理一節，依同法第四十四條規定，雇主聘僱外國人從事前（四十三）條第一項第一款至第六款工作，應檢具有關文件向各目的事業主管機關申請許可，又有關許可及聘僱管理辦法由中央目的事業主管機關會同中央主管機關定之。是以，本案上開六款之外國人在華工作期間發生法規疑義，各目的事業主管機關得予受理；一般外籍勞工事宜則應由本法之主管機關辦理。

＊行政院勞工委員會（八二）臺勞職業字第○三三一四號

要旨：

有關函詢外僑或大陸人士在臺申請依親居留，尚未取得國籍者，可否憑流動戶口單及中華民國臺灣地區出入境證或護照申請報考職業駕照疑義。

全文內容：

一、依就業服務法（以下簡稱本法）第六十七條「本法關於外國人之規定，於無國籍人，中國人取得外國國籍而持外國護照入境或持中華民國護照而未在國內設籍，受聘僱從事工作者，準用之。」如　貴部所稱外僑係屬前開條文身分之一者，其欲在中華民國境內從事職業駕駛工作，如符合本法第四十三條第一項各款之一規定者，經雇主申請許可後，始得在華從事該項工作。惟外僑如適用本法第四十八條第一項各款之身分者，則得經由擬聘僱其工作之雇主依本法第四十八條第二項規定提出申請，經許可始得從事工作。

二、大陸人士在臺申請依親居留，尚未取得國民身分證，依行政院大陸委員會八十一年十一月十八日 (81) 陸法字第五二五三號函釋兩岸人民關係條例第十條之立法理由敘明：「大陸地區人民亦為中華民國人民，其雖有進入臺灣地區或臺灣地區活動或工作之自由，惟為顧及臺灣地區之人口壓力，並為維護國家安全及社會安定，實有加以限制之必要，爰於本條第一項及第二項明定大陸地區人民非經主管機關許可，不得進入臺灣地區，其經許可進入臺灣地區者，非經主管機關許可，亦不得從事與許可目的或範圍不符之活動或工作」，且「依兩岸關係條例所定須經主管機關許可事項，在各該主管機關擬定許可辦法發布施行前，應解釋為主管機關尚未許可，而不得為之」。是以，大陸人士在臺依親居留，欲憑流動戶口單及中華民國臺灣地區出入境證或護照申請報考職業駕照，應俟有關部會所擬定之僱用大陸地區人民許可辦法發布施行後始得為之。

＊行政院勞工委員會（八一）臺勞職業字第四三二四七號

要旨：

「短期補習班專任外國語文教師」一語中「專任」之定義

全文內容：

就業服務法第四十三條第一項第四款所稱短期補習班之專任外國語文教師中之「專任」
定義，係指「於申請聘僱該外籍外國語文教師之雇主所經營之短期補習班，專責擔任
教授外國語文之工作，並不得受聘於其他雇主服務而言」。

＊行政院勞工委員會（八一）臺勞職業字第三〇七五五號

要旨：

關於就業服務法第四十三條第一項及第四十八條第一項之適用疑義

全文內容：

一、查本會於八十一、七、廿七以臺八十一勞職業第二三九一九號令發布之「外國人
　　聘僱許可及管理辦法」係依據就業服務法第四十五條規定所訂定之附屬法規，其
　　適用對象限依就業服務法第四十三條第一項之規定聘僱外國人從事同條項第七款
　　至第九款工作之雇主，如聘僱外國人係從事同條第一項第一款至第六款之工作者，
　　其雇主應依各款規定工作所屬事業性質，向各該目的事業主管機關提出申請。各
　　中央目的事業主管機關應依就業服務法第四十四條第二項規定，會同中央主管機
　　關訂定許可及有關聘僱管理辦法。本案　貴企業如欲聘僱外國人從事本（就業服
　　務）法第四十三條第一項第一款至第六款之工作者，應依上述由各該中央目的事
　　業主管機關會同中央主管機關所定之許可及有關聘僱管理辦法之規定辦理申請。

二、依據就業服務法第四十八條第一項之規定，雇主聘僱之外國人如係與中華民國境
　　內設有戶籍之國民結婚，且獲准居留者，其在我國從事工作得不受第四十三條第
　　一項、第四十九條、第五十條、第五十二條及第五十四條規定之限制，該外國人
　　擬調換工作或從事許可以外之工作，依該條之規定辦理。

三、至於有關就業服務法公布施行後，具雙重國籍之中國人入境工作，應如何申請工
　　作許可證乙節，查依就業服務法第四十三條之規定，如係從事該條第一項第一款
　　至第六款之工作者，應由雇主檢具有關文件向各該目的事業主管機關申請許可，
　　如係從事該條第一項第七款至第九款之工作者，應向本會申請許可。

＊行政院勞工委員會（八一）臺勞職業字第三〇二二〇號

要旨：

僑生持求學居留簽證，於畢業後，未經申請許可，受僱從事工作，經警察機關查獲，
如何處理疑義。

全文內容：

凡取得外國國籍之僑生畢業以後，如欲在國內工作，應依就業服務法第六十七條準用

第四十三條之規定，由僱主向有關機關申請工作許可。因此，經查獲非法工作之已畢業之雙重國籍僑生，應依就業服務法有關規定處理。

*行政院勞工委員會（八一）臺勞職業字第二四六四四號

要旨：

就業服務法第四十三條第一項第二款規定有關疑義

全文內容：

就業服務法第四十三條第一項第二款所稱「華僑或外國人經政府核准投資或設立事業」，除事業另有目的事業主管機關或其業務須經特許者外，以經濟部為目的事業主管機關。至於該款事業之主管定義及範圍，除其他或特許目的事業主管機關另有規定外，以經濟部所訂定者為範圍。

*行政院勞工委員會（八一）臺勞保二字第一六三四七號

要旨：

參加勞工保險之外國籍員工，其眷屬在勞工保險條例實施區域外，罹患傷病、生育或死亡時，不得請領各該事故之保險給付。

全文內容：

依勞工保險條例第六條第三項規定參加勞工保險之外國籍員工，其眷屬在同條例實施區域外，罹患傷病、生育或死亡時，依就業服務法第四十三條第五項規定，不得請領各該事故之保險給付。

第四十七條

雇主聘僱外國人從事前條第一項第八款至第十一款規定之工作，應先以合理勞動條件在國內辦理招募，經招募無法滿足其需要時，始得就該不足人數提出申請，並應於招募時，將招募全部內容通知其事業單位之工會或勞工，並於外國人預定工作之場所公告之。

雇主依前項規定在國內辦理招募時，對於公立就業服務機構所推介之求職人，非有正當理由，不得拒絕。

第四十八條

雇主聘僱外國人工作，應檢具有關文件，向中央主管機關申請許可。但各級政府及其所屬學術研究機構聘請擔任顧問或研究工作者，不在此限。

前項申請許可、廢止許可及其他有關聘僱管理之辦法，由中央主管機關會商中央目的事業主管機關定之。

第一項受聘僱外國人入境前後之健康檢查管理辦法，由中央衛生主管機關會商中央主管機關定之。

前項受聘僱外國人入境後之健康檢查，由中央衛生主管機關指定醫院辦理之；其受指定之資格條件、指定、廢止指定及其他管理事項之辦法，由中央衛生主管機關定之。

受聘僱之外國人健康檢查不合格經限令出國者，僱主應即督促其出國。

中央主管機關對從事第四十六條第一項第八款至第十一款規定工作之外國人，得規定其國別及數額。

第四十九條

各國駐華使領館、駐華外國機構、駐華各國際組織及其人員聘僱外國人工作，應向外交部申請許可；其申請許可、廢止許可及其他有關聘僱管理之辦法，由外交部會商中央主管機關定之。

第五十條

僱主聘僱下列學生從事工作，得不受第四十六條第一項規定之限制；其工作時間除寒暑假外，每星期最長為十六小時：

一、就讀於公立或已立案私立大專校院之外國留學生。

二、就讀於公立或已立案私立高級中等以上學校之僑生及其他華裔學生。

*行政院勞工委員會（八一）臺勞職業字第三〇六二〇號

要旨：

僑生畢業後，卻留華實習工作，是否受就業服務法規範之疑義。

全文內容：

一、僑生畢業後，如欲留華實習工作，首先須先確定僑生之定義及教育部先確定畢業生有無留華實習之必要性。

二、外國留學生在華工作，就業服務法第四十七條已有明文規定；又僑生既已畢業，應不適用上開條文規定，如欲在國內工作，應依就業服務法規定，由僱主向有關機關申請工作許可。

*行政院勞工委員會（八一）臺勞職業字第四六〇八四號

要旨：

有關函詢僑生在國內就學期間工作之限制及相關規定法令

全文內容：

依就業服務法第四十七條規定，僱主聘僱就讀於公立或經立案私立大專以上院校之留學生從事工作，應向教育部申請許可。其工作時間除寒暑假外，每星期最長為十二小時。至於僑生畢業後，欲留華工作，其若屬外國人或中國人兼具雙重國籍而未設籍者，應依就業服務法之規定，提出申請工作許可，若為中國人且未取得外國國籍者，不受就業服務法第五章所規範。

第五十一條

僱主聘僱下列外國人從事工作，得不受第四十六條第一項、第三項、第四十七條、第五十二條、第五十三條第三項、第四項、第五十七條第五款、第七十二條第四款及第七十四條規定之限制，並免依第五十五條規定繳納就業安定費：

一、與在中華民國境內設有戶籍之國民結婚，且獲准居留者。

二、獲准居留之難民。

三、獲准在中華民國境內連續受聘僱從事工作，連續居留滿五年，品行端正，且有住所者。

四、經獲准與其在中華民國境內設有戶籍之直系血親共同生活者。

五、經取得永久居留者。

前項第一款、第二款、第四款及第五款之外國人得不經雇主申請，逕向中央主管機關申請許可。

外國法人為履行承攬、買賣、技術合作等契約之需要，須指派外國人在中華民國境內從事第四十六條第一項第一款或第二款契約範圍內之工作，於中華民國境內未設立分公司或代表人辦事處者，應由訂約之事業機構或授權之代理人，依第四十八條第二項及第三項所發布之命令規定申請許可。

*法務部（八四）法律決字第二三六七一號

要旨：

大陸地區人民與臺灣地區人民結婚，申請來臺並領有長期居留證，惟尚未設籍取得國民身分證或未經主管機關許可工作者，如在臺灣地區工作，有無適用臺灣地區與大陸地區人民關係條例第十條第二項之規定。

全文內容：

按「臺灣地區與大陸地區人民關係條例」第九十五條規定：「主管機關於實施……大陸地區人民進入臺灣地區工作前，應經立法院決議；……」。上揭規定所稱「大陸地區人民進入臺灣地區工作」，似係指同條例第十條第二項所規定「經許可進入臺灣地區之大陸地區人民……從事……許可……之工作」而言。復按「同條例第十條規定之立法意旨，並參酌『大陸地區人民進入臺灣地區許可辦法』之規範內容，大陸地區人民依同條例第十條規定申請進入臺灣地區之目的，限於探親、探病、奔喪、人道探視……等事項，並未包括依同條例第十七條第一項第一款規定，以臺灣地區人民之配偶結婚已滿二年，申請在臺灣地區居留之情形在內。從而，大陸地區人民與臺灣地區人民結婚，申請來臺並領有長期居留證，惟尚未設籍取得國民身分證或未經主管機關許可工作者，如在臺灣地區工作，似無從適用同條例第十條第二項之規定。」前經本部於八十二年四月十二日法 82 律字第〇六九〇二號函復行政院大陸委員會有案，從而雇主如欲僱用該等大陸地區人民，仍應準用就業服務法第四十八條及相關規定，視所從事之工作性質，向目的事業主管機關申請許可（參照行政院勞工委員會八十二年五月廿五日臺八十二勞職業字第二四四七五號函），似不生前開條例第九十五條規定之適用問題。

*行政院勞工委員會（八二）臺勞職業字第三八三五三號

要旨：

有關救總函請協助大陸青年提前取得身分證，以利其就業案。

全文內容：

一、「大陸地區人民與臺灣地區人民結婚，申請來臺並領有長期居留證，惟未取得國民身分證或未經主管機關許可工作者，如在臺灣地區工作，似無從適用臺灣地區與大陸地區人民關係條例第十條第二項之規定，但該等大陸地區人民，依就業服務法第六十八條準用外國人聘僱與管理之相關規定，在未經主管機關許可前，似仍不得在臺灣地區工作。」為法務部八十二年四月十二日法 (82) 律〇六九〇二號函釋示在卷。本案獲准居留之大陸青年，其在臺灣地區工作之規定，法務部前函雖未提及；惟揆諸該函意旨，二者之性質類似，宜作相同之規定。

二、大陸青年既已獲准居留，且接受中國災胞救助總會之生活輔導，其在臺灣地區工作之許可，得準用就業服務法第四十八條第一項第二款「獲准居留之難民」之規定，依所從事之工作性質，由雇主向各目的事業主管機關申請許可；惟如各目的事業主管機關尚未訂定相關聘僱許可及管理辦法，得向本會提出申請。

＊行政院勞工委員會（八二）臺勞職業字第二四四七五號

要旨：

關於大陸地區人民與臺灣地區人民結婚，並依規定獲准在臺灣地區居留者，其並未取得國民身分證前，可否輔導其就業疑義。

全文內容：

一、依行政院大陸委員會函轉法務部八十二年四月十二日法 (82) 律〇六九〇二號函示略以：大陸地區人民與臺灣地區人民結婚，申請來臺，並領有長期居留證，惟尚未設籍取得國民身分證，或未經主管機關許可工作者，如在臺灣地區工作，似無從適用臺灣地區與大陸地區人民關係條例第十條第二項之規定；至於上開情形之大陸地區人民，依就業服務法第六十八條準用外國人聘僱許可及管理之相關規定，在未經主管機關許可前，似仍不得在臺灣地區工作。

二、本案依上開釋示：大陸地區人民依規定核准在臺灣地區居留者；雇主如欲僱用該員大陸地區人民，準用就業服務法第四十八條及相關規定，視所從事之工作性質，向目的事業主管機關申請許可。

第五十二條

聘僱外國人從事第四十六條第一項第一款至第七款及第十一款規定之工作，許可期間最長為三年，期滿有繼續聘僱之需要者，雇主得申請展延。

聘僱外國人從事第四十六條第一項第八款至第十款規定之工作，許可期間最長為二年；期滿後，雇主得申請展延一次，其展延期間不得超過一年。

重大工程特殊情形者，得申請再展延，最長以六個月為限。

前項每年得引進總人數，依外籍勞工聘僱警戒指標，由中央主管機關邀集相關機關、

勞工、雇主、學者代表協商之。

受聘僱之外國人於聘僱許可期間無違反法令規定情事而因聘僱關係終止或聘僱許可期間屆滿出國或因健康檢查不合格經返國治癒再檢查合格者，得再入國工作。但從事第四十六條第一項第八款至第十款規定工作之外國人，應於出國四十日後始得再入國工作，且其在中華民國境內工作期間，累計不得逾六年。

*教育部（八七）教人字第一一一五○六號

要旨：

外籍教師於聘僱期滿擬不續聘時，應優先適用就業服務法之規定辦理。

說明：

一、依據教育部八十七年十一月十三日臺（八七）人㈡字第八七一二四七七八號函轉法務部八十七年十月二十八日法八七律字第○三四八七五號函辦理。

二、查就業服務法第四十九條及五十二條規定意旨，雇主（學校）認無聘僱必要，不續聘外籍教師，聘僱契約於聘期屆滿消滅，僱主（學校）應於三日內以書面通知當地主管機關或目的事業主管機關及警察機關，並由警察機關處理，毋須報主管教育行政機關核准。惟雇主（學校）認定有無繼續聘僱必要之程序，就業服務法並無規定，應依教師法等相關規定經各級教評會議決之。

*行政院勞工委員會（八一）臺勞職業字第一八五五一號

要旨：

第一則關於函詢就業服務法第二十三條所稱「經濟不景氣致大量失業時」之定義。第二則關於函詢有關就業服務法第四十九條及第五十三條第一項第四款疑義。

全文內容：

第一則：

就業服務法第二十三條所稱「經濟不景氣致大量失業時」，將以社會對失業狀況所能忍受程度為衡量參據，又該忍受程度因經濟發展程度不同而有差別，故有關就業服務法第二十三條規定各項措施，除雇主主動辦理者外，本會當會適時公告。

第二則：

一、就業服務法第四十九條規定「展延以一年為限」，除但書部分外，並無次數之限制。

二、同法第五十三條第一項第四款「指派所聘僱之外國人從事申請許可以外之工作」，即受聘僱從事工作之外國人，不得從事原申請許可以外之工作，如以申請聘僱研究開發，即不得調動為採購工作。

第五十三條

雇主聘僱之外國人於聘僱許可有效期間內，如需轉換雇主或受聘僱於二以上之雇主者，應由新雇主申請許可。申請轉換雇主時，新雇主應檢附受聘僱外國人之離職證明文件。

第五十一條第一項第一款、第二款、第四款及第五款規定之外國人已取得中央主管機

關許可者，不適用前項之規定。

受聘僱從事第四十六條第一項第一款至第七款規定工作之外國人轉換雇主或工作者，不得從事同條項第八款至第十一款規定之工作。

受聘僱從事第四十六條第一項第八款至第十一款規定工作之外國人，不得轉換雇主或工作。但有第五十九條第一項各款規定之情事，經中央主管機關核准者，不在此限。

前項受聘僱之外國人經許可轉換雇主或工作者，其受聘僱期間應合併計算之，並受第五十二條規定之限制。

＊行政院勞工委員會（八三）臺勞職業字第五○八○九號

要旨：

關於事業單位因故無法繼續聘僱外籍勞工時，可依相關規定辦理轉換至其關係企業工作，其關係企業應如何界定。

全文內容：

本會八十二年八月十八日臺 (82) 勞職業字第四九三三九號函「雇主聘僱外籍勞工後，因關廠、歇業之虞或其他特殊事故，致無法繼續聘僱外籍勞工時之處理原則」六─㈡規定，原雇主無其他工廠但有關係企業需該等外勞者，由其關係企業依有關規定接續聘僱之。有關關係企業範圍如左：

一、關係企業，指獨立存在而相互間具有左列關係之企業。㈠有控制與從屬關係之公司。㈡相互投資公司：一公司與他相互投資各達對方有表決權之股份總數或資本總額三分之一以上者。

二、公司直接或間接控制他公司之人事、財務或業務經營者為控制公司，該他公司為從屬公司。或公司持有他公司有表決權之股份或出資額超過他公司已發行有表決權之股份總數或資本總額半數者為控制公司，該他公司為從屬公司。

三、有左列情形之一者，推定為有控制與從屬關係：㈠一公司與他公司之執行業務股東或董事長有半數以上相關者。㈡一公司與他公司之已發行有表決權之股份總數或資本總額有半數以上為相同之股東持有或出資者。

＊行政院勞工委員會（八二）臺勞職業字第五九七六三號

要旨：

關於事業單位可否將合法引進之外籍勞工調派至同一法人之其他工廠或工地擔任同性質之工作乙案

全文內容：

一、關於製造業之雇主得否將合法聘僱之外籍勞工調派至申請許可以外之地點工作乙案，業經本會以八十二年十月一日臺 (82) 勞職業字第五六二七一號函及八十二年十月五日臺八十二勞職業字第五六八六九號函釋在案。至營造之雇主，參照上開函釋意旨，如同一法人（雇主）另承攬其他營建工程，於檢附本會許可函影本，

原工程及擬調派工程之工程合約書影本等相關文件，報經本會同意後，始得調派，但如依政府重大公共工程所引進之外籍勞工，則必須他工程同屬政府重大公共工程始得申請調派。又雇主與其關係企業間，非屬同一法人者，不得調派。

二、如雇主未依上述程序提出申請或已提出申請但尚未取得本會同意調派之文件而逕予調派，乃構成就業服務法第五十三條第四款「指派所聘僱外國人從事申請許可以外之工作」之違法（如為不同法人（雇主）尚構成同法條第二、三款之違反），應依同法第五十四條之規定撤銷雇主之聘僱許可及外籍勞工之工作許可，該外籍勞工並應遣送出境。

＊行政院勞工委員會（八二）臺勞職業字第五六八六九號

要旨：

關於事業單位可否將合法引進之外籍勞工調派至同一法人之其他工廠或工地擔任同性質之工作乙案

全文內容：

依就業服務法第五十條但書之規定，外國人受聘僱從事工作，在聘僱許可有效期間內，不得轉換雇主及工作。惟凡同一法人（雇主）如有二個或二個以上之工廠時，如該二個或二個以上工廠所從事之行業皆屬本會所核准得引進外勞之同一行業者，雇主得檢附本會許可函影本及原工作場所及擬調派工作場所之工廠登記等相關證明文件，報本會核備後，始得調派。至於關係企業所屬之工廠非屬同一法人者，則不得調派之。

第五十四條

雇主聘僱外國人從事第四十六條第一項第八款至第十一款規定之工作，有下列情事之一者，中央主管機關應不予核發招募許可、聘僱許可或展延聘僱許可；其已核發招募許可者，得中止引進：

一、於外國人預定工作之場所有第十條規定之罷工或勞資爭議情事。

二、於國內招募時，無正當理由拒絕聘僱公立就業服務機構所推介之人員或自行前往求職者。

三、聘僱之外國人行蹤不明或藏匿外國人達一定人數或比例。

四、曾非法僱用外國人工作。

五、曾非法解僱本國勞工。

六、因聘僱外國人而降低本國勞工勞動條件，經當地主管機關查證屬實。

七、聘僱之外國人妨害社區安寧秩序，經依社會秩序維護法裁處。

八、曾非法扣留或侵占所聘僱外國人之護照、居留證件或財物。

九、所聘僱外國人遣送出國所需旅費及收容期間之必要費用，經限期繳納屆期不繳納。

十、於委任招募外國人時，向私立就業服務機構要求、期約或收受不正利益。

十一、於辦理聘僱外國人之申請許可、招募、引進或管理事項，提供不實資料。

十二、刊登不實之求才廣告。

十三、不符申請規定經限期補正，屆期未補正。

十四、違反本法或依第四十八條第二項、第三項、第四十九條所發布之命令。

十五、其他違反保護勞工之法令情節重大者。

前項第三款至第十五款規定情事，以申請之日前二年內發生者為限。

第一項第三款之人數、比例，由中央主管機關公告之。

第五十五條

雇主聘僱外國人從事第四十六條第一項第八款至第十款規定之工作，應向中央主管機關設置之就業安定基金專戶繳納就業安定費，作為加強辦理有關促進國民就業、提升勞工福祉及處理有關外國人聘僱管理事務之用。

前項受聘僱之外國人有連續曠職三日失去聯繫或聘僱關係終止之情事，經雇主依法陳報而廢止聘僱許可者，雇主無須再繳納就業安定費。

雇主未依規定期限繳納就業安定費者，得寬限三十日；於寬限期滿仍未繳納者，自寬限期滿之翌日起至完納前一日止，每逾一日加徵其未繳就業安定費百分之一滯納金。但以其未繳之就業安定費一倍為限。

加徵前項滯納金三十日後，雇主仍未繳納者，由中央主管機關就其未繳納之就業安定費及滯納金移送強制執行，並廢止其聘僱許可之一部或全部。

第一項就業安定費之數額及就業安定基金之收支、保管及運用辦法，由中央主管機關會同相關機關定之。

＊行政院勞工委員會（八四）臺勞職業字第一〇〇三三一七號

要旨：

雇主未經許可收容他人所申請聘僱之外國人是否違法，以及外勞到職後行蹤不明，雇主應如何向本會報備乙案。

全文內容：

所詢事項答復如下：㈠本會目前繼續受理重大工程營造業製造業，外籍監護工、外籍船員之申請，有關申請條件可參閱相關公告說明。㈡至於未經許可收容外勞乙節，依據就業服務法第四十二條規定，外國未經雇主申請許可，不得在中華民國境內工作，其工作應係指有償性，及無償性之工作，故為貫徹本法第四十一條之立法目的，凡外國人受聘僱在中華民國境內工作，皆應由雇主依本法相關規定申請許可，不因契約內容或是否給付外國人報酬而有差異。若雇主未經許可聘僱他人所申請聘僱之外國人者，即屬違反就業服務法第五十三條第三款規定，惟此行為，依同法第五十八條規定係屬刑事案件，故雇主未經許可收容外勞是否違法，應由司法機關依法定程序就個案具體事實認定之。㈢外勞到職後行蹤不明，雇主應依就業服務法第五十二條規定於三日以內書面通知當地警察局，當地縣市政府及本會，並檢具下列向本會報備：1.外勞行蹤

不明說明函。 2.行蹤不明外國人名冊影本。 3.外僑居留證影本或工作許可函或護照影本。在外勞未查獲並遣返出境前，雇主仍須繳交就業安定費且不得申請遞補。

＊行政院勞工委員會（八四）臺勞職業字第○九○九○三號

要旨：

所詢就業安定費繳納疑義乙案

全文內容：

一、依就業服務法第五十一條第一項規定，雇主聘僱外國人從事同法第四十三條第一項第八款規定之工作者，應繳納就業安定費，作為促進國民就業之用。復依就業服務法第五十一條立法意旨及就業安定費繳納辦法第三條、第四條規定，外勞在我國境內，雇主負有繳納就業安定費之義務，辦理退還就業安定費檢附外國人出境證明，以免該離職之外國人仍滯留境內非法工作，而影響本國就業市場秩序。

二、雇主聘僱之外國人有連續曠職三日失去連繫者，其就業安定費須繳納至聘僱許可期間屆滿為止。倘該外國人於聘僱許可期間屆滿前出境者，其就業安定費則繳交至該外國人出境日為止。

第五十六條

受聘僱之外國人有連續曠職三日失去聯繫或聘僱關係終止之情事，雇主應於三日內以書面通知當地主管機關及警察機關。

＊法務部（八四）檢㈡字第○五三四號

法律問題：

Ａ為子、丑二營造公司之負責人，Ａ以子營造公司之名義合法引進外籍勞工二名，在子公司承包之臺北縣淡水鎮某處工地工作，某日，Ａ未經申請主管機關許可，即調派該二名外籍勞工至丑公司在臺北縣八里鄉承包之工地工作，則Ａ子丑是否涉有刑責？

討論意見：

甲說：Ａ係以子公司名義引進外籍勞工，雖同係子，丑二公司之負責人，惟二公司既係不同之法人，則就丑公司乃係未經許可留用子公司所聘僱之外籍勞工，故應負就業服務法第五十三條第三款、第五十八條第一項之刑責，丑公司則應負同法第五十三條第三款、第五十八條第二項之刑責。該外籍勞工因係以子公司之名義所合法申請引進，故子公司自不負任何刑責。

乙說：該二名外籍勞工係Ａ以子公司名義所引進，惟因子，丑二公司係不同之法人，故該二名外籍勞工至丑公司所承包之工地工作，就子公司言，即構成以本人名義聘僱外國人為他人工作之違法，自應負就業服務法第五十三條第二款，丑公司未經許可留用子公司聘僱外籍勞工，則應負同法第五十三條第三款、第五十八條第二項之罪責，而Ａ係子丑二公司之負責人，應依同法第五十三條第二、三款、第五十八條第一項論處。

丙說：A 雖將子公司所合法引進之外籍勞工調派至丑公司承包之工地工作，惟 A 既係同係丑公司之負責人，故尚不構成就業服務法第五十三條第二、三款之違法，而僅應負同法第五十三條第四款「指派所聘僱之外國人從事申請許可以外之工作」之責任，惟此僅屬行政罰之範疇，故 A 子丑均不負任何刑責。

研討結論：採乙說。

臺高檢署研討意見：採乙說。

法務部檢察司研究意見：

同意原結論，以乙說為當。惟乙說前段「子，丑二公司」一語中之「，」，宜刪除或修正為「、」。原法律問題末句之「A 子丑」一語，亦宜調整為「A 及子丑二公司」。

* 行政院勞工委員會（八四）臺勞職業字第一○七四八六號

要旨：

有關所詢外籍勞工在法律上約束、制裁等項事宜。

全文內容：

一、有關來函說明 1. 部分，關於未到期或展延之逃亡外勞法律上之制裁：查雇主所聘僱之外國人連續曠職三日失去聯繫者，依就業服務法（以下簡稱本法）第五十二條第一款及外國人聘僱許可及管理辦法第二十三條規定，雇主應於三日內以書面通知當地主管機關及警察機關，並副知本會職業訓練局及內政部警政署。再由本會依本法第五十四條第一項第三款撤銷該名外籍勞工之聘僱許可，並依本法第五十四條第二項規定限期令其出境，不得再於中華民國境內工作。

二、有關來函說明 5. 部分，關於外籍勞工相互間協助逃跑，雇主可否終止該協助他人逃跑之外籍勞工之聘僱契約，並將之遣送出境乙節，應依左列情形分別處理：㈠該雇主事業單位無勞動基準法之適用者：如勞雇雙方之聘僱契約就上開行為有解僱之約定者，雇主即得據以解僱該名協助他人逃跑之外籍勞工。㈡該雇主事業單位有勞動基準法之適用者：該協助他人逃跑之外籍勞工之行為，有符合勞動基準法第十二條第一項第四款之規定者，雇主可依法不經預告終止勞動契約。㈢因上開程序致聘僱關係消滅者，符合本法第五十二條第二款規定事由，有關雇主之通報程序及本會之撤銷程序，與外籍勞工連續曠職三日失去聯繫者相同，應依前開說明一辦理。

三、有關來函說明 7. 部分：關於聘僱曠職失去聯繫外籍勞工之雇主於法律上之處罰乙節，查雇主聘僱曠職失去聯繫外籍勞工者，涉嫌違反本法第五十三條第三款規定。惟此行為，依本法第五十八條規定係屬刑事案件，故其是否違法，應由司法機關依法定程序就個案具體事實認定之。倘知有上開涉嫌違法情事者，得向檢、警機關告發之。

四、有關來函說明 8. 部分：關於外籍勞工曠職失去聯繫後，可否馬上撤銷其勞保乙節，

依勞工保險條例第十一條規定：符合第六條規定之勞工，各投保單位應於其所屬
勞工離職之當日，列表通知保險人，辦理退休。就此部分，請依上開規定辦理。
五、有關來函說明 2. 4. 部分：㈠關於說明 2. 部分，請逕洽外交部領務局。㈡關於說明
4. 部分，因涉及勞工輸出國之法令規定，本會尚無資料可資據以說明。

第五十七條

雇主聘僱外國人不得有下列情事：

一、聘僱未經許可、許可失效或他人所申請聘僱之外國人。
二、以本人名義聘僱外國人為他人工作。
三、指派所聘僱之外國人從事許可以外之工作。
四、未經許可，指派所聘僱從事第四十六條第一項第八款至第十款規定工作之外國人
變更工作場所。
五、未依規定安排所聘僱之外國人接受健康檢查或未依規定將健康檢查結果函報衛生
主管機關。
六、因聘僱外國人致生解僱或資遣本國勞工之結果。
七、對所聘僱之外國人以強暴脅迫或其他非法之方法，強制其從事勞動。
八、非法扣留或侵占所聘僱外國人之護照、居留證件或財物。
九、其他違反本法或依本法所發布之命令。

*八三判字第二四五三號

要旨：

〔查外國人來華工作，其核准文件既註明許可之工作地點，則經申請許可，自不得變
更工作地點，換言之，雇主未經申請許可，擅自更換工作地點，亦屬就業服務法第五
十三條第四款所謂：「指派所聘僱之外國人從事申請許可以外之工作」〕

按「雇主不得有左列行為：一、……四、指派所聘僱之外國人從事申請許可以外之工
作。」、「違反……第五十三條第四款規定者，處新臺幣三千元以上三萬元以下罰鍰。」
分別為就業服務法第五十三條第四款及第六十二條第一項所明定。又「……至於外國
人來華工作，可否變更工作地點乙節，查本會核准外國人來華工作，於核准文件內必
須指定工作地點，以利行政管理。故工作地點既屬許可內容之一部分，未經本會核備
前自行變更，自屬就業服務法第五十三條第四款……之違法事項。」亦經行政院勞工委
員會八十三年二月二十五日臺八十三勞職業字第六二四六一號函釋有案。本件原告前
經行政院勞工委員會八十二年一月十九日臺八十二勞職業字第○五六三五號函核准引
進菲律賓籍勞工 JOCYLINE VALDEZ 等四十四人，核准工作地點為板橋市館前西路
十八號，惟原告未經申請許可，擅自指派其中 JOCYLINE VALDEZ 等二十九名外籍勞
工至臺北縣土城市中央路一段一一八巷五弄二號四樓原告承租之廠房工作，案經臺北
縣警察局板橋分局於八十二年十月十九日臨檢查獲，此有原告代表人林齊如及菲籍勞

工 JOCYLINE VALDEZ 等人之偵訊（談話）筆錄影本等附原處分卷可稽，其違規事實洵堪認定。被告據以科處罰鍰，揆諸首揭規定及函釋意旨並無不合，訴願、再訴願決定遞予維持，亦均無不洽。原告訴稱：變更工作地點，並非變更工作，行政院前揭函釋有牴觸法律之嫌云云。惟查外國人來華工作，其核准文件既註明許可之工作地點，則未經申請許可，自不得變更工作地點，換言之，雇主未經申請許可，擅自更換工作地點，亦屬就業服務法第五十三條第四款所謂：「指派所聘僱之外國人從事申請許可以外之工作。」至原告又謂其申請變更外勞工作地點一案，已獲行政院勞委會職業訓練局以八十二、十二、一、八十二職業字第九二三一〇號函同意變更一節，查其係於本案違規事實被查獲後之八十二年十一月十九日始申請變更，自與本案應受處罰不生影響。從而被告同依法第六十二條第一項裁處新臺幣一萬五千元罰鍰，並無不合。原告起訴論旨，核無理由，應予駁回。

* 八三臺非字第五三號

要旨：

所謂未經許可聘僱他人所申請聘僱之外國人，凡指派所聘僱之外國人從事申請許可以外之工作，或使其受聘僱於為其申請許可以外之雇主者，皆屬之。

理由：

非常上訴理由稱：「按未經許可聘僱或留用他人申請聘僱之外國人為二人以上者，應處三年以下有期徒刑、拘役或科或併科新台幣三十萬元以下罰金，就業服務法第五十三條第三款、第五十八條第一項規定甚明。本件被告趙〇才曾因違反就業服務法，經法院判處有期徒刑二月確定，在緩刑期間，復於民國八十二年一月二十日下午六時三十分，未經許可，以發給加班費方式，將大〇工程股份有限公司因台南新興國宅新建工程所申請僱用之泰籍勞工二十九名，予以留用，在台南縣永〇鄉東〇村民〇路二七三巷二十三弄旁，為禾〇建設有限公司推出之『王牌登場』建築工地工作，於同日晚八時三十分為警查獲，原經台灣台南地方法院判處罪刑，原判決竟謂被告留用他人申請之泰籍勞工係利用下班後之休息時間，至其友人負責之工地從事相同性質之工作，屬支援性質，且僅預定工作一次而已，並給付加班費，不構成上開罪刑，撤銷原判決改判無罪。查外籍勞工不得受聘僱於為其申請許可以外之雇主，雇主亦不得指派所聘僱之外國人從事申請許可以外之工作，同法第五十四條第一項第一款、第五十三條第四款規定甚明，乃原判決竟謂本件外籍勞工係受雇主指派支援被告工作為由，撤銷原判決改為諭知無罪之判決，適用法則顯屬不當。案經判決確定，尚非於被告不利，爰依刑事訴訟法第四百四十一條、第四百四十三條提起非常上訴，以資糾正。」等語。本院按判決適用法則不當者，為違背法令，刑事訴訟法第三百七十八條定有明文。次查未經許可聘僱或留用他人所申請聘僱之外國人，其聘僱或留用人數為二人以上者，處三年以下有期徒刑、拘役或科或併科新台幣三十萬元以下罰金，為就業服務法第五十三

條第三款、第五十八條第一項後段所明定。所謂未經許可聘僱他人所申請聘僱之外國人，凡指派所聘僱之外國人從事申請許可以外之工作，或使其受聘僱於為其申請許可以外之雇主者，皆屬之，此觀同法第五十三條第四款、第五十四條第一項第一款之規定自明。本件依原判決理由之記載，被告趙〇才並不否認其係大〇工程股份有限公司（下稱大〇公司）台南市新興國宅新建工程之鋼筋下包商，於民國八十二年一月二十日下午六時許，利用大〇公司引進台南市新興國宅新建工程從事鋼筋工作之泰籍勞工二十九名下班後，以第一、二小時每小時給付加班費新台幣（下同）七十七元，第三、四小時每小時給付加班費九十九元之條件，由其帶往台南縣永〇鄉東〇村民〇路二七三巷二十三弄旁，為其友人負責之禾〇建設股份有限公司「王牌登場」建築工地，擔任鋼筋工作，預定工作四小時，而於當晚八時三十分為警查獲之事實。上開二十九名泰籍勞工係大〇公司所聘僱引進，承建北部第二高速公路汐止至中和段碧潭橋及新店隧道合標工程、山水畫樓Ｃ區集合住宅新建工程，經行政院勞工委員會職業訓練局同意調派至台南市新興國宅工程工作，有該局八十二年二月十三日 (82) 職業字第一九七九號函等影本附卷可稽，且為被告所不爭執。是上開二十九名泰籍勞工為大〇公司所聘僱，從事於申請許可之台南市新興國宅工程工作，應無疑義。乃被告竟以給付加班費方式僱用至禾〇建設股份有限公司「王牌登場」建築工地工作，不僅使之改受僱於為其申請許可以外之雇主，亦使其從事於申請許可以外之工作，揆之前開說明，自難辭就業服務法第五十八條第一項後段刑責。迺原判決遽以被告因應友人一時之便，使大〇公司台南市新興國宅新建工程引進之泰籍勞工利用下班後之休息時間至其友人負責之上開工地從事相同性質之工作，屬支援性質，且僅預定工作至同日晚十二時而已，並給付加班費，與就業服務法第五十三條第一、二、三款之行為不相符合，不構成同法第五十八條第一項罪責，因將第一審科刑判決撤銷，改判諭知被告無罪，揆之前開說明，顯有適用法則不當之違法，案經確定，非常上訴論旨執以指摘，洵有理由，因原判決尚非不利於被告，應由本院將原判決關於違背法令部分撤銷，以資糾正。

* 八七上易字第九三號

要旨：

就業服務法第五十三條所謂「聘僱」係指雇主以一定之對價，僱用他人為自己服勞務之行為，苟雖有接受他人為自己服勞務之事實，惟並未支付一定之對價，自非屬「聘僱」行為。

理由（摘錄）：

一、本件公訴意旨略以：被告楊〇山與阮〇〇草 (NGUYEN VU MAITHAO) 係夫妻關係，楊〇山明知阮〇〇草係越南國籍之外國人，竟於民國（下同）八十六年三月間，介紹其妻阮〇〇草至臺東縣臺東市正〇路四〇三號即沈〇〇雲所經營之早餐店內幫助販賣早點，沈〇〇雲亦知阮〇〇草為外國人，竟未經申請許可而在中華

民國境內予以聘僱，嗣於八十六年八月二十八日，在上址為警查獲，因認被告涉有違反就業服務法第五十八條第一項罪名之幫助犯罪嫌云云。

二、按就業服務法第五十三條所謂「聘僱」係指雇主以一定之對價，僱用他人為自己服勞務之行為，苟雖有接受他人為自己服勞務之事實，惟並未支付一定之對價，自非屬「聘僱」行為，其理至明。查被告自警訊以至於偵查及原審審理中均堅決否認有公訴意旨所指之犯行，並辯稱，伊係因其越南籍配偶阮○○草在家中感到無聊，故而介紹其至沈○○雲所開設之早點店中學習如何制作各類早點，阮○○草至沈○○雲店中幫忙賣早點僅係朋友之間的幫忙而已，並非受雇為沈○○雲工作，核與沈○○雲所稱阮○○草每日在伊店中幫忙二小時，並未領取薪資等情相符。至於阮○○草在警訊中雖稱沈○○雲有供應伊及伊先生（即被告）早餐及有時會買衣服及鞋子給伊女兒等語，即使屬實，亦僅屬一般朋友間之人情往來而已，依一般經驗法則，顯然不能認為係雇主僱用員工之對價，依前揭說明，沈○○雲容留阮○○草在店中幫忙賣早點之行為，顯然並非屬於就業服務法第五十三條所指之「聘僱」行為，自不成立同法第五十八條第一項之犯罪，被告更無成立幫助犯之可言。此外，本院復查無其他積極證據證明被告確有公訴意旨所指之犯行，自屬不能證明被告犯罪。

三、原審失察，遽予論罪科刑，顯有未合，被告上訴意旨否認犯罪，為有理由，應予撤銷改判，諭知被告無罪之判決。

＊八六上易字第五六六號

要旨：

按雇主不得「聘僱或留用未經許可或許可失效之外國人」，就業服務法第五十三條第一款定有明文。違反之者，應依同法第五十八條之規定處罰。查菲律賓籍人 Oscar J. Dimaculangan、Danilo S. Cinco，乃合法申請聘僱入境而逃離者，嗣被行政院勞工委員會撤銷其外國人之受聘許可，故為「許可失效之外國人」。核被告所為，乃違反上開就業服務法第五十三條第一款之規定，聘僱「許可失效之外國人」工作，人數為一人，應依同法第五十八條第一項前段論科。其前後二次犯行，時間緊接，犯構成要件相同，顯係基於概括之犯意而為，為連續犯，應以一罪論，並加重其刑。

理由（摘錄）：

按雇主不得「聘僱或留用未經許可或許可失效之外國人」，就業服務法第五十三條第一款定有明文。違反之者，應依同法第五十八條之規定處罰。查菲律賓籍人 Oscar J. Dimaculangan、Danilo S. Cinco，乃分別為設於臺北縣鶯○鎮中○路一五六巷十四號之金○陶瓷工業股份有限公司及設於臺北縣林○鄉工○路二十八號之龍○企業股份有限公司合法申請聘僱入境而逃離者（為 Oscar J.Dimaculangan、Danilo S. Cinco 所自陳，並有其護照影本及「外僑入出境資料」電腦查詢單在卷可稽），嗣被行政院勞工委員會撤

銷其外國人之受聘許可，亦有行政院勞工委員會函在卷可稽，故為「許可失效之外國人」，已如前述。核被告所為，乃違反上開就業服務法第五十三條第一款之規定（檢察官認係違反就業服務法第五十三條第一款所定「聘僱未經許可之外國人」之規定，實誤，惟因論罪法條同一，故不須依刑事訴訟法第三百條之規定，變更檢察官所引應適用之法條），聘僱「許可失效之外國人」工作，人數為一人，應依同法第五十八條第一項前段論科。其前後二次犯行，時間緊接，犯構成要件相同，顯係基於概括之犯意而為，為連續犯，應以一罪論，並加重其刑（參見最高法院八十四年度臺非字第三七七號判決）。其中僱用 Oscar J. Dimaculangan 部分雖未經檢察官起訴，惟因此部分與起訴部分（即僱用 Danilo S. Cinco 部分）具有連續關係，屬裁判上一罪，依刑事訴訟法第二百六十七條之規定，為起訴之效力所及，本院自得併予審判，併予敘明。原審因而適用就業服務法第五十八條第一項前段、第二項，刑法第十一條前段、第五十六條、第四十一條、第七十四條第一款，罰金罰鍰提高標準條例第二條，現行法規所定貨幣單位折算新臺幣條例第二條之規定，並審酌被告之品行、犯罪之動機、目的、手段、所生危害及犯罪後之態度等一切情狀，量處被告黃○麟拘役五十日、科被告吉○公司新臺幣五萬元，並就被告黃○麟部分諭知如易科罰金以銀元三百元折算一日。又以被告黃○麟前未曾受有期徒刑以上刑之宣告，有臺灣高等法院檢察署刑案紀錄簡覆表在卷可稽，素行良好，此次乃因國內缺乏勞工，以致觸法，情有可原，認其經此次處刑教訓，當知警惕，而無再犯之虞，併予宣告緩刑二年，以勵自新。另說明法人之代表人、法人或自然人之代理人、受雇人或其他人員，因執行職務犯前項之罪者，除處罰其行為人外，對該法人或自然人亦科以前項之罰金，就業服務法第五十八條第二項亦定有明文。本件被告黃○麟既為吉○公司之代表人，因執行職務，於八十四年十月三日，在該公司僱用由龍○企業股份有限公司（設於臺北縣林○鄉工○路二十八號）申請主管機關許可聘僱（嗣被撤銷許可，故其許可已失效）在臺北縣林○鄉工○路二十八號該公司之工廠工作而逃逸（起訴書誤為未經許可）之菲律賓人 Danilo S. Cinco 一人在該公司工作，至八十四年十月二十八日止，犯就業服務法第五十八條第一項前段之罪，已如前述，而依上揭規定，對法人之被告吉○公司科以罰金刑，又法人因事實上無法服勞役，故不須諭知易服勞役之折算標準，至於臺灣士林地方法院檢察署八十五年度偵字第三三九三號移送併辦意旨略以：被告吉○公司之代表人即被告黃○麟另於八十四年九月二十五日，在該公司僱用由金○陶瓷工業股份有限公司（設於臺北縣鶯○鎮中○路一百五十六巷十四號）申請主管機關許可聘僱（嗣被撤銷許可，故其許可已失效）在臺北縣鶯○鎮中○路一五六巷十四號該公司之工廠工作而逃逸之菲律賓人 Oscar J. Dimaculangan 一人在該公司工作，至八十四年十月二十日止，另犯有就業服務法第五十八條第一項前段之罪，已移送併案審判，故就吉○公司另犯就業服務法第五十八條第二項之罪部分亦移送併案審判云云，惟因法人並無犯罪能力，其受處罰

乃因法律之規定所致，並無連續犯之所謂「概括犯意」，理論上無「連續犯」可言，裁判上不能以一罪論，故移送併辦部分不能認為起訴之效力所及，故不得併予審判，認事用法均無不合，量刑亦稱妥適，被告上訴意旨仍執前詞，否認犯罪，任意指摘原判決不當，為無理由，應予駁回。

＊法務部（八六）法檢（二）字第一三七五號

法律問題：

某甲係 A 公司負責人，以 A 公司名義向行政院勞工委員會申請聘僱外國人一名在 A 公司從事製造加工工作，嗣因景氣不佳，工作量減少，遂指派該外國人至其關係企業之 B 公司（名義負責人為知情之某乙，實際負責人為甲）從事園藝造景工作，惟薪資仍由 A 公司發放，試問甲、乙所為係犯何罪？

討論意見：

甲說：某乙所為係違反就業服務法第五十三條第三款未經許可留用他人所申請聘僱之外國人，某甲則以本人名義聘僱外國人為 B 公司工作，所為係犯同條第二款之罪，均應依同法第五十八條第一項前段處斷。

乙說：就業服務法第五十三條第二款之規定，係指行為人自始即以本人名義向勞委會申請聘僱外國人為他人工作始足當之，不包括以本人名義聘僱外國人為自己工作後偶一為他人工作或同時為自己及他人工作之情形，應認甲、乙係基於共同犯意聯絡，留用甲所申請聘僱之外國人，違反就業服務法第五十三條第三款之規定，依同法第五十八條第一項前段處斷。

丙說：理由同前，惟甲係聘僱外國人同時為自己及他人工作，與留用他人所申請聘僱之外國人構成要件有間，無由成立該條共犯之餘地，應認某乙係違反就業服務法第五十三條第三款未經許可留用他人所申請聘僱外國人罪嫌；某甲係犯同條項之幫助犯，均應依同法第五十八條第一項前段之規定處罰。

丁說：某乙所為係違反就業服務法第五十三條第三款未經許可留用他人所申請聘僱外國人罪。至某甲雖指派外國人至 B 公司工作，然薪資仍由 A 公司發給，且甲又係 B 公司之實際負責人，僅可認某甲違反就業服務法第五十三條第四款之指派所聘僱之外國人從事申請許可以外工作之規定，應依同法第六十二條第一項規定科處罰鍰。

戊說：甲、乙均無罪，甲之部分理由同丁說，應依違反就業服務法第六十二條第一項規定科處罰鍰，某乙係名義負責人，其雖知情，但並無留用之積極行為且其並未發放薪資故其行為無期待可能性應依刑事訴訟法第二百五十二條規定處分不起訴。採：丁說。

臺高檢署研究意見：多數採丁說。

法務部檢察司研究意見：同意討論意見結論，以丁說為當。

＊法務部（八六）法檢（二）字第一七二八號

法律問題：

某甲經許可僱用外國人，因某甲作業上之疏忽，致該許可被主管機關撤銷，並命某甲將外勞遣返。某甲向主管機關陳情，並提出行政救濟，在此期間並繼續留用該外國人，未將之遣返，嗣被警查獲，移送偵辦某甲，有否違反就業服務法第五十三條第一款後段之規定。

臺灣高等法院臺中分院檢察署討論意見：

甲說：聘僱許可一失效，即該當就業服務法第五十三條第一款之犯行，自應依該條起訴。

乙說：行政機關之處分，既許行政救濟，則該處分，尚未確定前，尚不能認有違反該條款之罪嫌，但不能遽為不起訴之處分，應等行政處分確定，再行偵結。

結論：採乙說。

審查意見：多數採乙說。

決議：

第一梯次：一、修正乙說為：某甲既對行政機關之處分，提出行政救濟，則在該處分確定前，應認其無違反該條款之犯罪故意，故應為不起訴之處分。二、多數採乙說。

第二梯次：多數贊成甲說，報請上級核示。

臺灣高等法院檢察署研究意見：多數採甲說。因乙說所擬理由，有違訴訟法第二十三條規定。

法務部檢察司研究意見：

同意臺灣高等法院檢察署研究意見，以甲說為當，惟其中「有違訴訟法第二十三條規定」應為「有違訴願法第二十三條規定」之誤繕，併此敘明。

＊臺灣高等法院暨所屬法院八十六年法律座談會　刑事類提案第四十七號

法律問題：

甲公司經主管機關許可聘僱外國勞工三十人入境後，未先向主管機關報核，自行沿用該公司對本國勞工訓練之往例，分三批每批十人送往其關係企業乙公司之工廠訓練一個月（因乙公司工廠設有訓練場地等設備，甲公司則無），經警查獲，案經檢察官起訴，試問甲、乙公司及該公司負責人，有無就業服務法第五十八條第一、二項之刑責？

討論意見：

甲說（肯定說）：

就業服務法為行政法，違反該法第五十三條第二款、第三款之規定，即應依同法第五十八條第一、二項論處。甲公司以本人名義聘僱外國人為他人工作，乙公司未經許可聘僱他人所申請聘僱之外國人，均應按同法第五十八條第一、二項規定論處。否則，無異鼓勵他人以迂迴方式違法。

乙說（否定說）：

甲、乙公司為關係企業，所僱用員工既均在乙公司之工廠訓練及實習，雖未於申請前或核准後，先向主管機關報核，但其僱主並無更易，訓練後仍須回甲公司之工廠就業，並無違反就業服務法第五十三條第二款或第三款規定之故意，自不得按該法第五十八條規定論處。

審查意見：

外國勞工赴乙公司乃接受訓練，僱主仍為甲公司。採乙說。

研討結果：

㈠依行政院勞工委員會職業訓練局八十四年十月六日臺八十四職業字第○二三七○七號函釋意旨，外國勞工赴乙公司乃接受訓練，僱主仍為甲公司。㈡採乙說。

＊法務部（八七）法檢㈡字第○○一九七七號

法律問題：

某甲以看護其母為由，經仲介公司向主管機關申請僱用菲傭一名，惟於該名菲傭尚未入境到職前，其母即已死亡，某甲乃與仲介公司商議，將該名菲傭轉由未經申請之某乙僱用，問某甲、某乙及仲介公司人員分別觸犯何罪？

提案機關討論意見：

因某乙係以其名義僱用該名菲傭，故某甲、某乙均應論以就業服務法第五十八條第一項之違反同法第五十三條第三款罪責之共同正犯。仲介人員則應論以第五十九條第一項之罪責。

審查意見：

甲、乙均違反就業服務法第五十三條第三款之罪，至於仲介公司有意圖營利行為而觸犯第五十九條第二項之罪。

座談會研討結果：

一、照審查意見通過。

二、報部釋示。

臺高檢署研究意見：

多數採原審查意見。

法務部檢察司研究意見：

同意座談會研討結果，以審查意見為當。

＊臺灣板橋地方法院八十五年四月份法律座談會紀錄　刑事類第四號

法律問題：

甲僱主合法僱用乙外籍勞工，嗣於聘僱許可期間屆滿後，乙外勞脫逃，並至丙工廠應徵工作，另由丙僱主僱用，則丙僱主觸犯就業服務法第五十三條第一款之前段或後段之罪？又若丙僱主於聘僱許可期間屆滿前即僱用乙外勞，並持續至甲聘僱許可期間屆滿後，仍繼續僱用，丙如何處斷？

研討意見：

甲說：應自行為人即雇主丙之觀點論述，以丙僱用當時是否為他人合法申請聘僱之外勞為斷。前者情形因丙僱用乙時，其合法申請聘僱之原雇主甲之許可期間已屆滿，乙已非甲合法申請聘僱之外勞，而丙僱用乙復未依法申請許可，是乙外勞係屬丙雇主未經合法申請許可聘僱之外國人，自應依同法第五十三條第一款前段聘僱未經許可之外國人罪處斷。若丙雇主於聘僱許可期間屆滿前僱用乙外勞，即後者情形，則因丙僱用乙時，乙尚為甲合法申請聘僱之外勞，丙未依法申請許可，即予聘僱，應依同條第三款未經許可聘僱他人所申請之外國人罪處斷。

乙說：應自受僱人之觀點論述，於前者情形中，乙外勞受僱於甲雇主當時係經合法申請許可，其於甲申請聘僱許可期間屆滿後脫逃，另受僱於丙雇主，自屬許可失效之外國人，丙雇主予以僱用自應依同款後段處斷。至後者情形乙外勞於甲合法聘僱期間內另受僱於丙雇主，丙係犯同條第三款之罪，於甲合法聘僱期間屆滿後，乙已成許可之外國人，丙繼續僱用，另犯同條第一款後段之聘僱許可失效之外國人罪處斷，惟實際上丙僅一僱用行為，是其所犯上開二罪之間，是否為競合關係，有待討論。

結論：採乙說。

臺灣高等法院研究意見：

一、就業服務法第五十三條第一款前後段及第三款之罪，均係以聘僱或留用時外國人之身分情形為斷，此觀之各該款文義自明。本題原法院座談結論採乙說，關於雇主丙所犯二罪部分，並無不合（二罪之法律關係另論於後）。惟所謂「應自受僱人之觀點論述」，宜改為「應以受僱人當時身分為準據」；又所謂「於甲合法聘僱期間屆滿後，乙已成許可之外國人」，應係「……乙已成許可失效之外國人」之誤，併此敘明。

二、至於雇主丙未經許可聘僱甲所申請聘僱之外國人乙，觸犯就業服務法第五十三條第三款之罪，延續至甲合法聘僱期間屆滿，許可失效之後，丙仍繼續僱用乙，觸犯同條第一款後段之罪，惟丙實際上僅一聘僱行為（接續犯）而犯上開二罪名，應依刑法第五十五條從一重處斷。

＊法務部（八九）法檢字第○○一五九一號

案由：

僱用或留用香港及澳門地區人民從事未經許可之工作，究應適用臺灣地區與大陸地區人民關係條例第八十三條、第十五條第四款之規定處罰，或依就業服務法第五十八條、第五十三條第一款之規定處罰，或依香港澳門關係條例第一條第二項之規定，因不適用臺灣地區與大陸地區人民關係條例而不處罰？

說明：

香港及澳門地區分別於民國八十六年及八十八年回歸大陸，則香港澳門人民在未修改

香港澳門條例前，可否認為係屬臺灣地區與大陸地區人民關係條例第二條第四款之「大陸地區人民」（因香港澳門條例第一條第二項規定明文排除臺灣地區與大陸地區人民關係條例之適用即有疑義）。

辦法：陳請臺灣高等法院檢察署研處。

臺高檢署研究意見：

多數採依港澳條例第十三條第一項準用就業服務法之規定予以處罰。

法務部研究意見：

一、香港澳門關係條例第六十二條規定：「本條例施行日期，由行政院定之。但行政院得分別情形定其一部或全部之施行日期」，中華民國八十六年六月十九日行政院臺八十六僑字第二五一五九九號令發布涉及香港部分自民國八十六年七月一日施行，中華民國八十八年十一月十六日行政院臺八十八僑字第四一八八三號令發布涉及澳門部分自民國八十八年十二月二十日施行，由此可知香港澳門關係條例係分別於香港及澳門回歸大陸後始施行，又依本條例第二條規定「本條例所稱香港，指原由英國治理之香港島、九龍半島、新界及其附屬部分。本條例所稱澳門，指原由葡萄牙治理之澳門半島、氹仔島、路環島及其附屬部分。」，可見香港澳門關係條例針對香港及澳門回歸大陸後之經貿、文化及其他關係予以規範，為有效施行之條例。

二、香港澳門關係條例第一條規定「為規範及促進與香港及澳門之經貿、文化及其他關係，特制定本條例。本條例未規定者，適用其他有關法令之規定。但臺灣地區與大陸地區人民關係條例，除本條例有明文規定者外，不適用之」，又同條例第十三條第一項規定「香港或澳門居民受聘僱在臺灣地區工作，準用就業服務法第五章至第七章有關外國人聘僱、管理及處罰之規定」，因此僱用或留用香港或澳門地區人民，從事未經許可之工作，自應依香港澳門關係條例第十三條規定準用就業服務法之相關規定予以處理。

三、就業服務法第五十三條規定「僱主不得有左列行為：一、聘僱或留用未經許可或許可失效之外國人。二、以本人名義聘僱外國人為他人工作。三、未經許可聘僱或留用他人所申請聘僱之外國人。四、指派所聘僱之外國人從事申請許可以外之工作。」，本題之情形，倘係聘僱或留用未經許可或許可失效之香港或澳門居民從事工作，則違反就業服務法第五十三條第一款規定，應依就業服務法第五十八條之規定處罰，倘係指派所聘僱之香港或澳門居民從事申請許可以外之工作，則違反就業服務法第五十三條第四款規定，應依就業服務法第六十二條第一項之規定科處罰鍰。

＊司法院（八二）廳刑一字第七六三六號

法律問題：

王五為 A 股份有限公司（以下簡稱 A 公司）之代表人，於就業服務法施行前即聘僱外國人 B 在該公司工作，於施行後，未經許可繼續留用，嗣為警查獲，移送法辦，經審理結果認定上情無訛，試問 A 公司之行為係聘僱未經許可之外國人，或留用未經許可之外國人？（臺灣板橋地方法院刑事庭八十二年三月份法律座談會）

討論意見：

甲說：

A 公司於就業服務法施行前聘僱外國人 B 工作，其行為並無不法，嗣於就業服務法施行後，A 公司竟未經申請許可，繼續僱用，其性質上仍為聘僱，故 A 公司之行為係聘僱未經許可之外國人而非留用未經許可之外國人。

乙說：

就業服務法第五十三條第一款所稱之留用者，應係指於就業服務法施行前即已聘僱之外國人，嗣於該法施行後，未經申請許可仍繼續予以留用者而言，否則如甲說所言，該法第五十三條第一款，即無分聘僱或留用之必要，故本件 A 公司之行為應係留用未經許可之外國人。初步研究意見：乙說為宜。

結論：採乙說。

臺灣高等法院審核意見：研討結論採乙說似無不合。

司法院刑事廳研究意見：同意臺灣高等法院審核意見。

*司法院（八三）廳刑一字第一一二一五號

法律問題：

某甲為子公司之負責人，於就業服務法施行後之八十二年六月一日，聘僱未經許可之菲律賓籍人 A，並於同年九月一日又聘僱未經許可之泰國籍人 B 和 C，及於同年十月一日未經許可聘僱其弟某乙所申請聘僱之馬來西亞籍人 D，均擔任子公司之作業員工作，後為警查獲，問某甲應如何處斷？

研討意見：

甲說：

某甲違反就業服務法第五十三條第一、三款規定，其聘僱人數為四人，應依同法第五十八條第一項後段（聘僱人數為二人以上者）處斷。

乙說：

某甲第一次聘僱 A 之行為係違反就業服務法第五十三條第一款之規定，應論以同法第五十八條第一項前段之罪；後其聘僱 B、C 之行為，亦係違反第五十三條第一款之規定，因其聘僱人數為二人，故應論以同法第五十八條第一項後段之罪，二者犯罪構成要件相同，應以罪名較重之第五十八條第一項後段之連續犯論處。其後聘僱某乙所申請聘僱之 D 之行為，係違反第五十三條第三款之規定，雖亦應論以同法第五十八條第一項前段之罪，惟該第五十三條第三款之規定與第一款之規定，其犯罪構成要件不同，

故應與其前揭聘僱 A、B 和 C 之行為併合處罰。

研討結果：多數採甲說。

臺灣高等法院審核意見：以甲說為妥。

司法院刑事廳研究意見：

按違反就業服務法第五十三條第一至第三款之規定，既均依同法第五十八條之規定論處，則縱有同時違反數款之情形，仍屬單純一罪，自應併計其人數，而分依聘僱、留用人數之不同，適用同法第五十八條第一項前段或後段之規定處斷。本件某甲違反就業服務法第五十三條第一、三款規定，其聘僱人數併計已達四人，自應依同法第五十八條第一項後段處罰。臺灣高等法院審核意見認以甲說為妥，尚無不合。

*臺灣高等法院暨所屬法院八十四年度法律座談會　刑事類第三十二號

法律問題：

就業服務法第五十八條第一項後段規定「其聘僱或留用人數為二人以上者」，其判斷時點係以雇主為聘僱或留用時為準或為警查獲時為準？若以聘僱或留用時為標準，則多次聘僱外國人，每次均為一人，有無成立連續犯之可能？

討論意見：

甲說：

以犯罪行為之主觀犯意及客觀行為觀察，應以雇主為聘僱或留用時為判斷標準較妥，則多次聘僱外國人，每次均為一人，自成立連續犯。

乙說：

就業服務法第五十八條第一項僅係單純一罪，依司法院八十三年七月十八日廳刑一字第一一二一五號研究意見認違反同法第五十三條第一至三款之規定，縱有同時違反數款之情形，仍屬單純一罪，故應以查獲時所聘僱或留用人數為判斷適用同法第五十八條第一項前段或後段之規定，如多次聘僱外國人，每次僅一人，因查獲時已有二人以上，應適用同法第五十八條第一項後段規定處罰，無成立連續犯之餘地。

初步研討結果：擬採甲說。

審查意見：

原則上採乙說，惟如聘僱間斷性發生，如聘僱期滿或解僱後再發生聘僱行為，仍有發生連續犯問題存在。

研討結果：照審查意見通過。

*臺灣高等法院暨所屬法院八十五年法律座談會　刑事類提案第二十七號

法律問題：

某 A 係某甲申請合法僱用之外籍勞工，於有效受僱期間內擅自離職至某乙處，為某乙非法僱用，問某乙究係違反就業服務法第五十三條何款之規定？

討論意見：

甲說：

按外國人未經僱主申請許可，不得在中華民國境內工作，就業服務法第四十二條定有明文。某 A 逃至某乙處為某乙非法僱用，就某乙本身而言，某 A 既未經僱主某乙申請許可，則某乙係違反該法第五十三條第一款之聘僱未經許可之外國人。

乙說：

外國人受聘僱從事工作，在聘僱許可有效期間內，如需轉換雇主或工作，應事先由新雇主與原雇主共同申請許可，就業服務法第五十條前段定有明文。某 A 既是某甲申請許可聘僱之外籍勞工，某 A 轉換雇主跑至某乙處為某乙所僱用，某甲與某乙應依上開法條之規定，共同向主管機關申請許可，某乙不從即非法加以僱用，其行為即屬違反該法第五十三條第三款之未經許可聘僱他人所申請聘僱之外國人。

初步研討結果：採甲說。

審查意見：

改採乙說。第五十三條第三款屬於特別規定與全部法，第一款則為一般規定與部分法，基於法條競合原則應優先適用。

研討結果：照審查意見通過。

＊臺灣高等法院暨所屬法院八十五年法律座談會　刑事類提案第二十九號

法律問題：

A 因其獨資經營之工廠亟需工人，遂於：1.民國八十三年七月一日聘僱未經許可之外國人 B；2.八十四年一月一日同時聘僱未經許可之外國人 C、D；3.八十五年一月一日聘僱他人所申請聘僱之 E，均在其經營之工廠工作，於八十五年三月一日同時為警查獲。則：㈠ A 所犯究係單純一罪或數罪？㈡若係數罪，則 A 所犯罪，應如何處斷？

討論意見：

問題㈠

甲說：

單純一罪。違反就業服務法之刑事處罰，適用時應體察其行政管理之目的；且不論違反該法第五十三條第一款至第三款中何款規定，既均依同法第五十八條論處，則縱有同時違反數款之情形，仍屬單純一罪（司法院八十二年三月廿四日廳刑一字第一六三一號研究意見，同見解：臺灣高等法院八十四年法律座談會彙編第卅二號研討結論、司法院八十三年五月廿六日廳刑一字第○七○七八號、八十三年七月十八日廳刑一字第一一二一五號函研究意見）。

乙說：

數罪。A 聘僱 B、C 及 D、E，分屬不同之具繼續性之僱傭行為，各個獨立存在之繼續犯罪，當不因同時被查獲反成為單一之繼續性犯罪行為。（最高法院八十四年度臺非字第二五一號判決亦認係獨立數罪）

問題㈡

甲說:

併合處罰。A 所為右開聘僱行為,其中1. 2.部分均係違反就業服務法第五十三條第一款規定,3.部分則係違反同條第三款規定,但因2.部分聘僱人數為二人,應依同法第五十八條第一項後段處罰,至1. 3.部分則依同法第五十八條第一項前段處罰。而就業服務法第五十三條第一款及第三款乃構成要件不同之違法行為,於不同時間所犯,不得併為一罪而予處罰(最高法院八十四年度臺非字第二五一號判決)。準此,則 A 所犯三罪應予併合處罰。

乙說:

就業服務法第五十三條各款並無處罰規定,僅在於違反該條規定者,始依同法第五十八條予以處罰,而該法第五十八條第一項之罪,則以所聘僱人數為一人或二人以上而異其處罰,是則該條項前段與後段為不同罪名。A 之行為,其中1. 3.部分,均犯第五十八條第一項前段之罪名,且所聘僱者為外國人之基礎事實相同,應依連續犯從情節較重之聘僱未經許可外國人部分以一罪論;而2.部分,則係犯第五十八條第一項後段之罪,該罪與前開連續犯罪部分,應予併合處罰。

丙說:

就業服務法第五十三條各款並無處罰規定,僅在於違反該條規定者,始依同法第五十八條予以處罰,而該法第五十八條第一項之罪,則以所聘僱人數為一人或二人以上而異其處罰,其基本事實為聘僱外國人乙節則屬同一,故同時有前段及後段行為存在,自得依連續犯論以一罪。A 所犯三行為,應依連續犯規定,從情節最重即2.依該法第五十八條第一項後段論以一罪。

初步研討結果: ㈠部分採乙說; ㈡部分採丙說。

審查意見: 同意初步研討結果,理由如前案所述。

研討結果: 照審查意見通過。

第五十八條

外國人於聘僱許可有效期間內因不可歸責於雇主之原因離境或死亡者,雇主得向中央主管機關申請遞補。

前項遞補之聘僱許可期間,以補足原聘僱許可期間為限;原聘僱許可期間餘期不足六個月者,不予遞補。

第五十九條

外國人受聘僱從事第四十六條第一項第八款至第十一款規定之工作,有下列情事之一者,經中央主管機關核准,得轉換雇主或工作:

一、雇主或被看護者死亡或移民者。

二、船舶被扣押、沈沒或修繕而無法繼續作業者。

三、雇主關廠、歇業或不依勞動契約給付工作報酬經終止勞動契約者。

四、其他不可歸責於受聘僱外國人之事由者。

前項轉換雇主或工作之程序，由中央主管機關另定之。

第六十條

雇主所聘僱之外國人，經警察機關依規定遣送出國者，其遣送所需之旅費及收容期間之必要費用，應由雇主負擔。

前項費用由就業安定基金先行墊付，並於墊付後，由該基金主管機關通知雇主限期繳納，屆期不繳納者，移送強制執行。

雇主依本法修正前第五十五條第三項規定繳納之保證金，於本法修正施行後，所聘僱之外國人聘僱許可期限屆滿或經廢止，並已離境或由新雇主承接後，檢具相關證明文件向中央主管機關申請返還。

＊行政院勞工委員會（八四）臺勞職業字第一三三九七八號

要旨：

有關函請對非法居留之外籍勞工研擬緊急就醫辦法乙事

全文內容：

一、按依就業服務法第五十五條第一項及第三項規定，雇主所繳之保證金以支付外勞遣送所需之旅費及收容期間之必要費用為限，所詢醫療費用乙節，並非收容期間之必要費用，自不在上開保證金給付範圍。

二、至有關外勞因一般疾病傷害之醫療費用，如因故無保險給付，且勞雇雙方不願或無能力支付時，則由各外勞輸出國之駐華機構協助處理之，業經本會八十三年十二月二日邀集相關單位研商並作成決議在案。

第六十一條

外國人在受聘僱期間死亡，應由雇主代為處理其有關喪葬事務。

＊行政院勞工委員會（八四）臺勞職業字第一一七一七五號

要旨：

有關雇主所聘僱之外國人死亡，雇主無力負擔死者遺體運送回國相關費用，可否動支其繳納之保證金乙案。

全文內容：

依就業服務法（下稱本法）第五十五條第二項規定，雇主所聘僱之外國人，在受聘僱期間死亡者，雇主應負責處理其有關喪葬事務，故雇主在外國人於受聘僱期間死亡時，負有運送外國人之遺體（或骨灰）及遺物返國之義務。至得否動用繳納之保證金支付運送外國人之遺體（或骨灰）及遺物返國之費用，因雇主繳納之保證金係在擔保所聘僱外國人經警察機關依規定遣送出境所需之旅費及收容期間之必要費用，如因運送外國人之遺體（或骨灰）及遺物返國支出之費用，則非屬保證金擔保之客體，故不得以

保證金直接支付該項費用。惟因聘僱之外國人死亡，已無必須強制遣送出境之客體，保證金擔保之客體已不存在，雇主自得申請退還所繳納之保證金，其欲以所退還之金額支付上開費用，則非法所限制。

*行政院勞工委員會（八二）臺勞職業字第七四六一〇號

要旨：

有關　台端來函請釋合法外籍勞工在臺工作期間車禍死亡之善後處理程序疑義

全文內容：

一、查依就業服務法第五十五條第二項：「雇主所聘僱之外國人，在受聘僱期間死亡者，雇主應負責處理其有關喪葬事務。」之規定中所謂「雇主應負責處理其有關喪葬事務」，係指雇主對於該外國人之死亡，有處理其喪葬事務之義務。如於處理該事務之範圍內有支出費用之必要時，亦應由雇主先行負擔。雇主可於前述喪葬事務處理完成後，得依契約或法律規定，向喪葬費用之支出義務人求償。

二、至於喪葬事務之處理程序及證明文件之提供，非屬本會之權責，宜由死者家屬協調雇主處理之。

*行政院勞工委員會（八二）臺勞職業字第四四五〇一號

要旨：

關於外籍勞工在華工作期間病故，其喪葬費用應否由雇主負擔疑義。

全文內容：

一、查依就業服務法（以下簡稱本法）第五十五條第二項：「雇主所聘僱之外國人，在受聘僱期間死亡者，雇主應負責處理其有關喪葬事務。」所謂「雇主應負責處理有關喪葬事務」，係指雇主對於該外國人之死亡，有處理其喪葬事務之義務。如於處理該事務之範圍內有支出費用之必要時，亦應由雇主先行負擔。但雇主於前述喪葬事務處理完成後，得依契約或法律規定，向喪葬費用之支出義務人求償。

二、次查勞工保險條例第六十三條：「被保險人死亡時，按其平均月投保薪資，給與喪葬津貼五個月。」既謂「喪葬津貼」，自係用以貼補辦理喪葬事宜所須支出之費用。雇主處理該外勞之喪葬事務如支出一定之費用，自非不得對此喪葬津貼之受領權利人求償。

三、再查外籍勞工入境後，依本法第五十五條第一項之規定，雇主應負擔該外勞遣送所需之旅費。惟若外勞在華工作期間死亡，已無必須強制出境之客體存在，雇主依前述條文所負遣返外勞之義務，即已消滅。至於外勞死亡後之遺體（或骨灰）及遺物運送返國所需之費用，不能與本法所稱遣返費用相提並論，應認係喪葬費用之一部分。

四、又查喪葬費用之支出，應依死者之身份、家庭背景、教育程度、宗教信仰、經濟狀況及社會習慣，客觀上綜合加以判斷。外籍勞工死亡之有關喪葬事宜，應由雇

主依上述原則協調仲介公司及死者家屬辦理。

第六十二條

主管機關、警察機關或海岸巡防機關得指派人員攜帶證明文件，至外國人工作之場所或可疑有外國人違法工作之場所，實施檢查。

對於前項之檢查，雇主不得規避、妨礙或拒絕。

第六十八條

違反第九條、第三十三條第一項、第四十一條、第四十三條、第五十六條、第五十七條第三款、第四款或第六十一條規定者，處新臺幣三萬元以上十五萬元以下罰鍰。

違反第五十七條第六款規定者，按被解僱或資遣之人數，每人處新臺幣二萬元以上十萬元以下罰鍰。

違反第四十三條規定之外國人，應即令其出國，不得再於中華民國境內工作。

違反第四十三條規定或有第七十四條第一項、第二項規定情事之外國人，經限期令其出國，屆期不出國者，警察機關得強制出國，於未出國前，警察機關得收容之。

第七十三條

雇主聘僱之外國人，有下列情事之一者，廢止其聘僱許可：

一、為申請許可以外之雇主工作。

二、非依雇主指派即自行從事許可以外之工作。

三、連續曠職三日失去聯繫或聘僱關係終止。

四、拒絕接受健康檢查、提供不實檢體、檢查不合格、身心狀況無法勝任所指派之工作或罹患經中央衛生主管機關指定之傳染病。

五、違反依第四十八條第二項、第三項、第四十九條所發布之命令，情節重大。

六、違反其他中華民國法令，情節重大。

七、依規定應提供資料，拒絕提供或提供不實。

＊八六判字第一一二八號

要旨：

〔原告因承建馬○紀念醫院臺北醫療行政大樓增建工程，申經勞委會許可自泰國聘僱勞工一百八十三名，惟其於聘僱之外籍勞工入境後，其中指派十三名至位於基隆市基金一路之龍○中國工地擔任雜工，即屬首揭法律規定之從事許可以外之工作。〕

理由：

按雇主聘僱之外國人，有從事許可以外之工作者，撤銷其聘僱許可之一部或全部。前項經撤銷聘僱許可之外國人，應即令其出境，不得再於中華民國境內工作，就業服務法第五十四條第一項第二款及第二項定有明文。又依外國人聘僱許可及管理辦法第二十五條前段規定，受聘僱之外國人違反就業服務法第五十四條第一項各款規定者，除撤銷該外國人之工作許可證外，中央主管機關應撤銷雇主聘僱許可之一部或全部。而

勞委會核准外國人來華工作，於核准文件內必須指定工作地點，以利行政管理，工作地點既屬許可內容之一部分，未經該會核備前自行變更，自屬就業服務法第五十四條第一項第二款規定之違法事項，復經勞委會臺八十三勞職業字第六二四六一號函釋在案，上開函釋於法無違，應予適用。本件原告因承建馬〇紀念醫院臺北醫療行政大樓增建工程，申經勞委會許可自泰國聘僱勞工一百八十三名，惟其於聘僱之外籍勞工入境後，指派 KOMON THONGSANG 等十三名至位於基隆市基金一路之龍〇中國工地擔任雜工，經基隆市警察局第四分局於八十四年十一月十日查獲，有原告之工地主任陳〇光及上開十三名外籍勞工之偵訊（調查）筆錄影本附原處分案卷可稽，被告以原告所聘僱之外籍勞工有違反就業服務法第五十四條第一項第二款之規定，乃撤銷原告聘僱許可之一部（十三名）即 KOMON THONGSANG 等十三名外籍勞工之受聘僱許可。原告訴稱：原告依勞基法施行細則第七條第一款規定，調派中、外籍勞工至公司所承包之不同工地工作，合於情理，勞委會以行政命令規定須先申請核准，惟營造業工作性質不同，無法比照辦理，況十三名外籍工人係聽命行事，無辜被遣返出境，損害其工作權云云。惟查原告既將所聘僱之外籍勞工指派至許可工作地點以外之其他工程工作，即屬首揭法律規定之從事許可以外之工作，勞基法雖賦予雇主有調派勞工工作性質之權限，惟其調派不能與法令規定牴觸，非謂雇主得違法任意調派。次按勞委會核准外國人來華工作，於核准文件內必須指定工作地點，以利行政管理，違之者即應有首揭就業服務法規定之適用，至系爭十三名外國人係因雇主之違法指派工作地點，致被遣返出境損害其工作權者為其雇主。綜上原告所訴各節，均無可採，原處分揆諸首揭規定，洵無違誤，一再訴願決定遞予維持，俱無不妥。原告起訴論旨，非有理由，應予駁回。

＊八四判字第一一五八號

要旨：

〔原告與訴外人偉華企業社既屬不同之權利義務主體，就業服務法第五十四條第一項第一款規定，係指外國人為申請許可以外之雇主工作，即外國人如有為申請許可以外之雇主提供勞務，即違反該款規定，不以薪資由申請許可以外之雇主給付為成立要件。〕

理由：

按僱主聘僱之外國人，有受僱於其申請許可以外之雇主者，或從事許可以外之工作者，撤銷其聘僱許可之一部或全部。前項經撤銷聘僱許可之外國人，應即令其出境，不得再於中華民國境內工作，為就業服務法第五十四條第一項第一款、第二款及第二項所明定。又受聘僱之外國人違反就業服務法第五十四條第一項各款規定者，除撤銷該外國人之工作許可證外，中央主管機關應撤銷雇主聘僱許可之一部或全部，復為外國人聘僱許可及管理辦法第二十五條前段所規定。查原告經勞委會許可自泰國聘僱成衣及服飾品製造業操作員二十七名，惟其於聘僱之外籍勞工入境後，未經勞委會許可，

調派其中 WARAPHUT BUALEE 及 MAENMAT ORACHORN 二名外籍勞工至偉華企業社工作，經宜蘭縣警察局三星分局於八十二年十月三日派員檢查發現，原告之副廠長藍〇鏘於同日在三星分局調查中亦自承上開二名泰籍勞工，係其指派於八十二年九月二十七日至宜蘭縣三星鄉自強新村六十二一六號工作。原告雖訴稱渠等勞工係前往幫忙點收及搬運貨品，並非替該社工作云云，惟該社之負責人楊永華及上開二名外籍勞工供稱，渠等外勞係至其工廠支援趕貨及由藍〇鏘帶領至該社工作，各有原告之副廠長藍〇鏘、偉華企業社負責人楊永華及上開二名外籍勞工之訊問（調查）筆錄影本附原處分機關卷可稽，被告以原告聘僱之外籍勞工違反就業服務法第五十四條第一項第一、二款規定，撤銷其聘僱泰籍勞工聘僱許可之一部（二名），同時撤銷其依前述聘僱許可所聘之 WARAPHUT BUALEE 及 MAENMAT ORACHORN 二名外籍勞工之工作許可，並責令該二名外籍勞工應於八十三年四月十六日前出境，洵無不合。原告訴稱：就業服務法第五十四條對於雇主所聘僱之外國人工作地點，並無任何限制，本件該外勞之薪資係由原告支付，縱認彼等一時有為偉華企業社服務之事實，仍不能指其有違上開規定云云。然查原告與訴外人偉華企業社既屬不同之權利義務主體，就業服務法第五十四條第一項第一款所定稱：「受聘僱於為其申請許可以外之雇主」，係指外國人為申請許可以外之雇主工作，即外國人如有為申請許可以外之雇主提供勞務，即違反該款規定，不以薪資由申請許可以外之雇主給付為成立要件，此觀勞委會臺八十三勞職業字第一一二二三九號函釋至明。另「從事許可以外之工作」，係指外國人從事申請許可以外之工作，如外國人為申請許可之雇主從事申請許可以外之工作，因工作項目已變更，自屬違反上開規定，縱外國人為許可以外之雇主從事與原工作項目相同之工作，因外國人提供勞務之對象已變更，已逾越許可工作之範圍，自亦違反上開規定。又因被告受理聘僱外籍勞工之聲請時，皆要求雇主於申請書註明工作地點，如屬製造業提出申請者，尚需檢附工廠登記證，限制外籍勞工之工作地點，以保障本國勞工之工作權，並管理外籍勞工，維護社會秩序安全，復顧及企業之經營權，業經被告以八十二年臺八十二勞職業字第〇五〇九八、五六二七一、五六八六九及五九七六三號函釋在案，從而凡未經申請許可而變更工作地點者，亦屬「從事許可以外之工作」。原告所為難謂與就業服務法第五十四條第一項第一、二款規定無違。又上開應予撤銷外國人聘僱許可情事，業經就業服務法特別規定，自無民法第四百八十二條及第四百八十四條規定之適用。原告上開主張，尚非可採。原處分核無違誤，一再訴願決定遞予維持，俱屬妥適，原告仍執前詞爭訟，難認有理由，應予駁回。

*八三判字第一七三三號

要旨：

〔查外籍勞工違反就業服務法第五十四條第一項之禁止規定，並不以發生損害或危險為其要件，參照司法院釋字第二七五號解釋，即應推定為有過失。〕

理由：

按雇主聘僱之外國人，有從事許可以外之工作者，撤銷其聘僱許可之一部或全部。前項經撤銷聘僱許可之外國人，應即令其出境，不得再於中華民國境內工作，為就業服務法第五十四條第一項第二款及第二項所明定。又受聘僱之外國人違反就業服務法第五十四條第一項各款規定者，除撤銷該外國人之工作許可證外，中央主管機關應撤銷雇主聘僱許可之一部或全部，復為外國人聘僱許可及管理辦法第二十五條前段所規定。卷查本件原告經被告許可自泰國聘僱勞工，惟其於聘僱之外籍勞工入境後，於八十二年一月二十日二十時三十分，竟由其承包商工頭趙○才將其合法引進之外籍勞工共二十九名轉移至永康鄉東灣村民○路二七三巷二十三弄旁王牌登場工地非法為他人工作，被臺南縣警察局永康分局派員查獲，有該警察分局刑事案件移送報告書及外籍勞工 RADARIT SUPHACHAI 等之偵訊筆錄影本附原處分案卷可稽，被告乃依前揭規定撤銷原告聘僱泰國籍勞工許可之一部（二十九名），並撤銷其工作許可證，洵無不合。原告訴謂：伊對於其為他人工作之事實不知情，又縱予以相當注意仍不免發生等語。然查趙○才既係原告之承包工頭，其所帶領外出工作之外籍勞工竟達二十九名之多，原告實難以已盡相當之注意猶不免發生且不知情為辯。次查外籍勞工違反就業服務法第五十四條第一項之禁止規定，並不以發生損害或危險為其要件，參照司法院釋字第二七五號解釋，即應推定為有過失。原告提出外勞使用管理辦法影本一件，僅足證明其與承包商有不准帶泰工至非公司工地工作，尚不得因之免除原告之注意義務。又臺灣臺南地方法院檢察署檢察官不起訴處分（八十二年度偵字第二○六五號）及臺灣高等法院臺南分院八十二年度上易字第一三二九號刑事判決，則係認趙○才等三人所為與就業服務法第五十八條所定犯罪構成要件不合，不能據之認為原告無同法第五十四條規定之適用，原告所稱各節，俱尚非可採。原處分核無違誤，一再訴願決定遞予維持，俱屬妥適。原告起訴論旨，持前開一己之見，斤斤指摘原處分不當，難認為有理由，應予駁回。

＊法務部（八七）法律字第○三四八七五號

要旨：

關於外籍教師於聘僱期滿擬不續聘時，應適用就業服務法抑或教師法之規定疑義。

主旨：

關於教育部函詢外籍教師於聘僱期滿擬不續聘時，應適用就業服務法抑或教師法之規定乙案，本部意見如說明二，請 查照參考。

說明：

一、復 貴部八十七年九月九日臺 (87) 人(二)字第八七○八七三四二號函辦理。

二、按就業服務法之立法意旨在於保障國人之工作權，對於外國人之聘僱、管理及解僱等事項予以規範（就業服務法第五章參照），外國教師來臺應聘工作，自應符合

該法相關規定。至於外籍教師之資格檢定與審定、聘任、權利義務、待遇等則應依教師法之相關規定辦理（教師法第二條參照）。本件外籍教師聘僱期滿，不論雇主決定續聘或擬不續聘，皆應依就業服務法相關規定辦理。惟外籍教師究否應予續聘或有無續聘需要，則應依教師法等相關法規規定經各級教評會議決之。　貴部所擬之意見，本部敬表同意。

*行政院勞工委員會（八七）臺勞職外字第○四一四五三號

要旨：

短期補習班聘僱之外籍教師於聘僱期間解聘時，依就業服務法第五十四條規定，是否須出境後才得以再另由他補習班申請聘僱疑義。

主旨：

有關　貴部函詢短期補習班聘僱之外籍教師於聘僱期間解聘時，依就業服務法第五十四條規定，是否須出境後才得以再另由他補習班申請聘僱疑義乙案，復如說明，請查照。

說明：

一、復　貴部八十七年九月十六日臺(87)社㈠字第八七一○○八五二號函。

二、按外國人未經雇主申請許可，不得在中華民國境內工作，既為就業服務法（以下簡稱：本法）第四十二條所明定。故外國人於入境時，由雇主為其申請取得聘僱許可，惟於其與原雇主中途解約致聘僱關係消滅時，其原取得之聘僱許可應依本法第五十四條第一項第三款規定撤銷之。

三、復依本法第五十條規定可知，外國人受聘僱從事工作，在聘僱許可有效期間內，如需轉換雇主或工作，應「事先」由新雇主與原雇主共同申請許可。另依本會八十二年一月十四日臺(82)勞職業字第三二三七四號函釋，本法第五十條所謂「應事先由新雇主與原雇主共同申請許可」，係指由原雇主出具同意函。由新雇主持該同意函，據以申請，而轉換至新雇主處服務。是以外國人經與原雇主解除聘僱關係如無新雇主申請聘僱該名外國人並獲核准前，該名外國人在華工作均屬違反首揭規定。

四、綜上所述，短期補習班聘僱之外籍教師與雇主中途解約致聘僱關係消滅者，若事先已由原雇主出具同意函，由新雇主持該同意函據以申請將該名外國人轉換至新雇主處服務，即不須俟該外國人出境後才得由新雇主（其他補習班）申請聘僱。惟該名外國人若與原雇主中途解約致聘僱關係消滅，並經本法第五十四條撤銷聘僱許可而無新雇主申請聘僱該名外國人並獲准者，則該名外國人自應依本法第五十四條第二項規定出境。

*行政院勞工委員會（八四）臺勞職業字第一一一六三七號

要旨：

有關函請釋示外籍勞工來華工作滿二年出境後再度入境工作是否違反就業服務法等疑義乙案

全文內容：

一、按雇主與所聘僱外國人間聘僱許可期間屆滿，符合就業服務法（下稱本法）第五十二條第三款規定事由者，依本法第五十四條第一項第三款及第二項規定，應撤銷該等外國人之聘僱許可，並即令其出境，不得再於中華民國境內工作。倘該等外國人再度入境工作，依上開規定，主管機關自不應核發該外國人之聘僱許可。惟部分外籍勞工返國後重新變更名字、護照號碼再度入境，此舉已符合本法第五十四條第一項第六款所規定之情事，依同條第二項之規定應即令其出境，不得再於中華民國境內工作，爰此情事，主管機關自應依同條第一項撤銷該等外國人之聘僱許可。且對該等外國人再度入境工作之違法行為，倘雇主知情不報或未盡相當注意義務，以避免其發生者，依外國人聘僱許可及管理辦法第二十五條規定，主管機關亦應撤銷雇主之聘僱許可。

二、私立就業服務機關許可及管理辦法第三十二條第三款規定，營利就業服務機構接受委託辦理聘僱外國人許可之申請、招募、引進或管理事項，不得違反本法或依本法所發布之命令；又本法第六十三條規定，私立就業服務機構違反本法或依本法所發布之命令，除本法另有規定外，處新臺幣三千元以上三萬元以下罰鍰，並得視其情節，定期停止其營業之全部或一部或撤銷其許可。

* 行政院勞工委員會（八三）臺勞職業字第八八三〇一號

要旨：

就業服務法第四十三條第一項第一款規定所聘從事專門性或技術性工作之外國人，因僱傭關係消滅或聘僱許可期間屆滿出境後，得否再度受聘僱於中華民國境內工作疑義。

全文內容：

按就業服務法（下稱本法）第五十四條第一項第三款規定，雇主聘僱之外國人有僱傭關係消滅或聘僱許可期間屆滿之情事者，應撤銷該外國人之聘僱許可，復依同條第二項之規定，該外國人應出境且不得再於中華民國境內工作。惟基於立法目的及社會經濟發展需要之考量，爰對上開規定作目的性限縮，不適用於本法第四十三條第一項第一款至第六款或第九款規定受聘僱在中華民國境內工作之外國人，故　貴辦事處依本法第四十三條第一項第一款規定所聘僱從事專門性或技術性工作之外國人，因僱傭關係消滅或聘僱許可期間屆滿出境後，仍得再度受聘僱於中華民國境內工作。

* 行政院勞工委員會（八三）臺勞職業字第七〇八二七號

要旨：

有關事業單位前已獲行政院勞工委員會核准將已合法引進之外籍勞工調派至同一法人（雇主）之其他工廠或工地，嗣擬再將其已調廠之外勞調回原工廠或工地工作者，是

否應再申請許可疑義。

全文內容：

有關事業單位前已獲本會核准將已合法引進之外籍勞工調派至同一法人（雇主）之其他工廠或工地，嗣擬再將其已調廠之外勞調回原工廠或工地工作者，毋庸再向本會申請許可，惟須向該管警察機關辦理遷徙異動，設事業單位未依規定辦理遷徙異動登記而經警察查獲並函請本會處理者，本會即將該事業單位列管，爾後再申請准予調派他工作地時，均不予許可，以示懲戒。

*行政院勞工委員會（八三）臺勞職業字第六二四六一號

要旨：

行政院勞工委員會八十二年十月五日臺八十二勞職業字第五六八六九號函疑義補充釋示

全文內容：

一、就業服務法第五十條但書規定，受聘僱從事第四十三條第一項第七款至第九款規定之工作者，不得轉換雇主及工作。所謂「工作」，係指本會開放引進外籍勞工之各行業中直接與生產有關之全部工作而言，非以各種職業為區別標準。故同一法人（雇主）如有二個或二個以上之工廠時，如該二個或二個以上工廠所從事之行為皆屬本會核准得引進外勞之「同一行業」者，雇主得檢附相關證件報經本會核備後，調派外勞至其他工廠或工地工作。

二、至於外國人來華工作，可否變更工作地點乙節，查本會核准外國人來華工作，於核准文件內必須指定工作地點，以利行政管理。故工作地點既屬許可內容之一部分，未經本會核備前自行變更，自屬就業服務法第五十三條第四款第五十四條第一項第二款規定之違法事項。

*行政院勞工委員會（八三）臺勞職業字第二九○○三號

要旨：

就業服務法第五十二條第一款規定雇主所聘之外國人「連續曠職三日失去聯繫者」適用上之疑義

全文內容：

一、按就業服務法第五十二條雇主對聘僱之外國人，有左列情事之一，應於三日內以書面通知當地主管機關或目的事業主管機關及警察機關，並由警察機關處理之：㈠連續曠職三日失去聯繫。及同法第五十四條雇主聘僱之外國人，有左列情事之一，㈡撤銷其聘僱許可之一部或全部……㈢有第五十二條各款規定之情事之一者。同法第六十二條規定，違反第五條……第五十二條……規定者，處新臺幣三千元以上三萬元以下罰鍰。從而外國人有「連續曠職三日失去聯繫」之事實，即構成同法第五十四條撤銷之依據，至第五十二條、第六十二條之規定，則屬科雇主通

報義務之規定。因之，警察機關如主動查知外籍勞工有就業服務法第五十二條第一款情事者，即應依外國人聘僱許可及管理辦法第廿三條規定查緝遣返出境。再則，本案之○○公司違反就業服務法第五十三條第四款部分，既經本會撤銷在案，請迅將該五名外勞遣返。

二、按就業服務法第五十二條第一款「連續曠職三日失去聯繫」係指外國人連續曠職且與雇主失去聯繫而言。

三、依就業服務法第五十四條第二款規定，前項經撤銷聘僱許可之外國人，應即令其出境，不得再於我國境內工作。因之，凡經本會撤銷之外勞，除另有取得獲准居留原因外，應即遣送出境，不因該外國人提起民事訴訟程序而阻卻其出境。

＊行政院勞工委員會（八三）臺勞職業字第二七九○七號

要旨：

外籍勞工違反就業服務法第五十四條各款規定而為警查獲是否應予收容疑義

全文內容：

查依本會八十二、九、十四召開「研商外籍勞工入境後健康檢查及入境後管理有關事宜會議」案由三決議，雇主與外勞發生權益糾紛，除須依勞資爭議處理法及相關法令處理外，為平衡不知情外勞情緒，准原雇主填具保證於主管機關撤銷其聘僱許可後遣送外勞回國切結書後先行領回，並即辦理爭議處理及遣返事宜。因之，有關應遣返之外勞於遣返前得由雇主出具保證書先行領回，並無強制收容之必要。

＊行政院勞工委員會職業訓練局（八二）臺職業字第八八六七六號

要旨：

關於○○公司原承租廠房退租歇業，在購建新廠房未復工期間，將所聘僱之外籍勞工安置他處，並施以訓練，是否違反就業服務法規定疑義。

全文內容：

一、依法申請引進外勞，應於核准之工作地點工作，如有變更工作地點之必要，亦須事先向本會申請許可，於取得核准文件後，始得調派外勞至該受核准地點工作。惟該公司原承租廠房既已退租歇業，新建廠房又尚未完工，外勞暫時停止工作，於此期間暫將外勞安置於他處民房，既非臨時工廠，亦無工作事實，如無未經許可變更工作地點之情形，則未違反就業服務法之規定。至於該公司前述新建廠房完工後，即將遷廠復工，事涉外勞變更工作地點事宜，　貴公司仍應依法申請許可後，始得為之。

二、關於該公司於前述等待期間內，於前述民房中延聘專人指導該批外勞語言課程及職前教育訓練乙節，若不涉及勞務之提供，且無工作之事實，亦不違反就業服務法之規定，惟該批外勞，欲暫住於前述民房，仍應依有關規定告知原工作地點及現位宿地點當地之警察機關。

＊行政院勞工委員會（八二）臺勞職業字第六一九四八號

要旨：

關於外籍勞工入境後逾三日規定期限內辦理健康檢查，雖健康檢查合格，仍未能獲衛生單位核備，但依規定出境者，得再入境工作。

全文內容：

一、八十二年九月十四日本會與行政院衛生署等單位「研商外籍勞工入境後健康檢查及入境後管理有關事宜會議」決議：㈠為維護國內防疫安全，維持現行外籍勞工入境後三日內，雇主須安排外勞健康檢查規定。未符上述規定之外勞由本會函請雇主督促所聘僱之外勞出境並副知當地警察局。㈡外籍勞工入境後逾三日，雖健康檢查合格，仍未能獲衛生單位核備，但依規定出境者，不受就業服務法第五十四條第二項：「經撤銷聘僱許可之外國人，應即令其出境，不得再於中華民國境內工作」之限制，得准其依規定再來華工作。

二、請急轉我國駐外單位，對逾健康檢查三日期限但健康檢查合格致遣送出境之外籍勞工，協助辦理再入境工作簽證事宜。

＊行政院勞工委員會（八二）臺勞職業字第五〇二〇七號

要旨：

關於公司聘僱外籍人員從事核准擔任之職務以外工作之情事，經警方查獲應否由原核准之主管機關撤銷原核准工作許可之處分疑義。

全文內容：

查依據就業服務法第五十三條第四款，雇主不得指派所聘僱之外國人從事申請許可以外之工作。另依同法第五十四條，雇主聘僱之外國人，從事許可以外之工作者，撤銷其聘僱許可之一部或全部。準此，公司聘僱之外籍人員從事核准擔任職務以外之工作，自應由原核准機關撤銷其聘僱許可。

＊行政院勞工委員會（八二）臺勞職業字第四一三一九號

要旨：

關於合法申請受聘僱來臺工作之外國人，因非法仲介者轉而媒介其他雇主僱用，為警查獲後可否逕轉至原申請核准聘僱之雇主處工作疑義。

全文內容：

一、就業服務法第五十四條第一項第一款規定：「雇主聘僱之外國人，有左列情事之一，撤銷其聘僱許可之一部或全部：一、受聘僱於為其申請許可以外之雇主者。」同條第二項復規定：「前項經撤銷聘僱許可之外國人，應即令其出境，不得再於中華民國境內工作。」本案經合法申請受聘僱來工作之外國人，入境後未於本會核准之工作地點工作，竟任由非法仲介者帶往其他地點受僱為合理雇主以外之人工作，顯已違反前述法律之明文規定。

二、經查本案非法工作之外國人，自入境之次日起即受僱於合法雇主以外之人，既未依法辦理體檢手續，更未依規定報請本會核發工作許可證，顯屬非法工作。既經查獲，應不待本會撤銷其工作許可，即時應予以遣返。

三、至於該外國人辯稱不知其非法工作乙節，經查該外國人本係受聘僱擔任家庭幫傭一職，來臺後即於非法雇主之公司內打掃，以工作內容而言，已與其勞動契約之約定不符，難謂其並不知情。況入境後須經體檢手續，並辦理工作許可證，已為其所知悉，既未完成手續而繼續受僱於非法雇主，直至遭警查獲為止，更難認其不知非法工作之情事。既屬非法工作，依法應予以遣返，自無侵害其工作權益之問題。

＊行政院勞工委員會（八二）臺勞職業字第二○○○○號

要旨：

有關所詢外籍勞工於受聘僱期限因公受傷，於聘僱期限屆滿時，仍未痊癒，可否停止工作留華治療疑義。

全文內容：

查依據內政部七十五年十月十八日（七十五）臺內勞字第四三八三二四號：「勞工在產假停止工作期間或職業災害之醫療期間，其定期契約因屆滿而終止，雇主可不續給產假及產假工資；至勞工遭遇職業災害而致疾病、傷害、殘廢或死亡時，雇主仍應依勞動基準法第五十九條有關規定予以補償。」之函釋，定期契約工並不因遭遇職業災害或受公傷至聘僱期限屆滿時仍未痊癒者而不得終止契約，惟如外籍勞工依其他法令（如勞工保險條例及其施行細則）規定可繼續請領傷病給付或住院診療給付者，仍准其留華至治療終止或請領殘廢補助費為止。

＊行政院勞工委員會（八二）臺勞職業字第一九五一二號

要旨：

有關外籍勞工在華聘期屆滿返國後，可否再度受僱來華工作疑義。

全文內容：

查依據就業服務法第四十九條規定，本會許可引進之外籍勞工聘僱許可之期間最長為一年，雇主申請展延以一次為限，其展延期間不得超過一年。另依同法第五十四條規定外國人有第五十二條各款規定情事之一者——連續曠職三日失去聯繫者、僱傭關係消滅者、聘僱許可期間屆滿者——經出境後，即不得再於中華民國境內工作。準此，外籍勞工在華工作屆滿返國後，即不得再來華工作。

＊行政院勞工委員會（八一）臺勞職業字第二八○四五號

要旨：

警察機關查獲雇主申請許可之外國人受聘僱於為其申請許可以外之雇主從事許可以外之工作，應如何處理疑義。

全文內容:

一、依據就業服務法（以下簡稱本法）施行細則第十九條第一項之規定，本法第五十四條所稱之聘僱許可應包含中央主管機關或目的事業主管機關核發予雇主之聘僱許可文件及核發予受聘僱外國人之工作許可證二種,故本法第五十四條所稱之「撤銷聘僱許可」，應係指撤銷雇主聘僱許可文件或受聘僱外國人之工作許可證而言，另依「外國人聘僱許可及管理辦法」第二十五條規定受聘僱之外國人違反本法第五十四條第一項各款規定者除撤銷該受聘僱外國人之工作許可證外，另應撤銷雇主之聘僱許可，準此本案○○縣警察局可函請中央主管機關撤銷該違反本法第五十四條規定之外國人之工作許可證及其雇主之聘僱許可應無疑義。

二、按本法第五十三條係針對雇主聘僱外國人時之禁止行為，本案它縣市某工業社雇主（即申請聘僱外國人之雇主）與高雄縣某工業股份有限公司（即申請許可以外之雇主）均已違反本法第五十三條第二款及第三款所規定之事項，依據同法第五十八條之罰則規定，警察機關或主管機關應將二者移送檢察機關偵辦。

三、依據本法第五十四條第二項規定，違反同條第一項規定之外國人其工作許可證經撤銷者，應即令其出境，至其工作許可證未撤銷前如何處理該外國人則依警察機關之處理程序為之。

四、至雇主違反本法第五十三條第一項第一款、第二款及第三款規定之事項者，究應以「人隨案移送」或以「函送」方式函請檢察機關偵辦乙節，查依本法第五十八條規定違反該條第一款、第二款或第三款規定者應科以刑責，依據本法規定並未對如何移送嫌犯作規範，惟依據本法第一條後段「本法未規定者，適用其他法律之規定。」之規定,其究應如何移送嫌犯至檢察機關偵辦則依現行之法律規定為主。

＊臺灣省政府教育廳（八三）教五字第一〇七九一三號

要旨:

關於短期補習班解聘外籍語文教師，並經本廳撤銷聘僱同意函，是否尚須依「就業服務法」第五十四條第二項之規定令其出境，並有期限限制一案。

說明:

一、依據教育部八十三年十二月二十一日臺(83)社字第〇六九三七六號函辦理，並復南投縣警察局八十三年十月二十六日八三投警外字第四〇七九七號函。

二、本案經轉教育部函復略以:「二、本案經轉准行政院勞工委員會八十三年十二月十三日臺八十三勞職業字第一〇七七八四號函釋略以: 外籍語文教師既經短期補習班解聘，致僱傭關係消滅，依法應撤銷短期補習班及該外籍語文教師之聘僱許可，並令該外籍語文教師出境，且於處分中限定出境期限，以利遣返之作業。又如僅因僱傭關係消滅原因出境，得再度受聘僱入中華民國境內工作。」

三、又限定外籍語文教師出境期限，請依「外國人聘僱許可及管理辦法」（詳刊省公報

八十一年秋字第三十三期）第二十一條「有左列情事之一者，雇主應自事實確定之日起七日內，督促其所聘僱之外國人出境：一、聘僱許可經撤銷或有效期間屆滿者。二、工作許可證經撤銷或工作期限屆滿者。……」規定辦理。

第七十四條

聘僱許可期間屆滿或經依前條規定廢止聘僱許可之外國人，除本法另有規定者外，應即令其出國，不得再於中華民國境內工作。

受聘僱之外國人有連續曠職三日失去聯繫情事者，於廢止聘僱許可前，入出國業務之主管機關得即令其出國。

有下列情事之一者，不適用第一項關於即令出國之規定：

一、依本法規定受聘僱從事工作之外國留學生、僑生或華裔學生，聘僱許可期間屆滿或有前條第一款至第五款規定情事之一。

二、受聘僱之外國人於受聘僱期間，未依規定接受定期健康檢查或健康檢查不合格，經衛生主管機關同意其再檢查，而再檢查合格。

第七十七條

本法修正施行前，已依有關法令申請核准受聘僱在中華民國境內從事工作之外國人，本法修正施行後，其原核准工作期間尚未屆滿者，在屆滿前，得免依本法之規定申請許可。

*行政院勞工委員會（八一）臺勞職業字第二三八三八號

要旨：

就業服務法施行前，已依有關法令申請且經主管機關核准聘僱外籍勞工者，可否免繳納就業安定費之疑義

全文內容：

依據就業服務法第六十六條：「本法施行前，已依有關法令申請核准受聘僱在中華民國境內從事工作之外國人，本法施行後，其原核准工作期間尚未屆滿者，在屆滿前，得免依本法之規定申請許可。」依法律不溯既往原則，貴公司所聘僱之外籍勞工，如其在就業服務法公布施行前，經本會核准，且已在我國境內工作者，貴公司得免繳就業安定費，但如在就業服務法實施後申請延期者，則應依規定繳納。

第七十八條

各國駐華使領館、駐華外國機構及駐華各國際組織人員之眷屬或其他經外交部專案彙報中央主管機關之外國人，其在中華民國境內有從事工作之必要者，由該外國人向外交部申請許可。

前項外國人在中華民國境內從事工作，不適用第四十六條至第四十八條、第五十條、第五十二條至第五十六條、第五十八條至第六十一條及第七十四條規定。

第一項之申請許可、廢止許可及其他應遵行事項之辦法，由外交部會同中央主管機關

定之。

第七十九條

無國籍人、中華民國國民兼具外國國籍而未在國內設籍者，其受聘僱從事工作，依本法有關外國人之規定辦理。

＊行政院勞工委員會（八六）臺勞職外字第○九○一四五八號

要旨：

自民國八十六年七月一日起，香港居民依香港澳門關係條例第十三條規定，受聘僱在臺灣地區工作應申請許可。

主旨：

有關自民國八十六年七月一日起，香港居民依香港澳門關係條例第十三條規定，受聘僱在臺灣地區工作應申請許可乙節，請照惠轉 貴屬警察機關。

說明：

一、依據香港澳門關係條例（下稱本條例）第十三條及本條例施行細則第十五條、第十六條規定辦理。

二、依就業服務法第六十七條規定「本法關於外國人之規定，於無國籍人、中國人取得外國國籍而持外國護照入境或持中華民國護照而未在國內設籍，受聘僱從事工作者，準用之。」其所適用對象為中國人兼具雙重國籍者，其利用外國護照入境或持中華民國護照入境而未設籍者，必須準用外國人之規定申請許可，始可在華工作。準此，香港、澳門居民分別於民國八十六年七月一日、八十八年十二月廿日前，其未取得外國國籍，而持臺灣地區出入境證者或持臺灣地區居留證者，得免經許可在臺灣地區工作。但自民國八十六年七月一日起（行政院依本條例第六十二條規定，以八十六年六月十九日台 (86) 僑字第二五二○○號函，就本條例涉及香港部分，定於中華民國八十六年七月一日施行。至於澳門部分，行政院尚未定施行日期。）有關香港居民在臺工作問題，應依本條例第十三條規定，須經「許可」方得在臺灣地區工作。

三、按本條例第十三條第一項規定，香港或澳門居民受聘僱在臺灣地區工作，準用就業服務法第五章至第七章有關外國人聘僱、管理及處罰之規定。又香港或澳門居民，如於香港或澳門分別於英國或葡萄牙結束其治理前，取得華僑身分者及其符合中華民國國籍取得要件之配偶及子女，依同條第二項規定，其受聘僱在臺灣地區工作，應依本會所訂之「取得華僑身分香港澳門居民聘僱及管理辦法」申請許可。另依本條例施行細則第十五條規定，本條例施行前，經許可在臺灣地區居留之香港或澳門居民，其受聘僱在臺灣地區工作，應依本會所訂定之上開辦法申請許可。

四、次按本條例施行細則第十六條規定，本條例施行前，香港或澳門居民已在臺灣地

區工作,無需許可,而依本條例第十三條,須經許可方得工作者,應於本條例施行之日起,六個月內依相關規定申請許可,逾期未辦理者,為未經許可。故自民國八十六年七月一日起至民國八十六年十二月卅一日止,係本條例施行前「已」在臺工作之香港居民依相關規定申請許可之法定期間,逾期未辦理者,始依未經許可規定處理。至於在本條例施行後來臺受聘僱從事工作之香港居民,承前述規定意旨,則應依第十三條規定申請取得許可後,始得受聘僱在臺灣地區從事工作。

*勞工保險局(八六)臺勞職外字第○三五四二七號

要旨:

香港地區居民在臺工作參加勞保應取得工作許可證

主旨:

有關港、澳地區居民在臺灣地區工作參加勞保乙案,復如說明,請 查照。

說明:

一、復 貴局八十六年八月十二日(86)保承字第六○○○五八五號函。

二、依就業服務法第六十七條規定「本法關於外國人之規定,於無國籍人、中國人取得外國國籍而持外國護照入境或持中華民國護照而未在國內設籍,受聘僱從事工作者,準用之。」其所適用對象為中國人兼具雙重國籍者,其持用外國護照入境或持中華民國護照而未設籍者,必須準用外國人之規定,始可在華工作。準此,香港、澳門居民分別於民國八十六年七月一日、八十八年十二月廿日前,其未取得外國國籍,而持臺灣地區出入境證者或持臺灣地區居留證者,得免經許可在臺灣地區工作。但自民國八十六年七月一日起(行政院依香港澳門關係條例-下稱本條例-第六十二條規定,就本條例涉及香港部分,定於八十六年七月一日施行;澳門部分,行政院尚未定施行日期。)有關香港居民在臺工作問題,應依本條例第十三條規定,須經「許可」方得在臺灣地區工作。

三、綜上所述,投保單位應檢附本會或目的事業主管機關核發之工作許可,為該香港居民辦理勞工保險;至於澳門在八十八年十二月廿日由葡萄牙結束治理前,有關澳門居民在臺灣地區工作參加勞保乙節,仍請依現行規定辦理。

*行政院勞工委員會職業訓練局(八三)臺職業字第八二一二○號

要旨:

有關所請日本籍養子核發外勞工作許可

全文內容:

一、查日籍人士安井哲裕君既經 台端收養,並經臺灣臺北地方法院八十二年度養聲字第四七二號裁定認可在案,依司法院二十五年十月二日院字第一五五二號函解釋意旨,足認安井哲裕君已依國籍法規定取得中華民國國籍。

二、次查就業服務法(以下簡稱本法)第六十七條明定:「本法關於外國人之規定,於

無國籍人、中國人取得外國國籍而持外國護照入境或持中華民國護照而未在國內設籍，受聘僱從事工作者，準用之」。然安井哲裕君係「外國人取得中華民國國籍」，其情形與本法第六十七條規定之構成要件並不相符，自不在本法第六十七條準用規定之列，故其在華工作，自無庸依本法規定申請許可。

*行政院勞工委員會（八三）臺勞職業字第七五三一六號

要旨：

雇主聘僱已取得我國居留權之緬甸人工作是否仍須向主管機關申請許可疑義

全文內容：

依就業服務法（以下稱本法）第四十二條規定「外國人未經雇主申請許可，不得在中華民國境內工作」。第六十六條規定「本法施行前，已依有關法令申請核准受聘僱在中華民國境內從事工作之外國人，本法施行後，其原核准工作期間尚未屆滿者，在屆滿前，得免依本法之規定申請許可」。及六十七條規定「本法關於外國人之規定，於無國籍人、中國人取得外國國籍而持外國護照入境或持中華民國護照而未在國內設籍，受聘僱從事工作者，準用之。」故除該緬甸人已取得中華民國國籍且持中華民國護照並在國內設籍，或雖不具上述要件但有本法第六十八條規定之情形，始不須申請許可工作外，其餘情形仍應依其身分之不同依本法第四十二、四十八、六十七條之規定向中央主管機關或中央目的事業主管機關申請工作許可始可在中華民國境內工作。

*行政院勞工委員會（八二）臺勞職業字第四六〇八四號

要旨：

有關函詢僑生在國內就學期間工作之限制及相關規定法令疑義

全文內容：

依就業服務法第四十七條規定，雇主聘僱就讀於公立或經立案私立大專以上院校之留學生從事工作，應向教育部申請許可。其工作時間除寒暑假外，每星期最長為十二小時。至於僑生畢業後，欲留華工作，其若屬外國人或中國人兼具雙重國籍而未設籍者，應依就業服務法之規定，提出申請工作許可，若為中國人且未取得外國國籍者，不受就業服務法第五章所規範。

*行政院勞工委員會（八二）臺勞職業字第三三四四四號

要旨：

就業服務法第六十七條所規定「持中華民國護照而未在臺設籍」者，在臺繼續工作及受聘僱事，函請釋示。

全文內容：

一、就業服務法（以下簡稱本法）既已公布施行，依本法第六十七條之規定：「中國人取得外國國籍而持外國護照入境或持中華民國護照而未在國內設籍」者，在中華民國國境內工作，應準用本法外國人聘僱與管理之相關規定，申請許可。而僅有

中華民國單一國籍者，雖未在國內設籍，但持中華民國護照入境，並不在本法第六十七條準用範圍之列，自無須依本法相關規定，申請工作許可。

二、為顧及就業服務法公布施行前已在華工作之外籍人士工作權益，特於本法第六十六條規定：「本法施行前，已依有關法令申請核准受聘僱在中華民國境內從事工作之外國人，本法施行後，其原核准工作期間尚未屆滿者，在屆滿前，得免依本法之規定申請許可。」

三、各目的事業主管機關如尚未依本法第四十四條第二項之規定發布相關之許可及管理辦法，雇主欲聘僱外國人在華工作，可依下列方式處理： 1.關於就業服務法第四十三條第一項第一款至第六款規定外國人得從事之工作，各目的事業主管機關原已發布而尚未廢止之許可及管理辦法，其未牴觸就業服務法部分，自得據以受理申請。 2.若有部分目的事業主管機關目前無辦法可循，基於本會為就業服務法之中央主管機關，暫由本會受理申請聘僱案。但雇主申請聘僱外國人所從事之工作，非就業服務法第四十三條第一項各款規定者，仍不予以受理。

*行政院勞工委員會（八二）臺勞職業字第三二四九〇號

要旨：

關於民營企業與高級職業學校辦理輪調式建教合作班，其中技術士係為外籍學生者，有關其訓練契約及工作許可疑義。

全文內容：

查民營企業與高級職業學校辦理輪調式建教合作班，係依教育部所頒訂之有關建教合作之相關法規辦理，依該等法規取得學籍之外籍學生，而其實習內容並未踰越教育部所訂課程範圍及主管機關之核准範圍，自非就業服務法適用範圍。

*行政院勞工委員會（八一）臺勞職業字第〇二八八三七三號

要旨：

有關港澳地區人民持有長期居留證者，是否須申請工作許可疑義。

全文內容：

依據就業服務法第六十七條「本法關於外國人之規定，於無國籍人、中國人取得外國國籍而持外國護照入境或持中華民國護照而未在國內設籍，受聘僱從事工作者，準用之。」之規定，所適用之對象，應為中國人兼具雙重國籍者，至於中國人如未取得外國國籍者，則不適用該法第六十七條規定。故港澳地區之中國人，其未取得外國國籍，持臺灣地區人民出入境證入境者，不適用前述第六十七條之規定。即港澳地區人民持臺灣地區出入境證者或持臺灣地區居留證者，在華工作，無需依就業服務法相關規定申請工作許可。

*行政院勞工委員會（八一）臺勞職業字第三〇六二二號

要旨：

華僑擬返臺設籍定居，於入境後在臺居留期間，未取得設籍及身分證前，一般民營企業是否可逕行聘僱之疑義。

全文內容：

一、依據就業服務法第六十七條「本法關於外國人之規定，於無國籍人、中國人取得外國國籍而持外國護照入境或持中華民國護照而未在國內設籍，受聘僱從事工作者，準用之。」之規定，所適用對象為中國人兼具雙重國籍者，其持用外國護照入境或持中華民國護照而未設籍者，必須準用外國人之規定。

二、中國人未取得外國國籍者，不適用該法第六十七條規定，故港澳地區之中國人，未取得外國國籍，而持臺灣地區人民出入境證入境者，不適用前述第六十七條之規定。即港澳地區人民持臺灣地區出入境證者或持臺灣地區居留證者，在臺灣地區工作，無需依就業服務法相關規定申請工作許可。

三、出境六年以上，且已取得外國國籍者，雖持中華民國護照入境，但尚未依戶籍法令規定取得戶籍登記，應依就業服務法第六十七條規定準用外國人聘僱與管理之規定。

＊行政院勞工委員會（八一）臺勞職業字第三二七四三號

要旨：

「外國人」、「中華民國國民」之涵義及具本國籍之雙重國籍人在華工作如何規範之疑義。

全文內容：

一、就業服務法（以下簡稱本法）所稱「外國人」者係指中華民國國民及無國籍人以外之人，至何謂中華民國國民，則依憲法第三條、國籍法第一條及第二條之規定認定之。

二、本法為解決本國國籍法承認雙重國籍之事實，對於取得雙重國籍之中國人在我國工作時應如何規範乙節，依據本法第六十七條之規定，明定渠等不論係持外國護照入境或持中華民國護照入境而未在國內設籍者，其受聘僱從事工作，準用本法關於外國人之規定，即應經雇主向有關機關申請許可。至於中國人未取得外國國籍者，其入境工作，則不受本法有關外國人規定之規範，即無須依本法之規定申請許可（參酌本會八十一、八、廿三臺八十一勞職業字第二八三七三號函）。

＊行政院勞工委員會（八一）臺勞職業字第三三九七五號

要旨：

關於來華留學之華裔學生畢業後經僑務委員會核准居留我國實習者，如何取得合法實習資格疑義。

全文內容：

關於在華留學之華裔學生（即領有外僑局留證之僑生）於畢業後除依教育部八十年十

一月一日修正頒布之「大學規程」第二十四條、八十年五月廿日修正頒布之「專科學校規程」第二條及七十一年二月十六日頒布之「師範校院學生實習及服務辦法」或其他依法律規定得予實習者外，餘均應喪失僑生身份。其於畢業後，如欲在華工作，悉依本（就業服務）法第六十七條規定準用本法第五章之規定辦理之。但如其係單一國籍（即未取得外國國籍）者，則不受就業服務法之規範。

＊行政院勞工委員會（八二）臺勞保二字第○四七九二號

要旨：

有關港澳地區人民來臺工作，參加勞工保險問題。

全文內容：

有關港澳地區之中國人，不適用就業服務法第六十七條規定來臺工作前，經核准入境，並持有長期居留證者，在其他有關法令明確規範前，准予持在臺居留相關證明文件，依勞工保險條例有關規定申報加保，無需檢驗政府主管機關核准從事工作之證明文件。

第八十條

大陸地區人民受聘僱於臺灣地區從事工作，其聘僱及管理，除法律另有規定外，準用第五章相關之規定。

＊司法院（八二）廳刑一字第四一八三號

法律問題：

㈠雇主未經許可聘僱非法進入臺灣地區大陸勞工，是否有就業服務法刑罰之適用？

㈡雇主未經許可聘僱非法進入臺灣地區大陸勞工，是否有臺灣地區與大陸地區人民關係條例（下稱兩岸條例）刑罰之適用？

㈢如非法進入臺灣地區之大陸人民，雇主加以聘僱，而有就業服務法及兩岸條例刑罰之適用，應如何適用？

㈣雇主聘僱非法進入臺灣地區之大陸人民是否有刑法第一百六十四條之適用？

討論意見：

㈠肯定說：就業服務法第六十八條有準用之規定。否定說：就業服務法第六十八條祇準用第五章，並未準用第六章刑罰之規定。

㈡肯定說：依兩岸條例第八十三條第一項及同條例第十五條第四款，自得適用。否定說：兩岸條例第十五條第四款係指已經主管機關指定，得由大陸人民從事之行業，且該大陸人民經許可從事該行業，而雇主以未經許可之他行業加以聘僱而言，如聘僱非法進入之大陸人民，自無兩岸條例之適用而應適用其他相關法規。

㈢法規競合說：一律適用兩岸條例，即特別法優於一般法原則；蓋就業服務法之法律另有規定，即指除第五章外皆應適用兩岸條例第八十三條第一項之規定。想像競合犯說：即應從一處斷。故如雇主聘僱一人，則適用兩岸條例第八十三條第一項之規定（法定刑最重一年），如雇主聘僱二人以上，則適用就業服務法第五十八條第一項

後段之規定（聘僱一人法定刑最高六月，聘僱二人以上三年）。

㈣1.如提供住宿是否有第一百六十四條第一項前段藏匿人犯罪之適用，而再與前述㈢生牽連犯之關係。　2.如未提供住宿是否有同條項後段使之隱避罪之適用，而再與前述㈢生牽連犯之關係。

臺灣高等法院審核意見：

㈠擬採否定說。

㈡臺灣地區與大陸地區人民關係條例第十五條第四款之規定，係指大陸地區人民已經主管機關許可進入臺灣地區，而僱用人使之從事未經許可或與許可範圍不符之工作而言，違反之者始有同條例第八十三條第一項之處罰，僱用人僱用非法進入臺灣地區之大陸人民，自無該條例之適用，擬採否定說。

㈢依上述㈠㈡法律問題之見解，本問題自不發生。

㈣同意研討結論。

研討結果：

㈠多數採否定說。㈡採肯定說。㈢如㈠採否定說則無此問題。如㈠採肯定說則採法規競合說。㈣依個案事實認定而定。

司法院刑事廳研究：

㈠採否定說。㈡臺灣地區與大陸地區人民關係條例第十五條第四款之禁止僱用大陸地區人民從事未經許可工作之規定，泛指所僱用者為「大陸地區人民」，並未就該「大陸地區人民」是否經主管機關許可進入臺灣地區附加條件，故雇主未經許可聘僱非法進入臺灣地區之大陸勞工者，應適用該條例第十五條第四款、第八十三條第一項，依僱用大陸地區人民從事未經許可之工作罪論處。（參照最高法院八十二年度台非字第一一四號判決：「……本件原確定判決既認定被告楊○東明知何○興係未向主管機關申請許可，於民國八十一年十一月八日自大陸搭乘漁船至臺灣，非法偷渡入境而違反國家安全法第六條第一項之犯人，竟自八十一年十月十二日起予以僱用充臨時工，藏匿於臺北市康○街二○一巷工地做工等情事，則其行為除犯刑法第一百六十四條第一項之藏匿人犯罪外，並觸犯臺灣地區與大陸地區人民關係條例第十五條第四款、第八十三條第一項僱用大陸地區人民從事未經許可工作罪，一行為觸犯數罪名，為想像競合犯……」）㈢依㈠所採否定說，即不生本問題。㈣應視個案所認定之事實而定。

*司法院（八二）廳刑一字第八七九號

法律問題：

甲係Ａ公司負責人，自民國八十一年六月一日起至同年八月三十一日止（即就業服務法生效施行後，臺灣地區與大陸地區人民關係條例生效施行前），未經許可非法僱用自大陸非法偷渡入境之某乙，於Ａ公司內充作勞工，並提供食宿，甲究應成立何罪？

研討意見：

甲說：

乙未經許可入境，屬國家安全法第六條處罰之對象，甲予以僱用，並提供食宿，應構成刑法第一百六十四條第一項之藏匿犯人罪。至就業服務法第六十八條雖規定「大陸地區人民受聘僱於臺灣地區從事工作，其聘僱與管理，除法律另有規定外，準用同法第五章相關之規定」，惟並未規定準用同法第六章罰則之規定，依罪刑法定原則，甲僱用未經許可之大陸地區人民乙，並無同法第五十八條之適用。故本案中，甲應單純依刑法第一百六十四條第一項之規定論科。

乙說：

就業服務法第六十八條既規定大陸地區人民受聘僱於臺灣地區從事工作，其聘僱與管理，準用同法第五章相關之規定，則聘僱大陸地區人民有違反同法第五章之規定時，自亦應準用同法第六章各該罰則之規定。故本案中，甲除構成刑法第一百六十四條第一項之罪外，尚應依就業服務法第五十八條第一項之規定予以處罰，所犯二罪間有方法結果之牽連關係，從較重之刑法第一百六十四條第一項之藏匿犯人處斷。

結論：呈報高院審核。

臺灣高等法院審核意見：擬採甲說。

司法院刑事廳研究意見：同意臺灣高等法院審核意見。

* 法務部（八四）法律決字第一八八〇六號

要旨：

雇主所聘僱之外國人，經警察機關依規定遣送出境者，其遣送所需之旅費及收容期間之必要費用，應由雇主負擔。

全文內容：

依「臺灣地區與大陸地區人民關係條例」第一條後段規定：「……本條例未規定者，適用其他有關法令之規定。」又依「就業服務法」第六十八條：「大陸地區人民受聘僱於臺灣地區從事工作，其聘僱及管理，除法律另有規定外，準用第五章相關之規定。」及同法第五十五條第一項「雇主所聘僱之外國人，經警察機關依規定遣送出境者，其遣送所需之旅費及收容期間之必要費用，應由雇主負擔。」之規定，本件臺灣地區人民依首揭條例第二十條第一項第二款規定應負擔之強制出境所需費用，似應包括強制出境前之收容期間所支出之必要費用。

* 法務部（八三）檢㈡字第二〇四五號

法律問題：

國人未經許可聘僱大陸地區人民於國內工作，有無就業服務法罰則之適用？

討論意見：

甲說：否定說。

就業服務法係就為促進國民就業，以增進社會及經濟發展，其立法宗旨應係就外國人

之就業加以規範，大陸地區人民仍為國民尚非該法欲加規範之主體。況該法第六十八條載明僅就「聘僱、管理」大陸地區人民至台灣地區工作部分準用第五章相關之規定而未及於「罰則」，依罪刑法定原則，自無罰則之適用。

乙說：肯定說。

現時除外籍勞工外，國人未經許可聘僱大陸地區人民者為數甚多，為貫徹該法保障就業精神，自應以該法加以規範。況該法第六章罰則內第五十八條所定之處罰要件中所列第五十三條所列之行為係屬聘僱、管理範疇，依該法第六十八條規定，自已含罰則在內，若有違反自得依該法追訴。

結論：採甲說。

審查意見：提會討論。

決議：保留。

臺高檢署研討意見：採甲說。

法務部檢察司研討意見：同意原結論，以甲說為當。

* 法務部（八三）檢㈡字第八〇七四六號

法律問題：

非法僱用大陸地區人民應如何處罰？

研討意見：

甲說：

依就業服務法第六十八條準用之規定，應依同法第五十八條之規定處罰。如合於刑法第一百六十四條第一項藏匿人犯罪之要件，則依違反就業服務法與藏匿人犯兩罪，有牽連犯之關係，而從一重處斷。

乙說：

依臺灣地區與大陸地區人民關係條例第八十三條第一項、第三項之規定處罰。如亦合於刑法第一百六十四條第一項藏匿人犯罪之要件，則依違反臺灣地區與大陸地區人民關係條例與藏匿人犯兩罪，有牽連犯之關係，而從一重處斷。

研討結論：

就業服務法第六十八條祇規定：大陸地區人民受聘僱於臺灣地區從事工作，其聘僱與管理，除法律另有規定者外，準用同法第五章之規定，並未準用同法第六章有關罰則之規定。且就業服務法於八十一年五月八日公布施行後又於八十一年七月卅一日制定公布臺灣地區與大陸地區人民關係條例，依該法第一條規定：國家統一前，為確保臺灣地區安全與民眾福祉，規範臺灣地區與大陸地區人民之往來，並處理衍生之法律事件，特制定本條例。本條例未規定者，適用其他有關法令之規定。該條例並於八十一年九月十八日施行。茲比較兩法制定施行之先後，就業服務法第六十八條規定「除法律另有規定外，準用第五章之規定」，臺灣地區與大陸地區人民關係條例第一條規定「本

條例未規定者，適用其他有關法令之規定」之內容，自應優先適用臺灣地區與大陸地區人民關係條例。至於藏匿人犯罪之成立，須明知為犯人，而加以窩藏，或有指使、指示其隱避之行為，並非非法僱用大陸地區人民，即另成藏匿人犯罪（最高法院三十三年上字第一六七九號、二十四年上字第三五一八號判例）。故是否另成立藏匿人犯罪，應依個案之具體事實認定之。

臺高檢署研究意見：

多數同意原初步結論，即優先適用臺灣地區與大陸地區人民關係條例第八十三條第一、三項處罰，至是否另成立藏匿人犯罪，應依個案具體事實認定之。

法務部檢察司研究意見：

參照最高法院二十四年上字第一六七九號判例意旨。題原結論。惟其後段「自應優先適用臺灣地區與大陸地區人民關係條例」之後，宜增列「依同條例第十五條第四款、第八十三條第一項規定，論以僱用大陸地區人民從事未經許可或與許可範圍不符之工作罪」一語。

*行政院勞工委員會（八二）臺勞職業字第二四四七五號

要旨：

關於大陸地區人民與臺灣地區人民結婚，並依規定獲准在臺灣地區居留者，其並未取得國民身分證前，可否輔導其就業疑義。

全文內容：

一、依行政院大陸委員會函轉法務部八十二年四月十二日法 (82) 律〇六九〇二號函示略以：大陸地區人民與臺灣地區人民結婚，申請來臺，並領有長期居留證，惟尚未設籍取得國民身分證，或未經主管機關許可工作者，如在臺灣地區工作，似無從適用臺灣地區與大陸地區人民關係條例第十條第二項之規定；至於上開情形之大陸地區人民，依就業服務法第六十八條準用外國人聘僱許可及管理之相關規定，在未經主管機關許可前，似仍不得在臺灣地區工作。

二、本案依上開釋示：大陸地區人民依規定核准在臺灣地區居留者；雇主如欲僱用該員大陸地區人民，準用就業服務法第四十八條及相關規定，視所從事之工作性質，向目的事業主管機關申請許可。

2. 就業服務法施行細則（第三、五、十七至二十一條）

中華民國九十年十月三十一日行政院勞工委員會（九〇）臺勞職外字第〇二二四八三〇號令修正發布第五、九、十、十二、十三、十五、十九條條文；並刪除第四條條文

第三條

中央主管機關掌理左列事項：

一、全國性國民就業政策、法令、計畫及方案之訂定。

二、全國性就業市場資訊之提供。

三、就業服務作業基準之訂定。

四、全國就業服務業務之督導、協調及考核。

五、就業服務工作人員之培育訓練及發證。

六、雇主申請聘僱外國人之許可及管理。

七、對仲介外國人至中華民國工作，或依規定仲介大陸地區人民至臺灣地區工作，或仲介本國人至外國工作之就業服務機構之許可及管理。

八、其他有關全國性之國民就業服務及促進就業事項。

第五條

直轄市、縣（市）主管機關掌理轄區內左列事項：

一、就業計畫之訂定。

二、就業服務機構之設置或調整。

三、就業服務之提供。

四、就業服務業務之督導、協調及考核。

五、就業服務工作人員之訓練。

六、受理雇主在國內辦理招募工作及開具求才證明書。

七、就業市場資訊之提供。

八、外國人在中華民國境內工作之管理及檢查。

九、就業歧視之認定。

十、受理被資遣員工之登記及再就業之協助。

十一、仲介本國人在國內工作之私立就業服務機構之許可、停業及廢止許可。

十二、第三條第七款及前款以外私立就業服務機構之管理。

十三、求職、求才之協助及管理。

十四、低收入戶就業之推介或職業訓練之配合。

十五、其他有關就業服務、就業促進及相關配合事項。

直轄市、縣（市）主管機關為認定就業歧視，得邀請相關政府單位、勞工團體、雇主團體代表及學者專家組成就業歧視評議委員會。

第十七條

本法第四十六條所稱駐華外國機構，係指依駐華外國機構及其人員特權暨豁免條例第二條所稱經外交部核准設立之駐華外國機構。

第十八條

本法第四十八條第一項第一款規定受聘僱之外國人，其在工作期間婚姻關係消滅且未取得中華民國國籍者，應即停止適用本法第四十八條之規定。

第十九條

本法第四十二條所稱許可，係指：

一、雇主經中央主管機關或目的事業主管機關核發聘僱外國人之許可。

二、依載明工作範圍、人數、期限等之國際書面協定來華工作之入國簽證。

雇主向中央主管機關或目的事業主管機關申請聘僱外國人時，其申請書應載明左列事項：

一、雇主名稱及負責人姓名、地址、電話及傳真號碼。

二、受聘僱外國人之姓名、國籍、性別、年齡、工作類別、待遇、護照號碼、工作地點及在華居住處所。

三、聘僱期間。

四、其他經中央主管機關或目的事業主管機關指定之項目。

中央主管機關核發聘僱許可時，應副知受聘僱之外國人；目的事業主管機關核發聘僱許可時，應副知中央主管機關及受聘僱之外國人。

外國人受聘僱從事本法第四十三條第一項第一款之工作，並係協助解決因緊急事故引發之問題，未及事先申請許可者，於該外國人接任工作之次日起三日內申請之。

外國法人與國內事業單位訂定承攬、買賣、技術合作等契約，須指派外國人在中華民國境內從事本法第四十三條第一項第一款之工作，其停留期間在九十日以下，未及事先申請許可者，應於入境後七日內，依規定向目的事業主管機關申請之。

＊行政院勞工委員會（八一）臺勞職業字第二八〇四五號

要旨：

警察機關查獲雇主申請許可之外國人受聘僱於為其申請許可以外之雇主從事許可以外之工作，應如何處理疑義。

全文內容：

一、依據就業服務法（以下簡稱本法）施行細則第十九條第一項之規定，本法第五十四條所稱之聘僱許可應包含中央主管機關或目的事業主管機關核發予雇主之聘僱許可文件及核發予受聘僱外國人之工作許可證二種，故本法第五十四條所稱之「撤銷聘僱許可」，應係指撤銷雇主聘僱許可文件或受聘僱外國人之工作許可證而言，另依「外國人聘僱許可及管理辦法」第二十五條規定受聘僱之外國人違反本法第五十四條第一項各款規定者除撤銷該受聘僱外國人之工作許可證外，另應撤銷雇主之聘僱許可，準此本案〇〇縣警察局可函請中央主管機關撤銷該違反本法第五十四條規定之外國人之工作許可證及其雇主之聘僱許可應無疑義。

二、按本法第五十三條係針對雇主聘僱外國人時之禁止行為，本案它縣市某工業社雇主（即申請聘僱外國人之雇主）與高雄縣某工業股份有限公司（即申請許可以外之雇主）均已違反本法第五十三條第二款及第三款所規定之事項，依據同法第五

十八條之罰則規定，警察機關或主管機關應將二者移送檢察機關偵辦。

三、依據本法第五十四條第二項規定，違反同條第一項規定之外國人其工作許可證經撤銷者，應即令其出境，至其工作許可證未撤銷前如何處理該外國人則依警察機關之處理程序為之。

四、至雇主違反本法第五十三條第一項第一款、第二款及第三款規定之事項者，究應以「人隨案移送」或以「函送」方式函請檢察機關偵辦乙節，查依本法第五十八條規定違反該條第一款、第二款或第三款規定者應科以刑責，依據本法規定並未對如何移送嫌犯作規範，惟依據本法第一條後段「本法未規定者，適用其他法律之規定。」之規定，其究應如何移送嫌犯至檢察機關偵辦則依現行之法律規定為主。

第二十條

受聘僱之外國人應隨身攜帶聘僱許可文件，以備檢查，居留期間達六月以上者，並應依規定取得外僑居留證隨身攜帶，外僑居留證未取得前，應隨身攜帶護照，以備查驗。

第二十一條

主管機關、目的事業主管機關或警察機關得定期或不定期，至外國人工作場所或可疑有外國人違法工作之場所，檢查有無違反本法第四十二條、第四十九條、第五十條、第五十二條至第五十四條及依本法所定外國人許可及有關聘僱管理辦法規定之情事。

3.私立就業服務機構許可及管理辦法（第十、十二至十四、十七、十八、二十一、二十二、三十一、三十二、三十四條）

中華民國八十七年六月三十日行政院勞工委員會（八七）臺勞職外字第○九○一二七七號令
　修正發布全文四十二條

第十條

仲介外國人至中華民國工作、或依規定仲介香港或澳門居民、大陸地區人民至臺灣地區工作、或仲介本國人至臺灣地區以外工作之私立就業服務機構，以公司組織為限。但經中央主管機關設立、許可設立或指定、委託之非營利性機構或團體，不在此限。

第十二條

營利就業服務機構最低實收資本總額應為新臺幣二百萬元，每增設一分支機構，應增資新臺幣一百萬元。但其原實收資本總額已達增設分支機構所須之實收資本總額者，不在此限。

仲介外國人至中華民國工作、或依規定仲介香港或澳門居民、大陸地區人民至臺灣地區工作、或仲介本國人至臺灣地區以外工作之營利就業服務機構，其最低實收資本總額應為新臺幣五百萬元，每增設一分公司，應增資新臺幣二百萬元。但其原實收資本總額已達增設分公司所須之實收資本總額者，不在此限。

前二項資本額，中央主管機關得視需要調整並公告之。

第十三條

辦理仲介外國人至中華民國工作、或依規定仲介香港或澳門居民、大陸地區人民至臺灣地區工作、或仲介本國人至臺灣地區以外工作之營利就業服務機構，應繳交由銀行出具金額新臺幣三百萬元保證金之保證書，作為其依法應負民事責任之擔保。

前項保證金發生擔保責任，經支付後，其餘額不足法定數額者，應由該就業服務機構於不足之日起一個月內補足。

營利就業服務機構所繳交銀行保證金之保證書，於該機構終止營業並註銷許可證之日起一年後，解除保證責任。

第十四條

營利就業服務機構及其分支機構設立前，應向所在地之主管機關申請許可。但從事仲介外國人至中華民國工作、或依規定仲介香港或澳門居民、大陸地區人民至臺灣地區工作、或仲介本國人至臺灣地區以外工作者，應向中央主管機關申請許可。

申請設立營利就業服務機構及其分支機構，應檢附下列文件：

一、申請書。

二、法人組織章程或合夥契約書。

三、營業計畫書。

四、收費項目及數額明細表。

五、實收資本額證明文件。

六、主管機關規定之其他文件。

前項規定之資格證明文件於必要時，主管機關得要求申請人繳驗其正本。

經審核合格者，由主管機關許可設立。

第十七條

外國人力仲介公司辦理仲介其本國人或其他國家人民至中華民國工作、或依規定仲介香港或澳門居民、大陸地區人民至臺灣地區工作者，應向中央主管機關申請認可。但不得在中華民國境內從事任何就業服務業務。

前項認可有效期間為二年。其認可條件、申請方式，由中央主管機關定之。

中央主管機關為認可第一項規定之外國人力仲介公司，得規定其國家或地區別、家數及業務種類。

第十八條

中央主管機關依國內經濟、就業市場狀況，得許可外國人或外國人力仲介公司在中華民國境內設立就業服務機構。

外國人或外國人力仲介公司在中華民國境內設立就業服務機構，應依本辦法規定申請許可。

第二十一條

營利就業服務機構為雇主仲介外國人或依規定仲介香港或澳門居民、大陸地區人民在臺灣地區從事本法第四十三條第一項第七款及第八款規定之工作，應與雇主簽訂書面契約。

前項書面契約應載明左列事項：

一、費用項目及金額。

二、外國人或香港或澳門居民、大陸地區人民入境後之交接事宜。

三、外國人或香港或澳門居民、大陸地區人民之遣返、遞補事宜。

四、違約之損害賠償事宜。

＊行政院勞工委員會（八八）臺勞職外字第○九○三七二九號

　　要旨：

　　私立就業服務機構接受雇主委任辦理仲介外國人來華工作事宜，應主動與雇主簽訂書面契約。

　　說明：

一、依據私立就業服務機構許可及管理辦法第二十一條規定，私立就業服務機構為雇主仲介外國人來華工作，應與雇主簽訂書面契約，並載明費用項目及金額、外國人入境後之交接、遣返、遞補及違約損害賠償等事宜。

二、邇來有私立就業服務機構之員工離職，其承辦之案件亦隨之帶走，原私立就業服務機構並未告知雇主及辦理終止委任手續，致雇主申請案件逾辦理或發生其他糾紛。又依民法第五百四十九條第一項規定「當事人之任何一方得隨時終止委任契約。」而依民法第九十四條規定「對話人為意思表示者，其意思表示，以相對人了解時，發生效力。」及民法第九十五條規定「非對話而為意思表示者，其意思表示，以通知達到相對人時，發生效力。」因此，若私立就業服務機構單方終止委任關係並未告知雇主，則雇主及私立就業服務機構之委任關係仍為存續，倘發生爭議糾紛或業務疏失，致雇主權利受損或申請案件逾期辦理，原私立就業服務機構仍應負同一責任。

三、為減少發生爭議糾紛及釐清責任歸屬，私立就業服務機構接受雇主委任辦理仲介外國人來華工作事宜，應依法主動與雇主簽訂書面契約；又公司承辦人離職應告知有關之雇主，若經雇主書面同意其案件願隨離職員工轉由新任職之公司承辦時，則應依契約規定辦理終止委任手續，並歸還雇主有關之文件；違者，將依就業服務法第六十三條規定處分。

第二十二條

中央主管機關依第十八條規定許可外國人或外國人力仲介公司在中華民國境內設立之就業服務機構，其負責人離境前，應另指定代理人，並將其姓名、國籍、住所或居所

及代理人之同意書,向原許可機關辦理登記。

第三十一條

第十六條之外國人力仲介公司或其從業人員有下列情形之一者,中央主管機關得撤銷其認可:

一、違反第十七條第一項但書規定者。

二、申請認可所載事項或所繳文件有虛偽情事者。

三、接受雇主委任辦理仲介外國人至中華民國或依規定仲介香港或澳門居民、大陸地區人民至臺灣地區工作,未與雇主簽訂書面契約,或契約內容未載明第二十一條第二項規定之事項者。

四、接受委任辦理就業服務業務,違反本法或依本法所發布之命令,或有提供不實資料或健康檢查檢體者。

五、接受委任辦理就業服務業務,未善盡受託事務,致雇主違反本法或依本法所發布之命令。

六、接受委任招募其本國人或其他國家人民至中華民國工作、或依規定招募香港或澳門居民、大陸地區人民至臺灣地區工作,未盡責任,於其入境交付雇主或本國就業服務機構前,即發生行蹤不明失去連繫之情事。

七、辦理就業服務業務,違反求才者之意願,扣留許可文件或其他相關文件者。

八、辦理就業服務業務,有恐嚇、詐欺、侵占或背信情事經第一審判決有罪者。

九、辦理就業服務業務,有要求期約或收取不正利益之情事者。

十、辦理就業服務業務,有行求期約或交付不正利益之情事者。

十一、在其本國曾受與就業服務業務有關之處分者。

十二、其他違法或妨礙公共利益之行為,情節重大者。

第三十二條

營利就業服務機構或其從業人員不得有下列行為:

一、申請設立許可所載事項或所繳文件有虛偽情事者。

二、接受委任辦理就業服務業務,違反本法或依本法所發布之命令,或有提供不實資料或健康檢查檢體者。

三、接受委任辦理就業服務業務或就業服務之附隨業務,未善盡受託事務,致雇主違反本法或依本法所發布之命令。

四、接受委任招募外國人至中華民國工作或依規定招募香港或澳門居民、大陸地區人民至臺灣地區工作,未盡責任,於其入境交付雇主前,發生行蹤不明失去連繫之情事。

五、接受委任管理雇主所聘僱之外國人、香港或澳門居民、大陸地區人民,未盡責任,發生連續曠職三日失去連繫之情事。

六、辦理就業服務業務，違反求才者之意願，扣留許可文件或其他相關文件者。

七、辦理就業服務業務，有恐嚇、詐欺、侵占或背信情事經第一審判決有罪者。

八、辦理就業服務業務，有要求期約或收取不正利益之情事者。

九、辦理就業服務業務，有行求期約或交付不正利益之情事者。

十、經主管機關停止其營業，期限尚未屆滿即自行繼續營業者。

十一、委任未經中央主管機關許可之私立就業服務機構或認可之外國人力仲介公司，辦理仲介外國人至中華民國工作或依規定仲介香港或澳門居民、大陸地區人民至臺灣地區工作者。

十二、媒介外國人在中華民國非法工作或媒介香港或澳門居民、大陸地區人民在臺灣地區非法工作者。

十三、其他違法或妨礙公共利益之行為，情節重大者。

第三十四條

營利就業服務機構或第十七條規定之外國人力仲介公司經撤銷許可或認可者，二年內不得重行申請許可或認可。

4.外國人聘僱許可及管理辦法

中華民國九十年十一月七日行政院勞工委員會（九〇）臺勞職外字第〇二二四二〇五號令修正發布全文三十二條

第一章　總則

第一條

本辦法依就業服務法（以下簡稱本法）第四十五條規定訂定之。

第二條

雇主聘僱外國人從事本法第四十三條第一項第七款至第九款規定之工作者，其聘僱許可及管理，除法律另有規定者外，悉依本辦法之規定。

第三條

中央主管機關依本法第四十三條第一項第七款之規定開放家庭幫傭申請時，應考量國內就業市場情勢及家庭需要，訂定雇主聘僱家庭幫傭之人數、國籍及審查標準，並公告之。

中央主管機關依本法第四十三條第一項第八款之規定為工作指定時，應就國內經濟發展及就業市場情勢，評估各種行職業之勞動供需狀況，規劃指定准予聘僱外國人之工作類別、國籍、人數及申請者之資格條件，並公告之。

第四條

申請聘僱外國人，應由雇主向中央主管機關申請之。

第二章　招募許可之申請與核發

第五條

雇主依本法第四十三條第三項規定，以合理勞動條件辦理國內招募向工作場所所在地之公立就業服務機構辦理求才登記後次日起，在國內新聞紙一家刊登求才廣告三天，自刊登求才廣告期滿之次日起滿十四日為招募期間，如確實無法獲得所需勞工者，經原受理求才登記之公立就業服務機構開具求才證明書後，始得就國內招募勞工不足部分提出申請聘僱外國人。

雇主辦理前項求才登記項目為家庭監護工者，其招募期間得縮短為七日。第一項求才廣告內容，應包括求才工作類別、人數、專長、雇主名稱、工資、工時、工作地點、聘僱期間、供膳狀況與受理求才登記之公立就業服務機構名稱、地址及電話。

雇主為第一項規定之招募時，應同時通知其事業單位之工會，並於事業單位員工顯明易見之場所公告之。

原受理求才登記之公立就業服務機構，經審核雇主已依前四項規定辦理者，應開具求才證明書。

第六條

雇主依前條規定辦理國內招募時，對國內應徵人要求須具備之專長，或依勞工安全衛生法或相關法令規定應具備一定資格者，對其所聘僱之外國人亦應具備之。主管機關於必要時，得複驗該外國人之專長或資格。

雇主於國內招募舉辦專長測驗時，應徵人持有與應徵職業相當之技術士證照者，應免其測驗。

第七條

雇主應檢具下列文件向中央主管機關申請招募許可：

一、申請書。

二、申請人之身分證或公司執照、營利事業登記證、工廠登記證（依法免辦者免附）及特許事業許可證影本。

三、受理求才登記之公立就業服務機構所開具之求才證明書。

四、雇主於國內招募時，其聘僱國內勞工之名冊。

五、雇主依第五條第四項規定為通知及公告之證明文件。

六、當地直轄市或縣（市）政府開具下列內容之證明文件。但聘僱家庭幫傭及家庭監護工者，免附。

　　㈠已依規定提撥勞工退休準備金。

　　㈡已依規定繳納積欠工資墊償基金。

　　㈢已依規定繳納勞工保險費。

㈣已依規定繳納違反勞工法令所受之罰鍰。

㈤無因聘僱外國人而造成重大勞資爭議尚未解決之情形。

㈥無具體事實可推斷事業單位有第八條第二項之情形、停業、關廠或歇業情形之
　虞。

七、外國人生活管理計畫書。

八、其他經中央主管機關規定之必要文件。

雇主委由私立就業服務機構辦理前項申請時，前項第一款申請書，應經該私立就業服
務機構所置專業人員簽名。

雇主依本法第四十三條第一項第九款之規定聘僱外國人，毋須檢附第一項第七款規定
之文件。

第八條

雇主申請聘僱外國人而有下列情形之一者，中央主管機關應不予招募許可；已核准者，
得中止其引進：

一、有違反本法第四十一條規定者。

二、於申請日前二年內，有未依外國人生活管理計畫執行之情形。

三、聘僱外國人達一定數額以上而未設置管理人員或委任私立就業服務機構管理。

四、於辦理國內招募時，無正當理由拒絕聘僱就業服務機構所推介之人員或自行前往
　　求職者。

五、於辦理國內招募前六個月內，無正當理由撤回求才登記。

六、刊登不實之求才廣告。

七、依規定提出之申請文件有不實之情形。

八、不符申請規定經通知限期補正，未遵期補正。

九、扣留所聘僱外國人之護照、居留證件，或侵害所聘僱外國人之身體、薪資、財物
　　或其他權益。

十、未依規定提撥勞工退休準備金、繳納積欠工資墊償基金、繳納勞工保險費或繳納
　　違反勞工法令所受之罰鍰。

十一、因聘僱外國人而造成重大勞資爭議尚未解決。

十二、有具體事實可推斷事業單位有停業、關廠或歇業情形之虞。

十三、委任私立就業服務機構招募外國人而要求、期約或收受不正利益。

十四、違反本法第五十一條、第五十三條、第五十五條第一項至第三項、第五十六條
　　　或本辦法第九條、第十二條第二項、第十六條、第十七條第一項至第三項、第
　　　二十一條、第二十二條、第二十五條規定。

雇主申請聘僱外國人而於申請日前二年內，有資遣或解僱本國勞工達一定數額或比例
之情形，中央主管機關得不予招募許可。

第一項第三款及第二項之數額或比例,由中央主管機關公告之。

第九條

中央主管機關於核發招募許可文件前,應先依本法第五十五條第三項之規定,通知申請人繳納保證金。

前項保證金應繳交至中央主管機關指定之帳戶或處所,其繳納方式,得以現金或金融機構立具之保證金存款保證書為之。

第十條

保證金之數額以雇主聘僱外國人之人數,按每人二個月之基本工資計算之。

保證金除作為支應所聘僱外國人遣返時之回程機票費、等待遣返期間之膳宿費及其他因遣返之外國人所衍生之費用外,如有賸餘,應無息返還雇主;如有不足,應由雇主補足之。其以保證金存款保證書方式繳納者,亦同。

第十一條

雇主已依第九條規定繳納保證金者,由中央主管機關核發其招募許可文件。

前項許可文件應載明許可招募外國人之工作類別、人數、工作地點及招募許可有效期限等事項。

第十二條

雇主初次申請招募外國人經許可者,應於許可通知所定之日起六個月內,自政府許可引進之國家,完成外國人之入國手續。逾期者,招募許可失其效力。但有不可抗力或其他不可歸責雇主之事由,經中央主管機關許可者,不在此限。

雇主不得聘僱已進入中華民國國內之外國人。

前項規定,於下列人員不適用之:

一、聘僱本法第四十八條第一項之人員。

二、聘僱本法第六十七條之人員,其獲准居留者。

三、其他經中央主管機關專案核定者。

第十二條之一

雇主得於所聘僱之外國人聘僱許可期限屆滿日前依第二項之規定向中央主管機關申請重新招募外國人。

前項申請期限、申請資格及核准比例,由中央主管機關訂定並公告之。

雇主申請重新招募外國人經許可者,應於原聘僱之外國人出國後六個月內向中央主管機關申請引進新聘僱之外國人。但原聘僱之外國人於重新核發招募許可前已出國者,雇主應於招募許可發文日起六個月內申請引進新聘僱之外國人。

雇主申請引進新聘僱之外國人經許可者,應於許可通知所定之日起六個月內,自政府許可引進之國家,完成外國人之入國手續。

第十三條

雇主聘僱外國人從事本法第四十三條第一項第七款、第八款所規定之工作時，應於其入國前以書面簽訂定期勞動契約。

前項契約期間不得逾中央主管機關許可之期間。

第一項契約，應以中文為之，並應作成受僱者所瞭解之譯本。

第三章　外國人入國、出國及聘僱許可之期間

第十四條

外國人依規定申請入國簽證時，應檢具下列文件：

一、中央主管機關核發之招募許可文件。

二、經我國中央衛生主管機關認可之外國醫院所出具之健康檢查合格證明。

三、專長證明。

四、行為良好證明或保證文件。

五、外國人經其本國主管部門驗證及外國人力仲介公司證明之來華工作費用及工資切結書。

六、已簽妥之勞動契約。

第十五條

外國人入國前，應提供之健康檢查證明及入國後之健康檢查，應包括下列項目：

一、大片攝影之 X 光肺部檢查。

二、HIV 抗體檢查。

三、梅毒血清檢查。

四、B 型肝炎表面抗原檢查。但入國後工作每滿六個月之健康檢查免驗。

五、大麻檢查。但入國後健康檢查免驗。

六、腸內寄生蟲（含痢疾阿米巴等原蟲）糞便檢查。

七、尿液中安非他命類藥物、鴉片代謝物檢查。

八、妊娠檢查。但入國後工作每滿六個月之健康檢查免驗。

九、一般體格檢查（含精神狀態）及癲病檢查。

中央衛生主管機關得依外國人工作性質及勞動輸出國疫情，增、減或變更前項健康檢查項目，並公告之。

第一項第八款但書之規定，自九十一年十一月九日起施行。

外國人入國前健康檢查有任何一項不合格者，不得辦理入國簽證。

第十六條

雇主於所招募之外國人入國後三日內，應安排其至中央衛生主管機關指定之醫院接受健康檢查，並於該外國人入國後十五日內，檢具下列文件向中央主管機關申請聘僱許可：

一、申請書。

二、中央主管機關核發之招募許可文件。

三、外國人名冊。

四、中央衛生主管機關指定醫院出具之健康檢查結果表。

五、外國人確實了解本法相關規定之切結書。

六、雇主向私立就業服務機構繳納就業服務費用之切結書。

七、外國人經其本國主管部門驗證及外國人力仲介公司證明之來華工作費用及工資切結書。

前項健康檢查結果表有不合格項目者，雇主應於接獲該檢查表後十四日內使其出國。但不合格項目為經中央衛生主管機關指定之傳染病者，應於七日內使其出國。

外國人入國後，如依勞工健康保護規則辦理定期健康檢查，經檢查發現罹患職業病者，不適用前項之規定。

第十七條

雇主應於所聘僱之外國人聘僱許可期限屆滿前為其辦理手續使其出國。

受聘僱之外國人罹患中央衛生主管機關指定之傳染病者，雇主應於知悉後七日內為其辦理手續使其出國。

聘僱外國人有下列情事之一經令其出國者，雇主應於十四日內，為該外國人辦理手續使其出國：

一、聘僱許可經撤銷者。

二、健康檢查不合格或未依規定期限辦理健康檢查者。

三、未依規定辦理聘僱許可或經不予許可者。

受聘僱之外國人，因初次入國時健康檢查不合格，經返國治癒，並經再檢查合格者，得再入國工作。

雇主辦理第十六條及第二十二條第一項健康檢查時，發現有第十五條第一項第六款檢查不合格非屬中央衛生主管機關指定之傳染病，而於三十日內複檢合格者，不適用第三項及第十六條第二項之規定。

雇主應於第一項至第三項外國人出國後三十日內，檢具該外國人之名冊及出國證明文件，通知中央主管機關。

第十八條

雇主得檢具外國人之出國證明文件，向中央主管機關申請返還保證金或解除其保證銀行之保證責任，經中央主管機關審核未有積欠第十條第二項之費用時，應即返還保證金或通知其保證銀行解除保證責任。

第十九條

雇主於申請聘僱許可或展延聘僱許可時，雇主或所聘僱外國人有第八條第一項、第二

十四條或本法第五十四條規定情形者,中央主管機關應不予聘僱許可或展延聘僱許可;有第八條第二項規定情形者,中央主管機關得不予聘僱許可或展延聘僱許可。

第四章　入國後之管理

第二十條

雇主對聘僱之外國人有本法第五十二條各款規定情形之一者,於事實發生日起三日內,除依規定通知有關機關外,並應副知中央主管機關。

前項通知內容,應包括外國人之姓名、性別、年齡、國籍、入國日期、工作期限、照片、招募許可文號、聘僱許可文號及外僑居留證影本等資料。

各地警察機關於接獲雇主通知時,應即查核該外國人是否已出國,如未出國,應彙報內政部警政署,並加強查緝。

第二十一條

雇主給付外國人工資時,應檢附印有中文及外國人母國文字之薪資明細表,將發放工資、工資計算項目、工資總額、扣款繳納之各項費用及金額等事項記入,交予外國人收存。

第二十二條

雇主應於外國人入國工作每滿六個月之日前後三十日期間內,不定期安排其至中央衛生主管機關指定之醫院接受健康檢查。

中央主管機關對前項健康檢查日期得指定之。

雇主應自檢查醫院核發前項檢查結果之日起十五日內,檢具下列文件報請雇主所聘僱外國人工作地點之當地衛生主管機關核備:

一、中央主管機關核發之外國人聘僱許可文件。

二、入國後健康檢查合格之同意核備函。

三、受檢外國人名冊。

四、健康檢查結果。

雇主聘僱外國人從事本法第四十三條第一項第九款規定之工作者,其入國後之健康檢查,應於每滿十二個月之日前後三十日內為之。

第二十三條

受聘僱之外國人違反本法第五十四條第一項各款規定,經中央主管機關撤銷其聘僱許可之一部或全部者,雇主對於該外國人違法行為之發生已盡相當之注意或縱加以相當注意仍不免發生者,其聘僱外國人之名額應予保留。

第二十四條

受聘僱外國人,不得有下列情形:

一、攜眷居留。

二、工作專長與原申請許可之工作不符。

三、未依規定期限接受健康檢查。

四、以虛偽之文字或事實取得聘僱許可。

從事本法第四十三條第一項第九款規定工作之外國人，不受前項第一款規定之限制。

第二十五條

聘僱許可有效期限屆滿日前六十日期間內，雇主如有繼續聘僱該外國人之必要者，應檢具下列文件向中央主管機關申請展延聘僱許可：

一、展延聘僱申請表。

二、中央主管機關原核發聘僱許可文件。

三、最近六個月內該外國人健康檢查合格之當地衛生主管機關同意核備函。

四、申請展延聘僱外國人之名冊。

雇主聘僱外國人從事本法第四十三條第一項第九款規定之工作者，前項第三款之文件為最近十二個月內該外國人健康檢查合格之當地衛生主管機關同意核備函。

第二十六條

中央主管機關對前條第一項規定之申請案件為許可前，應先通知申請人依其聘僱許可人數繳交保證金。

前項保證金應繳交至中央主管機關指定之帳戶或處所，其繳納方式，得以現金或金融機構立具之保證金存款保證書為之。

第二十七條

外國人受聘僱從事本法第四十三條第一項第七款至第九款規定之工作，有下列情事之一，經中央主管機關核准，得由其他雇主接續聘僱：

一、雇主或被看護者死亡或移民者。

二、船舶被扣押、沈沒或修繕而無法繼續作業者。

三、雇主關廠、歇業或不依勞動契約給付工作報酬者。

四、其他不可歸責於受聘僱外國人之事由者。

前項接續聘僱之程序，由中央主管機關另定之。

第二十八條

外國人於聘僱許可有效期間內因不可歸責於雇主之原因離境或死亡者，雇主得向中央主管機關申請遞補。遞補之聘僱許可期間，以補足原聘僱許可期間為限；原聘僱許可期間不足六個月者，不得遞補。

第五章　附則

第二十九條

雇主聘僱本法第四十八條第一項各款規定之外國人，除本法另有規定者外，其聘僱許

可及管理，適用第一條、第二條、第四條、第七條第一項第一款、第二款及第二項、第八條第一項第一款、第六款、第七款至第十四款、第十二條第三項、第十三條第一項、第三項、第十六條、第十九條、第二十五條、第三十一條及第三十二條之規定。

第三十條
雇主聘僱外國人在中華民國領海內工作，亦應依本辦法規定申請許可。

第三十一條
本辦法所規定之書表、文件，由中央主管機關另定之。

第三十二條
本辦法除另定施行日期者外，自發布日施行。

5.移民業務機構聘僱外國人許可及管理辦法

中華民國九十年二月七日內政部（九〇）臺內戶字第九〇六四〇一四號令、行政院勞工委員會（九〇）臺勞職外字第〇二一八五〇七號令會銜修正發布第二、九條條文；並刪除第三、七條條文

第一條
本辦法依就業服務法（以下簡稱本法）第四十三條第二項及第四十四條第二項規定訂定之。

第二條
依本辦法所聘僱之外國人，以從事入出國及移民法第四十七條第一項規定之業務為限。

第三條
（刪除）

第四條
受聘僱之外國人除應自教育部承認之國內外大學校院畢業外，並應具有下列資格之一：
一、曾任第二條規定之業務二年以上者。
二、曾任移民官員，負責簽證二年以上者。
三、具備律師資格，從事移民相關業務一年以上者。

第五條
移民業務機構申請聘僱外國人，應備具下列文件，向內政部申請許可。
一、申請書。
二、職員名冊一份。
三、移民業務機構註冊登記證、商業同業公會或商業會之會員證及最近相關納稅證明文件影本各一份。
四、聘僱契約中、外文副本各一份；其應記載下列事項：

(一)聘僱之移民業務機構名稱、地址。

(二)受聘僱人員之姓名、出生年月日、國籍及國內外任所。

(三)受聘僱人員在移民業務機構擔任之職任、工作。

(四)薪資給付方式及內容。

(五)聘僱期間及其起迄日期。

五、受聘僱人員之基本資料表一份。

六、受聘僱人員之學經歷證明文件。

前項第六款之學經歷證明文件為外國人文件者,應譯為中文;內政部得視需要令其文件經我國駐外使領館、代表處、辦事處或外交部授權機構驗證。

第六條

移民業務機構聘僱外國人工作之許可期間,最長為三年。如有續聘之需要,得申請展延,每次以二年為限,並應於聘僱期滿三十日前檢附原許可函、續聘僱契約及受聘僱人員之納稅證明,向內政部申請。

第七條

(刪除)

第八條

內政部許可移民業務機構聘僱外國人時,應將許可函副本及有關表件影本分送外交部、行政院勞工委員會、內政部警政署及營業所在地之警察機關及稅捐稽徵機關。聘期許可展延時,亦同。

第九條

有下列情形之一者,內政部對移民業務機構聘僱外國人或其展延之申請,應不予許可:

一、檢具之文件有虛偽不實者。

二、最近一年內,因違反入出國及移民法及其相關法規命令經處分確定者。

三、受委託辦理移民業務,與委託人發生重大移民糾紛尚未解決者。

四、受聘僱之外國人辦理移民業務,有不良紀錄或發生重大移民糾紛尚未解決者。

五、違反本法或本辦法規定者。

六、違反其他法令,情節重大者。

第十條

外國人受聘僱從事工作,在聘僱許可有效期間內,如需轉換雇主,應事先由新雇主與原雇主檢具第五條規定之文件共同申請許可。

前項轉聘僱再任職之期間與原聘僱已任職之期間,合計不得超過原許可有效期間。

第十一條

本辦法所定之書表格式,由內政部定之。

第十二條

本辦法自發布日施行。

6. 大眾傳播事業聘僱外國人許可及管理辦法

中華民國八十八年八月十一日行政院新聞局（八八）聞法字第一三一七七號令、行政院勞工
　委員會（八八）勞職外字第○九○三四三八號令修正發布第二、五、八、十一、十九條條
　文

第一章　　總則

第一條

本辦法依就業服務法（以下簡稱本法）第四十四條第二項規定訂定之。

第二條

聘僱外國人從事專門性、技術性、演藝工作者，以左列事業為限：

一、出版事業：指發行新聞紙、雜誌、圖書及有聲出版品之事業。

二、電影事業：指電影片製作業、電影片發行業、電影片映演業及電影工業。

三、廣播、電視事業及廣播電視節目供應事業。

經行政院新聞局許可設立之大眾傳播財團法人，得聘僱外國人從事前項工作。

華僑或外國人經政府核准投資或設立之出版事業、電影事業、境外衛星廣播電視事業
在中華民國設立之分公司或代理商及廣播電視節目供應事業，得聘僱外國人擔任主管。

第一項第三款所稱廣播、電視事業，指依廣播電視法、有線廣播電視法及衛星廣播電
視法成立之無線廣播事業、無線電視事業、有線廣播電視系統經營者、衛星廣播電視
事業及境外衛星廣播電視事業在中華民國設立之分公司或代理商。

第三條

前條第一項所稱專門性、技術性工作，界定如左：

一、出版事業：

　㈠新聞紙、雜誌事業之外文撰稿、編輯、翻譯及編譯工作。

　㈡圖書出版事業之外文撰稿、編輯、翻譯及編譯工作。

　㈢有聲出版事業之製作、編曲及引進新設備之技術工作。

二、電影事業：

　㈠電影片製作業之製片、編導、藝術及技術工作。

　㈡電影片發行業之電影片促銷工作。

　㈢電影片映演業引進新設備之技術工作。

　㈣電影工業之技術工作。

三、廣播、電視事業及廣播電視節目供應事業：

　㈠節目策劃及製作工作。

　　㈡外文撰稿、編輯、翻譯、編譯、播音、導播及主持工作。

　　㈢引進新技術之工作。

第四條

　　第二條第一項所稱演藝工作，指經由電視、電影或視聽媒介，藉聲音或影像向公眾傳達著作內容之工作。

第五條

　　第二條所稱主管，界定如左：

一、出版事業之經理人。

二、電影事業之經理人。

三、廣播、電視事業之經理人。

四、廣播電視節目供應事業之經理人。

第二章　申請應備文件

第六條

　　聘僱外國人工作，應備具申請書，並附左列文件，向行政院新聞局申請聘僱許可：

一、營利事業登記證或團體、法人設立登記文件影本。

二、聘僱契約副本。契約書應載明預定聘僱期間、職務、工作內容、工資及保險等事項。

三、受聘僱外國人學歷、經歷證明文件。

四、受聘僱外國人護照影本。

五、其他行政院新聞局指定之文件。

　　聘僱外國人從事第三條第二款第一目工作者，並應附具電影法施行細則第二十六條申請之登記證明。

第七條

　　聘僱外國人從事第四條工作者，應備具申請書，並附左列文件，向行政院新聞局申請聘僱許可。

一、前條第一項第一款、第二款、第四款及第五款規定之文書。

二、演出計畫及工作天數。

三、受聘僱外國人未滿二十歲者，其法定代理人同意其受聘僱之文件。

　　聘僱外國人參加國產電影片演出者，並應附具電影法施行細則第二十六條申請之登記證明。

第八條

　　受聘僱外國人聘僱期間屆滿，有繼續聘僱必要者，雇主應於期滿十五日前具備申請書，並附左列文件，向行政院新聞局申請展延：

一、聘僱契約書副本。契約書應載明事項依第六條一項第二款之規定。

二、原聘僱許可期間之工作績效證明。

三、其他行政院新聞局指定之文件。

第三章 許可及管理

第九條

（刪除）

第十條

行政院新聞局於許可雇主聘僱外國人工作時，應斟酌雇主之業別、規模、用人計畫、營運績效及其對國內經濟發展之貢獻，決定其聘僱之名額。

第十一條

依本辦法所為之申請有左列情形之一者，行政院新聞局得不予核發聘僱許可。

一、聘僱契約所載待遇與工作內容顯不相當者。

二、受聘僱之外國人曾入境，並留有不良紀錄者。

三、雇主於最近一年內，因違反行政院新聞局主管法令，經行政處分確定者。

四、其他違反本法、本法施行細則及本辦法規定者。

受聘僱外國人入境後，發現有前項各款情形之一者，行政院新聞局得依本法第五十四條規定辦理。

第十二條

（刪除）

第十三條

受聘僱外國人，在聘僱之有效期間內，非由新雇主與原雇主共同申請行政院新聞局同意，不得轉換雇主或工作。

第十四條

雇主聘僱左列外國人從事第三條、第四條或第五條工作時，準用第六條至第八條及第十條、第十一條有關之規定。

一、與在中華民國境內設有戶籍之國民結婚，且獲准居留者。

二、獲准居留之難民。

三、獲准在中華民國境內連續受聘僱從事工作，居留滿五年，品行端正，且有住所者。

第四章 附則

第十五條

（刪除）

第十六條

取得聘僱許可之外國人擬於本職工作之外兼任第三條、第四條或第五條工作者，仍應依本辦法規定向行政院新聞局申請聘僱許可。

前項申請，應附具原雇主同意證明文件。

第十七條

行政院新聞局於許可外國人入境工作或展延其工作時，應副知外交部、行政院勞工委員會、財政部國稅局、雇主住所或事務所所在地直轄市、縣（市）警察局、衛生局（院）及受聘僱之外國人。

第十八條

大陸地區人民、香港或澳門居民受聘僱於臺灣地區從事第三條至第五條工作者，其許可及管理，除法令另有規定者外，準用本辦法之規定。

第十八條之一

（刪除）

第十九條

本辦法自發布日施行。但不具華僑身分之香港、澳門居民受聘僱者，以行政院所定香港澳門關係條例之施行日期為準。

＊大眾傳播事業聘僱外籍藝人在廣電媒體工作所衍生問題之處理方式：

一、「大眾傳播事業聘僱外國人許可及管理辦法」第四條所稱「演藝工作」，由於外國藝人在電視上之演出方式不一，如何界定。

決議：

㈠戲劇性節目：外籍演藝人員無論係擔任主角、配角、臨時演員或客串演出，其經由電視、電影或視聽媒介，藉聲音及影像向公眾傳達著作內容之工作，即屬該辦法第四條所稱之「演藝工作」，皆應申請工作許可。

㈡非戲劇性節目：外籍演藝人員在視聽媒體從事工作，是否須申請工作許可，以其演出是否藉聲音及影像向公眾傳達著作內容為判斷標準，並依個案認定。例如：

　1.上節目接受單純訪問或寒暄者，非本辦法所指之「演藝工作」，不須申請工作許可。其參加遊戲單元者，非向公眾傳送著作內容，不須申請工作許可。至於模仿，無論是模仿人、事、物，其以模仿之方式，藉聲音及影像向公眾傳達著作內容者，屬該辦法第四條所稱之「演藝工作」，須申請工作許可。

　2.上節目接受訪問或作宣傳，且作專業演出者，其藉聲音及影像向公眾傳達著作內容極其明顯，屬該辦法第四條所指之「演藝工作」，應申請工作許可。

　3.其工作性質為節目助理或龍套角色者，無論其所扮演角色輕重、時間長短、有償性或無償性，只要其具有在臺從事演藝工作之事實，應申請工作許可。

㈢非常態性節目：任何性質活動在電視轉播者，屬該辦法第四條所稱之「演藝工作」，應申請工作許可。

㈣外籍藝人參與非戲劇性錄影節目帶（如伴唱帶），僅在部分歌曲中演出，並在臺灣地區拍攝者，其藉聲音及影像向公眾傳達著作內容，屬該辦法第四條所稱「演藝工作」，應申請工作許可。

㈤本局在依法執行時，為兼顧情理，應予電視電臺及製作單位有緩衝時間，節目處理方式為：

　1.節目已製作完成者，既往不究，不必補申辦工作許可。

　2.其尚在攝製中或在籌備中者，由新聞局行文各電視電臺，並請其轉知節目製作單位於一個月內補辦工作許可證，逾期將依法處理。

二、外國藝人在電視上從事廣告之演出，是否須申請工作許可？

決議：

㈠外國藝人在電視上從事任何廣告及政令宣導短片之演出，均須申請工作許可，因其係屬經由電視、電影或視聽媒介，藉聲音及影像向公眾傳達著作內容之工作，屬該辦法第四條之「演藝工作」，應申請工作許可。

㈡如該則廣告係由傳播公司在國外聘僱外國人拍攝，而於國內電視媒體播出者，是否須申請工作許可？依就業服務法第四十二條規定：「外國人未經雇主申請許可，不得在中華民國境內工作。」本案例因其係在國外拍攝，並未影響本國人民之工作機會，且類此情形占極少數，擬請行政院勞委會開會研商，本局暫不處理。

三、在電視節目上表演之外國歌星，其應向何單位申請工作許可？

決議：

㈠外籍歌星或取得外國籍之中國歌星，在臺灣出版唱片，應由其雇主（唱片公司）向出版事業處申請工作許可。若其欲在電視媒體從事演藝工作，傳達著作內容者，則須由電視公司或傳播公司向廣電處申請工作許可，以免業者藉由其他限制較寬之管道，申請工作許可，而在電視媒體演出。

㈡外籍歌手如未申請工作許可，其在國內所製作出版之著作，包括歌曲、MTV 及專輯等均不准其在電視媒體中播出。

㈢外籍歌手上節目接受訪問或作宣傳，而以播放 MTV 或專輯方式配合演出者，如業者無法舉證該專輯或 MTV 係在國外拍攝，則其透過國內電視電臺播出者，視為在臺拍製，應申請工作許可。

㈣至於傳播公司聘僱外籍藝人赴國外拍攝 MTV，而於國內電視媒體播出者，是否須申請工作許可？本案例因其並未直接影響本國人民之工作機會，擬請行政院勞委會解釋，本局暫不處理。

四、外國藝人在臺如從事多種大眾傳播工作，本局為其目的事業主管機關，是否須視其工作性質，向本局申請多項工作許可？

決議：

㈠須依其工作性質向目的事業主管機關申請工作許可,外籍歌手在臺從事唱片之製作,應向本局出版處申請工作許可,其欲在電視演出者,應向本局廣電處申請工作許可,方可在電視上演出。

㈡依就業服務法第五十三條第三款規定:雇主不得有「未經許可聘僱或留用他人所申請聘僱之外國人」行為。廣播電視事業或廣播電視節目供應事業聘僱外國人已依法向本局申請工作許可,其參加不同節目演出者,可依大眾傳播事業聘僱外國人許可及管理辦法第二十一條規定,以轉換雇主方式,即受聘僱之外國人,在聘僱之有效期間內,由新雇主(即欲參加之節目製作單位或電臺)與原雇主(即原已申請工作許可之事業單位)共同向本局申請同意,且新雇主仍應具備該辦法第九條之申請資格。

㈢給業者一個月緩衝時間,補辦工作許可證,逾期即依法處理。

五、香港藝人來臺從事演藝工作是否須申請工作許可?

決議:

㈠關於行政院勞委會就香港藝人申請工作許可證之解釋,由於就業服務法之主管機關為行政院勞委會,請主管機關再加以研究,在行政院勞委會未變更該號解釋前,新聞局仍依行政院勞委會八十一年八月二十三日二八三七三號解釋從嚴認定,故「港澳地區之中國人,其未取得外國國籍,持臺灣地區人民出入證入境者,不適用就業服務法第六十七條規定」,即

　1.雙重國籍之港澳人士:即除具香港身分外,另取得外國國籍,其持外國護照入境,或持中華民國護照,而未在國內設籍,或持臺灣地區人民出入證入境者,均須比照外國人申請工作許可。

　2.單一國籍之港澳人士:即僅具香港身分(持香港政府所發之 CI 居民證)未取得外國國籍,其持臺灣地區人民出入證入境者,仍依行政院勞委會八十一年八月二十三日二八三七三號解釋,不須申請工作許可證,惟須由業者具結保證。

㈡至於香港藝人來臺已參與節目之演出者,其處理方式:

　1.已攝製完成之節目,不必補辦申請工作許可。

　2.攝製中及在籌備中之節目,如有聘用雙重國籍港星,由新聞局行文三臺電視公司,並請其轉知各節目製作單位,於一個月內依法提出補辦「工作許可證」之申請,期滿未申請者,將依法處理節目亦不得播出。

7.外國人及華僑醫師執業管理辦法

中華民國八十八年七月八日行政院衛生署(八八)衛署醫字第八八〇三六九二四號令增訂發布第三之一、三之二條條文

第一條

本辦法依醫師法第八條之二第二項規定訂定之。

第二條

外國人或華僑領有中華民國醫師證書者，得在中華民國充任醫師，執行醫療業務。

第三條

外國人或華僑現任外國醫學院教授、副教授或醫學院附設教學醫院之主治醫師者，得受邀在中華民國從事短期臨床教學。

前項邀請機構以醫學院附設醫院或教學醫院為限，其教學涉及醫療業務者，應由邀請機構另指派醫師負責。

第三條之一

外國人或華僑領有外國醫師證書，並於國外醫療機構執行醫療業務一年以上，得在我國醫學中心從事臨床進修。

前項臨床進修，醫學中心應指派指導醫師負責指導。

第三條之二

醫學中心接受外國人或華僑醫師從事臨床進修應填具申請書敘明其姓名、國籍，並檢附下列文件，向中央衛生主管機關申請許可：

一、護照影本或其他身分證明文件影本。

二、外國醫師證書影本。

三、在外國取得醫師資格後從事醫療業務一年以上之證明文件。

四、臨床進修計畫書。內容應包括臨床進修目的、起迄時間、科別、指導醫師、臨床進修項目。

五、其他經中央衛生主管機關認定之必要文件。

前項臨床進修之期間，以二年為限。但經中央衛生主管機關許可者，得酌予延長，其延長期間最長不得逾二年。

第四條

醫療機構聘僱外國人或華僑醫師執行醫療業務，應具申請書敘明應聘者姓名、國籍、聘僱職稱、期間及執業科別，並檢具下列文件，申請中央衛生主管機關許可：

一、護照影本或其他身分證明文件影本。

二、畢業證書影本。

三、中華民國醫師證書影本。

四、聘書。

五、其他經中央衛生主管機關認為必要之文件。

第五條

醫療機構邀請外國人或華僑在中華民國從事短期臨床教學，應具申請書敘明被邀人姓

名、國籍、教學處所、期間及項目，並檢具下列文件，申請中央衛生主管機關許可：

一、護照影本或其他身分證明文件影本。

二、外國醫師證書影本。

三、服務機構現任職務證明文件。

四、其他經中央衛生主管機關認為必要之文件。

前項從事短期臨床教學之期間，以三個月為限。但經中央衛生主管機關許可者，得酌予延長，其延長期間最長不得逾三個月。

第六條

中央衛生主管機關對於依本辦法規定之申請案件，核與規定相符者，應發給許可文件，並副知各有關機關。

前項許可文件，應載明許可在中華民國執行醫療業務或從事短期臨床教學之期間。

第七條

外國人或華僑醫師經核准在中華民國執行醫療業務者，應依醫師執業之有關規定辦理。

第八條

外國人依其本國法不許中華民國醫師在該國執行醫療業務者，不得在中華民國執行醫療業務或從事短期臨床教學。但為加強國際合作、促進學術交流或實施交換學生計畫，經中央衛生主管機關許可者，不在此限。

第九條

本辦法自發布日施行。

8. 雇主聘僱外國人從事演藝工作許可及管理辦法

中華民國八十七年九月十五日教育部（八七）臺參字第八七○一○三○○○號令、行政院勞工委員會（八七）臺勞職外字第○九○一八四二號令會銜訂定發布全文十三條

第一條

本辦法依就業服務法（以下簡稱本法）第四十四條第二項規定訂定之。

第二條

雇主聘僱外國人從事本法第四十三條第一項第六款之演藝工作，除法律另有規定外，依本辦法之規定。

第三條

本辦法所稱演藝工作，指非從事由廣播、電視、電影播映之音樂、戲劇、舞蹈、雜藝等演技，公開作現場視聽欣賞之活動。

第四條

本辦法所稱雇主，指下列事業：

一、學校、公立社會教育文化機構。

二、國際觀光旅館。

三、經觀光主管機關核准經營之觀光遊樂業。

四、依公司法登記，實收資本額在新臺幣一百萬元以上，從事演藝工作為業務之公司。

五、文教財團法人。

六、演藝團體、國際團體或全國性學術文化團體。

第五條

雇主聘僱之外國人應在下列場所從事演藝工作：

一、學校、公立社會教育文化機構、公園。

二、國際觀光旅館。

三、風景區及觀光遊憩區。

四、經教育部（以下簡稱本部）專案審查適合演出之場所。

第六條

雇主聘僱外國人，應填具申請書，並檢具下列文件，向本部申請聘僱許可：

一、核准設立及經營之證明文件影本。

二、聘僱契約書影本。契約書應載明預定聘僱期間、工作內容、工作報酬、休假及保
　　險等事項。

三、演出場地使用之同意文件。

四、演出活動企劃書。

五、受聘僱外國人從事演藝工作證明文件或受聘僱外國人所屬國之官方機構出具之推
　　薦函或證明函。

六、受聘僱外國人護照影本及照片二張。

七、其他經本部指定之文件。

前項申請書格式，由本部定之。

第一項規定應檢具之文件不齊全者，本部應限期令其補正；屆期未補正者，不予受理。

聘僱許可文件未核發前，雇主不得先予聘僱或試用。

第七條

本部核發聘僱許可文件時，應副知外交部、行政院勞工委員會、當地直轄市、縣（市）
政府、該管之財政部各地區國稅局、當地警察局、其他有關機關及受聘僱之外國人。

受聘僱之外國人於申辦來華簽證時，應檢具聘僱許可文件。

第八條

依本辦法聘僱外國人工作許可之期間，最長為三年；必要時雇主得申請展延，每次展
延以一年為限。

第九條

聘僱許可有效期間屆滿三十日前，雇主如有繼續聘僱該外國人之必要者，應檢具下列文件，向本部申請展延：

一、原聘僱許可文件。

二、聘僱契約書影本。契約書應載明事項，依第六條第一項第二款之規定。

三、演出場地使用之同意文件。

四、演出活動企劃書。

五、受聘僱外國人在華期間納稅證明。

六、其他經本部指定之文件。

第十條

受聘僱之外國人，在聘僱許可有效期間內，非由新雇主及原雇主共同申請經本部許可，不得轉換雇主或工作。

第十一條

有下列情事之一者，本部應不予許可：

一、違反本法或本辦法之規定者。

二、申請文件經查不實者。

三、違反其他有關法令規定者。

第十二條

外國演藝團體或演藝人員係外國政府派遣來華演出者，由外交部或其駐華機構向本部申請；其係我國政府機關邀請者，由該機關與外交部諮商後，向本部申請。

前項申請，不受第四條及第五條之限制。

第十三條

本辦法自發布日施行。

9.移民業務機構及其從業人員輔導管理辦法（第十三至十五條）

中華民國九十年十一月二十二日內政部（九〇）臺內戶字第九〇六一二九號令修正發布第五條條文

第十三條

外國移民業務機構在我國設立分公司之設立許可要件，準用我國移民業務機構設立許可之規定。

第十四條

外國法事務律師依本法第四十六條第一項但書規定經營移民業務者，應備下列文件向主管機關申請許可，經核發註冊登記證後，始得營業：

一、註冊登記證申請書。

二、第四條第一款規定一定金額以上之實收資本額、第五條第一項規定之專業人員及第六條第一款規定之保證金等證明影本。

三、依律師法許可及經其事務所所在地之律師公會同意入會之證明影本。

前項外國法事務律師以辦理國人前往其取得律師資格國家之居留、定居或永久居留業務為限。

第十五條

移民業務機構之公司名稱、負責人、公司地址、業務範圍或一定金額以上之實收資本額變更，應填具變更註冊登記證申請書報請主管機關備查，並依法辦妥公司變更登記後，備有關文件於一個月內申請換發註冊登記證。

前條外國法事務律師之事務所名稱、負責人或地址變更，準用前項規定。

10.財稅金融服務事業聘僱外國人許可及管理辦法

中華民國八十六年十二月十九日財政部（八六）臺財人字第八六〇七八五四九八號令、行政院勞工委員會（八六）臺勞職外字第〇九〇三一九九號令會銜修正發布第七、八、九、十一、十四條條文

第一條

本辦法依就業服務法（以下簡稱本法）第四十三條第二項及第四十四條第二項規定訂定之。

第二條

財稅金融服務事業（以下簡稱雇主）聘僱外國人在中華民國境內從事本法第四十三條第一項第一款或第二款之工作者，除法律另有規定外，依本辦法規定辦理。

第三條

本辦法之主管機關為財政部（以下簡稱本部）。

第四條

依本法第四十三條第一項第一款規定申請聘僱外國人之雇主，係指左列事業：

一、證券、期貨事業：指依證券交易法或國外期貨交易法規定經營證券、期貨之事業。

二、金融事業：指依法經營銀行業務之事業。

三、保險事業：指依保險法規定經營保險業務之事業。

四、會計師：指依會計師法規定執行會計師業務者。

五、其他本部主管之財稅金融服務事業。

＊財政部八五臺財融字第八五三七一八一二號

要旨：

外國人可否擔任信用合作社員工或理監事疑義

主旨:

南投縣政府函詢持有外國護照者,可否擔任信用合作社員工或理、監事乙案,復如說明二,請 查照。

說明:

一、復 貴廳八十五年十二月五日八五財二字第○一八○○一號函。

二、持有外國護照,可否擔任信用合作社員工或理、監事乙節,查理、監事因具有社員身分,參照本部七十九年六月二十六日臺財融第七九○一七四一一九號函示,若係外國人應不得為信用合作社之理、監事;至於員工,如係專職,應以本國國籍為限,若有聘僱外國人需要,請依「財稅金融服務事業聘僱外國人許可及管理辦法」規定辦理。

第五條

雇主聘僱外國人從事專門性或技術性工作,除報經本部專案核可者外,以左列各款為限:

一、證券、期貨事業:

㈠從事有價證券及證券金融業務之企劃、研究、分析、管理或引進新技術之工作。

㈡從事期貨交易、投資、分析及財務、業務之稽核工作或引進新技術之工作。

二、金融事業:

指辦理存款、授信、投資、信託、外匯及其他相關金融業務,以及上開業務之企劃、研究分析、管理諮詢之工作。

三、保險事業:

從事人身、財產保險之理賠、核保、精算、投資、資訊、再保、代理、經紀、行銷、訓練、公證、工程、風險管理或引進新技術等工作。

四、會計師:

協助處理會計師法所定業務之工作。

第六條

依本法第四十三條第一項第二款規定聘僱外國人之雇主以證券、期貨、金融及保險服務事業為限。

本法第四十三條第一項第二款所稱主管係指該事業之經理人。

第七條

雇主聘僱外國人,應檢具左列文件向本部申請。

一、申請書。

二、聘僱契約或其他必要文件一份。

三、應聘僱外國人之護照影本或其他身分證明文件。

四、應聘僱外國人學歷、經歷證明文件。

五、其他經主管機關指定之文件。

前項第三款及第四款之證明書，須翻譯為中文。

第八條

應聘僱之外國人聘僱期間屆滿，有續聘必要者，雇主應於期滿一個月前檢具原許可函、納稅或免稅證明及續聘契約正本，向本部申請展延。

第九條

本部許可雇主聘僱外國人時，應將許可函副本及有關資料表件影本分送外交部、行政院勞工委員會、內政部警政署、雇主營業所在地之警察機關及稅捐稽徵機關及受聘僱之外國人。許可續聘、展延及撤銷時亦同。

第十條

應聘僱之外國人應於入境前，經本部許可後，始得入境。

雇主為因應突發或緊急事件須臨時聘僱外國人從事第五條規定之工作，其期限在六個月以內者，不受前項限制。但須於接任工作日之翌日起三日內向本部申請許可。

第十一條

外國人受聘僱從事第五條或第六條工作者，應具左列資格之一。擔任主管並應具備相關事業規定之資格要件：

一、國內外大學以上學校相關系所博士學位，或碩士學位並具一年以上相關工作經驗，或學士學位並具二年以上相關工作經驗成績優良者。

二、曾受高等教育或經專業訓練或專業考試成績優良，具業務經驗者。

第十二條

依本辦法所為之申請，有左列情形之一者，應不予許可：

一、違反本法或本辦法之規定者。

二、檢具之文件記載不詳或不符規定，經通知限期補正，逾期未補正者。

三、雇主於最近一年內，因違反本部主管法令情節嚴重者。

第十三條

應聘僱之外國人經有關機關拒絕簽證、禁止入境、限令出境或入境後發現有前條各款之情形者，本部應撤銷其許可。

第十四條

雇主聘僱外國人工作許可期間，最長為三年，必要時得申請展延。

第十五條

雇主聘僱本法第四十八條第一項各款規定之外國人，不適用第五條、第六條及第十四條規定。

第十六條

本辦法自發布日施行。

11.勞工保險條例（第六條）

中華民國九十年十二月十九日總統（九〇）華總一義字第九〇〇〇二五二七五〇號令修正發布第十二、五十八條條文

第六條

年滿十五歲以上，六十歲以下之左列勞工，應以其雇主或所屬團體或所屬機構為投保單位，全部參加勞工保險為被保人：

一、受僱於僱用勞工五人以上之公、民營工廠、礦場、鹽場、農場、牧場、林場、茶場之產業勞工及交通、公用事業之員工。

二、受僱於僱用五人以上公司、行號之員工。

三、受僱於僱用五人以上之新聞、文化、公益及合作事業之員工。

四、依法不得參加公務人員保險或私立學校教職員保險之政府機關及公、私立學校之員工。

五、受僱從事漁業生產之勞動者。

六、在政府登記有案之職業訓練機構接受訓練者。

七、無一定雇主或自營作業而參加職業工會者。

八、無一定雇主或自營作業而參加漁會之甲類會員。

前項規定，於經主管機關認定其工作性質及環境無礙身心健康之未滿十五歲勞工亦適用之。

前二項所稱勞工，包括在職外國籍員工。

＊行政院勞工委員會（八三）臺勞保二字第六四〇四一號

要旨：

港澳地區人民來臺工作，應持有長期居留證明文件者，始准加保。

全文內容：

有關港澳地區之中國人，不適用就業服務法第六十七條規定來臺工作，其持臺灣地區逐次加簽出入境證或短期居留證，雖經核准入境，但未准予長期居留者，基於權利義務對等關係，不得參加勞工保險。因目前勞工保險施行區域以臺灣、澎湖、金門、馬祖等地區為限。故在其他有關法令明確規範前，港澳地區人民，仍必須持在臺長期居留相關證明文件，始得依勞工保險條例有關規定申報加保。無需檢附政府主管機關核准從事工作之證明文件。本案仍請依上開規定辦理。

＊行政院勞工委員會（八二）臺勞保二字第四六八七二號

要旨：

中國人持中華民國護照入境並取得長期居留證而尚未在國內設籍者，其參加勞工保險

應檢附政府主管機關核准從事工作之證明文件。

全文內容：

依據就業服務法第六十七條規定「本法關於外國人之規定，於無國籍人、中國人取得外國國籍而持外國護照入境或持中華民國護照而未在國內設籍，受聘僱從事工作者，準用之」。準此，具有雙重國籍之中國人，其持中華民國護照入境，未在國內設籍者，受聘僱工作，應由其雇主向有關主管機關申請許可。未經許可而工作，應依本法規定處罰。又依勞工保險條例第六條第三項及其施行細則第二十七條規定「在職外國籍員工」申報加保，應檢附該事業主管機關核准從事工作之證明文件影本。

12.勞工保險條例施行細則（第二十三條）

中華民國九十年九月十二日行政院勞工委員會（九〇）臺勞保一字第〇〇四三一一二號令修正發布第四十三條條文

第二十三條

本條例第六條第三項所稱之外國籍員工，於加保時應檢附中央主管機關或相關目的事業主管機關核准從事工作之證明文件影本。

本細則關於國民身分證之規定，於前項外國籍員工，以外僑居留證或外國護照行之。

＊行政院勞工委員會（八五）臺勞職外字第一七一四〇八號

要旨：

港澳地區人民持臺灣地區出入境證者或持臺灣地區居留證者，在臺灣地區工作，參加勞保無需依就業服務法相關規定申請工作許可。

全文內容：

㈠依據就業服務法第六十七條「本法關於外國人之規定，於無國籍人、中國人取得外國國籍而持外國護照入境或持中華民國護照而未在國內設籍，受聘僱從事工作者，準用之」之規定，所適用對象為中國人兼具雙重國籍者，其持用外國護照入境或持中華民國護照而未設籍者，必須準用外國人之規定。

㈡中國人未取得外國國籍者，不適用該法第六十七條規定，故港澳地區之中國人，未取得外國國籍，而持臺灣地區人民出入境證入境者，不適用前述第六十七條之規定。即港澳地區人民持臺灣地區出入境證者或持臺灣地區居留證者，在臺灣地區工作，無需依就業服務法相關規定申請工作許可。按勞工保險，旨在保障勞工生活，促進社會安全，而該保險係為強制保險，故上述港澳地區人民，在臺灣地區工作，其工作單位得檢附上開相關證明文件，依勞工保險條例有關規定為申報加保。

＊行政院勞工委員會（八三）臺勞保二字第三九二二三號

要旨：

投保單位申報外國籍員工加保，如檢附直轄市或縣（市）政府同意備查函，不得受理加保。

全文內容：

依據就業服務法第四十二條規定，外國人未經雇主申請許可，不得在中華民國境內工作。又依勞工保險條例施行細則第二十七條規定，外國籍員工於加保時應檢附該事業主管機關核准從事工作之證明文件影本。另就業服務法第四十四條規定，雇主聘僱外國人從事第四十三條第一項第一款至第六款工作，應檢具有關文件向各「目的事業」主管機關申請許可。但中央政府、省（市）政府及其所屬學術研究機構聘請擔任顧問或研究工作者，不在此限。同法第四十五條亦規定，雇主聘僱外國人從事第四十三條第一項第七款至第九款工作，應檢具有關文件向中央主管機關申請許可。本案應依上開規定辦理，投保單位檢附直轄市或縣（市）政府同意備查函，不得受理加保。

*行政院勞工委員會（八一）臺勞保二字第二一八六八號

要旨：

僱用外國籍人員加保，應檢附中央主管機關或相關目的事業主管機關核准工作證明。

全文內容：

依就業服務法規定，應申請工作許可始能在中華民國境內從事工作之各該人員，在該法公布施行前已准其參加勞工保險者，准予繼續加保至離職時止。原已加保，後經離職退保，於該法實施後再加保者或初次加保者，應依勞工保險條例施行細則第二十七條（現修正為第二十三條）規定於加保時檢附主管機關或目的事業主管機關核准從事工作之證明文件影本。

13.工會法（第三十四條）

中華民國八十九年七月十九日總統（八九）華總一義字第八九○○一七七六二○號令修正公布第三、五十九、六十條條文

第三十四條

工會與外國工會之聯合，須經會員大會或代表大會之通過，函經主管機關認可後行之。

十二、專技人員

1.建築師法（第二、五十四條）

中華民國八十九年十一月八日總統（八九）華總一義字第八九○○二七○二九○號令修正公
布第三、八、十、十一、十五、三十五、三十七、四十一、四十七、五十、五十一、五十
三條條文

第二條

具有左列資格之一者，前條考試得以檢覈行之：

一、公立或立案之私立專科以上學校，或經教育部承認之國外專科以上學校，修習建
　　築工程學系、科、所畢業，並具有建築工程經驗而成績優良者，其服務年資，研
　　究所及大學五年畢業者為三年，大學四年畢業者為四年，專科學校畢業者為五年。

二、公立或立案之私立專科以上學校，或經教育部承認之國外專科以上學校，修習建
　　築工程學系、科、所畢業，並曾任專科以上學校教授、副教授、助理教授、講師，
　　經教育部審查合格，講授建築學科三年以上，有證明文件者。

三、公立或立案之私立專科以上學校，或經教育部承認之國外專科以上學校，修習土
　　木工程、營建工程技術學系、科畢業，修滿建築設計二十二學分以上，並具有建
　　築工程經驗而成績優良者，其服務年資，大學四年畢業者為五年，專科學校畢業
　　者為六年。

四、公立或立案之私立專科以上學校，或經教育部承認之國外專科以上學校，修習土
　　木工程、營建工程技術學系、科畢業，修滿建築設計二十二學分以上，並曾任專
　　科以上學校教授、副教授、助理教授、講師，經教育部審查合格，講授建築學科
　　四年以上，有證明文件者。

五、經公務人員高等考試建築工程科考試及格，且經分發任用，並具有建築工程工作
　　經驗三年以上，成績優良，有證明文件者。

六、在外國政府領有建築師證書，經考選部認可者。

前項檢覈辦法，由考試院會同行政院定之。

第五十四條

外國人得依中華民國法律應建築師考試。

前項考試及格領有建築師證書之外國人，在中華民國執行建築師業務，應經內政部之
許可，並應遵守中華民國一切法令及建築師公會章程及章則。

外國人經許可在中華民國開業為建築師者，其有關業務上所用之文件、圖說，應以中
華民國文字為主。

2.環境保護事業聘僱外國專門性技術性工作人員許可及管理辦法

中華民國八十七年二月四日行政院環境保護署（八七）環署綜字第〇五三四八號令、行政院
勞工委員會（八七）臺勞職外字第〇九〇〇二一三號令修正發布第七、九、十條條文；並
刪除第十二條條文

第一條

本辦法依就業服務法（以下簡稱本法）第四十四條第二項規定訂定之。

第二條

環境保護事業聘僱或續聘僱外國人在中華民國境內從事本法第四十三條第一項第一款
工作之聘僱許可及管理，依本辦法之規定。

第三條

本辦法所稱主管機關為行政院環境保護署。

第四條

本辦法所稱環境保護事業，指左列事業：

一、環境檢驗測定機構。

二、廢水代處理業。

三、建築物污水處理設施清理機構。

四、廢棄物清除處理機構。

五、其他經主管機關指定之事項。

第五條

本辦法所稱專門性工作，指從事環境保護之業務推廣、市場調查、人才訓練、經營管
理工作。

第六條

本辦法所稱技術性工作，指從事環境保護技術之研究發展或污染防治機具設備之安裝、
操作、維修工作。

第七條

環境保護事業設立具備法人證明文件，以提出公司執照及營利事業登記證或其他可證
明公司合法設立及營業之文件，得申請聘僱或續聘僱外國人。

環境保護事業有特殊情況經專案核准者，不受前項之限制。

第八條

環境保護事業聘僱之外國人，應具備教育部承認之國內外大學以上學校環境保護相關
科系所畢業之學歷，並具有三年以上相關工作經驗。

前項外國人非依本國相關法令取得所從事工作必須之證書或執業資格，不得執行各該

工作。

第九條

環境保護事業應備具申請書，並檢附左列文件向主管機關申請聘僱外國人之許可：

一、申請人公司執照、營利事業登記證或財團法人登記證書影本各一份。

二、承攬環境保護業務契約書、實績照片及相關證明文件影本各一份。

三、記載受聘僱外國人姓名、出生日期、國籍、護照號碼、國外住所、國內居所、職位及工作內容之聘僱計畫書一份。

四、記載薪資給付方式、數額及聘僱期間之聘僱契約書一份。

五、受聘僱外國人學歷、經歷之證明文件影本各一份。

六、受聘僱外國人之護照或其他身份證明文件影本一份。

七、其他主管機關指定之文件。

前項各款之文件為外文者，應附中文譯本；東南亞地區第五款至第七款之文件，並應經中華民國駐外館、處或外交部授權機構之驗證。

第十條

環境保護事業聘僱外國人工作之期間，最長為三年。期滿有繼續聘僱之必要者，應於屆滿前六十日內，檢具申請書、聘僱合約書，向主管機關申請展延，展延每次以一年為限。

第十一條

環境保護事業聘僱或續聘僱外國人從事專門性、技術性工作之名額與期限，由主管機關依事業之業別、規模、聘僱計畫、營運績效或技術移轉成效，及其對國內環保事業及技術發展之貢獻，本國際互惠原則核定之。

第十二條

（刪除）

第十三條

環境保護事業申請聘僱或續聘僱外國人，有左列情形之一者，不予許可：

一、有違反本法第四十一條規定之虞者。

二、檢具之文件記載不詳或不符規定，經通知限期補正，逾期未補正者。

第十四條

環境保護事業聘僱或續聘僱外國人，有左列情形之一者，主管機關應撤銷其許可之全部或一部：

一、違反本法第五十四條第一項規定者。

二、事業停業或依法解散或喪失法人資格者。

三、受聘僱之外國人喪失執業資格者。

四、據以取得許可之文件或事實有虛偽者。

五、受聘僱之外國人經有關機關拒絕簽證、禁止入境或限令出境者。

前項第四款、第五款之情形，應由有關機關通知主管機關撤銷其許可。

第十五條

主管機關許可環境保護事業聘僱、續聘僱外國人或撤銷其許可，應以副本抄送行政院勞工委員會、外交部、內政部、警政署、外國人居留地警察局、財政部、外國人居留地稅捐稽徵機關及其他有關機關。

第十六條

經主管機關許可聘僱或續聘僱外國人，應檢具主管機關核發之聘僱許可函及有關文件依規定向外交部申辦簽證。

第十七條

環境保護事業應於其聘僱之外國人入境後十五日內，將其到職情形函報主管機關及行政院勞工委員會。

環境保護事業應於其受聘僱之外國人取得聘僱許可函三日內，向該外國人居留地警察局依規定申請辦理停留或居留等手續。許可續聘展延時，亦同。

第十八條

本辦法所規定書表之格式，由主管機關定之。

第十九條

本辦法自發布日施行。

3.營造業聘僱外國技術人員許可及管理辦法

中華民國八十八年八月十六日內政部（八八）臺內營字第八八七三四九五號令、行政院勞工委員會（八八）臺勞職外字第○九○二七一八號令會銜修正發布第四至六、十一、十三條條文；並刪除第七、八條文

第一條

本辦法依就業服務法（以下簡稱本法）第四十三條第二項及第四十四條第二項規定訂定之。

第二條

本辦法所稱外國技術人員，係指營造業依本法第四十三條第一項第一款規定聘僱提供建築及土木工程技術之外國人。

第三條

本辦法之主管機關為內政部。

第四條

受聘僱之外國技術人員，應具有下列資格之一：

一、大學以上學校相關系所博士學位者。

二、大學以上學校相關系所碩士學位，曾任該項實際技術工作一年以上者。

三、大專校院相關系科畢業，曾任該項實際技術工作二年以上者。

四、高級職業學校相關類科畢業，曾任該項實際技術工作五年以上者。

五、曾受專業訓練或具有特殊技術而有證明，並曾任該項工作五年以上者。

第五條

營造業聘僱外國技術人員，應檢附下列文件，向主管機關提出申請：

一、申請書。

二、營造業登記證書影本。

三、申請聘僱外國技術人員調查表四份。

四、聘僱合約書一份，載明下列事項：

　　㈠營造業名稱及地址。

　　㈡受聘僱外國技術人員之姓名、出生年月日、國籍、護照號碼及國外住所。

　　㈢受聘僱外國技術人員於我國擔任之工作及職位。

　　㈣每月或每日薪資所得。

　　㈤聘僱期限之起迄日期。

五、受聘僱外國技術人員之學、經歷證件、身分證件或護照影本各一份。

六、引進外國技術人員之工程合約書影本，其屬公共工程者，除環保工程非以土木工程為主要承攬工程者外，以直接承攬為限；其屬民間建築工程者，並應加附建造執照。

前項第五款之文件，國內經歷須附歷年核准在我國工作證明文件及納稅證明影本，國外學、經歷除東南亞及其他經主管機關認為必要之地區及國家外，得免經我國駐當地使領館、代表處、辦事處或外交部授權之機構驗證。

主管機關於許可聘僱後，應即轉請外交部核發簽證，並副知申請之營業與有關單位及受聘僱之外國人。

第六條

營造業聘僱之外國技術人員必須身心健康；受僱期間，僱主應隨時注意其健康情形，如罹患肺結核、梅毒、B型肝炎、瘧疾、阿米巴痢疾、癩病、嚴重精神疾病或HIV抗體、嗎啡、安非他命篩檢呈陽性狀態或其他足以影響國內防疫安全之疾病時，應即遣送回國；醫療機構如發現上述情形，並應即通報地方衛生主管機關，以轉知內政部、行政院勞工委員會及當地警察機關處理。

第七條

　（刪除）

第八條

（刪除）

第九條

（刪除）

第十條

經許可受聘僱之外國技術人員持居留簽證入境後，應於十五日內向居留地警察局申請外僑居留證。

第十一條

營造業聘僱外國技術人員工作許可之期間，最長為三年，如有繼續聘僱必要者，應於期間屆滿前三十日內，由營造業檢附下列文件，向主管機關申請展延；展延每次以一年為限：

一、申請書。

二、申請聘僱外國技術人員調查表四份。

三、聘僱合約書一份，其應記載事項依第五條第一項第四款之規定。

四、原許可聘僱之公文。

五、在我國工作之納稅證明。

六、引進外國技術人員之工程合約書影本。其屬公共工程者，除環保工程非以土木工程為主要承攬工程者外，以直接承攬為限；其屬民間建築工程者，並應加附建造執照。

經核准展延後，應即至居留地警察局辦理延長居留。

第十二條

營造業聘僱之外國技術人員經有關機關拒絕簽證、禁止入境或限令出境者，主管機關應撤銷其聘僱許可。

第十三條

營造業聘僱之外國技術人員，在聘僱許可有效期間內，如需轉換雇主從事營造業之工作者，應由新雇主檢附下列文件，會同原雇主向主管機關提出申請：

一、申請書。

二、營造業登記證書影本。

三、聘僱合約書一份。其應記載事項，依第五條第一項第四款之規定。

四、原許可聘僱之公文。

五、原雇主開具之離職證明書。

六、在我國工作之納稅證明。

七、引進外國技術人員之工程合約書影本。其屬公共工程者，除環保工程非以土木工程為主要承攬工程者外，以直接承攬為限；其屬民間建築工程者，並應加附建造執照。

第十四條

營造業依本法第五十二條規定所為通知內容應包括外國技術人員之姓名、性別、年齡、國籍、入境日期、工作期限、照片、外僑居留證號碼等資料。

各地警察機關於接獲前項通知時，應即查核該外國技術人員是否已離境，如未離境者，應彙報內政部警政署，並加強查緝。

第十五條

（刪除）

第十六條

本辦法自發布日施行。

4.建築師聘僱外國技術人員許可及管理辦法

中華民國八十八年九月三十日內政部（八八）臺內營字第八八七四四四五號令、行政院勞工委員會（八八）臺勞職外字第○九○三六七一號令會銜修正發布第四至六、十一、十三條條文；並刪除第七、八條條文

第一條

本辦法依就業服務法（以下簡稱本法）第四十三條第二項及第四十四條第二項規定訂定之。

第二條

本辦法所稱外國技術人員，係指建築師依本法第四十三條第一項第一款規定聘僱提供建築、土木及其相關工程技術之外國人。

第三條

本辦法之主管機關為內政部。

第四條

受聘僱之外國技術人員，應具有下列資格之一：

一、大學以上學校相關系所博士學位者。

二、大學以上學校相關系所碩士學位，曾任該項實際技術工作一年以上者。

三、大專校院相關系科畢業，曾任該項實際技術工作二年以上者。

四、高級職業學校相關類科畢業，曾任該項實際技術工作五年以上者。

五、曾受專業訓練或具有特殊技術而有證明，並曾任該項工作五年以上者。

第五條

建築師聘僱外國技術人員，應檢附下列文件，向主管機關提出申請：

一、申請書。

二、建築師開業證書影本。

三、申請聘僱外國技術人員調查表四份。

四、聘僱合約書二份，載明下列事項：

　　㈠建築師之事務所名稱及地址。

　　㈡受聘僱外國技術人員之姓名、出生年月日、國籍、護照號碼及國外住所。

　　㈢受聘僱外國技術人員於我國擔任之職位及工作。

　　㈣每月或每日薪資所得。

　　㈤聘僱期限之起迄日期。

五、受聘僱外國技術人員之學、經歷證件、身分證件或護照影本各一份。

六、受委託設計之工程合約書影本，其屬公共工程者，以直接承攬為限；其屬民間工程者，並應加附建造執照。

前項第五款之文件，國內經歷須附歷年核准在我國工作證明文件及納稅證明影本，國外學、經歷除東南亞及其他經主管機關認為必要之地區及國家外，得免經我國駐當地使領館、代表處、辦事處或外交部授權之機構驗證。

主管機關於許可聘僱後，應即轉請外交部核發簽證，並副知申請之建築師及有關單位。

第六條

建築師聘僱之外國技術人員必須身心健康；受僱期間，雇主應隨時注意其健康情形，如罹患肺結核、梅毒、B型肝炎、瘧疾、阿米巴痢疾、癲病、嚴重精神疾病或 HIV 抗體、嗎啡、安非他命篩檢呈陽性狀態或其他足以影響國內防疫安全之疾病時，應即遣送回國；醫療機構如發現上述情形，並應即通報地方衛生主管機關，以轉知內政部、行政院勞工委員會及當地警察機關處理。

第七條

　　（刪除）

第八條

　　（刪除）

第九條

　　（刪除）

第十條

經許可受聘僱之外國技術人員持居留簽證入境或入境後經改發給居留簽證者，應於十五日內向居留地警察局申請外僑居留證。

第十一條

建築師聘僱外國技術人員工作許可之期間，最長為三年，如有繼續聘僱必要者，應於期間屆滿前三十日內，由建築師檢附下列文件，向主管機關申請展延；展延每次以一年為限：

一、申請書。

二、申請聘僱外國技術人員調查表四份。

三、聘僱合約書一份，其應記載事項依第五條第一項第四款之規定。

四、原許可聘僱之公文。

五、在我國工作之納稅證明。

六、受委託設計之工程合約書影本；其屬公共工程者，以直接承攬為限；
其屬民間工程者，並應加附建造執照。

經核准展延後，受聘僱之外國技術人員應即至居留地警察局辦理延長居留。

第十二條

建築師聘僱之外國技術人員經有關機關拒絕簽證、禁止入境或限令出境者，主管機關
應撤銷其聘僱許可。

第十三條

建築師聘僱之外國技術人員，在聘僱許可有效期間內，如需轉換雇主從事第二條規定
之工作者，應由新雇主檢附下列文件，會同原雇主向主管機關提出申請：

一、申請書。

二、建築師開業證書影本。

三、聘僱合約書一份；其應記載事項，依第五條第一項第四款之規定。

四、原許可聘僱之公文。

五、原雇主開具之離職證明書。

六、在我國工作之納稅證明。

七、受委託設計之工程合約書影本；其屬公共工程者，以直接承攬為限；其屬民間工
程者，並應加附建造執照。

第十四條

建築師依本法第五十二條規定所為通知內容應包括外國技術人員之姓名、性別、年齡、
國籍、入境日期、工作期限、照片、外僑居留證號碼等資料。

各地警察機關於接獲前項通知時，應即查核該外國技術人員是否已離境，如未離境者，
應彙報內政部警政署，並加強查緝。

第十五條

（刪除）

第十六條

建築師聘僱外國技術人員，主管機關得於聘僱期間不定時抽查其工作情形，如有不實
情事，依建築師法及本法之規定予以處罰。

第十七條

本辦法自發布日施行。

5.會計師法（第二、四十七、四十八條）

中華民國九十一年五月二十九日總統（九一）華總一義字第○九一○○一○八三六○號令修
正公布第八條條文

第二條

有左列資格之一者，得應會計師之檢覈：

一、公立或立案之私立專科以上學校，或經教育部承認之國外專科以上學校會計系、
科或相關系、科畢業，並曾任薦任或相當薦任以上會計、審計人員三年以上者。

二、公立或立案之私立專科以上學校，或經教育部承認之國外專科以上學校會計系、
科或相關系、科畢業，並曾任專科以上學校講師或副教授三年以上或教授二年以
上者。

三、領有外國政府相等之會計師證書，經考選部認可者。

前項檢覈辦法，由考試院會同行政院定之。

第四十七條

外國人得依中華民國法律應會計師考試。

前項考試及格，領有會計師證書之外國人，在中華民國執行會計師業務，應經中央主
管機關之許可。

第四十八條

外國人經許可在中華民國執行會計師業務者，應遵守中華民國關於會計師之一切法律
及會計師公會章程。

違反前項規定者，除依法懲處外，中央主管機關得廢止其許可，並將所領會計師證書
註銷。

6.律師法（第二十之一、四十五至五十之一條）

中華民國九十一年一月三十日總統（九一）華總一義字第○九一○○○一五一○○號令修正
公布第一、四、七至九、十四、二十一、二十三、二十七、三十二、三十七之一條條文；
並刪除第十條條文

第二十條之一

律師得聘僱外國人從事助理或顧問性質之工作；其許可及管理辦法，由法務部會同行
政院勞工委員會定之。

第四十五條

外國人得依中華民國法律應律師考試。

前項考試及格領有律師證書之外國人，在中華民國執行律師職務，應經法務部之許可。

第四十六條

外國人經許可在中華民國執行律師職務者，應遵守中華民國關於律師之一切法令、律師倫理規範及律師公會章程。

違反前項規定者，除依法令懲處外，法務部得撤銷其許可，並將所領律師證書註銷。

第四十七條

外國人經許可在中國執行律師職務者，於法院開庭或偵查訊（詢）問在場時，應用國語，所陳文件，應用中華民國文字。

第四十七條之一

本法稱外國律師，指在中華民國以外之國家或地區，取得律師資格之律師。

本法稱外國法事務律師，指依本法受許可及經其事務所所在地律師公會同意入會之外國律師。

本法稱原資格國，指外國律師取得該外國律師資格之國家或地區。

第四十七條之二

外國律師非經法務部許可及加入其事務所所在地之律師公會，不得執行職務。

第四十七條之三

外國律師向法務部申請許可執業，應符合下列資格之一：

一、在原資格國執業五年以上，有證明文件者。但曾受中華民國律師聘僱於中華民國從事其本國法律事務之助理或顧問性質之工作者，或於其他國家或地區執行其原資格國法律業務者，以二年為限，得計入該執業經驗中。

二、於世界貿易組織協定在中華民國管轄區域內生效日以前，已依律師聘僱外國人許可及管理辦法受僱擔任助理或顧問，申請時其受僱期間屆滿二年者。

第四十七條之四

外國律師有下列情形之一者，不得許可其執業：

一、有第四條各款情事之一者。

二、曾受外國法院有期徒刑一年以上刑之裁判確定者。

三、受原資格國撤銷其律師資格或受除名處分者。

第四十七條之五

外國律師申請許可，應提出下列文件：

一、申請書：載明外國律師姓名、出生年月日、國籍、住所、取得外國律師年月日、原資格國名、事務所。

二、符合第四十七條之三規定之證明文件。

法務部受理前項申請得收取費用，其金額另定之。

第四十七條之六

外國律師應於許可後六個月內向其事務所所在地律師公會申請入會，該律師公會不得

拒絕其加入。

第四十七條之七

外國法事務律師僅得執行原資格國之法律或該國採行之國際法事務。

外國法事務律師依前項規定所得執行下列法律事務，應與中華民國律師共同為之或得其提供之書面意見始得為之：

一、有關婚姻、親子事件之法律事務，當事人一造為中華民國人民之代理或文書作成。

二、有關繼承事件之法律事務，當事人一造為中華民國人民或遺產在中華民國境內之代理及文書作成。

第四十七條之八

外國法事務律師應遵守中華民國法令、律師倫理規範及律師公會章程。

第四十七條之九

外國法事務律師於執行職務時，應使用外國法事務律師之名稱及原資格國之國名。

外國法事務律師除受僱用外，應於執行業務所在地設事務所，並應表明其為外國法事務律師事務所。

第四十七條之十

外國法事務律師不得僱用中華民國律師，並不得與中華民國律師合夥經營法律事務所。但為履行國際條約義務，外國法事務律師向法務部申請許可者，得僱用中華民國律師或與中華民國律師合夥經營法律事務所；其許可條件、程序及其他應遵行事項之管理辦法，由法務部定之。

第四十七條之十一

外國法事務律師有下列情形之一者，其執業之許可應予撤銷：

一、喪失外國律師資格者。

二、申請許可有虛偽或不實者。

三、受許可者死亡、有第四十七條之四各款情事之一或自行申請撤銷者。

四、業務或財產狀況顯著惡化，有致委任人損害之虞者。

五、受許可後六個月內未向事務所所在地之律師公會申請入會者。

六、違反第四十七條之十者。

第四十七條之十二

外國法事務律師有下列情事之一者，應付懲戒：

一、有違反第四十七條之七、第四十七條之八或第四十七條之九之行為者。

二、有犯罪之行為，經判刑確定者。但因過失犯罪者，不在此限。

懲戒處分準用第四十四條之規定。

第四十七條之十三

外國法事務律師應付懲戒者，由所屬律師公會送請律師懲戒委員會處理。

律師公會對於應付懲戒之外國法事務律師，得經會員大會或理事、監事聯席會議之決議，送請律師懲戒委員會處理。

第四十七條之十四

被懲戒之外國法事務律師或所屬律師公會，對於律師懲戒委員會之決議，有不服者，得向律師懲戒覆審委員會請求覆審。

第四十八條

未取得律師資格，意圖營利而辦理訴訟事件者，除依法令執行業務者外，處一年以下有期徒刑，得併科新臺幣三萬元以上十五萬元以下罰金。

外國律師違反第四十七條之二，外國法事務律師違反第四十七條之七第一項規定者，亦同。

第四十九條

律師非親自執行職務，而將事務所、章證或標識提供與未取得律師資格之人使用者，處一年以下有期徒刑，得併科新臺幣三萬元以上十五萬元以下罰金。

外國法事務律師非親自執行職務，而將事務所、章證或標識提供他人使用者，亦同。

第五十條

未取得律師資格，意圖營利，設立事務所而僱用律師或與律師合夥經營事務所執行職務者，處一年以下有期徒刑，得併科新臺幣三萬元以上十五萬元以下罰金。

外國人或未經許可之外國律師，意圖營利，僱用中華民國律師或與中華民國律師合夥經營律師事務所執行中華民國法律事務者，亦同。

第五十條之一

外國法事務律師無故洩漏因業務知悉或持有之他人秘密者，處一年以下有期徒刑、拘役、或科新臺幣二十萬元以下罰金。

7. 律師法施行細則（第十五條）

中華民國八十九年七月十二日法務部（八九）法令字第〇〇二三一二號令、內政部（八九）臺內中社字第八九七七一五二號令會銜增訂發布第八之一條條文

第十五條

外國人在中國執行律師職務時，應依本法第四十五條繳驗所領律師證書，並聲明擬執行職務之區域，請求法務部發給許可證。

前項許可證，於聲請登錄時，應提出於登錄之法院。

法務部依本法第四十六條撤銷許可時，應將許可證註銷。

8. 律師聘僱外國人許可及管理辦法

中華民國八十六年十月十五日法務部（八六）法令字第〇〇三七三〇號令、行政院勞工委員
會（八六）臺勞職外字第〇九〇二三一四號令修正發布第九、十條條文

第一條

本辦法依就業服務法（以下簡稱本法）第四十四條第二項規定訂定之。

第二條

律師聘僱外國人從事本法第四十三條第一項第一款之工作，除本法及其他法令另有規
定者外，依本辦法之規定。

第三條

律師聘僱之外國人，以從事助理或顧問性質之工作為限。

第四條

律師聘僱之外國人應具備左列資格之一：

一、國內外大學以上學校法律或相關科系畢業，並有二年以上在律師事務所、政府或
　　民間機構法律部門工作之經驗，其期間不以畢業後之年資為限。

二、外國律師考試及格。

第五條

律師聘僱外國人應檢具左列文件向法務部申請許可：

一、申請書一式二份（格式如附件）。

二、聘僱契約書正本。

三、受聘僱外國人學歷或外國律師考試及格之證明文件及經歷證明文件正本。

四、受聘僱外國人之身分證明文件影本。

五、其他經法務部認為必要之文件。

前項第二款之聘僱契約書應記載左列事項：

一、聘僱之律師姓名、登錄之法院及律師事務所之地址。

二、受聘僱外國人之姓名、出生年月日、國籍、護照號碼及國外住所。

三、受聘僱外國人之職位及工作內容。

四、薪資之給付方式及數額。

五、聘僱期間及其起訖日期。

第一項第二款至第五款之文件如係外文，應附中文譯本；由律師事務所或民間機構出
具之經歷證明及第四款、第五款之文件，並應經公證或認證。

法務部應於每月十五日前將上月所受理而經許可申請案件之資料彙送行政院勞工委員
會。

第六條

律師聘僱之外國人為就讀於公立或立案之私立大專以上院校及其附設之國語文教學機

構之留學生者，除應向教育部申請許可外，並應依本辦法規定向法務部申請許可。

第七條

有左列情形之一者，法務部對律師聘僱外國人或其展延之申請，得不予許可：

一、有違反本法第四十一條規定之虞者。

二、違反本法或本辦法規定者。

三、檢具之文件記載不詳或不符規定，經通知限期補正，逾期未補正者。

四、違反其他法令，情節重大者。

第八條

受聘僱之外國人應以其專門性之學識及經驗輔助律師，不得以自己名義辦理訴訟事件或其他法律事務。

第九條

律師聘僱外國人工作許可之期間，最長為三年，如有繼續聘僱必要者，應於期間屆滿前一個月內，檢具原聘僱許可函、續聘契約書正本及申請書一式二份，向法務部申請展延，展延每次以一年為限。

第五條第二項、第三項之規定，於前項之續聘契約書準用之。

第五條第四項之規定，於繼續聘僱之申請準用之。

第十條

法務部許可律師聘僱外國人之申請，應發給聘僱許可並將許可函副知外交部、內政部警政署、稅捐稽徵機關及其他有關機關暨受聘僱之外國人。許可續聘展延時，亦同。

第十一條

經法務部許可律師聘僱之外國人，應檢具法務部核發之許可函及有關文件依規定辦理簽證及居留等手續。

第十二條

律師應於所聘僱之外國人入境後十日內，將其到職情形函報法務部及行政院勞工委員會。

第十三條

本辦法自發布日施行。

9. 外國法事務律師僱用中華民國律師或與中華民國律師合夥經營法律事務所許可及管理辦法

中華民國九十一年二月二十日法務部法九十字第〇九一〇八〇〇三五六號訂定

第一條

本辦法依律師法（以下稱本法）第四十七條之十但書規定訂定之。

第二條

外國法事務律師得依本辦法之規定向法務部申請許可僱用中華民國律師或與中華民國律師合夥經營外國法事務律師事務所。

第三條

外國法事務律師申請許可僱用中華民國律師者，應檢具下列文件：

一、申請書一式二份（如附件一）。

二、外國法事務律師及中華民國律師之身分證明文件、律師證件及加入律師公會之證明文件二份。

三、僱用契約書影本二份。

前項第三款僱用契約書應載明下列事項：

一、外國法事務律師姓名、法務部許可證號、國籍、護照號碼、國內外住所或居所及律師事務所名稱、地址。

二、受僱用之中華民國律師姓名、律師證號及住所或居所。

三、受僱用中華民國律師之工作內容。

四、薪資之數額。

五、僱用期間及起訖日期。

第一項第三款之僱用契約書應用中華民國文字或英文；用英文者應附中文譯本。

第四條

外國法事務律師申請與中華民國律師合夥者，應以所有合夥之外國法事務律師及中華民國律師之自然人名義提出申請，並檢具下列文件：

一、申請書一式二份（如附件二）。

二、外國法事務律師及中華民國律師之身分證明文件、律師證件及加入律師公會之證明文件二份。

三、合夥契約書影本二份。

前項第三款之合夥契約書應載明下列事項：

一、合夥事務所名稱、地址。

二、外國法事務律師之姓名、法務部許可證號、國籍、護照號碼及國內外住所或居所。

三、中華民國律師之姓名、律師證號及住所或居所。

四、各合夥律師工作之內容。

第一項第三款之合夥契約書應用中華民國文字或英文；用英文者應附中文譯本。

第五條

對於前二條之申請，有下列情形之一者，得不予許可：

一、不符合本法第四十七條之十但書規定者。

二、未依前二條規定檢具必要文件申請許可者。

三、檢具之文件記載不詳或不符規定，經通知限期補正，逾期未補正或未照補正事項完全補正者。

四、有具體事實足認有違反本辦法第十一條規定之虞者。

五、申請合夥或僱用之外國法事務律師違反本法第四十七條之八之規定，情節重大者。

對於前二條之申請，法務部應自申請文件送達之次日起六十天內為准駁之決定。但檢具之文件記載不詳或不符規定，經通知限期補正者，不在此限。

第六條

法務部於許可外國法事務律師僱用中華民國律師或與中華民國律師合夥前，應先徵詢該外國法事務律師事務所所在地之律師公會及律師公會全國聯合會之意見。

法務部依前項規定徵詢律師公會及律師公會全國聯合會之意見後，應將申請案之准駁情形，通知該律師公會及律師公會全國聯合會。

第七條

外國法事務律師經許可與中華民國律師合夥，合夥人有變動而仍維持外國法事務律師與中華民國律師合夥者，應檢附全體合夥人之同意證明申請許可變更。但合夥之外國法事務律師或中華民國律師一方全部同時變動，而動搖原合夥之基礎者，應重新申請許可。

第八條

外國法事務律師僱用中華民國律師或與中華民國律師合夥者，其事務所名稱應加記外國法事務律師事務所之文字，並於其事務所內明顯處揭示所有外國法事務律師之執業許可證及中華民國律師之律師證書。

第九條

經許可合夥經營外國法事務律師事務所之外國法事務律師或中華民國律師，於僱用中華民國律師時，仍應依本辦法規定申請許可。

第十條

外國法事務律師經許可僱用中華民國律師或與中華民國律師合夥者，於僱用或合夥關係終止後，應立即向法務部陳報，並通報該事務所所在地之律師公會及律師公會全國聯合會。

第十一條

外國法事務律師經許可僱用中華民國律師或與中華民國律師合夥者，不得藉僱用或合夥關係執行本法第四十七條之七以外之法律事務。

第十二條

外國法事務律師經許可僱用中華民國律師或與中華民國律師合夥者，應遵守中華民國法令、律師倫理規範及律師公會章程。

第十三條

有下列情形之一者，法務部得廢止或撤銷外國法事務律師與中華民國律師合夥或僱用中華民國律師之許可：

一、外國法事務律師申請僱用中華民國律師或與中華民國律師合夥有虛偽或不實者。

二、僱用或合夥關係終止者。

三、申請僱用或合夥之外國法事務律師經法務部撤銷其執業之許可者。

四、違反本辦法第七條至第十一條之規定者。

五、違反本辦法第十二條之規定，情節重大者。

法務部為前項廢止或撤銷之許可前，應先徵詢其事務所所在地之律師公會及律師公會全國聯合會之意見；並於為廢止或撤銷許可後，通知受處分人、上開律師公會及律師公會全國聯合會。

第十四條

本辦法自發布日施行。

附件一

外國法事務律師僱用中華民國律師申請許可書

　　　　姓　名

申請人

　　　　證明文件 1 經法務部許可為外國法事務律師之證明文件。

　　　　　　　　2 經事務所所在地之律師公會同意入會之證明文件。

律　師　　　　　　　　地　址

　　名　稱

事務所　　　　　　　　電　話

　　　　姓　名　　　　　律師證書字號

受僱用律師

　　　　性　別　　　　　出生年月日

受僱擔任

之職位及

工作內容

聘僱期間　自　年　月　日起至　年　月　日止

　　　　　1 受僱用人身分證影本

證　　件　2 受僱用人律師證書影本

3 律師訓練合格證書或免予職前訓練之證明文件

4 僱用契約書正本

申　請　人
簽　　　名

　　　　註：證件請各附二份

附件二

外國法事務律師與中華民國律師合夥申請許可書

合　　　夥　　　　　　　地　　　址
事務所名稱　　　　　　　電　　　話
　　　　　　　中華民國合夥律師
基本資料　姓　　名　律師證書字號　性　　別　出生年月日

合夥律師

　　　　　　　1 合夥律師身分證影本
證　　件　　2 合夥律師律師證書影本
　　　　　　3 合夥律師職前訓練合格證書或免予職前訓練之證明文件
　　　　　　4 合夥契約書正本

　　　　　　外國法事務律師申請人
　　　　姓　　名　簽　　名　外國法事務律師證明文件

合夥律師

　　　　註：證件請各附二份

10.公民營事業聘僱外國專門性技術性工作人員暨僑外事業主管許可及管理辦法

中華民國八十六年九月十七日經濟部（八六）經投審字第八六七三四○九四號令、行政院勞
工委員會（八六）臺勞職外字第○九○一九五○號令會銜修正發布全文十六條

第一條

本辦法依就業服務法（以下簡稱本法）第四十三條第二項及第四十四條第二項規定訂
定之。

第二條

公民營事業（以下簡稱雇主）申請聘僱外國人在中華民國境內從事本法第四十三條第
一項第一款或第二款之工作，依本辦法之規定；本辦法未規定者，依其他法令之規定。

第三條

本辦法之主管機關為經濟部。

依加工出口區設置管理條例核准之事業，由主管機關授權加工出口區管理處受理。

第四條

本辦法之雇主，以下列事業為限：

一、依華僑回國投資條例或外國人投資條例核准投資之事業。

二、依加工出口區設置管理條例核准之事業。

三、經濟部所屬之事業機構。

四、經濟事務社團法人及財團法人。

五、業務性質無須經其他目的事業主管機關許可之公司、外國分公司或外國公司代表
人辦事處。

第五條

外國法人為履行承攬、買賣、技術合作等契約之需要，須指派外國人在中華民國境內
從事契約範圍內之工作者，由訂約之前條事業或授權代理人，依本辦法之規定申請之。

前項申請工作期間在九十日以下者，得不受第八條、第九條及第十三條之限制；未及
事先申請許可者，得於入境後七日內申請之。

第六條

本辦法所稱專門性或技術性工作，指雇主聘僱外國人從事具備一定之學識、技能、專
長及經驗始能從事之工作。

前項工作並以第四條事業經登記並許可之業務項目範圍內者為限。

第七條

本法第四十三條第一項第二款所稱華僑或外國人經政府核准投資或設立事業之主管係

指從事下列工作之人員：

一、依華僑回國投資條例或外國人投資條例核准投資之公司之經理人。

二、經認許之外國公司分公司之經理人。

雇主申請聘僱之外國人依公司法委任為前項經理人者，得不受第八條、第九條及第十三條之限制。

第八條

雇主申請聘僱外國人工作，應具有下列條件之一。但其對國內經濟發展有實質貢獻或為特殊情況，經專案許可者，不在此限：

一、最近一年或前三年度平均之營業額達新臺幣一千萬元以上。

二、最近一年或前三年度平均之出進口實績總額達美金一百萬元以上或代理佣金收入達美金四十萬元以上。

三、新設或營業未滿一年之國內公司，其為中華民國公司者，實收資本額達新臺幣五百萬元以上；其為外國分公司者，在國內營運資金達新臺幣二百五十萬元以上。

四、財團法人，其最近一年或前三年度平均之目的事業業務費用達新臺幣五百萬元以上；設立未滿一年者，其設立基金達新臺幣一千萬元以上。

五、社團法人，其社員人數在五十人以上。

外國公司代表人辦事處申請聘僱外國人工作者，以經專案許可為限。

第九條

外國人受聘僱在國內工作應具有下列資格之一：

一、具相關科系之博士學位者。

二、具相關科系之碩士學位且曾任相關實際工作一年以上者。

三、具相關科系之學士學位且曾任相關實際工作二年以上者。

四、專科以上學校相關科系畢業，並曾任相關實際工作三年以上者。

五、經專業訓練或經專業考試及格，並曾任相關實際工作三年以上者。

六、曾任受聘僱相關實際工作八年以上者。

七、服務跨國企業滿一年以上經指派來華任職者。

第十條

雇主申請聘僱外國人工作應備具申請書並檢附聘僱契約書及相關文件，向主管機關申請。

前項文件其為外國文件者，主管機關得要求經我國駐外館處之驗證。

第一項聘僱契約書應載明下列事項：

一、雇主名稱及其營業內容。

二、應聘外國人之姓名及國籍。

三、至我國擔任該事業之職稱及工作內容。

四、每月或每年薪津及其他報酬數額。

五、預定聘僱之起迄日期。

第一項規定應檢附文件不齊全者，主管機關應限期補正，逾期未補正者應予駁回。

第十一條

雇主因突發或緊急事故須臨時聘僱期限在六個月以內之外國人來華處理業務上之必要工作者，得不受第八條、第九條及第十三條之限制。

前項聘僱之申請得於該外國人接任工作之次日起三日內提出。

第一項許可期間屆滿後，雇主不得申請續聘。

第十二條

雇主申請聘僱本法第四十八條第一項各款之外國人工作，得不受第八條、第九條及第十三條之限制。

第十三條

雇主申請聘僱外國人工作之名額，由主管機關依雇主之業別、規模、用人計畫、營運績效及其對國內經濟發展之貢獻核定之。

第十四條

雇主或其所聘僱之外國人有下列情形之一者，得依本法第五十四條第一項規定撤銷其許可之全部或一部：

一、雇主停業或依法解散或喪失法人資格者。

二、受聘僱外國人之職務經解任者。

三、受聘僱外國人喪失執業資格者。

四、據以取得許可之文件或事實有虛偽者。

五、受聘僱外國人經有關機關拒絕簽證、禁止入境或限令出境者。

前項第五款之情形應由有關機關通知主管機關撤銷其許可。

第十五條

本辦法所規定申請書格式及相關文件，由主管機關定之。

第十六條

本辦法自發布日施行。

11.公民營交通事業聘僱外國專門性技術性工作人員許可及管理辦法

中華民國八十七年四月二十一日交通部（八七）交人發字第八七一四號令、行政院勞工委員會（八七）臺勞職外字第○九○二一六三號令會銜修正發布

第一條

本辦法依就業服務法（以下簡稱本法）第四十四條第二項規定訂定之。

第二條

公民營交通事業（以下簡稱雇主）申請聘僱外國人在中華民國境內從事本法第四十三條第一項第一款所定之交通事業工作，依本辦法之規定，本辦法未規定者，依其他法令之規定。

第三條

本辦法之主管機關為交通部。

第四條

聘僱外國人從事專門性、技術性工作以下列交通事業為限：

一、陸運事業。

二、航運事業。

三、郵政事業。

四、電信事業。

五、觀光事業。

六、氣象事業。

承攬國內重大交通建設之公民營事業機構聘僱外國人從事專門性、技術性工作，準用本辦法之規定。

第五條

前條所稱專門性、技術性工作定義如下：

一、陸運事業：

㈠從事鐵路（包括高速鐵路）、公路（包括高速公路）大眾捷運等工程規劃、設計、施工監造、諮詢及營運、維修之工作。

㈡從事有關由國外進口或外商於國內承製之鐵路、公路捷運等陸上客、貨運輸機具之安裝、維修、技術指導、測試及營運，或從事國外採購之機具之查驗及驗證等有助提升陸運技術研究發展之工作。

二、航運事業：

㈠從事港埠、船塢、碼頭之規劃、設計、施工之工作。

㈡從事船舶、貨櫃、車架、機具之建造維修及協助提升技術研究發展之工作。

㈢從事民航場站、助航設施之規劃建設工作。

㈣從事航空器之維修及採購民航設施之查驗、技術指導等有助提升航運技術研究發展之工作。

㈤從事航空事業之人才訓練、經營管理及其他有助提升航空事業業務發展之工作。

三、郵政事業：

㈠從事郵政機械設備系統之規劃、設計審查及施工監造之工作。

㈡從事國外採購之郵用物品器材之查驗、生產技術指導等有助提升郵政技術研究

　　　發展之工作。

　　㈢郵政機械設備之研究、設計、技術支援及維修之工作。

　　㈣從事郵政人才訓練之工作。

四、電信事業：

　　㈠從事電信工程技術之規劃、設計及施工監造之工作。

　　㈡從事國外採購之電信器材查驗、生產、技術指導等有助提升電信技術研究發展之工作。

　　㈢從事電信設備之研究、設計、技術支援、技術指導及維修之工作。

　　㈣從事電信人才訓練之工作。

　　㈤從事電信加值網路之設計、技術支援及業務發展、推廣之工作。

　　㈥從事廣播電視之電波技術及其設備之規劃、設計監造指導之工作。

五、觀光事業：

　　㈠從事觀光旅館業、旅館業、旅行業之業務推廣，市場調查、人才訓練、經營管理及相關研究有助提升觀光技術研究發展之工作。

　　㈡所需觀光旅館業、旅館業經營及餐飲烹調技術為國內所缺乏者。

　　㈢從事與風景區或遊樂區之規劃開發、經營管理有關之工作。

六、氣象事業：

　　㈠從事國際間氣象、地震、海象資料之蒐集、研判、處理、供應及交換之工作。

　　㈡從事氣象、地震、海象、技術研究及指導之工作。

　　㈢從事國外採購之氣象、地震、海象儀器設備校驗、維護技術指導等有助提升氣象、地震、海象、技術研究發展之工作。

　　㈣從事氣象、地震、海象技術人才之培育與訓練及氣象、地震、海象、火山、海嘯等事實鑑定之工作。

七、從事第一款至第六款事業之相關規劃、管理工作。

第六條

承攬國內重大交通建設之公民營事業機構申請聘僱或續聘僱外國人從事專門性或技術性工作或主管人員應以專案方式，先經工程主辦機關審核，報主管機關核辦。

第七條

外國人受聘僱在國內從事專門性或技術性工作，應具有下列資格之一：

一、依專門職業及技術人員考試法及其施行細則規定，取得與其所任工作相關證書或執業資格者。

二、具備國內外大學以上學校相關系所博士學位，或碩士學位並具一年以上相關工作經驗，或學士學位並具二年以上相關工作經驗者。

三、其他須受高等教育或專業訓練，或經專業考試，或曾師事專家而具業務經驗並具

有成績，或自力學習而有創見及特殊表現者。

第八條

聘僱外國專門性或技術性工作人員，應檢附下列文件，向主管機關提出申請：

一、申請書。

二、依事業之性質分別檢附特許事業許可證、公司執照、外國公司分公司執照、社團法人設立登記文件、財團法人設立登記證書及營利事業登記證影本各一份。

三、申請聘僱外國專門性或技術性人員資料表一份。

四、應聘外國人之學、經歷及護照證件影本各一份。

五、聘僱契約書副本。契約書應載明預定聘僱起迄日期、職務、工作內容、薪津等事項。

六、其他經主管機關指定之文件。

前項第四款之文件，國內經歷須附歷年核准來華，工作證明文件及二年以上工作之所得稅扣繳憑單影本。

主管機關於許可聘僱後，應即轉請外交部核發簽證，並副知申請之交通事業有關單位。

第九條

（刪除）

第十條

（刪除）

第十一條

受聘僱外國人聘僱期間屆滿，有續聘必要者，雇主應於期滿三十日前備具申請書，並附下列文件，向主管機關申請展延聘僱許可：

一、原許可文件。

二、聘僱契約書副本。契約書應載明事項依第八條第一項第五款之規定。

三、受聘僱外國人在華期間納稅證明。

經核准展延聘僱許可者，應於十五日內至當地警察機關辦理延長居留。

第十二條

雇主或其所聘僱之外國人有下列情形之一者，依本法第五十四條第一項第五款規定，撤銷其許可之全部或一部：

一、雇主停業或依法解散或喪失法人資格者。

二、受聘僱外國人之職務經解任者。

三、受聘僱外國人喪失執業資格者。

四、據以取得許可之文件或事實有虛偽者。

五、受聘僱外國人經有關機關拒絕簽證、禁止入境或限令出境者。

前項第五款之情形應由有關機關通知主管機關撤銷其許可。

第十三條

聘僱外國人工作許可期間最長三年。必要時得展延之,每次展延以二年為限。

主管機關應將許可入境工作或展延工作期間之外國人,列冊副知雇主住所或事務所所在直轄市、縣(市)警察機關。

第十四條

聘僱之外國專門性或技術性人員,在聘僱許可有效期間內,如需轉換雇主從事交通事業之工作者,應由新雇主與原雇主檢附下列文件,向主管機關提出申請:

一、申請書。

二、原許可文件。

三、原雇主開具離職證明書。

四、納稅證明。

五、聘僱契約書。

依前項轉換雇主之外國專門性及技術性人員,其聘僱許可期間以原許可有效期間屆滿為止。

第十五條

雇主所聘僱之外國人須在中華民國境內海域工作者,應由雇主向主管機關專案申請許可。

第十六條

雇主因海難、空難或緊急事故須聘僱外國人來華從事專門性或技術性工作,期限在六個月以內者,得不受第六條、第七條及第十二條規定之限制,並免附第八條第一項第四款規定之學、經歷證件。

前項聘僱之申請得於該外國人接任之次日起三日內為之。

第一項聘僱期間屆滿後,雇主為處理緊急事故之必要,得附正當理由申請展延之。

第十七條

本辦法自發布日施行。

12.醫事機構聘僱外國人從事醫事專門性技術性工作許可及管理辦法

中華民國八十三年五月十六日行政院衛生署、行政院勞工委員會令會銜訂定發布全文十三條

第一條

本辦法依就業服務法(以下簡稱本法)第四十三條第二項及第四十四條第二項規定訂定之。

第二條

醫事機構申請聘僱外國人在中華民國境內從事醫事專門性技術性工作,依本辦法之規

定；本辦法未規定者，依其他法令之規定。

第三條

本辦法所稱醫事機構，以左列機構為限：

一、醫療機構。

二、護理機構。

三、藥商及藥局。

四、衛生財團法人。

五、其他經中央衛生主管機關認可須聘僱第四條所定人員執業之機構。

第四條

醫事機構聘僱外國人從事醫事專門性技術性工作，應與其機構業務性質相當，並以左列人員為限：

一、醫師、中醫師、牙醫師、藥師、醫事檢驗師、醫用放射線技術師、營養師及護理人員。

二、物理治療、職能治療、臨床心理及臨床社會工作人員。

三、醫院管理人員。

四、醫學工程及醫療資訊人員。

五、其他經中央衛生主管機關認可於從事醫療衛生業務上須聘僱之醫事專門性技術性人員。

前項第一款之醫師、中醫師及牙醫師，其執業管理之規定，依外國人及華僑醫師執業管理辦法之規定。

第五條

醫事機構聘僱之外國人在國內從事醫事專門性技術性工作，應具備左列資格：

一、前條第一項第一款人員，應依專門職業及技術人員考試法規定經考試及格，並依法向中央衛生主管機關領有醫事專門職業證書。

二、前條第一項第二款至第四款人員，應具國內外大學以上學校相關科系畢業或領有國外之相關專業證照。

三、前條第一項第五款人員，應具有與工作相關之專長。

第六條

醫事機構聘僱或續聘僱外國人從事醫事專門性技術性工作，應備具申請書並檢附左列文件，向中央衛生主管機關申請許可：

一、須聘僱外國人之業務需求說明書。

二、受聘僱外國人之護照影本或其他身分證明文件影本。

三、受聘僱外國人符合第五條所定資格之證明文件影本。續聘者得免附。

四、受聘僱外國人之資料表。

五、聘僱契約書副本。

六、依醫事機構之性質分別檢附開業執照、藥商許可執照、藥局執照或財團法人登記證書影本。

七、其他經中央衛生主管機關認為必要之文件。

前項第三款之文件，其為外國文件者，應經我國駐外單位之驗證，必要時，得要求附中文譯本。

第七條

前條第一項第五款之聘僱契約書應記載左列事項：

一、聘僱之醫事機構名稱、地址及負責醫師或負責人姓名。

二、受聘僱外國人之姓名、出生年月日、性別、國籍。

三、受聘僱外國人之職稱及工作內容。

四、薪資之給付方式及數額。

五、聘僱期間及其起訖日期。

第八條

醫事機構申請聘僱或續聘僱外國人從事醫事專門性技術性工作，其有左列情形之一者，不予許可：

一、違反本法或本辦法規定，情節重大者。

二、違反相關醫事法令，情節重大者。

三、受聘僱之外國人，與其機構業務性質不相當或不符規定者。

四、受聘僱之外國人，曾有違反我國醫事法令規定，情節重大者。

五、於業務上顯無需聘僱外國人者。

六、檢具之文件不齊全或記載不詳，經通知限期補正，逾期未補正者。

第九條

醫事機構聘僱或續聘僱外國人從事醫事專門性技術性工作之人數與期限，由中央衛生主管機關依醫事機構之業務性質、規模及業務需求核定之。

第十條

醫事機構或其所聘僱外國人有左列情形之一者，撤銷其許可之全部或一部：

一、醫事機構歇業或依法解散或喪失法人資格者。

二、受聘僱外國人之職務經解任者。

三、受聘僱外國人喪失專業資格者。

四、受聘僱外國人有違反我國醫事法令規定，情節重大者。

五、據以取得許可之文件或事實有虛偽者。

第十一條

中央衛生主管機關許可醫事機構聘僱外國人之申請，應將許可函副知外交部、內政部

警政署及其他有關機關。許可續聘僱或撤銷許可時，亦同。

第十二條

經中央衛生主管機關許可醫事機構聘僱之外國人，應檢具許可函及有關文件依規定辦理簽證及居留等手續；其執業登記與管理，並應依相關醫事法令規定辦理。

第十三條

本辦法自發布日施行。

13. 科學工業園區園區事業聘僱外國專門性技術性工作人員許可及管理辦法

中華民國九十年一月八日行政院國家科學委員會（九〇）臺會企字第〇〇〇〇〇六五一二號令、行政院勞工委員會（九〇）臺勞職外字第〇二二二七二〇號令修正發布全文十四條

第一條

本辦法依科學工業園區設置管理條例第七條及就業服務法（以下簡稱本法）第四十三條第二項及第四十四條第二項規定訂定之。

第二條

科學工業園區園區事業（以下簡稱雇主）申請聘僱外國人在科學工業園區內從事本法第四十三條第一項第一款或第二款之工作，悉依本辦法之規定；本辦法未規定者，依其他法令之規定。

第三條

本辦法之主管機關為行政院國家科學委員會科學工業園區管理局（以下簡稱園區管理局）。

第四條

本辦法所稱園區事業係指依科學工業園區設置管理條例第四條設立之公司或分公司。

第五條

本辦法所稱專門性工作係指從事業務推廣、市場調查、人才訓練、經營管理及相關研究之工作。

第六條

本辦法所稱技術性工作係指從事下列之工作：

一、依法應取得技師資格始能從事者。

二、進口或外商承製機具設備之安裝、指導或維修。

三、外商採購貨品之查驗或生產技術之指導。

四、提升產業技術或研究發展。

五、生產產品或提供勞務所需之設計、特殊操作或控制等技術。

六、產品或勞務之售後技術服務。

第七條

外國人受聘僱在園區內從事專門性或技術性工作，應具下列資格之一：

一、依專門職業及技術人員考試法取得與其所任工作相關之證書或執業資格者。

二、大學以上學校相關系所博士學位者。

三、大學以上學校相關系所碩士學位並曾任相關實際工作一年以上者。

四、大學以上學校相關科系畢業後曾任相關實際工作二年以上者。

五、專科以上學校相關科系畢業後曾任相關實際工作三年以上者。

六、高級職業相關科系學校畢業後曾任相關實際工作八年以上者。

七、服務跨國企業滿一年以上經指派來華任職者。

第八條

僱主聘僱外國人從事專門性或技術性工作應備具下列文件申請聘僱許可：

一、申請書乙式五份。

二、應聘外國人調查表乙式四份。

三、聘僱合約乙式二份。

四、應聘外國人之學歷證明及經歷證件影本各一份。

五、應聘外國人之護照影本或其他身分證明一份。

前項第四款之文件其為中華民國國境內經歷文件者，須檢附目的事業主管機關核准來華工作證明文件；其為國外學、經歷文件者，須檢附中文譯本並得要求經我國駐當地使領館、辦事處、代表處或經外交部授權之機構驗證。

曾經園區管理局核發聘僱許可者，得以該聘僱核准函影本取代第一項第四款之文件。

第九條

聘僱許可有效期限屆滿前七日，僱主如有繼續聘僱該外國人之必要者，應檢具下列文件申請展延聘僱許可：

一、申請書乙式五份。

二、聘僱合約乙式二份。

三、原聘僱核准函影本一份。

四、在中華民國境內工作之納稅證明影本一份。

第十條

外國人受聘僱從事本法第四十三條第一項第一款之工作，並係協助解決因緊急事故引發之問題，未及事先申請許可者，於該外國人接任工作之次日起三日內申請之。

第十一條

外國法人與國內事業單位訂定承攬、買賣、技術合作等契約，須指派外國人在中華民國境內從事本法第四十三條第一項第一款之工作，依規定向園區管理局申請之。

前項聘僱其停留期間在九十日以下，得不受本辦法第七條之限制，並免附第八條第一項第三款、第四款之文件，未及事先申請許可者，應於入境後七日內申請之。

第十二條

雇主或其所聘僱之外國人不得有下列情形：

一、據以取得許可之文件或事實有虛偽者。

二、受聘僱外國人經有關機關通知其拒絕簽證、禁止入境或限令出境者。

第十三條

本辦法所規定書表之格式，由主管機關定之。

第十四條

本辦法自發布日施行。

14.華僑應專門職業及技術人員考試辦法

中華民國八十九年十二月二日考試院（八九）考臺組壹一字第○七三五七號令修正發布全文八條；本辦法修正條文自九十年一月一日起施行

第一條

本辦法依專門職業及技術人員考試法第二十四條規定訂定之。

本辦法未規定事項，準用其他有關法規之規定。

第二條

本辦法適用於下列專門職業及技術人員考試：

一、律師、民間之公證人、會計師。

二、建築師、各科技師。

三、醫師、中醫師、牙醫師、藥師、醫事檢驗師、醫事放射師、護理師、營養師、物理治療師、職能治療師、護士、助產士、醫事檢驗生、物理治療生、職能治療生。

四、獸醫師、獸醫佐。

五、引水人、驗船師、航海人員、船舶電信人員、漁船船員。

六、消防設備師、消防設備士。

七、社會工作師。

八、不動產估價師。

九、土地登記專業代理人、不動產經紀人。

十、專責報關人員、保險代理人、保險經紀人、保險公證人。

十一、其他依法規應經考試及格領有證書始能執業之專門職業及技術人員。

第三條

華僑應專門職業及技術人員考試，其應考資格、應試及減免科目、考試方式、成績計

算、及格方式等,準用專門職業及技術人員考試法規之規定。

第四條

華僑應專門職業及技術人員考試,其體格檢查依專門職業及技術人員考試法第七條規定辦理。

前項體格檢查得於當地合格之醫療機構辦理。但體格檢查結果應經中華民國駐外使領館、代表處、辦事處、其他外交部授權機構證明。

第五條

華僑應考試,應繳下列費件:

一、報名履歷表。

二、應考資格證明文件。

三、僑務委員會核發之華僑身分證明書或僑居地之中華民國使領館、代表處、辦事處、其他外交部授權機構出具之僑居證明。

四、最近一年內一吋正面脫帽半身照片。

五、報名費。

六、其他有關證明文件。

第六條

華僑應考試,繳驗外國畢業證書、學位證書、執業證書、經歷證件、考試成績單、法規抄本或其他有關證明文件,均須附繳正本及經中華民國駐外使領館、代表處、辦事處、其他外交部授權機構證明之影印本、中文譯本。

前項各種證明文件之正本,得改繳經當地國合法公證人證明與正本完全一致,並經中華民國駐外使領館、代表處、辦事處、其他外交部授權機構證明之影印本。

第七條

華僑應考試,應以中華民國語文作答,並得以外國語文補充說明。

第八條

本辦法自發布日施行。

本辦法修正條文自中華民國九十年一月一日施行。

15.專科以上學校及學術研究機構聘僱外國教師與研究人員許可及管理辦法

中華民國八十九年九月二十五日教育部(八九)臺參字第八九一○八三三八號令、行政院勞工委員會(八九)臺勞職外字第○二二○一六二號令會銜修正發布第二條條文

第一條

本辦法依就業服務法(以下簡稱本法)第四十四條第二項規定訂定之。

第二條

專科以上學校（以下簡稱各校）及學術研究機構（以下簡稱各機構）聘僱外國教師、研究人員在中華民國境內從事本法第四十三條第一項第一款、第三款工作，除法律另有規定外，依本辦法之規定。

本辦法所稱各機構，係指依學術研究機構設立辦法規定經教育部（以下簡稱本部）核准立案者。但中央政府、直轄市政府所屬學術研究機構，不包括在內。

第三條

本辦法所稱外國教師，係指下列外國人：

一、大學：教授、副教授、助理教授、講師、專業技術人員及所附設外語中心教師。

二、專科學校：教授、副教授、助理教授、講師、專業及技術教師。

本辦法所稱外國研究人員，係指下列外國人：

一、大學：研究員、副研究員、助理研究員、研究助理。

二、各機構：研究員、副研究員、助理研究員、研究助理。

各機構對於前項第二款之外國研究人員，不得以兼任方式聘僱。

第四條

各校聘僱外國教師，以擔任外國語文或缺乏師資之科系教師為限。但各校因教學需要以專案報經本部核准者，不在此限。

各校、各機構聘僱之外國研究人員，其專長應與本單位設置目的或從事之工作計畫性質相符。

第五條

各校聘僱之外國教師、研究人員，其資格及審查程序，應依教育人員任用條例及其他相關法令之規定。

各機構聘僱之外國研究人員，應具有下列資格之一：

一、本部認可之國內外大學以上學校相關系科畢業，並有二年以上之相關工作經驗。

二、受高等教育或專業訓練，或經專業考試，或曾師事專家而具業務經驗並具有成績，或自立學習而有創見及特殊表現。

第六條

各校、各機構聘僱外國教師、研究人員，應檢具下列文件，向本部申請聘僱許可：

一、申請書一式二份（格式如附表一）。

二、聘僱契約書影本（應加蓋核與正本無誤章）。聘僱契約書應載明受聘僱外國人之職稱、聘僱期間、工作內容及薪資給付方式與數額等事項。

三、受聘僱外國人學、經歷證明文件及專長證明文件影本（應加蓋核與正本無誤章）。

四、受聘僱外國人之護照影本（應加蓋核與正本無誤章）。

五、受聘僱外國人係兼任者，應造具名冊一式四份（格式如附表二）、專職工作許可文

件影本及其自學期開始前已獲准一個學期以上之外僑居留證影本。

六、其他經本部指定之文件。

聘僱許可文件未核發前，各校、各機構不得先予聘僱或試用。

第六條之一

各校、各機構聘僱下列外國人擔任教師、研究人員，依本法第四十八條規定得不受第九條及第十條規定之限制：

一、與在中華民國境內設有戶籍之國民結婚，且獲准居留者。

二、獲准居留之難民。

三、獲准在中華民國境內連續受聘僱從事工作，居留滿五年，品行端正且有住所者。

第七條

（刪除）

第八條

本部核發聘僱許可文件時，應副知外交部、行政院勞工委員會、當地直轄市、縣（市）政府、該管之財政部各地區國稅局、當地警察局、其他有關機關及受聘僱之外國人。

受聘僱之外國人於申辦來華簽證時，應檢具聘僱許可文件。

第九條

各校、各機構聘僱之外國教師、研究人員，其聘僱許可之期間，最長為三年，期滿後如有繼續聘僱之需要者，應於期間屆滿日前六十日內，檢具展延申請書一式二份、原聘僱許可文件影本、續聘聘僱契約書影本、教師資格證書影本（應加蓋核與正本無誤章）、工作成果資料，向本部申請展延聘僱許可。

第十條

各校、各機構聘僱之外國教師、研究人員，於聘僱許可有效期間內，如需轉換他校、他機構或工作，應由原聘僱學校、機構與擬聘學校、機構依第六條規定共同向本部申請聘僱許可。

前項聘僱許可再任職之期間，應與原聘僱已任職之期間合併計算。

第十一條

各校、各機構聘僱外國教師、研究人員，有下列情事之一者，本部應不予聘僱許可或展延聘僱許可：

一、違反本法或本辦法規定，情節重大者。

二、申請文件經查不實者。

三、違反其他法令，情節重大者。

四、檢具之文件記載不詳或不齊全，經通知限期補正，未遵期補正者。

第十二條

本辦法施行前，已依有關法令申請核准聘僱之外國教師、研究人員，得繼續聘僱至聘

期屆滿。本辦法施行後，聘期屆滿擬續聘者，依第九條規定辦理。

第十三條

本辦法自發布日施行。

16.技師法（第四十六條）

中華民國八十九年一月十九日總統（八九）華總㈠義字第八九〇〇〇一一九九〇號令修正公布第四、七、九、十一、四十一至四十三條條文；刪除第十四、四十七條條文；並增訂第四十八之一條條文

第四十六條

外國人依外國人應專門職業及技術人員考試條例規定，取得技師資格者，適用本法及其他有關技師之法令。

17.技師法施行細則（第二十五條）

中華民國九十年七月十一日行政院（九〇）臺工字第二七三〇九號號令修正發布第二、五、六、八、十二、十三、十六、二十四條條文；並刪除第四、十條條文；並增訂第十二條之一條文

第二十五條

外國人依本法執行技師業務應使用中文。

18.不動產經紀業管理條例（第三十八條）

中華民國九十年十月三十一日總統（九〇）華總一義字第九〇〇〇二一三九八〇號令修正公布第六、七、十三至十五、二十二、二十九至三十一、三十七、三十八條條文；並增列訂第三十八之一條條文

第三十八條

外國人得依中華民國法律應不動產經紀人考試或參加營業員訓練。

前項領有及格證書或訓練合格並依第十三條第二項登錄及領有證明之外國人，應經中央主管機關許可，並遵守中華民國一切法令，始得受僱於經紀業為經紀人員。

外國人經許可在中華民國充任經紀人員者，其有關業務上所為之文件、圖說，應以中華民國文字為之。

19.不動產經紀業管理條例施行細則（第十一、十六條）

中華民國九十一年三月二十二日內政部（九一）臺內中地字第〇九一〇〇八三一九九號令修

正發布第二、五至十、十八、二十一、二十六至二十八條條文；並增訂第十三之一至十三之三、二十五之一、二十八之一條條文

第十一條

經紀業僱用之經紀人員為外國人者，於依第五條、第八條第一項或第二項規定申請備查時，並應檢附該外國人依本條例第三十八條第二項規定取得之中央主管機關許可之證明文件影本。

第十六條

外國人請領不動產經紀人證書，應檢附依本條例第三十八條第二項經中央主管機關許可之證明文件及前條第一項各款文件，向居留地直轄市或縣（市）主管機關申請之。

20.專門職業及技術人員考試法（第二十四條）

中華民國九十年十一月十四日總統（九〇）華總一義字第九〇〇〇二二二六四〇號令修正公布第二十四條條文

第二十四條

外國人申請在中華民國執行專門職業及技術人員業務者，應依本法考試及格，領有執業證書並經主管機關許可。但其他法律另有規定者，不在此限。

外國人應專門職業及技術人員考試種類，由考試院定之。

外國人應專門職業及技術人員考試時，其應考資格、應試科目及減免考試科目、考試方式、體格檢查、成績計算、及格方式等，準用專門職業及技術人員考試法規。

外國人領有經中華民國駐外使領館、代表處、辦事處、其他外交部授權機構證明之各該政府相等之各類專門職業及技術人員執業證書暨中文譯本，經各相關主管機關認可者，得應各該類專門職業及技術人員考試。

外國人應專門職業及技術人員考試，應以中華民國語文作答。但法律另有規定者，不在此限。

外國人領有外國政府相等之醫師執業證書，並志願在我國醫療資源缺乏地區服務，應專門職業及技術人員醫師類科考試者，除筆試外，得併採口試或實地考試。必要時，筆試並得以英文命題及作答。考試及格人員之及格證書應註明其服務地區。

前項醫療資源缺乏地區，由考選部會同行政院衛生署認定之。

華僑應專門職業及技術人員考試辦法，由考選部報請考試院定之。

21.不動產估價師法（第四十二、四十三條）

中華民國八十九年十月四日總統（八九）華總一義字第八九〇〇二三七一三〇號令制定公布全文四十六條；並自公布日起施行

第四十二條

外國人得依中華民國法律，應不動產估價師考試。

前項考試及格，領有不動產估價師證書之外國人，在中華民國執行不動產估價師業務，應經中央主管機關許可，並遵守中華民國一切法令及不動產估價師公會章程。

違反前項規定者，除依法懲處外，中央主管機關得撤銷其許可，並將所領不動產估價師證書撤銷。

第四十三條

外國人經許可在中華民國執行不動產估價師業務者，其所為之文件、圖說，應以中華民國文字為之。

十三、公共工程（採購）

1.政府採購法（第十三、十七、二十六、三十六、四十三、四十四、六十三、七十五、一百零五、一百零六條）

中華民國九十一年二月六日總統（九一）華總一義字第〇九一〇〇〇二五六一〇號令修正公
布第六、十一、十三、二十、二十二、二十四、二十五、二十八、三十、三十四、三十五、
三十七、四十、四十八、五十、六十六、七十、第六章章名、七十四至七十六、七十八、
八十三、八十五至八十八、九十五、九十七、九十八、一百零一至一百零三、一百十四條
條文；增訂第八十五之一至八十五之四、九十三之一條條文；並刪除第六十九條條文

第十三條

機關辦理公告金額以上採購之開標、比價、議價、決標及驗收，除有特殊情形者外，
應由其主（會）計及有關單位會同監辦。

未達公告金額採購之監辦，依其屬中央或地方，由主管機關、直轄市或縣（市）政府
另定之。未另定者，比照前項規定辦理。

公告金額應低於查核金額，由主管機關參酌國際標準定之。

第一項會同監辦採購辦法，由主管機關會同行政院主計處定之。

第十七條

外國廠商參與各機關採購，應依我國締結之條約或協定之規定辦理。

前項以外情形，外國廠商參與各機關採購之處理辦法，由主管機關定之。

外國法令限制或禁止我國廠商或產品服務參與採購者，主管機關得限制或禁止該國廠
商或產品服務參與採購。

第二十六條

機關辦理公告金額以上之採購，應依功能或效益訂定招標文件。其有國際標準或國家
標準者，應從其規定。

機關所擬定、採用或適用之技術規格，其所標示之擬採購產品或服務之特性，諸如品
質、性能、安全、尺寸、符號、術語、包裝、標誌及標示或生產程序、方法及評估之
程序，在目的及效果上均不得限制競爭。

招標文件不得要求或提及特定之商標或商名、專利、設計或型式、特定來源地、生產
者或供應者。但無法以精確之方式說明招標要求，而已在招標文件內註明諸如「或同
等品」樣者，不在此限。

第三十六條

機關辦理採購，得依實際需要，規定投標廠商之基本資格。

特殊或巨額之採購，須由具有相當經驗、實績、人力、財力、設備等之廠商始能擔任者，得另規定投標廠商之特定資格。

外國廠商之投標資格及應提出之資格文件，得就實際需要另行規定，附經公證或認證之中文譯本，並於招標文件中訂明。

第一項基本資格、第二項特定資格與特殊或巨額採購之範圍及認定標準，由主管機關定之。

第四十三條

機關辦理採購，除我國締結之條約或協定另有禁止規定者外，得採行下列措施之一，並應載明於招標文件中：

一、要求投標廠商採購國內貨品比率、技術移轉、投資、協助外銷或其他類似條件，作為採購評選之項目，其比率不得逾三分之一。

二、外國廠商為最低標，且其標價符合第五十二條規定之決標原則者，得以該標價優先決標予國內廠商。

第四十四條

機關辦理特定之採購，除我國締結之條約或協定另有禁止規定者外，得對國內產製加值達百分之五十之財物或國內供應之工程、勞務，於外國廠商為最低標，且其標價符合第五十二條規定之決標原則時，以高於該標價一定比率以內之價格，優先決標予國內廠商。

前項措施之採行，以合於就業或產業發展政策者為限，且一定比率不得逾百分之三，優惠期限不得逾五年；其適用範圍、優惠比率及實施辦法，由主管機關會同相關目的事業主管機關定之。

第六十三條

各類採購契約之要項，由主管機關參考國際及國內慣例定之。

委託規劃、設計、監造或管理之契約，應訂明廠商規劃設計錯誤、監造不實或管理不善，致機關遭受損害之責任。

第七十五條

廠商對於機關辦理採購，認為違反法令或我國所締結之條約、協定（以下合稱法令），致損害其權利或利益者，得於下列期限內，以書面向招標機關提出異議：

一、對招標文件規定提出異議者，為自公告日或邀標之次日起等標期之四分之一，其尾數不足一日者，以一日計。但不得少於十日。

二、對招標文件規定之釋疑、後續說明、變更或補充提出異議者，為接獲機關通知或機關公告之次日起十日。

三、對採購之過程、結果提出異議者，為接獲機關通知或機關公告之次日起十日。其過程或結果未經通知或公告者，為知悉或可得而知悉之次日起十日。但至遲不得

逾決標日之次日起十五日。

招標機關應自收受異議之次日起二十日內為適當之處理，並將處理結果以書面通知提出異議之廠商。其處理結果涉及變更或補充招標文件內容者，除選擇性招標之規格標與價格標及限制性招標應以書面通知各廠商外，應另行公告，並視需要延長等標期。

第一百零五條

機關辦理下列採購，得不適用本法招標、決標之規定：

一、國家遇有戰爭、天然災害、癘疫或財政經濟上有重大變故，需緊急處置之採購事項。

二、人民之生命、身體、健康、財產遭遇緊急危難，需緊急處置之採購事項。

三、公務機關間財物或勞務之取得，經雙方直屬上級機關核准者。

四、依條約或協定向國際組織、外國政府或其授權機構辦理之採購，其招標、決標另有特別規定者。

前項之採購，有另定處理辦法予以規範之必要者，其辦法由主管機關定之。

第一百零六條

駐國外機構辦理或受託辦理之採購，因應駐在地國情或實地作業限制，且不違背我國締結之條約或協定者，得不適用下列各款規定。但第二款至第四款之事項，應於招標文件中明定其處理方式：

一、第二十七條刊登政府採購公報。

二、第三十條押標金及保證金。

三、第五十三條第一項及第五十四條第一項優先減價及比減價格規定。

四、第六章異議及申訴。

前項採購屬查核金額以上者，事後應敘明原由，檢附相關文件送上級機關備查。

2.政府採購法施行細則（第二十四、四十六、一百零二條）

中華民國九十年八月三十一日行政院公共工程委員會（九〇）工程企字第九〇〇三三二〇〇號令修正發布第一百零八條條文

第二十四條

本法第二十六條第一項所稱國際標準及國家標準，依標準法第三條之規定。

第四十六條

機關依本法第四十三條第二款優先決標予國內廠商者，應依各該廠商標價排序，自最低標價起，依次洽減一次，以最先減至外國廠商標價以下者決標。

前項國內廠商標價有二家以上相同者，應同時洽減一次，優先決標予減至外國廠商標價以下之最低標。

第一百零二條

廠商依本法第七十五條第一項規定以書面向招標機關提出異議，應以中文書面載明下列事項，由廠商簽名或蓋章，提出於招標機關。其附有外文資料者，應就異議有關之部分備具中文譯本。但招標機關得視需要通知其檢具其他部分之中文譯本：

一、廠商之名稱、地址、電話及負責人之姓名。

二、有代理人者，其姓名、性別、出生年月日、職業、電話及住所或居所。

三、異議之事實及理由。

四、受理異議之機關。

五、年、月、日。

前項廠商在我國無住所、事務所或營業所者，應委任在我國有住所、事務所或營業所之代理人為之。

異議不合前二項規定者，招標機關得不予受理。但其情形可補正者，應定期間命其補正；逾期不補正者，不予受理。

3.共同投標辦法（第十二條）

中華民國八十八年四月二十六日行政院公共工程委員會（八八）工程企字第八八○五五○○號令訂定發布全文十七條；並自八十八年五月二十七日起施行

第十二條

機關允許共同投標時，應於招標文件中規定共同投標協議書以中文書寫。

但招標文件規定允許廠商共同投標，且該採購係外國廠商得參與者，涉及外國廠商之共同投標協議書，得以外文書寫，附經公證或認證之中文譯本，並於招標文件中訂明。

4.投標廠商資格與特殊或巨額採購認定標準（第十二、十四、十五條）

中華民國九十年八月八日行政院公共工程委員會（九○）工程企字第九○○二九七六○號令修正發布第三、四、五、十、十六、十七條條文；並增訂第七之一條條文

第十二條

機關辦理外國廠商得參與之採購，招標文件規定投標廠商應提出之資格文件，外國廠商依該國情形提出有困難者，得於投標文件內敘明其情形或以其所具有之相當資格代之。

第十四條

廠商履行契約所必須具備之財務、商業或技術資格條件，應就廠商在我國或外國之商業活動為整體考量，不以其為政府機關、公立學校或公營事業所完成者為限。

第十五條

機關訂定招標文件,對於投標廠商之設立地或所在地,除其他法令另有規定者外,不應予以限制。

對於外國廠商之設立地或所在地之限制,應依本法第十七條規定辦理。

5.外國廠商參與非條約協定採購處理辦法

中華民國八十八年五月六日行政院公共工程委員會(八八)工程企字第八八○六一○○號令
訂定發布全文八條;並自八十八年五月廿七日起施行

第一條

本辦法依政府採購法(以下簡稱本法)第十七條第二項規定訂定之。

第二條

本辦法所稱非條約協定採購,指得不適用我國所締結之條約或協定之採購。

適用我國所締結之條約或協定之採購,機關於招標文件中允許非條約協定國廠商參與者,應明定非條約協定國廠商參與之部分,視同非條約協定採購。

第三條

本辦法所稱外國廠商,指未取得我國國籍之自然人或依外國法律設立登記之法人、機構或團體。

第四條

廠商所供應之財物或勞務,其原產地之認定,依下列原則:

一、財物之原產地,依進口貨品原產地認定標準。

二、勞務之原產地,除法令另有規定者外,依實際提供勞務者之國籍或登記地認定之。
   屬自然人者,依國籍認定之;非屬自然人者,依登記地認定之。

三、兼有我國及外國財物或勞務,無法依前二款認定其歸屬者,以所占金額比率最高
   者歸屬之。

我國廠商所供應財物或勞務之原產地非屬我國者,視同外國廠商。

條約協定國廠商所供應財物或勞務之原產地為非條約協定國者,視同非條約協定國廠商。

工程採購中涉及財物或勞務之提供者,其原產地之認定,準用前三項之規定。

第五條

機關辦理非條約協定採購,得視實際需要於招標文件中規定允許外國廠商參與。

第六條

機關允許外國廠商參與非條約協定採購者,得於招標文件中規定外國廠商不適用本法下列規定:

一、第二十一條第四項平等受邀之機會。

二、第三十七條第一項投標廠商資格。

三、第五十七條第二款平等對待之規定。

第七條

主管機關依本法第十七條第三項規定公告限制或禁止特定國家或地區之廠商或產品、服務參與採購者，該等廠商或產品、服務不得參加投標或作為決標對象。

第八條

本辦法自中華民國八十八年五月二十七日施行。

6.國內廠商標價優惠實施辦法（第三至五、七、八條）

中華民國八十八年五月廿四日行政院公共工程委員會（八八）工程企字第八八〇七〇二四號令、經濟部（八八）經工字第八八四六一一七九號令會銜訂定發布全文九條；並自同年五月廿七日起施行

第三條

本法第四十四條第一項所稱外國廠商，指未取得我國國籍之自然人或依外國法律設立登記之法人、機構或團體。

允許廠商共同投標之特定採購，國內廠商與外國廠商共同投標，國內廠商符合第五條第三項規定者，該共同投標廠商得視同國內廠商。

第四條

本法第四十四條第二項所稱適用範圍，指經主管機關會同相關目的事業主管機關擇定，並公告於政府採購公報之工程、財物或勞務項目。

前項公告，應一併載明優惠比率與優惠期限之起始日及截止日。

第一項經公告之工程、財物或勞務項目，擇定之機關應定期檢討。其於優惠期限截止日前有不符合我國所締結之條約或協定、國內產製加值未達百分之五十或不合於就業或產業發展政策者，由主管機關於政府採購公報公告註銷之。

機關將第一項公告項目納入招標文件，其於開標前有前項經公告註銷之情形者，應不予開標，於變更招標文件內容後再行招標。

第五條

機關辦理特定採購，應於招標文件中載明招標標的得適用標價優惠之項目，並規定各投標廠商均應於投標文件內就該等項目載明其標價。

外國廠商為最低標，且其標價符合本法第五十二條第一項最低標之決標原則者，國內廠商得適用之標價優惠，以該外國廠商前項得適用標價優惠之項目之標價乘以優惠比率計算之。但國內廠商該等項目之標價未逾該外國廠商相同項目之標價者，不適用此一規定。

前項情形，國內廠商之財物，屬於招標文件所載適用範圍之項目，其國內產製加值須達該項價格之百分之五十；工程或勞務，須為國內供應。

第二項外國廠商標價以外國貨幣計者，依辦理決標前一辦公日臺灣銀行外匯交易收盤即期賣出匯率折算為新臺幣後，以新臺幣計算得適用之標價優惠金額。

第七條

機關辦理特定採購，外國廠商為最低標，其標價符合本法第五十二條第一項最低標之決標原則，而國內廠商符合第五條第三項規定之最低標價逾該外國廠商標價之金額，在第五條第二項所定優惠金額以內者，決標予該國內廠商；逾優惠金額者，不予治減，決標予該外國廠商。

依前項規定計算得優先決標予國內廠商之標價，於訂有底價之採購，不得逾本法第五十三條第二項規定之超底價上限；於未訂底價之採購，不得逾本法第五十四條評審委員會建議之金額。

前項決標價格，均不得逾預算金額。

第八條

機關辦理特定採購，應於招標文件中規定以標價優惠得標之國內廠商，於履約期間應向機關提出與第六條有關之國內產製或供應證明文件，以供查核。

依前項規定決標予國內廠商之契約並應訂明得標廠商未依契約規定提供國內產製或供應項目者，機關得採行下列措施。

一、終止契約。

二、解除契約。

三、追償決標價高於外國廠商標價之損失。

四、不發還履約保證金。

五、依本法第七十二條第一項規定通知廠商限期改善、拆除、重作、退貨或換貨。

六、依本法第一百零一條規定辦理。

七、契約規定之其他措施。

7.招標期限標準（第二、三、九、十條）

中華民國九十一年五月八日行政院公共工程委員會（九一）工程企字第九一○一七六九四號令修正發布全文十二條

第二條

機關辦理公開招標，其公告自刊登政府採購公報日起至截止投標日止之等標期，應視案件性質與廠商準備及遞送投標文件所需時間合理訂定之。

前項等標期，除本標準或我國締結之條約或協定另有規定者外，不得少於下列期限：

一、未達公告金額之採購：七日。

二、公告金額以上未達查核金額之採購：十四日。

三、查核金額以上未達巨額之採購：二十一日。

四、巨額之採購：二十八日。

依本法第四十二條第二項規定辦理後續階段之邀標，其等標期由機關視需要合理訂定之。但不得少於七日。

第三條

機關辦理選擇性招標之廠商資格預先審查，其公告自刊登政府採購公報日起至截止收件日止之等標期，應視案件性質與廠商準備及遞送資格文件所需時間合理訂定之。

前項等標期，除本標準或我國締結之條約或協定另有規定者外，不得少於下列期限：

一、未達公告金額之採購：七日。

二、公告金額以上未達巨額之採購：十日。

三、巨額之採購：十四日。

機關邀請第一項符合資格之廠商投標，其自邀標日起至截止投標日止之等標期，準用前條第二項規定。

第九條

機關辦理採購，除我國締結之條約或協定另有規定者外，其等標期得依下列情形縮短之：

一、於招標前將招標文件稿辦理公開閱覽且招標文件內容未經重大改變者，等標期得縮短五日。但縮短後不得少於十日。

二、依本法第九十三條之一規定辦理電子領標並於招標公告敘明者，等標期得縮短三日。但縮短後不得少於五日。

三、依本法第九十三條之一規定辦理電子投標並於招標公告或招標文件敘明者，等標期得縮短二日。但縮短後不得少於五日。

第十條

機關辦理採購，除我國締結之條約或協定另有規定者外，有下列情形之一者，經機關首長或其授權人員核准，其等標期得視案件之特性及實際需要合理訂定之：

一、依本法第二十一條以預先建立之合格廠商名單，邀請符合資格之廠商投標，於辦理廠商資格審查之文件中另有載明者。

二、公營事業為商業性轉售或用於製造產品、提供服務以供轉售目的所為之採購，基於採購案件之特性或實際需要，有縮短等標期之必要者。

三、採購原料、物料或農礦產品，其市場行情波動不定者。

四、採購標的屬廠商於市場普遍銷售且招標及投標文件內容簡單者。

8.扶助中小企業參與政府採購辦法（第三條）

中華民國九十一年四月二十四日行政院公共工程委員會（九一）工程企字第九一○一六○四
五號令訂定發布第一、二、十條條文；並自發布日施行

第三條

機關辦理採購，於不違反法令或我國所締結之條約或協定之情形下，得視案件性質及
採購規模，規定投標廠商須為中小企業，或鼓勵廠商以中小企業為分包廠商。
未達公告金額之採購，除中小企業無法承做、競爭度不足、標價不合理或有本法第二
十二條第一項各款、第一百零四條第一項第一款與第三款及第一百零五條第一項各款
情形者外，以向中小企業採購為原則。

9.採購履約爭議調解暨收費規則（第十一條）

中華民國八十八年四月三十日行政院公共工程委員會（八八）工程議字第八八○五八○六號
令訂定發布全文四十三條；並自八十八年五月二十七日起施行

第十一條

申請調解事件，由申訴會主任委員指定委員一人審查，有下列情形之一者，應提申訴
會委員會議為駁回之決議。但其情形可補正者，應酌定相當期間命其補正：
一、當事人不適格者。
二、已提起仲裁、民事訴訟者。但其程序已暫停者，不在此限。
三、經法定機關調解未成立者。
四、曾經法院判決確定者。
五、當事人無行為能力或限制行為能力，未由法定代理人合法代理者。
六、由代理人申請調解，其代理權有欠缺者。
七、申請調解不合程式不能補正，或可補正而逾期未補正者。
八、廠商不同意調解者。
九、送達於他造當事人之通知書，應為公示送達或於外國為送達者。
十、其他應予駁回之情事者。

10.押標金保證金暨其他擔保作業辦法（第二、三條）

中華民國九十一年三月二十六日行政院公共工程委員會（九一）工程企字第九一○一一七五
四號令修正發布第二、六、七、二十、三十三條條文；並增訂第九之一、三十三之一、三
十三之二、三十三之三、三十三之四、三十三之五條條文

第二條

本法第三十條第二項之用辭定義如下：

一、金融機構：指經財政部核准得辦理本票、支票或定期存款單之銀行、信用合作社、農會信用部及漁會信用部。

二、金融機構本票：指金融機構簽發一定之金額，於指定之到期日由自己或分支機構無條件支付與受款人或執票人之票據。

三、金融機構支票：指金融機構簽發一定之金額，委託其他金融機構於見票時無條件支付與受款人或執票人之票據。

四、金融機構保付支票：指金融機構於支票上記載照付或保付或其他同義字樣並簽名之票據。

五、郵政匯票：指由郵政儲金匯業局所簽發及兌付之匯票。

六、無記名政府公債：指我國政府機關或公營事業所發行之無記名債票。

七、設定質權之金融機構定期存款單：指設定質權予招標機關之金融機構定期存款單，或無記名可轉讓金融機構定期存款單。

八、銀行：依銀行法第二條之規定。

九、銀行保兌之不可撤銷擔保信用狀：指外國銀行中未經我國政府認許並在我國境內登記營業之外國銀行所開發之不可撤銷擔保信用狀經銀行保兌者。

十、銀行書面連帶保證：指由銀行開具連帶保證書並負連帶保證責任者。

十一、保險公司：指依保險法經設立許可及核發營業執照者。

第三條

機關辦理採購，除得免收押標金、保證金外，應於招標文件中規定廠商應繳納押標金、保證金或其他擔保之種類、額度、繳納、退還及終止方式。

機關允許外國廠商參與之採購，其得以等值外幣繳納押標金及保證金者，應於招標文件中訂明外幣種類及其繳納方式。

前項等值外幣，除招標文件另有規定外，以繳納日前一辦公日臺灣銀行外匯交易收盤買入匯率折算之。

11. 機關優先採購環境保護產品辦法（第三、五、九條）

中華民國九十年一月十五日行政院公共工程委員會（九〇）工程企字第八九〇三九〇六三號令、行政院環境保護署（九〇）環署管字第〇〇七四三五四號令會銜修正發布第七、十二、十七條條文；並自發布日起施行

第三條

本法第九十六條第一項所稱政府認可之環境保護標章（以下簡稱環保標章）使用許可之產品，指該產品屬環保署公告之環保標章產品項目，且符合下列情形之一者（以下簡稱第一類產品）：

一、取得行政院環境保護署（以下簡稱環保署）認可之環保標章使用許可。

二、取得與我國達成相互承認協議之外國環保標章使用許可。

第五條

已取得外國環保標章使用許可，而不及於投標前取得前二條環保標章使用許可或證明文件者，得於投標文件內先行提出經公證或認證之外國環保標章使用許可證明影本，並於招標文件規定之期限內取得前二條環保標章使用許可或證明文件。

第九條

本辦法不適用下列採購：

一、依我國締結之條約或協定所辦理之採購。

二、招標標的僅部分屬環保產品者。

12.採購契約要項（第五、三十八、七十三點）

中華民國八十八年五月二十四日行政院公共工程委員會（八八）工程企字第八八〇七一〇六號令訂定發布全文七十五點

五

契約文字應以中文書寫，其與外文文意不符者，除契約另有規定者外，以中文為準。但下列情形得以招標文件或契約所允許之外文為準：

㈠向國際組織、外國政府或其授權機構辦理之採購。

㈡特殊技術或材料之圖文資料。

㈢以限制性招標辦理之採購。

㈣依本法第一百零六條規定辦理之採購。

㈤國際組織、外國政府或其授權機構、公會或商會所出具之文件。

㈥其他經機關認定確有必要者。

三八

廠商履約遇有下列政府行為之一，致履約費用增加或減少者，契約價金得予調整：

㈠政府法令之新增或變更。

㈡稅捐或規費之新增或變更。

㈢政府管制費率之變更。

前項情形，屬中華民國政府所為，致履約成本增加者，其所增加之必要費用，由機關負擔；致履約成本減少者，其所減少之部分，得自契約價金中扣除。

其他國家政府所為，致履約成本增加或減少者，契約價金不予調整。

七三

契約應訂明以中華民國法律為準據法，並記載訴訟時以機關所在地之地方法院為第一

審管轄法院。但有下列情形之一，無法徵得廠商同意者，得記載以外國法律為準據法或以外國法院為管轄法院：

㈠向國際組織、外國政府或其授權機構辦理之採購。

㈡以限制性招標辦理之採購。

㈢依本法第一百零六條規定辦理之採購。

㈣其他經機關認定確有必要者。

13.技術顧問機構管理辦法（第七、十六條）

中華民國八十九年三月十七日行政院公共工程委員會（八九）工程企字第八九〇〇七〇五四號令、內政部（八九）臺內營字第八九八一二〇三號令、經濟部（八九）經工字第八九二〇五二一八號令、交通部（八九）交路發字第〇〇八九一二號令、行政院農業委員會（八九）農糧字第八九〇〇二〇二三七號令、行政院衛生署（八九）衛署食字第八九〇一一二八四一號令、行政院環境保護署（八九）環署管字第〇〇一二三五八號令、行政院勞工委員會（八九）臺勞安二字第〇〇一〇五一五號令會衛訂定發布全文二十一條；並自發布日起施行

第七條

設立技術顧問機構者，應填具申請書，並檢附下列文件，向中央主管機關申請許可：

一、負責人三個月內之戶籍謄本一份；負責人為華僑或外國人者，為在臺設定居所證明文件影本一份。

二、預定之董事或執行業務股東名冊及其相關學歷證件或其他足資證明具機構營業範圍相關專門知識之文件影本各一份。

三、預定之營業範圍。

四、其他經中央主管機關規定之文件。

第十六條

外國技術顧問公司於我國境內設立分公司從事第三條所定業務者，其申請許可、公司認許、設立分公司、登記證及管理等應依本辦法、我國相關法令及其本國與我國締結之條約或協定辦理。

14.營造業管理規則（第四十五之三條）

中華民國九十一年五月三日內政部（九一）臺內營字第〇九一〇〇八三五〇六號令修正發布第三、五、六、二十、二十二、二十五、三十一、三十三、三十五、三十六、三十八、四十、四十四、四十五之四條條文；增訂第二十之一條條文；並刪除第三十二、四十四之一、四十五之一、四十五之二條條文

第四十五條之三

外國營造業依其本國法已設立登記者，得依本規則設立營造業。其登記、等級及承攬工程業績之認定基準，由內政部定之。

本國公營事業機構為民營化，合於前項之規定者，準用之。

15.外國營造業登記等級及承攬工程業績認定基準

中華民國九十一年一月九日內政部（九一）臺內營字第〇九一〇〇〇八七五二〇號令修正發布全文六點

一、本基準依營造業管理規則（以下簡稱本規則）第四十五條之三第一項規定訂定之。

二、外國營造業具有下列條件者，得申請設立登記為甲等營造業：

　㈠在我國設立登記之分公司其營業所用之資金應達新臺幣一億元以上者。

　㈡置有具本規則第九條第二項資格之專任工程人員一人以上。

　㈢領有其本國營造業登記證書四年以上，並於最近十年內承攬工程竣工累計額達新臺幣三億元以上。

三、外國營造業具有下列條件者，得申請設立登記為乙等營造業：

　㈠在我國設立登記之分公司其營業所用之資金應達新臺幣一千五百萬元以上者。

　㈡置有具本規則第八條第三項資格之專任工程人員一人以上。

　㈢領有其本國營造業登記證書二年以上，並於最近五年內承攬工程竣工累計額達新臺幣一億元以上。

四、第二點第三款及第三點第三款之承攬工程竣工累計額認定須經其本國營造業主管機關證明，並經我國駐當地使領館、辦事處、代表處或經外交部授權之機構或經經濟部駐外經貿單位驗證。

五、外國營造業申請設立者，應檢具下列書件報請主管機關許可：

　㈠申請書。

　㈡經其本國主管機關簽證之公司營業執照或登記證。

　㈢經其本國主管機關同意在中華民國設立分公司之文件。

　㈣駐我國負責人之姓名及住址。

六、外國營造業申請登記時，應檢具本規則第十三條第一項第一款至第三款之證件及下列書件：

　㈠申請書。

　㈡公司主管機關出具之登記證明書。

　㈢公司章程。

　㈣營業計劃書。

㈤符合第二點或第三點之證明文件。

前項各類書件，其屬外文者，均須附具中文譯本並經我國駐外單位之驗證。

16. 採購文件保存作業準則（第三條）

中華民國八十八年四月二十六日行政院公共工程委員會（八八）工程企字第八八○五五○○
號令訂定發布全文十一條；並自八十八年五月二十七日起施行

第三條

本法第一百零七條所稱保存文件之指定場所，得為下列場所之一：

一、機關存放檔案場所。

二、機關辦公場所。

三、本法第四條接受機關補助辦理採購之法人或團體之場所。

四、本法第五條及第四十條代辦採購之法人、團體或機關之場所。

五、本法第一百零六條駐國外機構受託辦理採購之委託機關之場所。

六、其他經主管機關指定之場所。

前項第三款及第四款之場所，機關應於補助或委託時予以敘明。

駐國外機構辦理或受託辦理國內機關之採購，或外國法人或團體接受國內機關補助或
委託辦理採購，應另備具一份保存於國內機關之場所。

17. 採購申訴審議規則（第四、五條）

中華民國八十九年六月二十九日行政院公共工程委員會（八九）工程訴字八九○一七七九
號令修正發布第二十二、三十二條條文；本規則修正條文自發布日起施行

第四條

申訴書應以中文繕具，其附有外文資料者，應就申訴有關之部分備具中文譯本。但申
訴會得視需要，通知其檢具其他部分之中文譯本。

第五條

申訴得委任代理人為之。代理人應提出委任書，載明其姓名、性別、出生年月日、職
業、電話、住所或居所。

申訴廠商在我國無住所、事務所或營業所者，應委任在我國有住所、事務所或營業所
之代理人為之。

十四、新聞

1.有線廣播電視法（第十九、二十三條）

中華民國九十年五月三十日總統（九〇）華總一義字第九〇〇〇一〇六六四〇號令修正公布
第十九、五十一、六十三條條文

第十九條

系統經營者之組織，應為依公司法設立之股份有限公司。

外國人直接及間接持有系統經營者之股份，合計應低於該系統經營者已發行股份總數
百分之六十，外國人直接持有者，以法人為限，且合計應低於該系統經營者已發行股
份總數百分之二十。

第二十三條

對於有外國人投資之申請籌設、營運有線廣播電視案件，中央主管機關認該外國人投
資對國家安全、公共秩序或善良風俗有不利影響者，得不經審議委員會之決議，予以
駁回。

外國人申請投資有線廣播電視，有前項或違反第十九條第三項情形者，應駁回其投資
之申請。

2.有線廣播電視法施行細則（第十二條）

中華民國九十年九月二十五日行政院新聞局（九〇）正廣五字第一二七〇八號令修正發布第
四、十一、十二、三十三條條文

第十二條

本法第十九條第二項所定間接持有之計算方式，依本國法人占系統經營者之持股比例
乘以外國人占該本國法人之持股或出資額比例計算之。

3.衛星廣播電視法（第二、十、十五至十九、二十二、二十五、二十六、二十八、二十九、三十四至四十、四十二、四十四條）

中華民國八十八年二月三日總統（八八）華總一義字第八八〇〇〇二一六一〇號令公布全文
四十六條

第二條

本法用詞定義如下：

一、衛星廣播電視：指利用衛星進行聲音或視訊信號之播送，以供公眾收聽或收視。

二、衛星廣播電視事業：指直播衛星廣播電視服務經營者及衛星廣播電視節目供應者。

三、直播衛星廣播電視服務經營者（以下簡稱服務經營者）：指直接向訂戶收取費用，利用自有或他人設備，提供衛星廣播電視服務之事業。

四、衛星廣播電視節目供應者（以下簡稱節目供應者）：指自有或向衛星轉頻器經營者租賃轉頻器或頻道，將節目或廣告經由衛星轉送給服務經營者、有線廣播電視系統經營者（包括有線電視節目播送系統）或無線廣播電視電臺者。

五、境外衛星廣播電視事業：指利用衛星播送節目或廣告至中華民國管轄區域內之外國衛星廣播電視事業。

六、衛星轉頻器（以下簡稱轉頻器）：指設置在衛星上之通信中繼設備，其功用為接收地面站發射之上鏈信號，再變換成下鏈頻率向地面發射。

第十條

外國人直接持有衛星廣播電視事業之股份應低於該事業已發行股份總數百分之五十。

第十五條

境外衛星廣播電視事業經營直播衛星廣播電視服務經營者，應在中華民國設立分公司，於檢附下列文件報請主管機關許可後，始得在中華民國播送節目或廣告：

一、使用衛星之名稱、國籍、頻率、轉頻器、頻道數目及其信號涵蓋範圍。

二、開播時程。

三、節目規劃。

四、收費標準及計算方式。

五、其他經主管機關指定之事項。

境外衛星廣播電視事業經營衛星廣播電視節目供應者，應在中華民國設立分公司或代理商，於檢附下列文件報請主管機關許可後，始得在中華民國播送節目或廣告：

一、預定供應之服務經營者、有線廣播電視系統經營者（包括有線電視節目播送系統）或無線廣播電視電臺之名稱。

二、前項各款文件。

第六條第二項至第四項、第十二條至第十四條之規定，於境外衛星廣播電視事業之分公司或代理商準用之。

第十六條

衛星廣播電視事業或境外衛星廣播電視事業擬暫停或終止經營時，該事業或其分公司、代理商應於三個月前書面報請主管機關備查，並應於一個月前通知訂戶。

第十七條

衛星廣播電視事業及境外衛星廣播電視事業播送之節目內容，不得有下列情形之一：

一、違反法律強制或禁止規定。

二、妨害兒童或少年身心健康。

三、妨害公共秩序或善良風俗。

第十八條

主管機關應訂定節目分級處理辦法。衛星廣播電視事業及境外衛星廣播電視事業應依處理辦法規定播送節目。

主管機關得指定時段、鎖碼播送特定節目。

衛星廣播電視事業、境外衛星廣播電視事業之分公司或代理商應將鎖碼方式報請交通部會商主管機關核定。

第十九條

節目應維持完整性，並與廣告區分。

衛星廣播電視事業及境外衛星廣播電視事業應於播送之節目畫面標示其識別標識。

第二十二條

衛星廣播電視事業播送之廣告內容依法應經目的事業主管機關核准者，應先取得目的事業主管機關核准之證明文件，始得播送。

前項規定，於境外衛星廣播電視事業播送在國內流通之產品或服務廣告，準用之。

第二十五條

服務經營者不得播送未依第十五條規定許可之境外衛星廣播電視事業之節目或廣告。

第二十六條

主管機關認為有必要時，得於節目或廣告播送後二十日內向衛星廣播電視事業、境外衛星廣播電視事業之分公司或代理商索取該節目、廣告及其他相關資料。

第二十八條

衛星廣播電視事業、境外衛星廣播電視事業之分公司或代理商應與訂戶訂立書面契約。

契約內容應包括下列事項：

一、各項收費標準及調整費用之限制。

二、頻道數、名稱及授權期間。

三、訂戶基本資料使用之限制。

四、有線廣播電視系統經營者、有線電視節目播送系統之訂戶數。但訂立書面契約之一方為自然人時，不在此限。

五、衛星廣播電視事業及境外衛星廣播電視事業受停播、撤銷許可處分時之賠償條件。

六、無正當理由中斷約定之頻道信號，致訂戶視、聽權益有損害之虞時之賠償條件。

七、廣告播送之權利義務。

八、契約之有效期間。

九、訂戶申訴專線。

十、其他經主管機關指定之項目。

衛星廣播電視事業、境外衛星廣播電視事業之分公司或代理商對訂戶申訴案件應即處理，並建檔保存三個月；主管機關得要求衛星廣播電視事業、境外衛星廣播電視事業之分公司或代理商以書面或於相關節目答覆訂戶。

第二十九條

衛星廣播電視事業、境外衛星廣播電視事業之分公司或代理商應於每年定期向主管機關申報前條第二項第一款、第二款、第四款及第七款之資料。

主管機關認為衛星廣播電視營運不當，有損害訂戶權益情事或有損害之虞者，應通知衛星廣播電視事業、境外衛星廣播電視事業之分公司或代理商限期改正或為其他必要之措施。

第三十四條

境外衛星廣播電視事業違反本法規定者，核處該事業在中華民國設立之分公司或代理商。

第三十五條

衛星廣播電視事業或境外衛星廣播電視事業有下列情形之一者，予以警告：

一、違反依第三條第三項所定管理辦法者。

二、違反第十四條或第十五條第三項準用第十四條規定者。

三、違反第十八條第一項、第三項、第十九條或第二十條第一項準用第十八條第三項、第十九條第二項規定者。

四、違反第二十一條、第二十三條、第二十八條、第三十條、第三十一條或第三十二條規定者。

第三十六條

衛星廣播電視事業或境外衛星廣播電視事業有下列情形之一者，處新臺幣十萬元以上一百萬元以下罰鍰，並通知限期改正：

一、經依前條規定警告後，仍不改正者。

二、違反主管機關依第四條第一項、第二項所為指定或繼續播送之通知者。

三、經主管機關依第六條第四項或第十五條第三項準用第六條第四項規定通知限期改正，逾期不改正者。

四、違反第十六條、第二十二條或第二十五條規定者。

五、違反第十七條或第二十條第一項準用第十七條規定者。

六、未依第十八條第二項或第二十條第一項準用第十八條第二項指定之時段、方式播送者。

七、未依第二十九條第一項規定申報資料者。

八、未依第二十九條第二項規定改正或為其他必要措施者。

第三十七條

衛星廣播電視事業或境外衛星廣播電視事業有下列情形之一者，處新臺幣二十萬元以上二百萬元以下罰鍰，並通知限期改正，逾期不改正者，得按次連續處罰：

一、一年內經處罰二次，再有前二條各款情形之一者。

二、拒絕依第二十六條規定提供資料或提供不實資料者。

三、違反第四十二條第二項規定者。

衛星廣播電視事業或境外衛星廣播電視事業有前項第一款情形者，並得對該頻道處以三日以上三個月以下之停播處分。

第三十八條

衛星廣播電視事業或境外衛星廣播電視事業有下列情形之一者，處新臺幣二十萬元以上二百萬元以下罰鍰，並通知限期改正，逾期不改正者，得按次連續處罰；情節重大者，得撤銷衛星廣播電視許可並註銷衛星廣播電視事業執照或撤銷境外衛星廣播電視事業分公司或代理商之許可：

一、有第十一條各款情形之一者。

二、未依第十三條第一項規定申准，擅自變更者。

三、未依第十三條第二項規定，經主管機關許可變更，擅自辦理設立或變更登記者。

四、違反第十五條第三項準用第十三條規定者。

五、於受停播處分期間，播送節目或廣告。

第三十九條

衛星廣播電視事業或境外衛星廣播電視事業有下列情形之一者，撤銷衛星廣播電視許可並註銷衛星廣播電視事業執照或撤銷境外衛星廣播電視事業分公司或代理商之許可：

一、以不法手段取得許可者。

二、一年內經受停播處分三次，再違反本法規定者。

三、設立登記經該管主管機關撤銷者。

第四十條

未依本法規定獲得衛星廣播電視許可、境外衛星廣播電視事業分公司或代理商之許可或經撤銷許可，擅自經營衛星廣播電視業務者，處新臺幣三十萬元以上三百萬元以下罰鍰，並得按次連續處罰。

第四十二條

主管機關得派員攜帶證明文件，對衛星廣播電視事業或境外衛星廣播電視事業分公司、代理商實施檢查，並得要求就其設施及本法規定事項提出報告、資料或為其他配合措施，並得扣押違反本法規定之資料或物品。

對於前項之要求、檢查或扣押，不得規避、妨害或拒絕。

第一項扣押資料或物品之處理方式由中央主管機關定之，其涉及刑事責任者，依有關

法律規定處理。

第四十四條

本法公布施行前經營衛星廣播電視業務者，應於本法施行後六個月內，依本法規定申請許可，取得衛星廣播電視事業執照或境外衛星廣播電視事業分公司或代理商之許可，始得繼續營運。

4. 衛星廣播電視法施行細則（第九至十一條）

中華民國八十八年六月十日行政院新聞局（八八）建廣㈠字第○九二四一號令訂定發布全文十六條

第九條

依本法第十五條第一項、第二項及第三項準用本法第六條第二項申請許可，應填具申請書及文件，其格式由主管機關定之。

境外衛星廣播電視事業之分公司或代理商最低營業資金或最低實收資本額為新臺幣二千萬元。兼營分公司及代理商業務時，亦同。

主管機關依本法第十五條第二項核發境外衛星廣播電視事業代理商許可時，其許可期限以代理契約書所載代理期限為準，最長不得逾六年。

第二條第二項、第三條至第五條、第七條及第八條規定，於境外衛星廣播電視事業之分公司或代理商準用之。

第十條

本法第十五條第二項所定代理商，指代理該境外衛星廣播電視事業在中華民國境內全區經營衛星廣播電視節目供應業務。

依本法第十五條第二項申請經營衛星廣播電視節目供應業務，同時在中華民國設立分公司及代理商者，應由該分公司報請主管機關許可。

一代理商代理境外衛星廣播電視事業二以上頻道節目供應者，應分別依本法第十五條第二項報請主管機關許可。

第十一條

依本法第十六條報請主管機關備查時，應以書面為之，並檢送下列文件：

一、暫停經營之期間及理由或終止經營之理由。

二、其他經主管機關指定之文件。

前項第一款暫停經營期間，最長不得逾六個月。

本法第十六條之通知，應於衛星廣播電視事業或境外衛星廣播電視事業專用頻道、相關節目播送或以書面為之。

5. 電影法（第二、五之一、二十二、二十三、二十五、三十九條）

中華民國九十一年四月二十四日總統（九一）華總一義字第○九一○○○七五六八○號令修正公布第五條條文

第二條

本法用辭釋義如左：

一、稱電影事業者，指電影片製作業、電影片發行業、電影片映演業及電影工業。

二、稱電影片製作業者，指以製作電影片為目的之事業。

三、稱電影片發行業者，指以經營電影片買賣或出租為目的之事業。

四、稱電影片映演業者，指以發售門票放映電影片為主要業務之事業。

五、稱電影工業者，指提供器材、設施與技術以完成電影片之製作為目的之事業。

六、稱電影從業人員者，指參加電影片製作之策劃、編、導、演及其他參與製作人員。

七、稱電影者，包括從電影片轉錄、縮影或改變之製品。

八、稱國產電影片者，指中華民國國民在國內設立公司製作、編、導、主演，以本國語言發音之電影片。

九、稱本國電影片者，指中華民國國民在國外製作、主演，並以本國語言發音之電影片。

十、稱外國電影片者，指國產及本國電影片以外之電影片。

第五條之一

因外國電影片之進口，致我國電影事業受到嚴重損害，或有受到嚴重損害之虞時，中央主管機關應就左列事項採取救助措施：

一、設置國片製作輔導金。

二、成立國片院線，予以輔助，或設定國片映演比率。

三、商訂電影片映演業與電影片發行業合理之分帳比例。

四、研訂發展電影工業之相關措施。

五、其他可促進及維護電影事業發展之措施。

前項損害及有損害之虞之調查、認定及救助措施辦法，由中央主管機關定之。

第二十二條

電影片之輸出與輸入，應經中央主管機關審查許可。

前項許可辦法，由中央主管機關定之。

第二十三條

輸入之外國電影片在國內作營業性映演時，應改配國語發音或加印中文字幕。

第二十五條

電影片申請檢查時，應填具申請書，連同左列證件及檢查費，送請中央主管機關核辦：

一、本國或國產電影片之版權證明，或外國電影片之發行權證明。

二、内容說明。

三、國外進口電影片之完稅證件。

四、其他法令規定之文件。

第三十九條

電影事業為文化事業，中央主管機關為促進其發展，應就左列事項予以輔導：

一、參加國際影展。

二、參加國內外電影專業研討會。

三、徵選印發優良電影劇本及電影故事。

四、開拓國產電影片市場。

五、組團出國考察。

六、舉辦國際性影展。

七、輔助辦理電影從業人員訓練及出國進修。

八、推動設立電影研究基金。

九、為促進電影事業有關事項，比照其他文化事業輔導之。

6. 電影法施行細則（第六、四十條）

中華民國九十一年四月三日行政院新聞局（九一）新影三字第〇九一〇〇〇六〇三四號令修
　正發布第十七條條文

第六條

外國電影公司組織外景隊前來我國製作電影片，應依左列規定辦理：

一、檢附外國電影公司證明之影本及電影分場對白劇本，經我駐外使領館或外交部指
　　定機構核轉中央主管機關核准。

二、外景隊人員入境或器材進口，應經中央主管核准。

第四十條

電影片發給准演執照後，運往國外映演時，應將准演執照繳還中央主管機關；本國電
影片或外國電影片於中央主管機關檢查時逕予刪剪之部分，得申請發還。

前項電影片於准演執照有效期間運返國內時，應繳回原刪剪部分，並申請發還准演執
照。

7. 電影片輸入輸出許可辦法（第二、三、五條）

中華民國九十年十二月二十八日行政院新聞局（九〇）正影二字第一六九四五號令修正發布
　　二、六、九、十條條文

第二條

左列電影片之輸入，應經中央主管機關許可：

一、外國人製作之外國電影片。

二、中華民國人在國外製作之電影片。

三、中華民國人與外國人在國外聯合製作之電影片。

第三條

左列電影片之輸出，應經中央主管機關許可：

一、前條經許可輸入之電影片。

二、中華民國人在本國自由地區設立公司製作之電影片。

三、外國人在本國自由地區製作之電影片。

四、中華民國人與外國人在本國自由地區聯合製作之電影片。

第五條

電影片之國別依所標明電影片製作業之所屬國認定之；其屬聯合製作者，以投資額超過半數之電影片製作業之所屬國認定之。但電影片重要演員（主角及配角）之相同國籍超過半數者，從其國籍。

中華民國人與外國人在本國自由地區聯合製作之電影片，中華民國人之投資額得減半計算。

8.廣播電視法（第二十九條）

中華民國八十八年四月二十一日總統（八八）華總(一)義字第八八〇〇〇八四〇八〇號令修正第四十四條條文

第十九條

廣播、電視節目中之本國自製節目，不得少於百分之七十。

外國語言節目，應加映中文字幕或加播國語說明，必要時新聞局得指定改配國語發音。

9.廣播電視法施行細則（第四十五條）

中華民國九十一年一月二日行政院新聞局（九一）正廣三字第〇九一〇〇〇〇〇〇一號令刪除第二十六條條文

第四十五條

我國廠商接受國外委託加工錄影節目帶出口者，應檢具經官方或當地合法公證機構公證或由經政府核准成立之國際性相關著作權人組織查證之國外委託人授權文件，向新聞局申請核驗許可，不受第四十一條規定之限制。

十五、其他

1.人民入出臺灣地區山地管制區作業規定（第九、十一點）

中華民國九十年十二月二十日國防部（九〇）戎戒字第四九四一號公告、內政部（九〇）臺
內警字第九〇八一五六七號公告修正發布

九

外國人申請入出山地經常管制區合於下列各款之一者，得予許可：

㈠各國駐華使領館或其他在華享有外交待遇機構之人員及其眷屬。

㈡政府聘僱之技術人員或邀請來臺參觀、訪問之人員及其眷屬。

㈢入山傳教之傳教士。

㈣巡迴醫療及辦理衛生工作之醫師或醫務人員。

㈤辦理慈善事業之人員。

㈥因學術研究參觀訪問之教師或人員。

㈦經中央目的事業主管機關同意有必要入山之人員。

㈧前往經中央目的事業主管機關劃定開放路線登山健行之人員。

十一

依第九點各款規定申請入出山地經常管制區者，填具外國人入山申請書（格式如附件
四）(略) 連同護照或外僑居留證或我國中央目的事業主管機關發給之身分證明文件正
本或影本及主管機關出具合於入山之證明文件，向警政廳或該管警察局、警察分局、
分駐所、派出所，或國家公園警察隊、小隊申請外國人入山許可證（格式如附件五）
（略）。外國人隨同本國人以同一事由入山者，比照國人申請入山許可證。但依第九點
第八款申請者，不在此限。

2.勳章條例（第一、三、八、十一條）

中華民國七十年十二月七日總統修正公布第十條附表「中正勳章圖說」及附圖㈢

第一條

中華民國人民有勳勞於國家或社會者，得授予勳章。

為敦睦邦交，得授予勳章於外國人。

第三條

總統佩帶采玉大勳章。

采玉大勳章得特贈外國元首，並得派專使齎送。

第八條

外國人有左列勳勞之一者，得授予卿雲勳章或景星勳章：

一、抑制強暴，伸張正義，有利我國者。

二、宣揚我國文化，成績昭著者。

三、周旋壇坫，有助我國外交者。

四、促成其政府或人民，與我國以物資上或精神上之援助者。

五、對於我國建設事業貢獻卓著者。

六、創辦教育或救濟事業，有功於我國社會者。

第十一條

卿雲勳章及景星勳章，依勳績分等：屬於一等者，由總統親授之；其餘各等，發交主管院或遞發該管長官授予之。

受勳人在外國者，得遞發大使館、公使館或領事館授予之。

授予勳章，應附發證書。

3.獎章條例（第一條）

中華民國七十三年一月二十日總統（七三）華總㈠義字第○三四二號令制定公布全文十三條

第一條

公教人員著有功績、勞績或有特殊優良事蹟者，除法律另有規定外，依本條例頒給獎章。

非公教人員或外國人，對國家著有功績或其他優異表現者，得依本條例規定頒給獎章。

4.獎章條例施行細則（第八、十六條）

中華民國八十九年十二月二十八日行政院（八九）臺人政考字第二○○八九八號令、考試院（八九）考臺組貳一字第一○五六三號令會同修正發布第七條條文

第八條

功績獎章、楷模獎章及專業獎章，於頒給外國人時，得不受等次規定之限制。

第十六條

頒給非公教人員或外國人獎章，應以其請獎事實性質由有關之主管機關辦理之。

5.車輛編用辦法（第七條）

中華民國八十四年十一月二十八日交通部（八四）交路發字第八四五八號令訂定發布全文二十二條

第七條

省（市）公路監理機關對領有職業汽車駕駛執照人員平時即應納入編用管理。但外國籍人員，不在此限。

6.國家標準制定辦法（第十五條）

中華民國八十七年八月二十六日經濟部（八七）經中標字第八七四六一四四二號令修正發布全文十九條

第十五條

國家標準公布後，應於三十日內通知原國家標準制定建議人。

國家標準公布後，如有我國參加之國際、區域相關標準或貿易條約、協定或組織之其他會員請求提供國家標準時，應提供之。

7.褒揚條例（第二、八條）

中華民國七十五年十一月二十八日總統（七五）華總㈠義字第六〇〇六號令修正公布全文十條

第二條

有左列各款情事之一者，依本條例褒揚之：

一、致力國民革命大業，對國家民族有特殊貢獻者。

二、參預戡亂建國大計，應變有方，臨難不苟，卓著忠勤，具有勳績者。

三、執行國策，折衝壇坫，在外交或國際事務上有重大成就者。

四、興辦教育文化事業，發揚中華文化，具有特殊貢獻者。

五、冒險犯難，忠貞不拔，壯烈成仁者。

六、有重要學術貢獻及著述，為當世所推重者。

七、有重要發明，確屬有裨國計民生者。

八、德行崇劭，流風廣被，足以轉移習尚，為世楷模者。

九、團結僑胞，激勵愛國情操，有特殊事蹟者。

十、捐獻財物，熱心公益，績效昭著者。

十一、其他對國家社會有特殊貢獻，足堪褒揚者。

第八條

外國人合於第二條各款情事之一者，得褒揚之。

8.中華民國國徽國旗法（第十五條）

中華民國四十三年十月二十三日總統修正公布全文二十二條

第十五條

駐外使領館、海軍艦隊，暨船舶之升降或懸掛國旗，依本法規定辦理。並依國際慣例行之。

9.人民入出臺灣地區海岸管制區作業規定（第九點）

中華民國九十年九月二十八日國防部令修正發布全文十四條

九

各國駐華機構及國際組織人員，申請入出海岸管制區者，經目的事業主管機關許可後，依前項規定辦理。

十六、大陸（港澳）事務

1.臺灣地區與大陸地區人民關係條例

中華民國九十一年四月二十四日總統（九一）華總一義字第○九一○○○七五五九○號令修正公布第二十四、三十五、六十九條條文

第一章　總則

第一條

國家統一前，為確保臺灣地區安全與民眾福祉，規範臺灣地區與大陸地區人民之往來，並處理衍生之法律事件，特制本條例。本條例未規定者，適用其他有關法令之規定。

第二條

本條例用詞，定義如左：

一、臺灣地區：指臺灣、澎湖、金門、馬祖及政府統治權所及之其他地區。

二、大陸地區：指臺灣地區以外之中華民國領土。

三、臺灣地區人民：指在臺灣地區設有戶籍之人民。

四、大陸地區人民：指在大陸地區設有戶籍之人民。

＊行政院大陸委員會（八九）陸法字第八九一一九八四號

要旨：

有關懲治走私條例第十二條「大陸地區」疑義

主旨：

有關　貴署函詢懲治走私條例第十二條「大陸地區」疑義乙案，復如說明，請　查照。

說明：

一、依內政部八十九年八月十八日臺（八九）內地字第八九一二一○三號函案陳　貴署八十九年八月十四日士檢定八九偵○○一一五二字第一九三二三號函辦理。

二、現行處理兩岸關係之法律規範，係依循憲法增修條文第十一條及兩岸條例相關規定所建構。依臺灣地區與大陸地區人民關係條例第二條第一款規定，「臺灣地區」係指臺灣、澎湖、金門、馬祖及政府統治權所及之其他地區；而依同條例第二條第二款規定，「大陸地區」係指臺灣地區以外之中華民國領土。

三、次按本會前曾就臺灣地區與大陸地區人民關係條例及懲治走私條例所指「臺灣地區」與「大陸地區」海域範圍疑義事宜，邀請司法院、臺灣高等法院等相關機關開會研商，法務部並據此於八十九年一月十一日以法八十九檢字第○五一○六八號函表示意見略以，依懲治走私條例第十二條於八十一年修正時之立法理由，所謂「臺灣地區」與「大陸地區」之範圍，與臺灣地區與大陸地區人民關係條例第

二條有關「臺灣地區」與「大陸地區」之定義完全相同，因此，允宜作相同解釋。又懲治走私條例第十二條所指之「大陸地區」，係指臺灣地區以外之中華民國領土，至於其範圍如何，司法機關曾分別以領海、海關緝私條例所定之緝私海域為基準，及就金門、馬祖與大陸地區之交接海域，以國防部公告之限制或禁止水域為判斷基準，著有多起實務見解，可資參考。

四、來函所詢事項，涉及「臺灣地區」與「大陸地區」海域範圍疑義事宜，請參照前揭法務部函復意旨逕依職權審認。

＊行政院大陸委員會（八五）陸法字第八五〇一六四三號

要旨：

大陸地區人民持中共護照，向我駐外單位申請國籍證明時，是否可據以認定為大陸地區人民疑義。

全文內容：

大陸地區人民持中共護照，向我駐外單位申請國籍證明時，是否可據以認定為大陸地區人民乙節，依現階段大陸政策，政府並未承認中共所核發之護照，且大陸地區人民之定義，於臺灣地區與大陸地區人民關係條例（以下簡稱兩岸條例）第二條第四款（「係指在大陸地區設有戶籍……之人民。」）、同條例施行細則第五條第一項（「本條例第二條第四款所稱在大陸地區設有戶籍之人民，包括在大陸地區出生並繼續居住之人民，其父母雙方或一方為中國人者在內。」）及第六條（「本條例第三條所稱大陸地區人民旅居國外者，不包括旅居國外四年以上並取得當地國籍者在內。」）已有明定，故持有中共護照者，尚須符合兩岸條例及施行細則之規定，始為大陸地區人民，僅是持有中共護照者，不宜據以認定為大陸地區人民。

＊法務部（八五）法律決字第二〇五七八號

要旨：

戶政事務所退休人員赴大陸地區定居若未逾四年，雖其持有大陸地區居民身分證，尚不能認其轉換身分為大陸地區人民，仍得依「公教人員退休金其他現金給與補償金發給辦法」領受補償金。

全文內容：

一、依「臺灣地區大陸地區人民關係條例」（以下簡稱「兩岸條例」）第二條第四款後段規定，臺灣地區人民前往大陸地區繼續居住逾四年者，不問其是否在臺灣地區仍設有戶籍或已在大陸地區設有戶籍，身分即轉換為大陸地區人民。惟有關身分之轉換，必以法律或其授權之命令中有特別明文規定者為限；兩岸條例及其施行細則對於臺灣地區人民前往大陸地區未繼續居住逾四年者並無身分轉換之規定，故該等人民於進入大陸地區後，縱取得當地居民身分證或已依當地規定履行戶口登記，尚不能轉換其身分為大陸地區人民（參照本部大陸法規研究委員會第二十

二次委員會議研討結論）。本件臺北市北投區戶政事務所退休人員王〇君赴大陸地區定居若未逾四年，雖其持有大陸地區居民身分證，依上開說明，尚不能認其轉換身分為大陸地區人民，縱而來函據此認其仍得依「公教人員退休金其他現金給與補償金發給辦法」領受補償金之意見，本部敬表贊同。

二、又徵諸開前兩岸條例規定意旨，並參照國籍法第十條、第十一條規定，臺灣地區人民縱轉換身分為大陸地區人民，並不必然「喪失中華民國國籍」，謹併此敘明。

附件：

法務部大陸法規研究委員會第二十二次委員會議研討結論兩岸條例基本上似不承認一人得同時兼具兩地區人民身分，故原在大陸地區人設有戶籍之人民，經許可進入臺灣地區並設有戶籍者，縱在大陸地區仍設有戶籍，身分即轉換為臺灣地區人民（同條例施行細則第四條第二項），而在臺灣地區設有戶籍之人民，前往大陸地區繼續居住逾四年者，不問其是否在臺灣地區仍設有戶籍或已在大陸地區設有戶籍，身分即轉換大陸地區人民（第二條第四款後段）。惟有關身分之轉換，必以法律或其授權之命令中有特別明文規定者為限，兩岸條例及其施行細則對於臺灣地區人民前往大陸地區未繼續居住逾四年者並無身分轉換之規定，故該等人民於進入大陸地區後，縱取得當地居民身分證或已依當地規定履行戶口登記，尚不能轉換其身分為大陸地區人民。

* 法務部（八五）法律決字第〇八八八六號

要旨：

大陸地區人民定義疑義

全文內容：

一、按臺灣地區與大陸地區人民關係條例第二條第四款、同條例施行細則第五條第一項及第六條已對所謂「大陸地區人民」予以定義，故持有中共護照者，仍需符合上開規定，始得認係大陸地區人民。行政院大陸委員會八十五年三月十三日 (85) 陸法字第八五〇一六四三號函說明二意見，本部敬表同意。

二、復查我國國籍法係採血統主義（國籍法第一條參照），故大陸地區人民得依上開規定認定具有中華民國國籍，但僅持有中共護照，而不符大陸地區人民之定義時，似尚不得據以認定其身分。至對大陸地區人民是否核發我國護照係屬政策考量，本部無意見。

* 法務部（八二）法律決字第一六三三七號

要旨：

關於大陸地區人民依「國家賠償法」規定請求國家賠償時，賠償義務機關應如何處理疑義乙案。

說明：

一、復　貴府八十二年四月二十一日 (82) 府法一字第一五〇四〇六號函。

二、本件經本部大陸法規研究委員會研議，其結論為：所謂「中華民國人民」，參照「臺灣地區與大陸地區人民關係條例」第二條第二款、第四款規定之意旨，大陸地區人民亦為中華民國人民，該條例及「國家賠償法」，並無禁止大陸地區人民請求國家賠償之規定，故大陸地區人民如在臺灣地區因公務員執行公權力職務遭受不法侵害，或因公有公共設施設置或管理有欠缺致其生命、身體或財產受有損害者，似應有「國家賠償法」之適用。

＊法務部（八二）法律字第一七〇三五號

要旨：

按　貴會（行政院大陸委員會）前揭來函暨八十二年七月十三日 (82) 陸法字第八二〇八八八三號所稱「法規不溯及既往原則」之適用，就本案而言，乃指自「臺灣地區與大陸地區人民關係條例」施行之日起始適用第二條第四款身分轉換之規定。至於上開條款所定「前往」大陸地區之起算日，暨上開條例施行細則第五條第二項所定「進入」大陸地區之起算日均為事實問題，似均無該原則之適用，故臺灣地區人民進入大陸地區，無論係在前揭條例施行前或施行後，似均一律適用之。

＊法務部（八二）法律字第一五六二二號

要旨：

按「臺灣地區與大陸地區人民關係條例」第二條第四款規定：「大陸地區人民：指……臺灣地區人民前往大陸地區繼續居住逾四年之人民。」又同條例施行細則第五條第二項規定：「本條例第二條第四款所稱前往大陸地區繼續居住逾四年，係指自進入大陸地區之翌日起，四年間未曾返回臺灣地區或曾前往第三地區每次未逾三十日而言，但受拘禁、留置或依法令而停留在大陸地區之期間，不予計算。」復參酌其立法目的，本條項規範之事項，係指進入大陸地區繼續居住之事實及身分之轉換，故該條例第二條第四款所稱之「前往大陸地區繼續居住逾四年」之起算日，似宜自實際進入大陸地區之翌日起算。

＊法務部（八一）法律決字第一六五五七號

要旨：

關於法令名稱冠以「臺灣地區」且僅在臺灣省、臺北市及高雄市施行者，於金馬地區解除戒嚴，終止戰地政務後，是否當然適用於該地區疑義。

主旨：

關於法令名稱冠以「臺灣地區」且僅在臺灣省、臺北市及高雄市施行者，於金馬地區解除戒嚴，終止戰地政務後，是否當然適用於該地區疑義乙案，本部意見如說明二。

請　查照參考。

說明：

一、復　貴署八十一年十月十二日八一警署法字第六六九四五號函。

二、查臺灣地區與大陸地區人民關係條例第二條規定：「本條例用詞，定義如左：一、臺灣地區：指臺灣、澎湖、金門、馬祖及政府統治權所及之其他地區。……」前揭「臺灣地區」之範疇，於適用該條例規定時固可以之為準。至於其他法規（令）名稱冠以「臺灣地區」且原僅在臺灣省、臺北市及高雄市施行者，於金馬地區解除戒嚴，終止戰地政務後，是否當然適用於該地區乙節，仍宜視各該法規（令）之內容，並徵詢各該法規（令）主管機關意見而定，尚難逕予援用前揭條例第二條規定。

＊法務部（八一）法律字第一六五五七號

要旨：

查臺灣地區與大陸地區人民關係條例第二條規定：「本條例用詞，定義如左：一、臺灣地區：指臺灣、澎湖、金門、馬祖及政府統治權所及之其他地區。……」前揭「臺灣地區」之範疇，於適用該條例規定時固可以之為準。至於其他法規（令）名稱冠以「臺灣地區」且原僅在臺灣省、臺北市及高雄市施行者，於金馬地區解除戒嚴，終止戰地政務後，是否當然適用於該地區乙節，仍宜視各該法規（令）之內容，並徵詢各該法規（令）主管機關意見而定，尚難逕予援用前揭條例第二條規定。

第三條

本條例關於大陸地區人民之規定，於大陸地區人民旅居國外者，適用之。

＊法務部（八五）法律決字第一〇四八一號

要旨：

旅居國外之大陸地區人民與臺灣地區人民於臺灣地區結婚，其結婚要件應依我國法規定。

全文內容：

臺灣地區與大陸地區人民關係條例第三條規定：「本條例關於大陸地區人民之規定，於大陸地區人民旅居國外者，適用之。」同條例第五十二條第一項復規定：「結婚之方式及其他要件，依行為地之規定。」本件旅居國外之大陸地區人民與臺灣地區人民於臺灣地區結婚，依上開規定，其結婚要件應依我國法規定，合先敘明。結婚之要件依我國民法之規定有實質要件與形式要件（民法第九十八條至第九百九十七條規定參照），結婚有違反實質或形式要件時，其效力或得撤銷或為無效。目前戶政機關於辦理結婚登記案件時，依規定形式審查該婚姻是否真具備無效之原因，要求當事人提出符合公開儀式、兩個以上證人形式要件及是否單身之證明以審查是否有重婚之情形，於法並無不合。至本件吾爾〇希先生因自參加六四天安門事件而潛離大陸地區，情況特殊，不能取得大陸地區核發之單身證明或公證書乙節，乃事實上之困難。惟查中共婚姻法係採登記婚，復規定結婚年齡為男須滿二十二歲（中共婚姻法第七條、第五條參照），而依卷附資料推算，吾爾〇希先生離開大陸時僅滿二十一歲（一九六八年出生、一九八

九年離開大陸），尚不符合結婚年齡之規定，故其為單身似可認定，無需再提其他書面
證明。但結婚之戶籍登記並非結婚之成立要件，當事人或利害關係人如有爭議時，仍
得循民事訴訟程序救濟，自不待言。

第四條

行政院得設立或指定機構或委託民間團體，處理臺灣地區與大陸地區人民往來有關之
事務。

前項受託民間團體之監督，以法律定之。

第一項委託辦理事務之辦法，由行政院定之。

公務員轉任第一項之機構或民間團體者，在該機構或團體服務之年資，於回任公職時，
得予採計為公務員年資；本條例施行前已轉任者，亦同。

前項年資採計辦法，由考試院會同行政院定之。

＊法務部（八四）法律決字第二○三二五號

要旨：

公務人員於赴大陸地區探親期間死亡，其服務機關應如何委託大陸地區遺族辦理殮葬
事宜及該遺族申領殮葬補助費，所檢具證件應如何查證疑義。

全文內容：

按「臺灣地區與大陸地區人民關係條例」第四條第一項規定：「行政院得……委託民間
團體，處理臺灣地區與大陸地區人民往來有關之事務。」同條例第七條規定：「在大陸
地區製作之文書，經行政院……委託之民間團體驗證者，推定為真正。」關於本件僑務
委員會函詢有關公務人員於赴大陸地區探親期間死亡，其服務機關應如何委託大陸地
區遺族辦理殮葬事宜及該遺族申領殮葬補助費，所檢具證件應如何查證乙節，似可依
上揭規定辦理；至於應檢具何種證件，仍請本於職權自行審酌之。

第五條

依前條規定設立或指定之機構或受委託之民間團體，非經主管機關授權，不得與大陸
地區法人、團體或其他機構訂定任何形式之協議。

前項協議，應經主管機關核准，始生效力。但協議內容涉及法律之修正或應另以法律
定之者，並應經立法院議決。

第六條

為處理臺灣地區與大陸地區人民往來有關之事務，行政院得依對等原則，許可大陸地
區之法人、團體或其他機構在臺灣地區設立分支機構。

前項設立許可事項，以法律定之。

第七條

在大陸地區製作之文書，經行政院設立或指定之機構或委託之民間團體驗證者，推定
為真正。

＊八九訴字第四九七號

要旨：

按「在大陸地區製作之文書，經行政院設立或指定之機構或委託之民間團體驗證者，推定為真正。」，臺灣地區與大陸地區人民關係條例第七條定有明文。經查本件原告於八十九年一月十九日提出之訴願書及於八十九年二月十一日提出之補正訴願書，均自陳居住江西省永新縣東里鄉橫江文家村，則其提出之訴願書等文書屬大陸地區製作之文書，依首揭兩岸關係條例第七條之規定，應經由海基會驗證，惟訴願機關即國防部訴願審議委員會以書函通知訴願人即原告於文到二十日內依法補正，然訴願人即原告於國防部八十九年四月二十五日八十九鎔鉑訴字第〇四六號訴願決定前，時隔二個月餘，猶未補正，更在訴願駁回後，始於八十九年六月十四日持訴願書至江西省永新縣公證處公證，亦未提出業經海基會驗證之證明文件，實難謂有「不可抗力」之情事。從而，訴願機關爰依行為時訴願法第十七條第一項之規定，不予受理而駁回訴願，於法自無不合。

＊八五家抗字第八四號

要旨：

收養子女，應以書面為之。在大陸地區製作之文書，經行政院設立或指定之機構或委託之人民團體驗證者，推定為真正，固為臺灣地區與大陸地區人民關係條例第七條所明定，惟此所謂真正，係指形式上之真正而言，至該文書之內容是否足以證明某一待證事實存在，仍需法院綜合一切事實證據予以判斷，並非該文書一經提出，法院即不須就其他法院應依職權調查之事項予以調查。

＊八六臺上字第八三二號

要旨：

廣東省梅縣公證處（九三）梅證字第一四三、一四四及一四五號公證書，雖經財團法人海峽交流基金會（以下稱海基會）驗證，謂係該縣公證處所核發無誤。然依臺灣地區與大陸地區人民關係條例第七條及同條例施行細則第八條之立法精神以觀，各主管機關對於經海基會驗證之大陸地區公證書，仍應確實審查其實質內容之真實性與適法性。足見上開公證書雖經海基會驗證，亦不得認係公文書遽予採信。

＊八七臺抗字第一八四號

要旨：

提起抗告，應向為裁定之原法院或原審判長所屬法院，提出抗告狀為之，抗告人為大陸地區人民者，其提出之抗告狀應經行政院設立或指定之機構或委託之民間團體驗證，始得推定為真正。民事訴訟法第四百八十八條第一項及臺灣地區與大陸地區人民關係條例第七條規定甚明。又行政院大陸委員會已於民國八十年四月九日委託財團法人海峽交流基金會辦理大陸地區文書之驗證事務。

＊司法院（八○）院臺廳一字第○五二五二號

要旨：

於大陸地區製作之文書，宜經財團法人海峽交流基金會驗證，始得推定為真正。

全文內容：

按行政院大陸委員會已委託財團法人海峽交流基金會處理有關臺灣地區與大陸地區之中介事務，則在大陸地區製作之文書，宜經該會驗證，始得推定為真正（民事訴訟法第三百五十八條規定及最高法院八十年度臺上字第九三三號判決參照）。來函所述臺灣○○地方法院係已故公證人黃○○之遺產管理人，茲邵○○、劉○○二人檢附黃君在大陸之胞弟黃○○、黃○○出具之委託書及在大陸地區公證之公證書向該院申請繼承遺產乙案，所提出大陸地區製作之委託書及公證書，如未經財團法人海峽交流基金會驗證，似尚難遽採為邵○○、劉○○受有合法委任及黃○○、黃○○確係黃○○繼承人之證明。

＊法務部（八一）法律字第一六七○八號

要旨：

按臺灣地區與大陸地區人民關係條例第一條後段規定：「……本條例未規定者，適用其他有關法令之規定。」是以關於中央公教住宅輔購貸款，申請人之大陸地區父母及配偶、子女，若無特別排除規定，似仍可依「輔購住宅計點標準配點表」規定，計算眷口計點。另依同條例第七條規定：「在大陸地區製作之文書，經行政院設立或指定之機構或委託之民間團體驗證者，推定為真正。」同條例施行細則第八條第一項規定：「依本條例規定推定為真正之文書，其實質上證據力，由法院或主管機關認定。」故本案申請人檢附大陸地區簽發之文件，如依上開規定經驗證者，僅具有形式上證據力，至於實質上證據力有無，即其內容是否足以證明待證事實，仍應由法院或主管機關認定之。

＊法務部（八二）法律字第○一七○七號

要旨：

依臺灣地區與大陸地區人民關係條例第七條規定：「在大陸地區製作之文書，經行政院設立或指定之機構或委託之民間團體驗證者，推定為真正。」，又依該條例施行細則第八條規定：「依本條例第七條規定推定為真正之文書，其實質上證據力，由法院或主管機關認定（第一項）。文書內容與待證事實有關，且屬可信者，有實質上證據力（第二項）。推定為真正之文書，有反證事實證明其為不實者，不適用推定（第三項）」，本件臺中市立仁愛之家院民郭○智先生請假赴大陸，病故於青島市，其親友欲請領喪葬補助費，自仍須依前開規定並參酌「臺中市仁愛之家病故院民善後處理實施規定」辦理。至於申請喪葬補助費之程序及所須具備相關證明文件之實質證據力，則由主管機關依職權自行認定之。

＊法務部（八三）法律決字第一七○三一號

要旨：

公教人員於政府遷臺前在大陸地區曾任公教職務年資，如申請人提出在大陸地區製作之證明文件，經驗證後，可否予以採認疑義。

全文內容：

按「臺灣地區與大陸地區人民關係條例」第七條規定：「在大陸地區製作之文書，經行政院設立或指定之機構或委託之民間團體驗證者，推定為真正。」復依該條例施行細則第八條第一項規定：「依本條例第七條規定推定為真正之文書，其實質上證據力，由法院或主管機關認定。」可知依上揭條例第七條規定推定為真正之文書，僅具有形式上之證據力；至於該文書內容是否與待證事實有關，且屬可信，而且有實質上之證據力，仍應由法院或主管機關依職權審酌認定（參照上揭施行細則第八條第三項、第二項規定及施行細則草案第八條之說明一、所敘）。本件來函所敘公教人員於政府遷臺前在大陸地區曾任公教職務年資，如申請人提出在大陸地區製作之證明文件，經依上揭條例第七條規定驗證後，可否予以採認，仍請　貴部（銓敘部）參酌上揭規定本於職權審認之。

＊財政部八五臺財規字第八五○三四○四四七號

要旨：

業經海基會驗證之大陸地區公證書，仍應確實審查其真實性及適法性。

主旨：

有關業經財團法人海峽交流基金會（以下簡稱海基會）驗證之大陸地區公證書，仍應確實審查其實質內容之真實性及適法性，請　查照並轉知貴屬單位辦理。

說明：

一、依據行政院大陸委員會八十五年六月六日 (85) 陸法字第八五○六一五九號函辦理。

二、「兩岸公證書使用查證協議」自八十二年五月二十九日生效實施迄今，在實際執行上發現若干問題，例如：1. 大陸地區出具之公證書迭有偽造或內容不實者；2. 有杜撰親屬關係公證書以冒領遺產者；3. 大陸地區公證員協會時有來函撤銷業經海基會驗證並辦理相關手續之公證書者；其中有無勾串之情事，實待深究，如有不肖人士存有不法目的之案件，即應予以防制。

三、依臺灣地區與大陸地區人民關係條例第七條及同條例施行細則第八條之精神，貴管對於業經海基會驗證之大陸地區公證書，仍應確實審查其實質內容之真實性及適法性。

＊行政院大陸委員會（八五）陸法字第八五○六一五九號

　　要旨：

　　經財團法人海峽交流基金會驗證之大陸地區公證書，仍應確實審查其實質內容之真實

性及適法性。

主旨：

有關業經財團法人海峽交流基金會（以下簡稱海基會）驗證之大陸地區公證書，仍應確實審查其實質內容之真實性及適法性，請　查照並轉知　貴屬單位辦理。

說明：

一、「兩岸公證書使用查證協議」自八十二年五月二十九日生效實施迄今，在實際執行上發現若干問題，例如：1. 大陸地區出具之公證書迭有偽造或內容不實者；2. 有杜撰親屬關係公證書以冒領遺產者；3. 大陸地區公證員協會時有來函撤銷業經海基會驗證並辦理相關手續之公證書者；其中有無勾串之情事，實待深究，如有不肖人士存有不法目的之案件，即應予以防制。

二、依臺灣地區與大陸地區人民關係條例第七條及同條例施行細則第八條之精神，各主管機關對於業經海基會驗證之大陸地區公證書，仍應確實審查其實質內容之真實性及適法性。

＊法務部（八六）法律字第一一一○一號

要旨：

未經財團法人海峽交流基金會驗證之供大陸內地使用之公證書，戶政機關可否逕予採認疑義。

主旨：

關於未經財團法人海峽交流基金會驗證之供大陸內地使用之公證書，戶政機關可否逕予採認疑義乙案，本部意見如說明二，請　查照參考。

說明：

一、復　貴部八十年四月二日臺 (86) 內戶字第八六七七三三七號函。

二、查臺灣地區與大陸地區人民關係條例第七條規定之立法意旨，係以在大陸地區製作之文書，是否真正，查證不易，故明定經行政院設立或指定之機構或委託之民間團體驗證者，推定為真正。惟所謂「驗證」，僅就文書形式上之真正予以認定，例如查證文書上之簽名、蓋章是否屬實，且經驗證之文書係「推定」形式上為真正，故得以反證推翻之。至於該文書之實質內容是否真正，仍應由主管機關或法院審酌認定，是以同條例施行細則第八條第一項規定：「依本條例第七條規定推定為真正之文書，其實質上證據力，由法院或主管機關認定」。依上開規定，大陸地區製作之文書，其經行政院設立或指定之機構或委託之民間團體驗證者，僅係依法可不待證明而推定為真正而已。故如能依其他方式確認該文書形式上之真正者，似非不得逕由主管機關或法院認定其實質上之證據力。

＊內政部（八三）臺內戶字第八三○一三五○號

要旨：

申請人持憑大陸淪陷後中共當局出具之證明文件或持憑大陸淪陷前，我政府（年號為中華民國）有關機關出具之證明文件申請更正戶籍登記出生年月日，其文書之查證及採認。

主旨：

申請人持憑大陸淪陷後中共當局出具之證明文件或持憑大陸淪陷前，我政府（年號為中華民國）有關機關出具之證明文件申請更正戶籍登記出生年月日，其文書之查證及採認，請依說明二辦理，請　查照。

說明：

一、臺灣地區與大陸地區人民關係條例第七條規定：「在大陸地區製作之文書，經行政院設立或指定之機構或委託之民間團體驗證者，推定為真正。」，同法施行細則第八條第一項規定：「依本條例第七條規定推定為真正之文書，其實質上之證據力，由法院或主管機關認定。」

二、有關申請人持憑大陸淪陷後中共當局出具之證明文件申請更齡，依本部八十一年九月九日臺內戶字第八一〇五一九〇號函規定，必須援引原始資料，並持有發證日期或資料建立日期較在臺初次登記戶籍日期為早之原始資料影本，並經財團法人海峽交流基金會驗（查）證後，始得採證。惟如申請人持憑大陸淪陷前，我政府（年號為中華民國）有關機關核發之證明文件申請更齡，應先向臺灣地區有關機關查證其資料或印信是否屬實，如在臺灣地區無法查證，為維護當事人權益及正確戶籍登記，得由申請人申請大陸原發證機關或有關機關查證其資料或印信屬實，出具證明文件，經海基會查證後，予以採認。如無法查證，可不予採認。

第八條

應於大陸地區送達司法文書或為必要之調查者，司法機關得囑託或委託第四條之機構或民間團體為之。

＊八七臺上字第二七〇四號

要旨：

應於大陸地區為必要之調查者，司法機關得囑託或委託第四條之機構或民間團體（現指海峽基金會）為之，兩岸關係條例第八條定有明文。查，兩岸分治，大陸地區之證人不便到場，固係政治情勢使然，然對該地區之證人之證言之取得，非不得依前開規定，囑託或委託海峽基金會為必要之調查。原審未遑為之，即謂大陸地區之證人王〇波、張〇、孟〇珊僅以書面陳述，既為被上訴人所否認，其證述即不得採為證據，自嫌速斷。

第二章　行政

第九條

臺灣地區人民進入大陸地區，應向主管機關申請許可。

臺灣地區人民經許可進入大陸地區者，不得從事妨害國家安全或利益之活動。

第一項許可辦法，由內政部擬訂，報請行政院核定後發布之。

第十條

大陸地區人民非經主管機關許可，不得進入臺灣地區。

經許可進入臺灣地區之大陸地區人民，不得從事與許可目的不符之活動。

前二項許可辦法，由有關主管機關擬訂，報請行政院核定後發布之。

＊釋字第四五四號

解釋文：

憲法第十條規定人民有居住及遷徙之自由，旨在保障人民有自由設定住居所、遷徙、旅行，包括出境或入境之權利。對人民上述自由或權利加以限制，必須符合憲法第二十三條所定必要之程度，並以法律定之。中華民國八十三年四月二十日行政院臺內字第一三五五七號函修正核定之「國人入境短期停留長期居留及戶籍登記作業要點」第七點規定（即原八十二年六月十八日行政院臺內字第二〇〇七七號函修正核定之同作業要點第六點），關於在臺灣地區無戶籍人民申請在臺灣地區長期居留得不予許可、撤銷其許可、撤銷或註銷其戶籍，並限期離境之規定，係對人民居住及遷徙自由之重大限制，應有法律或法律明確授權之依據。除其中第一項第三款及第二項之相關規定，係為執行國家安全法等特別法所必要者外，其餘各款及第二項戶籍登記之相關規定、第三項關於限期離境之規定，均與前開憲法意旨不符，應自本解釋公布之日起，至遲於屆滿一年時失其效力。關於居住大陸及港澳地區未曾在臺灣地區設籍之人民申請在臺灣地區居留及設定戶籍，各該相關法律設有規定者，依其規定，併予指明。

＊釋字第四九七號

解釋文：

中華民國八十一年七月三十一日公布之臺灣地區與大陸地區人民關係條例係依據八十年五月一日公布之憲法增修條文第十條（現行增修條文改列為第十一條）「自由地區與大陸地區間人民權利義務關係及其他事務之處理，得以法律為特別之規定」所制定，為國家統一前規範臺灣地區與大陸地區間人民權利義務之特別立法。內政部依該條例第十條及第十七條之授權分別訂定「大陸地區人民進入臺灣地區許可辦法」及「大陸地區人民在臺灣地區定居或居留許可辦法」，明文規定大陸地區人民進入臺灣地區之資格要件、許可程序及停留期限，係在確保臺灣地區安全與民眾福祉，符合該條例之立法意旨，尚未逾越母法之授權範圍，為維持社會秩序或增進公共利益所必要，與上揭憲法增修條文無違，於憲法第二十三條之規定亦無牴觸。

＊司法院第八期公證實務研究會

法律問題：

大陸地區人民，在臺灣地區探親居留期間，請求法院公證結婚，是否准許？

討論意見：

甲說：肯定說。

應予准許。依臺灣地區與大陸地區人民關係條例第五十二條規定：結婚或兩願離婚之方式及其他要件，依行為地之規定。判決離婚之事由，依臺灣地區之法律。所以如其符合公證結婚相關規定者，應予准許。

乙說：否定說。

應予拒絕。依同條例第十五條第三款規定，略以不得使大陸地區人民在臺灣地區從事未經許可，或與許可目的不符之活動。所以如其從事許可之活動為探親，而從事未經許可之活動為結婚，則於法不合，應予拒絕。

丙說：折衷說。

原則上應予拒絕，但如經主管機關許可者，則應予准許。依同條例第十條第二項規定：「經許可進入臺灣地區之大陸地區人民，不得從事與許可目的不符之活動。」所以如其從事與許可目的不符之活動，則應予拒絕，否則，如其從事與許可目的相符，則應予准許。

研討結論：採甲說。

＊法務部（八四）法律決字第二三六七一號

要旨：

大陸地區人民與臺灣地區人民結婚，申請來臺並領有長期居留證，惟尚未設籍取得國民身分證或未經主管機關許可工作者，如在臺灣地區工作，有無適用臺灣地區與大陸地區人民關係條例第十條第二項之規定。

全文內容：

按「臺灣地區與大陸地區人民關係條例」第九十五條規定：「主管機關於實施……大陸地區人民進入臺灣地區工作前，應經立法院決議；……」。上揭規定所稱「大陸地區人民進入臺灣地區工作」，似係指同條例第十條第二項所規定「經許可進入臺灣地區之大陸地區人民……從事……許可……之工作」而言。復按「同條例第十條規定之立法意旨，並參酌『大陸地區人民進入臺灣地區許可辦法』之規範內容，大陸地區人民依同條例第十條規定申請進入臺灣地區之目的，限於探親、探病、奔喪、人道探視……等事項，並未包括依同條例第十七條第一項第一款規定，以臺灣地區人民之配偶結婚已滿二年，申請在臺灣地區居留之情形在內。從而，大陸地區人民與臺灣地區人民結婚，申請來臺並領有長期居留證，惟尚未設籍取得國民身分證或未經主管機關許可工作者，如在臺灣地區工作，似無從適用同條例第十條第二項之規定。」前經本部於八十二年四月十二日法 82 律字第○六九○二號函復行政院大陸委員會有案，從而雇主如欲僱用該等大陸地區人民，仍應準用就業服務法第四十八條及相關規定，視所從事之工作性

質，向目的事業主管機關申請許可（參照行政院勞工委員會八十二年五月廿五日臺八十二勞職業字第二四四七五號函），似不生前開條例第九十五條規定之適用問題。

＊法務部（八二）法律字第〇六九〇二號

要旨：

大陸地區人民與臺灣地區人民結婚，合法來臺已領有長期居留證者，在未領取國民身分證依法設籍定居前，依臺灣地區與大陸地區人民關係條例施行細則第四條第二項之反面解釋，仍屬大陸地區人民，應受上開條例對於大陸地區人民之規範限制。惟查同條例第十條規定之立法意旨，並參酌「大陸地區人民進入臺灣地區許可辦法」之規範內容，大陸地區人民依同條例第十條規定申請進入臺灣地區之目的，限於探親、探病、奔喪、人道探視及經中央目的事業主管機關許可進入等事項，並未包括依同條例第十七條第一項第一款規定，以臺灣地區人民之配偶結婚已滿二年，申請在臺灣地區居留之情形在內。從而，本件大陸地區人民與臺灣地區人民結婚，申請來臺並領有長期居留證，惟尚未設籍取得國民身分證或未經主管機關許可工作者，如在臺灣地區工作，似無從適用同條例第十條第二項之規定。於至上開情形之大陸地區人民，依就業服務法第六十八條準用外國人聘僱與管理之相關規定，在未經主管機關許可前，似仍不得在臺灣地區工作。

第十一條

僱用大陸地區人民在臺灣地區工作，應向主管機關申請許可。

經許可受僱在臺灣地區工作之大陸地區人民，其受僱期間不得逾一年，並不得轉換雇主及工作。但因雇主關廠、歇業或其他特殊事故，致僱用關係無法繼續時，經主管機關許可者，得轉換雇主及工作。

大陸地區人民因前項但書情形轉換雇主及工作時，其轉換後之受僱期間，與原受僱期間併計。

雇主向行政院勞工委員會申請僱用大陸地區人民工作，應先以合理勞動條件在臺灣地區辦理公開招募，並向公立就業服務機構申請求才登記，無法滿足其需要時，始得就該不足人數提出申請。但應於招募時，將招募內容全文通知其事業單位之工會或勞工，並於大陸地區人民預定工作場所公告之。

僱用大陸地區人民工作時，其勞動契約應以定期契約為之。

第一項許可及其管理辦法，由行政院勞工委員會會同有關機關擬訂，報請行政院核定後發布之。

第十二條

經許可受僱在臺灣地區工作之大陸地區人民，其眷屬在勞工保險條例實施地區外罹患傷病、生育或死亡時，不得請領各該事故之保險給付。

第十三條

僱用大陸地區人民者，應向行政院勞工委員會所設專戶繳納就業安定費。

前項收費標準及管理運用辦法，由行政院勞工委員會會同財政部擬訂，報請行政院核定後發布之。

第十四條

經許可受僱在臺灣地區工作之大陸地區人民，違反本條例或其他法令之規定者，主管機關得撤銷其許可。

前項經撤銷許可之大陸地區人民，應限期離境，逾期不離境者，依第十八條規定強制其出境。

前項規定，於中止或終止勞動契約時，適用之。

第十五條

左列行為不得為之：

一、使大陸地區人民非法進入臺灣地區。

二、招攬臺灣地區人民未經許可使之進入大陸地區。

三、使大陸地區人民在臺灣地區從事未經許可或與許可目的不符之活動。

四、僱用或留用大陸地區人民在臺灣地區從事未經許可或與許可範圍不符之工作。

五、居間介紹他人為前款之行為。

＊八八臺上字第五五九六號

要旨：

藏匿人犯罪及臺灣地區與大陸地區人民關係條例第七十九條違反第十五條第一款規定，使大陸地區人民非法進入臺灣地區罪，均係侵害國家法益之罪。無論其以一行為藏匿之人犯，或使大陸地區人民非法進入臺灣地區之人數多寡，均僅成立一罪，不以其藏匿之人犯，或使大陸地區人民非法進入臺灣地區之人數計其罪數。

＊八四臺上字第一八六七號

要旨：

臺灣地區與大陸地區人民關係條例第二條第一款規定，臺灣地區係指臺灣、澎湖、金門、馬祖及政府統治權所及之其他地區；又中華民國之領海為自基線起至其外側十二海里之海域，復經政府明令在案，則上開觀音外海約三海里處，應係在我國政府統治權所及之臺灣地區內，苟上訴人單獨起意在該處載運已非法進入臺灣地區內之大陸地區人民登上臺灣本島，因並無使大陸人民非法「進入」臺灣地區之行為，僅係在臺灣地區內為之載運而已，尚難認有使大陸地區人民非法進入臺灣地區之犯行。

＊八四臺上字第一六〇一號

要旨：

臺灣地區與大陸地區人民關係條例第十五條第一款係規定不得使大陸地區人民非法進入臺灣地區，並非規定不得使大陸地區人民無正當理由進入臺灣地區，所謂非法進入

臺灣地區，依前述條例第十條第一項規定，係指大陸地區人民未經申請主管機關許可而進入臺灣地區而言，本件上訴人使未經主管機關許可之大陸漁民盧建東、蔡進國進入臺灣地區，縱係因修補漁船網具而進入，仍不得謂非違反前述條例第十五條第一款之規定。

*八五上更㈠字第三七六號

要旨：

關於臺灣地區漁船船主在境外海域僱用大陸船員參與作業，是否應受現行兩岸關係條例及就業服務法規範一節，法務部大陸法規研究委員會固曾於八十四年四月十四日決議採否定說，惟該決議僅供行政機關內部參考，對外並無拘束力，惟被告係在我國金福漁六號漁船上僱用上開三人，依刑法第三條之擬制領域規定，自以在臺灣地區論之（參見最高法院六十九年度臺上字第四八五二號判決），應有臺灣地區與大陸地區人民關係條例之適用。

*司法院（八二）廳民一字第四一八三號

法律問題：

㈠僱主未經許可聘僱非法進入臺灣地區大陸勞工，是否有就業服務法刑罰之適用？

㈡雇主未經許可聘僱非法進入臺灣地區大陸勞工，是否有臺灣地區與大陸地區人民關係條例（下稱兩岸條例）刑罰之適用？

㈢如非法進入臺灣地區之大陸人民，雇主加以聘僱，而有就業服務法及兩岸條例刑罰之適用，應如何適用？

㈣雇主聘僱非法進入臺灣地區之大陸人民是否有刑法第一百六十四條之適用？

研討意見：

㈠

肯定說：

就業服務法第六十八條有準用之規定。

否定說：

就業服務法第六十八條祇準用第五章、並未準用第六章刑罰之規定。

㈡

肯定說：

依兩岸條例第八十三條第一項及同條例第十五條第四款，自得適用。

否定說：

兩岸條例第十五條第四款指已經主管機關指定，得由大陸人民從事之行業，且該大陸人民經許可從事該行業，而雇主以未經許可之他行業加以聘僱而言，如聘僱非法進入之大陸人民，自無兩岸條例之適用而應適用其他相關法規。

㈢

法規競合說：

一律適用兩岸條例，即特別法優於一般法原則；蓋就業服務法之法律另有規定，即指除第五章外皆應適用兩岸條例第八十三條第一項之規定。

想像競合說：

即應從一重處斷。故如雇主聘僱一人，則適用兩岸條例第八十三條第一項之規定（法定刑最重一年），如雇主聘僱二人以上，則適用就業服務法第五十八條第一項後段之規定（聘僱一人法定刑最高六月，聘僱二年以上三年）。

㈣

1.如提供住宿是否有第一百六十四條第一項前段藏匿人犯罪之適用，而再與前述㈢生牽連犯之關係。2.如未提供住宿是否有同條項後段使之隱避罪之適用，而再與前述㈢生牽連犯之關係。

研討結果：

㈠多數採否定說。㈡採肯定說。㈢如㈠採否定說則無此問題。如㈠採肯定說則採法規競合說。㈣依個案事實認定而定。

臺灣高等法院審核意見：

㈠擬採否定說。㈡臺灣地區與大陸地區人民關係條例第十五條第四款之規定，係指大陸地區人民已經主管機關許可進入臺灣地區，而僱用人使之從事未經許可或與許可範圍不符之工作而言，違反之者始有同條例第八十三條第一項之處罰，僱用人僱用非法進入臺灣地區之大陸人民，自無該條例之適用，擬採否定說。㈢依上述㈠㈡法律問題之見解，本問題自不發生。㈣同意研討結論。

司法院刑事廳研究意見：

㈠採否定說。㈡臺灣地區與大陸地區人民關係條例第十五條第四款之禁止僱用大陸地區人民從事未經許可之工作之規定，泛指所僱用者為「大陸地區人民」，並未就該「大陸地區人民」是否經主管機關許可進入臺灣地區附加條件，故雇主未經許可聘僱非法進入臺灣地區之大陸勞工者，應適用該條例第十五條第四款、第八十三條第一項，依僱用大陸地區人民從事未經許可之工作罪論處。（參照最高法院八十二年度臺非字第一一四號判決：「……本件原確定判決既認定被告楊○東明知何○興係未向主管機關申請許可，於民國八十一年十一月八日自大陸搭乘漁船至臺灣，非法偷渡入境而違反國家安全法第六條第一項之犯人，竟自八十一年十月十二日起予以僱用充臨時工，藏匿於臺北市康樂街二○一巷工地做工等情，則其行為除犯刑法第一百六十四條第一項之藏匿人犯罪外，並觸犯臺灣地區與大陸地區人民關係條例第十五條第四款、第八十三條第一項僱用大陸地區人民從事未經許可工作罪，一行為觸犯數罪名，為想像競合犯……」）㈢依㈠所採否定說，即不生本問題。㈣應視個案所認定之事實而定。

＊司法院（八一）廳刑一字第八八○號

法律問題：

李四為Ａ股份有限公司之負責人，因國內勞力短缺，乃聘僱自大陸地區偷渡入境之Ｂ在Ａ公司工作，嗣為警查獲。試問李四之行為應負何罪責？

研討意見：

甲說：

Ｂ未經向我內政部警政署入出境管理局申請許可，擅自偷渡來臺，顯屬違反國家安全法第六條第一項規定之犯人，而李四明知Ｂ係偷渡入境之犯人，猶予僱用，顯有使Ｂ隱避之意思，故李四之行為，應負刑法第一百六十四條第一項之藏匿犯人之罪責。

乙說：

㈠李四因國內勞力短缺，乃不得不聘僱大陸勞工，增加生產力，絕非使其隱避，況證諸實情，一般之大陸勞工，均公然工作，並無藏匿情事之隱避之理，豈有花錢聘僱素不相識之人再使之隱避之理，是甲說以藏匿犯人論處，似有未洽。㈡臺灣地區與大陸地區人民關係條例業經行政院依同條例第九十六條規定，定於八十一年九月十八日施行。Ｂ既係大陸地區人民，李四如於八十一年九月十八日起未經許可即僱用Ｂ在Ａ公司工作，其行為顯已違反臺灣地區與大陸地區人民關係條例第十五條第四款之規定，應依同法第八十三條第一項處罰。

丙說：

李四之行為，係屬一行為觸犯㈠刑法第一百六十四條第一項之藏匿犯人罪及㈡臺灣地區與大陸地區人民關係條例第八十三條第一項之罪，依刑法第五十五條前段之規定，應從一重之藏匿犯人論處。

初步意見：採乙說。呈請高院審核。

臺灣高等法院審核意見：擬採乙說。

司法院刑事廳研究意見：

如李四僅聘僱Ｂ在其負責之公司工作，別無藏匿犯人或使之隱蔽之犯意及行為，則審核意見採乙說，核無不合。

＊臺灣高等法院暨所屬法院八十四年度法律座談會　刑事類第十四號

法律問題：

某甲在蘇澳地區經營「海上旅館」，停泊在蘇澳外港南方波堤附近，未經許可非法引進大陸漁工寄宿，每名每月收費八千元至一萬元不等，俟臺灣漁船僱用，有無違反國家安全法第三條第一項及臺灣地區與大陸地區人民關係條例第十五條之規定？

討論意見：

甲說：

國家安全法第三條固規定人民入出境，應向內政部警政署入出境管理局申請許可，未經許可者不得入出境；依同法施行細則第二條所稱入出境，係指入出臺灣地區而言，

而臺灣地區，依臺灣地區與大陸地區人民關係條例第二條第一款規定，係指臺灣、澎湖、金門、馬祖及政府統治權所及之其他地區。某甲未經主管機關許可引進之大陸漁工，寄宿在經營之海上旅館，既未經入港上岸著陸，又無申報入境上岸意願，僅停留在外海未予進港著陸，應無違反上開規定，自不應課以刑責。（目前宜蘭地區軍警單位即採此說，不進港上岸著陸即不偵辦）

乙說：

中華民國之領海為自基線起至外側十二海浬之海域，業經總統於六十八年十月八日(六八)臺統㈠義字第五〇四六號明令在案，蘇澳外港南方波堤附近，應係在我國政府統治權所及之臺灣地區內，某甲既非法引進大陸漁工進入臺灣地區，安排寄宿在其所經營之海上旅館，縱未進港著陸，仍有違反上開規定，並另觸犯刑法第一百六十四條第一項之罪。

初步研討結果：

擬採乙說。按上言臺灣地區一詞，非徒指臺、澎等陸地而語，即與陸地相毗連之海域亦應包括於內，該海上旅館既停泊在蘇澳外港南方波堤附近，顯已進入臺灣地區，應有上開法律之適用。

審查意見：同意初步研討結果。

研討結果：保留。

第十六條

大陸地區人民得申請來臺從事商務或觀光活動，其辦法，由主管機關定之。

大陸地區人民有左列情形之一者，得申請在臺灣地區定居：

一、臺灣地區人民之直系血親及配偶，年齡在七十歲以上、十二歲以下者。

二、其臺灣地區之配偶死亡，須在臺灣地區照顧未成年之親生子女者。

三、民國三十四年後，因兵役關係滯留大陸地區之臺籍軍人。

四、民國三十八年政府遷臺後，因作戰或執行特種任務被俘之前國軍官兵。

五、民國三十八年政府遷臺前，以公費派赴大陸地區求學人員。

六、民國三十八年政府遷臺前，赴大陸地區之臺籍人員，在臺灣地區原有戶籍且有直系血親、配偶或兄弟姊妹者。

七、民國七十六年十一月一日前，因船舶故障、海難或其他不可抗力之事由滯留大陸地區，且在臺灣地區原有戶籍之漁民或船員。

大陸地區人民依前項第一款規定，每年申請在臺灣地區定居之數額，得予限制。

依第二項第三款至第七款規定申請者，其大陸地區配偶、直系血親及其配偶，得隨同本人申請在臺灣地區定居；未隨同申請者，得由本人在臺灣地區定居後代為申請。

＊法務部（八五）法律司字第二〇五號

要旨：

依「臺灣地區與大陸地區人民關係條例」第十六條第一項第二款之文義，所稱「臺籍軍人直系血親卑親屬之配偶」，不以其與「臺籍軍人直系血親卑親屬」結婚之時間來該臺籍軍人來臺定居前者為限。

全文內容：

依「臺灣地區與大陸地區人民關係條例」第十六條第一項第二款之文義，並參照「大陸地區人民在臺灣地區定居或居留許可辦法」第三條之規定觀之，首揭條款所稱「臺籍軍人直系血親卑親屬之配偶」，似不以其與「臺籍軍人直系血親卑親屬」結婚之時間來該臺籍軍人來臺定居前者為限。準此，本件周女似得依首揭條款規定，以滯留大陸臺籍軍人直系血親卑親屬之配偶身分申情返臺定居。

* 法務部（八三）法律字第九八四六號

要旨：

一、關於被大陸地區人民收養之臺籍人員，在未終止收養前，得否申請在臺灣地區同居部分，有肯定、否定二說：

　㈠肯定說：按「臺灣地區與大陸地區人民關係條例」（以下簡稱「兩岸人民關係條例」）第十六條第一項第五款規定：「民國三十八年政府遷臺前，赴大陸地區之臺籍人員，在臺灣地區原有戶籍且有直系血親、配偶或兄弟姐妹者，得申請在臺灣地區定居。」該款所稱「直系血親」及「兄弟姐妹」就養子女而言，參照司法院大法官會議釋字第二十八號解釋：「養子女與本生父母及其兄弟姐妹原屬民法第九百六十七條所定直系血親與旁系血親，其與養父母之關係，縱因民法第一千零七十七條所定……：而成為擬制血親，惟其與本生父母方面之天然血親仍屬存在，……自無待於回復」之意旨，似應包括養子女之本生父母及兄弟姐妹在內。從而本件被大陸地區人民收養之臺籍人員，如在臺灣地區原有戶籍且有兄弟姐妹，似無須終止收養關係，亦得依規定申請在臺灣地區定居。

　㈡否定說：按兩岸人民關係條例第十六條第一項第五款規定之立法精神，係以該款所定之大陸地區人民，與臺灣地區人民關係密切，基於人道及倫理之考量，因而准其申請來臺定居（參見立法院秘書處編印「法律案專輯」第一四一輯（下）第一○一一頁、一○一二頁所敘）。又依民法第一千零八十三條「養子女自收養關係終止時起，……回復其與本生父母之關係……」規定之反面解釋，養子女於收養關係存續中，與其本生父母及兄弟姐妹間之權利義務已暫時停止，尚難謂有密切之關係；則其本生父母及兄弟姐妹，解釋上似不應包括於上揭條例第十六條第一項第五款所稱之「直系血親」及「兄弟姐妹」之內。從而，本件被大陸地區收養之臺籍人員，仍須先終止收養關係，回復其與本生父母之關係後，始得申請在臺灣地區定居。

以上二說，似以否定說為當；惟因事涉前揭條例第十六條第一項第五款之立法原

意，宜請另徵詢該法規主管機關對行政院大陸委員會之意見。

二、關於被大陸地區人民收養之臺籍人員，其養父母已死亡者，應如何辦理終止收養部分：按兩岸人民關係條例第五十六條第一項明定：「收養之成立及終止，依各該收養者被收養者設籍地區之規定」。有關本件在臺灣地區原有戶籍人民，被大陸地區人民收養，其與養父母間收養關係之終止，似宜依上揭規定辦理。

第十七條

大陸地區人民有左列情形之一者，得申請在臺灣地區居留：

一、臺灣地區人民之配偶，結婚已滿二年或已生產子女者。

二、其他基於政治、經濟、社會、教育、科技或文化之考量，經主管機關認為確有必要者。

前項第一款情形，臺灣地區之配偶於民國七十六年十一月一日以前重婚者，申請前應經該後婚配偶同意。

大陸地區人民依第一項規定，每年申請在臺灣地區居留之類別及數額，得予限制；其類別及數額，由行政院函請立法院同意後公告之。

依第一項規定申請居留者，在臺灣地區連續居留二年後，得申請定居。

依本條例規定經許可居留者，居留期間內，得在臺灣地區工作。

依第一項第一款許可居留或依第四項許可定居之大陸地區人民，有事實足認係通謀而為虛偽結婚者，撤銷其居留許可或戶籍登記，並強制出境。

大陸地區人民在臺灣地區逾期停留或未經許可入境者，在臺灣地區停留期間，不適用前條及第一項之規定。

前條及第一項申請定居或居留之許可辦法，由內政部會同有關機關擬訂，報請行政院核定後發布之。

第十七條之一

大陸地區人民為臺灣地區人民之配偶，已依前條第一項規定提出居留申請者，其在臺灣地區停留期間內，得向主管機關申請許可受僱在臺灣地區工作。

主管機關為前項許可時，應考量臺灣地區就業市場情勢、社會公益及家庭經濟因素；其許可及管理辦法，由行政院勞工委員會擬訂，報請行政院核定之。

第十八條

進入臺灣地區之大陸地區人民，有左列情形之一者，治安機關得逕行強制出境。但其所涉案件已進入司法程序者，應先經司法機關之同意。

一、未經許可入境者。

二、經許可入境，已逾停留期限者。

三、從事與許可目的不符之活動或工作者。

四、有事實足認為有犯罪行為者。

五、有事實足認為有危害國家安全或社會安定之虞者。

前項大陸地區人民,於強制出境前,得暫予收容,並得令其從事勞務。

前二項規定,於本條例施行前進入臺灣地區之大陸地區人民,適用之。但其為臺灣地區人民配偶,而結婚於本條例施行前者,得於出境前檢附相關證據申請在臺灣地區居留;其申請案件確定前,除顯無申請理由或證據者外,不得強制其出境。

前項但書之臺灣地區人民配偶,結婚已滿二年或已生產子女者,得申請在臺灣地區定居。其在臺灣地區連續居留滿二年者,亦同。

第一項之強制出境處理辦法及第二項收容處所之設置及管理辦法,由內政部擬訂,報請行政院核定後發布之。

＊八五判字第二一二號

要旨:

〔原告雖訴稱其妻滯臺一日係因買不到機票且其妻突然生病,然原告之妻既有逾期停留之事實,則被告依規定未予許可其來臺居留申請,尚無不合〕

理由:

按進入臺灣地區之大陸地區人民,經許可入境,已逾停留期限者,治安機關得不待司法程序之開始或終結,逕行強制其出境,為臺灣地區與大陸地區人民關係條例第十八條第一項第二款所規定。又「得申請在臺灣地區定居或居留之人民,有本條例第十七條第五項及第十八條第一項各款所列情形之一者,不予許可」,復為大陸地區人民在臺灣地區定居或居留許可辦法第八條前段所規定。本件被告以唐○蘭於八十三年九月五日來臺探親,其申准延長停留期間至八十三年十二月四日止,惟於八十三年十二月五日始離境,有逾期停留之情形,乃未予許可來臺其居留申請案,洵非無據。原告訴稱其妻滯臺一日係因買不到機票且其妻突然生病云云,惟查原告之妻既有逾期停留之事實,則被告依規定未予許可其來臺居留申請,尚無不合。一再訴願決定遞予維持,俱屬妥適。原告執前詞指摘,其訴為無理由,應予駁回。

＊八二臺上字第五六二一號

要旨:

未經許可而進入臺灣地區之大陸地區人民,治安機關得不待司法程序之開始或終結,逕行強制其出境,此觀臺灣地區與大陸地區人民關係條例第十八條第一項第一款之規定自明。故強制未經許可入境之大陸地區人民出境,乃治安機關之權責,非一般人民。

＊法務部(八三)檢㈡字第○五六四號

法律問題:

非法進入臺灣地區犯罪之大陸地區人民,經收容於各地大陸地區人民處理中心(俗稱「靖廬」)時,如經判處有期徒刑確定,且未宣告緩刑,則其收容於大陸地區人民處理中心之期間可否折抵刑期?

研討意見：

甲說：

否定說理由：依刑法第四十六條規定僅於裁判確定前曾受羈押者，始得以其一日折抵有期徒刑或拘役一日，而依羈押法第一條第一項規定，刑事被告應羈押者，於看守所行之，雖少年之收容，亦可比照羈押折抵刑期，但係因有明文（少年事件處理法施行細則第十八條），而「臺灣地區與大陸地區人民關係條例」則無相類之規定，自無從比照適用，再觀即使同屬經法官行使強制處分權而剝奪行動自由之流氓案件中之「留置」處分，實務上尚且認為不得將之折抵另涉刑案之刑期，則僅屬純行政上處理措施，並未經偵審機關行使強制處分權之大陸地區人民之「收容」，並無理由認為可據以折抵刑期，且如認大陸地區人民之「收容」相當於羈押而得以折抵刑期，則如將來判決係無罪時，更將發生得否要求冤獄賠償之困擾，亦有未宜。

乙說：

肯定說理由：非法進入臺灣地區之大陸地區人民，依「臺灣地區與大陸地區人民關係條例」第十八條第二項規定，經收容於各地大陸地區人民處理中心，事實上於案件偵審期間，其人身自由均遭剝奪，與經羈押實質上並無所異，若非法入境之大陸地區人民有經偵審機關羈押者，卻發生一者可於判決確定後折抵刑期，一者不可，殊難謂平，故應認非法進入臺灣地區而經收容大陸地區人民處理中心之大陸人民，應於經判處自由刑確定後，比照羈押之情形准予折抵刑期。

研討結論：

採乙說。

理由：鑑於大陸地區人民處理中心之「收容」並非強制處分，與羈押性質有異，且又無法律依據，尚難遽予比附援引，尤其，事實上亦常有非法進入臺灣地區之大陸地區人民係經司法機關以「責付」之非剝奪行動自由之強制處分程序交由大陸地區人民處理中心，予以收容之情形，此時更難於將來判決確定時准予折抵刑期，故本問題擬採乙說。

福建高等法院金門分院檢察署研究意見：

一、如依討論結論之理由以觀，其結論稱採乙說，似係採甲說之誤。

二、贊同採否定說。

法務部檢察司研究意見：

同意福建高等法院金門分院檢察署研究意見，以否定說為當，原結論所稱乙說，應修正為甲說。惟甲說首句應修正為「依刑法第四十六條規定，僅於裁判確定前曾受羈押者」。

＊法務部（八二）法律字第一三五七一號

要旨：

外籍或大陸偷渡來臺人士涉及少年福利法中，對少年從事賣淫或營業性猥褻行為之處理。

主旨：

關於外籍或大陸偷渡來臺人士涉及少年福利法中，對少年從事賣淫或營業性猥褻行為之處理乙案，本部意見如說明二。請　查照參考。

說明：

一、復　貴部八十二年五月廿四日臺（八二）內社字第八二七九六二七號函。

二、查臺灣地區與大陸地區人民關係條例第十八條規定：「進入臺灣地區之大陸地區人民，有左列情形之一者，治安機關得不待司法程序之開始或終結，逕行強制其出境：一、未經許可入境者。……」該條例係為處理臺灣地區與大陸地區人民往來所衍生之法律事件所制定，對少年福利法而言，該條例居特別法之地位，故大陸地區偷渡來臺人士涉及從事賣淫或營業性猥褻行為者，自應優先適用前揭條例第十八條之規定。至於外籍人士涉及從事賣淫或營業性猥褻行為，是否適用少年福利法乙節，因該法尚無明文規定，仍請參酌國際慣例及該法之立法意旨，依職權自行審酌之。

* 法務部（八四）法律決字第一三一一三號

要旨：

未經許可而進入臺灣地區之大陸地區人民，治安機關得不待司法程序之開始或終結，逕行強制其出境。惟該人民所涉案件已進入司法程序者，應經司法機關之同意。

全文內容：

按未經許可而進入臺灣地區之大陸地區人民，治安機關得不待司法程序之開始或終結，逕行強制其出境。惟該人民所涉案件已進入司法程序者，應經司法機關之同意。又所謂未經許可入境之大陸地區人民，包括臺灣地區與大陸地區人民關係條例（以下簡稱兩岸條例）施行前已持偽造、變造護照入境之大陸地區人民在內。兩岸條例第十八條第一項第一款及第三項；同條例施行細則第十二條及第十三條分別定有明文。查兩岸條例係於八十一年九月十八日施行，而依來函所述，蘇君與吳君二人偽造菲國身分證件非法入境，於八十一年一月間經臺灣板橋地方法院判處有期徒刑在案。如蘇君與吳君果因非法入境而經判刑確定，二人即屬兩岸條例施行前已非法入境之大陸地區人民，除有同條例施行細則第十一條第一項之法定事由外，治安機關應逕行強制出境，似無更發給護照之必要。

* 法務部（八六）法檢字第〇〇三六六號

要旨：

大陸劫機犯假釋後，在保護管束期間，其遣返「臺灣地區與大陸地區人民關係條例施行細則」第十二條規定，應如何經司法機關同意。

主旨：大陸劫機犯假釋後，在保護管束期間，其遣返依「臺灣地區與大陸地區人民關係條例施行細則」第十二條規定，應如何經司法機關同意，本部意見復如說明四，請查照。

說明：

一、依　貴會八十五年十二月十二日研商大陸劫機犯假釋後，其遣返時機、方式等事宜會議決議辦理。

二、大陸劫機犯受刑人黃○剛、韓○英已分別於八十五年十二月五日及同年月十日，經本部核准假釋，目前由臺灣桃園地方法院檢察署檢察官請法院裁定保護管束中。

三、「臺灣地區與大陸地區人民關係條例施行細則」第十二條規定：「治安機關依本條例第十八條規定強制大陸地區人民出境前，如該人民所涉案件已進入司法程序者，應經司法機關之同意。」，刑之執行階段亦為司法程序之一，有關「司法機關」究係指保護管束之監督執行機關「檢察機關」？或保護管束之裁定機關「法院」？因大陸劫機犯之「遣返」性質之理論基礎不同，容有不同解釋。

四、惟以大陸劫機犯罪是刑事犯，但亦是非法入境者，依臺灣地區與大陸地區人民關係條例第十八條規定得予遣返。按假釋中付保護管束之大陸地區人民，於假釋後即送往收容中心等待遣返大陸，於等待遣返期間，以收容中心所在地為受保護管束地，依保安處分執行法第七十四條之二第五款規定，「非經執行保護管束者許可，不得離開受保護管束地；離開在十日以上時，應經檢察官核准。」準此，經檢察官同意後即可辦理遣返作業。

第十九條

臺灣地區人民依規定保證大陸地區人民入境者，於被保證人逾期不離境時，應協助有關機關強制其出境，並負擔因強制出境所支出之費用。

前項費用，得由強制出境機關檢具單據影本及計算書，通知保證人限期繳納；逾期不繳納者，移送法院強制執行。

第二十條

臺灣地區人民有左列情形之一者，應負擔強制出境所需之費用：

一、使大陸地區人民非法入境者。

二、非法僱用大陸地區人民工作者。

三、僱用之大陸地區人民依第十四條第二項或第三項規定強制出境者。

前項費用有數人應負擔者，應負連帶責任。

第一項費用，由強制出境機關檢具單據影本及計算書，通知應負擔人限期繳納；逾期不繳納者，移送法院強制執行。

＊司法院（八四）秘臺廳民二字第一二八四二號

要旨：

內政部警政署入出境管理局函詢臺灣地區與大陸地區人民關係條例第二十條第二項移送法院強制執行有關程序如何辦理

主旨：

關於內政部警政署入出境管理局函詢臺灣地區與大陸地區人民關係條例第二十條第二項移送法院強制執行有關程序如何辦理一案，復如說明，請　查照參考。

說明：

一、復　貴部八十四年六月二十八日法（八四）律字第一五〇三七號函。

二、按法律規定得為強制執行名義者（強制執行法第四條第一項第六款），即得由法院依法執行，毋庸再經起訴程序為之。臺灣地區與大陸地區人民關係條例第二十條第二項規定，臺灣地區人民應負擔強制出境所需之費用，由強制出境機關檢具單據及計算書，通知應負擔人限期繳納；逾期不繳納者，移送法院強制執行，即合於上開規定。強制出境機關遇有此類事件，需移送法院強制執行時，應以移送書為執行名義，並檢具單據、計算書及催繳證明等相關資料。至其執行程序悉依強制執行法有關規定辦理。

＊法務部（八四）法律決字第一八八〇六號

要旨：

雇主所聘僱之外國人，經警察機關依規定遣送出境者，其遣送所需之旅費及收容期間之必要費用，應由雇主負擔。

全文內容：

依「臺灣地區與大陸地區人民關係條例」第一條後段規定：「……本條例未規定者，適用其他有關法令之規定。」又依「就業服務法」第六十八條：「大陸地區人民受聘僱於臺灣地區從事工作，其聘僱及管理，除法律另有規定外，準用第五章相關之規定。」及同法第五十五條第一項「雇主所聘僱之外國人，經警察機關依規定遣送出境者，其遣送所需之旅費及收容期間之必要費用，應由雇主負擔。」之規定，本件臺灣地區人民依首揭條例第二十條第一項第二款規定應負擔之強制出境所需費用，似應包括強制出境前之收容期間所支出之必要費用。

第二十一條

大陸地區人民經許可進入臺灣地區者，非在臺灣地區設有戶籍滿十年，不得登記為公職候選人、擔任軍公教或公營事業機關（構）人員及組織政黨。但法律另有規定者，從其規定。

大陸地區人民經許可進入臺灣地區設有戶籍者，得依法令規定擔任大學教職、學術研究機構研究人員或社會教育機構專業人員，不受前項在臺灣地區設有戶籍滿十年之限制。

前項人員不得擔任涉及國家安全或機密科技研究之職務。

第二十二條

　　臺灣地區人民與經許可在臺灣地區定居之大陸地區人民，在大陸地區接受教育之學歷檢覈及採認辦法，由教育部擬訂，報請行政院核定後發布之。

第二十三條

　　臺灣地區、大陸地區及其他地區人民、法人、團體或其他機構，不得為大陸地區之教育機構在臺灣地區辦理招生事宜或從事居間介紹之行為。

第二十四條

　　臺灣地區人民、法人、團體或其他機構有大陸地區來源所得者，應併同臺灣地區來源所得課徵所得稅。但其在大陸地區已繳納之稅額，准自應納稅額中扣抵。

　　前項扣抵之數額，不得超過因加計其大陸地區所得，而依其適用稅率計算增加之應納稅額。

第二十五條

　　大陸地區人民、法人、團體或其他機構有臺灣地區來源所得者，其應納稅額分別就源扣繳，並應由扣繳義務人於給付時，按規定之扣繳率扣繳，免辦理結算申報。

＊八六判字第二七四〇號

　　要旨：

　　〔本國係採對本國籍船舶有刑事或民事管轄權，視為中華民國領土之延伸，是在中華民國船舶上工作，無論該船係在中華民國領海內或領海外作業，均為在中華民國境內提供勞務，所取得之薪資，應屬中華民國來源所得，亦係臺灣地區來源所得。〕

　　理由：

　　按「納稅義務人有左列各類所得者，應由扣繳義務人於給付時，依規定扣繳之稅率或扣繳辦法，扣取稅款，並依第九十二條規定繳納：……二、機關、團體、事業或執行業務者所給付之薪資……所得。」「前條各類所得稅款，其扣繳義務人及納稅義務人如下：……二、薪資……所得，其扣繳義務人為機關、團體之主辦會計人員、事業負責人及執行業務者……」「第八十八條各類所得稅款之扣繳義務人，應於每月十日前將上一月內所扣稅款向國庫繳清，並於每年一月底前將上一年內扣繳各納稅義務人之稅款數額，開具扣繳憑單，彙報稽徵機關查核……」「大陸地區人民、法人、團體或其他機構有臺灣地區來源所得者，其應納稅額分別就源扣繳，並應由扣繳義務人於給付時，按規定之扣繳率扣繳，免辦結算申報。」「本條例第二十五條所稱規定之扣繳率，準用各類所得扣繳率標準中有關中華民國境內居住之個人，或在中華民國境內有固定營業場所之營利事業適用之扣繳率辦理扣繳。」所得稅法第八十八條第一項第二款、第八十九條第一項第二款、第九十二條第一項前段、兩岸關係條例第二十五條及施行細則第二十條定有明文。又「船員在中華民國船隻上工作，即屬在中華民國境內提供勞務，不論航線如何，其在中華民國境內提供勞務所取得之勞務報酬，應屬所得稅法第八條

第三款規定之中華民國來源所得，應依法課徵所得稅。」「關於薪資所得扣繳辦法規定之薪資所得扣繳稅額表，係依據綜合所得稅結算申報稅額計算式，估計全年薪資所得減除免稅額、標準扣除額及薪資所得特別扣除額後，考量與納稅義務人合併申報之配偶及受扶養親屬人數，估計出每月應扣繳稅額，其規定意旨應僅適用於辦理結算申報之所得人。對於遠洋漁撈業者給付大陸船員之薪資，依臺灣地區與大陸地區人民關係條例第二十五條規定既採就源扣繳，且無須辦理結算申報，就源扣繳之稅款即為其最終稅負，尚無薪資所得扣繳辦法第八條及各類所得扣繳辦法第八條第二項有關扣繳稅額不超過新臺幣六百元而免予扣繳之適用，其應納稅額應於給付時按給付總額扣繳百分之十。」亦經財政部六十七年七月十五日臺財稅第三四六七五號、八十四年八月十六日臺財稅第八四一六四二二九五號函釋在案。本件原告係新○富公司負責人，該公司於八十四年一月一日至十二月三十一日給付大陸船員孫○超等十六人薪資，每人一○二、○○○元，合計一、六三二、○○○元，原告未依規定於給付時按各類所得扣繳率標準第二條第二款第二目規定，就源扣繳百分之十，有該公司之各類所得資料申報書、大陸船員名冊、承諾書等影本附原處分卷可稽，被告復查決定認原告應補繳扣繳稅款一六三、二○○元，一再訴願決定遞予維持，俱無違誤。原告起訴主張：臺灣地區漁船在境外海域僱用大陸船員參與作業，其工作所得自非中華民國來源所得，非所得稅課稅範圍，亦非兩岸關係條例所規範。又本件大陸船員每月所得均低於一萬元以下，依各類所得扣繳率標準第八條第二項扣繳義務人每次扣繳稅額不超過六百元者免予扣繳，原告亦得選擇採用查表方式扣繳，因未達起扣標準而免予扣繳云云。按國際法承認船籍國對在公海上之船舶及在他國領海內之非商用政府船舶和軍艦享有專屬管轄權外，對在他國領海內之商用船隻（無論係政府或私人所有）仍可行使相當廣泛之管轄權。我國刑法第三條後段規定：「在中華民國領域外之中華民國船艦或航空機內犯罪者，以在中華民國領域內犯罪論。」海商法各規定對本國籍船舶無論在領海內或領海外均有其適用，亦即本國係採對本國籍船舶有刑事或民事管轄權，視為本國領土之延伸，是在中華民國船舶上工作，無論該船係在中華民國領海內或領海外作業，均為在中華民國境內提供勞務，所取得之薪資，應屬中華民國來源所得，亦係臺灣地區來源所得。原告所舉僅依國際公約，漁船於公海上，如因涉販運奴隸、海盜行為、非法販運麻醉藥品或精神調理物質、從事未經許可之廣播時，他國軍艦或公務船仍得為臨檢、搜查及拿捕；在他國專屬經濟海域更須受沿海國有關捕魚及海洋環境保護等主權權利或管轄規範；在他國領海內除無害通行外，須受沿海國之主權管轄及停泊於他國港口時須接受該國完整主權之管轄等，均無礙於本國對中華民國船籍船舶之管轄權。新○富公司僱用大陸地區人民於該公司所有本國籍漁船工作而給付之薪資，屬臺灣地區來源所得，依兩岸關係條例第二十五條規定，應就源扣繳。再查兩岸關係條例施行細則第二十條規定，該條例第二十五條所稱規定之扣繳率，準用各類所得扣繳率標準中有

關中華民國境內居住之個人，或在中華民國境內有固定營業場所之營利事業適用之扣繳率辦理扣繳。而各類所得扣繳率標準第二條第二款規定納稅義務人如為中華民國境內居住之個人，或在中華民國境內有固定營業場所之營利事業，其薪資所得可由納稅義務人選定按薪資扣繳辦法規定扣繳或按全月給付總額扣取百分之十。惟薪資所得扣繳辦法第一條即規定薪資受領人應填報免稅額申報表，載明依所得稅法第十七條規定減除免稅額之配偶及受扶養親屬等資料。該辦法之薪資所得扣繳稅額表，亦係依據綜合所得稅結算申報稅額計算式，估計全年薪資所得減除免稅額、標準扣除額及薪資所得特別扣除額後，考量與納稅義務人合併申報之配偶及受扶養親屬人數，估計出每月應扣繳稅額。所得稅法規定之免稅額、寬減額、扣除額等適用於應結算申報者，非中華民國境內居住之個人，或在中華民國境內無固定營業場所之營利事業則採就源扣繳方式課稅，無免稅額等之適用，其薪資自無薪資所得扣繳辦法之適用，此由各類所得扣繳率標準第三條第二款對非中華民國境內居住之個人，或在中華民國境內無固定營業場所之營利事業之薪資所得僅採按給付額扣取百分之二十，而無得選擇按薪資所得扣繳辦法扣繳規定自明。大陸地區人民之所得既應就源扣繳，免辦結算申報，自不宜準用薪資所得扣繳辦法扣繳，僅得準用按全月給付總額扣取百分之十規定。原告主張渠選擇採用查表（薪資所得扣繳稅額表）方式查得未達起扣點，免予扣繳云云，洵無可取。再者，原告申報之大陸船員全年薪資各為一〇二、〇〇〇元，平均每月八、五〇〇元，每月應扣繳八五〇元，超過各類所得扣繳率標準第八條第二項規定之六百元者，所訴各節，均無足採，其訴非有理由，應予駁回。

＊財政部八七臺財稅字第八七一九七八二七一號

要旨：

大陸地區人民、法人、團體或其他機構，有臺灣地區來源之營利所得或非屬扣繳範圍所得之課稅疑義。

說明：

一、依據本部賦稅署案陳上海商業儲蓄銀行股份有限公司（申請代理人：勤業會計事務所游勝福會計師）87.06.12 勤投〇六一號申請書及中國國際商業銀行股份有限公司八十七年六月十八日 (87) 中總秘字第一九四八號函辦理。

二、依「臺灣地區與大陸地區人民關係條例」第二十五條及同條例施行細則第二十條規定，大陸地區人民、法人、團體或其他機構有臺灣地區來源所得者，其應納稅額分別就源扣繳，並應由扣繳義務人於給付時，按中華民國境內居住之個人，或在中華民國境內有固定營業場所之營利事業適用之扣繳率辦理扣繳，免辦理結算申報。自八十七年一月一日起，大陸地區人民、法人、團體或其他機構如有臺灣地區公司或合作社分配屬八十六年度以前之股利或盈餘，應由扣繳義務人於給付時，按給付總額百分之十五扣取稅款；分配屬八十七年度以後之股利或盈餘，應

由扣繳義務人於給付時，按分配之股利淨額或盈餘淨額百分之十扣取稅款，就源
扣繳之稅款即為其最終稅負。

三、又大陸地區人民、法人、團體或其他機構如有非屬所得稅法第八十八條扣繳範圍
之所得，除符合免稅規定者外，應由扣繳義務人於給付時按給付額百分之十扣取
稅款。

＊財政部八七臺財稅字第八七一九四四〇一六號

要旨：

大陸地區人民來臺居留期間有臺灣地區來源所得者應依「臺灣地區與大陸地區人民關
係條例」第二十五條及同條例施行細則第二十條規定辦理

主旨：

大陸地區人民來臺居留期間有臺灣地區來源所得者應依「臺灣地區與大陸地區人民關
係條例」第二十五條及同條例施行細則第二十條規定，由扣繳義務人按中華民國境內
居住之個人適用之扣繳率就源扣繳後，不再併入其具有中華民國境內居住者身分之配
偶綜合所得總額申報，其扣繳稅款亦不得扣抵。惟可與其配偶合併申報相關免稅額、
扣除額。請　查照。

說明：

依據臺北市國稅局八十七年四月十日 (87) 財北國稅審貳字第八七〇一四一一二號函
辦理。

第二十六條

支領各種月退休（職、伍）給與之退休（職、伍）軍公教及公營事業機關（構）人員，
經許可赴大陸地區並擬在大陸地區定居者，依其申請就其原核定退休（職、伍）年資
及其申領當月同職等或同官階之現職人員月俸額，計算其應領之一次退休（職、伍）
給與為標準，扣除已領之月退休（職、伍）給與，一次發給其餘額；無餘額或餘額未
達其應領之一次退休（職、伍）給與半數者，一律發給其應領一次退休（職、伍）給
與之半數。

前項人員在臺灣地區有受其扶養之人者，申請前應經該受扶養人同意。

＊教育部（八八）臺人㈢字第八八〇〇九〇三二號

要旨：

有關支（兼）領月退休人員，赴大陸探親時，因重病滯留（停發月退休金）並不幸亡
故，其在大陸遺族得否申領一次撫慰金疑義。

主旨：

銓敘部函釋，有關支（兼）領月退休人員，赴大陸探親時，因重病滯留（停發月退休
金）並不幸亡故，其在大陸遺族得否申領一次撫慰金疑義一案，轉請　查照。

說明：

一、依本部人事處案陳銓敘部本（八十八）年一月十八日八八臺特三字第一七〇四六一八號致臺灣省政府人事處書函副本辦理。

二、查銓敘部八十一年二月二十八日 (81) 臺華特二字第〇六七八七六七號函釋略以，退休人員如赴大陸地區，因其行蹤已非我政府機關所能查證之範圍，依現行法令規定，無法繼續發給月退休金，其月退休金仍須俟其回臺後再依規定請領。惟依公務人員退休法第九條規定，退休金請求權，如經五年不行使，即告消滅，不再予以補發。次查公務人員退休法規定核發亡故支（兼）領月退休金人員之遺族撫慰金，旨在照顧遺族生活，退休人員如未具有該法第十一條規定：「有下列情形之一者，喪失其領受退休金之權利：一、死亡。二、褫奪公權終身者。三、動員戡亂時期終止後，曾犯內亂、外患罪，經判刑確定者，或通緝有案尚未結案者。四、喪失中華民國國籍者。」之情事時，即未喪失領受月退休金之權利，因此，雖生前已停發月退休金，於死亡後其合法遺族尚非不得依公務人員退休法規定請領撫慰金，先予敘明。

三、又依「臺灣地區與大陸地區人民關係條例」（以下簡稱兩岸條例）第二十六條規定：「支領各種月退休（職、伍）給與之退休（職、伍）軍公教及公營事業機關（構）人員，經許可赴大陸地區並擬在大陸地區定居者，依其申請……一次發給其餘額；無餘額或餘額未達其應領之一次退休（職、伍）給與半數者，一律發給其應領一次退休（職、伍）給與之半數。」及考試院八十三年六月二十七日核定修正之退休公務人員赴大陸地區定居申請改領一次退休金注意事項八規定：「退休公務人員非依本條例第二十六條規定而自行前往大陸地區居住或居留，並在居住或居留大陸地區期間死亡者，如在臺灣地區無法辦理戶籍死亡登記，其撫慰金依法不予發給。」是以，支（兼）領月退休金人員自行赴大陸地區並經停發月退休金而死亡者，其臺灣地區遺族如符合上開規定時，得請領其撫慰金。茲以八十六年七月一日修正施行之兩岸條例第二十六條之一第一項規定：「……支領月退休（職、伍）給與人員，在支領期間死亡，而在臺灣地區無遺族或法定受益人者，其居住大陸地區之遺族或法定受益人，得於各該支領給付人死亡之日起五年內，經許可進入臺灣地區，以書面向主管機關申請領受……一次撫慰金。但不得請領年撫卹金或月撫慰金；逾期未申請領受者，喪失其權利。」準此，未改領一次退休金而自行赴大陸地區之支（兼）領月退休金人員，因重病滯留且經停發月退休金期間死亡，其居住大陸地區之合法遺族，如符合上開兩岸條例第二十六條之一之規定者，亦得依據該部訂定之作業規定請領一次撫慰金。

＊教育部（八八）臺人㈢字第八八〇〇七二一〇號

要旨：

有關退休人員未及具領退休金即病故，且在臺無遺族或法定受益人，可否比照該部訂

頒之「大陸地區遺族或法定受益人請領公務人員保險死亡給付一次撫卹金及一次撫慰金作業規定」，由大陸遺族具領一次退休金疑義。

主旨：

銓敘部函釋，有關退休人員未及具領退休金即病故，且在臺無遺族或法定受益人，可否比照該部訂頒之「大陸地區遺族或法定受益人請領公務人員保險死亡給付一次撫卹金及一次撫慰金作業規定」（以下簡稱作業規定），由大陸遺族具領一次退休金疑義一案，轉請　查照。

說明：

一、依銓敘部本（八十八）年一月十六日八八臺特三字第一七○五六七三號致臺灣省政府書函副本辦理，檢附該函影本乙份。

二、有關退休公務人員未及請領退休金即病故，在臺無遺族或法定受益人，依銓敘部函釋退休金可依民法有關繼承規定由法定繼承人具領，惟亡故當時兩岸尚未開放交流，其大陸遺族或法定受益人實無法來臺申領，其遺族得否依據作業規定請領亡故退休人員應領而未領之一次退休金乙節，所涉疑義分項說明摘要如次：㈠查目前臺灣地區與大陸地區人民間之權利義務關係及其他事務之處理均係參照「臺灣地區與大陸地區人民關係條例」（以下簡稱兩岸條例）辦理。因查上開條例第二十六條之一並未規定亡故退休人員居住大陸地區之遺族，得請領其一次退休金，是以，退休公務人員未及請領退休金即病故，如在臺無遺族或法定受益人，其大陸遺族尚無法據以請領其生前未及領取之一次退休金。㈡次查兩岸條例第六十六條規定「（第一項）大陸地區人民繼承臺灣地區人民之遺產，應於繼承開始起三年內以書面向被繼承人住所地之法院為繼承之表示；逾期視為拋棄其繼承權。……（第三項）繼承在本條例施行前開始者，前二項期間自本條例施行之日起算。」，有關退休公務人員於退休金具領前亡故，其退休金可依民法有關繼承規定由法定繼承人具領，前經該部以五十五年八月十九日 55 臺為特三字第○九五七六號函釋有案。是以，退休人員於辦理退休後未及具領退休金即亡故時，其大陸地區法定繼承人，得依上開兩岸條例第六十六條有關繼承之規定申領該一次退休金，又其應為繼承表示之時限並應依上開規定辦理。

三、公立學校教職員比照辦理，有關核發大陸地區法定繼承人申請領受一次退休金之程序得參照本部訂頒之「大陸地區遺族或法定受益人請領亡故公立學校教職員一次撫卹金一次撫慰金或保險死亡給付作業規定」辦理。

＊銓敘部（八八）臺特三字第一七○四六一八號

要旨：

有關支（兼）領月退休金人員，赴大陸探親時，因重病滯留（停發月退休金）並不幸亡故，其在大陸地區遺族得否申領一次撫慰金疑義。

全文內容：

一、貴處民國八十七年十一月二十七日八七省人四字第三二二一四號函，為請釋有關支（兼）領月退休金人員，赴大陸探親時，因重病滯留（停發月退休金）並不幸亡故，其在大陸地區遺族得否申領一次撫慰金疑義乙案，敬悉。

二、查本部八十一年二月二十八日(81)臺華特二字第〇六七八七六七號函釋略以，退休人員如赴大陸地區，因其行蹤已非我政府機關所能查證之範圍，依現行法令規定，無法繼續發給月退休金。其月退休金仍須俟其回臺後再依規定請領，惟依公務人員退休法第九條規定，退休金請求權，如經過五年不行使，即告消滅，不再予以補發。次查公務人員退休法規定核發亡故支（兼）領月退休金人員之遺族撫慰金，旨在照顧遺族生活，退休人員如未具有該法第十一條規定：「有下列情形之一者，喪失其領受退休金之權利：一、死亡。二、褫奪公權終身者。三、動員戡亂時期終止後，曾犯內亂、外患罪，經判刑確定者，或通緝有案尚未結案者。四、喪失中華民國國籍者。」之情事時，即未喪失領受月退休金之權利，因此，雖生前已停發月退休金，於死亡後其合法遺族尚非不得依公務人員退休法規定請領撫慰金。先予敘明。

三、又依「臺灣地區與大陸地區人民關係條例」（以下簡稱兩岸條例）第二十六條規定：「支領各種月退休（職、伍）給與之退休（職、伍）軍公教及公營事業機關（構）人員，經許可赴大陸地區並擬在大陸地區定居者，依其申請……一次發給其餘額；無餘額或餘額未達其應領之一次退休（職、伍）給與半數者，一律發給其應領一次退休（職、伍）給與之半數。」及本部報經考試院於八十三年六月二十七日修正之退休公務人員赴大陸地區定居申請改領一次退休金注意事項八規定：「退休公務人員非依本條例第二十六條規定而自行前往大陸地區居住或居留，並在居住或居留大陸地區期間死亡者，如在臺灣地區無法辦理戶籍死亡登記，其撫慰金依法不予發給。」是以，支（兼）領月退休金人員自行赴大陸地區並經停發月退休金而死亡者，其臺灣地區遺族如符合上開規定時，得請領其撫慰金。茲以八十六年七月一日修正施行之兩岸條例第二十六條之一第一項規定：「……支領月退休（職、伍）給與人員，在支領期間死亡，而在臺灣地區無遺族或法定受益人者，其居住大陸地區之遺族或法定受益人，得於各該支領給付人死亡之日起五年內，經許可進入臺灣地區，以書面向主管機關申請領受……一次撫慰金。但不得請領年撫卹金或月撫慰金；逾期未申請領受者，喪失其權利。」準此，未改領一次退休金而自行赴大陸地區之支（兼）領月退休金人員，因重病滯留且經停發月退休金期間死亡，其居住大陸地區之合法遺族，如符合上開兩岸條例第二十六條之一之規定者，亦得依據本部訂定之作業規定請領一次撫慰金。

四、請　查照。

第二十六條之一

軍公教及公營事業機關（構）人員，在任職（服役）期間死亡，或支領月退休（職、伍）給與人員，在支領期間死亡，而在臺灣地區無遺族或法定受益人者，其居住大陸地區之遺族或法定受益人，得於各該支領給付人死亡之日起五年內，經許可進入臺灣地區，以書面向主管機關申請領受公務人員或軍人保險死亡給付、一次撫卹金、餘額退伍金或一次撫慰金。但不得請領年撫卹金或月撫慰金；逾期未申請領受者，喪失其權利。

前項保險死亡給付、一次撫卹金、餘額退伍金或一次撫慰金總額，不得逾新臺幣二百萬元。

本條例修正施行前，依法核定保留保險死亡給付、一次撫卹金、餘額退伍金或一次撫慰金者，其居住大陸地區之遺族或法定受益人，應於本條例修正施行之日起五年內，依第一項規定辦理申領，逾期喪失其權利。

民國三十八年以前在大陸地區依法令核定應發給之各項公法給付，其權利人尚未領受或領受中斷者，於國家統一前，不予處理。

*銓敘部（八七）臺特三字第一六五八三三七號

要旨：

支領月退休金人員亡故後，如有合法遺囑指定人，則大陸遺族無法申領。

全文內容：

一、貴府民國八十七年十月六日府人四字第八七○七七六一一○○號函，為請釋有關支領月退休金人員亡故後，其合法遺囑指定人與在大陸地區之遺族，請領撫慰金資格之優先順序疑義乙案，敬悉。

二、查「臺灣地區與大陸地區人民關係條例」第二十六條之一第一項規定：「軍公教及公營事業機關（構）人員，在任職（服役）期間死亡，或支領月退休（職、伍）給與人員，在支領期間死亡，而在臺灣地區無遺族或法定受益人者，其居住大陸地區之遺族或法定受益人，得於各該支領給付人死亡之日起五年內，經許可進入臺灣地區，以書面向主管機關申請領受公務人員或軍人保險死亡給付、一次撫卹金、餘額退伍金或一次撫慰金。但不得請領年撫卹金或月撫慰金；逾期未申請領受者，喪失其權利。」同條例施行細則第二十五條之四規定：「大陸地區遺族依本條例第二十六條之一第一項規定申請餘額退伍金或一次撫慰金者，應檢具左列文件……四、死亡人員在臺灣地區無遺族或合法遺囑指定人證明。……」。是以，支（兼）領月退休金公務人員亡故後，雖在臺灣地區無法定遺族，惟如有合法遺囑指定人，則其居住大陸地區之遺族，仍將無法據以請領其撫慰金。

*銓敘部（八七）臺特一字第一五八四○八六號

要旨：

退休人員被保險人於保險期間死亡，而在臺無法定受益人，得由居住大陸地區之法定受益人申請領受。

主旨：

有關「臺灣地區與大陸地區人民關係條例」第二十六條之一自民國八十六年七月一日施行後，退休人員保險被保險人於保險期間死亡，而在臺灣地區無法定受益人，其居住大陸地區之法定受益人得否依上述規定請領死亡給付疑義乙案，復如說明，請　查照。

說明：

一、依本部退撫司案陳　貴處民國八十六年十二月八日 (86) 中公現字第五一八五五號函及行政院大陸委員會八十七年一月十九日 (87) 陸法字第八六一八三一一號書函辦理。

二、查「臺灣地區與大陸地區人民關係條例」第二十六條之一規定：「(第一項) 軍公教及公營事業機關 (構) 人員，在任職 (服役) 期間死亡，或支領月退休 (職、伍) 給與人員，在支領期間死亡，而在臺灣地區無遺族或法定受益人者，其居住大陸地區之遺族或法定受益人，得於各該支領給付人死亡之日起五年內，經許可進入臺灣地區，以書面向主管機關申請領受公務人員或軍人保險死亡給付、一次撫卹金、餘額退伍金或一次撫慰金。但不得請領年撫卹金或月撫慰金；逾期未申請領受者，喪失其權利。(第二項) ……(第三項) 本條例修正施行前，依法核定保留保險死亡給付、一次撫卹金、餘額退伍金或一次撫慰金者，其居住大陸地區之遺族或法定受益人，應於本條例修正施行之日起五年內，依第一項規定辦理申領，逾期喪失其權利。(第四項) ……。」第一條規定：「國家統一前，為確保臺灣地區安全與民眾福祉，規範臺灣地區與大陸地區人民之往來，並處理衍生之法律事件，特制定本條例。本條例未規定者，適用其他有關法令之規定。」

三、本案經函准行政院大陸委員會前開函復以：「(一)……『退休人員保險辦法』係針對依法退休時未領取養老給付之公務人員保險被保險人，性質上為『退休人員保險』事項，與兩岸條例第二十六條之一所規範之『公務人員保險』事項，有本質之差異，更與第二十六條之一明定『任職期間死亡』為申領要件之情況有所不符，是以退休人員保險被保險人之保險給付，似無法依兩岸條例第二十六條之一規定辦理。(二)依兩岸條例第一條後段規定：『本條例未規定者，適用其他有關法令之規定。』本案退休公務人員之大陸地區法定受益人，得否申領被保險人之保險死亡給付，係屬兩岸條例未規定事項，依前揭規定，應適用其他有關法令。」惟查「退休人員保險辦法」第一條第二項規定：「本辦法未規定事項，準用公教人員保險法令有關規定。」第八條規定：「本保險被保險人自願退保者，發還其原應請領之公務人員保險養老給付。」茲以本保險被保險人係以原屬公務人員保險被保險人依法退休為

參加要件，且其給付項目及條件，均係準用公務人員保險法之有關規定，而「臺灣地區與大陸地區人民關係條例」增訂第二十六條之一規定施行後，公務人員保險被保險人之死亡給付既得於臺灣地區無法定受益人時，由居住大陸地區之法定受益人申請領受，是以退休人員保險被保險人之死亡給付自得比照辦理。

第二十七條

行政院國軍退除役官兵輔導委員會安置就養之榮民，經許可進入大陸地區定居者，其原有之就養給付及傷殘撫卹金，仍應發給。

前項發給辦法，由行政院國軍退除役官兵輔導委員會擬訂，報請行政院核定後發布之。

第二十八條

中華民國船舶、航空器及其他運輸工具，非經主管機關許可，不得航行至大陸地區。

前項許可辦法，由交通部會同有關機關擬訂，報請行政院核定後發布之。

＊八八臺上字第七二二九號

要旨：

臺灣地區與大陸地區人民關係條例第八十條第一項之未經許可航行至大陸地區罪，於船舶、航空器或其他運輸工具一經航行至大陸地區，犯罪即已成立，犯罪行為亦已終了。原判決認定〇宏八號漁船船長黃慶祥經上訴人許坤以無線電告知後，未經許可將漁船駛抵大陸地區之廣東澳頭港，接載三百九十五箱海蜇皮及五箱毒品私運進入臺灣等情，則未經許可航行至大陸地區部分與其後之私運管制物品進口、運輸毒品及運輸麻醉藥品等行為，並非同時而是先後為之，且有方法結果之牽連關係，原判決認係一行為觸犯數罪名之想像競合犯，於法自有未洽。

＊八六臺上字第六四〇三號

要旨：

一、臺灣地區與大陸地區人民關係條例第八十條第一項前段所定船舶所有人違反同法第二十八條第一項規定之罪，以「中華民國」船舶所有人未經主管機關許可使其船舶航行至大陸地區為構成要件，原判決於事實欄僅載稱上訴人「係源豐號漁船所有人」，未認定該漁船係「中華民國」船舶，於理由欄載稱該漁船係「中國」船舶，究指大陸地區之「中華人民共和國」或臺灣地區之「中華民國」，尚欠明確，俱不足資為適用上開法律之依據。

二、以一行為而觸犯構成要件雷同之數罪名者，為刑法第五十五條前段之想像競合犯，如係數行為，其中目的行為犯一罪而其方法或結果行為犯他罪者，則為同法條後段之牽連犯；原判決認定上訴人所犯船舶未經許可航至大陸地區罪與自大陸地區私運管制物品進入臺灣地區罪，如皆成立，顯係以相異之二行為觸犯構成要件不同之二罪名，且前者為後者之方法行為，依上揭說明，兩罪應論以牽連犯，原判決竟論以想像競合犯，其法律見解自非妥適。

三、準走私罪之適用法律，應援引懲治走私條例第十二條、第二條第一項資為依據，加以說明，始符罪刑法定原則，原判決僅引用該條例第二條第一項，自欠完備。

＊八二臺上字第二四四七號

要旨：

查臺灣地區與大陸地區人民關係條例已於八十一年七月卅一日公布，同年九月十八日施行，該條例第二十八條第一項規定：「中華民國船舶、航空器、及其他運輸工具，非經主管機關許可，不得航行至大陸地區。」同條例第八十條第一項規定：中華民國船舶所有人或船長違反上開規定航行至大陸地區者，處三年以下有期徒刑、拘役、或科或併科新臺幣一百萬元以上一千五百萬元以下罰金。是被告前開違反國家總動員法第七條第一項所發禁止命令（違反動員時期船舶管制辦法第五條、第六條），應依妨害國家總動員懲罰暫行條例第五條第二款論處部分，法律既已變更，且有利於行為人，依刑法第二條第一項前段之規定，自應適用臺灣地區與大陸地區人民關係條例第八十條第一項之罪論處。按刑法第一百三十八條所謂公務員職務上委託第三人掌管之物品，係指該物品由公務員本於職務上之關係而委請寄託第三人代為保管之意，不以先經法定扣押程序為必要，茲被告私運魚貨逾公告數額，經警查扣後交陳劉碧珠、黃文淵及上訴人即被告共同掌管，仍不失為公務員職務上委託第三人掌管之物品之性質。

第二十八條之一

中華民國船舶、航空器及其他運輸工具，不得私行運送大陸地區人民前往臺灣地區及大陸地區以外之國家或地區。

臺灣地區人民不得利用非中華民國船舶、航空器或其他運輸工具，私行運送大陸地區人民前往臺灣地區及大陸地區以外之國家或地區。

第二十九條

大陸船舶、民用航空器及其他運輸工具，非經主管機關許可，不得進入臺灣地區限制或禁止水域、臺北飛航情報區限制區域。

前項限制或禁止水域及限制區域，由國防部公告之。

第一項許可辦法，由交通部會同有關機關擬訂，報請行政院核定後發布之。

＊法務部（八一）法律字第一八四六〇號

要旨：

國防部所提釋疑意見二中有關水域之定義：「一、所謂『水域』係指一國內之水域，即基線向陸一方的海洋是內國水域。」雖係參考國際海洋法之概念（所謂「水域」係指「水面、水床及底土三者」；所謂「內國水域」係指「在領海基線以內之一切水域」；所謂「基線」係指「海岸低潮線」）；惟臺灣地區與大陸地區人民關係條例第二十九條規定之「限制或禁止水域」，既由國防部公告，其與國際海洋法上所謂「水域」或「內國水域」等之概念，似非必完全一致。

第三十條

外國船舶、民用航空器及其他運輸工具,不得直接航行於臺灣地區與大陸地區港口、機場間;亦不得利用外國船舶、民用航空器及其他運輸工具,經營經第三地區航行於包括臺灣地區與大陸地區港口、機場間之定期航線業務。

前項船舶、民用航空器及其他運輸工具為大陸地區人民、法人、團體或其他機構所租用、投資或經營者,交通部得限制或禁止其進入臺灣地區港口、機場。

第一項之禁止規定,交通部於必要時得報經行政院核定為全部或一部之解除。

第三十一條

大陸民用航空器未經許可進入臺北飛航情報區限制進入之區域,執行空防任務機關得警告飛離或採必要之防衛處置。

第三十二條

大陸船舶未經許可進入臺灣地區限制或禁止水域,主管機關得逕行驅離或扣留其船舶、物品,留置其人員或為必要之防衛處置。

＊法務部(八二)法律字第二六五九〇號

要旨:

一、行政法院六十二年判字第二十九號判例雖已不再援用,惟外幣仍屬物之一種,且為出入國境時應予管制之物品(管理外匯條例第一條、第九條及第十一條參照),如有攜帶外幣規避檢查或逃避管制之行為,自有海關緝私條例之適用,合先敘明。

二、走私、偷渡有經由通商口岸為之者,亦有非經通商口岸為之者。海關緝私條例對此二者均有規範(該條例第二條、第三條、第十六條、第三十六條及第三十九條參照);而管理外匯條例僅對前者有所規定(該條例第十一條、第二十四條第三項參照);臺灣地區與大陸地區人民關係條例(以下簡稱「兩岸人民關係條例」)及施行細則則係對後者而為規定(該條例第三十二條第一項、第二項及其施行細則第二十八條、第三十一條參照)。如大陸地區人民走私、偷渡入境係經通商口岸為之者,其所攜外幣即同受管理外匯條例及海關緝私條例之規範;如非經通商口岸為之者,則受兩岸人民關係條例及海關緝私條例之規範。經查管理外匯條例係外幣管制之特別法;而兩岸人民關係條例則為規範兩岸人民往來並處理衍生法律事件之特別法;依法規競合之法理,管理外匯條例及兩岸人民關係條例似均應優先於海關緝私條例而適用。

＊法務部(八二)法律決字第〇三七四三號

要旨:

按「臺灣地區與大陸地區人民關係條例」(以下簡稱兩岸條例)第一條規定:「國家統一前,為確保臺灣地區安全與民眾福祉,規範臺灣地區與大陸地區人民之往來,並處理衍生之法律事件,特制定本條例。本條例未規定者,適用其他有關法令之規定。」依

此規定，凡本條例已有規定者，即應適用本條例之規定。兩岸條例及其施行細則自八十一年九月十八日施行後，凡大陸船舶未經許可進入臺灣、澎湖地區限制或禁止水域，依兩岸條例及其施行細則之規定，主管機關得對涉及走私者扣留其船舶、物品及留置其人員；經扣留之物品係屬違禁或走私物品者，主管機關並予以沒入之，其餘應於三個月內發還；但持有人涉嫌犯罪移送司法機關處理者，其相關證物應併同移送（兩岸條例第三十二條第一項、第二項第一款及施行細則第二十八條一、二款、第三十一條規定參照）。故大陸地區人民如利用大陸漁船在臺灣、澎湖地區限制或禁止水域走私未稅洋菸經查獲者，主管機關應優先適用兩岸條例及其施行細則。

第三十三條

臺灣地區人民、法人、團體或其他機構，非經主管機關許可，不得為大陸地區法人、團體或其他機構之成員或擔任其任何職務；亦不得與大陸地區人民、法人、團體或其他機構聯合設立法人、團體、其他機構或締結聯盟。

前項許可辦法，由有關主管機關擬訂，報請行政院核定後發布之。

本條例施行前，已為大陸地區法人、團體或其他機構之成員或擔任職務，或已與大陸地區人民、法人、團體或其他機構聯合設立法人、團體、其他機構或締結聯盟者，應自前項許可辦法施行之日起六個月內向主管機關申請許可，逾期未申請或申請未核准者，以未經許可論。

＊法務部（八八）法律字第○○○一六五號

要旨：

關於臺灣地區法律人士擔任大陸地區仲裁委員會之仲裁員之相關事宜

主旨：

關於臺灣地區法律人士擔任大陸地區仲裁委員會之仲裁員之相關事宜乙案，復如說明二、三。請　查照參考。

說明：

一、依　貴會八十八年四月八日下午三時「研商有關臺灣地區法律人士擔任大陸地區仲裁委員會之仲裁員相關事宜」會議之會議結論㈡辦理。

二、關於臺灣地區法律人士如受聘任為大陸地區仲裁委員會之仲裁員時，是否違反臺灣地區與大陸地區人民關係條例第三十三條第一項前段規定：「臺灣地區人民、法人、團體或其他機構，非經主管機關許可，不得為大陸地區法人、團體或其他機構之成員或擔任其任何職務，……。」疑義乙節，宜請　貴會先查明大陸地區仲裁員與仲裁委員會間之法律關係為何。如其所謂「聘任」係指委任或僱傭關係，則似可解為符合該條例上開規定中「成員或擔任其任何職務」之要件，從而，應認違反上開禁止規定。反之，如其間並無任何法律關係，則似不違反該條例第三十三條第一項規定。

三、另請　貴會從大陸政策方面全盤考量宜否開放臺灣地區法律人士擔任大陸地區仲裁委員會之仲裁員，俾便決定是否訂定許可辦理規範之。

＊行政院大陸委員會（八五）陸文字第八五一三二二四號

要旨：

臺灣地區人民赴大陸地區講學是否為「臺灣地區與大陸地區人民關係條例」第三十三條所稱之「為大陸地區法人、團體或其他機構之成員或擔任其任何職務」

主旨：

函轉司法院就臺灣地區人民赴大陸地區講學是否為「臺灣地區與大陸地區人民關係條例」第三十三條所稱之「為大陸地區法人、團體或其他機構之成員或擔任其任何職務」之研究意見。請　查照。

說明：

一、本會為推動相關工作，函請司法院研究臺灣地區人民赴大陸地區講學是否為「臺灣地區與大陸地區人民關係條例」第三十三條所稱之「為大陸地區法人、團體或其他機構之成員或擔任其任何職務」。

二、前開問題業經司法院大陸法制研究小組第二十七次會議討論決議如左：「臺灣地區與大陸地區人民關係條例」第三十三條所稱「成員」，宜解為係指大陸地區法人、團體或其他機構之成員而言，同條所稱擔任「職務」，宜視為其受聘或受邀取得之身分地位而定。來函舉述「講學」一節，倘非擔任專職教師，僅從事短期講學活動或發表專題演講者，尚難認係擔任某項職務。

＊法務部（八二）法律字第二三九七八號

要旨：

臺灣地區與大陸地區人民關係條例（以下簡稱「兩岸人民關係條例」）第三十三條規定，臺灣地區人民、法人、團體或其他機構，非經主管機關許可不得與大陸地區人民、法人、團體或其他機構締結聯盟。其中所謂「聯盟」在法律上固乏定義，惟參究其固有語意及今日一般冠以「聯盟」二字之組織（例如：國際聯合會盟約（俗稱：國際聯盟）及西歐聯盟等國際性聯盟、萬國郵政聯盟等技術性聯盟、中民職業棒球聯盟等民間性聯盟）觀之，稱聯盟者，均有其特定之成立目的暨為達成該目的及執行相關事務而設有之獨立性機構。又查，兩岸人民關係條例第三十三條係以避免「落入中共統戰之圈套、影響臺灣地區之安全與安定」為立法目的。從而，兩岸學校所簽訂之學術交流協議是否屬該條所稱之「締結聯盟」，似宜視有無具備上開聯盟之特性及違背立法目的而定，請　貴會（行政院大陸委員會）本於職權自行審認之。

第三十四條

臺灣地區人民、法人、團體或其他機構，非經主管機關許可，不得委託、受託或自行於臺灣地區為大陸地區物品、勞務或其他事項，從事廣告之進口、製作、發行、代理、

播映、刊登或其他促銷推廣活動。

前項許可辦法，由行政院定之。

第三十五條

臺灣地區人民、法人、團體或其他機構，非經主管機關許可，不得在大陸地區從事投資或技術合作，或與大陸地區人民、法人、團體或其他機構從事商業行為。

臺灣地區與大陸地區貿易，非經主管機關許可，不得為之。

前二項許可辦法，由有關主管機關擬訂，報請行政院核定後發布之。

本條修正施行前，未經核准從事第一項之投資或技術合作者，應自本條例修正施行之日起三個月內向主管機關申請許可，逾期未申請或申請未核准者，以未經許可論。

＊釋字第五二一號

解釋文：

法律明確性之要求，非僅指法律文義具體詳盡之體例而言，立法者仍得衡酌法律所規範生活事實之複雜性及適用於個案之妥當性，運用概括條款而為相應之規定，業經本院釋字第四三二號解釋闡釋在案。為確保進口人對於進口貨物之相關事項為誠實申報，以貫徹有關法令之執行，海關緝私條例第三十七條第一項除於前三款處罰虛報所運貨物之名稱、數量及其他有關事項外，並於第四款以概括方式規定「其他違法行為」亦在處罰之列，此一概括規定，係指報運貨物進口違反法律規定而有類似同條項前三款虛報之情事而言。就中關於虛報進口貨物原產地之處罰，攸關海關緝私、貿易管制有關規定之執行，觀諸海關緝私條例第一條、第三條、第四條、貿易法第五條、第十一條及臺灣地區與大陸地區人民關係條例第三十五條之規定自明，要屬執行海關緝私及貿易管制法規所必須，符合海關緝私條例之立法意旨，在上述範圍內，與憲法第二十三條並無牴觸。至於依海關緝私條例第三十六條、第三十七條規定之處罰，仍應以行為人之故意或過失為其責任條件，本院釋字第二七五號解釋應予以適用，併此指明。

＊經濟部國際貿易局（八八）貿四發字第○一七四七號

要旨：

臺灣地區登記之企業自第三地區購貨直接輸往大陸地區是否適用兩岸貿易法規疑義

主旨：

貴公司函詢在臺灣地區登記之企業，委託第三地區之外商銀行簽發信用狀予第三地區業者，購貨直接輸往大陸地區之行為，是否牴觸「臺灣地區與大陸地區人民關係條例」第三十五條之規範乙案，復請　查照。

說明：

一、依據財政部金融局八十八年二月六日臺融局㈠第八八○四三六三○號函轉　貴公司八十八年二月一日丸紅會字第○○○五號函辦理。

二、查「臺灣地區與大陸地區貿易許可辦法」第四條第一項之規定：「臺灣地區與大陸

地區貿易，指兩地區間貨品或附屬於貨品之智慧財產權之輸出入行為及有關事項」。準此，在臺灣地區登記之企業，向第三地區業者購貨直接輸往大陸地區之行為，因貨品不是由臺灣地區輸出，非屬本許可辦法所稱臺灣地區與大陸地區之貿易行為，故未涉及「臺灣地區與大陸地區人民關係條例」第三十五條第二項之規範。

三、檢附「臺灣地區與大陸地區人民關係條例」第三十五條以及「臺灣地區與大陸地區貿易許可辦法」等條文內容計六頁，請卓參。

＊法務部（八三）法律字第〇七一七四號

要旨：

一、按臺灣地區與大陸地區人民關係條例（以下簡稱兩岸人民關係條例）第三十五條第一項規定：「臺灣地區人民、法人、團體或其他機構，非經主管機關許可，不得在大陸地區從事投資或技術合作，或與大陸地區人民、法人、團體或其他機構從事貿易或其他商業行為。」第二項（今第三項）規定：「前項許可辦法，由有關主管機關擬定，報請行政院核定後發布之。」目前依本條規定發布施行之許可辦法計有：「在大陸地區從事投資或技術合作許可辦法」、「臺灣地區與大陸地區貿易許可辦法」及「在大陸地區從事商業行為許可辦法」。惟對於大陸地區人民在臺灣地區從事商業行為迄今尚無許可辦法。因此，在相關辦法訂定前，大陸地區人民在臺灣地區未經主管機關許可，似不得從事任何商業行為。

二、查「大陸地區人民在臺申請專利及商標註冊作業要點」僅屬申請者與行政機關之行政作業規範，與私人間之商業行為無涉，其規範目的亦與兩岸人民關係條例第三十五條規定不同。其中第三點雖規定「大陸地區申請人申請專利、註冊商標及辦理有關事項，應委任在專利商標主管機關登記有案之專利代理人或商標代理人辦理。」惟該規定係規範受任人之資格限制，與委任是否為商業行為無關。惟為免疑義，該要點草案與兩岸人民關係條例具有如何之關係，宜予說明。

三、次查大陸地區人民委任臺灣地區人民代辦申請專利及商標註冊，其私人間之委任行為，若屬商業行為且在大陸地區作成時，應先依「在大陸地區從事商業行為許可辦法」申請許可後，再由受任人依作業要點規定辦理註冊事宜；如委任行為在臺灣地區作成時，因相關之許可辦法尚未訂定，其委任行為並不合法，其受任人不得僅憑作業要點即辦理註冊事宜。反之，若大陸地區人民與臺灣地區人民間之委任行為屬商業行為，即不受兩岸人民關係條例第三十五條規範，人民得隨時為委任行為，並俟作業要點發布生效後，即得由受任人辦理註冊事宜。至於「商業行為」之涵義如何，法律尚無明文規定，實務上多因法規目的不同而異其解釋。例如，從行為性質以觀，凡提供財貨或勞務而獲取對價或賺取報酬之行為均可視為商業行為；民法債編所規定之買賣、交互計算、承攬、有償委任、居間、行紀

等契約類型及「在大陸地區從事商業行為許可辦法」第四條規定之商業行為均屬
之。又如從稅法之立場，則唯有以營利為目的，依法設立登記並繳納營利事業所
得稅及營業稅之獨資、商號、合夥或公司組織所為之營業行為，始為商業行為。
兩岸人民關係條例第三十五條規定，係以避免落入中共統戰之圈套，影響臺灣地
區經濟之穩定，造成社會不安，危害國家安全為立法目的。其所謂「商業行為」
究應如何界定？「在大陸地區從事商業行為許可辦法」宜否修正補充、抑或另訂他
法以規範在臺灣地區發生之商業行為？及在大陸地區從事之商業行為與在臺灣地
區從事之商業行為，可否為不同之界定等問題，均宜請主管機關本於立法意旨衡
酌當前國家政策，依職權自行審認之。

＊法務部（八三）法律字第〇一五一九號

要旨：

一、關於臺灣地區人民與大陸地區人民從事貿易或其他商業行為暨在臺灣地區為大陸
　　地區物品從事促銷活動，「臺灣地區與大陸地區人民關係條例」（下稱兩岸條例）
　　第三十五條及第三十四條分別定有明文；而經濟部以八十二年四月二十六日經
　　(82)貿字第〇八三六五一號令發布之「臺灣地區與大陸地區貿易許可辦法」，係依
　　兩岸條例第三十五條第二項訂頒之管理辦法。其規範之對象，依該辦法第二條、
　　第四條第一項規定，僅以臺灣地區人民與大陸地區人民之貿易行為為限。易言之，
　　僅限於上開兩地區間貨品或附屬於貨品之智慧財產權之進出口及有關事項；Ａ而
　　不及於從大陸地區進口貨（物）品之推廣銷售。「在中華民國舉辦商展辦法」修正
　　草案第八條所稱之「展覽」，依其文義，當屬大陸地區物品之促銷推廣活動，似非
　　「臺灣地區與大陸地區貿易許可辦法」涵蓋範疇。因此，兩岸條例第三十四條第
　　二項所規定之許可辦法未訂頒施行前，在臺灣地區舉辦商展推廣大陸地區之物品
　　應否許可，尚值斟酌。

二、又「在中華民國舉辦商展辦法」第九條之修正條文內容，參照前述說明二，亦值
　　斟酌。

第三十六條

臺灣地區金融保險機構及其在臺灣地區以外之國家或地區設立之分支機構，非經主管
機關許可，不得與大陸地區之法人、團體、其他機構或其在大陸地區以外國家或地區
設立之分支機構有業務上之直接往來。

前項許可辦法，由財政部擬訂，報請行政院核定後發布之。

＊財政部金融局八六臺財融㈠字第八六六一二七二〇號

要旨：

「指定銀行得受理憑非由大陸地區銀行開來信用狀轉開背對背信用狀至第三國，並由
第三國出貨至大陸地區」中之「大陸地區銀行」包含其海外分支機構及中資銀行。

主旨:

有關萬通銀行函詢「指定銀行得受理憑非由大陸地區銀行開來信用狀轉開背對背信用狀至第三國,並由第三國出貨至大陸地區」中之大陸地區銀行應否包含其海外分支機構及中資銀行乙案,本局意見說明二、三,請 卓參。

說明:

一、復 貴局八十五年十二月二十日 (85) 臺央外柒字第二八七九號函。

二、依據「臺灣地區與大陸地區人民關係條例」第三十六條規定,臺灣地區金融機構未經主管機關許可,不得與大陸地區金融機構及其海外分支機構有業務上之直接往來,故臺灣地區外匯指定銀行不得受理大陸地區銀行海外分支機構(包括子銀行即中資銀行)所開立之信用狀。貴局八十四年五月二十六日 (84) 臺央外字第柒〇九八一號函,有關臺灣地區外匯指定銀行受理非由大陸地區銀行開來信用狀轉開背對背信用狀至第三國,並由第三國出貨至大陸地區之規定,亦已明確排除大陸地區銀行海外分支機構與中資銀行所開發之信用狀。

三、按「臺灣地區銀行辦理大陸地區間接進出口外匯業務作業準則」第四條規定,臺灣地區外匯指定銀行得對開狀銀行或代收銀行為大陸地區金融機構海外分支機構辦理出口押匯與出口託收業務,惟受理之信用狀,應依該準則第二條及第三條規定,以「經由第三地區銀行收到大陸地區金融機構海外分支機構所開信用狀」為前提要件。

* 財政部八四臺財融字第八四七一八〇二〇號

要旨:

「臺灣地區與大陸地區人民關係條例」第三十六條規定之分支機構範圍

主旨:

關於「臺灣地區與大陸地區人民關係條例」第三十六條規定,大陸地區法人、團體及其他機構在大陸地區以外國家或地區設立之分支機構之範圍,包括分公司、辦事處及持有已發行股份總數超過百分之五十之子公司,請查照轉知。

說明:

依據行政院大陸委員會八十四年八月十五日 (84) 陸經字第八四一〇八五五號函暨中國信託商業銀行八十三年十月二十日中信銀 (83) 外字第一〇七〇號函辦理。

* 財政部八三:臺財融字第八三一九九七三九七號

要旨:

國際金融業務分行是否適用「臺灣地區金融機構辦理大陸地區間接匯款作業準則」釋義

主旨:

有關「臺灣地區金融機構辦理大陸地區間接匯款作業準則」是否適用於國際業務分行

乙案，復如說明，請 查照。

說明：

一、依據本部金融局案陳中央銀行外匯局八十二年十一月三十日 (82) 臺央外字第（拾壹）三八四八號函附 貴分行八十二年十一月二十三日 (82) 美商銀（匯）字第一一三號函辦理。

二、國際金融業務分行性質較為特殊，其經營之業務及對象係以境外之客戶為主，且非指定辦理外匯業務之銀行，故應不適用「臺灣地區金融機構辦理大陸地區間接匯款作業準則」，惟該等分行係依「國際金融業務條例」所設立，就其營業處所登記地點觀之，係屬臺灣地區金融機構之一員，仍有「臺灣地區與大陸地區人民關係條例」第三十六條規定之適用。

＊財政部八三臺財融字第八三一六○三二○號

要旨：

有關「中資銀行」認定問題釋義

主旨：

有關大陸地區金融機構在第三地區或國家投資設立之子公司認定問題案，案經行政院大陸委員會討論通過並報院核准，請 查照轉知。

說明：

一、依據行政院大陸委員會八十三年九月十五日 (83) 陸經字第八三一四○三六號函辦理。

二、依兩岸人民關係條例第三十六條規定，臺灣地區金融機構及其在臺灣地區以外國家或地區設立之分支機構，非經主管機關許可，不得與大陸地區以外國家或地區設立之分支機構有業務上之直接往來。其中所稱大陸地區金融機構在大陸地區以外之國家或地區設立之分支機構，除當然包括分行、辦事處、分公司外，並應包括子公司（子銀行）。上該子公司之範圍，經行政院大陸委員會討論通過，計有在香港之南洋商業銀行、寶生銀行、華僑商業銀行、集友銀行、友聯銀行、嘉華銀行、第一太平洋銀行，在澳門之大豐銀行，以及在盧森堡之中國銀行盧森堡有限公司等九家。惟本部將隨時予以檢討，或就個案加以認定。

＊財政部八二臺財融字第八二一一五○四五○號

要旨：

臺灣地區金融機構及其海外分支機構非經主管機關許可不得與大陸地區之法人、團體、其他機構或其海外分支機構有業務上直接往來。

主旨：

臺灣地區金融機構及其在海外之分支機構，非經主管機關許可，不得與大陸地區之法人、團體、其他機構或其在大陸地區以外國家或地區設立之分支機構有業務上之直接

往來，若有違反，依臺灣地區與大陸地區人民關係條例第三十六條及第八十一條規定移送法辦，請　查照。並請　轉知。

說明：

臺灣地區與大陸地區人民關係條例暨其施行細則，業經本部金融局分以八十一年十月六日臺融局㈠第八一一一五七六六一號函及八十一年十月七日臺融局㈠八一一一五七六七八號函送在案。

＊財政部八七臺財融字第八七七五一三四四號

要旨：

外國銀行在臺分行簽發擔保信用狀予其香港分行，供其憑以轉開擔保信用狀予大陸地區聯行，未牴觸現行規定。

主旨：

有關　貴行對德商德意志銀行臺北及國際金融業務分行一般業務檢查所提，該行將授信客戶之信用額度轉撥予大陸地區聯行供授信戶在大陸地區子公司使用，與現行兩岸經貿政策是否有違及現行法令是否允許乙節，復如說明，請　卓參。

說明：

一、依據　貴行八十七年六月十五日 (87) 臺央檢貳字第〇九三九號函辦理。

二、目前兩岸經貿、金融政策仍禁止直接業務往來，依據　貴行檢查報告第 4 －(3)頁評註部分所述，該行臺北分行係先簽發擔保信用狀予其香港分行，再由其香港分行憑以轉開擔保信用狀予其大陸廣州分行，雖授信風險仍由德意志銀行臺北分行承擔，惟就金融業務往來之信用狀開狀行為而言，因該行並未直接簽發擔保信用狀予其廣州分行，應未牴觸現階段禁止直接往來之兩岸金融政策。

三、另德商德意志銀行臺北分行所簽發之擔保信用狀，其受益人既為其香港分行，而非大陸廣州分行，故未違反「臺灣地區與大陸地區人民關係條例」第三十六條暨「臺灣地區與大陸地區金融業務往來許可辦法」規定。

＊財政部金融局八三臺融局㈠字第八三三一七二九六號

要旨：

臺灣地區銀行及其海外分支機構經許可後得與大陸地區銀行及其海外分支機構往來

主旨：

函詢我國政府是否限制金融機構與部分香港中資機構往來乙案，復如說明二，請　查照。

說明：

一、復　貴辦事處八十三年八月十一日港經發字第九四一〇七八八號函。

二、依「兩岸人民關係條例」第三十六條規定，臺灣地區銀行及其海外分支機構，經主管機關許可後，得與大陸地區銀行及其海外分支機構往來。據此，本部配合現

階段「國統綱領」近程間接交流之原則，訂定「兩岸金融業務往來許可辦法」，其中規定經許可後，臺灣地區銀行海外分支機構得與外商銀行在大陸地區之分支機構、大陸地區銀行海外分支機構及在海外之大陸地區法人、團體、其他機構、個人為金融業務往來。另上述大陸地區銀行海外分支機構包括分行、分公司、辦事處及子公司（子行）等。目前在香港地區已有華南銀行香港分行依上該許可辦法申請，並獲准辦理相關業務之往來。

＊財政部金融局八三臺融局㈠字第八三一八〇四三一號

要旨：

外國銀行在臺分行不得與在大陸地區分行為業務上之直接往來

主旨：

貴分行函詢得否與　貴行（法國里昂信貸銀行）在大陸地區之分行有業務上之直接往來乙案，復如說明二，請　查照。

說明：

一、復　貴分行八十三年十月四日函。

二、外國銀行在華分行係依「外國銀行設立分行及代表人辦事處審核準則」所設立，就營業處所登記地而言，係屬臺灣地區金融機構之一員，依「臺灣地區與大陸地區人民關係條例」第三十六條之規定，　貴分行不得與　貴行在大陸地區之分行為業務上之直接往來。

＊行政院大陸委員會經濟處（八四）經字第〇〇〇四六號

要旨：

指定銀行受理憑非由大陸地區銀行開來信用狀轉開背對背信用狀至第三國並由第三國出貨至大陸地區之規定中已排除大陸地區銀行海外分支機構及中資銀行所開發之信用狀

主旨：

承詢外匯指定銀行是否得憑香港開來之信用狀轉開背對背信用狀至第三國，並由第三國出貨至大陸地區乙案，復請　查照。

說明：

一、復　貴局八十四年二月七日 (84) 臺央外字第（柒）〇一八七號函。

二、依據財政部金融局八十四年四月十七日臺融局㈠第八四七一四三九七號復本處函略以：「依據臺灣地區與大陸地區人民關係條例第三十六條規定，臺灣地區金融機構非經主管機關許可，不得與大陸地區之法人、團體、其他機構或其在大陸地區以外國家或地區設立之分支機構有業務上之直接往來，是以現行臺灣地區外匯指定銀行不得受理大陸地區金融機構之海外分支機構（包含在香港之大陸地區銀行分行及中資銀行）所開立之信用狀。」

第三十七條

　大陸地區出版品、電影片、錄影節目及廣播電視節目，非經主管機關許可，不得進入臺灣地區，或在臺灣地區發行、製作或播映。

　前項許可辦法，由行政院新聞局擬訂，報請行政院核定後發布之。

第三十八條

　大陸地區發行之幣券，不得進出入臺灣地區。但於進入時自動向海關申報者，准予攜出。

　主管機關於必要時，得訂定辦法，許可大陸地區發行之幣券，進出入臺灣地區。

　前項許可辦法，由財政部擬訂，報請行政院核定後發布之。

＊法務部（八二）法律字第一六〇六號

　要旨：

　臺灣地區與大陸地區人民關係條例第三十八條規定：「大陸地區發行之幣券，不得進出入臺灣地區。但於進入時自動向海關申報者，准予攜出（第一項）。主管機關於必要時，得訂定辦法，許可大陸地區發行之幣券，進出入臺灣地區（第二項）。」其立法目的為禁止大陸地區發行之幣券在臺灣地區流通使用，以維持金融秩序之穩定。又該條例施行細則第三十六條規定：「本條例第三十八條第一項、第二項所稱幣券，係指大陸地區發行之貨幣、證券、銀行鈔券、獎券、彩票或其他類似之票券。」按貨幣，係指供貨物交換媒介，並為價格衡量標準，具強制流通效力之通用貨幣而言。印有面額之金幣，因材質及限量發行，其價值往往超過面額甚鉅，且隨金價升降、紀念性大小而時有變動，難為價格衡量標準而不具強制通用效力。其既不以流通使用為目的，當不致對金融秩序之穩定造成影響。據此，大陸地區發行印有面額之金幣，似非該條例第三十八條所稱「大陸地區發行之幣券」。

＊法務部（八二）法律字第〇一七〇八號

　要旨：

一、大陸地區人民走私、偷渡入境所攜幣券如係大陸地區發行之幣券，其處理方式，本部同意依來函說明二之意見辦理。亦即依臺灣地區與大陸地區人民關係條例第三十八條第一項及第九十二條規定。未經申報之幣券由海關沒入。

二、至於大陸地區人民走私、偷渡入境所攜幣券如係非大陸地區發行之幣券，參照行政法院六十二年判字第二十九號判例：「……海關緝私條例第二十一條（即現行法第三十六條）所稱之貨物，係兼指『貨』與『物』二者而言。外幣為物之一種，自有該條規定之適用。」自應依海關緝私條例有關規定處理。

三、大陸地區人民在臺非法打工有所得者，目前尚無法律規定應予沒入或扣留，故除其他法令另有規定外，其所得之幣券應歸其所有。

第三十九條

大陸地區之中華古物，經主管機關許可運入臺灣地區公開陳列、展覽者，得予運出。前項以外之大陸地區文物、藝術品、違反法令、妨害公共秩序或善良風俗者，主管機關得限制或禁止其在臺灣地區公開陳列、展覽。

第四十條

輸入或攜帶進入臺灣地區之大陸地區物品，以進口論；其檢驗、檢疫、管理、關稅等稅捐之徵收及處理等，依輸入物品有關法令之規定辦理。

＊八二臺上字第六一〇三號

要旨：

行政院衛生署雖以八十一、十二、十四衛署藥字第八一六一二八四號函指出「臺灣地區與大陸地區人民關係條例」施行後，大陸地區產製藥品輸入臺灣地區，該條例第四十條既有以進口論之明文，其未經我國衛生署核准擅自輸入，應認仍係禁藥，惟此乃係事實之變更，本案大陸產製藥品，既在前開條例施行前購進，仍應認係偽藥。

＊八三臺上字第五五〇九號

要旨：

我國大陸領土雖因一時為中共所佔領，而使國家統治權在實際行使上發生困難，但其仍屬固有之疆域。是以由我國大陸地區運送偽藥、禁藥至臺灣地區，若未經他國之轉口港，原不能將之與國外運輸進入者同視，而論以輸入之罪，但「臺灣地區與大陸地區人民關係條例」施行後，有關大陸地區產製藥品輸入或攜帶進入臺灣地區，該條例第四十條既有以進口論之明文，其未經核准擅自輸入者，自應認屬藥事法第二十二條第二款前段所稱之禁藥。原判決未說明其認定為輸入禁藥之依據，自難謂無判決不備理由之違法。

＊最高法院八二年度第四次刑事庭會議㈡

提案：

刑四庭提案：未經核准，擅自輸入大陸地區產製之藥品至臺灣地區，該項藥品應論以偽藥抑或禁藥，有左列二說：

討論意見：

甲說：

藥事法第二十二條第二款前段所稱「未經核准擅自輸入之藥品」，係指自國外運輸進入我國領域之藥品而言。所謂我國領域，則以我國固有之領域為範圍。未經核准擅自輸入大陸地區產製之藥品至臺灣地區，並非自國外運輸進入我國領域，即不符合藥事法第二十二條第二款前段之規定，因之非屬禁藥。惟該項藥品係未經我衛生主管機關核准製造者，應屬藥事法第二十條第一款所稱之偽藥。

乙說：

在大陸地區產製藥品，事實上不能經由我國衛生主管機關核准，更無從予以監督管理。

如有擅自輸入者，概視為藥事法第二十條第一款所稱之偽藥，似非妥適。且「臺灣地區與大陸地區人民關係條例」施行後，有關大陸地區產製藥品輸入或攜帶進入臺灣地區，該條例第四十條既有以進口論之明文，其未經核准擅自輸入者，自應認屬藥事法第二十二條第二款前段所稱之禁藥。

以上二說，以何說為當，敬請公決。

決議：採乙說。

* 內政部（八二）臺內著字第八二七五四一一號

要旨：

著作自大陸地區進入臺灣地區是否為輸入之相關疑義

主旨：

為大陸地區人民著作自大陸地區進入臺灣地區是否屬著作權法第八十七條第四款所稱之輸入疑義，函請　惠示卓見，請　查照惠復。

說明：

一、查著作權法第八十七條頃於 82.04.24 修正公布施行，依該條第四款規定，未經著作財產權人同意而輸入著作原件或其重製物者，視為侵害著作權，本部為協調著作權法第八十七條修正及第八十七條之一增訂後海關之執行問題，曾於 82.04.27 邀集行政院大陸委員會、財政部關稅總局等單位開會討論，當時曾論及自第三地將著作物先輸入大陸地區，再由大陸地區將其輸入臺灣地區之行為是否係屬著作權法第八十七條第四款所稱之「輸入」，經財政部臺北關稅局說明以，依臺灣地區與大陸地區人民關係條例規定（按：應係指第四十條：「輸入或攜帶進入臺灣地區之大陸地區物品，以進口論」），係屬著作權法第八十七條第四款規定之「輸入」。

二、唯開會當時並未論及大陸地區人民著作自大陸地區進入臺灣地區是否屬著作權法第八十七條第四款所稱之處理原則，曾函詢行政院新聞局、外交部及法務部意見，該等機關皆基於大陸人民亦為我國國民之法理而認除法有明文限制者外，大陸人民之著作依法應以本國人受我著作權法之保護，此外著作權法第八十七條第四款並未有如同法第四條第一款明定適用之地域範圍——中華民國管轄區域，是以本部見解為，若大陸地區人民著作自大陸地區進入臺灣地區依臺灣地區與大陸地區人民關係條例第四十條而亦有著作權法第八十七條第四款「輸入」之適用，則恐與上述大陸地區人民亦為我國國民而受我著作權法保護之法理有所扞格，以上本部見解於法理上是否合宜，請　惠示卓見憑處。

* 財政部關稅總局（八二）臺普緝字第〇一四四〇號

要旨：

著作自大陸地區進入臺灣地區是否為輸入之相關疑義

主旨：

關於大陸地區人民著作自大陸地區進入臺灣地區是否屬著作權法第八十七條第四款所稱之輸入疑義乙案，復如說明，請　查照。

說明：

一、復　貴部八十二年五月二十五日(82)臺內著字第八二七五四一一號函。

二、查大陸出版品輸入，依照「臺灣地區與大陸地區人民關係條例」第一條、第四十條及「臺灣地區與大陸地區貿易許可辦法」第五條、第七條之規定，應以經行政院新聞局許可者為限，輸入時以進口論，且應以間接方式為之，先此敘明。

三、大陸地區人民著作自大陸地區間接進入臺灣地區，依行政院新聞局、外交部及法務部意見，認為大陸人民亦為我國國民，大陸人民之著作依法應以本國人論，受我著作權法之保護，則依現行著作權法第八十七條第四款之規定，似亦應得著作財產權人之同意輸入文件，乃得辦理該著作物進口通關放行手續。

＊法務部（八二）法律字第一一八二八號

要旨：

著作自大陸地區進入臺灣地區是否為輸入之相關疑義

主旨：

關於大陸地區人民著作自大陸地區進入臺灣地區，是否屬於著作權第八十七條第四款所稱之輸入疑義乙案，本部意見如說明二。請　查照參考。

說明：

一、復　貴部八十二年五月二十五日(82)臺內著字第八二七五四一一號函。

二、關於大陸地區人民著作自大陸地區進入臺灣地區，是否屬於著作權法第八十七條第四款（以下簡稱本款）所稱之「輸入」，本部認為宜採肯定之見解，其理由如左：㈠本款係為執行中、美雙方於七十八年七月十三日草簽之「北美事務協調委員會與美國在臺協會著作權保護協定」，而賦予著作財產權人專屬輸入權之規定（參見八十二年四月廿一日立法院內政委員會第二屆第一期第一次會議紀錄，　貴部吳部長就「著作權部分條文修正草案」之說明，載立法院公報第八十二卷第二十六期第五六五頁、第五六六頁）；按諸上開協定第十四條第一項及第一條第二項規定，解釋上本款所稱「輸入」之區域似應限於「中華民國管轄區域」，本案自不宜作不同解釋。㈡本款規定既係為賦予著作財產權人之專屬輸入權而設，而臺灣地區與大陸地區又分屬不同之關稅領域（參見「臺灣地區與大陸地區人民關係條例」第四十條規定），且懲治走私條例第十二條亦規定自大陸地區私運物品進入臺灣地區，以私運物品進口論處，則本款所稱之「輸入」，解釋上似宜包括大陸地區之著作原件或其重製物進入臺灣地區之情形在內，始符合其保障著作財產權人專屬輸入權之意旨；此與大陸地區人民之著作應以本國人受我著作權法之保護一事，兩者並無衝突。

*行政院大陸委員會（八二）陸文字第八二〇七一二四號

要旨：

著作自大陸地區進入臺灣地區是否為輸入之相關疑義

主旨：

關於大陸地區人民著作自大陸地區進入臺灣地區是否屬著作權法第八十七條第四款所稱之「輸入」疑義，本會意見復如說明，請 參考。

說明：

一、復 貴部八十二年五月二十五日 (82) 臺內著字第八二七五四一一號函。

二、查「臺灣地區與大陸地區人民關係條例」（以下簡稱「兩岸關係條例」）係規範兩岸人民之往來及解決所衍生之各種法律事件，屬特別法。依據「兩岸關係條例」第四條條文之規定，不論大陸地區物品係「輸入」，抑「攜帶進入」，皆應「依輸入物品有關法令之規定辦理」。故大陸地區著作自大陸地區進入臺灣地區，應屬著作權法第八十七條第四款所稱之「輸入」。

*行政院衛生署八一衛署藥字第八一六一二八四號

要旨：

大陸地區產製藥品輸入或攜帶進入臺灣地區，該條例第四十條既有以進口論之明文，其未經我國衛生主管機關核准擅自輸入者，屬藥物藥商管理法第十六條第二款之禁藥。

主旨：

「臺灣地區與大陸地區人民關係條例」施行後，有關大陸地區產製藥品輸入或攜帶進入臺灣地區，該條例第四十條既有以進口論之明文，其未經我國衛生主管機關核准擅自輸入者，本署同意認屬藥物藥商管理法第十六條第二款之禁藥，復請 查照。

說明：

一、依 貴院秘書長八十一年八月二十六日（八一）秘臺廳㈡字第一四〇一二號函辦理。

二、查在臺灣地區查獲大陸地區產製未經本署核准之藥品，本署前係引用最高法院七十三年度臺上字第一五七二號判決要旨之法律見解，認屬「偽藥」，此項法律見解於臺灣地區與大陸地區人民關係條例施行後，既已與現實環境不符，請 函轉各級法院勿再引用。

第三章 民事

第四十一條

臺灣地區人民與大陸地區人民間之民事事件，除本條例另有規定外，適用臺灣地區之法律。

大陸地區人民相互間及其與外國人間之民事事件，除本條例另有規定外，適用大陸地

區之規定。

本章所稱行為地、訂約地、發生地、履行地、所在地、訴訟地或仲裁地，指在臺灣地區或大陸地區。

＊八八臺上字第二六九二號

要旨：

臺灣地區與大陸地區人民關係條例第四十一條第一項規定：臺灣地區人民與大陸地區人民間之民事事件，除本條例另有規定外，適用臺灣地區之法律。而該條所稱人民，係指自然人、法人、團體及其他機構，為該條例施行細則第二條所明定。又侵權行為依損害發生地之規定，於該條例第五十條前段已定有明文。是臺灣地區人民與大陸地區法人間之侵權行為，自應適用損害發生地之規定。上訴人為臺灣地區人民，原審就其與大陸地區之大鴻公司間之侵權行為，未依上開規定確定其準據之規定，遽依臺灣地區之法律為上訴人不利之判決，自有未合。

＊八五家抗字第一八四號

要旨：

按臺灣地區與大陸地區人民關係條例對於大陸地區人民取得臺灣地區人民遺產之方式，定有明文，且其取得受臺灣人民遺贈之財產同受有新臺幣二百萬元之限制，但對於如何取得受臺灣地區人民遺贈之財產，則無明文規定，依首開規定，自應適用臺灣地區民法之有關規定。本件抗告人為大陸地區人民，其請求依臺灣人民勵○諭在大陸所立遺囑受遺贈其在臺灣之全部遺產，自只得依民法繼承編之相關規定為之。

＊臺灣高等法院暨所屬法院八十五年法律座談會　民事類提案第十六號

法律問題：

大陸地區人民甲為收養住在高雄之臺灣地區人民乙，而聲請法院裁定認可收養，因聲請人即收養人甲在臺灣無居所而其住所地係在大陸地區境內，是類案件究應由何法院管轄？

討論意見：

甲說：

以最高法院所指定之法院為管轄法院。按非訟事件法第七十五條之一第二項規定：「聲請認可收養子女事件，由收養人住所地之法院管轄」。同法第二條第一項、第三項規定：「如收養人在中華民國無住所或住所不明時，以在中華民國之居所，視為住所；無居所或居所不明者，以其在中華民國最後之住所視為住所。無最後住所者，以最高法院所指定之法院為管轄法院」。惟因兩岸政治因素及法律規定不同，大陸地區法律並無法院受理裁定認可收養子女之規定，故參酌臺灣地區與大陸地區人民關係條例之制定，係仿涉外民事適用法之立法例，認為本件宜類推適用外國人在中華民國無住居所而聲請裁定認可收養本國人為養子女時，應由聲請人另行具狀向最高法院聲請指定管轄。

乙說:

以聲請人即收養人及被收養人合意管轄之臺灣地區法院為管轄法院。此乃類推適用民事訴訟法管轄權行使的服從性原則。聲請人合意臺灣地區法院有管轄權,日後便不可抗辯臺灣地區法院無管轄權。

初步研討結果: 多數採甲說。

審查意見:

依臺灣地區與大陸地區人民關係條例第四十一條,臺灣地區人民與大陸地區人民間之民事事件,除本條例另有規定外,適用臺灣地區之法律。第四十五條,民事法律關係之行為地或事實發生地跨連臺灣地區與大陸地區者,以臺灣地區為行為地或事實發生地,適用臺灣地區之法律。甲收養在臺灣地區之乙既依據臺灣地區之法律聲請臺灣地區之法院裁定認可,因甲在臺、澎、金、馬地區無住居所,參照最高法院七十七年二月廿三日,七十七年度第四次民事庭會議決議,應聲請最高法院指定管轄。

研討結果:

㈠審查意見末句修正為「甲、乙應聲請最高法院指定管轄」。㈡照修正後審查意見通過。

* 法務部(八五)法律決字第二一二四八號

要旨:

大陸地區人民以觀光或探親名義來臺居留,應不得受僱從事勞動工作。

全文內容:

按臺灣地區與大陸地區人民關係條例第十條第二項規定:「經許可進入臺灣地區之大陸地區人民,不得從事與許可目的不符之活動或工作。」同條例第十五條第四款規定:「左列行為不得為之⋯⋯四、僱用大陸地區人民從事未經許可或與許可範圍不符之工作。」是以大陸地區人民以觀光或探親名義來臺居留,應不得受僱從事勞動工作。本件花蓮縣玉里鎮民某僱用大陸地區人民韓○業等二人,固違反上開規定而涉有同條例第八十三條之罪嫌,惟韓○業等二人因違法工作發生意外所產生之民事損害賠償部分,係屬民事事件,依同條例第四十一條第一項及鄉鎮市調解條例第一條之規定,並非不得向調解委員會聲請調解。

* 法務部(八四)法律決字第一一八六一號

要旨:

持入出境管理局核發「中華民國臺灣地區旅行證」來臺短期停留之大陸人士,可否被海外國人授權處分在國內之不動產等相關法律問題。

全文內容:

持入出境管理局核發「中華民國臺灣地區旅行證」來臺短期停留之大陸人士,可否被海外國人授權處分在國內之不動產等相關法律問題,本部意見如次:

一、關於海外國人授權大陸人士部分:㈠臺灣地區與大陸地區人民間之民事事件,除

本條例另有規定外，適用臺灣地區之法律；臺灣地區與大陸地區人民關係條例（以下簡稱兩岸條例）第四十一條第一項定有明文。其中稱「臺灣地區人民」者，依同條例第二條第三款之規定，係指在臺灣地區設有戶籍之人民。因此，海外國人如在臺灣地區未曾設有戶籍者，其與大陸人士間之法律行為自非兩岸條例所轄，必也該海外國人曾在臺灣地區設有戶籍，而尚未依同條例第二條第四款規定轉換其身分為大陸地區人民者（同條例施行細則第四條第一項參照），方有兩岸條例之適用。㈡按代理權之授與，乃單方之法律行為，性質上屬兩岸條例第四十七條所稱之法律行為，惟如授權行為作成於臺灣地區與大陸地區以外之地域者，參諸同條例第四十一條第三項之規定，亦無第四十七條之適用；依前揭兩岸條例第四十一條第一項之規定，應適用臺灣地區之法律。本件依外交部駐美國邁亞密辦事處認證之授權書所載，該海外國人之授權行為似於外國作成，含有涉外因素。其授與代理權行為之成立及效力，即應適用臺灣地區之涉外民事法律適用法。㈢涉外民事法律適用法第六條第一項規定：「法律行為發生債之關係者，其成立要件及效力，依當事人意思定其適用之法律。」其中所謂「當事人意思」，據通說所見，似包括當事人明示及默示之意思（馬漢寶著「國際私法總論」七十二年版第一四〇頁以下；蘇遠成著「國際私法」五十九年版第二二四頁參照）。本件授與代理之海外國人具有中華民國籍，使用中文為授權行為，授權內容為代理其在國內不動產之處分，其授權書復經我駐外代表認證，諸此情狀似足推知當事人間有以中華民國法律為其授與代理權之準據法。果爾，該海外國人對大陸地區人民之授權，除有違反強制禁止規定或公序良俗者外，依民法第一百六十七條以下之規定，似應有效。

二、關於大陸地區人民在國內代理處分不動產部分：㈠兩岸條例第七十條規定：「未經許可之大陸地區法人、團體或其他機構，不得在臺灣地區為法律行為。」由本條之反面解釋觀之，大陸地區人民非不得在臺灣地區為法律行為。再同條例第六十九條規定：「大陸地區人民不得在臺灣地區取得或設定不動產物權，亦不得承租土地法第十七條所列各款之土地。」因此，大陸地區人民代理海外國人在臺灣地區為不動產物權或公司股權之處分等法律行為，如該大陸地區人民並不因此取得不動產之物權時，其代理行為即非第六十九條所禁。㈡兩岸條例第十條第二項規定，經許可進入臺灣地區之大陸地區人民，不得從事與許可目的不符之活動或工作。依外交部駐邁亞密辦事處提供本件大陸地區人民之「中華民國臺灣地區旅行證副本」（影本）所示，該大陸地區人民係以「探親」之理由獲准來臺。因此該大陸地區人民能否在臺灣地區代理其配偶處理公司股權及不動產物權之移轉等事宜，端視該等處理要為是否為與「探親」目的相符之活動或工作。此屬 貴會（行政院大陸委員會）之職掌，宜請 貴會本於職權卓酌之。如 貴會認無不符者，則其授

權行為之合法性，固無疑義，惟　貴會如認代理處分不動產物權或公司股權之行為與「探親」之目的不符，該大陸地區人民不得為之，則海外國人之授權行為因以法律上禁止之事項為其標的，應屬無效（民法第七十一條前段參照）。

*法務部（八三）法律決字第一七九五一號

要旨：

臺灣地區人民與大陸地區人民在日本結婚，其結婚之成立要件及方式，應依涉外民事法律適用法第十一條第一項之規定而判斷之。

全文內容：

按臺灣地區與大陸地區人民關係條例第五十二條第一項規定：「結婚或兩願離婚之方式及其他要件，依行為地之規定。」同條例第四十一條第三項規定：「本章（即第三章民事）所稱行為地……指在臺灣地區或大陸地區。」本件當事人結婚之行為地在日本，非上開規定之臺灣地區或大陸地區，故無首揭規定之適用，又依同條例第一條後段規：「本條例未規定者，適用其他有關法令之規定。」合先敘明。查事件之事實有牽涉外國人、外國地或兩者兼具即有「涉外因素」，而為涉外事件，其間之法律關係，自應適用我國涉外民事法律適用法定其準據法後，始得依各該法律之規定解決之。本件臺灣地區人民凌○玉女士與大陸地區人民鄭○琦先生在日本結婚，依上開說明，應有涉外民事法律適用法之適用，從而，其結婚之成立要件及方式，應依該法第十一條第一項之規定：「婚姻成立之要件，依各該當事人之本國法。但結婚之方式依當事人一方之本國法，或依舉行地法者，亦為有效。」而判斷之。茲當事人如依結婚舉行地日本之規定結婚，依上述但書規定，其結婚之方式應為有效。惟其婚姻成立之其他要件，仍應依凌女士及鄭先生之本國（地區）法定之。至於經臺北駐日經濟文化代表處驗證屬實並經外交部領事事務局轉駐日代表處查證符合日本民法規定之「婚姻屆受理證明書」，可否予以採認，要屬事實認定問題，請　貴部（內政部）本於職權自行審認之。

*法務部（八三）法律決字第○六三○六號

要旨：

一、關於大陸地區著作權人將其著作財產權讓與臺灣地區人民或外國人時，其著作權讓與契約在臺灣地區之法律效力等問題，經本部大陸法規研究委員會第二十四次委員會會商結論如左：㈠有關涉及著作權之保護及讓與等相關事項部分：按「臺灣地區與大陸地區人民關係條例」（以下簡稱「兩岸人民關係條例」）對於大陸地區人民智慧財產權之保護，除第七十八條之規定外，並無其他規定。又世界各國關於著作權之國際保護，一般多採「屬地主義」，專依被請求保護地法令之規定，（參見伯恩公約第五條）而不適用一般法律衝突之原則。故有關兩岸著作權之保護及讓與，亦當參酌上述法理定其應適用之法律，如在臺灣地區主張權利時，似應適用我著作權之規定，並不因其訂約地或履行地係在臺灣地區、大陸地區或其

他第三地區而有所不同。㈡有關涉及債之關係部分：查兩岸人民關係條例第四十八條第一項規定：「債之契約依訂約地之規定。但當事人另有約定者，從其約定。」同條第二項規定：「前項訂約地不明而當事人又無約定者，依履行地之規定。……」故本件著作權讓與契約如有涉及債之關係，則該部分自應依上揭規定定其應適用之法律；惟上揭規定所稱之「訂約地」及「履行地」，係指在臺灣地區或大陸地區而言（同條例第四十一條第三項參照），如為其他第三地區，似屬涉外民事事件，應適用涉外民事法律適用法第六條規定定其準據法，而無上揭規定之適用。㈢有關涉及其他民事法律關係之事項部分：依兩岸人民關係條例第四十一條第一項及第二項規定，臺灣地區人民與大陸地區人民或大陸地區人民相互間及其與外國人間之民事事件，除該條例另有規定外，應分別適用臺灣地區之法律或大陸地區之規定。故本件除前述㈠、㈡情形外，如另涉及其他民事法律關係之事項，則該部分似應依上揭規定，定其應適用之法律。

二、至於當事人可否據其著作權讓與契約向　貴部（內政部）辦理著作權讓與登記，請　參酌前述會商結論，就具體個案本於職權自行審認定之。

＊法務部（八二）法律決字第一三五七五號

要旨：

一、關於　貴局（財政部國有財產局）來函所詢有關交付遺贈物疑義乙節，應視臺灣地區與大陸地區人民關係條例公布施行後，被繼承人在大陸地區有無繼承人而定，苟依其他具體事證足認被繼承人在大陸地區確無繼承人者，則該繼承事件並無涉及大陸地區人民之權益，似仍宜依民法有關規定交付遺贈物。

二、若被繼承人在大陸地區有無繼承人仍屬不明者，縱遺產管理人已依民法第一千一百七十九條第一項第三款規定辦理，如尚未交付遺贈物，此時依上開條例第四十一條第一項規定，而有同條例第六十六條規定之適用。即宜俟繼承開始滿二年或本條例施行之日（繼承在本條例施行前開始者）起滿二年後，仍無大陸地區人民以書面向被繼承人住所地之法院為繼承之表示時，遺產管理人始得交付遺贈物，俾保障大陸地區繼承人之權益。惟為同時保障受遺贈人權益，苟遺贈物之交付並無侵害大陸地區繼承人之權益，似仍可依民法規定先行交付遺贈物。至遺贈物之交付有無侵害大陸地區繼承人之權益。應依個案具體情形，由　貴局本於職權依法認定之。

＊法務部（八二）法律字第九九〇五號

要旨：

一、依大陸地區人民進入臺灣地區許可辦法第一條規定，該辦法係依據臺灣地區與大陸地區人民關係條例第十條第三項之規定而訂定，是以臺灣地區與大陸地區人民關係條例為該辦法之母法，如該辦法有未規定事項，應以臺灣地區與大陸地區人

民關係條例之相關規定決之。又依該條例第四十一條第一項規定:「臺灣地區人民
與大陸地區人民間之民事事件,除本條例另有規定外,適用臺灣地區之法律」及
同條例第五十六條第二項規定:「收養之效力,依收養者設籍地區之規定」,故本
件親屬範圍是否及於繼、養親屬關係之疑義,宜分別情形論之:㈠收養者為臺灣
地區人民時,依上述臺灣地區與大陸地區人民關係條例第五十六條第二項及第四
十一條第一項之規定,其收養之效力應適用臺灣地區民法之規定。依民法第一千
零七十七條規定,養子女與養父母之關係,除法律另有規定外,與婚生子女同,
而成為擬制血親(參照司法院大法官會議釋字第二十八號及第七十號解釋)。觀諸
大陸地區人民進入臺灣地區許可辦法中,關於親屬之規定,除配偶外皆為血親之
規定,因此,該辦法之親屬關係,依首揭說明,應包括養親屬之關係在內。㈡收
養者為大陸地區人民時,依上述臺灣地區與大陸地區人民關係條例第五十六條第
二項之規定,其收養效力應依大陸地區之規定,而依一九九二年四月一日起在大
陸地區施行之收養法第二十二條第一項前段規定:「自收養關係成立之日起,養父
母與養子女間之權利義務關係,適用法律關於父母子女關係之規定」,與我民法第
一千零七十七條之規定類同,應亦可認係擬制血親之規定,從而,上述情形於大
陸地區人民進入臺灣地區許可辦法規定之親屬範圍,亦應包括養親屬之關係在內。
㈢關於繼親屬關係,依民法第九百六十九條之規定,並參酌最高法院二十八年上
字第二四○○號判例之意旨,僅為姻親關係,如上所述,該辦法既無關於姻親之
規定,則繼親屬關係,自難包括於該辦法中。

二、至於本件問題是否宜逕予函釋,藉以補充規定,應請權責機關本於職權自行斟酌
之。

＊法務部(八二)法律決字第一三七五號

要旨:

釋臺灣地區與大陸地區人民關係條例公布施行後,遺產管理人依民法第一千一百八十
一條規定,於第一千一百七十九條第一項第三款所定公示催告期限屆滿後,是否仍應
依該條例第六十六條規定,待大陸地區繼承人承認繼承期間屆滿後,再交付遺贈物疑
義。

全文內容:

一、關於 貴局來函所詢有關交付遺贈物疑義乙節,應視臺灣地區與大陸地區人民關
係條例公布施行後,被繼承人在大陸地區有無繼承人而定,苟依其他具體事證足
認被繼承人在大陸地區確無繼承人者,則該繼承事件並無涉及大陸地區人民之權
益,似仍宜依民法有關規定交付遺贈物。

二、若被繼承人在大陸地區有無繼承人仍屬不明者,縱遺產管理人已依民法第一千一
百七十九條第一項第三款規定辦理,如尚未交付遺贈物,此時依上開條例第四十

一條第一項規定，而有同條例第六十六條規定之適用，即宜俟繼承開始起滿二年或本條例施行之日（繼承在本條施行前開始者）起滿二年（現修正為三年）後，仍無大陸地區人民以書面向被繼承人住所地之法院為繼承之表示時，遺產管理人始得交付遺贈物，俾保障大陸地區繼承人之權益。惟為同時保障受遺贈人權益，苟遺贈物之交付並無侵害大陸地區繼承人之權益，似仍可依民法規定先行交付遺贈物。至遺贈物之交付有無侵害大陸地區繼承人之權益，應依個案具體情形，由　貴局本於職權依法認定之。

＊國有財產局八三臺財產局一字第八三〇二七九四號

要旨：

臺灣地區與大陸地區人民關係條例（以下簡稱兩岸關係條例）施行前，本局暨臺灣各地區辦事處經法院指定為遺產管理人案件業經法定程序公示催告期滿尚未結案者除有大陸地區人民依該條例規定表示繼承被繼承人遺產事實外，應請速依民法規定終結遺產管理人職務。

全文內容：

一、本局暨臺灣各地區辦事處或分處經法院依民法規定裁定為遺產管理人，代管無人承認繼承遺產之案件，與法院依大陸地區人民涉及非訟事件法第七十九條規定，裁定指定本局暨各地區辦事處為遺產管理人，代管之遺產案件、性質及當事人不同，不宜混為一談，合先說明。至本局暨臺灣各地區辦事處或分處經法院裁定為遺產管理人之案件，若已完成公示催告程序，又無大陸地區人士申請繼承，即無兩岸關係條例第四十一條及第六十六、六十七條等有關大陸地區人民繼承規定之適用。故除確有大陸地區人民聲請繼承經法院准予備查並向本局表示者，應依備查資料及兩岸關係條例之規定辦理外，　貴處（分處）代管無人承認繼承遺產案件應請依本局八十三年十月二十二日臺財產局一第八三〇二五三二一號函示規定辦理。

二、至於法務部八十年十一月三十日法（八〇）律字第一六八三四號函釋係對法律適用表示之意見，尚無涉及法律位階及特別法優於普通法等問題，就　貴處執行代管無人承認繼承遺產案件、職務而言，應據以辦理。

＊國有財產局八三臺財產局一字第八三〇二五三二一號

要旨：

歷年代管無人承認繼承遺產案件，已完成公示催告而尚未結案者辦理方式。

全文內容：

一、凡公示催告期滿已達五年以上案件，應於一年內處理完畢。案情特殊無法限期內清理結案者應擬具處理意見報局。

二、其餘公示催告期滿之案件應依個案案情之繁簡難易排定時間處理，並報局列管。

三、凡已依民法規定完成公示催告程序之案件應依法務部八十二年七月五日法 82 律決一三五七五號函釋之原則先予過濾，除確有資料顯示，係屬涉及有無大陸繼承人不明之案件者外，應依前述方式處理。

四、清理個案過程中，如發現依現行法令處理有窒礙時應即擬具意見報局。

第四十二條

依本條例規定應適用大陸地區之規定時，如該地區內各地方有不同規定者，依當事人戶籍地之規定。

第四十三條

依本條例規定應適用大陸地區之規定時，如大陸地區就該法律關係無明文規定或依其規定應適用臺灣地區之法律者，適用臺灣地區之法律。

第四十四條

依本條例規定應適用大陸地區之規定時，如其規定有背於臺灣地區之公共秩序或善良風俗者，適用臺灣地區之法律。

第四十五條

民事法律關係之行為地或事實發生地跨連臺灣地區與大陸地區者，以臺灣地區為行為地或事實發生地。

＊臺灣高等法院暨所屬法院八十五年法律座談會　民事類提案第十六號

法律問題：

大陸地區人民甲為收養住在高雄之臺灣地區人民乙，而聲請法院裁定認可收養，因聲請人即收養人甲在臺灣無居所而其住所地係在大陸地區境內，是類案件究應由何法院管轄？

討論意見：

甲說：

以最高法院所指定之法院為管轄法院。按非訟事件法第七十五條之一第二項規定：「聲請認可收養子女事件，由收養人住所地之法院管轄」。同法第二條第一項、第三項規定：「如收養人在中華民國無住所或住所不明時，以在中華民國之居所，視為住所；無居所或居所不明者，以其在中華民國最後之住所視為住所。無最後住所者，以最高法院所指定之法院為管轄法院」。惟因兩岸政治因素及法律規定不同，大陸地區法律並無法院受理裁定認可收養子女之規定，故參酌臺灣地區與大陸地區人民關係條例之制定，係仿涉外民事適用法之立法例，認為本件宜類推適用外國人在中華民國無住居所而聲請裁定認可收養本國人為養子女時，應由聲請人另行具狀向最高法院聲請指定管轄。

乙說：

以聲請人即收養人及被收養人合意管轄之臺灣地區法院為管轄法院。此乃類推適用民事訴訟法管轄權行使的服從性原則。聲請人合意臺灣地區法院有管轄權，日後便不可

抗辯臺灣地區法院無管轄權。

初步研討結果：多數採甲說。

審查意見：

依臺灣地區與大陸地區人民關係條例第四十一條，臺灣地區人民與大陸地區人民間之民事事件，除本條例另有規定外，適用臺灣地區之法律。第四十五條，民事法律關係之行為地或事實發生地跨連臺灣地區與大陸地區者，以臺灣地區為行為地或事實發生地，適用臺灣地區之法律。甲收養在臺灣地區之乙既依據臺灣地區之法律聲請臺灣地區之法院裁定認可，因甲在臺、澎、金、馬地區無住居所，參照最高法院七十七年二月廿三日，七十七年度第四次民事庭會議決議，應聲請最高法院指定管轄。

研討結果：

㈠審查意見末句修正為「甲、乙應聲請最高法院指定管轄」。㈡照修正後審查意見通過。

第四十六條

大陸地區人民之行為能力，依該地區之規定。但未成年人已結婚者，就其在臺灣地區之法律行為，視為有行為能力。

大陸地區之法人、團體或其他機構，其權利能力及行為能力，依該地區之規定。

＊法務部（八三）法律字第〇八五〇八號

要旨：

按臺灣地區與大陸地區人民關係條列（以下簡稱兩岸人民關係條例），係行政院於八十一年九月十六日以臺八十一法字第三一六六九號令自八十一年九月十八日起施行，依法律不溯及既往之原則，除該條例有溯及既往之特別規定外，於該條例施行前所發生兩岸人民間之法律事件，應無該條例之適用。本件葉張〇芬君係於民國三十六年間買受取得臺灣地區土地所有權，彼時其為臺籍人士，除買賣有無效之情形外，葉張〇芬君已合法取得系爭土地之所有權，縱依嗣後公布施行之兩岸人民關係條例第二條第四款之規定，其身分已轉換為大陸地區人民，然依首開說明，仍無礙於其為該土地所有權人之地位，而無兩岸人民關係條例第六十九條規定之適用。至於其欲出售該土地，因係已於兩岸人民關係條例施行後所為之法律行為，則其自應受該條例相關規定之規範（例如第四十六條、第四十七條及第四十八條等規定參照），併予敘明。

第四十七條

法律行為之方式，依該行為所應適用之規定。但依行為地之規定所定之方式者，亦為有效。

物權之法律行為，其方式依物之所在地之規定。

行使或保全票據上權利之法律行為，其方式依行為地之規定。

＊八五家抗字第五五號

要旨：

按收養子女應聲請法院認可，民法第一千零七十九條第四項定有明文。而兩岸關係條例第六十三條第一項固規定該條例施行前，臺灣地區人民與大陸地區人民間，在大陸地區成立之民事法律關係及因此取得之權利、負擔之義務，以不違背臺灣地區公共秩序或善良風俗者為限，承認其效力，惟法院為認可收養之裁定，係以國家司法機關之公權力，介入當事人之私法行為，以保護被收養人及其本生父母或其他利害關係人之利益，維護人倫秩序，增進社會福祉，而非消極審核當事人收養契約之成立而已。故於法院就當事人之收養契約裁定認可前，難認該收養契約已成立生效。何況，法院認可收養之裁定，係以公權力積極介入當事人間之私法行為，以達一定之目的，則該項認可即與公共秩序有關，本件收養未經法院裁定認可，亦因違背臺灣地區之公共秩序，而不得認已發生效力。又依抗告人所述，本件收養係發生於兩岸關係條例施行前，則抗告人引該條例第四十七條有關法律行為方式準據法之規定，為其收養關係成立之依據，原非可採，且該項規定係一般法律行為方式之準據法，至於收養之身分行為之成立，該條例第五十六條已另有明文規定，應依各該收養者被收養者設籍地區之規定，抗告意旨指摘原裁定違誤，求予廢棄，難認有理由。

第四十八條

債之契約依訂約地之規定。但當事人另有約定者，從其約定。

前項訂約地不明而當事人又無約定者，依履行地之規定，履行地不明者，依訴訟地或仲裁地之規定。

第四十九條

關於在大陸地區由無因管理、不當得利或其他法律事實而生之債，依大陸地區之規定。

第五十條

侵權行為依損害發生地之規定。但臺灣地區之法律不認其為侵權行為者，不適用之。

＊內政部（八六）臺內著字第八六一四一四七號

要旨：

函轉法務部八十六年九月十三日法（八六）律決字第〇三五〇六九號函

說明：

一、依據法務部八十六年九月十三日法（八六）律決字第〇三五〇六九號函辦理。

二、按臺灣臺北地方法院去（八十五）年間處理某著作權侵害案件個案時，發生「臺灣地區人民著作或受臺灣地區著作權法保護之外國著作，在大陸地區遭受臺灣地區人民或大陸地區人民侵害，其權利人可否於臺灣地區依我方著作權法對行為人加以追訴」疑義，經　貴會以八十五年六月二十八日（八五）陸文字第八五〇八五三七一三號函徵詢司法院意見，嗣司法院秘書長以八十六年三月四日（八六）秘臺廳司三字第〇四八七二號函函復　貴會，貴會嗣以八十六年三月二十日(八六）陸文字第八六〇三七八八號函將該函轉致本部。

三、前項司法院秘書長號函臚列下列四種情形，就民、刑事訴訟法及民、刑事實體法之適用，加以說明：㈠臺灣地區人民著作在大陸地區受臺灣地區人民侵害請求救濟事件；㈡臺灣地區人民著作在大陸地區受大陸地區人民侵害請求救濟事件；㈢外國人著作在大陸地區受臺灣地區人民侵害請求救濟事件；㈣外國人著作在大陸地區受大陸地區人民侵害請求救濟事件。函中就民事實體法法律適用方面，除前㈠之情形外，其餘三種情形，均認應依照臺灣地區與大陸地區人民關係條例第五十條或涉外民事法律適用法第九條規定，適用損害發生地或侵權行為地（即大陸地區著作權），不適用臺灣地區著作權法，此與國際上對於著作權案件原則上採法庭地著作權法為準據法之作法有所歧異（伯恩公約第五條第二項）。本部爰以八十六年四月二十二日臺（八六）內著字第八六〇四八六一號函，分析相關法理，徵詢法務部意見，擬俟法務部同意後，建議　貴會未來修正臺灣地區與大陸地區人民關係條例時，考量於相關條文（例如該條例第五十條）將著作權排除適用之特別規定予以納入。

四、茲法務部經參考司法院意見後復函本部，其中就是否依司法院與法務部意見修正本部主管之著作權法乙節，本部將於下階段修法時予以檢討；至是否修正臺灣地區與大陸地區人民關係條例及香港澳門關係條例（按該條例第三十八條規定類推適用涉外民事法律適用法）乙節，請　貴會本於職權自行衡酌，惟如　貴會未來決定修正上述二條例，因涉伯恩公約第五條第二項規定，並請賜機容本部就相關條文表示意見。

第五十一條

物權依物之所在地之規定。

關於以權利為標的之物權，依權利成立地之規定。

物之所在地如有變更，其物權之得喪，依其原因事實完成時之所在地之規定。

船舶之物權，依船籍登記地之規定；航空器之物權，依航空器登記地之規定。

＊法務部（八四）法律決字第一二一〇八號

要旨：

有關遺失物拾得人之義務與權利疑義

全文內容：

按臺灣地區與大陸地區人民關係條例第五十一條第一項規定，物權依「物之所在地」之規定。本件桃園縣漁民楊君於八十三年十二月二十三日在蘆竹鄉海湖村出水仔沿海灘岸拾獲標示「青島海洋大學大型精密儀器設備附件」儀器乙具，其與該拾獲物間究得發生如何之法律效果？依上開規定，似應依該物所在地即臺灣地區之法律定之。查現行民法物權編第八百零三條至第八百零七條係有關遺失物拾得人之義務與權利，及在何種情況下得取得遺失物所有權之相關規定，本件似得依此等規定處理之。

第五十二條

結婚或兩願離婚之方式及其他要件，依行為地之規定。

判決離婚之事由，依臺灣地區之法律。

＊法務部（八五）法律決字第〇九五〇三號

要旨：

調解離婚，性質上仍屬兩願離婚，故依臺灣地區與大陸地區人民關係條例第五十二條規定：當事人須提出大陸民事調解書之送達書，作為確定離婚日期之證明。

全文內容：

按民事調解為大陸婚姻法規定之三種型態中之「裁判內之調解離婚」，於經法院調解達成協議，雙方同意離婚，調解書送達雙方當事人，經雙方當事人簽收後即具有法律效力（中共民事訴訟法第八十九條參照）。且中共民事訴訟法第九十一條規定調解書送達前一方反悔者，人民法院應當及時判決，故未送達前，調解不具確定力。而我國訴訟法上之調解離婚，性質上仍屬兩願離婚，故依臺灣地區與大陸地區人民關係條例第五十二條規定：「……兩願離婚之方式及其他要件，依行為地法。」故當事人須提出大陸民事調解書之送達書，作為確定離婚日期之證明（本部八十三年十二月廿二日法 83 律決字第二七八六〇號函參照）。又所謂送達簽收後係指受送達人在送達回證上記明收到日期，簽名或蓋章而言，故法院當已取得該項回證。本件當事人遺失送達書致不能確定其離婚日期，似可請求財團法人海峽交流基金會洽請大陸海協會向本件調解離婚之法院協商出具送達回證簽收日期之相關證明，俾供離婚日期之認定。

＊法務部（八五）法律司字第三〇六號

要旨：

大陸地區人民與臺灣地區人民在大陸地區辦理結婚登記手續，其婚姻之方式及其他要件應依大陸地區婚姻法之規定。

全文內容：

本件經提本部大陸法規研究委員會八十五年十月十八日第四十一次會議研討，獲致結論略以：「按『臺灣地區與大陸地區人民關係條例』第五十二條第一項規定：『結婚或兩願離婚之方式及其他要件，依行為地之規定。』本件大陸地區人民杜〇〇女士與臺灣地區人民許〇〇君係在大陸地區辦理結婚登記手續，依首揭規定，其婚姻之方式及其他要件應依大陸地區婚姻法之規定。查大陸地區婚姻法並無如我國民法第九百八十七條再婚禁止期間之相同或類似規定，故杜女與許君在大陸結婚，似不受再婚禁止期間之拘束。

＊法務部（八四）法律決字第二六六一一號

要旨：

調解離婚成立應製作調解書經雙方當事人簽收後，即具有法律效力。惟離婚案件當事

人一方於訴訟程序（包括調解程序）中死亡者，應終結訴訟。

全文內容：

一、依臺灣地區與大陸地區人民關係條例第五十二條規定：「結婚或兩願離婚之方式及其他要件，依行為地之規定。判決離婚之事由，依臺灣地區之法律。」復依中共婚姻法第二十五條第二項之規定：「人民法院受理離婚案件，應當進行調解；如感情確已破裂，調解無效，應准予離婚。」是調解為離婚判決之必經程序。調解離婚成立應製作調解書經雙方當事人簽收後，即具有法律效力（中共民事訴訟法第八十九條參照）。惟離婚案件當事人一方於訴訟程序（包括調解程序）中死亡者，應終結訴訟（中共民事訴訟法第一三七條第三項參照）。

二、本件依來函所附資料，朱○玉先生雖於八十三年十月十五日及同年十二月二十日出具離婚申請書、委託書及離婚字據，委託在大陸之朱○民先生代為處理，惟朱○玉先生於八十四年三月二十日死亡，尚在調解離婚程序中，依上開說明，該訴訟程序因當事人一方死亡而終結，婚姻關係不待離婚當然消滅。故大陸地區八十四年五月二十九日始作成之調解離婚，似不發生效力，從而亦無調解書送達效力疑義。

＊法務部（八三）法律決字第二七八六○號

要旨：

臺灣地區與大陸地區人民關係條例第七十四條所指民事確定裁判，不包括「民事調解書」在內。

全文內容：

一、按經轉司法院秘書長八十三年十一月十九日八十三秘台廳民三字第二○五二四號函略以：「按臺灣地區與大陸地區人民關係條例第七十四條所定得聲請法院裁定認可而取得執行名義者，應以在大陸地區作成之民事確定裁判或民事仲裁判斷，並以給付為內容者為限，該條法文規定甚明。而得為執行名義之訴訟上調解，強制執行法第四條第一項第三款係以專款明定，與民事裁判分屬不同款別。就上述兩種法律參互以觀，該條例第七十四條所指民事確定裁判，宜解為不包括『民事調解書』在內。惟究竟立法原意如何，仍請　貴部（法務部）查閱當時起草討論紀錄卓酌。」經查當時起草討論紀錄及本條之立法理由，均未言及「民事調解書」之問題，是本條似應認不包括民事調解書在內，合先敘明。

二、按臺灣地區與大陸地區人民關係條例第七條規定：「在大陸地區製作之文書，經行政院設立或指定之機關或委託之民間團體驗證者，推定為真正。」同條例施行細則第八條第一項規定：「依本條例第七條規定推定為真正之文書，其實質上證據力，由法院或主管機關認定。」本件趙○堯先生單方提憑經財團法人海峽交流基金會驗（查）證之大陸地區公證書暨人民法院民事調解書，申請離婚登記，依上開規定，

其文書形式上固得推定為真正，惟其實質上證據力如何，仍請　貴部（內政部）本於職權自行審認之。至於其離婚日期之認定，按本件當事人所提憑者，係大陸地區秦皇島市海港區人民法院之民事調解書，為大陸婚姻法所定三種離婚形態中之「裁判內之調解離婚」，於經法院調解達成協議，雙方同意離婚，調解離婚書送達當事人後，即生離婚之效力，與判決書有同等之效力，不須為離婚之登記（林俊益著「海峽兩岸婚姻、繼承法律問題之研究」──載司法研究年報第十四輯上冊第五百九十三頁、林秀雄著「中共之調解離婚（下）」──載司法周刊第四九六期、本部印行陳美伶、吳紀亮撰「中共婚姻法、離婚法之研究」第五十一頁參照），惟目前我國訟訴上之調解離婚成立後，性質上仍屬兩願離婚，須辦理離婚登記，始生離婚之效力（司法院七十六年四月十日七十六廳民一字第二〇二三號函參照），是大陸地區之「裁判內之調解離婚」與我民法所定兩願離婚雖尚有出入，惟二者皆係本於當事人協議而為之，從而，本件似得類推適用臺灣地區與大陸地區人民關係條例第五十二條：「……兩願離婚之方式及其他要件，依行為地之規定。」之規定，關於離婚日期之認定，請　貴部依上開說明，本於職權自行審認之。

＊法務部（八三）法律字第一二五一六號

要旨：

按「臺灣地區與大陸地區人民關係條例」第五十二條第一項規定，兩願離婚之方式及其他要件，依行為地之規定。次按大陸地區婚姻法第二十四條規定：「男女雙方自願離婚的，准予離婚。雙方須到婚姻登記機關申請離婚。婚姻登記機關查明雙方確實是自願並對子女和財產問題已有適當處理時，應即發給離婚證。」又其婚姻關係自取得離婚證時解除。其婚姻登記辦法第三條規定：「辦理婚姻登記的機關，在農村是鄉、民族鄉、鎮人民政府，在城市是街道辦事處或區人民政府、不設區的市人民政府。」同辦法第七條規定：「男女自願離婚，並對子女扶養和財產處理達成協議的，必須雙方親自到一方戶口所在地的婚姻登記機關申請離婚登記。……婚姻登記機關查明情況屬實，應准予登記，發給離婚證，收回結婚證。」其第十條第二項規定：「婚姻登記機關可以根據婚姻登記檔案向丟失……『離婚證』的當事人出具……『解除夫妻關係證明書』。……上述證明書同『離婚證』，具有同等法律效力。」（詳附件二）（略）來函所附大陸地區湖南省祁東縣公證處出具之「解除夫妻關係公證書」，係依據祁東縣人民政府婚姻登記機關所發「解除夫妻關係證明書」，證明龍〇金君（住高雄市楠梓區右〇〇〇〇巷〇〇號）與彭〇秀女士（住湖南省祁東縣洪豐鄉曙光村）「因歷史原因，自行解除夫妻關係」。揆諸上述說明，此「解除夫妻關係證明書」，既係由婚姻登記機關根據婚姻登記檔案而發給，且與「離婚證」具同等法律效力。則該二人離婚之方式與要件，似難認與上述大陸地區之規定有違。其婚姻關係應自雙方取得「離婚證」時消滅。

第五十三條

夫妻之一方為臺灣地區人民，一方為大陸地區人民者，其結婚或離婚之效力，依臺灣地區之法律。

第五十四條

臺灣地區人民與大陸地區人民在大陸地區結婚，其夫妻財產制，依該地區之規定。但在臺灣地區之財產，適用臺灣地區之法律。

第五十五條

非婚生子女認領之成立要件，依各該認領人被認領人認領時設籍地區之規定。

認領之效力，依認領人設籍地區之規定。

＊法務部（八四）法律決字第二二〇八二號

　要旨：

　設籍臺灣地區已婚男子與大陸地區女子未婚所生未滿十二歲之子女，如經生父認領，應具婚生子女身分。

　全文內容：

　按非婚生子女認領之效力，依認領人設籍地區之規定，臺灣地區與大陸地區人民關係條例第五十五條第二項定有明文，又依民法第一千零六十五條第一項前段規定：「非婚生子女經生父認領者，視為婚生子女。」其所謂「視為」係指將一定之行為事實擬制為另一行為事實或擬制為另一行為事實所具之法律效果，且不得以反證推翻者。（胡開誠著「民法上之『視為』」，法令月刊第三十八卷第一期法學論著，第十七頁參照）本件設籍臺灣地區已婚男子與大陸地區女子未婚所生未滿十二歲之子女，如經生父認領，依前所述，該子女以應具婚生子女身分。

第五十六條

收養之成立及終止，依各該收養者被收養者設籍地區之規定。

收養之效力，依收養者設籍地區之規定。

＊八七家抗字第三〇號

　要旨：

　按「收養之成立及終止，依各該收養者被收養者設籍地區之規定」，臺灣地區與大陸地區人民關係條例第五十六條第一項定有明文。次按「收養應當有利於被收養的未成年人的扶養、成長，遵循平等自願的原則，並不得違背社會公德」；「下列不滿十四歲的未成年人可以被收養：㈠……」，中華人民共和國收養法第二條、第四條亦分別定有明文。本件抗告人即被收養者李〇嶺設籍地區之規定即中華人民共和國收養法，規定「未成年人」方得為被收養人，並無「成年收養」之制度。雖同法第七條規定：年滿三十五周歲的無子女的公民收養三代以內同輩旁系血親的子女，可以不受被收養人不滿十四周歲的限制。經查本件被收養人李〇嶺係一九五〇年七月十五日出生，卷附抗告人所提出之山東省臨清市公證處（九七）臨證字第五五三四號公證書載之甚詳，被收養

人李○嶺現已滿四十七歲，並非「未成年人」，且抗告人所提之收養公證書、民事委託書……等證件，亦無法證明被收養人李○嶺與收養人，係三代以內同輩旁系血親的子女，前開規定，自不得被收養。原審駁回抗告人之聲請，並無不合，抗告人之抗告為無理由，應予駁回。爰裁定如主文。

*臺灣高等法院暨所屬法院八十五年法律座談會　民事類提案第十四號

法律問題：

甲於民國三十七年間在大陸與乙結婚，三十八年隨軍隊來臺，乙仍留在大陸，甲於四十五年間復於臺灣與臺灣女子丙結婚，均無子女。海峽兩岸開放探親，甲欲收養大陸人民丁為養子，聲請法院認可，收養契約究應由甲與何人共同為之？

討論意見：

甲說：

與乙共同為之。若採丙說之見解，收養契約成立後，丁無異有二個養母，違反公序良俗。

乙說：

與丙共同為之。收養子女以養子女利益為最高指導原則。共同收養之本質，在使未成年子女受完全家庭之保護教養，甲、丙既已建立家庭共同生活，若未與丙共同收養，丙、丁間無法建立親子感情，丁亦無法受到充分教養保護。

丙說：

與乙、丙共同為之。因參考司法院大法官會議釋字第二四二號解釋意旨，應認甲前後二婚姻均有效，則乙、丙均為甲之配偶，依民法第一千零七十四條第一項之規定，有配偶者收養子女時，應與其配偶共同為之。並參考司法院七十八年六月二十六日(78)廳民三字第七一一號函意旨。

初步研討結果：多數採乙說。

審查意見：採丙說。

研討結果：照審查意見通過。

*司法院（七七）秘臺廳一字第○二二五四號

要旨：

對我國人民（包括大陸地區）之收養事件，如已符合我國之規定，似難謂其不生效力。

全文內容：

按收養之實質要件及形式要件，於民法第一千零七十三條至第一千零七十六條暨第一千零七十九條分別定有明文。　貴會報來函如主旨所稱溫○祐在大陸收養伍○明一節，是否亦適用上揭有關規定，在未就海峽兩岸人民法律關係制定特別規範之前，雖有爭論；惟目前我國法律之效力事實上暫不能及於大陸地區，對我國人民（包括大陸地區）在私法上之權利義務，亦不能不予以保障，上揭收養，如已符合我國法律之規定，似

難謂其不生效力。至於大陸人民申請來臺定居一節，係屬入出境主管機關之職掌，應由其依有關法規決定之。

＊法務部（八三）法律字第九八四六號

要旨：

一、關於被大陸地區人民收養之臺籍人員，在未終止收養前，得否申請在臺灣地區同居部分，有肯定、否定二說：

　㈠肯定說：

　　按「臺灣地區與大陸地區人民關係條例」（以下簡稱「兩岸人民關係條例」）第十六條第一項第五款規定：「民國三十八年政府遷臺前，赴大陸地區之臺籍人員，在臺灣地區原有戶籍且有直系血親、配偶或兄弟姐妹者，得申請在臺灣地區定居。」該款所稱「直系血親」及「兄弟姐妹」就養子女而言，參照司法院大法官會議釋字第二十八號解釋：「養子女與本生父母及其兄弟姐妹原屬民法第九百六十七條所定直系血親與旁系血親，其與養父母之關係，縱因民法第一千零七十七條所定……：而成為擬制血親，惟其與本生父母方面之天然血親仍屬存在，……自無待於回復」之意旨，似應包括養子女之本生父母及兄弟姐妹在內。從而本件被大陸地區人民收養之臺籍人員，如在臺灣地區原有戶籍且有兄弟姐妹，似無須終止收養關係，亦得依規定申請在臺灣地區定居。

　㈡否定說：

　　按兩岸人民關係條例第十六條第一項第五款規定之立法精神，係以該款所定之大陸地區人民，與臺灣地區人民關係密切，基於人道及倫理之考量，因而准其申請來臺定居（參見立法院秘書處編印「法律案專輯」第一四一輯（下）第一○一一頁、一○一二頁所敘）。又依民法第一千零八十三條「養子女自收養關係終止時起，……回復其與本生父母之關係……」規定之反面解釋，養子女於收養關係存續中，與其本生父母及兄弟姐妹間之權利義務已暫時停止，尚難謂有密切之關係；則其本生父母及兄弟姐妹，解釋上似不應包括於上揭條例第十六條第一項第五款所稱之「直系血親」及「兄弟姐妹」之內。從而，本件被大陸地區收養之臺籍人員，仍須先終止收養關係，回復其與本生父母之關係後，始得申請在臺灣地區定居。

　　以上二說，似以否定說為當；惟因事涉前揭條例第十六條第一項第五款之立法原意，宜請另徵詢該法規主管機關對行政院大陸委員會之意見。

二、關於被大陸地區人民收養之臺籍人員，其養父母已死亡者，應如何辦理終止收養部分：按兩岸人民關係條例第五十六條第一項明定：「收養之成立及終止，依各該收養者被收養者設籍地區之規定」。有關本件在臺灣地區原有戶籍人民，被大陸地區人民收養，其與養父母間收養關係之終止，似宜依上揭規定辦理。

*法務部（八二）法律字第九九○五號

要旨：

一、依大陸地區人民進入臺灣地區許可辦法第一條規定，該辦法係依據臺灣地區與大陸地區人民關係條例第十條第三項之規定而訂定，是以臺灣地區與大陸地區人民關係條例為該辦法之母法，如該辦法有未規定事項，應以臺灣地區與大陸地區人民關係條例之相關規定決之。又依該條例第四十一條第一項規定：「臺灣地區人民與大陸地區人民間之民事事件，除本條例另有規定外，適用臺灣地區之法律」及同條例第五十六條第二項規定：「收養之效力，依收養者設籍地區之規定」，故本件親屬範圍是否及於繼、養親屬關係之疑義，宜分別情形論之：㈠收養者為臺灣地區人民時，依上述臺灣地區與大陸地區人民關係條例第五十六條第二項及第四十一條第一項之規定，其收養之效力應適用臺灣地區民法之規定。依民法第一千零七十七條規定，養子女與養父母之關係，除法律另有規定外，與婚生子女同，而成為擬制血親（參照司法院大法官會議釋字第二十八號及第七十號解釋）。觀諸大陸地區人民進入臺灣地區許可辦法中，關於親屬之規定，除配偶外皆為血親之規定，因此，該辦法之親屬關係，依首揭說明，應包括養親屬之關係在內。㈡收養者為大陸地區人民時，依上述臺灣地區與大陸地區人民關係條例第五十六條第二項之規定，其收養效力應依大陸地區之規定，而依一九九二年四月一日起在大陸地區施行之收養法第二十二條第一項前段規定：「自收養關係成立之日起，養父母與養子女間的權利義務關係，適用法律關於父母子女關係的規定」，與我民法第一千零七十七條之規定類同，應亦可認係擬制血親之規定，從而，上述情形於大陸地區人民進入臺灣地區許可辦法規定之親屬範圍，亦應包括養親屬之關係在內。㈢關於繼親屬關係，依民法第九百六十九條之規定，並參酌最高法院二十八年上字第二四○○號判例之意旨，僅為姻親關係，如上所述，該辦法既無關於姻親之規定，則繼親屬關係，自難包括於該辦法中。

二、至於本件問題是否宜逕予函釋，藉以補充規定，應請權責機關本於職權自行斟酌之。

第五十七條

父母之一方為臺灣地區人民，一方為大陸地區人民者，其與子女間之法律關係，依父親設籍地區之規定，無父或父為贅夫者，依母設籍地區之規定。

*法務部（八六）法律決字第一五一八三號

要旨：

臺灣地區與大陸地區人民關係條例施行後，大陸地區兒童申請來臺依親定居，可否隨母姓疑義。

主旨：

貴部來函詢及臺灣地區與大陸地區人民關係條例施行後，大陸地區兒童申請來臺依親定居，可否隨母姓疑義乙案，本部意見如說明二，請　查照參考。

說明：

一、復　貴部八十六年五月十六日臺 (86) 內戶字第八六七七八六○號函。

二、按臺灣地區與大陸地區人民關係條例（以下簡稱「兩岸人民關係條例」）第五十七條規定：「父母之一方為臺灣地區人民，一方為大陸地區人民者，其與子女間之法律關係，依父設籍地區之規定，無父或父為贅夫者，依母設籍地區之規定。」子女稱姓，係父母與子女間之法律關係（本部八十六年四月二十八日法 86 律決字第一一六九八號函參照），兩岸人民關係條例施行後，臺灣地區人民與大陸地區人民結婚，所生子女之姓氏，自應依本條規定以定其所應適用之法律。本件臺灣地區人民黃○忠先生申請其與大陸地區女子林○雯所生之子來臺依親定居，依來函所附資料記載，黃君與林女士之結婚日期（八十四年九月十五日）及該子出生之日（八十二年九月二日），既均在兩岸人民關係條例施行之後，則關於子女稱姓所應適用之法律，即應依首開規定決之。

第五十八條

受監護人為大陸地區人民者，關於監護，依該地區之規定。但受監護人在臺灣地區有居所者，依臺灣地區之法律。

第五十九條

扶養之義務，依扶養義務人設籍地區之規定。

第六十條

被繼承人為大陸地區人民者，關於繼承依該地區之規定。但在臺灣地區之遺產，適用臺灣地區之法律。

＊法務部（八五）法律決字第○九六四三號

要旨：

大陸地區人民繼承該地區人民在臺灣地區之遺產時，如在臺灣地區有共同繼承人時，似得類推適用臺灣地區與大陸地區人民關係條例第六十六條第一項之規定。

全文內容：

按臺灣地區與大陸地區人民關係條例（以下簡稱兩岸條例）第六十條規定：「被繼承人為大陸地區人民者，關於繼承，依該地區之規定。但是臺灣地區之遺產適用臺灣地區之法律。」但書所稱「適用臺灣地區之法律」似包括本條例在內，合先敘明。復查兩岸條例第六十六條第一項之立法意旨，在於避免繼承狀態久懸不決，影響臺灣地區經濟秩序之穩定及共同繼承人之權益，特訂定繼承表示期間之規定。故本件大陸地區人民繼承該地區人民在臺灣地區之遺產時，如在臺灣地區有共同繼承人時，似得類推適用同條例第六十條第一項之規定。

第六十一條

大陸地區人民之遺囑，其成立或撤回之要件及效力，依該地區之規定。但以遺囑就其在臺灣地區之財產為贈與者，適用臺灣地區之法律。

第六十二條

大陸地區人民之捐助行為，其成立或撤回之要件及效力，依該地區之規定。但捐助財產在臺灣地區者，適用臺灣地區之法律。

第六十三條

本條例施行前，臺灣地區人民與大陸地區人民間、大陸地區人民相互間及其與外國人間，在大陸地區成立之民事法律關係及因此取得之權利、負擔之義務，以不違背臺灣地區公共秩序或善良風俗者為限，承認其效力。

前項規定，於本條例施行前已另有法令限制其權利之行使或移轉者，不適用之。

國家統一前，左列債務不予處理：

一、民國三十八年以前在大陸發行尚未清償之外幣債券及民國三十八年黃金短期公債。

二、國家行局及收受存款之金融機構在大陸撤退前所有各項債務。

＊釋字第四七五號

解釋文：

國民大會為因應國家統一前之需要，制定憲法增修條文，其第十一條規定：「自由地區與大陸地區間人民權利義務關係及其他事務之處理，得以法律為特別之規定」。政府於中華民國三十八年以前在大陸地區發行之國庫債券，係基於當時國家籌措財源之需要，且以包括當時大陸地區之稅收及國家資產為清償之擔保，其金額至鉅。嗣因國家發生重大變故，政府遷臺，此一債券擔保之基礎今已變更，目前由政府立即清償，勢必造成臺灣地區人民稅負之沈重負擔，顯違公平原則。立法機關乃依憲法增修條文第十一條之授權制定「臺灣地區與大陸地區人民關係條例」，於第六十三條第三項規定：一、民國三十八年以前在大陸發行尚未清償之外幣債券及民國三十八年黃金短期公債；二、國家行局及收受存款之金融機構在大陸撤退前所有各項債務，於國家統一前不予處理，其延緩債權人對國家債權之行使，符合上開憲法增修條文之意旨，與憲法第二十三條限制人民自由權利應遵守之要件亦無牴觸。

＊八三家抗字第一〇七號

要旨：

復查臺灣地區與大陸地區人民關係條例於八十一年七月三十一日公布，自同年九月十八日施行，該條例並無溯及既往之規定，是以臺灣地區人民與大陸地區人民間在臺灣地區與大陸地區人民關係條例施行前，在大陸地區成立之民事法律關係及因此取得之權利、負擔之義務，以不違背臺灣地區公共秩序或善良風俗者為限，承認其效力，亦

即臺灣地區與大陸地區人民關係條例施行前，臺灣地區人民與大陸地區人民間，在大陸地區成立之民事法律關係仍應受臺灣地區民事法律之規範。

查依我國公證法第四條、第五條規定，得公證之事項為法律行為及私權事實，至於身分上之關係，應不得做為公證之標的。於收養事件，得公證之事項應僅限於收養協議書部分（即收養人收養與被收養人被收養之意思表示是否合致），至於收養法律行為完成後所發生之法律上效果。

＊司法院第二十五期司法業務研究會

法律問題：

甲男（為大陸地區人民）依臺灣地區與大陸地區人民關係條例，以其為乙男（為臺灣地區人民）之養子，向法院聲明繼承，而甲乙間收養關係係於兩岸條例施行前並在大陸地區成立，且甲乙二人年齡相距未達二十歲以上，則法院應否准許甲之聲明繼承？

討論意見：

甲說：

應准許之。蓋兩岸條例施行前，臺灣地區人民與大陸地區人民間、大陸地區人民相互間及其與外國人間，在大陸地區成立之民事法律關係及因此取得之權利、負擔之義務，以不違背臺灣地區公共秩序或善良風俗者為限，承認其效力，臺灣地區與大陸地區人民關係條例第六十三條第一項定有明文。本件甲乙二人收養關係業於上開條例施行前依大陸地區法律規定有效成立，法院僅需依聲明繼承之相關規定書面審酌以為准駁即可。

乙說：

不應准許。因聲請人需表明繼承遺產之原因事實，證明或釋明有繼承權之證據，及符合繼承人身分之證明文件等資料，而收養關係存否影響繼承權之有無。本件甲所提出與乙收養成立之文件，已顯現甲乙之間年齡相距未達二十歲以上，按收養者之年齡，應長於被收養者二十歲以上，違反者，收養子女無效，民法第一千零七十三條，第一千零七十九條之一分別定有明文，則本件甲乙間收養既與上開規定不符而無效，甲即不具乙之養子身分，其聲明繼承即不應准許。

研討結論：

採乙說。即發生親屬身分關係，即不得為公證之標的。

＊法務部（八五）法律決字第〇五四〇四號

要旨：

單身亡故榮民收養其養子之時間，如在臺灣地區與大陸地區人民關係條例施行前收養關係是否成立疑義。

全文內容：

按臺灣地區與大陸地區人民關係條例第六十三條第一項之規定：「本條例施行前，臺灣

地區與大陸地區人民間、大陸地區人民相互間及其與外國人間，在大陸地區成立之民事法律關係及因此取得之權利、負擔之義務，以不違背臺灣地區公共秩序或善良風俗者為限，承認其效力。」本件單身亡故榮民收養其養子之時間，如在上開條例施行前，按大陸地區之收養法第十五條第二項雖規定收養應作成書面並辦理公證，惟上開規定係於一九九二年四月間開始施行，在此之前收養關係依中共婚姻法第二十條第一項之規定定之，復該規定僅及收養之效力，對於收養成立要件付之闕如，大陸學者有認收養之要件應包括收養人必須已婚、無子女、無生育能力且年滿三十五歲，被收養人必須在七歲以下等（詳參本部印行「中共法律研究叢書」民事法類第二類「中共婚姻法、繼承法」第四十頁），至形式要件，則依大陸地區一九五八年公布之「戶口登記條例」規定，收養應向戶口登記機關辦理登記，該項登記可作為收養之證明之一。是本件收養關係是否成立，請本於上開說明本於職權依法認定之。

＊法務部（八五）法律決字第〇五二〇七號

要旨：

大陸地區人民與港澳地區人民於民國七十年間在大陸結婚，如不違背臺灣地區公共秩序或善良風俗，其從夫姓仍應承認其效力。

全文內容：

依臺灣地區與大陸地區人民關係條例第六十三條規定：「本條例施行前，臺灣地區與大陸地區人民間、大陸地區人民相互間及其與外國人間，在大陸地區成立之民事法律關係及因此取得之權利、負擔之義務，以不違背臺灣地區公共秩序或善良風俗者為限，承認其效力。」本件來函所述事實，大陸地區人民李麗〇君與港澳地區人民李若〇於民國七十年間在大陸結婚，李麗〇君係從夫姓而非冠夫姓，依上開規定，如不違背臺灣地區公共秩序或善良風俗，其從夫姓仍應承認其效力。復查李君於民國七十九年十二月來臺辦理戶籍登記並領有國民身分證，現李妻經許可來臺依親居留，申請入境許可，其姓氏應如何定之乙節，因本件當事人結婚係在臺灣地區與大陸地區人民關係條例施行前，故本件是否本於本姓氏對於當事人之親屬關係及其權利義務關皮並無影響之意旨，尊重當事人之意願，准許當事人依其現在使用之姓申請入境設籍，請本於職權依法審認之。

＊法務部（八三）法律決字第一七七九二號

要旨：

持憑經財團法人海峽交流基金會驗證婚姻狀況公證書記載，單方提出離婚其真義為何。

全文內容：

按「臺灣地區與大陸地區人民關係條例」（以下簡稱「兩岸人民關係條例」）第六十三條第一項規：「本條例施行前，臺灣地區人民與大陸地區人民間……，在大陸地區成立之民事法律關係及因此取得之權利、負擔之義務，以不違背臺灣地區公共秩序或善良

風俗者為限，承認其效力。」其中「在大陸地區『成立』之民事法律關係及因此取得之權利、負擔之義務」宜解為不以民事法律關係之「發生」為限，似尚應包括民事法律關係之「變更」及「消滅」在內。查「身分關係」為民事法律關係，其發生、變更或消滅如在「兩岸人民關係條例」施行之前，自有該條規定之適用。又所謂「公共秩序或善良風俗」乃一不確定之法律概念，其具體內容常隨社會思想與制度之變遷，而有差異。惟學說均認：「公共秩序」乃國家與社會生活共同之要求或利益，包括立國精神及基本國策在內，亦即社會之一般安寧狀態；「善良風俗」則為社會一般人民之倫理道德觀念。而依實務見解，探究此等概念時應注意下列事項：一、依中華民國憲法保障人民基本權利之原則；二、保障臺灣地區人民福祉之原則；三、若大陸地區法院之判決違反臺灣地區法律強制禁止規定者，得視個別具體情形認定是否違反公共秩序或善良風俗（史尚寬著「民法總論」第六七、六八頁，李肇偉著「民法總則」第一九五頁，洪遜欣著「中國民法總則」第三三七頁，劉得寬著「民法總則」第一九五頁，施啟揚著「民法總則」第五六頁，馬漢寶著「國際私法總論」第二一二頁及司法院大陸法制研究小組研究彙編（一）第一四二頁參照）。本件翟○華君持憑經財團法人海峽交流基金會驗證之李○蘭婚姻狀況公證書記載，李○蘭于一九五六年四月單方提出離婚，並與舒○德結婚。據此，李○蘭單方提出離婚固在「兩岸人民關係條例」施行之前，惟「單方提出離婚」真義為何？有無違背臺灣地區公共秩序或善良風俗？如已發生離婚效力，該離婚日期如何？均屬事實認定問題，宜請　貴部（內政部）參酌上開學說、實務見解，本於職權自行審認之。

＊法務部（八三）法律決字第一四九六二號

要旨：

婚姻關係因判決離婚而消滅，自不因其後復辦理登記結婚而視為存續，亦不因在臺戶籍資料未辦理離婚登記而受影響。

全文內容：

按臺灣地區與大陸地區人民關係條例第六十三條第一項規定：「本條例施行前，臺灣地區人民與大陸地區人民間……，在大陸地區成立之民事法律關係及因此取得之權利、負擔之義務，以不違背臺灣地區公共秩序或善良風俗者為限，承認其效力。」又離婚使夫妻人身（身份）關係歸於消滅（參見大陸學者朱啟超、錢明星著「簡明民法學」第三三一頁）。本件顧○烈先生與朱○芳女士於民國（以下同）三十四年間在上海市登記結婚，如上開判決離婚與登記結婚，不違背臺灣地區公共秩序或善良風俗，即應承認其效力，則該二人前婚姻關係既因判決離婚而消滅，自不因其後復辦理登記結婚而視為存續，亦不因在臺戶籍資料未辦理離婚登記而受影響。

＊法務部（八三）法律字第一三四一四號

要旨：

按「臺灣地區與大陸地區人民關係條例」（以下簡稱「兩岸人民關係條例」）第六十三條第一項規定：「本條例施行前，臺灣地區人民與大陸地區人民間……，在大陸地區成立之民事法律關係及因此取得之權利、負擔之義務，以不違背臺灣地區公共秩序或善良風俗者為限，承認其效力。」其規定屬過渡條款之性質，目的在解決兩岸人民關係條例施行前在大陸地區成立之民事法律關係之效力問題。查婚姻係屬民事法律關係，「兩岸人民關係條例」施行前，臺灣地區人民與大陸地區人民在大陸地區有效成立之婚姻關係，如不違背臺灣地區公共秩序或善良風俗，自得依該條規定承認其效力。至於「兩岸人民關係條例」第五十二條第一項規定：「結婚……之方式及其他要件，依行為地之規定。」要屬結婚方式及其他要件適用法律之規定，其適用對象以「兩岸人民關係條例」施行後臺灣地區人民與大陸地區人民結婚者為限，似與本條例施行前已發生之民事法律關係無涉。

* 法務部（八三）法律字第〇九九一〇號

要旨：

按臺灣地區與大陸地區人民關係條例（以下簡稱兩岸人民關係條例）第六十三條第一項規定：「本條例施行前，臺灣地區人民與大陸地區人民間、大陸地區人民相互間及其與外國人間，在大陸地區成立之民事法律關係及因此取得之權利、負擔之義務，以不違背臺灣地區公共秩序或善良風俗者為限，承認其效力」，本件臺灣地區與大陸地區人民，於兩岸人民關係條例施行前，在大陸地區成立之收養關係，除依上開條例第六十三條第二項規定：「前項規定，於本條例施行前已另有法令限制其權利之行使或移轉者，不適用之」之情形外，如不違背臺灣地區公共秩序或善良風俗，應得依同條例第六十三條第一項之規定，承認其效力。至其於兩岸人民關係條例施行後始生之繼承問題，自應依上開條例第六十六條及第六十七條規定辦理，併予說明。

第六十四條

夫妻因一方在臺灣地區，一方在大陸地區，不能同居，而一方於民國七十四年六月四日以前重婚者，利害關係人不得聲請撤銷；其於七十四年六月五日以後七十六年十一月一日以前重婚者，該後婚視為有效。

前項情形，如夫妻雙方均重婚者，於後婚者重婚之日起，原婚姻關係消滅。

* 司法院（八三）廳民一字第二二五六二號

法律問題：

某甲係大陸地區人民，於民國卅七年間，在大陸與被繼承人某乙結婚，民國卅八年間，大陸陷共，某乙隨政府撤退來臺，此後終生未再娶，惟某甲於大陸陷匪後，民國卅九年間在大陸地區與某姓胡男子結婚，嗣某乙於民國七十八年六月四日在臺灣地區死亡，並在臺留有遺產。某甲於民國八十一年九月七日，以配偶身分，具狀向臺灣地區法院聲明繼承某乙遺產，法院可否准予備查？

討論意見：

甲說（肯定說）：

理由：

1. 按臺灣地區與大陸地區人民關係條例第六十四條第一項規定：「夫妻一方在臺灣地區，一方在大陸地區不能同居，而一方於民國七十四年六月四日以前重婚者，利害關係人不得聲請撤銷；其於七十四年六月五日以後，七十六年十一月一日以前重婚者，該後婚視為有效。」同法條第二項規定：「前項情形，如夫妻雙方均重婚者，於後婚者重婚之日起，原婚姻關係消滅。」

2. 本題旨之情形，被繼承人某乙，隨政府來臺後，終生未曾重婚，某甲在大陸地區再與某姓胡者重婚，惟其時間係在民國七十四年六月四日之前，依上述規定，被繼承人某乙死亡前，與某甲婚姻關係尚有效存在。則某甲於八十一年九月七日具狀聲明繼承某乙遺產，除該遺產有同條例第六十七條第二項前段（即同條例施行前，遺產已歸屬國庫）之情形外，某甲依法得在同法條第一項前段規定之範圍內，繼承某乙之遺產，從而法院自應准予備查。

乙說（否定說）：

理由：

1. 臺灣地區與大陸地區人民關係條例第六十四條規定之立法本旨，原在保護大陸淪陷後，追隨政府來臺之忠貞軍民及其後婚配偶。又臺灣地區被繼承人在臺灣地區之遺產，固為被繼承人生前辛勞所得，惟其財產之獲得，與臺灣地區人民勤勞貢獻，創造繁榮之經濟有直接之關係，惟顧及吾國倫理親情，兼顧國家之經濟安全，故同條例第六十七條第一項前段規定，於每人新臺幣二百萬元之限額內，大陸地區人民得依法繼承被繼承人在臺灣地區之遺產。

2. 本題旨情形，某甲在大陸陷共後，於民國卅九年間，即在大陸地區與某姓胡之人重婚，被繼承人某乙，隨政府來臺後，反而終生未再重婚，觀諸同條例第六十四條第二項之立法本旨，似難認某甲得繼承某乙遺產，從而法院應不准予備查。

審查意見：

㈠法律問題及討論意見中凡某甲改為甲女，某乙改為乙男，並刪除第一行「被繼承人」四字，第二行倒數第十七字「匪」改為「共」。討論意見乙說理由秒末行倒數第三字「予」刪除。㈡依臺灣地區與大陸地區人民關係條例第六十四條之規定，對分處兩地之夫妻，任何一方重婚，其效力相同而無所差異，則甲女既係乙男之配偶，甲女自得依同條例第六十七條之規定繼承乙男之遺產，故採甲說。

研討結果：照審查意見通過。

司法院民事廳研究意見：

本題事例，參照臺灣地區與大陸地區人民關係條例第六十四條第一項、第六十六條及

第六十七條等規定，研討結論從審查意見採甲說固無不合，惟上開條例係於八十一年七月三十一日公布自同年九月十八日施行，甲女既於該條例施行前（八十一年九月七日）即向法院聲明繼承，則法院自不能於條例施行前遽准予備查，必俟同年九月十八日施行後，始得援引該條例之規定，經審核無誤後准予備查。

* 法務部（八五）法律決字第二九六六六號

　要旨：

夫妻一方在臺灣地區，一方在大陸地區，不能同居，除雙方均於民國七十六年十一月一日以前重婚，原婚姻關係自後婚者重婚之日起消滅外，原婚姻關係仍屬有效存在。

全文內容：

按臺灣地區與大陸地區人民關係條例第六十四條規定：「夫妻因一方在臺灣地區，一方在大陸地區，不能同居，而一方於民國七十四年六月四日以前重婚者，利害關係人不得聲請撤銷；其於七十四年六月五日以後七十六年十一月一日以前重婚者，該後婚視為有效。（第一項）前項情形，如夫妻雙方均重婚者，於後婚者重婚之日起，原婚姻關係消滅。（第二項）」依上開規定，夫妻一方在臺灣地區，一方在大陸地區，不能同居，除雙方均於民國七十六年十一月一日以前重婚，原婚姻關係自後婚者重婚之日起消滅外，原婚姻關係仍屬有效存在。本件郭○吉君稱，其配偶陳○紡（又名陳○尾）於大陸淪陷後並未隨其來臺，且於大陸地區再婚，爾後陳○紡之再婚配偶死亡。八十四年十二月間其前往大陸時，再與陳○紡於同年十二月二十六日結婚，而陳○紡與其在臺原登記戶籍資料內之配偶郭陳○尾實係同一人。如郭君所言屬實，且其於臺灣地區並未重婚，參酌上開意旨，其與陳女士間之原婚姻關係，似仍繼續存在。

* 法務部（八四）法律決字第一○七○六號

　要旨：

夫妻一方在臺灣地區，一方在大陸地區，不能同居，而一方於民國七十六年十一月一日以前重婚時，除另行離婚外，前婚與後婚同時存在而均有效。

全文內容：

按臺灣地區與大陸地區人民關係條例第六十四條規定：「夫妻因一方在臺灣地區，一方在大陸地區，不能同居，而一方於民國七十四年六月四日以前重婚者，利害關係人不得聲請撤銷……（第一項）。前項情形，如夫妻雙方均重婚者，於後婚者重婚之日起，原婚姻關係消滅（第二項）」。本件已故榮民孫君於民國七十七年（一九八八年）十一月二十九日病故，其配偶侯女士已於民國四十三年（一九五四年）五月間改嫁。如侯女士改嫁當時，其與孫君之婚姻關係仍然存續，即屬重婚。依上開第二項規定之反面解釋，如孫君在臺灣地區並未重婚，其與侯女士間之婚姻關係，似不因侯女士之重婚而受影響；於孫君死亡時，侯女士對孫君之遺產似仍有繼承權。至於侯女士改嫁時與孫君之婚姻關係是否存在及孫君於臺灣地區是否重婚，均屬事實問題，請　貴會（行

政院大陸委員會）本於職權自行審認之。

第六十五條

臺灣地區人民收養大陸地區人民為養子女，除依民法第一千零七十九條第五項規定外，有左列情形之一者，法院亦應不予認可：

一、已有子女或養子女者。

二、同時收養二人以上為養子女者。

三、未經行政院設立或指定之機構或委託之民間團體驗證收養之事實者。

＊八五家抗字第七〇號

要旨：

按收養子女，除夫妻之一方，收養他方之子女者外，有配偶者收養子女時，應與其配偶共同為之，又臺灣地區人民收養大陸地區人民為養子女，收養者已有子女或養子女者，法院應不予認可，民法第一千零七十四條、臺灣地區與大陸地區人民關係條例第六十五條第一項第一款分別定有明文，抗告人與張〇英為夫妻，收養子女，依上開規定，夫妻應共同為之，惟張〇英與前配偶已有子女，依上開臺灣地區與大陸地區人民關係條例第六十五條第一項第一款規定，應不予認可。

＊司法院（八四）廳民一字第一三三四一號

法律問題：

臺灣地區人民甲、乙夫婦已育有一女，在臺灣地區與大陸地區人民關係條例於民國八十一年七月三十一日公布施行前，收養大陸地區人民丙男為養子，並依大陸地區有關規定辦妥收養手續，而於上開條例公布施行生效後始聲請法院認可，法院應否予以認可？

討論意見：

甲說：

按臺灣地區人民收養大陸地區人民為養子女，除依民法第一千零七十九條第五項規定外，如已有子女或養子女者，法院亦應不予認可，臺灣地區與大陸地區人民關係條例第六十五條第一款定有明文。題示情形既於上開條例施行生效後始聲請法院認可，依程序從新原則，法院應予駁回。

乙說：

按臺灣地區與大陸地區人民關係條例第六十三條第一項規定：本條例施行前，臺灣地區人民與大陸地區人民間、大陸地區人民相互間及其與外國人間，在大陸地區成立之民事法律關係及因此取得之權利、負擔之義務，以不違背臺灣地區公共秩序或善良風俗者為限，承認其效力，臺灣地區與大陸地區人民關係條例第六十三條第一項定有明文。題示情形其收養時法律並無已有子女不得收養大陸地區人民之規定，故法院應予認可。

審查意見: 採甲說。

研討結果: 照審查意見通過。

司法院民事廳研究意見:

題示情形,其收養行為可能跨及七十四年六月三日民法親屬編修正前後時期,宜依各該行為發生之時期分別適用民法及臺灣地區與大陸地區人民關係條例有關規定審酌認定之。

＊司法院(八三)廳民四字第一八二九三號

法律問題:

甲男乙女為夫妻,有子女二人。乙女死亡後,甲男與無子女之丙女結婚,丙女欲收養大陸地區之丁女為養女,甲亦同意,三人訂有收養契約,並共同向法院為收養認可之聲請,若其收養均符合大陸地區收養法之規定,又無我國民法規定無效或得撤銷之原因,法院應否予以認可。如僅由丙、丁向法院聲請認可,有無不同。

研討意見:

(一)

甲說: 應不予認可。理由: 兩岸人民關係條例第六十五條第一款規定,已有子女或養子女之臺灣地區人民收養大陸地區人民為養子女者,法院應不予認可。又民法第一千零七十四條第一項規定,有配偶者收養子女時應與配偶共同為之。甲有子女,其收養大陸地區人民為養子女,依法應不予認可,丙依我國民法規定,又不得單獨收養丁女,則本件聲請,應不予認可。

乙說: 應認可丙、丁之收養,並駁回甲、丁間之認可聲請。兩岸人民關係條例第六十五條之規定為民法關於收養規定之特別法,其具備該條第一款規定之消極條件者,法院固不應認可其收養惟不具備消極條件者,自不宜因配偶之一方具備該消極條件而剝奪其配偶收養子女之權利,法院應認可丙、丁之收養。

(二)

甲說: 應不認可。理由: 同(一)甲說。

乙說: 應予認可。理由: 同(一)乙說。

研討結果: (一)採甲說。(二)採甲說。

臺灣高等法院審核意見:

依臺灣地區與大陸地區人民關係條例第六十五條第一款之規定,已有子女或養子女之臺灣地區人民收養大陸地區人民為養子女者,法院應不予認可。甲與其前妻乙既生有子女,則其再收養大陸地區之丁女為養女,法院自應不予認可。又依我民法第一千零七十四條第一項規定,有配偶者收養子女時,應與配偶共同為之。既有配偶者,不能單獨為收養之行為。丙女既與甲結婚,而為有配偶之人,則其收養大陸地區之丁女為養女,法院亦應不予認可,討論意見(一)(二)結論均採甲說,並無不合。

司法院民事廳研究意見：同意。

＊司法院第二十五期司法業務研究會

法律問題：

臺灣地區人民甲男，已有女兒一人，因配偶死亡，而與大陸地區亦喪偶之乙女結婚，並簽立收養契約收養乙女與前夫所生之子一人，嗣聲請我國法院認可時因程序欠缺未補正經裁定駁回確定，後其補正程序事項後重新聲請認可時，適逢臺灣地區與大陸地區人民關係條例於八十一年九月十八日公布施行，則法院應否予以認可？

討論意見：

甲說：應予認可。

理由：甲乙二人既已結婚，其成立收養契約時，臺灣地區與大陸地區人民關係條例既未公布施行，且依該條例第六十三條第一項規定：「本條例施行前，臺灣地區人民與大陸地區人民間……，在大陸地區成立之民事法律關係及因此取得之權利、負擔之義務，以不違背臺灣地區公共秩序或善良風俗者為限，承認其效力。」故法院對本件收養應予認可。否則乙女可聲請來臺，其子不能來臺，留於大陸地區乏人照顧，乃非立法之本意。

乙說：不應認可。

理由：按民法第一千零七十九條第四項規定：「收養子女應聲請法院認可。」本件收養聲請認可時，既已公布施行臺灣地區與大陸地區人民關係條例，依該條例第六十五條第一款規定，本件甲男既已有女兒，則其收養大陸地區人民，法院應不予認可。

研討結論：採乙說。

第六十六條

大陸地區人民繼承臺灣地區人民之遺產，應於繼承開始起三年內以書面向被繼承人住所地之法院為繼承之表示；逾期視為拋棄其繼承權。

大陸地區人民繼承本條例施行前已由主管機關處理，且在臺灣地區無繼承人之現役軍人或退除役官兵遺產者，前項繼承表示之期間為四年。

繼承在本條例施行前開始者，前二項期間自本條例施行之日起算。

＊八五家抗字第一〇四號

要旨：

按大陸地區人民繼承臺灣地區人民之遺產，應於繼承開始起三年內以書面向被繼承人住所地之法院為繼承之表示逾期視為拋棄其繼承權，臺灣地區與大陸地區人民關係條例第六十六條第一項定有明文，大陸地區人民繼承本條例施行前已由主管機關處理，且在臺灣地區無繼承人之現役軍人或退除役官兵遺產者，前項繼承表示之期間為四年；繼承在本條例施行前開始者，前二項期間自本條例施行之日起算，同條例第六十六條第二項、第三項固有明文，惟查該條例係於民國八十一年九月十六日經行政院會訂定

於同月十八日施行，而本件被繼承人係於上開條例施行「後」之八十一年十月三十日死亡，抗告人之繼承係於該條例施行「後」開始與該條例第六十六條第二項、第三項之規定容有未合，仍應適用同法條第一項之規定應於繼承開始起三年內即八十四年十月三十日以前為繼承之表示，始為適法。

＊八五家抗字第一五四號

要旨：

按兩案關係條例所稱現役軍人及退除役官兵之遺產事件，在本條例施行前，已由主管機關處理者，係指聯合勤務總司令部及行政院國軍退除役官兵輔導委員會依國軍陣（死）亡官兵遺骸安葬暨遺物處理辦法及國軍退除役官兵死亡暨遺留財務處理辦法之規定處理之事件而言，兩岸關係條例施行細則第四十八條定有明文。由以上規定觀之，國有財產局並非兩岸關係條例第六十六條所規定之主管機關，是以王○然之遺產縱由國有財產局代管，其繼承人仍不能依據兩岸關係條例第六十六條第二項之規定，延長其聲明繼承時間為四年，其聲明繼承期限仍應為三年。

＊八五家抗字第一四八號

要旨：

按臺灣地區與大陸地區人民關係條例第六十六條規定：「大陸地區人民繼承臺灣地區人民之遺產，應於繼承開始起三年內以書面向被繼承人住所地之法院為繼承之表示，逾期視為拋棄繼承權。大陸地區人民繼承本條例施行前（即八十一年九月十八日之前）已由主管機關處理，且在臺灣地區無繼承人之現役軍人或退除役官兵遺產者，前項繼承表示之期間為四年。繼承在本條例施行前（即八十一年九月十八日之前）開始者，前二項期間自本條例施行之日起算」。本件被繼承人係於四十七年九月三十日憑陸海空軍軍官士官士兵離營證明書向戶政機關申報戶籍登記，顯然張○榮應有退除役官兵身分，因此張○榮之大陸地區繼承人之繼承表示期間為四年。又繼承表示之期間係自臺灣地區與大陸地區人民關係條例施行之日（八十一年九月十八日）起算，同條例第六十六條第三項定有明文，抗告人抗辯應自八十四年七月十九日同條例第六十六條第二項公布生效之日起算，尚有未合。

第六十七條

被繼承人在臺灣地區之遺產，由大陸地區人民依法繼承者，其所得財產總額，每人不得逾新臺幣二百萬元。超過部分，歸屬臺灣地區同為繼承之人；臺灣地區無同為繼承之人者，歸屬臺灣地區後順序之繼承人；臺灣地區無繼承人者，歸屬國庫。

前項遺產，在本條例施行前已依法歸屬國庫者，不適用本條例之規定。其依法令以保管款專戶暫為存儲者，仍依本條例之規定辦理。

遺囑人以其在臺灣地區之財產遺贈大陸地區人民、法人、團體或其他機構者，其總額不得逾新臺幣二百萬元。

第一項遺產中，有以不動產為標的者，應將大陸地區繼承人之繼承權利折算為價額。但其為臺灣地區繼承人賴以居住之不動產者，大陸地區繼承人不得繼承之，於定大陸地區繼承人應得部分時，其價額不計入遺產總額。

＊司法院司法業務研究會第三十五期

法律問題：

臺灣地區與大陸地區人民關係條例（以下簡稱兩岸人民關係條例）第六十八條於民國八十五年八月一日修正公佈施行生效後，對於八十五年八月一日以後，大陸地區人民未依兩岸人民關係條例第六十六條所定期限內完成繼承之遺產，是否歸屬國庫？

討論意見：

甲說（肯定說）：

現行兩岸人民關係條例第六十八條第四項規定：「本條例修正施行前，大陸地區人民未於第六十六條所定期限內完成繼承之第一項及第二項遺產，由主管機關逕行捐助設置財團法人榮民榮眷基金會，辦理下列業務，不受前條第一項歸屬國庫規定之限制，……」是須一、於兩岸人民關係條例第六十八條修正施行（八十五年八月一日）前，二、大陸地區人民未依同條例第六十六條所定期限完成繼承之遺產。始有該條例第六十八條第四項不受同條例第六十七條第一項歸屬國庫限制之適用。準此，本題於八十五年八月一日兩岸人民關係條例修正施行後，大陸地區人民未於該條例第六十六條所定期限內完成繼承之遺產，應無同條例第六十八條第四項之適用，故仍應依上開條例第六十七條規定歸屬國庫。

乙說（否定說）：

兩岸人民關係條例第六十八條於八十五年間修正為現行條文，無非考量大陸地區人民繼承臺灣地區人民之遺產，無法於本條例第六十六條規定之期限內完成繼承，將視為拋棄繼承而繳交國庫，鑒於來臺現役軍人或退除役官兵一生服務軍旅，早年以微薄薪資省吃儉用，辛苦之積蓄，如身故前未及預立遺囑，私人財產逕予繳交國庫，固非亡者所願，亦為政府所不忍，於情於理均難兼及，如能將其遺產成立財團法人基金會，以基金會孳息運用於榮民急難救助或清寒榮民子女教育之補助，以符政府尊重遺囑嘉惠榮民之本意。故該條例第六十八條第四項雖規定本條例修正施行前……，解釋上，就八十五年八月一日該條文修正施行後大陸地區人民未依限完成繼承之遺產，仍有適用，亦一併不受同條例第六十七條歸屬國庫之限制，始符合本次修正之精神。

研討結論：採甲說。

＊司法院第二十五期司法業務研究會

法律問題：

大陸地區人民甲委託其子乙向法院聲明繼承被繼承人在臺灣地區之遺產時，其所出具之委託書記載：「委託我兒乙為我的合法代理人，全權代表我辦理和處理上述遺產之一

切事宜。」經法院核定准予備查後，某乙再以係支出殯葬費用屬利害關係人之身份，聲請法院依非訟事件法第七十九條第一項規定，指定遺產管理人，則法院可否准許？（被繼承人非屬退除役官兵）

第六十七條之一

前條第一項之遺產事件，其繼承人全部為大陸地區人民者，除應適用第六十八條之情形者外，由繼承人、利害關係人或檢察官聲請法院指定財政部國有財產局為遺產管理人，管理其遺產。

被繼承人之遺產依法應登記者，遺產管理人應向該管登記機關登記。

＊八七家抗字第五四號

要旨：

按繼承開始時，繼承人有無不明，而無親屬會議或親屬會議未於一個月內選定遺產管理人者，利害關係人得聲請法院選任遺產管理人，民法第一千一百七十八條第二項固分別定有明文。原法院認相對人為利害關係人，並依臺灣地區與大陸地區人民關係條例第六十七條之一第一項規定指定抗告人為遺產管理人。惟依司法院七十四年十月十五日院臺廳一字第〇五七八六號函示：「此類拋棄繼承事件，多屬遺債大於遺產形同破產，儘量避免選任國有財產局為遺產管理人。」抗告人係一公務機關，依國有財產法規定綜理國有財產事務，執行事務所需預算為全國人民納稅所得，倘顯無遺產可歸屬國庫，應即避免選任抗告人為管理人，乃司法院前揭函示精神所在，原法院就被繼承人遺產不足支付遺產管理費用之情形，苟如抗告人任遺產管理人，是否造成以國家資源管理對國庫毫無利益之財產並須墊付無法歸墊之管理費用，無異使公器淪為私用，損及全民利益，令國庫遭受權利之侵害等情，未予審酌，遽依相對人之聲請，指定抗告人為遺產管理人，自有未洽。

第六十八條

現役軍人或退除役官兵死亡而無繼承人，繼承人之有無不明或繼承人因故不能掌理遺產者，由主管機關管理其遺產。

前項遺產事件，在本條例施行前，已由主管機關處理者，依其處理。

第一項遺產管理辦法，由國防部及行政院國軍退除役官兵輔導委員會分別擬訂，報請行政院核定後發布之。

本條例修正施行前，大陸地區人民未於第六十六條所定期限內完成繼承之第一項及第二項遺產，由主管機關逕行捐助設置財團法人榮民榮眷基金會，辦理下列業務，不受前條第一項歸屬國庫規定之限制：

一、亡故現役軍人或退除役官兵在大陸地區繼承人申請遺產之核發事項。

二、榮民重大災害救助事項。

三、清寒榮民子女教育獎助學金及教育補助事項。

四、其他有關榮民、榮眷福利及服務事項。

依前項第一款申請遺產核發者，以其亡故現役軍人或退除役官兵遺產，已納入財團法人榮民榮眷基金會者為限。

財團法人榮民榮眷基金會章程，由行政院國軍退除役官兵輔導委員會擬訂，報請行政院核定之。

* （八二）秘臺廳民三字第〇四二六三號

要旨：

關於臺灣地區人民死亡，僅有大陸地區繼承人一人，臺灣地區與大陸地區人民關係條例施行後，其不動產價額之取得，可否適用非訟事件法第七十九條第一項規定處理疑義一案。

主旨：

關於臺灣地區人民死亡，僅有大陸地區繼承人一人，臺灣地區與大陸地區人民關係條例施行後，其不動產價額之取得，可否適用非訟事件法第七十九條第一項規定處理疑義一案，　貴部徵詢意見，復如說明二，請查照參考。

說明：

一、復　貴部八十二年三月十日法八十二律字第〇四八八七號函。

二、按現役軍人或退除役官兵死亡，繼承人因故不能管理遺產者，由主管機關（國防部或行政院退除役官兵輔導委員會）分別依其訂定之「現役軍人死亡無人繼承遺產管理辦法」或「退除役官兵死亡無人繼承遺產管理辦法」管理其遺產，臺灣地區與大陸地區人民關係條例第六十八條第一、三項定有明文。又繼承人因故不能管理遺產，或未委任遺產管理人，被繼承人亦無遺囑指定者，非訟事件法第七十九條第一項復規定得由利害關係人聲請法院指定遺產管理人。來文所提有關大陸地區繼承人如何取得在臺不動產價額之事例，除被繼承人具有現役軍人或退除役官兵身分，應按首揭規定分由主管機關依「現役軍人死亡無人繼承遺產管理辦法」或「退除役官兵死亡無人繼承遺產管理辦法」等相關規定管理處分遺產外，如符合非訟事件法第七十九條第一項所定之情形，其利害關係人自得依法聲請法院指定遺產管理人，並向該管地政機關申辦不動產遺產管理人登記（登記〇〇〇遺產，管理人〇〇〇）後，再由遺產管理人本其管理遺產之法定職責及該不動產不適於提存之性質（參照民法第一千一百七十九條第一項第五款、第三百三十一條及非訟事件法第七十九條第三項等規定），進而為不動產之變價處分，使大陸地區人民繼承取得其應得之法定價額。

第六十九條

大陸地區人民不得在臺灣地區取得或設定不動產物權，亦不得承租土地法第十七條所列各款之土地。

＊八三臺上字第一五六九號

要旨：

按確認之訴，除確認證書真偽之訴外，應以法律關係為訴訟標的，此觀民事訴訟法第二百四十七條之規定自明。查不動產所有權之存在與否，固可為確認之訴之標的，但孰為某不動產之所有人，則為事實問題，不得為確認之訴之標的。大陸地區人民不得在臺灣取得或設定不動產物權，臺灣地區與大陸地區人民關係條例第六十九條前段定有明文，則上訴人另謂已繼承取得張升華遺產中之系爭不動產，依前開規定，於法有違。

＊八七上字第一○二○號

要旨：

按「大陸地區人民不得在臺灣地區取得或設定不動產物權，亦不得承租土地法第十七條所列各款之土地」，兩岸條例第六十九條定有明文。又前開條例第六十九條所稱取得，包括原始取得及繼受取得，兩岸條例施行細則第四十九條亦定有明文。另被繼承人臺灣地區之遺產中，有以不動產為標的者，應將大陸地區繼承人之繼承權利折算為價額，兩岸條例第六十七條第四項定有明文。是兩岸條例就大陸地區人民繼承臺灣地區人民之遺產為特別法，排除民法第一千一百四十八條規定之適用。又「以不能之給付為標的者，其契約為無效」，民法第二百四十六條第一項前段亦定有明文。查本件被上訴人均為大陸地區人民，依前開兩案條例第六十九條規定，即不得在臺灣地區原始或繼受取得不動產物權。被上訴人依法律規定，不得在臺灣地區取得不動產物權，則被上訴人顯係以不能之給付為標的，兩造間復未預期於不能之情形除去後始為給付，依民法第二百四十六條第一項前段規定，兩造間之買賣契約即為無效。至臺灣地區與大陸地區人民關係條例第六十七條之一規定雖係八十六年五月十四日修正時增訂，但其係規定繼承人全部為大陸地區人民者，其遺產事件之處理方式，即為補充兩岸條例第六十七條第四項之規定，惟縱原無此項技術性之補充規定，亦不能使大陸地區之繼承人取得臺灣地區之土地並處分之權利。

＊八七家抗字第五九號

要旨：

按「退除役官兵死亡而無繼承人、繼承人之有無不明或繼承人因故不能管理遺產者，由主管機關管理其遺產。」，臺灣地區與大陸地區人民關係條例（下稱兩岸條例）第六十八條第一項定有明文。至其管理方法，依同條第三項規定授權主管機關訂定之。而依主管機關所訂定之「退除役官兵死亡無人繼承遺產管理辦法」第五條規定，遺產管理人對亡故退除役官兵之遺產，應妥慎管理；經認定其性質不適於管理者，得自行變賣或聲請法院拍賣後，保管其價金。司法院大法官會議釋字第五五號解釋，質權人因有本條之情形而拍賣質物，仍應依本院院字第九八○號解釋辦理，如不自行拍賣而聲

請法院拍賣時，即應先取得執行名義。依司法院八十六年六月二十四日（八六）秘臺廳民三字第○九○九○號函文內容：「其有關遺產變賣，應得法院或親屬會議之同意，不得自行變賣」。依陸委會八十七年一月六日（八七）陸法字第八六一七五七七號函載稱：「退除役官兵死亡，僅大陸地區有人繼承者，並非當然為該第六十八條第一項所定『繼承人因故不能管理遺產之情形，仍應依法證明繼承人有何不能管理遺產之情事，始足當之』，惟該條例第十條第一項規定『大陸地區人民非經主管機關許可不得進入臺灣地區』，而大陸地區人民進入臺灣地區許可辦法，亦無大陸地區人民來臺處理遺產之相關許可事由。且綜觀兩岸條例第六十六條到第六十九條全盤意旨，有關遺產管理人之設置，即在達成大陸地區繼承人依法繼承新臺幣二百萬元限額之目的，避免任由繼承人委託第三人管理，造成逾限繼承之情事。再者被繼承人僅遺留不動產情形，大陸地區繼承人，因無法取得不動產物權，仍須由臺灣地區遺產管理人處分變賣，始得依法繼承應得數額」，本件遺產管理人於認定其性質不適於管理者，依大法官會議釋字第五五號解釋意旨之法理，自無不可聲請法院准予拍賣之理。

*臺灣高等法院暨所屬法院八十五年法律座談會 民事類提案第十五號

法律問題：

臺灣地區人民某甲死亡（在臺灣及大陸地區均有繼承人）後，其在臺灣之不動產被一部分繼承人即公同共有人所處分，其他公同共有人對為處分行為之人起訴，除在臺灣地區之公同共有人外，是否尚須經在大陸地區之公同共有人全體同意，始得認為當事人適格？

討論意見：

甲說：

須經在大陸地區之公同共有人全體同意，始得認為當事人適格。按繼承人有數人時，在分割遺產前，各繼承人對於遺產全部為公同共有人；又公同共有物之處分及其他權利之行使，應得公同共有人全體之同意，民法第一千一百五十一條、第八百二十八條第二項分別定有明文。本件某甲所遺之在臺之不動產，被一部分公同共有人為處分行為，依最高法院三十二年度上字第一一五號判例意旨，須得為處分行為人以外之公同共有人全體（包括在大陸地區之公同共有人）之同意，始得認為當事人適格。

乙說：

不須得在大陸地區之繼承人之同意，當事人亦屬適格。按被繼承人在臺灣地區之遺產如屬臺灣地區繼承人賴以居住之不動產，大陸地區繼承人不得繼承之，其價額不計入遺產總額，臺灣地區與大陸地區人民關係條例第六十七條第四項定有明文。縱該不動產非屬在臺灣地區繼承人賴以居住之不動產，因前該條例第六十九條規定：在大陸地區人民不得在臺灣地區取得或設定不動產物權，是某甲在大陸地區之繼承人即不得因繼承而成為不動產之公同共有人，起訴時自無須得在大陸地區繼承人之同意，本件即

無當事人不適格之問題。

初步研討結果：多數採乙說。

審查意見：

本件問題似欠明確，惟依其題意及所引用之資料，所指之「起訴」似為回復公同共有。採乙說。

研討結果：㈠法律問題第二行「起訴」之下，增列「請求回復處分前之公同共有」等十二字。㈡照審查意見通過。

＊臺灣高等法院暨所屬法院八十五年法律座談會　民事類提案第十七號

法律問題：

被繼承人Ａ在臺灣留有遺產土地一筆，且在臺灣並無繼承人，祇有在大陸之繼承人Ｂ一人，而繼承人Ｂ聲明繼承被繼承人Ａ之遺產，亦經法院准予備查在案。而Ｂ在向法院聲明繼承時曾提出經驗證之委託書，依該委託書之記載，其業已委託在臺灣之某甲為其辦理在臺灣遺產一切事宜，並全權代表領取、處理、變賣上述遺產，則某甲再依非訟事件法第七十九條第一項規定，聲請法院選任被繼承人Ａ之遺產管理人，法院應否准許？

討論意見：

甲說：

依據繼承人Ｂ所出具並經驗證之委託書記載，某甲已經繼承人Ｂ授與其代理權，具有處理及變賣被繼承人Ａ遺產之權利，故就繼承人Ｂ言之，即不生非訟事件法第七十九條第一項所規定因故不能管理遺產之情形，故某甲再依該條項規定聲請法院選任遺產管理人，於法即有未合，應予駁回。

乙說：

現行臺灣地區與大陸地區人民關係條例第六十六條至第六十九條規定，並未規範關於遺產管理及處分之情形，再加以該條例第六十七條及第六十九條更設有大陸地區繼承人不能取得不動產及繼承財產總額應受限制之規定，故不宜逕由大陸地區繼承人委由第三人為遺產之管理，故本件聲請人之聲請法院選任遺產管理人，法院自仍應依法選任之。（司法院秘書長八十二年八月十日（八二）秘臺廳民三字第一四一二九號函採此見解）

初步研討結果：多數採乙說。

審查意見：採乙說。

研討結果：照審查意見通過。

＊司法院第七期公證實務研究會

法律問題：

一、某甲榮民在大陸尚未結婚生子，十六歲時即隨國軍轉戰來臺。來臺迄今亦未結婚

生子。於返大陸探親後，始知其大陸父母、兄弟姐妹及祖父母均已相繼去逝多年，目前僅餘一大哥之子某A健在。最近感身體多病，年事不多，乃請求辦理指定由其侄子某A代位其兄繼承某甲在臺財產房屋乙棟及存款若干之公證遺囑，可否准許？

二、臺籍同胞某甲年前經媒人介紹至海南島省與大陸女子某乙結婚。尚未入籍臺灣，亦尚未依每年配偶申請入臺依親定居。僅經某甲辦理邀請保證，持大陸地區人民入臺證來臺觀光期間，可否以其名義購買公證移轉所有權臺南××新村房屋乙棟？

討論意見：

一、甲說：依公證法第十七條之規定「公證人不得就違反法令事項及無效之法律行為，作成公證書（同法第四十七條第四項準用）」。民法第一一三八條明文規定法定繼承人及其順序，同法第一一四〇條亦規定所謂代位繼承限於第一順序之繼承人。又，同法第一一四三條有關指定繼承規定更經修正刪除。是某甲之大陸侄子某A依法已無繼承權。某甲請求辦理指定代位繼承之公證遺囑，自不應准許。而其在臺財產依民法第一一八五條、臺灣地區與大陸地區人民關係條例第六十七條第一項後段及同法第六十八條第一項之規定，將其剩餘財產，歸屬國庫。

　　乙說：民法第一一八七條規定，遺囑人於不違反特留分規定之範圍內，得以遺囑自由處分遺產。祇要遺囑方式符合同法規定方式，某甲既僅餘其一侄子某A健在，其餘親屬均無，在臺之財產自可預立遺囑由其侄子某A繼承。至其是否違反特留分，自由國庫另依法追討，係屬另一問題。

二、甲說：大陸女子某乙既與某甲結婚，又屬中國女子，自得以其名義在臺購置登記財產。

　　乙說：依現階段臺灣地區與大陸地區人民關係條例第六十九條規定「大陸地區人民不得在臺灣地區取得或設定不動產物權」之規定。某乙無法以其名義請求買賣所有權移轉契約公證。更何況其未設籍臺灣，亦無從查核其真實實在身分資料。

　　丙說：如其身分資料證件等文件已依海協、海基兩會完成認證手續，既為中國女子，似宜採肯定說較妥。

研討結論：

一、採甲說。

二、採乙說。

*司法院（八二）秘臺廳民三字第一四一二九號

要旨：

繼承事件僅大陸地區有繼承人者，似應依非訟事件法第七十九條或臺灣地區與大陸地

區人民關係條例第六十八條定遺產管理人，不宜逕由大陸地區繼承人委由第三人管理。

全文內容：

一、來文所提僅餘大陸地區有繼承人之事例，現行臺灣地區與大陸地區人民關係條例，並未設其特殊規範，類此情形，本院已於八十二年七月六日以（八二）秘臺廳司三字第一二三一四號函請行政院大陸委員會應於條例本身再作遺產管理歸屬及如何處分之規定在案。惟該條例未經修正公布之前，從條例第六十六條至第六十九條之規定及其整體立法精神以觀，似應將之列入非訟事件法第七十九條第一項或上開條例第六十八條第一項所定「繼承人因故不能管理遺產」之範疇，並視被繼承人是否具有「現役軍人或退除役官兵」身分，分依上述規定以法院選任之遺產管理人（非訟事件法第七十九條第一項）或由主管機關為遺產管理人（上開條例第六十八條第一項），辦理不動產遺產管理人登記後，再進行不動產之變價處分，方可兼顧上開條例第六十七條、第六十九條所設大陸地區繼承人不能取得不動產物權及繼承財產總額應受限制之立法意旨，故似不宜逕由大陸地區繼承人委由第三人為遺產之管理。

二、以上研究意見，僅供參考之用，如遇有具體案件時，仍應由承辦之法官本其確信見解而為處理，不受拘束。

＊法務部（八七）法律字第〇三六六七〇號

要旨：

持有我居留證之大陸地區人民，以其原所有之臺灣地區不動產，向臺灣地區金融機構申請貸款，是否符合現行規定疑義。

主旨：

關於持有我居留證之大陸地區人民，以其原所有之臺灣地區不動產，向臺灣地區金融機構申請貸款，是否符合現行規定疑義乙案，本部意見如說明二、三。請　查照參考。

說明：

一、復　貴會八十七年九月二十一日 (87) 陸經字第八七一三六二七號函。

二、依臺灣地區與大陸地區人民關係條例（以下簡稱兩岸人民關係條例）第六十九條規定：「大陸地區人民不得在臺灣地區取得或設定不動產物權，……。」其立法原意在於大陸地區人民亦為中華民國人民，在臺灣地區取得或設定以不動產為標的之權利，原應與臺灣地區人民相同，惟為防止滲透活動，乃特別作如上之規定，意即臺灣地區之不動產物權不得移轉或設定負擔於大陸地區人民。

三、今查本案申貸人原係臺灣地區人民，其取得臺灣地區不動產所有權係於民國六十九年至七十一年間，而兩岸人民關係條例係自民國八十一年九月十八日起施行，依法律不溯及既往之原則，並參照本部八十三年四月二十八日法 83 律字第〇八五〇八號書函之意旨，縱使申貸人身分已轉換為大陸地區人民，似仍無礙於其為

該等房地所有權人之地位，即該申貸人仍得本於所有權人之地位，自由處分或設定他項物權。惟如其處分或設定他項權利係於兩岸人民關係條例施行後為之者，依兩岸人民關係條例第六十九條規定意旨，其承受人或他項權利人不得為大陸地區人民。本件係就其所有房地設定抵押權予臺灣地區金融機構，於法並無不合。

＊法務部（八七）法律字第〇一〇一五一號

要旨：

申辦不動產繼承登記事，涉及「臺灣地區與大陸地區人民關係條例」第六十六條至第六十九條規定之適用疑義。

主旨：

關於楊〇梅與李〇珍女士申辦不動產繼承登記事，涉及「臺灣地區與大陸地區人民關係條例」（以下簡稱兩岸條例）第六十六條至第六十九條規定之適用疑義乙案，本部意見如說明二。請　查照參考。

說明：

一、復　貴會八十七年三月十二日(87)陸法字第八七〇二三八四號函。

二、本部意見如次：㈠按「大陸地區人民繼承臺灣地區人民之遺產，應於繼承開始起三年內以書面向被繼承人住所地之法院為繼承之表示；逾期視為拋棄其繼承權。」「被繼承人在臺灣地區之遺產，由大陸地區人民依法繼承者，其所得財產總額，每人不得逾新臺幣二百萬元。超過部分，歸屬臺灣地區同為繼承之人……。」「第一項遺產中，有以不動產為標的者，應將大陸地區繼承人之繼承權利折算為價額。但其為臺灣地區繼承人賴以居住之不動產者，大陸地區繼承人不得繼承之，於定大陸地區繼承人應得部分時，其價額不計入遺產總額。」分別為兩岸條例第六十六條第一項及第六十七條第一項、第四項所明定，其立法意旨在於避免繼承狀態久懸不決，影響臺灣地區經濟秩序之穩定及共同繼承人權益，且臺灣地區資金大量流入大陸地區，亦有危及國家安全與社會安定之虞，合先敘明。㈡查大陸地區人民繼承臺灣地區人民遺產，於辦理繼承登記時如已具有臺灣地區人民之身分，是否仍有兩岸條例第六十六條至第六十九條規定之適用，正反二說似各有所偏。肯定說之見解未考慮繼承人於繼承登記時身分已轉換為臺灣地區人民，兩岸條例第六十六條至第六十九條之限制已無存在必要，似應回復其固有之繼承權；至於否定說之見解，似未考量大陸地區繼承人如於繼承開始後遲不為繼承之表示，俟轉換為臺灣地區人民之身分後，再辦理繼承登記事宜，恐造成兩岸人民繼承事件之法律關係懸而未決，影響共同繼承人之權益。㈢綜上所述，基於兩岸繼承事件之特殊性，大陸地區繼承人繼承臺灣地區人民遺產，其身分如於繼承開始起應表示繼承之期間「三年」內轉換為臺灣地區人民時，為保障其繼承權益，應認無兩岸條例第六十六條至第六十九條規定之適用；否則應視為已拋棄繼承權，而仍有兩

岸條例第六十六條至第六十九條規定之適用。是故本部贊同 貴會研析意見丙說
（折衷說）之見解。

* 法務部（八二）法律字第一七〇四四號

要旨：

案經轉准司法院秘書長八十二年八月十日（八二）秘臺廳民三字第一四一二九號函略
以：「二、……從條例第六十六條至第六十九條之規定及其整體立法精神以觀，似應將
之列入非訟事件法第七十九條第一項或上開條例第六十八條第一項所定『繼承人因故
不能管理遺產』之範疇，並視被繼承人是否具有『現役軍人或退除役官兵』身分，分
依上述規定以法院選任之遺產管理人（非訟事件法第七十九條第一項）或由主管機關
為遺產管理人（上開條例第六十八條第一項），辦理不動產遺產管理人登記後，再進行
不動產之變價處分，方可兼顧上開條例第六十七條、第六十九條所設大陸地區繼承人
不能取得不動產物權及繼承財產總額應受限制之立法意旨，故似不宜逕由大陸地區繼
承人委由第三人為遺產之管理。三、以上研究意見，僅供參考之用，如遇有具體案件
時，仍應由承辦之法官本其確信見解而為處理，不受拘束」。

* 行政院大陸委員會（八九）陸法字第八九〇六〇九九號

要旨：

有關大陸地區人民未依法規定於二年期間內向法院為繼承之表示，可否繼承臺灣地區
人民之遺產疑義。

主旨：

有關函詢大陸地區人民未依繼承發生時「臺灣地區與大陸地區人民關係條例」（以下簡
稱兩岸條例）第六十六條第一項規定二年期間內向法院為繼承之表示，嗣於八十五年
七月十七日取得在臺戶籍，可否繼承臺灣地區人民之遺產疑義一案，本會意見復如說
明，請 卓參。

說明：

一、復 貴部八十九年五月五日臺財稅字第〇八九〇四五三六〇五號函。

二、查八十三年九月十八日修正施行之兩岸條例第六十六條第一項規定，將大陸地區
人民之繼承表示期間由二年修正為三年，揆其意旨係以，「……有鑑於原法規定之
兩年期間即將屆滿，為避免爾後處理是類遺產事件之困擾，並維護大陸地區繼承
人之合法權益，爰將繼承表示期間明定延長為三年。」修正前被繼承人死亡而繼承
表示期間已開始起算但尚未屆滿者，本為該次修正適用之對象，其繼承表示期間
即應自繼承開始時起算三年始為屆滿，以維護大陸地區繼承人之合法權益。依來
函所示，被繼承人於八十三年六月五日死亡，大陸地區繼承人嗣於八十五年七月
十七日繼承表示期間屆滿前，取得在臺戶籍成為臺灣地區人民，自得以此身分依
法繼承遺產，而不適用兩岸條例第六十六條至六十九條，對以大陸地區人民身分

繼承在臺遺產之限制規定。

＊內政部（八二）陸法字第八二一六五四八號

要旨：

「臺灣地區與大陸地區人民關係條例」第六十九條及第六十七條第五項，有關大陸地區人民取得不動產物權之限制規定，對於發生於該條例施行前之繼承事件是否亦有適用。

全文內容：

一、台端等八十二年十一月十一日八二臺英蔚字第一一〇四號大函敬悉。

二、承詢「臺灣地區與大陸地區人民關係條例」第六十九條及第六十七條第五項，有關大陸地區人民取得不動產物權之限制規定，對於發生於該條例施行前之繼承事件是否亦有適用一事，查該條例第六十九條規定旨在限制大陸地區人民在臺灣地區取得或設定不動產物權，故凡繼承事件發生在該條例施行前，尚未取得或設定不動產物權者，均應適用。此觀之第六十六條第二項關於繼承表示期間之規定：「繼承在本條例施行前開始者，前項期間自本條例施行之日起算。」，可見一斑。為符合公平原則，該條例第六十七條第五項特規定：「大陸地區人民依規定不能繼承取得以不動產為標的之權利者，應將該權利折算為價額。」，以保障大陸地區人民之繼承權利。

三、復請　查照。

＊行政院大陸委員會（八七）陸經字第八七一四八四三號

要旨：

已轉換身分為大陸地區人民可否以其原所有不動產向臺灣地區金融機構申請貸款釋疑

主旨：

關於持有我居留證之大陸地區人民，以其原所有之臺灣地區不動產，向臺灣地區金融機構申請貸款，是否符合現行規定乙案，復請　查照。

說明：

一、復　貴部八十七年七月二十一日臺財融第八七七三三七〇〇號函。

二、對於原具臺灣地區人民身分而取得不動產所有權者，嗣經轉換其身分為大陸地區人民，有關其所有權之疑義一節，法務部前於民國八十三年四月二十八日以法八三律字第〇八五〇號函釋如附件，仍無礙於其為該房地所有權人地位。準此，本案申貸人仍得本於所有權人之地位，自由處分或設定他項物權。惟如其處分或設定他項權利於「兩岸關係條例」施行後為之者，依上開條例第六十九條規定意旨，其承受人或他項權利人不得為大陸地區人民。

＊內政部（八七）臺內地字第八七〇七二六〇號

要旨：

繼承人於被繼承人死亡前為大陸地區人士，於辦理繼承登記時已取得我國國籍，得否准其參與申辦不動產繼承登記疑義。

主旨：

有關繼承人於被繼承人死亡前為大陸地區人士，於辦理繼承登記時已取得我國國籍，得否准其參與申辦不動產繼承登記疑義案，請 查照。

說明：

一、依據臺灣省政府地政處八十六年十二月十九日八六地一字第七二六五九號函辦理。

二、按經函准行政院大陸委員會八十七年六月二十日八七陸法字第八七○四七四○號函轉准法務部八十七年四月二日法八七律字第○一○五一號函略以：「基於兩岸繼承事件之特殊性，大陸地區繼承人繼承臺灣地區人民遺產，其身分如於繼承開始起應表示繼承之期間『三年』內轉換為臺灣地區人民時，為保障其繼承權益，應認無臺灣地區與大陸地區人民關係條例第六十六條至第六十九條規定之適用；否則應視為已拋棄繼承權，而仍有臺灣地區與大陸地區人民關係條例第六十六條至第六十九條規定之適用。」，本部原則同意上開意見。被繼承人於死亡原因發生時，其繼承人仍屬大陸地區人士，惟事後如於繼承開始起應表示繼承之法定期間內在臺灣地區設有戶籍，依上開條例第二條第三款規定為臺灣地區人民時，為保障其繼承權益，應認無上開條例第六十六條至第六十九條規定之適用，得准其申辦不動產繼承登記。否則，大陸地區繼承人如未於法定期間內轉換為臺灣地區人民時，應仍有上開條例第六十六條至第六十九條規定之適用。

三、又有關蔡○銘先生代理李○珍女士申辦被繼承人廖○光所遺財產繼承登記案，請臺灣省政府地政處依上開意旨，依法本於職權自行核處。

＊內政部（八七）臺內地字第八七○四三五二號

要旨：

臺灣地區人民死亡，在臺無繼承人，而其大陸地區之繼承人，請求臺北市政府地政處以代管機關名義從速拍賣業依土地法第七十三條之一規定執行代管之遺產疑義。

主旨：

有關臺灣地區人民死亡，在臺無繼承人，而其大陸地區之繼承人，請求 貴處以代管機關名義從速拍賣業依土地法第七十三條之一規定執行代管之遺產疑義案，復請 查照。

說明：

一、復 貴處八十七年二月十九日北市地三字第八六二三八○五二○○號函。

二、按「大陸地區人民不得在臺灣地區取得或設定不動產物權，……。」、「第一項遺產中，有以不動產為標的者，應將大陸地區繼承人之繼承權利折算為價額。……」、

「……其繼承人全部為大陸地區人民者，除應適用第六十八條之情形外，由繼承人、利害關係人或檢察官聲請法院指定財政部國有財產局為遺產管理人，管理其遺產。」分為臺灣地區與大陸地區人民關係條例第六十九條、第六十七條第四項及第六十七條之一第一項所明定。合先敘明。

三、本案被繼承人李〇年先生於民國七十四年九月十五日死亡，其所遺　貴市萬華區漢中段二小段四三三地號等四筆土地暨坐落　貴市貴陽街二段七五號建物，因已合於土地法第七十三條之一第一項執行代管之規定，於七十八年七月一日起由　貴處執行代管，嗣其大陸地區繼承人李〇娣等四人於八十二、八十三年間向臺灣臺北地方法院家事法庭為繼承李君遺產之表示，並經該法院准予備查在案。因大陸地區繼承人依規定不能為不動產繼承登記，本案陳律師遂函請　貴處以代管機關名義從速拍賣上開不動產，俾大陸地區繼承人取得價金。惟查地政機關依土地法第七十三條之一規定所為之代管行為係屬公法上之行政處分性質，此與遺產管理人或遺囑執行人依民法第一千一百八十四條及第一千二百十五條規定，對於被繼承人遺產之管理行為視為繼承人之代理人係私法上之行為者不同，故參照本部八十二年四月廿四日臺八十二內地字第八二〇五一九二號函釋意旨，　貴處尚不得就該遺產為變價處分。從而本案仍請依上開條例第六十七條之一之規定，由繼承人、利害關係人或檢察官聲請法院指定遺產管理人，再由遺產管理人辦理遺產之接管、變價及移交事宜。

＊內政部（八五）臺內地字第八五〇二二六二號

要旨：

關於繼承人均為大陸地區人民，得否依法院民事裁定結果逕行委由第三人為遺產管理人乙案。

說明：

一、復　貴處 85.01.30 (85) 北市地一字第八五一〇一八六七號函。

二、按行政院大陸委員會八十二年八月廿三日 (82) 陸法字第八二一二〇一二號書函轉述司法院秘書長八十二年八月十日 (82) 秘臺廳民三字第一四一二九號函釋略以「……從『臺灣地區與大陸地區人民關係條例』第六十六條至第六十九條之規定及其整體立法精神以觀，……似不宜逕由大陸地區繼承人委由第三人為遺產之管理。以上研究意見，僅供參考之用，如遇有具體案件時，仍應由承辦之法官本其確信見解而為處理，不受拘束」，合先陳明。

三、查本案被繼承人薛一〇之唯一且屬大陸地區人民之繼承人薛伯〇君依「臺灣地區與大陸地區人民關係條例」規定向臺灣臺北地方法院士林分院為繼承之表示，並經該院八十三年五月十二日士院成民安八十二繼字第四一七號函准予備查。嗣薛君復向該院聲請指定遺產管理人，經該院八十三年七月十三日八十三年度繼字第

二八八號民事裁定略以「按繼承人因故不能管理遺產，或未委任遺產管理人，被繼承人亦無遺囑指定者，得由利害關係人聲請法院選任遺產管理人，非訟事件法第七十九條第一項定有明文。經查本件聲請人即為繼承人，並非利害關係人，揆諸上揭法條規定，自無法據以聲請法院選任遺產管理人；況其本身即得自行委任遺產管理人，是亦無聲請法院為選任行為之必要，故其所請，與法不合，應予駁回」等為由將該聲請指定遺產管理人案駁回。則本案既經臺灣臺北地方法院士林分院承辦之法官作成上述見解之處分，於薛伯〇君出具經大陸地區公證處公證且經我財團法人海峽交流基金會認證之委託書委任陳〇〇君為遺產管理人，登記機關應予受理。

第七十條

未經許可之大陸地區法人、團體或其他機構，不得在臺灣地區為法律行為。

＊八九臺上字第四六一號

要旨：

「未經許可之大陸地區法人、團體或其他機構，不得在臺灣地區為法律行為。」臺灣地區與大陸地區人民關係條例第七十條定有明文，準此，未經許可之大陸地區法人、團體或其他機構，原則上固應認其無權利能力，惟同條例第七十一條明定「未經許可之大陸地區法人、團體或其他機構，以其名義在臺灣地區與他人為法律行為者，其行為人就該法律行為，應與該大陸地區法人、團體或其他機構，負連帶責任。」是未經許可之大陸地區法人、團體或其他機構，以其名義在臺灣地區與他人為法律行為時，為保護其在臺灣地區為法律行為之相對人，上開規定例外承認該大陸地區法人於此情形，在臺灣地區亦為法律上之人格者，自亦有權利能力，而且具有當事人能力，就該法律行為，應與行為人負連帶責任，此與民法總則施行法第十五條規定之意旨相同，否則，上開條例第七十一條規定所謂「負連帶責任」，將形同具文。

第七十一條

未經許可之大陸地區法人、團體或其他機構，以其名義在臺灣地區與他人為法律行為者，其行為人就該法律行為，應與該大陸地區法人、團體或其他機構，負連帶責任。

第七十二條

大陸地區人民、法人、團體或其他機構，非經主管機關許可，不得為臺灣地區法人、團體或其他機構之成員或擔任其任何職務。

前項許可辦法，由有關主管機關擬訂，報請行政院核定後發布之。

＊法務部（八二）法律字第〇五六三四號

要旨：

按臺灣地區與大陸地區人民關係條例第二條第四款規定：「大陸地區人民：指在大陸地區設有戶籍或臺灣地區人民前往大陸地區繼續居住逾四年之人民。」又同條例第七十二

條第一項規定：「大陸地區人民……，非經主管機關許可，不得為臺灣地區法人……之成員或擔任其任何職務」，故大陸地區人民，如未經主管機關許可，依上開規定，自不得為臺灣地區公司之股東。

＊經濟部（八二）經商字第二一○三一○號

要旨：

釋復大陸地區同胞來臺依親後，其在臺期間申請投資為有限公司股東之有關疑義案。

說明：

一、復　貴局八十二年二月廿六日北市建一字第一○九五二號函。

二、本案經洽准行政院大陸委員會八十二年四月十九日（八二）陸法字第八二○三九五號函略以：「『按大陸地區人民係臺灣地區人民之直系血親及配偶，年齡在七十歲以上、十二歲以下者，得申請在臺灣地區定居』；『大陸地區人民為臺灣地區人民之配偶，結婚已滿二年或已生產子女者得申請在臺灣地區居留。』分別為『台灣地區與大陸地區人民關係條例』（以下簡稱『兩岸條例』）第十六條第一項第一款與第十七條第一項第一款所明定。大陸地區人民依前揭規定，申准在臺定居已辦妥戶籍登記者，依兩岸條例施行細則第四條第二項規定，應屬臺灣地區人民，其擬投資有限公司為股東，自無不可。惟如係依上開規定申准在臺居留，並未在臺灣地區設有戶籍，依兩岸條例第二條第三款規定，其身分尚未轉換為臺灣地區人民，依該條例第七十二條第一項規定，在未經主管機關依所訂定發布之『許可辦法』規定許可前，在臺期間自不得投資有限公司為股東。至兩者之住所如何認定，似應依同條例第一條後段規定，適用民法第二十條第一項『依一定事實，足認以久住之意思，住於一定之地域者，即為設定為住所於該地。』之規定，認為設定住所於該地，或依同法第二十三條規定，『因特定行為選定居所者，關於其行為，視為住所。』以認定之。惟因此屬事實認定問題，宜由主管機關本於法定職權予審認」本案請依前開行政院大陸委員會意見辦理。

第七十三條

大陸地區人民、法人、團體或其他機構，持有股份超過百分之二十之外國公司，得不予認許。經認許者，得撤銷之。

外國公司主要影響力之股東為大陸地區人民、法人、團體或其他機構者，亦同。

第七十四條

在大陸地區作成之民事確定裁判、民事仲裁判斷，不違背臺灣地區公共秩序或善良風俗者，得聲請法院裁定認可。

前項經法院裁定認可之裁判或判斷，以給付為內容者，得為執行名義。

前二項規定，以在臺灣地區作成之民事確定裁判、民事仲裁判斷，得聲請大陸地區法院裁定認可或為執行名義者，始適用之。

*八五臺上字第一八八〇號

要旨：

按臺灣地區人民，關於由一定法律關係而生之訴訟，合意定大陸地區法院為管轄法院，因依臺灣地區與大陸地區人民關係條例第七十四條規定，大陸地區法院之判決，臺灣地區法院非不承認其效力，倘該事件非專屬臺灣地區法院管轄，大陸地區法院亦認臺灣地區人民得以合意定管轄法院者，尚難謂其合意不生效力。若該合意已生效力，且屬排他性之約定，當事人又已為抗辯者，即難認臺灣地區法院為有管轄權。

*八七抗字第一一六一號

要旨：

按在大陸地區作成之民事確定裁判、民事仲裁判斷，不違背臺灣地區公共秩序或善良風俗者，得聲請法院裁定認可。為臺灣地區與大陸地區人民關係條例第七十四條第一項所明定。此種裁定，性質上為非訟事件，其裁定固應適用非訟事件法總則之規定，惟該條例及非訟事件法對此事件之管轄均未設規定，自應類推適用民事訴訟法相關規定，以定其管轄法院。次按，婚姻無效或撤銷婚姻，與確認婚姻成立或不成立及離婚或夫妻同居之訴，專屬夫妻之住所地或夫、妻死亡時住所地之法院管轄。民事訴訟法第五百六十八條第一項前段設有明文，是以夫持大陸地區作成之離婚之確定判決聲請臺灣地區法院認可者，應認夫之住所地法院有管轄權。查非訟事件既非專以非訟事件法所規定者為限，則定非訟事件之管轄法院即不能專以非訟事件法所規定者為限。

*八五抗字第五一四號

要旨：

按在大陸地區作成之民事確定裁判、民事仲裁判斷，不違背臺灣地區公共秩序或善良風俗者，得聲請法院裁定認可，臺灣地區與大陸地區人民關係條例第七十四條第一項定有明文。本件原法院審理結果，以相對人提出之大陸福建省廈門市公證處（九五）廈證經字第一二五號公證書暨所附福建省高級人民法院（一九九三）閩經終字第九五號民事判決書，業經財團法人海峽交流基金會驗證，有財團法人海峽交流基金會（八四）核字第五五四八號證明在卷可稽，堪認上開判決書為真。上開判決乃就相對人與抗告人間大陸福建省廈門市發生之侵權行為損害賠償等事件所為之裁判，該事件先後由侵權行為地之福建省廈門市中級人民法院、福建省高級人民法院管轄審理，未違我國關於專屬管轄之規定；判決內容係以抗告人變賣相對人之機器設備、原輔材料，違反大陸之海關法，並侵害相對人之財產權，而判命抗告人應返還所變賣之機器設備、原輔材料，如無法返還，可按原置價值作價賠償，並維持福建省廈門市中級人民法院（一九九二）廈中法經民字第三七號判決主文中本件抗告人應退還相對人換領駕駛執照費用人民幣五三元一角部分，以及就兩造間應負擔訴訟費用之範圍所為之判斷等項，其認事用法，核無違反我國憲法保障人民基本權利，或其他強制或禁止之規定。此外，

上開判決並未引用大陸關於臺商或外商撤資之法令，無由依抗告人所主張就大陸關於臺商撤資之政策、法令，有無違反臺灣地區公共秩序為審查；又認可判決程序屬非訟事件之裁定程序，不得就當事人間之法律關係重為判斷，抗告人稱其遭相對人詐害等情，乃當事人間之實體法律關係，法院亦無調查、審理權限。是抗告人之前開抗辯，均無理由；上開大陸地區之判決，與臺灣地區之公共秩序或善良風俗並無違背，乃依相對人之聲請，為認可之裁定，經核尚無不合。

*八六臺聲字第五四三號

要旨：

當事人依臺灣地區與大陸地區人民關係條例第七十四條第一項規定，聲請法院裁定認可在大陸地區作成之民事確定裁判，其性質為非訟事件，其裁定程序固應適用非訟事件法總則之規定，惟該條例及非訟事件法對於此事件之管轄均未設規定，自應類推適用民事訴訟法相關規定，以定其管轄法院。

*法務部（八四）法律決字第〇九三九三號

要旨：

臺灣地區人民之大陸配偶，在大陸單方申請離婚，並經大陸法院判決在案，則其判決離婚在臺灣地區是否生離婚之效力疑義。

全文內容：

按臺灣地區與大陸地區人民關係條例第七十四條第一項規定：「在大陸地區作成之民事確定裁判、民事仲裁判斷，不違背臺灣地區公共秩序或善良風俗者，得聲請法院裁定認可。」本件依來函所述臺灣地區人民朱先生之大陸配偶柏女士，在大陸單方申請離婚，並經大陸法院判決在案，則其判決離婚在臺灣地區是否生離婚之效力，應依上開規定聲請法院裁定認可後決定之，至其繼承權之有無，自亦應該裁定之結果而定之。

*法務部（八三）法律字第〇六八三六號

要旨：

按臺灣地區與大陸地區人民關係條例第七十四條第一項既明定：「在大陸地區作成之民事確定裁判、民事仲裁判斷，不違背臺灣地區公共秩序或善良風俗者，得聲請法院裁定認可」，則在大陸地區作成之民事確定裁判欲在臺灣地區發生裁判之效力者，依首開規定，即須聲請法院裁定認可。本件大陸地區人民利〇澤先生與臺灣地區人民孔〇潮女士經廣州市荔灣區人民法院判決離婚確定，欲持該確定判決在臺灣地區申請離婚登記，依首開規定，自須先聲請法院裁定認可，至於其認可標準如何，要屬法院之審認範圍，非行政機關所得判斷。因此，本件離婚事件如經法院裁定認可，則應屬我國民法上之判決離婚。至於財團法人海峽交流基金會對於在大陸地區製作之文書所為之驗證，依臺灣地區與大陸地區人民關係條例第七條、同條例施行細則第八條之規定，僅具推定該文書形式上為真正之效力，至其實質上證據力，尚須由法院或主管機關認定

之。

***內政部（八八）臺內戶字第八八○四二二九號**

要旨：

有關戶政事務所受理大陸地區離婚判決經我方法院裁定認可後申辦離婚登記疑義

說明：

一、依據行政大陸委員會八十八年三月十八日（八十八）陸法字第 8803849-1 號暨八十八年五月六日（八十八）陸法字第八八○四五九五號函（如附件影本）辦理。

二、案附行政院大陸委員會八十八年三月十八日（八十八）陸法字第 8803849-1 號函件附件：「研商大陸地區離婚判決經我方法院裁定認可後何時產生離婚效力等疑義事宜會議紀錄」，略以：「……五、研商事項：㈠有關大陸地區離婚判決經我方法院裁定認可後何時產生離婚效力案：就程序法理而言，本案首應視我方法院依『臺灣地區與大陸地區人民關係條例』：（……）第七十四條規定裁定認可在大陸地區作成之民事確定裁判之程序為何而定。現行實務，我方法院雖須審查大陸地區判決有無違背臺灣地區公共秩序或善良風俗而認可其效力，惟似非就大陸地區判決重新實質審查其內容，是以事涉兩岸婚姻之大陸地區離婚判決經我方法院裁定認可，俟該裁定確定後，始在臺灣地區產生法律上效力，惟認可後仍須以大陸地區判決為基礎，承認該判決所生消滅婚姻關係之形成力，亦即應溯及大陸地區離婚判決確定時，產生離婚之效；就實體面言之，為確保法律之安定性，避免當事人聲請我方法院裁定認可，於該裁定確定前，在大陸地區之婚姻關係業因大陸地區離婚判決而解消，惟在臺灣地區該婚姻關係仍存在所可能產生之爭議，例如在這段期間再婚有無涉及重婚及所生育之子女是否為非婚生子女等問題，以及避免造成兩岸司法資源及當事人付出之勞力、時間、費用等之浪費，故與會人員咸認大陸地區判決經我方法院裁定認可確定後，溯及自大陸地區離婚判決確定時產生消滅婚姻關係之形成力，較符合程序及實體之法理。」，參照前開意旨，戶政事務所受理大陸地區離婚判決經我方法院裁定認可之離婚登記案件，離婚日期溯及自大陸地區離婚判決確定日期。另是類已辦妥離婚登記之當事人，可依前開意旨申請更正離婚日期。

三、本部有關大陸地區離婚判決確定案件，離婚日期依我方法院裁定確定日期為準之相關函釋規定停止適用。

***財政部八七臺財稅字第八七○六七○九五八號**

要旨：

大陸地區之民事確定給付判決，如已聲請法院認可，得為執行名義。

主旨：

債權人持經法院裁定認可之大陸地區民事確定給付判決，申請依稅捐稽徵法第三十三

條第一項第八款規定查調債務人之財產等資料乙案，應准予提供，請 查照。

說明：

一、復 貴局八十七年八月三十一日財高國稅法字第八七〇三八四〇七號函。

二、大陸地區之民事確定給付判決，如已依「臺灣地區與大陸地區人民關係條例」第七十四條規定，聲請法院認可，得為執行名義，應屬符合本部八十六年九月十二日臺財稅第八六一九一五六五四號函規定之執行名義。

第四章 刑事

第七十五條

在大陸地區或在大陸船艦、航空器內犯罪，雖在大陸地區曾受處罰，仍得依法處斷。但得免其刑之全部或一部之執行。

＊八九臺非字第九四號

要旨：

中華民國憲法第四條明文：「中華民國領土，依其固有之疆域，非經國民大會之決議，不得變更之。」而國民大會亦未曾為變更領土之決議。又中華民國憲法增修條文第十一條復規定：「自由地區與大陸地區間人民權利義務關係及其他事務之處理，得以法律為特別之規定。」且臺灣地區與大陸地區人民關係條例第二條第二款更指明：「大陸地區：指臺灣地區以外之中華民國領土。」揭示大陸地區仍屬我中華民國之領土；該條例第七十五條復規定：「在大陸地區或在大陸船艦、航空器內犯罪，雖在大陸地區曾受處罰，仍得依法處斷。但得免其刑之全部或一部之執行。」據此，大陸地區現在雖因事實上之障礙為我國主權所不及，但在大陸地區犯罪，仍應受我國法律之處罰，即明示大陸地區猶屬我國領域，並未對其放棄主權。本件被告周○鴻被訴於民國八十二年至八十五年間在大陸福州市犯有刑法第三百三十九條第一項之詐欺取財及第二百十五條之業務登載不實文書罪嫌，即為在中華民國領域內犯罪，自應適用中華民國法律論處。

＊臺灣高等法院暨所屬法院八三年法律座談會 刑事類第二十七號

法律問題：

甲係大陸地區人民，受僱菲籍貨輪馬尼拉號擔任船員，於船經巴士海峽公海上航行時，在船上酗酒，與菲籍船員乙發生衝突，當場受辱，頓萌殺意，竟持開山刀砍擊乙十餘刀，搏鬥中雙雙落海，為大陸地區漁民救上大陸漁船，在船內醫治三日，乙終因傷重在該大陸漁船內死亡，甲經大陸漁船載返大陸，在大陸地區依殺人罪判罪受刑後，隨船進入臺灣地區，問甲可否再依我國刑法處斷？

討論意見：

甲說：

按臺灣地區與大陸地區人民關係條例第七十五條係規定，在大陸地區或在大陸船艦、

航空器內犯罪，雖在大陸地區曾受處罰，仍得依法處斷，但得免其刑之全部或一部之執行，本件甲之殺人行為係在公海上菲籍貨輪上實施，並非在大陸地區或大陸船艦內犯罪，甲自不得再依我國刑法處斷。

乙說：

查犯罪之行為或結果，有一在中華民國領域內者，為在中華民國領域內犯罪，刑法第四條定有明文，本件甲殺害乙之行為，雖在公海上菲籍貨輪上為之，惟乙死亡之結果，既在大陸漁船上發生，甲仍得依我國刑法處斷。

審查意見：擬採乙說。

研討結果：保留。

*行政院勞工委員會（八五）臺勞保二字第一一三六一九號

要旨：

勞工保險條例施行細則第六十條（85.09.13 修正為第五十八條）規定之「司法機關或軍事審判機關之判決」包括大陸地區及外國之司法機關或軍事審判機關之判決

全文內容：

勞工保險條例施行細則第六十條（85.09.13 修正為第五十八條）規定之「司法機關或軍事審判機關之判決」包括大陸地區及外國之司法機關或軍事審判機關之判決。查刑法第九條規定「同一行為雖經外國確定裁判，仍得依本法處斷。但在外國已受刑之全部或一部執行者，得免其刑之全部或一部之執行。」業已明定我國承認外國裁判之效力。惟因兩岸關係特殊，復於臺灣地區與大陸地區人民關係條例第七十五條中針對臺灣地區人民在大陸地區犯罪者，與刑法第九條作類似規定。是以，勞工保險條例第二十六條暨其施行細則第六十條（85.09.13 修正為第五十八條）規定之故意犯罪行為，依司法機關或軍事審判機關之確定判決為準，應包括大陸地區及外國之司法機關或軍事審判機關之確定判決。

第七十五條之一

大陸地區人民於犯罪後出境，致不能到庭者，法院得於其能到庭以前停止審判。但顯有應諭知無罪或免刑判決之情形者，得不待其到庭，逕行判決。

第七十六條

配偶之一方在臺灣地區，一方在大陸地區，而於民國七十六年十一月一日以前重為婚姻或與非配偶以共同生活為目的之同居者，免予追訴、處罰；其相婚或與同居者，亦同。

第七十七條

大陸地區人民在臺灣地區以外之地區，犯內亂罪、外患罪，經許可進入臺灣地區，而於申請時據實申報者，免予追訴、處罰；其進入臺灣地區參加主管機關核准舉辦之會議或活動，經專案許可免予申報者，亦同。

第七十八條

大陸地區人民之著作權或其他權利在臺灣地區受侵害者，其告訴或自訴之權利，以臺灣地區人民得在大陸地區享有同等訴訟權利者為限。

＊法務部（八七）法檢字第〇〇〇七二八八號

要旨：

大陸地區人民之著作權如在臺灣地區遭受侵害，其可否為告訴或自訴，應就具體個案視其侵害態樣而定。

主旨：

關於中共修正通過刑法有關侵犯知識產權罪後，大陸地區人民之著作權如在臺灣地區遭受侵害，其可否為告訴或自訴，應就具體個案視其侵害態樣而定，請　查照。

說明：

一、依內政部八十七年二月二十日臺 (87) 內著字第八七〇三一九九號函辦理。

二、依「臺灣地區與大陸地區人民關係條例」第七十八條規定：「大陸地區人民之著作權或其他權利在臺灣地區受侵害者，其告訴或自訴之權利，以臺灣地區人民得在大陸地區享有同等訴訟權利者為限」，本部前曾以八十四年三月八日法 84 檢字第〇五三五九號函示：大陸地區人民之著作權如在臺灣地區遭受侵害者，其可否為告訴或自訴，應就具體個案視其侵害態樣而定。

三、經內政部函請財團法人海峽交流基金會查證相關法規結果：大陸地區新修正通過之刑法有關侵犯知識產權之規定自八十六年十月一日起施行，其於八十三年七月五日公布之「關於懲治侵犯著作權的犯罪的決定」自刑法施行之日起予以廢止。又大陸地區最高人民法院八十四年一月十六日所作「關於適用『全國人大常委會關於懲治侵犯著作權的犯罪的決定』若干問題的解釋」，於「關於懲治侵犯著作權的犯罪的決定」廢止後（新刑法施行後），在新的解釋頒布前，仍適用該解釋，該解釋與刑法牴觸者，以新刑法為準。

四、大陸地區自八十六年十月一日新刑法施行後，配合繼續適用之「全國人大常委會『關於懲治侵犯著作權的犯罪的決定』若干問題的解釋」，有關著作權侵害行為仍以營利為目的且情節重大者，始予刑事處罰，與我著作權法不問是否營利，對侵害行為予以處罰之規定不同。如大陸地區人民之著作權在臺灣地區遭受非營利目的之重製，依「臺灣地區與大陸地區人民關係條例」第七十八條規定意旨，則大陸地區人民不得為告訴或自訴。

＊法務部（八三）法律字第〇一五一八號

要旨：

關於大陸地區法人可否在臺灣地區申請著作權登記及專利、商標註冊，暨該等智慧財產權在臺灣地區遭受侵害時，得否提起訴訟救濟乙案，經本部大陸法規研究委員會第二十一次及第二十二次委員會會商結論如下：一、按臺灣地區與大陸地區人民關係條

例（以下簡稱兩岸人民關係條例）第四十六條第二項規定：「大陸地區之法人……，其權利能力及行為能力，依該地區之規定。」故若依大陸地區規定具備權利能力及行為能力之法人，於兩岸人民關係條例而言，在臺灣地區亦可認為具有權利能力及行為能力。至於同條例第七十條規定：「未經許可之大陸地區法人……，不得在臺灣地區為法律行為。」其中所指之「法律行為」，依條例之體例，似僅指民法第一編第四章所稱之法律行為，不包括訴訟行為及向行政機關申請登記等公法上之行為在內。因此，大陸地區法人之智慧財產權於臺灣地區遭受不法侵害時，除有同條例第七十八條之限制外，自得於臺灣地區提起民事訴訟以資救濟。二、依憲法增修條文第十條規定之精神觀之，大陸地區人民仍屬中華民國人民，並非外國人，則大陸地區之法人自不宜為相異之解釋，而認係外國法人。又著作權法第四條、專利法第十四條及商標法第三條等對於智慧財產權之保護採互惠主義之規定者，均僅以外國人為其規範對象，且法律上之互惠主義係就外國人為限制性之保護規定，須以法律明文規定者為限，因此，大陸地區之法人既非外國人，且兩岸人民關係條例對於大陸地區人民智慧財產權之保護，除第七十八條就告訴或自訴之權利有互惠原則之明文規定外，別無其他限制規定。從而，大陸地區之法人依其所在地之規定有權利能力者，似得在臺灣地區申請著作權之登記及專利、商標等之註冊。

＊內政部（八四）臺內著字第八四○四八四一號

要旨：

臺灣地區人民受讓大陸地區人民著作財產權之告訴問題

全文內容：

按「臺灣地區與大陸地區人民關係條例」第七十八條規定之立法意旨，係就大陸地區人民所享有之著作權在臺灣地區受侵害時，基於兩岸著作權法制之差異性，對享有著作權之大陸人民所為之限制，而非就大陸地區人民著作之著作權所為之限制（即限制之對象為著作權歸屬之主體，而非著作權客體）。案經本部函徵法務部前揭函認臺灣地區人民於受讓大陸地區人民著作財產權或被專屬授權後，在臺灣地區刑事告訴或自訴之權利，應依刑事訴訟法相關法規決定之，不受前述條例第七十八條規定之限制。

＊法務部（八四）檢字第○五三五九號

要旨：

中共「關於懲治侵犯著作權的犯罪的決定」公布施行後，「臺灣地區與大陸地區人民關係條例」第七十八條適用疑義。

主旨：

貴部函詢有關中共「關於懲治侵犯著作權的犯罪的決定」公布施行後，「臺灣地區與大陸地區人民關係條例」第七十八條適用疑義一案，依本部大陸法規研究委員會第三十次委員會議決議意旨，復如說明，請　查照。

說明：

一、復　貴部八十三年十二月七日臺（八三）內著字第八三二五五八二號函及八十四年二月二十四日臺（八四）內著字第八四○一一七○號函。

二、　貴部以「臺灣地區與大陸地區人民關係條例」第七十八條係針對享有著作權之大陸地區人民所為之限制，臺灣地區人民於受讓大陸地區人民著作權或被專屬授權後，該臺灣地區人民之受讓人或被授權人在臺灣地區刑事告訴或自訴之權利，應依我刑事訴訟法相關法規決定，此與「臺灣地區與大陸地區人民關係條例」第七十八條及中共何時施行「關於懲治侵犯著作權的犯罪的決定」均無關係，本部同意　貴部意見。

三、依「臺灣地區與大陸地區人民關係條例」第七十八條之規定，大陸地區人民之著作權或其他權利在臺灣地區受侵害者，其告訴或自訴之權利，以臺灣地區人民得在大陸地區人民享有同等訴訟權利為限，而中共係於八十三年七月六日公布施行「關於懲治侵犯著作權的犯罪的決定」，在該決定施行前在大陸地區侵犯著作權尚無處罰之依據，從而臺灣地區人民無從行使告訴或自訴同等之訴訟權利，因之，該決定施行前，大陸地區人民之著作權在臺灣地區遭受侵害，大陸地區人民亦不能享有告訴或自訴之權利，其權利既自始未發生，不因其後中共公布施行「關於懲治侵犯著作權的犯罪的決定」而溯及發生權利。

四、依「臺灣地區與大陸地區人民關係條例」第七十八條規定，大陸地區人民之著作權如在臺灣地區遭受侵害，其可否告訴或自訴，應以臺灣地區人民是否可在大陸地區享有同等訴訟權利而定。查中共「關於懲治侵犯著作權的犯罪的決定」，就以營利為目的，未經著作權人許可而複製、發行著作權人文字、音樂、電影、電視、錄像作品、計算機軟體及其他作品；出版他人享有專有出版權之圖書；未經許可複製發行他人製作之錄音錄像；製作、出售假冒他人署名之美術作品，而違法所得較大或有其他嚴重情節者，及違法所得較大或巨大者，亦設有刑罰規定。從而大陸地區人民，如其著作權在臺灣地區受相同之侵害，應可在臺灣地區提起告訴或自訴。然我著作權法所規定之處罰範圍，與中共前述決定並非一致，例如：非以營利為目的而擅自重製他人著作者，仍為我著作權法所處罰，相同行為則不在中共前述決定之處罰範圍內，因而臺灣地區人民著作權在大陸地區遭擅自重製，如非出於營利目的，行為人即不受處罰。準此，大陸地區人民之著作權如在臺灣地區遭受非營利目的之重製，依「臺灣地區與大陸地區人民關係條例」第七十八條規定意旨，大陸地區人民仍不得為告訴或自訴。易言之，大陸地區人民之著作權如在臺灣地區遭受侵害，其可否為告訴或自訴，應就具體個案視其侵害態樣而定。

＊內政部（八三）臺內著字第八三○四九一八號

要旨：

有關美國公民受讓大陸地區人民之著作財產權後，可否對臺灣地區侵害其著作權之人提起刑事告訴或自訴疑義。

主旨：

台端函請解釋有關美國公民受讓大陸地區人民之著作財產權後，可否對臺灣地區侵害其著作權之人提起刑事告訴或自訴乙事，復如說明二，請　查照。

說明：

一、依據法務部八十三年二月廿六日法八三檢〇三九六三號函，並復　台端八十三年一月十八日（八三）辰函字第〇一〇〇六號函。

二、按八十二年七月十六日簽署生效之「北美事務協調委員會與美國在臺協會著作權保護協定」依著作權法第四條但書規定，具有法律效力，且優先於著作權法之適用，而該協定第四條第三項明定：「著作人、著作權人及其受讓人或取得其專有權利之人，在締約各方領域內符合非前項所排除之程序要件時，應有權就本協定所賦予之權利之執行，於各該領域內依該領域之法令，提起著作權侵害之訴訟程序，及獲得刑事或海關之有效執行。」基此，美國公民受讓大陸地區人民之著作權，應不受「臺灣地區與大陸地區人民關係條例」第七十八條「大陸地區人民之著作權或其他權利在臺灣地區受侵害者，其告訴或自訴之權利，以臺灣地區人民得在大陸地區享有同等訴訟權利者為限」規定之限制；易言之，應得對臺灣地區侵害其著作權之人提起刑事告訴或自訴。

＊內政部（八三）臺內著字第八三〇二四一八號

要旨：

有關美國公民受讓大陸地區人民之著作財產權後，可否對臺灣地區侵害其著作權之人提起刑事告訴或自訴疑義。

主旨：

有關美國公民受讓大陸地區人民之著作財產權後，可否對臺灣地區侵害其著作權之人提起刑事告訴或自訴乙事，本部意見如說明二，是否妥適，敬請　惠示卓見供參，請查照。

說明：

一、查大陸地區人民亦屬我國人民，其著作亦受臺灣地區著作權法保護。惟由於大陸地區著作權法本身無刑事責任規定，為使兩岸著作權相互保護公平合理，「臺灣地區與大陸地區人民關係條例」第七十八條特規定：「大陸地區人民之著作權或其他權利在臺灣地區受侵害者，其告訴或自訴之權利，以臺灣地區人民得在大陸地區享有同等訴訟權利者為限。」上開規定之適用，於大陸地區人民未將其著作權轉讓予「北美事務協調委員會與美國在臺協會著作權保護協定」受保護之人時，固無

　　疑義，合先敘明。

二、惟若美國公民受讓大陸地區人民之著作權，是否亦受前述「臺灣地區與大陸地區
　　人民關係條例」第七十八條之限制而不得提起刑事訴訟，依本部研究意見，由於
　　「北美事務協調委員會與美國在臺協會著作權保護協定」依著作權法第四條但書
　　規定，具有法律效力，且優先於著作權法之適用；而該協定第四條第三項規定：
　　「著作人、著作權人及其受讓人或取得其專有權利之人，在締約各方領域內符合
　　非前項所排除之程序要件時，應有權就本協定所賦予之權利之執行，於各該領域
　　內依該領域之法令，提起著作權侵害之訴訟程序，及獲得刑事或海關之有效執行。」
　　基此，美國公民受讓大陸地區人民之著作權，應不受「臺灣地區與大陸地區人民
　　關係條例」第七十八條之限制，易言之，應得對臺灣地區侵害其著作權之人提起
　　刑事告訴或自訴。

三、前開意見，涉及「臺灣地區與大陸地區人民關係條例」暨「北美事務協調委員會
　　與美國在臺協會著作權保護協定」之解釋及適用，是否妥適，敬請　惠示卓見供
　　參。

第五章　罰則

第七十九條

　　違反第十五條第一款規定者，處五年以下有期徒刑、拘役或科或併科新臺幣五十萬元
　　以下罰金。

　　以犯前項之罪為常業者，處一年以上七年以下有期徒刑，得併科新臺幣一百萬元以下
　　罰金。

　　第一項之未遂犯罰之。

第八十條

　　中華民國船舶、航空器或其他運輸工具所有人、營運人或船長、機長、其他運輸工具
　　駕駛人違反第二十八條第一項規定或違反第二十八條之一第一項規定或臺灣地區人民
　　違反第二十八條之一第二項規定者，處三年以下有期徒刑、拘役或科或併科新臺幣一
　　百萬元以上一千五百萬元以下罰金。但行為係出於中華民國船舶、航空器或其他運輸
　　工具之船長或機長或駕駛人自行決定者，處罰船長或機長或駕駛人。

　　前項中華民國船舶、航空器或其他運輸工具之所有人或營運人為法人者，除處罰行為
　　人外，對該法人並科以前項所定之罰金。但法人之代表人對於違反之發生，已盡力為
　　防止之行為者，不在此限。

　　刑法第七條之規定，對於第一項臺灣地區人民在中華民國領域外私行運送大陸地區人
　　民前往臺灣地區及大陸地區以外之國家或地區者，不適用之。

　　第一項情形，主管機關得處該中華民國船舶、航空器或其他運輸工具一定期間之停航，

或註銷、撤銷其有關證照，並得停止或撤銷該船長、機長或駕駛人之執業證照或資格。

第八十一條

違反第三十六條規定未經許可直接往來者，其參與決定之人，處三年以下有期徒刑、拘役或科或併科新臺幣一百萬元以上一千五百萬元以下罰金。

前項情形，除處罰參與決定之人外，對該金融保險機構並科以前項所定之罰金。

前二項之規定，於在中華民國領域外犯罪者，適用之。

第八十二條

違反第二十三條規定從事招生或居間介紹行為者，處三年以下有期徒刑、拘役或科或併科新臺幣一百萬元以下罰金。

第八十三條

違反第十五條第四款或第五款規定者，處二年以下有期徒刑、拘役或科或併科新臺幣三十萬元以下罰金。

意圖營利而違反第十五條第五款規定者，處三年以下有期徒刑、拘役或科或併科新臺幣六十萬元以下罰金。

以犯前項之罪為常業者，處五年以下有期徒刑，得併科新臺幣六十萬元以下罰金。

法人之代表人、法人或自然人之代理人、受僱人或其他從業人員，因執行業務犯前三項之罪者，除處罰行為人外，對該法人或自然人並科以前三項所定之罰金。但法人之代表人或自然人對於違反之發生，已盡力為防止行為者，不在此限。

第八十四條

違反第十五條第二款規定者，處六月以下有期徒刑、拘役或科或併科新臺幣十萬元以下罰金。

法人之代表人、法人或自然人之代理人、受僱人或其他從業人員，因執行業務犯前項之罪者，除處罰行為人外，對該法人或自然人並科以前項所定之罰金。但法人之代表人或自然人對於違反之發生，已盡力為防止行為者，不在此限。

第八十五條

違反第三十條第一項規定者，處新臺幣三百萬元以上一千五百萬元以下罰鍰，並得禁止該船舶、民用航空器或其他運輸工具所有人、營運人之所屬船舶、民用航空器或其他運輸工具，於一定期間內進入臺灣地區港口、機場。

前項所有人或營運人，如在臺灣地區未設立分公司者，於處分確定後，主管機關得限制其所屬船舶、民用航空器或其他運輸工具駛離臺灣地區港口、機場，至繳清罰鍰為止。但提供與罰鍰同額擔保者，不在此限。

第八十六條

違反第三十五條第一項規定從事投資、技術合作或商業行為者，處新臺幣一百萬元以上五百萬元以下罰鍰，並限期命其停止投資、技術合作或商業行為；逾期不停止者，

得連續處罰。

違反第三十五條第二項規定從事貿易行為者，除依其他法律規定處罰外，主管機關得停止其二個月以上一年以下輸出入貨品或撤銷其出進口廠商登記。

第八十七條

違反第十五條第三款規定者，處新臺幣二十萬元以上一百萬元以下罰鍰。

第八十八條

違反第三十七條規定者，處新臺幣四萬元以上二十萬元以下罰鍰。

前項出版品、電影片、錄影節目或廣播電視節目，不問屬於何人所有，沒入之。

第八十九條

違反第三十四條第一項規定者，處新臺幣十萬元以上五十萬元以下罰鍰。

前項廣告，不問屬於何人所有或持有，得沒入之。

第九十條

違反第三十三條第一項規定者，處新臺幣十萬元以上五十萬元以下罰鍰。

第九十一條

違反第九條第一項規定者，處新臺幣二萬元以上十萬元以下罰鍰。

第九十二條

違反第三十八條第一項規定，未經申報之幣券，由海關沒入之。

第九十三條

違反依第三十九條第二項規定所發之限制或禁止命令者，其文物或藝術品，由主管機關沒入之。

第九十四條

本條例所定罰鍰，由主管機關處罰；經通知繳納逾期不繳納者，移送法院強制執行。

第六章　附則

第九十五條

主管機關於實施臺灣地區與大陸地區直接通商、通航及大陸地區人民進入臺灣地區工作前，應經立法院決議；立法院如於會期內一個月未為決議，視為同意。

第九十五條之一

各主管機關依本條例規定受理申請許可、核發證照，得收取審查費、證照費；其收費標準由各主管機關定之。

第九十六條

本條例施行細則及施行日期，由行政院定之。

本條例修正條文施行日期，由行政院定之。

2. 臺灣地區與大陸地區人民關係條例施行細則

中華民國九十一年一月三十日行政院（九一）院臺秘字第〇九一〇〇八一〇一三號修正發布
　第三、五十六條條文

第一條

本細則依臺灣地區與大陸地區人民關係條例（以下簡稱本條例）第九十六條第一項規
定訂定之。

第二條

本條例第一條、第四條、第六條、第四十一條、第六十二條、第六十三條及第六十九
條所稱人民，係指自然人、法人、團體及其他機構。

第三條

本條例第二條第二款之施行區域，指中共控制之地區。

第四條

本條例第二條第三款所稱在臺灣地區設有戶籍之人民，包括左列人民在內：

一、曾在臺灣地區設有戶籍而尚未依本條例第二條第四款規定轉換其身分為大陸地區
　　人民者。

二、在大陸地區出生，其父母均為臺灣地區人民，未在大陸地區設有戶籍者。

大陸地區人民經許可進入臺灣地區定居，並設有戶籍者，為臺灣地區人民。

第五條

本條例第二條第四款所稱在大陸地區設有戶籍之人民，包括左列人民在內：

一、在大陸地區出生並繼續居住之人民，其父母雙方或一方為中國人者。但前條第一
　　項第二款人民，不包括在內。

二、在臺灣地區出生，其父母均為大陸地區人民，未在臺灣地區設有戶籍者。

本條例第二條第四款所稱前往大陸地區繼續居住逾四年，係指自進入大陸地區之翌日
起，四年間未曾返回臺灣地區或曾前往第三地區每次未逾三十日而言。但受拘禁、留
置、遭遇天災或其他不可避免之事變或依法令而停留在大陸地區之期間，不予計算。

第六條

本條例第三條所稱大陸地區人民旅居國外者，不包括旅居國外四年以上之左列人民在
內：

一、取得當地國籍者。

二、取得當地永久居留權並領有我國有效護照者。

前項所稱旅居國外四年之計算，係指自抵達國外翌日起，四年間返回大陸地區之期間
每次未逾三十日而言，其有逾三十日者，當年不列入四年之計算。但返回大陸地區有

左列情形之一者，不在此限：

一、懷胎七月以上或生產、流產，且自事由發生之日起未逾二個月者。

二、罹患疾病而離開大陸地區有生命危險之虞，且自事由發生之日起未逾二個月者。

三、在大陸地區之二親等內之血親、繼父母、配偶之父母、配偶或子女之配偶在大陸
　　地區死亡，且自事由發生之日起未逾二個月者。

四、遭遇天災或其他不可避免之事變，且自事由發生之日起未逾一個月者。

第七條

行政院設立或指定之機構或委託之民間團體，驗證大陸地區製作之文書時，應比對其
製作名義人簽字及鈐印之真正，或為查證。

第八條

依本條例第七條規定推定為真正之文書，其實質上證據力，由法院或主管機關認定。

文書內容與待證事實有關，且屬可信者，有實質上證據力。

推定為真正之文書，有反證事實證明其為不實者，不適用推定。

第九條

本條例第十三條第一項所稱僱用大陸地區人民者，係指依本條例第十一條規定，經行
政院勞工委員會許可僱用大陸地區人民工作之雇主。

第十條

本條例第十六條第一項第三款所稱民國三十四年後，因兵役關係滯留大陸地區之臺籍
軍人，係指臺灣地區直轄市、縣（市）政府出具名冊，層轉國防部核認之人員。

本條例第十六條第一項第四款所稱民國三十八年政府遷臺後，因作戰或執行特種任務
被俘之前國軍官兵，係指隨政府遷臺後，復奉派赴大陸地區有案之人員。

前項人員由其在臺親屬或原派遣單位提出來臺定居申請，經國防部核認者，其本人及
配偶、直系血親卑親屬及其配偶，得准予入境。

第十一條

依本條例規定強制大陸地區人民出境前，該人民有左列各款情事之一者，於其原因消
失後強制出境：

一、懷胎五月以上或生產、流產後二月未滿者。

二、罹患疾病而強制其出境有生命危險之虞者。

大陸地區人民於強制出境前死亡者，由指定之機構依規定取具死亡證明書等文件後，
連同遺體或骨灰交由其同船或其他人員於強制出境時攜返。

第十二條

（刪除）

第十三條

本條例第十八條第一項第一款所稱未經許可入境者，包括持偽造、變造之護照、旅行

證或其他相類之證書，或以其他非法之方法入境者在內。

第十四條

本條例第十八條第一項第四款所稱有事實足認為有犯罪行為者，係指涉及刑事案件，經治安機關依左列事證查證屬實者：

一、檢舉書、自白書或鑑定書。

二、照片、錄音或錄影。

三、警察或治安人員職務上製作之筆錄或查證報告。

四、檢察官之起訴書、處分書或審判機關之裁判書。

五、其他具體事證。

第十五條

本條例第十八條第一項第五款所稱有事實足認為有危害國家安全或社會安定之虞者，得逕行強制其出境之情形如左：

一、曾參加或資助內亂、外患團體或其活動而隱瞞不報者。

二、曾參加或資助恐怖或暴力非法組織或其活動而隱瞞不報者。

三、在臺灣地區外涉嫌重大犯罪或有犯罪習慣者。

第十六條

（刪除）

第十七條

大陸地區人民經強制出境者，治安機關應將其身分資料、出境日期及法令依據，送內政部警政署入出境管理局建檔備查。

第十八條

本條例第二十一條所稱軍公教或公營事業機關（構）人員，不包括左列人員：

一、經中央目的事業主管機關核可受聘擔任學術研究機構、專科以上學校及戲劇藝術學校之研究員、副研究員、助研究員、研究講座、客座教授、客座副教授、客座助理教授、客座專家及客座教師。

二、經濟部及交通部所屬國營事業機關（構）之聘僱人員。

第十九條

本條例第二十四條第二項所稱因加計其大陸地區所得，而依其適用稅率計算增加之應納稅額，其計算公式如左：

一、有關營利事業所得稅部分：

（臺灣地區所得額＋大陸地區所得額）×稅率－累進差額＝營利事業國內所得額應納稅額

（臺灣地區所得額×稅率）－累進差額＝營利事業臺灣地區所得額應納稅額

營利事業國內所得額應納稅額－營利事業臺灣地區所得額應納稅額＝因加計大陸

地區所得而增加之結算應納稅額

二、有關綜合所得稅部分：

〔（臺灣地區所得額＋大陸地區所得額）－免稅額－扣除額〕×稅率－累進差額
＝綜合所得額應納稅額

（臺灣地區所得額－免稅額－扣除額）×稅率－累進差額＝臺灣地區綜合所得額應
納稅額

綜合所得額應納稅額－臺灣地區綜合所得額應納稅額＝因加計大陸地區所得而增
加之結算應納稅額

第二十條

本條例第二十五條所稱規定之扣繳率，準用各類所得扣繳率標準中有關中華民國境內
居住之個人，或在中華民國境內有固定營業場所之營利事業適用之扣繳率辦理扣繳。

第二十一條

依本條例第二十六條第一項規定申請改領一次退休（職、伍）給與人員，應於赴大陸
地區定居之三個月前，檢具左列文件，向原退休（職、伍）機關或所隸管區提出申請：
一、申請書。二、支領（或兼領）月退休（職、伍）給與證書。三、申請人全戶戶籍
謄本。四、經許可赴大陸地區之證明文件。五、決定在大陸地區定居之意願書。六、
在臺灣地區有受扶養人者，經公證之受扶養人同意書。

原退休（職、伍）機關或所隸管區受理前項申請後，應詳細審核並轉報核發各該月退
休（職、伍）給與之主管機關於二個月內核定。其經核准者，申請人應於赴大陸地區
前一個月內，檢具入出境等有關證明文件，送請支給機關審定後辦理付款手續。軍職
退伍人員經核准改支一次退伍金之同時，發給退除給與支付證。

第二十二條

申請人依前條規定領取一次退休（職、伍）給與後，未於二個月內赴大陸地區定居者，
由原退休（職、伍）機關予以追回其所領金額。

申請人如有以詐術或其他不正當方法領取一次退休（職、伍）給與者，由原退休（職、
伍）機關予以追回並移送法辦。

第二十三條

第二十一條申請經各該月退休（職、伍）給與之主管機關核定後，未依規定追回其所
領金額者，申請人不得以任何理由請求回復支領月退休（職、伍）給與。

第二十四條

兼領月退休（職）給與人員，依本條例第二十六條第一項規定申請其應領之一次退休
（職）給與者，應按其兼領月退休（職）給與之比例計算。

第二十五條

本條例第二十六條第二項所稱受其扶養之人，係指依民法第一千一百十四條至第一千

一百十八條所定應受其扶養之人。

前項受扶養人為無行為能力人者，其同意由申請人以外之法定代理人或監護人代為行使；其為限制行為能力人者，應經申請人以外之法定代理人或監護人之允許。

第二十五條之一

大陸地區人民依本條例第二十六條之一規定請領保險死亡給付、一次撫卹金、餘額退伍金或一次撫慰金者，應先以書面並檢附相關文件向死亡人員最後服務機關（構）、學校申請，經初核後函轉主管（辦）機關核定，再由死亡人員最後服務機關（構）、學校通知申請人，據以申請進入臺灣地區領受各該給付。但軍職人員由國防部核轉通知。

前項公教及公營事業機關（構）人員之各項給付，應依死亡當時適用之保險、退休（職）、撫卹法令規定辦理。各項給付之總額依本條例第二十六條之一第二項規定，不得逾新臺幣二百萬元。本條例第六十七條規定之遺產繼承總額不包括在內。

第一項之各項給付請領人以大陸地區自然人為限。

應受理申請之死亡人員最後服務機關（構）、學校已裁撤或合併者，應由其上級機關（構）或承受其業務或合併後之機關（構）、學校辦理。

死亡人員在臺灣地區無遺族或法定受益人之證明，應由死亡人員最後服務機關（構）、學校或國防部依據死亡人員在臺灣地區之全戶戶籍謄本、公務人員履歷表或軍職人員兵籍資料等相關資料出具。如無法查明者，應由死亡人員最後服務機關（構）、學校或國防部登載公報或新聞紙後，經六個月無人承認，即可出具。

第二十五條之二

大陸地區法定受益人依本條例第二十六條之一第一項規定申請保險死亡給付者，應檢具左列文件：

一、給付請領書。

二、死亡人員之死亡證明書或其他合法之死亡證明文件。

三、死亡人員在臺灣地區無法定受益人證明。

四、經行政院設立或指定之機構或委託之民間團體驗證之法定受益人身分證明文件（大陸地區居民證或常住人口登記表）及親屬關係證明書。

第二十五條之三

大陸地區遺族依本條例第二十六條之一第一項規定申請一次撫卹金者，應檢具左列文件：

一、撫卹事實表或一次撫卹金申請書。

二、死亡人員之死亡證明書或其他合法之死亡證明文件；因公死亡人員應另檢具因公死亡證明書及足資證明因公死亡之相關證明文件。

三、死亡人員在臺灣地區無遺族證明。

四、經死亡人員最後服務機關（構）、學校查證屬實之歷任職務證明文件。

五、經行政院設立或指定之機構或委託之民間團體驗證之大陸地區遺族身分證明文件
　　（大陸地區居民證或常住人口登記表）及撫卹遺族親屬關係證明書。

前項依公務人員撫卹法或學校教職員撫卹條例核給之一次撫卹金之計算，按公務人員
退休法或學校教職員退休條例一次退休金之標準辦理。

依本條例第二十六條之一第三項規定請領經依法保留之一次撫卹金者，除應檢具第一
項規定之相關文件外，其一次撫卹金之計算，依左列規定辦理：

一、民國三十八年以後六十年六月五日以前死亡之公務人員，依公務員撫卹法第七條
　　規定辦理；民國六十年六月六日以後死亡之公務人員，按公務人員退休法一次退
　　休金之標準辦理。

二、民國三十八年以後六十一年四月二日以前死亡之學校教職員，依民國三十七年四
　　月十日修正公布之學校教職員撫卹條例第七條規定辦理；民國六十一年四月三日
　　以後死亡之學校教職員，按學校教職員退休條例一次退休金之標準辦理。

前項一次撫卹金，均依死亡人員最後在職時經主管機關審定之本俸（薪）額為標準計
算。但民國三十八年以後五十六年六月以前死亡人員，依其最後在職時經主管機關審
定之俸（薪）級，按民國五十六年七月在職同等級人員之本俸（薪）或年功俸（薪）
額為標準計算。

第二十五條之四

大陸地區遺族依本條例第二十六條之一第一項規定申請餘額退伍金或一次撫慰金者，
應檢具左列文件：

一、餘額退伍金或一次撫慰金申請書。

二、死亡人員支（兼）領月退休金證書。

三、死亡人員之死亡證明書或其他合法之死亡證明文件。

四、死亡人員在臺灣地區無遺族或合法遺囑指定人證明。

五、經行政院設立或指定之機構或委託之民間團體驗證之大陸地區遺族或合法遺囑指
　　定人身分證明文件（大陸地區居民證或常住人口登記表）及親屬關係證明書。

六、遺囑指定人應繳交死亡人員之遺囑。

第二十五條之五

依本條例第二十六條之一規定得申請領受各項給付之申請人有數人時，應協議委託其
中一人代表申請，受託人申請時應繳交委託書。

申請人如無法取得死亡人員之死亡證明書或其他合法之死亡證明文件時，得函請死亡
人員最後服務機關（構）、學校協助向主管機關查證或依主管權責出具。但軍職人員由
國防部出具。

依本條例第二十六條之一第三項規定請領依法核定保留之各項給付，應依第二十五條
之一至前條之規定辦理。但非請領公教及公營事業機關（構）人員之一次撫卹金者，

得免檢附死亡證明書或其他合法之死亡證明文件。

在大陸地區製作之委託書、死亡證明書、死亡證明文件或遺囑等，應經行政院設立或指定之機構或委託之民間團體驗證。

第二十五條之六

死亡人員最後服務機關（構）、學校受理各項給付申請時，應查明得發給死亡人員遺族或法定受益人之給付項目。各項給付由主管（辦）機關核定並通知支給機關核實簽發支票函送死亡人員最後服務機關（構）、學校，於遺族或法定受益人簽具領據及查驗遺族或法定受益人經許可進入臺灣地區之證明文件及遺族或法定受益人身分證明文件（大陸地區居民證或常住人口登記表）後轉發。

各項給付總額逾新臺幣二百萬元者，死亡人員最後服務機關（構）、學校應按各項給付金額所占給付總額之比例核實發給，並函知各該給付之支給機關備查。死亡人員最後服務機關（構）、學校應將遺族或法定受益人簽章具領之領據及餘額分別繳回各項給付之支給機關。但軍職人員由國防部轉發及控管。

遺族或法定受益人如有冒領或溢領情事，其本人及相關人員應負法律責任。

第二十五條之七

大陸地區遺族或法定受益人依本條例第二十六條之一第一項規定申請軍職人員之各項給付者，應依左列標準計算：

一、保險死亡給付：

　　㈠民國三十九年六月一日以後五十九年二月十三日以前死亡之軍職人員，依核定保留專戶儲存計息之金額發給。

　　㈡民國五十九年二月十四日以後死亡之軍職人員，依申領當時標準發給。但依法保留保險給付者，均以八十六年七月一日之標準發給。

二、一次撫卹金：

　　㈠民國三十八年以後至五十六年五月十三日以前死亡之軍職人員，依法保留撫卹權利者，均按五十六年五月十四日之給與標準計算。

　　㈡民國五十六年五月十四日以後死亡之軍職人員，依法保留撫卹權利者，依死亡當時之給與標準計算。

三、餘額退伍金或一次撫慰金：依死亡人員死亡當時之退除給與標準計算。

第二十五條之八

有關請領本條例第二十六條之一各項給付之申請書表格及作業規定，由銓敘部、教育部、國防部及其他主管機關另定之。

第二十六條

本條例第二十八條第一項及第二十八條之一所稱中華民國船舶，係指船舶法第二條各款所列之船舶；所稱中華民國航空器，係指依民用航空法令規定在中華民國申請登記

之航空器。

本條例第二十九條第一項所稱大陸船舶、民用航空器，係指在大陸地區登記之船舶、航空器，但不包括軍用船舶、航空器；所稱臺北飛航情報區，係指國際民航組織所劃定，由臺灣地區負責提供飛航情報服務及執行守助業務之空域。

本條例第三十條第一項所稱外國船舶、民用航空器，係指於臺灣地區及大陸地區以外地區登記之船舶、航空器；所稱定期航線，係指在一定港口或機場間經營經常性客貨運送之路線。

本條例第二十八條第一項、第二十八條之一、第二十九條第一項及第三十條第一項所稱其他運輸工具，係指凡可利用為航空或航海之器物。

第二十七條

大陸民用航空器未經許可進入臺北飛航情報區限制區域者，執行空防任務機關依左列規定處置：

一、進入限制區域內，距臺灣、澎湖海岸線三十浬以外之區域，實施攔截及辨證後，驅離或引導降落。

二、進入限制區域內，距臺灣、澎湖海岸線未滿三十浬至十二浬以外之區域，實施攔截及辨證後，開槍示警、強制驅離或引導降落，並對該航空器嚴密監視戒備。

三、進入限制區域內，距臺灣、澎湖海岸線未滿十二浬之區域，實施攔截及辨證後，開槍示警、強制驅離或逼其降落或引導降落。

四、進入金門、馬祖、東引、烏坵等外島限制區域內，對該航空器實施辨證，並嚴密監視戒備。必要時，應予示警、強制驅離或逼其降落。

第二十八條

大陸船舶未經許可進入臺灣地區限制或禁止水域，主管機關依左列規定處置：

一、進入限制水域者，予以驅離；可疑者，命令停船，實施檢查。驅離無效或涉及走私者，扣留其船舶、物品及留置其人員。

二、進入禁止水域者，強制驅離；可疑者，命令停船，實施檢查。驅離無效、涉及走私或從事非法漁業行為者，扣留其船舶、物品及留置其人員。

三、進入臺灣、澎湖禁止水域從事漁撈行為者，得扣留其船舶、物品及留置其人員。

四、前三款之大陸船舶有拒絕停船或抗拒扣留之行為者，得予警告射擊；經警告無效者，得直接射擊船體強制停航；有敵對之行為者，得予以擊燬。

第二十九條

依前條規定扣留之船舶，移由有關機關查證其船上人員有左列情形之一者，沒入之：

一、有搶劫臺灣地區船舶之行為者。

二、對臺灣地區有走私或從事非法漁業行為者。

三、有搭載大陸地區或臺灣地區人民非法入境或出境之行為者。

四、對執行檢查任務之船艦有敵對之行為者。

扣留之船舶從事漁撈行為，或經主管機關查證該船有被扣留二次以上紀錄者，得沒入之。

扣留之船舶無前二項情形，且未涉及違法情事者，得予以發還。

第三十條

本條例第三十二條第一項、第二項所稱主管機關，係指執行海防、水上警察或緝私任務之機關及金門、馬祖、東引、烏坵、東沙、南沙等外島之當地最高軍事機關。

第三十一條

前條之主管機關依第二十八條扣留之物品，屬違禁、走私物品或用以從事非法漁業行為之漁具或漁獲物者，沒入之；扣留之物品如係用以從事漁撈行為之漁具或漁獲物者，得沒入之；其餘未涉及違法情事者，得予以發還。但持有人涉嫌犯罪移送司法機關處理者，其相關證物應併同移送。

第三十二條

本條例第三十三條及第七十二條所稱主管機關，對許可人民之事項，依其許可事項之性質定之；對許可法人、團體或其他機構之事項，由各該法人、團體或其他機構之許可立案主管機關為之。

不能依前項規定定其主管機關者，由行政院大陸委員會確定之。

第三十三條

本條例所稱大陸地區物品，其認定標準，準用進口貨品原產地認定標準之規定。

第三十四條

本條例第三十五條第一項所稱商業行為，係指經中央目的事業主管機關公告應經許可或禁止者。

本條例第三十五條第四項所稱從事第一項之投資或技術合作，係指該行為於本條例修正施行時尚在繼續狀態中者。

第三十五條

本條例第三十六條第一項所稱臺灣地區金融保險機構，係指依銀行法、保險法、證券交易法、國外期貨交易法或其他有關法令設立或監督之本國金融保險機構及外國金融保險機構經許可在臺灣地區營業之分支機構；所稱其在臺灣地區以外之國家或地區設立之分支機構，係指本國金融保險機構在臺灣地區以外之國家或地區設立之分支機構，包括分行、辦事處、分公司及持有已發行股份總數超過百分之五十之子公司。

第三十六條

本條例第三十八條第一項、第二項所稱幣券，係指大陸地區發行之貨幣、證券、銀行鈔券、獎券、彩票或其他類似之票券。

第三十七條

本條例第三十八條第一項但書規定之申報，應以書面向海關為之，並由旅客自行封存於海關，於出境時准其將原幣券攜出。

第三十八條

本條例第三十九條第一項所稱中華古物，係指文化資產保存法所定之古物。

第三十九條

本條例第四十條所稱有關法令，係指商品檢驗法、動物傳染病防治條例、野生動物保育法、藥事法、關稅法、海關緝私條例及其他相關法令。

第四十條

本條例第三章所稱臺灣地區之法律，係指中華民國法律。

第四十一條

本條例第四十二條所稱戶籍地，係指當事人之戶籍所在地；第五十五條至第五十七條及第五十九條所稱設籍地區，係指設有戶籍之臺灣地區或大陸地區。

第四十二條

本條例第五十七條所稱父或母，不包括繼父或繼母在內。

第四十三條

大陸地區人民依本條例第六十六條規定繼承臺灣地區人民之遺產者，應於繼承開始起三年內，檢具左列文件，向繼承開始時被繼承人住所地之法院為繼承之表示：

一、聲請書。

二、被繼承人死亡時之全戶戶籍謄本及繼承系統表。

三、符合繼承人身分之證明文件。

前項第一款聲請書應載明左列各款事項，並經聲請人簽章：

一、聲請人之姓名、性別、年齡、籍貫、職業及住、居所；其在臺灣地區有送達代收人者，其姓名及住、居所。

二、為繼承表示之意旨及其原因、事實。

三、供證明或釋明之證據。

四、附屬文件及其件數。

五、法院。

六、年、月、日。

第一項第三款身分證明文件，應經行政院設立或指定之機構或委託之民間團體驗證，同順位繼承人如為多數人時，每人均應增附繼承人完整親屬之相關資料。

第一項聲請為繼承之表示經准許者，法院應即通知聲請人、其他繼承人及遺產管理人。但不能通知者，不在此限。

第四十四條

大陸地區人民依本條例第六十六條規定繼承臺灣地區人民之遺產者，應依遺產及贈與

稅法規定辦理遺產稅申報；其有正當理由不能於遺產及贈與稅法第二十三條規定之期間內申報者，應於向被繼承人住所地之法院為繼承表示之日起二個月內，準用遺產及贈與稅法第二十六條之規定申請延長申報期限。但該繼承案件有大陸地區以外之納稅義務人者，仍應由大陸地區以外之納稅義務人依遺產及贈與稅法規定辦理申報。

前項應申報遺產稅之財產，業由大陸地區以外之納稅義務人申報或經稽徵機關逕行核定者，免再辦理申報。

第四十五條

大陸地區人民依本條例第六十六條規定繼承臺灣地區人民之遺產，辦理遺產稅申報時，其扣除額適用遺產及贈與稅法第十七條之規定。

納稅義務人申請補列大陸地區繼承人扣除額並退還溢繳之稅款者，應依稅捐稽徵法第二十八條規定辦理。

第四十六條

大陸地區人民依本條例第六十七條第二項規定繼承以保管款專戶存儲之遺產者，除應依第四十三條規定向法院為繼承之表示外，並應通知開立專戶之被繼承人原服務機關或遺產管理人。

第四十七條

本條例第六十七條第四項規定之權利折算價額標準，依遺產及贈與稅法第十條及其施行細則第三十一條至第三十三條規定計算之。

第四十八條

本條例第六十八條第二項所稱現役軍人及退除役官兵之遺產事件，在本條例施行前，已由主管機關處理者，係指聯合勤務總司令部及行政院國軍退除役官兵輔導委員會依國軍陣（死）亡官兵遺骸安葬暨遺物處理辦法及國軍退除役官兵死亡暨遺留財物處理辦法之規定處理之事件。

第四十九條

本條例第六十九條所稱取得，包括原始取得及繼受取得。

第五十條

大陸地區人民死亡在臺灣地區遺有財產者，納稅義務人應依遺產及贈與稅法規定，向財政部臺北市國稅局辦理遺產稅申報。大陸地區人民就其在臺灣地區之財產為贈與時亦同。

前項應申報遺產稅之案件，其扣除額依遺產及贈與稅法第十七條第一項第七款至第十款規定計算。但以在臺灣地區發生者為限。

第五十一條

繼承人全部為大陸地區人民者，其中一或數繼承人依本條例第六十六條規定申請繼承取得應登記或註冊之財產權時，應俟其他繼承人拋棄其繼承權或已視為拋棄其繼承權

後，始得申請繼承登記。

第五十二條

本條例第七十二條第一項所稱大陸地區人民、法人，不包括在臺公司大陸地區股東權
行使條例之在臺公司大陸地區股東。

第五十三條

經濟部辦理外國公司申請認許案件時，得令申請人報明有無本條例第七十三條規定情
事，必要時並得令其檢具相關資料送核。

第五十四條

本條例第七十三條第二項所稱主要影響力之股東，係指公司董事、監察人或對於公司
之經營實際上行使支配影響力之股東。

第五十四條之一

依本條例第七十四條規定聲請法院裁定認可之民事確定裁判、民事仲裁判斷，應經行
政院設立或指定之機構或委託之民間團體驗證。

第五十五條

在臺灣地區以外之地區犯內亂罪、外患罪之大陸地區人民，經依本條例第七十七條規
定據實申報或專案許可免予申報進入臺灣地區時，許可入境機關應即將申報書或專案
許可免予申報書移送該管高等法院或其分院檢察署備查。

前項專案許可免予申報事項，由行政院大陸委員會定之。

第五十六條

本細則自本條例施行之日施行。

本細則修正條文，除中華民國八十三年十月十九日修正發布之條文，自本條例施行之
日施行外，自發布日施行

3.香港澳門關係條例

中華民國八十七年六月十七日總統（八七）華總㈠義字第八七〇〇一二一二八〇號令修正公
布第二十四條條文，中華民國八十八年十一月十六日行政院（八八）臺僑字第四一八八三
號令發布本條例涉及澳門部分，定自中華民國八十八年十二月二十日施行

第一章　總則

第一條

為規範及促進與香港及澳門之經貿、文化及其他關係，特制定本條例。

本條例未規定者，適用其他有關法令之規定。但臺灣地區與大陸地區人民關係條例，
除本條例有明文規定者外，不適用之。

＊銓敘部（八八）臺特三字第一七一六九二一號

要旨:

有關支領月退休金人員因在臺無遺族,其現居香港之子得否依臺灣地區與大陸地區人民關係條例第二十六條之一之規定請領一次撫慰金疑義。

全文內容:

一、貴府民國八十七年十二月三十一日八七府人四字第一○八七五○號函,為請釋有關　貴省嘉義縣政府支領月退休金人員金○森於八十六年七月二十六日死亡,因在臺無遺族,其現居香港之子金○耀得否依臺灣地區與大陸地區人民關係條例第二十六條之一之規定請領一次撫慰金疑義乙案,敬悉。

二、有關居住港澳地區人民身分之認定,依香港澳門關係條例第一條第二項規定:「本條例未規定者,適用其他有關法令之規定。但臺灣地區與大陸地區人民關係條例,除本條例有明文規定者外,不適用之。」第三條規定:「本條例所稱臺灣地區及臺灣地區人民,依臺灣地區與大陸地區人民關係條例之規定。」(按其規定為:「臺灣地區」指臺灣、澎湖、金門、馬祖及政府統治權所及其他地區;「臺灣地區人民」指在臺灣地區設有戶籍之人民。)第四條規定:「(第一項)本條例所稱香港居民,指具有香港永久居留資格,且未持有英國國民(海外)護照或香港護照以外之旅行證照者。……(第三項)前二項香港或澳門居民,如於香港或澳門分別於英國及葡萄牙結束其治理前,取得華僑身分者及其符合中華民國國籍取得要件之配偶及子女,在本條例施行前之既有權益,應予以維護。」第六十條規定:「(第一項)本條例施行後,香港或澳門情況發生變化,致本條例之施行有危害臺灣地區安全之虞時,行政院得報請總統依憲法增修條文第二條第四項之規定,停止本條例一部或全部之適用,並應即將其決定附具理由於十日內送請立法院追認。如立法院二分之一不同意或不為審議時,該決定立即失效。恢復一部或全部適用時,亦同。(第二項)本條例停止適用之部分,如未另定法律規範,與香港或澳門之關係,適用臺灣地區與大陸地區人民關係條例相關規定。」準此,我國政府視香港為「第三地區」,除有上開第六十條規定之情事外,自西元一九九七年七月一日英國於香港結束治理以後,居住香港地區之人民,尚無法逕予認定其為大陸地區人民,而應依當事人所持身分證件予以辨識。先予敘明。

三、查公務人員退休法第十一條規定:「有左列情形之一者,喪失其領受退休金之權利:一、死亡。二、褫奪公權終身者。三、動員戡亂時期終止後,曾犯內亂、外患罪,經判刑確定者,或通緝有案尚未結案者。四、喪失中華民國國籍者。」同法施行細則第十六條第二項規定:「本法第十三條之一及本法第十六條之一規定領受撫慰金遺族,如有本法第十一條各款情形之一者,喪失領受權利。」第三十三條第一項第一款規定:「依本法支領或兼領月退休金人員死亡時,其撫慰金之申請程序如下:一、由其遺族檢具原月退休金證書、全戶戶籍謄本及死亡證明書,選擇改領月撫

慰金者並應檢具自願改領月撫慰金申請書，向原服務機關申請，轉送銓敘部審定後通知支給機關發給。」據案附金○森先生之子金○耀香港永久性居民身分證影本，參酌前開香港澳門關係條例第四條規定，金○耀先生如未持有英國國民（海外）護照或香港護照以外之旅行證照，即可認定為香港居民。準此，亦將無法依據臺灣地區與大陸地區人民關係條例第二十六條之一規定請領其亡父金○森先生之一次撫慰金，惟如其持有具中華民國國籍之身分證明文件，則得適用上開公務人員退休法，向嘉義縣政府依規定程序申請該項一次撫慰金。

第二條

本條例所稱香港，指原由英國治理之香港島、九龍半島、新界及其附屬部分。

本條例所稱澳門，指原由葡萄牙治理之澳門半島、氹仔島、路環島及其附屬部分。

第三條

本條例所稱臺灣地區及臺灣地區人民，依臺灣地區與大陸地區人民關係條例之規定。

第四條

本條例所稱香港居民，指具有香港永久居留資格，且未持有英國國民（海外）護照或香港護照以外之旅行證照者。

本條例所稱澳門居民，指具有澳門永久居留資格，且未持有澳門護照以外之旅行證照或雖持有葡萄牙護照但係於葡萄牙結束治理前於澳門取得者。

前二項香港或澳門居民，如於香港或澳門分別於英國及葡萄牙結束其治理前，取得華僑身分者及其符合中華民國國籍取得要件之配偶及子女，在本條例施行前之既有權益，應予以維護。

＊內政部（八七）臺內地字第八七○六三七二號

主旨：

有關香港居民身分認定乙案，請　查照並轉知所屬照辦。

說明：

一、依據臺北市政府地政處八十七年五月七日北市地一字第八七二一一三八一○○號函辦理。

二、按關於八十六年七月一日以後，香港居民及法人可否在我國取得或設定土地權利乙案，前經本部以八十六年六月三十日臺（八六）內地字第八六八四三五三號及同年七月二十六日臺（八六）內地字第八六○七三五五號函釋有案。其中關於香港居民身分認定疑義乙節，亦經本部八十六年十二月十五日臺（八六）內地字第八六一二一九五號、同年十二月三十日臺（八六）內地字第八六一二六四三號函釋在案。據臺北市政府以首揭號函請示當事人如持香港特別行政區簽發之中華人民共和國香港特別行政區護照。得否認定為香港人而予以核准，經本部函准行政院大陸委員會以八十七年五月二十一日（八七）陸港字第八七○七二七二號函釋

略以:「二、香港澳門關係條例施行細則第三條規定:『本條例第四條第一項所稱香港護照,係指由香港政府或其他有權機構核發,供香港居民國際旅行使用,具護照功能之旅行證照。』,故香港特別行政區政府簽發之中華人民共和國香港特別行政區護照,即為前揭條文所稱之香港護照。至關於『香港居民』身分之認定,依香港澳門關係條例第四條第一項規定意旨,當事人須持有香港永久居民身分證,且不能持有英國國民(海外)護照或香港護照以外之其他地區或國家之旅行證照,尚不得僅以持有香港護照而認定其為香港居民,……。」請 查照。

* 內政部(八六)臺內地字第八六〇七三五五號

要旨:

八十六年七月一日以後香港居民及法人可否在我國取得或設定土地權利

主旨:

關於八十六年七月一日以後,香港居民及法人可否在我國取得或設定土地權利乙案,請 查照並轉知所屬照辦。

說明:

一、依據行政院八十六年七月十四日臺八十六內二八三五一號函辦理,並檢附原函影本乙份。

二、有關八十六年七月一日香港主權移交之後,香港地區之居民,除依香港澳門關係條例第四條第三項取得華僑身分者,得依照中華民國華僑取得或設定土地權利之有關規定辦理外,其餘香港地區居民、一般法人、團體或其他機構在我國取得或設定土地權利,在香港地區對於外國人士在該地取得不動產權利之規定尚未改變之前,得以繼續準用外國人在我國取得或設定土地權利之規定,故八十六年七月一日以前,香港居民、法人及團體機構在我國取得或設定土地權利之有關規定,在香港地區對於外國人士在該地取得不動產權利之規定未改變前仍得繼續適用。

* 內政部(八六)臺內地字第八六一二一九五號

要旨:

香港居民身分認定

主旨:

關於香港居民身分認定乙案,請 查照並轉知所屬照辦。

說明:

一、依據行政院大陸委員會八十六年十一月二十七日(八六)陸港字第八六一六六四三號函辦理,檢送該函影本乙份。

二、按關於八十六年七月一日以後,香港居民及法人可否在我國取得或設定土地權利乙案,前經本部以八十六年六月三十日臺(八六)內地字第八六八四三五三號、同年七月二十六日臺(八六)內地字第八六〇七三五五號暨同年八月四日臺(八

六）內地字第八六〇七六八七號函釋在案。其中關於香港居民身分認定疑義乙節，經函准行政院大陸委員會以首揭號函釋略以：「二、查依香港澳門關係條例第四條第一項規定：『本條例所稱香港居民，指具有香港永久居留資格，且未持有英國國民（海外）護照或香港護照以外之旅行證照者』。準此，本條例所稱香港居民，必須持有香港永久居民身分證，且除了可持有英國國民（海外）護照或香港護照外，不得持有其他地區或國民之旅行證照。……」有關審核外人地權案件香港居民身分之認定，請依上開函辦理。

第五條

本條例所稱主管機關為行政院大陸委員會。

第二章　行政

第一節　交流機構

第六條

行政院得於香港或澳門設立或指定機構或委託民間團體，處理臺灣地區與香港或澳門往來有關事務。

主管機關應定期向立法院提出前項機構或民間團體之會務報告。

第一項受託民間團體之組織與監督，以法律定之。

第七條

依前條設立或指定之機構或受託之民間團體，非經主管機關授權，不得與香港或澳門政府或其授權之民間團體訂定任何形式之協議。

第八條

行政院得許可香港或澳門政府或其授權之民間團體在臺灣地區設立機構並派駐代表，處理臺灣地區與香港或澳門之交流事務。

前項機構之人員，須為香港或澳門居民。

第九條

在香港或澳門製作之文書，行政院得授權第六條所規定之機構或民間團體辦理驗證。

前項文書之實質內容有爭議時，由有關機關或法院認定。

第二節　入出境管理

第十條

臺灣地區人民進入香港或澳門，依一般之出境規定辦理；其經由香港或澳門進入大陸地區者，適用臺灣地區與大陸地區人民關係條例相關之規定。

第十一條

香港或澳門居民，經許可得進入臺灣地區。

前項許可辦法，由內政部擬訂，報請行政院核定後發布之。

第十二條

香港或澳門居民得申請在臺灣地區居留或定居；其辦法由內政部擬訂，報請行政院核定後發布之。

每年核准居留或定居，必要時得酌定配額。

第十三條

香港或澳門居民受聘僱在臺灣地區工作，準用就業服務法第五章至第七章有關外國人聘僱、管理及處罰之規定。

第四條第三項之香港或澳門居民受聘僱在臺灣地區工作，得予特別規定；其辦法由行政院勞工委員會會同有關機關擬訂，報請行政院核定後發布之。

*（八九）法檢字第○○一五九一號

案由：

僱用或留用香港及澳門地區人民從事未經許可之工作，究應適用臺灣地區與大陸地區人民關係條例第八十三條、第十五條第四款之規定處罰，或依就業服務法第五十八條、第五十三條第一款之規定處罰，或依香港澳門關係條例第一條第二項之規定，因不適用臺灣地區與大陸地區人民關係條例而不處罰？

說明：

香港及澳門地區分別於民國八十六年及八十八年回歸大陸，則香港澳門人民在未修改香港澳門條例前，可否認為係屬臺灣地區與大陸地區人民關係條例第二條第四款之「大陸地區人民」（因香港澳門條例第一條第二項規定明文排除臺灣地區與大陸地區人民關係條例之適用即有疑義）。

臺高檢署研究意見：

多數採依港澳條例第十三條第一項準用就業服務法之規定予以處罰。

法務部研究意見：

一、香港澳門關係條例第六十二條規定：「本條例施行日期，由行政院定之。但行政院得分別情形定其一部或全部之施行日期」，中華民國八十六年六月十九日行政院臺八十六僑字第二五一五九九號令發布涉及香港部分自民國八十六年七月一日施行，中華民國八十八年十一月十六日行政院臺八十八僑字第四一八八三號令發布涉及澳門部分自民國八十八年十二月二十日施行，由此可知香港澳門關係條例係分別於香港及澳門回歸大陸後始施行，又依本條例第二條規定「本條例所稱香港，指原由英國治理之香港島、九龍半島、新界及其附屬部分。本條例所稱澳門，指原由葡萄牙治理之澳門半島、氹仔島、路環島及其附屬部分。」，可見香港澳門關係條例針對香港及澳門回歸大陸後之經貿、文化及其他關係予以規範，為有效施

行之條例。

二、香港澳門關係條例第一條規定「為規範及促進與香港及澳門之經貿、文化及其他關係，特制定本條例。本條例未規定者，適用其他有關法令之規定。但臺灣地區與大陸地區人民關係條例，除本條例有明文規定者外，不適用之」，又同條例第十三條第一項規定「香港或澳門居民受聘僱在臺灣地區工作，準用就業服務法第五章至第七章有關外國人聘僱、管理及處罰之規定」，因此僱用或留用香港或澳門地區人民，從事未經許可之工作，自應依香港澳門關係條例第十三條規定準用就業服務法之相關規定予以處理。

三、就業服務法第五十三條規定「僱主不得有左列行為：一、聘僱或留用未經許可或許可失效之外國人。二、以本人名義聘僱外國人為他人工作。三、未經許可聘僱或留用他人所申請聘僱之外國人。四、指派所聘僱之外國人從事申請許可以外之工作。」，本題之情形，倘係聘僱或留用未經許可或許可失效之香港或澳門居民從事工作，則違反就業服務法第五十三條第一款規定，應依就業服務法第五十八條之規定處罰，倘係指派所聘僱之香港或澳門居民從事申請許可以外之工作，則違反就業服務法第五十三條第四款規定，應依就業服務法第六十二條第一項之規定科處罰鍰。

＊內政部（八六）臺內地字第八六八四三五三號

要旨：

八十六年七月一日以後香港居民及法人可否在我國取得或設定土地權利

主旨：

關於八十六年七月一日以後香港居民及法人可否在我國取得或設定土地權利乙案，請　貴會依會商附帶決議專予協助、依會商結論㈡轉知所屬照辦。

說明：

案經本部於八十六年六月二十三日邀集行政院秘書處（未派員）、大陸委員會、外交部、法務部、經濟部、財政部及省市政府會商並獲致結論略以：㈠查香港澳門關係條例涉及香港部分之施行日期，業奉行政院八十六年六月十九日臺八十六僑字第二五二〇〇號函定於中華民國八十六年七月一日施行，是以，有關八十六年七月一日香港主權移交之後，香港地區之居民，除依香港澳門關係條例第四條第三項取得華僑身分者，得依照中華民國華僑取得或設定土地權利之有關規定辦理外，其餘香港地區居民、一般法人（公司法人除外）、團體或其他機構在我國取得或設定土地權利，經參照香港澳門關係條例之立法意旨，及該條例第十三條、第二十一條、第二十二條、第三十一條等準用外國人相關規定之精神，並考量我國政府當前對港政策，在香港現行制度尚未改變前，仍採維持現狀原則，維持現行作法，是以，在香港地區對於外國人士在該地取得不動產權利之規定尚未改變之前，得以繼續準用外國人在我國取得或設定土地權利

之規定。惟上述結論宜先報請行政院核定後，據以執行。㈡依香港澳門關係條例第四十一條已明定「香港或澳門之公司組織，在臺灣地區營業，準用公司法有關外國公司之規定」，為不影響已經我國認許並允許設立之香港公司法人在臺之經濟活動，本（八十六）年七月一日以後，香港地區之公司法人已依我國法律規定予以認許者，在香港地區對於外國人士在該地取得不動產權利之規定尚未改變之前，其在我國取得或設定土地權利，仍得繼續準用現行香港公司法人在我國取得或設定土地權利之規定。

＊行政院勞工委員會（八六）臺勞職外字第〇九〇一四五八號

要旨：

自民國八十六年七月一日起，香港居民依香港澳門關係條例第十三條規定，受聘僱在臺灣地區工作應申請許可。

主旨：

有關自民國八十六年七月一日起，香港居民依香港澳門關係條例第十三條規定，受聘僱在臺灣地區工作應申請許可乙節，請　照惠轉　貴屬警察機關。

說明：

一、依據香港澳門關係條例（下稱本條例）第十三條及本條例施行細則第十五條、第十六條規定辦理。

二、依就業服務法第六十七條規定「本法關於外國人之規定，於無國籍人、中國人取得外國國籍而持外國護照入境或持中華民國護照而未在國內設籍，受聘僱從事工作者，準用之。」其所適用對象為中國人兼具雙重國籍者，其利用外國護照入境或持中華民國護照入境而未設籍者，必須準用外國人之規定申請許可，始可在華工作。準此，香港、澳門居民分別於民國八十六年七月一日、八十八年十二月廿日前，其未取得外國國籍，而持臺灣地區出入境證者或持臺灣地區居留證者，得免經許可在臺灣地區工作。但自民國八十六年七月一日起（行政院依本條例第六十二條規定，以八十六年六月十九日臺(86)僑字第二五二〇〇號函，就本條例涉及香港部分，定於中華民國八十六年七月一日施行。至於澳門部分，行政院尚未定施行日期。）有關香港居民在臺工作問題，應依本條例第十三條規定，須經「許可」方得在臺灣地區工作。

三、按本條例第十三條第一項規定，香港或澳門居民受聘僱在臺灣地區工作，準用就業服務法第五章至第七章有關外國人聘僱、管理及處罰之規定。又香港或澳門居民，如於香港或澳門分別於英國及葡萄牙結束其治理前，取得華僑身分者及其符合中華民國國籍取得要件之配偶及子女，依同條第二項規定，其受聘僱在臺灣地區工作，應依本會所訂之「取得華僑身分香港澳門居民聘僱及管理辦法」申請許可。另依本條例施行細則第十五條規定，本條例施行前，經許可在臺灣地區居留之香港或澳門居民，其受聘僱在臺灣地區工作，應依本會所訂定之上開辦法申請

許可。

四、次按本條例施行細則第十六條規定，本條例施行前，香港或澳門居民已在臺灣地區工作，無需許可，而依本條例第十三條，須經許可方得工作者，應於本條例施行之日起，六個月內依相關規定申請許可，逾期未辦理者，為未經許可。故自民國八十六年七月一日起至民國八十六年十二月卅一日止，係本條例施行前「已」在臺工作之香港居民依相關規定申請許可之法定期間，逾期未辦理者，始依未經許可規定處理。至於在本條例施行後來臺受聘僱從事工作之香港居民，承前述規定意旨，則應依第十三條規定申請取得許可後，始得受聘僱在臺灣地區從事工作。

＊行政院勞工委員會（八六）臺勞職外字第〇九〇一四三二號

要旨：

私立就業服務機構許可從事跨國職業介紹或人才仲介業務者可否從事香港地區與臺灣地區間之人力仲介業務

主旨：

為私立就業服務機構許可從事跨國職業介紹或人才仲介業務者可否從事香港地區與臺灣地區間之人力仲介業務，釋如說明，請　查照。

說明：

一、按香港、澳門分別於民國八十六年七月一日、八十八年十二月二十日，由英國、葡萄牙政府結束治理，屆時香港、澳門居民應經許可始得在臺灣地區從事工作，為「香港澳門關係條列」第十三條所明定。

二、為因應香港居民自八十六年七月一日起在臺灣地區工作應經許可之規定，本會同意從事跨國職業介紹或人才仲介業務之私立就業服務機構，得受委任辦理香港居民在臺灣地區工作之就業服務業務。

第十四條

進入臺灣地區之香港或澳門居民，有下列情形之一者，治安機關得逕行強制出境，但其所涉案件已進入司法程序者，應先經司法機關之同意：

一、未經許可入境者。

二、經許可入境，已逾停留期限者。

三、從事與許可目的不符之活動者。

四、有事實足認為有犯罪行為者。

五、有事實足認為有危害國家安全或社會安定之虞者。

前項香港或澳門居民，於強制出境前，得暫予收容，並得令其從事勞務。

前二項規定，於本條例施行前進入臺灣地區之香港或澳門居民，適用之。

第一項之強制出境處理辦法及第二項收容處所之設置及管理辦法，由內政部擬訂，報請行政院核定後發布之。

第十五條

臺灣地區人民有下列情形之一者，應負擔強制出境及收容管理之費用：

一、使香港或澳門居民非法進入臺灣地區者。

二、非法僱用香港或澳門居民工作者。

前項費用，有數人應負擔者，應負連帶責任。

第一項費用，由強制出境機關檢具單據及計算書，通知應負擔人限期繳納；逾期未繳納者，移送法院強制執行。

第十六條

香港及澳門居民經許可進入臺灣地區者，非在臺灣地區設有戶籍滿十年，不得登記為公職候選人、擔任軍職及組織政黨。

第四條第三項之香港及澳門居民經許可進入臺灣地區者，非在臺灣地區設有戶籍滿一年，不得登記為公職候選人、擔任軍職及組織政黨。

＊行政院人事行政局（八八）局力字第一九一五七八號

要旨：

有關國人持有香港永久居留身分證者，其擔任公職是否與法無違。

主旨：

有關國人持有香港永久居留身分證者，其擔任公職與「公務人員任用法」第二十八條第二款「具中華民國國籍兼具外國國籍者，不得任用為公務人員」規定，尚無違背，請　查照。

說明：

一、查「國籍法施行條例」第十條規定：「國籍法施行前及施行後，中國人已取得外國國籍仍任中華民國公職者，由該管長官查明撤銷其公職。」復查「公務人員任用法」第二十八條第二款規定，「具中華民國國籍兼具外國國籍者」不得任用為公務人員。

二、關於國人持有「香港永久性居民身分證」是否具有雙重國籍，而不得任用為公務人員，經轉准銓敘部民國八十八年十月十八日八八臺甄四字第一八一七一一四號書函釋略以：據行政院大陸委員會意見認為，前揭人士既經內政部認定不具雙重國籍，則應無「公務人員任用法」第二十八條第二款「具中華民國國籍兼具外國國籍者」不得任用為公務人員之適用；復依「香港澳門關係條例」第十六條第一項：「香港及澳門居民經許可進入臺灣地區者，非在臺灣地區設有戶籍滿十年，不得登記為公職候選人、擔任軍職及組織政黨。」之規定，並未將任職公教納入禁止之列，故基於「香港澳門關係條例」立法精神及目前政府維護港澳居民既有權益之港澳政策，仍應保障香港居民任職公教之權益。準此，參照前開規定，國人持有香港永久性居民身分證，其任公職與「公務人員任用法」第二十八條第二款規定，尚無違背。

第十七條

駐香港或澳門機構在當地聘僱之人員，受聘僱達相當期間者，其入境、居留、就業之規定，均比照臺灣地區人民辦理；其父母、配偶、未成年子女與配偶之父母隨同申請來臺時，亦同。

前項機構、聘僱人員及聘僱期間之認定辦法，由主管機關擬訂，報請行政院核定後發布之。

第十八條

對於因政治因素而致安全及自由受有緊急危害之香港或澳門居民，得提供必要之援助。

第三節　文教交流

第十九條

香港或澳門居民來臺灣地區就學，其辦法由教育部擬訂，報請行政院核定後發布之。

第二十條

香港或澳門學歷之檢覈及採認辦法，由教育部擬訂，報請行政院核定後發布之。

前項學歷，於英國及葡萄牙分別結束其治理前取得者，按本條例施行前之有關規定辦理。

第二十一條

香港或澳門居民得應專門職業及技術人員考試，其考試辦法準用外國人應專門職業及技術人員考試條例之規定。

第二十二條

香港或澳門專門職業及技術人員執業資格之檢覈及承認，準用外國政府專門職業及技術人員執業證書認可之相關規定辦理。

第二十三條

香港或澳門出版品、電影片、錄影節目及廣播電視節目經許可者，得進入臺灣地區或在臺灣地區發行、製作、播映；其辦法由行政院新聞局擬訂，報請行政院核定後發布之。

第四節　交通運輸

第二十四條

中華民國船舶得依法令規定航行至香港或澳門。但有危害臺灣地區之安全、公共秩序或利益之虞者，交通部或有關機關得予以必要之限制或禁止。

香港或澳門船舶得依法令規定航行至臺灣地區。但有下列情形之一者，交通部或有關機關得予以必要之限制或禁止：

一、有危害臺灣地區之安全、公共秩序或利益之虞。

二、香港或澳門對中華民國船舶採取不利措施。

三、經查明船舶為非經中華民國政府准許航行於臺港或臺澳之大陸地區航運公司所有。

香港或澳門船舶入出臺灣地區港口及在港口停泊期間應予規範之相關事宜，得由交通部或有關機關另定之，不受商港法第二十五條規定之限制。

第二十五條

外國船舶得依法令規定航行於臺灣地區與香港或澳門間。但交通部於必要時得依航業法有關規定予以限制或禁止運送客貨。

第二十六條

在中華民國、香港或澳門登記之民用航空器，經交通部許可，得於臺灣地區與香港或澳門間飛航。但基於情勢變更，有危及臺灣地區安全之虞或其他重大原因，交通部得予以必要之限制或禁止。

在香港或澳門登記之民用航空器違反法令規定進入臺北飛航情報區限制進入之區域，執行空防任務機關得警告驅離、強制降落或採取其他必要措施。

第二十七條

在外國登記之民用航空器，得依交換航權並參照國際公約於臺灣地區與香港或澳門間飛航。

前項民用航空器違反法令規定進入臺北飛航情報區限制進入之區域，執行空防任務機關得警告驅離、強制降落或採取其他必要措施。

第五節　經貿交流

第二十八條

臺灣地區人民有香港或澳門來源所得者，其香港或澳門來源所得，免納所得稅。

臺灣地區法人、團體或其他機構有香港或澳門來源所得者，應併同臺灣地區來源所得課徵所得稅。但其在香港或澳門已繳納之稅額，得併同其國外所得依所得來源國稅法已繳納之所得稅額，自其全部應納稅額中扣抵。

前項扣抵之數額，不得超過因加計其香港或澳門所得及其國外所得，而依其適用稅率計算增加之應納稅額。

第二十九條

香港或澳門居民有臺灣地區來源所得者，應就其臺灣地區來源所得，依所得稅法規定課徵所得稅。

香港或澳門法人、團體或其他機構有臺灣地區來源所得者，應就其臺灣地區來源所得比照總機構在中華民國境外之營利事業，依所得稅法規定課徵所得稅。

＊財政部八七臺財稅字第八七一九五四五三四號

要旨：

臺灣地區人民、法人、團體或其他機構，委請大陸地區或港澳地區之法律事務所或律師，在大陸地區或港澳地區提供法律服務，所給付之報酬，非屬臺灣地區來源所得，尚無「臺灣地區與大陸地區人民關係條例」第二十五條或「香港澳門關係條例」第二十九條規定之適用應免予扣繳所得稅。

第三十條

臺灣地區人民、法人、團體或其他機構在香港或澳門從事投資或技術合作，應向經濟部或有關機關申請許可或備查；其辦法由經濟部會同有關機關擬訂，報請行政院核定後發布之。

第三十一條

香港或澳門居民、法人、團體或其他機構在臺灣地區之投資，準用外國人投資及結匯相關規定；第四條第三項之香港或澳門居民在臺灣地區之投資，準用華僑回國投資及結匯相關規定。

第三十二條

臺灣地區金融保險機構，經許可者，得在香港或澳門設立分支機構或子公司；其辦法由財政部擬訂，報請行政院核定後發布之。

第三十三條

香港或澳門發行幣券在臺灣地區之管理，得於其維持十足發行準備及自由兌換之條件下，準用管理外匯條例之有關規定。

香港或澳門幣券不符合前項條件，或有其他重大情事，足認對於臺灣地區之金融穩定或其他金融政策有重大影響之虞者，得由中央銀行會同財政部限制或禁止其進出臺灣地區及在臺灣地區買賣、兌換及其他交易行為。但於進入臺灣地區時自動向海關申報者，准予攜出。

第三十四條

香港或澳門資金之進出臺灣地區，於維持金融市場或外匯市場穩定之必要時，得訂定辦法管理、限制或禁止之；其辦法由中央銀行會同其他有關機關擬訂，報請行政院核定後發布之。

第三十五條

臺灣地區與香港或澳門貿易，得以直接方式為之。但因情勢變更致影響臺灣地區重大利益時，得由經濟部會同有關機關予以必要之限制。

輸入或攜帶進入臺灣地區之香港或澳門物品，以進口論；其檢驗、檢疫、管理、關稅等稅捐之徵收及處理等，依輸入物品有關法令之規定辦理。

輸往香港或澳門之物品，以出口論；依輸出物品有關法令之規定辦理。

第三十六條

香港或澳門居民或法人之著作,合於下列情形之一者,在臺灣地區得依著作權法享有著作權:

一、於臺灣地區首次發行,或於臺灣地區外首次發行後三十日內在臺灣地區發行者。但以香港或澳門對臺灣地區人民或法人之著作,在相同情形下,亦予保護且經查證屬實者為限。

二、依條約、協定、協議或香港、澳門之法令或慣例,臺灣地區人民或法人之著作得在香港或澳門享有著作權者。

第三十七條

香港或澳門居民、法人、團體或其他機構在臺灣地區申請專利、商標或其他工業財產權之註冊或相關程序時,有下列情形之一者,應予受理:

一、香港或澳門與臺灣地區共同參加保護專利、商標或其他工業財產權之國際條約或協定。

二、香港或澳門與臺灣地區簽訂雙邊相互保護專利、商標或其他工業財產權之協議或由團體、機構互訂經主管機關核准之保護專利、商標或其他工業財產權之協議。

三、香港或澳門對臺灣地區人民、法人、團體或其他機構申請專利、商標或其他工業財產權之註冊或相關程序予以受理時。

香港或澳門對臺灣地區人民、法人、團體或其他機構之專利、商標或其他工業財產權之註冊申請承認優先權時,香港或澳門居民、法人、團體或其他機構於香港或澳門為首次申請之翌日起十二個月內向經濟部申請者,得主張優先權。

前項所定期間,於新式樣專利案或商標註冊案為六個月。

第三章 民事

第三十八條

民事事件,涉及香港或澳門者,類推適用涉外民事法律適用法。涉外民事法律適用法未規定者,適用與民事法律關係最重要牽連關係地法律。

第三十九條

未經許可之香港或澳門法人、團體或其他機構,不得在臺灣地區為法律行為。

第四十條

未經許可之香港或澳門法人、團體或其他機構以其名義在臺灣地區與他人為法律行為者,其行為人就該法律行為,應與該香港或澳門法人、團體或其他機構,負連帶責任。

第四十一條

香港或澳門之公司組織,在臺灣地區營業,準用公司法有關外國公司之規定。

前項公司組織,如大陸地區人民、法人、團體或其他機構,持有其資本達百分之二十以上或參與達實質控制之程度者,得不予認許。經認許者,得撤銷之。

第四十二條

在香港或澳門作成之民事確定裁判，其效力、管轄及得為強制執行之要件，準用民事訴訟法第四百零二條及強制執行法第四條之一之規定。

在香港或澳門作成之民事仲裁判斷，其效力、聲請法院承認及停止執行，準用商務仲裁條例第三十條至第三十四條之規定。

第四章　刑事

第四十三條

在香港或澳門或在其船艦、航空器內，犯下列之罪者，適用刑法之規定：

一、刑法第五條各款所列之罪。

二、臺灣地區公務員犯刑法第六條各款所列之罪者。

三、臺灣地區人民或對於臺灣地區人民，犯前二款以外之罪，而其最輕本刑為三年以上有期徒刑者。但依香港或澳門之法律不罰者，不在此限。

香港或澳門居民在外國地區犯刑法第五條各款所列之罪者；或對於臺灣地區人民犯前項第一款、第二款以外之罪，而其最輕本刑為三年以上有期徒刑，且非該外國地區法律所不罰者，亦同。

第四十四條

同一行為在香港或澳門已經裁判確定者，仍得依法處斷。但在香港或澳門已受刑之全部或一部執行者，得免其刑之全部或一部之執行。

第四十五條

香港或澳門居民在臺灣地區以外之地區，犯內亂罪、外患罪，經許可進入臺灣地區，而於申請時據實申報者，免予追訴、處罰；其進入臺灣地區參加中央機關核准舉辦之會議或活動，經主管機關專案許可免予申報者，亦同。

第四十六條

香港或澳門居民及經許可或認許之法人，其權利在臺灣地區受侵害者，享有告訴或自訴之權利。

未經許可或認許之香港或澳門法人，就前項權利之享有，以臺灣地區法人在香港或澳門享有同等權利者為限。

依臺灣地區法律關於未經認許之外國法人、團體或其他機構得為告訴或自訴之規定，於香港或澳門之法人、團體或其他機構準用之。

第五章　罰則

第四十七條

使香港或澳門居民非法進入臺灣地區者，處五年以下有期徒刑、拘役或科或併科新臺

幣五十萬元以下罰金。

意圖營利而犯前項之罪者，處一年以上七年以下有期徒刑，得併科新臺幣一百萬元以下罰金。

前二項之未遂犯罰之。

以犯第二項之罪為常業者，處三年以上十年以下有期徒刑，得併科新臺幣三百萬元以下罰金。

第四十八條

中華民國船舶之所有人、營運人或船長、駕駛人違反第二十四條第一項所為限制或禁止之命令者，處新臺幣一百萬元以上一千萬元以下罰鍰，並得處該船舶一定期間停航，或註銷、撤銷其有關證照，及停止或撤銷該船長或駕駛人之執業證照或資格。

香港或澳門船舶之所有人、營運人或船長、駕駛人違反第二十四條第二項所為限制或禁止之命令者，處新臺幣一百萬元以上一千萬元以下罰鍰。

外國船舶違反第二十五條所為限制或禁止之命令者，處新臺幣三萬元以上三十萬元以下罰鍰，並得定期禁止在中華民國各港口裝卸客貨或入出港。

第一項及第二項之船舶為漁船者，其罰鍰金額為新臺幣十萬元以上一百萬元以下。

第四十九條

在中華民國登記之民用航空器所有人、使用人或機長、駕駛員違反第二十六條第一項之許可或所為限制或禁止之命令者，處新臺幣一百萬元以上一千萬元以下罰鍰，並得處該民用航空器一定期間停航，並註銷、撤銷其有關證書，及停止或撤銷該機長或駕駛員之執業證書。

在香港或澳門登記之民用航空器所有人、使用人或機長、駕駛員違反第二十六條第一項之許可或所為限制或禁止之命令者，處新臺幣一百萬元以上一千萬元以下罰鍰。

第五十條

違反第三十條許可規定從事投資或技術合作者，處新臺幣十萬元以上五十萬元以下罰鍰，並得命其於一定期限內停止投資或技術合作；逾期不停止者，得連續處罰。

第五十一條

違反第三十二條規定者，處新臺幣三百萬元以上一千五百萬元以下罰鍰，並得命其於一定期限內停止設立行為；逾期不停止者，得連續處罰。

第五十二條

違反第三十三條第二項所為之限制或禁止進出臺灣地區之命令者，其未經申報之幣券由海關沒入。

違反第三十三條第二項所為之限制或禁止在臺灣地區買賣、兌換或其他交易行為之命令者，其幣券及價金沒入之。中央銀行指定辦理外匯業務之銀行或機構違反者，並得由中央銀行按其情節輕重，停止其一定期間經營全部或一部外匯之業務。

第五十三條

違反依第三十四條所定辦法發布之限制或禁止命令者，處新臺幣三百萬元以上一千五百萬元以下罰鍰。中央銀行指定辦理外匯業務之銀行違反者，並得由中央銀行按其情節輕重，停止其一定期間經營全部或一部外匯之業務。

第五十四條

違反第二十三條規定者，處新臺幣四萬元以上二十萬元以下罰鍰。

前項出版品、電影片、錄影節目或廣播電視節目，不問屬於何人所有，沒入之。

第五十五條

本條例所定罰鍰，由各有關機關處罰；經限期繳納逾期未繳納者，移送法院強制執行。

第六章　附則

第五十六條

臺灣地區與香港或澳門司法之相互協助，得依互惠原則處理。

第五十七條

臺灣地區與大陸地區直接通信、通航或通商前，得視香港或澳門為第三地。

＊中央銀行外匯局（八九）臺央外柒字第〇四〇〇一八三七七號

要旨：

釋示辦理與大陸地區間接進出口外匯業務之適法性疑義

主旨：

貴行函請釋示辦理與大陸地區間接進出口外匯業務之適法性等疑義乙案，復如說明，請　查照。

說明：

一、復　貴行八十九年六月九日彰國運字第三七五一號函。

二、關於所詢「本國廠商接獲第三地區（非大陸地區）簽發信用狀，貨物由大陸港口運至大陸另一港口（據客戶稱係國外進口商設於大陸之發貨中心，本行無法確認）；本行認為係『大陸出口，臺灣押匯』之交易方式，惟貨物非運至第三地區，而是直接於買方於大陸之發貨中心交貨，倘比照『大陸出口，臺灣押匯』作業方式辦理，是否有違規定？前述信用狀如係香港地區金融機構所簽發，得否視為相同案例？」一節：此交易型態之貨物雖未運出大陸地區，但仍屬由國內廠商接單收取外匯貨款，貨物售予第三地區買方之情形，與現行已開放辦理之「大陸出口，臺灣押匯」雷同，應可比照辦理；另依「香港澳門關係條例」第五十七條規定：「臺灣地區與大陸地區直接通信、通航或通商前，得視香港或澳門為第三地」，因此，若上述信用狀為香港地區金融機構所簽發，得比照辦理。

三、關於「大陸地區金融機構所簽發信用狀，經由香港之第三地區銀行辦理轉讓予臺

灣之受益人，貨物以轉運提單方式由臺灣港口運至大陸，押匯單據直接寄送香港轉讓銀行，此種交易方式是否屬政府規範之「間接方式」，指定銀行可否承作押匯？本案倘單據寄送大陸開狀行，與現行規範有否牴觸？」一節：查與「臺灣地區銀行辦理大陸地區間接進出口外匯業務作業準則」第三條及第四條規定不符。

四、至於有關本局八十五年十二月十三日（八五）臺央外肆字第二八〇四號函規定，乃指定銀行辦理遠期外匯業務，訂約時審核交易文件係在於確認外匯實需之時點及金額，交割時審核交易文件係在於確認該筆外匯交易事實已發生之即時需要。本案　貴行舉例函詢以進口短期放款到期通知書辦理預購者，交割時是否可免再提示交易文件一節，依上述函意旨，若確實符合實需原則，得免廠商再提示交易文件。

第五十八條

香港或澳門居民，就入境及其他依法律規定應經許可事項，於本條例施行前已取得許可者，本條例施行後，除該許可所依據之法規或事實發生變更或其他依法應撤銷者外，許可機關不得撤銷其許可或變更許可內容。

第五十九條

各有關機關及第六條所規定之機構或民間團體，依本條例規定受理申請許可、核發證照時，得收取審查費、證照費；其收費標準由各有關機關定之。

第六十條

本條例施行後，香港或澳門情況發生變化，致本條例之施行有危害臺灣地區安全之虞時，行政院得報請總統依憲法增修條文第二條第四項之規定，停止本條例一部或全部之適用，並應即將其決定附具理由於十日內送請立法院追認，如立法院二分之一不同意或不為審議時，該決定立即失效。恢復一部或全部適用時，亦同。

本條例停止適用之部分，如未另定法律規範，與香港或澳門之關係，適用臺灣地區與大陸地區人民關係條例相關規定。

第六十一條

本條例施行細則，由行政院定之。

第六十二條

本條例施行日期，由行政院定之。但行政院得分別情形定其一部或全部之施行日期。

4. 香港澳門關係條例施行細則

中華民國八十九年十月二十五日行政院令修正發布第三十七條條文；並刪除第八條條文；並自發布日起施行

第一條

本細則依香港澳門關係條例（以下簡稱本條例）第六十一條規定訂定之。

第二條

本條例所稱大陸地區，係指臺灣地區以外，但不包括香港及澳門之中華民國領土；所稱大陸地區人民，指在大陸地區設有戶籍或臺灣地區人民前往大陸地區繼續居住逾四年之人民。

第三條

本條例第四條第一項所稱香港護照，係指由香港政府或其他有權機構核發，供香港居民國際旅行使用，具有護照功能之旅行證照。

第四條

本條例第四條第二項所稱澳門護照，係指由澳門政府或其他有權機構核發，供澳門居民國際旅行使用，具有護照功能之旅行證照。

第五條

香港居民申請進入臺灣地區或在臺灣地區主張其為香港居民時，相關機關得令其陳明未持有英國國民（海外）護照或香港護照以外旅行證照之事實或出具證明。

第六條

澳門居民申請進入臺灣地區或在臺灣地區主張其為澳門居民時，相關機關得令其陳明未持有葡萄牙護照或澳門護照以外旅行證照之事實或出具證明。

前項葡萄牙護照，以葡萄牙結束其治理前，於澳門取得者為限。

第七條

本條例第四條第三項所稱取得華僑身分者，係指取得僑務委員會核發之華僑身分證明書者。

香港或澳門居民主張其已取得前項華僑身分者，應提出前項華僑身分證明書，必要時，相關機關得向僑務委員會查證。

第八條

（刪除）

第九條

依本條例第六條第一項在香港或澳門設立或指定之機構或委託之民間團體，處理臺灣地區與香港或澳門往來有關事務時，其涉及外國人民或政府者，主管機關應洽商外交部意見。

第十條

本條例第八條第二項所稱人員，係指該機構之派駐人員。

第十一條

本條例第九條所稱驗證，包括駐外館處文件證明辦法所規定之各項文件證明事務。

第十二條

本條例第九條之機構或民間團體辦理驗證，準用駐外館處文件證明辦法之規定。

第十三條

本條例第十條所稱一般之出境規定，係指規範臺灣地區人民前往大陸地區以外國家或地區之相關法令規定。

第十四條

內政部依本條例第十二條第二項規定酌定配額時，應衡酌香港或澳門居民在臺灣地區居留及定居情形，會商主管機關就港澳政策加以考量，報請行政院核定後公告之。

第十五條

本條例施行前，經許可在臺灣地區居留之香港或澳門居民，除來臺就學者外，得視同本條例第四條第三項之香港或澳門居民，受聘僱在臺灣地區工作。

第十六條

本條例施行前，香港或澳門居民已在臺灣地區工作，無需許可，而依本條例第十三條，須經許可方得工作者，應於本條例施行之日起，六個月內依相關規定申請許可，逾期未辦理者，為未經許可。

相關機關處理前項申請許可，必要時，得會商主管機關提供意見。

第十七條

本條例第十四條第一項所稱治安機關，係指依法令有偵查或調查犯罪職權，或關於特定事項，依法令得行使偵查或調查犯罪職權或辦理強制出境事務之機關。

第十八條

本條例第十四條第一項第一款所稱未經許可入境者，包括持偽造、變造之護照、旅行證或其他相類似之書證入境或以虛偽陳述、隱瞞重要事實或其他非法之方法入境者在內。

第十九條

本條例第十四條第一項第四款所稱有事實足認為有犯罪行為者，係指涉及刑事案件，經治安機關依下列事證認定屬實者：

一、檢舉書、自白書或鑑定書。

二、照片、錄音或錄影。

三、警察或治安人員職務上製作之筆錄或查證報告。

四、檢察官之起訴書、處分書或審判機關之裁判書。

五、其他具體事證。

第二十條

本條例第十四條第一項第五款所稱有事實足認為有危害國家安全或社會安定之虞者，指有下列情形之一：

一、曾參加或資助內亂、外患團體或其活動而隱瞞不報者。

二、曾參加或資助恐怖或暴力非法組織或其活動而隱瞞不報者。

三、在臺灣地區外涉嫌重大犯罪或有犯罪習慣者。

第二十一條

香港或澳門居民經強制出境者，治安機關應將其身分資料、出境日期及法令依據，送內政部警政署入出境管理局建檔備查。

第二十二條

依本條例第十四條規定強制香港或澳門居民出境前，其有下列各款情事之一者，於其原因消失後強制出境：

一、懷胎五月以上或生產、流產後二月未滿者。

二、罹患疾病而強制其出境有生命危險之虞者。

香港或澳門居民於強制出境前死亡者，由指定之機構依規定取具死亡證明書等文件後，連同遺體或骨灰交由同機（船）或其他人員於強制出境時攜返。

第二十三條

本條例第十六條所稱擔任軍職，係指依陸海空軍軍官士官任官條例及陸海空軍軍官士官任職條例擔任軍職。但不包括服義務役者在內。

第二十四條

經主管機關依本條例第十七條認定，受聘僱達相當期間之駐香港或澳門機構在當地聘僱之人員，得申請來臺定居，其申請，由其聘僱機構核轉內政部警政署入出境管理局核發臺灣地區定居證。

前項人員之父母、配偶、未成年子女及其配偶之父母隨同申請者，亦同。

前二項人員入境後，應即依相關規定辦理戶籍登記。

第二十五條

主管機關於有本條例第十八條之情形時，除其他法令另有規定外，應報請行政院專案處理。

第二十六條

本條例第二十三條之香港或澳門出版品、電影片、錄影節目及廣播電視節目，行政院新聞局得授權香港或澳門之民間團體認定並出具證明。

第二十七條

本條例第二十四條所稱中華民國船舶，係指船舶法第二條各款所列之船舶；所稱香港或澳門船舶，係指在香港或澳門登記並與其有真正連繫之船舶。但不包括軍用或公務船舶。

第二十八條

本條例第二十六條第二項所稱臺北飛航情報區，係指國際民航組織所劃定，由臺灣地區負責提供飛航情報服務及執行守助業務之空域。

第二十九條

本條例第二十八條第三項所稱因加計其香港或澳門所得及其國外所得，而依其適用稅率計算增加之應納稅額，其計算公式如下：

（臺灣地區所得額＋大陸地區所得額＋香港或澳門所得額＋國外所得額）×稅率－累進差額＝營利事業全部所得額應納稅額

（臺灣地區所得額＋大陸地區所得額）×稅率－累進差額＝營利事業臺灣地區及大陸地區所得額應納稅額

營利事業全部所得額應納稅額－營利事業臺灣地區及大陸地區所得額應納稅額＝因加計香港或澳門所得及國外所得而增加之結算應納稅額

第三十條

本條例第三十二條所稱臺灣地區金融保險機構，係指依銀行法、保險法、證券交易法、期貨交易法或其他有關法令設立或監督之本國金融、保險、證券及期貨機構。

第三十一條

財政部於許可臺灣地區金融保險機構在香港或澳門設立分支機構或子公司時，其許可應附有限制從事與政府大陸政策不符之業務或活動之條件。

違反前項許可設立之條件者，財政部得撤銷其許可。

第三十二條

本條例第三十三條所稱幣券，係指香港或澳門發行之貨幣、票據或有價證券。

第三十三條

本條例第三十三條第二項但書規定之申報，應以書面向海關為之，並由旅客自行封存於海關，於出境時准其將原幣券攜出。

第三十四條

本條例第三十四條所稱香港或澳門資金係指：

一、自香港、澳門匯入、攜入或寄達臺灣地區之資金。

二、自臺灣地區匯往、攜往或寄往香港、澳門之資金。

三、前二款以外進出臺灣地區之資金，依其進出資料顯已表明係屬香港、澳門居民、法人、團體或其他機構者。

第三十五條

本條例第四十二條第一項所稱管轄，係指強制執行法第四條之一請求許可執行之訴之管轄。

第三十六條

在臺灣地區以外之地區犯內亂罪、外患罪之香港或澳門居民，經依本條例第四十五條規定據實申報或專案許可免予申報進入臺灣地區時，許可入境機關應即將申報書或專案許可免予申報書移送該管高等法院或其分院檢察署備查。

前項專案許可免予申報事項，由主管機關定之。

第三十七條

本細則自本條例施行之日施行。但有本條例第六十二條但書情形時，分別自本條例一部或全部施行之日施行。

本細則修正條文自發布日施行。

5.大陸地區人民繼承被繼承人在臺灣地區之遺產管理辦法

中華民國八十七年六月十七日財政部（八七）臺財產接字第八七〇一一四六六號令訂定發布
全文十五條

第一條

本辦法依臺灣地區與大陸地區人民關係條例（以下簡稱本條例）第六十七條之一第三項規定訂定之。

第二條

法院依本條例第六十七條之一第一項指定財政部國有財產局（以下簡稱國產局）為遺產管理人所管理之遺產，依本辦法管理、處分、移交。本辦法未規定者，適用其他法令之規定。

第三條

本辦法執行事項，由管轄法院所在之國產局地區辦事處（含分處）辦理。

前項管轄法院與遺產所在分屬兩個以上國產局地區辦事處轄區時，由管轄法院所在之地區辦事處辦理。但不動產之管理、變賣事項，得委任該不動產所在之地區辦事處辦理。

第四條

國產局經法院指定為遺產管理人後，應即聲請法院發給裁定確定證明書，並辦理下列事項：

一、接管遺產及編製遺產清冊。

二、為保存遺產必要之處置。

三、聲請法院對大陸地區以外之繼承人、債權人及受遺贈人為公示催告。被繼承人之債權人或受遺贈人為已知者，應通知其陳報權利。

第五條

國產局於接管遺產後，經審認大陸地區繼承人身分有疑義時，應通知該繼承人補正或循司法程序確定繼承權。

第六條

有大陸地區以外之繼承人表示繼承時，經國產局審查有繼承權，應將遺產移交繼承人，

同時通知已知之債權人、受遺贈人及大陸地區繼承人，並向法院聲請解任遺產管理人職務。

第七條

國產局得依遺產性質，委託適當人員、機關（構）保管。

第八條

國產局為清償債權、交付遺贈物或移交遺產給大陸地區繼承人，有變賣遺產之必要者，應聲請法院許可後辦理。

依前項規定處分之遺產，其遺產總額以實際售價為準。

第九條

被繼承人之遺產，在大陸地區以外之地區有受遺贈人時，國產局依民法規定於計算大陸地區繼承人之特留分後移交遺贈物。

前項繼承人之特留分大於新臺幣二百萬元者，以新臺幣二百萬元為特留分；小於新臺幣二百萬元，以實際金額為特留分。

第十條

國產局依本辦法規定移交大陸地區繼承人或受遺贈人之遺產，除有下列情形者外，應於本條例第六十六條第一項規定之表示繼承期間屆滿後辦理：

一、經法院判決確定移交遺產者，應依確定判決移交。

二、依第四條第三款規定所為公示催告，其期間屆滿在本條例第六十六條第一項規定之表示繼承期間屆滿後者，應於公示催告期間屆滿後移交。

第十一條

前條國產局應移交之遺產，大陸地區繼承人、受遺贈人在臺灣地區有代理人時，得將遺產移交該代理人；在臺灣地區無代理人時，應委託行政院為處理臺灣地區與大陸地區人民往來有關事務而設立或指定之機構或委託之民間團體辦理。

第十二條

國產局於管理職務終結前，應向法院聲請酌定管理報酬。

第十三條

國產局於管理期間支付之稅費、律師與訴訟費用、前條管理報酬及其他必要費用，應自遺產內扣除。

第十四條

國產局完成清償債權、交付遺贈物、移交遺產給大陸地區繼承人及賸餘遺產收歸國有後，應向法院聲報終結遺產管理人職務，並為管理之報告。

第十五條

本辦法自發布日施行。

6.大陸地區人民在臺申請專利及商標註冊作業要點

中華民國八十三年五月十八日經濟部（八三）經中標字第〇八五一四五號公告

一、為處理大陸地區人民在臺灣地區申請專利、註冊商標及相關作業，基於對等互惠原則，特訂定本要點。

二、大陸地區人民依專利法、商標法及其相關法令規定申請註冊並取得專利權、商標專用權者，始受保護。

三、大陸地區申請人申請專利、註冊商標及辦理有關事項，應委任在專利商標主管機關（以下簡稱主管機關）登記有案之專利代理人或商標代理人辦理。

四、應送達大陸地區申請人之文書，得向其委任之專利代理人或商標代理人行之。

五、大陸地區申請人應具備之申請文件，不得使用簡體字。

前項申請文件，應註明「大陸地區」或省份名稱。

六、大陸地區申請人所檢送之資格證明或其他文件使用簡體字者，主管機關得要求申請人檢附正體字中文本。

七、大陸地區申請人為自然人者，應檢附證明身分文件之影本；為法人者，應檢附法人登記證照之影本。

前項文件及左列文件資料經行政院指定之機構或委託之民間團體驗證者，推定為真正：

㈠委託書、涉及權利義務關係之證明文件。

㈡有關異議、舉發、評定之證據經主管機關認有必要者。

八、大陸地區申請人或發明人申請不公開其在大陸之地址者，應於申請書載明其事由，主管機關於審定公告時，始不予公開。

7.臺灣地區仲裁人擔任大陸地區仲裁委員會仲裁員許可辦法

中華民國八十九年五月十日法務部（八九）法令字第〇〇〇一四〇號令訂定發布全文十二條；並自發布日起施行

第一條

本辦法依臺灣地區與大陸地區人民關係條例（以下簡稱本條例）第三十三條第二項規定訂定之。

第二條

依第四條、第五條、第八條、第九條或第十條所為之許可、不予許可、撤銷許可、廢止許可或處罰，應由法務部會商行政院大陸委員會及各該事業主管機關後為之。

第三條

臺灣地區仲裁人經申請許可後，得擔任大陸地區仲裁委員會之仲裁員。

前項臺灣地區仲裁人，以申請時已向臺灣地區仲裁機構登記為仲裁人者為限。

第四條

臺灣地區仲裁人受聘為大陸地區仲裁委員會仲裁員之前，應檢具申請書、仲裁人資格證明書、大陸地區出具之聘任文件及其他相關文件，向所屬臺灣地區仲裁機構（以下簡稱仲裁機構）提出申請。

前項申請案件，經仲裁機構審查相關文件核無不符情事後，應函轉法務部許可。

第五條

對於前條之申請，如有下列各款情形之一者，不予許可：

一、申請文件不完備，經限期補正，屆期未補正。

二、檢附之文件有虛偽或隱匿之情事。

三、有事實足認有妨害國家安全或利益之虞。

四、不具有仲裁法所定得為仲裁人之資格。

五、違反其他有關監督、管理仲裁人之規定。

第六條

臺灣地區仲裁人經許可擔任大陸地區仲裁委員會之仲裁員後，有下列各款情形之一者，應於事實發生之日起十日內檢具申報書、受任文件、卸任證明等相關文件，向仲裁機構申報：

一、受選任或指定在大陸地區擔任具體仲裁事件之仲裁員。

二、卸任大陸地區仲裁委員會之仲裁員。

三、各該事業主管機關規定應申請事項。

前項申報案件，經仲裁機構審查相關文件核無不符情事後，應函轉法務部，副本抄送行政院大陸委員會及各該事業主管機關。

第七條

臺灣地區仲裁人在大陸地區擔任具體仲裁事件之仲裁員者，應於該仲裁事件終結後一個月內，將仲裁結果作成報告，送由仲裁機構彙報法務部，副本抄送行政院大陸委員會及各該事業主管機關。

第八條

臺灣地區仲裁人經依本辦法規定申請許可後，有下列各款情形之一者，得撤銷或廢止許可，並得於三年內不受理其再申請案：

一、檢附之文件有虛偽或隱匿之情事。

二、從事妨害國家安全或利益之活動。

三、從事與許可目的不符之活動。

四、違反第六條所定之申報義務或前條所定之報告義務。

五、不具有仲裁法所定得為仲裁人之資格或經仲裁機構撤銷其登記。

六、違反其他有關監督、管理仲裁人之規定。

第九條

臺灣地區仲裁人在本辦法施行前，已為大陸地區仲裁委員會之仲裁員者，應自本辦法施行之日起六個月內向法務部申請許可；屆期未申請或申請未許可者，以未經許可論。

第十條

臺灣地區仲裁人未經許可擅自擔任大陸地區仲裁委員會仲裁員者，應依本條例第九十條規定處罰。

第十一條

本辦法所定書函格式，由法務部定之。

第十二條

本辦法自發布日施行。

8. 大陸事務財團法人設立許可及監督準則（第六條）

民國八十年五月十日行政院大陸委員會（八〇）陸法字第一〇〇二號令發布全文共二十六條條文

第六條

財團法人應設董事，並得設監察人。

董事相互間有配偶及三親等以內血親、姻親關係者，其人數不得超過董事名額三分之一。

外國人充任董事，其人數不得超過董事名額三分之一，並不得充任董事長。

9. 受託處理大陸事務財團法人訂定協議處理準則

中華民國八十三年一月十七日行政院（八三）臺秘字第〇一五二一號令訂定發布全文十二條

第一條

為釐定受政府委託處理臺灣地區與大陸地區人民往來有關事務之財團法人（以下簡稱受託財團法人），經主管機關許可，與大陸地區法人、團體或其他機構訂定協議之處理程序，特訂定本準則。

第二條

本準則所稱主管機關，係指行政院大陸委員會。

第三條

本準則所稱協議，係指受託財團法人經主管機關許可，與大陸地區法人、團體或其他機構訂定具有協議或其他相當效力之文書。

協議之附加文件，均屬構成協議之一部分，應併同處理。

第四條

協議之文字，以使用中文正體字為原則。

第五條

協議之內容，涉及二機關以上業務者，主管機關應邀集相關機關協調處理之。

第六條

協議訂定前，主管機關得先與立法院相關委員會協商。

第七條

協議之內容，涉及現行法律之修正或應另以法律定之者，主管機關應於協議訂定後一個月內，報請行政院核轉立法院議決。

第八條

協議之內容，未涉及現行法律之修正或無須另以法律定之者，應經主管機關核准，並即送立法院查照。

第九條

就協議所進行之協商，於協議訂定前，除依職權得對外發言或發布新聞者外，其他參與人員不得將協商內容外洩。離職後，亦同。

前項參與人員如有洩漏情事，其所涉刑事或行政責任，依有關法令之規定辦理。

第十條

協議經完成第七條或第八條規定之程序後，受託財團法人始得與大陸地區法人、團體或其他機構交換生效文件。

第十一條

協議生效後，應由主管機關或行政院分行，或會同相關機關分行實施，並刊登公報。

第十二條

本準則自發布日施行。

10.大陸地區人民進入臺灣地區許可辦法

中華民國九十年八月一日內政部（九〇）臺內警字第九〇八八三〇一號令修正發布第十七、二十三條條文

第一條

本辦法依臺灣地區與大陸地區人民關係條例（以下簡稱本條例）第十條第三項規定訂定之。

*法務部（八二）法律字第九九〇五號

要旨：

一、依大陸地區人民進入臺灣地區許可辦法第一條規定，該辦法係依據臺灣地區與大陸地區人民關係條例第十條第三項之規定而訂定，是以臺灣地區與大陸地區人民關係條例為該辦法之母法，如該辦法有未規定事項，應以臺灣地區與大陸地區人民關係條例之相關規定決之。又依該條例第四十一條第一項規定：「臺灣地區人民與大陸地區人民間之民事事件，除本條例另有規定外，適用臺灣地區之法律」及同條例第五十六條第二項規定：「收養之效力，依收養者設籍地區之規定」，故本件親屬範圍是否及於繼、養親屬關係之疑義，宜分別情形論之：㈠收養者為臺灣地區人民時，依上述臺灣地區與大陸地區人民關係條例第五十六條第二項及第四十一條第一項之規定，其收養之效力應適用臺灣地區民法之規定。依民法第一千零七十七條規定，養子女與養父母之關係，除法律另有規定外，與婚生子女同，而成為擬制血親（參照司法院大法官會議釋字第二十八號及第七十號解釋）。觀諸大陸地區人民進入臺灣地區許可辦法中，關於親屬之規定，除配偶外皆為血親之規定，因此，該辦法之親屬關係，依首揭說明，應包括養親屬之關係在內。㈡收養者為大陸地區人民時，依上述臺灣地區與大陸地區人民關係條例第五十六條第二項之規定，其收養效力應依大陸地區之規定，而依一九九二年四月一日起在大陸地區施行之收養法第二十二條第一項前段規定：「自收養關係成立之日起，養父母與養子女間的權利義務關係，適用法律關於父母子女關係的規定」，與我民法第一千零七十七條之規定類同，應亦可認係擬制血親之規定，從而，上述情形於大陸地區人民進入臺灣地區許可辦法規定之親屬範圍，亦應包括養親屬之關係在內。㈢關於繼親屬關係，依民法第九百六十九條之規定，並參酌最高法院二十八年上字第二四〇〇號判例之意旨，僅為姻親關係，如上所述，該辦法既無關於姻親之規定，則繼親屬關係，自難包括於該辦法中。

二、至於本件問題是否宜逕予函釋，藉以補充規定，應請權責機關本於職權自行斟酌之。

第二條

本辦法之主管機關為內政部。

第三條

大陸地區人民符合左列情形之一者，得申請進入臺灣地區探親：

一、依臺灣地區人民進入大陸地區許可辦法第四條或第十五條之一規定不得申請進入大陸地區者，其在大陸地區之三親等內血親或配偶。

二、依本條例第十六條規定得申請在臺灣地區定居者。

三、其父母、配偶或子女在臺灣地區設有戶籍者。

四、在大陸地區繼續居住逾四年之在臺灣地區原有戶籍人民，其在臺灣地區有三親等內血親或配偶者。

前項第一款、第三款、第四款之申請人，年逾六十歲，患重病或受重傷者，得申請其配偶或子女一人同行。

依第一項第一款、第三款、第四款規定申請及申請延期之次數，每年合計以二次為限。

第三條之一

大陸地區人民符合左列情形之一者，得申請進入臺灣地區團聚：

一、臺灣地區人民之配偶，結婚已滿二年，且婚後累計在臺灣地區合法停留期間逾三百日者。

二、臺灣地區人民之配偶，與現任臺灣配偶所生子女在臺灣地區設有戶籍者。

三、其臺灣地區配偶年逾六十五歲或為中度以上身心障礙者。

大陸地區人民在臺灣地區合法停留期間，符合前項各款規定之一者，得申請變更停留事由為團聚。

依前二項規定，以團聚事由進入臺灣地區或於臺灣地區申請變更停留事由為團聚者，其出境後再進入臺灣地區時，仍應依團聚相關規定申請。但有特殊事由者，不在此限。

第四條

大陸地區人民，其在臺灣地區設有戶籍之二親等內血親、繼父母、配偶之父母、配偶或子女之配偶有左列之情形之一者，得申請進入臺灣地區探病或奔喪：

一、因患重病或受重傷，而有生命危險者。

二、年逾六十歲，患重病或受重傷者。

三、死亡未滿一年者。

臺灣地區人民進入大陸地區患重病或受重傷，而有生命危險須返回臺灣地區者，大陸地區必要之醫護人員，得申請同行照料。

大陸地區人民進入臺灣地區死亡未滿一年，其在大陸地區之父母、配偶、子女或兄弟姊妹，得申請進入臺灣地區奔喪。但以二人為限。

依第一項規定申請進入臺灣地區探病、奔喪之兄弟姊妹，年逾六十歲、患重病或受重傷者，得申請其配偶或子女一人同行。

依第一項第三款及第三項規定申請進入臺灣地區奔喪之次數以一次為限。

第五條

前條第一項重病、重傷之認定，須經公立醫院或行政院衛生署公告評鑑合格之私立醫院，開具診斷書證明。

第六條

依第四條第一項第一款、第二款規定進入臺灣地區探病之大陸地區人民，其探病對象年逾六十歲在臺灣地區無子女，且傷病未癒或行動困難乏人照料者，其具有照料能力者一人，得申請延期在臺灣地區照料。

第七條

大陸地區人民，其在臺灣地區之二親等內血親、繼父母、配偶之父母、配偶或子女之配偶，於民國八十一年十二月三十一日以前死亡者，得申請進入臺灣地區運回遺骸、骨灰。但以一次為限。

第七條之一

大陸地區人民符合本條例第二十六條之一規定者，得申請進入臺灣地區。

但同一申請事由之申請人有二人以上時，應協議委託其中一人代表申請。依前項規定申請進入臺灣地區，以一次為限。

第八條

大陸地區人民在臺灣地區有左列情形之一者，其配偶或三親等內之親屬得申請進入臺灣地區探視。但以二人為限：

一、經司法機關羈押，而所犯為死刑、無期徒刑或最輕本刑為五年以上有期徒刑之罪者。

二、遭遇不可抗拒之重大災變死亡者。

大陸海峽兩岸關係協會或大陸紅十字會總會人員，為協助前項大陸地區人民進入臺灣地區處理相關事務，並符合平等互惠原則，得申請進入臺灣地區探視。

依第一項第一款規定申請之次數，每年以一次為限；依同項第二款規定申請之次數，以一次為限。

第九條

大陸地區人民因刑事案件經司法機關傳喚者，得申請進入臺灣地區進行訴訟。

第十條

大陸地區人民，符合左列情形之一，得申請進入臺灣地區從事與許可目的相符之活動。

一、經中央目的事業主管機關依有關許可辦法規定許可者。

二、遇有重大突發事件或影響臺灣地區重大利益情形，經行政院大陸委員會邀請相關主管機關召開專案會議許可者。

第十一條

大陸地區人民有左列情形之一者，得經中央目的事業主管機關依本條例第七十七條之規定專案許可免予申報：

一、國際體育組織自行舉辦或委託我方舉辦並經中央主管機關核准之會議或活動。

二、政府間或半官方之國際組織舉辦並經中央主管機關核准之國際會議或活動。

三、中央主管機關舉辦之國際會議或活動。

四、中央主管機關舉辦之兩岸交流會議或活動。

五、行政院設立或指定之機構或委託之民間團體舉辦並經中央主管機關核准之兩岸會談。

大陸地區人民依前項規定申請進入臺灣地區，依本辦法規定之程序辦理。

但第一款至第三款與國際組織訂有協議，或第五款之機構或民間團體與大陸地區法人、團體或機構訂有協議者，依其協議辦理。

第十二條

大陸地區人民，有左列情形之一者，得申請進入臺灣地區：

一、在自由地區連續住滿四年，並取得當地居留權，且在臺灣地區有直系血親或配偶者。

二、其配偶為外國官方或半官方機構派駐在臺灣地區者。

前項第二款人員身分，得由外交部認定之。

＊法務部（八二）法律字第〇九一五一號

要旨：

大陸地區人民在自由地區連續住滿四年，並取得當地居留權者，其外籍配偶在臺期間，可否依「大陸地區人民進入臺灣地區許可辦法」第十二條申請進入臺灣地區，其在臺停留期間應否受上開辦法第十八條之限制疑義。

主旨：

關於大陸地區人民在自由地區連續住滿四年，並取得當地居留權者，其外籍配偶在臺期間，可否依「大陸地區人民進入臺灣地區許可辦法」第十二條申請進入臺灣地區，其在臺停留期間應否受上開辦法第十八條之限制疑義乙案，復如說明二，請 查照參考。

說明：

一、復 貴會八十二年四月一日 (82) 陸法字第一六二〇號函。

二、關於大陸地區人民在自由地區連續住滿四年，並取得當地居留權者，其外籍配偶在臺期間，可否依「大陸地區人民進入臺灣地區許可辦法」第十二條申請進入臺灣地區乙節，因該條所謂「配偶」，並未以具有中華民國國籍為限，因此，以採來函所述之肯定說為宜。又該辦法第十二條雖未針對進入臺灣地區之目的為限制規定，惟同辦法第十八條各款既就大陸地區人民進入臺灣地區按其目的之不同而限制其停留期間，如依前揭第十二條規定申請進入臺灣地區時，而其所表明之目的，為第十八條之規定所涵蓋，則自應受該條規定之限制。

第十三條

大陸地區人民申請進入臺灣地區，應備左列文件：

一、旅行證申請書。

二、大陸地區居民身分證、其他證照或足資證明身分文件影本。

三、保證書。

四、中央目的事業主管機關許可文件或其他證明文件。

五、第三地區再入境簽證、居留證或香港身分證影本。

由在臺灣地區親屬或代申請單位委託他人代申請者，應附委託書。

第十四條

大陸地區人民申請進入臺灣地區，依左列申請方式受理後，核轉內政部警政署入出境管理局（以下簡稱境管局）辦理：

一、在海外地區者，應向我駐外使領館、代表處、辦事處或其他外交部授權機構申請。

二、在香港或澳門者，應向行政院於香港或澳門設立或指定之機構或委託之民間團體申請。

三、在大陸地區者，應向行政院設立或指定之機構或委託之民間團體在大陸地區分支機構申請。未設立分支機構前，須經由香港地區進入臺灣地區，由其在臺灣地區親屬或代申請單位代向境管局申請。但經蒙藏委員會核轉境管局者，得不經由香港地區進入臺灣地區。

第十五條

大陸地區人民申請進入臺灣地區，應覓左列臺灣地區人民一人為保證人：

一、有能力保證之親屬。

二、代申請單位之負責人。

三、有正當職業之公民，其保證對象每年不得超過五人。

前項保證人之保證書應送保證人戶籍地警察機關（構）辦理對保手續；保證人係服務於政府機關、公立學校、公營事業機構者，其保證書應蓋服務機關（構）、學校之印信，免辦理對保手續。

第十六條

前條保證人之責任如左：

一、保證被保證人確係本人，無虛偽不實情事。

二、負責被保證人入境後之生活。

三、被保證人如有依法須強制出境情事，應協助有關機關將被保證人強制出境，並負擔強制出境所需之費用。

保證人無法負保證責任時，被保證人應於一個月內更換保證，逾期不換保者，得不予許可；已許可者，得廢止其許可。

保證人未能履行第一項所定之保證責任或為不實保證者，主管機關得視情節輕重，一年至三年內不予受理其代申請大陸地區人民進入臺灣地區、擔任保證人、被探親、探病之人或為團聚之對象。

第十七條

大陸地區人民申請進入臺灣地區，有左列情形之一者，得不予許可；已許可者，得撤銷或廢止其許可：

一、現在中共黨務、軍事、行政或其他公務機構任職者。

二、參加暴力或恐怖組織，或其活動者。

三、涉有內亂罪、外患罪重大嫌疑者。

四、在臺灣地區外涉嫌重大犯罪或有犯罪習慣者。

五、曾有本條例第十八條第一項各款情形者。

有本條例第十八條第一項第一款情形者，自出境之翌日起算，其不予許可期間為二年至五年；有同項第二款、第三款情形者，自出境之翌日起算，其不予許可期間為一年至三年。

依第四條規定申請奔喪者，不受前項期間之限制。

第十八條

大陸地區人民申請進入臺灣地區停留期間規定如左：

一、探親：停留期間不得逾三個月，必要時得申請延期一次，期間不得逾三個月，每年總停留期間不得逾六個月。但符合第三條第一項第二款情形者，每年總停留期間不受限制。

二、團聚：停留期間不得逾六個月，符合第三條之一第一項第一款或第二款規定者，必要時得酌予延長期間，其總停留期間不得逾一年；符合第三條之一第一項第三款規定者，每次延期不得逾六個月，其總停留期間不得逾三年。

三、探病（含同行照料）、奔喪、運回遺骸、骨灰、探視、進行訴訟等活動：停留期間不得逾二個月，必要時得申請延期一次，期間不得逾一個月。

四、申領保險死亡給付、一次撫卹金、餘額退伍金或一次撫慰金：停留期間不得逾一個月。

五、延期照料：經許可延期照料，每次延期不得逾六個月。

六、停留活動：

　㈠依第十條第一款規定之停留期間，依有關主管機關所定許可辦法規定辦理；未規定停留期間者，其停留期間依左列方式辦理：1.參觀訪問、採訪、拍片、製作節目、示範觀摩、展覽、文教交流及參與會議等活動：停留期間不得逾二個月，必要時得酌予延長期間及次數，每年總停留期間不得逾六個月。2.進修、研習、講學或一般研究等活動：停留期間不得逾四個月，必要時得酌予延長期間及次數，總停留期間不得逾一年。3.科技研究、產業技術轉移或研究開發、傳習民族藝術及民俗技藝：停留期間不得逾一年，必要時得延期一次，期間不得逾一年。

　㈡依第十條第二款規定之停留期間，依專案許可會議決議辦理。

　㈢依第十一條規定之停留期間，不得逾二個月，必要時得酌予延長期間及次數，每年總停留期間不得逾六個月。

　㈣依第十二條第一項第一款規定之停留期間，不得逾三個月，必要時得延期一次，

　　期間不得逾三個月。

　　㈤依第十二條第一項第二款規定之停留期間，不得逾一年，並得延長期間及次數。
前項各款停留期間，均自入境之翌日起算。依第三條之一第二項申請變更停留事由為
團聚者，其申請變更團聚前之停留期間，合併計算。

＊八五判字第二六七七號

要旨：

大陸地區人民進入臺灣地區許可辦法第十八條第一項有關在臺灣地區許可居留之規
定，屬附期間之授益處分，申請人因而取得短期在臺灣地區居留之權利，此項權利於
入境之時即當然生效，則其第二項規定各停留期間均自入境之日起算自應將當日算入，
否則其入境之日豈成非法，此與民法有關期日期間之規定性質不同，屬特別規定，並
無民法第一百二十條規定之適用

理由：

按大陸地區人民進入臺灣地區探親，停留期間不得逾三個月，必要時得申請延期，期
間不得逾三個月，每年總停留期間不得逾六個月；停留期間，自入境之日起算，為大
陸地區人民進入臺灣地區許可辦法第十八條第一項第一款前段及第二項所規定。又得
申請在臺灣地區定居或居留之人民，有臺灣地區與大陸地區人民關係條例第十八條第
一項第二款所列經許可入境，已逾停留期限者，不予許可，復為大陸地區人民在臺灣
地區定居或居留許可辦法第十三條前段所規定。本件緣原告於民國八十三年十二月二
日代其大陸配偶范○貞檢具居留申請書、保證書及相關證明文件，請中國災胞救助總
會函轉被告辦理來臺居留。嗣范○貞於八十四年一月十八日來臺探親，同年四月十六
日離境。旋復於八十四年七月十七日來臺探親，有效期限至八十四年十月十六日止，
惟范○貞遲於八十四年十月十七日始離境，被告遂以八十四年十一月十六日境平和字
第四三五五六號書函致原告略以范○貞來臺逾期停留，其居留申請案不予許可。原告
復向被告提出報告訴願書，請求准予照原申請號次來臺居留。經被告以八十四年十二
月五日境平彤字第四七一二〇號書函復略以礙於法令規定，未便違法處理，請儘速檢
附相關證件，依規定重新申請來臺居留。原告雖不服，訴稱：一、被告依據大陸地區
人民進入臺灣地區許可辦法第三條、第十八條規定核計大陸地區人民許可入境及居留
期間均自每次入境之日起算，與民法第一百二十條第二項規定自翌日起算不符，顯然
行政命令牴觸民法規定違反法律優越及法律保留原則而無效。二、原告配偶范○貞並
無故意遲延一日離境之故意，係因適逢十月慶典間港臺機票一票難求，原告委請旅行
社設法購票未能如願，以致延誤，有天地旅行社出具之證明書為憑當屬非可歸責當事
人之事由，原告自無故意過失可言。三、類似事件據八十五年六月二十九日聯合報刊
登載林○明因大陸配偶陳○雲來臺居留訴願案，內政部訴願決定曾將原處分撤銷，由
原處分機關另為適法處分，原告應獲相同處遇云云。惟查憲法增修條文第十條規定：

「自由地區與大陸地區間人民權利義務關係及其他事務之處理，得以法律為特別之規定」。臺灣地區人民與大陸地區人民關係條例即係據此所制定之特別法，而該條例第一及第十條第一項、第三項分別明定「國家統一前為確保臺灣地區安全與民眾福祉，規範臺灣地區與大陸地區人民之往來，並處理衍生之法律事件，特制定本條例。本條例未規定者，適用其他有關法令之規定」。「大陸地區人民非經主管機關許可，不得進入臺灣地區。其許可辦法，由有關機關擬訂，報請行政院核定後發布之」。首揭大陸地區人民進入臺灣地區許可辦法第十八條第一項第一款及第二項與大陸地區人民在臺灣地區定居或居留許可辦法第十三條前段規定均係依據上開條例第十條第一項及第三項所制定而具法效，查該進入臺灣地區許可辦法第十八條第一項有關在臺灣地區許可居留之規定，屬附期間之授益處分，申請人因而取得短期在臺灣地區居留之權利，此項權利於入境之時即當然生效，則其第二項規定各停留期間均自入境之日起算自應將當日算入，否則其入境之日豈成非法，此與民法有關期日期間之規定性質不同，屬特別規定，並無民法第一百二十條規定之適用。再者，臺灣地區定居或居留許可辦法第十三條亦配合進入臺灣地區辦法訂定，上開規定殊無違背法律優越原則及法律保留原則可言。又關於入境限制及對逾期停留申請定居或居留之准否，主管機關自得依據前述相關特別法令之規定，本乎職權衡酌實際情況而為妥適之裁處，乃屬當然。從而被告以原告之大陸地區配偶范○貞已按規定獲准於八十四年一月十八日來臺探親，同年四月十六日離境，旋復於同年七月十七日來臺探親，有效期限至八十四年十月十六日止，惟范女竟遲至八十四年十月十七日始離境，乃據以八十四年十一月十六日（八四）境平和字第四三五五六號書函致原告謂范女來臺逾期停留，其居留申請案不予許可，旋繼以八十四年十二月五日境平彤字第四七一二○號書函復知原告請求照原申請號次范女來臺居留，礙法令規定，未便違法處理，並請其儘速檢附相關證件，依規定重新申請來臺居留，揆諸前揭規定及說明，洵無違誤。原告訴稱原處分關於居留期間自入境之日起算，顯與民法第一百二十條第二項規定自翌日起算者不符為有行政命令牴觸民法規定違反法律優越及法律保留原則，應屬無效云云，核非可採。至另稱停留期限屆滿前已先向旅行社預購機票而因旅客擁擠致未獲如期排定行程，係因不可抗力之事由所致，為無故意過失責任一節，經查范女已非初次入境，且早知效期何時屆滿，竟不預作安排，以致逾期停留，即難諉無過失責任，所辯亦不足取。又所舉林○明因陳○雲來臺居留事件訴願案，姑不論訴願決定並未就停留期間自入境之日起算有何不同認定，且案情復與本案有異，行政機關訴願決定另案所認定之事實及所表示法律上見解，無拘束本院效力，仍非可執此為其有利之論據，綜上，一再訴願決定遞予維持原處分，均無不合。原告起訴意旨指摘為不當，非有理由，應予駁回。

第十八條之一

大陸地區人民依前條規定在臺灣地區停留期間屆滿時，有左列情形之一者，得酌予延

長期間及次數：

一、懷胎七月以上或生產、流產後二月未滿者。

二、罹患疾病而強制其出境有生命危險之虞者。

三、在臺灣地區設有戶籍之二親等內之血親、繼父母、配偶之父母、配偶或子女之配偶在臺灣地區死亡者。

四、遭遇天災或其他不可避免之事變者。

依前項第一款或第二款規定，每次延期停留期間為二個月；第三款規定之延期停留期間，自事由發生之日起不得逾二個月；第四款規定之延期停留期間不得逾一個月。

第十八條之二

大陸地區人民申請進入臺灣地區，主管機關得限制人數。

第十九條

大陸地區人民申請進入臺灣地區，所檢附大陸地區製作之文書，主管機關得要求當事人送由行政院設立或指定之機構或委託之民間團體驗證。

第二十條

大陸地區人民經許可進入臺灣地區停留或活動者，發給旅行證，其有效期間自核發之日起算為六個月，在有效期間內未入境者，得於屆滿後一個月內，填具延期申請書檢附旅行證，向境管局申請延期一次。

第二十一條

經許可進入臺灣地區停留或活動者，發給之旅行證正本送原核轉單位或行政院於香港或澳門設立或指定之機構或委託之民間團體轉發申請人，持憑經機場、港口查驗入出境。旅行證影本，由境管局送在臺灣地區親屬或代申請單位。但經許可再次依第三條、第三條之一、第四條規定進入臺灣地區之大陸地區配偶或與其同行之親生子女年齡在十二歲以下者，得發給旅行證正本。

依前項規定取得之旅行證正本遺失或毀損者，申請人或代申請人應備齊旅行證申請書、毀損證件或遺失報案證明及說明書向境管局重新申請補發。

第二十二條

大陸地區人民經許可進入臺灣地區停留或活動者，入境時應備有回程機（船）票及持有有效期間之第三地區居留證或再入境簽證。但符合第三條之一第一項第三款規定者，得不備回程機（船）票。

第二十三條

大陸地區人民經許可進入臺灣地區停留或活動者，入境時所持之中共護照或相關文件，應交由境管局機場（港口）服務站保管，俟出境時發還。但依第十條許可或依第十一條專案許可免予申報者，得不予保管。依第三條之一許可者，留存其影本，正本得不予保管。

第二十三條之一

大陸地區人民在往返臺灣地區之外國或第三地區民用航空器服務之機組員、空服人員，因飛航任務進入臺灣地區者，應由其所屬航空公司之臺灣地區分公司負責人代向境管局申請一年多次旅行證。在臺灣地區無分公司者，由該航空公司在臺灣地區之代理人代為申請。

前項人員有左列情形之一，而不及依前項規定申請者，應於抵達臺灣地區機場時，由其所屬航空公司之臺灣地區分公司負責人或臺灣地區代理人代向境管局機場服務站申請單次臨時旅行證。其保證書得免辦對保手續：

一、因其所屬航空公司臨時調度需要者。

二、因疾病、災變或其他特殊事故者。

前二項人員應持憑核發之旅行證及大陸地區證照等有關證件，經查驗入出境。

依第一項發給之一年多次旅行證，其每次停留期間不得逾七日；第二項發給之單次臨時旅行證，其停留期間不得逾三日。

但有特殊情形者，得酌予延長期間。

第一項、第二項進入臺灣地區之人員，不受第二十一條第一項、第二十二條及第二十三條規定之限制。

第二十四條

大陸地區人民進入臺灣地區停留或活動之接待及服務事宜，得由中國災胞救助總會辦理之。

第二十五條

經許可進入臺灣地區停留或活動之大陸地區人民，應於入境後十五日內向居住地警察分駐（派出）所辦理登記手續。但依第十一條專案許可免予申報者，不在此限。

第二十六條

經許可進入臺灣地區停留或活動者，依第十八條或第十八條之一規定申請延期，應於停留期間屆滿前，備齊左列文件向境管局辦理：

一、延期申請書。

二、旅行證。

三、中央目的事業主管機關許可延期文件或其他證明文件。

四、流動人口登記聯單。

五、全民健康保險保險憑證或繳費憑證。但依規定不得參加全民健康保險者，不在此限。

前項申請延期停留者為全民健康保險保險對象時，在其未依規定繳交保險費前，主管機關得不予許可其延期或再申請進入臺灣地區。

第二十七條

代申請單位或代申請人，如有隱匿或填寫不實情形，一年內不得代理申請大陸地區人民進入臺灣地區。

第二十八條

大陸地區人民經許可進入臺灣地區，如有本條例第七十七條情形者，境管局應檢附據實申報之進入臺灣地區旅行證申請書影本函送該管高等法院或其分院檢察署備查。

依第十一條專案許可免予申報者，境管局應檢附專案許可證明文件及有關資料影本函送該管高等法院或其分院檢察署備查。

第二十九條

依本辦法發給之許可證件得收取費用。其費額由內政部定之。

第三十條

本辦法自發布日施行。

11.臺灣地區人民進入大陸地區許可辦法

中華民國八十九年十二月二十日內政部（八九）臺內警字第八九八一八三〇號令修正發布第十五之一條條文

第一條

本辦法依臺灣地區與大陸地區人民關係條例（以下簡稱本條例）第九條第三項規定訂定之。

第二條

本辦法所稱公務員，係指公務員服務法第二十四條規定之人員。

第三條

臺灣地區人民，經向內政部警政署入出境管理局（以下簡稱境管局）申請，得許可進入大陸地區。但左列人員除合於第四條至第十一條規定者外，不予許可：

一、公務員。但教育人員不在此限。

二、國家安全局、國防部、法務部調查局及其所屬各級機關未具公務員身分之人員。

前項第一款但書所稱教育人員，係指公立各級學校校長、教師、助教、職員（含人事、主計及約聘僱人員）、專業技術人員、研究人員、技工、工友、無軍籍軍訓教官、社會教育機構聘任之專業人員、學術研究機構聘任之研究人員及中央研究院之行政及技術人員（含約聘僱人員）。

第四條

臺灣地區薦任第九職等或相當薦任第九職等以下公務員，未涉及國家安全或機密科技研究，且在大陸地區有三親等內之血親、繼父母、配偶之父母或配偶者，得申請進入大陸地區探親。

中央各機關所派駐外人員，及國家安全局、國防部、法務部調查局及其所屬各級機關人員，不得申請進入大陸地區探親。但國防部及其所屬各級機關之僱用人員，未涉及國家安全或機密科技研究，且在大陸地區有四親等內之血親、姻親或配偶者，不在此限。

第五條

臺灣地區公務員，在大陸地區三親等內之血親、繼父母、配偶之父母或配偶，年逾六十歲、患重病、受重傷或死亡未滿一年者，除左列人員外，得申請進入大陸地區探病或奔喪：

一、擔任行政職務之政務人員。

二、從事有關國防或機密科技研究者。

中央各機關所派駐外人員，及國家安全局、國防部、法務部調查局及其所屬各級機關人員，不得申請進入大陸地區探病或奔喪。但國防部及其所屬各級機關之聘僱人員及軍事校院之文職教員，未涉及國家安全或機密科技研究者，不在此限。

前二項不得進入大陸地區人員，其在臺灣地區三親等內之血親或配偶進入大陸地區，因突發事件而有患重病、受重傷或死亡未滿一年者，經專案許可，得申請進入大陸地區探病或奔喪。

第六條

臺灣地區各機關（構）掌理大陸事務人員，經所屬機關（構）遴派得申請進入大陸地區訪問或處理相關重大事務。

前項掌理大陸事務人員，係指各機關（構）處理大陸事務，並經行政院大陸委員會備查之人員。

第七條

臺灣地區公務員，經所屬機關（構）遴派或同意者，得申請進入大陸地區從事與其業務相關之學術、文化、宗教、藝術、或體育性質之講學、訪問、演講、會議、表演、展覽、比賽、拍片、製作節目等文教活動。

第八條

臺灣地區公務員，經所屬機關（構）遴派或同意者，得申請進入大陸地區參加國際會議或活動。

前項會議或活動，不包括由大陸地區機關（構）單獨舉辦之非國際組織會議或活動。

第九條

臺灣地區公營事業機構之公務員，經所屬機構遴派或同意者，得申請進入大陸地區從事左列商務活動：

一、商務考察、訪問。

二、商務會議。

三、蒐集資料。

四、間接貿易。

五、間接投資或技術合作。

六、其他經主管機關許可之商業行為。

第十條

國防部及其所屬各級機關（構）之聘僱人員或其他具有公務員身分之新聞從業人員，經所屬機關（構）同意，得進入大陸地區從事採訪活動。

第十一條

擔任行政職務之政務人員，不適用第七條及第八條之規定。但得申請進入大陸地區參加國際組織所舉辦之國際會議或活動。

第十二條

臺灣地區人民年滿十六歲當年一月一日起至屆滿三十五歲當年十二月三十一日尚未覆行兵役義務之男子，合於役男出境處理辦法及接近役齡男子申請出境規定者，得申請進入大陸地區。

第十三條

臺灣地區公務員進入大陸地區，不得擅自從事與大陸地區人民、法人、團體或其他機關（構），簽訂任何形式之協議或共同發表宣言等政治性活動。

第十四條

依第三條第一項第一款但書規定申請進入大陸地區者，應經所屬機構或校院同意。但公立大專校院長及社教機構聘任之首長，須先報經中央主管機關或直轄市政府同意；中央研究院院長，須報經總統同意。

依第四條、第五條、第十條或第十一條規定申請進入大陸地區者，應報經所屬機關（構）同意。但申請人為各級機關（構）首長者，應報經上一級機關（構）同意。

依第六條規定申請進入大陸地區者，應報經所屬中央主管機關或直轄市政府核轉行政院大陸委員會同意。

依第七條或第八條規定申請進入大陸地區者，應報經所屬中央主管機關或直轄市政府同意。

依第九條規定申請進入大陸地區者，應報經中央目的事業主管機關同意。

警察人員申請進入大陸地區者，應報經中央主管機關同意。但依第六條規定申請者，應核轉行政院大陸委員會同意。

第十五條

臺灣地區人民進入大陸地區，應備左列文件向境管局申請許可：

一、出入境申請書。

二、國民身分證正背面影本（正本驗後發還）。

依第四條至第十二條規定申請者，除依前項規定辦理外，應附相關證明文件。

前二項臺灣地區人民已持有有效入出境許可證件者，依左列規定申請許可：

一、應於出境進入大陸地區前，由申請人或代辦之旅行社填具進入大陸地區申請表，併同相關證明文件向境管局辦理。

二、申請人因故不及依前款規定辦理者，出境前於機場、港口由申請人或代辦之旅行社填具進入大陸地區申請表向境管局機場、港口服務站辦理。

三、申請人在海外地區者，得於進入大陸地區前，填具進大陸地區申請表，向我駐外使領館、代表處、辦事處或其他外交部授權機構申請；或檢附護照影本或入出境許可證影本，並註明預定進入大陸區起迄年月日，逕寄境管局辦理。

前項第二款及第三款之規定，於第三條第一項但書所列人員不適用之。

依第三條第一項規定進入大陸地區之臺灣地區人民，依第三項規定申請許可者，得三年多次進入大陸地區。但同條第一項但書所列人員不適用之。

第十五條之一

左列臺灣地區人民，申請進入大陸地區，應經內政部會同國家安全局、法務部及行政院大陸委員會組成之審查會（以下簡稱內政部審查會）審查許可，始得進入大陸地區：

一、政務人員。

二、於國防、科技、情治或其他經核定與國家發展、安全相關機關從事涉及國家機密業務之人員。

三、受前款機關委託從事涉及國家機密公務之個人或民間團體、機構成員。

四、前三款退離職未滿三年之人員。

前項第三款及第四款人員申請進入大陸地區，應於預定進入大陸地區之日三週前，向境管局提出申請。

第一項內政部審查會，必要時得邀集申請人（原）服務機關所屬中央主管機關或委託機關列席。

第一項所列人員，其涉及國家機密之認定，由（原）服務機關、委託機關或受託團體、機構依相關規定及業務性質辦理。

第一項第一款及第二款人員，由服務機關依第十四條規定辦理後，轉送內政部審查會審查；第一項第三款人員，由委託機關或受託團體、機構造具名冊函送境管局備查，並副知當事人；第一項第四款人員，原服務機關、委託機關或受託團體、機構應於退離職人員退離職二週前，造具名冊函送境管局，並副知當事人。但臨時提出退離職情形，應於退離職人員退離職前送達境管局。

第一項第四款退離職人員退離職後，應經內政部審查會審查許可，始得進入大陸地區之期間，原服務機關、委託機關或受託團體、機構得依其所涉及國家機密及業務性質增減之。

前條第三項第二款、第三款及第五項規定，於第一項所列人員不適用之。

第十六條

臺灣地區公務員依第六條至第十一條規定進入大陸地區之停留期間，每次不得逾一個月。但因業務需要，報經所屬機關（構）核准，得延期一個月。

第十七條

臺灣地區公務員經所屬機關（構）主動遴派進入大陸地區從事與業務相關活動者，以公費及公假為之。

臺灣地區公務員向所屬機關（構）申請並經同意進入大陸地區從事與業務相關活動者，以自費及公假為之。

第十八條

臺灣地區人民申請進入大陸地區發給入出境證者，其有效期間為二年，在有效期間內未入境或出境者，得於逾期後一個月內，填具延期申請書檢附入出境證，向境管局申請延期一次。但法令另有規定者，依其規定辦理。

第十九條

臺灣地區人民進入大陸地區所持證照逾期、毀損或遺失者，得由其在臺灣地區親友或財團法人海峽交流基金會備齊左列文件代向境管局申請進入臺灣地區：

一、入境申請書。

二、逾期、毀損之證照或遺失報案證明。

三、說明書。

依前項規定許可入境者，發給六個月效期之入境證交由該臺灣地區親友或代申請單位轉發。

第二十條

臺灣地區人民經許可進入大陸地區者，應經機場或港口證照查驗單位查驗後出入境。

第二十一條

本辦法自發布日施行。

12.大陸地區人民來臺從事觀光活動許可辦法

中華民國九十一年五月八日內政部(九一)臺內警字第○九一○○七八○四四修正發布第三、六、七、八、十四、十九條條文

第一條

本辦法依臺灣地區與大陸地區人民關係條例第十六條第一項規定訂定之。

本辦法未規定者，適用其他有關法令之規定。

第二條

本辦法之主管機關為內政部，其業務分別由各該目的事業主管機關執行之。

第三條

大陸地區人民符合下列情形之一者，由經交通部觀光局核准之旅行業代為申請許可來臺從事觀光活動：

一、有固定正當職業者或學生。

二、有等值新臺幣二十萬元以上之存款，並備有大陸地區金融機構出具之證明者。

三、赴國外留學、旅居國外取得當地永久居留權或旅居國外四年以上且領有工作證明者及其隨行之旅居國外配偶或直系血親。

四、赴香港、澳門留學、旅居香港、澳門取得當地永久居留權或旅居香港、澳門四年以上且領有工作證明者及其隨行之旅居香港、澳門配偶或直系血親。

第四條

大陸地區人民來臺從事觀光活動，其數額得予限制，並由主管機關公告之。

前項公告之數額，由交通部觀光局依臺北市、高雄市旅行商業同業公會及臺灣省旅行商業同業公會聯合會（以下簡稱省市級旅行業同業公會）會員中經交通部觀光局核准家數比例，核發予省市級旅行業同業公會；金門、馬祖旅行業併入臺灣省旅行商業同業公會聯合會會員家數計算。

前項核發數額比例，每三個月調整一次。

省市級旅行業同業公會辦理旅行業申請核章之數額，未達受核發之數額時，所餘數額由其他省市級旅行業同業公會平均使用之。

旅行業辦理大陸地區人民來臺從事觀光活動業務，配合政策者，交通部觀光局得依第一項公告數額百分之五至百分之十範圍內酌給數額，不受第一項公告數額之限制。

第五條

省市級旅行業同業公會應將依前條第二項受核發之數額，分配予轄區經交通部觀光局核准之旅行業。

有關數額分配方式，由省市級旅行業同業公會訂定要點，報請交通部觀光局核定。

第六條

大陸地區人民來臺從事觀光活動，應由旅行業組團辦理，並以團進團出方式為之，每團人數限十五人以上四十人以下。

經國外轉來臺灣地區觀光之大陸地區人民及符合第三條第三款或第四款規定之大陸地區人民，來臺從事觀光活動，前項所定每團人數限七人以上。

第七條

大陸地區人民符合第三條第一款或第二款規定者，申請來臺從事觀光活動，應由經交通部觀光局核准之旅行業代申請，並檢附下列文件，送請所屬省市級旅行業同業公會依受核發之數額核章，向內政部警政署入出境管理局（以下簡稱境管局）申請許可，並

由旅行業負責人擔任保證人：

一、團體名冊，並標明大陸地區帶團領隊。

二、旅遊計畫及行程表。

三、旅行證申請書。

四、固定正當職業、在學或財力證明文件。（大陸地區帶團領隊應加附大陸地區核發之領隊執照影本）

五、大陸地區所發有效證件影本。（大陸地區居民身分證、大陸地區所發往來臺灣地區通行證或六個月以上效期之護照影本）

六、我方旅行業與大陸地區旅行社簽訂之合作契約。

大陸地區人民符合第三條第三款或第四款規定者，申請來臺從事觀光活動，應檢附下列第三款至第五款文件，送駐外使領館、代表處、辦事處或其他外交部授權機構（以下簡稱駐外館處）審查後，交由經交通部觀光局核准之旅行業檢附下列文件，依前項規定程序辦理；駐外館處有境管局派駐入國審理人員者，由其審查；未派駐入國審理人員者，由駐外館處指派人員審查：

一、團體名冊。

二、旅遊計畫及行程表。

三、旅行證申請書。

四、大陸地區所發尚餘六個月以上效期之護照影本。

五、國外、香港或澳門在學證明及再入國簽證影本、現住地永久居留權證明、現住地居住證明及工作證明或親屬關係證明。

第八條

大陸地區人民依前條規定申請經審查許可者，由境管局發給許可來臺觀光團體名冊及臺灣地區旅行證。許可來臺觀光團體名冊交由代送件之省市級旅行業同業公會轉發負責接待之旅行業；臺灣地區旅行證送行政院於香港、澳門設立或指定之機構或委託之民間團體轉發申請人，申請人應持憑連同大陸地區往來臺灣地區通行證正本或大陸地區所發護照正本，經機場、港口查驗入出境。

經許可自國外轉來臺灣地區觀光之大陸地區人民及符合第三條第三款或第四款規定之大陸地區人民經審查許可者，由境管局發給許可來臺觀光團體名冊及臺灣地區旅行證。許可來臺觀光團體名冊交由代送件之省市級旅行業同業公會轉發負責接待之旅行業；臺灣地區旅行證交由代送件省市級旅行業同業公會轉交負責接待之旅行業轉發申請人，申請人應持憑連同大陸地區所發六個月以上效期之護照正本，經機場、港口查驗入出境。

第九條

依前條第一項發給臺灣地區旅行證，有效期間自核發日起一個月；依前條第二項發給

之臺灣地區旅行證,有效期間自核發日起二個月。

大陸地區人民未於前項臺灣地區旅行證有效期間入境者,不得申請延期。

第十條

大陸地區人民經許可來臺從事觀光活動之停留期間,自入境之次日起不得逾十日;逾期停留者,治安機關得依法逕行強制出境。

前項大陸地區人民,因疾病住院、災變或其他特殊事故,未能依限出境者,應於停留期間屆滿前由代申請之旅行業代向境管局申請延期,每次不得逾七日。

旅行業應就前項大陸地區人民延期之在臺行蹤及出境,負監督管理責任,如發現有違法、違規、逾期停留、行方不明、提前出境、從事與許可目的不符之活動或違常等情事,應立即向交通部觀光局通報舉發,並協助調查處理。

第十一條

旅行業辦理大陸地區人民來臺從事觀光活動業務,應具備下列要件,並經交通部觀光局申請核准:

一、成立五年以上之綜合或甲種旅行業。

二、為省市級旅行業同業公會會員或於交通部觀光局登記之金門、馬祖旅行業。

三、最近五年未曾發生依發展觀光條例規定繳納之保證金被法院扣押或強制執行、受停業處分、拒絕往來戶或無故自行停業等情事。

四、向交通部觀光局申請赴大陸地區旅行服務許可獲准,經營滿一年以上年資者或最近一年經營接待來臺旅客外匯實績達新臺幣一百萬元以上或最近五年曾配合政策積極參與觀光活動對促進觀光活動有重大貢獻者。

旅行業停止辦理大陸地區人民來臺從事觀光活動業務,應向交通部觀光局報備。

第十二條

旅行業辦理大陸地區人民來臺觀光業務,應按所在地區向所屬省市級旅行業同業公會繳納新臺幣一百萬元保證金,金門、馬祖旅行業應向臺灣省旅行商業同業公會聯合會繳納;旅行業未繳納保證金者,省市級旅行業同業公會應不予分配數額予該旅行業。

第十三條

大陸地區人民來臺從事觀光活動期間發生緊急事故所生費用及治安機關辦理收容、強制出境所需之費用,得由省市級旅行業同業公會以保證金代償。

省市級旅行業同業公會以保證金支付前項費用後,應通知旅行業自收受通知之日起一個月內補足,逾期未補足保證金者,停止受理該旅行業代申請大陸地區人民來臺從事觀光活動業務,俟補足後恢復受理其代申請案。

旅行業經向交通部觀光局報備停止辦理大陸地區人民來臺從事觀光活動業務,省市級旅行業同業公會應扣除支付第一項費用後返還保證金。

第十四條

省市級旅行業同業公會辦理收取、保管、支付及運用保證金相關事宜，必要時經交通部觀光局同意，得委託中華民國旅行商業同業公會全國聯合會代為保管、支付與運用保證金；其作業要點，由省市級旅行業同業公會擬訂，報請交通部觀光局核定。

中華民國旅行商業同業公會全國聯合會，依前項規定接受委託，辦理保證金之保管、支付及運用相關事宜，應擬訂作業要點，報請交通部觀光局核定。

第十五條

旅行業依第七條第一項辦理大陸地區人民來臺從事觀光活動業務，應與大陸地區旅行社訂有合作契約。

旅行業應請大陸地區旅行社協助確認經許可來臺從事觀光活動之大陸地區人民確係本人，如發現虛偽不實情事，應通報交通部觀光局並移送治安機關依法強制出境。

大陸地區旅行社應協同辦理確認大陸地區人民身分，並協助辦理強制出境事宜。

第十六條

旅行業辦理大陸地區人民來臺從事觀光活動業務，應投保責任保險，其最低投保金額及範圍如下：

一、每一大陸地區旅客意外死亡新臺幣二百萬元。

二、每一大陸地區旅客因意外事故所致體傷之醫療費用新臺幣三萬元。

三、每一大陸地區旅客家屬來臺處理善後所必需支出之費用新臺幣十萬元。

第十七條

旅行業辦理大陸地區人民來臺從事觀光活動業務，其行程應參考交通部觀光局所訂建議景點擬訂，行程安排如逾越建議景點範圍，應報請交通部觀光局核准。

前項行程之擬訂，應排除下列地區：

一、軍事國防地區。

二、科學園區、國家實驗室、生物科技、研發或其他重要單位。

旅行業依第七條規定檢附行程表代大陸地區人民申請來臺從事觀光活動經許可者，非有天災、事變或其他不可抗力事由，不得變更行程。

第十八條

大陸地區人民申請來臺從事觀光活動，有下列情形之一者，得不予許可；已許可者，得撤銷或廢止其許可，並註銷其臺灣地區旅行證：

一、有事實足認為有危害國家安全之虞者。

二、曾有違背對等尊嚴之言行者。

三、現在中共行政、軍事、黨務或其他公務機關任職者。

四、患有足以妨害公共衛生或社會安寧之傳染病、精神病或其他疾病者。

五、最近五年曾有犯罪紀錄者。

六、最近五年曾未經許可入境者。

七、最近三年曾在臺灣地區從事與許可目的不符之活動或工作者。

八、最近二年曾逾期停留者。

九、最近一年曾依其他事由申請來臺，經不予許可或撤銷、廢止許可者。

十、最近一年曾來臺從事觀光活動，有脫團或行方不明之情事者。

十一、申請資料有隱匿或虛偽不實者。

十二、申請來臺案件尚未許可或許可之證件尚有效者。但大陸地區帶團領隊，不在此限。

十三、團體申請許可人數不足第六條之最低限額者或未指派大陸地區帶團領隊者。

十四、經許可之大陸地區人民未隨團入境者。

前項第一款至第三款情形，主管機關得會同國家安全局、交通部、行政院大陸委員會及其他相關機關、團體組成審查會審核之。

第十九條

大陸地區人民經許可來臺從事觀光活動，於抵達機場、港口之際，查驗單位應查驗許可來臺觀光團體名冊及相關文件，有下列情形之一者，得禁止其入境；並通知境管局廢止其許可及註銷其臺灣地區旅行證：

一、未帶有效證照或拒不繳驗者。

二、持用不法取得、偽造、變造之證照者。

三、冒用證照或持用冒領之證照者。

四、申請來臺之目的作虛偽之陳述或隱瞞重要事實者。

五、攜帶違禁物者。

六、患有足以妨害公共衛生或社會安寧之傳染病、精神病或其他疾病者。

七、有違反公共秩序或善良風俗之言行者。

查驗單位依前項進行查驗，如經許可來臺從事觀光活動之大陸地區人民，其團體來臺人數不足十人者，禁止整團入境；經許可自國外轉來臺灣地區觀光之大陸地區人民及符合第三條第三款或第四款規定之大陸地區人民，其團體來臺人數不足五人者，亦同。

第二十條

大陸地區人民經許可來臺從事觀光活動，應由大陸地區帶團領隊協助填具入境旅客申報單，據實填報健康狀況。通關時大陸地區人民如有不適或感染疑似傳染病時，應由大陸地區帶團領隊主動通報檢疫單位，實施檢疫措施。入境後大陸地區帶團領隊及臺灣地區旅行業負責人或導遊人員，如發現大陸地區人民有不適或感染疑似傳染病者，除應就近通報當地衛生主管機關處理，協助就醫，並應向交通部觀光局通報。

機場、港口人員發現大陸地區人民有不適或感染疑似傳染病時，應協助通知檢疫單位，實施相關檢疫措施及醫療照護。必要時得請境管局提供大陸地區人民入境資料，以供防疫需要。

主動向衛生主管機關通報大陸地區人民疑似傳染病病例並經證實者，得依傳染病防治獎勵辦法之規定獎勵之。

第二十一條

大陸地區人民來臺從事觀光活動，應依旅行業安排之行程旅遊，不得擅自脫團。但因緊急事故或符合交通部觀光局所定事由需離團者，須向隨團導遊人員陳述原因，填妥拜訪人姓名、單位、地址、歸團時間等資料申報書，由導遊人員向交通部觀光局通報。違反前項規定者，治安機關得依法逕行強制出境。

第二十二條

旅行業辦理接待大陸地區人民來臺從事觀光活動業務，應指派或僱用領有導遊執業證之人員執行導遊業務。

前項導遊人員以經交通部觀光局或其委託之有關機關測驗訓練合格，領有接待大陸地區旅客之導遊執業證者為限。

發展觀光條例第三十二條第一項施行後，導遊人員應經考試主管機關或其委託之有關機關考試及訓練合格。其在施行前已經交通部觀光局或其委託之有關機關測驗及訓練合格，取得執業證者，得受旅行業僱用或受政府機關、團體之臨時招請，繼續執行業務。

第二十三條

旅行業辦理大陸地區人民來臺從事觀光活動業務，應遵守下列規定：

一、團體入境後二個小時內填具接待報告表，其內容包含接待大陸地區旅客車輛、隨團導遊人員、行程及原申請書異動項目等資料，傳送或持送交通部觀光局，並由導遊人員隨身攜帶接待報告表影本一份。

二、每一團體應派遣至少一名導遊人員。

三、旅行業負責人或導遊人員，發現團體團員有違法、違規、逾期停留、違規脫團、行方不明、提前出境、從事與許可目的不符之活動或違常等情事時，應立即通報舉發，並協助調查處理。

四、大陸地區人民來臺從事觀光活動發生緊急事故、治安案件或旅行糾紛，負責接待之旅行業負責人或導遊人員，除應就近通報警察、消防、醫療等機關處理，應立即通報。

五、團體出境二個小時內，應通報出境人數及未出境人員名單。

前項通報事項，由交通部觀光局受理之。

第二十四條

主管機關或交通部觀光局對於旅行業辦理大陸地區人民來臺從事觀光活動業務，得視需要會同各相關機關實施檢查或訪查。

旅行業對前項檢查或訪查，應提供必要之協助，不得拒絕或妨礙。

第二十五條

旅行業辦理大陸地區人民來臺從事觀光活動業務，有大陸地區人民逾期停留未出境情形者，境管局得依逾期停留未出境人數之十倍，一年內不受理第四條第二項各該省市級旅行業同業公會受核發之數額。

前項不予受理之數額，得平均分配予無逾期停留情事之其他省市級旅行業同業公會。但省市級旅行業同業公會均有逾期停留之情事者，由交通部觀光局統籌分配該不予受理之數額。

第二十六條

旅行業辦理大陸地區人民來臺從事觀光活動業務，有大陸地區人民逾期停留未隨團出境情形者，每逾期停留一人，由境管局記點一點，按季計算，累計二點者境管局停止受理該旅行業代申請案一個月，累計三點者停止受理該旅行業代申請案三個月，累計四點者停止受理該旅行業代申請案六個月，累計五點以上者停止受理該旅行業代申請案一年。

第二十七條

旅行業違反第六條、第十五條第一項、第二項、第十七條、第二十條第一項、第二十三條第一項或第二十四條第二項規定者，交通部觀光局得視情節輕重停止其辦理大陸地區人民來臺從事觀光活動業務一個月至一年。

旅行業違反發展觀光條例或旅行業管理規則等法令規定者，應由交通部觀光局依相關法令處罰。

第二十八條

旅行業辦理大陸地區人民來臺從事觀光活動業務，省市級旅行業同業公會應訂定旅行業自律公約，報請交通部觀光局核定。

第二十九條

有關旅行業辦理大陸地區人民來臺從事觀光活動業務應行注意事項及作業流程，由交通部觀光局定之。

第三十條

本辦法第三條規定之實施範圍及其實施方式，得由主管機關視情況調整。

第三十一條

本辦法施行日期，由主管機關定之。

13.大陸地區專業人士來臺從事專業活動許可辦法

中華民國九十一年一月十八日內政部（九一）臺內警字第○九一○○七八○○七一號令修正發布第三、九、十二、二十、二十三條條文

第一條

本辦法依臺灣地區與大陸地區人民關係條例（以下簡稱本條例）第十條第三項規定訂定之。

第二條

本辦法之主管機關為內政部。

主管機關審查相關申請事項，應會同各目的事業主管機關及相關機關處理之。

第三條

大陸地區專業人士申請來臺從事專業活動，應於預定來臺之日二個月前，依下列規定提出申請：

一、在大陸地區者：由邀請單位代向主管機關申請。

二、在第三地區者：由申請人向我駐外使領館、代表處、辦事處或其他經政府授權機構申請，核轉主管機關辦理。但該地區尚無派駐機構者，得由邀請單位代向主管機關申請。

大陸地區大眾傳播人士申請來臺參觀訪問、採訪、拍片或製作節目，應於預定來臺之日一個月前提出。但因採訪特別需要者，不在此限。

大陸地區經貿專業人士甲類且任職於跨國企業者，或為經貿專業人士丙類、丁類或大陸地區科技人士從事產業科技活動申請來臺，得於預定來臺之日十個工作天前提出申請，其屬緊急情況者，得於預定來臺之日五個工作天前提出申請；大陸地區科技人士來臺參與科技研究，或從事學術科技活動，其提出申請之期間，由各目的事業主管機關另定之。

前項前段大陸地區經貿專業人士及科技人士，由第三地區提出申請時，應備具之文件，應另附電子檔。

第四條

大陸地區專業人士來臺從事專業活動，其邀請單位資格及應備具之申請文件，由主管機關會商相關目的事業主管機關擬訂，送行政院大陸委員會審議後公告之。

第五條

主管機關於收受申請案後，應將申請書副本及有關文件送相關目的事業主管機關審查。

第六條

相關目的事業主管機關得成立審查小組，審查邀請單位與申請人之專業資格、活動計畫內容及來臺活動之必要性，並得要求邀請單位及申請人提供有關資料文件。

第七條

邀請單位邀請大陸地區專業人士來臺從事專業活動，主管機關及相關目的事業主管機關得限制人數及邀請團數。

第八條

遇有重大突發事件、影響臺灣地區重大利益情形或於兩岸互動有必要者，得經行政院大陸委員會會同主管機關及相關目的事業主管機關，專案許可大陸地區人民申請進入臺灣地區從事與許可目的相符之活動。

第九條

大陸地區專業人士經許可進入臺灣地區從事專業活動者，由主管機關發給旅行證正本送原核轉單位或行政院於香港或澳門設立或指定之機構或委託之民間團體轉發申請人，持憑經機場、港口查驗入出境。旅行證影本，送在臺灣地區之邀請單位。但從事經貿及科技活動者，經目的事業主管機關同意，得由主管機關核發旅行證正本送邀請單位轉發申請人。

依前項規定取得之旅行證正本遺失或毀損者，邀請單位應備齊旅行證申請書、毀損證件或遺失報案證明及說明書，向主管機關申請補發。

第十條

大陸地區專業人士經許可進入臺灣地區活動者，入境時應備有回程機（船）票。但大陸地區科技人士來臺參與科技研究及大陸地區傑出民族藝術及民俗技藝人士來臺傳習停留期間逾六個月者，不在此限。

大陸地區專業人士經許可進入臺灣地區活動者，入境時應持有效期間之第三地區居留證或再入境簽證。

第十一條

大陸地區專業人士經許可進入臺灣地區從事專業活動，其主要專業活動，不得變更；如來臺日期有變更者，邀請單位應於入境三日前檢具確認行程表及原核定行程表，送主管機關及相關目的事業主管機關備查。

第十二條

大陸地區專業人士來臺之停留期間，自入境翌日起不逾二個月，由主管機關依活動計畫覈實核認；停留期間屆滿得申請延期，總停留期間每年不得逾四個月。

大陸地區文教人士來臺講學及大眾傳播人士來臺參觀訪問、採訪、拍片或製作節目，其停留期間不得逾六個月。但講學績效良好，繼續延長將產生更大績效者，經相關目的事業主管機關同意，得申請延期，總停留期間不得逾一年。

大陸地區傑出民族藝術及民俗技藝人士，停留期間不得逾一年。但傳習績效良好，延長可產生更大績效，或延伸傳習計畫，以開創新傳習領域者，經相關目的事業主管機關同意，得申請延期，其期限不得逾一年；總停留期間不得逾二年。

大陸地區科技人士申請來臺參與科技研究者，停留期間不得逾一年。但研究發展成果績效良好，繼續延長將產生更大績效，或延伸研究發展計畫，以開創新研究領域者，經相關目的事業主管機關同意，得申請延期；總停留期間不得逾六年。

第十三條

大陸地區專業人士經許可進入臺灣地區活動，依前條第一項規定申請延期者，應於停留期間屆滿十日前，備齊下列文件，由邀請單位向主管機關申請辦理。但經許可停留期間在十二日以下者，應於停留期間屆滿五日前提出申請：

一、延期申請書。

二、旅行證。

三、流動人口登記聯單。

四、延期計畫書及行程表。

依前條第二項但書規定申請延期者，應檢附相關目的事業主管機關同意書；依前條第三項規定申請延期者，應檢附參與科技研究申請書及相關目的事業主管機關同意書；依前條第四項規定申請延期者，應檢附具體計畫書及相關目的事業主管機關同意書，併同前項文件，於期間屆滿二個月前向主管機關申請辦理。

主管機關對於第一項延期申請之許可，應徵詢相關目的事業主管機關意見。

第十四條

大陸地區專業人士在臺灣地區停留期間屆滿時，有下列情形之一者，得酌予延長：

一、在臺灣地區設有戶籍之二親等內之血親、繼父母、配偶之父母、配偶或子女之配偶在臺灣地區死亡者。

二、因疾病、災變或其他特殊事故者。

前項第一款情形，自事實發生之日起得酌予延長二個月；第二款情形，自事實發生之日起得酌予延長一個月。

第十五條

大陸地區專業人士申請來臺，所檢附大陸地區製作之文書，主管機關得要求先將相關文書送經行政院設立或指定之機構或委託之民間團體驗證。

第十六條

大陸地區專業人士因年滿六十歲行動不便或健康因素須專人照料，得同時申請配偶或直系親屬一人陪同來臺。

大陸地區科技人士申請來臺參與科技研究與大陸地區傑出民族藝術及民俗技藝人士來臺傳習核定停留期間逾六個月者，得准許其配偶及十二歲以下之子女同行來臺。停留期間屆滿後，應由邀請單位負責其本人及其同行之配偶、子女之出境事宜。

前項人員在臺停留期間，因故須短期出境時，應由邀請單位代向主管機關申辦入出境手續，並由主管機關核發三個月效期之入出境證；逾期未返臺者，如須再行來臺，應依本辦法規定重新申請。

大陸地區大眾傳播人士未滿十八歲者，得同時申請直系親屬一人陪同來臺。

第十七條

邀請單位對於邀請之大陸地區專業人士背景應先予瞭解，提供資料；安排行程，應辦

理保險，並取得受訪單位之同意；於其來臺活動期間，依計畫負責接待及安排與其專業領域相符之活動，並依接待大陸人士來臺交流注意事項辦理接待事宜。

邀請單位邀請大陸地區專業人士，同一申請案應團進團出，不得以合併數團或拆團方式辦理。但情形特殊，於事前報經主管機關會同相關目的事業主管機關同意者，不在此限。

邀請單位應依主管機關或相關目的事業主管機關之要求，隨時提出活動報告，主管機關或相關目的事業主管機關並得隨時進行訪視、隨團或其他查核行為。

邀請單位應於活動結束後一個月內提出活動報告，送主管機關及相關目的事業主管機關備查。

邀請單位未依規定辦理接待、安排活動、提出活動報告或有其他不當情事者，主管機關視其情節，於一年至三年內對其申請案得不予受理。

第十八條

大陸地區人民依本條例第七十七條規定進入臺灣地區參加下列會議或活動，主管機關得專案許可並免予申報：

一、國際體育組織自行舉辦或委託我方舉辦並經中央目的事業主管機關核准之會議或活動。

二、政府間或半官方之國際組織舉辦並經中央目的事業主管機關核准之國際會議或活動。

三、中央目的事業主管機關舉辦之國際會議或活動。

四、中央目的事業主管機關舉辦之兩岸交流會議或活動。

五、行政院設立或指定之機構或委託之民間團體舉辦並經中央目的事業主管機關核准之兩岸會談。

大陸地區人民依前項規定申請進入臺灣地區，依本辦法規定之程序辦理。

但前項第一款至第三款與國際組織訂有協議，或第五款之機構或民間團體與大陸地區法人、團體或機構訂有協議者，依其協議辦理。

第十九條

大陸地區人民經許可進入臺灣地區，如有本條例第七十七條情形者，主管機關應檢附據實申報之進入臺灣地區旅行證申請書影本函送該管高等法院或其分院檢察署備查。

依前條專案許可免予申報者，主管機關應檢附專案許可證明文件及有關資料影本函送該管高等法院或其分院檢察署備查。

第二十條

大陸地區專業人士申請進入臺灣地區，應覓下列臺灣地區人民一人為保證人：

一、邀請單位之負責人，其保證對象無人數之限制。

二、邀請單位業務主管或承辦職員，其保證對象每次不得超過二十人。

前項保證人之保證書，應送保證人戶籍地警察機關（構）辦理對保手續；保證人係服務於政府機關、公立學校、公營事業機構、私立大專校院、跨國企業或經核准之外國人投資事業者，其保證書應蓋服務機關（構）、學校、公司或辦事處之印信，免辦理對保手續。

保證人得以一份保證書，檢附團體名冊，對申請來臺之大陸地區專業人士予以保證。

第二十一條

前條保證人之責任如下：

一、保證被保證人確係本人，無虛偽不實情事。

二、負責被保證人入境後之生活及其在臺行程之告知。

三、被保證人如有依法須強制出境情事，應協助有關機關將被保證人強制出境，並負擔強制出境所需之費用。

保證人因故無法負保證責任時，被保證人應於一個月內更換保證，逾期不換保者，主管機關得不予許可；已許可者，得撤銷或廢止之。

第二十二條

大陸地區專業人士或其眷屬在臺停留期間，不得違反國家安全法及其他法令，且不得從事營利行為、須具專業執照之行為、與許可目的不符之活動或其他違背對等尊嚴原則之不當行為。

違反前項規定情事者，目的事業主管機關應載明查處意見後移送主管機關，主管機關得撤銷或廢止其許可，並移送有關機關依法處理。

第二十三條

大陸地區專業人士經許可進入臺灣地區活動者，發給單次旅行證，其有效期間自核發之翌日起算為三個月。但大陸地區專業人士為第三條第三項之申請人，經主管機關認有必要者，得核發逐次加簽旅行證，其有效期間自核發之翌日起一年或三年。

大陸地區科技人士依前項但書規定入境後，經主管機關會同相關目的事業主管機關審查許可者，得向主管機關申請換發六年內效期多次旅行證。

單次旅行證在有效期間內可入出境一次；因故未能於有效期間內入境者，得於有效期間屆滿前，填具延期申請書，檢附單次旅行證，向主管機關申請延期一次；其有效期間自原期間屆滿之翌日起三個月。

逐次加簽旅行證在有效期間內，檢附原邀請單位同意函及行程表，辦理加簽後，即可入出境；其加簽效期自加簽之翌日起三個月。但不得逾逐次加簽旅行證之有效期間。

多次旅行證在有效期間內，可多次入出境。

原申請來臺從事專業活動之事由消失者，主管機關得廢止其許可，並註銷其旅行證。

第二十四條

大陸地區專業人士入境時，應將所持之大陸地區護照或相關文件交付查驗；必要時，

主管機關或相關目的事業主管機關並得要求其將所持之大陸地區護照或相關文件交由內政部警政署入出境管理局機場（港口）服務站保管，俟出境時發還。

第二十五條

經許可進入臺灣地區活動之大陸地區專業人士，應於入境後十五日內向居住地警察分駐（派出）所辦理登記手續。但依第十八條專案許可免予申報者，不在此限。

未依前項規定辦理登記手續者，不得申請延期停留。

第二十六條

大陸地區專業人士因活動需要所攜帶之器材設備及道具，應於入境時依相關目的事業主管機關之許可函件向海關申報放行，出境時如數帶回，不得出售或轉讓。

大陸地區專業人士入境所攜帶其他大陸物品，以經財政部核定並經海關公告准許入境旅客攜帶入境之物品為限。

第二十七條

大陸地區專業人士或其眷屬申請進入臺灣地區，有下列情形之一者，主管機關得不予許可；已許可者，得撤銷或廢止之：

一、參加暴力、恐怖組織或其活動者。

二、涉有內亂罪、外患罪重大嫌疑者。

三、在臺灣地區外涉嫌重大犯罪或有犯罪習慣者。

四、現在大陸地區行政、軍事、黨務或其他公務機構任職者。

五、曾有本條例第十八條第一項各款情形之一者。

六、曾違反第二十二條第一項規定者。

七、違反其他法令規定者。

有本條例第十八條第一項第一款情形者，自出境之日起算，其不予許可期間為二年至五年；有同項第二款或第三款情形者，自出境之日起算，其不予許可期間為一年至三年。

第二十八條

申請人檢附之文件有隱匿或虛偽不實者，主管機關得撤銷其許可，並移送有關機關依法處理。

前項情形，主管機關於三年內對其本人及邀請單位之其他申請案得不予受理。

第二十九條

邀請單位有故意虛偽申報或明知為不實文件仍據以申請等情事者，主管機關於三年內對其申請案得不予受理；涉及刑事者，並函送檢調機關處理。

邀請單位邀請之大陸地區專業人士或其眷屬，有違反第二十二條第一項規定情形者，主管機關於三年內對其申請案得不予受理。

第三十條

依本辦法發給之許可證件得收取費用；其費額由主管機關定之。

第三十一條

本辦法自發布日施行。

14.大陸地區人民在臺灣地區定居或居留許可辦法

中華民國九十年九月五日內政部（九〇）臺內警字第九〇八八〇〇六號令修正發布第二、八、十九、二十、二十六、二十七條條文；並刪除第三條條文

第一條

本辦法依臺灣地區與大陸地區人民關係條例（以下簡稱本條例）第十七條第八項規定訂定之。

第二條

本辦法用詞，定義如左：

一、依親：指依本條例第十六條第二項第一款、第二款及第十七條第一項第一款規定，申請在臺灣地區定居或居留。

二、返臺：指本條例第十六條第二項第三款至第七款及第四項所列條件之申請人返回或進入臺灣地區定居。

三、專案居留：指依本條例第十七條第一項第二款規定，申請在臺灣地區居留。

四、大陸地區證照：指中共護照、通行證或外蒙古護照。

第三條

（刪除）

第四條

（刪除）

第五條

申請人在大陸地區使用之姓名與臺灣地區原有戶籍登記不一致者，應舉證確係同一人，並以臺灣地區原有戶籍登記資料申請；其經死亡宣告者，應於撤銷死亡宣告之判決確定後始得申請。

第六條

基於政治考量，大陸地區人民有左列情形之一，並經主管機關認為確有必要者，得申請在臺灣地區居留：

一、對臺灣地區國防安全、國際形象或社會安定有特殊貢獻者。

二、提供有價值資料，有利臺灣地區對大陸地區瞭解者。

三、領導民主運動有傑出表現之具體事實及受迫害之立即危險者。

四、具有崇高傳統政教地位，對其社會有重大影響力者。

五、對國家有其他特殊貢獻，經有關單位舉證屬實者。

第七條

基於經濟考量，大陸地區人民有左列情形之一，並經主管機關認為確有必要者，得申請在臺灣地區居留：

一、在產業技術上有傑出成就，且其研究開發之產業技術，能實際促進臺灣地區產業升級者。

二、在金融專業技術或實務操作上有傑出成就，並能促進臺灣地區金融發展者。

第八條

基於社會考量，大陸地區人民有左列情形之一，並經主管機關認為確有必要者，得申請在臺灣地區居留：

一、申請人在臺灣地區之配偶為重度以上身心障礙，須在臺灣地區照顧未成年之親生子女者。

二、民國三十八年政府遷臺至八十六年二月十九日以後，前往大陸地區繼續居住逾四年之在臺灣地區原有戶籍人民。

三、民國三十八年政府遷臺前，在大陸地區繼續居住逾四年之在臺灣地區原有戶籍人民，最近三年未曾在中共行政、軍事、黨務或其他公務機構任職，且有左列情形之一者：

　　㈠在臺灣地區有三親等內血親或配偶者。

　　㈡經行政院國軍退除役官兵輔導委員會或直轄市、縣（市）政府社會局同意安置就養者。

　　㈢經有關機關舉證確有人道特殊考量必要者。

四、前二款人民之配偶及未成年子女。

五、第六條第五款人員被俘或死亡者，其配偶、直系血親及其配偶。

六、依政治、經濟、教育、科技、文化之考量，經許可在臺灣地區居留者之配偶及未成年子女。

前項第二款、第三款人民之配偶及未成年子女，應併同本人申請居留；本人已許可臺灣地區定居並設有戶籍者，其配偶及十二歲以下子女，應依本條例第十二條第二項至第四項或第十七條規定辦理。

第九條

基於教育考量，大陸地區人民有左列情形之一，並經主管機關認為確有必要者，得申請在臺灣地區居留：

一、曾獲諾貝爾獎者。

二、曾獲國際學術獎並在學術專業領域具有崇高地位與傑出成就，並為臺灣地區迫切需要，受聘在臺灣地區大專校院或學術研究機構擔任教學研究者。

三、曾參加國際藝術展演，在專業領域具有創新表現，其特殊才能為臺灣地區少有者。

四、曾獲優秀專業獎，並對其專業領域具有研究創新，而為臺灣地區迫切需要，且受聘在臺灣地區大專校院或學術研究機構擔任教學研究者。

五、曾獲得奧林匹克運動會前三名或亞洲運動會第一名成績，且來臺灣地區居留後有助於提昇我國家運動代表隊實力者。

六、曾擔任大陸代表隊教練，經其訓練之選手獲得奧林匹克運動會前五名或亞洲運動會前三名成績，並經中央目的事業主管機關核定受聘擔任我國家運動代表隊之培訓教練者。

第十條

基於科技考量，大陸地區人民有左列情形之一，曾獲許可延攬，在臺灣地區從事研究期間，績效卓著，並經主管機關認為確有必要者，得申請在臺灣地區居留：

一、在基礎及應用科學專業領域有傑出成就，為臺灣地區迫切需要，並曾任著名大學或研究機構之教授、副教授（研究員、副研究員），最近五年內有著作發表者。

二、在特殊領域之應用工程及技術上有傑出成就，並在著名大學得有博士學位後繼續執行專門職業四年以上著有成績者。

三、具有臺灣地區所需之特殊科學技術，並有豐富之工作經驗者。

第十一條

基於文化考量，大陸地區人民有左列情形之一，並經主管機關認為確有必要者，得申請在臺灣地區居留：

一、在民族藝術或民俗技藝領域具有卓越才能，並獲許可延攬，在臺灣地區從事傳習期間，績效卓著者。

二、對中華文化之維護與發揚有特殊貢獻，並有豐富工作經驗及重大具體成就者。

三、曾獲頒重要文化勳（獎）章，並在文化、電影、廣播電視等專業領域具有研究創見或特殊造詣者。

四、曾獲國際著名影展、國際廣播電視節目競賽主要個人獎或其他國際著名獎項，並在文化藝術傳承與創新工作有卓越貢獻者。

第十二條

依前六條申請在臺灣地區居留之案件，由內政部邀請國家安全局、法務部、行政院大陸委員會及其他有關機關組成審查委員會審查之。

前項審查結果之執行，交由內政部警政署入出境管理局（以下簡稱境管局）辦理。

第十三條

大陸地區人民申請在臺灣地區定居或居留，有左列情形之一者，不予許可：

一、未經許可入境者。

二、從事與許可目的不符之活動或工作者。

三、未辦妥戶籍登記前與原依親對象離婚者。但與原依親對象於十日內再婚或在臺灣地區有已設籍未成年親生子女且對該子女有監護權者，不在此限。

四、與臺灣地區人民結婚，其婚姻經撤銷者。

五、與臺灣地區人民結婚，其婚姻無效，或有事實足認係通謀而為虛偽結婚者。

六、所提供之文書係偽造、變造、無效或經撤銷者。

七、有危害國家安全或社會安定之虞者。

八、核配數額時逾規定年齡者。

九、健康檢查不合格者。

十、原申請定居或居留原因消失者。

十一、其他不符申請條件者。

有前項第一款情形或第二款情節重大者，其定居或居留申請案，除依前項規定不予許可外，並自其出境或事後查覺之翌日起二年內，不得再申請。大陸地區人民經許可在臺灣地區定居或居留，其許可前有第一項各款情形之一者，得撤銷其許可；其許可後始有第一項各款情形之一者，得廢止其許可；已辦妥戶籍登記，有第一項第五款或第六款情形之一者，得由境管局通知戶政事務所撤銷其戶籍登記。

大陸地區人民經許可入境，逾期停留期間未逾十日，其定居或居留申請案有數額限制者，依規定核配時間每次延後一年許可；逾十日者，不予許可。

第十三條之一

大陸地區人民申請在臺灣地區定居或居留，有左列情形之一者，得不予許可：

一、申請文件有應補正情形，經通知補正，無數額限制者逾三個月，有數額限制者逾一年，而未補正者。

二、未依第十四條第一項或第二十六條規定程序申請者。

三、核配數額時，依親對象出境已逾二年，經通知之日起一年內仍未入境者。

四、在臺灣地區居、停留期間，有行方不明紀錄累計達二個月以上者。

五、有事實足認為有犯罪行為或曾有犯罪紀錄者。

六、現在中共行政、軍事、黨務或其他公務機構任職者。

七、未依規定繳納全民健康保險保險費者。

八、未依規定更換保證人者。

九、其他不符申請程序者。

因天災或其他不可歸責於申請人、代申請人（單位）或依親對象之事由，致不能於前項第一款或第三款期限內完成補正，附有證明文件者，得於其原因消滅後三個月內補正。

大陸地區人民經許可在臺灣地區定居或居留，其許可前有第一項第三款至第八款情形之一者，得撤銷其許可；其許可後始有第一項各款情形之一者，得廢止其許可。

有第一項第五款犯罪行為者，其定居或居留申請案，除依第一項規定不予許可外，並自其出境之翌日起三年內，不得再申請。

第十四條

大陸地區人民申請在臺灣地區定居或居留之程序如左：

一、在大陸地區者：應向行政院設立或指定之機構或委託之民間團體在大陸地區設立之分支機構申請，核轉境管局辦理；如無分支機構，應由其在臺灣地區之二親等內親屬、配偶或委託代申請單位代向境管局申請。

二、在香港或澳門者：應向行政院於香港或澳門設立或指定之機構或委託之民間團體申請，由境管局派駐之人員審查後核轉。

三、在海外地區者：應向我駐外使領館、代表處、辦事處或其他外交部授權機構（以下簡稱駐外館處）申請。駐外館處有境管局派駐審理人員者，由其審查；未派駐審理人員者，由駐外館處指派人員審查後，均由駐外館處核轉境管局辦理。

前項第一款申請人在臺灣地區無二親等內親屬或配偶，須委託他人代申請者，應附委託書及說明書。

代申請人或代申請單位，如有填寫不實或隱瞞重要事實者，不得再代理申請本辦法定居或居留案件。

第十五條

依第七條及第九條至第十一條規定申請在臺灣地區居留之案件，由境管局受理後，將申請文件副本送中央目的事業主管機關為專業資格審查。

第十六條

大陸地區人民申請在臺灣地區定居或居留，應備左列文件：

一、定居或居留申請書。

二、大陸地區證照影本、居民身分證影本或其他足資證明居民身分之文件影本。

三、保證書。

四、刑事紀錄證明：有數額限制者，於核配數額時繳附。但申請人未成年，且查無犯罪紀錄者，得免附之。

五、健康檢查合格證明：有數額限制者，於核配數額時繳附。

六、其他相關證明文件。

前項第五款健康檢查合格證明，其應包括項目，依行政院衛生署訂定之健康證明應檢查項目表辦理。

第一項第四款至第六款之文件，在大陸地區製作者，應經行政院設立或指定之機構或委託之民間團體驗證；在國外、香港或澳門地區製作者，應經駐外館處或政府授權機構驗證；其係中共駐外機構所發者，依在大陸地區製作辦理。

第一項應備文件，中央目的事業主管機關認為有必要者，得要求申請人提供有關資料

及經行政院衛生署評鑑合格之公私立醫院開具之健康檢查合格證明或血液鑑定證明等文件；並得請有關機關查證。

申請居留者如其臺灣地區之配偶於民國七十六年十一月一日以前重婚，應附後婚配偶同意書。

第十七條

大陸地區人民申請在臺灣地區定居或居留者，應由依親對象或在臺灣地區設有戶籍之二親等內親屬為保證人，並出具保證書。

在臺灣地區無依親對象、二親等內親屬，或保證人因故無法履行保證責任且未能覓前項保證人者，得覓在臺灣地區設有戶籍及一定住居所，並有正當職業之公民一人為保證人，且其保證對象每年不得超過三人。

保證人應持保證書，親至戶籍地警察機關（構）辦理對保手續。但保證人備齊所需證件親至境管局辦理保證手續或保證人係服務於政府機關、公私立學校、公營事業機構，其保證書蓋有服務機關（構）、學校之印信者，不在此限。

第十八條

前條保證人之責任如左：

一、保證被保證人確係本人，無虛偽不實情事。

二、負責被保證人入境後之生活。

三、被保證人如有依法須強制出境情事，應協助有關機關將被保證人強制出境，並負擔強制出境所需之費用。

被保證人在辦妥戶籍登記前，其保證人因故無法負保證責任時，被保證人應於一個月內更換保證人。

保證人未履行保證責任或保證不實者，不得再擔任保證人。

第十九條

經許可在臺灣地區定居者，發給入境證及定居證副本；許可在臺灣地區居留者發給入境證及居留證副本，均由境管局送核轉單位轉發申請人，持憑經機場、港口查驗入境。

經許可在臺灣地區定居或居留者，如有本條例第七十七條情形，境管局應將其申請書影本函送該管高等法院或其分院檢察署備查。

第二十條

經許可在臺灣地區定居者，入境後十五日內應持憑定居證副本、大陸地區證照及銷毀同意書，向境管局辦理定居手續。

經許可在臺灣地區居留者，入境後十五日內應持憑居留證副本，向境管局換領臺灣地區居留證；並應依規定向居住地警察分駐（派出）所辦理流動人口登記。

第二十一條

入境證之有效期間自核發之翌日起算為六個月，在有效期間內未入境者，得於逾期後

一個月內，填具延期申請書檢附入境證，送境管局申請延期一次。

第二十二條

臺灣地區居留證為在臺灣地區居留期間之身分證明文件，其有效期間自入境之日起算為一年六個月。

第二十三條

臺灣地區居留證有效期間屆滿，原申請居留原因仍繼續存在者，得申請延期，每次不得逾一年。但經許可居留後配偶死亡者，視為居留原因仍繼續存在。

前項申請應於期限屆滿前，備齊左列文件，逕向境管局辦理：

一、延期留臺申請書。

二、臺灣地區居留證。

三、流動人口登記聯單。

四、全民健康保險保險憑證或繳費憑證。

五、其他相關證明文件。

第十三條及第十三條之一規定，於第一項申請延期時準用之。

第二十四條

經許可居留者，在臺灣地區連續居留期間，二年內出境累計未逾六十日者，視為連續居留；其出境次數不予限制，出境日數自出境之翌日起算，當日出入境者，以一日計算。

前項出境如係經政府機關派遣或核准，附有證明文件者，不予累計出境期間，亦不予計入臺灣地區居留期間。

第二十五條

在臺灣地區居留期間須出入境者，應備旅行證申請書，向境管局申請臺灣地區旅行證，並將臺灣地區居留證交境管局保管，入境後向境管局領回。

前項人民二年內出境累計逾六十日者，或依前條第二項規定出境，二年內在臺灣地區居留期間未達一年者，廢止其居留許可，如係專案居留者，境管局應通知原中央目的事業主管機關。

依前項規定廢止其居留許可者，或依第十九條第一項規定發給入境證及居留證副本，逾期未入境者，於四年內須依規定重新申請在臺灣地區居留，經審查合格者，依其原核配數額逕予許可，其在臺灣地區居留期間，自其再入境之日或發給臺灣地區居留證之日起算。

第二十六條

符合本條例第十六條第二項及第四項規定，依定居以外之事由入境，而未受定居數額限制者，或經許可居留，入境後在臺灣地區連續居留滿二年者，在臺灣地區申請定居，應備左列文件送居住地直轄市、縣（市）警察局查註前科、素行資料後，核轉境管局

辦理：

一、定居申請書。

二、臺灣地區旅行證或居留證。

三、流動人口登記聯單。

四、保證書。

五、大陸地區證照及銷毀同意書。

六、刑事紀錄證明。但申請人未成年，且查無犯罪紀錄者，得免附之。

七、健康檢查合格證明。

八、其他相關證明文件。

大陸地區人民依定居或居留以外之事由入境，在臺灣地區合法停留期間申請定居或居留者，除依前項規定辦理者外，應逕向境管局申請。

第二十七條

依本條例第十六條第三項規定每年須限制定居數額者，其數額由內政部公告之。

第二十八條

以依親事由申請在臺灣地區定居或居留之數額，按月平均分配，並依申請審查合格順序編號，依序核配，如有不予許可情形，依次遞補之。當月未用數額得於次月使用，次月數額不得預行使用。

依第六條至第十一條規定申請在臺灣地區專案居留之數額，主管機關得訂定積分標準核配之。

第二十九條

（刪除）

第三十條

每年申請在臺灣地區定居或居留各類別之餘額，不得移供其他類別使用。

第三十一條

依第二十條第一項或第二十六條規定經許可定居者，如在臺灣地區原有戶籍，發給入境證副本，持憑至原戶籍所在地戶政事務所辦理遷入登記。申請人未在原戶籍所在地居住，應持憑原戶籍所在地除戶謄本，向現住地戶政事務所辦理遷入登記。

前項申請人在臺灣地區原無戶籍者，發給定居證，由境管局函送預定申報戶籍地戶政事務所，並副知申請人至該戶政事務所辦理戶籍登記。申請人未在預定申報戶籍地居住時，應向該地戶政事務所申請於定居證上簽註變更住址後，由預定申報戶籍地戶政事務所函送實際居住地之戶政事務所辦理戶籍登記。戶籍登記後，如須更正戶籍登記事項，應向戶政事務所申請辦理。

已依定居或居留以外之事由入境，於停留期間核配數額，繳回臺灣地區旅行證後，許可定居者，依規定發給定居證件；許可居留者，發給申請人居留證，其居留期間自核

發之日起算。

第三十二條

大陸地區人民在臺灣地區逾期停留或未經許可入境者，應於出境後，始得依規定申請在臺灣地區定居或居留。

依第十三條第三項或第十三條之一第三項規定，撤銷或廢止其定居、居留許可或戶籍登記者，應於收到處分書之翌日起十五日內，向境管局申請出境，由境管局發給十五日效期之旅行證持憑出境。未依規定申請出境或逾期未出境者，得強制其出境。

第三十三條

大陸地區人民在臺灣地區定居或居留之接待及服務事宜，得由中華救助總會辦理之。

第三十四條

依本辦法發給之許可證件得收取費用。其費額由內政部定之。

第三十五條

本辦法自發布日施行。

15.香港澳門居民進入臺灣地區及居留定居許可辦法

中華民國九十一年三月六日內政部（九一）臺內警字第○九一○○七八五九五號令修正發布第八、九、十三、十六、二十二、二十四、二十五、二十九、三十、三十五、三十八條條文；並增訂第五之一、五之二條條文

第一章　總則

第一條

本辦法依香港澳門關係條例（以下簡稱本條例）第十一條第二項及第十二條第一項規定訂定之。

第二條

本辦法之主管機關為內政部。

第三條

香港或澳門居民應持有效之入出境證件及有效期間六個月以上之香港或澳門護照，經機場、港口查驗入出境。

香港或澳門居民依本辦法規定入出境前，應填入出境登記表，由機場、港口入出境查驗單位於其入出境查驗時收繳，送內政部警政署入出境管理局（以下簡稱境管局）處理。

第四條

依本辦法規定發給之入出境證件污損或遺失者，應備下列文件向境管局申請補發：

一、入出境證件申請書。

二、污損之證件或遺失證件之具結書。

第五條

香港或澳門居民經許可進入臺灣地區或在臺灣地區居留者,應自入境之日起十五日內,向居住地警察機關申報流動人口登記;登記暫住期間屆滿後仍須暫住者,應另行申報;其變更在臺灣地區居住地者,應向該居住地警察機關申報流動人口登記。

第五條之一

香港或澳門居民申請進入臺灣地區及在臺灣地區居留或定居案件,其資料不符或欠缺者,應於境管局書面通知送達之翌日起三個月內補正。

未於前項規定期間內補正或經補正仍不合規定者,駁回其申請。

第五條之二

香港或澳門居民申請進入臺灣地區及在臺灣地區居留或定居案件,申請人身分不符第十六條第一項、第二項、第二十九條第一項或本條例第四條第一項、第二項規定者,不予受理;已受理者,駁回其申請。

第二章　入出境

第六條

香港或澳門居民申請進入臺灣地區,應備下列文件:

一、入出境申請書。

二、有效期間六個月以上之香港或澳門護照或永久居留資格證件。

三、其他相關證明文件。

第七條

香港或澳門居民申請進入臺灣地區,向下列單位申請:

一、在香港或澳門者:應向行政院設立或指定機構或委託之民間團體申請,並核轉境管局辦理。但第二次以後申請者,得由境管局派駐之人員核發或逕向境管局申請。

二、在海外地區者:應向我駐外使領館、代表處、辦事處或其他外交部授權機構申請,並由境管局派駐之人員審查後核轉。

第八條

香港或澳門居民申請進入臺灣地區,有下列情形之一者,得不予許可:

一、曾有本條例第十四條第一項各款情形之一者。

二、曾有本條例第四十七條之情形者。

三、現任職於中共行政、軍事、黨務或其他公務機構或其於香港、澳門投資之機構或新聞媒體者。

四、原為大陸地區人民,未在大陸地區以外之地區連續住滿四年者。

五、曾冒用身分或持用偽造、變造證件申請或入境者。

六、曾於依本辦法規定申請時，為虛偽之陳述或隱瞞重要事實者。

七、曾在臺灣地區有行方不明紀錄達二個月以上者。

八、曾未依第五條規定申報流動人口登記者。

九、有危害國家利益、公共安全、公共秩序或善良風俗之虞者。

十、依其他法令限制或禁止入境者。

曾有本條例第十四條第一項第一款或前項第五款、第六款情形者，其不予許可期間自出境之翌日起為二年至五年；曾有本條例第十四條第一項第二款、第三款或前項第七款、第八款情形者，其不予許可期間自出境之翌日起為一年至三年；曾有本條例第十四條第一項第二款、第三款或前項第七款、第八款情形者，其不予許可期間自出境之翌日起為一年至三年。但有第十一條第一項各款情形之一，未辦延期，逾停留期限十日以內者，不在此限。

第一項第五款及第六款情形，如於申請時，尚未入境前即經查覺，其不予許可期間自經查覺之翌日起算。

第一項第三款或第九款情形，境管局得會同國家安全局、行政院大陸委員會及相關機關審查。

第九條

香港或澳門居民申請進入臺灣地區經許可者，核發單次入出境許可，其有效期間自核發之翌日起六個月；經常入出臺灣地區者，得核發逐次加簽許可或多次入出境許可，其有效期間自核發之翌日起一年或三年。

單次入出境許可在有效期間內可入出境一次；因故未能於有效期間內入境者，得於有效期間屆滿前，填具延期申請書，檢附單次入出境許可，向境管局申請延期一次，其有效期間自原期間屆滿之翌日起六個月。

逐次加簽許可在有效期間內辦理加簽後，即可入出境；其加簽效期自加簽之翌日起六個月。但不得逾逐次加簽許可之有效期間。

多次入出境許可在有效期間內可多次入出境。

香港或澳門居民曾進入臺灣地區或持有第一項入出境證件，申請臨時入境停留十四日內離境者，得持有效期間六個月以上之香港或澳門護照或永久居留資格證件及訂妥機船位之回程或離境機船票，於入境時向境管局機場、港口入出境旅客服務站（以下簡稱境管局服務站）申請發給臨時入境停留通知單，持憑入出境；其持有之第一項入出境證件不予註銷。

第十條

香港或澳門居民經許可進入臺灣地區者，停留期間自入境之翌日起不得逾三個月，並得申請延期一次，期間不得逾三個月。

第十一條

香港或澳門居民依前條規定在臺灣地區延長停留期間屆滿時，有下列情形之一者，得酌予再延長停留期間：

一、懷胎七個月以上或生產、流產後二個月未滿者。

二、罹患疾病而強制其出境有生命危險之虞者。

三、在臺灣地區設有戶籍之配偶、直系血親、三親等內之旁系血親、二親等內之姻親在臺灣地區患重病或受重傷而住院或死亡者。

四、遭遇天災或其他不可避免之事變者。

依前項第一款或第二款規定之延長停留期間，每次不得逾二個月；第三款規定之延長停留期間，自事由發生之日起不得逾二個月；第四款規定之延長停留期間，不得逾一個月。

第十二條

香港或澳門居民依前二條規定申請延期停留者，應於停留期間屆滿前，備下列文件，向境管局申請：

一、延期申請書。

二、入出境許可。

三、流動人口登記聯單。

四、回程機（船）票。

五、其他相關證明文件。

第八條之規定，於香港或澳門居民依前二條規定申請延期停留時準用之。

第十三條

香港或澳門居民因特殊事故附有證明文件，急須進入臺灣地區，應備具第六條文件，向第七條規定單位申請，由受理單位查核後，逕發給入境證明書。

香港或澳門居民持入境證明書進入臺灣地區，應於入境時先向境管局服務站補辦入出境手續後，再行查驗入境。

香港或澳門居民隨航空器或船舶過境臺灣地區，因疾病、災變或其他特殊事故不能隨原航空器、船舶離境，或因其他正當理由有入境必要者，得由航空公司或其代理人、輪船公司或船務代理業，向境管局服務站申請發給許可先行入境通知單，持憑入境，並補辦入出境手續。

第十四條

香港或澳門居民任職於飛航臺灣地區之外國、香港或澳門民用航空器之機組員、空服人員，因飛航任務進入臺灣地區而未持有效之入出境許可者，得由其所屬航空公司或其代理人，向境管局服務站申請發給臨時停留許可證，持憑入出境；停留期間自入境之翌日起不得逾七日。

香港或澳門居民以船員身分隨船入境臨時停留或過境上船事由申請者，應由其所屬輪

船公司或船務代理業出具保證書，向境管局服務站申請發給臨時停留許可證，持憑入出境；停留期間自入境之翌日起不得逾七日。

依前二項規定入境臨時停留，因疾病、災變或其他特殊事故不能依限離境者，應由其所屬航空公司或其代理人、輪船公司或船務代理業檢附相關證明文件，向境管局申請補辦入出境手續，停留期間依第十條之規定計算。

第十五條

入出境許可有效期間屆滿者，其入出境許可失效；污損或遺失，經向境管局申請補發者，由境管局廢止其依第九條第一項規定所為之入出境許可，並註銷其入出境證件。

經許可進入臺灣地區之香港或澳門居民，有第八條第一項各款情形之一者，境管局得撤銷或廢止其依第九條第一項規定所為之入出境許可，並註銷其入出境證件。

第三章　居留

第十六條

香港或澳門居民有下列情形之一者，得申請在臺灣地區居留：

一、其直系血親、配偶、兄弟姊妹或配偶之父母在臺灣地區設有戶籍者。但其親屬關係因收養發生者，應存續二年以上。

二、香港或澳門分別於英國及葡萄牙結束其治理前，參加僑教或僑社工作有特殊貢獻，經教育部或行政院大陸委員會會同有關機關審查通過者。

三、在特殊領域之應用工程技術上有成就者。

四、具有專業技術能力，並已取得香港或澳門政府之執業證書或在學術、科學、文化、新聞、金融、保險、證券、期貨、運輸、郵政、電信、氣象或觀光專業領域有特殊成就者。

五、在臺灣地區有新臺幣五百萬元以上之投資，經中央目的事業主管機關審查通過者。

六、匯入等值新臺幣五百萬元以上，並存款滿一年，附有外匯銀行證明者。

七、在國外執教、研究新興學術或具有特殊技術與經驗，經中央目的事業主管機關核准者。

八、經中央目的事業主管機關核准來臺就學者或其畢業回香港或澳門服務滿二年者。

九、依公司法設立之公司、經認許之外國公司或經備案之外國公司代表人辦事處聘僱之主管或專門性及技術性人員。

十、其他經政府機關或公私立大專院校任用或聘僱者。

十一、對政府推展港澳工作及達成港澳政策目標具有貢獻，經行政院設立或指定機構或委託之民間團體出具證明，並核轉行政院大陸委員會會同有關機關審查通過者。

十二、有本條例第十八條之情形，經行政院大陸委員會會同有關機關審查通過者。

十三、在臺灣地區合法停留五年以上，且每年居住超過二百七十日，並對國家社會或慈善事業具有特殊貢獻，經主管機關會商有關機關審查通過者。

十四、經中央勞工主管機關或目的事業主管機關許可，在臺灣地區從事工作者。

前項各款規定，除依第八款規定經中央目的事業主管機關核准來臺就學者外，申請人之配偶及未成年子女得隨同申請，未隨同本人申請者，得於本人入境居留後申請之。

第一項第三款、第四款及第九款情形，應經中央目的事業主管機關審查通過，其審核表由主管機關會商各中央目的事業主管機關定之。

第十七條

香港或澳門居民申請在臺灣地區居留，應備下列文件：

一、居留申請書。

二、香港或澳門永久居留資格證件。

三、保證書。但依前條第一項第八款規定經中央目的事業主管機關核准來臺就學者，免附之。

四、警察紀錄證明書。但經境管局許可免附者，免附之。

五、健康檢查合格證明。

六、其他相關證明文件。

前項第五款健康檢查合格證明，其應包括項目，準用行政院衛生署訂定之健康證明應檢查項目表。

第十八條

香港或澳門居民申請在臺灣地區居留，應覓在臺灣地區設有戶籍之二親等內血親、配偶或有正當職業之公民保證，並由保證人出具保證書。但依第十六條第一項第八款規定經中央目的事業主管機關核准來臺就學者，不在此限。

前項有正當職業之公民，其保證對象每年不得超過五人。

第一項保證書應送保證人戶籍地警察機關辦理對保手續；保證人係服務於政府機關、公營事業機構或公私立學校者，其保證書應蓋服務機關（構）或學校之印信，免辦理對保手續。

保證人親至境管局辦理保證手續者，免依前項規定辦理。

第十九條

前條保證人之責任如下：

一、保證被保證人確係本人，無虛偽不實情事。

二、負責被保證人居留期間之生活。

三、被保證人有依法須強制出境情事，應協助有關機關將被保證人強制出境。

被保證人在辦妥居留手續後，其保證人因故無法負保證責任時，被保證人應於一個月內更換保證人。

第二十條

香港或澳門居民申請在臺灣地區居留，向下列單位申請並驗證香港、澳門或海外地區製作之文書。

一、在香港或澳門者：應向行政院設立或指定機構或委託之民間團體申請，並核轉境管局辦理。

二、在海外地區者：應向我駐外使領館、代表處、辦事處或其他外交部授權機構申請，並由境管局派駐之人員審理後核轉。

第二十一條

依第二章規定申請進入臺灣地區，停留期間符合第十六條規定條件者，得備第十七條第一項文件，逕向境管局申請在臺灣地區居留。

香港或澳門居民申請在臺灣地區居留經許可，居留期間符合其他居留事由者，得備下列文件，逕向境管局申請變更居留事由；其隨同申請之配偶及未成年子女，亦同：

一、居留申請書。

二、臺灣地區居留證或臺灣地區居留入出境證。

三、流動人口登記聯單。

四、其他相關證明文件。

第二十二條

香港或澳門居民申請在臺灣地區居留，有下列情形之一者，得不予許可：

一、曾有本條例第十四條第一項第一款、第三款至第五款情形之一者。

二、有事實足認係通謀而為虛偽結婚或收養者。

三、原為大陸地區人民，未在大陸地區以外之地區連續住滿四年者。

四、曾冒用身分或持用偽造、變造證件申請或入境者。

五、曾於依本辦法規定申請時，為虛偽之陳述或隱瞞重要事實者。

六、曾在臺灣地區有行方不明紀錄達三個月以上者。

七、曾未依第五條規定申報流動人口登記者。

八、健康檢查不合格者。

曾有本條例第十四條第一項第一款或前項第四款及第五款情形者，其不予許可期間自出境之翌日起為二年至五年；曾有本條例第十四條第一項第三款或前項第六款及第七款情形者，其不予許可期間自出境之翌日起為一年至三年。

第一項第四款及第五款情形，如於申請時，尚未入境前即經查覺，其不予許可期間自經查覺之翌日起算。

香港或澳門居民經許可入境，未逾停留期限十日，其居留申請案有數額限制者，依規定核配時間每次延後一年許可。但有第十一條第一項各款情形之一，未辦延期者，不在此限。

香港或澳門居民經許可入境，逾停留期限十日以上者，其居留申請案得不予許可，不予許可期間自出境之翌日起為一年至三年。

第二十三條

依第二十條規定程序申請在臺灣地區居留經許可者，由境管局發給入境證及臺灣地區居留證副本，送核轉單位轉發申請人。

前項申請人應自入境之日起十五日內，持憑臺灣地區居留證副本，向境管局換領臺灣地區居留證。

依第二十一條規定程序申請在臺灣地區居留經許可者，由境管局逕發給申請人臺灣地區居留證。

依第十六條第一項第五款或第九款規定申請在臺灣地區居留經許可者，得依第二項或前項規定程序，向境管局申請臺灣地區居留入出境證。

第二十四條

前條入境證及臺灣地區居留證副本之有效期間自核發之翌日起為一年，在有效期間內未入境者，得於有效期間屆滿前，填具延期申請書，檢附入境證及臺灣地區居留證副本，向境管局申請延期，自原證有效期間屆滿之翌日起，比照原核准效期延期一次為限。

第二十五條

臺灣地區居留證或臺灣地區居留入出境證為在臺灣地區居留期間之身分證明文件，其有效期間自入境之翌日起算為一年六個月至三年；依第二十一條規定程序申請者，其有效期間自臺灣地區居留證或臺灣地區居留入出境證核發之翌日起算。

依第十六條第一項第九款、第十款規定之申請人與其隨同申請之配偶及未成年子女或依同條項第十四款規定之申請人，經許可居留，核發之臺灣地區居留證或臺灣地區居留入出境證之有效期間，依前項之規定。但不得逾申請人聘僱效期。

第二十六條

臺灣地區居留證或臺灣地區居留入出境證有效期間屆滿，原申請居留原因仍繼續存在者，得申請延期，每次不得逾一年。但依第十六條第一項第一款規定申請者，其直系血親、配偶、兄弟姊妹或配偶之父母死亡者，仍得申請延期。

前項申請，應於臺灣地區居留證或臺灣地區居留入出境證有效期間屆滿前，備下列文件，向境管局辦理：

一、延期申請書。

二、臺灣地區居留證或臺灣地區居留入出境證。

三、流動人口登記聯單。

四、其他相關證明文件。

第二十二條之規定，於本條準用之。

第二十七條

香港或澳門居民經許可在臺灣地區居留，居留期間須入出境者，應備入出境申請書及臺灣地區居留證，向境管局申請入出境許可。但持用臺灣地區居留入出境證者，得憑該證入出境。

第二十八條

經許可在臺灣地區居留之香港或澳門居民，有下列情形之一者，境管局得撤銷或廢止其依第二十三條規定所為之居留許可，並註銷其臺灣地區居留證或臺灣地區居留入出境證：

一、有第二十二條第一項各款情形之一者。

二、所提供之文書無效者。

三、所提供之文書經撤銷或廢止，或經司法機關認定係偽造、變造者。

四、申請居留之原因消滅者。但以其配偶在臺灣地區設有戶籍申請在臺灣地區居留，未辦妥定居手續前與其配偶離婚，已生產有未成年子女且離婚後對該子女有監護權者，不在此限。

五、臺灣地區居留證或臺灣地區居留入出境證有效期間屆滿，未依規定申請延期並經許可者。

六、在辦妥定居手續前，其保證人因故無法負保證責任時，未依規定更換保證人者。

七、依第十六條第二項規定隨同本人申請居留，其本人居留許可經撤銷或廢止者。

八、一年內在臺灣地區居住未滿一百八十三日者。但入境居留當年，不在此限。

依前項規定撤銷或廢止居留許可，如係經有關機關審查通過、核准、任用或聘僱等情形者，境管局應通知該有關機關。

第四章　定居

第二十九條

香港或澳門居民有下列情形之一者，得申請在臺灣地區定居：

一、依第十六條第一項第一款至第七款、第八款後段、第十款至第十三款規定之申請人與其隨同申請之配偶及未成年子女，經許可居留，在臺灣地區居留一定期間，仍具備原申請在臺灣地區居留之條件者。但依同條項第一款規定申請者，其直系血親、配偶、兄弟姊妹或配偶之父母死亡者，仍得申請定居。

二、未滿十二歲，持入出境許可入境，其父或母原在臺灣地區設有戶籍者。

三、有本條例第十七條之情形者。

前項第一款所稱一定期間，指連續居留滿一年或居留滿二年且每年在臺灣地區居住二百七十日以上。

依第一項第一款規定申請在臺灣地區定居，其親屬關係因結婚或收養發生者，應存續

三年以上。但婚姻關係存續期間已生產子女者，不在此限。

第二項之連續居留期間，一年內得出境三十日；其出境次數不予限制，出境日數自出境之翌日起算，當日出入境者，以一日計算；其出境如係經政府機關派遣或核准，附有證明文件者，不予累計出境期間，亦不予核算在臺灣地區居留期間。依第二十一條第二項規定逕向境管局申請變更居留事由者，其在臺灣地區居留一定期間，自核准變更之翌日起算。

第三十條

香港或澳門居民申請在臺灣地區定居，應備下列文件，向境管局申請：

一、定居申請書。

二、香港或澳門永久居留資格證件。

三、足資證明我國國籍之文件。

四、臺灣地區居留證或臺灣地區居留入出境證。

五、流動人口登記聯單。

六、其他相關證明文件。

第三十一條

香港或澳門居民申請在臺灣地區定居，有第二十二條第一項第一款至第七款各款情形之一者，得不予許可。

第二十二條第二項、第三項及第五項之規定，於本條準用之。

第三十二條

香港或澳門居民申請在臺灣地區定居經許可者，發給臺灣地區定居證，由境管局函送申請人預定申報戶籍地之戶政事務所辦理戶籍登記，並副知申請人。

前項申請人未在預定申報戶籍地居住時，應向該地戶政事務所申請於臺灣地區定居證上簽註變更住址後，由預定申報戶籍地之戶政事務所函送實際居住地之戶政事務所辦理戶籍登記。

香港或澳門居民在臺灣地區辦理戶籍登記後，如須更正戶籍登記事項，應向戶政事務所申請辦理。如係更正姓名，除因戶籍人員過錄錯誤者外，戶政事務所應於更正後，將更正申請書副本及憑證影本函知境管局。

第三十三條

香港或澳門居民經許可在臺灣地區定居並辦妥戶籍登記後，須申請入出境者，依臺灣地區人民身分辦理。

第三十四條

經許可在臺灣地區定居之香港或澳門居民，有下列情形之一者，境管局得撤銷或廢止其依第三十二條規定所為之定居許可，並註銷其臺灣地區定居證；已辦妥戶籍登記者，由境管局通知戶政機關撤銷其戶籍登記：

一、與臺灣地區人民結婚，其婚姻無效或有事實足認係通謀而為虛偽結婚者。

二、所提供之文書無效者。

三、所提供之文書經撤銷、廢止或經司法機關認定係偽造、變造者。

第五章　附則

第三十五條

香港或澳門居民有下列情形之一者，由境管局發給出境證持憑出境：

一、經依第十五條第二項規定撤銷或廢止入出境許可者。

二、經依第二十八條第一項規定撤銷或廢止居留許可者。

三、經依前條規定撤銷或廢止定居許可者。

前項出境證自核發之翌日起十日內有效。

第三十六條

依本辦法規定申請之案件，委託他人代理申請者，應附委託書。但由旅行社代送件，並於申請書上加蓋旅行社及負責人章者，以旅行社為代申請人，免附委託書。

代申請人有隱匿或填寫不實情形，一年內不得代理申請香港或澳門居民進入臺灣地區及在臺灣地區居留、定居。

第三十七條

香港或澳門居民經許可進入臺灣地區，如有本條例第四十五條情形者，境管局應檢附據實申報之入出境申請書影本或專案許可證明文件及有關資料影本，函送該管高等法院或其分院檢察署備查。

第三十八條

申請進入臺灣地區及在臺灣地區居留或定居案件，經不予許可確定或駁回申請者，其所繳之證件費應予退還；依本辦法規定發給之入出境證件經註銷者，其所繳之證件費不予退還。

第三十九條

本辦法自發布日施行。但有本條例第六十二條但書情形時，分別自本條例一部或全部施行之日施行。

16.居住港澳地區人民來臺短期停留及長期居留規定

中華民國八十五年五月二日行政院（八五）臺外字第一二六一四號函訂定

一、為落實港澳政策，便利居住港澳地區人民來臺短期停留及長期居留，訂定本規定。

二、居住港澳地區人民來臺短期停留及長期居留，依本規定辦理，本規定未規定者，依「國人入境短期停留長期居留及戶籍登記作業要點」及「臺灣地區人民入出境

管理作業規定」之規定辦理。

三、居住港澳地區人民已取得香港居留權，具有左列各款情形之一者，得向香港中華旅行社或華僑旅運社申請核轉內政部警政署入出境管理局發給多次入出境證。

㈠採訪臺灣地區之新聞記者及編輯人員，經行政院新聞局建議發給者。

㈡須經常來臺之政界人士及民間團體負責人，經行政院大陸委員會建議發給者。

㈢與臺灣地區有業務關係之旅行業經理及帶團人員，經交通部觀光局建議發給者。

㈣需經常來臺之經貿、文教、金融、保險、證券、期貨等業界負責人。

前項多次入出境證，入境停留期間為三個月以內，必要時得申辦延期一次，以自入境之日起，併計六個月為限；逾期註銷，應重新申請單次出境證始得出境，所繳費用不予退費。

四、居住港澳地區人民，具有左列情形之一者，得申請來臺長期居留。

㈠有直系血親、配偶、兄弟姊妹或配偶之親生父母在臺灣地區設有戶籍者。

㈡參加僑社工作，且對僑務有貢獻，經僑務委員會會商外交部及其他有關機關確認出具證明者。

㈢擔任各級學校校長或教師，貢獻卓著者。

㈣在特殊領域之應用工程技術上有成就者。

㈤具有專業技術能力，並已取得港澳政府之執業證書或在學術、科學、文化、新聞、金融、保險、證券、貨期、運輸、郵政、電信、氣象或觀光專業領域有特殊成就者。

㈥在臺灣地區有新臺幣五百萬元以上之投資，經中央目的事業主管機關核准或出具證明者。

㈦匯入等值新臺幣五百萬元以上，並存款滿一年，附有外匯銀行證明者。

㈧在國外執教、研究新興學術或具有特殊技術與經驗，經中央目的事業主管機關延聘回國者。

㈨經中央目的事業主管機關核准回國就學之港澳學生，畢業回港澳地區服務滿二年者。

㈩依公司法設立之公司，經認許之外國公司或經備案之外國公司代表人辦事處聘僱之主管或專門性及技術性人員，經行政院勞工委員會認定，出具證明者。

㈤其他經政府機關或公私立大專院校任用或聘僱者。

㈥對政府推展港澳工作及達成港澳政策目標具有貢獻，經駐港澳單位出具證明並核轉行政院大陸委員會會同相關機關審查通過者。

前項各款規定申請人之配偶及未成年子女得隨同申請，未隨同本人申請者，得於本人入境居留後申請之。本人居留資格經撤銷或註銷時，其配偶及未成年子女之居留資格併同撤銷或註銷之。

第一項第㈢款至第㈤款及第㈩款情形應經中央目的事業主管機關審查合格，其審
核表另定之。

五、依第四點第一項第㈠款規定，每年申請在臺灣地區居留之類別及數額，得由主管
機關衡酌來臺居留或定居情形擬定，報請行政院核定後公告之。

六、第四點第㈢款至第㈤款情形，其證明文件應經外交部或僑務委員會駐港澳單位核
轉主管機關審查。

七、第四點第一、二項人民，除第一項㈩款及其配偶與未成年子女外，在臺灣地區居
留期間入出境及戶籍登記，依「國人入境短期停留長期居留及戶籍登記作業要點」
第六點及第十九點之規定辦理。

第四點第一項第㈣款至第㈦款人民，除依前項規定外，其在臺灣地區居留滿二年，
且每年在臺灣地區居住時間超過二百七十日，亦符合長期居留資格，得申請戶籍
登記。

17.大陸地區人民及香港澳門居民強制出境處理辦法

中華民國八十八年十月二十七日內政部（八八）臺內警字第八八七一九九二號令訂定發布全
　　文十三條；並自發布日起施行，但有香港澳門關係條例第六十二條但書情形時，分別自該
　　條例一部或全部施行之日施行

第一條

本辦法依臺灣地區與大陸地區人民關係條例第十八條第五項及香港澳門關係條例第十
四條第四項規定訂定之。

第二條

在臺灣地區限制或禁止水域內，查獲未經許可入境之大陸地區人民、香港或澳門居民，
治安機關得逕行強制驅離。

第三條

在機場、港口查獲未經許可入境之大陸地區人民、香港或澳門居民，治安機關得責由
原搭乘航空器、船舶之機（船）長或其所屬之代理人，安排當日或最近班次遣送離境。

第四條

在臺灣地區陸上，查獲依法得強制出境之大陸地區人民、香港或澳門居民，治安機關
於查無其他犯罪事實後，得逕行強制出境。

前項大陸地區人民、香港或澳門居民，有下列各款情事之一者，得由其本人及在臺灣
地區設有戶籍之親屬共立切結書，於其原因消失後強制出境：

一、懷胎五月以上或生產、流產後二月未滿者。

二、罹患疾病而強制其出境有生命危險之虞者。

第五條

強制出境前，有下列情形之一者，得暫予收容。

一、前條第二項各款所定情形。

二、因天災或航空器、船舶故障，不能依規定強制出境者。

三、得逕行強制出境之大陸地區人民、香港或澳門居民，無大陸地區、香港、澳門或第三國家旅行證件者。

四、其他因故不能立即強制出境者。

第六條

強制出境，依下列規定處理：

一、治安機關查獲者，得請當地警察機關協助處理。

二、各級警察機關查獲者，依規定逕行處理。

三、經大陸地區人民、香港或澳門居民收容處所暫予收容者，由內政部警政署入出境管理局（以下簡稱境管局）協調執行。

第七條

治安機關執行強制出境前，應審慎查證、蒐集被強制出境者違法證據、拍照及製作調查筆錄。

第八條

執行強制出境，應製作名冊，載明下列事項：

一、姓名、性別、出生年月日與大陸地區人民、香港或澳門居民身分證明文件號碼及在大陸地區或香港、澳門之住址。

二、查獲時間、地點及查獲之治安機關（單位）。

三、強制出境之依據。

四、出境費用墊付情形。

五、搭乘之班機（船）、日期及時間。

前項名冊應製作一式二份，一份自存，一份通知境管局。

境管局應依前項名冊製發出境通知單，送出境之機場或港口查驗單位。

第九條

依第二條逕行強制驅離及第三條遣送離境者，得不適用前三條規定。

第十條

執行強制出境，應依下列規定辦理：

一、以解送被強制出境者至最近之機場，搭乘航空器出境為原則；必要時得解送至最近之港口，搭乘船舶出境。

二、執行強制出境時，應派員戒護；必要時得申請警力支援。

三、遇有抗拒行為或脫逃之虞，得施以強制力或依規定使用警械。

前項被強制出境者，已備妥證照及機（船）票者，治安機關得准其搭機（船）出境，並應派員隨行至機場（港口），監視其出境。

第十一條

本辦法之強制出境執行作業，得委託中華民國紅十字會總會或行政院設立或指定之機構或委託之民間團體辦理之。

第十二條

執行強制出境所需之經費，應依預算程序編列。

第十三條

本辦法自發布日施行。但有香港澳門關係條例第六十二條但書情形時，分別自該條例一部或全部施行之日施行。

18.臺灣地區與大陸地區金融業務往來許可辦法

中華民國九十年十一月十六日財政部（九〇）臺財融㈠字第〇九〇─〇〇〇二五七號令修正
發布第二、五條條文

第一條

本辦法依臺灣地區與大陸地區人民關係條例第三十六條第二項規定訂定之。

第二條

臺灣地區銀行海外分支機構及國際金融業務分行，得與外商銀行在大陸地區之分支機構、大陸地區銀行金融機構及其海外分支機構、大陸地區法人、團體、其他機構及其海外分支機構、個人為金融業務往來。

＊財政部八六臺財融字第八六六四三四三〇號

要旨：

臺灣地區銀行海外分支機構不得簽發以大陸地區銀行為受益人之擔保信用狀

主旨：

有關　貴行函詢臺灣地區銀行海外分支機構，可否簽發以大陸地區銀行為受益人之擔保信用狀乙案，復如說明，請　查照。

說明：

一、復　貴行八十六年七月二十二日 (86) 中總管字第二八七一號函。

二、依據「臺灣地區與大陸地區金融業務往來許可辦法」第二條規定，臺灣地區銀行海外分支機構辦理兩岸金融業務往來之對象，限於外商銀行在大陸地區分支機構，大陸地區銀行海外分支機構，故臺灣地區銀行海外分支機構尚不得簽發以大陸地區銀行為受益人之擔保信用狀。

＊財政部八五臺財融字第八五五一〇〇二六號

要旨：

臺灣地區外匯指定銀行得接受國內匯款人申請，透過第三地區銀行匯款至受款人在大陸地區銀行之海外分支機構帳戶。

說明：

依據本部金融局案陳中央銀行外匯局八十五年一月十日 (85) 臺央外柒字字第〇〇六二號函轉 貴行八十四年十二月二十八日銀國管乙字第一八九〇二號函辦理。

＊財政部八四臺財融字第八四七〇〇六二六號

要旨：

本國銀行海外分支機構與外商銀行在大陸地區之分行辦理兩岸金融業務往來之規定

主旨：

本國銀行海外分支機構擬與外商銀行在大陸地區之分行辦理兩岸金融業務往來，除應依「臺灣地區與大陸地區金融業務往來許可辦法」規定辦理外，限以雙方總行業已存有通匯關係者為往來對象，惟無須另簽訂往來合約，請 查照轉知。

說明：

依據 貴會八十三年十二月十六日全國字二二〇二一一號函辦理。

第三條

本辦法所稱主管機關為財政部。

第四條

第二條所定金融業務往來，其範圍如下：

一、收受客戶存款。

二、辦理匯兌。

三、簽發信用狀及信用狀通知。

四、進出口押匯之相關事宜。

五、代理收付款項。

六、與前五款業務有關之同業往來。

前項各款業務，限於臺灣地區及大陸地區貨幣以外之幣別。

臺灣地區銀行不得參加大陸地區銀行主辦之國際聯貸，或接受大陸地區銀行參加臺灣地區銀行主辦之國際聯貸。但大陸地區銀行參加由第三地區銀行所主辦之國際聯貸，其借款人非為大陸地區之法人、自然人或機關、團體者，臺灣地區銀行得受邀參加該項聯貸。

前項之臺灣地區銀行及大陸地區銀行，均包括其國際金融業務分行及海外分支機構。

＊財政部八八臺財融字第八八七三〇五二四號

要旨：

臺灣地區銀行為供國內廠商之大陸子公司辦理融資擔保得依規定簽發擔保信用狀予香

港之外商銀行再憑以轉開至大陸地區

主旨：

依據本部八十七年九月十一日臺財融第八七七四三八二三號函之規定，　貴行得簽發擔保信用狀予香港之外商銀行，指示該外商銀行憑以轉開以大陸地區金融機構為受益人之擔保信用狀至大陸地區，供國內廠商擔保其大陸子公司辦理融資，請　查照。

說明：

依據本部金融局案陳　貴行八十八年三月六日（八八）中總國管字第〇七三八號函辦理。

＊財政部八七臺財融字第八七七四三八二三號

要旨：

臺灣地區銀行為擔保國內廠商在大陸地區子公司之借款，得簽發擔保信用狀予第三地區銀行供其轉開擔保信用狀。

主旨：

關於英商渣打銀行臺北分行函詢，臺灣地區銀行為擔保國內廠商在大陸地區子公司之借款，得否為國內廠商簽發擔保信用狀予第三地區銀行，再由第三地區銀行憑以轉開擔保信用狀至大陸地區乙案，請　查照轉知。

說明：

一、依據本部金融局案陳英商渣打銀行臺北分行八十七年八月四日 (87) 標渣業字第四八四九號函辦理。

二、本國銀行及外商銀行在臺分行為擔保國內廠商在大陸地區子公司之借款，簽發擔保信用狀予第三地區銀行，再由第三地區銀行憑以轉開擔保信用狀予大陸地區金融機構或外商銀行在大陸地區分支機構，核與現階段兩岸金融間接往來政策尚無牴觸，同意照辦。惟擔保信用狀中應敘明大陸地區金融機構或外商銀行在大陸地區分支機構於求償時，應逐向轉開擔保信用狀之第三地區銀行求償。另本國銀行利用其海外分支機構轉開擔保信用狀，則須符合「臺灣地區與大陸地區金融業務往來許可辦法」之規定。

＊財政部八六臺財融字第八六六五七九六二號

要旨：

釋示銀行為應廠商辦理大陸出口臺灣押匯需要授權其海外聯行簽發信用狀至大陸地區疑義

主旨：

關於法國國家巴黎銀行臺北分行函詢，可否授權該行香港分行簽發信用狀至大陸地區，由該行香港分行先行付款取得裝船單據後轉寄臺北分行，再辦理「大陸出口、臺灣押匯」乙案，請　查照轉知。

說明：

一、依據本部金融局案陳法國國家巴黎銀行臺北分行八十六年二月十一日 (86) 巴黎字第四十三號函辦理。

二、依法國國家巴黎銀行臺北分行來函說明，為應廠商辦理「大陸出口、臺灣押匯」之需要，該行臺北分行擬將信用狀申請書以 Telex 或 SW–IFT 拍發予該行香港分行，授權其簽發信用狀至大陸地區，該行香港分行於接獲大陸地區裝船單據後付款，並將裝船單據轉寄臺北分行，再辦理「大陸出口、臺灣押匯」。

三、上開信用狀作業流程，核與現階段兩岸金融間接往來政策尚無牴觸，同意照辦。惟外商銀行在臺分行授權其海外聯行簽發信用狀至大陸地區，限以在大陸地區外商銀行分支機構為信用狀之通知銀行及押匯銀行；至臺灣地區銀行授權其海外分支機構簽發信用狀至大陸地區，則須符合「臺灣地區與大陸地區金融業務往來許可辦法」之規定，且信用狀之通知銀行及押匯銀行以經許可得往來之外商銀行在大陸地區分支機構為限。

第五條

臺灣地區銀行海外分支機構辦理前條業務，應由總行檢具下列文件，向主管機關申請許可：

一、海外分支機構之名稱、所在地及負責人之姓名、住所。

二、海外分支機構經當地政府核准經營之業務項目。

三、海外分支機構之業務及財務狀況說明書。

四、業務發展計畫、詳細業務項目與預估未來三年之資產負債表及損益表之營業計畫書。

臺灣地區銀行國際金融業務分行辦理前條業務，應由總行檢具下列文件，向主管機關申請許可：

一、國際金融業務分行之業務及財務狀況說明書。

二、業務發展計畫與預估未來三年之資產負債表及損益表之營業計畫書。

臺灣地區銀行海外分支機構及國際金融業務分行申請與大陸地區金融機構辦理前條業務，另應檢具各項業務之糾紛處理、債權確保及風險控管計畫。

前三項之申請，主管機關於許可前應洽商中央銀行，其有事實顯示有礙健全經營業務之虞或未能符合金融政策之要求者，得不予許可；已許可者，得廢止之。

＊財政部八八臺財融字第八八八一一五七三號

要旨：

臺灣地區銀行海外分支機構與外商銀行大陸地區之分行辦理兩岸金融業務仍應以獲財政部許可為前提

主旨：

關於本國銀行海外分支機構與外商銀行在大陸地區分行辦理兩岸金融業務往來，如擬增加往來對象，仍應依「臺灣地區與大陸地區金融業務往來許可辦法」規定辦理，請查照轉知。

說明：

本部八十四年一月十一日臺財融第八四七〇〇六二六號函對本國銀行海外分支機構與外商銀行在大陸地區分行辦理兩岸金融業務往來之規定，主要係揭示臺灣地區銀行海外分支機構與外商銀行在大陸地區之分行往來毋須比照與大陸地區海外分行往來之案例，簽訂往來合約，然該等往來對象仍應以獲本部許可為前提。故本國銀行海外分支機構已獲准與外商銀行在大陸地區分行辦理兩岸金融業務往來者，其往來對象，若未於本部許可函中載明，則以銀行函報營業計畫書所載擬往來對象為限，其後如有增加需要，仍應先報經本部許可。

＊財政部八六臺財融字第八六八〇七九八三號

要旨：

臺灣地區銀行海外分支機構依據「臺灣地區與大陸地區金融業務往來許可辦法」申請與大陸地區銀行海外分支機構為金融業務往來事宜

主旨：

自即日起，臺灣地區銀行海外分支機構依據「臺灣地區與大陸地區金融業務往來許可辦法」申請與大陸地區銀行海外分支機構為金融業務往來，得依說明一、二辦理。請查照。

說明：

一、臺灣地區銀行海外分支機構申請與大陸地區銀行海外分支機構為金融業務往來，臺灣地區銀行總行得於同一申請表為其數家海外分支機構申請。「臺灣地區銀行海外分支機構辦理兩岸金融業務申請表」

二、臺灣地區銀行海外分支機構申請與大陸地區銀行海外分支機構辦理兩岸金融業務往來，大陸地區銀行海外分支機構名稱不須逐一列舉，得僅列「○○銀行海外分行」，經許可後，即得與所列之大陸地區銀行其所屬海外分支機構往來（但不包括海外子銀行），惟臺灣地區銀行海外分支機構仍須逐一與個別大陸地區銀行海外分支機構簽訂往來合約書，報本部備查後始得正式開辦。另如擬申請與大陸地區銀行海外子銀行往來，得毋須列該銀行之分支機構名稱，而僅列「○○銀行（不包括該行在大陸地區分支機構）」，經許可後，即得與該行在大陸地區以外之分支機構往來，臺灣地區銀行海外分支機構亦須個別與其簽訂往來合約書，並報本部備查後始得正式開辦。

三、臺灣地區銀行海外分支機構申請與外商銀行在大陸地區分支機構為金融業務往來，仍請依本部八十四年元月十一日臺財融八四七〇〇六二六號函辦理。

四、臺灣地區銀行海外分支機構業經許可得與大陸地區銀行海外分支機構往來，其擬與同一大陸地區銀行之尚未申請許可之海外分支機構為業務往來，臺灣銀行總行毋須再依據「臺灣地區與大陸地區金融業務往來許可辦法」第五條規定申請，惟仍須與擬往來之大陸地區銀行海外分支機構個別簽訂往來合約書，報本部備查後始得正式辦理。

第六條

經許可辦理第四條業務之臺灣地區銀行海外分支機構及國際金融業務分行，應定期將辦理情形彙報總行轉報主管機關及中央銀行備查。

第七條

臺灣地區銀行符合下列各款規定者，得向主管機關申請許可在大陸地區設立代表人辦事處：

一、守法、健全經營，且申請前三年未有重大違規情事者。

二、前一年度資產與淨值在國內銀行排名前十名以內。

三、最近半年自有資本與風險性資產之比率達百分之八以上。

四、具備國際金融業務專業知識及經驗。

五、已在臺灣地區以外國家或地區設立分支機構。

第八條

臺灣地區銀行為前條規定之申請，應檢具下列文件：

一、申請書。

二、可行性研究報告。

三、董事會議事錄。

四、最近三年財務報告。

五、最近半年自有資本與風險性資產比率計算表。

六、其他經主管機關規定之資料或文件。

前項之申請，主管機關於許可前應洽商中央銀行，其有事實顯示有礙健全經營業務之虞或未能符合政府政策之要求者，得不予許可；已許可者，得廢止之。

第九條

臺灣地區銀行在大陸地區設立代表人辦事處，得辦理下列業務：

一、從事金融相關商情之調查。

二、從事金融相關資訊之蒐集。

三、其他相關聯絡事宜。

第十條

臺灣地區銀行經大陸地區金融主管機關許可設立代表人辦事處者，應檢具下列事項相關文件，報經主管機關備查後，始得設立：

一、大陸地區金融主管機關之核准函。

二、預定設立日期及詳細地址。

三、負責人姓名及其學、經歷資格證明文件。

臺灣地區銀行在大陸地區代表人辦事處之負責人及設立地點有變更時，應報主管機關備查。

第十一條

本辦法自發布日施行。

19.臺灣地區金融機構辦理大陸地區匯款作業準則

中華民國九十一年二月三日財政部(九一)臺財融(一)字第〇九一一〇〇〇〇六五號令修正「臺灣地區銀行辦理大陸地區間接進出口外匯業務作業準則」，並修正名稱為「臺灣地區銀行辦理大陸地區進出口外匯業務作業準則」

第一條

臺灣地區金融機構經財政部許可者，得與外商銀行在大陸地區分支機構及大陸地區金融機構辦理大陸地區匯出匯入款業務；或經由在臺灣地區與大陸地區以外之第三地區銀行，辦理大陸地區間接匯出匯入款業務。

本準則所稱第三地區銀行不包括臺灣地區及大陸地區銀行之海外分支機構。但經財政部依臺灣地區與大陸地區金融業務往來許可辦法規定許可者，不在此限。

臺灣地區金融機構與外商銀行在大陸地區分支機構及大陸地區金融機構辦理大陸地區匯出匯入款業務，應檢具下列文件，向財政部申請許可：

一、申請書。（略）

二、糾紛處理、債權確保及風險控管計畫。

前項之申請，財政部於許可前洽商中央銀行，其有事實顯示有礙健全經營業務之虞或未能符合金融政策之要求者，得不予許可；已許可者，得廢止之。

第三項所訂申請書之格式，由財政部定之。

第二條

中央銀行指定辦理外匯業務之銀行（以下簡稱指定銀行）及郵政儲金匯業局得辦理對大陸地區之下列匯出款業務：

一、個人接濟或捐贈親友之匯款。

二、辦理「大陸出口、臺灣押匯」廠商之再匯出款；其匯出金額不得大於押匯金額。

三、進口大陸地區物品所涉之匯款。

四、金融保險機構經核准赴大陸地區設立代表人辦事處之辦公費用匯款。

五、大陸地區人民合法繼承或領受臺灣地區人民遺產、保險死亡給付、撫卹（慰）金、

餘額退伍金及其衍生孳息之匯款。

六、廠商向大陸地區子公司借入本金之還本付息。

七、定居大陸地區就養榮民就養給付之匯款。

八、其他經有關主管機關洽經行政院大陸委員會許可之匯出款。但每筆結匯金額未達新臺幣五十萬元之匯款，不在此限。

第三條

指定銀行得受理大陸地區之匯入款。但不得受理以直接投資、有價證券投資或其他未經法令許可事項為目的之匯入款。

指定銀行得受理客戶兌領外商銀行在大陸地區分支機構及大陸地區金融機構或其在大陸地區以外國家或地區設立之分支機構為發票銀行或付款銀行之票據。

第四條

本準則規定之業務限於臺灣地區及大陸地區以外之貨幣。

第五條

中央銀行規定之「外匯收支或交易申報書」之受款地區國別欄或匯款地區國別欄均可填寫大陸地區，指定銀行製發之出進口結匯證實書、買賣匯水單或其他交易憑證上可填寫大陸地區受款人或匯款人之姓名、地址，但須註明「大陸匯款」。

第六條

本準則規定之匯出匯入款業務，得以電匯、信匯及票匯之方式為之。

第七條

指定銀行及郵政儲金匯業局應於每月十日前將上月辦理情形（含筆數及金額等）報財政部及中央銀行備查。

第八條

本準則未規定事項，依中央銀行訂頒之外匯收支或交易申報辦法、指定銀行辦理外匯業務應注意事項、指定銀行輔導客戶辦理外匯收支或交易申報應注意事項辦理。

第九條

本準則自發布日施行。

20.臺灣地區銀行在香港澳門設立分支機構子公司許可辦法

中華民國八十九年十月二十七日財政部（八九）臺財融字第八九七六二五〇一號令修正發布
第五、十三條條文；本辦法修正條文自發布日起施行

第一條

本辦法依香港澳門關係條例（以下簡稱本條例）第三十二條規定訂定之。

第二條

本辦法所稱分支機構包括代表人辦事處及分行；所稱子公司，指臺灣地區銀行個別或合計持有已發行股份總數或實收資本額百分之五十以上之公司。

第三條

臺灣地區銀行符合下列各款規定者，得向財政部申請在香港或澳門設立分支機構或子公司：

一、守法經營、業務績效良好且財務結構健全。

二、具備國際金融業務專業知識與經驗暨良好外語能力人才。

三、已設立國外部二年以上。申請設立代表人辦事處者，其設立國外部為一年以上。

第四條

臺灣地區銀行在香港或澳門設立分支機構或子公司，應檢具下列文件向財政部申請許可：

一、申請書。

二、可行性研究報告。

三、營業計畫者。

四、內部控制及稽核制度暨營運管理及績效考核辦法。

五、其他財政部規定之資料或文件。

前項申請設立代表人辦事處者，得免附前項第三款及第四款文件；申請設立銀行及接受存款公司以外之子公司者，得免附前項第四款文件。

第一項申請之許可，財政部應洽商中央銀行。

第五條

臺灣地區銀行申請在香港或澳門設立分支機構或子公司，有事實顯示有礙健全經營業務之虞或未能符合政府政策之要求者，財政部得不予許可；經許可者，財政部於必要時得廢止之。

第六條

臺灣地區銀行未經財政部許可，不得在香港或澳門設立分支機構或子公司。

第七條

臺灣地區銀行經香港或澳門金融主管機關許可設立分支機構、子銀行或接受存款公司者，應檢具下列事項相關文件報經財政部准予備查後始得正式設立：

一、香港或澳門金融主管機關之核准函。如已核發營業執照者，並應檢執照影本。

二、香港或澳門金融主管機關核准經營之業務項目。

三、預定設立日期及詳細地址。

四、負責人姓名及其學、經歷資格證明文件。

第八條

臺灣地區銀行之子公司在香港或澳門設立分支機構或子公司，應依本辦法規定辦理。

第九條

臺灣地區銀行在香港或澳門分行配合當地金融法規與商業習慣辦理之業務,有不符臺灣地區金融法令規定者,應報經財政部核准。

臺灣地區銀行在香港或澳門分支機構或子公司之負責人、營業地址或營業項目變動,應報財政部備查。

第十條

臺灣地區銀行於財政部核准其設立香港或澳門之分支機構或子公司前,須派員常駐當地辦理商情蒐集及籌備事宜者,應先檢具派駐人員及地點資料報經財政部核准後,始得派駐。

第十一條

臺灣地區銀行併購香港或澳門之銀行或公司,應檢具第四條第一項之文件,報經財政部核准後始得辦理。

第十二條

本辦法施行前,已取得財政部許可在香港或澳門設立分支機構或子公司者,除無須再申請設立許可外,仍適用本辦法。

第十三條

本辦法自本條例施行之日施行。但有本條例第六十二條但書情形時,分別自本條例一部或全部施行之日施行。

本辦法修正條文自發布日施行。

21.臺灣地區銀行辦理大陸地區進出口外匯業務作業準則

中華民國九十一年二月十三日財政部 (九一) 臺財融㈠字第〇九一一〇〇〇〇六五號令修正
發布名稱及全文八條 (原名稱:地區銀行辦理大陸地區間接進出口外匯業務作業準則)

第一條

中央銀行指定辦理外匯業務之銀行 (以下簡稱指定銀行) 辦理大陸地區進出口外匯業務,依本準則之規定;本準則未規定者,適用其他有關法令之規定。

第二條

指定銀行經財政部核准者,得與外商銀行在大陸地區分支機構、大陸地區銀行及其海外分支機構辦理進出口外匯業務;或經由在臺灣地區與大陸地區以外之第三地區銀行,辦理間接進出口外匯業務。

本準則所稱第三地區銀行,不包括臺灣地區與大陸地區金融機構之海外分支機構。但經財政部依臺灣地區與大陸地區金融業務往來許可辦法規定許可之臺灣地區銀行海外分支機構,不在此限。

指定銀行與外商銀行在大陸地區分支機構、大陸地區銀行及其海外分支機構辦理進出口外匯業務，應由總行檢具下列文件，向財政部申請許可：

一、申請書。

二、糾紛處理、債權確保及風險控管計畫。

前項之申請，財政部應於許可前洽商中央銀行，其有事實顯示有礙健全經營業務之虞或未能符合金融政策之要求者，得不予許可；已許可者，得廢止之。

第三項所訂申請書之格式，由財政部定之。

第三條

指定銀行收到外商銀行在大陸地區分支機構、大陸地區銀行及其海外分支機構所開信用狀，得通知臺灣地區受益人。

第四條

指定銀行辦理開狀銀行或代收銀行為外商銀行在大陸地區分支機構、大陸地區銀行及其海外分支機構之出口押匯與出口託收業務時，得將有關單據或通知逕寄開狀銀行或代收銀行。

第五條

指定銀行辦理進口外匯業務，於押匯銀行或託收銀行為外商銀行在大陸地區分支機構、大陸地區銀行或其海外分支機構時，得接受其逕寄有關單據或通知。

第六條

本準則規定之業務，其幣別於臺灣地區及大陸地區以外之貨幣。

第七條

指定銀行應於每月十日前將上月辦理情形，依財政部規定之格式報財政部及中央銀行備查。

第八條

本準則自發布日施行。

22.臺灣地區與大陸地區保險業務往來許可辦法

中華民國八十九年九月二十七日財政部（八九）臺財保字第〇八九〇七五一〇一三號令修正
　發布第八、九之二條條文；並自發布日起施行

第一條

本辦法依臺灣地區與大陸地區人民關係條例第三十六條第二項規定訂定之。

第二條

本辦法所稱臺灣地區保險業海外分支機構，係指在臺灣地區以外之國家或地區設立之分公司、持有已發行股份總數超過百分之五十之子公司，及其他依法有營業行為之分

支機構。

第三條

本辦法所稱主管機關為財政部。

第四條

臺灣地區保險業海外分支機構得與外商保險業在大陸地區之分支機構及大陸地區保險業海外分支機構為再保險業務往來。

第五條

臺灣地區保險業海外分支機構得與在海外之大陸地區人民、法人、團體或其他機構為簽單保險業務往來。

第六條

臺灣地區保險業海外分支機構從事第四條之業務者，其分出之再保險業務總和不得超過該保險業當年度毛保險費收入之百分之三；其分入之再保險業務不得超過該保險業之自留限額。

第七條

臺灣地區保險業海外分支機構從事第五條之業務往來者，其保險單之費率規章或生命表之採用依簽單當地之標準。

第八條

臺灣地區保險業海外分支機構辦理第四條及第五條之業務，應由總公司檢具下列文件，向主管機關申請許可：

一、海外分支機構之名稱、所在地及負責人姓名、住所。

二、經當地政府核准經營之業務項目。

三、海外分支機構之業務、財務狀況說明書。

四、業務發展計畫、詳細業務項目及預估未來三年之資產負債表與損益表之營業計畫書。

前項之申請，經主管機關審核認為有礙健全經營業務之虞或未能符合保險政策之要求者，主管機關得不予許可；經許可者，於必要時得廢止之。

第九條

經許可辦理第四條及第五條業務之臺灣地區保險業海外分支機構，應定期辦理情形彙報總公司轉報主管機關備查。

第九條之一

臺灣地區保險業符合下列各款規定者，得向主管機關申請在大陸地區設立辦事處：

一、最近三年具有健全業務經營績效及安全財務能力。

二、最近三年未受保險法第一百四十九條第二項之處分。

第九條之二

臺灣地區保險業在大陸地區設立辦事處，應檢具下列文件，向主管機關申請許可：

一、申請書。

二、董事會議事錄。

三、最近三年財務報告。

四、其他經主管機關規定之資料或文件。

前項第一款所定申請書之格式，由主管機關定之。

第一項之申請，經主管機關審核認為有礙健全經營業務之虞或未能符合保險政策之要求者，主管機關得不予許可；經許可者，於必要時得廢止之。

第九條之三

臺灣地區保險業得在大陸地區設立辦事處，辦理下列業務。但不得有臺灣地區與大陸地區人民關係條例第九十五條規定之直接通商行為：

一、從事保險相關商情之調查。

二、從事保險相關資訊之蒐集。

三、其他相關聯絡事宜。

第十條

本辦法自發布日施行。

23.臺灣地區保險機構在香港澳門設立分支機構子公司許可辦法

中華民國八十九年九月二十八日財政部（八九）臺財保字第○八九○七五一○一七號令修正
　發布第五、七、十四條條文；並自發布日起施行

第一條

本辦法依香港澳門關係條例（以下簡稱本條例）第三十二條規定訂定之。

第二條

本辦法所稱分支機構包括辦事處（聯絡處）及分公司；所稱子公司，指臺灣地區保險機構個別或合計持有已發行股份總數或實收資本額百分之五十以上之公司。

第三條

臺灣地區保險機構符合下列各款規定者，得向財政部申請在香港或澳門設立分支機構或子公司：

一、最近三年具有健全業務經營績效及安全財務能力。

二、具備國際保險業務專長知識與經驗及良好外語能力人才。

第四條

臺灣地區保險機構在香港或澳門設立分支機構或子公司，應檢具下列文件向財政部申請許可：

一、申請書。

二、董事會議事錄。

三、營業計畫書。

四、內部控制與稽核制度及營運管理與績效考核辦法。

五、最近三年經會計師查核簽證之財務報告或審計機關決算審定書。

六、其他經財政部規定之資料或文件。

前項申請設立辦事處（聯絡處）者，得免附前項第三款至第五款文件。

第五條

臺灣地區保險機構申請在香港或澳門設立分支機構或子公司，有事實顯示有礙健全經營業務之虞或未能符合政府政策之要求者，財政部得不予許可；經許可者，財政部於必要時得廢止之。

第六條

臺灣地區保險機構未經財政部許可，不得在香港或澳門設立分支機構或子公司。

第七條

臺灣地區保險機構在香港或澳門設立分支機構或子公司，應於經財政部許可後六個月內，向香港或澳門保險主管機關提出設立申請。

未依前項規定期限內向香港或澳門保險主管機關提出申請，或於提出申請後六個月內未經香港或澳門保險主管機關核准者，財政部得廢止其許可。

但有正當理由者，得在前項期限屆滿前，向財政部申請延展。

第八條

臺灣地區保險機構經香港或澳門保險主管機關許可設立分支機構或子公司，應檢具下列事項相關文件報經財政部准予備查後始得正式設立：

一、香港或澳門保險主管機關之核准函。如已核發營業執照者，並應檢附執照影本。

二、香港或澳門保險主管機關核准經營之業務項目。

三、預定設立日期及詳細地址。

四、負責人姓名及其學、經歷資格證明文件。

第九條

臺灣地區保險機構分支機構在香港或澳門設立後，為配合當地保險法規與商業習慣辦理之業務，有不符臺灣地區保險法令規定者，應報經財政部核准。

第十條

臺灣地區保險機構分支機構或子公司在香港或澳門設立後，有下列情形者，應報請財政部備查：

一、名稱、負責人、營業地址、營業項目之變動或裁撤。

二、子公司轉讓其出資。

第十一條

臺灣地區保險機構擬併購香港或澳門之保險公司，應檢具第四條第一項之文件，報經財政部核准後始得辦理。

第十二條

臺灣地區保險機構之子公司在香港或澳門轉投資保險公司，應依本辦法規定辦理。

第十三條

本辦法施行前，已取得財政部及香港或澳門保險主管機關許可在香港或澳門設立分支機構或子公司者，除無須再申請設立許可外，仍適用本辦法。

第十四條

本辦法自本條例施行之日施行。但有本條例第六十二條但書情形時，分別自本條例一部或全部施行之日施行。

24.臺灣地區與大陸地區證券及期貨業務往來許可辦法

中華民國八十九年九月二十五日財政部（八九）臺財證（法）字第八〇三三六號令修正發布
　　第六條條文；並自發布日起施行

第一條

本辦法依臺灣地區與大陸地區人民關係條例第三十六條第二項規定訂定之。

第二條

本辦法所稱主管機關為財政部。

第三條

臺灣地區證券、期貨機構及其在臺灣地區以外之國家或地區設立之分支機構，除在臺灣地區以外之國家或地區持有已發行股份總數超過百分之五十之子公司外，經主管機關許可，得與大陸地區之法人、團體、其他機構，或其在大陸地區以外國家或地區設立之分支機構，為左列各款之業務往來：

一、辦理大陸地區因繼承或遺贈而持有臺灣地區公司發行之股票之股務事宜。

二、辦理大陸地區因繼承或遺贈而持有臺灣地區公司發行之股票之賣出事宜。

三、辦理證券投資顧問或期貨顧問業務。

四、辦理證券或期貨教育訓練事宜。

第四條

臺灣地區證券、期貨機構在臺灣地區以外之國家或地區持有已發行股份總數超過百分之五十之子公司，得依所屬地法令所許可之證券及期貨業務種類，經主管機關許可，與大陸地區之法人、團體、其他機構，或其在大陸地區以外國家或地區設立之分支機構，為證券及期貨業務往來。

第五條

臺灣地區證券、期貨機構及其在臺灣地區以外之國家或地區設立之分支機構，辦理前二條所定之業務，應由總機構敘明業務往來之種類、對象，並檢具左列書件，向主管機關申請許可：

一、該分支機構之名稱、所在地及負責人之姓名、住所。

二、該在臺灣地區以外分支機構經當地政府核准經營之業務種類。

三、該分支機構之業務、財務狀況說明書。

四、業務發展計畫、詳細業務項目及預估未來三年之資產負債表與損益表之營業計畫書。

第六條

前條之申請如經主管機關發現有礙健全經營業務之虞或未能符合證券及期貨管理之要求者，得不予許可；其經許可者，於必要時得廢止之，經許可後如發現其申請事項或檢附之文件有虛偽不實者，亦得撤銷之。

第七條

經許可辦理第三條及第四條業務之證券、期貨機構，應由總機構依規定將辦理情形彙報主管機關備查。

第八條

本辦法自發布日施行。

25.臺灣地區證券及期貨機構在香港澳門設立分支機構子公司許可辦法

中華民國八十九年九月二十五日財政部（八九）臺財證（法）字第八○三三七號令修正發布第三、九、十二條條文；並自發布日起施行

第一條

本辦法依香港澳門關係條例第三十二條規定訂定之。

第二條

本辦法所稱分支機構包括辦事處及分公司；所稱子公司，係指臺灣地區證券、期貨機構個別或合計持有已發行股份總數或實收資本額百分之五十以上之公司。

第三條

臺灣地區證券、期貨機構符合下列各款規定者，得向財政部申請在香港或澳門設立分支機構或子公司：

一、最近一年未曾受財政部證券暨期貨管理委員會（以下簡稱證期會）命令其解除董事、監察人或經理人職務之處分者。

二、最近一年未曾受證期會為停業之處分者。

三、最近三年未曾受證期會為撤銷或廢止分支機構營業許可之處分者。

四、最近一年未曾受證券、期貨交易所、期貨結算所或財團法人中華民國櫃檯買賣中心（以下簡稱櫃檯買賣中心）依其業務章則處以停止或限制買賣之處分者。

五、財務結構符合證券或期貨管理法令規定者。

第四條

臺灣地區證券、期貨機構申請在香港或澳門設立分支機構或子公司，應檢具下列文件向財政部申請許可：

一、公司章程或相當於公司章程之文件。

二、業務章則（申請設立子公司者免附）。

三、投資計畫書。

四、董事會（理事會）議事錄或股東會決議錄。

五、最近一期經會計師查核簽證或核閱之財務報告。

六、其他經財政部規定應提出之文件。

前項第三款所定之投資計畫書須載明下列事項：

一、投資計畫：含投資目的及其預期效益、資金來源及其運用計畫、營業計畫、資金回收計畫。

二、業務經營之原則：含公司設置地點、資本額、經營業務、營業項目、業務經營原則。

三、組織編制與職掌：含公司組織圖或控股公司集團組織圖、部門職掌與分工。

四、人員規劃：含人員編制、人員培訓及人員管理規範。

五、場地及設備概況：含場地佈置、重要設備概況。

六、未來三年財務預測：含開辦費、未來三年財務預估及編表說明。

臺灣地區證券、期貨機構在香港或澳門設立分支機構或子公司後，有下列情形之一者，應報請財政部備查：

一、名稱、負責人、營業地址、營業項目之變動或裁撤。

二、子公司轉讓其出資。

第五條

臺灣地區證券、期貨機構未經財政部許可，不得在香港或澳門設立分支機構或子公司。

證券商依前項規定申請許可者，其與臺灣證券交易所股份有限公司訂立有價證券集中交易市場使用契約者，應由該公司轉送財政部；僅與櫃檯買賣中心訂立證券商經營櫃檯買賣有價證券契約者，應由該中心轉送財政部；均未訂立者，應由證券商業同業公會轉送財政部。

期貨商依第一項規定申請許可者，應由期貨交易所轉送財政部。

第六條

臺灣地區證券、期貨機構申請在香港或澳門設立分支機構或子公司者，其出資種類，以下列各款為限：

一、外匯。

二、對外投資所得之淨利或其他收益。

三、對外技術合作所得之報酬或其他收益。

臺灣地區證券、期貨機構於前項資金匯出後，對於投資在香港或澳門之登記、變更登記證明文件及每年年度之財務報告應申報主管機關備查。

第七條

臺灣地區證券、期貨機構申請在香港或澳門設立之子公司，以該地法令准許其經營之證券或期貨業務為限。但該地法令另有規定得兼營相關證券、期貨、金融業務者，不在此限。

第八條

臺灣地區證券、期貨機構之子公司經許可在香港或澳門設立之子公司，轉投資當地證券、期貨相關機構者，應依本辦法規定辦理。

第九條

臺灣地區證券、期貨機構經申請在香港或澳門設立分支機構或子公司，有事實顯示有礙證券、期貨機構健全經營業務之虞或未能符合政府政策之要求者，財政部得不予許可；經許可者，財政部於必要時得廢止之；其申請事項有虛偽記載或提供不實文件者，得撤銷之。

第十條

臺灣地區證券、期貨機構申請在香港或澳門設立分支機構或子公司者，其投資額度得依證期會之規定辦理。

財政部得視國內經濟、金融情形及證券、期貨市場狀況限制臺灣地區證券、期貨機構在香港或澳門設立分支機構或子公司。

第十一條

本辦法施行前，已取得證期會許可在香港或澳門設立分支機構或子公司者，除無須再申請設立許可外，仍適用本辦法。

第十二條

本辦法自本條例施行之日施行。但有本條例第六十二條但書情形時，分別自本條例一部或全部施行之日施行。

本辦法修正條文自發布日施行。

26.大陸地區古物運入臺灣地區公開陳列展覽作業辦法

中華民國八十八年二月三日教育部（八八）臺參字第八八〇一〇九五三號令訂定發布全文十
　三條

第一條

教育部（以下簡稱本部）為規範大陸地區古物運入臺灣地區公開陳列展覽之申請及相
關事宜，特依臺灣地區與大陸地區人民關係條例第三十九條第一項之規定訂定本辦法。

第二條

本辦法所稱古物，依文化資產保存法施行細則第二條之規定。

第三條

大陸地區古物來臺公開陳列展覽，應由臺灣地區機關、學校、法人、團體或專業機構
（以下簡稱申請單位）代為向本部申請許可。

第四條

申請單位應檢具申請書、計畫書、邀請文件、契約書、保證書、展品清冊、展品照片
登錄簿、代申請委託書、專業顧問名冊及同意書、展品保險文件，及必要隨護人員名
冊等，於展覽日期開始二個月前向本部申請許可。

前項表件之格式，由本部另定之。

第五條

大陸地區古物來臺公開陳列展覽必要之隨護人員，應依大陸地區專業人士來臺從事專
業活動許可辦法之規定，同時向內政部警政署入出境管理局申請許可。

第六條

同一申請單位每年申請大陸地區古物來臺公開陳列展覽以一次為限，公開陳列展覽期
間不得逾二個月；有特殊情形須延期者，應於公開陳列展覽期間屆滿十五日前向本部
申請延期。但總期間不得逾六個月。

第七條

本部得成立審查小組，審議申請來臺公開陳列展覽案件，並得要求申請單位提供審議
之必要文件。

第八條

申請案經本部審議核發許可文件後，申請單位應持許可文件向經濟部國際貿易局申辦
輸入許可證辦理輸入事宜；展覽結束復運出口時，亦應檢附前述許可文件依相關貨品
輸出規定辦理輸出事宜。古物進出口臺灣地區，一案以向同一關稅局辦理進出口通關
為原則。

第九條

申請單位應事先洽妥古物運入公開陳列展覽、運出及隨護人員接待事宜，並檢具必備
文件於辦理進出口通關手續時供海關參考。

古物進口時，應依關稅法規定向海關繳納稅款保證金或由授信機構擔保，其於進口後六個月內全數運出臺灣地區時，由海關退還稅款保證金或解除授信機構保證責任；逾限未申請延長者由海關將保證金抵繳，或由授信機構代為繳納進口關稅。

第十條

古物經許可運入臺灣地區公開陳列展覽者，於向海關報運進口時，申請單位應同時報請本部會同專家於海關查驗鑑定及拍照成冊存據，再由海關辦理通關放行。

公開陳列展覽結束二個月內全數復運出口時，申請單位仍應報請本部會同專家及海關人員核對確屬原進口之古物後，加封出口。

第十一條

申請單位檢附之文件，有偽造、變造或虛偽不實者，本部得撤銷其許可，並移送有關機關依法處理。

第十二條

古物在臺公開陳列展覽期間，票價及宣傳方式應併同計畫書報經本部許可。

申請單位不得利用古物從事商業行為，如有違反，本部得命其停止活動，並於三年內對申請單位之其他申請案拒絕受理。

第十三條

本辦法自發布日施行。

27.大陸地區發行之集郵票品在臺灣地區展覽申請作業辦法

中華民國八十四年一月十八日交通部（八四）交參發字第八四〇三號令訂定發布全文十三條

第一條

為規範大陸地區發行之集郵票品在臺灣地區展覽，特訂定本辦法。

第二條

本辦法之主管機關為交通部，其業務由交通部郵政總局（以下簡稱郵政總局）執行之。

第三條

大陸地區發行之集郵票品有左列情形之一者，不得在臺灣地區展覽。但集郵票品如係參加我國主辦由國際集郵聯合會及亞洲集郵聯合會贊助之郵展者，依一般國際慣例及公平原則處理。

一、涉及宣傳中共意識形態及其所謂革命事蹟或人物者。

二、其他內容不妥者。

第四條

大陸地區發行之集郵票品在臺灣地區展覽，應由臺灣地區集郵團體或其他相關之法人、團體（以下簡稱申請團體）於郵展舉辦之日二個月前，檢具左列文件一式三份向郵政

總局提出申請。

一、申請書：應載明申請團體之名稱、負責人之姓名、職業、地址及聯絡電話。

二、郵展計畫書：應載明郵展名稱、時間、地點、展品主題、展品目錄及展品框數。

前項文件，申請團體應使用正體字詳實填寫，並提供有關文件。

未依前二項規定辦理或填寫失實者，得限期補正；逾期未補正者逕行退件。

第五條

前條申請案經審查通過者，由郵政總局核發同意函並副知經濟部國際貿易局及財政部關稅總局。申請團體憑該同意函向經濟部國際貿易局申請許可辦理展品之輸入、輸出事宜。

第六條

申請辦理展品輸入時，應依關稅法及展覽物品進出口通關辦法規定，向海關提供保證金或由授信機構擔保。其依限全數運出臺灣地區時，由海關退還保證金或解除授信機構保證責任。逾期由海關將保證金抵繳或由授信機關代為繳納。

第七條

大陸地區發行之集郵票品在臺灣地區展覽期間，不得逾二個月，必要時，得由申請團體敘明理由向郵政總局申請延期一次，期間不得逾二個月。

郵政總局依前項規定同意延期者，應副知經濟部國際貿易局及財政部關稅總局。

第八條

大陸地區發行之集郵票品在臺灣地區展覽者，如有違反第三條規定之情事時，得依臺灣地區與大陸地區人民關係條例（以下簡稱本條例）第三十九條第二項規定限制或禁止之。

違反前項之限制或禁止命令者，其集郵票品依本條例第九十三條規定沒入之。

第九條

郵展展品之文字說明應使用正體字。

第十條

郵政總局得設審查小組，審查大陸地區發行之集郵票品申請在臺展覽事項，並視需要邀請相關主管機關或學者專家參與。

第十一條

大陸地區發行之集郵票品經許可輸入臺灣地區展覽者，申請團體應依關稅法第三十條規定期限，於展覽結束後，全數復運出口，並將有關復運出口證明文件影本送郵政總局銷案。違者不得再申請辦理大陸地區發行之集郵票品之展覽。

第十二條

郵展會場發現大陸地區發行之集郵票品之買賣行為者，申請團體不得再申請辦理大陸地區發行之集郵票品之展覽。

第十三條

本辦法自發布日施行。

28.大陸地區新聞人員進入臺灣地區採訪注意事項

中華民國九十年六月六日行政院新聞局（九〇）正綜二字第〇七六四六號令修正發布第十點

一　大陸地區新聞人員進入臺灣地區採訪，除法令另有規定外，依本注意事項辦理。

二　本注意事項所稱大陸地區新聞人員，指依大陸地區法律成立之報社、通訊社、雜誌社及廣播、電視事業所指派，以報導時事及大眾所關心事務為主之專業人員。

三　大陸地區新聞人員申請進入臺灣地區採訪之主管機關為內政部，執行單位為內政部警政署入出境管理局(以下簡稱境管局)，目的事業主管機關為行政院新聞局(以下簡稱新聞局)。

四　大陸地區新聞人員進入臺灣地區採訪，應洽臺灣地區新聞事業或相關團體擔任邀請單位，於來臺之日一個月前，由邀請單位代向境管局提出申請。但因採訪特別需要者，不在此限。

五　大陸地區新聞人員申請進入臺灣地區採訪，應備下列文件：㈠旅行證申請書、最近二吋半身黑白照片二張及最近二吋半身彩色照片三張。㈡採訪計畫及行程表。㈢邀請函影本。㈣邀請單位立案證明或登記證明文件影本。㈤所屬媒體主管簽署之專業造詣證明文件（內容包括：1.媒體概述。2.任職簡歷——任職年限、工作性質、曾任職務等。3.所屬媒體指派進入臺灣地區採訪之意思表示）。

六　經許可進入臺灣地區採訪之大陸地區新聞人員，應於入境後十五日內，向居住地警察分駐（派出）所辦理登記手續，並與邀請單位保持密切聯繫。

　　前項大陸地區新聞人員應依許可之採訪計畫及行程表從事採訪活動，不得擅自變更。採訪計畫及行程表有變更者，邀請單位或該大陸地區新聞人員應先向新聞局報核，再檢具變更活動計畫及新行程表送境管局備查。

七　大陸地區新聞人員應遵守新聞人員職業道德，並秉持公正客觀原則從事採訪活動。

八　經許可進入臺灣地區採訪之大陸地區新聞人員，應於入境後三日內憑旅行證向新聞局領取記者證。

　　記者證效期與旅行證停留期間同。

　　前項大陸地區新聞人員從事採訪活動時，應事先徵求受訪機關（構）或單位之同意，並主動出示記者證。

　　記者證僅供持證人證明新聞人員身分之用，不得轉作其他用途。

　　記者證遺失時，應檢附申請函向新聞局申請補發。

九　大陸地區新聞人員進入臺灣地區採訪，應遵守中華民國法令。

十　經許可進入臺灣地區採訪之大陸地區新聞人員有下列情形之一者，新聞局得廢止
　　其記者證；境管局得廢止其旅行證並移送有關機關依法處理。
　　㈠從事與許可目的不符之活動。
　　㈡採訪期間變換所屬媒體或喪失新聞人員身分。
　　大陸地區新聞人員進入臺灣地區採訪期間，有前項各款情形之一者，應即繳回記
　　者證及旅行證，於三日內離境。

29.大陸地區學歷檢覈及採認辦法

中華民國八十六年十月二十二日教育部（八六）臺參字第八六一二一七二五號令訂定發布全
　文二十條

第一章　總則

第一條

本辦法依臺灣地區與大陸地區人民關係條例（以下簡稱本條例）第二十二條規定訂定
之。

第二條

臺灣地區人民及經許可在臺灣地區定居之大陸地區人民，在大陸地區接受教育取得之
學歷檢覈及採認，依本辦法之規定辦理。

第三條

本辦法所稱大陸地區學歷，指大陸地區各級各類學校或學位授予機構（以下簡稱機構）
發給之學位證（明）書、畢業證（明）書及肄業證（明）書，其學校或機構之入學資
格、修業年限、修習課程與臺灣地區同級同類學校相當者。

第四條

本辦法所稱檢覈，指大陸地區學歷之審查；所稱採認，指經審查後就大陸地區學歷與
臺灣地區同級同類學校相當之學歷之認定。

第五條

大陸地區學歷之檢覈及採認，其主管教育行政機關如下：

一、高等學校或機構發給之學歷：教育部。

二、中等以下各級各類學校發給之學歷：地方主管教育行政機關。

第六條

大陸地區學歷之檢覈及採認，除第八條、第十一條及第十四條規定外，經書面檢覈屬
實者，予以採認。

第二章　大陸地區人民學歷之檢覈及採認

第七條

大陸地區人民在民國三十九年一月一日以後畢（肄）業於經教育部認可之大陸地區高等學校或機構所取得之學歷，其申請檢覈，應檢具下列文件：

一、經大陸地區公證處公證屬實之學歷證件、歷年成績證明及公證書影本。

二、前款公證書經行政院設立或指定之機構或委託之民間團體證明與大陸地區公證處原發副本相符之文件影本。

三、國民身分證影本。

四、在臺灣地區定居證副本或戶籍謄本影本。

第八條

大陸地區人民在民國三十九年一月一日以後畢（肄）業於未經教育部認可之高等學校或機構所取得之學歷，其檢覈應經書面審查及學歷甄試通過，始予採認；民國三十九年一月一日以後畢（肄）業於經教育部認可之大陸地區高等學校或機構所取得之醫學、牙醫學、中醫學專科及學位之學歷，其檢覈亦同。

前項大陸地區人民於未經教育部認可之大陸地區高等學校或機構所取得醫學、牙醫學、中醫學專科及學位之學歷者，其學歷甄試以二次為限。

第九條

大陸地區人民在大陸地區高等學校或機構取得之學歷，有下列情形之一者，不予檢覈：

一、採函授或遠距教學方式者。

二、經高等教育自學考試方式通過者。

三、在大陸以外地區設立之分校就讀者。

四、持名（榮）譽博士學位者。

五、共產主義意識形態之校、院、系、所者。

六、民國五十六年至民國六十六年期間取得者。

七、非正規學制之高等學校者。

八、以兼讀或走讀方式取得者。

九、其他經主管教育行政機關公告不予檢覈者。

第三章　臺灣地區人民學歷檢覈及採認

第十條

臺灣地區人民服畢兵役或無常備、補充兵役義務者，前往經教育部認可之大陸地區高等學校就讀前，應檢具下列文件，向教育部報備：

一、正式入學考試（大陸地區普通高等學校聯合招生考試或聯合招收華僑、香港、澳門、臺灣地區學生招生考試或研究所入學考試等）成績單及錄取證明文件正本。

二、國民身分證明影本。

三、退伍證明或無常備、補充兵役義務證明。但女性免繳。

未依前項規定報備或已報備入學就讀後未獲學位之學歷，不予檢覈。

第十一條

臺灣地區人民依前條規定向教育部報備取得之醫學、牙醫學、中醫學學位之學歷，其檢覈應經書面審查及學歷甄試通過，始予採認。

第十二條

臺灣地區人民在大陸地區高等學校所取得之學歷，其申請檢覈，應檢具下列文件：

一、經大陸地區公證處公證屬實之學歷證件、歷年成績證明及公證書影本。

二、前款公證書經行政院設立或指定之機構或委託之民間團體證明與大陸地區公證處原發副本相符之文件影本。

三、國民身分證明影本。

四、內政部警政署入出境管理局核發之入出境紀錄。

五、內政部警政署入出境管理局核發許可至大陸地區之證明文件。

六、赴大陸地區就讀依第十條第一項向教育部報備，經備案之證明文件。

第十三條

臺灣地區人民在大陸地區高等學校取得之學歷，有下列情形之一者，不予檢覈：

一、在本條例公布施行前，赴大陸地區就學取得者。

二、在未經教育部認可之學校就讀取得者。

三、採函授或遠距教學方式者。

四、經高等教育自學考試方式通過者。

五、在大陸以外地區設立之分校就讀者。

六、持名（榮）譽博士學位者。

七、共產主義意識形態之校、院、系、所者。

八、非正規學制之高等學校者。

九、以兼讀或走讀方式取得者。

十、未具醫學、牙醫學或中醫學學士學位而逕修醫學、牙醫學或中醫學碩士、博士學位者。

十一、其他經主管教育行政機關公告不予檢覈者。

第十四條

臺灣地區人民在本條例公布施行後，本辦法發布施行前，依大陸地區高等學校正式入學考試錄取就學者，其取得之學歷檢覈，須通過學歷甄試合格，始發給相當學歷資格證明書。但未獲學位之學歷，不予檢覈。

臺灣地區人民依前項規定參加學歷甄試，以二次為限。

第四章　附則

第十五條

在臺灣地區原無戶籍並經許可定居者，除屬於第二條所定之對象外，準用大陸地區人民之規定辦理。

第十六條

在臺灣地區原有戶籍之人民，其以非臺灣地區人民身分所取得之大陸地區高等學校之學歷者，除報備程序外，準用臺灣地區人民之規定辦理。

第十七條

本辦法所規定之各項學歷甄試，其辦理方式及大陸地區高等學校與機構之認可名冊，由教育部公告之。

第十八條

在大陸地區高等學校或機構取得之學歷，經教育部檢覈及採認者，得由教育部發給各類學歷證明文件，並副知其戶籍所在地之直轄市、縣（市）政府。

前項學歷證明文件之格式，由教育部另定之。

第十九條

大陸地區中等以下各級各類學校之學歷檢覈及採認，由地方主管教育行政機關訂定規定辦理。

第二十條

本辦法自發布日施行。

30.港澳學生來臺就學辦法

中華民國八十六年六月二十九日教育部（八六）臺參字第八六○七六○八三號令修正發布第二條條文

第一條

教育部為輔導港澳地區來臺學生就學特訂定本辦法。

第二條

凡港澳地區學生，連續居住迄今或最近連續居留港澳八年以上，並且有港澳地區出生證明或身分證者，得申請輔導來臺就學。

本辦法有關適用香港地區來臺學生就學部分，自中華民國八十六年七月一日起不適用之。

第三條

港澳地區來臺學生除國民小學四年級以下者於到臺申報戶籍後，逕向所在地區鄉、鎮、

市、區公所申請分發肄業外，至申請就讀國民小學五年級以上、中等學校或五年制專科學校一年級之學生，應於到臺後一年內逕向教育部申請登記分發學校，並繳送左列各件：

一、港澳地區出生證明或身分證影印本。

二、在港澳地區連續居留滿八年以上之原始證明文件。

三、正式學歷證件正本(包括原肄業學校所發之肄業證明書、畢業證書或轉學證書等)。如有遺失，應向原肄業學校申請補發。

四、「居留證」副本之影印本或戶口謄本（六個月內者）。

五、二吋半身照片二張。

六、登記表二份（由教育部中等教育司印製備索）。

第四條

申請登記學生之入學年齡規定如左：

一、國民小學：十三足歲以下者。

二、國民中學：十六足歲以下者。

三、高級中學：十九足歲以下者。

四、高級職業學校及五年制專科學校：二十二足歲以下者。但護理職業學校及護理專科學校得放寬至二十五足歲以下。

第五條

教育部對於申請登記學生之學歷證件處理方式如左：

一、經核准立案大、中、小學所發學歷證件准以原證件分發學校。

二、未經立案學校所發之證件，除英文書院及教會學校所發之中、小學校學歷證件，按其肄業之年級或年次，比照現行學制核定其肄業年級後，准以原證件分發學校外，其餘由教育部按其程度換發證明書，分發學校。

三、經核准立案之專科以上學校所發之轉學證明書准憑原證報考轉學。

第六條

港澳地區來臺就學學生，應在各校開學未逾三分之一時間內申請辦理；逾期應依左列規定辦理：

一、國民小學五、六年級學生分發學校甄試入學。

二、國民中學、高級中學學生分發學校隨班附讀。但如未逾第一學期開學三分之二而學期成績考查及格，符合升級規定者，得轉為正式生。

三、職業學校及五年制專科學校應俟下學年度再行申請分發入學。

第七條

本辦法修正施行前經教育部分發學校就讀之學生，其升學仍依原有之規定辦理。

第八條

港澳地區學生來臺升學大學、獨立學院及三年制專科學校者，應在香港參加中文專科以上學校入學考試。

第九條

港澳地區來臺學生未具本辦法第二條規定條件者，如來臺就學應先將其所持港澳地區學歷證件，送請教育部核定相當程度之學力後，自行向擬就讀學校報考入學。

第十條

港澳地區來臺就學，除在香港參加中文專科以上學校入學考試經錄取之學生，由僑務委員會代辦（仍應檢送入境證申請書及入境保證書）入境手續外，其他均應依照規定自行向有關機關或內政部警政署入出境管理局申請辦理，教育部概不代辦入境手續。

第十一條

（刪除）

第十二條

本辦法自發布日施行。

31.香港澳門居民來臺就學辦法

中華民國八十六年六月二十九日教育部（八六）臺參字第八六〇七六二九三號令訂定發布全文十一條

第一條

本辦法依香港澳門關係條例（以下簡稱本條例）第十九條規定訂定之。

第二條

香港或澳門居民出生並繼續居住或最近繼續居留香港或澳門八年以上，並有香港或澳門出生證明或永久居留資格證件者，得申請來臺就學。

前項香港或澳門居民申請來臺就學，如符合本條例第四條第三項規定，且已取得華僑身分證明書者，得維持比照僑生之既有權益。

第三條

香港或澳門居民來臺就學除國民小學四年級以下者，於到臺申報流動人口登記後，逕向所在地區鄉（鎮、市、區）公所申請分發入學外；申請就讀國民小學五年級以上、中等學校或五年制專科學校一年級者，應於到臺後一年內逕向各級主管教育行政機關申請登記分發學校，並繳送下列文件：

一、香港或澳門出生證明或永久居留資格證件。

二、在香港或澳門繼續居留滿八年以上之原始證明文件。

三、正式學歷證件正本(包括原肄業學校所發之肄業證明書、畢業證書或轉學證書等)。如有遺失，應向原肄業學校申請補發。

四、居留證副本之影印本或戶籍謄本（六個月內者）。

五、二吋半身照片二張。

六、登記表二份。

第四條

申請登記學生之入學年齡規定如下：

一、國民小學：十三足歲以下。

二、國民中學：十六足歲以下。

三、高級中學：十九足歲以下。

四、職業學校及五年制專科學校：二十二足歲以下。但護理職業學校及護理專科學校得放寬至二十五足歲以下。

第五條

申請登記學生之學歷證件處理方式如下：

一、經核准立案之大、中、小學所發學歷證件，准以原證件分發學校。

二、未經立案之英文書院及教會學校所發之中、小學校學歷證件，按其肄業之年級或年次，比照現行學制核定其肄業年級後，准以原證件分發學校。

三、經核准立案之專科以上學校所發之轉學證明書，准以原證報考轉學。

第六條

香港或澳門居民來臺就學學生，應在各校開學前或開學未逾學期三分之一時間內申請；屆期者，應依下列規定辦理：

一、國民小學五、六年級學生分發學校甄試入學。

二、國民中學、高級中學分發學校隨班附讀。但如未逾第一學期開學三分之二而學期成績考查及格符合升級規定者，得轉為正式生。

三、職業學校及五年制專科學校應俟下學年度再申請分發入學。

第七條

民國八十四年一月十三日以前經教育部分發學校就讀之學生，其升學仍依原有之規定辦理。

第八條

香港或澳門居民來臺升學大學校院及僑大先修班者，依其招收香港或澳門生之規定辦理。

第九條

香港或澳門居民來臺就學學生，其入境手續及相關事項依有關規定辦理。

第十條

香港或澳門居民來臺不符合第二條第一項規定者，其所持香港或澳門學歷證件，自行向擬就讀學校檢覈採認後，依國內就學規定辦理。

第十一條

本辦法自本條例施行之日施行，但有本條例第六十二條但書情形時，分別自本條例一部或全部施行之日施行。

32.在大陸地區從事投資或技術合作許可辦法

中華民國九十一年四月二十四日經濟部（九一）經審字第○九一○四六一○三五○號令修正發布第七條

第一條

本辦法依臺灣地區與大陸地區人民關係條例（以下簡稱本條例）第三十五條第二項規定訂定之。

第二條

臺灣地區人民、法人、團體或其他機構在大陸地區從事投資或技術合作，依本辦法之規定辦理。本辦法未規定者，適用其他有關法令之規定。

第三條

本辦法之主管機關為經濟部，執行單位為經濟部投資審議委員會（以下簡稱投審會）。

第四條

本辦法所稱在大陸地區從事投資，係指臺灣地區人民、法人、團體或其他機構有左列情形之一者而言。

一、在大陸地區出資。

二、在大陸地區與當地人民、法人、團體或其他機構共同出資。

三、投資第三地區現有公司，並為該公司董事、監察人或對於該公司之經營實際上行使支配影響力之股東，而該公司有前二款出資行為之一。

前項第一款及第二款之投資，應經由其在第三地區投資設立之公司、事業在大陸地區依左列方式為之。

一、創設新公司或事業。

二、對當地原有之公司或事業增資。

三、取得當地現有公司或事業之股權並經營之。但不包括購買上市公司股票。

四、設置或擴展分公司或事業。

第二項第一款至第三款投資金額未逾一百萬美元者，得經由第三地區為之，不須在第三地區設立公司或事業。但同一申請人在許可後兩年內再申請赴大陸地區投資，其總投資金額累計達一百萬美元以上者，仍須受前項投資方式之限制。

第五條

本辦法所稱在大陸地區從事技術合作，係指臺灣地區人民、法人、團體或其他機構，

提供專門技術、專利權、商標專用權或著作財產權與大陸地區人民、法人、團體或其他機構之合作。

前項技術合作，應經由第三地區在大陸地區為之。

第六條

臺灣地區人民、法人、團體或其他機構在大陸地區從事投資，其出資之種類，以左列各款為限。

一、現金。

二、機器設備、零配件。

三、原料、半成品或成品。

四、專門技術、專利權、商標專用權或著作財產權。

第七條

臺灣地區人民、法人、團體或其他機構在大陸地區從事投資或技術合作之產品或經營項目，依據國家安全及經濟發展之考慮，區分為一般類及禁止類，其項目清單及個案審查原則，由主管機關會商目的事業主管機關訂定發布。

第八條

臺灣地區人民、法人、團體或其他機構依本辦法規定在大陸地區從事投資或技術合作者，應先備具申請書件向投審會申請許可。

前項申請書格式及相關文件，由投審會定之。

在本辦法施行前，未經核准已在大陸地區從事投資或技術合作者，應自本辦法施行之日起三個月內向投審會申請許可，逾期未申請或申請未核准者，以未經許可論。

第九條

經許可在大陸地區從事投資者，應於開始實行後六個月內，檢具左列有關文件報請投審會核備。

一、實行投資證明文件影本。

二、投資事業設立登記證明之文件或營業執照影本。

三、投資事業之股東名冊或持股證明文件影本。

經許可在大陸地區從事技術合作者，應於開始實行後六個月內，檢具相關文件，向投審會報備技術合作開始日期。

第一項第二款、第三款及第二項之相關文件，投審會認為必要時，得要求其須經有關機構或受委託民間機構驗證。

第十條

經許可在大陸地區投資之出資或技術合作之轉讓,應於轉讓後二個月內向投審會報備。

第十一條

經許可在大陸地區從事投資或技術合作者，於實行後因故中止時，應於中止後二個月

內向投審會報備。

第十二條

經許可在大陸地區從事投資或技術合作，於核定實行之期限內，尚未實行投資或技術合作者，期限屆滿時其許可失效。

已實行投資而未能於核定之期限內完成投資計畫者，其未完成部分之許可，於期限屆滿時失效。

前項所定期限，如有正當理由，得於期限屆滿前，向投審會申請核准延展。

第十三條

經許可在大陸地區從事投資或技術合作，申請事項有虛偽記載或提供不實文件，投審會得撤銷許可。

第十四條

經許可在大陸地區從事投資或技術合作，違反本辦法第九條第一項、第二項、第十條及第十一條規定者，投審會得撤銷許可。

第十五條

本辦法自發布日施行。

33.在大陸地區從事投資或技術合作審查原則

中華民國九十年十一月二十日經濟部（九〇）經投審字〇九〇〇四六二四八四〇號令修正發布全文五點

壹、本審查原則係依在大陸地區從事投資或技術合作許可辦法第七條規定訂定。

貳、在大陸地區從事投資或技術合作之產品或經營之項目，分禁止類及一般類：

　　一、禁止類：基於國際公約、國防、國家安全需要、重大基礎建設及產業發展考量，禁止前往大陸投資之產品或經營項目。

　　二、一般類：凡不屬禁止類之產品或經營項目，歸屬為一般類。

主管機關基於產業發展之考量，召集產、官、學界組成之專案小組，就前述產品或經營項目之分類，進行每年一次之定期檢討及不定期之專案檢討，並研提建議清單，由主管機關審查彙整，報請行政院核定後公告之。其檢討分類之原則如左：

　　一、凡有助於提高國內產業競爭力、提升企業全球運籌管理能力者，應積極開放。

　　二、國內已無發展空間，須赴大陸投資方能維繫生存發展者，不予限制。

　　三、赴大陸投資可能導致少數核心技術移轉或流失者，應審慎評估。

參、投資人對大陸投資累計金額不得超過主管機關所定投資金額或比例上限（如附表）。但大陸投資事業盈餘轉增資之金額，不計入其投資累計金額。投資人將大陸投資事業之股本或盈餘匯回者，得扣減其投資累計金額。

肆、申請在大陸地區從事投資或技術合作之案件，相關主管機關應按下列方式予以審核：

一、簡易審查

個案累計投資金額在二千萬美元以下者（含二千萬美元），應採簡易審查方式，針對投資人財務狀況、技術移轉之影響及勞工法律義務履行情況及其他相關因素進行審查，並由主管機關以書面方式會商各相關機關意見後，逕予准駁，有特殊必要時，得提經濟部投資審議委員會審查，若主管機關於投資人備齊完整文件後一個月內未作成決定，則該申請案自動許可並生效，主管機關並應發給證明。

二、專案審查

個案累計投資金額逾二千萬美元者，由主管機關以書面會商相關機關後，提報經濟部投資審議委員會委員會議審查，其審查項目如次：

㈠事業經營考量因素：包括國內相對投資情形、全球化佈局及國內經營情況改變等因素。

㈡財務狀況：包括負債餘額、負債比例、財務穩定性及其集團企業之財務關聯性等因素。

㈢技術移轉情況：包括對國內業者核心競爭力之影響、研發創新佈局及侵害其他廠商智慧財產權之情形等因素。

㈣資金取得及運用情形：包括資金來源多元化、資金匯出計畫及大陸投資資金匯回情形等因素。

㈤勞工事項：包括對就業之影響及對勞工法律義務之履行情況等因素。

㈥安全及策略事項：包括對國家安全的可能影響、經濟發展策略考量及兩岸關係因素等。

㈦投資個案如有參與審查機關認屬重大事項須政策決定者，由主管機關報請行政院召開跨部會會議審查。

伍、主管機關應每年定期或視需要邀集陸委會、中央銀行、財政部、經建會、勞委會、農委會等部會首長參酌左列各項因素，調整前述採簡易許可程序之個案累計投資金額上限及個別企業累計投資金額比例上限，或採取其他必要之措施，以降低大陸投資對整體經濟之可能風險。

一、國內超額儲蓄率。

二、赴大陸投資占 GDP 之比重。

三、赴大陸投資占國內投資之比重。

四、赴大陸投資占整體對外投資之比重。

五、赴大陸投資廠商資金回流情形。

六、外匯存底變動情形

七、兩岸關係之狀況。

八、國內就業情形。

九、其他影響總體經濟之因素。

單位：新臺幣元

類別	淨值	對大陸投資累計金額或比例上限
㈠個人及中小企業		八千萬元
㈡實收資本額逾新臺幣八千萬元之企業	五十億元以下者	淨值之百分之四十或八千萬元（較高者）
	逾五十億元，一百億元以下者	五十億元部分適用百分之四十，逾五十億元部分適用百分之三十
	逾一百億元者	五十億元部分適用百分之四十，五十億元以上未逾一百億元部分適用百分之三十，逾一百億元部分適用百分之二十

34.在大陸地區從事商業行為許可辦法

中華民國八十八年十一月二十四日經濟部（八八）經商字第八八二二二四五一號令修正發布第三、四、五條條文

第一條

本辦法依臺灣地區與大陸地區人民關係條例（以下簡稱本條例）第三十五條第三項規定訂定之。

第二條

臺灣地區人民、法人、團體或其他機構在大陸地區從事本辦法第四條第一項之商業行為者，依本辦法之規定辦理。

第三條

本辦法之主管機關為經濟部。

第四條

本辦法所稱商業行為，係指經中央目的事業主管機關公告應經許可或禁止者。

臺灣地區人民、法人、團體或其他機構依本條例第三十五條第三項規定許可之投資、技術合作或貿易行為，其所衍生之相關商業行為，不適用本辦法。

申請人申請在大陸地區設立辦事處，主管機關應依據國家安全及經濟發展之考量審查之；其審查原則，由主管機關會商目的事業主管機關定之。

前項在大陸地區設立辦事處，應由申請人在第三地投資設立之公司或事業為之。

＊法務部（八三）法律字第○七一七四號

要旨:

一、 按臺灣地區與大陸地區人民關係條例（以下簡稱兩岸人民關係條例）第三十五條第一項規定:「臺灣地區人民、法人、團體或其他機構，非經主管機關許可，不得在大陸地區從事投資或技術合作，或與大陸地區人民、法人、團體或其他機構從事貿易或其他商業行為。」第二項規定:「前項許可辦法，由有關主管機關擬定，報請行政院核定發布之。」目前依本條規定發布施行之許可辦法計有:「在大陸地區從事投資或技術合作許可辦法」、「臺灣地區與大陸地區貿易許可辦法」及「在大陸地區從事商業行為許可辦法」。惟對於大陸地區人民在臺灣地區從事商業行為迄今尚無許可辦法。因此，在相關辦法訂定前，大陸地區人民在臺灣地區未經主管機關許可，似不得從事任何商業行為。

二、 查「大陸地區人民在臺申請專利及商標註冊作業要點」僅屬申請者與行政機關之行政作業規範，與私人間之商業行為無涉，其規範目的亦與兩岸人民關係條例第三十五條規定不同。其中第三點雖規定「大陸地區申請人申請專利、註冊商標及辦理有關事項，應委任在專利商標主管機關登記有案之專利代理人或商標代理人辦理。」惟該規定係規範受任人之資格限制，與委任是否為商業行為無關。惟為免疑義，該要點草案與兩岸人民關係條例具有如何之關係，宜予說明。

三、 次查大陸地區人民委任臺灣地區人民代辦申請專利及商標註冊，其私人間之委任行為，若屬商業行為且在大陸地區作成時，應先依「在大陸地區從事商業行為許可辦法」申請許可後，再由受任人依作業要點規定辦理註冊事宜;如委任行為在臺灣地區作成時，因相關之許可辦法尚未訂定，其委任行為並不合法，其受任人不得僅憑作業要點即辦理註冊事宜。反之，若大陸地區人民與臺灣地區人民間之委任行為非屬商業行為，即不受兩岸人民關係條例第三十五條規範，人民得隨時為委任行為，並俟作業要點發布生效後，即得由受任人辦理註冊事宜。至於「商業行為」之涵義如何，法律尚無明文規定，實務上多因法規目的不同而異其解釋。例如，從行為性質以觀，凡提供財貨或勞務而獲取對價或賺取報酬之行為均可視為商業行為;民法債編所規定之買賣、交互計算、承攬、有償委任、居間、行紀等契約類型及「在大陸地區從事商業行為許可辦法」第四條規定之商業行為均屬之。又如從稅法之立場，則唯有以營利為目的，依法設立登記並繳納營利事業所得稅及營業稅之獨資、商號、合夥或公司組織所為之營業行為，始為商業行為。兩岸人民關係條例第三十五條規定，係以避免落入中共統戰之圈套，影響臺灣地區經濟之穩定，造成社會不安，危害國家安全為立法目的。其所謂「商業行為」究應如何界定?「在大陸地區從事商業行為許可辦法」宜否修正補充、抑或另訂他法以規範在臺灣地區發生之商業行為? 及在大陸地區從事之商業行為與在臺灣地區從事之商業行為，可否為不同之界定等問題，均宜請主管機關本於立法意

旨衡酌當前國家政策，依職權自行審認之。

第五條

在大陸地區從事本辦法所稱之商業行為者，應事先填具申請書，並檢附下列書件，向主管機關或其授權之目的事業主管機關申請許可：

一、法人登記證明文件影本：如為營利事業，應加附營利事業登記證影本。

二、載明下列事項之計畫書：

　　㈠商業行為之種類、內容。

　　㈡商業行為地。

　　㈢起迄期間。

三、其他經主管機關指定之文件或資料。

前項申請書之格式，由主管機關或其授權之目的事業主管機關定之。

第一項申請人如有轉換其行為為投資、技術合作或貿易行為時，應依在大陸地區從事投資或技術合作許可辦法及臺灣地區與大陸地區貿易許可辦法之規定，向主管機關申請許可。

第六條

依本辦法規定申請經許可之案件，如發現其申請事項或檢附文件有虛偽不實或違反第四條第四項規定者，主管機關或其授權之目的事業主管機關得撤銷其許可。

第七條

本辦法自發布日施行。

在大陸地區從事商業行為應經許可或禁止之事項公告項目表

項　目	許可類	禁止類	中央目的事業主管機關	備　註
從事工商活動所需之各類管理及諮詢顧問服務	V		行政院新聞局	出版事業、電影片製作業、電影片發行業、廣播事業、電視事業及廣播電視節目供應事業均適用
從事商品或服務之促銷及各類推廣服務	V		行政院新聞局	出版事業、電影片製作業、電影片發行業、廣播事業、電視事業及廣播電視節目供應事業均適用
從事商情調查	V		行政院新聞局	出版事業、電影片製作業、電影片發行業、廣播事業、電視事業及廣播電視節目供應事業均適用
從事產業技術調查研究及其相關資訊之蒐集	V		行政院新聞局	出版事業、電影片製作業、電影片發行業、廣播事業、電視事業及廣

			播電視節目供應事業均適用
舉辦或參加商展	V	行政院新聞局	出版事業、電影片製作業、電影片發行業、廣播事業、電視事業及廣播電視節目供應事業均適用
從事商品或服務之交易行為	V	行政院新聞局	出版事業、電影片製作業、電影片發行業、廣播事業、電視事業及廣播電視節目供應事業均適用
設立辦事處	V	行政院新聞局	出版事業、電影片製作業、電影片發行業、廣播事業、電視事業及廣播電視節目供應事業均適用
廢棄物代清除處理業	V	行政院環境保護署	
船舶運送業	V	交通部	
船舶出租業	V	交通部	
海運承攬運送業	V	交通部	
船務代理業	V	交通部	
貨櫃集散站經營業	V	交通部	
港埠業	V	交通部	
水上運輸補助業	V	交通部	
港區內倉儲業	V	交通部	
公路及市區汽車客運業	V	交通部	
鐵路經營業		V	交通部	
捷運經營業		V	交通部	
民用航空運輸業設立辦事處	V	交通部(民用航空局)	

航空貨運承攬業設立辦事處	V		交通部（民用航空局）	
航空貨物集散站經營業設立辦事處	V		交通部（民用航空局）	
空廚業設立辦事處	V		交通部（民用航空局）	
航空站地勤業設立辦事處	V		交通部（民用航空局）	
普通航空業設立辦事處	V		交通部（民用航空局）	
臺灣地區旅行業與大陸地區旅行業直接往來	V		交通部（觀光局）	
臺灣地區旅行業在大陸地區設立辦事處	V		交通部（觀光局）	
臺灣地區旅行業在大陸地區從事非旅行服務所需之商業行為		V	交通部（觀光局）	
不動產租賃業	V		內政部地政司	
不動產仲介業	V		內政部地政司	
商情調查	V		財政部	銀行、信託投資公司、信用合作社、農、漁會信用部、票券金融公司、信用卡機構
金融調查研究及相關資料蒐集	V		財政部	銀行、信託投資公司、信用合作社、農、漁會信用部、票券金融公司、信用卡機構
參加與金融業務有關之研討、研習活動	V		財政部	銀行、信託投資公司、信用合作社、農、漁會信用部、票券金融公司、信用卡機構
前列以外之商業行為		V	財政部	銀行、信託投資公司、信用合作社、農、漁會信用部、票券金融公司、信用卡機構
商情調查	V		財政部	保險業、保險代理人、經紀人、公

			證人
保險相關事項之調查研究及資訊之蒐集	V	財政部	保險業、保險代理人、經紀人、公證人
其他特殊事項經主管機關核准者	V	財政部	保險業、保險代理人、經紀人、公證人
前列以外之商業行為		V	財政部	保險業、保險代理人、經紀人、公證人
商情調查	V	財政部	證券商
產業技術調查研究及相關資訊蒐集	V	財政部	證券商
設立辦事處從事前開之商業行為	V	財政部	證券商
前列以外之商業行為		V	財政部	證券商
證券市場調查	V	財政部	證券投資信託業、證券投資顧問業
證券交易及制度之調查研究及其相關資訊蒐集	V	財政部	證券投資信託業、證券投資顧問業
舉辦或參加證券制度研討會議	V	財政部	證券投資信託業、證券投資顧問業
設立辦事處	V	財政部	證券投資信託業、證券投資顧問業
公會在大陸地區辦理證券教育訓練事宜	V	財政部	證券投資信託業、證券投資顧問業
前列以外之商業行為		V	財政部	證券投資信託業、證券投資顧問業
查核大陸地區之臺灣轉投資公司帳務，以作為母公司認列投資損益及編列合併財務報表之用	V	財政部	會計師
受投資大陸地區或收購當地企業之委任，查核所投資大陸地區企業或被	V	財政部	會計師

收購企業之財務報告				
受託對大陸投資案件之評估及相關事宜之諮詢	V		財政部	會計師
與大陸當地會計師配合，為臺商轉投資公司進行大陸會計師法定審計工作或大陸會計師專屬業務	V		財政部	會計師
協助大陸會計師事務所辦理人才培訓業務	V		財政部	會計師
與大陸地區會計師事務所合作查核其國內公司或跨國公司財務報告	V		財政部	會計師
派任交換人員協助大陸會計師事務所辦理會計師各項業務	V		財政部	會計師
代辦大陸企業與個人與會計審計稅務有關事項	V		財政部	會計師
前列以外之商業行為		V	財政部	會計師
從事期貨業技術調查研究及相關資訊蒐集	V		財政部	期貨業
從事期貨業商情調查	V		財政部	期貨業
舉辦或參加期貨業相關商品商展	V		財政部	期貨業
前列以外之商業行為		V	財政部	期貨業
在大陸地區設立辦事處	V		經濟部（投資審議委員會）	

35.公開發行公司從事大陸地區投資處理要點

中華民國九十年十一月十六日財政部證券暨期貨管理委員會（九〇）臺財證㈠字第〇〇六一
三〇號公告修正發布全文五點（原八十七年二月十八日（八七）臺財證㈠字第〇〇四九六

號公告自即日起停止適用）

壹 制定目的：為保障投資，落實資訊公開，公開發行公司從事大陸地區投資，應依本要點規定辦理。

貳 法令依據：依據證券交易法第三十六條第二項第二款及第三十八條規定辦理。

參 適用範圍：

一、凡公開發行公司擬直接或間接從事大陸地區投資者，均應按本要點規定辦理。

二、本要點所稱從事大陸地區投資，包含下列投資方式：

　　㈠直接投資大陸公司。

　　㈡經由第三地區匯款投資大陸公司。

　　㈢透過第三地區投資設立公司再投資大陸公司。

　　㈣透過轉投資第三地區現有公司再投資大陸公司。

　　㈤其他方式對大陸投資。

三、前項所稱「投資」，係指依經濟部投資審議委員會（以下簡稱投審會）「在大陸地區從事投資或技術合作許可辦法」第四條及第六條規定之投資，應包含公司提供擔保或保證向國外貸款以對大陸地區投資，以及公司或投資之第三地區公司對大陸地區所投資事業之一年期以上貸款投資。

肆 本會對公開發行公司間接赴大陸地區投資者申報（請）現金增資或募集公司債之處理原則：

一、公開發行公司申報（請）現金增資或募集國內公司債有下列情事之一者，本會得退回或不核准其案件：

　　㈠本次資金運用計畫用於直接或間接赴大陸地區投資。

　　㈡直接或間接赴大陸地區投資金額累計超過投審會規定之限額者。但其資金用途係用於國內購置固定資產並承諾不再增加對大陸地區投資者，不在此限。

二、公開發行公司申請募集與發行海外有價證券有下列情事之一者，本會得不核准其案件：

　　㈠本次募集資金運用計畫用於直接或間接赴大陸地區投資金額超過本次募集總金額之百分之二十。但募集與發行海外存託憑證、海外轉換公司債及海外股票者，且資金運用計畫用於直接或間接赴大陸地區投資金額未超過本次募集總金額之百分之四十，並已於發行或轉換辦法訂明持有人不得於海外有價證券發行後一年內請求兌回、轉換或請求償還者，不在此限。

　　㈡直接或間接赴大陸地區投資金額累計超過投審會規定之限額者。但其資金用途係用於國內購置固定資產並承諾不再增加對大陸地區投資者，不在此

限。

伍　資訊公開：

一、應辦理公告及申報之時限：

㈠公開發行公司從事大陸地區投資者，應於事實發生之日起二日內辦理公告，並檢附公告報紙及投審會核准函向本會申報；並將公告資料抄送證券商業同業公會及財團法人中華民國證券暨期貨市場發展基金會。但股票已在臺灣證券交易所上市或於證券商營業處所買賣之公開發行公司，已將相關資訊揭露於股市觀測站者，不在此限。

㈡前項所稱事實發生之日，指公司接獲投審會核准函之日。

二、應公告內容：（公告格式如附件）

㈠本次新增投資部分：

1.股東會或董事會通過日期及金額。

2.投審會核准日期及金額。

3.投資方式（直接投資大陸公司、經由第三地區匯款投資大陸公司、透過第三地區投資設立公司再投資大陸公司、透過轉投資第三地區現有公司再投資大陸公司或其他方式對大陸投資）。

4.大陸被投資公司名稱、實收資本額、本次擬新增資本額、主要營業項目及最近年度財務報表淨值、損益狀況。

5.迄目前為止，對本次大陸被投資公司之實際投資金額及持股比例。

㈡迄目前為止，赴大陸地區投資總額：

1.投審會核准赴大陸地區投資總額（含本次投資）、占最近期財務報表中實收資本額、總資產及股東權益之比例。

2.實際赴大陸地區投資總額、占最近期財務報表中實收資本額、總資產及股東權益之比例及最近三年度認列投資大陸損益金額、獲利匯回金額。

三、其他應注意事項：

㈠直接或間接控制之公司非屬國內公開發行公司者，如其從事大陸地區投資事宜，母公司亦應為公告、申報及抄送。

㈡依規定應公告項目如於公告時有缺漏而應予補正時，應將全部項目重行公告、申報及抄送。

附件：

××股份有限公司公告

中華民國　　年　　月　　日×××字第×××號

茲依證券交易法第三十六條第二項第二款及證期會「公開發行公司從事大陸地區投資

處理要點」規定公告本公司從事大陸投資之相關資訊：

一、本次新增投資部分：

(一)股東會通過日期：　　　　　年　　　月　　　日；金額：　　　　　　元
(二)投審會核准日期：　　　　　年　　　月　　　日；金額：　　　　　　元
(三)投資方式：
(四)大陸被投資公司資訊：
　　1.公司名稱：
　　2.實收資本額：　　　　　　　　　　　　　　　　　　　　　　　元
　　3.本次擬新增資本額：　　　　　　　　　　　　　　　　　　　　元
　　4.主要營業項目：
　　5.最近年度財務報表淨值：　　　　　　　　　　　　　　　　　　元
　　6.最近年度財務報表損益金額：　　　　　　　　　　　　　　　　元
(五)迄目前為止，對本次大陸被投資公司之實際投資金額：　　　　元；持股比
　　例　　　　　　％

二、迄目前為止，赴大陸地區投資總額：

(一)投審會核准赴大陸地區投資總額（含本次投資）：　　　　　　　元
　　　　　　　　　　　　(1)實收資本額　　　　　　　　　　　　　％
　　占最近期財務報表(2)總資產　　　　比率：　　　　　　　　　　％
　　　　　　　　　　　　(3)股東權益　　　　　　　　　　　　　　％
(二)實際赴大陸地區投資總額：　　　　　　　　　　　　　　　　　元
　　　　　　　　　　　　(1)實收資本額　　　　　　　　　　　　　％
　　占最近期財務報表(2)總資產　　　　比率：　　　　　　　　　　％
　　　　　　　　　　　　(3)股東權益　　　　　　　　　　　　　　％
　　最近三年度認列投資大陸損益金額：　　　　　元、　　　元、　　　元
　　最近三年度獲利匯回金額：　　　　　　　　　元、　　　元、　　　元

36.在臺公司大陸地區股東股權行使條例

中華民國八十一年七月二十七日總統（八一）華總(一)義字第三六三八號令修正公布

第一條

本條例所稱在臺公司，係指左列公司：

一、政府遷臺前，在臺設立本公司之股份有限公司。

二、原在大陸地區設立本公司並在臺設分支機構，經政府核准改為獨立機構之股份有
　　限公司。

三、原在大陸地區設立本公司，於政府遷臺後，在臺復業之股份有限公司。

第二條

本條例所稱大陸地區股東，係指政府遷臺時，留守大陸地區而持有在臺公司股份之股
東。

第三條

大陸地區股東之股份，在國家統一前，均為各該在臺公司之保留股；其有繼承或轉讓者，亦同。

在臺公司對於大陸地區股東所為繼承、轉讓或其他股東名簿記載變更之請求，在國家統一前，暫緩受理。

＊法務部（八二）法律字第一八七四八號

要旨：

本案經邀請有關機關代表及學者、專家研商，獲致結論如次：

公司之合併，「在臺公司大陸地區股東權行使條例」及「臺灣地區與大陸地區人民關係條例」既未明定，自應適用公司法之相關規定。惟查「在臺公司與大陸地區股東股權行使條例」第三條至第五條，對大陸地區股東股權行使設有若干限制規定。依該條例之精神，此等法定限制應伴隨大陸地區股東身分而存在。從而，「在臺公司大陸地區股東股權行使條例」所定之在臺公司，因與非該條例所定之公司合併而消滅，依公司合併之本質及公司法第三百十七條之一規定，其大陸地區股東自得成為存續公司之股東，並依合併契約所定換股比例取得該公司之股票。同時，大陸地區股東之身分亦未變更，在國家統一前其股權仍受相同之限制。又同條例第五條第一項規定：「保留股之股利或其他利益，在國家統一前，以保留股專戶儲於各該公司。」此在臺公司之義務，依公司法第七十五條規定，自應合併後存續之公司承受。

＊經濟部八二經商字第二二三八一四號

要旨：

釋復大陸地區股東之股份應如何處理疑義案

主旨：

關於「在臺公司大陸地區股東股權行使條例」所定之在臺公司因與非該條例所稱之公司合併而消滅，其大陸地區股東之股份應如何處理疑義，復如說明二、三，請　查照。

說明：

一、依本部商業司案陳　貴律師八十二年五月十七日（八二）聯鼎司字第二八六號函辦理。

二、本案經法務部邀請有關機關代表及學者、專家研商，獲致結論如次：公司之合併，「在臺公司大陸地區股東股權行使條例」及「臺灣地區與大陸地區人民關係條例」既未明定，自應適用公司法之相關規定。惟查「在臺公司大陸地區股東股權行使條例」第三條至第五條，對大陸地區股東股權行使設有若干限制規定。依該條例之精神，此等法定限制，應伴隨大陸地區股東身分而存在。從而，「在臺公司大陸地區股東股權行使條例」所定之在臺公司，因與非該條例所定之公司合併而消滅，依公司合併之本質及公司法第三百十七條之一規定，其大陸地區股東自得成為存

續公司之股東，並依合併契約所定換股比例取得該公司之股票，同時，大陸地區股東之身分亦未變更，在國家統一前其股權仍受相同之限制。又同條例第五條第一項規定：「保留股之股利或其他收益，在國家統一前，以保留股專戶存儲於各該公司」。此在臺公司之義務，依公司法第七十五條規定，自應由合併後存續之公司承受。

三、　貴律師所詢疑義，請依上開結論辦理。（隨函檢附法務部八十二年九月六日法八二律第一八七四八號函影本乙份）

＊法務部（八一）法律決字第一九二○一號

要旨：

在臺公司於解放進行清算時，其大陸地區股東應受分派之賸餘財產及存儲於保留股專戶之股利或其他收益應如何處理。

主旨：

關於　貴部來函詢及「在臺公司於解散進行清算時，其大陸地區股東應受分派之賸餘財產及存儲於保留股專戶之股利或其他收益應如何處理」乙案，本部意見如說明二。

請　查照參考。

說明：

一、復　貴部八十一年十二月七日經 (81) 商字第○四八六八五號函。

二、按在臺公司大陸地區股東股權行使條例第三條第一項規定：「大陸地區股東之股份，在國家統一前，均為各該在臺公司之保留股……」同條例第五條第一項規定：「保留股之股利或其他收益，在國家統一前，以保留股專戶存儲於各該公司。」又按公司法第二十五條規定：「解散之公司，於清算範圍內，視為尚未解散。」故在臺公司於解散清算時，其大陸地區股東存儲於保留股專戶之股利或其他收益，在國家統一前，仍應依上開規定辦理。

第四條

在臺公司之股東會，保留股無表決權，其股份數不算入已發行之股份總數。

＊經濟部八三經商字第二三一六九五號

要旨：

釋復股東會召開日期等有關疑義案

主旨：

貴公司函詢股東會召開日期等有關疑義乙案，復如說明二、三，請　查照。

說明：

一、復　貴公司八十二年十二月十六日 (82) 上總字第九八三號函。

二、按公司股東會或董事會召開之日期可否定於例假日或國定假日，於公司法尚無禁止或限制之規定；惟具體個案如有爭議，則請循司法途徑解決。

三、又「在臺公司大陸地區股東股權行使條例」第四條明定：在臺公司之股東會，保留股無表決權，其股份數不算入已發行之股份總數。準此，在臺公司之章程，依公司法第一百七十九條第一項但書規定，限制持有已發行股份總數百分之三以上股東之表決權時，其計算之股份總數，自應將保留股之股份總數予以扣除。

第五條

保留股之股利或其他收益，在國家統一前，以保留股專戶存儲於各該公司。

國家統一前，在臺公司以現金增資發行新股，大陸地區股東無新股認購權利。

＊法務部（八一）法律決字第一九二一〇號

要旨：

按在臺公司大陸地區股東股權行使條例第三條第一項規定：「大陸地區股東之股份，在國家統一前，均為各該在臺公司之保留股……」同條例第五條第一項規定：「保留股之股利或其他收益，在國家統一前，以保留股專戶儲於各該公司。」又按公司法第二十五條規定：「解散之公司，於清算範圍內，視為尚未解散。」故在臺公司於解散清算時，其大陸地區股東存儲於保留股專戶之股利或其他收益，在國家統一前，仍應依上開規定辦理。

第六條

本條例自公布日施行。

37.臺灣地區與大陸地區貿易許可辦法

九十一年二月十三日經濟部（九一）經貿字第〇九一〇四六〇四一一〇號令修正發布第五、八、十二條條文

第一條

本辦法依臺灣地區與大陸地區人民關係條例第三十五條第三項規定訂定之。

第二條

臺灣地區人民、法人、團體或其他機構從事臺灣地區與大陸地區間貿易，依本辦法之規定；本辦法未規定者，適用其他有關法令之規定。

＊法務部（八三）法律字第〇一五一九號

要旨：

一、關於臺灣地區人民與大陸地區人民從事貿易或其他商業行為暨在臺灣地區為大陸地區物品從事促銷活動，「臺灣地區與大陸地區人民關係條例」（下稱兩岸條例）第三十五條及第三十四條分別定有明文；而經濟部以八十二年四月二十六日經(82)貿字第〇八三六五一號令發布之「臺灣地區與大陸地區貿易許可辦法」，係依兩岸條例第三十五條第二項訂頒之管理辦法。其規範之對象，依該辦法第二條、

第四條第一項規定，僅以臺灣地區人民與大陸地區人民之貿易行為為限。易言之，僅限於上開兩地區間貨品或附屬於貨品之智慧財產權之進出口及有關事項，而不及於從大陸地區進口貨（物）品之推廣銷售。「在中華民國舉辦商展辦法」修正草案第八條所稱之「展覽」，依其文義，當屬大陸地區物品之促銷推廣活動，似非「臺灣地區與大陸地區貿易許可辦法」涵蓋範疇。因此，兩岸條例第三十四條第二項所規定之許可辦法未訂頒施行前，在臺灣地區舉辦商展推廣大陸地區之物品應否許可，尚值斟酌。

二、又「在中華民國舉辦商展辦法」第九條之修正條文內容，參照前述說明二，亦值斟酌。

第三條

本辦法之主管機關為經濟部，其業務由經濟部國際貿易局（以下簡稱貿易局）辦理之。

第四條

臺灣地區與大陸地區貿易，指兩地區間物品之輸出入行為及有關事項。

前項物品，包括附屬其上之商標專用權、專利權、著作權及其他已立法保護之智慧財產權。

從事第一項之貿易行為，應依本辦法及有關法令取得許可或免辦許可之規定辦理。

第五條

臺灣地區與大陸地區貿易，得以直接方式為之；其買方或賣方，得為大陸地區業者。但其物品之運輸，應經由第三地區或境外航運中心為之。

＊財政部關稅總局（八二）臺普緝字第〇一四四〇號

要旨：

著作自大陸地區進入臺灣地區是否為輸入之相關疑義

主旨：

關於大陸地區人民著作自大陸地區進入臺灣地區是否屬著作權法第八十七條第四款所稱之輸入疑義乙案，復如說明，請　查照。

說明：

一、復　貴部八十二年五月二十五日 (82) 臺內著字第八二七五四一一號函。

二、查大陸出版品輸入，依照「臺灣地區與大陸地區人民關係條例」第一條、第四十條及「臺灣地區與大陸地區貿易許可辦法」第五條、第七條之規定，應以經行政院新聞局許可者為限，輸入時以進品論，且應以間接方式為之，先此敘明。

三、大陸地區人民著作自大陸地區間接進入臺灣地區，依行政院新聞局、外交部及法務部意見，認為大陸人民亦為我國國民，大陸人民之著作依法應以本國人論，受我著作權法之保護，則依現行著作權法第八十七條第四款之規定，似亦應得著作財產權人之同意輸入文件，乃得辦理該著作物進品通關放行手續。

第六條

主管機關為管理臺灣地區與大陸地區貿易，得建立相關之貿易監測系統。

第七條

大陸地區物品，除下列各款規定外，不得輸入臺灣地區：

一、主管機關公告准許輸入項目及其條件之物品。

二、古物、宗教文物、民族藝術品、民俗文物、藝術品、文化資產維修材料及文教活
　　動所需之少量物品。

三、自用之研究或開發用樣品。

四、依大陸地區產業技術引進許可辦法規定准許輸入之物品。

五、供學校、研究機構及動物園用之動物。

六、保稅工廠輸入供加工外銷之原物料與零組件，及供重整後全數外銷之物品。

七、加工出口區及科學工業園區廠商輸入供加工外銷之原物料與零組件，及供重整後
　　全數外銷之物品。

八、醫療用中藥材。

九、行政院新聞局許可之出版品、電影片、錄影節目及廣播電視節目。

十、財政部核定並經海關公告准許入境旅客攜帶入境之物品。

十一、船員及航空器服務人員依規定攜帶入境之物品。

十二、兩岸海上漁事糾紛和解賠償之漁獲物。

十三、其他經主管機關專案核准之物品。

前項第二款、第三款、第六款及第十三款物品之輸入條件，由貿易局公告之；第七款
物品之輸入條件，由加工出口區管理處或科學工業園區管理局（以下簡稱管理處（局））
公告之。

第一項第九款物品以郵遞方式輸入者，及第十款至第十二款物品之輸入，不受第五條
之限制。

第一項第一款、第八款，與第六款、第七款及第十三款供重整後全數外銷以外之大陸
地區物品，不得利用臺灣地區通商口岸報運銷售至第三地區。但經由境外航運中心或
經海關核准登記之物流中心轉運者，不在此限。

違反前項規定之物品，應退運原發貨地。

＊經濟部國際貿易局（九〇）貿一發字第〇九〇〇一〇〇七四二一號

主旨：

公告臺灣地區與大陸地區貿易許可辦法第七條第一項第六款所列「保稅工廠輸入供加
工外銷之原物料與零組件，及供檢驗、測試、修理、維護後全數外銷之物品」之輸入
條件，自即日起實施。

依據：

臺灣地區與大陸地區貿易許可辦法第七條第二項

公告事項：

一、保稅工廠輸入供加工外銷之原物料與零組件，及供檢驗、測試、修理、維護後全數外銷之物品之輸入條件如下：

㈠保稅工廠得申請輸入未經本部公告准許間接輸入大陸地區原物料及零組件，限自行加工外銷，或以原型態或加工後轉售其他保稅工廠、加工出口區區內事業或科學工業園區園區事業加工外銷；或申請輸入與所經營事業項目相關之大陸地區產品，限供檢驗、測試、修理、維護後全數外銷。

㈡保稅工廠輸入大陸地區原物料、零組件及相關產品，仍應符合「中華民國進出口貨品分類表」及「限制輸入貨品、委託查核輸入貨品彙總表」之規定。

㈢保稅工廠申請輸入大陸地區原物料，其中農產品暫不列入許可範圍；惟如確有必要，且國內無生產者，可敘明理由，檢具有關證件，向本局另行專案申請辦理。

㈣保稅工廠輸入大陸地區原物料、零組件及相關產品，如屬海關公告不得保稅之項目，仍不准輸入。

㈤保稅工廠申請輸入大陸地區原物料及零組件，應檢附保稅工廠登記證影本並填具「保稅工廠申請輸入經濟部未公告准許間接進口之大陸地區原物料及零組件申請書」及明細表（詳如附件一）（略）向本局（第一組或高雄辦事處）申請同意文件。前項同意文件有效期限二年。

㈥保稅工廠申請輸入與所經營事業項目相關之大陸地區產品，供檢驗、測試、修理、維護後全數外銷者，應檢附保稅工廠登記證影本及監管海關核准提供維修服務之文件影本並填具「保稅工廠申請輸入供檢驗、測試、修理、維護之大陸地區物品申請書」（如附件二）（略）向本局申請同意文件。前項同意文件有效期限二年。

㈦保稅工廠經本局核准輸入之大陸地區原物料、零組件及相關產品，其屬「限制輸入貨品表」內之貨品，保稅工廠應憑本局同意文件影本向本局申請輸入許可證，輸入許可證上應加蓋「㈠本案貨品係依保稅工廠輸入大陸地區原物料、零組件及相關產品之輸入條件核准輸入之大陸地區原物料與零組件及相關產品。㈡經海關公告不得保稅之項目，不准輸入。」戳記。其非屬「限制輸入貨品表」內之貨品，免辦輸入許可證，憑本局同意文件影本逕向海關申請報關進口。

㈧保稅工廠申請輸入大陸地區紡織品，其加工後之成品或半成品輸往設限地區者，應依「紡織品出口配額處理辦法」之相關規定辦理。

㈨保稅工廠輸入大陸地區原物料、零組件及相關產品，應依財政部「海關管理保稅工廠辦法」及「保稅工廠提供維修服務監管要點」辦理；有關監管事宜，由

海關另訂之。

(十)保稅工廠輸入大陸地區原物料與零組件及相關產品，應於進口報單上主動申報中國大陸產製及註明「本案貨品係依保稅工廠申請輸入大陸地區原物料、零組件及相關產品之輸入條件許可輸入之大陸地區原物料與零組件及相關產品」字樣，並獨立設帳，編列不同料號，以利海關查核。

(土)保稅工廠依本輸入條件輸入大陸地區原物料及零組件，擬以原型態或加工後轉售其他保稅工廠、加工出口區區內事業或科學工業園區園區事業加工外銷者，應由買賣雙方聯名繕具「保稅工廠申請輸入經濟部未公告准許間接進口之大陸地區原物料及零組件轉售申請書」及明細表（詳如附件三）（略），並檢附保稅工廠登記證、區內事業營利登記證或園區事業登記證之影本，向本局申請辦理。

(圭)保稅工廠經核准輸入之大陸地區原物料、零組件及相關產品，於進口後如經本部公告開放准許間接輸入，即不受本輸入條件第一點加工外銷、轉售或外銷之限制。

(圭)保稅工廠依本輸入條件輸入之大陸地區原物料、零組件、其產製之成品、次品與呆料，及相關產品等之處理，非經本局核准，不得課稅內銷。

(齿)保稅工廠如經撤銷登記，其依本輸入條件許可輸入之大陸地區原物料、零組件及相關產品之庫存品或其產製之成品、次品及呆料等應予退運出口、銷燬或轉售予加工出口區、科學工業園區或其他保稅工廠，非經本局核准，不得課稅內銷。

二、本局八十六年四月二十四日貿（八六）一發字第〇四五二五號公告同時停止適用。

＊經濟部（八七）經貿字第八六二六一三八五號

要旨：

未經經濟部公告准許間接輸入之大陸地區原物料、零組件准許進儲「以重整為目的之專用保稅倉庫」，限轉售保稅工廠、加工出口區區內事業或科學工業園區園區事業加工外銷。

主旨：

公告未經本部公告准許間接輸入之大陸地區原物料、零組件准許進儲「以重整為目的之專用保稅倉庫」，限轉售保稅工廠、加工出口區區內事業或科學工業園區園區事業加工外銷。

說明：

一、「以重整為目的之專用保稅倉庫」進儲未公告准許間接輸入之大陸地區原物料、零組件轉售保稅工廠、加工出口區區內事業或科學工業園區園區事業加工後外銷，免逐案向本部國際貿易局申請，可逕依「保稅倉庫設立及管理辦法」及其他有關規定向海關申請辦理；惟轉售予保稅工廠、加工出口區區內事業或科學工業園區

園區事業加工外銷時，應由該保稅工廠等依「保稅工廠申請輸入大陸地區原物料、零組件作業要點」向本部國際貿易局專案申請許可。

二、如有違法情事，依「臺灣地區與大陸地區人民關係條例」第八十六條第二項規定處分。

＊經濟部（八四）經貿字第八四〇三二一八五號

要旨：

准許「發貨中心保稅倉庫」進儲未公告准許間接輸入之大陸地區原物料、零組件轉售保稅工廠、加工出口區外銷事業或科學工業園區事業加工外銷。

主旨：

公告准許「發貨中心保稅倉庫」進儲未公告准許間接輸入之大陸地區原物料、零組件轉售保稅工廠、加工出口區外銷事業或科學工業園區事業加工外銷。

說明：

一、「發貨中心保稅倉庫」進儲未公告准許間接輸入之大陸地區原物料、零組件轉售保稅工廠、加工出口區外銷事業或科學工業園區事業加工外銷，免逐案向本部國際貿易局申請，可逕依「保稅倉庫設立及管理辦法」及其他有關規定辦理。

二、如有違法情事，依「貿易法」相關規定處分。

＊經濟部國際貿易局（八二）貿資發字第〇六三六二號

要旨：

公告「臺灣地區與大陸地區貿易許可辦法」第七條第一項第三款之物品範圍

主旨：

公告「臺灣地區與大陸地區貿易許可辦法」第七條第一項第三款古物、宗教文物、民族藝術品、民俗文物、藝術品及文化資產維修材料之物品範圍，自即日起實施。

公告事項：

准許間接輸入大陸古物、宗教文物、民族藝術品、民俗文物、藝術品及文化資產維修材料之物品範圍包括：㈠古物：依據中華民國進出口貨品分類表（CCC 號列）第九十七章「藝術品、珍藏品及古董」所屬年代超過一百年之貨品（鐘乳石除外），或其他經教育部認定者。㈡宗教文物：法衣、法器、經書、限寺廟申請自用之佛神像與宗教石雕，或其他經內政部同意者。㈢民族藝術品：經教育部認定者。㈣民族文物：經內政部認定者。㈤藝術品：繪畫、書法、版畫、雕塑、壁畫、漆畫之原作，及其他經教育部認定者。㈥文化資產維修材料：經內政部同意之古蹟維修材料，及行政院文化建設委員會同意之非古蹟傳統建築維護材料。

第八條

主管機關依前條第一項第一款公告准許輸入之大陸地區物品項目，以符合下列條件者為限：

一、不危害國家安全。

二、對相關產業無重大不良影響。

因情事變更或基於政策需要，前條第一項第一款之物品項目，經相關貨品主管機關認定有未符前項各款規定之一者，得由主管機關報請行政院核定後停止輸入。

相關貨品主管機關應定期檢討開放輸入大陸地區物品項目，出進口廠商、工商團體或其他相關機關（構）亦得建議開放；其程序，由主管機關公告之。

第九條

輸入第七條第一項第一款至第七款、第十二款及第十三款之物品，應向貿易局申請許可。但下列情形，不在此限：

一、經主管機關另予公告免辦簽證之項目。

二、加工出口區或科學工業園區之廠商輸入第七條第一項第一款須簽證物品、第三款、第四款、第七款及第十三款之物品。

加工出口區或科學工業園區之廠商輸入前項第二款之物品，應向各該管理處（局）申請。

輸入第七條第一項第八款至第十一款之物品，應依有關法令，向相關機關（構）申請許可或免辦許可。

第十條

主管機關依第七條第一項第一款規定公告之輸入條件應具備有關同意證明文件者，其同意證明文件之核發，得委任或委託其他有關機關或民間團體辦理。

第十一條

准許輸入之大陸地區物品，其進口文件上應列明「中國大陸 (CHINESEMAINLAND) 產製」字樣；其物品本身或內外包裝有中共當局標誌（文字或圖樣）者，應於通關放行前予以塗銷。

但有下列情形之一者，得免予塗銷：

一、中共當局標誌為鑄刻而無統戰意味者。

二、第七條第一項第二款之物品。

三、第七條第一項第九款之物品經行政院新聞局同意者。

四、第七條第一項第十款至第十二款之物品。

輸入前項應於通關放行前塗銷中共當局標誌（文字或圖樣）之物品，其屬第七條第一項第一款、第三款、第六款、第七款及第十三款之物品，並經進口人向海關具結自行塗銷者，不受前項應於通關放行前塗銷規定之限制。

第十二條

對大陸地區輸出物品，其出口文件所載之目的地，應列明「中國大陸 (CHINESE MAIN-LAND)」字樣。

前項物品係輸往大陸地區供委託加工或補償貿易者，應於輸出相關文件上載明該輸出
目的。

前項出口人轉換其行為為投資時，應依在大陸地區從事投資或技術合作許可辦法規定，
向主管機關申請許可。

第十三條

本辦法自發布日施行。

38.對香港澳門投資或技術合作審核處理辦法

中華民國八十六年七月一日經濟部（八六）經投審字第八六○二一○二五號令、財政部（八
六）臺財證（法）字第○三六六三號令訂定發布全文十七條

第一條

本辦法依香港澳門關係條例（以下簡稱本條例）第三十條規定訂定之。

第二條

臺灣地區人民、法人、團體或其他機構對香港或澳門投資或技術合作，依本辦法之規
定辦理。

金融保險機構於香港或澳門設立分支機構或子公司，依其他相關法令辦理。

對香港或澳門證券投資，依財政部有關規定辦理。

第三條

本辦法之主管機關為經濟部。

第四條

本辦法所稱之投資如下：

一、持有在香港或澳門設立之公司股份或出資額。

二、在香港或澳門設立獨資、合夥事業或分公司。

三、對前二款所投資事業提供一年期以上之貸款。但不包括金融機構對事業之貸款。

前項第三款之貸款投資，主管機關得限制其對股本投資之比例。

第一項投資，如係對創業投資事業投資者，包括對其投資或參與其所設或新設之基金
委託其經營管理。

本辦法所稱技術合作，係指臺灣地區人民、法人、團體或其他機構供給專門技術、專
利權、商標權、著作財產權或其他智慧財產權與香港或澳門之人民、法人、團體或其
他機構，約定不作為股本而取得一定報酬金之合作。

第五條

依本辦法投資，其出資種類如下：

一、外匯。

二、機器設備、零配件。

三、原料、半成品或成品。

四、專門技術、專利權、商標權、著作財產權或其他智慧財產權。

五、投資所得之淨利或其他收益。

六、技術合作所得之報酬金或其他收益。

七、有價證券。

第六條

對香港或澳門投資或技術合作有下列情事之一者，主管機關得不予許可或備查：

一、影響國家安全。

二、對國家經濟發展有不利影響。

三、違反國際條約、協定之義務。

四、侵害智慧財產權。

五、違反勞動基準法引發重大勞資糾紛尚未解決者。

六、破壞國家形象。

第七條

對香港或澳門投資，應填具申請書並檢附投資計畫書及其他相關文件向主管機關申請許可。但其投資金額在主管機關所定金額以下者，得於實行投資後六個月內填具書表送主管機關備查。

對香港或澳門技術合作，應於實行後六個月內填具書表送主管機關備查。

前二項書表格式，由主管機關定之。

金融保險機構對香港或澳門投資，應向財政部申請許可，並應於實行後六個月內填具書表送主管機關備查。

第八條

對香港或澳門投資或技術合作經許可或備查後，如有代訓投資事業員工必要者，應向主管機關申請許可，並依照有關規定辦理。

對香港或澳門投資經許可或備查後，得依有關規定辦理融資或保險。

第九條

對香港或澳門投資或技術合作於實行後，應檢具下列有關文件報請主管機關查核：

一、實行投資證明文件。其已依第七條第一項但書報請備查者，免檢具。

二、投資事業設立或變更登記證明文件。

三、投資事業開始營業日期。

四、技術合作開始實行日期。

第十條

本國公司對香港或澳門投資經許可或備查後，如符合促進產業升級條例第十條及其施

行細則第二十七條規定，得於實行國外投資年度營利事業所得稅結算申報時，檢附該核准文件及實行投資之證明文件向公司所在地稅捐稽徵機關申報提撥損失準備。

本國公司如依前項規定提撥投資損失準備者，並應於每年度檢具投資事業經會計師簽證或當地稅務機關證明之資產負債表、損益表及盈餘分配表報請主管機關查核。

第十一條

對香港或澳門投資經許可後，於核定之期限內，未完成全部或一部之投資者，其未完成部分之許可即行失效。

前項未能於核定之期限內完成之投資，如具正當理由，得於期限屆滿前向主管機關申請展延。

第十二條

對香港或澳門投資經許可後，已開始實行，因故中止者，應報請主管機關撤銷之。

對香港或澳門投資或技術合作經備查後，因故中止者，應報請主管機關註銷之。

第十三條

對香港或澳門投資或技術合作經許可或備查後，轉讓其出資者，應即報請主管機關備查。

第十四條

對香港或澳門投資或技術合作有下列情事之一者，主管機關得視情形撤銷其許可或註銷其備查：

一、有第六條各款情事之一者。

二、未依第九條規定報請查核，經主管機關通知仍未依限辦理者。

三、未依主管機關核定事項執行而無正當理由者。

第十五條

對香港或澳門投資或技術合作所發生之外匯收支或交易，應依管理外匯條例有關規定辦理。

第十六條

經由在香港或澳門投資事業赴大陸地區從事投資或技術合作者，仍適用在大陸地區從事投資或技術合作許可辦法之規定。

第十七條

本辦法自本條例施行之日施行。但有本條例第六十二條但書情形時，分別自本條例一部或全部施行之日施行。

39.大陸地區產業技術引進許可辦法

中華民國八十四年十一月八日經濟部（八四）經投審字第八四〇三四〇三二號令修正發布全文十二條

第一條

本辦法依臺灣地區與大陸地區人民關係條例（以下簡稱本條例）第三十五條第二項規定訂定之。

第二條

臺灣地區財團法人研究機構、農業、工業、礦業、營造業或技術服務業引進大陸地區產業技術者，依本辦法之規定辦理：本辦法未規定者，適用其他有關法令之規定。

前項所稱技術服務業，以資訊軟體服務業、產品設計業、產品檢測服務業、工程顧問業、環境工程業及環境衛生暨污染防治服務業為限。

第三條

本辦法之主管機關為經濟部，執行單位為經濟部投資審議委員會（以下簡稱投審會）。

第四條

本辦法所稱引進大陸地區產業技術，指左列各款情事之一：

一、引進大陸地區產業有關技術。

二、引進大陸地區技術人才來臺指導或從事與前款技術引進有關之研究開發事項。

三、引進大陸地區科技研究成果至臺灣地區使用。

第五條

臺灣地區財團法人研究機構、農業、工業、礦業、營造業或技術服務業，因研究開發或產業發展特殊需要，須引進大陸地區產業技術者，應先經主管機關許可，以間接方式經由第三地區引進之，並以不妨害國家安全及經濟發展為限。

第六條

依本辦法規定引進大陸地區產業技術者，應備具申請書表、技術引進計畫書及相關證件向投審會提出申請。

與國防部簽有生產軍品合約之臺灣地區產業者，於前項技術引進計畫書中應載明如何執行安全保密之各項措施。

第一項申請書表、技術引進計畫書之內容與格式及相關文件，由投審會另定之。

第七條

依第四條第二款引進大陸地區技術人才，應符合左列規定：

一、引進人才之資料應於技術引進計畫書中詳列，並應檢附相關證明文件。

二、引進之人才應具有大專畢業學歷，並從事該項技術研究發展或生產連續二年以上之經歷，且為執行該項技術引進計畫所需者。

引進之人才在臺灣地區停留以一年為限。但引進技術尚未完成並確能提昇產業技術者，得申請延期一次，期間不得逾一年。

依前項規定申請延期者，應由原申請者於原許可期限屆滿前二個月檢附原許可函影本及申請延期理由書，向投審會申請核轉內政部警政署入出境管理局（以下簡稱境管局）

辦理延期。

第八條

引進之人才在臺灣地區停留期間逾半年者,得准許其配偶及未滿十二歲之子女同行來臺。停留期間屆滿後,應由原申請者負責其本人及其同行之配偶、子女等之出境事宜。引進之人才及其同行之配偶、子女在臺灣地區停留期間,因故須短期出境時,應由原申請者代向境管局申辦入出境手續,並由境管局核發三個月效期之入出境證;逾期未返臺者,如須再行來臺,應依本辦法規定重新申請。

第九條

技術引進計畫所需之儀器、設備、原料、零組件或產品雛型經於技術引進計畫書中載明品名、規格及進口數量並經許可者,得依臺灣地區與大陸地區貿易許可辦法之規定申請進口。

第十條

經許可引進大陸地區產業技術者,就該技術之引進,僅得支付一定技術報酬金,不得約定在臺灣地區作為股本投資。

第十一條

違反本辦法規定者,主管機關得撤銷其許可。

第十二條

本辦法自發布日施行。

40.離島建設條例(第十八條)

中華民國九十一年二月六日總統(九一)華總一義字第〇九一〇〇〇二三六三〇號令修正第十一、十四、十七、十八條條文,並增訂第九之一、九之二條條文。

第十八條

為促進離島發展,在臺灣本島與大陸地區全面通航之前,得先行試辦金門、馬祖、澎湖地區與大陸地區通航,臺灣地區人民經許可後得憑相關入出境證件,經查驗後由試辦地區進入大陸地區,或由大陸地區進入試辦地區,不受臺灣地區與大陸地區人民關係條例等法令限制;其實施辦法,由行政院定之。

41.試辦金門馬祖與大陸地區通航實施辦法

中華民國九十年九月十九日行政院(九〇)臺秘字第〇四八三八五號令修正發布第十、十二、十三、十四、二十、二十六、二十七條條文;並增訂第二十之一條條文

第一條

本辦法依離島建設條例第十八條規定訂定之。

第二條

依本辦法試辦通航之港口，由交通部報請行政院指定為離島兩岸通航港口後，公告之。

第三條

中華民國船舶或大陸船舶經申請許可，得航行於離島兩岸通航港口與經交通部核定之大陸地區港口間；外國籍船舶經特許者，亦同。

大陸船舶入出離島兩岸通航港口及在港口停泊期間應遵行之相關事項，得由交通部或有關機關另定之。

第四條

經營離島兩岸通航港口與大陸地區港口間之定期固定航線業務者，依航業法向當地航政主管機關申請，核轉交通部許可後，始得航行。

大陸地區之船舶運送業應委託在臺灣地區船務代理業，申請前項許可。

第五條

經營前條業務以外之不定期航線業務者，應逐船逐航次專案向離島兩岸通航港口之航政機關申請許可，並報請交通部備查後，始得航行。

第六條

本辦法施行前已設籍金門、馬祖之漁船，經依船舶法申請變更用途，並於註銷漁業執照或獲准休業後，得向當地縣政府申請許可從事金門、馬祖與大陸兩岸間之水產品運送；其許可條件，由當地縣政府定之。

前項以船舶經營水產品運送而收取報酬者，應另依航業法相關規定向航政主管機關申請營業許可證。

第一項已設籍金門、馬祖之漁船，經許可得航行至大陸地區，其許可條件，由當地縣政府擬訂，報請中央主管機關核定。

第七條

船舶入出離島兩岸通航港口，應依指定之航道航行。

前項航行航道，由交通部會同相關機關劃設並公告之。

船舶違反第一項規定者，得廢止其航行許可，並按其情節，得對所屬船舶運送業者申請船舶航行案件，不予許可。

第八條

船舶入出離島兩岸通航港口，應開啟國際海事通信頻道，並依交通部規定，於一定期限內裝設船位自動回報系統或電子識別裝置。

第九條

船舶入出離島兩岸通航港口，港務及棧埠管理相關業務，應依各該港口港務及棧埠管理規定辦理。

第十條

在金門、馬祖設有戶籍六個月以上之臺灣地區人民，得向內政部警政署入出境管理局在金門、馬祖所設服務站（以下簡稱服務站）申請許可核發入出境證，經查驗後由金門、馬祖進入大陸地區。

前項人民戶籍遷出金門、馬祖或有入出國及移民法第六條第一項各款情形者，不予前項之許可；已許可者，得撤銷或廢止其許可。

第一項人民具役男身分者，應先依役男出境處理辦法規定辦理役男出境核准；具公務員身分或臺灣地區人民進入大陸地區許可辦法第十五條之一第一項第三款及第四款規定之人員，應依該辦法規定辦理；其係服務於金門、馬祖當地縣級以下機關薦任第九職等或相當薦任第九職等以下及縣營事業單位人員，除警察人員及涉及國家安全或機密科技研究者外，經所屬縣政府、縣議會同意後，得申請許可由金門、馬祖進入大陸地區。

經許可在金門、馬祖居留或永久居留六個月以上者，得憑相關入出境證件，經查驗後由金門、馬祖進入大陸地區。

經金門、馬祖公立醫院證明需緊急赴大陸地區就醫者，及其同行照料之父母、配偶、子女、兄弟姊妹或醫護人員，不受第一項設有戶籍或前項居留之限制。

處理試辦通航事務或相關人員，經內政部警政署入出境管理局專案許可者，得憑相關入出境證件，經查驗後由金門、馬祖進入大陸地區。

第十一條

臺灣地區人民在經政府核准往返金門、馬祖與大陸地區航行之船舶服務之船員或服務於船舶之人員，因航行任務進入大陸地區者，得持憑主管機關核發之證件，經查驗或檢查後，由金門、馬祖進入大陸地區。

第十二條

大陸地區人民有下列情形之一者，得申請許可進入金門、馬祖：

一、探親：其父母、配偶或子女在金門、馬祖設有戶籍者。

二、探病、奔喪：其二親等內血親、繼父母、配偶之父母、配偶或子女之配偶在金門、馬祖設有戶籍，因患重病或受重傷，而有生命危險，或年逾六十歲，患重病或受重傷，或死亡未滿一年者。但奔喪得不受設有戶籍之限制。

三、返鄉探視：在金門、馬祖出生者及其隨行之配偶、子女。

四、商務活動：大陸地區福建之公司或其他商業負責人。

五、學術活動：在大陸地區福建之各級學校教職員生。

六、宗教、文化、體育活動：在大陸地區福建具有專業造詣或能力者。

七、交流活動：經內政部警政署入出境管理局會同相關目的事業主管機關專案核准者。

八、旅行：經交通部觀光局許可，在金門、馬祖營業之綜合或甲種旅行社代申請者。

前項第八款應組團辦理，每團人數限十人以上二十五人以下，整團同時入出，不足十人之團體不予許可，並禁止入境。

第一項各款每日許可數額，由內政部公告之。

大陸地區人民於金門、馬祖海域，因突發之緊急事故，得申請救助進入金門、馬祖避難。

依第一項或第四項規定申請者，其停留地點限於金門、馬祖。

在金門、馬祖出生之華僑，申請返鄉探視，準用大陸地區人民之規定辦理。

第十三條

依前條第一項第一款至第七款、第六項規定申請者，應由金門、馬祖親屬、同性質廠商、學校或相關之團體備申請書及相關證明文件，向服務站代申請進入金門、馬祖，並由其親屬或負責人擔任保證人；前條第四項情形，由救助人代申請之。

依前條第一項第八款規定申請者，應由代申請之綜合或甲種旅行社備申請書及團體名冊，向服務站申請進入金門、馬祖，其由負責人擔任保證人。

第十四條

大陸地區人民依第十二條規定申請經許可者，發給往來金門、馬祖旅行證，有效期間自核發日起十五日或三十日，由當事人持憑連同大陸居民身分證或其他足資證明居民身分之文件，經服務站查驗後進入金門、馬祖。

以旅行事由進入金門者，停留期間至入境之次日止；進入馬祖者，停留期間自入境之次日起不得逾二日；依其他事由進入金門、馬祖者，停留期間自入境之次日起不得逾六日。

經許可進入金門、馬祖之大陸地區人民，因疾病住院、災變或其他特殊事故，未能依限出境者，得向服務站申請延期停留，每次不得逾七日。在停留期間之相關費用，由代申請人代墊付。其係以旅行事由進入者，應申請個別旅行證持憑出境。

經許可進入金門、馬祖之大陸地區人民，需過夜住宿者，應由代申請人檢附經入境查驗之旅行證，向當地警察機關（構）辦理流動人口登記。

第十五條

大陸地區人民經依大陸地區人民進入臺灣地區許可辦法或大陸地區人民在臺灣地區定居或居留許可辦法規定許可進入臺灣地區，且其來臺地址為金門、馬祖者，得持旅行證或入境證件正本，經服務站查驗後進入金門、馬祖。

依大陸地區專業人士來臺從事專業活動許可辦法規定申請許可來臺者，不適用前項規定。

第十六條

大陸地區人民在經政府核准往返金門、馬祖與大陸地區航行之船舶服務之船員或服務於船舶之人員，因航行任務抵達離島兩岸通航港口，須離開港區臨時停留者，得由所

屬之船舶運送業者在金門、馬祖之船務代理業者，向服務站代申請臨時停留許可證，並經查驗後進入金門、馬祖，停留期間不得逾船舶靠泊港口期間。

第十七條

大陸地區人民申請進入金門、馬祖，有下列情形之一者，得不予許可；已許可者，得撤銷或廢止其許可：

一、現在中共黨務、軍事、行政或其他公務機關任職者。

二、參加暴力或恐怖組織，或其活動者。

三、涉有內亂罪、外患罪重大嫌疑者。

四、涉嫌重大犯罪或有犯罪習慣者。

五、曾未經許可入境者。

六、曾經許可入境，逾停留期限者。

七、曾從事與許可目的不符之活動或工作者。

八、曾有犯罪行為者。

九、有事實足認為有危害國家安全或社會安定之虞者。

十、患有足以妨害公共衛生或社會安寧之傳染病、精神病或其他疾病者。

十一、其他曾違反法令規定情形者。

有前項第五款情形者，其不予許可期間至少為二年；有前項第六款或第七款情形者，其不予許可期間至少為一年。

第十八條

進入金門、馬祖之大陸地區人民，有下列情形之一者，治安機關得以原船或最近班次船舶逕行強制出境。但其所涉案件已進入司法程序者，應先經司法機關之同意：

一、未經許可入境者。

二、經許可入境，已逾停留期限者。

三、從事與許可目的不符之活動或工作者。

四、有事實足認為有犯罪之虞者。

五、有事實足認為有危害國家安全或社會安定之虞者。

六、患有足以妨害公共衛生或社會安寧之傳染病、精神病或其他疾病者。

第十九條

大陸地區人民經依第十二條規定申請許可進入金門、馬祖，而有逾期停留、未辦理流動人口登記或從事與許可目的不符之活動或工作者，其代申請人、綜合或甲種旅行社，內政部得視情節輕重，一年以內不受理其代申請案件；其已代申請尚未許可之案件，不予許可。未依限帶團全數出境之綜合或甲種旅行社，亦同。

大陸地區船員或服務於船舶之人員經許可臨時停留，違反第十六條規定者，該船舶所屬之船舶運送業者在金門、馬祖之船務代理業者，六個月內不得以該船舶申請大陸地

區船員或服務於船舶之人員臨時停留。

金門、馬祖之旅行業辦理接待大陸地區人民來金門、馬祖旅行業務，其監督管理，由交通部或其授權之機關辦理。

第二十條

中華民國船舶有專案申請由臺灣本島航行經金門、馬祖進入大陸地區必要時，應備具船舶資料、活動名稱、預定航線、航程及人員名冊，向主管機關申請航行許可及核發入出境；船舶經金門、馬祖應停泊，人員並應上岸，經查驗船舶航行文件及人員入出境證後，得進入大陸地區。

前項專案核准，由交通部會同有關機關辦理。

第二十條之一

依本辦法試辦通航期間，基於大陸政策需要，中華民國船舶得經交通部專案核准由澎湖航行進入大陸地區。

前項大陸政策需要，由行政院大陸委員會會同相關機關審酌國家安全及兩岸情勢，報請行政院核定之。

依第一項專案核准者，準用第三條、第五條、第七條至第二十條、第二十六條規定辦理。

第二十一條

金門、馬祖與大陸地區貿易，得以直接方式為之，並應依有關法令取得許可或免辦許可之規定辦理。

第二十二條

大陸地區物品，不得輸入金門、馬祖。但符合下列情形之一者，不在此限：

一、經濟部公告准許金門、馬祖輸入項目及其條件之物品。

二、財政部核定並經海關公告准許入境旅客攜帶入境之物品。

三、其他經經濟部專案核准之物品。

前項各款物品，經濟部得停止其輸入。

第二十三條

經濟部依前條第一項第一款公告准許輸入之大陸地區物品，包括下列各項：

一、參照臺灣地區准許間接輸入之項目。

二、金門、馬祖當地縣政府提報，並經貨品主管機關同意之項目。

第二十四條

輸入第二十二條第一項之物品，應向經濟部申請輸入許可證。但經經濟部公告免辦輸入許可證之項目，不在此限。

第二十五條

金門、馬祖之物品輸往大陸地區，於報關時，應檢附產地證明書。其產地證明書之核

發，經濟部得委託金門、馬祖當地縣政府辦理。

第二十六條

金門、馬祖與大陸地區運輸工具之往來及貨物輸出入、攜帶或寄送，以進出口論；其運輸工具、人員及貨物之通關、檢驗、檢疫、管理及處理等，依有關法令規定辦理。

前項進口物品未經許可，不得轉運金門、馬祖以外之臺灣地區；金門、馬祖以外之臺灣地區物品，未經許可，不得經由金門、馬祖轉運大陸地區。違者，依海關緝私條例第三十六條至第三十九條規定處罰。

金門、馬祖私運、報運貨物進出口之查緝，依海關緝私條例之規定；離島兩岸通航港口，就通航事項，準用通商口岸之規定。

第二十七條

自金門、馬祖郵寄或旅客攜帶進入臺灣本島或澎湖之少量自用大陸地區物品，其品目及數量限額如附表。

前項郵寄或旅客攜帶之大陸地區物品，其項品、數量超過前項限制範圍者，由海關依關稅法第五十五條之一規定處理。

附表　自金門馬祖進入臺灣本島或澎湖旅客攜帶少量自用大陸地區物品限量表

品名	數量	備註
一、農產品	單不得逾一‧二公斤，總量不得逾六公斤	食米、新鮮水果、動物內臟、生鮮、冷藏及冷凍肉類禁止攜帶。
二、家庭日常用品物品		第二項第㈠款所訂品目及數量，係以常見之自用物品為對象，其他未列大陸物品，得比照為本款類似物品辦理。
㈠自用品物品		
衣物	六件	
刺繡	三條	
陶瓷品（含茶具）	四個（組）	
碗、盤、碟		
花瓶	各四十八個	
手工藝品	十二個	
紀念品	六件	
家具	六件	
屏風	一套	
	二組	
中藥材及中藥成藥	合計十二種（中藥材每種○‧六公斤，中藥成藥每種二瓶（盒））	脊椎動物中藥材禁止攜帶。
㈡家庭室內用品類	一件（套）	第二項第㈡款至第㈨款所屬物品以准許輸入金門馬祖貨品為限。

(三)廚房用具及餐飲器皿類	二小類各一件（套）	
(四)家用電器及器具類	二小類各一件（套）	
(五)家庭用樂器、攝影器材及鐘錶類	三小類各一件（套）	
(六)自用飾物類	一件（套）	
(七)家庭用文具、玩具及運動器材類	三小類各一件（套）	
(八)化妝品類	一件（套）	
(九)其他家庭雜項物品類	三件（套）	
三、菸酒		不限瓶數。
(一)酒	一公升	
(二)菸		
捲菸	二百支	
或菸絲	一磅	
或雪茄	二十五支	

第二十八條

　金門、馬祖之金融機構，得與大陸地區福建之金融機構，從事匯款及進出口外匯業務之直接往來，或透過臺灣地區與大陸地區以外之第三地區金融機構，從事間接往來。

　前項直接往來業務，應報經財政部洽商中央銀行後許可之；直接往來及間接往來之幣別、作業規定，由財政部洽商中央銀行後定之。

　第一項之匯款金額達中央銀行所定金額以上者，金融機構應確認與該筆匯款有關之證明文件後，始得辦理。

第二十九條

　金門、馬祖之金融機構辦理大陸地區人民之外幣現鈔或旅行支票結售、結購規定，由中央銀行定之。

第三十條

　為防杜大陸地區疫病蟲害入侵，動植物防疫檢疫機關得在金門、馬祖設置檢疫站。

　運往或攜帶至金門、馬祖以外臺灣地區之動植物及其產品，應於運出金門、馬祖前，由所有人或其代理人向動植物防疫檢疫機關申請檢查，未經檢查合格或經檢查不合格者，不得運出。

　前項動植物及其產品，由行政院農業委員會定之。

第三十一條

　運往金門、馬祖以外臺灣地區之動物，其所有人或管理人應詳實記錄畜牧場內動物之異動、疫情、免疫、用藥等資料，經執業獸醫師簽證並保存二年以上，所在地動物防疫機關應不定時檢查畜牧場之疾病防疫措施及有關紀錄。

第三十二條

　運往或攜帶至金門、馬祖以外臺灣地區之動植物及其產品經檢查結果，證明有罹患、疑患、可能感染動物傳染病或疫病蟲害存在時，動植物防疫檢疫機關得將該動物、植物或其產品連同其包裝、容器，予以消毒或銷燬；其費用由所有人負擔。

第三十三條

　我國軍艦進出離島兩岸通航港口港區，由地區軍事機關負責管制；如遇緊急狀況時，有優先進出及繫泊之權利。

　軍用物資之港口勤務作業及船席指泊，由地區軍事機關及部隊分配船席辦理及清運。

　國軍各軍事機關及部隊為辦理前二項事務，得協調地區港務機關不定期實施應變演習。

第三十四條

　為處理試辦通航相關事務，行政院得在金門、馬祖設置行政協調中心，其設置要點由行政院定之。

　交通部為協調海關檢查、入出境證照查驗、檢疫、緝私、安全防護、警衛、商品檢驗等業務與相關之管理事項，得設置離島兩岸通航港口檢查協調中心；其設置要點，由交通部另定之。

第三十五條

　依本辦法試辦通航期間為一年，如有必要得予延展。

　前項試辦期間，如有危害國家利益、安全之虞或其他重大事由時，得由行政院以命令終止一部或全部之實施。

第三十六條

　本辦法施行日期，由行政院定之。

42.臺灣地區與大陸地區民用航空運輸業間接聯運許可辦法

　中華民國八十六年六月一日交通部（八六）交航發字第八六四一號令修正發布第三、四、五條條文

第一條

　本辦法依臺灣地區與大陸地區人民關係條例第三十五條第二項規定訂定之。

第二條

　本辦法主管機關為交通部，其業務由交通部民用航空局辦理之。

第三條

本辦法所稱間接聯運係指依國際航空運輸協會多邊聯運協定 (MITA) 或雙邊聯運協定 (BITA) 之規定，並按下列間接方式辦理臺灣地區與大陸地區民用航空運輸業在大陸地區之旅客、貨物、郵件聯運業務：

一、電腦訂位系統應經第三地連線。

二、透過第三地國際清帳所辦理清帳。

第四條

臺灣地區民用航空運輸業依本辦法申請間接聯運者，應檢附參加國際航空運輸協會多邊聯運協定 (MITA) 或雙邊聯運協定 (BITA) 證明及其他有關文件一式兩份，向交通部民用航空局申請核轉主管機關許可。

第五條

臺灣地區民用航空運輸業經許可與大陸地區民用航空運輸業間接聯運者，相互間得開立聯運機票及貨運提單，並辦理行李運送。

第六條

臺灣地區民用航空運輸業經許可與大陸地區民用航空運輸業間接聯運者，主管機關如發現其申請事項或檢附文件虛偽不實，得撤銷其許可。

第七條

本辦法施行日期由交通部定之。

43.取得華僑身分香港澳門居民聘僱及管理辦法

中華民國九十年十一月二十八日行政院勞工委員會 (九〇) 臺勞職外字第〇二二五一六三號令修正發布第八、十、十二、十四條條文

第一條

本辦法依香港澳門關係條例（以下簡稱本條例）第十三條第二項規定訂定之。

第二條

本辦法適用對象係指香港或澳門居民，於香港或澳門分別於英國或葡萄牙結束其治理前，取得華僑身分者及其符合中華民國國籍取得要件之配偶及子女。

第三條

本辦法之主管機關為行政院勞工委員會。

第四條

申請聘僱第二條所定人員，應由雇主向主管機關申請許可。

第二條所定人員經許可在臺灣地區居留者，得不經雇主申請，逕向主管機關申請許可。

第五條

雇主聘僱第二條所定人員在臺灣地區從事工作,得不受就業服務法第四十三條第一項、第三項、第四十九條、第五十條、第五十二條及第五十四條第二項規定之限制,並免依第五十一條、第五十五條規定繳納就業安定費及保證金。

第六條

雇主聘僱第二條所定人員,其工作期間最長為三年;期滿後如有繼續聘僱之必要者,雇主應申請展延,展延每次以一年為限。

第四條第二項所定人員經許可工作者,其有效期間與許可居留期間同;居留期間屆滿,如有繼續工作之必要者,應於獲准延長居留後,向主管機關依第七條第二項規定申請許可。

第七條

雇主向主管機關申請核發聘僱許可,應檢具下列文件:

一、申請書。

二、雇主之身分證或公司執照、營利事業登記或特許事業許可證影本。

三、受聘僱人最近三個月經我國中央衛生主管機關指定或認可之臺灣或香港、澳門地區醫院開具之健康檢查證明。

四、受聘僱人之華僑身分證明、其配偶或子女符合中華民國國籍之證明文件。

五、勞動契約或僱傭契約。

六、其他經主管機關規定之文件。

第四條第二項所定人員應檢具居留證影本及前項第一款、第四款及第六款之文件向主管機關申請許可。

第八條

本辦法所稱之健康檢查,應包括下列項目:

一、X光肺部檢查(大片攝影)。

二、HIV抗體檢查。

三、梅毒血清檢查。

四、B型肝炎表面抗原檢查。

五、大麻檢查。

六、腸內寄生蟲(含痢疾阿米巴等原蟲)糞便檢查。

七、尿液中安非他命類藥物及鴉片代謝物檢查。

八、一般體格檢查(含精神狀態)及癩病檢查。

中央衛生主管機關得依第二條所定人員之工作性質及香港或澳門地區疫情,增、減或變更前項健康檢查項目,並公告之。

第九條

依第四條及第七條規定申請許可而有下列情形之一者,主管機關應不予許可:

一、依本辦法之規定所提出之申請文件記載不實或不詳者。

二、其他不符申請規定，經通知補正，仍不為補正者。

三、健康檢查結果不合格者。

四、違反本辦法或其他法令規定，情節重大者。

前項第一款記載不詳之文件可以補正者，主管機關應通知申請人限期補正。

第十條

聘僱許可有效期限屆滿日前六十日期間內，僱主如有繼續聘僱之必要者，應檢具下列文件，向主管機關申請展延聘僱許可：

一、展延聘僱申請書。

二、主管機關原核發聘僱許可文件。

三、最近三個月內該受聘僱人健康檢查合格證明。

四、申請展延聘僱之受聘僱人名冊。

五、勞動契約或僱傭契約。

六、其他經主管機關規定之文件。

前項申請經許可者，主管機關應核發展延聘僱許可。

第十一條

第二條所定人員在聘僱許可有效期間內，如需轉換僱主或受聘僱於二以上之僱主，應由新僱主申請許可；申請轉換僱主時，新僱主應檢附受聘僱人之離職證明文件。

依第四條第二項規定經許可工作者，其轉換僱主或受聘僱於二以上之僱主，不受前項規定之限制。

第十二條

本辦法施行前，第二條所定人員依法無須申請許可在臺灣地區從事工作者，應於本條例施行後六個月內，依本辦法規定申請許可，屆期未辦理者，為未經許可。

本辦法施行前，第二條所定人員依法經許可在臺灣地區從事工作者，應於工作期限屆滿日前六十日期間內，依本辦法規定申請許可。

第十三條

本辦法所規定之書表及格式，由主管機關另定之。

第十四條

本辦法自本條例施行之日施行。但有本條例第六十二條但書情形時，分別自本條例一部或全部施行之日施行。

本辦法修正條文自發布日施行。

44.臺灣地區漁船船主接駁受僱大陸地區船員許可辦法

中華民國九十年六月二十九日行政院農業委員會（九〇）農漁字第九〇一二一四一五一號令

增訂發布第七之一條條文

第一條

本辦法依臺灣地區與大陸地區人民關係條例第十條第三項規定訂定之。

第二條

臺灣地區漁船船主（以下簡稱漁船船主）在臺灣地區離岸十二浬以內海域（以下簡稱十二浬以內海域）接駁受僱大陸地區船員（以下簡稱大陸船員）至十二浬以外海域作業許可，除法令另有規定外，適用本辦法之規定。

前項所稱漁船船主，係指各該漁船漁業執照所載之漁業經營人。

第三條

本辦法所稱主管機關：在中央為行政院農業委員會；在直轄市為直轄市政府；在縣（市）為縣（市）政府。

第四條

受僱之大陸船員，應符合下列條件，始准漁船船主於十二浬以內海域接駁：

一、持有大陸相關單位核發之勞務證。

二、經漁會向直轄市、縣（市）主管機關報備僱用有案者。

三、原船於下一航次繼續僱用，且僱傭契約有效期限尚未屆滿者。

第五條

受僱大陸船員須隨漁船進入十二浬以內海域時，其漁船船主應於四小時前，先向所屬區漁會或漁業通訊電臺通報，並即向直轄市、縣（市）政府漁業主管機關申請，經審查確認符合前條及第六條所定要件予以核准後，將船名及大陸船員名冊轉請當地警察機關許可。

第六條

漁船船主依前條規定申請許可時，應填具申請書及檢具第四條規定之相關文件影本，並具結保證下列事項：

一、申請時檢附之文件無隱匿或虛偽不實情事。

二、大陸船員確係受僱於該漁船工作，其身分證明無虛偽不實情事。

三、負責大陸船員之生活及輔導管理。

四、大陸船員如有違反法令應強制出境或驅離時，應協助處理，並向執行單位繳付所需費用。

第七條

僱用大陸船員之漁船經許可進入十二浬以內海域後，除不得作業外，漁船應直接駛往劃定地區，將大陸船員暫置原船或其他漁船，並由直轄市、縣（市）政府漁業主管機關查核；其涉及治安者，由當地警察機關處理。

前項劃定地區，由中央主管機關依各地環境並考量國家安全需求，協調國防部（含海岸巡防司令部）、內政部（含警政署）、交通部、省（市）政府及相關漁會商定之。

第七條之一

大陸船員每人隨船進入十二浬內所攜帶物品，其品目及數量限額如附大陸船員隨身攜帶不起岸自用日常物品限量表之規定。

前項大陸船員攜帶之物品，其品目、數量超過限量表之規定者，由權責機關依海關緝私條例、懲治走私條例等有關法令處理。

附表　大陸船員隨身攜帶不起岸自用日常物品限量表

品　　　　名	數　　　　量	品　　　　名	數　　　　量
香煙	兩條	自用舊樂器（鋼琴、電子琴除外）	二件
酒	一瓶（限一公升）	手錶	一只
收錄音機	一臺	吹風機	一只
刮鬍刀	一只	指甲刀	一只
刮鬍刀片	十二片	打火機	一只（非拋棄式可再充填燃料）或六只（拋棄式不可再充填燃料）
成藥（一二〇粒裝或等量）	共十二瓶（但每種不得逾六瓶）	自用舊衣著、被褥	以數量合理者為限
茶葉	一・二公斤	自用茶具、碗、盤	一組
其他雜項零星之自用日常物品	以合於在船上自用且數量合理者為限		

註：每人所攜帶物品且不得逾依「懲治走私條例」公告之「管制物品項目及數額」。

第八條

暫置大陸船員之漁船應錨泊於劃定地區。但有下列情形之一，並經當地警察機關核准者，不在此限：

一、因緊急、不可抗力事故、氣象預報平均風力達七至八級、陣風九級以上或當地海況惡劣者。

二、大陸船員因急病、災難或其他特殊事故，須上岸者。

第九條

為因應大陸船員隨船進港上岸之需要，直轄市、縣（市）主管機關應協助漁會或相關漁業團體規劃商借岸上設施，充作大陸船員臨時安置場所。

第十條

大陸船員暫置船上期間，最長不得超過十日；期限屆滿時，漁船船主應負責安排接駁出海。但有下列情形之一者，不在此限：

一、氣象預報平均風力達七至八級、陣風九級以上或當地海況惡劣，有安全顧慮者。

二、原船尚在繼續維修，可在七日內完成者。

前項但書情形，原漁船船主應於第一款原因消滅或第二款所定七日內，負責安排將大陸船員接駁出海。

第十一條

大陸船員由原船或委託其他漁船接駁出海時，原漁船船主應於出海前四小時，向直轄市、縣（市）政府漁業主管機關申請，經審查確認符合第四條所定要件予以核准後，將船名及大陸船員名冊轉請當地警察機關許可。

第十二條

為協調處理本辦法規定事務，直轄市、縣（市）主管機關應成立會報，由漁政單位召集，並邀集相關單位組成。

第十三條

漁會或相關漁業團體辦理本辦法規定事務，應接受各級漁業主管機關之督導。其有前往大陸地區處理本辦法相關事務之必要者，應會同行政院設立或指定之機構或委託之民間團體辦理。

第十四條

漁船船主違反本辦法規定或申請時有隱匿或虛偽不實者，直轄市、縣（市）主管機關應通知漁會及有關機關，一年內不受理該漁船船主依第五條規定所為之申請；其有違反相關法令者，並依相關法律處罰。

第十五條

本辦法所定書表格式，由中央主管機關定之。

第十六條

本辦法自發布日施行。

45.大陸地區配偶在臺灣地區停留期間工作許可及管理辦法

中華民國九十年四月九日行政院勞工委員會（九〇）臺勞職外字第〇二二〇八八五號令訂定
　　發布全文十條；並自發布日起實施

第一條

本辦法依臺灣地區與大陸地區人民關係條例（以下簡稱本條例）第十七條之一第二項規定訂定之。

第二條

本辦法所稱大陸地區配偶，係指大陸地區人民為臺灣地區人民之配偶，已依本條例第十七條第一項規定提出居留申請，且經許可在臺灣地區停留者。

第三條

本辦法之主管機關：在中央為行政院勞工委員會；在直轄市為直轄市政府；在縣（市）為縣（市）政府。

第四條

大陸地區配偶得檢具下列文件，向中央主管機關申請核發工作許可後，受僱在臺灣地區工作：

一、申請書。

二、經許可在臺灣地區停留之有效證明文件影本。

三、已依規定提出居留申請之證明文件影本。

四、下列證明文件之一：

　㈠臺灣地區配偶戶籍所在地之鄉（鎮、市、區）公所出具低收入戶之證明文件。

　㈡扣除大陸地區配偶收入，符合當地區最低生活費標準之證明文件。

　㈢臺灣地區配偶年齡在六十五歲以上之國民身分證影本。

　㈣臺灣地區配偶為中度以上身心障礙者之身心障礙手冊影本。

　㈤臺灣地區配偶罹患重大疾病或重傷，取得中央主管機關指定醫院開具之診斷證明書正本。

第五條

大陸地區配偶經許可在臺灣地區工作者，其許可期間不得逾許可停留期間。

許可停留期間屆滿，經許可延長停留者，應檢具原許可文件，向中央主管機關申請展延工作許可。

第六條

大陸地區配偶申請在臺灣地區工作，有下列情形之一，不予核發工作許可。

一、與臺灣地區人民結婚，其婚姻無效，或有事實足認係通謀而為虛偽結婚者。

二、檢具之證明文件係偽造或變造者。

三、於申請日前二年內，曾有未依第七條規定為通知者。

四、居留、停留之申請經不予許可，或其許可經撤銷、廢止者。

五、不符申請規定經通知限期補正，屆期不補正者。

大陸地區配偶經許可在臺灣地區工作，有前項第一款至第四款規定情形之一者，得撤銷或廢止其工作許可。

第七條

大陸地區配偶經許可在臺灣地區工作者，應於受僱到職後七日內，以書面通知中央主

管機關及居所地之主管機關。

前項通知，應包含下列內容：

一、大陸地區配偶之姓名、性別、出生年月日及居所地。

二、雇主名稱、聘僱期間、受聘僱月薪、工作地點及工作內容等資料。

第八條

中央主管機關撤銷或廢止大陸地區配偶之工作許可時，應通知雇主及受聘僱大陸地區配偶居所地之主管機關。

第九條

本辦法所定之書表格式，由中央主管機關定之。

第十條

本辦法自發布日施行。

46.辜汪會談共同協議

民國八十二年五月二十四日行政院函

財團法人海峽交流基金會（以下簡稱海基會）辜振甫董事長與海峽兩岸關係協會（以下簡稱海協）汪道涵會長代表兩會於本年四月廿七日至廿九日在新加坡進行會談。本次會談為民間性、經濟性、事務性與功能性之會談，海基會邱進益副董事長與海協常務副會長唐樹備、副會長兼秘書長鄒哲開等參加會談。雙方達成以下協議：

一、本年度協商議題

雙方確定今年內就「違反有關規定進入對方地區人員之遣返及相關問題」、「有關共同打擊海上走私、搶劫等犯罪活動問題」、「協商兩岸海上漁事糾紛之處理」、「兩岸智慧財產權（知識產權）保護」及「兩岸司法機關之相互協助（兩岸有關法院之間的聯繫與協助）」（暫定）等議題進行事務性協商。

二、經濟交流

雙方均認為應加強兩岸經濟交流，互補互利。雙方同意就臺商在大陸投資權益及相關問題、兩岸工商界人士互訪等問題，擇時擇地繼續進行商談。

三、能源資源開發與交流

雙方同意就加強能源、資源之開發與交流進行磋商。

四、文教科技交流

雙方同意積極促進青少年互訪交流、兩岸新聞界交流以及科技交流。

在年內舉辦青少年才藝競賽及互訪，促成青年交流、新聞媒體負責人及資深記者互訪。

促進科技人員互訪、交換科技研究出版物以及探討科技名詞統一與產品規格標準化問題，共同促進電腦及其他產業科技之交流，相關事宜再行商談。

五、簽署生效

本共同協議自雙方簽署之日起三十日生效實施。

本共同協議於四月廿九日簽署，一式四份，雙方各執兩份。

　　　　　　　　財團法人海峽交流基金會

　　　　　　　　董事長　　辜振甫

　　　　　　　　海峽兩岸關係協會

　　　　　　　　會　長　　汪道涵

中華民國八十二年四月廿九日

47.金門協議

中華民國七十九年九月十二日海峽兩岸紅十字組織我方代表陳長文與中華人民共和國代表韓長林於金門簽署該協議

海峽兩岸紅十字組織代表本年九月十一日至十二日進行兩日工作商談，就雙方參與見證其主管部門執行海上遣返事宜，達成以下協議：

一、遣返原則：

應確保遣返作業符合人道精神與安全便利的原則。

二、遣返對象：

㈠遣返有關規定進入對方地區的居民（但因捕魚作業遭遇緊急避風等不可抗力因素必須暫入對方地區者，不在此列）。

㈡刑事嫌疑犯或刑事犯。

三、遣返交接地點：

雙方商定為馬尾←→馬祖，但依被遣返人員的原居地分佈情況及氣候、海象等因素，雙方得協議另擇廈門←→金門。

四、遣返程序：

㈠一方應將被遣返人員的有關資料通知於對方，對方應於二十日內核查答復，並按商定時間、地點遣返交接，如核查對象有疑問者，亦應通知對方，以便複查。

㈡遣返交接雙方均用紅十字專用船，並由民用船隻在約定地點引導，遣返船、引道船均懸掛白底紅十字旗（不掛其他旗幟，不使用其他的標誌）。

㈢遣返交接時，應由雙方事先約定的代表二人，簽署交接見證書。

五、其他：

本協議書簽署後，雙方應儘速解決有關技術問題，以期在最短期間內付諸實施，如有未盡事宜，雙方得另行商定。

本協議書於金門簽字，各存一份。

陳長文　七九、九、十二
韓長林　七九、九、十二

國際法

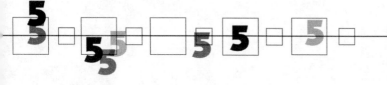

一、國際法國內法化

1.中華民國領海及鄰接區法

中華民國八十七年一月二十一日總統（八七）華總㈠義字第八七○○○一○三四○號令制定
公布全文十八條

第一條

為維護中華民國領海之主權及鄰接區權利，特制定本法。

本法未規定者，適用其他有關法律之規定。

第二條

中華民國主權及於領海、領海之上空、海床及其底土。

第三條

中華民國領海為自基線起至其外側十二浬間之海域。

第四條

中華民國領海基線之劃定，採用以直線基線為原則，正常基線為例外之混合基線法。

第五條

中華民國領海之基線及領海外界線，由行政院訂定，並得分批公告之。

第六條

中華民國領海與相鄰或相向國家間之領海重疊時，以等距中線為其分界線。但有協議者，從其協議。

前項等距中線，係指該線上各點至中華民國基線上最近點與相鄰或相向國家基線上最近點距離相等之線。

第七條

外國民用船舶在不損害中華民國之和平、良好秩序與安全，並基於互惠原則下，得以連續不停迅速進行且符合本法及其他國際法規則之方式無害通過中華民國領海。

前項連續不停迅速進行且符合本法及其他國際法規則之無害通過，必要時得包括停船和下錨在內。但以通常航行所附帶發生者、因不可抗力或遇難必要者、或以救助遇險或遭難人員、船舶或航空器為目的者為限。

外國軍用或公務船舶通過中華民國領海應先行告知。

外國潛水艇或其他潛水器，於通過中華民國領海時，須在海面上航行，並展示其船籍旗幟。

外國船舶無害通過中華民國領海之管理辦法，由行政院定之。

大陸船舶通行中華民國領海，除依照臺灣地區與大陸地區人民關係條例辦理外，並應

遵守本法之規定。

第八條

外國船舶通過中華民國領海，有下列情形之一者，非屬無害通過：

一、對中華民國主權或領土完整進行武力威脅或使用武力。

二、以武器進行操練或演習。

三、蒐集情報，使中華民國防務或安全有受損害之虞者。

四、影響中華民國防務或安全之宣傳行為。

五、起落各種飛行器或接載航行裝備。

六、發射、降落或接載軍事裝置。

七、裝卸或上下違反中華民國海關、財政、貿易、檢驗、移民、衛生或環保法令之商品、貨幣或人員。

八、嚴重之污染行為。

九、捕撈生物之活動。

十、進行研究或測量活動。

十一、干擾中華民國通訊系統或其他設施或設備之行為。

十二、與無害通過無直接關係之其他活動。

第九條

外國核動力船舶、載運核物質或其他有害物質之船舶，欲通過中華民國領海時，須持有依國際協定認可之證書，並經中華民國政府許可與監管；其許可與監管辦法，由行政院定之。

第十條

中華民國政府基於國家利益或安全，得暫停外國船舶在領海特定海域內無害通過。

前項特定海域之範圍及暫停無害通過之期間，由行政院公告之。

第十一條

中華民國政府得對下列各項或任何一項制定關於領海無害通過的法令：

一、維護航行安全及管理海上交通。

二、保護助航設備和設施，以及其他設備或設施。

三、保護電纜和管道。

四、養護海洋生物資源。

五、防止及處罰違犯我國漁業法令之行為。

六、保全我國環境，並防止、減少和控制環境可能受到的污染。

七、防止及處罰未經許可進行海洋科學研究和水文測量。

八、防止及處罰違犯中華民國海關、財政、移民或衛生法令之行為。

九、防止及處罰與無害通過無直接關係之其他行為。

前項關於領海無害通過的法令，應由行政院公告之。

第十二條

中華民國政府基於航行安全、預防海上與海底設施或海洋資源受到破壞或預防海洋環境受到污染，得要求無害通過之外國船舶遵守一定之海道或分道通航制。

前項一定之海道或分道通航制內容，由行政院訂定公告之。

第十三條

在用於國際航行的臺灣海峽非領海海域部份，中華民國政府可就下列各項或任何一項，制定關於管理外國船舶和航空器過境通行之法令：

一、維護航行安全及管理海上交通。

二、防止、減少和控制環境可能受到之污染。

三、禁止捕魚。

四、防止及處罰違犯中華民國海關、財政、移民或衛生法令，上下任何商品、貨幣或人員之行為。

前項關於海峽過境通行之法令，由行政院公告之。

第十四條

中華民國鄰接區為鄰接其領海外側至距離基線二十四浬間之海域；其外界線由行政院訂定，並得分批公告之。

第十五條

中華民國政府得在鄰接區內為下列目的制定法令：

一、防止在領土或領海內違犯有關海關、財政、貿易、檢驗、移民、衛生或環保法令、及非法廣播之情事發生。

二、處罰在領土或領海內違犯有關海關、財政、貿易、檢驗、移民、衛生或環保法令、及非法廣播之行為。

對於在公海或中華民國領海及鄰接區以外其他海域之任何未經許可之廣播，中華民國政府得制定法令，防止及處罰之。

前二項之法令由行政院公告之。

第十六條

於中華民國領海及鄰接區中進行考古、科學研究、或其他任何活動所發現之歷史文物或遺跡等，屬於中華民國所有，並得由中華民國政府依相關法令加以處置。

第十七條

中華民國之國防、警察、海關或其他有關機關人員，對於在領海或鄰接區內之人或物，認為有違犯中華民國相關法令之虞者，得進行緊追、登臨、檢查；必要時，得予扣留、逮捕或留置。

前項各有關機關人員在進行緊追、登臨、檢查時，得相互替補，接續為之。

第十八條

本法自公布日施行。

2.中華民國專屬經濟海域及大陸礁層法

中華民國八十七年一月二十一日總統（八七）華總←義字第八七○○○─○三五○號令制定
公布全文二十六條

第一條

為維護與行使中華民國專屬經濟海域及大陸礁層之權利，特制定本法。

本法未規定者，適用其他有關法律之規定。

第二條

中華民國之專屬經濟海域為鄰接領海外側至距離領海基線二百浬間之海域。

前項專屬經濟海域包括水體、海床及底土。

中華民國之大陸礁層為其領海以外，依其陸地領土自然延伸至大陸邊外緣之海底區域。

前項海底區域包括海床及底土。

第三條

中華民國專屬經濟海域及大陸礁層之外界界線，由行政院訂定，並得分批公告之。

第四條

中華民國之專屬經濟海域或大陸礁層，與相鄰或相向國家間之專屬經濟海域或大陸礁層重疊時，其分界線依衡平原則，以協議方式劃定之。

前項協議未能達成前，得與相鄰或相向國家基於諒解及合作之精神，作成過渡時期之臨時安排。

前項臨時安排不妨礙最後分界線之劃定。

第五條

中華民國在其專屬經濟海域或大陸礁層享有並得行使下列權利：

一、探勘、開發、養護、管理海床上覆水域、海床及其底土之生物或非生物資源之主權權利。

二、人工島嶼、設施或結構之建造、使用、改變或拆除之管轄權。

三、海洋科學研究之管轄權。

四、海洋環境保護之管轄權。

五、其他依國際法得合理行使之權利。

中華民國在其專屬經濟海域享有並得行使利用海水、海流、風力所產生之能源或其他活動之主權權利。

中華民國在其大陸礁層享有並得行使舖設、維護或變更海底電纜或管線之管轄權。

第六條

在中華民國專屬經濟海域或大陸礁層從事生物資源或非生物資源之探勘、開發、養護、管理，應依中華民國法令之規定申請許可。

第七條

在中華民國專屬經濟海域利用海水、海流、風力生產能源或其他相關活動，應經中華民國政府許可；其許可辦法，由行政院定之。

第八條

在中華民國專屬經濟海域或大陸礁層從事人工島嶼、設施或結構之建造、使用、改變或拆除，應經中華民國政府許可；其許可辦法，由行政院定之。

中華民國法令適用於前項人工島嶼、設施或結構。

第一項人工島嶼、設施或結構之四周，應劃定安全區，採取適當措施，以確保航行安全及人工島嶼、設施或結構之安全。

前項安全區之寬度，應符合一般國際標準或相關國際組織所建議之標準。

第九條

在中華民國專屬經濟海域或大陸礁層從事海洋科學研究，應經中華民國政府許可，並應接受其管制。中華民國政府於必要時得撤銷許可或暫停或停止其海洋科學研究活動。

在中華民國專屬經濟海域或大陸礁層進行海洋科學研究活動，應遵守下列規定：

一、不妨礙中華民國在其專屬經濟海域或大陸礁層行使各項權利。

二、確保中華民國政府指派代表參與之權利。

三、隨時提供進度報告，並提出初步結論與最後結論。

四、隨時提供完整且不損其科學價值之資料複本、數據或樣本及各項評估報告。

五、確保研究資料利用過程中不得損害中華民國安全及利益。

六、在計畫有重大改變時，立即通知中華民國政府。

七、除另有協議外，不得調查海洋資源。

八、不得破壞海洋環境。

九、除另有協議外，在結束後立即拆遷各項研究設施或裝備。

十、其他相關法律及國際協定之規定。

第一項許可辦法，由行政院定之。

第十條

在中華民國專屬經濟海域或大陸礁層傾倒、排洩或處置廢棄物或其他物質，應遵守中華民國法令之規定。

第十一條

在中華民國專屬經濟海域航行之船舶，有任何違法污染海洋環境之排放行為時，中華民國得要求該船提供其識別標誌、登記港口、上次停泊及下次停泊之港口，以及其他

必要之相關資料，以確定是否有違法行為發生。

前項有違法排放嫌疑之船舶，若拒絕提供相關規定之資料，或所提供之資料與實際情況顯然不符，或未持有效證件與紀錄，或依實際情況確有進行檢查之必要時，中華民國得對該船進行實際檢查，並在有充分證據時，提起司法程式。

前項被檢查或起訴之船舶，依國際協約規定之程式提供保證書或適當之財物擔保者，應准其繼續航行。

第十二條

為因應特殊狀況，中華民國得在其專屬經濟海域劃定特定區域，採取為防止來自船舶之排放、航行及其他行為所生污染之強制性措施。

第十三條

在中華民國專屬經濟海域或大陸礁層之活動，除法律另有規定者外，不得損害天然資源或破壞自然生態。

中華民國專屬經濟海域或大陸礁層天然資源或自然生態，因行為人故意或過失致損害或破壞時，該行為人與其雇用人應負連帶賠償責任。

第十四條

對洄游於中華民國專屬經濟海域內外之魚種，中華民國政府具有養護及管理之權利。

外國漁船在捕撈此類魚種時，應適當顧及中華民國對此類魚種之養護及管理措施。

前項洄游魚種種類及養護管理措施，由行政院訂定公告之。

第十五條

在中華民國大陸礁層從事海底電纜或管道之舖設、維護或變更，其路線之劃定，應經中華民國政府之許可；其許可辦法，由行政院定之。

中華民國政府為探勘、開發、管理、養護大陸礁層之非生物資源或定居種生物資源，或為防止、減少、管制管道造成之污染，得不為前項之許可。

第十六條

中華民國之國防、警察或其他機關，對在專屬經濟海域或大陸礁層之人或物，認為有違反中華民國相關法令之虞時，得進行緊迫、登臨、檢查；必要時，得強制驅離、或逮捕其人員，或扣留其船舶、航空器、設備、物品等，並提起司法程式。

第十七條

不遵守法令之規定，在中華民國專屬經濟海域或大陸礁層傾倒、排洩或處置廢棄物或其他物質者，處十年以下有期徒刑、拘役或科或併科新臺幣一億元以下罰金。

第十八條

在中華民國專屬經濟海域或大陸礁層，故意損害天然資源或破壞自然生態者，處五年以下有期徒刑、拘役或科或併科新臺幣五千萬元以下罰金。

第十九條

未經許可，在中華民國專屬經濟海域或大陸礁層從事人工島嶼設施或結構之建造、使用、改變或拆除者，處新臺幣一千萬元以上五千萬元以下罰鍰，並得沒入建造之人工島嶼、設施或結構，或令其回復原狀。

經許可後，違反許可內容或目的者，處新臺幣五百萬元以上二千萬元以下罰鍰，並通知限期改善，屆期仍未改善者，撤銷許可並得強制拆除。

第二十條

未經許可，有下列情形之一者，處新臺幣一百萬元以上五百萬元以下罰鍰，並得沒入船舶、設備及採（捕、撈）獲物：

一、在中華民國專屬經濟海域從事生物資源或非生物資源之探勘、開發、管理、養護。

二、在中華民國大陸礁層從事非生物資源或定居種生物資源之探勘、開發、管理、養護。

經許可後，違反許可內容或目的者，處新臺幣二十萬元以上二百萬元以下罰鍰，並得沒入採（捕、撈）獲物。

第二十一條

未經許可，在中華民國專屬經濟海域利用海水、海流、風力生產能源或其他相關活動者，處新臺幣二十萬元以上一百萬元以下罰鍰，並得沒入相關設備。

第二十二條

未經許可，在中華民國專屬經濟海域或大陸礁層從事海洋科學研究者，處新臺幣五十萬元以上二百萬元以下罰鍰，並得沒入相關探測儀器及資料。

經許可後，違反許可之內容、目的或第九條第二項所列各款情形者，亦同。

第二十三條

未經路線劃定許可，在中華民國大陸礁層從事海底電纜或管道之舖設、維護或變更者，處新臺幣二千萬元以上一億元以下罰鍰，並得禁止使用或令其拆除。

第二十四條

在中華民國專屬經濟海域或大陸礁層，有下列各款情形之一者，依中華民國刑法之相關規定處罰之：

一、對於中華民國公務員依法執行職務時，施強暴脅迫。

二、公然聚眾而有前款行為。

三、毀棄、損壞或隱匿中華民國公務員職務上掌管或委託第三人掌管之文書、圖畫、物品或致令不堪用。

四、損壞、除去或汙穢中華民國公務員所施之封印或查封之標示，或為違背其效力之行為。

五、於中華民國公務員依法執行職務時，當場侮辱，或對於其依法執行之職務公然侮辱。

六、意圖使中華民國公務員執行一定之職務或妨害其依法執行一定之職務而施強暴脅
　　迫。

第二十五條

本法所定罰鍰，經通知限期繳納，屆期仍不繳納者，移送法院強制執行。

第二十六條

本法自公佈日施行。

3.在中華民國大陸礁層舖設維護變更海底電纜或管道之路線劃定許可辦法

中華民國八十九年一月二十六日行政院令訂定發布全文十五條；並自發布日起施行

第一條

本辦法依中華民國專屬經濟海域及大陸礁層法（以下簡稱本法）第十五條第一項規定
訂定之。

第二條

本辦法所稱主管機關為內政部。

第三條

本辦法用辭定義如下：

一、電纜：指通信、電力或其他傳輸用途之纜線及其附屬設施。

二、管道：指輸水、輸氣、輸油或輸送其他物質之管狀輸送設施。

第四條

在中華民國大陸礁層舖設海底電纜或管道，於申請路線劃定許可前，電纜或管道所有
人（以下簡稱所有人）應檢具申請書，載明下列事項，向主管機關申請路線勘測：

一、所有人及代理人之姓名或名稱、國籍、住、居所或主事務所、電話及傳真。所有
　　人為法人時，並載明其代表人之姓名、電話及傳真。

二、勘測單位之名稱、國籍、主事務所、代表人、聯絡人、電話及傳真。

三、勘測之地理區域，並以海圖標示。

四、勘測之期間、內容、方法及設備。

主管機關受理前項路線勘測申請後，應於三十日內審查；經審查不符合規定，而其情
形可以補正者，應訂期限通知所有人補正，不依限補正者，駁回其申請。

第五條

主管機關同意所有人路線勘測之申請後，所有人應於實施路線勘測作業十五日前，檢
具作業船舶之名稱、國籍、噸位、類型、級別、通訊方式、主要裝備及性能、船員及
工作人員資料，並檢附船舶照片送主管機關備查。其有異動者，亦同。

前項作業船舶、船員及工作人員資料，於依前條規定申請路線勘測時已可確定者，得於申請時一併檢送。

第六條

所有人應於路線勘測完成後，擬訂舖設路線，並檢附下列資料，向主管機關申請路線劃定之許可：

一、海底電纜或管道之用途、使用材料及其他特性。

二、預定舖設之海底電纜或管道路線圖、起迄點及總長度。

三、預定舖設工程之施工單位、施工期間、施工計畫及技術設備等。

四、舖設海底電纜或管道對海域生態及漁業影響評估報告及減輕影響對策。

五、預定舖設路線經過海域礦區者，該礦區經營人之同意書。

六、依環境影響評估法規定應實施環境影響評估者，該管環境保護主管機關之同意文件。

七、依漁業法規定應請求漁業權變更、撤銷或停止行使者，該管漁業主管機關之同意文件。

八、舖設之海底電纜或管道依法令規定應經目的事業主管機關許可者，該管目的事業主管機關之許可文件。

第七條

所有人為海底電纜或管道之維護時，應檢具申請書，載明下列事項，向主管機關申請路線劃定之許可：

一、所有人及代理人之姓名或名稱、國籍、住、居所或主事務所、電話及傳真。所有人為法人時，並應載明其代表人之姓名、電話及傳真。

二、維護單位之名稱、國籍、主事務所、代表人、聯絡人、電話及傳真。

三、維護之作業區域，並以海圖標示。

四、維護之期間、內容、方法及設備。

五、維護船舶之名稱、國籍、噸位、類型、級別、通訊方式、主要裝備及性能、船員及工作人員資料，並檢附船舶照片。

海底電纜或管道，遭受損害應緊急維護時，所有人敘明原因，經主管機關同意後，得進行維護，不受前項規定之限制，並於維護後檢具證明文件報請主管機關備查。

第八條

第四條至第六條規定，於海底電纜或管道變更時，適用之。

第九條

主管機關受理前三條之路線劃定許可申請後，應於六十日內審查；經審查不符合規定，而其情形可以補正者，應訂期限通知所有人補正，不依限補正者，駁回其申請。經審查符合規定，且無本法第十五條第二項規定情形者，應予許可。

第十條

所有人為外國人者，其申請路線勘測或劃定許可，應經由中華民國駐外使領館、代表處、辦事處或其他外交部授權機構轉請外交部函轉主管機關辦理之。但所有人在中華民國設有分支或代理機構者，得由該分支或代理機構，取得所有人授權書，逕向主管機關申請。

所有人提出之文件係外文者，應檢具中文譯本，並應經中華民國駐外使領館、代表處、辦事處或其他外交部授權機構驗證。

第十一條

主管機關為辦理本辦法所定路線勘測或劃定許可事項，得邀集相關機關代表、學者專家組成審查小組審查之。

第十二條

所有人應於舖設或變更海底電纜或管道完成後三個月內，檢附該海底電纜或管道之路線圖、說明資料一式三份，送請主管機關備查。

第十三條

在中華民國大陸礁層舖設維護變更海底電纜或管道之路線，須經中華民國領海及領海基線以內者，其路線勘測或劃定之許可，適用本辦法之規定。

第十四條

本辦法所定書表及照片之格式，由主管機關定之。

第十五條

本辦法自發布日施行。

第十六條

電信總局對於輸入無線電機發射頻率四九〇赫以上及額定輸出電功率在一瓦特以上之電信管制射頻器材，應按一機一照填發。但同批同機型之無線電機，得合併填發一照，並應按輸入機具數計收進口護照規費。

輸入無線電機發射頻率四九〇千赫以下（含四九〇千赫）或額定輸出電功率一瓦特以下（含一瓦特）之電信管制射頻器材，得按每批核發一照。

漁船用無線電浮標及外銷或送國外維修後輸入之電信制射頻器材，得按每批核發一照。

第十七條

電信管制射頻器材進口護照有效期限為三個月。必要時，得於期限屆滿前申請展期三個月，並以一次為限。

進口護照遺失時，得提出切結書及相關證明文件申請補發；若實際輸入器材數量少於原申請數量時，得憑原進口護照及相關文件申請換發。

前項進口護照補發或換發時，應按每批核發一照繳交規費；不得要求退還原繳交之進口護照規費。

第十八條

輸入之電信管制射頻器材，由海關驗憑進口護照後放行。

第十九條

領有經營許可執照之公司、商號販賣或輸出電信管制射頻器材，其器材名稱、廠牌及型號應有詳細記錄，並應於每年一月十五日及七月十五日前，列表由公司、商號自行或其隸屬公會送請本部備查。

符合中華民國技術規範之陸地行動電話機、無線電呼叫器、低功率射頻電機及非以營利為目的而輸出之電信管制射頻器材，不適用前項規定。

第一項報表保存期限為二年，期滿得自行銷燬。

第二十條

本部及電信總局必要時得派員攜帶證明文件，對於取得經營許可執照之公司或商號，查核其電信管制射頻器材之製造、裝設、持有、輸入、販賣及輸出情形，公司、商號應為必要之協助。

第二十一條

本部及電信總局必要時得派員攜帶證明文件，前往各合法裝設、持有電信管制射頻器材之地點，檢驗其無線電收發信機之技術特性、數量及電台執照，公司、商號應為必要之協助。

第二十二條

申請審查及核發證照，應繳審查費、證照費，其收取依預算程式辦理。

第二十三條

違反本辦法規定者，依電信規定處罰之。

第二十四條

本辦法自發布日施行。

4.在中華民國專屬經濟海域或大陸礁層從事海洋科學研究許可辦法

中華民國八十九年八月十六日行政院令訂定發布全文七條；並自發布日起施行

第一條

本辦法依中華民國專屬經濟海域及大陸礁層法（以下簡稱本法）第九條第三項規定訂定之。

第二條

本辦法之主管機關為行政院國家科學委員會。

第三條

本辦法所稱臺灣地區人民，係指在臺灣地區之自然人、法人、團體或機構；所稱大陸

地區人民，係指大陸地區之自然人、法人、團體或機構；所稱外國人，係指臺灣地區及大陸地區人民以外之自然人、法人、團體、機構或國際組織。

第四條

在中華民國專屬經濟海域或大陸礁層從事海洋科學研究者，應由申請人填具申請書連同計畫，依下列規定提出申請：

一、臺灣地區人民單獨為之者，應於研究預定開始日期四個月前，向主管機關申請許可。

二、大陸地區人民與臺灣地區人民合作為之者，應於研究預定開始日期六個月前，經由合作之臺灣地區人民向主管機關申請許可。

三、外國人單獨或與臺灣地區人民合作為之者，應於研究預定開始日期六個月前，經由中華民國駐外使領館、代表處、辦事處或其他外交部授權機構向主管機關申請許可。但其本國在中華民國設有使領館、代表處、辦事處或其他該國政府授權機構者，得經由該等機構向主管機關申請許可。

前項申請書及計畫之內容及格式，由主管機關定之。

第五條

主管機關受理前條之申請後，應邀請相關機關派員組成審查委員會，審查申請之計畫是否能遵守或符合本法第九條第二項各款及其他相關法令之規定，並應於受理申請之日起四個月內作成決定，以書面通知申請人及副知相關機關。

第六條

本法第九條第一項所稱必要時，包括下列情形：

一、未依計畫進行研究者。

二、違反本法第九條第二項各款情形之一者。

三、其他經主管機關認定之情形。

第七條

本辦法自發布日施行。

5. 在中華民國專屬經濟海域或大陸礁層建造使用改變拆除人工島嶼設施或結構許可辦法

中華民國八十九年十月四日行政院（八九）臺內字第二八八九一號令訂定發布全文十五條；並自發布日起施行

第一條

本辦法依中華民國專屬經濟海域及大陸礁層法第八條第一項規定訂定之。

第二條

本辦法所稱主管機關為內政部。

第三條

本辦法用詞定義如下：

一、人工島嶼：指依海事工程建造之固定式或浮體式可供活動使用之基地。

二、設施：指配合人工島嶼之使用目的或依海事工程獨立建造之固定式或浮體式可供活動使用之設備。

三、結構：指連結或支撐人工島嶼、設施或依海事工程獨立建造屬於前二款以外之構造物。

四、建造：指新建或設置人工島嶼、設施或結構之行為。

五、使用：指依建造之目的利用人工島嶼、設施或結構之行為。

六、改變：指增建或改建人工島嶼、設施或結構之行為。

七、拆除：指拆卸移除全部人工島嶼、設施或結構之行為。

第四條

在中華民國專屬經濟海域或大陸礁層建造人工島嶼、設施或結構，應檢附下列文件，向主管機關申請許可：

一、申請書。

二、建造計畫書、圖。

三、使用計畫書、圖。

四、財務計畫書。

五、人工島嶼、設施或結構對海域生態與漁業影響評估報告及減輕影響對策。

六、人工島嶼、設施或結構在海域礦區者，該礦區經營人之同意書。

七、人工島嶼、設施或結構不影響航行安全，經航政主管機關認可之證明文件。

八、依環境影響評估法規定應實施環境影響評估者，該管環境保護主管機關之同意文件。

九、依漁業法規定應請求漁業權變更、撤銷或停止行使者，該管漁業主管機關之同意文件。

十、人工島嶼、設施或結構依法令規定應經目的事業主管機關許可者，該管目的事業主管機關之許可文件。

十一、其他經主管機關指定之文件。

第五條

依前條規定申請取得許可者，應於建造施工期間，依施工進度分期分區記錄及拍照。

第六條

在中華民國專屬經濟海域或大陸礁層使用人工島嶼、設施或結構，應於建造完成後，檢附下列文件，向主管機關申請許可；變更使用時亦同：

一、申請書。

二、使用計畫書、圖。但與原核定使用計畫書、圖完全相符者，免附。

三、建造許可影本。

四、建造施工期間分期分區記錄資料及照片。

五、竣工平面圖、立面圖及竣工照片。

六、人工島嶼、設施或結構及其附近海底地形實測資料。

七、其他經主管機關指定之文件。

第七條

在中華民國專屬經濟海域或大陸礁層改變人工島嶼、設施或結構，應檢附下列文件，向主管機關申請許可：

一、申請書。

二、改變計畫書、圖。

三、建造許可影本。

四、第四條第三款至第十款規定應檢附之各項文件、圖說。但與原核定建造許可所檢附資料完全相符者，免附。

五、其他經主管機關指定之文件。

第八條

在中華民國專屬經濟海域或大陸礁層拆除人工島嶼、設施或結構，應檢附下列文件，向主管機關申請許可：

一、申請書。

二、使用許可影本。

三、拆除計畫書、圖。

四、其他經主管機關指定之文件。

第九條

外國人申請第四條或第六條至前條之許可，應經由中華民國駐外使領館、代表處、辦事處或其他外交部授權機構轉請外交部函轉主管機關辦理之。

但其在中華民國設有分支或代理機構者，得由該取得授權之分支或代理機構，向主管機關申請。

申請人提出之文件係外文者，應檢具中文譯本，並經中華民國駐外使領館、代表處、辦事處或其他外交部授權機構證明。

前項中文譯本，亦得依公證法規定，由公證人認證。

第十條

主管機關受理許可申請後，應於六個月內審查完竣，必要時得延長六個月；經審查不符合規定，而其情形可以補正者，應訂期限通知申請人補正，不依限補正者，駁回其

申請。

第十一條

主管機關為辦理本辦法所定申請許可事項,得邀集相關機關代表、學者專家組成專家小組審查;並得會同有關機關進行勘驗。

前項審查內容涉及專門技術或知識者,得委託專業機構或學術團體代為審查;其所需費用,由申請人負擔。

第十二條

從事人工島嶼、設施或結構之建造、使用、改變或拆除者,應建立警示裝置及浮標;並通知航政主管機關公告該警示裝置與浮標之位置、深度、大小及人工島嶼、設施或結構之施工期間。

第十三條

在中華民國專屬經濟海域或大陸礁層建造、使用、改變或拆除人工島嶼、設施或結構,須經中華民國領海及領海基線以內者,其申請許可,適用本辦法之規定。

第十四條

本辦法所定書圖及照片之格式,由主管機關定之。

第十五條

本辦法自發布日施行。

6.海洋污染防治法

中華民國八十九年十一月一日總統(八九)華總一義字第八九○○二六○四一○號令制定公
　　布全文六十一條;並自公布日起施行

第一章 總則

第一條

為防治海洋污染,保護海洋環境,維護海洋生態,確保國民健康及永續利用海洋資源,特制定本法。本法未規定者,適用其他法律之規定。

第二條

本法適用於中華民國管轄之潮間帶、內水、領海、鄰接區、專屬經濟海域及大陸礁層上覆水域。

於前項所定範圍外海域排放有害物質,致造成前項範圍內污染者,亦適用本法之規定。

第三條

本法專用名詞定義如下:

一、有害物質:指依聯合國國際海事組織所定國際海運危險品準則所指定之物質。

二、海洋環境品質標準:指基於國家整體海洋環境保護目的所定之目標值。

三、海洋環境管制標準：指為達成海洋環境品質標準所定分區、分階段之目標值。

四、海域工程：指在前條第一項所定範圍內，從事之探勘、開採、輸送、興建、敷設、修繕、抽砂、浚渫、打撈、掩埋、填土、發電或其他工程。

五、油：指原油、重油、潤滑油、輕油、煤油、揮發油或其他經中央主管機關公告之油及含油之混合物。

六、排洩：指排放、溢出、洩漏廢（汙）水、油、廢棄物、有害物質或其他經中央主管機關公告之物質。

七、海洋棄置：指海洋實驗之投棄或利用船舶、航空器、海洋設施或其他設施，運送物質至海上傾倒、排洩或處置。

八、海洋設施：指海域工程所設置之固定人工結構物。

九、海上焚化：指利用船舶或海洋設施焚化油或其他物質。

十、污染行為：指直接或間接將物質或能量引入海洋環境，致造成或可能造成人體、財產、天然資源或自然生態損害之行為。

十一、污染行為人：指造成污染行為之自然人、公私場所之負責人、管理人及代表人；於船舶及航空器時為所有權人、承租人、經理人及營運人等。

第四條

本法所稱主管機關：在中央為行政院環境保護署；在直轄市為直轄市政府；在縣（市）為縣（市）政府。

直轄市、縣（市）主管機關之管轄範圍，為領海海域範圍內之行政轄區；海域行政轄區未劃定前由中央主管機關會同內政部，於本法公告一年內劃定完成。

第五條

依本法執行取締、蒐證、移送等事項，由海岸巡防機關辦理。

主管機關及海岸巡防機關就前項所定事項，得要求軍事、海關或其他機關協助辦理。

第六條

各級主管機關、執行機關或協助執行機關，得派員攜帶證明文件，進入港口、其他場所或登臨船舶、海洋設施，檢查或鑑定海洋污染事項，並命令提供有關資料。

各級主管機關、執行機關或協助執行機關，依前項規定命提供資料時，其涉及軍事機密者，應會同當地軍事機關為之。

對前二項之檢查、鑑定及命令，不得規避、妨礙或拒絕。

涉及軍事事務之檢查鑑定辦法，由中央主管機關會同國防部定之。

第七條

各級主管機關及執行機關得指定或委託相關機關、機構或團體，辦理海洋污染防治、海洋污染監測、海洋污染處理、海洋環境保護及其研究訓練之有關事項。

第二章 基本措施

第八條

中央主管機關應視海域狀況，訂定海域環境分類及海洋環境品質標準。

為維護海洋環境或應目的事業主管機關對特殊海域環境之需求，中央主管機關得依海域環境分類、海洋環境品質標準及海域環境特質，劃定海洋管制區，訂定海洋環境管制標準，並據以訂定分區執行計畫及污染管制措施後，公告實施。

前項污染管制措施，包括污染排放、使用毒品、藥品捕殺水生物及其他中央主管機關公告禁止使海域污染之行為。

第九條

各級主管機關應依海域環境分類，就其所轄海域設置海域環境監測站或設施，定期公佈監測結果，並採取適當防治措施；必要時，各目的事業主管機關並得限制海域之使用。

對各級主管機關依前項設置之監測站或設施，不得干擾或毀損。

第一項海域環境監測辦法、環境監測站設置標準及採樣分析方法，由中央主管機關定之。

第十條

為處理重大海洋污染事件，行政院得設重大海洋污染事件處理專案小組；為處理一般海洋污染事件，中央主管機關得設海洋污染事件處理工作小組。

為處理重大海洋油污染緊急事件，中央主管機關應擬訂海洋油污染緊急應變計畫，報請行政院核定之。

前項緊急應變計畫，應包含分工、通報系統、監測系統、訓練、設施、處理措施及其他相關事項。

第十一條

各類港口管理機關應依本法及其他相關規定採取措施，以防止、排除或減輕所轄港區之污染。

各類港口目的事業主管機關，應輔導所轄港區之污染改善。

第十二條

經中央主管機關核准以海洋為最終處置場所者，應依棄置物質之種類及數量，徵收海洋棄置費，納入中央主管機關特種基金管理運用，以供海洋污染防治、海洋污染監測、海洋污染處理、海洋生態復育、其他海洋環境保護及其研究訓練之有關事項使用。

海洋棄置費之徵收、計算、繳費方式、繳納期限及其他應遵行事項之收費辦法，由中央主管機關會商有關機關定之。

第十三條

中央主管機關指定之公私場所從事油輸送、海域工程、海洋棄置、海上焚化或其他污染行為之虞者，應先提出足以預防及處理海洋污染之緊急應變計畫及賠償污染損害之財務保證書或責任保險單，經中央主管機關核准後，始得為之。

前項緊急應變計畫之內容及格式，由中央主管機關定之。

第一項財務保證書之保證額度或責任保險單之賠償責任限額，由中央主管機關會商財政部定之。

各級主管機關於海洋發生緊急污染事件時，得要求第一項之公私場所或其他海洋相關事業，提供污染處理設備、專業技術人員協助處理，所需費用由海洋污染行為人負擔；必要時，得由前條第一項之基金代為支應，再向海洋污染行為人求償。

第十四條

因下列各款情形之一致造成污染者，不予處罰：

一、為緊急避難或確保船舶、航空器、海堤或其他重大工程設施安全者。

二、為維護國防安全或因天然災害、戰爭或依法令之行為者。

三、為防止、排除、減輕污染、保護環境或為特殊研究需要，經中央主管機關許可者。

海洋環境污染，應由海洋污染行為人負責清除之。目的事業主管機關或主管機關得先行採取緊急措施，必要時，並得代為清除處理；其因緊急措施或清除處理所生費用，由海洋污染行為人負擔。

前項清除處理辦法，由中央主管機關定之。

第三章　防止陸上污染源污染

第十五條

公私場所非經中央主管機關許可，不得排放廢（汙）水於海域或與海域相鄰接之下列區域：

一、自然保留區、生態保育區。

二、國家公園之生態保護區、特別景觀區、遊憩區。

三、野生動物保護區。

四、水產資源保育區。

五、其他經中央主管機關公告需特別加以保護之區域。

前項廢（汙）水排放之申請、條件、審查程式、廢止及其他應遵行事項之許可辦法，由中央主管機關會商相關目的事業主管機關定之。

第十六條

公私場所因海洋放流管、海岸放流口、廢棄物堆置或處理場，發生嚴重污染海域或有嚴重污染之虞時，應即採取措施以防止、排除或減輕污染，並即通知各級主管機關及目的事業主管機關。

前項情形，地方主管機關應先採取必要之應變措施，必要時，中央主管機關並得逕行
採取處理措施；其因應變或處理措施所生費用，由該公私場所負擔。

第四章 防止海域工程污染

第十七條

公私場所利用海洋設施從事探採油礦、輸送油及化學物質或排放廢（汙）水者，應先
檢具海洋污染防治計畫，載明海洋污染防治作業內容、海洋監測與緊急應變措施及其
他中央主管機關指定之事項，報經中央主管機關核准後，始得為之。

前項公私場所應持續執行海洋監測，並定期向主管機關申報監測紀錄。

公私場所利用海洋設施探採油礦或輸送油者，應製作探採或輸送紀錄。

第十八條

公私場所不得排放、溢出、洩漏、傾倒廢（汙）水、油、廢棄物、有害物質或其他經
中央主管機關指定公告之污染物質於海洋。但經中央主管機關許可者，得將油、廢（汙）
水排放於海洋；其排放並應製作排放紀錄。

前條第三項及前項紀錄，應依中央主管機關規定製作、申報並至少保存十年。

第一項但書排放油、廢（汙）水入海洋之申請、條件、審查程式、廢止及其他應遵行
事項之許可辦法，由中央主管機關會商目的事業主管機關定之。

第十九條

公私場所從事海域工程致嚴重污染海域或有嚴重污染之虞時，應即採取措施以防止、
排除或減輕污染，並即通知主管機關及目的事業主管機關。

前項情形，主管機關得命採取必要之應變措施，必要時，主管機關並得逕行採取處理
措施；其因應變或處理措施所生費用，由該公私場所負擔。

第五章 防止海上處理廢棄物污染

第二十條

公私場所以船舶、航空器或海洋設施及其他方法，從事海洋棄置或海上焚化者，應向
中央主管機關申請許可。

前項許可事項之申請、審查、廢止、實施海洋棄置、海上焚化作業程序及其他應遵行
事項之管理辦法，由中央主管機關會商目的事業主管機關定之。

第二十一條

實施海洋棄置或海上焚化作業，應於中央主管機關指定之區域為之。

前項海洋棄置或焚化作業區域，由中央主管機關依海域環境分類、海洋環境品質標準
及海域水質狀況，劃定公告之。

第二十二條

中央主管機關應依物質棄置於海洋對海洋環境之影響，公告為甲類、乙類或丙類。甲類物質，不得棄置於海洋；乙類物質，每次棄置均應取得中央主管機關許可；丙類物質，於中央主管機關許可之期間及總量範圍內，始得棄置。

第二十三條

實施海洋棄置及海上焚化之船舶、航空器或海洋設施之管理人，應製作執行海洋棄置及海上焚化作業之紀錄，並定期將紀錄向中央主管機關申報及接受查核。

第二十四條

公私場所因海洋棄置、海上焚化作業，致嚴重污染海域或有嚴重污染之虞時，應即採取措施以防止、排除或減輕污染，並即通知主管機關及目的事業主管機關。

前項情形，主管機關得命採取必要之應變措施，必要時，主管機關並得逕行採取處理措施；其因應變或處理措施所生費用，由該公私場所負擔。

第二十五條

棄置船舶、航空器、海洋設施或其他人工構造物於海洋，準用本章之規定。

為漁業需要，得投設人工魚礁或其他漁業設施；其申請、投設、審查、廢止及其他應遵行事項之許可辦法，由中央主管機關會同中央漁業、保育主管機關及中央航政主管機關定之。

第六章 防止船舶對海洋污染

第二十六條

船舶應設置防止污染設備，並不得污染海洋。

第二十七條

船舶對海洋環境有造成污染之虞者，港口管理機關得禁止其航行或開航。

第二十八條

港口管理機關或執行機關於必要時，得會同中央主管機關查驗我國及外國船舶之海洋污染防止證明書或證明文件、操作手冊、油、貨紀錄簿及其他經指定之文件。

第二十九條

船舶之廢（汙）水、油、廢棄物或其他污染物質，除依規定得排洩於海洋者外，應留存船上或排洩於岸上收受設施。

各類港口管理機關應設置前項污染物之收受設施，並得收取必要之處理費用。

前項處理費用之收取標準，由港口管理機關擬訂，報請目的事業主管機關核定之。

第三十條

船舶裝卸、載運油、化學品及其他可能造成海水污染之貨物，應採取適當防制排洩措施。

第三十一條

船舶之建造、修理、拆解、打撈及清艙，致污染海域或有污染之虞者，應採取下列措施，並清除污染物質：

一、於施工區域周圍水面，設置適當之攔除浮油設備。

二、於施工區內，備置適當廢油、廢（汙）水、廢棄物及有害物質收受設施。

三、防止油、廢油、廢（汙）水、廢棄物、殘餘物及有害物質排洩入海。

四、其他經中央主管機關指定之措施。

第三十二條

船舶發生海難或因其他意外事件，致污染海域或有污染之虞時，船長及船舶所有人應即採取措施以防止、排除或減輕污染，並即通知當地航政主管機關、港口管理機關及地方主管機關。

前項情形，主管機關得命採取必要之應變措施，必要時，主管機關並得逕行採取處理措施；其因應變或處理措施所生費用，由該船舶所有人負擔。

第七章　損害賠償責任

第三十三條

船舶對海域污染產生之損害，船舶所有人應負賠償責任。

船舶總噸位四百噸以上之一般船舶及總噸位一百五十噸以上之油輪或化學品船，其船舶所有人應依船舶總噸位，投保責任保險或提供擔保，並不得停止或終止保險契約或提供擔保。

前項責任保險或擔保之額度，由中央主管機關會商財政部定之。

前條及第一項所定船舶所有人，包括船舶所有權人、船舶承租人、經理人及營運人。

第三十四條

污染損害之賠償請求權人，得直接向責任保險人請求賠償或就擔保求償之。

第三十五條

外國船舶因違反本法所生之損害賠償責任，於未履行前或有不履行之虞者，港口管理機關得限制船舶及相關船員離境。但經提供擔保者，不在此限。

第八章　罰則

第三十六條

棄置依第二十二條第一項公告之甲類物質於海洋，致嚴重污染海域者，處十年以下有期徒刑，得併科新臺幣二千萬元以上一億元以下罰金。

前項之未遂犯罰之。

第三十七條

公私場所違反第十五條第一項規定者，處負責人三年以下有期徒刑、拘役或科或併科

新臺幣三十萬元以上一百五十萬元以下罰金。

第三十八條

依本法規定有申報義務，明知為不實之事項而申報不實或於業務上作成之文書為虛偽記載者，處三年以下有期徒刑、拘役或科或併科新臺幣三十萬元以上一百五十萬元以下罰金。

第三十九條

有下列情形之一者，處公私場所負責人三年以下有期徒刑、拘役或科或併科新臺幣三十萬元以上一百五十萬元以下罰金：

一、違反第十七條第一項規定者。

二、違反第二十條第一項規定者。

三、違反第二十條第二項管理辦法之規定，致嚴重污染海域者。

第四十條

不遵行主管機關依本法所為停工之命令者，處負責人、行為人、船舶所有人一年以下有期徒刑、拘役或科或併科新臺幣二十萬元以上一百萬元以下罰金。

第四十一條

拒絕、規避或妨礙依第六條第一項、第二項、第二十三條或第二十八條規定所為之檢查、鑑定、命令、查核或查驗者，處新臺幣二十萬元以上一百萬元以下罰鍰，並得按日處罰及強制執行檢查、鑑定、查核或查驗。

第四十二條

違反中央主管機關依第八條第二項所定之污染管制措施或第十八條第一項規定者，處新臺幣二十萬元以上一百萬元以下罰鍰，並得限期令其改善；屆期未改善者，得按日連續處罰。

第四十三條

違反第九條第一項限制海域使用或第九條第二項干擾、毀損監測站或設施之規定者，處新臺幣二十萬元以上一百萬元以下罰鍰，並得限期令其改善，屆期未改善者，得按日連續處罰。

第四十四條

未依第十二條第二項所定收費辦法，於限期內繳納費用者，應依繳納期限當日郵政儲金匯業局一年定期存款固定利率按日加計利息，一併繳納；逾期九十日仍未繳納者，除移送法院強制執行外，處新臺幣一千五百元以上六萬元以下罰鍰。

第四十五條

違反第十三條第一項規定者，處新臺幣三十萬元以上一百五十萬元以下罰鍰。

未依第十三條第四項規定協助處理緊急污染事件者，處新臺幣十萬元以上五十萬元以下罰鍰；情節重大者，並得按次連續處罰。

第四十六條

未依第十四條第二項規定清除污染者，處新臺幣三十萬元以上一百五十萬元以下罰鍰。

第四十七條

有下列情形之一者，處新臺幣十萬元以上五十萬元以下罰鍰，並限期令其改善；屆期未改善者，按日連續處罰；情節重大者，得令其停工：

一、違反依第十四條第三項所定之辦法者。

二、違反依第十五條第二項所定之辦法者。

三、違反依第十八條第三項所定之辦法者。

四、違反依第二十五條第二項所定之辦法者。

第四十八條

未依第十六條第一項、第十九條第一項、第二十四條第一項或第三十二條第一項規定為通知者，處新臺幣三十萬元以上一百五十萬元以下罰鍰。

第四十九條

未依第十六條第一項、第十九條、第二十四條或第三十二條規定採取防止、排除或減輕污染措施或未依主管機關命令採取措施者，處新臺幣三十萬元以上一百五十萬元以下罰鍰，並得限期令其改善；屆期未改善者，得按日連續處罰；情節重大者，得令其停工。

第五十條

有下列情形之一者，處新臺幣二十萬元以上一百萬元以下罰鍰，並得限期令其改善；屆期未改善者，得按日連續處罰：

一、未依第十七條第二項規定監測、申報者。

二、未依第十七條第三項、第十八條第二項規定製作、申報者。

三、未依第二十三條規定記錄、申報者。

第五十一條

違反依第二十條第二項所定之管理辦法者，處新臺幣三十萬元以上一百五十萬元以下罰鍰。

第五十二條

違反第二十一條第一項或第三十三條第二項規定者，處新臺幣六十萬元以上三百萬元以下罰鍰。

第五十三條

違反第二十九條第一項規定者，處新臺幣三十萬元以上一百五十萬元以下罰鍰，並得限期令其改善；屆期未改善者，得按日連續處罰。

第五十四條

違反第三十條或第三十一條規定者，處新臺幣三十萬元以上一百五十萬元以下罰鍰，

並得限期令其改善；屆期未改善者，得按日連續處罰；情節重大者，得命其停工。

第五十五條

本法所定之處罰，除另有規定外，在中央由行政院環境保護署為之；在直轄市由直轄市政府為之；在縣（市）由縣（市）政府為之。

第五十六條

依本法所處之罰鍰，經限期繳納，屆期未繳納者，移送法院強制執行。

第九章　附則

第五十七條

主管機關依本法受理各項申請之審查、許可及核發許可證，應收取審查費及證明書費等規費；其收費辦法，由中央主管機關會商有關機關定之。

第五十八條

本法施行前已從事海洋放流、海岸放流、廢棄物堆置處理、海域工程、海洋棄置、海上焚化之公私場所或航行之船舶，其有不符合本法規定者，應自本法施行之日起半年內，申請核定改善期限；改善期限未屆滿前，免予處罰。但對造成之污染損害，仍應負賠償責任。

依前項核定之改善期限，不得超過一年。

第五十九條

公私場所違反本法或依本法授權訂定之相關命令而主管機關疏於執行時，受害人民或公益團體得敘明疏於執行之具體內容，以書面告知主管機關。

主管機關於書面告知送達之日起六十日內仍未依法執行者，受害人民或公益團體得以該主管機關為被告，對其怠於執行職務之行為，直接向行政法院提起訴訟，請求判令其執行。

行政法院為前項判決時，得依職權判令被告機關支付適當律師費用、偵測鑑定費用或其他訴訟費用予對海洋污染防治有具體貢獻之原告。

第一項之書面告知格式，由中央主管機關定之。

第六十條

本法施行細則，由中央主管機關定之。

第六十一條

本法自公佈日施行。

7.殘害人群治罪條例

中華民國四十二年五月二十二日總統令公布全文七條

第一條

　為防止及懲治殘害人群罪，特制定本條例。

第二條

　意圖全部或一部消滅某一民族、種族或宗教之團體，而有左列行為之一者，為殘害人群罪，處死刑、無期徒刑或七年以上有期徒刑：

一、殺害團體之分子者。

二、使該團體之分子遭受身體上或精神上之嚴重傷害者。

三、以某種生活狀況加於該團體，足以使其全部或一部在形體上歸於消滅者。

四、以強制方法妨害團體分子之生育者。

五、誘掠兒童脫離其所屬之團體者。

六、用其他陰謀方法破壞其團體，足以使其消滅者。

　前項之未遂犯罰之。

　預備或陰謀犯第一項之罪者，處一年以上七年以下有期徒刑。

第三條

　公然煽動他人犯前條第一項之罪者，處無期徒刑或七年以上有期徒刑。

第四條

　犯前二條之罪者，不論其犯罪係在平時或戰時，均適用本條例之規定。

第五條

　犯本條例之罪者，不論具有何種身分，一律適用本條例之規定。

第六條

　犯本條例之罪者，其第一審由高等法院或分院管轄之。

第七條

　本條例自公布日施行。

二、我國參加之國際公約

1.聯合國憲章

1.一九四五年六月二十六日通過，十月二十四日生效
一九六三年十二月十七日修正發布第二十三、二十七、六十一條條文
一九六五年八月三十一日生效
一九六五年十二月二十日修正發布第一百零九條條文
一九六八年六月十二日生效
一九七一年修正第六十一條條文
2.我國於一九四五年九月二十八日批准，同年十月二十四日對我生效。

我聯合國人民同茲決心
欲免後世再遭今代人類兩度身歷慘不堪言之戰禍，重申基本人權，人格尊嚴與價值，
以及男女與大小各國平等權利之信念，
創造適當環境，俾克維持正義，尊重由條約與國際法其他淵源而起之義務，久而弗懈，
促成大自由中之社會進步及較善之民主，
並為達此目的
力行容恕，彼此以善鄰之道，和睦相處，
集中力量，以維持國際和平及安全，
接受原則，確立方法，以保證非為公共利益，不得使用武力，
運用國際機構，以促成全球人民經濟及社會的進展，
用是發憤立志，務當同心協力，以竟厥功。
爰由我各本國政府，經聚集金山市之代表各將所奉全權證書，互相校閱，均屬妥善，
議定本聯合國憲章，並設立國際組織，定名聯合國。

第一章　宗旨與原則

第一條

聯合國之宗旨為:

一、維持國際和平及安全；並為此目的: 採取有效集體辦法，以防止且消除對於和平
之威脅，制止侵略行為或其他和平之破壞；並以和平方法且依正義及國際法之原
則，調整或解決足以破壞和平之國際爭端或情勢。

二、發展國際間以尊重人民平等權利及自決原則為根據之友好關係，並採取其他適當
辦法，以增強普遍和平。

三、促進國際合作，以解決國際間屬於經濟、社會、文化、及人類福利性質之國際問題，且不分種族、性別、語言、或宗教，增進並激勵對於全體人類之人權及基本自由之尊重。

四、構成一協調各國行動之中心，以達成上述共同目的。

第二條

為求實現第一條所述各宗旨起見，本組織及其會員國應遵行下列原則：

一、本組織係基於各會員國主權平等之原則。

二、各會員國應一秉善意，履行其依本憲章所擔負之義務，以保證全體會員國由加入本組織而發生之權益。

三、各會員國應以和平方法解決其國際爭端，俾免危及國際和平、安全、及正義。

四、各會員國在其國際關係上不得使用威脅或武力，或以與聯合國宗旨不符之任何其他方法，侵害任何會員國或國家之領土完整或政治獨立。

五、各會員國對於聯合國依本憲章規定而採取之行動，應盡力予以協助，聯合國對於任何國家正在採取防止或執行行動時，各會員國對該國不得給予協助。

六、本組織在維持國際和平及安全之必要範圍內，應保證非聯合國會員國遵行上述原則。

七、本憲章不得認為授權聯合國干涉在本質上屬於任何國家國內管轄之事件，且並不要求會員國將該項事件依本憲章提請解決；但此項原則不妨礙第七章內執行辦法之適用。

第二章　會員

第三條

凡曾經參加金山聯合國國際組織會議或前此曾簽字於一九四二年一月一日聯合國宣言之國家，簽訂本憲章，且依憲章第一百一十條規定而予以批准者，均為聯合國之創始會員國。

第四條

一、凡其他愛好和平之國家，接受本憲章所載之義務，經本組織認為確能並願意履行該項義務者，得為聯合國會員國。

二、准許上述國家為聯合國會員國，將由大會經安全理事會之推薦以決議行之。

第五條

聯合國會員國，業經安全理事會對其採取防止或執行行動者，大會經安全理事會之建議，得停止其會員權利及特權之行使。此項權利及特權之行使，得由安全理事會恢復之。

第六條

聯合國之會員國中，有屢次違犯本憲章所載之原則者，大會經安全理事會之建議，得將其由本組織除名。

第三章　機關

第七條

一、茲設聯合國之主要機關如下：

大會、安全理事會、經濟暨社會理事會、託管理事會、國際法院、及秘書處。

二、聯合國得依本憲章設立認為必需之輔助機關。

第八條

聯合國對於男女均得在其主要及輔助機關在平等條件之下，充任任何職務，不得加以限制。

第四章　大會

組織

第九條

一、大會由聯合國所有會員國組織之。

二、每一會員國在大會之代表，不得超過五人。

職權

第十條

大會得討論本憲章範圍內之任何問題或事項，或關於本憲章所規定任何機關之職權；並除第十二條所規定外，得向聯合國會員國或安全理事會或兼向兩者，提出對各該問題或事項之建議。

第十一條

一、大會得考慮關於維持國際和平及安全之合作之普通原則，包括軍縮及軍備管制之原則；並得向會員國或安全理事會或兼向兩者提出對於該項原則之建議。

二、大會得討論聯合國任何會員國或安全理事會或非聯合國會員國依第三十五條第二項之規定向大會所提關於維持國際和平及安全之任何問題；除第十二條所規定外，並得向會員國或安全理事會或兼向兩者提出對於各該項問題之建議。凡對於需要行動之各該項問題，應由大會於討論前或討論後提交安全理事會。

三、大會對於足以危及國際和平與安全之情勢，得提請安全理事會注意。

四、本條所載之大會權力並不限制第十條之概括範圍。

第十二條

一、當安全理事會對於任何爭端或情勢，正在執行本憲章所授予該會之職務時，大會非經安全理事會請求，對於該項爭端或情勢，不得提出任何建議。

二、秘書長經安全理事會之同意，應於大會每次會議時，將安全理事會正在處理中關於維持國際和平及安全之任何事件，通知大會；於安全理事會停止處理該項事件時，亦應立即通知大會，或在大會閉會期內通知聯合國會員國。

第十三條

一、大會應發動研究，並作成建議：

㈠以促進政治上之國際合作，並提倡國際法之逐漸發展與編纂。

㈡以促進經濟、社會、文化、教育、及衛生各部門之國際合作，且不分種族、性別、語言、或宗教，助成全體人類之人權及基本自由之實現。

二、大會關於本條第一項㈡款所列事項之其他責任及職權，於第九章及第十章中規定之。

第十四條

大會對於其所認為足以妨害國際間公共福利或友好關係之任何情勢，不論其起源如何，包括由違反本憲章所載聯合國之宗旨及原則而起之情勢，得建議和平調整辦法，但以不違背第十二條之規定為限。

第十五條

一、大會應收受並審查安全理事會所送之常年及特別報告；該項報告應載有安全理事會對於維持國際和平及安全所已決定或施行之辦法之陳述。

二、大會應收受並審查聯合國其機關所送之報告。

第十六條

大會應執行第十二章及第十三章所授予關於國際託管制度之職務，包括關於非戰略防區託管協定之核准。

第十七條

一、大會應審核本組織之預算。

二、本組織之經費應由各會員國依照大會分配限額擔負之。

三、大會應審核經與第五十七條所指各種專門機關訂定之任何財政及預算辦法，並應審查該項專門機關之行政預算，以便向關係機關提出建議。

投票

第十八條

一、大會之每一會員國，應有一個投票權。

二、大會對於重要問題之決議應以到會及投票之會員國三分之二多數決定之。此項問題應包括：關於維持國際和平及安全之建議，安全理事會非常任理事國之選舉，

經濟暨社會理事會理事國之選舉，依第八十六條第一項(寅)款所規定託管理事會理事國之選舉，對於新會員國加入聯合國之准許，會員國權利及特權之停止，會員國之除名，關於施行託管制度之問題，以及預算問題。

三、關於其他問題之決議，包括另有何種事項應以三分之二多數決定之問題，應以到會及投票之會員國過半數決定之。

第十九條

凡拖欠本組織財政款項之會員國，其拖欠數目如等於或超過前兩年所應繳納之數目時，即喪失其在大會投票權。大會如認拖欠原因，確由於該會員國無法控制之情形者，得准許該會員國投票。

程序

第二十條

大會每年應舉行常會，並於必要時，舉行特別會議。特別會議應由秘書長經安全理事會或聯合國會員國過半數之請求召集之。

第二十一條

大會應自行制定其議事規則。大會應選舉每次會議之主席。

第二十二條

大會得設立其認為於行使職務所必需之輔助機關。

第五章　安全理事會

組織

第二十三條

一、安全理事會以聯合國十五會員國組織之。中華民國、法蘭西、蘇維埃社會主義共和國聯邦、大不列顛及北愛爾蘭聯合王國及美利堅合眾國應為安全理事會常任理事國。大會應選舉聯合國其他十會員國為安全理事會非常任理事國，選舉時首宜充分斟酌聯合國各會員國於維持國際和平與安全及本組織其餘各宗旨上之貢獻，並宜充分斟酌地域上之公允分配。

二、安全理事會非常任理事國任期定為二年。安全理事會理事國自十一國增至十五國後第一次選舉非常任理事國時，所增四國中兩國之任期應為一年。任滿之理事國不得即行連選。

三、安全理事會每一理事國應有代表一人。

職權

第二十四條

一、為保證聯合國行動迅速有效起見，各會員國將維持國際和平及安全之主要責任，授予安全理事會，並同意安全理事會於履行此項責任下之職務時，即係代表各會員國。

二、安全理事會於履行此項職務時，應遵照聯合國之宗旨及原則。為履行此項職務而授予安全理事會之特定權力，於本憲章第六章、第七章、第八章、及第十二章內規定之。

三、安全理事會應將常年報告，並於必要時將特別報告，提送大會審查。

第二十五條

聯合國會員國同意依憲章之規定接受並履行安全理事會之決議。

第二十六條

為促進國際和平及安全之建立及維持，以儘量減少世界人力及經濟資源之消耗於軍備起見，安全理事會藉第四十七條所指之軍事參謀團之協助，應負責擬具方案，提交聯合國會員國，以建立軍備管制制度。

投票

第二十七條

一、安全理事會每一理事國應有一個投票權。

二、安全理事會關於程序事項之決議，應以九理事國之可決票表決之。

三、安全理事會對於其他一切事項之決議，應以九理事國之可決票包括全體常任理事國之同意票表決之；但對於第六章及第五十二條第三項內各事項之決議，爭端當事國不得投票。

程序

第二十八條

一、安全理事會之組織，應以使其能繼續不斷行使職務為要件。為此目的，安全理事會之各理事國應有常駐本組織會所之代表。

二、安全理事會應舉行定期會議，每一理事國認為合宜時得派政府大員或其他特別指定之代表出席。

三、在本組織會所以外，安全理事會得在認為最能便利其工作之其他地點舉行會議。

第二十九條

安全理事會得設立其認為於行使職務所必需之輔助機關。

第三十條

安全理事會應自行制定其議事規則，包括其推選主席之方法。

第三十一條

在安全理事會提出之任何問題，經其認為對於非安全理事會理事國之聯合國任何會員國之利益有特別關係時，該會員國得參加討論，但無投票權。

第三十二條

聯合國會員國而非為安全理事會之理事國，或非聯合國會員國之國家，如於安全理事會考慮中之爭端為當事國者，應被邀參加關於該項爭端之討論，但無投票權。安全理事會應規定其所認為公平之條件，以便非聯合國會員國之國家參加。

第六章　爭端之和平解決

第三十三條

一、任何爭端之當事國，於爭端之繼續存在足以危及國際和平與安全之維持時，應儘先以談判、調查、調停、和解、公斷、司法解決、區域機關或區域辦法之利用、或各該國自行選擇之其他和平方法，求得解決。

二、安全理事會認為必要時，應促請各當事國以此項方法，解決其爭端。

第三十四條

安全理事會得調查任何爭端或可能引起國際摩擦或惹起爭端之任何情勢，以斷定該項爭端或情勢之繼續存在是否足以危及國際和平與安全之維持。

第三十五條

一、聯合國任何會員國得將屬於第三十四條所指之性質之任何爭端或情勢，提請安全理事會或大會注意。

二、非聯合國會員國之國家如為任何爭端之當事國時，經預先聲明就該爭端而言接受本憲章所規定和平解決之義務後，得將該項爭端，提請大會或安全理事會注意。

三、大會關於按照本條所提請注意事項之進行步驟，應遵守第十一條及第十二條之規定。

第三十六條

一、屬於第三十三條所指之性質之爭端或相似之情勢，安全理事會在任何階段，得建議適當程序或調整方法。

二、安全理事會對於當事國為解決爭端業經採取之任何程序，理應予以考慮。

三、安全理事會按照本條作成建議時，同時理應注意凡具有法律性質之爭端，在原則上，理應由當事國依國際法院規約之規定提交國際法院。

第三十七條

一、屬於第三十三條所指之性質之爭端，當事國如未能依該條所示方法解決時，應將該項爭端提交安全理事會。

二、安全理事會如認為該項爭端之繼續存在，在事實上足以危及國際和平與安全之維

持時，應決定是否當依第三十六條採取行動或建議其所認為適當之解決條件。

第三十八條

安全理事會如經所有爭端當事國之請求，得向各當事國作成建議，以求爭端之和平解決，但以不妨礙第三十三條至第三十七條之規定為限。

第七章　對於和平之威脅和平之破壞及侵略行為之應付辦法

第三十九條

安全理事會應斷定任何和平之威脅、和平之破壞、或侵略行為之是否存在，並應作成建議或抉擇依第四十一條及第四十二條規定之辦法，以維持或恢復國際和平及安全。

第四十條

為防止情勢之惡化，安全理事會在依第三十九條規定作成建議或決定辦法以前，得促請關係當事國遵行安全理事會所認為必要或合宜之臨時辦法。此項臨時辦法並不妨礙關係當事國之權利、要求、或立場。安全理事會對於不遵行此項臨時辦法之情形，應予適當注意。

第四十一條

安全理事會得決定所應採武力以外之辦法，以實施其決議，並得促請聯合國會員國執行此項辦法。此項辦法得包括經濟關係、鐵路、海運、航空、郵電、無線電、及其他交通工具之局部或全部停止，以及外交關係之斷絕。

第四十二條

安全理事會如認第四十一條所規定之辦法為不足或已經證明為不足時，得採取必要之空海陸軍行動，以維持或恢復國際和平及安全。此項行動得包括聯合國會員國之空海陸軍示威、封鎖、及其他軍事舉動。

第四十三條

一、聯合國各會員國為求對於維持國際和平及安全有所貢獻起見，擔任於安全理事會發令時，並依特別協定，供給為維持國際和平及安全所必需之軍隊、協助、及便利，包括過境權。

二、此項特別協定應規定軍隊之數目及種類，其準備程度及一般駐紮地點，以及所供便利及協助之性質。

三、此項特別協定應以安全理事會之主動，儘速議訂。此項協定應由安全理事會與會員國或由安全理事會與若干會員國之集團締結之，並由簽字國各依其憲法程序批准之。

第四十四條

安全理事會決定使用武力時，於要求非安全理事會會員國依第四十三條供給軍隊以履行其義務之前，如經該會員國請求，應請其遣派代表，參加安全理事會關於使用其軍

事部隊之決議。

第四十五條

為使聯合國能採取緊急軍事辦法起見，會員國應將其本國空軍部隊為國際共同執行行動隨時供給調遣。此項部隊之實力與準備之程度，及其共同行動之計畫，應由安全理事會以軍事參謀團之協助，在第四十三條所指之特別協定範圍內決定之。

第四十六條

武力使用之計畫應由安全理事會以軍事參謀團之協助決定之。

第四十七條

一、茲設立軍事參謀團，以便對於安全理事會維持國際和平及安全之軍事需要問題，對於受該會所支配軍隊之使用及統率問題，對於軍備之管制及可能之軍縮問題，向該會貢獻意見並予以協助。

二、軍事參謀團應由安全理事會各常任理事國之參謀總長或其代表組織之。聯合國任何會員國在該團未有常任代表者，如於該團責任之履行在效率上必需該國參加其工作時，應由該團邀請參加。

三、軍事參謀團在安全理事會權力之下，對於受該會所支配之任何軍隊，負戰略上之指揮責任；關於該項軍隊之統率問題，應待以後處理。

四、軍事參謀團，經安全理事會之授權，並與區域內有關機關商議後，得設立區域分團。

第四十八條

一、執行安全理事會為維持國際和平及安全之決議所必要之行動，應由聯合國全體會員國或由若干會員國擔任之，一依安全理事會之決定。

二、此項決議應由聯合國會員國以其直接行動，及經其加入為會員之有關國際機關之行動履行之。

第四十九條

聯合國會員國應通力合作，彼此協助，以執行安全理事會所決定之辦法。

第五十條

安全理事會對於任何國家採取防止或執行辦法時，其他國家，不論其是否為聯合國會員國，遇有因此項辦法之執行而引起之特殊經濟問題者，應有權與安全理事會會商解決此項問題。

第五十一條

聯合國任何會員國受武力攻擊時，在安全理事會採取必要辦法，以維持國際和平及安全以前，本憲章不得認為禁止行使單獨或集體自衛之自然權利。會員國因行使此項自衛權而採取之辦法，應立向安全理事會報告，此項辦法於任何方面不得影響該會按照本憲章隨時採取其所認為必要行動之權責，以維持或恢復國際和平及安全。

第八章　區域辦法

第五十二條

一、本憲章不得認為排除區域辦法或區域機關、用以應付關於維持國際和平及安全而宜於區域行動之事件者；但以此項辦法或機關及其工作與聯合國之宗旨及原則符合者為限。

二、締結此項辦法或設立此項機關之聯合國會員國，將地方爭端提交安全理事會以前，應依該項區域辦法，或由該項區域機關，力求和平解決。

三、安全理事會對於依區域辦法或由區域機關而求地方爭端之和平解決，不論其係由關係國主動，或由安全理事會提交者，應鼓勵其發展。

四、本條絕不妨礙第三十四條及第三十五條之適用。

第五十三條

一、安全理事會對於職權內之執行行動，在適當情形下，應利用此項區域辦法或區域機關。如無安全理事會之授權，不得依區域辦法或由區域機關採取任何執行行動；但關於依第一百零七條之規定對付本條第二項所指之任何敵國之步驟，或在區域辦法內所取防備此等國家再施其侵略政策之步驟，截至本組織經各關係政府之請求，對於此等國家之再次侵略，能擔負防止責任時為止，不在此限。

二、本條第一項所稱敵國係指第二次世界大戰中為本憲章任何簽字國之敵國而言。

第五十四條

關於為維持國際和平及安全起見，依區域辦法或由區域機關所已採取或正在考慮之行動，不論何時應向安全理事會充分報告之。

第九章　國際經濟及社會合作

第五十五條

為造成國際間以尊重人民平等權利及自決原則為根據之和平友好關係所必要之安定及福利條件起見，聯合國應促進：

�較高之生活程度，全民就業，及經濟與社會進展。

㈡國際間經濟、社會、衛生、及有關問題之解決；國際間文化及教育合作。

㈢全體人類之人權及基本自由之普遍尊重與遵守，不分種族、性別、語言、或宗教。

第五十六條

各會員國擔允採取共同及個別行動與本組織合作，以達成第五十五條所載之宗旨。

第五十七條

一、由各國政府間協定所成立之各種專門機關，依其組織約章之規定，於經濟、社會、文化、教育、衛生、及其他有關部門負有廣大國際責任者，應依第六十三條之規

定使與聯合國發生關係。

二、上述與聯合國發生關係之各專門機關，以下簡稱專門機關。

第五十八條

本組織應作成建議，以調整各專門機關之政策及工作。

第五十九條

本組織應於適當情形下，發動各關係國間之談判，以創設為達成第五十五條規定宗旨所必要之新專門機關。

第六十條

履行本章所載本組織職務之責任，屬於大會及大會權力下之經濟暨社會理事會。為此目的，該理事會應有第十章所載之權力。

第十章　經濟暨社會理事會

組織

第六十一條

一、經濟暨社會理事會由大會選舉聯合國五十四會員國組織之。

二、除第三項所規定外，經濟暨社會理事會每年選舉理事十八國，任期三年。任滿之理事國得即行連選。

三、經濟暨社會理事會理事國自二十七國增至五十四國後第一次選舉時，除選舉理事九國接替任期在該年年終屆滿之理事國外，應另增選理事二十七國。增選之理事二十七國中，九國任期一年，另九國任期二年，一依大會所定辦法。

四、經濟暨社會理事會之每一理事國應有代表一人。

職權

第六十二條

一、經濟暨社會理事會得作成或發動關於國際經濟、社會、文化、教育、衛生、及其他有關事項之研究及報告；並得向大會、聯合國會員國、及關係專門機關，提出關於此種事項之建議案。

二、本理事會為增進全體人類之人權及基本自由之尊重及維護起見，得作成建議案。

三、本理事會得擬具關於其職權範圍內事項之協約草案，提交大會。

四、本理事會得依聯合國所定之規則召集本理事會職務範圍以內事項之國際會議。

第六十三條

一、經濟暨社會理事會得與第五十七條所指之任何專門機關訂立協定，訂明關係專門機關與聯合國發生關係之條件。該項協定須經大會之核准。

二、本理事會，為調整各種專門機關之工作，得與此種機關會商並得向其提出建議，並得向大會及聯合國會員國建議。

第六十四條

一、經濟暨社會理事會得取適當步驟，以取得專門機關之經常報告。本理事會得與聯合國會員國及專門機關，商定辦法俾就實施本理事會之建議及大會對於本理事會職權範圍內事項之建議所採之步驟，取得報告。

二、本理事會得將對於此項報告之意見提送大會。

第六十五條

經濟暨社會理事會得向安全理事會供給情報，並因安全理事會之邀請，予以協助。

第六十六條

一、經濟暨社會理事會應履行其職權範圍內關於執行大會建議之職務。

二、經大會之許可，本理事會得應聯合國會員國或專門機關之請求，供其服務。

三、本理事會應履行本憲章他章所特定之其他職務，以及大會所授予之職務。

投票

第六十七條

一、經濟暨社會理事會每一理事國應有一個投票權。

二、本理事會之決議，應以到會及投票之理事國過半數表決之。

第六十八條

經濟暨社會理事會應設立經濟與社會部門及以提倡人權為目的之各種委員會，並得設立於行使職務所必需之其他委員會。

第六十九條

經濟暨社會理事會應請聯合國會員國參加討論本理事會對於該國有特別關係之任何事件，但無投票權。

第七十條

經濟暨社會理事會得商定辦法使專門機關之代表無投票權而參加本理事會及本理事會所設各委員會之討論，或使本理事會之代表參加此項專門機關之討論。

第七十一條

經濟暨社會理事會得採取適當辦法，俾與各種非政府組織會商有關於本理事會職權範圍內之事件。此項辦法得與國際組織商定之，並於適當情形下，經與關係聯合國會員國會商後，得與該國國內組織商定之。

第七十二條

一、經濟暨社會理事會應自行制定其議事規則，包括其推選主席之方法。

二、經濟暨社會理事會應依其規則舉行必要之會議。此項規則應包括因理事國過半數

之請求而召集會議之條款。

第十一章　關於非自治領土之宣言

第七十三條

聯合國各會員國，於其所負有或擔承管理責任之領土，其人民尚未臻自治之充分程度者，承認以領土居民之福利為至上之原則，並接受在本憲章所建立之國際和平及安全制度下，以充量增進領土居民福利之義務為神聖之信託，且為此目的：

㈠於充分尊重關係人民之文化下，保證其政治、經濟、社會、及教育之進展，予以公平待遇，且保障其不受虐待。

㈡按各領土及其人民特殊之環境、及其進化之階段，發展自治；對各該人民之政治願望，予以適當之注意；並助其自由政治制度之逐漸發展。

㈢促進國際和平及安全。

㈣提倡建設計畫，以求進步；獎勵研究；各國彼此合作，並於適當之時間及場合與專門國際團體合作，以求本條所載社會、經濟、及科學目的之實現。

㈤在不違背安全及憲法之限制下，按時將關於各會員國分別負責管理領土內之經濟、社會、及教育情形之統計及具有專門性質之情報，遞送秘書長，以供參考。本憲章第十二章及第十三章所規定之領土，不在此限。

第七十四條

聯合國各會員國共同承諾對於本章規定之領土，一如對於本國區域，其政策必須以善鄰之道奉為圭臬；並於社會、經濟、及商業上，對世界各國之利益及幸福，予以充分之注意。

第十二章　國際託管制度

第七十五條

聯合國在其權力下，應設立國際託管制度，以管理並監督憑此後個別協定而置於該制度下之領土。此項領土以下簡稱託管領土。

第七十六條

按據本憲章第一條所載聯合國之宗旨，託管制度之基本目的應為：

㈠促進國際和平及安全。

㈡增進託管領土居民之政治、經濟、社會、及教育之進展；並以適合各領土及其人民之特殊情形及關係人民自由表示之願望為原則，且按照各託管協定之條款，增進其趨向自治或獨立之逐漸發展。

㈢不分種族、性別、語言、或宗教，提倡全體人類之人權及基本自由之尊重，並激發世界人民互相維繫之意識。

㈣於社會、經濟、及商業事件上，保證聯合國全體會員國及其國民之平等待遇，及各該國民於司法裁判上之平等待遇，但以不妨礙上述目的之達成，且不違背第八十條之規定為限。

第七十七條

一、託管制度適用於依託管協定所置於該制度下之下列各種類之領土：

㈠現在委任統治下之領土。

㈡因第二次世界大戰結果或將自敵國割離之領土。

㈢負管理責任之國家自願置於該制度下之領土。

二、關於上列種類中之何種領土將置於託管制度之下，及其條件，為此後協定所當規定之事項。

第七十八條

凡領土已成為聯合國之會員國者，不適用託管制度；聯合國會員國間之關係，應基於尊重主權平等之原則。

第七十九條

置於託管制度下之每一領土之託管條款，及其更改或修正，應由直接關係各國、包括聯合國之會員國而為委任統治地之受託國者，予以議定，其核准應依第八十三條及第八十五條之規定。

第八十條

一、除依第七十七條、第七十九條、及第八十一條所訂置各領土於託管制度下之個別託管協定另有議定外，並在該項協定未經締結以前，本章任何規定絕對不得解釋為以任何方式變更任何國家或人民之權利，或聯合國會員國個別簽訂之現有國際約章之條款。

二、本條第一項不得解釋為對於依第七十七條之規定而訂置委任統治地或其他領土於託管制度下之協定，授以延展商訂之理由。

第八十一條

凡託管協定均應載有管理領土之條款，並指定管理託管領土之當局。該項當局，以下簡稱管理當局，得為一個或數個國家，或為聯合國本身。

第八十二條

於任何託管協定內，得指定一個或數個戰略防區，包括該項協定下之託管領土之一部或全部，但該項協定並不妨礙依第四十三條而訂立之任何特別協定。

第八十三條

一、聯合國關於戰略防區之各項職務，包括此項託管協定條款之核准。及其更改或修正，應由安全理事會行使之。

二、第七十六條所規定之基本目的，適用於每一戰略防區之人民。

三、安全理事會以不違背託管協定之規定且不妨礙安全之考慮為限，應利用託管理事會之協助，以履行聯合國託管制度下關於戰略防區內之政治、經濟、社會、及教育事件之職務。

第八十四條

管理當局有保證託管領土對於維持國際和平及安全盡其本分之義務。該當局為此目的得利用託管領土之志願軍、便利、及協助，以履行該當局對於安全理事會所負關於此點之義務，並以實行地方自衛，且在託管領土內維持法律與秩序。

第八十五條

一、聯合國關於一切非戰略防區託管協定之職務，包括此項託管協定條款之核准及其更改或修正，應由大會行使之。

二、託管理事會於大會權力下，應協助大會履行上述之職務。

第十三章 託管理事會

組織

第八十六條

一、託管理事會應由下列聯合國會員國組織之：

㈠管理託管領土之會員國。

㈡第二十三條所列名之國家而現非管理託管領土者。

㈢大會選舉必要數額之其他會員國，任期三年，俾使託管理事會理事國之總數，於聯合國會員國中之管理託管領土者及不管理者之間，得以平均分配。

二、託管理事會之每一理事國應指定一特別合格之人員，以代表之。

職權

第八十七條

大會及在其權力下之託管理事會於履行職務時得；

㈠審查管理當局所送之報告。

㈡會同管理當局接受並審查請願書。

㈢與管理當局商定時間，按期視察各託管領土。

㈣依託管協定之條款採取上述其他行動。

第八十八條

託管理事會應擬定關於各託管領土居民之政治、經濟、社會、及教育進展之問題單；就大會職權範圍內，各託管領土之管理當局應根據該項問題單向大會提出常年報告。

投票

第八十九條

一、託管理事會之每一理事國應有一個投票權。

二、託管理事會之決議應以到會及投票之理事國過半數表決之。

程序

第九十條

一、託管理事會應自行制定其議事規則，包括其推選主席之方法。

二、託管理事會應依其所定規則，舉行必要之會議。此項規則應包括關於經該會理事國過半數之請求而召集會議之規定。

第九十一條

託管理事會於適當時，應利用經濟暨社會理事會之協助，並對於各關係事項，利用專門機關之協助。

第十四章　國際法院

第九十二條

國際法院為聯合國之主要司法機關，應依所附規約執行其職務。該項規約係以國際常設法院之規約為根據，並為本憲章之構成部分。

第九十三條

一、聯合國各會員國為國際法院規約之當然當事國。

二、非聯合國會員國之國家得為國際法院規約當事國之條件，應由大會經安全理事會之建議就各別情形決定之。

第九十四條

一、聯合國每一會員國為任何案件之當事國者，承諾遵行國際法院之判決。

二、遇有一造不履行依法院判決應負之義務時，他造得向於安全理事會申訴。安全理事會如認為必要時，得作成建議或決定應採辦法，以執行判決。

第九十五條

本憲章不得認為禁止聯合國會員國依據現有或以後締結之協定，將其爭端託付其他法院解決。

第九十六條

一、大會或安全理事會對於任何法律問題得請國際法院發表諮詢意見。

二、聯合國其他機關、及各種專門機關，對於其工作範圍內之任何法律問題，得隨時以大會之授權，請求國際法院發表諮詢意見。

第十五章　秘書處

第九十七條

秘書處置秘書長一人及本組織所需之辦事人員若干人。秘書長應由大會經安全理事會之推薦委派之。秘書長為本組織之行政首長。

第九十八條

秘書長在大會、安全理事會、經濟暨社會理事會、及託管理事會之一切會議，應以秘書長資格行使職務，並應執行各該機關所託付之其他職務。秘書長應向大會提送關於本組織工作之常年報告。

第九十九條

秘書長將其所認為可能威脅國際和平及安全之任何事件，提請安全理事會注意。

第一百條

一、秘書長及辦事人員於執行職務時，不得請求或接受本組織以外任何政府或其他當局之訓示，並應避免足以妨礙其國際官員地位之行動。秘書長及辦事人員專對本組織負責。

二、聯合國各會員國承諾尊重秘書長及辦事人員責任之專屬國際性，決不設法影響其責任之履行。

第一百零一條

一、辦事人員由秘書長依大會所定章程委派之。

二、適當之辦事人員應長期分配於經濟暨社會理事會、託管理事會，並於必要時，分配於聯合國其他之機關。此項辦事人員構成秘書處之一部。

三、辦事人員之僱用及其服務條件之決定，應以求達效率、才幹、及忠誠之最高標準為首要考慮。徵聘辦事人員時，於可能範圍內，應充分注意地域上之普及。

第十六章　雜項條款

第一百零二條

一、本憲章發生效力後，聯合國任何會員國所締結之一切條約及國際協定應儘速在秘書處登記，並由秘書處公佈之。

二、當事國對於未經依本條第一項規定登記之條約或國際協定，不得向聯合國任何機關援引之。

第一百零三條

聯合國會員國在本憲章下之義務與其依任何其他國際協定所負之義務有衝突時，其在本憲章下之義務應居優先。

第一百零四條

本組織於每一會員國之領土內，應享受於執行其職務及達成其宗旨所必需之法律行為能力。

第一百零五條

一、本組織於每一會員國之領土內，應享受於達成其宗旨所必需之特權及豁免。

二、聯合國會員國之代表及本組織之職員，亦應同樣享受於其獨立行使關於本組織之職務所必需之特權及豁免。

三、為明定本條第一項及第二項之施行細則起見，大會得作成建議，或為此目的向聯合國會員國提議協約。

第十七章　過渡安全辦法

第一百零六條

在第四十三條所稱之特別協定尚未生效，因而安全理事會認為尚不得開始履行第四十二條所規定之責任前，一九四三年十月三十日在莫斯科簽訂四國宣言之當事國及法蘭西應依該宣言第五項之規定，互相洽商，並於必要時，與聯合國其他會員國洽商，以代表本組織採取為維持國際和平及安全宗旨所必要之聯合行動。

第一百零七條

本憲章並不取消或禁止負行動責任之政府對於在第二次世界大戰中本憲章任何簽字國之敵國因該次戰爭而採取或受權執行之行動。

第十八章　修正

第一百零八條

本憲章之修正案經大會會員國三分之二之表決並由聯合國會員國之三分之二，包括安全理事會全體常任理事國，各依其憲法程式批准後，對於聯合國所有會員國發生效力。

第一百零九條

一、聯合國會員國，為檢討本憲章得以大會會員國三分之二之表決，經安全理事會任何九理事國之表決，確定日期及地點，舉行全體會議。聯合國每一會員國在全體會議中應有一個投票權。

二、全體會議以三分之二表決所建議對於憲章之任何更改，應經聯合國會員國三分之二，包括安全理事會全體常任理事國，各依其憲法程式批准後，發生效力。

三、如於本憲章生效後大會第十屆年會前，此項全體會議尚未舉行時，應將召集全體會議之提議列入大會該屆年會之議事日程；如得大會會員國過半數及安全理事會任何七理事國之表決，此項會議應即舉行。

第十九章　批准及簽字

第一百十條

一、本憲章應由簽字國各依其憲法程式批准之。

二、批准書應交存美利堅合眾國政府。該國政府應於每一批准書交存時通知各簽字國，如本組織秘書長業經委派時，並應通知秘書長。

三、一俟美利堅合眾國政府通知已有中華民國、法蘭西、蘇維埃社會主義共和國聯邦、大不列顛及北愛爾蘭聯合王國、與美利堅合眾國、以及其他簽字國之過半數將批准書交存時，本憲章即發生效力。美利堅合眾國政府應擬就此項交存批准之議定書並將副本分送所有簽字國。

四、本憲章簽字國於憲章發生效力後批准者，應自其各將批准書交存之日起為聯合國之創始會員國。

第一百十一條

本憲章應留存美利堅合眾國政府之檔庫，其中、法、俄、英、及西文各本同一作準。

該國政府應將正式副本分送其他簽字國政府。

為此聯合國各會員國政府之代表謹簽字於本憲章，以昭信守。

公曆一千九百四十五年六月二十六日簽訂於金山市。

2.世界人權宣言

一九四八年十二月十日通過

序言

鑒於對人類家庭所有成員的固有尊嚴及其平等的和不移的權利的承認,乃是世界自由、正義與和平的基礎，

鑒於對人權的無視和侮蔑已發展為野蠻暴行，這些暴行玷汙了人類的良心，而一個人人享有言論和信仰自由並免予恐懼和匱乏的世界的來臨，已被宣布為普通人民的最高願望，

鑒於為使人類不致迫不得已鋌而走險對暴政和壓迫進行反叛，有必要使人權受法治的保護，

鑒於有必要促進各國間友好關係的發展，

鑒於各聯合國家的人民已在聯合國憲章中重申他們對基本人權、人格尊嚴和價值以及男女平等權利的信念，並決心促成較大自由中的社會進步和生活水平的改善，

鑒於各會員國業已誓願同聯合國合作以促進對人權和基本自由的普遍尊重和遵行，

鑒於對這些權利和自由的普遍了解對於這個誓願的充分實現具有很大的重要性，

因此現在，

大會，

發布這一世界人權宣言，作為所有人民和所有國家努力實現的共同標準，以期每一個人和社會機構經常銘念本宣言，努力通過教誨和教育促進對權利和自由的尊重，並通過國家的和國際的漸進措施，使這些權利和自由在各會員國本身人民及在其管轄下領土的人民中得到普遍和有效的承認和遵行；

第一條

人皆生而自由；在尊嚴及權利上均各平等。人各賦有理性良知，誠應和睦相處，情同手足。

第二條

人人皆得享受本宣言所載之一切權利與自由，不分種族、膚色、性別、語言、宗教、政見或他種主張、國籍或門第、財產、出生或他種身分。

且不得因一人所隸國家或地區之政治、行政或國際地位之不同而有所區別，無論該地區係獨立、託管、非自治或受有其他主權上之限制。

第三條

人人有權享有生命、自由與人身安全。

第四條

任何人不容使為奴役；奴隸制度及奴隸販賣，不論出於何種方式，悉應予以禁止。

第五條

任何人不容加以酷刑，或施以殘忍不人道或侮慢之待遇或處罰。

第六條

人人於任何所在有被承認為法律上主體之權利。

第七條

人人在法律上悉屬平等，且應一體享受法律之平等保護。人人有權享受平等保護，以防止違反本宣言之任何歧視及煽動此種歧視之任何行為。

第八條

人人於其憲法或法律所賦予之基本權利被侵害時，有權享受國家管轄法庭之有效救濟。

第九條

任何人不容加以無理逮捕、拘禁或放逐。

第十條

人人於其權利與義務受判定時及被刑事控告時，有權享受獨立無私之法庭之絕對平等不偏且公開之聽審。

第十一條

一、凡受刑事控告者，在未經依法公開審判證實有罪前，應視為無罪，審判時並須予以答辯上所需之一切保障。

二、任何人在刑事上之行為或不行為，於其發生時依國家或國際法律均不構成罪行者，

應不為罪。刑罰不得重於犯罪時法律之規定。

第十二條

任何個人之私生活、家庭、住所或通訊不容無理侵犯，其榮譽及信用亦不容侵害。人人為防止此種侵犯或侵害有權受法律保護。

第十三條

一、人人在一國境內有自由遷徙及擇居之權。

二、人人有權離去任何國家，連其本國在內，並有權歸返其本國。

第十四條

一、人人為避免迫害有權在他國尋求並享受庇身之所。

二、控訴之確源於非政治性之犯罪或源於違反聯合國宗旨與原則之行為者，不得享受此種權利。

第十五條

一、人人有權享有國籍。

二、任何人之國籍不容無理褫奪，其更改國籍之權利不容否認。

第十六條

一、成年男女，不受種族、國籍或宗教之任何限制，有權婚嫁及成立家庭。男女在婚姻方面，在結合期間及在解除婚約時，俱有平等權利。

二、婚約之締訂僅能以男女雙方之自由完全承諾為之。

三、家庭為社會之當然基本團體單位，並應受社會及國家之保護。

第十七條

一、人人有權單獨佔有或與他人合有財產。

二、任何人之財產不容無理剝奪。

第十八條

人人有思想、良心與宗教自由之權；此項權利包括其改變宗教或信仰之自由，及其單獨或集體、公開或私自以教義、躬行、禮拜及戒律表示其宗教或信仰之自由。

第十九條

人人有主張及發表自由之權；此項權利包括保持主張而不受干涉之自由，及經由任何方法不分國界以尋求、接收並傳播消息意見之自由。

第二十條

一、人人有和平集會結社自由之權。

二、任何人不容強使隸屬於某一團體。

第二十一條

一、人人有權直接或以自由選舉之代表參加其本國政府。

二、人人有以平等機會參加其本國公務之權。

三、人民意志應為政府權力之基礎；人民意志應以定期且真實之選舉表現之，其選舉權必須普及而平等，並當以不記名投票或相等之自由投票程序為之。

第二十二條

人既為社會之一員，自有權享受社會保障，並有權享受個人尊嚴及人格自由發展所必需之經濟、社會及文化各種權利之實現；此種實現之促成，端賴國家措施與國際合作並當依各國之機構與資源量力為之。

第二十三條

一、人人有權工作、自由選擇職業、享受公平優裕之工作條件及失業之保障。

二、人人不容任何區別，有同工同酬之權利。

三、人人工作時，有權享受公平優裕之報酬，務使其本人及其家屬之生活足以維持人類尊嚴必要時且應有他種社會保護辦法，以資補益。

四、人人為維護其權益，有組織及參加工會之權。

第二十四條

人人有休息及閒暇之權，包括工作時間受合理限制及定期有給休假之權。

第二十五條

一、人人有權享受其本人及其家屬康樂所需之生活程度，舉凡衣、食、住、醫藥及必要之社會服務均包括在內；且於失業、患病、殘廢、寡居、衰老或因不可抗力之事故致有他種喪失生活能力之情形時，有權享受保障。

二、母親及兒童應受特別照顧及協助。所有兒童，無論婚生或非婚生，均應享受同等社會保護。

第二十六條

一、人人皆有受教育之權。教育應屬免費，至少初級及基本教育應然。初級教育應屬強迫性質。技術與職業教育應廣為設立。高等教育應予人人平等機會，以成績為準。

二、教育之目標在於充分發展人格，加強對人權及基本自由之尊重。教育應謀促進各國、各種族或各宗教團體間之諒解、容恕及友好關係，並應促進聯合國維繫和平之各種工作。

三、父母對其子女所應受之教育，有優先決擇之權。

第二十七條

一、人人有權自由參加社會之文化生活，欣賞藝術，並共同享科學進步及其利益。

二、人人對其本人之任何科學、文學或美術作品所獲得之精神與物質利益，有享受保護之權。

第二十八條

人人有權享受本宣言所載權利與自由可得全部實現之社會及國際秩序。

第二十九條

一、人人對於社會負有義務；個人人格之自由充分發展厥為社會是賴。

二、人人於行使其權利及自由時僅應受法律所定之限制且此種限制之唯一目的應在確認及尊重他人之權利與自由並謀符合民主社會中道德、公共秩序及一般福利所需之公允條件。

三、此等權利與自由之行使，無論在任何情形下，均不得違反聯合國之宗旨及原則。

第三十條

本宣言所載，不得解釋為任何國家、團體或個人有權以任何活動或任何行為破壞本宣言內之任何權利與自由。

3.經濟社會文化權利國際盟約

1.本公約於一九六六年十二月十六日聯合國大會決議通過，一九七六年一月三日生效

2.我國於一九六七年十月五日曾簽署

序言

本公約締約各國，考慮到，按照聯合國憲章所宣布的原則，對人類家庭所有成員的固有尊嚴及其平等的和不移的權利的承認，乃是世界自由、正義與和平的基礎，確認這些權利是源自於人身的固有尊嚴，確認，按照世界人權宣言，只有在創造了使人可以享有其經濟、社會及文化權利，正如享有其公民和政治權利一權的條件的情況下，才能實現自由人類享有免於恐懼和匱乏的自由的理想，考慮到各國根據聯合國憲章負有義務促進對人的權利和自由的普遍尊重和遵行，認識到個人對其他個人和對他所屬社會負有義務，應為促進和遵行本公約所承認的權利而努力，茲同意下述各條：

第一條

一、所有民族均享有自決權，根據此種權利，自由決定其政治地位及自由從事其經濟、社會與文化之發展。

二、所有民族得為本身之目的，自由處置其天然財富及資源，但不得妨害因基於互惠原則之國際經濟合作及因國際法而生之任何義務。無論在何種情形下，民族之生計不容剝奪。

三、本盟約締約國，包括負責管理非自治及託管領土之國家在內，均應遵照聯合國憲章規定，促進自決權之實現並尊重此種權利。

第二條

一、本盟約締約國承允盡其資源能力所及，各自並藉國際協助與合作，特別在經濟與技術方面之協助與合作，採取種種步驟，務期以所有適當方法，尤其包括通過立法措施，逐漸使本盟約所確認之各種權利完全實現。

二、本盟約締約國承允保證人人行使本盟約所載之各種權利，不因種族、膚色、性別、語言、家教、政見或其他主張、民族本源或社會階級、財產、出生或其他身分等等而受歧視。

三、發展中國家在適當顧及人權及國民經濟之情形下，得決定保證非本國國民享受本盟約所確認經濟權利之程度。

第三條

本盟約締約國承允確保本盟約所載一切經濟社會文化權利之享受，男女權利一律平等。

第四條

本盟約締約國確認人民享受國家遵照本盟約規定所賦予之權利時，國家對此類權利僅得加以法律明定之限制，又其所定限制以與此類權利之性質不相牴觸為準，且加以限制之唯一目的應在增進民主社會之公共福利。

第五條

一、本盟約條文不得解釋為國家、團體或個人有權從事活動或實行行為，破壞本盟約確認之任何權利或自由，或限制此種權利或自由逾越本盟約規定之程度。

二、任何國家內依法律、公約、條例或習俗而承認或存在之任何基本人權，不得藉口本盟約未予確認或確認之範圍較狹，而加以限制或減免義務。

第六條

一、本盟約締約國確認人人有工作之權利，包括人人應有機會憑本人自由選擇或接受之工作謀生之權利，並將採取適當步驟保障之。

二、本盟約締約國為求完全實現此種權利而須採取之步驟，應包括技術與職業指導及訓練方案、政策與方法，以便在保障個人基本政治與經濟自由之條件下，造成經濟、社會及文化之穩定發展以及充分之生產性就業。

第七條

本盟約締約國確認人人有權享受公平與良好之工作條件，尤須確保：

一、所有工作者之報酬使其最低限度均能：

㈠獲得公允之工資，工作價值相等者享受同等報酬，不得有任何區別，尤須保證婦女之工作條件不得次於男子，且應同工同酬；㈡維持本人及家屬符合本盟約規定之合理生活水平；

二、安全衛生之工作環境；

三、人人有平等機會於所就職業升至適當之較高等級，不受年資才能以外其他考慮之限制；

四、休息、閒暇、工作時間之合理限制與照給薪資之定期休假，公共假日亦須給酬。

第八條

一、本盟約締約國承允確保：

㈠人人有權為促進及保障其經濟及社會利益而組織工會及加入其自身選擇之工會，僅受關係組織規章之限制。除依法律之規定，且為民主社會維護國家安全或公共秩序、或保障他人權利自由所必要者外，不得限制此項權利之行使；

㈡工會有權成立全國聯合會或同盟，後者有權組織或參加國際工會組織；

㈢工會有權自由行使職權，除依法律之規定，且為民主社會維護國家安全或公共秩序、或保障他人權利自由所必要者外，不得限制此種權利之行使；

二、本條並不禁止對軍警或國家行政機關人員行使此種權利，加以合法限制。

三、關於結社自由及保障組織權利之國際勞工組織一九四八年公約締約國，不得依據本條採取立法措施或應用法律，妨礙該公約所規定之保證。

第九條

本盟約締約國確認人人有權享受社會保障，包括社會保險。

第十條

本盟約締約國確認；

一、家庭為社會之自然基本團體單位，應盡力廣予保護與協助，其成立及當其負責養護教育受扶養之兒童時，尤應予以保護與協助。婚姻必須婚嫁雙方自由同意方得締結。

二、母親於分娩前後相當期間內應受特別保護。工作之母親在此期間應享受照給薪資或有適當社會保障福利之休假。

三、所有兒童及少年應有特種措施予以保護與協助，不得因出生或其他關係而受任何歧視。兒童及青年應有保障，免受經濟及社會剝削，凡僱用兒童及少年從事對其道德或健康有害、或有生命危險、或可能妨礙正常發育之工作者均應依法懲罰。國家亦應訂定年齡限制，凡出資僱用未及齡之童工，均應禁止並應依法懲罰。

第十一條

一、本盟約締約國確認人人有權享受其本人及家屬所需之適當生活程度，包括適當之衣食住及不斷改善之生活環境。締約國將採取適當步驟確保此種權利之實現，同時確認在此方面基於自由同意之國際合作極為重要。

二、本盟約締約國既確認人人有免受饑餓之基本權利，應個別及經由國際合作，採取為下列目的所需之措施，包括特定方案在內：

㈠充分利用技術與科學知識、傳佈營養原則之知識、及發展或改革土地制度而使天然資源獲得最有效之開發與利用，以改進糧食生產、保貯及分配之方法；

㈡計及糧食輸入及輸出國家雙方問題，確保世界糧食供應按照需要，公平分配。

第十二條

一、本盟約締約國確認人人有權享受可能達到之最高標準之身體與精神健康。

二、本盟約締約國為求充分實現此種權利所採取之步驟，應包括為達成下列目的所必

要之措施：

㈠設法減低死產率及嬰兒死亡率，並促進兒童之健康發育；㈡改良環境及工業衛生之所有方面；㈢預防、療治及撲滅各種傳染病、風土病、職業病及其他疾病；㈣創造環境，確保人人患病時均能享受醫藥服務與醫藥護理。

第十三條

一、本盟約締約國確認人人有受教育之權。締約國公認教育應謀人格及人格尊嚴意識之充分發展，增強對人權與基本自由之尊重。締約國又公認教育應使人人均能參加自由社會積極貢獻，應促進各民族間及各種族、人種或宗教團體間之瞭解、容恕與友好關係，並應推進聯合國維持和平之工作。

二、本盟約締約國為求充分實現此種權利起見，確認：㈠初等教育應屬強迫性質，免費普及全民；㈡各種中等教育，包括技術及職業中等教育在內，應以一切適當方法，特別應逐漸採行免費教育制度，廣行舉辦，庶使人人均有接受機會；㈢高等教育應根據能力，以一切適當方法，特別應逐漸採行免費教育制度，使人人有平等接受機會；㈣基本教育應儘量予以鼓勵或加緊辦理，以利未受初等教育或未能完成初等教育之人；㈤各級學校完備之制度應予積極發展，適當之獎學金制度應予設置，教育人員之物質條件亦應不斷改善。

三、本盟約締約國承允尊重父母或法定監護人為子女選擇符合國家所規定或認可最低教育標準之非公立學校，及確保子女接受符合其本人信仰之宗教及道德教育之自由。

四、本條任何部分不得解釋為干涉個人或團體設立及管理教育機構之自由，但以遵守本條第一項所載原則及此等機構所施教育符合國家所定最低標準為限。

第十四條

本盟約締約國倘成為締約國時尚未能在其本土或其所管轄之其他領土內推行免費強迫初等教育，承允在兩年內訂定周詳行動計劃，庶期在計劃所訂之合理年限內，逐漸實施普遍免費強迫教育之原則。

第十五條

一、本盟約締約國確認人人有權：

㈠參加文化生活；㈡享受科學進步及應用之惠；㈢對其本人之任何科學、文學或藝術作品所獲得之精神與物質利益，享受保護之惠。

二、本盟約締約國為求充分實現此種權利而採取之步驟，應包括保存、發揚及傳播科學與文化所必要之辦法。

三、本盟約締約國承允尊重科學研究及創作活動所不可缺少之自由。

四、本盟約締約國確認鼓勵及發展科學文化方面國際接觸與合作之利。

第十六條

一、本盟約締約國承允依照本盟約本編規定，各就其促進遵守本盟約所確認各種權利而採取之措施及所獲之進展，提具報告書。

二、㈠所有報告書應提交聯合國秘書長，秘書長應將副本送由經濟暨社會理事會依據本盟約規定審議；㈡如本盟約締約國亦為專門機關會員國，其所遞報告書或其中任何部分涉及之事項，依據各該專門機關之組織法係屬其責任範圍者，聯合國秘書長亦應將報告書副本或其中任何有關部份，轉送各該專門機關。

第十七條

一、本盟約締約國應按經濟暨社會理事會於本盟約生效後一年內與締約國及各有關專門機關商洽訂定之辦法，分期提出報告書。

二、報告書中得說明由於何種因素或困難以致影響本盟約所規定各種義務履行之程度。

三、倘有關之情報前經本盟約締約國提送聯合國或任何專門機關在案，該國得僅明確註明該項情報已見何處，不必重行提送。

第十八條

經濟暨社會理事會得依其根據聯合國憲章所負人權及基本自由方面之責任與各專門機關商訂辦法，由各該機關就促進遵守本盟約規定屬其工作範圍者所獲之進展，向理事會具報。此項報告書並得詳載各該機關之主管機構為實施本盟約規定所通過決議及建議之內容。

第十九條

經濟暨社會理事會得將各國依第十六條及第十七條之規定，以及各專門機關依第十八條之規定，就人權問題提出之報告書，交由人權委員會研討並提具一般建議，或斟酌情形供其參考。

第二十條

本盟約各關係締約國及各關係專門機關得就第十九條所稱之任何一般建議、或就人權委員會任何報告書或此項報告書所述及任何文件中關於此等一般建議之引證，向經濟暨社會理事會提出評議。

第二十一條

經濟暨社會理事會得隨時向大會提出報告書，連同一般性質之建議，以及從本盟約締約國與各專門機關收到關於促進普遍遵守本盟約確認之各種權利所採措施及所獲進展之情報撮要。

第二十二條

經濟暨社會理事會得將本盟約本編各項報告書中之任何事項，對於提供技術協助之聯合國其他機關，各該機關之輔助機關及各專門機關，可以助其各就職權範圍，決定可能促進切實逐步實施本盟約之各項國際措施是否得當者，提請各該機關注意。

第二十三條

本盟約締約國一致認為實現本盟約所確認權利之國際行動，可有訂立公約、通過建議、提供技術協助及舉行與關係國政府會同辦理之區域會議及技術會議從事諮商研究等方法。

第二十四條

本盟約之解釋，不得影響聯合國憲章及各專門機關組織法內規定聯合國各機關及各專門機關分別對本盟約所處理各種事項所負責任之規定。

第二十五條

本盟約之解釋，不得損害所有民族充分與自由享受及利用其天然財富與資源之天賦權利。

第二十六條

一、本盟約聽由聯合國會員國或其專門機關會員國、國際法院規約當事國及經聯合國大會邀請為本盟約締約國之任何其他國家簽署。

二、本盟約須經批准。批准書應送交聯合國秘書長存放。

三、本盟約聽由本條第一項所稱之任何國家加入。

四、加入應以加入書交存聯合國秘書長為之。

五、聯合國秘書長應將每一批准書或加入書之交存，通知已經簽署或加入本盟約之所有國家。

第二十七條

一、本盟約應自第三十五件批准書或加入書送交聯合國秘書長存放之日起三個月後發生效力。

二、對於在第三十五件批准書或加入書交存後批准或加入本盟約之國家，本盟約應自該國交存批准書或加入書之日起三個月後發生效力。

第二十八條

本盟約各項規定應一律適用於聯邦國家之全部領土，並無限制或例外。

第二十九條

一、本盟約締約國得提議修改本盟約，將修正案提交聯合國秘書長。秘書長應將提議之修正案分送本盟約各締約國，並請其通知是否贊成召開締約國會議，以審議並表決所提議案。如締約國三分之一以上贊成召開會議，秘書長應以聯合國名義召集之。經出席會議並投票之締約國過半數通過之修正案，應提請聯合國大會核可。

二、修正案經聯合國大會核可，並經本盟約締約國三分之二各依本國憲法程式接受後，即發生效力。

三、修正案生效後，對接受此種修正之締約國具有拘束力；其他締約國仍受本盟約原訂條款及其前此所接受修正案之拘束。

第三十條

除第二十六條第五項規定之通知外，聯合國秘書長應將下列事項通知同條第一項所稱之所有國家：

一、依第二十六條所為之簽署、批准及加入；

二、依第二十七條本盟約發生效力之日期，及依第二十九條任何修正案發生效力之日期。

第三十一條

一、本盟約應交存聯合國檔庫，其中、英、法、俄及西文各本同一作準。

二、聯合國秘書長應將本盟約正式副本分送第二十六條所稱之所有國家。

為此，下列各代表秉其本國政府正式授予之權，謹簽字於自一九六六年十二月十九日起得由各國在紐約簽署之本盟約，以昭信守。

4.公民及政治權利國際盟約

1.本公約於一九六六年十二月十九日制定、一九七六年三月二十六日生效

2.我國曾於一九六七年十月五日簽署

序言

本公約締約各國，考慮到，按照聯合國憲章所宣布的原則，對人類家庭所有成員的固有尊嚴及其平等和不移的權利的承認，乃是世界自由、正義與和平的基礎，確認這些權利是源於人身的固有尊嚴，確認，按照世界人權宣言，只有在創造了使人可以享有其公民和政治權利，正如享有其經濟、社會及文化權利一樣的條件的情況下，才能實現自由人類享有免於恐懼和匱乏的自由的理想，考慮到各國根據聯合國憲章負有義務促進對人的權利和自由的普遍尊重和遵行，認識到個人對其他個人和對他所屬的社會負有義務，應為促進和遵行本公約所承認的權利而努力，茲同意下述各條：

第一條

一、所有民族均享有自決權，根據此種權利，自由決定其政治地位並自由從事其經濟、社會與文化之發展。

二、所有民族得為本身之目的，自由處置其天然財富及資源，但不得妨害因基於互惠原則之國際經濟合作及因國際法而生之任何義務。無論在何種情形下，民族之生計，不容剝奪。

三、本盟約締約國，包括負責管理非自治及託管領土之國家在內，均應遵照聯合國憲章規定，促進自決權之實現，並尊重此種權利。

第二條

一、本盟約締約國承允尊重並確保所有境內受其管轄之人，無分種族、膚色、性別、

語言、宗教、政見或其他主張民族本源或社會階級、財產、出生或其他身分等等，一律享受本盟約所確認之權利。

二、本盟約締約國承允遇現行立法或其他措詞尚無規定時，各依本國憲法程式，並遵照本盟約規定，採取必要步驟，制定必要之立法或其他措施，以實現本盟約所確認之權利。

三、本盟約締約國承允：

㈠確保任何人所享本盟約確認之權利或自由如遭受侵害，均獲有效之救濟，公務員執行職務所犯之侵權行為，亦不例外；㈡確保上項救濟聲請人之救濟權利，由主管司法、行政或立法當局裁定，或由該國法律制度規定之其他主管當局裁定，並推廣司法救濟之機會；㈢確保上項救濟一經核准，主管當局概予執行。

第三條

本盟約締約國承允確保本盟約所載一切公民及政治權利之享受，男女權利，一律平等。

第四條

一、如經當局正式宣佈緊急狀態，危及國本，本盟約締約國得在此種危急情勢絕對必要之限度內，採取措施，減免履行其依本盟約所負之義務，但此種措施不得牴觸其依國際法所負之其他義務，亦不得引起純粹以種族、膚色、性別、語言、宗教或社會階級為根據之歧視。

二、第六條、第七條、第八條（第一項及第二項）、第十一條、第十五條、第十六條及第十八條之規定，不得依本條規定減免履行。

三、本盟約締約國行使其減免履行義務之權利者，應立即將其減免履行之條款，及減免履行之理由，經由聯合國秘書長轉知本盟約其他締約國。其終止減免履行之日期，亦應另行移文秘書長轉知。

第五條

一、本盟約條文不得解釋為國家、團體或個人有權從事活動或實行行為，破壞本盟約確認之任何一種權利與自由，或限制此種權利與自由逾越本盟約規定之程度。

二、本盟約締約國內依法律、公約、條例或習俗而承認或存在之任何基本人權，不得藉口本盟約未予確認或確認之範圍較狹，而加以限制或減免義務。

第六條

一、人人皆有天賦之生存權。此種權利應受法律保障。任何人之生命不得無理剝奪。

二、凡未廢除死刑之國家，非犯情節重大之罪，且依照犯罪時有效並與本盟約規定及防止及懲治殘害人群罪公約不牴觸之法律，不得科處死刑。死刑非依管轄法院終局判決，不得執行。

三、生命之剝奪構成殘害人群罪時，本盟約締約國公認本條不得認為授權任何締約國以任何方式減免其依防止及懲治殘害人群罪公約規定所負之任何義務。

四、受死刑宣告者，有請求特赦或減刑之權。一切判處死刑之案件均得請求大赦、特赦或減刑。

五、未滿十八歲之人犯罪，不得判處死刑；懷胎婦女被判死刑，不得執行其刑。

六、本盟約締約國不得援引本條，而延緩或阻止死刑之廢除。

第七條

任何人不得施以酷刑，或予以殘忍、不人道或侮辱之處遇或懲罰。非經本人自願同意，尤不得對任何人作醫學或科學試驗。

第八條

一、任何人不得使充奴隸；奴隸制度及奴隸販賣，不論出於何種方式悉應禁止。

二、任何人不得使充奴工。

㈠任何人不得使服強迫或強制之勞役；㈡凡犯罪刑罰得科苦役徒刑之國家，如經管轄法院判處受此刑，不得根據第二項㈠款規定，而不服苦役；㈢本項所稱「強迫或強制勞役」不包括下列各項：⑴經法院依法命令拘禁之人，或在此種拘禁假釋期間之人，通常必須擔任而不屬於㈡款範圍之工作或服役；⑵任何軍事性質之服役，及在承認人民可以本其信念反對服兵役之國家，依法對此種人徵服之國民兵役；⑶遇有緊急危難或災害禍患危及社會生命安寧時徵召之服役；⑷為正常公民義務一部分之工作或服役。

第九條

一、人人有權享有身體自由及人身安全。任何人不得無理予以逮捕或拘禁。非依法定理由及程式，不得剝奪任何人之自由。

二、執行逮捕時，應當場向被捕人宣告逮捕原因，並應隨即告知被控案由。

三、因刑事罪名而被逮捕或拘禁之人，應迅即解送法官或依法執行司法權力之其他官員，並應於合理期間內審訊或釋放。候訊人通常不得加以羈押，但釋放得令具報，於審訊時，於司法程式之任何其他階段、並於一旦執行判決時，候傳到場。

四、任何人因逮捕或拘禁而剝奪自由時，有權聲請法院提審，以迅速決定其拘禁是否合法，如屬非法，應即令釋放。

五、任何人受非法逮捕或拘禁者，有權要求執行損害賠償。

第十條

一、自由被剝奪之人，應受合於人道及尊重其天賦人格尊嚴之處遇。

二、㈠除特殊情形外，被告應與判決有罪之人分別羈押，且應另予與其未經判決有罪之身分相稱之處遇；㈡少年被告應與成年被告分別羈押、並應儘速即予判決。

三、監獄制度所定監犯之處遇，應以使其悔悔自新，重適社會生活為基本目的。少年犯人應與成年犯人分別拘禁，且其處遇應與其年齡及法律身分相稱。

第十一條

任何人不得僅無力履行契約義務，即予監禁。

第十二條

一、在一國領土內合法居留之人，在該國領土內有遷徙往來之自由及擇居之自由。

二、人人應有自由離去任何國家，連其本國在內。

三、上列權利不得限制，但法律所規定、保護國家安全、公共秩序、公共衛生或風化、或他人權利與自由所必要，且與本盟約所確認之其他權利不牴觸之限制，不在此限。

四、人人進入其本國之權，不得無理褫奪。

第十三條

本盟約締約國境內合法居留之外國人，非經依法判定，不得驅逐出境，且除事關國家安全必須急速處分者外，應准其提出不服驅逐出境之理由，及聲請主管當局或主管當局特別指定之人員予以覆判，並為此目的委託代理人到場申訴。

第十四條

一、人人在法院或法庭之前，悉屬平等。任何人受刑事控告或因其權利義務涉訟須予判定時，應有權受獨立無私之法定管轄法庭公正公開審問。法院得因民主社會之風化、公共秩序或國家安全關係，或於保護當事人私生活有此必要時，或因情形特殊公開審判勢必影響司法而在其認為絕對必要之限度內，禁止新聞界及公眾旁聽審判程式之全部或一部；但除保護少年有此必要，或事關婚姻爭執或子女監護問題外，刑事民事之判決應一律公開宣示。

二、受刑事控告之人，未經依法確定有罪以前，應假定其無罪。

三、審判被控刑事罪時，被告一律有權平等享受下列最低限度之保障：㈠迅即以其通曉之語言，詳細告知被控罪名及案由；㈡給予充分之時間及便利，準備答辯並與其選任之辯護人聯絡；㈢立即受審，不得無故稽延；㈣到庭受審，及親自答辯或由其選任辯護人答辯；未經選任辯護人者，應告以有此權利；法院認為審判有此必要時，應為其指定公設辯護人，如被告無資力酬償，得免付之；㈤得親自或間接詰問他造證人，並得聲請法院傳喚其證人在與他造證人同等條件下出庭作證；㈥如不通曉或不能使用法院所用之語言，應免費為備通譯協助之；㈦不得強迫被告自供或認罪。

四、少年犯罪之審判，應顧念被告年齡及宜使其重適社會生活，而酌定程式。

五、經判定犯罪者，有權聲請上級法院依法覆判其有罪判決及所科刑罰。

六、經終局判決判定犯罪，如後因提出新證據或因發見新證據，確實證明原判錯誤而經撤銷原判或免刑者，除經證明有關證據之未能及時披露，應由其本人全部或局部負責者外，因此判決而服刑之人應依法受損害賠償。

七、任何人依一國法律及刑事程式經終局判決判定有罪或無罪開釋者，不得就同一罪

名再予審判或科刑。

第十五條

一、任何人之行為或不行為，於發生當時依內國法及國際法均不成罪者，不為罪。刑罪不得重於犯罪時法律所規定。犯罪後之法律規定減科刑罪者，從有利於行為人之法律。

二、任何人之行為或不行為，於發生當時依各國公認之一般法律原則為有罪者，其審判與刑罪不受本條規定之影響。

第十六條

人人在任何所在有被承認為法律人格之權利。

第十七條

一、任何人之私生活、家庭、住宅或通信，不得無理或非法侵擾，其名譽及信用，亦不得非法破壞。

二、對於此種侵擾或破壞，人人有受法律保護之權利。

第十八條

一、人人有思想、信念及宗教之自由。此種權利包括保有或採奉自擇之宗教或信仰之自由，及單獨或集體、公開或私自以禮拜、戒律、躬行及講授表示其宗教或信仰之自由。

二、任何人所享保有或採奉自擇之宗教或信仰之自由，不得以脅迫侵害之。

三、人人表示其宗教或信仰之自由，非依法律，不受限制，此項限制以保障公共安全、秩序、衛生或風化或他人之基本權利自由所必要者為限。

四、本盟約締約國承允尊重父母或法定監護人確保子女接受符合其本人信仰之宗教及道德教育之自由。

第十九條

一、人人有保持意見不受干預之權利。

二、人人有發表自由之權利；此種權利包括以語言、文字或出版物、藝術或自己選擇之其他方式，不分國界，尋求、接受及傳播各種消息及思想之自由。

三、本條第二項所載權利之行使，附有特別責任及義務，故得予以某種限制，但此種限制以經法律規定，且為下列各項所必要者為限：㈠尊重他人權利或名譽；㈡保障國家安全或公共秩序，或公共衛生或風化。

第二十條

一、任何鼓吹戰爭之宣傳，應以法律禁止之。

二、任何鼓吹民族、種族或宗教仇恨之主張，構成煽動歧視、敵視或強暴者，應以法律禁止之。

第二十一條

和平集會之權利，應予確認。除依法律之規定，且為民主社會維護國家安全或公共安寧、公共衛生或風化、或保障他人權利自由所必要者外，不得限制此種權利之行使。

第二十二條

一、人人有自由結社之權利，包括為保障其本身利益而組織及加入工會之權利。

二、除依法律之規定，且為民主社會維護國家安全或公共安寧、公共秩序、維護公共衛生或風化、或保障他人權利自由所必要者外，不得限制此種權利之行使。本條並不禁止對軍警人員行使此種權利，加以合法限制。

三、關於結社自由及保障組織權利之國際勞工組織一九四八年公約締約國，不得根據本條採取立法措施或應用法律，妨礙該公約所規定之保證。

第二十三條

一、家庭為社會之自然基本團體單位，應受社會及國家之保護。

二、男女已達結婚年齡者，其結婚及成立家庭之權利應予確認。

三、婚姻非經婚嫁雙方自由完全同意，不得締結。

四、本盟約締約國應採取適當步驟，確保夫妻在婚姻方面，在婚姻關係存續期間，以及在婚姻關係消滅時，雙方權利責任平等。婚姻關係消滅時，應訂定辦法，對子女予以必要之保護。

第二十四條

一、所有兒童有權享受家庭、社會及國家為其未成年身分給予之必需無保護措施，不因種族、膚色、性別、語言、宗教、民族本源或社會階級、財產、或出生而受歧視。

二、所有兒童出生後應立予登記，並取得名字。

三、所有兒童有取得國籍之權。

第二十五條

凡屬公民，無分第二條所列之任何區別，不受無理限制，均應有權利及機會：㈠直接或經由自由選舉之代表參與政事；㈡在真正、定期之選舉中投票及被選。選舉權必須普及而平等，選舉應以無記名投票法行之，以保證選民意志之自由表現；㈢以一般平等之條件，服本國公職。

第二十六條

人人在法律上一律平等，且應受法律平等保護，無所歧視。在此方面，法律應禁止任何歧視，並保證人人享受平等而有效之保護，以防因種族、膚色、性別、語言、宗教、政見或其他主張、民族本源或社會階級、財產、出生或其他身分而生之歧視。

第二十七條

凡有種族、宗教或語言少數團體之國家，屬於此類少數團體之人，與團體中其他分子共同享受其固有文化、信奉躬行其固有宗教或使用其固有語言之權利，不得剝奪之。

第二十八條

一、茲設置人權事宜委員會（本盟約下文簡稱委員會）委員十八人，執行以下規定之職務。

二、委員會委員應為本盟約締約國國民，品格高尚且在人權問題方面聲譽素著之人士；同時並應計及宜選若干具有法律經驗之人士擔任委員。

三、委員會委員以個人資格當選任職。

第二十九條

一、委員會之委員應自具備第二十八條所規定資格並經本盟約締約國為此提名之人士名單中以無記名投票選舉之。

二、本盟約各締約國提出人選不得多於二人，所提人選應為提名國國民。

三、候選人選，得續予提名。

第三十條

一、初次選舉至遲應於本盟約開始生效後六個月內舉行。

二、除依據第三十四條規定宣告出缺而舉行之補缺選舉外，聯合國秘書長至遲應於委員會各次選舉日期四個月前以書面邀請本盟約締約國於三個月內提出委員會委員候選人。

三、聯合國秘書長應就所提出之候選人，按照字母次序編製名單，標明推薦其候選之締約國，至遲於每次選舉日期一個月前，送達本盟約締約國。

四、委員會委員之選舉應由聯合國秘書長在聯合國會所召集之締約國會議舉行之，該會議以締約國之三分之二出席為法定人數，候選人獲票最多且得出席投票締約國代表絕對過半數票者當選為委員會委員。

第三十一條

一、委員會不得有委員一人以上為同一國家之國民。

二、選舉委員會委員時應計及地域公允分配及確能代表世界不同文化及各主要法系之原則。

第三十二條

一、委員會委員任期四年。續經提名者連選得連任。但第一次選出之委員中九人任期應為二年；任期二年之委員九人，應於第一次選舉完畢後，立由第三十條第四項所稱會議之主席，以抽籤方法決定之。

二、委員會委員任滿時之改選，應依照本盟約本編以上各條舉行之。

第三十三條

一、委員會某一委員倘經其他委員一致認為由於暫時缺席以外之其他原因，業已停止執行職務時，委員會主席應通知聯合國秘書長，由其宣告該委員出缺。

二、委員會委員死亡或辭職時，委員會主席應即通知聯合國秘書長，由其宣告該委員

自死亡或辭職生效之日起出缺。

第三十四條

一、遇有第三十三條所稱情形宣告出缺，且須行補選之委員任期不在宣告出席六個月內屆滿者，聯合國秘書長應通知本盟約各締約國，各締約國得於兩個月內依照第二十九條提出候選人，以備補缺。

二、聯合國秘書長應就所提出之候選人，按照字母次序編製名單，送達本盟約締約國。補缺選舉應於編送名單後依照本盟約本編有關規定舉行之。

三、委員會委員之當選遞補依第三十三條規定宣告之懸缺者，應任職至依該條規定出缺之委員會委員任期屆滿時為止。

第三十五條

委員會委員經聯合國大會核准，自聯合國資金項下支取報酬，其待遇及條件由大會參酌委員會所負重大責任定之。

第三十六條

聯合國秘書長應供給委員會必要之辦事人員及便利，俾得有效執行本盟約所規定之職務。

第三十七條

一、委員會首次會議由聯合國秘書長在聯合國會所召集之。

二、委員會舉行首次會議後，遇委員會議事規則規定之情形召開會議。

三、委員會會議通常應在聯合國會所或日內瓦聯合國辦事處舉行之。

第三十八條

委員會每一委員就職時，應在委員會公開集會中鄭重宣言，必當秉公竭誠，執行職務。

第三十九條

一、委員會應自行選舉其職員，任期二年，連選得連任。

二、委員會應自行制定議事規則，其中應有下列規定：㈠委員十二人構成法定人數；㈡委員會之決議以出席委員過半數之同意為之。

第四十條

一、本盟約締約國承允依照下列規定，各就其實施本盟約所確認權利而採取之措施，及在享受各種權利方面所獲之進展，提具報告書：㈠本盟約對關係締約國生效後一年內；㈡其後遇委員會提出請求時。

二、所有報告書應交由聯合國秘書長轉送委員會審議。如有任何因素及困難影響本盟約之實施，報告書應予說明。

三、聯合國秘書長與委員會商洽後得將報告書中屬於關係專門機關職權範圍之部分副本轉送各該專門機關。

四、委員會應研究本盟約締約國提出之報告書。委員會應向締約國提送其報告書及其

認為適當之一般評議。委員會亦得將此等評議連同其自本盟約締約國收到之報告書副本轉送經濟暨社會理事會。

五、本盟約締約國得就委員會可能依據本條第四項規定提出之任何評議向委員會提出意見。

第四十一條

一、本盟約締約國得依據本條規定，隨時聲明承認委員會有權接受並審議一締約國指稱另一締約國不履行本盟約義務之來文。依本條規定而遞送之來文，必須為曾聲明其本身承認委員會有權之締約國所提出方得予以接受並審查。如來文關涉未作此種聲明之締約國，委員會不得接受之。依照本條規定接受之來文應照下開程式處理：

㈠如本盟約某一締約國認為另一締約國未實施本盟約條款，得書面提請該締約國注意。受請國應於收到此項來文三個月內，向遞送來文之國家書面提出解釋或任何其他聲明，以闡明此事，其中應在可能及適當範圍內，載明有關此事之本國處理辦法，及業經採取或正在決定或可資援用之救濟辦法。

㈡如在受請國收到第一件來文後六個月內，問題仍未獲關係締約國雙方滿意之調整，當事國任何一方均有權通知委員會及其他一方，將事件提交委員會。

㈢委員會對於提請處理之事件，應於查明對此事件可以運用之國內救濟辦法悉已援用無遺後，依照公認之國際法原則處理之。但如救濟辦法之實施有不合理之拖延，則不在此限。

㈣委員會審查本條所稱之來文時應舉行不公開會議。

㈤以不牴觸㈢款之規定為限，委員會應斡旋關係締約國俾以尊重本盟約所確認之人權及基本自由為基礎，友善解決事件。

㈥委員會對於提請處理之任何事件，得請㈡款所稱之關係締約國提供任何有關情報。

㈦㈡款所稱關係締約國有權於委員會審議此事件時出席並提出口頭及或書面陳述。

㈧委員會應於接獲依㈡款所規定通知之日起十二個月內提出報告書：

(1)如已達成㈤款規定之解決辦法，委員會報告書應以扼要敘述事實及所達成之解決辦法為限。

(2)如未達成㈤款規定之解決辦法，委員會報告書應以扼要敘述事實為限；關係締約國提出之書面陳述及口頭陳述紀錄應附載於報告書內。關於每一事件，委員會應將報告書送達各關係締約國。

二、本條之規定應於本盟約十締約國發表本條第一項所稱之聲明後生效。此種聲明應由締約國交存聯合國秘書長，由秘書長將聲明副本轉送其他締約國。締約國得隨

時通知秘書長撤回聲明。此種撤回不得影響對業經依照本條規定遞送之來文中所提事件之審議；秘書長接得撤回通知後，除非關係締約國另作新聲明，該國再有來文時不予接受。

第四十二條

一、㈠如依第四十一條之規定提請委員會處理之事件未能獲得關係締約國滿意之解決，委員會得經關係締約國事先同意，指派一專設和解委員會（下文簡稱和委會）。和委會應為關係締約國斡旋，俾以尊重本盟約為基礎，和睦解決問題；㈡和委會由關係締約國接受之委員五人組成之。如關係締約國於三個月內對和委會組成之全部或一部未能達成協議，未得協議之和委會委員應由委員會用無記名投票法以三分之二之多數自其本身委員中選出之。

二、和委會委員以個人資格任職。委員不得為關係締約國之國民，或為非本盟約締約國之國民，或未依第四十一條規定發表聲明之締約國國民。

三、和委會應自行選舉主席及制訂議事規則。

四、和委會會議通常應在聯合國會所或日內瓦聯合國辦事處舉行，但亦得於和委會諮商聯合國秘書長及關係締約國決定之其他方便地點舉行。

五、依第三十六條設置之秘書處應亦為本條指派之和委會服務。

六、委員會所蒐集整理之情報，應提送和委會，和委會亦得請關係締約國提供任何其他有關情報。

七、和委會於詳盡審議案件後，無論如何應於受理該案件十二個月內，向委員會主席提出報告書，轉送關係締約國：

㈠和委會如未能於十二個月內完成案件之審議，其報告書應以扼要說明審議案件之情形為限；

㈡和委會如能達成以尊重本盟約所確認之人權為基礎之和睦解決問題辦法，其報告書應以扼要說明事實及所達成之解決辦法為限；

㈢如未能達成㈡款規定之解決辦法，和委會報告書應載有其對於關係締約國爭執事件之一切有關事實問題之結論，以及對於事件和睦解決各種可能性之意見。此項報告書應亦載有關係締約國提出之書面陳述及所作口頭陳述之紀錄；

㈣和委會報告書如係依㈢款之規定提出，關係締約國應於收到報告書後三個月內通知委員會主席願否接受和委會報告書內容。

八、本條規定不影響委員會依第四十條所負之責任。

九、關係締約國應依照聯合國秘書長所提概算，平均負擔和委會委員之一切費用。

十、聯合國秘書長有權於必要時在關係締約國依本條第九項償還用款之前，支付和委會委員之費用。

第四十三條

委員會委員，以及依第四十二條可能指派之專設和解委員會委員，應有權享受聯合國特權豁免公約內有關各款為因聯合國公務出差之專家所規定之便利、特權與豁免。

第四十四條

本盟約實施條款之適用不得妨礙聯合國及各專門機關之組織約章及公約在人權方面所訂之程式，或根據此等約章及公約所訂之程式，亦不得阻止本盟約各締約國依照彼此間現行之一般或特別國際協定，採用其他程式解決爭端。

第四十五條

委員會應經由經濟暨社會理事會向聯合國大會提送常年工作報告書。

第四十六條

本盟約之解釋，不得影響聯合國憲章及各專門機關組織法內規定聯合國各機關及各專門機關分別對本盟約所處理各種事項所負責任之規定。

第四十七條

本盟約之解釋，不得損害所有民族充分與自由享受及利用其天然財富與資源之天賦權利。

第四十八條

一、本盟約聽由聯合國會員國或其專門機關會員國、國際法院規約當事國及經聯合國大會邀請為本盟約締約國之任何其他國家簽署。

二、本盟約須經批准。批准書應送交聯合國秘書長存放。

三、本盟約聽由本條第一項所稱之任何國家加入。

四、加入應以加入書交存聯合國秘書長為之。

五、聯合國秘書長應將每一批准書或加入書之交存，通知已經簽署或加入本盟約之所有國家。

第四十九條

一、本盟約應自第三十五件批准書或加入書送交聯合國秘書長存放之日起三個月後發生效力。

二、對於在第三十五件批准書或加入書交存後批准或加入本盟約之國家，本盟約應自該國交存批准書或加入書之日起三個月後發生效力。

第五十條

本盟約各項規定應一律適用於聯邦國家之全部領土，並無限制或例外。

第五十一條

一、本盟約締約國得提議修改本盟約，將修正案提交聯合國秘書長。秘書長應將提議之修正案分送本盟約各締約國，並請其通知是否贊成召開締約國會議，以審議並表決所提議案。如締約國三分之一以上贊成召開會議，秘書長應以聯合國名義召集之。經出席會議並投票之締約國過半數通過之修正案，應提請聯合國大會核可。

二、修正案經聯合國大會核可，並經本盟約締約國三分之二各依本國憲法程式接受後，即發生效力。

三、修正案生效後，對接受此種修正之締約國具有拘束力；其他締約國仍受本盟約原訂條款及其前此所接受修正案之拘束。

第五十二條

除第四十八條第五項規定之通知外，聯合國秘書長應將下列事項通知同條第一項所稱之所有國家：一、依第四十八條所為之簽署、批准及加入；二、依第四十九條本盟約發生效力之日期，及依第五十一條任何修正案發生效力之日期。

第五十三條

一、本盟約應交存聯合國檔庫，其中、英、法、俄及西文各本同一作準。

二、聯合國秘書長應將本盟約正式副本分送第四十八條所稱之所有國家。

為此，下列各代表秉其本國政府正式授予之權，謹簽字於自一九六六年十二月十九日起得由各國在紐約簽署之本盟約，以昭信守。

5.消除一切形式種族歧視國際公約

1.本公約於一九六五年十二月二十一日簽訂，一九六六年一月四日生效。

2.我國於一九六六年三月三十一日簽署，一九七○年十一月十四日批准，一九七○年十二月十日存放。

本公約締約國，

鑒於聯合國憲章係以全體人類天賦尊嚴與平等之原則為基礎，所有會員國均擔允採取共同及個別行動與本組織合作，以達成聯合國宗旨之一，即不分種族、性別、語言或宗教，增進並激勵對於全體人類之人權及基本自由之普遍尊重與遵守，

鑒於世界人權宣言宣示人皆生而自由，在尊嚴及權利上均各平等，人人有權享受該宣言所載之一切權利與自由，無分軒輊，尤其不因種族、膚色，或原屬國而分軒輊，

鑒於人人在法律上悉屬平等並有權享受法律之平等保護，以防止任何歧視及任何煽動歧視之行為，

鑒於聯合國已譴責殖民主義及與之並行之所有隔離及歧視習例，不論其所採形式或所在地區為何，又一九六○年十二月十四日准許殖民地國家及民族獨立宣言（大會決議案一百一四（十五））已確認並鄭重宣示有迅速無條件終止此類習例之必要，

鑒於一九六三年十一月二十日聯合國消除一切形式種族歧視宣言（大會決議案一九○四（十八））鄭重宣告迅速消除全世界一切種族歧視形式及現象及確保對人格尊嚴之瞭解與尊重，實屬必要，

深信任何基於種族差別之種族優越學說，在科學上均屬錯誤，在道德上應予譴責，在

社會上均屬失平而招險，無論何地，理論上或實踐上之種族歧視均無可辯解，

重申人與人間基於種族、膚色，或民族本源之歧視，為對國際友好和平關係之障礙，

足以擾亂民族間之和平與安全，甚至共處於同一國內之人與人間之和諧關係，

深信種族壁壘之存在為任何人類社會理想所嫉惡，

怵於世界若干地區仍有種族歧視之現象，並怵於基於種族優越或種族仇恨之政府政策，諸如阿拍特黑特 (apartheid)，隔離或分離政策，

決心採取一切必要措施迅速消除一切種族歧視形式及現象，防止並打擊種族學說及習例，以期促進種族間之諒解，建立毫無任何形式之種族隔離與種族歧視之國際社會，

念及一九五八年國際勞工組織所通過關於就業及職業之歧視公約，與一九六〇年聯合國教育科學文化組織所通過取締教育歧視公約，

亟欲實施聯合國消除一切形式種族歧視宣言所載之原則，並確保為此目的儘早採取實際措施，

爰議定條款如下：

第一部分

第一條

一、本公約稱「種族歧視」者，謂基於種族、膚色、世系或原屬國或民族本源之任何區別、排斥、限制或優惠，其目的或效果為取消或損害政治、經濟、社會、文化或公共生活任何其他方面人權及基本自由在平等地位上之承認、享受或行使。

二、本公約不適用於締約國對公民與非公民間所作之區別、排斥、限制或優惠。

三、本公約不得解釋為對締約國關於國籍、公民身分或歸化之法律規定有任何影響，但以此種規定不歧視任一籍民為限。

四、專為使若干須予必要保護之種族或民族團體或個人獲得充分進展而採取之特別措施，以期確保此等團體或個人同等享受或行使人權及基本自由者，不得視為種族歧視，但此等措施之後果須不致在不同種族團體間保持隔別行使之權利，且此等措施不得於所定目的達成後繼續實行。

第二條

一、締約國譴責種族歧視並承諾立即以一切適當方法實行消除一切形式種族歧視與促進所有種族間之諒解之政策，又為此目的：

㈠締約國承諾不對人、人羣或機關實施種族歧視行為或習例，並確保所有全國性及地方性之公共當局及公共機關均遵守此項義務行事；

㈡締約國承諾對任何人或組織所施行之種族歧視不予提倡、維護或贊助；

㈢締約國應採取有效措施對政府及全國性與地方性之政策加以檢討，並對任何法律規章之足以造成或持續不論存在於何地之種族歧視者，予以修正、廢止或宣

　　　告無效；

　　㈣締約國應以一切適當方法，包括依情況需要制訂法律，禁止並終止任何人、任
　　　何團體，或任何組織所施行之種族歧視；

　　㈤締約國承諾於適當情形下鼓勵種族混合主義之多種族組織與運動以及其他消除
　　　種族壁壘之方法，並勸阻有加深種族分野趨向之任何事物。

二、締約國應於情況需要時在社會、經濟、文化及其他方面，採取特別具體措施，確
　　保屬於各該國之若干種族團體或個人獲得充分發展與保護，以期保證此等團體與
　　個人完全並同等享受人權及基本自由。此等措施於所定目的達成後，決不得產生
　　在不同種族團體間保持不平等或隔別行使權利之後果。

第三條

　　締約國特別譴責種族隔離及阿拍特黑特並承諾在其所轄領土內防止、禁止並根除具有
　　此種性質之一切習例。

第四條

　　締約國對於一切宣傳及一切組織，凡以某一種族或屬於某一膚色或民族本源之人羣具
　　有優越性之思想或理論為根據者，或試圖辯護或提倡任何形式之種族仇恨及歧視者，
　　概予譴責，並承諾立即採取旨在根除對此種歧視之一切煽動或歧視行為之積極措施，
　　又為此目的，在充分顧及世界人權宣言所載原則及本公約第五條明文規定之權利之條
　　件下，除其他事項外：

　　㈠應宣告凡傳播以種族優越或仇恨為根據之思想，煽動種族歧視，以及對任何種族或
　　　屬於另一膚色或民族本源之人羣實施強暴行為或煽動此種行為者，又凡對種族主義
　　　者之活動給予任何協助者，包括籌供經費在內，概為犯罪行為，依法懲處；

　　㈡應宣告凡組織及有組織之宣傳活動與所有其他宣傳活動之提倡與煽動種族歧視者，
　　　概為非法，加以禁止，並確認參加此等組織或活動為犯罪行為，依法懲處；

　　㈢應不准全國性或地方性公共當局或公共機關提倡或煽動種族歧視。

第五條

　　締約國依本公約第二條所規定之基本義務承諾禁止並消除一切形式種族歧視，保證人
　　人有不分種族、膚色，或原屬國或民族本源在法律上一律平等之權，尤得享受下列權
　　利：

　　㈠在法庭上及其他一切司法裁判機關中平等待遇之權；

　　㈡人身安全及國家保護之權以防強暴或身體上之傷害，不問其為政府官員所加抑為任
　　　何私人、團體或機關所加；

　　㈢政治權利，其尤著者為依據普遍平等投票權參與選舉 —— 選舉與競選 —— 參加政府
　　　以及參加處理任何等級之公務與同等服公務之權利；

　　㈣其他公民權利，其尤著者為：

⑴在國境內自由遷徙及居住之權;

⑵有權離去任何國家,連其本國在內,並有權歸返其本國;

⑶享有國籍之權;

⑷締結婚姻及選擇配偶之權;

⑸單獨佔有及與他人合有財產之權;

⑹繼承權;

⑺思想、良心與宗教自由之權;

⑻主張及表達自由之權;

⑼和平集會及結社自由之權;

㈤經濟、社會及文化權利,其尤著者為:

⑴工作、自由選擇職業、享受公平優裕之工作條件、免於失業之保障、同工同酬、獲得公平優裕報酬之權;

⑵組織與參加工會之權;

⑶住宅權;

⑷享受公共衛生、醫藥照顧、社會保障及社會服務之權;

⑸享受教育與訓練之權;

⑹平等參加文化活動之權;

㈥進入或利用任何供公眾使用之地方或服務之權,如交通工具、旅館、餐館、咖啡館、戲院、公園等。

第六條

締約國應保證在其管轄範圍內,人人均能經由國內主管法庭及其他國家機關對違反本公約侵害其人權及基本自由之任何種族歧視行為,獲得有效保護與救濟,並有權就因此種歧視而遭受之任何損失,同此等法庭請求公允充分之賠償或補償。

第七條

締約國承諾立即採取有效措施,尤其在講授、教育、文化及新聞方面,以打擊導致種族歧視之偏見,並增進國家間及種族或民族團體間之諒解、容恕與睦誼,同時宣揚聯合國憲章之宗旨與原則、世界人權宣言、聯合國消除一切形式種族歧視宣言及本公約。

第二部分

第八條

一、茲設立消除種族歧視委員會(以下簡稱「委員會」)由德高望重、公認公正之專家十八人組成,由本公約締約國自其國民中選舉之,以個人資格任職;選舉時須顧及公勻地域分配及各種不同文明與各主要法系之代表性。

二、委員會委員應以無記名投票自締約國推薦之人員名單中選舉之。締約國得各自本

國國民中推薦一人。

三、第一次選舉應自本公約生效之日起六個月後舉行。聯合國秘書長應於每次選舉日前至少三個月時函請締約國於兩個月內提出其所推薦之姓名。秘書長應將所有如此推薦之人員依英文字母次序，編成名單，註明推薦此等人員之締約國，分送各締約國。

四、委員會委員之選舉，應在秘書長於聯合國會所召開之締約國會議中舉行。該會議以三分之二締約國為法定人數，凡得票最多，且佔出席及投票締約國代表絕對多數票者當選為委員會委員。

五、㈠委員會委員任期四年。但第一次選舉產生之委員中，九人之任期應於兩年終了時屆滿，第一次選舉後，此九人之姓名應即由委員會主席抽籤決定。

　　㈡臨時出缺時，其專家不復擔任委員會委員之締約國，應自其國民中指派另一專家，經委員會核准後，填補遺缺。

六、締約國應負責支付委員會委員履行委員會職務時之費用。

第九條

一、締約國承諾於㈠本公約對其本國開始生效後一年內及㈡其後每兩年，並凡遇委員會請求時，就其所採用之實施本公約各項規定之立法、司法、行政或其他措施，同聯合國秘書長提出報告，供委員會審議。委員會得請締約國遞送進一步之情報。

二、委員會應按年將工作報告送請秘書長轉送聯合國大會，並得根據審查締約國所送報告及情報之結果，擬具意見與一般建議。此項意見與一般建議應連同締約國核具之意見，一併提送大會。

第十條

一、委員會應自行制訂其議事規則。

二、委員會應自行選舉職員，任期兩年。

三、委員會之秘書人員應由聯合國秘書長供給之。

四、委員會會議通常應在聯合國會所舉行。

第十一條

一、本公約一締約國如認為另一締約國未實施本公約之規定，得將此事通知委員會注意。委員會應將此項通知轉知關係締約國。收文國應於三個月內，同委員會提出書面說明或聲明，以解釋此事，如已採取補救辦法並說明所採辦法。

二、如此事於收文國收到第一次通知後六個月內，當事雙方未能由雙邊談判或雙方可以採取之其他程序，達成雙方滿意之解決，雙方均有權以分別通知委員會及對方之方法，再將此事提出委員會。

三、委員會對於根據本條第二項規定提出委員會之事項，應先確實查明依照公認之國際法原則，凡對此事可以運用之內國補救辦法皆已用盡後，始得處理之。但補救

辦法之實施拖延過久時不在此例。

四、委員會對於收受之任何事項，得請關係締約國供給任何其他有關資料。

五、本條引起之任何事項正由委員會審議時，關係締約國有權遣派代表一人於該事項審議期間參加委員會之討論，但無投票權。

第十二條

一、㈠委員會主席應於委員會蒐集整理認為必需之一切情報後，指派一專設和解委員會（以下簡稱「和解會」），由五人組成，此五人為委員會委員或非委員會委員均可。和解會委員之指派，須徵得爭端當事各方之一致充分同意，和解會應為關係各國斡旋，俾根據尊重公約之精神，和睦解決問題。

㈡遇爭端各當事國於三個月內對和解會之組成之全部或一部未能達成協議時，爭端各當事國未能同意之和解會委員，應由委員會用無記名投票法以三分之二之多數票從其本身之委員中選舉之。

二、和解會委員以私人資格任職。和解會委員不得為爭端當事各國之國民，亦不得為非本公約締約國之國民。

三、和解會應自行選舉主席，制訂議事規則。

四、和解會會議通常應在聯合國所舉行，或和解會決定之方便地點舉行。

五、依本公約第十條第三項供給之秘書人員，於締約國間發生爭端，致成立和解會時，應亦為和解會辦理事務。

六、爭端各當事國依照聯合國秘書長所提概算，平均負擔和解會委員之一切費用。

七、秘書長於必要時，有權在爭端各當事國依本條第六項償付之前，支付和解會委員之費用。

八、委員會所蒐集整理之情報應送交和解會，和解會得請關係國家供給任何其他有關情報。

第十三條

一、和解會應於詳盡審議上稱事項後，編撰報告書，提交委員會主席，內載其對於與當事國間爭執有關之一切事實問題之意見，並列述其認為適當之和睦解決爭端之建議。

二、委員會主席應將和解會報告書分送爭端各當事國。各當事國應於三個月內通知委員會主席是否接受和解會報告書所載之建議。

三、委員會主席應於本條第二項規定之期限屆滿後將和解會報告書及關係締約國之宣告，分送本公約其他締約國。

第十四條

一、締約國得隨時聲明承認委員會有權接受並審查在其管轄下自稱為該締約國侵犯本公約所載任何權利行為受害者之個人或個人聯名提出之來文。來文所指為未曾發

　　表此種聲明之締約國時，委員會不得接受之。

二、凡發表本條第一項所規定之聲明之締約國得在其本國法律制度內設立或指定一主管機關，負責接受並審查在其管轄下自稱為侵犯本公約所載任何權利行為受害者並已用盡其他可用之地方補救辦法之個人或個人聯名提出之請願書。

三、依照本條第一項所發表之聲明及依照本條第二項所設立或指定之任何機關名稱，應由關係締約國交存聯合國秘書長，再由秘書長將其副本分送本公約其他締約國。上述聲明得隨時通知秘書長撤回，但此項撤回不得影響正待委員會處理之來文。

四、依照本條第二項設立或指定之機關應置備請願書登記冊，此項登記冊之正式副本應經適當途徑每年轉送秘書長存檔，但以不得公開揭露其內容為條件。

五、遇未能從依本條第二項所設立或指定之機關取得補償時，請願人有權於六個月內將此事通知委員會。

六、㈠委員會應將其所收到之任何來文秘密提請據稱違反本公約任何條款之締約國注意，但非經關係個人或聯名個人明白表示同意，不得透露其姓名。委員會不得接受匿名來文。

　　㈡收文國應於三個月內向委員會提出書面說明或聲明，解釋此事，如已採取補救辦法，並說明所採辦法。

七、㈠委員會應參照關係締約國及請願人所提供之全部資料，審議來文。非經查實請願人確已用盡所有可用之內國補救辦法，委員會不得審議請願人之任何來文。但補救辦法之實施拖延過久時，不在此例。

　　㈡委員會倘有任何意見或建議，應通知關係締約國及請願人。

八、委員會應於其常年報告書中列入此種來文之摘要，並斟酌情形列入關係締約國之說明與聲明及委員會之意見與建議之摘要。

九、委員會應於本公約至少已有十締約國受依照本條第一項所發表聲明之拘束後，始得行使本條所規定之職權。

第十五條

一、在大會一九六〇年十二月十四日決議案一五一四（十五）所載准許殖民地國家及民族獨立宣言之目標獲致實現前，本公約各項規定絕不限制其他國際文書或聯合國及其各專門機關授予此等民族之請願權。

二、㈠依本公約第八條第一項設立之委員會應自處理與本公約原則目標直接有關事項而審理託管及非自治領土居民或適用大會決議案一五一四（十五）之一切其他領土居民所遞請願書之各聯合國機關，收受與本公約事項有關之請願書副本，並就各該請願書向各該機關表示意見及提具建議。

　　㈡委員會應收受聯合國主管機關所遞關於各管理國家在本條㈠款所稱領土內所實施與本公約原則目標直接有關之立法、司法、行政或其他措施之報告書，表

示意見並提具建議。

三、委員會應在其提送大會之報告書內列入其自各聯合國機關，所收到請願書與報告書之摘要及委員會對各該請願書及報告書之意見與建議。

四、委員會應請聯合國秘書長提供關於本條第二項第㈠款所稱領土之一切與本公約目標有關並經秘書長接獲之情報。

第十六條

本公約關於解決爭端或控訴之各項條款之適用，應不妨礙聯合國及其專門機關組織法或所通過公約內關於解決歧視方面爭端或控訴規定之其他程序，亦不阻止本公約締約國依照彼此間現行一般或特殊國際協定，採用其他程序以解決爭端。

第三部分

第十七條

一、本公約聽由聯合國會員國或其任何專門機關之會員國、國際法院規約當事國及經聯合國大會邀請成為本公約締約國之任何其他國家簽署。

二、本公約須經批准。批准書應送交聯合國秘書長存放。

第十八條

一、本公約應聽由本公約第十七條第一項所稱之任何國家加入。

二、加入應以加入書交存聯合國秘書長為之。

第十九條

一、本公約應自第二十七件批准書或加入書送交聯合國秘書長存放之日後第三十日起發生效力。

二、本公約對於在第二十七件批准書或加入書交存後批准或加入公約之國家，應自該國交存批准書或加入書之日後第三十日起發生效力。

第二十條

一、秘書長應收受各國於批准或加入時所作之保留並分別通知本公約所有締約國或可成為締約國之國家。凡反對此項保留之國家應於從此項通知書日期起算之九十日內，通知秘書長不接受此項保留。

二、凡與本公約之目標及宗旨牴觸之保留不得容許，其效果足以阻礙本公約所設任何機關之業務者，亦不得准許。凡經至少三分之二之本公約締約國反對者，應視為牴觸性或阻礙性之保留。

三、前項保留得隨時通知秘書長撤銷。此項通知自收到之日起生效。

第二十一條

締約國得以書面通知聯合國秘書長退出本公約。退約應於秘書長接獲通知之日起一年後發生效力。

第二十二條

兩個或兩個以上締約國間關於本公約之解釋或適用之任何爭端不能以談判或以本公約所明定之程序解決者，除爭端各方商定其他解決方式外，應於爭端任何一方請求時提請國際法院裁決。

第二十三條

一、任何締約國得隨時以書面向聯合國秘書長提出修改本公約之請求。

二、聯合國大會應決定對此項請求採取之步驟。

第二十四條

秘書長應將下列事項通知本公約第十七條第一項所稱之一切國家：

㈠依第十七條及第十八條所為之簽署、批准及加入；

㈡依第十九條本公約發生效力之日期；

㈢依第十四條及第二十條及第二十三條接獲之來文及聲明；

㈣依第二十一條所為之退約。

第二十五條

一、本公約應交存聯合國檔庫，其中文、英文、法文、俄文及西班牙文各本同一作準。

二、聯合國秘書長應將本公約之正式副本分送所有屬於本公約第十七條第一項所稱各類之一之國家。

為此，下列各代表秉其本國政府正式授予之權，謹簽字於自一九六六年三月七日起得由各國在紐約簽署之本公約，以昭信守。

6.制訂最低工資確定辦法公約

1. 本公約於一九二八年六月三十日制定

2. 我國曾於一九三〇年加入

國際勞工組織全體大會，經國際勞工局理事會的召集於一九二六年五月三十日在日內瓦舉行第十一屆會議，經議決採納關於本屆會議議程第一項所列「確定最低工資辦法」的若干提議，並經決定這些提議應採取國際公約的方式，於一九二八年六月十六日通過下列公約，供國際勞工組織各會員國依據國際勞工組織章程的規定加以批准，此公約得稱為一九二八年確定最低工資辦法公約。

第一條

一、凡批准本公約的國際勞工組織會員國，承允制訂或維持一種辦法，以便能為那些在無從用集體協定或其他方法有效規定工資且工資特別低廉的若干種行業或其部分（特別在家中工作的行業）中工作的工人，確定最低工資率。

二、本公約所稱「行業」一詞，包括製造業及商業。

第二條

凡批准本公約的會員國，應自由決定第一條所稱確定最低工資辦法應實施在何種行業或其何種部分，特別應實施在何種家中工作的行業或其部分，如有關行業或其部分有工人與雇主的組織時，應在徵詢其意見後予以決定。

第三條

一、凡批准本公約的會員國，應自由決定最低工資確定辦法的性質與形式及其實行的方法。

二、但是，

㈠在此辦法實施在某種行業或其某種部分之前，應徵詢有關的雇主與工人代表的意見，如雇主與工人有組織時，應徵詢各該組織代表的意見。其他人員有因行業或職務關係而在此方面具有特別適合的資格，並經主管機關認為宜於諮詢者，亦應徵詢其意見。

㈡有關的雇主與工人應參與此辦法的實施事宜，其參與的方式及程度，得由國家法律或條例予以規定。但在任何情況下，雙方參與的人數及條件，均應相等。

㈢凡已經確定的最低工資率，對於有關的雇主與工人應有效力，不得由彼等以個人協定或集體協定予以減低，但集體議約經主管機關通案或專案核准者，不在此限。

第四條

一、凡批准本公約的會員國，應採取必要的措施，實行一種監督與制裁辦法，以保證有關的雇主與工人明瞭現行最低工資率，並保證在適用最低工作率的場合支付的工資不少於最低工資率。

二、凡適用最低工資率的工人，其工資的支付少於此項工資率者，應有經由司法或其他合法手續在國家法律或條例規定的期限內追還其被短付數額的權利。

第五條

凡批准本公約的會員國，應每年向國際勞工局提送一份全面報告，其中列舉已實施最低工資確定辦法的各種行業或其部分，說明實施此辦法的方法與成果，並簡述所包括的工人約數及確定的最低工資率，如有經確認的與最低工資率有關的其他事項，亦擇要予以敘明。

第六條

本公約的正式批准書應送請國際勞工局局長登記。

第七條

一、本公約僅對批准書已經國際勞工局登記的會員國有約束力。

二、本公約應自國際勞工組織兩會員國的批准書已經局長登記之日起十二個月後生效。

三、此後對於任何會員國，本公約應自其批准書已經登記之日起十二個月後生效。

第八條

國際勞工局局長在國際勞工組織兩會員國的批准書已經國際勞工局登記時，應即以之通知國際勞工組織的全體會員國，此後續有其他會員國的批准書登記時，該局長亦應予以通知。

第九條

一、凡批准本公約的會員國，自本公約初次生效之日起滿十年後，得向國際勞工局局長通知解約，並請其登記。此項解約通知書，自經國際勞工局登記之日起滿一年後，始得生效。

二、凡批准本公約的會員國，在前款所述的十年期滿後的一年內，如未行使本條所規定的解約權利者，即須再遵守五年，此後得依本條的規定，每當五年期滿，通知解約。

第十條

國際勞工局理事會在必要時應將本公約的實施情況向大會提出報告，並審查應否將本公約的全部或局部修正問題，列入大會議程。

第十一條

本公約的法文本與英文本同等為準。

7.歧視（就業及職業）公約

1.本公約於一九五八年六月二十五日於日內瓦簽訂，一九六〇年六月十五日生效

2.我國於一九六一年八月三十一日批准，一九六二年二月十三日存放

關於就業及職業歧視的公約（第一百一十一號公約）

國際勞工大會第四十二屆會議於一九五八年六月二十五日通過生效：按照第八條的規定，於一九六〇年六月十五日生效。

國際勞工大會，經國際勞工局理事院召開於一九五八年六月四日在日內瓦舉行第四十二屆會議，決定對就業及職業方面的歧視問題──會議議程的第四個項目──通過若干建議，決定這些建議應採取一個國際公約的形態，考慮到費拉德爾非亞宣言確認全體人類，不分種族、信仰或性別，有權在自由和尊嚴、經濟穩定和機會平等的條件下追求物質福利和精神發展，並考慮到歧視構成對世界人權宣言所宣佈的各項權利的侵害，於一九五八年六月二十五日通過下面的公約，該公約在引用時可稱為一九五八年歧視（就業及職業）公約：

第一條

一、為本公約目的，「歧視」一語指：

㈠基於種族、膚色、性別、宗教、政治見解、民族血統或社會出身的任何區別、排斥或特惠，其效果為取消或損害就業或職業方面的機會平等或待遇平等；

㈡有關成員在同僱主代表組織和工人代表組織——如果這種組織存在——以及其他有關機構磋商後可能確定其效果為取消或損害就業或職業方面的機會平等或待遇平等的其他區別、排斥或特惠。

二、基於特殊工作本身的要求的任何區別、排斥或特惠，不應視為歧視。

三、為本公約目的，「就業」和「職業」兩語指獲得職業上的訓練、獲得就業及獲得特殊職業、以及就業的條件。

第二條

本公約對其生效的每一成員承擔宣佈並執行一種旨在以適合本國條件及習慣的方法促進就業和職業方面的機會平等和待遇平等的國家政策，以消除就業和職業方面的任何歧視。

第三條

本公約對其生效的每一成員承擔以適合本國條件及習慣的方法：

一、尋求僱主組織和工人組織以及其他有關機構的合作，以促進對這一政策的接受和遵行；

二、制訂旨在使這一政策得到接受和遵行的法律，並促進旨在使這一政策得到接受和遵行的教育計劃；

三、廢止與這一政策相抵觸的任何法律規定，並修改與這一政策相抵觸的任何行政命令或慣例；

四、在國家當局的直接控制下執行就業政策；

五、保證職業指導、職業訓練和安置服務等活動，均在國家當局的監督下，遵行這一政策；

六、在其關於本公約執行情況的年度報告裏，說明為執行這一政策而採取的行動以及這種行動所得的結果。

在有正當理由懷疑某人從事損害國家安全的活動或某人正從事損害國家安全的活動的情況下，對其採取的任何措施，不應視為歧視，但該人應有權向按照本國習慣設立的主管機構申訴。

第四條

執行這一政策而採取的行動以及這種行動所得的結果。

在有正當理由懷疑某人從事損害國家安全的活動或某人正從事損害國家安全的活動的情況下，對其採取的任何措施，不應視為歧視，但該人應有權向按照本國習慣設立的主管機構申訴。

第五條

一、國際勞工大會所通過的其他公約或建議裏所規定的特殊保護或扶助措施，不應視為歧視。

二、任何成員在同代表性的僱主組織和工人組織──如果這種組織存在──磋商後，可以確定某些其他的特殊措施，不應視為歧視，因為這些措施的目的是為了適應一些由於性別、年老無能、家庭負擔或社會或文化地位的原因而公認更加以特殊保護或扶助的人的特殊需要的。

第六條

批准本公約的每一成員承擔按照國際勞工組織的組織法規定，把公約適用於非本部領土。

第七條

本公約的正式批准書，應送交國際勞工局局長登記。

第八條

一、本公約應祇對曾經把批准書送交局長登記的那些國際勞工組織成員有拘束力。

二、本公約應於兩個成員把批准書送交局長登記之日起十二個月後生效。

三、此後，本公約應於任何成員把批准書送交登記之日起十二個月後對該成員生效。

第九條

一、批准了本公約的成員，可以在公約首次生效之日起滿十年後，退出公約；退約時應以退約書送交國際勞工局局長登記。此項退約應於退約書送交登記之日起一年後才生效。

二、批准了本公約的每一成員，如果在上款所述的十年時間滿期後一年內，不行使本條所規定的退約權，即須再受十年的拘束，其後，可按本條規定的條件，在每十年時間滿期時，退出本公約。

第十條

一、國際勞工局局長應將國際勞工組織各成員送交他登記的所有批准書和退約書通知國際勞工組織的全體成員。

二、在把送交他登記的第二件批准書通知國際勞工組織各成員時，局長應請各成員注意公約生效的日期。

第十一條

國際勞工局局長應按照聯合國憲章第一百零二條的規定，將按上述各條規定送交他登記的所有批准書和退約書的全部細節，送交聯合國秘書長登記。

第十二條

國際勞工局理事院應於它認為必要的時候，向大會提出一項關於本公約實施情況的報告，並研究是否宜於在大會議程上列入全部或局部訂正公約的問題。

第十三條

一、大會倘若通過一個新的公約去全部或局部訂正本公約，那麼，除非這個新的公約另有規定，否則：

　㈠任何成員如批准新的訂正公約，在該訂正公約生效時，即係依法退出本公約，不管上述第九條的規定；

　㈡從新的訂正公約生效之日起，本公約應即停止開放給各成員批准。

二、對於已批准本公約但未批准訂正公約的那些成員，本公約無論如何應按照其原有的形式和內容繼續生效。

第十四條

本公約的英文本和法文本具有同等效力。

前文是國際勞工大會在日內瓦舉行的並於一九五八年六月二十六日宣布閉會的第四十二屆會議正式通過的公約的作準文本。

為此，我們於一九五八年七月五日簽字，以昭信守。

8.關於國籍法衝突若干問題的公約

　1.一九三〇年四月十二日簽訂，一九三七年一月一日生效

　2.我國於一九三四年十二月十八日簽署，一九三五年二月十四日批准，並對第四條提出保留（編按：原中文譯文為薛典增、郭子雄編輯，《中國參加之國際公約彙編》，臺北：臺灣商務印書館，民國六十年臺一版，頁九百四十七至九百五十，譯文並無標點符號，乃由編者標注，並將譯文中「國際聯合會」改成現今用語「國際聯盟」）

各締約國（國名從略），

以為由國際協定解決各國國籍法牴觸問題極為重要，

深信能使各國公認無論何人均應有國籍，且只應有一國籍之事實，為國際公共所注意，承認人類在本範圍內所應努力嚮往之鵠厥，在將一切無國籍及二重國籍知識，悉行消滅；

亦知在各國現時社會經濟狀況下，欲使上述問題普遍解決絕不可能，

然仍願於初次編纂國際公法時，將各國國籍法牴觸問題之可於現時成立國籍協定者解決，藉作初步之企圖，

為此決議訂定公約，並簡派全權代表如下（代表銜名從略）：

第一章　總則

第一條

每一國家依照其法律決定何人為其國民。此項法律如與國際公約、國際習慣及普遍承認關於國籍之法律原則不相衝突，其他國家應予承認。

第二條

關於某人是否隸屬某特定國家國籍之問題，應依該國之法律以為斷。

第三條

除本公約另有規定外，凡有二個以上國籍者，各該國家均得視之為國民。

第四條

國家關於本國人民之兼有他國國籍者，對於該第二國，不得施外交上之保護。

第五條

在第三國之領土內有一個以上之國籍者，應視為祇有一個國籍。在不妨礙該國關於身份事件法律之適用及有效條約等範圍之內，該國就此人所有之各國籍中，應擇其通常或主要居所所在之國家之國籍，或在諸種情形之下似與該人實際上關係最切之國家之國籍，而承認為其唯一之國籍。

第六條

有一個以上國籍之人，而此等國籍非自願取得者，經一國之許可得放棄該國之國籍，但該國給與更優出籍權利之自由，不在此限。倘此人在國外有習慣及主要之居所而適合其所欲出籍國家之法定條件者，前項許可不應拒絕。

第二章　出籍許可書

第七條

一國之法律規定發給出籍許可證書，倘領得證書之人非有另一國籍或取得另一國籍時，此項證書對之不應有喪失國籍之效果。

倘領得證書之人在發給證書國家所規定之時間內不取得另一國籍，則證書失其效力；但領得證書之時已有另一國籍者，不在此限。

領得出籍許可證書者，取得新國籍之國家應將其人取得該國籍之事實通知發給證書之國家。

第三章　已嫁婦人之國籍

第八條

倘妻之本國法規定為外國人妻者喪失國籍，此種效果應以其取得夫之國籍為條件。

第九條

倘妻之本國法規定在婚姻關係中，夫之國籍變更妻因而喪失國籍時，此項效果應以其取得夫之新國籍為條件。

第十條

夫在婚姻關係中歸化，倘妻未曾同意，此項歸化對妻之國籍不發生效果。

第十一條

倘妻之本國法規定為外國人，妻喪失國籍時，在婚姻關係消滅後，非經妻自行請求並遵照該國法律，不得回復國籍；倘妻回復國籍，即喪失其因婚姻而取得之國籍。

第四章　子女之國籍

第十二條

規定因出生於國家領土內取得國籍之法規，不能當然的適用於在該國享受外交豁免權者之子女。

各國法律對於正式領事或其他國家官員有政府使命者所生於該國領土內之子女，應容許以拋棄或其他手續解除該國國籍；惟以其生來即有重複國籍並保留其父母之國籍者為限。

第十三條

依歸化國法律未成年之子女隨父母之歸化取得國籍，在此種情形之下，該國法律得規定未成年子女因其父母歸化而取得國籍之條件。

倘未成年之子女不因其父母之歸化而取得國籍時，應保留其原有之國籍。

第十四條

父母無可考者，應取得出生地國家之國籍。倘日後其父母可考，其國籍應依照父母可考者之法律決定之。

倘無反面之證據，棄孩應推定為生於發見國家之領土內。

第十五條

倘一國之國籍不能僅以出生而當然的取得，則生於該國境內之無國籍者，或父母國籍無可考者，得取得該國國籍。該國之法律應規定在此種情形下取得該國國籍之條件。

第十六條

倘私生子所隸屬國家之法律承認其國籍得因其民事地位變更（如追認及認知）而喪失時，此種國籍之喪失，應以此人取得別國國籍為條件；惟應按照該國關於民事地位變更影響國籍之法律。

第五章　養子

第十七條

倘一國之法律規定其國籍得因為外國人養子而喪失時，此種國籍之喪失，應以此人按照該外國人之本國法關於立養子影響國籍之法律取得立養子者之國籍為條件。

第六章　總結條款

第十八條

各締約國允自本公約發生效力之日起，於彼此相互之關係間適用前列各條所定之原則

及規定。

本公約載入前項所述原則及規定，對於此種原則及規定是否已經構成國際法一部之問題，絕無妨害。

前列各條所未載之點，現行國際公法之原則及規定當然將繼續有效。

第十九條

本公約對於各締約國間現有之各項條約公約或協定，關於國籍或相關事項之規定絕不發生影響。

第二十條

任何締約國簽字於本公約時，或批准時，或加入時，得就第一條至第十七條及第二十一條附加明白保留案，除去一條或多條。

此項業經除去之規定，對於保留國家能適用該國家，對於其他締約國亦不能援用。

第二十一條

各締約國間如因本公約之解釋或適用發生任何爭端，而此項爭端不能以外交手續滿意解決時，則當按照各該國間現行解決國際爭端之協定解決之。

倘各該國間無此項協定，該項爭端應按照各該國之憲法手續交付公斷或司法解決；倘各該國未約定交付其他法院，而均為一九二〇年十二月六日關於國際常任法庭庭規公約之簽字者，該項爭端應交國際常任法庭；倘各當事國間有一國未曾簽字一九二〇年十二月十六日之公約，該項爭端應交付依照一九〇七年十月十八日和平解決國際爭端之海牙公約而組織之公斷法院。

第二十二條

在一九三〇年十二月三十一日以前凡為國際聯盟之會員國，或非會員國而被邀出席第一次編纂國際法典會議者，或曾受國際聯盟行政院特送公約一份者，均得派遣代表簽字於本公約。

第二十三條

本公約須經批准之手續。批准書須存置於國際聯盟秘書廳。秘書長應通知各批准書之存置於國際聯盟之會員國及第二十二條所舉之非會員國，並聲明存置之日期。

第二十四條

自一九三一年一月一日起，國際聯盟之會員國及第二十二條所舉之非會員國未經簽字於本公約者，得加入本公約。

加入之手續應以書件為之。此項書件應存置於國際聯盟。秘書廳國際聯盟秘書長應通知各加入國於國際聯盟之會員國及第二十二條所舉之非會員國，並聲明加入之日期。

第二十五條

經十個會員國或非會員國存置批准書或加入書後，國際聯盟秘書長應即作成記事錄。

國際聯盟秘書長應將此項記事錄之證本一份，送至國際聯盟之會員國及第二十二條所

舉之非會員國。

第二十六條

自第二十五條所規定記事錄作成後之第九十日起，本公約對於國際聯盟之會員國及非會員國於記事錄作成之日已存置批准書或加入書者，發生效力。

國際聯盟會員國或非會員國於該日期後存置批准書或加入書者，本公約應於存置日期後之第九十日起發生效力。

第二十七條

自一九三六年六月一日起，國際聯盟會員國或非會員國之受本公約拘束者，得為修改本公約條文之請求，致書於聯合秘書長。倘該項請求送至其他國際聯盟會員國及非會員國之受本公約拘束者一年內，至少有九國之贊助，則國際聯盟行政院應於諮詢國際聯盟會員國及第二十二條所舉之非會員國後決定應否為此事召集特別會議，抑於下次編纂國際法會議時討論修改。

各締約國同意本公約如須修正。則修正之公約，得規定本公約條文一部份或全體，自新公約實行後在本公約締約國間廢止適用。

第二十八條

本公約得宣告廢止之。

宣告廢止應以書面之通知書送至於國際聯盟，秘書長應通知國際聯盟會員及第二十二條所舉之非會員國。

宣告廢止於秘書長接通知之一年後發生效力；但此種效力僅以對於曾被通知宣告廢止之聯合會會員國或非會員國為限。

第二十九條

一、任何締約國得於簽字時、批准時或加入時，宣言雖接受本公約，但關於該國之一切或任何殖民地、保護國、海外地域，或在統治或委託權下之地域，或關於此種地域一部之人民，不負擔任何義務。本公約對於宣言中所言之任何地域或人民之一部，不得適用。

二、任何締約國嗣後無論何時，均可通知國際聯盟秘書長，聲明願以公約適用於前項宣言書內所稱之一切或任何地域或其人民之一部。本公約自國際聯盟秘書長接到通知書後六個月起，對於通知內所言之一切地域或其人民一部即行適用。

三、任何締約國無論何時，均可宣言本公約對於該國之一切或任何殖民地、保護國、海外地域，或在統治或委託權下之地域，或關於此種地域內一部之人民，停止適用。本公約自國際聯盟秘書長接到通知後一年起，對於宣言內所言之一切地域或其人民一部停止適用。

四、任何締約國關於其一切或任何殖民地、保護國、海外地域，或在統治或委託權之地域，或關於此種地域內一部之人民，得於簽字於本公約時或批准時或加入時，

或照本條第二項通知時，為第二十條規定之保留。

五、國際聯盟秘書長應將按照本條收到之各項宣言及通知書，送至國際聯合會員國及第二十二條所舉之非會員國。

第三十條

本公約一經發生效力，應由國際聯合會秘書長登記。

第三十一條

本公約之法文及英文有同等效力。

中國（保留第四條）　吳凱聲

9.已婚婦女國籍公約

1. 本公約於一九五七年二月二十日簽訂，一九五八年八月十一日生效。

2. 我國於一九五七年二月二十日簽署，一九五八年八月十二日批准，一九五八年九月二十二日存放。

生效：按照第六條的規定，於一九五八年八月十一日生效。

各締約國，鑒於國籍在法律上及慣例上之衝突，係由關於婦女因婚姻關係之成立或消滅，或在婚姻關係存續中夫之國籍變更，而喪失或取得國籍之規定所引起，鑒於聯合國大會在世界人權宣言第十五條中業已宣布「人人有權享有國籍」及「任何人的國籍不得任意剝奪，亦不得否認其改變國籍的權利」，願與聯合國合作促進全體人類人權及基本自由之普遍尊重與遵守，不因性別而有異殊，受議定下列條款：

第一條

締約國同意其本國人與外國人結婚者，不因婚姻關係之成立或消滅，或婚姻關係存續中夫之國籍變更，而當然影響妻之國籍。

第二條

締約國同意其本國人自願取得他國國籍或脫離其本國國籍時，不妨礙其妻保留該締約國國籍。

第三條

一、締約國同意外國人為本國人之妻者，得依特殊優待之歸化手續，聲請取得其夫之國籍；前項國籍之授予，得因維護國家安全或公眾政策加以限制。

二、締約國同意本公約不得解釋為對於規定外國人為本國人之妻者有權聲請取得夫之國籍之任何法律或司法慣例有所影響。

第四條

一、本公約應開放給任何聯合國會員國及現為或以後成為任何聯合國專門機構會員國，或現為或以後成為國際法院規約當事國之任何其他國家，或經聯合國大會邀

請之任何其他國家簽字及批准。

二、本公約須經批准，批准書應交存聯合國秘書長。

第五條

一、本公約應開放給第四條第一款所稱各國加入。

二、加入應向聯合國秘書長交存加入書。

第六條

一、本公約應於第六個批准書或加入書存放之日後第九十日起生效。

二、對於在第六個批准書或加入書存放後批准或加入本公約之國家，本公約應於各該國交存批准書或加入書後之第九十日起生效。

第七條

一、本公約對於所有由任何締約國負責其國際關係之非自治託管、殖民及其他非本部領土，均適用之；除本條第二款另有規定外，關係締約國應於簽字、批准或加入時宣告由於此項簽字、批准或加入而當然適用本公約之非本部領土。

二、如在國籍方面非本部領土與本部領土並非視同一體，或依締約國或其非本部領土之憲法或憲政慣例，對非本部領土適用本公約須事先徵得該領土之同意時，締約國應盡力於本國簽署本公約之日起十二個月期限內徵得所需該非本部領土之同意，並於徵得此項同意後通知聯合國秘書長。本公約對於此項通知書所列領土，自秘書長接到通知之日起適用之。

三、在本條第二款所稱十二個月期限屆滿後，各關係締約國遇有由其負責國際關係之非本部領土對於本公約之適用尚未表示同意時，應將其與各該領土磋商結果通知秘書長。

第八條

一、任何國家得於簽字、批准或加入時，對本公約第一條及第二條以外之任何條款提出保留。

二、遇有一國依本條第一款規定提出保留時，本公約除經該國保留之條款外，應在保留國與其他締約國間發生效力。聯合國秘書長應將此項保留之全文通告現為或以後可能成為本公約締約國之全體國家。本公約任何締約國或以後成為締約國之國家得通知秘書長該國對於提出保留國並不認為應受本公約之拘束。此項通知，已為締約國之國家必須於秘書長通告之日起九十日內提出之；以後成為締約國之國家必須於存放批准書或加入書之日起九十日內提出之。遇有此種通知提出時，本公約在提出通知國與提出保留國間應視為無效。

三、依本條第一款提出保留之國家，得隨時通知聯合國秘書長將業經接受之保留全部或部分撤回。此項通知應於收到之日起生效。

第九條

一、任何締約國得以書面通知聯合國秘書長宣告退出本公約。退約應於秘書長收到通知之日一年後生效。

二、本公約在締約國減至不足六國之退約生效之日起失效。

第十條

兩個或兩個以上締約國對於本公約之解釋或適用發生爭端，未能以談判方式解決時，除爭端當事國協議以其他方式解決外，經任何一方爭端當事國之請求，應提請國際法院裁決。

第十一條

聯合國秘書長應將下列事項通知聯合國各會員國及本公約第四條第一款所稱之非會員國：

　㈠依第四條之簽字及依同條收到之批准書；

　㈡依第五條收到之加入書；

　㈢依第六條本公約發生效力之日期；

　㈣依第八條收到之通告及通知；

　㈤依第九條第一款收到之退約通知；

　㈥依第九條第二款之廢止。

第十二條

一、本公約應存放聯合國檔庫，其中文、英文、法文、俄文及西班牙文各本同一作準。

二、聯合國秘書長應將本公約正式副本分送所有聯合國會員國及第四條第一款所稱之非會員國。

10.國際法院規約

一九四五年六月二十六日通過

第一條

聯合國憲章所設之國際法院為聯合國主要司法機關，其組織及職務之行使應依本規約之下列規定。

第二條

法院以獨立法官若干人組織之。此項法官應不論國籍，就品格高尚並在各本國具有最高司法職位之任命資格或公認為國際法之法學家中選舉之。

第三條

一、法院以法官十五人組織之，其中不得有二人為同一國家之國民。

二、就充任法院法官而言，一人而可視為一個國家以上之國民者，應認為屬於其通常行使公民及政治權利之國家或會員國之國民。

第四條

一、法院法官應由大會及安全理事會依下列規定就常設公斷法院各國團體所提出之名單內選舉之。

二、在常設公斷法院並無代表之聯合國會員國，其候選人名單應由各該國政府專為此事而委派之團體提出；此項各國團體之委派，準用一九〇七年海牙和平解決國際紛爭條約第四十四條規定委派常設公斷法院公斷員之條件。

三、凡非聯合國會員國而已接受法院規約之國家，其參加選舉法院法官時，參加條件，如無特別協定，應由大會經安全理事會之提議規定之。

第五條

一、聯合國秘書長至遲應於選舉日期三個月前，用書面邀請屬於本規約當事國之常設公斷法院公斷員。及依第四條第二項所委派之各國團體。於一定期間內分別由各國團體提出能接受法官職務之人員。

二、每一團體所提人數不得超過四人，其中屬其本國國籍者不得超過二人。在任何情形下，每一團體所提候選人之人數不得超過應佔席數之一倍。

第六條

各國團體在提出上項人員以前，宜諮詢本國最高法院、大學法學院、法律學校、專研法律之國家研究院、及國際研究院在各國所設之各分院。

第七條

一、秘書長應依字母次序，編就上項所提人員之名單。除第十二條第二項規定外，僅此項人員有被選權。

二、秘書長應將前項名單提交大會及安全理事會。

第八條

大會及安全理事會各應獨立舉行法院法官之選舉。

第九條

每次選舉時，選舉人不獨應注意被選舉人必須各具必要資格，並應注意務使法官全體確能代表世界各大文化及各主要法系。

第十條

一、候選人在大會及在安全理事會得絕對多數票者應認為當選。

二、安全理事會之投票，或為法官之選舉或為第十二條所稱聯席會議人員之指派，應不論安全理事會常任理事國及非常任理事國之區別。

三、如同一國家之國民得大會及安全理事會之絕對多數票者不止一人時，其年事最高者應認為當選。

第十一條

第一次選舉會後，如有一席或一席以上尚待補選時，應舉行第二次選舉會，並於必要

時舉行第三次選舉會。

第十二條

一、第三次選舉會後，如仍有一席或一席以上尚待補選時，大會或安全理事會得隨時聲請組織聯席會議，其人數為六人，由大會及安全理事會各派三人。此項聯席會議就每一懸缺以絕對多數票選定一人提交大會及安全理事會分別請其接受。

二、具有必要資格人員，既未列入第七條所指之候選人名單，如經聯席會議全體同意，亦得列入該會議名單。

三、如聯席會議確認選舉不能有結果時，應由已選出之法官，在安全理事會所定之期間內，就曾在大會或安全理事會得有選舉票之候選人中，選定若干人補足缺額。

四、法官投票數相等時，年事最高之法官應投決定票。

第十三條

一、法官任期九年，並得連選，但第一次選舉選出之法官中，五人任期應為三年，另五人為六年。

二、上述初期法官，任期孰為三年孰為六年，應於第一次選舉完畢後立由秘書長以抽籤方法決定之。

三、法官在其後任接替前，應繼續行使其職務，雖經接替，仍應結束其已開始辦理之案件。

四、法官辭職時應將辭職書致送法院院長轉知秘書長。轉知後，該法官之一席即行出缺。

第十四條

凡遇出缺，應照第一次選舉時所定之辦法補選之，但秘書長應於法官出缺後一個月內，發出第五條規定之邀請書並由安全理事會指定選舉日期。

第十五條

法官被選以接替任期未滿之法官者，應任職至其前任法官任期屆滿時為止。

第十六條

一、法官不得行使任何政治或行政職務，或執行任何其他職業性質之任務。

二、關於此點，如有疑義，應由法院裁決之。

第十七條

一、法官對於任何案件，不得充任代理人，律師，或輔佐人。

二、法官曾以當事國一造之代理人，律師，或輔佐人，或以國內法院或國際法院或調查委員會委員，或以其他資格參加任何案件者，不得參與該案件之裁決。

三、關於此點，如有疑義，應由法院決定之。

第十八條

一、法官除由其餘法官一致認為不復適合必要條件外，不得免職。

二、法官之免職，應由書記官長正式通知秘書長。

三、此項通知一經送達秘書長，該法官之一席即行出缺。

第十九條

法官於執行法院職務時，應享受外交特權及豁免。

第二十條

法官於就職前應在公開法庭鄭重宣言本人必當秉公竭誠行使職權。

第二十一條

一、法院應選舉院長及副院長，其任期各三年，並得連選。

二、法院應委派書記官長，並得酌派其他必要之職員。

第二十二條

一、法院設在海牙，但法院如認為合宜時，得在他處開庭及行使職務。

二、院長及書記官長應駐於法院所在地。

第二十三條

一、法院除司法假期外，應常住辦公。司法假期之日期及期間由法院定之。

二、法官得有定時假期，其日期及期間，由法院斟酌海牙與各法官住所之距離定之。

三、法官除在假期或因疾病或其他重大原由，不克視事，經向院長作適當之解釋外，應常住備由法院分配工作。

第二十四條

一、法官如因特別原由認為於某案之裁判不應參與時，應通知院長。

二、院長如認某法官因特別原因不應參與某案時，應以此通知該法官。

三、遇有此種情形，法官與院長意見不同時，應由法院決定之。

第二十五條

一、除本規約另有規定外，法院應由全體法官開庭。

二、法院規則得按情形並以輪流方法，規定準許法官一人或數人免予出席，但準備出席之法官人數不得因此減至少於十一人。

三、法官九人即足構成法院之法定人數。

第二十六條

一、法院得隨時設立一個或數個分庭，並得決定由法官三人或三人以上組織之。此項分庭處理特種案件，例如勞工案件及關於過境與交通案件。

二、法院為處理某特定案件，得隨時設立分庭，組織此項分庭法官之人數，應由法院得當事國之同意定之。

三、案件經當事國之請求應由本條規定之分庭審理裁判之。

第二十七條

第二十六條及第二十九條規定之任何分庭所為之裁判，應視為法院之裁判。

第二十八條

第二十六條及第二十九條規定之分庭，經當事國之同意，得在海牙以外地方開庭及行使職務。

第二十九條

法院為迅速處理事務，應於每年以法官五人組織一分庭。該分庭經當事國之請求，得用簡易程序，審理及裁判案件。法院並應選定法官二人，以備接替不能出庭之法官。

第三十條

一、法院應訂立規則，以執行其職務，尤應訂定關於程序之規則。

二、法院規則得規定關於襄審官之出席法院或任何分庭，但無表決權。

第三十一條

一、屬於訴訟當事國國籍之法官，於法院受理該訴訟案件時，保有其參與之權。

二、法院受理案件，如法官中有屬於一造當事國之國籍者，任何他造當事國得選派一人為法官，參與該案。此項人員尤以就第四條及第五條規定所提之候選人中選充為宜。

三、法院受理案件，如當事國均無本國國籍法官時，各當事國均得依本條第二項之規定選派法官一人。

四、本條之規定於第二十六條及第二十九條之情形適用之。在此種情形下，院長應請分庭法官一人，或於必要時二人，讓與屬於關係當事國國籍之法官，如無各當事國國籍之法官或各該法官不能出席時，應讓與各當事國特別選派之法官。

五、如數當事國具有同樣利害關係時，在上列各規定適用範圍內，祇應作為一當事國。關於此點，如有疑義，由法院裁決之。

六、依本條第二項、第三項及第四項規定所選派之法官，應適合本規約第二條、第十七條第二項、第二十條、及第二十四條規定之條件。各該法官參與案件之裁判時，與其同事立於完全平等地位。

第三十二條

一、法院法官應領年俸。

二、院長每年應領特別津貼。

三、副院長於代行院長職務時，應按日領特別津貼。

四、依第三十一條規定所選派之法官而非法院之法官者，於執行職務時，應按日領酬金。

五、上列俸給津貼及酬金由聯合國大會定之，在任期內，不得減少。

六、書記官長之俸給，經法院之提議由大會定之。

七、法官及書記官長支給退休金及補領旅費之條件由大會訂立章程規定之。

八、上列俸給津貼及酬金，應免除一切稅捐。

第三十三條

法院經費由聯合國擔負，其擔負方法由大會定之。

第三十四條

一、在法院得為訴訟當事國者，限於國家。

二、法院得依其規則，請求公共國際團體供給關於正在審理案件之情報。該項團體自動供給之情報，法院應接受之。

三、法院於某一案件遇有公共國際團體之組織約章、或依該項約章所締結之國際協約發生解釋問題時，書記官長應通知有關公共國際團體並向其遞送所有書面程序之文件副本。

第三十五條

一、法院受理本規約各當事國之訴訟。

二、法院受理其他各國訴訟之條件，除現行條約另有特別規定外，由安全理事會定之，但無論如何，此項條件不得使當事國在法院處於不平等地位。

三、非聯合國會員國為案件之當事國時，其應擔負法院費用之數目由法院定之。如該國業已分擔法院經費之一部，本項規定不適用之。

第三十六條

一、法院之管轄包括各當事國提交之一切案件，及聯合國憲章或現行條約及協約中特定之一切事件。

二、本規約各當事國得隨時聲明關於具有下列性質之一切法律爭端，對於接受同樣義務之任何其他國家，承認法院之管轄為當然而具有強制性，不須另訂特別協定：㈠條約之解釋。㈡國際法之任何問題。㈢任何事實之存在，如經確定即屬違反國際義務者。㈣因違反國際義務而應予賠償之性質及其範圍。

三、上述聲明，得無條件為之，或以數個或特定之國家間彼此拘束為條件，或以一定之期間為條件。

四、此項聲明，應交存聯合國秘書長並由其將副本分送本規約各當事國及法院書記官長。

五、曾依常設國際法院規約第三十六條所為之聲明而現仍有效者，就本規約當事國間而言，在該項聲明期間尚未屆滿前並依其條款，應認為對於國際法院強制管轄之接受。

六、關於法院有無管轄權之爭端，由法院裁決之。

第三十七條

現行條約或協約或規定某項事件應提交國際聯合會所設之任何裁判機關或常設國際法院者，在本規約當事國間，該項事件應提交國際法院。

第三十八條

一、法院對於陳訴各項爭端，應依國際法裁判時應適用：

㈠不論普通或特別國際協約，確立訴訟當事國明白承認之條規者。

㈡國際習慣，作為通例之證明而經接受為法律者。

㈢一般法律原則為文明各國所承認者。

㈣在第五十九條規定之下，司法判例及各國權威最高之公法學家學說，作為確定法律原則之補助資料者。

二、前項規定不妨礙法院經當事國同意本 " 公允及善良 " 原則裁判案件之權。

第三十九條

一、法院正式文字為英法兩文。如各當事國同意用法文辦理案件，其判決應以法文為之。如各當事國同意用英文辦理案件，其判決應以英文為之。

二、如未經同意應用何種文字，每一當事國於陳述中得擇用英法文之一，而法院之判詞應用英法兩文。法院並應同時確定以何者為準。

三、法院經任何當事國之請求，應准該當事國用英法文以外之文字。

第四十條

一、向法院提出訴訟案件，應按其情形將所訂特別協定通告書記官長或以請求書送達書記官長。不論用何項方法，均應敘明爭端事由及各當事國。

二、書記官長應立將請求書通知有關各方。

三、書記官長並應經由秘書長通知聯合國會員國及有權在法院出庭其他之國家。

第四十一條

一、法院如認情形有必要時，有權指示當事國應行遵守以保全彼此權利之臨時辦法。

二、在終局判決前，應將此項指示辦法立即通知各當事國及安全理事會。

第四十二條

一、各當事國應由代理人代表之。

二、各當事國得派律師或輔佐人在法院予以協助。

三、各當事國之代理人、律師、及輔佐人應享受關於獨立行使其職務所必要之特權及豁免。

第四十三條

一、訴訟程序應分書面與口述兩部份。

二、書面程序係指以訴狀、辯訴狀、及必要時之答辯狀連同可資佐證之各種文件及公文書，送達法院及各當事國。

三、此項送達應由書記官長依法院所定次序及期限為之。

四、當事國一造所提出之一切文件應將證明無訛之抄本一份送達他造。

五、口述程序係指法院審訊證人、鑑定人、代理人、律師及輔佐人。

第四十四條

一、法院遇有對於代理人、律師、及輔佐人以外之人送達通知書，而須在某國領土內行之者，應逕向該政府接洽。

二、為就地搜集證據而須採取步驟時，適用前項規定。

第四十五條

法院之審訊應由院長指揮，院長不克出席時，由副院長指揮；院長副院長均不克出席時，由出席法官中之資深者主持。

第四十六條

法院之審訊應公開行之，但法院另有決定或各當事國要求拒絕公眾旁聽時，不在此限。

第四十七條

一、每次審訊應作成記錄，由書記官長及院長簽名。

二、前項記錄為唯一可據之記錄。

第四十八條

法院為進行辦理案件應頒發命令；對於當事國每造，應決定其必須終結辯論之方式及時間；對於證據之搜集，應為一切之措施。

第四十九條

法院在開始審訊前，亦得令代理人提出任何文件，或提供任何解釋。如經拒絕應予正式記載。

第五十條

法院得隨時選擇任何個人、團體、局所、委員會、或其他組織，委以調查或鑑定之責。

第五十一條

審訊時得依第三十條所指法院在其程序規則中所定之條件，向證人及鑑定人提出任何切要有關之詰問。

第五十二條

法院於所定期限內收到各項證明及證據後，得拒絕接受當事國一造欲提出之其他口頭或書面證據，但經他造同意者，不在此限。

第五十三條

一、當事國一造不到法院或不辯護其主張時，他造得請求法院對自己主張為有利之裁判。

二、法院於允准前項請求前，應查明不特依第三十六條及第三十七條法院對本案有管轄權，且請求人之主張在事實及法律上均有根據。

第五十四條

一、代理人律師及輔佐人在法院指揮下陳述其主張已完畢時，院長應宣告辯論終結。

二、法官應退席討論判決。

三、法官之評議應秘密為之，並永守秘密。

第五十五條

一、一切問題應由出席法官之過半數決定之。

二、如投票數相等時，院長或代理院長職務之法官應投決定票。

第五十六條

一、判詞全敘明理由。

二、判詞應載明參與裁判之法官姓名。

第五十七條

判詞如全部或一部份不能代表法官一致之意見時，任何法官得另行宣告其個別意見。

第五十八條

判詞應由院長及書記官長簽名，在法庭內公開宣讀，並應先期通知各代理人。

第五十九條

法院之裁判除對於當事國及本案外，無拘束力。

第六十條

法院之判決系屬確定，不得上訴。判詞之意義或範圍發生爭端時，經任何當事國之請求後，法院應予解釋。

第六十一條

一、聲請法院覆核判決，應根據發現具有決定性之事實，而此項事實在判決宣告時為法院之聲請覆核之當事國所不知者，但以非因過失而不知者為限。

二、覆核程序之開始應由法院下以裁決，載明新事實之存在，承認此項新事實具有使本案應予覆核之性質，並宣告覆核之聲請因此可接受。

三、法院於接受覆核訴訟前得令先行履行判決之內容。

四、聲請覆核至遲應於新事實發現後六個月內為之。

五、聲請覆核自判決日起逾十年後不得為之。

第六十二條

一、某一國家如認為某案件之判決可影響屬於該國具有法律性質之利益時，得向法院聲請參加。

二、此項聲請應由法院裁決之。

第六十三條

一、凡協約發生解釋問題，而訴訟當事國以外尚有其他國家為該協約之簽字國者，應立由書記官長通知各該國家。

二、受前項通知之國家有參加程序之權；但如該國行使此項權利時，判決中之解釋對該國具有同樣拘束力。

第六十四條

除法院另有裁定外，訴訟費用由各造當事國自行負擔。

第六十五條

一、法院對於任何法律問題如經任何團體由聯合國憲章授權而請求或依照聯合國憲章而請求時，得發表諮詢意見。

二、凡向法院請求諮詢意見之問題，應以聲請書送交法院。此項聲請書對於諮詢意見之問題，應有確切之敘述，並應附送足以釋明該問題之一切文件。

第六十六條

一、書記官長應立將諮詢意見之聲請，通知凡有權在法院出庭之國家。

二、書記官長並應以特別且直接之方法通知法院（或在法院不開庭時，院長）所認為對於諮詢問題能供給情報之有權在法院出庭之任何國家，或能供給情報之國際團體，聲明法院於院長所定之期限內準備接受關於該問題之書面陳述，或準備於本案公開審訊時聽取口頭陳述。

三、有權在法院出庭之任何國家如未接到本條第二項所指之特別通知時，該國家得表示願以書面或口頭陳述之意思，而由法院裁決之。

四、凡已經提出書面或口頭陳述或兩項陳述之國家及團體，對於其他國家或團體所提之陳述，准其依法院（或在法院不開庭時，院長）所定關於每案之方式，範圍及期限，予以評論。書記官長應於適當時間內將此項書面陳述通知已經提出此類陳述之國家及團體。

第六十七條

法院應將其諮詢意見當庭公開宣告並先期通知秘書長、聯合國會員國、及有直接關係之其他國家及國際團體之代表。

第六十八條

法院執行關於諮詢意見之職務時，並應參照本規約關於訴訟案件各條款之規定，但以法院認為該項條款可以適用之範圍為限。

第六十九條

本規約之修正準用聯合國憲章所規定關於修正憲章之程式，但大會經安全理事會之建議得制定關於本規約當事國而非聯合國會員國參加該項程式之任何規定。

第七十條

法院認為必要時得以書面向秘書長提出對於本規約之修正案，由聯合國依照第六十九條之規定，加以討論。

11.維也納外交關係公約

1. 本公約於一九六一年四月十八日制定、一九六四年四月二十四日生效
2. 我國於一九六一年四月十八日簽署、一九六九年十月二十四日批准、一九六九年十二月十九日存放、一九七〇年一月十八日起對我生效。

本公約各當事國，

鑒於各國人民自古即已確認外交代表之地位。

察及聯合國憲章之宗旨及原則中有各國主權平等，維持國際和平與安全，以及促進國際間友好關係等項。

深信關於外交往來，特權及豁免國際公約當能有助於各國間友好關係之發展，此項關係對於各國憲政及社會制度之差異，在所不問。

確認此等特權與豁免之目的不在於給與個人以利益而在於確保代表國家之使館能有效執行職務。

重申凡未經本公約明文規定之問題應繼續適用國際習慣法之規例，

爰議定條款如下：

第一條

就適用本公約而言，下列名稱之意義，應依下列規定：

㈠稱「使館館長」者，謂派遣國責成擔任此項職位之人；

㈡稱「使館人員」者，謂使館館長及使館職員；

㈢稱「使館職員」者，謂使館外交職員、行政及技術職員、及事務職員；

㈣稱「外交職員」者，謂具有外交官級位之使館職員；

㈤稱「外交代表」者，謂使館館長或使館外交職員；

㈥稱「行政及技術職員」者，謂承辦使館行政及技術事務之使館職員；

㈦稱「事務職員」者，謂為使館僕役之使館職員；

㈧稱「私人僕役」者，謂充使館人員傭僕而非為派遣國雇用之人；

㈨稱「使館館舍」者，謂供使館使用及供使館館長寓邸之用之建築物之各部分，以及其所附之土地，至所有權誰屬，則在所不問。

第二條

國與國間外交關係及常設使館之建立，以協議為之。

第三條

一、除其他事項外，使館之職務如下：

　　㈠在接受國中代表派遣國；

　　㈡於國際法許可之限度內，在接受國中保護派遣國及其國民之利益；

　　㈢與接受國政府辦理交涉；

　　㈣以一切合法手段調查接受國之狀況及發展情形，向派遣國政府具報；

　　㈤促進派遣國與接受國間之友好關係，及發展兩國間之經濟、文化與科學關係。

二、本公約任何規定不得解釋為禁止使館執行領事職務。

第四條

一、派遣國對於擬派駐接受國之使館館長人選務須查明其確已獲得接受國之同意。

二、接受國無須向派遣國說明不予同意之理由。

第五條

一、派遣國向有關接受國妥為通知後，得酌派任一使館館長或外交職員兼駐另一個以
　　上國家，但任何接受國明示反對者，不在此限。

二、派遣國委派使館館長兼駐另一國或數國者，得在該館長不常川駐節之國內設立以
　　臨時代辦為館長之使館。

三、使館館長或使館任何外交職員得兼任派遣國駐國際組織之代表。

第六條

兩個以上國家得合派同一人為駐另一國之使館館長，但接受國表示反對者不在此限。

第七條

除第五條、第八條、第九條及第十一條另有規定外，派遣國得自由委派使館職員。關
於陸、海、空軍武官，接受國得要求先行提名，徵求該國同意。

第八條

一、使館外交職員原則上應屬派遣國國籍。

二、委派屬接受國國籍之人為使館外交職員，非經接受國同意，不得為之；此項同意
　　得隨時撤銷之。

三、接受國對於第三國國民之非亦為派遣國國民者，得保留同樣之權利。

第九條

一、接受國得隨時不具解釋通知派遣國宣告使館館長或使館任何外交職員為不受歡迎
　　人員或使館任何其他職員為不能接受。遇此情形，派遣國應斟酌情況召回該員或
　　終止其在使館中之職務。任何人員得於其到達接受國國境前，被宣告為不受歡迎
　　或不能接受。

二、如派遣國拒絕或不在相當期間內履行其依本條第一項定所負義務，接受國得拒絕
　　承認該員為使館人員。

第十條

一、下列事項應通知接受國外交部或另經商定之其他部：㈠使館人員之委派，其到達
　　及最後離境或其在使館中職務之終止；㈡使館人員家屬到達及最後離境；遇有任
　　何人成為或不復為使館人員家屬時，亦宜酌量通知；㈢本項㈠款所稱人員雇用之
　　私人僕役到達及最後離境；遇有私人僕役不復受此等人員雇用時，亦宜酌量通知；
　　㈣雇用居留接受國之人為使館人員或為得享特權與豁免之私人僕役時，其雇用與
　　解雇。

二、到達及最後離境，於可能範圍內，亦應事先通知。

第十一條

一、關於使館之構成人數如另無協議，接受國得酌量本國環境與情況及特定使館之需

　　要，要求使館構成人數不超過該國認為合理及正常之限度。

二、接受國亦得在同樣範圍內並在無差別待遇之基礎上，拒絕接受某一類之官員。

第十二條

　　派遣國非經接受國事先明示同意，不得在使館本身所在地以外之地點設立辦事處，作為使館之一部分。

第十三條

一、使館館長依照接受國應予劃一適用之通行慣例。在呈遞國書後或在向接受國外交部或另經商定之其他部通知到達並將所奉國書正式副本送交後，即視為已在接受國內開始執行職務。

二、呈遞國書或遞送國書正式副本之次第依使館館長到達之日期及時間先後定之。

第十四條

一、使館館長分為如下三級：

　　㈠向國家元首派遣之大使或教廷大使，及其他同等級位之使館館長；

　　㈡向國家元首派遣之使節、公使及教廷公使；

　　㈢向外交部長派遣之代辦。

二、除關於優先地位及禮儀之事項外，各使館館長不應因其所屬等級而有任何差別。

第十五條

　　使館館長所屬之等級應由關係國家商定之。

第十六條

一、使館館長在其各別等級中之優先地位應按照其依第十三條規定開始執行職務之期及時間先後定之。

二、使館館長之國書如有變更而對其所屬等級並無更動時，其優先地位不受影響。

三、本條規定不妨礙接受國所採行關於教廷代表優先地位之任何辦法。

第十七條

　　使館外交職員之優先順序應由使館館長通知外交部或另經商定之其他部。

第十八條

　　各國接待使館館長，對於同一等級之館長應適用劃一程式。

第十九條

一、使館館長缺位或不能執行職務時，應由臨時代辦暫代使館館長。臨時代辦姓名應由使館館長通知接受國外交部或另經商定之其他部；如館長不能通知時，則由派遣國外交部通知之。

二、使館如在接受國內並無外交職員時，派遣國得於徵得接受國同意後，指派行政或技術職員一人，主持使館日常行政事務。

第二十條

使館及其館長有權在使館館舍，及在使館館長寓邸與交通工具上使用派遣國之國旗與國徽。

第二十一條

一、接受國應便利派遣國依照接受國法律在其境內置備派遣國使館所需之館舍，或協助派遣國以其他方法獲得房舍。

二、接受國遇必要時，並應協助使館為其人員獲得適當之房舍。

第二十二條

一、使館館舍不得侵犯。接受國官吏非經使館館長許可，不得進入使館館舍。

二、接受國負有特殊責任，採取一切適當步驟保護使館館舍免受侵入或損害，並防止一切擾亂使館安寧或有損使館尊嚴之情事。

三、使館館舍及設備，以及館舍內其他財產與使館交通工具免受搜查、徵用、扣押或強制執行。

第二十三條

一、派遣國及使館館長對於使館所有或租賃之館舍，概免繳納國家、區域或地方性捐稅，但其為對供給特定服務應納之費者不在此例。

二、本例所稱之免稅，對於與派遣國或使館館長訂立承辦契約者依接受國法律應納之捐稅不適用之。

第二十四條

使館檔案及文件無論何時，亦不論位於何處，均屬不得侵犯。

第二十五條

接受國應給予使館執行職務之充分便利。

第二十六條

除接受國為國家安全設定禁止或限制進入區域另訂法律規章外，接受國應確保所有使館人員在其境內行動及旅行之自由。

第二十七條

一、接受國應允許使館為一切公務目的自由通訊，並予保護。使館與派遣國政府及無論何處之該國其他使館及領事館通訊時，得採用一切適當方法，包括外交信差及明密碼電信在內。但使館非經接受國同意，不得裝置並使用無線電發報機。

二、使館之來往公文不得侵犯。來往公文指有關使館及其職務之一切來往文件。

三、外交郵袋不得予以開拆或扣留。

四、構成外交郵袋之包裹須附有可資識別之外部標記，以裝載外交文件或公務用品為限。

五、外交信差應持有官方文件，載明其身分及構成郵袋之包裹件數；其於執行職務時，應受接受國保護。外交信差享有人身不得侵犯權，不受任何方式之逮捕或拘禁。

六、派遣國或使館得派特別外交信差。遇此情形，本條第五項之規定亦應適用，但特別信差將其所負責攜帶之外交郵袋送交收件人後，即不復享有該項所稱之豁免。

七、外交郵袋得託交預定在准許入境地點降落之商營飛機機長轉遞。機長應持有官方文件載明構成郵袋之郵包件數，但機長不得視為外交信差。使館得派館員一人逕向飛機機長自由取得外交郵袋。

第二十八條

使館辦理公務所收之規費及手續費免徵一切捐稅。

第二十九條

外交代表人身不得侵犯。外交代表不受任何方式之逮捕或拘禁。接受國對外交代表應特示尊重，並應採取一切適當步驟以防止其人身、自由或尊嚴受有任何侵犯。

第三十條

一、外交代表之私人寓所一如使館館舍應享有同樣之不得侵犯權及保護。

二、外交代表之文書及信件同樣享有不得侵犯權；其財產除第三十一條第三項另有規定外，亦同。

第三十一條

一、外交代表對接受國之刑事管轄享有豁免。除下列案件外，外交代表對接受國之民事及行政管轄亦享有豁免：

　㈠關於接受國境內私有不動產之物權訴訟，但其代表派遣國為使館用途置有之不動產不在此例；

　㈡關於外交代表以私人身分並不代表派遣國而為遺囑執行人、遺產管理人、繼承人或受遺贈人之繼承事件之訴訟；

　㈢關於外交代表以於接受國內在公務範圍以外所從事之專業或商務活動之訴訟。

二、外交代表無以證人身分作證之義務。

三、對外交代表不得為執行之處分，但關於本條第一項㈠、㈡、㈢各款所列之案件，而執行處分復無損於其人身或寓所之不得侵犯權者，不在此限。

四、外交代表不因其對接受國管轄所享之豁免而免除其受派遣國之管轄。

第三十二條

一、外交代表及依第三十七條享有豁免之人對管轄之豁免得由派遣國拋棄之。

二、豁免之拋棄，概須明示。

三、外交代表或依第三十七條享有管轄之豁免之人如主動提起訴訟即不得對與主訴直接相關之反訴主張管轄之豁免。

四、在民事或行政訴訟程式上管轄豁免之拋棄，不得視為對判決執行之豁免亦默示拋棄，後項拋棄須分別為之。

第三十三條

一、除本條第三項另有規定外，外交代表就其對派遣國所為之服務而言，應免適用接受國施行之社會保險辦法。

二、專受外交代表雇用之私人僕役亦應享有本條第一項所規定之豁免，但以符合下列條件為限：

　㈠非接受國國民且不在該國永久居留者；

　㈡受有派遣國或第三國之社會保險辦法保護者。

三、外交代表如其所雇人員不得享受本條第二項所規定之豁免，應履行接受國社會保險辦法對雇主所規定之義務。

四、本條第一項及第二項所規定之豁免不妨礙對於接受國社會保險制度之自願參加，但以接受國許可參加為限。

五、本條規定不影響前此所訂關於社會保險之雙邊或多邊協定，亦不禁止此類協定之於將來議訂。

第三十四條

外交代表免納一切對人或對物課征之國家、區域、或地方性捐稅，但下列各項，不在此例：

㈠通常計入商品或勞務價格內之間接稅；

㈡對於接受國境內私有不動產課征之捐稅，但其代表派遣國為使館用途而置有之不動產、不在此例；

㈢接受國課征之遺產稅、遺產取得稅或繼承稅，但以不牴觸第三十九條第四項之規定為限；

㈣對於自接受國內獲致之私人所得課征之捐稅，以及對於在接受國內商務事業上所為投資課征之資本稅；

㈤為供給特定服務所收費用；

㈥關於不動產之登記費、法院手續費或紀錄費、抵押稅及印花稅；但第二十三條另有規定者，不在此例。

第三十五條

接受國對外交代表應免除一切個人勞務及所有各種公共服務，並應免除關於徵用、軍事募捐及屯宿等之軍事義務。

第三十六條

一、接受國依本國制定之法律規章，准許下列物品入境，並免除一切關稅及貯存、運送及類似服務費用以外之一切其他課征：

　㈠使館公用物品；

　㈡外交代表或與其構成同一戶口之家屬之私人用品，包括供其定居之用之物品在內。

二、外交代表私人行李免受查驗，但有重大理由推定其中裝有不在本條第一項所稱免稅之列之物品者，或接受國法律禁止進出口或有檢疫條例加以管制之物品，不在此限。遇此情形，查驗須有外交代表或其授權代理人在場，方得為之。

第三十七條

一、外交代表之與其構成同一戶口之家屬，如非接受國國民，應享有第二十九條至第三十六條所規定之特權與豁免。

二、使館行政與技術職員暨與其構成同一戶口之家屬，如非接受國國民且不在該國永久居留者，均享有第二十九條至第三十五條所規定之特權與豁免，但第三十一條第一項所規定對接受國民事及行政管轄之豁免不適用於執行職務範圍以外之行為。關於最初定居時所輸入之物品，此等人員亦享有第三十六條第一項所規定之特權。

三、使館事務職員如非接受國國民且不在該國永久居留者，就其執行公務之行為享有豁免，其受雇所得酬報免納捐稅，並享有第三十三條所載之豁免。

四、使館人員之私人僕役如非接受國國民且不在該國永久居留者，其受雇所得酬報免納捐稅。在其他方面，此等人員僅得在接受國許可範圍內享有特權與豁免。但接受國對此等人員所施之管轄，應妥為行使，以免對使館職務之執行有不當之妨礙。

第三十八條

一、除接受國特許享受其他特權及豁免外，外交代表為接受國國民或在該國永久居留者，僅就其執行職務之公務行為，享有管轄之豁免及不得侵犯權。

二、其他使館館員及私人僕役為接受國國民或在該國永久居留者僅得在接受國許可之範圍內享有特權與豁免。但接受國對此等人員所施之管轄應妥為行使，以免對使館職務之執行有不當之妨礙。

第三十九條

一、凡享有外交特權與豁免之人，自其進入接受國國境前往就任之時起享有此項特權與豁免，其已在該國境內者，自其委派通知外交部或另經商定之其他部之時開始享有。

二、享有特權與豁免人員之職務如已終止，此項特權與豁免通常於該員離境之時或聽任其離境之合理期間終了之時停止，縱有武裝衝突情事，亦應繼續有效至該時為止。但關於其以使館人員資格執行職務之行為，豁免應始終有效。

三、遇使館人員死亡，其家屬應繼續享有應享之特權與豁免，至聽任其離境之合理期間終了之時為止。

四、遇非為接受國國民且不在該國永久居留之使館人員或與其構成同一戶口之家屬死亡，接受國應許可亡故者之動產移送出國，但任何財產如係在接受國內取得而在當事人死亡時禁止出口者，不在此例。動產之在接受國純係因亡故者為使館人員

或其家屬而在接受國境內所致者，應不課征遺產稅、遺產取得稅及繼承稅。

第四十條

一、遇外交代表前往就任或返任或返回本國，道經第三國國境或在該國境內，而該國曾發給所需之護照簽證時，第三國應給予不得侵犯權及確保其過境或返回所必須之其他豁免。享有外交特權或豁免之家屬與外交代表同行時，或單獨旅行前往會聚或返回本國時，本項規定同樣適用。

二、遇有類似本條第一項所述之情形，第三國不得阻礙使館之行政與技術或事務職員及其家屬經過該國國境。

三、第三國對於過境之來往公文及其他公務通訊，包括明密碼電信在內，應一如接受國給予同樣之自由及保護。第三國於已發給所需護照簽證之外交信差及外交郵袋過境時，應比照接受國所負之義務，給予同樣之不得侵犯權及保護。

四、第三國依本條第一項，第二項及第三項規定所負之義務，對於各該項內分別述及之人員與公務通訊及外交郵袋之因不可抗力而在第三國境內者，亦適用之。

第四十一條

一、在不妨礙外交特權與豁免之情形下，凡享有此項特權與豁免之人員，均負有尊重接受國法律規章之義務。此等人員並負有不干涉該國內政之義務。

二、使館承派遣國之命與接受國洽商公務，概應逕與或經由接受國外交部或另經商定之其他部辦理。

三、使館館舍不得充作與本公約或一般國際法之其他規則、或派遣國與接受國間有效之特別協定所規定之使館職務不相符合之用途。

第四十二條

外交代表不應在接受國內為私人利益從事任何專業或商業活動。

第四十三條

除其他情形外，外交代表之職務遇有下列情事之一即告終了：㈠派遣國通知接受國謂外交代表職務已終了；㈡接受國通知派遣國謂依第九條第二項之規定該國拒絕承認該外交代表為使館人員。

第四十四條

接受國對於非為接受國國民之享有特權與豁免人員，以及此等人員之家屬，不論其國籍為何，務須給予便利使能儘早離境，縱有武裝衝突情事，亦應如此辦理。遇必要時，接受國尤須供給本人及財產所需之交通運輸工具。

第四十五條

遇兩國斷絕外交關係，或遇使館長期或暫時撤退時：

一、接受國務應尊重並保護使館館舍以及使館財產與檔案，縱有武裝衝突情事亦應如此辦理；

二、派遣國得將使館館舍以及使館財產與檔案委託接受國認可之第三國保管；

三、派遣國得委託接受國認可之第三國代為保護派遣國及其國民之利益。

第四十六條

派遣國經接受國事先同意，得應未在接受國內派有代表之第三國之請求，負責暫時保護該第三國及國民之利益。

第四十七條

一、接受國適用本公約規定時，對各國不得差別待遇。

二、但下列情形不以差別待遇論：㊀接受國因派遣國對接受國使館適用本公約任一規定有所限制，對同一規定之適用亦予限制；㊁各國依慣例或協定，彼此給予較本公約所規定者更為有利之待遇。

第四十八條

本公約應聽由聯合國或任何專門機關之全體會員國，或國際法院規約當事國，及經聯合國大會邀請成為本公約當事一方之任何其他國家簽署，其辦法如下：至一九六一年十月三十一日止在奧地利聯邦外交部簽署，其後至一九六二年三月三十一日止在紐約聯合國會所簽署。

第四十九條

本公約須經批准。批准文件應送交聯合國秘書長存放。

第五十條

本公約應聽由屬於第四十八條所稱四類之一之國家加入。加入文件應送交聯合國秘書長存放。

第五十一條

一、本公約應於第二十二件批准或加入文件送交聯合國秘書長存放之日後第三十日起發生效力。

二、對於在第二十二件批准或加入文件存放後批准或加入本公約之國家，本公約應於各該國存放批准或加入文件後第三十日起發生效力。

第五十二條

聯合國秘書長應將下列事項通知所有屬於第四十八條所稱四類之一之國家：㊀依第四十八條、第四十九條及第五十條對本公約所為之簽署及送存之批准或加入文件；㊁依第五十一條本公約發生效力之日期。

第五十三條

本公約之原本應交聯合國秘書長存放，其中文、英文、法文、俄文、及西班牙文各本同一作準；秘書長應將各文正式副本分送所有屬於第四十八條所稱四類之一之國家。

為此，下列全權代表，各秉本國政府正式授予簽字之權，謹簽字於本公約，以昭信守。

公曆一千九百六十一年四月十八日訂於維也納。

12.維也納領事關係公約

1.本公約於一九六三年四月二十四日制定、一九六七年三月十九日生效

2.我國於一九六三年四月二十四日簽署、一九七二年四月十三日批准，依該公約第七十五條及其第二項議定書第五及第六條規定，批准文件應送交聯合國秘書長存放，故批准書無法存放僅將批准事實通知與我有外交領事關係之國家。

本公約各當事國，

查各國人民自古即已建立領事關係，

察及聯合國憲章關於各國主權平等、維持國際和平與安全以及促進國際間友好關係之宗旨及原則，

鑒於聯合國外交往來及豁免會議曾通過維也納外交關係公約，該公約業自一九六一年四月十八日起聽由各國簽署，

深信一項關於領事關係、特權及豁免之國際公約亦能有助於各國間友好關係之發展，不論各國憲政及社會制度之差異如何，

認為此等特權及豁免之目的不在於給與個人以利益而在於確保領館能代表本國有效執行職務，

確認凡未經本公約明文規定之事項應繼續適用國際習慣法之規例，

爰議定條款如下:

第一條

一、就本公約之適用而言，下列名稱應具意義如次:

㈠稱「領館」者，謂任何總領事館、領事館、副領事館或領事代理處；

㈡稱「領館轄區」者，謂為領館執行職務而設定之區域；

㈢稱「領館館長」者，謂奉派任此職位之人員；

㈣稱「領事官員」者，謂派任此職承辦領事職務之任何人員，包括領館館長在內；

㈤稱「領館僱員」者，謂受僱擔任領館行政或技術事務之任何人員；

㈥稱「服務人員」者，謂受僱擔任領館雜務之任何人員；

㈦稱「領館人員」者，謂領事官員、領館僱員及服務人員；

㈧稱「領館館員」者，謂除館長以外之領事官員、領館僱員及服務人員；

㈨稱「私人服務人員」者，謂受僱專為領館人員私人服務之人員；

㈩稱「領館館舍」者，謂專供領館使用之建築物或建築物之各部分，以及其所附屬之土地，至所有權誰屬，則在所不問；

(十一)稱「領館檔案」者，謂領館之一切文書、文件、函電、簿籍、膠片、膠帶及登記冊，以及明密號碼、紀錄卡片及供保護或保管此等文卷之用之任何器具。

二、領事官員分為兩類，即職業領事官員與名譽領事官員。

本公約第二章之規定對以職業領事官員為館長之領館適用之；第三章之規定對以名譽領事官員為館長之領館適用之。

三、領館人員為接受國國民或永久居民者，其特殊地位依本公約第七十一條定之。

第二條

一、國與國間領事關係之建立，以協議為之。

二、除另有聲明外，兩國同意建立外交關係亦即謂同意建立領事關係。

三、斷絕外交關係並不當然斷絕領事關係。

第三條

領事職務由領館行使之。此項職務亦得由使館依照本公約之規定行使之。

第四條

一、領館須經接受國同意始得在該國境內設立。

二、領館之設立地點、領館類別及其轄區由派遣國定之，惟須經接受國同意。

三、領館之設立地點、領館類別及其轄區確定後，派遣國須經接受國同意始得變更之。

四、總領事館或領事館如欲在本身所在地以外之地點設立副領事館或領事代理處亦須經接受國同意。

五、在原設領館所在地以外開設辦事處作為該領館之一部分，亦須事先徵得接受國之明示同意。

第五條

領事職務包括：

一、於國際法許可之限度內，在接受國內保護派遣國及其國民——個人與法人——之利益；

二、依本公約之規定，增進派遣國與接受國間之商業、經濟、文化及科學關係之發展，並在其他方面促進兩國間之友好關係；

三、以一切合法手段調查接受國內商業、經濟、文化及科學活動之狀況暨發展情形，向派遣國政府具報，並向關心人士提供資料；

四、向派遣國國民發給護照及旅行證件，並向擬赴派遣國旅行人士發給簽證或其他適當文件；

五、幫助及協助派遣國國民——個人與法人；

六、擔任公證人，民事登記員及類似之職司，並辦理若干行政性質之事務，但以接受國法律規章無禁止之規定為限；

七、依接受國法律規章在接受國境內之死亡繼承事件中，保護派遣國國民——個人與法人——之利益；

八、在接受國法律規章所規定之限度內，保護為派遣國國民之未成年人及其他無充分

行為能力之利益，尤以須對彼等施以監護或託管之情形為然；

九、以不牴觸接受國內施行之辦法與程式為限，遇派遣國國民因不在當地或由於其他原因不能於適當期間自行辯護其權利與利益時，在接受國法院及其他機關之前擔任其代表或為其安排適當之代表，俾依照接受國法律規章取得保全此等國民之權利與利益之臨時措施；

十、依現行國際協定之規定或於無此種國際協定時，以符合接受國法律規章之任何其他方式，轉送司法書狀與司法以外文件或執行囑託調查書或代派遣國法院調查證據之委託書；

十一、對具有派遣國國籍之船舶，在該國登記之航空機以及其航行人員，行使派遣國法律規章所規定之監督及檢查權；

十二、對本條第十一款所稱之船舶與航空機及其航行人員給予協助，聽取關於船舶航程之陳述，查驗船舶文書並加蓋印章，於不妨害接受國當局權力之情形下調查航行期間發生之任何事故及在派遣國法律規章許可範圍內調解船長，船員與水手間之任何爭端；

十三、執行派遣國責成領館辦理而不為接受國法律規章所禁止、或不為接受國所反對、或派遣國與接受國間現行國際協定所訂明之其他職務。

第六條

在特殊情形下，領事官員經接受國同意，得在其領館轄區外執行職務。

第七條

派遣國得於通知關係國家後，責成設於特定國家之領館在另一國內執行領事職務，但以關係國家均不明示反對為限。

第八條

經適當通知接受國後，派遣國之一領館得代表第三國在接受國內執行領事職務，但以接受國不表反對為限。

第九條

一、領館館長分為四級即：

　㈠總領事；

　㈡領事；

　㈢副領事；

　㈣領事代理人。

二、本條第一項之規定並不限制任何締約國對館長以外之領事官員設定銜名之權。

第十條

一、領館館長由派遣國委派，並由接受國承認准予執行職務。

二、除本公約另有規定外，委派及承認領館館長之手續各依派遣國及接受國之法律規

章與慣例辦理。

第十一條

一、領館館長每次奉派任職，應由派遣國發給委任文憑或類似文書以充其職位之證書，其上通例載明館長之全名，其職類與等級，領館轄區及領館設置地點。

二、派遣國應經由外交途徑或其他適當途徑將委任文憑或類似文書轉送領館館長執行職務所在地國家之政府。

三、如接受國同意，派遣國得向接受國致送載列本條第一項所規定各節之通知，以替代委任文憑或類似文書。

第十二條

一、領館館長須經接受國准許方可執行職務，此項准許不論採何形式，概稱領事證書。

二、一國拒不發給領事證書，無須向派遣國說明其拒絕之理由。

三、除第十三條及第十五條另有規定外，領館館長非俟獲得領事證書不得開始執行職務。

第十三條

領事證書未送達前，領館館長得暫時准予執行職務。遇此情形，本公約之各項規定應即適用。

第十四條

領館館長一經承認准予執行職務後，接受國應立即通知領館轄區之各主管當局，即令係屬暫時性質，亦應如此辦理。接受國並應確保採取必要措施，使領館館長能執行其職責並可享受本公約所規定之利益。

第十五條

一、領館館長不能執行職務或缺位時，得由代理館長暫代領館館長。

二、代理館長之全名應由派遣國使館通知接受國外交部或該部指定之機關；如該國在接受國未設使館，應由領館館長通知，館長不能通知時則由派遣國主管機關通知之。此項通知通例應事先為之。如代理館長非為派遣國駐接受國之外交代表或領事官員，接受國得以徵得其同意為承認之條件。

三、接受國主管機關應予代理館長以協助及保護。代理館長主持館務期間應在與領館館長相同之基礎上適用本公約各項規定。惟如領館館長係在代理館長並不具備之條件下始享受便利、特權與豁免時，接受國並無准許代理館長享受此種便利、特權與豁免之義務。

四、遇本條第一項所稱之情形，派遣國駐接受國使館之外交職員奉派遣國派為領館代理館長時，倘接受國不表反對，應繼續享有外交特權與豁免。

第十六條

一、領館館長在各別等級中之優先位次依頒給領事證書之日期定之。

二、惟如領館館長在獲得領事書證前業經暫時承認准予執行職務，其優先位次依給予暫時承認之日期定之；此項優先位次在頒給領事證書後，仍應維持之。

三、兩個以上領館館長同日獲得領事證書或暫時承認者，其相互間之位次依委任文憑或類似文書或第十一條第三項所稱之通知送達接受國之日期定之。

四、代理館長於所有領館館長之後，其相互間之位次依遵照第十五條第二項所為通知中述明之開始擔任代理館長職務日期定之。

五、名譽領事官員任領館館長者在各別等級中位於職業領館館長之後，其相互間之位次依前例各項訂定之次序及規則定之。

六、領館館長位於不任此職之領事官員之先。

第十七條

一、在派遣國未設使館亦未由第三國使館代表之國家內，領事官員經接受國之同意，得准予承辦外交事務，但不影響其領事身份。領事官員承辦外交事務，並不因有權主張享有外交特權及豁免。

二、領事官員得於通知接受國後，擔任派遣國出席任何政府間組織之代表。領事官員擔任此項職務時，有權享受此等代表依國際習慣法或國際協定享有之任何特權及豁免；但就其執行領事職務而言，仍無權享有較領事官員依本公約所享者為廣之管轄之豁免。

第十八條

兩個以上國家經接受國之同意得委派同一人為駐該國之領事官員。

第十九條

一、除第二十條、第二十二條及第二十三條另有規定外，派遣國得自由委派領館館員。

二、派遣國應在充分時間前將領館館長以外所有領事官員之全名、職類及等級通知接受國，俾接受國得依其所願，行使第二十三條第三項所規定之權利。

三、派遣國依其本國法律規章確有必要時，得請接受國對領館館長以外之領事官員發給領事證書。

四、接受國依其本國法律規章確有必要時，得對領館館長以外之領事官員發給領事證書。

第二十條

關於領館館員人數如無明確協議，接受國得酌量領館轄區內之環境與情況及特定領館之需要，要求館員人數不超過接受國認為合理及正常之限度。

第二十一條

同一領館內領事官員間之優先位次以及關於此項位次之任何變更應由派遣國使館通知接受國外交部或該部指定之機關，如派遣國在接受國未設使館，則由領館館長通知之。

第二十二條

一、領事官員原則上應屬派遣國國籍。

二、委派屬接受國國籍之人為領事官員，非經該國明示同意，不得為之；此項同意得隨時撤銷之。

三、接受國對於非亦為派遣國國民之第三國國民，得保留同樣之權利。

第二十三條

一、接受國得隨時通知派遣國，宣告某一領事官員為不受歡迎人員或任何其他領館館員為不能接受。遇此情事，派遣國應視情形召回該員或終止其在領館中職務。

二、倘派遣國拒絕履行或不在相當期間內履行其依本條第一項所負之義務，接受國得視情形撤銷關係人員之領事證書或不復承認該員為領館館員。

三、任何派為領館人員之人得於其到達接受國國境前——如其已在接受國境內，於其在領館就職前——被宣告為不能接受。遇此情形，派遣國應撤銷該員之任命。

四、遇本條第一項及第三項所稱之情形，接受國無須向派遣國說明其所為決定之理由。

第二十四條

一、下列事項應通知接受國外交部或該部指定之機關：

　　㈠領館人員之委派，委派後之到達領館，其最後離境或職務終止，以及在領館供職期間所發生之身份上任何其他變更；

　　㈡與領館人員構成同一戶口之家屬到達及最後離境；任何人成為或不復為領館人員家屬時，在適當情形下，亦應通知；

　　㈢私人服務人員之到達及最後離境；其職務之終止，在適當情形下，亦應通知；

　　㈣僱用居留接受國之人為領館人員或為得享特權與豁免之私人服務人員時，其僱用及解僱。

二、到達及最後離境，於可能範圍內，亦應事先通知。

第二十五條

除其他情形外，領館人員之職務遇有下列情事之一即告終了：

　　㈠派遣國通知接受國謂該員職務業已終了；

　　㈡撤銷領事證書；

　　㈢接受國通知派遣國謂接受國不復承認該員為領館館員。

第二十六條

接受國對於非為接受國國民之領館人員及私人服務人員以及與此等人員構成同一戶口之家屬，不論其國籍為何，應給予必要時間及便利使能於關係人員職務終止後準備離境並儘早出境，縱有武裝衝突情事，亦應如此辦理。遇必要時，接受國尤應供給彼等本人及財產所需之交通運輸工具，但財產之在接受國內取得而於離境時禁止出口者不在此列。

第二十七條

一、遇兩國斷絕領事關係時：

　　㈠接受國應尊重並保護領館館舍以及領館財產與領館檔案，縱有武裝衝突情事，亦應如此辦理；

　　㈡派遣國得將領館館舍以及其中財產與領館檔案委託接受國可以接受之第三國保管；

　　㈢派遣國得委託接受國可以接受之第三國代為保護派遣國及其國民之利益。

二、遇領館暫時或長期停閉，本條第一項第㈠款規定應適用之。此外，

　　㈠派遣國在接受國境內雖未設使館，但設有另一領館時，得責成該領館保管已停閉之領館之館舍以及其中財產與領館檔案，又經接受國同意後，得責令其兼理已停閉領館轄區內之領事職務。

　　㈡派遣國在接受國內並無使館或其他領館時，本條第一項第㈡款及第㈢款之規定應適用之。

第二十八條

接受國應給予領館執行職務之充分便利。

第二十九條

一、派遣國有權依本條之規定在接受國內使用本國之國旗與國徽。

二、領館所在之建築物及其正門上，以及領館館長寓邸與在執行公務時乘用之交通工具上得懸掛派遣國國旗並揭示國徽。

三、行使本條所規定之權利時，對於接受國之法律規章與慣例應加顧及。

第三十條

一、接受國應便利派遣國依接受國法律規章在其境內置備領館所需之館舍，或協助領館以其地方獲得房舍。

二、接受國遇必要時，並應協助領館為其人員獲得適當房舍。

第三十一條

一、領館館舍於本條所規定之限度內不得侵犯。

二、接受國官吏非經領館館長或其指定人員或派遣國使館館長同意，不得進入領館館舍中專供領館工作之用之部份。惟遇火災或其他災害須迅速採取保護行動時，得推定領館館長已表示同意。

三、除本條第二項另有規定外，接受國負有特殊責任，採取一切適當步驟保護領館館舍免受侵入或損害，並防止任何擾亂領館安寧或有損領館尊嚴之情事。

四、領館館舍、館舍設備以及領館之財產與交通工具應免受為國防或公用目的而實施之任何方式之徵用，如為此等目的確有徵用之必要時，應採取一切可能步驟以免領館職務之執行受有妨礙，並應向派遣國為迅速、充分及有效之賠償。

第三十二條

一、領館館舍及職業領館館長寓邸之以派遣國或代表派遣國人員為所有權人或承租人者，概免繳納國家、區域或地方性之一切捐稅，但其為對供給特定服務應納之費者不在此列。

二、本條第一項所稱之免稅，對於與派遣國或代表派遣國人員訂立承辦契約之人依接受國法律應納之捐稅不適用之。

第三十三條

領館檔案及文件無論何時，亦不論位於何處，均屬不得侵犯。

第三十四條

除接受國為國家安全設定禁止或限制進入區域所訂法律規章另有規定外，接受國應確保所有領館人員在其境內行動及旅行之自由。

第三十五條

一、接受國應准許領館為一切公務目的自由通訊，並予保護。領館與派遣國政府及無論何處之該國使館及其他領館通訊，得採用一切適當方法，包括外交或領館郵袋及明密碼電信在內，但領館須經接受國許可，始得裝置及使用無線電發報機。

二、領館之來往公文不得侵犯，來往公文係指有關領館及其職務之一切來往文件。

三、領館郵袋不得予以開拆或扣留。但如接受國主管當局有重大理由認為郵袋裝有不在本條第四項所稱公文、文件及用品之列之物品時，得請派遣國授權代表一人在該當局前將郵袋開拆。如派遣國當局拒絕此項請求，郵袋應予退回至原發送地點。

四、構成領館郵袋之包裹須附有可資識別之外部標記，並以裝載來往公文及公務文件或專供公務之用之物品為限。

五、領館信差應持有官方文件，載明其身份及構成領館郵袋之包裹件數。除經接受國同意外，領館信差不得為接受國國民，亦不得為接受國永久居民，但其為派遣國國民者不在此限。其於執行職務時，應受接受國保護。領館信差享有人身不得侵犯權，不受任何方式之逮捕或拘禁。

六、派遣國，其使館及領館得派特別領館信差。遇此情形，本條第五項之規定亦應適用，惟特別信差將其所負責攜帶之領館郵袋送交收件人後，即不復享有該項所稱之豁免。

七、領館郵袋得託交預定在准許入境地點停泊之船舶船長或在該地降落之商營飛機機長運帶。船長或機長應持有官方文件，載明構成郵袋之包裹件數，但不得視為領館信差。領館得與主管地方當局商定，派領館人員一人逕向船長或機長自由提取領館郵袋。

第三十六條

一、為便於領館執行其對派遣國國民之職務計：

　㈠領事官員得自由與派遣國國民通訊及會見。派遣國國民與派遣國領事官員通訊

及會見應有同樣自由。

㈡遇有領館轄區內有派遣國國民受逮捕或監禁或羈押候審、或受任何其他方式之拘禁之情事，經其本人請求時，接受國主管當局應即通知派遣國領館。受逮捕、監禁、羈押或拘禁之人致領館之信件亦應由該當局迅予遞交。該當局應將本款規定之權利迅即告知當事人。

㈢領事官員有權探訪受監禁、羈押或拘禁之派遣國國民，與之交談或通訊，並代聘其法律代表。領事官員並有權探訪其轄區內依判決而受監禁、羈押或拘禁之派遣國國民。但如受監禁、羈押或拘禁之國民明示反對為其採取行動時，領事官員應避免採取此種行動。

二、本條第一項所稱各項權利應遵照接受國法律規章行使之，但此項法律規章務須使本條所規定之權利之目的得以充分實現。

第三十七條

關於死亡、監護或託管及船舶毀損與航空事故之通知倘接受國主管當局獲有關情報，該當局負有義務：

㈠遇有派遣國國民死亡時，即通知轄區所及之領館；

㈡遇有為隸籍派遣國之未成年人或其他無充分行為能力人之利益計，似宜指定監護人或託管人時，迅將此項情事通知主管領館。惟此項通知不得妨礙接受國關於指派此等人員之法律規章之施行。

㈢遇具有派遣國國籍之船舶在接受國領海或內國水域毀損或擱淺時，或遇在派遣國登記之航空機在接受國領域內發生意外事故時，迅即通知最接近出事地點之領館。

第三十八條

領事官員執行職務時，得與下列當局接洽：

㈠其轄區內之主管地方當局；

㈡接受國之主管中央當局，但以經接受國之法律規章與慣例或有關國際協定所許可且在其規定範圍內之情形為限。

第三十九條

一、領館得在接受國境內徵收派遣國法律規章所規定之領館辦事規費與手續費。

二、本條第一項所稱規費與手續費之收入款項以及此項規費或手續費之收據，概免繳納接受國內之一切捐稅。

第四十條

接受國對於領事官員應表示適當尊重並應採取一切適當步驟以防其人身自由或尊嚴受任何侵犯。

第四十一條

一、領事官員不得予以逮捕候審或羈押候審，但遇犯嚴重罪行之情形，依主管司法機

關之裁判執行者不在此列。

二、除有本條第一項所規定之情形外，對於領事官員不得施以監禁或對其人身自由加以任何其他方式之拘束，但為執行有確定效力之司法判決者不在此限。

三、如對領事官員提起刑事訴訟，該員須到管轄機關出庭。惟進行訴訟程式時，應顧及該員所任職位予以適當之尊重，除有本條第一項所規定之情形外，並應儘量避免妨礙領事職務之執行。遇有本條第一項所稱之情形，確有羈押領事官員之必要時，對該員提起訴訟，應儘速辦理。

第四十二條

遇領館館員受逮捕候審或羈押候審，或對其提起刑事訴訟時，接受國應迅即通知領館館長。倘領館館長本人為該項措施之對象時，接受國應經由外交途徑通知派遣國。

第四十三條

一、領事官員及領館僱員對其為執行領事職務而實施之行為不受接受國司法或行政機關之管轄。

二、惟本條第一項之規定不適用於下列民事訴訟：

　　㈠因領事官員或領館僱員並未明示或默示以派遣國代表身份而訂契約所生之訴訟；

　　㈡第三者因車輛、船舶或航空機在接受國內所造成之意外事故而要求損害賠償之訴訟。

第四十四條

一、領館人員得被請在司法或行政程式中到場作證。除本條第三項所稱之情形外，領館僱員或服務人員不得拒絕作證。如領事官員拒絕作證，不得對其施行強制措施或處罰。

二、要求領事官員作證之機關應避免對其執行職務有所妨礙。於可能情形下得在其寓所或領館錄取證言，或接受其書面陳述。

三、領館人員就其執行職務所涉事項，無擔任作證或提供有關來往公文及文件之義務。領館人員並有權拒絕以鑑定人身份就派遣國之法律提出證言。

第四十五條

一、派遣國得就某一領館人員拋棄第四十一條、第四十三條及第四十四條所規定之任何一項特權及豁免。

二、除本條第三項所規定之情形外，特權及豁免之拋棄概須明示，並應以書面通知接受國。

三、領事官員或領館僱員如就第四十三條規定可免受管轄之事項，主動提起訴訟，即不得對與本訴直接相關之反訴主張管轄之豁免。

四、民事或行政訴訟程式上管轄豁免之拋棄，不得視為對司法判決執行處分之豁免亦

默示拋棄；拋棄此項處分之豁免，須分別為之。

第四十六條

一、領事官員及領館僱員，以及與其構成同一戶口之家屬應免除接受國法律規章就外僑登記及居留證所規定之一切義務。

二、但本條第一項之規定對於任何非派遣國當任僱員，或在接受國內從事私人有償職業之領館僱員，應不適用，對於此等僱員之家屬，亦不應適用。

第四十七條

一、領館人員就其對派遣國所為之服務而言，應免除接受國關於僱用外國勞工之法律規章所規定之任何有關工作證之義務。

二、屬於領事官員及領館僱員之私人服務人員，如不在接受國內從事其他有償職業，應免除本條第一項所稱之義務。

第四十八條

一、除本條第三項另有規定外，領館人員就其對派遣國所為之服務而言，以及與其構成同一戶口之家屬，應免適用接受國施行之社會保險辦法。

二、專受領館人員僱用之私人服務人員亦應享有本條第一項所規定之豁免，但以符合下列兩項條件為限：

㈠非為接受國國民且不在該國永久居留者；

㈡受有派遣國或第三國所施行之社會保險辦法保護者。

三、領館人員如其所僱人員不享受本條第二項所規定之豁免時，應履行接受國社會保險辦法對僱用人所規定之義務。

四、本條第一項及第二項所規定之豁免並不妨礙對於接受國社會保險制度之自願參加，但以接受國許可參加為限。

第四十九條

一、領事官員及領館僱員以及與其構成同一戶口之家屬免納一切對人或課徵之國家、區域或地方性捐稅，但下列各項不在此列。

㈠通常計入商品或勞務價格內之一類間接稅。

㈡對於接受國境內私有不動產課徵之捐稅，但第三十二條之規定不在此限；

㈢接受國課徵之遺產稅、遺產取得稅或繼承稅及讓與稅，但第五十一條㈡項之規定不在此限；

㈣對於自接受國獲致之私人所得，包括資本收益在內，所課徵之捐稅以及對於在接受國內商務或金融事業上所為投資課徵之資本稅；

㈤為供給特定服務所徵收之費用；

㈥登記費、法院手續費或紀錄費、抵押稅及印花稅，但第三十二條之規定不在此限。

二、領館服務人員就其服務所得之工資，免納捐稅。

三、領館人員如其所僱人員之工資薪給不在接受國內免除所得稅時，應履行該國關於徵收所得稅之法律規章對僱用人所規定之義務。

第五十條

一、接受國應依本國制定之法律規章，准許下列物品入境並免除一切關稅以及貯存、運送及類似服務費用以外之一切其他課徵：

　㈠領館公務用品；

　㈡領事官員或與其構成同一戶口之家屬之私人自用品，包括供其初到任定居之用之物品在內。消費用品不得超過關係人員本人直接需用之數量。

二、領館僱員就其初到任時運入之物品，享有本條第一項所規定之特權與豁免。

三、領事官員及與其構成同一戶口之家屬所攜私人行李免受查驗。倘有重大理由認為其中裝有不在本條第一項㈡款之列物品或接受國法律規章禁止進出口或須受其檢疫法律規章管制之物品，始可查驗。此項查驗應在有關領事官員或其家屬前為之。

第五十一條

遇領館人員或與其構成同一戶口之家屬死亡時，接受國：

一、應許可亡故者之動產移送出國，但任何動產係在接受國內取得而在當事人死亡時禁止出口者不在此列；

二、對於動產之在接受國境內純係因亡故者為領館人員或領館人員之家屬而在接受國境內所致者，應不課徵國家、區域或地方性遺產稅、遺產取得稅或繼承稅，及讓與稅。

第五十二條

接受國應准領館人員及與其構成同一戶口之家屬免除一切個人勞務及所有各種公共服務，並免除類如有關徵用、軍事捐獻及屯宿等之軍事義務。

第五十三條

一、各領館人員自進入接受國國境前往就任之時起享有本公約所規定之特權與豁免，其已在該國境內者，自其就領館職務之時起開始享有。

二、領館人員之與其構成同一戶口之家屬及其私人服務人員自領館人員依本條第一項享受特權及豁免之日起，或自本人進入接受國國境之時起，或自其成為領館人員之家屬或私人服務人員之日起，享有本公約所規定之特權與豁免，以在後之日期為準。

三、領館人員之職務如已終止，其本人之特權與豁免以及與其構成同一戶口之家屬或私人服務人員之特權與豁免通常應於各該人員離接受國國境時或其離境之合理期間終了時停止，以在先之時間為準，縱有武裝衝突情事，亦應繼續有效至該時為

止。就本條第二項所稱之員而言，其特權與豁免於其不復為領館人員戶內家屬或不復為領館人員僱用時終止，但如此等人員意欲於稍後合理期間內離接受國國境，其特權與豁免應繼續有效，至其離境之時為止。

四、惟關於領事官員或領館僱員為執行職務所實施之行為，其管轄之豁免應繼續有效，無時間限制。

五、遇領館人員死亡，與其構成同一戶口之家屬應繼續享有應享之特權與豁免至其離接受國國境時或其離境之合理期間終了時為止，以在先之時間為準。

第五十四條

一、遇領事官員前往就任或返任或返回派遣國道經第三國國境或在該國境內，而該國已發給其應領之簽證時，第三國應給予本公約其他條款所規定而為確保其過境或返回所必需之一切豁免。與領事官員構成同一戶口而享有特權與豁免之家屬與領事官員同行時或單獨旅行前往會聚或返回派遣國時，本項規定應同樣適用。

二、遇有類似本條第一項所述之情形，第三國不應阻礙其他領館人員或與其構成同一戶口之家屬經過該國國境。

三、第三國對於過境之來往公文及其他公務通訊，包括明密碼電信在內，應比照接受國依本公約所負之義務，給予同樣之自由及保護。第三國遇有已領其所應領簽證之領館信差及領館郵袋過境時，應比照接受國依本公約所負之義務，給予同樣之不得侵犯權及保護。

四、第三國依本條第一項、第二項及第三項規定所負之義務，對於各該項內分別述及之人員與公務通訊及領館郵袋之因不可抗力而在第三國境內者，亦適用之。

第五十五條

一、在不妨礙領事特權與豁免之情形下，凡享有此項特權與豁免之人員均負有尊重接受國法律規章之義務。此等人員並負有不干涉該國內政之義務。

二、領館館舍不得充作任何與執行領事職務不相符合之用途。

三、本條第二項之規定並不禁止於領館館舍所在之建築物之一部份設置其他團體或機關之辦事處，但供此類辦事處應用之房舍須與領館自用房舍隔離。在此情形下，此項辦事處在本公約之適用上，不得視為領館館舍之一部份。

第五十六條

領館人員對於接受國法律規章就使用車輛、船舶或航空機對第三者可能發生之損害所規定之任何保險辦法，應加遵守。

第五十七條

一、職業領事官員不應在接受國內為私人利益從事任何專業或商業活動。

二、下列人員不應享受本章所規定之特權及豁免：

　　㈠在接受國內從事私人有償職業之領館僱員或服務人員；

　　㈡本項第㈠款所稱人員之家屬或其私人服務人員；

　　㈢領館人員家屬本人在接受國內從事私人有償職業者。

第五十八條

一、第二十八條、第二十九條、第三十條、第三十四條、第三十五條、第三十六條、第三十七條、第三十八條、第三十九條、第五十四條第三項、第五十五條第二項及第三項對於以名譽領事官員為館長之領館應適用之。此外，關於此等領館所享之便利、特權及豁免應適用第五十五條、第六十條、第六十一條及第六十二條之規定。

二、第四十二條及第四十三條、第四十四條第三項、第四十五條、第五十三條及第五十五條第一項之規定應適用於名譽領事官員。此外，關於此等領事官員所享之便利、特權及豁免應適用第六十三條、第六十四條、第六十五條、第六十六條及第六十七條之規定。

三、名譽領事官員之家屬及以名譽領事官員為館長之領館所僱用僱員之家屬不享受本公約所規定之特權及豁免。

四、不同國家內以名譽領事官員為館長之兩個領館間，非經兩有關接受國同意，不得互換領館郵袋。

第五十九條

接受國應採取必要步驟保護以名譽領事官員為館長之領館館舍使不受侵入或損害，並防止任何擾亂領館安寧或有損領館尊嚴之情事。

第六十條

一、以名譽領事官員為館長之領館館舍，如以派遣國為所有權人或承租人，概免繳納國家、區域或地方性之一切捐稅，但其為對供給特定服務應納之費者不在此列。

二、本條第二項所稱之免稅，對於與派遣國訂立承辦契約之人依接受國法律規章應納之捐稅不適用之。

第六十一條

領館以名譽領事官員為館長者，其領館檔案及文件無論何時亦不論位於何處，均屬不得侵犯，但此等檔案及文件以與其他文書及文件，尤其與領館館長及其所屬工作人員之私人信件以及關於彼等專業或行業之物資，簿籍或文件分別保管者為限。

第六十二條

接受國應依本國制定之法律規章，准許下列物品入境並免除一切關稅以及貯存、運送及類似服務費用以外之一切其他課徵，但以此等物品係供以名譽領事官員為館長之領館公務上使用者為限：國徽、國旗、牌匾、印章、簿籍、公務印刷品、辦公室用具、辦公室設備以及由派遣國或應派遣國之請供給與領館之類似物品。

第六十三條

如對名譽領事官員提起刑事訴訟，該員須到管轄機關出庭。惟訴訟程式進行時，應顧及該員所任職位予以適當尊重，且除該員已受逮捕或羈押外，應儘量避免妨礙領事職務之執行。遇確有羈押名譽領事官員之必要時，對該員提起訴訟，應儘速辦理。

第六十四條

接受國負有義務對名譽領事官員給予因其所任職位關係而需要之保護。

第六十五條

名譽領事官員，除在接受國內為私人利益從事任何專業或商業活動者外，應免除接受國法律規章就外僑登記及居留證所規定之一切義務。

第六十六條

名譽領事官員因執行領事職務向派遣國支領之薪酬免納一切捐稅。

第六十七條

接受國應准名譽領事官員免除一切個人勞務及所有各種公共服務，並免除類如有關徵用、軍事捐獻及屯宿等之軍事義務。

第六十八條

各國可自由決定是否委派或接受名譽領事官員。

第六十九條

一、各國可自由決定是否設立或承認由派遣國並未派為領館館長之領事代理人主持之領事代理處。

二、本條第一項所稱之領事代理處執行職務之條件以及主持代理處之領事代理人可享之特權及豁免由派遣國與接受國協議定之。

第七十條

一、本公約之各項規定，在其文義所許可之範圍內，對於使館承辦領事職務，亦適用之。

二、使館人員派任領事組工作者，或另經指派擔任使館內領事職務者，其姓名應通知接受國外交部或該部指定之機關。

三、使館執行領事職務時得與下列當局接洽：

（一）其轄區內之地方當局；

（二）接受國之中央當局，但以經接受國之法律規章與慣例或有關國際協定所許可者為限。

四、本條第二項所稱使館人員之特權與豁免仍以關於外交關係之國際法規則為限。

第七十一條

一、除接受國特許享有其他便利、特權與豁免外，領事官員為接受國國民或永久居民者，僅就其為執行職務而實施之公務行為享有管轄之豁免及人身不得侵犯權，並享有本公約第四十四條第三項所規定之特權。就此等領事官員而言，接受國應同

樣負有第四十二條所規定之義務。如對此等領事官員提起刑事訴訟,除該員已受
逮捕或羈押外,訴訟程式之進行,應儘量避免妨礙領事職務之執行。

二、其他為接受國國民或永久居民之領館人員及其家屬,以及本條第一項所稱領事官
員之家屬,僅得在接受國許可之範圍內享有便利、特權與豁免。領館人員家屬及
私人服務人員本人為接受國國民或永久居民者,亦僅得在接受國許可之範圍內享
有便利、特權及豁免。但接受國對此等人員行使管轄時,應避免對領館職務之執
行有不當之妨礙。

第七十二條

一、接受國適用本公約之規定時,對各國不得差別待遇。

二、惟下列情形不以差別待遇論:
　　㈠接受國因派遣國對接受國領館適用本公約之任何規定時所有限制對同一規定之
　　　適用亦予限制;
　　㈡各國依慣例或協定彼此間給予較本公約規定為優之待遇。

第七十三條

一、本公約之規定不影響當事國間現行有效之其他國際協定。

二、本公約並不禁止各國間另訂國際協定以確認、或補充或推廣或引申本公約之各項
規定。

第七十四條

本公約應聽由聯合國或任何專門機關之全體會員國、或國際法院規定當事國、及經聯
合國大會邀請成為本公約當事一方之任何其他國家簽署;其辦法如下:至一九六三年
十月三十一日止在奧地利共和國聯邦外交部簽署,其後至一九六四年三月三十一日止
在紐約聯合國會所簽署。

第七十五條

本公約須經批准。批准文件應送交聯合國秘書長存放。

第七十六條

本公約應聽由屬於第七十四條所稱四類之一之國家加入。加入文件應送交聯合國秘書
長存放。

第七十七條

一、本公約應於第廿二件批准或加入文件送交聯合國秘書長存放之日後第三十日起發
生效力。

二、對於在第廿二件批准或加入文件存放後批准或加入本公約之國家,本公約應於各
該國存放批准或加入文件後第三十日起發生效力。

第七十八條

聯合國秘書長應將下列事項通知所有屬於第七十四條所稱四類之一之國家。

㈠依第七十四條、第七十五條及第七十六條對本公約所為之簽署及送存之批准或加入文件;

㈡依第七十七條本公約發生效力之日期。

第七十九條

本公約之原本應交聯合國秘書長存放,中文、英文、法文、俄文及西班牙文各本同一作準;秘書長應將各文正式副本分送所有屬於第七十四條所稱四類之一之國家。

為此,下列全權代表,各秉本國政府正式授予簽字之權,謹簽字於本公約,以昭信守。

公曆一千九百六十三年四月二十四日訂於維也納。

13.公海公約

1.本公約於一九五八年四月二十九日制定、一九六二年九月三十日生效

2.我國曾於一九五八年四月二十九日簽署,依該公約第三十二條規定,批准文件應送交聯合國秘書處存放,本公約擬暫不批准。

本公約當事各國,

深願編纂關於公海之國際法規則,

鑒於自一九五八年二月二十四日至四月二十七日在日內瓦舉行之聯合國海洋法會議通過下列條款,概括宣示國際法上之確定原則,

爰議定條款如下:

第一條

稱「公海」者謂不屬領海或一國內國水域之海洋所有各部份。

第二條

公海對各國一律開放,任何國家不得有效主張公海任何部份屬其主權範圍。公海自由依本條款及國際法其他規則所定之條件行使之。公海自由,對沿海國及非沿海國而言,均包括下列等項:

一、航行自由;

二、捕魚自由;

三、敷設海底電纜與管線之自由;

四、公海上空飛行之自由。

各國行使以上各項自由及國際法一般原則所承認之其他自由應適當顧及其他國家行使公海自由之利益。

第三條

一、無海岸國家應可自由通達海洋,俾與沿海國家以平等地位享有海洋自由,為此目的,凡位於海洋與無海岸國間之國家應與無海岸國相互協議,依照現行國際公約:

㈠准許無海岸國根據交互原則自由過境;

㈡對於懸掛該國國旗之船舶,任何出入及使用海港事宜上准其與本國船舶或任何他國船舶享受平等待遇。

二、凡位於海洋與無海岸國間之國家,對於一切有關過境自由及海港內平等待遇之事項如其本國及無海岸國均尚非現行國際公約之當事國,應與後者相互協議,參酌沿海國或被通過國之權利及無海岸國之特殊情況解決之。

第四條

各國無論是否沿海國均有權在公海上行駛懸掛本國國旗之船舶。

第五條

一、各國應規定給予船舶國籍、船舶在其境內登記及享有懸掛其國旗權利之條件。船舶有懸掛一國國旗者具有該國國籍。國家與船舶之間須有真正連繫;國家尤須對懸其國旗之船舶在行政、技術及社會事宜上確實行使管轄及管制。

二、各國對於准享懸掛其國旗權利之船舶,應發給有關證書。

第六條

一、船舶應僅懸掛一國國旗航行,除有國際條約或本條款明文規定之例外情形外,在公海上專屬該國管轄。船舶除其所有權確實移轉或變更登記者外,不得於航程中或在停泊港內更換其國旗。

二、船舶如懸掛兩國以上國家之國旗航行,權宜換用,不得對他國主張其中任何一國之國籍,且得視同無國籍船舶。

第七條

前列各條之規定不影響供政府間組織公務用途並懸掛該組織旗幟之船舶問題。

第八條

一、軍艦在公海上完全免受船旗國以外任何國家之管轄。

二、本條款所稱「軍艦」謂屬於一國海軍,備具該國軍艦外部識別標誌之船舶由政府正式任命之軍官指揮,指揮官姓名見於海軍名冊,其船員服從正規海軍紀律者。

第九條

一國所有或經營之船舶專供政府非商務用途者,在公海上完全免受船旗國以外任何國家之管轄。

第十條

一、各國為確保海上安全,應為懸掛本國國旗之船舶採取有關下列等款之必要辦法:㈠信號之使用、通訊之維持及碰撞之防止;㈡船舶人員之配置及船員之勞動條件,其辦法應參照可適用之國際勞工文書;㈢船舶之構造、裝備及適航能力。

二、各國採取此項辦法,須遵照公認之國際標準並須採取必要步驟,確保此項辦法之遵守。

第十一條

一、船舶在公海上發生碰撞或其他航行事故致船長或船上任何其他服務人員須負刑事責任或受懲戒時，對此等人員之刑事訴訟或懲戒程式非向船旗國或此等人員隸籍國之司法或行政機關不得提起之。

二、如係懲戒事項，惟有發給船長證書或資格證書或執照之國家有權於經過適當法律程式後宣告撤銷此項證書，持證人縱非發給證書國之國民亦同。

三、除船旗之機關外，任何機關不得命令逮捕或扣留船舶，縱使藉此進行調查亦所不許。

第十二條

一、各國應責成懸掛本國國旗船舶之船長在不甚危害船舶、船員或乘客之範圍內：

㈠對於在海上發現有淹沒危險之人，予以救助；

㈡於據告有人遇難亟需救助理當施救時儘速前往援救；

㈢於碰撞後，對於他方船舶、船員及乘客予以救助，並於可能時將其船舶名稱、船籍港及開往之最近港口告知他方船舶。

二、各沿海國應為海面及其上空之安全提倡舉辦並維持適當與有效之搜尋及救助事務，如環境需要並與鄰國互訂區域辦法，為此目的從事合作。

第十三條

各國應採取有效措施以防止並懲治准懸其國旗之船舶販運奴隸，並防止非法使用其國旗從事此種販運，凡逃避至任何船舶之奴隸，不論船舶懸何國旗，應當然獲得自由。

第十四條

各國應儘量合作取締公海上或不屬任何國家管轄之其他處所之海盜行為。

第十五條

海盜指下列任何行為：

一、私有船舶或私有航空器之航員或乘客為私人目的，對下列之人或物實施任何不法之強暴行為、扣留行為或任何掠奪行為。

㈠公海上另一船舶或航空器，或其上之人或財物；

㈡不屬任何國家管轄之處所內之船舶、航空器、人或財物；

二、明知使船舶或航空器成為海盜船舶或航空器之事實而自願參加其活動；

三、教唆或故意便利本條第一款或第二款所稱之行為。

第十六條

軍艦、政府船舶或政府航空器之航員叛變並控制船器而犯第十五條所稱之海盜行為者，此等行為視同私有船舶所實施之行為。

第十七條

船舶或航空器，其居於主要控制地位之人意圖用以實施第一五條所稱行為之一者，視

為海盜船舶或航空器，凡經用以實施此項行為之船舶或航空器，仍在犯此行為之人控制之下者，亦同。

第十八條

船舶或航空器雖已成為海盜船舶或航空器，仍得保有其國籍。國籍之保有或喪失依給予國家之法律定之。

第十九條

各國得在公海上或不屬任何國家管轄之其他處所逮捕海盜船舶或航空器，或以海盜行為劫取並受海盜控制之船舶，逮捕其人員並扣押其財物。逮捕國之法院得判決應處之刑罰，並得判定船舶、航空器或財物之處置，但須尊重善意第三人之權利。

第二十條

逮捕涉有海盜行為嫌疑之船舶或航空器如無充分理由，對於因逮捕而發生之任何損失，逮捕國應向船舶或航空器之隸籍國負賠償之責。

第二十一條

因有海盜行為而須逮捕，惟軍艦或軍用航空器，或經授予此權之他種政府事務船舶或航空器，始得為之。

第二十二條

一、除干涉行為出於條約授權之情形外，軍艦對公海上相遇之外國商船非有適當理由認為有下列嫌疑，不得登臨該船：

　　㈠該船從事海盜行為；或

　　㈡該船從事販賣奴隸；或

　　㈢該船懸掛外國國旗，或拒不舉示其國旗，而事實上與該軍艦屬同一國籍。

二、遇有前項㈠㈡㈢款所稱之情形，軍艦得對該船之懸旗權利進行查核。為此目的，軍艦得派由軍官指揮之小艇前往嫌疑船舶。船舶文書經檢驗後，倘仍有嫌疑，軍艦得在船上進一步施行檢查，但須儘量審慎為之。

三、倘嫌疑查無實據，被登臨之船舶並無任何行為足以啟疑，其所受之任何損失或損害應予賠償。

第二十三條

一、沿海國主管機關有正當理由認為外國船舶違犯該國法律規章時得進行緊追。此項追逐必須於外國船舶或其所屬小艇之一在追逐國之內國水域，領海或鄰接區內時開始，且須未曾中斷方得在領海或鄰接區外繼續進行。在領海或鄰接區內之外國船舶接獲停船命令時，發令船舶無須同在領海或鄰接區以內。倘外國船舶係在領海及鄰接區公約第二十四條所稱之鄰接區內，惟有於該區設以保障之權利遭受侵害時，方得追逐之。

二、緊追權在被追逐之船舶進入其本國或第三國之領海時即告終止。

三、緊追非俟追逐船舶以可能採用之實際方法認定被追逐之船舶、或所屬小艇之一，或與該船合作並以該船為母艦之其他船隻，確在領海界限或鄰接區以內，不得認為業已開始。惟有在外國船舶視聽所及之距離內發出視覺或聽覺之停船信號後，方得開始追逐。

四、緊追權僅得由軍艦或軍用航空器，或經特授予此權之他種政府事務船舶或航空器行使之。

五、航空器實行緊追時：

　　㈠準用本條第一項第三項之規定；

　　㈡發出停船命令之航空器必須自行積極追逐船舶，直至其所召喚之沿海國船舶或航空器前來接替追逐時為止，但其本身即能逮捕船舶者不在此限。如航空器僅發現船舶犯法嫌疑，而其本身或接替追逐未曾中斷之其他航空器或船舶未命令停船並予追逐，不足以構成在公海上逮捕之正當理由。

六、凡在一國管轄範圍內被逮捕而經解送該國海港交主管機關審訊之船舶不得僅以該船在押解途中因環境需要，渡過一部份公海為理由而要求釋放。

七、倘船舶在公海上被迫停船或被逮捕，而按當時情形緊追權之行使並無正當理由，其因而所受之任何損失或損害應予賠償。

第二十四條

各國應參酌現行關於防止汙濁海水之條約規定制訂規章，以防止因船舶或管線排放油料或因開發與探測海床及其底土而汙濁海水。

第二十五條

一、各國應參照主管國際組織所訂定之標準與規章，採取辦法，以防止傾棄放射廢料而汙濁海水。

二、各國應與主管國際組織合作採取辦法，以防止任何活動因使用放射材料或其他有害物劑而汙濁海水或其上空。

第二十六條

一、各國均有權在公海海床敷設海底電纜及管線。

二、沿海國除為探測大陸礁層及開發其天然資源有權採取合理措施外，對於此項電纜或管線之敷設或維護，不得阻礙。

三、敷設此項電纜或管線時，當事國對於海床上原已存在之電纜或管線應妥為顧及，尤不得使原有電纜或管線之修理可能，受有妨礙。

第二十七條

各國應採取必要立法措施，規定凡懸掛其國旗之船舶或屬其管轄之人如故意或因過失破壞或損害公海海底電纜，致使電報或電話通訊停頓或受阻，或以同樣情形破壞或損害海底管線或高壓電纜，概為應予處罰之罪行。此項規定不適用於個人基於保全其生

命或船舶之正當目的，雖曾為避免破損作一切必要之預防而發生之任何破壞或損害情事。

第二十八條

各國應採取必要立法措施，規定凡受該國管轄之公海海底電纜管線所有人因敷設或修理此項電纜或管線致有破壞或損害另一電纜或管線之情事者，應償付其修理費用。

第二十九條

各國應採取必要立法措施，確保船舶所有人之能證明其為避免損害海底電纜或管線而捐棄一錨，一網或其他漁具者向電纜或管線所有人取得賠償，但以船舶所有人事先曾採取一切合理之預防措施為條件。

第三十條

本公約之條款對於現已生效之公約或其他國際協定，就其當事各國間關係言，並不發生影響。

第三十一條

本公約在一九五八年十月三十一日以前聽由聯合國或任何專門機關之全體會員國及經由聯合國大會邀請參加為本公約當事一方之任何其他國家簽署。

第三十二條

本公約應予批准。批准文件應送交聯合國秘書長存放。

第三十三條

本公約應聽由屬於第三十一條所稱任何一類之國家加入。加入文件應送交聯合國秘書長存放。

第三十四條

一、本公約應於第二十二件批准或加入文件送交聯合國秘書長存放之日後第三十日起發生效力。

二、對於在第二十二件批准或加入文件存放後批准或加入本公約之國家，本公約應於各該國存放批准或加入文件後第三十日起發生效力。

第三十五條

一、締約任何一方得於本公約生效之日起滿五年後隨時書面通知聯合國秘書長請求修改本公約。

二、對於此項請求應採何種步驟，由聯合國大會決定之。

第三十六條

聯合國秘書長應將下列事項通知聯合國各會員國及第三十一條所稱之其他國家：㈠依第三十一條、第三十二條及第三十三條對本公約所為之簽署及送存之批准或加入文件；㈡依第三十四條本公約發生效力之日期；㈢依第三十五條所提關於修改本公約之請求。

第三十七條

本公約之原本應交聯合國秘書長存放，其中文、英文、法文、俄文及西班牙文各本同一作準；秘書長應將各文正式副本分送第三十一條所稱各國。為此，下列全權代表各秉本國政府正式授予簽字之權，謹簽字於本公約，以昭信守。

公曆一千九百五十八年四月二十九日訂於日內瓦

14.領海及鄰接區公約

1. 本公約於一九五八年四月二十九日制定、一九六四年九月十日生效
2. 我國曾於一九五八年四月二十九日簽署，依該公約第二十七條規定，批准文件應送交聯合國秘書處存放，本公約擬暫予擱置，不辦批准。

第一編　領海

第一節　總則

第一條

一、國家主權及於本國領陸及內國水域以外鄰接本國海岸之一帶海洋，稱為領海。

二、此項主權依本條款規定及國際法其他規則行使之。

第二條

沿海國之主權及於領海之上空及其海床與底土。

第二節　領海之界限

第三條

除本條款另有規定外，測算領海寬度之正常基線為沿海國官方承認之大比例尺海圖所標明之海岸低潮線。

第四條

一、在海岸線甚為曲折之地區，或沿岸島嶼羅列密邇海岸之處，得採用以直線連接酌定各點之方法劃定測算領海寬度之基線。

二、劃定此項基線不得與海岸一般方法相去過遠，且基線內之海面必須充分接近領陸方屬內國水域範圍。

三、低潮高地不得作為劃定基線之起迄點，但其上建有經常高出海平面之燈塔或類似設置者，不在此限。

四、遇有依第一項規定可適用直線基數方法之情形，關係區域內之特殊經濟利益經由長期慣例證明實在而重要者，得於確定特定基線時予以注意。

五、一國適用直線基線辦法不得使他國領海與公海隔絕。

六、沿海國應將此項直線基線在海圖上標明，並妥為通告周知。

第五條

一、領海基線向陸一方之水域構成一國內國水域之一部份。

二、依第四條劃定直線基線致使原先認為領海或公海一部份之水面劃屬內國水域時，在此項水面內應有第十四條至第二十三條所規定之無害通過權。

第六條

領海之外部界限為每一點與基線上最近之點距離等於領海寬度之線。

第七條

一、本條僅對海岸屬於一國之海灣加以規定。

二、本條款所稱海灣指明顯之水曲，其內曲程度與入口闊度之比例使其中之水成陸地包圍狀，而不僅為海岸之彎曲處。但水曲除其面積等於或大於以連貫曲口之線為直徑畫成之平圓形者外，不得視為海灣。

三、測定水曲面積，以水曲沿岸周圍之低潮標與連接其天然入口各端低潮標之線間之面積為準。水曲因有島嶼致曲口不止一處者，半圓形應以各口口徑長度之總和為直徑畫成之。水曲內島嶼應視為水曲水面之一部份，一併計入之。

四、海灣天然入口各端低潮標間之距離不超過二十四浬者，得在此兩低潮標之間劃定收口線，其所圍入之水域視為內國水域。

五、如海灣天然入口各端低潮標間之距離超過二十四浬，應在灣內劃定長度二十四浬之直線基線，並擇其可能圍入最大水面之一線。

六、前列規定不適用於所謂歷史性海灣或採用第四條所載直線基線辦法之任何情形。

第八條

劃定領海界限時，出海最遠之永久海港工程屬於整個海港系統之內者應視為構成海岸之一部份。

第九條

凡通常供船舶裝卸及下錨用途之泊船處，雖全部或一部位於領海外部界限以外，仍屬領海範圍。沿海國應將此項泊船處明加界劃，並在海圖上連同其界線一併載明；此項界線應妥為通告周知。

第十條

一、稱島嶼者指四面圍水、露出高潮水面之天然形成之陸地。

二、島嶼之領海依條款規定測定之。

第十一條

一、稱低潮高地者謂低潮時四面圍水但露出水面而於高潮時淹沒之天然形成之陸地。低潮高地之全部或一部份位於距大陸或島嶼不超過領海寬度之處者，其低潮線得作為測算領海寬度之基線。

二、低潮高地全部位於距大陸或島嶼超過領海寬度之處者，其本身無領海。

第十二條

一、兩國海岸相向或相鄰者，除彼此另有協議外，均無權將本國領海擴展至每一點均與測算各該國領海寬度之基線上最近各點距離相等之中央線以外。但如因歷史上權利或其他特殊情況而須以異於本項規定之方法劃定兩國領海之界限，本項規定不適用之。

二、相同兩國或相鄰兩國之領海分界線應於沿海國官方承認之大比例尺海圖上標明之。

第十三條

河川直接流注入海者，以河岸低潮線間連接河口各端之直線為基線。

第三節　無害通過權

甲款　適用於一切船舶之規則

第十四條

一、無論是否沿海國之各國船舶依本條款之規定享有無害通過領海之權。

二、稱通過者謂在領海中航行，其目的或僅在經過領海而不進入內國水域，或為前往內國水域，或為自內國水域駛往公海。

三、通過包括停船及下錨在內，但以通常航行附帶有此需要，或因不可抗力或遇災難確有必要者為限。

四、通過如不妨害沿海國之和平、善良秩序或安全即係無害通過。此項通過應遵照本條款及國際法其他規則為之。

五、外國漁船於通過時如不遵守沿海國為防止此等船舶在領海內捕魚而制定公佈之法律規章，應不視為無害通過。

六、潛水船艇須在海面上航行並揭示其國旗。

第十五條

一、沿海國不得阻礙領海中之無害通過。

二、沿海國須將其所知之領海內航行危險以適當方式通告周知。

第十六條

一、沿海國得在其領海內採取必要步驟，以防止非為無害之通過。

二、關於駛往內國水域之船舶，沿海國亦應有權採取必要步驟，以防止違反准其駛入此項水域之條件。

三、以不牴觸第四項之規定為限，沿海國於保障本國安全確有必要時，得在其領海之特定區域內暫時停止外國船舶之無害通過，但在外國船舶間不得有差別待遇。此項停止須於妥為公告後，方始發生效力。

四、在公海之一部份與公海另一部份或外國領海之間供國際航行之用之海峽中，不得停止外國船舶之無害通過。

第十七條

外國船舶行駛無害通過權時應遵守沿海國依本條款及國際法其他規則所制定之法律規章，尤應遵守有關運輸及航行之此項法律規章。

乙款　適用於商船之規則

第十八條

一、外國船舶僅在領海通過者，不得向其徵收任何費用。

二、向通過領海之外國船舶徵收費用應僅以船舶受有特定服務須為償付之情形為限。徵收此項費用不得有差別待遇。

第十九條

一、沿海國不得因外國船舶通過領海時船上發生犯罪行為而在通過領海之船上行使刑事管轄權、逮捕任何人或從事調查，但有下列之一者，不在此限：㈠犯罪之後果及於沿海國者；㈡犯罪行為擾亂國家和平或領海之善良秩序者；㈢經船長或船旗國領事請求地方當局予以協助者；㈣為取締非法販運麻醉藥品確有必要者。

二、前項規定不影響沿海國依本國法律對駛離內國水域通過領海之外國船舶採取步驟在船上實行逮捕或調查之權。

三、遇有本條第一項及第二項所規定之情形，沿海國應於船長請求時，在採取任何步驟之前，先行通知船旗國領事機關，並應對該機關與船員間之接洽予以便利。如情形緊急，此項通知得於採取措施之際為之。

四、地方當局於考慮是否或如何實行逮捕時，應妥為顧及航行之利益。

五、倘外國船舶自外國海港啟航，僅通過領海而進入內國水域，沿海國不得因該船進入領海前所發生之犯罪行為而在其通過領海時於船上採取任何步驟、逮捕任何人或從事調查。

第二十條

一、沿海國對於通過領海之外國船舶不得為向船上之人行使民事管轄權而令船舶停駛或變更船舶航向。

二、除關於船舶本身在沿海國水域航行過程中或為此種航行目的所承擔或所生債務或義務之訴訟外，沿海國不得因任何民事訴訟而對船舶從事執行或實行逮捕。

三、前項規定不妨礙沿海國為任何民事訴訟依本國法律對在其領海內停泊或駛離內國水域通過領海之外國船舶從事執行或實行逮捕之權。

丙款　適用於軍艦以外政府船舶之規則

第二十一條

甲款及乙款所載規則亦適用於商務用途之政府船舶。

第二十二條

一、甲款及第十八條所載規則適用於非商務用途之政府船舶。

二、除前項所稱各項規定載明之例外情形外，本條款絕不影響此船舶依本條款或國際法其他規則所享有之豁免。

丁款　適用於軍艦之規則

第二十三條

任何軍艦不遵守沿海國有關通過領海之規章，經請其遵守而仍不依從者，沿海國得要求其離開領海。

第二編　鄰接區

第二十四條

一、沿海國得在鄰接其領海之公海區內行使必要之管制以：

　　㈠防止在其領土或領海內有違犯其海關、財政、移民或衛生規章之行為；㈡懲治在其領土或領海內違犯前述規章之行為。

二、此項鄰接區自測定領海寬度之基線起算，不得超出十二浬。

三、兩國海岸相向或相鄰者，除彼此另有協議外，均無權將本國之鄰接區擴展至每一點均與測算兩國領海寬度之基線上最近各點距離相等之中央線以外。

第三編　最後條款

第二十五條

本公約之條款對於現已生效之公約或其他國際協定，就其當事各國間關係言，並不發生影響。

第二十六條

本公約在一九五八年十月三十一日以前聽由聯合國或任何專門機關之全體會員國及經由聯合國大會邀請參加為本公約當事一方之任何其他國家簽署。

第二十七條

本公約應予批准。批准文件應送交聯合國秘書長存放。

第二十八條

本公約應聽由屬於第二十六條所稱任何一類之國家加入。加入文件應送交聯合國秘書長存放。

第二十九條

一、本公約應於第二十二件批准或加入文件送交聯合國秘書長存放之日後第三十日起發生效力。

二、對於在第二十二件批准或加入文件存放後批准或加入本公約之國家，本公約應於各該國存放批准或加入文件後第三十日起發生效力。

第三十條

一、締約任何一方得於本公約生效之日起滿五年後隨時書面通知聯合國秘書長請求修改本公約。

二、對於此項請求應採何種步驟，由聯合國大會決定之。

第三十一條

聯合國秘書長應將下列事項通知聯合國各會員國及第二十六條所稱之其他國家：㈠依第二十六條、第二十七條及第二十八條對本公約所為之簽署及送存之批准或加入文件；㈡依第二十九條本公約發生效力之日期；㈢依第三十條所提關於修改本公約之請求。

第三十二條

本公約之原本應交聯合國秘書長存放，其中文、英文、法文、俄文及西班牙文各本同一作準；秘書長應將各文正式副本分送第二十六條所稱各國。為此，下列全權代表各秉本國政府正式授予簽字之權，謹簽字於本公約，以昭信守。

公曆一千九百五十八年四月二十九日訂於日內瓦。

15.大陸礁層公約

1. 本公約於一九五八年四月二十九日制定、一九六四年六月十日生效

2. 我國曾於一九五八年四月二十九日簽署、一九七〇年九月二十三日批准、一九七〇年十月十二日存放、一九七〇年十一月對我生效。

（註：Continental Shelf 一詞聯合國已改譯為「大陸架」，不再用「大陸礁層」一詞。）

本公約當事各國，議定條款如下：

第一條

本條款稱「大陸礁層」者謂：

㈮鄰接海岸但在領海以外之海底區域之海床及底土，其上海水深度不逾二百公尺，或雖逾此限度而其上海水深度仍使該區域天然資源有開發之可能性者；

㈯鄰接島嶼海岸之類似海底區域之海床及底土。

第二條

一、沿海國為探測大陸礁層及開發其天然資源之目的，對大陸礁層行使主權上權利。

二、本條第一項所稱權利為專屬權利，沿海國如不探測大陸礁層或開發其天然資源，非經其明示同意，任何人不得從事此項工作或對大陸礁層有所主張。

三、沿海國對大陸礁層之權利不以實際或觀念上之占領或明文公告為條件。

四、本條款所稱天然資源包括在海床及底土之礦物及其他無生資源以及定著類之有生機體，亦即於可予採捕時期，在海床上下固定不動，或非與海床或底土在形體上經常接觸即不能移動之有機體。

第三條

沿海國對於大陸礁層之權利不影響其上海水為公海之法律地位，亦不影響海水上空之法律地位。

第四條

沿海國除為探測大陸礁層及開發其天然資源有權採取合理措施外，對於在大陸礁層上敷設或維持海底電纜或管線不得加以阻礙。

第五條

一、探測大陸礁層及開發其天然資源不得使航行、捕魚或海中生物資源之養護受任何不當之妨害，亦不得對於以公開發表為目的而進行之基本海洋學研究或其他科學研究有任何妨害。

二、以不違反本條第一項及第六項之規定為限，沿海國有權在大陸礁層上建立、維持或使用為探測大陸礁層及開發其天然資源所必要之設置及其他裝置，並有權在此項設置與裝置之周圍設定安全區以及在安全區內採取保護設置及裝置之必要措施。

三、本條第二項所稱之安全區得以已達各項設置及其他裝置周圍五百公尺之距離為範圍，自設置與裝置之外緣各點起算之。各國船舶必須尊重此種安全區。

四、此種設置與裝置雖受沿海國管轄，但不具有島嶼之地位。此種設置與裝置本身並無領海，其存在不影響沿海國領海界限之劃定。

五、關於此項設置之建立必須妥為通告，並須常設警告其存在之裝置。凡經廢棄或不再使用之設置必須全部拆除。

六、此項設置或位於其周圍之安全區不得建於對國際航行所必經之公認海道可能妨害其使用之地點。

七、沿海國負有在安全區內採取一切適當辦法以保護海洋生物資源免遭有害物劑損害之義務。

八、對大陸礁層從事實地研究必須徵得沿海國之同意。倘有適當機構提出請求而目的係在對大陸礁層之物理或生物特徵作純粹科學性之研究者，沿海國通常不得拒予同意，但沿海國有意時，有權加入或參與研究，研究之結果不論在何情形下均應發表。

第六條

一、同一大陸礁層鄰接兩個以上海岸相向國家之領土時，其分屬各該國部分之界線由

有關各國以協議定之。倘無協議，除因情形特殊應另定界線外，以每一點均與測算每一國領海寬度之基線上最近各點距離相等之中央線為界線。

二、同一大陸礁層鄰接兩個毗鄰國家之領土時，其界線由有關兩國以協議定之。倘無協議，除因情形特殊應另定界線外，其界線應適用與測算每一國領海寬度之基線上最近各點距離相等之原則定之。

三、劃定大陸礁層之界限時，凡依本條第一項及第二項所載原則劃成之界線，應根據特定期日所有之海圖及地理特徵訂明之，並應指明陸上固定、永久而可資辨認之處。

第七條

沿海國以穿鑿隧道方法開發底土之權利無論其上海水深度如何，均不受本條款規定之影響。

第八條

本公約在一九五八年十月三十一日以前聽由聯合國或任何專門機關之全體會員國及經由聯合國大會邀請參加為本公約當事一方之任何其他國家簽署。

第九條

本公約應予批准，批准文件應送交聯合國秘書長存放。

第十條

本公約應聽由屬於第八條所稱任何一類之國家加入。加入文件應送交聯合國秘書長存放。

第十一條

一、本約應於第二十二件批准或加入文件送交聯合國秘書長存放之日後第三十日起發生效力。

二、對於在第二十二件批准或加入文件存放後批准或加入本公約之國家，本公約應於各該國存放批准或加入文件後第三十日起發生效力。

第十二條

一、任何國家得於簽署、批准或加入時對本公約第一條至第三條以外各條提出保留。

二、依前項規定提出保留之任何締約國得隨時通知聯合國秘書長撤回保留。

第十三條

一、締約任何一方得於本公約生效之日起滿五年後隨時書面通知聯合國秘書長請求修改本公約。

二、對於此項請求應採何種步驟，由聯合國大會決定之。

第十四條

聯合國秘書長應將下列事項通知聯合國各會員國及第八條所稱之其他國家：

一、依第八條、第九條及第十條對本公約所為之簽署及送存之批准或加入文件；

二、依第十一條本公約發生效力之日期；

三、依第十三條所提關於修改本公約之請求；

四、依第十二條對本公約提出之保留。

第十五條

本公約之原本應交聯合國秘書長存放，其中文、英文、法文、俄文及西班牙文各本同一作準；秘書長應將各文正式副本分送第八條所稱各國。

為此，下列全權代表應秉各國政府正式授與簽字之權，謹簽字於本公約，以昭信守。

公曆一千九百五十八年四月二十九日訂於日內瓦

附中國對第六條的保留條款

中華民國政府對於本公約第六條第一項及第二項有關劃定大陸礁層界線之規定，主張：

一、海岸毗鄰及（或）相向之兩個以上國家，其大陸礁層界線之劃定，應符合其國家領土自然延伸之原則。

二、就劃定中華民國之大陸礁層界線而言，應不計及任何突出海面之礁嶼。

16.國際民用航空公約【芝加哥公約】

1.本公約於一九四四年十二月七日制定、一九四七年四月四日生效。

2.我國於一九四四年十二月七日簽署、一九四六年二月存放、一九五三年十二月重新存放、一九五四年一月一日對我生效。

根據第九十一條第二款的規定，於第二十六份公約批准書或加入公約的通知書交存美利堅合眾國政府後的第三十日，即一九四七年四月四日生效。

鑒於國際民用航空的未來發展對建立和保持世界各國之間和人民之間的友誼和瞭解大有幫助，而其濫用足以威脅普遍安全；

又鑒於有需要避免各國之間和人民之間的摩擦並促進其合作，世界和平有賴於此；

因此，下列各簽署國政府議定了若干原則和辦法，使國際民用航空得按照安全和有秩序的方式發展，並使國際航空運輸業務得建立在機會均等的基礎上，健康地和經濟地經營；

此目的締結本公約。

第一部分　空中航行

第一章　公約的一般原則和適用

第一條　主權

締約各國承認每一國家對其領土之上的空氣空間具有完全的和排他的主權。

第二條　領土

本公約所指一國的領土，應認為是在該國主權、宗主權、保護或委任統治下的陸地區域及與其鄰接的領水。

第三條　民用航空器和國家航空器

一、本公約僅適用於民用航空器，不適用於國家航空器。

二、用於軍事、海關和警察部門的航空器，應認為是國家航空器。

三、一締約國的國家航空器，未經特別協定或其他方式的許可並遵照其中的規定，不得在另一締約國領土上空飛行或在此領土上降落。

四、締約各國承允在發佈關於其國家航空器的規章時，對民用航空器的航行安全予以應有的注意。

第三條之一

（一九八四年五月十日，大會決定修正芝加哥公約，增加第三條分條。該條尚未生效）

一、締約各國承認，每一國家必須避免對飛行中的民用航空器使用武器，如攔截，必須不危及航空器內人員的生命和航空器的安全。此一規定不應被解釋為在任何方面修改了聯合國憲章所規定的各國的權利和義務。

二、締約各國承認，每一國家在行使其主權時，對未經允許而飛越其領土的民用航空器，或者有合理的根據認為該航空器被用於與本公約宗旨不相符的目的，有權要求該航空器在指定的機場降落；該國也可以給該航空器任何其他指令，以終止此類侵犯。為此目的，締約各國可採取符合國際法的有關規則，包括本公約的有關規定，特別是本條第一款規定的任何適當手段。每一締約國同意公布其關於攔截民用航空器的現行規定。

三、任何民用航空器必須遵守根據本條第二款發出的命令。此目的，每一締約國應在本國法律或規章中作出一切必要的規定，以便在該國登記的、或者在該國有主營業所或永久居所的經營人所使用的任何航空器必須遵守上述命令。每一締約國應使任何違反此類現行法律或規章的行為受到嚴厲懲罰，並根據本國法律將這一案件提交其主管當局。

四、每一締約國應採取適當措施，禁止將在該國登記的、或者在該國有主營業所或永久居所的經營人所使用的任何民用航空器肆意用於與本公約宗旨不相符的目的。這一規定不應影響本條第一款或者與本條第二款和第三款相抵觸。

第四條　民用航空的濫用

締約各國同意不將民用航空用於和本公約的宗旨不相符的任何目的。

第二章　在締約國領土上空飛行

第五條　不定期飛行的權利

締約各國同意其他締約國的一切不從事定期國際航班飛行的航空器，在遵守本公約規定的條件下，不需要事先獲准，有權飛入或飛經其領土而不降停，或作非商業性降停，但飛經國有權令其降落。為了飛行安全，當航空器所欲飛經的地區不得進入或缺乏適當航行設施時，締約各國保留其遵循規定航路或獲得特准後方許飛行的權利。

此項航空器如為取酬或出租而載運乘客、貨物、郵件但非從事定期國際航班飛行，在遵守第七條規定的情況下，亦有上下乘客、貨物或郵件的特權，但上下的地點所在國家有權規定其認為要的規章、條件或限制。

第六條　定期航班

除非經一締約國特准或其他許可並遵照此項特准或許可的條件，任何定期國際航班不得在該國領土上空飛行或進入該國領土。

第七條　國內載運權

締約各國有權拒絕准許其他締約國的航空器為取酬或出租在其領土內載運乘客、郵件和貨物前往其領土內另一地點。締約各國承允不締結任何協定在排他的基礎上特准任何其他國家的空運企業享有任何此項特權，也不向任何其他國家取得任何此項排他的特權。

第八條　無人駕駛航空器

任何無人駕駛而能飛行的航空器，未經一締約國特許並遵照此項特許的條件，不得無人駕駛而在該國領土上空飛行。締約各國承允對此項無人駕駛的航空器在向民用航空器開放的地區內的飛行加以管制，以免危及民用航空器。

第九條　禁區

一、締約各國由於軍事需要或公共安全的理由，可以一律限制或禁止其他國家的航空器在其領土內的某些地區上空飛行，但對該領土所屬國從事定期國際航班飛行的航空器和其他締約國從事同樣飛行的航空器，在這一點上不得有所區別。此種禁區的範圍和位置應當合理，以免空中航行受到不必要的阻礙。一締約國領土內此種禁區的說明及其隨後的任何變更，應盡速通知其他各締約國及國際民用航空組織。

二、在非常情況下，或在緊急時期內，或為了公共安全，締約各國也保留暫時限制或禁止航空器在其全部或部分領土上空飛行的權利並立即生效，但此種限制或禁止應不分國籍適用於所有其他國家的航空器。

三、締約各國可以依照其制定的規章，令進入上述第一款或第二款所指定地區的任何航空器盡速在其領土內一指定的機場降落。

第十條　在設關機場降落

除按照本公約的條款或經特許，航空器可以飛經一締約國領土而不降停外，每一航空器進入締約國領土，如該國規章有規定時，應在該國指定的機場降停，以便進行海關

和其他檢查。當離開一締約國領土時，此種航空器應從同樣指定的設關機場離去。所有指定的設關機場的詳細情形，應由該國公佈，並送交根據本公約第二部分設立的國際民用航空組織，以便通知所有其他締約國。

第十一條　空中規章的適用

在遵守本公約各規定的條件下，一締約國關於從事國際航行的航空器進入或離開其領土或關於此種航空器在其領土內操作或航行的法律和規章，應不分國籍，適用於所有締約國的航空器，此種航空器在進入或離開該國領土或在其領土內時，都應該遵守此項法律和規章。

第十二條　空中規則

締約各國承允採取措施以保證在其領土上空飛行或在其領土內運轉的每一航空器及每一具有其國籍標誌的航空器，不論在何地，應遵守當地關於航空器飛行和運轉的現行規則和規章。締約各國承允使這方面的本國規章，在最大可能範圍內，與根據本公約隨時制定的規章相一致。在公海上空，有效的規則應為根據本公約制定的規則。締約各國承允對違反適用規章的一切人員起訴。

第十三條　入境及放行規章

一締約國關於航空器的乘客、機組或貨物進入或離開其領土的法律和規章，如關於入境、放行、移民、護照、海關及檢疫的規章，應由此種乘客、機組或貨物在進入、離開或在該國領土內時遵照執行或由其代表遵照執行。

第十四條　防止疾病傳播

締約各國同意採取有效措施防止經由空中航行傳播霍亂、斑疹傷寒（流行性）、天花、黃熱病、鼠疫，以及締約各國隨時確定的其他傳染病。因此，締約各國將與負責關於航空器衛生措施的國際規章的機構保持密切的磋商。此種磋商應不妨礙締約各國所參加的有關此事的任何現行國際公約的適用。

第十五條　機場費用和類似費用

一締約國對其本國航空器開放的公用機場，在遵守第六十八條規定的情況下，應按統一條件對所有其他締約國的航空器開放。為航行安全和便利而提供公用的一切航行設施，包括無線電和氣象服務，由締約各國的航空器使用時，應適用同樣的統一條件。

一締約國對任何其他締約國的航空器使用此種機場及航行設施可以徵收或准許徵收的任何費用：

一、對不從事定期國際航班飛行的航空器，應不高於從事同樣飛行的本國同級航空器所繳納的費用；

二、對從事定期國際航班飛行的航空器，應不高於從事同樣國際航班飛行的本國航空器所繳納的費用。

所有此類費用應予公佈，並通知國際民用航空組織，但如一有關締約國提出意見，此

項使用機場及其他設施的收費率應由理事會審查。理事會應就此提出報告和建議，供有關的一國或幾國考慮。任何締約國對另一締約國的任何航空器或航空器上所載人員或財物不得僅因給予通過或進入或離去其領土的權利而徵收任何規費、捐稅或其他費用。

第十六條　對航空器的檢查

締約各國的有關當局有權對其他締約國的航空器在降停或飛離時進行檢查，並查驗本公約規定的證件和其他文件，但應避免不合理的延誤。

第三章　航空器的國籍

第十七條　航空器的國籍

航空器具有其登記的國家的國籍。

第十八條　雙重登記

航空器在一個以上國家登記不得認為有效，但其登記可以由一國轉移至另一國。

第十九條　管理登記的國家法律

航空器在任何締約國登記或轉移登記，應按該國的法律和規章辦理。

第二十條　標誌的展示

從事國際航行的每一航空器應載有適當的國籍標誌和登記標誌。

第二十一條　登記的報告

締約各國承允，如經要求，應將關於在該國登記的某一航空器的登記及所有權情況提供給任何另一締約國或國際民用航空組織。此外，締約各國應按照國際民用航空組織制定的規章，向該組織報告有關在該國登記的經常從事國際航行的航空器所有權和控制權的可提供的有關資料。如經要求，國際民用航空組織應將所得到的資料提供給其他締約國。

第四章　便利空中航行的措施

第二十二條　簡化手續

締約各國同意採取一切可行的措施，通過發佈特別規章或其他方法，以便利和加速航空器在締約各國領土間的航行，特別是在執行關於移民、檢疫、海關、放行等法律時，防止對航空器、機組、乘客和貨物造成不必要的延誤。

第二十三條　海關和移民程式

締約各國承允在其認為可行的情況下，按照依本公約隨時制定或建議的措施，制定有關國際航行的海關和移民程式。本公約的任何規定不得被解釋為妨礙設置豁免關稅的機場。

第二十四條　關稅

一、航空器飛抵、飛離或飛越另一締約國領土時，在遵守該國海關規章的條件下，應准予暫時免納關稅。一締約國的航空器在到達另一締約國領土時所載的燃料、潤滑油、零備件、正常設備及機上供應品，在航空器離開該國領土時，如仍留置航空器上，應免納關稅、檢驗費或類似的國家或地方稅款和費用。此種豁免不適用於卸下的任何數量或物品，但按照該國海關規章允許的不在此例，此種規章可以要求上述物品應受海關監督。

二、運入一締約國領土的零備件和設備，供裝配另一締約國的從事國際航行的航空器或在該航空器上使用，應准予免納關稅，但須遵守有關國家的規章，此種規章可以規定上述物品應受海關的監督和管制。

第二十五條　航空器遇險

締約各國承允對在其領土內遇險的航空器，在其認為可行的情況下，採取援助措施，並在本國當局管制下准許該航空器所有人或該航空器登記國的當局採取情況所需的援助措施。締約各國搜尋失蹤的航空器時，應在按照公約隨時建議的各種協同措施方面進行合作。

第二十六條　事故調查

一締約國的航空器如在另一締約國的領土內發生事故，致有死亡或嚴重傷害或表明航空器或航行設施有重大技術缺陷時，事故所在地國家應在該國法律許可的範圍內，依照國際民用航空器組織建議的程式，著手調查事故情形。航空器登記國應有機會指派觀察員在調查時到場，而主持調查的國家，應將關於此事的報告及調查結果，通知航空器登記國。

第二十七條　不因專利權的主張而扣押航空器

一、一締約國從事國際航行的航空器，被准許進入或通過另一締約國領土時，不論降停與否，另一締約國不得以該國名義或以該國任何人的名義，基於航空器的構造、機構、零件、附件或操作有侵犯航空器進入國依法發給登記的任何專利權、設計或模型的情形，而扣押或扣留該航空器，或對該航空器的所有人或經營人提出任何權利主張，或進行任何其他干涉。締約各國並同意在任何情況下，航空器所進入的國家對航空器免予扣押或扣留時，均不要求繳付保證金。

二、本條第一款的規定，也適用於一締約國在另一締約國領土內航空器備用零件和備用設備的存儲，以及使用並裝置此項零件和設備以修理航空器的權利，但此項存儲的任何專利零件或設備，不得在航空器進入國國內出售或轉讓，也不得作為商品輸出該國。

三、本條的利益祇適用於本公約的參加國並且是：㈠國際保護工業產權公約及其任何修正案的參加國；或㈡已經頒佈專利法，對本公約其他參加國國民的發明予以承認並給予適當保護的國家。

第二十八條　航行設施和標準制度

締約各國承允在它認為可行的情況下：

一、根據依本公約隨時建議或制定的標準和措施，在其領土內提供機場、無線電服務、氣象服務及其他航行設施，以便利國際空中航行。

二、採取和實施根據本公約隨時建議或制定的有關通信程式、簡碼、標誌、信號、燈光及其他操作規程和規則的適當的標準制度。

三、在國際措施方面進行合作，以便航空地圖和圖表能按照本公約隨時建議或制定的標準出版。

第五章　航空器應具備的條件

第二十九條　航空器應備文件

締約國的每一航空器在從事國際航行時，應按照本公約規定的條件攜帶下列文件：

一、航空器登記證；

二、航空器適航證；

三、每一機組成員的適當的執照；

四、航空器航行記錄簿；

五、航空器無線電臺許可證，如該航空器裝有無線電設備；

六、列有乘客姓名及其登機地與目的地的清單，如該航空器載有乘客；

七、貨物艙單及詳細的申報單，如該航空器載有貨物。

第三十條　航空器無線電設備

一、各締約國航空器在其他締約國領土內或在其領土上空時，祇有在具備該航空器登記國主管當局發給的設置及使用無線電發射設備的許可證時，才可以攜帶此項設備。在該航空器飛經的締約國領土內使用無線電發射設備，應遵守該國制定的規章。

二、無線電發射設備祇准許飛行組成員中持有航空器登記國主管當局為此發給的專門執照的人員使用。

第三十一條　適航證

凡從事國際航行的每一航空器，應備有該航空器登記國發給或核准的適航證。

第三十二條　人員執照

一、從事國際航行的每一航空器駕駛員及飛行組其他成員，應備有該航空器登記國發給或核准的合格證書和執照。

二、就在本國領土上空飛行而言，締約各國對其任何國民持有的由另一締約國發給的合格證書和執照，保留拒絕承認的權利。

第三十三條　承認證書及執照

登記航空器的締約國發給或核准的適航證和合格證書及執照，其他締約國應承認其有效。但發給或核准此項證書或執照的要求，須等於或高於根據本公約隨時制定的最低標準。

第三十四條　航行記錄簿

從事國際航行的每一航空器，應保持一份航行記錄簿，以根據本公約隨時規定的格式，記載航空器、機組及每次航行的詳情。

第三十五條　貨物限制

一、從事國際航行的航空器，非經一國許可，在該國領土內或在該國領土上空時不得載運軍火或作戰物資，至於本條所指軍火或作戰物資的含意，各國應以規章自行確定，但為求得統一起見，應適當考慮國際民用航空組織隨時所作的建議。

二、締約各國為了公共程式和安全，除第一款所列物品外，保留管制或禁止在其領土內或領土上空載運其他物品的權利。但在這方面，對從事國際航行的本國航空器和從事同樣航行的其他國家的航空器，不得有所區別，也不得對在航空器上為航空器操作或航行所必要的或為機組成員或乘客的安全而必須攜帶和使用的器械加任何限制。

第三十六條　照相機

締約各國可以禁止或管制在其領土上空的航空器內使用照相機。

第六章　國際標準及其建議措施

第三十七條　國際標準及程式的採用

締約各國承允在關於航空器、人員、航路及各種輔助服務的規章、標準、程式及工作組織方面進行合作，凡採用統一辦法而能便利、改進空中航行的事項，盡力求得可行的最高程度的一致。因此，國際民用航空組織應根據需要就以下專案隨時制定並修改國際標準及建議措施和程式：

一、通信系統和助航設備，包括地面標誌；

二、機場和降落地區的特徵；

三、空中規則和空中交通管制辦法；

四、飛行和機務人員證件的頒發；

五、航空器的適航性；

六、航空器的登記和識別；

七、氣象資料的收集和交換；

八、航行記錄簿；

九、航空地圖及圖表；

十、海關和移民手續；

十一、航空器遇險和事故調查;

以及隨時認為適當的有關空中航行安全、正常及效率的其他事項。

第三十八條　背離國際標準和程式

任何國家如認為對任何上述國際標準和程式,不能在一切方面遵行,或在任何國際標準和程式修改後,不能使其本國的規章和措施完全符合此項國際標準和程式,或該國認為有必要採用在某方面不同於國際標準所規定的規章和措施時,應立即將其本國的措施和國際標準所規定的措施之間的差別,通知國際民用航空組織。任何國家如在國際標準修改以後,對其本國規章或措施不作相應修改,應於國際標準修正案通過後六十天內通知理事會,或表明它擬採取的行動。在上述情況下,理事會應立即將國際標準和該國措施間在一項或幾項上存在的差別通知所有其他各國。

第三十九條　證書及執照的簽注

一、任何航空器和航空器的部件,如有適航或性能方面的國際標準,而在發給證書時與此種標準在某個方面有所不符,應在其適航證上簽注或加一附件,列舉其不符各點的詳情。

二、任何持有執照的人員如不完全符合所持執照或證書等級的國際標準所規定的條件,應在其執照上簽注或加一附件,列舉其不符此項條件的詳情。

第四十條　簽注證書和執照的效力

備有此種經簽注的證書或執照的航空器或人員,除非航空器所進入的領土所屬國准許,不得參加國際航行。任何此項航空器或任何此項有證書的航空器部件,如在其原發證國以外的其他國家登記或使用,應由此項航空器或航空器部件所輸入的國家自行決定能否予以登記或使用。

第四十一條　現行適航標準的承認

對於航空器或航空器設備,如其原型是在其國際適航標準採用之日起三年以內送交國家有關機關申請發給證書的,不適用本章的規定。

第四十二條　合格人員現行標準的承認

對於人員,如其執照最初是在此項人員資格的國際標準通過之日起一年以內發給的,不適用本章的規定;但對於從此項國際標準通過之日起,其執照繼續有效五年的人員,本章的規定都應適用。

第二部分　國際民用航空組織

第七章　組織

第四十三條　名稱和組成

根據本公約成立一個定名為「國際民用航空組織」的組織。該組織由大會、理事會和

其他必要的各種機構組成。

第四十四條　目的

國際民用航空組織的宗旨和目的在於發展國際航行的原則和技術，並促進國際航空運輸的規劃和發展，以：

一、保證全世界國際民用航空安全地和有秩序地發展；

二、鼓勵為和平用途的航空器的設計和操作藝術；

三、鼓勵發展國際民用航空應用的航路、機場和航行設施；

四、滿足世界人民對安全、正常、有效和經濟的航空運輸的需要；

五、防止因不合理的競爭而造成經濟上的浪費；

六、保證締約各國的權利充分受到尊重，每一締約國均有經營國際空運企業的公平的機會；

七、避免締約各國之間的差別待遇；

八、促進國際航行的飛行安全；

九、普遍促進國際民用航空在各方面的發展。

第四十五條　永久地址

（這是一九五四年六月十四日大會第八屆會議修正的該條條文；一九五八年五月十六日起生效。根據公約第九十四條第一款的規定，修正的條文對批准該修正案的國家生效。對未批准該修正案的國家，原來的條文依然有效，因此將原條文復述如下：

「本組織的永久地址應由一九四四年十二月七日在芝加哥簽訂的國際民用航空臨時協定所設立的臨時國際民用航空組織臨時大會最後一次會議確定。本組織的地址經理事會決議可以暫遷他處。」）

本組織的永久地址應由一九四四年十二月七日在芝加哥簽訂的國際民用航空臨時協定所設立的臨時國際民用航空組織臨時大會最後一次會議確定。本組織的地址經理事會決議可以暫遷他處。如非暫遷，則應經大會決議，通過這一決議所需票數由大會規定。此項規定的票數不得少於締約國總數的五分之三。

第四十六條　大會第一屆會議

大會第一屆會議應由上述臨時組織的臨時理事會在本公約生效後立即召集。會議的時間和地點由臨時理事會決定。

第四十七條　法律能力

本組織在締約各國領土內應享有為履行其職能所必須的法律能力。凡與有關國家的憲法和法律不相抵觸時，都應承認其完全的法人資格。

第八章　大會

第四十八條　大會會議和表決

一、大會由理事會在適當的時間和地點每三年至少召開一次。經理事會召集或經五分之一以上的締約國向秘書長提出要求，可以隨時舉行大會特別會議。

（這是一九六二年九月十四日大會第十四屆會議修正的該條條文；一九七五年九月十一日起生效。根據公約第九十四條第一款的規定，修正的條文對批准該修正案的國家生效。一九五四年六月十四日大會第八屆會議修正並於一九五六年十二月十二日生效的該條條文如下：

「一、大會由理事會在適當的時間和地點每三年至少召開一次。經理事會召集或經任何十個締約國向秘書長提出要求，可以隨時舉行大會特別會議。」）

該條的最初未經修正的條文如下：

「一、大會由理事會在適當的時間和地點每年召開一次。經理事會召集或經任何十個締約國向秘書長提出要求，可以隨時舉行大會特別會議。」

二、所有締約國在大會會議上都有同等的代表權，每一締約國應有一票的表決權，締約各國代表可以由技術顧問協助，顧問可以參加會議，但無表決權。

三、大會會議必須有過半數的締約國構成法定人數。除本公約另有規定外，大會決議應由所投票數的過半數票通過。

第四十九條　大會的權力和職責

大會的權力和職責為：

一、在每次會議上選舉主席和其他職員；

二、按照第九章的規定，選舉參加理事會的締約國；

三、審查理事會各項報告，對報告採取適當行為，並就理事會向大會提出的任何事項作出決定；

四、決定大會本身的議事規則，並設置其認為必要的或適宜的各種附屬委員會；

五、按照第十二章的規定，表決本組織的各年度預算，並決定本組織的財務安排；

（這是一九五四年六月十四日大會第八屆會議修正的該條條文；一九五六年十二月十二日起生效。根據公約第九十四條第一款的規定，修正的條文對批准該修正案的國家生效。對未批准該修正案的國家原來的條文依然有效，因此將原條文復述如下：「五、按照第十二章的規定，表決本組織的年度預算，並表決本組織有財務安排；」）

六、審查本組織的支出費用，並批准本組織的賬目；

七、根據自己的決定，將其職權範圍內的任何事項交給理事會、附屬委員會或任何其他機構處理；

八、賦予理事會為行使本組織職責所必需的或適宜的權力和職權，並隨時撤銷或變更所賦予的職權；

九、執行第十三章的各項有關規定；

十、審議有關變更或修正本公約條款的提案。如大會通過此項提案，則按照第二十一章的規定，將此項提案向各締約國建議；

十一、處理在本組織職權範圍內未經明確指定歸理事會處理的任何事項。

第九章　理事會

第五十條　理事會的組成和選舉

一、理事會是向大會負責的常設機構，由大會選出的三十三個締約國組成。大會第一次會議應進行此項選舉，此後每三年選舉一次；當選的理事任職至下屆選舉時為止。

（這是一九七四年十月十四日大會第二十一屆會議修正的該條條文；一九八〇年二月十五日起生效。公約最初條文規定理事會為二十一席。該條隨後於一九六一年六月十九日為大會第十三屆（特別）會議所修正，並於一九六二年七月十七日起生效，規定理事會為二十七席。一九七一年三月十二日大會第十七屆 (A)（特別）會議所批准的另一修正案規定理事會為三十席，該修正案於一九七三年一月十六日起生效。）

二、大會選舉理事時，應給予下列國家以適當代表：㈠在航空運輸方面占主要地位的各國；㈡未包括在其他項下的對提供國際民用航空航行設施作最大貢獻的各國；及㈢未包括在其他項下的其當選可保證世界各主要地理區域在理事會中均有代表的各國。理事會中一有出缺，應由大會盡速補充；如此當選理事的締約國，其任期應為其前任所未屆滿的任期。

三、締約國擔任理事的代表不得同時參與國際航班的經營，或與此項航班有財務上的利害關係。

第五十一條　理事會主席

理事會應選舉主席一人，任期三年，連選可以連任。理事會主席無表決權。理事會應從其理事中選舉副主席一人或數人。副主席代理主席時，仍保留其表決權。主席不一定由理事會成員國代表中選出，但如有一名代表當選，即認為其理事席位出缺，應由其代表的國家另派代表。主席的職責如下：

一、召集理事會，航空運輸委員會及航行委員會的會議；

二、充任理事會的代表；

三、以理事會的名義執行理事會委派給他的任務。

第五十二條　理事會的表決

理事會的決議需經過半數理事同意。理事會對任一特定事項可以授權由其理事組成的一委員會處理。對理事會任何委員會的決議，有關締約國可以向理事會申訴。

第五十三條　無表決權參加會議

任何締約國在理事會及其委員會和專門委員會審議特別影響該國利益的任何問題時，可以參加會議，但無表決權。理事會成員國在理事會審議一項爭端時，如其本身為爭端的一方，則不得參加表決。

第五十四條　理事會必須履行的職能

理事會應：

一、向大會提出年度報告；

二、執行大會的指示和履行本公約為其規定的職責和義務；

三、決定其組織和議事規則；

四、在理事會各成員國代表中選擇任命一對理事會負責的航空運輸委員會，並規定其職責；

五、按照第十章的規定設立一航行委員會；

六、按照第十二章和第十五章的規定管理本組織的財務；

七、決定理事會主席的酬金；

八、按照第十一章的規定，任命一主要行政官員，稱為秘書長，並規定對其他必要工作人員的任用辦法；

九、徵求、搜集、審查並出版關於空中航行的發展和國際航班經營的資料，包括經營的成本，及以公共資金給予空運企業補貼等詳細情形的資料；

十、向締約各國報告關於違反本公約及不執行理事會建議或決定的任何情況；

十一、向大會報告關於一締約國違反本公約而經通告後在一合理的期限內仍未採取適當行動的任何情況；

十二、按照本公約第六章的規定，通過國際標準及建議措施；並為便利起見，將此種標準和措施稱為本公約的附件，並將已採取的行動通知所有締約國；

十三、審議航行委員會有關修改附件的建議，並按照第二十章的規定採取行動；

十四、審議任何締約國向理事會提出的關於本公約的任何事項。

第五十五條　理事會可以行使的職能

理事會可以：

一、在適當的情況下並根據經驗認為需要的時候，在地區或其他基礎上，設立附屬的航空運輸委員會，並劃分國家或空運企業的組別，以便理事會與其一起或通過其促進實現本公約的宗旨；

二、委託航行委員會行使本公約規定以外的職責，並隨時撤銷或變更此種職責；

三、對具有國際意義的航空運輸和空中航行的一切方面進行研究，將研究結果通知各締約國，並促進締約國之間交換有關航空運輸和空中航行的資料；

四、研究有關國際航空運輸的組織和經營的任何問題，包括幹線上國際航班的國際所有和國際經營的問題，並將有關計劃提交大會；

五、根據任何一個締約國的要求，調查對國際空中航行的發展可能出現本可避免的障礙的任何情況，並在調查後發布其認為適宜的報告。

第十章　航行委員會

第五十六條　委員會的提名和任命

航行委員會由理事會在締約國提名的人員中任命委員十五人組成。此等人員對航空的科學知識和實踐應具有合適的資格和經驗。理事會應要求所有締約國提名。航行委員會的主席由理事會任命。

（這是一九七一年七月七日大會第十八屆會議修正的該條條文；一九七四年十二月十九日起生效。公約最初條文規定航行委員會為十二席。）

第五十七條　委員會的職責

航行委員會應：

一、對本公約附件的修改進行審議並建議理事會予以通過；

二、成立技術小組委員會，任何締約國如願意參加，都可指派代表；

三、在向各締約國收集和傳遞其認為對改進空中航行有必要和有用的一切資料方面，向理事會提供意見。

第十一章　人事

第五十八條　人員的任命

在符合大會制訂的一切規則和本公約條款的情況下，理事會確定秘書長及本組織其他人員的任命及任用終止的辦法、訓練、薪金、津貼及服務條件，並可雇用任一締約國國民或使用其服務。

第五十九條　人員的國際性

理事會主席、秘書長以及其他人員對於執行自己的職務，不得徵求或接受本組織以外任何當局的指示。締約各國承允充分尊重此等人員職務的國際性，並不謀求對其任一國民在執行此項職務時施加影響。

第六十條　人員的豁免和特權

締約各國承允在其憲法程序允許的範圍內，對本組織理事會主席、秘書長和其他人員，給以其他國際公共組織相當人員所享受的豁免和特權。如對國際公務人員的豁免和特權達成普遍性國際協定時，則給予本組織理事會主席、秘書長及其他人員豁免和特權，應為該項普遍性國際協定所給予的豁免和特權。

第十二章　財政

第六十一條　預算和開支分攤

（這是一九五四年六月十四日大會第八屆會議修正的該條條文；一九五六年十二月十二日起生效。根據公約第九十四條第一款的規定，修正的條文對批准該修正案的國家生效。對未批准該修正案的國家，原有的條文依然有效。因此將原條文復述如下：「理事會應將年度預算、年度決算和全部收支的概算提交大會。大會應對預算連同其認為應做的修改進行表決，並除按第十五章規定向各國分攤其同意繳納的款項外，應將本組織的開支按照隨時確定的辦法在各締約國間分攤。」）

理事會應將各年度預算、年度決算和全部收支的概算提交大會。大會應對各該預算連同其認為應做的修改進行表決，並除按第十五章規定向各國分攤其同意繳納的款項外，應將本組織的開支按照隨時確定的辦法在各締約國間分攤。

第六十二條　中止表決權

任何締約國如在合理期限內，不向本組織履行其財務上的義務時，大會可以中止其在大會和理事會的表決權。

第六十三條　代表團及其他代表的費用

締約各國應負擔其出席大會的本國代表團的開支，以及由其任命在理事會工作的任何人員及其出席本組織附屬的任何委員會或專門委員會指派人員或代表的報酬、旅費及其他費用。

第十三章　其他國際協定

第六十四條　有關安全的協定

本組織對於在其許可權範圍之內直接影響世界安全的航空事宜，經由大會表決後，可以與世界各國為保持和平而成立的任何普遍性組織締結適當的協定。

第六十五條　與其他國際機構訂立協定

理事會可以代表本組織同其他國際機構締結關於合用服務和有關人事的共同安排的協定，並經大會批准後，可以締結其他便利本組織工作的協定。

第六十六條　關於其他協定的職能

一、本組織並應根據一九四四年十二月七日在芝加哥訂立的國際航班過境協定和國際航空運輸協定所規定的條款和條件，履行該兩項協定為本組織規定的職能。

二、凡大會和理事會成員國未接受一九四四年十二月七日在芝加哥訂立的國際航班過境協定或國際航空運輸協定的，對根據此項有關協定的條款而提交大會或理事會的任何問題，沒有表決權。

第三部分　國際航空運輸

第十四章　資料和報告

第六十七條　向理事會送交報告

締約各國承允，各該國的國際空運企業按照理事會規定的要求，向理事會送交運輸報告、成本統計，以及包括說明一切收入及其來源的財務報告。

第十五章　機場及其他航行設施

第六十八條　航路和機場的指定

締約各國在不違反本公約的規定下，可以指定任何國際航班在其領土內應遵循的航路和可以使用的機場。

第六十九條　航行設施的改進

理事會如認為某一締約國的機場或其他航行設施，包括無線電及氣象服務，對現有的或籌劃中的國際航班的安全、正常、有效和經濟的經營尚不夠完善時，應與直接有關的國家和影響所及的其他國家磋商，以尋求補救辦法，並可對此提出建議。締約國如不履行此項建議時，不應作違反本公約論。

第七十條　提供航行設施費用

一締約國在第六十九條規定所引起的情況下，可以與理事會達成協定，以實施該項建議。該國可以自願擔負任何此項協定所必需的一切費用。該國如不願擔負時，理事會可應該國的請求，同意提供全部或一部分費用。

第七十一條　理事會對設施的提供和維護

如一締約國請求，理事會可以同意全部或部分地提供、維護和管理在該國領土內為其他締約國國際航班安全、正常、有效和經濟的經營所需要的機場及其他航行設施，包括無線電和氣象服務，並提供所需的人員。理事會可以規定使用此項設施的公平和合理的費用。

第七十二條　土地的取得或使用

經締約國請求由理事會全部或部分提供費用的設施，如需用土地時，該國應自行供給，如願意時可保留此項土地的所有權，或根據該國法律，按照公平合理的條件，對理事會使用此項土地給予便利。

第七十三條　開支和經費的分攤

理事會在大會根據第十二章撥給理事會使用的經費範圍內，可以從本組織的總經費中為本章的目的支付經常費用。本章的目的所需的資金，由理事會按預先同意的比例在一合理期間內，向使用此項設施的空運企業所屬的並同意承擔的締約國分攤。理事會也可以向同意承擔的國家分攤任何必需的周轉金。

第七十四條　技術援助和收入的利用

理事會經一締約國的要求為其墊款、或全部或部分地提供機場或其他設施時，經該國同意，可以在協定中規定在機場及其設施的管理和經營方面予以技術援助；並規定從

經營機場及其他設施的收入中，支付機場及其他設施的業務開支、利息及分期償還費用。

第七十五條　從理事會接收設備

締約國可以隨時解除其按照第七十條所擔負的任何義務，償付理事會按情況認為合理的款額，以接收理事會根據第七十一條和第七十二條規定在其領土內設置的機場和其他設施。如該國認為理事會所定的數額不合理時，可以對理事會的決定向大會申訴，大會可以確認或修改理事會的決定。

第七十六條　款項的退還

理事會根據第七十五條收回的款項及根據第七十四條所得的利息和分期償還款項，如原款是按照第七十三條由各國墊付，應由理事會決定按照各該國原墊款的比例退還各該國。

第十六章　聯營組織和合營航班

第七十七條　允許聯合經營組織

本公約不妨礙兩個或兩個以上締約國組成航空運輸的聯營組織或國際性的經營機構，以及在任何航線或地區合營航班。但此項組織或機構的合營航班，應遵守本公約的一切規定，包括關於將協定向理事會登記的規定。理事會應決定本公約關於航空器國籍的規定以何種方式適合於國際經營機構所用的航空器。

第七十八條　理事會的職能

理事會可以建議各有關締約國在任何航線或任何地區建立聯合組織經營航班。

第七十九條　參加經營組織

一國可以通過其政府或由其政府指定的一家或幾家空運企業，參加聯營組織或合營安排。此種企業可以是國營、部分國營或私營，安全由有關國家自行決定。

第四部分　最後條款

第十七章　其他航空協定

第八十條　巴黎公約和哈瓦那公約

締約各國承允，如該國是一九一九年十月十三日在巴黎簽訂的空中航行管理公約或一九二八年二月二十日在哈瓦那簽訂的商業航空公約的締約國，則在本公約生效時，立即聲明退出上述公約。在各締約國間，本公約即代替上述巴黎公約和哈瓦那公約。

第八十一條　現行協定的登記

本公約生效時，一締約國和任何其他國家間，或一締約國空運企業和任何其他國家或其他國家空運企業間的一切現行航空協定，應立即向理事會登記。

第八十二條　廢除與本公約抵觸的協定

　　締約各國承認本公約廢除了彼此間所有與本公約條款相抵觸的義務和諒解，並承允不再承擔任何此類義務和達成任何此類諒解。一締約國如在成為本組織的成員國以前，曾對某一非締約國或某一締約國的國民或非締約國的國民，承擔了與本公約的條款相抵觸的任何義務，應立即採取步驟，解除其義務。任何締約國的空運企業如已經承擔了任何此類與本公約相抵觸的義務，該空運企業所屬國應以最大努力立即終止該項義務，無論如何，應在本公約生效後可以合法地採取這種行動時，終止此種義務。

第八十三條　新協定的登記

　　任何締約國在不違反前條的規定下，可以訂立與本公約各規定不相抵觸的協定。任何此種協定，應立即向理事會登記，理事會應盡速予以公佈。

第八十三條之一　職責和義務的轉移（一九八○年十月六日，大會修正芝加哥公約，增加第八十三條分條。該條尚未生效。）

　　一、儘管有第十二條、第三十條、第三十一條和第三十二條第一款的規定，當在一締約國登記的航空器由在另一締約國有主營業所或永久居所的經營人根據租用、包用或互換航空器的協定或者任何其他類似協定經營時，登記國可以與該另一國通過協定，將第十二條、第三十條、第三十一條和第三十二條第一款賦予登記國對該航空器的職責和義務轉移至該另一國。登記國應被解除對已轉移的職責和義務的責任。

　　二、上述協定未按照第八十三條的規定向理事會登記並公佈之前，或者該協定的存在和範圍未由協定當事國直接通知各有關締約國，轉移對其他締約國不發生效力。

　　三、上述第一款和第二款的規定對第七十七條所指的情況同樣適用。

第十八章　爭端和違約

第八十四條　爭端的解決

　　如兩個或兩個以上締約國對本公約及其附件的解釋或適用發生爭議，而不能協商解決時，經任何與爭議有關的一國申請，應由理事會裁決。理事會成員國如為爭端的一方，在理事會審議時，不得參加表決。任何締約國可以按照第八十五條，對理事會的裁決向爭端他方同意的特設仲裁庭或向常設國際法院上訴。任何此項上訴應在接獲理事會裁決通知後六十天內通知理事會。

第八十五條　仲裁程式

　　對理事會的裁決上訴時，如爭端任何一方的締約國，未接受常設國際法院的規約，而爭端各方的締約國又不能在仲裁庭的選擇方面達成協定，爭端各方締約國應各指定一仲裁員，再由仲裁員指定一仲裁長。如爭端任何一方的締約國從上訴之日起三個月內未能指定一仲裁員，理事會主席應代替該國從理事會所保存的合格的並可供使用的人

員名單中，指定一仲裁員，如各仲裁員在三十天內對仲裁長不能達成協定，理事會主席應從上述名單中指定一仲裁長。各仲裁員和該仲裁長應即聯合組成一仲裁庭。根據本條或前條組成的任何仲裁庭，應決定其自己的議事程序，並以多數票作出裁決。但理事會如認為有任何過分延遲的情形，可以對程式問題作出決定。

第八十六條　上訴

除非理事會另有決定，理事會對一國際空運企業的經營是否符合本公約規定的任何裁決，未經上訴撤銷，應仍保持有效。關於任何其他事件，理事會的裁決一經上訴，在上訴裁決以前應暫停有效。常設國際法院和仲裁庭的裁決，應為最終的裁決並具有約束力。

第八十七條　對空運企業不遵守規定的處罰

締約各國承允，如理事會認為一締約國的空運企業未遵守根據前條所作的最終裁決時，即不准該空運企業在其領土之上的空氣空間飛行。

第八十八條　對締約國不遵守規定的處罰

大會對違反本章規定的任何締約國，應暫停其在大會和理事會的表決權。

第十九章　戰爭

第八十九條　戰爭和緊急狀態

如遇戰爭，本公約的規定不妨礙受戰爭影響的任一締約國的行動自由，無論其為交戰國或中立國。如遇任何締約國宣佈其處於緊急狀態，並將此事通知理事會，上述原則同樣適用。

第二十章　附件

第九十條　附件的通過和修正

一、第五十四條第十二款所述的附件，應經為此目的而召開的理事會會議三分之二的票數通過，然後由理事會將此種附件分送締約各國。任何此種附件或任何附件的修正案，應在送交締約各國後三個月內，或在理事會所規定的較長時期終了時生效，除非在此期間有半數以上締約國向理事會表示反對。

二、理事會應將任何附件或其修正案的生效，立即通知所有締約國。

第二十一章　批准、加入、修正和退出

第九十一條　公約的批准

一、本公約應由各簽署國批准。批准書應交存美利堅合眾國政府檔案處，該國政府應將交存日期通知各簽署國和加入國。

二、本公約一經二十六個國家批准或加入後，在第二十六件批准書交存以後第三十天

起即在各該國間生效。以後每一國家批准本公約，在其批准書交存後第三十天起對該國生效。

三、美利堅合眾國政府應負責將本公約的生效日期通知各簽署國和加入國。

第九十二條　公約的加入

一、本公約應對聯合國成員國、與聯合國有聯繫的國家以及在此次世界戰爭中保持中立的國家開放加入。

二、加入本公約應以通知書送交美利堅合眾國政府，並從美利堅合眾國政府收到通知書後第三十天起生效，美利堅合眾國政府並應通知締約各國。

第九十三條　准許其他國家參加

第九十一條和第九十二條第一款規定以外的國家，在世界各國為保持和平所設立的任何普遍性國際組織的許可下，經大會五分之四的票數通過並在大會可能規定的各種條件下，准許參加本公約；但在每一情況下，應以取得在此次戰爭中受該請求加入的國家入侵或攻擊過的國家的同意為必要條件。

第九十三條之一（一九四七年五月二十七日，大會決定修正芝加哥公約，增加第九十三條分條。根據公約第九十四條第一款的規定，該修正案於一九六一年三月二十日起對批准該修正案的國家生效。）

一、儘管有以上第九十一條、第九十二條和第九十三條的規定。

　　㈠一國如聯合國大會已建議將其政府排除出由聯合國建立或與聯合國有聯繫的國際機構，即自動喪失國際民用航空組織成員國的資格；

　　㈡一國如已被開除出聯合國，即自動喪失國際民用航空組織成員國的資格，除非聯合國大會對其開除行動附有相反的建議。

二、一國由於上述第一款的規定而喪失國際民用航空組織成員國的資格，經申請，由理事會多數通過，並得到聯合國大會批准後，可以重新加入國際民用航空組織。

三、本組織的成員國，如被暫停行使聯合國成員國的權利和特權，根據聯合國的要求，應暫停其本組織成員國的權利和特權。

第九十四條　公約的修正

一、對本公約所建議的任何修正案，必須經大會三分之二票數通過，並在大會規定數目的締約國批准後，對已經批准的國家開始生效。規定的國家數目應不少於締約國總數的三分之二。

二、如大會認為由於修正案的性質而有必要時，可以在其建議通過該修正案的決議中規定，任何國家在該修正案生效後規定的時期內未予批准，即喪失其為本組織成員國及公約參加國的資格。

第九十五條　退出公約

一、任何締約國在公約生效後三年，可以用通知書通知美利堅合眾國政府退出本公約，

美利堅合眾國政府應立即通知各締約國。

二、退出公約從收到通告書之日起一年後生效，並僅對宣告退出的國家生效。

第二十二章　定義

第九十六條

就本公約而言：

一、「航班」指以航空器從事乘客、郵件或貨物的公共運輸的任何定期航班。

二、「國際航班」指經過一個以上國家領土之上的空氣空間的航班。

三、「空運企業」指提供或經營國際航班的任何航空運輸企業。

四、「非商業性降停」指任何目的不在於上下乘客、貨物或郵件的降停。

公約的簽署

下列全權代表經正式授權，各代表其本國政府在本公約上簽署，以資證明，簽署日期到於署名的一側。

本公約以英文於一九四四年十二月七日訂於芝加哥。以英文、法文、西班牙文和俄文寫成的各種文本具有同等效力。這些文本存放於美利堅合眾國政府檔案外，由該國政府將經過認證的副本分送在本公約上簽署或加入本公約的各國政府。本公約應在華盛頓（哥倫比亞特區）開放簽署。

17.航空器上所犯罪行及若干其他行為公約【東京公約】

1.本公約於一九六三年九月十四日制定、一九六六年十二月四日生效。

2.我國於一九六三年九月十四日簽署、一九六六年二月二日批准、一九六六年六月二十八日向民航組織存放、一九六九年十二月三日對我生效。

本公約之締約國經議定條款如下：

第一章　公約範圍

第一條

一、本公約應適用於

㈠觸犯刑法之犯罪行為；

㈡行為之不論犯罪與否，而可能或確實危害航空器或其所載人員或財產之安全者，或危害航空器上之良好秩序與紀律者。

二、除第三章另有規定外，本公約應適用於任一締約國所登記航空器上任何人，於該航空器在飛航之中，或在公海上面或任何一國領域以外之其他區域所犯罪行或其他行為。

三、本公約所稱航空器在飛航中者，指航空器自開始使用動力準備起飛之時起，至降落滑行終了之時止。

四、本公約不適用於軍事、海關或警察勤務所用之航空器。

第二條

在不妨礙第四條之規定且除對航空器或其所載人員或財產之安全有必需者外，本公約之規定，不得解釋為對於有關政治性或基於種族或宗教歧視之刑事法律有違反行為者，作授權或需採任何行動之依據。

第二章　管轄區

第三條

一、航空器登記國有權管轄該航空器上所犯罪行及行為。

二、各締約國應採取必要措施，以登記國之資格對於在該國登記之航空器上所犯罪行行使其管轄權。

三、本公約並不排除依本國法而行使之任何刑事管轄權。

第四條

除下列情形外，凡非航空器登記國之締約國不得干涉在飛航中之航空器，以行使其對該航空器上所犯罪行之刑事管轄權：

㈠犯罪行為係實行於該締約國領域以內者；

㈡犯罪行為係由於或對於該締約國之國民或其永久居民所為者；

㈢犯罪行為係違害該締約國之安全者；

㈣犯罪行為係違反該締約國有關航空器飛航或操作之任何有效規章者；

㈤管轄權之行使係確保讓締約國履行某項多邊國際協定任何義務所必需者。

第三章　航空器正駕駛員之職權

第五條

一、本公約之規定不適用於飛航在登記國之上空或在公海上空或不屬於任何國家之領域上空之航空器上所載人員已犯或準備作犯罪或其他行為。但最後起飛地或次一預定降落地係在登記國以外之國家，或該航空器嗣後飛航於登記國以外之國家上空而仍乘載該行為人者不在此限。

二、不論第一條第三項之規定如何，為本章之目的，航空器自登機後將其所有外邊機門關閉之時起至啟開任一機門卸客之時止，應認為在飛航中。遇強迫降落時，本章之規定對於在該航空器上所犯罪行及行為仍應繼續適用，直至某一國家之主管官署接管對該航空器及其所載人員與財產之責任為止。

第六條

一、航空器正駕駛員如有正當理由可以相信某人在該航空器上已犯，或正準備犯第一
條第一款所稱罪行或行為，得對該人採取合理措施包括必要之約束，以便：
㈠保護航空器，或其所載人員或財產之安全；或
㈡維持航空器上之良好秩序與紀律；或
㈢使其能依本章之規定將該人交付主管官署或予以卸下。
二、航空器正駕駛員得要求或授權航空器上其他航空人員之協助，並得請求或授權，
但不得要求乘客之協助，以約束其應予約束之人。航空器之任何航空人員或乘客
縱未經此項授權，如其有正當理由可以相信該項行動為保護航空器或其所載人員
或財產之安全所急需者，亦得採取合理預防措施。

第七條

一、依第六條加於某人之約束措施，除下列情形外，不得繼續至超出航空器降落地點
以外：
㈠該一地點係在非締約國領域以內而其官署不准卸下該行為人或該項措施係依第
六條第一項㈢款以便交付主管官署而採取者；
㈡航空器作強迫降落而其正駕駛員不克將行為人交付主管官署者；或
㈢該行為人同意在約束之下繼續載運者。
二、航空器正駕駛員應儘速，並儘可能於降落某國之前，以其航空器上載有依第六條
受約束處分之人之事實及約束之理由，通知該國官署。

第八條

一、航空器正駕駛員為第六條第一項㈠款或㈡款之目的而有必要時，得在航空器降落
之任何國家領域內，卸下其有正當理由可以相信已在航空器上犯有或正準備犯第
一條第一項㈡款所稱之行為人。
二、航空器正駕駛員應將依本條規定卸下之人之事實及理由報告其卸下國之官署。

第九條

一、航空器正駕駛員依其個人意見，認為有正當理由堪信任何人在航空器上已犯有登
記國刑法之重大罪嫌者，得於降落地將該行為人交付於該地所屬締約國之主管官
署。
二、航空器正駕駛員於可能時應儘速於降落某締約國之前，將其航空器上所載之人依
照前項規定擬予交付之意思及其理由，通知該締約國官署。
三、航空器正駕駛員應將依本條之規定所交付之疑犯，依照該航空器登記國之法律而
以其合法保有之證據及資料供給其交付疑犯之官署。

第十條

航空器正駕駛員、其他航空人員、任何乘客、航空器所有人或營運人、或代其辦理飛
航之人，依本公約而採取之行動，在各項法律程式中，均不應為對某人採取行動而使

該人遭受之待遇負責。

第四章　非法劫持航空器

第十一條

一、如航空器上有人藉暴力威脅非法犯干涉、劫持或其他不正當控制飛航中之航空器之行為，或正準備犯此項行為者，締約國應採取一切適當措施，使合法正駕駛員恢復或保持其對航空器之控制。

二、遇前項所稱之情形，該航空器所降落之締約國應儘速准許乘客及航空器航空人員繼續其行程，並應歸還航空器及其所載貨物於合法之持有人。

第五章　國家之權義

第十二條

任何締約國應准許在另一締約國登記之航空器正駕駛員，依第八條第一項卸下任何人。

第十三條

一、凡航空器正駕駛員依第九條第一項所交付之人，任何締約國應予接收。

二、經認為情況有此項需要時，任何締約國應看守或採取其他措施，以確保第十一條第一項所稱行為疑犯以及其接收之任何人之在場。看守及其他措施應照該締約國法律所定者辦理，但僅可繼續至合理必需之時間為止，俾得進行任何刑事或引渡程式。

三、凡依前項被看守之人，應予協助其立即與其所屬國家最近之適當代表通訊。

四、凡依第九條第一項以疑犯交與之任何締約國，或犯有第十一條第一項所稱行為之後航空器降落於其領土內之國家，應立即對事實作初步之調查。

五、凡依本條看守某一人之國家，應立即通知航空器登記國及被扣留人員所屬之國家，如認為合宜時，並以該人被看守之事實暨其遭致扣留之情況通知其他有關國家。凡作本條第四項所稱初步調查之國家應迅將其調查結果報告上述諸國並表示其有意行使管轄權與否。

第十四條

一、任何人依第八條第一項而被卸下，或依第九條第一項而被交付，或其人於犯第十一條所稱行為之後卸下，並其人不克或不願繼續其航程，且降落國不准其入境時，如有人非為其本國人民或永久居民，該國得將其遣返至其所屬國家或為永久居民之國家，或其空運航程開始之國家。

二、關係人之卸下，或交付，或看守或採取第十三條第二項所稱措施，或遣返，均不得視為該締約國有關人員入境及許可之本國法已准許其入境，且本公約之規定不影響締約國有關驅逐人員出境之法律。

第十五條

一、不妨礙第十四條之規定,凡依第八條第一項被卸下或依第九條第一項被交付之人,或於犯第十一條第一項所稱行為之後而已卸下之人,並該人願繼續其行程時,除非該降落國法律為引渡或刑事程式之目的而要求該人在場者外,應享有自由儘速前往其所選擇之任何目的地。

二、不妨礙締約國關於入境許可,以及引渡與驅逐出境之法律,凡依第八條第一項被卸下,或依第九條第一項被交付,或犯第十一條第一項所稱行為之嫌疑而已卸下於該國領土之人,該國對於該人之保護與安全方面所給予之待遇,應不次於在同樣情形下給予其本國人民者。

第六章　其他規定

第十六條

一、凡在一締約國登記之航空器上所犯罪行,為引渡之目的,應視為不僅在發生罪行地點之犯罪,抑且為在該航空器登記國領土之犯罪。

二、不妨礙前項之規定,本公約不得視為造成准許引渡之義務。

第十七條

締約國於有關航空器上所犯罪行採取調查或逮捕等措施或行使其他管轄權時,應適當顧及飛航之安全及其他利益,並應採取行動,以避免航空器、乘客、航空器上航空人員或貨物之不必要延誤。

第十八條

如締約國間設立共同經營航空運輸之組織或國際經營機構,而其所營運航空器並不登記於該等國家中之任何一個,則應視案件情形,為本公約之目的,指定其中一國作為航空器登記國,並以之通知國際民用航空組織,國際民用航空組織應以此項通知分送參加本公約之所有締約國。

第七章　最後條款

第十九條

本公約在依第二十一條規定生效之日止,應聽由當日為聯合國或其專門機關之會員國代表之簽署。

第二十條

一、本公約應由簽署國依其憲法程式批准之。

二、批准書應存放於國際民用航空組織。

第二十一條

一、本公約一俟簽署國之十二個國家存放批准書時,應於存放第十二件批准書後之第

九十日在該等國家之間生效。自此以後，本公約對每一批准國應於其存放批准書後之第九十日生效。

二、本公約一俟生效時，應由國際民用航空組織向聯合國秘書長登記之。

第二十二條

一、本公約生效後，應聽由聯合國會員國或其專門機關之會員國加入。

二、加入國家應存放其加入書於國際民用航空組織並應於存放後之第九十日生效。

第二十三條

一、締約國得通知國際民用航空組織廢止本公約。

二、廢止應於國際民用航空組織收到廢止通知書後六個月生效。

第二十四條

一、遇兩個或兩個以上締約國之間關於本公約之解釋或適用發生爭議，而不能以談判解決時，該項爭議經其中一方之請求，應提交仲裁。自請求仲裁之日起，如當事國不克於六個月內同意仲裁之組織，則當事國之任何一方得依國際法院規約之規定將該項爭議提交該法院。

二、每一國家於簽署或批准或加入本公約時，得聲明不受前項之拘束。其他締約國對於曾作此項保留之締約國不受前項之拘束。

三、凡依前項曾作保留之締約國得於任何時間通知國際民用航空組織撤回該項保留。

第二十五條

除第二十四條之規定外，對本公約不得作保留。

第二十六條

國際民用航空組織應以下列事項通知聯合國或其專門機關之各會員國：

一、本公約之任何簽署及其日期；

二、批准書或加入書之存放及其日期；

三、本公約依第二十一條第一款規定之生效日期；

四、廢止通知書之收到及其日期；以及

五、依第二十四條所作聲明或通知之收到及其日期。

為此，後列全權代表經妥當授權後，爰簽署本公約，以昭信守。

一九六三年九月十四日訂於東京，以英文、法文、西班牙文分繕三種正本。

本公約應存放於國際民用航空組織，依第十九條之規定，公開供簽署之用，該組織並應將正式副本分送聯合國或其專門機關之各會員國。

18.制止非法劫持航空器公約【海牙公約】

1.一九七〇年十二月十六日制定

2.我國曾於一九七〇年十二月十六日簽署、一九七二年六月二十一日批准、一九七二年七月

二十七日向美國務院存放、一九七二年八月二十六日生效。

前言

本公約各締約國，

鑒於劫持或行使控制飛行中航空器之非法行為，危及人身及財產之安全，嚴重影響空運業務之營運，並損害世界人民對於民航安全之信心；

鑒於此等行為之發生為一極受關切之事件；

鑒於為防止此等行為起見，規定適當措施以懲罰犯罪者乃屬迫切之需要；

爰經議定條款如下：

第一條

任何人在飛行中之航空器上有下列各項行為者為犯罪（以下簡稱「該項犯罪」）：

一、藉武力或威脅，或以任何其他方式之威嚇對該航空器非法劫持或行使控制，或企圖行使任何此項行為，或

二、為行使或企圖行使任何此項行為者之同謀。

第二條

每一締約國擔允使該項犯罪受嚴屬之懲罰。

第三條

一、就適用本公約而言，航空器自搭載後關閉其所有外門之時刻起至為卸載而開啟任何上述之門止，視為該航空器在飛行中。遇強迫降落時，在主管機關接到該航空器及其上人員與財產之責任以前，該項飛行應視為繼續。

二、本公約不適用於供軍事、海關或警察勤務使用之航空器。

三、本公約僅適用於發生犯罪之航空器之起飛地或實際降落地係在該航空器登記國領域之外者；而不論該航空器係從事國際或國內飛行。

四、在第五條所述之情況下，如發生犯罪之航空器之起飛地及實際降落地係在同一國家領域之內，而該國係該條所稱國家之一者，本公約不適用之。

五、縱有本條第三及第四項之規定，若該犯罪者或疑犯係在該航空器登記國以外之某一國家領域內被發現，不論該航空器之起飛地及實際降落地為何，應適用第六、七、八及十條之規定。

第四條

一、每一締約國應採取必要措施，對犯罪及與該犯罪有關之疑犯，對乘客或機員所犯任何其他暴行，在下列情形下，建立其管轄權：

㈠當犯罪係在該國登記之航空器上發生時；

㈡當發生犯罪之航空器在其領域內降落而該疑犯仍在航空器上時；

㈢當犯罪係發生在出租之航空器而無機員隨機時，該承租人有其主要營業地，或

　　雖無該項營業地而其永久居住所在該國者。

二、當疑犯在其領域內出現而未依照第八條之規定將其引渡至本條第一項所稱之國家時，每一締約國亦應採取必要之措施，對該項犯罪建立其管轄權。

三、本公約並不排除任何依國內法所行使之任何刑事管轄權。

第五條

建立聯合空運營運組織或國際營運機構之締約國，其營運之航空器，須經聯合或國際登記者，應以適當方法，對每一航空器指定其中之一國行使管轄權，並就適用本公約而言，為具有登記國之屬性，且應通知國際民航組織，該組織應將該項通知，傳送本公約之所有締約國。

第六條

一、在情況許可之下，任何締約國，當犯罪者或疑犯在其領域內出現時，應將其拘禁，或採取其他措施，俾確保其到場，該項拘禁及其他措施應依該國法律規定行之，但僅得持續至能進行一刑事或引渡程序之時為止。

二、該國應立即進行事實之初步調查。

三、依本條第一項之規定受拘禁者，應受到協助，使立即與其距離最近其所屬國之代表通訊連繫。

四、當一國依本條規定對某人已拘禁時，應立即將其受拘禁之事實及需要將其拘禁時之情況，通知航空器登記國、第四條第一項第三款所稱之國，受拘禁人之國籍國、及其他有關國家。依本條第二項規定進行初步調查之國家，應將其調查結果迅即通知上述國家，並應表明其是否行使管轄權。

第七條

在其領域內發現疑犯之締約國，如不將該疑犯引渡，則無論該項犯罪是否在其領域內發生，應無任何例外將該案件送交其主管機關俾予以起訴。該等機關應照在其國內法下任何嚴重性之一般犯罪之相同方式裁決之。

第八條

一、該項犯罪應視為包括於締約國間現行引渡條約中一種可引渡之犯罪。締約國擔允於將來彼此間所締結之每一引渡條約中將該項犯罪列為可以引渡之犯罪。

二、若以引渡條約之存在為引渡條件之締約國，接到與該國無引渡條約存在之其他締約國之請求引渡時，得自行考慮以本公約為有關該項犯罪引渡之法律基礎。引渡應遵照該被請求引渡國法律所規定之其他條件。

三、不以條約之存在為引渡條件之各締約國，應遵照被請求引渡國法律所規定之條件，承認該項犯罪為彼此間可引渡之罪。

四、為使締約國間引渡起見，該項犯罪應被視為不僅係在發生之地之犯罪，且係在依第四條第一項建立彼等管轄權之國家領域內之犯罪。

第九條

一、當第一條第一款所稱之任何行為已發生或即將發生時,締約國應採取一切適當措施,將該航空器之控制歸還於合法之機長,或保持該機長對該航空器之控制。

二、在前述情況下,航空器或其乘客或機員所在之任何締約國,應儘可能便利乘客及機員繼續其旅程,並應即刻將該航空器及其裝載之貨物歸還於其合法之所有人。

第十條

一、締約國對於有關該項犯罪及第四條所稱之其他行為所提起之刑事訴訟程序,應相互給予最大之協助。被請求國之法律應適用於所有案件。

二、本條第一項之規定應不影響任何其他雙邊或多邊條約之義務下所規定或將規定全部或部份之刑事事項之互助。

第十一條

每一締約國應依其國內法儘速將其所獲之下列有關資料向國際民航組織理事會報告:
㈠該項犯罪之情況;㈡依第九條所採之行動;㈢對犯罪者及疑犯所採取之措施,尤其是任何引渡程序或其他法律程序之結果。

第十二條

一、兩國或兩國以上締約國間關於本公約之解釋或適用所引起之任何爭執,如無法經由談判獲致解決,在其中一國之請求下,應提交仲裁。自請求仲裁之日起六個月內,當事國如未能同意仲裁之組成,當事國之一得依國際法院規約之規定以請求書將該爭執交付國際法院。

二、每一締約國在簽字、批准或加入本公約時,得聲明其不受前項之約束。其他締約國對曾作上述保留之任何國家應不受前項之約束。

三、曾依前項作保留之任何締約國,得隨時通知存放國政府取消其保留。

第十三條

一、本公約應於一九七○年十二月十六日在海牙聽由參加自一九七○年十二月一日至十六日在海牙舉行之航空法國際會議(以下簡稱海牙會議)之國家簽署。一九七○年十二月三十一日以後,本公約應聽由所有國家在莫斯科、倫敦及華盛頓簽署。在依本條第三項公約生效之前未簽署本公約之國家得隨時加入。

二、本公約應由簽署國加以批准。批准書及加入書應存放於經指定為存放政府之蘇聯、英國及美國政府。

三、本公約應於參加海牙會議之十個簽署國存放其批准書之日後三十日生效。

四、對其他國家而言,本公約應於依本條第三項生效之日起生效,或任何稍後存放其批准書或加入書之日後三十日起生效。

五、存放國政府應將每一簽署之日期,每一批准書或加入書之存放日期、本公約之生效日期及其他事項迅速通知所有簽字國及加入國。

六、一俟本公約生效，應由存放國政府依聯合國憲章第一○二條及國際民航公約（一九四四年訂於芝加哥）第八十三條之規定辦理登記。

第十四條

一、任一締約國得以書面通知存放國政府廢止本公約。

二、廢止應自存放國政府收到通知書後六個月生效。

為此，下列全權代表各經其本國政府正式授權，爰簽字於本公約，以昭信守。

公曆一千九百七十年十二月十六日訂於海牙，共三份原本，各以英文、法文、俄文及西班牙文繕寫正文。

19.制止危害民航安全之非法行為公約【蒙特婁公約】

1.本公約於一九七一年九月二十三日制定。

2.我國於一九七一年九月二十三日簽署、一九七二年七月三日批准、一九七二年十二月二十七日存放於美國政府。

本公約各締約國，

鑒於危害民航安全之非法行為，危及人身及財產之安全，嚴重影響空運業務之營運，並損害世界人民對於民航安全之信心；

鑒於此等行為之發生為一極受關切之事件；

鑒於為防止此等行為起見，規定適當措施以懲罰犯罪者乃屬迫切之需要；

爰經議定條款如下：

第一條

一、任何人非法或故意為下列行為者為犯罪：

　㈠對在飛行中之航空器上之人為暴力行為，如該項行為可能危及該航空器之安全者；或

　㈡破壞在使用中之航空器或使該航空器受到損害致無法飛行或可能危及其飛行之安全者；或

　㈢不論以何種方法在使用中之航空器上，放置或致使放置可能破壞該航空器、或使其遭受損害致不能飛行、或使其遭受損害致可能危及其飛行安全之器械或物質者；或

　㈣破壞或損害飛航設備或干擾其活動，如任何此項行為可能危及飛行中航空器之安全者；或

　㈤傳送其所知為不實之情報，因而危及飛行中航空器之安全者。

二、任何人如有下列行為亦為犯罪：

　㈠企圖犯本條第一項所列之任何罪行；或

㈡係犯或企圖犯任何該項罪行者之從犯。

第二條

就適用本公約而言：

㈠航空器自搭載後關閉其所有外門之時起，至為卸載而開啟任何上述之門止，視為在飛行中；遇強迫降落時，在主管機關接管該航空器及其上人員與財產之責任以前，該項飛行應視為繼續。

㈡航空器自地勤人員或空勤人員為特定飛行前開始作該航空器之飛行前準備起，至降落後二十四小時止，視為在使用中；在任何情形下，此項使用期間應延伸至依本條第一項所定該航空器在飛行中之全部期間。

第三條

每一締約國承諾使第一條所列之犯罪受嚴厲之懲罰。

第四條

一、本公約不適用於供軍事、海關或警察勤務使用之航空器。

二、在第一條第一項第㈠㈡㈢及㈤款所述之情況下，不論該航空器係從事國際或國內飛行，本公約僅適用於：

　㈠航空器起飛地、實際或意圖降落地位於該航空器登記國領域之外者；或

　㈡該項犯罪係發生在該航空器登記國以外之某一國領域內。

三、縱有本條第三項之規定，在第一條第一項第㈠㈡㈢及㈤款所述之情況下，若該罪犯或嫌疑犯係在該航空器登記國以外之某一國領域內發現，本公約亦應適用之。

四、關於第九條所稱之國家及第一條第一項第㈠㈡㈢及㈤款所稱之情況，如本條第二項第㈠款所列之地點位於同一國領土之內，且該國為第九條所述之國家之一時，除非係在該國以外之某一國領域內犯罪或發現罪犯或嫌疑犯，本公約應不適用。

五、第一條第一項第㈣款所述之情況，本公約僅於飛航設備同於國際航空飛行時適用之。

六、本條第二、三、四及五項之規定亦應適用於第一條第二項所述之情況。

第五條

一、每一締約國應採取必要措施，對下列情形下之犯罪確定其管轄權：

　㈠當犯罪係在該國領域內發生時；

　㈡當犯罪係危害在該國登記之航空器或在其上發生時；

　㈢當發生犯罪之航空器在其領域內降落而該嫌疑犯仍在航空器上時；

　㈣當犯罪係危害或發生在出租之航空器而無機員隨機時，該承租人有其主要營業地在該國或雖無該項營業地而其永久住所設在該國者。

二、當嫌疑犯係在其領域內而未依照第八條之規定將其引渡至本條第一項所稱之國家時，每一締約國亦應採取必要之措施，對第一條第一項第㈠㈡㈢款所列之犯罪，

及第一條第二項所列涉及該等犯罪，確定其管轄權。

三、本公約並不排除依國內法所行使之任何刑事管轄權。

第六條

一、任何締約國，當罪犯或嫌疑犯在其領域內時，在情況許可之下應將其拘禁、或採取其他措施，俾確保其到場。該項拘禁及其他措施應依該國法律規定行之，但僅得持續至能進行一刑事或引渡程式之時為止。

二、該國應立即進行事實之初步調查。

三、依本條第一項之規定受拘禁者，應受到協助，使立即與其距離最近其所屬國有關代表通訊聯繫。

四、依本條之規定，一國業已拘禁某人時，應立即將其受拘禁之事實及為何將其拘禁之情況，通知第五條第一項所稱之國家、受拘禁人之國籍國，及任何其他有關國家。依本條第二項規定進行初步調查之國家，應將其調查所得儘速通知上述國家，並應表明其是否擬行使管轄權。

第七條

在其領域內發現嫌疑犯之締約國，如不將其引渡，則應無任何例外，且不論該項犯罪是否在其領域內發生，將該案件送交其主管機關俾予以起訴。該等機關應依照該國法律所規定之任何嚴重性之一般犯罪之相同方式裁決之。

第八條

一、各該犯罪應視為包括於締約國間現行引渡條約中可以引渡之犯罪。締約國承允於將來彼此間所締結之每一引渡條約中將該犯罪列為可以引渡之犯罪。

二、締約國之以引渡條約之存在為引渡條件者，於接到與該國無引渡條約存在之其他締約國之請求引渡時，得自行考慮以本公約為有關該項犯罪引渡之法律基礎。引渡應遵照該被請求引渡國法律所規定之其他條件。

三、締約國之不以條約之存在為其引渡條件者，應遵照被請求引渡國法律所規定之條件，承認該犯罪為彼此間可引渡之罪。

四、為使締約國間引渡起見，每一項犯罪應不僅視為係在發生地之犯罪，且係屬依第五條第一項第㈡、㈢及㈣款之規定須確定彼等管轄權之國家領域內之犯罪。

第九條

建立聯合空運營運組織或國際營運機構之締約國，其營運之航空器，須經聯合或國際登記者，應以適當方法，對每一航空器，指定其中之一國行使管轄權，並就適用本公約而言為其有登記國之屬性，且應將此通知國際民航組織，該組織應將該項通知傳送本公約之所有締約國。

第十條

一、締約國應依照國際及國內法盡力採取一切可行之措施以防止第一條所稱之犯罪。

二、由於發生第一條所列之犯罪，致航次延誤或中斷時，航空器或其乘客或機員在其領域上之任何締約國，應儘可能便利乘客及機員繼續其旅程，並應即刻將該航空器及其裝載之貨物歸還於其有合法權利之所有人。

第十一條

一、締約國對於有關該項犯罪所提起之刑事訴訟程序，應相互給予最大之協助。被請求國之法律應適用於所有案件。

二、本條第一項之規定，應不影響任何其他雙邊或多邊條約之義務下所規定或將規定全部或部分之刑事事項之互助。

第十二條

任一締約國於確信第一條所列之犯罪將發生時，應依其國內法，同其認為屬於第五條第一項所稱之國家提供其所持有之任何有關情報。

第十三條

每一締約國應依其國內法儘速將其所獲之下列有關資料向國際民航組織理事會報告：

㈠該項犯罪之情況；

㈡依第十條第二項之規定所採取之行動；

㈢對罪犯及嫌疑犯所採取之措施，尤其是任何引渡程序或其他法律程序之結果。

第十四條

一、兩國或兩國以上締約國間關於本公約之解釋或適用所引起之任何爭執，如無法經由談判獲致解決，經其中一國之請求，應提交仲裁。如自請求仲裁之日起六個月內，當事國如未能同意仲裁之組成，當事國之一得依國際法院規約之規定，以請求書將該爭執交付國際法院。

二、每一締約國在簽字、批准或加入本公約時，得聲明不受前項之約束。其他締約國對曾作上述保留之任何國家應不受前項之約束。

三、曾依前項作保留之任何締約國，得隨時通知存放國政府撤銷其保留。

第十五條

一、本公約應於一九七一年九月二十三日在蒙特婁聽由參加自一九七一年九月八日至二十三日在蒙特婁舉行之航空法國際會議（以下簡稱蒙特婁會議）之國家簽署。一九七一年十月十日以後，本公約應聽由所有國家在莫斯科、倫敦及華盛頓簽署。在依本條第三項公約生效之前未簽署本公約之任何國家得隨時加入。

二、本公約應由簽署國加以批准。批准書及加入書應存放於經指定為存放政府之蘇聯、英國及美國政府。

三、本公約應於參加蒙特婁會議之十個簽署國存放其批准書之日後三十日生效。

四、對其他國家而言，本公約應於依本條第三項生效之日起生效，或任何稍後存放其批准書或加入書之日後三十日起生效。

五、存放國政府應將每一簽署之日期、每一批准書或加入書之存放日期、本公約之生效日期及其他事項迅速通知所有簽字國及加入國。

六、一俟本公約生效，應由存放國政府依聯合國憲章第一○二條及國際民航公約（一九四四年於芝加哥）第八十三條之規定辦理登記。

第十六條

一、任一締約國得以書面通知存放國政府廢止本公約。

二、廢止應自存放國政府收到通知書後六個月生效。

為此，下列全權代表各經其本國政府正式授權，爰簽字於本公約，以昭信守。

公曆一千九百七十一年九月二十三日訂於蒙特婁，共三份原本，各以英文、法文、俄文及西班牙文繕寫四份正文。

20.太空物體所造成損害之國際責任公約

1.本公約於一九七一年十一月二十九日制定。

2.我國於一九七二年三月二十九日簽署、一九七二年十二月二十六日批准、一九七三年二月九日存放於美國政府。

本公約締約國，

確認全體人類對於促進為和平目的而從事外空之探測及使用，同表關注，

覆按關於各國探測及使用外空包括月球與其他天體之活動所應遵守原則之條約，

鑒於從事發射外空物體之國家及國際政府間組織雖將採取種種預防性措施，但此等物體可能間或引起損害，

確認亟需制定關於外空物體所造成損害之責任之有效國際規則與程序，以特別確保對此等損害之受害人依本公約規定迅速給付充分及公允之賠償，

深信此種規則與程式之制訂有助於加強為和平目的探測及使用外空方面之國際合作，

爰議定條款如下：

第一條

就適用本公約而言：

(a)稱「損害」者，謂生命喪失，身體受傷或健康之其他損害；國家或自然人或法人財產或國際政府間組織財產之損失或損害；

(b)稱「發射」者，包括發射未遂在內；

(c)稱「發射國」者，謂：(i) 發射或促使發射外空物體之國家；(ii) 外空物體自其領土或設施發射之國家；

(d)稱「外空物體」者，包括外空物體之構成部分以及該物體之發射器與發射器之部分。

第二條

發射國對其外空物體在地球表面及對飛行中之航空機所造成之損害，應負給付賠償之絕對責任。

第三條

遇一發射國之外空物體在地球表面以外之其他地方對另一發射國之外空物體或此種外空物體所載之人或財產造成損害時，唯有損害係由於前一國家之過失或其所負責之人之過失，該國始有責任。

第四條

一、遇一發射國之外空物體在地球表面以外之其他地方對另一發射國之外空物體或此種外空物體所載之人或財產造成損害，並因此對第三國或對第三國之自然人或法人造成損害時，前二國在下列範圍內對第三國應負連帶及個別責任：

　　(a)倘對第三國之地球表面或飛行中之航空機造成損害對第三國應負絕對責任；

　　(b)倘對地球表面以外其他地方之第三國之外空物體或此種物體所載之人或財產造成損害，對第三國所負之責任視前二國中任何一國之過失或任何一國所負責之人之過失而定。

二、就本條第一項所稱負有連帶及個別責任之所有案件而言，對損害所負之賠償責任應按前二國過失之程度分攤之；倘該兩國每造過失之程度無法斷定，賠償責任應由該兩國平均分攤之。此種分攤不得妨礙第三國向負有連帶及個別責任之發射國之任何一國或全體索取依據本公約應予給付之全部賠償之權利。

第五條

一、兩個或兩個以上國家共同發射外空物體時，對所造成之任何損害應負連帶及個別責任。

二、已給付損害賠償之發射國有權向參加共同發射之其他國家要求補償。參加共同發射之國家得就其負有連帶及個別責任之財政義務之分攤，訂立協議。此種協議不得妨礙遭受損害之國家向負有連帶及個別責任之發射國之任何一國或全體索取依據本公約應予給付之全部賠償之權利。

三、外空物體自其領土或設施發射之國家應視為共同發射之參加國。

第六條

一、除本條第二項另有規定者外，絕對責任應依發射國證明損害全部或部分係由求償國或其所代表之自然人或法人之重大疏忽或意在造成損害之行為或不行為所致之程度，予以免除。

二、遇損害之造成係因發射國從事於國際法，尤其是聯合國憲章及關於各國探測及使用外空包括月球與其他天體之活動所應遵守原則之條約不符之活動時，不得免除任何責任。

第七條

本公約之規定不適用於發射國之外空物體對下列人員所造成之損害：

(a)該發射國之國民；(b)外國國民，在自該外空物體發射時或其後之任何階段至降落時為止參加該物體操作之時期內，或在受該發射國之邀請而在預定發射或收回地區緊接地帶之時期內。

第八條

一、一國遭受損害或其自然人或法人遭受損害時得向發射國提出賠償此等損害之要求。

二、倘原籍國未提出賠償要求，另一國得就任何自然人或法人在其領域內所受之損害，同發射國提出賠償要求。

三、倘原籍國或在其領域內遭受損害之國家均未提出賠償要求或通知有提出賠償要求之意思，另一國得就其永久居民所受之損害，同發射國提出賠償要求。

第九條

賠償損害之要求應循外交途徑向發射國提出。一國如與關係發射國無外交關係，得請另一國向該發射國代其提出賠償要求，或以其他方式代表其依本公約所有之利益。該國並得經由聯合國秘書長提出其賠償要求，但以求償國與發射國均係聯合國會員國為條件。

第十條

一、賠償損害之要求得於損害發生之日或認明應負責任之發射國之日起一年內向發射國提出之。

二、一國倘不知悉損害之發生或未能認明應負責任之發射國，得於獲悉上述事實之日起一年內提出賠償要求；但無論如何，此項期間自求償國若妥為留意按理當已知悉此事實之日起不得超過一年。

三、本條第一項及第二項所規定之時限，縱使損害之全部情況尚不知悉，亦適用之。但遇此種情形時，求償國有權在此種時限屆滿以後至知悉損害之全部情況之一年後為止，修訂其要求並提出增補文證。

第十一條

一、依本公約向發射國提出賠償損害要求，無須事先竭盡求償國或其所代表之自然人或法人可能有之一切當地補救辦法。

二、本公約不妨礙一國或其可能代表之自然人或法人向發射國之法院、行政法庭或機關進行賠償要求。但一國已就所受損害在發射國之法院、行政法庭或機關中進行賠償要求者，不得就同一損害，依本公約或依對關係各國均有拘束力之另一國際協定，提出賠償要求。

第十二條

發射國依本公約負責給付之損害賠償額應依照國際法及公正與衡平原則決定，俾就該

項損害所作賠償要求所關涉之自然人或法人，國家或國際組織恢復損害未發生前之原有狀態。

第十三條

除求償國與依照本公約應給付賠償之國家另就賠償方式達成協議者外，賠償之給付應以求償國之貨幣為之，或於該國請求時，以賠償國之貨幣為之。

第十四條

倘賠償要求未能於求償國通知發射國已提出賠償要求文證之日起一年內依第九條規定經由外交談判獲得解決，關係各方應於任一方提出請求時設立賠償要求委員會。

第十五條

一、賠償要求委員會由委員三人組成，其中一人由求償國指派，一人由發射國指派，第三人由雙方共同選派，擔任主席。每一方應於請求設立賠償要求委員會之日起兩個月內指派其人員。

二、倘主席之選派未能於請求設立委員會之日起四個月內達成協議，任一方得請聯合國秘書長另於兩個月期間內指派之。

第十六條

一、倘一當事方未於規定期限內指派其人員，主席應依另一當事方之請求組成單人賠償要求委員會。

二、委員會以任何原因而有委員出缺應依指派原有人員所用同樣程序補實之。

三、委員會應自行決定其程序。

四、委員會應決定其一個或數個開會地點及一切其他行政事項。

五、除單人賠償要求委員會所作決定與裁決外，委員會之一切決定與裁決均應以過半數表決為之。

第十七條

賠償要求委員會之委員人數不得因有兩個或兩個以上求償國或發射國共同參加委員會對任一案件之處理而增加。共同參加之求償國應依單一求償國之同樣方式與同等條件會同指派委員會委員一人。兩個或兩個以上發射國共同參加時，應依同樣方式會同指派委員會委員一人。倘求償國或發射國未在規定期限內指派人選，主席應組成單人委員會。

第十八條

賠償要求委員會應決定賠償要求是否成立，並於須付賠償時訂定應付賠償之數額。

第十九條

一、賠償要求委員會應依照第十二條之規定行事。

二、如各當事方同意，委員會之決定應具確定性及拘束力；否則委員會應提具確定之建議性裁決，由各當事方一秉善意予以考慮。委員會應就其決定或裁決列舉理由。

三、委員會應儘速提出決定或裁決，至遲於委員會成立之日起一年內為之，但委員會
　　認為此項期限有展延必要者不在此限。

四、委員會應公佈其決定或裁決。委員會應將決定或裁決之正式副本送達各當事方及
　　聯合國秘書長。

第二十條

賠償要求委員會之費用應由各當事方同等擔負，但委員會另有決定者不在此限。

第二十一條

倘外空物體所造成之損害對人命有大規模之危險或嚴重干擾人民之生活狀況或重要中
心之功能，各締約國尤其發射國應於遭受損害之國家請求時，審查能否提供適當與迅
速之援助。但本條之規定不影響各締約國依本公約所有之權利或義務。

第二十二條

一、本公約所稱國家，除第二十四條至第二十七條外，對於從事外空活動之任何國際
　　政府間組織，倘該組織聲明接受本公約所規定之權利及義務，且該組織過半數會
　　員國係本公約及關於各國探測及使用外空包括月球與其他天體之活動所應遵守原
　　則之條約之締約國者，均適用之。

二、凡為本公約締約國之任何此種組織會員國應採取一切適當步驟確保該組織依照前
　　項規定發表聲明。

三、倘一國際政府間組織依本公約之規定對損害負有責任，該組織及其會員國中為本
　　公約當事國者應負連帶及個別責任；但：
　　(a)此種損害之任何賠償要求應首先向該組織提出；
　　(b)唯有在該組織於六個月期間內未給付經協議或決定作為此種損害之賠償之應付
　　　數額時，求償國始得援引為本公約締約國之會員國所負給付該數額之責任。

四、凡遵照本公約規定為已依本條第一項發表聲明之組織所受損害提出之賠償要求，
　　應由該組織內為本公約締約國之一會員國提出。

第二十三條

一、本公約之規定對於現行其他國際協定，就此等國際協定各締約國間之關係言，不
　　發生影響。

二、本公約規定不妨礙各國締結國際協定，重申、補充或推廣本公約各條款。

第二十四條

一、本公約應聽由所有國家簽署。凡在本公約依本條第三項發生效力前尚未簽署之任
　　何國家得隨時加入本公約。

二、本公約應由簽署國批准。批准文件及加入文件應送交美利堅合眾國、大不列顛及
　　北愛爾蘭聯合王國及蘇維埃社會主義共和國聯盟政府存放，為此指定各該國政府
　　為保管政府。

三、本公約應於第五件批准文件交存時發生效力。

四、對於在公約發生效力後交存批准或加入文件之國家，本公約應於其交存批准或加入文件之日發生效力。

五、保管政府應將每一簽署之日期、每一批准及加入本公約之文件存放日期、本公約發生效力日期及其他通知迅速知照所有簽署及加入國家。

六、本公約應由保管政府遵照聯合國憲章第一百零二條規定辦理登記。

第二十五條

本公約任何締約國得對本公約提出修正。修正對於接受修正之每一締約國應於多數締約國接受時發生效力，嗣後對於其餘每一締約國應於其接受之日發生效力。

第二十六條

本公約生效十年後應將檢討本公約之問題列入聯合國大會臨時議程，以便參照公約過去實施情形審議是否須作修訂。但公約生效五年後之任何時期，依公約三分之一締約國請求並經締約國過半數之同意，應召開本公約締約國會議以檢討本公約。

第二十七條

本公約任何締約國得在本公約生效一年後以書面通知保管政府退出公約。退出應自接獲此項通知之日起一年後發生效力。

第二十八條

本公約應存放保管政府檔庫，其英文、俄文、法文、西班牙文及中文各本同一作準。

保管政府應將本公約正式副本分送各簽署及加入國政府。

為此，下列代表，各秉正式授予之權，謹簽字於本公約，以昭信守。

本公約共繕三份，於公曆一千九百七十二年三月二十九日訂於華盛頓、倫敦及莫斯科。

21.關於各國探測及使用外空包括月球與其他天體之活動所應遵守原則之條約

1. 本公約於一九六七年一月二十七日制定。

2. 我國於一九六七年一月二十七日簽署、一九七○年六月十一日批准、一九七○年六月二十四日存放。

本條約各當事國，鑒於人類因進入外空之結果，將有偉大之前途，殊深感奮，確認為和平目的探測及使用外空之進展，關係全體人類之共同利益，深信外空之探測及使用應謀造福所有各民族，不論其經濟或科學發展之程度如何，亟願對於為和平目的探測及使用外空之科學及法律方面之廣泛國際合作，有所貢獻，深信此種合作可對各民族間相互諒解之發展及友好關係之增進，有所貢獻，查聯合國大會於一九六三年十二月十三日一致通過題為「關於各國探測及使用外空活動之法律原則宣言」之決議案一九

六二（十八）。又查聯合國大會於一九六三年十月十七日一致通過決議案一八八四（十八），請各國勿將任何載有核武器或任何他種大規模毀滅性武器之物體放入環繞地球之軌道，並勿在天體上裝置此種武器。計及聯合國大會一九四七年十一月三日決議案一一○（二）譴責旨在或足以煽動或鼓動任何對和平之威脅，和平之破壞或侵略行為之宣傳，並認為該決議案適用於外空。確信締結關於各國探測及使用外空包括月球與其他天體之活動所應遵守原則之條約，當可促進聯合國憲章之宗旨與原則。爰議定條款如下：

第一條

探測及使用外空，包括月球與其他天體，應為所有各國之福利及利益進行之，不論其經濟或科學發展之程度如何，並應為屬於全體人類之事。外空，包括月球與其他天體，應任由各國在平等基礎上並依照國際法探測及使用，不得有任何種類之歧視，天體之所有區域應得自由進入。外空，包括月球與其他天體，應有科學調查之自由，各國應便利並鼓勵此類調查之國際合作。

第二條

外空，包括月球與其他天體，不得由國家以主張主權或以使用或佔領之方法，或以任何其他方法，據為己有。

第三條

本條約當事國進行探測及使用外空，包括月球及其他天體之活動，應遵守國際法，包括聯合國憲章在內，以利國際和平與安全之維持及國際合作與諒解之增進。

第四條

本條約當事國承諾不將任何載有核武器或任何他種大規模毀滅性武器之物體放入環繞地球之軌道，不在天體上裝置此種武器，亦不以任何其他方式將此種武器設置外空。

月球與其他天體應由本條約所有當事國專為和平目的使用。於天體上建立軍事基地、裝置及堡壘，試驗任何種類之武器及舉行軍事演習，均所禁止。使用軍事人員從事科學研究或達成任何其他和平目的在所不禁。

使用為和平探測月球與其他天體所需之任何器材或設備，亦所不禁。

第五條

本條約當事國應視航太員為人類在外空之使節，遇航太員有意外事故、危難或在另一當事國境內或公海上緊急降落之情形，應給予一切可能協助。在航太員作此種降落時，應即將其安全而迅速送回外空飛器之登記國。

在外空及天體進行活動時，任一當事國之航太員應給予其他當事國航太員一切可能協助。

本條約當事國應將其在外空，包括月球或其他天體，發現對航太員生命或健康可能構成危險之任何現象，立即通知本條約其他當事國或聯合國秘書長。

第六條

本條約當事國對其本國在外空，包括月球與其他天體之活動，不論係由政府機關或非政府社團進行，負有國際責任，並應負責保證本國活動之實施符合本條約之規定。非政府社團在外空，包括月球與其他天體之活動應經由本條約有關當事國許可並不斷施以監督。國際組織在外空，包括月球與其他天體進行活動時，其遵守本條約之責任應由該國際組織及參加該組織之本條約當事國負擔。

第七條

凡發射或促使發射物體至外空，包括月球與其他天體之本條約當事國，及以領土或設備供發射物體用之當事國對於此種物體或其構成部分在地球、氣空或外空，包括月球與其他天體，加於另一當事國或其自然人或法人之損害應負國際上責任。

第八條

本條約當事國為射入外空物體之登記國者，於此種物體及其所載任何人員在外空或任一天體之時，應保持管轄及控制權。射入外空之物體，包括在天體降落或築造之物體及其構成部分，不因物體在外空，或在天體，或因返回地球而影響其所有權。此項物體或構成部分倘在其所登記之本條約當事國境外尋獲，應送還該當事國；如經請求，在送還物體前，該當事國應先提出證明資料。

第九條

本條約當事國探測及使用外空，包括月球與其他天體，應以合作與互助原則為準繩，其在外空，包括月球與其他天體所進行之一切活動應妥為顧及本條約所有其他當事國之同等利益。本條約當事國從事研究外空，包括月球與其他天體，及進行探測，應避免使其遭受有害之污染及以地球外物質使地球環境發生不利之變化，前於必要時，為此目的，採取適當措施。倘本條約當事國有理由認為該國或其國民計劃在外空，包括月球與其他天體進行之活動或實驗可能對其他當事國和平探測及使用外空，包括月球與其他天體之活動引起有害干擾時，應於進行此種活動或實驗前舉行適當之國際會商。本條約當事國倘有理由認為另一當事國計劃在外空，包括月球與其他天體進行之活動或實驗，可能對和平探測及使用外空，包括月球與其他天體之活動引起有害干擾時，得請求就此種活動或實驗，進行會商。

第十條

為依照本條約宗旨提倡探測及使用外空，包括月球與其他天體之國際合作起見，本條約當事國應於平等基礎上，考慮本條約其他當事國關於欲有觀察各該國所發射太空物體飛行之機會所作之請求。

此項觀察機會之性質及可給予之條件應由關係國家以協議定之。

第十一條

為提倡和平探測及使用外空之國際合作計，凡在外空，包括月球與其他天體進行活動

之本條約當事國同意依最大可能及可行之程度，將此種活動之性質、進行狀況、地點及結果，通知聯合國秘書長、公眾及國際科學界。聯合國秘書長於接獲此項資料後，應準備立即作有效傳播。

第十二條

月球與其他天體上之所有站所、裝置、器材及太空飛器應依互惠原則對本條約其他當事國代表開放。此等代表應將所計擬之視察於合理時間先期通知，俾便進行適當磋商並採取最大預防辦法，以確保安全並避免妨礙所視察設備內之正常作業。

第十三條

本條約各項規定應適用於本條約當事國探測及使用外空，包括月球與其他天體之活動，不論此種活動係由本條約一個當事國進行或與其他國家聯合進行，包括在國際政府間組織範圍內進行者在內。因國際政府間組織從事探測及使用外空，包括月球與其他天體之活動而引起之任何實際問題應由本條約當事國與主管國際組織或與該國際組織內為本條約當事國之一個或數個會員國解決之。

第十四條

一、本條約應由所有國家簽署。凡在本條約依本條第三項發生效力前尚未簽署之任何國家得隨時加入本條約。

二、本條約應由簽署國批准。批准文件及加入文件應送交蘇維埃社會主義共和國聯盟、大不列顛及北愛爾蘭聯合王國及美利堅合眾國政府存放，為此指定各該國政府為保管政府。

三、本條約應於五國政府，包括經本條約指定為保管政府之各國政府，交存批准文件後發生效力。

四、對於在條約發生效力後交存批准或加入文件之國家，本條約應於其交存批准或加入文件之日發生效力。

五、保管政府應將每一簽署之日期，每一批准及加入本條約之文件存放日期，本條約發生效力日期及其他通知迅速知照所有簽署及加入國家。

六、本條約應由保管政府遵照聯合國憲章第一百零二條規定辦理登記。

第十五條

本條約任何當事國得對本條約提出修正。修正對於接受修正之每一當事國應於多數當事國接受時發生效力，嗣後對於其餘每一當事國應於其接受之日發生效力。

第十六條

本條約任何當事國得在本條約生效一年後以書面通知保管政府退出條約。退出應自接獲此項通知之日起一年後發生效力。

第十七條

本條約應存放保管政府檔庫，其英文、中文、法文、俄文及西班牙文各本同一作準。

保管政府應將本條約正式副本分送各簽署及加入國政府。

為此，下列代表，各秉正式授予之權，謹簽字於本條約，以昭信守。

本條約共繕三份，於公曆一千九百六十七年一月二十七日訂於倫敦、莫斯科及華盛頓。

22.關於核損害的民事責任的維也納公約

1.本公約於一九六三年五月二十一日簽訂

2.我國於一九六三年五月二十一日簽署

各締約國，承認有必要制定一些起碼的準則，以便對某些和平利用原子能的情況所造成的損害，提供財政上的保障；相信關於核損害的民事責任的公約也將有助於發展國與國之間的友好關係，不論這些國家的憲法和社會制有何不同；決定為上述目的締結一項公約，並協定如下：

第一條

一、在本公約內：

(一)「人」係指任何個人、合夥公司、任何組成公司或沒有組成公司的私人或公共團體、根據裝置國法律享有法人資格的任何國際組織以及任何國家或其任何組成部分。

(二)「締約國國民」包括一個締約國或其任何組成部分、合夥公司或在一個締約國領土內建立的任何組成公司的或沒有組成公司的私人或公共團體。

(三)「管理人」，就核裝置而言，係指由裝置國指派或認可的管理核裝置的人。

(四)「裝置國」，就核裝置而言，係指其領土內設有裝置的締約國，或者，如裝置未設在任何締約國的領土內，則係指管理或授權管理核裝置的締約國。

(五)「主管法院的法律」係指本公約規定的有管轄權的法院的法律，包括這種法律對法律衝突作出的任何規定。

(六)「核燃料」係指通過自行保持的核裂變連鎖反應能夠產生能量的任何材料。

(七)「放射性產品或廢料」係指在生產或使用核燃料時產生的任何放射性材料，或因在上述過程中易受輻射而具有放射性的任何材料；但不包括已達到製成階段，因而可以用於任何科學、醫學、農業、商業或工業目的的放射性同位素。

(八)「核材料」係指：甲、除天然鈾和使用過的鈾外，能夠在核反應爐外單獨或同其他一些材料一起通過自行保持的核裂變連鎖反應產生能量的核燃料；和乙、放射性產品或廢料。

(九)「核反應爐」係指無需增加中子即可產生自行保持的核裂變連鎖反應的含有核燃料的任何結構。

(十)「核裝置」係指：

甲、除用作一種能源供推動用或為其他目的而裝置在海空運輸工具上的核反應爐以外的任何核反應爐；

乙、用核燃料生產核材料的任何工廠，或任何核材料加工工廠，包括對已放射的核燃料進行再加工的任何工廠；

丙、除因運輸而貯存核材料的倉庫以外的任何貯存核材料的設施；但裝置國可以決定由同一管理人負責的、在同一地點的數個核裝置應視為一個單一的核裝置。

（±）「核損害」係指：

甲、由於來自、產生於一個核裝置或運往一個核裝置的核材料中的或屬於上述核材料的核燃料或放射性產品或廢料的放射性性能或放射性性能同具有毒性、爆炸性或其他危險性性能的混合而引起或造成的喪失生命、任何人身損害或對財產的損失或破壞；

乙、由此而引起或造成的在主管法院的法律規定範圍之內的任何其他損失或破壞；和

丙、如裝置國法律有此規定，由核裝置內任何其他放射來源所發出的其他電離放射所引起或造成的喪失生命、任何人身損害或財產的損失或破壞。

（圭）「核事件」係指同造成核損害有同樣起因的任何事件或一系列事件。

二、如能保證所冒的風險不大，裝置國可以在實施本公約時，將任何少量核材料排除在外，但是：

（一）此項排除數量的最高限額須經國際原子能機構董事會確定；

（二）裝置國排除的任何數量都須在確定的限額之內。

最大的限額應由董事會定期進行審查。

第二條

一、核裝置的管理人應在下列情況下對核損害負有責任：

（一）當證明核損害是在他的核裝置中發生的一次核事件造成的；或者

（二）當證明核事件所造成的核損害涉及的核材料是來自或生於他的核裝置，並且核事件的發生：甲、是在另一核裝置的管理人根據一項書面合同的明文規定，對涉及上述核材料的核事件承擔責任之前；乙、如無這類明文規定，是在另一核裝置的管理人接管這項核材料之前；或者丙、如核材料打算用在核反應爐上，作為一種能源供推動用或為其他目的而裝置在某一運輸工具上時，是在正式受權管理該反應堆的人接管這項核材料之前；但是丁、在核材料已經運給非締約國領土內的某人時，是在核材料到達該非締約國領土而尚未從運輸工具上卸下之前。

（三）當證明核事件所造成的核損害涉及的核材料已經運至他的核裝置處，並且核事

件的發生：甲、是在根據一項書面合同的明文規定，他已自另一核裝置的管理人接受對涉及這項核材料的核事件承擔責任之後；乙、如無這類明文規定，是在他接管這項核材料之後；或者丙、是在從另一個管理反應堆的人接管這項核材料之後，而這個反應堆作為一種能源供推動用或為其他目的而裝置在某一運輸工具上；但是丁、在管理人的書面同意下，已將核材料自非締約國領土內運出時，祇是在核材料已經裝上了把它自該國領土運出的運輸工具之後；但是，如果核損害是由於在核裝置中發生的一次核事件所造成，而涉及的核材料是因運輸而貯存在該裝置中，則本款第㈠項的規定應不適用，而應按照本款第㈡或第㈢項的規定由另一管理人或另外的人負全部責任。

二、裝置國可以通過立法規定，按照該立法可能制定的條款，核材料的運送人或掌管放射性廢料的人，在他提出請求並得到有關管理人的同意後，可以被指派或認可為該管理人所在地的上述核材料或放射性廢料的管理人。在此情況下，上述運送人或掌管人在本公約範圍內應被視為位於該國領土內的某個核裝置的一個管理人。

三、㈠當核損害的責任牽涉到不止一個管理人時，在無法合理地區分每個管理人對損害所應承擔責任的情況下，有關的管理人應共同和分開來承擔責任。㈡當核事件發生在運送核材料的過程中（不論其發生在同一運輸工具上，或在因運送而加以貯存時發生在同一核裝置中），並造成牽涉到不止一個管理人的責任的核損害時，則其全部責任不得超過第五條規定的對其中任何一人所要求的最高數額。㈢在本款上述第㈠項和第㈡項的情況下，任何一個管理人承擔的責任都不得超過第五條對其所規定的數額。

四、在遵照本條第三款規定的情況下，當一次核事件牽涉到屬同一管理員的幾個核裝置時，則該管理員對每一有關的核裝置承擔的責任均應按照第五條對其所規定的數額辦理。

五、除本公約另有規定外，任何非管理人對核損害一律不承擔責任。但本規定並不影響在本公約開放簽字之時生效或開放簽字、批准或加入的有關運輸方面的任何國際公約的實施。

六、按照第一條第一款第㈦項不屬於核損害，但按照該項乙目可以列入核損害的任何損失或破壞，任何人都不承擔責任。

七、如果主管法院的法律有此規定，可以根據第七條對提供財政保證金的人直接提出訴訟。

第三條

按照本公約承擔責任的管理人，應向運送人提供由承保人或根據第七條要求的提供財政保證金的其他財政保證人發給的或以他們的名義發給的證件。證件上應載有該管理

人的姓名和地址，以及保證金的數額、類別和期限，而發給證件的人或以其名義發給證件的人對所載事項沒有異議。證件上還應載明所保證的核材料，並須有裝置國主管公共機構的聲明，說明證件上的人是本公約所指的管理人。

第四條

一、根據本公約的規定，管理人對核損害的責任是絕對的。

二、如果管理人證明核損害完全或部分地是由於受到損害的人的重大疏忽，或是由於此人蓄意要造成損害的行為或不行為所產生，如果主管法院的法律有此規定，它可以全部或部分地免除管理人對此人所受損害給予賠償的義務。

三、㈠依本公約的規定，管理人對直接由武裝衝突、敵對行動、內戰或暴動等行為引起的核事件所造成的核損害一律不負任何責任。

　　㈡管理人對由特大自然災害直接引起的核事件所造成的核損害不負任何責任，除非裝置國的法律有相反的規定。

四、當一次核事件或一次核事件和其他一些事件同時發生造成核損害和非核損害時，此種非核損害在無法合理地同核損害區分的情況下，在本公約內也應視為由該次核事件造成的核損害。但是，如果損害是由本公約所包括的核事件和沒有包括的電離放射的發散同時造成的，則本公約的任何規定，不論是對待遭受核損害的任何人，或是在追索權或捐獻方面，都不得限制或影響對上述電離放射的發散可能負有責任的任何人的責任。

五、依本公約的規定，管理人對下述核損害不承擔責任：

　　㈠對核裝置本身的核損害或對在核裝置地點使用的或擬使用的同核裝置有關的任何財產的核損害；或者

　　㈡對運輸工具的核損害，而在核事件發生時，有關的核材料在此運輸工具上。

六、任何裝置國都可以通過立法作出本條第五款第㈡項不適用的規定，祇要管理人對核損害（對運輸工具的核損害除外）的賠償責任在任何情況下都不削減到每一核事件在五百萬美元以下。

七、本公約的各項規定不影響：

　　㈠任何個人對核損害承擔的責任，對此種核損害，管理人由於根據本公約本條第三款或第五款的規定而不承擔責任，同時上述核損害是由於上述個人蓄意要造成損害的行為或不行為所產生；或者

　　㈡管理人在本公約的規定以外對核損害應承擔的責任，由於有本條第五款第㈡項的規定，管理人依本公約對此種核損害應不承擔責任。

第五條

一、管理人的賠償責任可以由裝置國限制為每一核事件不得少於五百萬美元。

二、根據本條而可能確定的對任何責任的限制都不包括法院在核損害賠償訴訟中判定

的任何利息或費用。

三、本公約中提到的美元是一種計算單位，其價值指一九六三年四月二十九日美元與黃金的比價，即每一盎司純金合三十五美元。

四、第四條第六款和本條第一款提到的數額可以用大致的數位折合成各國的貨幣。

第六條

一、如在核事件發生後十年內不提出訴訟，本公約規定的要求賠償的權利即告喪失。但是，如根據裝置國法律，管理人的責任已包括在保險費或其他財政保證金或國家基金中，其期限在十年以上時，主管法院的法律可以規定對管理人要求賠償的權利，其期限得超過十年，但不得超過根據裝置國法律所包括的責任的期限，此項權利過期即告喪失。上述失效期限的延長，在任何情況下都不得影響本公約規定的任何人在上述十年期滿前就喪失生命或人身損害對管理人起訴而要求賠償的權利。

二、當核事件造成核損害所涉及的核材料在核事件發生時係被竊去、丟失、被拋棄或放棄者，則本條第一款規定的期限應從核事件發生之日算起，但無論如何不得超過被竊去、丟失、被拋棄或放棄之日起二十年的期限。

三、主管法院的法律可以規定一個失效或法定的期限，該期限自遭受核損害的人知道或應該知道這次損害和對這次損害應負責任的管理人之日起不少於三年，但不得超過本條第一款和第二款規定的期限。

四、除非主管法院的法律另有規定，任何申稱遭受核損害並在本條規定的期限內提出訴訟要求賠償的人，在考慮到損害加重的情況下，即使在期滿之後，衹要尚未作出最終裁決，仍然可以修改他的賠償要求。

五、當管轄權尚待根據第十一條第三款第㈡項予以確定，同時按本條規定的期限已向有權作出決定的任一締約國提出請求，但決定以後餘下的時間已不足六個月時，則可以提出訴訟的期限，從作出決定之日算起應為六個月。

第七條

一、管理人必須按照裝置國所規定的數量、類別和條件保存保險費或其他財政保證金，以抵償他對核損害所負的責任。在上述保險費或其他財政保證金不夠支付對管理人提出的核損害賠償要求的情況下，裝置國應提供必要的款項保證上述賠償要求得到償付，但償付的數額不得超過依第五條規定的限額，如果規定有此種限額的話。

二、本條第一款的規定並不要求締約國或其任何組成部分，如各州或各共和國，保存保險費或其他財政保證金以抵償它們作為管理人而承擔的責任。

三、由保險費、其他財政保證金或由裝置國依本條第一款規定提供的款項衹能用於本公約規定的賠償費用。

四、任何保險人或其他財政保證人，如未在至少兩個月前向主管公共機關發出書面通知，或當保險費或其他財政保證金是適用於核材料的運輸時，則在運輸期間，不得中斷或取消根據本條第一款提供的保險費或其他財政保證金。

第八條

在遵照本公約規定的條件下，賠償的性質、形式和程度及其平均分攤辦法，都應受主管法院的法律管轄。

第九條

一、在國家或公共衛生保險、社會保險、社會保障、對工人的補償或職業病補償制度的規定包括對核損害的賠償時，依本公約得到賠償的上述制度的受益人所享有的權利，和根據上述制度對應負責任的管理人要求賠償的權利，除遵照本公約的規定外，應由制定上述制度的締約國法律或制定上述制度的政府間組織的條例予以確定。

二、㈠如果一個締約國國民（非管理人）根據一項國際公約或一個非締約國的法律支付了對核損害的賠償，他應在已支付的數額範圍內，根據取代地位的法律取得得到上述賠償的人根據本公約所享有的各項權利。但是任何人所取得的上述權利都不得包括管理人依本公約要求該人賠償的權利。

㈡本公約並不妨礙從第七條第一款規定以外的款項中付出核損害賠償的管理人，在已支付的數額範圍內，從根據該款提供財政保證的人或從裝置國收回被賠償的人依本公約得到的款項。

第十條

管理人衹有在下列情況下才有請求償還的權利：

一、如果書面合同上有明文規定；或者

二、如果核事件是由於蓄意要造成損害的行為或不行為所產生，則對有此行為或不行為的人有請求償還的權利。

第十一條

一、除本條另有規定外，衹有在其境內發生核事件的締約國法院擁有對第二條規定的訴訟的管轄權。

二、當核事件發生在任何締約國領土之外，或當核事件的地點不能確定時，對該項訴訟的管轄權屬於應負責任的管理人所屬裝置國的法院。

三、當按照本條第一款和第二款，管轄權應屬一個以上締約國的法院時，管轄權的歸屬應視下列情況而定：

㈠如果該事件有一部分發生在任一締約國領土之外，有一部分發生在一個締約國領土之內，則管轄權屬後一國家的法院；

㈡在其他任何情況下，管轄權屬於依本條第一款或第二款可以成為主管法院的各

個締約國之間的協定所確定的某一締約國的法院。

第十二條

一、根據第十一條擁有管轄權的法院作出的最後判決,應在其他任何締約國境內得到承認,但下列情況除外:
　　㈠如果判決是通過詐騙取得的;
　　㈡如果受判決的一方未被給予公正的機會來陳述案情; 或
　　㈢判決同應給予承認的締約國的公共政策相違背,或同基本的公正標準不符合。

二、得到承認的最後判決,在按照應實行判決的締約國的法律規定辦妥手續提交實施後,應同該締約國法院判決一樣予以實行。

三、對已作出判決的賠償的要求,不得再提出訴訟來確定此項要求是否合理。

第十三條

本公約和所適用的國家法律應不分國籍、住處或居所予以實施,不得有所歧視。

第十四條

國家法或國際法法規中規定的審判豁免,除有關執行的方法外,不得在第十一條規定的主管法院進行的依本公約提出的訴訟中予以實施。

第十五條

締約國應採取適當措施,保證有關法院判決的對核損害的賠償、利息和費用以及保險費、再保險費和由保險、再保險或其他財政保證金提供的款項,或根據本公約由裝置國提供的款項,可以自由兌換成在其境內遭受損害的那個締約國的貨幣和要求賠償的人慣常居住的那個締約國的貨幣; 就保險費或再保險費和付款而言,可以自由兌換成保險或再保險合同中規定的貨幣。

第十六條

根據另一關於核能的民事責任的國際公約已取得對同一核損害的賠償的人,無權在上述情況下再根據本公約取得賠償。

第十七條

本公約不影響各締約國之間簽訂的在本公約開放簽字之時已生效或開放簽字、批准或加入的任何有關核能的民事責任的國際協定或國際公約的實施。

第十八條

本公約不得解釋為影響某一締約國根據國際公法有關核損害的一般規定而獲得的任何權利,如果獲有此種權利的話。

第十九條

一、任何締約國根據第十一條第三款第㈡項簽訂協定時,應立即將協定的副本送交國際原子能機構總幹事參考,並分發給其他締約國。

二、各締約國應將與本公約規定事項有關的國內法律和條例的抄本送交總幹事參考,

並分發給其他締約國。

第二十條

儘管本公約根據第二十五條予以終止或根據第二十六條被廢除因而對任何締約國終止適用，本公約的規定對終止前發生的核事件所造成的任何核損害仍繼續適用。

第二十一條

本公約應對派有代表參加一九六三年四月二十九日至五月十九日在維也納舉行的關於核損害的民事責任的國際大會的各國開放簽字。

第二十二條

本公約須經批准，批准書應交存國際原子能機構總幹事處。

第二十三條

本公約於交存第五份批准書後的三個月起生效，對以後批准的國家，在其交存批准書後三個月起生效。

第二十四條

一、沒有派代表參加一九六三年四月二十九日至五月十九日在維也納舉行的關於核損害的民事責任的國際大會的聯合國所有會員國，或任何專門機構或國際原子能機構的所有會員國，都可以加入本公約。

二、加入書應交存國際原子能機構總幹事處。

三、本公約在加入國交存加入書後三個月起對該國生效，但不得在第二十三條規定的本公約生效的日期以前生效。

第二十五條

一、本公約自生效之日起有效期為十年。任何締約國在期滿前至少一年將終止本公約的意願通知國際原子能機構總幹事後，得於十年期滿時終止本公約對該國的實施。

二、本公約在十年期限屆滿後，對未按照本條第一款終止其實施的締約國繼續有效五年，其後在每個五年期限結束前，如締約國未在至少一年前向國際原子能機構總幹事發出終止通知，本公約將繼續對該國有效五年。

第二十六條

一、如果三分之一的締約國表示願意修改本公約，國際原子能機構總幹事應在本公約生效之日起五年期滿後的任何時候召開會議研究修改事宜。

二、任何締約國在本條第一款提及的第一次修改大會舉行後的一年內通知國際原子能機構總幹事，即可廢除本公約。

三、國際原子能機構總幹事收到廢除通知之日起一年後，廢除即生效。

第二十七條

國際原子能機構總幹事應將下列事項通知應繳參加一九六三年四月二十九日至五月十九日在維也納舉行的關於核損害的民事責任的國際大會的各國和加入本公約的國家：

一、根據第二十一條、第二十二條和第二十四條收到的簽字、批准書和加入書；二、本公約根據第二十三條的生效日期；三、根據第二十五條和第二十六條收到的終止和廢除的通知；四、根據第二十六條召開修改大會的要求。

第二十八條

本公約應由國際原子能機構總幹事按照聯合國憲章第一○二條予以登記。

第二十九條

本公約的正本用英文、法文、俄文和西班牙文寫成，各種文本具有同等效力，存放於國際原子能機構總幹事處，由總幹事提供核證無誤的副本。

下列簽字的全權代表經正式授權在本公約上簽字，以資證明。

一九六三年五月二十一日訂於維也納。

23.烏拉圭回合多邊貿易談判藏事文件

1. 為完成烏拉圭回合多邊貿易談判而集會之各會員政府代表、歐體代表及貿易談判委員會成員，茲同意後附之設立世界貿易組織協定（在此藏事文件稱為「WTO 協定」）、部長宣言與決議、金融服務業承諾瞭解書，涵納此回合談判之結果並構成此藏事文件之不可分之部分。

2. 為簽定此一藏事文件，代表們同意：

   ⑴將 WTO 協定提交給其相關主管當局，俾依其國內程序通過該協定；並

   ⑵通過各項部長宣言與決議。

3. 代表們同意烏拉圭回合多邊貿易談判之所有參與者（以下簡稱參與者）均期望 WTO 協定能於一九九五年一月一日生效，或在該日期之後儘早生效；並且最遲於一九九四年底，部長會議將依照東岬部長宣言之最末一項之規定再作集會，以決定各會員有關此回合談判結果之執行，包括其生效日期。

4. 代表們同意 WTO 協定應開放給所有參與者依照 WTO 協定第十四條之規定以簽署或其他方式一體接受。WTO 協定附件 4 之複邊貿易協定之接受及生效則依各該協定相關條文之規定。

5. 未成為關稅暨貿易總協定締約成員之回合談判參與者，在接受 WTO 協定前須先完成加入總協定談判並成為締約成員。至於藏事文件生效時尚非成為總協定締約成員之參與者，其減讓表尚未確定，必須隨後完成其減讓表，俾加入總協定並接受 WTO 協定。

6. 本藏事文件及其附件之文件須存放於關稅暨貿易總協定締約成員整體會員大會秘書長處，秘書長應儘速提供給烏拉圭回合多邊貿易談判參與者乙份經認証之複本。

西元一九九四年四月十五日完成於馬拉喀什；但以英文、法文及西班牙文單一版本為之；各文本均為正本。

24.馬拉喀什設立世界貿易組織協定

本協定之締約者:

鑒於彼此間於貿易及經濟方面之關係應以提昇生活水準、確保充分就業、擴大並穩定實質所得與有效需求之成長、擴張商品與服務貿易之產出為目標,並在永續發展之目標下,達成世界資源之最適運用,尋求環境之保護與保存,並兼顧各會員經濟發展程度相異下之需求與關切,

鑒於對開發中國家,特別是低度開發國家,須有積極的措施以協助彼等能享有相稱於其經濟發展需要之國際貿易成長,

為達成上述目標,咸欲藉互惠及互利之規範,以大幅削減關稅及其他貿易障礙,並消除國際貿易關係間之歧視待遇,

爰決議發展一整合性,更靈活及持久性之多邊貿易制度;涵對關稅暨貿易總協定過去貿易自由化之結果,及所有烏拉圭回合多邊貿易談判成果,

決心為維持基本原則並強化本多邊貿易體系目標之達成,

茲同意如下:

第一條 組織之設立

茲此設立世界貿易組織(以下簡稱 WTO)。

第二條 WTO 之範圍

1. WTO 應為會員在進行與本協定及協定附件所列相關法律文件之貿易關係運作,提供一共同之體制架構。

2. 附件 1、2、3 中所列之各協定與附屬法律文件(以下簡稱「多邊貿易協定」)係本協定之一部分,對所有會員均具拘束力。

3. 附件 4 中所列之各協定與附屬法律文件(以下簡稱「複邊貿易協定」)對已接受複邊貿易協定之會員,視為本協定之一部分,對彼等並具拘束力。複邊貿易協定對尚未接受之會員並不產生任何義務或權利。

4. 附件 1A 所列之一九九四年關稅暨貿易總協定(以下簡稱 GATT 1994)於法律上係與聯合國「貿易與就業」會議第二次籌備委員會決議採認之蔵事文件附件——一九四七年十月三十日生效之關稅暨貿易總協定及隨後批准、修正或更動部分(以下簡稱 GATT 1947)有所區別。

第三條 WTO 之職能

1. WTO 應促進本協定與多邊貿易協定之執行、管理、運作、以及更進一步目標之達成;同時亦應為複邊貿易協定之執行、管理及運作提供架構。

2. WTO 應為會員提供會員間進行與本協定附件所列各項協定之多邊貿易事務談判論壇。WTO 亦得為會員間提供一談判論壇以利展開更進一步多邊貿易關係;並得在部

長會議決議下，為上述談判結果提供一執行架構。

3. WTO 應掌理本協定附件 2 之爭端解決規則及程序之瞭解書（以下簡稱爭端解決瞭解書或 DSU）。

4. WTO 應掌理本協定附件 3 之貿易政策檢討機制。

5. 為使全球經濟決策能更為一致，WTO 應於適當情況下與國際貨幣基金、國際復興開發銀行及其附屬機構合作。

第四條　WTO 之結構

1. 應有一由所有會員代表組成之部長會議，每兩年至少集會一次。部長會議應執行 WTO 各項功能，並採行必要的措施以發揮其功能。部長會議於會員有所請求時，依本協定及相關多邊貿易協定關於決策之特定要件，對多邊貿易協定之任何事務有權決定。

2. 應有一由所有會員代表組成之總理事會，並視實際需要召開會議。在部長會議休會時，由總理事會代為執行其職權，並執行由本協定所賦予之職權。總理事會應訂定本身之程序規則並批准依本條第 7 項規定所成立各委員會之程序及規定。

3. 總理事會應視實際需要召集會議，以履行附件 2 爭端解決瞭解書下所規定之爭端解決機構之職責。爭端解決機構得自置主席並應其認為必要時，制定相關程序規則，以履行其職責。

4. 總理事會應視實際需要召集會議，以履行附件 3 貿易政策檢討機制下所設的貿易政策檢討機構之職責。貿易政策檢討機構得自行設有主席，並應在必要時制定相關程序規則，以執行其任務。

5. 茲應設立商品貿易理事會、服務貿易理事會及與貿易有關之智慧財產權理事會（以下簡稱 TRIPS 理事會），並在總理事會監督下運作。商品貿易理事會應監督附件 1A 中所列各多邊貿易協定之運作情形，服務貿易理事會應監督服務貿易總協定（以下簡稱 GATS）之運作情形。與貿易有關之智慧財產權理事會應監督與貿易有關之智慧財產權協定（以下簡稱 TRIPS）之運作情形。此等理事會應履行相關協定及總理事會所賦予之職責。其應制定各自相關之程序規則，但須經總理事會之通過。其成員應開放給所有會員代表，並在必要時召集，以履行其職責。

6. 商品貿易理事會、服務貿易理事會及與貿易有關之智慧財產權理事會必要時應設立附屬機構。此等附屬機構應設立各自之程序規則，但須經所屬理事會之同意。

7. 部長會議應設立貿易發展委員會、收支平衡委員會及預算、財務與行政委員會，此等委員會應執行本協定及多邊貿易協定所賦予之職能，以及總理事會所賦予之其他職能。部長會議亦得設其認為適當之委員會以賦予其認為適當之功能。貿易發展委員會職能之一，係應就多邊貿易協定中協助低度開發國家會員之特別條款作定期檢討，並向總理事會報告以採取適當措施。此等委員會成員應開放給所有會員之代表。

8.複邊貿易協定下所設立之附屬機構，應執行複邊貿易協定所賦予之職責，並在 WTO 的體制架構下運作。此等機構應定期向理事會告知其之業務活動。

第五條　與其他組織之關係

1.總理事會應進行適當之安排，以與其權責與 WTO 有關之其他政府間組織有效合作。

2.總理事會得進行適當之安排以與其事務與 WTO 有關之非政府組織進行諮商與合作。

第六條　秘書處

1.茲應設世界貿易組織秘書處（以下簡稱秘書處），由秘書長掌理。

2.部長會議應任命秘書長，並通過有關規定秘書長的權力、職責、服務條件及任期之規定。

3.秘書處幕僚應由秘書長任命，並依據部長會議所採認之規定，以決定幕僚人員的職責與服務條件。

4.秘書長及秘書處幕僚之職責應限於國際之性質。秘書長及秘書處幕僚，於執行其職務時，不得尋求或接受任何政府或 WTO 以外任何當局之指示。上述成員應避免任何對其身為國際官員之立場可能有負面影響之行為。WTO 之會員應尊重秘書長及秘書處幕僚在職責上所具有之國際性特質，且不得試圖影響彼等職務之執行。

第七條　預算與攤款

1.秘書長應將 WTO 之年度預算與財務報表送交預算、財務與行政委員會；預算、財務與行政委員會應審核秘書長所提之預算與財務報表並向總理事會作成建議。年度預算應經總理事會之核准。

2.預算、財務與行政委員會應就包括下列事項之財務法規向總理事會提出建議案：

(a)各會員就 WTO 支出之分攤額度；及

(b)會員延遲繳付時所將採取之措施。

財務法規之訂定，於可行之範圍內，應基於 GATT 1947 之規則及其慣例。

3.總理事會對財務法規及年度預算之通過應經三分之二之多數決；惟該多數須逾 WTO 會員之半數。

4.每一會員應依照總理事會通過之財務法規，就 WTO 支出之攤款額立即繳納。

第八條　WTO 之地位

1. WTO 應具法人人格，各會員應對其職能之行使授予必要之法律能力。

2.各會員應為 WTO 職能之行使，授予 WTO 必要之特權與豁免權。

3.各會員應同樣授與 WTO 官員及會員代表必要之特權及豁免權，使其得以獨立行使與 WTO 有關之職能。

4.各會員所授予 WTO 及其官員、及會員代表之特權與豁免權，應與聯合國大會於一九四七年十一月二十一日所通過「專門機構特權及豁免權公約」之規定類同。

5. WTO 得締結總部協定。

第九條　決策

1. WTO 應繼續 GATT 1947 以共識作為決策的運作方式 ❶。除另有規定外，當任何決議無法達成共識時，應以投票進行表決。WTO 每一會員在部長會議及總理事會中均擁有一票；歐體在進行票決時，所擁有的票數與其成員數相同 ❷，惟該等成員須為 WTO 之會員。除本協定或相關多邊貿易協定另有規定外，部長會議與總理事會之決議應採多數決 ❸。

2. 部長會議與總理事會對通過本協定及多邊貿易協定之解釋，具有專屬權力。就附件 1 之多邊貿易協定之解釋，應依據監督上述協定運作之委員會所提之建議行使其職權。對解釋案之決議，應經四分之三會員之多數通過。本項之適用不得損及第十條之修正規定。

3. 於特殊情況下，部長會議得豁免本協定或任何多邊貿易協定對會員所課之義務。惟該決議除本項另有規定外，應經四分之三之會員同意 ❹。

(a) 對本協定豁免之請求，須送交部長會議，並以共識決方式作成決議。部長會議應設期限考慮此請求，惟此期限不得超過九十日，如期限內無法達成共識，任何給予豁免之決議，應經四分之三會員之同意。

(b) 對附件 1A、1B 或 1C 及其個別附件之多邊貿易協定豁免之請求，應分別送交商品貿易理事會、服務貿易理事會及 TRIPS 理事會，並應於不超過九十天期限內對豁免之請求作成考慮；當期限結束，相關理事會應向部長會議提出報告。

4. 部長會議對豁免之決議，應載明其決議合於特殊情形、豁免之條款與條件及豁免終止之日期。對任何逾一年之豁免，部長會議至遲應自豁免日起一年內予以檢討；並在豁免終止前，逐年為之。部長會議於各次檢討時審查合於豁免之特殊情形是否存續，及是否遵守合於豁免之條款及條件。部長會議基於年度檢討，得延長、修正或終止該項豁免。

5. 在複邊貿易協定之下決議，包括解釋及豁免之任何決議，均應依各該協定之規定為之。

---

❶ 此機構就送交其討論之事項，如決議時出席之會員未正式表示異議，即視為已形成通過該決議之共識。

❷ 歐洲共同體及其會員之總票數不得超過其會員數。

❸ 總理事會於作為爭端解決機構而召集會議時，應依據爭端解決瞭解書第二條第4項之規定作成決議。

❹ 倘某會員在過渡期或分階段執行期有履行之義務，但未能於相關期限屆滿前履行，而請求豁免者，其豁免之授與，僅得以共識決為之。

第十條　修正

1. 任何 WTO 之會員均得向部長會議提出修正本協定或附件 1 之多邊貿易協定提案。第四條第 5 項所列之各理事會，亦得向部長會議提出修正其所監督附件 1 之各相關之多邊貿易協定之提案。除部長會議決定較長期限外，於提案正式列入部長會議議程後之九十日期間，部長會議送交會員接受之議案應以共識決方式為之。除適用本條第 2 項、第 5 項或第 6 項之情形外，修正案之決議應載明係援用本條第 3 項或第 4 項之規定。如共識達成，部長會議應將修正案送交各會員決定是否接受。如部長會議未能在所定期限達成共識，應以會員三分之二之多數，決定是否將此修正案送交各會員接受。除本條第 2 項、第 5 項或第 6 項另有規定外，修正案應適用第 3 項之規定，但部長會議以四分之三之多數決決定應適用本條第 4 項者不在此限。

2. 本條及下列所列各條文之修正，應於所有會員均接受後，方予生效：
   本協定第九條；
   GATT 1994 第一條及第二條；
   GATS 第二條第 1 項；
   TRIPS 協定第四條。

3. 除本條文第 2 項及第 6 項所列舉之修正外，本協定或附件 1A 及 1C 之多邊貿易協定之涉及會員權利及義務改變之修正條文中，於獲得三分之二會員接受後，應即對接受之會員生效，日後其他會員於其接受上述修正時，亦對其生效。至於未在部長會議指定期間內接受本款所述之修正者，部長會議可經由四分之三會員之多數，以個案決定其應否自由退出 WTO，或係在部長會議同意下仍為會員。

4. 除本條第 2 項及第 6 項所列舉之修正外，本協定或附件 1A 及 1C 之多邊貿易協定之不涉及會員權利及義務改變之修正修文，於獲得三分之二會員接受後，應即對所有會員生效。

5. GATS 中第一、二、三篇及其相關附件之修正，除本條第 2 項另有規定外，於獲得三分之二會員接受後，應即對接受會員生效，日後每一會員於其係在接受時亦對其生效。未在部長會議所指定期間內接受前述條文修正之會員，部長會議得以四分之三會員之多數，以個案決定其應否自由退出 WTO，或係在部長會議同意下仍為會員。GATS 中第四、五、六篇及其相關附件之修正，在經三分之二會員接受後，應即對所有會員生效。

6. 不論本條之其他規定，對 TRIPS 協定之修正，倘符合該協定第七十一條第 2 項之要件，得經部長會議通過，而無須再經正式接受程序。

7. 任何接受本協定及附件 1 所含貿易協定修正案之會員，應於部長會議指定之接受期間內，將接受之文件存放於 WTO 秘書長處。

8. 任何 WTO 會員均得以向部長會議提交修正提議之方式，就附件 2、3 中所列之多邊

貿易協定規定向部長會議提出修正之提議。附件 2 之多邊貿易協定修正之決定，以共識決方式為之，並於部長會議通過後，應即對所有會員生效。附件 3 之多邊貿易協定修正之決定，經部長會議通過後，應即對所有會員生效。

9. 部長會議於一貿易協定之當事會員請求下，得以共識決，將該貿易協定加列至附件 4 上。部長會議亦得於一複邊貿易協定之當事會員請求下，將該貿易協定自附件 4 中剔除。

10. 複邊貿易協定之修正，應適用該協定有關規定。

第十一條　創始會員

1. 本協定生效時之 GATT 1947 締約成員及歐洲共同體，接受本協定與多邊貿易協定，且其相關減讓與承諾表已附於 GATT 1994，並且其特定承諾表亦附於 GATS 者，應成為 WTO 之創始會員。

2. 聯合國所認定之低度開發國家僅須承擔與該國之發展、財政與貿易需求或其行政與制度能力相符之承諾與減讓。

第十二條　加入

1. 任一國家或就對外商務關係及本協定與各項多邊貿易協定所規定之其他事務擁有充分自主權之個別關稅領域，得依其與 WTO 同意之條件，加入本協定。其加入應適用本協定與附屬之多邊貿易協定。

2. 加入之決定應由部長會議為之。部長會議應以 WTO 三分之二會員之多數，通過載明加入條件之協定。

3. 複邊貿易協定之加入，應適用該協定有關規定。

第十三條　多邊貿易協定特定會員間之排除適用

1. 任何會員於任一其他會員成為會員之際，如有一方不同意彼此適用，則雙方之間應不適用本協定與附件 1 及附件 2 所列之多邊貿易協定。

2. 原屬 GATT 1947 締約成員之 WTO 創始會員，僅於與其他會員間曾引用該協定第三十五條之排除適用條款，且於本協定生效時仍對其等繼續有效者，始得適用本條第 1 項之規定。

3. 會員與另一依第十二條加入會員間，限於在部長會議通過載明加入條件之協定前，不同意相互適用之會員曾通知部長會議，始得適用本條第 1 項之規定。

4. 部長會議得在任一會員請求下，檢討引用本條款之特別案例之實施情形，並作適當建議。

5. 會員間有關複邊貿易協定之排除適用，應適用該協定之規定。

第十四條　接受、生效及存放

1. 本協定應開放給符合第十一條創始會員資格之一九四七年總協定之締約成員及歐體，以簽署或其他方式接受。此一接受，應同時適用於本協定及本協定之後所附之

多邊貿易協定。本協定及本協定之後所附之多邊貿易協定，其生效由部長會議依烏拉圭回合多邊貿易談判之蔵事文件中第 3 項之規定訂定之；除部長會議另有決議外，自生效日起兩年之內仍繼續開放供上開各國接受。本協定生效後之接受，應於接受之後第三十日起開始生效。

2. 於本協定生效後始接受本協定之會員，關於其執行多邊貿易協定中之有期間性之減讓與義務，應視同自本協定生效日接受協定，而於本協定生效日起開始起算。

3. 本協定生效日前，本協定及多邊貿易協定文件將存放於 GATT 1947 締約成員整體會員大會秘書長處。秘書長應儘速對已接受之各政府及歐洲共同體提供本協定及多邊貿易協定經認證之正本，並通知其關於協定生效後之每一個接受。本協定生效之後，本協定及多邊貿易協定及其修正，應存放於 WTO 秘書長處。

4. 複邊貿易協定之接受及生效，應適用各該協定有關規定。此等協定應存放於 GATT 1947 締約成員整體會員大會秘書長處，俟本協定生效後，該等協定應存放於 WTO 秘書長處。

第十五條　退出

1. 任何會員得退出本協定。此項退出應同時適用於本協定及多邊貿易協定，並應於退出之書面通知送達 WTO 秘書長後滿六個月時生效。

2. 複邊貿易協定之退出，應適用各該協定有關規定。

第十六條　其他條款

1. 除本協定或多邊貿易協定另有規定外，WTO 應遵循 GATT 1947 締約整體會員大會以及於 GATT 1947 架構下所設各機構之決議、程序及慣例。

2. 於可行範圍內，GATT 1947 之秘書處應轉為 WTO 秘書處，且 GATT 1947 秘書長於部長會議尚未依據本協定第六條第 2 項之規定任命秘書長時，應擔任 WTO 秘書長。

3. 本協定之規定與任一多邊貿易協定之規定有所牴觸時，本協定之規定就牴觸之部分應優先適用。

4. 各會員應確保其國內之法律、規章及行政程序與附件協定所規定之義務一致。

5. 本協定各項條文均不得保留。對多邊貿易協定任何規定之保留，均僅得於各該協定所規定之範圍內為之。對一複邊貿易協定任何規定之保留，應適用該協定有關之規定。

6. 本協定應依據聯合國憲章第一○二條之規定登記。

本協定於西元一九九四年四月十五日於馬拉喀什 (Marrakesh)，以英文、法文及西班牙文之單一版本完成，每一文本均為正本。

註釋

本協定及多邊貿易協定所用「國家」或「各國」等詞，係包括任一 WTO 之個別關稅領域會員。

在 WTO 之個別關稅領域會員之情形，倘本協定及多邊貿易協定中有以「國民」作為限制條件者，此種規定應配合該關稅領域之情形而為解釋，但有特別規定者不在此限。

附件清單

附件 1

附件 1A: 商品貿易多邊協定

　　　一九九四年關稅暨貿易總協定

　　　農業協定

　　　食品衛生檢驗與動植物檢疫措施協定

　　　紡織品與成衣協定

　　　技術性貿易障礙協定

　　　與貿易有關投資措施協定

　　　一九九四年關稅暨貿易總協定第六條執行協定

　　　一九九四年關稅暨貿易總協定第七條執行協定

　　　裝船前檢驗協定

　　　原產地規則協定

　　　輸入許可發證程序協定

　　　補貼暨平衡措施協定

　　　防衛協定

附件 1B: 服務貿易總協定及其附件

附件 1C: 與貿易有關智慧財產權協定

附件 2

爭端解決規則與程序瞭解書

附件 3

貿易政策檢討機制

附件 4

複邊貿易協定

民用航空器貿易協定

政府採購協定

國際乳品協定

國際牛肉協定

25.臺灣、澎湖、金門及馬祖個別關稅領域加入馬拉喀什設立世界貿易組織協定之議定書草案

世界貿易組織總理事會依據馬拉喀什設立世界貿易組織協定 (以下稱為「WTO 協定」)

第十二條之規定同意，世界貿易組織（以下稱為「WTO」）與臺灣、澎湖、金門及馬祖個別關稅領域（以下稱為「中華臺北」），

鑒於中華臺北加入馬拉喀什設立世界貿易組織協定之工作小組報告（WTO 文件 WT/ACC/...，日期……（以下稱為「工作小組報告」），

考量中華臺北加入 WTO 協定之談判結果，

同意如下：

第一部分、一般條款

1. 本議定書草案依第十段生效時，中華臺北依照 WTO 協定第十二條加入該協定並成為 WTO 之會員。

2. 中華臺北加入之 WTO 協定係於本議定書生效前經更正或修正之 WTO 協定與註解。本議定書包含工作小組報告第二二四段所錄載之承諾事項，而為 WTO 協定之一部分。

3. 除工作小組報告第一六七段所列內容以外，關於 WTO 協定附錄之多邊貿易協定所規定，自該協定生效時起一段期間內應履行之義務，其執行應視同中華臺北自該協定生效時，即已接受該協定。

4. WTO 與中華臺北之特別匯兌協定，重錄於此議定書草案之附錄二，係本議定書草案之一部分。

5. 中華臺北應於入會時加入 WTO 協定之附錄四所列之民用航空器貿易協定複邊協定。

6. 中華臺北可以採取不符合 GATS 第二條第 1 項之措施，但該措施需已列入本議定書草案附錄之第二條豁免表，且符合 GATS 有關第二條豁免之附錄的條件。

第二部分、減讓表與承諾表

7. 重錄於本議定書草案附錄一之減讓表與承諾表，將成為 1994 年關稅及貿易總協定（以下稱為「GATT 1994」）附錄之減讓與承諾表，以及服務貿易總協定（以下稱為「GATS」）附錄之特定承諾表。減讓及承諾之執行期程，應依照各表相關部分之記載。

8. 為適用 GATT1994 第二條第 6 項第(a)款規定之協定日，本議定書草案附錄之減讓表及承諾表之適用日期，應係本議定書草案生效日。

第三部分、最後條款

9. 本議定書草案將供中華臺北，以簽名或其他方式表示接受，迄……止。

10. 本議定書草案將於中華臺北接受後第三十天生效。

11.本議定書草案應存放於 WTO 秘書長處，秘書長應即刻提出認證之議定書草案版本以及中華臺北已依照第九段規定接受本議定書之通知，分送 WTO 各會員及中華臺北。

本議定書草案應依照聯合國憲章第一○二條登記。

簽署於杜哈，西元二○○一年十一月十二日，議定書分別以英文、法文及西班牙文三種語文版本製作，任一版本均為有效之正本。但所附之減讓表或承諾表得特別指定以這三種語言中之一種為唯一有效版本。

26.一九九四年關稅及貿易總協定

1.一九九四年關稅及貿易總協定（簡稱 GATT 1994）應包括：

(a)附錄於經聯合國貿易及就業會議籌備委員會第二次會議通過之蕆事文件之一九四七年十月三十日之關稅及貿易總協定規定（不包括暫時適用入會議定書），包括 WTO 協定生效日前經有效之法律文件之條款所改正、修正或更動者；

(b)於 WTO 協定生效前即已在 GATT 1947 下生效之下列法律文件之規定，包括：

(i) 關於關稅減讓之議定書及確認書；

(ii)入會議定書（不包括(a)暫時適用與撤回暫時適用之規定，及(b) GATT 1947 第二篇應在不違反議定書生效日已既存之立法之最大限度內暫時適用之規定）；

(iii)依據 GATT 1947 第二十五條所給予豁免之決議，且於 WTO 協定生效時仍為有效者❺；

(iv)GATT 1947 締約成員整體會員大會所作之其他決議。

(c)各項瞭解書，包括：

(i) 一九九四年關稅及貿易總協定第二條第 1 項第(b)款瞭解書；

(ii) 一九九四年關稅及貿易總協定第十七條釋義瞭解書；

(iii) 一九九四年關稅及貿易總協定收支平衡條款瞭解書；

(iv) 一九九四年關稅及貿易總協定第二十四條釋義瞭解書；

(v) 一九九四年關稅及貿易總協定有關豁免義務瞭解書；

(vi) 一九九四年關稅及貿易總協定第二十八條釋義瞭解書；及

(d)一九九四關稅及貿易總協定馬爾喀什議定書。

2.註解

---

❺ 本規定所涵蓋之豁免，列舉於1993年12月15日MTN/FA文件第二部分第十一頁及第十二頁附註7，以及1994年3月21日MTN/FA/Corr.6文件中。部長會議應於第一次大會時提出一份適用本條款之修正豁免清單，以增列自1993年12月15日至WTO協定生效日期間依GATT 1947規定所給予之豁免，並剔除於上述生效日之前已屆滿之豁免。

(a)GATT 1994 條文中「締約成員」一詞應稱為「會員」,「低度開發締約成員」及「已開發締約成員」應稱為「開發中國家會員」及「已開發中國家會員」。「執行秘書」應稱為「WTO 秘書長」。

(b)在 GATT 1994 第十五條第 1 項、第十五條第 2 項、第十五條第 8 項、第三十八條,及第十二條與第十八條之註解;以及特別匯兌協定第十五條第 2 項、第十五條第 3 項、第十五條第 6 項、第十五條第 7 項與第十五條第 9 項對特別匯兌協定之規定中,關於集體行動之「締約成員整體會員大會」,應指「WTO」。至於 GATT 1994 條文所賦予「締約成員整體會員大會」集體行使之其他職權應改由部長會議行使。

(c)(i)GATT 1994 文本應以英文、法文與西班牙文為準。

(ii)GATT 1994 法文版應依據文件 MTN.TCN/41 之附件 A 修改用語。

(iii)GATT 1994 法定西班牙文版應係指刊登於基本與選刊文件系列第四冊之文本,並應依據文件 MTN.TNC/41 之附件 B 修改用語。

3.(a)GATT 1994 第二篇之規定,應不適用於會員成為 GATT 1947 締約成員前即已制定之特定強制性立法,以禁止使用、銷售或租賃外國建造或外國重建之船舶於其領水或專屬經濟區中之兩定點作商業利用之措施。此項豁免適用於:(a)該項立法中不一致條款之繼續適用或立即展期之立法;與(b)對該項立法不一致條文之修改,惟不應減低與 GATT 1947 第二篇規定之一致性。前述之立法例外僅限於 WTO 協定生效前即已通知且已列明之措施。若該項立法嗣後修正進而減低與 GATT 1947 第二篇之一致性時,將不得再適用本項。

(b)部長會議應於 WTO 協定生效後五年內,及其後於豁免有效期間內每兩年,檢討此例外規定,以審查當初需要此種豁免之條件是否仍存在。

(c)援引此豁免措施之會員,每年應提出包括相關船舶之實際與預期五年中平均運送之詳細統計,及各該享有豁免船舶之使用、銷售、租賃或修理之額外資料。

(d)會員若認此項豁免之實施,使其有正當理由對於在引用此項豁免之會員所建造之船舶之使用、銷售、租賃或修理採取互惠及適度限制者,得在事先通知部長會議後,採取此項限制。

(e)本項豁免不損及各別產業之協定中或其他協商場合中,就享有豁免立法之特定層面,經談判達成之解決方案。

27.臺灣、澎湖、金門及馬祖個別關稅領域與世界貿易組織（以下簡稱 WTO）特別匯兌協定

鑒於 1994 年之關稅及貿易總協定（以下簡稱 GATT1994）第十五條第 6 項規定任一 WTO 會員如尚未加入國際貨幣基金（以下簡稱「基金」）,應於 WTO 與基金洽商後訂定之期限內加入;如未能依期限加入,則應與 WTO 簽訂特別匯兌協定;

鑒於同條第 7 項規定該特別匯兌協定應依 WTO 所訂條件，規範該會員不得以匯兌措施損及 GATT 1994 之目標，並顧及本協定所加之義務，不得與基金所加之義務不一致；

鑒於臺灣、澎湖、金門及馬祖個別關稅領域（以下簡稱「中華臺北」）依照馬拉喀什設立世界貿易組織協定（以下簡稱「WTO 協定」）第十二條加入世界貿易組織；

WTO 以及中華臺北透過其授權代表爰同意如下：

第一條　有秩序之匯兌安排

1. 中華臺北應與 WTO 合作，促使匯率反映經濟基本面；與 WTO 會員維持有秩序之匯兌安排；避免競爭性之匯率調整措施；依照本協定第二條及第三條之規定，協助消除多邊體制下對國際收支與移轉之各項限制；以及增進全球貿易與投資。

2. 確認國際貨幣制度之宗旨，係提供一套架構，以利各國間貨品、服務以及資本之交易，並有助於維持無通貨膨脹之經濟成長，中華臺北承諾，確保有秩序之匯兌安排，並促進匯率制度之穩定，中華臺北尤應：

   (i)致力於引導經濟及金融政策朝向促進總體經濟穩定下之持續且無通貨膨脹的經濟成長目標；

   (ii)容許匯率反映基本經濟與金融情況；

   (iii)避免操縱匯率或國際貨幣制度，以致妨礙國際收支之有效調整，或自其他會員獲取不公平之競爭利益；以及

   (iv)採行與本條承諾相符合之外匯政策。

第二條　避免對經常帳交易之收支設限及採行複式匯率

1. 未經 WTO 許可，中華臺北不應對經常帳交易之收支與移轉加以限制。

2. 除經 WTO 許可外，中華臺北不得，亦不應准許其財政部、中央銀行、平準基金或其他機關，實施任何差別性匯兌措施或複式匯率。

3. 凡涉及任一會員或中華臺北通貨之外匯契約，若違反該會員或中華臺北依國際貨幣基金協定或依 GATT1994 第十五條第 6 項簽訂之特別匯兌協定或本協定所施行之匯兌管制法規，則該外匯契約在中華臺北或任何會員之境內均應不發生效力。

第三條　資本移轉之管制

1. 中華臺北承諾，儘量避免為因應國際收支及總體經濟之目標，而實施資本管制。惟若資本移動擾亂國際收支或有礙總體經濟之穩定，則中華臺北得採行規範國際資本移動之必要管制，惟該管制不得限制經常帳交易之收支或過度遲延已承諾清償資金之移轉。

2. 中華臺北承諾，凡影響資本流動之管制措施均將符合本協定、GATT1994 及 WTO 之規定。

3. 若中華臺北制訂新資本管制措施或緊縮現行之資本管制措施，應於事後立即與WTO 進行諮商。

第四條　一般收支限制

1. 中華臺北若依本協定第二條規定取得 WTO 之許可，或符合第三條規定與 WTO 諮商，而對收支與移轉實施限制措施，以因應國際收支及總體經濟穩定之目的，則應

(a)主動與 WTO 針對基本經濟問題所採行之調整措施展開諮商；以及

(b)採行或維持與諮商結果相符之經濟政策。

2. 依本協定第二條規定所採行或維持之措施應：

(a)避免對其他會員之商業、經濟或金融利益造成不必要之傷害；

(b)係暫時性並明訂逐漸解除之時間表；

(c)係在所有可採行之措施中，影響層面最小者；

(d)與本協定及本條第 1 項第(b)款所採行之經濟政策相符；以及

(e)適用最惠國待遇原則。

3. 依本協定第三條規定所採行或維持之措施，應在實際可行範圍內符合本條第 2 項第(a)至(e)款之規定。

第五條　資料之提供

1. 中華臺北應提供 WTO，為執行其在 WTO 協定下之執掌，而得要求有關國際貨幣基金協定第八條第 5 項規定範圍內之資料。

2. 中華臺北應無提供個人或企業資料之義務，但承諾所提供之資料應力求詳盡與精確。

第六條　其他規定

1. 本協定所稱「經常交易之收支」，依照國際貨幣基金之定義，係指不以轉移資本為目的之收支。

2. WTO 應有權隨時就本協定之任何問題向中華臺北提出非正式之意見。

3. WTO 與國際貨幣基金就匯兌或其他影響中華臺北之案件進行諮商時，WTO 應採取滿足國際貨幣基金之措施，以確保中華臺北之案件能有效呈現予國際貨幣基金，包括不受限制地傳達中華臺北致 WTO 之任何意見。

4. WTO 之爭端解決規則與程序瞭解書適用於本協定所生之爭端。

5. 本協定自中華臺北入會議定書生效日起發生效力。

28.臺澎金馬個別關稅領域服務業特定承諾表及最惠國待遇豁免表 (2001 年 10 月 5 日)

提供服務之型態： (1)跨國提供服務 (2)國外消費 (3)商業據點呈現 (4)自然人呈現			
行業或次行業別	市場開放之限制	國民待遇之限制	附加承諾
壹、水平承諾			

所有行業（在特定行業另有規定者除外）	投資： (3) (a)除在特定行業列有限制措施者外，外國企業及個人得在中華臺北進行直接投資。 (b)對在中華臺北證券市場上市、上櫃公司之證券投資，除本表特定行業另有規定者外，無限制。		
		土地權利及利益之取得： (3)農、林、漁、牧、狩獵、鹽、礦、水源用地禁止移轉、設定負擔或租賃給外國人。	
	自然人入境及短期停留： (4)除有關下列各類自然人之入境及短期停留措施外，不予承諾： (a)商業訪客得入境且初次停留期間不得超過九十天。 商業訪客係指為參加商務會議、商務談判、籌建商業據點或其他類似活動，而在中華臺北停留之自然人，且其在停留期間未接受中華臺北境內支付之酬勞，亦未對大眾從事直接銷售之活動。 (b)跨國企業內部調動人員得入境並居留。初次居留期間為三年，惟可申請展延，每次一年，且展延次數無限制。 跨國企業內部調動人員係指被其他會員之法人僱用超過一年，透過在中華臺北設立之分公司、子公司或分支機構，	(4)除市場開放欄所列有關各類自然人之規定外，不予承諾。	

以負責人、高級經理人
員或專家身分，短期入
境以提供服務之自然
人。
負責人係指董事、總經
理、分公司經理或經董
事會授權得代表公司之
部門負責人。
高級經理人員係指有權
任免或推薦公司人員，
且對日常業務有決策權
之部門負責人或管理人
員。
專家係指組織內擁有先
進之專業技術，且對該
組織之服務、研發設備、
技術或管理擁有專門知
識之人員。(專家包括，
但不限於，取得專門職
業證照者)
(c)受中華臺北企業僱用之
自然人得入境並居、停
留，但不得超過三年。
(d)在中華臺北無商業據點
之外國企業所僱用之人
員，得依下列條件入境
及停留：
i.該外國企業已與在中華
臺北從事商業活動之企
業簽訂服務契約。
ii.此類人員應受僱於該外
國企業一年以上，且符
合前述「專家」之定義。
iii.此類人員在中華臺北期
間不得從事其他工作。
iv.本項承諾僅限於契約所
定之服務行為。並未給
與此類人員以取得專業
證照之身分，在中華臺
北廣泛執業之資格。
每次停留之期間不得超過

	九十天或契約期間，以較短者為準。 此類入境許可之有效期間為十二個月。 此類人員可在入境許可有效期間之十二個月內多次入境。 契約必須係為提供下列服務而簽訂：建築服務業 (8671)、工程服務業 (8672)、工程綜合服務業 (8673)、都市規劃與景觀建築服務業 (8674)、電腦及其相關服務業 (841,842,843,844.845,849)、研究與發展服務業 (851,852,853)、市場研究與公眾意見調查服務業 (864)、管理顧問服務業 (865)、與管理顧問相關之服務業 (866)、與科技工程有關之顧問服務業 (8675)、設備維修服務業 (633,8861-8866)（海運船隻及陸運設備除外）及旅行社與旅遊服務業 (7471)。		
貳、特定行業承諾			
一、商業服務業			
A.專業服務業 (a)法律服務業 (861**) i.由「外國法事務律師」提供之法律服務 －外國法事務律師獨立執行其原資格國法或國際法 －有關婚姻、親子或繼承事件當事人	(1)無限制。 (2)無限制。 (3)限由已以獨資或合夥方式設立法律事務所之自然人提供。❶ 合夥❷人限於取得「外國法事務律師」之自然人。	(1)無限制。 (2)無限制。 (3)事務所之名稱須表明「外國法事務律師」❸。	(3) (a)中華臺北將依下列條件許可「外國法事務律師」： i.服務提供者在其原資格國為合格律師；且

一造為中華臺北人民或遺產在中華臺北境內之個案,外國法事務律師須與中華臺北律師合作或取得其提供之書面意見始得為之。 ii.外國法助理或顧問 —協助中華臺北律師或外國法事務律師,但不得以助理或顧問本身名義從事訴訟或提供其他法律服務	(4)除水平承諾所列者外,不予承諾。	(4)除水平承諾所列者外,不予承諾。	ii.服務提供者在其原資格國以律師身份執業五年以上。但外國律師曾受中華臺北律師聘僱為助理或顧問,或曾在其他國家或地區執行其母國法者,其受僱或執業期間,以二年為限,得計入所須之五年執業經驗中。
	(1)無限制。 (2)無限制。 (3)限由自然人提供。 (4)除水平承諾所列者外,不予承諾。	(1)無限制。 (2)無限制。 (3)無限制。 (4)除水平承諾所列者外,不予承諾。	iii.中華臺北加入WTO 以前,已依中華臺北「律師聘僱外國人許可及管理辦法」受僱於中華臺北律師擔任助理或顧問之外國律師,申請時受僱滿二年者得申請成為「外國法事務律師」。 (b) 加入 WTO 時,中華臺北將准許「外國法事務律師」僱用中華臺

❶　外國法事務律師須表明其取得律師資格之國籍。

❷　透明化註釋:依據中華臺北法律,「合夥」事業並非法人。

❸　取得中華臺北之外國法事務律師資格後,須加入在中華臺北法律事務所所在地之律師公會。

			北律師或與中華臺北律師合夥。 (c)外國人於大學法律相關科系畢業，或至少有二年法律相關工作經驗，或通過任何國家律師考試者，得受僱於中華臺北律師或外國法事務律師擔任助理或顧問工作。
(b)會計、審計及簿記服務業 (862)			
ⅰ.會計師 (862**)	(1)除中華臺北會計師簽證相關服務限由中華臺北會計師提供外，無限制。	(1)無限制。	
	(2)除中華臺北會計師簽證相關服務限由中華臺北會計師提供外，無限制。	(2)無限制。	
	(3)限由已設立非公司型態之事務所之自然人提供服務。	(3)無限制。	
	(4)除水平承諾所列者外，不予承諾。	(4)除水平承諾所列者外，不予承諾。	
ⅱ.其他（會計師除外）(862**)	(1)無限制。	(1)無限制。	
	(2)無限制。	(2)無限制。	
	(3)無限制。	(3)無限制。	
	(4)除水平承諾所列者外，不予承諾。	(4)除水平承諾所列者外，不予承諾。	
(c)租稅服務業 (863)			
ⅰ.所得稅簽證服務業 (863**)	(1)除中華臺北所得稅簽證相關服務限由中華臺北稅務代理人提供外，無限制。	(1)無限制。	
	(2)除中華臺北所得稅簽證相關服務限由中華臺北稅務代理人提供外，無	(2)無限制。	

	限制。	
	(3)限由已設立非公司型態之事務所之自然人提供服務。	(3)無限制。
	(4)除水平承諾所列者外，不予承諾。	(4)除水平承諾所列者外，不予承諾。
ii.租稅服務業(由稅務代理人提供之所得稅簽證服務除外)(863**)	(1)無限制。	(1)無限制。
	(2)無限制。	(2)無限制。
	(3)無限制。	(3)無限制。
	(4)除水平承諾所列者外，不予承諾。	(4)除水平承諾所列者外，不予承諾。
(d)(e)(f)(g) 建築 (8671)、工程 (8672)、綜合工程 (8673) 及都市規劃與景觀建築 (8674)服務業		
i.建築師	(1)除中華臺北建築師簽證相關服務限由中華臺北建築師提供外，無限制。	(1)無限制。
	(2)除中華臺北建築簽師證相關服務限由中華臺北建築師提供外，無限制。	(2)無限制。
	(3)限由已設立非公司型態之事務所之自然人提供服務。	(3)無限制。
	(4)除水平承諾所列者外，不予承諾。此外，在中華臺北設立之建築師事務所得僱用建築、土木及相關工程技術之外國技術人員。	(4)除水平承諾所列者外，不予承諾。
ii.專業技師	(1)除中華臺北專業技師簽證相關服務限由中華臺北技師提供外，無限制。	(1)無限制。
	(2)除中華臺北專業技師簽證相關服務限由中華臺北技師提供外，無限制。	(2)無限制。
	(3)限由已設立非公司型態之事務所之自然人提供服務。	(3)無限制。

	(4)除水平承諾所列者外，不予承諾。	(4)除水平承諾所列者外，不予承諾。
iii.其他(建築師及專業技師簽證服務除外)	(1)無限制。	(1)無限制。
	(2)無限制。	(2)無限制。
	(3)無限制。	(3)無限制。
	(4)除水平承諾所列者外，不予承諾。	(4)除水平承諾所列者外，不予承諾。
(i)獸醫服務業(932)	(1)除開處方、診斷及診察相關業務須由取得執業許可之中華臺北獸醫師提供外，無限制。	(1)無限制。
	(2)無限制。	(2)無限制。
	(3)	(3)無限制。
	(a)限由已設立非公司型態之獸醫診所之自然人提供服務。	
	(b)獸醫佐須具備下列證明文件之一：	
	i.擔任獸醫助理四年以上；	
	ii.從事獸醫相關業務五年以上。	
	(4)除水平承諾所列者外，不予承諾。	(4)除水平承諾所列者外，不予承諾。
B.電腦及其相關服務業（航空電腦訂位系統除外）(841. 842. 843. 844. 845. 849)	(1)無限制。	(1)無限制。
	(2)無限制。	(2)無限制。
	(3)無限制。	(3)無限制。
	(4)除水平承諾所列者外，不予承諾。	(4)除水平承諾所列者外，不予承諾。
C.研究與發展服務業 (851. 852. 853)	(1)無限制。	(1)無限制。
	(2)無限制。	(2)無限制。
	(3)無限制。	(3)無限制。
	(4)除水平承諾所列者外，不予承諾。	(4)除水平承諾所列者外，不予承諾。
D.不動產服務 －附帶於居住及非居住建物與土地之銷售經紀服務 (82203**. 82205 **)	(1)無限制。	(1)無限制。
	(2)無限制。	(2)無限制。
	(3)無限制。	(3)無限制。
	(4)除水平承諾所列者外，不予承諾。	(4)除水平承諾所列者外，不予承諾。
E.未附操作員之租	(1)無限制。	(1)無限制。

賃服務業	(2)無限制。	(2)無限制。
(b)航空器租賃(涉及航空權者除外)(83104**)	(3)無限制。	(3)無限制。
	(4)除水平承諾所列者外，不予承諾。	(4)除水平承諾所列者外，不予承諾。
(c)自用小客車融資租賃 (83101**)	(1)無限制。	(1)無限制。
	(2)無限制。	(2)無限制。
	(3)無限制。	(3)無限制。
	(4)除水平承諾所列者外，不予承諾。	(4)除水平承諾所列者外，不予承諾。
(d)其它機器與設備租賃　(83106–83109)	(1)無限制。	(1)無限制。
	(2)無限制。	(2)無限制。
	(3)無限制。	(3)無限制。
	(4)除水平承諾所列者外，不予承諾。	(4)除水平承諾所列者外，不予承諾。
(e)其他 (832)	(1)無限制。	(1)無限制。
	(2)無限制。	(2)無限制。
	(3)無限制。	(3)無限制。
	(4)除水平承諾所列者外，不予承諾。	(4)除水平承諾所列者外，不予承諾。
F.其他商業服務業		
(a)廣告服務業		
i.電視及廣播廣告服務業（為電視臺或廣播電臺製作或播映／廣播廣告）(871**)	(1)無限制。	(1)無限制。
	(2)無限制。	(2)無限制。
	(3)無限制。	(3)無限制。
	(4)除水平承諾所列者外，不予承諾。	(4)除水平承諾所列者外，不予承諾。
ii.其他廣告服務業(871**)	(1)無限制。	(1)無限制。
	(2)無限制。	(2)無限制。
	(3)無限制。	(3)無限制。
	(4)除水平承諾所列者外，不予承諾。	(4)除水平承諾所列者外，不予承諾。
(b)市場研究與公眾意見調查服務業(864)	(1)無限制。	(1)無限制。
	(2)無限制。	(2)無限制。
	(3)無限制。	(3)無限制。
	(4)除水平承諾所列者外，不予承諾。	(4)除水平承諾所列者外，不予承諾。
(c)管理顧問服務業(865)	(1)無限制。	(1)無限制。
	(2)無限制。	(2)無限制。
	(3)無限制。	(3)無限制。
	(4)除水平承諾所列者外，不予承諾。	(4)除水平承諾所列者外，不予承諾。

(d)與管理顧問相關之服務業 (866)（包括在付費基礎上依照契約管理與操作健康照護設備，但不包括執行醫療專業行為）	(1)無限制。 (2)無限制。 (3)無限制。 (4)除水平承諾所列者外，不予承諾。	(1)無限制。 (2)無限制。 (3)無限制。 (4)除水平承諾所列者外，不予承諾。
(e)技術檢定與分析服務業 (8676)	(1)無限制。 (2)無限制。 (3)無限制。 (4)除水平承諾所列者外，不予承諾。	(1)無限制。 (2)無限制。 (3)無限制。 (4)除水平承諾所列者外，不予承諾。
(f)附帶於農、林、牧之顧問服務業 (88110**.88120**.88140**)	(1)無限制。 (2)無限制。 (3)無限制。 (4)除水平承諾所列者外，不予承諾。	(1)無限制。 (2)無限制。 (3)無限制。 (4)除水平承諾所列者外，不予承諾。
(h)附帶於礦業之服務業 (883、5115)	(1)無限制。 (2)無限制。 (3)無限制。 (4)除水平承諾所列者外，不予承諾。	(1)無限制。 (2)無限制。 (3)無限制。 (4)除水平承諾所列者外，不予承諾。
(i)附帶於製造業(出版及印刷 (88442) 除外）之服務業 (884**.885)	(1)無限制。 (2)無限制。 (3)無限制。 (4)除水平承諾所列者外，不予承諾。	(1)無限制。 (2)無限制。 (3)無限制。 (4)除水平承諾所列者外，不予承諾。
(k)人力仲介及供給服務業 (872)	(1)不予承諾。 (2)無限制。 (3)無限制。 (4)除水平承諾所列者外，不予承諾。	(1)不予承諾。 (2)無限制。 (3)無限制。 (4)除水平承諾所列者外，不予承諾。
(m)與科技工程有關之顧問服務業 (8675)	(1)無限制。 (2)無限制。 (3)無限制。 (4)除水平承諾所列者外，不予承諾。	(1)無限制。 (2)無限制。 (3)無限制。 (4)除水平承諾所列者外，不予承諾。
(n)設備維修服務業 (633. 8861-8866)（海運船	(1)無限制。 (2)無限制。 (3)無限制。	(1)無限制。 (2)無限制。 (3)無限制。

隻、航空器及其他運輸設備除外)	(4)除水平承諾所列者外，不予承諾。	(4)除水平承諾所列者外，不予承諾。
(o)建築物清理服務業 (874)	(1)技術上不可行。 (2)無限制。 (3)無限制。 (4)除水平承諾所列者外，不予承諾。	(1)技術上不可行。 (2)無限制。 (3)無限制。 (4)除水平承諾所列者外，不予承諾。
(p)攝影服務業 (875)	(1)無限制。 (2)無限制。 (3)無限制。 (4)除水平承諾所列者外，不予承諾。	(1)無限制。 (2)無限制。 (3)無限制。 (4)除水平承諾所列者外，不予承諾。
(q)包裝服務業 (876)	(1)無限制。 (2)無限制。 (3)無限制。 (4)除水平承諾所列者外，不予承諾。	(1)無限制。 (2)無限制。 (3)無限制。 (4)除水平承諾所列者外，不予承諾。
(r)出版服務業 (88442**)	(1)無限制。 (2)無限制。 (3)無限制。 (4)除水平承諾所列者外，不予承諾。	(1)無限制。 (2)無限制。 (3)無限制。 (4)除水平承諾所列者外，不予承諾。且出版人及編輯人須在中華臺北有住所。
(s)會議服務業 (87909*) ＊為會議或類似事件提供計畫、組織、管理及行銷等營業性活動(包括外燴及飲料服務) (t)其他	(1)無限制。 (2)無限制。 (3)無限制。 (4)除水平承諾所列者外，不予承諾。	(1)無限制。 (2)無限制。 (3)無限制。 (4)除水平承諾所列者外，不予承諾。
i.電話答復服務業 (87903)	(1)無限制。 (2)無限制。 (3)無限制。 (4)除水平承諾所列者外，不予承諾。	(1)無限制。 (2)無限制。 (3)無限制。 (4)除水平承諾所列者外，不予承諾。
ii.複製服務業 (87904)	(1)無限制。 (2)無限制。 (3)無限制。	(1)無限制。 (2)無限制。 (3)無限制。

	(4)除水平承諾所列者外， 不予承諾。	(4)除水平承諾所列者外， 不予承諾。	
iii.翻譯及傳譯服務 業 (87905)	(1)無限制。 (2)無限制。 (3)無限制。 (4)除水平承諾所列者外， 不予承諾。	(1)無限制。 (2)無限制。 (3)無限制。 (4)除水平承諾所列者外， 不予承諾。	
iv.郵寄名單編輯及 郵寄服務業 (87906)	(1)無限制。 (2)無限制。 (3)無限制。 (4)除水平承諾所列者外， 不予承諾。	(1)無限制。 (2)無限制。 (3)無限制。 (4)除水平承諾所列者外， 不予承諾。	
v.特製品設計服務 業 (87907)	(1)無限制。 (2)無限制。 (3)無限制。 (4)除水平承諾所列者外， 不予承諾。	(1)無限制。 (2)無限制。 (3)無限制。 (4)除水平承諾所列者外， 不予承諾。	
二、 通訊服務業			
B.國際快遞服務陸 地運送部分：除 現行依法明定由 中華臺北郵政當 局保留之服務 外，空運快遞業 者為將國際遞送 貨品送達收件 人，所產生之所 有陸地部分之服 務。	(1)無限制。 (2)無限制。 (3)無限制。 (4)除水平承諾所列者外， 不予承諾。	(1)無限制。 (2)無限制。 (3)無限制。 (4)除水平承諾所列者外， 不予承諾。	
C.電信服務業 一本行業承諾表係依據基本電信談判小組主席一九九七年一月十六日有關基本電信承諾填表技術（編號：S/GBT/W/2/Rev.1）及同年二月三日有關頻率有限性之市場開放限制（編號：S/GBT/W/3）之兩份說明填列。			
(A)基本電信服務 設置機線設備之電 信業務❹： (a) 語音電話業務 (7521) (b)分封交換式數據	(1)無限制。 (2)無限制。 (3)除以下所列者外，其餘 無限制： 一服務提供者須為在中華	(1)無限制。 (2)無限制。 (3)董事長及半數以上之董 事須為中華臺北人民。	中華臺北採行附 件之監管原則。

傳輸業務 (7523**)	臺北設立之股份有限公司。	
(c)電路交換式數據傳輸業務 (7523**)	－外國人對單一服務提供者之直接投資不得超過20%，對中華電信以外之服務供給者之直接及間接投資合計可達 60％❺。	
(d)電報交換業務 (7523**)		
(e)電報業務 (7522)		
(f)傳真業務(7521**, 7529**)	－外國人直接及間接投資持有中華電信股份之比例,合計不得超過 20%。	
(g)出租電路業務（7522**,7523**）	(4)除水平承諾所列者外，不予承諾。	(4)除水平承諾所列者外，不予承諾。
(o)其他	(1)無限制。	(1)無限制。
－陸上行動通信業務	(2)無限制。	(2)無限制。
i.行動電話 (75213*)	(3)除以下所列者外，其餘無限制：	(3)董事長及半數以上董事須為中華臺北人民。
ii.無線電叫人 (75291*)	－服務提供者須為在中華臺北設立之股份有限公司。	
iii.中繼式無線電話 (7523**, 75213*)	－外國人對單一服務提供者之直接投資不得超過20%，對中華電信以外之服務提供者之直接及間接投資合計可達 60％❻。	
iv.行動數據通信 (7523**)	－外國人直接及間接投資持有中華電信股份之比例,合計不得超過 20%。	
	(4)除水平承諾所列者外，不予承諾。	(4)除水平承諾所列者外，不予承諾。

❹　依中華臺北電信法規定，此類電信業務須由第一類電信事業提供。

第一類電信事業指設置電信機線設備，提供電信服務之事業。

前項電信機線設備指連接發信端與受信端之網路傳輸設備、與網路傳輸設備形成一體而設置之交換設備、以及二者之附屬設備。

❺　透明化註釋：

直接投資指外國人直接持有之股份，間接投資指外國人透過中華臺北公司所持有之股份。

一衛星行動通信業 (75213*)	(1)須與我國持照業者簽訂商業協定。 (2)無限制。 (3)除以下所列者外,其餘無限制。 —服務提供者須為在中華臺北設立之股份有限公司。 —外國人對單一服務提供者之直接投資不得超過20%,對中華電信以外之服務提供者之直接及間接投資比例合計可達60% ❽。 —外國人直接及間接投資持有中華電信股份之比例,合計不得超過20%。 (4)除水平承諾所列者外,不予承諾。	(1)無限制。 (2)無限制。 (3)董事長及半數以上董事須為中華臺北人民。 (4)除水平承諾所列者外,不予承諾。	
轉售業務 ❼ (a)語音電話業務 (7521)	(1)無限制。 (2)無限制。 (3)無限制。 (4)除水平承諾所列者外,不予承諾	(1)無限制。 (2)無限制。 (3)無限制。 (4)除水平承諾所列者外,不予承諾。	
(b)分封交換式數據傳輸業務 (7523**) (c)電路交換式數據傳輸業務 (7523**) (d)電報交換業務 (7523**) (e)電報業務 (7522) (f)傳真業務 (7521*	(1)無限制。 (2)無限制。 (3)無限制。 (4)除水平承諾所列者外,不予承諾。	(1)無限制。 (2)無限制。 (3)無限制。 (4)除水平承諾所列者外,不予承諾。	

判定外資比例是否超過規定時,應依下列方式計算中華臺北公司持有之間接投資比例:

間接投資比例=中、外合資公司直接投資某電信事業之持股比例×外國人直接投資該合資公司之持股比例。

據此,外國人之直接投資比例加計以上述方式計算出之間接投資比例,最高可達60%。

*,7529**) (g)出租電路業務 　(7522**,7523* 　*) (o)其他： 　i.行動電話 (75213 　*) 　ii.無線電叫人 　　(75291*) 　iii.中繼式無線電話 　　(7523**,75213*) 　iv.行動數據通信 　　(7523**)		
(B)電信加值業務 ❾ (h)電子文件存送業 　(7523**) (i)語音存送業務 　(7523**) (j)資訊儲存、檢索業 　務 (7523**) (k)電子資料交換業 　(7523**) (l)加值傳真（含存 　轉、存取）業務 　(7523**) (m)編碼及通信協定 　轉換業務 (CPC 　n.a.) (n)資訊處理業務 　(843**) (o)其他 i 遠端交易業務 ii 電子佈告欄業務 iii 文字處理編輯業 　務	(1)無限制。 (2)無限制。 (3)無限制。 (4)除水平承諾所列者外， 　不予承諾。	(1)無限制。 (2)無限制。 (3)無限制。 (4)除水平承諾所列者外， 　不予承諾。

❻　同註五。

❼　同註五。

❽　依中華臺北電信法規定，此類電信業務由第二類電信事業提供。

　第二類電信事業指第一類電信事業以外之電信事業。

D.視聽服務業		
(a)錄影帶及電影之製作與行銷服務業 (9611**)	(1)無限制。 (2)無限制。 (3)無限制。 (4)除水平承諾所列者外，不予承諾。	(1)無限制。 (2)無限制。 (3)無限制。 (4)除水平承諾所列者外，不予承諾。
(b)電影放映服務業 (96121)	(1)無限制。 (2)無限制。 (3)無限制。 (4)除水平承諾所列者外，不予承諾。	(1)無限制。 (2)無限制。 (3)無限制。 (4)除水平承諾所列者外，不予承諾。
(c)廣播及電視服務業(96131,96132)	(1) —無線電廣播及電視：百分之七十的無線電廣播及電視節目必須是中華臺北自製。 —有線電視：百分之二十的有線電視節目必須是中華臺北自製。 上述所提的百分比係以系統操作者在現行播放頻道中之播放總小時數為計算基礎。 (2)無限制。 (3) —無線電廣播及電視：百分之七十的無線電廣播及電視節目必須是中華臺北自製。 —有線電視：百分之二十的有線電視節目必須是中華臺北自製。 上述所提的百分比係以系統操作者在現行播放頻道中之播放總小時數為計算基礎。 (4)除水平承諾所列者外，不予承諾。	(1)無限制。 (2)無限制。 (3)無限制。 (4)除水平承諾所列者外，不予承諾。

❾ 依中華臺北電信法規定，此類電信業務由第二類電信事業提供。

第二類電信事業指第一類電信事業以外之電信事業。

		此外，廣播及電視事業 股票交易之受讓者必須 是居住在中華臺北之人 民。
(d)錄音服務業	(1)無限制。 (2)無限制。 (3)無限制。 (4)除水平承諾所列者外， 　不予承諾。	(1)無限制。 (2)無限制。 (3)無限制。 (4)除水平承諾所列者外， 　不予承諾。
三、營造及相關工程服務業		
3.營造及相關工程 服務業 (511–518) （包含疏浚業）	(1)技術上不可行。 (2)無限制。 (3)無限制。 (4)除水平承諾所列者外， 　不予承諾。	(1)技術上不可行。 (2)無限制。 (3)無限制。 (4)除水平承諾所列者外， 　不予承諾。
四、配銷服務業		
A.經紀商服務業 　(621)	(1)無限制。 (2)無限制。 (3)無限制。 (4)除水平承諾所列者外， 　不予承諾。	(1)無限制。 (2)無限制。 (3)無限制。 (4)除水平承諾所列者外， 　不予承諾。
B.批發交易服務業 　（武器及軍事用 　品除外）(622)	(1)無限制。 (2)無限制。 (3)無限制。 (4)除水平承諾所列者外， 　不予承諾。	(1)無限制。 (2)無限制。 (3)無限制。 (4)除水平承諾所列者外， 　不予承諾。
C.零售服務業 (631, 　632,6111,6113, 　6121)（武器及軍 　事用品除外）	(1)無限制。 (2)無限制。 (3)無限制。 (4)除水平承諾所列者外， 　不予承諾。	(1)無限制。 (2)無限制。 (3)無限制。 (4)除水平承諾所列者外， 　不予承諾。
D.經銷 (8929)	(1)無限制。 (2)無限制。 (3)無限制。 (4)除水平承諾所列者外， 　不予承諾。	(1)無限制。 (2)無限制。 (3)無限制。 (4)除水平承諾所列者外， 　不予承諾。
五、教育服務業		
A.學生接受 CPC（	(1)無限制。	(1)無限制。

9222,9223,9224,923,924及929所述教育之留學服務❿)	(2)無限制。 (3)無限制。 (4)除水平承諾所列者外，不予承諾。	(2)無限制。 (3)無限制。 (4)除水平承諾所列者外，不予承諾。
B.教育服務業（9222,9223,9224,923,924,929）	(1)無限制。 (2)無限制。 (3)除下列限制外，無限制： －校長／班主任及校董會董事長必須為中華臺北人民。 －外國人擔任校董會董事者不得超過三分之一且總數不得超過五位。 (4)除水平承諾所列者外，不予承諾。	(1)無限制。 (2)無限制。 (3)無限制。 (4)除水平承諾所列者外，不予承諾。
六、環境服務業		
A.污水處理服務業（9401）；廢棄物處理服務業（9402）；衛生及類似服務業（9403），其他；（9404，9405，9409）	(1)技術上不可行。 (2)無限制。 (3)無限制。 (4)除水平承諾所列者外，不予承諾。	(1)無限制。 (2)無限制。 (3)無限制。 (4)除水平承諾所列者外，不予承諾。
B.附屬於自然景觀保護諮詢服務業（9406**）	(1)無限制。 (2)無限制。 (3)無限制。 (4)除水平承諾所列者外，不予承諾。	(1)無限制。 (2)無限制。 (3)無限制。 (4)除水平承諾所列者外，不予承諾。
七、金融服務業		
金融服務業所列所有行業		所有金融商品之申請將於收到完整文件後之三個月內審核並回應；已經其他金融機構申請核准

---

❿ 代收學費及授課除外。

			之金融商品申請案將於收到完整文件後之十五日內審核並回應。中華臺北持續計畫進一步加速及簡化新種與現存金融產品之一般審核程序。
A.保險及保險相關之服務業			
(a)直接保險	(1)除下列所述外，不予承諾：	(1)無限制。	1.所有保險費率、保單條款、要保書及財政部指定之其他相關資料以及此等項目之修正，在出單之前可先報請財政部備查。已經其他金融機構申請核准之保險商品申請案，除非財政部在收到完整文件後十五日內駁回，否則即可出單；如係新保險商品申請案，除非財政部在收到完整文件後九十日內駁回，否則即可出單。
i.人壽保險、傷害險及健康險(依中華臺北法律現行由政府保留之強制性社會安全服務及年金保險除外)	(a)海運及商業航空保險，此類保險涵括下列之任一項或全部：被運送之貨物、運送貨物之運輸工具及所衍生之任何責任，及		
ii.產險	(b)國際轉運貨物。		
	(2)除個人壽險外不予承諾。此外，不允許國外金融服務供給者在中華臺北境內從事招攬及行銷活動。	(2)不予承諾。	
	(3)商業組織呈現限於分公司、子公司、合資或辦事處之形態；當外國相互保險公司以分公司形態呈現時，此分公司之母公司至少須有新臺幣二十億元之淨值。	(3)無限制。	
	(4)除水平承諾所列者外，不予承諾。	(4)除水平承諾所列者外，不予承諾。	
(b)再保險及轉再保險服務	(1)無限制。	(1)無限制。	2.官方版之保單得以英文發行，但中文譯本須併附。
	(2)無限制。	(2)無限制。	
	(3)無限制。	(3)無限制。	
	(4)除水平承諾所列者外，不予承諾。	(4)除水平承諾所列者外，不予承諾。	
(c)保險中介(包括保險代理人、經紀	(1)除下列之保險經紀服務外不予承諾：	(1)不予承諾。	

人、公證人以及保險業務員)	(a)海運及商業航空保險，此類保險涵括下列之任一項或全部：被運送之貨物、運送貨物之運輸工具及所衍生之任何責任，及 (b)國際轉運貨物。 (2)不予承諾。 (3)除海事保險公證人外，所有已在中華臺北設立分公司之外國保險代理人、經紀人及公證人，必須僱用領有中華臺北保險代理人、經紀人或公證人執照證書者至少一人執行業務。 (4)除水平承諾所列者外，不予承諾。此外，取得保險代理人、經紀人及公證人合格證書者不得以個人名義執業。	(2)不予承諾。 (3)無限制。 (4)除水平承諾所列者外，不予承諾。	
(d)保險附屬服務(包括理賠、精算服務及顧問服務)	(1)無限制。 (2)無限制。 (3)無限制。 (4)除水平承諾所列者外，不予承諾。	(1)無限制。 (2)無限制。 (3)無限制。 (4)除水平承諾所列者外，不予承諾。	在符合中華臺北主管機關之正當規定下，中華臺北允許應客戶要求開設海外外幣存款帳戶及移轉基金至這些帳戶。明確而言，
B.銀行及其他金融服務(保險、證券及期貨除外)			即中華臺北居民被允許自外國銀行在臺分行尋求海外開戶之資訊。外國銀行在臺分行被允許應客戶要求提供開設海外外幣存款帳戶之申請表格及填表資訊。開設海外帳戶之申請表格必須由客
本段所列所有服務	(1)不予承諾。 (2)除下列所述外，無限制： —非中華臺北境內之金融服務提供者，不得在中華臺北境內從事勸誘及行銷活動； —國外消費之金融服務限於經服務提供者所屬會員國所允許之服務。 (3)除下列所述外，無限制。 (a)經由在中華臺北設立之商業組織以提供本段所	(1)不予承諾。 (2)無限制。 (3)無限制。	

列示之銀行服務者，限於設立下列組織：商業銀行、外國銀行分行、銀行國際金融業務分行、外匯經紀商、信用卡機構及票券金融公司。

(b)在中華臺北設立之下列金融機構必須為股份有限公司：銀行、票券金融公司以及外匯經紀商。

(c)商業銀行：除經財政部許可者外，同一人持有同一銀行之股份，不得超過其已發行股份總數之5％，且同一關係人持股總數，不得超過其已發行股份總數之15％。

(d)外國銀行分行：外國銀行符合業績條件，或其資產或資本在全球銀行中排名前五百名者，得在中華臺北申設其第一家分行。業績條件要求指外國銀行於前三曆年度與中華臺北銀行及主要企業往來總額在十億美元以上，且其中中長期授信總額需不少於一億八千萬美元。

(e)銀行國際金融業務分行：

i.國際金融業務分行不得辦理外幣與新臺幣間之交易及匯兌業務，且不得辦理直接投資公司股票及不動產業務。

ii.國際金融業務分行之客戶限於非居住民及辦理外匯業務之銀行。

戶直接送至國外總行以辦理核准手續。外國銀行不得經由任何管道勸誘此類業務，包括在中華臺北登廣告、促銷或牌告資訊。

	(f)信託投資公司：禁止新 設。	
	(g)外匯經紀商： 投資外匯經紀商受下列 限制：	
	i.單一國內或國外金融機 構投資之股權限於 10 ％。	
	ii.金融機構以外之單一國 內或國外投資者之股權 限於 20％。 外國貨幣經紀商投資不 受上述限制。	
	(4)除水平承諾所列者外， 不予承諾。	(4)除水平承諾所列者外， 不予承諾。
(a)收受存款及其他 可付還資金	(3)不可收受外幣支票存款 及發行外幣可轉讓定期 存單。 國際金融業務分行辦理 外匯存款不得： (a)收受外幣現金； (b)准許外匯存款兌換為新 臺幣提取。	(3)無限制。
(b)所有型式之貸款	(3) (a)同一外國銀行在華所設 全體分行對單一客戶授 信總餘額，外幣部分不 得超過其總行淨值之 25％；新臺幣部分不得 超過其新臺幣授信總餘 額之 10％ 或新臺幣十 億元，以兩者中較高者 為準。 (b)外幣融資之取得僅限於 有交易基礎之情況。 (c)外幣貸款承作對象限於 國內事業及個人。除出 口後之外幣貸款外，外 幣貸款不得兌換為新臺 幣。	(3)無限制。
(c)融資租賃	(3)無限制。	(3)無限制。

(d)支付及貨幣傳送 服務	(3)無限制。	(3)無限制。	
(e)保證及承諾	(3)同一外國銀行在華所設 全體分行對單一客戶授 信總餘額，外幣部分不 得超過其總行淨值之 25%；新臺幣部分不得 超過其新臺幣授信總餘 額之 10% 或新臺幣十 億元，以兩者中較高者 為準。 外幣保證承作對象限於 國內企業及個人。	(3)無限制。	
(f)為自己或客戶交 易下列工具： －貨幣市場工具 －外匯 －金銀條塊 －未在交易市場交 易且依財政部及 中央銀行公告不 受期貨交易法規 範之衍生性商品， 如：匯率選擇權、 利率選擇權、換匯 交易、換匯換利交 易、利率交換、遠 期利率協議以及 保證金交易	(3)遠期外匯業務需有交易 基礎。 銀行分行不得為自己交 易公司股票。	(3)無限制。	
(g)參與短期票券之 發行	(3)無限制。	(3)無限制。	
(h)貨幣經紀	(3)外匯經紀商不得從事新 臺幣貨幣市場之經紀業 務。	(3)無限制。	
(i)信託服務	(3)銀行不得收受保本保息 之信託基金。	(3)無限制。	
(k)由其他金融服務 提供者提供與傳 送之金融資訊、 金融資料處理及 相關軟體	(3)無限制。	(3)無限制。	

C.證券與期貨 (f)透過集中交易市場、櫃臺交易或其他方式，為自己或客戶交易下列工具：		
─期貨交易法規範之衍生性產品，包括但不限於期貨及選擇權 ⓫	(1)不予承諾。 (2)無限制。 (3)無限制。 (4)除水平承諾所列者外，不予承諾。	(1)不予承諾。 (2)無限制。 (3)無限制。 (4)除水平承諾所列者外，不予承諾。
─可轉讓證券	(1)不予承諾。 (2)無限制。 (3)無限制。 (4)除水平承諾外，不予承諾。	(1)不予承諾。 (2)無限制。 (3)無限制。 (4)除水平承諾外，不予承諾。
(g)參與所有種類證券之發行（短期票券除外），包括承銷及募集之代理（不論公開或非公開）及提供此類發行之相關服務	(1)不予承諾。 (2)無限制。 (3)證券業務僅包括經紀、承銷及自營。 (4)除水平承諾所列者外，不予承諾。	(1)不予承諾。 (2)無限制。 (3)無限制。 (4)除水平承諾所列者外，不予承諾。
(i)資產管理,如現金或資產組合管理、所有型式之共同投資管理、退休金管理、保管、存託及信託服務	(1)不予承諾。 (2)無限制。 (3)證券投資信託事業： (a)除符合(b) i 、 ii 、 iii 之資格條件者外，單一股東與其關係人持有一公司之股權上限為 25%。 (b)至少 20% 之持股須來自符合下列資格之發起人： i.基金管理機構：管理至少新臺幣六百五十億元之共同基金、單位信託或投資信託（包括該機構及其 50% 以上控股之附屬機構管理之資產）。	(1)不予承諾。 (2)無限制。 (3)無限制。

	ii.銀行：於世界銀行資產 或淨值排名居前一千名 內。 iii.保險公司：持有至少新 臺幣八十億元以上之證 券資產。 iv.證券集中保管事業：一 集中交易市場只可設立 一家集保事業。❷ (4)除水平承諾所列者外， 不予承諾。	(4)除水平承諾所列者外， 不予承諾。	
(j)金融資產之清算 服務，包括證券、 衍生性產品及其 他可轉讓工具	(1)除本國證券發行人得經 由 Euroclear、CEDEL 或 DTC（集保信託公 司）為清算外，餘不予 承諾。 (2)無限制。 (3)僅證券交易所及其所委 託之集保事業可提供清 算服務。 證券集中保管事業：一 集中交易市場僅可設立 一家集保事業。 (4)除水平承諾所列者外， 不予承諾。	(1)不予承諾。 (2)無限制。 (3)無限制。 (4)除水平承諾所列者外， 不予承諾。	
(k)由其他金融服務 提供者提供與傳 送之金融資訊、 金融資料處理及 相關軟體	(1)無限制。 (2)無限制。 (3)無限制。 (4)除水平承諾所列者外， 不予承諾。	(1)無限制。 (2)無限制。 (3)無限制。 (4)除水平承諾所列者外， 不予承諾。	
(1)諮詢(即證券投資 顧問事業提供之 下列服務：a.接 受委託提供證券 投資相關之研究、 分析與建議；b.	(1) 不予承諾。 (2)無限制。 (3)無限制。 (4)除水平承諾所列者外， 不予承諾。	(1)不予承諾。 (2)無限制。 (3)無限制。 (4)除水平承諾所列者外， 不予承諾。	

❶ 透明化註釋：所有衍生性產品均受期貨交易法規範，除非法中規定受相關主管機關，即財政部
及中央銀行免除者外。

❷ 經金融局准許從事保管業務之銀行可替共同投資基金提供此類服務。

發行有關證券投資之出版品； c.舉辦有關證券投資之講習； d.提供其他經證券暨期貨管理委員會核准之有關證券投資顧問服務)、中介及其他輔助之金融服務		

八、健康與社會服務業

A.人體健康服務業 （931）	(1)無限制。 (2)無限制。 (3)醫院須由非營利機構設立⓭。此外： (a)外國人擔任董事會董事不得超過全體董事之三分之一； (b)全體董事的三分之一以上必須具有醫療專業資格。 (4)持有中華臺北發給之醫療執照者才能提供醫療服務。	(1)無限制。 (2)無限制。 (3)無限制。 (4)持有中華臺北發給之醫療執照者才能提供醫療服務。	
B.其他 — 無操作員醫療設備之出租或租賃服務業	(1)無限制。 (2)無限制。 (3)無限制。 (4)除水平承諾所列者外，不予承諾。	(1)無限制。 (2)無限制。 (3)無限制。 (4)除水平承諾所列者外，不予承諾。	

九、觀光及旅遊服務業

A.旅館及餐廳(包括提供外燴) (a)旅館(限於觀光旅館)（不包括提供食物及飲料服務）(64110**)	(1)無限制。 (2)無限制。 (3)無限制。 (4)除水平承諾所列者外，	(1)無限制。 (2)無限制。 (3)無限制。 (4)除水平承諾所列者外，	

⓭ 透明化註釋：非營利機構可向營利機構採購與消費服務。

	不予承諾。	不予承諾。	
(b)旅館(限於一般旅館) (64110**)	(1)無限制。 (2)無限制。 (3)無限制。 (4)除水平承諾所列者外，不予承諾。	(1)無限制。 (2)無限制。 (3)無限制。 (4)除水平承諾所列者外，不予承諾。	
(c) 提供食物服務 (642) (包括提供相關飲料服務)	(1)無限制。 (2)無限制。 (3)無限制。 (4)除水平承諾所列者外，不予承諾。	(1)無限制。 (2)無限制。 (3)無限制。 (4)除水平承諾所列者外，不予承諾。	
B.旅行社及旅遊服務業 (7471)	(1)無限制。 (2)無限制。 (3)無限制。 (4)除水平承諾所列者外，不予承諾。	(1)無限制。 (2)無限制。 (3)無限制。 (4)除水平承諾所列者外，不予承諾。	
C.導遊服務業 (7472)	(1)不予承諾。 (2)無限制。 (3)限由旅行業提供服務。 (4)除水平承諾所列者外，不予承諾。	(1)不予承諾。 (2)無限制。 (3)無限制。 (4)除水平承諾所列者外，不予承諾。此外。外國人取得外僑居留證並已居住在中華臺北境內超過六個月者，可申請參加導遊考試。	
十、娛樂、文化及運動服務業 (視聽服務業除外)			
B.新聞機構服務業 (962)	(1)無限制。 (2)無限制。 (3)無限制。 (4)除水平承諾所列者外，不予承諾。	(1)無限制。 (2)無限制。 (3)無限制。 (4)除水平承諾所列者外，不予承諾。此外，發行人或編輯人必須在中華臺北有住所。	
D.運動及其他娛樂服務業 (限於 96411,96412, 96419)	(1)無限制。 (2)無限制。 (3)無限制。 (4)除水平承諾所列者外，不予承諾。	(1)無限制。 (2)無限制。 (3)無限制。 (4)除水平承諾所列者外，不予承諾。	
十一、運輸服務業			

C.空運服務業 ❹			
(a)航空器維修	(1)技術上不可行。 (2)無限制。 (3)無限制。 (4)除水平承諾所列者外， 　　不予承諾。	(1)技術上不可行。 (2)無限制。 (3)無限制。 (4)除水平承諾所列者外， 　　不予承諾。	
(b)空運服務之銷售 　及行銷	(1)無限制。 (2)無限制。 (3)無限制。 (4)除水平承諾所列者外， 　　不予承諾。	(1)無限制。 (2)無限制。 (3)無限制。 (4)除水平承諾所列者外， 　　不予承諾。	
(c)電腦訂位系統	(1)無限制。 (2)無限制。 (3)無限制。 (4)除水平承諾所列者外， 　　不予承諾。	(1)無限制。 (2)無限制。 (3)無限制。 (4)除水平承諾所列者外， 　　不予承諾。	
E.鐵路運輸服務業 (a)旅客運輸 (7111)	(1)技術上不可行。 (2)無限制。 (3)無限制。 (4)除水平承諾所列者外， 　　不予承諾。	(1)技術上不可行。 (2)無限制。 (3)無限制。 (4)除水平承諾所列者外， 　　不予承諾。	
(b)貨物運輸 (7112)	(1)技術上不可行。 (2)無限制。 (3)無限制。 (4)除水平承諾所列者外， 　　不予承諾。	(1)技術上不可行。 (2)無限制。 (3)無限制。 (4)除水平承諾所列者外， 　　不予承諾。	
(d)鐵路運輸設備維 　修 (8868**)	(1)無限制。 (2)無限制。 (3)無限制。 (4)除水平承諾所列者外， 　　不予承諾。	(1)無限制。 (2)無限制。 (3)無限制。 (4)除水平承諾所列者外， 　　不予承諾。	
F.公路運輸服務業 (a)旅客運輸(限於小 　客車租賃業)	(1)技術上不可行。 (2)無限制。 (3)無限制。 (4)除水平承諾所列者外， 　　不予承諾。	(1)技術上不可行。 (2)無限制。 (3)無限制。 (4)除水平承諾所列者外， 　　不予承諾。	
(b)貨物運輸(限於汽 　車貨物運輸及汽 　車貨櫃貨物運	(1)技術上不可行。 (2)無限制。 (3)無限制。	(1)技術上不可行。 (2)無限制。 (3)無限制。	

輸），不包括現行公路法定義之汽車路線貨物運輸	(4)除水平承諾所列者外，不予承諾。	(4)除水平承諾所列者外，不予承諾。
(d)公路運輸設備維修 (6112,8867)	(1)無限制。 (2)無限制。 (3)無限制。 (4)除水平承諾所列者外，不予承諾。	(1)無限制。 (2)無限制。 (3)無限制。 (4)除水平承諾所列者外，不予承諾。
H.各類運輸之輔助性服務業		
(a)裝貨服務業(機坪裝卸貨除外)(741**)	(1)技術上不可行。 (2)無限制。 (3)無限制。 (4)除水平承諾所列者外，不予承諾。	(1)技術上不可行。 (2)無限制。 (3)無限制。 (4)除水平承諾所列者外，不予承諾。
(b)倉儲服務業 (742)	(1)技術上不可行。 (2)無限制。 (3)無限制。 (4)除水平承諾所列者外，不予承諾。	(1)技術上不可行。 (2)無限制。 (3)無限制。 (4)除水平承諾所列者外，不予承諾。
(c)貨運代理服務業 (7480)	(1)無限制。 (2)無限制。 (3)無限制。 (4)除水平承諾所列者外，不予承諾。	(1)無限制。 (2)無限制。 (3)無限制。 (4)除水平承諾所列者外，不予承諾。
(d)其他支援與輔助性運輸服務業（地區性裝載及運送除外）(7490**)	(1)無限制。 (2)無限制。 (3)無限制。 (4)除水平承諾所列者外，不予承諾。	(1)無限制。 (2)無限制。 (3)無限制。 (4)除水平承諾所列者外，不予承諾。

臺澎金馬個別關稅領域－服務業最惠國待遇豁免表

行業別	不符合最惠國待遇之措施	適用之國家	適用期間	需要豁免之條件
所有行業	土地權利及利益之取得 外國自然人及法人在互惠基礎上，准許租賃或購買土地做為辦公室、住所、商店及工廠、教堂、外僑子弟學校、使領館、公益團體及墳場	所有國家	永久適用	互惠要求

❶❹　其定義見「航空運輸服務業附則」。

空運之支援及附屬服務業	之用。			
－機場機坪裝卸服務 (741**)	外國飛機得依雙邊空運協定自行處理裝卸貨業務。	所有國家	永久適用	雙邊空運協定
－其他空運支持服務業 (7469**)	外國飛機得依雙邊空運協定自行處理其飛機之清潔、消毒及拖曳工作。	所有國家	永久適用	雙邊空運協定

附件

參考文件

範圍

下列為基本電信服務監管架構之定義及原則。

定義

使用者指服務之消費者及業者。

基本設備指公眾電信傳輸網路或服務設備，其：

(a)由單一或少數業者專營或主導提供，且

(b)為提供服務，因經濟上或技術上之理由，無法被替代。

主要業者指在基本電信服務相關市場有能力實質地影響參與條件（價格及提供方面）之業者，因其能：

(a)控制基本設備；或

(b)利用其於市場中之地位。

1.競爭的防護

1.1電信反競爭行為的防範

應維持適當措施以防止個別或共同形成之主要業者從事或繼續反競爭行為。

1.2安全防護

上述反競爭行為尤其應包括：

(a)從事反競爭之交叉補貼；

(b)利用因反競爭行為得自競爭對手之資訊；且

(c)讓其他業者無法及時取得為提供服務所必需之基本設備技術資訊及營運有關資訊。

2.網路互連

2.1本節適用於提供公眾電信傳輸網路或服務之業者間的互連，旨在使甲業者的使用者可與乙業者之使用者通訊，若已提出承諾，且可接取乙業者提供之其他服務。

2.2確保網路之互連

　　保障在網路內任何技術上的適當點，得以與主要業者之網路互連，此等互連提供應：

　　(a)無歧視性條款、條件（含技術標準及規範）及費率下提供，且品質不低於提供給其自營的類似業務，或提供給非關係企業業者或其子公司或其關係企業業者之類似業務；

　　(b)及時，且各項條款、條件（含技術標準及規範）及成本導向之費率等，皆須透明化、合理化，並考慮經濟可行性，將網路功能充分細分，俾介接業者可不必支付不須使用之網路設備費用；且

　　(c)除提供大部分使用者介接之網路終端點外，亦應依業者要求於網路內任何一點為其介接，其收費應反映必要之額外設備建構成本。

2.3網路互連協商程序之公開化

　　與主要業者網路互連之協商程序應可公開取得。

2.4網路互連安排之透明化

　　確保主要業者將其網路互連協議或參考用之網路互連提議可公開地取得。

2.5網路互連之爭議處理

　　與主要業者互連之業者得於

　　(a)任何時間或

　　(b)已公告週知之一合理期間後

　　向獨立之國內機構（其可能是下述第五段所列之監理機構）求助，俾在合理時間內解決先前未定案之有關網路互連之條款、條件及費率之爭議。

3.普及服務

會員有權定義其欲維持之普及服務義務之種類；只要此義務在透明化、非歧視性及公平競爭下監管，且未逾越會員所定義之普及服務所必要之負擔，則義務本身將不被視為反競爭行為。

4.發照標準之公開化

當要求具備執照時，下列資料應予公開：

(a)所有發照標準及完成執照審查通常所需之時間；

(b)個別執照的條款及條件。

申請者得要求得知執照未准之理由。

5.獨立之監理機構

監理機構須與所有基本電信業者分離且不對其負有經營責任，其決策及決策過程對所有業者須是公正的。

6. 稀有資源的分配使用

包含頻率、編碼及通行權等稀有資源的分配及使用的任何程序，必須客觀的、及時的、透明化的、非歧視性的執行。現行各頻段分配情形應可公開取得，但供特定政府部門使用之詳細頻段除外。

29. 政府採購協定（譯文）（截至九十一年五月止仍於協議中）

前言

本協定當事國（以下簡稱「締約國」）。

咸認關於政府採購之法律、規章、程序及實務方面，須有一有效之多邊權利與義務架構，俾促成世界貿易更高度之自由與擴展，並改善世界貿易行為之國際架構；

咸認關於政府採購之法律、規章、程序及實務，對於國外或國內之產品、服務及國外或國內之供應商間，不得以保護國內產品或服務或國內供應商之目的，加以制定、採用或採行，亦不得對國外產品或服務或國外供應商彼此間有所歧視；

咸認關於政府採購之法律、規章、程序與實務應予透明化；

咸認對通知、協商、監視及爭端解決有必要建立國際程序，俾能確保有關政府採購規範之公平、迅速且有效之執行，並儘量維持權利與義務之平衡；

咸認對開發中國家，尤其是低度開發國家之發展、財政及貿易需求須予考慮；

咸欲依照一九八七年二月二日所修正之一九七九年四月十二日之政府採購協定第九條第六項第二款之規定，在互惠之基礎上擴展並改進該協定，以及擴大該協定之範圍，以將服務合約包括在內；

咸欲鼓勵非本協定當事國之政府能接受並加入本協定；

業已依照此等目的而進行進一步之談判；

茲協議如下：

第一條　適用範圍

本協定適用於有關本協定附錄一（註1）所列機關之任何採購之任何法律、規章、程序或實務。

本協定適用於任何以契約方式進行之採購，包括購買或租賃或租購，而不論有無附帶購買選擇權，且包括兼含產品與服務於一採購之情形。

就適用本協定之採購，若有機關要求未列於附錄一之企業依照特別要求決標時，該等要求準用本協定第三條之規定。

本協定適用於不低於附錄一所標示之相關門檻金額之任何採購合約。

註1：對各締約國而言，附錄一分為五個附件：

　　─附件一載有中央政府機關。

　　─附件二載有中央機關以下之次級政府機關。

　　一附件三載有依本協定規定辦理採購之所有其他機關。

　　一附件四列舉適用本協定之服務，而不論其係以正面表列或負面表列方式為之。

　　一附件五列舉適用本協定之工程服務。

　　各締約國之附件中均標示有相關之門檻金額。

第二條　合約價值之估算

一、基於執行本協定之目的，合約價值之計算（註2）以下列規定為準。

二、估算合約價格時應將各種形式之報酬，包括任何溢價、費用、佣金及應收利息列入考量。

三、各機關對估算合約價值方法之選用及任何將採購需求分割之方法，不得出於意圖規避本協定之適用。

四、若單一採購需求卻以數個合約決標，或就單一需求之個別部分以數個合約決標，其估算合約價值之基礎如下：

　　1.前一會計年度或前十二個月內所簽同類循環合約之實際金額，但儘可能按其後十二個月內預期之數量與金額之變更予以調整

　　2.首次合約之後之會計年度或首次合約後之十二個月內所有循環性合約之估算金額。

五、就租賃或租購產品或服務之合約，或就未列明總價之合約，其估算基礎應為：

　　1.若為定期合約，且其有效期間為十二個月或少於十二個月時，應按合約期限內之總合約金額計算；若有效期間超過十二個月時，則按總金額加估計之殘值計算；

　　2.若為不定期合約，則以每月分期金額乘以四十八計算。若有任何疑義時，則使用上述第(2)款之計算方式。

六、若預定之採購列有選擇條款之需求時，其估算應按其所包括選購在內之最大准許採購之總值計算。

註2：本協定適用於在依第九條發布公告時，其合約金額被估算等於或高於門檻金額之任何採購合約。

第三條　國民待遇及不歧視

一、就本協定適用範圍內關於政府採購之一切法律、規章、程序及實務，各締約國應立即且無條件對提供締約國之產品或服務之其他簽署國之產品、服務及供應商，賦予不低於下述之待遇：賦予國內產品、服務及供應商之待遇；及賦予任何其他締約國之產品、服務及供應商之待遇。

二、就本協定適用範圍內關於政府採購之一切法律、規章、程序及實務，各簽署國應確保：

　　1.其機關不得基於外國分支關係或外國所有權之程度,而對一本地設立之供應商,

　　　賦予較低於另一本地設立之供應商之待遇；

　　2.其機關不得基於所供應貨物或服務之生產國，而對在本地設立之供應商予以歧視；但以該生產國依第四條規定該生產國屬本協定締約國為限。

三、除本協定適用範圍內關於政府採購之一切法律、規章、程序及實務之外，上述第一項及第二項之規定不適用於任何對進口或與進口有關所課徵之關稅或稅費、課徵上述關稅與稅費之方法，其他進口規定及手續及影響服務貿易之措施。

第四條　原產地規則

一、各締約國不得對適用本協定之政府採購所自其他締約國進口之產品或服務，採取有別於在交易當時自同一締約國進口相同產品或服務所適用於一般貿易之原產地規則。

二、在世界貿易組織設置協定（以下簡稱世貿組織協定）附件１Ａ所包含之原產地規則協定之工作計畫下，就貨品原產地規則之調和達成結論之後，及服務業貿易之談判結束後，各締約國應斟酌工作計畫及談判結果對上述第一項之規定予以修訂。

第五條　對開發中國家之特殊及差別待遇

目的

一、各締約國於實施本協定時，應依本條規定，切實考慮到開發中國家，尤其是低度開發國家對發展、財政及貿易方面之下列需求：

　　1.保障彼等能收支平衡，並能有足以實施經濟發展計畫之相當準備金；

　　2.促進國內產業之建立或發展，包括發展鄉村或落後地區之小型與農舍工業，以及其他經濟部門之經濟發展；

　　3.扶助完全或大部分依賴政府採購之產業部門；

　　4.鼓勵彼等透過開發中國家間之地區性或全球性協定，發展其經濟，惟需此等措施經提交世貿組織部長會議（以下簡稱世貿組織），而未被否決。

二、在符合本協定規定之情形下，各簽署國所制定與實施影響政府採購之法律、規章及程序，應有助於增加自開發中國家之進口，並考量低度開發國家及經濟發展仍處於甚低階段之國家之特殊問題。

適用範圍

三、為確使開發中國家在符合彼等發展、財政與貿易需求之情形下，得以遵循本協定，上述第一項所列之目的，於就開發中國家適用本協定之範圍進行談判時，應切實予以考量。已開發國家於擬定適用本協定之範圍時，應設法將該等採購項目包括開發中國家有興趣出口之產品及服務在內之機關納入。

議定之除外項目

四、在本協定下之談判，開發中國家得與其他參與者針對個案特殊狀況，就列入適用清單中之某些機關、產品或服務，談判可相互接受之對國民待遇原則之例外事項。

在上述談判中，第一項第⑴款至第⑶款所列考量因素應予以切實考慮。開發中國家參加第一項第⑷款所述開發中國家間之地區性或全球性協定者，亦得針對個案特殊狀況，談判其適用清單之除外事項，尤其應考量該地區性或全球性協定對政府採購之規定，特別是適用共同產業發展計畫之產品或服務。

五、本協定生效後，開發中國家之締約國得依本協定第二十四條第六項有關修訂清單之規定，針對彼等之發展、財政及貿易需求，修改其適用清單，或針對個案特殊狀況，並考量第一項第⑴款至第⑶款之規定，對其適用清單中所列某些機關、產品或服務所應遵循之國民待遇原則，要求政府採購委員會（以下簡稱委員會）給予例外。開發中國家之締約國於本協定生效後，亦得針對個案特殊狀況，並考量第一項第⑷款之規定，依照其參加之開發中國家間地區性或全球性措施，就其適用清單中所列某些機關、產品或服務，要求委員會給予例外。開發中國家之締約國向委員會提出有關修改清單之請求時，應檢附有關文件或檢附審酌該項請求所需之資料。

六、上述第四項、第五項規定，準用於本協定生效後加入本協定之開發中國家。

七、上述第四項、第五項、第六項中所述之議定除外項目，應按本條第十四項之規定予以檢討。

對開發中國家締約國之技術協助

八、已開發國家締約國於受到要求時，應提供一切其認為適當之技術協助予開發中國家締約國，以解決彼等在政府採購方面之問題。

九、對開發中國家締約國之間所提供之協助應基於不歧視之基礎為之，並特別針對：
一與特定合約決標有關之特定技術問題之解決；及
一在此協助之下，由一締約國所提出，而由另一締約國所同意處理之任何其他問題。

十、上述第八項、第九項所稱之技術協助，應包括將開發中國家締約國之供應商所製作之資格文件及投標書翻譯為機關所指定之世界貿易組織之官方語文。但已開發國家締約國若認為翻譯工作為沈重負擔者，不在此限，惟應就此種情形，於開發中國家締約國向已開發國家簽署國或其機關提出要求時，對其提出說明。

資訊中心

十一、已開發國家締約國應個別或共同建立資訊中心，以因應開發中國家締約國對資訊所為之合理要求，特別是關於政府採購法律、規章、程序與實務、已發佈之購案公告、本協定所涵蓋機關之地址、及已採購或將採購產品或服務之性質與數量，包括有關未來招標之可供參考資料等。委員會亦得設立一資訊中心。

對低度開發國家之特殊待遇

十二、基於一九四七年版關稅暨貿易總協定締約國於一九七九年十一月二十八日所作

「對開發中國家之差別及優惠待遇、互惠與更全面參與之決議」(BISD265/203–205) 第六項之規定，在對開發中國家締約國所授與之任何普遍性或特定性優惠措施之中，應對低度開發國家簽署國及該等國家內之供應商，就產自此等國家之產品或服務，給予特殊待遇。各締約國亦得就非締約國之低度開發國家內供應商，就產自此等國家之產品或服務，給予本協定之一切優惠。

十三、已開發國家締約國於受到要求時，應對低度開發國家內有意投標者，在提出投標書及挑選已開發國家之機關及低度開發國家內之供應商均可能有興趣之產品或服務方面，給予其認為適當之協助，並協助彼等能符合與預定採購之產品或服務有關之技術規定與標準。

檢討

十四、委員會應逐年檢討本條之運作與效果，並根據締約國所提報告，每三年作一次主要檢討，以評定其效果。做為每三年檢討之一部分，並使本協定，尤其是第三條，之各項規定得以充分實施，且考量開發中國家之發展、財政及貿易狀況，委員會應檢視依本條第四項至第六項規定所設之排除項目，是否應予修正或展延。

十五、在依照第二十四條第七項規定所作進一步之回合談判中，每一開發中國家締約國均應基於其經濟、財政及貿易狀況，考慮擴大其適用清單之可能性。

第六條 技術規格

一、採購機關所擬定、採用或適用之技術規格，其所標示之擬採購產品或服務之特性，諸如品質、性能、安全及大小、符號、術語、包裝、標誌及標示，或生產程序及方法及評估其符合與否之程序要求，在目的及效果上均不得造成國際貿易之不必要障礙。

二、採購機關所定之技術規格應在適宜之狀況下：

　1.依性能，而非設計或描述性之特性而定；且

　2.根據國際標準；若無國際標準時，則根據國家技術規定 (註3)、認可之國家標準 (註4) 或建築規則。

註3: 就本協定而言，所稱技術規定係指列明產品或服務之特性或其相關製程與生產方法之文件，包括適用之強制性行政規定之文件。該文件亦得包括或僅列出適用於產品、服務、製程或生產方法之專門術語、符號、包裝、標誌或標示之要求。

註4: 就本協定而言，所稱標準係指經認可之單位核准，並供普遍及經常使用但不具強制性，就產品、服務或相關製程與生產方法載明其規則、準則或特性所定之文件。該文件亦得包括或僅列出適用於產品、服務、製程或生產方法之專門術語、符號、包裝、標誌或標示之要求。

第七條 招標程序

一、各締約國應確保其機關之招標程序均以不歧視之方式實施，且符合第七條至第十六條之規定。

二、各機關不得使用足以構成妨礙競爭之方式，對任一供應商提供與特定採購有關之資料。

三、就本協定而言：

1. 公開招標程序係指所有有興趣之供應商均得投標之程序；

2. 選擇性招標程序係指符合依第十條第三項及本協定其他規定，且經機關邀請之供應商始得投標之程序；

3. 限制性招標程序係指僅在符合第十五條所定條件之情形下，機關與供應商個別洽商之程序。

第八條　供應商之資格

各機關於審查供應商之資格時，不得對其他締約國供應商之間，或在國內與其他締約國供應商之間，實施差別待遇。資格審查程序應符合下列規定：

1. 任何參加投標之條件，應於適當期間前，先行公告，俾使有興趣之供應商得以展開，並在不違反有效率的執行採購程序之前提下，完成資格審查程序。

2. 參加投標之條件，應以為確認廠商履行合約所必需之能力為限。供應商應具備之參加投標條件，包括財務保證、技術資格及證明供應商財務、商業與技術能力所必要之資料，以及資格之確認，其適用於其他締約國供應商者，不得較適用於國內供應商之條件不利，且不得對其他締約國之供應商之間，實施差別待遇。供應商之財務、商業與技術能力，應根據該供應商之全球性商業活動以及其在採購機關所在領域之活動加以判斷，並考慮供應組織間之法律關係。

3. 審查供應商資格之程序與時間，不得被用作排除其他締約國供應商於合格供應商名單之外，或就特定購案不考慮該等供應商之方法。凡符合特定購案投標條件之國內或其他締約國供應商，機關均應認其為合格供應商。申請參加特定購案投標，但尚未經審查合格之供應商，如有足夠之時間完成資格審查程序，仍應被列入考慮。

4. 備有常年合格供應商名單之機關，應確保供應商得隨時提出資格申請，並於合理之短時間內將合格者列入名單。

5. 於第九條第一項所定之公告發布後，若有尚未合格之供應商要求參加購案之投標時，機關應立即開始資格審查程序。

6. 各機關應將其決定通知各申請成為合格供應商之供應商。各機關如終止使用常年合格供應商名單，或將供應商自名單中除名，均應通知相關供應商。

7. 各締約國應確保：每一機關及其組成單位均應遵從相同之資格審查程序，但經證實確有採行不同程序之需要者不在此限；且不同機關間資格審查程序之差異

性，應力求減至最低程度。

8.上述第(1)款至第(7)款之各項規定並不禁止各機關採取措施，將任何有破產或作假情事之供應商，予以排除，但以符合本協定之國民待遇及不歧視規定者為限。

第九條　參與預定購案之邀標

一、除第十五條（限制性招標）另有規定外，機關應依第二項、第三項規定，就所有預定購案，於本協定附錄二所列之適當刊物上，公告邀標。

二、邀標得以如第六項所述購案之通告方式為之。

三、附件二、三所載各機關得使用第七項所定之計畫購案通告，或以第九項所定之資格制度通告，做為邀標公告。

四、以計畫購案通告做為邀標公告之機關，隨後應邀請所有曾表示興趣之供應商，根據至少包括第六項在內之資料，確認其興趣。

五、以資格制度通告做為邀標公告之機關，應依第十八條第四項所載之考慮因素，適時提供資料，俾使所有曾表示興趣者有合適機會自行評估其參與採購之興趣。此等資料應包括第六項及第八項所定通告中所載之資料，但以有該等資料者為限。

　提供予一有興趣供應商之資料，應以不歧視之方式提供予其他有興趣之供應商。

六、本條第二項所述購案之通知，應載明下列資料：

1.採購之性質與數量，包括進一步採購之任何選擇權，可能時，並含辦理該選擇權之預估時間；若為循環性採購合約時，則為採購之性質與數量，可能時，並含後續採購產品或服務之預估招標公告時間；

2.採購程序究係公開或選擇性或涉及協商；

3.物品或服務之開始交付或完成交付之日期；

4.提交要求參與投標之申請書或列入合格供應商名單或收受投標書之地址及期限，以及應使用之一種或多種語文；

5.辦理決標或提供規格資料及其他文件之機關之地址；

6.供應商應具備之經濟及技術條件、財務保證及資料；

7.招標文件之售價及付款條件；

8.機關邀標究係買賣、租賃或租購之方式，或具有二種以上之方式。

七、本條第三項所述之計畫採購通知，應儘量載明第六項規定之資料。在任何情形下並應包括第八項所定資料，以及：

1.聲明各有興趣之供應商應向機關表明其對購案之興趣；

2.向機關索取進一步資料時之連絡點。

八、就每一預定購案，各機關均應以世界貿易組織官方語文之一發布至少包括下列資料之摘要公告：

1.合約標的；

2.提交投標書或提交要求參與投標之申請書之期限；及

3.申領與合約有關之文件之地址。

九、如採用選擇性招標程序，備有常年合格供應商名單之機關，應逐年於本協定附錄三所列刊物之一，公告下列事項：

1.列出各種名單擬採購之產品或服務之具體項目或其類別，包括其標題。

2.供應商欲列入該等名單所應符合之條件，以及各機關查證各項條件之方法；及

3.名單之有效期限及展期之手續。上述公告如作為本條第三項所規定之邀標公告之用，該公告應另載明下列資料：

　　a. 有關產品或服務之性質。

　　b. 該公告即為構成參與邀標之聲明

但若此一資格制度之有效期間為三年以下，且該有效期間定於該公告中，同時明定不再另外公告時，僅於該制度開始施行時公告一次即可，此一資格制度不得以規避本協定規定之方式使用之。

十、任一購案自發布邀標後，以迄該公告或招標文件所定開標或接受投標書期限前，如必須修訂或重新發布公告時，應比照原文件公告通路發布修訂案或重新發布。就特定預定購案給予某一供應商之重要資料，應於適當時間內，同時發給所有其他有關之供應商，俾彼等研究該項資料以便因應。

十一、各機關在本條所定之公告中或刊登公告之刊物中，應明示該購案係適用本協定所涵蓋之購案。

第十條　選擇程序

一、為於選擇性招標程序中確保最有效之國際競爭，各機關應就各預定購案，在符合有效執行採購制度之前提下，邀請最大數目之國內供應商及其他締約國之供應商投標，並以公平及不歧視之方式選擇供應商參加此一程序。

二、備有常年合格供應商名單之機關，得自該等名單中挑選供應商並邀請其投標。任何挑選應給予名單內之供應商均享有公平之機會。

三、要求參與特定購案之供應商，如有尚未經資格審查合格者，應准予投標並被列入考慮，但以有足夠時間依第八、九兩條完成資格審查程序者為限。准予參加投標之額外供應商家數，僅得以有效執行採購制度予以限制。

四、要求參與選擇性招標程序之意思表示得以電報交換、電報或電話傳真提出。

第十一條　投標與交付期限

一般規定

一、1.任何規定之期限應使國內供應商及其他締約國之供應商有適當時間，於投標截止日期前準備及提交投標書。各機關於訂定任何此種期限時，應在符合其本身合理需要之情形下，考慮諸如預定購案之複雜性、預估分包之程度，以及投標

商自國內外地點郵寄投標書所需之正常時間等因素。

2.締約國應確保其機關於訂定截止收受投標書或要求參與投標之申請書之最後日期時，應顧及發布公告之遲延。

期限

二、除第三項另有規定外，

1.於公開招標程序，其收受投標書之期限，自第九條第一項所述公告發布日起，不得少於四十天；

2.於選擇性招標程序，且在不使用常年合格供應商名單時，提交要求參與投標申請書之時限，自第九條第一項所述公告發布日起，不得少於二十五天；而收受投標書之期限，自發出招標書之日起，不論如何均不得少於四十天；

3.於使用常年性合格供應商名單之選擇性招標程序，其收受投標書之期限，自初次發出招標書之日起，不得少於四十天，而無論初次發出招標書之日是否與第九條第一項所述之公告日期相同。

三、於下列情形，上述第二項所定之期間得予縮短：

1.若已另行公告達四十天，且該公告不超過十二個月以前，並且載明至少下列事項者：第九條第六項所述之資料之儘可能可以提供者；第九條第八項所述之資料；聲明有興趣之供應商應對機關表明其對此一購案有興趣；及向機關索取進一步資料時之連絡點；則收受投標書之四十天期限，得縮短為長度足以投標之期間。該期間原則上不少於二十四天，但絕對不得少於十天；

2.若為第九條第六項內所述循環性採購合約之第二次或後續公告，收受投標書之四十天期限，得縮短為不少於二十四天；

3.在機關正式確認之緊急情況下，相關期限不切實際者，第二項所述期限得以縮短，但不論如何，自第九條第一項所述公告發布日起，絕對不得少於十天；

4.第二項第(3)款所述之期間，就附件二及三中所列機關之採購，得由該機關與選定之供應商共同議定之。無協議時，該機關得定長度足夠投標之時間，但絕對不得少於十天。

四、在符合機關本身合理需求之情形下，任何交付日期均應考慮諸如購案之複雜性、預期分包之程度、以及生產、出倉、自供應點運送及提供服務之實際所需時間之因素。

第十二條　招標文件

一、於招標程序中，如機關允許以數種語文提出投標書，則其中之一應為世界貿易組織之官方語文中之一種。

二、提供給各供應商之招標文件，除不必有第九條六項第(g)款所定者外，應載明彼等提交投標書所需之一切必要資料，包括須載明於預定購案公告中之資料以及下列

資料：

1. 收受投標書之機關之地址；

2. 索取補充資料之地址；

3. 投標書及投標文件應使用之一種或數種語文；

4. 收受投標書之截止日期與時間，以及投標書應有之有效期間；

5. 有權在開標現場之人員，及開標之日期、時間與地點；

6. 供應商應具備之經濟與技術要求、財務保證與資料或文件；

7. 所需產品或服務或任何要求之完整說明，包括技術規格、應達成之合格證明、必要之計畫、圖說及說明資料；

8. 決標之標準，包括除價格外審查投標書時考慮之任何因素，以及評估標價時應含之成本項目，諸如運輸、保險及檢驗費用，以及如係其他締約國之產品或服務時之進口關稅與其他進口費用、稅捐以及付款幣別；

9. 付款條件；

10. 任何其他條款或條件；

11. 如有第十七條所示之條款及條件，則依第十七條之規定來自實施該條程序之非協定締約國之投標書，在何種條件下將予接受。

各機關提供招標文件

三、 1. 於公開招標程序中，各機關應依參與此一程序之所有供應商之要求，對其提供招標文件，並應對其就與招標文件有關且合理之要求說明事項，迅速予以答覆。

2. 於選擇性招標程序中，各機關應對所有申請參加投標之供應商，提供招標文件，並應對其就與招標文件有關且合理之要求說明事項，迅速予以答覆。

3. 參加招標程序之供應商合理要求相關資料時，機關應迅速答覆，但以該項資料不致使該供應商於決標程序取得較其他競標者更有利之地位者為限。

第十三條　投標書之提交、收受與開標及決標

一、投標書之提交、收受與開標及決標均應符合下列規定：

1. 投標書通常應以書面直接遞送或郵寄，如准許以電報交換、電報或傳真方式投標時，投標書內容應包括審標所需之一切資料，特別是投標商所提之確定價格，以及投標商同意招標書內各項條款及規定之聲明，投標商必須立刻以信函或遞送一份經簽字之電報交換、電報或傳真以確認其投標書。不得以電話之方式提出投標。以電報交換、電報或傳真提出之投標書，其內容如與截止投標期限後所收到任何文件之內容不符時，應以該電報交換、電報或傳真之投標書為準；及

2. 在開標至決標期間，所給與投標商改正其非故意造成之形式上之錯誤之機會，不得產生任何歧視做法。

投標書之收受

二、投標書若純因機關之不當處理所致延誤，而於規定期限後始送達招標文件所指定之辦公場所，不應使該供應商受到處罰。若相關機關所定之程序有所規定，投標書亦得在其他特殊情況下予以考慮。

開標

三、各機關經由公開或選擇性招標程序所徵求得之全部投標書，應依可確保開標規律性之程序及條件辦理收受及開標。投標書之收受與開標並應符合本協定之國民待遇及不歧視規定。開標資料應由有關機關保管，俾供其上級主管機關於必要時得依本協定第十八條、第十九條、第二十條及第二十二條所定程序予以使用。

決標

四、1.凡列入決標考慮之投標書，於開標當時，必須符合公告或招標文件所定之基本要求，且投標之供應商須符合參加投標之條件。若機關所收到之投標書之報價，不正常的低於其他投標商所報者時，得對該投標商進行查詢，以確保其能符合參加投標之條件，且有能力履行合約條款。

　　2.除機關為公共利益計，不擬訂約外，如認定某一投標商有充分能力承做該合約，且其投標書，無論係國內產品或服務或係其他締約國之產品或服務，為最低標，或依公告或招標文件規定之特殊審標標準，視為最有利標時，該機關即應決標予該投標商。

　　3.決標應按招標文件中所定標準及基本要求為之。

選擇權條款

五、利用選擇權之條款時，不得藉以規避本協定之規定。

第十四條　協商

一、於下列情形，締約國得讓其機關採用協商措施：

　　1.依第九條第二項所述之公告（洽供應商參與預定購案程序）之邀請已就購案表明此一意向；或

　　2.審標時發現依公告或招標文件中所定特定審標標準，無投標書顯為最有利之投標書者。

二、協商措施主要應用以認定投標書之優缺點。

三、機關對投標書應予保密，尤其不得提供任何資料以幫助特定參加者將其投標書提升至其他參加者之水準。

四、機關於協商時，不得對不同供應商有所歧視，尤其應確保：

　　1.對任何參加者之排除，均應依照公告及招標文件中所定之標準為之；

　　2.對標準及技術要求之一切修訂，均應以書面發給尚在協商之列之所有參加者；

　　3.所有尚在協商之列之參加者均應有機會按照經修改之需求，提送更新或修訂之

文件；且

4.協商結束後，應准許所有尚在協商之列之參加者按照共同之限期提送最後之投標書。

第十五條　限制性招標

一、第七條至第十四條用以規範公開及選擇性招標程序之規定，於下列情形不須適用，但以採行限制性招標並非為要避免可能之最大競爭，或對其他締約國之供應商構成歧視，或對國內生產者或供應商構成保護者為限：

1.經公開招標或選擇性招標程序，無人投標，或有圍標情事，或投標書不符合招標之基本要求，或不符合依本協定所規定之參與條件；但以原定招標要求於後來決標之合約中未予重大改變者為限；

2.因涉及藝術品或專屬權之保護，諸如專利權或著作權，或因技術理由該產品或服務無人競爭，而僅能由某一特定供應商供應，且並無合理之其他選擇對象或替代者存在時；

3.因機關無法預見之非常緊急事故，致產品或服務無法經由公開或選擇性招標程序適時獲得，而有確實之必要者；

4.由原供應商供應之額外交付，做為現有之物品或設施之更換零件，或係供現有物品、服務或設施擴充所需，且如更換供應商，將迫使機關購買不能符合與現有設備或服務互換性需求之設備或服務；註5

5.當一機關因委託他人進行研究、實驗、探索或原創性之發展，而購買依該特定合約所發展之原型或初次製造之產品或服務。但於該合約履行完畢後，再採購該類產品或服務時，則應依第七條至第十四條之規定辦理；註6

6.當未列入原始合約，但仍在原來招標文件目的範圍內之額外工程服務，因未能預見之情況，而為完成該工程服務合約所需，且機關有必要將該額外工程服務發包給原來之承包商，否則若將額外工程服務合約與原始合約分開發包，將有技術或經濟上之困難，並會對機關帶來重大不便。但額外工程服務發包合約之總金額，不得超過原主合約金額之百分之五十；

7.一基本計畫下包含重複性類似工程服務之新的工程服務案件發包，但應以該計畫之原始合約係依第七條至第十四條規定發包，且機關於最初工程服務預定購案之公告中，已說明日後此等新的工程服務案件，可能以限制性招標程序發包；

8.自商品市場採購之產品；

9.在稍縱即逝之極為有利之條件下採購。本規定係針對非屬一般供應商之廠商所為之非經常性清貨或於清算或破產時對資產之處分，而不包括向一般供應商所為之例行性採購；

10.將合約決標給設計比賽中之優勝者，但該項比賽之辦理須符合本協定之原則，

尤其是第九條所定邀請合格供應者參加比賽以贏取合約之公告，並由獨立之審查團判定勝負。

二、機關應就依第一項規定決標之各合約編製書面報告，該報告內容應包括採購機關名稱、採購物品或服務之金額與種類、原產地，並說明其所適用之本條條件。該報告應由有關機關保管，以備遇有第十八條、第十九條、第二十條及第二十二條所定程序之需要時，供其上級主管機關使用。

註5：根據共識，所稱「現有設備」，包括軟體在內，但以該軟體之初次採購係適用本協定者為限。

註6：初次製造產品之原創性發展，得包括限量生產或供應，以便獲得實地測試之結果，並展示該產品或服務達到品質要求標準，可以進入大量生產或供應階段，但不包括為建立商業生存力或回收研發成本之大量生產或供應。

第十六條　補償交易

一、機關在資格審查及選擇可能之供應商、產品或服務，或者在審標及決標時，不得強制要求、尋求或考慮補償交易。[註7]

二、然而，基於包括與發展有關之一般政策之考量，開發中國家在加入時，得談判使用補償交易之條件，諸如使用本國品項之要求。該等要求僅能作為參加購案程序之資格審查之用，而不得作為決標之標準。有關條件應客觀、明確、且不得歧視。其條件應訂明於本協定之附錄一中，並得包括受本協定拘束之合約實施補償交易之明確限制。存有該等條件時，應通知委員會，並應列入預定購案之公告及其他文件中。

註7：政府採購中之補償交易係指藉本國品項、技術授權、投資要求、相對貿易或類似之要求，以鼓勵當地發展或改善收支平衡帳之措施。

第十七條　透明化

一、各締約國應鼓勵其機關標示其對待非本協定締約國供應商投標書之各項條件，包括任何與競爭性招標程序或提出異議程序所不同之處。但以該等非本協定締約國為了達成彼等決標之透明化，而有做到下列各點者為限：

　1.依本協定第六條（技術規格）標示其合約；

　2.發布第九條所述之購案公告，包括在第九條第八項（預定購案摘要公告）所述之以世界貿易組織官方語文之一所發布之公告內，標示其對待本協定締約國供應商之投標書之條件；

　3.願意確保在一件購案期間通常不會變更其採購規定；若此等更改無可避免時，則應確保有令人滿意之補救方法。

二、非本協定締約國政府若遵循第一項第(1)款至第(3)款之條件，即有權在通知各締約國後，以觀察員身分參加委員會。

第十八條 機關之資訊與檢視義務

一、機關依本協定第十三條至第十五條辦理之合約，應於決標後七十二天內，在本協定附錄二所列適當刊物上，發布公告說明下列事項：

 1. 決標合約之產品或服務之性質與數量；

 2. 決標機關之名稱與地址；

 3. 決標日期；

 4. 得標者之名稱與地址；

 5. 決標金額或決標時列入考慮之最高及最低標；

 6. 在適當情況下，查閱依第九條第一項所發出之公告之方法，或使用第十五條程序之正當理由；及

 7. 所使用之招標程序。

二、各機關受到締約國供應商之要求時，應迅速提供：

 1. 其採購實務與程序之說明；

 2. 關於供應商所提出之資格申請被駁回、現有資格被終止、以及未能獲選之理由之相關資訊；及

 3. 對未得標投標商，關於彼等之投標書未獲選之理由、獲選之投標書之特點及相對優點、以及得標者之名稱之相關資訊。

三、機關應迅速通知參加投標之供應商關於決標之決定，如有要求以書面方式通知時，則以書面通知。

四、若上述第一項及第二項第(c)款所列某些決標資訊之揭露，會妨礙法律之執行、違反公共利益、影響特定公、民營企業之合法商業利益，或可能損害供應商間之公平競爭時，機關得決定不予揭露。

第十九條 締約國之資訊與檢視義務

一、與適用本協定之政府採購有關之任何法律、規章、司法裁判、通用之行政規定及程序（包括標準合約條款），締約國應迅速刊登於附錄四所列適宜之刊物，俾使其他締約國及供應商了解其內容。締約國應隨時準備於受到要求時，向其他締約國解釋其政府採購程序。

二、未得標投標商之政府如為本協定締約國，得在不影響第二十二條規定之前提下，索取與決標有關之其他必要資料，以確認該購案確係以公平公正之方式辦理。為此，採購方之政府應就得標之投標書之特點與相對優點及合約價格提供資料。通常此等後來取得之資料，得由未得標投標商之政府決定予以揭露，但應謹慎為之。但揭露此類資料有妨害未來競標之虞時，除非經治商並取得提供資料之締約國之同意，否則不得予以揭露。

三、與適用本協定之機關之購案及其個別合約決標有關可以提供之資料，應依請求，

提供予任一其他締約國。

四、提供予任一締約國之機密資料，如會妨礙法律之執行、違反公共利益，或影響特定公、民營企業之合法商業利益、或可能損害供應商間之公平競爭時，非經提供該資料締約國之正式授權，不得予以揭露。

五、締約國應就其辦理適用本協定之購案之統計資料，逐年彙集並提供予委員會，該等報告應包括所有適用本協定之機關所決標之合約之下列資料：

　1.就附件一所列機關，已決標合約所估計之在門檻金額以上及以下者之全球統計，並按機關別分別列明。就附件二、三所列機關，已決標合約所估計之在門檻金額以上之全球統計，並按機關類別分別列明。

　2.就附件一所列機關，決標合約金額在門檻金額以上案件之件數及總值之統計資料，並依統一分類制度按機關及產品與服務之類別分列。就附件二、三所列機關，決標合約金額在門檻金額以上案件之估計金額之統計資料，依機關類別及產品與服務類別分列。

　3.就附件一所列機關，依第十五條每種情形所決標之合約之件數與總值，按機關及產品與服務類別分列之統計資料。就附件二、三所列機關類別，依第十五條每種情形所決標之超過門檻金額之合約之總值之統計資料。

　4.就附件一所列機關，依相關附件所載不適用本協定之條件所決標之合約之件數及總值，按機關分列之統計資料。就附件二、三所列機關類別，依相關附件所載不適用本協定之條件所決標之合約總值之統計資料。在可取得此等資料之前提下，各締約國應提供其機關採購產品及服務之原產國之統計資料。為確保該等統計資料可供比較，委員會應對統計方法制定指導原則。為確保對適用本協定之採購之有效監督，委員會得經一致同意，就上述第(1)款至第(4)款有關提供統計資料，分列及分類之性質與程度之規定，予以修訂。

第二十條　申訴程序

諮商

一、若一供應商投訴購案有違反本協定情事時，締約國應鼓勵該供應商與採購機關諮商以解決爭議。在此情形下，該採購機關應以不損及按申訴程序取得改正措施之方式，對投訴事項予以公正且適時之考量。

申訴

二、締約國應提供無歧視、適時、透明化且有效之程序，使供應商得以對涉及彼等權益且有違本協定情事之購案提出申訴。

三、締約國應以書面列明其申訴程序並使其得以普遍取得。

四、締約國應確保與適本協定之購案有關之所有辦理過程之文件應保留三年。

五、得要求有利害關係之供應商在知悉異議之原因事實之時起或合理情況下可得而知

　　之時起一定期限內，開始其申訴程序並通知採購機關。但前述期限不得少於十天。

六、申訴案件應由法院或與購案結果毫無關係之公正且獨立之審查單位審理，該審查單位成員於指派期間內應不受外界之影響。非屬法院之審查單位應受司法審查或具備下列審查程序：

　　1. 做成意見或決定前，程序之參與者得陳述其意見；

　　2. 程序之參與者得派遣代表或有人陪同；

　　3. 程序之參與者應可參與全部程序；

　　4. 程序能公開進行；

　　5. 意見或決定應以書面為之並陳述其意見或決定之基礎；

　　6. 得以提出證人；

　　7. 一切文件向審查單位公開。

七、申訴程序應允許下列事項：

　　1. 快速臨時措施，俾改正違反本協定情事及保全商機。該措施得令購案暫停進行。但申訴程序得規定於決定是否採取此等措施時，得就避免其對包括公共利益在內之有關利益所生之不利後果，予以列入考量。於此情況時，應以書面說明不採取此等措施之正當理由；

　　2. 對申訴正當性評估及達成決定之可能性；

　　3. 對違反本協定情事之改正或遭受損失或損害之賠償。賠償得限於準備投標或申訴之成本。

八、為保全商機或其他商業利益，申訴程序在正常情況下應適時完成。

第二十一條　機構

一、應設一政府採購委員會，由本協定各締約國指派代表組成。委員會應自選其主席與副主席，並視需要召開會議，但每年至少應集會一次，俾使締約國就與本協定之運作或促進本協定目標有關之任何事項有磋商之機會，並執行締約國交付之其他任務。

二、委員會得設工作小組或其他附屬機構以執行委員會交付之任務。

第二十二條　諮商與爭端解決

一、世界貿易組織協定之「爭端解決規則及程序瞭解書」（以下簡稱「爭端解決瞭解書」）之規定，應適用於本協定，但下述另有規定者除外。

二、若任何締約國認為其依本協定直接或間接可得利益遭取消或減損，或本協定目標之達成因其他締約國未能履行其於本協定下之義務，或因其他締約國採取任何措施而受阻，不論該等措施是否與本協定之規定牴觸，該締約國得以書面向其所認定之相關締約國提出意見或建議，以謀問題之圓滿解決。該締約國上述行動，應迅速依下述規定，通知依爭端解決瞭解書所組成之爭端解決機構（以下簡稱爭端

解決機構）。其相對締約國應對該締約國提出之意見或建議予以慎重之考慮。

三、爭端解決機構有權設立小組，採納小組及上訴機構之報告，就爭端事項提出建議
或做出裁決，監視裁決及建議之實施及授權終止本協定下之減讓及其他義務之中
止，或於違反本協定之措施不可能撤銷時，授權就救濟措施進行諮商。僅具備世
界貿易組織會員身分之本協定締約國，始得參與爭端解決機構就本協定之爭端所
採取之決定或行動。

四、除爭端之當事國於小組成立後二十天內另有合意外，小組之委任條件為：「依本協
定及（其他爭端當事國引用之協定名稱）之相關規定，審查由（當事國名稱）以
文件（編號）提交爭端解決機構認定之事項，並做成判斷，以協助爭端解決機構
依本協定就該事項做成建議或決定。若爭端之一當事國引用本協定之規定，以及
爭端解決瞭解書附錄一所列之其他一個或多個協定，則第三項之規定僅適用於小
組報告中有關本協定之解釋及適用之部分。

五、爭端解決機構所設，以審查本協定下之爭端之各小組，應包括在政府採購領域夠
格之人士。

六、解決爭端之程序，應盡所有努力，以最大之可能，予以加速進行。縱有爭端解決
瞭解書第十二條第八項及第九項之規定，小組應嘗試自其組成及委任條件被同意
起四個月內，向爭端當事國提出最終報告。若有遲延，亦不得超過自其組成及委
任條件被同意起七個月。是故，應盡所有努力將爭端解決瞭解書第二十條第一項
及第二十一條第四項所定之期限減少二個月。此外，縱有爭端解決瞭解書第二十
一條第五項之規定，於當事國間對於遵循建議或決定所應採行之措施是否存在及
與適用之協定是否符合而有歧見時，小組應嘗試於六十天內提出其決定。

七、縱有爭端解決瞭解書第二十二條第二項之規定，任何基於該瞭解書附錄一所列之
協定，但本協定除外，所生之爭端，均不得導致依本協定所為之減讓或其他義務
之中止，而本協定所生之爭端亦不得導致依該瞭解書附錄一所列之其他協定下之
減讓或其他義務之中止。

第二十三條　本協定除外事項

一、本協定內之任何規定不得解釋為禁止任何締約國，為保護其基本安全利益，而對
採購武器、彈藥或戰爭物資，或對國家安全或國防目的所不可或缺之採購，採取
任何其認為必要之行動或不公開任何資料。

二、服刑人生產之產品或服務有關，而實施或執行之措施。但以該等措施之適用方式，
不致成為對具有相同條件之國家予以武斷或不合理歧視之手段，或成為對國際貿
易隱藏性限制者為限。

第二十四條　最後規定

一、接受與生效

就適用範圍已載明於本協定附錄一之附件一至五，且於一九九四年四月十五日以前簽署接受本協定，或於前述日期前以尚待批准之方式先行簽署本協定並嗣後於一九九六年一月一日前批准之政府[註8]而言，本協定自一九九六年一月一日起生效。

二、加入

非本協定締約國，但為世界貿易組織會員國或於世界貿易組織協定生效前為一九四七年關稅暨貿易總協定締約國之政府，得依該政府與締約國間之協議，加入本協定。加入之手續，於該政府向世界貿易組織秘書長提交一份載明前述協議條件之文件時完成。對加入之政府而言，本協定應於加入後第三十天生效。

三、過渡安排

1. 香港及韓國得延緩本協定規定之適用至一九九七年一月一日為止。但第二十一條及第二十二條不在此限。彼等若在一九九七年一月一日之前開始適用本協定規定，則其開始適用之日期應於三十天前通知世界貿易組織秘書長。

2. 於本協定生效日起至香港適用本協定為止之期間內，香港與其他締約國間之權利義務，應依一九七九年四月十二日在日內瓦簽署，且於一九八七年二月二日修訂之政府採購協定（簡稱一九八八年協定）之實質性[註9]規定定之，包括其附件；惟其他締約國於一九九四年四月十五日當日應為「一九八八年協定」之締約國。附件若有修訂則以修訂後者為準。基於此一目的，此等規定於茲以引述方式納入為本協定之一部分，其效期至一九九六年十二月三十一日。

3. 於同為「一九八八年協定」締約國之本協定締約國間，本協定之權利義務取代「一九八八年協定」所規定者。

4. 本協定第二十二條應至世界貿易組織協定生效時始生效。在此之前，「一九八八年協定」第七條之規定應適用於本協定下之諮商及爭端解決，且基於此一目的，此等規定於茲以引述方式納入為本協定之一部分。前述規定應在本協定委員會主持下適用之。於世界貿易組織協定生效前，所稱世界貿易組織之機構應視同係指關稅暨貿易總協定下之相關機構，所稱世界貿易組織秘書長及秘書處應視同係分別指一九四七年關稅暨貿易總協定締約國大會秘書長及秘書處。

四、保留

對本協定之任何規定，不得有所保留。

五、國內立法

1. 各接受或加入本協定之政府，應確保在不晚於本協定對其開始生效之日，其國內一切法律、規章、行政程序及適用於附件所列各機關之規則、程序與實務均已符合本協定之規定。

2. 各締約國與本協定有關之法律與規章及其施行如有變更，應通知委員會。

六、修正或變更

1. 修正或將一機關由一附件移轉至另一附件、或在特殊情形下與本協定附錄一至四有關之其他變更，應通知委員會，並就前述變更對本協定所議定適用範圍之可能影響，檢附相關資料。若修正、移轉或其他變更純屬形式或性質輕微，而於通知後三十天內無人提出異議時，即生效力。至於其他情形，委員會之主席應立即召開委員會會議。委員會應考量此等提議及任何補償性調整措施之請求，以維持權利義務間之平衡及此等通知前本協定所議定適用範圍間之對等性。若未能達成協議，則該事項得依本協定第二十二條之規定處理。

2. 一締約國若欲行使權利，以政府對一機關之控制或影響力已有效地消除為由，而將該機關自本協定附錄一中除去，則該簽署國應通知委員會。該等變更應於委員會下次會議結束次日起生效，但以前述會議舉行日期不早於通知日起之三十天之內，且無人提出異議者為限。若有異議，該事項係依本協定第二十二條所定之諮商及爭端解決程序處理之。在考量附錄一之變更要求及任何衍生之補償性調整措施時，應將消除政府控制或影響所產生開放市場之效果，做有利之考量。

七、檢討、談判及未來之工作

1. 委員會應參酌本協定之目的，逐年檢討本協定之實施與運作情形，且每年就此等檢討所涵蓋期間內之各項發展，通知世界貿易組織理事會。

2. 本協定各締約國至遲應於本協定生效後第三年年終前，以及其後定期性的進行談判，俾在兼顧第五條所載與開發中國家有關之規定下，改進本協定及在互惠基礎上儘可能擴大其適用範圍。

3. 各締約國應致力避免引進或延長扭曲公開採購之歧視性措施及實務，並應在第二款所述談判中，設法取消在本協定生效日仍存留之該等措施及實務。

八、資訊技術

為避免本協定構成技術進步之不必要障礙，締約國應定期於委員會諮商有關政府採購使用資訊技術之發展，並於必要時協商修訂本協定。前述諮商，應特別針對確保使用資訊技術，藉以透過透明化程序促進公開、不歧視及有效率之政府採購目的，且確保適用本協定之合約均予明確標示，而所有有關於特定合約之可提供資料均能予以標示。若一締約國擬做更新，應盡量考量其他締約國對任何潛在問題所表示之意見。

九、修訂

締約國得考量執行本協定所得之經驗而修訂本協定。前述修訂若依委員會所訂程序經各締約國同意，應於一締約國接受後，始對該簽署國生效。

十、退出

1. 任一締約國均得退出本協定。此一退出，自世界貿易組織秘書長收到該締約國退出之書面通知之日起，屆滿六十天始生效。任一締約國為此通知時，得請求立即召開委員會會議。

2. 若本協定之任一締約國未於世界貿易組織協定生效後一年內，成為世界貿易組織之會員，或停止為其會員，應停止為本協定之締約國，並自同日生效。

十一、本協定於特定締約國間之排除適用

任何兩締約國之一，若於接受或加入本協定時，不同意本協定之相互適用，則本協定不適用於該兩締約國之間。

十二、附註、附錄與附件

本協定所有之附註、附錄與附件均為構成本協定不可分之一部分。

十三、秘書處

本協定應由世界貿易組織秘書處提供服務。

十四、保存

本協定應存放於世界貿易組織秘書長。秘書長應儘速向本協定各簽署國提供一份經簽證之本協定副本，及依本條第六項所為之每一修正或變更、依第九項所為之每一修訂，以及依第一項及第二項所為之每一接受及加入，以及依第十項所為之每一退出。

十五、登記

本協定應依「聯合國憲章」第一〇二條規定辦理登記。

本協定於一九九四年四月十五日於馬拉開希以英文、法文及西班牙文作成一份，除本協定附錄另有規定外，各種文本均屬有效。

註 8：本協定所稱「政府」，視為包括歐洲共同體之主管機關。

註 9：指「一九八八年協定」之所有規定，但前言、第七條及第九條除外，惟第九條第五項第(a)款及第(b)款及第十項仍應包括在內。

本協定及其附錄中所用「國家」一詞包括簽署本協定之個別關稅領域。就簽署本協定之個別關稅領域而言，在本協定內使用「國民」一詞予以表示者，則除另有規定外，應視為亦適用該獨立關稅領域。

第一條第一項

鑒於與附條件援助有關之一般性政策考量，包括開發中國家就解除此類援助條件之目的，祗要其係由締約國所採行，本協定不適用於對開發中國家提供附條件援助所辦理之購案。

30. 服務貿易總協定（GATS）

本協定各會員：

咸認服務貿易對世界經濟成長及發展與日俱增之重要性；

冀望依透明化及漸進自由化原則建立一以擴展此項貿易為目的之服務貿易規則之多邊性架構，並藉此促進所有貿易夥伴之經濟成長及開發中國家之發展；

期望在適度尊重國家政策目標之同時，透過連續多邊諮商談判，在互利基礎上，增進所有參與者之利益，並確保權利與義務之整體平衡，以期早日達成服務貿易漸進式之更高自由化目標；

承諾各會員有權為達成國家政策目標而對其境內服務之供給，予以管制並採用新法規，而且在現行各國有關服務業管理法規的發展程度參差不齊下，開發中國家對於行使此項權力尤有特殊需要；

冀望能促進開發中國家參與服務貿易活動，並擴展其服務出口，尤其是希望藉由加強其國內服務能力及效率與競爭能力等以達成此一目標；

鑑於低度開發國家特殊之經濟情況及其發展、貿易與財政方面之需要，特別考慮其所面臨之重大困難；

茲同意如下：

第一篇　範圍及定義

第一條　範圍與定義

1. 本協定適用於會員影響服務貿易之措施。

2. 本協定所稱服務貿易，謂：

　(a)自一會員境內向其他會員境內提供服務；

　(b)在一會員境內對其他會員之消費者提供服務；

　(c)由一會員之服務提供者以設立商業據點方式在其他會員境內提供服務；

　(d)由一會員之服務提供者以自然人呈現方式在其他會員境內提供服務。

3. 本協定：

　(a)稱會員所採措施者，謂下列機關及團體所採取之措施：

　　(i) 中央、區域或地方政府與機關；及

　　(ii) 經中央、區域或地方政府或機關授權行使政府權力之非政府機構。

　　會員為了履行本協定之義務與承諾，應採取可行之合理措施，以確保其境內區域及地方政府與機關及非政府機構之確實遵循之；

　(b)稱服務者，包括各行業提供之服務，但行使政府權力所提供之服務不在此限；

　(c)稱行使政府權力所提供之服務者，謂非基於商業基礎亦非與一或多個服務提供者競爭所提供之服務。

第二篇　一般義務及規定

第二條　最惠國待遇

1. 關於本協定所涵蓋之措施，各會員應立即且無條件地對來自其他會員之服務或服務提供者提供不低於該會員給予其他國家相同服務或服務提供者之待遇。
2. 會員得採行與第 1 項不一致之措施，若該措施已列入有關豁免第二條義務之附件且符合其條件。
3. 本協定條款不應解釋為禁止會員，為促進僅限於鄰近邊界地區當地所供給及消費之服務的交易，而給予其鄰接國優惠待遇。

第三條　透明化

1. 除緊急情況外，各會員應將涉及或影響本協定運作之所有一般性適用之相關措施，即時且至遲在生效前公布，會員亦應公布其所簽署涉及或影響服務貿易之國際協定。
2. 第 1 項之公布無法以出版品方式實施時，該項資訊應利用其他方法使公眾得以取得。
3. 各會員應即時且至少每年一次，就重大影響其依本協定對服務貿易所作特定承諾之所有新訂或增修之法律、命令或行政準則，通知服務貿易理事會。
4. 各會員對其他會員所有請求提供第 1 項所指之一般性適用措施或國際協定之特定資訊，應立即答覆。各會員亦應設立一或多個查詢點，俾回應其他會員之請求對所有前述事項及第 3 項所要求通知事項提供特定資訊。該等查詢點應於「設立世界貿易組織協定」(以下簡稱世界貿易組織協定)生效後二年內設立。對於個別開發中國家會員設立該等查詢點之時間限制可經協議給予適當彈性。該等查詢點毋須為法律及命令之保存場所。
5. 各會員得將其認為其他會員所採行影響本協定運作之措施，通知服務貿易理事會。

第三條之一　機密資訊之揭露

機密資訊之揭露，有妨礙法律執行或違反公共利益，或不利於特定公營或民營企業合法商業利益之虞者，不得要求本協定會員提供。

第四條　增進開發中國家之參與

1. 為增進開發中國家對世界貿易之參與，應由不同會員依本協定第三篇及第四篇之規定，透過已諮商定案之特定承諾促成下列事項：
   (a)經由商業基礎取得技術，強化其國內服務能力，以及其效率與競爭力；
   (b)改進其接近行銷管道與資訊網路之機會；及
   (c)將有利於其出口的行業及供給方式之市場開放予以自由化。
2. 已開發國家會員及其他會員在可能範圍內，應於世界貿易組織協定生效後二年內建立聯絡點，以協助開發中國家會員之服務提供者就其個別市場取得下列相關資訊：
   (a)服務供給中有關商業及技術層面之資訊；
   (b)專業資格之登記、認許及取得；及

(c)服務技術之取得。

3. 在執行第 1 項及第 2 項時，對低度開發國家會員應予特別優先適用。鑑於低度開發國家之特殊經濟情況及發展，以及貿易及財政需求，對其接受已諮商定案之特定承諾之重大困難應給予特別考量。

第五條　經濟整合

1. 本協定不得妨礙會員加入或簽署其他以促進服務貿易自由化為目的之協定。但該協定應符合下列條件：

(a)涵蓋大多數行業❶，且

(b)透過下列方式，對前款所涵蓋之行業，於締約成員間削減或刪除第十七條所規範之大部分歧視性措施：

(i) 刪除現行之歧視性措施，且／或

(ii) 禁止採行新的或更多的歧視性措施。

上述規定應於該協定生效時或於一合理期間內實施。但第十一條、第十二條、第十四條及第十四條之一所允許之措施，不在此限。

2. 評估是否符合第 1 項第(b)款之條件時，得考慮該協定對相關國家間更廣泛經濟整合或貿易自由化過程之關係。

3. (a)開發中國家為第 1 項所指協定之成員者，應依據有關國家之開發程度，就整體及個別行業部門，彈性適用第 1 項中特別是第(b)款所規定之要件。

(b)若第 1 項所列協定僅涉及開發中國家者，得不適用第 6 項之規定，而給予該協定會員之自然人所有或控制之法人更優惠之待遇。

4. 第 1 項所指各項協定應旨在便利其成員間之貿易，對該等協定以外之本協定會員，於相關之行業部門，整體而言不得設立相較於該協定適用前更高程度之服務貿易障礙。

5. 若因第 1 項所指協定之簽訂、增補或重大修正，本協定會員擬撤回或修改特定承諾致與其承諾表所訂內容及條件不符時，應於九十日前提出該撤回或修改之通知，並應適用第二十一條第 2 項、第 3 項及第 4 項規定之程序。

6. 本協定其他會員服務提供者依據第 1 項所指協定成員之法律所設立之法人，在該等協定締約成員境內從事實質營業者，應享有該等協定之待遇。

7. (a)本協定會員為第 1 項所指協定之成員者，應將該等協定或其增補、重大修正，即時通知服務貿易理事會。該等相關資訊，經理事會要求者，並應予以提供。理事會得設立一工作小組審查該等協定及其增補或修正，並就該等協定是否與本條之規定

---

❶　本條件係基於行業數目、受影響貿易量及服務提供模式考量；為符合本條件，協定不得預先排除任何服務提供模式。

相符，向理事會提出報告。

(b)第 1 項所列協定係依時間表履行時，本協定會員為該等協定之成員者，應定期向服務貿易理事會報告其履行情形。理事會認為必要時，得設立工作小組審查其報告。

(c)若理事會認為合適，得依第(a)款及第(b)款所設立之工作小組所作報告，向各成員提出建議。

8.本協定會員為第 1 項所指協定之成員者，對本協定其他會員自該項協定所獲得之貿易利益，不得請求補償。

第五條之一　勞動市場整合協定

建立完全整合❷勞動市場之協定符合下列事項者，本協定不得禁止會員加入之：

(a)免除該協定成員之公民居住及工作許可之要求；

(b)已通知服務貿易理事會。

第六條　國內規章

1.對已提出特定承諾之行業，各會員應確保其影響服務貿易之所有一般性適用所有措施是以合理、客觀且公平之方式實施。

2.(a)會員應維持或儘速制定司法、仲裁或行政裁判或程序，俾在受影響之服務提供者要求時，對影響服務貿易之行政處分即時提供審查及適當之救濟。對該等程序未能獨立於作成有關行政處分之機關者，會員應確保該等程序確實提供客觀且公正之審查。

(b)第(a)款之規定不得解釋為要求會員制定與其憲政結構或法律制度不一致之裁判或程序。

3.特定承諾中之服務應先申請許可始得提供者，會員之該管機關，應於依據其國內法令規定，申請案完備後之合理期限內，通知申請人有關該申請案之結果。申請人有所請求者，會員該管機關應提供申請人有關該申請案情況之資訊，不得有任何不當之延誤。

4.為確保有關資格要件、程序、技術標準及核照條件等措施，不致成為服務貿易不必要之障礙，服務貿易理事會應經由其設立之適當機構制訂必要規範。該規範尤其應確保上述措施係：

(a)基於客觀及透明之標準，例如提供服務之資格及能力；

(b)不得比確保服務品質所必要之要求更苛刻；

(c)就核照程序本身而言，不得成為服務供給之限制。

---

❷　通常此等整合賦予締約成員之公民自由進入其他成員就業市場之權利，包括與支薪條件、其他僱用及社會福利條件有關之措施。

5.(a)在會員已提出特定承諾之行業部門，於依照第 4 項所制訂之規範未生效前，該會員之核照、資格條件及技術標準之適用，不得以下列方式使該特定承諾失效或減損：

　　(i) 不符合第 4 項第(a)款、第(b)款或第(c)款規定之標準；且

　　(ii) 於該會員為該等行業提出特定承諾時，所無法合理預期者。

　(b)評估會員是否履行第 5 項第(a)款義務者，應考量該會員所適用相關國際組織 ❸ 之國際標準。

6.與專業性服務有關之行業已被提出特定承諾時，會員應提供適當程序，以驗證其他會員專業人員之能力。

第七條　認許

1.為使服務提供者符合該會員所要求之所有或部分應具備之許可、核照或檢定之標準或要件，並符合第 3 項之規定，會員對在特定國家取得之學位、經歷、資格、執照或證書得予以認許。此類經由調和化或他法獲致之認許得依據與相關國家之協定或協議，或單方自主給予等方式達成。

2.會員為第 1 項所述協定或協議之成員者，不論其為現存或將來訂立者，該會員應提供其他有興趣之會員適當機會，以諮商其加入該協定或協議，或諮商其他相當之協定或協議。會員係單方自主地給予認許者，應提供適當機會予其他會員，以證明在其境內取得之學位、經歷、執照、證書或所取得之資格，應予認許。

3.會員於給予認許時，不得使適用於服務提供者之許可、核照或檢定等之標準或要件，在各國間造成差別待遇或造成服務貿易之隱藏性限制。

4.各會員應：

　(a)於世界貿易組織協定生效日起十二個月內，通知服務貿易理事會其現行認許措施，並說明該等措施是否係以第 1 項所指協定或協議為基礎；

　(b)於諮商第 1 項所指協定或協議前，應儘早通知服務貿易理事會，以提供適當機會予其他會員，俾於進入實質階段前，表達其參與此項諮商之興趣；

　(c)當採用新認許措施或對現行認許措施重大修正時，立即通知服務貿易理事會，並說明是否係以第 1 項所指協定或協議為基礎。

5.於適當情況下，認許應以多邊同意之準則為基礎。會員應於適當個案中，致力與相關之政府間及非政府組織合作，俾建立及採行共同之國際認許標準及要件，以及相關服務貿易及專業實務之共同國際標準。

第八條　獨占及排他性服務提供者

1.會員應保證在其境內之所有獨占性服務提供者在相關市場提供獨占服務時，並未違

---

❸　「相關國際組織」，係指至少所有世界貿易組織會員皆得成為會員之國際性機構。

反其基於第二條及特定承諾之義務。

2. 會員之獨占性服務提供者直接或經由其子公司提供其獨占權利以外之服務，而從事屬於該會員特定承諾範圍內之競爭時，該會員應保證該服務提供者在其境內不濫用其獨占地位，從事牴觸其特定承諾之行為。

3. 服務貿易理事會經會員請求，且請求之會員有理由相信其他會員之獨占性服務提供者有違反第 1 項或第 2 項之情事者，得要求設立、維持或許可此等提供者之會員，對於相關營運提供特定資訊。

4. 世界貿易組織協定生效後，會員對其特定承諾所涵蓋之服務提供者皆給予獨占權利時，應至遲於所給予之獨占權利預定實施三個月前，通知服務貿易理事會，且應適用第二十一條第 2 項、第 3 項及第 4 項之規定。

5. 當會員形式上或實質上僅許可或設立少數服務提供者，且實質上阻止此類服務提供者在其境內相互競爭時，本條規定亦應適用於此類排他性服務提供者。

第九條　商業行為

1. 會員咸認第八條以外之服務提供者之特定商業行為，可能限制競爭並因而阻礙服務貿易。

2. 會員在其他會員請求下，應著手諮商消除第 1 項之行為。被請求之會員，對該請求應予充分且正面之考慮，並經由提供可公開取得之非機密性相關資訊方式配合請求會員。被請求之會員亦應依其國內法及與請求會員雙方達成滿意之保密協議，提供請求會員取得其他之資訊。

第十條　緊急防衛措施

1. 在不歧視原則下，應就緊急防衛措施問題進行多邊協商。協商結果應自世界貿易組織協定生效後三年內施行之。

2. 第 1 項協商結果生效前，雖有第二十一條第 1 項之規定，會員仍得於其特定承諾生效一年後，通知服務貿易理事會修正或撤回該特定承諾之意圖，惟該會員須向理事會出具其修改或撤回無法等待第二十一條第 1 項所規定之三年期間屆滿之理由。

3. 第 2 項規定應於世界貿易組織協定生效三年後停止適用。

第十一條　支付與移轉

1. 除第十二條規定之情況外，會員不得對與其特定承諾有關之經常性交易之國際資金移轉與支付設限。

2. 本協定不得限制國際貨幣基金協定條款所賦予其會員之權利與義務，包括符合該協定之匯兌行為之行使。但除依第十二條之規定或依國際貨幣基金會之請求外，該會員對資本交易設限不得與關於該資本交易之特定承諾不一致。

第十二條　確保國際收支平衡之限制

1. 國際收支及對外財務遭遇嚴重困難或威脅者，會員得對其已提出特定承諾之服務貿

易，包括與該特定承諾相關之交易之資金支付或移轉，採取或維持限制措施。本協定認知經濟發展或經濟轉型之過程中，國際收支面臨特殊壓力者，可能必須使用限制措施，其中包括確保維持適當之外匯準備水準，以執行其經濟發展或經濟轉型計畫。

2.第1項所指之限制：

　(a)不得對本協定不同會員間採取差別待遇；

　(b)應與國際貨幣基金協定之規定一致；

　(c)應避免對其他會員之商業、經濟及財政利益造成不必要之損害；

　(d)不得逾越處理前項規定情形之所必要；

　(e)應屬暫時性，並於前項所述情況改善時，逐漸消除限制。

3.決定採行前述限制之適用對象時，會員得優先選擇對其經濟或發展計畫較重要之服務供給。但不得為保護某特定服務行業而採取或維持此類限制。

4.依第1項規定而採取或維持之限制或做任何變更時，應即時通知總理事會。

5.

　(a)會員適用本條規定時，應立即與國際收支平衡限制委員會就依本條規定所採行之限制措施進行諮商。

　(b)部長級會議應制定定期諮商之程序❹，俾於適當時機，對該相關會員提供建議。

　(c)諮商應評估該會員之國際收支狀況及依本條規定所採行或維持之限制措施，並就下述因素予以考量：

　　(i) 國際收支及對外財務困境之性質與程度；

　　(ii) 該諮商會員之對外經濟及貿易環境；

　　(iii) 可行之替代改善措施；

　(d)諮商應論及其限制是否符合第2項規定，特別是第2項第(e)款逐漸取消限制之規定。

　(e)諮商應採用國際貨幣基金所提供之有關外匯、貨幣準備及國際收支之統計數據及其他調查事項，且結論應以該基金對諮商會員國際收支及對外財務狀況所作之評估為依據。

6.非國際貨幣基金成員之會員擬適用本條規定者，部長級會議應訂一審查程序及其他必要程序。

第十三條　政府採購

1.第二條、第十六條及第十七條規定不適用於規範政府機構為管理目的而採購服務之相關法律、規則或要求，惟此項採購不得作為商業性轉售或於提供商業服務時使用。

---

❹　第五款所指程序與一九九四年GATT程序同。

2.世界貿易組織協定生效後二年內，會員應在本協定架構下就政府採購服務之事宜，進行多邊諮商談判。

第十四條　一般性例外規定

本協定不得禁止會員為下列目的之所需，而採取或執行之措施；惟此等措施之適用方式，不得對一般條件類似的國家間形成專斷或不合理的歧視，或對服務貿易構成隱藏性之限制：

(a)為保護公共道德或維持公共秩序❺所需者；

(b)為保護人類、動物或植物之生命或健康所需者；

(c)為確保與下列事項有關且不違反本協定規定之法律或命令之遵行所需者：

　(i) 為防止欺騙或詐欺行為或為處理因服務契約違約之影響；

　(ii) 為保護與個人資料之處理及散佈有關之個人隱私及保護個人紀錄或帳目之隱密性；

　(iii) 安全；

(d)與第十七條規定不符者，惟該差別待遇以為確保對其他會員之服務提供者公平或有效❻課徵直接稅者為限；

(e)與第二條規定不符者，惟該差別待遇以該會員為遵守避免雙重課稅所簽協定，或其他國際協定或協議中之避免雙重課稅條款者為限。

第十四條之一　國家安全之例外

1.本協定不得解釋為：

---

❺　公共秩序例外規定之引用，僅得於確實嚴重威脅社會基本利益時為之。

❻　以確保公平或有效課徵直接稅為目標之措施，包括會員依其稅制所採以下措施：

(i)適用於對因課稅標的源自或位於會員境內而負有納稅義務之非境內居住服務提供之措施；或

(ii)為確保會員境內租稅之課徵而適用於非境內居住個人之措施；或

(iii)為避免逃稅或避稅而適用於境內、非境內居住個人之措施，包括稽徵措施；或

(iv)對接受源自會員境內而在或從另一會員境內提供服務，為確保租稅之課徵而適用於此等消費者之措施；

(v)基於稅基本質上差異，而對負有就全球課稅標的納稅義務之服務提供者與其他服務提供者作區分；或

(vi)為確保會員之稅基，而對居民或分支機構，或關係人間，或同一人之分支機構間，就所得、利潤、利得、虧損、扣除或抵減予以決定、分配或分攤之措施。

第十四條第1項第(d)款及本註解之租稅名詞或概念，均依採行措施會員國內法之租稅定義及概念，或相當、類似定義及概念決定。

(a)要求會員提供其認為揭露係不利於其基本安全利益之資訊；或

(b)阻止會員採取其認為防護其基本安全利益所需之行動：

　(i) 關於服務之提供，係為直接或間接供應軍事設施之目的；

　(ii) 關於可分裂與可融合之物質，或用以製造該等物質之原料；

　(iii) 戰時或在其他國際關係緊急時採取之措施；或

(c)阻止會員依其在聯合國憲章下之義務，為維護國際和平與安全而採取之行動。

2.依第 1 項第(b)款及第(c)款規定所採取之措施及其終止，應儘可能完整的通知服務貿易理事會。

第十五條　補貼

1.會員咸認在某些情況下，補貼可對服務貿易產生扭曲效果。會員應參與談判俾制定多邊規範，以避免此類貿易扭曲效果❼。談判中亦應討論平衡程序之適當性。此類談判應認知補貼在開發中國家發展計畫中所扮演之角色，並考量各會員特別是開發中國家會員對此領域之彈性需要。為此項談判之目的，各會員應交換其提供給其國內服務提供者所有與服務貿易有關之補貼之相關資訊。

2.因其他會員之補貼而認為受到不利影響之會員，得要求與該會員就此事項進行諮商，此項請求應受到正面之考量。

第三篇　特定承諾

第十六條　市場開放

1.關於經由第一條所定義之供給方式之市場開放，各會員提供給所有其他會員之服務業及服務供給者之待遇，不得低於其已同意，並載明於其承諾表內之內容、限制及條件❽。

2.會員對已提出市場開放承諾之行業，除非其承諾表內另有規定，否則不得於其部分地區或全國境內維持或採行下列措施：

(a)以配額數量、獨占、排他性服務提供者或經濟需求檢測之要求等形式，限制服務供給者之數量；

(b)以配額數量或經濟需求檢測之要求等形式，限制服務交易或資產之總值；

(c)以配額數量或經濟需求檢測之要求❾等形式，藉指定之數量單位，限制服務營運

---

❼　一未來工作計畫應決定此多邊規範之諮商如何及依何時程進行。

❽　若會員依第一條第2項第(a)款所指供給模式，對就某服務之供給作出市場開放承諾，而跨國性資本移動為該服務本身之必要部分者，則其已允許該等跨國性資本移動。若會員依第一條第2項第(c)款所指規定之供給模式，對某服務之供給作出市場開放承諾，則其已允許相關資本進入境內。

之總數或服務之總生產數量；

(d)以配額數量或要求經濟需求檢測，限制特定服務行業得僱用自然人之總數，或限制其一服務提供者得僱用與特定服務之供給直接有關且必要之自然人總數；

(e)限制或要求服務提供者，以特定之法人型態或合資方式始得提供服務；及

(f)以設定外國人持股比例或個人總額或全體外資總額等上限方式，限制外資之參與。

第十七條　國民待遇

1. 對承諾表上所列之行業，及依照表上所陳述之條件及資格，就有關影響服務供給之所有措施，會員給予其他會員之服務或服務提供者之待遇，不得低於其給予本國類似服務或服務提供者之待遇 ❿。

2. 會員可以對所有其他會員之服務及服務提供者提供與其給予自己服務及服務提供者，或者形式上相同待遇，或者形式上有差別待遇之方式，以符合第 1 項之要求。

3. 如該待遇改變競爭條件，致使會員自己之服務或服務提供者較其他會員之服務或服務提供者有利，則該項形式上相同或形式上有所不同之待遇都應被視為不利之待遇。

第十八條　額外承諾

會員得就影響服務貿易，但不屬第十六條或第十七條須列入承諾表之措施進行諮商承諾，包括與資格、標準或核照有關之事宜。此等承諾應列於會員之承諾表內。

第四篇　漸進自由化

第十九條　特定承諾之談判

1. 為達成本協定之目標，會員應自世界貿易組織協定生效日起五年內開始定期連續數回合之談判，以達到漸進之更高度自由化。此類談判應以減少或排除對服務貿易有不利影響措施之方式，以提供有效之市場開放。該過程應以互利為基礎，增進所有參與者之利益，並確保權利與義務之整體平衡。

2. 自由化過程應在充分尊重個別會員國家政策目標及其整體與個別行業之發展程度下進行。並應給予個別開發中國家會員適當之彈性，准許開放較少之行業部門，同意較少之交易型態之自由化，以及依照其發展情況逐步開放市場，且當對國外服務提供者開放其市場時，得為達成第四條之目標，附加開放市場之條件。

3. 在每一回合談判中，應建立談判準則及程序。為建立該等準則，服務貿易理事會應依本協定之目標，包括第四條第 1 項所設定之目標，對服務貿易進行全面性及個別行業之評估。各回合之談判準則應對會員自前回合談判後自動實施之自由化，以及

---

❾　第2項第(c)款不包括會員限制服務提供投入之措施。

❿　依本條規定所為之特定承諾，不得解釋為要求會員對服務提供者本身或其提供相關服務之特殊性質，所引發之內在競爭劣勢予以補償。

依據第四條第 3 項對低度開發國家會員之特別待遇，建立處理模式。

4.漸進自由化過程應在各回合透過雙邊、複邊或多邊談判進行，以提高會員依本協定所作特定承諾之整體水準。

第二十條　特定承諾表

1.會員應在其承諾表內詳載依本協定第三篇所為之特定承諾。就已提出承諾之各行業，承諾表內應列明：

(a)市場開放之內容、限制及條件；

(b)國民待遇之條件及資格；

(c)關於額外承諾之採行；

(d)有實施承諾之時間表者，其時間表；及

(e)承諾生效日期。

2.與第十六條及第十七條規定均不一致之措施，應載明於第十六條相關欄位內，該記載亦視為第十七條所定之條件或資格。

3.特定承諾表應附於為本協定之附件，並構成本協定之一部分。

第二十一條　承諾表之修改

1.(a)會員（本條稱「修改之會員」）得於承諾生效日起三年後之任何時間，依本條之規定，修改或撤回其承諾表中之承諾。

(b)修改之會員至遲須在其預定實施修改或撤回承諾三個月前，依本條規定將其修改或撤回承諾之意圖通知服務貿易理事會。

2.(a)因修改之會員依第 1 項第(b)款規定通知之修正或撤回，致本協定下所享利益有受影響之虞之會員（本條稱「受影響之會員」）提出請求時，修改之會員應與其進行諮商，以期對必要之補償性調整達成協議。於此等諮商及協議中，有關會員應致力維持互相提供之貿易利益承諾不低於在該諮商前特定承諾表之整體水準。

(b)補償性調整應符合最惠國待遇。

3.(a)諮商期間終了仍無法達成協議者，受影響之會員得將之交付仲裁。受影響之會員應參與此項仲裁始得行使其享有補償之權利。

(b)若無受影響之會員要求仲裁者，修改之會員得將所提議之修改或撤回案逕付實施。

4.(a)修改之會員，於依照仲裁判斷完成補償性調整前，不得修改或撤回其承諾。

(b)若修改之會員未遵循仲裁判斷，逕實施其所提出之修改或撤回，參與仲裁之受影響會員得根據仲裁判斷，修改或撤回實質之相當利益。該項修正或撤回得僅針對該修改之會員執行，而無第二條規定之適用。

5.服務貿易理事會應訂定有關承諾表調整或修改之程序。依本條規定修正或撤回其承諾表內所列承諾之會員，均應依該程序修改其承諾表。

第五篇　組織性規定

第二十二條　諮商

1. 對於其他會員就影響本協定運作之任何事項所提出之主張，會員應予正面考慮並提供適當之諮商機會。該諮商應適用爭端解決瞭解書之規定。

2. 服務貿易理事會或爭端解決機構因會員請求，得與其他會員或數個會員，就無法透過第 1 項諮商達成滿意解決方案之事項，進行諮商。

3. 對於其他會員之措施，若係屬彼此間為避免雙重課稅而訂定之國際協定的範疇內時，會員不得依據本條或第二十三條規定引用第十七條。對一措施是否屬於此類協定之範圍發生歧見者，任一有關會員皆得將其提交服務貿易理事會❶，理事會應將該爭議交付仲裁。仲裁者之判斷應為最終且具拘束有關會員之效力。

第二十三條　爭端解決及執行

1. 會員如認為其他會員未能履行本協定所課義務或其特定承諾者，得為尋求雙方滿意之解決方案而訴諸爭端解決瞭解書。

2. 爭端解決機構如認為情況嚴重必須採取行動時，得依據爭端解決瞭解書第二十二條之規定，批准一會員或數會員對其他會員或其他數會員中止適用其義務及特定承諾。

3. 會員因其他會員依第三篇所提出之特定承諾原可合理預期獲得之利益，因採取未與本協定衝突之措施而喪失或遭受損害者，得依據爭端解決瞭解書之規定處理之。上述措施如經爭端解決機構認定確已致使該項利益喪失或受到損害者，受到影響之會員有依第二十一條第 2 項之規定，要求雙方滿意之調整之權利，包括該項措施之修正或撤回。若相關會員間無法達成協議，爭端解決瞭解書第二十二條之規定應予適用。

第二十四條　服務貿易理事會

1. 服務貿易理事會應執行所指派之任務，以促進本協定之運作及目標之達成。理事會認為必要時，得設置附屬機構，以有效執行其功能。

2. 理事會及其附屬機構應開放供本協定全體會員之代表參加，但理事會另有決定者，不在此限。

3. 理事會主席應由全體會員選任。

第二十五條　技術合作

1. 會員之服務提供者得經由第四條第 2 項規定之聯絡點之服務，獲得技術合作之援助。

---

❶ 世界貿易組織協定生效日之前存在之避免雙重課稅協定，限於協定雙方始得提交服務貿易理事會。

2.對開發中國家之技術援助經服務貿易理事會議決後，由秘書處以多邊方式提供。

第二十六條 與其他國際組織之關係

總理事會應就與聯合國及其專門機構，以及與其他與服務業相關之政府間組織之諮商與合作，做適當之安排。

第六篇 最後規定

第二十七條 利益之拒絕

在下列情形，會員得將本協定之利益拒絕提供給：

(a)對某項服務之供給：如證實該項服務之供給，來自非會員或在非會員境內，或來自會員或在會員境內，而該會員與拒絕提供利益會員間係排除適用世界貿易組織協定者；

(b)海運服務之供給：如證實該海運服務之供給係：

  (i) 由依據非會員或與拒絕提供利益會員排除適用世界貿易組織協定會員法律註冊之船舶所提供，且

  (ii) 船舶之全部或一部係由非會員或與拒絕提供利益會員排除適用世界貿易組織協定會員之人所操作及／或使用；

(c)法人服務提供者：如證實該法人服務提供者，並非另一會員或與拒絕提供利益會員排除適用世界貿易組織協定會員之法人。

第二十八條 定義

本協定用語定義如下：

(a)「措施」係指會員所採法律、規則、命令、程序、決定、行政處分或其他形式之任何措施；

(b)「服務之供給」包括服務之生產、分配、行銷、銷售及交付等；

(c)「會員所採影響服務貿易之措施」包括下列事項之措施：

  (i) 關於服務之購買、付費或使用；

  (ii) 關於與某一服務之供給有關之其他服務之獲得與使用，且該等服務為會員所要求普遍提供給大眾者。

  (iii) 關於一會員之人在另一會員境內為提供服務之自然人呈現及商業據點呈現；

(d)「商業據點呈現」係指任何型態之商業或專業性據點，包括為提供服務而在會員境內，

  (i) 法人之設立、收購或續存，或

  (ii) 分支機構或代表處之創立或續存。

(e)服務之「行業」，係指，

  (i) 就某特定承諾而言，一會員承諾表中所界定服務行業之一個、數個或全部次行業；

(ii) 未界定者，即為該服務行業之全部，包括所有次行業；

(f)「另一會員之服務」係指：

　(i) 來自或在該會員境內所提供之服務，或就海運服務而言，由依據其他會員法律註冊之船舶，或由該會員之人全部或一部操作或使用船舶所提供之服務；或

　(ii) 由該另一會員之服務提供者以商業據點或自然人呈現提供之服務；

(g)「服務提供者」係指提供服務之任何人❶❷；

(h)「獨占服務提供者」係指公或私性質之人，在一會員境內之相關市場，由該會員正式實質授權或設立，成為該項服務之唯一提供者；

(i)「服務消費者」係指接受或使用服務之人；

(j)「人」係指自然人或法人；

(k)「另一會員之自然人」係指居住在該會員或任何其他會員境內之該會員自然人，且依該會員之法律：

　(i) 係該會員之國民；或

　(ii) 在該會員有永久居留權者，且該會員：

　　(1)無國民；或

　　(2)就有關影響服務貿易之措施，如其於接受或加入世界貿易組織協定時所作之通知，對其永久居民給予與其國民實質上相同之待遇。但以無會員有義務對此等永久居民給予較該會員所能提供此等永久居民更優惠待遇者為限。前揭通知應包括保證依據其法令，對其永久居民與其對國民承擔相同之責任；

(l)「法人」係指依據相關法律規定所成立或組織之法律實體，不論其為營利、非營利、私有或政府所有，包括任何公司、信託、合夥、合資、獨資或協會；

(m)「另一會員之法人」係指下列二類法人：

　(i) 依該會員之法律所設立或組成，且在該會員或其他會員境內從事實質商業行為者；或

　(ii) 以商業據點提供服務者，係指：

　　(1)該會員之自然人所擁有或控制者；或

　　(2)第 (i) 目規定之該會員法人所擁有或控制者；

(n)(i)一法人由某會員之人「擁有」，係指該會員之人擁有法人之股權受益權超過百分之五十；

　(ii) 一法人由某會員之人所「控制」，係指該會員之人有權任命法人之多數董事或合

---

❶❷ 若服務非由法人直接提供，而係透過其他形式之商業據點，如分支機構或辦事處，則該等服務提供者仍應享有本協定所給予服務提供者之待遇。此等待遇應擴及適用於提供服務之據點，但不須擴及該服務提供者提供服務之境外任何其他部分。

法主導其行動;

(iii) 一法人與他人有「控制從屬關係」，係指法人控制他人或受他人控制，或法人及他人均受同一人所控制;

(o)「直接稅」係指所有對總所得、總資本或所得及資本之成分所課徵之稅收，包括財產移轉利得稅、不動產稅、遺產稅、贈與稅，企業所支付薪資稅，及資本增值稅。

第二十九條　附件

附件為本協定之一部份。

附件

豁免第二條之附件

範圍

1. 本附件係規定，會員於本協定生效時豁免其依第二條第 1 項規定所應負擔義務之要件。

2. 世界貿易組織協定生效後之豁免新申請案，應依該協定第九條第 3 項規定處理之。

審查

3. 服務貿易理事會應審查所有豁免期超過五年以上之豁免。首次審查至遲應於世界貿易組織協定生效後五年內進行。

4. 服務貿易理事會在審查時，應:

(a)檢視造成豁免需要之條件是否依然存在; 及

(b)決定任何進一步審查之日期。

終止

5. 免除會員就本協定第二條第 1 項義務有關特定措施之豁免，於所定豁免終止日終止。

6. 原則上，該等豁免為期不得超過十年。在任何情況下，該等豁免應於其後之貿易自由化談判中諮商之。

7. 會員應在豁免期間終止時，通知服務貿易理事會，其與本協定第二條第 1 項規定不一致之措施業已符合其規範。

豁免第二條之清單

[同意豁免第二條第 2 項規定之清單構成世界貿易組織協定條約中此附件之一部分。]

依本協定提供服務自然人移動之附件

1. 本附件適用於影響自然人有關提供服務之措施，而該自然人為會員之自然人，本身提供服務或受僱於會員服務提供者。

2. 本協定不適用於影響自然人尋求進入會員就業市場之措施，亦不適用於有關永久性公民權、居留或就業之措施。

3. 會員間得依本協定第三篇及第四篇之規定，協商適用於依據本協定提供服務所有類

別自然人移動之特定承諾。特定承諾所涵蓋之自然人應得依據該承諾內容提供服務。

4. 本協定不應禁止會員採取管制自然人進入其領域或在境內短期停留之措施，包括為保護其邊界之完整及確保自然人出入境秩序之必要措施。但該等措施之實施不應造成任一會員於其特定承諾下所獲利益因而喪失或減損 ⑬。

空運服務業附則

1. 本附則適用於影響空運服務，無論定期或不定期，及其輔助服務貿易之措施。依據本協定所作或所承擔之特定承諾或義務，不應減損各會員在世界貿易組織協定生效時即已有效之雙邊或多邊協定下之義務。

2. 本協定，包括其爭端解決程序，不適用於影響下述事項之措施：

(a)無論以何種方式授與之航權；或

(b)與航權之行使直接相關之服務，但此附則第 3 項之規定，不在此限。

3. 本協定應適用於影響下述事項之措施：

(a)航空器之修理及維護；

(b)空運服務之銷售及市場行銷；

(c)電腦訂位系統服務。

4. 本協定之爭端解決程序，僅於相關會員具有義務或已作特定承諾，且雙邊或其他多邊協定中之爭端解決程序業已不敷使用時，方得援用之。

5. 服務貿易理事會應至少每五年定期檢討空運業之發展及本附則之運作，以期考量本協定於本業之進一步適用。

6. 定義：

(a)「航空器之修理及維護」：係指在未服勤之航空器或其零件上從事之此 類行為，不包括所謂的線上維修。

(b)「空運服務之銷售及市場行銷」：係指當事航空運送人自由銷售及行銷其空運服務之機會，包括各方面之行銷，諸如市場調查、廣告及經銷。此等行為不包括空運服務之價格制定與適用條件。

(c)「電腦訂位系統服務」：係指含有航空運送班機時刻表、可訂座位、票價及票價規章等資訊並能藉此訂位及開票之電腦化系統。

(d)「航權」：係指於一會員國領土內或飛越其上空或往返該國，以有償或包租方式，經營及／或載運客、貨、郵之定期或不定期服務之權利，包括飛航之航點、經營之航線、載運之運量型態、提供之運能、收費之費率及其條件以及指定航空公司之準據，包括諸如數量、所有權及控制權等標準。

---

⑬　僅對特定會員之自然人要求簽證，而不對其他會員之自然人要求者，不應視為剝奪或減損其於特定承諾下之利益。

金融服務業附則

1. 範圍及定義

(a)本附則適用於影響金融服務提供之措施。本附則中所稱金融服務之提供，係指依協定第一條第 2 項所規定之服務提供。

(b)協定第一條第 3 項第(b)款所稱之「履行政府功能而提供之服務」，係指：

(i) 中央銀行或貨幣主管機關或其他執行貨幣或匯率政策　之政府機關為執行貨幣或匯兌率政策所從事之活動；

(ii) 構成部份社會福利制度或社會退休計劃之活動；及

(iii) 公共團體為政府之利益或由政府保證或使用政府財力而從事之其他活動。

(c)為協定第一條第 3 項第(b)款之目的，如會員允許與政府機關或金融業競爭之金融服務提供者，經營第(b)款第 (ii) 目及第 (iii) 目所述之活動，則所稱「服務」應包括該等活動在內。

(d)本附則所規範之服務不適用協定第一條第 3 項第(c)款之規定。

2. 國內法規

(a)本協定其他規定，不得妨礙會員基於審慎理由，所採取之措施，包括保護投資人、存款人、保單持有人、或金融業者對之負有信託責任之人，或為維持金融體系之健全與穩定所採行之措施。當該等措施不符協定規定者，該等措施不應被會員用來作為規避本協定之義務或其承諾之手段。

(b)本協定不得解釋為，要求會員揭露有關個別客戶之業務及帳戶資料或政府機關所擁有之機密或專有之資料。

3. 認許

(a)會員得認許其他國家之審慎措施，以決定該會員有關金融服務之措施應如何適用之。

此種認許（得透過協調或其他方式達成）得基於與有關國家之協議或安排，或單方自動給予認許來達成。

(b)凡會員於現行或未來採行前項所述協議或安排者，若在該協議或安排成員間存有相似之法規、監督及執行，且在適當情形存有互換資訊之程序時，應對其他有利害關係之會員給予適當機會磋商加入該協議或安排，或是另行協商相類似之協議或安排。

會員如係單方的給予認許，則應提供適當機會予其他會員，證實上述情況之存在。

(c)當一會員考慮認許其他國家之審慎措施時，本協定第七條第 4 項第(b)款規定不適用之。

4. 爭端解決

處理審慎議題及其他金融事務之爭端解決小組，對於該具爭議之特定金融服務業務

應具有專門之知識。

5.定義

本附則所謂：

(a)金融服務係指會員之金融服務提供者所提供之任何具金融性質之服務。金融服務包括所有保險及其相關之服務，及所有銀行和其他金融服務（保險除外）。金融服務包括下述各項活動：

保險及保險相關之服務

(i) 直接保險（包括共同保險）：

(A)壽險

(B)產險

(ii) 再保險及轉再保業務；

(iii) 保險中介，諸如經紀人及代理人；

(iv) 保險之輔助服務，諸如顧問、保險精算、風險評估及理賠等服務。銀行及其他金融服務（保險除外）

(v) 接受大眾存款及其他可付還之資金；

(vi) 任何型式之貸款，包括消費性貸款、不動產抵押貸款、應收帳款收買業務及商業交易之融資；

(vii) 融資性租賃；

(viii) 所有支付及貨幣之匯送服務，包括信用卡、記帳卡、旅行支票及銀行匯票；

(ix) 保證及承諾；

(x) 透過集中交易市場或櫃台交易或其他方式，為自己或客戶交易下列商品：

(A)貨幣市場工具（包括支票、票券、可轉讓定期存單）；

(B)外匯；

(C)衍生產品，包括（但不限於）期貨及選擇權；

(D)匯率及利率工具，包括換匯，遠期利率契約；

(E)可轉讓證券；

(F)其他可轉讓工具及金融資產，包括金銀條塊。

(xi) 參與任何種類證券之發行，包括承銷及募集之代理（不論公開或非公開），及提供此類發行之相關服務；

(xii) 貨幣經紀；

(xiii) 資產管理，諸如現金或資產組合管理，任何型式之共同投資管理、退休金管理、保管、存託及信託業務；

(xiv) 金融資產之清算及結算服務，包括證券、衍生性產品及其他可轉讓工具；

(xv) 其他金融服務提供者所提供之金融資訊、金融資料處理及相關軟體等之提供

與移轉；

(xvi) 前述第 5 款到第 15 款所列業務之諮詢、中介及其他輔助之金融服務，包括信用諮詢與分析、投資及資產組合研究與諮詢，收購、公司重整與策略之諮詢。

(b)金融服務提供者係指欲提供金融服務之任何會員之自然人或法人；惟「金融服務提供者」不包括政府機構。

(c)「政府機構」係指：

(i) 會員之政府、中央銀行或貨幣主管機關、或為政府目的從事政府功能或活動之由會員所控制或擁有之實體；惟並不包括以從事商業性金融服務之提供為主之機構；或

(ii) 履行通常由中央銀行或貨幣主管機關所執行之功能之民營機構。

金融服務業附則二

1. 會員得在世界貿易組織協定生效四個月後開始之六十日內，於該附則中列舉有關金融服務業不符本協定第二條第 1 項規定之措施，而不適用服務貿易總協定第二條及免除第二條義務附則第 1 項及第 2 項之規定。

2. 會員得在世界貿易組織協定生效四個月後開始之六十日內，改善、修正或撤回其特定承諾表就金融服務所為承諾之全部或一部，而不適用服務貿易總協定第二十一條之規定。

3. 服務貿易理事會應建立為實施第 1 項及第 2 項規定所必要之程序。

海運服務業談判附則

1. 本協定第二條和有關免除第二條規定之附則，包括會員所提將其欲維持之違反最惠國待遇之措施列入附則之要求，應僅於下列日期，始對國際海運、附屬服務及進入和使用港口設施，產生效力。

(a)依海運服務業談判之部長決議第 4 項所決定之實施日期；或

(b)倘談判失敗，在海運服務業談判小組為此一決議提出最終報告之日期。

2. 上述第 1 項並不適用於列入會員承諾表中之海運服務業任何特定承諾。

3. 從第 1 項所述的談判結論，至實施日期之前，雖有第二十一條之規定，會員應得改善、修正或撤銷其對此產業之全部或部分特定承諾，而無須提供補償。

電信附則

1. 宗旨

鑑於電信服務業具有與眾不同之特質，尤以此種行業具有雙重角色，本身居列經濟活動之一，同時亦為其他經濟活動之重要傳輸工具，會員已對下列原則達成協議，憑以釐訂本協定有關公眾電信傳輸網路及服務之介接與使用之詳細規定。本附則乃對本協定提供註釋及補充規定。

2. 範圍

(a)本附則應適用於會員有關公眾電信傳輸網路及服務❹之介接或使用辦法。

(b)本附則不適用於有線或無線電廣播或電視節目。

(c)本附則不應解釋為:

 (i) 一會員應授權另一會員之服務業者設立、建設、購置、租賃、經營或提供電信傳輸網路或服務。惟在其承諾表另有約定者，不在此限。

 (ii) 要求一會員（或要求一會員強迫其管轄權內之服務業者）設立、建設、購置、租賃、經營或提供非公眾性之電信傳輸網路或服務。

3. 定義

(a)電信係指經由任何電磁媒介之信號傳送及接收。

(b)公眾電信傳輸服務係指會員應公眾需求所提供之一般性電信傳輸服務。該等服務包括於兩點或多點間即時傳送用戶資訊，且於兩端間均未改變其格式或內容之電報、電話、電報交換及數據傳輸服務。

(c)公眾電信傳輸網路係指允許在各指定之網路終端點間通信之公眾電信基礎設施。

(d)企業內部通信係指企業內部或企業與其子公司、分支機構及依各會員國內法規規定成立之關係企業間之電信。此處所稱「子公司」、「分支機構」及「關係企業」均由各會員定義之。凡對不相關之子公司、分支機構、關係企業或用戶、潛在用戶所提供之商業性或非商業性服務，均非本附則所稱「企業內部通信」。

(e)本附則所稱之款項應包括該等款項之所有細目。

4. 公開性

會員執行本協定第三條時，有關介接或使用公眾電信傳輸網路及服務之資料，應確保公開予大眾。該項資料包括: 資費及其他服務之條件、網路服務之介面技術標準、負責訂頒介接及使用標準之主管單位資料、附接終端設備之條件以及通知、登記或核照之規定。

5. 公眾電信傳輸網路及服務之介接與使用

(a) 各會員應確保其他會員之服務業者均得在合理且無差別待遇下，介接及使用該會員公眾電信傳輸網路及服務，以提供承諾表所列之服務。此項義務亦應適用於下列第(b)項至第(f)項❺。

(b)各會員應確保其他會員之服務業者得以介接或使用該會員所提供之國內或國際公

---

❹　本款當係指: 無論採用何種必要措施，各會員確保本附則之義務皆適用於相關公眾電信傳輸網路與服務之提供者。

❺　所稱「無差別待遇」一詞當係指本協定所定義之最惠國待遇及國民待遇。對特定行業而言，其意引申為:「在類似情況下，其優惠條件並不比給予類似公眾電信傳輸網路或服務之其他用戶者為差」

眾電信傳輸網路或服務，包括租用電路，為此並應依第(e)項及第(f)項之規定，確保該等服務業者得以：

(i) 購買或租用且銜接業者提供服務所需之終端設備或其他網路介面設備；

(ii) 將其租用或自有電路連接至公眾電信傳輸網路及服務，或與其他服務業者之租用或自有電路連接；及

(iii) 除為確保一般大眾得以利用公眾電信傳輸網路及服務所需者外，於提供服務時，可採用自行選擇之傳輸作業協定。

(c)各會員應確保其他會員之服務業者，得以利用公眾電信傳輸網路及服務，在國內外從事資訊傳送（包括服務業者之內部通信），並在任何會員領域內檢用資料庫或電腦所儲存之資料。某一會員所採用或修改之措施對上述網路及服務之使用有重大影響者，應依本協定相關規定發布通知並進行諮商。

(d)雖有上項規定，會員得採取必要之措施，以確保來往文件之安全及機密，惟實施該項措施時不得有構成專斷性或不合理歧視之虞，或成為限制國際服務業貿易之一種掩飾。

(e)除為下列所需者外，各會員應確保不對公眾電信傳輸網路及服務之介接及使用附加任何條件。

(i) 維護公眾電信傳輸網路及服務業者之公共服務責任，尤其是提供一般民眾使用網路或服務之能力；

(ii) 保護公眾電信傳輸網路或服務之技術完整性；或

(iii) 確保其他會員之服務業者不提供各會員承諾表許可以外之服務。

(f)如符合第(e)項規定之準則，公眾電信傳輸網路及服務之介接及使用得附加下列條件：

(i) 限制該項服務之轉售或共用；

(ii) 規定使用特定技術介面，包括介面傳輸協定，以連接該項網路及服務；

(iii) 必要時，規定該項服務之交互運作能力並鼓勵達成第 7 項第(a)款規定之目標；

(iv) 規定連接網路之終端設備或其他設備之型式認證以及此類設備連接網路之技術規範；

(v) 限制其租用或自有電路與此類網路或服務或與其他服務業者之租用或自有電路間之相互連接；或

(vi) 通知、登記及核照事宜。

(g)雖有上述諸項之規定，開發中國家之會員得配合本國發展程度，對公眾電信傳輸網路及服務之介接及使用設定合理之條件，以加強國內電信基礎設施及服務能力，並增加國際電信服務業貿易之參與。此類條件應在該會員承諾表上列明。

6.技術合作

(a)全體會員咸認，具有高效率、高水準之電信基礎設施對國家，特別是開發中國家，在拓展服務業貿易方面至為重要。因此，全體會員贊成且鼓勵已開發與開發中國家，及其公眾電信傳輸網路與服務業者，以及其他機構，儘量參與國際性及區域性組織之電信發展計畫，包括國際電信聯盟、聯合國開發計畫、國際重建開發銀行。

(b)體會員應鼓勵並支持開發中國家參與國際性、區域性或地區性之電信合作。

(c)在與相關國際組織合作時，會員對開發中國家應盡力提供相關國際電信服務、電信與資訊技術發展等資訊，以協助各開發中國家加強其國內電信服務。

(d)會員應特別考慮給予極低度開發國家機會，鼓勵外國電信服務業者就技術移轉、訓練提供協助，以發展其電信基礎設施並擴展其電信服務業貿易。

7.有關國際組織與協定事項

(a)全體會員咸認電信網路及服務應建立一國際性標準，俾舉世均可相容、交互運作，並透過相關國際機構體系，包括國際電信聯盟、國際標準化組織等，努力達成該項標準。

(b)為確保各國國內及國際電信服務業之有效營運，全體會員肯定跨政府與民間組織與協定，尤其是國際電信聯盟，所擔任之角色。會員應就本附則之執行，與該等組織進行諮商，並作適當安排。

基本電信談判附則

1. GATS 第二條及免除第二條義務附則，包括附則內所列各會員採行之不符合最惠國待遇措施之免除項目清單，其對基本電信業務僅得於下列情況生效：

(a)以基本電信談判部長級決議第 5 項之執行日決定之。

(b)若談判未完成，則以該決議訂定之基本電信談判團之最終報告日為生效日。

2.上述第 1 條不適用於一會員承諾表內基本電信之特定承諾。

GATS之第二議定書

一九九五年七月二十四日 S/L/11

世界貿易組織會員就金融服務業提出之特定承諾表及依據服務貿易總協定第二條提出之最惠國待遇豁免清單，作為本議定書之附件（上述會員，以下稱之為「參與會員」）。

為執行一九九四年四月十五日於馬爾喀什所採認之金融服務業部長決議。

為考量金融服務業附則二，以及一九九五年六月三十日於服務貿易理事會中採認之附則執行決議。

咸同意：

會員所提出有關本議定書之附件，即金融服務業之特定承諾表及依據第二條所提出之

最惠國待遇豁免清單，應於本議定書生效後，即取代會員原先之金融服務業特定承諾表及依據第二條所提出之最惠國待遇豁免清單。

本議定書應於一九九六年六月三十日前開放給參與會員簽署接受。

本議定書應於所有參與會員接受後第三十日生效，倘於一九九六年七月一日尚未被所有參與會員接受，則在該日前已完成接受程序之會員得於該日後之三十日內決定其是否生效。

本議定書應存放於世界貿易組織秘書長。世界貿易組織秘書長應立即提供世界貿易組織每一個會員有關本議定書認可之抄本以及依據前述第三段所作已接受之通知。

本議定書必須依據聯合國憲章第一○二條辦理登記。

一九九五年立於日內瓦，以英文、法文、西文表達。

GATS之第五議定書

一九九七年十二月三日 S/L/45

世界貿易組織會員就金融服務業提出之特定承諾表及依據服務貿易總協定第二條提出之最惠國待遇豁免清單，作為本議定書之附件（上述會員，以下稱之為「參與會員」）。

為執行一九九五年七月二十一日於服務貿易理事會採認金融服務業第二決議 (S/L/9) 之談判成果。

咸同意：

(1)會員所提出有關本議定書之附件，即金融服務業之特定承諾表及依據第二條所提出之最惠國待遇豁免清單，應於本議定書生效後，即取代會員原先之金融服務業特定承諾表及依據第二條所提出之最惠國待遇豁免清單。

(2)本議定書應於一九九九年一月二十九日前開放給參與會員簽署接受。

(3)本議定書應於所有參與會員接受後第三十日生效，倘於一九九九年元月三十日尚未被所有參與會員接受，則在該日前已完成接受程序之會員得於該日後之三十日內決定其是否生效。

(4)本議定書應存放於世界貿易組織秘書長。世界貿易組織秘書長應立即提供世界貿易組織每一個會員有關本議定書認可之抄本以及依據前述第三段所作已接受之通知。

(5)本議定書必須依據聯合國憲章第一○二條辦理登記。

一九九七年立於日內瓦，以英文、法文、西文表達。

31.與貿易有關之智慧財產權協定 (TRIPS)

目　錄

第一篇：一般規定及基本原則

第二篇：智慧財產權有效性、範圍以及使用標準

1. 著作權及相關權利

2. 商標

3. 產地標示

4. 工業設計

5. 專利

6. 積體電路之電路布局

7. 未經公開資料之保護

8. 與契約授權有關之反競爭行為之防制

第三篇：智慧財產權之執行

1. 一般義務

2. 民事與行政程序及救濟

3. 暫時性措施

4. 與邊界措施有關之特殊規定

5. 刑事程序

第四篇：智慧財產權之取得與維持及相關之當事人間程序

第五篇：爭端之預防及解決

第六篇：過渡性措施

第七篇：機構安排；最終條款

會員，

咸欲減少國際貿易之扭曲與障礙，顧及對智慧財產權之有效及適當保護之必要性，並確保執行智慧財產權之措施及程序，使之不成為合法貿易之障礙；

咸認有制定下列相關之新規則與規律之必要性：

(a) GATT 1994 基本原則以及相關國際智慧財產權協定及公約之適用性；

(b) TRIPS 的有效性、範圍暨使用之適當標準及原則性規定；

(c) TRIPS 的有效暨適當執行方法，但須考量各國法律制度之差異；

(d)政府間多邊預防及解決爭端之有效及迅速程序規定；及

(e)過渡性協定以促使充分參與談判之結果。

咸認為因應仿冒品國際貿易，有必要制定多邊架構之原則、規定及規律；

咸認智慧財產權係屬私權；

咸認智慧財產權保護，包括發展及技術目標，係一國之政策目標；

咸認低度開發國家會員於執行國內法律及規則時，應有最大彈性之特殊需求，俾有助建立良好及可行之技術基礎；

強調藉達成有力承諾，以透過多邊程序解決與貿易有關智慧財產權問題之糾紛，減少

緊張之重要性；

亟願建立世界貿易組織、世界智慧財產權保護組織以及其他相關國際組織間之互助關係，

茲同意如下：

第一篇　一般規定及基本原則

第一條　義務之性質及範圍

1. 會員應實施本協定之規定。會員得提供較本協定規定更廣泛之保護，但不得抵觸本協定。會員得於其本身法律體制及程序之內，決定履行本協定之適當方式。

2. 本協定所稱「智慧財產」係指第二篇第一節至第七節所保護之各類智慧財產。

3. 會員應將本協定規定之待遇給予其他會員之國民。就相關之智慧財產權而言，所謂其他會員之國民，係指自然人或法人，並符合（一九六七年）巴黎公約、（一九七一年）伯恩公約、羅馬公約及積體電路智慧財產權條約規定之保護要件標的者（設若全體世界貿易組織會員為前述公約之會員）。任何會員援引羅馬公約第五條第三項或第六條第二項規定者，應依該規定通知與貿易有關之智慧財產權理事會。

第二條　智慧財產權公約

1. 就本協定第二、三、四篇而言，會員應遵守（一九六七年）巴黎公約之第一條至第十二條及第十九條之規定。

2. 本協定第一篇至第四篇之規定，並不免除會員依巴黎公約、伯恩公約、羅馬公約及積體電路智慧財產權條約應盡之既存義務。

第三條　國民待遇

1. 除（一九六七年）巴黎公約、（一九七一年）伯恩公約、羅馬公約及積體電路智慧財產權條約所定之例外規定外，就智慧財產權保護而言，每一會員給予其他會員國民之待遇不得低於其給予本國國民之待遇；對表演人、錄音物製作人及廣播機構而言，本項義務僅及於依本協定規定之權利。任何會員於援引伯恩公約第六條及羅馬公約第十六條第一項(b)款規定時，均應依各該條規定通知與貿易有關之智慧財產權理事會。

2. 會員就其司法及行政程序，包括送達地點之指定及會員境內代理人之委任，為確保法令之遵守，而該等法令未與本協定各條規定抵觸，且其施行未對貿易構成隱藏性之限制者，得援用第一項例外規定。

第四條　最惠國待遇

關於智慧財產保護而言，一會員給予任一其他國家國民之任何利益、優惠、特權或豁免權，應立即且無條件給予所有其他會員國民，但其利益、優惠、特權或豁免權有下列情形之一者，免除本義務：

(a)衍自一般性之司法協助或法律執行，而非侷限於智慧財產權之國際協定；

(b)依據（一九七一年）伯恩公約或羅馬公約之規定，所容許以另一國家所給予之待遇為準而授予，而非由於國民待遇之功能而授予者；

(c)關於本協定所未規定之表演人、錄音物製作人及廣播機構之權利者；

(d)衍自較世界貿易組織協定更早生效之關於智慧財產保護之國際協定者；惟此項協定須通知與貿易有關之智慧財產權理事會，且不得對其他會員之國民構成任意或不正當之歧視。

第五條　取得或維持保護之多邊協定

第三條及第四條規定之義務，對於在世界智慧財產權組織監督下所締結關於智慧財產權取得或維持之多邊協定所規定之程序，不適用之。

第六條　耗盡

就本協定爭端解決之目的而言，且受第三條及第四條規定之限制，本協定不得被用以處理智慧財產權耗盡之問題。

第七條　宗旨

智慧財產權之保護及執行必須有助於技術發明之提昇、技術之移轉與散播及技術知識之創造者與使用者之相互利益，並有益於社會及經濟福祉，及權利與義務之平衡。

第八條　原則

1.會員於訂定或修改其國內法律及規則時，為保護公共衛生及營養，並促進對社會經濟及技術發展特別重要產業之公共利益，得採行符合本協定規定之必要措施。

2.會員承認，為防止智慧財產權權利人濫用其權利，或不合理限制貿易或對技術之國際移轉有不利之影響，而採行符合本協定規定之適當措施者，可能有其必要。

第二篇　智慧財產權之有效性、範圍暨使用

第一節　著作權及其相關權利

第九條　與伯恩公約之關係

1.會員應遵守（一九七一年）伯恩公約第一條至第二十一條及附錄之規定。但會員依本協定所享有之權利及所負擔之義務不及於伯恩公約第六條之一之規定所賦予或衍生之權利。

2.著作權之保護範圍僅及於表達，不及於觀念、程序、操作方法或數理概念等。

第十條　電腦程式及資料之編輯

1.電腦程式，不論係原始碼或目的碼，均應以（一九七一年）伯恩公約所規定之文學著作保護之。

2.資料或其他素材之編輯，不論係藉由機器認讀或其他形式，如其內容之選擇或編排

構成智慧之創作者，即應予保護。但該保護不及於資料或素材本身，且對該資料或素材本身之著作權不生影響。

第十一條　出租權

會員至少在電腦程式及電影著作方面，應賦予著作人及其權利繼受人有授權或禁止將其著作原件或重製物對公眾商業性出租之權利。但在電影著作方面，除非此項出租導致該項著作在會員之國內廣遭重製，實質損害著作人及其權利繼受人之專有重製權外，會員得不受前揭義務之限制。就電腦程式而言，如電腦程式本身並非出租之主要標的者，則會員對該項出租，不須賦予出租權。

第十二條　保護期間

著作之保護期間，除攝影著作或應用美術著作以外，在不以自然人之生存期間為計算標準之情況下，應自授權公開發表之年底起算至少五十年，如著作完成後五十年內未授權公開發表者，應自創作完成之年底起算五十年。

第十三條　限制及例外

會員就專屬權所為限制或例外之規定，應以不違反著作之正常利用，且不至於不合理損害著作權人之合法權益之特殊情形為限。

第十四條　對表演人、錄音物製作人及廣播機構之保護

1. 關於附著於錄音物上之表演，表演人應可防止下列未經授權之行為：將其未附著於媒介物之表演予以附著及重製此一附著物。表演人亦應可防止下列未經其授權之行為：以無線電方式播送其現場表演及向公眾傳達該表演。

2. 錄音物製作人享有授權或禁止將其錄音物直接或間接重製之權利。

3. 廣播機構應有權利禁止下列未經其授權之行為：將廣播加以附著、將廣播附著物加以重製，將廣播以無線電再公開播送，及將播出之電視節目再向公眾傳達。會員未賦予廣播機構前揭權利者，應依（一九七一年）伯恩公約之規定，賦予所廣播之著作之著作權人得防止上述行為之可能性。

4. 第十一條關於電腦程式之規定，對於依會員之國內法所規定之錄音物製作人或該錄音物之其他權利人，準用之。但會員於一九九四年四月十五日，對錄音物權利人就錄音物之出租已實施合理之報酬制度，且該錄音物之商業性出租不至於對權利人之專有重製權構成實質損害者，得維持該制度。

5. 本協定對表演人及錄音物製作人之保護期限為：自附著完成或演出之當年年底起算至少五十年。依第三項所給予之保護期限，為自播送之當年年底起算至少二十年。

6. 任何會員，對於第一項至第三項規定之權利，於羅馬公約允許之範圍內，得訂定權利之條件、限制、例外規定及保留條款。但（一九七一年）伯恩公約第十八條規定，對於表演人及錄音物製作人之權利，準用之。

第二節　商標

第十五條　保護客體

1. 任何足以區別不同企業之商品或服務之任何標識或任何標識之組合，應足以構成商標。

   此類標識，以特定文字，包括個人姓名、字母、數字、圖形和顏色之組合，及此類標識之任何聯合式，應得註冊為商標。當標識本身不足以區別相關之商品或服務時，會員得基於其使用而產生之顯著性而准其註冊。會員得規定，以視覺上可認知者作為註冊之要件。

2. 前項規定，並不限制會員以其他理由核駁商標註冊之申請。但以不違反（一九六七年）巴黎公約相關條文為限。

3. 會員得以使用作為商標註冊要件，但商標之實際使用不得作為提出申請註冊之要件。亦不得僅因其預期之使用未於申請提出後三年內實施而駁回其申請。

4. 商標所指定使用之商品或服務之性質，不得構成不准商標註冊之事由。

5. 會員應於註冊前或註冊後立即公告每件註冊之商標，並應提供申請撤銷該註冊之合理機會。會員亦得提供對商標註冊提出異議之機會。

第十六條　商標專用權

1. 註冊商標之專用權人應享有專用權，以阻止他人未獲其同意，於商業交易中使用相同或近似之商標於同一或類似之商品或服務，而其使用有致混淆之虞者。凡使用相同標識於相同商品或服務者，推定有混淆之虞。前揭權利不得損及任何既存之權利，亦不得影響會員基於使用而賦予權利之可能性。

2. （一九六七年）巴黎公約第六條之二之規定準用於服務。決定某一商標是否為著名商標，會員應考慮該商標在相關行業之知名度，包括對該商標促銷而在相關會員間形成之知名度。

3. （一九六七年）巴黎公約第六條之一之規定於使用他人註冊商標於不同於該商標所指定使用之商品和服務時準用之，但該商標於不同商品或服務之使用造成與註冊商標專用權人間之聯想，致商標專用權人之利益有因該使用受到侵害之虞者為限。

第十七條　例外

會員得制定商標專用權之有限度例外規定，例如合理使用描述性文字；但此例外以不侵害商標專用權人及第三人之合法權益為限。

第十八條　保護期間

商標首次註冊及延展註冊所獲得之保護期間，不得少於七年。商標應可無限次延展註冊。

第十九條　使用要件

    1.若以使用為維持註冊之要件，須商標專用權人無正當事由繼續三年以上未使用，始得撤銷其註冊。但商標專用權人證明未使用係基於正當事由者，不在此限。商標之未使用非出於商標專用權人之意願者，例如該商標指定使用之商品或服務因進口限制或其他政府規定，應視為未使用之正當事由。

    2.如他人之使用商標在商標專用權人監督之下者，其使用應視為該註冊商標之使用。

第二十條　其他要件

商標於交易過程之使用，不應受特別要件的不合理妨礙；例如須與其他商標共同使用、須以特別的形式使用、或須以足對區別一企業與他企業之商品或服務之功能產生減損之方式使用，均是。此規定並不排除設置要件，以要求將表彰生產物品或服務的企業商標必須與區別該企業所生之特定產品或服務的商標配合使用；但不得要求將此二商標聯結。

第二十一條　授權與移轉

會員得規定商標授權與移轉之要件。

惟不得制定商標之強制授權。無論所屬營業是否一併移轉，商標所有人應有移轉其註冊商標之權利。

第三節　標示

第二十二條　產地標示之保護

1.本協定所稱之產地標示係指為辨別一項商品標示係產自一會員之領域，或其領域內之某一地區或地點，且該商品之特定品質，聲譽或其他性質，根本上係來自於原產地者。

2.會員應提供產地標示之利害關係人法律途徑以防止：

    (a)於設計或展示商品時，使用任何方式明示或暗示系爭商品產自非其實際產地之其他產地並致公眾誤認該商品產地者；

    (b)構成（一九六七年）巴黎公約第十條之一所稱不公平競爭之任何使用行為。

3.商標與非其商品原產地之產地標示結合或構成，且在某一會員國內使用含該標示之商標於所述商品，本質上將造成公眾誤認其實際產地者；該會員應依法定職權，或利害關係人之申請，不准此等商標之註冊或評定其註冊無效。

4.商品之產地標示，縱確係該商品產地之領域、地區或地點，惟向公眾為該商品係產自其他領域之不實表示者，本條第一、第二及第三項各項規定仍適用之。

第二十三條　酒類和烈酒產地標示之額外保護

1.會員應提供利害關係人法律途徑，以防止非產自該產地之酒類或烈酒使用系爭之產地標示；即使已明確標示該商品之實際產地，或該產地標示係翻譯用語或補充說明與該產地商品「同類」、「同型」、「同風格」、「相仿」或其他類似標示者亦然。

2.酒類或烈酒之商標包括該等商品產地之產地標示或以地理標示構成者，會員應依法定職權或利害關係人之申請不准該商標之註冊或評定其註冊無效。

3.酒類之產地標示若屬同名者，各標示均應保護之，但以合於前條第四項規定者為限。各會員應在確保相關生產者獲公平待遇之必要性及消費者不致誤導者前提下，訂定可行規定，以區別相關之同名標示。

4.為促進會員對酒類之產地標示之保護，與貿易有關之智慧財產權協定理事會應就建立保護之酒類之產地標示通知及註冊之多邊體系進行諮商，使酒類產品於參與該體系之會員間獲得保護。

第二十四條　國際談判：例外

1.會員同意依據前條規定，就加強對個別產地標示之保護進行談判。會員不得據第四項至第八項之規定拒絕進行談判，或簽訂雙邊或多邊協定。就此談判而言，會員必須願意考慮適用此等條款於涵蓋於談判主題之個別產地標示上之使用。

2.與貿易有關之智慧財產權協定理事會應隨時檢討本節規定之適用情形；首次檢討應於世界貿易組織協定生效後兩年內進行。任何足以影響遵守此等條款下之義務之情事均應通知理事會；上開情事若透過有關會員間之雙邊或複邊諮商無法達成合意之解決方案時，理事會應依會員之請求，與任一會員或數個會員間進行協商。理事會應採取所同意之措施以促進合作並提昇本節之宗旨。

3.會員於執行本節規定時，不得減損世界貿易組織協定生效前已於該國存在之產地標示之保護。

4.本節之規定不得要求會員禁止其國民或居民繼續使用另一會員有關酒類同一或類似之商品或服務之特殊產地標示，但以在該會員境內連續使用此產地標示於相關商品和服務上，並合於下列情事之一者為限：⒜在西元一九九四年四月十五日以前，已達十年以上者；或⒝於上開日期前係善意使用者。

5.商標之申請或註冊係屬善意者，或商標專用權係因善意使用而取得，該二種情形之一係於：

⒜此等規定係於該會員依第六篇實施之前；或

⒝該產地標示於原產國受保護之前取得，依本節規定所採行之措施，不得因此商標相同或近似於產地標示，而損及此商標註冊之資格或有效性，或使用之權利。

6.本節之規定並未要求會員對於其他會員之產地標示之保護，及於與其相同但係以普通使用方法表示商品或服務之通用名稱。本節之規定並未要求會員對於任何其他會員之葡萄產品之產地標示之保護，及於與其相同但於 WTO 協定生效之前已於該會員存在之葡萄品種通用名稱。

7.會員得規定，依本節對商標之使用或註冊提出之任何請求，必須於該受保護之標示受到不當使用且在於該會員境內不當使用且已成為眾所周知後五年內為之，或於該

會員註冊為商標（設若其於同日公告）五年內為之；但須該註冊日期早於因不當使用於該會員境內成為眾所周知之日期。但該產地標示之使用或註冊為惡意者，不適用之。

8. 本節之規定不得侵害任何人於商業交易中使用其姓名或其營業之被繼受人之姓名之權利。但其使用以不致公眾誤認者為限。

9. 原產地境內未獲得保護或已停止受到保護之產地標示，或於該國已不使用之產地標示，本協定並不課以保護之義務。

第四節　工業設計

第二十五條　保護要件

1. 會員應對獨創之工業設計具新穎性或原創性者，規定予以保護。會員得規定，工業設計與已知之設計之結合無顯著差異時，為不具新穎性或原創性。會員得規定，此種保護之範圍，不及於基於技術或功能性之需求所為之設計。

2. 會員應確保對紡織品設計之申請保護要件，不致因費用、審查或公告程序，不當損害尋求或取得此項保護之機會。會員得以工業設計法或著作權法提供此項保護。

第二十六條　權利保護範圍

1. 工業設計所有權人有權禁止未經其同意之第三人，基於商業目的而製造、販賣、或進口附有其設計或近似設計之物品。

2. 會員得規定工業設計保護之例外規定，但以於考量第三人之合法權益下其並未不合理地抵觸該權利之一般使用，且並未不合理侵害權利人之合法權益者為限。
權利保護期限至少應為十年。

第五節　專利

第二十七條　專用權保護客體

1. 於受本條第二項及第三項規定拘束之前提下，凡屬各類技術領域內之物品或方法發明，具備新穎性、進步性及實用性者，應給予專利保護。依據第六十五條第四項、第七十條第八項，及本條第三項，應予專利之保護，且權利範圍不得因發明地、技術領域、或產品是否為進口或在本地製造，而有差異。

2. 會員得基於保護公共秩序或道德之必要，而禁止某類發明之商業性利用而不給予專利，其公共秩序或道德包括保護人類、動物、植物生命或健康或避免對環境的嚴重破壞。但僅因該發明之使用為境內法所禁止者，不適用之。

3. 會員得不予專利保護之客體包括：
(a) 對人類或動物疾病之診斷、治療及手術方法；
(b) 微生物以外之植物與動物，及除「非生物」及微生物方法外之動物、植物產品的

主要生物育成方法。會員應規定以專利法、或單獨立法或前二者組合之方式給予植物品種保護。本款於世界貿易組織協定生效四年後予以檢討。

第二十八條　所授與之權利

1.專利權人享有下列專屬權：
　(a)物品專利權人得禁止未經其同意之第三人製造、使用、要約販賣、販賣或為上述目的而進口其專利物品。
　(b)方法專利權人得禁止未經其同意之第三人使用其方法，並得禁止使用、要約販賣、販賣或為上述目的而進口其方法直接製成之物品。

2.專利權人得讓與、繼承、及授權使用其專利。

第二十九條　專利申請人之條件

1.會員應規定專利申請人須以清晰及完整之方式，揭露其發明，達於熟習該項技術者可據以實施之程度，會員並得要求申請人在申請日或優先權日(若有主張優先權者)，表明其所知悉實施其專利之最有效方式。

2.會員得要求申請人提供就同一發明在外國提出申請及獲得專利之情形。

第三十條　專利權之例外規定

會員得規定專利權之例外規定，但以其於考量第三人之合法權益下，並未不合理抵觸專屬權之一般使用，並未不合理侵害專利權人之合法權益者為限。

第三十一條　未經權利人授權之其他使用

會員之法律允許不經專利權人之授權而為其他實施時，或經政府特許之第三人實施其專利之情形者，應符合下列規定：

　(a)此類特許實施必須基於個案之考量；

　(b)特許實施申請人曾就專利授權事項以合理之商業條件與權利人極力協商，如仍無法於合理期間內取得授權者，方可准予特許實施。會員得規定國家緊急危難或其他緊急情況或基於非營利之公益考量下，可不受前揭限制而准予特許實施。其因國家緊急危難或其他緊急情況而准予特許實施時，須儘可能速予通知專利權人。如係基於非營利之公益使用者，政府或其承攬人於未經專利檢索之情況下，即可知或有理由可知有效之專利內容為或將為政府所使用，或基於政府之需要利用者，應即刻通知專利權人；

　(c)特許實施之範圍及期間應限於所特許之目的；有關半導體技術則以非營利之公益使用，或作為經司法或行政程序確定之反競爭措施之救濟為限；

　(d)特許之實施應無專屬性；

　(e)特許移轉或善意實施者外實施權，除與特許實施有關之營業一併移轉外，不得讓與。

　(f)特許實施應以供應會員國內市場需要為主；

　(g)於不損害特許實施權人之合法利益下，特許實施之原因消滅且回復可能性不高時，

特許實施應予終止。專利主管機關依申請時，應審查特許實施之原因是否繼續存在；

(h)在考慮各個專利的經濟價值下，針對各別情況給付相當報酬予權利人；

(i)特許實施之處分合法性，應由會員之司法機關審查，或由其上級機關為獨立之審查；

(j)有關權利金之決定，應由會員司法機關審查，或由其上級機關為獨立之審查；

(k)會員於依司法或行政程序認定具有反競爭性，而以特許實施作為救濟時，得不受(b)項與(f)項之拘束。補償金額度得考量糾正反競爭行為之需要。特許實施原因有可能再發生時，主管機關應有權不予終止特許實施；

(l)某一專利權（第二專利）必須侵害另一專利權（第一專利），始得實施時，得特許其實施。但必須符合下列要件：

　(i) 第二專利之發明，相對於第一專利權申請專利範圍，應具相當的經濟上意義之重要技術改良；

　(ii) 第一專利權人應有權在合理條件下以交互授權之方式，使用第二專利權。

　(iii) 第一專利權之特許實施權，除與第二專利權一併移轉外，不得移轉。

第三十二條

撤銷或失權對撤銷或失權之決定，應提供司法審查。

第三十三條

專利保護期限專利權期間自申請日起，至少二十年。

第三十四條　方法專利：舉證責任

1.第二十八條第一項(b)款之專利權受侵害之民事訴訟中，若該專利為製法專利時，司法機關應有權要求被告舉證其係以不同製法取得與專利方法所製相同之物品。會員應規定，有下列情事之一者，非專利人同意下製造之同一物品，在無反證時，視為係以該方法專利製造。

　(a)專利方法所製成的產品為新的，

　(b)被告物品有相當的可能係以專利方法製成，且原告已盡力仍無法證明被告確實使用之方法。

2.會員得規定第一項所示之舉證責任僅在符合第(a)款時始由被告負擔，或僅在符合第(b)款時始由被告人負擔。

3.在提出反證之過程，有關被告之製造及營業秘密之合法權益應列入考量。

第六節　積體電路之電路布局

第三十五條　有關積體電路布局智慧財產權條約

會員同意依照積體電路智慧財產權條約之第二條至第七條（不包括第六條第三項）、第十二條及第十六條第三項保護積體電路電路布局，並遵守下列規定。

第三十六條　保護範圍

在受第三十七條第一項規定拘束之前提下，會員應視未經權利人授權之下列行為為違法，包括：進口、販賣、或基於商業目的而散佈受保護之電路布局、或其內積體電路含有不法複製電路布局之物品。但後者之情形以其仍含有此種不法複製電路布局者為限。

第三十七條　不需權利人授權之行為

1. 縱有第三十六條之規定，對含有不法複製之電路布局之積體電路，或其內積體電路含有不法複製電路布局之物品的規定，如行為人於取得該積體電路或含有該積體電路之物品時並不知且無適當理由可得而知有包含不法複製電路布局情事者，會員不得視其行為違法。會員應規定該行為人於被充分告知電路布局係不法複製後，仍可處理其擁有之存貨及被告知前之訂單，惟必須支付權利人相當於在自由協議該電路布局授權之情形下所應支付之合理權利金。

2. 第三十一條，第(a)至(k)項之規定，準用非自願授權之實施；或自政府使用或為政府而使用且未經授權者。

第三十八條　權利保護期間

1. 會員以註冊為權利保護要件時，電路布局保護期限，自註冊申請日或於世界任何地方首次商業利用之日起，至少十年。

2. 當會員不以註冊為保護要件時，電路布局應自世界任何地方首次商業利用之日起，至少十年。

3. 縱有前二項情事時，會員得規定權利保護期間為自該電路布局創作後十五年。

第七節　未經公開資料之保護

第三十九條

1. 為依（一九六七年）巴黎公約第十條之二有效保護智慧財產權及防止不公平競爭，會員應就符合下列第二項所規定之未經公開之資料及第三項所規定之提交政府或政府相關機構之資料，予以保護。

2. 自然人及法人對其合法持有之資料，應有防止被洩露或遭他人以有違商業誠信方法取得或使用之可能，但該資料須：

 (a)具有秘密性質，且不論由就其整體或細節之配置及成分之組合視之，該項資料目前仍不為一般處理同類資料之人所得知悉或取得者；

 (b)因其秘密性而具有商業價值；且

 (c)業經資料合法持有人以合理步驟使其保持秘密性。

3. 會員為核准新化學原料之醫藥品或農藥品上市，而要求提供業經相當努力完成且尚未公布之測試或其他相關資料，應防止該項資料被不公平的使用於商業之上。此外，除基於保護公眾之必要，或已採取措施以確實防止該項資料被不公平商業使用外，

會員應保護該項資料並防止洩露。

第八節　與契約授權有關之反競爭行為之防制

第四十條

1. 會員同意，有些限制競爭之智慧財產權授權行為或條件，可能對貿易產生負面影響，與阻礙技術之移轉及交流。

2. 會員得於立法時明定某些授權行為或條件係屬對相關市場之競爭產生負面影響之智慧財產權之濫用。依照上開規定，任何會員得在其國內相關之法律與規章中，採行與本協定其他條款不相抵觸之適當方法，以防止或管制此等授權行為，例如：專屬性之回歸授權、禁止對有效性異議之條件及強制性之包裹授權等。

3. 任一被請求諮商之會員，在其他會員有理由相信屬於被請求諮商會員之擁有智慧財產權之國民或設有住所之人，就本節所規定之事項，實施違反請求諮商之會員之法律規章，而該請求諮商之會員意欲確保其法規被遵守者，應於受請求時與之進行諮商；但此並不影響在任何一方會員法律下所採取之行動及其為最終決定之充分自主權。受請求之會員應對是項諮商予以充分而認真之考慮，並應提供適當之機會；其並應透過提供與系爭事項有關之可公開獲得之非機密資料所及其可獲得之其他資料相互合作，但須受國內法律及請求之會員就防護資料之機密性與受請求之會員達成相互滿意之協議等條件之拘束。

4. 會員於其國民或設有住所之人如因本節規範事項，被其它一會員違反其法律或規定時，基於要求，在本條第三項規定之相同條件下，應有被其他會員賦予並無損於任何一方會員依其法律所為之行為及完全自由之最終決定和諮商之機會。

第三篇　智慧財產權之執行

第一節　一般義務

第四十一條

1. 會員應確保本篇所定之執行程序於其國內法律有所規定，以便對本協定所定之侵害智慧財產權行為，採行有效之行動，包括迅速救濟措施以防止侵害行為及對進一步之侵害行為產生遏阻之救濟措施。前述程序執行應避免對合法貿易造成障礙，並應提供防護措施以防止其濫用。

2. 有關智慧財產權之執行程序應公平且合理。其程序不應無謂的繁瑣或過於耗費，或予以不合理之時限或任意的遲延。

3. 就案件實體內容所作之決定應儘可能以書面為之，並載明理由，而且至少應使涉案當事人均能迅速取得該書面；前揭決定，僅能依據已予當事人答辯機會之證據為之。

4.當事人應有權請求司法機關就其案件最終行政決定為審查，並至少在合於會員有關案件重要性的管轄規定條件下，請求司法機關就初級司法實體判決之法律見解予以審查。但會員並無義務就已宣判無罪之刑事案件提供再審查之機會。

5.會員瞭解，本篇所規定之執行，並不強制要求會員於其現有之司法執行系統之外，另行建立一套有關智慧財產權之執行程序；亦不影響會員執行其一般國內法律之能力。本篇對會員而言，並不構成執行智慧財產權與執行其他國內法之人力及資源分配之義務。

第二節　民事與行政程序暨救濟

第四十二條　公平及衡平之程序

會員應賦予權利人行使本協定所涵蓋之智慧財產權之民事訴訟程序之權利。被告有被及時以書面詳細告知其被告之理由及其他相關細節之權利。雙方當事人均得委任獨立之律師代理訴訟，且訴訟程序於當事人必須親自到庭之相關規定上，不得使當事人增加無謂之負擔。訴訟當事人均應有權提出證據及陳述理由；訴訟程序於不違反憲法規定之原則下，應提供認定與保護秘密資訊之措施。

第四十三條　證據

1.當一造已提出合理可以獲得之充分證據支持其主張，且指明相關重要證據為對造所持有時，司法機關有權命對造提出該證據。但必須受有確保秘密資訊保護之限制。

2.當事人一造在合理時間內自願且無正當理由而拒絕提供或未提供必要資訊，或明顯的阻礙執行程序，會員得授權司法機關依據已被提出之資訊，包括因他方拒絕提供資訊而受不利影響之當事人所提出之指控及主張為肯定或否定之初步或最終判決。但應給予當事人就主張或證據辯論之機會。

第四十四條　禁制令

1.司法機關應有權命當事人停止侵害行為，特別係在於涉有侵害智慧財產權之進口物品，於結關後立即阻止其進入司法管轄區域內之商業管道。會員並無義務使前述司法禁制令適用於非因明知或可得而知之情況下，致侵害他人智慧財產權之情形。

2.雖本篇其他部分有特別規定，在合於第二篇特別就政府未經權利人授權使用或政府授權第三人使用之規定條件下，會員可將針對此類使用之救濟限於以依第三十一條 (h)項所規定使用報酬之給付。在其他情形，本篇所規定之救濟應有適用，若本篇之救濟與會員法律抵觸，會員仍應提供確認判決及充分之賠償。

第四十五條　損害賠償

1.司法機關對於明知，或可得而知之情況下，侵害他人智慧財產權之行為人，應令其對權利人因其侵權行為所受之損害，給付相當之賠償。

2.司法機關亦應有權命令侵害人賠償權利人相關費用，該費用得包括合理之律師費；

而於適當之情況下，會員並得授權其司法機關，命侵害人賠償權利人因其侵害行為所失之利益以及（或）預設定的損害，縱使侵害人於行為當時，不知或無可得知其行為係屬侵害他人權利時亦同。

第四十六條　其他救濟

為有效遏阻侵害情事，司法機關對於經其認定為侵害智慧財產權之物品，應有權，在無任何形式之補償下，以避免對權利人造成任何損害之方式，命於商業管道外處分之，或在不違反其現行憲法之規定下，予以銷毀，司法機關對於主要用於製造侵害物品之原料與器具，亦應有權在無任何形式之補償下，以將再為侵害之危險減至最低之方式，命於商業管道外處分之。在斟酌前述請求時，侵害行為之嚴重性，所命之救濟方式及第三人利益間之比例原則應納入考量，關於商標仿冒品，除有特殊情形外，單純除去物品上之違法商標並不足以允許該物品進入於商業管道。

第四十七條　告知權

會員得規定司法機關命侵害人告知權利人涉及製造及散布侵害物之其他第三人，以及散布侵害物之管道。但侵害情節輕微者，不在此限。

第四十八條　對被告之賠償

1. 對於濫用保護執行程序，並要求採取措施，致造成他方當事人之行為受到限制或禁制者，司法機關應命前者賠償後者所受到之損害；司法機關亦應命其賠償被告所支出之費用，該費用並得包括適當的律師費。

2. 關於各種保護智慧財產權法律之執行，會員僅得於主管機關及公務員基於善意而採行或意圖採行適切救濟措施時，始得免除其法律責任。

第四十九條　行政程序

以行政程序對個案給予民事救濟措施時，該行政程序應符合本節所定之各項原則。

第三節　暫時性措施

第五十條

1. 司法機關應有權採取迅速有效之暫時性措施以：
   (a)防止侵害智慧財產權之情事發生，特別是防止侵害物進入管轄區域內之商業管道包括業經海關通關放行之進口物品在內。
   (b)保全經主張為與侵害行為相關之證據。

2. 司法機關應有權於僅有一造陳述意見之情況下，特別是在任何延宕有可能對權利人造成無可彌補之傷害，或顯見證據可能被銷燬之情形下，依其情形之適當與否，採取暫時性之措施。

3. 司法機關應有權要求聲請人提出其可獲得之合理有效之證據，俾可適度地證明其係權利人，而且其權利正遭受侵害或有受侵害之虞，並且得命令聲請人提供足夠之擔

　保，以保護被告及防止聲請人濫用權利。

4. 如係依一造之陳述而採行暫時性措施，最遲應於措施執行後立即通知受該措施影響之當事人。會員應基於被告之請求，對其措施予以包括言詞審理之審查，以便在措施通知後之合理期間內，決定此等措施是否應予修正、撤銷或維持。

5. 執行暫時性措施之機關得要求該暫時措施之聲請人提出其他必要資訊，以確定涉案物品。

6. 於不影響第四項規定之前提下，依第一項及第二項實施之暫時措施，如未於原作成暫時性措施之司法機關，在該會員法律允許情況下所指定之合理期限內訴請就實體部分進行審理，應依被告之請求而予以撤銷或停止效力。如無司法機關之此種對期限之決定，則應在未逾二十個工作日或三十一個曆日之內提起，但以較長者為準。

7. 如暫時性措施遭到撤銷，或因聲請人之作為或不作為而未生效，或於事後發現並無智慧財產權受侵害之虞之情事，司法機關應依被告之請求，命聲請人賠償被告因暫時性措施所受之損害。

8. 暫時性措施可由行政機關以行政程序為之者，該程序應符合本節之原則。

第四節　與邊界措施有關之特殊規定

第五十一條　海關之暫不放行措施

　會員應依照下述之規定，訂定程序，俾使有正當理由懷疑進口物品有仿冒商標或侵害著作權之權利人，得以書面向行政或司法主管機關提出申請，要求海關對此類物品暫不放行。會員得將此種申請程序適用於涉及智慧財產權其他行為之物品，但應符合本節之規定。會員亦可提供類似程序，由海關對於自其領域出口之侵權物品暫不予放行。

第五十二條　申請

　會員應要求權利人於依第五十一條規定提出申請時，需向主管機關提出足以推定在進口國法律之下有侵害權利人智慧財產權之表面證據，並就有關物品提供詳細說明，俾使海關易於辨認。主管機關應於合理期間內通知申請人是否已受理申請，主管機關如對海關執行措施期間作成決定，並應將之通知申請人。

第五十三條　保證金或相當之擔保

　主管機關應有權要求申請人提供足夠之保證金或相當之擔保，以保護被告及主管機關，並防止其濫用權利。但該保證金或相當之擔保不得阻礙對此等程序之行使。

　依據本節規定提出申請而由海關暫不放行之貨品，其內容涉及工業設計、專利、電路布局及未公開之資訊，海關係基於非司法或其他非獨立機關所作之決定而暫不予放行，且依第五十五條規定之期間已屆滿而未獲得法律授權給予暫時救濟措施，並符合其他有關進口之規定者，貨主、進口商或收貨人應有權於繳交足夠之保證金，以保護權利人免於受侵害後，要求該批貨物予以放行。保證金之繳納不得損及權利人之其他救濟

措施，權利人未於合理期間內行使訴訟時，保證金應發還。

第五十四條　暫不放行通知

依第五十一條對貨品暫不予放行者，應立即通知進口商及申請人。

第五十五條　暫不放行之期限

自申請人受暫不放行通知送達後十個工作日內，海關未被告知該案已由被告以外之一方已就該案之實體部分提起訴訟，或該案業經法律授權機關採取臨時措施予以延長留置期間，如該項物品已符合其他進口或出口之規定者，海關應予放行；在適當情況下，前述期間可再予延長十個工作日。該案之實體部分已提起訴訟者，被告在審查中，於合理期間內，主管機關應有權命被告陳述意見，以決定應否對該措施予以修改、撤銷或確認。但暫不放行措施係依暫時性之司法措施執行或繼續執行時，應適用第五十條第六項之規定。

第五十六條　對進口商及物主之賠償

因錯誤扣押或扣押後依第五十五條規定放行，對進口商、收貨人及物主造成損害者，相關機關應令申請人給付適當之賠償。

第五十七條　檢視權利及通知

會員應授權主管機關，於不損及保護機密資料之情況下，給予權利人充分之機會，對海關所查扣之物品進行檢視，俾證實其指控。主管機關亦應有權給予進口商同等檢視物品之機會。倘就案件實體部分已作成肯定之裁決時，會員得授權主管機關，將發貨人、進口商及收貨人之姓名及地址，以及有關物品之數量通知權利人。

第五十八條　依職權之行為

倘會員要求其主管機關主動採取措施，並要求其對於表面證據顯示有侵害智慧財產權之貨品暫不放行者：

(a)主管機關得隨時要求權利人提供資料，以協助其行使職權。

(b)採取暫不放行措施時，應立即通知進口商及權利人。進口商就該項暫不放行措施向主管機關提出申覆時，應準用第五十五條之規定。

(c)會員應僅於主管機關及公務員基於善意採行或意圖採行適當救濟措施時，始得免除其法律責任。

第五十九條　救濟措施

在不損及權利人採取其他訴訟之權利，以及被告尋求司法機關審查之權利之前提下，主管機關有權命依照第四十六條所揭櫫之原則銷燬或處置侵害智慧財產權之物品。對於仿冒商標物品，主管機關除特殊情況外，不得允許該侵權物品未作改變狀態下，或適用不同之海關程序再出口。

第六十條　微量進口

會員對於旅客個人行李或小包寄送無商業性質之少量物品，得免除上述條款之適用。

第五節　刑事程序

第六十一條

會員至少應對具有商業規模而故意仿冒商標或侵害著作權之案件，訂定刑事程序及罰則。救濟措施應包括足可產生嚇阻作用之徒刑及（或）罰金，並應和同等程度之其他刑事案件之量刑一致。必要時，救濟措施亦應包括對侵權物品以及主要用於侵害行為之材料及器具予以扣押、沒收或銷燬。會員亦得對其他侵害智慧財產權之案件，特別是故意違法並具商業規模者，訂定刑事程序及罰則。

第四篇　智慧財產權之取得與維持及相關之當事人間程序

第六十二條

1. 會員得規定應遵守合理之程序及手續，作為依本協定第二篇第二節至第六節規定取得及維持智慧財產權之條件。而此程序及手續應符合本協定之規定。
2. 智慧財產權之取得需經由核准或登記者，會員應確保，於符合權利取得之實質條件下，應使權利之核准或登記在合理期間內完成，以避免保護期間遭不當之縮減。
3. 服務標章應準用（一九六七年）巴黎公約第四條之規定。
4. 會員法律已訂有智慧財產權取得或維持之程序，行政撤銷，以及兩造間之程序，例如異議、撤銷或註銷者，應適用第四十一條第二項及第三項一般原則之規定。
5. 第四項所定任何程序之最終行政決定應受司法或準司法機關之審查。但就異議或行政撤銷不成立，並無義務提供審查之機會，惟提起該等異議或行政撤銷程序所根據之理由得受（行政）無效程序之處理。

第五篇　爭端之預防及解決

第六十三條　透明化

1. 各會員所訂有效之法律、規則、最終司法判決及一般適用之行政決定等，凡與本協定實體內容相關者（智慧財產權之有效性、範圍、取得、執行及防止濫用），均應以其官方語言公告，但公告於實際上不可行時，應使其內容可以公開取得，以使各國政府及權利人對之熟悉。任一會員與其他會員之政府或政府機構間所訂立與本協定實體內容有關之有效協定，亦應公告。
2. 各會員均應將前項有關之法律、規則通知與貿易有關之智慧財產權理事會，俾使該理事會審查本協定之執行。理事會在與世界智慧財產權組織就成立各項法律、規則之一般登記方式諮商成功時，應儘可能減輕會員履行上述義務之負擔，並得決定免除會員將有關法律、規則直接通知委員會之義務。委員會亦應考量本協定所為之各項通知義務係源自於巴黎公約（一九六七年）第六條之規定的關連性。

3. 各會員因其他會員書面之要求，應提供第一項所列之各項資料。一會員如有理由相信智慧財產權之某一特定司法判決或行政決定或雙邊協定等影響其在本協定之權益時，得以書面要求取得或被告知前揭事項之詳細內容。

4. 前三項規定並不要求會員公開足以阻礙法律執行、違反公共利益或損害特定公有或私人企業合法商業利益之機密資料。

第六十四條　爭端解決

1. 爭端解決瞭解書所解釋及適用之 GATT 1994 第二十二條及第二十三條，應適用於本協定之爭端諮商與解決。但本協定另有規定者，不在此限。

2. GATT 1994 第二十三條第一項(b)款與(c)款，於 WTO 協定生效後五年內不適用之。

3. 前項期間內，與貿易有關之智慧財產權理事會應依本協定審理有關 GATT 1994 第三十三條第一項(b)款與(c)款之控訴範圍暨型態，並將其建議送交部長級會議通過。無論通過該建議或延長前項期間，部長級會議應以共識決作決定；且通過之建議，其效力及於全體會員，不待其為進一步正式接受之程序。

第六篇　過渡性措施

第六十五條　過渡性措施

1. 在受第二項、第三項、第四項拘束之前提下，會員自 WTO 協定生效後一年內並無義務適用本協定之規定。

2. 任一開發中國家會員，對本協定之適用，除第一篇第三條、第四條及第五條規定外，得將前項期間另行延緩四年執行。

3. 任一會員正處於由中央管制經濟轉型為自由企業經濟之過程中，且正進行重建智慧財產權體制結構，如在準備與執行智慧財產權過程中面臨特殊問題時，亦得享有前項之延緩期限。

4. 屬開發中國家之會員，如依第二項規定，應於適用本協定之日，遵守本協定將其產品專利保護擴張至該國未予保護之科技領域時，該會員得就本協定第二篇第五節之科技領域再行延緩五年實施。

5. 任一會員適用前四項過渡期間者，應確保其於該期間內對其國內法律、規則與執行內容有所修正時，不會導致與本協定規定之符合程度降低。

第六十六條　低度開發國家會員

1. 鑑於低度開發國家會員之特殊需求，及其經濟、財政、行政之限制，與建立一可行之科技基礎所需之彈性，此等會員，除第三條至第五條規定外，自本協定第六十五條第一項所定之日起十年內，不得被要求實施本協定。與貿易有關之智慧財產權理事會得基於低度開發國家會員之請求延長該期限。

2.已開發國家會員應提供其國內企業及機構誘因，推廣並鼓勵將技術移轉至低度開發國家會員，使其能建立一穩定可行之科技基礎。

第六十七條 技術合作

為有助於本協定之實施，已開發會員應基於請求及雙方同意之條件，提供有利於開發中國家及低度開發國家會員技術上及財務上之合作。上述合作應包括智慧財產權保護與執行之國內立法準備工作及權利濫用的防制，及對國內機構之設立與強化之支助，包括人員之訓練。

第七篇 機構安排；最終條款

第六十八條 與貿易有關之智慧財產權

理事會 TRIPS 理事會應監督本協定之實行，尤其是監督會員是否遵行其義務，其並應提供會員就 TRIPS 事務之諮商之機會。該理事會亦應完成會員指定之責任，尤其應提供會員依爭端解決程序所請求之協助。理事會為執行其職責得參考並蒐集其認為適當之資料。為與世界智慧財產權組織進行諮商，理事會應於第一次會議舉行後一年內建立與該組織合作的適當安排。

第六十九條

國際合作所有會員同意相互合作以消弭侵害智慧財產權物品之國際貿易。為此，各會員應建立並通知其行政體系內之連繫單位，並就違法物品之貿易交換資料。各會員尤應對仿冒商標及侵害著作權之物品之交易加強各國海關當局之資訊交換及相互合作。

第七十條 現存標的之保護

1.本協定對於會員適用本協定前之行為不具約束力。

2.除本協定另有規定外，本協定對於會員適用本協定之日已存在且已受會員保護或日後符合保護要件之標的，亦適用之。本項及第三項、第四項關於現存著作之著作權保護應完全依據（一九七一年）伯恩公約第十八條規定決定之；關於錄音物製作人及表演人之權利應完全依本協定第十四條第六項規定適用（一九七一年）伯恩公約第十八條規定決定之。

3.本協定適用之日業已成為公共所有之物，會員無義務恢復其保護。

4.與含有受保護之特定產品有關之各種行為，違反符合本協定之國內法規，且係在該會員未接受 WTO 協定前業已開始或已大量投資者，任一會員對權利人之救濟方式得予以限制，俾使前進行為於該會員適用 WTO 協定後得繼續為之。但會員至少應規定權利人得獲得合理之補償金。

5.任何人於會員適用本協定前購買之原件或重製物，會員無義務對之適用本協定第十

一條及第十四條第四項。

6. 倘政府之授權係於本協定公布生效日確知之前所為者，則就非由權利人授權使用之情形，會員不應被要求適用第三十一條，或第二十七條第一項關於專利權就技術領域應無歧視授與之要件。

7. 智慧財產權以註冊為取得保護之要件者，申請人所申請註冊之會員適用本協定時，該申請案仍未確定者，申請人得依本協定修改申請案以加強保護，但此項修正不得包括涵蓋新事項。

8. WTO 協定生效時，會員尚未依第二十七條給予藥品及農藥品專利保護者，該會員應：

　(a)不問第四篇之規定，自世界貿易組織協定生效日起，提供可使該項發明申請專利之方式。

　(b)於本協定適用日起，使該等申請案適用本協定之專利要件基準，且該基準視同於申請案之申請日或優先權日即已存在。

　(c)對符合(b)款基準之申請案，至准予專利時起依本協定給予專利保護，且其所餘專利期間依第三十三條申請日起算。

9. WTO 協定生效後某項專利申請已於一會員核准並取得上市許可，則依前款規定，其先前向另一會員提出之專利申請案，應自此會員核發上市許可後五年或至該會員核准或駁回其專利之日止，而以日期較短者為準享有專屬權。

第七十一條　檢討與修正

1. TRIPS 理事會應於六十五條第二項規定之過渡期間屆滿後對本協定之執行進行檢討。並應就其執行中所獲得之經驗於該期滿日後二年及其後之相同間隔，予以檢討。該理事會亦得審理任何有關之最近發展，俾供本協定修改之依據。

2. 修正內容僅於為調適達到其他多邊協定所採行之較高層次之智慧財產權保護目的，並為世界貿易組織所有會員所接受者，得由與貿易有關之智慧財產權理事會於共識決後提議由部長級會議依第十條第六項執行之。

第七十二條　保留

本協定任一條文未獲其他會員同意，不得予以保留。

第七十三條　安全例外

本協定內各條款不得被詮釋為：

　(a)要求任一會員提供其認為公開後有違其基本安全利益之資料；或

　(b)就下列事項阻止任一會員採取任何其認為對其基本安全利益有必要之保護行為，例如：⑴關於核子分裂物質或其產物。⑵關於武器彈藥戰爭用品之交易以及直接或間接提供軍事設施用途之用品或物資之交易。⑶戰時或其他國際關係緊急情況之措施；或

(c)阻止任何一會員遵循聯合國憲章之義務，所為維持世界和平及安全所採取之任何行為。

三、雙邊協定

1.美國臺灣關係法

一件法律授權繼續美國人民與臺灣人民商業文化及其他關係以及達到其他目的以有助於西太平洋和平、安全與穩定及推動美國外交政策，美利堅合眾國國會參眾二院代表判定以下法律。

中華民國六十八年四月十日中華民國政府與美利堅合眾國政府簽訂；並溯自六十八年四月十日生效

簡稱

第一條

這項法律可以被稱為「臺灣關係法」。

政策事實與宣言

第二條

A.總統已終止美國與一九七九年一月一日以前所承認為中華民國的臺灣統治當局間的政府關係，國會認為制定這項法有其必要，以：

　　1.協助維持西太平洋和平、安全與穩定；及

　　2.授權繼續維持美國人民與臺灣人民間的商務、文化與其他關係，俾促進美國的外交政策。

B.美國的政策是：

　　1.維護並促進美國人民與臺灣人民，以及中國大陸人民和西太平洋地區所有其他人民間的廣泛、密切與友好的商務、文化與其他關係；

　　2.宣布該地區的和平與穩定，與美國政治、安全與經濟的利益息息相關，也是國際關切之事；

　　3.明白表示，美國決定與「中華人民共和國」建立「外交關係」，完全是基於臺灣的未來將以和平方式解決這個期望上；

　　4.任何企圖以和平方式以外的方式決定臺灣未來的努力，包括抵制、禁運等方式，都將被視為對西太平洋地區和平與安全的一項威脅，也是美國嚴重關切之事；

　　5.以防衛性武器供應臺灣；及

　　6.保持美國對抗以任何訴諸武力或其他強制形式而危害到臺灣人民的安全、或社會與經濟制度的能力。

C.本法中的任何規定，在人權方面都不能與美國的利益相牴觸，特別是有關大約一千

八百萬臺灣居民的人權方面。本法特重申維護與提高臺灣所有人民的人權，為美國的目標。

有關美國對臺灣政策之執行

第三條

A.為促進本法第二條所訂定的政策，美國將以臺灣足以維持其自衛能力所需要數量的防衛武器與防衛性服務，供應臺灣。

B.總統與國會應根據他們對臺灣的需要所作的判斷，並按照法律程序決定供應臺灣所需防衛性武器與服務的性質和數量。此種對臺灣防衛需要所作的決定，應包括美國軍方所作的評估，並將此種建議向總統和國會提出報告。

C.任何對臺灣人民的安全或社會或經濟制度的威脅，以及因此而引起對美國利益所造成的任何危險，總統應通知國會。任何此類危險，總統與國會應按照憲法程序，決定美國所應採取的適當行動。

法律的適用、國際協定

第四條

A.雖無外交關係和承認，應不致影響美國法律之適用於臺灣，且美國法律應以一九七九年元月一日以前相同的方式，適用於臺灣。

B.本條 A 項所稱的法律適用應包括但不應限於下列各點：

1.凡美國法律提及或關於外國，外國政府或類似實體時，此等條文應包括臺灣，且此等法律應適用於臺灣。

2.凡被授權或依循美國法律，以與外國、政府或類似實體進行或執行計畫、交易或其他關係時，總統或任何美國政府機構均可按照本法第六條規定，獲得授權根據可適用的美國法律與臺灣進行或執行此類計畫、交易與其他關係。(其中包括，但並不限於──經由與臺灣商業實體訂約，為美國提供服務在內。)

3. a.對臺灣雖無外交關係與承認，但在任何情形下，不應就此廢止、侵害、修改、否決或影響前此或今後依據美國法律臺灣所獲致的任何權利與義務。(其中包括，但並不限於有關契約、債務或任何種類的財產利益。)

　b.根據美國法律所進行的各種目的，包括在美國任何法院的訴訟行動，美國承認「中華人民共和國」，不應影響臺灣統治當局在一九七八年十二月三十一日以前所擁有或持有的任何財產的所有權，或其他權利與利益，以及此後所獲得或賺得的任何有形、無形或其他有價值事物的所有權。

4.凡美國法律的適用，以目前或過去對臺灣可適用、或今後可適用的法律為依據時，對臺灣人民所適用的法律，應被認為是該項目的可適用法。

5. 本法中所載，或總統給於「中華人民共和國」外交承認的行動，臺灣人民與美國人民間沒有外交關係或不被美國承認等事實，以及若干隨附的狀況，不得在任何行政或司法過程中，被解釋為美國政府機構、委員會或部門，依據一九五四年原子能法以及一九七八年禁止核子擴散法作事實的判定或法律的裁定，以拒絕一項出口許可證申請或廢止現行對臺灣核子輸出許可證的基礎。

6. 關於移民暨歸化法，臺灣可以受到該法第二〇二條 B 款前段所明訂的待遇。（註：即指臺灣可以被給以單獨每年二萬人移民配額，不必與大陸共享有二萬人配額，國會已作此決定。）

7. 臺灣依據美國法律，在美國各法院進行控告與被控告的資格，在任何情形下，不得因無外交關係或承認而受到廢止、侵害、修改、拒絕或影響。

8. 根據有關維持外交關係或承認某個政府的美國法律，不論是明訂或暗示者，都不得適用於臺灣。

C. 為了各項目的，包括在美國任何法院中進行訴訟在內，美國和在一九七九年元月一日以前被承認為中華民國的臺灣統治當局之間所簽訂，並迄至一九七八年十二月三十一日一直有效的各項條約和其他國際協定，包括多邊公約在內，繼續有效，除非或直至依法終止為止。

D. 本法的一切條款，均不可被解釋為贊成排除或驅逐臺灣在任何國際金融機構或任何其他國際組織會籍之依據。

海外民間投資〔保險〕公司

第五條

A. 在本法開始生效日起的三年期間，一九六一年援外法第二三一條第二項第二款中所規定的一千美元個人平均所得的限制，不應用來限制海外民間投資〔保險〕公司提供有關在臺灣投資計畫任何保險、再保險、貸款或擔保等活動。

B. 除了本條 A 項所規定之對在臺灣投資計畫提供保險、再保險、貸款與保證外，海外民間保險公司應比照對世界其他各地所適用同樣標準〔對臺灣〕提供服務。

（註：一九八一年國會將一千美元個人平均所得限制提高到二千九百五十元——依一九七九年幣值，因此臺灣仍在海外民間投資公司之擔保範圍內。）

美國在臺協會

第六條

A. 美國總統或美國政府任何機構所進行的與臺灣有關的計畫、交易或其他關係，必須在總統指示的方式與範圍內，經由或透過下述機構執行：

1. 美國在臺協會，一個根據哥倫比亞特區法律組成的非營利法人團體；或

2.總統可能指定的類似非政府代替機構（以下在此法中以「協會」稱呼）。

B.無論何時，總統或任何美國政府機構在美國法律的授權、要求或規定下，展開、履行、執行或制定與臺灣有關的協定或交易時，此類協定或交易，必須在總統指示的方式與範圍內，經由或透過協會來展開、履行和執行。

C.協會所據以成立或有業務關係的哥倫比亞特區，或任何一州，或〔次一級行政區域〕的任何法律、規章、條例或法令，若阻礙或干預協會根據本法的行事與運作，則本法將替代此類法律、規章、條例或法令。

協會對在臺美國公民之服務

第七條

A.協會可以授權其在臺灣之任何工作人員：

1.執行或監督任何人宣誓、認證、作口供或提出證詞，從事任何公證人在美國國內根據法律授權與規定所能夠從事的公證行為；

2.擔任已逝世的美國公民私人財產的臨時保管人；及

3.得以根據總統可能明確指定的美國法律的授權，採取類似美國國外領事事務的其他行動，以協助與保護美國人的利益。

B.協會授權的工作人員，根據本條所從事的行為，與任何其他美國法律授權從事此類行為者的行為，具有同等的效力。

協會的免稅地位

第八條

A.本協會，它的財產與它的收入，得以免繳現在或此後美國，或任何一州或地方稅收當局所規定的所有稅捐（除非本法第十一條 A3 要求根據一九五四年國稅法第二十一條有關聯邦保險捐款法的規定課稅）。

B.對一九五四年的國稅法而言，協會將被視為一個如以下各條項所描述之組織：一七○ B1A，一七○ C 二○五五 A，二一○六 A 二 A，二五二二 A 和二五二二 B。

協會所獲得之財產與服務及所提供之服務

第九條

A.任何美國政府機構有權在總統規定的條件與情況下，對協會出售，借貸或出租財產（包括利息在內），和對其作業供行政與技術支援或其他服務。根據本項之規定，協會對各機構之償付，應納入有關機構目前可使用之經費中。

B.任何美國政府機構得以根據總統所規定之條件與情況，獲得和接受協會提供之服務。祇要總統認為有助於本法之目的，此類機構可獲得協會之服務，而不必顧慮美國法

律通常對此類機構獲得此類服務所作的規定，這些法律可由總統以行政命令決定。

C.任何根據本法對協會提供資金的美國機構，必須與協會之間作成一項安排，使得美國的主計處得以查看協會的帳目與紀錄，並有機會監督協會的作業。

臺灣的機構

第十條

A.無論何時，總統或任何美國政府機構根據美國法律的授權，要求與規定，對臺灣提供、或接受來自臺灣的任何行動、通訊、保證、擔保或其他行為時，這些行為必須依據總統所指示的方式與範圍，對臺灣成立的一個機構提供，或自這個機構接受，臺灣的此一機構必須經由總統確認，具有根據臺灣人民所採用之法律，代表臺灣提供本法要求之保證與其他行動之必要權威。

B.總統被要求給予臺灣成立的機構，與在一九七九年一月一日以前為美國政府承認為中華民國之臺灣政府當局以前在美國所有之辦事處與人員同樣數目的單位與名額。

C.根據臺灣給予協會與其正規人員之特權與豁免權，總統有權給予臺灣的機構與其正規人員相對的特權與豁免權（附帶適當的條件與義務），以便利他們發揮有效的履行其功能。

第十一條

A.1.美國政府的任何機構，依總統指示的條件及情況，應允接受美國在臺協會職務的該機構任何官員或僱員離開公職一段特定期間。

2.依本條第一項規定，離開一個機構而受僱於美國在臺協會的官員或僱員，在終止受僱後，應有權獲該機構（或接替機構）重新僱用或恢復職務，畀以適當職務，而其附隨的權利、特權及福利，應與他或她在總統所可能規定的期間及其他條件下，如果不離開原職時所應有或應得者相同。

3.依本條第二項規定，有權重獲僱用或恢復職務的官員或僱員，在繼續受僱於美國在臺協會期間，得繼續參加這名官員或僱員在受僱於該協會之前所曾參加的任何福利計畫，包括因公死亡、受傷、疾病的賠償計畫；健康及生命保險計畫；年假、病假及其他法定假期；及依美國法律所建立任何制度下的退休計畫。除非受僱於該協會為參加此種計畫的基礎，即在受僱於該協會期間，為參加這種計畫，依規定僱員所扣繳及僱主須捐納的、而目前存入該計畫或制度的基金或保管處者。在獲准受僱於該協會期間及在原機構重新僱用或恢復其職之前，任何這種官員或僱員的死亡或退休，應被視為在服公職期間死亡或退休，俾僱員本人或眷屬享有美國政府機構所給的優惠。

4.美國政府某一機構之任何官員或僱員在本法制訂前，以事假方式加入協會服務而未支薪者，在其服務期間接受本條所列之各項福利。

B.美國政府任何機構在臺灣僱用之外國人，可將這類人員連同其應得之津貼福利與權利轉移至協會，為退休和其他福利之目的照樣計算其服務年資，包括繼續參與該外國人在轉入協會之前已參加的任何由美國政府依法制訂聘僱人員〔福利〕制度。但以在受僱於該協會期間，為參加此制度，依規定僱員所扣繳及僱主須捐納，而目前存入該制度之基金或公庫者為限。

C.協會之僱員並非美國之僱員，而在代表協會時應免除受美國法典第十八章二○七條之約束。

D.1.按照一九五四年國內稅法第九一一暨九一三條之規定，協會付給其僱員之薪金，不視為營利所得。協會僱員所受領之薪金，應不包括在所得總額內。並免予扣繳稅金，其最高額相當美國政府文官及僱員之薪給數額以及依同法第九一二條規定免稅之津貼與福利。

2.除本條 A3 所規定範圍外，在協會僱用期間之服務，不構成該法規第二十一章及社會安全法第二部之僱用。

第十二條

A.國務卿應將協會為一造之任何協定全文送達國會。不過，任何此類協定，經總統認定，如予立即公開透露將妨礙美國國家安全者，不應如此送達；而應經總統加以適當之保密禁令後，再送達參院外交關係委員會及眾院外交事務委員會，此等禁令祇能由總統經適當通知後解除。

B.A 段所稱之「協定」係指——

1.協會與臺灣統治當局或由臺灣所設置之機構之間所締結之任何協定以及；

2.協會與美國政府任何機構所締結之協定。

C.由協會或經由協會制訂或行將制訂之協議與交易，須由國會知會、檢討與批准，一如這些協議與交易係經由或通過協會代為行事之美國政府機構締訂者一樣。

D.自本法生效開始之兩年期間內，國務卿應每隔六個月將一份描述與檢討美國與臺灣經濟關係之報告向眾院議長及參院外交關係委員會提出，指明任何對正常商務關係之干擾。

規則與章程

第十三條

總統有權制定被認為適於執行本法所需之規則與章程。自本法生效之日開始之三年期間內，這類規則與章程應適時送達眾院議長及參院外交關係委員會。不過，這類行動不應解除本法加諸於協會之各項責任。

國會之監督

第十四條

a.眾院外交事務委員會、參院外交關係委員會以及國會之其他適當委員會應監督:

1. 本法各條款之執行;

2. 協會之作業及程序;

3. 美國與臺灣關係繼續之法理、與技術層面;

4. 美國有關東亞安全與合作政策之執行。

b.上述各委員應適時將其監督結果,分別向所屬參、眾議院提出報告。

定義

第十五條

本法所提及之各項名詞,其定義如下:

1. 「美國之法律」一詞,包括任何成文法、法令、規章、條例、命令或美國或次一級行政區域所決定的有法律性質的法令;以及

2. 「臺灣」一詞,涵蓋臺灣本島及澎湖,該等島嶼上之人民,以及依據適用於這些島嶼的各項法律所成立之法人及其他實體與協會,以及在一九七九年之前美國所承認的在臺灣的中華民國政府當局,以及該政府當局之任何繼承者(包括次一級行政區域、機構及實體組織等)。

撥款之授權

第十六條

除了為執行本法的條款,而從其他方面可獲得經費外,在一九八〇會計年度內,授權撥款給國務卿執行這些條款所需的經費。這些經費已授權撥出,以備使用。

第十七條

如果本法的任何條款或其後對任何人或情況的適用被認為無效,本法的其餘部分及該條款對任何其他人或情況的適用,並不因而受影響。

第十八條

本法將自一九七九年一月一日起生效。

2.外交部致司法行政部(現改為法務部)關於中美斷交後雙方條約與協定應繼續有效的函件

民國六十八年四月十三日

中華民國六十八年四月十三日外交部外(六八)北美一字第〇六五一四號致司法行政部函件中稱:「中美外交關係中斷後,兩國家原有條約協定,除中美共同防禦條約將於

明年（民國六十九年）一月一日終止，在華美軍地位協定隨之終止外，其餘條約協定，包括其涉及司法部分之規定，均繼續有效。各條約本身訂有效期之規定者，倘未經展期，則依原規定失效。

3.中華民國美利堅合眾國友好通商航海條約

中華民國三十五年十一月四日中華民國外交部部長王世杰、外交部條約司司長王化成與美利堅合眾國駐中華民國特命全權大使司徒雷登、簽約全權代表駐天津總領事施麥斯於南京簽訂；並於三十七年十一月三十日生效

中華民國美利堅合眾國為欲藉適應兩國人民精神、文化、經濟及商務願望之條款所規定足以增進彼此領土間友好往還之辦法，以加強兩國間悠久幸存之和好聯繫及友誼結合，爰決定訂立友好通商航海條約，為此各派全權代表如左：

中華民國國民政府主席特派：

中華民國外交部部長王世杰博士；

中華民國外交部條約司司長王化成博士；

美利堅合眾國大總統特派：

美利堅合眾國駐中華民國特命全權大使司徒雷登博士；

美利堅合眾國簽約全權代表駐天津總領事施麥斯先生；

雙方全權代表，各將所奉全權證書，互相校閱，均屬妥善，議定條款如左：

第一條

一、中華民國與美利堅合眾國間，應常保和好，永敦睦誼。

二、締約此方之政府，應有派遣正式外交代表至締約彼方之政府之權利。此等外交代表，應受接待，並應在該締約彼方領土內，本相互之原則，享受通常承認之國際法原則所給予之權利、優例及豁免。

第二條

一、締約此方之國民，應許其進入締約彼方之領土，並許其在該領土全境內、居住、旅行及經商。於享受居住及旅行之權利時，締約此方之國民，在締約彼方領土內，應遵照依法組成之官廳現在或將來所施行之有關法律規章（倘有此項法律規章時），但不得受不合理之干涉，並除其本國主管官廳所發給之㈠有效護照或㈡其他身份證明文件外，應無須申請或攜帶任何旅行文件。

二、締約此方之國民，在締約彼方領土全境內，應許其不受干涉，從事並經營依法組成之官廳所施行之法律規章所不禁止之商務、製造、加工、科學、教育、宗教及慈善事業；從事於非專為所在國國民所保留之各種職業；為居住、商務、製造、加工、職業、科學、教育、宗教、慈善及喪葬之目的，而取得、保有、建造或租

賃及占用適當之房屋，並租賃適當之土地；選用代理人或員工，而不問其國籍；從事為享受任何此項權利及優例所偶需或必需之任何事項；並與該締約彼方國民，在同樣條件之下，依照依法組成之官廳現在或將來所施行之有關法律規章（倘有此項法律規章時），行使上述一切權利及優例。

三、締約雙方之國民，於享受本條第一及第二兩款所規定之權利及優例時，其所享受之待遇，無論如何，不得低於現在或將來所給予任何第三國國民之待遇。

四、本約中任何規定，不得解釋為影響締約任何一方有關入境移民之現行法規，或締約任何一方制訂有關入境移民法規之權利，但本款之規定，不得阻止締約此方之國民進入、旅行或居住於締約彼方之領土，以經營中華民國與美利堅合眾國間之貿易，或從事於任何有關之商務事業，其所享受之待遇，應與現在或將來任何第三國國民進入、旅行與居住於該領土，以經營該締約彼方與該第三國間之貿易，或從事於與該貿易有關之商務事業所享受之待遇，同樣優厚。且一九一七年二月五日為限制入境移民而劃定若干地帶之美國入境移民律第三節之各項規定，亦不得解釋為阻止中國人及中國人之後裔進入美國。

第三條

一、本約中所用「法人及團體」字樣，係指依照依法組成之官廳所施行之有關法律規章業已或將來創設或組織之有限責任或無限責任、及營利或非營利之法人、公司、合夥及其他團體。

二、在締約此方之領土內依照依法組成之官廳所施行之有關法律規章所創設或組織之法人及團體，應認為締約該方之法人及團體，且無論在締約彼方領土內，有無常設機構、分事務所或代理處，概應在該領土內，承認其法律地位。締約此方之法人及團體，於履行於後款規定不相牴觸之認許條件後，應有在締約彼方領土內，設立分事務所，並執行其任務之權利；但行使此項任務之權利，須為本約所給予，或此項任務之行使，須與該締約彼方之法律規章相合。

三、締約雙方關於本款所列舉之事項，既通常遵守國民待遇之原則，同意締約此方之法人及團體，在締約彼方領土全境內，應許其依照依法組成之官廳現在或將來所施行之有關法律規章（倘有此項法律規章時），從事或經營商務、製造、加工、金融、科學、教育、宗教及慈善事業；為商務、製造、加工、金融、科學、教育、宗教及慈善之目的，而取得、保有、建造或租賃及占用適當之房屋，並租賃適當之土地；選用代理人或員工，而不問其國籍；從事為享受任何此項權利及優例所偶需或必需之任何事項；並不受干涉，行使上述一切權利及優例，其待遇除締約彼方法律另有規定外，應與該締約彼方法人及團體之待遇相同。前句及本約其他一切條款，凡給予中華民國之法人及團體以與美利堅合眾國之法人及團體在同樣條件下之權利及優例者，概應解釋為在美利堅合眾國任何州、領地或屬地內所給

予之該項權利及優例，一如該州、領地或屬地對於在美利堅合眾國其他州、領地或屬地所創設或組織之法人及團體現在或將來在同樣條件下所給予之該項權利及優例。

四、締約雙方之法人及團體，於享受本條所規定之權利及優例時，其所享受之待遇，無論如何，不得低於現在或將來所給予任何第三國之法人及團體之待遇。

第四條

一、締約此方之國民、法人及團體，在締約彼方全部領土內，應與任何第三國之國民、法人及團體，在同樣條件之下，依照依法組成之官廳現在或將來所施行之有關法律規章（倘有此項法律規章時），享受關於組織及參加該締約彼方之法人及團體之權利及優例，包括關於發起及設立之權利，購買、所有與出售股票之權利；如為國民時，並包括關於充任執行性及業務性職位之權利。締約此方之法人及團體，經締約彼方之國民、法人及團體，依照本款所列舉之權利及優例所組織或參加者，應許其與任何第三國之國民、法人及團體所同樣組織或參加者，在同樣條件之下，依照依法組成之官廳現在或將來所施行之有關法律規章（倘有此項法律規章時），執行其所以創設或組織之業務。關於締約此方之國民、法人及團體，在締約彼方公有土地上經營礦業之該締約彼方之法人及團體中之股票所有權，根據本款之規定，締約此方無須給予優於其國民、法人及團體自締約彼方所獲得之權利及優例。

二、締約此方之國民、法人及團體，在締約彼方全部領土內，依照依法組成之官廳現在或將來所施行之法律規章（倘有此項法律規章時），應享有組織與參加該締約彼方法人及團體之權利（包括管理與經理之權利），以從事於商務、製造、加工、科學、教育、宗教及慈善事業；但締約彼方，關於此項組織及參加（包括管理與經理之權利），在其領土內給予締約此方之國民、法人及團體之待遇，無須與現在或將來所給予其本國國民、法人及團體之待遇，同樣優厚。

三、締約此方之法人及團體，經締約彼方之國民、法人及團體，依照前款所列舉之權利及優例所組織與參加者，包括其所管理與經理者，應許其與締約該方本國國民、法人及團體所組織與參加者，包括其所管理與經理者，在同樣條件之下，依照依法組成之官廳現在或將來所施行之有關法律規章（倘有此項法律規章時），在遵照其法律而組織之締約一方領土內，從事並經營該項商務、製造、加工、科學、教育、宗教及慈善事業。

第五條

倘締約此方將來以關於其領土內礦產資源之探勘及開發之權利，給予任何第三國之國民、法人及團體時，則此項權利，亦應依照依法組成之官廳現在或將來所施行之有關法律規章（倘有此項法律規章時），給予締約彼方之國民、法人或團體。

第六條

一、締約此方之國民，在締約彼方領土全境內，關於其身體及財產，應享受最經常之保護及安全；關於此點，並應享受國際法所規定之充分保護及安全。為達此目的，凡被控犯罪之人，應迅付審判，並應享受依法組成之官廳所施行之法律規章現在或將來所給予之一切權利及優例。締約此方之國民，被締約彼方官廳看管時，應享受合理及人道之待遇。本款中所用「國民」字樣，凡涉及財產時，應解釋為包括法人及團體在內。

二、締約此方國民、法人及團體之財產，在締約彼方領土內，非經合法手續，並迅付公平有效之償金，不得徵取。此項償金之受領人，不論其為國民、法人或團體，應依照與本約第十九條第三款不相牴觸之有關法律規章，許其不受干涉，以其所屬之締約彼方之貨幣，按照提出申請時對此種貨幣所適用之最優厚之條件，獲得外匯，以提取償金；但此項申請，須於受領該項償金後一年內為之。允許依此提取償金之締約一方，保留權利，於認為必要時，允許不超過三年期限內，對此項償金為合理之分期提取。

三、締約此方之國民、法人及團體，在締約彼方全部領土內，關於本條第一及第二兩款所列舉之事項，在依照依法組成之官廳現在或將來所施行之法律規章（倘有此法律規章時）之條件下，應享受不低於現在或將來所給予締約彼方之國民、法人及團體之保護及安全，且不低於現在或將來所給予任何第三國之國民、法人及團體之保護及安全。

四、締約此方之國民、法人及團體，不論為行使或防衛其權利，應享有在締約彼方領土內向依法設立之各級有管轄權之法院、行政法院及行政機關陳訴之自由；在此項法院、行政法院及行政機關內，於行使或防衛其權利時，應有選僱律師、翻譯員及代表人之自由；並應許其依照依法組成之官廳現在或將來所施行之有關法律規章（倘有此項法律規章時），在不低於現在或將來所給予締約彼方之國民、法人及團體，且不低於現在或將來所給予任何第三國之國民、法人及團體之條件下，行使上述一切權利及優例。又締約此方之法人及團體，在締約彼方領土內，如無常設機構、分事務所或代理處者，於向此項法院、行政法院及行政機關有所陳訴以前任何時間，填報該締約彼方之法律規章所規定之合理事項後，應許其行使前句所給予之權利及優例，而不需登記或入籍任何手續。遇有適於公斷解決之任何爭執，而此項爭執涉及締約雙方之國民、法人或團體，並訂有書面之公斷約定者，締約雙方領土內之法院，對此項約定應予以完全信任。公斷人在締約一方領土內所為之裁決或決定，該領土內之法院，應予以完全之信任，但公斷之進行，須本諸善意，並須合乎公斷約定。

第七條

締約此方之國民、法人及團體，在締約彼方領土內之住宅、貨棧、工廠、商店及其他

業務場所，以及一切附屬房地，概不得非法進入或侵擾。除遵照不遜於締約彼方領土內依法組成之官廳所施行之法律規章為該締約彼方之國民、法人及團體所規定之條件及程序外，任何此項住宅、建築物或房地，概不得進入察看或搜查，其中所有之任何書冊、文件或賬簿，亦不得查閱。締約此方之國民、法人或團體，在締約彼方領土內，關於上述各事項，無論如何，應享受不低於任何第三國之國民、法人或團體之待遇。凡本條之例外規定所許可之任何察看、搜查或查閱，對於此項住宅、建築物或房地之占用人，或任何業務或其他事業之通常進行，應予以適當顧及，並儘可能使受最低限度之干涉。

第八條

一、締約此方之國民、法人及團體，在締約彼方全部領土內，應許其依照締約彼方法律規章所規定之條件及手續，取得、保有與處分地產及其他不動產；除依照後句之規定外，此等國民、法人及團體所享受之待遇，不得低於任何第三國國民、法人及團體所享受之待遇。倘美利堅合眾國任何州、領地或屬地，現在或將來不許中華民國之國民、法人及團體，與美利堅合眾國之國民、法人及團體，在同樣條件之下，取得、保有或處分地產及其他不動產時，則前句之規定，概不適用。遇有此種情形，中華民國對於該州、領地或屬地內有住所之美利堅合眾國國民，或依該州、領地或屬地之法律所創設或組織之美利堅合眾國法人及團體，無須給予優於該州、領地或屬地內現在或將來所給予中華民國之國民、法人及團體之待遇。

二、締約此方之國民、法人及團體，在締約彼方領土內，不論其是否為居民，亦不論其是否從事商業或其他事業，倘因外籍關係，依照該領土內之有關法律規章，不能以受遺贈人或繼承人（如為國民時）之身份，承受該領土內之地產或其他不動產或此項財產之利益時，則此等國民、法人或團體，應許其於三年期限內，出售此項財產或其利益；此項期限，如情勢上有必要時，應予以合理延長。此項財產之移轉或收受，應免繳異於或高於在同樣情形下現在或將來對於財產或其利益所在之締約一方之國民、法人或團體所課之任何產業、繼承、遺囑公證或遺產管理之稅款或費用。又此等受遺贈人或繼承人，應依照與第十九條第三款不相牴觸之有關法律規章，許其不受干涉，於申請外匯後不超過三年期限內，以該受遺贈人（不論其為國民、法人或團體）或繼承人（如為國民時）所屬締約一方之貨幣，按照提出申請提取此項價款時此種貨幣所適用之最優厚之條件，獲得外匯，以提取因出售此項財產而得之價款；但此項申請，須於收受該項出售所得價款後一年內為之。

三、本條第一及第二兩款中任何規定，不得變更或替代中華民國三十二年一月十一日中華民國與美利堅合眾國所簽訂關於取消美國在華治外法權及處理有關問題條約第四條或該約所附換文內有關該條之規定。

四、締約此方之國民，應有以遺囑、贈與或其他方法，處分其在締約彼方領土內任何地點之一切動產之全權，其繼承人、受遺贈人或受贈人，不論係何國籍之人，或在何地創設或組織之法人或團體，亦不論其在此項財產所在之締約一方領土內是否為居民，或是否從事商業，應得承受此項財產，並應許其由本人或其代理人加以占有，並任便保留或處分之，不受任何限制，並免繳異於或高於該締約彼方國民之繼承人、受遺贈人或受贈人，在同樣情形下，現在或將來所應繳之任何稅款或費用。締約此方之國民、法人及團體，應許其以繼承人、受遺贈人及受贈人之身份，承受締約彼方國民或任何第三國國民所遺或所贈在締約彼方領土內之一切動產，並許其由本人或其代理人加以占有，並任便保留或處分之，不受任何限制，並免繳異於或高於該締約彼方之國民、法人及團體，在同樣情形下，現在或將來所應繳之任何稅款或費用。締約任何一方之法律規章，凡對其經營特種事業之法人及團體之股票或債券，禁止或限制外國人或外國法人及團體直接或間接享有所有權者，本款中任何規定，不得解釋為對於該項法律規章有所影響。

五、締約雙方之國民、法人及團體，除第十條第二款另有規定外，關於動產之取得、保有、租賃、占有或處分之一切事項，應享受不低於任何第三國國民、法人及團體現在或將來所享受之待遇。

第九條

締約此方之國民、法人及團體，在締約彼方領土內，其發明、商標及商標之專用權，依照依法組成之官廳現在或將來所施行關於登記及其手續之有關法律規章（倘有此項法律規章時），應予以有效之保護；上項發明未經許可之製造、使用或銷售，及上項商標及商號之仿造或假冒，應予禁止，並以民事訴訟，予以有效救濟。締約此方之國民、法人及團體，在締約彼方全部領土內，其文學及藝術作品權利之享有，依照依法組成之官廳現在或將來所施行關於登記及其手續之有關法律規章（倘有此項法律規章時），應予以有效之保護；上項文學及藝術作品未經許可之翻印、銷售、散佈或使用，應予禁止，並以民事訴訟，予以有效救濟，無論如何，締約此方之國民、法人及團體，在締約彼方全部領土內，依照依法組成之官廳現在或將來所施行關於登記及其他手續之有關法律規章（倘有此項法律規章時），在不低於現在或將來所給予締約彼方之國民、法人及團體之條件下，應享有關於版權、專利權、商標、商號及其他文學、藝術作品及工業品所有權之任何性質之一切權利及優例，並在不低於現在或將來所給予任何第三國之國民、法人及團體之條件下，應享有關於專利權、商標、商號及其他工業品所有權之任何性質之一切權利及優例。

第十條

一、締約此方之國民，在締約彼方領土內居住，及締約此方之國民、法人及團體，在締約彼方領土內，從事商業或從事科學、教育、宗教或慈善事業，概不得課以異

於或高於依法組成之官廳所施行之法律規章現在或將來對締約彼方之國民、法人及團體所課之任何內地稅、規費或費用。又就前句所指法人及團體而言，上述稅款、規費及費用，不得超過按照任何收入、財產、資金或其他計算標準所能合理分配或攤算於該締約彼方領土之數額，予以徵收或計算。

二、締約此方之國民、法人及團體，不得課以異於或高於在締約彼方領土內依法組成之官廳所施行之法律規章現在或將來對於任何第三國之國民、居民、法人及團體所課之任何內地稅、規費或費用。但本款上述規定，不適用於對任何第三國之國民、居民、法人或團體現在或將來所給予關於內地稅、規費或費用之優惠，此項優惠係㈠依照本相互之原則，以同樣優惠給予一切國家或其國民、居民、法人或團體之立法所給予者，或㈡由於為避免重複徵稅或為互保稅收，而與第三國所訂之條約或其他協定所給予者。

第十一條

凡代表在締約此方領土內有住所之製造商、普通商及貿易商之旅行商，於其進入、暫住及離去締約彼方之領土時，關於關稅及其他優例，並除第十條第二款另有規定外，對於彼等或其貨物樣品所課之任何名目之一切稅款及費用，概應給予不低於對任何第三國旅行商現在或將來所給予之待遇。

第十二條

一、締約此方之國民，在締約彼方全部領土內，應許其行使信仰及禮拜之自由，並設立學校以教育其子女，並得在自己住宅或任何其他適當建築物內，單獨、集體或於宗教或教育法人及團體中，舉行宗教儀式及傳教或傳授其他知識，不因宗教信仰或其他原因，而受任何妨害或侵擾；但其宗教及教育事業，不得違反公共道德，其教育事業，並須依照依法組成之官廳現在或將來所施行之有關法律規章（倘有此項法律規章時）辦理之。

二、締約此方之國民，應許其在締約彼方領土內，依照依法組成之官廳現在或將來所施行關於喪葬及衛生之法律規章（倘有此項法律規章時），在現在或將來為埋葬而設立與維持之適宜便利地點，按其宗教習慣，埋葬其死者。

三、禮拜場所基地，應予遵重，不得干擾或褻瀆。

第十三條

在締約雙方領土內，凡有關法律，確立傷害或死亡之民事責任，並給予受害人之親屬或繼承人或被扶養人以控訴權或金錢補償時，關於此項法律所予之保護方式，如受害人係屬締約此方之國民，而在締約彼方任何領土內受傷者，其親屬或繼承人或被扶養人，不因其係屬外國籍，或其居所係在傷害發生之領土以外，概應享有現在或將來在同樣情形之下所給予該締約彼方國民之同樣權利及優例。

第十四條

一、締約此方之國民，應免受在締約彼方管轄權下之陸海軍強迫訓練或服役，並應免除為代替訓練或服役所徵收之一切金錢或實物捐輸。

二、締約雙方在任何時間內，因㈠對同一第三國或數個施行為履行維持國際和平及安全之義務之措施時，或㈡相同一第三國或數國同時採取敵對行為，而施行與陸軍或海軍行動有關之普遍陸海軍強迫服役時，本條第一款之規定，概不適用。但遇有此種情形，締約此方之國民，在締約彼方領土內，凡未經聲明願取得該締約彼方國籍者，如在被徵服者以前之相當時間內，自願參加其本國之陸軍或海軍服役，以代替該締約彼方管轄權下之陸軍或海軍服役時，則後項服役，應予免除。遇有任何上述情況，締約雙方應訂必要之辦法，使本款之規定發生效力。

三、本條中任何規定，不得解釋為影響締約任何一方，根據本條第一款或第二款之規定，而企求並取得豁免之任何人，拒絕其取得公民資格之權利。

第十五條

締約雙方，對於得由志願相同之所有其他國家參加之方案，而其宗旨及政策，係求在廣大基礎上擴充國際貿易，並求消滅國際商務上一切歧視待遇之獨占性之限制者，重申其贊同之意。

第十六條

一、關於一切事項之涉及㈠對輸入品或輸出品所徵關稅及各種附加費用及其徵收方法者，㈡經由稅關提取物品時所適用之規則、手續及費用者，㈢輸入品及擬予輸出之物品，在本國境內之徵稅、銷售、分配或使用者，締約此方對無論運自何地之締約彼方之種植物、出產物或製造品，或對無論經何路線，其目的在輸往締約彼方領土之物品，應給予不低於現在或將來所給予任何第三國之同樣種植物、出產物或製造品，或目的在輸往任何第三國之同樣物品之待遇。倘締約任何一方政府，對輸入品要求產地證明文件時，此項要求，必須合理，對於間接貿易，亦不得構成不必要之阻礙。

二、關於本條第一款所指各事項，締約此方之國民、法人及團體、船舶及載貨，在締約彼方領土內，應給予不低於現在或將來所給予任何第三國國民、法人及團體、船舶及載貨之待遇。關於一切事項之涉及㈠對輸入品或輸出品所徵關稅及各種附加費用及其徵收方法者，㈡於經由稅關提取物品時所適用之規則、手續及費用者，㈢輸入品及擬予輸出之物品，在本國境內之徵稅者，締約此方之國民、法人及團體，在締約彼方領土內，應給予不低於現在或將來所給予該締約彼方之國民、法人及團體之待遇。

三、締約此方對締約彼方之任何種植物、出產物或製造品之輸入、銷售、分配或使用，或對輸往締約彼方領土之任何物品之輸出，不得加以任何禁止或限制；但對一切第三國之同樣種植物、出產物或製造品之輸入、銷售、分配或使用，或對輸往一

切第三國之同樣物品之輸出，亦同樣加以禁止或限制者，不在此限。

四、締約任何一方之政府，如對任何物品之輸入或輸出，或對任何輸入品之銷售、分配或使用，加以任何數量上之管制時，應將在一特定時期內，准許該項物品輸入、輸出、銷售、分配或使用之總量或總值，以及此項總量或總值之任何變更，照例予以公告。又締約此方如將此項總量或總值配額之一份，配給任何第三國時，則對締約彼方有重大利益之任何物品，除經相互同意無須配給外，應根據一代表時期內，由締約彼方領土所供給之總量或總值之比例，如係輸出品時，根據一代表時期內，輸往該締約彼方領土內之總量或總值之比例，以一份配給締約彼方，並在可能範圍內，對於過去或現在足以影響此項物品貿易之任何特殊因素，應予顧及。本款關於輸入品之規定，對於准許免納關稅或稅款，或依特定稅率繳納關稅或稅款之任何物品之數量或價值所加之限制，亦適用之。

第十七條

一、關於關稅之物品分類或關稅稅率，締約雙方之法律，其行政官廳之規章，及其行政或司法官廳之決定，應以便於商人周知之方法，迅予公佈。此項法律規章及決定，應在各該締約一方之所有港口，一律適用；但締約任何一方，現在或將來在法規中對於輸入其島嶼領地及屬地之物品另有特殊規定時，不在此限。

二、締約此方政府行政上之決定，凡將依既定及劃一之辦法，適用於來自締約彼方領土之輸入品之關稅稅率或費用率予以提高者，或對此項輸入加以任何新規定者，對於依照第一款之規定，公布此項決定時業已在途之締約彼方之種植物、出產物或製造品，通常概不適用；但締約此方，如對於在上述公布之日後三十日內，為消費而輸入或為消費而自貨棧提出之物品，照例豁免此項新設或增加之負擔時，則此項辦法，應認為與本款之規定，完全相符。本款之規定，對於行政命令之徵課反傾銷關稅者，或有關保護人類或動植物之生命或健康之規章者，或有關公安者，或實施法院之判決者，概不適用。

三、締約此方，應規定行政、司法或其他程序，許締約彼方之國民、法人及團體，以及該締約彼方之種植物、出產物或製造品之進口商，依此程序，對稅關所科彼等之罰款及懲罰，對稅關所為之沒收行為，及對稅關關於關稅之物品分類及估價等問題所為之決定，提出申訴。關於締約彼方之國民、法人或團體所為之任何輸入，或關於該締約彼方之種植物、出產物或製造品之輸入，如有文件上之錯誤，而此項錯誤顯係由於筆誤，或能證明其善意者，則締約此方不得科以高於名義上之懲罰。

四、締約此方之政府，對於締約彼方之政府所提出有關輸入或輸出之禁止或限制、數量管制、關稅規章或手續，或為保護人類或動植物之生命或健康之衛生法律或規章之實施或執行之意見，應予以同情之考慮。

第十八條

一、締約此方之種植物、出產物或製造品，於輸入締約彼方領土時，凡有關內地稅之一切事項，應給予不低於現在或將來所給予締約彼方之同樣種植物、出產物或製造品之待遇。

二、在締約此方領土內，全部或一部由締約彼方之國民、法人及團體，或由此等國民、法人及團體所組織或參加之法人及團體所種植、出產或製造之物品，關於內地稅或自該領土輸出之一切事項，應在該領土內，給予不低於現在或將來對於該領土內，全部或一部由締約此方之國民、法人及團體，或由此等國民、法人及團體所組織或參加之法人團體所種植、出產或製造之同樣物品所給予之待遇。前句所規定之物品，無論如何，不得給予低於現在或將來對於全部或一部由任何第三國之國民、法人及團體，或由此等國民、法人及團體所組織或參加之法人及團體所種植、出產或製造之同樣物品所給予之待遇。

第十九條

一、締約此方之政府，如對國際支付方法或國際金融交易，設立或維持任何方式之管制時，則在此種管制之各方面，對締約彼方之國民、法人及團體與商務，應給予公允之待遇。

二、設立或維持此種管制之締約此方政府，對於為締約彼方之任何種植物、出產物或製造品而支付之匯款，不得適用對於為任何第三國之同樣種植物、出產物或製造品而支付之匯款所未適用之禁止、限制或遲延。關於匯率及關於匯兌交易之稅款或費用，締約彼方之種植物、出產物或製造品，應給予不低於現在或將來對任何第三國之同樣種植物、出產物或製造品所給予之待遇。本款之規定，對於為輸入締約彼方之種植物、出產物或製造品所必需或偶需之支付所適用之此種管制，亦適用之。總之，任何此種管制實施，不得影響締約彼方之種植物、出產物或製造品與任何第三國之同樣種植物、出產物或製造品之競爭關係，致使該締約彼方蒙受不利。

三、締約雙方領土間，或本條第一款所指其政府設立或維持管制之締約此方領土與任何第三國之領土間，關於利潤、紅利、利息、因輸入品而為之支付及其他款項之匯兌，以及借款及其他任何國際金融交易之一切事項，設立或維持管制之該國政府，對締約彼方之國民、法人及團體，應給予不低於現在或將來所給予本國國民、法人及團體之待遇，且不低於對所為或所受同樣兩國領土間之同樣匯兌及借款，而係該兩領土間同樣交易之一方之任何第三國國民、法人及團體現在或將來所給予之待遇。又設立或維持此種管制之政府，關於締約雙方領土間上述匯兌、借款及其他交易之一切事項，對締約彼方之國民、法人及團體，應給予不低於對所為或所受其政府設立或維持管制之締約此方領土與任何第三國領土間之同樣匯兌及

借款，而係該兩領土間之同樣交易之一方之該第三國國民、法人及團體現在或將來所給予之待遇。本款所給予之待遇，應適用於匯率及對本款所述之匯兌、借款及其他交易所適用之任何禁止、限制、遲延稅款或其他費用。此項匯兌、借款及其他交易，不論係直接成交者，或係經由非本約締約國之一國或數國內之一居間人或數居間人而成交者，上述待遇，概應適用。總之，任何此種管制之實施，不得影響締約彼方之國民、法人及團體與任何第三國之國民、法人及團體之競爭關係，致使該締約彼方蒙受不利。

第二十條

一、締約此方之政府，如對任何物品之輸入、輸出、購買、銷售、分配或出產，設立或維持獨占事業或公營機關，或對任何機關授以輸入、輸出、購買、銷售、分配或出產任何物品之專有特權時，此項獨占事業或機關，關於外國種植物、出產物或製造品之購買或輸往外國物品之銷售，對締約彼方之商務，應給予公允之待遇。為達此目的，該獨占事業或機關，於購買或銷售任何物品時，應完全取決於私營商務企業專以最有利之條件買賣此項物品而通常計慮之事項，例如價格、品質、銷路、運輸及買賣條件等是。締約此方之政府，如對任何服務之出售，設立或維持獨占事業或機關，或對任何機關授以出售任何服務之專有特權時，此項獨占事業或機關，關於涉及此項服務之交易，應比照現在或將來所給予任何第三國及其國民、法人、團體及商務之待遇，對締約彼方及其國民、法人、團體及商務，給予公允之待遇。

二、締約此方之政府，於授予特許權及其他契約權利，及購買供應時，應比照現在或將來所給予任何第三國及其國民、法人、團體及商務之待遇，對締約彼方及其國民、法人、團體及商務，給予公允之待遇。

第二十一條

一、締約雙方領土間，應有通商航海之自由。

二、凡船舶懸掛締約此方之旗幟，並備有其本國法律所規定之國籍證明文件者，在締約彼方之口岸、地方及領水內，以及在公海上，概應認為締約此方之船舶。本約中所稱「船舶」，應解釋為包括締約任何一方之一切船舶在內，不論其為私有或私營者，抑為公有或公營者。但本約中各項規定，除本款及第二十二條第五款外，不得解釋為以權利給予締約彼方之軍艦或漁船，亦不得解釋為以本國漁業或其產品所專有之任何特殊優例，給予締約彼方之國民、法人或團體、船舶及載貨，或給予締約彼方之種植物、出產物或製造品。

三、締約此方之船舶，應與任何第三國之船舶，同樣享有裝載貨物前往締約彼方現在或將來對外國商務及航業開放之一切口岸、地方及領水之自由。

第二十二條

一、締約此方之船舶及載貨，在締約彼方之口岸、地方及領水內，不論船舶之出發口岸或目的口岸為何，亦不論載貨之產地或目的地為何，在各方面，概應給予不低於該締約彼方所給予其船舶及載貨之待遇。

二、在締約此方之口岸、地方及領水內，凡以政府、官員、私人、法人或任何種類之組織之名義，或為其利益而徵收之噸稅、港稅、引水費、燈塔稅、檢疫費或任何種類或名目之其他類似或相當之稅款或費用，除在同樣情形下，向本國船舶同樣徵收者外，概不得向締約彼方之船舶徵收之。

三、對於旅客、旅費或船票、已付或未付之運費、提單、保險或再保險之契約等之徵費，對於有關僱用不論任何國籍之航業經紀人之條件，以及對於任何種類之其他費用或條件所訂之辦法，不得使締約此方之船舶，較諸締約彼方之船舶，享有任何優惠。

四、締約此方，在現在或將來對外國商務及航業開放之口岸、地方及領水內，引導締約彼方之船舶，進出上述口岸、地方及領水。

五、倘締約此方之船舶，由於氣候惡劣，或因任何其他危難，被迫避入締約彼方對外國商務或航業不開放之任何口岸、地方或領水時，此項船舶，應獲得友好之待遇及協助，以及必需與現有之供應品及修理器材。本款於軍艦及漁船以及第二十一條第二款所規定之船舶，亦適用之。

六、關於本條所指各事項，凡給予締約任何一方之船舶及載貨之待遇，無論如何，不得低於現在或將來所給予任何第三國船舶及載貨之待遇。

第二十三條

一、凡現在或將來得由締約彼方之船舶輸入締約此方之領土或自該領土輸出之一切物品，概得由締約彼方之船舶輸入該締約此方之領土或自該領土輸出，無須繳納異於或高於此項物品由締約此方之船舶輸入或輸出時所應繳納之任何稅款或費用。

二、在締約此方領土內，現在或將來對於由本國船舶輸入或輸出之物品所給予之獎勵金、退稅以及其他任何種類或名目之其他優例，亦應同樣給予由締約彼方船舶輸入或輸出之物品。

第二十四條

一、締約此方之船舶，應許其在締約彼方現在或將來對外國商務及航業開放之任何口岸、地方或領水內，起卸一部載貨，再將餘貨運往上述之任何其他口岸、地方及領水，無須繳納異於或高於本國船舶在同樣情形下所應繳納之噸稅或港稅，此項船舶出港時，並應許其在現在或將來對外國商務及航業開放之口岸、地方及領水內，同樣裝貨。關於本款所指事項，締約此方之船舶及載貨，在締約彼方之口岸、地方及領水內，應給予不低於現在或將來所給予任何第三國船舶及載貨之待遇。

二、倘締約此方，以內河航行或沿海貿易之權利，給予任何第三國之船舶時，則此項

權利，亦應同樣給予締約彼方之船舶。締約任何一方之沿海貿易及內河航行，不在國民待遇之列，而應由該締約一方有關沿海貿易及內河航行之法律規定之。締約雙方同意，締約此方之船舶，在締約彼方領土內，關於沿海貿易及內河航行所享受之待遇，應與對任何第三國船舶所給予之待遇，同樣優厚。締約任何一方與其所屬島嶼或領地間之貿易，應視為本款所指之沿海貿易。

第二十五條

締約此方對於：㈲直接或間接來自或前往締約彼方領土之人及其行李不論其是否為該締約彼方之國民，㈡締約彼方之國民及其行李，不論其是否來自或前往該締約彼方之領土，㈥直接或間接來自或前往該締約彼方領土之物品，概應給予經由國際交通最便捷之途徑，通過締約此方領土之自由。此等過境之人、行李及物品，不得課以任何過境稅，或予以任何不必要之遲延或限制，或關於費用、便利或任何其他事項之任何歧視。對此等人、行李或物品所訂之一切費用及規章，應顧及交通情形，使其合理。除締約雙方將來關於航空器之不著陸飛行另有約定外，締約此方之政府，得要求將此項行李及物品，在適當之稅關登記，並交由稅關保管而不論是否繳納保證金；但此項行李及物品，如經依照手續登記，並留交稅關保管，且在一年內運送出口，並曾向稅關呈驗滿意之出口證據者，應豁免一切關稅或類似費用。關於過境之一切費用、規則及手續，對於此等國民、行李、人及物品所給予之待遇，不得低於對任何第三國國民及其行李所給予之待遇，或對來自或前往任何第三國領土之人及物品所給予之待遇。

第二十六條

一、本約中任何規定，不得解釋為阻止下列措施之採用或施行：㈲關於金銀之輸入及輸出者；㈡關於兵器、彈藥、軍械、及在特殊情形下其他一切軍需品之貿易者；㈥關於具有歷史、考古或藝術價值之國家寶物之輸出者；㈦為履行維持國際和平及安全之義務，或於國家緊急時期為保護本國主要利益所必需者；或㈦依照一九四五年十二月二十七日所簽訂之國際貨幣基金協定之條款，對於匯兌加以限制，而加以此項限制之締約一方，係已加入此項基金者，但締約任何一方，不得利用其依照此項協定第六條第三款或第十四條第二款所享之優例，致使本約任何規定蒙受妨害。

二、除在同樣情形及條件之下，締約此方對於締約彼方或其國民、法人、團體、船舶或商務，不得任意歧視，而偏惠於任何第三國或其國民、法人、團體、船舶或商務外，本約之規定，對於下列禁令或限制，概不適用：㈲基於道德或人道立場而規定者；㈡為謀保護人類或動植物之生命或健康者；㈥關於監犯所製貨物者；或㈦關於警察法律或稅收法律之施行者。

三、本約之規定，凡給予不低於對任何第三國所給予之待遇者，對於下列情形，概不適用：㈲為便利邊境往來及貿易現在或將來所給予毗鄰國家之優惠；㈡締約此方

經與締約彼方政府磋商後加入關稅同盟，因而獲得之優惠，而此項優惠，並不給
予未加入該關稅同盟之任何國家者；或㈥依照普遍適用並得由所有聯合國家參加
之多邊公約，對第三國所給予之優惠，而此項公約包括範圍廣大之貿易區域，其
目的在求國際貿易或其他國際經濟往來之流暢及增進者。

四、本約各條款，於美利堅合眾國及其領地或屬地或巴拿馬運河區間現在或將來所相
互給予，或美利堅合眾國及其領地或屬地或巴拿馬運河區對古巴共和國或菲律賓
共和國所給予之優惠，概不適用。不論美利堅合眾國之任何領地或屬地之政治地
位，發生任何變更，本款之規定，關於美利堅合眾國與其領地或屬地或巴拿馬運
河區間現在或將來所相互給予之任何優惠，仍應繼續適用。

五、本約之規定，不得解釋為對於從事政治活動之法人及團體，或關於此項法人及團
體之組織或參加，給予任何權利或優例。又締約此方保留權利，得拒絕以本約所
給予之權利及優例，給予依照締約彼方法律規章所設立或組織而以多數股份所有
權或以其他方式直接或間接為任何第三國或數國之國民、法人或團體所有或所管
理之任何法人或團體。

第二十七條

除本約所規定或締約雙方政府將來所同意之任何限制或例外以外，本約之規定所適用
之締約雙方領土，應了解為包括在締約雙方主權或權力下之一切水陸區域，惟巴拿馬
運河區不在其內。

第二十八條

締約雙方政府間，關於本約解釋或適用之任何爭議，凡締約雙方不能以外交方式圓滿
解決者，應提交國際法院，但締約雙方同意另以其他和平方法解決者，不在此限。

第二十九條

一、本約一經生效，應即替代中華民國與美利堅合眾國間下列條約中尚未廢止之各條
款：㈠道光二十四年五月十八日，即公曆一千八百四十四年七月三日在望廈簽訂
之中美五口貿易章程；㈡咸豐八年五月初八日，即公曆一千八百五十八年六月十
八日在天津簽訂之中美和好條約；㈢咸豐八年十月初三日，即公曆一千八百五十
八年十一月八日在上海簽訂之中美貿易章程稅則；㈣同治七年六月初九日，即公
曆一千八百六十八年七月二十八日在華盛頓簽訂之中美續增條約；㈤光緒六年十
月十五日，即公曆一千八百八十年十一月十七日在北京簽訂之中美續修條約；㈥
光緒六年十月十五日，即公曆一千八百八十年十一月十七日在北京簽訂之中美續
約附款；㈦光緒二十九年八月十八日，即公曆一千九百零三年十月八日在上海簽
訂之續議通商行船條約；㈧中華民國九年十月二十日，即公曆一千九百二十年十
月二十日在華盛頓簽訂之修改通商進口稅則補約；㈨中華民國十七年七月二十五
日，即公曆一千九百二十八年七月二十五日在北平簽訂之整理中美兩國關稅關係

之條約。

二、本約中任何規定，不得解釋為對於中華民國三十二年一月十一日中華民國與美利堅合眾國在華盛頓所簽訂關於取消美國在華治外法權及處理有關問題條約及所附換文所給予之權利、優例及優惠，加以任何限制。

第三十條

一、本約應予批准，批准書應在南京儘速互換。

二、本約自互換批准書之日起發生效力，並自該日起在五年期限內，繼續有效。

三、除在上述五年期限屆滿前一年，締約此方之政府，以期限屆滿廢止本約之意旨，通知締約彼方之政府外，本約於上述期限屆滿後，應繼續有效，至締約任何一方通知廢止本約之意旨之日後一年為止。為此，雙方全權代表爰於本約簽字蓋印，以昭信守。本約用中文及英文各繕兩份，中文本及英文本，同一作準。

4.中華民國美利堅合眾國友好通商航海條約之議定書

中華民國三十五年十一月四日中華民國外交部部長王世杰、外交部條約司司長王化成與美利堅合眾國駐中華民國特命全權大使司徒雷登、簽約全權代表駐天津總領事施麥斯簽訂；並於三十七年十一月三十日生效

下開全權代表，於本日簽訂中華民國與美利堅合眾國間友好通商航海條約時，特議定本議定書，本議定書各項規定之效力，應視為其已列入該約約文時相等。

一、第二條第一款之規定，應認為並不影響締約任何一方施行對其領土內之外國人登記事項，加以合理規定之法規之權利。締約雙方了解，締約此方依法組成之官廳現在或將來所規定之身份證，應在締約該方領土全境內有效，關於此項身份證之規定，其所給予締約彼方國民之待遇，不得低於其所給予任何第三國國民之待遇。

二、㈲除本約中另行給予之權利，不得加以妨礙外，第二條第二款僅指締約雙方之國民，以其個人身份所享受之權利及優例，並不得解釋為包括該項國民與締約彼方之國民在同樣條件之下組織法人或團體之權利。

㈡第二條第二款所用之「依法組成之官廳施行之法律規章所不禁止」字樣，應解釋為指對本國國民與締約彼方國民一律適用之該項禁止性之法律規章而言。

三、第五條所稱礦業資源之「探勘及開發」之權利，應解釋為經營礦業業務及工作之權利，與締約此方之國民、法人或團體，在現在或將來在締約彼方領土內，從事礦業工作之該締約彼方之法人或團體中之利益所有權有別。

四、第八條第一款之規定，不得解釋為以任何方式，對於本約其他規定中關於地產或其他不動產所給予之權利或優例，有所限制。

五、㈲第九條所用「未經許可」字樣，應解釋為指在任何特定情形下，未經工業品、

文學或藝術作品之所有人許可者。

㈡第九條第一句及第二句中「以民事訴訟，予以有效救濟」之規定，不得解釋為排除依法組成之官廳現在或將來所施行之法律規章所規定之民事訴訟以外之救濟。

㈢締約此方之法律規章，對其國民、法人或團體，如不給予禁止翻譯之保護時，則第九條第三句之規定，不得解釋為締約此方對締約彼方之國民、法人或團體，須給予禁止翻譯之保護。

六、除現在另行享受或將來享受之權利，不得加以妨礙外，第十八條第二款所用「種植」字樣，不得解釋為給予締約此方之國民、法人或團體為締約彼方領土內從事農業之任何權利。

七、第十九條第三款所用「國際金融交易」字樣，應解釋為包括紙幣及政府證券之輸入或輸出。締約雙方了解，締約雙方保留採取或施行關於此項輸入或輸出之措施之權利；但此項措施，對締約彼方之國民、法人及團體，不得有所歧視，以致違背該款之規定。

八、第二十二條第一款末句，不得解釋為適用於郵政。

九、第二十六條第一款所用「金銀」字樣，應解釋為包括金銀條塊及硬幣在內。

十、第二十六條第四款所規定之美利堅合眾國及其領地或屬地或巴拿馬運河區間現在或將來所相互給予，或美利堅合眾國及其領地或屬地或巴拿馬運河區對古巴共和國或菲律賓共和國所給予之優惠，無論何時，如給予任何他國，應同樣給予中華民國。

5. 中華民國政府與美利堅合眾國政府間互免海空運所得稅協定之換文

中華民國六十一年二月八日及二十六日中華民國外交部部長周書楷與美利堅合眾國駐中華民國大使馬康衛簽換；並於六十一年二月二十六日生效

甲、美國駐華大使馬康衛致外交部部長周書楷照會

逕啟者：

美利堅合眾國政府代表與中華民國政府代表近曾舉行會談，為議訂兩國政府間之協定，俾在互惠基礎上免除營運船舶及航空器之所得之雙重課稅事，美利堅合眾國政府爰同意如下：

一、美利堅合眾國政府依其一九五四年國內稅法第八七二條乙項及第八八三條甲項之規定，基於中華民國政府給予美利堅合眾國公民與在美利堅合眾國成立之法人同等豁免待遇，對於下列各人，營運依中華民國法令登記之船舶與航空器之所得，

免予計入所得總額，並免徵其所得稅：

㈠在中華民國成立之法人，或

㈡任何個人，其為：

⑴中華民國公民，及

⑵非在美利堅合眾國境內居住之外國人。

二、就本協定目的而言：

㈠「營運船舶」及「營運航空器」係指由船舶或航空器所有人或租用人經營下列商業或企業：

⑴運送旅客，包括旅客之載、卸，或

⑵運送物品、郵件及其他貨物，包括其裝、卸，或

⑶兼有⑴目和⑵目。

㈡「所得」係指本項㈠款營業之收入，包括在美利堅合眾國境內票券之銷售。

三、第一項免予計入所得總額及免徵所得稅之規定：

㈠對於課稅年度內任何時間，因經營貿易或商業曾在美利堅合眾國境內居住之法人，及在美利堅合眾國境內曾經營貿易或商業之公民，應準用之，而不論其構成貿易或商業之活動情形如何。

㈡應用於自一九七一年元月一日或其後開始之課稅年度。

四、任一方政府得於六個月前以書面通知他方政府終止本協定，在此情形下，本協定應於六個月期間終了之次年元月一日或在一月一日以後開始之課稅年度停止效力。

美利堅合眾國政府認為本照會與　閣下確認中華民國政府同意與上述條件相當之條件之復照，構成雙方政府間關於此事之協定，於　閣下復照之日起生效。

乙、外交部部長周書楷致美國駐華大使馬康衛復照

逕復者：

接准　貴大使閣下一九七二年二月八日照會，提及最近中華民國政府代表與美利堅合眾國政府代表舉行之會談，為議訂兩國政府間之協定，俾在互惠基礎上，免除營運船舶及航空器之所得之雙重課稅事，中華民國政府瞭解美利堅合眾國政府同意上述照會中所列之若干條件在同樣條件下，中華民國政府同意如下：

一、中華民國政府基於美利堅合眾國政府依上述照會同意給予之豁免，對於下列各人，營運依美利堅合眾國法令登記之船舶及航空器之所得，免予計入所得總額並免徵所得稅：

㈠在美利堅合眾國成立之法人，或

㈡任何個人，其為：

⑴美利堅合眾國之公民，及

⑵非在中華民國境內居住之外國人。

二、就本協定目的而言：

㈠「營運船舶」及「營運航空器」係指船舶或航空器所有人或租用人經營下列商業或企業：

⑴運送旅客，包括旅客之載、卸，或

⑵運送物品、郵件及其他貨物，包括其裝、卸，或

⑶兼有⑴目與⑵目。

㈡「所得」係指本項㈠款營業之收入，包括在中華民國境內票券之銷售。

三、第一項免予計入所得總額及免徵所得稅之規定：

㈠對於課稅年度內任何時間，因經營貿易或商業曾在中華民國境內居住之法人，及在中華民國境內曾經營貿易或商業之公民，應準用之，而不論其構成貿易或商業之活動情形如何。

㈡應適用於自一九七一年元月一日或其後開始之課稅年度。

四、任一方政府得於六個月前以書面通知他方政府終止本協定，在此情形下，本協定應於六個月期間終了之次年元月一日或在一月一日以後開始之課稅年度停止效力。

中華民國政府茲認為上述照會與本復照構成雙方政府間關於此事之協定，於本復照之日起生效。

6.北美事務協調委員會與美國在臺協會間互免海空運所得稅換文

中華民國七十七年五月三十一日中華民國北美事務協調委員會駐美代表處代表王維傑與美國在臺協會代表林可恩簽換；並於七十七年五月三十一日生效

中美互免海空運所得稅協定換函　美方來函

逕啟者：

美國在臺協會茲向北美事務協調委員會提議締結一項協定，以修正一九七二年二月八日及二十六日所簽訂之協定，俾在互惠基礎上，對他方所代表領土之居民（或公民）與公司經營船舶及航空器國際運送業務之所得，免課所得稅。協定之條款如次：

──美國在臺協會依美國內地稅法第八七二條乙項及八八三號條甲項及聯邦法典第二十二卷第三三〇五條之規定，同意對北美事務協調委員會所代表領土之居民其個人（非屬美國在臺協會所代表之領土之公民）以及設籍於北美事務協調委員會所代表領土之公司，經營船舶及航空器國際運送業務所獲總所得，免予課稅。此項免稅之給予，係基於北美事務協調委員會給予美國在臺協會所代表領土之公民（非

屬北美事務協調委員會代表領土之居民）以及設籍於美國在臺協會所代表領土之公司（依住所原則此等公司無須受北美事務協調委員會所代表領土之課稅管轄）同等免稅待遇。

——公司之免稅，須符合下列兩條件之一：

(1)公司股票之面值，其百分之五十以上係直接或間接為北美事務協調委員會所代表領土之居民個人所持有者，或為依互惠原則給予美國在臺協會所代表領土之公民及公司免稅之第三國其居民之個人所持有者；或

(2)公司之股票主要在北美事務協調委員會所代表領土內所設之證券市場上經常買賣者，或公司之股票為設籍於北美事務協調委員會所代表領土之另一公司所完全持有，而該另一公司之股票亦在相同情形下買賣者。

為免除美國在臺協會所代表領土內之課稅，倘該公司係內地稅法下所稱之「外國控股公司」，即視為合乎第(1)款之規定。

——總所得包括經營船舶及航空器國際運送業務所獲之全部所得，內含（按計時或計程基礎）出租船舶或航空器之租賃所得，以及出租貨櫃及與經營船舶或航空器國際運送業務有附帶關係之相關設備之租賃所得。此外亦包括按光船基礎出租用於經營國際運送業務船舶及航空器之租賃所得在內。

——美國在臺協會認為本函與北美事務協調委員會確認同意此等條款之復函，即構成一項協定，自北美事務協調委員會復函之日起生效，並適用於自一九八七年一月一日或其後開始之課稅年度。

——任何一方得以書面通知他方終止本協定。

此致

北美事務協調委員會

王維傑先生

一九八八年五月三十一日

林可恩（簽字）

中美互免海空運所得稅協定換函　我方復函

逕復者：

接准　貴方本日來函（美國在臺協會乙一一三六六）內開：

「逕啟者：美國在臺協會茲向北美事務協調委員會提議締結一項協定，以修正一九七二年二月八日及二十六日所簽訂之協定，俾在互惠基礎上，對他方所代表領土之居民（或公民）與公司經營船舶及航空器國際運送業務之所得，免課所得稅。協定之條款如次：

——美國在臺協會依美國內地稅法第八七二條乙項及第八八三條甲項及聯邦法典第二

十二卷第三三〇五條之規定,同意對北美事務協調委員會所代表領土之居民其個人(非屬美國在臺協會所代表之領土之公民)以及設籍於北美事務協調委員會所代表領土之公司,經營船舶及航空器國際運送業務所獲總所得,免予課稅。此項免稅之給予,係基於北美事務協調委員會給予美國在臺協會所代表領土之公民(非屬北美事務協調委員會代表領土之居民)以及設籍於美國在臺協會所代表領土之公司(依住所原則此等公司無須受北美事務協調委員會所代表領土之課稅管轄)同等免稅待遇。

——公司之免稅,須符合下列兩條件之一:

(1)公司股票之面值,其百分之五十以上係直接或間接為北美事務協調委員會所代表領土之居民個人所持有者,或為依互惠原則給予美國在臺協會所代表領土之公民及公司免稅之第三國其居民之個人所持有者;或

(2)公司之股票主要在北美事務協調委員會所代表領土內所設之證券市場上經常買賣者,或公司之股票為設籍於北美事務協調委員會所代表領土之另一公司所完全持有,而該另一公司之股票亦在相同情形下買賣者。

為免除美國在臺協會所代表領土內之課稅,倘該公司係內地稅法下所稱之「外國控股公司」,即視為合乎第(1)款之規定。

——總所得包括經營船舶及航空器國際運送業務所獲之全部所得,內含(按計時或計程基礎)出租船舶或航空器之租賃所得,以及出租貨櫃及與經營船舶或航空器國際運送業務有附帶關係之相關設備之租賃所得。此外亦包括按光船基礎出租用於經營國際運送業務船舶及航空器之租賃所得在內。

——美國在臺協會認為本函與北美事務協調委員會確認同意此等條款之復函,即構成一項協定,自北美事務協調委員會復函之日起生效,並適用於自一九八七年一月一日或其後開始之課稅年度。

——任何一方得以書面通知他方終止本協定。」

此致

美國在臺協會林可恩先生

一九八八年五月三十一日

王維傑(簽字)

7.北美事務協調委員會與美國在臺協會間特權、免稅暨豁免協定

中華民國六十九年十月二日北美事務協調委員會代表夏公權與美國在臺協會代表丁大衛簽訂;並於六十九年十月二日生效

鑒於北美事務協調委員會(北協)已成立於臺北,為一政府機構外之組織,其雇員未具現職公務人員身分;鑒於美國在臺協會(臺協)係美國哥倫比亞特區一非政府性私

法人實體，其雇員均係私人公民，北協與臺協（以下簡稱「相應組織」）已達成下列協議：

第一條

北協可於美國哥倫比亞特區都會區及其他美國境內八個城市和兩個相應組織可能商定的其他地方設立辦事處。(美國在臺)協會可於臺北設一辦事處及在高雄設立一個分處。協會並可於臺北設一中文語言學校、貿易中心及在臺北與高雄各設一文化中心。此等單位均視為協會整體之一部分。

第二條

㈠每一相應組織均要保證使他方及其人員享有本協定規定之特權、免稅及豁免；並採取所有可能、妥當之措施，對他方之房屋及人員提供充分之安全保護，以便利該組織執行職務。

㈡任何人不得享受本協定規定的利益，除非他或她：⑴作為派遣一方相應組織指定之僱員並經過通知對方且為後者所接受，或⑵上述被接受或指定之僱員之家屬。

㈢接受之相應組織對得享受本協定利益人員證明文件之發給，應惠予便利。

㈣派遣之相應組織應儘速通知接受之相應組織有關得享受本協定利益人員之離職或停職。

㈤如果接受之相應組織決定任何享有本協定利益的人之繼續出現是不令人滿意的，它應通知派遣之相應組織，在接受之相應組織決定此人應有多少合理期間離開後，他或她所享受的利益將停止。

㈥任何人不得由於本協定條款之規定，而被認為享有本協定明確規定以外的特權或豁免。

第三條

每一相應組織對他方工作人員及其眷屬發放適當簽證，應惠予便利。

第四條

㈠派遣之相應組織應享有為執行其職能為目的所需之通訊聯絡自由，並就其與職能有關之所有通信享有不可侵犯之權。

㈡不得開啟及扣留前款所述之通信及其他為執行雙方職務有關之物品之郵袋。

㈢構成此種郵袋之包裹應有明顯之外部標記其性質且僅應裝載雙方為執行其職務所需之文件或物品。

㈣指定的郵袋之運送人（信差），應備有文件證明其身分及其所攜包裹之數目。運送人（信差）並享有為執行其職務為目的之保護。指定的運送人應享有人身不可侵犯權並不得以任何形式加以逮捕或拘留。

㈤派遣之相應機關得指定臨時運送人（信差）。在此情況下，本條㈣款之規定應當適用，臨時運送人之特權及豁免到將郵袋交給收袋人時終止。

㈡裝載通信及物品之郵袋可委付予預定要在某一（機場）降落之商用飛機機長，應提供註明包裹數目之適當文件予該機長，但此機長並不因此即視為此等郵袋之指定運送人。派遣之相應組織可派遣一名人員直接、及無阻礙地由此機長處取得郵袋。

第五條

㈠除係屬接受之相應組織所在地管轄權內之國民及其永久居民外，派遣一方相應組織所指派之任何僱員對執行其所授職務所獲之薪俸、工資、費用、應豁免於該接受一方管轄權內中央或地方當局徵收之稅捐。

㈡除係屬接受之相應組織所在地管轄權內之國民及永久居民外，派遣之相應組織所支付於其人員之薪俸、工資、費用，不得由接受派遣之相應組織所在地管轄權內中央或地方當局預扣稅捐。除係屬接受之相應組織所在地管轄權內之國民及其永久居民外，派遣之相應組織之職員及僱員，應免予繳納接受之相應組織所在地管轄權內中央或地方當局有關失業或類似之保險、社會安全、或其他類似計劃之給付。

㈢除經明示之放棄豁免外，派遣之相應組織或其繼承組織所有之財產及資產，應免於非法強行進入、搜索、扣押、執行程序、徵用、徵收或其他形式之沒收或充公。派遣之相應組織之檔案及文件，無論其在何時何地不可侵犯。

㈣派遣之相應組織就其為執行職能而使用之不動產，應豁免繳納於接受之相應組織所在地管轄權內中央或地方之不動產稅捐。派遣之相應組織就其財產、收入、業務和其他交易行為，應豁免繳納接受之相應組織所在地管轄權內中央或地方之稅捐。本條規定的豁免不適用於非屬派遣之相應組織或其繼承組織之目的所使用之財產。

㈤除非經派遣之相應組織明確放棄豁免，其指定之人員應享有對因執行所授權職務範圍內行為有關之訴訟或法律程序之豁免。

㈥除稅捐係一般均包含於該商品或勞務之價格內者外，接受之相應組織應保證派遣之相應組織之人員豁免繳納中央或地方之銷售稅。但此項豁免不適用於提供特別勞務之費用。

㈦除係接受之相應組織所在地管轄權內之國民或永久居民外，屬於派遣之相應組織之主辦事處之指定僱員應豁免繳納接受之相應組織所在地管轄權內中央或地方對擁有及使用汽車所生之稅捐及規費。接受之相應組織亦應保證此等人員亦豁免繳納對汽油、柴油、潤滑油所稽徵之國稅。

㈧除係接受派遣之相應組織所在地管轄權內之國民或永久居民外，派遣之相應組織指定之僱員及其眷屬，就其行李及私人所有品之關稅、通關費用及國內稅以及出入境法令規章、外僑登記及指模、為外國代理人登記等事項，享有與在美國境內其他公國際組織（政府間國際組織），其官員、僱員、及眷屬相當之特權、免稅、及豁免待遇。

㈨派遣之相應組織就其於授權職務範圍內之通訊待遇及其課稅，享有與在美國境內其

他公國際組織相當之特權、免稅及豁免待遇。

第六條

　㈲每一相應組織有能力：

　　⑴締結契約。

　　⑵取得及處分不動產及動產。

　　⑶提起訴訟。

　㈡為期有效執行其職務，每一相應組織於接受之相應組織所在領土內，享有與在美國境內其他公國際組織相當之被訴及法律程序之豁免權。

第七條

本協定隨時得經雙方同意修改。

第八條

本協定於簽字後生效，其效力無一定期限。經雙方同意，或任何一方予他方一年期限前之書面通知，得終止本協定。雙方代表謹爰於本協定簽字，以昭公允。

8.北美事務協調委員會與美國在臺協會著作權保護協定

中華民國八十二年七月十六日中華民國北美事務協調委員會駐美代表丁懋時與美國在臺協會 Chairman, AIT Natale H.Bellochi 簽訂；並於八十二年七月十六日生效

北美事務協調委員會與美國在臺協會雙方，為增進彼此廣泛、密切，與友好之商業、文化暨其他關係，並基於無差別待遇原則，促進商業發展，茲締結本協定，俾提高著作人及其他著作權人之權益，而無損於彼等著作依前此相關之協定或其他協議得獲得之保障。

第一條

　㈠北美事務協調委員會與美國在臺協會即本協定之締約雙方，同意各依其國內法暨本協定，賦予文學與藝術著作之著作人、著作權人充分及有效之權益。

　㈡「領域」係指本協定述及之締約各該方當局所管轄之地區。

　㈢「受保護人」係指：

　　㈲依各該領域法律認定為公民或國民之個人或法人及㈡於該領域內首次發行其著作之個人或法人。

　㈣以下各款對象，倘符合本段乙款以下之規定者，於本協定雙方領域內，亦視為「受保護人」：

　　㈲上述三項甲款所稱之人或法人。

　　㈡上述第三項甲款所稱之人或法人，擁有大多數股份或其他專有利益或直接、間接控制無論位於何處之法人。

第四項所規定之人或組織，在締約雙方領域內，於下開兩款條件下，經由有關各造簽訂任何書面協議取得文學或藝術著作之專有權利者，應被認為係「受保護人」：

㈠該專有權利係該著作於任一方領域參加之多邊著作權公約會員國內首次發行後一年內經由有關各造簽署協議取得者。

㈡該著作須已可在任一方領域內對公眾流通。

本項所稱之間接控制，係指透過不論位於何處之分公司或子公司加以控制之意。

㈤北美事務協調委員會代表之領域所屬「受保護人」之文學與美術著作倘係在美國在臺協會所代表之領域參加之國際著作權公約會員國內首次發行，其專有權利於美國在臺協會所代表之領域內將受充分之著作權保護。

㈥依本協定之宗旨，於本協定一方領域內有常居所之著作人及其他著作權人，應予視同該領域內之受保護人。

㈦雖有上述第三項乙款及第六項之規定，倘非本協定一造之領域不保護北美事務協調委員會所代表之領域之受保護人在該非本協定一方領域首次發行之著作時，北美事務協調委員會所代表之領域得以對等之方式，對該非本協定一方領域公民、國民或法人之著作之保護，予以限制。

第二條

㈠所謂「文學及美術著作」，應包括在文學、科學及藝術範疇內不論以任何方法或形式表現之原始著作，包括書籍、小冊子、電腦程式及其他著作；講演、講道，及其他口述著作；戲劇或樂劇著作；舞蹈著作；不論是否附有歌詞之音樂著作、錄音著作；包括錄影帶之任何形式電影著作；圖形著作；美術著作；攝影著作；地圖；科技或工程設計圖形；翻譯；編輯及其他著作。該等著作之種類，依本協定各方領域內適用之法律定之。

㈡文學及藝術著作，是否其全部或特定部分種類須附著於物體上方予以保護，由本協定各該方領域內之法令定之。

㈢除本協定另有規定外，翻譯著作、改作著作、音樂著作之編曲，及其他文學或藝術著作之改變所產生之著作，在無害原著作著作權之範圍內，應依本協定及各該方領域之法律予以獨立之保護。

㈣立法、行政及司法性質之公文書，暨該等公文書之官方翻譯，其著作權之保護，依本協定各該方領域之法令為之。

㈤藉文學或藝術著作或先前已存在之資料，予以選擇及配列而形成智能創作之集合著作或編輯著作，例如名錄、百科全書、文選集，其附著及重製方式，不論係以印刷或類似方法或藉電子媒介為之，俱獨立受保護，惟不得損害構成該集合著作或編輯著作之各該著作之著作權。

㈥本條所列之著作，在本協定各該方領域內均受到保護，該保護應以維護著作人及其

繼承人等之權益為宗旨。

第三條

㈠本協定之保護，應適用於各該方領域內受保護人所創作之著作，無論其著作發行與否。

㈡所謂「已發行之著作」，係指不論複製之方式為何，經獲得著作權人之同意而發行之著作，且發行之版本數量依該著作之性質，須已滿足公眾之合理需求。但戲劇、樂劇著作或電影著作之上演、音樂著作之演奏、文學著作之公開朗讀、文學或美術著作之有線傳播或廣播、美術著作之展示等，均不構成發行。

㈢著作於他處首次發行後三十日內，於締約各該方領域內發行者，視為在該領域內首次發行。

第四條

㈠依本協定受保護之文學及藝術著作之著作人及其他著作權人享有本協定各該方領域內法令現在所賦予或將來可能賦予受保護人之權利，俾符合本協定及各領域法律之規定。

㈡此等權利之享有與行使，無須履行任何形式要件，該享有與行使且與該等著作產生之領域內所已獲之保護無關。賦予受保護人權利保護範圍及救濟方法，應符合本協定之規定，並遵照提供保護之一方領域內法律之規定。

㈢著作人、著作權人及其受讓人或取得其專用權利之人，在締約各方領域內符合非前項所排除之程序要件時，應有權就本協定所賦予之權利之執行，於各該領域內依該領域之法令，提起著作權侵害之訴訟程序，及獲得刑事或海關之有效執行。

㈣前項之程序要件，如施行時，應：

　㈲平等地適用於所有受保護人。

　㈱印發各申請人均可方便取得之規定及指導資料憑以執行。

㈤本協定各方領域內受保護人，就其著作權利之執行，在締約一方領域內，依其國內法提起訴訟時，若其姓名或出版日期、地點，出現於該系爭著作物上時，未經反證前，該領域，應推定該人即該著作之著作人或著作權人，且該日期、地點為真實。

第五條

㈠保護期間不得短於著作人終身及其死亡後五十年。

㈡如著作人係非自然人，其保護期間不得短於五十年，自著作完成之日或首次發行之日起算，以先到期者為準。

㈢本協定在一方領域內生效時，該領域已有法律規定某類著作之保護期間，係從著作完成之日或首次發行之日起算者，得保留該例外之規定，並得將規定適用於本協定生效後完成之著作。但該類著作之保護期間，不得短於自完成之日起算之五十年。

㈣共同著作之保護期間，自共同著作人中最後死亡之日起算。

第六條

受本協定保護之文學及藝術著作之著作人，於其著作權保護存續期間內，除本協定及為本協定不可分割之一部份之附錄另有規定外，享有該著作翻譯及授權翻譯該著作之專有權利。

第七條

㈠除本協定另有規定外，受本協定保護之文學、藝術著作之著作人，享有將其著作授權以任何方式重製之專有權利。

㈡依本協定之宗旨，對任何此種著作之錄音及錄影視為重製。

第八條

㈠受本協定保護之戲劇著作、樂劇著作、音樂著作及錄音著作之著作人，享有下列授權之專有權利：

㈎以任何方法或程序公開演出、上演或演奏其著作。

㈏其著作之演出、上演或演奏之任何公開傳播。

㈡締約任一方領域之法律，得不受本條及第九條之規範而限制或不保護錄音著作之公開演奏權、公開傳播或廣播權。

㈢依本條及第九條及第十條之宗旨，「公開」演出或表演一詞係指：

㈎在向公眾開放之場所或在家庭及其交際圈以外，聚集多數人之任何場所從事表演或演出者，或

㈏以任何形式或藉任何設備或程序將該著作之表演或演出，向公眾傳播或傳送至上述㈎款地點者：不論得接收該傳播之公眾成員係在相同或不同之地點接收，亦不論其係在相同時間或不同時間接收。

第九條

㈠受本協定保護之文學及藝術著作之著作人，除本條第二、三項特別規定外，享有下列授權之專有權利：

㈎著作之廣播或其他以信號聲音或影像之無線電散播方式之公開傳播。

㈏由原廣播機構以外之機構，將已傳播之著作，予以轉播或有線傳播方法之公開傳播。

㈑以播音器或其他類似器具以信號、聲音或影像，將著作之廣播公開傳播。

㈒上述權利之行使，依本協定，各該方領域內之法令為之。

㈡著作人或著作權人就廣播之有線再傳播享有之授權權利，得不受本條之規範，限制於僅享有收取報酬之權利。惟該限制規定僅適用於已有法令限制之領域內，並應訂定詳細之法規，提供強有力之保障，包括對著作權人之通知，有效之聽聞機會，迅速付款制度與版稅之匯寄；版稅應與基於自願之基礎上協商所獲致者相當。

㈢廣播機關為自己廣播之目的，以本身之設備所為之暫時性錄製，依締約各該方領域

內之法令規範之。該法令得允許具有特殊紀錄性質之上述錄製物，在官方檔案室保存。

第十條

受本協定保護之文學、藝術著作之著作人，享有下列專屬權利：

㈦將著作以任何方法或程序公開口述。

㈦將著作口述之任何公開傳播。

第十一條

受本協定保護之文學或藝術著作之著作人，享有授權改作、改編及其他改變其著作之專有權利。

第十二條

對於包括歌詞與樂曲之音樂著作，除非著作人或著作權人已授權將該著作製作錄音著作，本協定各方之領域得不受本協定第七條之規範，未經著作人或著作權人之同意，實施非自願之授權，准予製作包括音樂著作及其附帶文字之錄音著作。此非自願之授權，不得容許複製他人之錄音著作，且僅適用於法令已有非自願授權規定之締約該方領域內；亦不得損害該等著作人收取合理報酬之權利；除非另有協議。該合理報酬由主管機關定之。

第十三條

在不與著作之正常利用相衝突，且不損害著作人或著作權人之合法權益情形下，締約各該方領域得立法對本協定第六至十一條規定之專有權利，予以有關限度之例外限制。

第十四條

㈠受本協定保護之著作，其侵害物，在該著作享有合法保護之締約任一方領域內，應予扣押。侵害物係指侵害依國內法及本協定所規定之專屬權利之任何著作版本；包括進口版本，倘該版本之進口商縱係於進口地自行製作該版本亦構成侵害著作權者。

㈡扣押應依締約各該方領域內法令為之。

第十五條

本協定之規定，不影響締約任一方，依其法令或規定，在主管機關認為必要之情形下，對於任何著作或重製物之通行、上演、或展示，予以許可，控制或禁止之權利。

第十六條

㈠本協定之規定，適用於本協定生效時，仍受本協定一方領域之著作權法保護之所有著作。除本協定之特別規定外，不得影響前此任何協議所產生之義務。

㈡一九八五年以前二十年內完成之著作，除經依當時著作權法規定辦理註冊，且其著作權保護期間於一九八五年前已經屆滿者外，於北美事務協調委員會所代表之領域內，應屬受本協定保護之著作。

第十七條

本協定之規定，不排除本協定任一方賦予較本協定更高標準之保護，但該保護，應平等賦予本協定之所有受保護人。

第十八條

本協定一方領域之法人，無論是否為他方領域之主管機關所認許，應於他方領域內享有提起訴訟之完全權利。

第十九條

本協定各該方領域應採取依其國內法必要之措施，以確保本協定規定之適用。締約雙方並了解，於本協定生效時，各方領域須依其國內法使本協定之條款生效。

第二十條

㈠本協定締約雙方，應定期磋商，檢討本協定之適用與運作，以確保在時間與情勢演變中，仍能貫徹本協定之目標。

㈡為協助實踐本協定附錄之功能，締約雙方應確保由雙方，或雙方之權利人或利用人所建立之「著作權資訊中心」間之有效溝通。

第二十一條

本協定自正式簽署之日起生效，締約任何一方得於至少六個月之前，以書面通知他方終止本協定。

第二十二條

本協定自最後簽署之日起生效，為此，經合法授權之雙方代表爰於本協定簽字以昭信守。

附錄:

第一條

㈠為確保將翻譯權有效引進北美事務協調委員會所代表之領域，美國在臺協會同意，至西元二〇〇五年一月一日止之過渡期間內，北美事務協調委員會所代表領域之主管機關，得就以印刷或類似重製形式發行之著作，建立一非專有與不可移轉之授權制度，以代替美國在臺協會與北美事務協調委員會著作權保護協定第六條規定之翻譯專有權利，主管機關應依下列條件，於首先通知著作人或著作權人後，始予授權。

㈡本附錄規定之授權，僅於申請授權之人依北美事務協調委員會所代表之領域規定之程序，向權利所有人，要求為翻譯及發行其翻譯遭到拒絕或經相當努力，而無法與權利所有人取得聯繫者，始得賦予。申請人於提出上述要求之同時，並應通知第三項規定之資訊中心。

㈢申請授權之人無法與權利所有人取得聯繫時，應對著作上所顯示之發行人及本協定各該方指定之資訊中心，以航空掛號郵寄其向主管機關提出之申請書副本。

㈣依本附錄賦予授權所為之翻譯版本，其發行時應於所有版本註明著作人之姓名以及原著作名稱。

㈤依本附錄所賦予之授權，不得及於翻譯品之輸出，且該授權之效力僅限於北美事務協調委員會所代表領域內翻譯發行。

㈥依本附錄賦予授權發行之版本，應具中文記載註明該版本僅限於北美事務協調委員會所代表之領域內發行分銷。

㈦北美事務協調委員會應確保下列各項目之規定：

　㈲授權之許可，須依指定機關規定之程序為之，著作人或著作權人或其指定之代表人具有下列之權利：

　　1.有會同顧問在場協助下辦理之權，

　　2.得提供證據及審查授權申請人，及

　　3.對許可授權之決定，有提出立即申訴之權。

　㈬為維護翻譯權人之權益，該授權應提供公平之補償，該補償額度須符合締約雙方領域人民一般經自由磋商而得之授權權利金的標準。

　㈵補償金之支付及匯交，如因國家貨幣規定有所干預時，締約雙方須盡力確保以可兌換之貨幣或其等值之物之匯付。

　㈶對於下列情形，應建立迅速及有效之程序，以終止依本制度所賦予之授權：

　　1.被授權人違反主管機關頒布之授權規定或違反本附錄之規定者，

　　2.本附錄第二條第四、五項規定之情況發生時。

第二條

㈠㈲如著作自首次發行之日起屆滿一年，而該著作之翻譯權所有人或其所授權之人，未於該一年內，在除中國大陸以外地區發行中文譯本，則任何北美事務協調委員會所代表領域之受保護人，俱得為教育、學術或研究之目的申請授權翻譯該著作，並將其翻譯以印刷或類似之重製方式發行。

　㈬凡在中國大陸以外地區發行之所有中文譯本已絕版者亦得依本附錄規定之條件賦予授權。

㈡㈲著作首次發行雖已屆滿一年，惟非經左列之日起屆滿九個月之後，仍不得依本條之規定賦予授權：

　　1.申請許可之人，符合本附錄第一條第㈡項規定之日。

　　2.翻譯權所有人或其住所不明者，自申請授權之人依本附屬書第一條第三項規定，向主管機關陳送授權申請書副本之日。

　㈬倘翻譯權所有人或其授權之人於上述九個月之期間內發行中譯本，本條規定之授權，不得賦予。

㈢本條規定之授權，僅限於教育、學術或研究目的下為之。

㈣經翻譯權人或得其授權之人，以在北美事務協調委員會代表之領域內，類似作品之通常合理價格發行著作之中文翻譯，且其內容與前此依本條授權發行之中譯版內容

大體相同，則依本條所賦予之該項授權，應予終止。

㈤著作人已將其著作之版本，自流通中全部收回時，不得賦予或維持本條規定之授權。

㈥依本附錄賦予之授權，經依本附錄第一條第七項丁之規定，或依本附錄第二條第四、五項之規定，予以終止時，凡於該授權終止時或終止之日前業已完成之複製物，仍得繼續分銷至其會存售罄為止。

㈦㈠於北美事務協調委員會代表之領域內有主事務所之廣播機關，向該領域之主管機關申請翻譯業經以印刷或其他類似之重製方式發行之著作者，倘下列條件均符合時得賦予該廣播機關翻譯之授權：

　　1.該翻譯所依據之著作版本之製作與取得符合前述領域內之法令。

　　2.該翻譯應專門使用於教育目的之廣播或對特定行業專家傳播技術或科學研究結果。

　　3.該翻譯在該領域內，專門用於上述第(2)目規定之目的，向收受廣播者為合法之廣播——包括專為該廣播目的，以錄音或錄影為媒體合法製作之廣播。

　　4.該翻譯之一切用途，不得以營利為目的。

㈡在賦予授權之主管機關所在之領域內，有主事務所之其他廣播機關，依前述甲款所規定之目的與條件，並得依本項規定獲授權之原廣播機關之同意者，亦得使用依該原廣播機關所為之翻譯之錄音或錄影。

㈢倘本項甲款所規定之標準及條件均符合時，亦得授權廣播機關翻譯，為有系統之教育活動之目的而準備及發行之視聽節目之內容。

㈣除上述㈠至㈢款之規定外，前述各項之規定，應適用於本項規定下之授權之賦予與行使。

9. 中美空中運輸協定

中華民國三十五年十二月二十日中華民國政府代表王世杰與美利堅合眾國政府代表司徒雷登於南京簽訂；並於三十五年十二月二十日生效

締約雙方政府，鑒於一千九百四十四年十二月七日於伊里諾芝加哥國際民用航空會議因採用臨時航空路線及業務協定之標準方式而簽訂之決議案，並為互相鼓勵與促進中華民國及美利堅合眾國間空運之健全經濟發展起見，茲同意彼此領土間空運業務之設立及發展，應依左列條款之規定：

第一條

締約雙方授予在本協定附件中所規定而為設立國際民用航空路線及業務所必需之權利，無論此項業務立即開辦，抑或日後開辦，悉由受權之締約一方任意抉擇。

第二條

㈣俟依第一條受權指定一航空組織或數航空組織經營有關航線之締約一方，業已准許一航空組織經營該航線時，前述之各航空業務，應立即開辦；又授權之締約一方，在不違背本協定第七條之規定下，必須給予各該有關航空組織適當之營業許可；但經指定之航空組織，於獲許從事本協定所規定之營業以前，得由授權之締約一方主管航空官廳，令其依照該官廳通常適用之法律規章證明其資格；又在戰事或軍事佔領區域內，或在受其影響之區域內，此項開業，須經主管軍事官廳之核准。

㈡締約雙方了解，締約雙方應於最近可能日期，負責行使依本協定所給予之商務權利，但因一時無法行使者，不在此限。

第三條

凡締約任何一方，對於本協定簽字國以外之任何國家或對於一航空組織前所給予之營利權利，應依其條件繼續有效。

第四條

為防止歧視，並為保證平等待遇起見，締約雙方同意：

㈣締約任何一方得徵課或准予徵課關於航空站及其他設備之使用之公允與合理之費用。但締約雙方同意，此項費用不得高於其本國籍航空器於從事類似國際空運業務時關於此項航空站及設備之使用所須繳納之費用。

㈡締約此方或其國民所輸入締約彼方領土內之燃料、潤滑油及配件，而專為供締約此方航空器使用者，關於關稅，檢查費及其他國內稅費之徵課，應由輸入領土所屬之締約一方給予國民待遇及最惠國待遇。

㈢凡留在締約此方獲許經營附件中所述航線及業務之航空組織，其民用航空器內之燃料、滑潤油、配件、經常設備，以及航空器材，於其進入或離去締約彼方領土時，此項供應品縱係該航空器在該締約彼方領土內飛行時所使用或消耗者，仍應免繳關稅、檢查費或類似之稅費。

第五條

締約此方所發給或確認為有效之適航證書、勝任證書及執照，為經營附件中所述之航線及業務之目的者，締約彼方應承認其為有效；但締約雙方保留拒絕承認他國對各該本國國民，為在各該本國領土上空飛行而發給之勝任證書及執照之權利。

第六條

㈣締約此方關於從事國際航空器之航空器之進入或離去其領土，或關於此項航空器之在其領土內經營及飛航之法律規章，應不分國籍，而適用於締約彼方之航空器，並應由該項航空器，於其進入、離去或留在締約此方領土時遵守之。

㈡締約此方關於航空器內乘客、航員或載貨進入或離去其領土之法律規章，例如關於入境、報關、移民、護照、關務及檢疫之規章，應由締約彼方航空器內之此等乘客、航員或載貨，於其進入、離去或留在締約此方領土時遵守之，或代為遵守之。

第七條

依本協定所准許之締約任何一方之航空組織，其大部所有權及有效管理權，應屬諸各該方之國民。遇有締約彼方之任何航空組織，不遵守其飛經國家之法律，如本協定第六條所指者，或不履行依本協定及其附件而授權之條件時，締約此方保留扣發或撤銷其證書或許可證之權利。

第八條

本協定及與其有關之一切契約，應送交國際民用航空臨時組織或其接替組織登記。

第九條

除本協定或其附件內另有規定外，締約雙方間如有關於本協定或其附件之解釋或適用上之任何爭執，而不能經由協商予以解決者，應交由國際民用航空臨時組織臨時理事會（依一九四四年十二月七日在芝加哥所簽訂之國際民用航空臨時協定第三條第六款（八）之規定）或其接替組織提出諮詢報告書。

第十條

除在文義上須另作解釋外，為解釋本協定及其附件，左列用語之意義如次：

㈠「航空官廳」一詞，在中華民國方面，指目前之交通部部長及有權執行該部長現所行使之任何職務或類似職務之任何人或機關，在美利堅合眾國方面，為民用航空局及有權執行該局現所行使之職務或類似職務之任何人或機關。

㈡「指定之航空組織」一詞，指締約此方航空官廳，對締約彼方航空官廳以書面通知其為依本協定第二條㈠項所指定之航空組織以從事於此項通知中所特定航線之空運事業者。

㈢「領土」一詞，具有一九四四年十二月七日在芝加哥所簽訂之國際民用航空公約第二條所確定之意義。

㈣一九四四年十二月七日在芝加哥所簽訂之國際民用航空公約第九十六條㈠㈡及㈣項中所列之定義，應予適用。

第十一條

如締約任何一方認為附件中所規定之航線或條件宜予修正時，得請由締約雙方主管官廳進行協商，該項協商應自聲請之日起六十日之期間內開始。此項官廳互相同意有關附件之新設或修正之條件時，則其所提有關該事項之建議，俟雙方互換外交照會予以證實後發生效力。

第十二條

本協定於四年期間應繼續有效，或至經締約雙方為符合將來對其生效之普遍多邊空運公約，而予以替代時為止。本協定之有效期間屆滿，於雙方同意延長其期限時，得互換外交照會為之。

但締約雙方了解並同意，本協定得由締約此方於一年前預先通知彼方廢止之，此項通

知得於締約雙方經過兩個月協商期間後隨時提出之。

中華民國三十五年十二月二十日。

公曆一千九百四十六年十二月二十日訂於南京。

第十三條

本協定包括其附件之規定，應自其簽訂之日起發生效力。

本協定用中文及英文各繕兩份，中文本及英文本同一作準。

附件

㈠依本協定而獲許之美國航空組織，給以通過中國領土及在中國領土內作非營業性降落之權利，並給以在上海、天津、廣州及在左列各航線所隨時商定而增闢之地點，沿線來往裝卸國際客、貨及郵件之權利：

　㈠由美國橫渡太平洋航線，至天津及上海，並由該地至菲律賓群島及以外各處，以及經過下述第三款航線至上海以外各處。

　㈡由美國橫渡太平洋航線，至上海、廣州及以外各處。

　㈢由美國橫渡大西洋航線，經過歐洲、非洲、近東、印度、緬甸及越南沿線各地點至廣州、上海及以外各處。

　凡經准許在上述各航線上營業之航空組織，得在各該航線上任何地點間作不著陸之飛行，而免在各該航線上其他地點之一處或數處降落。

㈡依本協定而獲許之中國航空組織，給以通過美國領土及在美國領土內作非營業性降落之權利，並給以在金山、紐約、檀香山及在左列各航線所隨時商定而增闢之地點，沿線來往裝卸國際客、貨及郵件之權利：

　㈠由中國橫渡太平洋航線，經過東京、千島群島、阿留申群島及阿拉斯加至金山及以外各處。

　㈡由中國橫渡太平洋航線，經過馬尼剌、關島、威克島及檀香山沿線各地點至金山及以外各處。

　㈢由中國橫渡大西洋航線，經過越南、緬甸、印度、近東、非洲及歐洲沿線各地點至紐約及以外各處。

　凡經准許在上述各航線上營業之航空組織，得在各該航線上任何地點間作不著陸之飛行，而免在該航線上其他地點之一處或數處降落。

㈢關於依本協定獲許之空運業務之經營，締約雙方同意左列各項原則及目的：

　㈠對於凡在國際航線上經營國際空運業務之締約任何一方之航空組織，予以公允及平等之機會；並創設機構，以消除因班次或運量之不正當增加而引起之不公允之競爭。

　㈡對於預先訂定班次或運量之任何方式，或關於各國與各該本國航空組織間空運業務之任何擅意分配，予以廢除。

㈢關於左列各點，應將第五自由之運輸業務，予以調整：

　　㈱出發地之國家與目的地之國家間運輸之需要；

　　㈭直達航線業務之需要；

　　㈰航線所經地區之運輸之需要，並應顧及其地方性及區域性業務。

㈤㈠締約任何一方之航空組織所擬訂關於本附件所指在美國領土內各地點與中國領土內各地點間之運率，應經締約雙方就其各該方憲法上之權力及義務範圍內，予以核定。遇有意見不同時，其爭執事件，應照下述規定處理之。

㈡美國民用航局既已宣告其意願，認可如所提交之國際空運協會運率評議機構，自一千九百四十六年二月起，為期一年，凡在此期內，經由該機構所訂立之運率協定而涉及美國航空組織者，應經該局之核准。

㈢締約任何一方之一航空組織或數航空組織所提出之任何新運率，應在其所提開始之日期前至少三十日，向締約雙方航空官廳備案；但在特殊情形之下，此三十日之期間，如經締約雙方航空官廳之同意，得予縮短。

㈣締約雙方同意，本項第五款第六款及第七款所規定之程序，遇有下述情形，概應適用：

　　㈱在美國民用航空局認可國際空運協會運率評議機構期間內，如締約任何一方不在合理時間內認可任何特定運率協定時，或國際空運協會未能議定運率時，或

　　㈭凡無國際空運協會機構可資應用時，或

　　㈰在締約任何一方對於國際空運協會運率評議機構之有關本項規定之部分，於無論何時，撤銷其認可，或不續予認可時。

㈤遇有法律授予美國航空官廳以訂定在國際業務上關於客、貨空運之公允及經濟之權力，及停止實施所提運率之權力，一如現時所授予美國民用航空局在美國國內關於此項客、貨空運率所執行之權力，如提出運率之一航空組織或數航空組織所屬締約一方之航空官廳，認該項運率為不公允或不經濟時，則締約任何一方應行使其職權，以阻止其一航空組織所提自締約此方領土至締約彼方領土內一地點或數地點間營業之一運率或數運率，發生效力。締約此方接到本項第三款所指之通知，對於締約彼方之一航空組織或數航空組織所提出之運率，如不滿意時，應於上述三十日期間內之前十五日內，通知締約彼方。締約雙方應盡力議定適當之運率。如經議定，締約雙方應行使其法律上之權力，使其生效。如本項第三款所指之三十日期間業已屆滿而尚未議定時，則所提運率，除其有關航空組織所屬國航空官廳，認為宜停止其實施者外，在任何爭議依本項第七款所規定之程序獲得解決以前，得暫予實施。

㈥在法律尚未授予美國航空官廳以上述權力以前，締約此方對於締約任何一方之一航空組織或數航空組織所提出之自締約此方領土至締約彼方領土內一地點或數地

點間營業之任何新運率，如不滿意時，應於本項第三款所指之三十日期間內之前十五日內，通知締約彼方。締約雙方應盡力議定適當之運率。如經議定，締約雙方應盡最大之努力，使其一航空組織或數航空組織將此項議定運率付諸實施。締約雙方承認，如在此三十日期間屆滿以前，未能議定時，則對所提運率表示異議之締約一方，得採取其所認為必要之步驟，以阻止依此業經表示異議之運率，開辦或續辦此項空運業務。

㈦締約雙方航空官廳，於本項第五款及第六款之任何情形下，並於因締約此方對於締約彼方之一航空組織或數航空組織所提出之運率或現行運率，表示異議，而於由此發起協商後未能在一合理時間內，議定適當之運率時，經任何一方之請求，締約雙方應將此項問題提交國際民用航空臨時組織或其接替組織，請其提出諮詢報告書；締約雙方，並應各在其權限範圍內，以最大之努力，使該報告書內所表達之意見，付諸實施。

㈧凡依上述各款應行議定之運率，應依合理標準，並顧及一切有關因素，如經營業費用、合理利潤及由任何其他航空組織所徵收之運率等項訂定之。

㈨美國政府行政部門同意，盡其最大之努力，促訂法律，授予其航空官廳以訂定在國際業務上關於客、貨空運之公允及經濟之運率之權力，及停止實施所提運率之權力，一如現時所授予美國民用航空局在美國國內關於此項客、貨空運運率所執行之權力。

10.駐美國臺北經濟文化代表處與美國在臺協會間航空運輸協定

中華民國八十七年三月十八日中華民國駐美國臺北經濟文化代表處代表陳錫藩與美國在臺協會 Richard C. Bush 於華盛頓簽訂；並於八十七年三月十八日生效

臺北經濟文化代表處與美國在臺協會（以下簡稱為「雙方」）：咸欲促進一個受雙方所代表之主管機關行最小之干預及管制下，由各航空運輸業者於市場上之競爭為基礎之國際航空體制；咸欲便利國際航空運輸機會之擴展；

咸欲使航空運輸業者得以非歧視性或非濫用優勢地位之最低價格，提供旅行及運輸大眾各樣態服務之選擇性，並期能鼓勵各航空運輸業者發展並實施具創新性與競爭性之價格；及咸欲確保國際航空運輸最高程度之安全與保安，並重申雙方就危害人員或財產安全、妨害航空運輸之運作及減損大眾對民用航空安全之信心等危害航空器保安之行為或威脅，所抱持之嚴重關切；爰同意下列各事項：

第一條

就本協定之目的，除另有規定外，下列名詞之定義如下：

一、「航空主管機關」：指於美國在臺協會者，為美國運輸部或其承繼機關；於臺北經

濟文化代表處者，為交通部民用航空局及獲授權行使交通部民用航空局職務之任
何人或代理人；

二、「協定」：指本協定、其附約及任何增修條款；

三、「航空運輸」：指以航空器分別或合併載運旅客、行李、貨物及郵件以取得報酬或
供租用之大眾運輸；

四、「公約」：指一九四四年十二月七日於芝加哥開放供簽署之國際民用航空公約，並
包括㈠依公約第九十四條(a)項通過生效且經美國批准之任何增修條款，及㈡依公
約第九十條採用之任何附約或任何增修條款，但以此等附約或增修條款於任何特
定之期間內係對美國為有效者。

五、「指定航空運輸業者」：指依本協定第三條獲指定及授權之航空運輸業者；

六、「全部成本」：指提供服務之成本加行政經費費用所需之合理收費。

七、「國際航空運輸」：指飛越超過一國領域上之空域、或由臺北經濟文化代表處所代
表之領域與一國或多國領域上之空域、或由美國在臺協會所代表之領域與一國或
多國領域上之空域之航空運輸；

八、「運費」：指由航空運輸業者，包括其代理人，於航空運輸上，就載運旅客（及其
行李）與／或貨物（不包括郵件）所收取之運價、費率或收費，以及規定此等運
價、費率或收費之有效適用之條件；

九、「非營運目的之停留」：指於航空運輸上，為裝卸旅客、行李、貨物及／或郵件以
外之目的所為之降落；

十、「領域」：指於本協定之必要範圍，由本協定各方所代表之政府機關所管轄之區域；

十一、「使用費用」：指就機場、空中導航、航空保安設施或服務，包括相關服務及設
施之提供，而對航空運輸業者所收取之費用。

第二條

一、各方應確保其所代表之主管機關，就由他方指定之航空運輸業者所經營之國際航
空運輸，授與下列權利：

㈠不降落而飛越其所代表之領域之權利；

㈡為非營運目的而於其所代表之領域內降落之權利；

㈢其他於本協定中規定之權利。

二、本條規定不得被視為授與一方所指定之一家或數家航空運輸業者境內運輸之權
利，包括有償載運旅客、其行李、貨物或郵件。

第三條

一、各方依本協定，有指定其所欲數目之航空運輸業者依本協定經營國際航空運輸，
及撤回或變更此等指定之權利。此等指定應以書面傳達予他方，並註明該航空運
輸業者係被授權從事於附件一或附件二或二附件中規定之航空運輸種類。

二、於收到此一指定，及收到被指定之航空運輸業者依取得營運許可及技術許可所需之格式與方式所提出之申請時，他方應保證其所代表之主管機關，於下列條件滿足時，於最低程度之程序遲延下，給與適當之授權與許可：

㈠該航空運輸業者之實質所有權及有效控制權，係由指定航空運輸業者之該方或其所代表之人所有；

㈡該獲指定之航空運輸業者，有能力符合由審查其營運申請之他方所頒佈通常適用於國際航空運輸之法律規章所規定之條件；以及

㈢指定該航空運輸業者之一方所代表之領域，刻正維持及執行第六條（安全）及第七條（飛航保安）所規定之標準。

第四條

一、各方所代表之主管機關，於有下列情事時，得撤銷、停止或限制由他方所指定之航空運輸業者之營運許可或技術許可：

㈠該航空運輸業者之實質所有權及有效控制權，非由他方或其所代表人所有；

㈡該航空運輸業者怠於遵守本協定第五條（法律之適用）所述之法律規章；或

㈢他方所代表之主管機關未維持及執行第六條（安全）規定之標準。

二、除立即之行為係防止繼續違反前項第㈡款或第㈢款規定所必要者外，本條所規定之權利僅得在與他方諮商後，始得為之。

三、本條規定未限制各方所代表之主管機關，依第七條（飛航保安）之規定，就他方所指定之一家或數家航空運輸業者之營運許可或技術許可，加以扣留、撤銷、限制或課以條件。

第五條

一、於進入、停留或離開一方所代表之領域時，他方指定之航運輸業者，應遵守於該領域內關於航空器營運及飛航之法律規章。

二、於進入、停留或離開一方所代表之領域時，他方所指定之航空運輸業者之旅客、機員或貨物，應遵守於該方所代表之領域內，就航空器、旅客、機員或貨物出入境應適用之法律規章（包括與入境、通關、飛航保安、移民、護照、海關、檢疫或郵件之郵政規範等相關規定）。

第六條

一、為利本協定所規定航空運輸之營運，各方應確保其所代表之主管機關承認由他方所代表之航空主管機關所發給或承認之適航證書、合格證書及執照為有效且繼續有效，惟該等證書或執照之規定要件至少相當於依公約所確立之最低標準。但由各方所代表之主管機關，就於其所代表之領域上飛航之目的，得拒絕承認由他方所代表之航空主管機關對此方所代表之人民所發給或承認之合格證書及執照為有效。

二、各方得就他方所代表之航空主管機關在飛航設施、機員、航空器、及指定航空運輸業者營運方面所訂之安全標準，要求進行諮商。如於前述諮商後，一方認定他方所代表之航空主管機關，未能就上述各事項有效維持並執行至少相當於公約所確立之最低標準之安全標準或要求時，應就上述認定及其認為欲符合此等最低標準所必要之措施通知他方，而該他方應確保其所代表之主管機關採取適當之補正措施。各方保留其所代表之主管機關，於他方所代表之主管機關未於合理期間內採取此等適當補正措施時，扣留、撤銷或限制他方指之一家或數家航空運輸業者之營運許可或技術許可之權利。

第七條

一、雙方同意以行為確保維護民用航空保安，以對抗不法之危害行為。雙方應保證遵守公約所確立之標準，特別是保證遵守於一九六三年九月十四日於東京簽訂之航空器上所犯罪行及若干其他行為公約、一九七〇年十二月十六日於海牙簽訂之制止非法劫持航空器公約、一九七一年九月二十三日於蒙特婁簽訂之制止危害民用航空安全之非法行為公約及一九八八年二月二十四日於蒙特婁簽訂之遏止於國際民用航空站之非法暴力行為議定書等之規定。

二、雙方應確保於受要求時，提供他方之主管機關所有必要協助，以防止非法劫持民用航空器之行為及其他影響此等航空器、其上旅客及機員、航空站或空中航行設施安全之不法行為，並因應任何其他對民用航空保安之威脅。

三、於雙方相互關係上，締約雙方應保證遵守由國際民用航空組織所建立並指定做為公約附約之飛航保安規定；締約雙方應確保於其所代表之領域內註冊之航空器經營者、主營業所或住所位於其所代表之領域內之航空器經營者及其所代表之領域內之航站經營者，遵守此等飛航保安規定。

四、雙方同意確保遵守由他方就入境、出境及停留於該他方所代表之領域時所制定之保安規定，且確保採取充分措施以保護航空器，並於登機或裝載前及其間，檢查旅客、機員、其行李及其隨身物件以及貨物與航空器上商品。各方亦應確保其航空主管機關，就因應個別威脅之特殊保安措施之任何請求，給與積極之考量。

五、於有非法劫持航空器或其他影響旅客、機員、航空器、航空站或空中航行設施之事件或事件之威脅發生時，雙方應確保就方便聯絡及其他意欲迅速並安全終止此等事件或威脅之適當措施上提供協助。

六、於一方有合理之理由相信他方所代表之航空主管機關有違背本條之保安規定時，該一方得要求與他方立即諮商。若自此等要求之日起十五天內未能達成滿意之協議時，即構成對他方所指定之一家或數家航空運輸業之營運許可及技術許可，予以扣留、撤銷、限制或課以條件之理由。於有緊急情事而必要時，一方得於十五天期間屆滿前，採取臨時措施。

第八條

一、各方所代表之航空運輸業者，有權於他方所代表之領域內設立營業所，以促銷或出售其航空運輸服務。

二、獲指定之航空運輸業者有權依據他方所代表之領域內關於入境、居留及就業之法律規章，在該方領域內派駐為提供航空運輸所需之管理、銷售、技術、營運及其他專業職員。

三、各獲指定之航空運輸業者，有權自辦其地勤業務（自行處理），或自由選任合格之代理人進行上述服務之全部或一部。此權利僅於航空站有安全之考量時，始得受到限制。當此等考量使自行處理為不能時，地勤服務應在平等之基礎上提供給所有航空運輸業者；費用之收取應以提供之服務成本為基礎；且此等服務應與自行處理為可能時所能獲得之服務之種類及品質相當。

四、各方所代表之航空運輸業者，除於起飛地領域中應適用之與旅客基金及旅客取消訂位與退款等權利之保護有關之包機法規另有特別規定外，有權於他方所代表之領域內直接或依其意願經由其代理人銷售航空運輸服務。各航空運輸業者有權以當地貨幣或自由流通之貨幣銷售此等運輸，任何人亦得以當地貨幣或自由流通之貨幣自由購買此等運輸。

五、各航空運輸業者有權要求將超過當地支出以外之當地營收，兌換並匯出至其本國營業所。匯兌應立即被准許，並依運送人申請匯款之日時適用之貨幣交易及匯兌匯率計算，且不得附加限制或課稅。

六、各方所代表之航空運輸業者，得以當地貨幣支付包括購買燃油之當地支出。前述航空運輸業者得依當地之貨幣規定自行酌奪以自由兌換之貨幣支付當地支出。

七、於經營或維持於協議航線上獲授權之服務時，一方之任一指定航空運輸業者，得與下列之航空運輸業者簽訂諸如座位、艙位保留、代碼共用或租賃協議等合作行銷協議：

㈠一方所指定之一家或數家航空運輸業者；與

㈡屬第三國之一家或數家航空運輸業者，但以該第三國准許他方所代表之航空運輸業者與其他航空運輸業者在來往或經停該第三國領域之航空運輸服務上簽訂同等之協議者為限；

本項規定以㈠協議中之所有航空運輸業者均獲適當授權及㈡協議中之所有航空運輸業者符合通常適用於此等協議之要件者為限。

第九條

一、於到達一方所代表之領域時，他方所指定之航空運輸業者用在國際航空運輸之航空器及其一般設備、地面設備、燃油、潤滑油、技術性耗材、備用零件（包括引擎）、航空器上商店（包括但不僅限於如食物、飲料與酒、菸品及其他供旅客於飛

航中取用或購買之限量物品等），及其他預定專供或已用於從事國際航空運輸之航空器營運或服務有關之物品，基於互惠原則，應免除所有進口限制、財產稅及資本稅、關稅、貨物稅，及㈠由雙方代表之主管當局所課徵，及㈡非基於所提供服務之成本所課徵之類似規費。但此稅費之免除以此等設備及補給品仍留在航空器上為限。

二、基於互惠原則，除依所提供服務之成本而收取之費用外，本條第一項之稅賦、徵稅、關稅、規費，於下列物品仍應獲免除：

㈠於一合理數量內，引進一方所代表之領域或於該地供應並裝載於供他方指定從事國際航空運輸之航空運輸業者飛往國外之航空器上商店，即使此等物品所供使用之部分航段係飛越該方所代表之領域上者亦同；

㈡引進一方所代表之領域，供他方指定從事國際航空運輸之航空運輸業者之航空器之服務、維護或修繕之地面裝備及備用零件（包括引擎）；及

㈢引進一方所代表之領域或於該地供應，供他方指定從事國際航空運輸之航空運輸業者之航空器所使用之燃油、潤滑油及技術性耗材，即使此等補給品所供使用之部分航段係飛越該方所代表之領域內者亦同；

㈣於一合理數量內，引進一方所代表之領域或於該地供應並裝載，供他方指定從事國際航空運輸之航空運輸業者飛往國外之航空器所使用之促銷及廣告物品；即使此等物品所供使用之部分航段係飛越該方所代表之領域上者亦同。

三、本條第一項及第二項規定之裝備及補給品，得被要求在適當主管機關之監督或管理下保管。

四、本條所規定之豁免，於一方所指定之航空運輸業者與同樣享有他方所給予之免稅之另一航空運輸業者，在他方所代表之領域內就本條第一項及第二項規定之物品訂有借貸或轉讓契約時，亦適用之。

第十條

一、各方所代表之主管稽徵機關或團體，對他方所代表之航空運輸業者課徵之使用費用，應公平、合理、無不公平性歧視，並依使用者類別以公平之比例分擔。於任何情形，此等使用費用之計算，對他方所代表之航空運輸業者而言，其優惠條件不得低於計算費用當時任何其他航空運輸業者之最惠條件。

二、對他方所代表之航空運輸業者所課徵之使用費用，應反映但不得超過提供適當航空站、航空站環境、空中導航及於航空站或航空站系統中之航空保安設施及服務之主管稽徵機關或團體所負之全部成本。此等全部成本，應包括扣除折舊後之資產合理回收。收取費用之設施及服務，應以有效率且經濟之基礎提供之。

三、各方應促請其所代表領域內之主管稽徵機關或團體，與使用服務及設施之航空運輸業者進行諮商，並應促請主管稽徵機關或團體與航空運輸業者交換必要資訊，

俾據以依本條第一項、第二項之原則就收費之合理性做出正確之檢討。各方應促
請主管稽徵機關，就任何調整使用費用之建議，對使用者提出合理通知，以便使
用者在調整前能表達意見。

四、於依第十四條規定之爭端解決程序中，除各方所代表之主管機關㈠在他方對收費
或措施提出申訴時，未於合理期間內進行檢討；或㈡於前述檢討後，怠於依其職
權採取所有措施，以糾正任何不符合本條規定之收費或措施外，任一方均不得被
視為係違反本條之規定。

第十一條

一、各方應確保其所代表之主管機關，允許所有雙方所指定之航空運輸業者，在提供
本協定所規範之國際航空運輸時，有公平均等之機會相互競爭。

二、各方應確保其所代表之主管機關，容許各家獲指定之航空運輸業者，依市場之商
業考量，決定其提供之國際航空運輸飛航班次及載運量能。為符合此一權利，各
方應確保其所代表之主管機關，除因海關、技術、營運或環保理由而以符合公約
第十五條規定之劃一條件外，不得單方就他方指定之航空運輸業者營運之運量、
班次、服務之規則性、航空器類型加以限制。

三、雙方應確保其所代表之主管機關，對他方所指定之航空運輸業者，不得施行也不
得容許施行優先取捨權之規定、起載比例、不反對之費用，或任何其他於載運量
能、飛航班次或運量有關而與本協定目的不符之規定。

四、雙方應確保其所代表之主管機關，對他方所指定之航空運輸業者，除須以非歧視
性基礎執行依本條第二項所述之可預見之劃一條件或本協定附約所明文許可者
外，不得要求或不得容許要求其班表、包機計畫或營運計劃應提報核准。如一方
或其所代表之主管機關基於資訊目的而要求提報時，應保證儘量減輕航空運輸居
間人及他方指定之航空運輸業者在提報規定及程序上之行政負擔。

第十二條

一、各方應確保其所代表之主管機關，允許由各被指定之航空運輸業者依市場之商業
考量訂定航空運輸之運價。主管機關僅得為下列干預：

㈠防止不合理之歧視性運價或措施；

㈡保護消費者免受因優勢地位之濫用而生之不合理昂貴或限制之運價；

㈢保護航空運輸業者免因一方所代表之主管機關直接或間接補助或支持之人為低
廉運價。

二、各方得要求他方所指定之航空運輸業者，就來往其所代表之領域所收取之運價，
通知或提報其所代表之航空主管機關。此等通知或提報得被要求在不超過預定生
效日前三十日為之。依個別情形，通知或提報得於較通常為短之期間內為之。任
一方除為資訊目的且以非歧視性基礎而為要求者外，均不得要求或容許要求他方

所指定之航空運輸業者提報或通知對大眾所收取之包機運價。

三、任一方均不得採取或容許採取單方行動，制止實施或制止繼續實施：

㈠任何獲指定之航空運輸業者，在雙方所代表之領域間之國際航空運輸，或

㈡一方所指定之航空運輸業者，在他方所代表之領域與任何其他領域間之國際航空運輸，包括在聯運或轉運之基礎上所為之前述二項運輸，所擬收取或已收取之運價。如任一方認為任何上述運價與本條第一項規定之考量不符時，應要求諮商，並儘快將不滿理由通知他方。在收到上述要求三十天內應舉行諮商，雙方應就合理解決此問題所必要之資訊取得上相互合作。如雙方就曾發給不滿意通知之運價達成協議時，各方面應盡其最大努力使該協議生效。如無此共同協議，該運價應予生效或繼續有效。

第十三條

任一方得隨時就本協定要求進行諮商。此等諮商應於可能之最早日期開始，但除另有合意外，應於他方收到該要求之日起六十日內為之。

第十四條

一、任何自本協定所生之爭端，除第十二條（運價訂定）第三項規定所生者外，未於第一回合正式諮商時解決者，得依雙方合意，交付個人或團體為裁決。如雙方未達前述合意，在任一方要求下，應依下列程序提付仲裁。

二、仲裁應由三位仲裁人依下列程序組成之仲裁庭為之：㈠於收到仲裁要求後三十日內，各方應各指定一名仲裁人。於此二仲裁人被指定後六十日內，二仲裁人應以合意指派第三名仲裁人，並以該仲裁人為主仲裁人。㈡如任一方未指定一仲裁人，或如第三名仲裁人未能依前款規定而指派時，任一方得要求國際民用航空組織理事會主席於三十日內指派必要之一名或數名仲裁人。如國際民用航空組織理事會主席係與一方屬同一國籍者，則應由未因同國籍理由而不適任期之最資深副主席進行指派。

三、除另有合意外，仲裁庭應依本協定決定其管轄權之範圍，並應確立仲裁庭之程序規則。仲裁庭一旦組成，得於最終判決前，建議臨時性救濟措施。在仲裁庭之指示下或應任一方之請求，仲裁庭得於完全組成後十五日內召開會議，以決定應受仲裁之確切爭端及應遵守之特定程序。

四、除另有合意或仲裁之指示外，各方應於仲裁庭完全組成之日起四十五日內提交備忘錄。答覆應於其後六十日內提出。仲裁庭應依任一方之請求或主動於答覆截止後十五日內進行聽證。

五、仲裁庭應嘗試於聽證完畢後，或如未進行聽證，於雙方答覆提交後三十日內做成一書面判決。仲裁庭多數之決定應為有效。

六、雙方得於仲裁判決做成後十五日內，提出澄清判決之請，任何給與之澄清應於此

等請求提出後十五日內發出。

七、各方應盡最大努力確保任何仲裁庭所作之判決，依適用之法律給予完全之效力。

八、仲裁庭之費用支出，包括仲裁人之費用及支出，應由雙方平均分攤之。任何由國際民用航空組織理事會主席因本條第二項第㈡款規定之程序所生之費用支出，應視為仲裁庭費用支出之一部。

第十五條

各方得隨時以書面通知他方其終止本協定之決定。除該終止通知於一年內經雙方合意撤回者外，本協定應於他方收到該通知之日一年後之零時零分（以他方收到該通知之地點之時間為準）起終止。

第十六條

本協定應於簽署之日起生效。於生效後，本協定即取代由美國在臺協會及北美事務協調委員會於一九八〇年三月五日在華盛頓所締結而後增修之航空運輸協定，及一九八一年三月三十一日簽署並由一九八一年十月十五日之瞭解備忘錄增修之協定。

為此，雙方各經合法授權之代表，爰簽署本協定，以昭信守。

本協定以英文和中文各繕兩份，兩種文字約本同一作準。

西元一九九八年三月十八日訂於美國華盛頓。

附約一　定期航空運輸

第一節　航線

依本附約而獲指定之航空運輸業者，按其指定之條件，有權於下列航線中各點間從事定期國際航空運輸。

一　美國在臺協會所指定之航空運輸業者之航線：自美國在臺協會所代表之領域外之前置點，經美國在臺協會所代表之領域及數中間點，至臺北經濟文化代表處所代表之領域內之一點或數點並延遠。

二　臺北經濟文化代表處所指定之航空運輸業者之航線：自臺北經濟文化代表處所代表之領域外之前置點，經臺北經濟文化代表處所代表之領域及數中間點，至美國在臺協會所代表之領域內之一點或數點並延遠。

第二節　營運彈性

各航空運輸業者得依其選擇於任一或所有飛航中：

一　單向或雙向進行飛航；

二　於單一航空器飛航任務中合併不同之飛航班號；

三　在航線上各前置點、中間點、延遠點及雙方所代表之領域內各點間，以任何組合方式或順序營運；

四　略過不於任何一點或數點停留；及

五　於航線上任一點，自其航空器上移轉客貨郵件至其所屬之另一航空器；

六　於其所代表之領域內任何點之前置點營運，變更或不變更航空器或飛航班號，並得以續航服務提供給大眾並為廣告促銷：概不受方向或地理上之限制，且不減損任何依本協定得被准許之經營客貨郵件運送權利；唯其服務須及於指定該航空運輸業者之一方所代表之領域內之一點為限。

第三節　機型之更換

於上述航線任一航段或數航段，任何被指定的航空運輸業者得不受限制於航線上任何點更換營運飛機之型別或數量從事國際航空運輸；唯在離境時，自該點延遠出去之運輸係延續來自指定該航空運輸業者之一方所代表之領域之運輸；在入境時，前往指定該航空運輸業者之一方所代表之領域之運輸，係延續來自該點延遠之運輸。

第四節　複合型態服務

獲指定之航空運輸業者或貨物運輸之間接提供人，不管本協定其他任何規定之限制，得不受限制利用與國際航空運輸有關之任何陸地貨物運輸，來往於雙方所代表之領域或第三國內任何點間，包括來往於有海關設施之所有航空站，也包括依當地法律規章運送保稅貨物之權利。此等貨物，不論係以陸運或空運，應可取得航空站海關作業及利用其設施。航空運輸業者得選擇自行從事陸地運輸，或經協議而由其他陸地運送人，包括其他航空運輸業者或航空貨物運輸之間接提供人等提供之。此等複合型態貨物服務得以航空及陸地運輸混合之單一全程之運費提供之，唯須託運人不會因而誤解關於此等運輸之事實為限。

附約二　包機運輸

第一節

依本附約而獲指定之航空運輸業者，按其指定之條件，有權於下列地點間經營國際包機載運旅客（及其行李）及／或貨物（包括但不限於貨物承攬業者、分別及合併（旅客／貨物）之包機）：於指定該航空運輸業者之一方所代表之領域內任一點或數點，與他方所代表之領域內任一點或數點之間；以及於他方所代表之領域內任一點或數點，與一第三國領域或數個第三國領域內任一點或數點之間；唯以此等服務，不論是否更換航空器，係構成前往自己國家領域，為自己國家領域及他方所代表之領域間載運當地客貨為目的之服務之延續性飛航之一部分者為限。

於從事本附約規定之服務時，依本附約而獲指定之航空運輸業者亦享有下列權利：㈠於各方所代表之領域內或領域外之任何點為短暫停留；㈡於他方所代表之領域內從事客貨轉口或過境運送；㈢合併客貨於同一航空器，不論其出發地為何。

各方應對他方指定之航空運輸業者，就非屬於本附約規定範圍之運輸所提出之申請，基於相互尊重及互惠之基礎，優予考量。

第二節

由任一方所指定從事自任一方所代表之領域內出發之國際包機航空運輸之航空運輸業

者，不論係以單程或往返方式，有權選擇適用任一方之包機法律、規定及規則。雙方同意以即時之方式，就其有效適用之包機法律、規定及規則之增修或修正，通知他方。如一方所代表之主管機關，對一家或數家於其所代表之領域內營運之航空運輸業者引用不同之規則、規定、條款、條件或限制者，各獲指定之航空運輸業者應受此等規範最小程度之限制。

但前項規定並未限制任一方所代表之主管機關，要求各方依本附約所指定之航空運輸業者，遵守保護旅客基金及旅客取消訂位與退款權利之相關規定之權利。

第三節

除上述有關於消費者保護之規定外，雙方僅能要求各方依本附約所指定之航空運輸業者，就來自他方所代表之領域或第三國領域之單程或往返客貨運送，提出遵守本附約第二節規定之適用法律、規定及規則之聲明，或已獲適當航空主管機關准許豁免此等法律、規定或規則拘束之聲明，不得另有要求。

附約三　電腦訂位系統上之非歧視性及競爭原則

認知本協定第十一條（公平競爭）確保所有獲指定之航空運輸業者有「公平均等之機會從事競爭」；

鑑於航空運輸業者從事競爭之能力上之最重要樣態之一即為其得以公平與公正之方式，將其服務週知大眾之能力。因此直接分送運輸服務資訊予旅行大眾之旅遊業者所獲得之航空運輸業可售服務資訊之品質，與航空運輸業者提供該等旅遊業者具競爭性之電腦訂位系統之能力，即代表航空運輸

業者競爭機會之基礎；及鑑於亦有同等必要確保航空運輸產品消費者之利益受保護而免受任何此等資訊之濫用或其具誤導性之呈現，及確保航空運輸業者與旅遊業者均有機會利用有效且具競爭性之電腦訂位系統：

一　雙方同意確保電腦訂位系統將具有下列項目整合性之主要顯示頁：

　　㈠關於國際航空服務之資訊，包括此等服務間之轉接結構，應不以直接或間接受特定航空運輸業者或市場所影響之非歧視性且客觀之定規，加以編輯並顯示。此等定規應對所有參與之航空運輸業者一體適用。

　　㈡電腦訂位系統資料庫應盡可能包羅廣泛範圍。

　　㈢電腦訂位系統之業者，不得刪除由參與之航空運輸業所提供之資訊；此等資訊應精確並清晰；例如代碼共用、更換機型飛航及中途停留之飛航，均應明確標示其具有此等特性。

　　㈣於任一領域內，供直接分送航空運輸業服務資訊予旅行大眾之旅遊業者利用之所有電腦訂位系統，有義務也有權利依該電腦訂位系統運作之領域內所適用之電腦訂位系統規則而運作。

　　㈤如旅遊業者提出特定要求，亦得使用電腦訂位系統所提供之次要顯示頁。

二　一方應確保於其所代表領域內經營電腦訂位系統之各業者，允許所有願支付任何非歧視性之應付費用之航空運輸業者，參予其電腦訂位系統。一方應確保系統業者提供之所有分銷設施，應以非歧視性基礎提供予參與之航空運輸業者。一方應確保電腦訂位系統業者以一非歧視性、客觀、運送人中立及市場中立之基礎，於參與之航空運輸業者欲出售國際航空服務之所有市場，顯示其國際航空服務。電腦訂位系統業者如應要求，應公布其資料庫更新及儲存之程序、編輯及編排資訊之定規、此等定規之比重、用以選擇轉接點及納入轉接班機之定規等細節。

三　於一方所代表之領域內經營電腦訂位系統之業者，有權將其電腦訂位系統引進、保有並使其能被於他方所代表領域內經營而其主要業務為在該領域內分銷旅遊相關商品之旅遊業者或旅遊公司，加以自由利用，唯此電腦訂位系統須遵守該等原則。

四　一方於其所代表領域內，不得或不容許就通訊設施之取得或使用、技術性電腦訂位系統硬體與軟體之選擇及使用及電腦訂位系統硬體之技術性安裝上，對他方之電腦訂位系統業者課以較對其自己所屬之電腦訂位系統業者更嚴格之規定。

五　一方於其所代表領域內，不得或不容許就電腦訂位系統之顯示（包括編輯及顯示參數）、運作或銷售，對他方之電腦訂位系統業者課以較對其自己所屬之電腦訂位系統業者更具限制性之要求。

六　於一方所代表領域內使用，而符合此等原則及其他相關非歧視之規範性、技術性、及保安性標準之電腦訂位系統，有權於他方所代表之領域內享有有效且無減損之通路。其中樣態之一，為一獲指定之航空運輸業者，得以完全如同於該方所代表之領域內參與任何提供給旅遊業者之系統一般，於他方所代表之領域內參與一系統。於一方所代表之領域內之電腦訂位系統所有人／經營人，應有與於他方所代表之領域內之所有人／經營人相同之機會，於該他方所代表之領域內擁有／經營符合上述原則之電腦訂位系統。各方應確保其指定之航空運輸業者及於其所代表領域內之電腦訂位系統業者，不會因於該領域內之旅遊業者所使用或保有之電腦訂位系統，亦於他方所代表之領域內運作，而對該旅遊業者施以差別待遇。

本人有幸照會由美國在臺協會與臺北經濟文化代表處於（簽署期日）簽署之航空運輸協定。本函係欲詳盡說明雙方之共識，此共識並應被視為該協定不可分之一部分。

關於第八條（商業機會）第三項之規定，雙方瞭解並同意所謂地勤服務（自行處理）包括：旅客及行李之報到作業；維修（機械、機艙清潔服務及修繕）；旅客及貨物之停機坪服務、飛航計劃；航務及簽派；燃油供應；貨運收受及遞送；貨物打盤裝櫃或分卸；倉儲；通關；旅客及貨物文件準備及膳食服務。各獲指定之航空運業者，應獲允許擁有或自一獲授權之出租人承租從事上述各項服務所需之空間。由一方所指定之航空運輸業者，得為該方所指定之任何其他航空運輸業者從事旅客及行李報到、維修（機

械、機艙清潔服務及修繕）及膳食服務。就貨物之停機坪服務，任一方指定之航空運輸業者，得自備設備及人員，或與其他航空運輸業者或獲授權之承攬人訂立契約，以獲得或提供設備或人員。貨物之停機坪服務，應適用於任何服務所載運之所有貨物。獲美國在臺協會指定之航空運輸業者，如係自願使用位於臺北或高雄航空站之電腦服務系統，才須就此電腦服務支付費用。

臺北經濟文化代表處瞭解，美國在臺協會所代表之地方政府機關，可能設有規定限制臺北經濟文化代表處所指定之航空運輸業者從事某些第三人地面處理服務之權利。

本函上述內容如正確陳述雙方所達致之共識，敬請回覆證實無訛，無任感荷。

11.北美事務協調委員會與美國在臺協會在犯罪偵查與訴追方面合作之瞭解備忘錄

中華民國八十二年一月十四日中華民國北美事務協調委員會代表關鏞與美國在臺協會代表魯樂山於臺北加簽中文本；並溯自八十一年十月五日生效

美國在臺協會與北美事務協調委員會願在犯罪偵查與訴追方面提供更大合作。此合作意願在雙方共同努力遏止販毒方面尤其需要。爰此，雙方達成如下瞭解：

壹

作為本瞭解備忘錄締約雙方之美國在臺協會與北美事務協調委員會將針對雙方所代表領域之執法機關曾協助或參與偵查、處理或其它行動而得以訴追之刑事案件，盡最大努力合作。

貳

當執法官員之證詞攸關犯罪訴追成功與否時，雙方將盡最大努力促成適當官員針對該等刑事案件出庭作證。

參

出庭作證之要求將視個案情形，直接由美國在臺協會或北美事務協調委員會任一方指派之代表提出。此等要求須以書面為之，且將詳細敘述訴追性質、所需證人之姓名及（或）身份，及該等證人將被要求作證之事項。

肆

提出要求之一方將支付證人因作證目的而旅行所需之所有合理費用，並僅能要求證人於完成作證及任何必需之準備工作所需之最短期間內出庭作證。

＊外交部外（六八）北美一字第〇六五一四號

要旨：

外交部致（前）司法行政部關於中美斷交後雙方條約與協定應繼續有效的函件（民國六十八年四月十三日）

全文內容:

中美外交關係中斷後，兩國家原有條約協定，除中美共同防禦條約將於明年（民國六十九年）一月一日終止，在華美軍地位協定隨之終止外，其餘條約協定，包括其涉及司法部分之規定，均繼續有效。各條約本身訂有效期之規定者，倘未經展期，則依原規定失效。」

12.駐美國臺北經濟文化代表處與美國在臺協會間之刑事司法互助協定

中華民國九十一年三月二十六日中華民國駐美國臺北經濟文化代表處代表程建人與美國在臺協會理事主席卜睿哲於美國簽訂；並於九十一年三月二十六日生效

美國在臺協會與駐美國臺北經濟文化代表處基於相互尊重、互惠與共同利益，藉由刑事事務之司法互助，以增進雙方所屬領土內執法機關有效之合作，同意訂立下列條款:

第一條　用詞定義

除另有規定外，本協定所用名詞定義如下:

(1)所稱 "AIT" 係指美國在臺協會，乃依一九七九年四月十日之臺灣關係法、九六一八公法（22U.S.C 第三三〇一條以下），在哥倫比亞特區法令規定之下，組織設立之非營利法人；且

(2)所稱 "TECRO" 係指駐美國台北經濟文化代表處，乃由臺灣當局所設立之駐美機構。

(3)所稱 " 締約之一方 " 或 " 締約雙方 " 係指美國在臺協會及／或駐美國台北經濟文化代表處。

第二條　協助之範圍

1.締約雙方應經由其所屬領土內之相關主管機關，依本協定之規定，提供有關調查、追訴、犯罪防制及相關刑事司法程序中之相互協助。

2.協助應包括:

(1)取得證言或陳述；

(2)提供供證之文件、紀錄及物品；

(3)確定關係人之所在或確認其身分；

(4)送達文件；

(5)為作證或其他目的而解送受拘禁人；

(6)執行搜索及扣押之請求；

(7)協助凍結及沒收資產、歸還補償、罰金之執行程序；

(8)不違反受請求方所屬領土內法律之任何形式之協助。

3. 在請求方所屬領土內受調查、追訴或進行司法程序之行為，不論依受請求方所屬領土內之法律規定是否構成犯罪，除本協定另有規定外，都應提供協助。

4. 本協定係僅供締約雙方間司法互助之用，並不因而使私人得以獲取、隱匿、排除證據或阻礙執行請求之權利。

第三條　受指定之代表

1. 任何一方應指定受指定代表人，以依照本協定提出或受理請求。

2. 對美國在臺協會而言，該受指定代表人係美國在臺協會所屬領土之司法部長或受司法部長指定之人；對駐美國臺北經濟文化代表處而言，其受指定代表人係駐美國臺北經濟文化代表處所屬領土之法務部部長或受法務部部長指定之人。

3. 為遂行本協定之目的，受指定代表人應彼此直接連繫，但依本條第四項和第五項之規定，當事人之一方依本協定匯款至他方者，應由美國在臺協會及駐美國臺北經濟文化代表處為之。

4. 依本協定之任何匯至美國在臺協會之款項，應由駐美國臺北經濟文化代表處以美金匯款至美國在臺協會。該款項應寄至：

副執行理事

美國在臺協會

1700,N.MooreStreet,Suite1700

Arlington,VA.22209

TelephoneNumber:(703)525-8474

FacsimileNumber:(703)841-1385

依本協定之任何匯至駐美國臺北經濟文化代表處之款項，應由美國在臺協會以新臺幣或美金匯款至北美事務協調委員會。款項應寄至：

秘書長

北美事務協調委員會

臺灣臺北市（郵遞區號：100）博愛路 133 號

電話：(02)23116970

傳真：(02)23822651

5. 依本協定之任何匯款及匯款請求必須附隨與該請求相關之文件，並列明特定之協助行為及其有關費用。

第四條　協助之限制

1. 有下列情形之一者，受請求方之指定代表人得拒絕協助：

　(1)所涉行為係觸犯軍法而非觸犯普通刑法；

　(2)該請求之執行將有害於受請求方所屬領土內之安全、公共秩序或類似之重要利益；或

⑶該請求與本協定不符者；

　⑷依第十五條規定所為之請求，其所涉行為在受請求方所屬領土內不構成犯罪者。

2.受請求方之指定代表人依本條規定拒絕提供協助前，應與請求方之指定代表人協商考量是否在附加必要之條件後，再提供協助，如請求方之指定代表人接受該附加條件之協助，則其所屬領土內之相關機關應遵守該條件。

3.受請求方之指定代表人如拒絕提供協助，應將拒絕之理由通知請求方之指定代表人。

第五條　請求之形式及其內容

1.請求協助，應以書面為之，但在緊急情形下，經受請求方指定代表人同意以其他方式提出者，不在此限；以其他方式提出請求者，除經受請求方指定代表人之同意外，應於提出請求後十日內以書面確認之。請求協助除經同意外，應以受請求方所屬領土內所使用之語文提出。

2.請求應包括以下事項：

　⑴執行調查、追訴或相關訴訟程序之機關名稱；

　⑵請求事項及調查、追訴或訴訟程序性質之說明，包括請求事項涉及之特定刑事罪行、罪名及其法定刑責；

　⑶所要尋找的證據、資料或其他協助之敘述；

　⑷所要尋找的證據、資料或其他協助之目的之陳述。

3.在可能及必要之程度內，請求亦應包括以下事項：

　⑴提供證據者之身分及其處所；

　⑵應受送達者之身分及處所、於訴訟程序中之關係及送達方式；

　⑶受尋找人之身分及處所

　⑷受搜索之處所、人及應扣押物品之確切描述；

　⑸有關取得及記錄證詞或陳述之方式之說明；

　⑹訊問證人之問題表；

　⑺執行請求時，應行遵守之特別程序；

　⑻經要求在請求方所屬領土內出庭者可得之津貼及費用；

　⑼其他有助於受請求方執行請求之相關資料。

4.如受請求方認為請求之內容不充足，以致不能執行時，可要求提供補充資料。

5.協助之請求及其輔助文件無需任何形式的證明或認證。

第六條　請求之執行

1.受請求方之指定代表人應立即執行請求，如由相關機關執行較為適當者，應移轉之。受請求方之主管機關應依其權責盡力執行請求。

2.受請求方之指定代表人，應在請求方經費允許範圍內，為其在受請求方所屬領土內因請求協助而產生之任何訴訟程序，做一切必要之安排。

3. 請求之執行應依受請求方所屬領土內之法律規定程序為之。請求書所指定之執行方法，除違反受請求方所屬領土內之法律者外，應予遵守。

4. 受請求方指定代表人如認為執行請求有礙於在受請求方所屬領土內進行之刑事調查、追訴或其他訴訟程序時，得延緩執行；或依照與請求方指定代表人協商後所定之必要條件執行之。請求方指定代表人如接受該附加條件之協助，則其所屬領土內之機關應遵守這些條件。

5. 受請求方所屬領土內之相關機關，於請求方指定代表人要求時，對於協助之請求及其內容，應盡力保密；如為執行該請求而無法保密時，受請求方指定代表人應通知請求方指定之代表人，由請求方指定之代表人決定該請求是否仍應執行。

6. 受請求方指定代表人對於請求方指定代表人就執行請求進展所提出之合理詢問，應予回應。

7. 受請求方之指定代表人應將執行結果，立即通知請求方指定代表人。如該請求遭拒絕時，受請求方指定代表人應將拒絕理由通知請求方指定代表人。

第七條　費用

1. 受請求方所屬領土內之主管機關應支付與執行請求有關之費用，但請求方所屬領土內之主管機關應負擔下列費用：
   (1) 根據請求方所屬領土之規定，支付本協定第十一條及第十二條規定人員津貼或旅費；
   (2) 有關人員按照第九條第三項之規定，前往、停留和離開受請求方所屬領土之費用；
   (3) 專家之費用及報酬；以及
   (4) 筆譯、口譯及謄寫費用。

2. 如請求之執行明顯須支出超乎尋常之費用，締約雙方指定之代表人應協商以決定該請求可被執行之條件。

第八條　用途之限制

1. 受請求方之指定代表人得請求請求方所屬領土內之機關在未經受請求方指定代表人同意之前，不得將依本協定而取得之資料或證據，使用於請求（書）所載以外用途之任何調查、起訴或訴訟程序。於此情形下，請求方所屬領土內之機關應遵守此條件。

2. 受請求方之指定代表人對於依本協定而提供之資料及證據，得請求應予保密，或僅得依其所指定之條件使用。請求方之指定代表人如在該等指定條件下接受資料或證據，則其所代表領土內之機關應盡力遵守之。

3. 在刑事追訴程序中，如依美國在臺協會所屬領土之憲法或依駐美國臺北經濟文化代表處所屬領土之憲法或法律，有義務使用或公開資料時，不應以本條之限制規定排除之。請求方之指定代表人應將此準備公開之情形預先通知受請求方之指定代表人。

4. 依本條第一、二、三項之規定，在請求方所屬領土內已公開之資料或證據，得使用於任何用途。

第九條　受請求方所屬領土內之證言或證據

1. 受請求方所屬領土內之人經依本協定受請求自其取得證據者，必要時應強制其出庭、作證或提供包括供證之文件、紀錄及物品在內之證物。受請求而做虛偽證言者，無論以口頭或書面方式，須在受請求方所屬領土內，依該領土內之刑事法規定予以追訴及處罰。

2. 受請求方之指定代表人於受請求時，應先行提供有關依本條規定取得證言或證據之日期及地點之資料。

3. 受請求方所屬領土之主管機關在執行請求時，應准許請求中所指明之人在場，並依照受請求方所屬領土之主管機關所同意之方式，准許其詢問作證或提供證據之人，並進行逐字紀錄。

4. 如第一項規定之人依請求方所屬領土內法律之規定主張豁免、無行為能力或特權時，受請求方指定代表人仍應取得任何所請求之證據，並使請求方之指定代表人知悉該人之主張，俾使請求方所屬領土內有關當局解決之。

5. 依本條規定在受請求方所屬領土內所取得之證據或依本條規定取得之證詞，得以聲明方式，包括業務上紀錄之情形，依本協定附表Ａ所示之證明方式確認證實。依附表Ａ所證明之文件，應准許在請求方所屬領土內之法院作為證據使用。

第十條　雙方所屬領土內之紀錄

1. 受請求方之指定代表人，應對請求方之指定代表人，提供受請求方所屬領土內政府各主管機關所持有得公開之紀錄，包括任何形式之文件或資料。

2. 受請求方之指定代表人，得以對待受請求方所屬領土內執法機關或司法當局相同的程度及條件，提供任何在其所屬領土內政府主管機關持有之不公開文件、紀錄或資料之副本。受請求方指定之代表人得根據本項規定，依職權拒絕全部或部分之請求。

3. 依本條規定所提出之紀錄，得由負責保管之人依附表Ｂ填載聲明確認證實，毋需提出其他證明。依本項規定經認定為真正之文件，應准許在請求方所屬領土內之法院作為證據使用。

第十一條　解送受拘禁人

1. 基於本協定所定協助之目的，經受請求方所屬領土內主管當局拘禁之人，被請求在請求方所屬領土內出庭者，如經其本人及締約雙方指定代表人之同意，得由受請求方所屬領土解送至請求方所屬領土內，以達協助之目的。

2. 基於本協定所定協助之目的，經請求方所屬領土內主管當局拘禁之人，被請求在受請求方所屬領土出庭者，如經其本人及締約雙方指定代表人之同意，得由請求方所屬領土解送至受請求方所屬領土內，以達協助之目的。

3.為達本條之目的：

(1)受移送方所屬領土內之主管機關，除經移送方所屬領土內之當局授權外，應有使被移送之人繼續受拘禁之權力與義務。

(2)受移送方所屬領土內之主管機關，應在解送之日起三十日內，或在情況許可之下，或經雙方指定代表人同意之情形下，儘速將被移送之人解還移送方所屬領土受拘禁。

(3)受移送方所屬領土內之主管機關不得要求移送方所屬領土內之主管機關發動引渡程序以達送還被移送之人之目的；並且

(4)被移送之人於受移送方所屬領土內受拘禁期間，應折抵其在移送方所屬領土內所受判決之服刑期間。

第十二條　在請求方所屬領土內作證

1.請求方之指定代表人請求某人在請求方所屬領土內應訊時，受請求方之指定代表人應要求該人至請求方所屬領土內相關機關應訊。請求方指定代表人應表明其願支付費用之額度。受請求方之指定代表人應立即通知請求方之指定代表人有關該人之回應。

2.受請求方之指定代表人可要求請求方之指定代表人承諾，對於依本條被要求至請求方所屬領土內應訊之人員，不得因該人於進入請求方所屬領土前之任何作為、不作為或有罪判決而予以起訴、羈押、傳喚或以其他形式限制其人身自由，亦不應強制該人在該請求所未涉及之任何其他偵查、起訴或訴訟程序中作證或協助，除非事先取得受請求方之指定代表人與該人之同意。如請求方之指定代表人不能作出上述保證，則被要求前往之人可拒絕接受該請求。

3.依本條規定所賦予之安全維護行為，應於請求方之指定代表人通知受請求方之指定代表人，該人已毋需應訊七日後，或於該人離開請求方所屬領土而自願返回時，終止之。請求方之指定代表人認有正當理由時，得依職權延長該期間至十五日。

第十三條　人或證物之所在或其辨識

如請求方之指定代表人尋求在受請求方所屬領土內之人或證物之所在，或為身分、物件之辨識時，受請求方所屬領土內之主管機關應盡其最大努力以確定其所在或為人身、物件之辨識。

第十四條　送達文件

1.受請求方所屬領土內之主管機關應盡最大努力以有效送達請求方之指定代表人依本協定規定所提出與任何協助之請求全部或部分有關之文書。

2.請求方之指定代表人於請求送達文件，要求特定人至請求方所屬領土內機關應訊時，應於指定應訊時間前之合理期間內提出協助送達文件之請求。

3.受請求方之指定代表人應依請求所指定之方式返還送達證明。

第十五條　搜索及扣押

1. 如依受請求方所屬領土內之法律，請求方指定代表人所提出搜索、扣押及移轉證物之請求為正當時，受請求方之指定代表人即應執行此等請求。

2. 每一保管扣押物品之人，於受請求時，應使用本協定附表C，以證明其保管之連續性、證物之辨識及其狀態之完整，毋需提出其他證明。此證明應准許在請求方所代表領土內之法院作為證據使用。

3. 受請求方之指定代表人得要求請求方之指定代表人同意遵守必要條件以保護第三方對於被移轉證物之權益。

第十六條　返還證物

受請求方之指定代表人，得要求請求方之指定代表人，儘速返還任何依本協定執行請求時所提供之證物，包括供證之文件、紀錄或物品。

第十七條　沒收程序之協助

1. 締約之一方所指定之代表人，知有犯罪所得或犯罪工具在締約他方所屬領土內，且係依締約他方所屬領土內之法律得予沒收或扣押之物者，得通知締約他方之指定代表人。如締約他方所屬領土內之主管機關對沒收或扣押程序有管轄權時，締約他方之指定代表人得對其主管機關提出此等資料俾其決定是否採取適當行動。該主管機關應依其領土內之法律做出決定，並應經由其指定之代表人就其所採取之行動通知對方之指定代表人。

2. 締約雙方指定之代表人應在所屬領土內之相關法律許可範圍內，在沒收犯罪所得或犯罪工具、被害人求償、刑事判決罰金之執行等程序中，彼此協助。此協助包括在等候進一步程序前之暫時凍結該所得或工具。

3. 犯罪所得或犯罪工具須依締約雙方所屬領土內之法律規定予以處理。締約之任何一方在其所屬領土內之法律所許可之範圍，且認為適當時，得移轉該財物、變賣所得之全部或部分予他方。

第十八條　與其他協定之關係

本協定所規定之協助及程序，並不禁止締約之任一方或其指定之代表人依其他協定或各自所屬領土內之法律之規定，對他方提供協助。締約雙方亦得依任何可適用之安排、協定或實務做法，提供協助。

第十九條　諮商

締約雙方之指定代表人，於相互同意時，應諮商以促進本協定之有效運用。受指定之代表人亦得同意採用有助於履行本協定所必要之實際方法。

第二十條　生效；終止

1. 本協定自最後簽署之日起生效。

2. 締約之一方得以書面通知他方後，終止本協定。該終止自收受通知後六個月生效。

3.本協定適用於其生效後提出之任何請求，即使有關犯罪係發生於本協定生效之前。
茲證明以下簽名者經充份授權簽署本協定。〔本協定以英文及中文各繕製兩份，兩種
文字之約本同一作準。西元二〇〇二年三月二十六日訂於華盛頓哥倫比亞特區〕

　　美國在臺協會　　　　　駐美國臺北經濟文化代表處

　　　姓名：＿＿＿＿　　　　　姓名：＿＿＿＿

　　　職稱：＿＿＿＿　　　　　職稱：＿＿＿＿

　　　日期：＿＿＿＿　　　　　日期：＿＿＿＿

表A　業務紀錄真實性之證明

本人＿＿＿＿（姓名）＿＿＿＿作證，如有虛偽陳述或證言，將受刑事處罰。本人係受僱
於＿＿＿＿（商業名稱；文件所取自該商業）＿＿＿＿，職稱為＿＿＿＿（職稱）＿＿＿＿。本
件所取自該商業之名稱）＿＿＿＿監督下根據原本所製成之複製本。本人再陳述：

A）該紀錄係於所述事件發生時或接近發生時，由知悉該事件之人（或根據獲自知悉
　　該事件之人傳來之訊息）所作成；

B）該紀錄係在經常性的業務活動過程中被保存者；

C）由於該業務活動，使做成紀錄成為常規；

D）如該紀錄並非原本，亦係根據原本所製成之複製本。

　　＿＿＿＿（簽名）＿＿＿＿＿＿＿（日期）＿＿＿＿

在本司法官員＿＿＿＿＿＿＿（姓名）＿＿＿＿＿＿面前宣誓或確認，＿＿＿＿＿＿（日期）＿＿＿＿＿。

表B　外國公文書真實性之證明

本人＿＿＿＿（姓名）＿＿＿＿作證，如有虛偽陳述或證言，將受刑事處罰。本人在＿＿＿＿＿
（領土）＿＿＿＿之政府當局之職稱為＿＿＿＿（職稱）＿＿＿，並經＿＿＿＿（領土）＿＿＿＿之法律
授權證明此所附及以下所述之文件係真正且係依照原本紀錄正確製作之複製本。該原
本紀錄存錄在＿＿＿＿（領土）＿＿＿＿之機關＿＿＿＿（機關名）＿＿＿＿＿。

有關文件之敘述：

＿＿＿＿（簽名）＿＿＿＿

＿＿＿＿（職稱）＿＿＿＿

＿＿＿＿（日期）＿＿＿＿

表C　有關扣押物品之證明

本人＿＿＿＿（姓名）＿＿＿＿作證，如有虛偽陳述或證詞，將受刑事處罰。本人在＿＿＿＿＿
（領土）＿＿＿＿之政府當局之職稱為＿＿＿＿（職稱）＿＿＿。本人於＿＿（日期）＿＿＿在＿＿＿
（地點）＿＿＿自＿＿＿（某人姓名）＿＿＿＿接受保管下列物品，保持其與本人收受時相

同之狀態。（如有不同，註記如下）
有關物品之敘述：
在本人保管中狀態之改變

_____ （簽名）_____
_____ （職稱）_____

13.駐美國臺北經濟文化代表處與美國在臺協會間動植物保育技術合作協定

中華民國八十四年三月六日中華民國駐美國臺北經濟文化代表處代表魯肇忠與美國在臺協會理事主席白樂崎於華盛頓哥倫比亞特區簽訂；並於八十四年三月六日生效

美國在臺協會與駐美國臺北經濟文化代表處，以下簡稱雙方，認知國際致力保護瀕臨絕種物種之重要性，意欲加強雙方所代表領域之機關間之技術合作以促進動植物之保護與保育之目標，業同意如下：

第一條 執法

美國在臺協會所代表領域與駐美國臺北經濟文化代表處所代表領域之執法及海關人員應交換資訊以防止動植物之非法交易。資訊交換應針對有關瀕臨絕種物種保護之各項問題，尤應特別注意走私問題。

第二條 庫存管理及人工飼養

駐美國臺北經濟文化代表處所代表領域之農業委員會（以下簡稱農委會）及地方政府官員應與美國在臺協會所代表領域之有關官員合作以改善對私人持有之犀牛角、虎骨及其他瀕臨絕種物種產製品庫存之管理。

農委會及美國在臺協會所代表領域之魚類暨野生動物署（以下簡稱野生動物署）應於必要及相互同意時，就動物飼養與植物人工繁殖之保育效益、風險及管理技術交換資訊。

第三條 法庭所需之鑑定資訊

野生動物署應盡可能協助駐美國臺北經濟文化代表處所代表領域之相關機關技術專家改善其法庭所需之鑑定技術，包括實驗室試驗，以便確定沒入之產製品是否包含野生動物物種。

前項試驗應以鑑定犀牛角、老虎產製品、熊膽、豹產製品、象牙等為主。駐美國臺北經濟文化代表處所代表領域之衛生署應與美國在臺協會所代表領域之相關機關或機構

交換資訊，俾為含野生動物物種之傳統中藥尋找替代品。

第四條　訓練

駐美國臺北經濟文化代表處所代表領域之相關機關之技術專家及官員應予以機會參觀野生動物署刑事鑑定實驗室以提升其等技術。考察項目可包括鑑定野生動物之光譜分析、色層分析、DNA 分析之 PRO 技術。為提供科學比對之堅實基礎，野生動物署得提供亞洲地區交易最頻繁之魚類及野生動物標本予駐美國臺北經濟文化代表處所代表領域之機關官員，惟須在符合各自領域所有相關法律、規定及許可要求之條件下為之。駐美國臺北經濟文化代表處所代表領域之執法官員應接受野生動物署人員在喬裝查緝規劃及執行之技術訓練。為達成保護及保育野生動物之共同目標，雙方同意此類訓練應在可能及相互同意之情況下重複進行。資訊交換應持續進行。

第五條　有關許可證及執行方面之聯繫

有關許可證及憑證及其核發之生物與法律基礎等事項應由野生動物署管理處與農委會直接聯繫，野生動物主管機關間之有效聯繫亦應予以鼓勵。此等聯繫之文件副本應提供美國在臺協會與駐美國臺北經濟文化代表處。敏感之執法資訊得由雙方執法官員直接交換。

第六條　大眾保育教育

雙方應就鼓勵大眾瞭解及支持野生動物保育之方法交換資訊。

第七條　其他領域

為提供魚類及野生動物管理及研究其他領域之合作，本協定得就雙方相互指定之合作領域予以修訂。

第八條　協調

美國在臺協會與駐美國臺北經濟文化代表處應指定一技術協調人執行本協定。美國在臺協會之技術協調人為內政部魚類暨野生動物署管理處處長。駐美國臺北經濟文化代表處之技術協調人為農業委員會林業處處長。雙方技術協調人應就有關本協定之執行作定期溝通。技術協調人必要時應與雙方各自領域之其他相關機關協調，在美國在臺協會方面包括司法部、海關；在駐美國臺北經濟文化代表處方面包括財政部關稅總局、法務部調查局、內政部警政署及衛生署。

第九條　費用分擔

執行前述活動所需費用應由美國在臺協會與駐美國臺北經濟文化代表處共同分擔，分擔之比例由雙方逐案協議之。此等活動應依經費之取得情況而定。

如雙方同意美國在臺協會所代表領域之機關執行活動之費用將由駐美國臺北經濟文化代表處歸墊，駐美國臺北經濟文化代表處於收到美國在臺協會之帳單時應確實將該項費用以適當之方式轉交美國在臺協會。

第十條　效力與效期

本協定自最後簽字日期起生效，有效期間三年。任一方得隨時於九十日前以書面通知他方終止本協定。

為此，雙方各經其主管當局充分授權之簽字人爰於本協定簽字，以昭信守。

本協定以英文分繕兩份。訂於美國華盛頓哥倫比亞特區。

美國在臺協會代表　白樂崎主席一九九五年三月六日

駐美國臺北經濟文化代表處代表　魯肇忠一九九五年二月二十四日

14.駐美國臺北經濟文化代表處與美國在臺協會(關於專利及商標優先權) 瞭解備忘錄

中華民國八十五年四月十日中華民國駐美國臺北經濟文化辦事處代表魯肇忠與美國在臺協會理事主席 James C. Wood Jr. 簽訂；並於八十五年四月十日生效

駐美國臺北經濟文化代表處與美國在臺協會雙方（以下分稱「締約一方」，合稱「締約雙方」）為確保駐美國臺北經濟文化代表處所代表之領域之自然人與法人，受美國在臺協會所代表之領域之專利法與商標法充分之保護，及美國在臺協會所代表之領域之自然人及法人，受駐美國臺北經濟文化代表處所代表之領域之專利法與商標法充分之保護，爰簽署本瞭解備忘錄。

一九四六年所簽署之中華民國、美利堅合眾國友好通商航海條約規定，締約雙方應基於國民待遇與最惠國待遇之原則，提供對方之自然人與法人有效之專利與商標等之保護。

為遵守一九四六年中華民國、美利堅合眾國友好通商航海條約，美國在臺協會所代表之領域之專利法及商標法業在優先權利益外之全部範圍賦與駐美國臺北經濟文化代表處所代表之領域之自然人與法人國民待遇。此外，美國在臺協會所代表當局同意在互惠基礎上，提供駐美國臺北經濟文化代表處所代表之領域之自然人及法人專利與商標申請案優先權利益。

駐美國臺北經濟文化代表處所代表之領域於一九九四年一月二十三日生效之專利法（以下簡稱「專利法」），及於一九九三年十二月二十四日生效之商標法（以下簡稱「商標法」）規定，外國國民之權利與利益以互惠為基礎，該等權利與利益將照本備忘錄之規定，以互惠為基礎提供予美國在臺協會所代表之領域之自然人及法人。依據專利法規定，該等權利及利益包括一般專利保護（第四條）、微生物新品種之專利保護（第二十一條）、發明專利、新型專利及新式樣專利之優先權利益（第二十四條、第一百零五條及第一百二十二條）及專利權期間之延長（第五十一條）。商標法亦以互惠原則，規定申請商標註冊之優先利益（第四條）。

基於以上之考量，締約雙方約定如下：

第一條

依一九四六年中華民國、美利堅合眾國友好通商航海條約，駐美國臺北經濟文化代表處所代表當局及美國在臺協會所代表當局有義務互相提供對方自然人及法人有效之智慧財產權保護。基於該項義務，專利法第四條、第二十一條及第五十一條所規定訂定條約或協定互惠保護智慧財產權之要求，業已實現，且美國在臺協會所代表之領域自然人及法人自專利法生效後，除優先權利益外，即受該專利法充分之保護。

第二條

凡駐美國臺北經濟文化代表處所代表之領域或美國在臺協會所代表之領域之自然人及法人，自本備忘錄生效日起，同締約任一方當局合法提出之發明、新型或新式樣專利之申請案，基於互惠保護原則，得以該申請對較晚在締約另一方提出之同樣申請案主張優先權，惟較晚提出之申請案應在申請當地法令所規定之期間內提出。在駐美國臺北經濟文化代表處所代表之領域或美國在臺協會所代表之領域申請發明專利時，得以在另一方先申請之新型專利主張優先權，反之亦同。

第三條

凡駐美國臺北經濟文化代表處所代表之領域或美國在臺協會所代表之領域之自然人及法人，自一九九三年十二月二十四日起，同締約任一方提出之商標、服務標章、團體標章或證明標章之申請案，基於互惠保護原則，得以該申請對較晚在締約另一方提出之同一商標申請案主張優先權，惟較晚提出之申請案應在申請當地法令所規定之期間內提出。

第四條

第一條、第二條及第三條所規定之義務，不適用於在世界智慧財產權組織監督下，針對智慧財產權之取得與維持所締結之多邊協定有關程序之規定。

第五條

本瞭解備忘錄應自締約雙方簽署之日起生效。倘非於同日完成簽署，自締約任一方較晚簽署之日起生效。締約任一方得於至少六個月之前，以書面通知他方終止本瞭解備忘錄。

第六條

本瞭解備忘錄自最後簽署之日起生效，為此，經合法授權之雙方代表爰於本備忘錄簽字以昭信守，本瞭解備忘錄以中文及英文各繕製兩份，兩種文字之約本同一作準。

15.亞東關係協會（中）與財團法人交流協會（日）間關於雙方國際海空運事業所得互免稅捐協定

中華民國七十九年九月四日中華民國亞東關係協會代表馬樹禮與日本財團法人交流協會代表谷川關重於臺北簽訂；並於七十九年九月四日生效

一　亞東關係協會與財團法人交流協會（以下簡稱「交流協會」）基於一九七二年二月二十六日簽訂之「亞東關係協會與財團法人交流協會互設駐外辦事處協定」第三項（十二）之規定，雙方協議互相合作獲致其有關當局之同意，以實施左列事項：

1.亞東關係協會應建議其有關當局，基於互惠原則，同意豁免對方之事業以船舶或航空器從事國際運輸業務所取得之所得或收入應繳納之所得稅。 2.交流協會應建議其有關當局，基於互惠原則，同意豁免對方之事業以船舶或航空器從事國際運輸業務所取得之所得或收入應繳納之所得稅、法人稅、住民稅（均等割不包括在內）及事業稅。 3.上述第 1 項及第 2 項所稱「對方之事業」，謂依對方之課稅目的係屬居住於對方之任何個人，或總機構或主事務所設在對方之任何法人或其他事業。 4.上述第 1 項及第 2 項有關豁免稅捐之規定，應適用於自一九八九年一月一日起國際海空運事業取得有關之所得或收入。

二　1.本協定自一九九〇年九月四日起生效，協定之一方如於以後年度之六月卅日以前以書面通知另一方擬終止本協定時，本協定應於次一年度之一月一日起終止適用。 2.一九八〇年六月九日亞東關係協會與財團法人交流協會在臺北所簽署之關於雙方國際空運事業互免稅捐協定，自本協定以中、日兩國文字分繕（中文本及日文本同一作準），雙方代表於公曆一九九〇年九月四日在臺北簽署，以昭信守。

亞東關係協會代表
馬樹禮（簽字）
財團法人交流協會代表
長谷川關重（簽字）

16.駐英國臺北代表處與駐臺北英國貿易文化辦事處智慧財產權相互承認合作辦法

中華民國八十九年三月二十日中華民國駐英國臺北代表處代表鄭文華與英國駐臺北英國貿易文化辦事處代表 David Coates 於臺北簽訂；並於八十九年三月二十日生效

鑒於工業財產之國際合作對提昇產業、科技及經濟發展之重要性，駐臺北英國貿易文化辦事處及駐英國臺北代表處，分別代表英國及臺灣之相關主管機關，簽訂以下之辦法：

一　任一方之主管機關同意就任何臺灣或英國自然人或法人（已於英國申請專利或工業設計之登記者；或已於臺灣申請發明專利、新式樣或新型專利者；或已於「巴黎保護工業財產權公約」之締約國或世界貿易組織之會員國（且此等締約國或會員國亦與臺灣有互惠之優先權協定）依其個別法律所承認之各種專利提出申請者），自二〇〇〇年三月二十日起或自二〇〇〇年三月二十日之後，或此等臺灣或

英國自然人或法人之專利繼受人，於向另一方主管機關提出申請時，享有優先權。任一方之主管機關將依據「巴黎保護工業財產權公約」第四條執行本條款。

二　任一方之相關主管機關，就臺灣或英國自然人或法人關於新種微生物發明之專利申請，將予受理並賦與專利權。

三　為了專利公開之目的，任一方之相關主管機關，將承認依據英國或臺灣相關規定所為之微生物寄存。英國之主管機關將承認於任何機構所為之微生物寄存，此等機構應隨時具備收受、接受及貯藏微生物以及以客觀而公平之方式提供樣本之功能。臺灣之主管機關將承認於任何經專利主管機關指定或承認之寄存機構所為之微生物寄存。

四　任一方之主管機關將延長對於特定科技專利之保護，延長之期間，依據英國及臺灣之相關規定，為自專利期間屆滿後，至多五年。在英國，應依據歐洲經濟共同體理事會規則第一七六八／九二號下對醫療產品之補充保護文件，以及歐洲共同體第一六一〇／九六號對植物產品保護之規則，授與此種專利之延長。在臺灣，應依據專利法第五十一條對醫藥品及農藥品之規定，授與此種專利之延長。

五　本辦法將自雙方簽署之日生效。

六　經合法授權之雙方代表爰於本辦法簽字，以昭信守。

本辦法以中文及英文各繕兩份，兩種約文同一作準，二〇〇〇年三月二十日簽署。

17. 臺北經濟文化辦事處與歐洲商會間互免海運事業所得稅議定書

中華民國七十九年八月一日中華民國臺北經濟文化辦事處代表舒梅生與歐洲共同體歐洲商會會長戴洛羅佐（歐洲商會秘書長浦羅代理）於布魯塞爾簽訂；並於七十九年八月一日生效

駐比利時布魯塞爾「臺北經濟文化辦事處」代表舒梅生，與歐洲經濟共同體各會員國商會之代表歐洲商會會長戴洛羅佐為增進雙方之友誼及經濟關係，尤其為減輕雙方船運業者之負擔，經於一九九〇年八月一日在布魯塞爾會晤，並簽署本議定書。

臺北經濟文化辦事處及歐洲商會均已確悉雙方財政當局願意自簽署之日起，在互惠基礎上，免徵對方船運事業因經營國際航運在其本國境內載貨之所得稅。

臺北經濟文化辦事處及歐洲商會承允在締約一方之稅法有任何改變，致可能修正本議定書之條款時，應通知對方。

簽約之一方得於任何一年之六月三十日以前，以書面通知他方終止本議定書，並於自該通知送達後之次年一月一日起生效。

18. 臺北經濟文化辦事處與澳大利亞商工辦事處避免所得稅雙重課稅及防杜逃稅協定

中華民國八十五年五月二十九日中華民國臺北經濟文化辦事處代表洪建雄與澳大利亞商工辦事處代表何科林於坎培拉簽訂；並於八十五年十月十一日生效

澳大利亞商工辦事處與臺北經濟文化辦事處咸欲締結避免所得稅雙重課稅及防杜逃稅協定，爰經議定下列條款：

第一條　適用之人

本協定適用於具有一方或雙方領域居住者身分之人。

第二條　適用租稅

一、本協定所適用之現行租稅：

　　㈠在澳大利亞稅務局主管之稅法所適用之領域：依該領域稅法課徵之所得稅及海外石油資源開發、探勘計畫之資源租金稅。

　　㈡在臺北財政部賦稅署主管之稅法所適用之領域：依該領域稅法課徵之營利事業所得稅及綜合所得稅。

二、本協定亦適用於簽訂後對所得、利潤或利得新開徵或替代現行各項租稅，而與現行租稅相同或實質類似之任何租稅。雙方領域之主管機關對於其各自稅法之重大修訂，應儘速通知對方。

第三條　一般定義

一、除上下文另有規定外，本協定稱：

　　㈠「領域」，視情況係指第二條第一項第一款或第二款所稱之領域。

　　㈡「人」，包括個人、公司及其他任何人之集合體。

　　㈢「公司」，係指法人或依稅法規定視同公司或法人之任何實體。

　　㈣「一方領域之企業」及「他方領域之企業」，視上下文分別係指由一方領域之居住者所經營之企業或他方領域之居住者所經營之企業。

　　㈤「租稅」，係指依一方領域法律課徵租稅（本協定第二條所稱之租稅），但不包括依該法律課徵之任何罰鍰或利息。

　　㈥「主管機關」，在澳大利亞稅務局主管之稅法所適用之領域，係指稅務局局長或其授權之代表；在臺北財政部賦稅署主管之稅法所適用之領域，係指賦稅署署長或其授權之代表。

二、本協定於一方領域適用時，未於本協定界定之任何名詞，除上下文另有規定外，依本協定所稱租稅於協定適用當時之法律規定辦理，該領域稅法之規定應優先於該領域其他法律之規定。

第四條　居住地

一、依一方領域稅法規定為該領域居住者之人，為本協定所稱之該領域居住者。

二、僅因有澳大利亞稅務局主管之稅法所適用之領域之來源所得而負該領域納稅義務

之人，非為本協定所稱該領域之居住者。

三、個人如依前二項規定同為雙方領域之居住者，其身分決定如下：

　　㈠於一方領域內有永久住所，視其為該領域之居住者。

　　㈡如於雙方領域內均有或均無永久住所，視其為有經常居所之領域之居住者。

　　㈢如於雙方領域內均有或均無經常居所，視其為與其個人經濟及個人關係較為密切之領域之居住者。

四、個人以外之人如依第一項規定同為雙方領域之居住者，視其為設立登記所在地領域之居住者。

第五條　常設機構

一、本協定稱「常設機構」，係指企業從事全部或部分營業之固定營業場所。

二、「常設機構」包括：

　　㈠管理處。㈡分支機構。㈢辦事處。㈣工廠。㈤工作場所。㈥礦場、油井或氣井、採石場或任何其他天然資源開採場所。㈦農、牧或林業財產。㈧建築工地或建築、安裝或裝配工程之存續期間超過六個月者。㈨他方領域之企業透過其員工或僱用人員，在一方領域內提供服務，包括諮詢服務，但以該活動（為相同或相關工程）在該一方領域內於任何十二個月內合計超過一百二十天者。

三、企業之左列各款，不視為有「常設機構」：

　　㈠專為儲存、展示或運送屬於該企業之貨物或商品而使用之設備。

　　㈡專為儲存、展示或運送而儲備屬於該企業之貨物或商品。

　　㈢專為供其他企業加工而儲備屬於該企業之貨物或商品。

　　㈣專為該企業採購貨物或商品或蒐集資訊而設置之固定營業場所。

　　㈤專為該企業從事具有準備或輔助性質之活動，如廣告或科學研究，而設置之固定營業場所。

四、企業有左列情況之一者，視該企業於該一方領域內有常設機構並透過該常設機構經營業務：

　　㈠於該領域內從事與建築工地或建築、安裝或裝配工程有關之監督活動，其期間超過六個月者。

　　㈡於該領域內依企業所訂任何契約使用重要設備，連續超過三個月者。

五、於一方領域內代表他方領域企業之代理人（非第六項所稱具有獨立身分之代理人），有左列情況之一者，視該企業於該一方領域內有常設機構。

　　㈠於該一方領域有權代表該企業簽訂契約並經常行使該項權力。但該人之活動僅限於為該企業購買貨物或商品者，不在此限。

　　㈡於該一方領域所代理之業務，係為該企業製造或加工屬於該企業之貨物或商品。

六、一方領域之企業如僅透過經紀人、一般佣金代理商或其他具有獨立身分之代理人，

以其通常之營業方式，於他方領域內從事營業者，不得視該企業於他方領域內有常設機構。

七、一方領域之居住者公司，控制或受控於他方領域之居住者公司或於他方領域內從事營業之公司（不論是否透過常設機構或其他方式），均不得認定任一公司為另一公司之常設機構。

八、第十一條第五項及第十二條第五項在決定非屬任一方領域之企業於一方領域內有無常設機構時，亦適用本條前述各項規定之原則。

第六條　不動產所得

一、不動產所在地之領域得對該不動產之所得課稅。

二、本條稱「不動產」：

　　㈠在澳大利亞稅務局主管之稅法所適用之領域，依該領域之法律規定辦理，包括：

　　　　1.不論土地經過改良與否，其土地租賃及由地上或地下所產生之任何其他權益；

　　　　2.因開發、開發權或探勘所取得之變動或固定報酬之權利，或對於礦產、油井或氣井、採石場或其他天然資源之開採或開發場所所取得之收益。

　　㈡在臺北財政部賦稅署主管之稅法所適用之領域，依該領域之法律規定辦理，包括：　1.附著於不動產之財產及供農林業使用之牲畜及設備；　2.一般法律規定有關地產所適用之權利；　3.不動產收益權、及因開發、開發權或探勘、或對於礦產、資源及其他天然資源之開發所取得變動或固定報酬之權利；

　　㈢船舶、小艇及航空器不視為不動產。

三、前項所稱之權益或權利，視其情況為源於土地、礦產、石油或天然氣蘊藏處、採石場或天然資源所在地或開發處所在地。

四、直接使用、出租或以其他任何方式使用不動產所取得之所得，應適用第一項規定。

五、由企業之不動產及供執行業務使用之不動產所產生之所得，亦適用第一項及第四項規定。

第七條　營業利潤

一、一方領域之企業，除經由其於他方領域內之常設機構從事營業外，其利潤僅由該一方領域課稅。如該企業經由其於他方領域內之常設機構從事營業，他方領域得就該企業之利潤課稅，但以歸屬於該常設機構之利潤為限。

二、除第三項規定外，一方領域之企業經由其於他方領域內之常設機構從事營業，各領域歸屬該常設機構之利潤，應與該常設機構為一獨立之企業，於相同或類似條件下從事相同或類似活動，並以完全獨立之方式與該企業或其他企業從事交易時，所應獲得之利潤相同。

三、於計算常設機構之利潤時，為該常設機構營業目的而發生之費用（包括行政及一般管理費用），且支付各該費用之常設機構如係一獨立之實體者，准予減除，不論

該費用係在常設機構所在地領域內或其他處所發生。

四、常設機構如僅為企業採購貨物或商品，不得對該常設機構歸屬利潤。

五、一方領域內有關任一人稅負之計算所適用之法律，包括該領域之主管機關無充分資訊以決定應歸屬於常設機構利潤之案件，應不受本條規定之影響，在可行範圍內，該領域所適用之法律應符合本條之原則。

六、利潤如包括本協定其他條款規定之所得或利得項目，各該條款之規定，應不受本條規定之影響。

七、一方領域內對非居住者因保險所取得利潤課稅之任何法律規定，應不受本條規定之影響，任一方如有修正本協定簽署時實施中之相關法律，除不影響其一般性質之細微修正外，締約雙方應相互磋商，以使本條規定作妥適之修正。

八、㈠一方領域之居住者，無論係直接或經由一個以上之仲介信託財產，為任一信託財產（就稅法而言，不視為公司之信託財產）受託人經營於他方領域內企業之營業利潤之受益所有人；且㈡依第五條之原則，該受託人因與該企業之關係，於他方領域應有一常設機構，則該受託人經營之企業應視為該居住者透過他方領域內之常設機構經營業務，其分配之營業利潤，應歸屬該常設機構。

第八條　船舶及航空器

一、一方領域之企業，以船舶或航空器經營業務之利潤，僅由該一方領域課稅。

二、僅於他方領域內以船舶或航空器經營所直接或間接取得之利潤，由他方領域課稅，不受前項規定之限制。

三、適用前二項規定之利潤包括：

㈠以計時、計程或光船方式出租船舶或航空器之所得，出租與以船舶或航空器經營國際運輸業務有附帶關係之貨櫃及相關設備之所得，但以該出租之船舶或航空器、貨櫃及相關設備係供承租人經營國際運輸者為限；及

㈡參與聯營、合資企業或國際代理業務而經營船舶或航空器運輸業務之所得。

四、於一方領域內以船舶或航空器起運旅客、家畜、郵件、貨物或商品，並於該一方領域內另一地卸貨所取得之利潤，視為僅於該一方領域內以船舶或航空器經營之利潤。

第九條　關係企業

一、兩企業間有左列情事之一，於其商業或財務關係上所訂定之條件，異於雙方為獨立企業間之獨立所為，任何應歸屬其中一企業之利潤因該等條件而未歸屬於該企業者，得計入該企業之利潤，並予以課稅：

㈠一方領域之企業直接或間接參與他方領域企業之管理、控制或資本。

㈡相同之人直接或間接參與一方領域之企業及他方領域企業之管理、控制或資本。

二、一方領域內有關任一人稅負計算所適用之法律，包括該領域之主管機關無充分資

訊以決定應歸屬於一企業利潤之案件，應不受本條規定之影響，在可行範圍內，該領域所適用之法律應符合本條之原則。

三、一方領域企業之利潤，已於該領域內課稅，因前二項之規定，亦予列入他方領域企業之利潤予以課稅，如該兩企業間所訂定之條件與互為獨立企業所訂定者相同，且該項列計之利潤應歸屬於他方領域之企業利潤時，該一方領域對該項利潤之課稅，應作適當之調整，在決定此項調整時，應考量本協定之其他規定，如有必要，雙方領域之主管機關應相互磋商。

第十條 股利

一、依一方領域稅法規定為該領域之居住者公司，給付予他方領域之居住者受通所有人之股利，他方領域得予課稅。

二、前項給付股利之公司，如依一方領域稅法規定為該領域之居住者，該領域亦得依其法律規定對該項股利課稅，但其課徵之稅額：

　　㈠在澳大利亞稅務局主管之稅法所適用之領域：1.依該領域聯邦所得稅法規定「已繳納一般公司稅」之股利，不得超過股利總額之百分之十。 2.其他情況，不得超過股利總額之百分之十五。

　　㈡在臺北財政部賦稅署主管之稅法所適用之領域： 1.股利取得人為公司（合夥組織除外）直接持有給付股利公司資本百分之二十五以上者，不得超過股利總額之百分之十。 2.其他情況，不得超過股利總額之百分之十五。任一方如有修正本協定簽署時實施中之相關法律，除不影響其一般性質之細微修正外，締約雙方應相互磋商，以使本條規定作妥適之修正。

三、本條所稱「股利」，係指自股份取得之所得，及依分配股利之公司為居住者之領域之稅法規定，與自股份取得之所得類似之其他所得。

四、股利受益所有人如係一方領域之居住者，經由其於給付股利公司為居住者之他方領域內之常設機構從事營業或固定處所執行業務，其股份持有與該機構或處所有實際關聯時，不適用第一項及第二項規定，而視情況適用第七條或第十四條規定。

五、一方領域之居住者公司給付股利予非他方領域之居住者受益所有人，除其股份持有與在他方領域內之常設機構或固定處所有實際關聯外，他方領域應予免稅。給付股利之公司，依澳大利亞稅務局主管之稅法所適用之領域之稅法規定為該領域之居住者，依臺北財政部賦稅署主管之稅法所適用之領域之稅法規定，亦同時為該領域之居住者，不適用本項之規定。

第十一條 利息

一、源自一方領域而給付他方領域之居住者受益所有人之利息，他方領域得予課稅。

二、前項利息來源地領域亦得依其法律規定，對該項利息課稅，其課徵之稅額不得超過利息總額之百分之十。

三、本條所稱「利息」，包括政府債券之利息、公司債或債券之利息，不論有無抵押擔保及是否有權參與利潤之分配，任何其他形式負債之利息及依所得來源領域之稅法規定與金錢借貸之所得類似之所有其他所得。

四、利息受益所有人如係一方領域之居住者，經由其於利息來源地之他方領域內之常設機構從事營業或固定處所執行業務，且與給付利息有關之負債與該機構或處所有實際關聯時，不適用第一項及第二項規定，而視情況適用第七條或第十四條規定。

五、由一方領域之機關、所屬機關、地方機關或依該領域稅法規定之居住者所給付之利息，視為源自該領域。利息給付人如於一方領域內有常設機構或固定處所，而給付利息債務之發生與該機構或處所有關聯，且由該機構或處所負擔該項利息者，不論該利息給付人是否為一方領域之居住者，此項利息視為源自該機構或處所所在地領域。

六、利息給付人與利息受益所有人間，或上述二者與其他人間有特殊關係，如債務之利息數額，超過利息給付人與利息受益所有人在無上述特殊關係下所同意之數額，本條規定應僅適用於後者之數額。在此情形下，各領域應依其稅法對此項超額給付課稅，但應受本協定其他規定之限制。

第十二條　權利金

一、源自一方領域而給付他方領域之居住者受益所有人之權利金，他方領域得予課稅。

二、前項權利金來源地領域亦得依其法律規定，對該項權利金課稅，其課徵之稅額不得超過權利金總額之百分之十二五。

三、本條所稱「權利金」，係指定期或不定期之給付或記帳給付，不論其敘述方式或計算方式如何，因左列各項而為之報酬：

㈠使用或有權使用任何著作權、專利權、設計或模型、計畫、秘密處方或製程，商標權或其他類似財產或權利。

㈡使用或有權使用任何工業、商業或科學設備。

㈢提供科學、技術、工業或商業知識或資訊。

㈣提供任何輔助性及補助性協助，使能適用本項第一款之任何財產或權利，第二款之任何設備，或第三款之任何知識或資訊之規定。

㈤接收或有權接收經由衛星或電纜、光纖或類似之科技傳輸予大眾之視訊影像或聲音、或兩者。

㈥使用或有權使用與電視或無線電廣播有關，而經由衛星或電纜、光纖或類似之科技傳輸之視訊影像或聲音、或兩者。

㈦使用或有權使用電影影片、與電視使用有關之影片或錄影帶、或與無線電廣播有關而使用之錄音帶。

㈧有關本項所稱任何財產或權利之使用或提供之全部或部份之不行使。

四、權利金受益所有人如係一方領域之居住者，經由其於權利金來源地之他方領域內之常設機構從事營業或固定處所執行業務，且與權利金給付或記帳給付有關之權利或財產與該機構或處所實際關聯時，不適用第一項及第二項規定，而視情況適用第七條或第十四條規定。

五、由一方領域機關、所屬機關、地方機關或依該領域稅法規定之居住者所給付之權利金，視為源自該領域。權利金給付人如於一方領域內有常設機構或固定處所，而給付權利金義務之發生與該機構或處所有關聯，且由該機構或處所負擔該項權利金者，不論該權利金給付人是否為一方領域之居住者，此項權利金視為源自該機構或處所所在地領域。

六、權利金給付人與權利金受益所有人間。或上述二者與其他人間有特殊關係，如權利金給付或記帳給付之數額，超過權利金給付人與權利金受益所有人在無上述特殊關係下所同意之數額，本條規定應僅適用於後者之數額。在此情形下，各領域應依其稅法對此項超額給付課稅，但應受本協定其他規定之限制。

第十三條　財產之轉讓

一、一方領域之居住者因轉讓他方領域內之不動產而取得之所得、利潤或利得，他方領域得予課稅。

二、一方領域之企業因轉讓其於他方領域內常設機構資產中之不動產以外之財產而取得之所得、利潤或利得，或一方領域之居住者因轉讓其於他方領域執行業務固定處所之不動產以外之財產而取得之所得、利潤或利得，包括因轉讓該機構（單獨或連同整個企業）或處所而取得之所得、利潤或利得，他方領域得予課稅。

三、轉讓經營國際運輸業務之船舶或航空器，或附屬於該等船舶或航空器營運之財產（不動產除外）而取得之所得、利潤或利得，僅由經營船舶或航空器企業之居住地領域課稅。

四、一方領域之居住者因轉讓他方領域之公司股份或可比較之權益而取得之所得、利潤或利得，他方領域得予課稅。但以該公司之資產係全部或主要由位於他方領域內之不動產所組成者為限。

五、一方領域對於因轉讓本條前述各項以外之任何財產所取得具有資本性質利得課稅之法律規定，不受本協定之影響。

六、本條稱「不動產」，同第六條之規定。

七、不動產座落地，應依第六條第三項規定辦理。

第十四條　執行業務

一、一方領域之個人居住者，除經由其於他方領域內之固定處所從事個人活動外，其因執行業務或其他具有獨立性質活動而取得之所得，僅該一方領域課稅。如該人

於他方領域內有固定處所，他方領域得就該固定處所之所得課稅，但以歸屬於該
固定處所之所得為限。

二、「執行業務」包括執行獨立性質之科學、文學、藝術、教育或教學等活動，及醫
師、律師、工程師、建築師、牙醫師及會計師等執行獨立性質之活動。

第十五條　個人受僱勞務

一、除第十六條、第十八條及第十九條規定外，一方領域之個人居住者因受僱而取得
之薪俸、工資及其他類似報酬，除勞務係於他方領域提供者外，應僅由該一方領
域課稅。該項勞務如係於他方領域提供，他方領域得對該項勞務取得之報酬課稅。

二、一方領域之個人居住者於他方領域提供勞務而取得之報酬，如同時符合左列四款
規定，應僅由該一方領域課稅，不受前項規定之限制：

　　㈠該所得人於所得年度之內開始或結束之任何十二個月期間內，於他方領域內居
　　　留合計不超過一百八十三天。

　　㈡該項報酬由非他方領域居住者之僱主所給付或代表僱主給付。

　　㈢該項報酬於計算該僱主於他方領域內之常設機構或固定處所之課稅利潤時，不
　　　得減除。

　　㈣該項報酬係由該一方領域課稅或依本協定由該一方領域課稅。

三、因受僱於一方領域之企業經營國際運輸業務之船舶或航空器上提供勞務而取得之
報酬，僅該一方領域應予課稅，不受前二項規定之限制。

第十六條　董事報酬

一方領域之居住者因擔任他方領域內居住者公司董事會之董事而取得之董事報酬及類
似給付，他方領域得予課稅。

第十七條　表演人與運動員

一、表演人（如：劇院、電影、廣播或電視之藝人及音樂家）及運動員，於他方領域
從事個人活動而取得之所得，他方領域得予課稅，不受第十四條及第十五條規定
之限制。

二、表演人或運動員以該身分從事個人活動之所得如不歸屬表演人或運動員本人而歸
屬其他人者，該活動舉行地領域得對該項所得課稅，不受第七條、第十四條、第
十五條規定之限制。

第十八條　養老金及年金

一、給付予一方領域居住者之所有養老金及年金，應僅由該一方領域課稅。

二、稱「年金」係指於終生或特定或可確定之期間內，基於支付金錢或等值金錢做為
充分適當報酬之給付義務，依所定次數及金額而為之定期給付。

第十九條　公共勞務

一、管理一方領域之機關，所屬機關或地方機關給付予代表該機關執行公共或行政機

能而提供勞務個人之薪津、工資及其他類似報酬（養老金或年金除外），應僅由該一方領域課稅。該勞務如係於他方領域提供，且薪津、工資及其他類似報酬之收受者為他方領域之居住者，且係他方領域之公民或國民、或非專為執行上述勞務而成為他方領域之居住者，該項報酬應僅由他方領域課稅。

二、為前項所稱之任何機關經營之貿易或事業提供勞務所取得之薪津、工資及其他類似報酬，不適用前項規定，而視情況適用第十五條或第十六條規定。

第二十條　學生

學生為教育目的而於他方領域短暫停留，且於停留期間或停留前係為一方領域之居住者，其自該他方領域外取得供生活或教育目的之給付，該他方領域應予免稅。

第二十一條　其他所得

一、一方領域之居住者取得非屬本協定前述各條規定之所得，不論其來源為何，應僅由該領域課稅。

二、一方領域之居住者自他方領域取得前項之所得，他方領域亦得課稅。

三、一方領域之居住者取得之所得與其在他方領域之常設機構或固定處所有實際關聯時，除源於第六條第二項所定義不動產之所得外，不適用第一項規定，而視情況適用第七條或第十四條規定。

第二十二條　消除雙重課稅之方法

除依一方領域實施中之法律，於該方領域以外所繳納之稅捐，准自該方領域應納稅額中扣抵之規定外（不影響本條之一般原則），一方領域之居住者自他方領域所取得之所得，依他方領域法律及本協定規定繳納之稅捐，不論採直接扣抵或扣除，應准自該一方領域就該項所得之應納稅額中扣抵。但扣抵之數額不得超過該一方領域依其稅法及細則規定對該所得課徵之稅額。

第二十三條　相互協議之程序

一、一人認為一方或雙方領域主管機關之行為，對其發生或將發生不符合本協定規定之課稅，不論各該領域就本協定所指租稅之法律救濟規定，均得向其本人為居住者領域之主管機關提出申訴，此項申訴應於首次接獲不符合協定規定課稅之通知起三年內為之。

二、主管機關如認為該申訴有理，且其本身無法獲致適當之解決，該主管機關應致力與他方領域之主管機關協議解決之，以避免發生不符合本協定規定之課稅。達成之協議應予執行，不受各該領域法律期間之限制。

三、雙方主機關應共同致力解決有關本協定之解釋或適用上發生之任何困難或疑義，並得共同磋商，以消除本協定未規定之雙重課稅問題。

四、雙方主管機關為執行本協定，得直接相互聯繫。

第二十四條　資訊交換

一、雙方主管機關為執行本協定或本協定所指租稅之國內法,在符合本協定之範圍內,應相互交換必要之資訊。一方領域之主管機關獲得之任何資訊應與依該領域國內法取得之資訊相同,以密件處理,且僅能揭露予與本協定所指租稅之核定、徵收、執行、起訴或上訴之裁定有關人員或機關(包括法院及行政部門)。上述人員或機關應僅得為上述目的使用該資訊,但得於公開法庭之訴訟程序或司法之判決中揭露之。

二、前項規定不得解釋為一方領域之主管機關有左列各款義務:

(一)執行與一方或他方領域之法律或行政慣例不一致之行政措施。

(二)提供依一方或他方領域之法律規定或正常行政程序無法獲得之資訊。

(三)提供可能洩露任何貿易、營業、工業、商業或執行業務之秘密或交易方法之資訊,或提供有違公共政策之資訊。

第二十五條　生效

本協定於各領域依其國內法規定,完成使本協定生效之必要程序後,於澳大利亞商工辦事處與臺北經濟文化辦事處以書面相互通知對方之日起生效,其適用日期:

一、在雙方領域

(一)非居住者取得之所得、利潤或利得之扣繳稅,為本協定生效日後之第二個月第一日起取得之所得、利潤或利得。

(二)適用第八條所指利潤之課稅,為一九九一年一月一日。

二、在澳大利亞稅務局主管之稅法所適用之領域,有關所得、利潤或利得之其他稅款,為本協定生效日後次一曆年七月一日。

三、在臺北財政部賦稅署主管之稅法所適用之領域,有關所得、利潤或利得之其他稅款,為本協定生效日後次一曆年一月一日。

第二十六條　終止

本協定無限期繼續有效,但任一領域之主管機關得於本協定生效日起滿五年後之任一曆年六月三十日或以前以書面通知對方終止本協定。其終止日期:

一、在雙方領域,非居住者所取得之所得,利潤或利得之扣繳稅,為發出終止通知日後之第二個月第一日起取得之所得、利潤或利得。

二、在澳大利亞稅務局主管之稅法所適用之領域,有關所得、利潤或利得之其他稅款,為發出終止通知之次一曆年七月一日。

三、在臺北財政部賦稅署主管之稅法所適用之領域,有關所得、利潤或利得之其他稅款,為發出終止通知之次一曆年一月一日。

為此,雙方代表業經合法授權於本協定簽字,以昭信守。

本協定以中文、英文各繕兩份,兩種文字約本同一作準,惟遇解釋上有歧異時,應以英文本為準。

附件

澳大利亞商工辦事處與臺北經濟辦事處，於本日在坎培拉簽署避免所得稅雙重課稅及防杜逃稅協定（於本附件稱「協定」）；爰經議定下列事項：

一、任何於本協定之後依澳大利亞稅務局主管稅法所適用之領域之一九五三年國際租稅協定法生效之協定，如包括無差別待遇條文，本附件之簽署雙方應進行相互磋商，俾使本協定包含與該無差別待遇條文相同之規定。

二、經雙方主管機關換函同意經營促進雙方領域間之貿易、投資及文化交流等活動之組織或其接續組織，其所取得之所得、利潤或利得，應僅由代表經營上述活動之領域課稅。雙方主管機關亦應於換函中明訂對該等機構之課稅日期。

本附件構成本協定之一部分。

為此，雙方代表業經合法授權於本附件簽字，以昭信守。

本附件以中文、英文各繕兩份，兩種文字約本同一作準，惟遇解釋上有歧異時，應以英文本為準。

19.臺北中央標準局與澳大利亞商工辦事處間關於保護工業財產權之備忘錄

中華民國八十二年八月十七日中華民國中央標準局局長楊崇生與澳大利亞商工辦事處總代表 Colin Heselitne 於臺北簽訂；並於八十三年十一月一日生效

臺北中央標準局與澳大利亞商工辦事處（以下稱簽署機關）為促進廣泛、密切及友好商業、文化及其他關係，期能在不歧視之基礎上，促進彼此領域內之貿易與商務之推展，考量工業財產權尤其在專利、商標、服務標章、工業設計或新式樣專利方面需要在互惠之基礎上提供適當有效之保護，經達成以下之瞭解：

履行機關

一　履行機關在臺北係經濟部中央標準局，在坎培拉係澳大利亞工業財產局。

本備忘錄之範圍

二　稱「工業財產」者，係指其最廣義而言，不僅適用於工業、商業事物，亦適用於農業、天然物開採業及所有經製成或天然之產物，例如：酒、穀物、菸葉、水果、畜類、礦物、礦水、啤酒、花卉及麵粉等。

三　(a)稱「專利」，應包括本備忘錄之簽署機關所代表領域法律所承認之各種工業專利，如小專利或新型專利、追加專利等。

　　(b)稱「商標」及「服務標章」者，應包括經簽署雙方領域之法律認可之各種標章，包括證明標章及團體標章。

四　「領域」係指簽署機關之各該領域適用工業財產權法律之地區。

國民待遇

五　各該領域內被保護人將享有在他方領域內各該工業財產權法律所授與及將來可能授與其本領域內被保護人之利益；此項權利不妨礙本備忘錄所特別規定之權利。因此，一方領域之被保護人如遵守加諸他方領域被保護人之條件及手續時，其所受之保護及其權利受侵害時所獲之法律救濟，應與後者相同。

六　一方領域之被保護人為享有他方領域之工業財產權，而於他方領域內請求保護時，他方領域不得要求其在該領域內設有住、居所或營業所。

七　各該領域有關管轄權，司法、行政程序，以及指定送達地址或委任代理人可能為各領域工業財產權法律所必要者，悉予特別保留。

八　「被保護人」依本備忘錄之目的，係指各該領域依其法律認定之公民或國民，並包括法人或依各該領域法律所設立之公司。

優先權

九　於一領域內已依法提出第三條所規定之專利申請、申請工業設計或新式樣專利、商樣或服務標章註冊之被保護人或其權益繼受人，如在他方領域為此目的提出申請時，在本備忘錄所定之期間內享有優先權。

十　被保護人在一方領域內提出申請相等於該領域內國民依其國內法提出之合格申請時，將在他方領域內被承認其產生優先權。

十一　合格國內申請係指該申請在所提出之領域可適當認定申請日者而言，不論該項申請隨後獲致何種結果。

十二　優先權所依據之第一次申請案申請日以前，第三人已獲得之權利，依每一領域之國內法予以保留。

十三　第九條之優先權期間，對於專利而言為十二個月，對於工業設計或新式樣專利、商標、服務標章而言為六個月。

十四　第十三條之優先權期間自第一次申請之申請日起算，申請之當日不計在內。

十五　在請求保護其工業財產權之領域內，如優先權期間之最後一日為國定假日，或為履行機關不收件休息日時，將延展至次一工作日。

十六　第十四條所指第一次之申請案在同一領域內有涉及同一標的之隨後申請案申請時，該較先之申請案已經撤回、放棄、或核駁，未經公眾審查亦未留有任何權利，且亦尚未作為主張優先權之依據時，將被視為第一次申請案，其申請日為優先權期間之起算日。此後，較先之申請案即不得作為主張優先權之依據。

十七　任何被保護人欲援引一較先申請案優先權者，應提出申明，敘明該較先申請日。每一履行機關將決定提出該申明之最後期限。

十八　第十七條所述之事項應在履行機關發行之公報中，尤其在專利書狀及其有關說明書內予以載明。

十九　簽署機關或其履行機關得通知任何提出優先權申明之被保護人，製作一份原先提出之申請文件（專利說明、圖式等）之副本。如該副本經受理之主管機關證明與原本相符者，則無須驗證而且在任何情形下無須繳費，並應於申請案提出後三個月補送。簽署機關或其履行機關得規定副本須附有該同一主管機關所出具敘明申請日之證明書及其譯本。

二十　在提出申請時，每一簽署機關或其履行機關對優先權申明不得要求其他手續。每一簽署機關或其履行機關將決定由未履行第九條至二十七條所規定手續所發生之效果，但該效果以優先權之喪失為限。

二一　任何被保護人利用較先申請案之優先權時，須敘明該較先申請案號數，該號數將依第十八條之規定予以公告。

二二　在一方領域內申請工業設計或新式樣專利係基於一新型申請案主張優先權，其優先權期間，與工業設計或新式樣專利所定者同。

二三　在該領域法律許可時，得基於一發明專利申請案之優先權提出新型專利申請案，反之亦同。

二四　簽署機關或其履行機關不得因申請人主張複數優先權或因其所主張一個以上優先權之申請案，其中一個或數個組成元件，並未包括於據以主張優先權之該一個或數個申請案中，而拒絕其主張優先權或專利之申請。前述兩種情況依各該領域法律之意義，以屬單一之發明為限。前述之組成元件未包括於原據以主張優先權之一個或數個申請案中者，其後提出之申請，仍依一般條件享有優先權。

二五　經審查認為一申請案中包括一個以上之發明時，申請人得將該申請案分割成數個申請案，並得就各申請案保留原申請日；如有優先權時，亦得保留其優先權。

二六　申請得將其專利申請案分割成數個申請案，並就各案保留原申請日；如有優先權時，亦得保留其優先權。簽署機關或其履行機關有權決定分割申請之條件。

二七　主張優先權的發明中有若干組成元件，在他方領域所提之申請案之全部申請文件中已明確揭示者，雖未載於申請專利範圍，仍不得拒絕其主張優先權。

最惠國待遇

二八　每一簽署機關及其履行機關，將盡力確保於其領域內之相關主管機關，在保護工業財產權方面，設法使所給予第三國國民之任何利益、優惠、特權或豁免，立即且無條件的給予他方領域之被保護人。

生效、履行及檢討

二九　當與貿易有關之智慧財產權，包括防止仿冒商品交易協議生效後，雙方同意檢討本備忘錄。

三十　如簽署機關或其履行機關遭遇或預見關於執行本備忘錄約定之國內法定授權機關產生問題時，該簽署機關或其履行機關應要求與他方簽署機關或其履行機關

立即諮商。一旦接獲諮商要求時，他方簽署機關或其履行機關應儘速配合展開諮商，就該等問題尋求解決。

三一　如簽署機關或其履行機關無國內法定授權機關執行本備忘錄之約定時，該簽署機關或其履行機關應要求其他具有相當地位之機關說明並執行其相關之約定。

三二　本備忘錄自雙方各該領域內之立法程序完成後，並由雙方簽署機關內之立法程序完成後，並由雙方簽署機關以書面相互通知時生效。

三三　任何一方簽署機關得於六個月前以書面通知終止本備忘錄。

20.駐澳大利亞臺北經濟文化辦事處與澳大利亞商工辦事處間執行競爭法及公平交易法合作及協調辦法

中華民國八十五年九月十三日臺北經濟文化辦事處代表洪健雄與澳大利亞商工辦事處代表何科林於臺北簽換；並於八十五年九月十三日生效

第一條　背景

一、臺北經濟文化辦事處及澳大利亞商工辦事處（「兩辦事處」）咸認，臺北公平交易委員會與澳大利亞競爭及消費者委員會（以下合稱為「兩委員會」）間相互合作與協調，將有助於強化兩委員會執行競爭法及公平交易法的有效性及完整性。

二、然而，雙方在執行其競爭法及公平交易法時，當所規範的行為或交易涉及一方的重大利益或其他相關法律時，經常產生歧見，此乃主要源於雙方所職掌的競爭法及公平交易法間存在著一些重要的差異。

三、兩委員會了解澳大利亞所制定的商業管制互助法及犯罪防治互助法的存在。本協議將與上述立法同時並行。

四、兩委員會了解，亞太經濟合作會議在一九九五年十一月十六日通過的大阪行動綱領，鼓勵包括臺北公平交易委員會與澳大利亞競爭及消費者委員會在內的亞太地區間競爭法主管機關，能如同本協議般建立合作協議。本協議將與上述行動綱領同時並行。

第二條　目的

本協議的目的在促進兩委員會約合作及協調，以減少兩委員會間由於法律規範差異以外因素致競爭法及公平交易法發生不同施行結果的可能性。透過持續地資訊交流及在某些領域內約合作關係，將可使彼此的執法更迅速且有效。

第三條　主要事項

一、本協議牽涉到兩委員會所有下列的活動，包括執法、裁定、宣導教育、研究、人力資源的發展，以及管理。

二、當一委員會被要求提供資訊或協助時，除法律禁止或受要求方認為此一協助將損

害其重要利益外，該委員會（受要求方）應提供所有資訊及允諾協助。

第四條　機密性

一、無論本協議其他條款如何規範，在下列情形下，受要求方均無需向要求方提供所需資訊：

　　．相關法律禁止提供，或有違受要求方司法權上的重大利益；

　　．提供的機密性資訊有被揭露之虞。

二、要求方將盡最大能力保護依本協議所獲得的任何機密資訊，包括依據澳大利亞一九八二年頒佈的資訊自由法索取資料時亦然。在未獲得受要求方的書面允許前，要求方不得對任何主管機關洩露任何依本協議所獲得的機密資訊。

三、要求方應嚴格管制依本協議所獲得的機密性資料，其可及範圍應僅限於檔案的儲存及管理所需。

四、當被要求方要求以特殊方式來保護所提供資料時，應於提供該資料前告知要求方。要求方應在獲得該資訊前確認其願意且有能力遵守該約定。

第五條　合作範圍

一、資訊交流

　　㈠兩委員會間資訊共享可獲致以下共同利益：

　　　　1. 促使兩委員會更有效地施行競爭法及公平交易法；

　　　　2. 避免不必要的重複；

　　　　3. 促進調查、研究及宣導教育方面的相關協調；

　　　　4. 促進雙方對於與各自競爭法及公平交易法的執行及其相關活動有關的經濟與法律的狀況和理論，有進一步的了解；

　　　　5. 維持兩委員會彼此間或各該方企業發展情況的訊息暢通。

　　㈡為強化此共同利益，兩委員會將定期交換及提供與下列有關的資訊：

　　　　1. 委員會所作的調查與研究；

　　　　2. 演講、研究報告及期刊論文等；

　　　　3. 宣導教育的計劃；

　　　　4. 相關法規的修訂；

　　　　5. 人力資源的發展與管理。

二、執法及相關活動的告知

　　㈠就兩委員會所為的調查而言，當一方的調查、執法或其相關活動將影響另一方的重要利益時，該方委員會應告知他方委員會。就兩委員會以外的其他機關所為的調查而言，當瞭解到一方的調查、執法或其相關活動將影響另一方的重要利益時，該方委員會應告知他方委員會。任一方將對他方司法權內的人民進行詢問時，應告知他方。

㈡該項告知應包含足夠的資訊，使被告知方得以正確評估對其利益的影響，且被告知方可要求對方提供進一步的資訊。

㈢任一方任何關於調查的告知應送達至他方主任委員。

三、執法及相關活動的協助

㈠基於本協議，協助應及於：

1.受要求方檔案中的相關資訊，包括本協議第四條以外的機密性資料。

2.在關係人自願的基礎上，替要求方準備證詞，進行正式訪談及獲得資訊及文件。當受要求方因其法律規範無法提供該項協助時，受要求方應適當地提供建議。

3.當兩委員會同意執法活動上的協調將對其案件有助益時，則進行執法活動的協調。在決定一特定執法活動是否應被協調時，雙方應考量因素為：

(1)對資源的影響；

(2)執行上的效果；

(3)聯合行動的效率與效果；

(4)對委員會、經濟或國民的影響。

㈡在任何協調的安排中，各委員會應迅速完成負責事項，並應儘可能符合他方的目標。

第六條 協助的程序

一、任一方行政協助的要求，應向他方的主任委員提出。

二、行政協助的要求應包括：

‧涉案主體的說明；

‧產業特性的概述；

‧違反法條的說明；

‧蒐尋的資料及目的說明；

‧協助形式的說明；

‧回復期限的建議；

‧保密的要求。

三、受要求方應確認收到該項行政協助的要求，並依程序儘速地提供該項協助。

第七條 人員互換

兩委員會將於適當時機安排人員訪問及／或互換。

第八條 委員會所支援的活動

兩委員會將發展關於下列事項的合作事宜：

‧人力開發與訓練；

‧資訊科技，包括直接使用電子郵件系統及非屬共同的資料庫；

- 宣導教育；
- 立法的相互協助；
- 公文書送達的協助。

第九條　衝突避免

在個別法律的架構及符合自身利益的考量下，任一方在其每一階段的活動中，應將他方的重要利益納入考量。如果他方的利益行將受到侵害時，應立即召開緊急協商會議。

第十條　協議的檢討

一、本協議將逐年進行檢討，兩委員會並應以每十二個月為期就合作及協調事宜備妥同意報告書。該項檢討應於簽約每週年時進行。

二、任一方得在以書面告知他方三十日後終止本協議。本協議自雙方簽字之日起生效。

換文

澳大利亞競爭暨消費者委員會 AllanPels 主任委員：公平交易委員會與澳大利亞競爭暨消費者委員會（以下合稱為「兩委員會」）間的相互合作與協調，將有助於強化兩委員會執行競爭法及公平交易法的有效性及完整性。本換函承認臺北駐澳經濟文化辦事處代表與澳大利亞駐華商工辦事處代表於一九九六年九月十三日所簽訂的協議。本函確認兩委員會間對於此一協議結果的相互了解。該協議的目的在提供一架構，俾促進兩委員會之合作及協調，減少兩委員會間非因法律規範差異而造成對競爭法及公平交易法的不同施行結果的可能性。透過持續地資訊交流及在某些領域內之合作關係，將可使兩委員會的執法更迅速且有效。依據該協議的精神，以及公平交易委員會的要求，兩委員會將在協議簽署後六個月內，舉行一場雙邊諮商會議。在本函中，公平交易委員會承認本協議之價值與重要性，並確認將與澳大利亞競爭暨消費者委員會共同努力增進合作及協調。尚此敬致崇高敬意

　　　　　　　　　　　　　　　　　　　　趙揚清公平交易委員會主任委員

公平交易委員會趙主任委員鈞鑒：澳大利亞競爭暨消費者委員會與公平交易委員會（以下合稱為「兩委員會」）間的相互合作與協調，將有助於強化兩委員會執行競爭法及公平交易法的有效性及完整性。本換函承認澳大利亞駐華商工辦事處代表與臺北駐澳經濟文化辦事處代表於一九九六年九月十三日所簽訂的協議。本函確認兩委員會間對於此一協議結果的相互了解。該協議的目的在提供一架構，俾促進兩委員會之合作及協調，減少兩委員會間非因法律規範差異而造成對競爭法及公平交易法的不同施行結果的可能性。透過持續地資訊交流及在某些領域內之合作關係，將可使兩委員會的執法更迅速且有效。依據該協議的精神，以及公平交易委員會的要求，兩委員會將在協議簽署後六個月內，舉行一場雙邊諮商會議。在本函中，澳大利亞競爭暨消費者委員會承認本協議之價值與重要性，並確認將與公平交易委員會共同努力增進合作及協調。

尚此敬致崇高敬意

ProfessorAllanPels 澳大利亞競爭暨消費者委員會主任委員

21.駐紐西蘭臺北經濟文化辦事處與紐西蘭商工辦事處咸欲締結避免所得稅雙重課稅及防杜逃稅協定

中華民國八十五年十一月十一日中華民國駐紐西蘭臺北經濟文化辦事處代表林鐘與紐西蘭商工辦事處代表包遠之於奧克蘭簽訂；並於八十六年十二月五日生效

駐紐西蘭臺北經濟文化辦事處與紐西蘭商工辦事處咸欲締結避免所得雙重課稅及防杜逃稅協定，爰經議定下列條款：

第一條　適用之人

本協定適用於具有一方或雙方領域居住者身分之人。

第二條　適用租稅

一、本協定所適用之現行租稅：

　　㈠在紐西蘭稅務局於簽署本協定時主管之稅法所適用之領域：所得稅。

　　㈡在臺北財政部賦稅署於簽署本協定時主管之稅法所適用之領域：營利事業所得稅及個人綜合所得稅。

二、本協定亦適用於協定簽署後新開徵或替代現行各項租稅，而與現行租稅相同或實質類似之任何租稅。雙方領域之主管機關對於其各自稅法之重大修訂，應於合理之期間內通知對方。

三、雖有前二項規定，本協定所適用之租稅，不包括依任何一方領域之法律所課徵之罰鍰或利息。但本項規定不適用於第二十二條。

第三條　一般定義

一、除上下文另有規定外，本協定稱：

　　㈠「領域」，視情況係指第二條第一項第一款或第二款所稱之領域。

　　㈡「公司」，係指法人或依稅法規定視同法人之任何實體。

　　㈢「主管機關」：1.在第二條第一項第一款所稱之領域，係指稅務局局長或其授權之代表。 2.在第二條第一項第二款所稱之領域，係指財政部賦稅署署長或其授權之代表。

　　㈣「一方領域之企業」及「他方領域之企業」，視上下文分別係指由一方領域之居住者所經營之企業及他方領域之居住者所經營之企業。

　　㈤「國際運輸」，係指一方領域之企業，以船舶或航空器經營之運輸業務，但該船舶或航空器僅於他方領域境內自一定點或兩地間經營者，不在此限。

　　㈥「天然資源」，係包括林木及魚類。

㈦第十條、第十一條及第十二條所稱「已付」，其數額包括已分配（無論以現金或其他財產），已入帳、或代表一人或依該人指示已處分者。所稱「給付」、「應付」或「付款」亦包括前述對應之各種含義。

㈧「人」，包括個人、公司及其他任何人之集合體。

㈨「依一方領域稅法規定之居住者」及「依該領域稅法規定之居住者」，其為公司者，在第二條第一項第二款所稱領域及其稅法，係包括在該領域登記設立之公司。

二、適用第十條、第十一條及第十二條規定時，受託人於一方領域有應稅之股利、利息、或權利金者，應視為該股利、利息及權利金之受益所有人。

三、適用第十一條、第十二條及第十五條規定時，於決定應歸屬於一常設機構或固定處所之所得、利潤或利得時可減除之費用，視為由該常設機構或固定處所負擔。

四、本協定於一方領域適用時，未於本協定界定之任何名詞，除上下文另有規定外，依本協定所稱租稅於協定適用當時之法律規定辦理，該領域稅法之規定應優先於該領域其他法律之規定。

第四條　居住地

一、本協定所稱一方領域居住者之人，係指依該領域法律規定，因住所、居所、總機構所在地、管理處所、設立登記地或其他類似標準負有納稅義務之人。

二、僅因有一方領域之來源所得而負該領域納稅義務之人，非為本協定所稱該領域之居住者。但在第二條第一項第二款所稱領域之個人居住者，不適用本項規定。

三、個人如依本條文前二項規定同為雙方領域之居住者，其身分決定如下：

㈠於一方領域內有永久住所，視其為該領域之居住者。如於雙方領域內均有永久住所，視其為與其個人及經濟利益較為密切之國家之居住者（主要利益中心）。

㈡如主要利益中心所在地國不能確定，或於雙方領域內均無永久住所，視其為有經常居所之領域之居住者。

㈢如於雙方領域內均有或均無經常居所，雙方領域之主管機關應共同協議解決。

四、個人以外之人如依第一項及第二項規定同為雙方領域之居住者，視其為實際管理處所所在地領域之居住者。

第五條　常設機構

一、本協定稱「常設機構」，係指企業從事全部或部分營業之固定營業場所。

二、「常設機構」包括：㈠管理處。㈡分支機構。㈢辦事處。㈣工廠。㈤工作場所。㈥礦場、油井或氣井、採石場或任何其他天然資源開採場所。

三、建築工地、或營建、安裝或裝配工程之存續期間如超過十二個月，即屬常設機構。

四、企業有左列各款之一，其期間超過十二個月者，視為在一方領域有常設機構，並經由該常設機構從事營業：

㈠於該領域內從事與在該領域承攬之建築工地、或營建、安裝或裝配工程有關之監督活動。

㈡於該領域內從事構成或有關探勘或開採該領域內天然資源之活動。

㈢於該領域內依企業所訂契約使用重要設備。

五、一企業與他企業具有聯屬關係者，其在一方領域從事第三項及第四項所定之活動存續期間之計算，須加計與其有聯屬關係之他企業在該領域從事與前述活動有關活動之期間，但前述各項有關活動如於一期間內同時進行，該部分期間不重複計算。一企業直接或間接受他企業控制，或該二企業均直接或間接受第三者控制者，該一企業視為與他企業具有聯屬關係。

六、企業僅因左列各款之一者，不視為有「常設機構」：

㈠專為儲存、展示或運送屬於該企業之貨物或商品而使用設備。

㈡專為儲存、展示或運送而儲備屬於該企業之貨物或商品。

㈢專為供其他企業加工而儲備屬於該企業之貨物或商品。

㈣專為該企業採購貨物或商品或蒐集資訊而設置固定營業場所。

㈤專為該企業從事其他具有準備或輔助性質之活動，如廣告或科學研究，而設置固定營業場所。

七、於一方領域內代表他方領域企業之代理人（非第八項所稱具有獨立身分之代理人），有權代表企業簽訂契約並經常行使該項權力，視該人為該企業於該一方領域之常設機構，不受第一項及第二項規定之限制。但該人之活動僅限於第六項規定者，即使經由固定營業場所從事該等活動，則該固定營業場所不構成該項所稱之常設機構。

八、一方領域之企業如僅透過經紀人、一般佣金代理商或其他具有獨立身分之代理人以其通常之營業方式，於他方領域內從事營業者，不得視該企業於他方領域內有常設機構。

九、一方領域之居住者公司，控制或受控於他方領域之居住者公司或於他方領域內從事營業之公司（不論是否透過常設機構或其他方式），均不得就此事實認定任一公司為另一公司之常設機構。

第六條　不動產所得

一、一方領域之居住者取得他方領域內之不動產所得（包括農業、林業及漁業所得），該他方領域得予課稅。

二、稱「不動產」，應具有財產所在地領域法律規定之含義，包括：

㈠不論土地經過改良與否，其土地租賃及由地上或地下所產生之任何其他權益。

㈡礦產、石油或天然氣蘊藏處，或其他天然資源之探勘權或開採權。

㈢取得左列變動或固定給付之權利：1.有關礦產、石油或天然氣蘊藏處，或其他

天然資源之開採對價或其開採行為。 2.礦產、石油或天然氣蘊藏處，或其他天然資源之開採權或探勘權。

但船舶、小艇及航空器不視為不動產。

三、直接使用、出租或以其他任何方式使用不動產所取得之所得，應適用第一項規定。

四、第二項所稱之權益或權利，視其情況視為源於土地、礦產、石油或天然氣蘊藏處、採石場或天然資源所在地，或探勘或開採所在地。

五、由企業之不動產及供執行業務使用之不動產所產生之所得，亦適用第一項、第三項及第四項規定。

第七條　營業利潤

一、一方領域之企業，除經由其於他方領域內之常設機構從事營業外，其利潤僅由該一方領域課稅。如該企業經由其於他方領域內之常設機構從事營業，他方領域得就該企業之利潤課稅，但以歸屬於該常設機構之利潤為限。

二、除第三項規定外，一方領域之企業經由其於他方領域內之常設機構從事營業，各領域歸屬該常設機構之利潤，應與該常設機構為一獨立之企業，於相同或類似條件下從事相同或類似活動，並以完全獨立之方式與該企業或其他企業從事交易時，所應獲得之利潤相同。

三、於計算常設機構之利潤時，應准予減除為該常設機構營業目的而發生之費用（包括行政及一般管理費用），不論該費用係於常設機構所在地領域內或其他處所發生。但依常設機構所在領域之法律規定不得扣除之費用，不准減除。

四、常設機構為該企業採購貨物或商品，不得對該常設機構歸屬利潤。

五、一方領域之主管機關無充分資訊以決定應歸屬於常設機構利潤之情況下，該領域內有關任一人稅負之計算所適用之法律，應不受本條規定之影響，但在該主管機關可取得資料之允許範圍內，該等法律之適用應符合本條之原則。

六、本條前五項有關常設機構利潤之歸屬，除具有正當且充分理由者外，每年均應採用相同方法決定之。

七、㈠一方領域之居住者，無論係直接或經由一個以上之仲介信託，為任一信託（就稅法而言，不視為公司之信託）受託人經營於他方領域內企業之營業利潤之受益所有人；且

㈡依第五條之原則，該受託人因與該企業之關係，於他方領域應有一常設機構；則該受託人經營之企業應視為該居住者經由他方領域內之常設機構從事營業，其分配之營業利潤，應歸屬該常設機構。

八、利潤如包括本協定其他條款規定之所得或利得項目，各該條款之規定，應不受本條規定之影響。

九、任一方領域對任何形式保險業務之任何所得或利潤課稅之法律規定，應不受本條

規定之影響。

第八條　海空運輸

一、一方領域之居住者，以船舶或航空器經營業務之利潤，僅由該一方領域課稅。

二、僅於他方領域內以船舶或航空器經營業務之利潤，得由他方領域課稅，不受前項規定之限制。

三、適用前二項規定之利潤包括：

　㈠以計時、計程或光船方式出租船舶或航空器之利潤，出租與以船舶或航空器經營運輸業務有附帶關係以貨櫃及相關設備之利潤，但以該出租之船舶或航空器、貨櫃及相關設備係供承租人經營運輸者為限；及

　㈡一方領域之居住者參與聯營、合資企業或營運組織或國際代理業務，而以船舶或航空器經營業務之所得。

四、適用本條規定時，於一方領域內以船舶或航空器載運旅客、牲畜、郵件、貨物或商品，並於該一方領域內另一地卸貨所取得之利潤，視為僅於該一方領域內以船舶或航空器經營業務所取得之利潤。

五、適用本條第一項及第二項規定時，在一方領域內經營之理貨業務，不視為以船舶或航空器經營業務，但該理貨業務如構成第三條第一項第五款所定義之國際運輸者，不在此限。

第九條　關係企業

一、兩企業間有左列情事之一，於其商業或財務關係上所訂定之條件，異於雙方為獨立企業間進行獨立交易之條件，任何應歸屬其中一企業之利潤因該等條件而未歸屬於該企業者，得計入該企業之利潤，並予以課稅：

　㈠一方領域之企業直接或間接參與他方領域企業之管理、控制或資本。

　㈡相同之人直接或間接參與一方領域之企業及他方領域企業之管理、控制或資本。

二、一方領域內有關任一人稅負計算所適用之法律，包括該領域之主管機關無充分資訊以決定應歸屬於一企業利潤之案件，應不受本條規定之影響，但在該主管機關可取得資料之允許範圍內，該等法律之適用應符合本條之原則。

三、一方領域企業之利潤，已於該領域內課稅，因前二項之規定，亦予列入他方領域企業之利潤予以課稅，如該兩企業間所訂定之條件與互為獨立企業所訂定者相同，且該項列計之利潤應歸屬於他方領域之企業利潤時，該一方領域主管機關對該項利潤之課稅，應作適當之調整，在決定此項調整時，應考量本協定之其他規定，如有必要，雙方領域之主管機關應相互磋商。

第十條　股利

一、依一方領域稅法規定為該領域之居住者公司，給付予他方領域之居住者受益所有人之股利，他方領域得予課稅。

二、前項給付股利之公司，如依一方領域稅法規定為該領域之居住者，該領域亦得依其法律規定對該項股利課稅，但其課徵之稅額不得超過股利總額之百分之十五。

三、本條所稱「股利」，係指自股份取得之所得，及依給付股利之公司為居住者之領域之稅法規定，與自股份取得之所得類似之其他所得。

四、股利受益所有人如係一方領域之居住者，經由其於給付股利公司為居住者之他方領域內之常設機構從事營業或固定處所執行業務，其股份持有與該機構或處所有實際關聯時，不適用第一項及第二項規定，而視情況適用第七條或第十四條規定。

五、一方領域之居住者公司自他方領域取得利潤或所得，其所給付之股利或其未分配盈餘，即使全部或部分來自他方領域之利潤或所得，他方領域不得對該給付之股利或未分配盈餘課稅。但該股利係給付予他方領域之居住者，或該股份之持有與他方領域之常設機構或固定處所有實際關聯者，不在此限。本項規定不適用於依各領域稅法規定同時為雙方領域之居住者公司所給付之股利。

第十一條　利息

一、源自一方領域而給付他方領域之居住者受益所有人之利息，他方領域得予課稅。

二、前項利息來源地領域亦得依其法律規定，對該項利息課稅，但其課徵之稅額不得超過利息總額之百分之十。

三、本條所稱「利息」，係指由各種債權所孳生之所得，不論有無抵押擔保及是否有權參與利潤之分配，尤指政府債券之利息、及公司債券或其他債券之所得，包括屬於上述各類債券之溢價收入或獎金在內，及依所得來源領域之稅法規定與金錢借貸之所得類似之所有其他所得，但不包括依第十條之規定認定為股利之任何所得。

四、利息受益所有人如係一方領域之居住者，經由其於利息來源地之他方領域內之常設機構從事營業或固定處所執行業務，且與給付利息有關之負債與該機構或處所有實際關聯時，不適用第一項及第二項規定，而視情況適用第七條或第十四條規定。

五、由一方領域之機關、所屬機關、地方機關或依該領域稅法規定之居住者所給付之利息，視為源自該領域。利息給付人如於一方領域內有常設機構或固定處所，而給付利息債務之發生與該機構或處所有關聯，且由該機構或處所負擔該項利息者，不論該利息給付人是否為一方領域之居住者，此項利息視為源自該常設機構或固定處所所在地領域。

六、利息給付人與利息受益所有人間，或上述二者與其他人間有特殊關係，如債務之利息數額，超過利息給付人與利息受益所有人在無上述特殊關係下所同意之數額，本條規定應僅適用於後者之數額。在此情形下，各領域應依其稅法對此項超額給付課稅，但應受本協定其他規定之限制。

第十二條　權利金

一、源自一方領域而給付他方領域之居住者受益所有人之權利金，他方領域得予課稅。

二、前項權利金來源地領域亦得依其法律規定，對該項權利金課稅，但其課徵之稅額不得超過權利金總額之百分之十。

三、本條所稱「權利金」，係指定期或不定期之任何方式之給付，不論其敘述方式或計算方式如何，因左列各項而為之報酬：

　　㈠使用或有權使用任何著作權、專利權、商標權、設計或模型、計畫、秘密處方或製程，或其他類似財產或權利。

　　㈡使用或有權使用任何工業、科學或商業設備。

　　㈢提供科學、技術、工業或商業知識或資訊。

　　㈣提供任何輔助性及補助性協助，使能適用本項第一款之任何財產或權利，第二款之任何設備，或第三款之任何知識或資訊之規定。

　　㈤使用或有權使用電影影片、與電視使用有關之影片或錄影帶或其他錄製之作品或與無線電廣播有關而使用之錄音帶及其他錄製之作品。

　　㈥接收或有權接收經由衛星或電纜、光纖或類似之科技傳輸予大眾之視訊影像或聲音、或兩者。

　　㈦使用或有權使用與電視或無線電廣播有關，而經由衛星或電纜、光纖或類似之科技傳輸之視訊影像或聲音、或兩者。

　　㈧有關本項所稱任何財產或權利之使用或提供之全部或部份之不行使。

四、權利金受益所有人如係一方領域之居住者，經由其於權利金來源地之他方領域內之常設機構從事營業或固定處所執行業務，且與權利金給付有關之權利或財產與該常設機構或固定處所有實際關聯時，不適用第一項及第二項規定，而視情況適用第七條或第十四條規定。

五、由一方領域機關、所屬機關、地方機關或依該領域稅法規定之居住者所給付之權利金，視為源自該領域。權利金給付人如於一方領域內有常設機構或固定處所，而給付權利金義務之發生與該機構或處所有關聯，且由該機構或處所負擔該項權利金者，不論該權利金給付人是否為一方領域之居住者，此項權利金視為源自該常設機構或固定處所所在地領域。

六、權利金給付人與權利金受益所有人間，或上述二者與其他人間有特殊關係，如權利金之給付數額，超過權利金給付人與權利金受益所有人在無上述特殊關係下所同意之數額，本條規定應僅適用於後者之數額。在此情形下，各領域應依其稅法對此項超額給付課稅，但應受本協定其他規定之限制。

第十三條　財產之轉讓

一、一方領域之居住者因轉讓他方領域內之不動產（同第六條第二項之定義）而取得之所得、利潤或利得，他方領域得予課稅。

二、一方領域之企業轉讓其於他方領域內常設機構資產中之不動產以外之財產而取得之所得、利潤或利得，或一方領域之居住者轉讓其於他方領域執行業務固定處所之不動產以外之財產而取得之所得、利潤或利得，包括轉讓該機構（單獨或連同整個企業）或處所而取得之所得、利潤或利得，他方領域得予課稅。

三、轉讓經營國際運輸業務之船舶或航空器，或附屬於該等船舶或航空器營運之財產（不動產除外）而取得之所得、利潤或利得，僅由轉讓該船舶、航空器或其他財產之企業之居住地領域課稅。

四、一方領域對於因轉讓本條前三項以外之任何財產而取得具有資本性質利得課稅之法律規定，不受本協定之影響。

五、適用本條規定時，不動產座落地應依第六條第四項規定認定。

第十四條　執行業務

一、一方領域之個人居住者，因執行專業性服務或其他具有獨立性質活動而取得之所得，僅由該一方領域課稅，但該活動係於他方領域內執行，且符合左列規定之一者，不在此限。

（一）該個人於所得年度之內開始或結束之任何十二個月期間內，於他方領域居留合計超過一百八十三天。

（二）該個人為執行該活動於他方領域內有固定處所。

如符合右列二款規定之一者，他方領域得就該所得課稅，但以歸屬於該執行業務之期間或該固定處所之所得為限。

二、「執行業務」包括執行獨立性質之科學、文學、藝術、教育或教學等活動，及醫師、律師、工程師、建築師、牙醫師及會計師等執行獨立性質之活動。

第十五條　個人受僱勞務

一、除第十六條、第十八條及第十九條規定外，一方領域之個人居住者因受僱而取得之薪俸、工資及其他類似報酬，除勞務係於他方領域提供者外，應僅由該一方領域課稅。該項勞務如係於他方領域提供，他方領域得對該項勞務取得之報酬課稅。

二、一方領域之個人居住者於他方領域提供勞務而取得之報酬，如同時符合左列三款規定，應僅由該一方領域課稅，不受前項規定之限制：

（一）該所得人於所得年度之內開始或結束之任何十二個月期間內，於他方領域內居留合計不超過一百八十三天。

（二）該項報酬非由他方領域居住者之僱主所給付或代表僱主給付。

（三）該項報酬非由僱主於他方領域內之常設機構或固定處所負擔。

三、因受僱於一方領域之企業經營國際運輸業務之船舶或航空器上提供勞務而取得之報酬，得由該一方領域課稅，不受前二項規定之限制。

第十六條　董事報酬

一方領域之居住者因擔任他方領域內居住者公司董事會之董事而取得之董事報酬及類似給付，他方領域得予課稅。

第十七條　表演人與運動員

一、表演人（如：劇院、電影、廣播或電視之藝人及音樂家）及運動員，從事個人活動而取得之所得，該活動舉行地領域得予課稅，不受第十四條及第十五條規定之限制。

二、表演人或運動員以該身分從事個人活動之所得如不歸屬表演人或運動員本人而歸屬其他人者，該活動舉行地領域得對該項所得課稅，不受第七條、第十四條及第十五條規定之限制。

第十八條　養老金及年金

一、給付予一方領域居住者之養老金及年金，應僅由該一方領域課稅。

二、稱「年金」係指於終生或特定或可確定之期間內，基於支付金錢或等值金錢做為充分適當報酬之給付義務，依所定次數及金額而為之定期給付。

第十九條　學生

學生為教育目的而於他方領域短暫停留，且於停留期間或停留前係為一方領域之居住者，其自該他方領域外取得供生活或教育目的之給付，該他方領域應予免稅。

第二十條　其他所得

一、一方領域之居住者取得非屬本協定前述各條規定之所得，不論其來源為何，應僅由該領域課稅，除非該所得係自他方領域取得者，他方領域亦得對該所得課稅。

二、所得人如係一方領域之居住者，經由其於他方領域境內之常設機構從事營業或固定處所執行業務，且與所得有關之權利或財產與該機構或處所有實際關聯時，除取得第六條第二項所定義之不動產所得外，不適用第一項規定，而視情況適用第七條或第十四條規定。

第二十一條　雙重課稅之消除

除依一方領域實施中之法律，於該方領域以外所繳納之稅捐，准自該方領域應納稅額中扣抵之規定外（不影響本條之一般原則），一方領域之居住者自他方領域所取得之所得，依他方領域法律及本協定規定繳納之稅捐，不論採直接扣抵或扣除，應准自該一方領域就該項所得之應納稅額中扣抵（但如係股利所得，不包括發放該股利之利潤之已納稅款）。但扣抵之數額不得超過該一方領域依其稅法及細則規定對該所得課徵之稅額。

第二十二條　相互協議之程序

一、一方領域之居住者認為一方或雙方領域之行為，對其發生或將發生不符合本協定規定之課稅，不論各該領域國內法之救濟規定為何，均得向其本人為居住者領域之主管機關提出申訴，此項申訴應於首次接獲不符本協定規定課稅之通知起三

年內為之。

二、主管機關如認為該申訴有理，且其本身無法獲致適當之解決，該主管機關應致力與他方領域之主管機關相互協議解決，以避免發生不符合本協定規定之課稅。達成之協議應予執行，不受各該領域國內法之期間限制。

三、雙方主管機關應相互協議致力解決有關本協定之解釋或適用上發生之任何困難或疑義，並得共同磋商，以消除本協定未規定之雙重課稅問題。

四、雙方主管機關為執行本協定，得直接相互聯繫。

第二十三條 資訊交換

一、雙方主管機關為執行本協定或本協定所指租稅之國內法，在符合本協定之範圍內，應相互交換必要之資訊。該資訊交換之範圍不受第一條之限制。一方領域之主管機關獲得之任何資訊應與依該領域國內法取得之資訊同以密件處理，且僅能揭露予與本協定所指租稅之核定、徵收、執行、起訴或上訴之裁定有關人員或機關（包括法院及行政部門）。上述人員或機關應僅得為上述目的使用該資訊。

二、前項規定不得解釋為一方領域有左列各款義務：

　　㈠執行與一方或他方領域之法律或行政慣例不一致之行政措施。

　　㈡提供依一方或他方領域之法律規定或正常行政程序無法獲得之資訊。

　　㈢提供可能洩露任何貿易、營業、工業、商業或專業之秘密或交易方法之資訊，或有違公共政策之資訊。

第二十四條 生效

本協定於各領域依其國內法規定，完成使本協定生效之必要程序後，於紐西蘭商工辦事處與駐紐西蘭臺北經濟文化辦事處以書面相互通知對方之日起生效，其適用日期：

一、在雙方領域，非居住者取得之所得、利潤或利得之扣繳稅，為本協定生效日後之第二個月第一日起給付或入帳之所得、利潤或利得。

二、其他稅款：

　　㈠在紐西蘭稅務局主管之稅法所適用之領域，為本協定生效日後次一曆年四月一日起任一所得年度之所得、利潤或利得。

　　㈡在臺北財政部賦稅署主管之稅法所適用之領域，為本協定生效日後次一曆年一月一日起任一所得年度之所得、利潤或利得。

三、在雙方領域，有關適用第八條所指空運所得之課稅，為自一九九六年一月一日起。

第二十五條 終止

本協定無限期繼續有效，但紐西蘭商工辦事處及駐紐西蘭臺北經濟文化辦事處得於本協定生效日起滿五年後之任一曆年六月三十日或以前以書面通知對方終止本協定。其終止日期：

一、在雙方領域，非居住者所取得之所得、利潤或利得之扣繳稅，為發出終止通知日

後之第二個月第一日起給付或入帳之所得、利潤或利得。

二、其他稅款：

㈠在紐西蘭稅務局主管之稅法所適用之領域，為發出終止通知之次一曆年四月一日起任一所得年度之所得、利潤或利得。

㈡在臺北財政部賦稅署主管之稅法所適用之領域，為發出終止通知之次一曆年一月一日起任一所得年度之所得、利潤或利得之其他稅款。

為此，雙方代表業經合法授權於本協定簽字，以昭信守。

本協定以中文、英文各繕兩份，兩種文字約本同一作準，惟遇兩種文字之字義有歧異時，應以英文本為準。中華民國八十五年十一月十一日（公元一九九六年十一月十一日）訂於奧克蘭。

駐紐西蘭臺北經濟文化辦事處代表　林　鐘

紐西蘭商工辦事處代表　包逸之

附件

駐紐西蘭臺北經濟文化辦事處與紐西蘭商工辦事處於本日簽訂避免所得稅雙重課稅及防杜逃稅協定之同時，並議定下列附加條款為構成本協定之一部分：

一、無差別待遇

任一方領域之稅法基於國籍而為之差別待遇係不合理的。基於此一觀點，雙方同意：

㈠任一主管機關如認定一案件有違反本協定精神之差別待遇問題，主管機關應相互以消除該等差別待遇。

㈡本協定簽署後，如紐西蘭在其任何租稅協定中包括無差別待遇條文，紐西蘭商工辦事處除有正常理由外，應立即通知駐紐西蘭臺北經濟文化辦事處，進行相互磋商，俾使本協定包含無差別待遇之條文。

二、關於第十條

紐西蘭同意如其未來與任何國家之租稅協定中，限制股利來源地之課稅稅率低於該條文之規定，紐西蘭商工辦事處除有正當理由外，應立即通知駐紐西蘭臺北經濟文化辦事處，雙方修正該條文，俾給予相同之待遇。

本附件以中文、英文各繕兩份，兩種文字約本同一作準，惟遇兩種文字之字義有歧異時，應以英文本為準。

中華民國八十五年十一月十一日（公元一九九六年十一月十一日）訂於奧克蘭。

駐紐西蘭臺北經濟文化辦事處代表　林　鐘

紐西蘭商工辦事處代表　包逸之

22.駐紐西蘭臺北經濟文化辦事處與紐西蘭商工辦事處間關於著作權保護暨執行互惠辦法

中華民國八十七年六月十五日駐紐西蘭臺北經濟文化辦事處代表與紐西蘭商工辦事處代表在臺北簽訂；八十九年十二月二十二日生效

駐紐西蘭臺北經濟文化辦事處與紐西蘭商工辦事處（以下簡稱「雙方」），為促進廣泛、密切、友好之商業、文化暨其他關係，期能在不歧視之基礎上便利貿易及商業之拓展，並確認可自著作權互惠保護暨執行而獲致利益，爰達成下列協議：

執行機關

本辦法之執行機關，為在臺北之內政部著作權委員會及在威靈頓之商業部（以下簡稱「著作權委員會」及「商業部」，二者合稱「執行機關」）。

定義

「領域」：

㈠就著作權委員會而言，指於同一管轄權下，臺灣及其外圍島嶼地理地區所適用之著作權法制地區，

㈡就商業部而言，指商業部主管著作權法適用之地區。

「著作權標的」指雙方各依其領域內著作權法令與程序賦予保護暨執行之標的。

範圍

雙方確認為達成本辦法之目的，執行機關於其各自領域內所賦予之互惠暨執行應適用於：㈠本辦法生效之後完成之著作權標的。㈡本辦法生效之前完成之著作權標的。但在本辦法生效前之行為並不構成侵害標的之著作權。

保護與執行之互惠

任一方或執行機關保證將依其領域內之法律與程序，對於彼方領域內之公民或法人之著作權標的，賦予其領域內之公民或法人之著作權標的所享有之相同著作權保護暨執行。

諮商

任一方或執行機關得隨時就有關本辦法之履行或適用之各方面事項，請求諮商。

修正

本辦法得於任何時間經雙方以書面相互同意而修正。

檢討

㈠任一方或執行機關得於本辦法生效十二個月後請求檢討本辦法。

㈡本辦法將於建立世界貿易組織之馬爾喀什協定，包含與貿易有關之智慧財產權協定（以下簡稱世界貿易組織協定），於臺灣、澎湖、金門、馬祖個別關稅領域生效時，加以檢討。

生效與終止

㈠本辦法將於雙方均以書面通知他方所有履行本辦法之必要法定程序已完成後正式生

效，生效日期以通知在後者為準。

㈢本辦法得由任一方於提出書面通知六個月後終止。

為此，雙方各自獲得適當授權之代表爰於本辦法簽署，以昭信守。

本辦法以中文及英文各繕兩份，兩種文字約本同一作準，一九九八年六月十五日於臺北簽署。

23.駐紐西蘭臺北經濟文化辦事處與紐西蘭商工辦事處間保護工業財產權辦法

中華民國八十七年十月三十日駐紐西蘭臺北經濟文化辦事處代表與紐西蘭商工辦事處代表在臺北簽訂；八十九年十二月十九日生效

駐紐西蘭臺北經濟文化辦事處與紐西蘭商工辦事處（以下簡稱「雙方」）咸認促進廣泛、密切及友好之商業、文化暨其他關係之必要性，期在對等之基礎上，推廣貿易與商務，並考量基於互惠原則，提供工業財產權，尤其是專利、商標（包括服務標章）、工業設計或新式樣專利方面適當及有效保護之必要性，爰達成以下協議：

履行機關

一、履行機關在臺北係中央標準局，在威靈頓係紐西蘭商務部。

本辦法之範圍

二、稱「工業財產權」者，係指其最廣義者而言，不僅適用於工業、商業，亦適用於農業、天然物開採業及所有製成或天然之產物，例如：酒、穀物、菸葉、水果、畜類、礦物、礦泉水、啤酒、花卉及麵粉等。

三、稱「領域」者：甲、就商務部而言，為紐西蘭工業財產權適用之地區。乙、就臺北中央標準局而言，為中央標準局主管之工業財產權法適用之臺灣地區及其離島地區。

四、甲、稱「專利」者，包括履行機關所代表之法律承認之各種專利，如小專利或新型專利、追加專利等。乙、稱「商標」（包括服務標章）者，包括履行機關所代表領域之法律承認之各種標章，包括證明標章及團體標章。

五、「受保護人」依本辦法之意旨，係指依據各自領域之法律承認為公民或國民之個人，並包括各自領域之現行有效法律所設立之法人或公司。

國民待遇

六、各自領域內之受保護人享有依據他方領域之工業財產權法所授與及可能授與其本身受保護人之權益；而各該權益無損本辦法特別賦予之權益。一方領域之受保護人如符合他方領域受保護人之應具之要件及程序者，所受之保護及其權利遭受侵害時所獲之法律救濟，應與後者相同。

七、一方不得要求他方之受保護人以在請求保護之一方領域內設立住、居所或營業所為享有工業財產權之要件。

八、各自領域內與司法、行政程序、管轄權，及指定送達處所或委任代理人有關之法律規定，若依據工業財產權係必要者，應從其規定。

優先權

九、受保護人或其權益繼受人於一方領域內已依法提出第四條所規定之專利、工業設計或新式樣專利、商標（包括服務標章）之申請者，如在他方領域為此目的提出申請時，在本辦法所訂之期間內享有優先權。

十、受保護人在一方領域內提出相等於該領域內國民依其國內法提出之合格申請時，得於他方領域內據以主張優先權。

十一、合格國內申請係指該申請在所提出之領域可適當認定申請日期而言，不論該項申請隨後獲致何種結果。

十二、優先權所依據之第一次申請案申請日以前，第三人已獲得之權利，依各該領域之國內法予以保留。

十三、第九條之優先權期間，專利為十二個月，工業設計或新式樣專利、商標（包括服務標章）為六個月。

十四、第十三條之優先權期間自第一次申請案之申請日起算，申請之當日不計在內。

十五、在請求保護其工業財產權之領域內，如優先權期間之最後一日為例假日或為履行機關不收件休息日時，將延展至次一工作日。

十六、第十四條所指之第一次之申請案，在同一領域內有涉及同一標的先後兩申請案時，如較先之申請案已經撤回、放棄或不受理，未經公開，亦未留有任何權利，且亦尚未作為主張優先權之依據時，較後之申請案視為第十四條第一次申請案，其申請日為優先權期間之起算日。此後，較先之申請案即不得作為優先權之依據。

十七、受保護人以較先申請案主張優先權者，應提出聲明，敘明該較先申請日。聲明之期限由各履行機關決定之。

十八、第十七條主張優先權之事實，應在履行機關發行之公報中，由其在專利方面及其有關說明書內予以載明。

十九、履行機關得要求提出優先權聲明之受保護人，製作一份原先提出之申請文件（專利說明書、圖式等）之副本。如該副本經受理之主管機關證明與原本相符者，則無須驗證及繳費，並應於申請案提出後三個月內補送。履行機關得規定副本須附有該同一主管機關所出具敘明申請日之證明書及其譯本。

二十、在提出申請時，每一簽署機關或其履行機關對優先權聲明不得要求其他手續。每一簽署機關或履行機關將決定由於未履行第九條至二十一條所規定之手續所

發生之效果，惟該效果以優先權之喪失為限。

二十一、受保護人以較先申請案主張優先權時，應敘明申請案號，該案號應依第十八條之規定予以公告。

二十二、在一方領域內申請工業設計或新式樣專利係基於一新型申請案主張優先權者，其優先權期間與工業設計或新式樣專利所訂者同。

二十三、在該領域法律許可時，得基於一發明專利申請案之優先權提出新型專利申請案，反之亦同。

二十四、履行機關不得因申請人主張複數優先權或因其主張一個以上之優先權之申請案中，包含一個或數個組成元件，並未包括於據以主張優先權之一個或數個基礎案中，而拒絕其主張優先權或專利之申請。前述兩種情況依各自領域法律之意義，以屬發明之單一性為限。前述之組成元件未包括於原據以主張優先權之一個或數個基礎案中者，其後提出之申請，仍得依一般條件產生優先權。

二十五、經審查認為一申請案中包括一個以上之發明時，申請人得將該申請案分割成數個申請案，並得就各申請案保留原申請日；如有優先權，亦得保留其優先權。

二十六、申請人得將其專利申請案分割成數個申請案，並就各案保留原申請日；如有優先權時，亦得保留其優先權。但履行機關有權決定分割申請之條件。

二十七、主張優先權之發明中有若干組成元件，在他方領域所提之申請案中已明確揭示者，雖未載於申請專利範圍，不得拒絕其主張優先權。

最惠國待遇

二十八、各履行機關，應確保其領域內之相關主管機關，對於保護工業財產權方面所給予任一其他國家國民之任何利益、優惠、特權或豁免權，立即且無條件的給予他方領域內之受保護人。

生效、履行及檢討

二十九、任何一方或履行機關得隨時對本辦法之執行或適用事項要求諮商。

三十、本辦法將於雙方以書面通知他方所有履行本辦法之法定程序完成後正式生效，生效日期以通知在後者為準。

三十一、任何一方得於六個月前以通知他方終止本辦法。

為此，雙方代表經合法授權，爰於本辦法簽屬，以昭信守。

本辦法以中英文各繕兩份，中文及英文本同一作準，一九九八年十月三十日簽署。

24.中華民國財政部賦稅署與新加坡共和國財政部內地稅署關於避免所得稅雙重課稅及防杜逃稅協定

中華民國七十年十二月三十日中華民國財政部部長薛家榳與新加坡財政部內地稅署署長徐籍光於臺北簽訂；並於中華民國七十一年一月一日生效

第一條

適用之人本協定應適用於一方領土或雙方領土之居住者之人。

第二條　適用稅目

一、本協定應適用於在各領土中就所得所課徵之各項租稅，其課徵方式在所不同。

二、本協定所適用之現行租稅，為換文中所明訂之就所得所課徵之租稅。

三、本協定對於以後於現行各項租稅外新開徵之任何租稅，或替代現行各項租稅之任何租稅，其與現行租稅實質相同者，均應適用。

四、如因任一領土之稅法改變，致有修正本協定任一條文而不影響本協定一般原則之必要時，可經雙方同意，以換文方式作必要之修正。

第三條　一般定義

一、在本協定中，除依文義須另作不同解釋外：

　㈠稱「一方領土」以及「他方領土」，均於換文中界定之。

　㈡稱「人」，包括個人、公司以及基於租稅目的視同個體之其他任何人之集合體。

　㈢稱「公司」，係指公司組織或為租稅目的視同公司組織之任何個體。

　㈣稱「在一方領土內之企業」及「在他方領土內之企業」，係分別指由一方領土內之居住者及他方領土內之居住者所經營之企業。

　㈤稱「主管機關」，係在雙方換文內界定之。

　㈥稱「企業所得或利潤」，不包括：文學或藝術作品，電影片或電視影片或廣播之錄音帶，礦場、油井、採石場、或其他天然資源、或木材或森林產物開採場所之租金或權利金；股利、利息、租金、權利金等項所得，公費或因管理、控制或監督貿易、事業或另一企業之其他活動所得之報酬；勞動或個人服務之報酬；或由經營船舶或航空器而來之所得。

二、關於本協定在任何一方領土內實施時，凡未加以界定之名詞，除依文義須另作解釋者外，應具有各該領土內與本協定適用之租稅有關之法律之意義。

第四條　財政上之住所

一、基於本協定之目的，稱「一方領土內之居住者」，係指依照該領土之稅法規定，屬於該領土之居住者而言。

二、個人如因依第一項之規定為雙方領土之居住者時，應依下列規則決定其居住者身份：

　㈠該個人如在一方領土內有永久性家宅時，應認定其係該領土內之居住者。該個人如在雙方領土內均有永久性家宅時，應認定其為與其人身及經濟關係較為密

切之領土內之居住者（主要權益中心）。

㈡如該個人主要權益中心所在之領土不能確定，或該個人在雙方領土內均無永久性家宅時，則應認定其為有習常住宅之領土內之居住者。

㈢如該個人在雙方領土內均各有一處或均無習常住宅時，此項問題應由雙方領土之主管機關共同協議解決之。

三、根據第一項規定，個人以外之人係屬雙方領土內之居住者時，則應認定係屬其營業之控制與管理實施所在地領土內之居住者。

第五條　常設機構

一、基於本協定之目的，稱「常設機構」，係指企業從事全部或部分營業之固定營業場所。

二、「常設機構」，應包括：

㈠營業管理場所。

㈡分支機構。

㈢辦事處。

㈣工廠。

㈤工作場所。

㈥礦場、油井、採石場或其他自然資源開採處所。

㈦種植場、農場、果樹園或葡萄園。

㈧建築基地，建築，安裝及裝配工程，其存在期間，在一曆年度內合計超過六個月者，或在跨越二個曆年度內連續合計超過六個月者。

三、「常設機構」，應不包括：

㈠設備之使用，目的僅為儲存、展示或運送屬於該企業之貨物或商品者。

㈡保存屬於該企業之貨物或商品，目的僅為儲存、展示或運送者。

㈢保存屬於該企業之貨物或商品，目的僅在供他人為其加工者。

㈣維持一固定營業場所，目的僅為該企業採購貨物或商品、或蒐集資料者。

㈤維持一固定營業場所，目的僅為該企業作廣告宣傳、提供情報、從事科學研究或其他具有準備性或輔助性之類似活動者。

四、在一方領土內之企業，雖於他方領土內無固定營業場所，但如在他方領土內從事與建築、安裝及裝配工程相關之指導監督活動，各該項工程在一曆年度內累計超過六個月，或在二個曆年度內合計連續達六個月者，該企業應視為在他方領土內有常設機構。

五、凡人在一方領土內擔任他方領土內企業之代表（並非第六項所稱具有獨立身份之代理人），雖於一方領土內未設固定營業場所，但如符合左列任一款規定時，應認定該人為在一方領土內之常設機構：

㈠該人在一方領土內具有以該企業名義簽訂契約之一般性權力，並慣常行使該項權力者。

㈡該人在一方領土內保持屬於該企業所有之貨物或商品，並經常代表該企業供應訂貨者。

㈢該人在一方領土內經常完全或幾近完全為該企業爭取訂單者。

六、一方領土內之企業如僅透過經紀人、一般佣金代理商或任何具有獨立身份之代理人，以通常代理之營業方式，在他方領土內從事營業者，不得認定該企業在該他方領土內有常設機構。

七、一方領土內之居住者之公司、控制他方領土內居住者之公司，或被他方領土內居住者之公司所控制之事實或後者係在他方領土內營業之事實（不論是否透過一常設機構或其他方式），均不得據以認定各該公司為在他方領土內之常設機構。

第六條　不動產之所得

一、不動產所在地之領土得對該不動產之所得課稅。

二、稱「不動產」，應依該財產所在地之領土之法律界定之。此一名詞在任何情況下，均應包括附著不動產之財產、牲畜及供農業與林業所使用之設備，一般法律有關地產規定所適用之權利，不動產收益權、及對於礦產與其他天然資源之開採、或開採權所主張之變動性或固定性報酬之權利。船舶、小艇及航空器不應視為不動產。

三、第一項之規定應適用於不動產之直接使用、出租或以其他任何方式使用所產生之所得。

四、第一項及第三項之規定，均應適用於一企業之不動產所得，及用於提供執行業務之不動產之所得。

第七條　營業利潤

一、一方領土內之企業，除在他方領土內透過其常設機構從事營業外，其營業利潤應僅在該一方領土內可予課稅。如該企業如前所述透過其在他方領土內之常設機構從事營業者，該他方領土得就該企業之利潤課稅，但以僅對應歸屬該常設機構之利潤課稅為限。

二、一方領土之企業透過其在他方領土內之常設機構從事營業時，其在任一領土應歸屬於該常設機構之營業利潤，應與該常設機構如為一個別分立之企業，在相同或類似條件下從事相同或類似活動以完全獨立之方式，與該企業從事交易時，所應獲得之營業利潤相同。

三、在確定一常設機構之營業利潤時，應准許減除為該常設機構之目的而發生之費用，包括因此發生之經理與一般行政管理費用，不論各該費用係在常設機構所在地之領土內或他處所發生。

四、常設機構如僅為該企業採購（包括運輸在內）貨物或商品，不得對該常設機構歸屬利潤。

五、利潤如包括本協定其他條款中分別有所規定之所得項目，各該條款之規定，應不受本條規定之影響。

第八條　海空運輸

一、一方領土之企業，以航空器經營國際運輸業務之所得或利潤，他方領土應免徵所得稅、營業稅，及將來可能課徵之具有與所得稅或營業稅同性質之任何租稅，不受本協定第七條規定之限制。

二、一方領土之企業，以船舶經營國際運輸業務之所得或利潤，他方領土得予課稅。但以僅對源自該他方領土之利潤為限。

所課徵之稅，並不得超過源自該他方領土總收益之百分之二。

三、第一項及第二項規定，應同樣適用於上述海空運輸事業，因參加船舶或航空器各項聯營業務之所得或利潤。

第九條　關係企業

一、如一方領土內之企業直接或間接參加他方領土內之企業之管理、控制或資本，或

二、相同之人直接或間接參加一方領土內及他方領土內之企業之管理、控制或資本。

在上述任何一種情形，兩企業間在商務或財務關係上所訂定之條件，如與雙方為獨立企業所為者相異時，則任何應歸屬其中一企業之利潤，而因各該特殊條件而未歸應於該企業者，得予計入該企業之利潤，並據以課稅。

第十條　公司股利

一、自一方領土內發生而給付予他方領土內居住者之股利，該他方領土得予課稅。

二、上項公司股利發生地之領土，得依其法律規定，就此項股利課稅。但股利取得者如屬他方領土之居住者，且為此項股利受實益之所有人時，則上述課徵之稅額，連同給付股利之公司應納之公司所得稅，不得超過用以分配股利之公司課稅所得額之百分之四十。所稱「應納之公司所得稅」應認定包括依促進經濟發展目的而制定之法律規定所減免之公司所得稅在內。

三、如對公司之利潤除課徵公司所得稅外，不另對公司股利課稅者，第二項之規定應不適用。

四、本條所稱「公司股利」，係指從股票、營業股票、發起人股票或其他非廉價債務請求權而參加利潤分配之權利所獲之所得，以及依照分配股利之公司所在地之領土稅法規定，按股利所得課稅之其他從公司權利所獲之所得。

五、股利受實益所有人如為一方領土內之居住者，而在他方領土設有常設機構，且該給付股利之公司為他方領土之居住者，其所持有之股份與該常設機構有充分關聯時，不適用本條第二項之規定。此種情形下，應適用第七條之規定。

六、一方領土內之公司自他方領土獲得利潤或所得，在該公司分配股利時，除該項股利係給付予他方領土內之居住者，或此項受給付股利之股權與他方領土內之常設機構具有充分關聯者外，他方領土不得對該項股利課稅。縱使該公司所分配之股利或其未分配盈餘全部或部分係自該他方領土內之利潤或所得而來，他方領土亦不得對該公司之未分配盈餘課稅。

七、一方領土內之居住者公司所分配之股利，應認定為自該領土內發生。

第十一條　權利金

一、自一方領土內發生而給付予他方領土內之居住者之權利金，該他方領土得予課稅。

二、上項權利金所發生之領土得依照該領土法律之規定，對該項權利金課稅。但取得該項權利金之人，如係他方領土之居住者，且為該項權利金之實益所有人時，則上述課徵之稅額，不得超過權利金總額之百分之十五。雙方領土之主管機關應以共同協議確定上述限制之適用之方式。

三、本條文第二項規定，應同樣適用於從任何科學作品、任何專利權、商標權、設計或模式、計畫、或秘密公式或方法之轉讓而發生之收入。

四、本條所稱「權利金」，係指因任何科學作品之版權、任何專利權、商標權、設計或模型、計畫、秘密公式或方法之使用或使用權，所收到之任何方式之代價給付；或因工業、商務或科學設備，或因有關工業或科學經驗情報之使用，或使用權所收到之任何方式之代價給付。

五、權利金之實益所有人如係一方領土內之居住者，且在權利金發生之他方領土內有常設機構，該機構並與有關支付該項權利金之權利或財產具有充分關聯者，不適用本條第一項及第二項之規定。此種情形下，應適用第七條之規定。

六、如因權利金之給付人與實益所有人間、或上述二者與其他人間之特殊關係，其權利金給付數額，經考慮其使用權利或情報，超過給付人與實益所有人如無此種關係所可同意之數額時，本條之規定應僅適用於後述之數額。在此種情形下，雙方領土在對本協定其他規定作適當之考慮下，依各該領土之法律，仍得對此項超過之數額課稅。

七、權利金給付人如為一方領土內之居住者，則該項權利金應認定為自該領土內發生。但權利金給付人不論是否為一方領土之居住者。如於一方領土內有常設機構給付權利金之義務係因與該常設機構之關係而發生，且該項權利金係由該常設機構負擔時，則此項權利金應認定為自該設機構所在之領土內發生。

第十二條　個人勞務

一、依第十三條、第十四條、第十五條及第十六條之規定，一方領土內之居住者因提供個人勞務（包括執行業務），而獲得之薪水、工資及其他類似之報酬或所得，除此項勞務係於他方領土內提供者外，應僅在該一方領土內可予課稅。如此項勞務

係於他方領土內提供，則該他方領土得就自該他方領土內起源之報酬或所得課稅。

二、一方領土內之居住者在他方領土內提供個人（包括執行業務）勞務而取得之報酬或所得，合於左列三款規定之條件者，他方領土應予免稅，不受第一項規定之限制：

㈠該所得者於一曆年度內，在他方領土居留一次或數次期間，合計不超過一百八十三天者。

㈡該項報酬或所得係由一方領土內之居住者所支付，或代表該一方領土內之居住者所支付者。

㈢該項報酬或所得並非由一方領土內之居住者在他方領土內之常設機構所負擔者。

三、一方領土內之居住者在從事國際運輸之船舶或航空器上提供勞務而取得之報酬，他方領土應予免稅。

第十三條　董事酬勞金

一、一方領土之居住者，因其擔任他方領土內之公司董事會之董事身份而獲得之董事公費及類似給付，該他方領土得予課稅。

二、適用第一項規定之人因執行日常之管理或技術性質之職務，而自公司取得之報酬，得依第十二條之規定課稅。

第十四條　演藝人員與運動員

一、劇院、廣播或電視臺之演藝人及音樂家等技藝表演人，及運動員從事此類個人活動而獲得之所得，得由此類活動舉行地之領土予以課稅，不受第十二條規定之限制。

二、技藝表演人或運動員各以該項身份從事個人活動，如其所得不歸屬該技藝表演人或運動員本人，而歸屬其他人時，則各該活動舉行地之領土得對該項所得課稅，不受第七條及第十二條規定之限制。

三、公共技藝表演人因在一方領土內舉行活動而獲得之報酬或利潤、薪水、工資及類似之所得，如其訪問該領土，經雙方領土之主管機關認定，實質係由公共經費支助者，不適用第一項之規定。

四、他方領土內之企業在一方領土內提供第一項規定之各種活動，其所獲得之利潤，除該企業有關提供各該項活動，經雙方領土主管機關認定，實質係由公共經費支助者外，該一方領土得予課稅，不受第七條規定之限制。

第十五條　教師

一、個人於訪問他方領土之前，係為一方領土內之居住者，因接受他方領土主管機關認可之大學、學院、學校或其他類似教育機構之邀請，訪問該他方領土，為期不超過二年，目的僅在各該教育機構從事教學或研究者，其自此類教學或研究所得

之報酬，應免徵該他方領土內之租稅。

二、如依與他方領土之教育機構所簽訂一個或一個以上合約規定，訪問期間超過二年者，第一項之規定應不適用。

第十六條　學生及受訓人員

一、個人於其訪問一方領土之前，係為他方領土內之居住者，如其暫時居留於一方領土內之主要目的為：

　　㈠就讀於一方領土內之大學、學院學校；或

　　㈡取得使其具有執行業務或專門職業資格之訓練者。

　　　該個人就左列各項，應免除該一方領土內之租稅：

　　㈠自他方領土匯入用以供其維持生活、就讀或訓練之款項。

　　㈡在一方領土內提供個人勞務所獲得之任何報酬，以彌補為上述目的所可得到財源之不足，在任一曆年度內，其數額以不超過新加坡幣五千元，或新臺幣九萬元為限。

二、個人於其訪問一方領土之前，係為他方領土內之居住者，其暫時居留於一方領土之主要目的，係為就學、研究或接受訓練，且係接受任一方領土之政府或科學、教育、宗教或慈善機構所給予之補助費、津貼或獎學金者，左列各項，應免除該一方領土之租稅：

　　㈠自他方領土匯入用以供其維持生活、就學、研究或訓練之款項。

　　㈡前述之補助費、津貼或獎學金。

　　㈢在一方領土內提供個人勞務所獲得之任何報酬，但以此項勞務與其學習、研究或訓練有關者，或屬附帶發生，且在任一曆年度內，其數額不超過新加坡幣五千元，或新臺幣九萬元為限。

三、個人於其訪問一方領土之前，係為他方領土之居住者，僅以他方領土之政府或企業之僱用人員身份，暫時居留於一方領土境內，為期不超過十二個月，其目的為獲取技術、職業或營業經驗者，左列各項，應免除一方領土之租稅：

　　㈠自他方領土匯入用以供其維持生活、教育或研究之款項。

　　㈡在一方領土內提供個人勞務之任何報酬，但應以此項勞務與其學習或訓練有關，或屬附帶發生，且其數額不超過新加坡幣一萬五千元，或新臺幣二十七萬元為限。

第十七條　減免之限制

本協定規定（不論有無其他條件）凡一方領土來源之所得在該一方領土內應予免稅，或應以減低之稅率課徵，而他方領土依其法律規定，該項所得係按匯入該他方領土或在該他方領土內收到之金額課稅，而非按該項所得全額課稅時，則一方領土依本協定規定應予免稅或減稅之規定，僅適用於匯入該他方領土或在他方領土收到之金額為限。

第十八條 雙重課稅之消除

一、依照任何一方領土稅法有關准許應付其領土外之稅捐，用以抵扣應納該領土之稅捐之規定，凡就一方領土內起源之所得對該一方領土應納之稅，應准抵扣該項所得在他方領土內之應納之稅。如一方領土之居住者公司分配股利予他方領土內之居住者公司，該後者公司持有前者公司之股份不少於百分之二十五時，則該稅額抵扣應將前者公司就其所得應納之稅考慮在內。但此項抵扣不得超過其在他方領土未減除此項抵扣前就此項所得核計之應納稅額。

二、稱「在一方領土內應納之稅」，應認定包括該領土為促進經濟發展而訂定之法律所減免之稅額在內。該項法律應為雙方換文之日有效者，或以後該領土內就現行稅法之修正所增訂或於現行稅法外新訂者。

第十九條 無差別待遇

一、一方領土之國民在他方領土內，不應較他方領土之國民在相同情況下，負不同或較重之課稅、或有關之要件。此項規定，不應解釋為一方領土之主管機關，應將為課稅目的，依法僅適用於其領土之國民或其他特定非屬其領土內居住者之人之個人免稅額、寬減額與扣除額，同樣給予非屬該領土居住者之他方領土之國民。

二、稱「國民」，係指所有具有任一方領土之國籍之個人，以及所有依各該領土法律之規定，取得其身份之法人、合夥人、協會及其他個體。

三、對一方領土內之企業在他方領土內常設機構之課稅，不應較經營同樣業務之他方事業為不利之課徵。

四、本條文之規定，不得解釋為一方領土之主管機關，應將為課稅目的，基於民事身份或家庭責任而給予該領土居住者之個人免稅額、寬減額或扣除額，同樣給予他方領土之居住者。

五、一方領土內之企業，其資本全部或部分為他方領土之一個或一個以上居住者直接或間接所持有或控制者，在一方領土內不應較該一方領土相同之企業負擔任何不同或較重之課稅或有關之要件。

六、本條文所稱「課稅」，係指本協定所規定之租稅。

第二十條 相互協議之程序

一、一方領土內之居住者認為一方或雙方主管機關之行為，對其發生或將發生課稅不符合本協定規定之結果時，不論各該領土之法律救濟規定如何，均得將其案情向其為居住者之領土之主管機關申訴。此項案情申訴應於首次接獲不符合本協定課稅規定之通知起三年內為之。

二、一方領土之主管機關如認為該申訴為有理，且其本身不能獲致適當之解決時，該主管機關應致力與他方領土之主管機關協議解決該案情，以期避免違反本協定規定之課稅。

三、雙方領土之主管機關應致力以協議方式解決對協定之解釋或適用所發生之任何困難或疑義。雙方主管機關並得共同磋商，以消除本協定未規定之重複課稅問題。

四、雙方領土之主管機關得直接相互聯繫，以期依本條上述各項規定之精神達成協議。

第二十一條　情報交換

一、雙方領土之主管機關，應交換為實施本協定之規定，以及為實施本協定規定之課稅有關之雙方領土之法律規定所必要之情報。該項交換之情報應依機密文件處理，除與本協定規定之稅目之核定與徵收有關人員與機關外，不得洩露之。

二、第一項規定，不得解釋為課以任一方領土之主管機關左列之各項義務：

　　㈠採取超越任一方領土之法律或行政常規之任何行政措施。

　　㈡提供在任一方領土之法律規定下，或正常行政常軌下無法獲得之特定資料。

　　㈢提供可能洩露貿易、營業、工業、商業或執行業務之秘密或貿易方式或情報，此類情報之洩露將違背公共政策者。

第二十二條　開始生效

一、本協定應由雙方領土之主管機關，各依其法定程序完成批准程序，並應於表明批准之換文所載之日起開始生效。

二、本協定應對自換文所載之日起所發生或產生之所得生效。

第二十三條　終止

本協定應無限期繼續有效，但任一方領土之主管機關得於一九八六年後，任一曆年度之六月三十日前，以書面通知他方領土之主管機關終止本協定。在此情形下，本協定應對終止通知送達後之次一曆年度一月一日起所發生或產生之所得終止其效力。

25.臺北經濟部中央標準局與伯恩智慧財產局間關於相互承認專利優先權之換函

中華民國八十四年十二月一日及十二月十一日中華民國經濟部中央標準局局長陳佐鎮與瑞士聯邦智慧財產局局長郭羅森巴黑爾簽換；並於八十四年十二月十一日生效

中華民國經濟部中央標準局函（中譯文）

局長閣下：

關於中華民國與瑞士相互承認專利優先權乙案，依據八十四年七月一日我國經濟部江部長與　貴國聯邦經濟部迪拉米拉部長在伯恩之晤談以及本局與　貴局最近之聯繫，本人謹提議：

倘伯恩之聯邦智慧財產局證實「中華民國國民或者其他與中華民國相互承認優先權之國民，自八十五年一月一日起，第一次在臺北經濟部中央標準局之發明專利、新型專利或新式樣專利申請案具有和第一次在保護智慧財產巴黎公約同盟國之申請案同等之

效力」，中央標準局承認瑞士國民或其他與中華民國相互承認優先權之國家的國民自八十五年一月一日起在聯邦智慧財產局之第一次發明專利或工業設計申請案，或者瑞士國民自八十五年一月一日起在其他與中華民國相互承認優先權之國家的專利局之第一次發明專利、新型專利或工業設計申請案，得於中華民國法令所規定之期間內，基於該項申請主張優先權。在中央標準局之新型專利申請案或發明專利申請案得據以向聯邦智慧財產局主張發明專利優先權，且在聯邦智慧財產局之發明專利申請案得據以向中央標準局主張新型專利優先權。

一旦瑞士接受上揭條件，本文連同閣下確認我國國民之瑞士專利優先權的信函，構成履行相互承認專利優先權之協定。在接到閣下之確認信函後，本局將於專利公報上公告雙方相互承認專利優先權。

殷盼早日接到　貴局之答覆。

此致

瑞士聯邦智慧財產局局長

郭羅森巴黑爾

一九九五年十二月一日

局長　陳佐鎮（簽字）

抄送：我國駐關稅暨貿易總協定聯絡辦事處陳代表瑞隆

瑞士聯邦智慧財產局函（中譯文）

局長閣下：

本（八十四）年十二月一日　貴局關於承認發明專利、新型及新式樣申請案優先權主張之來函，我方欣然接受　貴方之提議，本人謹告知：

伯恩之聯邦智慧財產局確認「自八十五年一月一日起，第一次在臺北經濟部中央標準局之發明專利、新型專利或新式樣專利申請案，凡係由其國民或者其他與臺北中央標準局相互承認優先權之國家的國民所提出者，具有和第一次在保護智慧財產巴黎公約同盟國之申請案同等之效力」。中央標準局之新型專利申請案或發明專利申請案得據以向聯邦智慧財產局主張發明專利優先權，且在聯邦智慧財產局之發明專利申請案得據以向中央標準局主張新型專利優先權。

我方將於十二月份的瑞士官方公報（FBDM）公告上揭內容和　貴局亦將授予瑞士國民及其他與臺北中央標準局相互承認優先權國家之國民所提出申請案之優先權主張。

感謝　閣下之協助。

此致

經濟部中央標準局局長

陳佐鎮

一九九五年十二月十一日於伯恩

局長郭羅森巴黑爾

抄送：臺澎金馬獨立關稅領域加對關稅暨貿易總協定／世界貿易組織代表處　陳代表瑞隆

26.臺北經濟部中央標準局與巴黎工業財產局間關於相互授予專利、設計及商標優先權暨合作之換函（臺北部分）

臺北經濟部中央標準局局長陳佐鎮復巴黎國家工業財產局局長漢嘎・丹尼爾照會

遂復者：接准　貴局長本日照會內開：

「查關於相互授予專利、商標及工業設計優先權，　貴我雙方專責機關透過亞洲貿易促進會駐巴黎國家辦事處及法國在臺協會近經往復函商在案，本局長茲特奉告賈局長，巴黎國家工業財產局願意與臺北經濟部中央標準局就此事依下列條件訂立一項協定：

一、臺北經濟部中央標準局與巴黎國家工業財產局（以下稱「締約雙方」）正式記錄，一方應受理另一方之國民根據自本換函生效日起第一次向其本國提出之有效發明專利、新型專利或實用證明以及新式樣或設計及造型申請案之優先權主張。雙方法令所規定之互惠條件業已符合，申請人便不需舉證互惠性。

二、本換函在商標方面視為優先權之互惠協定。雙方申請人俱可藉本協定獲得權利。一方應受理另一方之國民根據自本換函生效日起第一次向其本國提出之有效商標申請案之優先權主張。

三、為執行上述條文，特別是關於定義及期間者，雙方應適用保護工業財產權巴黎公約第四條之規定。

四、中央標準局與工業財產局雙方首長得在適當時機，基於同意之條件互換下列項目：

　　㈠資訊及經驗：

　　　　1.關於組織架構及管理。

　　　　2.關於程序（尤其在檢索及審查方面）。

　　㈡技術文獻及公報。

　　㈢訓練人員。

五、雙方應相互通知本協定之施行方式及施行時可能面臨之困難，並應交換雙方國內法之修正及任何與工業財產權保護有關之意見。

如荷　貴局長接受上開各項條件，本照會與　貴局長之接受復照應即構成　貴我雙方專責機關之一項協定，並自公元一九九六年九月一日起生效。」

本局長茲代表臺北經濟部中央標準局接受上述　貴局長來照所列巴黎國家工業財產局建議之各項條件，　貴局長來照及本復照應即構成　貴我雙方專責機關對此事之一項協定，並自公元一九九六年九月一日起生效。

本局長順向　貴局長表示崇高之敬意此致巴黎國家工業財產局局長漢嘎‧丹尼爾閣下

臺北經濟部中央標準局局長公元一九九六年七月一日於臺北

陳佐鎮

27.駐印尼臺北經濟貿易代表處與駐臺北印尼經濟貿易代表處避免所得稅雙重課稅及防杜逃稅協定

中華民國八十四年三月一日中華民國駐印尼臺北經濟貿易代表處代表陸寶蓀與印尼駐臺北印尼貿易代表處代表 Mr.J.B. OETORO 簽訂；並於八十五年一月十二日生效

鑒於駐印尼臺北經濟貿易代表處與駐臺北印尼經濟貿易代表處咸欲締結避免所得稅雙重課稅及防杜逃稅協定，爰經議定下列條款：

第一條　適用之人

本協定適用於具有締約一方或雙方之國家之居住者身分之人。

第二條　適用租稅

一、本協定所適用之現行租稅：

　　㈠在駐印尼臺北經濟貿易代表處所代表國家：營利事業所得稅及綜合所得稅。

　　㈡在駐臺北印尼經濟貿易代表處所代表國家：依一九八四年所得稅法課徵之所得稅。

二、本協定亦適用於簽訂後新開徵或替代現行各項租稅，而實質上與現行租稅性質相同之其他租稅。締約雙方之國家之主管機關應於每年年底，相互通知對方有關其本國稅法之重大修訂。

第三條　一般定義

一、除依文義須另作解釋外，本協定稱：

　　㈠ 1.「駐印尼臺北經濟貿易代表處所代表國家」，包括該國之領土、領海及依國際法規定有權行使主權及管轄權之領海以外區域。

　　　　2.「駐臺北印尼經濟貿易代表處所代表國家」，包括該國之領土及依國際法規定有權行使主權及管轄權之毗鄰區域。

　　㈡「人」，包括個人、公司及其他任何人之集合體。

　　㈢「公司」，係指公司組織或為租稅目的而視同公司組織之任何實體。

　　㈣「締約一方之國家之企業」及「締約他方之國家之企業」，係分別指由締約一方之國家之居住者所經營之企業及締約他方之國家之居住者所經營之企業。

(五)「國際運輸」，係指締約一方之國家之企業，以船舶或航空器經營之運輸業務。但該船舶或航空器僅於締約他方之國家境內經營者，不在此限。

(六)「主管機關」

 1.在駐印尼臺北經濟貿易代表處所代表國家，係指財政部賦稅署署長或其授權之代表。

 2.在駐印尼臺北經濟貿易代表處所代表國家，係指財政部賦稅署署長或其授權之代表。

(七)「國民」，係指：

1.具有締約一方之國家國籍之任何個人。

2.依締約一方之國家現行法律規定，取得其身分之任何法人、合夥組織及社團。

(八)「締約一方之國家」及「締約他方之國家」，依其文義係指駐印尼臺北經濟貿易代表處所代表國家及駐臺北印尼經濟貿易代表處所代表國家。

二、本協定未界定之名詞於適用時，除依文義須另作解釋者外，應依適用本協定之國家之法律規定辦理。

第四條　居住者

一、本協定稱「締約一方之國家之居住者」，係指依該國法律規定，基於住所、居所、管理處所、設立登記地或其他類似性質之標準，負有納稅義務之人。

二、個人如依前項規定同為締約雙方之國家之居住者，其居住者身分決定如下：

(一)如於締約一方之國家境內有住所，規其為該國之居住者。如於締約雙方之國家境內均有住所，視其為與其個人及經濟利益較為密切之國家之居住者（主要利益中心）。

(二)主要利益中心所在地國不能確定，或於締約雙方之國家境內均無住所，視其為有經常居所之國家之居住者。

(三)於締約雙方之國家境內均有或均無經常居所，由締約雙方之國家之主管機關共同協議解決。

三、個人以外之人如依第一項規定同為締約雙方之國家之居住者，規其為設立登記所在地國之居住者。

第五條　固定營業場所

一、本協定稱「固定營業場所」，係指企業從事全部或部分營業之固定場所。

二、「固定營業場所」包括：

(一)管理處。

(二)分支機構。

(三)辦事處。

(四)工廠。

㈤工作場所。

㈥農場或種植場。

㈦礦場、油井或氣井、採石場或其他天然資源開採場所。

三、「固定營業場所」亦包括：

　㈠建築工地、建築、裝配或安裝工程、或與上述有關之指導監督活動。但以該工地、工程或活動在締約一方之國家境內存續期間超過六個月者為限。

　㈡企業透過其員工成其僱用人員提供服務，包括諮詢服務。但以該活動（為相同或相關工程）在該國境內於任何十二個月內合計超過一百二十天者為限。

四、雖有本條前述各項規定，「固定營業場所」不包括：

　㈠專為儲存或展示屬於該企業之貨物或商品而使用之設備。

　㈡專為儲存或展示而儲備屬於該企業之貨物或商品。

　㈢專為供其他企業加工而儲備屬於該企業之貨物或商品。

　㈣專為該企業採購貨物或商品或蒐集資訊而設置之固定場所。

　㈤專為該企業廣告宣傳或提供資訊而設置之固定場所。

　㈥專為該企業從事任何其他具有準備或輔助性質之活動而設置之固定場所。

　㈦專為從事上述㈠至㈥款各項活動而設置之固定場所，以該固定場所之整體活動具有準備或輔助性質者為限。

五、於締約一方之國家境內代表締約他方之國家之企業之人（非第六項所稱具有獨立身分之代理人）從事（下）列活動者，視該企業於該締約一方之國家境內有固定營業場所，不受第一項及第二項規定之限制：

　㈠有權以該企業名義簽訂契約，並經常行使該項權力。但該人透過固定場所從事之活動僅限於第四項者，依該項規定，該固定場所不視為一固定營業場所。

　㈡無前款規定之權力，但於該締約一方之國家境內經常儲備貨物或商品，並經常代表該企業交付貨物或商品。

六、締約一方之國家之企業如僅透過經紀人、一般佣金代理商或其他具有獨立身分之代理人，以其通常之營業方式，於締約他方之國家境內從事營業者，不得視該企業於締約他方之國家境內有固定營業場所。

七、締約一方之國家之居住者之公司，控制或受控於締約他方之國家之居住者之公司或於締約他方之國家境內從事營業之公司（不論是否透過固定營業場所或其他方式），均不得認定該公司於締約他方之國家境內有固定營業場所。

第六條　不動產所得

一、締約一方之國家之居住者自締約他方之國家境內之不動產取得之所得（包括農林業所得），締約他方之國家得予課稅。

二、「不動產」應依該財產所在地國之法律規定，包括附著於不動產之財產、牲畜及

供農林業使用之設備、適用一般法律規定有關地產之權利、不動產收益權、及對於礦產、資源與其他天然資源之開採、或開採權所主張之變動或固定報酬之權利。船舶、小艇及航空器不視為不動產。

三、直接使用、出租或以其他任何方式使用不動產所取得之所得，應適用第一項規定。

四、企業之不動產所得，及供執行業務使用之不動產所得，亦適用第一項及第三項規定。

第七條　營業利潤

一、締約一方之國家之企業，除經由其於締約他方之國家境內之固定營業場所從事營業外，其利潤僅由該締約一方之國家課稅。如該企業經由其於締約他方之國家境內之固定營業場所從事營業，該締約他方之國家得就該企業之利潤課稅，其利潤以歸屬於：

㈠該固定營業場所者。

㈡於締約他方之國家銷售之貨物或商品與經由該固定營業場所銷售之貨物或商品相同或類似，且該固定營業場所對是項銷售有所貢獻者。

二、除第三項規定外，締約一方之國家之企業經由其於締約他方之國家境內之固定營業場所從事營業，各國歸屬該固定營業場所之利潤，應與該固定營業場所為一獨立之企業，於相同或類似條件下從事相同或類似活動，並以完全獨立之方式與該企業從事交易時，所應獲得之利潤相同。

三、於決定固定營業場所之利潤時，應准予減除為該固定營業場所營業目的而發生之費用，包括行政及一般管理費用，不論各該費用係在固定營業場所所在地國境內或其他處所發生。

四、固定營業場所如僅為企業採購貨物或商品，不得對該固定營業場所歸屬利潤。

五、上述有關固定營業場所利潤之歸屬，除具有正當且充分理由者外，每年均應採用相同方法決定之。

六、利潤如包括本協定其他條款規定之所得項目，各該條款之規定，應不受本條規定之影響。

第八條　海空運輸

一、締約一方之國家之企業，以船舶或航空器經營國際運輸業務之利潤，僅由該締約一方之國家課稅。

二、參與聯營、合資企業或國際代理業務之利潤，亦適用第一項規定。

三、本條所稱利潤包括以船舶或航空器經營國際運輸業務之全部利潤，包括出租船舶或航空器（計時、計程出租）之租賃所得，出租貨櫃及與經營船舶或航空器國際運輸業務有附帶關係之相關設備之租賃所得。

第九條　關係企業

一、兩企業有（下）列情事之一，於其商業或財務關係上所訂定之條件，異於雙方為獨立企業所為，任何應歸屬其中一企業之利潤因該條件而未歸屬於該企業者，得計入該企業之利潤，並予以課稅：

　㈠締約一方之國家之企業直接或間接參與締約他方之國家之企業之管理、控制或資本。

　㈡相同之人直接或間接參與締約一方之國家之企業及締約他方之國家之企業之管理、控制或資本。

二、締約一方之國家將業經締約他方之國家課稅之締約他方之國家之企業利潤，列訂為該締約一方之國家之企業之利潤而予以課稅，如該兩企業所訂定之條件與互為獨立之企業所訂定者相同，且該項列計之利潤應歸屬於該締約一方之國家之企業之利潤時，該締約他方之國家對該項利潤所課徵之稅額，應作適當之調整，在決定此項調整時，應考量本協定之其他規定，如有必要，締約雙方之國家之主管機關應相互礎商。

第十條　股利

一、締約一方之國家之居住者之公司給付予締約他方之國家之居住者之股利，締約他方之國家得予課稅。

二、前項給付股利之公司如係締約一方之國家之居住者，該締約一方之國家亦得依其法律規定，對該項股利課稅，股利取得者如為此項股利受益所有人，其課徵之稅額不得超過股利總額之百分之十。本項規定不應影響對該公司支付股利前之利潤課徵之租稅。

三、本條所稱「股利」，係指自股份或其他非屬債權而得參加利潤分配之其他權利取得之所得，及依分配股利之公司為居住者之國家之稅法規定，與股利所得課徵相同租稅之公司其他權利取得之所得。

四、股利受益所有人如係締約一方之國家之居住者，經由其於締約他方之國家境內之固定營業場所從事營業或固定處所執行業務，而給付股利之公司為締約他方之國家之居住者，其股份持有與該場所或處所有實際關聯時，不適用第一項及第二項規定，而視情況適用第七條或第十四條規定。

五、締約一方之國家之居住者之公司，自締約他方之國家取得利潤或所得，其所給付之股利或其未分配盈餘，即使全部或部分來自締約他方之國家之利潤或所得，締約他方之國家不得對該給付之股利或未分配盈餘課稅。但該股利係給付予締約他方之國家之居住者或其股份持有與締約他方之國家境內之固定營業場所或固定處所有實際關聯者，不在此限。

六、締約一方之國家之居住者之公司於締約他方之國家境內有固定營業場所，該締約他方之國家依其法律得對該固定營業場所之利潤課徵附加稅（不受本協定其他條

文之限制)。但該附加稅以不超過該利潤減除所得稅及對所得課徵之其他租稅後餘額之百分之五為限。

七、締約一方之國家、執行部門、相關之國有石油及天然氣公司或其他任何實體與締約他方之國家之居住者之人簽訂任何與石油及天然氣或其他礦產有關之生產分成契約或其他類似契約之規定，不受本條第六項規定稅率之影響。

第十一條 利息

一、源自締約一方之國家而給付締約他方之國家之居住者之利息，締約他方之國家得予課稅。

二、前項利息來源地國亦得依其法律規定，對該項利息課稅，利息取得者如為此項利息受益所有人，其課徵之稅額不得超過利息總額之百分之十。

三、源自締約一方之國家而由締約他方之國家政府機關取得之利息，包括地方政府機關、政府所屬機關、中央銀行或其他由締約他方之國家政府機關控制、資本全部由締約他方之國家政府機關持有之金融機構，得經締約雙方之國家主管機關之同意，該締約一方之國家應予免稅，不受前項之限制。

四、本條所稱「利息」，係指由各種債權所孳生之所得，不論有無抵押擔保及是否有權參與債務人利潤之分配，尤指政府債券之所得，及公司債或債券之所得，包括屬於上述各類債券之溢價收入或獎金在內。但因延遲給付之罰鍰，不視為利息。

五、利息受益所有人如係締約一方之國家之居住者，經由其於利息來源地之締約他方之國家境內之固定營業場所從事營業或固定處所執行業務，且與利息有關之債權與該場所或處所有實際關聯時，不適用第一項及第二項規定，而視情況適用第七條或第十四條規定。

六、由締約一方之國家、地方政府機關或該國之居住者所給付之利息，視為源自該締約一方之國家。利息給付人如於締約一方之國家境內有固定營業場所或固定處所，而給付利息債務之發生與該場所或處所有關聯，且由該場所或處所負擔該項利息者，不論該利息給付人是否為締約一方之國家之居住者，此項利息視為源自該場所或處所所在地國。

七、利息給付人與受益所有人間，或上述二者與其他人間有特殊關係，如債權之利息數額，超過利息給付人與利息受益所有人在無上述特殊關係下所同意之數額，本條規定應僅適用於後者之數額。在此情形下，各締約之國家得考量本協定其他規定，依各該國家之法律，對此項超額給付課稅。

第十二條 權利金

一、源自締約一方之國家而給付締約他方之國家之居住者之權利金，締約他方之國家得予課稅。

二、前項權利金來源地國亦得依其法律規定，對該項權利金課稅，權利金取得者如為

該項權利金之受益所有人，其課徵之稅額不得超過權利金總額之百分之十。

三、本條所稱「權利金」，係指使用或有權使用文學作品、藝術作品或科學作品，包括電影或供廣播或電視播映用之影片或錄音帶之任何著作權、專利權、商標權、設計或模型、計畫、秘密處方或方法，或使用或有權使用工業、商業或科學設備，或有關工業、商業或科學經驗之資訊，所取得任何方式之給付。

四、權利金受益所有人如係締約一方之國家之居住者，經由其於權利金來源地之締約他方之國家境內之固定營業場所從事營業或固定處所執行業務，且與權利金有關之權利或財產與該場所或處所有實際關聯時，不適用第一項及第二項規定，而視情況適用第七條或第十四條規定。

五、由締約一方之國家、地方政府機關或該國之居住者給付之權利金，視為源自該締約一方之國家。權利金給付人如於締約一方之國家境內有固定營業場所或固定處所，而給付權利金義務之發生與該場所或處所有關聯，且由該場所或處所負擔該項權利金者，不論該權利金給付人是否為締約一方之國家之居住者，此項權利金視為源自該場所或處所所在地國。

六、權利金給付人與受益所有人間、或上述二者與其他人間有特殊關係，如使用、權利或資訊之權利金給付數額，超過給付人與受益所有人在無上述特殊關係下所同意之數額，本條規定應僅適用於後者之數額。在此情形下，各締約之國家得考量本協定其他規定，依各該國家之法律，對此項超額給付課稅。

第十三條　財產交易所得

一、締約一方之國家之居住者因轉讓第六條規定之締約他方之國家境內之不動產而取得之增益，締約他方之國家得予課稅。

二、締約一方之國家之企業因轉讓其於締約他方之國家境內固定營業場所資產中之動產而取得之增益，或締約一方之國家之居住者因轉讓其於締約他方之國家執行業務固定處所之動產而取得之增益，包括因轉讓該場所（單獨或連同整個企業）或處所而取得之增益，締約他方之國家得予課稅。

三、締約一方之國家之企業因轉讓經營國際運輸業務之船舶或航空器，或與該等船舶或航空器營運有關之動產而取得之增益，僅該締約一方之國家得予課稅。

四、因轉讓前三項規定以外之任何財產而取得之增益，僅由該轉讓人為居住者之國家課稅。

第十四條　執行業務

一、締約一方之國家之居住者因執行業務或其他具有獨立性質活動而取得之所得，僅該締約一方之國家得予課稅。但為提供此類勞務而於締約他方之國家境內有固定處所，或於一課稅年度內於締約他方之國家境內居留合計超過一百二十天者，不在此限。如該人於締約他方之國家境內有固定處所或居留超過上述期間，締約他

方之國家僅得對歸屬於該固定處所或於上述居留期間自締約他方之國家取得之所得課稅。

二、「執行業務」包括其有獨立性質之科學、文學、藝術、教育或教學等活動，及醫師、工程師、律師、牙醫師、建築師與會計師等獨立性質之活動。

第十五條 個人勞務

一、除第十六條、第十八條、第十九條及第二十條規定外，締約一方之國家之居住者因受僱而取得之薪俸、工資及其他類似報酬，僅由該締約一方之國家課稅。但該項勞務係於締約他方之國家提供者，不在此限。如該項勞務係於締約他方之國家提供，締約他方之國家得對該項勞務取得之報酬課稅。

二、締約一方之國家之居住者於締約他方之國家提供勞務而取得之報酬，如符合（下）列規定，僅由該締約一方之國家課稅，不受第一項規定之限制：

㈠該所得人於一課稅年度內在締約他方之國家境內居留合計不超過一百八十三天。

㈡該項報酬非由締約他方之國家居住者之雇主所給付或代為給付。

㈢該項報酬非由該雇主於締約他方之國家境內之固定營業場所或固定處所負擔。

三、因受僱於締約一方之國家之企業經營國際運輸業務之船舶或航空器上提供勞務而取得之報酬，僅該締約一方之國家得予課稅，不受前二項規定之限制。

第十六條 董事報酬

一、締約一方之國家之居住者因擔任締約他方之國家境內公司董事會或其他類似組織之董事而取得之董事報酬及其他類似給付，締約他方之國家得予課稅。

二、第一項規定之董事因執行日常之管理或技術性之職務，而自公司取得之報酬，依第十五條規定課稅。

第十七條 演藝人員與運動員

一、締約一方之國家之居住者為劇院、電影、廣播或電視之演藝人員或音樂家等表演人、或運動員，於締約他方之國家從事個人活動而取得之所得，締約他方之國家得予課稅，不受第十四條及第十五條規定之限制。

二、表演人或運動員以該身分從事個人活動，如其所得不歸屬該表演人或運動員本人而歸屬其他人者，該活動舉行地國得對該項所得課稅，不受第七條、第十四條及第十五條規定之限制。

三、依締約雙方之國家政府機關之文化協定或安排，從事第一項之活動而取得之所得，如其訪問該締約一方之國家，全部或實質上係由締約一方或雙方之國家、地方政府機關或公共機構之經費資助者，該活動舉行地國對該項所得應予免稅，不受前二項規定之限制。

第十八條 養老金與年金

一、除第十九條第二項規定外，因過去僱傭或勞務關係，源自締約他方之國家而給付予締約任何一方之國家之居住者之任何養老金或其他類似報酬及任何年金，該締約他方之國家得予課稅。

二、本條所稱「年金」，係指於終生或特定或可確定之期間內，基於支付金錢作為報酬之給付義務，依所定次數而為之定期定額給付。

第十九條 政府勞務

一、締約一方之國家或地方政府機關，給付予為其提供勞務個人之報酬（養老金除外），僅由該締約一方之國家課稅。如該勞務係由締約他方之國家之居住者於締約他方之國家提供，且該個人係締約他方之國家之國民，或非專為提供上述勞務而成為締約他方之國家之居住者，該項報酬僅由該締約他方之國家課稅。

二、締約一方之國家或地方政府機關、或經由其所籌設基金，給付予為其提供勞務個人之養老金，僅由該締約一方之國家課稅。如該個人係締約他方之國家之居住者或國民，該項報酬僅由該締約他方之國家課稅。

三、為締約一方之國家或地方政府機關經營之事業提供勞務所取得之報酬及養老金，應適用第十五條、第十六條及第十八條規定。

第二十條 教師、研究人員與學生

一、個人於訪問締約一方之國家之前，係為締約他方之國家之居住者，因接受締約一方之國家、或該締約一方之國家之大學、學院、學校、博物館或其他文化機構或官方文化交流計畫之邀請，專為各該機構從事教學、演講或進行研究為期不超過兩年者，其自該締約一方之國家境外取得因上述活動之報酬，該締約一方之國家應予免稅。

二、學生、受訓人員或企業受訓人員專為專職教育或受訓目的，而於締約一方之國家停留，且於停留前係為締約他方之國家之居住者，其自該締約一方之國家境外取得供生活、教育或訓練目的之給付，該締約一方之國家應予免稅。

第二十一條 其他所得

締約一方之國家之居住者取得非屬本協定前述各條規定之所得，不論其來源為何，僅由該締約一方之國家課稅。

第二十二條 雙重課稅之消除

締約一方之國家之居住者取得源自締約他方之國家之所得，締約他方之國家依本協定規定對該所得課徵之應納稅額，准予扣抵該締約一方之國家對該居住者課徵之稅額。但扣抵之數額，不得超過該締約一方之國家依其稅法及法規對該所得課徵之稅額。

第二十三條 無差別待遇

一、締約一方之國家之國民於締約他方之國家境內，不應較締約他方之國家之國民於相同情況下，負擔不同或較重之任何租稅或相關之要求。

二、對締約一方之國家之企業於締約他方之國家境內固定營業場所之課稅，不應較經營相同業務之締約他方之國家之企業作較不利之課徵。本項規定不得解釋為締約一方之國家之主管機關，為課稅目的，基於國民身分或家庭責任而給予其本國居住者之個人免稅額或減免，同樣給予締約他方之國家之居住者。

三、除適用第九條第一項、第十一條第七項或第十二條第六項規定外，締約一方之國家之企業給付予締約他方之國家之居住者之利息、權利金及其他款項，於計算該企業之課稅利潤時，應與給付予締約一方之國家之居住者之情況相同而准予減除。

四、締約一方之國家之企業，其資本全部或部分由締約他方之國家一個或一個以上之居住者直接或間接持有或控制者，該締約一方之國家之企業不應較該締約一方之國家之其他相似企業，負擔不同或較重之任何租稅或相關之要求。

五、本條所稱「租稅」，係指本協定所規定之租稅。

第二十四條　相互協議之程序

一、一人認為締約一方或雙方之國家政府機關之行為，對其發生或將發生不符合本協定規定之課稅，不論各該國法律之救濟規定，均得向其本人為居住者之國家之主管機關提出申訴，此項申訴應於首次接獲不符合本協定課稅之通知起三年內為之。

二、主管機關如認為該申訴有理，且其本身無法獲致適當之解決，該主管機關應致力與締約他方之國家之主管機關協議解決之，以避免發生不符合本協定規定之課稅。

三、締約雙方之國家之主管機關應致力以協議方式解決有關本協定之解釋或適用上發生之困難或疑義，雙方主管機關並得共同磋商，以消除本協定未規定之雙重課稅問題。

四、締約雙方之國家之主管機關為達成前述各項規定之協議，得直接相互聯繫。為執行本條規定之相互協議程序，雙方主管機關應透過磋商，發展適當之雙邊程序、條件、方法及技術。

第二十五條　資訊交換

一、締約雙方之國家之主管機關為執行本協定之規定或本協定所指租稅之國內法，在不違反本協定之範圍內，特別係為防杜租稅詐欺及逃漏目的，應相互交換必要之資訊。締約一方之國家之主管機關收到之任何資訊，應與依該國國內法取得之資訊相同，以密件處理。如資訊提供國對該資訊係以密件處理，則僅得揭露予與本協定所指租稅之核定、徵收、執行、起訴或裁定行政救濟有關之人員或政府機關（包括法院及行政部門）。上述人員或政府機關應僅為上述目的始得使用該資訊，但得於公開法庭之訴訟程序或司法之判決中揭露之。

二、前項規定不得解釋為締約一方之國家之主管機關有（下）列各款義務：

　　㈠執行不同於締約一方或他方之國家之法律或行政慣例之行政措施。

　　㈡提供依締約一方或他方之國家之法律規定或正常行政程序無法獲得之資訊。

㈢提供可能洩露任何貿易、營業、工業、商業或執行業務之秘密或交易方法之資訊，或其洩露有違公共政策之資訊。

第二十六條　生效

締約各方於完成其必要之法定程序後，得以書面通知對方，並以後通知者之日期為本協定生效日，其適用日期：

㈠就源扣繳稅款為本協定生效日後之第二個月第一日。

㈡其他稅款為本協定生效日後之次年一月一日。

第二十七條　終止

本協定未經締約一方終止前仍繼續有效，任何締約一方欲終止本協定，應於六月三十日前以書面通知締約他方，且應於本協定生效日起滿五年始得為之。其終止日期：

㈠就源扣繳稅款為發出終止通知後之次年一月一日。

㈡其他稅款為發出終止通知後之次年一月一日。

為此，雙方代表各經合法授權於本協定簽字，以昭倍守。本協定於中華民國八十四年三月一日（公元一九九五年三月一日）在臺北市簽署。本協定以中文、印尼文及英文各繕二份，三種文字約本同一件準，如有解釋上不一致，以英文本為準。

駐印尼臺北經濟貿易代表處代表　　陸寶蓀

駐臺北印尼經濟貿易代表處代表　　伍德祿

28.中華民國與南非共和國避免所得稅雙重課稅及防杜逃稅協定

中華民國八十三年二月十四日中華民國財政部部長林振國與南非共和國財政部部長凱斯於普勒多利亞市簽訂；並溯自於八十五年九月十二日生效

鑒於中華民國政府與南非共和國政府確認兩國政府與人民間暨存之友好關係；復鑒於中華民國政府與南非共和國政府咸欲締結一項避免所得稅雙重課稅及防杜逃稅協定；中華民國政府與南非共和國政府爰經議定下列條款：

壹　協定範圍

第一條　適用之人

本協定適用於具有締約國一方或雙方居住者身分之人。

第二條　適用租稅

一、本協定適用於代表締約國或其政府所屬機關就所得及財產交易所得所課徵之租稅，其課徵方式在所不問。

二、本協定所適用之現行租稅：

　　㈠在中華民國

　　　1.營利事業所得稅

　　　2.綜合所得稅（以下稱「中華民國租稅」）

　　㈡在南非共和國

　　　1.正常稅

　　　2.非居住者股東稅（以下稱「南非租稅」）

三、本協定亦適用於簽訂後新開徵或替代現行各項租稅，而實質上與現行租稅性質相同之其他租稅。

四、雙方締約國之主管機關應於曆年度結束時，相互通知對方有關其本國稅法之變更，如因此項變更，有修正本協定任一條文之必要，而不影響本協定之一般原則時，可經雙方同意，以外交換文方式為之。

貳　定義

第三條　一般定義

一、除依文義須另作解釋外，本協定稱：

　　㈠「中國」，係指「中華民國」，就地理之意義而言，包括其領海，及依國際法規定有權行使獨立主權及管轄權之領海以外區域。

　　㈡「南非」，係指「南非共和國」，就地理之意義而言，包括其領海，及依國際法規定有權行使獨立主權及管轄權之領海以外區域。

　　㈢「一方締約國」及「他方締約國」，依其文義係指中國或南非。

　　㈣「人」，包括個人、公司及為租稅目的而視同實體之其他任何人之集合體。

　　㈤「公司」，係指公司組織或為租稅目的而視同公司組織之任何實體。

　　㈥「一方締約國企業」及「他方締約國企業」，係分別指由一方締約國之居住者所經營之企業及他方締約國之居住者所經營之企業。

　　㈦「主管機關」：

　　　1.在中華民國，係指財政部賦稅署署長或其所授權之代表。

　　　2.在南非，係指內地稅局局長或其所授權之代表。

　　㈧「國際運輸」，係指於一方締約國境內有實際管理處所之企業，以船舶或航空器所經營之運輸業務。但該船舶或航空器僅於他方締約國境內經營者，不在此限。

　　㈨「國民」，係指

　　　1.具有任何一方締約國國籍之個人。

　　　2.依各該締約國現行法律規定，取得其身分之法人、合夥組織、社團及其他實體。

二、未經本協定界定之名詞，適用於任何一方締約國境內時，除依文義須另作解釋者外，應具有各該締約國與本協定所適用租稅有關法律之意義。

第四條　財政住所

一、本協定稱：

㈠「中華民國之居住者」，係指中華民國稅法規定具有居住者身分之人。

㈡「南非共和國之居住者」，係指經常居住於南非之個人及於南非有管理處所之法人。

二、個人如依前項規定同為雙方締約國之居住者，其居住者身分決定如下：

㈠如於一方締約國境內有住所，視其為該締約國之居住者。如於雙方締約國境內均有住所，則視其個人及經濟利益較為密切之締約國之居住者（主要利益中心）。

㈡主要利益中心所在地之締約國不能確定，或於雙方締約國境內均無住所，視其為有經常居所之締約國之居住者。

㈢於雙方締約國境內均有或均無經常居所，視其為具有國民身分之締造國之居住者。

㈣如均屬或均非屬雙方締約國之國民，由雙方締約國之主管機關共同協議解決。

三、依第一項規定，個人以外之人如同為雙方締約國之居住者，視其為實際管理處所所在地締約國之居住者。

第五條　固定營業場所

一、本協定稱「固定營業場所」，係指企業從事全部或部分營業之固定場所。

二、「固定營業場所」包括：

㈠管理處。

㈡分支機構。

㈢辦事處。

㈣工廠。

㈤工作場所。

㈥礦場、油井、採石場或其他自然資源開採場所。

㈦建築工地、建築、安裝或裝配工程，其存續期間超過十二個月者。

三、「固定營業場所」不包括：

㈠專為儲存、展示或運送屬於該企業之貨物或商品而使用之設備。

㈡專為儲存、展示或運送而儲備屬於該企業之貨物或商品。

㈢專為供其他企業加工而儲備屬於該企業之貨物或商品。

㈣專為該企業採購貨物、商品、或蒐集資訊而設置之固定場所。

㈤專為該企業廣告宣傳、提供資訊、從事科學研究或其他具有準備或輔助性質之類似活動而設置之固定場所。

㈥專為從事上述㈠至㈤款之各項活動而設置之固定場所，以該固定場所之整體活動具有準備或輔助性質者為限。

四、一方締約國企業，於他方締約國境內無固定場所，如於他方締約國境內從事與建築、安裝或裝配工程相關之管理監督活動，而該項工程存續期間超過十二個月者，視該企業於他方締約國境內有固定營業場所。

五、代表他方締約國企業之人（非第六項所稱具有獨立身分之代理人），雖於該一方締約國境內無固定場所，如符合下列任一款規定者，視該人為於該一方締約國境內之固定營業場所：

　㈠該人於該一方締約國境內有權以該企業名義簽訂契約，並經常行使該項權力。

　㈡該人於該一方締約國境內儲備屬於該企業之貨物或商品，並經常代表該企業交付貨物或商品。

　㈢該人經常於該一方締約國境內完全或幾乎完全為該企業爭取訂單。

六、一方締約國之企業如僅透過經紀人、一般佣金代理商或其他具有獨立身分之代理人，以其通常之營業方式，於他方締約國境內從事營業者，不得視該企業於該他方締約國境內有固定營業場所。

七、一方締約國居住者之公司，控制或受控於他方締約國居住者之公司或於他方締約國境內從事營業之公司（不論是否透過固定營業場所或其他方式），均不得認定該公司於他方締約國境內有固定營業場所。

參　所得之課稅

第六條　不動產所得

一、不動產所在地之締約國得對該不動產所得（包括農林業所得）課稅。

二、「不動產」應依該財產所在地締約國之法律界定，包括附著於不動產之財產、牲畜及供農林業使用之設備、一般法律規定有關地產所適用之權利、不動產收益權、及對於礦產資源與其他天然資源之開採、或開採權所主張之變動或固定報酬之權利。船舶、小艇及航空器不視為不動產。

三、直接使用、出租或以其他任何方式使用不動產所取得之所得，應適用第一項規定。

四、企業之不動產所得，及供執行業務使用之不動產所得，亦適用第一項及第三項規定。

第七條　營業利潤

一、一方締約國企業，除經由其於他方締約國境內之固定營業場所從事營業外，其利潤僅由該一方締約國課稅。如該企業經由其於他方締約國境內之固定營業場所從事營業，該他方締約國得就該企業之利潤課稅，以歸屬於該固定營業場所之利潤為限。

二、除第三項規定外，一方締約國企業經由其於他方締約國境內之固定營業場所從事營業，任何一方締約國歸屬該固定營業場所之利潤，應與該固定營業場所為一獨

立之企業，於相同或類似條件下從事相同或類似活動，並以完全獨立之方式與該企業從事交易時，所應獲得之利潤相同。

三、於決定固定營業場所之利潤時，應准予減除為該固定營業場所之目的而發生之費用，包括行政及一般管理費用，不論各該費用係在固定營業場所所在地之締約國境內或其他處所發生。

四、固定營業場所如僅為企業採購貨物或商品，不得對該固定營業場所歸屬利潤。

五、利潤如包括本協定其他條款規定之所得項目，各該條款之規定，應不受本條規定之影響。

六、上述有關固定營業場所利潤之歸屬，除具有正當理由者外，每年均應採用相同方法決定之。

第八條　海空運輸

一、以船舶或航空器經營國際運輸業務之利潤、出租從事國際運輸業務之船舶或航空器之租賃所得、或出租貨櫃及與經營船舶或航空器國際運輸業務有附帶關係之相關設備之租賃所得，僅該企業實際管理處所所在地之締約國得予課稅。

二、海運業之實際管理處所如設於船舶上，以船舶經營者為居住者之締約國為該企業實際管理處所所在國。

三、參與聯營、合資或國際經營機構所獲得之利潤，亦適用第一項規定。

第九條　關係企業

一、兩企業有下列情事之一，於其商業或財務關係上所訂定之條件，異於雙方為獨立企業所為，任何應歸屬其中一企業之利潤因該條件而未歸屬於該企業者，得計入該企業之利潤，並予以課稅：

㈠一方締約國企業直接或間接參與他方締約國企業之管理、控制或資本。

㈡相同之人直接或間接參與一方締約國企業及他方締約國企業之管理、控制或資本。

二、一方締約國將業經他方締約國課稅之他方締約國企業利潤，列計為該一方締約國企業之利潤而予以課稅，如該兩企業所訂定之條件與互為獨立之企業所訂定者相同，且該項列計之利潤應歸屬於該一方締約國企業之利潤時，該他方締約國對該項利潤所課徵之稅額，應作適當之調整。在決定此項調整時，應考量本協定之其他規定，如有必要，雙方締約國之主管機關應相互磋商。

第十條　股利

一、源自一方締約國而給付他方締約國居住者之股利，該他方締約國得予課稅。

二、前項給付股利之公司如係一方締約國之居住者,該一方締約國亦得依其法律規定,對該項股利課稅，股利取得者如為此項股利受益所有人，其課徵之稅額不得超過下列數額：

㈠股利受益所有人直接持有給付股利公司至少百分之十資本者，不得超過股利總額之百分之五。

㈡在其他情況下，不得超過股利總額之百分之十五。

三、本條所稱「股利」，係指從股份、礦業股份、發起人股份或其他非屬債務請求權而得參加利潤分配之其他權利取得之所得，及依分配股利之公司為居住者之締約國稅法規定，與股利所得課徵相同租稅之公司其他權利取得之所得。

四、股利受益所有人如係一方締約國之居住者，經由其於他方締約國境內之固定營業場所從事營業或固定處所執行業務，而給付股利之公司為他方締約國之居住者，其股份持有與該場所或處所有實際關聯時，不適用第一項及第二項規定，而視情況適用第七條或第十四條規定。

五、一方締約國居住者之公司，以獲自他方締約國之利潤或所得給付股利，或其所給付之股利、未分配盈餘全部或部分來自他方締約國之利潤或所得，則他方締約國不得對該給付之股利或未分配盈餘課稅。但該股利係給付予他方締約國之居住者或其股份持有與他方締約國境內之固定營業場所或固定處所有實際關聯者，不在此限。

六、由一方締約國之居住者公司所給付之股利，視為源自該一方締約國。

第十一條 利息

一、源自一方締約國而給付他方締約國居住者之利息，該他方締約國得予課稅。

二、前項利息來源地之締約國亦得依其法律規定，對該項利息課稅，利息取得者如為此項利息受益所有人，其課徵之稅額不得超過利息總額之百分之十，雙方締約國之主管機關應共同協議確定該限制之適用方式。

三、本條所稱「利息」，係指由各種債務請求權所孳生之所得，不論有無抵押擔保及是否有權參與債務人利潤之分配，尤指政府債券之所得，及公司債或債券之所得，包括附屬於上述各類債券之溢價收入或獎金在內。但因延遲給付所生之罰鍰，不視為利息。

四、利息受益所有人如係一方締約國之居住者，經由其於利息來源地之他方締約國境內之固定營業場所從事營業或固定處所執行業務，且利息給付之債務請求權與該場所或處所有實際關聯時，不適用第一項及第二項規定，而視情況適用第七條或第十四條規定。

五、由一方締約國本身、政府所屬機關、地方政府或該國之居住者所給付之利息，視為源自該一方締約國。利息給付人如於一方締約國境內有固定營業場所或固定處所，而給付利息債務之發生與該場所或處所有關聯，且由該場所或處所負擔該項利息者，不論該利息給付人是否為一方締約國之居住者，此項利息視為源自該場所或處所所在地之締約國。

六、利息給付人與受益所有人間，或上述二者或其他人間有特殊關係，如債務請求權之利息給付數額，超過利息給付人與利息受益所有人在無上述特殊關係下所同意之數額，本條規定應僅適用於後者之數額。在此情形下，雙方締約國得考量本協定其他規定，依各該締約國之法律，對此項超額給付課稅。

第十二條　權利金

一、源自一方締約國而給付他方締約國居住者之權利金，該他方締約國得予課稅。

二、前項權利金來源地之締約國亦得依其法律規定，對該項權利金課稅，權利金取得者如為他方締約國之居住者，且為該項權利金之受益所有人，其課徵之稅額不得超過權利金總額之百分之十，雙方締約國之主管機關應共同協議確定該限制之適用方式。

三、凡科學作品之著作權、專利權、商標權、設計或模型、計畫、或秘密處方或方法因轉讓而取得之所得，亦適用第二項規定。

四、本條所稱「權利金」，係指使用或有權使用文學作品、藝術作品或科學作品（包括電影及供廣播或電視播映用之影片、錄音帶或碟影片）之任何著作權、專利權、商標權、設計或模型、計畫、秘密處方或方法，或使用或有權使用工業、商業或科學設備，或有關工業或科學經驗之資訊，所取得任何方式之給付。

五、權利金受益所有人如係一方締約國之居住者，經由其於權利金來源地之他方締約國境內之固定營業場所從事營業或固定處所執行業務，且與給付權利金有關之權利或財產與該場所或處所有實際關聯時，不適用第一項及第二項規定，而視情況適用第七條或第十四條規定。

六、權利金給付人與受益所有人間、或上述二者與其他人間有特殊關係，如使用、權利或資訊之權利金給付數額，超過給付人與受益所有人在無上述特殊關係下所同意之數額，本條規定應僅適用於後者之數額。在此情形下，雙方締約國得考量本協定其他規定，依各該締約國之法律，對此項超額給付課稅。

七、由一方締約國之居住者給付之權利金，視為源自該一方締約國。權利金給付人如於一方締約國境內有固定營業場所或固定處所，而給付權利金義務之發生與該場所或處所有關聯，且由該場所或處所負擔該項權利金者，不論該權利金給付人是否為一方締約國之居住者，此項權利金視為源自該場所或處所所在地之締約國。

第十三條　財產交易所得

一、一方締約國之居住者因轉讓第六條規定之他方締約國境內之不動產而取得之增益，他方締約國得予課稅。

二、一方締約國企業因轉讓其屬於他方締約國境內固定營業場所資產之動產而取得之增益，或一方締約國之居住者因轉讓其於他方締約國執行業務固定處所之動產而取得之增益，包括因轉讓該場所（單獨或連同整個企業）或處所而取得之增益，

他方締約國得予課稅。

三、經營國際運輸業務之船舶或航空器、國內水路運輸業務之小船、或與該等船舶、航空器或小船營運有關之動產，因轉讓而取得之增益，僅由該企業實際管理處所所在地之締約國課稅。

四、除第十二條第三項規定外，因轉讓第一項至第三項規定以外之任何財產而取得之增益，僅由該轉讓人為居住者之締約國課稅。

第十四條　執行業務

一、一方締約國之居住者因執行業務或其他具有獨立性質活動而取得之所得，僅該一方締約國得予課稅。但為提供此類勞務而於他方締約國境內有固定處所者，不在此限。如該人於他方締約國境內有固定處所，他方締約國僅得對歸屬於該固定處所之所得課稅。

二、「執行業務」包括具有獨立性質之科學、文學、藝術、教育或教學等活動，及醫師、律師、工程師、建築師、牙醫師與會計師等獨立性質之活動。

第十五條　個人勞務

一、除第十六條、第十八條及第十九條規定外，一方締約國之居住者因受僱而取得之薪俸、工資及其他類似報酬，僅由該一方締約國課稅。但該項勞務係於他方締約國提供者，不在此限。如該項勞務係於他方締約國提供，該他方締約國得對該項勞務取得之報酬課稅。

二、一方締約國之居住者因於他方締約國提供勞務而取得之報酬，如符合下列規定，僅由該一方締約國課稅，不受第一項規定之限制：

（一）該所得人於一曆年度內在他方締約國居留之期間合計不超過一百八十三天。

（二）該項報酬非由他方締約國居住者之雇主所給付或代為給付。

（三）該項報酬非由該雇主於他方締約國境內之固定營業場所或固定處所負擔。

三、因受僱於經營國際運輸業務之船舶或航空器上提供勞務而取得之報酬，該企業實際管理處所所在地締約國得予課稅，不受前二項之限制。

第十六條　董事報酬

一方締約國之居住者因擔任他方締約國境內公司董事會之董事而取得之董事報酬及類似給付，該他方締約國得予課稅。

第十七條　演藝人員與運動員

一、劇院、電影、廣播或電視之演藝人員及音樂家等表演人、或運動員，從事個人活動而取得之所得，活動舉行地之締約國得予課稅，不受第十四條及第十五條規定之限制。

二、表演人或運動員以該身分從事個人活動，如其所得不歸屬該表演人或運動員本人而歸屬其他人者，該活動舉行地之締約國得對該項所得課稅，不受第七條、第十

四條及第十五條規定之限制。

第十八條　養老金及年金

一、他方締約國之居住者取得源自一方締約國之任何養老金（非屬第十九條第二項規定之養老金）及年金，其全部或部分數額由該他方締約國課稅，該一方締約國應予免稅，其免稅數額以已計入他方締約國之所得為限。

二、本條所稱「年金」，係指於終生或特定或可確定之期間內，基於支付金錢作為報酬之給付義務，依所定次數而為之定期定額給付。

第十九條　政府勞務

一、一方締約國、政府所屬機關或地方政府，對任何向該一方締約國、政府所屬機關或地方政府提供勞務以執行政府職能之個人，所給付或經由其籌設基金所給付之報酬（養老金除外），如該個人非經常居住於他方締約國，或專為提供上述勞務而經常居住於他方締約國，他方締約國應予免稅。

二、一方締約國、政府所屬機關或地方政府，對任何向該一方締約國、政府所屬機關或地方政府提供勞務以執行政府職能之個人，所給付或經由其籌設基金所給付之養老金，他方締約國應予免稅。其免稅以前項規定他方締約國對該報酬免稅者或給付之報酬於本協定生效後適用免稅者為限。

三、對任何一方締約國、政府所屬機關或地方政府為營利目的經營之貿易或事業提供勞務所為之給付，不適用本條規定。

第二十條　教師與學生

一、教師為教學目的而於一方締約國之大學、學院、學校或其他教育機構暫時訪問，期間不超過二年，且其目前或訪問前為他方締約國之居住者，此項教學之報酬如已由他方締約國課稅，該一方締約國應予免稅，不受第十五條規定之限制。

二、學生或企業受訓人員專為教育或受訓目的而於一方締約國居留，且其目前或居留前為他方締約國之居住者，其自該一方締約國境外取得供生活、教育或訓練目的之給付，該一方締約國應予免稅。

第二十一條　其他所得

一方締約國之居住者取得非屬本協定前述規定之所得，該所得僅由該一方締約國課稅。

肆　雙重課稅之消除

第二十二條　雙重課稅之消除

一、南非之居住者依本協定規定就中華民國課稅所得向中華民國政府繳納之租稅，依南非稅法規定，准予扣抵南非租稅。但扣抵之數額，不得超過扣抵前南非就中華民國課稅之所得所核計之稅額。

二、中華民國居住者依本協定規定就南非課稅所得向南非政府繳納之租稅，依中華民

國稅法規定，准予扣抵中華民國租稅。但扣抵之數額，不得超過因加計南非課稅之所得，而依中華民國適用之稅率計算增加之稅額。

三、一方締約國、政府所屬機關或任何單位，基於促進該國經濟發展或區域均衡之目的，依其法律規定，給予他方締約國居住者之補助款，他方締約國應予免稅。

四、凡得退還之租稅不適用第一項及第二項規定。

伍　特別規定

第二十三條　無差別待遇

一、一方締約國之國民於他方締約國境內，不應較他方締約國之國民於相同情況下，負擔不同或較重之任何租稅或相關之要求。

二、對一方締約國企業於他方締約國境內之固定營業場所之課稅，不應較經營相同業務之他方締約國企業作較不利之課徵。

三、一方締約國企業之資本全部或部分由他方締約國一個或一個以上之居住者直接或間接持有或控制者，該一方締約國企業不應較該一方締約國境內其他相似企業，負擔不同或較重之任何租稅或相關之要求。

四、本條所稱「租稅」，係指本協定所規定之租稅。

第二十四條　相互協議之程序

一、一方締約國之居住者認為一方或雙方締約國之行為，對其發生或將發生不符合本協定之課稅，不論各該締約國法律之救濟規定，均得向其為居住者之締約國主管機關提出申訴，此項申訴應於首次接獲不符合本協定課稅之通知起三年內為之。

二、主管機關如認為該申訴有理，且其本身無法獲致適當之解決，該主管機關應致力與他方締約國之主管機關協議解決之，以避免發生不符合本協定之課稅。

三、雙方締約國之主管機關應致力以協議方式解決有關本協定之解釋或適用上發生之困難或疑義，雙方主管機關並得共同磋商，以消除本協定未規定之雙重課稅問題。

四、雙方締約國之主管機關為前述各項規定而達成協議，得直接相互聯繫。

第二十五條　資訊交換

一、雙方締約國之主管機關應交換為執行本協定之規定及本協定所指租稅之國內法所必要之資訊，交換之資訊應以機密文件處理，且不得洩露予與本協定所指租稅有關之稽徵人員與機關以外之其他人或機關。

二、前項規定不得解釋為任何一方締約國之主管機關有下列各項義務：㈠執行不同於一方締約國或他方締約國之法律或行政慣例之行政措施。㈡提供依一方締約國或他方締約國之法律規定或正常行政程序無法獲得之資訊。㈢提供可能洩露任何貿易、營業、工業、商業或執行業務之秘密或交易方法、或情報之資訊，其洩露有違公共政策者。

第二十六條　外交與領事人員

本協定之規定不影響外交或領事人員依國際法之一般規則或特別協定之規定所享有之財政特權。

第二十七條　一九八〇年互免海空運輸事業所得稅協定之終止

中華民國六十九年三月十一日（公元一九八〇年三月十一日）簽訂之中華民國政府與南非共和國政府互免海空運輸事業所得稅協定，自本協定生效之日起，終止其效力。

第二十八條　生效

本協定於雙方締約國通知對方締約國完成使本協定生效之法律程序之日起生效，其適用日期：

一、就源扣繳稅款為本協定生效日之次月一日。

二、其他稅款為本協定生效日之次月一日。

第二十九條　終止

本協定未經雙方締約國終止前仍繼續有效，任何一方締約國欲終止本協定，應於六月三十日前以書面通知他方締約國，且應於本協定生效日起滿五年始得為之。其終止日期：

一、就源扣繳稅款為發出終止通知之次一年度一月一日。

二、其他稅款為發出終止通知之次一年度一月一日。

為此，雙方代表各經合法授權於本協定簽字，以昭信守。

本協定於中華民國八十三年二月十四日（公元一九九四年二月十四日）在普勒多利亞市簽署。本協定用中文、英文各繕二份，二種文字約本同一作準。

29.駐荷蘭臺北代表處與駐臺北荷蘭貿易暨投資辦事處避免所得稅雙重課稅及防杜逃稅協定

中華民國九十年二月二十七日駐荷蘭臺北代表處代表顧崇廉與駐臺北荷蘭貿易暨投資辦事處代表史仕培於荷蘭海牙簽訂

駐荷蘭臺北代表處與駐臺北荷蘭貿易暨投資辦事處咸欲締結避免所得稅雙重課稅及防杜逃稅協定，爰經議定下列條款：

第一條　適用之人

本協定適用於具有一方或雙方領域居住者身分之人。

第二條　適用租稅

一、本協定適用於代表各領域或其所屬機關或地方機關就所得所課徵之租稅，其課徵方式在所不問。

二、本協定所適用之現行租稅：

　　㈠在臺北財政部賦稅署主管之稅法所適用之領域：

　　　　1.營利事業所得稅。

　　　　2.個人綜合所得稅。

　　㈡在荷蘭財政部主管之稅法所適用之領域：

　　　　1.所得稅。

　　　　2.薪資稅。

　　　　3.公司稅，包括依據一八一〇年礦業法有關一九六七年所核發許可，或依據一九六五年荷蘭大陸棚採礦行為法，對開採天然資源之淨利潤課徵數中屬於政府比例部分。

　　　　4.股利稅。

三、本協定亦適用於協定簽署後新開徵或替代現行各項租稅，而與現行租稅相同或實質類似之任何租稅。主管機關對於其各自稅法之重大修訂，應通知對方。

第三條　一般定義

一、除上下文另有規定外，本協定稱：

　　㈠「領域」，視情況係指第二條第二項第一款或第二款所稱之領域。「領域」不包括一方領域企業之船舶。

　　㈡「人」，包括個人、公司及其他任何人之集合體。

　　㈢「公司」，係指法人或依稅法規定視同法人之任何實體。

　　㈣「一方領域之企業」及「他方領域之企業」，分別係指由一方領域之居住者所經營之企業及他方領域之居住者所經營之企業。

　　㈤「國際運輸」，係指於一方領域有實際管理處所之企業，以船舶或航空器所經營之運輸業務，但該船舶或航空器僅於他方領域境內經營者，不在此限。

　　㈥「主管機關」，在臺北財政部賦稅署主管之稅法所適用之領域，係指財政部賦稅署或其授權之代表；在荷蘭財政部主管稅法所適用之領域，係指荷蘭財政部或其授權之代表。

二、本協定於一方領域適用時，未於本協定界定之任何名詞，除上下文另有規定外，依本協定所稱租稅於協定適用當時之法律規定辦理，該領域稅法之規定應優先於該領域其他法律之規定。

第四條　居住者

一、本協定所稱一方領域居住者，係指依該領域法律規定，因住所、居所、管理處所、設立登記地或其他類似標準負有納稅義務之人，包括第二條第二項第一款及第二款所稱之領域，及其所屬行政機關或地方機關。

二、僅因有一方領域之來源所得而負該領域納稅義務之人，非為本協定所稱該領域之居住者。但第二條第一項第二款所稱領域，如僅對其居住者個人源自該領域之所

得課稅者，該居住者個人不適用本項規定。

三、個人如依本條前二項規定同為雙方領域之居住者，其身分決定如下：

　　㈠於一方領域內有永久住所，視其為該領域之居住者。如於雙方領域內均有永久住所，視其為與其個人及經濟利益較為密切之領域之居住者（主要利益中心）。

　　㈡如主要利益中心所在地領域不能確定，或於雙方領域內均無永久住所，視其為有經常居所之領域之居住者。

　　㈢如於雙方領域內均有或均無經常居所，雙方領域之主管機關應共同協議解決。

四、個人以外之人如依第一項及第二項規定同為雙方領域之居住者，視其為實際管理處所所在地領域之居住者。

第五條　常設機構

一、本協定稱「常設機構」，係指企業從事全部或部分營業之固定營業場所。

二、「常設機構」包括：

　　㈠管理處。

　　㈡分支機構。

　　㈢辦事處。

　　㈣工廠。

　　㈤工作場所。

　　㈥礦場、油井或氣井、採石場或任何其他天然資源開採場所。

三、「常設機構」亦包括：

　　㈠建築工地、營建、安裝或裝配工程，其存續期間超過六個月者。

　　㈡企業透過其員工或其他僱用人員於一方領域提供服務，包括諮詢服務，但以該活動（為相同或相關計畫方案）在該領域內於任何十二個月期間內持續或合計超過一百八十三天者為限。

四、本條前述各項之「常設機構」，不包括下列各款：

　　㈠專為儲存、展示或運送屬於該企業之貨物或商品而使用設備。

　　㈡專為儲存、展示或運送而儲備屬於該企業之貨物或商品。

　　㈢專為供其他企業加工而儲備屬於該企業之貨物或商品。

　　㈣專為該企業採購貨物或商品或蒐集資訊而設置固定營業場所。

　　㈤專為該企業從事其他具有準備或輔助性質之活動而設置固定營業場所。

　　㈥專為從事㈠至㈤款各項活動而設置固定營業場所，但以該固定營業場所之整體活動具有準備或輔助性質者為限。

五、代表一企業，有權以該企業名義於一方領域簽訂契約，並經常行使該項權力之人（非第六項所稱具有獨立身分之代理人），其為該企業所從事之任何活動，視該企業於該領域內有常設機構，不受第一項及第二項規定之限制。但該人透過固定營

業場所僅從事第四項規定之活動者，該固定營業場所不視為常設機構。

六、一方領域之企業如僅透過經紀人、一般佣金代理商或其他具有獨立身分之代理人，以其通常之營業方式，於他方領域內從事營業者，不得視該企業於他方領域內有常設機構。

七、一方領域之居住者公司，控制或受控於他方領域之居住者公司或於他方領域內從事營業之公司（不論是否透過常設機構或其他方式），均不得就此事實認定任一公司為另一公司之常設機構。

第六條　不動產所得

一、一方領域之居住者取得他方領域內之不動產所得（包括農業或林業所得），他方領域得予課稅。

二、稱「不動產」，應具有財產所在地領域法律規定之含義，包括附著於不動產之財產、供農林業使用之牲畜及設備、適用一般法律規定之地產之權利、不動產收益權、及對於礦產、資源與其他天然資源之開採、或開採權所主張之變動或固定報酬之權利。船舶、小艇及航空器不視為不動產。天然資源之探勘權及開採權應視為得行使該等權利所在地領域之不動產。

三、直接使用、出租或以其他任何方式使用不動產所取得之所得，應適用第一項規定。

四、由企業之不動產及供執行業務使用之不動產所產生之所得，亦適用第一項及第三項規定。

第七條　營業利潤

一、一方領域之企業，除經由其於他方領域內之常設機構從事營業外，其利潤僅由該一方領域課稅。該企業如經由其於他方領域內之常設機構從事營業，他方領域得就該企業之利潤課稅，但以歸屬於該常設機構之利潤為限。

二、除第三項規定外，一方領域之企業經由其於他方領域內之常設機構從事營業，各領域歸屬該常設機構之利潤，應與該常設機構為一獨立之企業，於相同或類似條件下從事相同或類似活動，並以完全獨立之方式與該企業從事交易時，所應獲得之利潤相同。

三、於計算常設機構之利潤時，應准予減除為該常設機構營業目的而發生之費用，包括行政及一般管理費用，不論該費用係於常設機構所在地領域內或其他處所發生。

四、一方領域慣例按企業全部利潤之比率分配各部門利潤之原則，計算應歸屬常設機構之利潤者，不得依第二項規定排除該分配慣例，但採用之分配方法所獲致之結果應與本條所定之原則相符。

五、常設機構僅為該企業採購貨物或商品，不得對該常設機構歸屬利潤。

六、前五項有關常設機構利潤之歸屬，除有正當且充分理由者外，每年均應採用相同方法決定之。

七、利潤如包括本協定其他條款規定之所得項目，各該條款之規定，應不受本條規定之影響。

第八條　海空運輸

一、以船舶或航空器經營國際運輸業務之利潤，僅由企業實際管理處所所在地之領域課稅。

二、本條文稱以船舶或航空器經營國際運輸業務之利潤，應包括下列項目，但以該使用、維護或出租係與以船舶或航空器經營國際運輸有附帶關係者為限：

　　㈠使用、維護或出租貨櫃及相關設備之利潤。

　　㈡以計時、計程或光船方式出租船舶或航空器之利潤。

三、參與聯營、合資企業或國際代理業務之利潤，亦適用第一項規定，但以歸屬於參與聯合營運之比例所取得之利潤為限。

第九條　關係企業

一、兩企業間有下列情事之一，於其商業或財務關係上所訂定條件，異於雙方為獨立企業所為，任何應歸屬其中一企業之利潤因該等條件而未歸屬於該企業者，得計入該企業之利潤，並予以課稅：

　　㈠一方領域之企業直接或間接參與他方領域企業之管理、控制或資本。

　　㈡相同之人直接或間接參與一方領域之企業及他方領域企業之管理、控制或資本。

二、一方領域之主管機關將業經他方領域課稅之他方領域企業之利潤，列計為該一方領域企業之利潤而予以課稅，如該兩企業間所訂定之條件與互為獨立企業所訂定者相同，且該項列計之利潤應歸屬於該一方領域企業之利潤時，該他方領域之主管機關對該項利潤之課稅，應作適當之調整。在決定此項調整時，應考量本協定之其他規定，如有必要，雙方領域之主管機關應相互磋商。

第十條　股利

一、一方領域之居住者公司給付予他方領域居住者之股利，他方領域得予課稅。

二、前項給付股利之公司如係一方領域之居住者，該領域亦得依其法律規定，對該項股利課稅，股利之受益所有人如為他方領域之居住者，其課徵之稅額不得超過股利總額之百分之十。

三、雙方領域之主管機關應共同協議決定第二項之適用方式。

四、第二項規定不影響對該公司用以發放股利之利潤所課徵之租稅。

五、本條所稱「股利」，係指自股份，或其他非屬債權而得參與利潤分配之其他權利取得之所得，及依分配股利之公司為居住者之領域稅法規定，與股利所得課徵相同租稅之公司其他權利取得之所得。

六、股利受益所有人如為一方領域之居住者，經由其於他方領域內之常設機構從事營業或固定處所執行業務，而給付股利之公司為他方領域之居住者，其股份持有與

該機構或處所有實際關聯時，不適用第一項及第二項規定，而視情況適用第七條或第十四條規定。

七、一方領域之居住者公司自他方領域取得利潤或所得，其所給付之股利或其未分配盈餘，即使全部或部分來自他方領域之利潤或所得，他方領域不得對該給付之股利或未分配盈餘課稅。但該股利係給付予他方領域之居住者，或該股份之持有與位於他方領域之常設機構或固定處所有實際關聯者，不在此限。

第十一條　利息

一、源自一方領域而給付他方領域居住者之利息，他方領域得予課稅。

二、前項利息來源地領域亦得依其法律規定，對該項利息課稅，但利息之受益所有人如為他方領域之居住者，其課徵之稅額不得超過利息總額之百分之十。

三、源自一方領域而給付予他方領域居住者之利息，且該居住者為受益所有人，在下列範圍內，該利息僅由他方領域課稅，不受第二項規定之限制：

　㈠由一方領域之公共實體、所屬機關或地方機關因債券、信用債券或其他類似債務所給付之利息。

　㈡給付予他方領域、所屬機關、地方機關，或他方領域之中央銀行，或任何由該領域或所屬機關或地方機關所控制之機構（包括財務機構）之利息。

　㈢銀行間所給付之利息。

四、雙方領域之主管機關應共同協議決定第二項及第三項之適用方式。

五、本條所稱「利息」，係指由各種債權所孳生之所得，不論有無抵押擔保及是否有權參與債務人利潤之分配，尤指政府債券之所得、及債券或信用債券之所得，包括附屬於上述各類債券之溢價收入或獎金在內。但延遲給付之違約金，不視為本條所稱之利息。

六、利息受益所有人如為一方領域之居住者，經由其於利息來源地之他方領域內之常設機構從事營業或固定處所執行業務，且與給付利息有關之負債與該機構或處所有實際關聯時，不適用第一項、第二項及第三項規定，而視情況適用第七條或第十四條規定。

七、由一方領域之居住者所給付之利息，視為源自該領域。利息給付人如於一方領域內有常設機構或固定處所，而給付利息債務之發生與該常設機構或固定處所有關聯，且該項利息由該常設機構或固定處所負擔者，不論該利息給付人是否為一方領域之居住者，此項利息視為源自該常設機構或固定處所所在地領域。

八、利息給付人與受益所有人間，或上述二者與其他人間有特殊關係，如債務之利息數額，超過利息給付人與受益所有人在無上述特殊關係下所同意之數額，本條規定應僅適用於後者之數額。在此情形下，各領域得考量本協定其他規定，依其法律對此項超額給付課稅。

第十二條　權利金

一、源自一方領域而給付他方領域居住者之權利金，他方領域得予課稅。

二、前項權利金來源地領域亦得依其法律規定，對該項權利金課稅，但權利金之受益所有人如為他方領域之居住者，其課徵之稅額不得超過權利金總額之百分之十。

三、雙方領域之主管機關應共同協議決定第二項之適用方式。

四、本條所稱「權利金」，係指使用或有權使用文學作品、藝術作品或科學作品，包括電影及供廣播或電視播映用之影片或錄音帶之任何著作權，及專利權、商標權、設計或模型、計畫、秘密處方或方法，或有關工業、商業或科學經驗之資訊，所取得之任何方式之給付。

五、權利金受益所有人如為一方領域之居住者，經由其於權利金來源地之他方領域內常設機構從事營業或固定處所執行業務，且與權利金給付有關之權利或財產與該機構或處所有實際關聯時，不適用第一項及第二項規定，而視情況適用第七條或第十四條規定。

六、由一方領域居住者所給付之權利金，視為源自該領域。但權利金給付人如於一方領域內有常設機構或固定處所，而給付權利金義務之發生與該常設機構或固定處所有關聯，且該項權利金由該常設機構或固定處所負擔者，不論該權利金給付人是否為一方領域之居住者，此項權利金視為源自該常設機構或固定處所所在地領域。

七、權利金給付人與受益所有人間，或上述二者與其他人間有特殊關係，有關使用、權利或資訊之權利金給付數額，超過權利金給付人與受益所有人在無上述特殊關係下所同意之數額，本條規定應僅適用於後者之數額。在此情形下，各領域得考量本協定其他規定，依其稅法對此項超額給付課稅。

第十三條　財產交易所得

一、一方領域之居住者轉讓他方領域內之合於第六條所稱不動產而取得之利得，他方領域得予課稅。

二、一方領域居住者持有他方領域居住者公司（股票公開上市公司除外）全部或幾乎全部之股權，且該公司之財產主要由位於他方領域內之不動產所組成，其轉讓該公司股份之利得，他方領域得予課稅。本項所稱「不動產」不包括公司從事營業所使用之不動產。此項利得如係因公司重組、合併、分割或類似交易而取得者，不適用本項規定。

三、一方領域之企業轉讓其於他方領域內常設機構資產中之動產而取得之利得，或一方領域之居住者轉讓其於他方領域執行業務固定處所之動產而取得之利得，包括轉讓該常設機構（單獨或連同整個企業）或固定處所而取得之利得，他方領域得予課稅。

四、轉讓經營國際運輸業務之船舶或航空器，或附屬於該等船舶或航空器營運之動產而取得之利得，僅由該企業之實際管理處所所在地領域課稅。

五、轉讓前四項以外之任何財產而取得之利得，僅由該轉讓人為居住者之領域課稅。

六、曾為一方領域居住者，其後成為他方領域居住者之個人，轉讓依該一方領域法律規定為居住者公司之股份或其他公司權利，及轉讓與股份、公司權利課徵相同租稅之任何其他證券而取得之利得，如該股份、其他公司權利，或證券之轉讓，係於該個人終止為前述一方領域居住者之日後之十年內為之，該一方領域得予課稅，不受第五項規定之限制。

第十四條　執行業務

一、一方領域之居住者個人，因執行業務或其他具有獨立性質活動而取得之所得，僅由該一方領域課稅，但該活動係於他方領域內執行，且符合下列規定之一者，不在此限：

㈠該個人於該所得之會計年度之內開始或結束之任何十二個月期間內，於他方領域居留合計超過一百八十三天。

㈡該個人為執行該活動於他方領域內有固定處所。

符合前二款規定之一者，他方領域得就該所得課稅，但以歸屬於該執行業務之期間或該固定處所之所得為限。

二、「執行業務」包括具有獨立性質之科學、文學、藝術、教育或教學等活動，及醫師、律師、工程師、建築師、牙醫師及會計師等獨立性質之活動。

第十五條　個人受僱勞務

一、除第十六條、第十八條、第十九條、及第二十一條規定外，一方領域之居住者因受僱而取得之薪俸、工資及其他類似報酬，除該項勞務係於他方領域提供者外，應僅由該一方領域課稅。該項勞務如係於他方領域內提供，他方領域得對該項勞務取得之報酬課稅。

二、一方領域之居住者於他方領域提供勞務而取得之報酬，符合下列規定者，應僅由該一方領域課稅，不受第一項規定之限制：

㈠該所得人於一會計年度之內開始或結束之任何十二個月期間內，於他方領域內居留合計不超過一百八十三天，且

㈡該項報酬非由他方領域居住者之僱主所給付或代表僱主給付，且

㈢該項報酬非由該僱主於他方領域內之常設機構或固定處所負擔。

三、因受僱於經營國際運輸業務之船舶或航空器上提供勞務而取得之報酬，企業實際管理處所所在地領域得予課稅，不受本條前二項規定之限制。

第十六條　董事與監察人之報酬

一方領域之居住者因擔任他方領域內居住者公司董事會之董事或監察人而取得之董

事、監察人報酬及類似給付，他方領域得予課稅。

第十七條　演藝人員與運動員

一、一方領域之居住者為劇院、電影、廣播或電視之演藝人員或音樂家等表演人、或運動員，於他方領域內從事個人活動而取得之所得，他方領域得予課稅，不受第十四條及第十五條規定之限制。

二、表演人或運動員以該身分從事個人活動之所得，如不歸屬該表演人或運動員本人而歸屬其他人者，該活動舉行地領域對該項所得得予課稅，不受第七條、第十四條及第十五條規定之限制。

三、表演人或運動員在一方領域從事活動所取得之所得，如該訪問活動係完全或主要由他方領域所認可之公共基金所資助者，不適用第一項及第二項規定，該所得應僅由表演人及運動員為居住者之領域課稅。

第十八條　養老金、年金與社會安全給付

一、除第十九條第二項規定外，因過去僱傭關係給付予一方領域居住者之養老金或其他類似報酬，及任何年金，如在該一方領域適用一般所得稅率，應僅由該一方領域課稅。

二、前項報酬非屬定期性質，且因在他方領域之過去僱傭關係而給付，或以一次總額給付取代年金者，該等報酬或總額給付僅由該他方領域課稅。

三、依一方領域社會安全制度規定給付予他方領域居住者之養老金或其他給付，僅由該一方領域課稅。

四、「年金」係指於終生或特定或可確定之期間內，基於支付金錢或等值金錢作為充分適當報酬之給付義務，依所定次數及金額而為之定期給付。

第十九條　公共勞務

一、一方領域之政府機關、所屬機關或地方機關給付予為該領域或所屬機關或地方機關提供勞務個人之薪津、工資或其他類似報酬（養老金除外），僅由該領域課稅。如該勞務係由他方領域之居住者於他方領域提供，且該個人係他方領域之公民或國民，或非專為提供上述勞務而成為他方領域之居住者，該項報酬僅由他方領域課稅。

二、一方領域之政府機關或地方機關，或經由其所籌設之基金，給付予為該領域或所屬機關或地方機關提供勞務個人之養老金，僅由該領域課稅。如該個人係他方領域之居住者、公民或國民，該養老金僅由他方領域課稅。

三、為一方領域之政府機關、所屬機關或地方機關經營之事業提供勞務所取得之薪津、工資或其他類似報酬或養老金，應適用第十五條、第十六條、第十七條及第十八條規定。

第二十條　學生與受訓人員

學生、學徒或受訓人員專為教育或訓練目的而於一方領域停留，且於訪問該一方領域前係為他方領域之居住者，其為生活、教育或訓練目的而取得源自該一方領域以外之給付，該一方領域應予免稅。

第二十一條　教授與研究人員

一、他方領域之居住者個人，專為一方領域之大學、學院或其他經該一方領域認可之教育機構從事教學或研究而訪問該領域，自首次訪問之日起為期不超過兩年者，其自該教學或研究所取得之報酬，該一方領域應予免稅。

二、主要係為特定人之私人利益，非為公共利益從事研究所取得之所得，不適用本條第一項規定。

第二十二條　其他所得

一、一方領域之居住者取得非屬本協定前述各條規定之所得，不論其來源為何，應僅由該領域課稅。

二、所得人如係一方領域之居住者，經由其於他方領域境內之常設機構從事營業或固定處所執行業務，且與所得有關之權利或財產與該常設機構或固定處所有實際關聯時，除第六條第二項定義之不動產所得外，不適用第一項規定，而視情況適用第七條或第十四條規定。

第二十三條　雙重課稅之消除

一、為避免對第二條第二項第一款所稱領域居住者之雙重課稅：第二條第二項第一款所稱領域之居住者，自他方領域取得之所得，依據本協定規定，在他方領域應納之所得稅額（如係股利所得，不包括用以發放該股利之利潤所繳納之稅款），准予扣抵前述所稱領域對該居住者所課徵之稅額。但扣抵之數額不得超過該領域依其稅法及細則規定對該所得課徵之稅額。

二、為避免對第二條第二項第二款所稱領域居住者之雙重課稅：㈠該領域對其居住者課稅時，對於第二條第二項第一款所稱領域依本協定規定得予課稅之所得，得將之納入課稅基礎。㈡第二條第二項第二款所稱領域居住者，取得依據本協定規定，得予他方領域課稅之所得，前述領域應准就該居住者在他方領域已納之稅額扣抵其所得稅。但扣抵之數額不得超過扣抵前，屬於該一方領域依本協定規定得予課稅所得之稅款。㈢本協定規定他方領域得予課稅之所得，依第二條第二項第二款所稱領域國內法規定，為避免雙重課稅予以免稅者，不適用第二款規定。該一方領域應就該等所得項目，依其國內法有關避免雙重課稅規定，以准予減除稅款方式免稅。

第二十四條　無差別待遇

一、一方領域之國民於他方領域內，不應較他方領域之國民於相同情況下，負擔不同或較重之任何租稅或相關之要求。本項規定亦適用於一方或雙方領域居住者之人，

不受第一條規定之限制。

二、對一方領域之企業於他方領域內常設機構之課稅，不應較經營相同業務之他方領域之企業作更不利之課徵。本項規定不應解釋為一方領域主管機關基於國民身分或家庭責任而給予其居住者之個人免稅額或減免等課稅規定，同樣給予他方領域之居住者。

三、除適用第九條第一項、第十一條第八項或第十二條第七項規定外，一方領域之企業給付予他方領域居住者之利息、權利金及其他款項，於核定該企業之課稅利潤時，應與給付該一方領域之居住者之情況相同而准予減除。

四、一方領域之企業，其資本全部或部分由一個或一個以上之他方領域居住者直接或間接持有或控制者，該企業不應較該一方領域之其他類似企業，負擔不同或較重之任何租稅或相關之要求。

五、本條所稱「租稅」，係指本協定所規定之租稅。

第二十五條　相互協議之程序

一、任何人認為一方或雙方領域主管機關之行為，對其發生或將發生不符合本協定規定之課稅，不論各該領域國內法之救濟規定，得向其本人為居住者，或其申訴案屬第二十四條第一項範疇之國民所屬領域主管機關提出申訴。此項申訴應於首次接獲不符合本協定規定課稅之通知起三年內為之。

二、主管機關如認為該申訴有理，且其本身無法獲致適當之解決，該主管機關應致力與他方領域之主管機關相互協議解決，以避免發生不符合本協定規定之課稅。達成之協議應予執行，不受各該領域國內法之期間限制。

三、雙方領域之主管機關應相互協議致力解決有關本協定之解釋或適用上發生之任何困難或疑義，並得共同磋商，以消除本協定未規定之雙重課稅問題。

四、雙方領域之主管機關為達成前述各項規定之協議，得直接相互聯繫。

第二十六條　資訊交換

一、雙方領域之主管機關為執行本協定，應相互交換必要之資訊。經交換之任何資訊應以密件處理，且僅能揭露予與本協定所指租稅之核定、徵收、執行、起訴或上訴之裁定有關人員或機關（包括法院及行政部門）。上述人員或機關僅得為上述目的使用該資訊，但得於公開法庭之訴訟程序或司法之判決中揭露之。

二、前項規定不得解釋為一方領域主管機關有下列義務：

㈠執行與一方或他方領域之法律或行政慣例不一致之行政措施。

㈡提供依一方或他方領域之法律規定或正常行政程序無法獲得之資訊。

㈢提供可能洩露任何貿易、營業、工業、商業或專業之秘密或交易方法之資訊，或有違公共政策之資訊。

三、依第一項規定被要求交換資訊之領域，其法律或行政實務上賦予當事人之權益及

保護措施，不受本條規定之影響。

四、雙方領域之主管機關應共同協議決定本條之適用方式。

第二十七條　生效

一、本協定於各領域完成使本協定生效之必要程序後，於駐荷蘭臺北代表處與駐臺北荷蘭貿易暨投資辦事處以書面相互通知對方，以其後通知之日起生效。

二、本協定之適用：㈠就源扣繳稅款，為本協定生效日後之第二個月第一日起給付或應付之所得。㈡其他稅款，為本協定生效日後之次年一月一日起課稅年度之所得。

第二十八條　終止

本協定無限期繼續有效，但駐荷蘭臺北代表處與駐臺北荷蘭貿易暨投資辦事處得於本協定生效日起滿五年後之任一曆年六月三十日或以前，以書面通知對方終止本協定。其終止適用，為發出終止通知之次一曆年一月一日起之課稅年度。

為此，雙方代表業經合法授權於本協定簽字，以昭信守。

本協定以英文繕製兩份，中華民國九十年二月二十七日（公元二〇〇一年二月二十七日）於海牙簽署。

議定書

駐荷蘭臺北代表處與駐臺北荷蘭貿易暨投資辦事處於本日簽訂避免所得稅雙重課稅及防杜逃稅協定之同時，並議定下列條款為構成本協定之一部分：

一、附加於第三條第一項第三款

一方領域依稅法規定視同法人予以課稅之實體，其所得在他方領域係就該實體之參與人之所得予以課稅，主管機關應採取措施，俾使一方面不致於雙重課稅，另一方面不致於僅因適用本協定之結果，使所得（或部分）未予課稅。

二、附加於第四條

㈠一方領域之公共實體為其員工之共同利益而設立之基金，及經一方領域認定，且受法令規定約束，其所得在該領域一般係免予課稅之養老基金，應視為該領域之居住者。

㈡在任一方領域無實質住所而居住於船上之個人，應視其為船舶碇泊所在地領域之居住者。

三、附加於第七條

關於第七條第一項及第二項規定，如一方領域之企業透過其在他方領域之常設機構銷售貨物、商品或從事營業，應僅以可歸屬於該常設機構實際與該等銷售活動有關部分之所得為基礎，計算該常設機構之利潤，不得以該企業取得之收入總額為基礎計算之。尤其在調查合約、供應合約、工業、商業或科學設備或廠房之安裝或建造合約，或公共工程之情形，如一企業有常設機構，應僅就合約中實際由該常設機構執行部分之所得為基礎，歸屬計算該常設機構之利潤，不得以合約總

額為基礎計算之。合約中有關該企業總機構實際執行部分之利潤，應僅由該企業為居住者之領域課稅。

四、附加於第九條

僅因關係企業間簽訂成本分攤協議或一般服務合約，以分攤行政、一般管理、技術與商業費用、研究與發展費用，及其他類似費用之事實，不足以推定其具有前述第九條第一項情形。但此一規定不排除一方領域就上述協議是否構成本條情形進行查核。

五、附加於第十條及第十三條

因公司（部分）清算，或購回股份所取得之所得，應視為股份之所得，而非財產交易所得。

六、附加於第十一條

如一方領域、所屬機關或地方機關持有一機構（包括財務機構）之資本達百分之五十，該機構即為一方領域、所屬機關或地方機關所控制。

七、附加於第十八條

給付予一方領域居住者之養老金及其他類似報酬，符合下列規定之一者，應認定為適用一般所得稅率：

㈠養老金、其他類似給付或年金總額，至少百分之九十按一般適用於個人受僱勞務所得之稅率課稅。

㈡養老金、其他類似給付或年金總額在任一曆年內不超過歐元二萬元。

八、附加於第十八條第二項及第三項，及第十九條第一項及第二項

第十八條第二項及第三項，及第十九條第一項及第二項規定不排除第二條第二項第二款所稱領域適用本協定第二十三條第二項第一款及第二款規定。

九、附加於第二十四條

一方領域之居住者個人提撥，或代表該個人提撥予他方領域內稅法規定而認可之養老計畫之款項，如符合下列各要件，應與提撥予該一方領域稅法規定而認可養老計畫款項之處理相同：

㈠提撥予該養老基金之款項，為該個人在成為該一方領域居住者前，已持續提撥或代表該個人提撥。

㈡該一方領域之主管機關同意該養老計畫相當於該一方領域稅法規定認可之養老計畫。

本項所稱之「養老計畫」包括公共社會安全制度下所設置之養老計畫。

為此，業由雙方代表簽署本議定書，以昭信守。

本議定書以英文繕製兩份，中華民國九十年二月二十七日（公元二○○一年二月二十七日）於海牙簽署。

※有關著作權、商標與專利權，目前我國與其他國家簽訂之相關合作協定一覽表

1. 一九九三年七月十六日「北美事務協調委員會與美國在臺協會著作權保護協定」。
2. 一九九三年八月十七日「（前）中央標準局與澳大利亞商工辦事處間關於保護工業財產權之備忘錄」。
3. 一九九五年六月一日「（前）中央標準局與德國相互公告發明專利優先權」。
4. 一九九五年七月六日「（前）中央標準局與德國相互公告新型專利優先權」。
5. 一九九五年十二月一日「（前）中央標準局與伯恩智慧財產局間關於相互承認專利優先權之換函」。
6. 一九九六年二月一日「（前）中央標準局與日本特許廳經由亞東關係協會與財團法人交流協會以交換信函相互通知認可專利優先權」。
7. 一九九六年四月一日「駐美國臺北經濟文化代表處與美國在臺協會關於商標及專利優先權瞭解備忘錄」。
8. 一九九六年七月一日「（前）中央標準局與巴黎國家工業財產局間關於相互授與專利設計及商標優先權暨合作之換函」。
9. 一九九八年四月一日「（前）中央標準局與瑞士聯邦智慧財產局就我國與列支敦士登大公國相互承認發明專利及新型專利優先權換函」。
10. 一九九八年七月二十三日「經濟部與歐聯就商標優先權互惠實施換函」。
11. 一九九九年十二月三十一日與歐聯簽訂「臺北智慧財產局及阿里剛德內部市場協和局（商標及設計）間有關商標專用權保護資訊交換瞭解備忘錄」，促進中歐聯資訊之交流合作。
12. 二○○○年三月二十日與英國簽定「駐英國臺北代表處與駐臺北英國貿易文化辦事處智慧財產權相互承認合作辦法」，提昇中、英雙方對保護智慧財產權之合作。
13. 二○○○年六月三日與奧地利相互公告專利、商標優先權，自二○○○年六月十五日生效。
14. 二○○○年十二月十九日與紐西蘭間保護工業財產權辦法。
15. 二○○○年十二月二十二日與紐西蘭間關於保護暨執行互惠辦法。

互惠協定

目前與澳大利亞、德國、瑞士、日本、美國、法國、列支敦士登、英國及奧地利等十國簽署工業財產權優先權互惠協定，使得我國專利申請人享有優先權利益。

國家	生效日期	備註
澳大利亞	八十三 (1994) 年十一月四日	
德國	八十四 (1995) 年六月一	發明

	日	
	八十四 (1995) 年七月六日	新型
瑞士	八十五 (1996) 年一月一日	
日本	八十五 (1996) 年二月一日	
美國	八十五 (1996) 年四月十日	
法國	八十五 (1996) 年九月一日	
列支敦士登	八十七 (1998) 年四月一日	
英國	八十九 (2000) 年三月二十日	八十九 (2000) 年五月二十四日專利優先權部份生效
奧地利	八十九 (2000) 年六月十五日	發明／新型
紐西蘭	八十九 (2000) 十二月十九日	

※有關全面性／單項租稅，目前與我國簽署國家一覽表

我國租稅協定一覽表──全面性協定

List of ROC Double Taxation Agreements

簽約國 Countries	簽署日期 Date of Signature	生效日期 Effective Date
澳大利亞 Australia	5/29/1996 (85 年)	10/11/1996 (85 年)
甘比亞 Gambia	7/4/1997 (86 年)	11/4/1998 (87 年)
印尼 Indonesia	3/1/1995 (84 年)	1/12/1996 (85 年)
馬其頓 Macedonia	6/9/1999 (88 年)	6/9/1999 (88 年)
馬來西亞 Malaysia	7/23/1996 (85 年)	2/26/1999 (88 年)
紐西蘭 New Zealand	11/11/1996 (85 年)	12/5/1997 (86 年)
荷蘭 the Netherlands	2/27/2001 (90 年)	5/16/2001 (90 年)
新加坡 Singapore	12/30/1981 (71 年)	1/1/1982 (71 年)
南非 South Africa	2/14/1994 (83 年)	9/12/1996 (85 年)

越南 Vietnam	4/6/1998（87 年）	5/6/1998（87 年）
史瓦濟蘭 Swaziland	7/9/1998（87 年）	2/9/1999（88 年）
巴拉圭 Paraguay	4/28/1994（83 年）	–
塞內加爾 Senegale	1/20/2000（89 年）	–
泰國 Thailand	7/9/1999（88 年）	–
波蘭 Poland	11/25/1996 initialed（85 年草簽）	
瑞典 Sweden	5/4/2001 initialed（90 年草簽）	

我國租稅協定一覽表 —— 單項／海空運輸協定

List of ROC Double Taxation Agreements (Shipping or Air Transport)

簽約國 Countries	內容	簽署日期 Date of Signature	生效日期 Effective Date
加拿大 Canada	空運 A	7/10/1995（84 年）	同左 Same as left column
歐聯 EU	海運 S	8/1/1990（79 年）	同左 Same as left column
德國 Germany	海運 S	8/23/1988（77 年）	同左 Same as left column
以色列 Israel	海運 S	6/30/1998（87 年）	同左 Same as left column
日本 Japan	海空運 S&A	9/4/1990（79 年）	同左 Same as left column
韓國 Korea	海空運 S&A	12/10/1991（80 年）	同左 Same as left column
盧森堡 Luxembourg	空運 A	3/4/1985（74 年）	同左 Same as left column
澳門 Macau	空運 A	12/18/1998（87 年）	2/26/1999（88 年）
荷蘭 the Netherlands	海運 S	5/19/1984（73 年）	4/1/1983（72 年）
	空運 A	6/7/1989（78 年）	1/1/1988（77 年）
挪威 Norway	海運 S	6/7/1991（80 年）	同左 Same as left column
瑞典 Sweden	海運 S	9/5/1990（79 年）	同左 Same as left column
泰國 Thailand	空運 A	6/30/1984（73 年）	同左 Same as left column
美國 United States	海空運 S&A	5/31/1988（77 年）	同左 Same as left column

四、供參考之重要國際公約

1.兒童權利公約

一九八九年十一月二十日通過；按照公約第四十九條第一項，於一九九〇年九月二日生效

序言

本公約締約國，考慮到按照「聯合國憲章」所宣布的原則，對人類家庭所有成員的固有尊嚴及其平等和不移的權利的承認，乃是世界自由、正義與和平的基礎，銘記聯合國人民在「憲章」中重申對基本人權和人格尊嚴與價值的信念，並決心促進更廣泛自由中的社會進步及更高的生活水平，認識到聯合國在「世界人權宣言」和關於人權的兩項國際公約中宣布和同意：人人有資格享受這些文書中所載的一切權利和自由，不因種族、膚色、性別、語言、宗教、政治或其他見解、國籍或社會出身、財產、出生或其他身分等而有任何區別，回顧聯合國在「世界人權宣言」中宣布：兒童有權享受特別照料和協助，深信家庭作為社會的基本單元，作為家庭所有成員、特別是兒童的成長和幸福的自然環境，應獲得必要的保護和協助，以充分負起它在社會上的責任，確認為了充分而和諧地發展其個性，應讓兒童在家庭環境裏，在幸福、親愛和諒解的氣氛中成長，考慮到應充分培養兒童可在社會上獨立生活，並在「聯合國憲章」宣布的理想的精神下，特別是在和平、尊嚴、寬容、自由、平等和團結的精神下，撫養他們成長，銘記給予兒童特殊照料的需要已在一九二四年「日內瓦兒童權利宣言」和在大會一九五九年十一月二十日通過的「兒童權利宣言」中予以申明，並在「世界人權宣言」、「公民權利和政治權利國際公約」（特別是第二十三和第二十四條）、「經濟、社會、文化權利國際公約」（特別是第十條）以及關心兒童福利的各專門機構和國際組織的章程及有關文書中得到確認，銘記如「兒童權利宣言」所示，「兒童因身心尚未成熟，在其出生以前和以後均需要特殊的保護和照料，包括法律上的適當保護」，回顧「關於兒童保護和兒童福利、特別是國內和國際寄養和收養辦法的社會和法律原則宣言」、「聯合國少年司法最低限度標準規則」（北京規則）以及「在非常狀態和武裝衝突中保護婦女和兒童宣言」，確認世界各國都有生活在極端困難情況下的兒童，對這些兒童需要給予特別的照顧，適當考慮到每一民族的傳統及文化價值對兒童保護及和諧發展的重要性，確認國際合作對於改善每一國家、特別是發展中國家兒童的生活條件的重要性，茲協議如下：

第一部分

第一條

為本公約之目的，兒童係指十八歲以下的任何人，除非對其適用之法律規定成年年齡低於十八歲。

第二條

一、締約國應尊重本公約所載列的權利，並確保其管轄範圍內的每一兒童均享受此種權利，不因兒童或其父母或法定監護人的種族、膚色、性別、語言、宗教、政治或其他見解、民族、族裔或社會出身、財產、傷殘、出生或其他身分而有任何差別。

二、締約國應採取一切適當措施確保兒童得到保護，不受基於兒童父母、法定監護人或家庭成員的身分、活動、所表達的觀點或信仰而加諸的一切形式的歧視或懲罰。

第三條

一、關於兒童的一切行動，不論是由公私社會福利機構、法院、行政當局或立法機構執行，均應以兒童的最大利益為一種首要考慮。

二、締約國承擔確保兒童享有其幸福所必需的保護和照料，考慮到其父母、法定監護人，或任何對其負有法律責任的個人的權利和義務，並為此採取一切適當的立法和行政措施。

三、締約國應確保負責照料或保護兒童的機構、服務部門及設施符合主管當局規定的標準，尤其是安全、衛生、工作人員數目和資格以及有效監督等方面的標準。

第四條

締約國應採取一切適當的立法、行政和其他措施以實現本公約所確認的權利。關於經濟、社會及文化權利，締約國應根據其現有資源所允許的最大限度並視需要在國際合作範圍內採取此類措施。

第五條

締約國應尊重父母或於適用時尊重當地習俗認定的大家庭或社會成員、法定監護人或其他對兒童負有法律責任的人以下的責任、權利和義務，以符合兒童不同階段接受能力的方式適當指導和指引兒童行使本公約所確認的權利。

第六條

一、締約國確認每個兒童均有固有的生命權。

二、締約國應最大限度地確保兒童的存活與發展。

第七條

一、兒童出生後應立即登記，並有自出生起獲得姓名的權利，有獲得國籍的權利，以及盡可能知道誰是其父母並受其父母照料的權利。

二、締約國應確保這些權利按照本國法律及其根據有關國際文書在這一領域承擔的義務予以實施，尤應注意不如此兒童即無國籍之情形。

第八條

一、締約國承擔尊重兒童維護其身分包括法律所承認的國籍、姓名及家庭關係而不受非法干擾的權利。

二、如有兒童被非法剝奪其身分方面的部分或全部要素，締約國應提供適當協助和保護，以便迅速重新確立其身分。

第九條

一、締約國應確保不違背兒童父母的意願使兒童與父母分離，除非主管當局按照適用的法律和程序，經法院審查，判定這樣的分離符合兒童的最大利益而確有必要。在諸如由於父母的虐待或忽視，或父母分居而必須確定兒童居住地點的特殊情況下，這種裁決可能有必要。

二、凡按本條第一款進行訴訟，均應給予所有有關方面以參加訴訟並闡明自己意見之機會。

三、締約國應尊重與父母一方或雙方分離的兒童同父母經常保持個人關係及直接聯繫的權利，但違反兒童最大利益者除外。

四、如果這種分離是因締約國對父母一方或雙方或對兒童所採取的任何行動，諸如拘留、監禁、流放、驅逐或死亡（包括該人在該國拘禁中因任何原因而死亡）所致，該締約國應按請求將該等家庭成員下落的基本情況告知父母、兒童或適當時告知另一家庭成員，除非提供這類情況會有損兒童的福祉。締約國還應確保有關人員不致因提出這類請求而承受不利後果。

第十條

一、按照第九條第一款所規定的締約國的義務，對於兒童或其父母要求進入或離開一締約國以便與家人團聚的申請，締約國應以積極的人道主義態度迅速予以辦理。締約國還應確保申請人及其家庭成員不致因提出這類請求而承受不利後果。

二、父母居住在不同國家的兒童，除特殊情況以外，應有權同父母雙方經常保持個人關係和直接聯繫。為此目的，並按照第九條第一款所規定的締約國的義務，締約國應尊重兒童及其父母離開包括其本國在內的任何國家和進入其本國的權利。離開任何國家的權利祇應受法律所規定並為保護國家安全、公共秩序、公共衛生或道德、或他人的權利和自由所必需且與本公約所承認的其他權利不相牴觸的限制約束。

第十一條

一、締約國應採取措施制止非法將兒童移轉國外和不使返回本國的行為。

二、為此目的，締約國應致力締結雙邊或多邊協定或加入現有協定。

第十二條

一、締約國應確保有主見能力的兒童有權對影響到其本人的一切事項自由發表自己的意見，對兒童的意見應按照其年齡和成熟程度給以適當的看待。

二、為此目的，兒童特別應有機會往影響到兒童的任何司法和行政訴訟中，以符合國家法律的訴訟規則的方式，直接或通過代表或適當機構陳述意見。

第十三條

一、兒童應有自由發表言論的權利：此項權利應包括通過口頭、書面或印刷、藝術形式或兒童所選擇的任何其他媒介，尋求、接受和傳遞各種信息和思想的自由，而不論國界。

二、此項權利的行使可受某些限制約束，但這些限制僅限於法律所規定並為以下目的所必需：

(a)尊重他人的權利和名譽；

(b)保護國家安全或公共秩序或公共衛生或道德。

第十四條

一、締約國應尊重兒童享有思想、信仰和宗教自由的權利。

二、締約國應尊重父母前於適用時尊重法定監護人以下的權利和義務，以符合兒童不同階段接受能力的方式指導兒童行使其權利。

三、表明個人宗教或信仰的自由，僅受法律所規定並為保護公共安全、秩序、衛生或道德或他人之基本權利和自由所必需的這類限制約束。

第十五條

一、締約國確認兒童享有結社自由及和平集會自由的權利。

二、對此項權利的行使不得加以限制，除非符合法律所規定並在民主社會中為國家安全或公共安全、公共秩序、保護公共衛生或道德或保護他人的權利和自由所必需。

第十六條

一、兒童的隱私、家庭、住宅或通信不受任意或非法干涉，其榮譽和名譽不受非法攻擊。

二、兒童有權享受法律保護，以免受這類干涉或攻擊。

第十七條

締約國確認大帝傳播媒介的重要作用，並應確保兒童能夠從多種的國家和國際來源獲得信息和資料，尤其是旨在促進其社會、精神和道德福祉和身心健康的信息和資料。

為此目的，締約國應：

(a)鼓勵大眾傳播媒介本著第二十九條的精神散播在社會和文化方面有益於兒童的信息和資料；

(b)鼓勵在編制、交流和散播來自不同文化、國家和國際來源的這類信息和資料方面進行國際合作；

(c)鼓勵兒童讀物的著作和普及；

(d)鼓勵大眾傳播媒介特別注意屬於少數群體或土著居民的兒童在語言方面的需要；

(e)鼓勵根據第十三條和第十八條的規定制定適當的準則，保護兒童不受可能損害其福祉的信息和資料之害。

第十八條

一、締約國應盡其最大努力，確保父母雙方對兒童的養育和發展負有共同責任的原則得到確認。父母、或視具體情況而定的法定監護人對兒童的養育和發展負有首要責任。兒童的最大利益將是他們主要關心的事。

二、為保證和促進本公約所列舉的權利，締約國應在父母和法定監護人履行其撫養兒童的責任方面給予適當協助，並應確保發展育兒機構、設施和服務。

三、締約國應採取一切適當措施確保就業父母的子女有權享受他們有資格得到的托兒服務和設施。

第十九條

一、締約國應採取一切適當的立法、行政、社會和教育措施，保護兒童在受父母、法定監護人或其他任何負責照管兒童的人的照料時，不致受到任何形式的身心摧殘、傷害或凌辱，忽視或照料不周，虐待或剝削，包括性侵犯。

二、這類保護性措施應酌情包括採取有效程序以建立社會方案，同兒童和負責照管兒童的人提供必要的支助，採取其他預防形式，查明、報告、查詢、調查、處理和追究前述的虐待兒童事件，以及在適當時進行司法干預。

第二十條

一、暫時或永久脫離家庭環境的兒童，或為其最大利益不得在這種環境中繼續生活的兒童，應有權得到國家的特別保護和協助。

二、締約國應按照本國法律確保此類兒童得到其他方式的照顧。

三、這種照顧除其他外，包括寄養、伊斯蘭法的「卡法拉」（監護）、收養或者必要時安置在適當的育兒機構中。在考慮解決辦法時，應適當注意有必要使兒童的培養教育具有連續性和注意兒童的族裔、宗教、文化和語言背景。

第二十一條

凡承認和（或）許可收養制度的國家應確保以兒童的最大利益為首要考慮並應：

(a)確保只有經主管當局按照適用的法律和程序並根據所有有關可靠的資料，判定鑑於兒童有關父母、親屬和法定監護人方面的情況可允許收養，並且判定必要時有關人士已根據可能必要的輔導對收養表示知情的同意，方可批准兒童的收養；

(b)確認如果兒童不能安置於寄養或收養家庭，或不能以任何適當方式在兒童原籍國加以照料，跨國收養可視為照料兒童的一個替代辦法；

(c)確保得到跨國收養的兒童享有與本國收養相當的保障和標準；

(d)採取一切適當措施確保跨國收養的安排不致使所涉人士獲得不正當的財務收益；

(e)在適當時通過締結雙邊或多邊安排或協定促成本條的目標，並在這一範圍內努力確

保由主管當局或機構負責安排兒童在另一國收養的事宜。

第二十二條

一、締約國應採取適當措施，確保申請難民身分的兒童或按照適用的國際法或國內法及程序可視為難民的兒童，不論有無父母或其他任何人的陪同，均可得到適當的保護和人道主義援助，以享有本公約和該有關國家為其締約國的其他國際人權或人道主義文書所規定的可適用權利。

二、為此目的，締約國應對聯合國和與聯合國合作的其他主管的政府間組織或非政府（間）組織所作的任何努力提供其認為適當的合作，以保護和援助這類兒童，並為隻身的難民兒童追尋其父母或其他家庭成員，以獲得必要的消息使其家庭團聚。在尋不著父母或其他家庭成員的情況下，也應使該兒童獲得與其他任何由於任何原因而永久或暫時脫離家庭環境的兒童按照本公約的規定所得到的同樣保護。

第二十三條

一、締約國確認身心有殘疾的兒童應能在確保其尊嚴、促進其自立、有利於其積極參與社會生活的條件下享有充實而適當的生活。

二、締約國確認殘疾兒童有接受特別照顧的權利，應鼓勵並確保在現有資源範圍內，依據申請，樹酌兒童的情況和兒童的父母或其他照料人的情況，對合格兒童及負責照料該兒童的人提供援助。

三、鑑於殘疾兒童的特殊需要，考慮到兒童的父母或其他照料人的經濟情況，在可能時應免費提供按照本條第二款給予的援助，這些援助的目的應是確保殘疾兒童能有效地獲得和接受教育、培訓、保健服務、康復服務，就業準備和娛樂機會，其方式應有助於該兒童盡可能充分地參與社會，實現個人發展，包括其文化和精神方面的發展。

四、締約國應本著國際合作精神，在預防保健以及殘疾兒童的醫療、心理治療和功能治療領域促進交換適當資料，包括散播和獲得有關康復教育方法和職業服務方面的資料，以期使締約國能夠在這些領域提高其能力和技術並擴大其經驗。在這方面，應特別考慮到發展中國家的需要。

第二十四條

一、締約國確認兒童有權享有可達到的最高標準的健康，並享有醫療和康復設施。締約國應努力確保沒有任何兒童被剝奪獲得這種保健服務的權利。

二、締約國應致力充分實現這一權利，特別是應採取適當措施，以

(a)降低嬰幼兒死亡率；

(b)確保向所有兒童提供必要的醫療援助和保健，側重發展初級保健；

(c)消除疾病和營養不良現象，包括在初級保健範圍內利用現有可得的技術和提供充足的營養食品和清潔飲水，要考慮到環境污染的危險和風險；

　　　(d)確保母親得到適當的產前和產後保健;

　　　(e)確保向社會各階層、特別是向父母和兒童介紹有關兒童保健和營養、母乳育嬰
　　　　　優點、個人衛生和環境衛生及防止意外事故的基本知識，使他們得到這方面的
　　　　　教育並幫助他們應用這種基本知識;

　　　(f)開展預防保健、對父母的指導以及計畫生育教育和服務。

三、締約國應致力採取一切有效和適當的措施，以期廢除對兒童健康有害的傳統習俗。

四、締約國承擔促進和鼓勵國際合作，以期逐步充分實現本條所確認的權利。在這方
　　面，應特別考慮到發展中國家的需要。

第二十五條

　　締約國確認在有關當局為照料、保護或治療兒童身心健康的目的下受到安置的兒童，
有權獲得對給予的治療以及與所受安置有關的所有其他情況進行定期審查。

第二十六條

一、締約國應確認每個兒童有權受益於社會保障、包括社會保險，並應根據其國內法
　　律採取必要措施充分實現這一權利。

二、提供福利時應酌情考慮兒童及負有贍養兒童義務的人的經濟情況和環境，以及與
　　兒童提出或代其提出的福利申請有關的其他方面因素。

第二十七條

一、締約國確認每個兒童均有權享有足以促進其生理、心理、精神、道德和社會發展
　　的生活水平。

二、父母或其他負責照顧兒童的人負有在其能力和經濟條件許可範圍內確保兒童發展
　　所需生活條件的首要責任。

三、締約國按照本國條件並其能力範圍內，應採取適當措施幫助父母或其他負責照顧
　　兒童的人實現此項權利，並在需要時提供物質援助和支助方案，特別是在營養、
　　衣著和住房方面。

四、締約國應採取一切適當措施，向在本國境內或境外兒童的父母或其他對兒童負有
　　經濟責任的人追索兒童的贍養費。尤其是，遇對兒童負有經濟責任的人住在與兒
　　童不同的國家的情況時，締約國應促進加入國際協定或締結此類協定以及作出其
　　他適當安排。

第二十八條

一、締約國確認兒童有受教育的權利，為在機會均等的基礎上逐步實現此項權利，締
　　約國尤應:

　　　(a)實現全面的免費義務小學教育;

　　　(b)鼓勵發展不同形式的中學教育，包括普通和職業教育，使所有兒童均能享有和
　　　　　接受這種教育，並採取適當措施，諸如實行免費教育和對有需要的人提供津貼;

  (c)根據能力以一切適當方式使所有人均有受高等教育的機會；

  (d)使所有兒童均能得到教育和職業方面的資料和指導；

  (e)採取措施鼓勵學生按時出勤和降低輟學率。

二、締約國應採取一切適當措施，確保學校執行紀律的方式符合兒童的人格尊嚴及本公約的規定。

三、締約國應促進和鼓勵有關教育事項方面的國際合作，特別著眼於在全世界消滅愚昧與文盲，並便利獲得科技知識和現代教學方法。

  在這方面，應特別考慮到發展中國家的需要。

第二十九條

一、締約國一致認為教育兒童的目的應是：

  (a)最充分地發展兒童的個性、才智和身心能力；

  (b)培養對人權和基本自由以及「聯合國憲章」所載各項原則的尊重；

  (c)培養對兒童的父母、兒童自身的文化認同、語言和價值觀、兒童所居住國家的民族價值觀、其原籍國以及不同於其本國的文明的尊重；

  (d)培養兒童本著各國人民、族裔、民族和宗教羣體以及原為土著居民的人之間諒解、和平、寬容、男女平等和友好的精神，在自由社會裏過有責任感的生活；

  (e)培養對自然環境的尊重。

二、對本條或第二十八條任何部分的解釋均不得干涉個人和團體建立和指導教育機構的自由，但須始終遵守本條第一款載列的原則，並遵守在這類機構中實行的教育應符合國家可能規定的最低限度標準的要求。

第三十條

在那些存在有族裔、宗教或語言方面屬於少數人或原為土著居民的人的國家，不得剝奪屬於這種少數人或原為土著居民的兒童與其群體的其他成員共同享有自己的文化、信奉自己的宗教並舉行宗教儀式、或使用自己的語言的權利。

第三十一條

一、締約國確認兒童有權享有休息和閒暇，從事與兒童年齡相宜的遊戲和娛樂活動，以及自由參加文化生活和藝術活動。

二、締約國應尊重並促進兒童充分參加文化和藝術生活的權利，並應鼓勵提供從事文化、藝術、娛樂和休閒活動的適當和均等的機會。

第三十二條

一、締約國確認兒童有權受到保護，以免受經濟剝削和從事任何可能妨礙或影響兒童教育或有害兒童健康或身體、心理、精神、道德或社會發展的工作。

二、締約國應採取立法、行政、社會和教育措施確保本條得到執行。為此目的，並鑒於其他國際文書的有關規定，締約國尤應：

(a)規定受雇的最低年齡；

(b)規定有關工作時間和條件的適當規則；

(c)規定適當的懲罰或其他制裁措施以確保本條得到有效執行。

第三十三條

締約國應採取一切適當措施，包括立法、行政、社會和教育措施，保護兒童不致非法使用有關國際條約中界定的麻醉藥品和精神藥物，並防止利用兒童從事非法生產和販運此類藥物。

第三十四條

締約國承擔保護兒童免遭一切形式的色情剝削和性侵犯之害，為此目的，締約國尤應採取一切適當的國家、雙邊和多邊措施，以防止：

(a)引誘或強迫兒童從事任何非法的性生活；

(b)利用兒童賣淫或從事其他非法的性行為；

(c)利用兒童進行淫穢表演和充當淫穢題材。

第三十五條

締約國應採取一切適當的國家、雙邊和多邊措施，以防止為任何目的或以任何形式誘拐、買賣或販運兒童。

第三十六條

締約國應保護兒童免遭有損兒童福利的任何方面的一切其他形式的剝削之害。

第三十七條

締約國應確保：

(a)任何兒童不受酷刑或其他形式的殘忍、不人道或有辱人格的待遇或處罰。對未滿十八歲的人所犯罪行不得判以死刑或無釋放可能的無期徒刑；

(b)不得非法或任意剝奪任何兒童的自由。對兒童的逮捕、拘留或監禁應符合法律規定並僅應作為最後手段，期限應為最短的適當時間；

(c)所有被剝奪自由的兒童應受到人道待遇，其人格固有尊嚴應受尊重，並應考慮到他們這個年齡的人的需要的方式加以對待。特別是，所有被剝奪自由的兒童應同成人隔開，除非認為反之最有利於兒童，並有權通過信件和探訪同家人保持聯繫，但特殊情況除外；

(d)所有被剝奪自由的兒童均有權迅速獲得法律及其他適當援助，並有權向法院或其他獨立公正的主管當局就其被剝奪自由一事之合法性提出異議，並有權迅速就任何此類行動得到裁定。

第三十八條

一、締約國承擔尊重並確保尊重在武裝衝突中對其適用的國際人道主義法律中有關兒童的規則。

二、締約國應採取一切可行措施確保未滿十五歲的人不直接參加敵對行動。

三、締約國應避免招募任何未滿十五歲的人加入武裝部隊。在招募已滿十五歲但未滿十八歲的人時，締約國應致力首先考慮年齡最大者。

四、締約國按照國際人道主義法律規定它們在武裝衝突中保護平民人口的義務，應採取一切可行措施確保保護和照料受武裝衝突影響的兒童。

第三十九條

締約國應採取一切適當措施，促使遭受下述情況之害的兒童身心得以康復並重返社會：任何形式的忽視、剝削或凌辱虐待；酷刑或任何其他形式的殘忍、不人道或有辱人格的待遇或處罰；或武裝衝突。此種康復和重返社會應在一種能促進兒童的健康、自尊和尊嚴的環境中進行。

第四十條

一、締約國確認被指稱、指控或認為觸犯刑法的兒童有權得到符合以下情況方式的待遇，促進其尊嚴和價值感並增強其對他人的人權和基本自由的尊重。這種待遇應考慮到其年齡和促進其重返社會並在社會中發揮積極作用的願望。

二、為此目的，並鑒於國際文書的有關規定，締約國尤應確保：

　(a)任何兒童不得以行為或不行為之時本國法律或國際法不禁止的行為或不行為之理由被指稱、指控或認為觸犯刑法；

　(b)所有被指稱或指控觸犯刑法的兒童至少應得到下列保證：

　　㈠在依法判定有罪之前應視為無罪；

　　㈡迅速直接地被告知其被控罪名，適當時應通過其父母或法定監護人告知，並獲得準備和提出辯護所需的法律或其他適當協助；

　　㈢要求獨立公正的主管當局或司法機構在其得到法律或其他適當協助的情況下，通過依法公正審理迅速作出判決，並且須有其父母或法定監護人在場，除非認為這樣做不符合兒童的最大利益，特別要考慮到其年齡或狀況；

　　㈣不得被迫作口供或認罪；應可盤問或要求盤問不利的證人，並在平等條件下要求證人為其出庭和接受盤問；

　　㈤若被判定觸犯刑法，有權要求高一級獨立公正的主管當局或司法機構依法復查此一判決及由此對之採取的任何措施；

　　㈥若兒童不懂或不會說所用語言，有權免費得到口譯人員的協助；

　　㈦其隱私在訴訟的所有階段均得到充分尊重。

三、締約國應致力於促進規定或建立專門適用於被指稱、指控或確認為觸犯刑法的兒童的法律、程序、當局和機構，尤應：

　(a)規定最低年齡，在此年齡以下的兒童應視為無觸犯刑法之行為能力；

　(b)在適當和必要時，制訂不對此類兒童訴諸司法程序的措施，但須充分尊重人權

　　　和法律保障。

四、應採用多種處理辦法，諸如照管、指導和監督令、輔導、察看、寄養、教育和職業培訓方案及不交由機構照管的其他辦法，以確保處理兒童的方式符合其福祉並與其情況和違法行為相稱。

第四十一條

本公約的任何規定不應影響更有利於實現兒童權利且可能載於下述文件中的任何規定：

(a)締約國的法律；

(b)對該國有效的國際法。

第二部分

第四十二條

締約國承擔以適當的積極手段，使成人和兒童都能普遍知曉本公約的原則和規定。

第四十三條

一、為審查締約國在履行根據本公約所承擔的義務方面取得的進展，應設立兒童權利委員會，執行下文所規定的職能。

二、委員會應由十名品德高尚並在本公約所涉領域具有公認能力的專家組成。委員會成員應由締約國從其國民中選出，並應以個人身分任職，但須考慮到公平地域分配原則及主要法系。

三、委員會成員應以無記名表決方式從締約國提名的人選名單中選舉產生，每一締約國可從其本國國民中提名一位人選。

四、委員會的初次選舉應最遲不晚於本公約生效之日後的六個月進行，此後每兩年舉行一次。聯合國秘書長應至少在選舉之日前四個月函請締約國在兩個月內提出其提名的人選。秘書長隨後應將已提名的所有人選按字母順序編成名單，註明提名此等人選的締約國，分送本公約締約國。

五、選舉應在聯合國總部由秘書長召開的締約國會議上進行。在此等會議上，應以三分之二締約國出席作為會議的法定人數，得票最多且占出席並參加表決締約國代表絕對多數票者，當選為委員會成員。

六、委員會成員任期四年。成員如獲再次提名，應可連選連任。在第一次選舉產生的成員中，有五名成員的任期應在兩年結束時屆滿；會議主席應在第一次選舉之後立即以抽籤方式選定這五名成員。

七、如果委員會某一成員死亡或辭職或宣稱因任何其他原因不再能履行委員會的職責，提名該成員的締約國應從其國民中指定另一名專家接替餘下的任期，但須經委員會批准。

八、委員會應自行制訂其議事規則。

九、委員會應自行選舉其主席團成員，任期兩年。

十、委員會會議通常應在聯合國總部或在委員會決定的任何其他方便地點舉行。委員會通常應每年舉行一次會議。委員會的會期應由本公約締約國會議決定並在必要時加以審查，但需經大會核准。

十一、聯合國秘書長應為委員會有效履行本公約所規定的職責提供必要的工作人員和設施。

十二、根據本公約設立的委員會的成員，經大會核可，得從聯合國資源領取薪酬，其條件由大會決定。

第四十四條

一、締約國承擔按下述辦法，通過聯合國秘書長，同委員會提交關於它們為實現本公約確認的權利所採取的措施以及關於這些權利的享有方面的進展情況的報告：

(a)在本公約對有關締約國生效後兩年內；

(b)此後每五年一次。

二、根據本條提交的報告應指明可能影響本公約規定的義務履行程度的任何因素和困難。報告還應載有充分的資料，以使委員會全面了解本公約在該國的實施情況。

三、締約國若已向委員會提交全面的初次報告，就無須在其以後按照本條第一款(b)項提交的報告中重複原先已提供的基本資料。

四、委員會可要求締約國進一步提供與本公約實施情況有關的資料。

五、委員會應通過經濟及社會理事會每兩年向大會提交一次關於其活動的報告。

六、締約國應向其本國的公眾廣泛供應其報告。

第四十五條

為促進本公約的有效實施和鼓勵在本公約所涉領域進行國際合作：

(a)各專門機構、聯合國兒童基金會和聯合國其他機構應有權派代表列席對本公約中屬於它們職責範圍內的條款的實施情況的審議。委員會可邀請各專門機構、聯合國兒童基金會以及它可能認為合適的其他有關機關就本公約在屬於它們各自職責範圍內的領域的實施問題提供專家意見。委員會可邀請各專門機構、聯合國兒童基金會和聯合國其他機構就本公約在屬於它們活動範圍內的領域的實施情況提交報告；

(b)委員會在其可能認為適當時應向各專門機構、聯合國兒童基金會和其他有關機構轉交締約國要求或說明需要技術諮詢或援助的任何報告以及委員會就此類要求或說明提出的任何意見和建議；

(c)委員會可建議大會請秘書長代表委員會對有關兒童權利的具體問題進行研究；

(d)委員會可根據依照本公約第四十四和四十五條收到的資料提出提議和一般性建議。此類提議和一般性建議應轉交有關的任何締約國並連同締約國作出的任何評論一併

報告大會。

第三部分

第四十六條

本公約應向所有國家開放供簽署。

第四十七條

本公約須經批准。批准書應交存聯合國秘書長。

第四十八條

本公約應向所有國家開放供加入。加入書應交存於聯合國秘書長。

第四十九條

一、本公約自第二十份批准書或加入書交存聯合國秘書長之日後的第三十天生效。

二、本公約對於在第二十份批准書或加入書交存之後批准或加入本公約的國家，自其批准書或加入書交存之日後的第三十天生效。

第五十條

一、任何締約國均可提出修正案，提交給聯合國秘書長。秘書長應立即將提議的修正案通知締約國，並請它們表明是否贊成召開締約國會議以審議提案並進行表決。如果在此類通知發出之日後的四個月內，至少有三分之一的締約國贊成召開這樣的會議，秘書長應在聯合國主持下召開會議。經出席會議並參加表決的締約國多數通過的任何修正案應提交大會批准。

二、根據本條第一款通過的修正案若獲大會批准並為締約國三分之二多數所接受，即行生效。

三、修正案一旦生效，即應對接受該項修正案的締約國其有約束力，其他締約國則仍受本公約各項條款和它們已接受的任何早先的修正案的約束。

第五十一條

一、聯合國秘書長應接受各國在批准或加入時提出的保留，並分發給所有國家。

二、不得提出內容與本公約目標和宗旨相牴觸的保留。

三、締約國可隨時向聯合國秘書長提出通知，請求撤銷保留，並由他將此情況通知所有國家。通知於秘書長收到當日起生效。

第五十二條

締約國可以書面通知聯合國秘書長退出本公約。秘書長收到通知之日起一年後退約即行生效。

第五十三條

指定聯合國秘書長為本公約的保管人。

第五十四條

本公約的阿拉伯文、中文、英文、法文、俄文和西班牙文文本其有同等效力，應交存聯合國秘書長。

下列全權代表，經各自政府正式授權，在本公約上簽字，以資證明。

2.關於無國籍人地位之公約

聯合國經濟及社會理事會一九五四年四月二十六日第 526A (XVII) 號決議所召開的全權代表會議於一九五四年九月二十八日通過生效：按照第三十九條的規定，於一九六○年六月六日生效。

序言

締約各方，考慮到聯合國憲章和聯合國大會於一九四八年十二月十日通過的世界人權宣言確認人人享有基本權利和自由不受歧視的原則，考慮到聯合國在各種場合表示過它對無國籍人的深切關懷，並且竭力保證無國籍人可以最廣泛地行使此項基本權利和自由，考慮到一九五一年七月二十八日關於難民地位的公約僅適用於同時是難民的無國籍人，還有許多無國籍人不在該公約適用範圍以內，考慮到通過一項國際協定來規定和改善無國籍人的地位是符合於願望的，茲議定如下：

第一章　一般規定

第一條　「無國籍人」的定義

一、本公約所稱「無國籍人」一詞是指任何國家根據它的法律不認為它的國民的人。

二、本公約不適用於：

　　㈠目前從聯合國難民事務高級專員以外的聯合國機關或機構獲得保護或援助的人，祇要他仍在獲得此項保護或援助；

　　㈡被其居住地國家主管當局認為其有附著於該國國籍的權利和義務的人；

　　㈢存在著重大理由足以認為有下列情事的人：

　　　　㈎該人犯了國際文件中已作出規定的破壞和平罪、戰爭罪，或危害人類罪；

　　　　㈏該人在進入居所地國以前，曾在該國以外犯過嚴重的非政治性罪行；

　　　　㈐該人曾有違反聯合國宗旨和原則的罪行，並經認為有罪。

第二條　一般義務

　每一無國籍人對其所在國負有責任，此項責任特別要求他遵守該國的法律和規章以及為維持公共秩序而採取的措施。

第三條　不受歧視

　締約各國應對無國籍人不分種族、宗教，或原籍，適用本公約的規定。

第四條　宗教

締約各國封在其領土內的無國籍人，關於舉行宗教儀式的自由以及對其子女施加宗教教育的自由方面，應至少給予其本國國民所獲得的待遇。

第五條　與本公約無關的權利

本公約任何規定不得認為妨礙一個締約國並非由於本公約而給予無國籍人的權利和利益。

第六條　「在同樣情況下」一詞的意義

本公約所用「在同樣情況下」一詞意味著凡是個別的人如果不是無國籍人，為了享受有關的權利所必須具備的任何要件（包括關於旅居或居住的期間和條件的要件），但按照要件的性質，無國籍人不可能具備者，則不在此例。

第七條　相互條件的免除

一、除本公約載有更有利的規定外，締約國應給予無國籍人以一般外國人所獲得的待遇。

二、一切無國籍人在居住期滿三年以後，應在締約各國領土內享受立法上相互條件的免除。

三、締約各國應繼續給予無國籍人在本公約對該國生效之日他們無需在相互條件下已經有權享受的權利和利益。

四、締約各國對無需在相互條件下給予無國籍人根據第二、三兩款他們有權享受以外的權利和利益，以及對不具備第二、三兩款所規定條件的無國籍人亦免除相互條件的可能性，應給予有利的考慮。

五、第二、三兩款的規定對本公約第十三、十八、十九、二十一和二十二條所指權利和利益，以及本公約並未規定的權利和利益，均予適用。

第八條　特殊措施的免除

關於對一外國國民的人身、財產，或利益所得採取的特殊措施，締約各國不得僅僅因其過去曾屬有關外國國籍而對其適用此項措施。締約各國如根據其國內法不能適用本條所表示的一般原則，應在適當情況下，對此項無國籍人給予免除的優惠。

第九條　臨時措施

本公約的任何規定並不妨礙一締約國在戰時或其他嚴重和特殊情況下對個別的人在該締約國斷定該人確為無國籍人以前，並且認為有必要為了國家安全的利益應對該人繼續採取措施時，對他臨時採取該國所認為對其國家安全是迫切需要的措施。

第十條　繼續居住

一、無國籍人如在第二次世界大戰時被強制放逐並移至締約一國的領土並在其內居住，這種強制留居的時期應被認為在該領土內合法居住期間以內。

二、無國籍人如在第二次世界大戰時被強制逐出締約一國的領土，而在本公約生效之日以前返回該國準備定居，則在強制放逐以前和以後的居住時期，為了符合於繼

　　續居住這一要求的任何目的，應被認為是一個未經中斷的期間。

第十一條　無國籍海員

　　對於在懸掛締約一國國旗的船上正常服務的無國籍人，該國對於他們在其領土內定居以及發給他們旅行證件或者暫時接納他們到該國領土內，特別是為了便利他們在另一國家定居的目的，均應給予同情的考慮。

第二章　法律上地位

第十二條　個人身分

一、無國籍人的個人身分，應受其住所地國家的法律支配，如無住所，則受其居所地國家的法律支配。

二、無國籍人以前由於個人身分而取得的權利，特別是關於婚姻的權利，應受到締約一國的尊重，如必要時應遵守該國法律所要求的儀式，但以如果他不是無國籍人該有關的權利亦被該國法律承認者為限。

第十三條　動產和不動產

　　締約各國在動產和不動產的取得及與此有關的其他權利，以及關於動產和不動產的租賃和其他契約方面，應給與無國籍人盡可能優惠的待遇，無論如何，此項待遇不得低於在同樣情況下給予一般外國人的待遇。

第十四條　藝術權利和工業財產

　　關於工業財產的保護，例如對發明、設計或模型、商標、商號名稱，以及對文學、藝術，和科學作品的權利，無國籍人在其經常居住的國家內，應給以該國國民所享有同樣的保護。他在任何其他締約國領土內，應給以他經常居住國家的國民所享有的同樣保護。

第十五條　結社的權利

　　關於非政治性和非營利性的社團以及同業公會組織，締約各國對合法居留在其領土內的無國籍人，應給以盡可能優惠的待遇，無論如何，此項待遇不得低於一般外國人在同樣情況下所享有的待遇。

第十六條　出席法院的權利

一、無國籍人有權自由出席所有締約各國領土內的法院。

二、無國籍人在其經常居住的締約國內，就有關出席法院的事項，包括訴訟救助和免予提供訴訟擔保在內，應享有與本國國民相同的待遇。

三、無國籍人在其經常居住的國家以外的其他國家內，就第二款所述事項，應給以他經常居住國家的國民所享有的待遇。

第三章　有利可圖的職業活動

第十七條　以工資受償的雇傭

一、締約各國對合法在其領土內居留的無國籍人,就從事工作以換取工資的權利方面,應給以盡可能優惠的待遇,無論如何,此項待遇不得低於一般外國人在同樣情況下所享有的待遇。

二、在使一切無國籍人以工資受償雇傭的權利相同於本國國民的此項權利方面,特別是對根據勞力招募計畫或移民計畫而進入其領土的無國籍人,締約各國應給以同情的考慮。

第十八條　自營職業

締約各國對合法在其領土內的無國籍人,就其自己經營農業、工業、手工業、商業以及設立工商業公司方面,應給以盡可能優惠的待遇,無論如何,此項待遇不得低於一般外國人在同樣情況下所享有的待遇。

第十九條　自由職業

締約各國對合法居留於其領土內的無國籍人,凡持有該國主管當局所承認的文憑並願意從事自由職業者,應給以盡可能優惠的待遇,無論如何,此項待遇不得低於一般外國人在同樣情況下所享有的待遇。

第四章　福利

第二十條　定額供應

如果存在著定額供應制度,而這一制度是適用於一般居民並調整著缺銷產品的總分配,無國籍人應給以本國國民所享有的同樣待遇。

第二十一條　房屋

締約各國對合法居留於其領土的無國籍人,就房屋問題方面,如果該問題是由法律或規章調整或者受公共當局管制,應給以盡可能優惠的待遇,無論如何,此項待遇不得低於一般外國人在同樣情況下所享有的待遇。

第二十二條　公共教育

一、締約各國應給予無國籍人凡本國國民在初等教育方面所享有的同樣待遇。

二、締約各國就初等教育以外的教育,特別是就獲得研究學術的機會,承認外國學校的證書、文憑,和學位、減免學費,以及發給獎學金方面,應對無國籍人給以盡可能優惠的待遇,無論如何,此項待遇不得低於一般外國人在同樣情況下所享有的待遇。

第二十三條　公共救濟

締約各國對合法居住在其領土內的無國籍人,就公共救濟和援助方面,應給以凡其本國國民所享有的同樣待遇。

第二十四條　勞動立法和社會安全

一、締約各國對合法居留在其領土內的無國籍人，就下列各事項，應給以本國國民所享有的同樣待遇：

    (甲)報酬，包括家庭津貼，如這種津貼構成報酬一部分的話，工作時間，加班辦法，假日工資，對帶回家去工作的限制，雇傭最低年齡，學徒和訓練，女工和童工，享受共同交涉的利益，如果這些事項由法律或規章規定，或者受行政當局管制的話；

    (乙)社會安全（關於雇傭中所受損害，職業病，生育，疾病，殘廢，年老，死亡，失業，家庭負擔或根據國家法律或規章包括在社會安全計畫之內的任何其他事故的法律規定），但受以下規定的限制：

        (子)對維持既得權利和正在取得中的權利可能作出適當安排；

        (丑)居所地國的法律或規章可能對全部由公共基金支付利益金或利益金的一部或對不符合於為發給正常退職金所規定資助條件的人發給津貼制訂特別安排。

二、無國籍人由於雇傭中所受損害或職業病死亡而獲得的補償權利，不因受益人居住在締約國領土以外而受影響。

三、締約各國之間所締結或在將來可能締結的協定，凡涉及社會安全既得權利或正在取得中的權利，締約各國應以此項協定所產生的利益給予無國籍人，但以這是符合於對有關協定各簽字國國民適用的條件者為限。

四、締約各國對以締約國和非締約國之間隨時可能生效的類似協定所產生的利益盡量給予無國籍人一事，將予以同情的考慮。

第五章　行政措施

第二十五條　行政協助

一、如果無國籍人行使一項權利時正常地需要一個對他不能援助的外國當局的協助，則無國籍人居住地的締約國應安排由該國自己當局給予此項協助。

二、第一款所述當局應將正常地應由外國人的本國當局或通過其本國當局給予外國人的文件或證明書給予無國籍人，或者使這種文件或證明書在其監督下給予無國籍人。

三、如此發給的文件或證明書應代替由外國人的本國當局或通過其本國當局發給外國人的正式文件，並應在沒有相反證據的情況下給予證明的效力。

四、除對貧苦的人可能給予特殊的待遇外，對上述服務可以徵收費用，但此項費用應有限度，並應相當於為類似服務向本國國民徵收的費用。

五、本條各項規定對第二十七條和第二十八條並不妨礙。

第二十六條

行動自由締約各國對合法在其領土內的無國籍人，應給予選擇其居所地和在其領土內

自由行動的權利，但應受對一般外國人在同樣情況下適用的規章的限制。

第二十七條 身分證件

締約各國對在其領土內不持有有效旅行證件的任何無國籍人，應發給身分證件。

第二十八條 旅行證件

締約各國對合法在其領土內居留的無國籍人，除因國家安全或公共秩序的重大原因應另作考慮外，應發給旅行證件，以憑在其領土以外旅行。本公約附件的規定應適用於上述證件。締約各國可以發給在其領土內的任何其他無國籍人上述旅行證件。締約各國特別對於在其領土內而不能向其合法居所地國家取得旅行證件的無國籍人發給上述旅行證件一事，應給予同情的考慮。

第二十九條 財政徵收

一、締約各國不得對無國籍人徵收其向本國國民在類似情況下徵收以外的或較高於向其本國國民在類似情況下徵收的任何種類捐稅或費用。

二、前款規定並不妨礙對無國籍人適用關於向外國人發給行政文件包括身分證件在內徵收費用的法律和規章。

第三十條 資產的移轉

一、締約國應在符合於其法律和規章的情況下，准許無國籍人將其攜入該國領土內的資產，移轉到他們為重新定居目的而已被准許入境的另一國家。

二、如果無國籍人聲請移轉，不論在何地方的並在另一國家重新定居所需要的財產，而且該另一國家已准其入境，則締約國對其聲請應給予同情的考慮。

第三十一條 驅逐出境

一、締約各國際因國家安全或公共秩序理由外，不得將合法在其領土內的無國籍人驅逐出境。

二、驅逐無國籍人出境祇能以按照適法程序作出的判決為根據。除因國家安全的重大理由要求另作考慮外，應准許無國籍人提出可以為自己辯白的證據，同主管當局或向由主管當局特別指定的人員申訴或者為此目的委託代表向上述當局或人員申訴。

三、締約各國應給予上述無國籍人一個合理的期間，以便取得合法進入另一國家的許可。締約各國保留在這期間內適用它們所認為必要的內部措施的權利。

第三十二條 入籍

締約各國應盡可能便利無國籍人的入籍和同化。它們應特別盡力加速辦理入籍程序，並盡可能減低此項程序的費用。

第六章 最後條款

第三十三條 關於國內立法的情報

締約各國應向聯合國秘書長送交它們可能採用為保證執行本公約的法律和規章。

第三十四條　爭端的解決

本公約締約國間關於公約解釋或執行的爭端，如不能以其他方法解決，應依爭端任何一方當事國的請求，提交國際法院。

第三十五條　簽字、批准和加入

一、本公約應於一九五五年十二月三十一日以前在聯合國總部開放簽字。

二、本公約對下列國家開放簽字：

　　㈲聯合國任何會員國；

　　㈭被邀出席聯合國關於無國籍人地位會議的任何其他國家；

　　㈵聯合國大會對其發出簽字或加入的邀請的任何國家。

三、本公約應經批准、批准書應交存於聯合國秘書長。

四、本公約應對本條第二款所指國家開放任憑加入。加入經向聯合國秘書長交存加入書後生效。

第三十六條　領土適用條款

一、任何一國得於簽字、批准，或加入時聲明本公約將適用於由其負責國際關係的一切或任何領土。此項聲明將於公約對該有關國家生效時發生效力。

二、此後任何時候，這種適用於領土的任何聲明應用通知書送達於聯合國秘書長，並將從聯合國秘書長收到此項通知書之日後第九十天起或者從公約對該國生效之日起發生效力，以發生在後之日期為準。

三、關於在簽字、批准，或加入時本公約不適用的領土，各有關國家應考慮採取必要步驟的可能，以便將本公約擴大適用到此項領土，但以此項領土的政府因憲法上需要已同意者為限。

第三十七條　聯邦條款

對於聯邦或非單一政體的國家，應適用下述規定：

一、就本公約中屬於聯邦立法當局的立法管轄範圍內的條款而言，聯邦政府的義務應在此限度內與非聯邦國家的締約國相同；

二、關於本公約中屬於邦、省，或縣的立法管轄範圍內的條款，如根據聯邦的憲法制度，此項邦、省，或縣不一定要採取立法行動的話，聯邦政府應盡早將此項條款附具贊同的建議，提請此項邦、省，或縣的主管當局注意；

三、作為本公約締約國的聯邦國家，如經聯合國秘書長轉達任何其他締約國的請求時，應就聯邦及其構成各單位有關本公約任何個別規定的法律和實踐，提供一項聲明，說明此項規定已經立法或其他行動予以實現的程度。

第三十八條　保留

一、任何國家在簽字、批准，或加入時，可以對公約第一、三、四、十六㈠以及三十

三至四十二（包括各該條本條號數在內）各條以外的條款作出保留。

二、依本條第一款作出保留的任何國家可以隨時通知聯合國秘書長撤回保留。

第三十九條 生效

一、本公約於第六件批准書或加入書交存之日後第九十天生效。

二、對於在第六件批准書或加入書交存後批准或加入本公約的各國，本公約將於該國交存其批准書或加入書之日後第九十天生效。

第四十條 退出

一、任何締約國可以隨時通知聯合國秘書長退出本公約。

二、上述退出將於聯合國秘書長收到退出通知之日起一年後對該有關締約國生效。

三、依第三十六條作出聲明或通知的任何國家可以在此以後隨時通知聯合國秘書長，聲明公約於秘書長收到通知之日後一年停止擴大適用於此項領土。

第四十一條 修改

一、任何締約國可以隨時通知聯合國秘書長，請求修改本公約。

二、聯合國大會應建議對於上述請求所應採取的步驟，如果有這種步驟的話。

第四十二條 聯合國秘書長的通知

聯合國秘書長應將下列事項通知聯合國所有會員國以及第三十五條所述非會員國：

㈠根據第三十五條簽字、批准，和加入；

㈡根據第三十六條所作聲明和通知；

㈢根據第三十八條聲明保留和撤回；

㈣根據第三十九條本公約生效的日期；

㈤根據第四十條聲明退出和通知；

㈥根據第四十一條請求修改。

下列簽署人經正式授權各自代表本國政府在本公約簽字，以昭信守。

一九五四年九月二十八日訂於紐約，計一份，其英文本、法文本和西班牙文本都具有同等效力，應交存於聯合國檔案庫，其經證明為真實無誤的副本應交給聯合國所有會員國以及第三十五條所述非會員國。

3.減少無國籍狀態公約

按照聯合國大會一九五四年十二月四日第 896 (1X) 號決議於一九五九年舉行前於一九六一年再次召開的全權代表會議於一九六一年八月三十日通過生效：按照第十八條的規定，於一九七五年十二月十三日生效。

締約各國，按照聯合國大會於一九五四年十二月四日通過的第 896 (1X) 號決議行事，考慮到宜於締結國際協定去減少無國籍狀態，議定條款如下：

第一條

一、締約國對在其領土出生，非取得該國國籍即無國籍者，應給予該國國籍。此項國籍應

　　㈠依法於出生時給予，或

　　㈡於關係人或其代表依國內法所規定的方式向有關當局提出申請時給予。在遵守本條第二款規定的情況下，對這種申請不得加以拒絕。凡按照本款㈡項規定給予本國國籍的締約國，亦得規定於達到國內法可能規定的年齡時，在遵守國內法可能規定的條件的情況下，依法給予該國國籍。

二、締約國對按照本條第一款㈡項給予本國國籍，得規定要遵守下列各條件中之一個或一個以上條件：

　　㈠申請應於締約國所規定的期限內提出，但該期限至遲應於十八歲時開始，且不得於二十一歲以前結束，以便關係人至少有一年時間可以自己提出申請，而無須獲得法律授權；

　　㈡關係人在締約國可能規定的一段期間內（在提出申請前的一段期間不得超過五年，整段期間則不得超過十年），通常居住在該國境內；

　　㈢關係人沒有被判過犯危害國家安全罪，亦沒有因刑事指控而被判過五年或五年以上的徒刑；

　　㈣關係人一直無國籍。

三、縱有本條第一款㈡項和第二款的規定，凡在締約國領土出生的婚生子，非取得該國國籍即無國籍而其母具有該國國籍者，應於出生時取得該國國籍。

四、締約國對非取得該國國籍即無國籍者——該人因已超過提出申請的年齡或不合所規定的居住條件，以致無法取得他在其領土出生的締約國的國籍——應給予該國國籍，如果其父母之一在地出生時其有該國國籍的話。倘關係人父母在地出生時具有不同國籍，他本人的國籍究竟應跟父親的國籍抑或跟母親的國籍的問題，應依該締約國的國內法決定。倘若對此項國籍必須提出申請，則申請應由申請人自己或其代表依照國內法所規定的方式向有關當局提出。在遵守本條第五款規定的情況下，對這種申請不應加以拒絕。

五、締約國對按照本條第四款規定給予本國國籍，得規定要遵守下列各條件中之一個或一個以上條件：㈠申請應於申請人未達到締約國所規定的年齡——不低於二十三歲時提出；㈡關係人在締約國可能規定在提出申請前的一段期間內（不得超過三年），通常居住在該國境內；㈢關係人一直無國籍。

第二條

凡在締約國領土內發現的棄兒，在沒有其他相反證據的情況下，應認定在該領土內出生，其父母並具有該國國籍。

第三條

為確定各締約國在本公約下所負義務的目的，凡在船舶上出生者，應視為在船舶所懸國旗的國家領土內出生；在飛機上出生者，應視為在飛機的登記國領土內出生。

第四條

一、締約國對非取得該國國籍即無國籍者——該人非出生於任何締約國的領土內——應給予該國國籍，如果其父母之一在地出生時其有該國國籍的話。倘關係人父母在地出生時具有不同國籍，他本人的國籍究竟應跟父親的國籍抑或跟母親的國籍的問題，應依該締約國的國內法決定。按照本款規定給予的國籍應㈠依法於出生時給予，或㈡於關係人或其代表依國內法所規定的方式向有關當局提出申請時給予。在遵守本條第二款規定的情況下，對這種申請不得加以拒絕。

二、締約國對按照本條第一款規定給予本國國籍，得規定要遵守下列各條件中之一個或一個以上條件：

　㈠申請應於申請人未達到締約國所規定的年齡——不低於二十三歲時提出；

　㈡關係人在締約國可能規定在提出申請前的一段期間內（不得超過三年），通常居住在該國境內；

　㈢關係人沒有被判過犯危害國家安全罪；

　㈣關係人一直無國籍。

第五條

一、締約國的法律規定個人身分的變更，如結婚、婚姻關係消滅、取得婚生地位、認知或收養足以使其喪失國籍者，其國籍的喪失應以其有或取得另一國籍為條件。

二、在締約國的法律規定下，倘若某一私生子因生父的認知以致喪失該國國籍時，他應有機會以書面申請向有關當局要求恢復該國籍；這種申請所要遵守的條件不應嚴於本公約第一條第二款所述的條件。

第六條

締約國的法律規定個人喪失或被剝奪該國國籍時其配偶或子女亦喪失該國國籍者，其配偶或子女國籍的喪失應以其有或取得另一國籍為條件。

第七條

一、㈠締約國的法律有放棄國籍的規定時，關係人放棄國籍不應就喪失國籍，除非他已具有或取得另一國籍。

　㈡本款㈠項規定的實施，倘違背聯合國大會一九四八年十二月十日所通過的世界人權宣言第十三條和第十四條所述的原則，則不應予以實施。

二、締約國國民在外國請求歸化者，應不喪失其國籍，除非他已取得該外國國籍或曾獲得保證一定取得該外國國籍。

三、在遵守本條第四款和第五款規定的情況下，締約國國民不應由於離境、居留國外、

不辦登記或其他任何類似原因喪失國籍而成為無國籍人。

四、歸化者可由於居留外國達到關係締約國法律所定期限（至少連續七年）而喪失其國籍，如果他不向有關當局表明他有意保留其國籍的話。

五、締約國的法律得規定，凡在其領土外出生的國民，在達成年滿一年後，如要保留該國國籍，當時必須居留該國境內或向有關當局登記。

六、除本條所述的情況外，任何人如喪失締約國國籍即無國籍時，應不喪失該國國籍，縱使此項國籍的喪失並沒有為本公約的任何其他規定所明白禁止。

第八條

一、締約國不應剝奪個人的國籍，如果這種剝奪使他成為無國籍人的話。

二、縱有本條第一款的規定，在下列情況下，締約國可剝奪個人所享有的國籍：

　㈠第七條第四款和第五款所規定個人可喪失其國籍的情況；

　㈡國籍是用虛偽的陳述或欺詐方法而取得的。

三、縱有本條第一款的規定，締約國得保留剝奪個人國籍的權利，如果它在簽字、批准或加入的時候說明它按下列各理由中之一個或一個以上理由（其國內法當時規定的理由）保留此項權利的話：

　㈠關係人違背其對締約國盡忠的義務：

　　⑴曾經不管締約國的明白禁令，對另一國家提供或繼續提供服務，或接受或繼續接受另一國家發給的薪俸，或

　　⑵曾經以嚴重損害該國重大利益的方式行事；

　㈡關係人曾宣誓或發表正式聲明效忠另一國家，或明確地表明他決心不對締約國效忠。

四、締約國除按法律的規定外，不應行使本條第二款和第三款所准許的剝奪國籍權力；法律應規定關係人有權出席由法院或其他獨立機構主持的公平聽詢。

第九條

締約國不得根據種族、人種、宗教或政治理由而剝奪任何人或任何一類人的國籍。

第十條

一、凡締約國間所訂規定領土移轉的條約，應包括旨在保證任何人不致因此項移轉而成為無國籍人的條款。締約國應盡最大努力以保證它同非本公約締約國的國家所訂的任何這類條約包括這種條款。

二、倘無此項條款時，接受領土移轉的締約國和以其他方式取得領土的締約國，對那些由於此項移轉和取得非取得各該國國籍即無國籍的人，應給予各該國國籍。

第十一條

締約各國應在第六件批准書或加入書交存後盡速促進在聯合國體系內設立一個機構，任何人如要求享受本公約的利益，可以請該機構審查他的要求並協助他把該項要求向

有關當局提出。

第十二條

一、對沒有按照本公約第一條第一款和第四條規定依法於出生時給予其國籍的締約國而言，第一條第一款和第四條的規定應對在本公約生效之前出生的人及生效之後出生的人一概適用。

二、本公約第一條第四款的規定應對在公約生效之前出生的人及生效之後出生的人一概適用。

三、本公約第二條的規定應祇對在公約已對其生效的締約國內發現的棄兒適用。

第十三條

本公約不得解釋為影響任何締約國現在或以後有效的法律裏或現在或以後在兩個或兩個以上締約國間生效的任何其他公約、條約或協定裏可能載有的更有助於減少無國籍狀態的任何條款。

第十四條

締約國間關於本公約的解釋或適用的任何爭端，如不能以其他方法解決，應依爭端任何一方當事國的請求，提交國際法院。

第十五條

一、本公約對於所有由任何締約國負責其國際關係的非自治、託管、殖民及其他非本部領土均適用；該締約國在遵守本條第二款規定的情況下，應在簽字、批准或加入時宣告由於此項簽字、批准或加入時當然適用本公約的非本部領土。

二、倘在國籍方面非本部領土與本部領土並非視同一體，或依締約國或其非本部領土的憲法或憲政慣例，對非本部領土適用本公約須事先徵得該領土的同意時，締約國應盡力於本國簽署本公約之日起十二個月期限內徵得所需該非本部領土的同意，前於徵得此項同意後通知聯合國秘書長。本公約對於此項通知書所列領土，應自秘書長接到該通知書之日起適用。

三、在本條第二款所述的十二個月期限屆滿後，各關係締約國遇有由其負責國際關係的非本部領土對於本公約的適用尚未表示同意時，應將其與各該領土磋商結果通知秘書長。

第十六條

一、本公約應自一九六一年八月三十日至一九六二年五月三十一日止在聯合國總部開放簽字。

二、本公約對下列國家開放簽字：

　　㈠聯合國任何會員國；

　　㈡被邀出席聯合國關於消除或減少未來無國籍狀態會議的任何其他國家；

　　㈢聯合國大會對其發出簽字或加入的邀請的任何國家。

三、本公約應經批准，批准書應交存於聯合國秘書長。

四、本公約應對本條第二款所指國家開放任憑加入。加入經向聯合國秘書長交存加入書後生效。

第十七條

一、任何國家得於簽字、批准或加入時，對第十一條、第十四條或第十五條提出保留。

二、本公約不准有其他保留。

第十八條

一、本公約應自第六件批准書或加入書交存之日起兩年後生效。

二、對於在第六件批准書或加入書交存後批准或加入本公約的各國，本公約將於該國交存其批准書或加入書後第九十日起或者於本公約按照本條第一款規定生效之日起生效，以發生在後之日期為準。

第十九條

一、任何締約國得隨時以書面通知聯合國秘書長聲明退出本公約。此項退約應於秘書長接到通知之日起一年後對該締約國生效。

二、凡本公約依第十五條規定對於締約國的非本部領土適用者，該締約國此後隨時獲有關領土的同意，得通知聯合國秘書長，宣告該領土單獨退出本公約。此項退約應自秘書長收到通知之日起一年後生效，秘書長應將此項通知及其收到日期轉知所有其他締約國。

第二十條

一、聯合國秘書長應將下列細節通知聯合國所有會員國及第十六條所述的非會員國：

　　㈠依據第十六條規定所為的簽字、批准及加入；

　　㈡依據第十七條規定提出的保留；

　　㈢本公約依據第十八條規定生效的日期；

　　㈣依據第十九條規定的退約。

二、聯合國秘書長至遲應於第六件批准書或加入書交存後，將按照第十一條規定設立該條所述機構的問題，提請聯合國大會注意。

第二十一條

本公約應於生效之日由聯合國秘書長加以登記。為此，簽名於下的各全權代表，在本公約上簽字，以昭信守。

一九六一年八月三十日訂於紐約，計一份，其中文本、英文本、法文本、俄文本及西班牙文本都具有同等效力，應交存於聯合國檔案庫，其正式副本應由聯合國秘書長送交聯合國所有會員國以及本公約第十六條所述非會員國。

4.聯合國大會決議第三二〇一 (S–VI) 號關於建立新的國際經濟秩序

宣言

一九七四年五月一日通過

大會

通過下列宣言：

建立新的國際經濟秩序宣言

我們聯合國會員國，在第一次召開了研究原料和發展問題的聯合國大會特別會議專門考慮世界大家庭面臨的最重要的經濟問題之後，銘記著聯合國憲章關於促進各國人民的經濟發展和社會進步的精神、宗旨和原則，莊嚴宣布我們一致決心緊急地為建立一種新的國際經濟秩序而努力，這種秩序將建立在所有國家的公正、主權平等、互相依靠、共同利益和合作的基礎上，而不問它們的經濟和社會制度如何，這種秩序將糾正不平等和現存的非正義並且使發達國家與發展中國家之間日益擴大的鴻溝有可能消除，並保證目前一代和將來世世代代在和平正義中穩步地加速經濟和社會發展。為此宣布：

一、最近幾十年，最大和最重要的成就是很大一批民族和國家擺脫殖民的和外來的統治而獨立，從而使它們得以成為自由民族大家庭中的成員。過去三十年在經濟活動的一切方面也取得了技術進步，從而為增進一切國家的人民的幸福提供堅實的潛力。但是，外國和殖民統治的殘餘痕跡、外國占領、種族歧視、種族隔離和各種形式的新殖民主義仍然是阻撓發展中國家和所有有關各民族獲得徹底解放和進步的最大障礙之一。技術進步帶來的好處沒有為國際大家庭的所有成員公平分享。占世界人口百分之七十的發展中國家只享有世界收入的百分之三十。事實證明，在現有的國際經濟秩序下，國際大家庭是不可能取得均与和平衡的發展的。發達國家和發展中國家之間的鴻溝在這樣一種制度下繼續擴大：這種制度是在大多數發展中國家甚至還沒有作為獨立國家存在的時候建立的，而且它使不平等狀況長久保持下去。

二、目前的國際經濟秩序同國際政治和經濟關係當前的發展是直接衝突的。自從一九七〇年以來，世界經濟經歷了一系列的嚴重危機，這些危機產生了嚴重的影響，特別是對發展中國家產生了嚴重的影響，因為它們普遍更容易受外來的經濟衝擊的損害。發展中世界已經成了一種在國際活動的所有領域中都發揮影響的強有力的因素。世界力量關係中發生的這些不可逆轉的變化，使得發展中國家有必要積極地、充分地和平等地參與制訂和實施同國際大家庭有關的所有決定。

三、這一切變化突出說明了世界大家庭的一切成員互相依靠的實際情況。當前一些事件使人們清楚地認識到：發達國家的利益同發展中國家的利益不能再互相分隔開，發達國家的繁榮和發展中國家的增長和發展是緊密地互相關連的，整個國際大家

庭的繁榮取決於它的組成部份的繁榮。在發展方面的國際合作是所有國家都應具有的目標和共同責任。因此這一代和今後的世世代代在政治、經濟和社會方面的幸福比以往任何時候更取決於國際大家庭的所有成員在主權平等和消除它們之間存在的不平衡的基礎上進行合作。

四、新的國際經濟秩序應當建立在充分尊重下列原則的基礎上：

(1)各國主權平等，一切民族實行自決，不得用武力奪取領土，維護領土完整，不干涉他國內政；

(2)國際大家庭的一切成員國在公平的基礎上進行最廣泛的合作，由此有可能消除世界上目前存在的差距，並保證大家享受繁榮；

(3)一切國家在平等的基礎上充分和有效地參加為了一切國家的共同利益而解決世界經濟問題的工作，在這樣做時，銘記有必要保證所有發展中國家的加速發展，並特別注意採取有利於最不發達的、內陸的和島嶼的發展中國家以及那些受到經濟危機和自然災害最嚴重影響的發展中國家，同時也不忽視其他發展中國家的利益的特別措施；

(4)每一個國家都有權實行自己認為對自己的發展最合適的經濟和社會制度，而不因此遭受任何歧視；

(5)每一個國家對自己的自然資源和一切經濟活動擁有充分的永久主權。為了保衛這些資源，每一個國家都有權採取適合於自己情況的手段，對本國資源及其開發實行有效控制，包括有權實行國有化或把所有權轉移給自己的國民，這種權利是國家充分的永久主權的一種表現。任何一國都不應遭受經濟、政治或其他任何形式的脅迫，以致不能自由地和充分地行使這一不容剝奪的權利；

(6)所有遭受外國占領、外國和殖民統治或種族隔離的國家、領地和民族，對於其自然資源和所有其他資源受到的剝削、消耗和損害有權要求償還和充分賠償；

(7)根據跨國公司所在國的充分主權，採取有利於這些國家的國民經濟的措施來限制和監督這些跨國公司的活動；

(8)發展中國家以及處於殖民和種族統治和外國占領下的地區內的各民族有權取得解放和恢復對它們自然資源和經濟活動的有效控制；

(9)援助遭受殖民統治和外來統治、外國占領、種族歧視或種族隔離的發展中國家、民族和地區，或者是那些人們正在對它們採取經濟的、政治的或其他任何形式的脅迫措施以支配它們行使主權權利和從它們那裏獲取各種利益的並遭受到各種形式的新殖民主義之害的發展中國家、民族和地區，這些發展中國家、民族和地區對自己的過去一直處於或者現在仍然處於外國控制下的自然資源和經濟活動建立了或者正在努力建立有效的控制；

(10)在發展中國家出口的原料、初級產品、製成品和半製成品的價格與它們進口的

原料、初級商品、製成品、資本貨物和設備的價格之間建立公平和合理的關係，以使它們不能令人滿意的貿易條件得到不斷的改善，並使世界經濟得到發展；

(11)整個國際大家庭向發展中國家提供積極援助，不附加任何政治或軍事條件；

(12)保證經過改革的國際貨幣制度的主要目標之一應當是促進發展中國家的發展和有足夠的實際資金流入這些國家；

(13)改善天然原料在面臨合成代用品競爭的情況下的競爭地位；

(14)在可行時，在國際經濟合作的各個領域在可能的情況下對發展中國家給予特惠和非互惠的待遇；

(15)為把財政資金轉移到發展中國家創造有利的條件；

(16)使發展中國家具有獲得現代科學和技術成就的途徑，促進有利於發展中國家的技術轉讓和建立本國技術，並按照適合於它們經濟的方式和程序進行；

(17)一切國家都有必要制止浪費包括食品在內的自然資源的現象；

(18)發展中國家有必要集中一切資源從事發展事業；

(19)通過單獨的和集體的行動加強發展中國家之間主要在優惠基礎上進行的經濟、貿易、財政和技術方面的相互合作；

(20)促進生產國聯合組織在國際合作的範圍內所能起的作用，以實現它們的目標，特別是協助促進世界經濟的持久增長和發展中國家的加速發展。

五、關於聯合國第二個發展十年的國際發展戰略的一致通過，是促進在公平合理的基礎上進行國際經濟合作方面的一個重要步驟。加速履行國際大家庭在這個戰略的範圍內承擔的義務，特別是那些同發展中國家迫切的發展需要有關的義務，將大大有助於實現本宣言的目的和目標。

六、聯合國作為一個普遍性組織應當能夠廣泛地處理國際經濟合作問題並平等地保證所有國家的利益。它在建立一種新的國際經濟秩序方面必須起一種更大的作用。各國經濟權利和義務憲章在這方面將是一個重大貢獻，而本宣言將使準備這個憲章的工作得到一種新的鼓舞力量。因此，號召聯合國的所有成員國作出最大的努力，以保證這一宣言得到實施，因為這一宣言得到實施是為各國人民達到一種符合人的尊嚴的生活創造較好條件的主要保證之一。

七、這一建立新的國際經濟秩序宣言，應當成為各國人民之間和各國之間的經濟關係的最重要的基礎之一。

5.聯合國各國經濟權利和義務憲章

一九七四年十二月十二日通過

序言

聯合國全體大會：

重申聯合國的基本宗旨，特別是重申要維持國際和平與安全，發展各國之間的友好關係，實現國際合作，以解決經濟領域和社會領域中的國際問題；確認在上述這些領域中加強國際合作的必要；進一步重申為了發展而加強國際合作的必要；聲明本憲章的基本宗旨，在於促進建立以一切國家待遇公平、主權平等、互相依存、共同受益及協力合作為基礎的、新的國際經濟秩序，而不問這些國家的經濟和社會制度如何；迫切希望作出貢獻，以便為以下各點創造條件：

(1)一切國家都能實現更普遍的繁榮昌盛，一切民族都能達到更高的生活水平；

(2)整個國際社會努力促進所有國家特別是發展中國家的經濟進展和社會進步；

(3)鼓勵一切願意貫徹執行本憲章各項規定的愛好和平的國家，在平等互利的基礎上，在經濟、貿易、科學和技術等領域中開展合作，而不問這些國家的政治、經濟或社會制度如何；

(4)克服發展中國家在經濟發展路途中的各種主要障礙；

(5)加速發展中國家的經濟增長，以縮小發展中國家和發達國家之間的經濟差距；

(6)保護、維護和改善環境。

注意到必須通過下列措施，建立和維持公正和公平合理的經濟秩序及社會秩序：

(1)實現更合理和更公平的國際經濟關係，鼓勵世界經濟的結構改革。

(2)為在一切國家之間進一步擴大貿易、進一步加強經濟合作創造條件。

(3)加強發展中國家的經濟獨立性。

(4)結合考慮各發展中國家在開發事業中大家公認的各種差別以及這些國家的各種特殊需要，建立並促進國際經濟關係。

決心在嚴格尊重各國主權平等的條件下，通過整個國際社會的合作，增強集體的經濟安全，以促進發展，特別是增進發展中國家的發展；

考慮到：在各項國際經濟問題上，以聯合審議和一致行動作基礎，開展各國之間的真誠合作，這對於滿足國際社會的共同願望、實現全世界一切地區的公平合理發展來說，是必不可少的；強調：必須切實保證適當的條件，藉以建立一切國家之間正常的經濟關係，而不問各國社會制度和經濟制度上的差別；並藉以充分尊重世界一切民族的權利；同時，必須加強國際經濟合作的各種手段，藉以鞏固和平，維護整體利益；確信必須在一切國家主權平等、公平互利以及彼此利益息息相關的基礎上，進一步發展國際經濟關係的體制；重申：每個國家的發展主要是依靠它本身的努力，但是，相應的和切實有效的國際合作對於徹底實現這些國家的發展目標說來，也是一項必不可少的因素；堅信：逐步建立一種從本質上加以改進的國際經濟關係體制，乃是一項當務之急；

因此，莊嚴地通過這一部《各國經濟權利和義務憲章》。

第一章　國際經濟關係的基本準則

各國之間的經濟關係，同各國間的政治關係以及其他關係一樣，應當特別受下列各項原則的制約：

⑴各國主權、領土完整，各國政治獨立；

⑵一切國家主權平等；

⑶互不侵犯；

⑷互不干涉內政；

⑸公平互利；

⑹和平共處；

⑺各民族權利平等，實行民族自決；

⑻以和平手段解決各種爭端；

⑼糾正使用強迫手段侵奪別國正常發展所需要的自然資源的各種非正義行為；

⑽真誠地履行各種國際義務；

⑾尊重人權以及各種基本自由；

⑿不謀求霸權以及各種勢力範圍；

⒀增進國際社會正義；

⒁開展國際合作以促進發展；

⒂在上述各項原則的範圍以內，居處內陸的國家享有進出海口的自由通道。

第二章　各國的經濟權利和經濟義務

第一條

每個國家都享有獨立自主的和不容剝奪的權利，可以根據本國人民的意願，不僅選擇本國的政治、社會和文化制度，而且選擇本國的經濟制度，不受任何形式的外來干涉、壓制和威脅。

第二條

一、每個國家對本國的全部財富、自然資源以及全部經濟活動，都享有並且可以自由行使完整的、永久的主權，其中包括佔有、使用及處置的權利。

二、每個國家都享有以下權利：

⑴根據本國的法律和條例，按照本國的國家目標以及本國優先權的原則，在本國的管轄權範圍以內，對外國投資加以管理並行使權力。不得強迫任何國家給予外國投資特惠待遇；

⑵在本國的管轄權範圍以內，對跨國公司的經營活動加以管理和監督；採取各種措施，以保證上項活動遵守本國的法律、規章及條例，並符合於本國的經濟政

策和社會政策。跨國公司不得干涉東道國的內政。各國在行使本款規定權利的過程中，在充分重視本國主權權利的同時，應當同其他國家進行合作；

(3)把外國資產收歸國有、徵用或轉移其所有權。在這種場合，採取上述措施的國家，應當考慮本國的有關法律、條例以及本國認為有關的一切情況，給予適當的賠償。賠償問題引起爭執時，應當根據採取國有化措施國家的國內法，由該國法院進行審理。但各有關國家經過自由協商，一致同意在各國主權平等的基礎上，按照自由選擇解決途徑的原則，採用其他和平解決辦法的，不在此限。

第三條

在開發屬於兩個或兩個以上國家共有的自然資源時，各國必須在互通聲氣和事前協商的基礎上通力合作，以便在不致損害其他國家合法權益的前提下，最適當地利用這些資源。

第四條

每個國家都有權參加國際貿易以及其他各種形式的經濟合作，而不問這些國家在政治、經濟和社會制度上的任何差異。不得僅僅根據上述這些差異而對任何國家加以任何形式的歧視。在進行國際貿易以及其他各種形式的經濟合作時，各國都可以自由選擇本國對外經濟關係的組織形式，自由參加各種雙邊和多邊的安排。這些安排應當符合於它們應盡的國際責任，符合國際經濟合作的需要。

第五條

一切國家都有權參加各種初級商品生產國的組織，以便發展本國的國民經濟，實現財政穩定，促進本國的發展，並在實現本國目標的過程中，有助於促進世界經濟的持續增長，特別是促進發展中國家的開發。相應地，一切國家都有義務尊重上述權利，克制自己，不採取經濟措施和政治措施，以限制這種權利。

第六條

各國都有義務為發展國際商品貿易作出貢獻，特別是通過各種安排以及在適當場合締結長期多邊商品協定來作出貢獻；還應當兼顧生產國和消費國的利益。一切國家都負有責任，促使在穩定的、有利可圖的以及公平合理的價格下進行交易的一切商品，都能正常流通，從而有助於世界經濟的公平發展，並且特別照顧到發展中國家的利益。

第七條

各國首屈一指的責任是促進本國人民在經濟、社會以及文化方面的發展。為了實現這一宗旨，每個國家都有權利和責任選擇本國發展的道路和目標，充分動員和利用本國的資源，實行進步的經濟改革和社會改革，並且切實保證本國人民能夠充分參加發展的過程，充分分享發展的利益。一切國家都有義務進行個別的或集體的合作，以消除阻擋各國動員和利用本國資源的各種障礙。

第八條

各國應當加強合作，促進建立更加公平合理的國際經濟關係，並且鼓勵實行結構改革，爭取實現同一切國家、特別是同發展中國家的需要與利益相協調的平衡穩定的世界經濟；為此目的，應當採取相應的措施。

第九條

一切國家都有責任在經濟、社會、文化、科學和技術等領域中協力合作，以促進整個世界特別是促進發展中國家的經濟進展和社會進步。

第十條

所有國家在法律上一律平等；並且作為國際社會的平等成員，有權充分地和切實有效地參加解決世界性的經濟、財政金融以及貨幣等重要問題的國際決策過程；特別是有權通過相應的國際組織，並遵循這些組織的現行規章或逐步改善中的規章，參加這種國際決策過程，並且公平地分享由此而來的各種效益。

第十一條

一切國家應當互相合作，加強和不斷提高各種國際組織的工作效能，以便它們採取各種措施，促進所有國家尤其是發展中國家全面的經濟進步；因此，一切國家應當互相合作，在適當的時候，促使上述各種國際組織適應於國際經濟合作中不斷變化的需要。

第十二條

一、各國有權與有關方面達成協定，參加區域性的、次區域性的以及區域之間的合作，以謀求經濟和社會的發展。一切參加這種合作的國家都有義務保證它們所屬集團奉行的政策，符合於本《憲章》的條款規定；對外視野開闊，符合於它們應盡的國際義務以及國際經濟合作的需要；並且充分關照到第三方國家尤其是發展中國家的合法權益。

二、如果有關國家已將涉及到本《憲章》範圍內某些事項的許可權，轉移給或可能轉移給某些集團，那麼，本《憲章》中有關這些事項的各種規定，應當同樣適用於這些集團，從而符合于作為這些集團成員的國家所業已承擔的責任。這些有關國家應當互相合作，使上述集團遵守本《憲章》的有關規定。

第十三條

一、每個國家都有權從科學技術的發展進步中獲得利益，以加速本國的經濟發展和社會進步。

二、一切國家都應當在適當尊重各方面的合法利益，特別是尊重技術的持有人、供應人以及承受人的權利與義務的基礎上，促進國際科學技術合作和技術轉讓。各國尤其應當對發展中國家給予方便，使它們能夠獲得現代科技的成果和技術轉讓；並且為了發展中國家的利益，採取適合於這些國家的經濟和需要的方式和程式，創建當地土生土長的技術。

三、為此，各發達國家應當與發展中國家合作，幫助它們建立、加強和發展科學技術

的各種基礎設施，加緊開展各種科學研究及技術活動，從而幫助它們發展和改造發展中國家的經濟。

四、各國應當充分考慮發展中國家的利益，合作探討如何進一步制定國際社會更易共同接受的有關技術轉讓的準則或規章。

第十四條

每個國家都有義務互相合作，促進世界貿易穩定地、持續地擴展和自由化，增進各國人民尤其是發展中國家人民的福利，提高他們的生活水平。因此，一切國家都應當通力合作，著重於逐步掃除貿易中的障礙，改善指導世界貿易的國際結構。為此目的，各國應當互相配合，共同努力，以公平合理的方式解決一切國家的各種貿易問題，並認真考慮解決發展中國家特殊的貿易問題。在這方面，各國應當採取措施使發展中國家從國際貿易中獲得額外的收益，從而使它們的外匯收入大量增加，出口商品多樣化，貿易額加速增長；同時，應當考慮到它們的發展需要，使這些國家有更多的機會參與擴大世界貿易，並按比較有利於發展中國家的公平比例，讓他們分享由擴大世界貿易而來的實惠，為此，應當採取最可行的方法，即認真改進有利於發展中國家產品進入市場的條件；並且在一切適當的場合，採取各種措施，使初級產品能夠得到穩定、公平和有利可圖的價格。

第十五條

一切國家都有義務促進在有效的國際監督下實現普遍徹底的裁軍，利用採取有效裁軍措施所節餘的資金，促進各國經濟和社會的發展，並且將這些節餘資金的一大部分用作發展中國家開發所需要的額外財源。

第十六條

一、一切國家都有權利和義務個別地或集體地採取行動，消除殖民主義、種族隔離、種族歧視、新殖民主義；消除各種形式的外國侵略、佔領和統治；消除由此而產生的各種經濟後果和社會後果，從而為發展提供先決條件。實行上述高壓強制政策的國家，必須對受到侵害的國家、地區及民族，承擔經濟上的責任，必須做到物歸原主，並充分賠償這些國家、地區和民族的自然資源以及其他一切資源所受到的盤剝榨取、嚴重損耗和毀損破壞。一切國家都有義務向上述國家、地區和民族提供援助。

二、對於可能造成障礙、阻止被武力佔領的地區獲得解放的各種投資，任何國家都無權加以促進或鼓勵。

第十七條

為了發展而進行國際合作，是各國共同的目標和共有的責任。各國都應當嚴格尊重他國主權平等，不附加任何有損於他國主權的條件，對發展中國家加速本國經濟發展和社會進步的各種努力給予合作，按照這些國家的發展需要和發展目標，提供有利的外

部條件，擴大對它們的積極支援。

第十八條

發達國家應當按照國際主管機構就關稅問題所商定的有關結論和作出的有關決定，推廣、改進和擴大針對發展中國家的普遍的、不要求互惠和不可以歧視的關稅優惠制度。發達國家還應當認真考慮在某些可行的和適當的領域，採取其他區別對待的措施，通過給予特別優惠待遇的方式，滿足發展中國家貿易和發展的需要。在處理國際經濟關係時，發達國家應當儘量避免採取不利於發展中國家發展國民經濟的各種措施；而關稅的普遍優惠制度以及其他經過共同商定的對發展中國家有利的各種區別對待措施，則促進了它們的經濟發展。

第十九條

為了加速發展中國家的經濟增長，消除發達國家與發展中國家之間的經濟鴻溝，發達國家應當盡可能在國際經濟合作的領域內給予發展中國家以普遍優惠的、不要求互惠的和不加以歧視的待遇。

第二十條

發展中國家在努力增進它們的全面貿易時，應當適當地重視到同社會主義國家擴大貿易的可能性，為此，應當讓社會主義國家也享有不低於通常給予發達市場經濟國家的貿易條件。

第二十一條

各發展中國家應當儘量促使它們之間的相互貿易不斷擴大，為此目的，可依據有關國際協定中現有的或不斷改進的規定和程式，給予其他發展中國家以各種貿易優惠；只要這些安排並不妨礙一般的貿易自由化和貿易擴展，發展中國家就沒有義務要把上述這些優惠待遇推廣給予發達國家。

第二十二條

一、為了支援發展中國家加速本國經濟發展和社會進步的努力，一切國家都應當對發展中國家所公認的或共同商定的發展需要和發展目標作出回應，結合考慮各有關國家所已經承擔的各種責任和義務，從各種財源上增加實際資金流入發展中國家的淨額。

二、因此，各國應當按照上述宗旨和目標，結合考慮自己在這方面所已經承擔的各種責任和義務，儘量努力從官方財源上增加向發展中國家提供資金的淨額，以改進它們的處境和條件。

三、在提供開發援助資金中，應當包括經濟援助和技術援助。

第二十三條

為了更加有效地運用本國的資源，各發展中國家應當加強彼此間的經濟合作和擴大相互貿易，藉以加速它們的經濟發展和社會進步。所有國家，特別是發達國家，都應當

單獨地以及通過本國所屬的相應國際組織，提供適當的、有效地援助和合作。

第二十四條

一切國家在處理彼此間的相互經濟關係時，都有義務照顧到其他國家的利益。特別是一切國家都應當避免損害發展中國家的利益。

第二十五條

為了促進世界經濟發展，國際社會，特別是其中的發達成員國，對於最不發達的發展中國家、居處內陸的發展中國家以及發展中的島嶼國家的各種特殊需要和特殊問題，應當給予特殊的關注，幫助它們克服各種特殊困難，從而促進它們的經濟發展和社會進步。

第二十六條

不問政治、經濟、社會以及文化制度上的差別，一切國家都有義務互諒互讓、和平共處，並促進經濟及社會制度不同的國家開展彼此間的貿易。進行國際貿易時，應當根據公平互利以及互相給予最惠國待遇的原則，不應當損害對發展中國家有利的普遍的、不歧視和不要求互惠的優惠措施。

第二十七條

一、一切國家都有權充分享受世界無形貿易的利益，並積極擴大這種貿易。

二、在提高效率和公平互利的基礎上，開展世界無形貿易，促進世界經濟發展，這是一切國家的共同目標。應當按照上述目標，擴大和增強發展中國家在世界無形貿易中所起的作用，並對發展中國家的各種特殊需要加以特別關照。

三、一切國家都應當依據每個發展中國家的需要和可能，並且按照前述目標，同發展中國家協力合作，努力加強發展中國家從無形貿易中獲得外匯的能力。

第二十八條

一切國家都有義務提供合作，參照發展中國家進口商品的價格，調整發展中國家出口商品的價格，以便為發展中國家增進公平合理的貿易條件，既使生產國有利可圖，又對生產國和消費國雙方都合理公平。

第三章 各國對於國際社會的共同責任

第二十九條

各國管轄範圍以外的海床、洋底、海洋底土以及這些區域資源，都是人類共有的遺產。根據 1970 年 12 月 17 日聯合國大會第 2749(XXV) 號決議所通過的原則，一切國家都應當切實保證：對這些區域的勘探以及對這些區域內資源的開發，僅僅用於和平目的；由此而獲得的利益，應當由一切國家公平分享，同時，應當考慮到發展中國家的特殊利益和特殊需要；根據共同商定的、全球性的國際條約，建立一套適用於這些區域及其資源的國際制度，其中包括建立相應的國際機構，以便實施有關的條款規定。

第三十條

一切國家都有責任為當前這一代人以及子孫後代的利益，維護、保持和改善環境。根據這種責任，一切國家都應當作出努力，制訂各國自己的環境保護政策和發展政策。各國的環境保護政策，都應當能增強而不應相反地損害發展中國家現在和將來的發展潛力。一切國家都有責任保證在自己管轄地區或控制地區以內的一切活動，不致對本國管轄區以外其他國家和地區的環境造成損害。各國應當協力合作，不斷改進有關環境保護的國際規範和國際章程。

第四章　最後條款

第三十一條

一切國家都有義務對世界經濟平衡穩定的發展作出貢獻，充分注意到發達國家的福利康樂同發展中國家的成長進步是息息相關的；注意到整個國際的繁榮昌盛取決於它的各個組成部分的繁榮昌盛。

第三十二條

任何國家都不得使用或鼓勵使用經濟的、政治的或任何其他形式的手段，威脅另一個國家，迫使後者在行使獨立自主權利時處於俯首屈從的地位。

第三十三條

一、不得將本《憲章》中的任何規定解釋為削弱或損害《聯合國憲章》的條款，或解釋為削弱、損害根據《聯合國憲章》所採取的各種行動。

二、在解釋和實施本《憲章》時，其中各條款的規定互有關聯，每一條款都應當同前後其他條款聯繫起來加以解釋。

第三十四條

關於本《憲章》的議題，應當列入聯合國大會第三十次常會的議程；其後每隔五年，再一次列入常會議程。這樣，就可以對本《憲章》的實施情況，包括已經取得的成就以及可能必要的修訂補充，加以系統的、全面的審議，從而建議採取相應的措施。進行這種審議時，應當注意到同本《憲章》所依據的各項原則和宗旨有關的經濟、社會、法律以及其他各種因素的發展變化。

6.聯合國海洋法公約

一九八二年十二月十日訂於蒙特哥灣

序言

本公約締約各國,本著以互相諒解和合作的精神解決與海洋法有關的一切問題的願望,並且認識到本公約對於維護和平、正義和全世界人民的進步作出重要貢獻的歷史意義;

注意到自從 1958 年和 1960 年在日內瓦舉行了聯合國海洋法會議以來的種種發展，著重指出了需要有一項新的可獲一般接受的海洋法公約；意識到各海洋區域的種種問題都是彼此密切相關的，有必要作為一個整體來加以考慮；認識到有需要通過本公約，在妥善顧及所有國家主權的情形下，海洋建立一種法律秩序，以便利國際交通和促進海洋的和平用途，海洋資源的公平而有效的利用，海洋生物資源的養護以及研究、保護和保全海洋環境；考慮到達成這些目標將有助於實現公正公平的國際經濟秩序，這種秩序將照顧到全人類的利益和需要，特別是發展中國家的特殊利益和需要，不論其為沿海國或內陸國；希望以本公約發展 1970 年 12 月 17 日第 2749(XXV) 號決議所載各項原則，聯合國大會在該決議中莊嚴宣佈，除其他外，國家管轄範圍以外的海床和洋底區域及其底土以及該區域的資源為人類的共同繼承財產，其勘探與開發應為全人類的利益而進行，不論各國的地理位置如何；相信在本公約中所達成的海洋法的編纂和逐漸發展，將有助於按照《聯合國憲章》所載的聯合國的宗旨和原則鞏固各國間符合正義和權利平等原則的和平、安全、合作和友好關係，並將促進全世界人民的經濟和社會方面的進展；確認本公約未予規定的事項，應繼續以一般國際法的規則和原則為準據，經協定如下：

第一部分　用語和範圍

第一條　用語和範圍

1.為本公約的目的：

(1)「區域」是指國家管轄範圍以外的海床和洋底及其底土。

(2)「管理局」是指國際海底管理局。

(3)「『區域』內活動」是指勘探和開發「區域」的資源的一切活動。

(4)「海洋環境的污染」是指：人類直接或間接把物質或能量引入海洋環境，其中包括河口灣，以致造成或可能造成損害生物資源和海洋生物、危害人類健康、妨礙包括捕魚和海洋的其他正當用途在內的各種海洋活動、損壞海水使用質量和減損環境優美等有害影響。

(5)(a)「傾倒」是指：

(一)從船隻、飛機、平臺或其他人造海上結構故意處置廢物或其他物質的行為；

(二)故意處置船隻、飛機、平臺或其他人造海上結構的行為。

(b)「傾倒」不包括：

(一)船隻、飛機、平臺或其他人造海上結構及其裝備的正常操作所附帶發生或產生的廢物或其他物質的處置，但為了處置這種物質而操作的船隻、飛機、平臺或其他人造海上結構所運載或向其輸送的廢物或其他物質，或在這種船隻、飛機、平臺或結構上處理這種廢物或其他物質所產生的廢物或其他物質均除外；

㈡並非為了單純處置物質而放置物質，但以這種放置不違反本公約的目的為限。

2.⑴「締約國」是指同意受本公約拘束而本公約對其生效的國家。

⑵本公約比照適用於第三百零五條第 1 款(b)、(c)、(d)、(e)和(f)項所指的實體，這些實體按照與各自有關的條件成為本公約的締約國，在這種情況下，「締約國」也指這些實體。

第二部分　領海和毗連區

第一節　一般規定

第二條　領海及其上空、海床和底土的法律地位

1.沿海國的主權及於其陸地領土及其內水以外鄰接的一帶海域，在群島國的情形下則及於群島水域以外鄰接的一帶海域，稱為領海。

2.此項主權及於領海的上空及其海床和底土。

3.對於領海的主權的行使受本公約和其他國際法規則的限制。

第二節　領海的界限

第三條　領海的寬度

每一國家有權確定其領海的寬度，直至從按照本公約確定的基線量起不超過十二海里的界限為止。

第四條　領海的外部界限

領海的外部界限是一條其每一點同基線最近點的距離等於領海寬度的線。

第五條　正常基線

除本公約另有規定外，測算領海寬度的正常基線是沿海國官方承認的大比例尺海圖所標明的沿岸低潮線。

第六條　礁石

在位於環礁上的島嶼或有岸礁環列的島嶼的情形下，測算領海寬度的基線是沿海國官方承認的海圖上以適當標記顯示的礁石的向海低潮線。

第七條　直線基線

1.在海岸線極為曲折的地方，或者如果緊接海岸有一系列島嶼，測算領海寬度的基線的劃定可採用連接各適當點的直線基線法。

2.在因有三角洲和其他自然條件以致海岸線非常不穩定之處，可沿低潮線向海最遠處選擇各適當點，而且，儘管以後低潮線發生後退現象，該直線基線在沿海國按照本公約加以改變以前仍然有效。

3.直線基線的劃定不應在任何明顯的程度上偏離海岸的一般方向，而且基線內的海域

必須充分接近陸地領土，使其受內水制度的支配。

4. 除在低潮高地上築有永久高於海平面的燈塔或類似設施，或以這種高地作為劃定基線的起訖點已獲得國際一般承認者外，直線基線的劃定不應以低潮高地為起訖點。

5. 在依據第 1 款可以採用直線基線法之處，確定特定基線時，對於有關地區所特有的並經長期慣例清楚地證明其為實在而重要的經濟利益，可予以考慮。

6. 一國不得採用直線基線制度，致使另一國的領海同公海或專屬經濟區隔斷。

第八條　內水

1. 除第四部分另有規定外，領海基線向陸一面的水域構成國家內水的一部分。

2. 如果按照第七條所規定的方法確定直線基線的效果使原來並未認為是內水的區域被包括在內成為內水，則在此種水域內應有本公約所規定的無害通過權。

第九條　河口

如果河流直接流入海洋，基線應是一條在兩岸低潮線上兩點之間橫越河口的直線。

第十條　海灣

1. 本條僅涉及海岸屬於一國的海灣。

2. 本公約的目的，海灣是明顯的水曲，其凹入程度和曲口寬度的比例，使其有被陸地環抱的水域，而不僅為海岸的彎曲。但水曲除其面積等於或大於橫越曲口所劃的直線作為直徑的半圓形的面積外，不應視為海灣。

3. 測算的目的，水曲的面積是位於水曲陸岸周圍的低潮標和一條連接水曲天然入口兩端低潮標的線之間的面積。如果因有島嶼而水曲有一個以上的曲口，該半圓形應劃在與橫越各曲口的各線總長度相等的一條線上。水曲內的島嶼應視為水曲水域的一部分而包括在內。

4. 如果海灣天然入口兩端的低潮標之間的距離不超過二十四海里，則可在這兩個低潮標之間劃出一條封口線，該線所包圍的水域應視為內水。

5. 如果海灣天然入口兩端的低潮標之間的距離超過二十四海里，二十四海里的直線基線應劃在海灣內，以劃入該長度的線所可能劃入的最大水域。

6. 上述規定不適用於所謂「歷史性」海灣，也不適用於採用第七條所規定的直線基線法的任何情形。

第十一條　港口

為了劃定領海的目的，構成海港體系組成部分的最外部永久海港工程視為海岸的一部分。近岸設施和人工島嶼不應視為永久海港工程。

第十二條　泊船處

通常用於船舶裝卸和下錨的泊船處，即使全部或一部位於領海的外部界限以外，都包括在領海範圍之內。

第十三條　低潮高地

1. 低潮高地是在低潮時四面環水並高於水面但在高潮時沒入水中的自然形成的陸地。如果低潮高地全部或一部與大陸或島嶼的距離不超過領海的寬度，該高地的低潮線可作為測算領海寬度的基線。

2. 如果低潮高地全部與大陸或島嶼的距離超過領海的寬度，則該高地沒有其自己的領海。

第十四條　確定基線的混合辦法

沿海國為適應不同情況，可交替使用以上各條規定的任何方法以確定基線。

第十五條　海岸相向或相鄰國家間領海界限的劃定

如果兩國海岸彼此相向或相鄰，兩國中任何一國在彼此沒有相反協定的情形下，均無權將其領海伸延至一條其每一點都同測算兩國中每一國領海寬度的基線上最近各點距離相等的中間線以外。但如因歷史性所有權或其他特殊情況而有必要按照與上述規定不同的方法劃定兩國領海的界限，則不適用上述規定。

第十六條　海圖和地理座標表

1. 按照第七、第九和第十條確定的測算領海寬度的基線，或根據基線劃定的界限，和按照第十二和第十五條劃定的分界線，應在足以確定這些線的位置的一種或幾種比例尺的海圖上標出。或者，可以用列出各點的地理座標並注明大地基準點的表來代替。

2. 沿海國應將這種海圖或地理座標表妥善公佈，並應將各該海圖和座標表的一份副本交存於聯合國秘書長。

第三節　領海的無害通過

A 分節　適用於所有船舶的規則

第十七條　無害通過權

在本公約的限制下，所有國家，不論為沿海國或內陸國，其船舶均享有無害通過領海的權利。

第十八條　通過的意義

1. 通過是指為了下列目的，通過領海的航行：
   (a)穿過領海但不進入內水或停靠內水以外的泊船處或港口設施；或(b)駛往或駛出內水或停靠這種泊船處或港口設施。

2. 通過應繼續不停和迅速進行。通過包括停船和下錨在內，但以通常航行所附帶發生的或由於不可抗力或遇難所必要的或為救助遇險或遭難的人員、船舶或飛機的目的為限。

第十九條　無害通過的意義

1. 通過只要不損害沿海國的和平、良好秩序或安全，就是無害的。這種通過的進行應符合本公約和其他國際法規則。
2. 如果外國船舶在領海內進行下列任何一種活動,其通過即應視為損害沿海國的和平、良好秩序或安全:
   (a)對沿海國的主權、領土完整或政治獨立進行任何武力威脅或使用武力，或以任何其他違反《聯合國憲章》所體現的國際法原則的方式進行武力威脅或使用武力;
   (b)以任何種類的武器進行任何操練或演習;
   (c)任何目的在於搜集情報使沿海國的防務或安全受損害的行為;
   (d)任何目的在於船舶沿海國防務或安全的宣傳行為;
   (e)在船上起落或接載任何飛機;
   (f)在船上發射、降落或接載任何軍事裝置;
   (g)違反沿海國海關、財政、移民或衛生的法律和規章，上下任何商品、貨幣或人員;
   (h)違反本公約規定的任何故意和嚴重的污染行為;
   (i)任何捕魚活動;
   (j)進行研究或測量活動;
   (k)任何目的在於干擾沿海國任何通訊系統或任何其他設施或設備的行為;
   (l)與通過沒有直接關係的任何其他活動。

第二十條　潛水艇和其他潛水器

在領海內，潛水艇和其他潛水器，須在海面上航行並展示其旗幟。

第二十一條　沿海國關於無害通過的法律和規章

1. 沿海國可依本公約規定和其他國際法規則，對下列各項或任何一項制定關於無害通過領海的法律和規章: (a)航行安全及海上交通管理; (b)保護助航設備和設施以及其他設施或設備; (c)保護電纜和管道; (d)養護海洋生物資源; (e)防止違犯沿海國的漁業法律和規章; (f)保全沿海國的環境，並防止、減少和控制該環境受污染; (g)海洋科學研究和水文測量; (h)防止違犯沿海國的海關、財政、移民或衛生的法律和規章。
2. 這種法律和規章除使一般接受的國際規則或標準有效外，不應適用於外國船舶的設計、構造、人員配備或裝備。
3. 沿海國應將所有這種法律和規章妥善公佈。
4. 行使無害通過領海權利的外國船舶應遵守所有這種法律和規章以及關於防止海上碰撞的一切一般接受的國際規章。

第二十二條　領海內的海道和分道通航制

1. 沿海國考慮到航行安全認為必要時，可要求行使無害通過其領海權利的外國船舶使用其為管制船舶通過而指定或規定的海道和分道通航制。
2. 特別是沿海國可要求油輪、核動力船舶和載運核物質或材料或其他本質上危險或有

毒物質或材料的船舶只在上述海道通過。

3. 沿海國根據本條指定海道和規定分道通航制時，應考慮到：

　　(a)主管國際組織的建議；

　　(b)習慣上用於國際航行的水道；

　　(c)特定船舶和水道的特殊性質；和

　　(d)船舶來往的頻繁程度。

4. 沿海國應在海圖上清楚地標出這種海道和分道通航制，並應將該海圖妥善公佈。

第二十三條　外國核動力船舶和載運核物質或其他本質上危險或有毒物質的船舶

外國核動力船舶和載運核物質或其他本質上危險或有毒物質的船舶，在行使無害通過領海的權利時，應持有國際協定這種船舶所規定的證書並遵守國際協定所規定的特別預防措施。

第二十四條　沿海國的義務

1. 除按照本公約規定外，沿海國不應妨礙外國船舶無害通過領海。尤其在適用本公約或依本公約制定的任何法律或規章時，沿海國不應：(a)對外國船舶強加要求，其實際後果等於否定或損害無害通過的權利；或(b)對任何國家的船舶、或對載運貨物來往任何國家的船舶或對替任何國家載運貨物的船舶，有形式上或事實上的歧視。

2. 沿海國應將其所知的在其領海內對航行有危險的任何情況妥善公佈。

第二十五條　沿海國的保護權

1. 沿海國可在其領海內採取必要的步驟以防止非無害的通過。

2. 在船舶駛往內水或停靠內水外的港口設備的情形下,沿海國也有權採取必要的步驟，以防止對准許這種船舶駛往內水或停靠港口的條件的任何破壞。

3. 如為保護國家安全包括武器演習在內而有必要，沿海國可在對外國船舶之間在形式上或事實上不加歧視的條件下，在其領海的特定區域內暫時停止外國船舶的無害通過。這種停止僅應在正式公佈後發生效力。

第二十六條　可向外國船舶徵收的費用

1. 對外國船舶不得僅以其通過領海為理由而徵收任何費用。

2. 對通過領海的外國船舶，僅可作為對該船舶提供特定服務的報酬而徵收費用。徵收上述費用不應有任何歧視。

B分節　適用於商船和用於商業目的的政府船舶的規則

第二十七條　外國的船舶上的刑事管轄權

1. 沿海國不應在通過領海的外國船舶上行使刑事管轄權，以逮捕與在該船舶通過期間船上所犯任何罪行有關的任何人或進行與該罪行有關的任何調查,但下列情形除外：

　　(a)罪行的後果及於沿海國；

(b)罪行屬於擾亂當地安寧或領海的良好秩序的性質；

(c)經船長或船旗國外交代表或領事官員請求地方當局予以協助；或

(d)這些措施是取締違法販運麻醉藥品或精神調理物質所必要的。

2.上述規定不影響沿海國為在駛離內水後通過領海的外國船舶上進行逮捕或調查的目的而採取其法律所授權的任何步驟的權利。

3.在第 1 和第 2 兩款規定的情形下，如經船長請求，沿海國在採取任何步驟前應通過船旗國的外交代表或領事官員，並應便利外交代表或領事官員和船上乘務人員之間的接觸。遇有緊急情況，發出此項通知可與採取措施同時進行。

4.地方當局在考慮是否逮捕或如何逮捕時，應適當顧及航行的利益。

5.除第十二部分有所規定外或有違犯按照第五部分制定的法律和規章的情形，如果來自外國港口的外國船舶僅通過領海而不駛入內水，沿海國不得在通過領海的該船舶上採取任何步驟，以逮捕與該船舶駛進領海前所犯任何罪行有關的任何人或進行與該罪行有關的調查。

第二十八條　對外國船舶的民事管轄權

1.沿海國不應為對通過領海的外國船舶上某人行使民事管轄權的目的而停止其航行或改變其航向。

2.沿海國不得為任何民事訴訟的目的而對船舶從事執行或加以逮捕，但涉及該船舶本身在通過沿海國水域的航行中或該航行的目的而承擔的義務或因而負擔的責任，則不在此限。

3.第 2 款不妨害沿海國按照其法律為任何民事訴訟的目的而對在領海內停泊或駛離內水後通過領海的外國船舶從事執行或加以逮捕的權利。

C 分節　適用於軍艦和其他用於非商業目的的政府船舶的規則

第二十九條　軍艦的定義

本公約的目的，「軍艦」是指屬於一國武裝部隊、具備辨別軍艦國籍的外部標誌，由該國政府正式委任並名列相應的現役名冊或類似名冊的軍官指揮和配備有服從正規武裝部隊紀律的船員的船舶。

第三十條　軍艦對沿海國法律和規章的不遵守

如果任何軍艦不遵守沿海國關於通過領海的法律和規章，而且不顧沿海國向其提出遵守法律和規章的任何要求，沿海國可要求該軍艦立即離開領海。

第三十一條　船旗國對軍艦或其他用於非商業目的的政府船舶所造成的損害的責任

對於軍艦或其他用於非商業目的的政府船舶不遵守沿海國有關通過領海的法律和規章或不遵守本公約的規定或其他國際法規則，而使沿海國遭受的任何損失或損害，船旗國應負國際責任。

第三十二條　軍艦和其他用於非商業目的的政府船舶的豁免權

A 分節和第三十及第三十一條所規定的情形除外，本公約規定不影響軍艦和其他用於非商業目的的政府船舶的豁免權。

第四節　毗連區

第三十三條　毗連區

1. 沿海國可在毗連其領海稱為毗連區的區域內，行使為下列事項所必要的管制：(a)防止在其領土或領海內違犯其海關、財政、移民或衛生的法律和規章；(b)懲治在其領土或領海內違犯上述法律和規章的行為。
2. 毗連區從測算領海寬度的基線量起，不得超過二十四海里。

第三部分　用於國際航行的海峽

第一節　一般規定

第三十四條　構成用於國際航行海峽的水域的法律地位

1. 本部分所規定的用於國際航行的海峽的通過制度，不應在其他方面影響構成這種海峽的水域的法律地位，或影響海峽沿岸國對這種水域及其上空、海床和底土行使其主權或管轄權。
2. 海峽沿岸國的主權或管轄權的行使受本部分和其他國際法規則的限制。

第三十五條　本部分的範圍

本部分的任何規定不影響：(a)海峽內任何內水區域，但按照第七條所規定的方法確定直線基線的效果使原來並未認是內水的區域被包圍在內成為內水的情況除外；(b)海峽沿岸國領海以外的水域作為專屬經濟區或公海的法律地位；或(c)某些海峽的法律制度，這種海峽的通過已全部或部分地規定在長期存在、現行有效的專門關於這種海峽的國際公約中。

第三十六條　穿過用於國際航行的海峽的公海航道或穿過專屬經濟區的航道

如果穿過某一用於國際航行的海峽有在航行和水文特徵方面同樣方便的一條穿過公海或穿過專屬經濟區的航道，本部分不適用於該海峽；在這種航道中，適用本公約其他有關部分其中包括關於航行和飛越自由的規定。

第二節　過境通行

第三十七條　本節的範圍

本節適用於在公海或專屬經濟區的一個部分和公海或專屬經濟區的另一部分之間的用於國際航行的海峽。

第三十八條　過境通行權

1. 在第三十七條所指的海峽中，所有船舶和飛機均享有過境通行的權利，過境通行不應受阻礙；但如果海峽是由海峽沿岸國的一個島嶼和該國大陸形成，而且該島向海一面有在航行和水文特徵方面同樣方便的一條穿過公海，或穿過專屬經濟區的航道，過境通行就不應適用。

2. 過境通行是指按照本部分規定，專為在公海或專屬經濟區的一個部分和公海或專屬經濟區的另一部分之間的海峽繼續不停和迅速過境的目的而行使航行和飛越自由。但是，對繼續不停和迅速過境的要求，並不排除在一個海峽沿岸國入境條件的限制下，為駛入、駛離該國或自該國返回的目的而通過海峽。

3. 任何非行使海峽過境通行權的活動，仍受本公約其他適用的規定的限制。

第三十九條　船舶和飛機在過境通行時的義務

1. 船舶和飛機在行使過境通行權時應：
    (a)毫不遲延地通過或飛越海峽；
    (b)不對海峽沿岸國的主權、領土完整或政治獨立進行任何武力威脅或使用武力，或以任何其他違反《聯合國憲章》所體現的國際法原則的方式進行武力威脅或使用武力；
    (c)除因不可抗力或遇難而有必要外，不從事其繼續不停和迅速過境的通常方式所附帶發生的活動以外的任何活動；
    (d)遵守本部分的其他有關規定。

2. 過境通行的船舶應：
    (a)遵守一般接受的關於海上安全的國際規章、程式和慣例，包括《國際海上避碰規則》；
    (b)遵守一般接受的關於防止、減少和控制來自船舶的污染的國際規章、程式和慣例。

3. 過境通行的飛機應：
    (a)遵守國際民用航空組織制定的適用於民用飛機的《航空規則》；國有飛機通常應遵守這種安全措施，並在操作時隨時適當顧及航行安全；
    (b)隨時監聽國際上指定的空中交通管制主管機構所分配的無線電頻率或有關的國際呼救無線電頻率。

第四十條　研究和測量活動

外國船舶，包括海洋科學研究和水文測量的船舶在內，在過境通行時，非經海峽沿岸國事前准許，不得進行任何研究或測量活動。

第四十一條　用於國際航行的海峽內的海道和分道通航制

1. 依照本部分，海峽沿岸國可於必要時為海峽航行指定海道和規定分道通航制，以促進船舶的安全通過。

2. 這種國家可於情況需要時，經妥善公佈後，以其他海道或分道通航制替換任何其原先指定或規定的海道或分道通航制。

3. 這種海道和分道通航制應符合一般接受的國際規章。

4. 海峽沿岸國在指定或替換海道或在規定或替換分道通航制以前，應將提議提交主管國際組織，以期得到採納。該組織僅可採納同海峽沿岸國議定的海道和分道通航制，在此以後，海峽沿岸國可對這些海道和分道通航制予以指定、規定和替換。

5. 對於某一海峽，如所提議的海道或分道通航制穿過該海峽兩個或兩個以上沿岸國的水域，有關各國應同主管國際組織協商，合作擬訂提議。

6. 海峽沿岸國應在海圖上清楚地標出其所指定或規定的一切海道和分道通航制，並應將該海圖妥善公佈。

7. 過境通行的船舶應尊重按照本條制定的適用的海道和分道通航制。

第四十二條　海峽沿岸國關於過境通行的法律和規章

1. 在本節規定的限制下，海峽沿岸國可對下列各項或任何一項制定關於通過海峽的過境通行的法律和規章：

　(a)第四十一條所規定的航行安全和海上交通管理；

　(b)使有關在海峽內排放油類、油污廢物和其他有毒物質的適用的國際規章有效，以防止、減少和控制污染；

　(c)對於漁船，防止捕魚，包括漁具的裝載；

　(d)違反海峽沿岸國海關、財政、移民或衛生的法律和規章，上下任何商品、貨幣或人員。

2. 這種法律和規章不應在形式上或事實上在外國船舶間有所歧視，或在其適用上有否定、妨礙或損害本節規定的過境通行權的實際後果。

3. 海峽沿岸國應將所有這種法律和規章妥善公佈。

4. 行使過境通行權的外國船舶應遵守這種法律和規章。

5. 享有主權豁免的船舶的船旗國或飛機的登記國，在該船舶或飛機不遵守這種法律和規章或本部分的其他規定時，應對海峽沿岸國遭受的任何損失和損害負國際責任。

第四十三條　助航和安全設備及其他改進辦法以及污染的防止、減少和控制

海峽使用國和海峽沿岸國應對下列各項通過協定進行合作：

　(a)在海峽內建立並維持必要的助航和安全設備或幫助國際航行的其他改進辦法；和

　(b)防止、減少和控制來自船舶的污染。

第四十四條　海峽沿岸國的義務

海峽沿岸國不應妨礙過境通行，並應將其所知的海峽內或海峽上空對航行或飛越有危險的任何情況妥為公布。過境通行不應予以停止。

第三節　無害通過

第四十五條　無害通過

1. 按照第二部分第三節，無害通過制度應適用於下列用於國際航行的海峽：(a)按照第三十八條第 1 款不適用過境通行制度的海峽；或(b)在公海或專屬經濟區的一個部分和外國領海之間的海峽。

2. 在這種海峽中的無害通過不應予以停止。

第四部分　群島國

第四十六條　用語

本公約的目的：

(a) 「群島國」是指全部由一個或多個群島構成的國家，並可包括其他島嶼；

(b) 「群島」是指一群島嶼，包括若干島嶼的若干部分、相連的水域和其他自然地形，彼此密切相關，以致這種島嶼、水域和其他自然地形在本質上構成一個地理、經濟和政治的實體，或在歷史上已被視為這種實體。

第四十七條　群島基線

1. 群島國可劃定連接群島最外緣各島和各幹礁的最外緣各點的直線群島基線，但這種基線應包括主要的島嶼和一個區域，在該區域內，水域面積和包括環礁在內的陸地面積的比例應在一比一到九比一之間。

2. 這種基線的長度不應超過一百海里。但圍繞任何群島的基線總數中至多百分之三可超過該長度，最長以一百二十五海里為限。

3. 這種基線的劃定不應在任何明顯的程度上偏離群島的一般輪廓。

4. 除在低潮高地上築有永久高於海平面的燈塔或類似設施，或者低潮高地全部或一部與最近的島嶼的距離不超過領海的寬度外，這種基線的劃定不應以低潮高地為起訖點。

5. 群島國不應採用一種基線制度，致使另一國的領海同公海或專屬經濟區隔斷。

6. 如果群島國的群島水域的一部分位於一個直接相鄰國家的兩個部分之間，該鄰國傳統上在該水域內行使的現有權利和一切其他合法利益以及兩國間協定所規定的一切權利，均應繼續，並予以尊重。

7. 為計算第 1 款規定的水域與陸地的比例的目的，陸地面積可包括位於島嶼和環礁的岸礁以內的水域，其中包括位於陡側海臺周圍的一系列灰岩島和幹礁所包圍或幾乎包圍的海臺的那一部分。

8. 按照本條劃定的基線，應在足以確定這些線的位置的一種或幾種比例尺的海圖上標出。或者，可以用列出各點的地理座標並注明大地基準點的表來代替。

9.群島國應將這種海圖或地理座標表妥善公佈，並應將各該海圖或座標表的一份副本交存於聯合國秘書長。

第四十八條　領海、毗連區、專屬經濟區和大陸架寬度的測算

領海、毗連區、專屬經濟區和大陸架的寬度，應從按照第四十七條劃定的群島基線量起。

第四十九條　群島水域、群島水域的上空、海床和底土的法律地位

1.群島國的主權及於按照第四十七條劃定的群島基線所包圍的水域，稱為群島水域，不論其深度或距離海岸的遠近如何。

2.此項主權及於群島水域的上空、海床和底土，以及其中所包含的資源。

3.此項主權的行使受本部分規定的限制。

4.本部分所規定的群島海道通過制度，不應在其他方面影響包括海道在內的群島水域的地位，或影響群島國對這種水域及其上空、海床和底土以及其中所含資源行使其主權。

第五十條　內水界限的劃定

群島國可按照第九、第十和第十一條，在其群島水域內用封閉線劃定內水的界限。

第五十一條　現有協定、傳統捕魚權利和現有海底電纜

1.在不妨害第四十九條的情形下，群島國應尊重與其他國家間的現有協定，並應承認直接相鄰國家在群島水域範圍內的某些區域內的傳統捕魚權利和其他合法活動。行使這種權利和進行這種活動的條款和條件，包括這種權利和活動的性質、範圍和適用的區域，經任何有關國家要求，應由有關國家之間的雙邊協定予以規定。這種權利不應轉讓給第三國或其他國民，或與第三國或其國民分享。

2.群島國應尊重其他國家所鋪設的通過其水域而不靠岸的現有海底電纜。群島國於接到關於這種電纜的位置和修理或更換這種電纜的意圖的適當通知後，應准許對其進行維修和更換。

第五十二條　無害通過權

1.在第五十三條的限制下並在不妨害第五十條的情形下，按照第二部分第三節的規定，所有國家的船舶均享有通過群島水域的無害通過權。

2.如為保護國家安全所必要，群島國可在對外國船舶之間在形式上或事實上不加歧視的條件下，暫時停止外國船舶在其群島水域特定區域內的無害通過。這種停止僅應在正式公佈後發生效力。

第五十三條　群島海道通過權

1.群島國可指定適當的海道和其上的空中航道，以便外國船舶和飛機繼續不停和迅速通過或飛越其群島水域和鄰接的領海。

2.所有船舶和飛機均享有在這種海道和空中航道內的群島海道通過權。

3. 群島海道通過是指按照本公約規定，專為在公海或專屬經濟區的一部分和公海或專屬經濟區的另一部分之間繼續不停、迅速和無障礙地過境的目的，行使正常方式的航行和飛越的權利。

4. 這種海道和空中航道應穿過群島水域和鄰接的領海，並應包括用作通過群島水域或其上空的國際航行或飛越的航道的所有正常通道，並且在這種航道內，就船舶而言，包括所有正常航行水道，但無須在相同的進出點之間另設同樣方便的其他航道。

5. 這種海道和空中航道應以通道進出點之間的一系列連續不斷的中心線劃定，通過群島海道和空中航道的船舶和飛機在通過時不應偏離這種中心線二十五海里以外，但這種船舶和飛機在航行時與海岸的距離不應小於海道邊緣各島最近各點之間的距離的百分之十。

6. 群島國根據本條指定海道時，為了使船舶安全通過這種海道內的狹窄水道，也可規定分道通航制。

7. 群島國可於情況需要時，經妥善公佈後，以其他的海道或分道通航制替換任何其原先指定或規定的海道或分道通航制。

8. 這種海道或分道通航制應符合一般接受的國際規章。

9. 群島國在指定或替換海道或在規定或替換分道通航制時，應向主管國際組織提出建議，以期得到採納。該組織僅可採納同群島國議定的海道和分道通航制；在此以後，群島國可對這些海道和分道通航制予以指定、規定或替換。

10. 群島國應在海圖上清楚地標出其指定或規定的海道中心線和分道通航制，並應將該海圖妥善公佈。

11. 通過群島海道的船舶應尊重按照本條制定的適用的海道和分道通航制。

12. 如果群島國沒有指定海道或空中航道，可通過正常用於國際航行的航道，行使群島海道通過權。

第五十四條　船舶和飛機在通過時的義務、研究和測量活動、群島國的義務以及群島國關於群島海道通過的法律和規章

第三十九、第四十、第四十二和第四十四各條比照適用於群島海道通過。

第五部分　專屬經濟區

第五十五條　專屬經濟區的特定法律制度

專屬經濟區是領海以外並鄰接領海的一個區域，受本部分規定的特定法律制度的限制，在這個制度下，沿海國的權利和管轄權以及其他國家的權利和自由均受本公約有關規定的支配。

第五十六條　沿海國在專屬經濟區內的權利、管轄權和義務

1. 沿海國在專屬經濟區內有：

(a)以勘探和開發、養護和管理海床上覆水域和海床及其底土的自然資源（不論為生物或非生物資源）為目的的主權權利，以及關於在該區內從事經濟性開發和勘探，如利用海水、海流和風力生產能等其他活動的主權權利；

(b)本公約有關條款規定的對下列事項的管轄權：

　(1)人工島嶼、設施和結構的建造和使用；

　(2)海洋科學研究；

　(3)海洋環境的保護和保全；

(c)本公約規定的其他權利和義務。

2.沿海國在專屬經濟區內根據本公約行使其權利和履行其義務時，應適當顧及其他國家的權利和義務，並應以符合本公約規定的方式行事。

3.本條所載的關於海床和底土的權利，應按照第六部分的規定行使。

第五十七條　專屬經濟區的寬度

專屬經濟區從測算領海寬度的基線量起，不應超過二百海里。

第五十八條　其他國家在專屬經濟區內的權利和義務

1.在專屬經濟區內，所有國家，不論為沿海國或內陸國，在本公約有關規定的限制下，享有第八十七條所指的航行和飛越的自由，鋪設海底電纜和管道的自由，以及與這些自由有關的海洋其他國際合法用途，諸如同船舶和飛機的操作及海底電纜和管道的使用有關的並符合本公約其他規定的那些用途。

2.第八十八至第一百十五條以及其他國際法有關規則，只要與本部分不相抵觸，均適用於專屬經濟區。

3.各國在專屬經濟區內根據本公約行使其權利和履行其義務時，應適當顧及沿海國的權利和義務，並應遵守沿海國按照本公約的規定和其他國際法規則所制定的與本部分不相抵觸的法律和規章。

第五十九條　解決關於專屬經濟區內權利和管轄權的歸屬的衝突的基礎

在本公約未將在專屬經濟區內的權利或管轄權歸屬於沿海國或其他國家而沿海國和任何其他一國或數國之間的利益發生衝突的情形下，這種衝突應在公平的基礎上參照一切有關情況，考慮到所涉利益分別對有關各方和整個國際社會的重要性，加以解決。

第六十條　專屬經濟區內的人工島嶼、設施和結構

1.沿海國在專屬經濟區內應有專屬權利建造並授權和管理建造、操作和使用：

　(a)人工島嶼；

　(b)為第五十六條所規定的目的和其他經濟目的的設施和結構；

　(c)可能干擾沿海國在區內行使權利的設施和結構。

2.沿海國對這種人工島嶼、設施和結構應有專屬管轄權，包括有關海關、財政、衛生、安全和移民的法律和規章方面的管轄權。

3. 這種人工島嶼、設施或結構的建造，必須妥善通知，並對其存在必須維持永久性的警告方法。已被放棄或不再使用的任何設施或結構，應予以撤除，以確保航行安全，同時考慮到主管國際組織在這方面制訂的任何為一般所接受的國際標準。這種撤除也應適當地考慮到捕魚、海洋環境的保護和其他國家的權利和義務。尚未全部撤除的任何設施或結構的深度、位置和大小應妥善公佈。

4. 沿海國可於必要時在這種人工島嶼、設施和結構的周圍設置合理的安全地帶，並可在該地帶中採取適當措施以確保航行以及人工島嶼、設施和結構的安全。

5. 安全地帶的寬度應由沿海國參照可適用的國際標準加以確定。這種地帶的設置應確保其與人工島嶼、設施或結構的性質和功能有合理的關聯；這種地帶從人工島嶼、設施或結構的外緣各點量起，不應超過這些人工島嶼、設施或結構周圍五百公尺的距離，但為一般接受的國際標準所許可或主管國際組織所建議者除外。安全地帶的範圍應妥為通知。

6. 一切船舶都必須尊重這些安全地帶，並應遵守關於在人工島嶼、設施、結構和安全地帶附近航行的一般接受的國際標準。

7. 人工島嶼、設施和結構及其周圍的安全地帶，不得設在對使用國際航行必經的公認海道可能有干擾的地方。

8. 人工島嶼、設施和結構不具有島嶼地位。它們沒有自己的領海，其存在也不影響領海、專屬經濟區或大陸架界限的劃定。

第六十一條　生物資源的養護

1. 沿海國應決定其專屬經濟區內生物資源的可捕量。

2. 沿海國參照其可得到的最可靠的科學證據，應通過正當的養護和管理措施，確保專屬經濟區內生物資源的維持不受過度開發的危害。在適當情形下，沿海國和各主管國際組織，不論是分區域、區域或全球性的，應為此目的進行合作。

3. 這種措施的目的也應在包括沿海漁民社區的經濟需要和發展中國家的特殊要求在內的各種有關的環境和經濟因素的限制下，使捕撈魚種的數量維持在或恢復到能夠生產最高持續產量的水平，並考慮到捕撈方式、種群的相互依存以及任何一般建議的國際最低標準，不論是分區域、區域或全球性的。

4. 沿海國在採取這種措施時，應考慮到與所捕撈魚種有關聯或依賴該魚種而生存的魚種所受的影響，以便使這些有關聯或依賴的魚種的數量維持在或恢復到其繁殖不會受嚴重威脅的水平以上。

5. 在適當情形下，應通過各主管國際組織，不論是分區域、區域或全球性的，並在所有有關國家，包括其國民獲准在專屬經濟區捕魚的國家參加下，經常提供和交換可獲得的科學情報、漁獲量和漁撈努力量統計，以及其他有關養護魚的種群的資料。

第六十二條　生物資源的利用

1. 沿海國應在不妨害第六十一條的情形下促進專屬經濟區內生物資源最適度利用的目的。

2. 沿海國應決定其捕撈專屬經濟區內生物資源的能力。沿海國在沒有能力捕撈全部可捕量的情形下，應通過協定或其他安排，並根據第 4 款所指的條款、條件、法律和規章，准許其他國家捕撈可捕量的剩餘部分，特別顧及第六十九和第七十條的規定，尤其是關於其中所提到的發展中國家的部分。

3. 沿海國在根據本條准許其他國家進入其專屬經濟區時，應考慮到所有有關因素，除其他外，包括：該區域的生物資源對有關沿海國的經濟和其他國家利益的重要性，第六十九和第七十條的規定，該分區域或區域內的發展中國家捕撈一部分剩餘量的要求，以及儘量減輕其國民慣常在專屬經濟區捕魚或曾對研究和測定種群做過大量工作的國家經濟失調現象的需要。

4. 在專屬經濟區內捕魚的其他國家的國民應遵守沿海國的法律和規章中所制訂的養護措施和其他條款和條件。這種規章應符合本公約，除其他外，並可涉及下列各項：

   (a) 發給漁民、漁船和捕撈裝備以執照，包括交納規費和其他形式的報酬，而就發展中的沿海國而言，這種報酬可包括有關漁業的資金、裝備和技術方面的適當補償；

   (b) 決定可捕魚種和確定漁獲量的限額，不論是關於特定種群或多種種群或一定期間的單船漁獲量，或關於特定期間內任何國家國民的漁獲量；

   (c) 規定漁汛和漁區，可使用漁具的種類、大小和數量以及漁船的種類、大小和數目；

   (d) 確定可捕魚類和其他魚種的年齡和大小；

   (e) 規定漁船應交的情報，包括漁獲量和漁撈努力量統計和船隻位置的報告；

   (f) 要求在沿海國授權和控制下進行特定漁業研究計劃，並管理這種研究的進行，其中包括漁獲物抽樣、樣品處理和相關科學資料的報告；

   (g) 由沿海國在這種船隻上配置觀察員或受訓人員；

   (h) 這種船隻在沿海國港口卸下漁獲量的全部或任何部分；

   (i) 有關聯合企業或其他合作安排的條款和條件；

   (j) 對人員訓練和漁業技術轉讓的要求，包括提高沿海國從事漁業研究的能力；

   (k) 執行程式。

5. 沿海國應將養護和管理的法律和規章妥善通知。

第六十三條　出現在兩個或兩個以上沿海國專屬經濟區的種群或出現在專屬經濟區內而又出現在專屬經濟區外的鄰接區域內的種群

1. 如果同一種群或有關聯的魚種的幾個種群出現在兩個或兩個以上沿海國的專屬經濟區內，這些國家應直接或通過適當的分區域或區域組織，設法就必要措施達成協定，以便在不妨害本部分其他規定的情形下，協調並確保這些種群的養護和發展。

2. 如果同一種群或有關聯的魚種的幾個種群出現在專屬經濟區內而又出現在專屬經濟

區外的鄰接區域內，沿海國和在鄰接區域內捕撈這種種群的國家，應直接或通過適當的分區域或區域組織，設法就必要措施達成協定，以養護在鄰接區域內的這些種群。

第六十四條　高度回游魚種

1. 沿海國和其國民在區域內捕撈附件一所列的高度回游魚種的其他國家應直接或通過適當國際組織進行合作，以期確保在專屬經濟區以內和以外的整個區域內的這種魚種的養護和促進最適度利用這種魚種的目標。在沒有適當的國際組織存在的區域內，沿海國和其國民在區域內捕撈這些魚種的其他國家，應合作設立這種組織並參加其工作。

2. 第 1 款的規定作為本部分其他規定的補充而適用。

第六十五條　海洋哺乳動物

本部分的任何規定並不限制沿海國的權利或國際組織的職權，對捕捉海洋哺乳動物執行較本部分規定更為嚴格的禁止、限制或管制。各國應進行合作，以期養護海洋哺乳動物，在有關鯨類動物方面，尤應通過適當的國際組織，致力於這種動物的養護、管理和研究。

第六十六條　溯河產卵種群

1. 有溯河產卵種群源自其河流的國家對於這種種群應有主要利益和責任。

2. 溯河產卵種群的魚源國，應制訂關於在其專屬經濟區外部界限向陸一面的一切水域中的捕撈和關於第 3 款(b)項中所規定的捕撈的適當管理措施，以確保這種種群的養護。魚源國可與第 3 和第 4 款所指的捕撈這些種群的其他國家協商後，確定源自其河流的種群的總可捕量。

3. (a)捕撈溯河產卵種群的漁業活動，應只在專屬經濟區外部界限向陸一面的水域中進行，但這項規定引起魚源國以外的國家經濟失調的情形除外。關於在專屬經濟區外部界限以外進行的這種捕撈，有關國家應保持協商，以期就這種捕撈的條款和條件達成協定，並適當顧及魚源國對這些種群加以養護的要求和需要；

(b)魚源國考慮到捕撈這些種群的其他國家的正常漁獲量和作業方式，以及進行這種捕撈活動的所有地區，應進行合作以儘量減輕這種國家的經濟失調；

(c)(b)項所指的國家，經與魚源國協定後參加使溯河產卵種群再生的措施者，特別是分擔作此用途的開支者，在捕撈源自魚源國河流的種群方面，應得到魚源國的特別考慮；

(d)魚源國和其他有關國家應達成協定，以執行有關專屬經濟區以外的溯河產卵種群的法律和規章。

4. 在溯河產卵種群回游進入或通過魚源國以外國家的專屬經濟區外部界限向陸一面的水域的情形下，該國應在養護和管理這種種群方面同魚源國進行合作。

5.溯河產卵種群的魚源國和捕撈這種種群的其他國家，為了執行本條的各項規定，應作出安排，在適當情形下通過區域性組織作出安排。

第六十七條　降河產卵魚種

1.降河產卵魚種在其水域內度過大部分生命周期的沿海國，應有責任管理這種魚種，並應確保回游魚類的出入。

2.捕撈降河產卵魚種，應只在專屬經濟區外部界限向陸一面的水域中進行。在專屬經濟區內進行捕撈時，應受本條及本公約關於在專屬經濟區內捕魚的其他規定的限制。

3.在降河產卵魚種不論幼魚或成魚回游通過另外一國的專屬經濟區的情形下，這種魚的管理，包括捕撈，應由第 1 款所述的國家和有關的另外一國協定規定。這種協定應確保這些魚種的合理管理，並考慮到第 1 款所述國家在維持這些魚種方面所負的責任。

第六十八條　定居種

本部分的規定不適用於第七十七條第 4 款所規定的定居種。

第六十九條　內陸國的權利

1.內陸國應有權在公平的基礎上，參與開發同一分區域或區域的沿海國專屬經濟區的生物資源的適當剩餘部分，同時考慮到所有有關國家的相關經濟和地理情況，並遵守本條及第六十一和第六十二條的規定。

2.這種參與的條款和方式應由有關國家通過雙邊、分區域或區域協定加以制訂，除其他外，考慮到下列各項：

　(a)避免對沿海國的漁民社區或漁業造成不利影響的需要；

　(b)內陸國按照本條規定，在現有的雙邊、分區域、或區域協定下參與或有權參與開發其他沿海國專屬經濟區的生物資源的程度；

　(c)其他內陸國和地理不利國參與開發沿海國專屬經濟區的生物資源的程度，以及避免因此使任何一個沿海國、或其一部分地區承受特別負擔的需要；

　(d)有關各國人民的營養需要。

3.當一個沿海國的捕撈能力接近能夠捕撈其專屬經濟區內生物資源的可捕量的全部時，該沿海國與其他有關國家應在雙邊、分區域或區域的基礎上，合作制訂公平安排，在適當情形下並按照有關各方都滿意的條款，容許同一分區域或區域的發展中內陸國參與開發該分區域或區域的沿海國專屬經濟區內的生物資源。在實施本規定時，還應考慮到第 2 款所提到的因素。

4.根據本條規定，發達的內陸國應僅有權參與開發同一分區域或區域內發達沿海國專屬經濟區的生物資源，同時顧及沿海國在准許其他國家捕撈其專屬經濟區內生物資源時，在多大程度上已考慮到需要儘量減輕其國民慣常在該經濟區捕魚的國家的經濟失調及漁民社區所受的不利影響。

5. 上述各項規定不妨害在分區域或區域內議定的安排，沿海國在這種安排中可能給予同一分區域或區域的內陸國開發其專屬經濟區內生物資源的同等或優惠權利。

第七十條　地理不利國的權利

1. 地理不利國應有權在公平的基礎上參與開發同一分區域或區域的沿海國專屬經濟區的生物資源的適當剩餘部分，同時考慮到所有有關國家的相關經濟和地理情況，並遵守本條及第六十一和第六十二條的規定。

2. 本部分的目的，「地理不利國」是指其地理條件使其依賴於開發同一分區域或區域的其他國家專屬經濟區內的生物資源，以供應足夠的魚類來滿足其人民或部分人民的營養需要的沿海國，包括閉海或半閉海沿岸國在內，以及不能主張有自己的專屬經濟區的沿海國。

3. 這種參與的條款和方式應由有關國家通過雙邊、分區域或區域協定加以制訂，除其他外，考慮到下列各項：

   (a)避免對沿海國的漁民社區或漁業造成不利影響的需要；

   (b)地理不利國按照本條規定，在現有的雙邊、分區域或區域協定下參與或有權參與開發其他沿海國專屬經濟區的生物資源的程度；

   (c)其他地理不利國和內陸國參與開發沿海國專屬經濟區的生物資源的程度，以及避免因此使任何一個沿海國、或其一部分地區承受特別負擔的需要；

   (d)有關各國人民的營養需要。

4. 當一個沿海國的捕撈能力接近能夠捕撈其專屬經濟區內生物資源的可捕量的全部時，該沿海國與其他有關國家應在雙邊、分區域或區域的基礎上，合作制訂公平安排，在適當情形下並按照有關各方都滿意的條款，容許同一分區域或區域的地理不利發展中國家參與開發該分區域或區域的沿海國專屬經濟區內的生物資源，在實施本規定時，還應考慮到第 3 款所提到的因素。

5. 根據本條規定，地理不利發達國家應只有權參與開發同一分區域或區域發達沿海國的專屬經濟區的生物資源，同時顧及沿海國在准許其他國家捕撈其專屬經濟區內生物資源時，在多大程度上已考慮到需要儘量減輕其國民慣常在該經濟區捕魚的國家的經濟失調及漁民社區所受的不利影響。

6. 上述各項規定不妨害在分區域或區域內議定的安排，沿海國在這種安排中可能給予同一分區域或區域內地理不利國開發其專屬經濟區內生物資源的同等或優惠權利。

第七十一條　第六十九和第七十條的不適用

第六十九和第七十條的規定不適用於經濟上極為依賴于開發其專屬經濟區內生物資源的沿海國的情形。

第七十二條　權利轉讓的限制

1. 除有關國家另有協定外，第六十九和第七十條所規定的開發生物資源的權利，不應

以租借或發給執照、或成立聯合企業，或以具有這種轉讓效果的任何其他方式，直接或間接轉讓給第三國或其國民。

2.上述規定不排除有關國家為了便利行使第六十九和第七十條所規定的權利，從第三國或國際組織取得技術或財政援助，但以不發生第 1 款所指的效果為限。

第七十三條　沿海國法律和規章的執行

1.沿海國行使其勘探、開發、養護和管理在專屬經濟區內的生物資源的主權權利時，可採取為確保其依照本公約制定的法律和規章得到遵守所必要的措施，包括登臨、檢查、逮捕和進行司法程式。

2.被逮捕的船隻及其船員，在提出適當的保證書或其他擔保後，應迅速獲得釋放。

3.沿海國對於在專屬經濟區內違犯漁業法律和規章的處罰，如有關國家無相反的協定，不得包括監禁，或任何其他方式的體罰。

4.在逮捕或扣留外國船隻的情形下，沿海國應通過適當途徑將其所採取的行動及隨後所施加的任何處罰迅速通知船旗國。

第七十四條　海岸相向或相鄰國家間專屬經濟區界限的劃定

1.海岸相向或相鄰國家間專屬經濟區的界限，應在國際法院規約第三十八條所指國際法的基礎上以協定劃定，以便得到公平解決。

2.有關國家如在合理期間內未能達成任何協定，應訴諸第十五部分所規定的程式。

3.在達成第 1 款規定的協定以前，有關各國應基於諒解和合作的精神，盡一切努力作出實際性的臨時安排，並在此過渡期間內，不危害或阻礙最後協定的達成。這種安排應不妨害最後界限的劃定。

4.如果有關國家間存在現行有效的協定，關於劃定專屬經濟區界限的問題，應按照該協定的規定加以決定。

第七十五條　海圖和地理座標表

1.在本部分的限制下，專屬經濟區的外部界線和按照第七十四條劃定的分界線，應在足以確定這些線的位置的一種或幾種比例尺的海圖上標出。在適當情形下，可以用列出各點的地理座標並注明大地基準點的表來代替這種外部界線或分界線。

2.沿海國應將這種海圖或地理座標表妥為公布，並應將各該海圖或座標表的一份副本交存於聯合國秘書長。

第六部分　大陸架

第七十六條　大陸架的定義

1.沿海國的大陸架包括其領海以外依其陸地領土的全部自然延伸，擴展到大陸邊外緣的海底區域的海床和底土，如果從測算領海寬度的基線量起到大陸邊的外緣的距離不到二百海里，則擴展到二百海里的距離。

2. 沿海國的大陸架不應擴展到第 4 至第 6 款規定的界限以外。

3. 大陸邊包括沿海國陸塊沒入水中的延伸部分，由陸架、陸坡和陸基的海床和底土構成，它不包括深洋洋底及其洋脊，也不包括其底土。

4. (a)本公約的目的，在大陸邊從測算領海寬度的基線量起超過二百海里的任何情形下，沿海國應以下列兩種方式之一，劃定大陸邊的外緣：

　　(1)按照第 7 款，以最外各定點為準劃定界線，每一定點上沈積岩厚度至少為從該點至大陸坡腳最短距離的百分之一；或

　　(2)按照第 7 款，以離大陸坡腳的距離不超過六十海里的各定點為準劃定界線。

　(b)在沒有相反證明的情形下，大陸坡腳應定為大陸坡坡底坡度變動最大之點。

5. 組成按照第 4 款(a)項(1)和(2)目劃定的大陸架在海床上的外部界線的各定點，不應超過從測算領海寬度的基線量起三百五十海里，或不應超過連接二千五百公尺深度各點的二千五百公尺等深線一百海里。

6. 雖有第 5 款的規定，在海底洋脊上的大陸架外部界限不應超過從測算領海寬度的基線量起三百五十海里。本款規定不適用於作為大陸邊自然構成部分的海臺、海隆、海峰、暗灘和坡尖等海底高地。

7. 沿海國的大陸架如從測算領海寬度的基線量起超過二百海里，應連接以經緯度座標標出的各定點劃出長度各不超過六十海里的若干直線，劃定其大陸架的外部界限。

8. 從測算領海寬度的基線量起二百海里以外大陸架界限的情報應由沿海國提交根據附件二在公平地區代表制基礎上成立的大陸架界限委員會。委員會應就有關劃定的大陸架外部界限的事項向沿海國提出建議，沿海國在這些建議的基礎上劃定的大陸架界限應有確定性和拘束力。

9. 沿海國應將永久標明其大陸架外部界限的海圖和有關情報，包括大地基準點，交存於聯合國秘書長。秘書長應將這些情報妥為公布。

10. 本條的規定不妨害海岸相向或相鄰國家間大陸架界限劃定的問題。

第七十七條　沿海國對大陸架的權利

1. 沿海國為勘探大陸架和開發其自然資源的目的，對大陸架行使主權權利。

2. 第 1 款所指的權利是專屬性的，即：如果沿海國不勘探大陸架或開發其自然資源，任何人未經沿海國明示同意，均不得從事這種活動。

3. 沿海國對大陸架的權利並不取決於有效或象徵的佔領或任何明文公告。

4. 本部分所指的自然資源包括海床和底土的礦物和其他非生物資源，以及屬於定居種的生物，即在可捕撈階段在海床上或海床下不能移動或其軀體須與海床或底土保持接觸才能移動的生物。

第七十八條　上覆水域和上空的法律地位以及其他國家的權利和自由

1. 沿海國對大陸架的權利不影響上覆水域或水域上空的法律地位。

2.沿海國對大陸架權利的行使，絕不得對航行和本公約規定的其他國家的其他權利和自由有所侵害，或造成不當的干擾。

第七十九條　大陸架上的海底電纜和管道

1.所有國家按照本條的規定都有在大陸架上鋪設海底電纜和管道的權利。

2.沿海國除了為了勘探大陸架，開發其自然資源和防止、減少和控制管道造成的污染有權採取合理措施外，對於鋪設或維持這種海底電纜或管道不得加以阻礙。

3.在大陸架上鋪設這種管道，其路線的劃定須經沿海國同意。

4.本部分的任何規定不影響沿海國對進入其領土或領海的電纜或管道訂立條件的權利，也不影響沿海國對因勘探其大陸架或開發其資源或經營在其管轄下的人工島嶼、設施和結構而建造或使用的電纜和管道的管轄權。

5.鋪設海底電纜和管道時，各國應適當顧及已經鋪設的電纜和管道。特別是，修理現有電纜或管道的可能性不應受妨害。

第八十條　大陸架上的人工島嶼、設施和結構

第六十條比照適用於大陸架上的人工島嶼、設施和結構。

第八十一條　大陸架上的鑽探

沿海國有授權和管理為一切目的在大陸架上進行鑽探的專屬權利。

第八十二條　對二百海里以外的大陸架上的開發應繳的費用和實物

1.沿海國對從測算領海寬度的基線量起二百海里以外的大陸架上的非生物資源的開發，應繳付費用或實物。

2.在某一礦址進行第一個五年生產以後，對該礦址的全部生產應每年繳付費用和實物。第六年繳付費用或實物的比率應為礦址產值或產量的百分之一。此後該比率每年增加百分之一，至第十二年為止，其後比率應保持為百分之七。產品不包括供開發用途的資源。

3.某一發展中國家如果是其大陸架上所生產的某種礦物資源的純輸入者，對該種礦物資源免繳這種費用或實物。

4.費用或實物應通過管理局繳納。管理局應根據公平分享的標準將其分配給本公約各締約國，同時考慮到發展中國家的利益和需要，特別是其中最不發達的國家和內陸國的利益和需要。

第八十三條　海岸相向或相鄰國家間大陸架界限的劃定

1.海岸相向或相鄰國家間大陸架的界限，應在國際法院規約第三十八條所指國際法的基礎上以協定劃定，以便得到公平解決。

2.有關國家如在合理期間內未能達成任何協定，應訴諸第十五部分所規定的程序。

3.在達成第1款規定的協定以前，有關各國應基於諒解和合作的精神，盡一切努力作出實際性的臨時安排，並在此過渡期間內，不危害或阻礙最後協定的達成。這種安

排應不妨害最後界限的劃定。

4.如果有關國家間存在現行有效的協定，關於劃定大陸架界限的問題，應按照該協定的規定加以決定。

第八十四條　海圖和地理座標表

1.在本部分的限制下，大陸架外部界線和按照第八十三條劃定的分界線，應在足以確定這些線的位置的一種或幾種比例尺的海圖上標出。在適當情形下，可以用列出各點的地理座標並注明大地基準點的表來代替這種外部界線或分界線。

2.沿海國應將這種海圖或地理座標表妥為公佈，並應將各該海圖或座標表的一份副本交存於聯合國秘書長，如為標明大陸架外部界限的海圖或座標，也交存於管理局秘書長。

第八十五條　開鑿隧道

本部分不妨害沿海國開鑿隧道以開發底土的權利，不論底土上水域的深度如何。

第七部分　公海

第一節　一般規定

第八十六條　本部分規定的適用

本部分的規定適用於不包括在國家的專屬經濟區、領海或內水或群島國的群島水域內的全部海域。本條規定並不使各國按照第五十八條規定在專屬經濟區內所享有的自由受到任何減損。

第八十七條　公海自由

1.公海對所有國家開放，不論其為沿海國或內陸國。公海自由是在本公約和其他國際法規則所規定的條件下行使的。公海自由對沿海國和內陸國而言，除其他外，包括：

　(a)航行自由；

　(b)飛越自由；

　(c)鋪設海底電纜和管道的自由，但受第六部分的限制；

　(d)建造國際法所容許的人工島嶼和其他設施的自由，但受第六部分的限制；

　(e)捕魚自由，但受第二節規定條件的限制；

　(f)科學研究的自由，但受第六和第十三部分的限制。

2.這些自由應由所有國家行使，但須適當顧及其他國家行使公海自由的利益，並適當顧及本公約所規定的同「區域」內活動有關的權利。

第八十八條　公海只用於和平目的

公海應只用於和平目的。

第八十九條　對公海主權主張的無效

任何國家不得有效地聲稱將公海的任何部分置於其主權之下。

第九十條　航行權

每個國家，不論是沿海國或內陸國，均有權在公海上行駛懸掛其旗幟的船舶。

第九十一條　船舶的國籍

1.每個國家應確定對船舶給予國籍、船舶在其領土內登記及船舶懸掛該國旗幟的權利的條件。船舶具有其有權懸掛的旗幟所屬國家的國籍。國家和船舶之間必須有真正聯繫。

2.每個國家應向其給予懸掛該國旗幟權利的船舶頒發給予該權利的文件。

第九十二條　船舶的地位

1.船舶航行應僅懸掛一國的旗幟，而且除國際條約或本公約明文規定的例外情形外，在公海上應受該國的專屬管轄。除所有權確實轉移或變更登記的情形外，船舶在航程中或在停泊港內不得更換其旗幟。

2.懸掛兩國或兩國以上旗幟航行並視方便而換用旗幟的船舶，對任何其他國家不得主張其中的任一國籍，並可視同無國籍的船舶。

第九十三條　懸掛聯合國、其專門機構和國際原子能機構旗幟的船舶

以上各條不影響用於為聯合國、其專門機構或國際原子能機構正式服務並懸掛聯合國旗幟的船舶的問題。

第九十四條　船旗國的義務

1.每個國家應對懸掛該國旗幟的船舶有效地行使行政、技術及社會事項上的管轄和控制。

2.每個國家特別應：

　(a)保持一本船舶登記冊，載列懸掛該國旗幟的船舶的名稱和詳細情況，但因體積過小而不在一般接受的國際規章規定範圍內的船舶除外；

　(b)根據其國內法，就有關每艘懸掛該國旗幟的船舶的行政、技術和社會事項，對該船及其船長、高級船員和船員行使管轄權。

3.每個國家對懸掛該國旗幟的船舶，除其他外，應就以下列各項採取為保證海上安全所必要的措施：

　(a)船舶的構造、裝備和適航條件；

　(b)船舶的人員配備、船員的勞動條件和訓練，同時考慮到適用的國際文件；

　(c)信號的使用、通信的維持和碰撞的防止。

4.這種措施應包括為確保下列事項所必要的措施：

　(a)每艘船舶，在登記前及其後適當的間隔期間，受合格的船舶檢驗人的檢查，並在船上備有船舶安全航行所需要的海圖、航海出版物以及航行裝備和儀器；

　(b)每艘船舶都由具備適當資格，特別是具備航海術、航行、通信和海洋工程方面資

格的船長和高級船員負責，而且船員的資格和人數與船舶種類、大小、機械和裝備都是相稱的；

(c)船長、高級船員和在適當範圍內的船員，充分熟悉並須遵守關於海上生命安全，防止碰撞，防止、減少和控制海洋污染和維持無線電通信所適用的國際規章。

5. 每一國家採取第 3 和第 4 款要求的措施時，須遵守一般接受的國際規章、程式和慣例，並採取為保證這些規章、程式和慣例得到遵行所必要的任何步驟。

6. 一個國家如有明確理由相信對某一船舶未行使適當的管轄和管制，可將這項事實通知船旗國。船旗國接到通知後，應對這一事項進行調查，並於適當時採取任何必要行動，以補救這種情況。

7. 每一國家對於涉及懸掛該國旗幟的船舶在公海上因海難或航行事故對另一國國民造成死亡或嚴重傷害，或對另一國的船舶或設施、或海洋環境造成嚴重損害的每一事件，都應由適當的合格人士一人或數人或在有這種人士在場的情況下進行調查。對於該另一國就任何這種海難或航行事故進行的任何調查，船旗國應與該另一國合作。

第九十五條　公海上軍艦的豁免權

軍艦在公海上有不受船旗國以外任何其他國家管轄的完全豁免權。

第九十六條　專用於政府非商業性服務的船舶的豁免權

由一國所有或經營並專用於政府非商業性服務的船舶，在公海上應有不受船旗國以外任何其他國家管轄的完全豁免權。

第九十七條　關於碰撞事項或任何其他航行事故的刑事管轄權

1. 遇有船舶在公海上碰撞或任何其他航行事故涉及船長或任何其他為船舶服務的人員的刑事或紀律責任時，對此種人員的任何刑事訴訟或紀律程式，僅可向船旗國或此種人員所屬國的司法或行政當局提出。

2. 在紀律事項上，只有發給船長證書或駕駛資格證書或執照的國家，才有權在經過適當的法律程式後宣告撤銷該證書，即使證書持有人不是發給證書的國家的國民也不例外。

3. 船旗國當局以外的任何當局，即使作為一種調查措施，也不應命令逮捕或扣留船舶。

第九十八條　救助的義務

1. 每個國家應責成懸掛該國旗幟航行的船舶的船長，在不嚴重危及其船舶、船員或乘客的情況下：

(a)救助在海上遇到的任何有生命危險的人；

(b)如果得悉有遇難者需要救助的情形，在可以合理地期待其採取救助行動時，盡速前往拯救；

(c)在碰撞後，對另一船舶、其船員和乘客給予救助，並在可能情況下，將自己船舶的名稱、船籍港和將停泊的最近港口通知另一船舶。

2.每個沿海國應促進有關海上和上空安全的足敷應用和有效的搜尋和救助服務的建立、經營和維持，並應在情況需要時為此目的通過相互的區域性安排與鄰國合作。

第九十九條　販運奴隸的禁止

每個國家應採取有效措施，防止和懲罰准予懸掛該國旗幟的船舶販運奴隸，並防止為此目的而非法使用其旗幟。在任何船舶上避難的任何奴隸，不論該船懸掛何國旗幟，均當然獲得自由。

第一百條　合作制止海盜行為的義務

所有國家應盡最大可能進行合作，以制止在公海上或在任何國家管轄範圍以外的任何其他地方的海盜行為。

第一百零一條　海盜行為的定義

下列行為中的任何行為構成海盜行為：

(a)私人船舶或私人飛機的船員、機組成員或乘客為私人目的，對下列物件所從事的任何非法的暴力或扣留行為，或任何掠奪行為：

(1)在公海上對另一船舶或飛機，或對另一船舶或飛機上的人或財物；

(2)在任何國家管轄範圍以外的地方對船舶、飛機、人或財物；

(b)明知船舶或飛機成為海盜船舶或飛機的事實，而自願參加其活動的任何行為；

(c)教唆或故意便利(a)或(b)項所述行為的任何行為。

第一百零二條　軍艦、政府船舶或政府飛機由於其船員或機組成員發生叛變而從事的海盜行為

軍艦、政府船舶或政府飛機由於其船員或機組成員發生叛變並控制該船舶或飛機而從事第一百零一條所規定的海盜行為，視同私人船舶或飛機所從事的行為。

第一百零三條　海盜船舶或飛機的定義

如果處於主要控制地位的人員意圖利用船舶或飛機從事第一百零一條所指的各項行為之一，該船舶或飛機視為海盜船舶或飛機。如果該船舶或飛機曾被用以從事任何這種行為，在該船舶或飛機仍在犯有該行為的人員的控制之下時，上述規定同樣適用。

第一百零四條　海盜船舶或飛機國籍的保留或喪失

船舶或飛機雖已成為海盜船舶或飛機，仍可保有其國籍。國籍的保留或喪失由原來給予國籍的國家的法律予以決定。

第一百零五條　海盜船舶或飛機的扣押

在公海上，或在任何國家管轄範圍以外的任何其他地方，每個國家均可扣押海盜船舶或飛機或為海盜所奪取並在海盜控制下的船舶或飛機，和逮捕船上或機上人員並扣押船上或機上財物。扣押國的法院可判定應處的刑罰，並可決定對船舶、飛機或財產所應採取的行動，但受善意第三者的權利的限制。

第一百零六條　無足夠理由扣押的賠償責任

如果扣押涉有海盜行為嫌疑的船舶或飛機並無足夠的理由，扣押國應向船舶或飛機所屬的國家負擔因扣押而造成的任何損失或損害的賠償責任。

第一百零七條　由於發生海盜行為而有權進行扣押的船舶和飛機

由於發生海盜行為而進行的扣押，祇可由軍艦、軍用飛機或其他有清楚標誌可以識別的為政府服務並經授權扣押的船舶或飛機實施。

第一百零八條　麻醉藥品或精神調理物質的非法販運

1. 所有國家應進行合作，以制止船舶違反國際公約在海上從事非法販運麻醉藥品和精神調理物質。

2. 任何國家如有合理根據認為一艘懸掛其旗幟的船舶從事非法販運麻醉藥品或精神調理物質，可要求其他國家合作，制止這種販運。

第一百零九條　從公海從事未經許可的廣播

1. 所有國家應進行合作，以制止從公海從事未經許可的廣播。

2. 本公約的目的，「未經許可的廣播」是指船舶或設施違反國際規章在公海上播送旨在使公海收聽或收看的無線電傳音或電視廣播，但遇難呼號的播送除外。

3. 對於從公海從事未經許可的廣播的任何人，均可向下列國家的法院起訴：

　(a)船旗國；

　(b)設施登記國；

　(c)廣播人所屬國；

　(d)可以收到這種廣播的任何國家；或

　(e)得到許可的無線電通信受到干擾的任何國家。

4. 在公海上按照第 3 款有管轄權的國家，可依照第一百一十條逮捕從事未經許可的廣播的任何人或船舶，並扣押廣播器材。

第一百十條　登臨權

1. 除條約授權的干涉行為外，軍艦在公海上遇到按照第九十五和第九十六條享有完全豁免權的船舶以外的外國船舶，非有合理根據認為有下列嫌疑，不得登臨該船：

　(a)該船從事海盜行為；

　(b)該船從事奴隸販賣；

　(c)該船從事未經許可的廣播而且軍艦的船旗國依據第一百零九條有管轄權；

　(d)該船沒有國籍；或

　(e)該船雖懸掛外國旗幟或拒不展示其旗幟，而事實上卻與該軍艦屬同一國籍。

2. 在第 1 款規定的情形下，軍艦可查核該船懸掛其旗幟的權利。為此目的，軍艦可派一艘由一名軍官指揮的小艇到該嫌疑船舶。如果檢驗船舶文件後仍有嫌疑，軍艦可進一步在該船上進行檢查，但檢查須儘量審慎進行。

3. 如果嫌疑經證明為無根據，而且被登臨的船舶並未從事嫌疑的任何行為，對該船

可能遭受的任何損失或損害應予賠償。

4. 這些規定比照適用於軍用飛機。

5. 這些規定也適用於經正式授權並有清楚標誌可以識別的政府服務的任何其他船舶或飛機。

第一百十一條　緊追權

1. 沿海國主管當局有充分理由認為外國船舶違反該國法律和規章時，可對該外國船舶進行緊追。此項追逐須在外國船舶或其小艇之一在追逐國的內水、群島水域、領海或毗連區內時開始，而且衹有追逐未曾中斷，才可在領海或毗連區外繼續進行。當外國船舶在領海或毗連區內接獲停駛命令時，發出命令的船舶並無必要也在領海或毗連區內。如果外國船舶是在第三十三條所規定的毗連區內，追逐衹有在設立該區所保護的權利遭到侵犯的情形下才可進行。

2. 對於在專屬經濟區內或大陸架上，包括大陸架上設施周圍的安全地帶內，違反沿海國按照本公約適用於專屬經濟區或大陸架包括這種安全地帶的法律和規章的行為，應比照適用緊追權。

3. 緊追權在被追逐的船舶進入其本國領海或第三國領海時立即終止。

4. 除非追逐的船舶以可用的實際方法認定被追逐的船舶或其小艇之一或作為一隊進行活動而以被追逐的船舶為母船的其他船艇是在領海範圍內，或者，根據情況，在毗連區或專屬經濟區內或在大陸架上，緊追不得認為已經開始。追逐衹有在外國船舶視聽所及的距離內發出視覺或聽覺的停駛信號後，才可開始。

5. 緊追權衹可由軍艦、軍用飛機或其他有清楚標誌可以識別的為政府服務並經授權緊追的船舶或飛機行駛。

6. 在飛機進行緊追時：

   (a)應比照適用第 1 至第 4 款的規定；

   (b)發出停駛命令的飛機，除非其本身能逮捕該船舶，否則須其本身積極追逐船舶直至其所召喚的沿海國船舶或另一飛機前來接替追逐為止。飛機僅發現船舶犯法或有犯法嫌疑，如果該飛機本身或接著無間斷地進行追逐的其他飛機或船舶既未命令該船停駛也未進行追逐，則不足以構成在領海以外逮捕的理由。

7. 在一國管轄範圍內被逮捕並被押解到該國港口以便主管當局審問的船舶，不得僅以其在航行中由於情況需要而曾被押解通過專屬經濟區的或公海的一部分為理由而要求釋放。

8. 在無正當理由行使緊追權的情況下，在領海以外被命令停駛或被逮捕的船舶，對於可能因此遭受的任何損失或損害應獲賠償。

第一百十二條　鋪設海底電纜和管道的權利

1. 所有國家均有權在大陸架以外的公海海底上鋪設海底電纜和管道。

2.第七十九條第 5 款適用於這種電纜和管道。

第一百十三條　海底電纜或管道的破壞或損害

　　每個國家均應制定必要的法律和規章，規定懸掛該國旗幟的船舶或受其管轄的人故意或因重大疏忽而破壞或損害公海海底電纜，致使電報或電話通信停頓或受阻的行為，以及類似的破壞或損害海底管道或高壓電纜的行為，均為應予處罰的罪行。此項規定也應適用於故意或可能造成這種破壞或損害的行為。但對於僅為了保全自己的生命或船舶的正當目的而行事的人，在採取避免破壞或損害的一切必要預防措施後，仍然發生的任何破壞或損害，此項規定不應適用。

第一百十四條　海底電纜或管道的所有人對另一海底電纜或管道的破壞或損害

　　每個國家應制定必要的法律和規章，規定受其管轄的公海海底電纜或管道的所有人如果在鋪設或修理該項電纜或管道時使另一電纜或管道遭受破壞或損害，應負擔修理的費用。

第一百十五條　因避免損害海底電纜或管道而遭受的損失的賠償

　　每個國家應制定必要的法律和規章，確保船舶所有人在其能證明因避免損害海底電纜或管道而犧牲錨、網或其他漁具時，應由電纜或管道所有人予以賠償，但須船舶所有人事先曾採取一切合理的預防措施。

第二節　公海生物資源的養護和管理

第一百十六條　公海上捕魚的權利

　　所有國家均有權由其國民在公海上捕魚，但受下列限制：

　　(a)其條約義務；

　　(b)除其他外，第六十三條第 2 款和第六十四至第六十七條規定的沿海國的權利、義務和利益；和

　　(c)本節各項規定。

第一百十七條　各國為其國民採取養護公海生物資源措施的義務

　　所有國家均有義務為各該國國民採取，或與其他國家合作採取養護公海生物資源的必要措施。

第一百十八條　各國在養護和管理生物資源方面的合作

　　各國應互相合作以養護和管理公海區域內的生物資源。凡其國民開發相同生物資源，或在同一區域內開發不同生物資源的國家，應進行談判，以期採取養護有關生物資源的必要措施。為此目的，這些國家應在適當情形下進行合作，以設立分區域或區域漁業組織。

第一百十九條　公海生物資源的養護

　　1.在對公海生物資源決定可捕量和制訂其他養護措施時，各國應：

(a)採取措施，其目的在於根據有關國家可得到的最可靠的科學證據，並在包括發展中國家的特殊要求在內的各種有關環境和經濟因素的限制下，使捕撈的魚種的數量維持在或恢復到能夠生產最高持續產量的水平，並考慮到捕撈方式、種群的相互依存以及任何一般建議的國際最低標準，不論是分區域、區域或全球性的；

(b)考慮到與所捕撈魚種有關聯或依賴該魚種而生存的魚種所受的影響，以便使這種有關聯或依賴的魚種的數量維持在或恢復到其繁殖不會受嚴重威脅的水平以上。

2.在適當情形下，應通過各主管國際組織，不論是分區域、區域或全球性的，並在所有有關國家的參加下，經常提供和交換可獲得的科學情報、漁獲量和漁撈努力量統計，以及其他有關養護魚的種群的資料。

3.有關國家應確保養護措施及其實施不在形式上或事實上對任何國家的漁民有所歧視。

第一百二十條　海洋哺乳動物

第六十五條也適用於養護和管理公海的海洋哺乳動物。

第八部分　島嶼制度

第一百二十一條　島嶼制度

1.島嶼是四面環水並在高潮時高於水面的自然形成的陸地區域。

2.除第 3 款另有規定外，島嶼的領海、毗連區、專屬經濟區和大陸架應按照本公約適用於其他陸地領土的規定加以確定。

3.不能維持人類居住或其本身的經濟生活的岩礁，不應有專屬經濟區或大陸架。

第九部分　閉海或半閉海

第一百二十二條　定義

本公約的目的，「閉海或半閉海」是指兩個或兩個以上國家所環繞並由一個狹窄的出口連接到另一個海或洋，或全部或主要由兩個或兩個以上沿海國的領海和專屬經濟區構成的海灣、海盆或海域。

第一百二十三條　閉海或半閉海沿岸國的合作

閉海或半閉海沿岸國在行使和履行公約所規定的權利和義務時，應互相合作。為此目的，這些國家應盡力直接或通過適當區域組織：

(a)協調海洋生物資源的管理、養護、勘探和開發；

(b)協調行使和履行其在保護和保全海洋環境方面的權利和義務；

(c)協調其科學研究政策，並在適當情形下在該地區進行聯合的科學研究方案；

(d)在適當情形下，邀請其他有關國家或國際組織與其合作以推行本條的規定。

第十部分 內陸國出入海洋的權利和過境自由

第一百二十四條 用語

1. 為本公約的目的:
   (a)「內陸國」是指沒有海岸的國家;
   (b)「過境國」是指位於內陸國與海洋之間以及通過其領土進行過境運輸的國家,不論其是否具有海岸;
   (c)「過境運輸」是指人員、行李、貨物和運輸工具通過一個或幾個過境國領土的過境,而這種通過不論是否需要轉運、入倉、分卸或改變運輸方式,都不過是以內陸國領土為起點或終點的旅運全程的一部分;
   (d)「運輸工具」是指:
     (1)鐵路車輛、海洋、湖泊和河川船舶以及公路車輛;
     (2)在當地情況需要時,搬運工人和馱獸。
2. 內陸國和過境國可彼此協定,將管道和煤氣管和未列入第1款的運輸工具列為運輸工具。

第一百二十五條 出入海洋的權利和過境自由

1. 行使本公約所規定的各項權利,包括行使與公海自由和人類共同繼承財產有關的權利的目的,內陸國應有權出入海洋。為此目的,內陸國應享有利用一切運輸工具通過過境國領土的過境自由。
2. 行使過境自由的條件和方式,應由內陸國和有關過境國通過雙邊、分區域或區域協定予以議定。
3. 過境國在對其領土行使完全主權時,應有權採取一切必要措施,以確保本部為內陸國所規定的各項權利和便利絕不侵害其合法利益。

第一百二十六條 最惠國條款的不適用

本公約的規定,以及關於行使出入海洋權利的並因顧及內陸國的特殊地理位置而規定其權利和便利的特別協定,不適用最惠國條款。

第一百二十七條 關稅、稅捐和其他費用

1. 過境運輸應無須繳納任何關稅、稅捐或其他費用,但為此類運輸提供特定服務而徵收的費用除外。
2. 對於過境運輸工具和其他為內陸國提供並由其使用的便利,不應徵收高於使用過境國運輸工具所繳納的稅捐或費用。

第一百二十八條 自由區和其他海關便利

為了過境運輸的便利,可由過境國和內陸國協定,在過境國的出口港和入口港內提供自由區或其他海關便利。

第一百二十九條　合作建造和改進運輸工具

如果過境國內無運輸工具以實現過境自由，或現有運輸工具包括海港設施和裝備在任何方面有所不足，過境國可與有關內陸國進行合作，以建造或改進這些工具。

第一百三十條　避免或消除過境運輸發生遲延或其他技術性困難的措施

1. 過境國應採取一切適當措施避免過境運輸發生遲延或其他技術性困難。

2. 如果發生這種遲延或困難，有關過境國和內陸國的主管當局應進行合作，迅速予以消除。

第一百三十一條　海港內的同等待遇

懸掛內陸國旗幟的船舶在海港內應享有其他外國船舶所享有的同等待遇。

第一百三十二條　更大的過境便利的給予

本公約締約國間所議定的或本公約一個締約國給予的大於本公約所規定的過境便利，絕不因本公約而撤銷。本公約也不排除將來給予這種更大的便利。

第十一部分　「區域」

第一節　一般規定

第一百三十三條　用語

本部分的目的：

(a)「資源」是指「區域」內在海床及其下原來位置的一切固體、液體或氣體礦物資源，其中包括多金屬結核；

(b)從「區域」回收的資源稱為「礦物」。

第一百三十四條　本部分的範圍

1. 本部分適用於「區域」。

2. 「區域」內活動應受本部分規定的支配。

3. 關於將標明第一條第 1 款第(1)項所指範圍界限的海圖和地理座標表交存和予以公佈的規定，載於第六部分。

4. 本條的任何規定不影響根據第六部分大陸架外部界限的劃定或關於劃定海岸相向或相鄰國家間界限的協定的效力。

第一百三十五條　上覆水域和上空的法律地位

本部分或依其授予或行使的任何權利，不應影響「區域」上覆水域的法律地位，或這種水域上空的法律地位。

第二節　支配「區域」的原則

第一百三十六條　人類的共同繼承財產

「區域」及其資源是人類的共同繼承財產。

第一百三十七條　「區域」及其資源的法律地位

1. 任何國家不應對「區域」的任何部分或其資源主張或行使主權或主權權利，任何國家或自然人或法人，也不應將「區域」或其資源的任何部分據為己有。任何這種主權和主權權利的主張或行使，或這種據為己有的行為，均應不予承認。

2. 對「區域」內資源的一切權利屬於全人類，由管理局代表全人類行使。這種資源不得讓渡。但「區域」內回收的礦物，祇可按照本部分和管理局的規則、規章和程式予以讓渡。

3. 任何國家或自然人或法人，除按照本部分外，不應對「區域」礦物主張、取得中行使權利。否則，對於任何這種權利的主張、取得或行使，應不予承認。

第一百三十八條　國家對於「區域」的一般行為

各國對於「區域」的一般行為，應按照本部分的規定、《聯合國憲章》所載原則，以及其他國際法規則，以利維持和平與安全，促進國際合作和相互瞭解。

第一百三十九條　確保遵守本公約的義務和損害賠償責任

1. 締約國應有責任確保「區域」內活動，不論是由締約國、國營企業、或具有締約國國籍的自然人或法人所從事者，一律按照本部分進行。國際組織對於該組織所進行的「區域」內活動也應有同樣責任。

2. 在不妨害國際法規則和附件三第二十二條的情形下，締約國或國際組織應對由於其沒有履行本部分規定的義務而造成的損害負有賠償責任；共同進行活動的締約國或國際組織應承擔連帶賠償責任。但如締約國已依據第一百五十三條第 4 款和附件三第四條第 4 款採取一切必要和適當措施，以確保其根據第一百五十三條第 2 款(b)項擔保的人切實遵守規定，則該締約國對於因這種人沒有遵守本部分規定而造成的損害，應無賠償責任。

3. 為國際組織成員的締約國應採取適當措施確保本條對這種組織的實施。

第一百四十條　全人類的利益

1. 「區域」內活動應依本部分的明確規定為全人類的利益而進行，不論各國的地理位置如何，也不論是沿海國或內陸國，並特別考慮到發展中國家和尚未取得完全獨立或聯合國按照其大會第 1541(XV) 號決議和其他有關大會決議所承認的其他自治地位的人民的利益和需要。

2. 管理局應按照第一百六十條第 2 款(f)項(1)目作出規定，通過任何適當的機構，在無歧視的基礎上公平分配從「區域」內活動取得的財政及其他經濟利益。

第一百四十一條　專為和平目的利用「區域」

「區域」應開放給所有國家，不論是沿海國或內陸國，專為和平目的利用，不加歧視，也不得妨害本部分其他規定。

第一百四十二條　沿海國的權利和合法利益

1. 「區域」內活動涉及跨越國家管轄範圍的「區域」內資源礦床時，應適當顧及這種礦床跨越其管轄範圍的任何沿海國的權利和合法利益。

2. 應與有關國家保持協商，包括維持一種事前通知的辦法在內，以免侵犯上述權利和利益。如「區域」內活動可能導致對國家管轄範圍內資源的開發，則需事先徵得有關沿海國的同意。

3. 本部分或依其授予或行使的任何權利，應均不影響沿海國為防止、減輕或消除因任何「區域」內活動引起或造成的污染威脅或其他危險事故使其海岸或有關利益受到的嚴重迫切危險而採取與第十二部分有關規定相符合的必要措施的權利。

第一百四十三條　海洋科學研究

1. 「區域」內的海洋科學研究，應按照第十三部分專為和平目的並為謀全人類的利益進行。

2. 管理局可進行有關「區域」及其資源的海洋科學研究，並可為此目的訂立契約。管理局應促進和鼓勵在「區域」內進行海洋科學研究，並應協調和傳播所得到的這種研究和分析的結果。

3. 各締約國可在「區域」內進行海洋學研究。各締約國應以下列方式促進「區域」內海洋科學研究方面的國際合作：

   (a)參加國際方案，並鼓勵不同國家的人員和管理局人員合作進行海洋科學研究；

   (b)確保在適當情形下通過管理局或其他國際組織，為了發展中國家和技術較不發達國家的利益發展各種方案，以期：

   　(1)加強它們的研究能力；

   　(2)在研究的技術和應用方面訓練它們的人員和管理局的人員；

   　(3)促進聘用它們的合格人員，從事「區域」內的研究；

   (c)通過管理局，或適當時通過其他國際途徑，切實傳播所得到的研究和分析結果。

第一百四十四條　技術的轉讓

1. 管理局應按照本公約採取措施，以：

   (a)取得有關「區域」內活動的技術和科學知識；並

   (b)促進和鼓勵向發展中國家轉讓這種技術和科學知識，使所有締約國都從其中得到利益。

2. 此目的，管理局和各締約國應互相合作，以促進有關「區域」內活動的技術和科學知識的轉讓，使企業部和所有締約國都從其中得到利益。它們應特別倡議並推動：

   (a)將有關「區域」內活動的技術轉讓給企業部和發展中國家的各種方案，除其他外，包括便利企業部和發展中國家根據公平合理的條款和條件取得有關的技術；

   (b)促進企業部技術和發展中國家本國技術的進展的各種措施，特別是使企業部和發

展中國家的人員有機會接受海洋科學和技術的訓練和充分參加「區域」內活動。

第一百四十五條　海洋環境的保護

應按照本公約對「區域」內活動採取必要措施，以確保切實保護海洋環境，不受這種活動可能產生的有害影響。為此目的，管理局應制定適當的規則、規章和程式，以便除其他外：

(a)防止、減少和控制對包括海岸在內的海洋環境的污染和其他危害，並防止干擾海洋環境的生態平衡，特別注意使其不受諸如鑽探、挖泥、挖鑿、廢物處置等活動，以及建造和操作或維修與這種活動有關的設施、管道和其他裝置所產生的有害影響；

(b)保護和養護「區域」的自然資源，以防止對海洋環境中動植物的損害。

第一百四十六條　人命的保護

關於「區域」內活動，應採取必要措施，以確保切實保護人命。為此目的，管理局應制定適當的規則、規章和程式，以補充有關條約所體現的現行國際法。

第一百四十七條　「區域」內活動與海洋環境中的活動的相互適應

1.「區域」內活動的進行，應合理地顧及海洋環境中的其他活動。

2.進行「區域」內活動所使用的設施應受下列條件的限制：

(a)這種設施應僅按照本部分和在管理局的規則、規章和程式的限制下安裝、安置和拆除。這種設施的安裝、安置和拆除必須妥善通知，並對其存在必須維持永久性的警告方法；

(b)這種設施不得設在對使用國際航行必經的公認海道可能有干擾的地方，或設在有密集捕撈活動的區域；

(c)這種設施的周圍應設立安全地帶並加適當的標記，以確保航行和設施的安全。這種安全地帶的形狀和位置不得構成一個地帶阻礙船舶合法出入特定海洋區域或阻礙沿國際海道的航行；

(d)這種設施應專用於和平目的；

(e)這種設施不具有島嶼地位。它們沒有自己的領海，其存在也不影響領海、專屬經濟區或大陸架界限的劃定。

3.在海洋環境中進行的其他活動，應合理地顧及「區域」內活動。

第一百四十八條　發展中國家對「區域」內活動的參加

應按照本部分的具體規定促進發展中國家有效參加「區域」內活動，並適當顧及其特殊利益和需要，尤其是其中的內陸國和地理不利國在克服因不利位置，包括距離「區域」遙遠和出入「區域」困難而產生的障礙方面的特殊需要。

第一百四十九條　考古和歷史文物

在「區域」內發現的一切考古和歷史文物，應為全人類的利益予以保存或處置，但應特別顧及來源國，或文化上的發源國，或歷史和考古上的來源國的優先權利。

第三節　「區域」內資源的開發

第一百五十條　關於「區域」內活動的政策

「區域」內活動應按照本部分的明確規定進行，以求有助於世界經濟的健全發展和國際貿易的均衡增長，並促進國際合作，以謀所有國家特別是發展中國家的全面發展，並且為了確保：

(a)「區域」資源的開發；

(b)對「區域」資源進行有秩序、安全和合理的管理，包括有效地進行「區域」內活動，並按照健全的養護原則，避免不必要的浪費；

(c)擴大參加這種活動的機會，以符合特別是第一百四十四和第一百四十八條的規定；

(d)按照本公約的規定使管理局分享收益，以及對企業部和發展中國家作技術轉讓；

(e)按照需要增加從「區域」取得的礦物的供應量，連同從其他來源取得的礦物，以保證這類礦物的消費者獲得供應；

(f)促進從「區域」和從其他來源取得的礦物的價格合理而又穩定，對生產者有利，對消費者也公平，並促進供求的長期平衡；

(g)增進所有締約國，不論其經濟社會制度或地理位置如何，參加開發「區域」內資源的機會，並防止壟斷「區域」內活動；

(h)按照第一百五十一條的規定，保護發展中國家，使它們的經濟或出口收益不致因某一受影響礦物的價格或該礦物的出口量降低，而遭受不良影響，但以這種降低是由於「區域」內活動造成的為限；

(i)為全人類的利益開發共同繼承財產；

(j)從「區域」取得的礦物作為輸入品以及這種礦物所產商品作為輸入品的進入市場的條件，不應比適用於其他來源輸入品的最優惠待遇更為優惠。

第一百五十一條　生產政策

1.(a)在不妨害第一百五十條所載目標的情形下，並為實施該條(h)項的目的，管理局應通過現有議事機構，或在適當時，通過包括生產者和消費者在內的有關各方都參加的新安排或協定，採取必要措施，以對生產者有利對消費者也公平的價格，促進「區域」資源所生商品的市場的增長、效率和穩定，所有締約國都應為此目的進行合作。

(b)管理局應有權參加生產者和消費者在內的有關各方都參加的關於上述商品的任何商品會議。管理局應有權參與上述會議產生的任何安排或協定。管理局參加根據這種安排或協定成立的任何機關，應與「區域」內的生產有關，並符合這種機關的有關規則。

(c)管理局應履行根據這種安排或協定所產生的義務，以求保證對「區域」內有關礦

物的一切生產，均劃一和無歧視地實施。管理局在這樣作的時候，應以符合現有契約條款和已核准的企業部工作計劃的方式行事。

2. (a)在第 3 款指明的過渡期間內，經營者在向管理局提出申請並經發給生產許可以前，不應依據一項核准的工作計劃進行商業生產。這種生產許可不得在根據工作計劃預定開始商業生產前逾五年時申請或發出，除非管理局考慮到方案進展。

(b)在生產許可的申請中，經營者應具體說明按照核准的工作計劃預期每年回收的鎳的數量。申請中應列有經營者為使其於預定的日期如期開始商業生產而合理地算出的在收到許可以後將予支出的費用表。

(c)為了(a)和(b)項的目的，管理局應按照附件三第十七條規定適當的成績要求。

(d)管理局應照申請的生產量發給生產許可，除非在過渡期間內計劃生產的任何一年中，該生產量和已核准的生產量的總和超過在發給許可的年度依照第 4 款算出的鎳生產最高限額。

(e)生產許可和核准的申請一經發給，即成為核准的工作計劃的一部分。

(f)如果經營者申請生產許可依據(d)項被拒絕，則該經營者可隨時向管理局再次提出申請。

3. 過渡期間應自根據核准的工作計劃預定開始最早的商業生產的那一年 1 月 1 日以前的五年開始。如果最早進行商業生產的時間延遲到原定的年度以後，過渡期間的開始和原來計算的生產最高限額都應作相應的調整。過渡期間應為二十五年，或至第一百五十五條所指的審查會議結束，或至第 1 款所指的新安排或協定開始生效之日為止，以最早者為準。如果這種安排或協定因任何理由而終止或失效，在過渡期間所餘時間內，管理局應重新行使本條規定。

4. (a)過渡期間內任何一年的生產最高限額應為以下的總和：

(1)依據(b)項計算的鎳年消費量趨勢線上最早的商業生產年度以前那一年和過渡期間開始前那一年數值的差額；加上

(2)依據(b)項計算的鎳消費量趨勢線上所申請的生產許可正適用的那一年和最早的商業生產年度以前那一年數值的差額的百分之六十。

(b)為了(a)項的目的：

(1)計算鎳生產最高限額所用的趨勢線數值，應為發給生產許可的年度中計算的趨勢線上的鎳年消費量數值。趨勢線應從能夠取得資料的最近十五年期間的實際鎳消費量，取其對數值，以時間為引數，用線性回歸法導出。這一趨勢線應稱為原趨勢線；

(2)如果原趨勢線年增長率少於百分之三，則用來確定(a)項所指數量的趨勢線應為穿過原趨勢線上該十五年期間第一年的數值而年增長率為百分之三的趨勢線；但過渡期間內任何一年規定的生產最高限額無論如何不得超出該年原趨勢線數

　　值同過渡期間開始前一年的原趨勢線數值之差。

5. 管理局應在依據第 4 款計算得來的生產為最高限額中，保留給企業部為數 38,000 公噸的鎳，以供其從事最初生產。

6. (a)經營者在任何一年內可生產少於其生產許可內所指明的從多金屬結核生產的礦物的年產數量，或最多較此數量高百分之八，但其總產量應不超出許可內所指明的數量。任何一年內在百分之八以上百分之二十以下的超產，或連續兩年超產後的第一年以及隨後各年的超產，應同管理局進行協商；管理局可要求經營者就增加的產量取得一項補充的生產許可。

　　(b)管理局對於這種補充生產許可的申請，祇有在處理了尚未獲得生產許可的經營者所已提出的一切申請，並已適當考慮到其他可能的申請者之後，才應加以審議。管理局應以不超過過渡期間任何一年內生產最高限額所容許的總生產量為指導原則。它不應核准在任何工作計劃下超過 46,500 公噸的鎳年產量。

7. 依據一項生產許可從回收的多金屬結核所提煉的銅、鈷和錳等其他金屬的產量，不應高於經營者依據本條規定從這些結核生產最高產量的鎳時所能生產的數量。管理局應依據附件三第十七條制定規則、規章和程式以實施本項規定。

8. 根據有關的多邊貿易協定關於不公平經濟措施的權利和義務，應適用於「區域」所產礦物的勘探和開發。在解決因本項規定而產生的爭端時，作為這種多邊貿易協定各方的締約國應可利用這種協定的解決爭端程式。

9. 管理局應有權按照第一百六十一條第 8 款制定規章，在適當的條件下，使用適當的方法限制「區域」所為而非產自多金屬結核的礦物的產量。

10. 大會應依理事會根據經濟規劃委員會的意見提出的建議，建立一種補償制度，或其他經濟調整援助措施，包括同各專門機構和其他國際組織進行合作，以協助其出口收益或經濟因某一受影響礦物的價格或該礦物的出口量降低而遭受嚴重不良影響的發展中國家，但以此種降低是由於「區域」內活動造成的為限。管理局經請求應對可能受到最嚴重影響的國家的問題發動研究，以期儘量減輕它們的困難，並協助它們從事經濟調整。

第一百五十二條　管理局權力和職務的行使

1. 管理局在行使其權力和職務，包括給予進行「區域」內活動的機會時，應避免歧視。

2. 但本部分具體規定的為發展中國家所作的特別考慮，包括為其中的內陸國和地理不利國所作的特別考慮應予准許。

第一百五十三條　勘探和開發制度

1. 「區域」內活動應由管理局代表全人類，按照本條以及本部分和有關附件的其他有關規定，和管理局的規則、規章和程式，予以安排、進行和控制。

2. 「區域」內活動應依第 3 款的規定：

(a)由企業部進行，和

(b)由締約國或國營企業、或在締約國擔保下的具有締約國國籍或由這類國家或其國民有效控制的自然人或法人、或符合本部分和附件三規定的條件的上述各方的任何組合，與管理局以協作方式進行。

3. 「區域」內活動應按照一項依據附件三所擬訂並經理事會於法律和技術委員會審議後核准的正式書面工作計劃進行。在第 2 款(b)項所述實體按照管理局的許可進入「區域」內活動的情形下，這種工作計劃應按照附件三第三條採取契約的形式。這種契約可按照附件三第十一條作出聯合安排。

4. 管理局為確保本部分和與其有關的附件的有關規定，和管理局的規則、規章和程式以及按照第 3 款核准的工作計劃得到遵守的目的，應對「區域」內活動行使必要的控制。締約國應按照第一百三十九條採取一切必要措施，協助管理局確保這些規定得到遵守。

5. 管理局應有權隨時採取本部分所規定的任何措施，以確保本部分條款得到遵守和根據本部分獲任何契約所指定給它的控制和管理職務的執行。管理局應有權檢查與「區域」內活動有關而在「區域」內使用的一切設施。

6. 第 3 款所述的契約應規定期限內持續有效的保證。因此，除非按照附件三第十八和第十九條的規定，不得修改、暫停或終止契約。

第一百五十四條　定期審查

從本公約生效時起，大會每五年應對本公約設立的「區域」的國際制度的實際實施情況，進行一次全面和系統的審查。參照上述審查，大會可按照本部分和與其有關的附件的規定和程式採取措施，或建議其他機構採取措施，以導致對制度實施情況的改進。

第一百五十五條　審查會議

1. 自根據一項核准的工作計劃最早的商業生產開始進行的那一年 1 月 1 日起十五年後，大會應召開一次會議，審查本部分和有關附件支配勘探和開發「區域」資源制度的各項規定。審查會議應參照這段時期取得的經驗，詳細審查：

(a)本部分和有關附件支配勘探和開發「區域」資源制度的各項規定，是否已達成其各方面的目標，包括是否已使全人類得到利益；

(b)在十五年期間，同非保留區域相比，保留區域是否已以有效而平衡的方式開發；

(c)開發和使用「區域」及其資源的方式，是否有助於世界經濟的健全發展和國際貿易均衡增長；

(d)是否防止了對「區域」內活動的壟斷；

(e)第一百五十和第一百五十一條所載各項政策是否得到實行；和

(f)制度是否使「區域」內活動產生的利益得到公平的分享，特別考慮到發展中國家的利益和需要。

2. 審查會議應確保繼續維持人類共同繼承財產的原則，確保公平開發「區域」資源使所有國家尤其是發展中國家都得到利益而制定的國際制度，以及安排、進行和控制「區域」內活動的管理局。會議還應確保繼續維持本部分規定的關於下列各方面的各項原則：排除對「區域」的任何部分主張或行使主權，各國的權利及其對於「區域」的一般行為，和各國依照本公約參與勘探和開發「區域」資源，防止開發「區域」內活動的壟斷，專為和平目的利用「區域」，「區域」內活動的經濟方面，海洋科學研究，技術轉讓，保護海洋環境，保護人命，沿海國的權利，「區域」的上覆水域及其上空的法律地位，以及關於「區域」內活動和海洋環境中其他活動之間的相互適應。

3. 審查會議適用的作出決定的程式應與第三次聯合國海洋法會議所適用的程式相同。會議應作出各種努力就任何修正案以協商一致方式達成協定，且除非已盡最大努力以求達成協商一致，不應就這種事項進行表決。

4. 審查會議開始舉行五年後，如果未能就關於勘探和開發「區域」資源的制度達成協定，則會議可在此後的十二個月以內，以締約國的四分之三多數作出決定，就改變或修改制度制定其認為必要和適當的修正案，提交各締約批准或加入。此種修正案應於四分之三締約國交存批准書或加入書後十二個月對所有締約國生效。

5. 審查會議依據本條通過的修正案應不影響按照現有契約取得的權利。

第四節　管理局

A分節　一般規定

第一百五十六條　設立管理局

1. 茲設立國際海底管理局，按照本部分執行職務。

2. 所有締約國都是管理局的當然成員。

3. 已簽署最後文件但在第三百零五條第 1 款(c)、(d)、(e)或(f)項中未予提及的第三次聯合國海洋法會議中的觀察員，應有權按照管理局的規則、規章和程式以觀察員資格參加管理局。

4. 管理局的所在地應在牙買加。

5. 管理局可設立其認為在執行職務上必要的區域中心或辦事處。

第一百五十七條　管理局的性質和基本原則

1. 管理局是締約國按照本部分組織和控制「區域」內活動，特別是管理「區域」資源的組織。

2. 管理局應具有本公約明示授予的權力和職務。管理局應有為行使關於「區域」內活動的權力和職務所包含的和必要的並符合本公約的各項附帶權力。

3. 管理局以所有成員主權平等的原則為基礎。

4. 管理局所有成員應誠意履行按照本部分承擔的義務，以確保其全體作為成員享有的權利和利益。

第一百五十八條　管理局的機關

1. 茲設立大會、理事會和秘書處作為管理局的主要機關。

2. 茲設立企業部，管理局應通過這個機關執行第一百七十條第 1 款所指的職務。

3. 經認為必要的附屬機關可按照本部分設立。

4. 管理局各主要機關和企業部應負責行使對其授予的權力和職務。每一機關行使這種權力和職務時，應避免採取可能對授予另一機關的特定權力和職務的行使有所減損或阻礙的任何行動。

B 分節　大會

第一百五十九條　組成、程度和表決

1. 大會應由管理局的全體成員組成。每一成員應有一名代表出席大會，並可由副代表及顧問隨同出席。

2. 大會應召開年度常會，經大會決定，或由秘書長應理事會的要求或管理局過半數成員的要求，可召開特別會議。

3. 除非大會另有決定，各屆會議應在管理局的所在地舉行。

4. 大會應制定其議事規則。大會應在每屆常會開始時選出其主席和其他必要的高級職員。他們的任期至下屆常會選出新主席及其他高級職員為止。

5. 大會過半數成員構成法定人數。

6. 大會每一成員應有一票表決權。

7. 關於程式問題的決定，包括召開大會特別會議的決定，應由出席並參加表決的成員過半數作出。

8. 關於實質問題的決定，應以出席並參加表決的成員三分之二多數作出。但這種多數應包括參加該會議的過半數成員。對某一問題是否為實質問題發生爭論時，該問題應作為實質問題處理，除非大會以關於實質問題的決定所需的多數另作決定。

9. 將一個實質問題第一次付諸表決時，主席可將就該問題進行表決的問題推遲一段時間，如經大會至少五分之一成員提出要求，則應將表決推遲，但推遲時間不得超過五曆日。此項規則對任一問題祇可適用一次，並且不應用來將問題推遲至會議結束以後。

10. 對於大會審議中關於任何事項的提案是否符合本公約的問題，在管理局至少四分之一成員以書面要求主席徵求諮詢意見時，大會應請國際海洋法法庭海底爭端分庭就該提案提出諮詢意見，並應在收到分庭的諮詢意見前，推遲對該提案的表決。如果

在提出要求的那期會議最後一個星期以前還沒有收到諮詢意見，大會應決定何時開會對已推遲的提案進行表決。

第一百六十條　權力和職務

1. 大會作為管理局唯一由其所有成員組成的機關，應視為管理局的最高機關，其他各主要機關均應按照本公約的具體規定向大會負責。大會應有權依照本公約各項有關規定，就管理局許可權範圍內的任何問題或事項制訂一般性政策。

2. 此外，大會的權力和職務應為：

　(a)按照第一百六十一條的規定，選舉理事會成員；

　(b)從理事會提出的候選人中，選舉秘書長；

　(c)根據理事會的推薦，選舉企業部董事會董事和企業部總幹事；

　(d)設立為按照本部分執行其職務認為有必要的附屬機關。這種機關的組成，應適當考慮到公平地區分配原則和特別利益，以及其成員必須對這種機關所處理的有關技術問題具備資格和才能；

　(e)在管理局未能從其他來源得到足夠收入應付其行政開支以前，按照以聯合國經常預算所用比額表為基礎議定的會費分攤比額表，決定各成員國對管理局的行政預算應繳的會費；

　(f)(1)根據理事會的建議，審議和核准關於公平分享從「區域」內活動取得的財政及其他經濟利益和依據第八十二條所繳的費用和實物的規則、規章和程式，特別考慮到發展中國家和尚未取得完全獨立或其他自治地位的人民的利益和需要。如果大會對理事會的建議不予核准，大會應將這些建議送回理事會，以便參照大會表示的意見重新加以審議；(2)審議和核准理事會依據第一百六十二條第 2 款(o)項(2)目暫時制定的管理局的規則、規章和程式及其修正案。這些規則、規章和程式應涉及「區域」內的探礦、勘探和開發，管理局的財務管理和內部行政以及根據企業部董事會的建議由企業部向管理局轉移資金；

　(g)在符合本公約規定和管理局規則、規章和程式的情形下，決定公平分配從「區域」內活動取得的財政和其他經濟利益；

　(h)審議和核准理事會提出的管理局的年度概算；

　(i)審查理事會和企業部的定期報告以及要求理事會或管理局任何其他機關提出的特別報告；

　(j)為促進有關「區域」內活動的國際合作和鼓勵與此有關的國際法的逐漸發展及其編纂的目的，發動研究和提出建議；

　(k)審議關於「區域」內活動的一般性問題，特別是對發展中國家產生的問題，以及關於「區域」內活動對某些國家，特別是內陸國和地理不利國，因其地理位置而造成的那些問題；

(l)經理事會按照經濟規劃委員會的意見提出建議，依第一百五十一條第 10 款的規定，建立補償制度或採取其他經濟調整援助措施；

(m)依據第一百八十五條暫停成員的權利和特權的行使；

(n)討論管理局許可權範圍內的任何問題或事項，並在符合管理局各個機關權力和職務的分配的情形下，決定由管理局哪一機關來處理本公約條款未規定由其某一機關處理的任何這種問題或事項。

C 分節　理事會

第一百六十一條　組成、程式和表決

1. 理事會應由大會按照下列次序選出的三十六個管理局成員組成：

   (a)四個成員來自在有統計資料的最近五年中，對於可從「區域」取得的各類礦物所產的商品，其消費量超過世界總消費量百分之二，或其淨進口量超過世界總進口量百分之二的那些締約國，無論如何應有一個國家屬於東歐（社會主義）區域，和最大的消費國；

   (b)四個成員來自直接地或通過其國民對「區域」內活動的準備和進行作出了最大投資的八個締約國，其中至少應有一個國家屬於東歐（社會主義）區域；

   (c)四個成員來自締約國中因在其管轄區域內的生產而為可從「區域」取得的各類礦物的主要淨出口國，其中至少應有兩個是出口這種礦物對其經濟有重大關係的發展中國家；

   (d)六個成員來自發展中國家締約國，代表特別利益。所代表的特別利益應包括人口較多的國家、內陸國或地理不利國、可從「區域」取得的各類礦物的主要進口國、這些礦物的潛在的生產國以及最不發達國家的利益；

   (e)十八個成員按照確保理事會的席位作為一個整體予以公平地區分配的原則選出，但每一地理區域至少應有根據本項規定選出的一名成員。為此目的，地理區域應為非洲、亞洲、東歐（社會主義）、拉丁美洲和西歐及其他國家。

2. 按照第 1 款選舉理事會成員時，大會應確保：

   (a)內陸國和地理不利國有和它們在大會內的代表權成合理比例的代表；

   (b)不具備第 1 款(a)、(b)、(c)或(d)項所列條件的沿海國，特別是發展中國家有和它們在大會內的代表權成合理比例的代表；

   (c)在理事會內應有代表的每一個締約國集團，其代表應由該集團提名的任何成員擔任。

3. 選舉應在大會的常會上舉行。理事會每一成員任期四年。但在第一次選舉時，第 1 款所指每一集團的一半成員的任期應為兩年。

4. 理事會成員連選可連任；但應妥善顧及理事會成員輪流的相宜性。

5. 理事會應在管理局所在地執行職務，並應視管理局業務需要隨時召開會議，但每年不得少於三次。

6. 理事會過半數成員構成法定人數。

7. 理事會每一成員應有一票表決權。

8. (a)關於程式問題的決定應以出席並參加表決的過半數成員作出。

　(b)關於在下列條款下產生的實質問題的決定，應以出席並參加表決的成員的三分之二多數作出，但這種多數應包括理事會的過半數成員：第一百六十二條第 2 款(f)項，(g)項，(h)項，(i)項，(n)項，(p)項和(v)項；第一百九十一條。

　(c)關於在下列條款下產生的實質問題的決定，應以出席並參加表決的成員的四分之三多數作出，但這種多數應包括理事會的過半數成員：第一百六十二條第 1 款；第一百六十二條第 2 款(a)項；(b)項；(c)項；(d)項；(e)項；(1)項；(q)項；(r)項；(s)項；(t)項；在承包者或擔保者不遵守規定的情形下(u)項；(w)項，但根據本項發佈的命令的有效期間不得超過三十天，除非以按照(d)項作出的決定加以確認；(x)項；(y)項；(z)項；第一百六十三條第 2 款；第一百七十四條第 3 款；附件四第十一條。

　(d)關於在下列條款下產生的實質問題的決定應以協商一致方式作出：第一百六十二條第 2 款(m)項和(o)項；對第十一部分的修正案的通過。

　(e)為了(d)項、(f)項和(g)項的目的，「協商一致」是指沒有任何正式的反對意見。在一項提案向理事會提出後十四天內，理事會主席應確定對該提案的通過是否會有正式的反對意見。如果主席確定會有這種反對意見，則主席應於作出這種確定後三天內成立並召集一個其成員不超過九人的調解委員會，由他本人擔任主席，以調解分歧並提出能夠以協商一致方式通過的提案。委員會應迅速進行工作，並於十四天內向理事會提出報告。如果委員會無法提出能以協商一致方式通過的提案，它應於其報告中說明反對該提案所根據的理由。

　(f)就以上未予列出的問題，經理事會獲得管理局規則、規章和程式或其他規定授權作出的決定，應依據規則、規章和程式所指明的本款各項予以作出，如果其中未予指明，則依據理事會以協商一致方式於可能時提前確定的一項予以作出。

　(g)遇有某一問題究應屬於(a)項、(b)項、(c)項或(d)項的問題，應根據情況將該問題作為在需要較大或最大多數或協商一致的那一項內的問題加以處理，除非理事會以上述多數或協商一致另有決定。

9. 理事會應制訂一項程式，使在理事會內未有代表的管理局成員可在該成員提出要求時或在審議與該成員特別有關的事項時，派出代表參加其會議，這種代表應有權參加討論，但無表決權。

第一百六十二條　權力和職務

1. 理事會為管理局的執行機關。理事會應有權依本公約和大會所制訂的一般政策，制

訂管理局對於其許可權範圍以內的任何問題或事項所應遵循的具體政策。

2. 此外，理事會應：

　(a)就管理局職權範圍內所有問題和事項監督和協調本部分規定的實施，並提請大會注意不遵守規定的情事；

　(b)向大會提出選舉秘書長的候選人名單；

　(c)向大會推薦企業部董事會的董事和企業部總幹事的候選人；

　(d)在適當時，並在妥為顧及節約和效率的情形下，設立其認為按照本部分執行其職務所必要的附屬機關。附屬機關的組成，應注重其成員必須對這種機關所處理的有關技術問題具備資格和才能，但應妥善顧及公平地區分配原則和特別利益；

　(e)制定理事會議事規則，包括推選其主席的方法；

　(f)代表管理局在其職權範圍內同聯合國或其他國際組織締結協定，但須經大會核准；

　(g)審查企業部的報告，並將其轉交大會，同時提交其建議；

　(h)向大會提出年度報告和大會要求的特別報告；

　(i)按照第一百七十條向企業部發出指示；

　(j)按照附件三第六條核准工作計劃。理事會應於法律和技術委員會提出每一工作計劃後六十天內在理事會的會議上按照下列程式對該工作計劃採取行動：

　　(1)如果委員會建議核准一項工作計劃，在十四天內理事會如無任何成員向主席書面提出具體反對意見，指稱不符合附件三第六條的規定，則該工作計劃應視為已獲理事會核准。如有反對意見，即應適用第一百六十一條第 8 款(c)項所載的調解程式。如果在調解程式結束時，反對意見依然堅持，則除非理事會中將提出申請或擔保申請者的任何一國或數國排除在外的成員以協商一致方式對工作計劃不予核准，則該工作計劃應視為已獲理事會核准；

　　(2)如果委員會對一項工作計劃建議不予核准，或未提出建議，理事會可以出席和參加表決的成員的四分之三的多數決定核准該工作計劃，但這一多數須包括參加該次會議的過半數成員；

　(k)核准企業部按照附件四第十二條提出的工作計劃，核准時比照適用(j)項內所列的程式；

　(l)按照第一百五十三條第 4 款和管理局的規則、規章和程式，對「區域」內活動行使控制；

　(m)根據經濟規劃委員會的建議，按照第一百五十條(h)項，制定必要和適當的措施，以保護發展中國家使其不致受到該項中指明的不良經濟影響；

　(n)根據經濟規劃委員會的意見，向大會建議第一百五十一條第 10 款所規定的補償制度或其他經濟調整援助措施；

　(o)(1)向大會建議關於公平分享從「區域」內活動取得的財政及其他經濟利益以及依

據第八十二條所繳費用和實物的規則、規章和程式，特別顧及發展中國家和尚未取得完全獨立或其他自治地位的人民的利益和需要；

　(2)在經大會核准前，暫時制定並適用管理局規則、規章和程式及其任何修正案，考慮到法律和技術委員會或其他有關附屬機構的建議。這種規則、規章和程式應涉及「區域」內的探礦、勘探和開發以及管理局的財務管理和內部行政。對於制定有關多金屬結核的勘探和開發的規則、規章和程式，應給予優先。有關多金屬結核以外任何資源的勘探和開發的規則、規章和程式，應於管理局任何成員向其要求制訂之日起三年內予以制定。所有規則、規章和程式應於大會核准以前或理事會參照大會表示的任何意見予以修改以前，在暫時性的基礎上生效；

(p)審核在依據本部分進行的業務方面由管理局付出或向其繳付的一切款項的收集工作；

(q)在附件三第七條有此要求的情形下，從生產許可的申請者中作出選擇；

(r)將管理局的年度概算提交大會核准；

(s)就管理局職權範圍內的任何問題或事項的政策，向大會提出建議；

(t)依據第一百八十五條，就暫停成員權利和特權的行使向大會提出建議；

(u)在發生不遵守規定的情形下，代表管理局向海底爭端分庭提起司法程式；

(v)經海底爭端分庭在根據(u)項提起的司法程式作出裁判後，將此通知大會，並就其認為應採取的適當措施提出建議；

(w)遇有緊急情況，發佈命令，其中可包括停止或調整作業的命令，以防止「區域」內活動對海洋環境造成嚴重損害；

(x)在有重要證據證明海洋環境有受嚴重損害之虞的情形下，不准由承包者或企業部開發某些區域；

(y)設立一個附屬機關來制訂有關下列兩項財政方面的規則、規章和程式草案：

　(1)按照第一百七十一至第一百七十五條的財務管理；

　(2)按照附件三第十三條和第十七條第 1 款(c)項的財政安排；

(z)設立適當機構來指導和監督視察工作人員，這些視察員負責視察「區域」內活動，以確定本部分的規定、管理局的規則、規章和程式、以及同管理局訂立的任何契約的條款和條件，是否得到遵守。

第一百六十三條　理事會的機關

1.茲設立理事會的機關如下：

(a)經濟規劃委員會；

(b)法律和技術委員會。

2.每一委員會應由理事會根據締約國提名選出的十五名委員組成。但理事會可於必要

時在妥為顧及節約和效率的情形下，決定增加任何一個委員會的委員人數。

3. 委員會委員應具備該委員會職務範圍內的適當資格。締約國應提名在有關領域內有資格的具備最高標準的能力和正直的候選人，以便確保委員會有效執行其職務。

4. 在選舉委員會委員時，應妥為顧及席位的公平地區分配和特別利益有其代表的需要。

5. 任何締約國不得提名一人以上為同一委員會的候選人。任何人不應當選在一個以上委員會任職。

6. 委員會委員任期五年，連選可連任一次。

7. 如委員會委員在其任期屆滿之前死亡、喪失能力或辭職，理事會應從同一地理區域或同一利益方面選出一名委員任滿所餘任期。

8. 委員會委員不應在同「區域」內的勘探和開發有關的任何活動中有財務上的利益。各委員在對其所任職的委員會所負責任限制下，不應洩漏工業秘密、按照附件三第十四條轉讓給管理局的專有性資料，或因其在管理局任職而得悉的任何其他秘密情報，即使在職務終止以後，也是如此。

9. 每一委員會應按照理事會所制定的方針和指示執行其職務。

10. 每一委員會應擬訂為有效執行其職務所必要的規則和規章，並提請理事會核准。

11. 委員會作出決定的程式應由管理局的規則、規章和程式加以規定。提交理事會的建議，必要時應附送委員會內不同意見的摘要。

12. 每一委員會通常應在管理局所在地執行職務，並按有效執行其職務的需要，經常召開會議。

13. 在執行這些職務時，每一委員會可在適當時同另一委員會或聯合國任何主管機關、聯合國各專門機構、或對協商的主題事項具有有關職權的任何國際組織進行協商。

第一百六十四條　經濟規劃委員會

1. 經濟規劃委員會委員應具備諸如與採礦、管理礦物資源活動、國際貿易或國際經濟有關的適當資格。理事會應盡力確保委員會的組成反映出一切適當的資格。委員會至少應有兩個成員來自出口從「區域」取得的各類礦物對其經濟有重大關係的發展中國家。

2. 委員會應：

(a)經理事會請求，提出措施，以實施按照本公約所採取的關於「區域」內活動的決定；

(b)審查可從「區域」取得的礦物的供應、需求和價格的趨勢與對其造成影響的因素，同時考慮到輸入國和輸出國兩者的利益，特別是其中的發展中國家的利益；

(c)審查有關締約國提請其注意的可能導致第一百五十條(h)項內所指不良影響的任何情況，並向理事會提出適當建議；

(d)按照第一百五十一條第10款所規定，向理事會建議對於因「區域」內活動而受到

不良影響的發展中國家提供補償或其他經濟調整援助措施的制度以便提交大會。委員會應就大會通過的這一制度或其他措施對具體情況的適用，向理事會提出必要的建議。

第一百六十五條　法律和技術委員會

1. 法律和技術委員會委員應具備諸如有關礦物資源的勘探和開發及加工、海洋學、海洋環境的保護，或關於海洋採礦的經濟或法律問題以及其他有關的專門知識方面的適當資格。理事會應盡力確保委員會的組成反映出一切適當的資格。

2. 委員會應：

(a)經理事會請求，就管理局職務的執行提出建議；

(b)按照第一百五十三條第 3 款審查關於「區域」內活動的正式書面工作計劃，並向理事會提交適當的建議。委員會的建議應僅以附件三所載的要求為根據，並應就其建議向理事會提出充分報告；

(c)經理事會請求，監督「區域」內活動，在適當情形下，同從事這種活動的任何實體或有關國家協商和合作進行，並向理事會提出報告；

(d)就「區域」內活動對環境的影響準備評價；

(e)向理事會提出關於保護海洋環境的建議，考慮到在這方面公認的專家的意見；

(f)擬訂第一百六十二條第 2 款(o)項所指的規則、規章和程式，提交理事會，考慮到一切有關的因素，包括「區域」內活動對環境影響的評價；

(g)經常審查這種規則、規章和程式，並隨時向理事會建議其認為必要或適宜的修正；

(h)就設立一個以公認的科學方法定期觀察、測算、評價和分析「區域」內活動造成的海洋環境污染危險或影響的監測方案，向理事會提出建議，確保現行規章是足夠的而且得到遵守，並協調理事會核准的監測方案的實施；

(i)建議理事會特別考慮到第一百八十七條，按照本部分和有關附件，代表管理局向海底爭端分庭提起司法程式；

(j)經海底爭端分庭在根據(i)項提起的司法程式作出裁判後，就任何應採取的措施向理事會提出建議；

(k)向理事會建議發佈緊急命令，其中可包括停止或調整作業的命令，以防止「區域」內活動對海洋環境造成嚴重損害。理事會應優先審議這種建議；

(l)在有充分證據證明海洋環境有受嚴重損害之虞的情形下，向理事會建議不准由承包者或企業部開發某些區域；

(m)就視察工作人員的指導和監督事宜，向理事會提出建議，這些視察員應視察「區域」內活動，以確定本部分的規定、管理局的規則、規章和程式、以及同管理局訂立的任何契約的條款和條件是否得到遵守；

(n)在理事會按照附件三第七條在生產許可申請者中作出任何必要選擇後，依據第一

百五十一條第 2 至第 7 款代表管理局計算生產最高限額並發給生產許可。

3. 經任何有關締約國或任何當事一方請求，委員會委員執行其監督和檢查的職務時，應由該有關締約國或其他當事一方的代表一人陪同。

D 分節　秘書處

第一百六十六條　秘書處

1. 秘書處應由秘書長一人和管理局所需要的工作人員組成。
2. 秘書長應由大會從理事會提名的候選人中選舉，任期四年，連選可連任。
3. 秘書長應為管理局的行政首長，在大會和理事會以及任何附屬機關的一切會議上，應以這項身份執行職務，並應執行此種機關交付給秘書長的其他行政職務。
4. 秘書長應就管理局的工作向大會提出年度報告。

第一百六十七條　管理局的工作人員

1. 管理局的工作人員應由執行管理局的行政職務所必要的合格科學及技術人員和其他人員組成。
2. 工作人員的徵聘和雇用，以及其服務條件的決定，應以必須取得在效率、才能和正直方面達到最高標準的工作人員為首要考慮。在這一考慮限制下，應妥善顧及在最廣泛的地區基礎上徵聘工作人員的重要性。
3. 工作人員應由秘書長任命。工作人員的任命、薪酬和解職所根據的條款和條件，應按照管理局的規則、規章和程式。

第一百六十八條　秘書處的國際性

1. 秘書長及工作人員在執行職務時，不應尋求或接受任何政府的指示或管理局以外其他來源的指示。他們應避免足以影響其作為祇對管理局負責的國際官員的地位的任何行動。每一締約國保證尊重秘書長和工作人員所負責任的純粹國際性，不設法影響他們執行其職責。工作人員如有任何違反職責的行為，應提交管理局的規則、規章和程式所規定的適當行政法庭。
2. 秘書長及工作人員在同「區域」內的勘探和開發有關的任何活動中，不應有任何財務上的利益。在他們對管理局所負責任限制下，他們不應洩漏任何工業秘密、按照附件三第十四條轉讓給管理局的專有性資料或因在管理局任職而得悉的任何其他秘密情報，即使在其職務終止以後也是如此。
3. 管理局工作人員如有違反第 2 款所載義務情事，經受到這種違反行為影響的締約國，或由締約國按照第一百五十三條第 2 款(b)項擔保並因這種違反行為而受到影響的自然人或法人的要求，應由管理局將有關工作人員交管理局的規則、規章和程式所指定的法庭處理。受影響的一方應有權參加程式。如經法庭建議，秘書長應將有關工作人員解雇。

4.管理局的規則、規章和程式應載有為實施本條所必要的規定。

第一百六十九條　同國際組織和非政府組織的協商和合作

1. 在管理局職權範圍內的事項上，秘書長經理事會核可，應作出適當的安排，同聯合國經濟及社會理事會承認的國際組織和非政府組織進行協商和合作。

2. 根據第 1 款與秘書長訂有安排的任何組織可指派代表，按照管理局各機關的議事規則，以觀察員的身份參加這些機關的會議。應制訂程式，以便在適當情形下徵求這種組織的意見。

3. 秘書長可向各締約國分發第 1 款所指的非政府組織就其具有特別職權並與管理局工作有關的事項提出的書面報告。

E 分節　企業部

第一百七十條　企業部

1. 企業部應為依據第一百五十三條第 2 款(a)項直接進行「區域」內活動以及從事運輸、加工和銷售從「區域」回收的礦物的管理局機關。

2. 企業部在管理局國際法律人格的範圍內，應有附件四所載章程規定的法律行為能力。企業部應按照本公約、管理局的規則、規章和程式以及大會制訂的一般政策行事，並應受理事會的指示和控制。

3. 企業部總辦事處應設在管理局所在地。

4. 企業部應按照第一百七十三條第 2 款和附件四第十一條取得執行職務所需的資金，並應按照第一百四十四條和本公約其他有關條款規定得到技術。

F 分節　管理局的財政安排

第一百七十一條　管理局的資金

管理局的資金應包括：

(a)管理局各成員按照第一百六十條第 2 款(e)項繳付的分攤會費；

(b)管理局按照附件三第十三條因「區域」內活動而得到的收益；

(c)企業部按照附件四第十條轉來的資金；

(d)依據第一百七十四條借入的款項；

(e)成員或其他實體所提供的自願捐款；和

(f)按照第一百五十一條第 10 款向補償基金繳付的款項，基金的來源由經濟規劃委員會提出建議。

第一百七十二條　管理局的年度預算

秘書長應編制管理局年度概算，向理事會提出。理事會應審議年度概算，並連同其對概算的任何建議向大會提出。大會應按照第一百六十條第 2 款(h)項審議並核准年度概

算。

第一百七十三條　管理局的開支

1.在管理局未能從其他來源得到足夠資金以應付其行政開支以前，第一百七十一條(a)項所指的會費應繳入特別帳戶，以支付管理局的行政開支。

2.管理局的資金應首先支付管理局的行政開支。除了第一百七十一條(a)項所指分攤會費外，支付行政開支後所餘資金，除其他外，可：

　(a)按照第一百四十條和第一百六十條第 2 款(g)項加以分配；

　(b)按照第一百七十條第 4 款用以向企業部提供資金；

　(c)按照第一百五十一條第 10 款和第一百六十條第 2 款(1)項用以補償發展中國家。

第一百七十四條　管理局的借款權

1.管理局應有借款的權力。

2.大會應在依據第一百六十條第 2 款(f)項所制定的財務條例中規定對此項權力的限制。

3.理事會應行使管理局的借款權。

4.締約國對管理局的債務應不負責任。

第一百七十五條　年度審計

管理局的記錄、帳簿和帳目，包括其年度財務報表，應每年交由大會指派的一位獨立審計員審核。

G 分節　法律地位、特權和豁免

第一百七十六條　法律地位

管理局應具有國際法律人格以及為執行其職務和實現其宗旨所必要的法律行為能力。

第一百七十七條　特權和豁免

使其能夠執行職務，管理局應在每一締約國的領土內享有本分節所規定的特權和豁免。同企業部有關的特權和豁免應附件四第十三條內所規定者。

第一百七十八條　法律程式的豁免

管理局其財產和資產，應享有對法律程式的豁免，但管理局在特定事件中明白放棄這種豁免時，不在此限。

第一百七十九條　對搜查和任何其他形式扣押的豁免

管理局的財產和資產，不論位於何處和為何人持有，應免受搜查、徵用、沒收、公用徵收或以行政或立法行動進行的任何其他形式的扣押。

第一百八十條　限制、管制、控制和暫時凍結的免除

管理局的財產和資產應免除任何性質的限制、管理、控制和暫時凍結。

第一百八十一條　管理局的檔案和公務通訊

1. 管理局的檔案不論位於何處，應屬不可侵犯。

2. 專有的資料、工業秘密或類似的情報和人事卷宗不應置於可供公眾查閱的檔案中。

3. 關於管理局的公務通訊，每一締約國應給予管理局不低於給予其他國際組織的待遇。

第一百八十二條　若干與管理局有關人員的特權和豁免

締約國代表出席大會、理事會、或大會或理事會所屬機關的會議時，以及管理局的秘書長和工作人員，在每一締約國領土內：

(a)應就他們執行職務的行為，享有對法律程式的豁免，但在適當情形下，他們所代表的國家或管理局在特定事件中明白放棄這種豁免時，不在此限；

(b)如果他們不是締約國國民，應比照該國應給予其他締約國職級相當的代表、官員和雇員的待遇、享有在移民限制、外僑登記規定和國民服役義務方面的同樣免除、外匯管制方面的同樣便利和旅行便利方面的同樣待遇。

第一百八十三條　稅捐和關稅的免除

1. 在其公務活動範圍內，管理局及其資產、財產和收入，以及本公約許可的管理局的業務和交易，應免除一切直接稅捐，對其因公務用途而進口或出口的貨物也應免除一切關稅。管理局不應要求免除僅因提供服務而收取的費用的稅款。

2. 管理局的公務活動需要，由管理局或以管理局的名義採購價值巨大的貨物或服務時，以及當這種貨物或服務的價款包括稅捐或關稅在內時，各締約國應在可行範圍內採取適當措施，准許免除這種稅捐或關稅或設法將其退還。在本條規定的免除下進口或採購的貨物，除非根據與該締約國協定的條件，不應在給予免除的締約國領土內出售或作其他處理。

3. 各締約國對於管理局付給非該國公民、國民或管轄下人員的管理局秘書長和工作人員以及為管理局執行任務的專家的薪給和酬金或其他形式的費用，不應課稅。

H 分節　成員國權利的特權的暫停行使

第一百八十四條　表決權的暫停行使

一個締約國拖欠對管理局應繳的費用，如果拖欠數額等於或超過該國前兩整年應繳費用的總額，該國應無表決權。但大會如果確定該成員國由於本國無法控制的情況而不能繳費，可准許該國參加表決。

第一百八十五條　成員權利和特權的暫停行使

1. 締約國如一再嚴重違反本部分的規定，大會可根據理事會的建議暫停該國行使成員的權利和特權。

2. 在海底爭端分庭認定一個締約國一再嚴重違反本部分規定以前，不得根據第 1 款採取任何行動。

第五節　爭端的解決和諮詢意見

第一百八十六條　國際海洋法法庭海底爭端分庭

海底爭端分庭的設立及其行使管轄權的方式均應按照本節、第十五部分和附件六的規定。

第一百八十七條　海底爭端分庭的管轄權

海底爭端分庭根據本部分及其有關的附件，對以下各類有關「區域」內活動的爭端應有管轄權：

(a)締約國之間關於本部分及其有關附件的解釋或適用的爭端；

(b)締約國與管理局之間關於下列事項的爭端：

　(1)管理局或締約國的行為或不行為據指控違反本部分或其有關附件或按其制定的規則、規章或程式；或

　(2)管理局的行為據指控逾越其管轄權或濫用權力；

(c)第一百五十三條第 2 款(b)項內所指的，作為契約當事各方的締約國、管理局或企業部、國營企業以及自然人或法人之間關於下列事項的爭端：

　(1)對有關契約或工作計劃的解釋或適用；或

　(2)契約當事一方在「區域」內活動方面針對另一方或直接影響其合法利益的行為或不行為；

(d)管理局同按照第一百五十三條第 2 款(b)項由國家擔保且已妥為履行附件三第四條第 6 款和第十三條第 2 款所指條件的未來承包者之間關於訂立契約的拒絕，或談判契約時發生的法律問題的爭端；

(e)管理局同締約國、國營企業或按照第一百五十三條第 2 款(b)項由締約國擔保的自然人或法人之間關於指控管理局應依附件三第二十二條的規定負擔賠償責任的爭端；

(f)本公約具體規定由分庭管轄的任何爭端。

第一百八十八條　爭端提交國際海洋法法庭特別分庭或海底爭端分庭專案分庭或提交有拘束力的商業仲裁

　1.第一百八十七條(a)項所指各締約國間的爭端可：

　　(a)應爭端各方的請求，提交按照附件六第十五和第十七條成立的國際海洋法法庭特別分庭；或

　　(b)應爭端任何一方的請求，提交按照附件六第三十六條成立的海底爭端分庭專案分庭。

　2.(a)有關第一百八十七條(c)項(1)目內所指契約的解釋或適用的爭端，經爭端任何一方請求，應提交有拘束力的商業仲裁，除非爭端各方另有協定。爭端所提交的商業仲裁法庭對決定本公約的任何解釋問題不具有管轄權。如果爭端也涉及關於「區

域」內活動的第十一部分及其有關附件的解釋問題，則應將該問題提交海底爭端
分庭裁定；

(b)在此種仲裁開始時或進行過程中，如果仲裁法庭經爭端任何一方請求，或根據自
己決定，斷定其裁決須取決於海底爭端分庭的裁定，則仲裁法庭應將此種問題提
交海底爭端分庭裁定。然後，仲裁法庭應依照海底爭端分庭的裁定作出裁決；

(c)在契約沒有規定此種爭端所應適用的仲裁程式的情形下，除非爭端各方另有協定，
仲裁應按照聯合國國際貿易法委員會的仲裁規則，或管理局的規則、規章和程式
中所規定的其他這種仲裁規則進行。

第一百八十九條　在管理局所作決定方面管轄權的限制

海底爭端分庭對管理局按照本部分規定行使斟酌決定權應無管轄權；在任何情形下，
均不應以其斟酌決定權代替管理局的斟酌決定權。在不妨害第一百九十一條的情形下，
海底爭端分庭依據第一百八十七條行使其管轄權時，不應對管理局的任何規則、規章
和程式是否符合本公約的問題表示意見，也不應宣佈任何此種規則、規章和程式為無
效。分庭在這方面的管轄權應限於就管理局的任何規則、規章和程式適用於個別案件
將同爭端各方的契約上義務或其在本公約下的義務相抵觸的主張，就逾越管轄權或濫
用權力的主張，以及就一方未履行其契約上義務或其在本公約下的義務而應給予有關
另一方損害賠償或其他補救的要求，作出決定。

第一百九十條　擔保締約國的參加程式和出庭

1.如自然人或法人為第一百八十七條所指爭端的一方，應將此事通知其擔保國，該國
應有權以提出書面或口頭陳述的方式參加司法程式。

2.如果一個締約國擔保的自然人或法人在第一百八十七條(c)項所指的爭端中對另一締
約國提出訴訟，被告國可請擔保該人的國家代表該人出庭。如果不能出庭，被告國
可安排屬其國籍的法人代表該國出庭。

第一百九十一條　諮詢意見

海底爭端分庭經大會或理事會請求，應對它們活動範圍內發生的法律問題提出諮詢意
見。這種諮詢意見應作為緊急事項提出。

第十二部分　海洋環境的保護和保全

第一節　一般規定

第一百九十二條　一般義務

各國有保護和保全海洋環境的義務。

第一百九十三條　各國開發其自然資源的主權權利

各國有依據其環境政策和按照其保護和保全海洋環境的職責開發其自然資源的主權權

利。

第一百九十四條 防止、減少和控制海洋環境污染的措施

1. 各國應在適當情形下個別或聯合地採取一切符合本公約的必要措施，防止、減少和控制任何來源的海洋環境污染，此目的，按照其能力使用其所掌握的最切實可行的方法，並應在這方面盡力協調它們的政策。

2. 各國應採取一切必要措施，確保在其管轄或控制下的活動的進行不致使其他國家及其環境遭受污染的損害，並確保在其管轄或控制範圍內的事件或活動所造成的污染不致擴大到其按照本公約行使主權權利的區域之外。

3. 依據本部分採取的措施，應針對海洋環境的一切污染來源。這些措施，除其他外，應包括旨在在最大可能範圍內儘量減少下列污染的措施：

   (a)從陸上來源、從大氣層或通過大氣層或由於傾倒而放出的有毒、有害或有礙健康的物質，特別是持久不變的物質；

   (b)來自船隻的污染，特別是為了防止意外事件和處理緊急情況，保證海上操作安全，防止故意和無意的排放，以及規定船隻的設計、建造、裝備、操作和人員配備的措施；

   (c)來自用於勘探或開發海床和底土的自然資源的設施和裝置的污染，特別是為了防止意外事件和處理緊急情況，保證海上操作安全，以及規定這些設施或裝置的設計、建造、裝備、操作和人員配備的措施；

   (d)來自在海洋環境內操作的其他設施和裝置的污染，特別是為了防止意外事件和處理緊急情況，保證海上操作安全，以及規定這些設施或裝置的設計、建造、裝備、操作和人員配備的措施。

4. 各國採取措施防止、減少或控制海洋環境的污染時，不應對其他國家依照本公約行使其權利並履行其義務所進行的活動有不當的干擾。

5. 按照本部分採取的措施，應包括為保護和保全稀有或脆弱的生態系統，以及衰竭、受威脅或有滅絕危險的物種和其他形式的海洋生物的生存環境，而有必要的措施。

第一百九十五條 不將損害或危險轉移或將一種污染轉變成另一種污染的義務

各國在採取措施防止、減少和控制海洋環境的污染時採取的行動不應直接或間接將損害或危險從一個區域轉移到另一個區域，或將一種污染轉變成另一種污染。

第一百九十六條 技術的使用或外來的或新的物種的引進

1. 各國應採取一切必要措施以防止、減少和控制由於在其管轄或控制下使用技術而造成的海洋環境污染，或由於故意或偶然在海洋環境某一特定部分引進外來的或新的物種致使海洋環境可能發生重大和有害的變化。

2. 本條不影響本公約對防止、減少和控制海洋環境污染的適用。

第二節　全球性和區域性合作

第一百九十七條　在全球性或區域性的基礎上的合作

各國在為保護和保全海洋環境而擬訂和制訂符合本公約的國際規則、標準和建議的辦法及程式時，應在全球性的基礎上或在區域性的基礎上，直接或通過主管國際組織進行合作，同時考慮到區域的特點。

第一百九十八條　即將發生的損害或實際損害的通知

當一國獲知海洋環境有即將遭受污染損害的迫切危險或已經遭受污染損害的情況時，應立即通知其認為可能受這種損害影響的其他國家以及各主管國際組織。

第一百九十九條　對污染的應急計劃

在第一百九十八條所指的情形下，受影響區域的各國，應按照其能力，與各主管國際組織盡可能進行合作，以消除污染的影響並防止或儘量減少損害。為此目的，各國應共同發展和促進各種應急計劃，以應付海洋環境的污染事故。

第二百條　研究、研究方案及情報和資料的交換

各國應直接或通過主管國際組織進行合作，以促進研究、實施科學研究方案，並鼓勵交換所取得的關於海洋環境污染的情報和資料。各國應盡力積極參加區域性和全球性方案，以取得有關鑑定污染的性質和範圍、面臨污染的情況以及其通過的途徑、危險和補救辦法的知識。

第二百零一條　規章的科學標準

各國應參照依據第二百條取得的情報和資料，直接或通過主管國際組織進行合作，訂立適當的科學準則，以便擬訂和制訂防止、減少和控制海洋環境污染的規則、標準和建議的辦法及程式。

第三節　技術援助

第二百零二條　對發展中國家的科學和技術援助

各國應直接或通過主管國際組織：

(a)促進對發展中國家的科學、教育、技術和其他方面援助的方案，以保護和保全海洋環境，並防止、減少和控制海洋污染。這種援助，除其他外，應包括：

　　(1)訓練其科學和技術人員；

　　(2)便利其參加有關的國際方案；

　　(3)向其提供必要的裝備和便利；

　　(4)提高其製造這種裝備的能力；

　　(5)就研究、監測、教育和其他方案提供意見並發展設施。

(b)提供適當的援助，特別是對發展中國家，以儘量減少可能對海洋環境造成嚴重污染

的重大事故的影響。

(c)提供關於編制環境評價的適當援助，特別是對發展中國家。

第二百零三條　對發展中國家的優惠待遇

為了防止、減少和控制海洋環境污染或儘量減少其影響的目的，發展中國家應在下列事項上獲得各國際組織的優惠待遇：

(a)有關款項和技術援助的分配；和

(b)對各該組織專門服務的利用。

第四節　監測和環境評價

第二百零四條　對污染危險或影響的監測

1. 各國應在符合其他國家權利的情形下，在實際可行範圍內，盡力直接或通過各主管國際組織，用公認的科學方法觀察、測算、估計和分析海洋環境污染的危險或影響。

2. 各國特別應不斷監視其所准許或從事的任何活動的影響，以便確定這些活動是否可能污染海洋環境。

第二百零五條　報告的發展

各國應發表依據第二百零四條所取得的結果的報告，或每隔相當期間向主管國際組織提出這種報告，各該組織應將上述報告提供所有國家。

第二百零六條　對各種活動的可能影響的評價

各國如有合理根據認為在其管轄或控制下的計劃中的活動可能對海洋環境造成重大污染或重大和有害的變化，應在實際可行範圍內就這種活動對海洋環境的可能影響作出評價，並應依照第二百零五條規定方式提送這些評價結果的報告。

第五節　防止、減少和控制海洋環境污染的國際規則和國內立法

第二百零七條　陸地來源的污染

1. 各國應制定法律和規章，以防止、減少和控制陸地來源，包括河流、河口灣、管道和排水口結構對海洋環境的污染，同時考慮到國際上議定的規則、標準和建議的辦法及程式。

2. 各國應採取其他可能必要的措施，以防止、減少和控制這種污染。

3. 各國應盡力在適當的區域一級協調其在這方面的政策。

4. 各國特別應通過主管國際組織或外交會議採取行動，盡力制訂全球性和區域性規則、標準和建議的辦法及程式，以防止、減少和控制這種污染，同時考慮到區域的特點，發展中國家的經濟能力及其經濟發展的需要。這種規則、標準和建議的辦法及程式應根據需要隨時重新審查。

5. 第1、第2和第4款提及的法律、規章、措施、規則、標準和建議的辦法及程式，

應包括旨在在最大可能範圍內儘量減少有毒、有害或有礙健康的物質，特別是持久不變的物質，排放到海洋環境的各種規定。

第二百零八條　國家管轄的海底活動造成的污染

1. 沿海國應制定法律和規章，以防止、減少和控制來自受其管轄的海底活動或與此種活動有關的對海洋環境的污染以及來自依據第六十和第八十條在其管轄下的人工島嶼、設施和結構對海洋環境的污染。
2. 各國應採取其他可能必要的措施，以防止、減少和控制這種污染。
3. 這種法律、規章和措施的效力應不低於國際規則、標準和建議的辦法及程式。
4. 各國應盡力在適當的區域一級協調其在這方面的政策。
5. 各國特別應通過主管國際組織或外交會議採取行動，制訂全球性和區域性規則、標準和建議的辦法及程式，以防止、減少和控制第 1 款所指的海洋環境污染。這種規則、標準和建議的辦法及程式應根據需要隨時重新審查。

第二百零九條　來自「區域」內活動的污染

1. 為了防止、減少和控制「區域」內活動對海洋環境的污染，應按照第十一部分制訂國際規則、規章和程式。這種規則、規章和程式應根據需要隨時重新審查。
2. 在本節有關規定的限制下，各國應制定法律和規章，以防止、減少和控制由懸掛其旗幟或在其國內登記或在其權力下經營的船隻、設施、結構和其他裝置所進行的「區域」內活動造成對海洋環境的污染。這種法律和規章的要求的效力應不低於第 1 款所指的國際規則、規章和程式。

第二百十條　傾倒造成的污染

1. 各國應制定法律和規章，以防止、減少和控制傾倒對海洋環境的污染。
2. 各國應採取其他可能必要的措施，以防止、減少和控制這種污染。
3. 這種法律、規章和措施應確保非經各國主管當局准許，不進行傾倒。
4. 各國特別應通過主管國際組織或外交會議採取行動，盡力制訂全球性和區域性規則、標準和建議的辦法及程式，以防止、減少和控制這種污染。這種規則、標準和建議的辦法及程式應根據需要隨時重新審查。
5. 非經沿海國事前明示核准，不應在領海和專屬經濟區內或在大陸架上進行傾倒，沿海國經與由於地理處理可能受傾倒不利影響的其他國家適當審議此事後，有權准許、規定和控制這種傾倒。
6. 國內法律、規章和措施在防止、減少和控制這種污染方面的效力應不低於全球性規則和標準。

第二百十一條　來自船隻的污染

1. 各國應通過主管國際組織或一般外交會議採取行動，制訂國際規則和標準，以防止、減少和控制船隻對海洋環境的污染，並於適當情形下，以同樣方式促進對劃定航線

制度的採用，以期儘量減少可能對海洋環境，包括對海岸造成污染和對沿海國的有關利益可能造成污染損害的意外事件的威脅。這種規則和標準應根據需要隨時以同樣方式重新審查。

2. 各國應制定法律和規章，以防止、減少和控制懸掛其旗幟或在其國內登記的船隻對海洋環境的污染。這種法律和規章至少應具有與通過主管國際組織或一般外交會議制訂的一般接受的國際規則和標準相同的效力。

3. 各國如制訂關於防止、減少和控制海洋環境污染的特別規定作為外國船隻進入其港口或內水或在其岸外設施停靠的條件，應將這種規定妥善公佈，並通知主管國際組織。如兩個或兩個以上的沿海國制訂相同的規定，以求協調政策，在通知時應說明哪些國家參加這種合作安排。每個國家應規定懸掛其旗幟或在其國內登記的船隻的船長在參加這種合作安排的國家的領海內航行時，經該國要求應向其提送通知是否正駛往參加這種合作安排的同一區域的國家，如係駛往這種國家，應說明是否遵守該國關於進入港口的規定。本條不妨害船隻繼續行使其無害通過權，也不妨害第二十五條第 2 款的適用。

4. 沿海國在其領海內行使主權，可制定法律和規章，以防止、減少和控制外國船隻，包括行使無害通過權的船隻對海洋的污染。按照第二部分第三節的規定，這種法律和規章不應阻礙外國船隻的無害通過。

5. 沿海國為第六節所規定的執行的目的，可對其專屬經濟區制定法律和規章，以防止、減少和控制來自船隻的污染。這種法律和規章應符合通過主管國際組織或一般外交會議制訂的一般接受的國際規則和標準，並使其有效。

6. (a)如果第 1 款所指的國際規則和標準不足以適應特殊情況，又如果沿海國有合理根據認為其專屬經濟區某一明確劃定的特定區域，因與其海洋學和生態條件有關的公認技術理由，以及該區域的利用或其資源的保護及其在航運上的特殊性質，要求採取防止來自船隻的污染的特別強制性措施，該沿海國通過主管國際組織與任何其他有關國家進行適當協商後，可就該區域向該組織送發通知，提出所依據的科學和技術證據，以及關於必要的回收設施的情報。該組織收到這種通知後，應在十二個月內確定該區域的情況與上述要求是否相符。如果該組織確定是符合的，該沿海國即可對該區域制定防止、減少和控制來自船隻的污染的法律和規章，實施通過主管國際組織使其適用於各特別區域的國際規則和標準或航行辦法。在向該組織送發通知滿十五個月後，這些法律和規章才可適用於外國船隻；(b)沿海國應公佈任何這種明確劃定的特定區域的界限；(c)如果沿海國有意為同一區域制定其他法律和規章，以防止、減少和控制來自船隻的污染，它們應於提出上述通知時，同時將這一意向通知該組織。這種增訂的法律和規章可涉及排放和航行辦法，但不應要求外國船隻遵守一般接受的國際規則和標準以外的設計、建造、人員配備和裝備標準；這種法律

和規章應在向該組織送發通知十五個月後適用於外國船隻，但須在送發通知後十二個月內該組織表示同意。

7. 本條所指的國際規則和標準，除其他外，應包括遇有引起排放或排放可能的海難等事故時，立即通知其海岸或有關利益可能受到影響的沿海國的義務。

第二百十二條　來自大氣層或通過大氣層的污染

1. 各國為防止、減少和控制來自大氣層或通過大氣層的海洋環境污染，應制定適用於在其主權下的上空和懸掛其旗幟的船隻或在其國內登記的船隻或飛機的法律和規章，同時考慮到國際上議定的規則、標準和建議的辦法及程式，以及航空的安全。

2. 各國應採取其他可能必要的措施，以防止、減少和控制這種污染。

3. 各國特別應通過主管國際組織或外交會議採取行動,盡力制訂全球性和區域性規則、標準和建議的辦法及程式，以防止、減少和控制這種污染。

第六節　執行

第二百十三條　關於陸地來源的污染的執行

各國應執行其按照第二百零七條制定的法律和規章，並應制定法律和規章和採取其他必要措施，以實施通過主管國際組織或外交會議為防止、減少和控制陸地來源對海洋環境的污染而制訂的可適用的國際規則和標準。

第二百十四條　關於來自海底活動的污染的執行

各國為防止、減少和控制來自受其管轄的海底活動或與此種活動有關的對海洋環境的污染以及來自依據第六十和第八十條在其管轄下的人工島嶼、設施和結構對海洋環境的污染，應執行其按照第二百零八條制定的法律和規章，並應制定必要的法律和規章和採取其他必要措施，以實施通過主管國際組織或外交會議制訂的可適用的國際規則和標準。

第二百十五條　關於來自「區域」內活動的污染的執行

為了防止、減少和控制「區域」內活動對海洋環境的污染而按照第十一部分制訂的國際規則、規章和程式，其執行應受該部分支配。

第二百十六條　關於傾倒造成污染的執行

1. 為了防止、減少和控制傾倒對海洋環境的污染而按照本公約制定的法律和規章，以及通過主管國際組織或外交會議制訂的可適用的國際規則和標準，應依下列規定執行：

(a) 對於在沿海國領海或其專屬經濟區內或在其大陸架上的傾倒,應由該沿海國執行；

(b) 對於懸掛旗籍國旗幟的船隻或在其國內登記的船隻和飛機，應由該旗籍國執行；

(c) 對於在任何國家領土內或在其岸外設施裝載廢料或其他物質的行為，應由該國執行。

2.本條不應使任何國家承擔提起司法程式的義務，如果另一國已按照本條提起這種程式。

第二百十七條　船旗國的執行

1.各國應確保懸掛其旗幟或在其國內登記的船隻，遵守為防止、減少和控制來自船隻的海洋環境的污染而通過主管國際組織或一般外交會議制訂的可適用的國際規則和標準以及各該國按照本公約制定的法律和規章，並應為此制定法律和規章和採取其他必要措施，以實施這種規則、標準、法律和規章。船旗國應作出規定使這種規則、標準、法律和規章得到有效執行，不論違反行為在何處發生。

2.各國特別應採取適當措施，以確保懸掛其旗幟或在其國內登記的船隻，在能遵守第 1 款所指的國際規則和標準的規定，包括關於船隻的設計、建造、裝備和人員配備的規定以前，禁止其出海航行。

3.各國應確保懸掛其旗幟或在其國內登記的船隻在船上持有第 1 款所指的國際規則和標準所規定並依據該規則和標準頒發的各種證書。各國應確保懸掛其旗幟的船隻受到定期檢查，以證實這些證書與船隻的實際情況相符。其他國家應接受這些證書，作為船隻情況的證據，並應將這些證書視為與其本國所發的證書具有相同效力，除非有明顯根據認為船隻的情況與證書所載各節有重大不符。

4.如果船隻違反通過主管國際組織或一般外交會議制訂的規則和標準，船旗國在不妨害第二百十八、第二百二十和第二百二十八條的情形下，應設法立即進行調查，並在適當情形下應對被指控的違反行為提起司法程式，不論違反行為在何處發生，也不論這種違反行為所造成的污染在何處發生或發現。

5.船旗國調查違反行為時，可向提供合作能有助於澄清案件情況的任何其他國家請求協助。各國應盡力滿足船旗國的適當請求。

6.各國經任何國家的書面請求，應對懸掛其旗幟的船隻被指控所犯的任何違反行為進行調查。船旗國如認為有充分證據可對被指控的違反行為提起司法程式，應毫不遲延地按照其法律提起這種程式。

7.船旗國應將所採取行動及其結果迅速通知請求國和主管國際組織。所有國家應能得到這種情報。

8.各國的法律和規章對懸掛其旗幟的船隻所規定的處罰應足夠嚴厲，以防阻違反行為在任何地方發生。

第二百十八條　港口國的執行

1.當船隻自願位於一國港口或岸外設施時，該國可對該船違反通過主管國際組織或一般外交會議制訂的可適用的國際規則和標準在該國內水、領海或專屬經濟區外的任何排放進行調查，並可在有充分證據的情形下，提起司法程式。

2.對於在另一國內水、領海或專屬經濟區內發生的違章排放行為，除非經該國、船旗

國或受違章排放行為損害或威脅的國家請求，或者違反行為已對或可能對提起司法程式的國家的內水、領海或專屬經濟區造成污染，不應依據第 1 款提起司法程式。

3. 當船隻自願位於一國港口或岸外設施時，該國應在實際可行範圍內滿足任何國家因認為第 1 款所指的違章排放行為已在其內水、領海或專屬經濟區內發生、對其內水、領海或專屬經濟區已造成損害或有損害的威脅而提出的進行調查的請求，並且應在實際可行範圍內，滿足船旗國對這一違反行為所提出的進行調查的請求，不論違反行為在何處發生。

4. 港口國依據本條規定進行的調查的記錄，如經請求，應轉交船旗國或沿海國。在第七節限制下，如果違反行為發生在沿海國的內水、領海或專屬經濟區內，港口國根據這種調查提起的任何司法程式，經該沿海國請求可暫停進行。案件的證據和記錄，連同繳交港口國當局的任何保證書或其他財政擔保，應在這種情形下轉交給該沿海國。轉交後，在港口國即不應繼續進行司法程序。

第二百十九條　關於船隻適航條件的避免污染措施

在第七節限制下，各國如經請求或出於自己主動，已查明在其港口或岸外設施的船隻違反關於船隻適航條件的可適用的國際規則和標準從而有損害海洋環境的威脅，應在實際可行範圍內採取行政措施以阻止該船航行。這種國家可准許該船僅駛往最近的適當修船廠，並應於違反行為的原因消除後，准許該船立即繼續航行。

第二百二十條　沿海國的執行

1. 當船隻自願位於一國港口或岸外設施時，該國對在其領海或專屬經濟區內發生的任何違反關於防止、減少和控制船隻造成的污染的該國按照本公約制定的法律和規章或可適用的國際規則和標準的行為，可在第七節限制下，提起司法程序。

2. 如有明顯根據認為在一國領海內航行的船隻，在通過領海時，違反關於防止、減少和控制來自船隻的污染的該國按照本公約制定的法律和規章或可適用的國際規則和標準，該國在不妨害第二部分第三節有關規定的適用的情形下，可就違反行為對該船進行實際檢查，並可在有充分證據時，在第七節限制下按照該國法律提起司法程序，包括對該船的拘留在內。

3. 如有明顯根據認為在一國專屬經濟區或領海內航行的船隻，在專屬經濟區內違反關於防止、減少和控制來自船隻的污染的可適用的國際規則和標準或符合這種國際規則和標準並使其有效的該國的法律和規章，該國可要求該船提供關於該船的識別標誌、登記港口、上次停泊和下次停泊的港口，以及其他必要的有關情報，以確定是否已有違反行為發生。

4. 各國應制定法律和規章，並採取其他措施，以使懸掛其旗幟的船隻遵從依據第 3 款提供情報的要求。

5. 如有明顯根據認為在一國專屬經濟區或領海內航行的船隻，在專屬經濟區內犯有第

3 款所指的違反行為而導致大量排放,對海洋環境造成重大污染或有造成重大污染的威脅,該國在該船拒不提供情報,或所提供的情報與明顯的實際情況顯然不符,並且依案件情況確有進行檢查的理由時,可就有關違反行為的事項對該船進行實際檢查。

6. 如有明顯客觀證據證明在一國專屬經濟區或領海內航行的船隻,在專屬經濟區內犯有第 3 款所指的違反行為而導致排放,對沿海國的海岸或有關利益,或對其領海或專屬經濟區內的任何資源,造成重大損害或有造成重大損害的威脅,該國在有充分證據時,可在第七節限制下,按照該國法律提起司法程序,包括對該船的拘留在內。

7. 雖有第 6 款的規定,無論何時如已通過主管國際組織或另外協定制訂了適當的程序,從而已經確保關於保證書或其他適當財政擔保的規定得到遵守,沿海國如受這種程序的拘束,應即准許該船繼續航行。

8. 第 3、第 4、第 5、第 6 和第 7 款的規定也應適用於依據第二百十一條第 6 款制定的國內法律和規章。

第二百二十一條 避免海難引起污染的措施

1. 本部分的任何規定不應妨害各國為保護其海岸或有關利益,包括捕魚,免受海難或與海難有關的行動所引起,並能合理預期造成重大有害後果的污染或污染威脅,而依據國際法,不論是根據習慣還是條約,在其領海範圍以外,採取和執行與實際的或可能發生的損害相稱的措施的權利。

2. 本條的目的,「海難」是指船隻碰撞、擱淺或其他航行事故,或船上或船外所發生對船隻或船貨造成重大損害或重大損害的迫切威脅的其他事故。

第二百二十二條 對來自大氣層或通過大氣層的污染的執行

各國應對在其主權下的上空或懸掛其旗幟的船隻或在其國內登記的船隻和飛機,執行其按照第二百十二條第 1 款和本公約其他規定制定的法律和規章,並應依照關於空中航行安全的一切有關國際規則和標準,制定法律和規章並採取其他必要措施,以實施通過主管國際組織或外交會議為防止、減少和控制來自大氣層或通過大氣層的海洋環境污染而制訂的可適用的國際規則和標準。

第七節 保障辦法

第二百二十三條 便利司法程序的措施

在依據本部分提起的司法程序中,各國應採取措施,便利對證人的聽詢以及接受另一國當局或主管國際組織提交的證據,並應便利主管國際組織、船旗國或受任何違反行為引起污染影響的任何國家的官方代表參與這種程序。參與這種程序的官方代表應享有國內法律和規章或國際法規定的權利與義務。

第二百二十四條 執行權力的行使

本部分規定的對外國船隻的執行權力，祇有官員或軍艦、軍用飛機或其他有清楚標誌可以識別為政府服務並經授權的船舶或飛機才能行使。

第二百二十五條　行使執行權力時避免不良後果的義務

在根據本公約對外國船隻行使執行權力時，各國不應危害航行的安全或造成對船隻的任何危險，或將船隻帶至不安全的港口或停泊地，或使海洋環境面臨不合理的危險。

第二百二十六條　調查外國船隻

1.(a)各國羈留外國船隻不得超過第二百十六、第二百十八和第二百二十條規定的調查目的所必需的時間。任何對外國船隻的實際檢查應祇限於查閱該船按照一般接受的國際規則和標準所須持有的證書、記錄或其他文件或其所持有的任何類似文件；對船隻的進一步的實際檢查，祇有在經過這樣的查閱後以及在下列情況下，才可進行：

(1)有明顯根據認為該船的情況或其裝備與這些文件所載各節有重大不符；

(2)這類文件的內容不足以證實或證明涉嫌的違反行為；或

(3)該船未持有有效的證件和記錄。

(b)如果調查結果顯示有違反關於保護和保全海洋環境的可適用的法律和規章或國際規則和標準的行為，則應於完成提供保證書或其他適當財政擔保等合理程式後迅速予以釋放。

(c)在不妨害有關船隻適航性的可適用的國際規則和標準的情形下，無論何時如船隻的釋放可能對海洋環境引起不合理的損害威脅，可拒絕釋放或以駛往最近的適當修船廠為條件予以釋放。在拒絕釋放或對釋放附加條件的情形下，必須迅速通知船隻的船旗國，該國可按照第十五部分尋求該船的釋放。

2.各國應合作制定程序，以避免在海上對船隻作不必要的實際檢查。

第二百二十七條　對外國船隻的無歧視

各國根據本部分行使其權利和履行其義務時，不應在形式上或事實上對任何其他國家的船隻有所歧視。

第二百二十八條　提起司法程序的暫停和限制

1.對於外國船隻在提起司法程序的國家的領海外所犯任何違反關於防止、減少和控制來自船隻的污染的可適用的法律和規章或國際規則和標準的行為訴請加以處罰的司法程序，於船旗國在這種程序最初提起之日起六個月內就同樣控告提出加以處罰的司法程序時，應即暫停進行，除非這種程序涉及沿海國遭受重大損害的案件或有關船旗國一再不顧其對本國船隻的違反行為有效地執行可適用的國際規則和標準的義務。船旗國無論何時，如按照本條要求暫停進行司法程序，應於適當期間內將案件全部卷宗和程序記錄提供早先提起程序的國家。船旗國提起的司法程序結束時，暫停的司法程序應予終止。在這種程序中應收的費用經繳納後，沿海國應發還與暫停

的司法程序有關的任何保證書或其他財政擔保。

2. 從違反行為發生之日起滿三年後，對外國船隻不應再提起加以處罰的司法程序，又如另一國家已在第 1 款所載規定的限制下提起司法程序，任何國家均不得再提起這種程序。

3. 本條的規定不妨害船旗國按照本國法律採取任何措施，包括提起加以處罰的司法程序的權利，不論別國是否已先提起這種程序。

第二百二十九條　民事訴訟程序的提起

本公約的任何規定不影響因要求賠償海洋環境污染造成的損失或損害而提起民事訴訟程序。

第二百三十條　罰款和對被告的公認權利的尊重

1. 對外國船隻在領海以外所犯違反關於防止、減少和控制海洋環境污染的國內法律和規章或可適用的國際規則和標準的行為，僅可處以罰款。

2. 對外國船隻在領海內所犯違反關於防止、減少和控制海洋環境污染的國內法律和規章或可適用的國際規則和標準的行為，僅可處以罰款，但在領海內故意和嚴重地造成污染的行為除外。

3. 對於外國船隻所犯這種違反行為進行可能對其加以處罰的司法程序時，應尊重被告的公認權利。

第二百三十一條　對船旗國和其他有關國家的通知

各國應將依據第六節對外國船隻所採取的任何措施迅速通知船旗國和任何其他有關國家，並將有關這種措施的一切正式報告提交船旗國。但對領海內的違反行為，沿海國的上述義務僅適用於司法程序中所採取的措施。依據第六節對外國船隻採取的任何這種措施，應立即通知船旗國的外交代表或領事官員，可能時並應通知其海事當局。

第二百三十二條　各國因執行措施而產生的賠償責任

各國依照第六節所採取的措施如屬非法或根據可得到的情報超出合理的要求，應對這種措施所引起的並可以歸因於各該國的損害或損失負責。各國應對這種損害或損失規定向其法院申訴的辦法。

第二百三十三條　對用於國際航行的海峽的保障

第五、第六和第七節的任何規定不影響用於國際航行的海峽的法律制度。但如第十節所指以外的外國船舶違反了第四十二條第 1 款(a)和(b)項所指的法律和規章，對海峽的海洋環境造成重大損害或有造成重大損害的威脅，海峽沿岸國可採取適當執行措施，在採取這種措施時，應比照尊重本節的規定。

第八節　冰封區域

第二百三十四條　冰封區域

沿海國有權制定和執行非歧視性的法律和規章，以防止、減少和控制船隻在專屬經濟區範圍內冰封區域對海洋的污染，這種區域內的特別嚴寒氣候和一年中大部分時候冰封的情形對航行造成障礙或特別危險，而且海洋環境污染可能對生態平衡造成重大的損害或無可挽救的擾亂。這種法律和規章應適當顧及航行和以現有最可靠的科學證據為基礎對海洋環境的保護和保全。

第九節　責任

第二百三十五條　責任

1. 各國有責任履行其關於保護和保全海洋環境的國際義務。各國應按照國際法承擔責任。
2. 各國對於在其管轄下的自然人或法人污染海洋環境所造成的損害，應確保按照其法律制度，可以提起申訴以獲得迅速和適當的補償或其他救濟。
3. 為了對污染海洋環境所造成的一切損害保證迅速而適當地給予補償的目的，各國應進行合作，以便就估量和補償損害的責任以及解決有關的爭端，實施現行國際法和進一步發展國際法，並在適當情形下，擬訂諸如強制保險或補償基金等關於給付適當補償的標準和程序。

第十節　主權豁免

第二百三十六條　主權豁免

本公約關於保護和保全海洋環境的規定，不適用於任何軍艦、海軍輔助船、為國家所擁有或經營並在當時衹供政府非商業性服務之用的其他船隻或飛機。但每一國家應採取不妨害該國所擁有或經營的這種船隻或飛機的操作或操作能力的適當措施，以確保在合理可行範圍內這種船隻或飛機的活動方式符合本公約。

第十一節　關於保護和保全海洋環境的其他公約所規定的義務

第二百三十七條　關於保護和保全海洋環境的其他公約所規定的義務

1. 本部分的規定不影響各國根據先前締結的關於保護和保全海洋環境的特別公約和協定所承擔的特定義務，也不影響為了推行本公約所載的一般原則而可能締結的協定。
2. 各國根據特別公約所承擔的關於保護和保全海洋環境的特定義務，應依符合本公約一般原則和目標的方式履行。

第十三部分　海洋科學研究

第一節　一般規定

第二百三十八條　進行海洋科學研究的權利

　　所有國家，不論其地理位置如何，以及各主管國際組織，在本公約所規定的其他國家的權利和義務的限制下，均有權進行海洋科學研究。

第二百三十九條　海洋科學研究的促進

　　各國和各主管國際組織應按照本公約，促進和便利海洋科學研究的發展和進行。

第二百四十條　進行海洋科學研究的一般原則

　　進行海洋科學研究時應適用下列原則：

　　(a)海洋科學研究應專為和平目的而進行；

　　(b)海洋科學研究應以符合本公約的適當科學方法和工具進行；

　　(c)海洋科學研究不應對符合本公約的海洋其他正當用途有不當干擾，而這種研究在上述用途過程中應適當地受到尊重；

　　(d)海洋科學研究的進行應遵守依照本公約制定的一切有關規章，包括關於保護和保全海洋環境的規章。

第二百四十一條　不承認海洋科學研究活動為任何權利主張的法律根據

　　海洋科學研究活動不應構成對海洋環境任何部分或其資源的任何權利主張的法律根據。

第二節　國際合作

第二百四十二條　國際合作的促進

　　1.各國和各主管國際組織應按照尊重主權和管轄權的原則，並在互利的基礎上，促進為和平目的進行海洋科學研究的國際合作。

　　2.因此，在不影響本公約所規定的權利和義務的情形下，一國在適用本部分時，在適當情形下，應向其他國家提供合理的機會，使其從該國取得或在該國合作下取得為防止和控制對人身健康和安全以及對海洋環境的損害所必要的情報。

第二百四十三條　有利條件的創造

　　各國和各主管國際組織應進行合作，通過雙邊和多邊協定的締結，創造有利條件，以進行海洋環境中的海洋科學研究，並將科學工作者在研究海洋環境中發生的各種現象和變化過程的本質以及兩者之間的相互關係方面的努力結合起來。

第二百四十四條　情報和知識的公佈和傳播

　　1.各國和各主管國際組織應按照本公約，通過適當途徑以公佈和傳播的方式，提供關於擬議的主要方案及其目標的情報以及海洋科學研究所得的知識。

　　2.為此目的，各國應個別地並與其他國家和各主管國際組織合作，積極促進科學資料和情報的流通以及海洋科學研究所得知識的轉讓，特別是向發展中國家的流通和轉讓，並通過除其他外對發展中國家技術和科學人員提供適當教育和訓練方案，加強

發展中國家自主進行海洋科學研究的能力。

第三節　海洋科學研究的進行和促進

第二百四十五條　領海內的海洋科學研究

沿海國在行使其主權時，有規定、准許和進行其領海內的海洋科學研究的專屬權利。領海內的海洋科學研究，應經沿海國明示同意並在沿海國規定的條件下，才可進行。

第二百四十六條　專屬經濟區內和大陸架上的海洋科學研究

1. 沿海國在行使其管轄權時，有權按照本公約的有關條款，規定、准許和進行在其專屬經濟區內或大陸架上的海洋科學研究。

2. 在專屬經濟區內和大陸架上進行海洋科學研究，應經沿海國同意。

3. 在正常情形下，沿海國應對其他國家或各主管國際組織按照本公約專為和平目的和為了增進關於海洋環境的科學知識以謀全人類利益，而在其專屬經濟區內或大陸架上進行的海洋科學研究計劃，給予同意。為此目的，沿海國應制訂規則和程序，確保不致不合理地推遲或拒絕給予同意。

4. 適用第 3 款的目的，儘管沿海國和研究國之間沒有外交關係，它們之間仍可存在正常情況。

5. 但沿海國可斟酌決定，拒不同意另一國家或主管國際組織在該沿海國專屬經濟區內或大陸架上進行海洋科學研究計劃，如果該計劃：

　(a)與生物或非生物自然資源的勘探和開發有直接關係；

　(b)涉及大陸架的鑽探、炸藥的使用或將有害物質引入海洋環境；

　(c)涉及第六十和第八十條所指的人工島嶼、設施和結構的建造、操作或使用；

　(d)含有依據第二百四十八條提出的關於該計劃的性質和目標的不正確情報，或如進行研究的國家或主管國際組織由於先前進行研究計劃而對沿海國負有尚未履行的義務。

6. 雖有第 5 款的規定，如果沿海國已在任何時候公開指定從測算領海寬度的基線量起二百海里以外的某些特定區域已在進行或將在合理期間內進行開發或詳探作業的重點區域，則沿海國對於在這些特定區域之外的大陸架上按照本部分規定進行的海洋科學研究計劃，即不得行使該款(a)項規定的斟酌決定權而拒不同意。沿海國對於這類區域的指定及其任何更改，應提出合理的通知，但無須提供其中作業的詳情。

7. 第 6 款的規定不影響第七十七條所規定的沿海國對大陸架的權利。

8. 本條所指的海洋科學研究活動，不應對沿海國行使本公約所規定的主權權利和管轄權所進行的活動有不當的干擾。

第二百四十七條　國際組織進行或主持的海洋科學研究計劃

沿海國作為一個國際組織的成員或同該組織訂有雙邊協定，而在該沿海國專屬經濟區

內或大陸架上該組織有意直接或在其主持下進行一項海洋科學研究計劃，如果該沿海國在該組織決定進行計劃時已核准詳細計劃，或願意參加該計劃，並在該組織將計劃通知該沿海國後四個月內沒有表示任何反對意見，則應視為已准許依照同意的說明書進行該計劃。

第二百四十八條　向沿海國提供資料的義務

各國和各主管國際組織有意在一個沿海國的專屬經濟區內或大陸架上進行海洋科學研究，應在海洋科學研究計劃預定開始日期至少六個月前，向該國提供關於下列各項的詳細說明：

(a)計劃的性質和目標；

(b)使用的方法和工具，包括船隻的船名、噸位、類型和級別，以及科學裝備的說明；

(c)進行計劃的精確地理區域；

(d)研究船最初到達和最後離開的預定日期，或裝備的部署和拆除的預定日期，視情況而定；

(e)主持機構的名稱、其主持人和計劃負責人的姓名；和

(f)認為沿海國應能參加或有代表參與計劃的程度。

第二百四十九條　遵守某些條件的義務

1.各國和各主管國際組織在沿海國的專屬經濟區內或大陸架上進行海洋科學研究時，應遵守下列條件：

(a)如沿海國願意，確保其有權參加或有代表參與海洋科學研究計劃，特別是於實際可行時在研究船和其他船隻上或在科學研究設施上進行，但對沿海國的科學工作者無須支付任何報酬，沿海國亦無分擔計劃費用的義務；

(b)經沿海國要求，在實際可行範圍內儘快向沿海國提供初步報告，並於研究完成後提供所得的最後成果和結論；

(c)經沿海國要求，負責供其利用從海洋科學研究計劃所取得的一切資料和樣品，並同樣向其提供可以複製的資料和可以分開而不致有損其科學價值的樣品；

(d)如經要求，向沿海國提供對此種資料、樣品及研究成果的評價，或協助沿海國加以評價或解釋；

(e)確保在第 2 款限制下，於實際可行的情況下，儘快通過適當的國內或國際途徑，使研究成果在國際上可以取得；

(f)將研究方案的任何重大改變立即通知沿海國；

(g)除非另有協定，研究完成後立即拆除科學研究設施或裝備。

2.本條不妨害沿海國的法律和規章為依據第二百四十條第 5 款行使斟酌決定權給予同意或拒不同意而規定的條件，包括要求預先同意使計劃中對勘探和開發自然資源有直接關係的研究成果在國際上可以取得。

第二百五十條　關於海洋科學研究計劃的通知

關於海洋科學研究計劃的通知，除另有協定外，應通過適當的官方途徑發出。

第二百五十一條　一般準則和方針

各國應通過主管國際組織設法促進一般準則和方針的制定，以協助各國確定海洋科學研究的性質和影響。

第二百五十二條　默示同意

各國或各主管國際組織可於依據第二百四十八條的規定向沿海國提供必要的情報之日起六個月後，開始進行海洋科學研究計劃，除非沿海國在收到含有此項情報的通知後四個月內通知進行研究的國家或組織：

(a)該國已根據第二百四十六條的規定拒絕同意；

(b)該國或主管國際組織提出的關於計劃的性質和目標的情報與明顯事實不符；

(c)該國要求有關第二百四十八和第二百四十九條規定的條件和情報的補充情報；或

(d)關於該國或該組織以前進行的海洋科學研究計劃，在第二百四十九條規定的條件方面，還有尚未履行的義務。

第二百五十三條　海洋科學研究活動的暫停或停止

1.沿海國應有權要求暫停在其專屬經濟區內或大陸架上正在進行的任何海洋科學研究活動，如果：

(a)研究活動的進行不按照根據第二百四十八條的規定提出的，且經沿海國作為同意的基礎的情報；或

(b)進行研究活動的國家或主管國際組織未遵守第二百四十九條關於沿海國對該海洋科學研究計劃的權利的規定。

2.任何不遵守第二百四十八條規定的情形，如果等於將研究計劃或研究活動作重大改動，沿海國應有權要求停止任何海洋科學研究活動。

3.如果第 1 款所設想的任何情況在合理期間內仍未得到糾正，沿海國也可要求停止海洋科學研究活動。

4.沿海國發出其命令暫停或停止海洋科學研究活動的決定的通知後，獲准進行這種活動的國家或主管國際組織應即終止這一通知所指的活動。

5.一旦進行研究的國家或主管國際組織遵行第二百四十八條和第二百四十九條所要求的條件，沿海國應即撤銷根據第 1 款發出的暫停命令，海洋科學研究活動也應獲准繼續進行。

第二百五十四條　鄰近的內陸國和地理不利國的權利

1.已向沿海國提出一項計劃，準備進行第二百四十六條第 3 款所指的海洋科學研究的國家和主管國際組織，應將提議的研究計劃通知鄰近的內陸國和地理不利國，並應將此事通知沿海國。

2. 在有關的沿海國按照第二百四十六條和本公約的其他有關規定對該提議的海洋科學研究計劃給予同意後，進行這一計劃的國家和主管國際組織，經鄰近的內陸國和地理不利國請求，適當時應向它們提供第二百四十八條和第二百四十九條第 1 款(f)項所列的有關情報。

3. 以上所指的鄰近的內陸國和地理不利國，如提出請求，應獲得機會按照有關的沿海國和進行此項海洋科學研究的國家或主管國際組織依本公約的規定而議定的適用於提議的海洋科學研究計劃的條件，通過由其任命的並且不為該沿海國反對的合格專家在實際可行時參加該計劃。

4. 第 1 款所指的國家和主管國際組織，經上述內陸國和地理不利國的請求，應向它們提供第二百四十九條第 1 款(d)項規定的有關情報和協助，但須受第二百四十九條第 2 款的限制。

第二百五十五條　便利海洋科學研究和協助研究船的措施

各國應盡力制定合理的規則、規章和程序、促進和便利在其領海以外按照本公約進行的海洋科學研究，並於適當時在其法律和規章規定的限制下，便利遵守本部分有關規定的海洋科學研究船進入其港口，並促進對這些船隻的協助。

第二百五十六條　「區域」內的海洋科學研究

所有國家，不論其地理位置如何，和各主管國際組織均有權依第十一部分的規定關於「區域」內進行海洋科學研究。

第二百五十七條　在專屬經濟區以外的水體內的海洋科學研究

所有國家，不論其地理位置如何，和各主管國際組織均有權依本公約在專屬經濟區範圍以外的水體內進行海洋科學研究。

第四節　海洋環境中科學研究設施或裝備

第二百五十八條　部署和使用

在海洋環境的任何區域內部署和使用任何種類的科學研究設施或裝備，應遵守本公約為在任何這種區域內進行海洋科學研究所規定的同樣條件。

第二百五十九條　法律地位

本節所指的設施或裝備不具有島嶼的地位。這些設施或裝備沒有自己的領海，其存在也不影響領海，專屬經濟區或大陸架的界限的劃定。

第二百六十條　安全地帶

在科學研究設施的周圍可按照本公約有關規定設立不超過五百公尺的合理寬度的安全地帶。所有國家應確保其本國船隻尊重這些安全地帶。

第二百六十一條　對國際航路的不干擾

任何種類的科學研究設施或裝備的部署和使用不應對已確定的國際航路構成障礙。

第二百六十二條　識別標誌和警告信號

本節所指的設施或裝備應具有表明其登記的國家或所屬的國際組織的識別標誌，並應具有國際上議定的適當警告信號，以確保海上安全和空中航行安全，同時考慮到主管國際組織所制訂的規則和標準。

第五節　責任

第二百六十三條　責任

1. 各國和各主管國際組織應負責確保其自己從事或為其從事的海洋科學研究均按照本公約進行。

2. 各國和各主管國際組織對其他國家、其自然人或法人或主管國際組織進行的海洋科學研究所採取的措施如果違反本公約，應承擔責任，並對這種措施所造成的損害提供補償。

第六節　爭端的解決和臨時措施

第二百六十四條　爭端的解決

本公約關於海洋科學研究的規定在解釋或適用上的爭端，應按照第十五部分第二和第三節解決。

第二百六十五條　臨時措施

在按照第十五部分第二和第三節解決一項爭端前，獲准進行海洋科學研究計劃的國家或主管國際組織，未經有關沿海國明示同意，不應准許開始或繼續進行研究活動。

第十四部分　海洋技術的發展和轉讓

第一節　一般規定

第二百六十六條　海洋技術發展和轉讓的促進

1. 各國應直接或通過主管國際組織，按照其能力進行合作，積極促進在公平合理的條款和條件上發展和轉讓海洋科學和海洋技術。

2. 各國應對在海洋科學和技術能力方面可能需要並要求技術援助的國家，特別是發展中國家，包括內陸國和地理不利國，促進其在海洋資源的勘探、開發、養護和管理，海洋環境的保護和保全，海洋科學研究以及符合本公約的海洋環境內其他活動等方面海洋科學和技術能力的發展，以加速發展中國家的社會和經濟發展。

3. 各國應盡力促進有利的經濟和法律條件，以便在公平的基礎上為所有有關各方的利益轉讓海洋技術。

第二百六十七條　合法利益的保護

各國在依據第二百六十六條促進合作時，應適當顧及一切合法利益，除其他外，包括海洋技術的持有者、供應者和接受者的權利和義務。

第二百六十八條　基本目標

各國應直接或通過主管國際組織促進：

(a)海洋技術知識的取得、評價和傳播，並便利這種情報和資料的取得；

(b)適當的海洋技術的發展；

(c)必要的技術方面基本建設的發展，以便利海洋技術的轉讓；

(d)通過訓練和教育發展中國家和地區的國民，特別是其中最不發達國家和地區的國民的方式，以發展人力資源；

(e)所有各級的國際合作，特別是區域、分區域和雙邊的國際合作。

第二百六十九條　實現基本目標的措施

為了實現第二百六十八條所指的各項目標，各國應直接或通過主管國際組織，除其他外，盡力：

(a)制訂技術合作方案，以便把一切種類的海洋技術有效地轉讓給在海洋技術方面可能需要並要求技術援助的國家，特別是發展中內陸國和地理不利國，以及未能建立或發展其自己在海洋科學和海洋資源勘探和開發方面的技術能力或發展這種技術的基本建設的其他發展中國家；

(b)促進在公平合理的條件下，訂立協定、契約和其他類似安排的有利條件；

(c)舉行關於科學和技術問題，特別是關於轉讓海洋技術的政策和方法的會議、討論會和座談會；

(d)促進科學工作者、技術和其他專家的交換；

(e)推行各種計劃，並促進聯合企業和其他形式的雙邊和多邊合作。

第二節　國際合作

第二百七十條　國際合作的方式和方法

發展和轉讓海洋技術的國際合作，應在可行和適當的情形下，通過現有的雙邊、區域或多邊的方案進行，並應通過擴大的和新的方案進行，以便利海洋科學研究，海洋技術轉讓，特別是在新領域內，以及為海洋研究和發展在國際上籌供適當的資金。

第二百七十一條　方針、準則和標準

各國應直接或通過主管國際組織，在雙邊基礎上或在國際組織或其他機構的範圍內，並在特別考慮到發展中國家的利益和需要的情形下，促進制訂海洋技術轉讓方面的一般接受的方針、準則和標準。

第二百七十二條　國際方案的協調

在海洋技術轉讓方面，各國應盡力確保主管國際組織協調其活動，包括任何區域性和

全球性方案，同時考慮到發展中國家特別是內陸國和地理不利國的利益和需要。

第二百七十三條　與各國際組織和管理局的合作

各國應與各主管國際組織和管理局積極合作，鼓勵並便利向發展中國家及其國民和企業部轉讓關於「區域」內活動的技能和海洋技術。

第二百七十四條　管理局的目標

管理局在一切合法利益，其中除其他外包括技術持有者、供應者和接受者的權利和義務的限制下，在「區域」內活動方面應確保：

(a)在公平地區分配原則的基礎上，接受不論為沿海國、內陸國或地理不利國的發展中國家的國民，以便訓練其為管理局工作所需的管理、研究和技術人員；

(b)使所有國家，特別是在這一方面可能需要並要求技術援助的發展中國家，能得到有關的裝備、機械、裝置和作業程序的技術文件；

(c)由管理局制訂適當的規定，以便利在海洋技術方面可能需要並要求技術援助的國家，特別是發展中國家，取得這種援助，並便利其國民取得必要的技能和專門知識，包括專業訓練；

(d)通過本公約所規定的任何財政安排，協助在這一方面可能需要並要求技術援助的國家，特別是發展中國家，取得必要的裝備、作業程序、工廠和其他技術知識。

第三節　國家和區域性海洋科學和技術中心

第二百七十五條　國家中心的設立

1.各國應直接或通過各主管國際組織和管理局促進設立國家海洋科學和技術研究中心，特別是在發展中沿海國設立，並加強現有的國家中心，以鼓勵和推進發展中沿海國進行海洋科學研究，並提高這些國家為了它們的經濟利益而利用和保全其海洋資源的國家能力。

2.各國應通過各主管國際組織和管理局給予適當的支援，便利設立和加強此種國家中心，以便向可能需要並要求此種援助的國家提供先進的訓練設施和必要的裝備、技能和專門知識以及技術專家。

第二百七十六條　區域性中心的設立

1.各國在與各主管國際組織、管理局和國家海洋科學和技術研究機構協調下，應促進設立區域性海洋科學和技術研究中心，特別是在發展中國家設立，以鼓勵和推進發展中國家進行海洋科學研究，並促進海洋技術的轉讓。

2.一個區域內的所有國家都應與其中各區域性中心合作，以便確保更有效地達成其目標。

第二百七十七條　區域性中心的職務

這種區域性中心的職務，除其他外，應包括：

(a)對海洋科學和技術研究的各方面，特別是對海洋生物學，包括生物資源的養護和管理、海洋學、水文學、工程學、海底地質勘探、採礦和海水淡化技術的各級訓練和教育方案；

(b)管理方面的研究；

(c)有關保護和保全海洋環境以及防止、減少和控制污染的研究方案；

(d)區域性會議、討論會和座談會的組織；

(e)海洋科學和技術的資料和情報的取得和處理；

(f)海洋科學和技術研究成果由易於取得的出版物迅速傳播；

(g)有關海洋技術轉讓的國家政策的公佈，和對這種政策的有系統的比較研究；

(h)關於技術的銷售以及有關專利權的契約和其他安排的情報的彙編和整理；

(i)與區域內其他國家的技術合作。

第四節　國際組織間的合作

第二百七十八條　國際組織間的合作

本部分和第十三部分所指的主管國際組織應採取一切適當措施，以便直接或在彼此密切合作中，確保本部分規定的它們的職務和責任得到有效的履行。

第十五部分　爭端的解決

第一節　一般規定

第二百七十九條　用和平方法解決爭端的義務

各締約國應按照《聯合國憲章》第二條第三項以和平方法解決它們之間有關本公約的解釋或適用的任何爭端，並應為此目的以《憲章》第三十三條第一項所指的方法求得解決。

第二百八十條　用爭端各方選擇的任何和平方法解決爭端

本公約的任何規定均不損害任何締約國於任何時候協定用自行選擇的任何和平方法解決它們之間有關本公約的解釋或適用的爭端的權利。

第二百八十一條　爭端各方在爭端未得到解決時所適用的程序

1.作為有關本公約的解釋或適用的爭端各方的締約各國，如已協定用自行選擇的和平方法來謀求解決爭端，則祇有在訴諸這種方法而仍未得到解決以及爭端各方間的協定並不排除任何其他程序的情形下，才適用本部分所規定的程序。

2.爭端各方如已就時限也達成協定，則祇有在該時限屆滿時才適用第1款。

第二百八十二條　一般性、區域性或雙邊協定規定的義務

作為有關本公約的解釋或適用的爭端各方的締約各國如已通過一般性、區域性或雙邊

協定或以其他方式協定，經爭端任何一方請求，應將這種爭端提交導致有拘束力裁判的程序，該程序應代替本部分規定的程序而適用，除非爭端各方另有協定。

第二百八十三條 交換意見的義務

1. 如果締約國之間對本公約的解釋或適用發生爭端，爭端各方應迅速就以談判或其他和平方法解決爭端一事交換意見。

2. 如果解決這種爭端的程序已經終止，而爭端仍未得到解決，或如已達成解決辦法，而情況要求就解決辦法的實施方式進行協商時，爭端各方也應迅速著手交換意見。

第二百八十四條 調解

1. 作為有關本公約的解釋或適用的爭端一方的締約國，可邀請他方按照附件五第一節規定的程序或另一種調解程序，將爭端提交調解。

2. 如爭端他方接受邀請，而且爭端各方已就適用的調解程序達成協定，任何一方可將爭端提交該程序。

3. 如爭端他方未接受邀請，或爭端各方未就程序達成協定，調解應視為終止。

4. 除非爭端各方另有協定，爭端提交調解後，調解僅可按照協定的調解程序終止。

第二百八十五條 本節對依據第十一部分提交的爭端的適用

本節適用於依據第十一部分第五節應按照本部分規定的程序解決的任何爭端。締約國以外的實體如為這種爭端的一方，本節比照適用。

第二節 導致有拘束力裁判的強制程序

第二百八十六條 本節規定的程序的適用

在第三節限制下，有關本公約的解釋或適用的任何爭端，如已訴諸第一節而仍未得到解決，經爭端任何一方請求，應提交根據本節具有管轄權的法院或法庭。

第二百八十七條 程序的選擇

1. 一國在簽署、批准或加入本公約時，或在其後任何時間，應有自由用書面聲明的方式選擇下列一個或一個以上方法，以解決有關本公約的解釋或適用的爭端：

　(a)按照附件六設立的國際海洋法法庭；

　(b)國際法院；

　(c)按照附件七組成的仲裁法庭；

　(d)按照附件八組成的處理其中所列的一類或一類以上爭端的特別仲裁法庭。

2. 根據第 1 款作出的聲明，不應影響締約國在第十一部分第五節規定的範圍內和以該節規定的方式，接受國際海洋法法庭海底爭端分庭管轄的義務，該聲明亦不受締約國的這種義務的影響。

3. 締約國如為有效聲明所未包括的爭端的一方，應視為已接受附件七所規定的仲裁。

4. 如果爭端各方已接受同一程序以解決這項爭端，除各方另有協定外，爭端僅可提交

該程序。

5. 如果爭端各方未接受同一程序以解決這項爭端，除各方另有協定外，爭端僅可提交附件七所規定的仲裁。

6. 根據第 1 款作出的聲明，應繼續有效，至撤銷聲明的通知交存於聯合國秘書長後滿三個月為止。

7. 新的聲明、撤銷聲明的通知或聲明的滿期，對於根據本條具有管轄權的法院或法庭進行中的程序並無任何影響，除非爭端各方另有協定。

8. 本條所指的聲明和通知應交存於聯合國秘書長，秘書長應將其副本分送各締約國。

第二百八十八條　管轄權

1. 第二百八十七條所指的法院或法庭，對於按照本部分向其提出的有關本公約的解釋或適用的任何爭端，應具有管轄權。

2. 第二百八十七條所指的法院或法庭，對於按照與本公約的目的有關的國際協定向其提出的有關該協定的解釋或適用的任何爭端，也應具有管轄權。

3. 按照附件六設立的國際海洋法法庭海底爭端分庭和第十一部分第五節所指的任何其他分庭或仲裁法庭，對按照該節向其提出的任何事項，應具有管轄權。

4. 對於法院或法庭是否具有管轄權如果發生爭端，這一問題應由該法院或法庭以裁定解決。

第二百八十九條　專家

對於涉及科學和技術問題的任何爭端，根據本節行使管轄權的法院或法庭，可在爭端一方請求下或自己主動，並同爭端各方協商，最好從按照附件八第二條編制的有關名單中，推選至少兩名科學或技術專家列席法院或法庭，但無表決權。

第二百九十條　臨時措施

1. 如果爭端已經正式提交法院或法庭，而該法院或法庭依據初步證明認為其根據本部分或第十一部分第五節具有管轄權，該法院或法庭可在最後裁判前，規定其根據情況認為適當的任何臨時措施，以保全爭端各方的各自權利或防止對海洋環境的嚴重損害。

2. 臨時措施所根據的情況一旦改變或不復存在，即可修改或撤銷。

3. 臨時措施僅在爭端一方提出請求並使爭端各方有陳述意見的機會後，才可根據本條予以規定、修改或撤銷。

4. 法院或法庭應將臨時措施的規定、修改或撤銷迅速通知爭端各方及其認為適當的其他締約國。

5. 在爭端根據本節正向其提交的仲裁法庭組成以前，經爭端各方協定的任何法院或法庭，如在請求規定臨時措施之日起兩周內不能達成這種協定，則為國際海洋法法庭，或在關於「區域」內活動時的海底爭端分庭，如果根據初步證明認為將予組成的法

庭具有管轄權，而且認為情況緊急有此必要，可按照本條規定、修改或撤銷臨時措施。受理爭端的法庭一旦組成，即可依照第 1 至第 4 款行事，對這種臨時措施予以修改、撤銷或確認。

6. 爭端各方應迅速遵從根據本條所規定的任何臨時措施。

第二百九十一條　使用程序的機會

1. 本部分規定的所有解決爭端程序應對各締約國開放。

2. 本部分規定的解決爭端程序應僅依本公約具體規定對締約國以外的實體開放。

第二百九十二條　船隻和船員的迅速釋放

1. 如果締約國當局扣留了一艘懸掛另一締約國旗幟的船隻，而且據指控，扣留國在合理的保證書或其他財政擔保經提供後仍然沒有遵從本公約的規定，將該船隻或其船員迅速釋放，釋放問題可向爭端各方協定的任何法院或法庭提出，如從扣留時起十日內不能達成這種協定，則除爭端各方另有協定外，可向扣留國根據第二百八十七條接受的法院或法庭，或向國際海洋法法庭提出。

2. 這種釋放的申請，僅可由船旗國或以該國名義提出。

3. 法院或法庭應不遲延地處理關於釋放的申請，並且應僅處理釋放問題，而不影響在主管的國內法庭對該船隻、其船主或船員的任何案件的是非曲直。扣留國當局應仍有權隨時釋放該船隻或其船員。

4. 在法院或法庭裁定的保證書或其他財政擔保經提供後，扣留國當局應迅速遵從法院或法庭關於釋放船隻或其船員的裁定。

第二百九十三條　適用的法律

1. 根據本節具有管轄權的法院或法庭應適用本公約和其他與本公約不相抵觸的國際法規則。

2. 如經當事各方同意，第 1 款並不妨害根據本節具有管轄權的法院或法庭按照公約和善良的原則對一項案件作出裁判的權力。

第二百九十四條　初步程序

1. 第二百八十七條所規定的法院或法庭，就第二百九十七條所指爭端向其提出的申請，應經一方請求決定，或可自己主動決定，該項權利主張是否構成濫用法律程序，或者根據初步證明是否有理由。法院或法庭如決定該項主張構成濫用法律程序或者根據初步證明並無理由，即不應對該案採取任何進一步行動。

2. 法院或法庭收到這種申請，應立即將這項申請通知爭端他方，並應指定爭端他方可請求按照第 1 款作出一項決定的合理期限。

3. 本條的任何規定不影響爭端各方按照適用的程序規則提出初步反對的權利。

第二百九十五條　用盡當地補救辦法

締約國間有關本公約的解釋或適用的任何爭端，僅在依照國際法的要求用盡當地補救

辦法後，才可提交本節規定的程序。

第二百九十六條　裁判的確定性和拘束力

1. 根據本節具有管轄權的法院或法庭對爭端所作的任何裁判應有確定性，爭端所有各方均應遵從。

2. 這種裁判僅在爭端各方間和對該特定爭端具有拘束力。

第三節　適用第二節的限制和例外

第二百九十七條　適用第二節的限制

1. 關於因沿海國行使本公約規定的主權權利或管轄權而發生的對本公約的解釋或適用的爭端，遇有下列情形，應遵守第二節所規定的程序：

　(a)據指控，沿海國在第五十八條規定的關於航行、飛越或鋪設海底電纜和管道的自由和權利，或關於海洋的其他國際合法用途方面，有違反本公約的規定的行為；

　(b)據指控，一國在行使上述自由、權利或用途時，有違反本公約或沿海國按照本公約和其他與本公約不相抵觸的國際法規則制定的法律或規章的行為；或

　(c)據指控，沿海國有違反適用於該沿海國、並由本公約所制訂或通過主管國際組織或外交會議按照本公約制定的關於保護和保全海洋環境的特定國際規則和標準的行為。

2. (a)本公約關於海洋科學研究的規定在解釋或適用上的爭端，應按照第二節解決，但對下列情形所引起的任何爭端，沿海國並無義務同意將其提交這種解決程序：

　　⑴沿海國按第二百四十六條行使權利或斟酌決定權；或

　　⑵沿海國按照第二百五十三條決定命令暫停或停止一項研究計劃。

　(b)因進行研究國家指控沿海國對某一特定計劃行使第二百四十六和第二百五十三條所規定權利的方式不符合本公約而引起的爭端，經任何一方請求，應按照附件五第二節提交調解程序，但調解委員會對沿海國行使斟酌決定權指定第二百四十六條第 6 款所指特定區域，或按照第二百四十六條第 5 款行使斟酌決定權拒不同意，不應提出疑問。

3. (a)對本公約關於漁業的規定在解釋或適用上的爭端，應按照第二節解決，但沿海國並無義務同意將任何有關其對專屬經濟區內生物資源的主權權利或此項權利的行使的爭端，包括關於其對決定可捕量、其捕撈能力、分配剩餘量給其他國家、其關於養護和管理這種資源的法律和規章中所制訂的條款和條件的斟酌決定權的爭端，提交這種解決程序。

　(b)據指控有下列情事時，如已訴諸第一節而仍未得到解決，經爭端任何一方請求，應將爭端提交附件五第二節所規定的調解程序：

　　⑴一個沿海國明顯地沒有履行其義務，通過適當的養護和管理措施，以確保專屬

經濟區內生物資源的維持不致受到嚴重危害；

(2)一個沿海國，經另一國請求，對該另一國有意捕撈的種群，專斷地拒絕決定可捕量及沿海國捕撈生物資源的能力；或

(3)一個沿海國專斷地拒絕根據第六十二、第六十九和第七十條以及該沿海國所制訂的符合本公約的條款和條件，將其已宣佈存在的剩餘量的全部或一部分分配給任何國家。

(c)在任何情形下，調解委員會不得以其斟酌決定權代替沿海國的斟酌決定權。

(d)調解委員會的報告應送交有關的國際組織。

(e)各締約國在依據第六十九和第七十條談判協定時，除另有協定外，應列入一個條款，規定各締約國為了儘量減少對協定的解釋或適用發生爭議的可能性所應採取的措施，並規定如果仍然發生爭議，各締約國應採取何種步驟。

第二百九十八條　適用第二節的任擇性例外

1.一國在簽署、批准或加入本公約時，或在其後任何時間，在不妨害根據第一節所產生的義務的情形下，可以書面聲明對於下列各類爭端的一類或一類以上，不接受第二節規定的一種或一種以上的程序：

(a)(1)關於劃定海洋邊界的第十五、第七十四和第八十三條在解釋或適用上的爭端，或涉及歷史性海灣或所有權的爭端，但如這種爭端發生於本公約生效之後，經爭端各方談判仍未能在合理期間內達成協定，則作此聲明的國家，經爭端任何一方請求，應同意將該事項提交附件五第二節所規定的調解；此外，任何爭端如果必然涉及同時審議與大陸或島嶼陸地領土的主權或其他權利有關的任何尚未解決的爭端，則不應提交這一程序；

(2)在調解委員會提出其中說明所根據的理由的報告後，爭端各方應根據該報告以談判達成協定；如果談判未能達成協定，經彼此同意，爭端各方應將問題提交第二節所規定的程序之一，除非爭端各方另有協定；

(3)本項不適用於爭端各方已以一項安排確定解決的任何海洋邊界爭端，也不適用於按照對爭端各方有拘束力的雙邊或多邊協定加以解決的任何爭端；

(b)關於軍事活動，包括從事非商業服務的政府船隻和飛機的軍事活動的爭端，以及根據第二百九十七條第 2 和第 3 款不屬法院或法庭管轄的關於行使主權權利或管轄權的法律執行活動的爭端；

(c)正由聯合國安全理事會執行《聯合國憲章》所賦予的職務的爭端，但安全理事會決定將該事項從其議程刪除或要求爭端各方用本公約規定的方法解決該爭端者除外。

2.根據第 1 款作出聲明的締約國，可隨時撤回聲明，或同意將該聲明所排除的爭端提交本公約規定的任何程序。

3. 根據第 1 款作出聲明的締約國，應無權對另一締約國，將屬於被除外的一類爭端的任何爭端，未經該另一締約國同意，提交本公約的任何程序。

4. 如締約國之一已根據第 1 款(a)項作出聲明，任何其他締約國可對作出聲明的締約國，將屬於被除外一類的任何爭端提交這種聲明內指明的程序。

5. 新的聲明，或聲明的撤回，對按照本條在法院或法庭進行中的程序並無任何影響，除非爭端各方另有協定。

6. 根據本條作出的聲明和撤回聲明的通知，應交存於聯合國秘書長，秘書長應將其副本分送各締約國。

第二百九十九條 爭端各方議定程序的權利

1. 權利第二百九十七條或以一項按照第二百九十八條發表的聲明予以除外，不依第二節所規定的解決爭端程序處理的爭端，衹有經爭端各方協定，才可提交這種程序。

2. 本節的任何規定不妨害爭端各方為解決這種爭端或達成和睦解決而協定某種其他程序的權利。

第十六部分 一般規定

第三百條 誠意和濫用權利

締約國應誠意履行根據本公約承擔的義務並應以不致構成濫用權利的方式，行使本公約所承認的權利、管轄權和自由。

第三百零一條 海洋的和平使用

締約國在根據本公約行使其權利和履行其義務時，應不對任何國家的領土完整或政治獨立進行任何武力威脅或使用武力，或以任何其他與《聯合國憲章》所載國際法原則不符的方式進行武力威脅或使用武力。

第三百零二條 洩漏資料

在不妨害締約國訴諸本公約規定的解決爭端程序的權利的情形下，本公約的任何規定不應視為要求一個締約國於履行其本公約規定的義務時提供如經洩漏即違反該國基本安全利益的情報。

第三百零三條 在海洋發現的考古和歷史文物

1. 各國有義務保護在海洋發現有考古和歷史性文物，並應此目的進行合作。

2. 為了控制這種文物的販運，沿海國可在適用第三十三條時推定，未經沿海國許可將這些文物移出該條所指海域的海床，將造成在其領土或領海內對該條所指法律和規章的違犯。

3. 本條的任何規定不影響可辨認的物主的權利、打撈法或其他海事法規則，也不影響關於文化交流的法律和慣例。

4. 本條不妨害關於保護考古和歷史性文物的其他國際協定和國際法規則。

第三百零四條　損害賠償責任

本公約關於損害賠償責任的條款不妨礙現行規則的適用和國際法上其他有關賠償責任的規則的發展。

第十七部分　最後條款

第三百零五條　簽字

1.本公約應開放給下列各方簽字：

　(a)所有國家；

　(b)納米比亞，由聯合國納米比亞理事會代表；

　(c)在一項經聯合國按照其大會第 1514(XV) 號決議監督並核准的自決行動中選擇了自治地位，並對本公約所規定的事項具有許可權，其中包括就該等事項締結條約的許可權的一切自治聯繫國；

　(d)按照其各自的聯繫文書的規定，對本公約所規定的事項具有許可權，其中包括就該等事項締約條約的許可權的一切自治聯繫國；

　(e)凡享有經聯合國所承認的充分內部自治，但尚未按照大會第 1514(XV) 號決議取得完全獨立的一切領土，這種領土須對本公約所規定的事項具有許可權，其中包括就該等事項締結條約的許可權；

　(f)國際組織，按照附件九。

2.本公約應持續開放簽字，至 1984 年 12 月 9 日止在牙買加外交部簽字，此外，從 1983 年 7 月 1 日起至 1984 年 12 月 9 日止，在紐約聯合國總部簽字。

第三百零六條　批准和正式確認

本公約須經各國和第三百零五條第 1 款(b)、(c)、(d)和(e)項所指的其他實體批准，並經該條第 1 款(f)項所指的實體按照附件九予以正式確認。批准書和正式確認書應交存於聯合國秘書長。

第三百零七條　加入

本公約應持續開放給各國和第三百零五條所指的其他實體加入。第三百零五條第 1 款(f)項所指的實體應按照附件九加入。加入書應交存於聯合國秘書長。

第三百零八條　生效

1.本公約應自第六十份批准書或加入書交存之日後十二個月生效。

2.對於在第六十份批准書或加入書交存以後批准或加入本公約的每一國家，在第 1 款限制下，本公約應在該國將批准書或加入書交存後第三十天起生效。

3.管理局大會應在本公約生效之日開會，並應選舉管理局的理事會。如果第一百六十一條的規定不能嚴格適用，則第一屆理事會應以符合該條目的的方式組成。

4.籌備委員會草擬的規則、規章和程序，應在管理局按照第十一部分予以正式通過以

前暫時適用。

5.管理局及其各機關應按照關於預備性投資的第三次聯合國海洋法會議決議，以及籌備委員會依據該決議作出的各項決定行事。

第三百零九條　保留和例外

除非本公約其他條款明示許可，對本公約不得作出保留或例外。

第三百十條　聲明和說明

第三百零九條不排除一國在簽署、批准或加入本公約時，作出不論如何措辭或用何種名稱的聲明或說明，目的在於除其他外使該國國內法律和規章同本公約規定取得協調，但須這種聲明或說明無意排除或修改本公約規定適用於該締約國的法律效力。

第三百十一條　同其他公約和國際協定的關係

1.在各締約國間，本公約應優於 1958 年 4 月 29 日日內瓦海洋法公約。

2.本公約應不改變各締約國根據與本公約相符合的其他條約而產生的權利和義務，但以不影響其他締約國根據本公約享有其權利或履行其義務為限。

3.本公約兩個或兩個以上締約國可訂立僅在各該國相互關係上適用的、修改或暫停適用本公約的規定的協定，但須這種協定不涉及本公約中某項規定，如對該規定予以減損就與公約的目的及宗旨的有效執行不相符合，而且這種協定不應影響本公約所載各項基本原則的適用，同時這種協定的規定不影響其他締約國根據本公約享有其權利和履行其義務。

4.有意訂立第 3 款所指任何協定的締約國，應通過本公約的保管者將其訂立協定的意思及該協定所規定對本公約的修改或暫停適用通知其他締約國。

5.本條不影響本公約其他條款明示許可或保持的其他國際協定。

6.締約國同意對第一百三十六條所載關於人類共同繼承財產的基本原則不應有任何修正，並同意它們不應參加任何減損該原則的協定。

第三百十二條　修正

1.自本公約生效之日起十年期間屆滿後，締約國可給聯合國秘書長書面通知，對本公約提出不涉及「區域」內活動的具體修正案，並要求召開會議審議這種提出的修正案。秘書長應將這種通知分送所有締約國。如果在分送通知之日起十二個月以內，有不少於半數的締約國作出答復贊成這一要求，秘書長應召開會議。

2.適用於修正會議的作出決定的程序應與適用於第三次聯合國海洋法會議的相同，除非會議另有決定。會議應作出各種努力就任何修正案以協商一致方式達成協定，且除非為謀求協商一致已用盡一切努力，不應就其進行表決。

第三百十三條　以簡化程序進行修正

1.締約國可給聯合國秘書長書面通知，提議將本公約的修正案不經召開會議，以本條規定的簡化程序予以通過，但關於「區域」內活動的修正案除外。秘書長應將通知

分送所有締約國。

2.如果在從分送通知之日起十二個月內，一個締約國反對提出的修正案或反對以簡化程序通過修正案的提案，該提案應視為未通過。秘書長應立即相應地通知所有締約國。

3.如果從分送通知之日起十二個月後，沒有任何締約國反對提出的修正案或反對以簡化程序將其通過的提案，提出的修理案應視為已通過。秘書長應通知所有締約國提出的修正案已獲通過。

第三百十四條　對本公約專門同「區域」內活動有關的規定的修正案

1.締約國可給管理局秘書長書面通知，對本公約專門同「區域」內活動有關的規定，其中包括附件六第四節，提出某項修正案。秘書長應將這種通知分送所有締約國。提出的修正案經理事會核准後，應由大會核准。各締約國代表應有全權審議並核准提出的修正案。提出的修正案經理事會和大會核准後，應視為已獲通過。

2.理事會和大會在根據第 1 款核准任何修正案以前，應確保該修正案在按照第一百五十五條召開審查會議以前不妨害勘探和開發「區域」內資源的制度。

第三百十五條　修正案的簽字、批准、加入和有效文本

1.本公約的修正案一旦通過，應自通過之日起十二個月內在紐約聯合國總部對各締約國開放簽字，除非修正案本身另有決定。

2.第三百零六、第三百零七和第三百二十條適用於本公約的所有修正案。

第三百十六條　修正案的生效

1.除第 5 款所指修正案外，本公約的修正案，應在三分之二締約國或六十個締約國（以較大的數目為準）交存批准書或加入書後第三十天對批准或加入的締約國生效。這種修正案不應影響其他締約國根據本公約享有其權利或履行其義務。

2.一項修正案可規定需要有比本條所規定者更多的批准書或加入書才能生效。

3.對於在規定數目的批准書或加入書交存後批准或加入第 1 款所指修正案的締約國，修正案應在其批准書或加入書交存後第三十天生效。

4.在修正案按照第 1 款生效後成為本公約締約國的國家，應在該國不表示其他意思的情形下：

　(a)視為如此修正後的本公約的締約國；並

　(b)在其對不受修正案拘束的任何締約國的關係上，視為未修正的本公約的締約國。

5.專門關於「區域」內活動的任何修正案和附件六的任何修正案，應在四分之三締約國交存批准書或加入書一年後對所有締約國生效。

6.在修正案按照第 5 款生效後成為本公約締約國的國家，應視為如此修正後本公約的締約國。

第三百十七條　退出

1. 締約國可給聯合國秘書長書面通知退出本公約，並可說明其理由，未說明理由應不影響退出的效力。退出應自接到通知之日後一年生效，除非通知中指明一個較後的日期。

2. 一國不應以退出為理由而解除該國為本公約締約國時所承擔的財政和契約義務，退出也不應影響本公約對該國停止生效前因本公約的執行而產生的該國的任何權利、義務或法律地位。

3. 退出決不影響任何締約國按照國際法而無須基於本公約即應擔負的履行本公約所載任何義務的責任。

第三百十八條　附件的地位

各附件為本公約的組成部分，除另有明文規定外，凡提到本公約或其一個部分也就包括提到與其有關的附件。

第三百十九條　保管者

1. 聯合國秘書長應為本公約及其修正案的保管者。

2. 秘書長除了作為保管者的職責以外，應：

　(a)將因本公約產生的一般性問題向所有締約國、管理局和主管國際組織提出報告；

　(b)將批准、正式確認和加入本公約及其修正案和退出本公約的情況通知管理局；

　(c)按照第三百十一條第 4 款將各項協定通知締約國；

　(d)向締約國分送按照本公約通過的修正案，以供批准或加入；

　(e)按照本公約召開必要的締約國會議。

3. (a)秘書長應向第一百五十六條所指的觀察員遞送：

　　(1)第 2 款(a)項所指的一切報告；

　　(2)第 2 款(b)和(c)項所指的通知；和

　　(3)第 3 款(d)項所指的修正案案文，供其參考。

　(b)秘書長應邀請這種觀察員以觀察員身份參加第 2 款(e)項所指的締約國會議。

第三百二十條　有效文本

本公約原本應在第三百零五條第 2 款限制下交存於聯合國秘書長，其阿拉伯文、中文、英文、法文、俄文和西班牙文本具有同等效力。

為此，下列全權代表，經正式授權，在本公約上簽字，以資證明。

7. 反對劫持人質國際公約

一九七九年十二月十七日通過

本公約各締約國，銘記著「聯合國憲章」中有關維持國際和平與安全及促進各國間友好合作關係與合作的宗旨及原則，特別認識到人人享有「世界人權宣言」和「公民權

利或政治權利國際公約」所規定的生命、自由和人身安全的權利。

重申「聯合國憲章」和「關於各國依聯合國憲章建立友好關係和合作的國際法原則宣言」以及大會其他有關決議所闡明的各國人民的平等權利和自決原則，考慮到劫持人質是引起國際社會嚴重關切的罪行，按照本公約的規定，對任何犯劫持人質罪行者必須予以起訴或引渡，深信迫切需要在各國之間發展國際合作，制訂和採取有效措施，以防止作為恐怖主義的表現的一切劫持人質行為，並對犯有此項罪行者予以起訴和懲罰，已達成協議如下：

第一條

一、任何人如劫持或扣押並以殺死、傷害或繼續扣押另一個人（以稱「人質」）為威脅，以強迫第三方，即某個國家、某個國際政府間組織，某個自然人或法人或某一群人，作或不作某種行為，作為釋放人質的明示或暗示條件，即為犯本公約意義範圍內的劫持人質罪行。

二、任何人

　　(a)圖謀劫持人質，或

　　(b)與實行或圖謀劫持人質者同謀而參與其事，也同樣犯有本公約意義下的罪行。

第二條

每一締約國應按照第一條所稱罪行的嚴重性處以適當的懲罰。

第三條

一、犯罪在其領土內劫持人質的締約國，應採取它認為適當的一切措施，以期緩和人質的處境，特別是設法使人質獲得釋放，並於人質獲釋後，如有必要，便利人質離開。

二、如締約國已將罪犯因劫持人質而獲得的物品收管，該締約國該儘快將該物品歸還人質本人或第一條所稱第三方，或歸還其適當當局。

第四條

各締約國應合作防止第一條所稱罪行，特別是：

(a)採取一切實際可行的措施，以防止為在其領土內外進行此等犯罪行為而在其領土內所作的準備，包括禁止鼓勵、煽動、籌劃或參與劫持人質行為的個人、團體和組織在其領土內從事非法活動的措施；

(b)交換情報並協同採取行政和其他適當措施，以防止此等罪行的發生。

第五條

一、每一締約國應採取必要的措施來確立該國對第一條所稱任何罪行的管轄權，如果犯罪行為是：

　　(a)發生在該國領土內或在該國登記的船隻或飛機上，

　　(b)該國任何一個國民所犯的罪行，或經常居住於其領土內的無國籍人（如該國認

為恰當時）所犯的罪行，

 (c)為了強迫該國作或不作某種行為，

 (d)以該國國民為人質，而該國認為適當時。

二、每一締約國於嫌疑犯在本國領土內，而不將該嫌疑犯引渡至本條第一款所指的任何
國家時，也應採取必要措施，對第一條所稱的罪行確立其管轄權。

第六條

一、任何締約國，如嫌疑犯在其領土內，當判明情況有此需要時，應按照該國法律，
在進行刑事訴訟或引渡程序所需要的時間內扣留該人或採取其他措施，以保證其
留在該國境內。該締約國應立即進行初步調查，以查明事實。

二、本條第一款所指的扣留或其他措施，應立即直接通知或經由聯合國秘書長通知：

 (a)犯罪地國家；

 (b)被強迫或被圖謀強迫的國家；

 (c)被強迫或被圖謀強迫的自然人或法人為該國國民的國家；

 (d)人質為該國國民的國家，或人質在該國領土內經常居住的國家；

 (e)嫌疑犯為該國國民的國家，如為無國籍人時，嫌疑犯在該國領土內經常居住的
  國家；

 (f)被強迫或被圖謀強迫的國際政府間組織；

 (g)其他任何有關國家。

三、凡依本條第一款被採取措施的任何人有權：

 (a)毫不遲延地與最近的本國或有權與其建立聯繫的國家的適當代表取得聯繫，如
  為無國籍人時，則與其經常居住地國家的適當代表取得聯繫；

 (b)受到上述國家代表的探視。

四、本條第三款所指權利的行使，應符合嫌疑犯所在國的法律規章能充分實現本條第
三款給予這種權利的原定目的為限。

五、本條第三款和第四款的規定不得妨礙依第五條第一款(b)項規定有管轄權的任何締
約國邀請紅十字國際委員會與嫌疑犯建立聯繫和前往探視的權利。

六、進行本條第一款所規定的初步調查的國家，應儘速將調查結果通知本條第二款所
指的國家或組織，並說明它是否有意行使管轄權。

第七條

對嫌疑犯提起公訴的締約國，應按照其法律將訴訟的最後結果通知聯合國秘書長。聯
合國秘書長應將此項資料轉送其他有關國家和有關國際政府間組織。

第八條

一、領土內發現嫌疑犯的締約國，如不將該人引渡，應毫無例外地而且不論罪行是否
在其領土內發生，通過該國法律規定的程序，將案件送交該國主管機關，以便提

起公訴。此等機關應按該國法律處理任何普通嚴重罪行案件的方式作出判決。

二、任何人因第一條所稱任何罪行而被起訴時，應保證他在訴訟的所有階段受到公平待遇，包括享有他所在地國家法律規定的一切權利和保障。

第九條

一、依照本公約提出引渡某一嫌疑犯的要求不得予以同意，如果收到此項要求的締約國有充分理由相信：

　　(a)以第一條所稱罪行為理由而提出引渡要求，但目的在於因某一人的種族、宗教、國籍、民族根源或政治見解而予以起訴或懲罰；或

　　(b)該人的處境可能因以下理由而受損害：

　　　　㈠本款(a)項所述的任何理由，或

　　　　㈡有權行使保護權利的國家的適當機關無法與其聯繫。

二、關於本公約所述的罪行，凡在適用於締約國間的所有引渡條約和辦法中與本公約不相容的各項規定，在各締約國之間均被修改。

第十條

一、第一條所稱各項罪行，均應視為締約國間現有任何引渡條約已經列為可以引渡的罪行。各締約國承諾在以後彼此間締結的所有引渡條約中將此種罪行列為可以引渡的罪行。

二、以訂有條約為引渡條件的締約國，如收到尚未與該締約國訂立引渡條約的另一締約國的引渡要求，被請求國得自行決定將本公約視為就第一條所稱罪行進行引渡的法律根據。引渡應依照被請求國法律所規定的其他條件進行。

三、不以訂有條約為引渡條件的各締約國應承認第一條所稱罪行為彼此之間可以引渡的罪行，但須符合被請求國法律所規定的條件。

四、為了締約國間引渡的目的，第一條所稱罪行應視為不僅發生在實際發生地，而且也發生在按照第五條第一款的規定須確立其管轄權的國家的領土內。

第十一條

一、各締約國對就第一條所稱罪行提起的刑事訴訟應互相給予最大限度的協助，包括提供它們掌握的為訴訟程序所需的一切證據。

二、本條第一款的規定不應影響任何其他條約中關於互相提供司法協助的義務。

第十二條

在關於保護戰爭受害者的一九四九年日內瓦各項公約，或這些公約的附加議定書可以適用於某一劫持人質行為，並且本公約締約國受各該項公約約束，有責任起訴或交出劫持人質者的情況下，本公約不適用於一九四九年日內瓦各項公約及其議定書中所稱的武裝衝突中所進行的劫持人質行為，包括一九七七年第一號附加議定書第一條第四款所提到的武裝衝突──即各國人民為行使「聯合國憲章」和「關於各國依聯合國憲

章建立友好關係和合作的國際法原則宣言」所闡明的自決權利而進行的反抗殖民統治和外國占領以及反抗種族主義政權的武裝衝突。

第十三條

如果罪行僅發生在一個國家內，而人質和嫌疑犯都是該國國民，且嫌疑犯也是在該國領土內被發現的，本公約即不適用。

第十四條

本公約任何規定均不得解釋為可以違背「聯合國憲章」，侵害一國的領土完整或政治獨立。

第十五條

本公約的條款不應影響本公約通過之日已經生效的各項庇護條約在各該條約締約國間的適用；但本公約締約國不得對並非此等庇護條約締約國的本公約另一締約國援用此等庇護條約。

第十六條

一、兩個或兩個以上的締約國之間關於本公約的解釋或適用方面的任何爭端，如不能談判解決，經締約國一方要求，應交付仲裁。如果自要求仲裁之日起六個月內，當事各方不就仲裁的組織達成協議，任何一方得依照「國際法院規約」提出請求，將爭端提交國際法院審理。

二、每一個國家在簽署或批准本公約或加入本公約時，得聲明該國不受本條第一款的約束。其他締約國對於作出這項保留的任何締約國，也不受本條第一款的約束。

三、依照本條第二款的規定作出保留的任何締約國，得隨時通知聯合國秘書長撤回該項保留。

第十七條

一、本公約在一九八〇年十二月三十一日以前在紐約聯合國總部開放給所有國家簽字。

二、本公約經批准。批准書應交存聯合國秘書長。

三、本公約開放給任何國家加入。加入書應交存聯合國秘書長。

第十八條

一、本公約應自第二十二份批准書或加入書交存聯合國秘書長之後第三十天開始生效。

二、對於在第二十二份批准書或加入書交存後批准或加入本公約的每一國家，本公約應在該國交存其批准書或加入書後第三十天對該國開始生效。

第十九條

一、任何締約國得用書面通知聯合國秘書長退出本公約。

二、在聯合國秘書長接到通知之日起一年後，退出即行生效。

第二十條

　　本公約原本應交存聯合國秘書長，其阿拉伯文、中文、英文、法文、俄文和西班牙文各文本具有同等效力。聯合國秘書長應將本公約的正式副本分送所有國家。

　　本公約於一九七九年十二月十八日在紐約開放簽字，下列簽署人經各自政府正式授權，在本公約上簽字，以昭信守。

8.聯合國人類環境會議宣言

一九七二年六月十六日通過

聯合國人類環境會議於一九七二年六月五日至十六日在斯德哥爾摩舉行，考慮了需要取得共同的看法和制定共同的原則以鼓舞和指導世界各國人民保持和改善人類環境，茲宣布：

一　人類既是他的環境的創造物，又是他的環境的塑造者，環境給予人以維持生存的東西，並給他提供了在智力、道德、社會和精神等方面獲得發展的機會。在人類在地球上的漫長和曲折的進化過程中，已經達到這樣一個階段，即由於科學技術發展的迅速加快，人類獲得了以無數方法和在空前的規模上改造其環境的能力。人類環境的兩個方面，即天然和人為的兩個方面，對於人類的幸福和對於享受基本人權，甚至生存權利本身，都是必不可缺少的。

二　保護和改善人類環境是關係到全世界各國人民的幸福和經濟發展的重要問題；也是全世界各國人民的迫切希望和各國政府的責任。

三　人類總得不斷地總結經驗，有所發現，有所發明，有所創造，有所前進。在現代，人類改造其環境的能力，如果明智地加以使用的話，就可以給各國人民帶來開發的利益和提高生活質量的機會。如果使用不當，或輕率地使用，這種能力就會給人類和人類環境造成無法估量的損害。在地球上許多地區，我們可以看到周圍有越來越多的說明人為的損害的跡象：水、空氣、土壤以及生物中在污染達到危險的程度；生物界的生態平衡受到重大和不適當的擾亂；一些無法取代的資源受到破壞和陷於枯竭；在人為的環境，特別是生活和工作環境裏存在著有害於人類身體、精神和社會健康的嚴重缺陷。

四　在發展中的國家中，環境問題大半是由於發展不足造成的。千百萬人的生活仍然遠遠低於像樣的生活所需要的最低水平，他們無法取得充足的食物和衣服、住房和教育、保健和衛生設備。因此，發展中的國家必須致力於發展工作，牢記它們優先任務和保護及改善環境的必要。為了同樣目的，工業化國家應當努力縮小他們自己與發展中國家的差距。在工業化國家裏，環境問題一般地是同工業化和技術發展有關。

五　人口的自然增長繼續不斷地給保護環境帶來一些問題，但是如果採取適當的政策和措施，這些問題是可以解決的。世間一切事物中，人是第一可寶貴的。人民推動著社會進步，創造著社會財富，發展著科學技術，並通過自己的辛勤勞動，不斷地改造著人類環境。隨著社會進步和生產、科學及技術的發展，人類改善環境的能力也與日俱增。

六　現在已達到歷史上這樣一個時刻：我們在決定在世界各地的行動的時候，必須更加審慎地考慮它們對環境產生的後果。由於無知或不關心，我們可能給我們的生活和幸福所依靠的地球環境造成巨大的無法挽回的損害。反之，有了比較充分的知識和採取比較明智的行動，我們就可能使我們自己和我們的後代在一個比較符合人類需要和希望的環境中過著較好的生活。改善環境的質量和創造美好生活的前景是廣闊的。我們需要的是熱烈而鎮定的情緒，緊張而有秩序的工作。為了在自然界裏取得自由，人類必須利用知識在同自然合作的情況下建設一個較好的環境。為這一代和將來的世世代代保護和改善人類環境，已經成為人類一個緊迫的目標，這個目標將同爭取和平和全世界的經濟與社會發展這兩個既定的基本目標共同和協調地實現。

七　為實現這一環境目的，將要求公民和團體以及企業和各級機關承擔責任，大家平等地從事共同的努力。各界人士和許多領域中的組織，憑他們有價值的品質和全部行動，將確定未來的世界環境的格局。各地方政府和全國政府，將對在它們管轄範圍內的大規模環境政策和行動，承擔最大的責任。為籌措資金以支援發展中國家完成它們在這方面的責任，還需要進行國際合作。種類越來越多的環境問題，因為它們在範圍上是地區性或全球性的，或者因為它們影響著共同的國際領域，將要求國與國之間廣泛合作和國際組織採取行動以謀求共同的利益。會議呼籲各國政府和人民為著全體人民和他們的子孫後代的利益而作出共同的努力。

這些原則申明了共同的信念：

一　人類有權在一種能夠過尊嚴和福利的生活的環境中，享有自由、平等和充足的生活條件的基本權利，並且負有保護和改善這一代和將來的世世代代的環境的莊嚴責任。在這方面，促進或維護種族隔離、種族分離、歧視、殖民主義和其他形式的壓迫和外國統治的政策應該受到譴責和必須消除。

二　為了這一代和將來的世世代代的利益，地球上的自然資源，其中包括空氣、水、土地、植物和動物，特別是自然生態類中具有代表性的標本，必須通過周密計劃或適當管理加以保護。

三　地球生產非常重要的再生資源的能力必須得到保持，而且在實際可能的情況下加以恢復或改善。

四　人類負有特殊的責任保護和妥善管理由於各種不利的因素而現在受到嚴重危害的

野生物後嗣及其產地。因此，在計劃發展經濟時必須注意保存自然界，其中包括野生物。

五　在使用地球上不能再生的資源時，必須防範將來把它們耗盡的危險，並且必須確保整個人類能夠分享從這樣的使用中獲得的好處。

六　為了保證不使生態類遭到嚴重的或不可挽回的損害，必須制止在排除有毒物質或其他物質以及散熱時其數量或集中程度超過環境能使之無害的能力。應該支持各國人民反對污染的正義鬥爭。

七　各國應該採取一切可能的步驟來防止海洋受到那些會對人類健康造成危害的、損害生物資源和海生物的、破壞舒適環境的、或妨害對海洋進行其他合法利用的物質的污染。

八　為了保證人類有一個良好的生活和工作環境，為了在地球上創造那些對改善生活質量所必要的條件，經濟和社會發展是非常必要的。

九　由於不夠發達和自然災害的條件使環境方面造成的缺陷構成了嚴重的問題，彌補這些缺陷的最好辦法是，移用大量的財政和技術援助以補充發展中國家本國的努力，並且提供可能需要的及時援助，以加速發展工作。

一〇　對於發展中的國家來說，由於必須考慮經濟因素和生態進程，因此，使初級產品和原料有穩定的價格和適當的收入是必要的。

一一　所有國家的環境政策應該提高，而不應該損及發展中國家現有或將來的發展潛力，也不應該妨礙大家生活條件的改善。各國和各國際組織應該採取適當步驟，以便就應付因實施環境措施所可能引起的國內或國際的經濟後果達成協議。

一二　應籌集資金來維護和改善環境，其中要照顧到發展中國家的情況和特殊，照顧到它們由於在發展計劃中列入環境保障項目而需要的任何費用以及應它們的請求，為此目的供給額外的國際技術和財政援助的需要。

一三　為了實現更合理的資源管理從而改善環境，各國應該對它們的發展計劃採取統一和協調的做法，以保證為了人民的利益，使發展同保護和改善人類環境的需要相一致。

一四　合理的計劃是調和發展的需要和保護與改善環境的需要相一致。

一五　人的定居和城市化工作必須加以規劃，以避免對環境的不良影響，並為大家取得社會、經濟和環境三方面的最大利益。在這方面，必須停止為殖民主義和種族主義統治而制訂的項目。

一六　在人口增長率或人口過分集中可能對環境或發展產生不良影響的地區，或在人口密度之低可能妨礙人類環境改善和阻礙發展的地區都應採取不損害基本人權和有關政府認為適當的人口政策。

一七　必須委託適當的國家機關對國家的環境資源進行規劃、管理或監督，以期提高

環境質量。

一八　為了人類的共同利益，必須應用科學和技術以鑒定、避免和控制環境的危害並解決環境問題，從而促進經濟和社會發展。

一九　為了更廣泛地擴大個人、企業和基層社會往保護和改善人的各種環境方面提出開明輿論和採取負責行為的基礎，必須對年輕一代和成人進行環境問題的教育，同時應該考慮到對不能享受正當權益的人進行這方面的教育。

二〇　必須促進各國，特別是發展中的國家的國內和國際範圍內從事有關環境問題的科學研究和發展。在這方面，必須支持相幫助最新科學情報和經驗的自由交流以便解決環境問題；應該使發展中的國家得到環境工藝，其條件是鼓勵這種工藝的廣泛傳播，而不成為發展中的國家的經濟負擔。

二一　按照聯合國憲章和國際法原則，各國按自己的環境政策開發自己的資源的主權，並且有責任保證在它們管轄或控制之內的活動，不致損害其他國家的或在國家管轄範圍以外地區的環境。

二二　各國應進行合作以進一步發展有關它們管轄或控制之內的活動對它們管轄以外的環境造成的污染和其他環境損害的受害者承擔責任和賠償問題的國際法。

二三　在不損害國際大家庭可能達成的規定和不損害必須由一個國家決定的標準的情況下，必須考慮各國的現行價值制度和考慮對最先進的國家有效，但是對發展中的國家不適合和其有不值得的社會代價的標準的可行程度。

二四　有關保護和改善環境的國際問題應當由所有的國家，不論大小，在平等的基礎上本著合作精神來加以處理。必須通過多邊或雙邊的安排或其他合適的途徑的合作，在正當地考慮所有國家的主權和利益的情況下，防止、消滅或減少和有效地控制各方面的行動所造成的對環境的有害影響。

二五　各國應保證國際組織在保護和改善環境方面起協調的，有效的和能動的作用。

二六　人類及其環境必須免受核武器和其他一切大規模毀滅性手段的影響。各國必須努力在有關的國際機構內就消除和徹底銷毀這種武器迅速達成協議。

9.保護臭氧層維也納公約

一九八五年三月二十二日通過

本公約各締約國，意識到臭氧層的變化對人類健康和環境可能造成有害影響，回顧聯合國人類環境會議宣言裡的有關規定，特別是第二十一項原則，其中規定「依照聯合國憲章和國際法原則，各國具有按照其環境政策開發其資源的主權權利，同時亦負有責任，確保在它管轄或控制範圍內的活動，不致對其他國家的環境或其本國管轄範圍以外地區的環境引起損害」，考慮到發展中國家的情況和特殊需要，注意到國際組織和

國家組織正在進行的工作和研究，特別是聯合國環境規劃署的臭氧層世界行動計劃，又注意到國家一級和國際一級上已經採取的保護臭氧層的預防措施，意識到保護臭氧層使不會因人類活動而發生變化的措施需要國際間的合作和行動，並應依據有關的科學和技術考慮，還意識到有需要繼續從事研究和有系統的觀察，以期進一步發展有關臭氧層及其變化可能引起的不利影響方面的科學知識，決心要保護人類健康和環境使免受臭氧層變化所引起的不利影響，取得協議如下：

第一條　定義

為本公約的目的：

一、「臭氧層」是指行星邊界層以上的大氣臭氧層。

二、「不利影響」是指自然環境或生物區系內發生的，對人類健康或自然的和受管理的生態系統的組成、彈性和生產力或對人類有益的物質造成有害影響的變化，包括氣候的變化。

三、「備選的技術或設備」是指其使用可能可以減輕或有效消除會或可能會對臭氧層造成不利影響的排放物質的各種技術或設備。

四、「備選物質」是指可以減輕、消除或避免臭氧層所受不利影響的各種物質。

五、「締約國」是指本公約的締約國，除非案文中另有所指。

六、「區域經濟一體化組織」指由其一區域主權國家組成的組織，它有權處理本公約或其議定書管理的事務，並根據其內部程序充分授權簽署、批准、接受、核准或加入有關的文書。

七、「議定書」指本公約議定書。

第二條　一般義務

一、各締約國應依照本公約以及它們所加入的並且已經生效的議定書的各項規定採取適當措施，以保護人類健康和環境，使免受足以改變或可能改變臭氧層的人類活動所造成的或可能造成的不利影響。

二、為此目的，各締約國應在其能力範圍內：

　(a)通過有系統的觀察、研究和資料交換從事合作，以期更好地了解和評價人類活動對臭氧層的影響，以及臭氧層的變化對人類健康和環境的影響；

　(b)採取適當的立法和行政措施，從事合作，協調適當的政策，以便在發現其管轄或控制範圍內的某些人類活動已經或可能由於改變或可能改變臭氧層而造成不利影響時，對這些活動加以控制、限制、削減或禁止；

　(c)從事合作，制訂執行本公約的商定措施、程序和標準，以期通過議定書和附件；

　(d)同有關的國際組織合作，有效地執行它們加入的本公約和議定書。

三、本公約的各項規定絕不應影響各締約國依照國際法採取上面第一款和第二款內所提措施之外的國內措施的權力，亦不應影響任何締約國已經採取的其他國內措施，

祇要這些措施不同它們在本公約之下所承擔的義務相牴觸。

四、本條的適用應以有關的科學和技術考慮為依據。

第三條　研究和有系統的觀察

一、各締約國樹酌情況直接或通過有關國際機構就下列問題發起並與有關國際機構合作進行研究和科學評價：

(a)可能影響臭氧層的物理和化學過程；

(b)臭氧層的變化所造成的對人類健康的影響和其他生物影響，特別是具有生物後果的紫外線太陽輻射的變化所造成的影響；

(c)臭氧層的任何變化所造成的氣候影響；

(d)臭氧層的任何變化及其引起的紫外線輻射的變化對於人類有用的自然及合成物質所造成的影響；

(e)可能影響臭氧層的物質、作法、過程和活動，以及其累積影響；

(f)備選物質和技術；

(g)相關的社經因素；

以及附件一和二裡更詳細說明的問題。

二、各締約國在充分考慮到國家立法和國家一級與國際一級進行中的有關活動的情況下，樹酌情況直接或通過有關國際機構推廣或制定聯合或補充方案以有系統地觀察臭氧層的狀況及附件一裡詳細說明的其他有關的參數。

三、各締約國直接或通過有關國際機構從事合作，通過適當的世界數據中心保證定期並及時地收集、驗證和散發研究和觀察數據。

第四條　法律、科學和技術方面的合作

一、各締約國應促進和鼓勵附件二裡詳細說明的、與本公約有關的科學、技術、社經商業和法律資料的交換。這種資料應提供給各締約國同意的各組織。任何此種組織收到提供者認為機密的資料時，應保證不發表此種資料，前於提供給所有締約國之前加以聚集，以保護其機密性。

二、各締約國應從事合作，在符合其國家法律、條例和慣例及照顧到發展中國家的需要的情形下，直接或通過有關國際機構促進技術和知識的發展和轉讓。這種合作應特別通過下列途徑進行：

(a)方便其他國家取得備選技術；

(b)提供關於備選技術和設備的資料，並提供特別手冊和指南；

(c)提供研究工作和有系統的觀察所需的設備和設施；

(d)科學和技術人才的適當訓練。

第五條　遞交資料

各締約國應依照有關文書的締約國開會時所議定的格式和時間，就其執行本公約及其

加入的本公約議定書所採取的措施，通過祕書處按照第六條規定向締約國會議遞交資料。

第六條　締約國會議

一、締約國會議特此設立。締約國會議的首屆會議應由第七條內臨時指定的祕書處至遲於本公約生效後一年內召開。其後的會議常會應依照首屆會議所規定的時間按期舉行。

二、締約國會議可於其認為必要的其他時間舉行非常會議，如經任何締約國書面請求，由祕書處將是項請求轉致各締約國後六個月內至少有 1/3 締約國表示支持時，亦可舉行非常會議。

三、締約國會議應以協商一致方式議定和通過其本身的和它可能設立的任何附屬機構的議事規則和財務條例，以及適用於祕書處職務的財務規定。

四、締約國會議應繼續不斷地審查本公約的執行情況，同時應：

(a)規定轉交依照第五條遞交的資料的形式及間隔期限，並審議這些資料以及任何附屬機構提出的報告；

(b)審查有關臭氧層、有關其可能發生的變化或任何這種變化可能造成的影響的科學資料；

(c)依照第二條的規定，促進適當政策、戰略和措施的協調，以盡量減少可能引起臭氧層變化的物質的排放，並就與本公約有關的其他措施提出建議；

(d)依照第三條和第四條的規定，制訂推行研究、有系統的觀察、科技合作、資料交換以及技術和知識轉讓等方案；

(e)依照第九條和第十條的規定，視需要審議和通過對本公約及其附件的修正案；

(f)審議對任何議定書及其附件的修正案，於作出決定後向此種議定書的締約國建議通過；

(g)依照第十條的規定，視需要審議和通過本公約的增列附件；

(h)依照第八條的規定，視需要審議和通過議定書；

(i)成立執行本公約所需的附屬機構；

(j)請求有關的國際機構和科學委員會，特別是世界氣象組織、世界衛生組織和臭氧層協調委員會，在科學研究、有系統的觀察以及與本公約的目標有關的其他活動方面提供服務，並利用這些組織和委員會所提供的資料；

(k)考慮和採取實現本公約的目標所需的任何其他行動。

五、聯合國及其各專門機構，國際原子能機構，以及非本公約締約國的任何國家均可以觀察員身分出席本公約締約國會議。任何國家或國際機構，政府或非政府組織，如果在保護臭氧層的任何方面具有資格，並向祕書處聲明有意以觀察員身分出席締約國會議，則除非至少 1/3 的出席締約國表示反對，亦可參加會議。觀察員

的參加會議應受締約國會議議事規則的約束。

第七條　祕書處

一、祕書處的任務如下：

　　(a)依照第六、第八、第九和第十條的規定，為會議進行籌備工作並提供服務；

　　(b)根據由於第四條和第五條規定而收到的資料，以及第六條規定之下成立的機構舉行會議所產生的資料，編寫和提交報告；

　　(c)履行任何議定書委派給祕書處的任務；

　　(d)就祕書處執行其根據本公約所承擔的任務所進行的各項活動編寫報告，提交締約國會議；

　　(e)保證同其他有關的國際機構進行必要的協調，尤其要作出有效執行其任務所需的行政和合約安排；

　　(f)履行締約國會議可能指定的其他任務。

二、在依照第六條的規定舉行的締約國會議首屆會議結束以前，由聯合國環境規劃署臨時執行祕書處的任務。締約國會議首屆會議應指定已表示願意的現有合格國際組織中的祕書處執行本公約之下的祕書處任務。

第八條　議定書的通過

一、締約國會議可依照第二條的規定，於一次會議上通過議定書。

二、任何議定書的草案案文應由祕書處至少在舉行上述會議以前六個月呈交各締約國。

第九條　公約或議定書的修正

一、任何締約國可對本公約或任何議定書提出修正案。這種修正案除其他外，還應充分顧及有關的科學和技術考慮。

二、修正案應由締約國會議在一次會議上通過。對任何議定書的修正案應在有關議定書締約國的會議上通過。對本公約或任何議定書提出的修正案，除非該議定書另有決定，應由祕書處至少在舉行提議通過該議定書的會議以前六個月呈交給各締約國。祕書處也應將提議的修正案呈交給本公約各簽署國作為資料。

三、各締約國應盡量以協商一致方式對就本公約提出的任何修正案達成協議。如果盡了一切努力仍無法以協商一致方式達成協議，則應以出席並參加表決的公約締約國 3/4 多數票通過修正案。並應由保存者呈交給所有締約國批准、核可或接受。

四、對任何議定書的修正，亦應適用上述第三款提到的程序，不過祇需要出席並參加表決的該議定書締約國 2/3 的多數票就可通過。

五、對修正案的批准、核可或接受，應以書面通知保存者。依照上述第三或第四款規定通過的修正案，應於保存者接得至少 3/4 公約締約國或至少 2/3 的有關議定書締約國的批准、核可或接受通知書後的第九十天在接受修正案的各締約國之間生

效。其後任何其他締約國存放批准、核可或接受文書九十天之後，修正案對它生效。

六、為本條之目的，「出席並參加表決的締約國」是指參加會議並投贊成票或反對票的締約國。

第十條　附件的通過和修正

一、本公約的附件或其任何議定書的附件，應成為本公約或有關議定書的一個構成部分，因此，除非另有規定，凡提及本公約或其議定書時，亦包括本公約或其議定書的附件在內。這種附件應以科學、技術和行政事項為限。

二、除非在任何議定書裡對其附件另有規定，本公約或議定書所增列附件的提出、通過和生效，應適用下列程序：

　　(a)本公約的附件應依照第九條第二和第三款規定的程序通過，而任何議定書的附件應依照第九條第二和第四款規定的程序提出和通過；

　　(b)任何締約國如果不核可本公約的增列附件或它所加入的任何議定書的附件，應於保存者發出通知後六個月內以書面向保存者發出反對聲明。保存者應於接得此種聲明後立即通知所有締約國，任何締約國可於任何時間取消以前發出的反對聲明而接受增列附件，有關附件即對它生效；

　　(c)在保存者發出通知六個月之後，增列附件應對未曾依照上文(b)項發出聲明的本公約或任何有關議定書的所有締約國生效。

三、本公約附件或任何議定書附件的修正案的提出通過和生效，應適用本公約附件或議定書附件的通過和生效所適用的同一程序。附件及其修正案應特別考慮到有關的科學和技術方面。

四、如果一個增列附件或對任何附件的修正，涉及對公約或議定書的修正，則增列附件或修正後的附件，應於對公約或其有關議定書的修正案生效以後才能生效。

第十一條　爭端的解決

一、萬一締約國之間在本公約的解釋或適用方面發生爭端時，有關的締約國應以談判方式謀求解決。

二、如果有關的締約國無法以談判方式達成協議，它們可以聯合尋求第三方進行幹旋或邀請第三方出面調停。

三、在批准、接受、核可或加入本公約或其後任何時候，締約國或區域經濟一體化組織可書面向保存國聲明，就未根據上述第一或第二款解決的爭端來說，它接受下列一種或兩種爭端解決辦法為強制性辦法：

　　(a)根據締約國會議首屆會議通過的程序進行仲裁；

　　(b)將爭端提交國際法院。

四、如果締約國還沒有按照上文第三款的規定接受相同或任何程序，則應根據下文第

五款的規定提交調解，除非締約國另有協議。

五、若爭端一方提出要求，則應設立一個調解委員會。調解委員會應由有關各方所指派的數目相同的成員組成，而主席則應由各方指派的成員共同選出。委員會將作出最後的建議性裁決，各方應誠懇地考慮這一裁決。

六、本條規定應適用於任何議定書，除非有關議定書另有規定。

第十二條　簽署

本公約應按下述時間和地點開放供各國和各區域經濟一體化組織簽署：從 1985 年 3 月 22 日起至 1985 年 9 月 21 日在維也納奧地利共和國外交部；從 1985 年 9 月 22 日起至 1986 年 3 月 21 日在紐約聯合國總部。

第十三條　批准、接受或核可

一、本公約和任何議定書須由任何國家和區域經濟一體化組織批准、接受或核可。批准、接受或核可文書應交給保存者。

二、以上第一款所指的任何組織如成為本公約或任何議定書的締約組織而該組織沒有任何一個成員國是締約國，則該締約組織應受按公約或議定書規定的一切義務的約束。如有這種組織，即在該組織的一個或更多個成員國是本公約或有關議定書的締約國的情況下，讓組織及其成員國應就執行其按照公約或議定書規定的義務的責任各自作出決定。在這種情況下，讓組織和成員國不應同時享有行使按照公約或有關議定書規定的權利。

三、第一款所指的這些組織應在其批准、接受或核准文書中聲明其在本公約或有關議定書所涉事項的職權範圍。這些組織也應在其職權範圍發生重大變化時通知保存者。

第十四條　加入

一、本公約及任何議定書應開放供加入，任何國家和區域經濟一體化組織自公約或有關議定書簽署截止日期起均可加入。加入文書應交給保存者。

二、上文第一款中所指的組織，應於其加入文書裡應聲明它們在本公約或有關議定書所涉事項中的職權範圍。這些組織也應在其職權範圍內發生重要變化時通知保存者。

三、第十三條第二款的規定應適用於加入本公約或任何議定書的區域經濟一體化組織。

第十五條　表決權

一、本公約或其任何議定書的每一締約國應有表決權利。

二、除上文第一款另有規定外，各區域經濟一體化組織在屬於其職權範圍的事項中行使表決權時，其票數相當於加入本公約或有關議定書的它們的成員國的數目。這樣的組織不應行使其表決權，如果它們的成員國已行使自己的表決權，反之亦然。

第十六條　公約及其議定書之間的關係

一、除非某一國家或區域經濟一體化組織已經是，或在同一個時間成為本公約的締約國，否則不能成為議定書的締約國。

二、關於任何議定書的決定，只應由它的締約國作出。

第十七條　生效

一、本公約應於第二十份批准、接受、核可或加入文書交存之日以後第九十天生效。

二、任何議定書，除非其中另有規定，應於第十一份批准、接受或核可這一議定書的文書交存之日或加入之日以後第九十天生效。

三、對於在交存第二十份批准、接受、核可或加入文書後批准、接受、核可本公約或加入本公約的每一締約國，本公約應於這些締約國的批准、接受、核可或加入文書交存之日以後第九十天生效。

四、任何議定書，除非其中另有規定，應在其按上述第二款規定生效後，對在交存其批准、接受、核可或加入文書後批准、接受、核可本議定書或加入本議定書的締約國，本議定書應於這一締約國的批准、接受、核可或加入文書交存之日或本公約在該締約國生效之日——以較後者為準——以後第九十天生效。

五、為第一款和第二款的目的，一個區域經濟一體化組織交存的任何文書，不應被視為這些組織的成員國交存的文書以外的額外文書。

第十八條　保留

本公約不容許任何保留條款。

第十九條　退出

一、本公約對某一締約國生效四年之後，讓締約國可於任何時間以書面通知保存者退出公約。

二、任何議定書對某一締約國生效四年之後，除非該議定書內另有規定，該締約國可於任何時間以書面通知保存者退出該議定書。

三、這種退出應於保存者接得通知之日以後一年終了時或退出通知內說明的更晚時間生效。

四、任何締約國一旦退出公約，應即被視為亦已退出它加入的任何議定書。

第二十條　保存者

一、聯合國祕書長應負起本公約及其議定書的保存者的職責。

二、保存者應特別就下列事項通知各締約國：

　(a)本公約及任何議定書的簽署，以及依照第十三條和第十四條規定交存的批准、接受、核可或加入文書；

　(b)本公約及任何議定書依照第十七條規定生效的日期；

　(c)依照第十八條規定提出的退出通知；

(d)依照第九條規定通過的公約修正案及任何議定書的修正案，各締約國對修正案的接受情況，以及其生效日期；

(e)有關依照第十條規定的附件及任何附件修正案的通過的所有通知；

(f)區域經濟一體化組織交存的關於它們在本公約及任何議定書所涉及各方面的職權範圍的通知，及職權範圍發生任何變化的通知。

(g)根據第十一條第三款發表的宣言。

第二十一條　有效文本

本公約的正本以阿拉伯文、中文、英文、法文、俄文和西班牙文書寫，六種文本同樣有效，公約正本應由聯合國祕書長保存。

下面簽名的全權代表謹簽署本公約，以昭信守。

10.聯合國氣候變化框架公約

一九九二年五月九日訂於紐約

本公約各締約方，承認地球氣候的變化及其不利影響是人類共同關心的問題，但感到憂慮的是，人類活動已大幅增加大氣中溫室氣體的濃度，這種增加增強了自然溫室效應，平均而言將引起地球表面和大氣進一步增溫，並可能對自然生態系統和人類產生不利影響，注意到歷史上和目前全球溫室氣體排放的最大部分源自發達國家；發展中國家的人均排放仍相對較低；發展中國家在全球排放中所占的份額將會增加，以滿足其社會和發展需要，意識到陸地和海洋生態系統中溫室氣體彙和庫的作用和重要性，注意到在氣候變化的預測中，特別是在其時間、幅度和區域格局方面，有許多不確定性，承認氣候變化的全球性要求所有國家根據其共同但有區別的責任和各自的能力及其社會和經濟條件，盡可能開展最廣泛的合作，並參與有效和適當的國際應對行動，回顧 1972 年 6 月 16 日於斯德哥爾摩通過的《聯合國人類環境會議宣言》的有關規定，又回顧各國根據《聯合國憲章》和國際法原則，擁有主權權利按自己的環境和發展政策開發自己的資源，也有責任確保在其管轄或控制範圍內的活動不對其他國家的環境或國家管轄範圍以外地區的環境造成損害，重申在應付氣候變化的國際合作中的國家主權原則，認識到各國應當制定有效的立法；各種環境方面的標準、管理目標和優先順序應當反映其所適用的環境和發展方面情況；並且有些國家所實行的標準對其他國家特別是發展中國家可能是不恰當的，並可能會使之承擔不應有的經濟和社會代價，回顧聯合國大會關於聯合國環境與發展會議的 1989 年 12 月 22 日第 44/228 號決議的規定，以及關於為人類當代和後代保護全球氣候的 1988 年 12 月 6 日第 43/53 號、1989 年 12 月 22 日第 44/207 號、1990 年 12 月 21 日第 45/212 號和 1991 年 12 月 19 日第 46/169 號決議，又回顧聯合國大會關於海平面上升對島嶼和沿海地區特別是低窪沿海

地區可能產生的不利影響的 1989 年 12 月 22 日第 44/206 決議各項規定，以及聯合國大會關於防治沙漠化行動計劃實施情況的 1989 年 12 月 19 日第 44/172 號決議的有關規定，並回顧 1985 年《保護臭氧層維也納公約》和於 1990 年 6 月 29 日調整和修正的 1987 年《關於消耗臭氧層物質的蒙特利爾議定書》，注意到 1990 年 11 月 7 日通過的第二次世界氣候大會部長宣言，意識到許多國家就氣候變化所進行的有價值的分析工作，以及世界氣象組織、聯合國環境規劃署和聯合國系統的其他機關、組織和機構及其他國際和政府間機構對交換科學研究成果和協調研究工作所作的重要貢獻，認識到瞭解和應付氣候變化所需的步驟祇有基於有關的科學、技術和經濟方面的考慮，並根據這些領域的新發現不斷加以重新評價，才能在環境、社會和經濟方面最為有效，認識到應付氣候變化的各種行動本身在經濟上就能夠是合理的，而且還能有助於解決其他環境問題，又認識到發達國家有必要根據明確的優先順序，立即靈活地採取行動，以作為形成考慮到所有溫室氣體並適當考慮它們對增強溫室效應的相對作用的全球、國家和可能議定的區域性綜合應對戰略的第一步，並認識到地勢低窪國家和其他小島嶼國家、擁有低窪沿海地區、乾旱和半乾旱地區或易受水災、旱災和沙漠化影響地區的國家以及具有脆弱的山區生態系統的發展中國家特別容易受到氣候變化的不利影響，認識到其經濟特別依賴於礦物燃料的生產、使用和出口的國家特別是發展中國家由於為了限制溫室氣候排放而採取的行動所面臨的特殊困難，申明應當以統籌兼顧的方式把應付氣候變化的行動與社會和經濟發展協調起來，以免後者受到不利影響，同時充分考慮到發展中國家實現持續經濟增長和消除貧困的正當的優先需要，認識到所有國家特別是發展中國家需要得到實現可持續的社會和經濟發展所需的資源；發展中國家了邁向這一目標，其能源消耗將需要增加，雖然考慮到有可能包括排過在具有經濟和社會效益的條件下應用新技術來提高能源效率和一般地控制溫室氣候通放，決心為當代和後代保護氣候系統，茲協定如下：

第一條　定義

本公約的目的：

1. 「氣候變化的不利影響」指氣候變化所造成的自然環境或生物區系的變化，這些變化對自然的和管理下的生態系統的組成、復原力或生產力、或對社會經濟系統的運作、或對人類的健康和福利產生重大的有害影響。

2. 「氣候變化」指除在類似時期內所觀測的氣候的自然變異之外，由於直接或間接的人類活動改變了地球大氣的組成而造成的氣候變化。

3. 「氣候系統」指大氣圈、水圈、生物圈和地圈的整體及其相互作用。

4. 「排放」指溫室氣體和／或其前體在一個特定地區和時期內向大氣的釋放。

5. 「溫室氣體」指大氣中那些吸收和重新放出紅外輻射的自然和人為的氣態成分。

6. 「區域經濟一體化組織」指一個特定區域的主權國家組成的組織，有權處理本公約

或其議定書所規定的事項，並經按其內部程序獲得正式授權簽署、批准、接受、核准或加入有關文書。

7.「庫」指氣候系統記憶體儲溫室氣體或其前體的一個或多個組成部分。

8.「彙」指從大氣中清除溫室氣體、氣溶膠或溫室氣體前體的任何過程、活動或機制。

9.「源」指向大氣排放溫室氣體、氣溶膠或溫室氣體前體的任何過程或活動。

第二條　目標

本公約以及締約方會議可能通過的任何相關法律文書的最終目標是：根據本公約的各項有關規定，將大氣中溫室氣體的濃度穩定在防止氣候系統受到危險的人為干擾的水平上。這一水平應當在足以使生態系統能夠自然地適應氣候變化、確保糧食生產免受威脅並使經濟發展能夠可持續地進行的時間範圍內實現。

第三條　原則

各締約方在為實現本公約的目標和履行其各項規定而採取行動時，除其他外，應以下列作為指導：

1. 各締約方應當在公平的基礎上，並根據它們共同但有區別的責任和各自的能力，為人類當代和後代的利益保護氣候系統。因此，發達國家締約方應當率先對付氣候變化及其不利影響。

2. 應當充分考慮到發展中國家締約方尤其是特別易受氣候變化不利影響的那些發展中國家締約方的具體需要和特殊情況，也應當充分考慮到那些按本公約必須承擔不成比例或不正常負擔的締約方特別是發展中國家締約方的具體需要和特殊情況。

3. 各締約方應當採取預防措施，預測、防止或儘量減少引起氣候變化的原因，並緩解其不利影響。當存在造成嚴重或不可逆轉的損害的威脅時，不應當以科學上沒有完全的確定性為理由推遲採取這類措施，同時考慮到應付氣候變化的政策和措施應當講求成本效益，確保以盡可能最低的費用獲得全球效益。因此，這種政策和措施應當考慮到不同的社會經濟情況，並且應當具有全面性，包括所有有關的溫室氣體源、彙和庫及適應措施，並涵蓋所有經濟部門。應付氣候變化的努力可由有關的締約方合作進行。

4. 各締約方有權並且應當促進可持續的發展。保護氣候系統免遭人為變化的政策和措施應當適合每個締約方的具體情況，並應當結合到國家的發展計劃中去，同時考慮到經濟發展對於採取措施應付氣候變化是至關重要的。

5. 各締約方應當合作促進有利的和開放的國際經濟體系，這種體系將促成所有締約方特別是發展中國家締約方的可持續經濟增長和發展，從而使它們有能力更好地應付氣候變化的問題。為對付氣候變化而採取的措施，包括單方面措施，不應當成為國際貿易上的任意或無理的歧視手段或者隱蔽的限制。

第四條　承諾

1.所有締約方，考慮到它們共同但有區別的責任，以及各自具體的同家和區域發展優
　先順序、目標和情況，應：
　(a)用待由締約方會議議定的可比方法編制、定期更新、公佈並按照第十二條向締約
　　　方會議提供關於《蒙特利爾議定書》未予管制的所有溫室氣體的各種源的人為排
　　　放和各種彙的清除的國家清單；
　(b)制訂、執行、公佈和經常地更新國家的以及在適當情況下區域的計劃，其中包含
　　　從《蒙特利爾議定書》未予管制的所有溫室氣體的源的人為排放和彙的清除來著
　　　手減緩氣候變化的措施，以及便利充分地適應氣候變化的措施；
　(c)在所有有關部門，包括能源、運輸、工業、農業、林業和廢物管理部門，促進和
　　　合作發展、應用和傳播（包括轉讓）各種用來控制、減少或防止《蒙特利爾議定
　　　書》未予管制的溫室氣體的人為排放的技術、做法和過程；
　(d)促進可持續地管理，並促進和合作酌情維護和加強《蒙特利爾議定書》未予管制
　　　的所有溫室氣體和彙和庫，包括生物質、森林和海洋以及其他陸地、沿海和海洋
　　　生態系統；
　(e)合作為適應氣候變化的影響做好準備；擬訂和詳細制定關於沿海地區的管理、水
　　　資源和農業以及關於受到旱災和沙漠化及洪水影響的地區特別是非洲的這種地區
　　　的保護和恢復的適當的綜合性計劃；
　(f)在它們有關的社會、經濟和環境政策及行動中，在可行的範圍內將氣候變化考慮
　　　進去，並採用由本國擬訂和確定的適當辦法，例如進行影響評估，以期儘量減少
　　　它們為了減緩或適應氣候變化而進行的專案或採取的措施對經濟、公共健康和環
　　　境質量產生的不利影響；
　(g)促進和合作進行關於氣候系統的科學、技術、工藝、社會經濟和其他研究、系統
　　　觀測及開發資料檔案，目的是增進對氣候變化的起因、影響、規模和發生時間以
　　　及各種應對戰略所帶來的經濟和社會後果的認識，和減少或消除在這些方面尚存
　　　的不確定性；
　(h)促進和合作進行關於氣候系統和氣候變化以及關於各種應對戰略所帶來的經濟和
　　　社會後果的科學、技術、工藝、社會經濟和法律方面的有關資訊的充分、公開和
　　　迅速的交流；
　(i)促進和合作進行與氣候變化有關的教育、培訓和提高公眾意識的工作，並鼓勵人
　　　們對這個過程最廣泛參與，包括鼓勵各種非政府組織的參與；
　(j)依照第十二條向締約方會議提供有關履行的資訊。
2.附件一所列的發達國家締約方和其他締約方具體承諾如下所規定：
　(a)每一個此類締約方應制定國家政策和採取相應的措施。通過限制其人為的溫室氣
　　　體排放以及保護和增強其溫室氣體庫和彙，減緩氣候變化。這些政策和措施將表

明，發達國家是在帶頭依循本公約的目標，改變人為排放的長期趨勢，同時認識到至本十年末使二氧化碳和《蒙特利爾議定書》未予管制的其他溫室氣體的人為排放回復到較早的水平，將會有助於這種改變，並考慮到這些締約方的起點和做法、經濟結構和資源基礎方面的差別、維持強有力和可持續經濟增長的需要、可以採用的技術以及其他個別情況，又考慮到每一個此類締約方都有必要對為了實現該目標而作的全球努力作出公平和適當的貢獻。這些締約方可以同其他締約方共同執行這些政策和措施，也可以協助其他締約方為實現本公約的目標特別是本項的目標作出貢獻；為其中包括區域經濟一體化組織制定的政策和採取的措施。

(b)為了推動朝這一目標取得進展，每一個此類締約方應依照第十二條，在本公約對其生效後六個月內，並在其後定期地就其上述(a)項所述的政策和措施，以及就其由此預測在(a)項所述期間內《蒙特利爾議定書》未予管制的溫室氣體的源的人為排放和彙的清除，提供詳細資訊，目的在個別地或共同地使二氧化碳和《蒙特利爾議定書》未予管制的其他溫室氣體的人為排放回復到 1990 年的水平。按照第七條，這些資訊將由締約方會議在其第一屆會議上以及在其後定期地加以審評；

(c)為了上述(b)項的目的而計算各種溫室氣體源的排放和彙的清除時，應該參考可以得到的最佳科學知識，包括關於各種彙的有效容量和每一種溫室氣體在引起氣候變化方面的作用的知識。締約方會議應在其第一屆會議上考慮和議定進行這些計算的方法，並在其後經常地加以審評；

(d)締約方會議應在其第一屆會議上審評上述(a)項和(b)項是否充足。進行審評時應參照可以得到的關於氣候變化及其影響的最佳科學資訊和評估，以及有關的工藝、社會和經濟資訊。在審評的基礎上，締約方會議應採取適當的行動，其中可以包括通過對上述(a)項和(b)項承諾的修正。締約方會議第一屆會議還應就上述(a)項所述共同執行的標準作出決定。對(a)項和(b)項的第二次審評應不遲於 1998 年 12 月 31 日進行，其後按由締約方會議確定的定期間隔進行，直至本公約的目標達到為止；

(e)第一個此類締約方應：

㈠酌情同其他此類締約方協調為了實現本公約的目標而開發的有關經濟和行政手段；和

㈡確定並定期審評其本身有哪些政策和做法鼓勵了導致《蒙特利爾議定書》未予管制的溫室氣體的人為排放水平因而更高的活動。

(f)締約方會議應至遲在 1998 年 12 月 31 日之前審評可以得到的資訊，以便經有關締約方同意，作出適當修正附件一和二內名單的決定；

(g)不在附件一之列的任何締約方，可以在其批准、接受、核准或加入的文書中，或在其後任何時間，通知保存人其有意接受上述(a)項和(b)項的約束。保存人應將任

何此類通知通報其他簽署方和締約方。

3. 附件二所列的發達國家締約方和其他發達締約方應提供新的和額外的資金，以支付經議定的發展中國家締約方為履行第十二條第 1 款規定的義務而招致的全部費用。它們還應提供發展中國家締約方所需要的資金，包括用於技術轉讓的資金，以支付經議定的為執行本條第 1 款所述並經發展中國家締約方同第十一條所述那個或那些國際實體依該條議定的措施的全部增加費用。這些承諾的履行應考慮到資金流量應充足和可以預測的必要性，以及發達國家締約方間適當分攤負擔的重要性。

4. 附件二所列的發達國家締約方和其他發達締約方還應幫助特別易受氣候變化不利影響的發展中國家締約方支付適應這些不利影響的費用。

5. 附件二所列的發達國家締約方和其他發達締約方應採取一切實際可行的步驟，酌情促進、便利和資助向其他締約方特別是發展中國家締約方轉讓或使它們有機會得到無害環境的技術和專有技術，以使它們能夠履行本公約的各項規定。在此過程中，發達國家締約方應支援開發和增強發展中國家締約方的自生能力和技術。有能力這樣做的其他締約方和組織也可協助便利這類技術的轉讓。

6. 對於附件一所列正在朝市場經濟過渡的締約方，在履行其在上述第 2 款下的承諾時，包括在《蒙特利爾議定書》未予管制的溫室氣體人為排放的可資參照的歷史水平方面，應由締約方會議允許它們有一定程度的靈活性，以增強這些締約方應付氣候變化的能力。

7. 發展中國家締約方能在多大程度上有效履行其在本公約下的承諾，將取決於發達國家締約方對其在本公約下所承擔的有關資金和技術轉讓的承諾的有效履行，並將充分考慮到經濟和社會發展及消除貧困是發展中國家締約方的首要和壓倒一切的優先事項。

8. 在履行本條各項承諾時，各締約方應充分考慮按照本公約需要採取哪些行動，包括與提供資金、保險和技術轉讓有關的行動，以滿足發展中國家締約方由於氣候變化的不利影響和／或執行應對措施所造成的影響，特別是對下列各類國家的影響，而產生的具體需要和關注：

(a)小島嶼國家；

(b)有低窪沿海地區的國家；

(c)有乾旱和半乾旱地區、森林地區和容易發生森林退化的地區的國家；

(d)有易遭自然災害地區的國家；

(e)有容易發生旱災和沙漠化的地區的國家；

(f)有城市大氣嚴重污染的地區的國家；

(g)有脆弱生態系統包括山區生態系統的國家；

(h)其經濟高度依賴於礦物燃料和相關的能源密集產品的生產、加工和出口所帶來的

收入，和／或高度依賴於這種燃料和產品的消費的國家；和

(i)內陸國和過境國。

此外，締約方會議可酌情就本款採取行動。

9.各締約方在採取有關提供資金和技術轉讓的行動時，應充分考慮到最不發達國家的具體需要和特殊情況。

10.各締約方應按照第十條，在履行本公約各項承諾時，考慮到其經濟容易受到執行應付氣候變化的措施所造成的不利影響之害的締約方、特別是發展中國家締約方的情況。這尤其適用於其經濟高度依賴於礦物燃料和相關的能源密集產品的生產、加工和出口所帶來的收入，和／或高度依賴於這種燃料和產品的消費，和／或高度依賴於礦物燃料的使用，而改用其他燃料又非常困難的那些締約方。

第五條　研究和系統觀測

在履行第四條第 1 款(g)項下的承諾時，各締約方應：

(a)支援並酌情進一步制訂旨在確定、進行、評估和資助研究、資料收集和系統觀測的國際和政府間計劃和站網或組織，同時考慮到有必要儘量減少工作重複；

(b)支援旨在加強尤其是發展中國家的系統觀測及國家科學和技術研究能力的國際和政府間努力，並促進獲取和交換從國家管轄範圍以外地區取得的資料及其分析；和

(c)考慮發展中國家的特殊關注和需要，並開展合作提高它們參與上述(a)項和(b)項中所述努力的自生能力。

第六條　教育、培訓和公眾意識

在履行第四條第 1 款(i)項下的承諾時，各締約方應：

(a)在國家一級並酌情在次區域和區域一級，根據國家法律和規定，並在各自的能力範圍內，促進和便利：

㈠擬訂和實施有關氣候變化及其影響的教育及提高公眾意識的計劃；

㈡公眾獲取有關氣候變化及其影響的資訊；

㈢公眾參與應付氣候變化及其影響和擬訂適當的對策；和

㈣培訓科學、技術和管理人員。

(b)在國際一級，酌情利用現有的機構，在下列領域進行合作並促進：

㈠編寫和交換有關氣候變化及其影響的教育及提高公眾意識的材料；和

㈡擬訂和實施教育和培訓計劃，包括加強國內機構和交流或借調人員來特別為發展中國家培訓這方面的專家。

第七條　締約方會議

1.茲設立締約方會議。

2.締約方會議作為本公約的最高機構，應定期審評本公約和締約方會議可能通過的任何相關法律文書的履行情況，並應在其職權範圍內作出為促進本公約的有效履行所

必要的決定。因此目的，締約方會議應：

(a)根據本公約的目標、在履行本公約過程中取得的經驗和科學與技術知識的發展，定期審評本公約規定的締約方義務和機構安排；

(b)促進和便利就各締約方為應付氣候變化及其影響而採取的措施進行資訊交流，同時考慮到各締約方不同的情況、責任和能力以及各自在本公約下的承諾；

(c)應兩個或更多的締約方的要求，便利將這些締約方為應付氣候變化及其影響而採取的措施加以協調，同時考慮到各締約方不同的情況、責任和能力以及各自在本公約下的承諾；

(d)依照本公約的目標和規定，促進和指導發展和定期改進由締約方會議議定的，除其他外，用來編制各種溫室氣體源的排放和各種彙的清除的清單，和評估為限制這些氣體的排放及增進其清除而採取的各種措施的有效性的可比方法；

(e)根據依本公約規定獲得的所有資訊，評估各締約方履行公約的情況和依照公約所採取措施的總體影響，特別是環境、經濟和社會影響及其累計影響，以及當前在實現本公約的目標方面取得的進展；

(f)審議並通過關於本公約履行情況的定期報告，並確保予以發表；

(g)就任何事項作出為履行本公約所必需的建議；

(h)按照第四條第3、第4、和第5款及第十一條，設法動員資金；

(i)設立其認為履行公約所必需的附屬機構；

(j)審評其附屬機構提出的報告，並向它們提供指導；

(k)以協商一致方式議定並通過締約方會議和任何附屬機構的議事規則和財務規則；

(l)酌情尋求和利用各主管國際組織和政府間非政府機構提供的服務、合作和資訊；和

(m)行使實現本公約目標所需的其他職能以及依本公約所賦與的所有其他職能。

3.締約方會議應在其第一屆會議上通過其本身的議事規則以及本公約所設立的附屬機構的議事規則，其中應包括關於本公約所述各種決策程序未予規定的事項的決策程序。這類程序可包括通過具體決定所需的特定多數。

4.締約方會議第一屆會議應由第二十一條所述的臨時秘書處召集，並應不遲於本公約生效日期後一年舉行。其後，除締約方會議另有決定外，締約方會議的常會應年年舉行。

5.締約方會議特別會議應在締約方會議認為必要的其他時間舉行，或應任何締約方的書面要求而舉行，但須在秘書處將該要求轉達給各締約方後六個月內得到至少 1/3 締約方的支援。

6.聯合國及其專門機構和國際原子能機構，以及它們的非為本公約締約方的會員國或觀察員，均可作為觀察員出席締約方會議的各屆會議。任何在本公約所涉事項上具

備資格的團體或機構，不管其為國家或國際的、政府或非政府的，經通知秘書處其願意作為觀察員出席締約方會議的某屆會議，均可予以接納，除非出席的締約方至少 1/3 反對。觀察員的接納和參加應遵循締約方會議通過的議事規則。

第八條　秘書處

1. 茲設立秘書處。

2. 秘書處的職能應為：

　(a)安排締約方會議及依本公約設立的附屬機構的各屆會議，並向它們提供所需的服務；

　(b)彙編和轉遞向其提交的報告；

　(c)便利應要求時協助各締約方特別是發展中國家締約方彙編和轉遞依本公約規定所需的資訊；

　(d)編制關於其活動的報告，並提交給締約方會議；

　(e)確保與其他有關國際機構的秘書處的必要協調；

　(f)在締約方會議的全面指導下訂立為有效履行其職能而可能需要的行政和契約安排；和

　(g)行使本公約及其任何議定書所規定的其他秘書處職能和締約方會議可能決定的其他職能。

3. 締約方會議應在其第一屆會議上指定一個常設秘書處，並為其行使職能作出安排。

第九條　附屬科技諮詢機構

1. 茲設立附屬科學和技術咨詢機構，就與公約有關的科學和技術事項，向締約方會議並酌情向締約方會議的其他附屬機構及時提供資訊和諮詢。該機構應開放供所有締約方參加，並應具有多學科性。該機構應由在有關專門領域勝任的政府代表組成。該機構應定期就其工作的一切方面向締約方會議報告。

2. 在締約方會議指導下和依靠現有主管國際機構，該機構應：

　(a)就有關氣候變化及其影響的最新科學知識提出評估；

　(b)就履行公約所採取措施的影響進行科學評估；

　(c)確定創新的、有效率的和最新的技術與專有技術，並就促進這類技術的發展和／或轉讓的途徑與方法提供諮詢；

　(d)就有關氣候變化的科學計劃和研究與發展的國際合作，以及就支援發展中國家建立自生能力的途徑與方法提供諮詢；和

　(e)答復締約方會議及其附屬機構可能向其提出的科學、技術和方法問題。

3. 該機構的職能和職權範圍可由締約方會議進一步制定。

第十條　附屬履行機構

1. 茲設立附屬履行機構，以協助締約方會議評估和審評本公約的有效履行。該機構應

開放供所有締約方參加，並由為氣候變化問題專家的政府代表組成。該機構應定期就其工作的一切方面向締約方會議報告。

2.在締約方會議的指導下，該機構應：

(a)考慮依第十二條第 1 款提供的資訊，參照有關氣候變化的最新科學評估，對各締約方所採取步驟的總體合計影響作出評估；

(b)考慮依第十二條第 2 款提供的資訊，以協助締約方會議進行第四條第 2 款(d)項所要求的審評；和

(c)酌情協助締約方會議擬訂和執行其決定。

第十一條　資金機制

1.茲確定一個在贈予或轉讓基礎上提供資金，包括用於技術轉讓的資金的機制。該機制應在締約方會議的指導下行使職能並向其負責，並應由締約方會議決定該機制與本公約有關的政策、計劃優先順序和資格標準。該機制的經營應委託一個或多個現有的國際實體負責。

2.該資金機制應在一個透明的管理制度下公平和均衡地代表所有締約方。

3.締約方會議和受託管資金機制的那個或那些實體應議定實施上述各款的安排，其中應包括：

(a)確保所資助的應付氣候變化的專案符合締約方會議所制定的政策、計劃優先順序和資格標準的辦法；

(b)根據這些政策、計劃優先順序和資格標準重新考慮某項供資決定的辦法；

(c)依循上述第 1 款所述的負責要求，由那個或那些實體定期向締約方會議提供關於其供資業務的報告；

(d)以可預測和可認定的方式確定履行本公約所必需的和可以得到的資金數額，以及定期審評此一數額所應依據的條件。

4.締約方會議應在其第一屆會議上作出履行上述規定的安排，同時審評並考慮到第二十一條第 3 款所述的臨時安排，並應決定這些臨時安排是否應予維持。在其後四年內，締約方會議應對資金機制進行審評，並採取適當的措施。

5.發達國家締約方還可通過雙邊、區域性和其他多邊渠道提供並由發展中國家締約方獲取與履行本公約有關的資金。

第十二條　提供有關履行的資訊

1.按照第四條第 1 款，第一締約方應通過秘書處向締約方會議提供含有下列內容的資訊：

(a)在其能力允許的範圍內,用締約方會議所將推行和議定的可比方法編成的關於《蒙特利爾議定書》未予管制的所有溫室氣體的各種源的人為排放和各種彙的清除的國家清單；

(b)關於該締約方為履行公約而採取或設想的步驟的一般性描述；和

(c)該締約方認為與實現本公約的目標有關並且適合列入其所提供資訊的任何其他資訊，在可行情況下，包括與計算全球排放趨勢有關的資料。

2. 附件一所列每一發達國家締約方和每一其他締約方應在其所提供的資訊中列入下列各類資訊；

(a)關於該締約方為履行其第四條第二款(a)項和(b)項下承諾所採取政策和措施的詳細描述；和

(b)關於本款(a)項所述政策和措施在第四條第二款(a)項所述期間對溫室氣體各種源的排放和各種彙的清除所產生影響的具體估計。

3. 此外，附件二所列每一發達國家締約方和第一其他發達締約方應列入按照第四條第3、第4和第5款所採取措施的詳情。

4. 發展中國家締約方可在自願基礎上提出需要資助的專案，包括為執行這些專案所需要的具體技術、材料、設備、工藝或做法，在可能情況下並附上對所有增加的費用、溫室氣體排放的減少量及其清除的增加量的估計，以及對其所帶來效益的估計。

5. 附件一所列每一發達國家締約方和每一其他締約方應在公約對該締約方生效後六個月內第一次提供資訊。未列入該附件的每一締約方應在公約對該締約方生效後或按照第四條第3款獲得資金後三年內第一次提供資訊。最不發達國家締約方可自行決定何時第一次提供資訊。其後所有締約方提供資訊的頻度應由締約方會議考慮到本款所規定的差別時間表予以確定。

6. 各締約方按照本條提供的資訊應由秘書處盡速轉交給締約方會議和任何有關的附屬機構。如有必要，提供資訊的程序可由締約方會議進一步考慮。

7. 締約方會議從第一屆會議起，應安排向有此要求的發展中國家締約方提供技術和資金支援，以彙編和提供本條所規定的資訊，和確定與第四第規定的所擬議的專案和應對措施相聯繫的技術和資金需要。這些支援可酌情由其他締約方、主管國際組織和秘書處提供。

8. 任何一組締約方遵照締約方會議制定的指導方針並經事先通知締約方會議，可以聯合提供資訊來履行其在本條下的義務，但這樣提供的資訊須包括關於其中每一締約方履行其在本公約下的各自義務的資訊。

9. 秘書處收到的經締約方按照締約方會議制訂的標準指明為機密的資訊，在提供給任何參與資訊的提供和審評的機構之前，應由秘書處加以匯總，以保護其機密性。

10. 在不違反上述第9款，並且不妨礙任何締約方在任何時候公開其所提供資訊的能力的情況下，秘書處應將締約方按照本條提供的資訊在其提交給締約方會議的同時予以公開。

第十三條　解決與履行有關的問題

締約方會議應在其第一屆會議上考慮設立一個解決與公約履行有關的問題的多邊協商程序，供締約方有此要求時予以利用。

第十四條　爭端的解決

1. 任何兩個或兩個以上締約方之間就本公約的解釋或適用發生爭端時，有關的締約方應尋求通過談判或它們自己選擇的任何其他和平方式解決該爭端。

2. 非本區域經濟一體化組織的締約方在批准、接受、核准或加入本公約時，或在其後任何時候，可在交給保存人的一份文書中聲明，關於本公約的解釋或適用方面的任何爭端，承認對於接受同樣義務的任何締約方，下列義務為當然而具有強制性的，無須另訂特別協定：

   (a)將爭端提交國際法院，和／或

   (b)按照將由締約方會議儘早通過的，載於仲裁附件中的程序進行仲裁。作為區域經濟一體化組織的締約方可就依上述(b)項中所述程序進行仲裁發表類似聲明。

3. 根據上述第 2 款所作的聲明，在其所載有效期期滿前，或在書面撤回通知交存於保存人後的三個月內，應一直有效。

4. 除非爭端各當事方另有協定，新作聲明、作出撤回通知或聲明有效期滿絲毫不得影響國際法院或仲裁庭正在進行的審理。

5. 在不影響上述第 2 款運作的情況下，如果一締約方通知另一締約方它們之間存在爭端，過了 12 個月後，有關的締約方尚未能通過上述第 1 款所述方法解決爭端，經爭端的任何當事方要求，應將爭端提交調解。

6. 經爭端一當事方要求，應設立調解委員會。調解委員會應由每一當事方委派的數目相同的成員組成，主席由每一當事方委派的成員共同推選。調解委員會應作出建議性裁決。各當事方應善意考慮之。

7. 有關調解的補充程序應由締約方會議儘早以調解附件的形式予以通過。

8. 本條各項規定應適用於締約方會議可能通過的任何相關法律文書，除非該文書另有規定。

第十五條　公約的修正

1. 任何締約方均可對本公約提出修正。

2. 對本公約的修正應在締約方會議的一屆常會上通過。對本公約提出的任何修正案文應由秘書處在擬議通過該修正的會議之前至少六個月送交各締約方。秘書處還應將提出的修正送交本公約各簽署方，並送交保存人以供參考。

3. 各締約方應盡一切努力以協商一致方式就對本公約提出的任何修正達成協定。如為謀求協商一致已盡了一切努力，仍未達成協定，作為最後的方式，該修正應以出席會議並參加表決的締約方 3/4 多數票通過。通過的修正應由秘書處送交保存人，再由保存人轉送所有締約方供其接受。

4. 對修正的接受文書應交存於保存人。按照上述第 3 款通過的修正，應於保存人收到本公約至少 3/4 締約方的接受文書之日後第 90 天起對接受該修正的締約方生效。

5. 對於任何其他締約方，修正應在該締約方向保存人交存接受該修正的文書之日後第 90 天起對其生效。

6. 為本條的目的，「出席並參加表決的締約方」是指出席並投贊成票或反對票的締約方。

第十六條　公約附件的通過和修正

1. 本公約的附件應構成本公約的組成部分，除另有明文規定外，凡提到本公約時即同時提到其任何附件。在不妨害第十四條第 2 款(b)項和第 7 款規定的情況下，這些附件應限於清單、表格和任何其他屬於科學、技術、程序或行政性質的說明性資料。

2. 本公約的附件應按照第十五條第 2、第 3 和第 4 款中規定的程序提出和通過。

3. 按照上述第 2 款通過的附件，應於保存人向公約的所有締約方發出關於通過該附件的通知之日起六個月後對所有締約方生效，但在此期間以書面形式通知保存人不接受該附件的締約方除外。對於撤回其不接受的通知的締約方，該附件應自保存人收到撤回通知之日後第 90 天起對其生效。

4. 對公約附件的修正的提出、通過和生效，應依照上述第 2 和第 3 款對公約附件的提出、通過和生效規定的同一程序進行。

5. 如果附件或對附件的修正的通過涉及對本公約的修正，則該附件或對附件的修正應待對公約的修正生效之後方可生效。

第十七條　議定書

1. 締約方會議可在任何一屆常會上通過本公約的議定書。

2. 任何擬議的議定書案文應由秘書處在舉行該屆會議至少六個月之前送交各締約方。

3. 任何議定書的生效條件應由該文書加以規定。

4. 祇有本公約的締約方才可成為議定書的締約方。

5. 任何議定書下的決定祇應由該議定書的締約方作出。

第十八條　表決權

1. 除下述第 2 款所規定外，本公約第一締約方應有一票表決權。

2. 區域經濟一體化組織在其許可權內的事項上應行使票數與其作為本公約締約方的成員國數目相同的表決權。如果一個此類組織的任一成員國行使自己的表決權，則該組織不得行使表決權，反之亦然。

第十九條　保存人

聯合國秘書長應為本公約及按照第十七條通過的議定書的保存人。

第二十條　簽署

本公約應於聯合國環境與發展會議期間在里約熱內盧，其後自 1992 年 6 月 20 日至 1993 年 6 月 19 日在紐約聯合國總部，開放供聯合國會員國或任何聯合國專門機構的

成員國或《國際法院規約》的當事國和各區域經濟一體化組織簽署。

第二十一條　臨時安排

1. 在締約方會議第一屆會議結束前，第八條所述的秘書處職能將在臨時基礎上由聯合國大會 1990 年 12 月 21 日第 45/212 號決議所設立的秘書處行使。

2. 上述第 1 款所述的臨時秘書處首長將與政府間氣候變化專門委員會密切合作，以確保該委員會能夠對提供客觀科學和技術咨詢的要求作出反應。也可以諮詢其他有關的科學機構。

3. 在臨時基礎上，聯合國開發計劃署、聯合國環境規劃署和國際復興開發銀行的「全球環境融資」應為受託經營第十一條所述資金機制的國際實體。在這方面，「全球環境融資」應予適當改革，並使其成員具有普遍性，以使其能滿足第十一條的要求。

第二十二條　批准、接受、核准或加入

1. 本公約須經各國和各區域經濟一體化組織批准、接受、核准或加入。公約應自簽署截止日之次日起開放供加入。批准、接受、核准或加入的文書應交存於保存人。

2. 任何成為本公約締約方而其成員國均非締約方的區域經濟一體化組織應受本公約一切義務的約束。如果此類組織的一個或多個成員國為本公約的締約方，該組織及其成員國應決定各自在履行公約義務方面的責任。在此種情況下，該組織及其成員國無權同時行使本公約規定的權利。

3. 區域經濟一體化組織應在其批准、接受、核准或加入的文書中聲明其在本公約所規定事項上的許可權。此類組織還應將其許可權範圍的任何重大變更通知保存人，再由保存人通知各締約方。

第二十三條　生效

1. 本公約應自第五十份批准、接受、核准或加入的文書交存之日後第 90 天起生效。

2. 對於在第 50 份批准、接受、核准或加入的文書交存之後批准、接受、核准或加入本公約的每一國家或區域經濟一體化組織，本公約應自該國或該區域經濟一體化組織交存其批准、接受、核准或加入的文書之日後第 90 天起生效。

3. 為上述第 1 和第 2 款的目的，區域經濟一體化組織所交存的任何文書不應被視為該組織成員國所交存文書之外的額外文書。

第二十四條　保留

對本公約不得作任何保留。

第二十五條　退約

1. 自本公約對一締約方生效之日起三年後，該締約方可隨時向保存人發出書面通知退出本公約。

2. 任何退出應自保存人收到退出通知之日起一年期滿時生效，或在退出通知中所述明的更後日期生效。

3.退出本公約的任何締約方，應被視為亦退出其作為締約方的任何議定書。

第二十六條　作準文本

本公約正本應交存於聯合國秘書長，其阿拉伯文、中文、英文、法文、俄文和西班牙文本同為作準。

下列簽署人，經正式授權，在本公約上簽字，以昭信守。

11.生物多樣性公約

一九九二年六月五日訂於里約熱內盧

序言

締約國，意識到生物多樣性的內在價值，和生物多樣性及其組成部分的生態、遺傳、社會、經濟、科學、教育、文化、娛樂和美學價值，還意識到生物多樣性對進化和保持生物圈的生命維持系統的重要性，確認生物多樣性的保護是全人類的共同關切事項，重申各國對它自己的生物資源擁有主權權利，也重申各國有責任保護它自己的生物多樣性並以可持久的方式使用它自己的生物資源，關切一些人類活動正在導致生物多樣性的嚴重減少，意識到普遍缺乏關於生物多樣性的資料和知識，亟需開發科學、技術和機構能力，從而提供基本理解，據以策劃與執行適當措施，注意到預測、預防和從根源上消除導致生物多樣性嚴重減少或喪失的原因，至為重要，並注意到生物多樣性遭受嚴重減少或損失的威脅時，不應以缺乏充分的科學定論為理由，而推遲採取旨在避免或盡量減輕此種威脅的措施，注意到保護生物多樣性的基本要求，是就地保護生態系統和自然生境，維持恢復物種在其自然環境中有生存力的群體，並注意到移地措施，最好在原產國內實行，也可發揮重要作用；認識到許多體現傳統生活方式的土著和地方社區同生物資源有著密切和傳統的依存關係，應公平分享從利用與保護生物資源及持久使用其組成部分有關的傳統知識、創新和作法而產生的惠益，並認識到婦女在保護和持久使用生物多樣性中發揮的極其重要作用，並確認婦女必須充分參與保護生物多樣性的各級政策的制訂和執行，強調為了生物多樣性的保護及其組成部分的持久使用，促進國家、政府間組織和非政府部門之間的國際、區域和全球性合作的重要性和必要性，承認提供新的和額外的資金和適當取得有關的技術，可對全世界處理生物多樣性喪失問題的能力產生重大影響，進一步承認有必要訂立特別規定，以滿足發展中國家的需要，包括提供新的和額外的資金和適當取得有關的技術，注意到最不發達國家和小島嶼國家這方面的特殊情況，承認有必要大量投資以保護生物多樣性，而且這些投資可望產生廣泛的環境、經濟和社會惠益，認識到經濟和社會發展以及根除貧困是發展中國家第一和壓倒一切的優先事務，意識到保護和持久使用生物多樣性對滿足世界日益增加的人口的糧食、健康和其他需求至為重要，而為此目的取得和分享

遺傳資源和遺傳技術是必不可少的，注意到保護和持久使用生物多樣性終必增強國家間的友好關係，並有助於實現人類和平；期望加強和補充現有保護生物多樣性和持久使用其組成部分的各項國際安排；並決心為今世後代的利益，保護和持久使用生物多樣性，茲協議如下：

第一條　目標

本公約的目標是按照本公約有關條款從事保護生物多樣性、持久使用其組成部分以及公平合理分享由利用遺傳資源而產生的惠益；實現手段包括遺傳資源的適當取得及有關技術的適當轉讓，但需顧及對這些資源和技術的一切權利，以及提供適當資金。

第二條　用語

為本公約的目的：「生物多樣性」是指所有來源的形形色色生物體，這些來源除其他外包括陸地、海洋和其他水生生態系統及其所構成的生態綜合體；這包括物種內部、物種之間和生態系統的多樣性。

「生物資源」是指對人類具有實際或潛在用途或價值的遺傳資源、生物體或其部分、生物群體、或生態系統中任何其他生物組成部分。

「生物技術」是指使用生物系統、生物體或其衍生物的任何技術應用，以製作或改變產品或過程以供特定用途。

「遺傳資源的原產國」是指擁有處於原產境地的遺傳資源的國家。

「提供遺傳資源的國家」是指供應遺傳資源的國家，此種遺傳資源可能是取自原地來源，包括野生物種和馴化物種的群體，或取自移地保護來源，不論是否原產於該國。

「馴化或培植物種」是指人類為滿足自身需要而影響了其演化進程的物種。

「生態系統」是指植物、動物和微生物群落和它們的無生命環境作為一個生態單位交互作用形成的一個動態復合體。

「移地保護」是指將生物多樣性的組成部分移到它們的自然環境之外進行保護。

「遺傳材料」是指來自植物、動物、微生物或其他來源的任何含有遺傳功能單位的材料。

「遺傳資源」是指其有實際或潛在價值的遺傳材料。

「生境」是指生物體或生物群體自然分布的地方或地點。

「原地條件」是指遺傳資源生存於生態系統和自然生境之內的條件，對於馴化或培植的物種而言，其環境是指它們在其中發展出其明顯特性的環境。

「就地保護」是指保護生態系統和自然生境以及維護和恢復物種在其自然環境中有生存力的群體；對於馴化和培植物種而言，其環境是指它們在其中發展出其明顯特性的環境。

「保護區」是指一個劃定地理界限、為達到特定保護目標而指定或實行管制和管理的地區。

「區域經濟一體化組織」是指由其一區域的一些主權國家組成的組織，其成員國已將處理本公約範圍內的事務的權力付託它並已按照其內部程序獲得正式授權，可以簽署、批准、接受、核准或加入本公約。

「持久使用」是指使用生物多樣性組成部分的方式和速度不曾導致生物多樣性的長期衰落，從而保持其滿足今世後代的需要和期望的潛力。

「技術」包括生物技術。

第三條　原則

依照聯合國憲章和國際法原則，各國其有按照其環境政策開發其資源的主權權利，同時亦負有責任，確保在它管轄或控制範圍內的活動，不致對其他國家的環境或國家管轄範圍以外地區的環境造成損害。

第四條　管轄範圍

以不妨礙其他國家權利為限，除非本公約另有明文規定，本公約規定應按下列情形對每一締約國適用：

(a)生物多樣性組成部分位於該國管轄範圍的地區內；

(b)在該國管轄或控制下開展的過程和活動，不論其影響發生在何處，此種過程和活動可位於該國管轄區內也可在國家管轄區外。

第五條　合作

每一締約國應盡可能並酌情直接與其他締約國或酌情通過有關國際組織為保護和持久使用生物多樣性在國家管轄範圍以外地區並就共同關心的其他事項進行合作。

第六條　保護和持久使用方面的一般措施

每一締約國應按照其特殊情況和能力：

(a)為保護和持久使用生物多樣性制定國家戰略、計劃或方案，或為此目的變通其現有戰略、計劃或方案；這些戰略、計劃或方案除其他外應體現本公約內載明與該締約國有關的措施；

(b)盡可能並酌情將生物多樣性的保護和持久使用訂入有關的部門或跨部門計劃、方案和政策內。

第七條　查明與監測

每一締約國應盡可能並酌情，特別是為了第八條至第十條的目的：

(a)查明對保護和持久使用生物多樣性至關重要的生物多樣性組成部分，要顧及附件一所載指示性種類清單；

(b)通過抽樣調查和其他技術，監測依照以上(a)項查明的生物多樣性組成部分，要特別注意那些需要採取緊急保護措施以及那些具有最大持久使用潛力的組成部分；

(c)查明對保護和持久使用生物多樣性產生或可能產生重大不利影響的過程和活動種類，並通過抽樣調查和其他技術，監測其影響；

(d)以各種方式維持並整理依照以上(a)、(b)和(c)項從事查明和監測活動所獲得的數據。

第八條　就地保護

每一締約國應盡可能並酌情：

(a)建立保護區系統或需要採取特殊措施以保護生物多樣性的地區；

(b)於必要時，制定準則數據以選定、建立和管理保護區或需要採取特殊措施以保護生物多樣性的地區；

(c)管制或管理保護區內外對保護生物多樣性至關重要的生物資源，以確保這些資源得到保護和持久使用；

(d)促進保護生態系統、自然生境和維護自然環境中有生存力的物種群體；

(e)在保護區域的鄰接地區促進無害環境的持久發展以謀增進這些地區的保護；

(f)除其他外，通過制定和實施各項計劃或其他管理戰略，重建和恢復已退化的生態系統，促進受威脅物種的復原；

(g)制定或採取辦法以酌情管制、管理或控制由生物技術改變的活生物體在使用和釋放時可能產生的危險，即可能對環境產生不利影響，從而影響到生物多樣性的保護和持久使用，也要考慮到對人類健康的危險；

(h)防止引進、控制或消除那些威脅到生態系統、生境或物種的外來物種；

(i)設法提供現時的使用與生物多樣性的保護及其組成部分的持久使用彼此相輔相成所需的條件；

(j)依照國家立法，尊重、保存和維持土著和地方社區體現傳統生活方式而與生物多樣性的保護和持久使用相關的知識、創新和做法並促進其廣泛應用，由此等知識、創新和做法的擁有者認可和參與其事並鼓勵公平地分享因利用此等知識、創新和做法而獲得的惠益；

(k)制定或維持必要立法和／或其他規範性規章，以保護受威脅物種和群體；

(l)在依照第七條確定某些過程或活動類別已對生物多樣性造成重大不利影響時，對有關過程和活動類別進行管制或管理；

(m)進行合作，就以上(a)至(l)項所概括的就地保護措施特別向發展中國家提供財務和其他援助。

第九條　移地保護

第一締約國應盡可能並酌情，主要為輔助就地保護措施起見：

(a)最好在生物多樣性組成部分的原產國採取措施移地保護這些組成部分；

(b)最好在遺傳資源原產國建立和維持移地保護及研究植物、動物和微生物的設施；

(c)採取措施以恢復和復興受威脅物種並在適當情況下將這些物種重新引進其自然生境中；

(d)對於為移地保護目的在自然生境中收集生物資源實施管制和管理，以免威脅到生態

系統和當地的物種群體，除非根據以上(c)項必須採取臨時性特別移地措施；

(e)進行合作，為以上(a)至(d)項所概括的移地保護措施以及在發展中國家建立和維持移地保護設施提供財務和其他援助。

第十條　生物多樣性組成部分的持久使用

每一締約國應盡可能並酌情：

(a)在國家決策過程中考慮到生物資源的保護和持久使用；

(b)採取關於使用生物資源的措施，以避免或盡量減少對生物多樣性的不利影響；

(c)保障及鼓勵那些按照傳統文件慣例而且符合保護或持久使用要求的生物資源習慣使用方式；

(d)在生物多樣性已減少的退化地區支助地方居民規劃和實施補救行動；

(e)鼓勵其政府當局和私營部門合作制定生物資源持久使用的方法。

第十一條　鼓勵措施

每一締約國應盡可能並酌情採取對保護和持久使用生物多樣性組成部分起鼓勵作用的經濟和社會措施。

第十二條　研究和培訓

締約國考慮到發展中國家的特殊需要，應：

(a)在查明、保護和持久使用生物多樣性及其組成部分的措施方面建立和維持科技教育和培訓方案，並為此種教育和培訓提供支助以滿足發展中國家的特殊需要；

(b)特別在發展中國家，除其他外，按照締約國會議根據科學、技術和工藝諮詢事務附屬機構的建議作出的決定，促進和鼓勵有助於保護和持久使用生物多樣性的研究；

(c)按照第十六、十八和二十條的規定，提倡利用生物多樣性科研進展，制定生物資源的保護和持久使用方法，並在這方面進行合作。

第十三條　公眾教育和認識

締約國應：

(a)促進和鼓勵對保護生物多樣性的重要性及所需要的措施的理解，並通過大眾傳播工具進行宣傳和將這些題目列入教育課程；

(b)酌情與其他國家和國際組織合作制定關於保護和持久使用生物多樣性的教育和公眾認識方案。

第十四條　影響評估和盡量減少不利影響

一、每一締約國應盡可能並酌情：

(a)採取適當程序，要求就其可能對生物多樣性產生嚴重不利影響的擬議項目進行環境影響評估，以期避免或盡量減輕這種影響，並酌情允許公眾參加此種程序。

(b)採取適當安排，以確保其可能對生物多樣性產生嚴重不利影響的方案和政策的環境後果得到適當考慮。

⒞在互惠基礎上，就其管轄或控制範圍內對其他國家或國家管轄範圍以外地區生物多樣性可能產生嚴重不利影響的活動促進通報、信息交流和磋商，其辦法是為此鼓勵酌情訂立雙邊、區域或多邊安排。

⒟如遇其管轄或控制下起源的危險即將或嚴重危及或損害其他國家管轄的地區內或國家管轄地區範圍以外的生物多樣性的情況，應立即將此種危險或損害通知可能受影響的國家，並採取行動預防或盡量減輕這種危險或損害。

⒠促進做出國家緊急應變安排，以處理大自然或其他原因引起即將嚴重危及生物多樣性的活動或事件，鼓勵旨在補充這種國家努力的國際合作，並酌情在有關國家或區域經濟一體化組織同意的情況下制訂聯合應急計劃。

二、締約國會議應根據所作的研究，審查生物多樣性所受損害的責任和補救問題，包括恢復和賠償，除非這種責任純屬內部事務。

第十五條　遺傳資源的取得

一、確認各國對其自然資源擁有的主權權利，因而可否取得遺傳資源的決定權屬於國家政府，並依照國家法律行使。

二、每一締約國應致力創造條件，便利其他締約國取得遺傳資源用於無害環境的用途，不對這種取得施加違背本公約目標的限制。

三、為本公約的目的，本條以及第十六和第十九條所指締約國提供的遺傳資源僅限於這種資源原產國的締約國或按照本公約取得該資源的締約國所提供的遺傳資源。

四、取得經批准後，應按照共同商定的條件並遵照本條的規定進行。

五、遺傳資源的取得須經提供這種資源的締約國事先知情同意，除非該締約國另有決定。

六、每一締約國使用其他締約國提供的遺傳資源從事開發和進行科學研究時，應力求這些締約國充分參與，前於可能時在這些締約國境內進行。

七、每一締約國應按照第十六和十九條，前於必要時利用第二十和二十一條設立的財務機制，酌情採取立法、行政或政策性措施，以期與提供遺傳資源的締約國公平分享研究和開發此種資源的成果以及商業和其他方面利用此種資源所獲的利益。這種分享應按照共同商定的條件。

第十六條　技術的取得和持讓

一、每一締約國認識到技術包括生物技術，且締約國之間技術的取得和轉讓均為實現本公約目標必不可少的要素，因此承諾遵照本條規定向其他締約國提供和人或便利其取得並向其轉讓有關生物多樣性保護和持久使用的技術或利用遺傳資源而不對環境造成重大損害的技術。

二、以上第一款所指技術的取得和向發展中國家轉讓，應按公平和最有利條件提供或給予便利，包括共同商定時，按減讓和優惠條件提供或給予便利，前於必要時按

照第二十和二十一條設立的財務機制。此種技術屬於專利和其他知識產權的範圍時，這種取得和轉讓所根據的條件承認且符合知識產權的充分有效保護。本款的應用應符合以下第三、四和五款的規定。

三、每一締約國應酌情採取立法、行政或政策措施，以期根據共同商定的條件向提供遺傳資源的締約國，特別是其中的發展中國家，提供利用這些遺傳資源的技術和轉讓此種技術，其中包括受到專利和其他知識產權保護的技術，必要時通過第二十條和第二十一條的規定，遵照國際法，以符合以下第四和五款規定的方式進行。

四、每一締約國應酌情採取立法、行政或政策措施，以期私營部門為第一款所指技術的取得，共同開發和轉讓提供便利，以惠益於發展中國家的政府機構和私營部門，並在這方面遵守以上第一、二和三款規定的義務。

五、締約國認識到專利和其他知識產權可能影響到本公約的實施，因而應在這方面遵照國家立法和國際法進行合作，以確保此種權利有助於而不違反本公約的目標。

第十七條　信息交流

一、締約國應便利有關生物多樣性保護和持久使用的一切公眾可得信息的交流，要顧到發展中國家的特殊需要。

二、此種信息交流應包括交流技術、科學和社會經濟研究成果，以及培訓和調查方案的信息、專門知識、當地和傳統知識本身及連同第十六條第一款中所指的技術。可行時也應包括信息的歸還。

第十八條　技術和科學合作

一、締約國應促進生物多樣性保護和持久使用領域的國際科技合作，必要時可通過適當的國際機構和國家機構來開展這種合作。

二、每一締約國應促進與其他締約國尤其是發展中國家的科技合作，以執行本公約，辦法之中包括制定和執行國家政策。促進此種合作時應特別注意通過人力資源開發和機構建設以發展和加強國家能力。

三、締約國會議應在第一次會議上確定如何設立交換所機制以促進並便利科技合作。

四、締約國為實現本公約的目標，應按照國家立法和政策，鼓勵並制定各種合作方法以開發和使用各種技術，包括當地技術和傳統技術在內。為此目的，締約國還應促進關於人員培訓和專家交流的合作。

五、締約國應經共同協議促進設立聯合研究方案和聯合企業，以開發與本公約目標有關的技術。

第十九條　生物技術的處理及其惠益的分配

一、每一締約國應酌情採取立法、行政和政策措施，讓提供遺傳資源用於生物技術研究的締約國，特別是其中的發展中國家，切實參與此種研究活動；可行時，研究活動宜在這些締約國中進行。

二、每一締約國應採取一切可行措施，以贊助和促進那些提供遺傳資源的締約國，特別是其中的發展中國家，在公平的基礎上優先取得基於其提供資源的生物技術所產生成果和惠益。此種取得應按共同商定的條件進行。

三、締約國應考慮是否需要一項議定書，規定適當程序，特別包括事先知情協議，適用於可能對生物多樣性的保護和持久使用產生不利影響的由生物技術改變的任何活生物體的安全轉讓、處理和使用，並考慮該議定書的形式。

四、每一個締約國應直接或要求其管轄下提供以上第三款所指生物體的任何自然人和法人，將該締約國在處理這種生物體方面規定的使用和安全條例的任何現有資料以及有關該生物體可能產生的不利影響的任何現有資料，提供給將要引進這些生物體的締約國。

第二十條　資金

一、每一締約國承諾依其能力為那些旨在根據其國家計劃、優先事項和方案實現本公約目標的活動提供財政支助和鼓勵。

二、發達國家締約國應提供新的額外的資金，以使發展中國家締約國能支付它們因執行那些履行本公約義務的措施而承負的議定的全部增加費用，並使它們能享到本公約條款產生的惠益；上項費用將由個別發展中國家同第二十一條所指的體制機構商定，但須遵循締約國會議所制訂的政策、戰略、方案重點、合格標準和增加費用指示性清單。其他締約國，包括那些處於向市場經濟過渡進程的國家，得自願承負發達國家締約國的義務。為本條的目的，締約國會議應在其第一次會議上確定一份發達國家締約國和其他自願承負發達國家締約國義務的締約國名單。締約國會議應定期審查這份名單前於必要時加以修改。另將鼓勵其他國家和來源以自願方式作出捐款。履行這些承諾時，應考慮到資金提供必須充分、可預測和及時，且名單內繳款締約國之間共同承擔義務也極為重要。

三、發達國家締約國也可通過雙邊、區域和其他多邊渠道提供與執行本公約有關的資金，而發展中國家締約國則可利用該資金。

四、發展中國家締約國有效地履行其根據公約作出的承諾的程度將取決於發達國家締約國有效地履行其根據公約就財政資源和技術轉讓作出的承諾，並將充分顧及經濟和社會發展以及消除貧困是發展中國家締約國的首要優先事項這一事實。

五、各締約國在其就籌資和技術轉讓採取行動時應充分考慮到最不發達國家的具體需要和特殊情況。

六、締約國還應考慮到發展中國家締約國、特別是小島嶼國家中由於對生物多樣性的依賴、生物多樣性的分布和地點而產生的特殊情況。

七、發展中國家──包括環境方面最脆弱，例如境內有乾旱和半乾旱地帶、沿海和山岳地區的國家──的特殊情況也應予以考慮。

第二十一條 財務機制

一、為本公約的目的，應有一機制在贈與或減讓條件的基礎上向發展中國家締約國提供資金，本條中說明其主要內容。該機制應為本公約目的而在締約國會議權力下履行職責，遵循會議的指導並向其負責。該機制的業務應由締約國會議第一次會議或將決定採用的一個體制機構開展。為本公約的目的，締約國會議應確定有關此項資源獲取和利用的政策、戰略、方案重點和資格標準。捐款額應按照締約國會議定期決定所需的資金數額，考慮到第二十條所指資金流動量充分、及時且可以預計的需要和列入第二十條第二款所指名單的繳款締約國分擔負擔的重要性。發達國家締約國和其他國家及來源也可提供自願捐款。該機制應在民主和透明的管理體制內開展業務。

二、依據本公約目標，締約國會議應在其第一次會議上確定政策、戰略和方案重點，以及詳細的資格標準和準則，用於資金的獲取和利用，包括對此種利用的定期監測和評價。締約國會議應在同受托負責財務機制運行的體制機構協商後，就實行以上第一款的安排作出決定。

三、締約國會議應在本公約生效後不遲於兩年內，其後在定期基礎上，審查依照本條規定設立的財務機制的功效，包括以上第二款所指的標準和準則。根據這種審查，會議應於必要時採取適當行動，以增進該機制的功效。

四、締約國應審議如何加強現有的金融機構，以便為生物多樣性的保護和持久使用提供資金。

第二十二條 與其他國際公約的關係

一、本公約的規定不得影響任何締約國在任何現有國際協定下的權利和義務，除非行使這些權利和義務將嚴重破壞或威脅生物多樣性。

二、締約國在海洋環境方面實施本公約不得牴觸各國在海洋法下的權利和義務。

第二十三條 締約國會議

一、特此設立締約國會議。締約國會議第一次會議應由聯合國環境規劃署執行主任於本公約生效後一年內召開。其後，締約國會議的常會應依照第一次會議所規定的時間定期舉行。

二、締約國會議可於其認為必要的其他時間舉行非常會議；如經任何締約國書面請求，由秘書處將該項請求轉致各締約國後六個月內至少有三分之一締約國表示支持時，亦可舉行非常會議。

三、締約國會議應以協商一致方式商定和通過它本身的和它可能設立的任何附屬機構的議事規則和關於秘書處經費的財務細則。締約國會議應在每次常會通過到下屆常會為止的期間財政的預算。

四、締約國會議應不斷審查本公約的實施情形，為此應：

　　(a)就按照第二十六條規定遞送的資料規定遞送格式及間隔時間，並審議此種資料以及任何附屬機構提交的報告；

　　(b)審查按照第二十五條提供的關於生物多樣性的科學、技術和工藝諮詢意見；

　　(c)視需要按照第二十八條審議並通過議定書；

　　(d)視需要按照第二十九條和第三十條審議並通過對本公約及其附件的修正；

　　(e)審議對任何議定書及其任何附件的修正，如做出修正決定，則建議有關議定書締約國予以通過；

　　(f)視需要按照第三十條審議並通過本公約的增補附件；

　　(g)視實施本公約的需要，設立附屬機構，特別是提供科技諮詢意見的機構；

　　(h)通過秘書處，與處理本公約所涉事項的各公約的執行機構進行接觸，以期與它們建立適當的合作形式；

　　(i)參酌實施本公約取得的經驗，審議並採取為實現本公約的目的可能需要的任何其他行動。

五、聯合國、其各專門機構和國際原子能機構以及任何非本公約締約國的國家，均可派觀察員出席締約國會議。任何其他組織或機構，無論是政府性質或非政府性質，祇要在與保護和持久使用生物多樣性有關領域具有資格，並通知秘書處願意以觀察員身分出席締約國會議，都可被接納參加會議，除非有至少三分之一的出席締約國表示反對。觀察員的接納與參加應遵照締約國會議通過的議事規則處理。

第二十四條　秘書處

一、特此設立秘書處，其職責如下：

　　(a)為第二十三條規定的締約國會議作出安排並提供服務；

　　(b)執行任何議定書可能指派給它的職責；

　　(c)編制關於它根據本公約執行職責情況的報告，並提交締約國會議；

　　(d)與其他有關國際機構取得協調，特別是訂出各種必要的行政和契約安排，以便有效地執行其職責；

　　(e)執行締約國會議可能規定的其他職責。

二、締約國會議應在其第一次常會上從那些已經表示願意執行本公約規定的秘書處職責的現有合格國際組織之中指定其一組織為秘書處。

第二十五條　科學、技術和工藝諮詢事務附屬機構

一、特此設立一個提供科學、技術和工藝諮詢意見的附屬機構，以向締約國會議，並酌情向它的其他附屬機構及時提供有關執行本公約的諮詢意見。該機構應開放供所有締約國參加，並應為多學科性。它應由有關專門知識領域內卓有專長的政府代表組成。它應定期向締約國會議報告其各個方面的工作。

二、這個機構應在締約國會議的權力下，按照會議所訂的準則並應其要求：

(a)提供關於生物多樣性狀況的科學和技術評估意見;

(b)編製有關按照本公約條款所採取各類措施的功效的科學和技術評估報告;

(c)查明有關保護和持久使用生物多樣性的創新的、有效的和當代最先進的技術和專門技能,並就促進此類技術的開發和人或轉讓的途徑和方法提供諮詢意見;

(d)就有關保護和持久使用生物多樣性的科學方案以及研究和開發方面的國際合作提供諮詢意見;

(e)回答締約國會議及其附屬機構可能向其提出的有關科學、技術、工藝和方法的問題。

三、這個機構的職責、權限、組織和業務可由締約國會議進一步訂立。

第二十六條　報告

每一締約國應按締約國會議決定的間隔時間,同締約國會議提交關於該國為執行本公約條款已採取的措施以及這些措施在實現本公約目標方面的功效的報告。

第二十七條　爭端的解決

一、締約國之間在就公約的解釋或適用方面發生爭端時,有關的締約國應通過談判方式尋求解決。

二、如果有關締約國無法以談判方式達成協議,它們可以聯合要求第三方進行斡旋或要求第三方出面調停。

三、在批准、接受、核准或加入本公約時或其後的任何時候,一個國家或區域經濟一體化組織可書面向保管者聲明,對按照以上第一或第二款未能解決的爭端,它接受下列一種或兩種爭端解決辦法作為強制性辦法:

(a)按照附件二第一部分規定的程序進行仲裁;

(b)將爭端提交國際法院。

四、如果爭端各方尚未按照以上第三款規定接受同一或任何程序,則這項爭端應按照附件二第二部分規定提交調解,除非締約國另有協議。

五、本條規定應適用於任何議定書,除非該議定書另有規定。

第二十八條　議定書的通過

一、締約國應合作擬訂並通過本公約的議定書。

二、議定書應由本公約締約國會議舉行會議通過。

三、任何擬議議定書的案文應由秘書處至少在舉行上述會議以前六個月遞交各締約國。

第二十九條　公約或議定書的修正

一、任何締約國均可就本公約提出修正案。議定書的任何締約國可就該議定書提出修正案。

二、本公約的修正案應由締約國會議舉行會議通過。對任何議定書的修正案應在該議

定書締約國的會議上通過。就本公約或任何議定書提出的修正案，除非該議定書另有規定，應由秘書處至少在舉行擬議通過該修正案的會議以前六個月遞交公約或有關議定書締約國。秘書處也應將擬議的修正案遞交本公約的簽署國供其參考。

三、締約國應盡力以協商一致方式就本公約或任何議定書的任何擬議修正案達成協議，如果盡了一切努力仍無法以協商一致方式達成協議，則作為最後辦法，應以出席並參加表決的有關文書的締約國三分之二多數票通過修正案；通過的修正案應由保管者送交所有締約國批准、接受或核准。

四、對修正案的批准、接受或核准，應以書面通知保管者。依照以上第三款通過的修正案，應於至少三分之二公約締約國或三分之二有關議定書締約國交存批准、接受或核准書之後第九十天在接受修正案的各締約國之間生效，除非議定書內另有規定。其後，任何其他締約國交存其對修正的批准、接受或核准書第九十天之後，修正即對它生效。

五、為本條的目的，「出席並參加表決的締約國」是指在場投贊成票或反對票的締約國。

第三十條　附件的通過和修正

一、本公約或任何議定書的附件應成為本公約或該議定書的一個構成部分；除非另有明確規定，凡提及本公約或其議定書時，亦包括其任何附件在內。這種附件應以程序、科學、技術和行政事項為限。

二、任何議定書就其附件可能另有規定者除外，本公約的增補附件或任何議定書的附件的提出、通過和生效，應適用下列程序：

　(a)本公約或任何議定書的附件應依照第二十九條規定的程序提出和通過；

　(b)任何締約國如果不能接受本公約的某一增補附件或它作為締約國的任何議定書的某一附件，應於保管者就其通過發出通知之日起一年內將此情況書面通知保管者。保管者應於接到任何此種通知後立即通知所有締約國。一締約國可於任何時間撤銷以前的反對聲明，有關附件即按以下(c)項規定對它生效；

　(c)在保管者就附件通過發出通知之日起滿一年後，該附件應對未曾依照以上(b)項發出通知的本公約或任何有關議定書的所有締約國生效。

三、本公約附件或任何議定書附件的修正案的提出、通過和生效，應遵照本公約附件或議定書附件的提出、通過和生效所適用的同一程序。

四、如一個增補附件或對其一附件的修正案涉及對本公約或對任何議定書的修正，則該增補附件或修正案須於本公約或有關議定書的修正生效以後方能生效。

第三十一條　表決權

一、除以下第二款之規定外，本公約或任何議定書的每一締約國應有一票表決權。

二、區域經濟一體化組織對屬於其權限的事項行使表決權時，其票數相當於其作為本公約或有關議定書締約國的成員國數目。如果這些組織的成員國行使其表決權，

則該組織就不應行使其表決權，反之亦然。

第三十二條　本公約與其議定書之間的關係

一、一國或一區域經濟一體化組織不得成為議定書締約國，除非已是或同時成為本公約締約國。

二、任何議定書下的決定，祗應由該議定書締約國作出。尚未批准、接受、或核准一項議定書的公約締約國，得以觀察員身分參加該議定書締約國的任何會議。

第三十三條　簽署

本公約應從 1992 年 6 月 5 日至 14 日在里約熱內盧並從 1992 年 6 月 15 日至 1993 年 6 月 4 日在紐約聯合國總部開放供各國和各區域經濟一體化組織簽署。

第三十四條　批准、接受或核准

一、本公約和任何議定書須由各國和各區域經濟一體化組織批准、接受或核准。批准、接受或核准書應交存保管者。

二、以上第一款所指的任何組織如成為本公約或任何議定書的締約組織而讓組織沒有任何成員國是締約國，則讓締約組織應受公約或議定書規定的一切義務的約束。如這種組織的一個或多個成員國是本公約或有關議定書的締約國，則該組織及其成員國應就履行其公約或議定書義務的各自責任作出決定。在這種情況下，該組織和成員國不應同時有權行使本公約或有關議定書規定的權利。

三、以上第一款所指組織應在其批准、接受或核准書中聲明其對本公約或有關議定書所涉事項的權限。這些組織也應將其權限的任何有關變化通知保管者。

第三十五條　加入

一、本公約及任何議定書應自公約或有關議定書簽署截止日期起開放供各國和各區域經濟一體化組織加入。加入書應交存保管者。

二、以上第一款所指組織應在其加入書中聲明其對本公約或有關議定書所涉事項的權限。這些組織也應將其權限的任何有關變化通知保管者。

三、第三十四條第二款的規定應適用於加入本公約或任何議定書的區域經濟一體化組織。

第三十六條　生效

一、本公約應於第三十份批准、接受、核准或加入書交存之日以後第九十天生效。

二、任何議定書應於該議定書訂明份數的批准、接受、核准或加入書交存之日以後第九十天生效。

三、對於在第三十份批准、接受、核准或加入書交存後批准、接受、核准本公約或加入本公約的每一締約國，本公約應於該締約國的批准、接受、核准或加入書交存之日以後第九十天生效。

四、任何議定書，除非其中另有規定，對於在該議定書依照以上第二款規定生效後批

准、接受、核准該議定書或加入該議定書的締約國，應於該締約國的批准、接受、核准或加入書交存之日以後第九十天生效，或於本公約對該締約國生效之日生效，以兩者中較後日期為準。

五、為以上第一和第二款的目的，區域經濟一體化組織交存的任何文書不得在該組織成員國所交存文書以外另行計算。

第三十七條　保留

不得對本公約作出任何保留。

第三十八條　退出

一、一締約國於本公約對其生效之日起兩年之後的任何時間向保管者提出書面通知，可退出本公約。

二、這種退出應在保管者接到退出通知之日起一年後生效，或在退出通知中指明的一個較後日期生效。

三、任何締約國一旦退出本公約，即應被視為也已退出它加入的任何議定書。

第三十九條　臨時財務安排

在本公約生效之後至締約國會議第一次會議期間，或至締約國會議決定根據第二十一條指定其一體制機構為止，聯合國開發計劃署、聯合國環境規劃署和國際復興開發銀行合辦的全球環境貸款設施若已按照第二十一條的要求充分改組，則應暫時為第二十一條所指的體制機構。

第四十條　祕書處臨時安排

在本公約生效之後至締約國會議第一次會議期間，聯合國環境規劃署執行主任提供的秘書處應暫時為第二十四條第二款所指的秘書處。

第四十一條　保管者

聯合國秘書長應負起本公約及任何議定書的保管者的職責。

第四十二條　作準文本

本公約原本應交存於聯合國秘書長，其阿拉伯文、中文、英文、法文、俄文和西班牙文本均為作準文本。

為此，下列簽名代表，經正式授權，在本公約上簽字，以昭信守。

12. 1978 年聯合國海上貨物運輸公約【漢堡規則】

一九七八年三月三十一日訂於漢堡

序言

本公約各締約國，認識到需要通過協定確定關於海上貨物運輸若干規則。此目的決定締結一個公約，協定如下：

第一部分　總則

第一條　定義

在本公約內：

1. 「承運人」是指其本人或以其名義與託運人訂立海上貨物運輸契約的任何人。

2. 「實際承運人」是指受承運人委託執行貨物運輸或部分貨物運輸的任何人，包括受委託執行這項運輸的其他任何人。

3. 「託運人」是指其本人或以其名義或代其與承運人訂立海上貨物運輸契約的任何人，或指其本人或以其名義或代其將貨物實際交付給海上貨物運輸契約的有關的承運人的任何人。

4. 「收貨人」是指有權提取貨物的人。

5. 「貨物」包括活動物，凡貨物拼裝在集裝箱、貨盤或類似的運輸器具內，或者貨物是包裝的，這種運輸器具或包裝是由託運人提供的，則「貨物」包括它們在內。

6. 「海上運輸契約」是指承運人收取運費，據以承擔由海上將貨物從一港運至另一港的任何契約；但是，一個既包括海上運輸，又包括某些其他方式運輸的契約，則僅其有關海上運輸的範圍，才視為本公約所指的海上運輸契約。

7. 「提單」是指一種用以證明海上運輸契約和貨物由承運人接管或裝船，以及承運人據以保證交付貨物的單位。單證中關於貨物應交付指定收貨人或按指示交付，或交付提單持有人規定，即構成了這一保證。

8. 「書面」，除其他方式外，包括電報和電傳。

第二條　適用範圍

1. 本公約的各項規定適用於兩個不同國家間的所有海上運輸契約，如果：

   (a)海上運輸契約所規定的裝貨港位於一個締約國內，或

   (b)海上運輸契約所規定的卸貨港位於一個締約國內，或

   (c)海上運輸契約所規定的備選卸貨港之一為實際卸貨港，並且該港位於一個締約國內，或

   (d)提單或證明海上運輸契約的其他單證是在一個締約國內簽發的，或

   (e)提單或證明海上運輸契約的其他單證規定，本公約各項規定或實行本公約的任何國家的立法，應約束該契約。

2. 本公約各項規定的適用與船舶、承運人、實際承運人、託運人、收貨人或任何其他有關人的國籍無關。

3. 本公約各項規定不適用於租船契約。但是，如果提單是依據租船契約簽發的，並制約承運人和不是租船人的提單持有人之間的關係，則本公約的各項規定適用於該提單。

4.如果契約規定，貨物將在一個議定的期限內分批運輸，本公約的各項規定適用於每批運輸。但是，如果運輸是按照租船契約進行的，則適用本條第 3 款的規定。

第三條　對本公約的解釋

在解釋和應用本公約的各項規定時，應注意本公約的國際性和促進統一的需要。

第二部分　承運人的責任

第四條　責任期間

1.按照本公約，承運人對貨物的責任期間包括在裝貨港，在運輸途中以及在卸貨港，貨物在承運人掌管的全部期間。

2.就本條第 1 款而言，在下述起迄期間，承運人應視為已掌管貨物：

　(a)自承運人從以下各方接管貨物時起：

　　(I) 託運人或代其行事的人；或

　　(II) 根據裝貨港適用的法律或規章，貨物必須交其裝運的當局或其他第三方；

　(b)至承運人將貨物交付以下各方時止：

　　(I) 將貨物交付收貨人；或

　　(II) 遇有收貨人不向承運人提貨時，則依照契約或卸貨港適用的法律或特定的貿易慣例，將貨物置於收貨人支配之下；或

　　(III) 根據在卸貨港適用的法律或規章將貨物交給必須交付的當局或其他第三方。

3.在本條第 1 款和第 2 款內提到的承運人或收貨人，除指承運人和收貨人外，還分別指承運人或收貨人的受雇人或代理人。

第五條　責任基礎

1.除非承運人證明他本人，其受雇人或代理人為避免該事故發生及其後果已採取了一切所能合理要求的措施，否則承運人應對因貨物滅失或損壞或延遲交貨所造成的損失負賠償責任，如果引起該項滅失、損壞或延遲交付的事故，如同第四條所述，是在承運人掌管貨物期間發生的。

2.如果貨物未能在明確議定的時間內，或雖無此項議定，但未能在考慮到實際情況對一個勤勉的承運人所能合理要求的時間內，在海上運輸契約所規定的卸貨港交貨，即為延遲交付。

3.如果貨物在本條第 2 款規定的交貨時間期滿後連續六十天內未能按第四條的要求交付，有權對貨物的滅失提出索賠的人可以視為貨物已經滅失。

4.(a)承運人對下列各項負賠償責任：

　　(I)火災所引起的貨物的滅失、損壞或延遲交付，如果索賠人證明火災是由承運人、其受雇人或代理人的過失或疏忽引起的；

　　(II)經索賠人證明由於承運人、其受雇人或代理人在採取可以合理要求的撲滅火災

和避免或減輕其後果的一切措施中的過失或疏忽所造成的貨物的滅失、損壞或延遲交付。

(b)凡船上的火災影響到貨物時，如果索賠人或承運人要求，必須按照海運慣例，對火災的起因和情況進行調查，並根據要求向承運人和索賠人提供一份調查人的報告。

5. 關於活動物，承運人對此類運輸固有的任何特殊風險所造成的滅失、損傷或延遲交付不負賠償責任。如果承運人證明他是按照託運人給他的關於動物的任何特別指示行事的，並證明根據實際情況，滅失、損壞或延遲交付可以歸之於這種風險時，則應推定滅失、損傷或延遲交付就是這樣引起的，除非證明滅失、損傷或延遲交付的全部或部分是由承運人、其受雇人或代理人的過失或疏忽所造成的。

6. 除分攤共同海損外，承運人對因在海上採取救助人命的措施或救助財產的合理措施而造成的滅失、損壞或延遲交付不負賠償責任。

7. 如果貨物的滅失、損壞或延遲交付是由承運人、其受雇人或代理人的過失或疏忽連同其他原因所引起的，承運人僅以歸於他們的過失或疏忽所引起的滅失、損壞或延遲交付的範圍內負賠償責任，但承運人須證明不屬於此種過失或疏忽所造成的滅失、損壞或延遲交付的數額。

第六條 責任限額

1. (a)按照第五條規定，承運人對貨物滅失或損壞造成的損失所負的賠償責任，以滅失或損壞的貨物每件或每其他貨運單位相當於 835 記帳單位或毛重每公斤 2.5 記帳單位的數額為限，兩者中以較高的數額為準。

   (b)按照第五條規定，承運人對延遲交付的賠償責任，以相當於該延遲交付貨物應支付運費的 2.5 倍的數額為限，但不得超過海上貨物運輸契約規定的應付運費總額。

   (c)根據本款(a)和(b)項，承運人的總賠償責任，在任何情況下都不得超過根據本款(a)項對貨物全部滅失引起的賠償責任所規定的限額。

2. 按照本條第 1 款(a)項規定，在計算較高數額時，應遵照下列規則：

   (a)當使用集裝箱、貨盤或類似運輸器具拼裝貨物時，如果簽發了提單，在提單中列明的，或在證明海上運輸契約的任何其他單證中列明的，裝在這種運輸器具內的件數或其他貨運單位數，即視為件數或貨運單位數。除上述情況外，這種運輸器具內的貨物視為一個貨運單位。

   (b)當運輸器具本身遭到滅失或損壞時，該運輸器具如不屬於承運人所有或提供，即視為一個單獨的貨運單位。

3. 記帳單位是指第二十六條中所述的記帳單位。

4. 承運人和託運人可以通過協定確定超過第 1 款規定的賠償責任限額。

第七條 對非契約索賠的適用

1. 本公約規定的各項抗辯和責任限額，適用於海上運輸契約所涉及的貨物的滅失或損壞，以及延遲交付對承運人提起的任何訴訟，不論這種訴訟是根據契約、侵權行為或其他。

2. 如是這種訴訟是對承運人的受雇人或代理人提起的，而該受雇人或代理人能證明他是在受雇職務範圍內行事的，則有權利用承運人根據本公約有權援引的抗辯和責任限額。

3. 除第八條規定的情況外，從承運人和本條第 2 款所指的任何人取得賠償金額的總數，不得超過本公約所規定的責任限額。

第八條 責任限額權利的喪失

1. 如經證明滅失、損壞或延遲交付是由承運人有意造成這種滅失、損壞或延遲交付作出的行為或不行為，或由承運人明知可能會產生這種滅失、損壞或延遲交付而仍不顧後果作出的行為或不行為產生的，則承運人無權享受第六條所規定的責任限額的利益。

2. 儘管有第七條第 2 款的規定，如經證明滅失、損壞或延遲交付是由該受雇人或代理人有意造成這種滅失、損壞或延遲交付作出的行為或不行為，或由該受雇人或代理人明知可能會產生這種滅失、損壞或延遲交付而仍不顧後果作出的行為或不行為產生的，則承運人的受雇人或代理人無權享受第六條所規定的責任限額的利益。

第九條 艙面貨

1. 承運人祇有按照同託運人的協定或符合特定的貿易慣例，或依據法規和規章的要求，才有權在艙面上載運貨物。

2. 如果承運人和託運人議定，貨物應該或可以在艙面上載運，承運人必須在提單或證明海上運輸契約的其他單證上載列相應的說明。如無此項說明，承運人有責任證明，曾經達成在艙面上載運的協定。但承運人無權援引這種協定對抗包括收貨人在內的誠實的持有提單的第三方。

3. 如違反本條第 1 款的規定將貨物載運在艙面上，或承運人不能按照本條第 2 款援引在艙面上載運的協定，儘管有第五條第 1 款的規定，承運人仍須對僅由於在艙面上載運而造成的貨物的滅失或損壞以及延遲交付負賠償責任，而其賠償責任的限額，視情況分別按照本公約第六條或第八條的規定確定。

4. 違反將貨物裝載在艙內的明文協定而將貨物裝載在艙面，視為第八條含義內的承運人的一種行為或不行為。

第十條 承運人和實際承運人的賠償責任

1. 如果將運輸或部分運輸委託給實際承運人執行時，不管根據海上運輸契約是否有權這樣做，承運人仍須按照本公約的規定對全部運輸負責。關於實際承運人所履行的運輸，承運人應對實際承運人及其受雇人和代理人在他們的受雇範圍內行事的行為

或不行為負責。

2. 本公約對承運人責任的所有規定也適用於實際承運人對其所履行的運輸的責任。如果對實際承運人的受雇人或代理人提起訴訟，應適用第七條第 2 款、第 3 款和第八條第 2 款的規定。

3. 承運人據以承擔本公約所未規定的義務或放棄本公約所賦予的權利的任何特別協定，祇有在實際承運人書面明確表示同意時，才能對他發生影響。不論實際承運人是否已經同意，承運人仍受這種特別協定所導致的義務或棄權的約束。

4. 如果承運人和實際承運人都有責任，則在此責任範圍內他們應負連帶責任。

5. 從承運人、實際承運人和他們的受雇人和代理人取得賠償金額總數，不得超過本公約所規定的責任限額。

6. 本條規定不妨礙承運人和實際承運人之間的任何追索權。

第十一條　聯運

1. 儘管有第十條第 1 款的規定，如海上運輸契約明確規定，該契約包括的某一特定部分的運輸由承運人以外的某一指定人履行，該契約也可以同時規定，承運人對這一部分運輸期間貨物在實際承運人掌管之下，因發生事故而造成的滅失、損壞或延遲交付不負責任。但是，如果不能按照第二十一條第 1 或第 2 款規定在有管轄權的法院對實際承運人提起法律訴訟，則任何限制或豁免這種賠償責任的規定均屬無效。承運人應負舉證責任，證明任何滅失、損壞或延遲交付是由上述這種事故造成的。

2. 按照第十條第 2 款的規定，實際承運人須對貨物在他掌管期間因發生事故而造成的滅失、損壞或延遲交付負責。

第三部分　託運人的責任

第十二條　一般規則

託運人對承運人或實際承運人所遭受的損失或船舶所遭受的損壞不負賠償責任，除非這種損失或損壞是由託運人、其受雇人或代理人的過失或疏忽所造成。託運人的任何受雇人或代理人對這種損失或損壞也不負責任。除非這種損失是由他自己的過失或疏忽所造成。

第十三條　關於危險貨物的特殊規則

1. 託運人必須以適當的方式在危險貨物上加上危險的標誌或標籤。

2. 當託運人將危險貨物交給承運人或實際承運人時，託運人必須告知貨物的危險特性，必要時並告知應採取的預防措施。如果託運人沒有這樣做，而且該承運人或實際承運人又未從其他方面得知貨物的危險特性，則：(a)託運人對承運人和任何實際承運人因載運這種貨物而造成的損失負賠償責任，並且(b)根據情況需要，可以隨時將貨物卸下、銷毀或使之無害，而不予賠償。

3.任何人如在運輸期間，明知貨物的危險特性而加以接管，則不得援引本條第 2 款的規定。

4.如果本條第 2 款(b)項的規定不適用或不能援引，而危險貨物對生命或財產造成實際危險時，可視情況需要，將貨物卸下，銷毀或使之無害，而不予賠償，但共同海損分攤的義務或按照第五條規定承運人應負的責任除外。

第四部分　運輸單證

第十四條　提單的簽發

1.當承運人或實際承運人接管貨物時，應託運人要求，承運人必須給託運人簽發提單。

2.提單可以由承運人授權的人簽字。提單由載運貨物船舶的船長簽字應視為代表承運人簽字。

3.提單上的簽字可以用手寫、印摹、打孔、蓋章、符號或如不違反提單簽發地所在國家的法律，用任何其他機構的或電子的方法。

第十五條　提單的內容

1.除其他事項外，提單必須包括下列專案：

(a)貨物的品類，辨認貨物必需的主要標誌，如屬危險品，對貨物的危險特性所作的明確說明，包數或件數及貨物的重量或以其他方式表示的數量等，所有這些專案均由託運人提供；

(b)貨物的外表狀況；

(c)承運人的名稱和主要營業所；

(d)託運人的名稱；

(e)如託運人指定收貨人時，收貨人的名稱；

(f)海上運輸契約規定的裝貨港及承運人在裝貨港接管貨物的日期；

(g)海上運輸契約規定的卸貨港；

(h)如提單正本超過一份，列明提單正本的份數；

(i)提單的簽發地點；

(j)承運人或其代表的簽字；

(k)收貨人應付運費金額或由收貨人支付運費的其他說明；

(l)第二十三條第 3 款所提到的聲明；

(m)如屬艙面貨，貨物應該或可以裝在艙面上運輸的聲明；

(n)如經雙方明確協定，應列明貨物在卸貨港交付的日期或期限；和

(o)按照第六條第 4 款規定，協定的任何增加的賠償責任限額。

2.貨物裝船後，如果託運人這樣要求，承運人必須給託運人簽發「已裝船」提單。除本條第 1 款所規定的專案外，該提單還必須說明貨物已裝上一艘或數艘指定的船

舶，以及一個或數個裝貨日期。如果承運人先前已向託運人簽發過關於該批貨物的任何部分的提單或其他物權單證，經承運人要求，託運人必須交回這種單證以換取「已裝船」提單。承運人為了滿足託運人對「已裝船」提單的要求，可以修改任何先前簽發的單證，但經修改後的單證應包括「已裝船」提單所需載有的全部專案。

3. 提單缺少本條所規定的一項或多項，不影響該證作為提單的法律性質，但該單證必須符合第一條第 7 款規定的要求。

第十六條　提單: 保留和證據效力

1. 如果承運人或代其簽發提單的其他人確知或有合理的根據懷疑提單所載有關貨物的品類、主要標誌、包數或件數、重量或數量等專案沒有準確地表示實際接管的貨物，或在簽發「已裝船」提單的情況下，沒有準確地表示已實際裝船的貨物，或者他無適當的方法來核對這些專案，則承運人或該其他人必須在提單上作出保留，注明不符之處、懷疑根據、或無適當的核對方法。

2. 如果承運人或代他簽發提單的其他人未在提單上批註貨物的外表狀況，則應視為他已在提單上注明貨物的外表狀況良好。

3. 除按本條第 1 款規定就有關專案和其範圍作出許可的保留以外: (a)提單是承運人接管，或如簽發「已裝船」提單時，裝載提單所述貨物的初步證據; (b)如果提單已轉讓給誠實的相信提單上有關貨物的描述而照此行事的包括收貨人在內的第三方，則承運人提出與此相反的證據不予接受。

4. 如果提單未按照第十五條第 1 款(k)項的規定載明運費或以其他方式說明運費由收貨人支付或未載明在裝貨港發生的滯期費由收貨人支付，則該提單是收貨人不支付運費或滯期費的初步證據。如果提單已轉讓給誠實的相信提單上無任何此種說明而照此行事的包括收貨人在內的第三方，則承運人提出的與此相反的證據不予接受。

第十七條　託運人的保證

1. 託運人應視為已向承運人保證，由他提供列入提單的有關貨物的品類、標誌、件數、重量和數量專案正確無誤。託運人必須賠償承運人因為這些專案的不正確而導致的損失。託運人即使已裝提單轉讓，仍須負賠償責任。承運人取得的這種賠償權利，絕不減輕他按照海上運輸契約對託運人以外的任何人所負的賠償責任。

2. 任何保函或協定，據此託運人保證賠償承運人由於承運人或其代表未就託運人提供列入提單的專案或貨物的外表狀況批註保留而簽發提單所引起的損失，對包括收貨人在內的受讓提單的任何第三方，均屬無效。

3. 這種保函或協定對託運人有效，除非承運人或其代表不批註本條第 2 款所指的保留是有意詐騙相信提單上對貨物的描述而行事的包括收貨人在內的第三方，在後面這種情況下，如未批註的保留與由託運人提供列入提單的專案有關，承運人就無權按照本條第 1 款規定，要求託運人給予賠償。

4.如屬本條第 3 款所指的有意詐騙，承運人不得享受本公約所規定的責任限額的利益，並且對由於相信提單上所載貨物的描述而行事的包括收貨人在內的第三方所遭受的損失負賠償責任。

第十八條　提單以外的單證

如果承運人簽發提單以外的單證以證明收到待運的貨物，該單證就是訂立海上運輸契約和承運人接管該單證中所述貨物的初步證據。

第五部分　索賠和訴訟

第十九條　滅失、損壞或延遲交付的通知

1.除非收貨人在不遲於貨物移交給他之日後第一個工作日內將滅失或損壞的書面通知送交承運人，敘明滅失或損壞的一般性質，否則此種移交應作為承運人交付運輸單證上所述貨物的初步證據或如未簽發這種單證，則應作為完好無損地交付貨物的初步證據。

2.遇有不明顯的滅失或損壞，在貨物交付收貨人之日後連續十五天內未送交書面通知，則本條第 1 款的規定相應適用。

3.如貨物的狀況在交付收貨人時，已經由當事各方聯合檢查或檢驗，即無需就檢查或檢驗中所查明的滅失或損壞送交書面通知。

4.遇有任何實際的或意料到的滅失或損失時，承運人和收貨人必須為核對總和清點貨物相互提供一切合理的便利。

5.除非在貨物交給收貨人之日後連續六十天之內書面通知承運人，否則對延遲交付造成的損失不予賠償。

6.如果貨物由實際承運人交付，根據本條送交他的任何通知具有如同送交承運人的同等效力，同樣，送交承運人的任何通知具有如同送交實際承運人的同等效力。

7.除非承運人或實際承運人不遲於滅失或損壞事故發生後或依照第四條第 2 款在貨物交付後連續九十天之內，以較後發生日期為準，將滅失或損壞的書面通知送交託運人，敘明此種滅失或損壞的一般性質，否則，未提交這種通知即為承運人或實際承運人沒有因為託運人或其受雇人或代理人的過失或疏忽而遭受滅失或損壞的初步證據。

8.就本條而言，通知送交給代表承運人或實際承運人行事的人，包括船長或主管船舶的高級船員，或送交代表託運人行事的人，即應分別視為已經送交承運人、實際承運人或託運人。

第二十條　訴訟時效

1.按照本公約有關貨物運輸的任何訴訟，如果在兩年內沒有提出司法或仲裁程式，即失去時效。

2. 時效期限自承運人交付貨物或部分貨物之日開始，如未交付貨物，則自貨物應該交付的最後一日開始。

3. 時效期限開始之日不計算在期限內。

4. 被要求賠償的人，可以在時效期限內的任何時間，向索賠人提出書面說明，延長時效期限。該期限還可以用另一次或多次聲明再度延長。

5. 如果訴訟是在起訴地所在國國家法律許可的時間內提起，負有賠償責任的人即使在以上各款規定的時效期限屆滿後，仍可以提起追賠的訴訟。但是，所許可的時間不得少於提起索賠訴訟的人已解決了對他的賠償或從對他本人提起的傳票送達之日起九十天。

第二十一條　管轄權

1. 按本公約規定在有關貨物運輸的司法程序中，原告可以選擇在這樣的法院提起訴訟，按照該法院所在國法律該法院有權管轄，並且下列地點之一位於該法院管轄的範圍：

(a) 被告的主要營業所或，如無主要營業所時，其通常住所；或

(b) 契約訂立地，但該契約須是通過被告在該地的營業所、分支機構或代理機構訂立的；或

(c) 裝貨港或卸貨港；或

(d) 海上運輸契約中為此目的指定的任何其他地點。

2. (a) 儘管有本條上述各項規定，如果載貨船舶或屬於同一船舶所有人的任何其他船舶，在一個締約國的任何一個港口或地點，按照該國適用的法律規則和國際法規則被扣留，就可在該港口或該地點的法院提起訴訟。但是，在這種情況下，一經被告請求，原告必須將訴訟轉移到由原告選擇的本條第 1 款所指的管轄法院之一，以對索賠作出判決。但在訴訟轉移之前，被告必須提供足夠的保證金，以確保支付在訴訟中可能最後判給原告的金額。

(b) 一切有關保證金是否足夠的問題，應由扣留港口或地點的法院裁定。

3. 按照本公約有關貨物運輸的一切法律訴訟，不得在本條第 1 或第 2 款沒有規定的地點提起。本款的規定不妨礙締約國採取臨時性或保護性措施的管轄權。

4. (a) 如已在按本條第 1 或第 2 款規定有管轄權的法院提起訴訟，或已由這樣的法院作出判決，相同當事方之間不得基於相同理由，提起新的訴訟，除非受理第一次訴訟的法院的判決在提起新訴訟的國家不能執行。(b) 就本條而言，執行判決而採取措施，不應視為提起新訴訟；(c) 就本條而言，按照本條第 2 款(a)項將訴訟轉移到同一個國家的另一法院，或轉移到另一個國家的法院，不應視為提起新的訴訟。

5. 儘管有以上各款的規定，在按照海上運輸契約提出索賠之後，當事各方達成的指定索賠人可以提起訴訟的地點的協定應屬有效。

第二十二條　仲裁

1. 按照本條各項規定，當事各方可以用書面證明的協定規定，按照本公約可能發生的有關貨物運輸的任何爭端應提交仲裁。

2. 如租船契約載有該契約引起的爭端應提交仲裁的條款，而依據租船契約簽發的提單並未特別注明此條款對提單持有人具有約束力，則承運人不得對誠實的提單持有人援引該條款。

3. 原告可以選擇在下列地點之一，提起仲裁程式：(a)一國的某一地點，該國領土內應有：(I) 被告的主要營業所或，如無主要營業所時，其通常住所；或 (II) 簽訂契約地，但該契約須是通過被告在該地的營業所、分支機構或代理機構訂立的；或 (III) 裝貨港或卸貨港；或(b)仲裁條款或協定中為此目的而指定的任何地點。

4. 仲裁員或仲裁庭應當應用本公約的各項規則。

5. 本條第 3 和第 4 款規定應視為每一個仲裁條款或協定的一部分，仲裁條款或協定中與此兩款不符合的任何規定，均屬無效。

6. 本條各款不影響按照海上運輸契約提出索賠之後，當事各方所訂立的有關仲裁協定的效力。

第六部分　補充規定

第二十三條　契約條款

1. 海上運輸契約、提單或證明海上運輸契約的任何其他單證中的任何條款，在其直接或間接違背公約規定的範圍內，均屬無效。這種條款的無效不影響作為該契約或單證的其他部分規定的效力。將貨物的保險利益讓給承運人的條款，或任何類似條款，均屬無效。

2. 儘管有本條第 1 款的規定，承運人可以增加本公約中規定的他的責任和義務。

3. 在簽發提單或證明海上運輸契約的任何其他單證時，其中必須載有一項聲明，說明該項運輸遵守本公約的各項規定，任何背離本公約而有害於託運人或收貨人的條款，均屬無效。

4. 如有關貨物的索賠人由於本條款使某項契約條款成為無效或由於漏載本條第 3 款所指的聲明而遭受損失時，為了給予索賠人賠償，承運人必須按照本公約規定對貨物的任何滅失或損壞以及延遲交付支付所要求的限額內的賠償金。此外，承運人必須賠償索賠人為行使其權利而產生的費用，但在援引上述規定的訴訟中所發生的費用，應按照起訴地國家法律確定。

第二十四條　共同海損

1. 本公約各條規定不妨礙海上運輸契約或國家法律中關於共同海損理算的規定的適用。

2. 除第二十條外，本公約關於承運人對貨物滅失或損壞的賠償責任的規定，也決定收

貨人是否可以拒絕共同海損分攤和承運人對收貨人已交付的任何此種分攤額或已支付的任何救助費用的賠償責任。

第二十五條 其他公約

1. 本公約不改變有關海運船舶所有人責任限額的國際公約或國家法律中所規定的承運人、實際承運人和他們的受雇人和代理人的權利或義務。

2. 本公約第二十一條和第二十二條的各項規定不妨礙在本公約締結之日已生效的有關該兩條所處理事項的任何其他多邊公約的強制性規定的適用，但須爭端完全發生在其主要營業所位於這種其他公約的締約國內的當事方之間。但是，本款不影響本公約第二十二條第 4 款的適用。

3. 對核事故造成的損害，按本公約規定不發生賠償責任，如果核裝置經營人根據下列規定對該損害負賠償責任：(a)根據經 1964 年 1 月 28 日補充議定書修訂的 1960 年 7 月 29 日關於在核能領域中第三方賠償責任的巴黎公約書或者根據 1963 年 5 月 21 日關於核損害的民事賠償責任的維也納公約，或(b)根據規定對這種損害賠償的國家法律，但此種法律須在各方面都同巴黎公約或維也納公約那樣有利於可能遭受損害的人。

4. 如按照有關海上運送旅客及其行李的任何國際公約或國家法律，承運人對行李的任何滅失、損壞或延遲交付負賠償責任，則根據本公約規定不發生賠償責任。

5. 本公約各項規定不妨礙締約國應用在本公約締結之日已經生效的任何其他國際公約，而該公約是強制性地適用於主要運輸方式不是海上運輸的貨物運輸契約。本規定也適用於此種國際公約以後的任何修訂或修改。

第二十六條 記帳單位

1. 本公約第六條所指的記帳單位是國際貨幣基金組織所規定的特別提款權。第六條所述的數額應按在判決日或當事各方議定之日該國貨幣的價值換算為該國貨幣。凡屬國際貨幣基金組織成員的本公約締約國，以特別提款權表示的本國貨幣價值應按國際貨幣基金組織在上述日期進行營業和交易中應用的定值辦法計算。非國際貨幣基金組織成員的本公約締約國，以特別提款權表示的本國貨幣價值，應按該國決定的辦法計算。

2. 但是，非國際貨幣基金組織成員國而且其法律又不允許應用本條第 1 款規定的國家，可以在簽字時，或在批准、接受、認可或加入時，或在其後的任何時候，聲明本公約規定的責任限額在該國領土內適用時，應確定為：貨物每件或其他貨運單位 12500 貨幣單位，或貨物毛重每公斤 37.5 貨幣單位。

3. 本條第 2 款所指的貨幣單位等於純度為千分之九百的六十五點五毫克黃金。將第 2 款所指的數額換算成國內貨幣時，應按該國法律規定辦理。

4. 本條第 1 款最後一句所述的計算及本條第 3 款所述的換算應這樣進行，即盡可能使

以締約國貨幣表示的**數額**與在第六條內以記帳單位表示的數額的實際價值相同。締約國在簽字時或在交存其批准書、接受書、認可書和加入書時，或在利用本條第 2 款所規定的選擇時，及在計算方法結果有改變時，必須視情況，將依照本條第 1 款決定的計算方法或本條第 3 款所述的換算結果，通知公約保管人。

第七部分　最後條款

第二十七條　保管人

茲指定聯合國秘書長為本公約的保管人。

第二十八條　簽字、批准、接受、認可、加入

1. 本公約於 1979 年 4 月 30 日以前在紐約聯合國總部對所有國家開放，以供簽字。
2. 本公約須經簽字國批准、接受或認可。
3. 1979 年 4 月 30 日以後，本公約對所有不是簽字國的國家開放，以便加入。
4. 批准書、接受書、認可書和加入書應由聯合國秘書長保管。

第二十九條　保留

對本公約不得作任何保留。

第三十條　生效

1. 本公約自第二十份批准書、接受書、認可書或加入書交存之日起滿一年後的次月第一日生效。
2. 對於在第二十份批准書、接受書、認可書或加入書交存之日後成為本公約締約國的每一個國家，本公約自該國交存相應文件之日起滿一年後的次月第一日生效。
3. 每一締約國應將本公約的各項規定適用於在本公約對該國生效之日或其後簽訂的海上運輸契約。

第三十一條　退出其他公約

1. 在成為本公約締約國時，凡是 1924 年 8 月 25 日在布魯塞爾簽訂的關於統一提單的國際公約（1924 年公約）的締約國，都必須通知作為 1924 年公約保管人的比利時政府退出該公約，並聲明該退出自本公約對該國生效之日起生效。
2. 按照第三十條第 1 款規定，本公約生效時，本公約的保管人必須將生效日期和本公約對其生效的締約國國名，通知 1924 年公約的保管人比利時政府。
3. 本條第 1 款和第 2 款的規定，對 1968 年 2 月 23 日簽訂的修改 1924 年 8 月 25 日在布魯塞爾簽訂的關於統一提單的某些法律規定的國際公約的議定書的締約國相應適用。
4. 儘管有本公約第二條規定，就本條第 1 款而言，締約國如認為需要，可以推遲退出 1924 年公約和經過 1968 年議定書修改的 1924 年公約，推遲的最長期限為自本公約生效之日起五年。在這種情況下，它應把自己的意圖通知比利時政府。在此過渡期

間，該締約國必須對其他締約國應用本公約，而不應用任何其他公約。

第三十二條　修訂和修改

1. 經過不少於三分之一的本公約締約國的要求，保管人應召開締約國會議，以修訂或修改本公約。

2. 在本公約修訂案生效的任何批准書、接受書、認可書或加入書，應視為適用於經修改後的本公約。

第三十三條　對限額和記帳單位或貨幣單位的修訂

1. 儘管有第三十二條的規定，保管人應按照本條第 2 款規定，召開專為修改第六條和第十二條第 2 款所定的數額或者用其他單位代替第二十六條第 1 款和第 3 款所定的兩個單位或其中的一個單位為目的的會議。數額祇有在其實際價值發生重大變化時，才得加以修改。

2. 經不少於四分之一締約國要求，保管人即應召開修訂會議。

3. 會議的任何決定必須由與會國家三分之二的多數作出。修訂案由保管人送交所有締約國以便接受，並通報所有該公約的簽字國。

4. 所通過的任何修訂案自獲得三分之二締約國接受之日起，在滿一年後的次月第一日生效。接受修訂案時，應將表示接受的正式文件交存保管人。

5. 修訂案生效後，接受修訂案的締約國，在同修訂案通過後六個月內沒有通知保管人不受該修訂案約束的締約國的關係上，有權應用經修訂的公約。

6. 在本公約修訂案生效後交存的任何批准書、接受書、認可書或加入書，應視為適用經修訂的公約。

第三十四條　退出

1. 締約國可以在任何時候書面通知保管人退出本公約。

2. 退出本公約自保管人收到通知書之日起，在滿一年後的次月第一日生效。如在通知中規定了較長的期限，則退出本公約自保管人收到通知後在該較長期限屆滿時生效。

1978 年 3 月 31 日訂於漢堡，正本一份。其阿拉伯文、中文、英文、法文、俄文和西班牙文本具有同等效力。下列全權代表，經其政府正式授權，已在本公約上簽字，以資證明。

聯合國海上貨物運輸會議通過的共同諒解

茲取得以下共同諒解：根據本公約，承運人的責任以推定過失或疏忽的原則為基礎。也就是說，通常由承運人負舉證責任，但在某些情況下，公約的規定會改變這一規則。

聯合國海上貨物運輸會議通過的決議

「聯合國海上貨物運輸會議，

「以感謝的心情注意到德意志聯邦共和國盛情邀請在漢堡舉行會議，

「認識到德意志聯邦共和國政府和漢堡自由漢薩市提供給會議的各種便利以及對與會

者的盛情款待，對會議的成功裨益不少，

「感謝德意志聯邦共和國政府和人民，

「根據聯合國貿易和發展會議的要求，在聯合國國際貿易法委員會草擬的公約草案的基礎上，通過了海上貨物運輸公約，

「感謝聯合國國際貿易法委員會和聯合國貿易和發展會議對海上貨物運輸法律的簡化和協調所作出的卓越貢獻，

「決定把會議通過的公約命名為：《一九七八年聯合國海上貨物運輸公約》，

「建議本公約所載的規則稱為《漢堡規則》。」

13.承認及執行外國仲裁裁決公約

一九五八年六月十日通過

第一條

一、仲裁裁決，因自然人或法人間之爭議而產生且在聲請承認及執行地所在國以外之國家領土內作成者，其承認及執行適用本公約。本公約對於仲裁裁決經聲請承認及執行地所在國認為非內國裁決者，亦適用之。

二、「仲裁裁決」一詞不僅指專案選派之仲裁員所作裁決，亦指當事人提請仲裁之常設仲裁機關所作裁決。

三、任何國家得於簽署、批准或加入本公約時，或於本公約第十條通知推廣適用時，本交互原則聲明該國適用本公約，以承認及執行在另一締約國領土內作成之裁決為限。任何國家亦得聲明，該國唯於爭議起於法律關係，不論其為契約性質與否，而依提出聲明國家之國內法認為係屬商事關係者，始適用本公約。

第二條

一、當事人以書面協定承允彼此間所發生或可能發生之一切或任何爭議，如關涉可以仲裁解決事項之確定法律關係，不論為契約性質與否，應提交仲裁時，各締約國應承認此項協定。

二、稱「書面協定」者，謂當事人所簽訂或在互換函電中所載明之契約仲裁條款或仲裁協定。

三、當事人就訴訟事項訂有本條所稱之協定者，締約國法院受理訴訟時應依當事人一造之請求，命當事人提交仲裁，但前述協定經法院認定無效、失效或不能實行者不在此限。

第三條

各締約國應承認仲裁裁決具有拘束力，並依援引裁決地之程序規則及下列各條所載條件執行之。承認或執行適用本公約之仲裁裁決時，不得較承認或執行內國仲裁裁決附

加過苛之條件或徵收過多之費用。

第四條

一、聲請承認及執行之一造，為取得前條所稱之承認及執行，應於聲請時提具：㈠原裁決之正本或其正式副本，㈡第二條所稱協定之原本或其正式副本。

二、倘前述裁決或協定所用文字非為援引裁決地所在國之正式文字，聲請承認及執行裁決之一造應備具各該文件之此項文字譯本。譯本應由公設或宣誓之翻譯員或外交或領事人員認證之。

第五條

一、裁決唯有於受裁決援用之一造向聲請承認及執行地之主管機關提具證據證明有下列情形之一時，始得依該造之請求，拒予承認及執行：

㈠第二條所稱協定之當事人依對其適用之法律有某種無行為能力情形者，或該項協定依當事人作為協定準據之法律係屬無效，或未指明以何法律為準時，依裁決地所在國法律係屬無效者；

㈡受裁決援用之一造未接獲關於指派仲裁員或仲裁程式之適當通知，或因他故，致未能申辯者；

㈢裁決所處理之爭議非為交付仲裁之標的或不在其條款之列，或裁決載有關於交付仲裁範圍以外事項之決定者，但交付仲裁事項之決定可與未交付仲裁之事項劃分時，裁決中關於交付仲裁事項之決定部分得予承認及執行；

㈣仲裁機關之組成或仲裁程式與各造間之協定不符，或無協定而與仲裁地所在國法律不符者；

㈤裁決對各造尚無拘束力，或業經裁決地所在國或裁決所依據法律之國家之主管機關撤銷或停止執行者。

二、倘聲請承認及執行地所在國之主管機關認定有下列情形之一，亦得拒不承認及執行仲裁裁決：

㈠依該國法律，爭議事項係不能以仲裁解決者；

㈡承認或執行裁決有違該國公共政策者。

第六條

倘裁決業經向第五條第一項㈤款所稱之主管機關聲請撤銷或停止執行，受理援引裁決案件之機關得於其認為適當時延緩關於執行裁決之決定，並得依請求執行一造之聲請，命他造提供妥適之擔保。

第七條

一、本公約之規定不影響締約國間所訂關於承認及執行仲裁裁決之多邊或雙邊協定之效力，亦不剝奪任何利害關係人可依援引裁決地所在國之法律或條約所認許之方式，在其許可範圍內，援用仲裁裁決之任何權利。

二、1923 年日內瓦仲裁條款議定書及 1927 年日內瓦執行外國仲裁裁決公約在締約國
　　間，於其受本公約拘束後，在其受拘束之範圍內不再生效。

第八條

一、本公約在 1958 年 12 月 31 日以前聽由任何聯合國會員國及現為或嗣後成為任何
　　聯合國專門機關會員國或國際法院規約當事國之任何其他國家，或經聯合國大會
　　邀請之任何其他國家簽署。

二、本公約應予批准。批准文件應送交聯合國秘書長存放。

第九條

一、本公約聽由第八條所稱各國加入。

二、加入應以加入文件送交聯合國秘書長存放為之。

第十條

一、任何國家得於簽署、批准或加入時聲明將本公約推廣適用於由其負責國際關係之
　　一切或任何領土。此項聲明於本公約對關係國家生效時發生效力。

二、嗣後關於推廣適用之聲明應向聯合國秘書長提出通知為之，自聯合國秘書長收到
　　此項通知之日後第 90 日起，或自本公約對關係國家生效之日起發生效力，此兩日
　　期以較遲者為準。

三、關於在簽署、批准或加入時未經將本公約推廣適用之領土，各關係國家應考慮可
　　否採取必要步驟將本公約推廣適用於此等領土，但因憲政關係確有必要時，自須
　　徵得此等領土政府之同意。

第十一條

下列規定對聯邦制或非單一制國家適用之：㈠關於本公約內屬於聯邦機關立法權限之
條款，聯邦政府之義務在此範圍內與非聯邦制締約國之義務同；㈡關於本公約內屬於
組成聯邦各州或各省立法權限之條款，如各州或各省依聯邦憲法制度並無採取立法行
動之義務，聯邦政府應盡速將此等條款提請各州或各省主管機關注意，並附有利之建
議；㈢參加本公約之聯邦國家遇任何其他締約國經由聯合國秘書長轉達請求時，應提
供所述聯邦及其組成單位關於本公約特定規定之法律及慣例之情報，說明以立法或其
他行動實施此項規定之程度。

第十二條

一、本公約應自第三件批准或加入文件存放之日後第 90 日起發生效力。

二、對於第三件批准或加入文件存放後批准或加入本公約之國家，本公約應自各該國
　　存放批准或加入文件後第 90 日起發生效力。

第十三條

一、任何締約國得以書面通知聯合國秘書長宣告退出本公約。退約應於秘書長收到通
　　知之日一年後發生效力。

二、依第十條規定提出聲明或通知之國家,嗣後得隨時通知聯合國秘書長聲明本公約自秘書長收到通知之日一年後停止適用於關係領土。

三、在退約生效前已進行承認或執行程式之仲裁裁決,應繼續適用本公約。

第十四條

締約國除在本國負有適用本公約義務之範圍外,無權對其他締約國援用本公約。

第十五條

聯合國秘書長應將下列事項通知第八條所稱各國:㈠依第八條所為之簽署及批准;㈡依第九條所為之加入;㈢依第一條、第十條及第十一條所為之聲明及通知;㈣依第十二條本公約發生效力之日期;㈤依第十三條所為之退約及通知。

第十六條

一、本公約應存放聯合國檔庫,其中文、英文、法文、俄文及西班牙文各本同一作準。

二、聯合國秘書長應將本公約正式副本分送第八條所稱各國。

14.聯合國國際商品買賣契約公約

一九八〇年四月十日訂於維也納;一九八八年一月一日生效

本公約各締約國,

銘記聯合國大會第六屆特別會議通過的關於建立新的國際經濟秩序的各項決議的廣泛目標,

考慮到在平等互利基礎上發展國際貿易是促進各國間友好關係的一個重要因素,

認為採用照顧到不同的社會、經濟和法律制度的國際商品買賣契約統一規則,將有助於減少國際貿易的法律障礙,促進國際貿易的發展,

茲協定如下:

第一部分 適用範圍和總則

第一章 適用範圍

第一條

⑴本公約適用於營業地在不同國家的當事人之間所訂立的商品買賣契約:

　(a)如果這些國家是締約國;或

　(b)如果國際私法規則導致適用某一締約國的法律。

⑵當事人營業地在不同國家的事實,如果從契約或從訂立契約前任何時候或訂立契約時,當事人之間的任何交易或當事人透露的情報均看不出,應不予考慮。

⑶在確定本公約的適用時,當事人的國籍和當事人或契約的民事或商業性質,應不予

考慮。

第二條

　本公約不適用於以下的買賣：

　(a)購供私人、家人或家庭使用的商品的買賣，除非賣方在訂立契約前任何時候或訂立契約時不知道而且沒有理由知道這些商品是購供任何這種使用；

　(b)經由拍賣的買賣；

　(c)根據法律執行令狀或其他令狀的買賣；

　(d)公債、股票、投資證券、流通票據或貨幣的買賣；

　(e)船舶、船隻、氣墊船或飛機的買賣；

　(f)電力的買賣。

第三條

　(1)供應尚待製造或生產的商品的契約應視為買賣契約，除非訂購商品的當事人保證供應這種製造或生產所需的大部分重要材料。

　(2)本公約不適用於供應商品一方的絕大部分義務在於供應勞力或其他服務的契約。

第四條

　本公約祇適用於買賣契約的訂立和賣方和買方因此種契約而產生的權利和義務。特別是，本公約除非另有明文規定，與以下事項無關：

　(a)契約的效力，或其任何條款的效力，或任何慣例的效力；

　(b)契約對所售商品所有權可能產生的影響。

第五條

　本公約不適用於賣方對於商品對任何人所造成的死亡或傷害的責任。

第六條

　雙方當事人可以不適用本公約，或在第十二條的條件下，減損本公約的任何規定或改變其效力。

第二章　總則

第七條

　(1)在解釋本公約時，應考慮到本公約的國際性質和促進其適用的統一以及在國際貿易上遵守誠信的需要。

　(2)凡本公約未明確解決的屬於本公約範圍的問題，應按照本公約所依據的一般原則來解決，在沒有一般原則的情況下，則應按照國際私法規定適用的法律來解決。

第八條

　(1)本公約的目的，一方當事人所作的聲明和其他行為，應依照他的意旨解釋，如果另一方當事人已知道或者不可能不知道此一意旨。

(2)如果上一款的規定不適用，當事人所作的聲明和其他行為，應按照一個與另一方當事人同等資格、通情達理的人處於相同情況中，應有的理解來解釋。

(3)在確定一方當事人的意旨或一個通情達理的人應有的理解時，應適當地考慮到與事實有關的一切情況，包括談判情形、當事人之間確立的任何習慣作法、慣例和當事人其後的任何行為。

第九條

(1)雙方當事人業已同意的任何慣例和他們之間確立的任何習慣做法，對雙方當事人均有約束力。

(2)除非另有協定，雙方當事人應視為已默示地同意對他們的契約或契約的訂立適用雙方當事人已知道或理應知道的慣例，而這種慣例，在國際貿易上，已為有關特定貿易所涉同類契約的當事人所廣泛知道並為他們所經常遵守。

第十條

本公約的目的：

(a)如果當事人有一個以上的營業地，則以與契約及契約的履行關係最密切的營業地或其營業地，但要考慮到雙方當事人在訂立契約前任何時候或訂立契約時所知道或所設想的情況；

(b)如果當事人沒有營業地，則以其慣常居住地為準。

第十一條

買賣契約無須以書面訂立或書面證明，在形式方面也不受任何其他條件的限制。買賣契約可以用包括人證在內的任何方法證明。

第十二條

本公約第十一條、第二十九條或第二部分准許買賣契約或其更改或根據協定終止，或者任何發價、接受或其他意旨表示得以書面以外任何形式做出的任何規定不適用，如果任何一方當事人的營業地是在已按照本公約第九十六條做出了聲明的一個締約國內，各當事人不得減損本條或改變其效力。

第十三條

本公約的目的，「書面」包括電報和電傳。

第二部分　契約的訂立

第十四條

(1)向一個或一個以上特定的人提出的訂立契約的建議，如果十分確定並且表明發價人在得到接受時承受約束的意旨，即構成發價。一個建議如果寫明商品並且明示或暗示地規定數量和價格或規定如何確定數量和價格，即為十分確定。

(2)非向一個或一個以上特定的人提出的建議，僅應視為邀請做出發價，除非提出建議

的人明確地表示相反的意向。

第十五條

⑴發價於送達被發價人時生效。

⑵一項發價，即使是不可撤銷的，得予撤回，如果撤回通知於發價送達被發價人之前或同時，送達被發價人。

第十六條

⑴在未訂立契約之前，發價得予撤銷，如果撤銷通知於被發價人發出接受通知之前送達被發價人。

⑵但在下列情況下，發價不得撤銷：⒜發價寫明接受發價的期限或以其他方式表示發價是不可撤銷的；或⒝被發價人有理由信賴該項發價是不可撤銷的，而且被發價人已本著對該項發價的信賴行事。

第十七條

一項發價，即使是不可撤銷的，於拒絕通知送達發價人時終止。

第十八條

⑴被發價人聲明或做出其他行為表示同意一項發價，即是接受，緘默或不行動本身不等於接受。

⑵接受發價於表示同意的通知送達發價人時生效。如果表示同意的通知在發價人所規定的時間內，如未規定時間，在一段合理的時間內，未曾送達發價人，接受就成為無效，但須適當地考慮到交易的情況，包括發價人所使用的通訊方法的迅速程序。對口頭發價必須立即接受，但情況有別者不在此限。

⑶但是，如果根據該項發價或依照當事人之間確立的習慣作法和慣例，被發價人可以做出某種行為，例如與發運商品或支付價款有關的行為，來表示同意，而無須向發價人發出通知，則接受於該項行為做出時生效，但該項行為必須在上一款所規定的期間內做出。

第十九條

⑴對發價表示接受但載有添加、限制或其他更改的答覆，即為拒絕該項發價，並構成還價。

⑵但是，對發價表示接受但載有添加或不同條件的答復，如所載的添加或不同條件在實質上並不變更該項發價的條件，除發價人在不過分遲延的期間內以口頭或書面通知反對其間的差異外，仍構成接受。如果發價人不做出這種反對，契約的條件就以該項發價的條件以及接受通知內所載的更改為準。

⑶有關商品價格、付款、商品質量和數量、交貨地點和時間、一方當事人對另一方當事人的賠償責任範圍或解決爭端等等的添加或不同條件，均視為在實質上變更發價的條件。

第二十條

(1)發價人在電報或信件內規定的接受期間,從電報交發時刻或信上載明的發信日期起算,如信上未載明發信日期,則從信封上所載日期起算。發價人以電話、電傳或其他快速通訊方法規定的接受期間,從發價送達被發價人時起算。

(2)在計算接受期間時,接受期間內的正式假日或非營業日應計算在內。但是,如果接受通知在接受期間的最後一天未能送到發價人地址,因那天在發價人營業地是正式假日或非營業日,則接受期間應順延至下一個營業日。

第二十一條

(1)逾期接受仍有接受的效力,如果發價人毫不遲延地用口頭或書面將此種意見通知被發價人。

(2)如果載有逾期接受的信件或其他書面文件表明,它是在傳遞正常、能及時送達發價人的情況下寄發的,則該項逾期接受具有接受的效力,除非發價人毫不遲延地用口頭或書面通知被發價人:他認為他的發價已經失效。

第二十二條

接受得予撤回,如果撤回通知於接受原應生效之前或同時,送達發價人。

第二十三條

契約於按照本公約規定對發價的接受生效時訂立。

第二十四條

公約本部分的目的,發價、接受聲明或任何其他意旨表示「送達」對方,係指用口頭通知對方或通過任何其他方法送交對方本人,或其營業地或通訊地址,如無營業地或通訊地址,則送交對方慣常居住地。

第三部分　商品買賣

第一章　總則

第二十五條

一方當事人違反契約的結果,如使另一方當事人蒙受損害,以致於實際上剝奪了他根據契約規定有權期待得到的東西,即根本違反契約,除非違反契約一方並不預知而且一個同等資格、通情達理的人處於相同情況中也沒有理由預知會發生這種結果。

第二十六條

宣告契約無效的聲明,必須向另一方當事人發出通知,方始有效。

第二十七條

除非公約本部分另有明文規定,當事人按照本部分的規定,以適合情況的方法發出任何通知、要求或其他通知後,這種通知如在傳遞上發生耽擱或錯誤,或者未能到達,

並不使該當事人喪失依靠該項通知的權利。

第二十八條

如果按照本公約的規定，一方當事人有權要求另一方當事人履行某一義務，法院沒有義務做出判決，要求具體履行此一義務，除非法院依照其本身的法律對不屬本公約範圍的類似買賣契約願意這樣做。

第二十九條

(1)契約祇需雙方當事人協定，就可更改或終止。

(2)規定任何更改或根據協定終止必須以書面做出的書面契約，不得以任何其他方式更改或根據協定終止。但是，一方當事人的行為，如經另一方當事人寄以信賴，就不得堅持此項規定。

第二章　賣方的義務

第三十條

賣方必須按照契約和本公約的規定，交付商品，移交一切與商品有關的單據並轉移商品所有權。

第一節　交付商品和移交單據

第三十一條

如果賣方沒有義務要在任何其他特定地點交付商品，他的交貨義務如下：(a)如果買賣契約涉及到商品的運輸，賣方應把商品移交給第一承運人，以運交給買方；(b)在不屬於上款規定的情況下，如果契約指的是特定商品或從特定存貨中提取的或尚待製造或生產的未經特定化的商品，而雙方當事人在訂立契約時已知道這些商品是在某一特定地點，或將在某一特定地點製造或生產，賣方應在該地點把商品交給買方處置；(c)在其他情況下，賣方應在他於訂立契約時的營業地把商品交給買方處置。

第三十二條

(1)如果賣方按照契約或本公約的規定將商品交付給承運人，但商品沒有以商品上加標記、或以裝運單據或其他方式清楚地注明有關契約，賣方必須向買方發出列明商品的發貨通知。

(2)如果賣方有義務安排商品的運輸，他必須訂立必要的契約，以按照通常運輸條件，用適合情況的運輸工具，把商品運到指定地點。

(3)如果賣方沒有義務對商品的運輸辦理保險，他必須在買方提出要求時，向買方提供一切現有的必要資料，使他能夠辦理這種保險。

第三十三條

賣方必須按以下規定的日期交付商品：

(a)如果契約規定有日期，或從契約可以確定日期，應在該日期交貨；

(b)如果契約規定有一段時間，或從契約可以確定一段時間，除非情況表明應由買方選定一個日期外，應在該段時間內任何時候交貨；或者

(c)在其他情況下，應在訂立契約後一段合理時間內交貨。

第三十四條

如果賣方有義務移交與商品有關的單據，他必須按照契約所規定的時間、地點和方式移交這些單據。如果賣方在那個時間以前已移交這些單據，他可以在那個時間到達前糾正單據中任何不符契約規定的情形，但是，此一權利的行使不得使買方遭受不合理的不便或承擔不合理的開支。但是，買方保留本公約所規定的要求損害賠償的任何權利。

第二節　商品相符與第三方要求

第三十五條

(1)賣方交付的商品必須與契約所規定的數量、質量和規格相符，並須按照契約所規定的方式裝箱或包裝。

(2)除雙方當事人業已另有協定外，商品除非符合以下規定，否則即為與契約不符：

(a)商品適用於同一規格商品通常使用的目的；

(b)商品適用於訂立契約時曾明示或默示地通知賣方的任何特定目的，除非情況表明買方並不依賴賣方的技能和判斷力，或者這種依賴對他是不合理的；

(c)商品的質量與賣方向買方提供的商品樣品或樣式相同；

(d)商品按照同類商品通用的方式裝箱或包裝，如果沒有此種通用方式，則按照足以保全和保護商品的方式裝箱或包裝。

(3)如果買方在訂立契約時知道或者不可能不知道商品不符契約，賣方就無須按上一款(a)項至(d)項負有此種不符契約的責任。

第三十六條

(1)賣方應按照契約和本公約的規定，對風險移轉到買方時所存在的任何不符契約情形，負有責任，即使這種不符契約情形在該時間後方始明顯。

(2)賣方對在上一款所述時間後發生的任何不符契約情形，也應負有責任，如果這種不符契約情形是由於賣方違反他的其項義務所致，包括違反關於在一段時間內商品將繼續適用於其通常使用的目的或某種特定目的，或將保持某種特定質量或性質的任何保證。

第三十七條

如果賣方在交貨日期前交付商品，他可以在那個日期到達前，交付任何缺漏部分或補足所交付商品的不足數量，或交付用以替換所交付不符契約規定的商品，或對所交付

商品中任何不符契約規定的情形做出補救，但是，此一權利的行使不得使買方遭受不合理的不便或承擔不合理的開支。但是，買方保留本公約所規定的要求損害賠償的任何權利。

第三十八條

(1)買方必須在按情況實際可行的最短時間內檢驗商品或由他人檢驗商品。

(2)如果契約涉及到商品的運輸，檢驗可推遲到商品到達目的地後進行。

(3)如果商品在運輸途中改運或買方須再發運商品，沒有合理機會加以檢驗，而賣方在訂立契約時已知道或理應知道這種改運或再發運的可能性，檢驗可推遲到商品到達新目的地後進行。

第三十九條

(1)買方對商品不符契約,必須在發現或理應發現不符情形後一段合理時間內通知賣方，說明不符契約情形的性質，否則就喪失聲稱商品不符契約的權利。

(2)無論如何,如果買方不在實際收到商品之日起兩年內將商品不符契約情形通知賣方，他就喪失聲稱商品不符契約的權利，除非這一時限與契約規定的保證期限不符。

第四十條

如果商品不符契約規定指的是賣方已知道或不可能不知道而又沒有告知買方的一些事實，則賣方無權援引第三十八條和第三十九條的規定。

第四十一條

賣方所交付的商品，必須是第三方不能提出任何權利或要求的商品，除非買方同意在這種權利或要求的條件下，收取商品。但是，如果這種權利或要求是以工業產權或其他知識產權為基礎的，賣方的義務應依照第四十二條的規定。

第四十二條

(1)賣方所交付的商品，必須是第三方不能根據工業產權或其他知識產權主張任何權利或要求的商品，但以賣方在訂立契約時已知道或不可能不知道的權利或要求為限，而且這種權利或要求根據以下國家的法律規定是以工業產權或其他知識產權為基礎的：

(a)如果雙方當事人在訂立契約時預期商品將在某一國境內轉售或做其他使用，則根據商品將在其境內轉售或做其他使用的國家的法律；或者

(b)在任何其他情況下，根據買方營業地所在國家的法律。

(2)賣方在上一款中的義務不適用於以下情況：

(a)買方在訂立契約時已知道或不可能不知道此項權利或要求；或者

(b)此項權利或要求的發生，是由於賣方要遵照買方所提供的技術圖樣、圖案、程式或其他規格。

第四十三條

⑴買方如果不在已知道或理應知道第三方的權利或要求後一段合理時間內，將此一權利或要求的性質通知賣方，就喪失援引第四十一條或第四十二條規定的權利。

⑵賣方如果知道第三方的權利或要求以及此一權利或要求的性質，就無權援引上一款的規定。

第四十四條

儘管有第三十九條第⑴款和第四十三條第⑴款的規定，買方如果對他未發出所需的通知具備合理的理由，仍可按照第五十條規定減低價格，或要求利潤損失以外的損害賠償。

第三節　賣方違反契約的補救辦法

第四十五條

⑴如果賣方不履行他在契約和本公約中的任何義務，買方可以：

　　⒜行使第四十六條至第五十二條所規定的權利；

　　⒝按照第七十四條至第七十七條的規定，要求損害賠償。

⑵買方可能享有的要求損害賠償的任何權利，不因他行使採取其他補救辦法的權利而喪失。

⑶如果買方對違反契約採取某種補救辦法，法院或仲裁庭不得給予賣方寬限期。

第四十六條

⑴買方可以要求賣方履行義務，除非買方已採取與此一要求相抵觸的某種補救辦法。

⑵如果商品不符契約，買方祇有在此種不符契約情形構成根本違反契約時，才可以要求交付替代商品，而且關於替代商品的要求，必須與依照第三十九條發出的通知同時提出，或者在該項通知發出後一段合理時間內提出。

⑶如果商品不符契約，買方可以要求賣方通過修理對不符契約之處做出補救，除非他考慮了所有情況之後，認為這樣做是不合理的。修理的要求必須與依照第三十九條發出的通知同時提出，或者在該項通知發出後一段合理時間內提出。

第四十七條

⑴買方可以規定一段合理時限的額外時間，讓賣方履行其義務。

⑵除非買方收到賣方的通知，聲稱他將不在所規定的時間內履行義務，買方在這段時間內不得對違反契約採取任何補救辦法。但是，買方並不因此喪失他對遲延履行義務可能享有的要求損害賠償的任何權利。

第四十八條

⑴在第四十九條的條件下，賣方即使在交貨日期之後，仍可自付費用，對任何不履行義務做出補救，但這種補救不得造成不合理的遲延，也不得使買方遭受不合理的不便，或無法確定賣方是否將償付買方預付的費用。但是，買方保留本公約所規定的

要求損害賠償的任何權利。

⑵如果賣方要求買方表明他是否接受賣方履行義務，而買方不在一段合理時間內對此一要求做出答復，則賣方可以按其要求中所指明的時間履行義務。買方不得在該段時間內採取與賣方履行義務相抵觸的任何補救辦法。

⑶賣方表明他將在某一特定時間內履行義務的通知，應視為包括根據上一款規定要買方表明決定的要求在內。

⑷賣方按照本條第⑵和第⑶款做出的要求或通知，必須在買方收到後，始生效力。

第四十九條

⑴買方在以下情況下可以宣告契約無效：

　⒜賣方不履行其在契約或本公約中的任何義務，等於根本違反契約；或

　⒝如果發生不交貨的情況，賣方不在買方按照第四十七條第⑴款規定的額外時間內交付貨物，或賣方聲明他將不在所規定的時間內交付商品。

⑵但是，如果賣方已交付商品，買方就喪失宣告契約無效的權利，除非：

　⒜對於遲延交貨，他在知道交貨後一段合理時間內這樣做；

　⒝對於遲延交貨以外的任何違反契約事情：

　㈠他在已知道或理應知道這種違反契約後一段合理時間內這樣做；或

　㈡他在買方按照第四十七條第⑴款規定的任何額外時間滿期後，或在賣方聲明他將不在這一額外時間履行義務後一段合理時間內這樣做；或

　㈢他在賣方按照第四十八條第⑵款指明的任何額外時間滿期後，或在買方聲明他將不接受賣方履行義務後一段合理時間內這樣做。

第五十條

如果商品不符契約，不論價款是否已付，買方都可以減低價格，減價按實際交付的商品在交貨時的價值與符合契約的商品在當時的價值兩者之間的比例計算。但是，如果賣方按照第三十七條或第四十八條的規定對任何不履行義務做出補救，或者買方拒絕接受賣方按照該兩條規定履行義務，則買方不得減低價格。

第五十一條

⑴如果賣方祇交付一部分商品，或者交付的商品中祇有一部分符合契約規定，第四十六條至第五十條的規定適用於缺漏部分及不符契約規定部分的商品。

⑵買方祇有在完全不交付商品或不按照契約規定交付商品等於根本違反契約時，才可以宣告整個契約無效。

第五十二條

⑴如果賣方在規定的日期前交付商品，買方可以收取商品，也可以拒絕收取商品。

⑵如果賣方交付的商品數量大於契約規定的數量，買方可以收取也可以拒絕收取多交部分的商品。如果買方收取多交部分商品的全部或一部分，他必須按契約價格付款。

第三章 買方的義務

第五十三條

買方必須按照契約和本公約規定支付商品價款和收取商品。

第一節 支付價款

第五十四條

買方支付價款的義務包括根據契約或任何有關法律和規章規定的步驟和手續，以便支付價款。

第五十五條

如果契約已有效的訂立，但沒有明示或暗示地規定價格或規定如何確定價格，在沒有任何相反表示的情況下，雙方當事人應視為已默示地引用訂立契約時此種商品在有關貿易的類似情況下買賣的通常價格。

第五十六條

如果價格是按商品的重量規定的，如有疑問，應按淨重確定。

第五十七條

⑴如果買方沒有義務在任何其他特定地點支付價款，他必須在以下地點向賣方支付價款：

　(a)賣方的營業地；或者

　(b)如憑移交商品或單據支付價款，則為移交商品或單據的地點。

⑵賣方必須承擔因其營業地在訂立契約後發生變動而增加的支付方面的有關費用。

第五十八條

⑴如果買方沒有義務在任何其他特定時間內支付價款，他必須於賣方按照契約和本公約規定將商品或控制商品處置權的單據交給買方處置時支付價款。賣方可以支付價款作移交商品或單據的條件。

⑵如果契約涉及到商品的運輸，賣方可以在支付價款後方可把商品或控制商品處置權的單據移交給買方作為發運商品的條件。

⑶買方在未有機會檢驗商品前，無義務支付價款，除非這種機會與雙方當事人議定的交貨或支付程序相抵觸。

第五十九條

買方必須按契約和本公約規定的日期或從契約和本公約可以確定的日期支付價款，而無需賣方提出任何要求或辦理任何手續。

第二節 收取商品

第六十條

買方收取商品的義務如下：

採取一切理應採取的行動，以期賣方能交付商品；和接收商品。

第三節　買方違反契約的補救辦法

第六十一條

(1)如果買方不履行他在契約和本公約中的任何義務，賣方可以：

　(a)行使第六十二條至第六十五條所規定的權利；

　(b)按照第七十四至第七十七條的規定，要求損害賠償。

(2)賣方可能享有的要求損害賠償的任何權利，不因他行使採取其他補救辦法的權利而喪失。

(3)如果賣方對違反契約採取某種補救辦法，法院或仲裁庭不得給予買方寬限期。

第六十二條

賣方可以要求買方支付價款、收取商品或履行他的其他義務，除非賣方已採取與此一要求相抵觸的某種補救辦法。

第六十三條

(1)賣方可以規定一段合理時限的額外時間，讓買方履行義務。

(2)除非賣方收到買方的通知，聲稱他將不在所規定的時間內履行義務，賣方不得在這段時間內對違反契約採取任何補救辦法。但是，賣方並不因此喪失他對遲延履行義務可能享有的要求損害賠償的任何權利。

第六十四條

(1)賣方在以下情況下可以宣告契約無效：

　(a)買方不履行其在契約或本公約中的任何義務，等於根本違反契約；或

　(b)買方不在賣方按照第六十三條第(1)款規定的額外時間內履行支付價款的義務或收取商品，或買方聲明他將不在所規定的時間內這樣做。

(2)但是，如果買方已支付價款，賣方就喪失宣告契約無效的權利，除非：

　(a)對於買方遲延履行義務，他在知道買方履行義務前這樣做；或者

　(b)對於買方遲延履行義務以外的任何違反契約事情：

　　㈠他在已知道或理應知道這種違反契約後一段合理時間內這樣做；或

　　㈡他在賣方按照第六十三條第(1)款規定的任何額外時間滿期後或在買方聲明他將不在這一額外時間內履行義務後一段合理時間內這樣做。

第六十五條

(1)如果買方應根據契約規定訂明商品的形狀、大小或其他特徵，而他在議定的日期或在收到賣方的要求後一段合理時間內沒有訂明這些規格，則賣方在不損害其可能享

有的任何其他權利的情況下，可以依照他所知的買方的要求，自己訂明規格。

(2)如果賣方自己訂明規格，他必須把訂明規格的細節通知買方，而且必須規定一段合理時間，讓買方可以在該段時間內訂出不同的規格。如果買方在收到這種通知後沒有在該段時間內這樣做，賣方所訂的規格就具有約束力。

第四章 風險移轉

第六十六條

商品在風險移轉到買方承擔後遺失或損壞，買方支付價款的義務並不因此解除，除非這種遺失或損壞是由於賣方的行為或不行為所造成。

第六十七條

(1)如果買賣契約涉及到商品的運輸，但賣方沒有義務在某一特定地點交付商品，自商品按照買賣契約交付給第一承運人以轉交給買方時起，風險就移轉到買方承擔。如果賣方有義務在某一特定地點把商品交付給承運人，在商品於該地點交付給承運人以前，風險不移轉到買方承擔。賣方受權保留控制商品處置權的單據，並不影響風險的移轉。

(2)但是，在商品以商品上加標記、或以裝運單據、或向買方發出通知或其他方式清楚地註明有關契約以前，風險不移轉到買方承擔。

第六十八條

對於在運輸途中買賣的商品，從訂立契約時起，風險就移轉到買方承擔。但是，如果情況表明有此需要，從商品交付給簽發載有運輸契約單據的承運人時起，風險就由買方承擔。儘管如此，如果賣方在訂立契約時已知道或理應知道商品已經遺失或損壞，而他又不將這一事實告知買方，則這種遺失或損壞應由賣方負責。

第六十九條

(1)在不屬於第六十七條和第六十八條規定的情況下，從買方接收商品時起，或如果買方不在適當時間內這樣做，則從商品交給他處置但他不收取商品從而違反契約時起，風險移轉到買方承擔。

(2)但是，如果買方有義務在賣方營業地以外的某一地點接收商品，當交貨時間已到而買方知道商品已在該地點交給他處置時，風險方始移轉。

(3)如果契約指的是當時未加識別的商品，則這些商品在未清楚註明有關契約以前，不得視為已交給買方處置。

第七十條

如果賣方已根本違反契約，第六十七條、第六十八條和第六十九條的規定，不損害買方因此種違反契約而可以採取的各種補救辦法。

第五章　賣方和買方義務的一般規定

第一節　預期違反契約和分批交貨契約

第七十一條

　(1)如果訂立契約後，另一方當事人由於下列原因顯然將不履行其大部分重要義務，一方當事人可以中止履行義務：

　　(a)他履行義務的能力或他的信用有嚴重缺陷；或

　　(b)他在準備履行契約或履行契約中的行為。

　(2)如果賣方在上一款所述的理由明顯化以前已將商品發運，他可以阻止將商品交給買方，即使買方持有其有權獲得商品的單據。本款規定祇與買方和賣方間對商品的權利有關。

　(3)中止履行義務的一方當事人不論是在商品發運前還是發運後，都必須立即通知另一方當事人，如經另一方當事人對履行義務提供充分保證，則他必須繼續履行義務。

第七十二條

　(1)如果在履行契約日期之前，明顯看出一方當事人將根本違反契約，另一方當事人可以宣告契約無效。

　(2)如果時間許可，打算宣告契約無效的一方當事人必須向另一方當事人發出合理的通知，使他可以對履行義務提供充分保證。

　(3)如果另一方當事人已聲明他將不履行其義務，則上一款的規定不適用。

第七十三條

　(1)對於分批交付商品的契約，如果一方當事人不履行對任何一批商品的義務，便對該批商品構成根本違反契約，則另一方當事人可以宣告契約對該批商品無效。

　(2)如果一方當事人不履行對任何一批商品的義務，使另一方當事人有充分理由斷定對今後各批商品將會發生根本違反契約，該另一方當事人可以在一段合理時間內宣告契約今後無效。

　(3)買方宣告契約對任何一批商品的交付為無效時，可以同時宣告契約對已交付的或今後交付的各批商品均為無效，如果各批商品是互相依存的，不能單獨用於雙方當事人在訂立契約時所設想的目的。

第二節　損害賠償

第七十四條

　一方當事人違反契約應負的損害賠償額，應與另一方當事人因他違反契約而遭受的包括利潤在內的損失額相等。這種損害賠償不得超過違反契約一方在訂立契約時，依照

他當時已知道或理應知道的事實和情況,對違反契約預料到或理應預料到的可能損失。

第七十五條

如果契約被宣告無效,而在宣告無效後一段合理時間內,買方已以合理方式購買替代商品,或者賣方已以合理方式把商品轉賣,則要求損害賠償的一方可以取得契約價格和替代商品交易價格之間的差額以及按照第七十四條規定可以取得的任何其他損害賠償。

第七十六條

(1)如果契約被宣告無效,而商品又有時價,要求損害賠償的一方,如果沒有根據第七十五條規定進行購買或轉賣,則可以取得契約規定的價格和宣告契約無效時的時價之間的差額以及按照第七十四條規定可以取得的任何其他損害賠償。但是,如果要求損害賠償的一方在接收商品之後宣告契約無效,則應適用接收商品時的時價,而不適用宣告契約無效時的時價。

(2)為上一款的目的,時價指原應交付商品地點的現行價格,如果該地點沒有時價,則指另一合理替代地點的價格,但應適當地考慮商品運費的差額。

第七十七條

聲稱另一方違反契約的一方,必須按情況採取合理措施,減輕由於該另一方違反契約而引起的損失,包括利潤方面的損失。如果他不採取這種措施,違反契約一方可以要求從損害賠償中扣除原可以減輕的損失數額。

第三節　利息

第七十八條

如果一方當事人沒有支付價款或任何其他拖欠金額,另一方當事人有權對這些款額收取利息,但不妨礙要求按照第七十四條規定可以取得的損害賠償。

第四節　免責

第七十九條

(1)當事人對不履行義務,不負責任,如果他能證明此種不履行義務,是由於某種非他所能控制的障礙,而且對於這種障礙,沒有理由預期他在訂立契約時能考慮到或能避免或克服它或它的後果。

(2)如果當事人不履行義務是由於他所雇用履行契約的全部或一部分規定的第三方不履行義務所致,該當事人祇有在以下情況下才能免除責任:

　　(a)他按照上一款的規定應免除責任,和

　　(b)假如該項的規定也適用於他所雇用的人,這個人也同樣會免除責任。

(3)本條所規定的免責對障礙存在的期間有效。

⑷不履行義務的一方必須將障礙及其對他履行義務能力的影響通知另一方。如果該項通知在不履行義務的一方已知道或理應知道此一障礙後一段合理時間內仍未為另一方收到，則他對由於另一方未收到通知而造成的損害應負賠償責任。

⑸本條規定不妨礙任何一方行使本公約規定的要求損害賠償以外的任何權利。

第八十條

一方當事人因其行為或不行為而使得另一方當事人不履行義務時，不得聲稱該另一方當事人不履行義務。

第五節　宣告契約無效的效果

第八十一條

⑴宣告契約無效解除了雙方在契約中的義務，但應負責的任何損害賠償仍應負責。宣告契約無效不影響契約關於解決爭端的任何規定，也不影響契約中關於雙方在宣告契約無效後權利和義務的任何其他規定。

⑵已全部或局部履行契約的一方，可以要求另一方歸還他按照契約供應的商品或支付的價款，如果雙方都須歸還，他們必須同時這樣做。

第八十二條

⑴買方如果不可能按實際收到商品的原狀歸還商品，他就喪失宣告契約無效或要求賣方交付替代商品的權利。

⑵上一款的規定不適用於以下情況：

　(a)如果不可能歸還商品或不可能按實際收到商品的原狀歸還商品，並非由於買方的行為或不行為所造成；或者

　(b)如果商品或其中一部分的毀滅或變壞，是由於按照第三十八條規定進行檢驗所致；或者

　(c)如果商品或其中一部分，在買方發現或理應發現與契約不符以前，已為買方在正常營業過程中售出，或在正常使用過程中消費或改變。

第八十三條

買方雖然依第八十二條規定喪失宣告契約無效或要求賣方交付替代商品的權利，但是根據契約和本公約規定，他仍保有採取一切其他補救辦法的權利。

第八十四條

⑴如果賣方有義務歸還價款，他必須同時從支付價款之日起支付價款利息。

⑵在以下情況下，買方必須向賣方說明他從商品或其中一部分得到的一切利益：

　(a)如果他必須歸還商品或其中一部分；或者

　(b)如果他不可能歸還全部或一部分商品，或不可能按實際收到商品的原狀歸還全部或一部分商品，但他已宣告契約無效或已要求賣方支付替代商品。

第六節 保全商品

第八十五條

如果買方推遲收取商品，或在支付價款和交付商品應同時履行時，買方沒有支付價款，而賣方仍擁有這些商品或仍能控制這些商品的處置權，賣方必須按情況採取合理措施，以保全商品。他有權保有這些商品，直至買方把他所付的合理費用償還他為止。

第八十六條

(1)如果買方已收到商品，但打算行使契約或本公約規定的任何權利，把商品退回，他必須按情況採取合理措施，以保全商品。他有權保有這些商品，直至賣方把他所付的合理費用償還給他為止。

(2)如果發運給買方的商品已到達目的地，並交給買方處置，而買方行使退貨權利，則買方必須代表賣方收取商品，除非他這樣做需要支付價款而且會使他遭受不合理的不便或需承擔不合理的費用。如果賣方或受權代表他掌管商品的人也在目的地，則此一規定不適用。如果買方根據本款規定收取商品，他的權利和義務與上一款所規定的相同。

第八十七條 物

有義務採取措施以保全商品的一方當事人，可以把商品寄放在第三方的倉庫，由另一方當事人擔負費用，但該項費用必須合理。

第八十八條

(1)如果另一方當事人在收取商品或收回商品或支付價款或保全商品費用方面有不合理的遲延，按照第八十五條或第八十六條規定有義務保全商品的一方當事人，可以採取任何適當辦法，把商品出售，但必須事前向另一方當事人發出合理的意向通知。

(2)如果商品易於迅速變壞，或者商品的保全牽涉到不合理的費用，則按照第八十五條或第八十六條規定有義務保全商品的一方當事人，必須採取合理措施，把商品出售，在可能的範圍內，他必須把出售商品的打算通知另一方當事人。

(3)出售商品的一方當事人，有權從買賣所得收入中扣回為保全商品和買賣商品而付的合理費用。他必須向另一方當事人說明所餘款項。

第四部分 最後條款

第八十九條

茲指定聯合國秘書長為本公約保管人。

第九十條

本公約不優於業已締結或可以締結並載有與屬於本公約範圍內事項有關的條款的任何國際協定，但以雙方當事人的營業地均在這種協定的締約國內為限。

第九十一條

⑴本公約在聯合國國際商品買賣契約會議閉幕會議上開放簽字，並在紐約聯合國總部繼續開放簽字，直至 1981 年 9 月 30 日為止。

⑵本公約須經簽字國批准、接受或核准。

⑶本公約從開放簽字之日起開放給所有非簽字國加入。

⑷批准書、接受書、核准書和加入書應送交聯合國秘書長存放。

第九十二條

⑴締約國可在簽字、批准、接受、核准或加入時聲明他不受本公約第二部分的約束或不受本公約第三部分的約束。

⑵按照上一款規定就本公約第二部分或第三部分做出聲明的締約國，在該聲明適用的部分所規定事項上，不得視為本公約第一條第⑴款範圍內的締約國。

第九十三條

⑴如果締約國具有兩個或兩個以上的領土單位，而依照該國憲法規定、各領土單位對本公約所規定的事項適用不同的法律制度，則該國得在簽字、批准、接受、核准或加入時聲明本公約適用於該國全部領土單位或僅適用於其中的一個或數個領土單位，並且可以隨時提出另一聲明來修改其所做的聲明。

⑵此種聲明應通知保管人，並且明確地說明適用本公約的領土單位。

⑶如果根據按本條做出的聲明，本公約適用於締約國的一個或數個但不是全部領土單位，而且一方當事人的營業地位於該締約國內，則為本公約的目的，該營業地除非位於本公約適用的領土單位內，否則視為不在締約國內。

⑷如果締約國沒有按照本條第⑴款做出聲明，則本公約適用於該國所有領土單位。

第九十四條

⑴對屬於本公約範圍的事項具有相同或非常近似的法律規則的兩個或兩個以上的締約國，可隨時聲明本公約不適用於營業地在這些締約國內的當事人之間的買賣契約，也不適用於這些契約的訂立。此種聲明可聯合做出，也可以相互單方面聲明的方式做出。

⑵對屬於本公約範圍的事項具有與一個或一個以上非締約國相同或非常近似的法律規則的締約國，可隨時聲明本公約不適用於營業地在這些非締約國內的當事人之間的買賣契約，也不適用於這些契約的訂立。

⑶作為根據上一款所做聲明物件的國家如果後來成為締約國，這項聲明從本公約對該新締約國生效之日起，具有根據第⑴款所做聲明的效力，但以該新締約國加入這項聲明，或做出相互單方面聲明為限。

第九十五條

任何國家在交存其批准書、接受書、核准書或加入書時，可聲明它不受本公約第一條

第(1)款(b)項的約束。

第九十六條

本國法律規定買賣契約必須以書面訂立或書面證明的締約國，可以隨時按照第十二條的規定，聲明本公約第十一條、第二十九條或第二部分准許買賣契約或其更改或根據協定終止，或者任何發價、接受或其他意旨表示得以書面以外任何形式做出的任何規定不適用，如果任何一方當事人的營業地是在該締約國內。

第九十七條

(1)根據本公約規定在簽字時做出的聲明，須在批准、接受或核准時加以確認。

(2)聲明和聲明的確認，應以書面提出，並應正式通知保管人。

(3)聲明在本公約對有關國家開始生效時同時生效。但是，保管人於此種生效後收到正式通知的聲明，應於保管人收到聲明之日起 6 個月後的第 1 個月第 1 天生效。根據第九十四條規定做出的相互單方面聲明，應於保管人收到最後一份聲明之日起 6 個月後的第 1 個月第 1 天生效。

(4)根據本公約規定做出聲明的任何國家可以隨時用書面正式通知保管人撤回該項聲明。此種撤回於保管人收到通知之日起 6 個月後的第 1 個月第 1 天生效。

(5)撤回根據第九十四條做出的聲明，自撤回生效之日起，就會使另一國家根據該條所做的任何相互聲明失效。

第九十八條

除本公約明文許可的保留外，不得作任何保留。

第九十九條

(1)在本條第(6)款規定的條件下，本公約在第十件批准書、接受書、核准書或加入書、包括載有根據第九十二條規定做出的聲明的文書交存之日起 12 個月後的第 1 個月第 1 天生效。

(2)在本條第(6)款規定的條件下，對於在第 10 件批准書、接受書、核准書或加入書交存後才批准、接受、核准或加入本公約的國家，本公約在該國交存其批准書、接受書、核准書或加入書之日起 12 個月後的第 1 個月第 1 天對該國生效，但不適用的部分除外。

(3)批准、接受、核准或加入本公約的國家，如果是 1964 年 7 月 1 日海牙簽訂的《關於國際商品買賣契約的訂立統一法公約》《1964 年海牙訂立契約公約》）和 1964 年 7 月 1 日在海牙簽訂的《關於國際商品買賣統一法的公約》《1964 年海牙商品買賣公約》）中一項或兩項公約的締約國。應按情況同時通知荷蘭政府聲明退出《1964 年海牙商品買賣公約》或《1964 年海牙訂立契約公約》或退出該兩公約。

(4)凡為《1964 年海牙商品買賣公約》締約國並批准、接受、核准或加入本公約和根據第九十二條規定聲明或業已聲明不受本公約第二部分約束的國家，應於批准、接受、

核准或加入時通知荷蘭政府聲明退出《1964 年海牙商品買賣公約》。

(5)凡為《1964 年海牙訂立契約公約》締約國並批准、接受、核准或加入本公約和根據第九十二條規定聲明或業已聲明不受本公約第三部分約束的國家，應於批准、接受、核准或加入時通知荷蘭政府聲明退出《1964 年海牙訂立契約公約》。

(6)為本條的目的，《1964 年海牙訂立契約公約》或《1964 年海牙商品買賣公約》的締約國的批准、接受、核准或加入本公約，應在這些國家按照規定退出該兩公約生效後方始生效。本公約保管人應與 1964 年兩公約的保管人荷蘭政府進行協商，以確保在這方面進行必要的協調。

第一百條

(1)本公約適用於契約的訂立，祇要訂立該契約的建議是在本公約對第一條第(1)款(a)項所指締約國或第一條第(1)款(b)項所指締約國生效之日或其後作出的。

(2)本公約祇適用於在它對第一條第(1)款(a)項所指締約國或第一條第(1)款(b)項所指締約國生效之日或其後訂立的契約。

第一百零一條

(1)締約國可以用書面正式通知保管人聲明退出本公約，或本公約第二部分或第三部分。

(2)退出於保管人收到通知 12 個月後的第 1 個月第 1 天起生效。凡通知內訂明一段退出生效的更長時間，則退出於保管人收到通知後該段更長時間滿時起生效。

1980 年 4 月 11 日訂於維也納，正本 1 份，其阿拉伯文本、中文本、英文本、法文本、俄文本和西班牙文本都具有同等效力。

下列全權代表，經各自政府正式授權，在本公約上簽字，以資證明。

15.國際商品買賣契約適用法律公約

一九八五年十月三十日在海牙通過；一九八六年十二月二十二日，捷克首先正式簽署本公約，依據公約規定，首次簽署日期即為本公約締結日期。

本公約各締約國：期望統一國際商品買賣契約法律選擇規則；銘記一九八○年四月十一日在維也納訂立的聯合國國際商品買賣契約公約；茲協定如下：

第一章　適用範圍

第一條

本公約確定適用於商品買賣契約的法律：

1.在其營業所設在不同國家的當事人之間簽訂的契約；

2.所有涉及在不同國家的法律之間進行選擇的其他情況，除非這種選擇僅僅是根據當事人對適用法律作出的規定，甚至對法院或仲裁庭也一併作出了選擇。

第二條

本公約不適用於：

1. 由於執行而進行的買賣或其他依法律授權的買賣。

2. 公債、股票、投資證券、流通票據或貨幣的買賣；但適用於根據單據進行的商品買賣。

3. 對於供私人、家人或家庭使用的商品買賣；但如果賣方在訂立契約時既不知道也沒有理由知道這些商品是供這種使用時，應當適用。

第三條

在本公約範圍內，「商品」包括：

1. 船舶、船隻、小船、氣墊船和飛機；

2. 電。

第四條

1. 供應尚待製造或生產的商品的契約應視為買賣契約，除非訂購商品的當事人承擔供應這種製造或生產所需的大部分原材料。

2. 若提供勞務或其他服務為供貨方的主要義務，則這種契約不應視為買賣契約。

第五條

本公約不確定下列事項所適用的法律：

1. 當事人的行為能力或由於當事人無行為能力而導致契約無效的後果；

2. 關於某一代理人是否能約束某一本人，或某一機構是否能約束某一公司或法人團體或非社團組織的問題；

3. 所有權的轉移；但第十二條明確提到的問題應受本公約指定的適用法律管轄；

4. 買賣對當事人以外的任何人的效力；

5. 仲裁協定或法院選擇協定，儘管這種協定包括在買賣契約之中。

第六條

本公約確定的法律，不論是否某一締約國的法律，均予以適用。

第二章　適用法律

第一節　適用法律的確定

第七條

1. 買賣契約受當事人選擇的法律支配。當事人的選擇協定必須是明示的或者從契約的規定和當事人的行為整體來看可以明顯地推斷出來。這種選擇可以僅限於契約的某一部分。

2. 當事人可在任何時候約定，其買賣契約全部或部分適用原來所沒規定的法律，而不

管原來適用的法律是不是由當事人。買賣契約訂立後,當事人對適用法律的任何變更不得有損於契約在形式上的有效性或第三人的權利。

第八條

1. 在未按照第七條選擇買賣契約適用法律時,契約應受賣方在訂立契約時設有營業所的國家的法律管轄。

2. 但是,買賣契約應受買方在訂立契約時設有營業所的國家的法律管轄,如果:

   ⑴談判在該國家進行,並且參加談判的各當事人在該國訂立了契約;

   ⑵契約明確規定賣方須在該國履行其交貨義務;

   ⑶契約主要依買方確定的條件和應買方向投標人發出的投標邀請(招標)而訂立。

3. 作為例外,如果根據整個情況,例如雙方當事人之間的任何業務關係,契約明顯地與本條第 1 或第 2 款應適用於契約的法律以外的另一法律有更密切的聯繫,則契約受該另一法律的管轄。

4. 如果在契約訂立時,買方和賣方營業所所在國據第二十一條第 1 款 2 項作了保留,則第 3 款不予適用。

5. 如果在契約訂立時,買方和賣方在不同國家設有營業所,營業所所在國均為聯合國國際商品買賣契約公約的締約國,則凡屬該公約調整的事項不適用於第 3 款。

第九條

凡拍賣地國的法律或交易所所在地國法律不禁止選擇時,則因拍賣而進行的買賣或商品交易所或其他交易所內的買賣,受當事人根據第七條選擇的法律管轄。若當事人未作出選擇,或禁止作出此種選擇時,則適用拍賣地國法律或交易所所在地國的法律。

第十條

1. 凡選擇符合第七條規定的,則有關當事人適用法律選擇,這種同意是否存在,是否具有實質上的效力的問題由所選擇的法律來確定。如果根據該項法律,選擇是無效的,則適用於契約的法律按第八條的規定來確定。

2. 買賣契約或其任何條款是否存在,是否具有實質上的效力問題由按本公約規定應適用於契約或條款的法律來確定。

3. 但是如果依據情況,按照前項所規定的法律確定這個問題不合理時,則為了確定他並沒有同意這種法律選擇、這個契約或者任何契約條款,當事人可以依據他設有營業所的國家的法律。

第十一條

1. 同一國內的當事人之間訂立的買賣契約,如果符合了本公約規定的管轄該契約的法律規定,或符合了契約訂立地國法律的規定,則在形式上有效。

2. 不同國家的當事人之間訂立的買賣契約,如果符合了本公約領土完整的管轄該契約的法律規定,或符合那些國家其中之一國的法律規定,則在形式上有效。

3.由代理人訂立的買賣契約，代理人的行為地國即是上述款項所指的有關國家。

4.似使已經訂立或擬訂立的買賣契約產生法律效力的行為，若符合了本公約管轄契約的法律規定，或符合了該行為地國的法律規定，則該行為在形式上有效。

5.若契約一方當事人在契約訂立時，其營業所所在地國已根據第二十一條第 1 款 3 項的規定作了保留，則本公約不適用於該契約的形式上的效力問題。

第二節　適用法律的範圍

第十二條

根據第七條、第八條或第九條、買賣契約適用的法律具體地管轄： 1.契約的解釋； 2.當事人的權利和義務以及契約的履行； 3.買方有權從商品中取得產品、物和收入的時間； 4.買方對商品承擔風險的時間； 5.當事人之間保留對商品所有權條款的合法性和效力； 6.不履行契約的後果，包括可取得損害賠償金的損失類別，但不得影響法院地程序法； 7.債務及時效的各種消滅方法； 8.契約無效的後果。

第十三條

若無明示條款作出相反規定，則對檢驗的方式和程序的規定，運用商品檢驗地國的法律。

第三章　一般條款

第十四條

1.如果當事人設有一個以上營業所，則考慮到當事人在訂立契約前或訂立契約時所知道或所設想的情況，以與契約及其履行具有最密切關係的營業所作為其有關的營業所。

2.如果當事人沒有營業所，則可考慮其慣常住所。

第十五條

本公約中的「法律」一詞，是指不包括法律選擇規則在內國家的現行法律。

第十六條

在解釋本公約時，要考慮公約的國際性質和適用時促進統一性的需要。

第十七條

本公約並不阻止適用那些不論法律對契約另有如何規定，必須適用的法院地法。

第十八條

本公約確定適用的法律，祇有在其適用明顯地與公共政策（公共秩序）相抵觸時，才可拒絕適用。

第十九條

識別本公約所指定的適用法律，在一個國家擁有數個領土單位，而每個領土單位有其

自己的法律制度或在商品買賣契約方面有其自己的法律規則時，則所謂該國法律應解釋為該領土單位的現行法律。

第二十條

一國內不同領土單位有其自己的法律制度或在商品買賣契約方面有其自己的法律規則的國家，並不必須將本公約適用於這些單位現行法律之間的衝突。

第二十一條

1. 任何國家在簽字、批准、接受、核准或參加時可對下列條款做出保留：(1)第一條 2 款規定的情況不適用本公約；(2)不適用第八條第 3 款；除非契約當事人各方都沒有在依本項規定做出保留的國家設立營業所；(3)如果一國法律要求買賣契約必須以書面形式訂立或證明，而任何一方當事人在契約訂立時在該國領土內設有營業所，則本公約不適用於該契約的形式上的有效性。(4)不適用第十二條第 7 項有關訴訟時效問題。

2. 不允許做出其他保留。

3. 任何締約國均可在任何時候撤回其已做的保留；自撤回通知滿三個月後的第一個月的第一天起該項保留停止生效。

第二十二條

1. 本公約對業已締結或可能締結的、並載有確定買賣契約法律條款的任何公約或其他國際協定並不具有優先效力，但以這種文件祇有在買賣雙方在該文件的締約國內設有營業所才適用為限。

2. 本公約對於某締約國是參加國的或成為參加國的、對屬於本公約範圍內的具體種類的買賣契約的法律選擇做了規定的任何國際性公約，並不具有優先效力。

第二十三條

本公約不得影響：

1. 聯合國國際商品買賣契約公約的適用（維也納，1980 年 4 月 11 日）；

2. 國際商品買賣時效公約（紐約，1974 年 6 月 14 日），或對該公約修正議定書（維也納，1980 年 4 月 11 日）的適用。

第二十四條

本公約適用於其在締約國生效後達成的買賣契約。

第四章　最後條款

第二十五條

1. 本公約對所有國家開放簽字。

2. 簽字國可對本公約批准、接受或核准。

3. 從開放簽字之日起，本公約對所有非簽字國家開放加入。

4.批准書、接受書或核准書和加入書由荷蘭王國外交部公約保管人保存。

第二十六條

1.如果一個國家擁有兩個或兩個以上的領土單位，這些領土單位對本公約規定的事項適用不同的法律制度，則該國可在簽字、批准、接受、核准或參加時聲明本公約適用於其所有的領土單位或僅適用於一個或數個領土單位，並且，可以隨時提出另一個聲明來修改其所做的聲明。

2.這種聲明必須通知保管人，而且必須明確說明適用本公約的領土單位。

3.如果一個國家未按本條提出聲明，則本公約適用於該國的所有領土單位。

第二十七條

1.本公約自第二十五條規定的第五份批准書、接受書、核准書或加入書交存之日起三個月後的第一個月的第一天生效。

2.在此以後，本公約：

⑴對於每一個後來批准、接受、核准或加入公約的國家自其批准書、接受書、核准書或加入書交存之日起三個月後的第一個月的第一天生效。

⑵每一個按照第二十六條的規定適用本公約的領土單位自其按該條規定做出通知時起三個月後的第一天生效。

第二十八條

對每一個同意接受 1955 年 6 月 15 日在海牙簽訂的國際商品買賣適用法律公約約束的參加國，本公約對其生效，並取代上述的 1955 年公約。

第二十九條

任何在修改本公約的文件生效後參加的國家，視為修改後公約的參加國。

第三十條

1.本公約締約國可以書面形式通知公約保管人退出本公約。

2.退出，自保管人收到通知三個月後第一個月的第一天生效。凡在通知中訂明退出於更長時間後生效的，則退出於保管人收到此通知後該更長時間期滿時生效。

第三十一條

保管人應將下列事項通知海牙國際私法會議的成員國以及根據第二十五條對本公約簽字、批准、接受、核准或加入的國家：

1.依據第二十五條做出的簽字和批准、接受、核准和加入；

2.本公約依照第二十九條生效的日期；

3.依第二十六條作出的聲明；

4.依第二十一條做出的保留和保留的撤回；

5.依據第三十條所做的退出。

經正式授權的各國代表，業已在公約上簽字，以資證明。

1985 年 10 月 30 日以英、法兩種文字訂於海牙，兩種文本具有同等效力，一份文本存在荷蘭王國政府檔案館，一份經證明無誤的文本通過外交途徑，送交 1985 年 10 月特別會議時是海牙國際私法會議成員的每一個國家以及參加該屆會議的每一個國家。

16.統一國際航空運輸某些規則的公約【華沙公約】

一九二九年十月十二日在華沙簽訂；一九三三年二月十三日生效

締約各國認為，國際航空運輸的條件，在所用文件和承運人的責任方面，有統一規定的必要，為此目的，各派全權代表，經正式授權，簽訂本公約如下：

第一章　範圍和定義

第一條

一、本公約適用於所有以航空器運送旅客、行李或貨物而收取報酬的國際運輸。本公約同樣適用於航空運輸企業以航空器辦理的免費運輸。

二、本公約所指的「國際運輸」的意義是：根據有關各方所訂的契約，不論在運輸中是否有間斷或轉運，其出發地和目的地是在兩個締約國的領土內，或在一個締約國的領土內，而在另一個締約國或非締約國的主權、宗主權、委任統治權或權力管轄下的領土內有一個約定的經停地點的任何運輸。在同一締約國的主權、宗主權、委任統治權或權力管轄下的領土間的運輸，如果沒有這種約定的經停地點，對本公約來說不作為國際運輸。

三、幾個連續的航空承運人所辦理的運輸，如果被契約各方認為是一個單一的業務活動，則無論是以一個契約或一系列的契約的形式訂立的，就本公約的適用來說，應作為一個單一的運輸，並不因其中一個契約或一系列的契約完全在同一締約國的主權、宗主權、委任統治權或權力管轄下的領土內履行而喪失其國際性質。

第二條

一、本公約適用於國家或其他公法人在第一條規定的條件下所辦理的運輸。

二、本公約不適用於按照國際郵政公約的規定而辦理的運輸。

第二章　運輸憑證

第一節　客票

第三條

一、承運人運送旅客時必須出具客票，客票上應該包括以下各項：(1)出票地點和日期；(2)出發地和目的地；(3)約定的經停地點，但承運人保留在必要時變更經停地點的

權利，承運人行使這種權利時，不應使運輸由於這種變更而喪失其國際性質；(4)承運人的名稱和地址；(5)聲明運輸應受本公約所規定責任制度的約束。

二、如果沒有客票、或客票不合規定或客票遺失，不影響運輸契約的存在和有效，這項運輸契約仍將受本公約的規則的約束。但是如果承運人承運旅客而不出具客票，承運人就無權引用本公約關於免除或限制承運人責任的規定。

第二節　行李票

第四條

一、運送行李時，除由旅客自行保管的小件個人用品外，承運人必須出具行李票。

二、行李票應備一式兩份，一份交旅客，一份歸承運人。

三、行李票上應該包括以下各項：

(1)出票地點和日期；

(2)起運地和目的地；

(3)承運人的名稱和地址；

(4)客票的號碼；

(5)聲明行李將交給行李票持有人；

(6)行李件數和重量；

(7)根據第二十二條第二款聲明的價值；

(8)聲明運輸應受本公約所規定責任制度的約束。

四、如果沒有行李票、或行李票不合規定或行李票遺失，不影響運輸契約的存在和有效，這項運輸契約仍將同樣受本公約的規則的約束。但是如果承運人接受行李而不出具行李票，或行李票上沒有包括以上(4)(6)(8)各項，承運人就無權引用本公約關於免除或限制承運人責任的規定。

第三節　航空貨運單

第五條

一、貨物承運人有權要求託運人填寫一種稱為「航空貨運單」的憑證，託運人有權要求承運人接受這項憑證。

二、但是如果沒有這種憑證、或憑證不合規定或憑證遺失，不影響運輸契約的存在和有效，除第九條另有規定外，這項運輸契約同樣受本公約的規則的約束。

第六條

一、託運人應填寫航空貨運單正張一式三份，連同貨物交給承運人。

二、第一份注明「交承運人」，由託運人簽字；第二份注明「交收貨人」，由託運人和承運人簽字，並附在貨物上；第三份由承運人在接受貨物後簽字，交給託運人。

三、承運人應該在接受貨物時簽字。

四、承運人的簽字可以用戳記代替，託運人的簽字可以印就 (printed) 或用戳記代替。

五、如果承運人根據託運人的請求，填寫航空貨運單，在沒有相反的證據時，應作為代託運人填寫。

第七條

如果貨物不止一件時，承運人有權要求託運人分別填寫航空貨運單。

第八條

航空貨運單上應該包括以下各項：

一、貨運單的填寫地點和日期；

二、起運地和目的地；

三、約定的經停地點，但承運人保留在必要時變更經停地點的權利，承運人行使這種權利時，不應使運輸由於這種變更而喪失其國際性質；

四、託運人的名稱和地址；

五、第一承運人的名稱和地址；

六、必要時應寫明收貨人的名稱和地址；

七、貨物的性質；

八、包裝件數、包裝方式、特殊標誌或號數；

九、貨物的重量、數量、體積或尺寸；

十、貨物和包裝的外表情況；

十一、如果運費已經議定，應寫明運費金額、付費日期和地點以及付費人；

十二、如果是貨到付款，應寫明貨物的價格，必要時還應寫明應付的費用；

十三、根據第二十二條第二款聲明的價值；

十四、航空貨運單的份數；

十五、隨同航空貨運單交給承運人的憑證；

十六、如果經過約定，應寫明運輸期限，並概要說明經過的路線；

十七、聲明運輸應受本公約所規定責任制度的約束。

第九條

如果承運人接受貨物而沒有填寫航空貨運單，或航空貨運單上沒有包括第八條一至九和十七各項，承運人就無權引用本公約關於免除或限制承運人責任的規定。

第十條

一、對於在航空貨運單所填關於貨物的各項說明和聲明的正確性，託運人應負責任。

二、對於因為這些說明和聲明不合規定、不正確、或不完備而使承運人或任何其他人遭受的一切損失，託運人應負責任。

第十一條

一、在沒有相反的證據時，航空貨運單是訂立契約、接受貨物和承運條件的證明。

二、在沒有相反的證據時，航空貨運單中關於貨物重量、尺寸和包裝以及件數的說明，都應該被當作是確實的。除非經過承運人和託運人當面查對並在航空貨運單中注明經過查對，或者是關於貨物外表情況的說明外，關於貨物的數量、體積及情況的說明不能構成不利於承運人的證據。

第十二條

一、託運人在履行運輸契約所規定的一切義務的條件下，有權在起運地航空站或目的地航空站將貨物提回，或在途中經停時中止運輸、或在目的地或運輸途中交給非航空貨運單上所指定的收貨人、或要求將貨物退回起運地航空站，但不得因為行使這種權利而使承運人或其他託運人遭受損害，並且應該償付由此產生的一切費用。

二、如果託運人的指示不能執行，承運人應該立即通知託運人。

三、如果承運人按照託運人的指示處理貨物，而沒有要求託運人出示他所收執的航空貨運單，因而使該航空貨運單的合法執有人遭受損失時，承運人應負責任，但並不妨礙承運人向託運人要求賠償的權利。

四、收貨人的權利根據第十三條的規定開始時，託運人的權利即告終止。但是如果收貨人拒絕接受貨運單或貨物，或無法同收貨人聯繫，託運人就恢復他對貨物的處理權。

第十三條

一、除上條所列情況外，收貨人於貨物到達目的地，並在繳付應付款項和履行航空貨運單上所列的運輸條件後，有權要求承運人移交航空貨運單並發給貨物。

二、除另有約定外，承運人應該在貨物到達後立即通知收貨人。

三、如果承運人承認貨物已經遺失或貨物在應該到達的日期七天後尚未到達，收貨人有權向承運人行使運輸契約所賦予的權利。

第十四條

託運人或收貨人在履行契約所規定義務的條件下，不論為自己或別人的利益，可以各自用自己的名義分別行使第十二、十三條所賦予的一切權利。

第十五條

一、第十二、十三、十四各條不影響託運人對收貨人或收貨人對託運人的關係，也不影響從託運人或收貨人獲得權利的第三者之間的關係。

二、一切同第十二、十三、十四各條規定不同的條款應該在航空貨運單中明白規定。

第十六條

一、託運人應該提供各種必需的資料，以便在貨物交付收貨人以前完成海關、稅務或公安手續，並且應該將必需的有關證件附在航空貨運單後面。除非由於承運人或

其代理人的過失，這種資料或證件的缺乏、不足或不合規定所造成的任何損失，應該由託運人對承運人負責。

二、承運人沒有檢查這種資料或證件是否正確或完備的義務。

第三章 承運人的責任

第十七條

對於旅客因死亡、受傷或任何其他身體上的損害而產生的損失，如果造成這種損失的事故是發生在航空器上或在上下航空器的過程中，承運人應負責任。

第十八條

一、對於任何已登記的行李或貨物因毀滅、遺失或損壞而產生的損失，如果造成這種損失的事故是發生在航空運輸期間，承運人應負責任。

二、上款所指航空運輸的意義，包括行李或貨物在承運人保管下的期間，不論是在航空站內、在航空器上或在航空站外降落的任何地點。

三、航空運輸的期間不包括在航空站以外的任何陸運、海運或河運。但是如果這種運輸是為了履行空運的契約，是為了裝貨、交貨或轉運，任何損失應該被認為是在航空運輸期間發生事故的結果，除非有相反的證據。

第十九條

承運人對旅客、行李或貨物在航空運輸過程中因延遲而造成的損失應負責任。

第二十條

一、承運人如果證明自己和他的代理人為了避免損失的發生，已經採取一切必要的措施，或不可能採取這種措施時，就不負責任。

二、在運輸貨物和行李時，如果承運人證明損失的發生是由於駕駛上、航空器的操作上或領航上的過失，而在其他一切方面承運人和他的代理人已經採取一切必要的措施以避免損失時，就不負責任。

第二十一條

如果承運人證明損失的發生是由於受害人的過失所引起或助成，法院可以按照它的法律規定，免除或減輕承運人的責任。

第二十二條

一、運送旅客時，承運人對每一旅客的責任以十二萬五千法郎為限。如果根據受理法院的法律，可以分期付款方式賠償損失時，付款的總值不得超過這個限額，但是旅客可以根據他同承運人的特別協議，規定一個較高的責任限額。

二、在運輸已登記的行李和貨物時，承運人對行李或貨物的責任以每公斤二百五十法郎為限，除非託運人在交運時，曾特別聲明行李或貨物運到後的價值，並繳付必要的附加費。在這種情況下，承運人所負責任不超過聲明的金額，除非承運人證

明託運人聲明的金額高於行李或貨物運到後的實際價值。

三、關於旅客自己保管的物件，承運人對每個旅客所負的責任，以五千法郎為限。

四、上述法郎是指含有千分之九百成色的六五點五毫克黃金的法國法郎。這項金額可以折合成任何國家的貨幣取其整數。

第二十三條

企圖免除承運人的責任，或定出一個低於本公約所規定責任限額的任何條款，都不生效力，但契約仍受本公約規定的約束，並不因此而失效。

第二十四條

一、如果遇到第十八、十九兩條所規定的情況，不論其根據如何，一切有關責任的訴訟只能按照本公約所列條件和限額提出。

二、如果遇到第十七條所規定的情況，也適用上項規定，但不妨礙確定誰有權提出訴訟以及他們各自的權利。

第二十五條

一、如果損失的發生是由於承運人的有意的不良行為，或由於承運人的過失，而根據受理法院的法律，這種過失被認為等於有意的不良行為，承運人就無權引用本公約關於免除或限制承運人責任的規定。

二、同樣，如果上述情況造成的損失是承運人的代理人之一在執行他的職務範圍內所造成的，承運人也無權引用這種規定。

第二十六條

一、除非有相反的證據，如果收件人在收受行李或貨物時沒有異議，就被認為行李或貨物已經完好地交付，並和運輸憑證相符。

二、如果有損壞情況，收件人應該在發現損壞後，立即向承運人提出異議，如果是行李，最遲應該在行李收到後三天內提出，如果是貨物，最遲應該在貨物收到後七天內提出。如果有延遲，最遲應該在行李或貨物交由收件人支配之日起十四天內提出異議。

三、任何異議應該在規定期限內寫在運輸憑證上或另以書面提出。

四、除非承運人方面有欺詐行為，如果在規定期限內沒有提出異議，就不能向承運人起訴。

第二十七條

如果債務人死亡，在本公約規定範圍內有關責任的訴訟可以向債務人的權利繼承人提出。

第二十八條

一、有關賠償的訴訟，應該按原告的意願，在一個締約國的領土內，同承運人住所地或其總管理處所在地或簽訂契約的機構所在地法院提出，或向目的地法院提出。

二、訴訟程序應根據受理法院的法律規定辦理。

第二十九條

一、訴訟應該在航空器到達目的地之日起，或應該到達之日起，或從運輸停止之日起兩年內提出，否則就喪失追訴權。

二、訴訟期限的計算方法根據受理法院的法律決定。

第三十條

一、符合第一條第三款所規定的由幾個連續承運人辦理的運輸，接受旅客、行李或貨物的每一個承運人應該受本公約規定的約束，並在契約中由其辦理的一段運輸的範圍內，作為運輸契約的訂約一方。

二、如果是這種性質的運輸，旅客或他的代表只能對發生事故或延遲的一段運輸的承運人提出訴訟，除非有明文約定第一承運人應該負全程的責任。

三、至於行李或貨物，託運人有向第一承運人提出訴訟的權利，有權提取行李或貨物的收貨人也有向最後承運人提出訴訟的權利。此外，託運人和收貨人都可以對發生毀滅、遺失、損壞或延遲的一段運輸的承運人提出訴訟。這些承運人應該對託運人和收貨人負連帶責任。

第四章　關於聯合運輸的規定

第三十一條

一、對於一部分用航空運輸，一部分用其他運輸方式聯合辦理的運輸，本公約的規定只適用於符合第一條條件的航空運輸部分。

二、在聯合運輸中，在航空運輸部分遵守本公約的規定條件下，本公約並不妨礙各方在航空運輸憑證上列入有關其他運輸方式的條件。

第五章　一般和最後條款

第三十二條

運輸契約的任何條款和在損失發生以前的任何特別協議，如果運輸契約各方借以違背本公約的規則，無論是選擇所適用的法律或變更管轄權的規定，都不生效力。但在本公約的範圍內，貨物運輸可以有仲裁條款，如果這種仲裁在第二十八條第一款所規定的法院管轄地區進行。

第三十三條

本公約並不妨礙承運人拒絕簽訂任何運輸契約或制訂同本公約條款不相牴觸的規章。

第三十四條

本公約不適用於航空運輸機構為了開設正式航線進行試航的國際航空運輸，也不適用於超出正常航空運輸業務以外在特殊情況下進行的運輸。

第三十五條

本公約所用的「日」是指連續日而不是指工作日。

第三十六條

本公約以法文寫成一份，存放在波蘭外交部檔案庫，並由波蘭政府將正式認證的副本分送各締約國政府。

第三十七條

一、本公約須經批准。批准書應該存放在波蘭外交部檔案庫，並由波蘭外交部通知各締約國政府。

二、本公約一經五個締約國批准，在第五件批准書交存後第九十天起，就在批准國之間生效。以後於每一批准國交存批准書後的第九十天起在交存國和已批准的各國間生效。

三、波蘭共和國政府應將本公約開始生效日期和每一批准書交存日期通知各締約國政府。

第三十八條

一、本公約生效後，任何國家可以隨時加入。

二、加入本公約，須以通知書送交波蘭共和國政府，由波蘭共和國政府通知各締約國政府。

三、加入本公約，在通知書送達波蘭共和國政府後第九十天起生效。

第三十九條

一、任何締約國可以書面通知波蘭共和國政府，聲明退出本公約，波蘭共和國政府應立即通知各締約國政府。

二、退出本公約，在通知退出後滿六個月時生效，並只對聲明退出的國家生效。

第四十條

一、締約國在簽字時，或交存批准書時或通知加入時，可以聲明所接受的本公約不適用於其所屬全部或部分殖民地、保護地、委任統治地或其他在其主權或權力管轄下的任何領土或其他在其宗主權管轄下的任何領土。

二、締約國以後可以用原來聲明除外的所屬全部或部分殖民地、保護地、委任統治地或其他在其主權或權力管轄下的任何領土或其他在其宗主權管轄下的任何領土的名義，分別加入。

三、締約國也可以根據本公約的規定，分別為其所屬全部或部分殖民地、保護地、委任統治地或其他在其主權或權力管轄下的任何領土或其他在其宗主權管轄下的任何領土聲明退出本公約。

第四十一條

各締約國可以在本公約生效兩年後，要求召開一個新的國際會議，以尋求本公約可能

的改進。為此目的，該國應通知法蘭西共和國政府，由法蘭西共和國政府採取必要措施以籌備該會議。

本公約於 1929 年 10 月 12 日在華沙簽訂。簽字截止期限為 1930 年 1 月 31 日。

17.統一國際航空運輸某些規則的公約【蒙特利爾公約】

一九九九年五月二十八日

公約的當事國，

認識到一九二九年十月十二日在華沙簽訂的《統一國際航空運輸某些規則的公約》(以下稱「華沙公約」)，和其他有關文件在統一國際航空私法方面作出的重要貢獻；認識到使華沙公約和相關文件現代化和一體化的必要性；認識到確保國際航空運輸消費者的利益的重要性，以及在恢復性賠償原則的基礎上提供公平賠償的必要性；重申按照一九四四年十二月七日訂於芝加哥的《國際民用航空公約》的原則和宗旨對國際航空運輸營運的永續發展以及旅客、行李和貨物通暢流動的願望；確信國家間採取集體行動，通過制定一項新公約來增進對國際航空運輸某些規則的一致化和法典化是獲得公平的利益平衡的最適當方法；達成協定如下：

第一章　總則

第一條　適用範圍

一、本公約適用於所有以航空器運送人員、行李或者貨物而收取報酬的國際運輸。本公約同樣適用於航空運輸企業以航空器履行的免費運輸。

二、就本公約而言，「國際運輸」係指根據當事人的約定，不論在運輸中有無間斷或者轉運，其出發地點和目的地點是在兩個當事國的領土內，或者在一個當事國的領土內，而在另一國的領土內有一個約定的經停地點的任何運輸，即使該國為非當事國。就本公約而言，在一個當事國的領土內兩個地點之間的運輸，而在另一國的領土內沒有約定的經停地點的，不是國際運輸。

三、運輸契約各方認為幾個連續的承運人履行的運輸是一項單一的業務活動的，無論其形式是以一個契約訂立或者一系列契約訂立，就本公約而言，應當視為一項不可分割的運輸，並不僅因其中一個契約或者一系列契約完全在同一國領土內履行而喪失其國際性質。

四、本公約同樣適用於第五章規定的運輸，除非該章另有規定。

第二條　國家履行的運輸和郵件運輸

一、本公約適用於國家或者依法成立的公共機構在符合第一條規定的條件下履行的運輸。

二、在郵件運輸中，承運人僅根據適用於承運人和郵政當局之間關係的規則，對有關的郵政當局承擔責任。

三、除本條第二款規定外，本公約的規定不適用於郵件運輸。

第二章　旅客、行李和貨物運輸的有關憑證和當事人的義務

第三條　旅客和行李

一、就旅客運輸而言，應當出具個人的或者集體的運輸憑證，該項憑證應當載明：

　　㈠對出發地點和目的地點的標示；

　　㈡出發地點和目的地點是在一個當事國的領土內，而在另一國的領土內有一個或者幾個約定的經停地點的，至少對其中一個此種經停地點的標示。

二、任何保存第一款內容的其他方法都可以用來代替出具該款中所指的運輸憑證。採用此種其他方法的，承運人應當提出向旅客出具一份以此種方法保存的內容的書面陳述。

三、承運人應當就每一件託運行李向旅客出具行李識別標籤。

四、旅客應當得到書面提示，說明在適用本公約的情況下，本公約調整並可能限制承運人對死亡或者傷害，行李毀滅、遺失或者損壞，以及延誤所承擔的責任。

五、未遵守前幾款的規定，不影響運輸契約的存在或者有效，該運輸契約仍應當受本公約規則的約束，包括有關責任限制規則的約束。

第四條　貨物

一、就貨物運輸而言，應當出具航空貨運單。

二、任何保存將要履行的運輸的記錄的其他方法都可以用來代替出具航空貨運單。採用此種其他方法的，承運人應當應託運人的要求，向託運人出具貨物收據，以便識別貨物並能獲得此種其他方法所保存記錄中的內容。

第五條　航空貨運單或者貨物收據的內容

航空貨運單或者貨物收據應當包括：

　　㈠對出發地點和目的地點的標示；

　　㈡出發地點和目的地點是在一個當事國的領土內，而在另一國的領土內有一個或者幾個約定的經停地點的，至少對其中一個此種經停地點的標示；以及

　　㈢對貨物重量的標示。

第六條　關於貨物性質的憑證

在需要履行海關、警察和類似公共當局的手續時，託運人可以被要求出具標明貨物性質的憑證。此項規定對承運人不造成任何職責、義務或由此產生的責任。

第七條　航空貨運單的說明

一、託運人應當填寫航空貨運單正本一式三份。

二、第一份應當注明「交承運人」，由託運人簽字。第二份應當注明「交收貨人」，由
　　託運人和承運人簽字。第三份由承運人簽字，承運人在接受貨物後應當將其交給
　　託運人。

三、承運人和託運人的簽字可以印就或者用戳記替代。

四、承運人根據託運人的請求填寫航空貨運單，在沒有相反證明的情況下，應當視為
　　代託運人填寫。

第八條　多包件貨物的憑證

在貨物不止一個包件時：

㈠貨物承運人有權要求託運人分別填寫航空貨運單；

㈡採用第四條第二款所指其他方法的，託運人有權要求承運人分別出具貨物收據。

第九條　未遵守憑證的規定

未遵守第四條至第八條的規定，不影響運輸契約的存在或者有效，該運輸契約仍應當
受本公約規則的約束，包括有關責任限制規則的約束。

第十條　對憑證說明的責任

一、對託運人或者以其名義在航空貨運單上載入的關於貨物的各項說明和陳述的正確
　　性，或者對託運人或者以其名義提供給承運人載入貨物收據或者載入第四條第二
　　款所指其他方法所保存記錄的關於貨物的各項說明和陳述的正確性，託運人應當
　　負責。以託運人名義行事的人同時也是承運人的代理人的，同樣適用上述規定。

二、對因託運人或者以其名義所提供的各項說明和陳述不符合規定、不正確或者不完
　　全，給承運人或者承運人對之負責的任何其他人造成的一切損失，託運人應當對
　　承運人承擔賠償責任。

三、除本條第一款和第二款規定的外，對因承運人或者以其名義在貨物收據或者在第
　　四條第二款所指其他方法所保存的記錄上載入的各項說明和陳述不符合規定、不
　　正確或者不完全，給託運人或者託運人對之負責的任何其他人造成的一切損失，
　　承運人應當對託運人承擔賠償責任。

第十一條　憑證的證據價值

一、航空貨運單或者貨物收據是訂立契約、接受貨物和所列運輸條件的初步證據。

二、航空貨運單上或者貨物收據上關於貨物的重量、尺寸和包裝以及包件件數的任何
　　陳述是所述事實的初步證據；除經過承運人在託運人在場時查對並在航空貨運單
　　上或者貨物收據上注明經過如此查對或者其為關於貨物外表狀況的陳述外，航空
　　貨運單上或者貨物收據上關於貨物的數量、體積和狀況的陳述不能構成不利於承
　　運人的證據。

第十二條　處置貨物的權利

一、託運人在負責履行運輸契約規定的全部義務的條件下，有權對貨物進行處置，即

可以在出發地機場或者目的地機場將貨物提回，或者在途中經停時中止運輸，或者要求在目的地點或者途中將貨物交給非原指定的收貨人，或者要求將貨物運回出發地機場。託運人不得因行使此種處置權而使承運人或者其他託運人遭受損失，並必須償付因行使此種權利而產生的費用。

二、託運人的指示不可能執行的，承運人必須立即通知託運人。

三、承運人按照託運人的指示處置貨物，沒有要求出示託運人所收執的那份航空貨運單或者貨物收據，給該份航空貨運單或者貨物收據的合法持有人造成損失的，承運人應當承擔責任，但是不妨礙承運人對託運人的追償權。

四、收貨人的權利依照第十三條規定開始時，託運人的權利即告終止。但是，收貨人拒絕接受貨物，或者無法同收貨人聯繫的，託運人恢復其處置權。

第十三條 貨物的交付

一、除託運人已經根據第十二條行使其權利外，收貨人於貨物到達目的地點，並在繳付應付款項和履行運輸條件後，有權要求承運人向其交付貨物。

二、除另有約定外，承運人應當負責在貨物到達後立即通知收貨人。

三、承運人承認貨物已經遺失，或者貨物在應當到達之日起七日後仍未到達的，收貨人有權向承運人行使運輸契約所賦予的權利。

第十四條 託運人和收貨人權利的行使

託運人和收貨人在履行運輸契約規定的義務的條件下，無論本人或者他人的利益，可以分別以本人的名義行使第十二條和第十三條賦予的所有權利。

第十五條 託運人和收貨人的關係或者第三人之間的相互關係

一、第十二條、第十三條和第十四條不影響託運人同收貨人之間的相互關係，也不影響從託運人或者收貨人獲得權利的第三人之間的相互關係。

二、第十二條、第十三條和第十四條的規定，只能通過航空貨運單或者貨物收據上的明文規定予以變更。

第十六條 海關、警察或者其他公共當局的手續

一、託運人必須提供必需的資料和文件，以便在貨物可交付收貨人前完成海關、警察或者任何其他公共當局的手續。因沒有此種資料、文件，或者此種資料、文件不充足或者不符合規定而引起的損失，除由於承運人、其受雇人或者代理人的過錯造成的外，託運人應當對承運人承擔責任。

二、承運人沒有對此種資料或者文件的正確性或者充足性進行查驗的義務。

第三章 承運人的責任和損害賠償範圍

第十七條 旅客死亡和傷害—行李損失

一、對於因旅客死亡或者身體傷害而產生的損失，只要造成死亡或者傷害的事故是在

航空器上或者在上、下航空器的任何操作過程中發生的，承運人就應當承擔責任。

二、對於因託運行李毀滅、遺失或者損壞而產生的損失，只要造成毀滅、遺失或者損壞的事件是在航空器上或者在託運行李處於承運人掌管之下的任何期間內發生的，承運人就應當承擔責任。但是，行李損失是由於行李的固有缺陷、質量或者瑕疵造成的，在此範圍內承運人不承擔責任。關於非託運行李，包括個人物件，承運人對因其過錯或者其受僱人或者代理人的過錯造成的損失承擔責任。

三、承運人承認託運行李已經遺失，或者託運行李在應當到達之日起二十一日後仍未到達的，旅客有權向承運人行使運輸契約所賦予的權利。

四、除另有規定外，本公約中「行李」一詞係指託運行李和非託運行李。

第十八條　貨物損失

一、對於因貨物毀滅、遺失或者損壞而產生的損失，只要造成損失的事件是在航空運輸期間發生的，承運人就應當承擔責任。

二、但是，承運人證明貨物的毀滅、遺失或者損壞是由於下列一個或者幾個原因造成的，在此範圍內承運人不承擔責任：

㈠貨物的固有缺陷、質量或者瑕疵；

㈡承運人或者其受僱人、代理人以外的人包裝貨物的，貨物包裝不良；

㈢戰爭行為或者武裝衝突；

㈣公共當局實施與貨物入境、出境或者過境有關的行為。

三、本條第一款所稱的航空運輸期間，係指貨物處於承運人掌管之下的期間。

四、航空運輸期間，不包括機場外履行的任何陸路、海上或者內水運輸過程。但是，此種運輸是在履行航空運輸契約時為了裝載、交付或者轉運而辦理的，在沒有相反證明的情況下，所發生的任何損失推定為在航空運輸期間發生的事件造成的損失。承運人未經託運人同意，以其他運輸方式代替當事人各方在契約中約定採用航空運輸方式的全部或者部分運輸的，此項以其他方式履行的運輸視為在航空運輸期間。

第十九條　延誤

旅客、行李或者貨物在航空運輸中因延誤引起的損失，承運人應當承擔責任。但是，承運人證明本人及其受僱人和代理人為了避免損失的發生，已經採取一切可合理要求的措施或者不可能採取此種措施的，承運人不對因延誤引起的損失承擔責任。

第二十條　免責

經承運人證明，損失是由索賠人或者索賠人從其取得權利的人的過失或者其他不當作為、不作為造成或者促成的，應當根據造成或者促成此種損失的過失或者其他不當作為、不作為的程度，相應全部或者部分免除承運人對索賠人的責任。旅客以外的其他人就旅客死亡或者傷害提出賠償請求的，經承運人證明，損失是旅客本人的過失或者

其他不當作為、不作為造成或者促成的，同樣應當根據造成或者促成此種損失的過失或者其他不當作為、不作為的程度，相應全部或者部分免除承運人的責任。本條適用於本公約中的所有責任條款，包括第二十一條第一款。

第二十一條　旅客死亡或者傷害的賠償

一、對於根據第十七條第一款所產生的每名旅客不超過 100,000 特別提款權的損害賠償，承運人不得免除或者限制其責任。

二、對於根據第十七條第一款所產生的損害賠償每名旅客超過 100,000 特別提款權的部分，承運人證明有下列情形的，不應當承擔責任：

　　㈠損失不是由於承運人或者其受雇人、代理人的過失或者其他不當作為、不作為造成的；或者

　　㈡損失完全是由第三人的過失或者其他不當作為、不作為造成的。

第二十二條　延誤、行李和貨物的責任限額

一、在人員運輸中因第十九條所指延誤造成損失的，承運人對每名旅客的責任以 4,150 特別提款權為限。

二、在行李運輸中造成毀滅、遺失、損壞或者延誤的，承運人的責任以每名旅客 1,000 特別提款權為限，除非旅客在向承運人交運託運行李時，特別聲明在目的地點交付時的利益，並在必要時支付附加費。在此種情況下，除承運人證明旅客聲明的金額高於在目的地點交付時旅客的實際利益外，承運人在聲明金額範圍內承擔責任。

三、在貨物運輸中造成毀滅、遺失、損壞或者延誤的，承運人的責任以每公斤 17 特別提款權為限，除非託運人在向承運人交運包件時，特別聲明在目的地點交付時的利益，並在必要時支付附加費。在此種情況下，除承運人證明託運人聲明的金額高於在目的地點交付時託運人的實際利益外，承運人在聲明金額範圍內承擔責任。

四、貨物的一部分或者貨物中任何物件毀滅、遺失、損壞或者延誤的，用以確定承運人賠償責任限額的重量，僅為該包件或者該數包件的總重量。但是，因貨物一部分或者貨物中某一物件的毀滅、遺失、損壞或者延誤，影響同一份航空貨運單、貨物收據或者在未出具此兩種憑證時按第四條第二款所指其他方法保存的記錄所列的其他包件的價值的，確定承運人的賠償責任限額時，該包件或者數包件的總重量也應當考慮在內。

五、經證明，損失是由於承運人、其受雇人或者代理人的故意或者明知可能造成損失而輕率地作為或者不作為造成的，不適用本條第一款和第二款的規定；對於受雇人、代理人的此種作為或者不作為，還應當證明該受雇人、代理人是在受雇、代理範圍內行事。

六、第二十一條和本條規定的限額不妨礙法院按照其法律另外加判全部或者一部分法院費用及原告所產生的其他訴訟費用，包括利息。判給的賠償金額，不含法院費

用及其他訴訟費用，不超過承運人在造成損失的事情發生後六個月內或者已過六個月而在起訴以前以書面向原告提出的金額的，不適用上述規定。

第二十三條　貨幣單位的換算

一、本公約中以特別提款權表示的各項金額，係指國際貨幣基金組織確定的特別提款權。在進行司法程序時，各項金額與各國家貨幣的換算，應當按照判決當日用特別提款權表示的該項貨幣的價值計算。當事國是國際貨幣基金組織成員的，用特別提款權表示的其國家貨幣的價值，應當按照判決當日有效的國際貨幣基金組織在其業務和交易中採用的計價方法進行計算。當事國不是國際貨幣基金組織成員的，用特別提款權表示的其國家貨幣的價值，應當按照該國所確定的辦法計算。

二、但是，非國際貨幣基金組織成員並且其法律不允許適用本條第一款規定的國家，可以在批准、加入或者其後的任何時候聲明，在其領土內進行司法程式時，就第二十一條而言，承運人對每名旅客的責任以1,500,000貨幣單位為限；就第二十二條第一款而言，承運人對每名旅客的責任以 62,500 貨幣單位為限；就第二十二條第二款而言，承運人對每名旅客的責任以 15,000 貨幣單位為限；就第二十二條第三款而言，承運人的責任以每公斤 250 貨幣單位為限。此種貨幣單位相當於含有千分之九百純度的六十五點五毫克的黃金。各項金額可換算為有關國家貨幣，取其整數。各項金額與國家貨幣的換算，應當按照該有關國家的法律進行。

三、本條第一款最後一句所稱的計算，以及本條第二款所稱的換算方法，應當使以當事國貨幣計算的第二十一條和第二十二條的數額的價值與根據本條第一款前三句計算的真實價值盡可能相同。當事國在交存對本公約的批准書、接受書、核准書或者加入書時，應當將根據本條第一款進行的計算方法或者根據本條第二款所得的換算結果通知保存人，該計算方法或者換算結果發生變化時亦同。

第二十四條　限額的復審

一、在不妨礙本公約第二十五條規定的條件下，並依據本條第二款的規定，保存人應當對第二十一條、第二十二條和第二十三條規定的責任限額每隔五年進行一次復審，第一次復審應當在本公約生效之日起第五年的年終進行，本公約在其開放簽署之日起五年內未生效的，第一次復審應當在本公約生效的第一年內進行，復審時應當參考與上一次修訂以來或者就第一次而言本公約生效之日以來累積的通貨膨脹率相應的通貨膨脹因素。用以確定通貨膨脹因素的通貨膨脹率，應當是構成第二十三條第一款所指特別提款權的貨幣的發行國消費品價格指數年漲跌比率的加權平均數。

二、前款所指的復審結果表明通貨膨脹因素已經超過百分之十的，保存人應當將責任限額的修訂通知當事國。該項修訂應當在通知當事國六個月後生效。在將該項修訂通知當事國後的三個月內，多數當事國登記其反對意見的，修訂不得生效，保

存人應當將此事提交當事國會議。保存人應當將修訂的生效立即通知所有當事國。

三、儘管有本條第一款的規定，三分之一的當事國表示希望進行本條第二款所指的程序，並且第一款所指通貨膨脹因素自上一次修訂之日起，或者在未曾修訂過的情形下自本公約生效之日起，已經超過百分之三十的，應當在任何時候進行該程序。其後的依照本條第一款規定程序的復審每隔五年進行一次，自依照本款進行的復審之日起第五年的年終開始。

第二十五條　關於限額的訂定

承運人可以訂定，運輸契約適用高於本公約規定的責任限額，或者無責任限額。

第二十六條　契約條款的無效

任何旨在免除本公約規定的承運人責任或者降低本公約規定的責任限額的條款，均屬無效，但是，此種條款的無效，不影響整個契約的效力，該契約仍受本公約規定的約束。

第二十七條　契約自由

本公約不妨礙承運人拒絕訂立任何運輸契約、放棄根據本公約能夠獲得的任何抗辯理由或者制定同本公約規定不相抵觸的條件。

第二十八條　先行付款

因航空器事故造成旅客死亡或者傷害的，承運人應當在其國內法有如此要求的情況下，向有權索賠的自然人不遲延地先行付款，以應其迫切經濟需要。此種先行付款不構成對責任的承認，並可從承運人隨後作為損害賠償金支付的任何數額中抵銷。

第二十九條　索賠的根據

在旅客、行李和貨物運輸中，有關損害賠償的訴訟，不論其根據如何，是根據本公約、根據契約、根據侵權，還是根據其他任何理由，祇能依照本公約規定的條件和責任限額提起，但是不妨礙確定誰有權提起訴訟以及他們各自的權利。在任何此類訴訟中，均不得判給懲罰性、懲戒性或者任何其他非補償性的損害賠償。

第三十條　受雇人、代理人──索賠的總額

一、就本公約中所指損失向承運人的受雇人、代理人提起訴訟時，該受雇人、代理人證明其是在受雇、代理範圍內行事的，有權援用本公約中承運人有權援用的條件和責任限額。

二、在此種情況下，承運人及其受雇人和代理人的賠償總額不得超過上述責任限額。

三、經證明，損失是由於受雇人、代理人的故意或者明知可能造成損失而輕率地作為或者不作為造成的，不適用本條第一款和第二款的規定，但貨物運輸除外。

第三十一條　異議的及時提出

一、有權提取託運行李或者貨物的人收受託運行李或者貨物而未提出異議，為託運行李或者貨物已經在良好狀況下並在與運輸憑證或者第三條第二款和第四條第二款

所指其他方法保存的記錄相符的情況下交付的初步證據。

二、發生損失的，有權提取託運行李或者貨物的人必須在發現損失後立即向承運人提出異議，並且，託運行李發生損失的，至遲自收到託運行李之日起七日內提出，貨物發生損失的，至遲自收到貨物之日起十四日內提出。發生延誤的，必須至遲自行李或者貨物交付收件人處置之日起二十一日內提出異議。

三、任何異議均必須在前款規定的期間內以書面形式提出或者發出。

四、除承運人一方有欺詐外，在前款規定的期間內未提出異議的，不得向承運人提起訴訟。

第三十二條　責任人的死亡

責任人死亡的，損害賠償訴訟可以根據本公約的規定，對其遺產的合法管理人提起。

第三十三條　管轄權

一、損害賠償訴訟必須在一個當事國的領土內，由原告選擇，向承運人住所地、主要營業地或者訂立契約的營業地的法院，或者向目的地點的法院提起。

二、對於因旅客死亡或者傷害而產生的損失，訴訟可以向本條第一款所述的法院之一提起，或者在這樣一個當事國領土內提起，即在發生事故時旅客的主要且永久居所在該國領土內，並且承運人使用自己的航空器或者根據商務協定使用另一承運人的航空器經營到達該國領土或者從該國領土始發的旅客航空運輸業務，並且在該國領土內該承運人通過其本人或者與其有商務協定的另一承運人租賃或者所有的處所從事其旅客航空運輸經營。

三、就第二款而言，

　㈠「商務協定」係指承運人之間就其提供聯營旅客航空運輸業務而訂立的協定，但代理協定除外；

　㈡「主要且永久居所」係指事故發生時旅客的那一個固定和永久的居住地。在此方面，旅客的國籍不得作為決定性的因素。

四、訴訟程式適用案件受理法院的法律。

第三十四條　仲裁

一、在符合本條規定的條件下，貨物運輸契約的當事人可以約定，有關本公約中的承運人責任所發生的任何爭議應當通過仲裁解決。此協定應當以書面形式訂立。

二、仲裁程式應當按照索賠人的選擇，在第三十三條所指的其中一個管轄區內進行。

三、仲裁員或者仲裁庭應當適用本公約的規定。

四、本條第二款和第三款的規定應當視為每一仲裁條款或者仲裁協定的一部分，此種條款或者協定中與上述規定不一致的任何條款均屬無效。

第三十五條　訴訟時效

一、自航空器到達目的地點之日、應當到達目的地點之日或者運輸終止之日起兩年期

間內未提起訴訟的，喪失對損害賠償的權利。

二、上述期間的計算方法，依照案件受理法院的法律確定。

第三十六條　連續運輸

一、由幾個連續承運人履行的並屬於第一條第三款規定的運輸，接受旅客、行李或者貨物的每一個承運人應當受本公約規則的約束，並就在運輸契約中其監管履行的運輸區段的範圍內，作為運輸契約的訂約一方。

二、對於此種性質的運輸，除明文約定第一承運人對全程運輸承擔責任外，旅客或者任何行使其索賠權利的人，祇能對發生事故或者延誤時履行該運輸的承運人提起訴訟。

三、關於行李或者貨物，旅客或者託運人有權對第一承運人提起訴訟，有權接受交付的旅客或者收貨人有權對最後承運人提起訴訟，旅客、託運人和收貨人均可以對發生毀滅、遺失、損壞或者延誤的運輸區段的承運人提起訴訟。上述承運人應當對旅客、託運人或者收貨人承擔連帶責任。

第三十七條　對第三人的追償權

本公約不影響依照本公約規定對損失承擔責任的人是否有權向他人追償的問題。

第四章　聯合運輸

第三十八條　聯合運輸

一、部分採用航空運輸，部分採用其他運輸方式履行的聯合運輸，本公約的規定應當祇適用於符合第一條規定的航空運輸部分，但是第十八條第四款另有規定的除外。

二、在航空運輸部分遵守本公約規定的條件下，本公約不妨礙聯合運輸的各方當事人在航空運輸憑證上列入有關其他運輸方式的條件。

第五章　非締約承運人履行的航空運輸

第三十九條　締約承運人—實際承運人

一方當事人（以下簡稱「締約承運人」）本人與旅客、託運人或者與以旅客或者託運人名義行事的人訂立本公約調整的運輸契約，而另一當事人（以下簡稱「實際承運人」）根據締約承運人的授權，履行全部或者部分運輸，但就該部分運輸而言該另一當事人又不是本公約所指的連續承運人的，適用本章的規定。在沒有相反證明時，此種授權應當被推定為是存在的。

第四十條　締約承運人和實際承運人各自的責任

除本章另有規定外，實際承運人履行全部或者部分運輸，而根據第三十九條所指的契約，該運輸是受本公約調整的，締約承運人和實際承運人都應當受本公約規則的約束，締約承運人對契約考慮到的全部運輸負責，實際承運人祇對其履行的運輸負責。

第四十一條　相互責任

一、實際承運人的作為和不作為，實際承運人的受雇人、代理人在受雇、代理範圍內的作為和不作為，關係到實際承運人履行的運輸的，也應當視為締約承運人的作為和不作為。

二、締約承運人的作為和不作為，締約承運人的受雇人、代理人在受雇、代理範圍內的作為和不作為，關係到實際承運人履行的運輸的，也應當視為實際承運人的作為和不作為。但是，實際承運人承擔的責任不因此種作為或者不作為而超過第二十一條、第二十二條、第二十三條和第二十四條所指的數額。任何有關締約承運人承擔本公約未規定的義務或者放棄本公約賦予的權利或者抗辯理由的特別協定，或者任何有關第二十二條考慮到的在目的地點交付時利益的特別聲明，除經過實際承運人同意外，均不得影響實際承運人。

第四十二條　異議和指示的物件

依照本公約規定向承運人提出的異議或者發出的指示，無論是向締約承運人還是向實際承運人提出或者發出，具有同等效力。但是，第十二條所指的指示，只在向締約承運人發出時，方為有效。

第四十三條　受雇人和代理人

實際承運人的受雇人、代理人或者締約承運人的受雇人、代理人，證明其是在受雇、代理範圍內行事的，就實際承運人履行的運輸而言，有權爰用本公約規定的適用於雇用該人的或者被代理的承運人的條件和責任限額，但是經證明依照本公約其行為不能爰用該責任限額的除外。

第四十四條　賠償總額

對於實際承運人履行的運輸，實際承運人和締約承運人以及他們的在受雇、代理範圍內行事的受雇人和代理人的賠償總額不得超過依照本公約得以從締約承運人或者實際承運人獲得賠償的最高數額，但是上述任何人都不承擔超過對其適用的責任限額。

第四十五條　索賠物件

對實際承運人履行的運輸提起的損害賠償訴訟，可以由原告選擇，對實際承運人提起或者對締約承運人提起，也可以同時或者分別對實際承運人和締約承運人提起。損害賠償訴訟祇對其中一個承運人提起的，該承運人有權要求另一承運人參加訴訟，訴訟程序及其效力適用案件受理法院的法律。

第四十六條　附加管轄權

第四十五條考慮到的損害賠償訴訟，必須在一個當事國的領土內，由原告選擇，按照第三十三條規定向可以對締約承運人提起訴訟的法院提起，或者向實際承運人住所地或者其主要營業地有管轄權的法院提起。

第四十七條　契約條款的無效

任何旨在免除本章規定的締約承運人或者實際承運人責任或者降低適用於本章的責任限額的契約條款，均屬無效，但是，此種條款的無效，不影響整個契約的效力，該契約仍受本章規定的約束。

第四十八條　締約承運人和實際承運人的相互關係

除第四十五條規定外，本章的規定不影響承運人之間的權利和義務，包括任何追償權或者求償權。

第六章　其他規定

第四十九條　強制適用

運輸契約的任何條款和在損失發生以前達成的所有特別協定，其當事人藉以違反本公約規則的，無論是選擇所適用的法律還是變更有關管轄權的規則，均屬無效。

第五十條　保險

當事國應當要求其承運人就其在本公約中的責任進行充分保險。當事國可以要求經營航空運輸至該國內的承運人提供其已就本公約中的責任進行充分保險的證據。

第五十一條　特殊情況下履行的運輸

第三條至第五條、第七條和第八條關於運輸憑證的規定，不適用於承運人正常業務範圍以外的在特殊情況下履行的運輸。

第五十二條　日的定義

本公約所稱「日」，係指日曆日，而非工作日。

第七章　最後條款

第五十三條　簽署、批准和生效

一、本公約於一九九九年五月二十八日在蒙特利爾開放，聽由一九九九年五月十日至二十八日在蒙特利爾召開的國際航空法大會的參加國簽署。一九九九年五月二十八日以後，本公約應當在蒙特利爾國際民用航空組織總部對所有國家開放簽署，直至其根據本條第六款生效。

二、本公約同樣向地區性經濟一體化組織開放簽署。就本公約而言，「地區性經濟一體化組織」係指由某一地區的主權國家組成的對於本公約調整的某些事項有權能的並經正式授權可以簽署及批准、接受、核准或者加入本公約的任何組織。本公約中對「當事國」的提述，同樣適用於地區性經濟一體化組織，但是第一條第二款、第三條第一款第㈡項、第五條第㈡項、第二十三條、第三十三條、第四十六條和第五十七條第㈡項中的除外。就第二十四條而言，其對「多數當事國」和「三分之一的當事國」的提述不應適用於地區性經濟一體化組織。

三、本公約應當經簽署本公約的國家和地區性經濟一體化組織批准。

四、未簽署本公約的國家或者地區性經濟一體化組織，可以在任何時候接受、核准或者加入本公約。

五、批准書、接受書、核准書或者加入書應當交存國際民用航空組織，在此指定其為保存人。

六、本公約應當於第三十份批准書、接受書、核准書或者加入書交存保存人後的第六十天在交存這些文件的國家之間生效。就本款而言，地區性經濟一體化組織交存的文件不得計算在內。

七、對於其他國家或者其他地區性經濟一體化組織，本公約應當於其批准書、接受書、核准書或者加入書交存日後六十天對其生效。

八、保存人應當將下列事項迅速通知各簽署方和當事國：

　　㈠對本公約的每一簽署及其日期；

　　㈡每一批准書、接受書、核准書或者加入書的交存及其日期；

　　㈢本公約的生效日期；

　　㈣對本公約所設定責任限額的任何修訂的生效日期；

　　㈤第五十四條所指的退出。

第五十四條　退出

一、任何當事國可以向保存人提交書面通知，以退出本公約。

二、退出應當自保存人收到通知之日後的第一百八十天起生效。

第五十五條　與其他華沙公約文件的關係

在下列情況下，本公約應當優先於國際航空運輸所適用的任何規則：

一、該項國際航空運輸在本公約當事國之間履行，而這些當事國同為下列條約的當事國：

　　㈠一九二九年十月十二日在華沙簽訂的《統一國際航空運輸某些規則的公約》（以下簡稱華沙公約）；

　　㈡一九五五年九月二十八日訂於海牙的《修訂一九二九年十月十二日在華沙簽訂的統一國際航空運輸某些規則的公約的議定書》（以下簡稱海牙議定書）；

　　㈢一九六一年九月十八日在瓜達拉哈拉簽訂的《統一非締約承運人所辦國際航空運輸某些規則以補充華沙公約的公約》（以下簡稱瓜達拉哈拉公約）；

　　㈣一九七一年三月八日在危地馬拉城簽訂的《修訂經一九五五年九月二十八日訂於海牙的議定書修正的一九二九年十月十二日在華沙簽訂的統一國際航空運輸某些規則的公約的議定書》（以下簡稱危地馬拉城議定書）；

　　㈤一九七五年九月二十五日在蒙特利爾簽訂的修訂經海牙議定書或者經海牙議定書和危地馬拉城議定書修正的華沙公約的第一號至第三號附加議定書以及蒙特利爾第四號議定書（以下簡稱各個蒙特利爾議定書）；或者

二、該項國際航空運輸在本公約的一個當事國領土內履行，而該當事國是上述第㈠項
至第㈤項所指一個或者幾個文件的當事國。

第五十六條　有多種法律制度的國家

一、一國有兩個或者多個領土單位，在各領土單位內對本公約處理的事項適用不同
的法律制度的，該國可以在簽署、批准、接受、核准或者加入時，聲明本公約適
用於該國所有領土單位或者祇適用於其中一個或者多個領土單位，該國也可隨時
提交另一份聲明以修改此項聲明。

二、作出此項聲明，均應當通知保存人，聲明中應當明確指明適用本公約的領土單位。

三、就已作出此項聲明的當事國而言，

　　㈠第二十三條所述的「國家貨幣」應當解釋為該國有關領土單位的貨幣；並且

　　㈡第二十八條所述的「國內法」應當解釋為該國有關領土單位的法律。

第五十七條　保留

對本公約不得保留，但是當事國可以在任何時候向保存人提交通知，聲明本公約不適
用於：

㈠由當事國就其作為主權國家的職能和責任為非商業目的而直接辦理和運營的國際航
空運輸；以及／或者

㈡使用在該當事國登記的或者為該當事國所租賃的、其全部運力已為其軍事當局或者
以該當局的名義所保留的航空器，為該當局辦理的人員、貨物和行李運輸。

下列全權代表經正式授權，已在本公約上簽字，以昭信守。

本公約於一九九九年五月二十八日訂於蒙特利爾，以中文、英文、阿拉伯文、法文、
俄文和西班牙文寫成，各種文本同等作準。本公約應當存放於國際民用航空組織檔案
處，由保存人將核正無誤的公約副本分送本公約的所有當事國以及華沙公約、海牙議
定書、瓜達拉哈拉公約、危地馬拉城議定書和各個蒙特利爾議定書的所有當事國。

18.世界著作權公約

一九七一年七月二十四日修訂於巴黎

序言

締約國為期確保各國文學、科學及藝術著作之著作權，並深信一項適合各國之著作權
保障制度，於不妨礙施行中之國際既存法制原則下，得以普遍性公約方式表示之，藉
以保證尊重個人權利，並鼓勵文學、科學及藝術之發展。

確認此一普遍性公約體制，不惟便於人類心智之著作廣為傳播，抑且有助增進國際諒
解。謹修正一九五二年九月六日日內瓦世界著作權公約（以下稱一九五二年公約）如
下：

第一條　宗旨

締約國承諾，凡文學、科學及藝術著作（包括文字著譯、音樂、戲劇及電影、繪畫、版畫及雕塑等著作）之著作人及著作權人之權利，給予充分而有效之保障。

第二條　原則

1. 已發行著作：任何締約國應給予他締約國國民及首次發行於該他締約國之著作以本國國民同等及依本公約賦予之特定保障（當地內國民待遇）。

2. 未發行著作：任何締約國應給予他締約國國民著作以本國國民同等及依本公約賦予之特定保障。

3. 締約國為達成本公約保障之目的，對其域內任何居民得依其本國法給予內國民待遇。

第三條　要件

1. 締約國依其國內法，須以樣品送存、登記、標記、公證文件、繳納登記費、製作條款或發行等形式手續為取得該國著作權保障之要件者，則凡：依本公約所有應受保障之著作，縱首次發行於外國之外國人著作，其於適當位置刊有 c 符號、著作權人姓名、初版年份者，即應認為已滿足該國法定手續而予保障。

2. 前項規定不得排除：締約國就其境內首次發行之著作或其本國人不論發行於何地之著作，得以國內法規定其著作權之形式手續或其他條件。

3. 第一項規定不得排除：締約國得以國內法規定著作權司法救濟程序。諸如：當事人須透過該國律師、向法院或行政機構送存涉案之著作樣本。但縱未滿足上述司法程序，其著作權仍屬有效，且司法程序對任何他締約國國民，不得有差別待遇。

4. 締約國對他締約國國民未發行之著作，應規定毋須履行形式手續即予法律保障。

5. 如締約國國內法著作權保障期間採雙期制而其第一期間比本公約第四條所定最短期間為長者，則其第二期以後之保障規定，不受本公約第一項之限制。

第四條　期間

1. 著作權之保障期間，依本公約第二條及本條之規定，由締約國以國內法定之。

2. (1)依本公約保障之著作，其著作權期間不得短於著作人終身及死後二十五年。但任何締約國於本公約在該國生效之日，業已將若干類著作之期間，依首次發行日期限制其期間者，得維持此項例外規定，並得擴充至其他類著作，惟此類著作自首次發行日起算，至少仍不得短於二十五年。

(2)任何締約國於本公約在該國生效之日，並非依著作人終身為其保障期間之基準者，得依著作首次發行日期或發行前登記日期為其核計基準，視情節而定。但不論何種情節，其期間均不得短於二十五年。

(3)著作權期間採雙期制之締約國，其第一期之保障期間不得短於(1)(2)兩款所定之最低期間。

3. 前項各款不適用於攝影類或應用藝術著作，但其國內法業已依工藝著作保障之締約

國，則上述各類著作之保障期間不得短於十年。

4.(1)締約國不得給與他締約國之著作以超過其原所屬國期間之保障；於未發行著作以著作人所屬國法律為準；於已發行之著作以首次發行地國法律為準。

(2)締約國採雙期制者，則前款之適用應解為各期之總和年數。但如某類著作依該國法律僅得享受第一期之保障者，則他締約國亦以該國第一期之期間為準。

5.為適用前項各款之規定，凡締約國國民之著作，其首次發行地為非締約國者，應視同其首次發行於締約國。

6.為適用第四項各款之規定，·著作而同時首次發行於二以上締約國者，其期間以最短之締約國為準。任何著作於三十天內在二以上締約國首次發行者，視為在各該國同時發行。

第四條之二　基本權利

第一條所定之權利，應兼含保證著作人經濟利益之基本權利，包括授與任何方法重製、公演及播送等排他權。凡公約保障下之著作，本條並延伸及於各該著作之原型及其任何可辨認之衍生著作。

但任何締約國於不牴觸本公約規定之精神範圍內，得以其國內法就前項所定權利作例外規定。作例外規定之國家，仍應予各項權利以適度之保障。

第五條　翻譯權

1.第一條所定之權利，包括著作人撰製、發行及授與他人撰製、發行本公約保障下著作之譯本之排他權利。

2.但任何締約國得於下列情節範圍內，以國內法限制文字著作之翻譯排他權利：

(1)文字著作首次發行日起滿七年，如原著作權人仍未發行締約國當地通用語文譯本者，則該締約國之任何國民得向其本國政府有關機關請求授與「非排他授權」，俾以當地語文翻譯該著作，並發行其譯本。

(2)前款非排他授權之請求，應依當地國法定程序為之，並應證明，曾向原著作權人請求而遭拒絕或雖經相當努力而仍未能與原著作權人連繫。遇當地國語文譯本絕版之情節亦同。

(3)如原著翻譯同意權持有人無法連繫，請求授與翻譯權之人，得將其申請書寄達原著所揭載之出版人；於知悉原著翻譯權人國籍之情節，並應將申請書寄達其所屬國之外交或領事人員或該國政府指定之機構。申請書投遞未滿兩個月者，當地國政府不得核准翻譯申請案。

(4)締約國國內法應確保原著翻譯權人公平而符合國際標準之酬償金額數、支付、傳送，並顧及譯本內容之精進。

(5)譯本應載明原著及其著作人之名稱。獲准授權之譯本，以當地國行銷為限，但同語文之他締約國國內法亦作相同規定者，得輸入譯本行銷。於無前述之情節下，

則譯本之輸入與行銷，依締約國國內法或協議定之。獲准之授權，不得為讓與之標的。

(6)原著收回其發行物者，不適用前各款強制授權之規定。

第五條之二　利用之免責

1. 依聯合國大會慣例之認定，締約國如係開發中國家者，於其加入通知文件送存教科文組織理事長後，得部分或全部適用本公約第五條之三及四等免責規定。

2. 前項通知文件，於本公約生效之日起，以十年為有效期間，於公約生效及十年內送存通知者以其剩餘之期間為準，並得於期滿前三至十五個月內，以送存通知請求延展十年。依本條規定，首期通知送存亦得於延展期內為之。

3. 締約國業已停止為第一項所定之開發中國家或已撤回通知效力者，不得依前兩項規定辦理送存通知延展，並於十年期滿之年底或停止為開發中國家滿三年之年底，以較晚之年份為準，嗣後不得再主張第五條之三及四等例外規定。

4. 依本條通知有效期間內，且為第五條之三及四例外規定下而製作之著作物，於送存通知期滿後仍得繼續行銷其貯存物至完畢為止。

5. 締約國依第十三條規定送存通知，俾本公約適用於特定之國家或領土（指本條第一項所定類似情節之國家或領土），亦得依本條規定送存通知並辦理延展，於通知有效期間內，第五條之三及四所定例外得適用於此等國家或領土，由此等國家或領土向該締約國輸送之著作物，即為第五條之三及四所定之輸出。

第五條之三　翻譯權之例外

1. (1)第五條之二第一項所定之締約國，得以三年或依其國內法以較長之期間，代替本公約第五條第二項所定之七年翻譯權期間。但僅屬一九五二年公約締約國而其譯本並非全國性語文，利用於一個以上已開發國家者，其期間得以一年代替三年。

(2)第五條之二第一項所定之締約國，經由本公約或一九五二年公約同語文已開發締約國之全體一致協議，得以其他期間代替(1)款所定三年期間，但本款之規定不適用於英、法、西等語文。協議文件須以通知送存教科文組織理事長。

(3)強制授權非依申請人當地國法定程序，並經證明確曾請求授權而遭拒絕，或已儘量與翻譯權人連繫而無法取得者，當地國均不得核可。申請人於提出請求之同時，應通知教科文組織設置之「國際著作權資訊中心」或其他經國際組織首長指定之出版人主事務所地國政府設置之全國性或區域性資訊中心。

(4)如無法尋覓翻譯權人，授權申請人應將申請書副本以掛號函寄達原著所載出版人及前款所定之全國性或區域性資訊中心，如無此類中心，仍應將副本寄達教科文組織設置之資訊機構。

2. (1)依本條規定須經三年後核可授權翻譯者，應再經過六個月；其為一年者，應再經過九個月。上述各該附加期間之起算點，依第一項(3)款提出請求之日，或於翻譯

權人不明之情節，以依同項(4)款所定寄遞申請書副本之日為準。

(2)於前款所定附加期間內(六或九個月)，如翻譯權人或經其授權之人自動發行譯本，則不得核准授權翻譯。

3.依本條規定核准之任何強制授權翻譯，均應以教學、學術或研究為目的。

4.(1)依本條規定核准之任何強制授權翻譯，其著作物不得輸出，並限於原核可締約國領土內發行為適法。

(2)依本條強制授權規定所為之翻譯著作物，應以適當語文載明限制在原核可締約國內發行字樣。如原著載有第三條第一項之標記，譯本並應載明。

(3)本項(1)款禁止輸出之規定，不適用於依本條所為核可授權之國家政府或其他公法人，且其譯本並非英、法、西等語文，並符合下列情節之一者：

(a)收受者為核可授權締約國國民個人或團體；

(b)著作物僅用於教學、學術或研究；

(c)著作物之寄遞及其後續之收受，均無商業目的；及

(d)輸入國與該締約國業已達成協議，准許其收受、行銷，國際組織首長亦已收到該協議任何一方之通知。

5.國內應作適當規定，藉以保證：

(1)核可授權應給與公平補償金，其金額須合乎關係國中，一般當事人自由接洽而產生之正常版稅標準。

(2)如受國內通貨法規拘束，則關係國主管機關對補償金之兌付，應儘量利用國際機構，以確保國際通貨兌換或等值之移轉。

6.如原著著作人或經其授權之人，業已以相同語文、內容及當地國合宜售價發行其譯本，則依本公約已獲締約國強制授權核可之譯本，應即終止其強制授權效力，惟終止前依授權製作之譯本，得繼續行銷至貯存物售完為止。

7.以圖集為主要內容之原著核准強制授權翻譯其內容並轉載重製原著圖集者，應同時注意合於第五條之四所定之要件。

8.(1)受本公約保障之著作，而核准強制授權翻譯，以印刷或類似方式重製發行，亦得授與主事務所設於第五條之二第一項所定締約國境內之播送組織，但以具備左列要件者為限：

(a)係依據締約國法律製作及獲得之複製物所為之翻譯；

(b)專供播送並絕對為教學或為傳播特殊技術或供特定職業專家科學研究等之翻譯；

(c)絕對用於前款所定之翻譯，合法播送專供締約國境內收播，包括合法以錄音影等媒體之播送；

(d)翻譯之錄音影物之交換，以在核可授權之締約國境內設有主事務所之播送企業

　　為限；及

　　(e)所有翻譯製作物之利用，不得有商業目的。

(2)如合乎(1)款所定全部標準及要件，亦得授權播送企業翻譯任何含有視聽內容、專供系統教學而製作或發行之錄製物。

(3)除前兩款外，本條其他規定亦適用於授權及其行使。

9.除本條規定外，凡依本條所為之授權，應受第五條規定之限制。縱已逾第五條第二項所定七年期間，仍受本條及第五條之限制，惟逾約定期間後，被授權人得自由提出請求，以受第五條規定之新授權代替舊授權。

第五條之四　重製權之例外

1.適用第五條之二第一項之締約國，得採擇下列規定：

(1)若：

　　(a)依本條第三項所定文學、科學或工藝著作，自首次發行之日起算，已滿本項(3)款特定期間；或

　　(b)已滿締約國法定較長期間，而著作重製物並未由著作權人，在該締約國大眾或正軌教學，以該締約國合理售價行銷。該國國民得向主管機關申請非排他授權，以相等或較低售價行銷，俾供正軌教學之用。但須國民依該國法定手續辦理授權，並證明已向著作權人請求授權而遭拒絕，或雖經相當努力仍未能覓致著作權人連繫。且上述各項連繫活動，均已通知聯合國教科文組織設置之國際著作權資訊中心，或已通知本項(4)款所定全國性或區域性資訊中心。

(2)如經六個月期間，仍無授權版以合理售價行銷與關係國之大眾或正軌教育，亦得比照同樣情節，核可授權。

(3)本項(1)款所指之期間為五年，但

　　(a)自然、物理科學，包括數學、技術等著作，期間得縮短為三年；

　　(b)小說、詩、戲劇及音樂、藝術等著作，其期間得延展為七年。

(4)於無法覓致重製權人之情節，授權申請人應將申請書以掛號函寄達該著作版權頁所載之出版人，並副知送存通知中指定之全國性或區域性資訊中心，如無上述機構，應副知教科文組織之國際著作權資訊中心。申請書寄出不滿三個月，當事國不得核可授權。

(5)獲得授權三年後，不得再依本條授權：

　　(a)本項(1)款所指之授權請求之日期，或重製權人之姓名地址不詳，依本項(4)款寄發申請書副本，須經六個月之後；

　　(b)本項(1)款所指之重製物已在期間內行銷。

(6)著作人姓名、著作名稱，均應刊載於發行之重製物。授權重製物限在當事國領域內行銷，並不得輸出。取得之授權不得為移轉之標的。

(7)國內法應作適當規定，以保證重製物之精確。

(8)左列情節不得依本條規定，授權重製及發行著作之譯本：

 (a)翻譯權人或經其授權之人並未發行譯本；

 (b)譯本並非授權核可國之通用語文。

2.第一項例外規定受下列附加規定之限制：

(1)授權重製物應以適當語文刊載註記，說明限於核可授權之締約國境內行銷。若原版載有第三條第一項之標記，重製物亦須刊載相同之標記。

(2)國內法應作適當規定，以保證：

 (a)授權須提供公平之酬償金，其額數應與當事人自由談判所得版稅標準一致；及

 (b)酬償金之支付如受國內通貨法規限制者，主管機關應儘量利用國際機構匯兌或付給等值。

(3)原版重製權人已將該著作之同語文、內容在締約國內以合理售價行銷，足敷大眾及正軌教學活動之需要，則依本條所為之授權應即終止，終止前製作之重製物得繼續行銷至貯存物售完為止。

(4)著作人撤回其著作之流通者，不適用授權規定。

3.(1)除(2)款規定外，本條所定之文學、科學或工藝著作，以印刷或類似重製方式發行者為限。

(2)本條規定亦適用於合法製作之視聽形式重製物，包括含入各該視聽重製物之受保障著作在內，及其翻譯為通用語文，專供當事國正軌教育活動視聽教學之用。

第六條　發行之定義

本公約使用「發行」一詞，係指以具體形態重製，俾供閱讀或視覺感知，並向大眾普遍公開行銷。

第七條　公共性著作

本公約對某特定締約國生效之日，凡其國內原屬公共所有之著作或著作中之其他權利，不適用之。

第八條　公約有關事項

1.本公約以一九七一年七月廿四日為締約日，全部條文須送存理事長，並於一二○天期間內公開供一九五二年公約國簽字。須經簽字國批准或接受。

2.非公約簽字國亦得加入。

3.批准、接受或加入，均須於有關文件向理事長送存後生效。

第九條　公約效力

1.本公約須在十二國批准、接受或加入文件之送存時起，三個月後生效。

2.此後，每一國家於其批准、接受或加入文件送存之日起，三個月後本公約對該國生效。

3.非一九五二年公約締約國，於加入本公約後亦視同加入該公約。但若於本公約生效前送存加入文件者，得以加入該公約為條件限制；其於本公約生效後送存加入文件者，不得單獨加入該公約。

4.本公約締約國與純屬一九五二年公約締約國之關係，依該公約之規定。但純屬該公約之締約國，得以通知送存理事長，宣告本公約得適用於首次發行於其領域內或該國國民著作。

第十條　國內法制之配合

1.締約國應依其憲法規定，採取必要措施，以確保本公約之適用。

2.於本公約對某特定國生效之日，該國應業已適度調整其國內法，俾以履行本公約條款之效力。

第十一條　政府代表委員會

1.為執行左列各款事務，特設置政府代表委員會：

⑴本公約之適用與執行等有關問題之研擬。

⑵籌備定期修正本公約有關事項。

⑶有關其他國際著作權保障問題之研擬（與聯合國教科文組織、國際保障文學、工藝著作聯盟及美洲國家組織等有關機構合作）。

⑷向締約國報告公約各項活動。

2.委員會由本公約締約國及純屬一九五二年公約之締約國合計十八國代表共同組成。

3.委員會代表之選任，應顧及區域、人口、語文及發展階段等因素，力求國家利益之平衡。

4.聯合國教科文組織理事長、世界智能保護組織理事長及美洲國家組織秘書長，或上述各人之代表，得以諮詢顧問身份出席委員會。

關於第十一條之決議：

修正公約與會諸國深悉第十一條所定政府代表委員會有關問題，應予考慮，特議決附加事項如下：

1.委員會開始成員應包括一九五二年公約第十一條所定原有十二個會員國政府代表，經由本決議，增列：阿爾及利亞、澳大利亞、日本、墨西哥、塞內加爾、南斯拉夫等國政府代表。

2.非一九五二年公約締約國，並於本公約生效後之委員會首次常會前尚未加入本公約之國家，應依公約第十一條第二及三項規定，得選擇由其他國家代替。

3.本公約一經生效，則第一項所定之委員會，應即認為已依第十一條規定成立。

4.本公約生效後一年內應舉行常會，此後每次常會之間隔不得逾二年。

5.委員會得推選主席一人、副主席二人，並依據下列原則制定組織規程：

⑴代表任期六年，每二年改選三分之一。委員會互相諒解，三分之一首屆代表於委

員會第二屆常會完畢時任滿（本公約生效）；另三分之一代表於第三屆常會結束任滿；餘三分之一代表當於第四屆常會結束任滿。

(2)規程規定屆滿缺額之遞補、選任之適格、選舉程序，均應以代表資格之繼續行使及輪流代表、第十一條第三項所定之顧慮為基準。

第十二條　公約之修正

政府代表委員會如認有必要得召集修約會議，其經十個以上締約國之請求者亦同。

第十三條　適用領域範圍

1. 締約國於送存批准、接受或加入文件後，得以通知送達理事長，宣告本公約適用於指定有宗主關係之領土或國家，則依第九條所定三個月期滿後，本公約即在該指定地區生效，其未經通知者不適用之。

2. 本條所定事項不得解為他締約國，默認或默示接受有關某國或地區，由該他締約國基於事實狀態而定其適用。

第十四條　退出

1. 締約國得以其本身名義或以宗主身份代表其依第十三條通知適用之國家或領域，以退出通知送達理事長。上述通知對一九五二年公約亦構成退出之效力。

2. 前項退出通知送達十二個月後生效，其效力限於退出國及其所代表之領地。

第十五條　爭議之解決

締約國間關於本約之解釋或適用等爭議，其不能以談判解決者，除非當事國間協議以其他方式，應即提交國際法庭裁決。

第十六條　公約法定正本文字

1. 本公約以英、法、西三種語文寫定，三種語文本均應簽字，並具有同等效力。

2. 本公約官方約本，由理事長商請有關政府，以阿拉伯文、德文、義大利及葡萄牙文寫定。

3. 締約國均有權與理事長單獨商定其選用之語文約本。

4. 所有語文約本均須附於本公約。

第十七條　與伯恩著作權公約之關係

1. 本公約不得以任何方式影響伯恩公約之規定或由該公約設置之聯盟會員資格。

2. 關於前項之適用，以宣言附加於本條。該宣言乃本公約對受一九五一年元月一日伯恩公約拘束國家之主要依據，嗣後受同公約拘束之國家亦同。凡簽字於本公約之上述國家，亦簽字於該宣言，其批准、接受或加入，應包括該宣言及本公約在內。

關於第十七條之宣言：

國際保護文學、工藝著作聯盟會員國（以下稱伯恩聯盟）並簽字於本公約之國家，為加強彼此聯盟關係，並避免世界與伯恩兩大著作權公約之衝突。深悉若干國家須依其個別文化、社會、經濟等發展階段，調整其著作權保障水準之暫時需要，共同協議並

接受下述宣言條款：

(1)除(2)款另有規定外，依據伯恩公約著作國籍源流制之規定，凡已退出一九五一年
元月一日伯恩聯盟國家源流之著作，不受世界著作權公約及伯恩聯盟之保障。

(2)依聯合國大會慣例認定為開發中國家並已退出伯恩聯盟之締約國，及以通知送存
教科文組織理事長，自認為開發中國家，得依本公約第五條之二規定，不適用前
款規定。

(3)依伯恩公約規定，受著作源流制保障之著作，則聯盟國間之關係，不適用世界著
作權公約。

第十八條　與美洲國家其他公約之關係

本公約對美洲國家既存或即將生效之多邊或雙邊著作權條約、公約，不生廢止效力。
本公約與前述其他條約、公約規定差異時，如該條約或公約係新締結者，則對關係國
而言，以該新約效力優先。

於本公約生效前，業已依既存公約取得權利之著作，不受本公約之影響。

第十九條　與其他國家公約之關係

本公約對締約國間既存之雙邊或多邊條約或公約，不生廢止之效力，但與本公約發生
競合或差異規定時，以本公約之效力優先。本公約生效前，已依其他公約、條約取得
權利之著作，不受影響。本條規定不得妨礙第十七及十八條。

第二十條　保留

本公約不承認保留條款。

第二十一條　副本之遞送

1.理事長應將本約簽證本送達關係國及聯合國秘書長登記。

2.理事長並應將本公約生效日期通知業已批准、接受及加入之關係國。其他通知及依
第十四條所為之退出亦同。

第一議定書　關於無國籍人及難民著作本公約之適用

本議定書簽字國亦即一九七一年巴黎修正之著作權公約之締約國（以下稱一九七一年
公約）。謹接受下列條款：

1.設有恆久住所於本議定書締約國之無國籍人及難民，為達成一九七一年公約之目的，
得視同該國國民。

2.(1)本議定書得比照一九七一年公約第八條之規定，任由批准或接受或加入。

(2)本議定書得於當事國送存批准、接受或加入文件或於一九七一年公約生效之日開
始生效，以較晚之日期為準。

(3)於本議定書生效後，非一九五二年公約第一議定書簽字國，對該議定書亦視同加
入。

本議定書於一九七一年七月二十四日於巴黎簽訂。正本以英、法、西三種語文寫定，

具有同等效力，並經送存教科文組織理事長。本公約理事長並應將簽證本送達關係國及送請聯合國秘書長登記。

第二議定書　關於本公約對國際組織著作之適用

本議定書簽字國亦即一九七一年巴黎修正之著作權公約之締約國（以下稱一九七一年公約）。謹接受下列條款：

1. (1)一九七一年公約第二條第一項所定之保障，亦適用於由聯合國或其專門機構或美洲國家組織首次發行之著作。

　(2)同條第二項亦適用於前款之組織或機構。

2. (1)本議定書之簽字；批准或接受或加入，應比照一九七一年公約第八條規定。

　(2)本議定書得於當事國送存批准、接受。

19.保護文學及藝術著作之伯恩公約巴黎修正案

一八八六年九月九日通過，一八九六年五月四日於巴黎簽訂

一九〇八年十一月十三日柏林修正案，一九一四年三月二十日於伯恩簽訂

一九二八年六月二日羅馬修正案

一九四八年六月二十六日布魯塞爾修正案

一九六七年七月十四日斯德哥爾摩修正案

一九七一年七月二十四日巴黎修正案；一九七九年九月二十八日增補

聯盟國受一致願望之激勵，欲以有效而近乎一致之措施，保障著作人就其文學與藝術著作上之權利，體認一九六七年斯德哥爾摩修正公約會議工作之重要；除維持前開斯城會議案第一至二十條及第二十二至二十六條不予變更外，爰經修正其餘條文，並互相校閱全權證書妥當無訛。全部約定條文如次：

第一條　聯盟之結構

本公約適用範圍內之國家，共同組成聯盟，俾保障著作人就其文學與藝術著作上之權利。

第二條　受保障著作之範圍

1. 「文學與藝術著作」一詞，包括以任何方式表達之文學、科學及藝術範圍產品，諸如：書籍、散裝頁及其他撰著；講義、演說、佈道及其他類似同性質之著作；戲劇或歌劇著作；舞蹈著作及娛樂啞劇；樂譜或配合歌詞者；電影化著作及其同族類以雷同程序表達之著作；繪畫、建築、雕塑、版畫及蝕版著作；攝影化著作及其同族類以雷同程序表達之著作；應用藝術著作；圖解、地圖、計劃、素描及地理、地形、建築或科學有關之立體性著作。

2. 聯盟國得以國內法規定概括或特定之著作，須以具體形態附著始受制定法保障。

3.音樂之翻譯、改作、改編及文學或藝術著作之其他改作，其不損害原著著作權者，與原著享有相同之保障。

4.聯盟國得以國內法決定，立法、行政及司法性質等公務文書及其官定譯文，應否予以保障。

5.文學或藝術著作之集著，諸如：百科全書、詩集文選。其能按分子著作既存內容，經由採擇及改編，從而構成知能之創作，且無傷各分子著作原有著作權者，得就該集著之整體著作權加以保障。

6.本條所定之著作受聯盟國共同保護，其保障須基於著作人及其法定繼承人之利益。

7.除本公約第七條第四項另有規定外，聯盟國得以國內法決定保障應用藝術、工商設計及模型之範圍及其條件。源流國係依設計、模型保障之著作，他聯盟國亦應給予設計、模型之保障，但著作源流國並無此項規定著，比照藝術著作保障之。

8.本公約之保障規定，不適用於僅具傳播消息性質之日常新聞或雜項事實。

第二條之一　口述著作

1.前條所定著作權保障，關於政治或司法程序中之演說，聯盟國得以國內法排除其全部或部分保障。

2.公開發表之講義、演說及其他同性質之著作，基於傳播知識公平利用之目的，得由報紙、廣播、有線傳播及本公約第十一條之二第一項擬制之大眾傳播等予以重製或再現，其要件由聯盟國以國內法定之。

3.前項所定被利用之著作，其合訂本之排他權仍由著作人享有之。

第三條　受保障之著作人

1.本公約之保障適用於左列之情節：

　⑴聯盟國國民之著作，不論業已發行與否。

　⑵非聯盟國國民，但其著作首次發行於聯盟國之一領土之內，或同時首次發行於聯盟國及非聯盟國領土之內。

2.非聯盟國著作人於聯盟國之一有恒久住所者視同住所地國國民。

3.「已經發行著作」一詞，係指經著作人同意而發行者，其製作程序如何，均非所問，以依著作性質能滿足大眾適當需求為要件。戲劇、歌劇、電影或音樂著作之表演；文學著作之公開朗誦；文學或藝術著作之有線傳播、藝術著作之展示及建築著作之付諸建造等，俱非著作之發行。

4.三十天之內於二以上國家首次發行者，該著作即為同時在各該國發行。

第四條　同前

縱不合本公約第三條所定各項，左列情節仍得適用本公約之保障規定：

⑴電影著作之著作人，其製作人於聯盟國之一設有主事務所或恒久住所者。

⑵構造或座落於聯盟國之一境內之建築或其他建築著作，或與建築物結合之其他工藝

著作著作人。

第五條　源流國制

1. 著作人受本公約保障者，就其各別之著作，於源流國以外之其他聯盟國境內，享有各該聯盟國法律現在或將來賦予其內國民之同等權利，以及本公約特定之權利。

2. 各項權利之享有與行使，不須履行任何形式，並獨立於該著作源流國現行保障制度之外。故除開本公約之規定，著作人權利之保障範圍及其救濟途徑，應絕對受當地國法律之拘束。

3. 著作源流國之保障依其國內法，但受本公約保障而非該國國民者，仍應享有該國國民同等之權利。

4. 左列各款為著作源流國：

   (1) 首次發行於聯盟國之著作，以發行地為源流國；同時首次發行於數聯盟國而各該國保障期間互異者，以期間最短者為源流國。

   (2) 同時首次發行於聯盟國及非聯盟國之著作，以前者為源流國。

   (3) 未發行著作或首次發行地為非聯盟國亦未於聯盟國同時發行之著作，其著作人為聯盟國國民，但：

   (a) 電影著作之製作人於聯盟國設有主事務所或恒久住所者，以該聯盟國為源流國。

   (b) 建造於聯盟國境內之建築著作、與建築物結合之工藝著作或座落其境內之其他構築，以該聯盟國為源流國。

第六條　互惠同等保障

1. 任何非聯盟國未予充份保障特定聯盟國之著作權，則著作首次發行時，其著作人為該非聯盟國民而於他聯盟國無恒久住所者，該特定聯盟國亦得限制其權利之保障。若首次發行地國依法仍應保障，亦不得要求他聯盟國給予較發行地國為優厚之保障。

2. 前項所稱之限制生效前，已在聯盟國發行並享有之權利不受該項限制之影響。

3. 聯盟國依本條所為之限制保障，應以書面宣言指定受限制保障之國名及權利內容，通知世界智產所有權組織理事長，由理事長將此項宣言儘速通知全體聯盟國。

第六條之一　著作人格權

1. 著作人除各項經濟權利外，或縱其經濟權利業經移轉，仍得就其著作主張為著作人之資格。有權制止他人扭曲、損傷、改竄其著作，致有礙其榮譽之任何行為。

2. 依前項規定保障之人格權，應至少維持至著作人死亡後其著作經濟權利屆滿為止，此項人格權並得依當地國法制授權自然人或團體行使之。但批准、加入本公約前，其國內法制無人格權保障規定之國家，得規定停止其中若干項人格權之行使。

3. 為防護本條賦予之人格權；其救濟方法由當地國法定之。

第七條　保障期間

1. 本公約所定之著作權保障期間為著作人終身並及於其死亡後五十年。

2.於電影類著作之情節，聯盟國得以國內法規定其期間；自著作人同意公開其著作起算五十年，或自製作完成之日起算五十年。

3.於匿名或筆名著作之情節，依本公約賦予之保障為自該著作合法公開起算五十年屆滿。但著作人採用之筆名與其本名並無差異者，則保障期間仍適用第一項規定（終身及死後五十年）。如著作人於本項前段所定期間內（五十年），揭露其本名者，則保障期間仍適用第一項規定。匿名、筆名著作依合理原則推定著作人已死亡五十年者，聯盟國毋須保障。

4.攝影及應用藝術類著作視同工藝著作保障之聯盟國，其保障期間由各該國以國內法定之。但至少自各該著作完成時起算，不得短於二十五年。

5.著作人死後及本條第二、三、四等項所定之保障期間，應依死亡日期或各該項法律事實發生日期為準，但保障期間之起算應自前述準據日期之次年元月一日開始。

6.聯盟國得以國內法規定較前述各項為長之保障期間。

7.受本公約羅馬修正案拘束之聯盟國，於現行公約生效時，其國內法所定保障期間較本條各項規定為短者，於批准或加入時，有權維持原有較短期間之規定。

8.不論何種情節，著作權之保障期間受當地國法制支配，但除當地國法制另有規定外，不得超過著作源流國之保障期間。

第七條之一　保障期間

合著亦適用前條關於保障期間之規定，但著作人死後保障期間之核計，以合著人中最後一人死亡之日期為準。

第八條　翻譯權

本公約保障下之文學及工藝著作，於保障期間內，著作人就其原著享有排他授權翻譯之權。

第九條　著作人之重製權

1.本公約保障下之文學及工藝著作，著作人享有授權他人以任何方法重製其著作之排他權。

2.准許重製他人著作之特殊情節（如公平利用），由各聯盟國以國內法定之，但不得違反著作正常利用原則，並不得有過當損害著作權人法益情事。

3.任何音、影之錄製，得視為本公約所定之重製行為。

第十條　摘錄

1.合法公開之著作得予摘錄引用，但摘錄引用所為之製作須符合公平慣例，摘錄引用之程度亦不得超越正當目的。包括新聞紙、雜誌文章之摘要。

2.文學或工藝著作，得以圖解發行、播送、錄音、錄影供教學之用，其利用程度須合乎正當目的。准許利用有關事項由聯盟國依國內法或由當事人以特約定之，但利用均須符合公平慣例。

3.依本條前兩項所為之任何利用，均應註明出處，如知悉著作人姓名者，並應註明之。

第十條之一　大眾傳播機構之利用

1.揭載於報紙、期刊關於時事經濟、政治、宗教之論文及同性質之播送節目，如未註明不許利用，聯盟國得以國內法規定，准許其他報紙、期刊、播送企業加以轉載或利用，轉傳播於公眾。但利用人須明顯註明出處，違反此項義務之法律責任，由當地國決定之。

2.以攝影、電影、播送或有線傳播於眾等方式報導時事而利用程度符合傳播消息意旨，得於報導過程中重製利用文學、工藝著作，利用之法定情節，由聯盟國以國內法定之。

第十一條　表演權

1.戲劇、歌劇及音樂著作之著作人，享有左列各項排他授與之權利：

(1)公演其著作，包括任何方式之公演。

(2)其著作經表演後之任何公開傳播。

2.戲劇、歌劇著作之著作人，於其原著權利存續之全部期間內，就其著作之譯著之公演，享有前項同等權利。

第十一條之一　播送權

1.文學及工藝著作之著作人，享有左列各款排他之授權：

(1)以任何無線訊號、音或影發射，播送其著作或傳播於眾。

(2)將著作原播以有線或重播傳播於眾，傳播行為係由原播企業以外之企業所為。

(3)以擴音器或其他類似播放工具，並以訊號、音或影，將著作播送節目公開傳播。

2.前項所定權利之行使條件，由聯盟國國內法定之，效力以其領域為限。但不論何種情節均不得損害著作人格權及其應得之等值報酬。遇當事人無特約時，等值報酬之額數由當地國主管機關定之。

3.依本條第一項授與之權，如無相反約定，不得解為默許以工具另行錄製該授權播送著作之音或影。但聯盟國得制定暫時性錄製規則，規定播送企業運用自備器械並為本身播送用而轉錄。基於轉錄物性質特殊之原因，依法律授權保存於官方檔案。

第十一條之二　表演權

1.文學著作之著作人，享有左列各款排他授與權：

(1)公開朗誦其著作，包括任何方式之公開朗誦。

(2)將其著作之公開朗誦，再傳播於眾。

2.文學著作之著作人，於其原著權利存續之全部期間內，就其著作之譯著之朗誦，享前項同等權利。

第十二條　改作權

文學或工藝著作之著作人，就其著作享有授與他人改作、改編或以其他方式變換其著

作之排他權利。

第十三條　強制授權

1. 音樂及文字著作人之排他權，聯盟國得以國內法規定其限制與條件。著作人業已授權將其著作錄音者，他人亦得依法請求強制授權另行錄製。但此項國內法限制與條件僅具域內效力，於當事人無特約之情節時，應由該國主管機關制頒法定報酬率，不得損害著作人獲得等值報酬之數。

2. 聯盟國依一九二八年羅馬及一九四八年布魯塞耳公約第十三條第三項規定而製作音樂著作之錄音者，此錄音物仍得由該國繼續重製至加入本公約之日起二年後為止，毋須音樂著作人之允許。

3. 依本條前兩項規定而製作之錄音物，如輸入國法律規定為盜錄物，於未經該國核可前之輸入，得予捕獲沒收。

第十四條　電影權

1. 文學或工藝著作之著作人，享有左列各款排他之授權：

(1)將其著作予以電影化之改作並重製、行銷該改作物。

(2)前款改作或重製物之公演及以有線傳播於眾。

2. 文學或工藝著作之電影化重製物，於不損害被授權人權利範圍內，得由原著著作人再授權，改作成其他工藝形態。

3. 第十三條第 1 項應不予適用。

第十四條之一　上映權

1. 經改作或重製而成之電影化著作，於不損害原著著作權範圍內，其保障與原著者同。電影化著作之著作權所有人與原著著作人之權利同，包括前條所定之權利。

2. (1)電影化著作之著作所有權效力，由當地國法律定之。

(2)但聯盟國以其國內法規定電影化著作之著作權人為全體參與製作之著作人者，此類著作人於無相反或特別約定時，不得異議該電影化著作之重製、行銷、公演、有線傳播於眾、播送或任何其他傳播於眾之方式、或附說明字幕或變換配音。

(3)確定是否屬於前款所定事業形態伸適用該款規定問題，須視電影化著作製作人主事務所或恒久住所地國法律規定是否應以書面文件為之而定。但以聯盟國為權利保護地而該聯盟國法律規定須以書面約定為之者，此項規定應以書面宣言通知理事長，並由其轉致其他聯盟國。

(4)「相反或特別約定」，係指前述有關事業機構之限制條件。

3. 除國內法作相反規定，前項(2)款不適用於為專供電影化著作而撰著之腳本、對白及音樂著作之著作人及其主導演。但國內法未規定前項(2)款得適用於導演之聯盟國，應以書面宣言通知理事長，並由其轉致其他聯盟國。

第十四條之二　增值共享權

1. 著作人或於其死後基於國內法權利繼受之人或機構，就藝術品之原件及書寫或譜曲之原稿，對各該原作首次移轉後之任何再轉售，享有不可侵犯之增值共享權。
2. 向聯盟國請求前項所定之權利，以著作人本國及被請求國之國內法，均有此項共享權規定者為限。
3. 共享權利金之收受手續及其數額，由國內法定之。

第十五條　匿名、筆名著作

1. 為使本公約保障下之文學或工藝著作人，於無反證時，有權向聯盟國提起侵害訴訟，以通常形式揭示姓名於著作者即可。使用筆名之著作人而其筆名足生與本名無疑者，亦得適用本項規定。
2. 電影化著作以通常形式揭示法人團體名稱者，於無反證時，推定此名稱為該著作之製作人。
3. 本條第一項所定以外之匿名、筆名著作，載有出版人名稱者，於無反證時，得認定其代表著作人，並以此資格享有著作人相同之請求權。遇著作人揭露其本名並進而主張權利時，應停止適用本項規定。
4. (1)軼名而未發行著作，但足以證明其為某聯盟國著作人所作時，該國得以國內法指定主管機關代表著作人，在他聯盟國行使請求保障及其他權利事項。
   (2)依前款規定所為之指定，應將指定之詳細資料以書面宣言通知理事長，並由其轉致全體聯盟國。

第十六條　侵害著作權重製物之扣押

1. 任何聯盟國得於其境內捕獲沒收侵害有著作權著作之複製物。
2. 自不保障或已停止保障特定著作之國家輸入侵害該著作著作權之複製物者，輸入國亦得適用前項捕獲沒收之規定。
3. 前兩項所定之捕獲沒收，須由國內法定之。

第十七條　地主國法權統制原則

本公約規定事項，不得影響聯盟國政府法權。地主國認有必要得以法令執行核可、統制或禁止任何著作或其重製物之流傳、上映或展示。

第十八條　溯及條文

1. 自本公約生效時起，凡於源流國未逾保障期間而成為公共所有著作，全部適用本公約。
2. 但如因先前賦予之保障期間屆滿致於原保障國成為公共所有著作者，此類著作不得重行恢復保障。
3. 本原則之適用，須受聯盟國間現存或將來締結之特約同類規定之拘束。於無同類規定之情節，各國得衡酌有關事項自行決定適用本原則之條件。
4. 前項規定對新加入之聯盟國，以及因適用第七條或放棄保留而給予保障之情節，亦

適用之。

第十九條　擴張保障原則

本公約規定事項，不得排除聯盟國國內法賦予較大保障而得請求之權利。

第二十條　政府間特約

聯盟國政府保留彼此簽訂特約之權，但以賦予著作人較為完密且與本公約所定事項不生牴觸為原則。符合上述原則之現存政府間特約，得繼續適用之。

第二十一條　附屬條款之效力

1.關於開發中國家之特別規定訂入附屬條款。

2.依第二十八條第一項(2)款規定，附屬條款為本公約整體之一部。

第二十二條　公約行政組織

1.(1)本聯盟設大會，由受第二十二至二十六條拘束之聯盟國組成。

(2)每一聯盟國派遣代表一人，並得由備用人員、顧問、專家、協助工作。

(3)代表團之經費開支由各派出政府自理。

2.(1)大會之職權為：

(a)關於聯盟之維持與發展，以及履行公約等事項之處理。

(b)指示「世界智慧財產權組織公約」（以下稱該組織）中所定之「國際智慧財產權局」（以下稱國際局）關於公約修正會議之籌備；注意不受第二十二條至二十六條拘束之聯盟國任何建議事項。

(c)審閱及核可該組織理事長關於本聯盟之一切報告及活動事項，以及就聯盟職權內任何有關事項，為必要之指示。

(d)選擇「大會執行委員會」會員。

(e)審閱及核可大會執行委員會之報告及活動，並予必要之指示。

(f)議決本聯盟工作計劃及三年一度之預算，並核可決算。

(g)通過本聯盟財務規則。

(h)針對本聯盟工作之需要，籌設專家委員會及工作團。

(i)決定非聯盟國、政府間及國際非政府組織派遣代表以觀察員身份出席會議。

(j)議決第二十二條至第二十六條之修正案。

(k)採擇適當措施以促進本聯盟之目標。

(l)執行本公約範圍內其他職能。

(m)經接受後，行使籌設該組織公約賦予之其他權利。

(2)該組織掌理並與其他聯盟共同利益有關事項，於聽取該組織協調委員會建議後，由大會作成建議。

3.(1)大會每一會員國享有一投票權。

(2)大會法定人數為全體會員國二分之一。

(3)除前款法定人數規定外，遇任何會期出席會員國數不足全體二分之一但滿三分之一以上者，大會得作成本身程序以外事項之決議，此項決議之生效依下列條件：國際局應將此決議通知缺席國，徵求其書面投票或自通知時起屆滿三個月視為棄權，如三個月屆滿而以書面表示投票或棄權之缺席國補足法定人數且贊成票為多數者，則該決議生效。

(4)除第二十六條第二項另有規定外，大會決議須有投票數三分之二贊成為可決票。

(5)棄權票不計入投票數內。

(6)每一代表限以一個國家名義投票。

(7)非大會會員之聯盟國得以觀察員身份出席會議。

4.(1)理事長應每三年召集大會常會一次。如無例外情節，均依該組織大會原定會期及地點。

(2)如經執行委員會或大會全體會員國四分之一之請求，應由理事長召集臨時會。

5.大會自行制定議事規則。

第二十三條　公約行政組織

1.大會設執行委員會。

2.(1)執行委員會由大會會員國互選組成。除第二十五條第七項(2)款另有規定外，該組織總部所在地國享有委員會當然席次。

(2)執行委員會會員國政府派遣代表一人，並得選派備用人員、顧問及專家協助工作。

(3)代表團經費開支由各派出國政府自理。

3.執行委員會會員國應為大會會員國數之四分之一。於確定席次時以四除大會會員國數，未整除之餘數予以拋棄。

4.於推選執行委員會會員國時，應兼顧地域之平均分配及可能與本聯盟建立關係之其他特約國家之需要。

5.(1)執行委員會會員自本屆大會閉幕時起執行職務至次屆大會常會閉幕時為止。

(2)執行委員會會員得予改選，但不得逾總數三分之二。

(3)執行委員會會員選舉及其可能改選之詳細規則，由大會制定之。

6.(1)執行委員會之職掌：

(a)籌備大會議程。

(b)向大會遞送建議，關於理事長擬定之聯盟工作計劃及三年一度預算。

(c)（刪除）

(d)就理事長擬定之工作計劃及預算案，核可特定年度之預算及工作計劃。

(e)理事長定期工作報告及年度決算報告，經簽註適當評議意見後彙送大會。

(f)依據大會決議並衡酌兩屆常會間實際發生之情勢，採取一切必要之調整措施，俾理事長確切執行聯盟原訂工作計劃。

(g)依本公約指配之其他職掌內事項。

(2)關於由該組織掌理而關係其他聯盟共同利益事項，於聽取協調委員會建議後，應由執行委員會作成決定。

7.(1)執行委員會常會每年一次，由理事長召集，以與該組織協調委員會相同會期及地點為原則。

(2)執行委員會得因理事長、委員會主席或會員總數四分之一之請求，由理事長召集臨時會。

8.(1)執行委員會每一會員國享有一個投票權。

(2)執行委員會全體會員半數之出席為法定人數。

(3)出席會員過半數之贊成，得作成決議。

(4)棄權票不計入投票數內。

(5)每一代表限以一個國家名義投票（不得代投）。

9.非執行委員會會員之聯盟國，得以觀察員身份出席會議。

10.議事規則由執行委員會自行制定。

第二十四條　公約行政組織

1.(1)本聯盟行政性事項由聯盟局之延伸機構「國際局」掌理；聯盟局與國際工業所有權保護公約設置之聯盟局合併。

(2)聯盟各部門之秘書職由國際局派遣。

(3)該組織理事長為聯盟執行首長，對外代表聯盟。

2.國際局應編印有關著作權保障之各項資訊。聯盟國應儘速將其新修正有關著作權之法律、規章檢送國際局。

3.國際局應編印發行月刊。

4.國際局應聯盟國之請求，提供著作權保障之有關資訊。

5.國際局應舉辦研究、提供服務、策劃著作權之保障。

6.理事長及其指定之工作人員，得無表決權參與大會、執行委員會、其他任何專家或工作團委員會之全部會議，並為各該團體之當然席次。

7.(1)國際局依據大會指示與執行委員會合作，籌劃本公約第二十二條至第二十六條以外條文之修正會議。

(2)國際局為籌劃修約會議，得與政府間或國際非政府組織磋商。

(3)理事長及其指定之工作人員，得無表決權參與各項會議之討論。

8.國際局得執行其他交辦事項。

第二十五條　公約財務

1.(1)本聯盟應編列預算。

(2)聯盟預算書應包括收入及支出、聯盟國共同支出預算數之分擔，以及該組織會議

經費概算總額。

(3)非純屬全體聯盟國之支出，但涉及若干個聯盟國而須由該組織負擔行政費者，視為各該聯盟國共同支出，其分擔比例應依各該聯盟國所得利益定之。

2.聯盟預算之策劃應確實兼顧該組織轄下其他聯盟間，為必要之協調。

3.聯盟預算之財源為左列各款：

(1)聯盟國之捐助。

(2)國際局關於聯盟方面各種服務之規費。

(3)國際局關於聯盟方面出版品之銷售與版稅收入。

(4)贈與、遺贈及政府補助金。

(5)租金、利息及其他雜項收入。

4.(1)為確定預算分擔額，每一聯盟國納入下列等級之一，並依各該等級劃定之單位數 (number of units) 為基準，換算為各該國之認捐額數。

第一級…………廿五個單位。

第二級…………二十個單位。

第三級…………十五個單位。

第四級…………十個單位。

第五級…………五個單位。

第六級…………三個單位。

第七級…………一個單位。

(2)除舊有已歸級之會員國外，新加入者於送存批准或加入時應同時附加書面文件，明示其選擇前款何種等級之意願。任何國家均得變換等級。如欲選擇較低之等級者，該國應向大會常會提出報告。等級之變更均於應屆常會之次年生效。

(3)每一國家之年度認捐款總額，即為聯盟年度預算總額除全部聯盟國單位總數，再乘該國所屬等級之單位數。

(4)認捐款應於每年元月一日繳付。

(5)拖欠付款之國家，如其總額達該國應付認捐款二整年以上者，聯盟任何機構內均停止其表決權。但如因例外或不可抗力情事致遲延繳付者，聯盟各機構得自行決定允許該國繼續行使表決權。

(6)如新財務期間開始前，預算額尚未定案，應依財務規則比照前一年度預算之相同水準。

5.關於職盟因服務而向國際局繳納規費之額數應予明定，並由理事長向大會、執行委員會報告。

6.(1)本聯盟應籌措工作基金，由各聯盟國一次付款集資。如遇額數漸次短少而不足時，應增資之額數由大會決定。

(2)每一國家之工作基金首期付款或其參與增資之額數，應按該國當年應付款額數比例核計。

(3)基金比例及出資期間，應依據理事長提議，並聽取該組織協調委員會建議後，由大會議定之。

7.(1)該組織應與總部所在地國簽約，遇工作基金不足時暫由地主國預支，其額數與條件另以特約定之。地主國擔負預支義務期間內，享有執行委員會當然席次。

(2)前款地主國與該組織均有權以書面通知取消預支義務，並自通知發出之年底起算三年後生效。

8.依財務規則所定，會計帳目經一以上聯盟國或外部會計師之查核為有效。查帳員由大會指定並經被指定人同意。

第二十六條　公約之修正

1.大會會員國、執行委員會或理事長均得提案修正第二十二至第二十六條。此項提案至少應於六個月前送達大會會員國，俾供參研。

2.前項所定修正案之通過，須經大會四分之三可決票表決。但第二十二條及本項修正案之通過，須經五分之四可決票之表決。

3.第一項所定各條文之任何修正案，會員國應依其憲法程序簽發接受通知，理事長於收訖當時表決該修正案之四分之三大會會員國書面通知滿一個月後，該修正案生效，並拘束大會全體會員國。但增加聯盟國財務負擔之修正案，僅得拘束通知接受該修正案之國家。

第二十七條　公約之修正

1.為改善聯盟體制，得提起本公約修正案。

2.基於修約之目的，得於聯盟國有關代表之國內繼續舉行會議。

3.除第二十六條另有規定外，本公約及其附屬條款之修正，均須全體一致。

第二十八條　加入

1.(1)簽字於本公約之聯盟國得予批准，其未簽字者亦得加入。批准或加入文件應向理事長送存。

(2)聯盟國得於其批准或加入文件中聲明，不適用第一條至第二十一條及附屬條款。但該國如業已依附屬第六條第一項規定提出聲明者，則文件中僅得聲明其批准或加入不適用第一條至第二十條。

(3)依前款規定以批准或加入文件排除各條效力之聯盟，得事後宣告延伸原批准或加入之效力於各該排除條文，但應將宣告文件送存理事長。

2.(1)左列兩項條件實現滿三個月，則第一條至第二十一條及附屬條款應即生效：

(a)五個以上聯盟國批准或加入本公約而未作前項(2)款之聲明者。

(b)法國、西班牙、英國、北愛爾蘭及美國等國業已受一九七一年七月二十四日世

界著作權公約巴黎修正案之拘束。

(2)前款所定之生效條件，亦適用於生效前三個月已送存批准或加入文件且無第一項 (2)款聲明之聯盟國。

(3)非前款所定之聯盟國，其已批准或加入本修正案且未依第一項(2)款聲明者，於理事長通知收訖有關送存文件之日起滿三個月，則第一條至第二十一條及附屬條款開始生效。但送存文件中有特定較遲之日期者，依該國指定日期為準。

(4)本項(1)至(3)款規定不影響附屬第六條之適用。

3.不論有無依本條第一項(2)款聲明，凡批准或加入本修正案之聯盟國，於理事長通知收訖有關批准或加入送存文件之日起滿三個月，則第二十二條至第三十八條開始生效。但送存文件中有特定較遲之日期者，依該國指定之日期。

第二十九條　加入

1.任何國家得加入本公約成為聯盟會員國。加入文件應送請理事長存查。

2.(1)除(b)款另有規定外，加入本聯盟公約之國家，於加入文件送存理事長並經通知業已收訖之日起滿三個月生效。但送存文件中有特定較遲之日期者，依該國指定之日期生效。

(2)如依前款之生效先於依第二十八條第二項(1)款所定第一條至第二十一條及其附屬條款之生效，則該國應受本公約布魯塞耳修正案第一條至第二十條之拘束，而非本修正案第一條至第二十一條及其附屬條款。

第二十九條之一　與斯城修正案之關係

不受本公約斯德哥爾摩修正案第二十二條至第二十八條拘束之國家，為本公約第十四條第二項設置該組織之唯一目的，其批准或加入本修正案，除第二十八條第一項(2)款之(a)限制外，應視同批准或加入斯德哥爾摩修正案。

第三十條　保留

1.本條第二項、第二十八條第一項(2)款、第三十三條第二項及附屬等准許之例外，批准或加入應當然接受本公約全部條文與認可。

2.(1)批准或加入本修正案之聯盟國，除附屬第五條第二項之規定外，如前經送存批准或加入文件之際同時提出聲明，得享有保留之權利。

(2)聯盟以外之國家，依本公約及除附屬第五條第二項規定外，得聲明以本修正案第八條關於翻譯之規定，至少暫時代替一八八六年聯盟公約第五條（一八九六年完成於巴黎），並明示諒解該條規定僅適用於翻譯為該國通用語文。除附屬第一條第六項(2)款所定者外，凡原著源流國為曾作翻譯權保留之國家，則任何國家均有權主張給予與該國相等之保障。

(3)任何國家得以書面文件通知理事長，隨時撤銷保留事項。

第三十一條　適用之領域

1.任何國家得於批准或加入文件中聲明，或隨時以書面通知理事長，擴展本公約適用區域至指定領地之全部或一部，該領地對外著作權關係由指定國負責。

2.提出前項聲明或通知之國家，得隨時通知理事長終止本公約適用於被指定領地之全部或部分。

3.⑴第一項所定聲明之生效日期與批准或加入文件者同；同項所定之任何通知文件，均於理事長收訖時起滿三個月生效。

　⑵本條第二項之任何通知自理事長收訖時起滿十二個月後生效。

4.聯盟國依第一項所為指定適用本公約之聲明，不得解為他聯盟國默認關於該領地之既成事實。

第三十二條　公約新舊條文之關係

1.本修正案於聯盟國之關係、適用範圍等方面，取代一八八六年九月九日伯恩公約及其後續之各修正案。前已生效各修正案，全部或本修正案未取代部分之條文，應繼續適用於未批准或加入本修正案之聯盟國。

2.聯盟以外之國家而參與本修正案者，除第三項另有規定外，其與不受本修正案拘束或雖受拘束但已依第二十八條第一項⑵款聲明之聯盟國，仍得適用本修正案。此類國家承認前述聯盟國與彼等之關係為：

　⑴得適用彼等受拘束之最近修正案條文；及

　⑵除附屬第一條第六項另有規定外，有權主張本修正案所定之保障標準。

3.享有任何附屬條款權能之國家，得適用該附屬條款所定權能與不受本修正案拘束之聯盟國建立關係，但以接受適用此項條文之聯盟國為限。

第三十三條　爭議之解決

1.關於本公約之解釋或適用，如有兩國以上爭議而無法談判解決者，除全體當事國同意其他解決途徑，得由當事國之一依國際法院規程，訴請國際法院審理。起訴之國家應通知國際局，並由該局提請其他聯盟國注意。

2.任何國家得於簽署本修正案或送存批准或加入文件時，聲明不受前項拘束，則此類國家與他國間之爭議不適用前項規定。

3.為前項聲明之國家，得隨時以書面文件通知理事長，撤回其聲明。

第三十四條　公約新舊條文之關係

1.除第二十九條之二另有規定外，本公約第一條至第二十一條及其附屬條款一經生效，任何國家不得再行批准或加入以前各修正案。

2.第一條至第二十一條及其附屬條款一經生效，任何國家不得依斯德哥爾摩修正案關於開發中國家議定書第五條規定提出聲明。

第三十五條　退出

1.本公約無限期有效。

2.任何國家均得以書面通知理事長退出本修正案，此項退出效力及於較早之修正案並以退出國為限，本公約對其他聯盟國之效力依舊，不受影響。

3.理事長於收訖退出通知之日起一年後生效。

4.聯盟會員國非屆滿五年，不得行使本條所定退出之權。

第三十六條　國內法之關係

1.公約國應依其國內憲法程序為必要之措施，俾確保本公約所定事項之適用。

2.公約國諒解，其國內法業已認可本公約所定事項之效力。

第三十七條　雜項事務

1.(1)本修正案以法文、英文對照方式書寫，除第二項另有規定外，應送存理事長。

　(2)官定約本，於協商關係國政府後，由理事長以阿拉伯、德、義、葡、西班牙及大會指定之語文寫定。

　(3)各種語文約本之解釋意見歧異時，以法文本為準。

2.一九七二年元月卅一日之前，本修正案公開供簽字，此一日期之後，第一項(1)款所定之約本送存法國政府。

3.理事長應將本修正案簽名約本二份簽證，送交聯盟國政府，或經請求送交其他國家政府。

4.理事長應將本修正案送請聯合國秘書長登記。

5.送存批准或加入及其附帶聲明文件、或依本修正案第二十八條第一項(3)款第三十條第二項(1)款及第三十三條第二項生效之任何文件、退出通知及依第三十條第二項(3)款第三十一條第一至二項、第三十三條第三項、第三十八條第一項及附屬條款等所為之通知，理事長應將上開各種文件通知全體簽字之聯盟國政府。

第三十八條　暫行規定

1.未批准或加入本修正案且不受本公約斯德哥爾摩修正案第二十二條至二十六條拘束之聯盟國，於一九七五年四月廿六日前，得隨時行使各該條所定之權，但應通知理事長並於通知收訖時立即生效。此類國家於前述日期之前並為大會會員。

2.聯盟國未全體成為該組織會員前，該組織之國際局仍得行使聯盟局職權，理事長並兼任之。

3.聯盟國全體成為該組織會員後，聯盟局之權利、義務及財產應移交該組織國際局。

附屬條款（開發中國家特別條款）

第一條　強制授權之適用

1.依聯合國大會慣例確認為開發中國家者，其批准或加入本修正案以本附屬條款構成其約文之主要部分。因衡酌其經濟狀況及其社會或文化之需要，自認無法即刻依本修正案規定保障他國權利者，得於送存批准或加入文件同時向理事長送存通知，除第五條第一項(3)款另有規定外，隨時聲明採擇第二條或第三條或並同二者之權能。

亦得依第五條第一項(1)款聲明，以取代第二條之權能。

2.(1)本修正案第一條至第二十一條及依第二十八條第二項所定本附屬條款生效時起十年為期，依前項所為之任何聲明通知，於此期間屆滿前有效。其於未屆滿前三至十五個月向理事長另行送存通知者，並得將此項聲明之全部或部分之效力延展十年。

(2)本條第一項之任何聲明於第一條至第二十一條及依第二十八條第二項所定附屬條款生效後提出者，其屆滿期間與生效前提出者同，並得依前款後段規定通知延展。

3.停止為第一項所稱之開發中國家者，不得依第二項規定延展其聲明之效力。不論其是否係撤回聲明，均自當期十年屆滿或自停止為開發中國家滿三年（以較遲之期間為準），不得再主張第一項所定之權能。

4.第一項及第二項之聲明停止效力時，如依本附屬條款合法授權而製作之複製物仍有庫存者，應准其繼續行銷完畢。

5.受本修正案拘束並已依第三十一條第一項關於適用本修正案於特定領土而送存聲明之國家，如認該領土之現狀雷同第一項所定之國家，亦得適用本條第一、第二項規定，並於其聲明有效期間內，適用本附屬條款於該等領土。

6.(1)享受第一項權能之國家，他國不得因其著作以該國為源流而降低保障，仍應負第一條至第二十條之義務。

(2)依第五條第一項(1)款提出聲明之國家，於第一條第三項所定期間之日期屆滿前，以此類國家為源流之著作，他國不得行使第三十條第二項(2)款後段所定互惠待遇之權。

第二條　翻譯權之強制授權

1.聲明採擇本條所定權能之國家，就他國以印刷重製方式而已出版之著作，除第四條另有規定外，其國民有權請求主管機關授予非排他及不可移轉之授權，以代替第八條所定之翻譯排他授權規定。

2.(1)除第三項另有規定外，當地國得以國內法規定：如著作初版發行之日起滿三年或較長之期間，該著作之翻譯權或經其授權之人，仍未以當地國通用語文發行譯本者，該國國民得依法獲得授權，以通用語文翻譯印行。

(2)本條所定翻譯強制授權要件，於譯本絕版之情節亦適用之。

3.(1)開發中國家為聯盟會員，且其翻譯並非通用語文者，第二項(1)款所定之三年期間得縮短為一年。

(2)第一項所定之國家，經聯盟會員中同通用語文之開發中國家全體之同意，於翻譯為此種同通用語文時，得約定以一年以上之較短期間代替第二項(1)款之三年期間，但前段規定之同通用語文如為英、法、西班牙語者，不適用之。此種約定應由締約政府通知理事長。

4.(1)依本條原定三年為期之強制授權，於三年經過後非再滿六個月；原定為一年者非再滿九個月，不得核准授權。日期之起算：

　　(a)自申請人依第四條第一項所定日期，或

　　(b)依第四條第二項規定，於翻譯同意權人之姓名或地址不詳者，自申請人寄送申請書副本至主管機關，請求授權之日期。

(2)於前述六個月或九個月內，如翻譯權人或經其授權之人，發行申請書所載之語文版本者，即不得依本條規定核准授予翻譯之權。

5.本條所定之任何授權，限於教學、學術或研究等宗旨。

6.如翻譯權人或經其授權之人發行其原著之譯本，且以當地國同等著作物合理之價格供銷，則依本條所為之任何主要內容相同及同語文之授權譯本均應終止。終止前已依強制授權撰製之譯本存貨，得繼續行銷完畢。

7.原著以圖解為主者，強制翻譯權之授予，尚須滿足第三條所定條件。

8.著作人已撤回其著作物之流傳者，不得依本條為任何之授權。

9.(1)已被授權翻譯且印刷重製之著作，亦得授權第一項所定國家設有主事務所之播送企業。播送企業應向當地國主管機關申請，惟須滿足左列條件：

　　(a)係依當地國法律製作並獲得之複製物所為之翻譯。

　　(b)該翻譯絕對限於播送，且僅供教學或供傳播於專門性職業專家之特殊教學或科學研究。

　　(c)該翻譯經由合法播送於指定國家境內收受，且絕對限用前述第(b)所定之目的。
　　　包括合法之錄音、錄影，以供播送之用。

　　(d)不得含有任何商業目的。

(2)依本項規定授予播送企業而為之翻譯錄音或錄影，於(1)款所定條件及目的之拘束下，經該企業之同意，亦得供他合法播送企業利用。

(3)如(1)款之標準與條件均符合，亦得授權播送企業翻譯任何結合於視聽錄製物且專供正軌教學活動之課程。

(4)除(1)至(3)款另有規定外，前項規定適用於本項之授權及行使任何授權。

第三條　重製權之強制授權

1.聲明採擇本條所定權能之國家，其國民有權請求主管機關授予非排他及不可移轉之授權。以代替第九條所定排他重製權，但受本條後述條件及第四條規定之限制。

2.(1)依第七項而適用本條規定之著作，如於下列期間屆滿後：

　　(a)第三項所定之期間，自某特定著作初版發行之日開始，或

　　(b)第一項所定國家之國內法規定其他較長之期間，自前述相同之日期開始，而該著作之複製物，仍未由重製權人或經其授權之人，以符合該國同等著作物之合理價格，普通行銷於一般大眾或供正軌教學活動需求，則該國國民得獲准授權，

以相等或較低價格重製並發行該著作，俾供正軌教學活動之用。

(2)如屆滿適當期間後，六個月內仍無權利人授權版本，以當地國同等著作物正常而合理之價格，行銷於大眾或供正軌教學活動之用，則依本條所定條件，亦得授予(1)款之重製與發行強制授權。

3.除左列情節外，第二項(1)款之(a)之期間為五年：

(a)自然及物理科學，包括數學及技術類著作，期間為三年。

(b)小說、詩、戲劇與音樂、藝術書等著作，其期間為七年。

4.(1)三年期間屆滿後，非經過六個月不得依本條准予授權重製：

(a)從申請人遵照第四條第一項所定要件之日，或

(b)如重製權人姓名或地址不詳，自申請人依第四條第二項規定，向主管機關呈送申請書請求授權之日。

(2)於其他及第四條第二項所定期間後，非於申請書寄出之日起算經過三個月，不得核准強制授權。

(3)如於(1)及(2)款所定六或三個月期間內，權利人已為第二項(1)款之行銷者，即不得依本條規定核准授權。

(4)據以核定強制授權之著作，如著作人撤回全部著作複製物不願繼續散布者，不得再核准授權。

5.左列情節不得依本條規定核准授權重製及發行某特定著作之譯本：

(a)翻譯權人或經其授權之人，並未發行翻譯物，或

(b)據以核定強制授權之國家，並無通用語文之譯本。

6.如某著作版本之複製物，由重製權人或經其授權之人，依該國同等著作物之合理而正常價格，行銷於第一項所定之國家，供應一般大眾或正軌教學活動需要，則依本條所為之任何同語文及主要內容相同版本之授權應即終止。終止前合法複製物得繼續行銷完畢。

7.(1)除(2)項另有規定外，適用本條之著作限於以印刷或類似形態重製發行者。

(2)本條亦適用於以視聽形態合法製作之錄製物，包括任何結合於該等著作物其他受保障之著作，以及任何結合內容之翻譯成當地國通用語文。但該等錄製物之製作與發行，須以正軌教學活動之需要為唯一目的。

第四條　強制授權程序

1.第二條或第三條之授權，限於申請人依當地國法定程序為之。明定申請人曾請求而遭權利人拒絕授權翻譯或重製發行，或確已盡相當努力而仍無法覓得權利人。於提出請求之同時，申請人應通知第二項所定之全國或國際性資訊中心。

2.如無法覓得權利人，申請人應將原呈送主管機關之申請書副本，按著作物上所載出版人姓名及指定之全國或國際性資訊中心，由出版人主事務所地國政府，以航空掛

號信函通知送存理事長。

3. 依第二條或第三條授權翻譯或重製發行之著作物，應載明著作人姓名、著作名稱。於翻譯之情節，無論如何應載明原著名稱。

4. (1)依第二條或第三條授權之複製物，不得輸出，且其翻譯或重製限授權國境內發行為合法。

(2)為(1)款之目的，輸出之意念包括複製物從任何領土輸入至已依第一條第五項送存聲明之國家。

(3)經國家政府或其他公法人，依第二條規定核可授權翻譯成英、法、西班牙以外之語文，並將已發行之該譯本複製物寄送至其他國家，此項專送行為依(1)款之意旨，如符合左列條件者，不以輸出論：

(a)收件人為原授權國國民之個人、法人或團體。

(b)該被寄送之複製物限用於教學、學術或研究之目的。

(c)該被寄送之複製物及其後續再分送至收件人不含商業目的，及

(d)複製物收件地國同意原核准授權國，准其收受、分送，並已將同意事項，由原核准授權國政府通知理事長。

5. 依第二條或第三條授權發行之複製物，應刊載適當語文之宣告文字，說明該複製物限在原授權國或領土境內行銷。

6. (1)國內法應作適當規定，以確保：

(a)視實際情節而定，其授權辦法須規定付給翻譯或重製權所有人公平之補償金，其數額應與兩國當事人正常自由洽商之標準版稅相一致。

(b)補償金之支付與移轉：如國內受貨幣法規干與，主管機關儘量利用國際機構，確保以國際可兌貨幣或其等值移轉之。

(2)國內法應依情節作適當規定，以確保翻譯之正確無誤，或重製物之正確性。

第五條　翻譯權之保留

1. (1)有權聲明利用第二條所定權能之國家，亦得同時批准或加入下列修正案以代之：

(a)如其為第三十條第二項(1)款適用之國家，依該條規定聲明其翻譯權；

(b)如其並非前述之國家且為聯盟國，得依第三十條第二項(2)款前段規定提出聲明。

(2)依第一條第一項規定已停止為開發中國家者，依本項所為之聲明，應適用第一條第三項所定期間屆滿之日生效。

(3)已依本項規定為聲明之國家，縱撤銷其聲明，亦不得再主張利用第二條規定之權能。

2. 除第三項另有規定外，凡已聲明利用第二條所定權能之國家，不得依第一項規定，再行提出聲明。

3. 宣布停止為第一條第一項所定之開發中國家者，於同條第三項期間屆滿二年內，得

聲明第三十條第二項(2)款前段所定之效力，但以聯盟國之事實為限。此項聲明於第一條第三項所定期間屆滿之日生效。

第六條　聲明

1.自本修正案提出之日起，並於受第一條至第二十一條及本附屬條款拘束前之任何時間，聯盟國得聲明：

　(1)如其為受第一條至第二十一條及本附屬條款拘束之國家，應有權利用第一條第一項所定之權能，即得適用第二條或第三條或兩者併同之規定於特定著作，此著作之源流國為依下述(2)准許各該條適用之國家，或為受第一條至第二十一條及本附屬條款拘束之國家。此項聲明係屬第五條所定而非第二條。

　(2)准許已依(1)提出聲明或依第一條通知之國家，適用本附屬條款於以該國為源流之著作。

2.前項之聲明須以書面為之，並向理事長送存。此項聲明自送存之日生效。

20.世界智慧財產權組織著作權條約

一九九六年十二月二十日日內瓦外交會議通過

序言

締約各方：

出於以盡可能有效和一致的方式發展和維護保護作者對其文學和藝術著作之權利的願望，承認有必要採用新的國際規則並澄清對某些現有規則的解釋，以提供解決由經濟、社會、文化和技術發展新形勢所提出的問題的適當辦法，承認信息技術和通信技術的發展和統一對文學和藝術著作創造和使用的深刻影響，強調版權保護作為文學和藝術創作促進因素的重要意義，承認有必要按《伯恩公約》所反映的保持作者的權利與廣大公眾的利益，尤其是教育、研究和獲得信息的利益之間的平衡，達成協議如下：

第一條　與《伯恩公約》的關係

(1)對於屬《保護文學和藝術著作伯恩公約》所建聯盟之成員國的締約方而言，本條約係該公約第二十條意義下的專門協定，本條約不得與除《伯恩公約》以外的條約有任何關聯，亦不得損害依任何其他條約的任何權利和義務。

(2)本條約的任何內容均不得減損締約方相互之間依照《保護文學和藝術著作伯恩公約》已承擔的現有義務。

(3)「《伯恩公約》」以下係指《保護文學和藝術著作伯恩公約》1971 年 7 月 24 日的巴黎文本。

(4)締約各方應遵守《伯恩公約》第一至二十一條和附件的規定。

第二條　著作權保護的範圍

著作權保護延及表達，而不延及思想、過程、操作方法或數學概念本身。

第三條 對《伯恩公約》第二至六條的適用

締約各方對於本條約所規定的保護應準用《伯恩公約》第二至六條的規定。

第四條 電腦程式著作

電腦程式著作係《伯恩公約》第二條意義下的文學著作受到保護，此種保護適用於各電腦程式著作，而無論其表達方式或表達形式如何。

第五條 資料之編輯著作（資料庫）

數據或其他資料的編輯，無論採用任何形式，只要由於其內容的選擇或編排構成智慧創作，其本身即受到保護。這種保護不延及數據或資料本身，亦不損害編輯中的數據或資料已存在的任何著作權。

第六條 散布權

(1)文學和藝術著作的作者應享有授權通過銷售或其他所有權轉讓形式向公眾提供其著作原件或複製品的專有權。

(2)對於在著作的原件或複製品經作者授權被首次銷售或其他所有權轉讓之後適用本條第(1)款中權利耗盡所依據的條件（如有此種條件），本條約的任何內容均不得影響締約各方確定該條件的自由。

第七條 出租權

(1)(i) 電腦程式著作、(ii) 電影著作、和 (iii) 按締約各方國內法的規定，以錄音體現的著作的作者，應享有授權將其著作的原件或複製品向公眾進行商業性出租的專有權。

(2)本條第(1)款不得適用於：(i) 並非出租主要客體的電腦程式著作；和 (ii) 電影著作，除非此種商業性出租已導致對此種著作的廣泛複製，從而嚴重地損害了複製專有權。

(3)儘管有本條第(1)款的規定，任何締約方如在 1994 年 4 月 15 日已有且現仍實行作者出租其以錄音體現的著作的複製品獲得公平報酬的制度，只要以錄音體現的著作的商業性出租沒有引起對作者複製專有權的嚴重損害，即可保留這一制度。

第八條 向公眾傳播的權利

在不損害《伯恩公約》第十一條第(1)款第 (ii) 目、第十一條之二第(1)款第 (i) 和 (ii) 目、第十一條之三第(1)款第 (ii) 目、第十四條第(1)款第 (ii) 目和第十四條之二第(1)款的規定的情況下，文學和藝術著作的作者應享有專有權，以授權將其著作以有線或無線方式向公眾傳播，包括將其著作向公眾提供，使公眾中的成員在其個人選定的地點和時間可獲得這些著作。

第九條 攝影著作的保護期限

對於攝影著作，締約各方不得適用《伯恩公約》第七條第(4)款的規定。

第十條 限制與例外

(1)締約各方在某些特殊的、不與著作的正常利用相牴觸、也不無理地損害作者合法利

益的情況下，可在其國內立法中對依本條約授予文學和藝術著作作者的權利規定限制或例外。

(2)締約各方在適用《伯恩公約》時，應將對該公約所規定權利的任何限制或例外限於某些特殊的、不與著作的正常利用相牴觸、也不無理地損害作者合法利益的特殊情況。

第十一條　關於技術措施的義務

締約各方應規定適當的法律保護和有效的法律補救辦法，制止規避由作者為行使本條約所規定的權利而使用的、對就其著作進行未經該有關作者許可或未由法律准許的行為加以約束的有效技術措施。

第十二條　關於權利管理信息的義務

(1)締約各方應規定適當和有效的法律補救辦法，制止任何人明知、或就民事補救而言有合理根據知道其行為會誘使、促成、便利或包庇對本條約或《伯恩公約》所涵蓋的任何權利的侵犯而故意從事以下行為：

(i) 未經許可去除或改變任何權利管理的電子信息；

(ii) 未經許可發行、為發行目的進口、廣播、或向公眾傳播明知已被未經許可去除或改變權利管理電子信息的著作或著作的複製品。

(2)本條中的用語「權利管理信息」係指識別著作、著作的作者、對著作擁有任何權利的所有人的信息，或有關著作使用的條款和條件的信息，和代表此種信息的任何數字或代碼，各該項信息均附於著作的每件複製品上或在著作向公眾進行傳播時出現。

第十三條　適用的時限

締約各方應將《伯恩公約》第 18 條的規定適用於本條約所規定的一切保護。

第十四條　關於權利行使的條款

(1)締約各方承諾根據其法律制度採取必要措施，以確保本條約的適用。

(2)締約各方應確保依照其法律可以提供執行程序，以便能採取制止對本條約所涵蓋權利的任何侵犯行為的有效行動，包括防止侵權的快速補救和為遏制進一步侵權的補救。

第十五條　大會

(1)(a)締約方應設大會。

(b)每一締約方應有一名代表，該代表可由副代表、顧問和專家協助。

(c)各代表團的費用應由指派它的締約方負擔，大會可要求世界智慧財產權組織（以下稱為「本組織」）提供財政援助，以便利按照聯合國大會既定慣例認為是發展中國家或轉型為市場經濟的國家的締約方代表團參加。

(2)(a)大會應處理涉及維護和發展本條約及適用和實施本條約的事項。

(b)大會應履行依第十七條第(2)款向其指定的關於接納某些政府間組織成為本條約締

約方的職能。

(c)大會應對召開任何修訂本條約的外交會議作出決定，並給予本組織總幹事籌備此種外交會議的必要指示。

(3)(a)凡屬國家的每一締約方應有一票，並應祇能以其自己的名義表決。

(b)凡屬政府間組織的締約方可代替其成員國參加表決，其票數與其屬本條約締約方的成員國數目相等，如果此種政府間組織的任何一個成員國行使其表決權，則該組織不得參加表決，反之亦然。

(4)大會應每兩年召開一次例會，由本組織總幹事召集。

(5)大會應制定其本身的議事規則，其中包括特別會議的召集、法定人數的要求及在不違反本條約規定的前提下作出各種決定所需的多數。

第十六條　國際局

本組織的國際局應履行與本條約有關的行政工作。

第十七條　成為本條約締約方的資格

(1)本組織的任何成員國均可成為本條約的締約方。

(2)如果任何政府間組織聲明其對於本條約涵蓋的事項具有權限和具有約束其所有成員國的立法，並聲明其根據其內部程序被正式授權要求成為本條約的締約方，大會可決定接納該政府間組織成為本條約的締約方。

(3)歐洲聯盟在通過本條約的外交會議上做出上款提及的聲明後，可成為本條約的締約方。

第十八條　本條約規定的權利和義務

除本條約有任何相反的具體規定以外，每一締約方均應享有本條約規定的一切權利並承擔本條約規定的一切義務。

第十九條　本條約的簽署

本條約應在 1997 年 12 月 31 日以前開放供本組織的任何成員國和歐洲聯盟簽署。

第二十條　本條約的生效

本條約應於三十個國家向本組織總幹事交存批准書或加入書三個月之後生效。

第二十一條　成為本條約締約方的生效日期：

本條約應自下列日期起具有約束力：(i) 對第二十條提到的三十個國家，自本條約生效之日起；(ii) 對其他各國，自該國向本組織總幹事交存文書之日滿三個月起；(iii) 對歐洲聯盟，如果其在本條約根據第二十條生效後交存批准書或加入書，則自交存此種文書後滿三個月起，或如果其在本條約生效前交存批准書或加入書，則自本條約生效後滿三個月起；(iv) 對被接納成為本條約締約方的任何其他政府間組織，自該組織交存加入書後滿三個月起。

第二十二條　本條約不得有保留

本條約不允許有任何保留。

第二十三條　條約之退出

本條約的任何締約方均可退出本條約，並應通知本組織總幹事，任何退約應於本組織總幹事收到通知之日起一年後生效。

第二十四條　本條約的語文

(1)本條約的簽字原件應為一份，以英文、阿拉伯文、中文、法文、俄文和西班牙文簽署，各該文種的文本具有同等效力。

(2)除本條第(1)款提到的語文外，任何其他語文的正式文本須由總幹事應有關當事方請求，在與所有有關當事方磋商之後制定。在本款中，「有關當事方」係指涉及到其正式語文或正式語文之一的本組織任何成員國，並且如果涉及到其正式語文之一，亦指歐洲聯盟和可成為本條約締約方的任何其他政府間組織。

第二十五條　保存人

本組織總幹事為本條約的保存人。

21.世界智慧財產權組織表演及錄音物條約

一九九六年十二月二十日於日內瓦通過

序言

締約各方，出於以盡可能有效和一致的方式發展和維護保護表演者和錄音物製作者權利的願望，承認有必要採用新的國際規則，以提供解決由經濟、社會、文化和技術發展所提出的問題的適當辦法，承認信息技術和通信技術的發展和統一對保護表演和錄音物的製作和使用的深刻影響，承認有必要保持表演者和錄音物製作者的權利與廣大公眾的利益，尤其是教育、研究和獲得信息的利益之間的平衡，達成協議如下：

第一章　總則

第一條　與其他公約的關係

(1)本條約的任何內容均不得減損締約方相互之間依照於 1961 年 10 月 26 日在羅馬簽訂的《保護表演者、錄音物製作者暨廣播機構國際公約》(以下稱為「《羅馬公約》」)已承擔的現有義務。

(2)依本條約授予的保護不得觸動或以任何方式影響對文學和藝術著作著作權的保護。因此，本條約的任何內容均不得被解釋為損害此種保護。

(3)本條約不得與任何其他條約有任何關聯，亦不得損害依任何其他條約的任何權利和義務。

第二條　定義

在本條約中：

(a)「表演者」指演員、歌唱家、音樂家、舞蹈家以及表演、唱歌、演說、朗誦、演奏、表現、或以其他方式表演文學或藝術著作或民間文學藝術著作的其他人員；

(b)「錄音物」係指除以電影著作或其他音像著作所含的錄製形式之外，對表演的聲音、或其他聲音、或聲音表現物所進行的錄製；

(c)「錄製」係指對聲音或聲音表現物的體現，從中通過某種裝置可感覺、複製或傳播該聲音；

(d)「錄音物製作者」係指對首次將表演的聲音、或其他聲音、或聲音表現物錄製下來提出動議並負有責任的自然人或法人；

(e)「發行」錄製的表演或錄音物係指經權利持有人同意並在以合理的數量向公眾提供複製品的條件下，將錄製的表演或錄音物的複製品提供給公眾；

(f)「廣播」係指以無線方式的播送，使公眾能接收聲音、或圖像和聲音、或圖像和聲音表現物；通過衛星進行的此種播送亦為「廣播」；播送密碼信號，如果廣播組織或經其同意向公眾提供了解碼的手段，則是「廣播」；

(g)「向公眾傳播」表演或錄音物係指通過除廣播以外的任何媒體向公眾播送表演的聲音或以錄音物錄製的聲音或聲音表現物。在第十五條中，「向公眾傳播」包括使公眾能聽到以錄音物錄製的聲音或聲音表現物。

第三條　依本條約受保護的受益人

(1)締約各方應將依本條約規定的保護給予係其他締約方國民的表演者和錄音物製作者。

(2)其他締約方的國民應被理解為符合《羅馬公約》規定的標準、有資格受到保護的表演者或錄音物製作者，如同本條約的全體締約方均假設為該公約成員的情形。對於這些資格標準，締約各方應適用本條約第二條中的有關定義。

(3)任何利用《羅馬公約》第五條第(3)款所規定的可能性、或為該公約第五條的目的利用《羅馬公約》第十七條所規定的可能性的締約方，應向世界智慧財產權組織 (WIPO) 總幹事作出那些條款所預先規定的通知。

第四條　國民待遇

(1)在本條約所專門授予的專有權以及本條約第十五條所規定的獲得合理報酬的權利方面，每個締約方均應將其給予本國國民的待遇給予第三條第(2)款所定義的其他締約方的國民。

(2)本條第(1)款規定的義務不適用於另一締約方使用了本條約第十五條第(3)款允許的保留的情況。

第二章　表演者的權利

第五條　表演者的著作人格權：

(1)不依賴於表演者的經濟權利，甚至在這些權利轉讓之後，表演者仍應對於其現場口頭表演或以錄音物錄製的表演有權要求承認其係表演的表演者，除非使用表演的方式決定可省略不提其係表演者；並有權反對任何對其表演進行將有損其名聲的歪曲、篡改或其他修改。

(2)根據本條第(1)款授予表演者的權利在其死後應繼續保留，至少到其經濟權利期滿為止，並應可由被要求提供保護的締約方立法所授權的個人或機構行使。但批准或加入本條約時其立法尚未規定在表演者死後保護上款所述之全部權利的國家，則可規定其中部分權利在表演者死後不再保留。

(3)為保障本條所授予的權利而採取的救濟辦法應由被要求提供保護的締約方立法規定。

第六條　表演者對其尚未錄製的表演的經濟權利

表演者應享有專有權，對於其表演授權：

(i) 廣播和向公眾傳播其尚未錄製的表演，除非該表演本身已屬廣播表演；和

(ii) 錄製其尚未錄製的表演。

第七條　複製權

表演者應享有授權以任何方式或形式對其以錄音物錄製的表演直接或間接地進行複製的專有權。

第八條　發行權

(1)表演者應享有授權通過銷售或其他所有權轉讓形式向公眾提供其以錄音物錄製的表演的原件或複製品的專有權。

(2)對於在已錄製的表演的原件或複製品經表演者授權被首次銷售或其他所有權轉讓之後適用本條第(1)款中權利的用盡所依據的條件（如有此種條件），本條約的任何內容均不得影響締約各方確定該條件的自由。

第九條　出租權

(1)表演者應按締約各方國內法中的規定享有授權將其以錄音物錄製的表演的原件和複製品向公眾進行商業性出租的專有權，即使該原件或複製品已由表演者發行或根據表演者的授權發行。

(2)儘管有本條第(1)款的規定，任何締約方如在 1994 年 4 月 15 日已有且現仍實行表演者出租其以錄音物錄製的表演的複製品獲得公平報酬的制度，祇要錄音物的商業性出租沒有引起對表演者複製專有權的嚴重損害，即可保留這一制度。

第十條　提供已錄製表演的權利

表演者應享有專有權，以授權通過有線或無線的方式向公眾提供其以錄音物錄製的表演，使該表演可為公眾中的成員在其個人選定的地點和時間獲得。

第三章　錄音物製作者的權利

第十一條　複製權

錄音物製作者應享有授權以任何方式或形式對其錄音物直接或間接地進行複製的專有權。

第十二條　散布權

(1)錄音物製作者應享有授權通過銷售或其他所有權轉讓形式向公眾提供其錄音物的原件或複製品的專有權。

(2)對於在錄音物的原件或複製品經錄音物製作者授權被首次銷售或其他所有權轉讓之後適用本條第(1)款中權利耗盡所依據的條件（如有此種條件），本條約的任何內容均不得影響締約各方確定該條件的自由。

第十三條　出租權

(1)錄音物製作者應按締約各方國內法中的規定享有授權對其錄音物的原件和複製品向公眾進行商業性出租的專有權，即使該原件或複製品已由錄音物製作者發行或根據錄音物製作者的授權發行。

(2)儘管有本條第(1)款的規定，任何締約方如在 1994 年 4 月 15 日已有且現仍實行錄音物製作者出租其錄音物的複製品獲得公平報酬的制度，祇要錄音物的商業性出租沒有引起對錄音物製作者複製專有權的嚴重損害，即可保留這一制度。

第十四條　提供錄音物的權利

錄音物製作者應享有專有權，以授權通過有線或無線的方式向公眾提供其錄音物，使該錄音物可為公眾中的成員在其個人選定的地點和時間獲得。

第四章　共同條款

第十五條　因廣播和向公眾傳播獲得報酬的權利

(1)對於將為商業目的發行的錄音物或此種錄音物的複製品直接或間接地用於廣播或用於對公眾的任何傳播，表演者和錄音物製作者應享有獲得一次性合理報酬的權利。

(2)締約各方可在其國內立法中規定，該一次性合理報酬應由表演者、或由錄音物製作者或由二者向用戶索取。締約各方可制定國內立法，對表演者和錄音物製作者之間如未達成協議，表演者和錄音物製作者應如何分配該一次性合理報酬所依據的條件作出規定。

(3)任何締約方均可在向世界智慧財產權組織總幹事交存的通知書中，聲明其將僅對某些使用適用本條第(1)款的規定，或聲明其將以某種其他方式對其適用加以限制，或聲明其將根本不適用這些規定。

(4)在本條中，以有線或無線的方式向公眾提供的、可為公眾中的成員在其個人選定的

地點和時間獲得的錄音物應被認為仿佛其原本即為商業目的而發行。

第十六條　限制與例外

⑴締約各方在其國內立法中，可在對表演者和錄音物製作者的保護方面規定與其國內立法中對文學和藝術著作的著作權保護所規定的相同種類的限制或例外。

⑵締約各方應將對本條約所規定權利的任何限制或例外限於某些特殊的、不與錄音物的正常利用相牴觸、也不無理地損害表演者或錄音物製作者合法利益的情況。

第十七條　保護期

⑴依本條約授予表演者的保護期，應自表演以錄音物錄製之年年終算起，至少持續到五十年期滿為止。

⑵依本條約授予錄音物製作者的保護期，應自該錄音物發行之年年終算起，至少持續到五十年期滿為止；或如果錄音物自錄製完成起五十年內未被發行，則保護期應自錄製完成之年年終起至少持續五十年。

第十八條　關於技術措施的義務

締約各方應規定適當的法律保護和有效的法律救濟辦法，制止規避由表演者或錄音物製作者為行使本條約所規定的權利而使用的、對就其表演或錄音物進行未經該有關表演者或錄音物製作者許可、或未由法律准許的行為加以約束的有效技術措施。

第十九條　關於權利管理信息的義務

⑴締約各方應規定適當和有效的法律救濟辦法，制止任何人明知、或就民事救濟而言有合理根據知道其行為會誘使、促成、便利或包庇對本條約所涵蓋的任何權利的侵犯而故意從事以下行為：

　(i) 未經許可去除或改變任何權利管理的電子信息；

　(ii) 未經許可發行、為發行目的進口、廣播、向公眾傳播或提供明知已被未經許可去除或改變權利管理電子信息的表演、錄製的表演或錄音物的複製品。

⑵本條中的用語「權利管理信息」係指識別表演者、表演者的表演、錄音物製作者、錄音物、對表演或錄音物擁有任何權利的所有人的信息，或有關使用表演或錄音物的條款和條件的信息，和代表此種信息的任何數字或代碼，各該項信息均附於錄製的表演或錄音物的每件複製品上或在錄製的表演或錄音物向公眾提供時出現。

第二十條　手續

享有和行使本條約所規定的權利無須履行任何手續。

第二十一條　保留

除第十五條第⑶款的規定外，不允許對本條約有任何保留。

第二十二條　適用的時限

⑴締約各方應將《伯恩公約》第十八條的規定比照適用於本條約所規定的表演者和錄音物製作者的權利。

⑵儘管有本條第⑴款的規定，締約方可將對本條約第五條的適用限制於在本條約對該締約方生效之後進行的表演。

第二十三條　關於權利行使的條款

⑴締約各方承諾根據其法律制度採取必要的法律措施，以確保本條約的適用。

⑵締約各方應確保依照其法律可以提供執行程序，以便能採取制止對本條約所涵蓋權利的任何侵犯行為的有效行動，包括防止侵權的快速救濟和為遏制進一步侵權的救濟。

第五章　行政條款和最後條款

第二十四條　大會

⑴⒜締約方應設大會。

⒝每一締約方應有一名代表，該代表可由副代表、顧問和專家協助。

⒞各代表團的費用應由指派它的締約方負擔，大會可要求世界智慧財產權組織（以下稱為「本組織」）提供財政援助，以便利按照聯合國大會既定慣例認為是發展中國家或轉型為市場經濟的國家的締約方代表團參加。

⑵⒜大會應處理涉及維護和發展本條約及適用和實施本條約的事項。

⒝大會應履行依第二十六條第⑵款向其指定的關於接納某些政府間組織成為本條約締約方的職能。

⒞大會應對召開任何修訂本條約的外交會議作出決定，並給予本組織總幹事籌備此種外交會議的必要指示。

⑶⒜凡屬國家的每一締約方應有一票，並應祇能以其自己的名義表決。

⒝凡屬政府間組織的締約方可代替其成員國參加表決，其票數與其屬本條約締約方的成員國數目相等，如果此種政府間組織的任何一個成員國行使其表決權，則該組織不得參加表決，反之亦然。

⑷大會應每兩年召開一次例會，由本組織總幹事召集。

⑸大會應制定其本身的議事規則，其中包括特別會議的召集、法定人數的要求及在不違反本條約規定的前提下作出各種決定所需的多數。

第二十五條　國際局

本組織的國際局應履行與本條約有關的行政工作。

第二十六條　成為本條約締約方的資格

⑴本組織的任何成員國均可成為本條約的締約方。

⑵如果任何政府間組織聲明其對於本條約涵蓋的事項具有權限和具有約束其所有成員國的立法，並聲明其根據其內部程序被正式授權要求成為本條約的締約方，大會可決定接納該政府間組織成為本條約的締約方。

(3)歐洲聯盟在通過本條約的外交會議上做出上款提及的聲明後，可成為本條約的締約方。

第二十七條　本條約規定的權利和義務

除本條約有任何相反的具體規定以外，每一締約方均應享有本條約規定的一切權利並承擔本條約規定的一切義務。

第二十八條　本條約的簽署

本條約應在 1997 年 12 月 31 日以前開放供本組織的任何成員國和歐洲聯盟簽署。

第二十九條　本條約的生效

本條約應於三十個國家向本組織總幹事交存批准書或加入書三個月之後生效。

第三十條　成為本條約締約方的生效日期

本條約應自下列日期起具有約束力：

(i) 對第二十九條提到的三十個國家，自本條約生效之日起；

(ii) 對其他各國，自該國向本組織總幹事交存文書之日滿三個月起；

(iii) 對歐洲共同體，如果其在本條約根據第二十九條生效後交存批准書或加入書，則自交存此種文書後滿三個月起，或如果其在本條約生效前交存批准書或加入書，則自本條約生效後滿三個月起；

(iv) 對被接納成為本條約締約方的任何其他政府間組織，自該組織交存加入書後滿三個月起。

第三十一條　條約之退出：

本條約的任何締約方均可退出本條約，並應通知本組織總幹事。任何退約應於本組織總幹事收到通知之日起一年後生效。

第三十二條　本條約的語文

(1)本條約的簽字原件應為一份，以英文、阿拉伯文、中文、法文、俄文和西班牙文簽署，各該文種的文本具有同等效力。

(2)除本條第(1)款提到的語文外，任何其他語文的正式文本須由總幹事應有關當事方請求，在與所有有關當事方磋商之後制定。在本款中，「有關當事方」係指涉及到其正式語文或正式語文之一的本組織任何成員國，並且如果涉及到其正式語文之一，亦指歐洲聯盟和可成為本條約締約方的任何其他政府間組織。

第三十三條　保存人

本組織總幹事為本條約的保存人。

22.保護表演人、錄音物製作人暨廣播機構之羅馬公約

一九六一年十月二十六日於羅馬通過

締約國希望保護表演人、錄音物製作人及廣播機構之權利，茲同意以下條款：

第一條　與著作權之關係

本公約所賦與之保護、對於文學及美術的著作物之著作權的保護，不加以變更及影響。因此，本公約之規定，不得作損害此著作權保護之解釋。

第二條　內國國民待遇之規定

1.本公約適用上之內國國民的待遇，依以下規定之被要求保護之締約國的國內法令定之：

　⑴對於表演人為其國民，而於其本國領域內為表演、廣播或最初固定者。

　⑵對於錄音物製作人為其國民，而於其本國領域內最初固定或最初發行者。

　⑶對於在其本國有主事務所之傳播機關，而其為傳播之傳播設備設於其本國者。

2.內國國民之待遇，本公約應作明確保障及明確限制之規定。

第三條　定義

本公約之適用上，

1.稱「表演人」者，謂演員、歌星、音樂家、舞蹈家以及其他將文學或美術的著作物，加以上演、歌唱、演述、朗誦、扮演或以其他方法加以表演之人。

2.稱「錄音物」者，謂專門以表演之音或其他之音為對象之聽覺的固定物。

3.稱「錄音物製作人」者，謂最初固定表演之音或其他之音的自然人或法人。

4.稱「發行」者，謂向公眾提供相當數量之錄音物的複製物。

5.稱「複製」者，謂對於固定物製作一個或一個以上之複製物。

6.稱「廣播」者，謂以公眾受信為目的，而用無線通信方法，將音或音及影像，加以傳送。

7.稱「再廣播」者，謂一個廣播機構，將其他的廣播機構之傳播，同時加以傳送。

第四條　表演人之保護

每一個締約國，於有左列情形之一時，應對於表演人賦與內國國民待遇之保護：

　⑴在其他締約國為表演。

　⑵表演被併入受本公約第五條保護之錄音物者。

　⑶表演並未被固定於錄音物上，而被放入受本公約第六條保護之傳播中者。

第五條　錄音物製作人之保護

1.每一個締約國，於左列情形之一時，應對於錄音物製作人賦與內國國民待遇之保護：

　⑴錄音物製作人為其他締約國之國民者（以國籍為標準）。

　⑵音的最初固定係在其他締約國者（以固定為標準）。

　⑶錄音物的最初發行係在其他締約國者（以發行為標準）。

2.錄音物最初在非締約國發行，而在該最初發行後三十日內亦在締約國發行者（同時發行），視為該錄音物在該締約國最初發行。

3.任何締約國，得以通知書寄送聯合國秘書長，聲明不適用發行標準或固定標準。該通知書得於批准，承諾或加入，或其後之任何時間內寄送；依最後標準時間之寄送，在寄送後六個月生效。

第六條　廣播機構之保護

1.每一個締約國，於有左列情形之一時，應對於廣播機構賦與內國國民待遇之保護：

(1)廣播機構之主事務所設於其他締約國者。

(2)為廣播之傳播設備設於其他締約國者。

2.任何締約國得以通知書寄送聯合國秘書長，聲明廣播僅就廣播機構之主事務所設於其他締約國，以及為廣播之傳播設備設於其他締約國，始受保護。該通知書得於批准、承諾或加入，或其後之任何時間內寄送；依最後標準時間之寄送，在寄送後六個月生效。

第七條　表演人之權利

1.本法所賦與表演人之保護，應包括左列可能性之防止：

(1)未經表演人之同意，將表演廣播及向公眾傳達，但該表演之廣播向公眾傳達係為已經廣播之表演或固定物者，不在此限。

(2)未經表演人之同意，將未經同意之表演，加以固定。

(3)未經表演人之同意，將其表演之固定物加以複製，如：

　(a)最初之固定，其本身未經表演家之同意者。

　(b)複製之目的與表演人同意之目的不符者。

　(c)依第十五條規定最初固定，而複製並非依該條規定之目的者。

2.(1)表演人同意廣播者，關於再廣播、廣播目的之固定以及為廣播目的而將此固定物加以複製之保護，依被要求保護之締約國的國內法令定之。

(2)廣播機構為傳播目的之固定物，其使用之期間及條件，依被要求保護之締約國的國內法令定之。

(3)本項第一款及第二款之國內法令，不得藉與廣播機構間之約定而剝奪表演人之操控能力。

第八條　集體表演

如若干表演人參與同一之表演，締約國得以國內法令規定表演人有權決定其代表者。

第九條　表演人之保護

任何締約國得以國內法令擴展本公約之保護至未將文學及藝術著作加以表演之表演人。

第十條　錄音物製作人之權利

錄音物製作人就其錄音物直接或間接享有授權複製或禁止複製之權利。

第十一條　錄音物保護之方式

締約國之內國的國內法令要求某種方式之履行為錄音物製作人或表演人或兩者之權利保護的條件時，如已發行之商業性錄音物或其包裝上印有 P 符號之標記，並附有最初發行之年月日，而以此方法作為保護要求之適當標記者，此標記之記載視為該條件之履行。又如複製品或其包裝上未能確認製作人或得製作人授權權利行使之人（附有姓名、商標或其他專用名稱）者，其標記之記載，應包括有錄音物製作權利之人的姓名。再者，如複製品或其包裝不能確認主要表演人者，其標記之記載，應包括錄音物固定完成之國家擁有表演人權利之人的姓名。

第十二條　錄音物的第二次使用

以商業目的發行之錄音物或此種錄音物之複製物，直接使用於廣播或為其他公開傳達者，使用人應對於表演人或錄音物製作人或其二者給付單一之適當報酬。當事人間未協議者，其報酬之分配，依國內法令定之。

第十三條　廣播機關之權利

廣播機關享有左列授權或禁止之權利：

⑴對於廣播之再廣播。

⑵對於廣播之固定。

⑶左列之複製：

　⒜未得廣播機關之同意所作廣播之固定物的複製；

　⒝如複製非為依第十五條規定目的，依該條規定廣播之固定物的複製；

⑷在應支付入場費之公眾場所演出之電視廣播的公開傳達。但決定此權利行使之條件，依此權利被要求保護之國家的國內法令定之。

第十四條　保護期間

本公約所賦與之保護期間，自左列所規定事項之翌年起算，至少不得短於二十年：

⑴關於錄音物或表演被固定於錄音物者，錄音物被固定之年；

⑵關於表演未被固定於錄音物者，表演演出之年；

⑶關於廣播者，廣播播放之年。

第十五條　保護之例外

1.締約國得以國內法令，就左列事項，規定本公約保護之例外：

　⑴個人之使用。

　⑵時事報導之片斷的使用。

　⑶廣播機構利用自己之設備，就自己之廣播所為簡短之錄音。

　⑷專門為教育或科學研究目的之使用。

2.前項情形，締約國得以國內法令規定表演人、錄音物製作人及廣播機構之保護，與依其國內法令所規定文學及藝術的著作的著作權保護，作相同的限制。但有關強制授權之規定，不得牴觸本公約。

第十六條　保留之聲明

1. 為本公約締約國之各國，應負擔本公約之所有義務及享有本公約之所有權益，但締約國得以通知書寄存聯合國秘書長，聲明：

(1)關於第十二條：

(a)不適用同條之規定。

(b)不適用同條之若干使用。

(c)錄音物製作人非其他締約國之國民者，關於該錄音物，不適用同條之規定。

(d)錄音物製作人為其他締約國之國民者，得依同條規定對於該為聲明之國家的國民最初被固定之錄音物所賦與之保護加以限制，但錄音物製作人為其國民之締約國並未賦與如同聲明之國家對於受益人相同之保護者，在保護之範圍上，不視為有差異。

(2)第十三條之規定，於同條(4)項不適用之。如締約國為上述聲明，其他締約國則無義務依第十三條(4)項規定，對於在該國有主事務所之廣播機構，賦與權利。

2. 依前項規定之通知，於批准、承諾或加入之文件寄存之日後為之者，該聲明於寄存後六個月發生效力。

第十七條　固定標準之適用的聲明

在一九六一年十月二十六日以國內法令僅賦與錄音物製作人固定標準之國家，得在批准、承諾或加入之時，以通知寄存聯合國秘書長，聲明其僅適用第五條之固定標準，以及適用第十六條第一項第(1)款第(c)目及第(d)目之固定標準，以代替依國籍之標準。

第十八條　聲明之撤回

依第五條第三項、第六條第二項、第十六條第一項或第十七條規定寄存通知之國家，得另以通知寄存聯合國秘書長，縮小原通知之範圍，或撤回之。

第十九條　在電影上被固定之表演

不問本公約之規定如何，表演人已經同意其表演結合在視覺或視聽覺的固定物者，第七條之規定，不再適用。

第二十條　不溯既往

1. 本公約不得有害於在本公約生效之日前任何締約國在該國取得之權利。

2. 締約國在本公約生效之日前所為之表演、廣播或錄音物之固定，不適用本公約之規定。

第二十一條　其他之保護

本公約之保護，不得損害對於表演人、錄音物製作人及廣播機構之其他保護。

第二十二條　特別之締約

締約國於不違反本公約之範圍內，得在締約國與締約國間，締結特別之協定，賦與表演人、錄音物製作人或廣播機關較本公約所賦與更廣泛的權利或若干其他規定。

第二十三條　署名

本公約應寄存聯合國秘書長。世界著作權公約之締約國或文學及藝術著作之保護的國際同盟之加盟國，而被表演人、錄音物製作人及廣播機關之國際保護的外交會議邀請之國家，在一九六二年六月三十日前，均得自由署名參加。

第二十四條　批准、承認及加入

1. 本公約經簽約國批准或承諾，方能生效。

2. 世界著作權公約之締約國或文學及藝術著作保護之國際同盟之加盟國，而受第二十三條之外交會議邀請以及為聯合國之會員國者，得自由加入本公約。

批准、承認或加入，應將該文件寄存聯合國秘書長。

第二十五條　效力之發生

1. 本公約於第六個批准、承認或加入之文件寄存之日起三個月後生效。

2. 其後，本公約於其他各國在其批准、承認或加入之文件寄存之日起三個月後生效。

第二十六條　國內措施

1. 各締約國應依其本國憲法之規定，為確保本公約適用之必要措施。

2. 各締約國於存送其批准、承諾或加入之文件時，應在其本國法令規定實施本公約之情形。

第二十七條　領域之適用

1. 任何國家於批准、承認或加入之時，或其後任何時間，得以通知寄送聯合國秘書長，聲明本公約應擴大至本國在外交關係上負有責任之領域的全部或一部，但該領域非世界著作權公約或文學及藝術著作保護之國際公約適用之領域者，不在此限。本通知於其通知受領之日後三個月內發生效力。

2. 第五條第三項、第六條第二項、第十六條第一項、第十七條及第十八條之通知，得擴展至包括前項之所有領域或任何領域。

第二十八條　通知廢止

1. 任何締約國，得以其本國之目的，或前條領域之全部或一部之目的，通知廢止本公約。

2. 該廢止應以通知書寄送聯合國秘書長，在該通知書受領之日後十二個月發生效力。

3. 締約國自本公約生效之日起屆滿五年以前，不得廢止本公約。

4. 締約國自其非世界著作權公約之當事國，亦非文學及藝術著作之保護的國際同盟之加盟國時起，即非本公約之當事國。

5. 第二十七條規定之領域，自世界著作權公約以及文學及藝術的著作保護之國際公約均不適用於該領域時起，於本公約不適用之。

第二十九條　修正

1. 自本公約的生效五年後，任何締約國得以通知書寄送聯合國秘書長，要求召開修正

公約之會議。聯合國秘書長應通知所有為此要求之締約國。如於聯合國秘書長通知之日起六個月內，至少有締約國總數二分之一以上之國家通知其贊同為修正公約之要求，聯合國秘書長應通知國際勞動局之事務局長；聯合國教育科學及文化機關之事務局長以及文學及藝術的著作保護之國際同盟之事務局長，召開第三十二條之政府間委員會之共同修正會議。

2. 本公約修正通過，應經修正會議出席國家三分之二以上之贊成投票。但該贊成投票數亦須達於修正會議之時公約當事國總數之三分之二以上。

3. 如將本公約全部或一部加以修正，除修正公約別有規定外：

   (1)本公約自修正公約生效之日起，停止開放批准、承認或加入。

   (2)本公約於未為修正公約之當事國的締約國相互間之關係，以及與未為修正公約之當事國的締約國之關係，仍然有效。

第三十條　紛爭處理

任何兩個或兩個以上之締約國間關於公約之解釋或適用所引起之爭議，而未以談判解決者，除相互同意以其他方法解決外，經爭議當事國之一方要求，應提付國際法庭裁判以解決之。

第三十一條　保留

除第五條第三項、第六條第二項、第十六條第一項及第十七條之規定外，本公約不承認任何保留。

第三十二條　政府間委員會

1. 政府間委員會之設置，有左列任務：

   (1)研究關於本公約之適用及運作之問題。

   (2)為本公約可能之修正而蒐集各種提案及準備參考資料。

2. 委員會由各締約國按照公平之地理分配適當選出之代表組織之。委員會委員之數額，如締約國在十二國以下者六人，十三國以上十八國以下者九人，十九國以上者十二人。

3. 委員會應於本公約生效後十二個月成立，依所有締約國過半數通過之規則，由國際勞動局事務局長，聯合教育科學文化機關事務局長以及文學及藝術著作保護之國際同盟事務局長管理，每一締約國各有一票選擇組織之。

4. 委員會應選出主席及職員，並應制定其程序規則。此規則應特別規定將來委員會之運作及將來選舉委員會以確保在締約國間之輪流交替的方法。

5. 委員會由國際勞動、聯合國教育科學及文化機關以及文學及藝術的著作保護之國際同盟等三機關之事務局長指派其所屬職員組成秘書處。

6. 委員會會議如委員國過半數認為有必要時，應在國際勞動局、聯合國教育科學及文化機關以及文學及藝術的著作保護之國際同盟之總部輪流召開。

7.委員會委員之經費，由該委員之政府負擔之。

第三十三條　正本

1.本公約以英文、法文及西班牙文作成，該三種文書均為正本。

2.此外，本公約之公定本文，應以德文、義大利文及葡萄牙文作成。

第三十四條　通知

1.聯合國秘書長對於被邀請參加第二十三條會議之國家、聯合國之會員國、國際勞動局之事務局長、聯合國教育科學及文化機關之事務局長以及文學及藝術的著作保護之國際同盟之事務局長，應通知左列事項：

(1)批准、承認或加入文書之存送。

(2)本公約生效之日。

(3)本公約規定之所有通知、聲明及通報。

(4)任何第二十八條第四項及第五項情況發生時其情況。

2.聯合國秘書長遇有依第二十九條應向其通報之要求以及任何締約國關於公約修正之通報，應通知國際勞動局之事務局長、聯合國教育科學及文化機關之事務局長、以及文學及美術的著作物保護之國際同盟之事務局長。下列簽字之人，經充份授權簽署本公約一九六一年十月二十六日在羅馬以英文、法文及西班牙文作成本公約一冊。經簽證之副本，聯合國秘書長應抄送所有被邀請參加第二十三條會議之國家、聯合國之各會員國、國際勞動局之事務局長、聯合國教育科學及文化機關之事務局長、以及文學及美術的著作物保護之國際同盟之事務局長。

23.保護錄音物製作人對抗未經授權重製與錄音物之日內瓦公約

一九七一年十月二十九日於日內瓦通過

序言

吾等締約國，深以擅自重製他人錄音物者，極為普遍且與日俱增，致生損害於著作人、表演人及錄音物錄製人之利益；確信禁止擅自重製行為，保護錄音物錄製人，就錄入錄音物中之表演及著作言，自亦嘉惠其表演人與著作人；體認聯合國教科文組織暨世界智慧財產權組織於此方面所作努力之價值；亟欲於不妨礙任何既存國際協定，尤其不擬損害廣為國際接受之羅馬公約，該公約係為保護表演人，播送企業及錄音物錄製人而締結者；爰經協議條款如次。

第一條　本公約專用詞定義

本公約專用詞定義如左：

(1)「錄音物」係指任何表演中之聲音或其他聲音，專為聽覺而附著者；

(2)「錄音物錄製人」係指將表演中之聲音或其他聲音首次附著之人或法人；

(3)「重製物」係指一種物品，其內含之聲音，乃直接或間接取自錄音物，且其內含聲音之全部或主要部分，原係附著於該錄音物者；

(4)「散布於眾」係指任何行為，凡將錄音物重製物，直接或間接提供一般大眾或其部分者俱屬之。

第二條　禁止輸入違法重製物

締約國應保護具有他締約國國民身份之錄音物錄製人權利，在未經錄製人同意時，禁止製作其重製物；又如任何類此之製作或輸入，係為散布於眾之目的，並得禁止輸入其重製物，防止該重製物散布於眾。

第三條　本公約施行方法

本公約之實施，須依各締約國國內法，循下列途徑多種或之一為之：藉賦予著作權或其他特定權利方式予以保護；藉不正競爭有關法律方式予以保護；藉刑事制裁方式予以保護。

第四條　保護期間

保護期間由各締約國以國內法定之。但如其國內法定有特定期間者，至少不得少於二十年，自該錄音物中之聲音首次附著或自該錄音物首次發行之年底起算。

第五條　權利標記內容及其認定

如依締約國國內法規定，取得保護之條件，須履行法定形式要件者，則如全部經授權而散布於眾之錄音物重製物，或其盒套之適當位置，載有請求保護之標記，揭示 P 符號、首次發行年份日期；且如該重製物或其盒套無法辨認錄製人、其法定權利繼受人或排他被授權人（以姓名、商標或其他適當表徵）時，則標記亦應包括錄製人、法定權利繼受人或排他被授權人之姓名，始視為業已符合形式要件之規定。

第六條　強制授權之條件

關於錄音物錄製人之保護，任何締約國藉著作權或其他特定權利方式，或藉刑事制裁方式予以保護者，得以其國內法規定同樣限制，如同允許限制保護文學、藝術著作之著作人。但除合於左列條件外，不允許任何強制授權：

(1)重製物係專供用於教學或科學研究之目的；

(2)須締約國主管機關核准授權而於其境內之重製，且重製物並非輸出時，該授權斯為合法；

(3)該主管機關除核定因授權重製而付給公平補償金外，亦應審酌重製物之製作數量。

第七條　公約與國內法效力之劃分

1.任何國內法或國際協定，給與著作人、表演人、錄音物錄製人或播送企業之保護，本公約不得作限制或妨礙此等保護之解釋。

2.表演被附著於錄音物之表演人所享有保護之範圍，及其享有保護之條件，如有此項規定，由各締約國以國內法定之。

3.締約國於本公約對該國生效前所附著之錄音物，無適用本公約規定事項之義務。

4.截至一九七一年十月廿九日，原僅依首次附著而給與錄音物錄製人保護之任何締約國，得以通知送存世界智慧財產權組織總幹事方式，宣布適用本標準，以取代錄製人所屬國籍之標準。

第八條　國際局之職掌

1.世界智慧財產權組織之國際局，負責彙集並發行有關保護錄音物之資料。各締約國應將此一方面新法及官方文件，儘速傳送至該局。

2.國際局得應任何締約國要求，提供本公約有關資料，並得舉辦研習及提供指定便於保護之各項設施等服務。

3.國際局對聯合國教科文組織及國際勞工組織，就各該組織職掌事項，得經協調後執行前兩項列舉之職權。

第九條　公約行政事項

1.本公約並送存於聯合國秘書長，於一九七二年四月三十日前，公開供聯合國任何會員國、任何與聯合國有關專門機構、國際原子能委員會，或國際常設法庭組織所定當事國之一方等簽字。

2.本公約須經簽字國批准或接受，並開放供本條第一項所指之任何國家加入。

3.批准、接受或加入文件，應送存於聯合國秘書長。

4.本公約開始拘束特定國之時，該國即應依其國內法，實施本公約規定事項。

第十條　禁止保留

本公約不承認保留。

第十一條　公約之生效要件

1.本公約將於第五個國家批准、接受或加入之文件送存後滿三個月生效。

2.第五個國家之批准、接受或加入文件送存後，其他每一國家之批准、接受或加入，依第十三條第四項規定，均於其文件送存世界智慧財產權組織行政長時起三個月後，本公約對該國生效。

3.任何國家得於批准、接受或加入之同時或較晚日期，通知聯合國秘書長，宣布本公約將適用於該國保護領地之全部或其中之一。此項宣布於通知送達時起三個月後生效。

4.但前項規定不得解釋為他締約國因適用本公約於該地域，而意味著承認或默示接受該保護領地之現狀。

第十二條　退出

1.任何締約國，得以書面通知聯合國秘書長，代表其本身或代表第十一條第三項所定之保護領地，宣布退出本公約。

2.聯合國秘書長於收到退出通知時起滿十二個月生效。

第十三條 公約雜項事務

1. 本公約之英文本、法文本、俄文本及西班牙文本，均簽字為正單行本，其效力相等。

2. 阿拉伯文、荷蘭文、德文、義大利文及葡萄牙文官定本，由世界智慧財產權組織總幹事和有關政府協商後制定。

3. 聯合國秘書長應將左列事項通知世界智慧財產權組織總幹事、聯合國教科文組織總幹事及國際勞工組織總幹事：

(1)本公約簽字國；

(2)批准、接受或加入文件之送存；

(3)本公約生效日期；

(4)依第十一條第三項所定之任何宣布通知文件；

(5)退出通知之收訖。

4. 前項之通知，及依第七條第四項所定之任何宣布文件，世界智慧財產權組織總幹事於收訖後，應即通知第九條第一項所定之國家。並將宣布事項照會聯合國教科文組織及國際勞工組織總幹事。

5. 聯合國秘書長應將本公約簽證本二份，送交第九條第一項所定之國家。

24.有關衛星傳送節目載波訊號散布之布魯塞爾公約

一九七四年於布魯塞爾通過

序言

吾等締約國，洞察使用衛星作為節目載波訊號之散布工具，其數量與涵蓋之地域，二者均有迅速成長之趨勢；關心目前尚無世界性制度，足以防範由衛星傳送之節目載波訊號，自散布人散布至非預期之他散布人，此項缺陷極可能妨礙衛星通訊之正常使用；體認著作人、表演人、錄音物錄製人及播送企業在此一方面利益之重要性；確信，為防範由衛星傳送之節目載波訊號，自散布人散布至非預期之他散布人，必須建立國際性制度，方能採行有效措施，亟盼前揭之需要，不妨害任何既存國際協定，其中包括國際電報通訊公約，及其附屬之無線電規則，尤其不擬損害廣為國際接受之一九六一年羅馬公約，該公約係為保護表演人、錄音物錄製人及播送企業而締結者，爰經協議條款如次。

第一條 本公約專用詞定義

本公約專用詞定義如次：

(1)「訊號」乃電子推動之載波，能夠傳送節目；

(2)「節目」乃一套現場或錄製之資料，由影、音或二者組成而含入訊號，此訊號之發射供散布節目之目的；

(3)「衛星」乃任何外太空裝置，能傳送訊號者；

(4)「送射訊號」或「訊號放射」乃射向或透經衛星反射之任何節目載波訊號；

(5)「衍生訊號」乃一種變換放射訊號技術特徵而獲得之訊號，不論有無一或多種附著資料介乎其間；

(6)「原機構」乃人或法人，由其決定將何種節目置於放射訊號，予以載波；

(7)「散布人」乃人或法人，由其決定將衍生訊號傳送至一般大眾或指定區域接收其傳送；

(8)「散布」乃藉散布人之操作，將衍生訊號傳送至一般大眾或指定區域接收其傳送。

第二條　締約國防止措施之義務

每一締約國承諾採取有效措施，對於散布於其境內或自其境內散布之任何節目載波訊號，防止放射至或經由衛星之訊號至非預期之散布人。此項義務對他締約國國民原機構所為之衛星訊號，並應適用之。

第(1)項所提之有效措施，任何締約國須限期付諸實施，至其期間則依各該國國內法定之。此項期間應於批准、接受或加入時，以書面載明通知聯合國秘書長。如其國內法開始生效或嗣後修改，則應於生效或修改後六個月內通知之。

由放射訊號預期散布人所散布之衍生訊號，經接收後重為散布者，不適用第(1)項所定之義務。

第三條　直接從衛星接收之例外

如原機構或其代表訊號放射之本意，係供一般大眾直接從衛星接收者，則不適用本公約。

第四條　公平利用

如散布人非故意將放射訊號散布至境內，且為左列情形者，締約國無負第二條第一項防止措施之義務：

(1)由放射訊號載送之節目，係簡短摘錄，內含者為時事報導，但其摘錄目的在報導消息之適度範圍內；或

(2)由放射訊號載送節目之簡短摘錄，供為引用；如此項引用合於業務之正當，而引用目的亦未逾越報導消息所必需，或

(3)由放射訊號載送之節目，其所散布之地域乃締約國依聯合國大會慣例，認係開發中國家，而其散布專供教學，包括成人教育，或科學研究等目的。

第五條　不溯既往

締約國於本公約對該國生效前所為之任何訊號放射，無溯及適用之義務。

第六條　禁止妨礙既得權

本公約不得解釋為有限制或損害，任何依國內法或國際協定所給予著作人、表演人、錄音物錄製人或播送企業之保護。

第七條　國內反托拉斯法效力優先

本公約不得解釋為有限制任何締約國，適用其國內法以防壟斷之權。

第八條　保留事項

除第二項及第三項另有規定外，本公約不許任何保留。

任何締約國之國內法，於一九七四年五月廿一日，如有類似規定而須配合執行者，得以書面通知送存聯合國秘書長，宣布第二條第一項末段所載「他締約國國民原機構」一語，如同以「訊號係放射自他締約國領土」一語代替之。

⑴任何締約國之國內法，於一九七四年五月廿一日，關於以有線、電纜或其他類似通訊管道，散布節目載波訊號至大眾訂戶會員，予以限制或不予保護者，得以書面通知送存聯合國秘書長，宣布基於國內法之限制與不予保護之規定，對前述之散布仍不適用本公約。

⑵依擬第一款之通知於送存後，如其國內法生效，或任何修正，致前項之保留已無法適用或擴大限制範圍，亦須於事項發生時起六個月內，以書面通知聯合國秘書長。

第九條　公約之行政事項

本公約送存於聯合國秘書長，一九七五年三月卅一日前，公開供聯合國任何會員國、任何聯合國專門機構、國際原子能委員會，或國際常設法庭組織法，所定當事國之一方等簽字。

本公約須經簽字國批准或接受，並開放與本條第一項所指之任何國家加入。

批准、接受或加入文件，應送存於聯合國秘書長。

依了解，本公約開始拘束特定國之時，該國應依據其國內法，實施本公約規定事項。

第十條　公約之生效要件

本公約將於第五個國家批准、接受或加入之文件送存後滿三個月生效。

第五個國家之批准、接受或加入文件送存後，其他每一國家之批准、接受或加入之文件送存時起三個月後，本公約即對該國生效。

第十一條　退出

任何締約國，得以書面通知送存聯合國秘書長，退出本公約。

依第⑴項之退出通知送達後滿十二個月生效。

第十二條　公約雜項事務

本公約之英文本、法文本、俄文本及西班牙文本，均簽字為正單行本，其效力相等。

阿拉伯文、荷蘭文、德文、義大利文及葡萄牙文官定本，由聯合國教科文組織及世界智產所有權組織行政長，咨商利益有關政府後寫定。

聯合國秘書長應將左列事項，通知第九條第一項所定之國家、聯合國教科文組織、世界智產所有權組織、國際勞工組織等行政長及國際電訊聯盟秘書長：

⑴本公約簽字國；

(2)批准、接受或加入文件之送存;

(3)依第十條第一項規定本公約生效日期;

(4)關於第二條第二項或第八條第二項或第三項所定任何通知之送存及其文件;

(5)退出通知之收訖。

聯合國秘書長應將本公約簽證本二份,送交第九條第一項所定之國家。

25.保護工業財產權巴黎公約

一八八三年三月二十日簽訂,一九〇〇年十二月十四日在布魯塞爾修訂,一九一一年六月二日在華盛頓修訂,一九二五年十一月六日在海牙修訂,一九三四年六月二日在倫敦修訂,一九五八年十月三十一日在里斯本修訂,一九六七年七月十四日在斯德哥爾摩修訂

第一條 同盟的建立;工業財產權的範圍

㈠參加本公約的國家組成保護工業財產權同盟。

㈡工業財產權的保護物件是專利、實用新型、工業外觀設計、商標、服務商標、商號、產地標記或原產地名稱以及制止不正當競爭。

㈢工業財產權應做最廣義的理解,不僅適用於工商業本身,而且也應同樣適用於農業和採掘工業以及一切製成品或天然產品,例如酒類、穀物、煙葉、水果、牲畜、礦產品、礦泉水、啤酒、花卉和麵粉等。

㈣專利應包括本同盟成員國法律上承認的各種工業專利,如進口專利、改進專利、增補專利和補充證書等。

第二條 給予本同盟成員國國民的國民待遇

㈠本同盟任何成員國的國民,在保護工業財產權方面,應在本同盟其他成員國內享有各該國法律現在或今後給予各該國國民的各種利益;本公約所特別規定的權利不得受到任何侵害。從而,他們祇要遵守各該國國民應遵守的條件和手續,即應受到與各該國國民同樣的保護,並在他們的權利遭到任何侵害時,同樣依法律糾正。

㈡但是,並不要求本同盟成員國國民在請求保護其財產權的國家中設有住所或營業所才能享有工業財產權的權利。

㈢本同盟各成員國關於司法和行政程序、管轄權以及選定送達地址或指定代理人的法律規定等,凡關於工業財產權的法律所要求的,都可明確地予以保留。

第三條 某類人享有本同盟成員國國民同樣的待遇

非本同盟成員國的國民,在本同盟一個成員國的領土內有住所或有真實、有效的工商企業的,都應享有與本同盟成員國國民同樣的待遇。

第四條 ㈠至㈨專利、實用新型、工業品外觀設計、商標、發明人證書:優先權。㈦專利:申請的劃分

(一)(1)已在本同盟一個成員國內正式提出申請專利、實用新型、工業品外觀設計或商標註冊的人，或其權利合法繼承人，在下列規定的期限內享有在本同盟其他成員國內提出申請的優先權。

(2)凡依照本同盟任何成員國國內法或本同盟成員國之間簽訂的雙邊或多邊條約相當於正常國內申請的一切申請，都認為產生優先權。

(3)正常國內申請，指能夠確定在該國家中提交申請日期的一切申請，而不問該申請的結局如何。

(二)因此，在上述期限屆滿前，任何後來在本同盟其他成員國內提出的申請，都不因在此期間他人所作的任何行為，特別是另一項申請、發明的公佈或利用、出售設計複製品或使用商標而失效；而且此類行為不能形成任何第三者的權利或任何個人佔有的權利。第三者在作為優先權根據的初次申請日期以前所取得的權利，應按照本同盟各成員國的國內立法加以保留。

(三)(1)上述優先權的期限，對於專利和實用新型為十二個月，對於工業品外觀設計和商標為六個月。

(2)這種期限應自第一次提出申請之日起算，提出申請的當天不計入期限之內。

(3)如果期限的最後一天是其提出保護請求的國家的法定假日或專利局當天不辦理申請，則該期限應順延至其後的第一個工作日。

(4)如果後來提出申請時，在先的申請已被撤回、放棄或駁回，而沒有提供公眾審閱，也沒有遺留任何未定的權利，並且如果在先的申請尚未成為請求優先權的根據，則應按照本款第(2)項規定在本同盟同一個國家內就在先的申請的同樣主題所提出的後來申請應認為是第一次申請，其申請日應為優先權期限的開始日。此後，在先的申請就不得作為請求優先權的根據。

(四)(1)凡因前已提過申請要求承認優先權者，須要作出聲明，指出提出該申請的日期和所在的國家。每一個國家應確定必須作出該項聲明的最後日期。

(2)這些事項應在主管機關的出版物中，特別是在有關的專利證書和專利說明書中載明。

(3)本同盟成員國可要求任何聲明具有優先權的人提出在先的申請書(說明書和附圖)的副本。該副本經原受理申請機關證實無誤後，不需要任何其他證明，並且可以在後來的申請提出後三個月內隨時免費進行備案。本同盟成員國可要求該副本附有原受理申請機關出具的證明申請日期的證明書和譯本。

(4)在提出申請時，不得要求對聲明具有優先權再辦理其他手續。本同盟每一成員國應確定對不遵守本條規定手續者採取相應措施，但這種措施應不超過剝奪優先權為限。

(5)因而，應要求提供進一步證明。

凡利用在先的申請而獲得優先權者，應寫明該申請書號碼，此號碼應按上述第(2)項的規定加以公佈。

㈤(1)如根據實用新型申請註冊取得優先權而在一個國家申請工業品外觀設計時，其優先權期限應與外觀設計規定的優先權期限一致。

(2)此外，還准許在一國中根據專利申請的優先權提出實用新型的申請，反之亦然。

㈥本同盟任何成員國均不得由於申請人請求多項優先權（即使是優先權產生於不同國家之中），或者由於請求一項或多項優先權的申請中，包含有已要求優先權的申請裏所未包括的一個或幾個因素，而拒絕賦予優先權或駁回專利申請，祇要在上述兩種情況下都存在該國法律所要求的發明單一性即可。

對已要求優先權的申請中所未包括的因素，在通常條件下，後來的申請應即發生優先權。

㈦(1)如在審查中發現一項專利申請中包含一個以上的發明，則申請人可將該申請分案申請，原申請日期仍視為各分案申請的日期，如原申請具有優先權者則仍保有優先權利益。

(2)申請人也可主動將一項專利分案申請保持最初申請的日期與各該分案申請的日期，如原申請具有優先權者仍保有優先權利益。本同盟各成員國有權決定批准這種分案申請的條件。

㈧不得因請求優先權的發明中有某些因素未包含在向發明起源國所提出的申請內為理由，而拒絕賦予優先權，祇要在申請文件的總體中明確地表達了這些因素即可。

㈨(1)在申請人有權自行選擇申請專利或申請發明人證書的國家裏，申請發明人證書應發生本條規定的優先權，其條件與效力和申請專利一樣。

(2)在申請人有權自行選擇申請專利或發明人證書的國家裏，發明人證書的申請人應按照本條關於申請專利的規定，享有以申請專利、實用新型或發明人證書為基礎的優先權。

第四條之二　專利權：同一發明在不同國家取得的專利權的獨立性

㈠本同盟成員國的國民向本同盟各成員國申請的專利，與其在本同盟其他成員國或非本同盟成員國為同一發明所取得的專利是相互獨立的。

㈡上述規定，應理解為具有不受限制的意義，特別是指在優先權期限內申請的各項專利，就其無效和剝奪其權利的理由以及其正常有效期而言，都是相互獨立的。

㈢這項規定應適用於在它開始生效時已存在的一切專利。

㈣這項規定應同樣適用於在新參加國加入時每一方已存在的專利。

㈤取得的具有優先權的專利在本同盟各成員國的期限，應與申請的或被核准的沒有優先權的專利期限相同。

第四條之三　專利權：在專利證書上寫明發明人的名字

發明人有權在專利證書上寫明發明人的名字。

第四條之四　專利權：在法律限制出售情況下的專利權

不得以本國法律禁止或限制出售某項專利製品或以某項專利方法製成的產品為理由，拒絕核准專利或使專利權失效。

第五條　㈠專利權：物品的進口；不實施或不充分實施；強制許可證。㈡工業品外觀設計：不實施；物品的進口。㈢商標：不使用；不同形式；共有人的使用。㈣專利權、實用新型、商標、工業品外觀設計：標記

㈠(1)專利權所有者將在本同盟任何成員國內製造的物品輸入到核准該項專利權的國家，不應導致該項專利權的撤銷。

　(2)本同盟各成員國都應有權採取立法措施規定頒發強制許可證，以防止由於行使專利所賦予的獨佔權而可能產生的利弊，例如不實施專利權。

　(3)除非頒發強制許可證還不足以防止上述濫用權利外，否則不應規定撤銷專利權。自頒發第一個強制許可證之日起兩年內，不得進行吊銷或撤銷專利權的程式。

　(4)自申請專利之日起四年內或自核准專利權之日起三年內（取其到期日期最晚者），不得以不實施或未充分實施專利權為理由而申請頒發強制許可證；如果專利權所有者對其貽誤能提出正當的理由，則應拒絕頒發強制許可證。這種強制許可證，除與使用該許可證的企業或牌號一起轉讓外，包括以頒發許可證的形式，沒有獨佔權，且不得轉讓。

　(5)上述各項規定，加以必要的修改，得適用於實用新型。

㈡工業品對外觀設計的保護，在任何情況下都不得以不實施或進口物品與受保護者相同為理由而予以撤銷。

㈢(1)如果某一國家規定已經註冊的商標必須加以使用，則祇有經過一定合理期限而且當事人不能提出其不使用的正當理由時，才得撤銷其註冊。

　(2)商標所有權人使用的商標，與其在本同盟成員國之一所註冊的商標的形式祇有細節不同而並未改變其顯著特徵者，不應導致註冊無效，也不應減少對該商標所給予的保護。

　(3)幾個工商企業同時使用同一商標於相同的或類似的商品上，而依被請求保護的國家的國內法律視為該商標的共同所有人者，祇要這種使用不至迷惑群眾和違反公眾利益，則在本同盟任何成員國內都不應不給予註冊，並不應以任何方式減少對該商標所給予的保護。

㈣不應要求在商品上載明專利、實用新型、商標註冊或工業品外觀設計圖案，以作為承認取得保護權的一個條件。

第五條之二　一切工業財產權：繳納權利維持費的寬限期；專利權：恢復

㈠繳納規定的工業財產權維持費，應允許至少六個月的寬限期，如本國法令有規定還

應繳納附加費。

㈡本同盟參加國有權對因未繳費而終止的專利權規定恢復的辦法。

第五條之三 專利權：構成船舶、飛機或車輛部件的專利發明器件

在本同盟任何成員國內，下列情況不應認為是侵犯專利權所有者的權利：

㈠當本同盟其他成員國的船隻暫時或偶然地進入領水，該船的船身、機器、船具、索具及其他附件上所用的器械構成發明人的主題時，祇要使用這些器械是專為該船的需要。

㈡當本同盟其他成員國的飛機或車輛暫時或偶然進入領城，該飛機或車輛的構造、操縱或其附件上所用器械構成專利權所有者的專利發明主題時。

第五條之四 專利權：利用在進口國專利的方法製造的產品的進口

當一種產品輸入到對該產品的製造方法給予專利保護的本同盟成員國時，專利權所有者對該進口產品應享有進口國法律對在該國製造產品所給予工藝專利的一切權利。

第五條之五 工業品外觀設計

工業品外觀設計在本同盟一切成員國中都應受到保護。

第六條 商標：註冊條件；同一商標在不同國家所受的保護是相互獨立的

㈠申請和註冊商標的條件，由本同盟成員國的國內法決定。

㈡然而，對本同盟成員國國民在本同盟任何成員國中所提出的商標註冊申請，不能以未在本國申請、註冊或續展為理由而加以拒絕或使其註冊失效。

㈢在本同盟一個成員國內正式註冊的商標，應視為與在本同盟其他成員國中 —— 包括申請人所屬國 —— 註冊的商標是相互獨立的。

第六條之二 商標：馳名商標

㈠商標註冊國或使用國主管機關認為一項商標在該國已成為馳名商標，已經成為有權享有本公約利益的人所有，而另一商標構成對此馳名商標的複製、仿造或翻譯，用於相同或類似商品上，易於造成混亂時，本同盟各國應依職權 —— 如本國法律允許 —— 或應有關當事人的請求，拒絕或取消該另一商標的註冊，並禁止使用。商標的主要部分抄襲馳名商標或是導致造成混亂的仿造者，也應適用本條規定。

㈡自註冊之日起至少五年內，應允許提出取消這種商標的要求。允許提出禁止使用的期限，可由本同盟各成員國規定。

㈢對於以不誠實手段取得註冊或使用的商標提出取消註冊或禁止使用的要求的，不應規定時間限制。

第六條之三 商標：關於國徽、官方標誌和政府間組織的標誌的禁例

㈠(1)對未經主管當局同意而將本同盟成員國的紋章、國旗和其他象徵國家的標誌、各該國用以表明權力和授權的官方符號和標誌以及任何形同仿造徽章用作商標或商標的組成部分者，本同盟成員國可以拒絕註冊或使其註冊失效，並採取適當措施

禁止使用。

(2)上述第(1)項規定應同樣適用於本同盟一個以上成員國參加的政府間國際組織的徽章、旗幟、其他標誌、縮寫和名稱，但已成為保證予以保護的現行國際協定主題的徽章、旗幟、其他標誌、縮寫和名稱除外。

(3)不應要求本同盟任何成員國適用上述第(2)項規定時，使在本公約在該國生效前善意取得權利的商標所有人遭到損害。當上述第(1)項所指的商標使用和註冊不會使公司理解為該有關組織與這種徽章、旗幟、標誌、縮寫和名稱有聯繫時，或者如果這種使用和註冊不會使公司誤解為使用人與該組織有聯繫時，即不應要求本同盟成員國適用該項規定。

㈡禁止使用表明權力和授權的官方符號和標誌，應祇適用於企圖將帶有這種標記的商標用於相同或類似商品的情況。

㈢(1)為了實施這些規定，本同盟成員國同意將它們希望或今後希望完全地或在一定限度內受本條保護的國徽與表明權力和授權的官方符號和標誌的清單，以及以後對這項清單的一切修改，經由國際局相互通知。本同盟成員國應以適當方法將通知的清單公諸於世。

但是，對於國旗來說，這種相互通知並不是強制性的。

(2)本條第㈠款第(2)項的規定僅適用於政府間國際組織經由國際局已通知本同盟成員國的徽章、旗幟、其他標誌、縮寫和名稱。

㈣本同盟任何成員國如有異議，可在收到通知後十二個月內經由國際局向有關國家或政府間國際組織提出。

㈤關於國旗，上述第㈠款規定的措施僅適用於一九二五年十一月六日以後註冊的商標。

㈥關於本同盟成員國的國徽(國旗除外)、官方符號和標誌以及政府間國際組織的徽章、旗幟、其他標誌、縮寫和名稱，上述各項規定僅適用於接到第㈢款所規定的通知超過兩個月後所註冊的商標。

㈦即使一九二五年十一月六日以前註冊的帶有國徽、官方符號和標誌的商標，如果是出於欺詐，各國均有權予以取消。

㈧任何國家的國民經批准使用其本國國徽、官方符號和標誌者，即使與其他國家的國徽、官方符號和標誌相類似，仍可加以使用。

㈨未經批准即在商業中使用本同盟其他成員國的徽章，從而會引起對商品的原產地發生誤解時，本同盟成員國應負責禁止使用。

㈩上述各項規定不應妨礙各國行使第六條之五第㈡款第(3)項所賦予的權利——即對未經批准而使用帶有本同盟某一成員國的紋章、國旗、其他象徵國家的標誌或官方符號和標誌的商標，以及帶有上述第㈠款所指的政府間國際組織特有標記的商標，拒絕予以註冊或使其註冊失效。

第六條之四　商標：商標的轉讓

(一)當依照本同盟一個成員國的法律，商標轉讓祇有連同該商標所屬廠商或牌號同時轉讓方為有效時，則祇須將該廠商或牌號在該國的部分連同帶有被轉讓商標的商品在該國製造或銷售的獨佔權一起轉讓給受讓人，就足以承認其轉讓為有效。

(二)前款規定並不使本同盟各國負有義務，在某一商標轉讓後，即使受讓人使用該商標將在事實上，特別在使用商標的商品的原產地、性質或主要品質方面，迷惑公眾時，仍須承認其轉讓為有效。

第六條之五　商標：在本同盟一個成員國內註過冊的商標在本同盟其他成員國內所受的保護

(一)(1)凡原屬國予以註冊的商標，本同盟其他成員國也應同樣接受申請註冊和保護，但本條所規定的保留條件除外。本同盟其他成員國在正式註冊前可要求提供原屬國主管機關發給的註冊證書。這項註冊證書不需認證。

(2)原屬國係指申請人設有真實、有效的工商企業的本同盟成員國，如申請人在本同盟內沒有這樣的企業，則指他設有住所的本同盟成員國；如申請人是本同盟成員國的國民但在本同盟內沒有住所，則指他的國籍所屬的國家。

(二)除下列情況外，對本條所指的商標不得拒絕註冊或使之無效：

(1)具有侵犯被請求給予保護的國家中第三人既得權性質的商標；

(2)缺乏顯著特徵的商標，或完全是用在商業中表示商品種類、質量、數量、用途、價值、原產地或生產日期的符號、標記所組成的商標，以及被請求給予保護的國家的現代語言或正當商務實踐中慣用的符號標記所組成的商標；

(3)違反道德或公共秩序，尤其是具有欺騙公眾的性質的商標。這一點應理解為，除非所違反的商標立法規定本身就是有關公共秩序的，否則不能僅僅因為一個商標不符合商標立法的某一項規定，即認為該商標違反公共秩序。

但，本規定應受第十條之二適用範圍的限制。

(三)(1)決定一項商標是否應予以保護，必須考慮到一切實際情況，特別是商標已使用期間的長短。

(2)商標中有的部分與在原屬國受保護的商標有所不同，但並未改變其顯著特徵，亦不影響其在原屬國註冊的形體者，本同盟其他成員國不得僅僅以此為理由而拒絕予以註冊。

(四)請求保護其商標者，如未在原屬國取得該商標的註冊，即不能享受本條各項規定的利益。

(五)但商標在原屬國續展註冊，並不包含在已予商標註冊的本同盟其他成員國內辦理續展註冊的義務。

(六)凡在第四條規定的期限內提出申請註冊的商標，即使原屬國在此期限屆滿後始核准

註冊，其優先利益也不受影響。

第六條之六　商標：服務商標

本同盟各成員國應保護服務商標。不應要求本同盟各成員國規定對這種商標進行註冊。

第六條之七　商標：未經商標所有人同意而以代理人或代表人名義進行的註冊

㈠如本同盟一個成員國的商標所有人的代理人或代表人，未經該所有人同意，而以自己名義向本同盟一個或一個以上的成員國申請商標註冊，該所有人有權反對進行註冊或要求取消註冊，如該國法律允許時商標所有人可要求將該項註冊轉讓給自己，除非該代理人或代表人能證明其行為是正當的。

㈡商標所有人在符合上述㈠款規定時，有權反對其代理人或代表人未經其同意而使用其商標。

㈢國內法得規定商標所有人按本條規定行使其權利的公正期限。

第七條　商標：使用商標的商品的性質

在任何情況下，決不得因使用商標的商品性質，妨礙該商標註冊。

第七條之二　商標：集體商標

㈠本同盟成員國約定受理屬於社團的集體商標的註冊，並保護之。祇要該社團的成立不違反其原屬國的法律，即使它們並沒有工商企業。

㈡每一個國家得自行審定關於保護集體商標以及知其違反公眾利益則拒絕給以保護的具體條件。

㈢但對任何沒有違反原屬國法律的社團的商標，不得以該社團在請求給以保護的國家之企業或未按該國法律組成為理由，而拒絕予以保護。

第八條　商號

商號應在本同盟一切成員國內受到保護，無須申請或註冊，也不論其是否為商標的組成部分。

第九條　商標、商號：對非法帶有某一商標或商號的商品在進口時予以扣押

㈠本同盟成員國對一切非法帶有在該國受法律保護的商標或商號的商品應在其進入該國時予以扣押。

㈡在發生非法綴附商標或商號的國家或該商品已輸入進去的國家，得同樣執行扣押。

㈢扣押應按各國國內法規定，依檢察官或其他主管機關或有關當事人（無論為自然人或法人）的請求執行。

㈣主管機關對於過境商品不一定予以扣押。

㈤如一國法律不准在進口時扣押，得代之以禁止進口或在國內扣押。

㈥如一國法律不准在進口時扣押，也不允許禁止進口或在國內扣押，則在法律作出相應修改之前，應代之以按該國法律在此情況下對其國民採取行動和補救辦法。

第十條　虛假標記：對帶有假冒原產地和生產者標記的商品進口時予以扣押

㈠前條各款規定適用於直接或間接使用商品原產地的虛假標記，或生產者、製造者或商人身份的虛假標記。

㈡凡生產、製造或銷售此項商品的生產者、製造者或商人，無論為自然人或法人，其企業設在被冒稱原產地標記的地方、地區或國家或在使用該虛假標記的國家者，均應視為有關當事人。

第十條之二 不正當競爭

㈠本同盟成員國必須對各該國國民保證予以取締不正當競爭的有效保護。

㈡凡在工商業活動中違反誠實經營的競爭行為即構成不正當競爭的行為。

㈢特別禁止下列情況：

(1)採用任何手段對競爭對方的企業、商品或工商業活動造成混亂的一切行為；

(2)在經營商業中利用謊言損害競爭對方的企業、商品或工商業活動的信譽的；

(3)在經營商業中使用會使公眾對商品的性質、製造方法、特點、使用目的或數量發生混亂的表示或說法。

第十條之三 商標、商號、虛假標記、不正當競爭：補救措施、起訴權

㈠本同盟成員國約定，對本同盟其他成員國國民，保證其可以採取適當的法律補救措施，以有效地制止第九、第十和第十條之二中的一切行為。

㈡它們並約定採取措施，准許其成立並不違反各該國法律的、代表有關的工業家、生產者或商人的聯合會和社團，在向之請求保護的國家法律允許該國的聯合會和社團可以採取同樣行動的範圍內，向法庭或有關行政機關控告，要求制止第九、第十和第十條之二中的行為。

第十一條 發明、實用新型、工業品外觀設計、商標：在某些國際展覽會中的臨時保護

㈠在同盟成員國應按其本國法律，對在本同盟任一成員國領土上舉辦的官方的或經官方認可的國際展覽會展出的商品中可申請專利的發明、實用新型、工業品外觀設計和商標，給予臨時保護。

㈡這項臨時保護不得延展第四條規定的期限。如以後援用優先權，任何國家的主管機關可規定其期限應從該商品參加展覽會之日起算。

㈢每一個國家認為必要時，可要求提供證明文件，證實其為展品及其展出日期。

第十二條 國家工業產權專門機構

㈠本同盟各成員國都應專門成立一個工業產權機構和一個中央辦事處，向公眾公佈發明專利、實用新型、工業品外觀設計和商標。

㈡該機構應出版一種正式期刊、定期公佈：

(1)專利權所有者姓名及其發明的概要；

(2)註冊商標的圖樣。

第十三條 同盟大會

㈠⑴本同盟設有大會，由本同盟中受第十三至第十七條約束的國家組成。

　⑵每一國政府應有一名代表，輔以若干副代表、顧問及專家。

　⑶各代表團開支由派遣國政府負擔。

㈡⑴大會應負責：

　　1.經管有關維持和發展本同盟及執行本公約的一切事項；

　　2.對建立世界智慧財產權組織（以下簡稱「組織」)公約中所提到的智慧財產權國際局（以下簡稱「國際局」)作關於籌備召開修訂公約會議的指導，適當考慮本同盟成員國中不受第十三至第十七條約束的國家所提的意見。

　　3.審查和批准該組織總幹事有關本同盟的報告和活動，並就本同盟主管範圍內的事項對他作一切必要的指示；

　　4.選舉大會執行委員會委員；

　　5.審查和批准執行委員會的報告和活動，並給該委員會指示；

　　6.決定本同盟計劃和批准三年預算，並批准決算；

　　7.通過本同盟財務規則；

　　8.為實現本同盟的任務，成立適當的專家委員會和工作組；

　　9.核准應邀請哪些本同盟以外的國家、政府間的和非政府間的國際組織以觀察員身份參加本同盟會議；

　　10.通過對第十三至第十七條的修改；

　　11.採取其他旨在促進實現本同盟任務的行動；

　　12.執行其他合乎本公約的適當職責；

　　13.行使它所接受的在建立世界智慧財產權組織公約中給它的權利。

　⑵對於與世界智慧財產權組織管理的其他同盟有關的事項，大會得在聽取了該組織協調委員會的意見後作出決議。

㈢⑴除下面第⑵項規定以外，一名代表僅能代表一個國家。

　⑵本同盟成員國根據一項專門協定的條款，集合在一個具有第十二條所指的各該國國家工業產權專門機構性質的共同辦事處者，可以聯合指派它們中間的一名代表參加討論。

㈣⑴大會每一成員國應有一票表決權。

　⑵大會成員國的半數構成法定人數。

　⑶儘管有上述第⑵項的規定，如任何一次會議出席國數不足大會成員國半數，但占三分之一或三分之一以上時，大會可以作出決議，但是，除有關其本身的議事程式的決議外，所有其他決議祇有符合下述條件才能生效：由國際局將這些決議通知未出席的大會成員國，請它們在通知之日起三個月內以書面表示投票或棄權。如到期時，這些表示投票或棄權的國家數目達到會議法定人數所缺少的數目，這

些決議祇要同時也取得了規定的多數票，即可生效。

(4)除需遵守第十七條第㈡款規定外，大會決議需經參加表決的三分之二票數通過。

(5)棄權不算投票。

㈤(1)除下面第(2)項規定外，一名代表祇能以一國名義表決。

(2)第㈢款第(2)項所指的本同盟成員國，一般應盡可能派遣它們自己的代表團出席大會。然而，如其中任何國家由於特殊原因不能派出本國代表團時，可授權另一國代表團以其名義表決，但每個代表團祇能做一個國家的投票代理人。此項投票代理權應由國家元首或主管部長簽署文件授予。

㈥非大會成員國的本同盟成員國可派觀察員出席大會。

㈦(1)大會例會每三年召開一次，由總幹事召集，在無特殊情況時，和世界智慧財產權組織的大會同期同地召開。

(2)大會特別會議由總幹事應執行委員會或占四分之一的大會成員國的要求召開。

㈧大會應通過其本身的議事規則。

第十四條　執行委員會

㈠大會設立執行委員會。

㈡(1)執行委員會由大會從大會成員國中選出的國家組成。此外，世界智慧財產權組織總部所在國，除第十六條第㈦款第(2)項規定的情況外，在執委會中有當然的席位。

(2)執行委員會各委員國政府應有一名代表，輔以若干副代表、顧問和專家。

(3)各代表團開支應由派遣國政府負擔。

㈢執行委員會委員國的數目應相當於大會成員國數目的四分之一。在確定席位數目時，用四除後餘數不計。

㈣選舉執行委員會委員時，大會應重視公平的地區分配，以及執行委員會成員中有參加與本同盟有關係的專門協定的國家的必要性。

㈤(1)執行委員會委員任期應從選舉它的那一屆大會閉幕開始直到下屆例會閉幕。

(2)執行委員會委員可以連選連任，但其數目最多不得超過三分之二。

㈥(1)執行委員會應負責：

    1.擬訂大會議事日程草案；

    2.就總幹事提出的本同盟計劃草案和三年預算向大會提出建議；

    3.在計劃和三年預算範圍內，批准總幹事提出的年度預算和計劃；

    4.向大會提交總幹事的定期報告和年度財務決算報告，並提出適當意見；

    5.根據大會決議，並考慮到大會兩屆例會中間發生的情況，採取一切必要措施保證總幹事執行本同盟計劃；

    6.執行本公約所分配的其他職責。

(2)對於世界知識產權組織管理的其他同盟也有關係的事項，執行委員會得在聽取了

該組織協調委員會的意見後作出決議。

(七)(1)執行委員會每年舉行一次例會，由總幹事召集，最好與世界知識產權組織的協調委員會同期同地召開。

　(2)執行委員會特別會議應由總幹事依其本人倡議或應執委會主席或四分之一委員的要求而召開。

(八)(1)執行委員會每一成員國應有一票表決權。

　(2)執行委員會委員的半數構成法定人數。

　(3)決議以簡單多數投票通過。

　(4)棄權不算投票。

　(5)一名代表祇能代表一國，並以一國名義表決。

(九)非執行委員會委員的本同盟成員國可派觀察員參加執行委員會會議。

(十)執行委員會應通過其本身的議事規則。

第十五條　國際局

(一)(1)有關本同盟的行政任務由國際局執行。國際局是由本同盟事務局和保護文學藝術著作國際公約所建立的同盟事務局合併而成。

　(2)具體而言國際局應設置本同盟各機構的秘書處。

　(3)世界智慧財產權組織總幹事應為本同盟行政領導人並代表本同盟。

(二)國際局應匯總並公佈有關保護工業財產權的情報。本同盟各成員國應及時將一切有關保護工業財產權的新法律和正式條文通知國際局；此外，還應向國際局提供其工業財產權機構發表的一切直接關係到保護工業財產權並對國際局工作有用的出版物。

(三)國際局應出版一種月刊。

(四)國際局應依請求向本同盟任何成員國提供有關保護工業財產權問題的情報。

(五)國際局應進行旨在促進工業財產權保護的研究，並提供這方面的服務。

(六)總幹事及其指定的工作人員得參加大會、執行委員會及任何其他專家委員會和工作組的一切會議，但無表決權。總幹事或其指定的工作人員為這些機構的當然秘書。

(七)(1)國際局應按照大會的指示，會同執行委員會，籌備對本公約第十三至第十七條以外的其他條款的修訂會議。

　(2)國際局可就修訂會議的籌備工作同政府間的和非政府間的國際組織協商。

　(3)總幹事及其指定的人員得參加這些會議的討論，但無表決權。

(八)國際局應執行指定給它的其他任務。

第十六條　財務

(一)(1)本同盟應制定預算。

　(2)本同盟的預算應包括本同盟本身的收入和開支、與各同盟共同開支預算的攤款，

以及需要對世界智慧財產權組織成員國會議預算提供的款項。

(3)並不單是本同盟的，而且也是與世界智慧財產權組織所管理的其他一個或一個以上的同盟有關的開支，視為各同盟的共同開支。本同盟在該項共同開支中的攤款按本同盟在其中所享利益的比例計算。

㈡本同盟預算的制定應適當考慮到須與世界智慧財產權組織管理的其他同盟的預算相協調。

㈢本同盟預算財政來源如下：

(1)本同盟成員國的會費；

(2)由國際局在本同盟方面的服務工作收費；

(3)國際局有關本同盟出版物的售款和版稅；

(4)捐款、遺贈及補助金；

(5)租金、利息及其他雜項收入。

㈣(1)為了規定對預算的應繳份額，本同盟成員國應照以下規定按所屬等級的單位數為基礎繳納年度會費：

第一級　二十五個單位

第二級　二十個單位

第三級　十五個單位

第四級　十個單位

第五級　五個單位

第六級　三個單位

第七級　一個單位

(2)除已定級者外，每一個國家應在交存批准書或加入書的同時，表明自己願屬哪一級。任何國家都可以改變其等級，如要改為較低的等級，必須在大會的一屆例會上聲明。這種改動應在該屆例會後的下一日曆年開始生效。

(3)每一國家的年度會費金額在各國對本同盟預算交費總額中所占的比例，應相當於它的單位數在所有繳費國總單位數中所占的比例。

(4)會費應於每年一月一日繳納。

(5)拖欠會費的國家，如所欠金額相當於或超過其前兩個整年的會費金額，就不能在它是其中成員的本同盟的任何機構內行使表決權。但本同盟任何機構，祇要查明該國拖延付款係由於特殊的不可避免的情況所致，仍可允許該國繼續行使其表決權。

(6)如預算在新的財政年度開始時尚未通過，按財務規則規定，應按上一年度預算的水平執行。

㈤國際局關於本同盟服務專案收費金額由總幹事核定，並報大會和執行委員會。

㈥(1)本同盟設工作基金，由本同盟每一成員國一次繳納。如基金不足時，得由大會決定增收。

　(2)每一國對上述基金初次繳納的金額或在基金增加時的份額，應依基金建立或決定增加那一年該國會費的比例決定。

　(3)繳費的比例和條件應由大會根據總幹事的建議，並聽取世界智慧財產權組織協調委員會的意見後規定。

㈦(1)在世界智慧財產權組織與其總部所在國締結的總部協定中應規定遇工作基金不足時，該國應予墊款。該項墊款的金額和條件應由該國和該組織之間根據各項具體情況另訂協定。該國在承擔墊款義務期間，應在執行委員中有當然席位。

　(2)在第(1)項中所指的國家和世界智慧財產權組織都各自有權以書面通知廢除墊款義務。廢除應於發出通知那年年底起三年內生效。

㈧帳目審查工作應按財務規則的規定，由一個或若干本同盟成員國或外界查帳員進行。他們應由大會徵得其同意後指派。

第十七條　對第十三至第十七條的修正

㈠對於修正第十三、十四、十五、十六條和本條的建議，可由任何大會成員國、執行委員會或總幹事提出。這類建議應由總幹事至少在大會審議六個月前通知大會成員國。

㈡對第㈠款所指各種修正案須由大會通過，如係對第十三條和本款的修正案須五分之四票數通過，對本條第㈠款的修正案須由大會的四分之三票數通過。

㈢對第㈠款所指各條的修正案在通過時總幹事必須收到四分之三的大會成員國依照各該國憲法程序表示接受修正案的通知書一個月後生效。被批准接受的各該條的修正案在生效後對大會所有成員國以及以後參加大會的成員國都有約束力，但有關增加本同盟成員國財務負擔的修正案僅對通知接受該修正案的國家才有約束力。

第十八條　對第一至第十二條和第十八至第三十條的修訂

㈠為了進行一些旨在改善本同盟制度的修改，本公約應交付修訂。

㈡為此，應陸續在本同盟一個成員國舉行本同盟成員國代表會議。

㈢對第十三至第十七條的修訂，按第十七條規定進行。

第十九條　專門協定

本同盟成員國保留有在相互間分別簽訂關於保護工業產權的專門協定的權利，祇要這些協定與本公約的規定不相抵觸。

第二十條　本同盟成員國的批准或加入、生效

㈠(1)凡本同盟成員國已在本議定書上簽字者，可予批准，未簽字者可以加入。批准書和加入書應遞交總幹事保存。

　(2)任何本同盟成員國可在其批准書或加入書中聲明其批准或加入不適用於：㈒第一

至第十二條，或(乙)第十三至第十七條。

　(3)本同盟成員國根據第(2)項規定使批准或加入的效力不適用於該項所指的兩組條款之一者，可隨時聲明將其批准或加入的效力擴大到該組條款。這項聲明書應遞交總幹事保存。

(二)(1)第一至第十二條在未作上述第(一)款第(2)項甲組所允許的聲明的第十個本同盟成員國遞交批准書或加入書三個月後，對該前十個本同盟成員國生效。

　(2)第十三至第十七條在未作上述第(一)款第(2)項乙組所允許的聲明的第十個本同盟成員國遞交批准書或加入書三個月後，對該前十個本同盟成員國生效。

　(3)除上述第(一)款第(2)項甲組和乙組所指的兩組條款各按本款第(1)和第(2)項的規定開始生效，並且除第(一)款第(2)項規定者外，第一至第十七條對於第(1)和第(2)項所指的國家以外遞交批准書或加入書、或按第(一)款第(3)項遞交聲明的任何本同盟成員國，應在總幹事就這種交存發出通知之日起三個月後生效，但在所遞交的批准書、加入書或聲明中另定有較遲的日期時除外。在後一情況下，本議定書對該國應在其指定的日期生效。

(三)第十八至第三十條，對遞交了批准書或加入書的任何本同盟成員國，應在第(一)款第(2)項所指的兩組條款根據第(二)款第(1)，第(2)或第(3)項對該國生效的日期中比較早的那一天生效。

第二十一條　本同盟以外國家的加入、生效

(一)本同盟以外任何國家都可以加入本議定書，成為本同盟的成員。加入書應遞交總幹事保存。

(二)(1)對於在本議定書任何條款生效前一個月或幾個月遞交加入書的本同盟以外的任何國家，本議定書應與根據第二十條第(二)款第(1)或第(2)項先生效的條款同日生效，除非在其加入書中已另定有較遲的日期；但此外：

　　1.如第一至第十二條在上述日期尚未生效，在這些條款生效以前，該國應暫時代之以受里斯本議定書第一至第十二條的約束。

　　2.如第十三至第十七條在上述日期尚未生效，在這些條款生效以前，該國應暫時代之以受里斯本議定書第十三條、第十四條第(三)款、第(四)款和第(五)款的約束。如該國在其加入書中確定有較遲的日期，本議定書應在其指定的日期對該國生效。

　(2)對於在本議定書的一組條款生效後或生效前不是一個月遞交加入書的本同盟以外國家，除按第(1)項但書的規定外，本議定書應在總幹事發出其加入的通知之日三個月後生效，除非在其加入書中另定有較遲的日期。在後一情況下，本議定書對該國應在其指定的日期生效。

(三)對於在本議定書全部生效後或生效前不足一個月遞交加入書的本同盟以外國家，本

議定書應在總幹事發出其加入書的通知之日三個月後生效，除非在加入書中另定有較遲的日期。在後一情況下，本議定書對該國應在指定日期生效。

第二十二條　批准或加入的後果

除按第二十條第㈠款第(2)項和第二十八條第㈡款所規定的可能有的例外外，批准或加入應自動導致接受本議定書的全部條款並享受其一切利益。

第二十三條　以前議定書的加入

在議定書全部生效以後，各國不能加入本公約以前的議定書。

第二十四條　領域

㈠任何國家可以其批准書或加入書中聲明，或在以後隨時書面通知總幹事，本公約適用於該國聲明或通知中所指定的、由該國負責其對外關係的全部或部分領域。

㈡提出過此項聲明或通知的國家，可隨時通知總幹事，本公約停止適用於該項領域的全部或部分。

㈢(1)根據第㈠款提出的聲明，應與包括該項聲明的批准書或加入書同時生效；根據該款提出的通知應在總幹事通知此事後三個月生效。

(2)根據第㈡款提出的通知，應在總幹事收到此項通知二個月後生效。

第二十五條　在國內執行本公約

㈠參加本公約的國家應根據其憲法，採取保證本公約施行的必要措施。

㈡一個國家在遞交批准書或加入書之時起應有義務根據其本國法律使本公約條款生效。

第二十六條　退出

㈠本公約無限期地生效。

㈡任何國家可以就退出本議定書事通知總幹事。這項退出也構成退出本公約以前的一切議定書，退出僅對提出退出的國家發生作用，本公約對本同盟其他成員國仍完全有效。

㈢退出在總幹事收到通知之後一年生效。

㈣任何國家在成為本同盟成員國之日起未滿五年以前不得行使本條所規定的退出權利。

第二十七條　以前議定書的適用

㈠本議定書就其所適用的國家之間的關係及其所適用的範圍，取代一八八三年三月二十日巴黎公約和其後的修訂議定書。

㈡(1)對本議定書不適用或不全部適用，但一九五八年十月三十一日里斯本議定書對之適用的國家，里斯本議定書仍繼續全部有效或在按第㈠款本議定書尚未取代的範圍內有效。

(2)同樣，對本議定書、本議定書部分條款或里斯本議定書對之都不適用的國家，一

九三四年六月二日倫敦議定書仍繼續全部有效或在按第㈠款本議定書尚未取代的範圍內有效。

⑶同樣，對本議定書、本議定書部分條款、里斯本議定書或倫敦議定書對之都不適用的國家，一九二五年十一月六日海牙議定書仍繼續全部有效，或在按第㈠款本議定書尚未取代的範圍內有效。

㈢參加了本議定書的本同盟以外的國家，對尚未參加本議定書，或雖參加本議定書但根據第二十條第㈠款第⑵項㈲提出聲明的任何本同盟成員國，均適用本議定書。這些國家承認上述本同盟成員國在與它們的關係上，可適用該國所參加的最新議定書的條款。

第二十八條　爭議

㈠兩個或兩個以上本同盟成員國之間對本公約的解釋或引用有爭議不能協商解決時，任一有關國家可根據國際法院規約向國際法院起訴，但有關國家同意通過其他辦法解決時除外。向法院起訴的國家應通知國際局；國際局應將此事提請本同盟其他成員國注意。

㈡任何國家可在簽署本議定書或遞交批准書或加入書時，聲明自己不受上述第㈠款規定的約束。該上述第㈠款規定即對該國與本同盟其他成員國間的爭議不適用。

㈢根據上述第㈡款提出聲明的國家可隨時書面通知總幹事撤回其聲明。

第二十九條　簽字、文字、保存職責

㈠⑴本議定書僅在一個法文原本上簽字，並遞交瑞典政府保存。

⑵正式文本得由總幹事與有關政府協商後，以英、德、義、葡、俄、西以及大會指定的其他文字制定。

⑶如對各種文本的解釋有不同的意見，應以法文本為准。

㈡本議定書在斯德哥爾摩繼續開放簽字到一九六八年一月十三日止。

㈢總幹事應將經瑞典政府證明的本議定書簽字的副本二份，分送所有本同盟成員國政府，及要求得到這個文件的其他國家政府。

㈣總幹事應將本議定書交聯合國秘書長登記。

㈤總幹事應將簽署、遞交批准書、加入書和各該文件中包括的或按第二十條第㈠款第⑶項提出的聲明、本議定書任何條款的生效、退出通知書以及按第二十四條提出的通知等，通知所有本同盟成員國政府。

第三十條　過渡條款

㈠在第一任總幹事就職前，本議定書所指世界智慧財產權組織國際局或總幹事應視為分別指本同盟事務局或其局長。

㈡凡不受第十三至第十七條約束的本同盟成員國可在「建立世界智慧財產權組織公約」生效後為期五年內，隨其自願行使本議定書第十三至第十七條規定的權利，如同他

們受那些條款約束一樣。欲行使該項權利的國家應以書面通知總幹事，該通知自被收到之日生效。這些國家應視作大會成員國，直至上述五年期限屆滿為止。

㈢在所有本同盟成員國未完全成為世界智慧財產權組織成員以前，該組織國際局也行使本同盟事務局的職能，而總幹事也是該事務局局長。

㈣一俟所有本同盟成員國都成為世界智慧財產權組織成員以後，本同盟事務局的權利、義務及財產均移交給世界智慧財產權組織國際局。

26.商標國際註冊馬德里協定

本公約於一八九一年四月十四日簽訂，一九〇〇年十一月十四日修訂於布魯塞爾，一九一一年六月二日修訂於華盛頓，一九二五年十一月六日修訂於海牙，一九三四年六月二日修訂於倫敦，一九五七年六月十五日修訂於尼斯，一九六七年七月十四日修訂於斯德哥爾摩，一九八九年五月二十五日生效

第一條　成立特別同盟；向國際局申請商標註冊；所屬國的定義

㈠本協定所適用的國家組成商標國際註冊特別同盟。

㈡任何締約國的國民，可以通過原屬國的註冊當局，向成立世界智慧財產權組織（以下稱「本組織」）公約中的智慧財產權國際局（以下稱「國際局」）提出商標註冊申請，以在一切其他本協定參加國取得其已在所屬國註冊的用於商品或服務專案的標記的保護。

㈢稱為原屬國的國家是：申請人置有真實有效的工商業營業所的特別同盟國家；如果他在特別同盟國家中沒有這種營業所，則其有住所的特別同盟國家；如果他在特別同盟境內沒有住所，但係特別同盟國家的國民，則為他作為其國民的國家。

第二條　關於巴黎公約第三條（對其些種類的人給予同盟國國民的同樣待遇）

未參加本協定的國家的國民，在依本協定組成的特別同盟領土內，符合保護工業財產權巴黎公約第三條所規定的條件者，得與締約國國民同樣對待。

第三條　申請國際註冊的內容

㈠每一個國際註冊申請必須用細則所規定的格式提出；商標原屬國的註冊當局應證明這種申請中的具體專案與本國註冊簿中的具體專案相符合，並說明商標在原屬國的申請和註冊的日期和號碼及申請國際註冊的日期。

㈡申請人應指明使用要求保護的商標的商品或服務專案，如果可能，也應指明其根據商標註冊商品和服務專案國際分類尼斯協定所分的相應類別。如果申請人未指明，國際局應將商品或服務專案分入該分類的適當類別。申請人所作的類別說明須經國際局檢查，此項檢查由國際局會同本國註冊當局進行。如果本國註冊當局和國際局意見不一致時，以後者的意見為準。

㈢如果申請人要求將顏色作為其商標的一個顯著特點，他必須：

  (1)說明實際情況，並隨同申請書提出說明所要求的顏色或顏色組合的通知書；

  (2)隨同申請書加交所述商標的彩色圖樣，附於國際局的通知書後。這種圖樣的份數由細則規定。

㈣國際局應對根據第一條規定提出申請的商標立即予以註冊。如果國際局在向所屬國申請國際註冊後兩個月內收到申請時，註冊時應注明在原屬國申請國際註冊的日期，如果在該期限內未收到申請，國際局則按其收到申請的日期進行登記。國際局應不遲延地將這種註冊通知有關註冊當局。根據註冊申請所包括的具體專案，註冊商標應在國際局所出的定期刊物上公佈。如商標含有圖形部分或特殊字體，細則可以決定是否須由申請人提供印版。

㈤考慮到要在各締約國公告註冊商標，每一個註冊當局得依據保護工業財產權巴黎公約第十六條第㈣款第(1)項所規定的單位數的比例和細則所規定的條件，從國際局那裏免費收到一些上述刊物和一些減價本。在所有締約國，祇需要此種公告，不必再要求申請人作其他公告。

第三條之二　「領土限制」

㈠任何締約國可在任何時候書面通知本組織總幹事（以下稱「總幹事」），通過國際註冊所得到的保護，祇有在商標所有人明確要求時，才得以延伸至該國。

㈡這種通知，在總幹事通知其他締約國後六個月發生效力。

第三條之三　要求「領土延伸」

㈠要求將通過國際註冊所得到的保護延伸至一個利用第三條之二所規定的權利的國家時，必須在第三條㈠所談到的申請中特別提明。

㈡在國際註冊以後所提出的關於領土延伸的任何要求，必須用細則所規定的格式，通過原屬國的註冊當局提出。國際局應立即將這種要求註冊，不遲延地通知有關註冊當局，並在國際局所出的定期刊物上公佈。這種領土延伸自在國際註冊簿上已經登記的日期開始生效，在有關的商標國際註冊的有效期屆滿時停止效力。

第四條　國際註冊的效力

㈠從根據第三條之三在國際局生效的註冊日期開始，商標在每個有關締約國的保護，應如同該商標直接在該國提出註冊的一樣。第三條所規定的商品和服務專案類別的說明，不得在決定商標保護範圍方面約束締約國。

㈡辦理國際註冊的每個商標，享有保護工業財產權巴黎公約第四條所規定的優先權，而不必再履行該條第㈣款所規定的各項手續。

第四條之二　以國際註冊代替原先的國家註冊

㈠如某一商標已在一個或更多的締約國提出註冊，後來又以同一所有人或其權利繼承者的名義經國際局註冊，該國際註冊應視為已代替原先的國家註冊，但不損及基於

這種原先註冊的既得權利。

㈡國家註冊當局應依請求將國際註冊在其註冊簿上予以登記。

第五條　各國註冊當局的批駁

㈠某一商標註冊或根據第三條所作的延伸保護的請求經國際局通知各國註冊當局後，經國家法律授權的註冊當局有權聲明在其領土上不能給予這種商標以保護。根據保護工業財產權巴黎公約，這種拒絕衹能以對申請本國註冊的商標同樣適用的理由為根據。但是，不得僅僅以除非用在一些限定的類別或限定的商品或服務專案上，否則本國法律不允許以註冊為理由而拒絕給予保護，即使是部分拒絕也不行。

㈡想行使這種權利的各國註冊當局，應在其本國法律規定的時間內，並最遲不晚於商標國際註冊後或根據第三條之三所作的保護延伸的請求後一年之內，向國際局發出批駁通知，並隨附所有理由的說明。

㈢國際局將不遲延地將此通知的批駁聲明的抄件一份轉給原屬國的註冊當局和商標所有人，如該註冊當局已向國際局指明商標所有人的代理人，則轉給其代理人。有關當事人得有同樣的救濟辦法，猶如該商標曾由他向拒絕給予保護的國家直接申請註冊一樣。

㈣經任何有關當事人請求，批駁商標的理由應由國際局通知他們。

㈤如在上述至多一年的時間內，國家註冊當局未將關於批駁商標註冊或保護延伸請求的任何臨時或最終的決定通知國際局，則就有關商標而言，它即失去本條第㈠款所規定的權利。

㈥若未及時給予商標所有人機會辯護其權利，主管當局不得聲明撤銷國際商標。撤銷應通知國際局。

第五條之二　關於商標某些部分使用的合法性的證明文件

各締約國註冊當局可能規定需要就商標某些組成部分例如紋章、附有紋章的盾、肖像、名譽稱號、頭銜、商號或非屬申請人的姓名或其他類似標記等的使用的合法性提供證明文件。這些證明文件除經所屬國認證或證明外，其他一概免除。

第五條之三　國際註冊簿登記事項的副本、預先查詢、國際註冊簿摘錄

㈠國際局得對任何提出要求的人發給某具體商標在註冊簿登記事項的副本，但應徵收細則所規定的費用。

㈡國際局亦可收費辦理國際商標的預先查詢。

㈢為了向締約國之一提供而請求發給的國際註冊簿摘錄，免除一切認證。

第六條　國際註冊的有效期。國際註冊的獨立性。在原屬國的保護的終止

㈠在國際局的商標註冊的有效期為二十年，並可根據第七條規定的條件予以續展。

㈡自國際註冊的日期開始滿五年時，這種註冊即與在原屬國原先註冊的國家商標無關係，但受下列規定的限制。

㈢自國際註冊的日期開始五年之內，如根據第一條而在原屬國原先註冊的國家商標已全部或部分不復享受法律保護時，那麼，國際註冊所得到的保護，不論其是否已經轉讓，也全部或部分不再產生權利。當五年期限屆滿前因引起訴訟而致停止法律保護時，本規定亦同樣適用。

㈣如自動撤銷或依據職權被撤銷，原屬國的註冊當局應要求撤銷在國際局的商標，國際局應予以撤銷。當引起法律訴訟時，上述註冊當局應依據職權或經原告請求，將訴訟已經開始的申訴文件或其他證明文件的抄件，以及法院的最終判決，寄給國際局，國際局應在國際註冊簿上予以登記。

第七條　國際局註冊的續展

㈠任何註冊均可續展，期限自上一次期限屆滿時算起為二十年，續展僅需付基本費用，需要時，則按第八條第㈡款的規定付補加費。

㈡續展不包括對以前註冊的最後式樣的任何變更。

㈢根據一九五七年六月十五日尼斯議定書或本議定書的規定所辦的第一次續展得包括對註冊的有關國際分類的類別說明。

㈣保護期限滿前六個月，國際局應發送非正式通知，提醒商標所有人或其代理人確切的屆滿日期。

㈤對國際註冊的續展可給予六個月的寬展期，但要收根據細則規定的罰款。

第八條　國家收費、國際收費、多餘收入的分配、附加費及補加費

㈠原屬國的註冊當局，可自行規定為其自身利益向申請國際註冊或續展的商標所有人收取國家費用。

㈡在國際局的商標註冊預收國際費用，包括：

(1)基本費；

(2)對超過國際分類三類以上的所申請的商標的商品或服務專案，每超過一類收一筆附加費；

(3)對根據第三條之三的保護延伸要求，收補加費。

㈢然而，如若商品或服務專案的類數已由國際局確定或有爭議，在不損及註冊日期的情況下，第㈡款第(2)項所規定的附加費可於細則所規定的期限內交付。如在上述期限到期時，申請人還未交附加費，或者商品或服務專案單還未減縮到需要的程度，則國際註冊申請被視作已經放棄。

㈣國際註冊各種收入每年所得，除第㈡款第(2)、(3)項所規定的以外，經扣除已執行本議定書所需要的用款，由國際局在本議定書參加國之間平分。如在本議定書生效時，某國尚未批准或加入，要到它批准或加入時，它才有權分得按對它適用的原先議定書計算的一份多餘收入。

㈤第㈡款第(2)項所規定的附加費所得的款額，按每年在每國申請保護的商標數的比例

在每年年終分給本議定書參加國或一九五七年六月十五日尼斯議定書參加國；對於預先審查的國家，此數要乘以細則所決定的係數。如在本議定書生效時，某國尚未批准或加入，要到它批准或加入時，它才有權分得按尼斯議定書計算的一份金額。

㈥來自第㈡款第(3)項所規定的補加費的金額，應根據第㈤款的條件，在行使第三條之二所規定的權利的國家間進行分配。如在本議定書生效以前，某國尚未批准或加入，要到它批准或加入時，它才有權分得按尼斯議定書計算的一份金額。

第八條之二　在一國或更多的國家放棄權利

以自己名義取得國際註冊的人，可在任何時候放棄在一個或更多的締約國的保護，辦法是向其本國註冊當局提出一項聲明，要求通知國際局；國際局據以通知保護已被放棄的國家。對放棄不收任何費用。

第九條　本國註冊簿的變更亦影響到國際註冊。在國際註冊中言及減縮商品和服務專案單。該單項目的增加。該單項目的替代

㈠以其自己名義取得國際註冊的人的本國註冊當局應同樣將在本國註冊簿中所作一切關於商標的取消、撤銷、放棄、轉讓和其他變更通知國際局，如果這種變更也影響到國際註冊的話。

㈡國際局應將這些變更在國際註冊簿上登記，通知各締約國註冊當局，並在其刊物上公布。

㈢當以其自己名義取得國際註冊的人要求減縮該項註冊適用的商品或服務專案單時，應履行類似的手續。

㈣辦理這些事宜應交費，費用由細則規定。

㈤以後對上述商品或服務專案單增加新的商品或服務專案，須按第三條規定提出新的申請才能取得。

㈥以一項商品或服務替代另一項，視同增加一項。

第九條之二　所有人國家變更引起的國際商標的轉讓

㈠當在國際註冊簿上註冊的一個商標轉讓給一個締約國的人，而該締約國不是此人以其自己名義取得國際註冊的國家時，後一國家的註冊當局得將該轉讓通知國際局。國際局應登記該轉讓，通知其他註冊當局，並在刊物上予以公布。如果轉讓是在國際註冊後未滿五年時間內辦的，國際局應徵得新所有人所屬國家的註冊當局的同意，如可能，並應將該商標在新所有人所屬國家的註冊日期和註冊號碼公布。

㈡凡將國際註冊簿上註冊的商標轉讓給一個無權申請國際商標的人，均不予登記。

㈢在因新所有人的國家拒絕同意，或因已轉讓給一個無權申請國際註冊的人，因而不能在國際註冊簿上登記轉讓時，原所有人國家的註冊當局有權要求國際局在其註冊簿上撤銷該商標。

第九條之三　僅就部分註冊或商品服務專案轉讓國際商標，或僅轉讓給某些締約國。關

於巴黎公約第六條之四（商標轉讓）

㈠如果已通知國際局僅就部分註冊商品或服務專案轉讓國際商標，國際局應在註冊簿上登記。如果所轉讓的那部分商品或服務專案與轉讓人所保留註冊的那部分商品或服務專案類似，每個締約國均有權拒絕承認轉讓的有效性。

㈡國際商標祇在一個與幾個締約國轉讓，國際局應同樣予以登記。

㈢在上述情況下，如果在所有人的國家發生了變更，且如果在從國際註冊之時開始不滿五年的時間裏，國際商標已經轉讓，新所有人所屬國家的註冊當局應按第九條之二的規定予以承認。

㈣上述各款規定的執行，受保護工業財產權巴黎公約第六條之四的約束。

第九條之四　幾個締約國的統一註冊當局；幾個締約國要求按一單個國家對待

㈠如果本特別同盟的幾個國家同意統一其國內商標立法，它們可以通知總幹事：

　(1)以一個統一註冊當局代替其中每個國家的註冊當局。

　(2)本條以前所有規定的全部或一部，在它們各自的全部領土適用視為在一單個國家適用。

㈡此項通知在總幹事通知其他締約國六個月後開始生效。

第十條　本特別同盟的大會

㈠(1)本特別同盟設立由批准或加入本議定書的國家所組成的大會。

　(2)每國政府可有一名代表，並可由若干副代表、顧問及專家協助其工作。

　(3)代表團的費用，除每個成員國一位代表的旅費及生活津貼外，均由派遣它的政府負擔。

㈡(1)大會的職責是：

　1.處理關於維持和發展同盟以及實施本協定的所有事宜；

　2.就修訂會議的準備工作向國際局下達指示，在道方面要對尚未批准或加入本議定書的本特別同盟成員國的意見予以適當考慮；

　3.修改細則，包括確定第八條第㈡款所提到的費用以及關於國際註冊的其他費用；

　4.審查和批准總幹事有關本特別同盟的報告和活動，就本同盟主管範圍內的事宜向他作必要的指示；

　5.決定本特別同盟的計劃，通過三年一次的預算，以及批准其最後帳目；

　6.通過本特別同盟的財務規則；

　7.視需要成立專家和工作小組委員會，以實現本特別同盟的宗旨；

　8.決定允許哪些非本特別同盟成員國以及哪些政府間和非政府間國際組織作為觀察員參加會議；

　9.通過對第十條至第十三條的修改；

　10.採取其他適當的行動以進一步實現本特別同盟的宗旨；

11.行使根據本協定認為合適的其他職責。

⑵關於與本組織所管理的其他同盟有關的事宜，大會在聽取本組織協調委員會的建議後，作出決定。

㈢⑴大會的每個成員國均有表決權。

⑵大會的成員國的半數構成法定人數。

⑶不管第⑵項的規定如何，在任何一次會議上，如果出席會議國家的數目不到大會成員國的一半，但達到或超過三分之一時，大會可以作出決議，但所有這種決議除有關其自身的程序的決定外祇有履行下列條件，才能生效。國際局應將上述決議通知未出席的大會成員國，請它們在通知之日起三個月內以書面投票或棄權。如果在此期限滿後，以這種方式投票或棄權的國家的數目達到了會議本身所缺法定人數的數目，祇要同時仍取得了所規定的多數，這種決議就生效。

⑷除第十三條第㈡款規定的以外，大會決議需要三分之二的投票數。

⑸棄權不得視為投票。

⑹一位代表祇能代表一個國家並以一個國家的名義投票。

⑺本特別同盟成員國中的非大會成員國得允許作為大會會議的觀察員。

㈣⑴如沒有特殊情況，大會例會在每第三個曆年舉行一次，由總幹事召集。時間與地點與開本組織大會的時間、地點一致。

⑵經大會四分之一成員國的要求，應由總幹事召集特別會議。

⑶每次會議的日程由總幹事準備。

㈤大會制定自己的議事規則。

第十一條　國際局

㈠⑴國際局辦理國際註冊和履行有關職責以及處理同本特別同盟有關的其他行政工作。

⑵尤其是，國際局應為大會會議進行準備，並為大會以及可能已由大會成立的專家和工作小組委員會提供秘書處。

⑶總幹事是特別同盟的行政負責人，並代表本特別同盟。

㈡總幹事及由他所指定的任何職員應參加大會及大會所設立的專家或工作小組委員會的所有會議，但沒有表決權。總幹事或由他所指定的一名職員是那些機構的當然秘書。

㈢⑴國際局得根據大會的指示，為修訂本協定中第十至十三條以外的規定所開的會議作準備。

⑵國際局可以就修訂會議要作的準備與政府間組織和非政府間的國際組織進行協商。

⑶總幹事及由他所指定的人得參加那些會議的討論，但沒有表決權。

㈣國際局應執行分配給它的其他任務。

第十二條　財務

㈠(1)本特別同盟應有預算。

　　(2)本特別同盟的預算包括本特別同盟本身的收入和開支，對各同盟共同開支預算的攤款，以及在適當時用作本組織成員國會議預算的款項。

　　(3)不是專為本特別同盟，而是同時為本組織所管理的一個或更多的其他同盟所開支的款項，視為各同盟共同開支。本特別同盟在這種共同開支中負擔的部分，按本特別同盟在其中的權益的比例計算。

㈡制定本特別同盟的預算時，應適當考慮與本組織所管理的其他同盟的預算相協調。

㈢特別同盟的預算從下述來源供給資金：

　　(1)國際註冊費以及國際局所提供的與本特別同盟有關的其他服務的其他收費；

　　(2)與本特別同盟有關的國際局的出版物的售價或其版稅；

　　(3)捐款、遺贈和補助金；

　　(4)租金、利息及其他雜項收入。

㈣(1)第八條第㈡款談到的收費金額及其他有關國際註冊的收費經總幹事提議，由大會確定。

　　(2)這些收費金額的規定，除第八條第㈡款第(2)、(3)項所談到的附加費和補加費外，應能使本特別同盟的各種收費及其他來源的總收入至少足敷國際局有關本特別同盟的開支。

　　(3)如果預算未能在新的財政年度開始前通過，則應按財務規則的規定保持上一年的預算水平。

㈤國際局提供的有關本特別同盟其他服務的收費額，除第㈣款第(1)項的規定的以外，由總幹事確定並報告大會。

㈥(1)本特別同盟設有工作基金，由本特別同盟的每個國家一次付款組成。如果基金不足時，大會得決定增加基金。

　　(2)每個國家對上述基金的第一次支付額或其在基金增加時的份額，按該國作為保護工業產權巴黎同盟成員國在其建立基金或決定增加基金那年為巴黎同盟預算分攤的比例計算。

　　(3)付款的比例和條件由大會根據總幹事的提議並聽取本組織協調委員會的意見後確定。

　　(4)祇要大會授權使用本特別同盟的儲備金作為工作基金，大會可以暫緩執行第(1)、(2)、(3)項的規定。

㈦(1)在與本組織總部所在國家所達成的總部協定中，應規定當工作基金不足時，該國應給予墊款。墊款的金額及條件由該國和本組織間根據具體情況另訂協定。

(2)前項(1)所提到的國家以及本組織均有權以書面通知廢止給予墊款的約定。廢止通知從通知之年年底起三年後生效。

(八)帳目稽核按財務規則的規定由本特別同盟的一國或數國或由外面的查帳員進行。查帳員由大會得其同意後指定之。

第十三條　對第十條至第十三條的修改

(一)提議對第十、十一、十二及本條進行修改，可由大會的任何成員國或總幹事首先提出。這種提議至少應在大會審議前六個月由總幹事通知大會成員國。

(二)對第(一)款談到的條文所作的修改，由大會通過。通過時需要四分之三投票數，如若對第十條或本條進行修改，則需五分之四的投票數。

(三)第(一)款規定的對條文的任何修改，當大會已通過，且總幹事已從四分之三的成員國那裏收到了根據各自憲法程式予以接受的書面通知後一個月起開始生效。對上述條文所作的修改，對其開始生效時的大會成員或以後成為大會成員的所有國家都有約束力。

第十四條　批准和加入、生效。參加早先的議定書；關於巴黎公約第二十四條（領土）

(一)任何本特別同盟成員國已經就本議定書簽字的，可予以批准；如果尚未簽字，可以加入。

(二)(1)本特別同盟以外的任何國家但係保護工業財產權巴黎公約成員者，可以加入本議定書，由此成為本特別同盟的成員。

(2)一旦國際局被通知這樣的一個國家已加入本議定書，它應根據第三條向該國的註冊當局發出當時享受國際保護的商標的匯總通知。

(3)這種通知本身應保證這些商標在所述國家的領土內享受上述規定的利益，並注明一年期限的開始日期，在這一年中，有關註冊當局可以提出第五條所規定的聲明。

(4)但在加入本協定書時，任何這種國家可以聲明，除對以前已在該國有了相同且仍有效的國家註冊一經有關當事人請求即應予承認的那些國際商標外，本議定書僅適用於自該國的加入生效以後所註冊的商標。

(5)國際局接到這種聲明即不必作出上述的匯總通知。國際局僅就自新國家加入之日起一年之內它收到了關於要利用第(4)項所規定的例外的詳細請求的那些商標發出通知。

(6)國際局對在加入本協定書時聲明要利用第三條之二所規定的權利的國家不發匯總通知。所述國家亦可同時聲明，本議定書僅使用於自其加入生效之日起所註冊的商標；但這種限制不得影響已經在這些國家有了相同的本國註冊的，並可能引起根據第三條之三和第八條第(二)款第(3)項作出和通知了領土延伸要求的國際商標。

(7)屬於本款規定的一項通知中的商標註冊，視為代替了在新締約國的加入生效前直接向該國所辦的註冊。

㈢批准書和加入書應交給總幹事存檔。

㈣⑴對於已經將其批准書和加入書交存的頭五個國家，本議定書自第五個文件交存後三個月起開始生效。

⑵對於其他任何國家，本議定書在總幹事將該國的批准書或加入書發出通知之日後三個月起開始生效，但在批准書或加入書中規定有一個較遲的日期時除外。在後者情況下，本議定書對該國自其規定的日期開始生效。

㈤批准或加入本議定書，即當然接受本議定書的所有條款並享受本議定書的所有利益。

㈥本議定書生效後，一個國家祇有同時批准或加入本議定書，才可以參加一九五七年六月十五日的尼斯議定書。加入尼斯議定書以前的議定書，即使是同時批准或參加本議定書，也是不允許的。

㈦保護工業財產權巴黎公約第二十四條的規定適用於本協定。

第十五條　退約

㈠本協定無時間限制地保持有效。

㈡任何國家可以通知總幹事聲明退出本議定書。這種退約亦構成退出原先的所有議定書，但祇影響到作此通知的國家，協定對本特別同盟的其他國家繼續全部有效。

㈢退約自總幹事接到通知之日後一年生效。

㈣成為本特別同盟成員尚不滿五年的國家，不得行使本條所規定的退約權。

㈤截止退約生效之日為止所註冊的國際商標，如在第五條所規定的一年期限內未被拒絕，應在國際保護期內繼續享有同在該退約國直接提出者一樣的保護。

第十六條　先前議定書的適用

㈠⑴在已經批准或加入本議定書的本特別同盟成員國家間，自本議定書對它們生效之日起，本議定書即代替一八九一年馬德里協定在本議定書以前的其他文本。

⑵但是，已經批准或加入本議定書的本特別同盟的任何成員國，如先前沒有根據一九五七年六月十五日尼斯議定書第十二條第㈣款的規定退出先前文本，在它與未批准或加入本議定書的國家的關係中，應繼續受先前文本的約束。

㈡已參加本議定書的非本特別同盟成員國，應對通過未參加本議定書的任一本特別同盟成員國的國家主管機關向國際局辦理的國際註冊，適用本議定書，祇就這些國家說這種註冊符合本議定書的要求。對於通過已參加本議定書的非本特別同盟成員國的國家主管機關向國際局辦理的國際註冊，這些國家承認，上述本特別同盟成員國可以要求遵守它所參加的那個最新議定書的規定。

第十七條　簽字、語言、保存職責

㈠⑴本議定書在一個法文原本上簽字，存於瑞士政府。

⑵大會所指定其他國語言的正本，由總幹事經與有關政府磋商後確定。

㈡本議定書在斯德哥爾摩開放簽字至一九六八年一月十三日止。

㈢總幹事應將經過瑞士政府證明的本議定書簽字原本的副本兩份送給本特別同盟所有國家的政府，並送給提出請求的任何其他國家的政府。

㈣總幹事應將本議定書在聯合國秘書處登記。

㈤總幹事應將下述情況通知本特別同盟的所有國家：簽字、批准書或加入書及這些文件所包括的任何聲明的交存，本議定書任何規定的生效，退約通知，按照第三條之二、第九條之四、第十四條㈦款以及第十五條㈢款所發的通知。

第十八條　過渡規定

㈠在第一任總幹事就職以前，本議定書所指的本組織國際局或總幹事應分別理解為保護工業財產權巴黎公約所成立的同盟局或其幹事。

㈡在成立本組織的公約生效後五年內，未批准或加入本議定書的本特別同盟成員國如果希望的話，可以行使第十至十三條所規定的權利，猶如這些國家受這些條文的約束一樣。任何希望行使這種權利的國家得就此書面通知總幹事。這種通知從接到之日起有效。這種國家被視為是大會成員直到所述期限屆滿時為止。

27.商標註冊用商品和服務國際分類尼斯協定

一九五七年六月十五日簽訂於尼斯，一九六七年七月十日修訂於斯德哥爾摩，一九七七年五月十三日修訂於日內瓦，並於一九七九年十月二日修改於日內瓦

第一條　建立特別聯盟；採用國際分類；分類的說明和文字

㈠本協定適用的國家組成特別聯盟，採用共同的商標註冊用商品和服務分類（以下簡稱「分類」）。

㈡本分類由下列兩表組成：

1.分類表，視需要附加註釋；

2.按字母順序排列的商品和服務表（以下簡稱「字母順序表」）。並對每個商品和服務專案標明所屬類別。

㈢本分類包含：

1.《建立世界智慧財產權組織公約》中所指的智慧財產權國際局（以下簡稱「國際局」）於一九七一年公佈的分類，其中分類表所附註釋，在經過第三條所指的專家委員會確認以前，應視為臨時性建議。

2.在現行議定書生效以前，依據一九五七年六月十五日尼斯協定和一九六七年七月十四日該協定斯德哥爾摩議定書第四條第一款，已經生效的修改和增訂。

3.按照本議定書第三條所作的並依據本議定書第四條第一款生效的任何變動。

㈣分類使用英文和法文兩種文字，兩種文本具有同等效力。

㈤1.第三款第 1 項所指的分類和第三款第 2 項所指的在本議定書開放簽字日期以前

已經生效的修改和增訂，列載於法文原本，交由世界智慧財產權組織總幹事（以下分別簡稱「智財權組織」和「總幹事」）保管。第三款第 2 項所指的在本議定書開放簽字日期以後生效的修改和增訂，其法文原本應同樣交由總幹事保管。

2.前項所稱文本的英譯本，應由第三條所指的專家委員會在本議定書生效以後儘快確認，其原本交由總幹事保管。

3.第三款第 3 項所指的變動，應將其英文和法文原本交由總幹事保管。

(六)阿拉伯文、德文、義大利文、葡萄牙文、俄文、西班牙文、及其他經第五條所稱大會指定的文字的分類正式文本，應由總幹事在有關政府提供的譯本的基礎上，或者採取不牽涉本特別聯盟或智財權組織財政預算的其他辦法，與有關政府協商制定。

(七)字母順序表應對每個商品和服務專案編有特別用於該文本的順序號，同時：

1.英文字母順序表的順序號，應載明法文字母順序表的同一專案，反之亦然。

2.依據第六款確定的任何文本的順序號,應載明英文或法文字母順序表的同一專案。

第二條　分類的法律效力和使用

(一)按照本協定所規定的要求，本分類的效力取決於特別聯盟的每個國家。特別是，在對任何特定的商標提供保護的範圍或對服務商標的認可方面，對特別聯盟國家不具有約束力。

(二)特別聯盟各國可以保留將本分類作為主要體系使用或者作為輔助體系使用的權利。

(三)特別聯盟各國的主管機關，應有其在有關商標註冊的官方文件和公告中，載明商標註冊的商品或服務專案所屬的類別號。

(四)字母順序表列入了某個名詞不得影響存在於該名詞的任何權利。

第三條　專家委員會

(一)特別聯盟各個國家派代表組成專家委員會。

(二)1.經專家委員會要求，總幹事可以邀請不屬於本特別聯盟而係智財權組織或保護工業財產權巴黎公約成員國的國家，派觀察員參加專家委員會會議。

2.總幹事可以邀請對商標有專門研究的政府間組織派觀察員參加專家委員會會議，但該組織至少應有一個成員國屬於特別聯盟國家。

3.經專家委員會要求，總幹事可以邀請其他政府間組織和非政府間國際組織參加與其有關的討論。

(三)專家委員會的職能：

1.對分類的變動作出決定；

2.向特別聯盟國家提出建議，以利分類的使用並促進使用的一致；

3.在不牽涉特別聯盟和智財權組織財政預算的條件下，採取一切措施，為促進發展中國家使用分類作出貢獻；

4.有權設立小組委員會和工作組。

㈣專家委員會應制定自己的議事規則。這些規則應為第二款第 2 項所指的那些能夠為分類的發展作出實際貢獻的政府間組織參加小組委員會和工作小組會議提供可能。

㈤特別聯盟國家的主管機關、國際局、依據第二款第 2 項參加專家委員會的政府間組織以及經專家委員會特邀提出建議的國家或組織，可以對分類的變動提出建議。提案應送國際局，並由國際局在審議該提案的專家委員會開會之前至少兩個月，送交專家委員會各委員和觀察員。

㈥特別聯盟每一國家有一票表決權。

㈦1.除下列第 2 項規定外，專家委員會的決議應由出席的特別聯盟國家以簡單多數投票通過。

　2.修改分類的決定，應由出席的特別聯盟國家以 4/5 多數投票通過。「修改」指將商品或服務專案從一個類別轉到另一個類別，或建立新的類別。

　3.第四款所指的議事規則應規定，除特殊情況外，分類的修改決定應在指定時間的最終通過，每次指定時間的期限由專家委員會決定。

㈧棄權不得計入票數。

第四條　變更的通知、生效和公布

㈠專家委員會決定的變動和專家委員會的建議，應由國際局通知特別聯盟各國家的主管機關。修改決定應在發出通知後六個月生效。其他變動應在專家委員會通過時指定的日期生效。

㈡國際局應將已經生效的變動編入分類。變動的通告應在第五條所指大會指定的期刊上公布。

第五條　特別聯盟大會

㈠1.特別聯盟大會由已經批准或加入本議定書的國家組成。

　2.每個國家政府可派一名代表參加，由若干副代表、顧問和專家協助。

　3.每個代表團的費用由指派該代表團的政府負擔。

㈡1.除依從第三條和第四條規定外，大會的職能如下：

　⑴處理有關維持和發展特別聯盟和執行本協定的一切事項；

　⑵就有關修訂會議的籌備工作對國際局作出指示，對特別聯盟中尚未批准或加入本協定書的國家所提意見進行適當的考慮；

　⑶復審和批准智財權組織總幹事關於特別聯盟的報告和活動，並就特別聯盟許可權內的有關問題給以必要的指示；

　⑷決定特別聯盟的計劃，通過特別聯盟每兩年一次的預算，並批准決算；

　⑸通過特別聯盟財務規則；

　⑹除第三條所指專家委員會外，增設其他對實現特別聯盟目標所必要的專家委員會和工作組；

(7)決定接納非特別聯盟成員的國家、政府間組織和非政府間國際組織作為觀察員
　　參加大會會議；

(8)通過對第五條至第八條的修正案；

(9)為促進特別聯盟的工作進行其他適當的活動；

(10)履行本協定規定的其他適當職責。

2.對智財權組織所屬的其他聯盟也關切的問題，大會在聽取智財權組織協調委員會
　的建議以後，可以作出自己的決定。

(三) 1.大會每一成員國有一票表決權。

2.大會成員國的半數構成法定人數。

3.如果出席任何會議的國家少於半數，但達到或超過大會成員國的 1/3 時，儘管前
　述第 2 項有所規定，大會仍可做出決議，但是，這些決議除有關其本身的議事程
　式的以外，祇能在符合下述條件時才可生效；國際局應將上述決議通知未出席會
　議的大會成員國，並請他們自通知之日起三個月以內，以書面形式投票或棄權，
　期滿後，如果以這種方式投票或棄權的國家數達到了會議法定人數所缺少的國家
　數，但同時仍能獲得要求的多數時，該決議才可生效。

4.除依據第八條第(二)款規定外，大會的決議要有投票 2/3 的多數票才能通過。

5.棄權不得計入票數。

6.一名代表祇能代表一個國家投票。

7.不屬於大會成員國的特別聯盟國家，可被接納為觀察員參加大會會議。

(四) 1.大會例會每兩年由總幹事召集一次。除特殊情況外，它與智財權組織大會在同時
　　同地召開。

2.經大會成員國 1/4 的要求，總幹事得召集大會特別會議。

3.每次會議議程由總幹事準備。

(五)大會應制定其本身的議事規則。

第六條　國際局

(一) 1.國際局執行有關特別聯盟的行政任務。

2.特別是，國際局要籌備各種會議，並為大會、專家委員會以及由大會或專家委員
　會設立的其他專家委員會和工作組提供秘書處。

3.總幹事是特別聯盟的行政負責人並代表特別聯盟。

(二)總幹事和他指定的工作人員，可以參加大會、專家委員會以及由大會或專家委員會
　設立的其他專家委員會或工作組的所有會議，但無投票權。總幹事或他指定的一名
　工作人員應為各該會議的當然秘書。

(三) 1.國際局應根據大會的指示，為本協定除第五條至第八條以外各條款的修訂工作會
　　議作準備。

2.國際局可就有關修訂工作的會議的籌備工作同政府間和非政府間的國際組織進行磋商。

3.總幹事和他指定的工作人員可以參加修訂工作會議的討論，但無投票權。

㈣國際局應執行指派給它的任何其他任務。

第七條　財務

㈠1.特別聯盟應制定預算。

2.特別聯盟預算應包括本聯盟專用的收入和支出，對各聯盟共同預算支出的捐款，以及在需要時智財權組織的會議預算提供的金額。

3.不屬於特別聯盟專用而用於智財權組織所屬的其他一個或更多的聯盟的支出，應視為各聯盟的共同支出。特別聯盟在共同支出中承擔的份額，應與特別聯盟在其中享受的利益成比例。

㈡特別聯盟預算的制定，應適當考慮同智財權組織所屬其他聯盟的預算相協調的需要。

㈢特別聯盟預算的經費來源如下：

1.特別聯盟國家的會費；

2.國際局提供與特別聯盟有關的服務所收取的費用；

3.國際局有關特別聯盟的出版物的售款和版稅；

4.捐款、遺贈和補助金；

5.租金、利息和其他各種收入。

㈣1.為了確定第三款第1項所指的會費，特別聯盟每個國家交款的級別應與其在保護工業財產權巴黎聯盟中的級別相同，並在該聯盟為該級別所定的交費單位數相同的基礎上交納年度會費。

2.特別聯盟每個國家所交會費，在所有國家向特別聯盟預算交費總額中所占的數額，應與其交費單位數在所有交費國家的交費單位總數中的比例相同。

3.會費應於每年一月一日交納。

4.一個國家欠交會費，如果所欠金額等於或超過其前兩整年應付金額，則在特別聯盟各機構中不能行使投票權。但是，如能證實遲延付款是由於特殊和不可避免的情況造成的，特別聯盟各機構可允許該國在該機構中繼續行使投票權。

5.如果在新的財務年度開始時預算尚未通過，按財務規章，應維持與上一年度相同的預算水平。

㈤國際局提供與特別聯盟有關的服務，其收費額由總幹事制定；並向大會報告。

㈥1.特別聯盟設立周轉基金，由特別聯盟各個國家一次付款組成。在基金不足時，大會可以決定增加。

2.每個國家初次交付基金或交付增加基金的數額，應按設立或增加基金的當年該國年費的比例支付。

3. 交款比例和期限，經總幹事提出建議並聽取智財權組織協調委員會的建議後，由大會確定。

(七) 1. 智財權組織與其總部所在國家達成的總部協定，應規定當基金不足時由該國撥款墊付。各次墊付數額和撥款條件應由該國和智財權組織分別簽訂協定。

2. 第(1)項所指的國家和智財權組織，都有權以書面通知形式廢除撥款墊付的義務。廢除應在通知年份的年底算起三年以後生效。

(八) 依照財務規章的規定，查賬工作由特別聯盟一個或幾個國家或者外部的查賬人員進行。查賬人員在徵得他們本人同意後由大會指定。

第八條　第五條至第八條的修正案

(一) 對第五、六、七條和本條的修正提案，可由大會任何成員國或總幹事倡議，提案應由總幹事在大會進行審議之前至少六個月送交大會成員國。

(二) 對第一款所指各條的修正案，應由大會通過。通過要求達到投票數的 3/4，但修正第五條和本款規定要求達到投票數的 4/5。

(三) 對第二款所指各條的修正案，應在總幹事從通過修正案時 3/4 的大會成員國收到已按各自的憲法程式生效的認可通知書一個月後生效。經過認可的上述條款的修正案，對所有大會成員或以後成為大會成員的國家都具有約束力，但有關增加特別聯盟國家財政義務的修正案，僅對已通知認可修正案的國家具有約束力。

第九條　批准和加入，生效

(一) 在本議定書上簽字的國家可以批准議定書，未簽字的國家可以加入本議定書。

(二) 不屬於特別聯盟但已參加保護工業財產權巴黎公約的國家，可以加入本議定書，成為特別聯盟成員國。

(三) 批准和加入的文件交總幹事保存。

(四) 1. 本議定書在具備以下兩個條件三個月以後生效：

(1) 六個或更多的國家已交存批准和加入的文件；

(2) 上述國家中至少有三個國家在本議定書開放簽字期間是特別聯盟國家。

2. 前述第 1 項所指的生效，適用於在生效日期至少三個月以前已經交存批准或加入文件的國家。

3. 至於前述第 2 項未包括的國家，除已在其批准或加入文件中指定較後的日期外，本議定書將在總幹事就其批准或加入發出通知三個月以後生效。在指定較後日期的情況下，本議定書對該國將在指定的日期生效。

(五) 批准或加入後，自動地承認接受本議定書全部條款，同時享有本議定書的全部利益。

(六) 本議定書生效後，任何國家不得再批准或加入本協定在前的議定書。

第十條　有效期

本協定的有效期與保護工業財產權巴黎公約相同。

第十一條　修訂

㈠特別聯盟國家會議可隨時修改本協定。

㈡修訂會議的召開應由大會決定。

㈢對第五條至第八條可以由修訂會議修正，也可以按照第八條規定進行修正。

第十二條　退出

㈠任何國家可以通知總幹事退出本協定。退出本協定即構成退出該國以前已批准或加入的本協定較早的議定書。退出僅對宣告退出的國家有效，本協定對其他特別聯盟國家仍具有全部效力。

㈡退出自總幹事收到通知之日起一年以後生效。

㈢自參加特別聯盟之日起不足五年的國家，不能行使本條規定的退出權利。

第十三條　與巴黎公約第二十四條的關係

保護工業財產權巴黎公約一九六七年斯德哥爾摩議定書第二十四條的規定適用於本協定，如果將來修訂該條規定，則其修正案對本協定的適用僅限於受該修正案約束的特別聯盟國家。

第十四條　簽字；文字；保管人員職責，通知

㈠1.本議定書在英文和法文單一原本上簽字，兩種文本具有同等效力，交由總幹事保管。

2.總幹事在本議定書簽字後兩個月內，經與有關政府協商後，制訂俄文、西班牙文的議定書正式文本。這兩種文字和前述第(1)項所說的文字在成立世界智慧財產權組織公約中已簽字成為正式文本。

3.本議定書的阿拉伯文、德文、義大利文和葡萄牙文以及大會指定其他文字的正式文本，由總幹事與有關政府協商制訂。

㈡本議定書開放簽字至一九七七年十二月三十一日止。

㈢1.總幹事應將經他證明無誤的業經簽字的本議定書的兩個副本送給特別聯盟所有國家政府和提出要求的其他任何國家政府。

2.總幹事應將經他證明無誤的本議定書任何修正案的兩個副本送給特別聯盟所有國家政府和提出要求的其他任何國家政府。

㈣總幹事應將議定書在聯合國秘書處登記。

㈤總幹事應向保護工業財產權巴黎公約的所有成員國通知下列事項：

1.根據第一款規定的簽字；

2.根據第九條第三款交存批准或加入文件；

3.根據第九條第四款第1項本議定書的生效日期；

4.根據第八條第三款對議定書修正案的認可；

5.該修正案的生效日期；

6.根據第十二條收到的退出通知。

商品和服務分類表

一般說明

分類表中所列的商品或服務的名稱或說明構成該商品或服務大致所屬範圍的一般的名稱或說明。如果某一商品無法加以分類，下列說明指出了各項可行的標準：

㈠製成品原則上按其功能、用途進行分類，如果分類表沒有規定分類的標準，該製成品就按字母排列的分類表內類似的其他製成品分在一類，也可以根據輔助的分類標準，根據這些製成品的使用原材料或操作方式進行分類；

㈡原料、未加工品或半成品原則上按其組成的原材料進行分類；

㈢商品構成其他商品其一部分，原則上與其他商品分在同一類，但這種同類商品在正常情況下不能用於其他用途。其他所有情況均按上述標準進行分類；

㈣成品或半成品按其組成的原材料分類時，如果是由幾種不同原材料製成，原則上按其主要原材料進行分類；

㈤用於盛放商品的盒、箱之類的容器，原則上與該商品分在同一類。

商品和服務分類表

商品

第一類　用於工業、科學、攝影、農業、園藝、森林的化學品，未加工人造合成樹脂，未加工塑膠物質，肥料，滅火用合成物，淬火和金屬焊接用製劑，保存食品用化學品，鞣料，工業用粘合劑

第二類　原料，清漆，漆，防銹劑和木材防腐劑，著色劑，媒染劑，未加工的天然樹脂，畫家、裝飾家、印刷商和藝術家用金屬箔及金屬粉

第三類　洗衣用漂白劑及其他物料，清潔、擦亮、去漬及研磨用製劑，肥皂，香料，精油，化妝品，髮水，牙膏，牙粉

第四類　工業用油脂，潤滑劑，吸收、噴灑和粘結灰塵用品，燃料（包括馬達用的汽油）和照明材料，蠟燭，燈芯

第五類　藥品、獸藥及衛生用品，醫用營養品，嬰兒食品，膏藥，繃敷材料，填塞牙孔和牙模用料，消毒劑，滅有害動物製品，殺真菌劑，除銹劑

第六類　普通金屬及其合金，金屬建築材料，可移動金屬建築物，鐵軌用金屬材料，非電氣用纜索和金屬線，小五金器皿，金屬管，保險箱，不屬別類的普通金屬製品，礦砂

第七類　機器和機床，馬達（車輛用的除外），機器傳動用聯軸節和傳動帶（車輛用的除外），農業工具，孵化器

第八類　手工用具和器械（手工操作的），刀叉食具，佩刀，剃刀

第九類　科學、航海、測地、電氣、攝影、電影、光學、衡具、量具、信號、檢驗（監督）、救護（營救）和教學用具及儀器，錄製、通訊、重放聲音和形象的器具，磁性資料載體，錄音盤，自動售貨器和投幣自動裝置的機械結構，現金收入記錄機、電腦和資料處理裝置，滅火器械

第十類　外科、醫療、牙科和獸醫用儀器及器械，假肢、假眼和假牙，矯形用品，縫合用材料

第十一類　照明、加溫、蒸汽、烹調、冷藏、乾燥、通風、供水以及衛生設備裝置

第十二類　車輛、陸、空、海用運載器

第十三類　火器，軍火及子彈，爆炸物，焰火

第十四類　貴重金屬及其合金以及不屬別類的貴重金屬製品或鍍有貴重金屬的物品，珠寶，首飾，寶石，鐘錶和計時儀器

第十五類　樂器

第十六類　不屬別類的紙、紙板及其製品，印刷品、裝訂用品，照片，文具用品，文具或家庭用粘合劑，美術用品，畫筆，打字機和辦公用品（家具除外），教育或教學用品（儀器除外），包裝用塑膠物品（不屬別類的），紙牌，印刷鉛字，印版

第十七類　不屬別類的橡膠、古塔波膠、樹膠、石綿，雲母以及這些原材料的製品，生產用半成品塑膠製品，包裝、填充和絕緣用材料，非金屬軟管

第十八類　皮革及人造皮革不屬別類皮革及人造皮革製品，毛皮，箱子及旅行袋，雨傘、陽傘及手杖，鞭和馬具

第十九類　非金屬的建築材料，建築用非金屬剛性管，瀝青，柏油，可移動非金屬建築物，非金屬碑

第二十類　家具，玻璃鏡子，鏡框，不屬別類的木、軟木、葦、藤、柳條、角、骨、象牙、鯨骨、貝殼、琥珀、珍珠母、海泡石製品，這些材料的代用品或塑膠製品

第二十一類　家庭或廚房用具及容器（非貴重金屬所製，也非鍍有貴重金屬等），梳子及海綿，刷子（畫筆除外），製刷材料，清掃用具，鋼絲絨，未加工或半加工玻璃（建築用玻璃除外），不屬別類的玻璃器皿、瓷器及陶器

第二十二類　纜，繩，網，帳篷，遮篷，防水遮布，帆，袋（不屬別類），襯墊及填充料（橡膠或塑膠除外），紡織用纖維原料

第二十三類　紡織用紗、線

第二十四類　不屬別類的布料及紡織品，床單和桌布

第二十五類　服裝，鞋，帽

第二十六類　花邊及刺繡，飾帶及編帶，鈕扣，領扣，飾針及縫針，假花

第二十七類　地毯，草墊，席類，油氈及其他鋪地板用品，非紡織品牆帷

第二十八類　娛樂品，玩具，不屬別類的體育及運動用品，聖誕樹用裝飾品

第二十九類　肉，魚，家禽及野味，肉汁，醃漬、乾製及煮熟的水果和蔬菜，果凍，果醬，蛋，奶及乳製品，食用油脂，涼拌菜用的沙司，罐頭食品

第三十類　咖啡，茶，可可，糖，米，澱粉，西米，咖啡代用品，麵粉及穀類製品，麵包，糕點及糖果，冰制食品，蜂蜜，糖漿，鮮酵母，發酵粉，食鹽，芥末，醋，沙司（涼拌菜用的沙司除外），調味用香料，飲用冰

第三十一類　農業、園藝、林業產品及不屬別類的穀物，牲畜，新鮮水果和蔬菜，種籽，草木及花卉，動物飼料，麥芽

第三十二類　啤酒，礦泉水和汽水以及其他不含酒精的飲料，水果飲料及果汁，糖漿及其他供飲料用的製劑

第三十三類　含酒精的飲料（啤酒除外）

第三十四類　煙草，煙具，火柴

服務

第三十五類　廣告與實業

第三十六類　保險與金融

第三十七類　建築與修理

第三十八類　通訊

第三十九類　運輸與貯藏

第四十類　材料處理

第四十一類　教育與娛樂

第四十二類　雜項服務

28.商標法條約

一九九四年十月二十七日世界智慧財產權組織於日內瓦議定外交會議通過

1. 外交會議認為任何締約方可自由確定其與商標有關的收費項目和收費額以及其他費用。在通過該聲明時，外交會議注意到討論中提到的外交會議記錄所載的範例已在本聲明範圍之內。

2. 在通過第十一條第(4)款時，外交會議認為，不符合締約方法律的財政規定可作為撤銷登記的理由。

3. 在通過第十三條時，外交會議認為（條約）中沒有任何規定阻礙締約方對申報註冊的商標在使用上適用其法律規定，但前提是在註冊延展的程序工作中不要求按照此類規定辦理。

4.在通過規則八時，外交會議認為，至少就該條規則而言，任何締約方均可延展到期之日作為延展費應交之日。

5.在通過國際書式範本時，外交會議認為：

㈠如按照某締約方商標主管機關適用的法律不能要求提供或實際上不要求提供上述書式得某些項目，該機關應編製不含這些項目的「自訂國際書式」；

㈡任何自訂國際書式不得含有多於相應國際書式範本所指的違反（條約）或（實施細則）的強制性項目；

㈢任何締約方均可在其自訂國際書式中提供可選擇填寫的項目，如提交商標主管機關的有關函件的日期或委託書書式中委託人的地址，但以不規定必須寫為限；

㈣締約方不必具備自訂國際書式，只要其現有書式符合（條約）或（實施細則）的規定即可繼續使用這些書式；

㈤在任何自訂國際書式中，項目順序留空均可與國際書式範本的有所不同；

㈥任何自訂國際書式應以有關商標主管機關接受的一種語言或數種語文編製；

㈦對於任何申請、請求或代理人的指定，所提交的書式與有關國際書式範本或自訂國際書式對應的，只要其符合語文要求，每一締約方應予以接受；

㈧如果就某締約方而言，按照某項過渡性規定，國際書式範本的某些項目不適用，或需要提供國際書式範本中未列入的某些項目，該締約方應對其自訂國際書式作相應修改。

6.在通過國際書式 1 範本時，外交會議認為，任何締約方在關於要求優先權證據的規定低於上述書式項目第五項第四款和第五項第五款的規定的情況下應對其自訂國際書式作相應修改。

第一條　縮略語

除另有說明，本條約中：

㈠「商標主管機關」指同一締約方指定負責商標註冊的機構；

㈡「註冊」指由商標主管機關進行的商標註冊；

㈢「申請」指要求註冊的申請；

㈣凡提及人應理解為指自然人和法人；

㈤「註冊持有人」指商標註冊簿上列為註冊持有者的人；

㈥「商標註冊簿」指由商標主管機關保管的整套資料，其中包括所有註冊的內容和關於註冊的全部錄入資料，不論這樣的資料用何種載體存儲；

㈦「巴黎公約」指 1883 年 3 月 20 日於巴黎簽署後經修改和修訂的《保護工業財產權巴黎公約》；

㈧「尼斯分類」指 1957 年 6 月 15 日於尼斯簽署後經修改和修訂的《商標註冊用商品和服務國際分類尼斯協定》；

㈨「締約方」指加入本條約的任何國家或政府間組織；

㈩凡提及批准書均應理解為包括接受書和同意書；

㈠本組織指世界知識產權組織；

㈡總幹事指本組織的總幹事；

㈢實施細則指第十七條所指本條約下的《實施細則》。

第二條 本條約適用的商標

(1)〔商標的性質〕

(a)本條約適用於由視覺標誌構成的商標，但唯有接受立體商標註冊的締約方才有義
務將本條約也適用於立體商標。

(b)本條約不適用於全像攝影和不含視覺標誌的商標，尤其是音響商標和嗅覺商標。

(2)〔商標的種類〕

(a)本條約應適用於商品或服務有關的標誌（商品商標或服務商標）或與商品和服務
兩者有關的標誌。

(b)本條約不適用於集體商標、證明商標和保證商標。

第三條 申請

(1)〔申請書含有或附帶的說明或專案；收費〕

(a)任何締約方均可要求申請書中含有下列某些或全部說明或專案：

㈠註冊申請；

㈡申請人的名稱和地址；

㈢如申請人為一國國民，該國國名；申請人如在一國有住所，該國國名；申請人
如在一國有真實有效的工商營業所，該國國名；

㈣申請人為法人的，該法人的法律性質，以及該法人按其法律組成的國家及在該
國之內適用的領土區域；

㈤申請人有代理人的，該代理人的名稱和地址；

㈥第 4 條第(2)款(b)項之下要求提供的聯繫地址的，該聯繫地址；

㈦申請人希望獲得有先申請優先權的，要求該在先申請優先權的聲明並同時按《巴
黎公約》第四條對優先權聲明的要求提供說明和證據；

㈧申請人因在展覽會上展示商品和／或服務而希望獲得由此產生的任何保護的，
這種聲明及締約方法律要求提供的支援該聲明和說明；

㈨締約方的商標主管機關使用其認為標準的字（字母和數字）並且申請人希望以
標準字符註冊和公佈商標的聲明；

㈩申請人要求將顏色作為商標的顯著特點的，此種要求聲明以及要求的（諸）顏
色的名稱和關於該商標主要著色部分所用各顏色的說明；

㈠商標是立體商標的聲明；

㈢一份或多份圖樣；

㈣商標本身或商標某些部分的音譯；

㈤商標本身或商標某些部分的意譯；

㈥申請註冊的商品和／或服務的名稱，按《尼斯分類》中的類別分組並按該分類的類別順序排列，每組之前標明該商品或服務所屬的《尼斯分類》類別編號；

㈦第⑷款所指人員的簽字；

㈧締約方法律要求的關於有意使用該商標的聲明。

(b)申請人不作(a)項第㈦目所指關於有意使用商標的聲明的，或已作此種聲明的，可提交締約方法律要求的關於實際使用商標的聲明和相應證據。

(c)任何締約方均可要求向商標主管機關繳納申請費。

⑵〔呈交〕關於呈交申請的要求，下列情況下任何締約方不得駁回申請：

㈠以書面提交的申請，在不違反第⑶款的前提下，所用書式相當於《實施細則》規定的申請書式的；

㈡締約方允許以傳真向商標主管機關傳送文函申請，在不違反第⑶款的前提下，此種傳送產生的紙質副本相當於第㈠目所指的申請。

⑶〔語文〕任何締約方均可要求申請書以商標主管機關接受的語文填寫或以該機關接受的數種語文之一填寫。但如商標主管機關接受數種語文，則可要求申請人按該商標主管機關所適用的對其他語文的規定辦理，但不可要求申請書以一種以上語文填寫。

⑷〔簽字〕

(a)第⑴款(a)項㈧目中提及的簽字可以是申請人或其代理人的簽字。

(b)雖有(a)項規定，但任何締約方均可要求申請人在第⑴款(a)項第㈦目和(b)項所指的聲明上簽字，即使申請人有代理人也須如此。

⑸〔為多個類別的商品和／或服務提出的單項申請〕同一份申請可涉及多個商品和／或服務，不論它們屬《尼斯分類》中的一個類別或多個類別。

⑹〔實際使用〕有不違反《實施細則》規定的最短時限的前提下，任何締約方均可要求已提交第⑴款(a)項㈧目下使用意圖聲明的申請人，在締約方法律規定的時限內按該法律要求向商標主管機關提供商標實際使用的證據。

⑺〔禁止的其他要求〕除第⑴款至第⑷款和第⑹款所指的要求外，任何締約方不得規定申請書必須符合其他要求。尤其不得在申請待批的過程中要求：㈠提供任何商業登記簿的證明或摘錄；㈡示明申請人正在進行工商業活動並提交相應證據；㈢示明申請人正在進行與申請中列出的商品和／或服務相應的一項活動並提供相應證據；㈣提交商標已在另一締約方商標註冊簿中註冊或已在某一不屬本條約締約方的《巴黎公約》締約國商標註冊簿除外。

(8)〔證據〕在申請審查期間，商標主管機關對申請所含任何說明或專案的真實性產生合理懷疑時，任何締約方均可要求向商標主管機關提供證據。

第四條 代理代理；聯繫地址

(1)〔准許操業的代理人〕任何締約方均可要求在商標主管機關辦理任何手續之目的而指定的代理人須是該機關准許操業的代理人。

(2)〔強制代理；聯繫地址〕

(a)任何締約方均可要求在其領土內既無住所又無真實有效的工商營業所的任何人，為在商標主管機關辦理任何手續之目的，必須有一位代理人作為其代表。

(b)任何締約方在不要求(a)項所述的代理的前提下，均可要求在其領土內既無住所又無真實有效的工商營業所的任何人，為在商標主管機關辦理任何手續之目的，必須具備該領土上的聯繫地址。

(3)〔委託書〕

(a)如締約方允許或要求申請人、註冊持有人或任何其他有關的人在商標主管機關由代理人為其代表，該締約方可要求代理人的指定須由專項文函（下稱「委託書」）為之，其中視情況載明申請人、註冊持有人或其他人的名稱並由其簽字。

(b)委託書可涉及其指明的一項或多項申請和／或註冊，也可涉及該人現有和將來的全部申請和／或註冊。但委託人示明的例外情況除外。

(c)委託書可規定代理人的權力限於某些行為。任何締約方均可要求規定代理人有權撤回申請或放棄註冊的委託書必須明示此種權力。

(d)如果向商標主管機關交送文函的人在函中自稱為代理人而商標主管機關在收到該文函時尚未收到必要的委託書，在不違反《實施細則》規定的最短時限的前提下，締約方要求將委託書在該締約方規定的時限內交送商標主管機關，任何締約方均可規定，如果委託書未在其規定的時限內送達商標主管機關，該人提交的文函無效。

(e)關於委託書呈交書式和內容的要求，下列情況下任何締約方不得否認委託書的效力：㈠以書面提交的委託書，在不違反第(4)款的前提下，所用書式相當於《實施細則》規定的委託書書式的；㈡締約方允許以傳真向商標主管機關傳送文函而委託書是如此傳送的，在不違反第(4)款的前提下，此種傳送產生的紙質副本相當於第㈠目所指的委託書。

(4)〔語文〕任何締約方均可要求委託書以商標主管機關接受的語文填寫或以其接受的數種語文之一填寫。

(5)〔委託書的提及〕任何締約方均可要求代理人為商標主管機關辦理手續之目的而送交該商標主管機關的任何文函中須提及代理人據以行動的委託書。

(6)〔禁止的他要求〕除了第(3)款至第(5)款所指的要求外，任何締約方不得規定上述條

款所規定上述條款所指的事項必須符合其他要求。

(7)〔證據〕商標主管機關對第(3)款至第(5)款所指任何文函所載的任何說明的真實性產生合理懷疑時，任何締約方均可要求向商標主管機關提供證據。

第五條　申請日期

(1)〔准許的要求〕

　(a)在不違反(b)項和第(2)款的前提下，締約方應將商標主管機關收到按第三條第(3)款要求的語文書寫的下列說明和專案之日作為申請日期：㈠商標註冊意圖的明確或隱含表示；㈡能據以確定申請人身份的說明；㈢足以通過郵政途徑與申請人或其代理人（如有）聯繫的說明；㈣一份申請註冊的足夠清晰的商標圖樣；㈤申請註冊的商品和／或服務的清單；㈥在適用第三條第(1)款(a)項第㈦目或(b)項的情況下，第三條第(1)款(a)項第㈦目所指締約方法律規定的聲明或第三條第(1)款(b)項所指締約方法律規定的聲明和證據，在上述法律有要求時，申請人本人須在這些聲明上簽字，即便申請人有代理人也須如此。

　(b)任何締約方均可將商標主管機關收到(a)項所指的部分而非全部的說明和專案之日或在收到以不同於第三條第(3)款要求的語文書寫的說明和專案之日作為申請日期。

(2)〔准許的附加要求〕(a)締約方可規定在規費繳納之前不得確定申請日期。(b)唯有加入本條約時已實施(a)項所指要求的締約方才可適用這種要求。

(3)〔補正的時限〕第(1)款和第(2)款下的補正方式和時限應在《實施細則》中確定。

(4)〔禁上的其他要求〕除了第(1)款和第(2)款所指的要求外，任何締約方不得規定申請日期必須符合其他要求。

第六條　為多個類別的商品和／或服務提出的單項註冊

屬《尼斯分類》中多個類別的商品和／或服務的任何一份申請的，這種申請應按同一項註冊辦理。

第七條　申請和註冊的分割

(1)〔申請的分割〕

　(a)申報多個商品和／或服務的任何一份申請（以下稱「原申請」）可以，

　　㈠至少在商標主管機關對商標的註冊作出決定之前，

　　㈡在對商標主管機關就該商標註冊的決定進行任何異議程式期間，

　　㈢在對該商標註冊的決定進行任何上訴程式期間，由申請人或經其請求分為兩份或多份申請（以下稱為「分申請」），分別載列原申請中申請的商品和／或服務。分申請應保留原申請的申請日期並享有優先權（如有）。

　(b)任何締約方均可在不違反(a)項的前提下對申請分割作出規定，包括規定須繳納費用。

(2)〔註冊的分割〕第(1)款在細節上作必要修改後也適用於註冊分割。這種註冊分割

㈠在第三方就註冊效力向商標機關提出任何爭議的程式期間，

㈡在對前訴訟期間商標主管機關作出的決定進行任何上訴程式期間，應得到允許，但締約方法律允許第三方在商標註冊之前對商標的註冊提出異議的，締約方可排除註冊分割的可能性。

第八條　簽字

(1)〔書面文函〕如發給締約方商標主管機關的函為書面的並要求有簽名，該締約方

㈠應在不違反第㈢目的前提下接受手書簽名，

㈡也可允許使用手書簽名以外的其他形式的署名，例如印製簽名或蓋章簽名，或使用印章，

㈢簽署文函的自然人是其國民並且其地址在其領土內的，可要求使用印章而不用手書簽名。

㈣使用印章的，可要求蓋章須有使用印章的自然人以字母標本的姓名。

(2)〔傳真文函〕

(a)締約方允許以傳真向商標主管機關傳送文函的，如傳真紙上印出簽字或印章及第(1)款第㈣項要求的使用印章的自然人以字母標示的姓名，應將文函視為已簽名。

(b)在不違反《實施細則》規定的最短時限的前提下，(a)項所指的締約方對傳真傳送的文件可要求在一定時限內將正文送達商標主管機關。

(3)〔以電子手段傳送的文函〕締約方允許以電子手段向商標主管機關傳送文函的，如文函按締約規定注明了以電子手段發送文函的函者的身份，該文函應視為已簽名。

(4)〔禁止要求的證書〕任何締約方不得要求對以上各款所指的任何簽字或身份證明的其他方式出具證明、公證、認證、法律認可或其他證書，但締約方法律規定簽字涉及放棄註冊的情況除外。

第九條　商品和／或服務的分類

(1)〔商品和／或服務的名稱〕商標主管機關准予的每項註冊和涉及商品和／或服務的任何一項申請或註冊的公告，應注明商品和／或服務的名稱，按《尼斯分類》的類別分組並按該分類的類別順序排列，每組商品或服務之前應標明該組所屬的《尼斯分類》的類別編號。

(2)〔屬於同一類別或屬於不同類別的商品或服務〕

(a)商品或服務不一定因商標主管機關在其任何註冊或公告中將它們列在《尼斯分類》的同一類別之下而視為類似。

(b)商品或服務不一定因商標主管機關在任何註冊或公告中將它們列在《尼斯分類》的不同類別之下而視為不類似。

第十條　變更名稱或地址

(1)〔變更註冊持有人名稱或地址〕

(a)註冊持有人不變而其名稱和／或地址變更的，每一締約方應同意註冊持有人或其代理人以其簽字的文函請求商標主管機關在其商標註冊簿中登記變更，文函中注明有關註冊的註冊號和請求變更的內容。關於申請的呈交書式，下列情況下任何締約方不得駁回申請：

㈠以書面提交的申請，在不違反(c)項的前提下，所用書式相當於《實施細則》規定的申請書式的；

㈡締約方允許以傳真向商標主管機關傳送文函而申請是如此傳送的，在不違反(c)項的前提下，如此傳送產生的紙質副本相當於第㈠目所指的申請的。

(b)任何締約方均可要求申請中表明：

㈠註冊持有人的名稱和地址；

㈡註冊持有人有代理人的，該代理人的名稱和地址；

㈢註冊持有人有聯繫地址的，其聯繫地址。

(c)任何締約方均可要求申請必須以商標主管機關接受的語文書寫，或以其接受的數種語文之一書寫。

(d)任何締約方均可要求向商標主管機關繳納變更申請的費用。

(e)即便變更涉及多份註冊亦僅需一份申請即可，但申請中必須注明所有有關註冊的註冊號。

(2)〔變更申請人的名稱或地址〕第(1)款在細節上作必要修改後，應適用於涉及一項或多項申請的變更，或即涉及一項或多項申請又涉及一項或多項註冊的變更，但如果任何有關的申請，其申請號尚未公佈或申請人或其代理人尚不知悉該申請號者，變更申請中應另外按《實施細則》的規定確認該申請。

(3)〔變更代理人的名稱或地址聯繫地址〕第(1)款在細節上作修改後應適用於代理人（如有的話）名稱或地址的任何變更和聯繫地址（如有的話）的任何變更。

(4)〔禁止的其他要求〕除第(1)款至第(3)款所指的要求外，任何締約方不得規定本條所指的申請必須符合其他要求，尤其不得要求提交有關變更的任何證明。

(5)〔證據〕商標主管機關對變更申請中所含任何說明的真實性產生合理懷疑時，任何締約方均可要求向商標主管機關提供證據。

第十一條　變更所有權

(1)〔變更註冊所有權〕

(a)註冊持有人變更的，每一締約方應同意註冊持有人或其代理人或要求獲得所有權的人（下稱「新所有人」）或其代理人以其簽字的文函請求商標主管機關在其商標註冊簿中登記變更，文函中注明有關註冊的註冊號和請求登記的變更。關於申請的呈交書式，在下列情況下任何締約方不得駁回申請：

㈠以書面提交的申請，在不違反第⑵款⒜項的前提下，所用書式相當於《實施細則》規定的申請書式的；

㈡締約方允許以傳真向商標主管機關傳送文函，而申請是如此傳送的，在不違反第⑵款⒜項的前提下，此種傳送產生的紙質副本相當於第㈠目所指的請求的。

⒝所有權變更因契約所致的，任何締約方均可要求在變更申請中註冊此一事實並由申請方選擇附送下列各項之一：

㈠契約副本，可要求由公證部門或任何其他政府主管部門證明副本與原契約相符；

㈡示明所有權變更的契約摘錄，可要求由公證部門或任何其他政府主管部門證明摘示確係契約的真實摘錄；

㈢按《實施細則》規定的書式和內容擬就、由註冊持有人和新所有人簽署的不加證明的轉讓證書；㈣按《實施細則》規定的書式和內容擬就、由註冊持有人和新所有人簽署的不加證明的轉讓文件。

⒞所有權變更因合併所致的，任何締約方均可要求在申請中注明此一事實並附送一份由主管部門頒發並證明合併的文件的副本，諸如商業登記簿摘錄的副本，並且須由文件頒發部門或公證部門或任何政府主管部門證明副本與原方件相符。

⒟一個或數個而非所有共同註冊持有人變更的，且此種變更為契約或合併所致的，任何締約方均可要求任何所有權無變更的共同註冊持有人在其簽署的文件中明確表示同意該所有權的變更。

⒠所有權變更並非契約或合併所致而係法律實施或法院判決等其他原因所致的，任何締約方均可要求在變更申請中注明此一事實並附送一份證明變更的文件的副本，並要求由文件頒發部門或公證部門或任何其他政府主管部門證明副本與原文件相符。

⒡任何締約方均可要求在變更申請中註明：

㈠註冊持有人的名稱和地址；

㈡新所有人的名稱和地址；

㈢如新所有人為一國國民，該國國名；新所有人如在一國有住所，該國國名；新所有人如在一國有真實有效的工商營業所，該國國名；

㈣新所有人為法人的，該法人的法律性質，以及該法人按其法律組成的國家及在該國之內適用的領土區域；

㈤註冊持有人有代理人的，該代理人的名稱和地址；

㈥註冊持有人有聯繫地址的，其聯繫地址；

㈦新所有人有代理人的，該代理人的名稱和地址；

㈧第四條第⑵款⒝項要求新代理人須有聯繫地址的，其聯繫地址。

⒢任何締約方均可要求向商標主管機關繳納變更申請的費用。

(h)變更涉及數項註冊的，如各項註冊的註冊持有人是同一人且各項註冊的新所有人也是同一人並且申請中註冊所有有關註冊的註冊號，則只提交一份申請即可。

(i)所有權變更不影響註冊持有人註冊中所列的所有商品和／或服務，而且適用法律允許錄入此種變更的，商標主管機關就所有權變更所涉及的那部分商品和／或服務另設一項註冊。

(2)〔語文：翻譯〕

(a)任何締約方可要求第(1)款所提變更申請、轉讓證明或轉讓文件以商標主管機關接受的語文書寫或以其接受的數種語文之一書寫。

(b)如第(1)款(b)項第㈠目和第㈡目、(c)項和(e)項所指文件並非以商標主管機關接受的語文或其接受的數種語文之一書寫，任何締約國可要求附送一份以商標主管機關接受的語文或其接受的數種語文之一書寫的所需文件的譯文或經證明的譯文。

(3)〔有關申請的所有權的變更〕第(1)款和第(2)款在細節上作必要修改後應適用於涉及一項或數項申請的所有權變更或既涉及一項或數項申請又涉及一項或數項註冊的所有權變更，但如果任何有關申請，其申請號尚未公佈或申請人或其代理人尚不知悉該申請號，變更申請中應另外按《實施細則》的規定明確該申請。

(4)〔禁止的其他要求〕除第(1)款至第(3)款所指的要求外，任何締約方不得規定本條所指的變更申請必須符合其他要求。尤其不得提出以下要求：

㈠在不違反第(1)款(c)項的前提下，提供任何商業登記簿的證明或摘錄；

㈡示明新所有人正在進行的工商業活動並提供相應證據；或服務相應的一項活動並提供相應證據；

㈢示明新所有人正在進行與所有權變更所影響的商品和／或服務相應的一項活動並提供相應證據；

㈣示明註冊持有人已將其企業或與企業有關的信譽全部或部分地轉讓給新所有人並提供相應證據。

(5)〔證據〕商標主管機關對變更申請或本條所指的任何文件所載的任何說明的真實性產生合理懷疑時，任何締約方均可要求向其商標主管機關提供證據，或在適用第(1)款(c)項或(e)項時提供進一步證據。

第十二條 更正錯誤

(1)〔更正註冊中的錯誤〕

(a)每一締約方應同意註冊持有人或其代理人以其簽字的文函請求更正其傳送給商標主管機關的申請或其他請求中的錯誤以及反映在商標主管機關商標註冊簿和／或任何公告中的錯誤。文函中注明有關的註冊號、需更正的錯誤和需作的更正。關於更正請求的呈交書式，下列情況下任何締約方不得駁回請求：

㈠以書面提交的更正請求，在不違反(c)項的前提下，所用書式相當於《實施細則》

　　規定的書式的；

　　㈡締約方允許以傳真向商標主管機關傳送文函而請求是如此傳送的，在不違反(c)項的前提下，如此傳送產生的紙質副本相當於第㈠目所指的請求的。

　(b)任何締約方均可要求中表明：

　　㈠註冊持有人的名稱和地址；

　　㈡註冊持有人代理人的，該代理人的名稱和地址；

　　㈢註冊持有人有聯繫地址的，其聯繫地址。

　(c)任何締約方均可要求請求以其商標主管機關接受的語文書寫，或以其接受的數種語文之一書寫。

　(d)任何締約方均可要求向其商標主管機關繳納更正請求的費用。

　(e)更正涉及同一人的數項註冊的，如各項註冊的錯誤相同，須作的更正也相同而且請求中注明了所有有關註冊的註冊號，則只提交一份請求即可。

(2)〔更正申請中的錯誤〕第(1)款在細節上作必要修改後，應適用於涉及一項或數項申請中的錯誤或適用於一項或數項申請及一項或數項註冊中的錯誤，但如果任何有關的申請，其申請號尚未公佈或申請人或其代理人尚不知悉該申請號，更正請求中應另外按《實施細則》的規定明確該申請。

(3)〔禁止的其他要求〕除第(1)款和第(2)款所指的要求外，在任何締約方不得要求本條所指的請求必須符合其他要求。

(4)〔證據〕商標主管機關對所稱須更正的錯誤是否確係錯誤產生合理懷疑的，任何締約方均可要求向其商標主管機關提供證據。

(5)〔商標主管機關的錯誤〕締約方商標主管機關有其職權範圍內改正本機關的錯誤，或被要求改正其錯誤時，不收任何費用。

(6)〔無法更正的情況〕任何締約方均無義務對其法律無法糾正的錯誤適用第(1)款、第(2)款和第(5)款。

第十三條　註冊期限及續展

(1)〔續展申請所載或所附的說明或專案；收費〕

　(a)任何締約方均可要求註冊的續展須以提交申請為前提並且申請中須注明下列某些或全部專案：

　　㈠要求續展的表示；

　　㈡註冊持有人的名稱和地址；

　　㈢有關註冊的註冊號；

　　㈣締約方選定的、有關註冊的申請日期或有關註冊的註冊日期；

　　㈤註冊持有人有代理人的，該代理的名稱和地址；

　　㈥註冊持有人有聯繫地址的，其聯繫進址；

㈦締約方允許對商標註冊簿中登記的某些商品和／或服務的註冊辦理續展而且有此種續展申請提出的，申請續展的記錄在案的商品和／或服務的名稱或未申請續展的記錄在案的商品和／或服務的名稱，按《尼斯分類》的類別分別並按該分類別順序排列，每組商品或服務之間應標明該組所屬的《尼斯分類》的類別編號；

㈧締約方允許註冊持有人或其代理人以外的其他人員對續展提出申請的，該人的姓名和地址；

㈨註冊持有人或其代理人的簽字，適有上述第㈧目規定的，應提交該目所指人員的簽字。

(b)任何締約方均可要求向其商標主管機關繳納請求續展的費用。一旦首次註冊期或任何續展期的註冊費用已支付，不得要求就上述期限再支付維持註冊的費用。就本項之目的，與提供聲明和／或服務證據有關的費用不視為是要求支付維持註冊的費用，因而不受本項的影響。

(c)在不違反《實施細則》規定的最短時限的情況下，任何締約方均可要求在締約方法律規定的時限內向商標主管機關提交續展申請，並交付(b)項所指的相應費用。

(2)〔呈交〕關於續展申請呈交格式，下列情況下任何締約方均不得駁回申請：

㈠以書面提交的申請，在不違反第(3)款的前提下，所用格式相當於《實施細則》規定的申請格式的；

㈡締約方允許經傳真向商標主管機關傳送文函，而申請亦是如此傳送的，在不違反第(3)款的前提下，如此傳送產生的紙質副本相當於第㈠目所指的申請的。

(3)〔語文〕任何締約方均可要求續展申請以商標主管機關接受的語文書寫，或以其接受的數種語文之一書寫。

(4)〔禁止的其他要求〕除第(1)款至第(3)款所指的要求外，任何締約方不得規定續展申請必須符合其他要求。尤其不得提出以下要求：

㈠提供任何商標圖樣或其他相當於商標的物品；

㈡提供證據，證明在另一締約方商標註冊簿中該商標已註冊或其註冊已續展；

㈢提供關於商標使用的聲明和／或證據。

(5)〔證據〕商標主管機關對續展申請所載任何說明或專案的真實性產生合理懷疑時，任何締約方可要求向商標主管機關提供證據。

(6)〔禁止實質性審查〕任何締約方不得為實施續展而就註冊進行實質審查。

(7)〔有效期〕首次註冊有效期續展的有效期均為十年。

第十四條　擬駁回情況下的意見表達

商標主管機關如未給予申請人或請求人在合理時限內就其擬議駁回發表意見的機會，一律不得完全或部分駁回第十一條至第十三條之下的申請或請求。

第十五條　遵守《巴黎公約》的義務

任何締約方均應遵守《巴黎公約》中有關商標的條款。

第十六條　服務商標

各締約方應對服務商標進行註冊並適用《巴黎公約》中有關商標的條款。

第十七條　實施細則

(1)〔內容〕

　(a)本條約所附《實施細則》提供與下列各項有關的規定：

　　㈠本條約明確定為「《實施細則》規定的」事項；

　　㈡任何有助於實施本條約條款的細節；

　　㈢任何行政要求、事項或程式。

　(b)《實施細則》還包括「國際書式範本」。

(2)〔《條約》與《實施細則》的抵觸〕如本條約條款與《實施細則》條款發生抵觸，應以前者為準。

第十八條　修訂：議定書

(1)〔修訂〕本條約可由外交會議修訂。

(2)〔議定書〕為進一步協調商標法，可由外交會議通過議定書，但前提是議定書不與本條約的規定相抵觸。

第十九條　成為本條約締約方的條件

(1)〔資格〕下列實體可簽署本條約並在不違反第(2)款、第(3)款和第 20 條第(1)和(3)款的前提下可成為本條約締約方：㈠可在其商標主管機關註冊商標的任何本組織成員國；㈡設有商標主管機關、且可在適用政府間組織的現有條約的領土範圍內或在所有成員國內或在有關申請中指定的成員國內進行商標有效註冊的任何政府間組織，前提是政府間組織的所有成員國也必須是本組織成員；㈢唯有通過另一指定的本組織成員國商標主管機關能註冊商標的任何本組織成員國；㈣唯有通過本身為成員國商標主管機關能註冊商標的任何本組織成員國；㈤唯有通過本組織一組成員國共設的商標主管機關才能進行商標註冊的任何本組織成員國。

(2)〔批准或加入〕第(1)款所指任何實體均可交存：

　㈠批准書，指已簽署本條約者；

　㈡加入書，指未簽署本條約者。

(3)〔交存的有效日期〕

　(a)在不違反(b)項的前提下，批准書或加入書的交存有效日期：

　　㈠對於第(1)款第㈠項所指的國家，為該國交存文書之日；

　　㈡對於政府間組織，為該政府組織的方書交存之目；

　　㈢對於第(1)款第㈡項所指的國家，為符合下列條件之日：該國的文書已交存而且

　　　另一指定國家的文書也已交存；

　　㈣對於第(1)款第㈣項所指的國家，應適用上述第㈡項所指的日期；

　　㈤對於第(1)款第㈤項所指的屬一組國家之一的成員國，為該組所有成員國均已交
　　　存文書日。

(b)一國的任何批准書或加入書（本項稱「文書」）可附帶一項聲明，提出其文書是否
　　可視為已交存須以下述情況為條件：指明名稱並符合本條約締約方資格的另一國
　　或一政府組織的文書或另兩國的文書或另一國和一政府組織的文書也已交存。含
　　此種聲明的文書應於聲明中的條件達到之日視為已交存。但是，交存聲明所指任
　　何文件本身附有同類聲明時，該文書應於後一聲明中的條件達到之日視為已交存。

(c)按照(b)項作出的聲明可隨時全部或部分地撤回。任何此種撤回應於總幹事收到撤
　　回通知之日起發生效力。

第二十條　批准和加入的有效日期

(1)〔須考慮的文書〕為本條之目的，僅考慮第十九條第(1)款所指實體交存的、具備按
　　第十九條第(3)款規定「註冊」有效日期的批准書或加入書。

(2)〔條約的生效〕本條約應於五個國家遞交批准書或加入書三個月後生效。

(3)〔條約生效之後所作批准和加入的生效〕第(2)款範圍之外的實體應自其交存批准書
　　或加入書之日起三個月之後受本條約約束。

第二十一條　保留

(1)〔特種商標〕任何國家或政府間組織均可以提出保留的方式聲明，儘管有第二條第
　　(1)款(a)項和第(2)款(a)項的規定，但對於聯合商標、防禦商標或衍生商標不適用第三
　　條第(1)款和第(2)款、第五條、第七條、第十一條和第十三條的任何規定。但該保留
　　中應注明上述與保留有關的規定。

(2)〔保留形式〕第(1)款所提的保留應在有關提出該保留的國家或政府間組織批准或加
　　入本條約的文書所附的聲明中提出。

(3)〔保留的撤回〕依據第(1)款所提保留可隨時撤回。

(4)〔禁止其他保留〕除第(1)款所述允許的保留外，不得對本條約提出任何其他保留。

第二十二條　過渡性條款

(1)〔為多個類別的商品和服務提出的單項申請〕

(a)任何國家或政府間組織均可聲明，儘管有第三條第(5)款的規定，但向商標主管機
　　關提交一項申請僅能涉及屬《尼斯分類》同一類別的商品或服務。

(b)任何國家或政府間組織可聲明，儘管有第六條的規定，如屬《尼斯分類》多個類
　　別的商品和／或服務載於同一份申請，以這樣一份申請所作的註冊商標註冊簿中
　　應當列為兩項或多項註冊，但前提是每一項這種註冊均應有參考標誌，標明其與
　　由同一申請分出的所有其他此種註冊的關係。

(c)依據上述(a)項提出保留聲明的任何國家和政府間組織均可聲明，儘管表第七條第
(1)款的規定，申請可以不分解。

(2)〔為一項以上的申請和／或註冊提交一份委託書〕任何國家或政府間組織均可聲明，
儘管有第四條第(3)款(b)項的規定，但一份委託書僅能涉及一項申請或一項註冊。

(3)〔禁止要求證明委託簽名和申請書簽名〕任何國家或政府間組織均可聲明，儘管有
第八條第(4)款的規定，仍可要求對委託書的簽字或申請人在申請書上的簽字出具證
明、公證、認證、法律認可或其他證明。

(4)〔為一項以上申請和／或註冊變更名稱和／或地址、變更所有權或錯誤的更正提出
的單項申請或請求〕任何國家或政府間組織均可聲明，儘管有第十條第(1)款(e)項和
第(2)、(3)款、第十一條第(1)款(h)項和第(3)款和第十二條(1)款(e)項和第(2)款的規定，
一項名稱和／或地址的變更登記申請、一項所有權變更登記申請和一項錯誤更正請
求僅能涉及一項申請或一項註冊。

(5)〔續展時呈交使用聲明和／或證據〕任何國家或政府間組織均可聲明，儘管有第十
三條第(4)款第㈢項的規定，續展時仍需提供有關使用商標的聲明和／或證據。

(6)〔續展時的實質性審查〕任何國家或政府間組織均可聲明，儘管有第十三條第(6)款
的規定，但在首次續展服務商標註冊時，可對該註冊進行實質審查，並審查其註冊
的可能性，前提是審查應限於排除因本條約生效前該國或該組織規定可注意服務商
標的法律生效後六個月期間提交的申請所致的多重註冊。

(7)〔共同條款〕
(a)僅在下列情況下，一國或一政府組織才可作第(1)款至第(6)款之下的聲明，即：在
其交存加入本條約的批准書或加入書時，如不作此種聲明，繼續適用其法律將會
違反本條約的有關規定。

(b)依據第(1)款至第(6)款所作的聲明應與提出該聲明的國家或政府間組織批准或加入
本條約的文書一同附送。

(c)依據第(1)款至第(6)款所作的聲明可隨時撤回。

(8)〔(保留)聲明失效〕
(a)在不違反下述(c)項規定的情況下，依據第(1)至第(6)款所作的任何(保留)聲明，
如是由按聯合國大會的慣例被視為發展中國家，或成員國均是發展中國家的政府
間組織所提出，該聲明將於本條約生效之日起第八年失效。

(b)依據第(1)至第(6)款所作的任何(保留)聲明，如是由非上述(a)項中所提到的國家
或政府間組織提出，該聲明將於本條約生將效之日起第六年底失效。

(c)如果依據第(1)到第(6)款所作的(保留)聲明未按第(7)款(c)項規定撤回，或未按上
述(a)或(b)項規定於 2004 年 10 月 28 日以前失效，該聲明亦於 2004 年 10 月 28 日
失效。

(9)〔成為本條約締約方的條件〕在本條約通過之日屬保護工業產權國際（巴黎）聯盟成員但不是本組織成員的任何國家，在 1999 年 12 月 31 日之前，儘管有第十九條第(1)款第㈠項的規定，只要其商標主管機構可進行商標註冊，均可成為本條約締約方。

第二十三條　退約

(1)〔通知〕任何締約方均可退出本條約，退約應通知總幹事。

(2)〔有效日期〕退約於總幹事收到通知之日起一年後發生效力。退約不影響本條約對該一年期結束時涉及退約締約方任何未決申請或任何註冊商標的適用，但退約締約方可在一年期結束後對一項註冊自其到期需續展之日起停止適用本條約。

第二十四條　本條約的語文；簽署

(1)〔原件；正式文本〕

(a)各條約簽字原件應為一份，其英文、阿拉伯文、中文、法文、俄文和西班牙文本具有同等效力。

(b)應某一締約方要求，非上述(a)項提及的語文，但屬該締約方官方語文的正式文本將由總幹事與締約方及其他當事締約方協商後擬定。

(2)〔簽署時限〕本條約應於通過後一年內本組織總部開放以供簽署。

第二十五條　保存人

總幹事為本條約保存人。

29.專利合作條約

一九七〇年六月十九日在華盛頓完成簽署，一九七九年十月二日修正，一九八四年二月三日修訂

各締約國為促進科學及技術之進步，使發明獲完善之法律保護；以簡便及經濟之方式取得多國之專利保護；使大眾迅速取得新發明之技術資訊；為加速開發中國家之經濟發展須透過適當措施，諸如提供符合開發中國家特別需要之簡便資訊，從技術上解決其問題，或幫助開發中國家使用日益發展之現代技術以增進彼等之國家或地區性之法律制度以保護發明品。各締約國深信透過合作，能達成上述目的，故締結本條約。

序

第一條　同盟之成立

(1)本條約之各締約國（以下稱為「締約國」）為保護專利申請案，並就申請案之技術內容做國際調查及預備審查並為提供特別之技術而成立本同盟。本同盟稱為國際專利合作同盟。

(2)本條約之規定不應解釋為縮減任何巴黎同盟締約國之國民或居民依保護工業所有權

之巴黎公約所賦與之權利。

第二條　定義

本條之定義適用於本條約及其附屬之規則，另有規定者不在此限；

(i)「申請」係為取得專利保護之申請；提及「申請」應解釋為發明專利，發明人證明書，新型證明書，新型，追加專利或證明書，追加發明人證明書及追加新型證明書之申請；

(ii) 所謂「專利」，應解釋為發明專利，發明人證明書，新型證明書，新型，追加專利或證明書，追加發明人證明書及追加新型證明書；

(iii)「國家專利」是指由一國家主管機關授予之專利；

(iv)「區域專利」係由一國或政府間機構授予在一個以上國家內有效之專利；

(v)「區域申請」係區域專利之申請；

(vi) 提及「國家申請案」應解釋為除依本條約提出之申請案外，即指國家專利及區域專利之申請案；

(vii)「國際申請案」係依本條約提出之申請；

(viii) 所謂「申請案」應解釋為國際申請案及國家申請案；

(ix) 所謂「專利」應解釋為國家專利及區域專利；

(x) 所謂「內國法」指任一締約國之內國法或如涉及區域申請或區域專利，則指提供申請或授予區域專利依據之條約；

(xi) (1)「優先權日」為計算期間，係指：
　　　(a)根據本條約第八條主張優先權之國際申請案，係指該主張優先權案之申請日；
　　　(b)根據本條約第八條主張複數個優先權之國際申請案，係指所主張優先權最早案之申請日；
　　　(c)國際申請未以第八條提出優先權之主張，係指該案之申請日。

(xii) (2)「國家官署」係各締約國賦與授予專利之政府機關；提及「國家官署」應亦包括政府間機關，其受幾個國家委託授予區域專利，該等國家中至少有一為本條約之締約國，且該締約國已授予該政府間機關擔任本條約及規則所規範國家官署之義務及執行其權力；

(xiii) (3)「指定官署」係申請人依本條約第一章指定之國家官署或代理指定國之官署；

(xiv) (4)「選擇官署」係申請人依本條約第二章所選擇之國家官署或代理選擇國之官署；

(xv) (5)「受理官署」係指受理國際申請案提出申請之國家官署或政府間組織；

(xvi) (6)「同盟」係國際專利合作同盟；

(xvii) (7)「大會」指本同盟之大會；

(xviii) (8)「組織」係世界智慧財產權組織；

(xix) (9)「國家局」係「組織」之國際局，其為保護智慧所有權聯合國際局 (BIRPI) 之

　延續；

(xx) ⑽「局長」係組織之國際局局長，如其以保護智慧所有權聯合國際局時，即指該局之局長。

第一章　國際申請及國際調查

第三條　國際申請案

⑴依法得向各締約國提出專利保護之申請案均得依本條約提出國際申請案。

⑵國際申請案應依本條約及規則之規定，包括請求書，說明書，一項或一項以上申請專利範圍，圖式（如有必要時，才需附送）及摘要。

⑶摘要僅為提供技術資訊之用，不作為其他用途，尤其是不得作為解釋保護範圍之用。

⑷國際申請案應：

(i) 以規定之語文提出；

(ii) 符合規定之形式要件；

(iii) 符合發明單一性之規定要件；

(iv) 依照規定繳交相關規費。

第四條　請求書

⑴請求書應包括：

(i) 請求依本條約處理此國際申請案之意旨；

(ii)基於此國際申請案欲取得發明保護而指定一或二個以上締約國（以下稱「指定國」）；如可由指定任一指定國而可取得區域專利時，且申請人欲取得區域專利而非國家專利，應在請求書中指明；如依區域專利條約，申請人不能只指定該條約之特定國，則指定其一並表示欲取得區域專利，即為指定該條約所有締約國；如依指定國之內國法，指定該國即有申請區域專利之效力，則指定該國視為欲取得區域專利；

(iii) 申請人及代理人（如有委託）之姓名及其他規定之資料；

(iv) 發明名稱；

(v) 發明人姓名及其他規定之資料，如所指定國中至少一國之內國法規定該項資料應在提出國家申請時敘明，才須敘明。否則，該項資料可在請求書中敘明或分別通知每一指定官署，如係依該指定官署之內國法要求提供該項資料，則可在提出國家申請時再行補正。

⑵每一指定應於規定期限內繳交規定之費用；

⑶除申請人明示其依本條約第四十三條請求其他種類保護外，指定應係為取得該國之專利。第二條 (ii) 在此不適用；

⑷請求書中未敘明發明人及其他相關資料，對任一指定國，如依其內國法該項資料可

於提出國家申請後之指定時間補正者，不生影響。對任一指定國，依其內國法不需提供該項資料，申請人未以單獨通知敘明該資料，亦不生影響。

第五條　說明書

說明書應充分且完整地揭露發明，使熟悉該項技藝者能據以實施該發明。

第六條　申請專利範圍

一項或一項以上之申請專利範圍係定義取得保護之事項。其應明確且簡明，並應完全地被說明書所支持。

第七條　圖式

(1)除本條第(2)(ii)項之規定外，為求瞭解發明，於必要時，應檢附圖式。

(2)當圖式非為瞭解發明所必要時，而發明之性質，申請人得以下列方式檢附圖式：

(i) 申請人得於提出國際申請時，包括該圖式，

(ii) 任一指定官署得給予規定之期限要求申請人補正該圖式。

第八條　主張優先權

(1)國際申請案依本條約規則之規定，得以聲明方式，以在保護工業財產權之巴黎公約締約國提出之一件或多件之較早申請案，主張優先權。

(2)(a)除本項第(b)款之規定外，任何依本條第(1)項聲明優先權主張者，其條件及效力應與採用保護工業財產權之巴黎公約斯德哥爾摩法案第四條之規定相同。

(b)聲明以一締約國申請之一件或多件較早申請主張優先權之國際申請，得包含指定該國。在國際申請案中，係以在同一指定所提一件或多件國家申請主張優先權，或主張優先權之國際申請，只指定一個國家時，在該國主張優先權之條件及效果，應由該國內國法規定之。

第九條　申請人

(1)締約國之居民或國民得依本條約提出國際申請案。

(2)大會得決議，允許非本條約成員之巴黎條約成員國之居民或國民提出國際申請案。

(3)住所及國籍之概念，及申請人有數人或於所有指定國其申請人不為相同申請案之任所及國籍概念，於規則中定義之。

第十條　受理官署

國際申請案應向規定之受理官署指出，該官署依本條約及規則核對國際申請文件，並做適當之處理。

第十一條　國際申請日之確認及國際申請效果

(1)受理官署受理國際申請案時，如確認已符合下列條件者，以收到該申請案之日為國際申請日：

(i) 申請人未明顯因住所或國籍之原因欠缺向該受理官署提出國際申請案之權利，

(ii) 該國際申請案係以規定語文提出，

(iii) 該國際申請案至少包含下列要件：

(a)欲取得國際申請案之意思表示，

(b)至少指定一個締約國，

(c)依規定指明申請人姓名，

(d)從表面上看，一部分為說明書，

(e)從表面上看，一部分為一項或一項以上申請專利範圍。

(2)(a)如受理官署於收受該國際申請案時，發現其未能完全符合本條第一項所列各要件時，應依規則之規定函請申請人補正。

(b)如申請人依規則補正，受理官署應以收到補件日為國際申請日。

(3)除第六十四條(4)之規定外，任何國際申請案符合本條第一項 (i) 至 (iii) 所列要件，而取得國際申請日，且自該申請日在各指定國與一般國家申請具相同之效力，即該申請日應視為其在各指定國之真正申請日。

(4)符合第(1)款 (i) 至 (iii) 所列要件之國際申請案相當於依保護工業財產權之巴黎公約中所稱一般國家申請案。

第十二條　國際申請案卷之傳遞

(1)受理官署應保存一份國際申請案（即「國內抄本」），並傳送一份抄本（即「案卷原本」）給國際局，另一份（即「檢索抄本」）應傳給依第十六條所規定之適格之國際調查機構。

(2)「案卷原本」應視為國際申請案之正本。

(3)國際局在規定期間內未收到案卷原本，該國際申請案，應被視為撤回。

第十三條　指定國取得國際申請案抄本之可能途徑

(1)指定國官署在依第二十條規定送達之前，得要求國際局傳送一份國際申請案抄本，而國際局應於優先權日起滿一年後儘速送交該抄本給該指定國官署。

(2)(a)申請人隨時可將國際申請案抄本送交指定國。

(b)申請人得隨時要求國際局傳送其國際申請案之抄本至各指定國，而國際局收到該要求時，應儘速為之。

(c)指定國家官署得通知國際局，其不願收受(b)款所述之抄本，於該官署為此聲明後，該款對該官署不適用。

第十四條　國際申請案之瑕疵

(1)(a)受理官署應核對國際申請案是否有下列瑕疵：

(i) 未依規則規定簽名；

(ii) 未包含有關申請人之規定指示；

(iii) 未記載發明名稱；

(iv) 未包含摘要；

(v) 不符合規則所定之形式要件。

　(b)如受理官署發現上述瑕疵，應請申請人在指定期間內補正，如未能於期限內補正，該申請案應視為撤回，且該官署應聲明該案已視為撤回。

(2)如國際申請案提及圖式，而事實上並未附送，受理官署應限期通知申請人補送，如依限補正，國際申請日為受理官署收到該圖式之日。如逾限未補正，任何與上述圖式相關之敘述應視為不存在。

(3)(a)如受理官署發現申請人在規定期限內，未繳交第三條(4) (iv) 規定之費用，或第四條(2)規定之指定費用，該國際申請應視為撤回且該官署應聲明之。

　(b)如受理官署發現在規定期間內，申請人只繳交第四條(2)規定費用之部分，即只支付了一個或多個（但少於全部）指定國之手續費，就未於期限內付費之相關指定應視為撤回，且該受理官署應聲明之。

(4)在賦予國際申請日後，如受理官署發現國際申請案在規定期限內，仍不符第十一條(1) (i) 至 (iii) 之任一要件，該申請案應視為撤回，該受理官署應聲明之。

第十五條　國際調查

(1)國際申請案為國際調查之主體。

(2)國際調查之目的在於發現相關之先前技術。

(3)國際調查應以申請專利範圍為基礎，並適當考量說明書及圖式（如有圖式者）。

(4)國際調查機構（由第十六條規定）應依其本身設備之許可，盡可能檢索出相關之先前技術，並應遵守規則所定必須檢索之基本文獻。

(5)(a)如締約國之內國法允許申請人向該國國家官署或指定機構提出於國家申請案時，依該內國法規定之條件，得請求就該申請做一類似國際調查(以下稱國際型調查)。

　(b)如締約國之內國法許可，國家官署或其指定機構得依該法要求每一國家申請必須做一國際型調查。

　(c)如依本項(a)及(b)款所申請之國家申請案為一國際申請案，則該國際型調查應由符合本條約第十六條之國際調查機構為之。如該國家申請案之語文非為該國際調查機構所能處理，則該調查應以申請人提出該案之翻譯本為調查之依據，且翻譯本之語文之要求與該機構於接受處理國際申請案同。當此情況，國家申請案及其翻譯應以國際申請案之規定格式提出。

第十六條　國際調查機構

(1)國際調查應由國際調查機構負責，該機構得為國家官署或政府間機構，例如國際專利學會，而其任務包括就與發明主題相關之先前技術進行資料檢索，並做成報告。

(2)在單一國際調查機構未成立前，有數個該類機構，每一受理官署應依本條第(3)項(b)以適當之協定，指定一個或數個調查適任之機構處理向該官署提出之國際申請案之調查。

(3)(a)國際調查機構應由大會選定之。凡符合本項(c)款要件之國家官署及政府間機構得被選定為國際調查機構。

　(b)選定應以取得被選定國家官署或政府間機構之同意，並經大會認可該官署或機構與國際局間締結協議為條件。該協議應載明當事者之權利及義務，並特別敘明保證該官署或機構將適用及遵守一切國際調查共通原則。

　(c)規則應明定該官署或機構被選定前應符合之基本要求，且只要為選定機構就必須滿足該要件，特別是人力及資料兩要件。

　(d)選定應訂有一固定期間，且該期間得延長之。

　(e)大會決定選定任一國家官署或政府間機構為調查機構前，延長該選定，或終止該選定時，大會應聽取相關官署或機構及依第五十六條成立之技術合作委員會之意見。

第十七條　國際調查機構之作業程序

(1)國際調查機構之作業程序應受本條約，規則及國際局與該機構依本條約及規則所締結協議之約束。

(2)(a)如國際調查機構認為國際申請案有下列情事應聲明不做成國際檢索報告並通知申請人：

　　(i) 該國際申請案之相關主題依規則不須檢索，且該機構在該特定案決定不檢案，或

　　(ii) 說明書，申請專利範圍或圖式不符合所定之要件而導致無法執行一有意義之調查。

　(b)如前(a)款之情事只存在於某些申請專利範圍，則國際檢索報告應敘明該事實，但對其他項之申請專利範圍仍需依第十八條做成檢索報告。

(3)(a)如國際調查機構認為該國際申請案不符規則所定發明單一性之要求，其應限期函申請人支付附加的費用。如申請人未支付費用，該機構應就國際申請與第一次提及發明相關之申請專利範圍（稱主要發明）做成國際檢索報告，如申請人於規定期限內支付所需之附加的費用，該報告亦應涵蓋已支付費用之國際申請相關發明。

　(b)任一指定國之內國法得規定，其國家官署發現國際調查機構所作前(a)款之要求為合理，而申請人並未依規定繳納所有費用，則國際申請案中未被檢索部分，在該指定國視為撤回，除非申請人支付特別費給該官署。

第十八條　國際檢索報告

(1)國際檢索報告應在規定期限內依規定形式完成。

(2)國際調查機構做成國際檢索報告，應儘速送達國際局及申請人。

(3)第十七條(2)(a)提及之國際檢索報告或聲明應依規則翻譯之。該翻譯本應由國際局準備或負責之。

第十九條　向國際局提出申請專利範圍修正本

(1)申請人接到國際檢索報告後，在規定期限內賦予其一次機會向國際局提出修正申請專利範圍。申請人同時可依規則附上一簡單聲明，說明修正之內容並敘明該修正對說明書及圖式之影響。

(2)修正本不應超出原國際申請案時所揭示之內容。

(3)如指定國之內國法允許修正本超越原揭示內容，則修正本雖不符本條第二項在該國應不生影響。

第二十條　傳送至指定官署之文件

(1)(a)國際局應將國際申請案連同國際檢索報告（包括第十七條(2)款(b)之指示）或第十七條(2)(a)之聲明，應依規則之規定送至各指定官署，如該指定官署已聲明整個或部分放棄收受該項文件。

(b)文件應包括該報告之翻譯（依規定）或聲明。

(2)如申請專利範圍已依第十九條(1)修正，則文件應包括原申請時及修正後所提出之申請專利範圍全文各一份，或應包括申請時申請專利範圍之全文並指明修正部分，同時應附上依第十九條(1)之聲明。

(3)依指定官署或申請人之要求，國際調查機構應將其報告中所提及之引證文件影本，依規則分別送交該官署或申請人。

第二十一條　國際公開

(1)國際局應公開國際申請。

(2)(a)除本項(b)款之例外及第六十四條(3)外，國際申請案之公開應於該申請之優先權日起十八個月後，儘速為之。

(b)申請人得於前(a)款規定期限屆滿前，隨時要求國際局公開其所提之國際申請。國際局應依規則規定，進行前述之程序。

(3)國際檢索報告或第十七條(2)(a)之聲明應依規則規定公開之。

(4)國際公開之格式、語文及其他細節由規則訂定之。

(5)國際申請案如在國際局完成國際公開所需之技術準備前，已撤回或被視為撤回，則該申請案將不作國際公開。

(6)如國際申請案依國際局之意見其含有違反道德或公共秩序之說明或圖式，或含依規則定義之毀謗聲明，該局得將該類說明及圖式由國際公開中省略之，但標示省略之所在及字數或圖式，並得依請求提供該省略部分之複製本。

第二十二條　向指定官署提出國際申請案複製本、翻譯本及支付手續費之程序

(1)申請人應於優先權日起二十個月內向各指定國提供國際申請案複製本一份（除非國際局已依第二十條將相關文件送達至各指定官署）及其翻譯本（依規定）並支付國家費用(如需要)。當指定國之內國法要求於申請案中敘明發明人姓名及其他相關資料，

且允許於申請後補送，除非申請人於請求書中已包含該項資料，否則申請人最遲應在優先權日起二十個月內應提供該項資料至國家官署或其代理機構。

(2)當國際調查機構依第十七條(2)(a)聲明其不做成國際檢索報告，申請人履行本條第(1)項行為之期限仍與前項規定相同。

(3)締約國之內國法得給予申請人較本條第(1)項長之期限，來履行本條第(1)或(2)項之行為。

第二十三條　國家申請程序之延遲

(1)各指定國在第二十二條適用期限屆滿前，不應進行或審查該國際申請案。

(2)縱使有本條第(1)項規定，但各指定國可依申請人之書面要求，隨時進行或審查該國際申請案。

第二十四條　在指定國喪失效果

(1)如依本項 (ii) 情事或第二十五條所規定之條件下，在任一指定國應終止其依第十一條(3)規定之國際申請之效果且其結果與撤回該指定國之國家申請案相同。

(i) 如申請人撤回所提出之國際申請案或撤回該國之指定；

(ii) 如國際申請案依第十二條(3)，十四條(1)(b)，十四條(3)(a)，或十四條(4)視為已撤回，或依第十四條(3)(b)該國之指定已視為撤回；

(iii) 如申請人無法依第二十二條於規定之適用期限內履行其義務。

(2)縱使在本條第(1)項之規定，且依第二十五條(2)不須維持國際申請之效果，但指定國仍得維持第十一條(3)之效果。

第二十五條　指定官署之覆查

(1)(a)在受理官署已拒絕給與國際申請日，或已聲明該申請已視為撤回之情況，或在國際局依第十二條(3)做判定後，國際局應申請人之要求，應儘快將國際申請案提出時之所有文件之複製本送交任一申請人指明之指定國。

(b)在受理官署聲明任一指定國之指定視為已撤回之情況，國際局應申請人要求，應儘速將案卷中所有文件之複製本送至該國之國家官署。

(c)依本項(a)或(b)款之要求應在規定期限內提出。

(2)(a)除本項(b)款外，假如申請人在規定期限內已支付國家費用（如需要）並已提出適當之翻譯本（依規定），各指定官署應決定依本條第(1)項中提及之拒絕、聲明或判定，是否合於本條約及規則各條款之規定。如該官署發現拒絕或聲明部分係因受理官署之疏忽或過失所致，或判定部分係因國際局之疏忽或過失所致時，則該國際申請案在該指定官署之國家應視為具有該疏忽或過失未發生時之效果。

(b)當國際申請案之「案卷原本」送達國際局已逾第十二條(3)所定期限，造成延遲之原因部分是因申請人疏忽或過失時，則本項(a)款只在第四十八條(2)狀況下適用。

第二十六條　指定官署給予補正之機會

指定官署不能在未要求申請人補正而以國際申請不符本條約及規則所訂要件為理由拒絕之，且其補正程序及範圍應與內國法規範國家申請案相同。

第二十七條　國家申請案之要件

(1)各締約國之內國法就國際申請案之形式或內容要件，除應依本條約及規則所規定之要件外，不得再附加要求不同其他之要件。

(2)本條前項之規定既不對第七條(2)之申請案發生影響，亦不拘束當國際申請案已由指定官署處理時，要求申請人補送下列文件：

(i) 當申請人為一法人，應載明有權代表該法人之代表人姓名，

(ii) 文件雖不為國際申請案之一部分，但其可構成該案主張或聲明之證據，其包括提出申請時由申請人之代表人或代理人代為簽署，則需由申請人簽名認可該國際申請案。

(3)在依指定國之內國法申請人不為發明人，依該國法律不能提出國家申請案時，該指定官署得拒絕該國際申請案。

(4)當內國法對有關國家申請案之形式或內容要件之規定，從申請人觀點看較本條約及規則，對申請人較有利時，除申請人堅持表明要採行本條約及規則之規定外，否則國家官署、法院及其他可代表指定國之官署得採行內國法。

(5)本條約及規則不限制各締約對可予專利之實質條件，該實質專利要件由各締約國自行規定。尤其是本條約各條款及規則對先前技術之定義只適用於國際申請程序，各締約國只要不涉及申請案之形式及內容要件可依內國法規定，自由決定國際申請案中所主張發明之可予專利性，適用於內國法規範先前技術之準則及其他可予專利性之條件。

(6)內國法可要求申請人依該法提供可予專利性實質條件相關證據。

(7)任一受理官署或指定官署已就國際申請案進行處理時，該類官署得依內國法規定申請人應指定有權在該官署代表申請人之代理人、及／或申請人在指定國應有通訊處以利文件送達。

(8)本條約及規則不限制各締約國為保留其國家安全採取必要措施之自由，或為保障該國之一般經濟利益，而限制其國民或居民申請國際申請案之權利。

第二十八條　向指定官署提出修正申請專利範圍、說明書及圖式之規定

(1)申請人應有機會於規定期限內向各指定官署提出申請專利範圍、說明書及圖式。在該規定期限屆滿前，除申請人已明示其同意外，各指定官署不應授予或拒絕專利。

(2)修正本不能超過國際申請案提出時所揭示之內容，如指定國之內國法允許其超過原揭示內容，則不在此限。

(3)對修正本於本條約及規則未規定之事項，應依照指定國之內國法規定。

(4)當指定國要求國際申請案需附翻譯本情況下，該修正本應依翻譯本之語文提出。

第二十九條　國際公開之效果

⑴為保護申請人在指定國之權利，除本條第⑵至⑷項之規定外，國際申請案國際公開之效果應與在該指定國內國法規定對未做實質審查前強迫為之國家早期公開之效果相同。

⑵如已生效之國際公開之語文與指定國之內國法規定有效公開之語文不同時，該內國法得規定應符合下列規定時才適用本條前項之效果：

(i) 該指定國語文之翻譯本已依內國法公開時，或

(ii) 該指定國語文之翻譯本已依內國法早期公開，可供大眾取得及查閱，或

(iii) 該指定國語文翻譯本已由申請人送達至真正或預期未經授權之使用者，或

(iv) 上述 (i) 及 (iii) 之行為或 (ii) 及 (iii) 之行為已同時發生。

⑶指定國之內國法得規定，如國際申請案依申請人要求，在優先權日起屆滿十八個月已公開，本條第⑴項之效果應只適用於優先權日起滿十八個月才生效。

⑷指定國之內國法得規定本條第⑴項之效果，應在國家官署或指定機構收到依第二十一條公告之國際申請案副本之日才生效。該官署應儘速在公報上公告該收受日期。

第三十條　國際申請案之保密性質

⑴(a)除本項(b)款之規定外，國際局及國際調查機構應不能在國際公開前允許任何人或機構取得國際申請案，如依申請人要求或授權者不在此限。

(b)本項(a)款之規定不適用於傳送至適格之國際調查機構，第十三條所規定之傳送，及第二十條規定之通信文件。

⑵(a)國家官署在下列日期之前，非經申請人要求或授權，應不允許第三者取得國際申請案：

(i) 國際申請案國際公開日；

(ii) 收到依第二十條國際申請案文件之日期；

(iii) 收到依第二十二條國際申請案副本之日期。

(b)本項(a)款應不包括國家官署通知第三國其已被指定或公告該事實。然而通知或公開僅可包括下列資料：受理官署之標識，申請人姓名，國際申請日，國際申請案號及發明名稱。

(c)本項(a)款應不包括指定官署為司法目的允許取得國際申請案資料。

⑶除依第十二條⑴所規定之傳送外，本條⑵(a)之規定適用每一受理官署。

⑷本條所指「取得」涵蓋第三者以任何方法得知，包括各項通信及一般公開，不過國家官署在國際公開前不應公開該國際案或其翻譯本，或如國際公開在優先權日起二十個月屆滿前未公開，則在該期限前不應公開。

第二章　國際預備審查

第三十一條　國際預備審查之要求

(1)依申請人之要求，國際申請案應依下列條款及規則為國際預備審查之主體。

(2)(a)申請人為依規則定義受第二章拘束之締約國國民或居民，且已向受理官署或其代理機構提出國際申請案，其得要求國際預備審查。

　　(b)大會得決議允許即使非本條約成員國或不受第二章拘束締約國之國民或居民，可申請國際申請案並得為國際預備審查之要求。

(3)國際預備審查之要求應與國際申請案分別提出，且要求應包括規則所定事項，並應以規定語文及形式提出。

(4)(a)要求應指明申請人意欲使用此國際預備審查結果之一個或多個締約國（以下稱選擇國）。嗣後得再多選擇其他締約國，惟選擇以已依第四條已指定之締約國為限。

　　(b)本條第(2)(a)款所指之申請人得選擇任一受第二章拘束之締約國。但依第(2)(b)款所指之申請人僅得選擇受第二章拘束且已聲明其準備接受該類申請人選擇之締約國。

(5)要求應於規定期限提出並繳納規定之各項費用。

(6)(a)要求應向第三十二條所指適格之國際預備審查機構提出。

　　(b)任一延遲之選擇應向國際局提出。

(7)各選擇官署應被通知該事實。

第三十二條　國際預備審查機構

(1)國際預備審查應由國際預備審查機構執行。

(2)於第三十一條(2)(a)提及且要求之受理官署，及於第三十一條(2)(b)提及要求之大會應依國際局與有利害關係之國際預備審查機構間之適當協議，指明適格之國際預備審查機構負責上述兩類要求之國際預備審查。

(3)第十六條(3)於國際預備審查機構準用之。

第三十三條　國際預備審查

(1)國際預備審查之目的在於對所請求之發明，是否具新穎性，進步性（非顯而易知）及產業上利用性做一預備審查，且只提供無拘束力之意見。

(2)為國際預備審查目的，如所請求之發明不能被規則定義之先前技術所預期，則視為具新穎性。

(3)為國際預備審查目的，如所請求之發明，依規則定義之先前技術，在規定之相關日期，對熟悉該項技藝人士不為顯而易知，則視為具進步性。

(4)為國際預備審查目的，如所請求之發明依其性質，其可在任一產業中被製造或利用（以技術觀點看）時，則視其具有產業利用性。「產業」應解釋為最廣義之意義，如巴黎條約所定義。

(5)上述之標準僅只為國際預備審查用。各締約國得採用額外的或不同之標準決定申請

人所主張之發明在該國是否可予專利。

(6)國際預備審查應考慮國際調查報告中所引用之所有文件。對特別案件其並得考慮引用任何其認為相關之其他文件。

第三十四條　國際預備審查機構之作業程序

(1)國際預備審查機構之作業程序應依本條約、規則及國際局依本條約與規則和該機構所訂協議所拘束。

(2)(a)申請人應有權以口頭及書面方式與國際預備審查機構通信。

(b)申請人在國際預備審查報告完成前，有權在規定期限內，依規定方式修正申請專利範圍、說明書及圖式。修正本不應超過國際申請案申請時所揭示之內容。

(c)申請人至少應收到國際預備審查機構一次書面意見，除非該機構認為已符合下列所有條件：

(i) 發明滿足第三十三條(1)所訂之標準，

(ii) 該國際申請案符合本條約及規則規定由該機構查核之要件，

(iii) 無依第三十五條(2)最後一句所做其他意見。

(d)申請人得就該機構之書面意見提出申復。

(3)(a)如國際預備審查機構認為國際申請案不符規則所定發明單一性要件時，其可通知申請人限制申請專利範圍以符合該要件，或另付額外之費用。

(b)選擇國之內國法得規定，當申請人依本項(a)款選擇以限制方式為之，因限制結果而不為國際預備審查主題之國際案部分，在該國視為撤回，除非申請人付特別費用給該選擇國之國家官署。

(c)如申請人在指定期限內未依(a)款規定申復，國際預備審查機構應以其認為是主發明部分做成審查報告，並在報告中敘明相關事實。選擇國之內國法得規定如其國家官署發現該機構之要求為合理時，與主發明無關之國際申請案，在該選擇國視為撤回，除非申請人付特別費用給該官署。

(4)(a)如國際預備審查機構認為有下列情況時，其不需就第三十三條(1)之問題提供意見，惟其仍應將意見及相關理由通知申請人：

(i) 國際申請案之內容依規則，國際預備審查機構不必要進行審查，且在此特定案件其決定不審查，或

(ii) 說明書、申請專利範圍及圖式太籠統，或申請專利範圍不足以被說明揭示之技術內容所支持，而其無法就新穎性，進步性（非顯而易知），或產業上可利用性提供有意義之意見。

(b)如本項(a)款之情事僅存在某些申請專利範圍項數中，或與某些項相關，則該款只適用該部分。

第三十五條　國際預備審查報告

⑴國際預備審查報告應在規定時間內，以規定形式做成。

⑵國際預備審查報告不應包括國際申請案是否符合各內國法可予或拒絕專利之聲明。該報告除本條第三項之規定外，應敘明每項申請專利範圍是否符合依第三十一條⑴至⑷規定以國際預備審查為目的之新穎性、進步性（非顯而易知），及產業上可利用性之標準。聲明中應附可支持所下結論之引證資料，並依案件需要敘明理由。該聲明也可依規則規定伴隨其他意見。

⑶(a)如在國際預備審查報告做成前，國際預備審查機構認為有第三十四條⑷(a)之情形存在時，該報告敘明意見及相關理由，而不需依本條第二項之方式為之。

(b)如係第三十四條⑷(b)之情形存在時，則該報告就有問題之部分如本項(a)款之聲明，而其他申請專利範圍應依本條第二項之方式為之。

第三十六條　國際預備審查報告之傳遞、翻譯及送達

⑴國際預備審查報告連同規定之附件應送交申請人及國際局。

⑵(a)該報告及附件應翻譯成規定之語文。

(b)該報告之翻譯應由國際局準備或負責，然而附件之翻譯應由申請人為之。

⑶(a)國際局應將該報告連同翻譯依規定，及其附件（以原始語文）傳送至各選擇官署。

(b)附件規定之翻譯本應由申請人於規定期限內送至各選擇官署。

⑷在審查報告中提及，對於未見於檢索報告中之文件影本之索取，準用第二十條⑶規定。

第三十七條　要求或選擇之撤回

⑴申請人得撤回任一或所有選擇。

⑵如所有選擇均撤回，則要求視為撤回。

⑶(a)任何撤回應通知國際局。

(b)前項撤回，國際局應通知相關之選擇官署及國際預備審查機構。

⑷(a)除本項(b)款外，要求之撤回或某一締約國選擇之撤回在該國其國際申請案應視為撤回，該國之內國法另有規定者，不在此限。

(b)要求或選擇之撤回在第二十二條適用期限屆滿前生效，該撤回應不視為國際申請案之撤回，但締約國得以內國法規定前述之適用應只在規定期限內，其國家官署已收到國際申請案之複製本連同翻譯（依規定）及國家費用。

第三十八條　國際預備審查之保密性質

⑴除申請人要求或授權外，國際局及國際預備審查機構在任何時間不應讓任何人依第三十條⑷及其但書方式取得國際預備審查之案卷，然而一旦國際預備審查報告完成時，對選擇官署不適用。

⑵除本條第⑴項第三十六條⑴及⑵與第三十七條(b)規定外，國際局及國際預備審查機構不應告知其是否做成審查報告及要求或選擇是否撤回之資料，但經申請人要求或

授權者不在此限。

第三十九條 向選擇官署提出國際申請案複製本、翻譯本及支付手續費之程序

(1)(a)如選擇在優先權日起十九個月屆滿前生效,第二十二條應不適用,申請人應於優先權日起三十個月前向各選擇官署提供國際申請案複製本乙份(除非選擇官署已收到依第二十條規定之文件)及其翻譯(依規定),並支付國家費用(如需要)。

(b)內國法得規定實行本項(a)款之期限較(a)款規定為長。

(2)如申請人在本條(1)(a)或(b)規定之期限內,不能完成(1)(a)所規定之行為,則第十一條(3)之效果在該選擇國終止,即與該國家案撤回之結果相同。

(3)即使申請人不符合本條(1)(a)或(b)之要件時,選擇國得維持第十一條(3)之效果。

第四十條 國家審查及其他處理過程之延遲

(1)如選擇在優先權日起十九個月屆滿前已生效,第二十三條不適用該選擇國及該國之國家官署或代理機構,其除依本條第(2)項規定外,在第三十九條所定期限屆滿前不應審查或處理該國際申請案。

(2)縱使有第一項之規定,在申請人確定的要求時,該官署隨時進行國際申請案之審查及其他處理程序。

第四十一條 向選擇官署提出修正申請專利範圍、說明書及圖式

(1)申請人於規定期限內應有機會向各選擇官署提出修正申請專利範圍、說明書及圖式。除非申請人已明示其同意,否則在該規定期限屆滿前,選擇官署不應核准或拒絕專利。

(2)該修正本不能超過國際申請案申請時所揭示之內容,除非選擇國之內國法允許其超過所揭示內容。

(3)於本條約及規則就修正本未規定之一切事宜,應依選擇國之內國法規定。

(4)當選擇官署要求國際申請案之翻譯本時,修正本應以與該翻譯同一語文提出。

第四十二條 選擇官署之國家審查結果

選擇官署接到國際預備審查報告後,不得要求申請人提供此國際申請案之對應案在其他選擇官署與審查有關之文件之影本或內容資料。

第三章 共通條款

第四十三條 尋求特定種類之保護

如任一指定或選擇國之內國法提供發明人證書、新型證書、新型專利、追加專利或證書、追加發明人證書、追加新型證書、申請人得依規則之規定敘明其國際申請案在該等國家,其欲取得發明人證書、新型證書、或新型專利,而非發明專利,或其取得追加專利或證書或追加新型證書,而隨之而生之效果應依申請人選擇而定。第二條 (ii) 在本條及其相關規則在此不適用。

第四十四條　尋求兩種保護

如任一指定或選擇國之內國法允許一申請案取得專利或第四十三條所謂其他種類保護之一後，仍可取得另一種如前述保護，申請人得依規則之規定指明其欲取得之兩種保護，而隨之而生之效果應依申請人之聲明為之。第(2)條 (ii) 在本條不適用。

第四十五條　區域性專利條約

(1)任何授予區域性專利之條約（以下稱區域性專利條約）且該條約的授予所有符合本條約第九條規定有權提出國際申請案者，有權依該條約申請而取得專利，規定如國際申請案於指定或選擇區域性專利條約及本條約之成員國，得申請區域性專利。

(2)上述指定或選擇國之內國法得規定任何國際申請案指定或選擇該國應有表示欲取得區域性專利之效果。

第四十六條　國際申請案翻譯不正確之更正

如因國際申請案翻譯不正確而使任一核准專利之範圍超過該案之原始語文所定義之範圍。相關締約國之主管機構得如前所述並限制其專利範圍，並宣告其超過國際申請案原始語文之範圍無效。

第四十七條　期間

(1)本條約所謂期間之計算細節由規則規定之。

(2)(a)本條約第一、二章所定義之一切期間，除依第六十條修正外，可依締約國之決定變更之。

　　(b)上述決定應由大會或經由通信投票，且需一致同意才可變更之。

　　(c)期間變更之程序細節由規則定之。

第四十八條　延誤

(1)申請人如因郵務中斷或不可歸責於申請人之郵件遺失或延誤等原因，而無法於本條約或規則所定期間內有所作為，如其檢附證據及符合其他依規則所訂條件時，則應視為其未延誤指定期間。

(2)(a)如依締約國之內國法該延遲理由可被接受者則該相關締約國應諒解此一延誤。

　　(b)締約國除本項(a)款之規定外，得明訂其他可延遲之理由。

第四十九條　在國際機構執行業務之權

任何有權在提出國際申請案之國家官署執行業務之律師、專利代理人或其他人，應有權代表申請人為該案在國際局、適格之國際調查機構及國際預備審查機構執行業務。

第四章　技術性服務之提供

第五十條　專利資訊服務

(1)國際局得以專利及已公開之申請案等已公開之文獻為技術及其他相關資訊提供服務（在本條中以下稱資訊服務）。

⑵國際局得直接或經由一個或多個國際調查機構，或其他與該局達成協議之國家或國際的專門機構提供該類技術服務。

⑶此資訊服務特別應以使屬開發中國家之締約國易於取得技術知識及科技（包括可利用已公開之專門技術）方式為之。

⑷此資訊服務應供締約國政府、其國民及居民利用。大會得決定對其他人提供此項資訊服務。

⑸(a)任何對締約國政府提供之服務應依花費收取費用，當該締約國為開發中國家，則所收取之費用得低於實際收費，惟只有在該差額可由提供給非締約國政府資料服務之利潤或第五十一條⑷經費來源抵償時方得為之。

(b)前述(a)款所指花費係指實際費用加上當國家官署執行該服務或國際調查機構之義務相關之通常性支出費用。

⑹有關執行本條款之細節應由大會決定，及大會為此目的成立工作小組，在大會決定範圍內執行之。

⑺當大會認為有必要時，其應訂定如本條第⑸項所提補助財務之方法。

第五十一條　技術援助

⑴大會應設置技術援助委員會（於本條中稱「委員會」）。

⑵(a)委員會之成員應由締約國中選出，並應考慮開發中國家之代表性。

(b)國際局局長主動或依委員會要求應邀請與有關技術援助開發中國家相關之政府間組織參與委員會工作。

⑶(a)委員會之任務應就如何組織及指導屬開發中之締約國發展各別或區域性專利系統為主並就此提供技術援助。

(b)技術援助應包括專家之養成、派遣專家服務、提供為示範及實務用之設備，及其他相關事項。

⑷國際局為達成本條之技術援助計畫資金之調度，一方面應尋求與國際金融機關及政府間機構─特別是聯合國，聯合國之機關及技術援助相關之聯合國特別機構達成協議，另一方面必須與接受技術援助之國家訂立協議。

⑸有關執行本條款之細節應由大會決定及大會為此目的成立之工作小組，在大會決定範圍內執行之。

第五十二條　與本條約相關之其他條款

本章之規定對本條約其他章所規定有關財政條款不生影響。而其他章相關財政條款對本章或其執行亦不適用。

第五章　管理條款

第五十三條　大會

⑴(a)除第五十七條(8)規定外，應由締約國組成大會。

　(b)每一締約國政府應由代表一人代表之，代表得由副代表、顧問及專家協助之。

⑵(a)大會應

　　(i) 處理關於維持及發展本同盟及實施本公約之一切事項；

　　(ii) 執行本條約其他條款特別賦予之任務；

　　(iii) 指示國際局準備修約會議之相關準備事項；

　　(iv) 覆查及通過國際局局長有關本同盟之報告及活動；並在本同盟權限範圍內給
　　　予局長一切必要之指示；

　　(v) 覆查及通過依本條第(9)項成立之執行委員會之報告及活動，並給予指示；

　　(vi)決定本同盟之計畫，並採納三年（編者註）一度之預算，以及通過其決算；
　　　　（編者註：自一九八〇年起，本同盟之預算為二年一度）。

　　(vii) 通過本同盟之財政規則；

　　(viii) 為實現本同盟之目標成立適當之委員會或工作小組；

　　(ix) 除本條第八項規定外，決定那些非締約國之政府間或非政府組織，得以觀察員
　　　身分列席會議；

　　(x) 採取促進本同盟目標之任何其他適當行動，及執行本條約下其他適當之職權。

　(b)關於兼涉與「組織」管理之其他同盟有關事項，大會應在聽取「組織」協調委員
　　會之意見後，再作決議。

⑶代表只能代表一締約國，並以該國名義投票。

⑷每一締約國應有一個投票權。

⑸(a)締約國總數二分之一構成法定人數。

　(b)在不足法定人數時，除關於大會程序事項外，大會得作成決議，惟所有此類決議
　　需經由規則所定通信投票程序，並達到法定人數及必要多數後才生效。

⑹(a)除第四十七條(2)(b)、五十八條(2)(b)、五十八條(3)及六十一條(2)(b)另有規定外，大
　　會之決議應以達已投票數三分之二決定之。

　(b)棄權應不視為已投票。

⑺就受本條約第二章拘束締約國有關之事項，本條第(4)、(5)、(6)項中所指締約國數，
　應為受第二章拘束之締約國數為準。

⑻大會應承認被其指定為調查機構或國際預備審查機構之政府間組織具觀察員身分。

⑼當締約國超過四十國時，大會應成立一執行委員會。在本條約及規則中任何提及執
　行委員會應解釋當該委員會已成立後之職權範圍。

⑽在執行委員會成立前，大會應通過國際局局長準備之在本同盟計劃及三年（編者註）
　一度預算範圍內之年度計畫及預算。（編者註：自一九八〇年起，本同盟之計畫及預
　算為兩年一度）。

(11)(a)大會常會應每兩年在國際局局長召集下召開，除有特殊情況外，應與「組織」之大會常會在同一時間及同一地點舉行。

(b)大會之臨時會議應由國際局局長依執行委員會或締約國四分之一要求召開之。

(12)大會應制定其本身之議事規則。

第五十四條　執行委員會

(1)當大會一旦成立執行委員會，該委員會應受本條款項下規定拘束。

(2)(a)除第五十七條(8)規定外，執行委員會應由大會自締約國中推選而組成。

(b)執行委員會之各會員國政府應指定一代表代表之，代表並可由副代表、顧問及專家協助之。

(3)執行委員會之成員國數應相當於大會成員數之四分之一。在決定該委員會席數時，以大會成員數除以四，餘數不予計算。

(4)在推選執行委員會成員時，大會應充分考慮公平之地域分配。

(5)(a)每一執行委員會成員之任期，應自大會推選之會期結束時起至下一次大會會期結束時止。

(b)該委員會成員連選得連任，但連任之成員最多只可占其總數之三分之二。

(c)大會應訂定關於執行委員會委員之選舉及可連任之詳細規則。

(6)(a)執行委員會應：

(i) 準備大會之議程草案；

(ii) 就國際局局長所擬本同盟之計劃草案及兩年一度之預算向大會提出建議；

(iii) 就國際局局長所提定期報告及年度帳目查核報告向大會提出適當之評論。

(iv) 為保證國際局局長依大會決議並顧及二次大會會期間發生之狀況，執行本同盟之計劃，得採取任何措施；

(v) 執行本條約所賦與之其他職權。

(b)關於兼涉「組織」其他同盟之事項，執行委員會應先聽取「組織」協調委員會之意見後，再作決議。

(7)(a)執行委員會應每年由國際局局長召開一次常會，其集會之時間與地點宜與「組織」協調委員會舉行之時間及地點相同。

(b)執行委員會之臨時會議應由國際局局長主動或依該委員會委員長或成員四分之一要求召開之。

(8)(a)每一執行委員會之成員應有一個投票權。

(b)執行委員會成員數之二分之一構成法定人數。

(c)決議應採已投票數單純多數決定之。

(d)棄權應不視為已投票。

(e)一代表僅得代表一國，並以該國名義投票。

(9)非執行委員會成員之各締約國，及被指定為國際調查機構或國際預備審查機構之國際組織得以觀察員身分列席執行委員會會議。

(10)執行委員會應制定其本身之議事規則。

第五十五條　國際局

(1)本同盟之行政事務由國際局執行之。

(2)國際局應為本同盟各機關之秘書處。

(3)國際局局長為本同盟之執行長，對外代表本同盟。

(4)國際局應發行公報及依規則或大會要求之其他刊物。

(5)規則應指明國家官署於國際局、國際調查機構及國際預備審查機構依本條約執行其任務時，應協助之事項。

(6)國際局局長及由局長指派之職員應參與大會，執行委員會及其他依本條約及規則成立之委員會或工作小組之會議，但無投票權。局長或其指派職員應擔任該等機關之當然秘書。

(7)(a)國際局應依照大會之指示並與執行委員會合作，為修約會議做準備工作。

(b)國際局得與政府間或非政府之國際組織商討有關修約會議之準備事項。

(8)國際局應執行任何其他指定之任務。

第五十六條　技術合作委員會

(1)大會應成立一技術合作委員會（本條稱為委員會）。

(2)(a)大會應決定此委員會組成並指定其成員，且需充分考慮開發中國家均衡之代表性。

(b)國際調查機構及預備審查機構應為委員會之當然成員，如該機構為締約國之國家官署，則該國不應再被指定為委員會之代表。

(c)如締約國數許可之情況下，委員會成員總數應超過當然數成員數之兩倍以上。

(d)國際局長應主動或依委員會之要求，邀請有利害關係之組織代表參與相關之討論。

(3)委員會之目的應就下列事項提供勸告及建言：

(i) 持續性改善根據本條約所提供之服務；

(ii) 在有數個國際調查機構及數個國際預備審查機構存在時，劃一其就文獻之應用及工作方法以期取得一致性，並使其報告能達到一致化之高品質。

(iii) 在大會或執行委員會主動支持下，就成立單一國際調查機構有關之特殊技術問題提出解決方案。

(4)任一締約國及有利害關係之國際組織得就屬委員會權限內之相關問題，以書面向該會陳述意見。

(5)委員會得向國際局局長，或經由局長向大會、執行委員會、所有或某些國際調查及預備審查機構，及所有或某些受理官署呈送建議及意見。

(6)(a)無論如何國際局局長應將委員會之建言及建議之全文送交執行委員會，並得就該

文件表示意見。

(b)執行委員會得就委員會之建言、建議或其他活動表示其見解，並得要求委員會就其職權範圍相關之問題研究並提出報告。執行委員會並得就委員會之建言、建議及報告提出適量之評論。

(7)在執行委員會未成立前，本條第六項所提執行委員會應解釋為大會。

(8)委員會之議事程序應由大會決議之。

第五十七條　財政

(1)(a)本同盟應編製預算。

(b)本同盟之預算應包括本同盟本身之收入及支出，以及其在「組織」管轄之其他同盟共同支出預算之分攤額。

(c)支出非專屬於本同盟，而係屬「組織」管理之一個或一個以上之其他同盟者，應視為各同盟之共同支出。本同盟對此項共同支出之分攤應依其所獲利益比例決定。

(2)本同盟之預算應與「組織」所管轄之其他各同盟預算作必要之協調後再行編製。

(3)除依本條第五項之規定外，本同盟之預算應有下列財源：

(i) 國際局以本同盟名義提供服務所收取之費用及手續費；

(ii) 國際局出版與本同盟有關刊物出售之售價或版稅；

(iii) 贈與、遺贈及補助金；

(iv) 租金、利息及其他雜項收入；

(4)國際局對提供服務所收取費用及手續費，以及出版物售價之訂定，應以在正常狀況下足以支應該局執行本條約管理業務所需之經費。

(5)(a)會計年度終了時，預算不敷支應時，締約國應依本項(b)款及(c)款之條件支付捐助金補足該不足差額。

(b)各締約國所分擔之捐助金由大會依相關年度各締約國提出之國際申請案件數做適當之分配。

(c)如大會有其他方法可暫時補足該不足差額之部分或全部時，得決定將該虧損移至次年度帳中，而不應要求各締約國支付捐助金。

(d)如本同盟之財務狀況許可，大會得決定退款給已依本項(a)款支付捐助金之締約國。

(e)締約國如未在大會設定應付款期間到期兩年內支付(b)款之捐助金時，不得在本同盟各機構行使其投票權。然而如本同盟任一機構認為該締約國係由於特殊的及不可避免之情況下，無法支付捐助金時，得允許其在該機構繼續行使投票權。

(6)預算如未在新會計年度開始前通過，依財政規則之規定，預算應維持前一年度預算在同一標準。

(7)(a)本同盟應有一業務運轉基金，該基金成立由各締約國一次支付。如基金不足時，大會應增加之，如部分基金已不需要時，大會應退還之。

(b)大會決定各締約國首期支付之鄉運轉基金或其他追加金額，所採原則應與本條第(5)項(b)相同。

(c)大會依國際局局長之建議，並聽取「組織」協調委員會之意見後訂定支付條件。

(d)退款時應依各締約國支付金額之比例決定之，並考慮付款時間。

(8)(a)與「組織」總部所在地國家所訂立之總部協議內，應規定當運轉基金不足時，該國同意提供貸款。而該項貸款之金額及條件，應依該國與「組織」間所定之個別協議規範之。其貸款義務存在期間，該國在大會及執行委員會應享有一當然席位。

(b)本項(a)款所提及之國家及「組織」均有權以書面通知廢止貸款之義務。而此項廢止應在通知發出年底起三年後生效。

(9)帳目之稽核應依財務規則之規定，由一個或一個以上之締約國，或外界審核員執行之。大會應於徵得其同意後任命之。

第五十八條　規則

(1)規則為附屬於本條約，規定下列事項：

(i) 在本條約中指明應由規則規範之事項或明示應加以規範或明定之事項，

(ii) 有關業務管理要件、事項或議事程序，

(iii) 與有效執行本條約規定之細節。

(2)(a)大會得修正規則。

(b)除本條第(3)項外，修正應需已投票數四分之三多數決議方可為之。

(3)(a)規則中明訂符合下列特定條件才可修正：

(i) 全體一致同意，或

(ii) 只在國家官署為國際調查或預備審查機構之所有締約國不反對，且當該機構為一致府間組織，而委任該機構之其他成員國不反對之情況下。

(b)將來如要排除適用本項(a)款 (i) 或 (ii) 情況之規則時，應分別滿足原該款之條件。

(c)將來如要加入一個或其他條件於本項(a)款，應取得一致同意方可為之。

(4)規則之制定係在大會監督下，及國際局局長給予行政指導下完成。

(5)條約 之規定與規則規定牴觸時，條約之規定優先。

第六章　紛爭

第五十九條　紛爭

依第六十四條(5)保留之締約國外，二個或二個以上締約國對本條約及規則之解釋或適用有紛爭時，且無法以諮商方式平息時，任一相關國可提請國際司法法院依照該法院之章程處理，惟相關國家同意以其他方式解決者不在此限。向該法院提請解決紛爭之締約國，應通知國際局；國際局應告知其他相關締約國。

第七章　修訂及修正

第六十條　修訂及修正

(1)本條約得隨時由締約國召開特別會議修訂之。

(2)修約會議之召集應由大會決議之。

(3)任一被指定為國際調查或預備審查機構之政府間機構應為修約會議之觀察員。

(4)第五十三條(5)、(9)及(11)，五十四，五十五條(4)至(8)，五十六及五十七條得依修約會議或第六十一條規定修正之。

第六十一條　條約特定條款之修正

(1)(a)大會成員國，執行委員會或國際局局長得就第五十三條(5)、(9)和(11)，五十四，五十五條(4)至(8)，五十六及五十七條提出修正之建議案。

(b)前款之修正建議案，國際局局長至少應在大會討論之前六個月將該案送交各締約國。

(2)(a)本條第一項所提及之修正案應由大會通過。

(b)通過應滿足已投票數四分之三同意。

(3)(a)任何本條第一項所指之修正案必須在國際局局長收到通過該修正案時，大會成員數四分之三已透過修正各國之憲法中相關條款且已採行修正案之書面通知後一個月才生效。

(b)任何前述條款之修正案，對該修正案生效時為大會成員所有國家有拘束力，但修正締約國財政義務之條款，只對已通知接受該修正案之締約國有拘束力。

(c)任何依本項(a)款通過之修正案對所有在該修正案生效日後或為大會成員之締約國有拘束力。

第八章　最終條款

第六十二條　成為本條約成員之手續。

(1)工業所有權保護國際同盟之成員國得依下列手續成為本條約之會員國。

(i) 簽署並存放批准之法定文件，或

(ii) 存放加入文件。

(2)批准或加入之法定文件應向國際局局長提出並存放。

(3)保護工業所有權之巴黎公約斯德哥爾摩修正條約第二十四條適用於本條約。

(4)如以本條第三項之適用不應被解釋為暗示承認或默認一締約國有關領域之事實狀況。

第六十三條　條約生效要件

(1)(a)除本條第(3)項規定外，本條約應有八個國家存放批准或加入文件，且其中至少四

國應符合下列條件，由該月起三個月後本條約生效：

(i) 該國申請案件數依國際局近年公開統計每年已超過四萬件。

(ii) 該國之國民或居民向外國申請之案件數,依國際局近年公開統計每年至少一仟件，

(iii) 該國之國家官署受理其他國家之申請案，依國際局近年公開統計每年至少一萬件。

(b)本項(a)款所稱「申請案」不包括新型案。

(2)除本條第(3)項規定外，凡不依本條第(1)項成為本條約之會員國者，應於其存放批准或加入法定文件之日起三個月，受本條約拘束。

(3)本條約第二章各條款及其附屬規則，只在三國每一國均至少滿足本條第(1)項所列三條件之一，且未依第六十四條(1)宣告其不受第二章拘束之日才可適用。但本項生效日不應早於本條第(1)項所訂本條約生效日。

第六十四條　保留

(1)(a)任何國家得宣告其不受第二章各條款之拘束。

(b)依本項(a)款宣告之國家，不受本條約第二章各條款及相關規則之約束。

(2)(a)任何未做本條第(1)項(a)宣告之國家，得宣告下列事項：

(i) 其不受第三十九條(1)有關提供國際申請案複製本及所規定翻譯本之約束，

(ii) 依第四十條規定延遲國家申請程序，不應禁止其國家官署公開國際申請案或其翻譯本，但其仍應遵照第三十條及三十八條規定之有效期限。

(b)做成此宣告之國家，受其宣告約束。

(3)(a)任一締約國得宣告依該國考量，國際申請案不需國際公開。

(b)如自優先權日起屆滿十八個月,而該國際申請案只指定為本項前款宣告之國家時，該申請案將不依第二十一條(2)為國際公開。

(c)雖有本項(b)款之適用，但國際局在下列情況下仍應公開該申請案：

(i) 申請人依規則提出請求，

(ii) 當已依本項(a)款宣告之指定國國家官署已公開以該申請案為基礎之國家案或專利後立即公開，但必須在優先權日起滿十八個月才得為之。

(4)(a)締約國之內國法規定對專利有效之先前技術之日期早於其公開日，但又與依保護工業所有權之巴黎公約規定主張優先權日即為國家之真正申請日作為先行技術效果日期不相當時，得宣告在國外申請指定該國之國際申請案，在做為先前技術時與實際向該國申請者不相當。

(b)依本項(a)款宣告之國家，不受第十一條(3)之約束。

(c)依本項(a)款宣告之締約國，在宣告同時應以書面敘明指定該國之國際申請案由何日起及以何種狀況下才成為有效之先前技術。該項宣告得隨時以書面通知國際局

局長修改之。

(5)每一締約國得宣告其不受第五十九條拘束。

對於已做此宣告締約國與其他締約國間之紛爭，第五十九條不適用。

(6)(a)本條之各項宣告應以書面為之，並得於簽署時本條約批准加入存放時，除本條第(5)項之情事外，得於加入後隨時以通知書送達國際局局長之方式為之。如以通知書方式為之，該宣告在局長收到之日起六個月後生效，且對在該六個月內申請之國際申請案不生影響。

(b)依本條所做各項宣告得隨時向國際局局長以通知書方式撤回之。撤回應在局長接到該通知之日起三個月後生效，如為撤回本條第(3)項之宣告，對在前述三個月 提出之申請案不生影響。

(7)本條約除本條第(1)至(5)項情事締約國得宣告保留外，其餘均不可宣告保留。

第六十五條　漸進之適用

(1)如國際調查或預備審查機構受限於其所能處理之申請案件數或種類時，大會在此過渡期間對特定範圍之申請案應採取必要措施，以漸進方式適用本條約及規則。本條對依第十五條(5)所做國際型調查請求亦適用之。

(2)除本條第(1)項規定外，大會應指明國際申請案得提出申請及要求國際預備審之日期。該項日期分別不得遲於依本條約第六十三條(1)生效日或依第六十三條(3)第二章適用之日起六個月。

第六十六條　廢棄

(1)締約國得以通知書寄交國際局局長廢棄本條約。

(2)廢棄應自國際局局長接到通知書日起六個月後生效。廢棄之效果對在生效日前已提出之申請案或已選擇該國之案件不生影響。

第六十七條　簽署及語文

(1)(a)本條約約文原本應以英文或法文簽署，兩種約文均為真正並具相同效力。

(b)國際局局長與有關政府協商後，應以德文，日文，葡萄牙文，俄文及西班牙文，以及大會指定之語文，作成本條約官方全文。

(2)本條約應於一九七〇年十二月三十一日前，在華盛頓聽任簽署。

第六十八條　存放功能

(1)本條約之原本在簽署完竣後須存放於國際局局長處。

(2)國際局局長應將經其認證之本公約約文及規則抄本兩份，送達所有保護工業所有權巴黎同盟之會員國政府，及請求此抄本之任何其他國家。

(3)國際局局長應將本條約送交聯合國秘書處登記。

(4)國際局局長應將經其認證之本條約及規則修正本抄本兩份，送達所有締約國，及請求此抄本之任何其他國家。

第六十九條 通報

國際局局長應就下列事項通報所有巴黎公約會員國政府:

(i) 第六十二條之簽署,

(ii) 依第六十二條批准或加文法定文件之存放,

(iii) 本條約生效日及依第六十三條(3)第二章適用之日期,

(iv) 依第六十四條(1)至(5)項之宣告,

(v) 依第六十四條(6)(b)撤回宣告,

(vi) 依第六十六條廢棄通知。及

(vii) 依第三十一條(4)所做之宣告。

30.國際承認用於專利程序的微生物保存布達佩斯條約

一九七七年四月二十八日於布達佩斯簽訂; 一九八〇年九月二十六日修正

緒 則

第一條 本聯盟的建立

參加本條約的國家(以下稱為「締約國」)組成國際承認用於專利程序的微生物保存聯盟。

第二條 定義

在本條約和施行細則中:

(i)「專利」,應解釋為發明專利、發明人證書、新型證書、新型、追加專利證書、追加發明人證書和追加新型證書;

(ii)「微生物保存」,按照使用該用語的上下文,指按照本條約以及施行細則發生的下列行為: 向接收與受理微生物的國際保存單位送交微生物或由國際保存單位貯存此種微生物,或兼有上述送交與貯存兩種行為;

(iii)「專利程序」,指與專利申請或專利有關的任何行政的或司法的程序;

(iv)「用於專利程序的公布」,指專利申請文件或專利說明書的官方公布或官方公開供公眾查閱;

(v)「政府間工業產權組織」,指按照第九條第(1)項遞交了聲明的組織;

(vi)「工業產權局」,指締約國的或政府間工業產權組織的主管授予專利的機構;

(vii)「保存機構」,指接收、受理和貯存微生物并提供其樣品的機構;

(viii)「國際保存單位」,指取得第七條所規定的國際保存單位資格的保存機構;

(ix)「交存人」,指向接收與受理微生物國際保存單位送交微生物的自然人或法人,以及該自然人或法人的任何合法繼承人;

(x)「本聯盟」,指第一條所述的聯盟;

(xi)「大會」,指第十條所述的大會;

(xii)「本組織」,指世界智慧財產權組織;

(xiii)「國際局」,指上述組織的國際局,在保護工業產權聯合國際局 (BIRPI) 存在期間亦指該聯合國際局;

(xiv)「總幹事」,指本組織的總幹事;

(xv)「施行細則」,指第十二條所述的施行細則。

第一章 實質性條款

第三條 微生物保存的承認與效力

(1)(a)締約國允許或要求保存用於專利程序的微生物,應承認為此種目的而在任一國際保存單位所做的微生物保存。這種承認應包括承認由該國際保存單位說明的保存事實和交存日期,以及承認作為樣品提供的是所保存的微生物樣品。

(b)任一締約國均可索取由國際保存單位發出的(a)款所述保存的存單副本。

(2)就本條約和施行細則所規定的事務而言,任何締約國均不得要求遵守和本條約及施行細則不同或另外的規定。

第四條 重新保存

(1)(a)國際保存單位由於任何原因,特別是由於下列原因而不能提供所保存的微生物樣品,

(i) 由於這種微生物不能存活, 或

(ii) 由於提供樣品需要送出國外,而因出口或進口限制向國外送出或在國外接受該樣品受到阻礙,該單位在注意到它不可能提供樣品後,應立即將這種情況通知交保存人,並說明其原因,除第(2)項規定應適用外,根據本款規定,交存人享有將原來保存的微生物重新提交保存的權力。

(b)重新保存應向原接受保存的國際保存單位提交,但下列情況不在此限:

(i) 原接受保存機構無論是全部或僅對保存的微生物所屬種類喪失了國際保存單位資格時,或者原接受保存的國際保存單位對所保存的微生物暫時或永久停止履行其職能時,應向另一國際保存單位保存;

(ii) 在(a)款第 (ii) 目所述情況下,可向另一國際保存單位保存。

(c)任一重新保存均應附具有交存人簽字的文件,聲明重新提交保存的微生物與原來保存的微生物相同。如果對交存人的聲明有爭議,則應根據適用的法律確定舉證責任。

(d)除(a)款至(c)款和(e)款另有規定應適用各該規定外,如果涉及原保存微生物存活能力的所有文件都表明該微生物是能存活的,而且交存人是在收到(a)項所述通知之日起三個月內重新保存的,該重新保存的微生物應視為在原保存日提出。

(e)如果屬於(b)款第 (i) 目所述情況，但在國際局將(b)款第 (i) 目所述喪失或限制國際
　　保存單位資格或停止保存的情況公告之日起六個月內，交存人仍未收到(a)項所述
　　通知時，則(d)款所述的三個月期限應自上述公告之日起算。

(2)如果保存的微生物已經移交另一國際保存單位，只要另一國際保存單位能夠提供這
　　種微生物樣品，第(1)項(a)款所述的權利即不存在。

第五條　輸出輸入限制

各締約國公認以下規定是十分合乎需要的，即如果某些種類微生物自其領土輸出或向
其領土輸入受到限制時，只有在對國家安全或對健康或環境有危險而需要進行限制的
情況下，這樣的限制才適用於根據本條約保存或將要保存的微生物。

第六條　國際保存單位的資格

(1)任何保存機構如要具備國際保存單位的資格，必須是設在締約國領土上的，而且必
　　須由該國做出該保存機構符合並將繼續符合第(2)項所列各項要求條件的保證。上述
　　保證也可由一政府間工業產權組織做出；在這種情況下，該保存機構必須設在該組
　　織的成員國領土上。

(2)保存機構欲具有為國際保存單位的資格必須：

　(i) 連續存在；

　(ii) 擁有施行細則所規定的必要人員和設施，執行按照本條約承擔的科學和管理的任
　　　務；

　(iii) 公正和客觀；

　(iv) 對任何要求保存的交存人按照同樣條件提供服務；

　(v) 按照施行細則的規定受理各種或某些類別的微生物的交存；審查其存活能力並予
　　　貯存；

　(vi) 按照施行細則的規定發給交存人存單，以及所要求的關于存活能力的聲明；

　(vii) 按照施行細則的規定，遵守對所保存的微生物保密的規定；

　(viii) 按照施行細則規定的條件和手續提供所保存的任何微生物的樣品。

(3)施行細則應規定在下述情況下採取的措施：

　(i) 如果一個國際保存單位對於所保存的微生物暫時或永久停止履行其職責，或者拒
　　　絕受理按照所作保證應受理的任何種類的微生物；

　(ii) 當終止或限制一個國際保存單位的國際保存單位資格時。

第七條　國際保存單位資格的取得

(1)(a)通過保存機構所在的締約國遞交總幹事的書面通知，包括一件聲明保證該機構符
　　　合並將繼續符合第六條第(2)項規定的各項要求，該保存機構即可取得國際保存單
　　　位資格，也可通過政府間工業產權組織遞交總幹事的書面通知，其中包括上述聲
　　　明，取得上述資格。

(b)上述通知還應包括按照施行細則規定需提供的關於該保存機構的情報，並可寫明自何日起國際保存單位資格開始生效。

(2)(a)如果總幹事確認該通知包括了所要求的聲明，並且收到了所要求的全部情報，國際局應將該通知立即予以公布。

(b)國際保存單位資格自該通知公布之日起取得，或者，如果根據第(1)項(b)款表明了某一日期，而此日期遲於該通知的公布日，則自此日期起取得資格。

(3)第(1)項和第(2)項規定的手續細節應在施行細則中規定。

第八條　國際保存單位資格的終止和限制

(1)(a)任何締約國或任何政府間工業產權組織均可以按第六條規定的各項要求沒有得到或不再得到滿足為理由，請求大會終止任何保存單位的國際保存單位資格，或將其資格限制在某些微生物種類之內。但是一個締約國或政府間工業產權組織曾為一國際保存單位做出第七條第(1)項(a)款所述之保證，該締約國或政府間工業產權組織不得就該國際保存單位提出這種請求。

(b)在按照(a)項提出請求之前，該締約國或政府間工業產權組織應通過總幹事把即將提出請求的理由告知遞交了第七條第(1)款所述通知的締約國或政府間工業產權組織，以便該國或該組織自接到通知之日起六個月內採取適當行動排除提出該請求的需要。

(c)如果大會確認該請求有充分的依據時，則應決定終止(a)項中所述單位的國際保存單位資格，或限制其保存的微生物種類。大會的這種決定需要以三分之二多數的贊成票通過。

(2)(a)曾做出第七條第(1)項(a)款所述聲明的締約國或政府間工業產權組織可以向總幹事發出通知，全部地或只就某些種類微生物撤回其聲明，而當其做出的保證不再適用時，任何情況下都應就其不適用的範圍撤回其聲明。

(b)自施行細則規定的日期起，如果該通知關係到整個聲明，則使該國際保存單位資格終止，或者，如果只關係到某些種類微生物，則使這種資格受到相應限制。

(3)第(1)款和第(2)款規定的手續細節應在施行細則中規定。

第九條　政府間工業產權組織

(1)(a)受若干國家委托以批准地區專利而其成員國都是保護工業產權（巴黎）聯盟成員國的任何政府間組織，均可以向總幹事遞交一份聲明，表明其承擔第三條第(1)項(a)款所規定的承認義務，承擔第三條第(2)項所述要求的義務，並接受本條約和施行細則適用於政府間工業產權組織的各種規定的全部效力。如果是在本條約根據第十六條第(1)項生效之前遞交的，則前一句中所述聲明，自條約生效之日起生效。如果是在條約生效之後遞交的，所述聲明應自遞交三個月之後生效，除非在聲明中指定了較遲的日期。在後一種情況下，該聲明應自該指定日期生效。

(b)所述組織應享有第三條第(1)項(b)款所規定的權利。

(2)如果本條約或施行細則有關政府間工業產權組織的任何規定經修訂或修正時，任何政府間工業產權組織均可以向總幹事發出通知撤回其按第(1)項中所述的聲明。撤回應自下列日期生效：

　(i) 通知在該修訂或修正生效之日以前收到的，自修訂或修正生效之日起；

　(ii) 如果通知是在第 (i) 目所述日期以後收到的，自通知指定日期起，或者沒有做出這種指定時，自收到通知之日後三個月起。

(3)除第(2)項所述情況外，任何政府間工業產權組織還可以向總幹事發出通知撤回其按第(1)項(a)款所述聲明。撤回應自總幹事收到該通知之日起兩年後生效。在該聲明生效之日起五年期間不接受根據本款提出的撤回通知。

(4)一個政府間工業產權組織根據第七條第(1)項發出的通知使得一個保存機構取得國際保存單位資格的，該政府間工業產權組織所發的按第(2)項或第(3)項所述撤回，應在總幹事收到該撤回通知之日起一年後終止這種資格。

(5)第(1)項(a)款所述聲明，第(2)項或第(3)項所述撤回通知，根據第七條第(1)項(a)款發出的聲明，包括根據第六條第(1)項第二句做出的保證，根據第八條第(1)項提出的請求，以及第八條第(2)項所述撤回通知，均應要求得到該政府間工業產權組織的上級機關明確認可，該上級機關成員國應全部是該組織成員國，並且決定是由這些國家政府的正式代表做出的。

第二章　行政性條款

第十條　大會

(1)(a)大會應由締約國組成。

　(b)每一締約國應有一名代表，可輔以副代表、顧問和專家。

　(c)各政府間工業產權組織在大會以及由大會建立的各委員會和工作組的會議上應由特別觀察員代表。

　(d)任何本組織成員或保護工業產權（巴黎）聯盟成員而非本聯盟成員的國家以及除第二條第 (v) 款定義的政府間工業產權組織之外的專門從事專利方面事務的任何政府間組織，在大會的會議上，以及經大會決定，在大會建立的各委員會和工作組的會議上，都可由觀察員出席。

(2)(a)大會應當：

　(i) 處理有關本聯盟的維持與發展以及有關本條約的執行的一切事務；

　(ii) 行使本條約專門賦予的權利，執行本條約專門分配的任務；

　(iii) 就修訂會議的籌備事項給予總幹事指示；

　(iv) 審核和批准總幹事關於本聯盟的報告和活動，並就有關本聯盟職權範圍內的

事務給予總幹事一切必要的指示；

　(v) 建立大會為促進本聯盟的工作認為應當建立的委員會和工作組；

　(vi) 除第(1)項(d)款另有規定應適用該規定外，確定哪些非締約國國家除第二條第

　　(v) 項定義的政府間工業產權組織以外的哪些政府間組織以及哪些非政府間國
　　際組織應作為觀察員出席會議，以及在何種範圍內國際保存單位應作為觀察員
　　出席會議；

　(vii) 為促進實現本聯盟的目標而採取任何其他適當的行動；

　(viii) 履行按照本條約是適當的其他職責。

(b)關於與本組織管理的其他聯盟共同有關的事項，大會應在聽取本組織協調委員會
　的意見後做出決議。

(3)一個代表祇可以代表一個國家，並祇能以一個國家的名義投票。

(4)每一締約國應有一票表決權。

(5)(a)締約國的半數構成開會的法定人數。

(b)不足法定人數時，大會可以做出決議，但除有關其本身程序的決議外，所有這類
　決議都應按照施行細則規定以通信投票方式取得法定人數及所需的多數票之後才
　生效。

(6)(a)除第八條第(1)項(c)款、第十二條第(4)項和第十四條第(2)項(b)款另有規定應適用該
　規定外，大會的決議需有所投票數的多數票。

(b)棄權不應認為是投票。

(7)(a)大會每三曆年由總幹事召集一次通常會議,最好與本組織的大會在同時同地舉行。

(b)經總幹事主動發起或應四分之一締約國要求，應由總幹事召集大會臨時會議。

(8)大會應通過其自身的議事規程。

第十一條　國際局

(1)國際局應:

　(i) 執行有關本聯盟的行政工作，特別是本條約和施行細則規定或由大會專門指定的
　　這類工作；

　(ii) 為修訂會議、大會、大會建立的委員會和工作組以及由總幹事召集的處理本聯盟
　　有關事務的任何其他會議設立秘書處。

(2)總幹事為本聯盟的最高行政官員，並代表本聯盟。

(3)總幹事應召集有關處理本聯盟事務的一切會議。

(4)(a)總幹事及其指定的職員應參加大會和由大會建立的委員會和工作組的所有會議，
　以及由總幹事召集的有關處理本聯盟事務的任何其他會議，但無表決權。

(b)總幹事，或由其指定的職員，應作為大會、各委員會、各工作組以及(a)項所述其
　他會議的當然秘書。

(5)(a)總幹事應遵照大會的指示為修訂會議進行籌備。

　　(b)總幹事可以就修訂會議的籌備工作與政府間組織和非政府間國際組織進行磋商。

　　(c)總幹事及其指定人員應參加修訂會議的討論，但無表決權。

　　(d)總幹事，或其指定的職員，應作為任何修訂會議的當然秘書。

第十二條　施行細則

(1)施行細則應規定有關以下事項的規則：

　　(i) 本條約明文規定由施行細則規定或明文規定應予以規定的事項：

　　(ii) 任何行政性的要求、事項或手續；

　　(iii) 對執行本條約有用的任何細節。

(2)與本條約同時通過的施行細則作為附件附在本條約之後。

(3)大會可以修訂施行細則。

(4)(a)除(b)款另有規定應適用該規定外，對本施行細則的任何修正需有所投票數的三分之二票。

　　(b)有關由國際保存單位提供所保存的微生物樣品規定的任何修正，在沒有任何締約國投票反對該修正提案的情況下才能通過。

(5)在本條約與施行細則的規定發生抵觸時，以本條約的規定為準。

第三章　修訂和修正

第十三條　本條約的修訂

(1)本條約可以由締約國參加的會議隨時修訂。

(2)修訂會議的召集均應由大會決定。

(3)第十條和第十一條可以由修訂會議或按照第十四條的規定進行修正。

第十四條　本條約中某些條款的修正

(1)(a)根據本條約提出的修正第十條和第十一條的提案，可以由任何締約國或由總幹事提出。

　　(b)這些提案應在提供大會對其審議之前至少六個月，由總幹事預先通知各締約國。

(2)(a)對第(1)項所述各條的修正應由大會通過。

　　(b)對第十條的任何修正需有所投票數的五分之四票，對第十一條的任何修正需有所投票數的四分之三票。

(3)(a)對第(1)項所述各條的修正，應在總幹事收到大會通過該修正時四分之三的成員國依照各自的憲法程序表示接受該修正的書面通知起一個月後生效。

　　(b)對上述各條的任何修正，一經接受後，對於在該修正案經大會通過時是締約國的所有締約國都有約束力，但對上述締約國產生財政義務或增加這種義務的任何修正僅對通知接受這種修正的國家有約束力。

(c)根據(a)款規定接受並生效的任何修正對在大會通過該修正案之日之後成為締約國的所有國家均有約束力。

第四章　最終條款

第十五條　成為本條約的締約國

(1)保護工業產權（巴黎）聯盟的任何成員國經下列手續均可成為本條約的締約國：

(i) 簽字後遞交批准書；

(ii) 遞交加入書。

(2)批准書或加入書應交總幹事保存。

第十六條　本條約的生效

(1)對於最早遞交批准書或加入書的五個國家，本條約應自遞交第五份批准書或加入書之日之後三個月開始生效。

(2)對於任何其他國家，除非在其批准書或加入書中指定以後的日期，本條約應自該國遞交其批准書或加入書之日起三個月後開始生效。在指定日期的情況下，本條約應在該國指定的日期開始生效。

第十七條　退出本條約

(1)任何締約國均可通知總幹事退出本條約。

(2)自總幹事收到退出通知之日起兩年後，退出發生效力。

(3)任何締約國在其成為本條約締約國之日起五年屆滿以前，不得行使第(1)款規定的退約權利。

(4)一個締約國曾對於一保存機構發出第七條第(1)項(a)款所述聲明因而使該保存機構取得國際保存單位資格的，該國退出本條約應使這種資格在總幹事收到第(1)項所述通知之日起一年後終止。

第十八條　本條約的簽字和使用語言

(1)(a)本條約應在一份用英語和法語兩種語言寫成的條約原本上簽字，兩種文本具有同等的效力。

(b)總幹事在與有關政府協商後，並在本條約簽字日起兩個月內用建立世界智慧財產權組織公約簽字時所用的其他語言制定本條約的正式文本。

(c)總幹事在與有關政府協商後，應用阿拉伯語、德語、義大利語、日語和葡萄牙語以及大會指定的其他語言制定本條約的正式文本。

(2)本條約在布達佩斯開放簽字至一九七七年十二月三十一日截止。

第十九條　本條約的保存；文本的送交；本條約的登記

(1)本條約簽字截止後，其原本應由總幹事保存。

(2)總幹事應將經其證明的本條約和施行細則文本二份送交第十五條第(1)項所述所有國

家的政府，送交按照第九條第(1)項(a)款遞交聲明的政府間組織，並根據請求，送交任何其他國家政府。

(3)總幹事應將本條約向聯合國秘書處登記。

(4)總幹事應將經其證明的對本條約和施行細則的修正條款文本二份送交所有締約國、所有政府間工業產權組織，並根據請求送交任何其他國家政府和按照第九條第(1)項(a)款遞交聲明的任何其他政府間組織。

第二十條　通知

總幹事應將以下事項通知締約國、政府間工業產權組織以及不是本聯盟成員國而是保護工業產權（巴黎）聯盟成員國的國家：

(i) 按照第十八條的簽字；

(ii) 按照第十五條第(2)項保存的批准書或加入書；

(iii) 按照第九條第(1)項(a)款遞交的聲明以及按照第九條第(2)項或第(3)項撤回聲明的通知；

(iv) 按照第十六條第(1)項本條約的生效日期；

(v) 按照第七條和第八條發出的通知以及按照第八條作出的決議；

(vi) 按照第十四條第(3)項對本條約的修正的接受；

(vii) 對施行細則的任何修正；

(viii) 對本條約或施行細則所作修正的生效日期；

(ix) 按照第十七條收到的退約通知。